［内部资料　注意保管］

中国工商银行年鉴

ALMANAC OF ICBC

2013

中国工商银行年鉴编辑委员会　编

中国金融出版社

责任编辑：张翠华
责任校对：潘　洁
责任印制：丁淮宾

图书在版编目（CIP）数据

中国工商银行年鉴．2013（Zhongguo Gongshang Yinhang Nianjian. 2013）/《中国工商银行年鉴》编辑委员会编．—北京：中国金融出版社，2013. 12
ISBN 978－7－5049－7203－3

Ⅰ．①中…　Ⅱ．①中…　Ⅲ．①工商银行—中国—2013—年鉴　Ⅳ．①F832. 33－54

中国版本图书馆 CIP 数据核字（2013）第 262301 号

出版发行　中国金融出版社
社址　北京市丰台区益泽路 2 号
市场开发部　（010）63266347，63805472，63439533（传真）
网上书店　http：//www. chinafph. com
（010）63286832，63365686（传真）
读者服务部　（010）66070833，62568380
邮编　100071
经销　新华书店
印刷　北京时美时代科技发展有限公司
尺寸　205 毫米×280 毫米
印张　56.75
插页　12
字数　2097 千
版次　2013 年 12 月第 1 版
印次　2013 年 12 月第 1 次印刷
定价　285. 00 元
ISBN 978－7－5049－7203－3/F. 6763

中国工商银行年鉴编辑委员会

中国工商银行年鉴编辑部

分行组稿负责人

李景欣　王建军　张志勇　孟宝贵　周　波　陈　龙　孙占国
栾叶文　张　超　徐　扬　陈　坚　石海龙　何韶军　吴堂保
马庆东　李　讯　屈良斌　蒋凤生　童志军　周永德　潘福常
张　军　林　进　张　忠　洪　专　邢计划　李双平　温陇秦
戚兴明　魏　斌　郭　浩　许庆东　张　玮　董春阳　薛　菁
郑立华　孙　波　刘文辉

组　稿　人　员

刘振华　高　珅　吴　珂　李文杰　张　洋　闵祥龙　冷建春
孙亚洲　姚　厉　胡　煜　王文宇　姚　君　陈思滔　余丽燕
江海洋　范保成　路　杰　莫交林　翁文扬　覃江峰　陈萍萍
牟嗣杰　潘　捷　徐　涛　胡智鹏　刘凤雏　付春涛　姜　鹏
杨　磊　欧阳昀　李　伟　曹旭阳　梁景欣　诸葛赟　陈素迁
武　强　宋　毓　程秋虎　路修光　黄旭辉　杨艺宁　胡克力
张姹琳　程　涛　赵　飞　孙　慧　彭　多　李　华　高云翔
江　源　冀　风　吴　卫　徐　昴　洪　渊　礼雁冰　冷冬玲
张君卓　郑　良　王　涛　王文超　郑伶俐　胡　钧　郭晓旸
郝　洁　刘冀云　王　硕　周德洋　吴　戈　林珣珣　张　楠
王一博　熊　飞　邵冬霞　王晓锦　李志军　王　宇　贾美琴
赵利杰　王　祺　王　静　林万宝　孙　阳　倪　莹　田艳妍
董　轶

董事长　姜建清

董事长致辞

2012年以来，国际金融危机和欧债危机影响持续，全球经济格局和金融体系继续发生深刻复杂变化；中国经济运行总体平稳，但经济下行压力和产能相对过剩矛盾也有所加剧。同时，金融监管改革深化、利率市场化步伐加快、金融脱媒加剧、消费者对金融服务要求日益提升。面对这些新形势新变化，本行坚持"稳中求进"的总基调，统筹抓好经营管理各项工作，总体保持了盈利增长、业务发展、结构优化、风险可控的稳健态势，资本、资产、质量、效益、市值、客户存款等指标居于全球金融同业领先地位，向广大投资者和全社会交出了一份不同寻常的答卷。

这是一份关于可持续发展的答卷。我们注重通过加快经营转型，形成资本节约型的发展方式和多元可持续的盈利增长格局。2012年本行实现净利润2 386.91亿元，比上年增长14.5%；平均总资产回报率（ROA）、加权平均净资产收益率（ROE）分别保持在1.45%和23.02%的国际先进水平；成本收入比为28.56%。本行将资本占用少、附加值高、客户需求大的金融资产服务业务作为战略转型重点，加大统筹规划和系统推动力度，实现业务收入增长32%，促进了由资产持有大行向资产管理大行的转变。本行积极服务中国与世界各国的经贸往来，服务客户全球化金融需求，推动国际化发展迈出新步伐。目前全行境外经营机构分布在39个国家和地区，加上作为非洲主要银行——南非标准银行的最大单一股东，与其在非洲18个国家的金融机构建立了密切合作关系，本行已形成了一个强大的国际化结算和清算网络。本行通过在国内同业中率先完成全球一体化科技平台建设、强化重点产品线延伸和境内外联动等措施，提升了境外机构本土化经营水平和全球化服务能力。2012年境外机构税前利润增长21.8%，进一步体现了国际化经营稳定利润、分散风险的作用。本行还收购设立了工银安盛人寿保险有限公司，丰富和完善了综合化服务体系。

这是一份关于服务经济发展的答卷。我们坚持在服务实体经济中把握市场机遇和商业银行经营原则，做到了信贷政策与产业政策相结合，金融创新与经济发展需求相适应。一年来，积极支持了符合经济结构调整方向的先进制造业、服务业、文化产业和战略性新兴产业的发展，持续改善了对中小企业特别是小微企业的金融服务，支持了节能环保等绿色经济领域，大力发展了直接消费信贷业务。同时重视通过金融创新为企业排忧解难，综合运用投资银行、金融租赁、债券发行、银团贷款等工具，帮助企业拓宽融资渠道，降低融资成本，促进了更加紧密、互惠共赢的新型银企关系的形成。本行也在促进经济平稳健康发展中，改善了信贷经营质态，不良贷款率较年初下降0.09个百分点至0.85%，保持了资产质量的整体稳定。

这是一份关于改革创新的答卷。本行素以稳健经营见长，却从来不乏变革的勇气。我们把加快重点领域和关键环节的改革创新作为应对复杂局面、保障科学发展、打造竞争新优势的根本手段。深入推进了以增强专业条线盈利能力为主要内容的利润中心改革，已实施改革的8条重点产品线利润同比增长超过20%。深化了省区分行营业部和重点县支行改革，提升了在大中城市和重点县镇的金融服务能力。以落实人才兴行战略为引领，推进了人力资源管理理念、制度和实践创新，加快了从人员大行向人才强行的转变。以"满意在工行"为主题，多措并举提升服务质量和效率。全年新建和升级改造网点1 331家，使网点环境和功能布局进一步改善。大力发展电子银行业务，截至2012年末，本行电子银行客户3.15亿户，年交易额332.6万亿元，业务占比达75.1%，即本行每受理10笔业务，就有7笔以上是通过以互联网为主的电子渠道完成的，且每笔电子交易成本仅为柜面的七分之一。实施了业务流程综合改造和优化工程，解决了500多项影响服务效率和客户体验的流程问题，基本建立了集约化、工厂式的后台集中处理模式。本行还专门成立了消费者权益保护部门，把金融消费者权益保护工作放在了更加突出的位置。

这是一份关于有效风险管控的答卷。本行在严峻复杂的经营环境中，更加注重通过增强公司治理的健全性和有效性，增强风险管控的前瞻性和针对性来保障稳健经营和健康发展。根据新的监管要求，完善了相关治理规则和决策程序，强化了对公司治理层面的履职评价和对子公司治理健全性的监督。去年本行获评“全球商业银行透明度金奖”、“最佳企业管治资料披露白金奖”、“香港公司管治卓越奖”等权威奖项。积极推进新资本管理办法实施准备工作，进一步加强了覆盖表内外业务和境内外机构的全面风险管理体系建设，深化了内部评级成果在经营管理多个领域的运用。目前本行已向中国监管部门提出了实施资本管理高级方法的申请，力争成为中国首批达标银行。深入开展了“员工行为规范教育”等活动，持续加大了对风险易发领域、违规多发环节的检查整治，保持了各类风险的可控和案件低发态势。

当前，国际形势的不确定、不稳定性，与国内经济发展中的不平衡、不协调、不可持续性交织在一起，加之金融体系内部转型与变革的影响，银行业发展面临的挑战较多。但我们坚信，危机是改革的契机，挑战是成功的砺石。只要我们善于抓住机遇，勇于开拓进取，敢于迎难而上，就一定能扭转难局，开创新局。2013年这张新考卷在等待我们用勇气、智慧和实干来作答。

姜建清

二〇一三年三月二十七日

行长　杨凯生

行长致辞

过去的一年，面对国内国际严峻复杂的经济金融形势，本行秉承一以贯之的稳健经营理念，积极应对国际金融危机影响持续、经济增速放缓、利率市场化进程加速、金融监管改革深化等多重挑战，以加快转型发展为主线统筹经营管理各项工作，实现了股改后第三个三年规划的良好开局。全年实现净利润2 386.91亿元，比上年增长14.5%，继续成为全球最盈利银行，不仅为股东和投资者带来了良好回报，也实现了自身的良性可持续发展。

本行坚持稳健和可持续的信贷经营原则，根据宏观经济形势的变化，科学合理把握信贷总量和投放节奏，在积极支持实体经济发展的过程中，持续推动信贷结构的优化调整。全年境内分行人民币贷款新增8 672.02亿元，增长12.3%，信贷增量居各金融机构首位。其中，对符合国家产业政策和经济结构调整方向的先进制造业、现代服务业、文化产业、战略性新兴产业的贷款增量占到公司贷款增量的103%，中小（微）企业新增贷款占公司贷款增量的89%，中小（微）企业贷款余额占公司贷款余额的72%。新增个人贷款（含银行卡融资）2 721.77亿元，占全部贷款增量的27%。同时，本行积极运用限额管理、经济资本管理等工具来引导信贷结构调整，信贷的行业、客户和期限结构得到进一步改善。本行严格限制高耗能、高污染、产能过剩行业贷款，积极支持节能环保等绿色经济领域的发展，绿色经济领域贷款余额达5 934亿元，全行99.9%以上的贷款为环境友好及环保合格类贷款。

本行坚持以创新为动力促进业务发展，敏锐把握市场变化和客户需求，加快产品创新和服务改进，推进了基础业务的转型升级和新兴业务的快速发展。适应客户资产配置多元化和存款理财化趋势，创新存款工作思路，健全适应利率市场化要求的资金价格管理体系，人民币客户存款增加12 470.81亿元，增长10.5%，巩固了全球第一存款银行的地位。持续加强产品线建设，自主研发推出多币种信用卡、个人账户外汇买卖等500多项新产品，金融产品总数达到4 163个，增长28%，继续成为中国金融产品最为丰富的银行。以金融资产服务业务为带动，提升中间业务发展水平，各项业务呈现诸多亮点。金融资产服务业务收入比上年增长32%。理财产品余额突破1万亿元。并购重组等高端投行业务收入增长1.6倍。银行卡发卡量4.7亿张，年消费额4.13万亿元，其中信用卡发卡量7 713万张，年消费额1.3万亿元，居亚太地区发卡量和消费额双第一，并跻身全球四大发卡银行之列。网上银行交易额突破300万亿元，比上年增长17.2%；手机银行客户总量超过7 400万户，交易额增长近17倍。国际结算量接近2万亿美元，跻身全球领先国际结算银行之列。结算与现金管理、资产托管、养老金、私人银行、贵金属等业务也保持了健康发展的态势。

本行坚持审慎的风险管理原则，主动适应监管新要求，进一步完善风险管理架构、流程和制度，加强对子公司的监督，完善风险并表管理，确保对跨市场、跨领域风险的有效隔离和控制，提高了集团的全面风险管理水平。积极推进了新资本管理办法实施的准备工作，制定和完善资本规划，择机在境内同业间市场发行200亿元次级债补充附属资本，资本充足率与核心资本充足率分别达到13.66%和10.62%，完全满足监管要求。面对国际金融危机深层次影响、经济增速放缓等因素带来的银行业不良贷款出现反弹的情况，本行密切跟踪监测风险苗头，加强对风险突出业务领域的管控，通过加快潜在风险贷款退出、加强贷款催收、加大不良贷款清收处置力度等措施，有效遏制了不良贷款的反弹势头。不良贷款率较上年末下降0.09个百分点至0.85%，已连续13年下降；拨备覆盖率增加了28.63个百分点至295.55%，风险抵补能力进一步增强。

2013年是工商银行实施新三年规划承上启下的关键一年，也是发展机遇与挑战并存的一年。本行将加强对宏观经济金融形势的分析和把握，增强经营管理的前瞻性和主动性，加大改革创新和经营转型的力度，强化全面风险管理，努力实现健康可持续发展，为股东和投资者创造更多的财富，为经济社会发展提供更好、更全面的金融服务。

杨凯生

二〇一三年三月二十七日

监事长　赵林

2012年4月25日，姜建清董事长出席我行新版网讯发布会并致辞。

2012年5月28日，姜建清董事长、杨凯生行长、易会满副行长出席我行和卡塔尔政府主权投资机构——卡塔尔控股有限责任公司合作谅解备忘录签约仪式。

2012年6月14日，姜建清董事长、易会满副行长赴北一数控机床厂调研现代制造业。

2012年7月19日，姜建清董事长、杨凯生行长出席工银安盛人寿保险有限公司开业庆典。工银安盛人寿的成立，标志着我行正式进入国内保险业务市场，综合化经营又迈出重要一步。

2012年8月22日，姜建清董事长、杨凯生行长、赵林监事长、王丽丽副行长、易会满副行长、王希全副行长出席MOVA建设总结表彰会。

2012年8月28日，姜建清董事长、杨凯生行长、易会满副行长出席我行与人民日报社全面战略合作协议签约仪式。

2012年10月30日，姜建清董事长在台北出席了由我行、台湾永丰金控和台北国父纪念馆共同主办的“汇通天下——从钱庄到现代银行”展览开箱仪式。此次展览共汇集海峡两岸600余件金融类遗珍，全方位诠释了海峡两岸金融业一脉相传的历史渊源及合作发展。

2012年11月11日，姜建清董事长出席十八大新闻中心举办的主题为“中国银行业改革与科学发展”集体采访活动，回答记者提问。

2012年11月29日，姜建清董事长在我行收购控股的阿根廷标准银行中层以上管理人员大会上做重要讲话。收购控股阿根廷标准银行，是中资银行首次在海外控股收购当地主流商业银行。

2012年12月12日，姜建清董事长、赵林监事长为第三届青年外语大赛获奖选手颁奖。

2012年5月23日，杨凯生行长到我行定点扶贫地区调研期间，在四川万源妇幼保健院看望我行资助康复的婴儿。

2012年7月28日，杨凯生行长在贵州出席2012生态文明贵阳会议·绿色金融创新与发展论坛并致辞。

2012年3月15日，赵林监事长在香港看望慰问工银亚洲FOVA建设项目支持团队。

2012年4月21日，赵林监事长在苏州分行调研宣传思想文化工作。

2012年3月9日，王丽丽副行长在首尔出席韩国金融监督院年度论坛。

2012年7月9日，李晓鹏副行长出席我行单芯片银行卡新闻发布会并致辞。

2012年9月12日，罗熹副行长在杭州深入浙江物产集团、杭州杭氧公司等企业调研。

2012年2月29日至3月1日，刘立宪纪委书记赴湖北分行基层网点调研“职工之家”建设情况。

2012年10月11日，易会满副行长出席产品创新日暨创新产品体验月活动。

2012年11月29日，张红力副行长在纽约出席工银美国弘业庆典。

2012年4月28日，王希全副行长深入厦门分行就人力资源管理工作进行调研。

2012年1月6日，浙江开化支行向桐村镇中心小学捐赠200多本图书以及书架、书柜等学习用品，为同学们建立了“梦想书屋”。

为进一步规范服务收费管理，保护消费者合法权益，我行对现行收费服务项目及收费标准进行了全面梳理和规范，并在此基础上编制了《中国工商银行服务价目表（2012年版）》，从4月1日起开始正式执行。

2012年4月7日，工银亚洲FOVA系统成功投产，这标志着我行FOVA系统已全面覆盖所有境外机构。图为科技人员在数据中心（上海）ECC总控中心对投产结果进行验证。

2012年6月6日，万象分行获得老挝央行批复，代表老挝央行行使人民币清算中心职责，成为目前唯一一个老挝国家银行之外的货币清算银行。图为2012年9月21日，万象分行与老挝国家银行共同举办人民币清算业务推介会。

2012年，我行大力创新手机银行业务，形成了功能丰富、覆盖客户广泛的手机银行产品体系。图为2012年8月23日，桂林分行客户经理指导客户使用手机银行。

2012年，我行通过行业合作将芯片卡的应用拓展到交通、社保、医保等诸多领域。图为2012年12月14日，中央电视台记者在深圳火车站现场体验我行推出的广深铁路金融IC卡使用情况。

2012年，我行积极探索“供应链”融资新模式，支持一批带动力强的重点企业及其上下游中小企业的发展。图为美的集团供应链核心企业——美的集团的微波炉生产装配线。

2012年，我行继续加大对先进制造业的金融支持。图为吉林分行支持的一汽解放卡车厂总装配线。

2012年，我行持续改善对小微企业的金融服务。图为宁波分行客户经理走访宁波某气模公司，了解企业经营情况和融资需求。

北京分行支持的文化产业龙头企业——博纳影业集团旗下影院。

安徽分行支持建设的安广网络项目。

江西分行支持建设的鄱阳湖湿地公园。

广西分行支持建设的湘桂铁路扩能改造工程项目。

重庆分行支持建设的重庆九龙坡区华岩组团公共租赁住房和廉租住房项目，这是全国首笔公租房贷款项目。

四川分行支持建设的四川双流国际机场新航站楼和第二跑道项目。

云南分行支持建设的龙开口电站项目。

陕西分行支持建设的陕西延长中煤榆林能源化工有限公司靖边能源化工综合利用项目。

广东分行营业部支持建设的广东省新十项工程项目之一——花东污水处理项目。

目　录

第一部分　改革创新与业务发展

认真贯彻国家宏观调控政策…… 3
制定实施新三年发展规划…… 4
创新发展金融资产服务业务…… 6
成立消费者权益保护办公室…… 7
利润中心改革…… 9
省区分行营业部和县支行改革…… 9
授信审批体制改革…… 10
法律事务集中管理改革…… 10
业务运营改革…… 12
业务流程综合改造…… 13
MOVA 体系建设…… 15
FOVA 系统建设…… 15
新版集团网讯建设…… 16
服务创新…… 17
品牌建设…… 18
渠道建设…… 19
信息化建设…… 20
产品创新管理…… 21
个人金融业务…… 23
公司金融业务…… 25
机构金融业务…… 28
存款业务…… 31
信贷业务…… 32
小企业金融业务…… 33
专业融资产品业务…… 34
投资银行业务…… 36
债券与融资业务…… 38
金融市场业务…… 39
资产管理业务…… 41
票据业务…… 43
中间业务…… 44
信用卡业务…… 45
结算与现金管理业务…… 47
电子银行业务…… 49
资产托管业务…… 51
养老金业务…… 53
私人银行业务…… 54
贵金属业务…… 56

第二部分　国际化发展与综合化经营

境外机构拓展与业务发展情况…… 59
国际业务综述…… 60
跨境人民币业务综述…… 61
国际结算单证业务…… 63
对外金融往来与合作…… 64
与标准银行的战略合作…… 65
工银瑞信…… 66
工银租赁…… 67
工银安盛…… 69
工银亚洲…… 70
工银国际…… 71
香港分行…… 72
工银信用卡中心（国际）…… 73
工银澳门…… 74
新加坡分行…… 76
东京分行…… 78
首尔分行…… 79
工银印尼…… 80
工银泰国…… 82
工银马来西亚…… 83
工银中东…… 85
工银阿拉木图…… 86
河内分行…… 87
万象分行…… 88
金边分行…… 89
仰光代表处…… 90
卡拉奇分行…… 91
孟买分行…… 92
工银欧洲…… 93
巴黎分行…… 95
阿姆斯特丹分行…… 96
布鲁塞尔分行…… 98
米兰分行…… 99
马德里分行…… 100
华沙分行…… 101
法兰克福分行…… 102
工银伦敦…… 104
工银莫斯科…… 105
纽约分行…… 107

工银美国……108
工银金融……109
工银加拿大……110
悉尼分行……112
非洲代表处……114
工银阿根廷……116
浙江平湖和重庆璧山工银村镇银行……117

第三部分　公司治理与风险管理

公司治理机制建设……123
投资者关系管理……125
履行社会责任……126
子公司的公司治理……128
全面风险管理……130
资本管理办法实施……132
内部审计……133
内控体系建设……136
声誉风险管理……138
客户投诉管理……138
财务会计管理……139
资产负债管理……141
授信管理……144
信用审批……146
授权管理……149
运行管理……149
法律事务……151
反洗钱工作……154
管理信息……155
安全保卫……157
案件查防……160

第四部分　党建工作与队伍建设

党建工作……163
领导班子建设……166
廉政反腐建设……166
精神文明建设……167
企业文化建设……168
人力资源管理……169
工会工作……171
共青团工作……172
离退休人员服务和管理……174
教育培训……176
长春金融研修学院教育培训综述……178
杭州金融研修学院教育培训综述……179
香港培训中心教育培训综述……180
理论研究和学术交流综述……181

第五部分　境内分行成就

北京分行……187
天津分行……190
河北分行……191
山西分行……193
内蒙古分行……195
辽宁分行……197
吉林分行……198
黑龙江分行……200
上海分行……201
江苏分行……204
浙江分行……205
安徽分行……207
福建分行……209
江西分行……211
山东分行……212
河南分行……214
湖北分行……216
湖南分行……218
广东分行……219
广西分行……221
海南分行……223
重庆分行……224
四川分行……226
贵州分行……227
云南分行……229
陕西分行……230
甘肃分行……232
青海分行……233
宁夏分行……234
新疆分行……236
西藏分行……237
大连分行……239
青岛分行……240
宁波分行……242
厦门分行……243
深圳分行……245
苏州分行……246
广东分行营业部……248

第六部分　重要文献

认真贯彻全国金融工作会议精神　稳步推进
转型发展　积极服务实体经济
——在中国工商银行2012年工作会议
上的讲话……姜建清　253

在中国工商银行分行行长工作会议上的讲话 …… 姜建清 262
在江苏分行授信审批集中管理改革工作汇报会上的讲话 …… 姜建清 269
坚持工行特色国际化道路　实现全行国际化新的提升发展
——在2012年中国工商银行国际化工作会议上的讲话 …… 姜建清 271
在中国工商银行纪检监察工作会议上的讲话 …… 姜建清 279
在金融市场部工作调研会议上的讲话 …… 姜建清 282
推进专业升级　提升服务水平　为全行健康可持续发展作出新贡献
——在中国工商银行内部审计工作会议上的讲话 …… 姜建清 284
在集团内公开选拔干部集体谈话会上的讲话 …… 姜建清 290
在2012年第1次行务会议上的讲话 …… 姜建清 294
在董事会战略研讨会上的讲话 …… 姜建清 298
在中国工商银行纪念建团90周年暨五四表彰活动上的讲话 …… 姜建清 303
在信贷资产质量分析会上的讲话 …… 姜建清 305
在提高选人用人满意度座谈会上的讲话 …… 姜建清 306
从银行信息化到信息化银行
——在2012中国金融论坛上的演讲 …… 姜建清 309
在纪念建党91周年暨创先争优座谈会上的讲话 …… 姜建清 312
在中国工商银行MOVA体系建设总结表彰大会上的讲话 …… 姜建清 314
在第25次党委（扩大）会议上的讲话 …… 姜建清 319
在“中国工商银行博士后工作站成立10周年——中国银行业未来之路”学术论坛上的致辞 …… 姜建清 321
在中国工商银行贯彻十八大精神　推动科学发展研讨会上的讲话 …… 姜建清 323
在中国工商银行2012年工作会议上的讲话 …… 杨凯生 334
在中国工商银行分行行长工作会议上的讲话 …… 杨凯生 360
利率市场化影响分析 …… 杨凯生 367
在中国工商银行商业银行业务与投资银行业务互动研讨会上的讲话 …… 杨凯生 370
进一步提高认识　大力发展资产管理业务
——在中国工商银行资产管理业务工作会议上的讲话 …… 杨凯生 373
在2012年中国工商银行渠道优化建设工作视频会议上的讲话 …… 杨凯生 377
在中国工商银行纪检监察工作会议上的讲话 …… 杨凯生 380
在金融市场部工作调研会议上的讲话 …… 杨凯生 381
在全行财务会计工作会议上的讲话 …… 杨凯生 382
进一步发挥内控合规部门在规范全行经营管理中的作用
——在中国工商银行内控合规高级管理人员培训班上的讲话 …… 杨凯生 385
在中国工商银行中间业务收费管理工作会议上的讲话 …… 杨凯生 387
在2012年第1次行务会议上的讲话 …… 杨凯生 389
在董事会战略研讨会上的讲话 …… 杨凯生 396
在第25次党委（扩大）会议上的讲话 …… 杨凯生 398
在中国工商银行贵金属业务工作会议上的讲话 …… 杨凯生 400
在中国工商银行金融资产服务业务管理工作会议上的讲话 …… 杨凯生 403
在中国工商银行2012年度决算工作会议上的讲话 …… 杨凯生 405
加快经营转型步伐　积极应对资本监管改革挑战
——在中国工商银行贯彻十八大精神　推动科学发展研讨会上的讲话 …… 杨凯生 409
在董事会战略研讨会上的讲话 …… 赵　林 441
在中国工商银行党校第二十期领导干部进修班开学典礼上的讲话 …… 赵　林 442
在中国工商银行精神文明建设暨企业文化建设工作经验交流会上的讲话 …… 赵　林 444
在新的起点上持续稳健发展
——在中国工商银行资产管理业务工作会议上的讲话 …… 王丽丽 451
在中国工商银行国际化工作会议上的讲话 …… 王丽丽 457
稳步提升资产负债配置效率　全力推进经营结构转型工作
——在中国工商银行2012年资产负债管理工作会议上的讲话 …… 王丽丽 460
在金融市场部工作调研会议上的讲话 …… 王丽丽 467
提高认识　抢抓机遇　全面推动跨境人民币业务快速发展
——在中国工商银行跨境人民币业务座谈会上的讲话 …… 王丽丽 468
在中国工商银行2012年境外工作会议上的讲话 …… 王丽丽 471
在中国工商银行2012年境外工作会议上的

总结发言………………………………… 王丽丽 476
在江苏分行授信审批集中管理改革工作汇报会上的讲话……………………………… 李晓鹏 477
全力推进全球统一授信 不断提升集团信用风险管理水平
——在中国工商银行全球统一授信评估工作推动会上的讲话…………… 李晓鹏 478
巩固成果 再接再厉 加快推进渠道优化建设工作
——在2012年中国工商银行渠道优化建设工作视频会议上的讲话…… 李晓鹏 482
充分发挥授信审批职能作用 全面推进信贷业务可持续发展
——在2012年中国工商银行授信审批工作会议上的讲话……………… 李晓鹏 487
振奋精神 齐心协力 推动境外银行卡业务健康快速发展
——在中国工商银行2012年境外银行卡视频会议上的讲话…………… 李晓鹏 495
改善服务 提升品质 稳步推进个人金融和信用卡业务健康发展
——在中国工商银行个人金融、银行卡与私人银行业务工作会议上的讲话……………………………………… 李晓鹏 501
在董事会战略研讨会上的讲话…………… 李晓鹏 507
在中国工商银行部分分行授信审批集中管理工作座谈会上的讲话…………………… 李晓鹏 508
在中国工商银行信用卡专业工作会议上的讲话……………………………………… 李晓鹏 510
在中国工商银行个人金融业务年中工作会议上的讲话……………………………… 李晓鹏 515
提高认识 狠抓落实 推动全行押品工作再上新台阶
——在中国工商银行押品管理工作会议上的讲话………………………… 李晓鹏 520
立足新起点 争创新业绩 努力推动离退休人员工作再上新台阶
——在中国工商银行离退休人员工作会议上的讲话……………………… 李晓鹏 524
统筹协调做好非金融支付机构合作工作
——在中国工商银行非金融机构支付业务座谈会上的讲话……………… 罗 熹 530
努力拓展我行在民生领域的金融服务
——在中国工商银行民生领域金融服务案例分析会上的讲话…………… 罗 熹 534
认真做好公司金融资产服务工作
——在中国工商银行结算与现金管理、贵金属业务工作会议上的讲话………………………………………… 罗 熹 538
推动境外机构托管业务发展 加速构建工商银行全球托管网络体系
——在中国工商银行境外机构资产托管业务专题工作会议上的讲话…… 罗 熹 543
努力提高金融资产服务的综合能力
——在2012年中国工商银行机构金融、资产托管、养老金业务工作会议上的讲话……………………………… 罗 熹 548
为全行转型发展提供优质信息服务
——在中国工商银行管理信息工作会议上的讲话………………………… 罗 熹 554
积极开拓公司金融资产增值服务
——在中国工商银行公司金融资产增值服务营销活动视频动员会议上的讲话………………………………… 罗 熹 560
积极探索我行金融资产服务的有效途径
——在中国工商银行2012年金融资产服务座谈会上的讲话…………… 罗 熹 564
探索建立现代金融企业内部控制体系
——在中国工商银行内控合规高级管理人员培训班上的讲话…………… 罗 熹 570
对基金形势及银基合作的几点认识
——在中国工商银行银基战略合作研讨会上的讲话……………………… 罗 熹 575
在中国工商银行机构信用代码推广应用工作启动会上的讲话……………………… 罗 熹 579
努力提升金融机构总部营销的能力
——在中国工商银行金融机构总部营销座谈会上的讲话………………… 罗 熹 582
在中国工商银行制度梳理工作动员暨培训会议上的讲话……………………………… 罗 熹 585
在中国工商银行员工行为规范教育活动推进视频会上的讲话………………………… 罗 熹 586
关注货币市场 做好同业服务 努力开创银行同业合作新局面
——在2012年银行同业研讨会上的讲话……………………………………… 罗 熹 589
进一步完善培训体系 提高培训工作实效性
——在中国工商银行2012年教师节座谈会上的讲话……………………… 罗 熹 594
加快网讯战略转型 实现信息化银行建设的新跨越
——在中国工商银行网讯工作座谈会上的讲话…………………………… 罗 熹 598
在中国工商银行美洲区机构全球现金管理工作座谈会上的讲话…………………… 罗 熹 602
在中国工商银行监督检查管理系统推广视频

会上的讲话……………………………… 罗　熹　605
坚持做好公司无贷户存款工作
——在中国工商银行公司无贷户存款工作座谈会上的讲话……………… 罗　熹　608
规范银保业务管理　提高银保合作效益
——在中国工商银行银保业务工作视频会议上的讲话…………………… 罗　熹　611
坚持改革创新　狠抓工作落实　努力取得党风廉政建设和案防工作新成效
——在中国工商银行纪检监察工作会议上的报告………………………… 刘立宪　615
与时俱进　改革创新　努力构建集团化安全管理体系　积极打造“最安全银行”
——在中国工商银行安全保卫工作会议上的讲话………………………… 刘立宪　620
在中国工商银行商业银行业务与投资银行业务互动研讨会上的讲话……………… 易会满　627
进一步加强大额资金监控管理　促进公司存款业务稳步健康发展
——在中国工商银行大额资金监控平台应用暨公司存款工作推动会议上的讲话……………………………… 易会满　630
实施流程优化　深化运营改革　助推运行管理再上新水平
——在中国工商银行运行管理工作会议上的讲话………………………… 易会满　634
坚持科技引领　深化创新驱动　为全行经营转型和可持续发展提供强大推动力
——在中国工商银行信息科技工作会议上的讲话………………………… 易会满　641
坚持科学发展　深化经营转型　全面开创公司与投行业务新局面
——在中国工商银行2012年公司与投行业务工作会议上的讲话……… 易会满　648
坚持外延拓展与内涵提升相结合　进一步强化电子银行创新竞争优势
——在中国工商银行电子银行业务工作会议上的讲话…………………… 易会满　657
大力深化产品创新　促进全行转型发展
——在中国工商银行产品创新工作会议上的讲话………………………… 易会满　664
继往开来　迎难而上　开创投资银行业务转型发展的新局面
——在中国工商银行投资银行业务座谈会上的讲话……………………… 易会满　670
在中国工商银行中间业务收费管理工作会议上的讲话……………………………… 易会满　675
在投资银行业务座谈会结束时的讲话…… 易会满　678
在中国工商银行服务工作推动会上的讲话……………………………………… 易会满　680
在中国工商银行服务工作推动会结束时的讲话……………………………………… 易会满　686
在中国工商银行境外机构信息系统安全生产运行工作专题会议上的讲话………… 易会满　689
全面完成本年度信息科技工作任务　推动新三年科技发展规划顺利实现
——在中国工商银行信息科技高级管理人员培训班上的讲话…………… 易会满　692
坚定信心　开拓市场　全面把握公司金融业务发展主动权
——在中国工商银行公司业务座谈会暨高级管理人员研修班上的讲话……………………………………… 易会满　698
在中国工商银行公司业务座谈会上的总结讲话……………………………………… 易会满　706
在中国工商银行运行管理重点工作推动讨论会上的讲话……………………………… 易会满　707
在中国工商银行部分分行产品推广工作座谈会上的讲话……………………………… 易会满　714
在中国工商银行产品创新奖颁奖仪式上的讲话……………………………………… 易会满　716
加强制度管理　促进持续发展
——在中国工商银行金融资产服务业务管理工作会议上的讲话………… 易会满　717
主动作为　科学发展　全力打造国际一流私人银行品牌
——在中国工商银行私人银行业务发展研讨会上的讲话………………… 张红力　722
团结一心　稳中求进　推动专业融资产品发展再上新台阶
——在中国工商银行2012年公司与投行业务工作会议上的讲话……… 张红力　724
以经营转型为主线　金融资产服务为抓手　开创贵金属业务新三年跨越发展新局面
——在中国工商银行结算与现金管理、贵金属业务工作会议上的讲话……………………………………… 张红力　727
在中国工商银行个人金融、银行卡与私人银行业务工作会议上的讲话…………… 张红力　730
在中国工商银行与中国“走出去”企业业务研讨会上的讲话……………………… 张红力　734
在中国工商银行部分分行商品融资业务座谈会上的讲话……………………………… 张红力　737
把握转型方向　坚持创新发展　推动贵金属业务再上新台阶
——在中国工商银行贵金属业务工作会

议上的讲话…………………………… 张红力 742
在集团内公开选拔干部集体谈话会上的讲话
…………………………………………… 王希全 745
推动小企业信贷业务健康发展 积极促进信贷结构调整
——在中国工商银行 2012 年公司与投行业务工作会议上的讲话……… 魏国雄 746
加强信贷管理 进一步优化信贷结构 保持信贷业务持续稳定健康发展
——在 2012 年中国工商银行信贷管理工作会议上的讲话………………… 魏国雄 748
推进创新发展 提升管理效能 积极应对风险管理面临的新形势新挑战
——在中国工商银行风险管理工作会议上的讲话…………………………… 魏国雄 755
在信贷资产质量分析会上的讲话………… 魏国雄 761
加强风险控制 确保资产质量 保持小企业信贷业务健康稳定发展
——在中国工商银行小企业信贷风险提示会议上的讲话…………………… 魏国雄 762
提高风险防范意识 提升业务管理水平 确保贸易融资业务健康发展
——在中国工商银行贸易融资风险提示会上的讲话………………………… 魏国雄 764
加强管理 严控风险 保持房地产信贷业务健康稳定发展
——在中国工商银行房地产信贷风险提示会议上的讲话…………………… 魏国雄 767
加强贷款风险管理 确保资产质量稳定 稳步推进个人信贷业务健康发展
——在中国工商银行个人信贷业务风险提示会上的讲话…………………… 魏国雄 768
扎实开展制度梳理 健全制度管理长效机制
——在中国工商银行制度梳理工作动员暨培训会议上的讲话……………… 魏国雄 770
深入推进 统一管理 不断提升集团并表管理水平
——在中国工商银行 2012 年并表管理工作会议上的讲话………………… 魏国雄 773
组建专职催收机构 健全催收管理机制 进一步加强个人违约贷款催收管理
——在中国工商银行个人违约贷款催收管理工作视频会议上的讲话…… 魏国雄 777
在中国工商银行境外机构信息系统安全生产运行工作专题会议上的讲话………… 林晓轩 779
在中国工商银行 2012 年生产运行管理专题会议上的讲话…………………………… 林晓轩 780

第七部分 综合统计

中国工商银行股本变动及主要股东持股情况……… 785
中国工商银行合并资产负债表…………………… 786
中国工商银行合并利润表………………………… 787
中国工商银行合并现金流量表…………………… 788
中国工商银行资本充足率情况表………………… 790
中国工商银行贷款五级分类分布情况表………… 790
中国工商银行员工情况表………………………… 791
中国工商银行系统机构设置情况表……………… 794

第八部分 大事记

1 月 …………………………………………… 799
2 月 …………………………………………… 801
3 月 …………………………………………… 805
4 月 …………………………………………… 809
5 月 …………………………………………… 813
6 月 …………………………………………… 817
7 月 …………………………………………… 820
8 月 …………………………………………… 823
9 月 …………………………………………… 826
10 月 …………………………………………… 828
11 月 …………………………………………… 831
12 月 …………………………………………… 834

第九部分 附 录

中国工商银行党委、董事、监事及高管人员名录…………………………………………… 841
总行内设机构名录………………………………… 841
总行直属机构名录………………………………… 843
各一级分行、直属分行名录……………………… 844
各内审分局名录…………………………………… 847
各一级分行营业部机构名录……………………… 848
各二级分行机构名录……………………………… 849
境内控股及独资子公司名录……………………… 872
境外机构名录……………………………………… 872
2012 年度二级分行经营 30 强 ………………… 878
2012 年度二级分行综合排名进步前 30 ……… 879
2012 年度城区支行经营 40 强 ………………… 880
2012 年国际评级、主要排名及获得的主要奖项 … 881
全国“五一”劳动奖状 ………………………… 887
全国“工人先锋号” …………………………… 887
全国“五一”劳动奖章 ………………………… 887
全国妇女创先争优先进集体……………………… 887
全国妇女创先争优先进个人……………………… 887

Contents

Part 1 Innovation & Development

Seriously applying macroeconomic control policy ······ 3
Formulated and implemented new three – year development strategy plan ······ 4
Financial assets services innovation and development ······ 6
Establishment of consumer protection office ······ 7
Profit center reform ······ 9
Management system reform of county branches and business department of provincial and autonomous regional branches ······ 9
Reform of credit approving system ······ 10
Reform of legal affairs management centralization ······ 10
Reform of business operation ······ 12
Business process comprehensive transformation ······ 13
Construction of MOVA system ······ 15
Construction of FOVA system ······ 15
Construciton of new global internet information platform ······ 16
Service innovation ······ 17
Brand construction ······ 18
Channel construction ······ 19
IT construction ······ 20
Production innovation management ······ 21
Personal banking ······ 23
Coporate banking ······ 25
Institutional banking ······ 28
Deposits business ······ 31
Credit business ······ 32
Small – sized enterprises business ······ 33
Specialized financing products business ······ 34
Investment banking business ······ 36
Bond and finance business ······ 38
Financial market business ······ 39
Assets management business ······ 41
Bills and notes business ······ 43
Intermediary business ······ 44
Credit card business ······ 45
Settlement and cash management business ······ 47
E – banking business ······ 49
Asset custody services ······ 51
Annuity service ······ 53
Private banking business ······ 54
Precious metal business ······ 56

Part 2 Global Development & Comprehensive Operation

Expansion of foreign institutions and business development ········· 59
Review of international business ········· 60
Review of cross – border RMB business ········· 61
International settlement and documents business ········· 63
International co – ordination and exchange of finance ········· 64
Strategic cooperation with Standard Bank Group ········· 65
ICBC Credit Swiss Asset Management Co. , Ltd ········· 66
ICBC Financial Lease Co. , Ltd ········· 67
ICBC – AXA Assurance Co. , LTD ········· 69
ICBC （Asia） Ltd. ········· 70
ICBC International Holding Limited ········· 71
Hong Kong Branch ········· 72
ICBC Credit Card Center（International） ········· 73
ICBC （Macao） Ltd. ········· 74
Singapore Branch ········· 76
Tokyo Branch ········· 78
Seoul Branch ········· 79
Pt. Bank ICBC Indonesia ········· 80
ICBC（Thailand） ········· 82
ICBC（Malaysia） ········· 83
ICBC（Middle East） Ltd. ········· 85
ICBC（Almaty） ········· 86
Hanoi Branch ········· 87
Vientiane Branch ········· 88
Phnom Penh Branch ········· 89
Yangon Representative Office ········· 90
Karachi Branch ········· 91
Mumbai Branch ········· 92
ICBC （Europe） ········· 93
Paris Branch ········· 95
Amsterdam Branch ········· 96
Brussels Branch ········· 98
Milan Branch ········· 99
Madrid Branch ········· 100
Warsaw Branch ········· 101
Frankfurt Branch ········· 102
ICBC（London） Ltd. ········· 104
ICBC（Moscow） ········· 105
New York Branch ········· 107
ICBC（USA） ········· 108
ICBC Financial Services LLC ········· 109
ICBC（Canada） Ltd. ········· 110
Sydney Branch ········· 112
African Representative Office ········· 114
ICBC（Argentina） ········· 116

ICBC – Rural Banks in Pinghu of Zhejiang and Bishan of Chongqing ······ 117

Part 3 Corporate Governance & Risk Control

Improvement of corporate governance ······ 123
Investor's relationship management ······ 125
Fulfill Social Responsibilities ······ 126
Corporate governance of subsidiary company ······ 128
Comprehensive risk management ······ 130
Implement of new capital accord ······ 132
Internal audit ······ 133
Establishment of internal control system ······ 136
Reputation risk management ······ 138
Customer complaints Management ······ 138
Accounting management ······ 139
Assets and liabilities management ······ 141
Credit rating management ······ 144
Credit approving ······ 146
Authorization management ······ 149
Operation management ······ 149
Legal counsel ······ 151
Anti – laundering ······ 154
Managerial information ······ 155
Security and guard ······ 157
Monitoring and preventation of legal proceedings ······ 160

Part 4 Party & Staff Building

Party building ······ 163
Leadership building ······ 166
Improving the integrity of the Party and combating corruption ······ 166
Ideological and ethical progress ······ 167
Corporate culture cultivation ······ 168
Human resources management ······ 169
Work of Union ······ 171
Work of the Communist Youth League ······ 172
Retired personnel servings and management ······ 174
Education and training ······ 176
Comprehensive description of training and education by Changchun Financial Study and Research Institute ······ 178
Comprehensive description of training and education by Hangzhou Financial Study and Research Institute ······ 179
Comprehensive description of training and education by Hongkong Training Center ······ 180
Research on financial theory and academic exchanges ······ 181

Part 5 Achievement by Domestic Branches

Beijing Branch ······ 187
Tianjin Branch ······ 190
Hebei Branch ······ 191

Shanxi Branch …… 193
Inner Mongolia Branch …… 195
Liaoning Branch …… 197
Jilin Branch …… 198
Heilongjiang Branch …… 200
Shanghai Branch …… 201
Jiangsu Branch …… 204
Zhejiang Branch …… 205
Anhui Branch …… 207
Fujian Branch …… 209
Jiangxi Branch …… 211
Shandong Branch …… 212
Henan Branch …… 214
Hubei Branch …… 216
Hunan Branch …… 218
Guangdong Branch …… 219
Guangxi Branch …… 221
Hainan Branch …… 223
Sichuan Branch …… 224
Chongqing Branch …… 226
Guizhou Branch …… 227
Yunnan Branch …… 229
Shanxi Branch …… 230
Gansu Branch …… 232
Qinghai Branch …… 233
Ningxia Branch …… 234
Xinjiang Branch …… 236
Xizang Branch …… 237
Dalian Branch …… 239
Qingdao Branch …… 240
Ningbo Branch …… 242
Xiamen Branch …… 243
Shenzhen Branch …… 245
Suzhou Branch …… 246
Business Department of Guangdong Branch …… 248

Part 6 Material Document

Speech at the ICBC 2012 annual conference, by Chairman of Board Mr. Jiang Jianqing …… 253
Speech at the plenary meeting of ICBC branches' President, by Chairman of Board Mr. Jiang Jianqing …… 262
Speech at the report meeting of centralization management reform of credit approving in Jiangsu branch, by Chairman of Board Mr. Jiang Jianqing …… 269
Speech at the 2012 conference of multinational operation of ICBC, by Chairman of Board Mr. Jiang Jianqing …… 271
Speech at the conference of discipline inspection and supervision of ICBC, by Chairman of Board Mr. Jiang Jianqing …… 279
Speech at investigation and study meeting in finance marketing department, by Chairman of Board Mr. Jiang Jianqing …… 282
Speech at the conference of internal audit, by Chairman of Board Mr. Jiang Jianqing …… 284

Speech at the conversazione of the total public selection of cadres in ICBC group, by Chairman of Board Mr. Jiang Jianqing …… 290
Speech at the ICBC 2012 1st ministerial affairs meeting, by Chairman of Board Mr. Jiang Jianqing …… 294
Speech at the directorate symposium of development strategy of ICBC, by Chairman of Board Mr. Jiang Jianqing …… 298
Speech at the apprasial meeting of commemorating the 90th anniversary of Chinese communist youth league and the meeting of commender, by Chairman of Board Mr. Jiang Jianqing …… 303
Speech at the analyzing meeting of credit assets, by Chairman of Board Mr. Jiang Jianqing …… 305
Speech at the symposium of improving contentment in personnel selection and appointment, by Chairman of Board Mr. Jiang Jianqing …… 306
Speech at the 2012 China financial forum, by Chairman of Board Mr. Jiang Jianqing …… 309
Speech at the symposium of commemorating the 91th anniversary of Communist Party of China and the campaign of striving to be best and advanced, by Chairman of Board Mr. Jiang Jianqing …… 312
Speech at the ICBC awards ceremony of MOVA system, by Chairman of Board Mr. Jiang Jianqing …… 314
Speech at the 25th of 2012 expanded meeting of Party Committee of ICBC, by Chairman of Board Mr. Jiang Jianqing …… 319
Speech at the China Banking future Academic Forum, by Chairman of Board Mr. Jiang Jianqing …… 321
Speech at the ICBC seminar of implementing the spirit of 18th CPC national congress and promoting scientific development, by Chairman of Board Mr. Jiang Jianqing …… 323
Speech at the ICBC 2012 annual conference, by President Mr. Yang Kaisheng …… 334
Speech at the plenary meeting of ICBC branches' President, by President Mr. Yang Kaisheng …… 360
Analysis on the impact of Interest rate marketing, by President Mr. Yang Kaisheng …… 367
Speech at the seminar of commercial banking and investment banking interactive business, by President Mr. Yang Kaisheng …… 370
Speech at the conference of asset Management business, by President Mr. Yang Kaisheng …… 373
Speech at the ICBC 2012 video conference of channel building and optimization, by President Mr. Yang Kaisheng …… 377
Speech at the conference of discipline inspection and supervision of ICBC, by President Mr. Yang Kaisheng …… 380
Speech atinvestigation and study meeting in finance marketing department, by President Mr. Yang Kaisheng …… 381
Speech at the conference of financial accounting, by President Mr. Yang Kaisheng …… 382
Speech at the ICBC senior management class of internal control and compliance training, by President Mr. Yang Kaisheng …… 385
Speech at the ICBC work conference of Intermediate Business charge management, by President Mr. Yang Kaisheng …… 387
Speech at the ICBC 2012 1st ministerial affairs meeting, by President Mr. Yang Kaisheng …… 389
Speech at the directorate symposium of development strategy of ICBC, by President Mr. Yang Kaisheng …… 396
Speech at the 25th of 2012 expanded meeting of Party Committee of ICBC, by President Mr. Yang Kaisheng …… 398
Speech at the ICBC conference of precious metals business, by President Mr. Yang Kaisheng …… 400
Speech at the ICBC conference of financial assets services business management, by President Mr. Yang Kaisheng …… 403
Speech at the ICBC 2012 conference of the annual accounts, by President Mr. Yang Kaisheng …… 405
Speech at the ICBC seminar of implementing the spirit of 18th CPC national congress and promoting scientific development, by President Mr. Yang Kaisheng …… 409
Speech at the 2012 directorate symposium of development strategy of ICBC, by Chairman of the Board of Supervisors Mr. Zhao Lin …… 441

Speech at the opening ceremony of 20th leading cadre research class of ICBC Party school, by Chairman of the Board of Supervisors Mr. Zhao Lin ······ 442
Speech at the symposium of ICBC spiritual civilization building and enterprise culture construction, by Chairman of the Board of Supervisors Mr. Zhao Lin ······ 444
Speech at the conference of assets management business of ICBC, by Deputy President Ms. Wang Lili ······ 451
Speech at the 2012 conference of multinational operation of ICBC, by Deputy President Ms. Wang Lili ······ 457
Speech at the conference of assets and liabilities management and the appraisal meeting of funds centraliaztionmanagement reform of ICBC in 2012, by Deputy President Ms. Wang Lili ······ 460
Speech at theinvestigation and study meeting in finance marketing department, by Deputy President Ms. Wang Lili ······ 467
Speech at the symposium of ICBC cross－border RMB business, by Deputy President Ms. Wang Lili ······ 468
Speech at the working conference of ICBC overseas business, by Deputy President Ms. Wang Lili ······ 471
Summary statement of the working conference of ICBC overseas business, by Deputy President Ms. Wang Lili ······ 476
Speech at the report meeting of centralization management reform of credit approving in Jiangsu branch, by Deputy President Mr. Li Xiaopeng ······ 477
Speech at the promoting meeting of global harmonization on credit assessment, by Deputy President Mr. Li Xiaopeng ······ 478
Speech at the ICBC 2012 video conference of channel building and optimization, by Deputy President Mr. Li Xiaopeng ······ 482
Speech at the work conference of 2012 ICBC credit business, by Deputy President Mr. Li Xiaopeng ······ 487
Speech at the video confernce of overseas credit cards business, by Deputy President Mr. Li Xiaopeng ······ 495
Speech at the conference of personal banking, credit card and private banking business of ICBC, by Deputy President Mr. Li Xiaopeng ······ 501
Speech at the directorate symposium of development strategy of ICBC, by Deputy President Mr. Li Xiaopeng ······ 507
Speech at the symposium of vertical centralized management of credit approving in some branches, by Deputy President Mr. Li Xiaopeng ······ 508
Speech at the work conference of ICBC credit card business, by Deputy President Mr. Li Xiaopeng ······ 510
Speech at the midyear work conference of ICBC personal banking business, by Deputy President Mr. Li Xiaopeng ······ 515
Speech at the work conference of ICBC guarantee management, by Deputy President Mr. Li Xiaopeng ······ 520
Speech at symposium of "the eldly engaging in life－long learning", by Deputy President Mr. Li Xiaopeng ······ 524
Speech at the symposium of ICBC non－financial institution payment service, by Deputy President Mr. Luo Xi ······ 530
Speech at the case analysis symposium of the people's livelihood financial services, by Deputy President Mr. Luo Xi ······ 534
Speech at the conference of settlement and cash management, and precious metal business, by Deputy President Mr. Luo Xi ······ 538
Speech at the work conference of ICBC overseas asset custody business, by Deputy President Mr. Luo Xi ······ 543
Speech at the work conference of ICBC institutional banking business, asset custody and annuity services, by Deputy President Mr. Luo Xi ······ 548
Speech at the work conference of ICBC information management, by Deputy President Mr. Luo Xi ······ 554
Speech at the video mobilize conference of marketing campaign of financial assets increments services, by Deputy President Mr. Luo Xi ······ 560
Speech at symposium of 2012 ICBC financial asset service business, by Deputy President Mr. Luo Xi ······ 564
Speech at the senior seminar of internal control and compliance training, by Deputy President Mr. Luo Xi ······ 570
Speech at the seminar of trategic cooperation of bank and fund, by Deputy President Mr. Luo Xi ······ 575
Speech at the startup meeting of ICBC institution credit code launch promotion and application, by Deputy

President Mr. Luo Xi ······ 579
Speech at the symposium of ICBC headquarters marketing of financial insititutions, by Deputy President Mr. Luo Xi ······ 582
Speech at the mobilization and training conference of ICBC system carding, by Deputy President Mr. Luo Xi ······ 585
Speech at the video promoting conference of ICBC employee behavior criterion educational activities, by Deputy President Mr. Luo Xi ······ 586
Speech at the 2012 seminar of interbank cooperation, by Deputy President Mr. Luo Xi ······ 589
Speech at the symposium of the 2012 teacher's day, by Deputy President Mr. Luo Xi ······ 594
Speech at the symposium of ICBC internet information affairs, by Deputy President Mr. Luo Xi ······ 598
Speech at the symposium of global cash management in Americas institutions, by Deputy President Mr. Luo Xi ······ 602
Speech at the video conference of ICBC " supervision and inspection management system" promotion, by Deputy President Mr. Luo Xi ······ 605
Speech at the symposium of company deposits without loans, by Deputy President Mr. Luo Xi ······ 608
Speech at the video conference of bank and insurance, by Deputy President Mr. Luo Xi ······ 611
Speech at the conference of discipline inspection and supervision of ICBC, by Secretary of Discipline Inspection Committee Mr. Liu Lixian ······ 615
Speech at the congference of ICBC security affairs, by Secretary of Discipline Inspection Committee Mr. Liu Lixian ······ 620
Speech at the seminar of ICBC commercial banking and investment banking interactive, by Deputy President Mr. Yi Huiman ······ 627
Speech at the conference of large sums of money monitoring platform application and corporate deposits promotion, by Deputy President Mr. Yi Huiman ······ 630
Speech at the conference of ICBC operation management, by Deputy President Mr. Yi Huiman ······ 634
Speech at the information technology conference of ICBC, by Deputy President Mr. Yi Huiman ······ 641
Speech at the conference of 2012 ICBC corporate and investment banking, by Deputy President Mr. Yi Huiman ······ 648
Speech at the conference of E-banking business of ICBC, by Deputy President Mr. Yi Huiman ······ 657
Speech at the conference of product innovation of ICBC, by Deputy President Mr. Yi Huiman ······ 664
Speech at the ICBC symposium of investment banking, by Deputy President Mr. Yi Huiman ······ 670
Speech at the conference of ICBC intermediate charge management work, by Deputy President Mr. Yi Huiman ······ 675
Speech at the end of ICBC symposium of investment banking, by Deputy President Mr. Yi Huiman ······ 678
Speech at the ICBC services promotion conference, by Deputy President Mr. Yi Huiman ······ 680
Speech at the end of ICBC services promotion conference, by Deputy President Mr. Yi Huiman ······ 686
Speech at the thematic conference of ICBC overseas information systems safe operation, by Deputy President Mr. Yi Huiman ······ 689
Speech at the senior management training class of information technology, by Deputy President Mr. Yi Huiman ······ 692
Speech at the ICBC corporation business symposium and senior management training class, by Deputy President Mr. Yi Huiman ······ 698
Speech at the end of ICBC corporation business symposium, by Deputy President Mr. Yi Huiman ······ 706
Speech at the promotion symposium of operation management important work, by Deputy President Mr. Yi Huiman ······ 707
Speech at the symposium of product promotion in some branches, by Deputy President Mr. Yi Huiman ······ 714
Speech at the product innovation award ceremony, by Deputy President Mr. Yi Huiman ······ 716
Speech at the conference of financial assets services management, by Deputy President Mr. Yi Huiman ······ 717

Speech at the symposium of ICBC private banking, by Deputy President Mr. Zhang Hongli ······ 722
Speech at the conference of 2012 ICBC corporate and investment banking, by Deputy President Mr. Zhang Hongli ······ 724
Speech at the conference of settlement and cash management, and precious metal business of ICBC, by Deputy President Mr. Zhang Hongli ······ 727
Speech at the conference of ICBC personal banking, credit card and private banking business, by Deputy President Mr. Zhang Hongli ······ 730
Speech at the symposium of ICBC and China 'going out' enterprise business, by Deputy President Mr. Zhang Hongli ······ 734
Speech at the conference of ICBC commodity finance business in some branches, by Deputy President Mr. Zhang Hongli ······ 737
Speech at the conference of ICBC precious metal business, by Deputy President Mr. Zhang Hongli ······ 742
Speech at the conversazione of the total public selection of cadres in ICBC group, by member of Party Committee Mr. Wang Xiquan ······ 745
Speech at the conference of 2012 ICBC corporate and investment banking, by Chief Risk Official Mr. Wei Guoxiong ······ 746
Speech at the conference of 2012 ICBC credit management, by Chief Risk Official Mr. Wei Guoxiong ······ 748
Speech at the conference of 2012ICBC risk management, by Chief Risk Official Mr. Wei Guoxiong ······ 755
Speech at the symposium of ICBC credit asset quality analysis, by Chief Risk Official Mr. Wei Guoxiong ······ 761
Speech at the conference of small business credit risk warning, by Chief Risk Official Mr. Wei Guoxiong ······ 762
Speech at the conference of trade finance business risk warning, by Chief Risk Official Mr. Wei Guoxiong ······ 764
Speech at the conference of real estate credit business risk woarning, by Chief Risk Official Mr. Wei Guoxiong ······ 767
Speech at the conference of personal credit business risk woarning, by Chief Risk Official Mr. Wei Guoxiong ······ 768
Speech at the mobilization and training conference of ICBC system carding, by Chief Risk Official Mr. Wei Guoxiong ······ 770
Speech at the conference of 2012 ICBC consolidated financial statement, by Chief Risk Official Mr. Wei Guoxiong ······ 773
Speech at the video conference of personal loans in delinquency urge, by Chief Risk Official Mr. Wei Guoxiong ······ 777
Speech at the thematic conference of ICBC overseas information systems safe operation, by Chief Information Official Mr. Lin Xiaoxuan ······ 779
Speech at the thematic conference of ICBC overseas information systems safe operation, by Chief Information Official Mr. Lin Xiaoxuan ······ 780

Part 7　Comprehensive Statistics

Change of ICBC capital stock and strong shareholder ······ 785
ICBC consolidated balance sheet ······ 786
ICBC consolidated income statement ······ 787
ICBC consolidated cash flow statement ······ 788
Capital adequacy ratio table of ICBC ······ 790
Categories of loan of ICBC ······ 790
Diagram of ICBC staff ······ 791
Chart of affiliated established by ICBC ······ 794

Part 8　Chronicles of ICBC in 2011

January ······ 799

February 801
March 805
April 809
May 813
June 817
July 820
August 823
September 826
October 828
November 831
December 834

Part 9 Appendix

List of members of the party committee, directors, supervisors and senior management of ICBC 841
List of internal departments of headquaters 841
List of directly – controlled institutes of headquarters 843
List of tier – one branches and directly – controlled branches 844
List of internal audit institutes 847
List of business departments of tier – one branches 848
List of tier – two branches 849
List of domestic holdings and wholly – owned subsidiaries 872
List of overseas branches 872
Top 30 tier – two branches in the city zone by performance 878
Top 30 tier – two branches in the city zone by progress of overall ranking 879
Top 40 sub – branches in the city zone by performance in 2012 880
ICBC's international awards and ranking in 2012 881
National May – 1st Labor Diploma 887
National Pioneer Workers 887
National May – 1st Labor Medal 887
National women advanced groups in create struggles in superiorly first activity 887
National women advanced individuals in create struggles in superiorly first activity 887

第一部分

改革创新与业务发展

责任编辑：刘治国

认真贯彻国家宏观调控政策

2012 年，面对国际国内严峻复杂的经济金融形势，全行认真贯彻国家宏观调控政策和金融监管要求，把握“稳中求进”的主基调，积极做好信贷战略与国家宏观经济政策的衔接配合，保持了信贷总量的合理增长和均衡投放，并通过将增量贷款投向优化与存量贷款调整移位相结合，提高了支持经济发展的质量和水平。

一、积极支持实体经济发展

认真把握好并适时适度调整信贷投放的总量和节奏，积极满足实体经济合理资金需求。2012 年末，境内分行人民币各项贷款余额 78 966.1 亿元，比年初增加 8 673.5 亿元，增长 12.3%。全行贷款总体流量进一步增大，全年境内分行各项贷款累计投放 77 288.4 亿元，同比多增 18 473.4 亿元，在支持国民经济平稳较快发展中发挥了大银行的积极作用。

同时，充分发挥信贷在生产要素资源配置中的引领作用，坚持有进有退、有扶有控、有保有压，积极通过信贷结构的调整优化来促进经济结构调整和产业优化升级。2012 年仅靠收回再贷发放的项目贷款就超过 6 000 亿元，95% 以上投向了以国家重点投资为主体的在建续建项目。新增贷款积极支持了符合经济结构调整方向的先进制造业、服务业、文化产业和战略性新兴产业的发展，其新增贷款占公司贷款增量的 103%。积极落实国家扶持中小企业发展的一系列政策措施，新增中小企业贷款占公司贷款增量的 73%，中小企业贷款占全部公司贷款余额的 65%，其中，小微企业贷款占全部公司贷款余额的 25%。配合国家扩大消费政策的实施，新增个人类贷款（含银行卡融资）2 603 亿元，占全部贷款增量的近 30%。突出加强了对节能环保等绿色经济领域的支持，全行 99.9% 以上的贷款是环境友好贷款。加大了对“走出去”企业和对外贸易的支持力度，新增外汇贷款 160 亿美元，增长 34%。注重加强对中西部和东北地区的信贷支持，其贷款增幅连续 5 年高于全行平均水平。

二、全面提升金融服务能力和水平

（一）完善调整信贷政策。一是修订完善行业区域信贷政策，引导资源优化配置。2012 年结合宏观形势变化和产业结构调整趋势，集中修（制）订了 52 个行业信贷政策，进一步扩大政策覆盖范围，并首次实现对服务业贷款全覆盖。对国家明确产业政策（或准入条件）且不属于“两高一剩”的行业，将国家产业政策标准作为信贷准入标准，有效提高信贷政策与国家产业政策的契合度。细化管理要求，上调先进制造业、现代服务业、文化产业等重点行业分类，下调城建等“四大行业”及相关行业的分类。结合国家环保政策要求与趋势，调整完善全行绿色信贷分类标准，制定节能减排领域信贷政策。此外，还制定新疆、中原经济区等四个区域信贷政策，推进跨区域分支机构合作，充分发挥区域信贷政策区位调节作用。二是坚持资本节约的信贷发展方向。2012 年重点围绕提高资本利用效率和风险收益水平的内在要求，压缩调整监管资本占用高、RAROC 水平相对较低的信贷业务，加快发展资本占用少、RAROC 水平高的业务。积极调整表外信贷业务结构，提高承诺类和担保类业务的经济资本占用系数，下达压降表外业务计划，进一步节约资本占用。扩大 RAROC 阈值管理的信贷业务范围，完善 RAROC 阈值指标体系；在全部实行 RAROC 阈值系统刚性控制的同时，增加对未达标业务、特定客户和特殊业务的 RAROC 阈值弹性处理机制。

（二）加快信贷产品创新和制度建设。主动适应信贷市场需求变化，进一步推动信贷业务创新转型和规范发展。一是创新供应链融资业务新模式，引导贸易融资业务向供应链融资转型。在一汽、武钢等核心企业试点推行“一点对全国”的业务模式，制定印发《供应链融资创新试点实施方案》向全行推广实施。二是推出影视制作项目贷款、小企业标准厂房按揭贷款、个人文化消费贷款等一批信贷新产品，支持营销拓展新兴市场客户群。三是进一步加强信贷管理制度建设。规范了低风险信贷业务、信用贷款、同业代付等管理办法；修订融资性和非融资性担保业务，以及贷款担保管理办法；加强贷后管理基本制度建设，制定或修订《法人客户贷后管理办法》、《信贷监督执行工作管理办法》等，督促全行合规办理信贷业务。

（三）加强境外机构信贷产品与基础制度建设。首次印发境外机构信贷产品目录和信贷管理手册（中英文对照），在现行信贷产品和制度中梳理出 57 项需境外机构执行或适合移植境外的产品。在全集团范围内首次推出内保外贷业务、创新“走出去”企业总部承担风险项下内外联动方案，积极推动境外机构信贷业务快速健康发展。完善境外分行和子银行信贷授权方案，规范境外机构信用风险重大事项集体审议制度、超信贷审批权限业务报送流程以及信贷资产质量分类实施细则等，进一步完善境外机构信贷基础制度框架体系。

三、加强重点领域信贷风险管控

一是进一步加强地方政府融资平台管理。按照“控制总量、缓释存量、支持在建、整改增信”的原则，合理把握监管部门政策要求，进一步完善总行集中授信审批制度、总行领导督导大户制度和平台贷款监测统计报告制度，并针对平台管理中存在的主要问题，明确处理通道，保障各类业务通畅运行。全行平台贷款总量较年初下降941亿元，不良率保持在0.26%的优良水平；平台贷款现金流全覆盖及基本覆盖贷款占比达到98.2%，较年初提高1.2个百分点，总体保持平稳运行态势。

二是进一步加强房地产贷款风险管理。积极贯彻落实国家房地产宏观调控政策，加强存量房地产贷款收回管理，并及时对新发生不良、违约、未按销售进度还款等风险项目进行风险预警提示，逐项化解潜在风险。严格控制向新客户、新项目以及限购城市新发放房地产贷款，对新发放贷款实施系统刚性控制，进一步提高房地产开发企业和房地产贷款项目准入条件。在风险可控和商业可持续的前提下积极支持保障性住房贷款业务发展。2012年全行房地产信贷业务保持平稳运行，并实现了房地产不良贷款额和不良率的双降。

三是进一步严控“两高一剩”行业贷款风险。继续完善钢铁、有色金属等行业贷款限额管理，印发钢铁、有色、光伏和造船等行业风险提示和信贷管理要求，加大对劣势客户融资的退出力度。在严控“两高一剩”行业贷款风险的同时，积极响应国家政策导向，支持各类节能减排重点工程。

（总行信贷与投资管理部）

制定实施新三年发展规划

一、新三年发展规划的制定情况

2012年5月3日，《中国工商银行2012－2014年发展战略规划》（以下简称“新三年发展规划”）经董事会战略委员会审议并提交董事会审议通过，正式印发全行开始实施。这是全行股改后第三个三年规划，在继承和延续前两个规划的基础上，全面评估了过去六年全行战略转型的成效与不足，充分考虑了全行当前发展的空间和困难，审慎研判今后三年的经营环境与市场地位，进一步丰富、深化、调整、充实了未来几年全行改革发展的战略重点和实施路径。同时，新规划更加突出新形势对全行转型发展的新要求，确立了今后三年发展的总任务、战略重点和经营指标体系。

（一）详细筹划，系统研究。新三年发展规划期面临着国际金融危机之后全球经济的一段艰难修整和复苏，而国内经济也正在经历重大转型，外部经营形势较为复杂；同时，全行战略转型和发展也进入关键阶段，面对的改革任务和竞争态势更为紧迫严峻。为确保新三年发展规划编制建立在对形势的科学预判的基础上，并对全行改革发展的任务有一个全面和深刻的了解，系统组织了对新三年发展规划相关的一系列研究工作。一是通过对新三年发展规划期内全行经营背景的预测判断，分析提出了全行需要把握的重要机遇和需要着重应对的主要挑战；二是通过对未来三年的同业竞争态势和走势的预测分析，对全行在新三年发展规划期内的竞争优劣势作出了客观判断；三是对全行在2006－2011年6年转型发展的主要成效和不足进行了梳理，明确了全行新三年发展规划期内应坚持的发展主线和需要重点解决的问题。

（二）群策群力，深入开展。新三年发展规划编制涉及总行30多个专业部室，各一级（直属）分行、各省区分行营业部，以及样本二级分行、样本县支行等220多家分支机构，以及境内外从事综合化业务的5家样本子公司，基本实现了对全行主要业务条线和各层级机构的全覆盖。在编制过程中，各级机构对辖内机构提出了逐级编制发展规划的要求。总行在对全行各机构编制本单位三年规划的汇总整理和分析提炼要点基础上，形成了制定全行新三年发展规划主要发展战略和主要任务目标的关键基础。

（三）高层合议，谋定思路。先后在昆明市和南昌市组织召开专题战略研讨会，董事会战略委员会委员、监事会成员、总行高管和总行相关部室负责人参加会议，就新三年发展规划期间全行发展面临的新形势、新问题，全行应当重点推动的战略任务、亟须实现的发展目标进行深入研讨，不断完善发展战略思路，推动形成正确的规划导向，充实和完善了新三年发展规划的战略体系。

（四）深入调研，集思广益。总行牵头，各分行、各子公司和总行各业务部门全力配合，在全行范围内组织开展了多场规划专题调研，了解各机构的经营发展状况，听取各方关于新的三年规划期内的发展构想和战略建议，确保新三年发展规划能够充分反映全行发展诉求、解决关系全行发展的重大和紧迫问题。

二、新三年发展规划2012年的执行情况

（一）2012年全行主要战略目标完成情况。2012年是新三年发展规划的开局之年，全行坚持推进战略转型，扎实执行规划各项部署，保持盈利增长、业务发展、结构优化、风险可控的稳健态势，十大战略得到全面贯彻实施，分支行层面坚持推进经营结构调整，规划执行情况总体符合进度目标要求。

1. 全行主要经营指标完成情况良好。一是核心经营指标符合规划进度目标。2012年，全行资本充足率与核心资本充足率分别达到13.66%和10.62%，契合规划要求，且为监管标准的提高预留了空间；不良贷款率和拨备覆盖率分别为0.85%和295.55%，显著优于规划目标；成本收入比为29.24%，不仅符合规划要求，也较上年水平继续有所降低，投入产出效能进一步提高。

二是业务发展增速满足规划要求。克服国内外经济发展不确定性增强的不利影响，存款、贷款、非信贷资产及净利润增长率分别达到11.3%、13.0%、13.7%和14.5%，达到或基本达到规划的序时进度目标。

三是主要结构指标符合规划要求。资产负债结构稳步调整，非信贷资产占比超过50%。

四是效率指标整体提升。通过加快发展方式的转变以及重点领域和关键环节的改革创新，经营效率稳步提升，人均资产和网均资产，分别较2011年增加525万元和0.8亿元，且顺利完成规划序时进度要求。

五是新兴业务的竞争指标表现突出。投资银行业务收入与资产管理业务稳居“国内第一银行类投行”与“国内资产管理第一大行”的优势地位；养老金业务收入遥遥领先市场同业，信用卡发卡量和消费额居亚太地区首位并跻身全球四大发卡银行之列，贵金属手续费及佣金收入连续三年保持可比同业市场龙头地位，工银瑞信资产管理规模行业排名第六，圆满完成规划序时进度要求。

2. 全行十大战略得到全面贯彻实施。2012年，面对复杂严峻的外部经营环境和市场竞争压力，全行牢牢把握经营转型这一主线，稳步推进全行十大发展战略，取得了良好成效。

——关键领域和重要环节的体制机制改革加速推进，集团一体化程度不断提高。围绕“One ICBC”整体战略规划，抓紧启动“八大全球统一体系”建设，全球统一授信管理体系基本形成，在境外分行成功试点投产境外财务管理系统，推进并表机构统一风险管理工作；持续推进流程综合改造和业务集中处理改革，全面完成了533个业务流程紧迫性问题改造，实现了近20项个人非实时业务集中处理，完善业务集中处理平台功能；进一步改进经营管理考核，完善境内分行经营绩效和业务发展考评办法以及总行部室及利润中心定量考核办法，强化对境外机构ROE、ROA指标的考核要求以及全球重点产品线考核。

——结构调整战略稳步推进，新的业务增长点和多元收益来源逐步成熟。经营结构的多元化调整持续推进，非信贷资产在总资产中的比重保持在50%以上，投资利息收入稳步增长，中间业务收入保持增长的态势。特别是金融资产服务业务的发展水平不断提升，成为全行资产收益结构调整的重要推动力以及经营业绩保持稳定的重要支撑力量。信贷结构调整力度进一步加大，与实体经济的发展需求以及国家宏观经济政策实现了更为紧密的衔接，先进制造业、现代服务业、文化产业和战略性新兴产业“四大新兴市场”贷款以及贸易融资、中小企业贷款、个人类贷款“三大战略领域”增长迅速。客户结构持续优化，利润中心建设稳步推进，“分行+专业线”双支撑盈利结构中“专业线”的力量不断增长。

——国际化战略持续推进，境外机构竞争力显著增强。继续积极稳妥地推进全球网络布局，境外网络已延伸至39个国家和地区，形成了横跨亚、非、拉、欧、美、澳六大洲的全球服务网络，成为境外机构覆盖范围最广的中资银行。全球产品线建设加快向纵深发展，进一步确立了“走出去”业务大行的地位，在中资同业中率先推出了全球现金管理业务，境外零售业务依托银行卡与网银套接模式实现跨越式发展，在香港建立了统一的境外信用卡平台，工银金融的证券清算和证券融资业务模式趋向成熟。全球一体化业务平台实现全面覆盖，成功建成中资同业里唯一的境内外一体化科技平台，集约化经营水平领先国内同业。

——积极稳健发展非银行专业线，综合经营战略成效持续显现。收购设立了工银安盛人寿保险有限公司，形成了以商业银行为主体，涵盖基金管理、金融租赁、投资银行、保险服务等多个领域的金融服务体系，各个非银行专业条线进一步壮大。资产管理业务的产品创新步伐不断加快，业务规模迅速扩展，专业服务水平持续提升，全行理财产品余额突破1万亿元，账户交易类业务实现优先发展，金融市场交易规模和频率持续加大，资产托管和养老金业务保持良好发展势头。投资银行业务加快从技术含量较低、客户增值较少的基础类投行业务向技术含量高、增值效益大的品牌类投行业务转变，投行产品线业务规模加速扩大，积极为公司客户提供综合化融资服务，为高净值客户提供优质投资产品，充分

发挥了投融资中介的作用和投行顾问服务的专业价值，将商投互动不断推向深化。集团与子公司的客户、渠道等资源共享机制和分润机制不断完善，有效促进各子公司行业地位的提升，对集团的综合贡献不断提升。

——大力推进产品科技和渠道创新，竞争力提升战略得以有效贯彻落实。产品创新体制机制不断完善，加强新产品研发风险管理，强化产品后评价，分析并发布了个人金融产品、公司金融产品、外币与跨境人民币产品的销售和使用情况。科技创新紧密围绕集团整体发展需要，全球化、综合化、智能化和虚拟化的应用系统平台不断完善，核心业务系统的代际优势持续保持。着眼于客户需求及技术进步的总体趋势，大力实施渠道创新，全年共调整优化存量低效网点391家，电子银行服务功能不断提升，电子银行金融理财功能进一步健全。

——扎实推进资本和风险管理战略，为经营转型和业务发展提供坚实保障。编制完成三年资本规划和资本充足率达标规划，研发新型资本工具，资本充足率和核心一级资本充足率保持了历史较高水平。健全资本管理体系，有效提高了经济资本计量的适用性、精确度和风险敏感性。加强并表机构全面风险管理，优化国别风险评级模型，深入推进内部评级量化成果应用。强化重点领域的风险防控，进一步加强地方政府融资平台和房地产贷款风险管理，严控“两高一剩”行业贷款风险，进一步健全操作风险治理架构，完善信息安全管理制度体系。

——人才兴行、文化引领战略成效显著，软实力不断增强。人才队伍素质水平不断提升，人员前中后台分布、专业布局、区域结构不断优化。加大新兴、稀缺行业领域及中高端专业人才选拔和引进力度，以及风险、内控等领域的人才配置力度，推动全行跨区域流动、上下交流，重点县域支行员工队伍进一步充实，全球雇员管理的交流机制进一步深化。建立了分类别、梯次化的培训架构，学习型银行建设取得新成效。以办好“十件文化大事”为抓手，深入推进企业文化建设。

（二）2012 年分支行层面规划执行情况。2012 年，分支行层面规划执行总体良好，相关指标均显著超过全年目标。

1. 分支行层面主要战略指标顺利推进。分支行层面的结构调整战略顺利推进，信贷客户结构优化，客户集中度情况持续改善，贷款议价能力显著提升，中型企业贷款占公司贷款的比重和贸易融资占公司贷款的比重指标均显著超过全年目标。

2. 区域战略成效进一步显现。中西部区域分行表现总体优于全行平均水平，依然保持了相对较好的增长势头。其中，中部地区分行拨备后利润、中间业务收入实际增长率分别高于全行平均水平 9 个和 10 个百分点；西部地区分行利润和中间业务收入增长也分别高于全行平均水平 5.9 个和 1 个百分点。盈利梯队建设持续推进，对全行经营发展的支撑力继续提升。

（总行城市金融研究所）

创新发展金融资产服务业务

2012 年，全行继续将资本占用少、附加值高、客户需求大的金融资产服务业务作为战略转型重点，加大统筹规划和系统推动力度，全行各项金融资产服务业务均保持了较好较快的增长态势，促进了由资产持有大行向资产管理大行的转变。截至 2012 年末，境内分行和工银国际的资产管理、代理信托计划、PE 基金主理银行、代理金融业务、债券承销、养老金受托管理、资产托管、委托贷款、资产证券化、代理销售及私募股权（PE）基金管理等 11 类金融资产服务业务余额 69 879.87亿元，较年初增加 11 682.19 亿元，增幅为 20.07%。金融资产服务业务的快速发展对于巩固全行的市场地位、推进经营转型、完善收益结构、完成经营目标发挥了重要作用。

同时，进一步健全完善相关制度规定，理顺业务流程，加强规范管理，促进金融资产服务业务健康快速发展。2012 年总行印发了《中国工商银行金融资产服务业务管理基本规定（试行）》，明确了金融资产服务业务的管理制度、组织架构和部门职责等基本管理框架。一是健全组织架构。总行成立金融资产服务业务管理委员会、代理投资审查委员会和资产管理业务推进委员会，金融资产服务业务管理委员会负责全行金融资产服务业务发展计划、重要政策制度、业务管理统一协调等重大事项的决策和审议，代理投资审查委员会负责审议金融资产服务业务涉及代理客户投资与融资的相关风险事项，资产管理业务推进委员会负责资产管理业务产品研发和实施以及与监管部门、行业协会和同业沟通协调等事宜。二是明确各类资产管理业务和风险的牵头管理部门，以进一步理顺业务流程。三是初步建立起金融资产服务业务准入、授权授信、项目投资审批、投后（售后）管理、统计披露、IT系统建设和退出管理机制，并明确金融资产服务业务存续期风险管理的基本制度和规定。

（总行信贷与投资管理部）

成立消费者权益保护办公室

2012年，为了进一步加强消费者权益保护，落实国家有关部门和监管机构整治不规范经营行为的工作部署，总行印发了《关于在总行组建消费者权益保护办公室的通知》，组建消费者权益保护办公室，并从2012年3月起履行职责。其主要职责包括，负责对全行消费者权益保护工作进行规划、指导和管理，牵头推进全行消费者权益保护工作，组织和督促全行落实消费者权益保护的各项工作要求，跟踪监测消费者权益保护工作动态；研究消费者权益保护的法律法规和监管制度，制订消费者权益保护相关规章制度，落实有关法律法规和监管要求；建立完善消费者权益保护机制，牵头全行中间业务收费管理制度的梳理工作；牵头组织全行整治不规范经营活动，按时完成整治工作的各项任务。

消费者权益保护办公室成立以来，认真贯彻落实总行党委关于加强消费者权益保护工作的安排部署，主要从业务文本梳理与审查、客户维权协调、定价分析与审核、配合与协调外部监督检查等方面，多管齐下推动消费者权益保护工作的全面铺开和深入开展。

一、建立各项规章制度，夯实业务发展基础

（一）制定全行消费者权益保护基本文件、指导意见及配套制度。制定印发了《关于加强消费者权益保护工作的通知》，从健全组织管理体系、完善长效工作机制、强化预警分析和监督管理以及加强与监管部门沟通协调四个方面规划了全行消费者权益保护工作管理体系。制定印发《关于进一步做好消费者权益保护工作的意见》，进一步明确了文本审核、定价审核、客户维权协调、外部检查沟通与协调、消费者金融知识宣传教育等方面的消费者权益保护基础性工作内容，并从组织管理体系建设、内部监督检查、信息传递、风险评估与客户信息保密、宣传培训、考核评价等方面对消费者权益保护工作的保障机制提出了具体的操作意见。

（二）配套新版价目表的推出，梳理改造中间业务收费系统。协调组织总行21个部门，对全行涉及12个业务子系统、607个项目的中间业务收费名称、参数系统和凭证打印存在的问题进行了深入调研，并提出了包含537个调整项目和内容的中间业务收费系统规范化改造项目需求，通过系统促进全行中间业务收费与新版价目表的配套衔接。

（三）深入推动金融消费者宣传教育工作。按照中国银行业协会的要求指导全行深入开展“普及金融知识万里行”活动。规划编辑推出了一套易懂、可读、具有鲜明工商银行元素的“金融消费者资讯手册”。选择部分分行的特色活动，重点进行了现场调研、跟踪指导，并及时整理分行活动开展情况形成4期活动简报。活动期间，全行共组织各项活动53 832次，开展行内、外各类媒体宣传2 495次。在中国银行业协会组织的评奖中，工商银行“普及金融知识万里行”活动荣获“最佳成效奖”。

（四）强化新版价目表执行情况的跟踪监测和调研分析。组织开展新版价目表实施情况与消费者权益保护专题调研，针对发现的问题督促相关分行和部门进行整改。组织总行19个部门完成新版价目表优化意见的征集、汇总和研究分析，共收集各类优化调整意见86条，并配合财务会计部提出优化调整方案。编发15期《工作简报》，跟踪整治不规范经营工作进展，发布全国各地金融监管动态，及时通报监管政策走向。

二、开展收费项目所涉文本的梳理和审核工作

（一）梳理修订与新版价目表配套的涉及收费的各类存量文本。在总行层面，组织总行19个部门对各类收费文件进行了梳理，对不符合监管部门规定的或与新版服务价目表收费项目不一致的收费文件，会同法律事务部进行了修订完善或调整废止，累计梳理与收费项目配套的各类收费文件692个，其中规章制度348个，协议文本215个，业务凭证129个，基本完成了总行存量收费文件的梳理工作。在分行层面，印发相关通知，对分行文本梳理工作提出了明确的工作要求。制定了《收费项目文本梳理要点》和《协议文本示范性修订样本》，指导分行有针对性、高效地开展梳理工作，共梳理各类特色文本845个，其中规章制度378个，协议364个，业务凭证41个，其他文本62个。

（二）做好新产品新业务所涉文本审核工作。积极从银行与消费者权益平衡的角度出发，结合客户投诉和

外部检查所反映或暴露的问题，对总行新拟订的业务规章制度、协议合同、市场推广方案等进行审核，有效防范了新产品或新业务推出后对消费者权益的侵害或危害。截至2012年末，已审核各类文本近100份，提出建议或意见86条，涵盖个人金融、银行卡、信贷授信、金融市场、电子银行、贵金属等23个业务条线，涉及转账汇款、个人理财、贷款担保、押品评估、抵押登记等多个重点业务。

三、强化客户维权协调处理工作

（一）稳妥高效处理银监会、中国消费者协会等外部机构转办的客户纠纷维权事件。协调相关业务部室，采用电话沟通、实地回访、调阅资料等方式对投诉事件进行核实，积极主动与客户沟通解决。截至2012年末，已处理外部监管、执法或相关部门转办的举报投诉或信访事件60余起。

（二）加强投诉举报专线电话的管理。2012年5月，根据银监会要求，在总分行两级机构同时公告并开通了“服务收费投诉举报专线电话”，并建立了抽查督导、监测分析、全行通报等机制，全年受理投诉举报专线电话707起。

（三）多渠道汇集分析收费业务客户投诉和咨询热点问题。持续收集、跟踪和分析全行有关新版价目表实施的最新情况，对其中的热点问题进行整理分析，形成合理化建议反馈至业务部门。会同电子银行部定期将95588汇总的客户有关收费的意见与建议提交相关部室研究解决。紧密跟踪和督导分支机构化解有关收费的负面舆论和新闻危机。全年收集分析涉及收费的投诉143起，涉及业务办理过程的投诉453起，涉及产品或服务项目的投诉137起，其他类投诉69起。

四、加强产品定价审核与评估分析

（一）完成2012版服务价目表的梳理和对外公布工作。对2009版收费项目和实际执行的收费项目进行全面梳理，形成新版价目表，并以印制手册和门户网站公布方式推出。结合新价目表实施情况，广泛收集基层行和相关部门的意见。

（二）深入比较分析同业服务收费动态，完善定价策略和定价机制。以部分具有代表性的同业银行机构为对象，选择社会关注、客户反应敏感的部分个人业务、对公业务、国际业务及免费服务项目，完成4篇专题分析报告，从价目结构设置、项目功能、收费标准、优惠政策等角度比较分析，提出完善服务项目设置和优化定价策略的意见。

（三）协同业务部门对服务项目进行定价审核。对总行新推出的产品和服务的定价从平衡银行和消费者利益角度进行审核，引导业务部门合理定价。如对总行新推出的工银运通百夫长黑金卡和工银运通铂金卡新产品，提示相关业务部门进一步完善定价依据以及服务功能。

五、配合银监会、发改委等监管机构检查

（一）指导各行配合做好外部监管机构、执法机构各类检查。建立外部检查情况专项报告机制，跟踪督导各行认真配合检查，及时研究解决检查中发现的问题，完成了《6－9月份全行涉消费者权益保护监管检查情况分析报告》等分析报告。

（二）稳步推动银监会组织的银行业整治不规范经营活动。根据银监会整体部署，组织总行14个业务部门相关人员组成5个检查组，赴10家分行进行不规范经营专项检查，及时汇总整理检查情况，完成《关于我行整治不规范经营自查情况的报告》报送银监会，并就发现的问题和整改情况向行领导专题汇报。

六、跟踪研究境内外监管机构和同业金融消费者权益保护动态

（一）对全行不规范经营整治、投诉机制建设、特殊群体保护、重点产品销售监管等重点领域的规范性监管文件做较为系统的梳理，并提示有关业务部门和分支机构相关风险，指导相关机构落实有关消费者保护监管要求。

（二）重点跟踪研究加拿大、英国、美国、德国、法国、澳大利亚、新加坡等境外金融消费者保护法规的发展态势和消费者保护专门化机构的工作动态，密切关注国际同业在消费者保护方面的工作近况，借鉴指导和运用到工商银行消费者权益保护工作实践。监测分析境内外金融消费者保护方面的重大诉讼，预判和防范全行经营发展涉及的消费者权益保护的薄弱环节和风险隐患。

（三）定期编发国内外金融消费者权益保护监管政策、行业信息、监督检查动态及国际典型消费者保护纠纷案例分析等内容，发送至有关业务部门和分支机构供交流、学习。

（四）密切跟踪和研究国际银行业客户纠纷管理情况，完成对香港地区190家银行业机构客户纠纷负责部门和负责人员设置情况的专题分析，开展了建立健全公平、高效、有序的客户纠纷管理制度等银行业消费者权益保护工作重大课题研究，多角度、全方位地提高全行客户纠纷管理工作水平，切实保护金融消费者权益。

（总行消费者权益保护办公室）

利润中心改革

2012年，在现有的六家利润中心基础上继续深化利润中心改革，进一步将资产管理部、投资银行部纳入利润中心改革范围，印发了《资产管理部、投资银行部利润中心改革（财务）实施方案》。同时，以价值贡献为导向，进一步完善利润中心费用配置机制，充分发挥财务资源对经营发展的推动和激励作用。实行营销费用激励挂钩，在核定基础营销费用预算的基础上，根据拨备后利润增幅确定激励营销费用，鼓励利润中心扩大价值贡献。

2012年，全行8家利润中心实现考核利润589.2亿元，同比增长超过20%，远高于全行平均水平，显示出利润中心改革的良好成效。其中，金融市场部、票据营业部、资产托管部分别实现考核利润527.3亿元、17.6亿元、14.95亿元，居利润中心前三位，同时分行产品线业绩也实现了快速增长。利润中心主要业务同业领先优势得到巩固，资产托管、贵金属、养老金、资产管理、投资银行的手续费及佣金收入排名均居同业第一位。

（总行财务会计部）

省区分行营业部和县支行改革

一、进一步深化省区分行营业部改革

通过召开座谈会、推广先进经验、开展工作调研等多种形式，进一步加大对营业部改革的督导力度，引导分行持续深化营业部改革。积极总结改革经验和评估阶段性成效，系统梳理了23家省区分行营业部改革的进展情况，并深入剖析改革遇到的问题，因地制宜制定深化改革措施。继续贯彻落实定期联系和监测制度，推动加强分行间的交流与沟通，平稳有序推动改革的深化开展。通过一年的深化改革，进一步整合了23家省区分行营业部辖属的城区支行，营业部整体经营绩效也得到了有效提升，有更多机构同业排名实现争先进位。

二、持续深入推进县支行变革

积极结合城镇化进程中的县域金融市场需求变化，加强对县域机构经营发展的战略研究，进一步明确了发展县支行的重点方向。持续加大对重点县支行的资源配置和政策支持力度，提升重点县支行市场竞争力。通过明确信贷资源配置目标、适当提高重点县支行信贷资源配置比重、适度降低经济资本占用、增强利率定价管理弹性和完善辖内票据存管制度等措施，引导分行将信贷资源向重点县支行倾斜，推动重点县支行贷款保持快速增长。截至2012年末，157家重点县支行各项存款余额为9 203.5亿元，增长12.86%，高于全行平均增速5.94个百分点；贷款余额为8 611.6亿元，增长15.50%，高于全行平均增速2.47个百分点。进一步加强县域支行变革工作督导与考核激励，制定实施“双十双百”方案，对2011年综合市场占比达到既定理想目标的36家重点县支行给予了一定额度的工资费用奖励，增强了县支行加快发展的积极性。全行157家重点县支行各项存款、各项贷款、中间业务收入以及拨备后利润在四大行同业占比分别为24.98%、28.33%、30.51%和30.60%，同比分别增加0.68个、0.32个、1.38个和0.60个百分点，有81家重点县支行综合市场份额占比进一步提升。

（总行人力资源部）

授信审批体制改革

2012 年是全行在一级分行层面实行授信审批集中管理的收官之年，在总行的统一组织推动下，各相关分行按照“把大事办好、好事办实”和“一个坚定、两个优化”的总体要求，认真研究制定授信审批集中改革方案，稳妥处理机构改革、人员调整和业务衔接之间的关系，取得了较好的改革成效。全行授信审批集中改革任务基本完成，前中后台相互独立、授信审批集中管理的信贷风险控制机制更加完善。

一、授信审批集中改革目标任务基本完成

截至 2012 年末，除广东、浙江、四川和湖南四家分行因办公场地装修等客观原因要在 2013 年上半年全部集中到位外，其他 32 家分行已经基本实现了一级（直属）分行层面的授信审批集中管理，构建了集约化、标准化、专业化和信息化的独立的中台授信审批体系。

一年来，主要在以下几方面加大了推动授信审批集中改革的组织推动和配套支持工作力度。一是召开部分分行座谈会，总结交流了江苏、河南、湖北 3 家分行推行集中管理改革的经验，研究进一步加快推动第三批分行授信审批集中管理改革的具体部署。二是制定印发了《关于加快推进授信审批集中管理改革的若干意见》，对集中管理模式、内部科室设置、业务流程优化、人员考核管理等 10 个方面提出了明确的具体要求，指导各分行规范做好集中管理改革各项工作。三是先后批复了吉林、河北等 10 家分行的授信审批集中管理改革方案，明确了各分行审批集中后优化信贷业务流程的具体要求和措施，包括县支行直报业务范围、授信项下授权签批制流程、扩大专职审批人审批的业务品种、小企业与个贷业务允许审查审批合一、推广统一通信平台等。四是认真做好相关配套服务工作。对政策制度梳理、流程优化、科技系统开发和推广等 16 项具体工作任务制订了时间表，明确了具体要求，将改革的各项配套工作做好做实。五是深入分行开展专项调研和宣传，指导分行尽快适应集中管理后的工作要求。先后赴内蒙古、河南等分行就授信审批集中管理工作进行专题调研，参加了部分分行授信审批集中管理改革动员会议，对各分行新成立的授信审批部提出了具体要求。六是利用《审批动态》宣传报道了改革完成较好分行授信审批集中管理的实践经验，以及授信审批集中后在统一风险偏好和把控标准、防范信贷风险、支持业务发展方面取得的成效。

二、授信审批效率和质量进一步提高

从已实行授信审批集中管理的分行反馈的情况看，实行集中管理后，各项业务审批流程顺畅，授信审批部门的独立性进一步增强，风险把控尺度更加统一，审查审批人员的专业水平得到提升，审查审批效率和质量进一步提高。据统计，实行授信审批集中管理改革前，各分行授信审批部门实际在岗人员总数 3 777 人，集中管理改革后总行核定各分行授信审批部门人数编制总数较改革前的实际在岗人数减少了 832 人，减幅达 22%。实行集中管理改革后，各分行人均每个工作日完成审查审批的公司业务量由改革前的 2.1 笔提高到 3.7 笔；人均每个工作日完成审查审批的个贷业务量由 8.4 笔提高到 12 笔。特别是贸易融资和小企业信贷业务的审查审批效率得到明显提升，分别由人均每个工作日完成审批业务量 1.6 笔和 0.8 笔提高到 2.6 笔和 1.5 笔。通过实行授信审批集中管理，不仅节约了信贷审批资源，也有效提高了审查审批工作的质量和效率。

（总行信用与投资审批部）

法律事务集中管理改革

2012 年，为更好地满足全行国际化、综合化、集团化经营发展对法律事务工作的新要求，提升全行法律事务

管理工作的专业化、集约化水平，总行制定印发了《关于推进全行法律事务管理体制改革的通知》（以下简称《通知》），正式在全行范围内推行法律事务集中改革。

一、法律事务集中改革主要内容

根据《通知》要求，法律事务集中改革在总行和分行层面同时开展：在总行层面，打破原有“行政化”的内设处室设置模式，撤销八个处室，组建相应的业务团队，灵活调整内部团队分工与人员配置。同时，现任正副处长分别转任为资深法律顾问和高级法律顾问，消除法律专业人员的行政化色彩和“官本位”思想，强化法律人员的专业属性，鼓励法律人员走专业化的职业发展道路。在分行层面，将与集约化经营管理关系密切的法律咨询审查、诉讼案件管理等职能集中到省分行法律事务部门，相应增加省分行法律事务部门人员编制；撤销省分行营业部和二级分行的法律事务部门，但仍保留法律事务岗位，配备必要的法律人员从事相关工作。

二、总行法律事务部组织推动情况

一是制定相关文件加快推动改革进程。2012 年 5 月，总行法律事务部印发了《关于切实做好法律事务管理体制改革工作的通知》，对贯彻落实总行关于法律事务管理体制改革的要求提出了具体指导意见。9 月和 11 月，又先后印发了《关于加快完成法律事务集中改革的通知》和《关于法律事务集中改革进展情况的通报》，要求分行重视法律事务集中改革，加快改革工作进度，确保全行法律事务集中改革按期完成。

二是召开专题座谈会交流先进经验。2012 年 7 月，总行法律事务部召开各分行法律部门负责人参加的法律事务集中改革专题座谈会，北京、山西、上海等先行完成改革的分行介绍了改革的成功经验和做法，尚未完成改革的分行汇报了本行的改革进展及有关工作计划，并针对集中的具体模式、集中后的工作机制安排、人员配备和分流措施以及集中可能面临的问题和困难等进行了充分沟通和交流。

三是开展实地调研指导分行解决改革难题。总行先后赴福建、湖北、山东、吉林、黑龙江、江苏、浙江等分行，实地调研法律事务集中改革情况，认真听取有关分行法律事务集中改革工作汇报，就法律事务集约化改革工作充分交换意见，着重了解分行推进改革中存在的主要问题，有针对性地研究解决问题的具体措施，为相关分行法律事务集中改革顺利推进创造良好条件。

三、法律事务集中改革的进展与成效

总行法律事务部的改革工作已于 2012 年 8 月完成。截至 2012 年底，上海、北京、天津、重庆、山西、新疆、河北、深圳、厦门、宁波、青岛、大连等 12 家分行已完成全辖法律事务集中改革；湖北、辽宁、江西、江苏、湖南、甘肃、贵州、内蒙古、河南、黑龙江、广西、安徽、浙江、广东、山东、吉林等 16 家分行的法律事务集中改革方案已获总行批准，正在实施过程中；陕西、青海、海南、宁夏、福建、云南、四川等 7 家分行的改革方案已经上报总行待批。从已经实施改革的分行情况来看，法律事务集中改革的成效十分显著，主要体现在以下几个方面：

一是显著增强法律风险防控能力。法律事务集约化管理改革使一级（直属）分行的法律工作力量形成“拳头”优势，明显提升了分行对辖内经营管理活动及创新业务的法律支持力度。同时，分行法律部门力量的增强，为法律事务专业化与精细化管理创造了条件，有助于不断拓展法律工作的广度和深度，提高法律风险防控能力。在业务集中和人员集中管理模式下，法律人员的业务接触面更广，业务介入程度更深，业务调研和学习培训的机会增多，为培养高素质、专家型法律专业队伍提供了有利条件。此外，通过一级（直属）分行法律事务部门直接对辖内机构经营管理事项进行法律审查，专业法律人员能够更加及时有效地发现该行各项业务中具有普遍性的法律问题，集中精力进行细致深入研究，及时作出风险提示。

二是法律咨询审查工作效率进一步提高。实施法律事务集中管理改革，实现了法律咨询审查工作由分散到集中，由逐级负责到直接承办的管理模式，缩短了法律咨询审查工作流程，避免了重复劳动浪费的时间和人力；同时，分行通过依托现有信息系统或开发本行的“法律事务集中管理系统”，采用电子化办公的工作模式，缩短了业务材料的传递时间，有利于提高工作效率。此外，由于改革前二级分行（支行）法律人员大多为兼职，处理法律咨询审查事项的效率受到影响；法律事务集中改革后，一级（直属）分行法律人员全部为专职法律人员，不必兼任其他工作，大大提高了法律事务工作效率。

三是切实改善诉讼案件管理效果。实施法律事务集中改革后，一级（直属）分行法律部门加强了辖内机构诉讼案件统一管理，对各类诉讼方案及法律文书严格审核把关，直接代理和处理比较重要的起诉、被诉及胜诉执行案件，既提高了诉讼管理的质量和效果，也有助于防控相关操作风险。同时，分行对诉讼案件实行专人负责，分行自行代理的案件数量显著增多。另外，法律事务集中改革有助于分行整合优势资源，加大与法院等相关机构的沟通协调力度，巩固和稳定银法关系，有效提高诉讼案件处理效果。

四是节约人力资源成本。从有关分行实施法律事务集中改革的情况看，改革后保留的专职法律人员数量普遍比改革前有不同程度的减少，节省了人力资源成本，具有减员增效的作用。

（总行法律事务部）

业务运营改革

2012年，全行上下秉承科学发展理念，以助推发展方式转变、提升核心竞争力为主线，从体制机制、业务流程、管理流程、资源配置等方面持续深化业务集中处理、监督体系、远程授权和会计档案影像管理改革，业务运营效率、风险管理能力和人力资源配置水平再上新台阶，推动业务运营在集约高效的基础上开始向质量效益型转变。

一、业务集中处理改革持续深入推进

在全面完成预定改革目标任务的基础上，进一步按照集约运营、共享服务的要求，持续加强业务集中处理平台和流程建设，强化运营管理，网点全面受理、中心集中处理的业务运营模式日益完善。

（一）集中处理业务范围进一步扩大。按照全品种、全网点、全流程、全业务量纳入集中处理的要求，持续加大集中业务推广力度，完成资金汇划、网银落地、对公转账等业务在全行的推广。截至2012年底，集中处理的业务品种达到39大类、143个，全行共性对公业务品种基本全覆盖；总分行平台集中处理量单日达到近300万笔的历史新高点；全行柜面对公业务集中率达到71%，其中非现金业务集中率达97%。集中处理的业务结构不断优化，新增20个品种、33个小类个人业务的集中处理；信用卡申请录入、个人客户信息补录等非实时业务集中处理取得重要进展，较好地促进了实时、非实时业务的错峰安排和业务量负载均衡的实施，有力地支持了业务发展；完成同城票据交换提出等分行特色业务纳入总行平台集中处理的流程研发，并实现在部分地区推广。

（二）业务集中处理平台和流程日臻完善。按照持续改进的总体要求，推进集中处理平台与运营流程的优化改进，全年完成共7个版本的系统升级改造，跨产品线、跨渠道、跨地区服务共享的集约运营平台日益完善。通过影像切割对业务要素进行分离，具备严格的岗位制衡过程控制机制；由不同人员并行作业，实现简化录入和自动复核，业务处理效率大幅提升；将简单操作和复杂作业进行分解，实现专业分工处理，为实施差别化人力资源管理创造了条件。在运用工作流、二维码、学习库等机制的基础上，初步应用数字影像识别等先进技术，提高了直通式自动处理水平、智能化程度和业务流程变更的灵活性，业务处理各个环节有机衔接，业务处理效率和风险控制能力显著提高。

（三）业务集中运营管理全面加强。按照功能定位清晰、资源利用高效、质量效率兼顾的总体要求，建立科学的业务集中运营管理机制，业务处理中心内部管理有效加强。单位结算账户集中审批全面推广，根本改变了分散处理模式下账户开立不规范现象。后台集约运营的精细化管理逐步深化，通过开设特定业务的绿色处理通道，业务处理调度和优先级管理手段不断丰富。资源优化整合与共享管理机制日趋完善，前后台协作进一步加强。充分运用全新平台管理功能，强化业务处理中心对网点业务规范性管理，持续提高业务处理中心人力资源配置和专业化分工管理水平，业务集中处理质量和效率向更高层次迈进。

（四）业务集约运营成效进一步释放。随着业务集中处理改革向纵深推进，集约化、专业化、标准化的业务运营效应加快释放。采取工厂式、流水线的作业模式，实行高度专业化的分工协作流程，后台规模化处理优势充分发挥，运营成本有效降低、业务处理能力大幅提升；将分散的业务集中到后台处理，前后台相互制衡机制有效实施，风险点多面广、难以监管的局面得到初步改观。流程精简整合、业务统一标准，运营规范化水平日益提高，核算质量和风险控制能力明显提升；网点前台的作业环节高度简化，前台柜员的操作压力和工作负荷大幅缩减，网点服务潜能逐步释放、服务范围及功能得以拓展；试点实施网点岗位整合、推进网点功能转型，人力资源优化配置成效明显，部分行人力资源释放比例达25%，大部分释放的业务处理人员充实到营销服务岗位，客户服务水平有效提升。

业务集中处理改革实施以来，构建起全行统一的业务集中处理体系，作为集交易处理、账务核算、业务管理和客户服务功能于一体的共享服务中心，重塑了运营模式、管理格局及业务流程，在更高层面配置运行资源，通过内涵式挖潜提高效率、控制风险、改进服务，开启了工商银行业务运营模式的新变革，为全面增强全行核心竞争力提供了有力的支撑。

二、业务运营改革成果持续巩固深化

（一）监督体系改革成果进一步巩固。运营风险监控标准化管理体系全面构建，运行风险监控中心管理主体作用有效发挥，监督机制运行更加高效。以延伸运营风险管理触角、打造全球统一风险视图为目标的统一运营风险监控取得重要进展，初步完成个人金融、银行卡等业务条线风险监控系统的运营风险整合，完成分行自行开发风险监控系统需求的整合，在工银澳门推广运营风险管理系统，风险导向和流程导向的风险监控体系在境外机构不断延伸。风险模型依风险形势变化而持续动态优化，逐步拓展至国际业务、票据业务等领域；模型性能更加先进，经核实确认为风险事件的比例提高近12%，通过模型有效识别的违规风险事件或风险隐患及时被有效化解。

（二）远程授权业务运营水平进一步提升。集中式、跨机构的远程授权管理体系不断完善，在部分行实施了区域性远程授权组织模式，授权业务集约化水平逐步提高；在部分地区建立授权业务处理负载均衡机制，实现人员弹性调配，保障了业务及时处理。加强网点运营规范性管理，网点业务的标准化程度持续提高，专业化、流程化的远程授权模式运作不断成熟，实现了授权效率提升、核算质量提高和事中控制能力增强的统一。

（三）会计档案影像管理效果进一步增强。会计档案影像管理机制不断完善，实现了会计档案在省行层面的集中管理、信息共享、分级运用，有效提高了信息化应用水平；实现了业务集中处理、远程授权等事中影像的综合运用，进一步提高了资源利用效率。会计档案影像管理基础不断夯实，业务流水自动识别机制不断完善，影像采集效率和精确索引建立精确性稳步提高。完成会计档案影像管理系统纳入身份认证与集中授权平台项目的推广，统一的平台运行提高了规范化管理水平和系统的安全性。试点实施会计档案无纸化项目，实现了内部核算凭证全生命周期的电子化保管，简化运行流程，降低运营成本，增强运营风险管理能力。

（总行运行管理部）

业务流程综合改造

2012年，全行深入实施业务流程综合改造和优化工程，基层网点533个紧迫性问题圆满解决，业务受理流程得以全面优化，业务处理流程、跨系统流程整合优化和网点运行标准化改革工作向纵深推进，重点课题研究取得实质性突破，在改善客户服务水平、提高业务处理效率、强化运营风险控制等方面成效显著，受到了基层行干部员工的欢迎和客户的好评，也为流程优化长效管理机制的建立奠定了良好基础。

一、业务流程综合改造项目建设深入推进

截至2012年末，业务流程综合改造和优化工程实施方案计划实施的59个主体项目已经启动44个，主体项目研发取得实质性进展，在主体项目建设、难点工程突破、项目推广应用等方面取得积极成效。

（一）一线柜员广泛关注的533个紧迫性问题全面解决。经过全行上下的共同努力，截至2012年7月，历时21个月、9个版本的持续优化，基层反应强烈、严重影响客户和柜员体验的533个紧迫性问题全面解决。该项目涵盖了前、中、后台各业务环节，涉及运行管理、电子银行、银行卡、个人金融等10个专业，总计优化740个业务功能点。通过实施新增产品功能、提示交易信息、精简业务授权、合并处理流程、调整操作顺序、取消重复操作、强化信息共享等改造，交易易用性、便利性明显增强，在提高柜员处理效率、丰富全行服务手段、减少柜员误操作、提升风险防控水平等方面发挥了积极的作用。

（二）网点业务受理流程全面重构。以差异化受理、个性化服务和精确化营销为方向，建立科学准确的客户识别、客户分流、分层服务机制。业务预约已延伸到网上银行、手机银行、电话银行等渠道，实现大额存取款、结售汇提现、账户开户、电子银行注册、电子银行维护等个人业务，以及大额取现、凭证出售、结算账户开立等对公业务的预约服务；网点预填单模式在重庆、江西等10家分行试点，实现个人账户开户等6大类17个小类业务品种的预填单模式，平均每笔业务处理时间减少51秒，较原流程缩短27%。通过预约服务、网点预填、客户调度管理等项目的实施，形成了“网上预约—排队识别—自助预填—柜面预处理”多种服务形式有机衔接的业务受理流程，初步构建了“前端识别客户、业务自助分流、渠道信息共享”的服务模式，促进了柜面服务向自助服务、协助服务的转变。

（三）精简顺畅的网点业务处理流程构建取得重要进展。在业务流程全面梳理的基础上，精简了大量不增值的业务流程，高频率业务的处理时间明显缩短，网点业务处理效率有效提升。完善客户信息影像档案管理，实施全新的身份证件识别处理流程，实现187个需核查客户身份的交易系统联动核查，平均效率提高80%，

有效解决长期制约网点处理效率的瓶颈问题；建立完整的电子影像档案库，实现了客户身份信息和证件影像的一次采集、多次利用，用电子影像取代复印流程，大幅节约运营成本。按照业务、产品、操作属性对主机交易进行标准化改造，完成卡折类交易整合，将相似服务功能的59个分散交易整合为7个，实现了根据不同介质自动调用相应交易的功能。完成个人综合签约、对公开户、贷款等主要业务环节的交易优化，交易数量有效精简，业务处理效率明显提升。

（四）集约直通式的业务流程建设稳步推进。按照“能集中不分散、能自动不手工、能直通不落地、能联动不分步、能直驱不分离”的原则，推进了跨系统、跨专业、跨机构的业务流程整合和优化。投产了代扣缴储蓄利息税优化项目，实现代扣储蓄利息税的自动报解；投产了凭证式国债核算业务优化项目，实现了发行资金向总行自动清算、利息自动化计提等功能。

（五）标准规范的网点运营管理体系逐步建立。构建涵盖网点运营效率、服务质量、业务管理等的标准化管理体系，实现网点的科学化、精细化管理。建立网点业态可视化管理系统，准确实时提供辖属机构网点排队客户数量、平均等待时间、业务办理趋势等10多项业务运营指标，为统筹调配辖内服务资源、提升网点服务能力提供了系统工具和决策支持。建立集信息发布、百科搜索、知识管理和业务咨询等功能于一体的柜面帮助和支持系统，有效扩大了业务培训的覆盖面。

二、重点课题研究取得新的突破

（一）“三个一”重点课题攻关取得突破。成立联合攻关小组，通过在终端处理平台建立交易间信息共享、打印信息合并等机制，建立柜面交易系统多交易处理模式；通过“双屏”显示等手段，实现柜员对客户的“透明化”操作，加强对柜员业务操作风险的硬控制。选择柜面重点业务场景进行业务整合试点，通过实施个人综合开户签约项目，完成同一客户多笔业务的一站式服务模式试点验证，为全面实现柜面“三个一”客户服务进行了有益尝试。

（二）柜面交易分类梳理研究深入推进。针对现有交易设计形式多样、功能不一、管理缺乏统筹、资源共享不足等问题，对732个个人柜面交易进行了梳理分类，初步形成了个人柜面交易分类标准和管理应用方案，为下一阶段实施个人交易的标准化改造奠定了基础。

（三）网点标准化管理工作稳步推进。网点运营指标评价管理方案初步完成，形成网点资源、业务处理、客流压力、流程效率等核心指标数据的分析管理机制，为加强营业网点的标准化管理提供全方位、多视角的系统工具和准确、量化的决策支持。针对当前网点柜员工位设计缺乏标准化而导致的柜员业务处理中无效动作多等问题，提出初步解决方案。为提高网点的现场管理和人员管理水平，精简柜员管理环节，初步完成指纹身份认证管理项目改造方案。

三、业务流程优化成效明显

（一）流程优化工作任务的逐步完成，为流程优化长效管理机制的建立奠定了良好基础。通过业务预约、客户预填单、客户调度等业务管理模式的实现，为建立“业务自助分流、渠道信息共享、客流统一管理”的业务受理流程体系提供了基础；通过客户交互模式、“三个一”等课题的深入研究及关键问题的解决，交易标准化管理思路得以验证，为深入推进业务处理流程标准化建设创造了条件；通过涵盖网点资源、业务效率、运营质量的网点评价指标体系的初步构建，为全面推进网点运营量化管理提供手段支持。

（二）有效缩短客户排队等候时间。新的业务受理流程依托全行强大的个人客户信息数据库，精确识别客户星级，科学调度服务队列，合理引导客户自助操作。据统计，2012年以来，全行排队机标准化改造覆盖率排名靠前的分行，客户平均等待时间缩短约30%。从预填单项目试点情况分析，试点机构个人汇款等业务平均每笔处理时间缩短27%。

（三）显著改善客户和柜员体验。通过多渠道联动和前后台互动，展现了工商银行在服务创新、技术创新和流程创新方面的整体实力和领先水平，为客户提供了焕然一新的用户体验。例如，预填单项目通过刷卡直接读取并调用客户信息，避免了相同信息的重复填写，改变了传统的填单模式；通过系统自动校验，解决了填单信息的规范性问题；通过排队机、预填单机和柜员终端之间的信息传递，降低了柜员录入客户、账户、交易等相关信息的失误风险，提高了与客户的沟通效率和操作的准确性。

（四）柜面业务分流水平进一步提高。通过科学的客户调度管理，在客户预约服务、排队取号、预填凭证等环节识别客户、识别业务，提高了柜面业务的分流率。

（五）网点现金和会计要素管理水平得以提高。对公客户大额取现预约服务的实施，为降低网点现金备付率、减少无息资产占用提供了新的途径。凭证预约出售模式的建立，为逐步取消网点出售凭证奠定了基础，进一步提高了网点运营的承载能力。

（六）有效提升营销服务的精细化水平。新的业务受理流程在精确识别客户的基础上实现了科学、智能的客户服务优化和管理。客户识别范围从原有的四星级以上客户增扩至全部存量客户，实现了客户信息、服务信息、营销信息在柜面处理系统和客户经理营销系统的联动，为网点“接触点”营销提供了新的载体。基层试点行普遍反映，新的业务受理流程支持了目标客户管户覆盖率的提升，为分层服务、跟进营销提供了有力支撑，增强了客户对工商银行的认同感，交叉营销成功率明显提升。

（总行运行管理部）

MOVA 体系建设

2012 年，全行继续积极推动科技与管理的有机结合，构建完善理念先进、管理科学、服务应用的管理会计体系。以 2010 年开发 MOVA 和 2011 年推广 MOVA 为基础，2012 年重点转向 MOVA 的管理应用，全年有 27.3 万用户登录、使用 MOVA，累计访问超过 3 500 万人次。工商银行成为国内第一家可以在机构、产品、部门、客户和客户经理五个维度进行业绩自动计量的商业银行。在技术上，贯彻“四统一”的建设目标，完成了跨系统融合，构建了自动化的管理会计技术平台；在业务管理上，推动相关改革成果在 MOVA 系统中的广泛应用，管理流程得到同步优化，经营质量与效率得到显著提高；在理念上，建立了适合工商银行自身经营发展需要的管理会计理念、方法和模型体系，确立了全行管理会计建设的应用规划。

按照“六进 MOVA”应用要求，进一步延伸 MOVA 在四个层级、五个维度、六大区域的应用。召开了 MOVA 体系建设总结表彰会，对广东分行等 394 个先进集体和 731 位先进个人进行了表彰，对 MOVA 应用工作进行了重点部署，进一步推动 MOVA 在各专业和各级行的全面应用。编制了《2011 年度管理会计报告》，并以县域支行分析、重点分行诊断、分支机构经营绩效提升为重点，开展了管理咨询先期探索。总行人力资源部等五个牵头部室下发了本专业 MOVA 应用指导意见，电子银行、贵金属等专业在直营客户管理、专业条线考核等领域展开了 MOVA 应用工作。各分行也积极围绕“六进 MOVA”不断创新应用方式，如天津分行以重点项目推进方式，运用 MOVA 开展网点标准化建设；上海、广东、江苏、浙江、江西等分行加大了 MOVA 在管理层的应用；山西、北京、山东、河南等分行也应用 MOVA 进行决策分析，MOVA 对全行经营管理的决策支持作用进一步增强，服务发展的作用逐步显现。

（总行财务会计部）

FOVA 系统建设

2012 年，全行信息科技部门积极为全行国际化发展提供强有力的科技支撑，深入推进境外机构综合业务处理系统（FOVA）建设，在国际化领域的应用系统研发与推广方面取得新的进展。2012 年，除当年收购的机构外，所有境外机构均投产了 FOVA 系统，工商银行成为国内同业中第一家实现信息系统全球一体化延伸的银行。

一是全功能的全球一体化信息平台基本建成，进一步巩固了境外机构科技优势。顺利完成工银亚洲 FOVA 系统整合工程，截至 2012 年底，FOVA 系统已经覆盖 36 家境外机构，实现自主研发的核心业务系统对境外机构的全覆盖。境外业务系统的全面统一，成为全行国际化发展历程中的一个重要里程碑。在此基础上，持续推进全球一体化平台建设，完成了华沙分行新设机构 FOVA 系统推广，并启动推进工银美国等机构的系统推广工作。

二是建立 FOVA 系统功能完善动态优化提升机制，业务服务能力不断提升。结合境外机构在信息要素、处理流程、产品规则等方面的差异，开展针对性研究并制订技术方案，建立参数化、流程可配置技术方案，逐步实现境外汇入、汇出流程灵活定制；推进常用交易及关联交易自定义、系统界面优化、新终端可视化交易界面配置等一系列易用性提升措施。全年共收集整理境外机构优化建议 990 项，其中 840 项已解决或确定版本计划，取得良好效果。

三是加强全球信贷管理等重点领域的系统建设，集团一体化管理水平不断提升。全面完成 36 家境外机构全球信贷管理系统的一体化建设，实现了法人客户评级、个人客户评分、个人客户授信、贷后管理、客户信息整合、资产质量分类、风险拨备等业务功能，提升了全行信贷业务全球集中运营、监控和管理水平。大力开展金融市场交易及风险管理系统建设，将系统推广延伸至17家境外机构，并从系统整合、数据优化、境外延伸、功能提升四个方面开展优化完善，加速构建全集团的金融市场业务集约化管理体系；投产境外财务管理综合系统，满足境外经营管理精细化要求。

四是组建面向海外的科技服务支持团队，满足境外机构差异化科技服务需求。成立境外科技服务中心（香港），初步建立了境外科技服务体系，持续提高对各境外机构的科技服务支持能力。组建支持团队为工银莫斯科、工银印尼、新加坡分行等机构提供重点支持服务，进一步满足境外机构科技服务要求。

（总行信息科技部）

新版集团网讯建设

2012年，在信息化银行建设的战略指引下，工商银行新版网讯顺利建成投产，并有45家子站点建成投产，新版网讯在职能定位、平台功能、站点体系、制度规范、管理流程和信息服务等方面实现了转型和飞跃，在落实ONE BANK理念，服务业务发展和经营管理等方面发挥的作用日益增强，成为信息化银行建设的里程碑和创新发展的新起点。

一、明确职能定位，助力信息化银行建设

新版网讯确立了集团信息平台的职能定位，实现了集团应用系统和各类信息的大集中。

一是强化功能。新版网讯具有集中整合、共享挖掘、辅助办公、系统导航、统一搜索、知识管理和互动交流七大功能，是全行集团化、统一化、综合化的集团信息平台，发挥统一入口、统一导航和统一平台的作用。集团信息平台的职能定位，实现全行信息、资讯、数据、业务系统和办公服务的有效集成，促进了各类信息的集中共享，为今后实现对信息的深入挖掘、综合应用夯实了基础。

二是整合系统。在全面分析全行信息和系统，借鉴业界的先进理念和经验的基础上，以高起点、先进性和全面性为原则，完成新版网讯建设规划，提出《中国工商银行内部信息系统整合方案》，有效解决全行各业务系统技术体系和管理流程不统一，信息无法跨系统浏览使用、用户无法跨平台统一检索以及系统集成度差、登录方式多样等问题。

二、持续优化平台，提升系统信息服务功能

通过不断优化改进新版网讯平台功能，持续提升系统信息服务功能与易用性，确保平台可靠好用。

一是强化调查研究。通过邮件、系统采集、评论跟踪和实地调研等方式，收集网讯用户的意见和建议；借助外脑，调研IBM、微软、新华社等信息机构，了解业界先进做法。

二是推动平台优化。从网讯后台授权体系改造、信息发布模式优化、敏感词识别、图片显示及排序功能改造、增加信息统计与考核模块、优化栏目展现形式等方面大力推动新版网讯平台功能优化升级。

三是加强接入系统管理。按照《网讯业务规范》和《网讯管理办法》对接入系统的用户授权、安全保密、技术体系、管理流程进行严密的组织管理和指导，确保业务部门接入系统的安全高效运行和接入信息数据的准确性、时效性。

四是成功连接网讯海外版。顺利完成网讯海外版的升级改版并正式接入新版网讯，实现了新版网讯与网讯海外版的双向自由切换，以及“个人工作中心”在海外版的无缝对接。有利于海外机构雇员及时了解和掌握全行整体经营管理和业务发展状况，增强员工的归属感和自豪感，促进国际化战略的顺利实施，也为境内员工了解境外业务、海外文化提供更为便捷的途径。

三、建成两层站点体系，实现集团信息全覆盖

落实ONE ICBC战略思想，积极推动子站点建设，45家网讯子站点全部投产运行，进一步完善集团网讯体系。

一是统筹规划。新版网讯建设采用了两层站点体系架构，第一层为集团网讯，第二层为各机构网讯子站点。在子站点建设过程中，按照“试点—优化—全面推进”的步骤推进子站点建设，个性化组织开发建设。

二是制定规范。印发《关于做好网讯子站点建设工作的通知》和《网讯子站点建设规范》，按照“技术统一、标准统一、风格统一、服务统一”的建设原则，

科学指导分支机构网讯子站点建设。

三是加强指导。组织培训，就子站点的建设要求和规范做了详细解读，并通过电话实时解答分行疑问；配备工具，研发网讯子站点建设模板分发给分支机构，保证技术指导到位。

四、完善制度建设，实现规范化管理

配合新版网讯建设，制定实施一系列网讯管理制度办法，搭建网讯管理制度体系，确保集团网讯规范化管理。

一是重新制定《网讯管理办法（试行）》。从系统建设、信息组织发布、接入系统管理等方面，规范网讯的建设和管理，确保网讯系统安全、有序、高效运行。

二是组织编写《网讯业务规范（试行）》。从栏目规范、信息体例规范、部室专栏管理、版面设置、图片管理等方面，对网讯业务提出了全方位的规范化要求，填补了网讯业务缺乏制度性规范的空白。

三是印发《网讯子站点建设方案》。确定建设目标、实施方案、组织保障等内容，为网讯子站点建设提供指导。

四是推出《网讯工作考核及奖励办法》。全面加强网讯建设和管理，科学评价各单位的工作业绩，引导和促进网讯业务健康发展。

五是重新修订《新版网讯“高层传真”“高层图片”发布规范》。对网讯中反映总行行领导工作动态的高层信息类栏目进行改版，重新规范发布规则和写作格式。

六是汇编《总行管理信息部网络信息处业务管理办法和工作流程》。包括“总行网讯信息发布流程”、“总行网讯深度报道组织”、“总行网讯栏目监测管理”、“管理信息部信息报送及审批流程规范”等各类网讯业务管理办法和流程。

五、改革管理流程，保障网讯高效运行

树立崭新集团信息服务理念，对相关栏目的管理流程、操作流程、信息发布流程等进行优化创新，进一步提升网讯工作效率和质量。

一是改革栏目管理流程。从2012年8月起，将64个网讯专栏下放给总行各相关部室，使网讯的业务专栏逐步从宣传阵地转变成为业务部门指导推动工作的业务推手。

二是改革业务操作流程。建立总行网讯主要工作流程，包括编审岗位职责、信息员授权和管理、浏览用户授权管理、栏目管理、系统建设、重大事件处理等工作流程，确保网讯各项业务操作流程化、规范化、制度化。

三是改革信息发布流程。通过引入外部专业的财经资讯公司，实现了网讯“今日要闻”栏目的系统自动导入；通过改变“业务调研”、“提升核心竞争力”两个重点栏目的审发流程，尝试深度新闻的自主采写，提升重要事件的报道水平。

六、畅通发布渠道，实现行务信息集中共享

新版网讯系统紧密服务全行重点工作，开展集中宣传报道，对全行业务发展和经营管理提供有力的信息支持。

一是服务党务宣传。开设了“中国共产党出席党的十八大代表选举工作”、“党的十六大以来工商银行改革发展成就”和“学习贯彻党的十八大精神”三个专栏，共发布信息800条，刊发全行各专业、各机构十年间的改革发展成果，宣传交流全行学习贯彻党的十八大精神的具体举措，营造良好的舆论氛围。

二是服务内部管理。开设“员工行为规范教育活动”栏目，共发布信息559条，全面报道员工行为规范教育活动相关情况，在全行树立合规经营、健康发展的正确理念，并为广大员工提供交流学习平台。

三是服务业务经营。积极配合各专业部门，发布各类部室专栏信息36 148条，发挥网讯对全行业务发展和经营管理的信息支持作用。

四是服务企业文化建设，企业文化园地共发布信息8 534条，并配合教育部在企业文化园地的“员工心语”栏目下增加“身边故事”子栏目，记录员工身边好人好事，树立先进典型。

（总行管理信息部）

服务创新

2012年，全行紧紧围绕“满意在工行”的活动主题，以优化窗口服务为重点，以提升客户满意度为主线，以构建长效工作机制为保障，持续创新管理手段和管理方式，实施标本兼治的服务改进策略，全面推动各

项服务改进工作，整体服务面貌和客户体验进一步优化改善。

一是创新管理手段，客户服务效率显著提升。2012年，在坚持标本兼治、综合治理的基础上，继续狠抓客户排长队问题专项治理，持续创新管理手段，通过打造推广集信息化、电子化、可视化于一体的排队监测管理系统，持续强化对排队问题的监测分析与督导治理，建立起可量化、可追踪、可监控的服务效率“硬指标”，推动全行排长队问题解决取得重大进展，客户网点体验明显改善。截至2012年末，全行客户平均排队时间较年初缩短7分钟，降幅达37%。

二是创新客户投诉管理机制，客户满意度不断攀升。2012年，在持续完善全口径处理反馈客户投诉咨询等信息的基础上，创新客户投诉管理机制，通过对全辖投诉咨询数据的深度挖掘和梳理分析，点面结合地对重点问题和重点分行进行综合施治，按日监测客户投诉咨询工单并对敏感个案进行重点督办，有效提高了客户投诉处理效率，提升了客户投诉处理满意度。截至2012年末，全行共发生客户投诉6 945件，投诉总量首次降至万件以内，同比下降73%；重复投诉43件，首次降至百件以内，同比下降91%，客户对投诉处理的满意率提高至96%。

三是创新管理方式，不断完善服务长效工作机制。结合现代金融服务的新要求和客户需求的新变化，积极创新服务管理方式，加强服务制度体系建设，构建起了一套涵盖服务标准、监督检查、考核评价等方面的服务工作制度框架，为改进服务打下了坚实的制度基础。制定出台了《总行内部服务规定》，明确了总行内部服务规范和要求，在全行范围内实施了内部服务承诺制，积极构建“二线为一线服务、全行为客户服务”的大服务格局。强化服务管理部门牵头协调、业务条线分工负责的矩阵型服务管理体系的建设，推动了大服务格局的形成。通过持续强化对服务规范落实情况的监测监督，组织开展营业网点服务非现场检查，推广应用营业网点服务质量监测和排队管理系统，聘请第三方公司开展全行个人客户满意度调查等方式，推动了服务改进的持续深化。在2012年，工商银行有116家网点获评中国银行业文明规范服务千佳示范单位，居同业首位。

四是持续强化服务宣传，服务形象进一步提升。2012年，深入开展了“千名记者进工行、万篇文章评服务”主题宣传活动，围绕近年来全行接力式服务改进活动中涌现出的一大批优质服务网点、优质服务人员、优质服务事迹等进行了广泛的宣传报道，总分行共组织服务专题采访300余次，参与记者人数超过1 200人次，新闻报道超过1.1万篇，有效地提升了全行服务形象和服务口碑。在全行服务工作推动会上推介、推广了11条经实践检验行之有效的创新经验，并积极组织各级机构深度挖掘、总结推广辖内服务创新的好经验、好做法，在行内网讯设置专栏加以宣传推广，促进了服务工作的创新开展。

（总行办公室）

品牌建设

一、强化品牌基础管理

2012年，工商银行根据业务发展状况、市场环境以及客户需求的变化，及时调整品牌架构，更新架构名录，对子品牌及产品品牌的关键营销要素及业务指标进行了细化补充，积极发挥品牌架构对产品营销、客户服务的引导与支持作用。认真规范各业务条线对外品牌形象设计及宣传推广，实行设计需求登记审核制，有效把控了总行整体策划规范及宣传出口，品牌形象设计在规范基础上不断丰富。同时，认真做好日常宣传费管理工作，确保宣传费按序时进度规范使用，推进经费管理向资源管理的方向转变，调整宣传费用的分配方式，对广告资源统一集中采购，整合传播渠道，确定子品牌、重点产品的宣传推广重点，促进业务的联动营销。编制发布了《2011年度品牌文化报告》，密切围绕“总行、境内机构、境外机构”三个层面全面提升集团CI管理工作，深入推广《集团企业形象管理手册》、《品牌架构视觉表现基础应用规范》、《网点营销传播系统建设规范指引手册》等制度规范，进一步加强品牌命名以及营销传播系统的规范使用。

二、进一步拓展品牌推广渠道

统筹利用大众媒体资源和自有传播渠道，打造立体交叉、丰富多元的营销传播格局。外部渠道方面，采购了电视、平面、网络、地铁、机场等渠道优质广告资源，按品牌架构与营销需要分配给各子品牌与业务产品使用。扩大了在央视等权威媒体的广告投放，首次成为央视财经频道合作伙伴，投放“成就传奇”系列公益广告；在《人民日报》、《21世纪经济报道》等45家报刊媒体发布广告142期次；在国内主流网站投放广告位4 400多个，获得5 000多万次点击；首次在北京、上海、广州、深圳四城市运用总分行合作模式投放地铁广告；重点城市机场廊桥广告已覆盖全国27家机场超过500座廊桥，总覆盖受众达3.2亿人次。自有渠道方面，加快推动网点电子媒体管理与发布系统试点，策划制作了《工银移动银行》电视广告片，发挥自有网点在宣传本行产品、服务方面的优势；对总行办公大楼进行了艺术装饰，美化办公环境，彰显文化内涵；按照文物级别、建筑风格、历史传承等标准，为全行57座老建筑统一制作了铭牌；在金融街夜景亮丽工程中精心设计制作，突出品牌形象。

三、稳步推进品牌国际化传播

2012年，根据全行国际化经营发展要求及各境外机构品牌传播需求，坚持以亚洲特别是东南亚为基础、精投欧洲、点投北美的投放策略，全面筹划品牌国际化传播推广工作。策划了适合品牌国际化发展的形象宣传语——YOUR GLOBAL PARTNER，YOUR RELIABLE BANK（您的全球伙伴，可信赖的银行）；组织制作跨境人民币平面广告12款；境外广告已覆盖13个国家和地区的140余块广告牌，其中境外机场广告覆盖至11个国家和地区，如抢抓奥运会契机在英国伦敦机场投放广告牌，在韩国首尔、老挝万象、德国法兰克福、马来西亚吉隆坡等机场投放廊桥广告等。对工银伦敦、华沙分行新办公楼进行装饰，传播本行企业文化；举办“境外分支机构品牌建设及声誉风险管理培训班”，就品牌宣传、广告投放等进行了培训指导；与伦敦交响乐团品牌合作并冠名其京沪四场音乐会，进一步树立了工商银行良好的国际品牌形象。

（总行办公室）

渠道建设

2012年，全行积极贯彻“突出重点、确保产出、增调同步、统筹配置、整体规划、分步实施”的工作方针，积极稳妥地推进了渠道优化建设工作，取得了较为显著的成效。

一、网点新建工作成效明显

一是进一步优化了全行在重点区域的机构布局。2012年，全行新建网点371家，其中投向长三角、珠三角、环渤海等重点区域的新建网点占全部新建网点总量的51%，投向广东、浙江、江苏等15家重点分行的网点占81%，在100家重点县域增设网点超过了180家，较好地贯彻了“渠道优化建设工作要突出重点区域”的总体要求，为全行继续保持主要业务领先的市场地位提供了重要支撑。二是持续加大对新兴市场的开拓力度。2012年在2 000家重点商品交易市场中增设了一批物理网点，大力建设了一批自助银行，有效地提升了在这一区域的覆盖率，全行“四无”商品交易市场数量显著减少。三是为全行业务发展做出了突出贡献。2012年新投产的网点以占全行网点总量5.6%的规模，贡献了全行近十分之一的存款，其中，吸收各项存款1 455亿元，占全行新增存款的10.5%，吸收储蓄存款753亿元，占全行新增储蓄存款的9.66%，新投产的网点在促进业务发展、拓展优质客户、拉动存款增长和应对同业竞争等方面均取得了积极的成效，为全行业务的稳定发展做出了突出贡献。

二、低效网点实现了效益和功能双提升

一是积极开展低效网点优化工作。2012年采取迁址、原址改扩建等方式，提升网点服务能力，优化低效网点391家，全行网点的整体经营效益和效率得到了进一步提升。二是适时退出了一部分效益不好的区域和市场。2012年继续加大了对网点布设密度过高、辐射范围重叠、业务萎缩明显的老城区网点的优化调整力度，主动退出了一些资源枯竭、增长乏力的区域，至2012年底，全行累计有962家网点陆续迁往资源丰富、增长潜力大的城市新区、开发区和一些发达县域，全行的渠道结构和网点布局更符合金融资源变化的趋势。三是进一步提升网点综合化服务功能。通过因地制宜开展网点综合化改造、增加业务品种授权、开办外汇业务等措施，有效完善了网点功能，提升了网点服务层次。至2012年末，全行网点综合化率达到了88.8%，较2010年末提高了6.3个百分点。

三、实现多渠道协同发展

一是大力推进自助渠道建设工作。2012年，新开业离行式自助银行2 291家，其中城区1 224家，县域1 067家。新投产自动柜员机13 995台，投产总量已达到65 652台。近两年，离行式自助银行的投入量超过

了过去近20年的总和，实现了跨越式发展。二是全面推动电子渠道建设工作。一方面贴近客户需求，不断完善网上银行、电话银行、手机银行等电子渠道的功能，另一方面引导和培养大量的电子渠道活跃客户。2012年，全行电子银行交易量75.68亿笔，全行柜面可分流率35.5%，较2011年下降了6.2个百分点。三是持续开展客户经理队伍建设工作。2012年新增客户经理4 071人，客户经理总人数达到89 707人，占全行人员总量的20.2%。客户经理结构也得到进一步优化，营销能力进一步增强。从机构分布看，分布在营业网点的客户经理50 993人，占比达到56.5%。从岗位分布看，对公客户经理33 421人，占比37.3%；个人客户经理56 281人，占比62.7%。

四、网点软实力进一步增强

一是加强网点人员配备和履职能力建设，提高新建网点从业人员的能力素质。在杭州金融研修学院先后举办了四期新开业网点负责人培训班，新建网点负责人参训率达到100%。各分行注重选拔业务熟练和能力出众的业务骨干担任新建网点负责人、客户经理、大堂经理等关键岗位，为新建网点的业务拓展和客户服务提供了人员保障。二是加强业绩考核，促进新建网点业务发展。在努力完成建设计划、着力推进建设进度的同时，各分行还十分注重对新建网点经营业绩的考核与管理，制定并实施了针对新建网点的专项考核管理办法和资源配置政策，加快推进新建网点的业务发展。三是增加重点产品资源配置，增强新建网点竞争实力。截至2012年末，全行共推出十八期新开业网点专属理财产品，募集金额163亿元，拓展行外优质客户近1万户。有力地支持了新建网点业绩的持续提升和发展。四是加强服务管理和优化业务流程，提升新建网点服务质量。随着新建、迁建、改建网点在一些业务繁忙区域陆续投入运营，以及柜面反映强烈的业务流程问题得到有效解决，由网点客户排长队引起的各类投诉问题明显缓解。截至2012年末，全行客户平均排队时间从年初的19分钟降至12分钟，降幅达到37%。

（总行人力资源部）

信息化建设

2012年，信息科技部门始终紧紧围绕全行整体经营发展目标和“十二五”信息科技发展规划，完成了既定的各项科技工作任务，全行信息系统运行总体平稳，应用研发步伐不断加快，为提升全行服务水平、加快经营改革、推进国际化进程、强化风险管理提供有力支撑。

一是全行信息系统运行安全平稳。通过强化各项生产运行日常管理，持续开展系统性能优化、监控系统硬控制等措施，全行信息系统在业务量持续增长的情况下继续保持安全平稳运行态势，生产运行管理水平和服务能力进一步提升，为客户提供了优质、高效的服务环境。同时，扎实推进基础设施建设，“两地三中心”工程取得阶段性进展，建成了同城双中心并行系统的试点技术架构；境内一级分行全部完成同城机房建设，并纳入一体化运行管理；一级分行核心骨干网络升级、境外机构网络高可用等网络提升工程顺利实施。强化信息安全管理，完善信息安全管理制度体系，建立了业内最完整的客户端安全技术防护体系，并在全集团范围内推广应用。

二是进一步加大科技创新与应用力度。坚持自主研发原则持续推进应用创新，应用研发规模同比增长20%，在客户服务、经营管理、风险管理等领域推出了一大批基础服务平台和创新拳头产品，为全行经营转型发展起到关键支撑作用。加快客户服务与产品创新，成功推出电话银行智能机器人应答、移动生活客户端等52项电子银行产品与服务；在国内同业率先推出多币种信用卡、账户外汇、账户原油等创新型金融产品；优化完善供应链金融、住房公积金、资金存管、现金管理等对公业务平台功能；发挥科技创新和设备整合优势，提升网点客户服务的效率和质量。积极支持国际化综合化发展，境外机构综合业务处理系统（FOVA）已经覆盖了以工银亚洲为代表的36家境外机构，同时建立了系统功能持续优化提升机制；全面开展综合化领域应用系统规划与研发工作，为提升全行“ONE ICBC”的综合竞争力提供重要平台。稳步提升经营管理和风险控制水平，持续完善并全面推广全行绩效考核系统（MOVA）平台，积极推进金融资产服务总体架构研究和相关系统建设；按照新资本协议实施要求，研发实现了覆盖全集团风险管理和资本控制的技术体系，同时在全球银行同业中率先在金融市场交易事前风险控制体系建设方面取得突破性成果。

三是持续加强全行科技管理力度。完善科技体制和强化科技队伍培养，坚持科技集约化发展思路，全面完成了数据中心（上海）职能优化调整；强化信息科技风险管理三道防线建设，以非现场检查为主、检查与审计相结合的方式开展检查与内部审计，信息科技风险管理水平进一步提升；科技制度和技术规范得到持续完善，总行层面的信息科技制度和技术规范分别达到136项和123项，编制发布《中国工商银行标准体系框架》；信息科技治理机制进一步健全，科技队伍逐步壮大，科技管理标准化和规范化水平进一步提升。2012年，全行共获得国家知识产权局61件专利授权证书，拥有的专利总量达到224个。

（总行信息科技部）

产品创新管理

2012年，全行坚定实施“人无我有，人有我优，推广应用一批、开发投产一批、研究储备一批”的产品创新战略，紧扣“创意、创新、创造价值”的工作链条，围绕改革发展中心工作，大力加强新产品研发，着力强化产品管理和新产品推广应用，努力扩大新产品市场效益，不断增强产品创新价值创造能力，推动产品创新工作深入开展。

一、重点领域产品创新成效显著

一是深化金融资产服务产品创新。推出了FOF类、外汇基金量化、净值型固定收益理财产品，推出了第三方支付机构备付金存管、账户原油、个人账户外汇买卖、外汇买卖双向交易、账户贵金属转换等产品，研发了无固定期限定投、积存银、积存铂金、贵金属实物回购、金融产品交易撮合等产品服务，助力了企业和个人客户财产性收入增长，推动了全行由持有资产大行向管理资产大行转变。

二是深化信贷产品创新。推出了电子供应链商品质押融资、小企业账户卡循环贷款、个人助业贷款、个人留学贷款、个人家居消费贷款、个人文化消费贷款、个人理财产品质押等产品服务，促进了信贷结构调整，有力地支持了实体经济发展。

三是深化电子银行产品创新。推出了Android网上银行、移动生活客户端、手机预约取现、企业网银外汇买卖、火狐/谷歌浏览器版本网银、短信银行智能应答、自助发卡机等产品服务，推动了渠道转型和业务分流，提升了电子化服务水平。

四是深化支付结算和银行卡产品创新。推出了账户管家、整汇零取、银医一卡通、JCB双币信用卡、借贷合一卡、工银安盛联名卡、金融IC卡多功能终端等产品，研发了两卡一账户信用卡产品，促进了中间业务发展，拓展了新的利润增长点。

五是深化境外产品创新。推出了海外iPhone手机银行、海外工银电子密码器、境外联名卡、海外电话银行、个人客户全球资产管理等产品服务，研发了海外网银在线开户、海外网银支持苹果电脑、工银亚洲手机银行等产品，增强了境外机构内生发展能力，提升了全球一体化服务水平。

六是深化重点客户和重点区域专属产品创新。推出了高端客户预约理财和定向营销、私人银行专属网银、节节高存款、运通百夫长卡、中小商户移动支付终端、银银合作代理贵金属和外汇买卖等产品，推进了企业采购卡产品研发，优化了个人客户星级服务体系，推动了客户结构和区域结构调整。

截至2012年末，全行产品数量达4 163个，较2011年末增长28.4%；全行自有产品数量达1 929个，增长19.2%。

二、重点业务创新取得新成效

一是结合产品创新持续优化业务流程。全年完成了193个业务流程紧迫性问题改造，实现了客户办理多笔业务时一次输密认证、一次签单确认和相关交易联动处理，推出了网点排队管理系统，完善了产品预约服务和柜面预填单服务，实现了近20项个人非实时业务集中处理，有效提高了业务处理和服务效率。

二是创新产品营销服务模式。推出了私人银行客户与财富顾问互动联络服务和客户经理便携式营销服务终端，完善了客户经理与“95588”电话座席、短信银行联动服务模式，丰富了接触点营销和事件营销模型，增强了客户服务能力和产品营销效率。

三是推进管理创新项目研发。研发了全球授信管理系统、信贷资金托管管理系统、海外理财产品销售系统和全球私人银行客户关系管理系统，实现了实物贵金属销售系统、积存金系统、托管业务系统向境外机构延伸，有效提升了业务管理水平。

三、新产品推广效果日益显现

一是加强对各分行重点产品推广情况、客户持有产品数和新产品业务收入的考核，引导各分行加大新产品推广资源投入，着力提升产品创新实效。

二是加强新产品信息传导和知识培训。通过网讯产品创新专栏发布新产品信息 1 003 篇、产品营销推广案例 826 篇，动态完善了产品手册和产品宣介材料，组织开展了多层次新产品培训和员工产品体验活动，举办了全行员工新产品宣介作品大赛和新产品知识竞赛，持续调动全行员工学习掌握和宣传营销新产品的积极性。

三是积极创新产品营销方式。运用数据挖掘方法筛选发布积存金、收款管家、汇款套餐、账户贵金属双向交易等 15 项重点产品目标客户清单至基层行开展产品精准营销，使个人账户贵金属双向交易等部分产品营销成功率提高数十倍，有效提升了营销效率和新产品推广应用水平；组织实施了移动银行、工银 E 支付、工银商友卡等重点产品体验营销，组织开展了全行产品体验月活动，继续举办了全国大学生银行产品创意设计大赛，引导各分行抓住活动契机强化产品体验营销，促进新产品推广应用。

四是探索建立总分行联动的新产品推广机制。完善了多级联动、前后台联动模式，组织业务骨干深入分支行宣介创新产品和营销案例百余款，配合总行相关部门深入数十家单位推介产品服务，加大了总行对基层行、产品部门对营销部门推广服务支持力度，有效促进了基层行产品营销和市场拓展。

在全行的共同努力下，新产品推广应用取得了积极成效，许多重点产品市场表现持续提升。例如，截至 2012 年末，在金融资产服务产品推广方面，七天增利理财产品资金余额 59.9 亿元，增长 23%；客户数 2.3 万户，增长 11.4%。贵金属积存全年积存黄金 35 吨，增长 40.3%，实现业务收入 2.2 亿元；信贷资金托管产品年托管资金 2.5 万亿元，增长 672%。在新型融资产品推广方面，预付款与应收款项融资贷款余额达 4 251 亿元，增加 360 亿元。在新型电子银行产品推广方面，iPhone 手机银行客户达 230 万户，较上年末增长 378%；iPad 网上银行客户达 693 万户，较上年末增长 506%；短信客服月均应答量 427 万笔，是 2011 年的 4.5 倍。在新型支付结算产品推广方面，收款管家发卡量达 186.5 万张，增长 5.3 倍，年结算金额 1 267 亿元，同比增长 393%，实现年业务收入 2.6 亿元，是 2011 年的 353 倍；金融社保卡累计发卡 2 770 万张，增长 161%。在跨境金融服务产品推广方面，国际贸易融资余额 2 860亿元，较上年末增长 55.6%；跨境贸易人民币结算年交易金额 6 607 亿元，同比增长 66.3%；全球现金管理年末客户数达 3 332 户，增长 49%。在优质客户专属产品推广方面，工银商友卡客户达 624 万户，商友会员储蓄存款余额 5 529 亿元，个人经营性贷款余额 3 255 亿元，分别增长 83%、116% 和 70%。

四、创新项目管理进一步强化

一是丰富创意来源。通过产品调查、产品创新金点子和流程优化意见建议征集等活动，广泛征集行外客户和行内员工产品服务意见建议 8 万余条，收集同业产品信息 1 841 条；围绕全行中心工作开展了境外产品、新型电子渠道、文化创意产业、客户体验应用等产品创新前瞻性研究，发布了相关研究成果，并及时转化为产品创新项目付诸实施，为产品创新提供了动力和源泉，增强了产品创新储备。

二是加强项目整合和需求管理。累计实施了 848 个业务与产品创新项目，积极推进了海外信用卡、银医一卡通、金融社保卡、全球批量跨境汇款等十余个业务与产品创新项目整合，推动了各业务、全渠道、总分行创新项目协调联动，提高了创新资源配置效率；印发了《业务需求提交和项目文件归档管理办法》，规范了需求审核提交流程，提高了需求决策层次；发布了业务产品研发项目命名规范，强化产品设计规范执行情况监督检查，推广应用需求编写工具和用例方法，提升了业务需求质量。

三是依托客户体验提高产品研发质量。更多地运用专业方法开展产品研发客户体验活动，扩大了客户体验员队伍和客户体验活动覆盖面，在产品设计研发和推广应用过程中组织开展客户体验活动 265 次，发现产品服务问题 1 000 多个，许多问题已及时纳入产品研发项目实施解决，有效提高了创新质量。

四是依托产品系统产品化改造提高产品研发效率。全面启动了产品系统产品化改造，确定了工程总体安排和实施计划，先期完成了单位定期存款产品化改造，推进了个人存款、对公存款、保险、账户原油、投资理财等产品线的产品化改造，初步确立了通过产品属性参数配置快速生成新产品的创新模式，提高了创新效率和市场竞争力。

五是加强新产品研发风险管理。累计开展新产品立项风险评估 368 项，识别出各类潜在风险点 566 个，通过采取针对性风险防控措施，减少了新产品研发与投向市场后可能的风险损失；研究制定了《新产品研发风险管理办法》，在立项审批、需求设计、技术开发、测试投产等新产品研发全流程全面嵌入风险管理环节，动态识别、评估和控制各类潜在风险，促进产品创新工作持续健康发展。

五、产品管理水平不断提升

一是加强产品后评价。完善了产品销售及使用数据统计系统，按照个人、公司、机构客户、金融资产服务、应用渠道、外汇业务六个维度全面梳理分析全行各项产品使用情况，发布了个人金融产品、公司金融产品、外币与跨境人民币产品运营态势分析及客户金融资产变化情况分析报告，有针对性地加强产品跟踪评价，为各部门、各分行强化经营管理提供信息支持，促进了产品精细化管理。

二是研究建立了产品应用渠道统一编码及其管理规范，拟定了《渠道代码管理办法》，对全行产品在各类渠道的销售性和使用进行统一管理、系统控制和信息记录，有针对性地加强产品应用渠道管理。

三是进一步完善了产品管理制度。印发了《产品命名管理办法》和《产品售后服务管理办法》，为进一步规范产品管理、加强产品营销服务夯实了基础；研究拟定了产品技术研发、产品配置研发和产品业务研发的工作流程和管理要求，并据此编写《产品研发管理办法》；研究确定了产品化改造后产品属性参数管理模式，并据此修订《产品管理平台管理办法》；按照“客户—效用—业务”方式，结合产品运营态势分析需要，研究拟订了现有产品分类调整方案和产品代码生成规则，并据此修订《产品目录管理办法》；根据全行制度梳理工作总体安排推进了各类产品创新制度的修订完善，推动产品管理水平不断提升。

四是结合产品序列专业资格认证工作推进全行产品经理队伍建设。建立了全行产品序列专业资格认证体系，组织开展了产品序列专业资格考试，初步建立了产品经理队伍，增强了产品管理力量。

六、产品创新工作组织推动持续加强

一是加强产品创新战略规划。印发了产品创新规划，明确了2012－2014年产品创新指导思想和工作目标，部署了重点工作任务，为推动全行持续深化产品创新工作指明了方向。

二是完善产品创新考核奖励机制。研究加大新产品推广考核力度，突出体现新产品在全行经营转型中的价值贡献，组织开展了产品创新奖、新产品推广奖和明星产品奖评选，研究优化奖项评选规则，引导和激励各分行、各部门加大创新资源投入，大力研发和推广应用有客户、有交易、有收入的优质产品，切实强化产品经营管理，努力提高创新实效。

三是研究完善分行产品创新工作管理机制。通过深入重点分行开展产品创新工作调研、分片召开分行产品创新工作座谈会、面向全行发布分行产品创新动态、开展深化分行产品创新工作课题研究、研究提出加强分行产品创新分类管理思路等措施，加强了对各分行产品创新工作的组织推动，促进了分行产品创新向纵深发展。

四是加强境外产品创新管理。将境外分行业务与产品创新需求纳入全行规范化管理范畴，建立了专职负责境外产品创新的业务与技术研发团队，启动了境外产品目录建设和境外产品运营态势分析工作，进一步加大了境外产品和跨境金融服务创新力度。

五是加强分行区域特色产品与业务创新管理。根据总行党委扩大会议和70次专题会议精神，组织推进了区域特色业务存量梳理改造规范工作；在梳理分析全行区域特色业务平台现状的基础上，推进了分行区域特色产品与业务管理系统建设，从项目审批、准入管理、目录管理、档案管理和统计分析等方面加强管理，强化了分行创新工作抓手。

六是围绕产品创新专职队伍建设不断加强部内工作管理。通过社会招聘、系统内招聘充实产品创新管理部和产品研发中心人员数量，开展了本部处级管理干部、高级经理和资深经理竞聘，以及产品研发中心内设部门及产品线负责人竞聘，提拔懂产品、业务精、能力强的青年骨干承担管理工作，为各项工作深入开展创造了必要条件；引导青年员工强化履职能力建设，指导各处进一步梳理人员分工和岗位职责，确保每名员工均有对口产品线或专业方向，指定年轻同志承担重点项目负责人，在实践中不断加强对青年员工的锻炼和培养；创造性地开展了创新讲坛、创新产品宣讲比赛等主题活动，不断提高产品创新专职人员的专业化能力和水平。

（总行产品创新管理部）

个人金融业务

2012年，个金业务条线认真落实全行工作部署，紧紧围绕“改善服务，提升品质”的主题，积极应对复杂的外部环境和激烈的市场竞争，深入推进“强个金”战略实施，深化经营转型，加快结构优化，实现了个人金融业务健康持续发展。2012年，全行个人金融业务实现营业贡献1 528亿元，同比多增245亿元，增幅为19.09%，增量和增幅均超过2011年。

一、主要业务指标保持同业领先优势

2012年全行个人金融业务多项指标继续领跑同业。

——个人金融资产余额保持同业第一。全行个人金融资产全年新增10 851亿元，余额达到87 516亿元，

创历史新高，增量和增幅均为近三年来最好水平。其中，储蓄存款余额达到 66 864 亿元，继续保持同业第一，四行占比 31.04%，较 2011 年提升 0.31 个百分点，近三年来首次突破 31%；新增 7 796 亿元，增量同业第二，但增量占比达到 33.63%，较 2011 年提升 1.06 个百分点，也为近年来最高。同时，储蓄存款稳定性也大幅提升，日均增量 3 416 亿元，同比多增 779 亿元，增幅为 29.53%；日均余额 62 484 亿元，同比多增 7 941 亿元，增幅为 14.56%。

——个人贷款余额保持同业第一。受外围环境因素影响，个人贷款新增有所放缓，2012 年新增 1 955 亿元，个贷余额在同业中率先突破 2 万亿元，达到 20 090 亿元，四行占比 29.82%。

——个人中间业务收入保持同业第一。努力克服年初监管政策变化的不利影响，不断扩大个人结算、灵通卡发卡等基础业务规模，积极开拓新的收入增长点，实现个人中间业务收入 514 亿元，同比多增 40.19 亿元，增幅为 9.13%，高于全行平均增幅；占全行中间业务收入比重较 2011 年提高 2.68 个百分点至 46.9%。

——各类理财产品销售规模保持第一。全年销售理财产品 44 072 亿元，其中，销售银行类理财 34 998 亿元，同比增加 201 亿元，增幅为 0.5%；代理销售基金 7 671亿元，同比增加 3 448 亿元，增幅 81.64%；代理保险销售 860 亿元；代理销售国债 600 亿元，银行类理财、基金和保险销售同业占比均为第一。

二、新市场新客户拓展不断深入

2012 年全行采取一系列措施继续深化各类新市场新客户的营销拓展工作，主要包括：继续通过工银商友俱乐部平台和专属产品拓展各类商品交易市场和商户，巩固并深入挖掘商品交易市场潜力；不断完善公私联动营销机制，夯实大中型企业个金业务集群化营销拓展基础，加快代发工资客户发展；依靠社保卡、银医卡、军人保障卡等，做好民生领域的个人金融服务，加快源头性市场拓展；加快金融同业、律师事务所、会计师事务所等新兴经济组织的拓展步伐，提高个金业务的市场覆盖率；积极实施境内外业务联动，加大产品创新力度和积极开展个人外汇业务营销活动等，推动跨境零售业务发展。截至 2012 年末，全行有效个人客户总量已经突破 3 亿户，达到 30 115 万户，较 2011 年增长 1 926 万户，增幅为 6.83%。其中，四星级以上客户 5 403 万户，较年初净增464 万户，增幅为 9.41%，占有效客户总数的 17.94%，较年初提升 0.41 个百分点；资产 5 万元以上中高端客户 3 355 万户，较年初净增 326 万户，增幅为 10.76%，占有效客户总数的 11.14%，较年初提升 0.34 个百分点，个人客户的总量和结构同步提升。

三、竞争能力不断增强

“强个金”战略实施以来，全行个人金融业务整体竞争能力在显著提升，主要表现在：

——人均客户资产最多。目前全行个人有效客户总量 3 亿户，客户规模落后农行，与建行基本持平，但管理的个人客户金融资产规模同业最大，人均金融资产高于主要竞争对手，显示出工商银行较强的资产管理能力。

——网均产能最高。目前，全行网均储蓄存款余额 4 亿元，分别比农行、建行和中行高 1.17 亿元、0.31 亿元和 0.88 亿元；网均个人中间业务收入 307.45 万元，分别比农行、建行和中行高 156.9 万元、56.83 万元和 104.98 万元。

——客户引领力最强。近三年来，全行以 5% 的个人客户经理队伍配备增速及累计 6% 的网点建设速度，实现了 29% 的个人客户累计增幅、40% 的个人金融资产累计增幅、69% 的个人贷款累计增幅和 26% 的个人中间业务年均增幅。同时，个人客户经理通过专业技能和优质服务，也博得了广大客户的充分信任，引领客户的投资选择，有力保障了全行通过理财产品与储蓄存款互动、支撑关键时点业务规模同业领先。

——代理销售创利贡献能力最强。包括银行理财产品、基金、保险在内的主要理财产品销售规模四行占比 36.46%，收入四行占比 39.82%，销售收入比（收入与销量比值）为 0.43%，高于其他三大行，表明单位代销创造的收入最高。

四、联动发展持续深化

2012 年全行零售板块内部、对公对私板块、境内境外板块之间的联动持续深化，形成良性互动发展态势。自全行开展大联动大营销活动以来，各个专业和机构给予个金业务大力支持，促进个金业务实现快速发展。以代发工资为例，在公司、机构、结现等部门支持下，2012 年全行代发工资渗透率提升 1.49 个百分点，新增单位 9 万家、客户 1 172 万户、代发额 2.1 万亿元，均优于 2011 年。同时，全行个金专业支持信用卡、私人银行、电子银行、贵金属、机构业务、资产管理和托管业务快速发展。例如银行卡部依托四星级以上客户开展精准营销，四星级以上信用卡客户数已由 2010 年的 897 万户增长至 1 431 万户；贵金属资产规模也由 2010 年的 100 亿元增加至 537 亿元；个人网银客户规模已由 2009 年末的 0.75 亿户增加至 1.4 亿户。此外全行个金条线全力销售工银瑞信、工银国际、工银安盛相关产品，助力其规模迅速提升。去年共发行工银瑞信基金 541 亿元，代销工银安盛公司产品 38 亿元，支持其实现年度发展目标。

五、风险管理水平不断提升

2012年，在加快业务发展的同时，继续加强风险管理，提升风控水平。积极开展制度梳理，提高业务制度和办法的时效性和适用性。对涉及个金专业的92项制度从效力层级和适用性等方面进行了评价和筛选，其中继续适用制度26项，需要修订制度21项，需要整合制度19项，需要废止制度26项，完善个金专业相关制度的有效性和适应性。高度重视对借记卡等风险高发领域的管理，加强批量办卡业务的风险管理与监测，切实防范虚假批量办卡，研究防范和应对借记卡克隆盗刷风险，加强与公安部门的合作措施，切实防范克隆卡盗刷。坚持以客户需求为出发点，合规、合理销售各类理财产品，杜绝违规销售和“搭车”销售，严格执行各类费率与利率定价，杜绝违规增储揽储，构筑健康和谐的金融消费关系。加强个人客户信息真实化和完整性管理，切实保障个人客户信息安全。2012年末，新增个人客户信息完整率为89.56%，较年初提高31.31个百分点，完整率在90%以上的分行已达18家；存量个人客户信息完整率达到53.05%，较年初提高34.78个百分点，上升势头良好。

（总行个人金融业务部）

公司金融业务

2012年，在宏观经济增长有所放缓、风险防范压力增大的情况下，全行公司业务条线紧紧围绕公司金融转型主线，认真贯彻总行党委关于稳步推进转型发展，积极服务实体经济的要求，推进创新发展和业务转型，加强管理和改进服务，各项业务取得新的突破，公司金融业务综合竞争力全面提升。全年本外币公司贷款新增6 287亿元，增长12%，其中本币公司贷款新增5 323亿元，增长10.8%，在四大行中排名第一，且领先优势不断扩大。本外币公司存款增加2 470亿元，增长7.75%，其中本币公司存款新增1 321亿元，增长4.17%。外汇公司存贷款增长为历年来最高。公司类不良贷款余额573亿元，下降18亿元；不良率0.98%，下降0.15个百分点。实现公司贷款利息收入3 577亿元，增长21.9%；公司类中间业务收入达到560亿元，增长7.2%，占全行中间业务收入的49.5%。

一、抢抓优质市场，稳步推进信贷结构调整

按照总行党委确定的信贷结构调整方向和目标，从培育先进制造业、战略性新兴产业、现代服务业、文化产业“四大新市场”，解决四大行业结构调整中的突出矛盾和夯实客户基础入手，既更好地服务实体经济，保持全行信贷业务的持续增长，又深入推动信贷业务转型发展。

（一）系统推动与重点客户营销双管齐下，推进信贷新市场拓展。2012年将新市场拓展作为最重要的工作之一，多管齐下，反复研究，积极谋划，争取主动，全力拓展四大新市场。主要采取系统推动和锁定领先企业“两手抓”的方式。一方面，召开了制造业、现代服务业和文化产业市场拓展座谈会；举办公司业务管理人员系列培训班，分片区对二级分行行长进行信贷新市场的培训，动员全行加快信贷新市场拓展。同时做好政策配套，创造良好条件。对包括行业政策、授信管理、审批权限、RAROC阈值、业务流程等在内的信贷政策进行了梳理。将制造业和服务业行业政策整体定位为适度进入类行业，并对子行业投向、区域投向做了相应的区分和规定，行业信贷政策取消了名单制管理，客户选择或定位由各一级分行根据相应标准自行把握。另一方面，抓住领先企业，实现重点突破。制定制造业、现代服务业、文化产业三个行业领先企业市场拓展文件，筛选122户制造业、75户现代服务业和36户文化产业行业领先企业作为重点客户开展营销，同时梳理贷款或授信5 000万元以上的客户、行业500强企业名单，作为营销目标客户。加大重点客户、重点项目营销力度，与国机集团、太原重型机械集团、东风汽车公司、中联重科、中铁物资、人民日报社等一批大型企业集团签订战略合作协议。在确定重点营销目标客户基础上，从业务授权、授信管理、政策定位、行业统计、定价机制及产品创新等方面研究提出具有较强操作性、政策清晰的配套措施，带动整个行业的市场拓展。2012年全年，制造业、现代服务业和文化产业本外币贷款合计新增6 311亿元，占全部新增公司贷款的100.17%。

（二）创新工作方式，实现四大行业信贷结构调整优化。根据总行确定的四大行业贷款调整目标，坚持灵活性与原则性相结合，通过制定全面的信贷结构调整实施方案和调整计划，从拓宽企业融资渠道、区别对待、细化压降目标与责任、加强督导与检查等多个方面提出具体工作措施。同时为支持国家重点在建续建项目和

“十二五”规划重大项目建设，对四大行业贷款实行收回再贷管理。通过收回再贷重新进行安排，变过去贷款谁收回谁使用，为收回与发放双线管理，部分收回贷款上收总行统一调配，实现行业和区域“两个打通”。并在“两个打通”的基础上，进一步创新工作方式，从收回贷款中拿出200亿元，支持武汉地铁3号线项目、昆明轨道交通首期工程、甘肃酒泉干河口第三风电场、福建宁德核电一期工程项目等中西部、东北地区分行重大项目资金需求。全年公路、城建、电力、房地产贷款合计下降1 564亿元，完成调整计划的104.26%。通过加强管理和业务创新，既完成了总行党委制定的压降目标，又实现了信贷结构调整差别化管理。

（三）推动客户数和业务量双增长，客户基础更加稳固。继续加大中型客户拓展力度，注重提升中型客户特别是新拓展客户在工商银行的业务量。结合各地社会经济发展情况和市场资源，对新增5 000户中型企业年度计划进行分解。加大系统推动力度，开展对广东、山西、宁波、北京、辽宁、山西、甘肃等分行的实地调研，并在年中召集8家重点分行座谈，研究讨论拓户工作中遇到的深层次问题，提出解决方案。针对15家客户资源比较丰富、拓户压力较大的分行，建立区域经理模式，总行安排专门的客户经理实行点对点负责制，进行业务联系和沟通。重点选择优质客户板块开展批量拓户，如“四大新市场”的优质客户、核心客户的供应链、拟上市公司等。将四大新市场拓展与中型客户拓展相结合，找出适用的政策，实现批量拓户。通过点、片、面结合，全行有融资关系客户总量达到134 352户，较年初净增11 962户。其中中型客户36 668户，较年初净增4 592户，基本完成全年目标。中型客户贷款净增3 266亿元，占公司贷款新增的51.9%。经过几年的努力，拓户工作成效显著，客户基础更加稳固。目前，全行有贷款余额客户数达到11.91万户，比2009年增加5.5万户，全面超越主要竞争对手，客户基础的夯实，带动中间业务收入快速增长，公司中间业务收入是2008年的近3倍。

（四）供应链融资取得显著成效。从优化客户结构入手，大力拓展先进制造业、现代服务业等供应链融资客户，尤其是机械、冶金建材、石化、IT、轻工、商贸等上下游客户数量较多的行业，客户行业进一步优化。共依托1 324家供应链融资核心企业拓展10 509家上下游客户，较年初增加344户和2 677户，实现1:8的拉动效应。供应链融资表内业务累放2 235亿元，同比增加1 102亿元；表外业务累放7 735亿元，同比增加1 566亿元。供应链融资表内业务余额1 267亿元，较年初增加219亿元。

二、以金融资产服务为突破，持续推进公司金融转型

随着资本约束趋紧以及金融脱媒和利率市场化加快，银行传统的资产扩张增长方式面临极限，过度依赖资产扩张和利差收入的盈利方式也越来越难以为继。公司业务系统按照总行党委从公司信贷向公司金融转型的战略意图，大力发展以债券承销、资产交易、银团贷款分销、委托贷款、金融租赁和股权融资为主的非信贷融资业务，取得良好效果。2012年，非信贷融资服务总额达到10 019亿元，与新增贷款比达到1.88:1，处于近年较高水平。

（一）债券承销业务。抓住交易商协会市场扩容的机遇，认真研究市场变化后的客户类型，重点选择符合国家宏观经济及产业发展政策；外部信用评级AA级（含）以上，或行内信用评级AA－级（含）以上；符合全行信贷政策，属于信贷政策积极或适度进入类企业，统一客户营销，全面扩大客户营销范围，实现“大、中”客户并举。针对总行直营客户，深挖市场潜力，加强营销走访力度，总行直营客户债券承销业务覆盖率达到32%。针对非直营户，组织区域性营销推广活动，协同分行组织或参与各类客户专场推介活动11次。统一营销服务团队，在全行范围内建立一支70人的“债券专员”团队。统一境内外债券业务营销，与工银亚洲联合举办“跨境资本融资高端论坛”，邀请五矿、广核、中建、武钢、中化、中国重汽、上海华谊集团等10多家大型客户参加。积极推进保障性住房私募债业务拓展，在央行批准的500亿元私募债券中获得240亿元主承销份额，占比48%。推动业务流程优化。积极与中后台对业务审批条件、信用偏好、当前市场情况、监管政策变化等内容进行沟通，及时调整分行权限，优化业务流程，提高市场竞争力。2012年，受理项目173个，是2011年的1.5倍，非直营客户项目数为上年同期的2.5倍；主承销发行债务融资工具3 486亿元，连续6年保持同业第一。

（二）资产交易业务。做好理财批量入池管理与服务，将理财资产入池标准和投资标准有效衔接，提高投资率，确保业务量。发挥好资产交易业务对信贷结构调整、稳定存款的积极作用。根据信贷结构调整要求选择投资项目，对需求旺盛的政府类或城建类新增结构化理财融资项目，审慎推进、择优选择，重点支持政府背景的文化产业、轨道交通等项目。抓好重大项目入池投资，全年直接受理29个股权、债权类理财融资重大项目，涉及金额838亿元，包括中石油西气东输三线基金投资项目、国家电网委托债权投资、南京地铁股本融资等。抓好产品创新，发挥收益权投资模式及北金所委托债权投资主渠道作用，启动资产证券化业务，组织了37亿元信贷资产证券化的基础资产池，对理财资金投

资证券化类产品方案、租赁物业收益权、信用证项下应收账款等业务创新进行研究。抓好规范管理，落实理财资金投资北金所挂牌信贷资产未来到期项目转表措施，完成存量信贷资产转接工作，建立北金所委托债权业务登记确权制度及运行机制，规范业务发展。2012年，全行资产交易融资项目完成2 597亿元，实现收入44亿元，同比增长27.3%。

（三）银团贷款业务。狠抓组织推动，对境内分行、境外机构加强银团贷款分销网络建设及具体实施方案提出要求，推动境内外银行贷款分销网络建设及牵头分销，与多家同业机构建立稳定的银团分销合作关系。召开了12家重点分行银团贷款拓展工作座谈会，研究市场状况、对策与潜力。狠抓考核激励，将银团贷款牵头分销纳入总行重点业务激励计划，督促分行加强牵头银团储备，开展银团业务辅导，提高牵头筹组能力。狠抓同业合作网络拓展，建立起与同业银团贷款业务优先合作关系和重点项目协调机制。全年牵头银团签约项目271个，同比增加2.57倍；完成牵头银团对外分销金额1 263亿元，同比增加77%；与318个同业机构建立了分销合作关系。实现银团安排费收入26亿元，同比增长2倍多。银团贷款余额占全行公司贷款的9.41%，较年初8.85%提高0.56个百分点。新签约银团贷款牵头行数量、代理行数量、银团中间收入等位列同业第一。第三次荣获银团贷款业务最佳业绩奖、最佳交易奖项。同时牵头银团结构不断优化、品种不断创新，中小企业银团贷款个数占比提高到50%以上，四大新市场领域银团贷款比例显著提升；零牵头、零分销行大幅减少，成为防范风险、增加收益、竞争优质客户的重要手段。

三、积极应对严峻形势，多渠道稳定公司存款

2012年，受经济增速放缓、流动性趋紧、金融脱媒快速发展、大型集团公司资金集中管理，以及利率市场化提速等因素影响，全行公司存款增长形势严峻。积极采取多种措施，保证公司存款稳定，并在年末扭负为正，全年实现本币公司存款新增1 321亿元，同比多增220亿元，增幅4.17%。

（一）以大额资金管理监控平台为抓手，确保存款稳定。利用大额资金管理平台对客户和资金的监控，建立“跨区域、跨部门联动营销”、“大额资金流动事前控制”以及“客户资金流向日常跟踪管理”的三大机制，加强系统内行际之间联动，做好省内跨区域信贷资金的留存，促进资金在本行系统内循环流转。建立“重点目标客户营销进度跟踪机制”，通过平台提供的重要信息，跟踪资金流向和客户流向，分析目标客户拓展规律，制订全行大额平台目标客户营销计划，加大留存客户营销，把组织新开户作为抓好存款的重点工作。累计查询对公资金流向监控平台数据共计424万次，人均查询平台139次。目标客户库中留存客户17.3万户，新开户呈逐月递增态势；累计开户9 492户，新开户户均存款高于一般客户，达到220万元，实现公司存款外源性增长210亿元；努力提高信贷资金受托支付留存率，尤其是加强系统内行际之间联动，做好省内跨区域信贷资金留存，减少存款流失。

（二）抓好重点产品，拉动存款增长。重点加强对银票、保函、付汇理财通、内保外贷以及贸易融资等保证金存款产品的营销力度，推动相关业务量稳健增长。促进理财与公司有贷户存款的业务联动，合理应用保本理财产品加大对优质客户的营销力度。通过表外理财产品的发行，形成公司存款蓄水池。开发有市场竞争力的理财产品，实现理财与存款业务的互动发展。加大委托贷款业务的推广力度，积极为资金余、缺双方牵线搭桥。

（三）加强系统管理，减少存款波动。两次组织部分分行公司存款工作会议，认真研究公司存款竞争形势、波动原因，提出应对措施与工作要求。对一些存款波动较大的分行进行调研，召开座谈会、分析会，并直接进行业务督导；实地走访重点客户，了解客户资金使用及服务需求，有效降低存款波动幅度。

四、加强境内外联动营销，做好客户全球化金融服务

紧随国家深入推进“走出去”战略，依托系统、机构、产品等资源，积极开展境内外联动营销，提高客户全球化服务水平。

（一）扩大联动营销范围推动“走出去”重点项目营销。全面加强与境外机构的联动营销，在重点项目营销上取得重大突破。包括为中国南车、中海油、中石化、柳工股份、山东重工、中铝等集团客户的海外并购项目提供融资、财务顾问等金融服务，涉及融资金额折合人民币上百亿元；为三大油承销境外美元债51.5亿美元；为中水国际、首钢、武钢、鞍钢、联想、西门子、乐金电子、TCL等客户提供内保外贷、贸易融资、出口买贷、项目银团贷款、开户等各类金融服务。

（二）积极探索境内外一体化管理。将部分大型跨国公司纳入总行直营户，并对其中部分企业探索实施全球统一授信，完成西门子、三星、LG等企业集团的全球授信。通过强化授权、授信、营销、信息统计等统一管理，逐步实现公司金融业务的全球化统一管理。

（三）联动营销大型客户综合金融业务。与境外机构联动营销60多家集团客户的融资、国际银团、保理、内保外贷、跨境人民币结算、全球现金管理等业务，涉及项目100多个。成功获得中石油、华为、中海油、长虹等的境外资金池业务主办行；做好外向型企业的国际业务，通过TT融资、内保外贷、付汇理财通、信用证

等产品，带动外币存款、国际结算、结售汇等国际业务全面发展。截至2012年末，全行外汇对公存款388亿美元，同比增加206亿美元。外汇贷款余额624亿美元，同比增加160亿美元，为历年来最高。

五、加强营销组织管理，提升营销服务水平

加强系统管理，提高公司专业条线的战斗力和执行力。

（一）强化业务指导。加强存贷款定价管理，建立灵活的利率调整机制，根据外部经济金融形势变化，及时开展调研，提出管理意见，指导分行开展营销，针对重点客户实行差别授权，对存款利率上浮实行名单管理，适时调整定价策略，有效控制负债成本。最优质客户贷款利率下浮比例控制在10%以内。公司贷款收益率达到6.68%，提升62个基点，新发放公司类贷款加权平均利率高于可比同业。强化总行“自上而下”的管理，锁定重点行业优质客户名单，提出配套政策措施，积极推动业务发展。

（二）加强客户经理队伍建设。要求各行根据业务发展情况和经营结构转型的需求，多渠道补充客户经理人数，公司客户经理达到3.06万人，增加2 000人。做好对公客户经理序列、营销序列资格认证考试工作，组织三次资格认证考试，目前全行已有5.77万人取得认证资格。建立全行公司业务联动营销与协作营销机制，完善客户经理营销服务网络，提高了沟通协作效率，降低沟通成本。

（三）加强公司系统的业务培训。坚持教育培训务实管用的理念，开展针对分行主管副行长、部门主管、二级分行主管行长、业务骨干等多层次培训，累计举办面授培训班11期，视频培训4期和部内培训6期，培训超过5 000人次，更多地运用案例教学，提升培训实效，把成熟业务模式、成功营销案例推广到全行。通过营销组织管理，进一步推动总分行、分行间交流先进经验，有效提升了公司业务系统的营销水平和服务能力，实现了业务的更好发展。

六、坚持强化风险管理，实现业务健康发展

2012年，经济增长放缓，信贷资产质量面临较大考验，金融资产服务业务风险增大，通过积极主动采取措施，较好地防范了各类业务的风险。

（一）加强信贷风险防范与管理。选准目标客户，把好客户准入关。在积极拓展四大新市场的同时，优选符合国家产业政策导向、抗周期性较强、成长性好、技术相对领先、管理规范的企业。通过下达名单制等手段，锁定行业领先企业，以优良客户基础保证业务健康发展。在四大行业结构调整中，做好重点在建续建项目资金保障。对平台贷款，根据地方政府可支配财力及融资平台未来现金流变化趋势，加强存量贷款整改与信用增级；继续坚持房地产客户名单制管理，优先支持大型优质房地产企业，从严控制一般房地产企业和土地成本偏高、产品定位不合理项目；加强封闭管理，落实在建工程抵押，严格按照销售进度收回贷款。针对制造业、房地产不良贷款额有所增加的苗头，加强对分行的督导，要求分行落实责任人，制定清收整改措施，加大不良贷款清收力度，并对当年新发生不良贷款的分行在新项目准入方面实行了严格控制，较好地控制了信贷风险。

（二）加强金融资产服务业务风险管理。明确资产交易、债券承销等业务尽职调查操作规范，从源头上把握业务发展风险。债券承销严格按照类信贷审批流程办理，持续跟踪、监测发行企业和增信机构风险状况与偿债能力。理财融资项目严格设置信用增级措施，完善融资结构与方案，落实足值抵押或担保。明确委托贷款操作细节，规范业务发展。从系统、流程、限额管理、中介准入等强化投行业务管理。

（三）加大不良贷款的清收处置力度。落实领导挂帅、分级负责的工作机制，加大清收力度，提高清收处置成效。加强对公司关注类贷款的分析、监测，做好风险的转化，遏制公司类贷款劣变的势头。

（总行公司业务一部）

机构金融业务

2012年，面对同业资金流动性偏紧，证券行情持续低迷，银保收入呈现负增长，财政收入增速大幅回落，同业竞争更加激烈的复杂艰巨局面，全行机构业务条线认真贯彻落实全行发展战略研讨会和专业会精神，强化营销，改进服务，创新产品，完善机制，推动实施“全机构金融”战略，有效地应对了各种挑战，机构金融业务发展全面保持良好势头，在部门成立十周年之际，为全行改革发展交出了一份亮丽的答卷。

——经营业绩迈上新台阶。机构业务存款年末余额41 926亿元，十年增长了7.6倍，年均增幅22.4%；全年时点增量5 099亿元，创十年来最好增长水平；日均增量3 884亿元，日均余额和增量在全行占比分别达32%和36%，在全行头寸偏紧的情况下，为全行经营发展提供了稳定的资金来源。有效控制存款成本，付息率2.33%，上升幅度低于全行平均水平。全年实现机构业务营业贡献537亿元，为全行盈利水平提升做出了积极贡献。

——市场份额实现新突破。机构业务存款余额和增量四行占比分别达36%和42%，余额和增量占比双第一；第三方存管客户数和资金量四行占比分别为33%和40%，连续三年保持市场第一；代理保险规模跃居市场第一；金融社保卡发卡量增长163%，非税收入收缴新开账户市场占比超过50%，军队武警公务卡、预算单位公务卡发卡量均保持30%以上的增速。

——客户贡献持续再提升。与机构客户开展75大类产品的全面合作，全年机构客户综合贡献1 360亿元，同比增长13%。全年政府机构客户对全行公司、个人板块累计净输出资金2 902亿元和4 220亿元；保险公司客户全额认购工商银行年内发行的200亿元次级债；保险资产托管年内增加2 321亿元，扩大同业领先优势；助力工银国际、工银亚洲、工银金融取得人保集团H股上市投行和收款行资格，成功争揽中信国际在美国的经纪清算资格。

一、强化部署，推进转型，可持续发展能力不断增强

2012年，机构业务战线紧密围绕全行转型发展战略要求，把握市场政策环境和客户需求变化，积极优化经营结构，实现可持续发展。

（一）深入研究金融资产服务的发展思路。组织16家重点分行在厦门召开了金融资产服务座谈会，通过案例研讨，总结分行先进经验做法，深入研究机构客户金融资产服务需求，并从研究营销策略、搭建系统平台、完善统计分析、加强团队建设、理顺内部机制等方面，为做好机构客户金融资产服务指明方向。

（二）积极探索民生领域金融服务。制定下发了《社保业务营销工作意见》，开展民生领域金融服务案例编审，组织“社会保障一卡通研讨推进工作会议”，加强人社部、住建部、社保基金理事会等重点客户营销，配合住建部开展“全国住房公积金银行数据结算采集系统”建设，全力推进住房公积金综合管理系统试点。

（三）加强金融机构总部营销。组织北京、上海、广东、深圳、河南等五家分行，召开金融机构总部营销座谈会，总结了金融机构总部营销的成绩与经验，分析了问题与不足，提出了完善营销体系、加快产品创新、完善利率定价机制、加快营销系统建设、提升风险掌控能力等工作要求，并在会后印发了《加强金融机构客户总部营销工作意见》，指导全行进一步提升对金融机构总部的服务水平和能力。

二、加强营销，创新服务，客户关系进一步牢固

2012年，全行机构业务战线针对不同类型机构客户的业务特点，将客户需求与业务营销有机结合，努力提升服务价值。

（一）银政业务加强重点客户营销，创新金融产品，不断提升综合化服务能力。一是积极推动高层走访。组织与财政部国库司的党日活动，走访公安部、财政部、卫生部等重点部委。二是强化重点产品营销。协助国库司组织地方国库集中支付无纸化改革试点工作启动会，在河北、重庆地区开展财政部“地方财政国库集中支付电子化项目”试点；成功竞得广东、浙江、深圳政府债券主承销商资格；中标“2013－2014年度中央财政非税收入收缴代理银行项目”。三是加快拓展新兴业务领域。成为财政部指定的首家开发公务卡网上还款功能合作银行；全面推广中央财政授权支付网上银行业务，在全国范围内推广海关税费电子支付业务；配合财政部开展国库现金管理工作调研。

（二）社保与公积金业务从营销、服务、系统等方面全面推动业务发展。一是积极开展市场营销。持续营销全国社保基金理事会投资运营广东省1 000亿元养老基金项目，协办人社部第四届“社会保险杯”乒乓球赛，加强对社会保障一卡通、公积金联名信用卡、住房公积金支持保障性住房建设扩大试点项目委托贷款等产品的联动营销。二是努力提高服务水平。积极参与住建部《住房公积金提取规范》修订，完成住建部《公积金信息化建设标准课题》、《商业银行与社保系统API接口》和《社保系统与商业银行系统接口研究报告》。三是推动系统建设和推广。启动社保、公积金业务综合服务管理系统建设；配合住建部开发“全国住房公积金银行结算数据采集系统”，推进“住房公积金综合业务系统”试点。

（三）银军业务以军队财务改革为契机，不断提升客户服务水平，进一步巩固同业领先优势。一是加强高层营销。组织开展对重点军队单位军级以上首长的高层营销，举办庆“八一”军银联谊会；总分行联动营销海军总部和三大舰队，积极争取舰队新开账户。二是推动服务标准建设进程。制定并下发《军队客户服务标准》和《军队客户金融服务方案》。三是加快系统产品推广。大力推广“军队综合业务系统”，配合总后和武警完成退役养老保险补助发放工作，深入开展军队武警公务卡、军人保障卡推广工作。

（四）银保业务以“做大综合贡献、做实代理销

售”为目标，强化全行营销推动，业务发展取得显著成绩。一是开展高层营销，共探合作商机。成功举办大型保险公司客户答谢会，深化了与重点保险公司的合作关系。二是推进重点项目，开展分类营销。总行相关部门联合举办六期面向个人、对公客户的保险营销活动，共同推进非寿险投资型产品网银销售系统的开发，代理保险业务规模实现了四行占比第一。三是内外联动取得新进展。在工商银行次级债发行、人保集团上市募集资金收款行资格、与工银租赁统一营销保险资产管理公司、配合工银国际开展商投联动方面，开创内外联动营销新局面。

（五）银银业务以“资源共享、优势互补、合作共赢”为指导思路，进一步强化与银行同业客户的合作。一是加强重点客户营销拓展。邀请62家银行重点同业客户举办银行同业合作研讨会，与农发行、进出口银行分别签署了全面业务合作协议，并成功营销光大银行、杭州银行、上海银行、渤海银行和广发银行金融债承销业务。二是加强目标客户的营销推动。截至2012年末，全行银银平台签约客户累计达271家，同比增长58.5%；先后与25家银行金融机构建立了代理行关系，年末签约国内代理行数量达141家。

（六）银证业务紧跟证券行业创新步伐，推动银证创新业务合作。一是重点客户重点区域营销工作有序开展。与中信证券、中信建投开全面合作座谈会；联合券商组织全行性、区域性的营销活动8次，开展高层会晤38次；对7家重点分行开展了业务调研。二是对资本新政开展广泛调研。从利率定价、合作管理、投资标的支持等方面提出应对方案，积极应对“现金宝”类保证金理财业务的推广对工商银行保证金存款产生的影响。

（七）非银业务以新业务新产品合作为突破口，进一步拓宽业务领域。一是筹备银期新业务，研发业务系统。积极参与期货交易所原油和国债期货业务筹备，研究期货公司资产管理业务和标准仓单质押业务，研发“银期综合业务平台”。二是积极拜访客户，开展重点营销。先后拜访证监会、期货业协会、四大期货交易所、多家期货公司、全国中小企业股份转让系统公司、多家产业基金和多家货币市场基金公司，与中期集团签署了《战略合作协议》。

三、完善机制，加强管理，业务发展基础更加牢靠

在机构金融客户的需求日益呈现多元化、综合化的背景下，加强营销机制建设，不断夯实管理基础。

（一）完善机构客户营销机制。一是推进全面合作的落实机制。与中信证券建立全面业务合作部门跟踪负责机制及定期反馈机制，在第三方存管、资产管理、金融市场、境外机构合作等业务方面均取得了良好的合作成果。二是建立重点业务的协调机制。各级行在银保业务委员会上建机制、定职责、抓落实，2012年总分行全年召开工作会议80余次，在营销策略制定、产品定价、资源统筹等方面起到了重要作用；总行机构业务部、产品创新管理部成立了银银平台业务工作组，建立了银银平台周报制度。

（二）加快推进系统研发。一是机构客户营销管理系统进入试点应用阶段。立项开发了机构客户营销管理系统，全面展现机构客户负债业务、中间业务、资产业务数据，全面评价机构客户综合贡献，动态管理营销工作进程，为针对性地开展营销工作提供了系统支持。二是启动重点专业系统的研发和优化工作。成功投产了账户管家、军队综合业务系统总参版、国库动态监控系统等8个新产品项目，推进社保、住房资金、银期综合平台、公务卡网上还款等10项系统研发优化。

（三）加强客户风险管理。一是组织开展代理信托业务检查。逐一梳理了存续信托项目，对融资人经营情况、融资项目进展情况、风险防范措施落实情况进行跟踪了解，全面排查房地产、煤炭和基础设施建设等领域的道德风险、市场风险和政策风险隐患，并重点检查业务办理和管理过程中的薄弱环节。二是梳理完善制度办法。根据《金融资产服务业务管理基本规定》，修订代理信托、银证、银保业务管理办法，进一步规范保险、证券、信托、期货等机构的准入和限额管理，优化业务流程。三是加强信用风险管理。总分行认真开展对451家金融机构客户授信尽职调查，授信总额40 416亿元，覆盖面100%。

（四）稳步开展队伍建设。一是开展综合培训。全年共组织各类培训30余次，参训2万人次，形成专业培训与营销模拟相结合、现场培训与网络视频相补充的多形式培训体系。同时首次开展对机构金融业务高级管理人员的境外培训。二是有序开展专业资格认证工作。组织开展2012年全行营销序列（机构业务模块）初级、中级、高级专业资格考试工作，编制了相关教材、题库、大纲。目前，通过营销序列（机构业务）初级、中级和高级专业资格认证人员合计2 015人。

（总行机构业务部）

存款业务

一、存款业务发展总体情况

截至2012年末，全行境内人民币各项存款（含同业）余额141 816亿元，比年初增加14 213亿元，增幅11.14%。其中储蓄存款余额66 864亿元，比年初增加7 796亿元，增幅13.20%；公司存款余额33 026亿元，比年初增加1 318亿元，增幅4.16%；机构存款余额31 118亿元，比年初增加4 273亿元，增幅15.92%；同业存款余额10 809亿元，比年初增加826亿元，增幅8.28%。外币各项存款（含同业）余额763亿美元，比年初增加301亿美元，增幅65.23%。其中储蓄存款余额134亿美元，比年初增加6亿美元，增幅5.05%；对公存款余额388亿美元，比年初增加206亿美元，增幅113.19%；同业存款余额241亿美元，比年初增加89亿美元，增幅58.63%。

二、主要工作措施及成就

（一）机构存款业务方面。一是加强联动协作。大力拓展源头客户，为重点客户量身定制了综合金融服务方案，进一步密切了与存款源头性客户合作关系。同时进一步强化系统监测，加强机构客户重大资金流向监测，加强信息共享，社会资金链源头作用明显。二是强化组织推动。组织17家重点分行召开政府存款业务推动会，督促分行认真贯彻全行存款工作会和政府存款业务推动会议精神。在年中、年末等特殊时点前，及时下发工作通知，引导分行促进机构业务存款平稳、可持续增长。三是完善考核机制。对2012年度机构金融业务考核方案进行优化调整，有效提升了考核的科学性和指导性，进一步提升机构业务存款增长的均衡性。

（二）公司有贷户存款业务方面。一是加强系统管理，减少存款波动。先后两次召开部分分行公司存款工作会议，认真研究公司存款竞争形势、波动原因，提出应对措施与工作要求。对一些存款波动较大的分行进行调研，召开座谈会、分析会，并直接进行业务督导。实地走访重点客户，了解客户资金使用及服务需求，有效降低存款波动幅度。二是抓好重点产品，拉动存款增长。实现理财与存款业务的健康互动发展。加强对重点产品的营销力度，推动存款稳健增长。充分利用全行客户资源广泛及项目渠道丰富的优势，通过直接融资渠道服务争取大额存款。三是加强大额资金监控管理，确保存款稳定。依托科技手段，采取针对性措施延伸拓展客户，尤其是加强系统内行际之间联动，做好省内跨区域信贷资金留存，减少存款流失。四是加强日常跟踪监测分析工作。认真分析重点行业、大型客户的资金流动规律，根据客户资金使用及回流特点，做好公司有贷户存款的分类预测工作，提高对存款变动的反应能力与掌控力。对公司有贷户存款工作实施月度通报，开展对关键性指标的跟踪督导。

（三）在公司无贷户存款业务方面。一是提升服务水平，完善服务管理体系。全行牢固树立“无贷户存款是结算专业核心价值”的工作意识，紧密围绕公司无贷户存款工作完善服务管理体系，推动公司无贷户存款快速增长。根据不同客户的金融资产服务需求，分层级、分类别制定了涵盖产品营销、服务流程、服务渠道、定价机制等内容的“公司金融资产增值服务”营销方案。明确实施重点公司无贷客户分层营销管理模式，为重点公司无贷客户配备首席客户经理和营销服务团队，提供针对性金融资产服务。二是实施拓户增容，开拓存款新来源。全行高度重视客户拓展工作，不断夯实客户基础，优化客户结构，大、中、小型客户比例始终保持在合理水平，在今年同业竞争激烈、大客户存款流失严重的困难局面下，中小企业客户存款尤其是新增客户存款保持稳定增长。三是强化增值服务，理财存款联动发展。全行高度重视存款与理财联动关系，采取一系列有效措施促进存款理财双增长。通过深入挖掘客户金融资产增值需求，掌握公司客户资金规律，合理设计理财产品安排发行节奏，利用优势理财产品拓展增量客户。

（四）在储蓄存款业务方面。一是深入市场，积极争夺客户资源。全行充分重视对新市场和新客户的挖掘，对大公司大机构、商品交易市场、政府企业客户、民生项目、新型经济组织等实行名单制、目标制管理，夯实客户资源，在做大客户规模的同时优化客户结构，以客户规模的不断扩大带动储蓄存款和金融资产的大幅增长。二是深化业务联动，形成良性互动发展态势。个人金融业务板块持续深化对公对私板块之间的业务联动，以代发工资业务为纽带，以安全性更强、功能更丰富的芯片借记卡为载体，以工商银行储蓄存款产品、银行理财产品、基金、保险、贵金属等产品为切入点，借助个人电子银行、自助机具等优势，实现批量拓展个人客户，推动储蓄存款的持续增长。

（五）在境内外币存款业务方面。一是把握市场情势，完善工作机制。面对复杂多变的经济金融形势，全行积极应对市场资金波动加剧、利率汇率市场化进程加快、同业市场竞争加大的挑战，认真落实监管要求，研究制定发展规划，有效把握市场情况和客户需求变化，加强外币资金的精细化管理，提高联动协作，强化渠道建设，确保各项存款工作取得良好成效。二是实施外汇存贷款利率管理机制改革。全行积极探索利率市场化管理模式，积累适应利率市场化形势的管理经验，授权符合条件的境内分行对部分外汇存贷款自主确定利率水平，建立起以市场化外汇资金成本收益为基准的内部定价体系。2012 年，全行根据外汇资金形势，灵活调整外汇资金内外部价格，有效促进存贷款业务协调发展。

（总行资产负债管理部）

信贷业务

一、2012 年信贷业务发展情况

2012 年，全行集团口径各项贷款余额 88 121.3 亿元，比年初增加 10 232.3 亿元，增长 13.14%。其中境内分行人民币各项贷款余额 78 966.1 亿元，比年初增加 8 673.5 亿元，居同业首位；贷款增幅 12.34%，比五大行平均增速高 0.47 个百分点。贷款总体流量进一步增大，境内分行各项贷款累计投放 77 288.4 亿元，同比多放 18 473.4 亿元，较好地支持了实体经济发展。信贷结构进一步优化。先进制造业、战略性新兴产业、现代服务业和文化产业贷款余额占公司贷款比重较年初提高 6.66 个百分点。项目贷款占公司客户贷款比重较年初下降 3.01 个百分点。个人贷款占境内分行各项贷款的 24.25%；小企业贷款占比较年初提高 0.15 个百分点；贸易融资占比较年初提高 2.05 个百分点。贷款质量保持稳定。在复杂严峻的经营形势下，继续坚持严格的信用资产分类标准，集团口径不良贷款率较年初下降 0.10 个百分点。全行贷款质量初步经受了经济下行期考验。

二、加强信贷管理的主要举措

（一）建立贷款催收机制，强化信贷监督管理。一是建立贷款催收和质量监测机制。加大不良贷款考核挂钩力度，逐级分解落实不良贷款考核指标。加强法人客户到期贷款管理，将法人客户到期贷款按月逐级逐户反馈到一级（直属）分行，及时向分行提示到期贷款风险状况。建立个人贷款违约催收机制，督导各行组建催收中心，并协调相关部门在全行开通“95588”人工电话催收。截至年末，各一级（直属）分行均已在城市行成立催收中心并投入运行，催收效果初步显现。对全行 517 家信贷业务风险突出的分支机构实施贷款质量逐月监测，督导压降不良贷款。截至 2012 年 12 月末，537 家机构受监控品种不良贷款较基期下降 27.27 亿元，降幅为 22.46%；315 家机构不良贷款率实现下降，其中 233 家已达到总行监控要求。

二是完善信贷业务监督。2012 年全行信贷监督执行部门累计核准信贷业务 121.34 万笔、72 340.15 亿元，发现问题率（按笔数计算）较 2011 年下降 1.24 个百分点；实施放款后监督的信贷业务合计 176.46 万份，累计接收应入库信贷业务档案 297.78 万份，信贷业务档案入库率 99.90%。

三是加强信贷业务检查。2012 年全行组织、参与和承接审计署、银监会等检查审计 26 项，各一级（直属）分行组织开展自查 931 项，检查涉及贷款超过 6.4 万亿元。开展了全行性信贷业务合规性检查，范围涵盖地方政府融资平台、房地产、贸易融资、小企业、个人贷款和理财业务等重点风险领域，促进了信贷业务的规范管理。组织全行信贷资产质量分类检查，对分类制度的合规性、质量分类的准确性和业务操作的规范性进行全面检查，有力地夯实了资产质量管理基础。

四是加大潜在风险贷款退出力度。2012 年全行共筛选认定潜在风险贷款客户 3 693 户，积极开展潜在风险贷款的退转工作。全年共退出潜在风险贷款 1 352.08 亿元，完成年度目标任务的 159.76%，有效地防范和控制了贷款风险及贷款裂变。

（二）加快建设集团统一的信用风险管理体系。完善集团层面信用风险并表管理。在整合原有管理办法的基础上印发《信用风险并表管理办法》，明确信用风险并表管理的机构范围、部门职责和基本原则。进一步深化大额信用风险暴露管理，通过设置客户、行业、地区和产品等维度的风险限额，优化集团信用风险资产结构，有效规避集中度风险。在全集团范围内逐步建立机构间信息共享、风险联动和风险隔离制度，提升信用风险管理协同能力，有效防控集团整体信用风险。

同时，进一步加强境内并表金融机构和机构客户信用风险管理。一是制定工银租赁及璧山、平湖村镇银行信用风险业务年度授权，为推动集团信用风险并表管理工作奠定基础。二是调整金融机构客户融资准入审核方式，优化业务流程。三是制定融资性担保机构信用风险管理办法，开展全行范围的融资性担保机构融资清理工作。2012 年全行清理退出担保机构 717 户，融资担保余额较年初减少近 1 000 亿元，合作机构数量和在保贷款余额控制在全国融资性担保机构的 8.87% 和 1.72%，清理工作取得明显成效。

（三）完善资产管理系统功能，全面建设应用 GCMS。一是全面推进全球信贷管理系统（GCMS）境内外一体化建设。顺利实现个人综合授信在全行顺利投产应用，贷后管理功能在上海、山东等 7 家机构实现试点应用，以及境内外客户、法人个人客户信息共享和一体化管理。二是顺利实现全球信贷管理系统（GCMS）境外延伸，相继完成工银澳门、工银亚洲、华沙和香港分行 GCMS 投产应用，除新收购成立的工银美国和工银阿根廷以外，实现了对境外银行类并表机构的全覆盖。三是持续完善资产管理系统（CM2002/PCM2003）信贷风险控制、产品服务创新和业务流程优化等功能，全年 7 个季（月）度版本、58 个项目、5 万余个功能点顺利投产应用并保持稳定运行。

（总行信贷与投资管理部）

小企业金融业务

一、小企业信贷业务发展情况

2012 年全行小企业贷款稳步增长，年末小企业贷款（含个人经营性贷款）余额 11 045 亿元，较年初增加 1 451 亿元，占同期人民币各项贷款总增量的 16.7%；贷款增幅 15.1%，高于全行平均增幅 2.8 个百分点；小企业贷款占总贷款的比重由 2011 年末的 12.3% 增至 13.3%，提高 1 个百分点。小企业客户基础稳步扩大，2012 年末小企业有贷户占全部法人有贷户数比例超过 71%。小企业贷款收益水平进一步提高。贷款行业投向合理，80% 以上的贷款投向加工制造和商贸流通领域，有效支持实体经济发展。同时全行小企业信贷业务区域发展日趋均衡，中西部地区与东部地区贷款占比差距进一步缩小。

二、采取的主要工作措施

（一）强化组织推动。年初全面部署 2012 年度全行小企业工作重点，年中两次组织召开专门座谈会，有针对性地推动业务发展和风险管理。单列小企业贷款计划，并根据贷款投放情况及时分配和调整分地区计划。将小企业业务纳入分行行长经营绩效考核，明确考核权重，按季进行考核，并将小企业拓户纳入重点激励计划。

（二）加强业务管理。继续在全行推动小企业专营机构建设，督导分行做好机构设置和人员配备，2012 年底全行已组建专营机构 1 400 多家。加强营销宣传，继续参展中小企业节、中博会等营销活动。组织开展风险排查工作，加强重点行业、重点领域的小企业风险管理，加强风险突出机构的预警和控制。进一步规范小微企业标识管理。

（三）推进业务创新。一是大力推进产品创新，修订标准厂房按揭贷款、代理设备租赁业务管理办法，推出小企业账户卡循环贷款。二是在全行投产 CM2002 系统信贷合同用印优化项目，启动开发 CM2002 小企业客户信息管理系统优化项目；投产小企业贷款用途监控系统，完成小企业贷后管理系统的开发运用。三是重点抓好个性化融资方案的试点工作，完成小企业科技贷款、保证保险项下小企业贷款、旅游景区经营型物业贷款等个性化融资方案，为进一步丰富小企业产品体系奠定基础。

（总行信贷与投资管理部）

专业融资产品业务

2012年，全行专业融资业务条线认真贯彻国家有关金融方针政策及总行战略部署，按照科学发展观的要求，重点推进利润中心建设和七条专业产品线的加快发展，各方面工作都有新变化、新进步。

一、专业融资产品业务总体经营概况

截至2012年底，专业融资产品余额1 438亿元，其中贷款余额1 113.8亿元，支持中国企业“走出去”项目贷款金额152亿美元；簿记境内外机构资产余额396.7亿元，有力地支持了境内外机构业务发展；全行商品融资业务余额1 168亿元，比年初增长135亿元，增幅13.06%。实现营业收入4.6亿元，其中利息净收入1.9亿元，比上年增长49%；实现手续费及佣金净收入2.7亿元，约为利息净收入的1.4倍，收入结构保持较优水平；实现拨备后利润4.1亿元，比上年增长116%。

二、抓好专业产品线和利润中心建设的协调发展

2012年部门利润中心建设有了新的进展。在深入学习首批四家利润中心实施模式基础上，进一步明晰部门专业融资产品线利润中心的总体思路和改革措施。从市场竞争的实际出发，巩固经营自主权，包括自营业务审批权和业务集中经营权，同时在资金配置和外汇资金价格上争取更多的支持；使部门专业融资产品的集中经营权、与专业融资产品利润中心匹配的业务审批权比照直辖市分行执行，有力地保证了利润中心改革后较大的业务发展空间。

妥善处理好产品线发展与利润中心的关系，坚持发挥对集团利益最大化和服务支持分支机构发展的职能作用。在专业分工基础上更加注重发挥营销合力和特色，除簿记境内外分支机构贷款外，还发挥专业产品、信息渠道和客户资源优势，加大内外联动力度，协助境内外分行稳定优质客户和提供属地服务机会。如利用全球资讯平台发布专业融资产品线业务信息1 836条，其中“走出去”业务627条，已实现成果转化8个项目，带来人民币存款8 450万元，人民币贷款2.31亿元。

三、积极支持中资企业“走出去”

一是配合国家对外战略推进“走出去”重大项目，提升境内外影响力。主动配合国家对外战略及政策导向，积极推进高访项目见签，着力抓好重点国别、重点项目的营销开拓，彰显工商银行在“走出去”领域的核心竞争力。国际项目合作主推“贷款换资源”项目，出口信贷主推“工程+金融”项目，国际银团主推境外并购贷款项目，在各自领域均完成一批既有经济效益，又有社会影响的重大项目。在巩固原有业务优势的基础上，着力开拓资源开发、境外并购等业务，成功安排了一批优质项目，进入加拿大、德国、澳大利亚、俄罗斯等市场，获得良好收益。在境外并购业务中，积极推动中海油收购加拿大尼克森石油公司、徐工集团并购法国施维英公司、国机集团并购MAG集团、中国黄金集团收购巴克里黄金公司非洲金矿股权等。工商银行以商业性贷款方式服务国家政策性战略任务，同时也树立了在国际市场上良好的品牌形象。

二是抓好营销和项目储备，为“走出去”业务可持续发展积蓄后续力量。深入分析中国企业“走出去”的地区分布和业务领域，认真研究市场拓展策略和境内外客户营销方案，积极开展客户营销和组织推动。建立与中信保、商务部、发改委等国家有关部门业务信息沟通和共享机制，第一时间获得项目信息，提高对市场敏感度和反应速度。加强对核心客户和信贷市场的营销与走访，先后赴湖北、四川、福建、山东等十几家分行联合营销“走出去”重点客户，通过产品推介和业务研讨，深入挖掘企业需求。增强对新兴市场的营销力度，通过对新兴市场资金需求特点的分析，把握融资投向的具体行业和领域，符合当地实际并有可靠的还款来源。积极推动中英基础设施合作，为中国企业赴英国投资和开展承包工程牵线搭桥。截至2012年底，“走出去”业务共储备项目87个，意向融资金额800亿美元，涉及能源、交通、机械、电信等行业，分布在非洲、南美、中东、东南亚、中亚地区。

三是组织召开了工商银行与“走出去”企业业务研讨会，向企业全面展现了工商银行国际网络布局、信息科技水平、资金实力及品牌业务等方面的综合服务优势，增进了工商银行与“走出去”企业的业务交流与合作。会议邀请了发改委、商务部等政府有关部门，66家企业及相关金融机构，张红力副行长出席会议并发表主旨演讲。

四、积极发展租赁融资和商品融资业务

截至2012年底，全行租赁融资产品线融资余额达225亿元，增长25%；储备项目22个，金额超过100亿元，主要涉及民生、信达等55家租赁公司，其中97%信用等级在AA-级以上；业务经办行扩展到25家一级分行的近100家支行，资产质量优异，无一笔不良贷款。租赁融资产品线在拓展业务的同时，继续夯实业务基础，做好业务快速发展的各项准备。完善《应收租赁款保理业务管理规定》等相关制度，保证了对业务发展的规范管理；针对租赁融资交易频繁、涉及面较广的业务特点，适当扩大对一级分行的授权，充分调动分行营销力量；顺应租赁公司"国际化"发展和设备制造企业的"走出去"趋势，积极开发境外租赁市场，探索与中信保租赁保险部门的业务合作。特别是全行飞机融资产品线在巩固国内市场的基础上，不仅保持"国内最大、亚太一流"的市场地位，而且根据部门部署向交通行业"走出去"业务领域延伸。截至2012年底，飞机融资客户达到50多家航空公司和租赁公司，融资余额430亿元人民币，涉及400余架各型飞机。船舶融资产品线对存量业务风险进行了认真梳理，积极拓展新业务领域。新开展的船舶融资业务以国内船东的人民币融资为主，船型选择上以工程船、特种运输船等弱周期性船型为主。截至2012年底，船舶融资客户总计35家，融资余额340亿元人民币，涉及船舶169艘。

坚持业务拓展与风险防控并举，稳步推进商品融资业务。在全行贷款规模紧张的情况下，表内外融资（包括信用证、银行承兑汇票等）余额1 168亿元，其中贷款余额1 057亿元，累计发生额1 570亿元，增幅超过20%。一是着力解决物流监管问题。新增中邮速递物流、中国铁物两大全国性物流监管公司，组织各分行对辖内的所有监管现场进行排查，通过现场检查、约谈、监管公司退出等多种方式督促监管公司提高监管水平。二是加强模式创新，通过委托采购项下商品融资等新模式解决商品权属、质量、处置等问题。三是引导分行调整客户结构，退出钢贸等风险较高的小企业，协助分行推动金川有色、紫金矿业、云铝等一批大型商品融资项目。四是组织召开商品融资座谈会，强调风险控制要求，实地调查重点区域和风险事件，消除风险隐患，清收化解不良。同时，积极探索产品线境外延伸，参与国际大宗商品融资，成功完成加纳可可局可可豆出运前融资、路易达孚巴西公司大豆出运前融资等境外商品融资项目。

五、围绕客户需求不断进行产品创新

在产品创新和业务探索的过程中，不断丰富产品体系，逐步打造了"资源换贷款"、"工程+金融"、"融资+投行"等优质业务品牌，提高产品线的核心竞争力。如在飞机融资领域，率先实现了人民币跨境融资业务的突破，成功安排海航在澳大利亚的全资子公司升飞公司1.1亿美元和1 691万元人民币融资。在福建紫金矿业公司的并购项目融资中，及时应客户需求调整服务方案，成功安排紫金并购澳大利亚诺顿金田1.1亿美元融资，有效开创了部门内保外贷融资模式。在华电投资的俄罗斯捷宁斯卡娅45万千瓦燃气电站项目中，牵头安排了3.97亿美元融资，创新了股东循环开立信用证作为还款增级措施，突破了境外投资需境内集团担保的瓶颈，既控制了贷款风险，也为境外投资项目的融资创立了新模式。为郑州宇通承建秘鲁利马公共交通系统改造项目安排1 936万美元贷款，借助秘鲁政府背景下的金融公司COFIDE的"加气控制还款系统"，设计对承租人租金支付的监管流程和信托协议，保障了还款来源充足，并为郑州宇通在秘鲁开发潜在市场打下了良好基础。

六、有效防范业务风险

坚持业务推动和风险防控两手抓。按照利润中心业务发展需要，一是修订完善了部门专业融资业务操作流程，明确审贷会职能，强调在实际风险可控的情况下提高审查效率。二是改进资金管理工作，满足了部门自营、分行自营、簿记分行以及审批分行等各类业务形成的需求。三是在利润中心建设中，扩大了营业部单笔信贷审批权限，同时争取集团内部利润最大化，并最大限度地满足优质客户的需求。四是加强押品价值评估工作。全年共完成70余架飞机和113艘船舶的评估工作。针对个别不足值情况，通过争取存款质押、开立备用信用证等方式补充抵押物，最终确保押品覆盖满足行内相关要求。

（总行公司业务二部）

投资银行业务

2012年2月，全行投行业务系统按照投行利润中心改革总体部署，坚定投行业务转型发展的信心和决心，全面加大投行改革、机制创新、品牌建设、结构调整、项目运作、收入增长和服务提升等各项工作力度，较好地完成了各项既定任务，取得了较好的经营业绩。

一、投行改革落实到位，新的投行经营体制初步确立

一是高效推进业务和机构调整。根据全行投行利润中心改革方案，高效完成了业务、职能、机构和人员的调整划转。召开两次投行改革工作座谈会，推动各分行根据实际情况制订改革方案并于上半年落实到位。总分行投行部门均强化了直接经营定位，明确了做大做强重组并购、股权融资和高端财务顾问等重点品牌类投行业务、打造与工行全球地位相匹配投行业务的战略目标。

二是顺利完成投行利润中心改革基础工作。印发了总行投行部利润中心财务改革方案，制订了积极进取的经营目标和考核方案，出台了兼顾加大总行直营力度和促进全行投行产品线发展的分润机制，完成了包括参数设置、发票开立、报表生成等在内的总行投行部利润中心网点核算系统改造开发等相关基础工作。

三是稳步推进全行投行团队建设。截至2012年末，全行设立独立投行部的分行达到22家，设立二级部的分行达到11家，其他分行也在公司业务部设立了投行团队；总分行专职投行团队由400人充实至500人，全行企业理财师队伍达到3 500人；部分分行在考核激励、资源投入等方面进行了积极探索并取得良好成效。

四是初步形成了经营管理融合互动的运作机制。投行部在提升自身项目运作能力的同时，注重投行产品线业务创新、重大项目牵头、团队统一调度、组织推动等管理工作，在实践中不断探索经营管理融合互动的运作机制。

二、结构调整稳步推进，品牌类业务实现快速增长

2012年，全行境内实现全口径品牌类投行收入108.2亿元，增幅166.8%。品牌类投行收入占全部投行收入的43.9%，同比提升26个百分点，超出年初目标近14个百分点。其中重组并购、股权融资和高端财务顾问收入合计71.1亿元，增幅293.1%，占全部品牌类投行收入的65.7%。全行实现股权融资业务收入10.7亿元，增幅131.7%；实现并购重组业务收入23.3亿元，增幅124.4%；实现高端财务顾问业务收入37.0亿元。全行实现境内投行收入246.5亿元，同比增长16.9%；投行收入及增量在全行中间业务中的占比分别达到21.8%和47.3%，投行业务对全行中间业务收入稳定增长继续做出重要贡献。全行投行收入在四大行中保持第一，占比由34%提升至41%，领先优势进一步扩大。

三、商投互动持续深化，投行业务协同作用得到提升

全行投行业务条线紧紧依托商业银行整体优势开拓市场，积极为公司客户提供综合化融资服务，为高净值客户提供优质投资产品，充分发挥了投融资中介的作用和投行顾问服务的专业价值，取得了良好的综合收益和协同效应，全行投行产品线业务规模加速扩大。2012年，全行完成股权融资项目140个、涉及交易金额近500亿元；参与的重组并购交易规模超过1 100亿元，全行发放并购贷款265亿元，并购贷款余额达到334亿元；总行直接牵头运作高端财务顾问项目22个，涉及融资规模370亿元。

股权融资方面。通过PE主理银行产品，投行服务与国内资本市场的相关度不断提高，对公司客户的股份制改造、上市前战略引资、借壳上市、整体上市、资产注入、定向增发等资本运作的介入程度不断加深。主理银行模式突破“基金代销”范畴并介入PE管理机构“融、投、管、退”全过程，参与PE管理机构后端收益分成，为私银专业提供可靠的高收益产品，实现了投行、私银、个金、托管等专业的联动以及存款沉淀与信贷跟进的综合收益。

重组并购方面。积极推动国内煤炭行业并购整合，大力发掘过剩行业中的并购重组业务机会，着力解决跨境并购项目运作中落地操作能力和融资手段等薄弱环节和关键节点，进一步巩固了“融资+顾问”的综合重组并购服务模式，重组并购业务境内外覆盖能力和客户认同度显著提升。

高端财务顾问方面。积极探索个性化理财、对接行外社会化资金的结构化融资、海外绿地投资以及债务重整等子产品，加强与信托、保险、证券、资产管理等机

构的业务联系，积极探索理财资金外的低成本筹资渠道，为客户提供更多可选择的表外融资解决方案，服务内涵和产品体系渐趋充实。2012 年，工商银行在《证券时报》“2012 中国区优秀投行评选”中连续第四次获得“最佳银行投行”奖项，在中国社科院和《中国经营报》“2012 卓越竞争力金融机构”评选活动中连续第三次获得“卓越竞争力投资银行”奖项，在《首席财务官》杂志“2012 年度中国 CFO 最信赖的银行评选”中蝉联“最佳投行业务奖”。

四、品牌建设初见成效，投行项目顾问特征更加突出

2012 年，全行完成的重组并购和股权融资项目数分别达到 600 笔和 140 笔。总行自主营销的项目、纯顾问类项目、跨境资本运作项目、涉及央企和行业龙头的项目、市场关注度高的项目数量和占比较往年明显提高。

重组并购方面，国投集团并购印尼苏巴印镍矿项目是为大型央企海外并购提供的首笔纯顾问服务；博华资本收购欧洲 Dexia 资产管理公司项目是首次为客户提供跨境金融资产并购顾问服务；澳大利亚 BANDANNA 项目是首次获得境外上市公司卖方顾问委任。

股权融资方面，江苏雨润集团股权私募基金项目是总行运作的首只信托制股权基金，为国内农产品物流业升级发展提供了有力支持；河南大有能源定向增发基金项目为总行运作的首只上市公司定向增发基金，获得省级国资委背书托底支持；奥地利斯太尔发动机基金项目为首只跨境并购基金，支持客户成功收购境外军民两用发动机制造技术并注入上市公司；华电新疆项目和中信白银项目标志着为大型央企提供 Pre－IPO 融资服务的能力引领同业；陕煤集团开源国际项目和湖北联投项目标志着为省属大型企业股权融资策划及私募安排服务能力显著提升。

高端财务顾问方面，总行牵头运作南京青奥城项目、钱江新城项目、延长石油项目等 16 笔个性化理财项目，涵盖财产收益权、股票收益权、股权投资等多种理财投资业务模式；运用行外资金渠道的融资项目以及债务重整、海外绿地投资等不涉及融资的纯顾问类项目也都有所突破，山东海龙破产重整项目成为运用投行手段化解信贷风险及处置不良资产的典型案例；安徽滁州城投结构化融资项目是全行首笔借助券商渠道完成的私募结构化融资顾问项目。

五、规范管理持续加强，基础类业务发展日趋完善

2012 年按照全行整治不规范经营的整体部署，明确了基础类投行业务依法合规、服务匹配、要素完备、客户自愿的四项管理原则，并按照“整合一批、规范一批、承载一批、还原一批”的整体思路对基础类投行业务进行了全面梳理。开展了多次自查整改，梳理了 49 个收费项目，逐项修订了制度办法，制定了新版合同协议和服务记录，加强了中小企业客户收费管理，投产了投行业务管理系统主机驱动记账项目，基础类业务服务品质得到明显提升。投融资顾问方面，严格授权管理，下发了 50 个投融资顾问报告模板，要求中级和高级企业理财师签署顾问报告，有效保证了顾问服务质量。常年财务顾问方面，实行收费最高 50 万元的业务限价，进行了“服务分级、收费分级”的标准化服务改造。企业信息服务方面，停办了资信评级和信息咨询，减少了潜在风险点。

六、投行研究成果丰硕，服务支持能力持续提升

作为国内银行同业中唯一的投行分析师团队，投行部研究中心队伍进一步扩充，行业研究覆盖面进一步扩大，研究产品时效性进一步提速。2012 年，累计向全行投行客户提供 1 350 余篇、1 100 多万字的研究产品；通过行内“全球信息资讯平台”发布 1 500 余篇的研究报告；编印两本报告集并向全行重点直营客户、投行客户等发送近 5 000 册。参与投行论坛讲演和企业直接咨询服务 20 余场，直接服务客户上千家。同时，投行研究中心品牌建设迈出新步伐，累计在国内外各类财经媒体和刊物上发表文章 23 篇；积极参与北京大学“朗润预测”等经济预测活动，预测准确率在知名投行机构中排名前列；多篇研究报告得到行领导、重要客户和相关政府部门的高度评价。

七、专业管理力度加强，投行产品线建设稳步推进

一是加强投行项目风险管理。2012 年内到期的 35 只 PE 基金均成功兑付，投行项目未出现风险损失事件。积极开展投行业务制度梳理，制定印发了《重组并购业务操作流程》。参与全行《金融资产服务基本规定》研究起草工作，配合做好投行业务相关的系统开发、流程梳理、限额管理、中介准入等后续工作。

二是加强产品线组织推动。先后两次修订《投行业务考核办法》，动态调整考核导向和考核指标体系，扩大总行管理幅度，将投行业务考核监测延展至一级分行营业部等城市行。适度调整 2012 年度分行投行业务权限，保障业务健康发展。

三是拓展投行合作渠道。增加跨境并购业务合作机构，加强与发改委、国资委、商务部、银监会等政府部门的联系。2012 年，投行部与德勤、毕马威、裕信银行、欧洲战略咨询等数十家机构建立并购合作关系；与中信建投、申银万国等 9 家国内券商签署上市顾问合作备忘录；与中金公司、中信资本等 55 家知名 PE 机构建

立主理银行合作关系。

四是抓好教育培训工作。定期举行投行案例视频培训，举办了七期全行性投行产品培训。派遣逾百人次支持分行组织的专业培训，累计培训分行业务骨干逾千人。

（总行投资银行部）

债券与融资业务

2012年，根据货币政策及市场经济形势，全行进一步加强债券与融资业务制度和系统建设，努力加强风险防控水平，债券投资与同业融资业务收益稳步提高，国债代理业务继续保持市场领先地位。

一、债券与融资业务发展概况

全行人民币债券业务健康发展。截至2012年末，全行人民币债券投资余额（法人口径）比年初增加1 464.08亿元，增幅3.94%；实现投资收益1 361.41亿元，较上年同期增加166.40亿元，增幅13.92%。

主动负债业务稳步推进。于2012年6月13日在银行间债券市场成功发行了200亿元次级债券，于2012年8月7日在香港离岸人民币市场成功发行了10亿元人民币金融债券。

全行同业融资业务快速发展。2012年，全行累计办理人民币同业融出业务量同比增长64%，对应到期利息收入141.51亿元。

国债发行和兑付工作圆满完成。2012年，全行累计代理发行国债600.66亿元，市场占比26.72%，继续稳居同业之首，实现承销手续费收入3.03亿元，为全行中间业务的增收起到了积极作用。获得储蓄国债（电子式）网上银行销售首批试点成员资格，网上银行销售量占三家试点行销售总量的60.74%。国债代理业务在财政部和人民银行年度考核中排名第一。

二、主要工作措施及成效

（一）制订投资计划，合理引导债券投资。2012年，全行贯彻执行《2012年债券投资计划》，统筹规定债券资产的规模、久期、结构等指标，有效指导债券投资业务快速健康发展。同时，充分抓住上半年市场利率高点，加大债券投资力度，借短投长进行适度期限错配，有效提高收益水平。

（二）发展主动负债业务，持续探索新的融资渠道。2012年，在继续做好境内银行间市场发行次级债券补充附属资本的基础上，全行积极探索在境外市场发行离岸人民币债券业务，进一步拓宽全行融资来源，稳步提升工商银行的国际影响力。

（三）立足业务发展，深入优化融资管理。一是在研究市场变化和业务需求的基础上，制订主管行长和部门总经理对于分行债券及融资业务的基本授权方案，在控制风险的前提下进一步优化授权内容。二是认真审查分行特别授权事项，通过特别授权方式及时满足客户合理的融资需求，并提高市场竞争力。三是研究针对不同规模、不同对手、不同资本占用的融资业务的报价体系，进一步完善融资业务定价。

（四）继续加大系统开发力度，升级优化管理功能。一是认真完成凭证式国债代理系统的升级改造，实现相关数据通过业务系统向人民银行国库信息管理系统的自动报送。二是顺利推出储蓄国债（电子式）网上银行销售的系统创新，为成为首批试点成员奠定坚实的技术基础。三是积极推动分行融资管理系统优化，做好相关会计科目调整的系统支持工作。

（五）加强国债发行工作，巩固市场领先地位。一是发挥全行合力，积极营销，合理安排和调整分行债券发行额度分配，提高销售进度。二是积极配合财政部做好国债网上销售的调研工作，成功成为三家试点行之一。

（总行资产负债管理部）

金融市场业务

面对2012年复杂多变的经济金融形势，全行金融市场业务条线紧密围绕创收增效核心目标，以业务与产品创新为动力，以深化利润中心改革为契机，积极探索体制机制建设，不断提高资金运作水平，投融资、交易与承销发行业务利润大幅稳步增长，产品创新、研究分析、业务管理、系统建设、市场营销等各项工作协调推进，有力地促进了全行经营转型。

一、金融市场业务经营发展成果显著

（一）业务增长势头和资本利用效率良好。一是盈利能力进一步增强。2012年实现利润594.47亿元，同比增长18.66%；实现中间业务收入73.57亿元，同比增长2.68%。二是债券投资收益率水平持续提高。2012年人民币债券投资组合收益率为3.71%，同比提高29个基点；外币债券投资收益率为3.15%，同比提高61个基点。三是业务与盈利结构不断优化。2012年交易及承销利润增幅41.62%，高于投融资利润增幅23.42个百分点；交易及承销利润占比同比上升0.37个百分点。四是重点产品线实现跨越式发展。2012年账户贵金属全行收入14.36亿元；债券主承销规模同比增长584.64亿元，增幅20.15%。五是经济增加值（EVA）和经济资本回报率（RAROC）较高。

（二）市场竞争力和知名度显著提升。一是投资收益率保持领先，人民币非重组类债券投资收益率高于四行平均7个基点，相当于全年多增加利息收入20.86亿元。二是资金运营效率优于同业。全年超额备付率始终保持同业最优水平，日均超额备付率高于四行平均25个基点，相当于增加资金运作利润10.7亿元。三是账户贵金属竞争力稳居龙头。产品涵盖账户金银铂钯、品种最全；市场首推双向交易、定投、质押等，功能最优；国内唯一在国际市场连续报价和做市，声誉最好；产品线收入与市场份额持续保持市场第一，竞争力最强，2012年收入四行占比65.78%。四是结售汇业务领先同业。结售汇币种增至24个，超越中行18个成为同业第一；市场占比逐年提升，银行间外汇市场即期、远期、掉期做市交易规模排名第一，获得银行间外汇市场最佳做市商、最佳衍生品做市商等多项奖项。五是承销发行业务保持领先。2012年全行主承销业务发行额四行占比29.45%，连续6年保持市场第一，获得《环球金融》杂志“中国最佳债券承销银行”、路透《国际金融评论》“2012年中国最佳债券承销银行”和欧洲货币组织“最有竞争力和最优秀发行大奖”。

（三）积极探索利润中心体制机制建设。一是在实现总分行利益分配机制和利润中心考核激励机制的基础上，从全局着眼，充分发挥绩效考核的导向作用，主动适应部门管理重点，实施全面成本费用核算与考核，进一步提高绩效考核工作主动性。二是建立健全资本考核机制，推动完善资本计量方法，不断优化资本考核方式，初步建立金融市场部处室资本考核方案，引导各业务条线更好地树立资本节约意识、自觉加强资本管理。三是稳步推进直属机构建设。根据行内安排，金融市场部积极参与组织人员招聘、协议签署、员工入职等人力资源工作，逐步向直属机构管理过渡。

二、投融资运作水平持续提升

（一）人民币债券投资方面。加强市场研判，准确判断政策方向及市场运行走势，合理安排投资进度、节奏，持续优化投资品种期限结构、组合账户结构，加强一二级市场联动配合，取得了良好的投资成效。同时，认真贯彻行内信用风险管理相关要求，关注个别金融机构集中度风险；加强业务创新，成功开办人民币债券借贷业务，为盘活金融市场部债券资产进行了有益探索。2012年，总行银行账户非重组债券余额30 545.49亿元，同比增长6.75%；投资组合收益率3.71%，同比提高29个基点；实现利润564.79亿元，同比增长19.27%；分行信用债投资收入42.22亿元，同比增长41.63%。

（二）外币债券投资方面。深入挖掘各种投资机会，积极稳妥地开展新增投资，择机处置低息资产，组合规模和收益率稳步提升；加强投资区域管理，优化组合结构，积极开展波段操作和短线交易。2012年，总行银行账户外币债券余额42.92亿美元，同比增长4.17%；外币债券全年投资收益率3.15%，高于同期3个月Libor均值272个基点，同比提高61个基点；实现利润5.13亿元，剔除拨备回拨因素同比增长28.70%。

（三）人民币融资方面。立足银行间市场和公开市场，全力融入资金并有效降低成本，保障流动性安全；在阶段性资金富余时段，加大融出力度，实现收益率远高于市场平均水平。同时发挥资金业务核心竞争力，为资产管理、托管、机构业务提供支持；利用同业借款向附属机构融资，有力支持全行经营转型；依托工银亚洲建立离岸人民币拆借、存放集中交易制度，整合境外机构离岸人民币资金需求，提升跨境人民币业务竞争能力。2012年，人民币货币市场交易量18.82万亿元，同比增长29.34%；实现利润6.87亿元，同比增长71.75%。

（四）外汇货币市场方面。根据市场变化及时调整交易策略，适当延长拆借期限，加大对中资银行的拆借力度，动态调整人民币美元掉期规模，努力提高资金运作收益；在保证流动性的前提下，完成短债投资约2.58亿美元，平均收益率1.68%。同时，不断加强境外机构拆借管理，规范拆借流程，提高审批效率，接受境外机构拆借申请197笔。2012年，外汇货币市场业务交易量5 828.69亿美元，美元平均拆放收益率0.7%，比日均一个月Libor高出近46个基点，同比提高21个基点；实现利润4.02亿元人民币，同比增长461.77%。

三、交易与承销业务发展提速

（一）人民币利率交易方面。科学制定交易策略，重仓持有中高等级短期融资券，获得丰厚的价差和利差收益；抓住长期限债券波段机会，积极开展波段操作，获取大量波段价差收益；不断提高做市业务水平，获评最佳做市商；大力推动代客交易业务发展，成功与中国澳门金管局、印尼央行建立债券投资合作关系。2012年，全行人民币债券交易金额面值3 117.15亿元，人民币利率互换交易名义本金1 404.2亿元，柜台记账式债券交易金额9.3亿元；人民币利率交易业务共实现利润4.32亿元，同比增长78.15%。

（二）人民币代理交易方面。按照人民银行要求实现全行境外机构投资境内银行间债券市场的统一申请和集中交易管理。积极配合开展境外机构营销，在RQFII和QFII客户服务模式方面进行有益尝试；创新开展代客债券质押式回购交易，抓住有利时机推广利率互换与债券承销发行和贷款融资组合产品。2012年，代理债券结算业务完成结算面值347.51亿元，代理债券交易金额261.44亿元；全行人民币代理业务实现收入409.07万元，同比增长6.75%，其中，总行本级实现利润0.04亿元，同比增长16.24%。

（三）人民币外汇交易方面。积极拓展做市币种，规范做市流程，构建做市报价模型，持续为工银亚洲、工银莫斯科等境外机构提供交易平盘服务；加大组合产品创新，推出人民币外汇期权组合、人民币外汇期权与贸易融资组合产品，投产泰铢、菲律宾比索及南非兰特等币种结售汇业务。2012年，人民币外汇业务交易金额7 232.18亿美元，产品线结售汇业务交易金额4 322.68亿美元；全行结售汇业务实现收入46.45亿元，同比增长17.80%，其中，总行本级实现利润1.69亿元，同比增长56.5%。

（四）账户贵金属交易方面。加强北京、伦敦和纽约三地交易管理，实现在彭博和路透终端24小时连续报价，不断提升工商银行在国际贵金属市场的做市形象和影响力；在国内首推账户外汇、账户原油，投产账户贵金属和外汇买卖双向交易及账户贵金属质押和转换功能；完成5大类25小类商品种类的参数设置，试投产企业网银外汇买卖业务；更换贵金属账户行，账户贵金属账户费用有效降低；推进境外交易所清算和交易经纪商选择工作，做好进入境外交易所开展贵金属场内交易准备。2012年，总行账户贵金属业务交易金额3 479.54亿元，交易金额8 812.6亿元；全行账户贵金属业务实现收入14.36亿元，其中，总行本级实现利润4.72亿元，同比增长24.46%。

（五）衍生产品交易方面。梳理结构性存款业务流程，调整业务收入模式，做好个人结构性存款业务的交易支持工作；加强代客风险管理业务推广，存续交易没有出现新垫款。加强衍生产品定价最新理论和实现方法研究，推进量化分析工作，FMBM系统已实现所有基础利率、汇率衍生产品的全流程管理。2012年，衍生产品业务交易金额8 872.47亿元；全行衍生产品业务实现收入5.95亿元，同比增长25.53%，其中，总行本级实现利润1.21亿元，同比增长54.66%。

（六）承销发行业务方面。进一步推动承销业务授权审批机制优化，建立巩固分行承销业务专项考核激励机制，完善承分销渠道建设，持续深化与银行、证券、保险、基金等投资人的合作关系，实现了承销发行额连续6年市场领先。圆满完成工商银行200亿元次级债和香港10亿元人民币离岸债券发行工作，发行利率均创造了可比同业债券的最低水平。积极推进信贷资产证券化试点业务。2012年共主承销债券承销项目172只，同比增长47.01%；主承销债券金额共计3 486.08亿元，同比增长20.15%；实现收入10.88亿元，同比增长15.5%，其中，总行本级利润2.28亿元，同比增长48.82%。

四、产品创新能力明显增强，研究分析工作成果丰硕

一是全方位推进业务与产品创新，不断开辟新的利润增长点，2012年完成功能与流程优化、业务与产品创新等项目30余个。二是全面扎实做好产品管理，组织推动完成结售汇、代客风险管理等5项产品竞争力评估工作，初步形成代客金融市场业务产品目录；积极参加全行产品创新评奖，新兴市场货币结售汇等4项产品获产品创新奖、账户贵金属等2项产品获明星产品奖。三是深入开展业务研究。统筹做好金融市场业务境外发展三年规划、自营交易发展必要性与相关业务思路等业务发展规划，积极开展账户交易类、衍生产品、代客风

险管理等重点产品线发展思路研究，认真完成金融市场业务上海备份中心、工银亚洲集团内离岸人民币资金交易类中心等业务方案研究。四是积极开展市场分析。密切关注市场动态，编发《金融市场晨报》249期；紧密跟踪焦点事件，完成“工银市场研究”报告64篇，并择优汇编形成《金融市场研究报告选编》。

五、业务管理水平全面提升，系统建设工作取得突破

一是继续加大制度建设力度。印发《金融市场业务操作指南》，标志着金融市场业务制度体系初步建立、“一本制度、一套规程和一册流程图”工作圆满完成；大力推进制度梳理整合工作，搭建“买卖协议、产品介绍和买卖规则”三位一体的全新客户文档架构，建立健全金融市场业务制度版次化动态更新机制。二是进一步提高境外机构管理水平。继续推进金融市场业务集中管理改革和全球24小时交易体系建设，启动亚洲时段外币债券集中交易；完成阿根廷标准银行离岸金融市场业务承接工作。三是搭建完成国内首创的金融市场交易管理平台主体架构，替代并整合以前长期依赖的分散外购管理系统，实现总行主流产品的集约化管理，并在亚、欧、美、澳四大洲分别成功试点并实现了突破。四是建立起对UBS电子交易平台、人民币债券双边报价和结售汇做市等渠道产品单笔和累计额度的事前控制机制。五是加快推进上海备份中心系统建设工作，完成立项方案和业务需求。六是全年有效管理110个系统研发类项目，金融市场代客交易系统荣获2012年度全行科技创新一等奖。

六、市场营销工作多措并举，宣传与推广齐头并进

一是实现营销活动常态化、机制化。牵头组织全行性各类专项营销活动14项，努力促进账户贵金属、结售汇等重点产品客户数量、业务规模与收入水平的同步提升。二是多渠道开展宣传工作，开辟门户网站金融市场业务专区；通过折页、海报、视频多种方式加强账户贵金属及结售汇业务宣传。三是推动个金、结现、电子银行等渠道部门，联合开展金融市场业务营销活动。四是为分行及渠道部门营销工作提供全方位支持。加强先进经验推广，编写营销案例、营销动态近30篇，组织开展视频培训，进一步改进培训流程、提高培训效率。

（总行金融市场部）

资产管理业务

2012年，全行资产管理业务条线积极适应利率市场化改革和商业银行金融脱媒化宏观形势，认真贯彻执行总行党委对资产管理业务发展的各项要求，积极融入全行实施经营转型和金融资产服务业务发展战略，取得了较好的发展成效。

一、业务持续快速增长，市场地位更加稳固

（一）业务持续快速增长。一是业务收入和利润增长方面。2012年全行资产管理业务共实现中间业务收入133.16亿元，同比增长21.48%，中间业务收入全行占比11.77%，较年初增加了1.5个百分点。二是产品发行额方面。全行累计发行理财产品39 757.37亿元。其中人民币理财产品发行额为39 715.56亿元，外币理财产品发行额为41.80亿元；个人理财产品发行额为28 223.77亿元，法人理财产品发行额为11 533.59亿元。三是产品余额增长方面。全行理财产品余额10 039.86亿元，同比增长30.96%。其中，人民币理财产品余额10 015.61亿元，同比增长30.83%；外币理财产品余额24.26亿元，同比增长119.91%；个人理财产品余额7 572.40亿元，同比增长22.85%；法人理财产品余额2 467.46亿元，同比增长64.21%。四是各类产品发行及余额增长方面。固定收益市场理财产品发行39 307.57亿元，余额9 195.02亿元；资本市场理财产品发行99.69亿元，余额684.63亿元；国际市场理财产品发行350.11亿元，余额160.21亿元。

（二）市场地位更加稳固。一是主要指标均居同业首位。面对激烈的市场竞争，始终坚持以客户需求为导向，秉承“诚信、价值、专业、创新”的经营理念，积极拓展业务，已连续多年保持了境内规模最大资产管理银行的优势地位，收入及余额占比大幅领先同业。二是管理经验获得监管部门和银行同业高度认可。工商银行资产管理业务管理严格、运作规范，专业能力和水平一直领先于同业，管理经验得到了监管部门的高度认可。2012年参与筹备了中国银行业协会理财业务专业委员会成立大会暨中国银行业理财峰会论坛，并当选专业委员会第一届主任单位，显示了工商银行在银行理财业务领域的领导地位。

二、创新成效屡获肯定，服务能力持续提升

（一）业务创新成果丰硕。2012年创新工作凸显两大特点：首先是产品创新取得新的进步，其次是自主投资管理能力大幅提升。在产品创新方面，推出了使用量化、全权委托、套利等新投资技术及TOT、收益权、夹层股权基金等新投资模式的全新理财产品接近20个。对固定收益类期次产品进行整合并推出了“增利”系列产品，在降低业务风险的同时满足了客户资金流动性与盈利性兼顾的要求。外币理财产品在过去的一年显著增长，发行量同比增长了276%，实现了少有的突破。而现金管理、分段计息等传统拳头产品在2012年也延续了稳定的市场优势，尤其是分段计息产品缩短到账时间后规模显著增长，产品规模翻了一番。在自主投资管理方面，自主管理的净值型理财产品表现亮丽。私人银行混合型稳健配置理财产品在股票和债券市场不利的市场环境中有效地控制了风险，并准确把握多个波段机会，实现费后年化收益率7.5%，受到了私人银行客户的追捧，产品规模已迅速攀升至目前的200亿元。可转债理财产品、增强型新股申购人民币理财产品、私人银行增强型债券理财计划等自主管理净值型产品净值增长率在全市场同类基金和银行理财产品排名中也名列前茅，使得资产管理业务的核心竞争力进一步增强，客户认可度进一步提升。

（二）客户服务能力业内一流。理财客户规模不断扩大，服务对象不断增加。目前活跃的个人理财客户数量已经达到466万户。客户质量不断提高，五星级和六星级等高等级客户已经构成了个人理财客户的绝对主力，占全部客户的76%。资产管理业务为客户创造的价值也大幅增加。2012年理财产品的平均收益水平达到了4.56%，在市场中居于前列。全年累计为客户支付投资收益456.12亿元，较去年增加了56%，继续居于同业首位。

（三）“工银理财”品牌形象进一步提升。2012年获得《环球企业家》“年度创新银行榜”评选的“最佳资产管理银行”奖项、《21世纪经济报道》“中国资产管理‘金贝奖’”评选的“最受信赖中资银行”奖项、《金融界》“金融行业年度”评选的“理财产品最佳创新奖”，创新实力得到充分印证。

三、投资水平得到市场认可，服务经济成效显著

（一）准确判断市场趋势，抓住市场机遇，圆满实现全年债券投资计划。针对市场变化，及时调整投资策略，缩短债券投资久期，适当提高投资信用评级标准，最大限度地降低了债券市场调整带来的利率风险和信用风险，回避市场回调带来的不确定因素。截至2012年末，累计新增债券投资1 747.51亿元，目前存量债券余额约4 211.44亿元，存量债券平均余期约3.49年，存量债券的加权到期收益率约为4.61%。

（二）项目投资实现重点突破，服务实体经济成效显著。通过对理财项目投资通道及合作机构创新，多个重大项目实现突破，支持了实体经济的发展。武汉地铁项目开启了银政合作的新模式；南京地铁项目带动了已批银团贷款提款；陕煤项目带动新增公司存款90亿元。此外，根据私人银行客户需求发行了专属理财产品近1 000亿元。截至2012年末，共完成理财项目投资、资本市场类理财投资及另类投资1 740.45亿元，理财客户关系进一步深化，对全行贷款、存款、托管、结算、私人银行等业务带动作用明显。

（三）量化产品不断创新，市场首发优势明显。创新推出了三款量化产品，分别为恒盛配置A股量化投资理财产品、恒盛量化增强全球商品套利理财产品、挂钩沪深300指数A股结构化理财产品。三款产品填补了银行系该类型理财产品的空白，市场先发优势非常明显，且到期产品全部实现预期收益，充分满足不同风险偏好客户的多样化需求。

四、管理水平显著提高，经营能力持续增强

（一）业务管理架构日趋完善。一是建立了全面、全程风险管理体系。实现了自营代客分离和前中后台分离，构建起独立托管的管理体系；建立了双线报告制度，总行资产管理部按月向高管层报告业务开展情况，风险管理部按月监测、分析资产管理业务风险状况，独立向首席风险官及风险管理委员会进行汇报；各项业务按照全行统一的授权制度报有权人审批，建立了分类分级授权制度，所有投资交易建立核对机制，实行三级审批制度；建立了统一风险限额管理办法和限额体系，所有投资审批及资金划付事项均纳入系统并进行风险管理，产品投资及产品间交易价格的公允性由风险管理部监测验证。二是完善了统一管理、分类授权的管理模式。资产管理业务实行全行统一管理模式，即统一管理标准、分类授权经营。根据各行的资源优势和特点，对不同分行进行分类授权，分行可以根据授权进行自主投资管理、推荐项目、信用审查和销售产品。所有分行均按照总行统一的管理要求，比照总行模式成立资产管理业务管理委员会，建立前中后台的运作模式，使用统一的销售系统和投资管理系统进行管理，使用总行统一版本的产品说明书和合同。三是制度建设取得新的进展。配合全行制度梳理工作对资产管理业务三层制度架构进行了持续完善，不断修订和完善各类业务管理办法、操作规程和业务流程图，陆续出台了20余项各类产品投资指引、业务管理规程、业务操作指南编制工作。

（二）合规管理水平显著提高。专门设置了合规管

理岗，明确了岗位职责，配备了专职人员，完善了部内合规管理流程，同时，加强了与行内内审局、合规部、法律部、风险部等部门的沟通，加强了与监管机构的报告汇报，及时学习监管要求落实监管规定，取得监管指导，资产管理业务合规管理水平显著提高。

（三）流动性管理能力明显增强。资产管理的流动性管理实施了行业最高标准和最严要求。同时，还致力于调整产品结构，优化产品布局，提出期次产品规模、无固定期限产品规模、净值型产品、基金型产品规模按一定结构比例协调发展和管理的目标。2012 年，在加强系统控制、完善销售、应急等各项措施、调整产品结构的同时，着力控制了期末到期产品规模，流动性风险得到有效控制。

（四）系统功能持续提升。2012 年，PPM 系统实现了大幅升级和优化，成功投产了“专项产品支持系统”、“资产管理业务投资管理优化项目”、“资产管理业务运行管理提升项目”、“资产管理业务灵活统计分析项目”、“资产管理业务收入分配优化项目”、“资产管理业务分行考核报表项目”、“资产管理业务风险限额优化项目”等十二期自主研发的重点项目，建立了理财产品同业代销的系统销售渠道，优化调整了风险限额指标，实现了资产管理业务中间业务收入分配自动化，进一步完善了投资管理和运行管理功能。同时，产品化改造项目、股权投后管理项目等重点项目也快速推进，PPM 系统功能日益健全。在业内率先引进丙类户债券交易系统（AMTS），该系统的投产试运行大大提高了债券交易的电子化程度。

（五）信用风险防范措施日趋完善。主动调整项目投资工作思路，加强与行内部门的协调配合，进一步完善项目投资风险管理。一是严格项目投资准入，制定了《资产管理业务债权类项目投资准入政策》，统一了全行理财债权类项目投资准入政策和标准，对客户类别、投资方向、申请情况进行严格把关，只有符合国家产业政策、监管政策和全行行业政策的债权类项目方可安排投资；二是加强项目投后管理，根据《资产管理业务债权类项目投资管理办法》和各分行项目投后管理办法，建立项目投后管理月报制度，进一步明确和细化了投后管理的制度要求，要求分行按月上报资产管理业务债权类项目投后报告，对可能出现的资产质量变化，要求分行及时上报并采取措施化解，使总行能够及时掌握项目投后动向。

（总行资产管理部）

票据业务

2012 年面对复杂多变的宏观经济形势，全行继续加强票据业务风险管理，持续推进业务合规发展，有效优化资产与业务结构，合理加速票据周转，实现全年票据融资余额与交易量的双增长，达到票据业务平稳发展的目标。

一、全行票据业务经营概况

2012 年，全行票据交易量较 2011 年增加 4 944 亿元，增幅达 35.90%；实现利息收入 145 亿元，增长 40.58%。全行票据融资余额 2 586 亿元，其中纳入信贷统计口径的票据贴现余额 1 848 亿元，比年初增加 754 亿元；买入返售余额 738 亿元，比年初增加 580 亿元。2012 年票据贴现余额在全行信贷资产余额中的比重为 2.34%，低于全国 3.25% 的平均水平，在全国市场的占比达 9.05%，较年初增加 1.82 个百分点。

二、主要工作措施及成效

（一）持续推进票据业务合规稳健发展。一是结合外部市场变化和全行经营战略导向，研究制定票据融资业务工作要点和基本授权方案。通过明确业务发展目标，强化资本管理，打造新的票据业务经营理念，加快经营转型步伐，实现盈利能力的可持续增长。二是强化经营意识，加强市场的分析与研判，主动调整经营策略，积极运用窗口指导等方式引导全行把握时机，灵活运作，通过加速票据周转，有效提高业务收益。三是加强制度建设，根据业务发展情况以及内外经营管理的需要，梳理和修订票据融资业务管理制度和业务操作指南，为全行票据业务发展构筑坚实的制度根基，保障了全行票据融资业务的规范和稳健运行。四是深化票据系统建设，优化票据业务审批模式，统筹兼顾风险责任区分和流程处理效率，进一步完善电子票据追索流程，实现票据系统重要参数的双人维护，提高票据系统的可操作性与数据的准确性。

（二）有效优化票据业务结构。一是从给予电票贴现差别化的内外部定价入手，鼓励分行和票据营业部做大电票业务，提高电票资产占比。二是优化票据的品种、期限配比与承兑行结构，在提高资产盈利能力的同时，有效控制票据持有风险，提高票据流转以及关键时点规模调控的效率。三是充分发挥票据营业部系统内交易平台和做市商功能的优势，加强与分行协同联动，优化全行票据业务结构，进一步增强市场竞争力。

（三）不断提高票据业务服务能力。一是以客户与市场需求为导向，加强部门之间的联动，大力开展以票据业务为载体的综合服务业务，进一步提高服务客户的能力。二是适度提高收益具有比较优势的中小企业贴现占比，发挥票据业务在支持中小企业发展，服务和支持实体经济，改善经济微循环中的重要作用。三是根据票据市场主体多元化的新特点，加强与同业机构的合作，积极拓展外资银行、政策性银行、股份制商业银行以及资质较好的中小金融机构，寻求建立长期的互利共赢合作关系。

（四）进一步提升票据业务风险管理水平。一是密切关注市场风险动态，加强对风险管理要求的传导，通过强化风险资产处置跟踪机制，利用系统“黑名单”控制问题企业与问题中小金融机构等方式，防范票据风险隐患，确保票据资产安全。二是加强对全行票据业务的检查和非现场监测，在要求分行认真落实整改措施的同时，督促分行建立对贴现申请人的动态监测机制，以加强对贴现业务的风险把控能力，严控操作风险与合规风险。三是完善票据存管机制，引导分行建立辖内票据存管中心，强化对辖内票据业务的风险检测与资源整合，加强对票据存管工作的风险监测通报，提高全行对票据业务的风险管理能力。四是积极举办票据风险管理培训班，邀请行内外票据业务专家对票据防伪鉴别、信用风险防控、票据业务非现场监测体系构建等内容进行授课，促使全行全面、动态地认识和掌握票据业务风险特征，建立常态化的票据业务非现场监测体系，不断提高全行的风险防控与经营合规水平。

（总行资产负债管理部）

中间业务

一、中间业务发展概况

2012年，全行共实现手续费及佣金收入1 158.81亿元，比2011年增加68.04亿元，增长6.2%。

——结算、清算及现金管理业务。全年共实现收入274.99亿元，增长8.2%。全行对公结算账户达到536万户，全年对公人民币结算量达到1 446万亿元；现金管理客户81.3万户，增长23.0%。境内外机构国际结算量达19 252亿美元，增长25.8%；其中境外机构国际结算业务量为5 343亿美元。

——个人理财及私人银行业务。全年实现收入167.60亿元，共销售各类个人理财产品46 706亿元，增长12.9%。其中，代理个人理财产品销售9 074亿元，增长57.3%；代理基金销售7 614亿元，继续保持同业第一。2012年末，私人银行客户突破2.6万户，管理资产4 732亿元。

——投资银行业务。全年共实现收入261.17亿元，增长15.6%。

——银行卡业务。全年共实现收入234.94亿元，增长36.1%。全行银行卡发卡量达到4.7亿张，增长12.0%；年消费额41 314亿元，增长29.0%。其中，借记卡发卡量3.9亿张，增长12.77%，年消费额28 288亿元，增长27.0%；信用卡发卡量7 713万张，增长8.4%，年消费额13 026亿元，增长33.4%。

——对公理财业务。全年实现收入100.18亿元，增长8.1%；累计销售对公理财产品21 533亿元，增长8.4%。

——资产托管业务。全年实现收入59.74亿元，增长1.4%。托管资产净值达到39 553亿元，增长12.0%；基金托管规模增长30.5%。

——担保及承诺业务。全年实现收入28.48亿元。

——代理收付及委托业务。全年实现收入16.23亿元，增长18.0%。

——养老金及其他业务。全年实现收入15.48亿元，增长71.0%。养老金企业客户达到34 140家，增长13.8%；养老金个人账户1 168万户，增长18.0%；受托管理养老金512亿元，增长14.8%。

二、采取的主要工作措施

（一）有序推进整治不规范经营工作，进一步夯实中间业务规范发展的基础。根据监管部门八个工作步骤和总行党委决策部署，按照“三个唯有”和“四有一不”要求，认真组织自查整改，积极配合监管部门检查，按要求提交自查报告；加强与监管部门的沟通，及时反映全行中间业务专项治理工作情况，维护中间业务经营秩序；完善相关服务流程、协议文本等配套制度；建立消费者权益保护机制，完善服务内容，不断改进服务方式和服务手段，努力做到服务与收费相匹配。

（二）加强服务收费管理，规范收费操作。严格落实明码标价要求，梳理收费项目及收费标准，向监管部门履行报告手续，在各营业网点和门户网站进行公告，自2012年4月1日起全行统一执行《中国工商银行服务价目表（2012年版）》；积极参与监管部门《商业银行服务价格管理办法》和《政府指导价、政府定价目录》制定工作，及时反映意见及建议。

（三）挖掘中间业务增收潜力，找准工作着力点。通过专题会议、经验交流、业务调研等多种方式，引导各行准确把握监管政策及总行要求，克服观望及消极等待心理切实做到“两手抓”。借助MOVA，结合同业分析，围绕客户拓展、产品渗透、业务联动、流程再造等环节，开展增收潜力和薄弱环节分析，寻找增收重点业务和产品线。及时总结交流推广分行先进做法，加强中间业务典型案例收集推广工作，全年推广典型案例56个，促进各行进一步拓宽增收思路及途径，在新的平台上实现中间业务收入增长。

（四）完善考核激励机制，力促中间业务转型发展。实行激励费用与金融资产服务产品营业贡献挂钩，提高费用与中间业务收入增幅挂钩力度。继续实行绩效工资与中间业务收入增长挂钩，继续以实拨资金形式支持重点产品激励计划，调整中间业务考核规则，鼓励结算、代理及理财类基础性中间业务同业竞争及市场拓展，强调产品创新和争先进位。完善对网点、客户经理和渠道中间业务收入考核，进一步发挥总行考核和资源配置政策效力。制定下发《关于加大中间业务费用挂钩力度，促进中间业务发展的通知》，提高中间业务收入与营业费用总量和营销费用的挂钩比例，针对工银信使、电子商务、基金、理财、品牌类投行等17项产品收入实行专项奖励。

（总行财务会计部）

信用卡业务

2012年，面对严峻复杂的经济形势和日趋激烈的市场竞争，信用卡专业在总行党委的正确领导下，按照“两个加大，两个确保”的指导思想，继续坚持“三精”发展策略，以“改善服务，提升品质”为主线，通过加快产品和流程创新，加强风险防控能力，提升客户服务品质等主要途径和措施，进一步优化产品、客户及贷款结构，提高经营效益，促进信用卡各项业务健康稳定发展。

一、2012年信用卡业务改革发展情况

业务规模保持平稳增长，市场领先地位进一步巩固。依托产品创新、重点项目发卡和高端产品优势，加快拓展信用卡有效市场。推出工银多币种信用卡、工银闪酷卡、工银货币基金信用卡等产品，境内首家推出工银运通百夫长黑金卡，全面丰富信用卡产品线。截至2012年末，全行信用卡发卡量达到7 713万张，较年初净增649万张，增长9.18%；信用卡客户数达到5 475万户，较年初净增531万户，增长10.75%；实现消费额13 026亿元，同比增加3 261亿元，增长33.39%；信用卡贷款规模达到2 426亿元，较年初增长36.03%，其中分期付款余额1 446亿元，较年初增长36.57%。发卡量、消费额、贷款余额四行占比均保持在33%以上，巩固了工商银行作为全球第四、亚洲第一大发卡银行的市场地位。

质态结构不断优化，呈现量质并举的良好发展态势。加大产品创新推广力度，通过新产品的“替代营销”作用，扩大新增发卡，注销到期卡、无效卡，优化信用卡产品结构。2012年末，全行信用卡启用率达到55.00%，较年初提升4.33个百分点；动卡率达到45.50%，同比提升3.60个百分点。卡均消费额17 693元，较上年增长25.21%；卡均贷款3 295元，较上年增长27.68%；卡均总收入331元，较上年增长30.29%，卡均中间业务收入243元，较年初增长36.98%。

业务收入持续增长，对全行的经营贡献显著提升。收单业务和分期付款发展水平的持续提升，使信用卡业务盈利能力进一步增强。2012年，全行信用卡总收入达到243亿元，同比增长38.81%；其中，中间业务收入179亿元，增长45.93%，是全行中间业务收入增长最快的产品线之一。中间业务收入中回佣收入54亿元，同比增长41.97%，占中间业务收入的30.17%。

资产质量整体稳定，抗风险能力不断增强。2012年，受宏观经济下行的影响，信用卡不良率小幅反弹，信用卡业务以压降信用卡不良资产为核心，创新风险管理理念，完善风险管理制度体系、运作机制和业务策略，扭转了不良资产反弹势头。截至2012年末，信用卡不良率为1.11%，较9月末下降0.10个百分点，较6月末下降0.18个百分点，较年初仅上升0.02个百分点。

服务水平不断提高，品牌影响力日益增强。有效应

对随业务规模增长来电量增多的压力，通过优化系统功能、调动座席人员积极性，确保信用卡电话服务优质高效。全年日均20秒接听率达到90%，单电时长控制在200秒以内；信用卡短信银行客户数超过280万户，对电话业务的分流率达到30%。完善机场贵宾室、航空旅游、医疗健康等增值服务，有效提升了产品附加值和市场影响力。借发行百夫长黑金卡契机，为持卡人提供最顶级的7大类44项全球服务保障，满足客户个性化需求，进一步提升高端服务品质。

二、开拓市场、提高发展质量和效益的主要措施和成效

有效市场拓展成效显著。加快新产品市场推广，2012年推出了闪酷卡、多币种卡、货币基金卡、中国旅游卡、JCB卡、安邦卡、借贷合一卡七种信用卡新产品，并开展了一系列市场推广活动。截至12月末，新产品发卡量达210.4万张，对发卡量的持续增长起到了积极的支撑作用。高端客户市场拓展持续发力，截至年底，全行白金卡发卡量达90.9万张，较年初净增28.3万张，增幅为45.30%，年累计消费额达3 962亿元。项目发卡纵深推进。2012年重点打造了交通卡、公务卡、中油卡、公积金卡、航空商旅联名卡五种功能强、品质高、客户广的信用卡拳头产品。已与22个省市的交通管理部门开展了牡丹交通卡合作，发卡量超过1 200万张，公务卡、中油卡、公积金卡均已达到300万张及以上规模。持续增强收单业务综合竞争力。精确营销重点目标商户，通过继续开展“总对总”集团商户营销和深入推进“五大五小”类商户拓展工作，调整商户结构，提高高营业额、高交易额、高收益的“三高”商户占比，提高收单业务收益水平，截至2012年12月末，已与60家集团商户达成总对总收单业务合作签约，全行新拓展特约商户13万户。策划特色营销与消费促销活动，打造工行特色“城市一条街”银行卡受理品牌，推出形式多样的节假日旺季主题促销活动。全面推进银行卡线上收单业务，确立了线上线下支付一体化发展思路，制定了以银联在线支付、跨境线上支付、网银支付为主线的业务框架。多元化拓展分期付款业务。结合国家推进新兴消费产业发展的新要求，在控制不良率和不良额的情况下，继续巩固我行购车分期业务的市场优势，大力发展购车、家电、百货、教育、旅游、文化等收益高、市场广阔、风险可控的新型信用卡消费信贷业务，构造与国家产业结构相适应相协调的信用卡消费信贷布局，促进信用卡贷款业务可持续发展，多层次满足社会居民的消费融资需求。

加大服务创新力度，不断提升服务品质。响应政府产业政策，推进IC卡受理环境建设。我行积极顺应国内金融IC卡发展趋势，加快电子现金受理环境建设，进行了大规模技术改造和设备升级，目前我行全部POS设备已具备受理金融IC卡功能。今年围绕零售市场和公共服务领域两大市场，借助我行推出的“闪酷卡”等非接触产品，在快餐、影院、超市等适用商户加快小额快速支付受理环境建设，全年布放3.9万台非接芯片卡受理终端。完善短信银行功能，先后推出包括查询明细账单、查询交易明细、签订自动还款等客户最常用业务，将短信银行的功能种类拓展到28类。截至2012年末，短信银行注册客户数已达280万户，日均业务量达4万笔，占信用卡电话中心日均来电量的30%。完善增值服务内容，提升客户满意度和市场知名度。提升贵宾室增值服务品质，新增机场贵宾室4家，将机场贵宾室数量拓展至51家，形成覆盖全部直辖市和除青海、西藏外的全部省会城市的服务网络。开展各类大型客户回馈活动。组织开展百夫长黑金卡发布会、高尔夫邀请赛、国家大剧院音乐会、华彬歌剧院黑金卡高端品鉴会、迪拜游等6项大型全国性客户回馈活动，客户满意度得到显著提升。

加强风险管理，提升风险防控水平。调整授信政策，强化精确授信。杜绝直接依据贡献星级开展信用卡授信的情况，提高系统自动审批率，2012年通过审核系统处理的业务占比超过90%。对长期未动户、经监测发现有套现行为和疑似套现行为的高风险客户，主动下调授信额度。强化资产质量分析监测，全力压降不良资产，简化小额追索类呆账核销的责任认定手续，加大全行呆账核销工作力度。加强内部合规管理，严防操作风险。开展了以“抓内控，从我做起，从总行做起”为主题的内控提升活动，解决信用卡系统、制度、流程等方面的270多个问题。将86项手工业务中的47项纳入系统自动处理，39项提出系统处理需求；梳理了233个制度文件，废止经确认失效的52个文件，进一步优化了信用卡业务制度流程。

2012年，荣获美国《环球金融》“中国最佳信用卡银行奖”，“信用卡购车分期业务”荣获《银行家》杂志“十佳金融产品营销奖”，工银多币种信用卡荣获《旅伴》杂志“最受商旅精英欢迎的商旅信用卡”。在2012年中国零售银行业峰会暨第四届“360°银行评测”中，“工银货币基金信用卡”荣获“金融产品与服务创新奖”。在2012年领航中国评选活动银行业奖项中，我行信用卡荣获“信用卡最佳营销奖”。信用卡服务荣获中国银行业协会“综合示范奖”、“优秀服务奖”、“金耳唛杯”中国最佳呼叫中心等六大奖项。

（总行银行卡业务部）

结算与现金管理业务

2012年，结算与现金管理业务紧密围绕全行持续发展、结构调整和经营转型的战略部署，结合专业发展实际，深入客户营销，突出增值服务，加快产品创新，完善经营机制，公司金融资产的服务能力得到了有效提升，各项业务呈现良好的发展态势，同业竞争优势进一步增强。品牌价值和品牌影响力不断提升，先后被评为“中国最佳现金管理银行”、“最佳大型企业财资和营运资本管理银行”等。

一、市场竞争持续领先

（一）客户市场质、量双丰收。通过积极推广工商验资E线通，狠抓源头营销，对全行5 000多家重点公司无贷户实现分级直营，促进客户规模和客户结构的显著提升。全行人民币对公结算账户累计新开超过120万户，新开对公结算账户日均存款余额达到1 990.8亿元，结算量累计实现30.7万亿元，累计实现中间业务收入36.9亿元，新开账户已经成为重要的价值来源；累计净增账户66.7万户，公司无贷户增加45.3万户，优质公司无贷客户增加13.3万户。

（二）各项业务发展态势良好。对公结算业务量达到1 446万亿元，较去年增长97万亿元，继续保持国内第一结算银行的市场地位。全行现金管理客户较年初净增加15.2万户，客户总量达到81.3万户，其中全行总行级现金管理客户较年初增加240户，总行级客户存量已经突破1 500户，五星级（含）以上现金管理客户数超过17.2万户，较年初增加3.6万户，增幅达26.9%。新增全球现金管理客户1 100户，全球现金管理账户2 435户，累计与3 332家客户建立了全球现金管理合作关系，签约账户累计达到8 550个，服务领域拓展至全球近50个国家和地区，一大批行业龙头企业均已成为工商银行全球现金管理客户。全行法人理财产品累计销售额达11 064亿元，其中本行理财产品销售额为10 453亿元，代销产品销售额为611亿元，全行法人理财客户为25.3万户，较年初增加8.4万户，增长率接近50%。在197家获得牌照的非金融支付机构中，已有80余家与工商银行确定了全面合作关系，市场份额遥遥领先。

（三）同业竞争优势进一步扩大。随着各项市场的不断拓展和各项业务的高速发展，专业价值贡献进一步提升。全行公司存款增加3 196亿元，其中公司无贷户存款增加3 586亿元，较年初增长23.1%，比全部公司存款的增长率高出12.4%；公司存款付息率为1.37%，较全行平均存款付息率低72个基点；实现中间业务收入236亿元，同比增长13.3%，比全行中间业务的增长率高出9.2%；实现营业贡献562.7亿元，结算与现金管理专业EVA经济增加值193.7亿元，稳居全行专业条线前三位。

二、持续优化客户结构，全力抓好无贷户存款

公司无贷客户数量众多、分布广泛、资金流量大，是公司金融资产服务的重要载体。2012年，结算与现金管理业务条线明确职责、创新机制，全力提升公司无贷户营销管理水平。

一是明确存款工作职责。通过按照“四个到位，两个相对”的原则，将公司存款划分为公司有贷户和公司无贷户存款，明确了工作职责。四个到位即“划分到位、责任到位、营销到位、考核到位”；两个相对是指“金融资产与金融负债交叉营销，有贷户存款与无贷户存款标识定期调整”。在全行范围内开展“公司金融资产增值服务专题营销活动”，提升客户的金融资产规模和价值贡献，实现了无贷户存款的平稳较快增长。二是创新重点客户直营机制。对重点公司无贷客户实施分层营销。首先是确立直营客户。根据公司金融资产在2 000万元以上，并且以是否是行业龙头，是否具有一定影响的上市公司以及是否具备一定发展潜力为标准，确立了总行级直营客户260家，一级（直属）分行级直营客户5 000家。同时按照营销职能将260家总行级重点公司无贷客户进行了内部分配，明确管理责任，分配指标任务。其次是落实首席客户经理。在总行级重点公司无贷户内部分配的基础上，对每个重点客户都安排了首席客户经理进行维护，要求部内各位副总经理对重点客户分层营销效果全权负责，在总行形成了由30名首席客户经理和部门负责人组成的维护体系。分行级直营客户也参照总行模式成立了相应的客户经理团队。再次是落实存款任务。所有直营客户均确立了明确的存款目标。2012年，260家总行级重点客户金融资产（存款＋理财）较年初增长31.63亿元，增幅为3.56%。

三、不断丰富业务内涵，持续提升业务价值

围绕现金管理、全球现金管理、代理业务、对公理财业务等业务的特点，组织开展了多项主题营销活动，进一步巩固和深化了与客户的业务合作关系，有效拓展了业务规模，不断丰富业务内涵，业务价值得到了显著提升。

（一）定位高端，现金管理业务进一步高端化。一是加强重点行业营销。在2011年对制造业和服务业进行深入研究的基础上，2012年设计了16个子行业服务方案，进一步细化了现金管理推广措施，瞄准行业龙头，不断加强在两大行业中现金管理的业务渗透。先后与首创股份、奥克股份、杭氧股份、老恒和、安徽水利、皖维高新、山东能源、潍柴动力、齐鲁制药、颐中烟草等100余家行业龙头企业签订了总行级现金管理服务协议。二是突破跨国企业营销。重点营销了苹果、阿斯利康、通力电梯、戴姆勒、施耐德、道达尔、阿克苏诺贝尔等十多个大型跨国企业，在开展中国区现金管理合作乃至中国区现金管理主办行营销上取得了重要突破。三是加强客户管理。按照“系统平台整合、产品管理统一、渠道服务共享、客户服务连续”的原则，实施了5批电子银行高级功能客户数据移行，完成了包括中石油、中石化、中海油、中国移动、中国联通等重点客户在内的602个集团、23 361个账户的顺利移行，到6月底全面完成了现金管理产品整合。

（二）布局全球，全球现金管理服务体系初步建成。一是全球网络布局基本完备。完成现金管理区域中心建设布局，在2011年成立亚太区现金管理中心和中非现金管理平台的基础上，先后于2012年5月和2012年10月成立欧洲区现金管理中心和美洲区现金管理中心，初步形成了“总行—区域中心—境内外机构”三级服务架构。持续拓展合作银行服务网络，与6家银行新建合作关系，辐射能力进一步增强，全球现金管理服务能力稳步提升。二是重点项目稳步推进。2012年，在前期中国香港和非洲四国账户上线的基础上，为华为提供全球代发工资服务，启动欧洲区现金管理合作试点和SWIFT直联测试工作，合作区域由亚洲、非洲逐步延伸到欧洲和美洲，进一步扩大服务的范围和内涵；海航项目已延伸至9个国家和地区，涉及60多个账户，中国香港和新加坡资金池平稳运行；在与汇丰、中国银行的竞争中成功胜出，成为武钢的海外资金管理主办银行，为其提供亚太和美洲地区现金管理服务；成为四川长虹海外资金管理的第一主办银行，为其总部和香港公司分别搭建境外资金管理平台，提供多银行全球现金管理服务；通过SWIFT直联渠道为三星、美的提供跨境资金管理服务，涉及账户信息查询和集中付款；境外机构主办行的Booking. com项目完成了全行首个跨境人民币资金池的业务上线；通过境内网银转授权功能为大庆高新提供全球现金管理服务，解决了其在境外办理网银业务的迫切需求；通过境内网银的两地应用，为华天酒店提供多级授权、支付限额控制等账户管理服务，带动了内保外贷业务在全行内部的封闭运行；成功为中水国际、天狮集团、中水华东等在非经营中资企业提供中非跨境现金管理服务，提供账户查询和集中付款服务。

（三）创新服务，法人理财再上台阶。一是理顺销售组织模式、确保产品发行不间断。全力做好法人理财产品的销售组织工作，保证全年期次理财产品的不间断发行。组织发售50期非保本浮动收益产品、22期保本理财产品共计315款期次产品。与此同时，为配合全行对公存款工作，有计划地安排了到账日在季末月份的产品及跨季起息的产品共计55款产品（仅指期次产品），销售金额达1 200亿元。同时，每季末“T+0”等开放式产品的大额赎回，累计达到1 800亿元，据此测算平均每季末支持对公存款时点的增存金额约为750亿元。二是促进产品创新，提升市场竞争力。及时将理财市场动态信息反馈给产品部门，推动理财产品创新。成功面向法人理财客户推出挂钩沪深300指数的结构型理财产品、60天及180天增利型理财产品。优化了“T+0”、“日升月恒”等重点产品，其中“T+0”日赎回占比有所提高，从而减少了巨额赎回的发生，大幅减少了客户投诉。“日升月恒”赎回资金到账时间由T+2日缩短至T+1日，提高了客户的资金使用效率，从而使产品规模得到了显著提升。

（四）落实监管，实现代理业务规范发展。一是非金融支付机构业务统一协调机制和营销模式基本形成。认真贯彻行领导提出的“对非金融支付机构合作业务要全行‘一盘棋’，实现工行利益最大化”要求，2012年成立了非金融支付机构业务协调小组，进一步明确了非金融支付机构工作机制明确业务协调机制；讨论制定了《关于加强非金融支付机构服务工作的意见》，明确了非金融机构营销工作“五统一”原则，即统一营销模式，统一管理和分级授权，统一定价机制，统一系统接口和统一风险控制。此外，与贝宝（Paypal）、支付宝公司就合作框架协议、收益分成和市场拓展进行多次会谈，为工商银行与非金融支付机构建立新型的风险可控的合作模式进行积极有效的探索。二是交易市场整顿工作取得成效，确保银商业务健康发展。根据监管部门相关要求，对分行辖内已投产银商转账业务交易市场进行自查和清理整顿，对全行100余家商品交易市场类客户的经营、合作情况进行摸底排查，关停20余家不符合管理要求的交易市场的银商转账业务。与此同时，完善制度协议、优化系统功能、规范审批流程，从源头控制业务风险，为银商业务发展创造健康有序的发展环境。

四、进一步完善营销服务体系，持续提升业务可持续发展能力

（一）加强收费管理，为营销管理提供政策保障。按照2012年初行领导提出的“四个有、一个不”的工作要求，积极开展结算中间业务收费梳理工作，确保规范经营。

一是配合制定了《中国工商银行服务价目表（2012年版）》。对结算专业中间业务收费项目及收费标准进行了全面梳理，涉及11个二级科目的124项收费项目，并对梳理后的收费项目补充了项目功能。二是加强业务收费的制度规范。对相关收费标准的制度依据做了整理，并对需要修订的制度、协议条款进行修订；同时明确在以后各项业务管理制度必须附带收费标准，做到对收费问题“有标准、有流程、有执行力”。

（二）加强产品创新，为营销管理提供有力武器。围绕综合金融资产服务，以现金管理、支付结算、法人营销等各产品线的创新，带动境内外、本外币业务综合协调发展。共提出了88个研发项目，其中立项27个、需求变更61个，范围涵盖结算、代理、理财、现金管理、内部管理等多个条线。

一是深化全球现金管理系统应用与升级。开展全球现金管理系统优化升级工作，目前项目（一期）已进入全面开发阶段，建设境内外机构现金管理客户服务受理和业务管理的唯一平台，项目（二期）的现金管理专属版网银已提交需求。二是以产品创新支持公司无贷户存款营销。主要从分客户、抓源头、稳存款三方面着手。分客户是在系统中按机构、同业、公司有贷、公司无贷划分客户标识；抓源头是积极推广收款管家、支票直通车等现金管理收款产品；稳存款是持续优化存款产品，在存款产品化项目投产了对公定期、通知、活期、协定存款的产品标准化。三是推进跨境服务，以产品创新支持全球现金管理业务发展。开展跨境人民币现金管理产品研发，满足企业客户跨境人民币现金管理需求。为亚太区、欧洲区和美洲区现金管理中心的成立提供专人现场支持，并以境内业务为基础，根据三大地区特点提供产品服务支持。

（三）加强信息分析，为营销管理提供决策支持。以服务营销为根本，充分发挥全行专业数据仓库平台和数据灵活查询技术灵活高效的特点，开展了一系列卓有成效的信息监测分析项目，2012年共完成信息监测分析服务164项，其中面向总行的有91项，面向分行的有73项，信息监测分析服务的总量与频率进一步提升。

（四）加强队伍建设，为营销管理提供人才支持。继续加大国际财资管理师（CTP）以及行内专业资格认证工作力度，2012年共举办CTP培训班14期，培训学员1 222人，共有755人通过认证考试，考试通过率达62%，截至2012年末，全行已有1 825人获得了美国AFP协会颁发的CTP资格证书，持证人数量占中国大陆持证人总数的53%，持证人数量继续保持同业第一的领先优势。截至2012年末，全行累计共有6 310人通过行内专业营销序列资格认证（结算与现金管理业务模块）考试，其中初级3 805人，中级2 420人，高级85人。

（五）加强制度建设，为营销管理提供坚实保障。按照“业务发展、制度先行”的总体思路，全年共制定或修订管理办法、管理规定和实施细则共10项，涉及法人理财、集团账户、账户管家等多项业务或产品；制定印发《代收代付业务管理规定（2012年版）》、《非金融支付机构合作业务管理规定》，成为两项业务未来发展的纲领性、指导性文件。

（总行结算与现金管理部）

电子银行业务

2012年，电子银行业务条线围绕全行发展战略，坚持外延拓展与内涵提升相结合，积极推进业务转型，着力拓市场、调结构，不断强化创新引领优势，电子银行产品研发、市场营销、客户服务、业务分流、境外拓展和风险防控等各项工作都取得显著成效，为全行经营转型和结构调整做出了重要贡献。全年荣获国内外媒体机构颁发的各类奖项39个，国际影响力和市场美誉度进一步提高。其中，在美国《环球金融》杂志评选中，第九次荣获“中国最佳个人网上银行”，并获得“中国最佳企业网上银行”大奖，包揽了9个亚洲最佳单项奖中的6个，成为获得单项奖最多的银行。

一、规模效益与结构质量并重，业务发展创历史最好水平

（一）规模拓展再创新高。电子银行和网上银行交易额双双突破300万亿元，同比各增长17.20%。业务收入突破120亿元，同比增长25.18%。手机银行发展显著提速，交易额同比增长15.88倍，占个网交易额的

比例突破1%，达到1.35%。

（二）结构优化向纵深推进。网上银行个人证书客户、企业证书版新增客户分别占个网和企网客户新增总量的78.92%和86.71%，使存量占比分别提升到40.97%和67.74%，分别提高12.70个和14.27个百分点。交易离柜率在50%和80%以上的电子银行个人活跃客户占比分别提高7.05个和4.59个百分点。个人网银客户在全行四星级及以上客户中的渗透率提高4.70个百分点。短信银行占非信用卡人工电话呼入量的比例达53.10%，对电话银行的替代作用进一步发挥。

（三）分流作用日益凸显。电子银行业务占比达到75.10%的新历史高点。柜面业务可分流率降到35.50%，较上年下降3.70个百分点。电子银行全年办理的业务量相当于替代2.3万个网点、23万柜员，为全行节约成本近350亿元，服务全行经营转型的作用更加突出。

二、创新完善产品体系，核心竞争优势进一步巩固

全年共推出52项面向客户的创新产品，完善近300项产品功能，牢牢占据产品功能最多、创新能力最强的同业领先地位。推出苹果电脑、谷歌浏览器、安卓平板电脑等版本的个人网银，实现对主流操作系统、浏览器、平板电脑的全面覆盖；创新移动生活客户端、移动在线客服、手机银行捐款等服务，快速响应移动金融服务新需求；投产账户原油、账户外汇、账户贵金属质押融资、账户贵金属转换等新产品，进一步健全电子银行金融理财功能；银医服务平台上线并接入全国40多家大型医院，拓展医疗服务新市场；新增企业网银他行基本户代发工资、外汇买卖和积存金等功能，投产总行标准接口电视银行，以创新为特色的电子银行产品体系进一步丰富完善。各分行因地制宜快速响应客户需求，共推出59项区域创新产品，不断挖掘新的业务增长点。广东分行研发个性化银企互联产品“优客系统”，成为竞争中小企业客户的利器；浙江分行优化自助发卡机功能，实现发卡与注册电子银行的联动整合；深圳分行投产个人网上银行和手机银行特色同城跨行转账汇款，安徽、湖南、重庆分行推出多种网上银行和手机银行代理缴费项目，进一步增强了在当地市场的竞争力。

三、着力渗透重点市场，品牌影响力进一步扩大

围绕移动银行举办精彩纷呈的系列营销，开展员工体验、短信精准营销、不动户唤醒等活动，推出手机号转账汇款、账户贵金属、手机充值有奖等促销，得到客户的广泛关注和参与；通过网络广告、电视广播、报刊杂志等多种媒介大力宣传“工银移动银行”，品牌知名度日益提升。加大电子商务市场拓展力度，B2B、B2C交易金额同比分别增长52.60%和32.42%。以银企互联为重点加强大客户营销，全年新增银企互联客户610户。全行上下掀起手机银行营销高潮，其中河北、福建、四川等分行开展手机银行体验式营销，调动起行内全员使用并宣传营销手机银行的积极性；北京分行搭建电子商务营销平台，推出“梦想嘉年华”系列活动，探索了电子商务营销新模式。

四、建立健全推动机制，业务分流进一步深入

2012年，全行将柜面业务分流作为事关全局的战略性工作加以推进，取得明显成效，网点服务压力得到缓解。全行上下通过专题会议、现场调研、培训等多种形式对分流工作的重要意义进行宣讲，进一步提高认识、统一思想。总分行广泛建立业务分流工作领导小组和例会、通报制度，强化考核与指标监控，业务分流工作推动机制逐步健全。组织举办“金融@家　低碳金融”劳动竞赛，持续加大营销力度，掀起“人人关心分流，人人参与分流”的工作热潮。根据不同的可分流业务类型，规范大堂经理和柜员的分流引导话术，进一步强化科学分流。各分行为加快分流采取多种富有成效的措施，上海分行坚持“深入一线，分析一线，指导一线”的方针，成立工作小组持续走访督导辖内全部网点；山东分行统一分流引导流程，从方便客户、节约手续费等方面入手推介电子银行服务，有效改进分流技巧；广西分行研发程序支持逐日分析柜面交易数据，实现对转账汇款频繁客户的精准引导；新疆分行通过营销竞赛、对口帮扶等多种形式，促进基层行分流工作取得实效。

五、拓展外延深化内涵，服务水平进一步提升

组织全行进一步强化电子银行客户服务，印发《电子银行客户服务案例》教材，持续开展面向基层行电子银行专、兼职人员的业务培训。四家电子银行中心实现高水平平稳运行，人工电话接听率达到97.70%，20秒电话接听率94.70%，客户服务满意度保持在98.00%以上。总行电子银行中心托管工银瑞信电话服务，合肥中心开展电子银行风险核实，广州中心实现对14家境外机构的服务覆盖，四家中心全面开展电话银行个人逾期贷款催收，电话服务外延进一步拓展、内涵持续丰富。

六、加快建设境外渠道，国际化布局进一步拓宽

坚持“一行一策”发展，根据各境外机构实际加强分类支持与指导，2012年工银泰国等5家境外机构正式推广网银业务，工银美国等5家境外机构完成门户网站建设，工银加拿大等13家境外机构推广电话银行

人工服务，工银澳门推广手机银行业务，形成网上银行、电话银行、手机银行全面发展的良好局面。在部分境外机构推出工银电子密码器、网上银行贵金属等创新产品，实现个人全球账户管理等重点业务应用。截至2012年底，全行已有26家境外机构对外开通网银业务，35家境外机构开通门户网站。

七、持续完善制度体系，风险防控进一步加强

编写印发年度四大版本配套制度，制定并试行《电子银行中心业务管理办法》，电子银行制度体系进一步完善。全面深入开展电子银行业务管理培训，完善教材体系，建设网络大学电子银行业务培训专区，进一步强化制度传导，提升基层行制度执行力。研究设计全新的企业网银注册流程，形成“开户网点＋业务处理中心＋远程授权中心＋‘95588’电话”的风险防控四道防线。强化客户注册、网上收款、反洗钱等重点领域的风险防控，电子银行内外部风险管控水平进一步提高。2012年电子银行业务内部风险暴露水平下降至0.13‰，远低全行平均水平，外部欺诈风险事件数量较上年下降4.17%。

（总行电子银行部）

资产托管业务

2012年，全行资产托管业务条线积极应对不利市场环境挑战，强化市场营销，创新服务领域，规范业务管理，提升服务品质，实现优良经营业绩，业务保持良好发展态势，稳居国内行业领先地位。

一、全年实现良好经营业绩

2012年，国内资本市场持续低迷，全行资产托管业务发展经受了前所未有的严峻考验。托管业务通过强化各项营销管理措施，积极推动业务发展，取得了良好经营业绩。

（一）规模效益再创佳绩。截至年末，全行托管资产总规模达到39 553.18亿元，比年初增长12.05%，连续15年保持市场领先。其中，托管证券投资基金（净值，下同）8 134.65亿元，保险资产11 881.90亿元，企业年金基金1 865.56亿元，QFII资产250.99亿元（折合人民币），QDII资产507.17亿元（折合人民币）。全行实现托管业务收入59.65亿元，在经营环境极其不利的条件下，实现了收入同比增长的佳绩。

（二）各类业务继续领先市场。2012年，全行各类产品托管规模继续列行业首位。其中，证券投资基金托管市场占比达到29.02%，领先第二名7个百分点，保险资产托管同业占比稳定在40%，企业年金基金托管市场占比达到40.4%，超过第二名近27个百分点。QFII客户数量、托管本金继续列中资行首位，QDII托管保持市场领先地位。安心账户、人民币理财等托管产品规模遥遥领先同业。

（三）重点客户营销成果显著。2012年，各类客户不断增加，业务基础进一步稳固。全年新增托管证券投资基金51只，累计达282只；新增托管保险公司客户5家，资产管理公司1家，保险机构累计达73家；新增企业年金基金客户300个，累计客户总数达到3 993个；新增合作券商22家，总数达39家；新增QFII客户11个，累计达37个（其中31家已获批额度）；新增QDII产品110个，累计产品数达300个。

（四）利润中心经营效益良好。2012年，利润中心本部实现利润14.95亿元，在上证综指累计跌幅近30%的不利经营环境下，超额完成利润目标；利润全行占比、托管资产净值、重点产品市场占比、运作差错率、重点客户增长率等关键业绩指标均表现良好。

（五）业务持续发展能力进一步提升。2012年以来，托管业务以全球化发展战略为指引，不断延伸托管服务的内涵和外延，业务持续发展能力进一步提升。积极把握监管动向，成立业务外包中心，拓展业务发展新领域；推进全球托管网络建设，亚洲、美洲和欧洲三大区域托管中心建设有序推进；全面强化业务组织管理，推动全行系统化营运，托管业务营运效率和服务能力显著提升；持续推进托管品牌战略，包揽年度所有重大托管奖项，累计获奖达35项，工银托管的品牌价值和市场形象快速提升。

二、强化全行营运管理，业务营运规范有序

（一）全行托管业务营运系统化工程取得阶段性成果。为强化对全行托管营运的管理，从根本上消除手工营运带来的操作风险，2012年总行正式启动分行托管系统化营运工程，要求并指导全部分行、全部产品于年末前实现系统化营运。到年末，绝大多数分行已经开通和使用资产托管核算系统，理财产品系统化营运规模占

比超过99%，近半数分行上线托管清算系统和交易监督系统，营运系统化取得阶段性成果，分行托管业务营运的效率大幅提升。

（二）利润中心本部营运平稳高效。截至2012年12月末，利润中心总部编制成交清算表230 930份，处理投资指令355 020份，完成估值243 646次，收发报文249 867份，信息披露80 637次，为托管组合办理开立交易所证券账户399个、银行间证券账户462个、开放式基金账户1 563个。为QFII客户提供公司信息行为3 873份。向保险、年金和社保基金客户确认收款16 599次；年金缴费及待遇支付5 778次、年金托管人报告877份、周报1 331次；报送全国社保财务数据5 295份。调拨资金116 152.12亿元、492 587笔，未发生一笔差错。在保证托管资产正常支付的前提下，精心调度资金，提高资金在本行留存比例，全年人民币日均存款为775.30亿元，运行平稳。

三、业务创新与研发取得新突破

2012年，密切关注市场动态和监管政策调整，积极布局创新业务，拓展了业务发展的空间和领域。

（一）业务创新取得重大突破。一是开展基金公司中后台业务外包试点，初步锁定试点合作重点客户，并在上报审批、设立机构、研发系统、完善规章制度等方面进行了积极准备。二是大力发展固定收益类基金托管产品，陆续推出理财型创新债券基金、首只跨市场ETF、首只发起式基金、首只场内货币基金、首只黄金ETF和首只债券ETF等。三是积极开展与资产管理机构的联合创新，业务创新能力与市场竞争力显著提升。

（二）业务系统研发取得新进展。进一步加大业务系统研发力度，顺利完成全行托管业务前中后台一体化流程改造，总分行间、营销与营运部门间业务处理流程明显优化，业务处理效率显著提升；在全行顺利投产法人客户融资托管业务综合服务系统；相继投产、改造了一批业务发展急需的新系统，如托管业务系统境外延伸（工银印尼一期）、交易监督系统优化、投资业绩评价系统（CIPS）二期改造等，有力地支撑了各项业务的快速发展。

四、风控与业务管理体系更加健全

（一）加强对全行托管业务的风险管控。一是加强对全行托管业务操作风险、法律合规管理和内部控制措施，开展全行托管业务操作风险监测，推进资产托管业务风险监督模型建设；启动2012年度ISAE3402审计项目并推动审计和灾备项目向分行延伸。二是严格履行交易监督职责，重点做好各类产品的专项监督服务，满足监管部门及客户的个性化监督需求；进一步规范交易监督业务流程，强化风险控制和系统效率，确保托管营运安全合规、平稳运行。

（二）强化组织管理措施基础性作用。一是积极推进全球托管区域中心建设，推动境外分支机构提升托管服务能力，加紧研究境外托管模式向一对多模式转变。二是研究制定并出台多项业务指引与管理办法，进一步规范安心账户、银行理财产品、企业年金基金、信托、基金专户等托管业务管理体系。三是加大对全行业务的营销支持，出版托管业务岗位培训教材，就创新产品、系统营运、营销技能进行多期专题培训，全方位支持全行业务发展。

五、把握发展机遇，实现托管服务领域新突破

2013年，资产托管业务将以深入贯彻党的十八大精神为指引，全面把握发展机遇，向内挖潜向外突破，加快服务创新，开辟服务领域，推进资产托管业务持续健康发展。

（一）全面推进全球托管业务发展。强化全球托管网络管理，初步实现全球托管网络管理的标准化、制度化和精细化，完成全球托管一对多模式研究，推动向真正意义的全球托管人转型。重点提升工商银行境外机构托管服务营销能力与服务水平，加快建设亚洲、美洲和欧洲三大区域托管中心。

（二）开拓票据资产托管业务新领域。致力于推动此项新业务上线，同时尽快完成创新业务的监管报备；会同相关部门进一步细化业务流程；加快业务系统开发投产和业务指引的制定实施。

（三）积极探索和创新托管增值服务。力争在托管账户资金管理服务上取得突破，积极研究对托管账户资金进行管理的方式和途径；探索托管账户资金管理与工商银行金融产品和投资渠道对接。

（四）开展资产管理营运外包业务。针对这一创新业务模式，做好监管沟通、市场营销、系统开发和团队建设等各方面工作，采用“分模块试点、分阶段推进”的方式，扎实做好资产管理营运外包业务，开辟外延发展新领域。

（五）加强托管资产理财通、期货资产托管和人社部养老金产品托管等创新产品和服务的研究，提前介入，争取主动。

（总行资产托管部）

养老金业务

2012 年，养老金业务部门认真贯彻落实总行党委各项决策部署，坚持以壮大客户基础，提升收入贡献为目标，推进专业营销，拓展服务领域，加快产品创新，做大资产管理，全面提升发展能力和竞争能力，各项业务发展再上新的台阶。

一、业务规模稳步增长，综合效益不断提升

2012 年末，全行养老金客户达到 34 140 家，比年初新增 4 716 家；受托管理养老金基金 512 亿元，新增 67 亿元，受托管理职工人数 231 万人，新增 17 万人；管理养老金个人账户 1 167 万户，新增 178 万户；托管养老金基金 2 293 亿元，新增 448 亿元；当年销售“如意人生”养老金理财产品 853 亿元。全年共实现养老金业务收入 9. 5 亿元，比 2011 年增长 147%。2008 年以来，养老金业务收入保持了 107% 的年均增长率，经营贡献持续提升。同时，养老金业务不仅进一步稳固了客户关系，而且带动了银行卡、电子银行、资产管理等多项业务发展。据不完全统计，近年来全行与 4 200 多家以往没有业务关系的客户签订养老金业务合同，通过养老金业务新发银行卡 200 多万张，开立企业网上银行 9 000 多户，开立个人网上银行 50 多万户。

二、产品创新成效显著，业务领域不断拓展

2012 年，养老金业务坚持将产品创新作为可持续发展的重要支撑，以资产管理、养老保障为重点开展产品创新，取得显著成效。一是养老金理财业务发展迅速。2012 年全行销售养老金理财产品 853 亿元，同比增长 4. 4 倍；日均余额 251 亿元，同比增长 5 倍。二是员工福利计划、住房福利基金、员工持股计划等综合养老保障业务稳步推进，客户达到 7 258 家，较年初新增 2 005 家，管理个人账户 116 万户，托管资金 295 亿元。三是“如意养老”集合计划产品平稳发展。“如意养老”集合计划客户达到 5 187 家，受托管理基金 19 亿元，管理个人账户 100 万户。四是举办养老金产品创新竞赛活动，鼓励分行自主研发创新产品，河南分行、广东分行营业部开展个人养老金账户、员工福利金管家产品试点。

三、市场拓展持续加强，领先地位不断巩固

2012 年，养老金业务不断完善营销机制，积极开展营销活动，市场优势不断巩固。一是建立全行养老金业务重点客户专业服务团队，确立服务原则，明确团队职责，落实人员分工。确定 64 家大型客户为重点营销对象，指定专人担任客户经理，开展跟踪营销。先后成功获得陕西延长石油集团、甘肃窑街煤电集团受托人资格，中国印钞造币总公司、河北开滦集团账户管理人资格，中国银行间交易商协会、青海煤业集团、青海能源发展集团受托管理和账户管理两项资格，电信科学技术研究院、甘肃靖远煤业集团托管资格。二是积极开展二次营销，力争更多业务资格。通过二次营销，成功获得武汉铁路局企业年金受托顾问业务。协助工银瑞信获得平煤神马集团、青藏铁路公司、武汉铁路局、兰州铁路局、金川集团等客户企业年金投资管理资格，入围国家电网投资管理人备选范围。根据监管部门和银行业协会公布的最新数据，2012 年末全行企业年金受托基金规模、管理个人账户规模、托管基金规模在银行同业分别占比 57. 1%、51. 4%、40. 8%，继续保持市场绝对领先地位。

四、业务运作安全平稳，服务质量不断提高

2012 年，养老金业务加强业务管理，优化业务运营，强化风险防范，着力提升业务运作率，运作质量不断提高。一是实施项目经理负责制，创新服务模式。加强客户沟通，定期开展客户回访和满意度调查，合理引导客户需求，有效降低服务成本。二是持续优化养老金业务信息系统。开发投产 7 个版本，不断提升业务处理能力和客户服务能力。三是研究提出金融资产业务统计项目系统改造需求并组织实施。四是完成业务统计系统优化改造和 MOVA 系统对接需求编写工作。2012 年末，全行进入运作的受托管理客户 657 家，管理养老金基金 454. 3 亿元，受托基金运作率 88. 6%；进入运作的账户管理客户 25 495 家，管理个人账户 823. 5 万户，个人账户运作率 70. 5%。中国石油、中国石化、中国远洋、中国五矿、国家电网、航天科技、国电集团、铁路系统等重点项目运行平稳。新启动中国邮政、中国电信、中

核集团、航天科工、中煤能源、一汽集团、中国印钞造币总公司等多个重点项目。

五、经营转型扎实推进，业务体系不断完善

2012 年，总行养老金业务部按照利润中心改革要求，稳步推进经营转型，业务体系不断完善。一是利润中心改革不断深化，成本意识、效益意识、创新意识进一步增强。二是业务制度体系进一步健全，根据政策变化和总行制度梳理工作要求，对 26 项制度进行了重新修订和发布。三是考核激励机制进一步完善，养老金业务进 MOVA 工作深入推进，重点产品激励计划持续实施。四是深入开展整治不规范经营活动，全面梳理养老金业务收费项目，规范收费名称，细化服务内容，认真做好养老金业务条线自查自纠工作，强化服务与收费流程的规范性和完整性。五是落实全行内控与风险管理要求，开展养老金业务操作风险与控制自我评估工作。

六、业务研究日益深入，同业合作不断扩大

2012 年，养老金业务根据政策和市场动向，深化业务研究，加强与监管部门的联系与沟通，不断扩大同业合作。一是推进高等学校职业年金制度实施路径研究课题，探索职业年金业务，抢占市场先机。完成《我国城镇居民个人养老行为特征与我行个人养老金融资产服务业务对策研究》、《代理对公寿险业务调研报告》、《个税递延型养老保险相关问题探讨》、《员工福利管理业务探讨》等多篇专题研究报告。二是积极参与人社部等监管部门组织的各项活动。接受人社部基金监督司来工商银行现场调研。牵头组织开展银行业协会养老金业务委员会工作。积极承担中国社会保险学会企业年金分会工作。三是深化与同业机构的交流与合作。与工银瑞信、人保资产联合开展企业年金业务竞赛活动，与太平养老联合举办营销推介大赛。加强与境内外相关同业机构的业务交流，为业务工作拓展新的领域空间。

（总行养老金业务部）

私人银行业务

2012 年，全行私人银行业务发展成效显著，主要业务指标快速提升，同业市场排名领先，初步确立了中国第一私人银行的地位。

一、总体经营情况

一是客户规模稳定增长。2012 年末，全行私人银行客户 2.6 万户，较年初增长 4 000 户，增幅 18%；全行私人银行客户管理资产总量达 4 732 亿元，较年初增长 697 亿元，增幅为 17%，客户和资产规模全面完成全年增量计划，继续保持市场领先地位。

二是金融资产服务能力持续提升。2012 年，私人银行专享资产配置余额为 1 192 亿元，较年初增长 443 亿元，增幅 59%；全行私人银行客户资产配置累计总额 2 994 亿元，较去年增加 1 762 亿元，增幅 143%。

三是价值贡献快速增加。全年私人银行客户的综合贡献达 240 亿元，较去年增长 34 亿元，增幅 16.5%；私人银行业务线中间业务收入 13.8 亿元，较 2011 年增加 5.4 亿元，增幅 64%，超额完成全年计划。私人银行部本部实现税前利润 3 600 万元。

四是品牌影响逐步扩大。2012 年蝉联《欧洲货币》、《亚洲金融》“中国最佳私人银行”大奖，在全球排名从第 31 位上升至第 25 位，亚洲区排名从第 9 位上升至第 6 位，加大多渠道推广私人银行专业金融服务与品质非金融服务，品牌形象得到进一步提升。

二、私人银行业务工作的主要特点

（一）“全行办、全球办”格局初步形成。境内中心布局基本完成。全面完成 26 家私人银行中心新设，完成了机构审批、队伍组建、场地准备、人员培训等工作，26 家私人银行中心已经全面开业与投产营运。新设的 26 家中心与已建的 10 家私人银行分部形成了覆盖全国高端客户市场的业务布局，为构建“专业经营、联动发展、统一高效”的私人银行业务体系奠定扎实基础。

海外中心建设加速进行。加强境内外业务联动发展、客户联动营销，突出香港中心全球私人银行“产品旗舰”作用，同时成立业务筹备组加快推进私人银行中东中心、新加坡中心筹建工作，年内悉尼分行等境外机构开办私人银行业务，私人银行业务海外延伸提速发展。

（二）客户发展机制日益成熟。不断完善全行客户发展机制，推动分行建立私人银行业务推进委员会，加强私人银行业务全行办的纵横向联动机制建设；制定印发《2012年全行私人银行业务评比办法》，形成私人银行业务线全行考评体系，将客户发展、客户贡献的提升列入全行评比范围；针对私人银行业务面临的新情况，及时召开私人银行业务座谈会，以提高私人银行客户回归率、提升率、留存率为重点，第四季度开展私人银行客户竞赛活动，实现私人银行客户回归与提升超5 000户。

同时，重点市场精准化对外拓展的程度进一步提高。根据我国财富发展规律与特点，制定私人银行十大目标客户市场营销指引，初步提出目标客户群体特征和重点营销的对外拓展客户名单，形成待提升潜力客户、公司线联动拓展目标客户近千户、目标要客的名单近千户的“双千户”数据库，提升客户直拓能力。深入推进分部转型发展，在加快推进全行发展私人银行业务过程中，为有效提升分部营销发展超高净值客户服务能力，通过分层管理为抓手，设计并启动了分部营销专业化转型项目，全面强化分部渠道服务团队、财富顾问团队、投融资顾问团队建设，充分发挥私人银行分部专业经营的优势，实现超高净值客户总量与结构的快速提升。

（三）金融资产服务加快创新发展。推进全权委托资产理财计划发展。面对经济下行、投资市场波动，联合资产管理部开发了多款全权委托资产管理产品，及时制定稳健型的投资策略和资产组合，取得了各类产品均保持全市场净值领先排名的好局面。

加快创新类专享理财产品研发。积极探索实践专享理财产品创新，针对私人银行客户特点特征，推出了7款规模近40亿元另类投资理财产品，探索开发了广厦等多款股权投资理财产品，积极推进了15款规模近70亿元PE理财、挂钩二级市场理财产品。

提升代理与顾问咨询产品募集能力。发挥外部产品遴选优势，加强与投行部、机构部、工银国际联动，强化风险管控，搭建开放式的产品平台，提供跨市场、跨机构、跨产品的投资机会，年内累计推荐105笔规模175亿元的代理信托、主理银行、顾问咨询业务与产品。

（四）业务经营与管理机制不断优化。经营管理能力进一步增强。加强了对分部机构考核评价工作，制定下发了《私人银行经营机构等级评价管理办法》，对分部实施分类指导、分类考核、分类配置资源与分级管理，有效地促进了各类资源的科学、合理配置，较好地发挥了资源配置在经营管理中的导向与杠杆作用。

业务运行系统进一步优化。加快推进业务中后台集中步伐，与电子银行部合作，12月完成全行私人银行业务产品销售、客户准入的尽职调查集中运行。全面规划了新三年私人银行业务系统平台的功能构架，年内新增立项23个，成功投产了包括私人银行IPAD网银互动专区、电子档案平台、网银渠道销售专属理财产品、客户价值贡献管理等在内的29个项目。

风险防范措施进一步加强。一是全面落实制度梳理要求，初步建立“私人银行业务制度树”，完成私人银行业务相关基本规定、37个管理办法、66个细则规程，共104个行发文和部发文制度梳理。二是优化三级检查管理体系，试点使用监督检查管理系统，实施监督检查全过程管理，在各分部全面开展“整治不规范经营”、“落实责任风险排查”、“信息安全与外包管理”等专项检查。三是加强私人银行产品与项目的全过程管理，完善私人银行投资管理委员会工作机制，全年召开30次投委会，审议98个项目，其中审批33笔，评议61笔；建立项目跟踪监测机制、风险提示机制和风险管理报告机制，先后出具29次风险提示，提示相关集中度风险、市场风险、信用风险和特定项目风险。四是全面开展员工行为规范教育活动，组织“三位一体”行为规范文件学习，开展四次员工行为自查，组织全员100%参与网络学习，100%参与网络知识竞赛，通过普及教育提高员工行为规范的自觉性和执行力。

（五）专业队伍建设进一步推进。加大全行专业人才培育力度。一是开展专业资质认证。通过全行私人银行专业资格认证推广，全行共有1万余人报名，5 200余人获取专业资格，覆盖除西藏分行外36家一级分行，为业务推广发展打下了基础。二是在全行印发《营销序列岗位培训教材——私人银行业务初级、中级》、《10项业务知识竞赛》等，深入推广私人银行业务岗位培训。三是组织了多层次的业务培训，提升人员素质。面对10家分部、26家分行近500余名业务骨干，举办9期专业面授培训，开展1 000多人次的CFA网络培训，同时积极运用交流学习、定向培育、专题培训等多种方式，加大对现有专业队伍的教育、培育力度。

加快总分部专业团队建设与人才培育。一是出台《私人银行部强化总部机构职能建设的方案》、《私人银行部完善分部机构职能的方案》，立足部室职能定位，划分营销与产品、业务管理、综合管理与支持保障三大板块，组建23个专业团队，初步形成了以部门为单位，团队为基础，岗位为抓手的机构职能体系。二是多渠道优化人才队伍结构，满足业务发展需要。面向系统内外2 061人，针对总分部23个岗位，选拔招聘66人，面向近万名应届大学生中选拔近40人。三是实施精细化的考核管理，推广全员绩效合约工作制，推出分部总经理室考核办法，完善团队考核办法。

（总行私人银行部）

贵金属业务

2012 年，全行贵金属业务线积极应对复杂多变的经济金融形势，以经营转型为主线，坚持创新发展，主动调整业务结构，收入实现了平稳增长，继续保持了同业第一的市场地位。

一、2012 年贵金属业务经营情况

2012 年，全行贵金属业务线收入为 36.13 亿元，同比增加 0.32 亿元，同比增幅 0.89%。其中，贵金属手续费及佣金收入 30.40 亿元，占全行手续费及佣金收入的 2.67%。各项贵金属业务累计交易金额为 1.09 万亿元，各项贵金属业务交易量 10.08 万吨。贵金属业务客户总数达到 1 003 万户，净增 479 万户，增长率为 91.41%。贵金属手续费及佣金收入（含租赁）四行排名第一，四行占比 48.44%，连续三年保持可比同业市场龙头地位。“工银金行家”品牌先后荣获《欧洲货币》首届最佳贵金属交易银行、上海黄金交易所年度优秀会员特等奖、中国社会科学院“年度金牌影响力品牌”等 11 个奖项，进一步巩固了银行贵金属第一品牌的地位。

二、2012 年贵金属业务发展举措

（一）深化渠道协同，发挥集团优势。全行贵金属业务线充分整合各专业、各分行、各渠道资源，形成了零售、批发、电子银行和海外多渠道推进业务发展的格局。零售渠道进一步拓展，截至 2012 年末，全行共建成五星级贵金属客户专属服务区 205 家，具备综合回购服务功能的网点增加到 89 家；四星级专区 532 家；三星级专区 3 531 家。全行有 13 家分行与 33 家商场签订合作协议。电子渠道营销宣传功能进一步强化，保持了贵金属频道在工商银行网站所有频道中点击率第一的位置。海外渠道进一步延伸，工银澳门实现实物、回购、交易、积存、融资等业务的全面覆盖；工银伦敦抓住奥运销售时机代销奥运等各类纪念币 800 多套；工银马来西亚实物贵金属业务成功起步。

（二）创新产品服务，引领市场拓展。贵金属业务线坚持以创新引领发展，积极推进产品与服务的创新升级。产品创新方面，年内共开发 61 款 115 种实物类新产品，特别是高附加值的名山文化系列产品赢得了市场赞誉。交易类业务在不利的市场环境下保持了创新动力，推出对公递延交易，扩大了递延交易客户群，满足了黄金产业链企业以及证券、基金、保险、信托等机构客户进入黄金市场配置资产的需要。黄金积存产品推出了通存通兑、兑换延伸等新功能，进一步增强了产品的竞争优势。融资类业务推出了人民币黄金远期、黄金互换等新品种，丰富了为产业链企业锁定风险的金融衍生工具。理财类产品新推“安享回报——黄金套利型产品”，全年成功销售 7 期，募集资金 53 亿元。服务创新方面，全行共建成 70 家“工银金行家”投资者俱乐部；投产贵金属高级交易终端企业版，进一步增强了高端客户开展交易的便捷性和安全性；成功发行“工银金行家理财金账户卡”，整合了集团对贵金属高端客户的服务能力。

（三）强化风险管理，确保稳健发展。贵金属业务线在经营快速发展的同时着力构建高效稳健的风险管理机制，通过制度梳理和流程改造，提升了风险管理水平。规范了客户准入、强行平仓、保证金动态管理等风控机制，代理类业务制度体系日趋健全。贵金属客户风险管理系统顺利投产，实现了运用系统手段实时监控交易类客户市场风险的功能。强化了对融资类客户租赁用途的监管，探索了创新型融资类产品的风险管理方法。成功应对了“金条掺假”网络谣言事件，有效防控了声誉风险，维护了工行的品牌形象。全面有效的风险管理体系已经成为贵金属业务稳健发展的基本保障。

（四）深化改革探索，保持利润中心经营活力。贵金属业务线积极探索整合资源、创新发展的机制和体制，突出利润中心对业务线发展的驱动作用，推动全行经营转型。贵金属业务线充分挖掘集团资源优势，积极协同结算与现金、个人金融、金融市场、资产管理、运行管理、信息科技、电子银行、产品创新、私人银行等专业形成发展合力。采取各种经营手段，驱动业务线有节奏、有重点地开展经营，充分发挥分行在市场营销、客户服务等方面的积极性，迅速拓展了市场规模。同时，贵金属业务利润中心直营平台建设稳步推进，适应贵金属商品属性的制度流程和运作体系不断健全，业务专业化、集中化管理水平也得到了显著提升。

（总行贵金属业务部）

第二部分

国际化发展与综合化经营

责任编辑：贾 炜

境外机构拓展与业务发展情况

2012 年，工商银行积极稳妥地推进国际化经营战略，持续完善境外机构网络布局，坚持一体化与差异化兼顾的“一行一策”发展措施，国际化经营对集团盈利贡献和战略协同作用日益提升。

一、境外机构网络拓展迈出新步伐

在美洲，完成美国东亚银行 80% 的股权收购交割工作，实现中资机构首次在美国收购银行控股权，美国东亚银行更名为中国工商银行（美国）；完成阿根廷标准银行 80% 的股权收购交割工作，成为首家在境外控股收购当地主流商业银行的中资银行；工银巴西正式成立，工银秘鲁申设获得境外监管机构批准，美洲机构经营网络快速突破。在欧洲，华沙分行顺利开业，里斯本代表处实现实体化运作，欧洲机构覆盖 10 个国家。在中东，利雅得分行和科威特分行申设相继获得所在国央行批准，海湾地区服务网络日趋完善。在大洋洲，新西兰子行申设工作稳步推进。在亚洲，新加坡分行由批发银行牌照升级为特许全面银行牌照，成为首批获得此类牌照的中资银行。综合化服务能力稳步提升。收购设立了工银安盛人寿保险有限公司，进一步拓宽了业务领域。截至 2012 年末，工商银行在 39 个国家和地区设立了 383 个境外分支机构，与 138 个国家和地区的 1 630 个境外银行建立了代理行关系，形成覆盖亚、非、拉、欧、美、澳六大洲的全球服务网络。

二、境外机构经营能力持续增强

工银亚洲、工银澳门、阿根廷标准银行、万象分行跻身当地主流银行之列，工银泰国、工银印尼、工银欧洲、首尔分行、工银伦敦、纽约分行等一批机构也具备较强盈利能力，当地排名较好。报告期末，境外机构（含境外分行、境外子公司，不含对标准银行投资）总资产 1 698 亿美元，比上年末增加 426.61 亿美元，增长 33.6%，占集团总资产的 6%，提高 0.9 个百分点。各项贷款 719 亿美元，增加 63.85 亿美元，增长 9.7%，各项存款 576 亿美元，增加 76.86 亿美元，增长 15.39%。报告期税前利润 12.80 亿美元，比上年增长 29.34%。

三、全球产品线建设向纵深发展

按照扬长避短、因地制宜的差异化发展思路，加快了零售业务、资金清算、贸易金融、全球现金管理、专业融资、投资银行、银行卡、网上银行、资产管理等重点产品线向境外的延伸，推动了全球服务能力的提升。支持“走出去”企业的表内外业务余额超过 500 亿美元，“走出去”业务大行地位得到确立。工银国际投行业务能力和影响力显著提高。在中资同业中率先推出了全球现金管理业务，与超过 3 300 余家客户建立了合作关系，并在香港设立了亚太区现金管理中心，与南非标准银行联合搭建了中非现金管理平台。境外零售业务依托银行卡与网银套接模式实现跨越式发展，个人客户已达 164.1 万户，26 家境外机构投产了网银系统，网银客户渗透率接近 40%。在香港建立了统一的境外信用卡平台，16 家境外机构实现信用卡发卡，20 家境外机构实现借记卡发卡。工银澳门海外贵金属业务中心已具雏形，工银伦敦贵金属实物销售稳步增长。工银金融的证券清算和证券融资业务模式趋向成熟，证券清算总额超过 52 万亿美元。全球托管网络建设加速推进，基于内外联动的资产管理产品创新持续加快，贸易金融业务的利润增长点作用进一步增强。

四、全球一体化业务平台全面覆盖

始终坚持系统建设、机构建设与业务发展统筹规划、同步推进。2012 年，在工银亚洲完成了 FOVA 系统投产，经过近十年的不懈努力，工商银行建成了中资同业里唯一、也是国际同业中不多的境内外一体化科技平台。还从 2005 年开始积极推动境外机构单证业务集中处理，2012 年全部境内外机构的国际结算单证业务均已上挂总行单证中心，集约化经营水平领先国内同业。

（总行国际业务部）

国际业务综述

2012年，在国际金融危机和欧债危机持续发酵、国内经济增长放缓的严峻复杂形势下，工商银行积极稳妥地推进国际化战略，一手抓境外布局的完善和机构的转型发展，一手抓境内国际业务的整体升级发展，通过“双轮驱动”使国际化发展实现了新的突破和提升。

一、国际业务主要指标创历史最好

2012年，境内分行共办理国际结算业务量1.39万亿美元，四行占比达到30.15%的历史最高水平；全年实现国际业务收入113.5亿元，同比增长23.37%；国际贸易融资发生额和余额双双保持市场占比第一。因杰出的市场表现荣获了由《金融时报》颁发的“2012年度最佳国际业务银行”奖项。

二、打造国际业务第一银行工程取得显著成效

认真落实“梯次发展、重点突破”的区域提升战略，以连续推进、政策紧跟、措施得力、督导到位的组合拳方式，打造“国际业务第一银行”重点工程，带动了境内分行国际业务的整体提升。截至2012年末，江苏、广东、浙江、北京、上海、贵州、山东和重庆等8家一级分行及苏州分行国际结算量四行占比第一；广东分行营业部等6家分行营业部国际结算市场占比第一。

三、进一步夯实国际业务客户基础

紧紧抓住中资“走出去”企业、外贸企业、外商投资企业、中小银行同业、有跨境金融需求的个人等五大客户群体，通过实施总行级综合客户推介、分行级市场营销推广、定期监测分析核心客户拓展情况等一系列措施，不断扩大客户规模，优化客户结构。截至2012年末，对全国进出口1 000万美元、5 000万美元以上的客户覆盖率分别达到35.67%和48.08%，同比提升了5.11个和7.94个百分点。

四、不断完善产品体系及业务流程

紧密结合市场需求，不断创新产品形式，梳理产品流程。打造了一批集结算、融资、理财、交易于一体的产品组合，如“船融通”、“NRA账户项下单证业务服务方案”、“代理境内金融机构福费廷”等。推出了西联网银账户汇款（ABMT）、银星速汇等代理业务。制定了内外联动型国际保理（进口保理）、买方远期信用证和DA项下福费廷业务操作流程。

五、对外担保业务取得长足进步

截至2012年末，对外担保业务余额225.95亿美元，同比增幅17.29%，继续保持零不良率。实现对外担保业务收入8.47亿元人民币，同比增长49.91%，成为中间业务收入增长的一大亮点；累计开出对外担保153.09亿美元；对外担保发生额四行占比为21.07%，比2011年末增加1.76个百分点，排名第二。

在产品创新方面，进一步扩大了“贷融通”的业务适用范围，并创新推出“存融通”，在融资性对外担保额度紧张的情况下较好地满足了“走出去”企业的融资需求，提升了融资性对外担保产品的竞争力和综合收益。同时，为解决融资性对外担保余额指标紧张的问题，多层面、多途径地向外管总局反映情况，通过积极争取，将2012年度融资性对外担保余额指标调增至125.4亿美元，较2011年度增加15.4亿美元。

六、内外联动工作再上新台阶

召开了粤闽港澳深厦2012年度联席会议以及首届东北亚区域内外联动座谈会，全行内外联动工作不断加强，目标明确、重点突出、针对性强的区域联动渐成亮点。以香港内外联动产品创新座谈会为契机，初步构建了全行内外联动产品创新平台。为了助力境内外机构与重点“走出去”企业搭建零距离联动营销平台，在越南胡志明市召开了重点“走出去”企业内外联动推介会，收到较好效果。此外，牵头组织在商务部《合作发展中国研究报告》上刊登一系列广告，宣传工商银行支持企业“走出去”产品和服务，该刊物面向全球188个国家和地区的驻外使馆、机构、企业、团体等单位发行，起到了较好的宣传作用。

（总行国际业务部）

跨境人民币业务综述

2012年，在总分行和境内外机构的通力合作下，工商银行跨境人民币业务突破多个发展瓶颈，在全球的影响力进一步提升。

一、跨境人民币业务各项指标保持同业领先水平

2012年境内外机构累计完成跨境人民币业务15 861亿元。其中结算业务累计完成13 069亿元，同比增长91.37%；跨境人民币贸易融资业务（含海外代付）累计发生额2 443亿元；办理跨境人民币购售业务349亿元。自跨境人民币业务开办以来，工商银行跨境人民币业务量已累计超过2.7万亿元，各境内外机构共开立跨境人民币同业往来账户366户，跨境人民币清算网络已覆盖全球67个国家和地区。

（一）境内分行跨境人民币业务实现占比、增幅双增长。境内分行全年累计完成跨境人民币结算业务6 607亿元，同比增长66.31%，继续跑赢全国市场41%的同比增幅。跨境人民币结算量市场占比提升1.31个百分点。

从市场占比看，浙江、山东、广西、重庆、宁夏5家分行实现四行占比第一，且均超过30%，其中宁夏分行四行占比达到65%，重庆分行四行占比46.64%。18家分行四行占比第二，其中北京、陕西、山西、吉林、新疆、贵州6家分行占比超过30%，四川、黑龙江、广东、上海、海南、辽宁、江西7家分行占比超过25%。业务量排名前十的境内分行，跨境人民币业务结算总量占全行整体结算量的87.44%，其中广东、浙江、上海、山东、重庆、广西6家分行四行占比较2011年提升，大行业务量拉动效应明显。

从业务增幅看，30家分行实现了跨境人民币结算量同比增长，其中18家分行同比增幅超一倍。累计完成量排名前十位的分行分别为广东、浙江、北京、江苏、上海、山东、深圳、重庆、广西、宁波分行。累计完成跨境贸易人民币融资业务1 108亿元，累计完成业务量排名前十位的分行分别为浙江、广东、山东、江苏、深圳、四川、上海、辽宁、贵州、重庆分行。

（二）境外机构人民币业务发展更加均衡。至2012年末，工商银行已有20家境外机构开办人民币业务，全年各境外机构共完成跨境人民币结算业务6 462亿元，同比增长126.23%；跨境贸易人民币融资（含海外代付）累放1 334亿元，余额413亿元。

2012年结算业务排名前5位的机构为工银亚洲、新加坡分行、东京分行、中东机构、工银澳门，结算量合计5 401亿元，占全行境外机构业务总量的83.58%。对比2011年排名前五位机构业务量合计占比94.43%，2012年跨境人民币结算业务在境外机构间发展更加均衡。工银亚洲、新加坡分行结算量依旧保持第一及第二位置。按区域结构分析比较，新加坡分行、东京分行、中东机构、工银澳门、卡拉奇分行结算业务量系统内占比较大幅度超过其所在国家在全球人民币跨境收付量的占比（即当地人民币业务资源）。

二、人民币业务成为境外机构资产负债业务重要组成部分

境外机构人民币资产余额1 083亿元，占总资产的16.63%。工银亚洲人民币资产同比增长2.6%，增幅高于其总资产增幅。工银澳门人民币资产同比增长69%，占总资产比例上升5.1个百分点，人民币业务净利差达到197个基点，超过整体利差约96个基点。在离岸人民币的成本优势逐渐消失的情况下，人民币的利差情况仍然优于其他币种。新加坡分行人民币资产较2011年增长29.39%，近三年复合增长率为12.73%，在总资产中的占比稳定在30%以上。

作为目前境外机构人民币投资运用重要渠道之一，2012年境外机构投资境内银行间债券市场额度进一步增容。工银澳门调增投资银行间债券市场额度申请获批，额度增至50亿元。香港分行进入银行间债券市场，代理新加坡、东京、首尔、悉尼、法兰克福、卢森堡、多哈及卡拉奇共9家境外分行进行债券交易申请获批，额度共计65亿元。由此，境外机构整体获批额度达到130亿元。

在境外机构负债业务方面，人民币已经成为其重要的资金来源。境外机构人民币存款余额约466亿元（不含存款证），在境外机构存款总量中占比15.4%。新加坡分行人民币存款在总存款中占比已超过50%，中东机构、悉尼分行、首尔分行这一比例达到40%。

三、人民币业务成为提升我行境内、外机构业务收入的重要拉动力

随着人民币国际化进程的持续深入，工商银行跨境

人民币业务快速发展，收入贡献度不断提升。境内方面，跨境人民币业务收入已经成为中间业务收入的重要拉动力，广东、浙江等分行跨境人民币业务收入已占到国际业务中间业务收入的20%以上。境外方面，各境外机构办理人民币业务带来的相关收入已超过24亿元，在总收入中占比20%。10家境外机构人民币业务收入在总收入中占比超过10%。其中工银亚洲人民币业务收入较上年同期增长82.4%，收入占比达到23%，同比增长9个百分点；东京分行人民币业务收入在总收入中占比已超过50%；中东机构超过30%；新加坡分行、工银澳门占比均达到25%以上；法兰克福分行、工银莫斯科超过15%；悉尼分行、卡拉奇分行、万象分行、卢森堡机构、工银马来西亚、首尔分行占比超过或接近10%。人民币业务已成为境外机构经营中具有巨大潜力的新兴利润增长点。

四、主动发展跨境人民币业务的格局已全面形成

总行先后召开了跨境人民币业务座谈会、境内分行国际业务工作座谈会、跨境人民币业务视频动员会、跨境人民币业务工作会等一系列调研推动会议。研究制定了全行跨境及境外人民币业务发展规划，统筹跨境人民币业务营销活动及产品体系建设，对跨境人民币业务发展起到了很好的推动作用。境内分行进一步加大了组织推动力度，以提高跨境人民币业务市场竞争力和收入贡献为目标，以客户拓展为基础，以产品创新为驱动，深化内外联动，全面推进跨境人民币业务快速发展。境外机构将人民币业务作为发挥比较优势，提高竞争发展能力的重要抓手，立足当地，全面开展覆盖零售、银行卡、公司金融、全球现金管理、电子银行、资金与资产管理等人民币业务产品及金融服务。从全行范围来看，主动发展跨境人民币业务的格局已全面形成，跨境人民币业务的综合贡献度不断提升。

五、境外人民币清算行首战告捷

万象分行于2012年6月6日获得老挝央行批准，成为老挝第一个、也是目前唯一一个老挝央行之外的货币清算银行。同时，万象分行也成为集团内首个在海外获得人民币清算行资格的境外机构。此举是跨境人民币业务开办以来，人民币在境外影响力不断扩大的又一重要体现，同时也是工商银行在全球人民币战略层面取得的又一重要突破。

此外，随着人民币国际化进程的推进，全球多个国家正在考虑建立当地人民币清算行，例如迪拜国际金融中心宣布正在建立人民币清算中心，泰国央行也在考虑在泰国指定一家银行作为人民币清算行，英国、德国、法国等国监管部门均已牵头成立人民币业务工作小组，推动人民币在当地的发展，工商银行当地机构均成为各小组的成员行。

六、离岸人民币中心建设取得显著进展

建设集团内离岸人民币业务中心可将人民币资源优先在集团内部不同区域间进行配置，加强优势互补与资源共享，充分体现“ONE BANK”一体化发展战略。在前期对境外机构实地调研的基础上，总行明确了首先将工银亚洲打造成为集团内离岸人民币中心的具体实施方案。对于资金集中交易职能，已明确工银亚洲作为集团内“离岸人民币交易中心”，为境外机构提供覆盖离岸人民币汇率、利率和衍生产品的报价与平盘服务，同时涵盖离岸人民币拆借与存放业务的集中交易。

七、强化营销机制，跨境人民币业务客户体系不断完善

稳定的客户群体是跨境人民币业务持续健康发展的关键。总行先后组织了“走出去”企业内外联动推介会、国际业务核心客户推介会，通过总对总的营销，对分行重点客户的维护给予大力支持。各境内外机构围绕客户的不同需求，以产品推介、方案设计等作为切入点，有的放矢地开展多种形式的营销工作，积极推动目标客户的拓户增容和业务挖潜。同时，多家境内分行还充分借助第三方平台提升营销效果，例如广东分行利用春季广交会举办了360多家企业参加的跨境人民币业务高峰论坛，重庆分行联合当地银监局、外经贸委、人民银行、工商局、海关等部门向60余家企业推介跨境人民币产品。跨境人民币业务客户体系的丰富完善，为跨境人民币业务的可持续发展奠定了扎实的基础。同时，总行推出了“离岸人民币汇率交易重点与核心客户”名单，从集团整体利益出发，对工银亚洲策略化做市给予支持，向客户提供特殊优惠报价，防止业务流失。

八、人民币业务产品趋向多元化发展

各境内外机构紧盯市场及客户需求，积极进行产品创新。利用离、在岸市场汇率、利率的双向波动，加大融资与资金组合产品营销力度，通过紧密的内外联动，办理了反向汇兑通、内存外贷、贷融通、双币福费廷、远期汇兑通等多个人民币创新产品。同时，境内外机构还积极研究境内有关跨境人民币业务新政，共同探索资本项下业务机会。例如工银澳门与广东分行联动成为首家向境内企业直接发放人民币贷款的境外机构。离岸债券发行承销继续保持市场领先地位。工银亚洲共为企业客户发行了15笔共240亿元人民币的点心债，较上年同期金额上升16.5%。

九、境外机构参与离岸人民币市场话语权不断提升

一是工银亚洲获邀成为香港与伦敦人民币合作小组

成员，工银伦敦受邀成为伦敦建设离岸人民币中心工作组正式成员；巴黎分行成为法国人民币离岸中心建设委员会成员之一、法兰克福分行成为黑森州政府人民币离岸中心项目核心银行之一，标志工商银行境外机构在离岸人民币市场作为主要的市场参与者得到监管当局和市场的承认。二是工银亚洲成为香港离岸人民币同业拆借利率的报价行，同时也是人民币（香港）掉期伸引利率（SOR）、美元兑人民币（香港）即期汇率报价行。这标志着工银亚洲已成功确立了香港离岸人民币市场做市商的形象和地位。此外，工银印尼在路透、彭博率先进行“人民币—印尼盾”汇率报价，成为印尼市场第一家也是唯一一家人民币汇率报价行。东京分行积极参加日本人民币兑日元场内直接交易市场报价，在中资银行中率先完成首笔直接交易。工银国际获批成为唯一一家中资背景的离岸人民币期货交易做市商，目前日均交易量约占整个离岸人民币期货市场的20%。三是工银伦敦在伦敦市场发行了首笔人民币大额存款证，填补了伦敦市场人民币CD发行的空白，对于提高伦敦人民币市场金融产品的覆盖面、市场流动性和交易活跃度具有重要的意义。四是金边分行推出了柬埔寨首张双币种信用卡（人民币、美元）和网上银行服务，为有中柬贸易背景以及人民币需求的客户带来了便利。新加坡分行和工银马来西亚成功发行了新加坡元和人民币，以及林吉特和人民币双账户的工银银联双币信用卡，成为在新加坡和马来西亚首家发行人民币双币信用卡的金融机构。

十、跨境人民币个人金融业务实现突破

为满足港澳地区个人客户人民币跨境汇款业务需求，总行发文明确了在政策允许内，进一步扩大港澳居民办理人民币跨境汇款业务的汇款人范围，增强了境内外机构个人人民币跨境业务的竞争力。新加坡与深圳分行合作通过境外企业到境内分行开立人民币NRA账户模式成功完成了首笔跨境代发人民币工资业务，实现了跨境人民币个人业务的又一突破。

（总行国际业务部）

国际结算单证业务

2012年，国际结算单证中心成功实现了全部境内国际结算和贸易融资业务的后台集中，并持续在境外新设机构同步推进单证集约化处理模式。同时，单证中心将工作重点逐步转移到业务整合、稳健运营、专业建设等方面，三中心业务布局得到进一步优化，全球统一的业务操作经营体系日趋成熟，为推动全行境内外国际业务进一步发展，“打造第一国际业务银行”战略目标提供了有力支持。

一、深化集约化改革，全面优化三中心业务布局

2012年，单证中心完成了上海、浙江两家分行的业务上挂，实现了全部境内机构国际结算和贸易融资业务的后台集中处理，标志着全行境内国际业务的扁平化处理和集约化改革取得圆满成功。境外方面，协同有关部门顺利完成工银亚洲Fova系统投产，并持续推进其单证系统整合工作；当年开业的波兰分行等境外机构均在其开业的同时实现单证业务集中处理，将“开业一家、集中一家”、“并购一家、整合一家”的海外集约化模式推向深入。同时，开展了业务整合工作，全年分3批完成了云南、深圳、青岛等7家境内分行业务的中心间划转，进一步优化了业务布局，完善了单证业务后台资源配置。

二、充分发挥集约化服务平台职能，有力推动国际业务竞争力的进一步提升

2012年，单证中心持续提升业务效率，总行单证中心日均人均工作量达到66笔，较上年提高12%；合肥、成都两家分中心日均人均工作量分别达到52笔和55笔，均较上年提高近30%。集中、高效的后台服务显著提升了国际业务市场竞争力，截至2012年末，国际结算业务量四行占比达30.15%，较上年末提高2.29个百分点，其中浙江、上海、广东等8家分行更是实现了本地市场占比居首，成为全行国际业务的旗舰。中心进一步加强内外联动，全年协助境外机构实现了多项业务创新和“零的突破”。一年来，除工银亚洲以外的34家境外上挂机构共办理国际结算单证业务19 316笔，金额749亿美元，较上年增长38%；办理贸易融资业务15 747笔，金额651亿美元，较上年增长19%。

三、加大对分行的支持力度，持续提升服务质量

单证中心充分发挥专业优势，全年为分行客户组织开展实务专题培训等活动十余项，并直接参与上门营

销。中心还积极支持分行改革创新，协助北京分行完成了跨国公司外汇集中运营试点项目全国首发交易。加强对收单点人员的业务培训，持续开展分行员工交流，为分支行培养了大量的国际业务人才。全年对境内外17家分行和机构开展了业务回访，全面了解一线需求变化，及时理顺业务处理环节。面向业务量大、品种复杂的分行建立业务情况集中反馈机制，定期进行双向交流和反馈。

四、规范业务操作，有效防控风险

单证中心建立了迟收迟付报告制度，经过近一年的监测与通报，全行迟收迟付现象已大为好转。规范境外收单点业务操作，进一步提高了处理效率。对单证中心操作手册、境外业务操作流程及保函、保兑等多项流程制度进行了补充和修订，完善了业务处理规范。修订了单证中心内部检查提纲，加强内控措施执行力，排查不规范操作行为，进一步提高了合规水平。全年单证中心未发生重大业务差错，未发生因业务差错引起的资产损失。

五、开展系统优化与产品创新，拓展新的利润增长点

单证中心全力推进系统优化，配合相关部门完成了全球单证管理系统（GDMS）的立项和一期开发工作。完成了出口代付、代付融资等项目的推广工作，在系统优化方面取得多项进展。积极参与贸易金融新产品研发，并对替代产品及时建立制度规范。进一步发挥后台联动机制，针对特定客户的特殊业务需求制定创新性服务方案，有效提升服务效率，实现了“审单一体化”平台下的流程创新，加快了对优质跨国集团客户的业务开发与市场拓展。大力推进跨境人民币业务发展，全面启用了单证系统跨境人民币收付汇功能，将单证类跨境人民币业务环节全部纳入系统内操作。开展单证中心与东盟清算中心人民币跨境清算业务联动试点与系统衔接工作，并派员随人民银行出访东盟三国，促进了人民币跨境结算在东盟国家的交流与合作。经过近半年的推广，全行通过东盟清算中心办理的跨境人民币业务金额已接近27亿元。进一步拓展代理业务，截至2012年末，单证中心共与102家国内商业银行开展了代理业务，全年共办理各类代理同业业务6 381笔，金额144亿美元。

（总行国际结算单证业务中心）

对外金融往来与合作

2012年，工商银行深入贯彻国际化发展战略，主动加强对外交往和国际合作，积极宣传金融产品服务和改革发展成就，促进了品牌形象和市场影响力的进一步提升。

一、接待来访与出访

2012年，全行共组织安排出国（境）团组908个，接待出访及外事来访890余批。

二、签订合作协议

2012年，全行共签订20余份资金对等拆借及货币互存协议，协议总金额达31.8亿美元；持续加强跨境人民币账户营销力度，成功营销外资代理行在工商银行开立人民币和外币清算账户103个，外资代理行在工商银行的清算账户总数达484个；为外资代理行完成清算量超过42万笔，同比增幅48.8%。

三、参加国际会议及活动

行领导先后率团出席了国际清算银行圆桌会议、两岸金融合作论坛、在台湾举办的“汇通天下——从钱庄到现代银行”展览、国际掉期与衍生交易协会（ISDA）年会及董事会会议、亚太经合组织（APEC）工商咨询理事会（ABAC）会议及APEC工商领导人峰会、美国财资管理专业人士协会（AFP）年会。此外，还派员参加了亚洲开发银行（ADB）年会、中俄总理定期会晤委员金融合作分委会第十三次会议、BAFT－IFSA非洲业务探讨会、第39届国际福费廷年会、国际商会2012年秋季会议、拉丁美洲银行联盟年会（FELABAN）等一系列国际性会议，在国际金融舞台上发挥着日益重要的作用。

（总行国际业务部）

与标准银行的战略合作

2012年，面对国际经济环境的多重挑战，标准银行积极采取措施加强经营管理，财务业绩稳步增长，在市值、盈利、品牌价值等方面，继续保持了非洲第一大银行的领先地位。对标准银行的投资与战略合作给工商银行带来了较稳定的投资回报，也使得工商银行服务全球客户的能力得以显著提升。

一、对标准银行投资收益情况

2012年，标准银行应归属工商银行利润约为33.56亿兰特，按2012年末汇率计算，折合3.96亿美元，工商银行投资收益率为9.2%。

二、对标准银行的投资管理

2012年，工商银行继续通过派出董事履职和日常股权监测相结合的方式，全面加强标准银行股权管理，标准银行集团共召开董事会、董事事务委员会、风险与资本管理委员会、审计委员会及董事会战略研讨会会议合计22场。工商银行派任董事通过现场和电话会议方式参加了会议，行使了工商银行股东权益，在坚持战略调整、加强风险管理、加快信息科技建设、控制经营成本等方面对标准银行提出了明确要求，确保工商银行投资的安全和收益。同时，工商银行收购阿根廷标准银行80%的股权成功实现交割，两行的股权纽带关系进一步强化。

三、业务合作开展情况

2012年，双方扎实推进国际项目融资、金融市场、贵金属、现金管理等领域的合作，不断丰富合作内容；开启了信息科技、股权、培训等新领域的合作，取得了阶段性成果，实现了两行基于股权纽带的全面合作与发展。双方共同开展合作项目132个，较2011年增加了19个，工商银行累计签订对非洲融资协议总额约77亿美元，为中非经贸往来提供了有力的金融支持。

1. 信息科技领域。双方签署了《IT战略合作协议》，确定了在移动银行、操作风险管理、汇款清算业务和信用卡业务四个领域开展信息科技合作，工商银行的经验和技术力量帮助标准银行在这些领域取得突破性进展。

2. 国际项目融资领域。通过联合营销与密切合作，两行成功实施了多个中资客户参与的非洲项目，为金川集团非洲矿产收购项目、中国南车货运机车出口南非项目和龙源电力南非风电项目提供保函；为安哥拉财政部提供买方信贷，用于从中国重汽集团进口汽车；与坦中国际资源有限公司及坦桑尼亚标准银行签署了三方战略合作协议，工商银行与坦桑标准银行作为“首选银行”，为坦中国际资源有限公司主办融资、结算等各项银行业务。另外，南非新能源项目、北汽集团和东风汽车南非消费信贷项目、尼日利亚GLO电信建设项目等也在积极推进中。

3. 国际清算结算领域。两行的国际清算结算业务合作进展良好，同时，工商银行与标准银行还开始进行离岸人民币业务方面的合作。南非标准银行在工银亚洲开立人民币清算账户，并将工银亚洲确定为其人民币账户行。

4. 结算与现金管理领域。工商银行与标准银行进一步拓展客户市场，不断完善产品和系统功能，持续提升服务能力，取得了积极成效。截至2012年末，工商银行已与三一重工、同力水泥、中工国际等近30家“走出去”在非经营中资企业达成全球现金管理合作意向，华为、中水国际、中海外等客户已投产中非现金管理业务，上线账户达44个，涉及标准银行在非洲10个国家的机构。

5. 托管业务领域。工商银行与标准银行在QDII、QFII等托管业务方面继续保持充分沟通和密切配合，成为彼此的重要合作伙伴。双方正式签署《全球次托管服务协议》，两行的托管业务合作得以深化。

6. 金融市场业务。工商银行与标准银行一直保持在外汇、账户贵金属、债券交易与结算等方面的业务合作。2012年，工商银行与标准银行共叙做账户贵金属即期交易4 089笔，累计金额113.64亿美元。同时，两行的合作领域进一步拓宽，在账户金、银拆借和代理债券交易等业务领域达成初步合作意向，为未来业务开展打下了基础。

7. 贵金属业务领域。工商银行向标准银行新增借金1吨，借金存量已接近10吨。除传统黄金交易业务合作外，工商银行还与标准银行在贵金属融资及商贸领域进行了合作探索。

（总行战略管理与投资者关系部）

工银瑞信

总经理　郭特华

面对复杂的市场环境，工银瑞信认真贯彻公司三年战略发展规划要求，实现了管理规模和行业地位、管理业绩、盈利和股东回报“三个提升”。截至2012年末，公司资产管理总规模较上年末增长46%至1 568亿元，排名提升1位至行业第6位；公司主动基金整体加权收益率逾6%，7只债券基金中5只位于同类可比前十；公司净利润在行业利润平均下降20%的情况下，增长10%达1.97亿元，超额完成年度财务目标。

一、资产管理规模和行业地位提升

公司按照“长期资金、真实需求、持续营销、体内循环”的工作要求，成功发行7只新基金并开展了系列持续营销工作，同时积极拓展非公募业务。截至2012年末，公司公募基金管理规模突破千亿元，较上年末增长55%达1 072亿元，增幅为行业平均值的1.8倍，排名提升2位至行业第7位；企业年金管理规模较上年末增长48%达168亿元，规模遥居同业首位，排名行业第6位；专户和投资顾问管理规模较上年末增长12%达266亿元，继续保持行业领先地位；社保基金管理规模较上年末实现翻番至63亿元。

二、整体投资业绩领跑同业

公司持续推进投研体系变革，加快向分工协作且兼具个性化特点的精细化管理模式转变，促进了整体投资业绩的提升。公司共同基金整体加权收益率达6.03%，高于行业平均1.3个百分点。其中，固定收益类产品的表现尤为出色，规模加权收益率达9.91%，高于行业平均2.6个百分点，在规模前十基金公司中位居第2；公司旗下7只债券基金中有5只位于同类可比前十，工银四季收益、工银7天理财、工银14天理财3只基金业绩居同类首位。根据德圣基金研究中心统计，工银瑞信旗下债券基金在2008－2012年期间的平均累计收益率居十大基金公司的首位和所有基金公司第2位，持续领跑同业。公司旗下两只QDII基金全年收益率均在10%以上，其中全球配置更以16.63%的全年收益率居同类基金首位。公司养老金和专户组合整体实现良好超额收益，所有年金组合均获得正回报。

三、加大管理及业务创新力度

面对2012年以来资产管理行业变革较大的局面，积极执行集团大力发展金融资产服务业的决策，加大了管理和业务创新力度。一是持续推进产品创新。在基金行业中首家发行了超短期理财基金——工银7天理财基金，其超短期设计成为吸引普通投资者及有流动性配置需求的机构客户的一大亮点，实现了393亿元创纪录的债券基金发行规模。与工行合作推出了国内首款“自动申赎货币基金进行理财”的信用卡——工银货币基金卡，得到社会广泛关注和认可，至年末已实现发卡6万余张。二是大力开展业务创新。于10月获得受托管理保险资金资格，特定资产管理业务进一步拓展至保险资金领域；于11月16日在行业内首家获批设立全资专项资产管理子公司——工银瑞信投资管理有限公司，业务范围进一步拓展至非上市股权、债券和收益权的投资管理。三是积极推动管理创新。积极推进投研体系变革，加强系统化、精细化建设，加快从粗放型管理向分工协作且兼具个性化特点的精细化管理模式转变，较好地适应了管理规模快速提升的要求。设立了北京、上海、深圳分公司，作为公司利润创造中心、业务经营中心和客户服务中心，提升对渠道和客户的服务质量。在集团信息科技部和电子银行部的大力支持下，完成了科技系统和电话银行呼叫中心与集团的整合工作。

四、香港子公司获得 RQFII 和全国社保基金境外投资管理人资格

公司的全资香港子公司工银瑞信（国际）于 2012 年 3 月 8 日在香港正式开业并成功发行第一只私募产品——工银瑞信中国机会基金。截至年末，工银瑞信中国机会基金净值达 113.07 亿港元，回报率达 13.07%，居同类基金领先地位，远超其业绩基准 MSCI China 指数（3.56%）。6 月，工银瑞信（国际）在集团和母公司支持下，正式获得全国社保基金境外 3 亿美元股票组合投资管理委托，成为业内仅有的两家获得社保境外投资管理人资格的公司之一。8 月，工银瑞信（国际）获得 RQFII 资格，成为第一批 RQFII 试点之后最快获得资格的两家公司之一。

五、加强风险管理，继续保持“零风险”优良纪录

公司秉承“制度先行、程序至上、内控优先、规范运作”的内控原则，继续加强对风险的动态管理，防患于未然。成功通过 ISAE3402 项目鉴证，内控管理水平进一步提升，全年未发生违法、违规等风险事件。

六、团队稳定性居行业前列

面对行业人员流动性进一步加剧的严峻形势，公司通过长期激励计划、专业和管理的双职业发展通道、基金经理 3 年滚动考核机制等措施，保持了公司人才队伍的稳定，2012 年公司无一名基金经理离职。

七、品牌影响力持续提升

2012 年，公司获得了包括《中国证券报》“十大金牛基金公司”、“年度债券型金牛基金”，《证券时报》“十大明星基金公司”，《上海证券报》“三年期金基金分红基金奖”，《理财周报》“最佳产品设计公司”、“最佳风险控制公司”等权威奖项在内的 20 多个重要奖项，较前两年有大幅度提升。在全景网定期发布的基金公司品牌评级报告中显示，公司品牌评级为最高的 5 星评级，品牌知名度进一步提升。

（工银瑞信）

工 银 租 赁

总裁　丛　林

2012 年，工银租赁认真贯彻集团综合化经营战略部署，积极落实公司董事会“质量效益年”工作要求，坚持稳健发展，加快结构调整，继续保持了良好的发展局面。

一、资产规模和经营效益双提升

截至 2012 年末，公司境内外总资产 1 340 亿元，较年初增长 39%，其中租赁资产 1 265 亿元，拥有各类飞机 83 架、船舶 176 艘、大型设备 27 000 多台套。全年境内外口径实现营业收入 77.86 亿元，同比增长 37%，净利润 12.59 亿元。其中境内实现营业收入 70.09 亿元，同比增长 41%，实现净利润 11.66 亿元，同比增长 35%，完成年度计划的 117%；拨备覆盖率达到 208%；在年内新增 30 亿元资本金的情况下，ROE 保持了上年水平，达到 13.06%；人均净利润达到 707 万元。

二、转型创新成效显著

（一）大力开展租赁资产转让业务。针对市场资金偏紧及公司融资资金进入高成本循环周期的情况，加强了资产结构调整，盘活了低收益租赁资产，减少了资本占用，提高了资本回报。

（二）推进资产证券化项目。着眼拓宽资产流动渠道，提高持续盈利能力，研究推进了多个资产证券化项目，包括境外平台飞机资产和船舶资产证券化项目、境

内银行间市场证券化项目、证券市场资产证券化项目等。公司“专项资产管理计划”已经证监会审批通过，意味着开启了资本市场融资通道。

（三）成功办理央行货币互存业务。促成人民银行将工银租赁进口飞机业务纳入支持企业“走出去”范围，通过母行与央行互存低成本资金向公司提供美元资金支持，开创了国内金融租赁公司使用央行外汇资金的先河。自2012年9月开办以来，累计办理货币互存项下的美元借款业务9笔、金额5.2亿美元，有效支持了空客购机等项目。

（四）进一步探索利用外储资金支付租赁业务发展。为确保境外项目的顺利推进，公司加强了与国家外汇管理局和总行的汇报与协调，进一步推动利用外汇储备支持租赁业务发展工作。国家外汇管理局已认可工银租赁拟入池资产，可按既定流程申请外汇资金用于指定项目。

（五）积极推进行业与客户结构调整。在航空业务领域，首次利用国外进出口银行的低成本资金开展境外公务机租赁项目；与巴西航空工业公司签署10架公务机购买协议，并成为国内首条公务机生产线启动用户，进一步提升了工银租赁在市场上的影响力。在航运租赁领域，加强了邮轮、游艇、海工平台设备、海洋工程辅助船、液化天然气和液化石油气运输船、能源勘探和生产深海钻井等领域的市场开拓，着力打造航运金融领域特色产品线。在设备租赁领域，开拓了业务潜力大的新能源、装备制造、煤炭开采、有色金属、现代物流、城市水务、公共交通、信息技术等行业，重点拓展了综合回报高的中小型客户。全年新增客户160户。

三、联动发展取得新成果

（一）进一步加强利益共享和管理协同机制建设。在原分行推荐业务的模拟返还及考核制度基础上，允许模拟返还的中间业务收入记入分行同业占比指标，对推动业务发展起到了积极作用。协同做好总行全球统一授信等风险管理工作，实现了对财务、资本、境外项目公司、国别风险计提、关联方名单等多方面的统一并表管理。加强了与总行的信息科技工作协同，公司通过总行系统可以自动获取国际国内市场利率信息，集团化办公推广试点项目在公司进行了先行先试。

（二）进一步扩大与境内外机构的联动合作。与30多家境内外分行和子行进行了互访交流，为20多家分行进行了租赁培训，及时沟通业务开展中问题，并与一些分行和企业签署了业务合作协议。

（三）进一步扩大“租易通”品牌影响力。全年实现中小企业租赁业务投放30多亿元。自2010年以来累计完成租赁项目286笔，投放金额73亿元，业务区域涉及17个省市，73个二级城市。该产品获得总行产品创新三等奖、获得由《银行家》杂志社主办的“十佳金融产品营销奖”。

四、管理基础进一步夯实

（一）强化内部管理工作。公司新设董、监事会办公室，加强了对董、监事会工作的贯彻落实；新设运营管理部，加强了业务日常运营的组织管理。同时，进一步明确了前、中、后台部门组织分工和岗位职责，梳理完善了各专业条线的工作流程。

（二）强化风险管理和内部控制。公司积极落实监管新要求，完善了业务管理制度体系，优化了业务流程，加强了对关键节点和关键岗位的监控检查，以及信息系统对各风险点的刚性控制。

（三）强化资产管理工作。逐步搭建起以权利、技术、保险、价值为四大基本职能的资产管理体系，继续完善了飞机、船舶和设备租赁资产管理制度和流程，各类资产管理系统建设取得新进展。到2012年末，资产权属登记率达到99%，估值覆盖率达100%，完成110项租赁物现场检查，租赁物现场检查计划执行率同比提高15%。

（四）努力做好创新研究工作。完成了资产证券化项目、日税租赁等业务创新，并就营业税改征增值税、美元利率掉期、租赁保证金及预收租金成本比较、资产证券化等课题进行研究分析，定期发布航空、航运、电力、轨道交通行业季度分析报告、宏观经济与金融业月度发展情况报告，为业务发展和经营决策提供了参考。

（工银租赁）

工银安盛

董事长　孙持平

一、工银安盛筹备设立有关情况

为进一步丰富多元化金融服务平台，优化资源配置，培育新的利润增长点，工商银行积极推进保险公司收购项目。2010 年 10 月 28 日，工商银行董事会审议批准投资金盛人寿项目。2012 年 3 月下旬，国务院同意工商银行投资金盛人寿。随后，工商银行分别于 2012 年 3 月 28 日和 5 月 3 日向银监会、保监会提交了申请，并先后取得《中国银监会关于中国工商银行投资入股金盛人寿保险有限公司的批复》（银监复〔2012〕167 号）、《对中国工商银行投资入股保险公司监管意见书》（银监函〔2012〕13 号）和保监会《关于中国工商银行投资入股金盛人寿保险有限公司的批复》（保监发改〔2012〕563 号）。2012 年 5 月 10 日，金盛人寿向保监会提交了《关于金盛人寿保险有限公司股权转让、变更公司名称及章程的请示》，并于 5 月 30 日取得保监会批复（保监国际〔2012〕632 号）。6 月 29 日，外管局批准工商银行支付外币交易价款。至此，交割的全部先决条件和监管审批手续均履行完毕。2012 年 7 月 5 日，工商银行与法国安盛、五矿集团进行了项目资金交割。7 月 6 日，金盛人寿取得上海市工商局颁发的新营业执照，更名为工银安盛人寿保险有限公司，工商银行成为其控股股东，持股 60%；另外两家股东法国安盛和五矿集团分别持股 27.5% 和 12.5%。

收购设立工银安盛人寿，是工商银行持续推进多元化经营转型，完善一体化金融服务平台，优化商业银行传统盈利模式的重要举措。工银安盛的成功设立，进一步增强了工商银行为客户度身定做金融服务的能力，提升了银行的核心竞争力，更好地满足了社会公众对金融服务的需求。同时，工商银行也将通过资源共享和优势互补，积极推动银行投资保险公司的试点工作，创新银保合作的有效模式与路径，进一步提升中国保险市场的深度和广度，为中国银行业和保险业的良性高效发展作出贡献。

二、工银安盛 2012 年度经营发展情况

工银安盛深刻认识到转变观念，加强本土化发展的重要性，勇于创新，适应变革，迈入快速发展轨道，完成股东对公司提出的目标。2012 年，公司市场排名达外资寿险公司第 2 名，全行业第 20 名，分别较 2011 年提升 7 位和 12 位。

（一）业务发展起步上台阶。2012 年，公司实现原保费收入 47.51 亿元，同比增加 197%。剔除分保和提取未到期责任准备金之后，实现净保费收入 34.11 亿元，同比增长 307%。实现投资收入 1.73 亿元，同比增长 84%。净亏损为 1.08 亿元，同比减少 46%。公司资产 109.51 亿元，同比增长 125%，负债 82.61 亿元，同比增长 125%，所有者权益 26.90 亿元，同比增长 126%。偿付能力充足率为 534%，远高于监管充足Ⅱ类要求。

（二）统一思想，明确发展目标。公司成立后，着手制定了《工银安盛人寿保险有限公司三年业务发展规划》，并经公司第一届董事会第二次会议审议通过。明确了未来三年的发展战略与规划，即“充分借助股东优势，抓住机遇，以加速增长、实现盈利、优质服务、创新高效为重点，以创新发展模式、快速机构建设、科学考核体系、高效运营平台为依托，以推进渠道发展、创新产品研发、推进机构扩张、提升投资能力、打造科技优势、严格控制风险、建设一流团队为手段，实现快速发展，争取在三年内，将工银安盛人寿建设成信誉卓著、立足本土、品牌杰出、财务稳健、内控严密、效益良好的国内一流寿险公司”。提出了打造“4321”工程的设想，即“创立技术优势、服务优势、管理优势、人才优势 4 大优势；发展银保、个险、团险 3 条渠道；驱动 2 个轮子，实现承保业务和投资业务双

盈利；打造1个同业最优，功能最强，覆盖全公司业务运营、经营管理、风险控制的核心业务系统。”

（三）强本固基，夯实经营基础。一是在股东方的强力支持下，充分发挥工商银行销售的主渠道作用，积极推动业务发展，各项保险销售指标同比均大幅增长。二是初步构建了全面预算体系，将财务指标分解到各个部门和机构，严格费用审批，从强化重大合同事前论证和预算约束入手，将财务管理从事后核算前置到事前审核，实现对成本的源头控制，同时初步构建了兼顾规模、利润与价值的业绩考核体系，完成了公司的第一次注资。三是应对业务高速增长的挑战，积极改进业务运营体系，年内实现了银保通系统保单质押、保全五项等在线业务功能，初步提高了电话回访品质，优化了两核作业流程，简化了一系列核保手续。四是结合行业特点和经验，完成了公司核心业务系统的规划设计工作，完成了公司主机房搬迁和网络整合，开通了视频系统。五是积极探索发挥集团整体效应，创新银保合作新路。公司与工商银行江苏分行共同研究，联合开展了派遣制保险销售人员模式试点工作，探索了工商银行员工结构调整的新形式以及银保合作的新路子。

（四）建章立制，完善公司治理。积极推进公司治理建设，在完善公司治理架构，建立健全各项管理体系与制度上下功夫。成立了第一届董事会及其专业委员会、第一届监事会，制定了董事会专业委员会的工作准则和监事会议事规则，召开了第一届董事会第一、第二次会议、第一次专业委员会会议及第一届监事会第一次会议。

（工银安盛）

工银亚洲

行政总裁　陈爱平

2012年，面对严峻复杂的经营环境，工银亚洲在总行和子行董事会领导下，克难攻坚，积极推进战略性经营创新和管理变革，各项工作取得来之不易的成绩。

一、业务经营情况

2012年，工银亚洲各项业务平稳增长，总体经营实力和盈利能力继续大幅提升，利润增速保持同业领先水平：拨备前和拨备后利润分别为57.3亿港元和50亿港元，正常经营效益同比增加9.4亿港元和7.3亿港元（剔除2012年出售特殊股权处置收益4.2亿港元和卖出欧债损失1.4亿港元），增幅分别为20%和18%，在香港市场上“一枝独秀”。抓住香港人民币离岸中心建设的重大机遇，大力拓展人民币资产负债业务，保持了经营规模持续快速增长。截至2012年末，工银亚洲总资产余额4 257亿港元，比年初增加207亿港元，增幅5.12%；总负债余额3 858亿港元，比年初增加43亿港元，增幅1.13%。业务结构不断优化，资产质量持续改善。实现中间业务净收入13.5亿港元，同比增加3.8亿港元，增幅达39%；不良贷款率为0.47%，较年初下降0.06个百分点；不良资产率为0.42%，较年初下降0.03个百分点。

二、主要工作措施

（一）夯实做强资产业务，深化负债组合管理。鉴于全球金融市场动荡、外部需求低迷，特别是下半年以来香港市场流动性相对宽裕而信贷需求疲软的情况，工银亚洲提早布局、高效管控，保持净息差水平和净利息收入平稳增长态势。资产业务方面，按照“早投放、早收益”的发展思路和“投放一批、储备一批、营销一批”的管理要求，深挖客户有效信贷需求，积极拓展贷款业务市场份额。同时，加强存量贷款结构调整，通过重新定价、附加业务等方式努力提升贷款综合收益水平。负债业务方面，重点做好负债的组合管理，积极开展负债期限重组和价格重组，在确保流动性安全的前提下，对存量负债进行分类调整，筛选高成本存款客户，逐一谈判、重新定价，有效压降负债成本。

（二）加强精细化管理，多措并举发展中间业务。通过预算指引、过程控制、考核配套等多项管理措施，不断推动产品创新、综合营销和服务提升，促进了中间业务收入快速增长。一是加强精细管理，通过全面加强中间业务制度建设及研究规划、创新编制中间业务分部门分产品预算、持续深化中间业务考核激励约束改革、全面构建多维矩阵式的产品管理体系、严格规范中间业务会计核算科目管理、有效建立数据监测分析体系、加强中间业务收费减免管理等措施，提升了中间业务整体管理水平。二是加强产品创新，根据行业政策和市场变化趋势，及时研发推出贷融通、内存外贷优化版、偿付贷款等新产品，加快形成具有独特竞争优势的产品体系，拓展收入来源。三是加强服务提升，以代发工资、代理业务等为抓手，加强公私联动、内外联动、外外联动、母子联动，不断升级客户服务理念、提升客户服务水平，有效提高客户的满意度和忠诚度，夯实中间业务发展的客户基础。

（三）全面风险管理有效提升，资产质量持续优化。坚持业务发展与风险管理并重，资产质量持续保持优良，经营风险得到有效控制。为了进一步落实总行并表管理的要求，工银亚洲积极构建全程、量化、立体且有效制衡的全面风险管理体系，从管理构架着手，对内部风险治理构架及部门职能进行梳理与重构；从计量手法着手，进一步改进风险量化手段，提升风险管理水平。

（四）系统管理和企业文化建设并驾提升。一方面大力加强系统建设，充分发挥科技优势，提升业务管理水平；另一方面高度重视企业内部管理“软实力”，不断优化人力资源体系，积极推动企业文化建设。工银亚洲成功实现从原有 IBS 核心系统向 FOVA 工程的迁移投产，将 FOVA 核心银行系统、单证系统、GCMS 系统以及本地适应性改造 34 个系统同时上线，投产规模之大、功能覆盖之广、跨周期之长在银行业 IT 系统升级整合中实为罕见。FOVA 系统的投产，进一步提升了工银亚洲的产品创新能力、客户服务能力和风险管控能力，同时提升了工银亚洲借助全球统一结算平台、协调其他海内外机构协同发展的能力。目前，工银亚洲着力网银升级、系统优化、本地开发系统整合等为重点的后续 FOVA 工程完善工作，从而为搭建一个融入集团全球发展、具有强大支持能力和风险控制能力、同业领先的科技平台夯实基础。与此同时，工银亚洲岗位职级和薪酬体系优化项目有序推进，力争通过建立层级清晰、可进行市场比较的岗位职级体系，多通道的职业发展路径，以及分职能、层级的薪酬结构和激励计划，奠定人才管理的基础，提高员工的满意度和敬业度，树立具有强大号召力和吸引力的企业文化和市场品牌形象。

（工银亚洲）

工银国际

行政总裁　黄明祥

2012 年受全球经济放缓、欧债危机等因素影响，国际金融市场充满挑战。工银国际在总行和董事会的领导下，继续围绕总行国际化、综合化战略，边总结边发展，在公司经营规模渐上台阶的关键时期，经受了市场的考验，经营管理日臻成熟，进一步提升了投行品牌。2012 年末，工银国际总资产 66.1 亿港元，总负债 14.63 亿港元，所有者权益 51.47 亿港元。

工银国际投行业务在逆市中不断拓展，共完成了 23 个项目，包括 7 个 IPO 项目、4 个再融资项目、9 个债券承销项目、3 个并购项目。IPO 业务方面，尽管受外围宏观经济的影响市场整体欠佳，香港 IPO 市场 2012 年集资规模相比 2011 年下降了约 68%，但工银国际作为主要联席账簿管理人成功完成了 6 个香港 IPO 项目，项目总集资规模约占整个香港 IPO 市场的 62%，同业排名第二，在中资投行中位列第一。再融资方面，工银国际参与了 2012 年香港市场最大的 3 个二级配售项目，即友邦保险的两次大宗交易和交通银行的H股私募配售。债券业务方面，通过与总行和集团的共同努力，工行集团在亚洲权威杂志《国际金融评论亚洲》（*IFR Asia*）年度评选中荣膺2012年度中国最佳债券融资行（China Bond House）。工银国际在2012年大中华区美元债券承销中排名第十三位，人民币债券发行排名第四位（与工银亚洲合并计算）。并购业务方面，工银国际在协助中国企业“走出去”方面也取得突破，完成了山东重工潍柴集团收购意大利游艇企业法拉帝75%的股权的交易，三峡集团收购葡萄牙电力公司21.35%的股权等交易，并通过收购东亚银行（美国）80%的股权、收购阿根廷标准银行80%的股权等交易在配合集团全球化发展战略方面发挥积极作用。

投资管理业务共完成13个项目，包括债权类项目9个、基金项目4个。根据市场变化调整产品拓展业务的同时，将投资管理业务细分为四个团队，涵盖目前投资组合中的增值和退出、私募基金管理业务、一二级市场有价证券及房地产融资业务等方面。

销售交易业务在二级市场成交量同比下降26.9%的市况下，实现了二级市场交易量的显著增长，二级市场交易占比从2011年的0.03%上升到2012年的0.06%。在客户拓展、新产品开发、销售组织等方面工作不断提升。

（工银国际）

香 港 分 行

总经理　赵京芬

2012年，香港分行在总行的正确领导和大力支持下，与其他驻港机构及境外机构紧密合作，认准定位，做好经营，强化服务，在实现利润大幅增长的同时，进一步提高风险防控能力，各项经营指标均创历史新高。在保证稳健经营的前提下，香港分行充分发挥服务平台功能，切实做好集团国际化战略的平台服务工作，并协助工银亚洲成长为香港金融业旗舰之一。

一、业务经营情况

截至2012年末，香港分行总资产607.76亿港元，较年初增加221.17亿港元，增幅达57.21%。全年实现拨备前利润27 608万港元，较上年同期增加12 684万港元，增幅为85%；实现税后净利润17 961万港元，同比增加3 808万港元，增幅高达26.91%。实现营业净收入30 202万港元，其中中间业务净收入14 135万港元，占比46.80%。

二、主要工作措施

（一）拓展业务发展空间，做好平台服务工作。2012年，香港分行继续通过信贷资产买卖、非融资性风险参贷等多种模式为工银亚洲等境外机构提供业务支持，稳定集团内优质大型客户，扩大集团在香港地区的影响力和竞争力，同时提高相关业务收益。全年以非融资风险参贷方式参与工银亚洲贷款539亿港元，年末非融资风险参贷余额588亿港元。

（二）加大市场拆借力度，广泛拓展资金来源。香港分行积极参与全球资金市场，加大同业拆借力度，广泛拓展资金来源，有力地支撑了工银亚洲等集团境外机构业务的快速发展。至2012年末，香港分行同业存拆余额达590.54亿港元，较年初增加222.53亿港元，增幅达60.47%；存拆同业（存拆集团境外机构）余额达361.13亿港元，较年初增加165.33亿港元，增幅达84.43%。

（三）加强管理服务工作，发挥海外培训功能。香港分行继续加强管理，做好以工代学人员和FOVA支持人员来港的相关服务工作。一方面积极提供充分的学习和实践机会，帮助来港人员迅速融入工作，提高业务能力，另一方面加强后勤保障，帮助来港人员解决生活方面的后顾之忧，全力投入学习和工作，有效发挥了集团海外培训基地的功能。

（香港分行）

工银信用卡中心（国际）

总经理　王晓燕

一、总体发展情况

（一）境外发卡机构由点到面实现跨越式发展。境外发卡机构从2010年初的工银亚洲、工银澳门2家机构增加到2012年的21家，信用卡发卡机构达到16家，借记卡发卡机构达到20家。境外银行卡总发卡量达到50万张，其中，信用卡总发卡量达到30万张，借记卡总发卡量超过20万张。

2012年新发境外信用卡7.6万张、借记卡8.4万张，超额完成了年度双7万发展目标；境外银行卡累计消费额达到4亿美元，完成年初确定的“实现银行卡消费额3亿至5亿美元”的目标，期末贷款余额达到3.1亿元人民币，较上年增长19%；信用卡不良率控制在1%以内，较上年末降低了0.75个百分点；新发卡动卡率达到64.30%，比年初确定的50%发展目标增加了14.3个百分点，不良率和新发卡动卡率呈现一降一升的良好态势。

（二）各境外机构银行卡发展各具特色。工银亚洲在投产FOVA系统的情况下，仍提前三个月完成借记卡发卡任务，超额完成信用卡发卡任务，主要是充分利用了网点营销渠道，增强柜面营销人员配备，网点发卡量占全年发卡量比重达到60.41%，较上年增加了15个百分点。工银澳门通过加强公私联动和集团客户营销，精心组织促销活动，实现发卡和收单业务全面协调发展，提前一个月完成全年发卡任务指标。河内分行立足本土化经营，以赴中国留学生、中越间商务人士为主要目标客户，2012年新发借记卡近6 000张。工银泰国在超额完成借记卡发卡任务的基础上，积极向当地监管部门申请，成功获得信用卡发卡资质，相继推出银联、VISA品牌信用卡、借记卡。首尔分行与韩国国民银行合作发行韩元联名借记卡——“必圆卡”，利用韩资银行清算网络和渠道资源，迅速满足当地零售客户借记卡产品需要，发卡量近3 000张，超额完成年度1 000张的发卡目标。新加坡分行以“重发卡量，更重交易量”为目标，消费额较上年增长12倍以上。其他境外发卡机构也都能够坚持差异化策略，针对目标客户，完善服务设施，提高服务能力，以境外银行卡业务为支点，带动当地零售业务的发展。

二、主要工作措施

（一）完善境外银行卡产品线。2012年卡中心（国际）新增科技立项31个，推动47个境外银行卡项目研发和推广，形成涵盖信用卡、借记卡、预付卡等卡种，磁条卡、芯片卡等介质，接触式支付和非接触式支付等支付方式，人民币、当地货币等币种，银联、VISA＋当地卡组织的境外银行卡产品线。工银VISA信用卡成功登陆马来西亚和泰国市场。工银加拿大继发行银联双标识、双标准芯片借记卡之后，2012年又推出含Exchange的三标识借记卡。2012年实现境外银联、VISA品牌白金卡享受全球旅游购物保险、免费使用国内逾五十家机场贵宾室设施、配PP卡于境外机场贵宾室使用等增值服务。

（二）支持境外机构开展丰富多彩的银行卡宣传推广活动。工银澳门成功举办了“工银卡精彩缤纷 澳门购物节2012”和“工银卡独家菜谱”特惠活动，并与欧洲亚洲华人高尔夫球协会联合举办了“工银欧亚高球会银联钻石双币卡”发布仪式。工银亚洲与香港新鸿基集团旗下八家商场联合推出“ICBC卡 冬日购物尽情赏”刷卡获赠礼券或礼品促销活动。河内分行为信用卡客户提供在本国使用免收货币转换费的优惠。工银马来西亚推出回馈比例达到同业1.5至2倍的消费积分兑换计划。新加坡分行于岁末年初联动公司部和个金部走访营销重点中资企业。法兰克福分行举办了华人羽毛球对抗赛，加强了信用卡、借记卡等产品宣传。卡中心（国际）牵头粤深港澳四地200多间餐饮商户，开展了第三届“刷工银信用卡，品粤港深澳好滋味”活动；

组织了境外发卡机构45名高端信用卡客户，举行了首届境外信用卡精英客户高尔夫邀请赛。为支持境外发卡机构做好银行卡产品的广告宣传，卡中心（国际）设计了以“亲情”为主题的产品宣传方案，集中制作了视频广告、海报、易拉宝和宣传折页等大量宣传品，直接寄到境外发卡机构所在地或网点，降低了境外机构人力、物力成本。

（三）搭建境外银行卡风险管理平台初步搭建起了以信用卡审批、交易监控和风险催收三大风险管理系统为主的境外银行卡风险管理平台。所有境外发卡机构均已投产使用信用卡审批系统，工银澳门、新加坡、法兰克福分行自动审批通过率达到50%；交易监控系统实现了境外银行卡交易7×24小时全年全天候用卡监控。下发了《境外机构银行卡业务开办指引》、《境外信用卡风险管理规定》、《境外信用卡授信政策指引》等29项管理办法，确保各项业务有规可依。完成了毕马威和安永的独立第三方审计评价工作，积极落实整改意见，并将评审结果发给各境外发卡子行，满足当地监管机构需要。

（四）完成境外银行卡中后台业务集中统一。随着工银亚洲完成银行卡中后台业务的平稳移交，所有境外机构银行卡中后台业务实现了集约化、专业化、规范化处理。通过发卡、清算、参数三大集中处理平台，2012年实现集中制卡21个卡种89 301张，同比增长5.3倍；代理境外机构处理建档开户业务16 227笔，同比增长12倍；处理挂失新开、临时调额、注册自动还款、客户信息调整、冻结、止付等业务16 956笔，同比增长24倍；实现林吉特、泰铢、坚戈、卢比等非自由兑换货币、银联、VISA、MasterCard等卡种的集中清算，清算收发报文6 628笔，同比增长5.6倍；实现境外银行卡参数集中管理，累计审核、维护及报送参数5 791条。有效减轻了境外发卡机构业务处理压力和运营成本。卡中心（国际）客服中心先后完成了工银澳门、工银亚洲热线业务承接，从而实现了对所有境外发卡机构的全覆盖，提供普通话、粤语和英语3种语言，7×24小时涵盖卡启、挂失、查询、授权、交易监控外呼、催收外呼等人工座席服务，提供泰语、日语、印尼语、西班牙语等小语种自助语音服务。

全年累计接听客户电话15.9万次，接听率达96%；营销类外呼业务为16 969笔，成功邀请工银澳门5 467名客户开办10 703张新卡，完成工银澳门全年2万张发卡计划的54%；催收外呼业务为15 587宗，从8月至今协助工银澳门催收人民币还款超过2 800万元。

（五）打造境外银行卡专业化人才队伍。卡中心（国际）先后安排16名业务骨干到工银亚洲、工银澳门等8家境外机构现场支持FOVA通用版系统、信用卡审批系统投产、从发卡业务、收单业务、风险监控和运营管理四个方面进行业务培训、协助制定境外信用卡授信实施细则、梳理风险管理业务流程，累计时长超过28周。组织首届境外银行卡营销能手论坛，促进境外银行卡营销经验交流和推广；开展越南、泰国和印尼等亚洲重点银行卡市场调研，提高当地银行卡业务人员专业水平。

（工银信用卡中心（国际））

工银澳门

董事长　朱晓平

2012年，面对错综复杂的外部环境，工银澳门坚决贯彻执行总行海外机构发展战略，按照“从高一流”的目标要求，以“调结构、转方式、谋创新、争市场、重质量、强管理”为工作主线，深入推进本地化经营，不断提升市场竞争能力、改革创新能力和可持续发展能力，较好地完成了全年经营任务。截至2012年末，工银澳门资产总额突破1 000亿元（单位：澳门元，下同），达到1 168亿元，较年初增长31.2%；各项存款余额938亿元，较年初增长37.8%；各项贷款余额689亿元，较年初增长17.8%；不良贷款率0.06%，较年初下降0.02个百分点；实现净利润11亿元，同比增长23.6%；成本收入比26.25%，同比下降1.24个百分点；ROA为1.06%，与上年基本持平；ROE为13.76%，同比上升1个百分点。

良好的经营业绩获得国际媒体的关注和认可，连续第四年被权威财经杂志《银行家》、《环球金融》和《世界金融》评为“澳门地区最佳银行”。国际知名评级公司穆迪对工银澳门的长短债评级为“A3/P－2”，银行财务实力为“D＋”，前景展望为稳定；惠誉对工银澳门的长短债评级为“A/F1”，个体评级为“C”，支持评级为“1”，前景展望为稳定。

一、大力推进结构调整和经营转型，在创新中实现各项业务健康快速发展

一是推进负债结构调整，存款业务再上新台阶。继续秉持“存款立行”的经营理念，积极应对利率市场化条件下资金价格的激烈竞争，促进存款稳定提升。在市场营销上，以行业龙头、政府机构、高等院校、社会团体等为主要目标客户，开展了40多场现场营销活动，在争揽公司机构存款的同时延伸吸纳员工的发薪账户和个人存款。截至12月末，政府机构存款余额57亿元，较年初增长5%；个人客户增加到20.27万户，比年初增长14.37%，个人存款达到193.56亿元，比年初增长30.62%。

二是创新与服务并举，拓展优质信贷资源，巩固本地信贷市场主导行地位。以银团贷款为主要竞争和服务手段，深入挖掘客户需求，先后牵头筹组或参与了美高梅、永利、新濠等大型酒店银团项目。作为唯一牵头行、代理行和簿记行，联合港澳地区11家主要银行成功筹组澳门十六浦酒店19亿港元及4亿元人民币银团贷款结构性融资项目，成为澳门地区首笔人民币银团贷款。作为牵头行和抵押品代理行参与了SOHO中国有限公司6.26亿美元银团贷款，承贷1亿美元，并带动了双边在存款、网银以及全球现金管理等领域更深入的合作。积极介入政府经济房屋按揭项目，取得超过70%的市场份额。创新开办“贷融通”业务，累计发放贷款7.14亿元。成功开发风险参贷加远期DF业务，业务金额超过17亿元。成功营销中海壳牌有限公司8亿元境外人民币贷款，实现人民币资本项下融资零的突破。累计办理贸易融资61.19亿美元，其中办理人民币贸易融资145.78亿元，在全行海外机构中位居前列。同时，根据市场变化及时调整信贷资产结构，提高经济资本增加值。回购南非标准银行银团贷款2 000万美元，转售银团贷款4 949万美元。

三是推进渠道建设，提升金融服务水平。推进物理网点与虚拟网点的有效整合，着力提高网均效益和规模，形成“以一胜多”的竞争优势。在物理网点建设上，按照“网点分类，功能分区，客户分层，业务分流”的原则，调整优化网点布局。如期完成新马路（通商）分行和南湾（湾景）分行升级工程。新增自动柜员机（ATM）42台、自助终端机8台、自助存款机9台，存量分别达到184台、21台和14台，自助银行服务中心达到17间，有效降低了柜面压力。电子渠道交易笔数占比已超过50%，逐步形成了物理网点与自助银行、电子银行相互补充、相互支持的渠道体系。在网银服务功能上，投产上线全球账户系统、手机银行、电子商务等八项网银产品。其中，与澳门航空电子商务项目、与澳门电讯手机证券项目填补了市场空白；与南光集团银企互联项目、大型企业集团现金管理项目取得重大进展。截至12月末，网上银行客户达到73 178户，较年初增长44%。

四是发挥全牌照功能拓展中间业务，优化业务和收入结构。全年实现非利息收入6.98亿元，占营业收入的41.13%。银行卡发卡量、消费额、收单交易额、业务收入等指标实现了新突破。其中新发信用卡29 018张，超额完成年度发卡任务。成功推出eIPO、流动银行——证券版、手机应用（Mobile Apps），证券经纪服务更臻完善。截至2012年末，新增股票账户1 021户，增幅10.47%，其中网上股票账户6 366户，增长15.31%；新增花旗、大成、广发等多家基金公司旗下投资产品，投资产品销售额约2.38亿元，较上年增长16.68%。

五是亮点业务屡获突破，市场影响力逐步扩大。贵金属业务以创新求发展，在当地首家推出贵金属租赁业务，办理黄金租赁453公斤，融资金额超过2 343万美元；首家开办贵金属产品定制业务，成功举办“工银澳门2012年贵金属新品品鉴会”，市场反响热烈。截至12月末，累计销售实物金165千克、实物银572.96千克，回购品牌金3.75公斤，账户贵金属交易量13 468.54千克。人民币业务取得全面发展，稳固了在当地的人民币大行地位。至年末，工银澳门人民币账户39 224户，比年初增长68.65%，其中个人人民币账户38 395户，比年初增长69.86%；公司人民币账户829户，比年初增长26.76%；人民币存款达100.24亿元，比年初增长15.51%；人民币资产达到200.97亿元，比年初增长57.07%。

六是完善信息科技管理体系，为业务发展保驾护航。顺利完成新机房建设项目和BANK24迁移改造工作，整体运营风险大为降低。加强FOVA优化工作，提升对客服务能力。成立新产品委员会制定产品创新规划，加大产品研发管理力度，手机银行、门户网站、财务管理、反洗钱系统、网上代理保险等多个重大项目顺利投产。

二、深化全面风险管理，提高精细化管理水平

一是大力开展信贷制度体系建设，有效提高信贷管理水平。审慎把控信用风险，加强信贷业务审查和管理；积极推动融资产品创新，促进信贷业务、产品结构优化；实现全球信贷管理系统（GCMS）的成功投产和版本升级，强化了信贷业务的流程化、集约化和精细化管理。

二是加大风险管控力度，完善全面风险管理框架。按季发布全面风险管理报告，深入分析各类风险状况，推动全面风险管理体系不断完善。结合澳门金融监管法规和工银澳门实际，推行腕骨指标管理体系，强化集团统一管理下的全面风险控制。修订《工银澳门投资风险管理指引》，发布债券发行体投资分析报告，切实加强投资业务风险管理。修订《工银澳门国别风险管理指引》，强化国别风险管理。加强对环球经济热点事件的跟踪和分析，及时警示风险并提出应对措施。

三是采取有效措施，加强反洗钱及反恐融资工作。定期召开反洗钱及反恐融资委员会会议，开展黑名单批量检查以及日常可疑交易报送等工作，组织进行反洗钱合规检查，发现问题及时处理和纠正；对现行制度进行全面梳理，不断优化完善业务流程，消除反洗钱盲点；投产黑名单系统及反洗钱监控平台，对反洗钱工作实施刚性管理。

（工银澳门）

新加坡分行

总经理　徐　力

2012年，在全球性的不确定和不稳定因素相互叠加的复杂形势面前，新加坡分行沉着应对，坚持“背靠集团，立足本地”的发展思路，推动各项业务的全面开展，同时采取有效措施防范和化解各类经营风险，实现了规模、质量、效益的全面协调发展。

一、主要经营指标情况

全年实现拨备后利润5 714万美元，完成总行下达计划的164.24%。营业费用1 158万美元，控制在总行给定的指标之内。表内总资产63.12亿美元，比上年末增长71%。其中：贷款资产总额10.53亿美元，比上年末增加1.05亿美元；贸易融资34.82亿美元，比上年末增加13.19亿美元；债券投资总额2.21亿美元，比上年末增加1.15亿美元。中间业务收入832.5万美元，增幅39%。国际结算量累计发生1 484.9亿美元，增幅16%。不良资产率为0.25%，比上年末下降0.31个百分点。自2005年以来，新增贷款中未出现不良。

二、主要发展策略和措施

（一）成功获得“特许全面银行牌照”。多年来，分行一直将取得“特许全面银行牌照”作为经营发展的一个重要目标。在总行的大力支持下，分行克服了牌照申请工作的重重困难，成功取得了新加坡金管局颁发的“特许全面银行牌照”。特许全面银行是新加坡金融监管部门颁发给外国银行最高类别的牌照，也是新加坡首次向中资银行发放特许全面银行牌照。这充分说明经过近20年的发展，分行在国际结算、贸易融资、全球现金管理、跨境人民币业务、银行卡、电子银行等领域取得了长足的进步，赢得了客户及监管当局的认可；同时也代表了工商银行营业时间最久的境外机构获得了新的发展契机，标志着工商银行在新加坡这个国际金融中心将扮演更符合自身地位的角色。

（二）坚持将人民币业务打造成为分行的核心竞争力。坚持在相关技术开发、市场营销、服务质量等环节下功夫，并通过加强与境内外机构及同业合作，不断丰富人民币贸易融资产品种类，积极开展人民币代付、人民币转汇款等业务，进一步扩大了人民币业务在新加坡市场上的领先地位，并带动了各项业务的全面发展。截至12月末，分行共办理跨境人民币结算业务3 668笔，金额941亿元，较上年分别增长150%和107%。人民币贸易融资全年累计发生218亿元，增长132%。人民币存款余额47亿元；人民币资产余额153亿元，人民币业务净利差收入达到1.13亿元，人民币外汇代客交易量430亿元。

（三）积极推出业务创新产品。坚持创新管理和项目推动并重，产品研发和产品推广并重，以产品创新促进和提高可持续盈利能力和竞争力。在总行的大力支持下，推出了贷融通、使馆汽车贷款、人民币代发工资、工银信使、电子密码器、电话银行等相关新产品。在服务创新中，始终将客户的需求作为出发点和落脚点，注重产品价值内涵的提升，产品推出后客户反响热烈，在满足客户多样化需要的同时，也为分行自身的发展创造了市场商机。

（四）以结构调整促进经营效益提升。分行根据业务发展需要和市场情况，不断对资产负债结构、客户结构和收益结构进行适时调整和优化，以保证盈利可持续稳定增长。

一是促进各项业务全面发展。在公司业务方面，坚持稳固发展双边贷款和银团贷款。利用工商银行的网络优势，加强与境内分行的信息沟通和项目合作，进一步提升大客户的综合金融服务水平，实现营销的个性化和深度化。积极争取优质的双边贷款和银团贷款，切实落实本地化的发展战略。在个人业务方面，深入开展特色化金融服务，不断提高市场影响力。截至12月末，分行受理个人汇入汇款805笔，汇款金额3 867.5万美元；办理个人汇出汇款26 846笔，汇款金额1.52亿美元。个人账户数量达到746个（不含信用卡），存款达到1 300万美元，增长143%。在代理行业务方面，借助“特许全面银行牌照”的取得，发挥分行人民币业务的优势，积极开展代理行宣传营销，争取区域内代理行在分行开立账户，同时大力开拓本地同业市场的风险参贷业务。截至12月末，当地同业合作办理风险参贷业务184笔、10.5亿美元。有9家代理行在分行开立人民币账户，实现人民币清算485笔、209亿元，金额同比增长128%。在信用卡业务方面，通过拓展有效市场、细分客户群体、提高消费交易、完善售后服务等措施，推动双币信用卡业务取得较好发展。全年新增发卡518张，累计发卡达725张；新增各项交易金额2 308万元人民币，增长1 011%。在电子银行业务方面，持续优化网银各项功能，加强电子银行渠道建设。全年新增个人网银客户94户，使用电子密码器84个，占新注册网银客户比例高达89%；新增企业网银客户35户，有11家企业使用电子密码器。

二是大力拓展优质客户市场。坚持挖掘中高端客户发展战略，深入开展营销活动，不断优化客户结构。至年末，分行公司客户324家，其中中资企业217家、新加坡本地企业107家；有贷户114户，结算户210户。客户结构从大部分属于银团贷款客户逐步发展为以中资大型优质客户在新子公司及跨国公司和本地大型政府关联企业及私人公司为主。

三是积极优化收入结构。分行依照收益结构多元化发展，保证中间业务持续增长的战略，不断加强中间业务收入增收机制的建设。同时积极发展优质、稳定的贸易融资客户群，利用资产业务转型、加强内外联动、创新业务产品等方式，促进中间业务收入稳定增长。全年实现中间业务收入832万美元，增幅39%。

（五）保持国际结算及贸易融资业务快速发展。分行大力发展国际结算及贸易融资业务等优势业务，积极推行业务流程优化和组织架构整合，加强与境内外机构及同业合作，依托整体优势拓展业务，实现了国际结算和贸易融资业务持续健康发展。全年国际结算量累计发生1 484.9亿美元，较2011年增长209.92亿美元，增幅16.46%。贸易融资累计发生2 882笔，金额达到124.47亿美元，同比分别增长122.55%和89.94%。

（六）强化风险管理，确保合规经营。分行以控制信用风险为主线，深化信贷精细化管理，严格落实前台各项贷后管理制度，严格把握信贷投放与质量，实现了不良贷款额和不良贷款率双下降。其中，不良贷款余额1 584万美元，比年初下降157万美元，不良贷款率0.31%，比年初下降0.25个百分点，报告期内法人客户未出现信贷资产五级分类向下迁徙的情况。

（新加坡分行）

东京分行

总经理　何晓建

2012年，东京分行积极适应我国经济全球化和人民币国际化的形势发展，深化结构调整、加快业务创新、坚持合规经营、强化风险管理，各项工作取得较好成绩。

一、基本情况

全年实现拨备后利润5 300万美元，同比增长150%。营业净收入6 763万美元，同比增长43%，其中中间业务净收益896万美元，同比增长48%。

2012年末，资产总额中贷款占29.95%，贸易融资占33.84%，债券投资占4.87%，银行往来款项占29.23%，无息资产占2.11%。贷款总额中，总行簿记贷款占59.06%，内保外贷占31.87%，其他总行核定授信额度并审批的贷款占7.27%，当地企业信用贷款占1.8%；贸易融资中，福费廷占24.55%，T/T代付占55.43%，出口代付占19.77%。付息负债中，各项存款余额3.6亿美元，比年初增长34.72%；同业拆入余额23.75亿美元，比年初下降35.92%；系统内借入余额0.6亿美元，比年初下降88.9%。无息负债余额13.2亿美元，同比增长155.68%。

二、主要工作措施

（一）突出当地市场营销，扩大客户基础。为构建本地化发展基础，分行加大当地客户营销力度，尤其是对中高端客户的营销。以人民币相关业务和存款业务、贸易结算业务为抓手，与新的一批客户建立了业务关系或达成合作意向。全年新增对公客户20家、对公账户61户。新增企业网上银行账户11户，累计开户数达20户。包括世界500强企业住友商事在内的当地企业在东京分行存入定期存款、办理贸易结算业务。代理行工作取得新进展，与日本第四银行签订业务合作协议，开立了人民币清算账户、存入10亿日元定期存款；日本池田泉州银行开始在东京分行办理外保内贷业务。

（二）打造特色服务，加快零售业务发展。以汇款业务为基础，以银行卡和网银业务为两翼，创新特色产品，在三个零售网点投产了具有汇款信息复用功能的汇款业务电子化应用系统，提高了业务处理效率。全年办理汇款业务2.4万笔，累计汇款金额6亿美元，同比增长6%；新发行借记卡720张，累计发卡量达900张；新增个人网上银行账户260户，累计开户数达480户。

（三）推行全面风险管理。在流动性风险管理方面，强化现金流登记表管理，由部门主管和交易员共同监督现金流变动，提早准备资金头寸。在市场风险管理方面，严格监控外汇交易敞口风险和利率敞口风险，确保在总行和分行设定的外汇交易敞口限额、外汇交易止损限额、利率敞口限额内办理相关业务。修订了操作风险管理规定，明确了操作风险定义、风险事件分类、部门分工和职责、组织体系和报告线、差错事故应对措施等管理事项。制定了业务持续运作管理制度，对应对紧急情况的组织架构、重要业务持续计划、重要岗位持续规定、传染性疾病应对、灾害预报行动计划、地震等重大灾害应对计划等多个方面做了明确规定。针对2011年日本金融厅检查中指出的问题，逐条制定和落实了整改计划，截至2012年末，日本金融厅要求整改的50个项目中45个已整改完毕。

（东京分行）

首尔分行

总经理　崔基仟

一、经营管理情况综述

（一）资产负债情况。截至 2012 年末，分行资产总额 29.40 亿美元，较年初增加 1.07 亿美元，增幅 3.71%。其中：贸易融资余额 7.68 亿美元；债券投资账面余额 11.98 亿美元，增幅 22.75%；一般贷款余额 4.89 亿美元，增幅 27.68%。负债总额 26.89 亿美元，比年初增加 0.26 亿美元，增幅 0.98%。其中：同业拆入款项、系统内借入款项分别为 17 亿美元和 6.68 亿美元，占总负债的比重分别为 63.22% 和 24.84%；总行拨入营运资金总额 1.64 亿美元，占比 6.10%。

（二）利润指标情况。实现考核口径账面利润 4 669.93 万美元（剔除拨入营运资金汇兑损失 1 257.97 万美元因素），超额完成总行下达的全年 3 305 万美元的账面利润任务，税后净利润达到 3 692 万美元。资产收益率（ROA）和资本收益率（ROE）分别达到 1.22% 和 14.32%，成本收入比为 22.9%。

（三）国际结算和中间业务情况。办理国际结算业务 122 亿美元，增幅 30%。实现中间业务收入 769 万美元，增幅 11.45%。

二、经营策略及主要工作措施

（一）大力开拓公司客户市场。通过经营分析月会等多种形式，开展对目标客户信用风险的前瞻性分析，准确把握客户需求，加强综合营销和关系维护工作，一般贷款余额连续多年保持增长势头，贸易融资业务发生额同比大幅增长。继续以韩国排名靠前的大集团成员企业为主要目标客户，先后与乐天信用卡、GS 建设等优质客户建立了信贷关系，建立业务合作的韩国前 50 强企业数量已达到 29 家。成功对起亚汽车、STX 等客户新增发放贷款 2.21 亿美元。贸易融资业务方面，与境内分行联动积极发展进口代付、二手福费廷等业务，全年累计发放贸易融资 56.75 亿美元，同比增长 35.4%；公司客户揽存工作也获得较大突破，先后营销了 SK 能源、E1、乐天卡、现代重工等客户的存款，全年公司存款月均余额达到 1.5 亿美元，同比增加 0.54 亿美元。釜山分行一般贷款余额 5 286 万美元，同比增幅达 803%，带动分行资产总额首次超过 1 亿美元，较年初增长 74%。

（二）着力打造特色产品线。根据韩国外向型经济的特点，将结算清算、担保业务和代客资金交易等业务作为主要发展方向，努力打造分行特色产品线。国际结算业务首次突破 100 亿美元大关，同比增长 30.17%。新开信用证、保函金额分别达 5.2 亿美元和 16.4 亿美元，同比分别增长 25.4% 和 180.8%。在国际金融市场波动加大的背景下，资金交易业务量仍突破 142 亿美元，同比增长超过 56%。跨境人民币业务方面，贸易项下人民币业务结算量达 43 亿元人民币，人民币贸易融资发生额达 15.5 亿元人民币；新开公司客户人民币存款账户 10 个，为全北银行和光州银行 2 家代理行开立了人民币结算账户，还与全北银行签署了 2 000 万美元等额人民币的承诺性同业拆借承诺协议。新开对公客户结算账户 29 个，与韩国五矿、正泰太阳能和人民网韩国公司 3 家企业签署了全球现金管理服务框架协议。

（三）丰富零售金融业务体系。与韩国 KB 国民卡、国民银行合作，成功推出韩元借记卡（必圆卡）。该卡推出半年来，实现发卡 3 154 张，带动新增自动汇款业务客户 1 802 户。大林分行实现了迁址营业，同时在首尔东北部中国人聚居区成功开设了第四家营业机构——建大分行，进一步完善了在韩网络布局。此外，积极推进了网上银行、现场发卡服务、韩元直汇业务、内外联动项下个人金融服务等新产品和新业务的研发创新工作。

（四）积极开展境内外联动。通过内外联动、外外联动充分发挥集团整体优势，全年办理各类内外联动业务及服务近150项，与境内分行合作完成代付业务10.24亿美元。如与法兰克福分行、安徽分行、苏州分行等机构合作，发放内保外贷项下贷款8 980万美元；与江苏省分行营业部合作，累计为南京喜星电子和LG显示办理出口双保理3.5亿美元；积极协助四川分行和广东分行，成功营销四川现代汽车商用车生产基地项目1亿美元与LG显示8.5代液晶面板项目2亿元人民币的资本金账户落户境内分行；与工银中东联动以经营租赁的方式为阿联酋航空A380飞机4 957万美元融资项目提供贷款；与工银印尼、河内分行等机构合作，为韩国三星物产等企业开立了多笔履约保函和预付款保函。

（五）强化全面风险管理。在总行的统一部署下，启动了全球授信试点工作，顺利完成了对跨行关联客户乐天集团和8家代理行客户的年度授信审批工作，这是全行范围内首次由境外机构对跨行关联客户进行年度授信审批，也是全球统一授信系统投产后，首次由境外机构跨系统审批境内客户授信。至年末分行不良贷款余额为零，且无一笔表外业务垫款。积极与美国、新加坡、香港等金融中心的代理行加强联系，争取其外汇资金拆借支持，在保证资金流动性的前提下将资金成本控制在较低水平。先后投产了境外财务管理综合系统和金融市场交易管理平台，提升了财务管理水平和金融市场业务系统化程度。修订了《首尔分行应急预案》，提升了突发事件应变能力。内控合规工作得到韩国金融监管机构的充分肯定，分行监事荣获韩国金融监督院院长签发的表彰奖。在总行内部审计局两年一次的经营管理综合评价中，获得良好的综合评价。此外，通过加强企业文化建设和传播，积极履行社会责任，进一步提升了品牌形象，扩大了市场影响力。

（首尔分行）

工银印尼

总经理　袁　斌

一、主要经营业绩

（一）资产规模稳定增长。2012年末，子行资产总额25亿美元，较年初增加6.4亿美元，增幅34.8%；各项贷款余额15.9亿美元，较年初增加4亿美元，增幅33.3%；负债总额23.2亿美元，较年初增加6.4亿美元，增幅38.6%；各项存款余额21.6亿美元，较年初增加7.1亿美元，增幅49%。

（二）资产结构多元化。美元总资产11.6亿美元，占比46.2%；其中美元存款10.2亿美元，增长69.3%。人民币资产7.22亿元，占比4.6%；其中人民币存款7.16亿元，增长7.7%。

（三）经营业绩良好。实现营业收入5 041万美元，增幅36%；实现拨备前利润1 990万美元，同比增盈686万美元，增幅52.6%。其中，实现拨备后利润1 620万美元，增幅58.7%，完成母行下达计划的130%。

（四）收入结构进一步优化。全年实现净利息收入3 495万美元，同比增加1 173万美元，增幅达50.5%；实现中间业务收入1 310万美元，同比增加105万美元，中间业务收入占比达25.98%。

（五）资产质量得到有效控制。2012年末，不良贷款率0.06%，较年初下降0.02个百分点。

（六）跨境结算业务快速发展。全年完成跨境人民币业务69.99亿元人民币，其中人民币贸易融资7.42亿元；国际业务结算量58.01亿美元，同比增幅45.82%。

二、主要工作措施

（一）积极实施组织机构改革，推进公司业务发展。按行业、规模、区域细化客户群，优化调整营销部门，增强前台营销力量。子行总部和管理层直接推动，提供信息服务和信贷资金支持，有力支持本地优质客户和中资企业发展。牵头印尼国家钢铁有限公司建设东南亚首座年产量5.3亿美元120万吨大型高炉项目银团，牵头安排印尼国家航空公司2亿美元银团项目，以及高速公路、通讯电信、煤炭、镍铁矿石、棕榈等资源商品贸易。深化内外联动，成功营销华电、海螺、西电、国投等中资客户落户。

（二）完善营销机制，稳步推进零售及信用卡业务。加大新产品研发力度，不断丰富业务种类，按照币种、利率和收费设计储蓄产品，效果良好。开展全员营销和公私联动交叉营销，促进个金和信用卡业务发展。2012年个人客户数达到14 973人，同比增长32%，新增信用卡发卡4 309张，个人存款余额达到5.01亿美元，同比增长17%。

（三）大力发展人民币业务。作为印尼市场第一大人民币服务银行，提供人民币债券投资、跨境结算、资金购售、账户清算和现钞等全面服务。2012年，成功营销促成印尼中央银行选定母行及工银亚洲作为交易对手，开展固定收益类（含人民币银行间债券）和外汇交易。全年实现人民币贸易结算70亿元，同比增长2.6倍；人民币贸易融资累计额7.4亿元。印尼前10大银行人民币清算账户全部落户子行。

（四）优化信贷管理体系。实现信贷业务前后台分离；组建雅加达和泗水两个信贷区域中心，实现信贷业务集中管理；组建信贷作业监督体系，集中审核放款，有效控制信贷操作风险。完善了涵盖业务准入、评级授信、业务流程、产品管理、授权及转授权、贷后管理等一系列政策制度，增强了业务规范和指导。逐户制定不良贷款清收预案，充分运用现金清收、以物抵债等手段清收处置不良贷款。

（五）完善物理渠道建设。稳步推进物理网点布局，加大网点搬迁改造力度。巴淡分行正式开业，进一步增强了子行跨岛屿、跨区域服务能力。完成了泗水地区 Basuki Rachmat 分行和 Sidoarjo 支行搬迁改造、开业，改善了网点经营环境。目前，印尼子行19家分支机构位于雅加达、泗水、万隆、棉兰和巴淡五个主要城市，渠道辐射和客户服务能力进一步增强。

（六）加强各项内部管理。加强财务和资产负债管理，提升财务预算监测分析能力，充分发挥财务预算导向管控作用。做好各项新业务系统的升级、测试和集团办公项目推广工作，完成机房网络改造和灾备机房建设。加强人力资源引进，全年新招聘各类员工140余人，全部为大学本科及以上学历；共举办运行、财务、信贷、人民币业务等培训37次，同时分三批派员前往国内接受培训。

（七）强化风险管理和公司治理。按照前、中、后台分离原则，推行“总部垂直管理，属地区域集中”的信用风险管理模式，加强行业分析，并对行业实行限额管理。健全流动性、利率及汇率风险管理机制，实施外汇敞口和止损风险限额管理，切实防范市场及流动性风险。印发子行公司治理操作规程，进一步修订和完善各项内控制度，坚持合规经营。以成立五周年为契机，加强品牌宣传，积极履行企业社会责任，促进了品牌影响力的提升。子行相继荣获 Frontier 和 *Shengyi* 杂志联合颁发的“最佳中国品牌奖”、《商业评论》颁发的“印尼企业风险管理奖”、《投资家》颁发的“印尼最佳银行”奖，以及印尼银行业界权威杂志 *Info Bank* 评选的“最佳银行”奖。

（工银印尼）

工银泰国

董事长　胡　晔

一、全年经营情况

（一）资产迅速增长。至年末，子行总资产为42.27亿美元，增长47.8%。总资产的增长主要源于生息资产的增长，其中各项贷款较年初增加13.5亿美元，增长63%；债券投资较年初增加1.63亿美元，增长47.11%；拆放同业增加0.6亿美元，增长56.85%。

（二）资产业务带动负债业务快速发展。总负债为37.37亿美元，较年初增加13.3亿美元，增长55.26%。在负债资金支持资产业务的同时，积极应对存款保险新规，实现了资金来源的多元化。

（三）不良资产稳中有降。在泰国遭受百年一遇的特大洪水，许多企业生产经营出现亏损、资金周转困难的情况下，仍保持了信贷资产质量的稳定。不良贷款率为2.13%，较上年下降0.7%。

（四）中间业务收入大幅增加。实现中间业务收入1 308万美元，比上年同期增长58.7%。各业务品种较上年都有不同幅度的收入增长；国际结算量突破20亿美元，比上年同期增长180%。

（五）经营效益。实现营业净收入11 841万美元，比上年增加2 397万美元，增长25.38%。实现拨备前利润7 239万美元，比上年增加1 754万美元，增长31.98%。实现拨备后利润2 277万美元，完成总行下达的年度预算目标。

二、加快中国业务线发展

在泰国央行对子行单一限制和关联方交易的监管限制解除后，子行力推中国业务线发展。截至2012年末，中国业务中心有贷客户45户，较年初增加39户，增幅650%；贷款余额242.5亿泰铢，较年初增加221.7亿元，增幅1 066%，贷款品种从以银团贷款为主，发展到以流动资金贷款，贸易融资，银团贷款业务协调发展。银团贷款业务从购买二手贷款，发展到成为泰国目前最大的太阳能项目的主牵头贷款行之一。大力支持中国企业“走出去”，全力跟进中粮、中化、华为、中兴通讯等集团企业的在泰投资项目，努力储备公司信贷资源。

三、跨境人民币业务快速上升

（一）筹资业务。子行多措并举，拓宽筹资渠道。至年末，子行在泰国当地筹资比上年增加了82 597万美元。其中当地同业存放增加38 486万美元；在当地发行债券筹资22 314万美元；向泰国央行借款2 999万美元；同业拆入增加了19 247万美元。

（二）债券业务。债券投资达4.98亿美元，比年初增长47.57%。尤其加大了对中国公司发行的债券投资力度，投资中国公司债券余额达7 761万美元。

（三）金融机构业务。与38家中资银行建立了代理行关系，与国内联动营销海外代付业务，全年代付业务累计发生额为5.94亿美元，较上年增加3.65亿美元。

（四）跨境人民币业务。累计完成跨境人民币实收实付21.38亿元，完成计划任务的5 345%；完成跨境人民币贸易融资业务量（含海外代付）14.51亿元，完成计划任务的171%；营销泰华农民银行在子行开立跨境人民币账户。

四、风险管理不断加强

对全行风险管理架构进行了调整，将组合风险部、授信审批部、信贷管理部等统一安排在风险模块下，由风险总监统一协调管理。将原有的并表风险管理部转变职能并更名为信贷管理部，充分发挥在总行对子行信贷管理的“入口”和“出口”作用，统一引导、管理、监督信贷业务，同时负责产品及政策制定。

五、零售业务快速起步发展

（一）全面超额完成了总行下达的发展计划。借记卡新增发卡量 6 625 张，任务完成率达到 331%；信用卡发卡 675 张，任务完成率达 135%，个人网银新增 1 919 户，任务完成率达 128%；企业网银新增 52 户，任务完成率达 104%；个人存款经受了泰国存款保险政策变化带来的不利影响，余额达到 216 亿泰铢，较年初增长 7.1 亿泰铢。个人客户总数（含租赁公司）突破 10 万户，达到 128 920 户，较年初增长 3.8 万户，其中，银行本部个人客户 1.5 万户，净增 5 096 户。

（二）多渠道网络建设全面启动。以物理网点为主，ATM 和电子银行相辅助的多渠道网络初具雏形。除在各分行推出网上银行业务外，已按总行计划采购 6 台 ATM。加入本地银行卡支付网络 ITMX 项目已完成前期申请、立项、技术分析等前期准备工作。

（三）品牌知名度与市场形象显著提升。《人民日报》先后刊发《中资银行“出海”闯三关》、《中资银行培育新竞争力》文章，以工银泰国发展零售业务与发行 VISA 信用卡为题材进行宣传报道，人民网、新华网、中国—东盟自由贸易区网、环球网等国内知名网站以及泰国本地《曼谷邮报》、《世界日报》、泰华网等众多平面媒体也对工银泰国零售业务及银行卡业务进行了报道，进一步扩大和提升了工商银行在泰国当地的市场形象和地位。

六、推动 FOVA 系统持续优化

自 2011 年 10 月投产 FOVA 系统后，2012 年子行持续收集整理优化需求，目前已收集优化需求 203 项，其中已关闭及安排版本计划 196 项。重点对银行卡、网上银行、ATM 等项目在本地开发、环境准备、测试等方面进行了技术支持。

七、加强公司治理

将调整组织架构、优化人力资源设置作为重点工作，成立项目组加强督导推进。将原有的 47 个部门按照精简及优化原则，重新进行了整合。以着重支持前台营销及业务发展为出发点，梳理精简中后台部门，引导中后台人员分流到前台营销部门工作。经过组织架构调整，部门精简至 34 个。

（工银泰国）

工银马来西亚

总经理　田枫林

一、业绩综述

截至 2012 年末，总资产突破 31.6 亿林吉特，较 2011 年末增长 91%；存款突破 8.8 亿林吉特，较 2011 年末增长 111%；实现总收入 9 992 万林吉特，比上年同期增长 72%；实现税前利润 2 033 万林吉特，比上年增长 33%，连续三年超额完成总行下达的利润计划。客户数量突破 3 000 家，其中公司客户突破 300 家。股本收益率达到 5.7%，较 2011 年提高 1.1 个百分点；贷存比达到 56%，较 2011 年的 232.7% 大幅改善；中间业务收入占营业收入的 30%，达到当地行业优秀水平。不良贷款和不良资产继续保持为零。子行再次获得马来西亚中央银行对商业银行综合评级的最佳等级和马来西亚存款保险公司的最佳评级。

二、工作措施

（一）持续拓展重点产品线，核心业务全面开花。一是大力发展国际结算和贸易融资业务。子行抓住人民币跨境结算政策进一步放开及中马经贸快速增长的机遇，大力拓展国际贸易结算、融资和保函等业务，推出了出口贴现、信托收据、进口 T/T 押汇、福费廷等多个产品。全年实现国际结算量 32.35 亿美元，比 2011

年增长95%；累计办理国际贸易融资12.91亿美元，比2011年增长87.37%；实现贸易融资利息收入1 264.83万美元，增长85.99%。

二是公司金融业务客户基础日益雄厚。子行采取从马来西亚最优质企业入手的营销策略，通过分层次营销、产品组合营销等方式，与马来西亚国库控股、云顶集团、丰隆集团、UMW、森那美、香格里拉等众多大型企业建立了稳定的业务关系。同时，与在马来西亚的主要中资企业普遍建立了业务联系，已经开户企业超过30多户，并为部分企业提供了保函业务、项目贷款融资支持、全球现金管理等服务。至年末，子行公司客户数量突破300家，公司客户带来中间业务收入705万林吉特，增幅350%。

三是稳定发展资金业务。子行积极进行市场调查，选择与中国有大量业务往来的本地客户，作为资金业务的重点发展对象，采取上门拜访、联合营销、帮助客户选择最优的货币支付和清算方式、选择较好的外汇买卖时机等手段，实现对本土客户的渗透和争取。目前，已经确定了约30家资金业务核心客户群，为子行带来了约100万美元的外汇交易收入。

（二）快速发展跨境人民币业务，打造新的品牌业务。子行积极贯彻总行“做全球第一大人民币银行”的战略，加快跨境人民币业务拓展，客户规模日益增长，业务量持续放大。全年共办理跨境人民币结算业务1 423笔，金额53亿元；办理人民币进出口代付业务156笔，累计金额21亿元；办理人民币购售汇业务1 500笔，金额117亿元。至年末，有人民币对公账户126户，人民币个人账户478户。在前期营销到6家银行在子行开立人民币账户的基础上，2012年又争取到两家银行开立人民币账户。

（三）大个金业务全面拓展。子行全面推动个人存贷款、银行卡、电子银行和实物贵金属等业务发展，主要业务指标在境外机构中名列前茅。一是个人客户数量大幅提升。新增个人客户2 769个，完成总行下达年度计划的173%，较上年增加1 855个，增幅212%，增幅在境外机构排名第三位；开立个人账户3 722户，较上年增加2 295户，增幅161%；开立个人人民币账户802户，较上年增加457户，增幅132%。二是个人存款余额持续增长。吸收活期存款329万美元（折算后），定期存款1 252万美元，个人存款余额达1 581万美元，同比增幅52%。三是个人贷款业务健康快速发展。年末个人贷款余额279万林吉特，增幅3 000%，增幅在境外机构中排名第一位。四是银行卡发卡量快速增长。子行是海外机构中第一家发行VISA信用卡的机构，也是马来西亚第一家发行双币信用卡的金融机构。全年累计发放信用卡463张，完成年度计划的154%，借记卡610张，完成年度计划的203%，累计消费金额15.18万美元，实现银行卡业务收入0.4万美元。五是个人结算业务量大幅提高。累计受理个人预结汇汇款业务3 481笔，预结汇汇款金额4 245万林吉特，实现中间业务收入41万美元，同比增幅3 465%，增幅在境外机构排名第一位。六是网上银行业务稳健增长。新增注册个人网上银行197户，完成总行下达年度计划的141%，新增注册企业网上银行30户，完成总行下达年度计划的150%，网上银行客户总数达237户。七是代销实物贵金属业务取得突破。成功推出实物品牌金业务，累计销售工行品牌金1 000克，实现品牌金销售收入5 500林吉特。

（四）分支机构建设取得突破性进展。工银马来西亚古晋分行于2012年9月获得总行批准成立，并于11月16日实现对外试营业，实现了业务领域从西马向东马的覆盖。试营业一个月来，有800多名客户上门办理业务，办理银行卡580张，办理网银业务200多笔，办理预结汇和汇款业务130多笔，汇款金额达到约200万林吉特，各项存款突破2 600万林吉特。2012年12月，总行又批准设立蒲种分行，加快了子行本地化发展。

（五）加强队伍建设。子行新招聘50名员工，员工总数达到160人，其中当地员工占比达到90%，实现了员工队伍本地化。

（六）公司治理和内控体系日趋完善。全年召开6次董事会和30多次董事会委员会会议，审查通过了50多项政策规定。严格依据董事会制定的政策不断完善各项风险管理和内控制度，保证了全行业务的健康发展。子行继续保持不良贷款和不良资产为零。

（工银马来西亚）

工 银 中 东

总经理　田志平

截至2012年末，中东机构表内总资产为342 125万美元，较年初增长35 540万美元，增幅11.59%。累计实现盈利6.57亿元人民币。账面平均资产回报率（ROAA）1.15%，账面权益利润率（ROAE）21.33%，较上年增加5.19个百分点。

一、齐心协力谋发展，市场拓展成效显著

（一）立足中资，巩固形象。坚持“立足中资企业，深入拓展本地和同业客户”的整体营销方针，分客户、分产品实施逐个突破，成功在中资客户中树立起“首选业务合作银行”的形象。特别是抓住国内建筑类企业进军海湾地区市场的契机，积极拓展相关业务，共开立保函777笔，累计金额25.08亿美元，为各类企业开立信用证133笔，累计金额3.56亿美元。

（二）拓展当地，搭好桥梁。在立足中资的基础上，中东机构持续加强对企业上下游关联客户营销，加快当地市场突破和本地客户拓展，不断发挥和深化中阿间经贸往来双向桥梁的作用。依托本外币一体化清算牌照优势，基于集团清算平台优势，成功推出了以“财汇通”为核心产品的转汇款业务，加强了同业清算市场的拓展，区域性清算中心金融服务功能日臻完善。

（三）自我造血，拓宽渠道。中东机构与卡塔尔中央银行的合作，开拓了通过海外分行向外国央行推介人民币业务的新路径，也是首次由海外分行推进外国央行对工行集团整体评级授信，更是首次将本地央行作为资金交易对手。2012年境外资金拆入累计发生额116.65亿美元，比上年增加62.22亿美元，自筹资金来源的增多，有效地降低了中东机构对总行负债依存度，该指标已经由2010年末的64.6%下降到2012年末的17.12%。

（四）打好基础，“私银”起步。按照总行要求，加强私人银行业务筹备工作，计划立足中东及北非地区的市场，面向优质高净值客户，利用工银中东牌照，重点向个人金融资产在50万美元以上的客户提供全面的财富管理服务。目前，中东机构已成立私人银行业务团队，并成功实现首笔私人银行业务的营销突破。

二、坚定不移抓管理，经营行为规范有序

（一）严格控制，以风险管理为导向。

一是信用风险管理有序化。中东机构的核心业务是资产业务，防范信用风险是重中之重。根据审贷分离的原则，建立了职责分工明确，各自相对独立的营销和风险控制业务线，对贷前、贷中和贷后各环节制定了相关操作规程，切实防控信用风险。

二是操作风险管理集中化。创新施行了将多哈分行部分业务“外包”工银中东，快速推进在人员、系统物理集中基础上的后台处理集中，最大限度地降低操作风险。

三是市场风险管理专业化。针对当地货币为区域性流通货币的现实情况，重点加强利率和汇率研究。一方面通过利率掉期的方式将固定利率贷款转化为浮动利率贷款，保证资产与负债的定价方式相互匹配，有效规避利率风险。另一方面，外汇交易类业务均根据总行规定及时平盘，不保留敞口头寸，从而规避即期交易的汇率风险。

四是流动性风险管理规范化。中东机构大力营销同业市场，拓宽自筹资金渠道，目前已从数十家金融机构获得授信额度，并开展了美元、人民币及欧元资金的实质性拆借业务。

（二）优化系统，保障安全生产运行。为适应中东区域业务统一集中管理模式，完成了“汇聚式”区域网络高可用架构建设，形成了以迪拜为区域中心节点，阿布扎比为区域备份节点，区域内其他机构汇聚至区域主备中心，经由区域中心上联境内的网络架构，有效提升区域网络的可用性、稳定性和扩展性，有效保证区域内各机构业务连续运行，同时有效降低了国际通讯线路营运成本，简化了区域内新申设分行网络接入工作量。

（三）强调合规，确保业务运营规范有序。按照监

管要求，中东机构设立了合规专业条线，有针对性地加强了合规运营工作。同时，加大内审工作力度，实时监督评价风险管理、内控体系和公司治理的效率和效果。全年未发生内外部欺诈事件。

三、步履稳健拓网络，机构布局日趋丰富

按照总行统一安排，沙特、科威特机构申设工作平稳推进。2012 年 10 月，在沙特设立机构的申请通过沙特政府及银行监管部门审批；在科威特设立分行的申请得到科威特内阁的批复。两家机构开业前的各项筹备工作也全面展开，在中东的网络布局进一步完善。

（工银中东）

工银阿拉木图

董事长　张春雷

一、主要经营指标

截至 2012 年末，工银阿拉木图资产总额达 22 504 万美元，较 2011 年增加 1 999 万美元，增长近 10%，其中贷款余额 4 790 万美元，较上年增加 2 590 万美元，增幅达到 118%；负债总额为 14 970 万美元，较上年增加 1 846 万美元，增幅为 14%，其中各项存款余额 12 029 万美元，与上年基本持平；实现收入 494 万美元，较上年增长 4.2%。实现账面利润 302 万美元，较上年增加 13 万美元，税后净利润 267 万美元，较上年增加 12 万美元，增长 4.7%；资产回报率（ROA）为 1.19%，资本回报率（ROE）为 3.55%；成本收入比为 38.89%。

二、主要经营管理举措

（一）成立新一届董事会。2012 年工银阿拉木图组建了新一届董事会，由董事长、执行董事、非执行董事和独立董事 4 名成员组成。新一届董事会成立后，全面总结分析了工银阿拉木图面临的发展机遇和挑战，提出了“发展、效益、创新”的工作思路。同时，结合当地监管规定建立了一套适合子行实际情况的董事会与管理委员会工作规则，制订了董事会对管理委员会的授权方案。

（二）全面拓展优化信贷业务。一是加强子行内部力量，将信贷管理部改组为市场拓展部，同时吸收通晓中文的本地人才，强化该部门的市场营销功能，并成立了以董事长和总经理为直接牵头人的工作团队。二是在总行支持下，成功争取到新疆广汇集团和华油能源股份公司等客户的内保外贷等低风险贷款业务。同时积极跟踪营销哈萨克铜业 10 亿美元贷款项目，成功参与由工银伦敦牵头筹组的银团贷款。截至 2012 年末，子行贷款余额创纪录地达到了 4 790 万美元，较上年增长一倍多，信贷资产在总资产中的占比由 2011 年末的 10.7% 大幅上升至 21.3%。受资产业务规模扩大的影响，贷款利息收入大幅提升至 97 万美元，增幅高达 137%，贷款利息收入在营业收入中的占比也由上年的 8.6% 上升至 19.6%，一举超过汇兑收益成为第二大收入来源。

（三）加大产品创新力度。在同业清算、本币汇款、外汇转汇、银行卡等领域研发推出了一系列具有市场潜力的产品，并冠名以“中哈原币汇”、“中哈双币通”、“中哈旅购通”、“中哈直汇”等。其中“中哈双币通”清算系统已投入运行，市场反应良好。

（四）创新发展代理业务。2012 年 6 月 18 日，工银阿拉木图与 BTA 银行成功举办“中哈双币通”清算系统合作签约仪式，标志着中国和哈萨克斯坦两国客商利用人民币或坚戈直接作为清算货币成为现实，资金清算高速公路“双向车道”打通。截至 2012 年末，工银阿拉木图为 BTA 银行代理转汇 238 笔，总额达 708 万美元。同时，工银阿拉木图成功争得国家开发银行向哈萨克铜业有限公司提供的 10 亿元人民币资金的监管行

资格，将为工银阿拉木图带来30多万美元的收益。

（五）加快完善风险管理架构。根据当地监管及总行管理要求，研究制定了风险管理制度、会计核算制度、信用评级办法、信用风险的计量和评估办法、信贷监控与不良贷款工作规则、操作风险管理办法等一系列内部规范性文件，同时制作了子行按揭贷款协议、不动产抵押贷款协议、消费信贷协议、金融机构合作协议、代理行合作协议、银行账户协议、定期和活期存款协议等标准文本，制定了国别风险限额管理、法人客户不良贷款管理、法律风险并表管理、反洗钱客户风险分类管理、参数维护管理等一系列基础性制度办法，为子行的经营发展保驾护航。

（六）实施人力资源提升举措。加大了在人力资源方面的投入力度，根据员工的学历、工作年限、工作能力和工作业绩等指标设定新的工资标准，调动了员工的工作积极性。经过认真选拔，先后任命了4位工作表现优异的本地雇员担任部门中层领导。开展了建行以来第二次优秀员工评选活动，以此为契机，引导全行形成了“比、学、赶、帮、超”的良好氛围。

（工银阿拉木图）

河内分行

总经理　陈志彪

一、总体经营状况

（一）盈利能力大幅提高。全年实现经营总收入1 442万美元，拨备后利润979.7万美元，同比增长3.36倍。ROE和ROA分别达19.59%和1.46%。成本收入比为32%。实现中间业务收入53.5万美元，比上年增加0.11万美元。

（二）资产规模快速扩张。总资产达6.72亿美元，同比增长40.2%。其中，贷款余额3 072万美元，较年初新增1 024万美元。全年累计收息达到1 387万美元，资产质量良好，贷款不良率为零。

（三）负债业务平稳增长。各类存款余额达3 788万美元，其中对公存款2 700万美元，较年初增加569万美元，对公月均存款2 068万美元，比上年增加276万美元；个人存款余额1 087万美元，较年初增加813万美元，月均个人存款853万美元，比上年增加632万美元。

（四）国际结算业务优势渐显。共办理中越美元通汇款6 885笔，金额16 795万美元，收入9.3万美元；国际结算汇款2 562笔，金额7 892万美元，收入22 460美元；边贸汇款20笔，金额32万美元；越南境内美元汇款164笔，金额6 720万美元；越南盾汇款6 521笔，折合1.8亿美元。

（五）银行卡业务势头迅猛。当年新增借记卡5 900张，完成总行下达指标的118%，发行信用卡104张，完成总行下达指标的104%，卡业务综合收益约8万美元，同比增长1 500%。

（六）电子银行业务持续领先。共有企业网银客户185户，同比增加135%，个人网银客户2 106户，同比增加215%，公司客户及个人客户的网银开户率分别达到64.68%和35.28%，网银交易量达5 657万美元，同比增加370%。

（七）确立了中资同业领先地位。分行仅用了2年半的时间就成功超越可比同业成为当地中资银行的佼佼者，资产规模和盈利水平在当地5家中资同业中排名第一。

二、主要工作举措

（一）明确目标客户定位。在公司客户上，以在越南大型中资投资项目、在越中资客户为主，同时抓住时机深入扩展越南前十大企业等当地大型客户、优质客户，不断夯实公司客户基础，大力发展公司存款、贷款、保函、国际结算等业务；在金融机构客户上，确定了以总资产排名靠前的商业银行为主要合作对象，大力发展资金业务、外汇业务、清算业务和代付业务；在个人客户上，以银行卡、网上银行等优势产品带动零售业务的全面协调发展，吸引了一批贡献度较高、信誉较好的当地个人客户。

（二）加快优势业务发展。一是做大资金和同业业务。资金业务一直以来是分行优势业务和主要收入来源。分行通过开辟集团外融资渠道，降低资金拆借成本、新增交易对手、增加代理行授信、发展代付业务、捆绑清算业务和资金业务销售的模式，不断做大做强资金业务和同业业务。二是大力推进信贷业务。在严格风险控制的基础上加大客户拓展力度，扩大了保函业务优势，继续拓展了内保外贷业务，推行了资金拆借＋专项融资业务模式，推出了抵质押贷款、个人土地抵押贷款等业务，夯实了本土化经营基础。

（三）开展有特色的业务创新。在产品创新方面，分行成为当地第一家推出中越美元清算产品、银行卡、网上银行、抵押按揭＋履约回购、中越本币通等产品的中资银行，利用这些产品，争取到了更多的客户和业务资源。

（四）努力提高风险管理水平。根据实际情况，将信用风险审查岗位移至合规部门，合并成立了风险合规部，在职能上承担信贷业务中后台管理、审查审批职责。逐日监测分行资金业务运行情况，按季分析市场风险并报告总行相关部门，将风险隐患排除在萌芽状态。

（五）推进人力资源的精细化管理。按照岗位合理、晋升有序、考核科学、平稳过渡的要求，建立了新的薪酬与岗位管理体系，清晰了员工晋升与发展路线，深化了绩效考核意识。拨出专项资金举办金点子活动，70%的员工结合自身工作提出了合理化建议。为分行的经营管理提供了改进方向。不断加强企业文化建设，积极参与当地公益活动，树立了良好的社会形象。

（河内分行）

万象分行

总经理　卢　健

一、业务发展情况

截至2012年末，分行资产共计30 807万美元，较年初增加26 469万美元，增幅达610%。负债总计30 669万美元，较年初增加26 291万美元，增幅达600%。实现拨备后利润229万美元。个人客户达到1 466户，公司客户达到179户；发放借记卡690张，贷记卡52张。

二、经营管理情况

（一）首年实现大幅盈利，业务规模快速扩大。2012年是分行开业后第一个完整运营年度，当年实现拨备后利润229.39万美元，是年初目标的11倍，开创老挝当地金融业首年盈利先例。资产规模扩大10倍，成为当地资产规模最大的外资银行。

（二）电子银行发展形势喜人。目前老挝当地开办网上银行业务的银行较少，即使开办的功能也较为单一，而分行网上银行具备了查询账户余额、明细、转账、汇款、定期存款、批量转账、代发工资、下挂其他企业账户等功能，并可以根据客户需要采用多级授权方式，使用U盾登录，受到了客户的一致欢迎。2012年开办个人网银42户，公司网银6户，圆满完成年初既定目标。

（三）做大做强人民币业务。始终把推广人民币业务，尤其是跨境人民币业务作为工作的重点，积极向中资客户和与中国有贸易往来的本地客户开展营销。至年末，分行人民币账户存款余额为5 015万元，；办理人民币海外代付业务4笔、金额总计15 152万元，实现业务收入295万元人民币；办理融资性风险参贷业务3笔、金额总计7 290万元；办理跨境人民币汇款64笔、金额总计26 655万元；成功发行了银联人民币、基普双币信用卡和借记卡；办理人民币出口交单2笔、金额总计800万元；同时，获批了老挝本地唯一人民币清算行后，目前已为3家本地银行开立人民币账户，为8家企业客户办理了人民币跨境业务，并进行了外汇交易，分行已成为老挝本地最大的人民币业务办理行。

（四）获批老挝人民币唯一清算行资格。2012年6月6日成功获得老挝央行同意万象分行行使人民币清算中心职责，使万象分行成为老挝第一个、也是目前唯一一个老挝央行之外的货币清算银行。2012年9月21日与老挝央行共同举办了一场老挝所有银行参加的人民币清算业务推荐会。

（五）本地化业务取得突破。2012年8月，万象分行成功开展首例现场评估业务，为当地某项目发放2 280万美元五年期项目融资，为2012年11月在万象举办的亚欧峰会作出贡献，取得了显著的经济效益和国际社会影响力。

三、主要工作措施

（一）积极拓宽营销渠道。积极拓展战略合作客户资产业务，推进项目实施。以国有大型企业境外承包项目为依托，建立有效的内外联动机制，通过买贷、卖贷、融资租赁等信贷产品开拓当地大型资源类项目的融资，带动项目保函、信用证等表外融资业务的发展。在账户管理、结算、资金和融资业务上，与总行、境内分行、政策性银行及境内大型企业集团保持紧密的联系与合作。

（二）以金融产品为抓手积极营销。通过中资企业的引荐，积极拓展与其有较深合作关系的本地知名大型企业的资产业务。拓展有稳定现金流的国家援外项目、大型优质项目的上游采购，以及工程类公司的贸易融资业务。同时，积极拓展融资顾问和财务咨询顾问等投行业务，促进中间业务发展。通过资产业务带动存款业务，通过银行卡、网银、理财和现金管理业务增加负债业务的服务功能。

（三）加强全面风险管理。不断加强信用、市场、流动性、操作等风险的统一协调管理，充分发挥风险管理委员会和信用风险管理委员会的职能作用。进一步强化对信用风险的管理，积极配合总行信贷管理基本制度向境外的延伸，全面实施全球统一授信管理的要求。进一步完善市场风险管理，改进市场风险监控手段。进一步做好流动性风险管理，增强资产负债自我平衡能力，通过优化资产配置结构等多种手段，防范和降低流动性风险。进一步强化操作风险管控体系，增设内控合规部，通过系统硬控制和制度约束消除潜在风险隐患。

（万象分行）

金边分行

总经理　牛建军

一、经营成绩

截至年末，分行总资产71 063万美元，较年初增加57 957万美元，增长442%；总负债70 980万美元，较年初增加57 831万美元，增长440%；各项贷款余额30 219万美元，存款余额5 609万美元；全年营业收入621万美元，其中，中间业务收入53万美元；实现拨备前利润312万美元，计提贷款减值准备150万美元，拨备后利润162万美元。

二、主要经营管理情况和工作措施

（一）加强业务调研和市场营销，完善产品线建设。

一是培育良好的客户基础。关注中国“走出去”企业在柬埔寨的重点项目，依托产品优势，为客户提供专业化、个性化金融解决方案，有针对性地开展营销。同时，深入研究把握中资优质客户的资金链、贸易链，借助供应链集群、行业集群和特定客户集群，实现由单一客户向集群客户营销方式的转变，吸引了一批本地施工企业和出口供应商在分行开户。

二是实现信贷业务的快速增长。利用柬埔寨可以开展离岸业务的优势，加强与境内分行联动，开展内保外贷、总行簿记、风险参贷、同业代付等业务，在风险可控的基础上，促进信贷业务增长。

三是推进零售业务产品线建设。推出“中柬通”美元汇款清算产品，发挥该产品出汇款速度快、费用低、查询方便的特点，致力于将分行打造成中柬美元汇划清算中心。成功投产网上银行，以“个网+银行卡+代发工资”和“企业网银+个人网上银行”的方式，提高远程服务能力，延伸服务渠道。在柬埔寨本地率先发行了第一张银联卡、第一张美元人民币双币借记卡和信用卡，打开了本地银行卡市场。将发展存放同业作为重点业务之一，经过一年努力，存放同业业务规模和市场影响力迅速扩大。

（二）加强内控制度建设，增强风险管控能力。根据管理需要，设立风险管理、信贷审批及法律部门，实现了信贷业务前、中、后台分离，完善了法律审查工作。建立了授权和分工合理、职责明确、制约平衡、报告清晰的内部控制管理总体框架，并通过内控案防分析会等形式，有针对性地加强内控管理制度、流程的学习。成立反洗钱工作小组，编制《反洗钱手册》、《反洗钱流程》，推动了反洗钱工作开展。

（三）加强员工队伍建设。通过总行视频培训、分行转培训、网络大学等多种形式，加强员工培训，并完善了部门和个人绩效考核办法，经常性开展形式多样的集体活动，增强了员工的归属感和凝聚力。

（金边分行）

仰光代表处

首席代表　蒋　云

在总行的大力支持下，在湄公河区域协调委员会的指导帮助下，仰光代表处积极探索创新工作思路和工作方法，着力推动机构升级、融资项目营销、代理行营销与关系维护、人民币在缅甸结算等重点工作，取得较好成效。

一、密切关注监管动态，择机启动机构升级工作

自仰光代表处成立至今，谋求机构升级一直是核心工作之一。代表处密切关注政策动向，同缅甸央行、财税部等保持密切联系，相关信息第一时间上报总行。

二、积极营销涉缅融资项目

中国作为缅甸第一大外资来源国和第一大贸易伙伴，双方经贸往来十分密切。由于牌照受限原因，仰光代表处无法直接为客户提供金融服务，但可通过湄公河区域内各机构，发挥联动优势，探索有效合作模式，积极为中缅经贸往来提供金融服务解决方案。

三、拓展缅甸代理行网络

代表处高度重视代理行业务拓展，将其作为核心工作之一全力推进，在对缅甸银行业进行摸底调研的基础上，加强对相关银行的走访，并对涉及实质内容的访谈，形成代理行走访报告8期。

四、推进中缅跨境人民币业务发展

代表处积极探索人民币业务在缅甸发展路径，通过多次走访缅甸中央银行等部门，形成了《关于缅甸人民币业务发展规划方案的报告》，该方案的核心内容是争取在两国监管机构达成一致意见的前提下，将工商银行成熟、先进的科技系统延伸至缅甸，成为缅甸人民币清算行及现钞调运行，经营人民币对公业务及个人业务，为在缅甸中资企业，大型投资项目提供人民币结算与投融资服务，为当地银行同业提供人民币购售、拆借

等一系列金融服务，以提升人民币的区域影响力。

五、做好信息收集汇报工作

仰光代表处建立了信息快报与专报相结合的报告制度，形成了包括每日信息报告、信息周报、信息快报以及信息专报的体系，为分析缅甸国别风险、国家宏观经济情况、金融行业改革动态、政策变化、项目可行性等提供参考。全年整理搜集信息报告60期，形成定期信息快报23期，信息专报8期。

（仰光代表处）

卡拉奇分行

总经理　徐克恩

2012年是卡拉奇分行从机构初建向规范化经营过渡的一年，也是正式对外营业后的第一个完整年度。分行深入贯彻全行国际化发展战略，积极探索切合实际的经营发展思路，在客户拓展、项目储备、国际结算、跨境人民币、资金交易、团队建设等方面取得了较好成绩。

一、总体经营情况

2012年末总资产2.33亿美元，较上年同期增长255%；央行票据投资1.4亿美元，较上年同期增长749%；客户存款4 291万美元，较上年同期增长153%；营业收入237万美元，较上年同期增长1 933%；利息净收入92万美元，较上年同期增长733%；中间业务收入127万美元，较上年同期增长3 673%。

二、主要工作措施

（一）以开立账户为突破口，加强对重点业务的营销。将2012年确立为客户拓展年，坚持“全力营销中资客户、稳步渗透当地客户”的市场拓展方向，以服务创新赢得客户信任，基本实现了中资企业的账户全覆盖，同时在当地重点行业龙头企业开户方面取得了突破。截至2012年末，分行对公账户数为177户，个人账户数为345户，均实现年初确定的目标。在账户关系建立后，分行着力对存款、担保等基础业务进行重点营销，并有意识地引导客户存款的期限及结构。2012年末，分行活期存款占比近30%，显著优于上年同期。

（二）重点做好中资客户服务，加大市场开拓力度。截至2012年末，已开户的重点中资企业有三峡、中港、中冶、中建、中移动、中远、海尔、联合能源等大型企业，已达成意向并进入公司内部审批阶段的有华为、中国国航、中国南航、中船等。

（三）依托中巴经贸往来，拓展当地企业市场。伴随着中巴双边贸易和工程承包业务的较快增长，分行积极为客户提供国际结算、贸易融资、出口买方信贷等产品与服务。2012年共完成国际结算业务近500笔，累计金额超过1亿美元。其中信用证业务446笔，金额1.09亿美元；托收、代收业务28笔，金额70万美元。另外还为客户办理了贸易融资等业务，为双边贸易提供了有力支持。分行还积极走访巴中商贸理事会、巴中企业俱乐部等，整理出符合风险偏好的当地企业名单，加强对巴基斯坦主要行业的调研分析，研究制定信贷指导策略，对于支柱性产业优质客户开展集中营销工作，重点进行结算、汇兑、贸易融资和人民币产品推介。

（四）认真贯彻总行战略，大力拓展跨境人民币业务。分行以人民币业务为主打产品，通过提供存款、汇款、兑换、国际结算和跨境人民币交易等产品，利用境内外业务联动优势，建设中巴两国经贸交易的主要结算渠道。分行在当地同业中首先创新办理人民币信用证项下贴现业务。截至2012年末，分行是当地唯一一家可以为客户开展人民币贴现业务的银行。跨境汇人民币汇兑通业务是分行推出的又一重点产品，并被迅速推广至众多境内分行，当年汇兑通业务创造汇兑收益及估值收益约950万元人民币，同时带来近200亿元的跨境人民币结算量，位于境外机构前列。

（五）做好代理行关系维护，挖掘代理行业务机会。分行进一步加强代理行工作，深化重点代理行战略合作，努力开拓优质新代理行，挖掘代理行业务合作机会。在总行的支持下，与巴基斯坦哈比银行、国民银行、阿尔法拉等重点代理行结成战略伙伴关系，在银团贷款、收购并购、财务咨询、资金业务等领域进行了深入交流，业务合作取得实质性进展。

（六）主动引导客户需求，持续研发创新产品。分行创新办理了本币卢比代发工资项下购汇和汇款业务，缓解了大部分中资企业面临的汇率风险和外币携带风险；率先推出了人民币信用证项下美元贴现业务，并在当地首推了人民币业务开户和出口项下人民币收款等业务，既满足了客户的需求，也扩大了收入来源。

（七）加强基础设施建设，确保系统安全运行。分行始终将安全生产作为首要任务来抓，持续加强机房电力、网络等基础设施改造和日常监控。相继完成了机房供电“单机双母线”架构改造、核心 UPS 监控系统开发等工程，实现了卡拉奇分行本部机房与伊斯兰堡分行机房互为灾备，增强了业务连续运营能力。

（八）做好安全防范工作，切实保障人员安全。始终把安全防范工作放在首要位置，坚持按月召开安全会议，督促员工严格执行安全管理办法，及时查找在安全生产、安全生活方面存在的问题。完善应急预案，提高了应对极端和突发事件的能力。

（卡拉奇分行）

孟买分行

总经理　孙　翔

一、主要经营指标情况

（一）核心财务指标。截至 2012 年末，孟买分行资产总额 15 483 万美元，较年初增长 6 679 万美元，增幅 75.87%；实现考核口径拨备后利润 542.05 万美元，较上年增加 388.37 万美元，增幅 315.75%；资产回报率（ROA）、资本回报率（ROE）、成本收入比分别为 5.1%、5.24%、40.06%，均达到或超过了总行年初下达的目标。

（二）主要业务指标。各项贷款余额破亿美元，达到10 531万美元，较年初增加 10 107 万美元。各项存款保持稳定增长，余额达到 4 301 美元，较年初增加 4 301 万美元。中间业务收入突破百万美元，达到 102.86 万美元，较上年大幅增加 102.81 万美元，超额完成总行下达的中间业务收入目标。

二、主要经营管理亮点

（一）资产结构实现多元化配置。分行积极寻求资产结构优化渠道，基本实现了信贷投放、债券投资和同业存放的多元配置。三大资产占总资产比重分别达 8.02%、12.93% 和 15.53%，资产运用效率大幅提升。

（二）特色产品收入贡献显著。分行将转开保函作为特色产品予以重点营销，累计实现转开保函 2 421 万美元，转开手续费收入 29.66 万美元，占中间业务收入的 28.84%。

（三）首度内外部检查获得肯定。2012 年在总行内控评价中取得了“总体控制基本有效”的评价结果。在当地央行监管检查中，7 个风险评估指标有 5 项取得了低风险评级，2 项取得中等风险评级，未来展望为稳定。

三、主要工作措施

（一）实施客户名单制管理，业务发展基础不断夯实。分行积极转变营销管理思路，主动贴近市场，建立实施了旨在增强营销针对性和成功率的名单制管理模式，进一步细化目标客户确定、营销职责分工、现实需求分析、营销进度计划、营销进程跟踪等环节，取得了较好营销成果。至年末，分行法人客户数量达 40 户，较年初新增 36 户，积累了良好的业务发展基础。

（二）顺应市场和客户需求，加大产品创新和拓展力度。一是国际结算量迅猛增长。分行加大内外联动力度，立足棉花、矿物和蔗糖三大出口外贸行业，将信用证通知、转开保函作为抓手，促进国际结算业务快速发展，全年累计实现国际结算量 29 611 万美元。二是专业融资实现创新突破。成功推动总行参贷 Reliance Communication 国际银团 3 亿美元，并争取到代理行角色，实现了内外合作模式下国际银团业务突破。与深圳分行高效联动，成功为中兴通讯（印度）办理系统内首笔内存外贷业务 2 009 万美元。为世界五百强塔塔汽车办理信用保证项下短期营运资金贷款 1 242 万美元，非银行金融机构 Shriram 办理信用 + 应收账款质押担保项下短期营运资金贷款 550 万美元，为营销本地客户、融入本地市场积累了经验。三是贸易融资逐步走入正轨。围绕中资企业上下游客户，主推国内信用证贴现，促进国内贸易融资拓展。瞄准大型棉花出口企业，发挥资金全球化运作优势，主推出口信用证项下美元贴现，促进出口贸易融资突破。全年累计实现贸易融资 5 019 万美元，其中：国内贸易融资 3 888 万美元；国际贸易融资 1 131 万美元。四是资金业务实现多项突破。债券投资取得突破性进展，通过代理行 CSGL 托管账户进行债券投资，累计完成政府债券交易 15 笔，金额 2 500 万美元，实现投资利息收入 56 万美元。外汇交易实现稳步发展，全年累计与交易对手叙做外汇买卖 20 笔，与客户叙做外汇买卖 42 笔，累计实现点差收入 26 万美元。美元资金筹措渠道打通，通过内外联动、外外联动，分别从总行和工银亚洲成功拆借美元资金 2 000 万美元和 330 万美元，缓解了分行资金紧张形势。

（三）健全制度机制，提升管理水平。一是增强专业条线管理能力。制定了中英文版的《人事管理手册》和《员工行为规范》等制度，确保人力资源管理有章可循、有据可依。立足业务指标量化、质量指标定性的考核原则，拟订了部门考核和员工考评相关联的绩效考核制度，有效调动了部门和员工积极性。规范了外派员工和本地员工的个人信息档案管理，将员工劳工合同、个人信息、年度考评结果等资料分类归档。

二是开展财务全面分析。加强对当地市场内外部经营环境的动态分析，以总行经营绩效考核办法为导向，圈定适合分行发展的重点产品线，定期开展财务预算监测和分析，科学引导经营发展方向。利用外部税务咨询机构的专业力量，全面做好各项费用和应税事务管理工作，有效降低涉税事务风险。

三是强化业务流程控制。对账户开立、资金清算、支付结算、反洗钱等十余项业务操作进行梳理细化，持续完善业务操作管理体系。依据最新的监管规定，开展对现有业务流程和操作规程的自查自纠，有效提升业务规范化操作水平。

四是增强合规经营能力。联合德勤会计师事务所开展业务合规辅导，提升各级人员对经营合规的认识。配合外部审计做好经营财年年审，增强各专业对当地合规监管政策要求的认知度。按照总行有关要求，对分行 2011 年经营风险、信息安全及外包管理等情况进行逐项排查，并及时落实了整改措施。

（孟买分行）

工银欧洲

董事长　高　明

2012 年，卢森堡机构按照总行的统一部署，努力克服欧洲主权债务危机和复杂多变的经济环境带来的不利影响，坚定不移地推进“本地化经营、特色化发展”方针，在不断培养辖属机构自我发展能力的同时，注重通过加强区域管理来提升协同发展效应，走出了一条以区域龙头带动全面发展的新路子，在欧洲区域市场的竞争实力和可持续发展能力得到了显著提升。卢森堡机构负责人在 2012 年荣获卢森堡国家荣誉勋章。

一、卢森堡机构经营发展总体情况

（一）经营利润大幅提升。2012 年，卢森堡机构实现营业净收入 12 345 万美元，较上年增长 45.2%；中间业务收入达到 1 889 万美元，同口径较上年增长 66%；拨备后利润 7 310 万美元，较上年增幅达93.4%。

（二）资产规模稳步增长。截至2012年末，卢森堡机构资产合计59.43亿美元，比年初增加1.09亿美元，增幅为1.87%。卢森堡机构负债主要来源于央行公开市场融资、同业拆借和客户存款。至年末，卢森堡机构负债合计976 880万美元。

（三）客户数量快速增长。个人客户数达5 287户，较年初增加1 505户，增长率为40%；公司开户数存量为825户，较年初新增347户，增长率为73%。

（四）继续保持零不良资产纪录。卢森堡机构的资产质量优良，较好地实现了“安全性、流动性、收益性”相结合的原则。在利率方面，现有资产大部分为浮动利率资产，与负债结构较匹配。在品种结构方面，发挥内外联动优势，做大做强贸易融资和内保外贷业务，资产的整体信用风险较低。2012年卢森堡机构继续保持开业至今零不良资产的纪录。出于审慎经营原则，卢森堡机构计提了2 000万美元拨备，使总拨备达到3 380万美元，进一步夯实了发展基础。

二、加强区域管理平台建设，不断拓展经营网络

（一）完善欧洲大陆区域管理模式。卢森堡机构把实施区域统一集中管理作为组织机构管理模式的一个基本方向，以“一套人马，两块牌子”的卢森堡分行和工银欧洲为龙头，充分利用各自经营牌照优势加强协调运作。同时，以工银欧洲作为欧洲大陆区域总部，与辖属六国分行实现在欧洲大陆区域统一协调发展。卢森堡机构形成了业务条线有效垂直指导的矩阵式管理体系，建立了旨在互通业务信息、共同解决问题和统筹总体安排为目的的区域管理例会制度，制定了区域内分行财务预算指标和绩效考评实施原则以及业务发展目标，组织了统一的员工业务培训和指导，实现了管理集中、优势互补、资源共享和战略协同，最大限度地发挥出集团作战的整体合力，显著加强了欧洲大陆机构的跨地域服务能力和竞争力，显现了欧洲区域管理的重要作用。

（二）加快欧洲三大业务中心建设。

一是欧洲区现金管理中心。2012年5月16日，工银欧洲辖属的欧洲区现金管理中心在巴黎正式揭牌成立。该中心作为工行集团在欧洲区域开展现金管理业务的统一平台和管理机构，在成立初期主要覆盖工银欧洲辖属机构及其他欧元区主要国家。中心成立后，卢森堡机构积极研究客户需求，丰富现金管理产品，通过密切与境内分行合作，多方联动营销，为跨国企业集团客户和“走出去”的中国企业提供了全球现金管理服务。

二是私人银行中心（欧洲）。私人银行中心（欧洲）作为工银欧洲的内设机构，依托私人银行中心（香港）为主的工行集团海外私人银行开放式产品平台，以人民币资产投资为核心，以构建工行私人银行海外另类投资服务及特定资产管理平台为重点，以挖掘欧洲本地投资机会为抓手，正在将私人银行业务中心打造成为工行另类产品海外旗舰和境内外联动发展的重要平台。

三是工银欧洲投资银行业务中心。2012年12月21日，工银欧洲投行中心正式启动运行。同时，完成了工银欧洲投资银行业务牌照的激活及辖属机构投资银行业务范围的增设工作。工银欧洲投资银行业务中心充分利用欧洲良好的公司客户基础及投资环境，与总行和境内分行密切联系，紧紧抓住当前中欧间投资热度提升的有利时机，充分发挥辖属分行本土化经营平台优势，摸索为中欧并购项目提供财务顾问、并购贷款、债务重组等金融服务，获得了良好的营销先机及市场反馈。

（三）不断拓展区域经营网络。根据总行的战略部署，2012年工银欧洲已完成里斯本代表处的实质化运作，华沙分行和西班牙巴塞罗那分行已于2012年11月下旬顺利开业。

三、区域本地化特色化经营成果显著

（一）深入落实本地化经营战略打造欧洲业务品牌。欧洲本地化业务一直是卢森堡机构经营的重点发展方向。2012年，工银欧洲协同辖属分行积极融入本地商业环境，深入实践特色化经营、本地化发展的方针，充分依托本地资源禀赋，大胆创新，锐意进取，逐步探索一条具有本地化特色的经营发展道路。一方面，卢森堡机构积极营销当地客户，当前已有30多家欧洲当地的领先企业，如西门子、阿尔斯通、马士基、帝斯曼、意大利国家电力、托克等，与卢森堡机构在银团融资、双边贷款、贸易融资、保函、债券发行等方面建立起合作关系。另一方面，卢森堡机构立足欧洲，充分发挥中资银行作为中欧经贸往来的桥梁作用，积极参与政府高层互访、中国和欧洲国家的经贸活动，带动了本地市场的营销，拓展并巩固了工行当地业务市场份额。按照“一行一策”的原则，卢森堡机构的本土化经营战略立足于欧洲各国的客观现实，因地制宜、区别推进，树立了本地领先中资银行的品牌形象。

（二）发挥内外联动优势助推“走出去”业务快速发展。卢森堡机构在发展中重视发挥工商银行作为中国最大商业银行的集团优势，把内外联动作为业务拓展的重要途径，致力于服务“走出去”的中国企业、机构员工、留学生和新移民，充分利用自己的机构网络、产品线、科技平台和人才队伍全方位满足中资企业的海外投资兴业需求。卢森堡机构积极与国内分行进行信息分享和沟通，利用与境内外分行的功能互补，建立并发展了密切的业务合作关系。2012年卢森堡机构成功为“走出去”企业提供了包括项目贷款、流动资金贷款、保函等多类融资支持，并同步提供结算、存款、现金管理等综合金融服务，充分发挥了“ONE ICBC”的优势，

展现了工行的整体实力。

（三）加快业务创新步伐全面推进欧洲产品线建设。卢森堡机构注重多元化的业务发展。比如资产业务并不完全倚重贸易融资产品，而是积极参加本地大型优质客户的银团贷款，与国内分行合作发展内保外贷产品等。2012 年 5 月，工银欧洲在境内银行间债券市场完成了首笔人民币债券投资，丰富了资产品种，带来了良好的收益。为应对资产业务快速发展对资金需求的日益增加，卢森堡机构努力研究和寻找新的稳定而低成本的资金来源，既积极发力存款业务扩宽资金来源，又抓住机遇获得欧洲央行低成本的长期资金，改善了资金的期限结构。与此同时，卢森堡机构还按照总行的战略部署，提升创新服务水平，通过精细化管理、本地化创新、标准化服务，实现零售、银行卡、电子银行、资金清算、专业融资、全球现金管理、投资银行、资产管理、贸易金融等九大产品线在欧洲区域的全面应用，使工行强大的产品优势成为竞争客户的核心优势。特别是卢森堡机构紧紧把握人民币国际化的发展机遇期，跨境人民币产品创新和业务发展成效显著。截至 2012 年末，卢森堡机构人民币存款达 2.52 亿元人民币，较上年末增长了 1.6 亿元，增幅 173.91%；跨境人民币贸易融资 108.2 亿元；实现跨境人民币结算累计发生额 259.57 亿元。

（四）稳健风险管理为业务健康发展保驾护航。2012 年，卢森堡机构进一步完善了全辖区风险管理机制，充分发挥内部审计的风险控制职能，深入推进内控体系建设，实现内部审计工作在业务上的垂直集中管理，健全了全面风险管理体系，很好地提升了信用风险、市场风险、流动性风险和操作风险的管理水平，资产质量持续保持优良，为全行健康可持续发展奠定了坚实的基础。工银欧洲按照前、中、后台分离原则完善了业务流程，探索制定信贷业务审批集中方案，在辖属分行增设风险管理部或风险经理，增强了风险管理的独立性。按照总行风险管理要求和当地监管规定，制定了工银欧洲风险管理政策、流动性政策和金融投资工具政策，出台了腕骨指标管理办法，建立了监管指标执行情况报告机制，实现对各项风险监管指标的全面监控。实施风险报告制度，进行风险及资本充足评估管理，确保工银欧洲区域机构资本充足率、单一客户风险敞口、流动性比率等各项监管指标符合监管要求，有效提升了全面风险管理水平。

（工银欧洲）

巴黎分行

总经理　肖玉强

一、经营发展情况

在总行和工银欧洲总部的支持下，巴黎分行业务发展迅速，本地品牌形象初步建立，与 30 多家法国大型企业建立了双边合作关系；业务收益连续增长，税后净利润超过千万美元；服务能力不断提升，加入了本地清算系统，开通了网上银行服务平台，开展了支票业务，取得多方面的长足进展。

二、主要经营成果

（一）持续本地营销，基本实现法国大企业全覆盖。分行采取积极内外联动、深入本地营销、稳健合规经营的经营策略，公司业务整体发展良好。法国所属 35 家财富 500 强企业中，巴黎分行已展开业务合作或正在洽谈合作细节的企业 29 家，约占 82%；法国 CAC40 指数（巴黎证交所大企业指数 40 强）中，35 家已经与分行展开各种合作或已展开会谈，约占 87%。

（二）坚持联动创新，培育新的资产业务增长点。分行坚持与境内分行联动创新，合作开发了贷融通、保付通等多款贸易融资产品，获得了先发优势。

（三）加强基础平台建设，努力打造本地零售银行品牌。分行持续推进银行卡、网银和本地清算三大基础平台建设，顺利推出本地支票交换和清算业务，正式对外开办网上银行业务，成功营销了卡地亚及华天银联卡收单业务，努力培育法国当地华人零售银行品牌。截至12月末，分行个人客户数共计527户，个人客户存款余额903万美元。

（四）加强同业和客户营销，构建多元负债业务结构。在同业融资方面，先后在总行与工银欧洲支持下与美国BBH达成5 000万美元存款额度，与奥地利奥伯银行达成2 000万欧元拆借额度，并与近90家法国保险公司、资产管理公司等金融机构联系营销。客户存款方面，分行已成为多家大型法国企业的核心合作银行。此外分行积极搭建法国央行私人信贷抵押融资平台，努力尝试资产证券化、理财产品等方式，拓宽主动负债渠道。

三、工作措施

（一）加强内部控制体系建设，确保业务合规发展。分行开业初期即根据总行、总部及当地法律法规和监管要求，初步建立了反洗钱规章制度，以及相关业务管理办法及操作流程，并逐步梳理与完善。

（二）积极搭建重要产品线体系。在零售业务方面，以人民币业务为卖点，加快建设基础业务平台，整合研发特色产品线和业务营销系统，锻造优秀的客户经理团队，开发了私人银行业务与投资金银行业务联动的购置房产、收购、并购，以及红酒投资、艺术品投资等项目提供咨询、支付结算及融资等一条龙服务。在金融市场业务方面，以人民币资金交易为重点发展方向，向法国优质企业客户提供境内人民币投资、离岸人民币发债融资、人民币远期、人民币掉期等产品。在信贷和投行业务方面，继续坚持以“走出去”中资企业、法国500强企业为目标客户，打造欧元区公司和投行业务平台加强与法国知名企业和“走出去”企业的联系和合作。在人民币业务方面，把握人民币国际化契机，积极打造人民币结算和交易平台，积极参与巴黎争取离岸人民币中心的建设，扩大分行人民币业务在本地的影响力和市场形象。

（三）以人为本，建设优质高效的人才梯队与激励考核机制。分行管理层不仅关注业绩，更关注员工的能力培养、职业操守培育与心理健康等，并注意加强工行本地品牌形象的宣传推广，吸引本地优秀专业人才的加盟。一年中，分行从当地同业招聘了多名有多年从业经验的合规、银团、业务运营等专业产品线人才，保证了分行的专业化运营。

（巴黎分行）

阿姆斯特丹分行

总经理　张伟武

2012年，按照总行及工银欧洲的战略部署，阿姆斯特丹分行以着力构建“服务中荷往来首选银行”为目标，立足本地资源找准竞争优势，以双边投资经贸往来为切入点，以人民币业务为抓手，以荷兰本地世界500强公司、本地大型跨国公司、中资企业“走出来”客户为营销对象，着力构建本地化资金来源，不断加强内部管理和风险控制，经营业绩持续向好，在荷兰本地市场的影响力和知名度快速提升。6月份，为表彰工商银行“在荷兰成功的经营表现、为荷兰良好经济环境的佐证、为荷兰经济发展做出杰出贡献”，分行总经理被授予由荷兰副首相费尔哈亨签发的首届“荷兰经贸使者”荣誉称号。

一、经营业绩

经营规模保持稳步增长，资产总额5.4亿美元，较2011年增长5.3%；实现账面利润674万美元，完成利润计划的130%，是2011年账面利润的3.2倍。资产收益率0.96%，权益回报率21.95%，人均净利润130万元人民币，同比均有大幅增长。

二、工作措施

（一）深化分层营销，综合服务能力明显提升。分行着力建立分层营销体系，依托集团优势，通过“内外联动”、“外外联动”等多种方式，提升对客户的综合服务水平。在本地客户方面，与荷兰本地13家500强企业全部建立联系，并与500强企业中的7家企业以及本地10多家大型跨国企业建立了全面业务合作关系。营销世界500强企业阿克苏诺贝尔、荷兰皇家航空、任仕达与总行签订战略合作协议，并在存款、贷款、保函、担保、贸易融资、结算与现金管理、人民币业务方面展开全面合作；推动荷兰合作银行与总行签订资金互拆协议、任仕达选择工行作为中国区信贷主办行、参与联合利华备用银团并以此为突破吸收存款；为本地跨国龙头企业帝斯曼提供外保内贷项目、成功营销其美元长期存款；完成托克公司两笔银团贷款项目、参与艾尔凯普飞机融资的循环信用贷款；为孚宝、豪氏威马、Booking. com、阿鲁卡斯特等本地跨国企业提供备用贷款、账户开立、资金归集、资本金汇款、人民币业务等服务。在中资企业客户方面，为烟台万华、柳工波兰、广汇股份等中资企业提供融资支持；完成华为荷兰公司1亿美元授信并开立多笔保函；与湖南分行联动，为湘电集团开立1 500万欧元履约保函；与北京分行合作，为恒天集团设计“开立红条款信用证”方案；为正泰荷兰办理1.03亿欧元汇款业务，并联合浙江分行及国开行，担任正泰荷兰账户监管行等。

（二）加快零售渠道建设，客户服务功能逐步完善。一是以中资企业员工、荷兰本地华人为重点营销对象和首选目标客户，通过报纸、展览会、华人商会等多种方式联动营销；二是通过人民币优势、价格优势及集团稳定评级优势，努力拓展本地零售客户；三是通过投产网上银行、电话银行、银行卡以及门户网站等电子渠道建设，提高客户远程服务能力，成为欧洲地区首家推出“95588”的境外机构，并在欧洲区域内率先和电子银行部联系对“全球账户管理”进行测试。截至12月末，分行存款个人客户已达538户，存款余额436万美元，均比2011年末翻了三番，人民币欧元借记卡实现发卡231张；网上银行捆绑率78%。

（三）夯实本地资金基础。分行通过参与客户的本地银团、备用银团项目，借助与境内分行良好合作关系，努力提升跨境服务能力，获得了客户的充分认可，也开辟了本地资金来源。截至12月末，分行84户公司客户中，有存款户36户，月均存款2.5亿美元，较2011年增长26%，存款占负债总额比重达45% -50%。

（四）加快产品创新，跨境人民币业务进展顺利。一是以跨境人民币产品创新为抓手，积极发展跨境人民币结算与融资组合产品，以人民币叙做即期、代付及远期外汇买卖等组合产品，提高资产收益。二是大力营销本地客户人民币直接投资，如抓住荷兰跨国企业阿鲁卡斯特公司（Alucast）在中国投资的契机，与山东分行联动营销资本项下的跨境人民币汇款。三是拜访荷兰财政部和中央银行，分别向其营销人民币债券发行、将人民币纳入荷兰外汇储备，并投资中国债券市场。荷兰财政部国家资金局及中央银行均表示将加强对人民币的研究和投资分析。2012年6月23日，中央电视台《新闻联播》头条“科学发展成就辉煌”播报人民币国际化取得的成就，其中对阿姆斯特丹分行跨境人民币业务情况进行了宣传报道，有效提升了“ICBC”在人民币业务方面的知名度和影响力。

（五）充分发挥资源优势，全球现金管理成效明显。在总行、工银欧洲和上海分行的协助下，分行积极推动本地跨国企业阿克苏诺贝尔、帝斯曼、Booking. com等签订《现金管理协议》。如与阿克苏诺贝尔通过“Umbrella Facility”方式开展现金管理合作，是工行首次为荷兰大型跨国企业提供统一价格、统一操作、统一管理模式下的现金管理。总行结算与现金管理部以《依托内外联动优势　打造业务创新模式 Booking. com公司全球现金管理项目成功上线》为题，对阿姆斯特丹分行完成全行首例人民币跨境资金池、欧洲地区首例全球现金管理主办行项目进行了经验介绍。

（六）发挥经贸桥梁作用，打造“服务中荷往来首选银行”。一是举办“中荷企业商务峰会”。9月21日，分行与荷兰外商投资局、阿姆斯特丹市政府共同举办“中荷企业商务峰会”。峰会邀请了中荷两国各自近40家大型企业、近百位企业家代表参加。峰会期间组织了银企双边、银政企三边等多层次、多形式的营销活动，签署了6个合作协议，深受客户好评，在当地社会引起了强烈反响。二是组织跨境人民币业务论坛。4月16日，分行与年利达律师事务所在阿姆斯特丹市共同举办了一场人民币国际化研讨会，吸引了来自欧洲、亚洲的大型跨国公司、金融机构和监管机构的300多位企业高管、银行家和学者与会。本次论坛是工商银行首次在荷兰举办的有关人民币国际化的宣传活动，也是迄今为止在荷兰举办的规模最大的人民币推介活动。2012年12月23日，中央电视台《新闻联播》头条以“中国企业赢得‘欧洲机遇’”为题，播报了分行本地化经营和服务中资企业方面取得的成就。

（七）加强团队建设，营造和谐企业文化氛围。分行认真落实总行的企业文化战略，着力宣传“工于至诚，行以致远”的企业文化理念。分行多次派遣本地雇员参加总行组织的专业培训项目，在提升本地雇员业务水平的同时，也促进其对中国文化、集团企业文化的了解。通过举办春节联欢会，员工生日聚会和体育运动等形式，丰富员工业余生活，提高团队协作能力和集体荣誉感，创造和谐奋进、团结向上、朝气蓬勃的企业文化氛围。2012年7月，阿姆斯特丹分行企业文化建设成果被作为在荷兰中资企业唯一的典型材料，分别上报外交部和商务部。

（阿姆斯特丹分行）

布鲁塞尔分行

总经理　柴　卉

一、整体经营情况

2012年实现营业净收入1 310万美元，较上年同期增长567万美元；实现拨备前账面利润910万美元，同比增长502万美元；人均利润达到49万美元；实现中间业务收入491万美元（含融汇通业务收益369万美元），较上年同期增长181万美元，占总收入的37.52%；成本收入比为30.48%。资产余额5.8亿美元，存款余额8 810万美元，月均存款达4 145万美元，较上年同期增加2 836万美元。实现公司开户55户，个人账户349户。风险控制水平继续保持良好态势，全年无不良资产发生。

二、主要工作措施

（一）实现本土业务突破发展。将工作重点主要放在与中国投资较多、贸易量较大的本地公司，多家公司在分行开立账户。积极拓展授信区域内的优质业务资源，通过多种渠道与瑞士国际大宗能源贸易巨头公司建立业务联系，通过外外联动成功参贷备用保函银团和短期RCF银团贷款业务。目前超过80%的当地中资企业已在分行开立账户，超过50%的开通公司网银，30%的客户使用分行账户进行日常结算。海南航空等6家企业与分行签订了全球现金管理服务协议，中化投资的比利时橡胶企业SIAT公司在分行存放超1亿元人民币存款。

（二）探索特色经营之路。布鲁塞尔分行在欧洲五国中率先开办留学生金融业务，在当地市场知名度迅速提升。自2012年7月获得比利时驻华大使馆和比利时外国人管理局的认可，布鲁塞尔分行正式成为赴比留学生存款证明指定银行、留学生ID续期业务指定银行和留学生家属团聚签证资金证明业务指定银行等多项资格。钻石业务是布鲁塞尔分行即将开展的特色经营业务，分行积极搜集整理钻石专业机构评级信息，开展详尽的钻石业务调研，制定了中英双语的《钻石金融业务基本规定》、《钻石发票融资管理办法》、“钻石企业授信方案”等制度办法。并在钻石业务框架合作协议下，进一步细化了拟开展的主要业务品种。

（三）培育产品创新能力。在人民币与外币交叉贸易结算和贸易融资业务方面进行了尝试，人民币转开外币信用证扩大了人民币跨境结算的业务机会，人民币信用证项下外币福费廷业务相比单币种人民币贸易融资提高了业务收益，同时给分行流动性提供了支持。积极向比利时央行宣传分行人民币产品及清算能力，在代理行营销过程中积极宣传分行人民币清算账户、转汇款和资产管理等人民币核心产品及服务，力争与同业建立人民币清算关系，逐步发展比利时本地人民币清算网络。同时以投行服务为契机为本土企业客户提供全面服务，与当地主要投资基金公司、中介服务机构及主要金融机构建立了投行业务联系。

（四）稳步推进业务产品线建设。在银行卡业务上，成功投产银联双币借记卡和银联双币信用卡，并得到万事达卡组织的发卡批复。在网银业务上，已开通个人网银25户，公司网银10户，均完成年度考核计划。并针对网银产品功能完善提交了优化需求，力争为客户提供更好的用户体验。此外，于2012年10月成功投产了电话银行。

（五）完善全面风险管理和内控体系建设。分行成立风险管理部负责实施全面风险管理工作。建立了对流动性指标、大额风险敞口指标、单一客户风险敞口等监管指标的定期监测机制。制定了事后监督管理办法，不断完善内控监督机制。按照可操作性和有针对性的原则，制定和优化了反洗钱细则、反洗钱工作手册，积极开展反洗钱业务培训。

（六）做好区域网络拓展准备工作。在总行和工银欧洲的指导下，分行对申设安特卫普分行的可行性报告进行了修改完善，完成了初期业务储备，配套开展了钻石金融专业人才的初期招聘和行址考察工作。目前分行已向比利时央行正式提交了开展钻石金融的材料。

（布鲁塞尔分行）

米兰分行

总经理　柳洪斌

一、资产负债基本情况

截至2012年底，米兰分行月均总资产为57 060万美元，较上年增加25 881万美元，增幅达83%。其中，银团贷款月均余额大幅增长302%至5 140万美元；双边贷款从无到有，月均余额为11 885万美元；贸易融资（含代付）月均36 319万美元，存放同业月均1 380万美元。月均总负债为56 756万美元，较上年增加25 628万美元。其中公司存款月均4 939万美元，个人存款月均164万美元，同业拆借月均49 220万美元，均较上年有所增加。

二、经营成果和亮点

（一）本地化和结构调整战略取得重要突破。资产结构方面，主动控制代付类资产占比，持续提高本地贸易融资、公司贷款等高收益资产比重。公司及银团贷款余额达3.48亿美元，占资产余额的60%。负债结构方面，公司客户存款余额为4 676万美元，个人客户存款256万美元，同比增加294%。

（二）盈利能力和经营效率大幅提高。分行实现税前利润590万美元，是上年的4.57倍。实现各项收入1 864万美元，其中贸易融资利息收入1 031万美元，银团及双边贷款利息收入542万美元，中间业务收入260万美元。得益于税前利润的快速增长，资本回报率和总资产收益率同比均大幅提高。

（三）业务模式和收入来源创新发展。一是响应Prada、菲拉格慕等高端客户需求，推出外汇衍生产品、双币种信用证、双币种福费廷服务；二是发力清算和转汇款业务，成功营销三个本地金融机构在分行开立清算账户，取得了同业开户零的突破；三是在2011年基础上，拓展传统产品的创新和推广力度，陆续增设信用证开立、出口托收、福费廷、出口贴现业务。并成功为2笔托收业务（共5 954万美元）办理了托收项下的贸易融资。得益于业务模式和收入来源的创新，2012年中间业务收入较上年增长了35%。

（四）风险管理能力明显提高。一是在欧洲总部的大力支持下，正式成立风险管理部，由具备丰富信贷分析和风险管理经验的本地雇员担任主管。二是根据风险防控与内部管理工作实际，集中制定、完善并审议通过8大类44项制度文件和业务流程。三是按月对各项主要业务条线进行风险排查，进一步提高了各业务条线的风险防控意识和风险控制水平。

三、客户拓展和本地化发展情况

（一）本地客户发展情况。分行与众多意大利知名企业及个人客户建立了业务联系。截至年末，在米兰分行开户的本地客户共有477家，其中公司客户64家，个人客户410户，金融机构客户3户。

（二）本地化发展主要工作。一是年初签约的潍柴集团收购法拉蒂游艇公司项目是中资企业在意大利最大的单笔投资，总金额近4亿欧元，米兰分行为项目提供2.1亿欧元贷款，并依托集团优势，作为主办结算银行，帮助项目顺利完成交割。二是首次与本地世界五百强企业意大利国家电力公司取得合作，发放银团贷款5 000万欧元。三是同另一世界五百强企业埃尼石油公司的下属SNAM公司取得合作，为其完成与原母公司的拆分发放银团贷款6 000万欧元。为有效支持本地化经营策略，分行持续开展产品及系统的本土化改造工作。2012年共编制并提交系统及产品需求改造书18份，涉及改造点及产品创新功能50余项，涵盖FOVA主机功能、银行卡及网上银行产品，其中4项创新性需求被总行列为全行通用版本推广到所有境外机构。

（三）内外联动情况。一是在潍柴集团收购法拉蒂游艇公司项目中，米兰分行与总行、山东分行、工银国际内外联动、商投结合，为该项目提供了全程金融服务。二是与浙江分行合作，以内保外贷方式为友佳精密仪器公司在意大利的子公司兰宝蒂公司办理多产品融资协议100万欧元。另一子公司JOBS的200万欧元内保外贷也已发放。三是与深圳分行合作，为得润电子在意大利经销商PLATI公司办理内保外贷融资285万欧元。在资源共享方面，推荐和帮助20余户意大利企业在全球的子公司到当地工商银行开户，积极营销并引荐意大利本地的FIAT、阿玛尼、CANALI、意大利电信等知名企业到卢森堡分行开户或洽谈存款业务机会。在信息沟通方面，先后向6户中资企业推荐了15户意大利目标企业信息。充分利用行内全球资讯平台发布多篇意大利本地企业招商引资信息，跟踪发布各类财经信息700余篇。

（米兰分行）

马德里分行

总经理　刘　玮

一、总体经营管理状况

2012年末，分行资产总额达8亿美元，较2011年末增长67%，各项存款合计达4 050万美元。全年实现考核利润1 524万美元，较上年增长了310%。

二、主体业务发展情况

（一）公司业务亮点。加大内外联动力度，和国内分行合作办理内保外贷和代付业务。共办理内保外贷20笔，总额22 090万美元；办理代付235笔，累计金额134 967万美元。捕捉中西两国间的投资并购机会，在对客户营销中突出投行顾问服务，收取首笔投行业务费1.5万欧元，实现了投行业务零的突破。向某经销商成功发放首笔商品融资贷款20万欧元，是工行海外机构办理的首笔依托海上货物质押监管的商品融资业务。积极营销当地龙头企业，与西班牙世界500强中的多家企业在银团、资金、转汇款等业务领域开展了合作。

（二）零售业务亮点。一是零售客户拓展迅速。各类客户较上年新增668户，其中个人客户553户，公司客户115户；分行存量客户达2 100户，其中个人客户数1 780户，企业客户数320户。二是银行卡业务有序推进 。相继推出了银联单币借记卡、双币借记卡，截至2012年末，分行银联借记卡存量达到970张，银联信用卡实现发卡3张。三是转汇业务量大幅增长。转汇业务完成了17 990笔，较2011年的299笔有了大幅增长，转汇总金额18 363万欧元，实现中间业务收入约16万欧元。四是跨境人民币业务取得成效。共办理301笔代客外汇买卖，金额1 611万美元。与工行国内分行合作办理NDF 2笔，金额为1 480万美元，DF 56笔，累计金额为36 564万美元。五是支票业务正式推出。出台了《支票业务操作流程》，选择部分企业客户和个人客户，启动了支票业务的试点运行。

三、风险管理工作情况

针对西班牙市场环境变化，加强了风险监测分析工作，加大了对风险资产的管理力度。强化了反洗钱工作执行力度，以“客户身份识别与尽职调查”为中心，将反洗钱工作做精做细。开展了对信息安全和外包管理的全面自查，并落实了后续整改。加强与当地监管机构和欧洲总部的沟通，配合做好外部审计工作。

四、机构网络拓展情况

在总行和工银欧洲的指导帮助下，2012 年 11 月 5 日巴塞罗那分行完成在当地市政府办理营业许可的各项手续，开始正常业务运营，并于 11 月 27 日举行了开业庆典。

五、人力资源管理及企业文化建设

经过严格的招聘程序，累计招聘各类高素质人员 9 人。建立了科学化的晋升及考核手段，完善了薪酬管理体系。充分发挥企业文化在引领发展、凝聚合力等方面的重要作用，积极树立良好的品牌和市场形象，分行获得了当地媒体颁发的“西班牙华人最佳企业声誉奖”。

（马德里分行）

华沙分行

总经理　李晓波

2012 年华沙分行在总行和工银欧洲的指导下，按照“资格申领、网点建设、系统搭建、市场营销”的工作思路，有序推进各项筹备工作并成功开业，成为工商银行在中东欧区域设立的第一家海外机构。

一、高效完成申设手续

华沙分行筹备工作始于 2011 年 10 月。2012 年以来，分行筹备组积极沟通协调当地政府、中国驻波兰使馆、申设中介机构等多个渠道，加速牌照审批进程。3 月 20 日，得到波兰金融监管局的经营许可批复，成为第一家进驻波兰的中资银行。之后，筹备组在律师事务所的协助下，先后完成了法院注册、统计代码登记、税务登记等全套牌照注册手续。11 月 22 日，华沙分行隆重举办开业庆典，在当地社会各界引起了广泛关注。

二、快速推进系统建设

在系统搭建方面，从筹备初期华沙分行就调配人力参加总行数据中心集中培训，熟悉各项系统操作，并在安永等中介机构协助下，根据当地监管要求和银行经营惯例，编制差异化需求，完善系统参数设置，在时间紧、任务重的情况下，顺利完成 FOVA 系统投产，为业务运营打下坚实基础。

三、统筹安排营业准备

根据总行、工银欧洲的文件制度办法，梳理和编制各部门业务管理办法、岗位职责、操作手册、相关申请表格及各类文本。有序完成了清算代理行的咨询、筛选、报批和开户工作，顺利在总行、纽约、法兰克福等机构开立清算账户，并成功上线 SWIFT 系统。积极开展人员选拔招聘，目前华沙分行已有 16 名员工，其中，外派员工 13 名，全部为大学本科以上学历，当地员工 3 名。

四、积极开展市场营销

与境内分行联动，逐一拜访了在波兰的中资企业及其国内总部，了解客户业务需求，宣传各项金融服务和业务，成功营销了柳工收购波兰 HSW 公司的 2 000 万美元营运资金贷款，实现了贷款业务的开门红。通过与波兰政府部门、本地专业咨询公司、银行同业等建立良好的关系，多渠道对波兰本地化项目进行广泛调研，积极营销储备优质本地化信贷项目，形成了《华沙分行重大项目情况报告》专题向工银欧洲总部和总行进行了报送。积极联系波兰当地代理行，探讨金融市场业务合作，拓宽资金来源渠道。

五、树立大行良好形象

积极参与欧盟论坛、波罗的海论坛、中波经贸论坛、中资企业座谈会等各种活动，利用各种机会广泛宣传工商银行的业务优势，创造良好外部环境。与波兰信息与外国投资局签署《战略合作协议》，共同编制《中国投资者波兰经商指南》，为中资企业到波兰投资提供助力。积极参加波兰华人青年联合会举办的募捐慈善活动，履行企业社会责任。

（华沙分行）

法兰克福分行

总经理　陈　飞

法兰克福分行积极推进本地化经营，各项业务保持平稳健康发展。全年实现税前利润 2 663 万美元，同比增长 50.21%，超额完成总行考核计划。资本收益率 16.83%，资产收益率 1.15%，实现中间业务收入 751 万美元，同比增长 15.77%，成本收入比控制在 27.9%，存款较上年度增长 128%。风险管理进一步增强，全年未出现不良资产。

一、不断提升分行作为全行欧元清算中心和欧洲时段资金拆借拆放交易中心的服务能力和盈利水平

（一）欧元清算工作获得全方位发展。一是清算业务量持续大幅增长，清算业务收入首次突破 500 万美元大关。全年共办理清算业务总笔数 29 万笔，同比增长 12%，清算总额 7 957 亿欧元，同比增长 288%，全年实现清算业务中间业务收入 430 万欧元，同比增长 24%。二是推出欧元“全包型全额到账”清算新产品，填补了汇款客户对汇款本金全额到账的业务需求，成为分行新的收入增长点。三是加快清算网络渠道拓展，拓宽清算服务面。2012 年新增系统外代理行 6 家，区域覆盖了中国、欧洲和美洲。尤其注重加强对国内同业的营销力度，成功争取到了富滇银行、广东南粤银行和无锡农商行开立欧元清算账户。四是不断提升对全行特别是欧洲机构的清算服务能力。先后为加拿大子行、万象分行、马来西亚子行和波兰分行开立了欧元清算账户，积极协调欧洲银行业协会和德国央行，分批次完成了全行欧洲机构加入 SEPA 清算系统的报批工作，为欧洲区机构的清算业务渠道建设和整合打下了基础。五是清算质量获得业界认可，再次荣获摩根大通清算质量奖。分行清算直通率高达 99.93%，在 5 000 余家竞争者中脱颖而出，成为德国境内仅有的两家获奖外资银行之一。

（二）跨时区头寸管理稳步开展，资金拆借拆放交易量不断攀升。一是继续对总行在大通银行的欧元账户进行跨时区管理，全年累计对 3 340 亿欧元的头寸进行了资金调拨和运作。全年共发生 1 163 笔货币市场业务，累计交易量达 8 480 亿美元。有效地降低了总行大通户的资金沉淀，带来了额外利息收入，满足了本地监管要求，确保了欧元清算的资金需求。二是密切关注欧洲央行的政策动向，及时参加央行推出的 LTRO 低成本融资业务。三是作为全行境外资金交易中心，积极为各海外兄弟机构提供资金支持。全年共完成系统内拆借业务 482 笔。欧元、美元以及人民币交易量分别达到 60 亿、69 亿和 65 亿，交易量同比明显增长。四是外汇代客交易量继续保持稳步发展，全年共完成代客交易 111 笔，交易金额 5 388 万美元。

二、大力推动跨境人民币、电子银行、供应链融资等重点业务发展

（一）跨境人民币业务取得跨越式发展。创新推出了人民币外汇远期交易产品，在德国中资金融机构中属于首创。与招商银行合作的 NRA 项下福费廷业务成为分行跨境人民币贸易融资业务新的增长点，全年业务量超过 10 亿元。加强与同业以及货币经纪商的联系，2012 年新增合作同业 11 家，奥地利的上奥地州银行在

已有的欧元和美元账户的基础上，又在分行新开立了人民币清算账户，作为其人民币主清算行。成功争揽到奥迪、大众等德国本地世界500强企业的跨境人民币业务，市场影响力逐步扩大。全年共实现跨境人民币业务收入7 097万元，同比增长40%，占分行总收入的31%；共实现结算量209亿元，同比增长198%；贸易融资累放量41亿元，同比增长56%；个人和对公人民币账户数同比分别增长224%和69%，人民币存款较上年翻一番。

（二）从战略性高度积极推进电子银行业务。截至年底，分行企业网银客户245户，个人网银客户613户，信用卡发卡量619张。全年企业网银业务量达14.4万笔，个人网银业务量达12.5万笔，汇款转账笔数同比增长5.5倍。至年末，网银汇款占全渠道汇款量的71%，同比提高55%。企业客户和个人客户的网银渗透率大幅提高，分别达到69%和67%。新增企业客户和个人客户网银捆绑率分别达95%和90%，网银动户率和使用率迅速提升。在当地中资银行中首家或独家推出了工银电子密码器、电话银行人工座席和个人网银全球账户管理等重点产品。

（三）供应链融资业务不断深入。作为首家在全集团率先推出全球供应链融资产品的机构，在总结前期市场营销和产品开发经验的基础上，分行以辖属慕尼黑分行为平台，进一步强化全球供应链特色产品，通过“全球票融通”、“欧洲票惠达”等产品品牌，努力打造境外全球供应链产品特色办理行。截至2012年底，共完成11批次、300多笔的全球发票融资业务，所有融资业务均为零风险。

三、市场营销工作取得新进展

集中力量营销本地优质重点客户，除大众、奥迪、五矿、武钢等传统优质客户外，还成功争揽到多家世界500强企业（如德国赢创集团等）和“走出去”大型中资企业（如三一重工）；成功地为总行公司业务二部发放了爱莎项目簿记贷款，这是在工行系统内首次由境外机构作为簿记项下的银团牵头行；代理行营销方面，成功营销了奥地利第一储蓄银行并代表总行与其签署了框架性合作协议；现金管理方面，首次作为主办行与拜耳能源和中国恒天德国公司签订了全球现金服务框架协议，并作为协办行成功介入包括华为、浙江索日等在内的10余家客户的全球现金管理。到年末，分行共有本地企业客户433户，个人客户1 252户，同比均实现较大幅度增长。同时，全力支持境内机构业务拓展，取得了很好的内外联动效果。

四、市场影响力不断提升

先后受邀在法兰克福总领馆举办的“第二届中德金融聚会”、北威州中资企业协会组织的科隆“2012年第二届中国商务与投资论坛”及中国贸促会主办的“黑森州中欧投资洽谈会”上发表主旨演讲，分行总经理还随黑森州经济部长代表团回中国参加巡访。作为在全欧洲华人中最具舆论影响力官方媒体，《人民日报》海外版（欧洲刊）对分行进行了专访，并刊发了题为《奋进中的工行法兰克福分行》的专题报道。12月23日，中央电视台《新闻联播》头条播放了法兰克福分行在欧洲拓展业务的新闻，获得广泛的关注和赞誉。

五、辖属机构特色化经营彰显活力

杜塞尔多夫分行积极将本机构打造成为北威州最具影响力的华人银行，以开拓创新和内外联动业务为经营特色，在德国华人最为集中的地区维护和拓展了一大批重要客户。先后办理了德国机构首笔贷融通、首笔双币种信用证和首笔海外直贷通，并推出了担保项下额度可循环使用等特色创新产品，有效提升了客户服务能力。慕尼黑分行根据巴伐利亚州的经济特点，努力探索建设新能源银行。短短一年内，先后与11家光伏新能源企业建立了业务联系，并以此为契机不断进入化工等当地产业集群。慕尼黑分行还建立起一套完整的供应链融资市场营销及风险管理体系，业务发展前景喜人。

六、全面提升管理水平

积极探索业务运营模式，组建了中台业务运营小组，对开户、网银、银行卡、纸质汇款等业务进行了统一集中处理。从业务线、产品及客户三个方面，重新设计了组织架构。组织开发了对账单本地批量优化处理程序、经营统计分析报表、账户批量查询报表等，并完善了公文审批系统，提升了办公效率。投产了Tonnbelle系统，充分满足了本地反洗钱监管要求。加强了权限卡、参数、业务授权、银行卡和电子银行密码、口令卡等关键环节的风险管理，并按季组织各专业开展操作风险自查自纠活动。

七、积极推进分行资本金并入工银欧洲工作

根据总行区域化管理战略，为顺利推进分行资本金并入工银欧洲项目，分行进行了专题研究，成立了总经理挂帅的工作小组，积极配合工银欧洲和总行做好相关工作。分行还聘请安永作为项目顾问，就并入方案确定和整合工作影响等内容进行了大量分析和研究。

（法兰克福分行）

工 银 伦 敦

总经理　许金雷

2012年面对外部严峻形势，工银伦敦坚定推进业务转型和资产结构调整，重点发展特色业务，总体保持了平稳发展，本地化经营程度和市场认可度持续提升。截至2012年末，资产总额达28.85亿美元，比年初增长14.84%；全年实现拨备后利润3 241万美元，同比增长30.95%；中间业务净收入2 106万美元，同比增长33.54%，占营业收入比例45.37%，同比增加9.25个百分点；年末无任何不良资产。

一、调整组织机构，强化内部管理

（一）建立健全风险和资产负债管理架构。子行成立了风险及资产负债管理部，制定了与自身相适应的全面风险管理框架和风险偏好政策，并对内部转移定价体系进行了优化，风险识别、计量、监控水平大幅提升。

（二）做好信息系统开发升级。子行研发完成相关自动化程序，提高了流动性报告和监测的准确性和前瞻性。全面修订并向监管当局报送了资本充足框架（ICAAP），审核梳理了各项业务风险及资本需求计量管理，制定了压力情景下的资本规划，经内部评估已达到FSA监管要求。遵循新的监管要求，积极推动了监管报告自动化工作。

二、推进资产业务转型和客户群建设，本地化及重点优势项目并重发展

（一）优化资产业务结构，提高资产综合收益。通过资本金占用测算和存款分类管理，强化客户经理资金成本意识和交叉销售意识。通过贷款项目综合收益管理，形成“以贷款争取存款、以贷款争取结算、贸易融资及其他中间业务”的良性循环。加大贸易融资业务开拓力度，促进产品创新和重点银团业务增长。全年贸易融资利息收入占全部利息收入的31%，本地化贷款利息收入占全部利息收入的66%，收益结构进一步改善。

（二）扩大客户基础，推进优质客户群建设。子行加紧推进当地优质公司客户群的建设，目前日常联系的当地公司客户已达61家；货币市场交易对手已超过30家，贸易融资领域与60多家当地银行保持密切往来，交易对手超过100家；全年与10家代理行签订《贸易融资总协议》。

（三）人民币等特色业务亮点频出，内外联动、外外联动不断深化。一是银团业务市场影响力进一步扩大。子行年内承担主牵头行的银团有5家，总金额超过37亿美元。在牵头来宝集团银团的17家全球知名大行中，工银伦敦是唯一的中资银行。二是大宗商品贸易融资领域实现突破。子行自有客户贸易融资业务量共计25.77亿美元，同比上升27%。目前子行已与十余家国际知名交易商及资源企业建立了贸易融资合作关系。三是人民币业务频添亮点。子行创新推出人民币信用证无追索型埋单+美元买断型贴现一揽子组合产品，并成功办理伦敦市场上首笔5 500万元人民币双边贷款，争取到英国最大的本土零售银行劳埃德在工银伦敦开立同业人民币账户。目前已开立人民币公司存款账户25个，累计办理9亿元人民币的购售业务。全年叙做离岸人民币贸易融资业务6.32亿元，开立人民币信用证1.1亿元，办理跨境人民币结算19.36亿元。四是整体联动不断深化。成功发放第一笔4 000万英镑“内存外贷”结构性贷款，与工银莫斯科合作设计1亿美元结构性银团，与工银欧洲所辖机构共同互参银团（含备用银团）和双边达8项，参贷金额达3亿美元。

三、多渠道发展负债业务，资金自给能力不断增强

子行以“推进人民币存款证发行”和“提升品牌国际认可”为核心，以“创新渠道”和“定制服务”为抓手，负债业务成绩显著。年末本地化负债占总负债

的68%，资金自给自足能力得到质的提升。

（一）拓展当地存款吸收渠道。2012年子行新增公司客户42家，客户总数达167家。通过与国家开发银行密切联系，争取到客户开立贷后监管账户和大额欧元存款。年内获得世界卫生组织5 000万美元定期存款，成本控制在LIBOR+30个基点以下。

（二）加大对公账户拓户工作力度。利用中广核收购英国上市公司机会争取英镑存款，全年累计争取“走出去”背景存款1亿美元。以人民币跨境业务为契机，引导跨国公司在子行开立人民币账户。积极推进银团和结构性贸易融资的牵头行、收款行和账户行工作，争取更多的业务机会。

（三）加强同业存款营销力度。连续第四年在当地市场成功筹组俱乐部贷款，金额达4亿美元，比上年增加7 000万美元。同时，争取到中再保等当地多家保险公司开立账户和确认存款额度。

（四）提高自主筹资能力。依托集团人民币第一大行声誉和伦敦离岸人民币中心建设背景，成功发行1亿元人民币存款证，成为首家在欧洲市场发行人民币存款证的银行。同时，还利用债券回购增加辅助资金来源，有效控制期限错配流动性风险。

四、推进中间业务发展

2012年实现中间业务收入2 127万美元，同比增长33.27%；实现国际结算业务收入408万美元，增幅高达70.71%；同时，对公外汇买卖业务有了突破性发展，办理1.4亿美元，实现买卖价差收入27万美元。

（一）代理总行业务为建造交易中心积累宝贵经验。工银伦敦按照总行的发展战略和建立全球24小时交易中心的规划，继续推进代理总行外汇买卖与账户贵金属报价平盘业务。在保障代理业务稳定运行的基础上，不断提高交易员分析水平和交易能力。全年交易量约262亿美元，累计交易笔数12 732笔，交易利润约为2 870万美元，平盘收益率比2011年下半年提高100%。

（二）首次尝试开证前端行（fronting bank）。子行以开证前端行身份赢得全球第二大商品交易商欧洲银团3亿美元备用信用证及保函代开业务，这是首次在国际大型银团项目中担任开证前端行，标志着在国际银团项目运作的最前沿地带取得又一实质性突破。

（三）首次承担国开行贷款账户监管行。子行以账户监管行身份为项目融资方国家开发银行和项目业主提供离岸账户监管服务，这是工银伦敦首次直接与国家开发银行在海外重点能源基础设施项目上进行合作。

（四）积极筹备阿根廷标准银行跨境贷款簿记。工银伦敦和阿根廷子行工作组就承接跨境贷款业务拟订初步方案，并上报总行通过，证明工银伦敦已经初步具备成为全行跨境贷款服务中心平台的条件。

（工银伦敦）

工银莫斯科

总经理　郑卫东

一、主要经营管理情况

（一）经营效益大幅增长。实现了拨备后账面利润659万美元，较2011年增加452.42万美元，同比增长219%。实现净利润490万美元，较2011年增加294.34万美元，同比增长150.43%。权益回报率达到14.73%，较2011年提高8.86个百分点。资产回报率达1.44%，较2011年提高0.89个百分点。成本收入比为42.50%，较上年下降20.25个百分点。手续费及佣金净收入占比达到25.76%，较上年上升8.38个百分点。全年不良资产余额为零。

（二）资产规模快速增长。截至2012年末，资产余额达4.72亿美元，同比增长88%，资产规模超过了在俄罗斯经营近20年、拥有对公及个人业务全牌照的可比同业。其中贷款余额合计约13 691万美元，同比增长151%。取得各项贷款利息收入388万美元，是上年同期的4.85倍。

（三）存款等负债业务发展成效显著。各项存款余额10 666万美元，同比增长147%；月均存款9 548万美元，同比增长48.58%。负债总额38 869万美元，较上年增加17 139万美元，增长78.87%。其中从总行拆入资金余额为9 500万美元，负债依存度为27.98%，大大低于上年57.7%的水平。

（四）人民币对卢布交易表现突出。经过近两年发展，人民币做市商业务已经成为工银莫斯科的品牌和主打业务。作为莫斯科货币交易所5家做市商之一，2012年子行完成的人民币对卢布交易量为10.24亿元，同比增长142.69%，占据市场份额的66.22%，同业排名领先。

（五）卢布与人民币清算业务成倍增长。完成俄罗斯货币交易所人民币对卢布交易项下人民币资金清算11.95亿元，同比增长250%；完成107.37亿元人民币清算业务量，同比增长183%；完成98.01亿美元清算业务量，同比增长180%；完成卢布资金清算21 891笔，金额832亿卢布。

（六）银行同业合作对象进一步扩大。子行营销了61家包括俄罗斯、独联体地区的银行开立人民币、美元等结算账户，同业清算往来账户开户数量已达107个，其中人民币账户53个，较上年同期增加13户。

（七）完成增资工作。工银莫斯科增资工作于2012年4月获得中国外汇管理局的审批。随后，子行积极做好增资与增发股票各项申请材料的准备工作，同时加强与俄罗斯中央银行、莫斯科大区局及相关监管部门的沟通。在总行的支持下，2012年11月获得俄罗斯中央银行的批复，完成了增加4 500万美元资本金工作，显著增强了子行的资本实力。

二、主要工作措施

（一）大力强化本土业务的拓展。依托总行的支持与联动，子行着力拓展了俄罗斯本地包括矿产、电力、航空、石油等行业的优质大型企业，并达成了合作意向；围绕本地美元银团贷款，着重拓展了俄罗斯资源出口型大型优质企业，本地客户基础进一步得到夯实。

（二）加强筹资渠道建设，努力提升自主筹资能力。充分发挥本地筹资没有代扣利息税成本和准备金成本的优势，扩大从本地筹资的对象范围和额度，延长授信期限，在推动本地代理行对子行授信工作方面取得重大进展。本地代理行新增对子行授信额度1亿美元。在总行的统一部署下，纽约分行、法兰克福分行、香港分行等作为境外机构的资金拆借中心相继开始运作，使子行资金拆借的便利程度进一步提高，资金供应能力显著增强。

（三）进一步扩大中间业务收入来源。子行在做好传统的银团贷款、债券投资、清算业务的同时，重点发展了本币结算、做市商、贸易融资、投资银行等业务，努力拓展新的中间业务来源渠道。全年共建立账户行关系12家，开立代理行同业账户22个，其中包括8个人民币清算账户，处理境外代理行清算业务3 931笔，总金额57 555万美元，笔数和金额分别增长224%和54.9%。其中人民币业务1 711笔，清算量278 301万元人民币，相比上年分别增长138%和163%。

（工银莫斯科）

纽约分行

总经理　毕明强

一、业务发展综述

截至2012年末，总资产48.96亿美元，同比增长118.15%。实现税前利润4 765万美元，同比增长40.31%；资本回报率为42.60%；实现中间业务净收入2 166万美元，较上年增长38.61%，中间业务收入占比为34.29%；成本收入比为24.47%，国际结算业务量达102.21亿美元。资产业务达到美国监管最高质量等级，同时全面实现资金自给，对总行的负债依存度为零。

二、主要工作措施

（一）持续优化业务结构，拓宽收入来源。一是资产有效增长。截至2012年末，总资产48.96亿美元，同比增长118.15%。其中贷款余额11.24亿美元（含贸易融资），债券投资余额1.51亿美元，存放同业和央行余额25.53亿美元，资金拆出3.97亿美元，其他资产1.63亿美元。共有公司客户105户，比上年末增加31户。二是拓宽负债来源。截至2012年末，负债总额41.6亿美元，其中各项存款余额6.03亿美元，存款证（CD）余额11.43亿美元，总行在纽约分行美元清算账户余额为28.58亿美元。分行发行CD存量增加至年末的11.43亿美元，实现了26.72%的增长。CD发行利率较低，为分行节省了大量资金成本。三是拓展收入来源。实现中间业务净收入2 166万美元，同比增长38.61%。纽约美元清算中心累计办理清算业务499 829笔，金额14 751.69亿美元，较上年增长36.43%。实现清算业务收入851.25万美元，较2011年增长30.66%。累计办理国际结算102.21亿美元，同比增长13.08%。四是以统一授信理念整合银团贷款业务，成功与美国通用汽车签署银团贷款协议，参贷其全球100亿美元循环担保备用银团。分行作为联合簿记行和联合牵头行，分配参贷额度4.85亿美元。这不仅是分行成立以来单笔金额最大的交易，也使得分行成为该公司在亚太地区核心合作银行。

（二）狠抓风险和合规管理。在信用风险管理方面，深入推进经济资本节约理念在经营管理中的应用，充分发挥集体审议制度对风险防控的作用。在市场风险管理方面，自主设计了流动性风险的压力测试模型，提高了市场风险的识别、计量水平。在操作风险管理方面，根据自身经营特点逐步完善了操作风险管理体系，将操作风险理念和要素融入日常业务经营。在风险系统建设方面，配合总行投产了全球信贷资产管理系统（GCMS）的全球统一授信模块、金融市场交易管理平台（FMBM）、全球产品控制系统（GPC），初步建立了IT系统对风险的硬约束框架。2012年5月，分行接受了自开业以来第三次纽联储例行年度检查，得到监管认可。6月接受了总行内审局现场审计，并根据最终审计报告认真安排整改，全部审计事实已经整改完成。

（三）加强企业文化建设与传播。分行把学习《企业文化手册》和价值理念传播作为培训的重要内容，及时高效地传导企业文化建设思路和管理理念。通过组织丰富多彩的员工活动，增进了员工之间的交流和文化融合，提升了企业的凝聚力。

（纽约分行）

工 银 美 国

2012年7月6日，工商银行完成对美国东亚银行80%的股权收购，工银美国正式成立。工银美国有13家分行，其中纽约3家、洛杉矶5家、旧金山5家，员工约200人。产品涵盖零售银行和商业银行两大领域。其中零售银行主要为个人存款结算、个人住房按揭和银行卡业务，商业银行包含商业房地产融资、企业存贷款、企业结算和支票处理、贸易融资等服务。

截至2012年末，工银美国总资产为7.62亿美元，其中总贷款余额5.72亿美元；总负债为5.92亿美元，其中存款余额5.47亿美元。资产质量保持基本稳定，年末不良贷款余额为2 518万美元，不良贷款比率为4.29%。全行客户20 188户，其中个人客户18 305户，企业客户1 883户。自股东交割日起至2012年末，子行实现营业收入1 699万美元，其中净利息收入1 531万美元，实现拨备前账面利润116万美元，税后净利润63万美元，盈利状况得到明显改善。

一、实现股权交割平稳过渡

股东交割后的第一个工作日，即2012年7月9日，新任命的工行管理层代表正式进驻工银美国总部办公，并行使新一届董事会授予的日常经营管理权力。交割后，新的管理层与工银美国中层及业务骨干逐一交流，传达总行对工银美国的愿景与期待，了解工银美国主要业务运行流程、特点及应重点关注的问题，确保了员工情绪平稳和业务运行平稳。11月29日，子行正式更名为中国工商银行（美国），原美国东亚银行下属的13家分行也同步完成更名，成为工商银行在美国打响品牌、提升产品、扩大客户覆盖面的重要一步。工银美国作为唯一一家在美国东西海岸均可提供零售业务的中资银行，将紧紧依托总行的资源支持、各部门的协同配合，逐步实现“华人首选的中资银行”的品牌塑造。

二、扭转核心业务下滑势头

股东交割前，工银美国存贷款等核心业务指标一路下滑。为扭转势头，采取了以下措施：

（一）转思路。调整子行经营发展战略，从原以商业房地产为主的业务体系，调整为商业房地产、个人住房、国际结算、内保外贷以及存款、汇款等产品线齐抓的方针。

（二）促创新。全面梳理和研发产品，在总行和纽约分行的支持下，锐意拓展公司业务、国际结算和担保业务，同时调整对个人零售业务的发展思路，找准定位，增加产品和服务功能。

（三）抓考核。重申对主要业务线和分行、地区机构的考核，明确下半年目标任务，并按月考核，每周通报进度。并且将有限的人力资源和费用等指标向核心业务部门和网点倾斜，收到了明显的效果。

（四）勤辅导。每周召开工作例会，听取业务发展部和信贷部等主要部门汇报，共同分析市场，协调解决问题。

三、着力提升公司治理和运营水平

（一）明确董事会职责，优化董事会审议流程。子行在交割之后明确董事会和高级管理层职责与定位，形成由战略决策到战术执行再到执行监督的统一；优化董事会审议决策流程，强化董事会专业委员会的作用，通过现场表决议案的方式提高了董事会决策的审慎性，加强了对财务预算、经营计划等议案的编制和审议力度；加强董事会与高级管理层沟通的渠道和模式，确保信息流通快速、准确、全面；促进董事会决议在管理层的贯彻和落实，明确各部门决策权限，细化、夯实制度基础。

（二）全面梳理风险制度与业务流程。子行在交割之后仔细研究风险控制等方面的政策与流程，并对信贷业务政策进行反复梳理与优化，合理划分工作流程，明确界定各自职责，在强化风险控制的同时，提高工作效率。

（三）启动FOVA系统功能分析和投产准备。飓风“桑迪”暴露出子行原有核心系统的脆弱性，也凸显了系统升级的必要性和迫切性。子行及时成立由20名业务骨干组成的FOVA项目工作组，在总行开发团队的支持下，全面开展FOVA系统的熟悉性培训，同时通过各条产品线与总行团队的会议沟通，全面梳理子行的产品目录，加快了FOVA项目建设进程。

四、创造良好的运营及监管环境

工行交割后以新的控股股东身份继续支持和配合监管机构美国货币监理署（OCC）进行现场检查，子行新管理层进驻后第一时间与现场检查的OCC监管代表会面，表明合规经营的态度。子行新的管理层于9月正式拜访 OCC，就未来的发展方向进行汇报，表示坚决配合监管工作和坚持合规经营。在 9 月 24 日董事会前，子行新一届全体董事会成员接受 OCC 的现场培训，增进了董事会对美国金融监管重点和内涵的认识与了解。

（工银美国）

工银金融

2012 年，工银金融以加强“整合管理”为抓手，以“对接中国”为战略，扎实推进各项工作。公司运营管理平稳有序，客户数量日益增多，集团联动不断完善，经营效益显著提升。

一、工银金融 2012 年业务发展综述

截至 2012 年末，工银金融资产总额为 364.98 亿美元，比年初增长 90.11%；其中，债券回购业务余额为 329 亿美元，比年初增长 102.65%，在总资产中占比为 90.1%；撮合股票借贷业务余额为 29.72 亿美元，比年初增长 32.32%，在总资产中占比 8.14%。2012 年，工银金融实现拨备后利润 1 670.67 万美元，比去年同期增长 864.67 万美元，增幅 107.28%。

二、工银金融经营管理情况及主要工作措施

（一）完善重点产品线，巩固主营业务。工银金融证券清算、证券融资和证券存管三大业务主线相辅相成，互动发展，具备了一家典型美国证券清算服务供应商所必要的业务功能和服务平台。

一是证券清算业务。证券清算业务是工银金融的核心业务。公司不断改进核心 TSS 系统，特别是提升了高频交易处理能力、优化了客户端交易界面、拓展了股票交易清算能力，经受了百年一遇的 Sandy 飓风考验，集债券和股票、跨欧洲和美国市场的证券清算系统运行更加稳定高效，功能更加完善全面，为美国当地金融市场同业所广泛认可和接受。公司月均办理美国国债清算超过 40 万笔，月均清算总额 3.99 万亿美元；政府担保机构债券清算月均 19 929 笔，清算总额 1 646.1 亿美元；公司债券清算月均 18 454 笔，清算总额 1 745.3 亿美元。股票清算业务发展提速。自 6 月起，股票清算量从前 5 个月的月均 112 笔跃至 10 594 笔，增长 93.25 倍；月均清算总额从前 5 个月的 1.19 亿美元跃至 141.79 亿美元，增幅达 118.55 倍。

二是证券融资业务。证券融资是工银金融的主打产品，主要有债券回购和股票借贷两项业务。证券清算引致客户的证券融资需求，证券融资又进一步助推扩大证券清算规模。工银金融稳健推进证券融资业务，有效提高了对证券清算客户的综合金融服务能力。截至 2012 年末，工银金融债券回购资产余额 329 亿美元，主要以美国国债和政府机构债为抵押，期限在 1 个月以内，业务运作稳定成熟，风险可控，全年实现净利息收入 12 409万美元。股票借贷资产余额 29.72 亿美元，实现净利息收入 114.57 万美元。

三是证券存管业务。证券存管是清算业务的后续增值服务，而存管业务的规模化又为证券融资提供了资源。目前，公司依托其现有证券清算系统有关附属功能，为客户提供证券存管和交易报告业务。截至 2012 年末，工银金融相继为总行、纽约分行、农行伦敦子行、农行纽约分行、马来西亚银行等客户提供债券存管业务，合计托管美元债券资产 8.1 亿美元。

（二）探索长效、多元、互补的客户发展战略。2012 年，工银金融整合本土化经营资源，对接中国资源以及工行资本与品牌等三块经营资源，探索“主体多元化、分布区域化、业务互补性”的客户发展战略，依托覆盖全球的证券清算能力，努力打造合理分布、收益稳定、长效发展的客户群。

一是打造多元客户主体。积极开拓市场，努力扩展和优化客户结构。工银金融与纽约梅隆银行、摩根大通银行等美资主流托管行建立了“Agency Lending”合作模式，间接对接了两大托管行广泛的客户群体和投资资产，为资产受托客户提供代理证券融资和收益提升服务，进一步丰富了工银金融的客户来源渠道。目前，工银金融的客户及交易对手已覆盖了经纪券商、对冲基金、商业银行、地产信托、国家央行和公共事业等领域，工行品牌在国际主要资本市场的影响力和渗透力正逐步提升。

二是平衡区域发展。巩固美国市场。充分发挥 PDS 团队在美国丰富的网络和人脉资源，狠抓优质客户营销，迅速将工行品牌强势推向美国证券领域。2012 年工银金融共新增美国清算客户 11 家，新增交易对手 68 家。其中，新客户 ED&F Man 证券公司，当年营销落户，即成为综合利润贡献第一大客户，体现了工银金融本地市场营销拓展能力。抢抓欧洲市场。针对欧洲市场竞争对手少、议价能力强、客户黏性大、业务风险低、

占用资本小、发展潜力大等特点，抓住欧洲银行业仍处于金融危机的修复期和调整期，公司积极开拓欧洲市场，2012年新增清算客户7家，欧洲市场清算收入占整个公司证券清算收入的37.39%。对接亚洲市场。加强与总行的业务联动，实现了“四个第一”，即代理总行完成第一笔美元债券清算业务、与总行香港外汇中心完成第一笔债券回购业务、代理客户完成第一笔离岸人民币债券清算业务、代理总行完成第一笔股票型托管业务，并购PDS的整合效应正不断加强。

三是培育不同交易策略的客户组合。在巩固固定收益证券清算优势的同时，增强股票清算业务功能，形成“债券”和“股票”清算功能和规模并重的业务模式。在积极争取传统的固定收益交易型客户和股票交易型客户的同时，抓好混合型交易客户，力争形成业务模式和收益结构相互抵补的良性客户结构，降低宏观经济周期循环及资本市场起伏对公司业务收入的潜在负面影响。

（三）创新跨境人民币债券清算业务。对现有欧美券商客户进行了调研，积极寻找跨境人民币债券业务机会，同时对自身业务操作、账户设置和系统处理等方面进行了改造优化，以满足跨境人民币债券清算的功能需要。5月，成功为一家欧洲客户通过欧清银行（Euroclear）代理了第一笔离岸人民币债券清算交易。截至2012年末，共清算人民币债券44笔，累计清算金额达到5.1亿元人民币。与工银亚洲进行了广泛的讨论与合作，并于第四季度签订了香港市场人民币债券清算代理协议，将工银金融的业务能力延伸到了欧洲和香港两个主要的跨境人民币业务市场，大大增强了在人民币债券清算业务上的竞争力。同时，还与工银亚洲就离岸人民币债券回购业务进行全面论证，探索通过在美国或者香港市场筹集跨境人民币资金，以离岸人民币债券为抵押，为清算客户提供短期人民币流动性支持，进一步完善工银金融全球证券清算和融资金融服务能力。

（四）加强整合管理，完善公司治理。系统整合方面，主动对接总行，在加强集中采购管理、项目立项管理、办公环境管理、科技管理等方面不断取得新的进展。管理整合方面，已实现与总行之间的财务报表对接、税务审计对接、授权管理对接和合规管理对接。文化整合方面，积极实践“用业务发展感召人、用经营绩效激励人、用集体活动团结人”，积极营造中外员工团结奋进、积极向上的工作热情。人员整合方面，加强专业学习和资格培训，自2010年成立以来的两年时间内，公司中方员工已有7人通过美国证券业从业考试并顺利获得证券经纪从业类、业务主管类执照和高管类执照，为工行在证券领域内奠定人才储备基础。

公司顺利通过本年度FINRA监管检查。第四季度，公司还接受了SEC监管例行检查，未有重大违规发现。工银金融作为中资银行控股的美国经纪公司正逐步健康融入美国证券业，“合规经营”为工银金融后续发展提供了基础和保障。

（工银金融）

工银加拿大

总经理　朱铭烜

一、经营情况

（一）经营效益稳步提升。子行实现拨备后税前利润474.09万加元，同比增加79.42万加元，增幅20.12%；实现税后净利润349.68万加元，同比增加77.38万加元，增幅28.42%；总资产净回报率（ROA）0.49%，比上年提高0.06个百分点；权益净回报率（ROE）3.49%，较上年降低0.19个百分点，主要是由于2011年末增资2 500万加元对ROE的稀释效应尚未完全消化；成本收入比72.95%，较上年降低5.43个百分点。

（二）各项贷款净额平稳增长。2012年末资产总额77 237万加元，较年初增加12 450万加元，增幅19.22%。年末各项贷款余额67 052万加元，较年初增加12 247万加元，增幅22.35%；贷款余额占总资产的

86.83%，较年初提高2.22个百分点，资产结构得到改善。

（三）不良资产余额及不良资产率实现双下降。2012年末不良资产余额314万加元，较年初较少78万加元，降幅19.94%，均为交割前存量公司客户贷款在2011年末劣变为不良；年末不良资产率0.41%，较年初降低0.20个百分点；不良贷款率0.47%，较年初降低0.25个百分点；不良贷款拨备覆盖率189.72%，较年初提高62.38个百分点。

（四）客户存款较快增长，同业拆入资金规模进一步增加。2012年末，子行负债总额67 018万加元，较年初增加12 100万加元，增幅22.03%。存款余额45 152万加元，较年初增加7 888万加元，增长21.17%。同业资金来源总额21 261万加元，较年初增加4 145万加元，增幅24.21%。

（五）收入来源拓宽，收入结构逐步改善。2012年实现手续费及佣金净收入242万加元，同比增加49万加元，增幅25.28%，手续费及佣金净收入占比12.19%，比上年提高1.46个百分点。贷款服务、账户结算服务以及保管箱服务3项业务累计收入189万加元，合计占比69.34%；产品及业务创新推动汇款清算、贸易融资服务、借记卡业务成为子行手续费及佣金收入持续增长的重要突破渠道，3项业务全年累计实现收入81万加元，同比增加38万加元，增幅87.20%。

二、完成的主要工作

（一）坚持内外并举，实现公司客户及业务的稳定增长。子行积极落实总行大力拓展公司业务方针，扎根中加贸易发展，从中资“走出来”企业以及与中国有贸易联系或投资的当地大型企业着手，借助集团资源，通过内外联动、外外联动，建立目标客户跟踪制，采取逐户分析、各个跟进的营销策略，全面拓展包括存款、贷款、资金业务、投行顾问等公司金融业务。一是重点跟进在加拿大投资的大型中资企业及项目，营销了11家重点中资企业，子行核心客户数量得到稳步增长。二是积极拓展加拿大本土客户市场，参与全球最大的基金管理公司在多伦多某房地产融资业务，与纽约行联动，参贷某大型汽车公司备用银团贷款2 000万美元，并尝试性介入某大型石油公司油砂项目，承贷1 000万加元。三是积极拓展投行业务，先后与多家公司合作，帮助其项目寻找有兴趣的投资者，积极联动工银亚洲以及工银国际，跟进某赴港上市关联业务，通过与加拿大某投资公司签订常财顾问协议，收取财务顾问类手续费10万加元。截至2012年末，公司客户数1 206户，较年初增加102户；各类公司贷款余额52 825万加元，增加9 185万加元，增长21.05%；公司客户存款余额17 487万加元，增加5 927万加元，增幅51.27%，公司客户存款占比38.68%，比年初提高7.86个百分点，公司客户存款基础逐步提升。

（二）扎实做好产品创新，因地制宜打造零售业务亮点。以FOVA投产为契机，紧抓零售产品创新推广工作，有效推动零售客户及相关业务的发展。一是银行卡业务更上一层楼，正式投产中国银联/Interac双应用双币种借记芯片卡。2012年新发行借记卡3 352张，截至2012年末累计发卡5 489张，比年初净增2 565张，增长87.72%；实现借记卡业务手续费收入16万加元，同比增长132.11%。二是精心策划推出“留学通”项目，有效提高品牌竞争力。三是在集团内首次采用FOVA和NOVA系统联动处理的模式成功开办见证开户业务，实现了境内外零售业务的无缝对接，提高了子行的服务和竞争能力。截至2012年末，子行个人客户数达到14 322户，较年初增加了2 744户，增长23.70%；个人贷款余额14 227万加元，较年初增加3 139万加元，增长28.31%；个人客户存款余额27 726万加元，较年初增加1 774万加元，增幅6.83%；实现各类个人手续费及佣金收入70万加元，同比增长32.32%。

（三）加强同业互动，抓紧中间代理行业务。重点抓好代理行业务的发掘和营销工作。通过与加拿大皇家银行、蒙特利尔银行、工银澳门、加拿大台湾兆丰商银、加拿大帝国商业银行等同业交流，拓宽了合作范围。截至2012年末，新增代理行授信额度1 000万美元，集团外平均拆借成本较上年末下降了29.7%，流动性的管理能力得到提升；此外，子行还启动了与本地银行代理转汇中国境内汇款业务的合作。2012年，子行汇出汇款业务笔数23 034笔，同比增长329%。代理外资清算业务量21 906笔，同比增长约21倍，完成总行计划数（8 000笔）的274%。2012年子行累计实现汇款清算类手续费收入36.5万加元，同比增长99.14%。

（四）多措并举，推动跨境人民币业务。积极主动地拜访当地政府及监管机构，表达了申请成为当地人民币清算行的强烈意愿，并就申请资格进行了沟通。2012年子行跨境人民币业务取得了较快的增长，全年共完成跨境人民币购售3.31亿元，较2011年增长了近3 000倍；年末人民币存款余额493万元，比年初净增369万元、增长近3倍。

（五）全球资讯平台信息应用成果转换取得良好成效。切实做好信息共享工作，挖掘信息价值，把握营销契机，在推动内外联动业务中发挥了服务支持作用，荣获全行全球资讯平台工作先进单位的光荣称号，在境外机构中名列第二位。其中与北京分行、公司业务一部等联动，成功转化了加拿大某风电项目，开立了3 102万加元的保函。根据大连分行提供的信息，共同营销了大连某加拿大投资项目。与公司二部联动成功参与某收购项目。

（六）落实风险管理责任，全面提升风险防控能力。一是完善部门设置和人员配备，统一全面风险管理和内部控制工作。成立风险管理部，完成相关职能划分和工作交接，制订了风险偏好管理办法，梳理和规范了相关风险管理手册和流程，编制各类风险管理和压力测试报告，逐步将全面风险管理责任落实到位。二是提升科技系统风险防控能力。积极配合总行全球资产管理系统（GCMS）的优化工作，实现全流程、刚性控制管理；作为2012年首批推广市场风险管理系统（GMRM）的2家控股机构之一，积极配合总行做好系统功能测试和投产工作，目前系统每日运行稳定。三是调整流动性计算方法，兼顾安全性与盈利性。根据加拿大监管对Basel III的实施要求，对流动性覆盖率和净稳定资金比例两个指标进行了深入研究，对债券投资、拆借拆放等流动性资金运用策略进行了相应调整，更好地满足了子行安全性和盈利性的要求。

（七）认真落实科技系统整改工作。一是认真排查内部基础设施的安全运行隐患。子行按照总行要求，制订了整改方案，并根据实际情况有序推进、逐步落实相应的工作安排。同步完成总行高可用网络系统建设项目、后台总部电话系统的更换和升级项目；完成了灾备机房的扩容和建设等基础设施的更新改造。二是积极完善信息科技应急预案，定期开展应急演练工作。参加了总行组织的2012年度业务级灾备演练，完成了4次本地实际应急场景的灾难测试，保障了子行在未来应急场景下采取有效措施降低损失。

（八）开展培训活动，完善员工队伍建设。加强培训计划的编制，加大培训密度，组织开展了一系列在岗、合规和审计方面的培训活动，促进了并购过渡期现有业务体系的接轨，同时也提高了员工的积极性。

（工银加拿大）

悉尼分行

总经理　韩瑞祥

一、基本经营情况与财务状况

（一）资产规模稳步扩大，资产质量安全可靠。截至2012年末，分行资产总额达到45.6亿美元，比年初增长38.2%。其中，信贷资产余额25.3亿美元，较年初增长25.2%，占比55.5%；债券投资余额5.2亿美元，较年初增长39.2%，占比11.4%；同业及系统内存放/拆放8.78亿美元，占比19.3%。在实现业务快速发展的同时，保持了良好的资产质量。89%以上的贷款投向AA－级（含）以上优质客户，除贸易融资业务、大型本地基础设施建设项目及优质公司客户营运资金贷款等风险较低业务外，其余大部分贷款均以低风险担保方式办理。自成立以来，信贷资产一直全部保持在正常类。投资债券的发债主体全部为外部评级在AA－级及以上的商业银行和澳洲政府，主要用于满足关于高流动资产比率的监管要求。

（二）负债来源维持多元，自筹资金维持高位。截至2012年末，分行负债总额44.8亿美元，较年初增长36.9%。其中，存款5.17亿美元，增长67.8%，占比11.5%；同业及系统内存入/拆入14.35亿美元，占比32.01%；各类债务工具发行余额23.55亿美元，增长21.59%，占比52.53%。资金自筹率维持在90%以上。

（三）经营利润再创新高，收入结构继续优化。分行2012年度利润增长138%达到5 818万美元，完成总行下达预算的191%。实现中间业务收入2 200万美元，同比增长136%，在营业收入中占比27%，较上年提高3.4个百分点。ROA达到1.44%，提高0.54个百分点，ROE达到43%，提高15个百分点，人均拨备后利润达到79.2万美元，提高52.6%；费用支出严格控制在总行下达预算内，成本收入比降至20%左右。各项效率指标均优于当地四大行及同业整体水平。

（四）客户基础进一步夯实，各项业务稳步发展。

一是客户数量稳步增长。分行积极贴近市场，重点发展双边客户关系，坚持深度挖潜存量客户和积极开发新客户两手抓，对目标客户展开名单式营销，公司客户数由年初的110家增至160家，有效拓宽了客户基础。双边贷款余额达到10.74亿美元，较年初增长86%；银团贷款等结构性融资余额5.9亿美元，增长91%。

二是人民币业务快速发展。通过加强内外联动、组办跨境人民币业务推介会、扩充人民币产品线等措施，成功营销31家公司开立跨境人民币账户，与境内30余家兄弟行建立合作关系，成功营销澳新银行在总行开立人民币清算账户。全年累计办理跨境人民币结算248.83亿元，同比增加近160亿元；累计发放跨境人民币融资93.07亿元，同比增加1/4强；累计营销人民币存款7.2亿元，增长21倍；累计筹集人民币资金33.17亿元。

三是国际业务稳步发展。全年累计完成国际结算额88.50亿美元，增长296%；累计办理国际贸易融资21.17亿美元；实现利息收入3 881万美元，同比增长46%；实现中间业务收入193.6万美元，同比增长69%。

四是代客交易取得进展。代客交易活跃的客户达到19家，同比增长60%；叙做代客交易269笔，增长220%；代客交易累计额7.72亿美元，增长336%；代客交易账面利润达到300万美元，增长270%。

五是私人银行业务实现零的突破。成功拓展5个私人银行客户，管理资产规模达到1 681万澳元，并与当地麦格理集团签订理财服务合作协议，为进军高端个人理财市场搭建良好业务平台。

六是其他各项业务稳步发展。累计办理澳元清算27 395笔，同比增长67%，国内分行的澳元清算来委比例达到50%，较年初提高14%；网上银行客户由年初的50家增加至70家，企业网银渗透率超过60%，交易笔数超过5万笔，累计交易额突破1.5亿美元，企业网银主要指标位居境外分行前列；全球现金管理服务客户达到21家，贷款余额近1.5亿美元。

二、2012年主要工作进展

（一）稳步推动管理精进。

一是完成前台重组。将原市场部三个专业团队整合为公司业务部、结构融资部两个独立部门，前者重点拓展双边客户关系，后者重点发展银团贷款、结构性融资等专业产品。在贸易融资部内组建营销和操作两个团队，加强对当地贸易融资业务的营销。在巩固资金部原有筹融资等自营资金管理的同时，重点发展代客交易、代客资产管理等金融资产业务，增强资金部的创利能力。适时调整零售战略，将原零售筹备组改组为私人银行团队，重点发展个人高端理财业务，力求在批发牌照下实现个人业务突破。重组后，各条线业务方向更加清晰，建立起“客户经理+专家支持”、公私联动的团队营销模式，增强了各条线协同营销能力，为分行经营注入新动力。

二是完成中台职能整合。组建资负管理团队、操作风险管理专业团队、流动性风险管理团队，同时优化风险管理委员会架构。在风险管理委员会下增设操作风险、市场及流动性风险、信用风险专业子委员会，旨在加强对各类专业性风险的前瞻性预测及管理，有效识别、管理、监控及解决日常运营中的各类风险问题，提高专项问题解决能力，有力地提升了专项风险决策能力。

三是开展税务优化。为合理筹划税务工作，降低税务成本，严格控制涉税风险，分行聘请专业会计师对成立4年来纳税的合规及合理性、数据的准确性及执行当地税法的有效性进行了审核优化。在此基础上设计了税务筹划优化方案，预计可争取到退税约30万澳元，为未来合理节税提供了有益借鉴。此外，还借机确定了转移定价及公司治理方面的潜在风险点，降低了新业务涉税风险，为四年一次澳洲税务局的审计工作奠定良好基础。

（二）持续改进全面风险管理。一是完成分行主要政策制度年审。结合当地监管最新要求、总行最新规定、当地同业操作实践及分行实际情况，梳理和修订了分行主要政策制度与流程，更好地适应新形势下的业务发展需要。二是积极开展内部审计与内控合规检查。按照年初制订的详细检查计划，先后完成分行遵守澳洲监管规定情况，以及各业务线条的专项审计，就审计发现的问题提出了可行的解决方案，有力提升了分行全面风险管理水平。三是顺利通过金管局操作风险、流动性风险专项检查及外部审计。澳洲金管局分别于2月、12月对分行操作风险和流动性风险管理展开全面现场检查，并给予分行当地同业平均水平的监管评级。此外，外部审计师在对分行2011年的经营和财务情况展开的全面审计中，均出具了无保留意见的审计意见。

（三）机构拓展再获进展。一是珀斯分行渐入正轨。珀斯分行于2011年11月开业，定位于资源银行业务，开业1年多以来成功与41家大型中资及当地行业龙头企业建立起业务关系，全年实现营业收入837万美元，其中中间业务收入294万美元，呈现出良好的发展态势。二是墨尔本分行成功启航。经过近1年紧张有序的筹备，悉尼分行第二家二级分行墨尔本分行于2012年11月开业。三是新西兰机构申设稳步推进。新西兰子行申设方案于上半年获总行批复，总行随后组建了筹备组，悉尼分行内部也成立了新西兰子行筹备工作组，两个团队密切协作，有序推进各项工作。目前选址工作已有初步意向，主要申设材料初稿已提交新西兰储备银行。

（四）继续坚持自筹为主的灵活筹资策略。坚持自筹为主的灵活筹资策略，年内累计发行各类债务工具83笔，筹集资金32.34亿美元，发行币种包括美元、港币、澳元、新西兰元、人民币、欧元等，较好地满足了业务发展需要。并在年内再次定向发售5年期MTN，强化当地市场工行品牌认知度。

（五）重视拓展新产品、新业务、新领域。一是努力丰富人民币产品线。重点设计和推广了一批跨境人民币新产品，包括代客人民币远期交易、人民币双边贷款、人民币与多种外币混合融资以及双币种系列贸易融资产品等，有力提升人民币业务竞争力。二是重视其他新产品开发与推广。通过深化内外联动成功办理了境内企业外债融资、境外卖方财务顾问、贷融通、汇兑通等新产品，服务客户的能力进一步增强。三是探索当地农业、清洁能源等新领域。紧抓中澳在可再生能源（风电）和农业等领域合作日益广泛深入的市场机会，成功与二十多家大型能源类、农业类企业建立起日常沟通关系，其中包括澳洲第三大能源电力企业TRUenergy、最大的谷物企业Manildra、最大的牛肉企业AACo等，为中长期发展储备了可观的业务资源。年内分行主动竞标新资源/能源项目六个，竞标金额累计达10亿美元，其中成功中标5笔、近5亿美元。通过拓展新业务领域，有利于优化分行的资产分布，也增加了利润增长点。

（六）持续加强员工队伍建设和企业文化建设。一是员工队伍不断壮大。注重外部引进与内部培养人才相结合，重视对前台高端雇员的个人业绩考核，探索了与个人业务考核指标挂钩的薪酬结构。截至2012年末，分行员工总数达到88人，较年初增加29人。二是继续加强跨文化管理。在继续开展分行传统文化活动的基础上，积极参加中国春节赛龙舟比赛、悉尼春季跨海长跑赛等当地特色文化活动。同时，分行还重点加强高端交流，包括在百年高校悉尼大学发表演讲、参加澳洲联邦政府举办的国际CEO论坛等当地有影响力的活动，为分行发展营造良好的外部环境。三是积极开展公益活动。多次组织环保志愿活动，积极赞助各类文化公益活动，主动为当地大学生提供实习机会，被当地知名媒体授予“最佳社会责任奖”。

（悉尼分行）

非洲代表处

首席代表　刘亚干

2012年，非洲代表处（暨驻南非标准银行工作组）围绕“代表处”及“工作组”双重职责，重点抓好对标准银行的投资、广泛开拓非洲市场、全面加强团队建设等各项工作，效果良好。标行实现了工商银行投资以来最好的经营业绩。2012年实现核心净利润150.1亿兰特，比2011年增长14.11亿兰特，增幅为10%；净利息收益率比2011年增长31个基点，达4.27%；成本收入比微降至58.7%；不良贷款率持续下降至3.8%；拨备覆盖率上升至57.4%。

一、做好对标行投资的管理，深入推进战略合作

（一）做好对标行的监测和分析工作。建立并不断完善标行及其非洲主要同业经营数据分析模板，完成了大型报告二十多篇，从标行、南非同业、非洲地区同业三个层面进行立体式经营情况分析比较，客观提出标行竞争优势及存在问题，帮助标行找准定位。

（二）督促标准银行进一步落实回归非洲的战略。标准银行进一步缩减了非洲以外分支机构的业务，完成了对俄罗斯、土耳其和阿根廷等分支机构的出售交易，较好地执行了“回归非洲”的发展战略。

（三）推动标准银行调整业务结构，实现协同效应。推动标行调整业务结构，加大零售业务投入，增加零售业务收益，2012年，标准银行PBB核心利润比上年增长20%。发挥利保保险公司与标准银行的协同效应，利保保险的大部分保单通过标准银行网点销售，提振标准银行保险业务，2012年，利保保险业务实现核心利润20.33亿兰特，比上年增长42%。

（四）维持工商银行在标准银行的股权比例，保证投资安全。根据南非市场惯例，标准银行近年来持续进行股权激励发行新股，在一定程度上稀释了工行的股权比例，至2012年3月底，工行持股比例已降至19.75%。代表处多方沟通，摸清股权激励方案，在进行测算的基础上，与标准银行进行了多次交涉，最终达成了择机发放股票股息并进行股票回购的方案，并随后协助标准银行管理层形成了《管理并缓解股东稀释》董事会议案，以董事会决议的方式确保相关措施的执行效力，并监督执行。至2012年末，工行持股比例提升至20.05%。

（五）加强协调，推动战略合作工作获得新的突破。标准银行IT系统落后已成为制约业务发展、影响风险和成本控制的重要问题。2012年，提出通过改造IT系统来提升核心竞争力的发展方向，并推动标准银行与工商银行签订了全面IT合作协议，通过技术和人员交流，在手机银行、反欺诈、汇款、信用卡等领域开展了合作。另外，协助落实国际化人才境外实习项目，安排系统内九名处级以上干部到标准银行总部实习，推动两行战略合作由金融产品向人力资源方面纵深发展。

二、全力开拓非洲市场，获得阶段性成果

（一）多渠道广泛收集非洲经贸信息。为协助总分行业务部门及重点客户熟悉非洲情况、掌握非洲信息、选准非洲项目，代表处广泛收集非洲国家宏观经济及项目信息，汇总形成《非洲经济和项目信息快报》，内容涵盖九个大类，每两周发送相关部门和领导参阅，并在“全球资讯平台”发布。

（二）深入非洲近三十个国家实地拓展市场。克服一系列困难，两个业务拓展小组先后拓展了二十七个非洲国家，拜访各类机构，逐步建立起了涵盖当地标准银行分支机构、使领馆经商处、中资企业、当地主要政府部门、当地重点企业及银行同业的全面客户关系网络，为有效开拓非洲市场打下了良好的基础。

（三）与多个行业的优质客户建立了良好的合作关系。根据非洲项目特点，以项目能否带来稳定的现金流为根本，制定了多层次的营销策略，重点跟进资源能源、电信电力、国计民生等行业的龙头企业，已经储备了七大重点行业200多家重点客户。

（四）业务营销取得阶段性成果。统筹国内、国外两个市场，充分调动工行、标行两行资源，与总行、境内分行、境外分行或分支机构等多个单位和部门密切合作，发挥多维优势，取得了阶段性营销成果。一是成功营销上海证大南非房地产收购项目、南车株机机车项目、龙源电力南非风电项目投标保函项目、金川集团内保外贷等四个项目，并与ECOBANK等多家银行建立了代理行关系。二是持续推动有明确意向的可执行项目，涵盖六大重点行业、十五个重点项目。三是积极储备有潜在业务机会的项目，先后储备了数十个、涉及总金额数百亿美元的多个项目。

三、发挥窗口效应，扩大工行在非洲的影响力

（一）利用国家领导人出访及省市政府金融考察团、金融同业考察团来访的机会，充分宣传工行，扩大工行影响力。

（二）充分利用各种会议机会，向非洲政经界宣传工行。一是利用参加非洲主权基金圆桌论坛的机会，向非洲20多个国家的央行或财政部高级官员宣传人民币业务。二是派人赴北京参加总行与卡塔尔投资局的战略合作会议，代表工行向卡塔尔投资局汇报非洲市场投资机会，与工行联合拓展非洲市场投资机会已写入双方合作协议。三是协助标准银行经济学家，为中国驻南非大使馆举办非洲经济展望研讨会，交流非洲经济增长前景及与中国贸易往来联系。四是为经商处和使馆撰写报告提供材料，协助使馆与南非商报（Business Day）合作出版庆祝中南建交15周年专刊，加强了与使馆经商处的友好关系。

（三）建立与非洲各地使领馆的沟通渠道，扩大工行在非洲各地的影响力。2012年，借驻南非大使馆大使和开普敦总领馆总领事任满更换之机，加强了与使领馆的联系。在赴非洲其他国家拓展业务的过程中，积极拜会当地使馆和经商处，与各使领馆官员建立了友好的关系，第一时间熟悉了当地情况，为业务拓展赢得先机。

四、抓好内部组织建设，培养锻炼人才，支持业务发展

在员工培训上，对非洲地区进行市场细分的基础上，建立分区域的营销体系，优化人力资源配置，成立了英语、葡语区和法语区拓展小组，并进行了约翰内斯堡和开普敦两地的内部人员交流。制定了《学习交流制度》，每月定期安排两次专题交流。制定了《绩效考核暂行办法》，按季对员工进行考核评定。制定了《干部员工思想动态联系人暂行办法》，构建有效的干部员工沟通交流机制。在后勤支持保障上，先后完成了办公新址产权过户、装修改造、迁入新址等工作。并保持了监管机构的良好沟通，按照要求及时完成了南非央行、税务局对公司经营及纳税的申报、测算和缴纳，树立了工行依法合规的形象。

（非洲代表处）

工银阿根廷

副董事长　谢　忠

一、对接整合工作基本情况

工行外派团队入驻阿根廷标准银行，特别是完成正式交割，为这家百年老行注入了新的生机与活力。阿标行各级员工对收购持正面和肯定态度，对工商银行集团强大实力及其依托的中国元素和并购正效应充满期待。

2011 年 8 月，中国工商银行和南标集团签署收购阿根廷标准银行 80% 股份的协议；2012 年 11 月 8 日，收购交易获得阿根廷中央银行批准；11 月 30 日，完成并购阿根廷标准银行 80% 股权的交割，正式控股该银行。随后如期完成资金清算、股东大会、董事会及下属委员会及管理层会议等程序，经营数据与财务报告正式脱离南标集团规则。为确保顺利交割和平稳对接，中方双方人员共同努力，完成了大量工作，实现了员工、客户和业务的“三稳定”。双方建立了三个层面的对接机制，逐条逐项解决 400 余个整合问题。完善子行公司治理结构，对重要业务实行“双签制”。深入推进品牌转换，明确了“一步到位”的品牌战略。搭建依托工行集团的账户服务网络，完成清算支付渠道建设。制定会计准则、会计科目工行标准转换的解决方案。全面梳理本地系统与 FOVA 的差异。加强在业务信息和研究成果方面的交流，建立日常化的信息处理和传递机制。稳步传导工行企业文化理念，推动中阿文化交流和融合，使阿方员工坚定了信心和对子行未来发展的希望。搭建中阿经贸交流桥梁，全面展现了工商银行庞大的客户基础、广泛的机构网络和雄厚的实力，坚定了阿根廷当地企业与工行进一步开展广泛合作的信心。此次收购是中资银行第一次收购拉美地区的金融机构，更是中资银行第一次在境外（港澳地区以外）控股收购一家真正意义上的主流商业银行，阿根廷子行成为拉美地区规模最大、网点最多、业务最全面的中资银行。

二、阿根廷标准银行基本情况

阿根廷标准银行历史悠久，其前身波士顿银行自 1917 年开始在阿根廷开展业务，先后经历过 Fleet 金融集团、美国银行、南标集团多轮收购。子行持有全功能商业银行牌照，可提供存款、贷款、结算汇款、贸易金融、外汇买卖、资金清算、金融市场、现金管理、投资银行、代理保险、租赁、电子银行、信用卡、零售和中小企业业务等。根据工行财务报告标准，截至 2012 年末，阿根廷子行总资产为 42.69 亿美元，较年初增长 11.2%，其中，贷款及租赁 25.91 亿美元，增长 12.1%；固定资产 1.06 亿美元，与上年基本持平。总负债 38.51 亿美元，增长 11.1%。其中，客户存款 29.1 亿美元，增长 3.2%。所有者权益 4.18 亿美元，增长 12.4%。不良贷款额为 5 433.21 万美元，不良贷款率为 2.1%，较年初上升 1 个百分点，贷款损失准备计提较为充足，拨备覆盖率为 158%。2012 年，子行实际实现税前利润 1.6 亿美元，较 2011 年增长 26%，税后利润 9 505 万美元，增长 13%。按原阿标行核算方法计算，因外汇汇率折算方法差异，子行实现净利润 1.05 亿美元，增长 24.05%。权益回报率（ROE）和总资产回报率（ROA）分别为 28.8% 和 2.9%，较上年分别提高 5.4 个和 0.7 个百分点。成本收入比为 55.5%，较上年下降 6.6 个百分点。资本充足率和核心资本充足率分别为 9.77% 和 9.54%。

近百年的发展历程，阿根廷标准银行吸收、消化和发展了波士顿银行、美国银行、南非标准银行的成功管理经验和先进发展策略，已发展成为一家定位于为中高端客户提供全方位金融服务的全国性主流银行。管理规范、人员素质高、资产优良，公司治理架构科学严谨，前中后台业务板块布局健全合理，有较高的市场认可度和美誉度。子行现有全职员工 3 243 名，在阿根廷 23 个省中的 17 个省份建立了 99 家分支机构，372 台 ATM

和433台自助服务机具，以及网上银行、手机银行和电话银行中心组成的便捷高效的服务网络。网点主要分布在布宜诺斯艾利斯省及首都布宜诺斯艾利斯市等经济发达、人口较多、金融需求旺盛的地区，能较好地满足客户需求并有利于拓展潜在市场。

子行与本地优秀企业及知名跨国公司建立了稳定的合作关系，在资源、基础设施、通讯等行业具有较强的竞争力，跨境贷款业务成为在当地领先的国际化银行重点产品，对增加业务收入和提升市场竞争力起到了积极作用。子行将高收入个人客户群体和汽车、农业等潜力巨大的细分市场作为个人及中小企业目标客户，以代发工资、个人贷款、信用卡为重点产品，依托专业服务团队、开展联动营销，提高交叉销售水平，通过优质服务实现长期可持续增长。子行现有中小企业客户3万余家，大型公司（及机构投资者和金融机构）客户578户，个人客户98.5万户，按资产、存款和贷款标准，在私有银行中均排名第8。在若干细分市场上表现更为突出，是阿根廷第一大汽车贷款银行、外汇市场交易前3名、贸易融资和结算市场前5名。

子行金融市场业务涵盖做市商交易、代客交易和资产负债表管理，以交易业务为主，投资较为谨慎，重点发展外汇、利率衍生品和债券三大核心产品线。通过在岸和离岸两个市场的组合，努力扩大贸易结算市场份额，巩固和扩大在同业市场的总体份额和细分产品份额。

按照“保稳定、做加法”的要求，子行在原有六大板块基础上新设中国业务板块，集中优势力量开展对在阿中资机构的营销与支持，并做好工行集团客户的配套服务。重点依托工行集团和阿标行两大平台优势，实施名单制管理和团队式营销，通过内外联动和外外联动发掘业务机会，对投资类、贸易类和工程类等不同类型中资企业提供个性化金融服务解决方案。设计和投产验证了贸易项下代理行融资产品——“探戈通”，并争取到某跨国企业的全部现金管理服务。通过业界领先的Multipay平台，实现付款、收款的集中化、电子化管理，为客户提供更多管理组合。努力打造“中资机构主办银行”和“中阿业务首选银行”。

子行实施全面风险管理，建立了科学的公司治理架构，董事会、各下属委员会、执行委员会职责清晰、分工明确、监督到位，确保对子行重大决议及事项的有效管理。形成了能够满足监管要求，适应市场拓展与客户服务的风险管理理念和一套完整的风险防控制度，无缝涵盖信用、市场、操作、合规、洗钱等各类风险，实行一票否决、垂直集中管理、分级审批等先进做法。注重从业务源头加强风险管理，将风险防控有机融入业务全程，实现对潜在风险的快速识别、准确评估和有效控制，为市场开拓与客户营销提供有效支持。建立了完善的内部控制体系，为日常管理提供客观独立的评估。设置利率风险限额和动性风险限额指标，通过内部资金转移价格，由资产负债部门实行利率风险集中管理，多次成功应对利率冲击和流动性冲击。

子行拥有众多管理人才，在市场、运行、科技、法律、风险、财务等各条线，培养并储备了一批专家和业务骨干。具备较强的科技开发与运维能力，拥有较为丰富的产品服务和业务支持平台。在项目组织、业务支持等方面采用六西格玛精益技术和BPM过程管理设计思想，注重提升效率和控制过程偏差。实现了全流程管理、统一视图、文档数字化和过程控制，满足了当地市场不断变化的监管需求。

子行积极参与社会公益活动，履行社会职责，努力为环保、艺术、教育等事业贡献自己的力量。是阿根廷国家足球队、国家橄榄球队银行业唯一官方赞助商，是La Aguada马球队官方赞助商。

（工银阿根廷）

浙江平湖和重庆璧山工银村镇银行

一、浙江平湖工银村镇银行

（一）业务发展情况

2012年末，浙江平湖工银村镇银行各项存款余额达到13.21亿元，其中储蓄存款余额为2.38亿元，较上年末增加1 678万元，占比从上年末的15.77%提高到18.02%，存款结构进一步合理；各项贷款余额达14.48亿元，其中个人贷款3.39亿元，占比从上年末的14%提高到23.38%，贷款结构趋向优化；公司和个人客户6 378户，比上年增加4 238户，客户和业务已覆盖辖内八个乡镇、街道；代发工资的客户111家，累计办卡3 622张，代发工资金额2 100多万元；网银交易金额累计达64.4亿元；实现拨备前利润9 683.37万元，提取各项贷款损失准备金4 662.48万元，全年上缴各项税费1 694.94万元，实现净利润3 746.28万元。在2012年开展的金融系统民主评议行风活动中，平湖工银村镇银行营业部被评为平湖市银行系统“十佳群众满意网点”。

（二）主要工作措施

1. 强化营销能力建设，多渠道挖掘客户存款资源。树立“拓展市场、拓展客户、拓展渠道、拓展合作”的存款发展思路。一是积极拓宽合作渠道。积极争取政府及有关部门财政资金大力支持，2012 年末财政资金存款达到 2.47 亿元；继续维护好国开行新农村建设贷款资金受托支付业务，全年累计受托支付监管资金 1.2 亿元，留存余额 4 000 多万元；继续加强与工行、担保公司、小额贷款公司、行业协会、商会等方面的业务合作，建立了“银保企”三方合作关系，拓展了存款来源。二是通过存贷联动提高贷款资源的配置效应。通过实施差别化利率政策提高优质客户的销售归行率，以及采取存贷比挂钩、集零月月存、网上银行、代发工资和联保贷款保证金管理等方面的营销和考核措施，提高融资客户综合贡献度，带动存款的增长。三是组织开展多种形式的存款竞赛活动。先后组织开展了“旺季揽存竞赛”、“月月增存，月月有奖”专项营销竞赛、集零转存、续存等专项竞赛，以及银行卡专项营销竞赛、网上银行专项营销竞赛、代发工资竞赛等活动，通过旬度工作推进，月度统计考核，季度分析总结，年度绩效考核等方式，重点抓工作目标的落实和产品的推进工作，带动客户数量、资金流量、存款留存量、个人存款的增加，改善了存款结构，增强了存款稳定性。

2. 强化创新能力建设，发挥经营特色，服务实体经济。坚持“支农、支小”的市场定位和“小额、流动、分散、灵活、快捷”的经营策略，在“合理、优化、适度、有效”的原则下，将“强村扶贫”、“支农富农”、“创业成长”、“扶商富商”、“农民安居”、“助您圆梦”等六个方面的客户作为信贷支持的重点，不断加大对“三农”、小企业和个人贷款的支持力度。一是在全市金融系统中率先组织开展了“进村入企、温暖小企”金融服务系列活动，实现金融支持实体经济的有效落地。二是结合农村市场的特点，以村级经济合作社和村级商会为抓手，通过银社、银村、银农对接，继续实施和推行农户联保、“银＋保＋农”、“银＋社＋农”、“银＋企＋农”、“银＋自然人＋农”和流转土地承包经营权质押等担保方式，组织开展“金融服务对接会”、“批量授信”、“送贷下乡”等活动，扩展服务“三农”领域。截至 2012 年末，涉农贷款余额达到 3.98 亿元，占比较上年提高 10 个百分点至 18%。三是针对中小企业资金紧，融资难的问题，有重点地选择了五金、箱包、洁具、童车、紧固件、科技型等具有产业集群特点、小额信贷需求比较旺盛的成长型小企业给予重点支持。截至 2012 年末，小微企业的客户数达到 292 户，农户和个人客户数已达到 957 户。四是根据平湖产业结构和块状经济的现状和客户规模小、实力弱、透明度低、财务信息和抵押担保缺失等特点，从细分客户市场，创新产品和服务方式、推行“信贷六能服务”操作机制，建立和完善“支农、支小”绩效分配考核机制等三方面进行创新突破，以提高差异化的服务功能。五是加强与工行、担保公司、保险公司和行业协会的业务合作，继续推行银票差别保证金、担保保证金和农户、小企业联保贷款保证金管理机制，综合效益有了明显提高。

3. 强化价值创造能力建设，不断增加收入来源，提高经营业效益。推行全面价值管理的理念，强化绩效考核管理机制，提高价值创造能力，有效促进全行可持续发展能力的提升。一是抓好定价管理，强化有限信贷资源的价值创造能力，把利率定价、存贷比、销售归行率、客户综合贡献与客户经理绩效薪酬考核紧密挂钩，合理提升新放贷款的定价水平和客户综合贡献度，提高信贷资金使用的回报率。二是拓展银团贷款参与、网上银行、代签银行承兑汇票、代理保险和委托贷款业务等业务合作，增加中间业务收入来源。三是提高对低成本业务的营销能力，突出资源配置的引导作用，努力降低借用资金成本，加快资金周转，提高全行资金的使用效益。

4. 强化风控能力建设，不断完善内部管理，提高发展质量。针对内部管理和风险防控中存在的薄弱环节，着重从强化制度和机制建设着手，逐步建立起“责任明确、制度可循、规范操作、风险可控”的管理机制。一是加强制度建设，完善内部管理。根据法人机构风险管理的要求，不断健全董事会、股东大会、监事会和经营班子议事制度，先后成立了风险管理委员会、授信管理委员会、信贷审查委员会、内控管理委员会、财务管理委员会，进一步健全各项例会制度，加强董事会及各委员会履职能力。明确了风险管理必须把好“五个环节和三道防线”的要求，全行主动参与、自我约束、自我控制风险的意识有了明显的提高。二是加强检查监督。建立定期和不定期对临柜业务、信贷业务和制度执行等方面的检查制度，强化整改，落实责任。先后组织了支付结算业务、票据业务等方面的检查，有效遏制各类风险的发生。三是建立健全风险考核和审计机制。细化岗位职责，明确各部门的工作职责和全行员工的岗位责任。配备事后监督人员、对公账户对账人员和信贷中台审查控制人员，实现了内外部审计的同步到位；建立了风险责任金制度，按照不同岗位所承担的风险责任大小，从每位员工的绩效工资中提取一定比例作为风险责任金，与个人所承担的风险责任进行考核挂钩。加大对业务、操作、纪律等“不合规”的处罚力度，2012 年共处理临柜和客户经理业务不合规操作 244 人次，处罚金额 44 724 元，有效地控制了各类风险的发生。四是进一步加强作风建设和党风廉政建设。与各部门分别签订“三个责任制”责任书，落实各级风险管控责任；定期组织人员对内部管理和劳动纪律情况进行检查，及时提出整改意见，建立员工考核考评制度和员工行为动态排查制度，加强了对员工的行为动态管理。

5. 加强队伍能力建设，不断提升员工素质。一是通过机制激励，充分调动员工的积极性。合理调整优化劳动力资源配置，建立和完善各项考核机制，建立风险与责任、经营目标与绩效考核分配挂钩的员工考核评价机制和全员年金激励机制等。二是通过加强学习培训，努力提高员工队伍素质。建立了周三固定全员培训学习制度，先后组织了职业道德、企业文化、员工行为规范、各项规章制度和业务知识、业务技能等培训学习，同时还组织全行员工参加了工商银行网络大学平台的自学和集中学习。认真抓好培训学习效果的考核，组织了全员“业务知识和业务技能”考试、内控防案业务知识考试、员工行为规范知识竞赛等活动。三是开展形式多样的党团工活动，增强团队凝聚力。四是建立和完善管理层与员工的谈心沟通制度。定期组织开展各部门员工工作交流和考核考评活动，通过开展谈心沟通、工作交流和考核考评，不断提高员工的内在活力。五是组织开展各类丰富多彩的活动，丰富了员工的业余生活，愉悦了心情，营造了和谐向上的团队氛围。

三、重庆璧山工银村镇银行

（一）业务发展状况

2012 年，璧山工银村镇银行遵循“服务‘三农’、服务小微企业、服务县域经济”的经营定位，坚持小额、流动、分散的经营原则，做好当地农户和小微企业金融服务，业务经营实现了稳步发展。截至 2012 年末，公司客户 206 户，个人客户 11 657 户，分别比上年增加 66 户、8 879 户。各项存款余额 42 361 万元，较年初增加 12 483 万元，增长 41.78%；各项贷款余额 47 953 万元，较年初增加 13 376 万元，增长 38.69%；实现营业收入 2 904 万元，比上年增加 695 万元，增长 31.46%；实现拨备前、拨备后利润 2 020 万元、1 477 万元。各项监管指标总体执行较好，信贷资产质量良好，提取贷款损失准备金 889 万元，实现了风险全覆盖。成立三年来，无案件、无重大差错、无不良贷款发生，无各类风险事件发生。

（二）主要工作措施

一是积极探索和努力打造特色经营管理机制。主动与县农委、经委、商旅委、工业园区管委会、行业协会建立合作关系，召开“‘三农’服务专场对接会”，搭建起银政、银企相互沟通交流的平台。将金融服务的着力点放在“三农”、新型农业经济、农办中小微型企业和农村私营经济上，召开了“阳光计划”启动大会暨“公司 + 农户”贷款签约仪式。在璧城、璧泉、青杠、来凤等乡镇的观音、华龙、青河、石河等村社掀起“进村子、到农家，交朋友、结干亲”活动，与各街道、村社和农户建立合作关系，探索新型服务流程和经营机制。

二是研发融资产品，健全产品体系。针对县域经济及产业结构特点，着力打造服务“三农”的“阳光计划”系列和服务于中小微企业的“成长动力”系列金融业务品牌，为农户及涉农企业提供个性化金融服务。“阳光计划”系列产品包括“金色阳光”、“丰收计划”、“幸福工程”三大系列，涉及农户、种养殖大户、农副产品采购、农村基础设施建设、小城镇建设等多项内容；“成长动力”系列产品包括“创业贷”、“贸易通”、“存贷通”、“主动授信”等 10 多个融资产品。

三是探索“公司 + 农户”贷款模式，有效解决养殖户贷款难题。针对璧山农村经济结构中家庭养殖业占主导地位的特点，坚持“支持一家农业企业，带动一方农民致富”的信贷投放原则，选择农业产业化龙头企业为合作单位，从申贷资料、调查审批等业务处理流程进行了创新，对养鸡专业户发放了“公司 + 农户”贷款，将公司与养殖户之间从传统的收购关系转变为新型产供销服务关系，解决了传统生产方式中存在的销售不对路、技术支持不足、资金缺乏等问题，支持公司发展，帮助农户扩大家禽养殖规模，增收致富。截至 2012 年末，108 户重点养殖专业户贷款余额 1 900 万元，户均 17.59 万元。对养殖户的贷款，按人民银行同期基准利率定价，让利于农民，充分展示了“支农、惠农”的社会责任。

四是积极支持涉农小微企业、种养殖户及个体经营户发展。针对县域内涉农中小微企业、种养殖户及个体私营经济的特点，我行针对性地推出了“成长动力”系列融资产品，积极支持和解决他们在创业发展中资金短缺问题。在担保方式上，采取了抵（质）押、法人或其他组织担保、专业担保机构担保、自然人担保等保证方式。在贷款期限的确定上，一般为一年，最长不超过三年。据不完全统计，2012 年我行信贷客户安置农村富余劳动力 1 万余人，发放民工工资 30 596 万元，实现产值 328 107 万元，销售 328 570 万元，利润95 571 万元，缴纳税金 73 211 万元。

五是健全规章制度，切实防范风险，确保支农涉农信贷业务稳健发展。借鉴工商银行内控管理的成熟经验和制度，结合村镇银行特点建立完善了覆盖业务经营与内部管理制度和办法 100 余项。强化部门内控、案防履职管理，按照业务板块，制定操作标准和禁止条款，实现了每一项业务都有标准、每一步操作都有依据，每一个作业都有规范。在注重工作效率的同时，严格控制信用及操作风险，保障信贷安全。

（总行人力资源部）

第三部分

公司治理与风险管理

责任编辑：鹿　朋

公司治理机制建设

2012年，工商银行严格遵守营业所在地和上市地的法律法规及相关监管规定，坚持把完善公司治理作为提升发展水平的关键举措，围绕“建设最盈利、最优秀、最受尊重的国际一流现代金融企业”的战略愿景，不断完善“三会一层”架构和工作制度，提升对子公司的治理水平，积极推进战略转型以及经营模式和增长方式的转变，强化风险管理和内部控制，着力改进和提高服务质量，提升核心竞争力，全面促进各项业务健康发展。

一、持续优化公司治理架构

（一）稳妥推进董事、监事、高管选任和专门委员会调整。2012年，工商银行先后完成汪小亚、葛蓉蓉、王小岚、姚中利4位非执行董事新任，柯清辉、洪永淼两位独立董事的选任，麦卡锡、钟嘉年两位独立董事的连选连任，董娟、孟焰两位外部监事的连选连任，李明天职工代表监事的选任，王希全副行长的聘任等工作。结合新任董事的专长和经验，兼顾董事会各专门委员会的稳定性，顺利完成专门委员会人员结构调整，保证了专门委员会的专业性和独立性，专门委员会在董事会和高级管理层之间的桥梁纽带作用不断加强。

（二）积极维护股东各项权益。2012年，工商银行继续采用两地视频、两地均可投票的方式召开2011年度股东年会，以方便A股和H股股东参加会议和提出建议、行使表决权。2011年度股东年会投票股东达1 732人，较上年同期提高31%。圆满完成2011年度股息派发工作，2012年本行现金分红金额为709亿元人民币，现金分红比例达35%。

（三）董事会积极履行决策和监督职责。2012年共召开董事会会议14次，审议议案62项，听取汇报20项。同时，董事会密切关注各项战略、规划、决策的实施情况，积极履行监督职责，通过听取管理层的各项汇报，包括年度经营计划、各季度和半年度经营情况等，就全行改革发展的重要问题开展调研，确保稳健经营和健康发展。

（四）监事会积极发挥监督作用。根据法律、法规和公司章程赋予的职责，监事会围绕全行中心工作，积极探索具有本行特色的监事会监督工作体系，依法履行监督职责，深入开展对工商银行董事会、高级管理层及其成员的履职监督与评价工作，加强对工商银行重大财务活动、风险管理与内部控制的监督，就有关事项客观、公正地发表独立意见，促进本行依法合规经营和持续稳健发展。同时，根据证券监管部门要求，组织开展工商银行规范运作自查自纠工作，对促进工商银行自觉承担起完善公司治理、持续信息披露、积极回报股东等责任和义务，不断提高公司治理意识和水平起到了很好的作用。

（五）管理层不断加大重点领域和关键环节的改革力度，确保经营计划顺利完成。2012年，工商银行经营效益稳步增长，各项指标均完成年初制定的经营计划目标。与此同时，紧紧抓住发展机遇，全力推进各项改革。继续扩大利润中心改革范围，利润中心增加至8个；推进全行法律事务管理体制改革，并在14家一级分行组织实施；完成全部一级（直属）分行授信审批集中管理体制改革，组建26家私人银行中心；在总行组建消费者权益保护办公室，将信贷管理部更名为信贷与投资管理部；在境外组建欧洲区及美洲区现金管理中心、私人银行中心（欧洲）及科技服务中心（香港）。

二、不断完善公司治理制度和机制

（一）完善公司治理基本制度。根据两地监管机构和股东单位的相关要求，结合工商银行实际，积极开展公司治理基本制度修订工作。一是根据北京证监局要求，开展公司章程修订，将现金分红相关制度写入公司章程，并结合实践及其他监管要求对部分条款予以修订，成为北京证监局辖区大型上市银行中第一家公告修订后公司章程的银行；二是根据香港联交所《上市规则》及《企业管治守则》对董事会专门委员会工作规则进行修订，成为首家完全符合香港联交所《上市规则》及《企业管治守则》有关董事会及其专门委员会职责新要求的国有控股银行。

（二）加强授权管理工作。各经营主体按照有关规定定期开展授权方案自查和报备工作，形成检查报告提交相关部门。内审、内控部门负责开展日常经营授权管理的监督，开展对授权执行情况的检查，纠正不规范行为。管理层和董事会定期对授权方案的执行情况进行统计分析，并分别报告董事会和股东大会，有效地提高了授权管理工作的规范化程度。

（三）加强全面风险管理体系建设。完善国别风险评级体系，搭建集团并表管理体系，修订《国别风险管理办法》、《并表管理制度》、《风险管理评价、限额、评估办法》，制定《2012－2014年风险管理规划》。风险管理治理结构、制度体系、IT系统与考核机制日益完善，风险计量体系日渐成熟，风险管理水平全面提升。

（四）加强内审制度体系建设。以风险为导向、以增值为目标，关注经营管理中的主要风险及其变化趋势，从机制、流程、系统等不同层面和维度评价风险管理、内部控制与公司治理的有效性，促进工商银行健康持续发展。提升审计信息化研发应用水平，完善专业实务标准，加快推进职能转型和专业创新，优化工作方法和管理机制，审计质量与效能得到全面提升。

（五）加强内部控制体系建设。制定《内部控制基本规定》、《合规管理基本规定》、《制度管理基本规定》等多项基本制度，编制《2012－2014年内控体系建设规划》，改进一级（直属）分行内控评价工作模式，建立集团制度全流程管理机制，组织开展以员工行为规范教育为主题的合规文化建设活动，内控合规文化进一步深入人心。

（六）加强激励约束机制建设。以人为本、服务协同、科学管理，持续深化干部制度改革，深入推进员工工作，不断完善薪酬激励机制。稳步推广人力资源提升项目成果，逐步构建全球雇员薪酬激励体系；全面推进集团薪酬治理的制度体系建设，建立健全子公司激励约束机制；稳步推进员工晋升发展机制和绩效管理体系建设，持续完善以岗位价值、履职能力和工作业绩为核心的市场化薪酬激励体系。

（七）不断提高公司透明度。秉承“真实、准确、完整、及时、公平”的信息披露原则，以投资者需求为导向，不断提高自愿性信息披露的深度和广度。严格执行内幕信息及知情人管理制度，防范内幕交易，充分保障广大股东的利益。通过境内外路演、业绩推介会、反向路演、日常接待等多种形式，全面加强与投资者的沟通交流，努力打造专业、高效的投资者交流平台，畅通信息沟通渠道。

（八）积极践行企业社会责任。围绕打造全球最受尊重的国际一流现代金融企业的目标，形成富有工商银行特色的社会责任观。逐步建立集战略规划、制度建设、信息披露、教育培训、国际交流于一体的社会责任管理实践体系，有效提升全行社会责任的管理水平和履行能力。构建以“诚信、人本、稳健、创新、卓越”为基本价值取向的企业文化，增强员工的凝聚力与积极性。

三、积极开展公司治理交流宣传与研究探索

（一）姜建清董事长出席中国上市公司企业治理论坛。2012年3月1日至2日，香港上市公司商会在上海举办了高规格的中国上市公司企业治理论坛，姜建清董事长应邀出席论坛。作为开幕式唯一的主题演讲嘉宾，姜建清董事长作了题为《稳健有效的公司治理是上市公司健康发展的基石》的主旨演讲，获得在场嘉宾的高度评价，进一步提升了本行公司治理的美誉度和影响力。

（二）圆满完成股改上市案例编制。与瑞士洛桑商学院著名金融及公司治理教授Cossin Didier先生合作，于2012年11月完成《工行股改上市案例》的编写和发布。该案例是目前海外第一个深入讨论中国大型商业银行公司治理并运用于全球顶级商学院MBA教学的案例。该案例的发布，标志着工商银行与国际先进教育机构公司治理共同研究机制的建立，也是对本行股改上市历年成就的一次较为系统的梳理、总结和宣传。

（三）积极探索完善集团公司治理。随着工商银行综合化、国际化步伐的加快，在集团经营发展和创新过程中，跨区域、跨行业、跨机构的新情况、新问题不断涌现，且往往需要满足境内外不同的监管要求。据此，一方面从理论出发，组织力量开展集团公司治理研究，撰写了《金融集团公司治理》、《监事会监督工作体系研究》等全行重点课题研究论文；另一方面从实际出发，积极探索和完善子公司的治理架构、制度和运行机制，协调子公司遵循所在地监管要求及治理规范，设立“三会一层”，依法赋予各治理主体相应的职责权限，不断优化权责明晰、互相协调、高效运转、有效制衡的治理机制，完善子公司的公司章程、授权方案及其他治理制度，并将授权管理、风险管理、信息披露等集团治理的基本制度和要求覆盖到子公司。

2012年，工商银行公司治理建设获得监管机构、资本市场和社会公众的高度评价，荣获香港上市公司商会“2012年香港公司管治卓越奖”、香港会计师公会“最佳企业管治资料披露大奖——H股板块白金奖”、上海证券交易所“2012年度上市公司信息披露奖”、南开大学2012年度“中国最佳上市公司治理奖”等31项境内外公司治理重要奖项。

（总行董事会办公室、监事会办公室）

投资者关系管理

2012年，面对股改上市以来最为复杂的外部形势，工商银行加大投资者合法权益保障力度，高效服务各类投资者，以投资者关系管理为抓手，积极宣扬工商银行经营品质与发展战略，推进市值长期稳定增长，巩固了全球市值第一银行的领先地位，赢得市场广泛赞誉。2012年荣获财华社“2012香港上市公司港股100强市值十强”、“营业额十强”、“净利十强”、“综合实力十强”，中国上市公司市值管理研究中心“2012年度中国上市公司市值管理百佳”、“2012年度中国上市公司资本品牌百强”等大奖；姜建清董事长获中国上市公司市值管理研究中心“2012年度中国上市公司十大创富领袖奖”；董事会秘书胡浩获《证券时报》“最佳投资者关系董秘”和《大众证券报》“金牌董秘”。

一、依托集团优势，向全球投资者全面深入展示工商银行领先可比同业的经营管理品质与可持续发展前景，坚定资本市场投资信心

2012年，受宏观经济增速放缓，监管环境变化和利率政策调整等多种因素叠加影响，境内外投资者对中国银行业的增长前景和资产质量空前担忧、质疑不断，加之同期美国经济出现积极信号和部分国际同业经营业绩持续改善，全球投资者预期及其资金流向出现显著分化，投资者关系管理面临巨大压力。为持续做好投资者关系管理，工商银行通过高效、高质完成四次定期业绩发布与境内外路演，积极参加国内外知名投资论坛并发表主题演讲，认真细致做好投资者分析师来访会见，坚持接听投资者热线电话与邮件回复等渠道方式，与境内外各类投资机构400余家5 000余人次进行了全面、立体、深入的互动沟通。在此基础上，加强工作创新与机制建设，不断提升投资者关系工作水平。

（一）创新投资者关系管理形式，深入分支机构举办大规模反向路演，开创了中国银行业先河。2012年11月，联合四川分行在成都举办了“焦点与亮点——中国工商银行可持续发展之路”反向路演活动，得到了境内外资本市场广泛关注，吸引了中央汇金、全国社保基金、新加坡淡马锡公司，以及中信证券、中金公司、德意志银行、摩根士丹利等百余家投资机构和券商参加。通过主旨演讲、讨论交流、业务线开放、走访客户等活动，工商银行转型发展的盈利模式赢得了投资者的高度信服和赞赏，中国经济梯度发展与工商银行可持续增长潜力也得到了资本市场的广泛认可，其后有多位银行业知名分析师为此发表了“增持”或“买入”工商银行的专题报告。

（二）丰富投资者关系工作内容，改善投资者服务体验。在向投资者推介工商银行投资价值的同时，注重了解投资者潜在的金融服务需求，先后促进科威特投资局和安邦保险公司等工商银行股东就QFII托管和理财产品研发等事宜与工商银行相关部门展开业务沟通和合作探讨，助力开拓业务市场、提升工商银行内在价值、展示工商银行金融服务能力。

（三）加强股东服务意识，及时建立畅通高效的沟通渠道，完善投资者关系管理重大突发事件应急机制，保障工商银行股价总体稳定运行。通过明确应对方略、处理流程与责任分工，及时妥善地处理了境外战略投资者大比例或密集减持、货币政策连续调整等多起投资者关系管理重大突发事件，有效保障了工商银行股价总体稳定运行。

二、密切监测市场动向，深入研究热点问题，不断增强市值管理的主动性

在坚持开展工商银行及可比上市公司股价和市值变动监测、定期发布监测分析报告的基础上，重点围绕投资者关注的焦点问题，进行深入、细致的分析研究，提出应对举措与发展建议，供管理层决策参考；以相关研究成果为依据，积极开展与广大投资者的沟通交流，向资本市场展示了工商银行可持续发展前景，有效化解了市场的疑虑和担忧。

（一）积极应对利率市场化改革议题。针对央行连续放宽存贷款利率波动幅度的政策，以资本市场监测快报形式，就政策调整的内容、原因、股价反应和各行的存款利率定价变化等，提出应对建议；及时召开专题电话会议，以专业的分析向国内外分析师、投资者阐述利率市场化带来的机遇与挑战，坚定投资者投资信心。

（二）积极研究中间业务收费问题。针对监管措施与市场环境影响，撰写工商银行与国内外同业的2011年度和2012年半年度业绩比较报告，详细分析工商银行的优劣势，并提出相关发展建议。同时，主动向市场传达我行推行综合化经营，提高中间业务收入占比的战略，向分析师、投资者传达我行发展信心、引导市场预期。

（三）前瞻性地研究资本约束和资本工具创新问题。针对2013年新资本管理办法即将实施的情况，积极研究资本工具创新课题，选派人员赴银监会参与新资本工具研发工作，并与监管部门和股东单位开展了富有针对性的沟通交流，为我行试点发行新资本工具创造有利条件；深入比较我行与一些大型国际银行的一级资本与资产规模变化，探索工商银行资本节约型发展路径和多形式的外源性资本补充渠道。

（四）深入研究国际可比银行股价上涨原因，精心提炼我行投资亮点，向投资者展示工商银行经营特质，取得了良好效果。截至2012年12月31日收市，工商银行市值2 364亿美元，继续保持全球市值第一银行的领先地位。

（总行战略管理与投资者关系部）

履行社会责任

工商银行将“提供卓越金融服务”视为自身使命，紧紧围绕“工于至诚，行以致远”的价值观，不断完善社会责任体系，把服务客户、回报股东、成就员工、奉献社会融入公司的经营战略，建立健全利益相关方的识别和参与机制，着力搭建社会责任信息交流平台，努力实现与利益相关方的和谐共赢。2012年，工商银行在履行社会责任方面的良好表现获得了国内外社会各界的广泛认可，再次入选恒生可持续发展指数成分股，在社会责任领域先后荣获“年度最具社会责任金融机构奖”、“年度最佳公益慈善贡献奖”、“最具责任感企业”等诸多大奖，并在国内商业银行中率先加入联合国“全球契约”，开辟了一个让世界了解中国的窗口，创造了一个加强与国际社会交流与合作的平台。

一、价值银行

2012年，面对错综复杂的国际国内经济形势，工商银行始终坚持服务于实体经济发展，以国家宏观调控政策为导向，保持信贷总量合理均衡增长、加大信贷结构调整力度，通过信贷杠杆有力地保障了国家经济平稳协调较快发展，推动产业结构升级，加大战略性新兴产业支持力度，促进区域经济平稳协调发展，进一步加大对中小企业的金融服务力度，强化重点涉农机构的信贷资源倾斜配置力度，在支持实体经济健康、可持续发展中彰显大银行应有的责任和价值。

二、品牌银行

工商银行以创建金融服务最佳银行和人民群众满意银行为目标，以创新为动力不断完善服务渠道和方式，不断改善客户体验。2012年，工商银行积极推动“满意在工行”主题活动，通过加强新产品研发，拓展服务渠道、创新服务手段、优化业务流程、提高服务效率等措施，全面推动服务改进，电话银行“95588”接听率水平保持在95%以上；全面解决基层行反映强烈、严重影响客户和柜员体验的533项紧迫性问题，构建起了一套涵盖服务标准、监督检查、考核评价等方面的服务工作制度框架。工商银行积极打造中国第一零售银行、领先的公司与投资银行、优秀的机构业务银行、中国最佳结算与现金管理银行、中国最大的信用卡发卡行、中国最佳托管银行、国内一流的养老金管理与服务机构、中国最佳资产管理银行、领先的科技平台等一流金融服务品牌。截至2012年末，工商银行产品总数达4 163个，较上年末增长28.37%；在2012年中国银行业文明规范服务示范单位评选活动中，116家网点入选中国银行业协会千佳名单，连续三年同业排名第一。

三、绿色银行

工商银行努力践行“绿色银行”的发展模式，通过推广绿色金融服务、坚持绿色办公、倡导绿色生活，以实际行动支持生态文明建设。报告期内，工商银行制定了54个行业（绿色）信贷政策，将重点行业的主要环境污染、资源消耗、节能环保等绿色信贷核心指标全部纳入行业（绿色）信贷政策之中；建立健全绿色信贷问责机制，将绿色信贷指标纳入对各级分支机构的绩效考评指标体系；从严把控“两高一剩”行业的信贷准入，对于不符合绿色信贷标准的客户和项目实行一票否决制，同时优先支持客户在新能源、节能环保和资源综合利用等领域的绿色信贷项目，加大对碳排放、节能等领域的绿色信贷产品创新力度；截至2012年末，工商银行环境友好及环保合格客户数量及贷款余额占全部境内公司客户数量及贷款余额的比例均保持在99.9%以上。工商银行充分依托科技领先优势，构筑绿色渠道，推广电子银行，电子银行业务占比创75.1%的历史新高，电子银行全年办理的业务量相当于替代了2.3万个网点、23万名柜员，节约了大量的人力和物力，提高了业务处理效率；倡导绿色办公，降低运营能耗，努力实现电子公文、信息文档的无纸化流转，全年减少办公用纸1.5亿张；爱护绿色家园，组织员工积极投身环保公益，广泛参加义务植树、自然保护、绿色出行等公益活动，以切实行动保护生态环境、美化生存空间，也向社会公众宣传了环保、健康的生活理念，为实现人与自然的和谐与可持续发展作出积极贡献。

四、诚信银行

工商银行致力于消费者权益保护，强化投资者关系管理，积极履行反金融犯罪义务，以“诚信”赢得客户的信赖、取得股东的认可，获得社会的尊重。2012年，工商银行在国内率先成立了消费者权益保护办公室，完成了新版服务价目表的梳理和发布；构建了服务管理部门协调推动、专业部门各司其职的投诉管理工作模式，稳妥高效处理各类客户纠纷维权，自2011年以来，本行投诉已连续八个季度延续环比下降态势，重点领域投诉数量明显减少；2012年投诉处理完结率99%，客户对投诉处理的满意率达到96%；积极开展金融消费者知识教育，组织各类活动5万余次，参与员工29万余人次，投放宣传资料900万份；不断完善投资者关系管理，强化股东回报，畅通沟通渠道，有力保障全体股东尤其是中小投资者合法权益，赢得投资者的广泛认可与信赖；在增强业务创新和科技创新力度的同时，加快推进自主创新技术保护工作，目前已经拥有的专利总量达到224个；完善内控体系，营造合规文化，履行反洗钱职责，健全反腐体系，维护金融安全稳定，塑造了工商银行廉洁、合规、诚信的社会形象。

五、和谐银行

工商银行积极构建和完善和谐的劳动关系，切实保障员工合法权益，重视员工民主管理，关注员工职业成长，致力员工人文关怀，注重民族团结和文化融合，努力实现员工与企业的共同成长。工商银行紧密围绕人才强行战略，建立健全“纵向可进退、横向可交流”的职业发展新机制，提升员工素质能力；以员工满意度调查、专题访谈等途径全面掌握各级层员工的思想动态，推动解决员工在薪酬福利、职业发展等方面的各种问题；完成各类培训3.6万期，279万人次，人均受训约10.6天，积极推进网络直播课堂、数字图书馆、知识库系统等员工培训创新形式；高度重视员工健康与安全保障，尊重和关心特殊群体，定期组织员工体检，广泛开展关爱员工心理健康、关爱女性员工、关爱离退休员工、困难员工帮扶等暖心工程，将对员工的关怀落到实处。

六、爱心银行

工商银行视强国富民为己任，热忱于反哺社会，从赈灾扶贫、文化教育、社区服务等多个角度积极投身于公益事业，努力做优秀的企业公民。截至2012年末，除员工个人捐赠外，本行在公益事业方面共投入4 098万元。

（一）定点扶贫。自1995年开始，工商银行持续在四川省南江县、通江县和万源市开展定点扶贫工作。2012年，工商银行投入扶贫资金100万元，实施了一系列绿色扶贫、卫生扶贫、教育扶贫新项目：投入资金200万元，支持当地打造绿色扶贫开发示范村，新建沼气池200余口，并对所在乡村及农户的配套道路、庭院、厨、厕、圈、坝等设施进行了大规模改造和完善，同步提升了新农村环境卫生水平；继续实施椴木银耳栽培项目，资助耳农建设了161口耳堂，初步形成了“饲料—能源—肥料—养殖—种植”等绿色产业经济一体化链条，提高了农户的自身发展能力；投入资金575万元，捐物折款18万元，连续十年在三县（市）举办了优秀贫困大学生助学行动和优秀山村教师评选活动，累计资助优秀贫困大学新生1 100名、表彰优秀山村教师740名；继续组织实施“爱心小厨房”工程，再次捐款180万元，累计为67所贫困地区学校建起厨房并配备炉灶、餐桌、餐具等设施，受惠学生总量达到6万余名；捐资215万元，为万源市八台乡中心校、通江县芝苞乡中心小学和南江县正直镇花桥小学各新建一座500余平方米的学生住宿楼；继续开展“母婴平安120行动”，捐资90万元，帮助贫困高危孕产妇1 500人，累计惠及三县（市）贫困孕产妇3 500名；捐款150万元继续实施“溪桥工程”，资助当地集中连片区域的15个自然村每村架设一座桥梁；再次向国际小母牛组织捐资130万港元，向农户提供畜禽、技术培训及相关服务，累计受助农户达到2 200多户；此外，连续三年实施高中生自强班项目，向白沙镇凉水井小学捐赠数字化教室设备、校园广播系统、音乐教学系统、电视机、黑板、室外篮球架、乒乓球台等教学设备，向三县（市）妇幼保健院各捐赠了一辆全新救护车，投放信贷资金约5亿元扶植了一批产业带动力强、示范性广、经济效益显著的农业深加工企业及小微企业。

（二）公益慈善。工商银行全力做好云南、河北等灾区的应急金融服务工作，并积极捐款捐物，帮助灾区恢复生产，保障灾区重建；2007年以来，连续多年开展“健康快车光明行”活动，在内蒙古捐建眼科显微手术培训中心，在云南捐建白内障治疗中心，累计为四川、贵州、云南贫困患者捐款1 210万元，帮助近5 000名贫困白内障患者重见光明；开展“献爱心，圆梦想”关爱农民工子女主题活动，通过电视节目募集资金，并全部交由“真爱梦想基金会”用于帮扶甘肃省甘南夏河县拉卜楞藏民小学等12家贫困（农民工子女）中小学；此外，还积极开展金融知识进校园，举办“春天新希望”慈善晚会，通过微博平台发起公益活动，受到了社会的广泛关注。

（三）支持文化繁荣。2012年11月3日至12月7

日，本行联合台湾永丰金融控股股份有限公司在台湾举办《汇通天下——从钱庄到现代银行》展览，集中了两岸三馆的各类馆藏精品639件，展示了中国金融发展历程，传播了中国金融文化，搭建了海峡两岸金融业沟通合作的文化桥梁。工商银行携手对外经济贸易大学合作举办第三届“工商银行杯”全国大学生银行产品创意设计大赛，吸引了来自清华大学、中国人民大学、对外经济贸易大学等全国370余所高校、6 200余名选手提交的1 052件参赛作品，为大学生提供了深入开展社会实践、展现自身社会价值的平台，并普及了金融知识，收到了良好的社会反响。

此外，工商银行连续三年为上海艺术博览会提供全方位的金融服务，推进了文化产业与金融资本的有效嫁接；连续多年支持上海市自然科学牡丹奖评选，资助了33位科学家开展自然科学基础研究工作，为中青年科学家脱颖而出提供了广阔的舞台；支持举办“上海新年音乐会”、《中国人看世界》全国摄影展和“工行杯”宁波市书法篆刻作品展，努力推动文化产业发展。

（四）志愿者活动。工商银行秉承“工行在哪里，爱心到哪里”的爱心行动理念，开展了金融宣传、扶贫帮困、助老助残、捐资助学、公共服务等一系列丰富多彩的青年爱心行动。2012年，评选了“青年爱心行动爱心大使”、“青年爱心行动优秀个人”、“青年爱心行动明星项目”、“青年爱心行动优秀项目”、“青年爱心行动优秀组织”，并通过组织开展了“学雷锋，树新风”、“情暖端午、共度佳节”、关爱自闭症儿童等活动，进一步激发了广大员工投身社会公益的热情。

（总行战略管理与投资者关系部）

子公司的公司治理

一、2012年子公司的公司治理机制建设情况

为适应集团化、综合化、国际化的战略步伐，工商银行从公司治理层面积极探索开展ONE ICBC框架下的集团公司治理，取得了初步成效。

（一）不断完善集团并表管理体系。根据监管要求和公司章程相关规定，工商银行完善了以《并表管理制度》为核心的集团并表管理制度体系。其中，董事会承担并表管理的最终责任，高级管理层负责并表管理的组织实施，监事会负责监督董事会和高级管理层在并表管理方面的履职情况，总行风险管理部牵头会同总行财务会计部、资产负债管理部等部门负责并表管理具体工作。同时，为进一步提高工商银行集团公司治理结构的有效性，工商银行进一步强化了集团派驻子公司专职董监事在集团对附属机构并表管理中的作用。通过强化专职董监事在附属机构董事会和监事会中的履职，督导附属机构落实集团部署的各项经营管理要求，同时将附属机构落实相关要求中所存在的问题和建议反馈给集团管理层，必要时积极与集团相关部门进行沟通。

（二）优化子公司治理构架及制度机制。通过确立管控模式、健全治理构架、完善治理制度、加强内部审计等方式不断加强子公司的治理建设。在管控模式上，遵循各境内外法律法规、监管规定及子公司章程，通过子公司的股东会和董事会间接控制其经营活动，并对外派董事实行授权管理。在治理构架上，注重和协调子公司遵循所在地公司治理规范，设立了股东大会、董事会和监事会，设立董事会专门委员会，选聘高级管理层，依法赋予各治理主体相应的职责权限，并持续优化权责明晰、相互协调、高效运转、有效制衡的治理机制。在治理制度上，不断完善子公司的公司章程、授权方案以及其他治理制度，并将总行相关授权管理、风险管理、内部审计、薪酬激励、内部报告、信息披露等公司治理基本制度覆盖到子公司。在内部审计上，总行内部审计局每年组织实施对子公司的现场审计或非现场审计。

（三）有效发挥专职董监事促进子公司治理的作用。2012年是集团派驻子公司董监事办公室正式成立后，专职董监事陆续到位并正式开展工作的第一年。截至2012年底，集团共有8名专职派出董监事，分别担任17家子公司的董监事职务，2012年以来共参加了13家子公司的38次董事会、监事会及38次专门委员会会议，合计审议议案369项，专职董监事在集团子公司的公司治理中的作用开始得到有效发挥，有效促进了子公司的公司治理水平不断提升。

专职董监事深知自身责任重大，努力学习，认真审阅各项审议议案。克服各种困难，深入子公司开展专题调研，积极查找问题，努力寻找解决问题的方法和途径，参与子公司的决策与管理，有效督导子公司的经营发展与风险控制。主要从以下几个方面促进子公司的公司治理：一是认真履行职责，贯彻股东意志。专职董监事以子公司董事会、监事会为主要平台，充分发挥在子公司的公司治理方面的作用。通过专职董监事参加各子公司董事会、监事会及专门委员会会议，严格按照任职

机构的公司章程及董事会章程，认真审阅子公司提交的各项议案，积极思考并及时与集团总部的相关部门沟通，必要时请示相关行领导，形成会议表决意见，贯彻出资人意志。二是工作做深做细，专门委员会发挥作用。除了参与董事会的工作外，专职董监事还分别担任子公司的风险管理委员会、审计委员会等专门委员会的主任委员，专职董监事认真组织专门委员会的会议，会前认真安排，会上仔细审议，会后检查落实，使专门委员会的作用得到更加有效的发挥。三是强化监管沟通，营造外部环境。专职董监事十分重视与当地监管机构的日常沟通，加深监管机构对子公司的了解，赢得监管机构的理解和支持，为子公司发展营造良好的外部监管环境，促进子公司长期可持续发展。四是撰写履职报告，努力建言献策。董事们在认真履行职责，积极参与子公司决策的同时，以每个子公司董事小组为单位进行交流，由组长牵头，每个季度形成董监事履职报告；集团派驻办在此基础上梳理出共性问题，形成派驻办季度工作报告，客观反映工作，供领导决策参考。

二、集团派驻子公司董监事办公室主要工作开展情况

集团派驻办是工商银行为适应集团化、综合化和国际化发展战略需要而设立的一个全新部门，是工商银行进一步加强集团管理体制机制建设的重要标志之一。为此，集团派驻子公司董监事办公室积极探索、努力创新，初步摸索出了一套有效的工作机制。

（一）加强制度建设，规范工作要求。为充分发挥专职董监事在公司治理机制中的应有作用，加强对专职董监事的履职管理，印发了《中国工商银行股份有限公司专职派出董监事管理办法（试行）》（工银发〔2011〕102号）及《关于在总行设立集团派驻子公司董监事办公室的通知》（工银发〔2011〕108号），初步建立起了子公司专职董监事管理制度，明确了集团派驻子公司董监事办公室主要通过加强对专职董监事的履职管理和能力建设，更好地发挥其在子公司的公司治理机制中的作用，确保子公司有效贯彻总行的战略意图、发展规划及相关部署。

（二）强化沟通协调，理顺工作流程。一方面，加强与集团相关部门及子公司的沟通协调、建立董监事内部沟通交流机制。在要求专职董监事独立、公正发挥作用的同时，组织开展董监事小组讨论、会前研究和专题学习，加强董监事内部的沟通、协调和统一。构建子公司董事会等会议的会前、会中和会后各项工作的标准流程，提高专职董监事审议议案的效率。另一方面，结合子公司实际，完善专职董监事赴子公司实地调研流程，促进子公司在材料准备、信息沟通和实地调研等方面做好基础工作。

（三）搭建工作平台，争取部门支持。一是通过建立信息共享机制为董事履职提供必要的信息来源。加强与财务会计部、管理信息部、内部审计局、风险管理部等部门的沟通协调，为专职董监事履职提供必要的数据报表、业务分析等工作材料；规范子公司信息报送制度，定期为专职董监事提供经营分析情况材料。二是积极协助办理专职董监事任职资格手续。加强与人力资源部、子公司及其驻在国监管机构的沟通协调，及时督促跟进关键环节，抓紧办理专职董监事在子公司当地的任职资格审批备案手续，协助部分董监事参加监管考试，促进其顺利履职。三是强化工作人员服务意识，提高为专职董监事的服务水平和能力。加强与专职董监事的沟通协调，认真听取其对履职工作的各项要求和建议；做好对专职董监事的相关履职服务工作，就相关议案、会议文件、会议记录和决议等进行督促、跟进和落实。

（四）完善报告机制，发挥履职作用。一方面，组织专职董监事以子公司为单位，按季度撰写董监事履职报告，反映董监事履职情况、子公司经营业绩、经营中存在的问题和工作建议等，在此基础上撰写工作报告，为集团管理层提供决策参考。专职董监事履职以来，已撰写15篇工作报告。另一方面，每季度向集团管理层提交季度工作报告，通过分析子公司个体和整体经营数据，结合专职董监事履职所了解的情况，对子公司经营业绩和经营风险进行监测，并不断探索改进对集团子公司业务经营分析的模式，更加关注集团综合化发展进程。针对集团子公司整体经营情况、经营特点，探讨就如何解决子公司经营中的共性问题提出合理化建议。

（五）积极组织培训，提高履职能力。一是研究制订专职董监事专业培训方案。加强与教育部等相关部门的沟通协商，就专职董监事参与全行专业培训计划提出意见，组织专职董监事参加相关部门的专业培训、专业会议及重要课题研究，及时掌握集团各部门专业管理要求。二是有针对性地为专职董监事组织专业培训。就专职董监事共同关心的相关专业及热点难点问题，邀请相关部门上门进行集中授课，搭建专职董监事与相关专业部门面对面的交流平台。三是积极支持专职董监事参加子公司驻在国监管机构以及中国银监会、中国保监会的董事培训项目，并以较好的成绩通过其组织的相关考试和审批。四是认真开展系列英语集中培训工作。创造英语学习环境，组织部分专职董监事和工作人员，每周累计利用一天时间集中学习英语。加强对公司治理、银行经营战略、风险管理和银行年报等的学习，切实提高运用英语开展工作的能力。

（六）开展履职评价，规范董事履职。为进一步健全适应工商银行集团公司治理机制，依法行使出资人权益和履行出资人义务，集团派驻子公司董监事办公室积极拟定《中国工商银行派驻持股公司专职董事履职管理办法》、《中国工商银行派驻持股公司专职监事履职管理办法》和《中国工商银行派驻持股公司专职董事、

监事履职评价办法》，规范其履职行为，加强对专职董监事的履职和考评管理。下一步，将根据专职董监事履职评价办法，科学评价专职董监事履职情况。

（总行集团派驻子公司董监事办公室）

全面风险管理

2012年，工商银行加强集团维度全面风险管理，推进风险量化技术深入应用，加大不良贷款清收处置力度，进一步提升全面风险管理工作水平。

一、加强集团维度全面风险管理

（一）完善全面风险管理制度体系。印发了《2012－2014年风险管理规划》，明确风险管理工作的重点和要求。印发了《腕骨监管指标实施管理办法》，明确了各层级和各级机构“腕骨”指标管理的具体职责和管理要求，为工商银行有效管理“腕骨”指标、满足监管要求提供了制度保障。修订风险管理评价、限额、评估办法，确保全面风险管理制度的适应性和前瞻性，进一步完善具有工行特色的全面风险管理体系。

（二）保障风险管理委员会高效运行。2012年，总行风险管理委员会召开4次会议，审议了16项议案，审阅了28份报告。风险管理部认真履行了秘书处工作职责，为委员会工作的顺利开展提供了有力支持。调查了境内外分行和附属机构风险管理委员会的设置和运行情况，研究修订风险管理委员会章程，建立集团风险管理委员会管理信息系统，不断改进风险管理委员会运作机制。

（三）拓展延伸风险报告工作。圆满完成2011年度、2012年第一季度、中期、第三季度全面风险管理报告，对全行风险管理状况进行分析和提示。完成国际和国内主要银行2011年度、2012年中期风险状况比较分析报告，定期分析我行在国际、国内同业中的竞争地位。定期编制风险指标分层分析表和风险敞口多维分析图，通过形象直观的方式展现工商银行的风险状况。通过报告方式和手段的不断创新，加强对自身情况的深入分析，对外部经济金融形势和同业经营情况的跟踪，提高风险预判的前瞻性和准确性。

（四）完善集团并表管理体系。修订印发了《并表管理制度》，使并表管理的纲领性文件更加适应我行集团化、综合化经营的需要。制定印发了《风险隔离办法》，明确风险隔离管理要求。建立并表管理定期审查及评价机制，组织开展总行部门并表管理自我评估工作。组织召开集团首次并表管理工作会议，明确对并表机构的集团统一管理要求，完善并表管理工作机制。完成集团并表风险管理系统立项及业务需求，不断提高集团并表管理的数据化、自动化水平。

（五）深化国别风险分析及限额管理工作。根据最新监管要求以及内外形势的发展变化，修订印发了《国别风险管理办法》，制定了国别风险突发事件应急预案、限额管理方案等配套制度，及时、准确地完成国别风险敞口统计和分析，提高敞口统计自动化水平，及时完成年度评级和限额更新，国别风险管理体系和机制进一步健全。将国别风险报告的覆盖范围扩充到近80个国家和地区，及时、全面地反映主要国家的风险状况，满足工商银行国际化发展战略的需要。研究分析国际风险热点，通过国别风险管理报告、评级变动简报和国别风险提示等多种载体，为决策层描画国别风险轮廓、及时揭示国别风险。完善国别风险评级体系，完成工商银行首次主权风险内部评级，为工商银行实现全球战略发展提供重要参考依据。

二、深入推进内部评级体系建设和计量成果应用

研究制定了内部评级文档管理、检查及验证工作规程等制度办法，进一步丰富和完善内部评级制度体系。坚持对评级模型的创新和完善，仅个人经营贷款评分和评级模型的投产一项，即将零售资产评级覆盖率提高到96%。推进评级验证及检查工作，投产了业务验证与检查系统，提高了评级数据质量、深化了评级政策应用，为分行开展风险量化管理工作提供了有力抓手。深化内部评级IT系统建设，初步实现了评级系统的境外延伸，债项评级及客户RAROC评价系统与MOVA系统成功对接，实现了客户综合RAROC的有效计量。评级研究成果直接应用于授信和审批制度，实现了授信和审批机制的创新，将评级管理思想深入到业务管理领域中，内部评级成果在贷款定价、拨备计提、经济资本计量等方面的应用进一步深化。充分发挥压力测试的风险预警功能，组织开展了宏观情景压力测试、整合性压力测试、房地产相关贷款动态压力测试及金融稳定压力测试，提高风险的预判性，增强抵御风险能力。

三、拓展市场风险管理的广度和深度

全面完成了全球市场风险管理系统（GMRM）法人层面的推广工作，实现了15家境外分行的敞口汇总、风险计量、压力测试、限额管理、风险报告等功能。制定了由董事会批准的集团市场风险管理基本规定和压力测试方案，标志着工商银行自上而下、层次分明、逐级深入的集团市场风险制度体系基本建成。首次实现了对境外机构交易账户限额进行逐家垂直核定，核定范围扩大到27家机构；通过区分自营和代客、增加单产品限额指标，进一步细化交易限额体系；全年对11个新增或调整交易组合限额进行动态核定和快速审批，满足风险管理和业务发展需要。及时开展账户原油、利率期权、利率掉期期权等新产品风险计量，并积极推进工商银行新并购的阿根廷子行离岸金融市场业务风险计量管理工作。深化以风险价值为核心的风险计量分析报告体系，将压力期选取等各类市场风险计量方法和结果纳入报告体系，开展重大市场风险事件深度分析。保障市场风险管理委员会高效运行，年内完成8期现场及传签会议的组织工作，审议17项议案，审阅9份报告，做好会议决议落实工作。

四、推进产品控制体系建设

进一步扩充了产品控制系统的业务范围，覆盖外汇、债券、贵金属、人民币外汇期权、利率掉期、远期利率协议等金融市场全部交易账户业务，并逐步向银行账户推进；开展外汇、本外币债券、人民币外汇期权等业务日常监测工作，发现并推动前台解决业务管理和操作中的问题，有效促进前台业务的健康发展。加快产品控制系统境外推广工作，完成悉尼、纽约、卢森堡、首尔四家境外试点分行投产工作。坚持做好交易复核工作，实现复核无差错。进一步优化和规范交易复核流程，积极提高交易复核自动化水平。扎实做好资产管理业务资产组合交易价格验证、理财业务风险分析和限额监测工作，提升理财业务风险管理水平。

五、开展金融资产服务业务投资品估值研究

梳理金融资产服务业务和资产管理业务的业务流程，研究起草《金融资产服务业务估值管理办法》，制定金融资产服务业务估值系统建设总体规划，完成项目立项，确定系统需求，稳步推进投资品风险估值体系和系统平台建设工作。建立金融资产服务业务客户准入评价体系，形成全行统一的客户准入评价标准及评价流程，推进客户准入评价系统建设工作，加强对金融资产服务业务客户风险的有效管理。

六、推进操作风险高级计量法应用和反欺诈项目建设

定期进行资本计量，优化计量模型并扩充系统功能，制定印发了《操作风险高级计量法实施细则》及配套文件，进一步完善高级法计量体系。扩大情景分析开展范围并加强结果验证，通过压力测试预警重大操作风险隐患。自主研发了中文模糊匹配算法，通过信息的自动比对提高了信用卡审批效率，并在防范新型风险和改进申请表数据质量方面发挥了积极作用。完成了信用卡交易反欺诈模型开发与系统框架搭建工作，并启动了电子银行反欺诈项目。

七、提升风险计量验证工作水平

制定印发了《压力测试管理规定》、《长期中心违约趋势管理规定》、《内部风险计量体系验证管理规定》，完善风险管理制度，满足最新监管要求。制定信用风险内部评级体系以及市场风险计量验证管理办法、风险计量验证数据管理规范，规范验证职责，完善验证工作流程。推进市场与操作风险验证项目实施，对市场风险和操作风险计量的数据、模型、制度、流程、系统与应用进行全面验证，对工商银行市场风险和操作风险计量体系的可靠性、合理性、有效性进行独立、客观、全面的评估，进一步提升了风险计量工作的准确性

八、加大不良贷款清收处置力度

全行以“加强管理、加快处置”作为不良贷款管理工作的主线，及时消化劣变贷款，加大不良贷款清收处置力度，清收处置工作取得了明显成效，全年清收处置不良贷款662亿元，其中现金清收278亿元，占比达42%，呆账核销71亿元；现金收回账销案存资产11亿元。截至2012年末，集团口径不良贷款余额745.75亿元，不良贷款率0.85%，在严峻的经济金融形势下保持了资产质量的稳定。

（总行风险管理部）

资本管理办法实施

2012年6月，银监会正式出台了《商业银行资本管理办法（试行）》。按照监管要求，工商银行以强化资本管理高级方法实施工作的合规性、科学性与可靠性为重点，进一步完善信用风险内部评级法、市场风险内部模型法、操作风险高级计量法、第二支柱资本充足评估管理与第三支柱信息披露的相关建设，持续改进治理结构、制度流程、计量模型与IT系统，不断加大计量成果应用。2012年第四季度，银监会对工商银行资本管理高级方法实施情况进行了现场验收，根据监管意见，我行编制了整改计划，持续推进整改措施落实到位，并根据监管要求制订了资本计量校准方案，完成了多维度的定量测算工作，正式实施的各项工作均已准备就绪。

一、强化资本管理高级方法实施的公司治理基础

2012年，工商银行加强了董事会在资本管理高级方法实施工作中的领导与监督作用，董事会批准了工商银行关于向银监会申请实施资本管理高级方法的议案，审议通过了实施相关的5项基本制度和4项规划（方案），听取了关于评估整改、风险管理规划、年度风险管理情况、市场风险、计量验证、压力测试、长期中心违约趋势与并表管理等多项专题汇报。

二、完善资本管理高级方法实施的制度体系

在现有体系的基础上印发、修订了十多项制度办法，进一步完善了由纲领性文件、支持文件、实施细则三个层级构成的资本管理高级方法实施制度体系，明确了各类风险计量和验证方法，规范了实施相关基础工作，健全了评级结果应用的工作机制。

三、持续优化内部评级模型

2012年按照工作计划对法人客户评级模型、债项评级模型、零售内部评级模型进行了全面验证和优化，夯实建模数据基础，进一步提高了模型的区分能力、稳定性和审慎性，模型持续优化的自我完善机制得以进一步强化。

四、继续加强相关IT系统建设

根据资本管理高级方法实施工作整体推进的要求，完善IT系统整体规划，全面提升系统处理能力，开发并持续优化了风险加权资产计量系统、内部评级模型管理系统、押品管理系统，启动市场风险验证管理系统、操作风险验证模块以及风险管理文档管理系统的开发，为推进高级方法实施提供了有效的IT系统支持；加快全球市场风险管理系统的优化和境外延伸，完成新产品风险计量方法和估值模型开发，2012年7月系统实现了对境外分行的全覆盖，2012年11月系统延伸至加拿大子行。

五、全面推进操作风险高级计量法建设

全面收集内外部操作风险损失数据，开发了17个矩阵单元高级计量模型体系，搭建了专门的AMA信息系统，并积极应用项目成果提升操作风险管理水平，基本满足高级计量法达标的定性与定量要求。

六、全面开展第二支柱相关工作

2012年工商银行积极推进各类实质性风险的管理，利用内部评级法结果完善资本规划、业务规划和财务规划等相关工作，初步建立起整合性压力测试体系；完善了风险限额等管理制度；开发了整合性压力测试系统等第二支柱相关IT系统；完成了ICAAP试评估。

七、完成第三支柱信息披露准备工作

2012年成立了第三支柱报告披露协调小组，根据监管要求，并结合工商银行实际情况，制定了《第三支柱报告披露管理办法》和披露模板。

八、全面开展独立验证和内部审计

2012年持续深化验证和审计工作，年内对非零售信用风险、零售信用风险、市场风险、操作风险以及风险加权资产计量系统进行了独立验证和审计，为资本管理高级方法实施体系的平稳运行提供了可靠保障。

九、加大计量成果应用力度

通过总结前期RAROC应用经验，分析RAROC控制效果，在进一步统一认识的基础上，将RAROC刚性控制作为资本管理高级办法实施与业务管理相结合的重要关节点，将计量成果的深入应用作为强化风险收益观念、提高资本收益水平、促进信贷结构调整的必要手段。

（总行风险管理部）

内部审计

2012 年，内部审计紧密围绕全行新一轮规划的战略部署和年度改革发展的中心任务，以风险控制为主线，以增值服务为宗旨，以精品审计为抓手，认真履职，科学创新，有效开展审计活动，推进专业优化升级，圆满完成了各项审计任务，为实现全行在复杂多变形势下健康持续发展发挥了应有作用。

一、有效履行审计职能，服务全行经营转型

在全行改革发展进程中，内部审计准确把握自身在全行公司治理和风险管控体系中的主要职责，将工作定位放在服务大局、揭示风险、有效建议、督促整改上，高质量完成了年度审计任务。

（一）服务大局。结合全行转型发展的战略实施，内部审计工作定位更加注重前瞻性，突出重点，集中在全行发展的主要风险、重要系统和关键业务领域。一是“看快”。看业务发展快，创新速度快，市场变化快，盈利增长快的领域，开展了理财业务、小微企业贷款业务、金融市场等业务的专项审计。二是“看新”。看新业务、新流程、新系统、新模式、新机制的运营安全与效率，开展了委托代理业务、电子银行、新资本协议实施等相关业务的专项审计。三是“看大”。看风险因素对集团、对整体的影响比较大的方面，小概率、大损失事件，开展了信贷资产质量、房地产、地方政府融资平台、客户信息安全等领域的专项审计。全年完成的一系列审计项目较好地契合了董事会关注的重点、全行改革战略进程需要、新的风险管理形势和监管要求，提高了年度审计计划的整体执行效果。

（二）揭示风险。审计揭示问题更加注重针对性，通过整合全行风险管理和控制信息，加强了对审计发现的归纳提炼，从全局高度、以联系的观点综合分析审计发现的各类风险和问题。一是坚持做“短、精、专”的审计项目。“做短”就是根据宏观形势、政策变化和风险发展趋势，突出审计的敏感性和时效性；“做精”就是抓住关键领域和难点问题，突出报告的质量，深入发现，做深做透，做出价值；“做专”就是以内部审计独特方法和视角去分析、判断、提示风险，提出独立的管理建议。二是主要关注“机制性、制度性、系统性”的风险和隐患，侧重从治理、战略、机制、流程、运营效率等不同层面和维度，提示风险背后制约业务发展的影响因素和深层次原因。

（三）有效建议。审计建议更加注重建设性，强化咨询服务职能，通过进一步健全与管理层的沟通联动机制，及时向相关各方报告反馈重要审计结果和建议，得到了董事会的高度重视和管理层的充分认可，审计的增值服务作用进一步增强。董事会、监事会和高管层定期听取内部审计工作报告与审计情况分析，及时作出相关工作要求与部署；相关机构主动与内审部门沟通研究建议落实工作，有效促进了全行业务发展和风险控制水平的同步提升。在审计的同时，通过提供衍生审计咨询服务，如开展金融市场审计同期开展了调研分析，编写的《金融市场个人产品竞争力同业比较报告》，有效支持了相关业务发展。内部审计全年共向董事会及审计委员会、监事会报告审计工作和分析报告 4 项，编发内部审计专报 30 期，审计工作简报 26 期，网讯 110 篇，提出的 301 条审计建议 100% 被采纳，较好地满足了多样化的审计服务需求。

（四）督促整改。注重问题整改的实效性，将发现问题与推动整改、完善制度有机结合，通过在审计过程中督促现场整改，督促对以往问题的整改，开展后续延伸审计跟踪问题整改效果等方式，有效减少和杜绝了屡查屡犯的现象，推动了全行及时消除问题隐患，增强风险防范意识和能力。审计发现问题的整改工作得到了全行的高度重视，行领导相继组织召开了小企业贷款、个人贷款、房地产贷款、金融市场业务、信息系统安全等业务专题会议，部署审计发现问题的整改工作，业务部门和被审计机构及时实施整改和报告整改结果，审计发现问题的整改工作得到有效落实。

二、拓展审计服务领域，做好外审协调配合

2012 年，内部审计继续把配合外部监管检查工作放到工商银行改革发展大局下去研究、把握和推动，全年共组织协调各类重要外部监管检查事项 41 项，筹备各类会议及外事活动 100 余次，向行领导报送签报 100 余份，起草各类函件 700 余份，协调全行向检查组提供资料 1 400 余份，协调全行整改落实监管审计发现问题及提出改进监管工作建议共 300 余条，在传导国家监管要求，督办整改落实，促进工商银行各项业务依法合规经营，创造和谐的外部监管环境等方面发挥了重要

作用。

（一）服务监督检查。内部审计作为牵头协调部门，从全行工作大局出发，加强对监管政策的分析解读，全面掌握部门条线特点和职责分工，研究分析不同服务对象协调配合工作的特点和工作要求，不断完善统一灵活的协调配合工作机制，提高归纳提炼的水平，加强与监管部门的沟通交流，有效提升了工作的效率效果，协调全行圆满完成配合审计署、银监会的各项检查任务。此外，内部审计为工商银行机构申设、并购、业务开办等提供了大量独立第三方的鉴证与咨询服务，工作的领域和内容进一步拓展和深化。

（二）加强监管配合。一是积极促进监审联动，履行好监管联动会议和监管会谈的承办筹备职能，发挥好向全行传导监管政策和要求的“窗口”作用。同时，及时收集和反馈全行对监管部门改进工作的建议和意见，发挥了密切双方关系的“桥梁”作用。二是加强与各级监管部门沟通，制定了《关于加强内审分局与银监局交流沟通的意见》，各分局到驻地和服务分行所在地银监局进行了走访，进一步增进理解和取得支持，为营造良好监管环境奠定了基础。

（三）做好外审选聘。内部审计局牵头协调全行，严格按照财政部《金融企业选聘会计师事务所招标管理办法（试行）》等相关法规要求，启动了2013年度会计师事务所的选聘工作。在选聘过程中，坚持“统筹资源、程序规范、节约成本、提高效率”的工作原则，顺利完成了从选聘方案制订到最终确定中标单位等一系列工作；牵头协调总行、各分行及34家境外分行及控股机构与安永、毕马威共同配合，高效地实现外部审计师交接工作的平稳过渡，保证了工商银行对外信息披露工作的顺利开展。

三、持续提升审计能力，应对复杂风险局面

内部审计面对复杂的风险管理形势与经营要求，以创新为动力，以技术为支撑，积极探索在复杂风险形势下的有效履职方式与手段，审计能力得到了持续提升。

（一）审计项目精品化。内部审计面对不断变化的外部环境，全行发展方式变革，以及自身职能发展规律与趋势所带来的新挑战，确立了以精品审计项目建设增强内审履职能力的发展方向，以打造精品审计项目为契机，进一步巩固扩展内部审计的专业优势和有利环境，提升了内部审计的品牌价值和增值作用。印发实施了《关于实施精品审计项目的意见》，从立项科学、流程规范、技术先进、管理高效、效果显著等方面，明确了精品审计的理念、内涵、标准和措施，并在审计项目实施中有计划、分阶段加以推进和深化，通过完善项目运作机制、加强项目质量评估、优化系统资源配置，不断强化了内审人员的精品理念和品牌意识，快速推动了审计项目质量提升。

（二）审计方式信息化。内部审计始终将创新应用现代方法技术作为内审职能发展的核心战略加以推动，坚定走技术强审之路，从根本上改变了内部审计的工作方式，整体提升了内部审计的专业能力，确立了领跑同业的稳固优势。

一是非现场审计体系全面建立。投产升级了审计分析系统、审计监测系统和审计管理系统的审计信息化平台，涵盖工商银行各项主要业务，满足境内分行、境外机构、直属机构持续监测和风险分析的指标与模型体系全面建立，满足了境内外审计数据信息的及时、准确、统一存储，实现了对境内外机构的持续监测和审计项目的全流程信息化运作。二是非现场审计全面应用。非现场审计在审计项目中得到全面运用，使审计触角扩展到业务所有主要环节和流程，机构延伸到全国省市县三级和境外五大洲的252个分支机构，实现了不同业务之间资金流、客户信息等方面的关联检索，风险揭示和预警能力显著增强。审计项目实现了“从局部审到全面审、从时点审到持续审、从耗时长到用时短、从人员多到人员少、从保数量到提质量”根本变革。三是非现场审计效果显著。非现场审计拓展了内部审计服务领域，增强了审计工作的全局性和战略性，提升了对国际化战略实施的保驾护航能力；通过及时掌握转型发展过程中遇到的新问题、出现的新情况和潜在的新风险，支持了内部审计快速响应形势变化，增强了审计工作的前瞻性和时效性；通过非现场专项分析与咨询服务，增强了持续审计能力，逐步实现了由“风险检查确认”职能向“战略业务顾问”职能的有效延伸，增强了审计工作的建设性和针对性。

（三）审计团队专业化。内部审计始终坚持以人为本、队伍兴审的发展方向，人员专业素养和执业能力不断提高。内部审计通过加强培训、实战锻炼、内外交流等方式，使队伍结构在保持总量稳定的基础上得到了较大改善。目前内审系统中具备CIA、CISA等国内外职业资质人员占比达56%以上，队伍主要来自各级经营管理层和业务一线人员，并保持了一定的流动性，是全行拥有各类注册专业资格和资质比例最高，管理经验丰富，专业结构多元，整体构成精干的一支队伍。这支队伍在全行日益深化的改革发展进程中，密集参与全行境内外业务、传统与创新业务、国际化与综合化业务等领域的各项前沿审计项目，注重创新，勇于实践，快速成长，高质量地完成了日益复杂艰巨的审计任务，在全行一系列重大业务和战略推进过程中，发挥了保驾护航和独立的监督作用。

四、不断提高管理水平，优化整体运作效能

内部审计通过进一步完善自身制度体系、加强专业

实务建设、充实审计产品标准等举措，进一步充实丰富了专业管理框架和实务规范，更好地适应了全行完善公司治理与风险管理的进程需要。

（一）有效提升审计服务水平。内部审计将服务作为自身履职的出发点和落脚点，按照“主动服务、有效服务、增值服务”原则，通过加快完善适应全行全球化布局和集团化发展要求的审计监督服务框架体系，不断增强审计服务的精细化和专业化水平，努力将内部审计的专业优势和职能优势，充分转化为稳定、优质、高效的审计增值服务，及时有效地满足集团内各境内外机构审计服务需要。针对境内分行、境外机构、总行直属机构和利润中心的经营特点，分别制定了相应的审计服务规范，开展了大量有特色的持续监测和专项分析，传递了先进的审计方法技术，提出了更多有价值的审计报告，增强了各内审分局对区域性环境变化和风险的预见揭示能力，加强了对境外机构审计条线的管理和指导，对各类机构审计服务的针对性和效果不断增强。

（二）深入推进标准化建设。全面总结评估了内审标准化建设情况，对实务规范、实施细则和审计操作手册等审计标准化建设成果进行了梳理，进一步优化了专业管理框架和业务标准体系。一是将制度建设作为规范内部审计行为、提升审计效能的有效载体和管理保障，根据全行制度梳理的统一部署，对以内部审计章程为核心、管理办法为主干、工作规则为基础的三个层级的制度体系进行了全面整合修订，进一步提高了内部审计管理运作的规范化和程序化水平。二是进一步充实完善了内审产品库和制度库，完成了《信用风险内部评级审计实务》、《商业银行并购审计实务》、《内部控制审计理论和应用研究》编纂等工作。三是将标准化建设与审计活动紧密结合。推广统一的审计实务手册和专业技术工具，深化标准化建设成果发布应用及专项培训工作，通过内审园地等渠道平台，实现标准化成果互动开放学习和全面资源共享，使标准化成果有效转化为提高审计工作质量和层次的有力手段。

（三）提高系统资源配置水平。持续深化内审组织管理机制改革，进一步优化了内审系统的内设机构、业务流程与工作模式，强化了对在统筹计划、产品管理、资源配置、方法标准、系统开发、质量控制、结果报告等方面的系统管理能力。增强各内审分局在落实年度审计计划、开展区域审计和日常风险监测方面的执行力和创新能力，完善和细化了以审计项目价值贡献为核心的分局考核激励办法，以及基于岗位能力和审计项目贡献的员工薪酬分配和激励机制，加大了对审计工作质量的考核和后评价力度，进一步增强了按照风险类别、业务流程和控制程序组织审计资源的精细化水平，提高了系统审计资源的集成利用能力。

（四）不断加强文化和作风建设。一是彰显核心价值理念。坚持服务意识与增值理念，并将其与工商银行“崇尚信誉、追求卓越”的核心价值理念紧密结合，把为组织增加价值，服务组织目标实现作为一切内部审计工作的出发点和落脚点，全方位贯穿渗透到内部审计活动中去，增强内审人员的开放思维与全局视野，善于开拓、勇于攻坚的责任意识。二是加强职业道德教育和思想作风建设。通过开展党风廉政教育、机关作风教育、文明单位创建等活动，严格执行《内部审计人员职业道德与行为规范》、《关于加强内部审计纪律的九项规定》，将全行员工行为规范教育活动与审计活动有机结合，进一步提高了内审人员的职业道德素养，树立了内审队伍客观公正、廉洁自律的良好形象。

五、巩固业界领先地位，树立良好品牌形象

在全行经营转型和内部审计升级发展的关键时期，内部审计工作在董事会、监事会、各级管理层和行外监管等部门的坚强领导与大力支持下，积极探索，勇于创新，创造性地开展各项工作，不仅得到了行内治理各方的充分认可，而且得到了监管部门和国内审计业界的广泛关注和积极评价。2012 年，在中国内审协会举办的“国企扬帆、内审护航——2012 国有企业内部审计成就展”活动中，工商银行荣获“国有企业信息化审计领军企业”奖，确立了非现场审计在业内的领先地位；工商银行自主研发的“境外机构审计分析与监测系统”获得了人民银行 2012 年度银行科技发展二等奖；荣获了中国内审协会“内部审计质量管理理论研讨暨经验交流活动组织奖”；《商业银行并购审计实务》荣获中国金融教育发展基金会“2012 年金融教育优秀研究成果奖”；《金融时报》、《中国内部审计》等多家权威刊物分别介绍了工商银行内部审计发展的经验成果；先后有十几家机构到工商银行交流学习内部审计经验，在业界的领先优势不断扩大，影响力不断增强，树立了工商银行的内审品牌。

（总行内部审计局）

内控体系建设

2012 年，工商银行围绕新时期发展战略，按照“行为有规、授权有度、监测有窗、检查有力、控制有效”的内部控制“五有”总体要求，制定实施《2012 - 2014 年内部控制体系建设规划》，持续推进内部控制体系不断完善。

一、进一步完善内控基本规定

2012 年，根据《商业银行内部控制指引》和《企业内部控制基本规范》等监管新规，工商银行修订印发了《内部控制基本规定》，为持续增强工商银行风险抵御能力和内控管理水平提供了坚实的制度保障。一是按照“五有”的内部控制总体要求，进一步明确了各部门、各分支机构的内控工作职责；健全涵盖行为准则、授权管理、制度规范、监督检查、问责处罚和内控评价的内控工作体系；从组织、流程、方法等方面对各项业务的内部控制活动进行规范。二是明确了内控管理的目标，诠释了内控管理的方法手段，强化了内控管理的保障机制，提出了内部控制的各项基本要求，为建立健全以总行为核心的集团内控管理机制奠定基础。三是提出了各级管理人员应同时承担业务经营和内部控制双重职责的“一岗双责”要求，补充完善制度流程控制、产品创新控制、防止利益冲突控制等一系列基本控制措施。

二、制定并实施内控体系建设规划

2012 年，工商银行围绕新时期战略发展目标，结合内外部新形势及新要求，制定印发了《2012 - 2014 年内部控制体系建设规划》。一是充分吸收了前两个规划的建设经验与成果，确立了未来三年工商银行内部控制体系建设的总体目标。二是创新性地将“五有”的内部控制总体要求与五要素的内控框架紧密结合起来，提出了 52 项工作任务，确保规划目标和任务更具可操作性。三是紧密结合工商银行综合化、国际化发展战略，前瞻性地从内部控制的角度提出了加强集团架构下内控管理的重要举措。四是坚持“内控牵头、部门负责、全员参与”的原则，将工作任务分解落实到总行 37 个部室和各级分支机构，强化了全行共同参与推进内控体系建设的良好局面。

《2012 - 2014 年内部控制体系建设规划》印发后，总行各部门将各项内控建设任务与本专业经营发展和年度计划紧密结合起来，积极推进各项工作有序开展；各分行按照总行统一要求，结合实际制定本行内控规划实施细则，指导和督促辖内分支机构认真落实各项工作任务。在全行上下的共同努力下，2012 年度共完成 52 项任务 277 项具体措施。一是完善了良好的内控环境，不断优化子公司治理架构和制度体系，加强对县域支行变革工作的督导与考核激励力度，持续推进全行利润中心改革，开展员工行为规范主题教育活动。二是提升了风险评估能力，全面实施国别风险限额控制，完善集团并表管理工作机制，优化集团信用风险限额管理，搭建起三级操作风险管理政策制度体系，完善内部损失数据管理、关键风险指标监测和风险与控制自我评估三大工具管理系统。三是强化了过程控制能力，确立集团制度统筹管理机制，启动总行层面制度梳理工作，推进业务流程综合改造和优化工程，系统刚性控制能力进一步提升。四是提升了信息沟通效率，建立企业级数据质量指标体系（EDQI），推进集团信息标准化建设，投产新版网讯系统，健全客户端安全技术防护体系。五是创新了监督管理模式，制定《监督检查信息管理办法》，投产监督检查管理系统，初步建立起统一计划、统一标准、统一方法、统一信息的监督检查统筹管理模式。

三、全面加强集团制度统筹管理

为提高工商银行制度统筹管理水平，印发了《制度管理基本规定》。一是明确界定了制度定义和范围，合理划分了制度层级效力，明晰了制度管理职责分工，统一了制度编制体例，规范了制度建设工作流程。二是建立了制度立项管理工作机制，加强制度建设的计划性和统筹性。三是强化制度生命周期管理，明确了制度修订、废止、日常管理、梳理、评价审计等制度维护管理要求，健全制度长效维护机制。

在此基础上，工商银行全面启动了总行层面的制度梳理工作，重点解决制度中存在的“上下、左右、前后、内外”四个不一致等问题。截至 2012 年末，已完成首批 17 个部室 554 项制度的梳理工作，形成包括 29 项规定、206 项办法、219 项细则、15 项过渡性文件在内的 469 项现行有效制度，制度体系架构初步形成；第二批 19 个部室也已完成对现有 1 437 个制度的清理与评价工作。目前，工商银行“起草前有立项审核、执行中有跟踪反馈，执行后有评价总结”的制度管理模式基本形成，初步实现了“制定权限化、行为程序化、体例标准化、口径一致化”的制度管理目标。

此外，配合制度梳理工作进程，工商银行持续做好《业务操作指南》建设及推广应用工作，2012 年共新编或修订 667 张，识别风险点 3 276 个，提出控制措施 3 326项，形成覆盖全行 17 个专业，包含流程图 1 544 张、风险点 8 238 个、控制措施 9 156 项的《业务操作指南》体系，《业务操作指南》电子平台访问量累计超过 54 万人次。

四、组织开展对各级机构的内控评价工作

2012 年为进一步提升内控管理水平，增强内控评价工作的科学性和针对性，工商银行对内控评价办法进行了全面修订。修订后的评价办法将全面实现内控评价工作由现场评价为主向非现场评价为主转变、由两年一次评价向年度常态化评价的转变。

2012 年总行对 36 家一级（直属）分行进行了内控评价。一级（直属）分行内控评价平均得分为 88.40 分，较 2011 年提高 0.53 分，平均等级为内控评价二级 1 档。从等级占比情况看，共有 15 家被评为一级，占比为 41.7%，较 2011 年减少 3 家；有 20 家被评为二级，占比 55.5%，较 2011 年增加 4 家；有 1 家被评为三级，占比 2.8%，较 2011 年减少 1 家；无四级、五级分行。

此外，各分行对全行 666 家二级分行（含一级分行直属支行、直属分行辖属支行）和 3 537 家一级支行进行了内控评价，其中，二级分行平均得分 89.73 分、一级支行平均得分 89.03 分，分别较 2011 年提高 0.23 分和 0.43 分。

五、完善操作风险管控框架与工具

针对 2012 年银行业操作风险管理压力显著增加、外部风险因素向银行不断蔓延的严峻态势，工商银行切实推动各项操作风险管理活动取得实效。一是印发《操作风险管理规定》，搭建起由营销及产品部门、综合控制和分类控制部门、内部审计部门组成的操作风险管理三道防线。二是修订《操作风险管理委员会工作规则》，召开 4 次操作风险管理委员会会议，讨论各类议案 45 份，督办委员会决议 31 项，充分发挥操作风险管理委员会作用。三是制订实施了 2012 年操作风险限额管理方案，按季度监测并向操作风险管理委员会报告各项限额指标情况。四是印发了《关于加强操作风险损失事件管理的通知》，核验 2008－2012 年的全部历史数据并向操作风险损失事件管理系统录入 4 000 条内部损失数据。五是发布了操作风险监测指标 ORM－KRI1.3 版本，编发《操作风险监测工作手册》，首次实现了对集团境内外分行及附属机构的全覆盖监测。六是修订印发了《操作风险与控制自我评估管理办法》，建立起覆盖 28 个专业、2 000 余个风险点的操作风险点与控制字典库，并组织 14 家总行部室、全部境内一级（直属）分行和 9 家境外机构共同开展了 2012 年度操作风险与控制自我评估工作。七是升级优化操作风险损失事件管理系统、关键风险指标监测管理系统和操作风险与控制自我评估管理系统，提升操作风险管理信息化、集中化和标准化水平。八是顺利通过银监会操作风险标准法达标验收，进一步夯实高级法达标基础。通过采取上述措施，全行操作风险管理水平不断提高，操作风险损失率控制在 0.028%，较 2011 年下降 0.014%，远优于 0.15% 的控制限额，主要风险指标整体处于较好水平。

六、有效发挥监督检查职能

2012 年，工商银行不断完善检查统筹管理机制，深入开展检查监督工作，充分发挥保障作用。一是印发了《监督检查信息管理办法》，投产推广了监督检查管理系统，为统筹检查资源、规范检查行为提供了有力支撑。二是监测分析系统（二期）实现了与七大主要专业系统和 EDW 数据仓库连接；开展了对 8 条业务线、54 个重点风险领域的分析预警，以及对违规代发工资、委托贷款、银行卡套现等热点的监测分析。三是持续健全运营风险核查制度体系，开展十大违规行为专项整治和核查履职监督。全年共核查风险事件 280 万笔，确认风险事件 108 万笔，一、二类风险事件分别较上年下降 14.7% 和 50.7%，十大违规行为较上年减少 76.4%。四是全行各级机构共开展资产管理、银行卡、金融资产服务等领域的重点合规检查项目 8 378 个，开展经济审计 7 379 人次、离岗审计 4 014 人次，牵头落实了风险排查及风险防控责任，配合协调了 1 240 项内外部审计和监管检查，及时发现和消除了一些重点领域和关键环节的风险隐患。五是问责力度不断强化。印发了《违规积分管理办法（2012 年版）》，新增了 14 个专业的积分标准，实现了业务条线全覆盖，全年共实施违规积分 6.8 万人次；追究了 17 位二级分行管理人员的不良贷款管理责任、近 3 700 人次的新增不良贷款损失责任、285 人次的资产管理损失责任。

七、不断加强集团合规管理力度

一是印发了《合规管理基本规定》、《合规报告管理办法》、《合规审查管理办法》，制定了《合规经理管理办法》，集团合规管理配套基础制度体系搭建形成。二是探索集团合规管理新模式，对 6 家境外机构进行了调研，对 9 家境外机构进行了现场检查，对十多家国际大型银行集团合规管理模式进行了考察，形成了工商银行集团合规管理模式研究报告。三是加强集团关联交易牵头管理和业务外包风险管理，投产了集团内部交易管理系统，修订了《关联交易管理规定》，印发了《业务

外包操作规程》和《业务外包目录》等基础性管理制度。四是全面加强合规审查，全年共对 1 287 项新制度、886 项新业务产品，41 项控股机构董事会审议事项进行合规审查，提出合规审查意见 2 729 条，切实发挥了合规工作的监督保障作用。

（总行内控合规部）

声誉风险管理

2012 年度，全行从维护社会稳定、力保金融安全的高度出发，积极推动声誉风险管理工作，深入开展对各类声誉风险因素的监测、分析、识别和评估工作，全面加大了舆情提示和处置督办力度，较好地维护了工商银行的声誉和形象。

2012 年以来，全行的声誉风险管理工作经受了前所未有的严峻挑战和巨大压力。从外部环境看，国际大银行出现了一些负面事件，影响了社会对金融业的客观评价；从社会心理看，国内宏观经济下行期积聚的社会情绪集中向银行业宣泄，“高利润”、“不合理收费”等负面话题持续发酵，舆论环境恶化；从传播形态看，随着微博等自媒体的快速崛起，负面舆论和非理性声音极易迅速传播，针对银行业的网络谣言和恶意中伤持续高发。以上几个方面的因素相互叠加，给全行的声誉风险管理工作带来了很大的挑战。

面对复杂形势，全行迎难而上，前移风险管理关口，连续启动应急机制，第一时间发现和处置舆情，锁定并清除了大量风险隐患，坚决驳斥回击各类谣言，成功防范和妥善处置应对了一批潜在风险很大的突发舆情事件，避免了重大及恶性舆情的发生。同时，全行还将主动进行议程设置作为引导社会舆论的重要手段，多角度地开展舆论引导工作，切实维护工商银行的声誉和形象，为全行改革发展营造了一个良好的舆论环境。

（总行办公室）

客户投诉管理

2012 年，全行按照“满意在工行”主题活动和年初服务工作推动会的总体部署，深入实施客户投诉专项治理工程，投诉管理工作得到进一步加强，客户投诉总量大幅下降。全年共发生客户投诉 6 945 件，投诉总量历史性降至万件以内，较 2011 年下降 73%；重复投诉 43 件，首次降至百件以内，较 2011 年下降 91%。已处理投诉 6 884 件，处理完结率 99%，客户满意率 96%。自 2011 年 8 月服务工作会议以来，全行投诉总量连续 6 个季度保持环比下降，环比平均降幅为 30%；重复投诉累计 90 件，约相当于以往单季发生量的一半。

一、加强客户投诉管理工作的组织领导

2012 年初召开了全行服务工作推动会，对全年投诉工作目标任务和工作措施作了详细具体的安排。5 月客户投诉管理职能调整到办公室，进一步理顺了投诉管理体制。在总行党委的统一安排下，总行各专业部门和各分支机构高度重视客户投诉工作，并切实加强了对这项工作的组织领导和推动。

从总行层面看，建立了服务管理部门协调推动、专业部门各司其职的投诉管理工作模式。在这一模式的推动下，各部门健全了投诉工作机制和管理制度，进一步加强了客户投诉工作。在个人金融业务领域，实施了客户投诉月通报制度和重大投诉事件应急管理机制，并将投诉纳入个人金融专业的绩效考核。在消费者权益保护领域，率先成立了消费者权益保护办公室，制定了进一步做好消费者权益保护工作的指导意见，组织开展了“普及金融知识万里行”活动，编发了金融消费者资讯手册，全行参与活动员工近 30 万人次，为数千万客户提供了全方位、高质量、多角度的金融咨询服务。在电子渠道服务领域，召开了投诉治理专题推动会，促进了电子银行业务领域投诉的化解。从分行层面看，各级分支机构通过召开专题会议、开展专项活动等多种形式，深入贯彻落实监管部门和总行关于客户投诉工作的整体部署和措施要求。

二、下大气力解决客户投诉突出问题

研究制定了银行卡盗刷、被办卡、误导销售、自助服务受阻等十大投诉问题的解决意见，提出了机制、制度、流程、产品等方面的解决措施，并通过任务分解、责任落实、跟踪监测等手段，持续推动了这些问题的解决。到2012年12月，被办卡、星级调整告知不及时、贵宾客户无序插队、高峰期窗口开放不足和保安服务不规范等五类问题的投诉意见类工单量分别较前期下降81%、53%、32%、21%、20%，压降效果明显。同时，各级行认真贯彻银监会不规范收费整治工作和消费者权益保护工作要求，专题分析、重点提示和跟踪解决了个人融资服务费收取、双异卡转账收费、网银非正常注销及军人保障卡功能应用等监管机构和媒体舆论关注的热点问题。

三、强化对重点分行的定向指导和重点投诉事件的督导处理

一是对投诉总量最高的5家分行进行了重点指导。相关分行按要求分别召开了投诉治理工作专项会议，对辖内客户投诉总体情况、投诉类型及特点、投诉成因等进行深入分析，并提出投诉治理的压降目标和专门的解决要求。与此同时，进一步加强了各项投诉管理措施的执行与落地，从管理机制、投诉处理、协调解决、考核监督等方面入手，促进投诉问题的解决。到2012年末，5家分行投诉总量比2011年下降6 841件，降幅达84%，在全行的占比由2011年的33%降至19%。二是开展了重大投诉风险隐患排查，从总行层面对37家分行可能升级到媒体网络或监管部门的重大客户投诉事件进行了一一督办和跟踪处理，有效防范了因投诉处理不到位而可能引发的声誉风险。依托投诉处理平台和舆情监测系统，加强了典型性投诉事件的督导处理，全年累计发出督办单285起。

四、完善客户投诉管理机制

一是推动各级管理行建立投诉定期分析和恶性事件通报制度，深入剖析引发投诉的薄弱环节，督导责任机构及时妥善解决客户投诉所反映的制度和流程等方面的缺陷，促使各级机构更加重视和抓好投诉管理工作。二是继续实行“95588”电话银行人工服务热点分析联系制度，定期分析客户投诉咨询问题，逐类分解至各行和各专业督办处理。三是建立了客户投诉直通式处理机制，通过在网点公布上级管辖行服务咨询投诉电话，网点现场投诉处理效率和质量明显提升。四是完善了投诉监测考核机制，将网均投诉率、投诉处理满意度、重复投诉数量等客户投诉指标分别纳入内控评价核心指标体系、非现场评价指标体系和操作风险核心监测范围进行管理，对因投诉而引发重大风险的，严格予以问责处理。五是健全小额补偿制度，对相关管理办法进行了修订，进一步明确了管理职责、财务处理等要求，促进各行在合理授权、科学评估的基础上，建立起严格的小额补偿考核管理和问责机制，小额补偿制度较好地落实执行，为快速处理客户投诉发挥了显著效用。

总体来看，2012年全行投诉管理工作有三个方面的特点：一是全行服务管理条线接手投诉牵头管理职能以后，迅速按照总行的部署，理清了工作思路，明确了工作目标和重点，推动了投诉处理工作的深入开展。二是实施点面结合、以点带面的治理策略，通过狠抓重点问题、狠抓重点分行来带动其他问题和其他分行投诉管理工作的全面加强。三是强化投诉的顶层治理，充分发挥总行业务部门的职能作用，从源头上推进投诉量的压降和服务短板的改善。

（总行办公室）

财务会计管理

2012年是全行股改上市以来财务运行压力最大的一年，面对各种困难和挑战，全行财务会计部门牢牢把握可持续增长主题，紧紧围绕经营转型主线，勤勉尽责，开拓创新，科学统筹外部监管和本行发展要求，进一步创新预算、考评及资源配置机制，坚定不移地推动中间业务转型发展，不断加强财务会计基础管理，促进了全行经营转型和效益增长。

一、积极应对多重挑战，力促全年财务目标圆满完成

（一）完善预算管理及资源配置机制，推动经营目标顺利实现。在合理制定全年经营目标基础上，借助预算管理系统，实现存贷款、债券投资业务损益的准确测算，预算编制的信息化水平显著提高。将境内财务预算指标调整为净利润和经济增加值，各预算单位信贷成

本、税务成本和资本回报意识进一步增强。在预算执行过程中，不断加强经营分析和督导，做好经营成果的预测和预判，统筹各项财务安排。第四季度，及时出台激励政策，对预算完成率前30位的分行视同完成预算，鼓励分行努力提高预算完成水平。优化境内费用资源配置，在“分块”配置主体地位以及“集中配置、统筹安排”前提下，推行“条块”结合的新型配置机制，引导全行大力发展重点业务产品。严格控制行政费用开支，支持重点业务、重点领域资源投入，完善总行利润中心和成本中心差别化费用配置，充分发挥费用资源对经营发展的推动和激励作用。

（二）坚持规范经营与中间业务发展“两手抓”，实现中间业务收入持续增长。按照“三个唯有”和“四有一不”要求，抓好规范经营，积极发挥协调、督促和推动作用，组织推进各行自查整改，牵头开展专项检查，积极配合外部收费检查，得到了监管部门的肯定与认可。与此同时，不断健全中间业务发展组织推动机制，通过完善中间业务收入考核办法，提高中间业务收入与营业费用、营销费用挂钩比例，以及细化监测分析、开展专题调研、推广典型案例、组织经验交流等，进一步挖掘潜力，拓宽增收渠道，最终在各种不利因素下，全行实现中间业务收入1 158.81亿元，同比增长6.2%，其中结算、代理、理财三类业务收入同业占比实现“双第一”，进一步夯实了中间业务转型发展基础。

（三）完善经营考评机制，进一步推动全行转型发展。按照“一个提高、三个突出”的思路，提高风险合规类指标权重，突出经济资本、业务转型发展和渠道分流与服务质量考核，完善境内分行经营绩效和业务发展考评办法。紧紧围绕价值创造和发挥经营合力，完善总行部室及利润中心定量考核办法，制定资产管理部、投资银行部利润中心改革财务实施方案。强化境外机构ROE、ROA考核，加强全球重点产品线考核，完善区域管理一体化考核模式，推动境外机构加快发展。按照“突出资本回报、强调横向可比、兼顾行业特点、鼓励绩效进步”的思路，完善控股子公司绩效考评体系。

（四）优化固定资产投向及管理，不断提升全行渠道核心竞争力。按照“三个支持、二个限制、一个禁止”原则，把握好固定资产投向和投量，继续支持和推进电子渠道和物理网点优化和建设，圆满完成固定资产投资预算。全年共支持新建或装修改造营业网点约2 200家，新建离行式自助银行1 800家，新投放自动柜员机1.2万台。坚持从严审批与提升效率并重，不断提升项目审查质量。在日常投资项目审查中，加强对重大项目的实地调研，既对分行超面积、超标准、超投资项目实施严格把控，又注重审批效率。根据业务发展需要，重新审视、调整全行车辆编制，为重点县域支行配置业务用车，大力支持基层行业务发展。坚持从严审批与提升效率并重，做好基建项目年度后评价，持续优化固定资产系统，做好固定资产统保，促进资产有效利用。

二、加强财会理论与实践创新，多项工作取得新突破

（一）推进管理会计体系建设，提升全行精细化管理水平。在对MOVA建设总结表彰的基础上，对深化MOVA应用进行全面部署，并下发了指导意见。总行财会部以管理会计报告编制、县域支行分析、重点分行经营诊断、分支机构绩效提升、网点优化调整为题，先后进行了多项管理咨询与经营诊断探索。编制《2011年度管理会计报告》，首次从四个层级、五个维度、六大区域对全行经营业绩情况进行精细分析，撰写《县域支行经营分析报告》以及江苏分行经营业绩诊断报告，完成总行改革发展课题《中国工商银行分支机构经营绩效增收潜力实证研究》。制定管理会计系统建设规划，以《关于深化MOVA体系管理应用工作的意见》为纲，指导各分行制定本行的MOVA应用指导意见，将MOVA管理应用向纵深推进。总行各主要业务部门先后下发了专业应用指导意见，在直营客户管理、专业条线考核等领域展开应用。各行围绕“六进MOVA”创新应用方式，广东、天津、北京、山东、河南等分行在网点标准化建设，山西、上海、江苏、浙江、江西等分行在管理层应用展示等方面进行了探索，MOVA服务经营发展的作用开始显现。

（二）持续跟进会计准则修订，公允价值计量管理取得重大进展。全面参与金融工具系列准则研究，积极向财政部反馈准则修订意见，前瞻性评估对全行各项业务的影响。探索完善计量制度体系，在国内首家制定了远期合约、掉期合约、结构性衍生金融工具等一系列金融工具的管理办法。稳步推进计量管理平台建设，解决了业内普遍存在的标准衍生工具公允价值计量暂估日问题。持续开展计量理论模型研究，完成了债券模型和复杂衍生品模型构建，理论成果获得监管部门和外部审计师一致认可。

（三）加强境外及控股机构管理，推进全球财会管理体系建设。加强境外及控股机构的统一预算管理，实现财务预算在集团所有机构的全覆盖。通过专项费用预算对境外机构渠道扩张、产品线延伸、成立私人银行中心等业务拓展事项予以支持。在四家境外机构试点投产财务管理综合系统，启动全球信贷管理系统拨备整合项目，提高境外机构财务信息化水平。加强集团会计科目、会计核算统一管理，开展集团会计政策统一与会计科目体系协调方案研究，提高集团并表信息的准确性、及时性。

三、进一步规范财务行为，财务风险防控水平继续提升

（一）完善财务制度及管理，强化财务监督检查。制定并印发营业费用、部分分项费用管理办法及业务外包管理办法，修订驻地分行代管总行机构财务管理办法，积极推进大型后台中心财务集中核算改革，制定总行职务消费管理实施办法，研究制定总行因公出国（境）费用管理办法，完善本部管理制度。强化财务监督检查，组织开展全行财务自查，并对8家一级分行开展现场检查，进一步严肃财务纪律。优化费用资源配置，严格控制行政费用开支，支持重点业务、重点领域的资源投入，充分发挥营销资源对经营发展的推动和激励作用。强化财审会工作，全行组织召开财审会4 738期，审议项目约2.7万个。投产个人贷款风险拨备系统，推广财务系统审批信息共享暨合同管理项目，完善财务管理手段。

（二）完善应税事务管理，强化税收风险控制。适应综合化、国际化发展需要，积极开展涉税研究。重点课题《商业银行国际化涉税问题探讨与策略》获中国金融会计学会特等奖。组织开展全行发票管理、增值税业务、双边税收协定对境外机构竞争力的影响和应税事务风险管理等调查研究，提出针对性工作建议。加快应税事务系统建设，实现所得税成本自动账务处理，启动房产税和土地使用税系统研发，推进应税事务管理规范化、流程化和信息化。加强税收工作筹划，做好资产损失税前扣除、研发费加计扣除、境外所得抵免等重点项目，积极争取税收优惠政策，降低集团整体税负。加强应税事务风险管理，开展应税事务风险事件分析，有效控制应税风险。

（三）完善和落实规章制度，不断加强集中采购管理。2012年，全行集中采购支出453.6亿元，节省支出42.1亿元，集中采购占比95.9%，集中度达到82.6%。围绕“制度先行、系统优化、谈判达标、服务全行”的工作目标，稳步提升全行集中采购管理水平。全面梳理集中采购制度，进一步完善集中采购组织形式、决策机制、操作流程、管理办法，夯实“四统一”管理体系基础。按照制度化、流程化、格式化、自动化理念，成功投产集中采购业务管理信息系统新版本。在保证常规性集中采购项目组织实施的同时，集中力量完成了全行安全防范设备采购项目、会计师事务所选聘等重点项目集中采购工作，取得了较好的集中采购效果。加快专项采购实施，不断完善采购管理体系。强化集中采购监督检查，组织开展全行自查，并对18家机构开展现场检查。

（四）坚持扎实的经营作风，整治不规范经营行为。按照总行党委部署，精心制定不规范经营专项整治方案和措施，积极发挥协调、督促和推动作用，组织推进各行自查整改，牵头开展专项检查，积极配合外部收费检查，得到了监管部门的肯定与认可。同时，在总行和分行设立消费者权益保护机构，印发加强消费者权益保护工作的通知和意见，全行消费者权益保护工作组织及机制基本搭建完成。随后，积极开展收费项目所涉文本的梳理和审核，组织开展“普及金融知识万里行”活动，强化客户维权协调处理工作，全行消费者权益保护工作全面迅速铺开。

（总行财务会计部）

资产负债管理

2012年，面对复杂严峻的国内外经济金融形势，工商银行认真贯彻落实国家宏观经济政策，不断提高资产负债精细化管理水平，合理把握资产负债总量和运行节奏，确保了资产负债的平稳运行和结构优化。

一是人民币存贷款总量增长适度。截至2012年末，境内分行人民币各项存款（含同业存款）比年初增加14 213亿元，增幅为11.1%，余额和增量均居同业首位；人民币各项贷款比年初增加8 673.5亿元，增幅为12.3%，增量排名稳居各金融机构首位。二是外汇存贷款规模快速发展。境内分行外汇存款比年初增加301亿美元，增幅为65.2%；外汇贷款比年初增加160亿美元，增幅为34.4%，其中表内国际贸易融资比年初增加167亿美元，增幅为57.3%，余额居四大行首位。三是资本充足率继续保持合理水平。2012年末审计后并表口径资本充足率为13.66%，核心资本充足率为10.62%，运行保持基本稳定。四是流动性管理继续保持同业领先。2012年全行月均备付率1.25%，比四行平均值低0.22个百分点；日均超额备付率0.97%，比四大行平均水平低0.25个百分点。五是利率管理成效显著。全年人民币净利息收益率（NIM）同比提高8个基点，增加净利息收入约114亿元；全年新发放人民币贷款4.81万亿元，加权平均利率6.78%，量价关系协调。六是票据和证券融资业务利润贡献突出。全年票据融资交易量1.87万亿元，同比增长35.9%；在全年贴

现（含转贴现）、买入返售业务平均利率同比分别下降263个基点、23个基点的情况下实现净利息收入168.5亿元，同比增长35.1%；同时票据资产损失率连续九年保持零纪录。全年累计办理同业融出业务金额13.4万亿元，加权平均利率4.50%，对应到期利息收入141.51亿元，未出现一笔风险损失；全行法人口径人民币债券投资收益1 361亿元，同比增加166亿元，增幅13.92%；累计代理发行国债600.66亿元，市场占比26.72%，继续稳居同业首位。

一、资产负债管理委员会工作

2012年，资产负债管理委员会充分发挥辅助决策职能，继续保持规范有效运作。全年以现场形式和非现场形式共召开了4次会议，审议（阅）11项议案，形成了18项决议，其中审议通过了内部资金转移价格调整方案、流动性风险管理报告、本外币全额资金集中配置运行情况报告、人民币存贷款利率管理报告、经济资本管理报告和委员会2013年工作计划等事项，审阅了资产负债管理报告、利率市场化与商业银行定价能力研究报告等议案。各委员部室高度重视委员会决议事项，主动推进和落实相关工作，决议总体执行情况较好。

二、信贷计划管理

2012年，工商银行认真落实“稳增长”的宏观政策导向和稳健货币政策要求，合理把握年内各阶段的信贷总量与进度，不断优化信贷结构，在支持实体经济发展中有效发挥了大银行应有的作用。

（一）加强贷款计划执行监测、对策研究和政策传导，确保人民币贷款总量分阶段调控目标得以平稳实现。2012年，面对社会信贷需求情况出现的新变化，主动加强对外部形势和自身信贷运行的监测分析，适时调整人民币贷款分品种、分地区计划，保证各阶段贷款总量调控目标平稳实现。一是在分品种贷款计划方面，综合考虑经济形势和市场需求，结合我行信贷结构调整导向，科学调整品种结构摆布，全行中小企业贷款、贸易融资、银行卡透支、个人类贷款等业务占比不断提高。二是在分地区贷款计划方面，积极引导分行推进信贷结构调整，通过增强贷款计划核定与分行信贷结构调整、新增贷款增长均衡性、存贷款业务发展协调性、贷款收益水平、贷款质量等情况的挂钩匹配力度，在将信贷资源向EVA贡献度高、业务发展结构好和资产质量优的区域进行重点配置的同时，加大了对中西部和东北地区分行、重点县支行所在区域分行的倾斜配置，中西部和东北地区分行贷款增幅继续高于全行平均水平，重点县支行竞争力不断提升。

（二）密切跟踪宏观经济形势、政策变化和同业经营动态，加强对贷款计划执行的监测预测和综合分析。一是关注宏观经济政策及货币信贷政策变化，深入分析和预测外部经济环境变化对资产负债管理的影响，结合工商银行信贷运行情况及时提出相关工作建议。二是注重加强与同业机构的沟通交流，动态了解同业机构贷款运行情况和策略安排，做好同业对比分析，及时提出应对策略方案。三是着力增强贷款计划执行的监测预测和综合分析，按时报送监测日报和周报，及时起草各类综合分析材料，有效提高了决策支持水平。

（三）积极推动重点县支行相关工作，不断提升信贷市场竞争力。一是召开资产负债管理专业重点县支行贷款计划管理工作专题座谈会，组织分行按月报送重点县支行运行情况分析报告及数据报表，动态监测全行重点县支行贷款运行情况，做好重点县支行信贷运行的分析和总结工作。二是研究提出促进重点县支行信贷业务发展的综合措施，完善总行和相关分行重点县支行贷款计划管理方式，增强信贷资源配置与重点县支行贷款增长情况的挂钩力度。三是深入总结分析城镇化进程中重点区域信贷市场竞争面临的机遇与挑战，开展关于重点县支行和重点城市行信贷资源配置方案的研究工作，形成2012年改革发展重点研究课题报告，充分发挥了理论应用研究对业务发展实践的指引作用。

三、资本管理

2012年，全行积极贯彻实施新资本管理办法，建立完善了资本补充与约束机制，编制中长期资本规划和资本充足率达标规划，进一步优化经济资本计量标准，升级完善了资本管理信息系统。

（一）积极贯彻落实资本监管政策。2012年6月银监会《商业银行资本管理办法（试行）》颁布后，积极深入研究，明确新资本办法的工作要求，分析新资本办法实施对工商银行的影响。同时积极落实监管政策具体实施工作，编制《中国工商银行资本充足率达标规划》，确保资本充足率平稳过渡。

（二）编制2012年至2014年资本规划，完善资本补充与约束机制。综合考虑全行经营发展战略和业务发展规划、各项业务发展所需资本和资本性投资需求、新资本办法的影响、未来利润留存等因素，编制《中国工商银行2012－2014年资本规划》，对具体的资本补充方式和额度进行了规划，并进行了多情景的系统性和非系统性压力测试，就资本规划的实施提出了具体工作安排。

（三）顺利完成次级债发行工作，积极探索新型资本补充渠道。根据资本规划及资本补充计划，2012年6月成功发行了200亿元次级债券，有效补充了附属资本，提高了资本充足率水平。根据资本监管新标准，积极研发新型资本工具，并于2013年1月报请董事会审议通过了《关于2014年末前新增发行不超过600亿元人民币等值减记型合格二级资本工具的议案》。

（四）优化经济资本计量标准，增加资本项目计量自动化模块，升级完善资本管理系统。在引入非零售业务内部评级法结果的基础上，研究制定了《经济资本计量标准（V4.1）》，将内部评级法下的PD、LGD结果引入零售业务经济资本计量，进一步提高了经济资本计量的适用性、精确度和风险敏感性。按照监管要求，资本管理系统增加了资本项目计量自动化模块，并于2012年12月正式上线。

四、利率定价管理

2012年，人民币利率市场化改革再次提速，面对内外部复杂的金融形势，全行上下加强利率风险管理，积极调整存贷款定价策略，有效提高了全行的经营效益。

（一）灵活实行存款差别定价管理，积极应对利率市场化改革。一是结合人民银行的利率政策调整，及时制定和发布人民币存款挂牌利率，总行各相关部室积极配合，做好主机系统存贷款利率参数调整工作。二是积极开展情景模拟分析，认真测算、分析利率市场化改革和利率政策调整对全行经营状况的影响，针对利率定价管理机制、内部授权审批机制、IT系统优化、利率监测及信息反馈机制研究制订具体应对方案。三是根据市场竞争情况，制订重点客户差别定价授权方案，初步建立了分类管理与名单制相结合、统一管理与分级授权相结合的差别定价管理机制，在强化与重点客户合作的同时，较好地协调了存款发展和成本控制。

（二）及时调整存款利率标准，积极适应市场变化与管理要求。一是针对市场形势变化，积极调整同业存款利率定价策略，适度扩大分行同业存款利率定价授权，提高利率管理弹性和同业存款市场竞争力。二是灵活调整利率定价，2012年，总行共调整短期同业定期存款利率119次，调整短期同业定期存款内部集中价格47次，调整同业融资业务内部价格4次，调整票据贴现业务内部价格3次，逐步建立了适应业务发展、灵活调整的内外利率定价机制，在满足全行流动性管理的同时，提高了同业融资业务和信贷资产组合收益。

（三）加强贷款定价管理，推动全行提高贷款利率水平。一是进一步加强利率定价考核，研究制定各分行公司贷款下浮利率机会成本率、新增贷款收益率控制计划，将综合经营计划纳入行长绩效考核，强化分行利率管理意识。二是加强对利率执行情况的监测分析及同业比较。按月通报各行指标执行情况，定期返传利率信息，使各行全面了解自身定价在系统内和当地同业的定位与差距，引导分行合理把握利率浮动幅度，优化利率结构。

（四）进一步优化利率管理系统功能，顺利投产利率审批系统，为应对存款利率上浮政策，建立高效、快捷的负债业务利率管理机制奠定基础。

（五）成功实施外汇存贷款利率管理机制改革。积极探索利率市场化管理模式，积累适应利率市场化形势的管理经验，授权符合条件的境内分行对部分外汇存贷款自主确定利率水平，同时建立起以市场化外汇资金成本收益为基准的内部定价体系。2012年连续15次下调外汇资金内外部价格，合理控制付息成本，促进外汇存贷款业务的快速协调发展。

五、资金管理

2012年，全行密切关注宏观政策及工商银行业务发展新动向，充分发挥内部定价调控作用，灵活调整流动性管理策略，完善资金业务管理机制，有效提升集团流动性管理水平，确保全行流动性安全。

（一）灵活调整流动性管理策略，协调资金来源与运用，确保流动性安全。一是动态调整银行间市场融资力度，关注系统性、流动性风险，通过分散融入资金、保持银行间市场和公开市场合理的融资比例等方式，避免拉升市场利率或造成融资困难。二是扩大短期资金来源渠道，将短期同业定期存款作为资金来源之一，并根据资金余缺灵活调整总量及结构。三是加强对市场资金形势的预判，抓住市场利率高点或资金相对富余的有利时机融出资金，平衡资金波动，提高资金营运效益。

（二）发挥内部定价调控作用，不断优化资产负债结构。一是提高内部定价的精细化管理水平，建立超额准备金和现金分档内部定价机制，引导分行合理压缩低息和无息资金占用。二是根据降息预期及工商银行个人住房贷款发展情况，适度降低人民币个人住房贷款配置价格，促进个人住房贷款业务稳健发展。

（三）建立境外机构人民币资金业务管理机制，提高集团并表口径流动性管理水平。一是初步建立境外机构人民币资金业务管理框架，对境外机构人民币资金业务实施额度管理。二是加大跨境人民币产品创新力度，及时推出跨境人民币同业往来账户日间透支和同业定期存款等产品，提升工商银行跨境人民币业务市场竞争力。三是综合考虑集团战略发展目标及发债资金运作效率，拟订发行境外人民币债券资金运作方案，充分发挥集团人民币资金优势。四是加强集团口径流动性风险的监测和分析，研究开发境外机构相关业务报表系统，以及时掌握境外机构人民币资产负债业务主要状况。

（四）跟进宏观政策及工商银行业务发展新动向，积极应对其对流动性管理的影响。一是根据人民银行二代支付系统的清算模式开发全行流动性管理系统，以实现对全行大额资金汇划的实时监测，满足二代支付系统投产后全行流动性管理需要。二是高度关注理财业务发展情况，投产理财资金运作和流向监测系统，关注表内外资产资金运作对全行流动性的实质影响，统筹管理表内外流动性风险。三是加强存款上浮空间打开后全行存款增长和波动的监测分析，总结利率市场化背景下资金波动新规律，加强对资金来源稳定性的研究。

（总行资产负债管理部）

授信管理

2012年，全行完成年度授信方案3.68万份、较上年增加3%，涉及成员企业5.31万户、较上年增加11%，核定授信额度16.69万亿元、较上年增加19%。完成授信调整方案超过3 200份。完成客户评级58 338户，完成信用等级调整1 750笔。全年新发现集团关联客户941家，涉及成员企业1 291户。全行完成项目贷款评估3 873个，较上年增长35%，涉及项目总投资44 363亿元，申请我行贷款12 921亿元，全部项目建议贷款总金额11 355亿元。全行受理法人客户押品评估20.43万宗，较上年增加29.64%，评估押品价值金额81 595亿元。其中，经过一般流程初评的有6.7万宗，直接认定初评的有3万宗，一般流程重评的有9万宗，直接认定重评的有1.7万宗。全行受理个人客户押品评估557万宗，评估押品价值金额36 970亿元，其中初评188万宗、重评369万宗。

一、落实信贷结构调整新要求，积极支持实体经济发展

（一）高效评审国家重点项目信贷需求。认真贯彻十八大提出的“牢牢把握发展实体经济这一坚实基础”的要求，优先保障国家重点在建、续建项目资金需求，通过评估前移，高效支持青海格尔木至西藏拉萨直流联网工程、太原钢铁（集团）有限公司袁家村铁矿项目等13个大型国家重点项目；通过提高招投标项目评估效率，力促分行抢占如中沙（天津）石化聚碳酸酯、东莞市城市快速轨道交通R2线等19个优质项目，保障国家重点项目信贷资源配置。

（二）积极支持新四大信贷市场拓展。以拓展“四大新市场”和“三大战略领域”作为授信导向原则，大力支持了以航空航天、南车北车、三大电气、三大工程机械等为代表的先进装备制造业企业发展，对24个大型集团核定授信额度2 566亿元，同比增长8%，同时进一步控制制造业中产能过剩行业授信，特别对盈利能力下降的风电设备制造企业制定压缩授信策略。以北大荒等涉农龙头企业为重点支持对象，加大对现代农业的授信支持；以苏宁、国美等大型零售企业为核心，大力支持现代服务业市场拓展。

（三）积极支持境外项目贷款评估和境内“走出去”企业跨境信贷业务。2012年，工商银行迈出了境外项目贷款评估坚实的第一步，先后对中信境外并购项目、中铝海外并购项目、吉达蓬集团万象湄公河酒店商用房项目开展了项目贷款评估，受到了当地政府和分支机构的好评。此外，通过制订综合授信服务方案，支持境外客户业务发展，如通过高效支持特变电工印度公司贸易融资和保函业务发展，为孟买分行后续营销奠定了坚实基础。

（四）注重以授信推动新业务和中间业务发展。一是对紫金矿业集团、江铜集团等客户的黄金租赁业务大力给予授信支持，支持分行开展黄金租赁业务提高中间业务收入。二是大力支持华为、一汽、武钢、庞大等客户的供应链融资及浙江物产集团、中粮集团等贸易类企业授信，对能够带来较高中间业务收入的贸易融资业务给予授信倾斜。三是充分发掘境内外分支机构的授信资源，创新代理行授信管理机制，简化部分子行的授信管理，海外机构客户授信效果大幅提高。

二、坚守风险管理底线，审慎把握重点领域信贷风险

（一）融资性担保机构授信管控及时、到位。一是紧急印发了《关于加强融资性担保机构统一授信管理的通知》，上收了授信权限，明确了审查重点，有效遏制了融资性担保机构信用风险的扩散。二是投产了担保机构授信管理系统，首次实现了CM2002授信板块与PCM2003个人担保贷款业务信息的实时对接和刚性控制。

（二）持续加强对政府融资平台、房地产、电力、钢铁等行业客户的授信、评估管理。一是及时更新了政府融资平台外口径客户授信审核原则，2012年全行核定城市基础设施行业授信额度9 874亿元，较上年进一步压缩授信10%，同时审慎评估土地储备、城建等平台项目贷款，通过完善手续、落实担保，降低了南昌市、宜昌市、西宁市等多个土地储备项目的信用风险。二是严控房地产行业授信总量，全行核定房地产行业授信额度8 111亿元，较上年进一步压缩授信7.83%，同时稳步推进房地产企业授信经理制试点工作。三是详细剖析五大电力集团的授信执行情况，实行“板块限额控制、授信单向调剂”的创新审查方法，有效防范了融资风险在不同业务板块间的传导。四是谨慎核定钢铁行业集团客户授信额度，设定同业占比控制上限，授信增加以债券投资专项授信额度为主，并从严审查钢贸企业

授信调增申请。

（三）进一步加强公路、铁路行业客户风险防范。一是加强公路客户授信管理，2012 年全行核定公路行业授信额度 8 966 亿元，较上年进一步压缩授信 5%。二是加强对铁路项目重点路网重要性分析。对于有偿债资金缺口的项目严格要求落实差额补偿协议，并压缩贷款年限与建议额度，如湖南长珠潭城际铁路、南宁至广州铁路黎塘至南宁段项目等。

三、进一步健全完善制度体系与业务体系

（一）全面实施全球统一授信管理。根据监管及全行并表管理要求，通过多种措施将法人信用风险业务纳入工银集团统一授信管理，发布了全球统一授信办法英文版，印发了《境外项目贷款评估管理办法》和《工银租赁全球统一授信实施细则》，制定了全球统一授信申报及审查模板，印发了《工银租赁全球统一授信实施细则》，将工银租赁法人客户信用风险业务纳入全球统一授信管理体系中，一整套涵盖制度办法、流程细则、客户产品、系统控制与人员管理的全球统一授信管理体系基本形成。我行在全球统一授信体系建设方面的工作，得到了银监会的肯定。全年全行共审批全球授信方案 2 261 份，核定授信额度约 21 080 亿元。全球统一授信的实施对加强跨境内外辖区关联客户信用风险防范、规避多头授信、促进信息共享及业务联动等方面起到了积极作用。

（二）授信总量管理方法进一步完善。一是完善了总量测算方法，发布了行业偿债乘数标准值，2012 年分行授信权限内“自上而下”方式授信客户已扩大至 183 家，全行授信审查审批效率进一步提高。二是制定《单位卡客户统一授信实施办法》，满足了监管要求，规避了多头授信风险。三是调整部分衍生交易单笔业务风险系数，进一步提高授信占用与衍生交易实际信用风险的匹配程度，提出了债券包销业务授信核定与管理工作建议等。

（三）押品管理框架实现重构。2012 年印发了《中国工商银行押品管理办法》，改变了以往个人和法人、境内和境外、价值评估和押品处置分割管理的局面，首次明确了新型押品准入审核、押品处置、委托付费、违规处理等各类问题，实现押品管理框架重构。印发了《关于规范法人客户押品价值评估资格认定工作的通知》、《关于加强押品重评工作的通知》，规范了法人押品评估资格认定工作及押品重评工作。

（四）金融资产服务业务限额管理办法基本完成。2012 年起草了《金融资产服务业务融资客户风险限额管理办法》，对客户债权投资限额管理方法和工作流程进行了规范。同时，研究制定《金融资产服务业务代客投资项目评估办法》。

四、进一步加强调查研究和制度建设，全面提升专业服务效能

（一）加强新兴信贷市场调研。2012 年，重点对先进装备制造业、战略性新兴产业、文化产业、现代农业等行业客户实地调研，走访了大连船舶重工集团、山东重工集团、传化集团、雨润集团、湖南广电、汽车产业链融资客户等，完成了《文化产业客户授信管理研究》、《关于现代农业授信的实践与建议》等多篇报告；赴工银亚洲、工银澳门实地调研全球统一授信情况，对其他境外机构、工银租赁进行书面调研，撰写了《关于全球统一授信工作开展情况的报告》。

（二）专题类和研究类工作成果丰硕。2012 年，撰写了《2011 年法人客户及交易对手授信管理情况报告》、《客户授信使用率分析报告》、《2011 年全行项目贷款评估情况分析报告》、《2011 年度全行法人押品价值分析报告》等，对授信、评估、押品三大业务系统进行总结分析。另外，还开展了现代服务行业、节能环保行业模拟授信，形成了现代物流业、生物制药产业市场分析与评估指引等。

（三）持续推动授信管理体系的优化和创新。一是全面启动制度梳理工作，拟订了授信、评估、押品制度梳理及新制度拟订工作方案，明确制度修订的主要思路、工作方式，落实了具体分工和工作进度要求等安排，目前正有序推进。二是印发《关于完善〈集团客户授信管理优化创新方案〉有关事项的通知》，加强集团授信管理方式及授信使用率管理。

（四）系统建设及日常管理工作扎实有效。一是举办了境内外授信评估业务、总行信贷评估委员、押品评估等全行性培训班 5 次；下发了涵盖 89 份文件的《授信业务手册（2012 年版）》；编写了《商业银行抵质押评估方法与实务》；全年组编 12 期《授信评审动态》；二是全球统一授信系统（GCMS）一期顺利投产；建成全集团统一的押品管理系统，建立了全行押品数据信息库。

（总行授信业务部）

信用审批

2012 年，全行各级信贷审批部门坚持难中求准、繁中求精、稳中求进，认真履行中台风险把控职责，切实把握好支持业务发展与促进结构调整、加大创新力度和有效把控风险之间的关系，努力推动全行经营转型和可持续发展，全面推进审批体制改革和审批队伍建设，较好地完成了各项工作任务。

一、全面完成各类信用风险业务审查审批工作，为全行实现经营目标作出了积极贡献

（一）受理审查情况。各级审批部门全年受理审查各类信用风险业务 258.5 万笔、11.22 万亿元，超过了历史最高水平 2009 年的 256.4 万笔、10.99 万亿元的受理业务量。其中，总行受理审查业务 1 627 笔、2.25 万亿元，分别比上年增长 71.81% 和 48.07%。为保证各类业务及时完成审批，总行和各分行全年共组织召开信贷审议会议 1.2 万次，审议事项 8.67 万笔、16.7 万亿元。其中，总行共召开信贷审议会议 166 次，包括信贷审查委员会 53 次、信贷审议中心会议 113 次，共审议事项 867 笔、6.77 万亿元。

（二）审批完成情况。截至 2012 年末，全行各级审批部门已审结各类信用风险业务 257.4 万笔、10.51 万亿元，分别占受理业务笔数和金额的 99.57% 和 93.67%。其中，审批通过 237.3 万笔、9.3 万亿元；未通过审批 20.1 万笔、1.21 万亿元，分别占已审结业务笔数和金额的 7.79% 和 11.51%，与上年基本持平。对审批同意的信贷业务，各级审批部门也努力通过优化期限结构、提高收益水平、改善担保条件等手段，促进贷款风险与收益相匹配。

二、基本完成授信审批集中改革目标任务，一级（直属）分行授信审批效率和质量进一步提高

2012 年，总行加大了授信审批集中改革的组织推动和配套支持工作力度。制定印发了《关于加快推进授信审批集中管理改革的若干意见》，对集中管理模式、内部科室设置、业务流程优化、人员考核管理等 10 个方面提出了明确的具体要求，指导各分行规范地做好集中管理改革各项工作。先后批复了吉林、河北、浙江、安徽、福建、江西、山东、湖南、四川、广东等 10 家分行的授信审批集中管理改革方案。截至 2012 年末，除广东、浙江、四川和湖南 4 家分行因办公场地装修等客观原因要在 2013 年上半年全部集中到位外，其他 32 家分行已经基本实现了一级（直属）分行层面的授信审批集中管理，构建了集约化、标准化、专业化和信息化的独立中台授信审批体系。全行前中后台相互独立、授信审批集中管理的信贷风险控制机制更加完善。从已实行授信审批集中管理的分行反馈情况看，实行集中管理后，各项业务审批流程顺畅，授信审批部门的独立性进一步增强，风险把控尺度更加统一，审查审批人员的专业水平得到提升，审查审批效率和质量进一步提高。

三、认真贯彻信贷结构调整战略，推动信贷业务走资本节约型可持续发展道路

（一）有保有压进退有度，推进四大行业贷款结构优化。一是重新审核已审批未发放贷款的前提条件。根据信贷结构调整工作要求，总行共对四大行业 253 笔、1 781.69 亿元已审批未发放的贷款重新审核前提条件。经与分行积极沟通，督促分行按照新的行业政策和准入标准重新与借款人协商确定贷款金额、期限、宽限期、利率等条件。到 2012 年末，已完成审核 242 笔、1 742.39 亿元。对 238 笔、1 731.89 亿元经审核不符合新的政策要求、存在一定风险隐患的贷款，在与分行进行沟通后，对其中的 222 笔、1 441.24 亿元贷款的期限、利率、还款计划或担保措施进行了优化改善，在签报行领导同意后核准分行放款；对其余 16 笔、290.65 亿元贷款，因条件无法达到新的政策标准，未同意分行放款。二是通过审批及核准促进了公路贷款的风险化解。按照年初工作会议提出的“对存在公路不良贷款的省市不得发放新的公路贷款”要求，将各分行公路新增贷款的审查审批及提款核准与公路不良贷款清收工作挂钩，促进全年全行公路不良贷款余额下降 39.84 亿元、不良率下降 0.6 个百分点。在坚持从严控制的同时，实事求是地提出了对部分仍存在公路不良贷款分行的个别重点客户、重大项目区别对待的把握原则，较好地解决了对部分已签订贷款合同的在建项目继续给予贷款支持和维护我行履约信用的问题。三是扎实推进小口径平台存量贷款整改工作。按照监管政策和总行信贷结构调整要求，严格把握整改条件，全力做好存量平台贷款的资产保全和风险化解工作。全年共受理存量平台贷

款整改业务 141 笔、金额 427..7 亿元，均已完成审查。同意办理整改的业务 117 笔，整改贷款金额 385 亿元，较原贷款金额压缩 42. 7 亿元，其中不改变原有贷款品种只进行期限整改的业务有 73 笔、金额 182. 9 亿元，将原流动资金或项目前期贷款整改还原为项目贷款的 44 笔、202. 1 亿元；不同意办理整改要求直接收回贷款的业务 24 笔、金额 36. 1 亿元。以上否决业务金额和通过整改压缩的贷款金额共计 78. 7 亿元，占原贷款余额的 18. 4%。四是严防房地产信贷风险。全行经审查否决的房地产贷款有 267 笔、934. 24 亿元，按笔数和金额计算的否决率分别达 20. 2% 和 23. 3%，与上年基本持平。其中，经总行审查否决 27 笔、189. 87 亿元，审查同意 92 笔、427. 13 亿元，否决率分别为 22. 69% 和 30. 77%。总行审批同意业务中，向符合条件的东中部城市土地储备中心发放的土地储备贷款以及保障性住房和城市棚户区改造项目贷款合计 84 笔、296. 18 亿元，占总行审批同意房地产贷款的 91. 3%、69. 34%。各级信贷审批部门还严格落实差别化的个人住房信贷政策，全年未通过审批的个人住房及商用房贷款有 9. 8 万笔、403. 86 亿元，按笔数和金额计算的否决率分别为 7. 88% 和 8. 84%。

（二）把握转型期特点，择优支持先进制造业和现代服务业客户。一是加大对新四大产业的信贷支持力度。择优支持战略性新兴产业。全行共审批通过战略性新兴产业贷款 1. 4 万笔、1 909. 27 亿元，重点支持了一批整体实力较强、技术水平较高、具有较强竞争优势的企业和项目。有选择地支持行业领先、管理优秀、技术先进、环境污染少、资源消耗低的先进制造业和现代服务业企业。共审批同意制造业贷款 14. 7 万笔、16 535. 85亿元，服务业贷款 3. 9 万笔、7 751. 54 亿元。积极支持经营市场成熟、盈利模式相对稳定、重创意、轻资产的新兴文化产业。共审批同意文化产业贷款 2 388笔、423. 12 亿元。截至 2012 年末，全行先进制造业、现代服务业、文化产业和战略性贷款增长 6 555. 5 亿元，占公司贷款比重达 48. 63%，比年初提高了 6. 66 个百分点。二是继续严格控制产能过剩行业贷款。在 2011 年已将平板玻璃、有色金属开采和冶炼行业项目贷款审批权上收总行的基础上，2012 年总行将上收审批权的范围进一步扩大到整个玻璃制造行业、黑色金属开采和冶炼行业，以及 LED 照明、汽车、平板显示、聚氯乙烯、烧碱、制浆、橡胶制品等行业。2012 年，总行受理审查产能过剩行业项目贷款 46 笔、461. 43 亿元，截至年末完成审批 35 笔、313. 15 亿元，其中未通过审查的业务为 22 笔、147. 2 亿元，产能过剩行业项目贷款按笔数和金额计算的否决率分别为 62. 86% 和 47. 01%。

（三）优化流程提高效率，促进重点业务板块健康发展。一是积极扶持优秀中小企业成长和发展。按照“宽选、严审、实管”要求，大力支持前台业务部门拓展中型客户，全行共完成审批中型企业客户贷款 10. 7 万笔、20 717. 77 亿元，笔数和金额分别占到一般法人客户的 30. 66% 和 25. 97%。通过落实和不断完善贸易融资授信项下授权签批制、小企业信贷“四合一”流程，切实提高审查审批效率，大力支持以大中型客户为核心的产业链、供应链、资金链等上下游客户的拓展，促进小企业信贷和贸易融资业务健康发展。截至 2012 年末，全行小企业贷款余额较年初增加 932. 8 亿元，贸易融资较年初增加 2 144. 4 亿元。二是推动个人信贷业务健康发展。加大对流动性强、收益较高、信用记录良好的个人消费信贷和基于专业市场的个人经营贷款的支持力度，协助前台部门克服有效信贷需求不足以及产品调整等因素的影响，促进个人贷款业务健康较快发展。全年各级审批部门审批同意消费类个人贷款 42. 08 万笔、1 776. 4 亿元，个人经营性贷款 24. 03 万笔、2 642. 57 亿元。截至 2012 年末，全行消费类个人贷款余额较年初小幅减少 44. 5 亿元、1. 21%，经营性个人贷款余额较年初增长 519. 8 亿元、19. 72%。

四、坚持创新、效率和风险把控并重的思路，促进金融资产服务业务健康发展和快速崛起

2012 年全行受理审查金融资产服务业务 2 220 笔、16 062. 9 亿元，完成审批 2 101 笔、15 373. 93 亿元，审批通过 1 786 笔、14 283. 33 亿元，审批通过率分别为 85. 01%、92. 91%。其中：总行共受理审查各类金融资产服务业务 247 笔、10 999. 76 亿元，呈现以下特点：一是继续保持快速增长。与 2011 年相比，受理笔数增加 96 笔、63%，金额增加 4 108. 76 亿元、59. 63%。其中：债券承销和投资业务比上年增加 67 笔、2 968. 45 亿元，分别占业务增加总量的 69. 79%、72. 25%。二是金融资产服务业务在全部受理审查业务量中占比越来越高。总行受理审查的各类业务中，金融资产服务业务金额占比已达 48. 96%。三是新的业务类型不断涌现。如南京市自来水总公司 10 亿元资产支持票据为交易商协会推出该品种后的市场首单业务；中信建投 50 亿元短期融资券承销为首笔证券公司短融业务；大有能源 15. 2 亿元定向增发项目为首笔上市公司定增项目主理银行业务等。

为支持金融资产服务业务快速发展，坚持解放思想，及时总结经验，在把好风险的前提下主动帮助分行和前台优化交易结构和融资方案，努力在创新方法和不断学习中保证业务转型和发展的需要。具体审查中还始终把保证审查审批效率放在重要位置。根据公司业务一部提议，经我部审查并报请信贷审查委员会审议通过，对包括铁道部、国家电网、中石油在内的 41 家大型企业债券发行进行“优化流程”，进一步提高了竞争力。

同时，按照信贷流程审批的要求，以把握实质风险为核心，以依法合规为准则，切实做好风险审查。针对私募债券发展较快、但产品发行约束相对较少、风险把控相对较难的情况，组织人员对该产品的特点及信用风险隐患进行了研究，明确了私募债券承销的审查掌握原则，努力防范业务快速发展过程中的风险隐患。

五、加强对分支机构的业务指导，促进全行信用风险审查水平不断提高

（一）做好经验总结及专题调研，切实加强业务指导。制定了《个人贷款相关业务审查要点》，采用文字和列表两种形式加以归纳，增强了规范性和操作性。在全面总结近三年“走出去”业务审查经验的基础上，制定了出口买方信贷、境外商业贷款、境外并购贷款、资源支持结构性融资审查掌握意见以及对外担保业务审查指导意见。为切实规范企业财务报表审核工作，推动信贷审查中更加科学合理地设定贷后管理要求，约束企业经营及财务行为，起草了《一般企业法人客户财务报表审核分析指导意见》和《关于在信贷审批条件中设定财务限制性条款和其他约束条款的意见》。

明确和细化热点行业领域审查掌握原则，一是针对汽车行业产能过剩、产销量增长明显放缓、盈利前景不明的严峻形势，提出了审慎介入汽车整车制造项目贷款的总体原则和具体掌握意见。二是赴甘肃、青海、新疆、宁夏等太阳能资源丰富地区深入调研光伏发电项目建设及并网运营中的问题及解决办法，对四家分行的光伏发电项目准入标准、项目贷款授权和审查把握原则提出了建议。

（二）不断探索专业培训新模式，着力增强培训效果。2012 年 7 月，举办了全行授信审批主管副行长和总经理培训班，结合信贷审查审批工作实践创新培训内容，安排了为期半天的授信、审批案例讨论，有效提升了培训效果。2012 年 11 月上旬在安徽举办了首期专职审议委员培训班，精心设计课程安排，引入案例辩论，从形式到内容都贴近审查审议实践，调动了学员的学习热情，加深了对所学内容的理解，得到了行领导的充分认可。此外，举办了一期《企业财务报表分析与解读》视频讲座，全行参训人数超过两万人。

（三）规范和完善集体审议工作及审批人管理体系。制定下发了《进一步规范和完善境内分行信用风险业务集体审议的若干规定》，对分行的集体审议工作提出了新的要求。进一步充实了总行信贷审议中心专职审议委员岗位职责，充分利用视频会议系统加强总分行专职审议工作交流。总行专职审议委员共视频列席了 31 家分行的 40 次贷审会，覆盖面达到 83.8%。参与讨论信贷业务 205 笔、512 亿元，提出意见及建议 407 条。远程调阅 8 家分行审贷资料，对 131 笔信贷业务提出了 241 条具体意见，促进了分行集体审议水平的提高。总行信贷审议中心还从分行聘请了 3 名兼职委员，通过视频系统异地参加审议中心会议 11 次，参与讨论信贷业务 74 笔、3 863 亿元，提出意见及建议 11 条，为探索异地审议做了有益尝试。

修订下发了《信贷审批资格管理办法（2012 年版）》，将并表机构、境外机构信贷审批人员纳入审批资格管理体系。2012 年 11 月，组织了面向全集团的 2012 年高级信贷审批资格考试，根据考试结果正式认定了 525 人信贷业务高级审批资格。各一级（直属）分行授信审批部全年组织 23 次中、初级审批资格考试，累计参考 4 500 余人。截至 2012 年末，全行具备信贷业务高级审批资格人员共 4 599 人，具备中级审批资格人员共 17 903 人，具备初级审批资格人员共 6 686 人。进一步加大力度推进专职审批人选聘，全行共有 25 家分行聘任了 409 名信贷专职审批人。

六、践行“ONE ICBC”的战略理念，加强对境外机构及涉外业务的审批服务和指导

2012 年总行受理审查各类涉外业务 52 笔、折合人民币 785 亿元，其中审批通过 37 笔、530.41 亿元，审批通过率分别为 71.15% 和 67.57%。涉及“走出去”企业跨境融资业务 43 笔、590.11 亿元，经审查同意 32 笔、364.04 亿元。境外机构上报的本地信贷业务 9 笔、157.68 亿元，经审查同意 4 笔、110.96 亿元。针对涉外业务信息获取不足的问题，在审查过程中，从多渠道收集资料，建立与前台部门的提前沟通、提前介入通道。同时，充分考虑业务所在地市场环境、法律环境和客户需求，在有效防控风险的基础上，尽可能通过完善组合融资方案兼顾拓展业务与风险防控要求。

2012 年，在杭州举办了第一期境外机构信用审批、风险管理培训班，24 家一级境外机构 50 余人参加了培训，取得了良好效果。积极利用视频系统开展面对面交流，对境外机构开展远程指导，先后与马来西亚子行、悉尼分行、万象分行通过视频会议进行业务交流和信贷政策辅导，及时帮助境外机构了解总行审查思路和要求。通过对欧洲、东南亚和中东地区等 9 家境外机构的授信审批工作调研，积极探索境外机构授信审批集约化管理模式与思路。

（总行信用与投资审批部）

授权管理

2012年，全行授权管理工作继续加强，授权管理机制和模式进一步完善，授权管理质量进一步提高，对授权管理工作的监督和指导有效强化，授权管理各项工作顺利开展。

一、总行年度基本授权工作

根据公司章程及有关文件规定，总行法律事务部统筹协调总行相关部门拟订2012年度总行基本授权方案；第一季度末印发对总行副行长、部门总经理、直属机构负责人、境内外分行和境外子行及附属公司的基本授权文件，全面、及时地完成了2012年度基本授权工作。在年度基本授权文件拟订过程中，总行法律事务部着重从以下几个方面完善和优化授权管理工作模式。

（一）进一步明确有关部室职责分工。在以往年度拟制和汇总授权方案时，存在因部室职责分工不明而影响授权工作效率的情况。为妥善解决这一问题，在商请各业务部门提出本专业基本授权方案的通知中，进一步明确了各业务部门在拟制本专业年度基本授权文件时的具体职责分工，并重点对信用风险业务、信息科技业务、境外机构授权方案等相关业务授权牵头部门的具体职责进行了细化，明确责任，保证效率。

（二）进一步完善授权文件相关表述。一是统一规范协议签署权限相关表述。在副行长的协议签署权限表中，不再列举相关协议的具体名称，而是根据相关业务种类将相应协议签署权限表述统一规范为“签署××业务相关协议”。二是统一规范业务审批权限相关表述。在副行长的业务事项审批权限表中，不再列举各专业规章制度、各业务开办和停止等管理职能的具体业务名称，而是根据相关业务种类将相应管理职能的具体名称统一规范为“审批××业务”。三是调整规范转授权相关表述。以往年度分行授权文件中，各业务部门对转授权的管理规定和要求在表述上不完全一致，2012年度对相关表述进行了统一调整，以避免因表述不规范而产生歧义。

（三）进一步规范授权书内容。在以往年度授权书中，同一部门负责的不同业务种类散布在不同的授权条款中。为进一步规范授权书内容，根据工商银行《营业执照》的经营范围，重新梳理授权书中的相关内容，使工商银行开办的业务名称尽量同《营业执照》中相关名称保持一致，并按照各业务条线重新排列整合相关授权条款，尽可能将同一部门负责的业务种类归纳在同一授权条款中。

二、分行转授权工作

总行基本授权方案印发后，指导督促分行根据总行授权文件和转授权相关规定开展转授权工作，加强转授权文件备案管理，确保各项业务的顺利开展。积极配合相关业务部门对分支机构授权执行情况开展监督检查，针对业务部门的转授权情况开展专题调研，动态调整转授权内容，严查越权行为，进一步强化授权管理工作的严肃性和规范性。

三、日常授权管理工作

积极配合指导各业务部门、各分行妥善解决日常授权管理中遇到的问题，协助各业务部门规范、修改、完善特别授权工作流程及所需授权文件，认真做好特别授权的咨询审查和登记备案工作，保障年度基本授权文件的贯彻落实和全行授权管理工作的顺利开展，充分发挥授权管理对各类运营风险的有效防控作用。

（总行法律事务部）

运行管理

2012年，各级运行管理部门紧紧围绕全行发展战略部署，以理念、体制、机制、创新为重点，深入实施业务流程综合改造和优化并取得关键性成果，努力构建质量效益型业务运营格局并取得新的成效，全力实施业务运营的过程控制管理，全行运营效率、质量和安全水平再上新台阶，价值型运行管理体系建设向更高水平迈进，为全行加快发展方式转变和核心竞争力提升作出了积极贡献。

一、精益管理，业务运营水平再上新台阶

（一）现金集约运营能力明显增强。推进现金业务集约化改革和金库标准化建设，加大现有现金营运资源整合力度，丰富和完善现金营运中心的职能和管理，本外币现钞、贵金属、有价单证集约化处理能力进一步提升。现金营运管理信息系统一期在全行全面推广应用，构建起包括事前预测、事中监测、事后分析的全过程库存现金管理模式，现金营运主动管理能力进一步增强，库存限额管理制度落实更加精细。标准化的贵金属物流管理平台逐步建立，以条形码为载体实现了贵金属仓储、调拨、交接的信息化管理。境外人民币现钞统一调配机制运转顺畅，调拨量持续增长，服务区域不断扩大。全行现金备付率控制在 0.5% 以下，现金综合运用率达到 61%，为提高现金管理效益作出了积极贡献。在全行范围组织开展假币专项治理工作，不断提高现钞清分效率和反假货币工作水平，确保实现现金全额清分的阶段性管理目标。

（二）自助设备集中运营管理改革取得明显成效。持续深化自助设备集中运营管理改革，全行离行式自动柜员机的供钞、装卸钞、账务管理和日常维护集中度均达 100%；附行式自动柜员机统一供钞达到 100%。ATM 运营管理系统全面投产运营，实现了系统对风险环节的硬控制。全行自动柜员机正常运行率达到 97.22%，同比提高 1.27 个百分点，现金保障率同比提高 0.7 个百分点，非技术故障率同比降低 0.48 个百分点，运营效率和服务质量不断提升。通过制定并全面实施自动柜员机运营服务规范，统一全行运营操作流程和服务效率标准，客户服务质量得到明显改善。

（三）资金清算市场竞争力持续提升。清算通用平台跨境人民币清算项目成功在境内分行和新加坡分行、万象分行投产，使工商银行在跨境人民币清算网络提供、清算规则定制、清算业务运营等方面步入国际同业先进行列。清算产品创新研发有序开展，先后推出“清算信息即时反馈服务”、“境内外币无担保限额清算”等一批具有市场潜力的产品，不断打造国际一流的清算服务品牌。继续加强对纽约、东京和法兰克福分行的清算支持力度，2012 年底美元、日元、欧元去委支持比分别达到 73.2%、83.1% 和 89.3%。集团共享服务型金融市场后台建设稳步推进。顺利承接阿根廷标准银行离岸金融市场后台业务，为我行海外并购项目成功开创了“覆盖三国四地、满足个性要求”的后台运营模式。建立起覆盖全球 103 个国家和地区、市场渠道多元的债券结算网络及债券集中结算和托管模式，进一步夯实集团债券集约化运营管理基础。金融资产服务后台建设取得进展，理财业务“四位一体”的运行模式向分行推广，全行资产管理业务后台集中管理模式初步形成。清算业务灾备机制建设不断完善，清算中心（上海）建设方案运作模式基本确定，为构建异地备份运作机制奠定了良好基础。

二、强基固本，运营风险管理实现新突破

（一）业务运营重点环节管理进一步加强。通过对全行业务改革和发展的新变化以及各类新业务、新产品、新系统投产前涉及的制度、流程的有效审核，保证全行运营制度的一致性、适用性和可操作性。通过规范对公核算业务应急操作流程，切实增强网点面对突发事件的抗风险能力。

（二）运营风险管理水平持续提升。以针对性强、重点突出的风险评估报告为载体，推动全行运营风险管理实现由定性、经验型管理向定量、目标化管理的重大转变。根据分析评估揭示的薄弱环节，通过完善制度、组织整治、实施检查等方式加强管理，风险治理成效明显。全行风险暴露水平降幅超过 35%。高风险网点、柜员得到持续跟踪管理，柜员业务技能和制度执行力大幅提升。

大力推动支付密码的应用，积极推广总行电子印鉴管理系统的投产运营，实现了全行预留印鉴的电子化管理和结算账户支付密码的基本覆盖，进一步增强支付结算风险防控能力。实施风险导向的银企对账管理，强化对新开户发生大额支付、新注册网银、新更换预留印鉴等“三新账户”和资金异动类高风险账户的有效对账。不断丰富电子渠道对账方式，实现对账效率的提升和管理成本的下降。积极开展反洗钱综合试点工作，创造性地提出案例特征化、特征指标化、指标模型化的设计思路，初步建立覆盖全行主要业务条线的反洗钱指标模型体系。充分运用数据分析和非现场检查方式，着力构建“风险导向、督导并重、重点突出、有效覆盖”的运行督导新模式。持续深入开展反假工作，全行成功防堵伪造、变造票据和支付凭证 2 800 多笔，金额近 93 亿元，假币 4 000 余万元，识别各类虚假身份证件 8 700 余件，在有效加强风险管理的同时，较好地履行了社会责任。

三、规范管理，服务支持能力得到新提升

（一）参数集中管理进一步加强。账务动态管理改革全面完成，核算管理水平实现跨越式提升。人工核算业务实现标准化管理。在全行成功投产人工核算标准化管理项目，建立了覆盖 518 个会计科目、721 个账户、1 113 项核算控制参数的人工核算统一运行标准，全行冗余的内部、表外账户大幅减少约 20%，核算质量与效率显著提升。高效组织完成 2012 年版中间业务收费标准实施工作，为全行新收费标准的按时执行和平稳运

行提供了有力保障。参数管理基本制度有效贯彻落实，牵头制定全行统一、规范的外围系统参数管理信息标准。电子银行业务参数实现集中统一管理，有效提升电子银行参数管理水平。参数设计工作流程进一步优化，实施版本参数前移管理。稳步推进参数产品化改造，投产新一代境外参数管理系统，成功实施工银信用卡中心（国际）、工银加拿大、工银欧洲参数集中管理试点工作。强化参数操作风险的实时监测和直通式管理，参数监控整体水平不断提升。

（二）系统支持能力和服务水平显著提升。高效组织完成全功能银行系统运行管理专业7个版本170个项目在境内分行的投产。推进FOVA系统建设，研究解决20余家境外机构231项业务运营相关问题。启动本外币资金汇划体系改革，完成改革方案论证。全面完成第二代跨行支付系统与网银、业务集中处理平台等外围应用连接的系统改造工作。

（三）年终决算运行管理工作任务圆满完成。针对2012年年终决算运行工作面临的新情况、新问题，认真分析境内外机构的核算管理要求，周密制订工作方案，改进工作流程，圆满高效完成年终决算各项工作任务。

（总行运行管理部）

法律事务

2012年，全行法律事务部门紧密围绕总行党委确定的全年工作指导思想、目标任务和有关要求，以保障依法合规经营和防控法律风险为核心，扎实履行职责，充分发挥作用，各方面工作取得显著成绩。

一、全面开展法律事务管理体制改革，增强法律部门组织效能

顺应工商银行集约化经营管理发展需要，在总结有关分行法律事务集中改革成功经验的基础上，结合我行综合化、国际化和集团化发展所面临的法律风险防控工作要求，总行法律事务部与人力资源部联合开展调查研究，提出《全行法律事务管理体制改革方案》，报经总行党委会研究同意后，2012年5月，印发了《关于推进全行法律事务管理体制改革的通知》，全面开展法律事务集中改革工作。

在总行层面，总行法律事务部率先实行专业化改革，打破原有的“行政化”内设机构模式，撤销处室，组建业务团队，原任正副处长分别转任为资深法律顾问和高级法律顾问，处级以下专业人员全部转任法律顾问序列职务，强化法律人员的专业属性，鼓励法律人员走专业化的职业发展道路。在分行层面，将法律咨询审查、诉讼案件管理等法律事务工作职能适当集中到省分行，增强省分行法律事务部的职责和力量，同时撤销省行营业部和二级分行法律事务部门，保留法律事务岗位，配备必要的法律人员从事相关工作。截至2012年底，12家分行完成全辖法律事务集中改革；18家分行的法律事务集中改革方案已获总行批准，正在实施过程中；其余6家分行的法律事务集中改革方案已经上报总行待批。

全行法律事务管理体制改革实施的时间虽然不长，但从已经实施改革的分行情况来看，法律事务集中改革的成效十分明显，显著提高了法律咨询审查的质量和效率，强化了诉讼案件管理效果，增强了一级、直属分行对法律风险的管控能力。

二、为全行业务发展创新提供优质法律服务

2012年，全行各级法律部门认真履行法律专业职能，积极为依法合规经营发展提供有力的支持和保障，全年共处理书面咨询审查事项23.43万多件，出具法律意见书13.15万多份；审查各类交易合同标的金额17.14万多亿元，揭示风险点34.82余万个，提出风险防范和控制措施35.72万余条；参加业务谈判1.59万余次，累计谈判时间达4.15万余小时，按照法律服务市场平均价格模拟计算，节约4亿多元的律师咨询费用。

（一）依法保障工商银行国际化和综合化经营发展。要求各行高度重视并尽快配备具有涉外业务法律审查能力的专职法律审查人员，提高境内机构涉外法律风险防控能力；积极配合业务部门做好美国东亚银行项目、阿根廷标准银行项目、工银安盛保险项目的收购交割和公司治理工作，在法律尽职调查、交易方案制订、法律文件制作以及突发问题处置等方面提供了有力的法律支持。充分发挥专业优势和角色功能，为境外机构的日常经营管理提供法律保障，确保有关工作目标的实现。

（二）积极支持和保障金融工具和产品创新。印发《关于开展法律支持业务创新总分行联动试点工作的通知》，充分利用总分行联动机制，推动和保障业务创新

健康发展；精心做好跨境人民币融资业务、供应链融资业务试点方案、账户原油买卖业务、积存金业务、多币种信用卡项目等创新型业务品种的法律风险防控工作，从制度办法拟定、产品结构设计、业务流程安排、担保结构设置、协议文本起草等多方面提出法律风险防控措施，有效防控新业务设计和开展过程中可能出现的法律风险。

（三）加大对重大融资项目支持力度。为工商银行参与澳大利亚卡拉拉矿业公司银团贷款、安哥拉石油公司贷款项目、中海油收购尼克森并购贷款项目等多笔境内外重大项目提供法律支持；积极支持与国外商业银行在跨境资金互拆、跨国金融等业务领域进行合作；为股权并购贷款、买断型应收租赁款保理业务等热点、疑难问题提供法律支持；协助业务部门做好与地方政府、军区、武警部队以及大型企业集团战略合作项目，为业务顺利开展提供法律保障。

（四）积极支持资产管理业务发展。为工商银行理财资金投资南京地铁集团项目、陕煤集团项目等一批重大理财投资项目提供法律意见；积极支持影视投资 PE 理财产品、“股权＋财产收益权”理财信托业务、“理财＋券商/基金资产管理计划”理财业务等创新模式，对业务结构面临的相关法律风险进行充分揭示，并对具体交易模式、流程的进一步完善和细化提出相应建议。

（五）大力支持个人金融业务发展。针对跨境开展“资财通”业务、社会保障卡项目、联名卡项目等事项，分析合法性与可行性，审查相关制度规范与协议文本，有效防控法律风险；根据银行卡业务发展需要，为工银闪酷卡、双币双品牌白金信用卡等涉及签署的协议进行法律审查，保障信用卡业务依法合规稳健发展；积极支持银行卡海外业务拓展，为提高工商银行在境外银行卡市场竞争力和品牌影响力提供法律保障。

（六）积极协助制定完善业务规章。积极协助总行部门制定完善《商品融资业务管理办法》、《国内保理业务管理办法》、《电子商业汇票业务管理办法》、《法人客户欠款扣收工作管理办法（试行）》、《金融资产服务业务管理基本规定（试行）》、《个人文化消费贷款管理办法》、《积存金业务管理办法》等近 130 个行内制度办法，确保相关业务依法合规有序开展。

（七）组织开展法律支持业务创新优秀案例评选活动。进一步提升对业务创新工作的支持力度，在全行范围内组织开展法律支持业务创新优秀案例评选活动。经认真评选，上海分行“集群式个人贷款业务创新”等 5 个案例获得一等奖，江苏分行“CDM 收益权信托融资项目”等 10 个案例获得二等奖，北京分行“棉贸通业务创新”等 20 个案例获得三等奖。评选结束后公布获奖优秀案例，并对相关集体和人员予以通报表彰。

三、不断加强诉讼案件管理工作

（一）通过依法清收协助提高工商银行资产质量和经营效益。全行法律部门紧紧围绕提高资产质量和经营效益这个目标，结合实际研究制订法律清收工作计划和实施方案，加强内部协作和外部协调，灵活采取财产保全、追加被执行人、行使代位权和抵消权、依据合同进行扣收、申请法院组织拍卖和变卖等多种法律措施，大力清收和处置不良资产，取得了突出成绩。经过全行法律部门协同努力，全年累计收回资产 87.04 亿元，其中现金 81.17 亿元，占比 93.25%，胜诉案件执行率为 32.47%，为提高资产质量和经营效益做出了重要贡献。

（二）切实防控被诉案件风险。持续加强重点行、重点案件管理工作，重点督办千万元以上被诉案件，全面监测被诉案件风险，完善诉讼风险披露和提示工作，按季度通报被诉案件情况，进一步提高风险防控能力。全年处理被诉案件 2 304 件，涉及被诉金额 26 亿元，结案金额 9.71 亿元，通过妥善应诉避免经济损失 8.66 亿元，避免损失率达 89.25%。

（三）妥善处理有关重要诉讼案件。2012 年，妥善处理以总行为被告或第三人的诉讼案件 12 件，涉及金额 540.61 万元，已结案的 10 起案件，总行全部胜诉，胜诉金额 316.04 万元。指导或协助分行处理民间借贷、伪卡欺诈等重大、敏感被诉案件 71 件，涉及金额约 13.64 亿元，其中，协助分行处理被诉至最高人民法院案件 19 件，被诉金额 9.39 亿元。

（四）积极探索协助执行管理创新。认真配合最高人民法院“点对点”网络执行查控机制建设，在调研基础上多次与最高人民法院执行局及行内相关部门召开分析论证会议，积极推动网络协助执行管理创新。由于配合法院协助执行工作突出，最高人民法院专门邀请工商银行参加全国法院“点对点”网络执行查控机制建设经验交流电视电话会议，并向全国法院系统作专题经验交流，获得高度评价。

四、进一步加强法律风险并表管理工作

（一）通过制度建设不断完善集团法律风险管控。一是建立总行部门间法律风险并表管理工作机制，制定印发《法律风险并表管理部门协调联动工作规则》。二是结合指导纽约分行处理多起跨境协助执行案件的相关经验，制定印发《境外分行协助执行案件处理办法》，为境外分行妥善处理协助执行类案件提供重要制度指引。

（二）继续督促和指导各并表管理机构建立健全全程法律风险管理机制。对诉讼案件重点并表管理机构加强指导，加大对各并表管理机构业务创新的法律支持力度，以中英文双语模式，通过电话、邮件、视频会议、发送专项通知等多种方式指导并表机构开展法律风险防

控工作。

（三）强化法律风险并表管理报告与信息沟通机制。持续监测、分析全集团法律风险状况，定期编写法律风险并表管理报告，对并表机构报告中反映的问题协调行内各部门及时解决。

（四）加强对境外机构的工作指导。对工银泰国等四家具有代表性的境外机构法律风险管理情况进行现场调研和专项指导。指导境内外分行妥善处理多起涉美长臂管辖案件，圆满解决美国法院根据爱国者法案扣押纽约分行资金案，推进适用《海牙取证公约》的跨境取证工作，有效化解我行涉美协助执行风险。

五、进一步提高合同管理工作水平

（一）结合银监会治理商业银行不规范经营活动，全面梳理修订各类格式合同文本。依照银监会有关要求，对全行14大类中间业务进行全面认真的梳理审查。总行层面，共梳理审查合同文本923份，修订格式合同文本212个，废止格式合同文本14个，新制定格式合同文本5个；分行层面，共废止（删除）合同576份，修订合同58份，保留有效的合同711份。针对梳理中发现的问题，及时协助相关部门和分行修订完善。

（二）制定完善相关业务合同文本。根据业务发展和法律风险防范需要，制定或修订印发多份格式合同；对涉及我行重要权利或客户重要义务的条款以黑体字标注，在格式合同首页添加提示性条款，维护客户知情权与选择权；修订和整理英文参考译本，满足业务部门境外业务拓展的需求。截至目前，“合同管理园地”已发布总行各类格式合同文本600多个。

（三）健全合同管理相关制度办法。印发《格式合同制定规范指引》和《格式合同文本发布工作规则》，制定十五个示范条款和示范模板供业务部门参考，规范格式合同的制作、认定和发布流程；对境外机构合同管理情况进行调研，详细了解境外机构合同管理情况，研究进一步加强规范境外机构合同管理的措施和机制。

六、认真做好授权管理、商标管理和关联方管理工作

（一）不断改进基本授权和日常授权管理工作。整理、分析和汇总总行各部门提交的2012年度授权方案，根据行长办公会意见予以修改完善后，于3月及时印发全行执行；认真处理总、分行日常授权管理和转授权工作中相关法律问题，提高授权管理工作的规范化程度。全年共会签处理涉及授权管理工作各类文件118件，办结涉及授权管理的专项工作215件。

（二）加强工商银行商标权益保护工作。制定印发《商标保护办法》，对工商银行商标保护各个环节作出明确规定；建立商标台账监控制度和代理机构选聘激励机制，加强工商银行商标保护力度；妥善处理ICBC商标在海外的使用权争议，有效避免侵权纠纷。全年共办理商标异议、异议复审、异议复审答辩及商标行政诉讼案件14件，办理境外核心商标注册59件，境内业务商标注册32件，完成各类核心商标、业务商标注册91件，监控商标公告52期，涉及商标约120万个。

（三）进一步规范关联方管理工作。全年7次向董事会关联交易控制委员会提交工商银行关联方议案，累计确认新增关联自然人164人，新增关联法人或其他组织16家，退出关联自然人34人，退出关联法人或其他组织8家；有效推进关联方信息系统建设，协调启动金融市场业务关联交易管控项目，进一步改进关联方信息系统化处理模块功能设计，确保关联方数据准确性、功能完备性和界面易用性，提高关联方管理的质量和效率。

七、持续加强法律队伍专业化建设

（一）积极做好法律专业人员培训和学习工作。重视法律人员业务学习，2012年组织开展90余次专业培训，培训覆盖面达到90%；多次邀请国内外知名律师探讨分析商业银行法律风险防控问题，定期组织员工围绕与银行经营管理密切相关的法律问题开展集中学习交流活动，不断提高员工整体专业水平；定期选编具有较强代表性的法律意见书、研究报告、专业指引和风险提示等，供分行法律部门参考，提升全行法律部门防范和化解法律风险的水平。

（二）稳步推进法律序列专业资格管理工作。根据总行专业资格工作领导小组统一安排，做好法律序列初、中、高级专业资格考试相关工作；印发《法律序列专业资格考试大纲》和高级专业资格考试组卷策略，顺利完成法律序列专业资格题库建设；认真做好全行法律序列初、中、高级专业资格考试、阅卷等相关工作，研究制订《法律序列专业资格管理实施细则（试行）》。

（三）认真开展法律专项调研和专业指引制定工作。根据工商银行实际，先后对实时扣划业务、人民币银行账户制度、城市房地产抵押管理、外聘律师管理工作等开展调研。承担总行改革发展重点课题研究，撰写《商业银行个人客户信息保护法律问题研究》调研报告。印发或修订印发《伪卡欺诈类被诉案件应诉工作指引》、《格式合同制定规范指引》、《〈牡丹信用卡领用合约〉适用法律风险防控指引（修订）》等专业指引，指导分行做好相关风险防控工作，为业务发展和创新提供优质的法律保障。2012年，全行法律部门共制定160多份法律风险防控指引性文件。

（四）加强法律知识宣传和信息交流。结合新时期全行法律风险管控的新要求，完善“法律工作管理系统”应用功能；重视“网讯”宣传工作，注意通过网讯栏目普及和宣传相关金融法律知识；充分利用“法律工作管理系统”和《金融法律简讯》电子刊物为分行法律部门搭建法

律信息沟通平台，引导和鼓励分行开展法律工作专题调研，沟通和交流法律风险防控经验技巧。2012年，共编发《金融法律简讯》（含特刊）15期，《金融法规专题报告》7期，《诉讼案件要情简报》11期，《典型诉讼案例参考》8期和《法律信息快递》12期。

（总行法律事务部）

反洗钱工作

2012年，全行严格遵循反洗钱法律法规和监管要求，作为中国人民银行指定的首家试点银行全力推动大额和可疑交易报告综合试点工作；工商银行深入推进首创的反洗钱"集中做、专家做、系统做"工作模式改革，集约效果显著；统筹推进制度修订、系统建设，加强境外机构反洗钱管理，持续提升客户信息质量，加大宣传培训的力度，集团反洗钱管理水平进一步提升。

一、综合试点已提前完成核心任务

一是2012年4月1日正式启动人民银行大额和可疑交易报告综合试点工作。总行成立了杨凯生行长任组长的试点领导小组和四个工作小组，内控合规部、运行管理部、信息科技部分别牵头综合协调组、制度建设组、模型设计组和技术支持组工作，加强综合试点的组织领导和工作实施。二是完成反洗钱工作"新思路、新框架、新模式、新流程"的"四新"总体发展策略设计，对现行反洗钱工作框架和流程作了根本变革。三是完成自定义反洗钱监控指标和模型设计研发，总结提炼出118个监测指标、组合定义为37个监控模型。四是完成"新一代反洗钱监控系统"设计开发，计划于2013年6月在全行范围内推广。五是完成《大额交易和可疑交易报告管理办法（试行版）》和《新一代反洗钱监控系统操作手册》等配套制度，组织修订《反洗钱规定》，建立工商银行集团口径完全覆盖的反洗钱管理政策。六是完成境外反洗钱考察，针对不同层级人员举办了3期全行反洗钱培训班，完成试点改革预热培训。

二、集中处理模式改革任务基本完成

印发《关于加强反洗钱中心建设　全面实施反洗钱集中处理改革的通知》，开发投产"反洗钱监控系统集中处理模块"，为集中处理模式改革提供必要的信息和技术支持。各分行积极稳妥推进集中处理改革进程，截至2012年末，全行全部一级（直属）分行都实施了反洗钱集中处理，基本实现反洗钱业务"集中做"。一是极大地释放了营业网点反洗钱工作压力，将原来约2.2万名网点兼职反洗钱岗位人员转由1 095名集中处理机构专职人员承担，营业网点节约出的人力和工时可以更好地进行服务和营销工作。二是反洗钱报告质量大幅提升。可疑交易报出率2012年1－12月累计降幅达58%，可疑交易报告人工甄别更为精准。从根本上解决了基层网点对可疑交易随意报送并随之带来的大量补录、补正等无效劳动工作量的情况。三是集中后各分行反洗钱管理半径由覆盖到全部网点缩小至针对少量集中处理机构，管理效率明显提高。四是反洗钱"专家做"有了良好开端，专职人员业务技能和综合素质明显提升。五是为全行推广反洗钱综合改革奠定了良好基础，体现了风险为本要求。

三、反洗钱制度体系日臻完善

出台了《客户身份识别和客户身份资料及交易记录保存管理办法》、《反洗钱工作考核办法》、《反洗钱保密管理办法》3项新制度；结合试点工作要求和"三做"实践，完善了《反洗钱规定》、《大额交易和可疑交易报告管理办法》等制度规定，全面满足境内外监管机构和集团风险控制需要。

四、反洗钱系统建设统筹推进

开发投产了"反洗钱综合管理系统"、"安理会1267号决议制裁名单监控系统"，与全球特别控制名单处理系统共同构成工商银行制裁合规的系统防控平台，持续优化了工商银行反洗钱监控系统。

五、客户信息完整率快速提升

全行大力推动客户信息专项治理工作，优化客户信息系统功能，建立定期通报、年度考核、逐笔奖励等工作机制。各分行加强前台柜员、客户经理、后台人员的分工协作，多措并举做好客户信息采集补录工作，客户信息完整率快速提升。2012年末对公客户信息完整率较专项治理前提高了8倍，个人客户信息完整率较专项治理前提高了7倍多，均超额完成年度工作目标。

六、境外机构反洗钱管理不断加强

启动"2012年境外机构反洗钱评估项目"，外聘专业咨询机构参照国际标准对2010年以来新设立境外机构进行反洗钱评估。组织开展各境外机构反洗钱自查和部分境外机构现场检查，及时向董事会风险管理委员会报告检查情况，并督促整改落实。加强国际反洗钱监管形势分析和研判，及时向境内外机构发布风险提示。定期搜集、动态更新境外机构反洗钱监管信息库，按时向人民银行报告境外机构反洗钱工作情况。

七、重点领域风险防范、重点可疑交易专报及协查工作成效显著

召开“反洗钱重点领域工作座谈会”，专题研究电子银行、银行卡和理财业务等重点业务领域面临的洗钱风险特征和风险防控措施。组织开展重点可疑专报类型分析和类罪标识，按季分析洗钱特征并向全行发布风险提示。全行认真配合执法机构反洗钱协查，为多起重大洗钱犯罪案件提供了有力证据，受到公安部门和人民银行充分肯定和通报表彰。

八、反洗钱技能培训和信息交流力度加大

持续开展反洗钱培训，反洗钱岗位人员培训覆盖面100%；组织完成4期、2.6万多名员工参加的人民银行反洗钱岗位准入培训，一次性考试通过率达80.9%；举办三期全行反洗钱专题培训班，启动第二批国际公认反洗钱师（CAMS）培训工作；加强反洗钱资讯和工作信息交流。2012年全行共有25家机构在当地反洗钱活动中获奖、77家机构受到当地监管部门通报表彰、51家机构由当地监管部门组织向同业推广经验、100家机构在当地反洗钱考核中名列前茅。

（总行内控合规部）

管理信息

2012年，全行管理信息部门紧紧围绕总行党委工作部署，认真落实年度管理信息工作会议精神，成功投产集团信息平台，圆满完成定期信息披露，创新开展转型业务统计，强化集团统计管理，深化数据仓库管理应用，加强客户信用风险管理，推进信息标准化建设，优化信息分析体系，全面完成年度计划确定的各项工作任务，有力地支持了全行的转型发展。

一、成功投产集团信息平台，信息化银行建设发展提速

成功投产集团信息平台。新版网讯作为统一的集团信息平台，具有集中整合、共享挖掘、辅助办公、系统导航、统一搜索、知识管理和互动交流七大功能，实现了系统和信息的统一入口和集中展现，有效提升了信息共享程度。平台的投产得到了总行党委的高度评价，姜建清董事长在新版网讯发布会上作了《信息化银行的新起点》重要讲话，指出这是“工商银行信息化银行建设史上的又一个重要里程碑”。

大力加强制度规范建设。发布《网讯管理办法（试行）》、《网讯业务规范（试行）》等制度办法，从系统建设、信息组织发布、接入系统管理等方面，规范网讯的建设和管理，确保网讯系统安全、有序、高效运行；从栏目规范、信息体例规范、部室专栏管理、版面设置、图片管理等方面，对网讯业务提出了全方位的规范化要求。

加速推动子站点建设。制定《网讯子站点建设方案》，确定建设目标、实施方案、组织保障等内容，为网讯子站点建设提供指导。完成44家子站点建设试点工作，进一步完善集团网讯体系。

积极创新管理流程。通过改革栏目管理流程、业务操作流程、内部管理流程，确保网讯各项业务操作流程化、规范化、制度化，保障集团网讯工作顺利进行。

二、圆满完成定期信息披露工作，评级评优成效显著

高质量完成全年四期定期报告。包括一次年报、一次中报和两次季报的披露工作，其中年度报告获得美国媒体专业联盟（LACP）远见奖的最高奖白金奖、香港会计师公会“最佳企业管治资料披露白金奖”、香港管理专业协会“优秀企业管治披露奖”等。

认真准备巴塞尔新资本协议第三支柱信息披露。第三支柱信息披露相关的制度、流程、内容和系统已全面就绪，且信息披露方案已经董事会审议通过，为2013年正式披露做好了充分准备。

不断强化评优评级工作。密切与评优媒体的沟通交流，积极宣传工商银行业绩，全面展示工商银行实力，共获得境外知名媒体授予的“中国最佳银行”、“亚太区最佳网上银行”等各类奖项40个，《银行家》千家银行排名首次进入前三名，创造了中国银行业参加该项排名以来的最好成绩，提升了工商银行国际声誉和市场

形象。稳步推进评级工作，完成穆迪和标普评级公司对工商银行的年度跟踪评级工作，工商银行外部信用评级保持稳定。

三、创新开展转型业务统计，转型业务统计迈出新步伐

研究创建金融资产服务业务统计体系。建立统计制度，正式印发《金融资产服务业务统计制度（试行）》，涵盖资产管理、委托管理等7大类、15张报表，1 083个指标；开展统计分析，完成《工商银行金融资产服务业务统计体系研究》课题，收集数据开展分析，分析结果受到行领导的高度重视；推进系统建设，完成金融资产服务业务统计系统需求编制；指导分行工作，初步建立分行金融资产服务业务统计体系。

牵头完成新资本协议报表试填报工作。推动成立新资本充足率报表报送领导小组，明确部门分工；高质量完成巴塞尔Ⅲ权重法32张报表和巴塞尔Ⅱ内评法65张新资本协议报表试填报工作，为新资本充足率报表正式报送奠定了坚实基础。

稳步提升统计数据质量。落实源头责任，及时发现和督促业务部门修改不正确的数据信息，完成存贷款利率统计试点工作；实现13家一级分行、538家支行按月逐笔报送贷款客户账户信息；配合人民银行顺利完成北京、河北等11家分行存款账户结构情况调查任务。

四、积极深化数据仓库管理，信息支持营销效果突出

大力推动各类数据完整入库。全年新纳入10个境内系统、17个境外系统以及人民银行征信系统，已累计纳入105个系统。

持续完善企业级数据仓库（EDW）系统。EDW模型应用与管理平台、EBM管理系统首期工程相继投产，纳入成熟模型87个，开放用户481名，实现EDW模型案例的知识化整合、管理与共享的一体化闭环管理。

加快事件式营销（EBM）应用。在12家重点推广分行开展代发工资、网银不动户唤醒、信用卡客户到期换卡和闪酷卡营销等15项活动，成功营销932万目标客户，累计创造11亿元经济效益。

有效提升灵活查询应用水平。全年新增84名灵活查询用户，提供109批次灵活查询服务，支持分行市场营销、绩效考核和分析决策；监测灵活查询用户访问量和使用成效，开展灵活查询应用监测和非现场检查，进一步加强灵活查询的用户和安全管理。

五、认真贯彻人民银行和银监会统计要求，集团统计管理和服务水平不断优化

高质量完成监管部门报表报送任务。全年向人民银行报送金融统计数据7 200余万条，向银监会报送各频次非现场监管报表850余套，向统计局报送属地报表57套，向财政部、商务部、中组部等26个部门报送非监管数据表300多份。

积极推行统计数据监测。比照银监会建立“四单”制度，规范标识管理，全面推行月度数据T－1监测，落实国家和金融行业标准制度对接，启用中小企业划型标准、国民经济行业分类、企业主体经济成分、居民/非居民划分，规范小额贷款公司、同业往来、理财产品、中间业务等多项统计内容，切实做到“数据有监测、变化有分析”。

全面梳理统计指标体系。启动工商银行统计指标体系建设，梳理出以基础统计指标为基础层、以金融货币统计指标为拓展层、以风险监管统计指标为应用层，共三层3万多个统计指标为核心的工商银行统计指标体系。

建立全覆盖统计制度。研究构建统计制度体系，搭建了境内和境外、法人和集团、表内和表外、总行和分支机构、行内经营决策和外部金融监管等5个维度的制度体系；落实监管统计制度，制订维护2012年统计制度，9次修订完善制度，新增或修改维护指标1.4万多个。

深化统计数据服务。向董事会、监事会等决策层提供数据服务超百次，有力支持相关政策制定；审慎做好审计服务，向审计署驻行检查组提供统计报表1 550套，为安永审计提供数据支持200多批次；主动改进部门服务，向总行相关部门提供业务动态数据，不断提高统计数据管理和服务水平。

打造全行监管数据处理平台。完成全球统计信息系统（GSIS）一期投产和功能测试体验，及时、完整、准确地向监管部门和管理层提供全行业务经营信息，同时向分行提供更大范围的数据支持。

六、加速推动境内外报表集中管理改革，报表自动化水平不断提升

全面启动境外报表集中改革。摸清底数，梳理境外222套共335张报表分布情况，建立报表目录并动态维护；建立机制，印发管理制度，规范报表布置流程和填报要求；搭建平台，建设境外报表集中管理平台（FS2012），推进境外报表应用自动化、集中化、规范化，推动实现51张总行统一报表的自动化。

强化境内报表集中平台建设和管理。推动境内报表集中管理平台建设与迁移，投产CS2002＋三期版本，开展2 250张存量报表梳理、迁移工作；做好境内报表集中常态化管理和服务，加强分行报表中心管理，建立通报制度，形成评估体系，组织自查检查，开展需求归口管理。

加强动态监测系统应用管理。升级动态监测系统，满足工银欧洲、湄公河区域等境外机构个性化管理数据

需求；信息移动推送项目积极推进，完成立项方案和业务需求编制。

推进并表管理系统建设。完成并表管理信息系统自动化项目立项，开展附属机构并表信息服务需求及数据源调研，进一步提升系统支持集团并表管理工作能力。

七、持续推进信息标准化建设，数据质量治理水平稳步提升

大力推进信息标准化建设。梳理信息标准，完善92项集团基础信息标准，新增1 064项境内基础信息标准，修订完善17项已发布信息标准；推进标准应用，规范信贷业务前台信息标准400余项，提供科技领域信息标准搜索服务超过1万次。

稳步提升数据治理水平。建立数据治理框架体系，制订《中国工商银行股份有限公司数据治理管理办法》，初步建立全行统一的数据治理框架体系；完善数据质量管理平台，投产企业级数据质量指标体系（EDQI）项目一期，完成平台境外延伸项目的立项和开发；加强数据质量考核管理，坚持统分结合的全行数据质量定期监测和通报，注重从源头上开展数据治理工作。

八、多措并举强化客户信用风险管理，征信信息应用管理持续领先

完成机构信用代码推广。全行机构信用代码推广应用工作取得阶段性成果，圆满完成人民银行年度发码任务，共计发放机构信用代码证289万户。

强化客户信用信息平台应用。集团关联系统纳入全行信贷全流程应用取得重大进展；法人扣收工作在全行范围推开。2012年堵住不良信用客户再融资567亿元，现金清收不良贷款17亿元。荣获人民银行征信数据质量集体、个人双优表彰，连续7年、15次蝉联银监会客户风险信息应用考核第一名。

九、高效转化资讯平台应用成果，移动办公全面推广

积极推进制度建设。相继印发10个制度性文件，对信息报送、应用成果转化、智能移动办公等多方面工作进行了规范，有效推动了业务的顺利开展。

不断完善系统功能。对资讯平台的批示、统计、查询等功能进行了优化升级；新设“内外联动”栏目，投产“信息跟踪反馈系统”；投产“重点客户信息库”和“工商注册信息库”。

显著提升成果转化。业务范围快速扩大，用户数量和访问量激增，信息发布量成倍增长；平台用户达到26 683人，累计访问量超135万人次，发布信息126万条；营销信息应用良好，35家境内分行、6家境外机构、2家总行部室依托资讯平台实现成果转化4 637例，新增存款1 167亿元、贷款1 236亿元，实现中间业务收入及已确认利息收入41亿元。

全面推广移动办公。印发《智能终端移动办公系统管理办法（试行）》，并采取先试点后全面推广的策略在全行推广应用，成效显著，目前已开通用户5 800人，其中总行700多人。

十、不断完善信息分析体系，信息服务经营决策能力进一步增强

丰富完善竞争力报告体系。按照“客户化、产品化、电子化、市场化”原则，推进信息分析工作，完成《核心竞争力比较研究》、《2011年重点县支行竞争力分析报告》等，建成并完善国际、国内、一级分行、营业部、大中城市行、县支行、产品等全方位的竞争力分析体系。

建立专题分析报告体系。按月发布个人和法人客户监测月报；按季发布大额信贷法人客户同业融资情况、全行交叉违约客户情况以及跨商业银行客户风险信息提示情况报告；按半年发布客户发展情况报告、储蓄存款、公司存款和机构存款“三位一体”的全行客户存款资金流向监测分析报告。

深化同业经营指标比较。编制完成2011年度和2012上半年《同业经营指标比较》，对20家国际银行2011年主要经营成果进行排名对比，发掘同业信息资源，深化同业信息应用，取得新成效。

（总行管理信息部）

安全保卫

2012年，安全保卫工作紧密围绕工商银行建设“三个之最”国际一流金融企业战略目标，深入贯彻“防案件、防事故、防灾害，保平安、保发展、保形象”新时期工作任务，以改革创新精神积极探索全行安全管理职能拓展，积极打造以建设最安全银行为目标的集团一体化安全管理体系架构，全面推动保卫工作向

安全预防管理、安全防范评估、外部风险监控、技术防范建设为一体的安全管理型转变。2012 年工商银行被中央国家机关综治委授予“社会管理综合治理工作先进集体”，被北京市消防局授予“火灾防治工作先进集体”，总行保卫部被北京市公安局授予“集体三等功”。

一、服务全行经营转型，完善外部欺诈风险防范体系

（一）抓好全行外部案件防控工作，效果显著。全行保卫部门认真贯彻总行党委“三查、三控、三防、四进”的外部案件防控部署，紧密配合全行经营和业务发展要求，密切研判社会治安形势变化，不断增强案防工作的前瞻性和针对性，有效遏制各类案件和事故发生。2012 年，全行外部案件防范成功率 98%，同比上升 11 个百分点，连续 5 年实现既遂抢劫案件为零和员工伤亡为零，连续 9 年实现涉枪案件为零。

深入开展防范非法集资系列宣教活动。根据《中国银监会办公厅关于深入开展防范和打击非法集资宣传教育活动的通知》要求，以提高社会公众防范非法集资违法犯罪的意识及内部员工反洗钱业务能力和服务水平为目标，注重拓展工作思路，丰富活动内涵，促进建立常态化工作机制，全年成功防堵自助设备欺诈和电信诈骗案件，为客户避免或挽回了经济损失，获得客户、媒体和社会公众的认同和好评。重点开展了打击防范犯罪专项整治行动。针对各类侵害客户案件多发态势，坚持以“服务客户、服务业务”为宗旨，按照打防结合、标本兼治的原则，配合公安部在广东针对我行实际情况开展打击克隆银行卡犯罪专项会战，成功破获了近年来工商银行单笔涉案金额最大的克隆银行卡案件，使客户免受巨额经济损失，有力维护了工商银行声誉，净化了银行卡用卡环境，该项活动获得了广东银监局的通报表扬，公安部也予以高度赞誉并专门致贺电。

（二）研发外部欺诈风险信息系统，打造现代商业银行外部欺诈风险管控平台。为解决工商银行外部欺诈风险管理工作长期处于手工操作层面，规范化、标准化程度低，信息数量有限且不能实现跨专业共享的问题，2012 年引入国际先进风险管控理念，率先在安保行业研发建立了涵盖事前防范、事中应对、事后控制的全方位外部欺诈风险管理平台。该平台集信息报告、风险预警、监测分析、主动控制于一体，能够为工商银行业务审核和办理提供客观的外部欺诈风险预警信息支持，避免和减少工商银行及客户资金损失，切实提高工商银行外部欺诈风险管理自动化、信息化、标准化水平，同时协助国家有关部门提高执法效果和打击力度，树立工商银行尽职履行社会责任的良好形象。

（三）建立外部欺诈管理体系，组织开展外部欺诈风险评估。印发了《外部欺诈风险管理办法》，建立了全集团统一的外部欺诈风险管理制度，同时，成立了外部欺诈风险管理领导小组，对全行主要业务产品及流程的外部风险进行评估，全面、系统、专业化地查找和分析相关领域存在的问题及风险，积极推进工商银行外部风险防控工作从“事后处理”向“事前防范”转型，2012 年完成了 5 篇安全评估报告。根据账户实名制安全评估发现的风险环节，逐步完善账户相关业务办理证件审验流程，2012 年 5 月，联合公安部采取视频培训方式对全行近万名一线员工进行了证件防伪识别培训，共同完成了《身份证件防伪识别》手册编写工作，为业务部门提供更为详细、实用的操作指南，取得良好效果。重点组织完成了《银行自助设备运营风险评估报告》，制订了自助银行运营安全改进试点方案。

二、以建设最安全银行活动为抓手，夯实安全保卫工作基础

（一）深入开展“建设最安全银行”活动。为进一步夯实安全保卫基础，为经营转型打造平安经营环境，在全行部署开展了“建设最安全银行活动”，总行印发了《关于开展“建设最安全银行”主题活动的通知》，指导分行以“打造一流安全环境，服务基层一线，支持业务发展”为核心内容，配合全行经营转型开展安全创新服务。通过开展全员安全宣传教育及客户防欺诈安全宣传、评选百家安全管理星级支行、开展安全管理创新实践等系列活动，引导基层行在安全管理上创先争优，在全行上下形成全员关注安全的良好氛围。活动被电视台、报纸、网站等几十家媒体正面宣传报道百余次，成功塑造了工商银行“最安全银行”的品牌形象。

（二）认真组织开展安保风险排查。为有效防控风险积聚，保证业务运营安全，组织开展了境内外安保风险排查工作。为确保排查工作取得实效，结合境内外机构实际特点，制定了排查标准，注重对各行报送问题隐患的梳理分类，核实确认风险防控措施、应急预案、责任人和整改措施是否明确、有无缺漏，并建立了问题整改落实跟踪机制。

（三）梳理健全安保制度责任体系。为夯实安全管理制度基础，2012 年保卫部以全行制度梳理工作为契机，积极适应外部监管要求及内部实际情况变化，结合保卫职能拓展工作需要，重点对安全保卫工作责任制、委托守押管理制度进行了完善和修订，并印发了《安全保卫工作考核办法》、《安全保卫工作职责实施细则》，形成了以内部治安保卫、委托守押业务、刑事治安事件应急和案件防范为核心的制度管理框架，健全了“全员参与、逐级负责、各司其职、尽职免责”的监督、检查、管理、考核评价体系，全面提升了全行安全保卫管理集约化水平。

三、以境外机构安全服务为突破，努力构建集团一体化安全管理架构

2012年，全行安全保卫工作紧紧围绕“One Bank”经营战略，立足于国际化与综合化发展需要，将各境外机构纳入安全管理视野，积极探索从内部安全管理、安全技术防范、委托安全服务、危机应急处置等方面提供安全服务支持，通过构建全球集团化安全管理框架体系，推动实现集团内部安全管理统一化、标准化与流程化。

（一）开展境外机构安全服务，探索构建全球安全管理体系。一是加强对境外机构、员工的安全教育培训和风险预警。借鉴国际化银行安全管理模式，结合工商银行海外机构实际特点，编制了《境外工作安全须知》，指导出国（境）人员增强安全防范意识，掌握危机应对技能，保证自身安全。通过电视会议视频系统对巴基斯坦机构（卡拉奇、伊斯兰堡分行）全体员工进行了安全知识和反恐技能培训。此外，及时监测热点地区政治经济形势和治安状况，针对突发紧急情况向所在地区海外机构进行风险提示，全年向包括境外分行、筹备组、代表处在内的数十家境外机构发布《境外安全风险提示》等专业简报近30篇，受到境外各机构和行内有关部室的好评。二是提供专业安全服务支持，及时帮助境外分行通过自查自纠，确定了本单位安全防范重点，制定了相应的处置预案，针对境外机构多起外部欺诈事件及时提供专业性意见。三是认真开展境外机构安全管理信息调查工作，初步建立了境外机构安全管理档案，填补了境外机构安全管理工作空白。

（二）完善对直属机构安全管理工作指导。直属机构的安全管理工作是工商银行集团化安全管理架构的重要组成部分。2012年，印发了《境内直属及控股机构安全管理工作指引》，指导直属及控股机构结合自身实际需求，从职责定位、安全防范基本制度、工作考核与管理评价等多方面进行规范管理，突出保障机构人员生命、财产和生产运营安全。为进一步深化安全工作指导力度，举办了首期总行直属机构安全管理人员培训班，通过内容丰富、形式多样的专题培训，达到了开阔视野、更新理念、丰富知识、提高技能的良好效果。全年分批次对各直属机构进行实地检查和调研，掌握了第一手资料，帮助各机构排查风险隐患，提高安全管理水平。

四、以科技应用为引擎，不断提升安防建设科学化、集约化水平

为全面提升全行安全防范建设标准化、规范化和科技化水平，重点组织开展了安防设施集中采购和研发报警监控联网平台两项重点工作，努力构建起先进科技手段预防犯罪的屏障，为全行业务经营创造一流安全环境。

（一）全面启动集中采购工作，实现质量成本硬控制。按照“统一品牌型号，统一规格标准，统一质量要求，统一支持服务、统一形象管理”的原则，开展了全行系统安防设施集中采购工作，力求最大限度地利用集团优势实现成本控制。通过集中采购提升了工商银行设备质量和防护效能，统一了全行安全设备品牌和技术标准，为全行设备维护、报警联网系统升级奠定了基础。同时，此次安全设备集中采购工作首次在业内将供应商和工程商进行划分，全面打破安防设备市场不规则竞争局面，在业内引起了较大反响。

（二）研发分级报警为导向的联网预警平台。为解决国内银行业报警监控联网系统普遍存在着报警信号过度集中、误报率高等缺陷，引进了国际安保领域“分级报警”概念，并以此为蓝本组织开发了符合工商银行实际、系统功能完善、全行标准统一的监控报警联网综合管理平台。该平台的研发弥补了国内报警信息分级处置技术的空白，奠定了工商银行在科技安防领域的领先地位。

五、树立现代安全管理理念，打造适应新形势下专业化队伍

（一）引进国际权威著作《安全导论》。由于国内企业安全管理理论尚属空白，为使安全从业人员及时了解国际公认的行业准则，掌握现代安全管理理论知识，引进了荷兰ELSEVIER科学出版集团的系列安全管理书籍，完成了第一部《安全导论》翻译出版工作。书籍出版在国内银行同业引起积极反响，并成为国内安全管理开拓性的专业书籍。

（二）组织培训着力提升队伍素质。坚持以不同层级为对象，以不同内容为重点，2012年共组织开展了8期安保人员专业培训班。通过培训与考试相结合形式，各层级安全保卫人员及时学习掌握了全行安全保卫工作面临的新形势、新政策和新要求。为吸收借鉴国外商业银行现代安全管理经验，在香港培训中心举办了一期高级安全管理人员培训班，聘请国外银行同业专家、研究安全管理的学者、国际前列的安保服务供应商、安全咨询服务提供商等进行授课，通过培训开阔了视野，更新了安全管理先进理念，进一步坚定了安全管理工作改革发展的方向和信心。组织编制安全保卫专业培训教材，借助网络大学在线考试系统组织安全保卫部门负责人和重要岗位人员的履职能力考核，不断提高适岗能力，为更好地开展职能拓展和战略转型做好人才储备和知识更新。

（总行保卫部）

案件查防

2012 年，全行各级纪检监察部门紧密围绕改革发展中心任务，统筹谋划案防工作，着力推进案防长效机制建设，狠抓案防责任制落实，扎实开展各项案防工作，严厉查处各类案件和违规违纪问题，案件查防工作取得了明显成效，有力地保障了全行稳健经营发展。

一、案件查防工作总体情况

2012 年全行案件继续保持了低发态势，千人发案率指标值为 0.01，比年初设定的 0.1 的目标值低 90%；案件风险率指标值为百万分之零点四，比银监会确定的百万分之四的监管目标值低 90%。

二、案件查防工作主要措施及成效

（一）案防工作前瞻性和主动性明显增强。总行在 2012 年初全行纪检监察工作会和 9 月全行案件形势分析会上，分析了全行面临的严峻案防形势，从对案防形势的预判性、对苗头性问题的敏感性、防范廉政风险工作措施的针对性和有效性、制度和流程设计以及案防工作深层次方面，提出了要下大力气防范民间融资风险对银行的传导和冲击、强化廉政风险防控、防范票据业务领域风险、解决影响和制约案防工作的深层次问题、抵御外部案件风险的侵袭等工作措施和要求。各行结合自身实际情况，分析辖内案防工作面临的新情况和新问题，及早制定了防控预案和措施。由于案防工作前瞻性和主动性的增强，2012 年全行共及时发现并果断处置了 20 余件风险事件，将风险隐患消灭在了萌芽状态，避免进一步演化为案件。

（二）重要风险点防控治理成效显著。总行纪委监察室 2012 年初确定了违规参与民间集资和担保及经商办企业、银企对账、U 盾申领、特约商户管理、定期存款提前支取、企业开户、会计核算印章管理、查阅下载保管客户信息 8 个案防重要风险点，将防控治理责任分解到总行相关部门。相关部门认真研究每个风险点可能存在的风险环节，逐一明确了防控措施，并从人防和技防两方面入手，努力提升防控治理效果。如总行运行管理部加强了电子验印系统和支付密码的推广，目前全行均已投产了电子验印系统，70% 以上的客户使用了支付密码，有效提升了保护客户资金安全的能力等。经过一年有效治理，总行确定的 8 个风险点没有新发生案件和重大风险事件。同时，总行针对近年来部分行内员工违规参与民间融资活动引发风险突出的情况，在 2011 年部署开展两次专项排查的基础上，2012 年又持续开展了日常排查，并对员工参与民间融资事件进行了严肃查处，使员工参与民间融资事件得到有效遏制，事件数量同比下降了 87.9%。

（三）加强重点监控（关注）行整改力度。总行根据近两年的案发情况，将山西分行营业部和河南开封分行确定为重点监控行，将甘肃武威分行和新疆阿克苏分行确定为重点关注行，按照“一行一策”的原则，制订了具体的整改督导方案，并通过非现场检查、现场督导、召开整改工作交流会以及考核验收等方式加大了帮扶指导力度。重点监控（关注）行按照总行要求，建立工作机制，制订整改方案，逐一落实整改措施，进一步夯实了内控案防基础。各行也结合实际，对违规违纪行为多、案件风险隐患多、声誉风险事件多的“三多”分支机构进行了重点监控（关注），并将其内控案防工作中存在的问题在全辖范围内进行了提示整改。经过一年的整改，各级重点监控（关注）行案防水平明显提升，未新发生案件和重大风险事件。

（四）各类案件和违规违纪问题得到了及时有效查处。全行坚持有案必查、查案必严原则，对各类案件、风险事件和重大违规违纪问题进行了严肃查处。在查办案件过程中，积极配合公安司法机关加大涉案资金追缴力度，有效减少了资金损失。注重加强对案发原因和暴露问题的分析，通过案件查办对发现的会计核算印章管理、个人定期存单办理等 5 个方面的问题，及时提示和督促相关部门加以整改，查办案件的治本功能得到了有效发挥。

（总行监察室）

第四部分

党建工作与队伍建设

责任编辑：孙清华

党建工作

2012年，全行各级党组织紧紧围绕改革发展中心任务，认真做好十八大代表选举及学习宣传贯彻十八大精神工作，深入开展创先争优活动，进一步丰富党建工作新内涵，不断把党的政治优势和组织优势转化为全行核心竞争力的重要组成部分，转化为推动科学发展的强大力量。

一、圆满完成工行出席党的十八大代表选举工作

根据中央统一部署，历时半年多，经过推荐提名、组织考察、确定代表候选人初步人选名单并公示、确定代表候选人预备人选、选举代表等过程，顺利完成工行出席党的十八大代表选举工作。全行共有约1.3万个基层党组织和25万名党员参加了十八大代表候选人的推荐提名，党组织的参与率达100%，党员参与率为99.3%。2012年6月12日，中国共产党中国工商银行代表会议隆重召开，来自境内外各机构、各岗位的221名代表参加会议，顺利选举产生了5名出席党的十八大代表。通过广泛参与十八大代表选举工作，各级党组织进一步加强了党的建设，拓宽了党内民主渠道，加强了党员的党性锻炼、党性教育和民主集中制教育，增强了各级党组织与广大党员抓党建促发展的创造力、凝聚力和战斗力。

二、认真组织学习宣传贯彻十八大精神工作

党的十八大召开后，总行先后召开了分行党委书记、行长会议和贯彻党的十八大精神、推动科学发展研讨会等会议，结合实际对学习贯彻十八大精神作出了重要部署，研究谋划了未来发展战略举措。印发了《关于认真学习宣传贯彻党的十八大精神的通知》，举办了“学习贯彻党的十八大精神报告会”，邀请中央宣讲团成员为全行三级党委作了专题报告。以领导干部为重点，切实抓好学习培训，印发了《关于做好全行处级以上领导干部学习贯彻党的十八大精神集中轮训工作的通知》，对轮训工作作了统筹安排。印发《关于开展“学习贯彻十八大精神　开创科学发展新局面”主题活动的通知》，切实增强领导干部推动科学发展的能力。总行在网讯上开设了“学习贯彻党的十八大精神”专栏，集中宣传报道各级分支机构、各部门学习宣传贯彻十八大精神方面的动态和措施，并设立了“党的十六大以来工商银行改革发展成就”专题专栏，编纂下发了《奋进的十年》文集，全面展示十六大以来工行改革发展所取得的重大成就和服务实体经济发展所作的贡献。各级行党委中心组把学习党的十八大精神作为学习的重要内容，作为领导干部民主生活会会前学习的重要内容，增加集中学习的时间和次数。各级党组织结合自身特点，广泛开展了各种形式的学习宣传活动，通过支部生活、员工座谈、上党课、参观等多种方式，组织广大党员干部认真学习党的十八大精神。通过行内网讯、内刊、简报等载体，结合工行成立30周年纪念等活动，大力宣传党的十八大精神，及时反映各级分支机构和干部员工学习宣传贯彻党的十八大精神的情况。

三、深入开展创先争优活动

各级党组织围绕活动主题和经营中心任务，深入开展创先争优活动。印发《2012年深入开展创先争优活动工作要点的通知》，对全行2012年创先争优活动进行部署。印发《关于在创先争优活动中开展基层组织建设年的实施意见》，围绕“强组织、增活力，创先争优迎十八大”这一主题，有序推进基层组织建设年的各项工作。组织召开纪念建党91周年暨创先争优座谈会，大力宣传创先争优先进基层党组织和优秀共产党员的事迹和经验。开展基层党建工作创新案例和“创先争优在身边”先进典型评选与表彰工作，评选出18篇创新案例和18位先进典型。组织全行35万余名党员员工参加网上投票推荐全国创先争优优秀共产党员活动。加强创先争优活动宣传报道，人民网、中国共产党新闻网等各种媒体累计宣传报道全行为民服务创先争优活动2.2万次；总行编发创先争优活动简报48期、网讯183篇。印发《关于建立健全创先争优长效机制的通知》，巩固和扩大创先争优活动成果，把创先争优融入中心任务、融入岗位职责、融入制度建设。全行各级党组织认真提炼创先争优实践中创造的好经验和好做法，共建立创先争优长效机制1.2万项，推动了创先争优的常态化、长效化。我行的创先争优活动得到了中组部的充分肯定，深圳分行营业部党支部、河南周口铁路支行党支部2家单位被评选为全国创先争优先进基层党组织；四川分行党委组织部被中央组织部、人力资源和社会保障部联合授予“全国组织系统先进集体”荣誉称号，是19家中

央金融单位中唯一获此殊荣的单位。

四、组织召开党员领导干部民主生活会

将民主生活会制度与公开承诺制度有机结合，创新建立了民主生活会公开承诺制度，开发了民主生活会公开承诺满意度测评系统，为全行员工提供了民主评议党委班子公开承诺完成情况的渠道。2012 年 9 月中下旬，在全行范围内通过人力资源系统组织开展了 2011 年度一级（直属）分行、直属学院（机构）党员领导干部民主生活会公开承诺满意度测评工作，在两周时间内共有 26 万多名员工参加了测评，参与人员占全行从业人员的 61.07%，创造了利用人力资源管理系统进行全行调查的最高纪录。中央组织部对工行民主生活会公开承诺和满意度测评工作在《央企情况》中作了专题报道。根据中央和总行党委的要求，印发《关于召开 2012 年度党员领导干部民主生活会的通知》，对全行民主生活会工作进行部署。紧紧围绕学习贯彻党的十八大精神，紧密结合领导班子和领导干部思想和作风建设实际，深入落实中央关于改进工作作风、密切联系群众的八项规定，各单位扎实做好民主生活会会前准备和会后落实工作，加强对下级党组织民主生活会的指导，努力强化会议效果。总行党委成员、纪委和党委组织部有关同志先后参加多家单位的民主生活会，各分行党委成员也参加了所辖各分支机构的民主生活会，更加深入直观地了解各单位和各分支机构领导班子思想作风等情况，有力地督促民主生活会各项制度和措施的落实。

五、加强基层党组织建设和党员队伍建设

截至 2012 年末，全行党的基层组织共有 13 154 个，其中党委 825 个、总支部 1 092 个、支部 11 237 个，共有党员 262 333 名。各级党组织继续规范分支机构党组织设置，通过在党员空白网点中发展党员、选派优秀党员到党员空白网点工作、成立联合支部等方式，不断提高基层党组织覆盖率；积极开展发展党员工作，严格工作程序和纪律，一批青年员工和业务一线员工被吸收到党内来。召开党建工作创新暨基层组织建设年活动研讨会，8 家创新案例组织奖获奖单位和 6 家总行党建工作联系点的代表参加会议并进行经验介绍。加强党员教育管理工作，为各级党组织征订了《党的建设论稿》、《深入开展创先争优活动文件选编》、《党的十八大文件学习辅导百问》和《十八大党章修正案学习问答》等书籍。组织基层党支部书记代表参加中央组织部举办的金融企业党支部书记示范培训班。举办基层党支部书记示范培训班，全行党委组织部门负责人及基层党支部书记 135 人参加培训。根据中央组织部要求，开展“新时期国有企业党组织发挥作用问题”课题研究工作，起草《新时期国有控股银行党组织发挥作用问题研究》，并在中组部举办的课题成果交流会上进行了发言交流。

六、加强总行机关党建工作

总行机关党委认真贯彻落实总行党委和中央国家机关工委的决策部署，坚持“围绕经营抓党建，抓好党建促发展”的工作方针，积极推进党的思想、组织、作风和党风廉政建设，取得了新的成效。总行机关连续 7 年被评为“中央国家机关文明单位”，连续 4 年荣获“首都文明单位”称号，继续保持中央国家机关和首都双文明单位称号。

（一）认真做好迎接十八大胜利召开和学习贯彻十八大精神各项工作。一是做好出席工商银行党代表会议代表推荐选举工作。按照总行党委统一部署，组织总行机关 41 个党支部的 2 512 名党员参加了推选出席工商银行党代表会议代表工作，经各党支部（总支部）酝酿推荐、广泛征求意见、组织考察和公示等严格条件和程序，推选出总行机关出席工商银行党代表会议代表候选人 3 名。二是营造迎接十八大胜利召开的浓厚氛围。组织 500 余名党员干部参观中央宣传部等组织的“科学发展　成就辉煌”大型图片展，了解我国社会主义经济建设、政治建设、文化建设、社会建设以及生态文明建设和党的建设取得举世瞩目的巨大成就。在机关宣传栏广泛宣传十六大以来工商银行股份制改革、经营发展及机关各党支部（总支部）党建工作方面取得的辉煌业绩。三是认真抓好十八大精神的学习贯彻。党的十八大召开期间，组织总行机关员工认真收听收看党的十八大开幕盛况、闭幕式。组织部分机关总经理级党员干部，参加中央机关工委举办的学习宣传贯彻党的十八大精神部署动员会和专题辅导报告会。印发了《关于总行机关学习宣传贯彻党的十八大精神的通知》，组织推动机关学习贯彻。组织处以上干部听取中央宣讲团成员、中央政策研究室副主任施芝鸿关于党的十八大精神的专题报告。举办了总行机关处级以上干部学习贯彻党的十八大精神轮训班。为机关党员员工购买了《十八大党章修正案学习问答》、《十八大报告学习辅导百问》和《十八大报告辅导读本》等学习资料 1 332 册，为各党支部配发权威解读《深入学习贯彻党的十八大精神专题讲座》和《学习十八大新党章专题讲座》光盘 92 套。中央国家机关工委《信息交流》多次报道了总行机关学习贯彻党的十八大精神的情况。

（二）坚持求真务实，扎实推进机关作风建设。一是召开总行机关党务公开与部（室）务公开工作经验交流会。总行机关各党支部（总支部）负责党务、部务公开工作的支部委员参加会议，部分部室党支部介绍了开展党务部务公开工作的做法和体会，认真总结机关党务部务公开工作的有效办法，交流探讨巩固提高的措施，达到了互相学习借鉴，取长补短，以点带面的目的。二是扎实推进机关作风建设调研。按照行领导“坚持抓好机关工作作风转变不放松”的要求，着力在

增强大局意识、提高执行力，提高总行机关工作效率和服务质量上下功夫，进一步扩展联系行渠道，扩大联系行范围，先后赴重点联系行，通过召开不同层次座谈会和问卷调查等方式，征求对总行机关作风建设的意见和建议，并形成调研报告，上报总行党委。三是开展调研报告评选活动。鼓励总行机关副处以上党员干部，带头贯彻总行党委的决策部署，紧紧围绕“转方式、调结构、重创新、强管理、抓服务”中心任务，深入实际、深入基层、深入客户开展调研，认真研究解决重点、难点问题，为推进全行经营转型和结构调整，强化风险管理，加快创新和改进服务建言献策。总行机关副处级以上干部共报送调研报告147篇，并进行了评审和表彰。

（三）加强核心价值观教育，推进学习型党组织建设。把社会主义核心价值观教育作为学习型党组织建设的重要内容，深化理想信念和爱国主义教育，增强员工政治思想素质，引导党员干部坚定理想信念和政治方向，自觉地在思想上、政治上、行动上同党中央保持高度一致，自觉地服从和服务于总行党委的决策部署，把“工于至诚，行以致远”的共同理想信念和共同价值追求，体现在“诚信、人本、稳健、创新、卓越”的价值取向上。《光明日报》7月26日11版以“铸牢理想信念　服务发展大局”——中央国家机关部门核心价值理念集萃中登载了工行核心价值理念。中央国家机关工委《信息交流》专题介绍了“中国工商银行——工于至诚，行以致远”的核心价值理念。开展了“关注形势、关心基层、关爱员工”的“回乡见闻”教育活动，征集到作品600多篇，并进行了评选和奖励。组织丰富多彩的学习活动。先后邀请有关部门教授、专家来行做维护我国海洋权益、廉洁从业教育等专题讲座，进行国防、廉政教育。举办总行机关处级干部理论培训班，学习中央党校核心课程和银行新知识新业务，并加强对党支部组织、宣传、纪检委员和工会小组长的培训，提高履职能力。

（四）突出重点，抓住关键，扎实推进组织建设。认真组织推动基层组织建设年活动。紧紧围绕“强组织、增活力，创先争优迎十八大”这一主题，按照“抓落实、全覆盖、求实效、受欢迎”的工作要求，积极开展“走进基层党支部、总结支部工作法”活动，深入调研、宣传和挖掘“服务中心、建设队伍”的好经验好做法。在中央国家机关基层组织建设年征文活动中，总行机关有13篇征文获奖，机关党委获得优秀组织奖。中央国家机关工委《信息交流》以“中央国家机关创先争优为动力，积极开展走进基层党支部、总结支部工作法”活动中，专载了工行开展基层党建工作创新案例评选活动。

开好党员领导干部民主生活会。按照行领导“要把民主生活会开成一个解决实际问题的会，一个达成新的共识的会，一个鼓劲加油的会”的要求，创新部室领导干部民主生活会的内容和形式，选择部分支部开展试点，把着眼解决本部门1－2个突出问题作为民主生活会的主要内容，并与公开承诺结合起来，进一步增强党员领导干部民主生活会的针对性和实效性，提高党支部自主活动能力和解决自身问题的能力。

开展“以优异的工作业绩，向党的十八大献礼”为主题的党日活动。“七一”前后，机关3 000余名党员干部参加了专题调研、社会实践、参观访问、交流互动、走访老党员老干部等活动。活动共收集照片、视频300多份，充分展示总行机关的主题党日特色，增强了党支部的创造力、战斗力和凝聚力。

（五）推进精神文明创建工作，营造和谐奋进的工作氛围。组织开展总行机关2011年度文明单位总结评选活动，按照管理严格、业绩突出、作风良好、服务高效的标准，135个处级机构被评为“文明处室”，并获通报表彰。加大对外宣传工作力度，及时上报总行机关党建工作方面的经验做法，总行机关创先争优、作风建设、学习贯彻中央重要会议精神等报道，多次被中央国家机关工委《信息交流》采用。同时，办好“机关宣传栏”、《党建工作信息》和“行内意见与建议”，及时交流各党支部有关活动的信息，宣传机关好人好事。全年共登载各类宣传稿件600余篇，发跟帖4 000余人次，点击量达到30余万人次。

（六）以文体活动为载体，进一步推动机关企业文化建设。坚持以机关体育协会自身活动为载体，通过自我管理、自我发展，开展丰富多彩的文体活动。年内各体育协会组织员工登山、游艺、钓鱼活动，开展篮球、足球、游泳等比赛，参加人次达到1 500余人次。先后组队参加中央国家机关、金融系统和兄弟单位的比赛，均取得了较好的成绩。还组织员工参加中央国家机关工会联合会主办的首届中央国家机关公文写作技能大赛、中国工商银行系统硬笔书法展和总行摄影比赛等赛事。举办“总行机关2012年职工运动会”，总行机关43个部室和在京直属机构近2 000名员工参加了44个项目的角逐，有473人获奖。

进一步发挥机关妇女委员会的作用。围绕增强女员工的身心健康，举办了《妇科常见疾病的预防和诊治》和《乳腺癌离我们究竟有多远》专题讲座；举办了女员工摄影比赛，出版了《巾帼摄影作品集》，展示了总行女员工的文化素养；为女员工赠送《写给上班族的营养书》，订阅了《中国妇女》等期刊杂志。

（七）以服务全行中心工作为重点，发挥青年员工的生力军作用。以纪念建团90周年为契机，在机关开展了“团聚力”主题系列活动。配合总行团委开展全行纪念建团90周年暨“五四”表彰活动，评选表彰了一批机关优秀团员、优秀团干部和先进团支部。与总行扶贫办联合组织机关部分优秀团干部，赴总行定点扶贫县开展了以“走进革命老区，感受红军精神”为主题的教育活动。向中央国家机关推荐“五四”十佳青年人选，参加评选并获奖。举办机关青年外语大赛，吸引了机关青年踊跃参加，并选送4名选手参加全行总决赛。做好机关“青年岗位明星”评选工作，采用现场展示、现场评选的方式，推选出23名机关青年岗位明星。进一步加强机关团建工作。做好机关团委的换届选举工作，推选出第九届机关团委委员。组织团干部参加全行和中央国家机关举办的团干部专题培训班，为团干部拓宽视野、增进交流搭建了平台。指导部分团支部做好换届改选和“青年文明号”创建工作。

（总行党委组织部、直属党委）

领导班子建设

2012年，全行各级党委和人事组织部门继续贯彻落实党建工作会议精神，调整充实领导班子，加强后备干部队伍建设，为全行转型发展提供了坚强的组织保证和人才支持。

（一）选好配强领导班子。积极构建统一开放的干部资源配置平台，统筹境内外、总分行、直属机构、控股公司干部资源，推进各级各类干部在全集团的统筹配置。进一步调整充实了领导班子，全年任免分行高级管理人员65人，总行部门副总经理级以上管理人员43人，直属机构管理人员54人，境外机构管理人员44人，其中调整配备“一把手”40人。加快优秀年轻干部的培养和选拔，创新性地开展了分行领导班子“N+1”年轻干部选配工作，共为分行聘任“70后”干部33人，分行高管人员中“70后”干部达到了42人，领导班子的年龄、知识、专业结构进一步得到优化。

（二）加大竞争性选人用人力度。在全行范围公开选拔宁波分行行长和贵金属业务部总经理，这是全行首次对境内分行和直属机构“一把手”岗位进行公开选拔，成为干部制度改革又一重要突破。加大市场化选拔境外机构管理人员力度，组织开展3家境外机构副职公开选拔。公开选拔和竞争上岗工作在各级行也得到广泛开展，成为选拔任用干部的重要途径之一。

（三）加强后备干部队伍建设。坚持动态管理、优进拙出的原则，健全对后备干部的培养考核和管理监督机制，选拔和储备了一批优秀后备人才。在2009年开展后备干部集中选拔工作基础上，2012年上半年启动了后备干部的动态调整补充工作。通过对现有后备干部的民主测评和补充人选的民主推荐、考察，为各一级（直属）分行充实副职后备干部118人，并将7名工作业绩一般、群众认可度较低的干部调整出后备干部队伍，进一步增强了后备干部队伍的生机与活力。

（总行党委组织部）

廉政反腐建设

2012年，全行各级纪检监察机构认真贯彻落实中央纪委和总行党委工作部署，围绕中心，服务大局，充分发挥惩治和预防腐败体系建设牵头作用，深入推动反腐倡廉各项工作有序开展，反腐倡廉建设取得新的进展，为全行转型发展起到了重要的服务、保障和促进作用。

一、注重建章立制，增强制度体系约束力

不断强化、完善制度建设，并以此为载体将反腐倡廉要求嵌入到不同领域、不同主体的权力结构和运行机制各环节，总行相关职能部门和各级行结合自身廉政案防职责制定有关制度办法近200项，其中总行纪委监察室出台或制定了10余项制度办法。如按照中央精神，推出“三重一大”决策制度实施细则，进一步明晰了权力边界，减少了制度执行中的自由裁量空间，形成覆盖权力运行过程的控制链；起草规范管理人员职务消费意见，并选择6家一级分行开展试点，为科学有效规范职务消费行为摸索积累经验；制定案件调查和审理工作规程，对办案行为和审理工作流程进行了规范等，进一步健全了反腐倡廉制度体系，初步形成以制度保廉、以

制度倡廉、以制度促廉的工作格局。

二、注重有效制约，增强监督检查制衡力

围绕权力集中部门和资金、资源密集领域，切实加强多维监督和制约，促进权力规范运行。严格执行各项监督制度，共对各级管理人员开展任前廉政谈话 7 369 人次，诫勉谈话 617 人次，函询 180 人次，总行对拟提拔或调整的直管干部进行廉洁自律情况审查 365 人次；全行共对 10 842 个机构和部室领导班子开展了廉政案防责任制量化考评，对 6 家一级（直属）分行开展了巡视，推动解决了一些单位在领导班子建设、廉政案防、干部选拔任用、经营结构调整等方面的突出问题，有力地促进了总行党委各项决策部署的贯彻落实。结合全行国际化发展战略，主动延伸监督触角，首次对 2 家境外机构开展了管理人员廉洁履职现场检查，为加强境外机构廉政和案件风险防控作了积极有益的尝试和探索。加大执法监察工作力度，共对 1 454 个机构财务制度执行情况开展执法监察，监督集中采购项目 3 889 个，剔除了 95 家有不良记录的供应商，促进了采购环节诚信体系建设。

三、注重惩防并举，增强查办工作威慑力

坚持有案必查、有腐必惩，积极发挥惩治工作威慑作用，严肃查处了一批案件和风险事件，千人发案率等管理指标居国际同业先进水平。充分发挥信访直查快办优势，加大直查力度，总行和各一级（直属）分行共直查信访件 179 件；严格按规定和程序审理案件和违规违纪问题，给予相关违规违纪人员党纪政纪处分；充分发挥惩治对完善制度的导向作用，对在查处中发现的制度流程缺陷和漏洞加以研究剖析，督促相关部门完善制度规定 40 余条，推动惩治成果有效转化为预防成果，做到查办一个案件，完善一套制度，解决一类问题，实现由查处违规违纪问题的“点”转移到完善制度流程的“线”，最后拓展到促进合规经营、有效防范风险的“面”上来。

四、注重教育引导，增强廉洁文化渗透力

全行各级机构结合实际，坚持用身边事教育身边人的有效做法，组织开展内容丰富、形式多样、特色鲜明的反腐倡廉宣教活动，通过以案说法、以案明纪、以案释理，广泛培植廉洁理念，深入传播廉洁知识，切实增强了廉洁文化在润物无声中的渗透力和感染力。一年来全行累计开展反腐倡廉学习培训 14 790 次，其中各级党委中心组廉政学习 6 531 次，培训员工 96 万余人次，编发活动简报 9 459 期，刊载活动网讯信息 22 160 次。总行监察室整合教育资源，成立授课团队，直接为各部室和分支机构进行廉洁合规培训授课 80 余次，培训员工 3 万余人次。

五、注重自身建设，增强干部队伍软实力

印发《纪检监察专业人员片区培训实施意见》，明确提出“用四年时间将全行纪检监察人员轮训一遍”的目标，通过打造实施片区培训新模式，提高培训工作的针对性和实效性。加大培训力度，总行突出抓好纪检监察机构负责人履职能力建设，分别举办了一级（直属）分行监察室主任、二级分行纪委监察室新任职负责人培训班等，总行监察室牵头举办的培训班培训近 200 人次，全行各级纪检监察机构累计培训专兼职纪检监察人员 20 489 人次，有效提升了纪检监察人员队伍的业务素质和工作能力。进一步加大双向交流力度，全年累计交流轮岗 645 人次。研发投产纪检监察业务管理信息系统，为纪检监察有效履行职能提供了科技支撑。

（总行监察室）

精神文明建设

一、深入开展社会主义核心价值体系宣传教育活动

按照中央要求，着力将社会主义核心价值体系融入宣传思想文化工作全过程，推进“学雷锋”活动常态化，发挥党政工团合力，广泛开展学雷锋实践、“岗位学雷锋　争做好员工”、“传承雷锋精神　参与志愿服务”、“学雷锋　树新风”等六个常态化活动项目，建立健全学雷锋长效机制。开展道德领域突出问题教育和治理活动，结合“不规范经营治理活动”和“员工行为规范教育活动”，细化活动推进办法，派遣工作组对地处 50 个全国文明城市（区）的分支机构进行现场督导，同时抓好宣传报道工作，开设“道德教育活动”网讯专刊，刊发信息 77 篇，并连续向中央报送活动专报 5 期，其中山西分行分解学习内容编制“教育活动学习卡”、河北分行选取典型案例制作《违规操作警示

片》、辽宁分行举办员工行为规范“周末大讲堂”、湖北分行开展“送教到基层、培训到员工”巡讲活动、内蒙古分行通过“95588”平台发送“宣讲短语”等5个案例被中央《专项教育和治理活动简报》采用，我行成为金融行业唯一入选简报的单位。

二、开展树典推优活动和员工思想教育

开展第三届“感动工行”员工评选活动，通过进一步完善评选标准、优化评选流程、创新宣传形式，充分体现出条块结合、重在基层、倾向一线的特点。全行共有44家单位推荐了63个候选人（集体），经过31.4万名员工网上投票、41家机构投票和13个评委部室投票，评选出10名“感动工行”员工和2个“感动工行”集体。活动中全行撰写“感动心语”30万余条，开展“身边的雷锋”和“身边的感动”征文，刊发“身边的故事”500余篇，组织“我推荐　我评议”活动，撰写评议意见14万余条，还创新开展“感动工行”主题曲征集活动，进一步扩大了活动的影响力和感染力。

按照“为民服务　创先争优”活动要求，开展“打造卓越金融服务　建设客户满意银行”主题教育活动，组织各分行结合实际开展“学先进　找差距”、“服务体检”和“服务我体验”三项活动，引导员工感悟卓越金融服务的真谛，自查服务流程、网点管理等方面的不足，集中破解服务难题，提升服务满意度，进一步发挥出主题教育活动对业务发展的促进作用。

三、深入推进精神文明创建工作

总行先后赴陕西、江苏、上海、天津、山东等分行进行调研，举办“中西部分行研讨会”，并召开全行“精神文明建设暨企业文化建设经验交流会”，表彰20家第三批“全国文明单位”和78家第七届总行级“文明单位”，并在网讯首页开设“文明新风大看台”栏目，以电子书形式对其创建风采和工作经验进行交流展示，营造了创先争优良好氛围。

进一步增强人文关怀和心理疏导，以北京、河南、四川等10家分行为试点，组织开展了基层行管理人员心理健康网上测评，形成了《中国工商银行基层行管理人员职业心理健康测评报告》及各试点行的测评报告，为持续提升员工思想政治工作水平打下了基础。

（总行党委宣传部）

企业文化建设

一、加强企业文化深度传播，提升工行企业文化的认知度和影响力

通过工行门户网站向社会广泛宣传“工于至诚行以致远”的核心价值观，《光明日报》对此作了报道，使工行文化的社会影响力得到提升。以新员工为重点，不断完善企业文化培训机制。做好文化资料整理编印工作，制作《企业文化手册》双语版和《境外机构企业文化培训课件》双语版并上载到“网络大学”，编制《画说工行》电子书和《企业文化故事》（第二辑），运用多种形式对价值理念进行更为深入的诠释。各级行紧密结合实际，创新传播载体，山西分行积极建设“行史陈列室”、“企业文化墙”，北京、河北、河南、安徽、贵州等分行通过举办“我谈企业文化”征文、“同心杯”演讲比赛、“文化在身边大家谈”、“企业文化大讲堂”等丰富多彩的活动，激发了员工学文化、议文化、讲文化的热情。在中国政研会、金融政研会和企业文化研究会开展的企业文化建设评选表彰活动中，我行共19家单位、16名个人荣获“企业文化建设先进单位”、“企业文化建设先进工作者”等称号。

二、推动专业文化和特色文化建设，促进企业文化与经营管理相融并进

积极推进专业文化建设，梳理提炼风险管理文化，形成了《我行风险管理文化建设纲要》。全行各分支机构也结合本地区实际，稳步推进特色文化建设，如湖北分行组织开展的“企业文化标杆示范网点”和“企业文化示范团队”创建活动，贵州分行的“五型机关”管理文化、山西晋中分行的晋中文化等，内涵丰富、各具特色。总行在网讯平台开辟“企业文化巡礼”专区，集中展示了各单位特色文化建设的经验和做法。

三、深化“企业文化园地”建设，努力营造积极向上的文化氛围

持续深化“企业文化园地”建设，不断丰富栏目内容，增设“‘感动工行’主题曲征集”“身边故事”等专栏，用身边典型教育引导广大员工；积极配合业务发展，开设“FOVA征文”专栏，讲述系统开发中难忘

的人和事，进一步扩大了“园地”在全行的影响。组织稿件评比，对2011年度“我为‘加快转变发展方式’献一策”、“我的五年”征文、“文化感言”栏目信息进行了综合评价，并对获奖作品作了集中展示。完善“企业文化园地”二期系统功能，为平台顺利开通奠定了基础。

（总行党委宣传部）

人力资源管理

2012年，全行人事组织工作围绕中心、服务大局，不断适应改革发展的新形势、新要求，进一步深化干部制度改革和员工工作，加强机构管理、薪酬激励机制建设和履职能力建设，在构建国内领先、国际知名、富有工商银行特色的现代人力资源管理体系上取得了新的成效。

一、不断深化干部制度改革，集团化、市场化、多元化的干部管理体系逐步建立

（一）以制度建设为基础，持续深化干部制度改革。坚持把制度建设作为推进干部制度改革的基础工程，总行制定印发《关于进一步深化干部制度改革的意见》、《干部德的考核办法（试行）》、《关于关心干部心理健康 提高干部心理素质的意见》等制度办法，各机构结合自身实际研究制定深化干部制度改革的实施细则或规定办法，进一步将干部制度改革引向深入，完善了具有工行特色的集团化、市场化、多元化干部管理体系。

（二）以优化结构为抓手，着力加强干部队伍建设。加大干部多岗位的交流培养力度，选拔100多名分行干部到总行交流，组织28名干部实施分行与直附属机构间的交流，选派27名总行干部赴基层交流任职。加大业务类职务聘任力度，全行超过38万人聘任了各类业务类职务，其中专家层级干部170余人、资深和高级经理3 300余人，业务类干部队伍建设进一步加强。研究开发支行行长和对公客户经理能力素质模型与测评工具，完成试点分行的试测工作，为提升干部培养选拔的科学性提供了有效工具。

（三）以国际化战略为指引，扎实推进外派干部队伍建设。综合考虑境外机构差异化要求，完成阿根廷标准银行等2个并购机构以及华沙分行等8家申设机构的筹备团队搭建和增配，为跨国经营的顺利推进和全球布局的快速完善提供坚实的人才支撑。继续开展境外控股机构董事会调整工作，累计已为15家境外机构安排了9名专职派出董监事，促进了境外机构公司治理和经营管理水平的提升。关注外派干部的职业发展，全年共有42名外派干部得到了国内职级晋升，有6人提拔为境外机构“一把手”；根据外派干部能力、特点，结合境内岗位需求，妥善安排外派干部回境内工作。

（四）以强化监督检查为保障，进一步营造风清气正的选人用人环境。认真贯彻落实《管理人员选拔任用工作监督检查办法（试行）》，逐步形成事前报告、事后评议、离任检查、违规追责的干部监督制度体系。组织全行971家机构开展了2011年度干部选拔任用工作“一报告两评议”；结合离任审计，对176名即将离任的党委书记开展了履行干部选拔任用工作职责离任检查，广泛推行了对干部选拔任用工作和新选拔任用干部的民主评议。不断优化与调整干部考核评价机制，加强绩效反馈与沟通，更好地发挥绩效考核的作用。

二、深入实施人才兴行战略，与工行同进步、共发展的员工工作格局基本形成

（一）加大人才引进和内部流动力度。科学编制并圆满完成年度用工计划，全年累计招聘新员工1.5万人，并优先配置到金融资源丰富的重点区域和营销一线、高端和新兴业务条线，提升了人力资源配置与转型发展的匹配度。2012年末从业人员总量控制在44.4万人。组织实施2013年全行统一校园招聘，顺利完成8万人在全国38个城市164个考点的统一笔试，树立了工行招聘品牌与形象，工行先后获评多项全国最佳雇主、最受欢迎雇主等称号。加大新招录员工赴集约化中心交流锻炼工作力度，参与交流锻炼分行24家，较上年增加5家；交流锻炼人数3 300人，较上年增加600人。探索实践全球雇员管理，制定印发全球雇员管理办法，继续深化全球雇员赴境内机构交流任职机制，选拔7名全球雇员分别到总行6个部室和1家境内分行交流任职。

（二）深入推进员工能力提升和职业发展工作。开展大规模业务培训和任职资格培训，全面提升员工素质，截至2012年末，全行拥有各类国际资格认证证书的员工达7 500余人；19万余人参加了专业资格考试，8万余人获得了相应资格。严格劳务人员转制标准、提

高转制比例，将业务素质高、工作业绩突出的7 000余名劳务用工及时转为合同制员工，增强其职业归属感。组织完成高级专业技术资格评审工作，1 800余人获得经济、会计、工程和政工系列高级职称。加强员工工作经验交流与共享，印发嘉兴分行等9家分支机构经验交流材料，编写两辑《员工工作随感》，营造领导干部和员工共同参与、共济相长的工作氛围。

（三）进一步提升用工管理水平。加强关键岗位轮换和强制休假管理，修订印发《关键岗位人员岗位轮换和强制休假办法》，开发关键岗位管理系统，推动风险防范与业务发展的协同共进。全年完成岗位轮换5.5万人、强制休假4 000人，轮岗计划完成率95%。完善内退管理工作，调整优化退养费增长机制、福利费用列支模式和日常管理办法，完成5.3万名内退员工的增资工作，促进了内退队伍的和谐稳定。制定总行管理干部离职管理操作规程，停止办理全行自谋职业，并通过完善岗位管理和绩效考核机制，畅通人员退出渠道。

三、大力推动机构管理改革创新，内涵式发展的机构管理模式不断完善

（一）深入研究新情况、新问题和新对策，全面系统谋划机构管理工作。完成全行重点课题《新时期工商银行“多元一体、人事相宜”的机构管理战略研究》，持续开展城市分行和直属分行竞争力提升专项研究，初步形成了新时期机构管理工作的总体思路。

（二）持续优化组织架构体系，推动集团的一体化管理与综合化发展。优化调整总行本部机构设置，构建集团并表管理和金融资产服务组织体系，优化风险部门内部组织架构，实施资产管理部和投资银行部利润中心改革，加强资产托管部、金融市场部、贵金属业务部等现有利润中心建设。加强直属机构建设，对数据中心（北京）等5家直属机构进行了内部组织架构优化，整合海外数据业务统一管理体系。做好业务条线流程综合改造工作，在14家一级分行组织实施了法律事务管理体制改革，完成全部一级（直属）分行授信审批集中管理体制改革，组建26家私人银行中心，规范反洗钱中心机构设置和人员配备，进一步提升业务条线的专业化、集约化水平。推进产品业务线延伸，稳步推进境外科技服务体系建设，完善现金管理业务和私人银行业务全球布局，增强了全球金融服务能力。

（三）深入实施重点机构管理体制改革，推动分行转型发展。采取召开座谈会、推广先进经验、开展工作调研等多种形式加大对一级分行营业部改革的督导力度，引导分行持续深化改革。加强县域支行变革工作督导与考核激励，制订实施“双十双百”方案，增强各级机构参与县域支行变革的积极性。持续优化渠道网络布局，构建监测平台，开展专项检查，加强对渠道优化建设工作的监测和督导，显著改善网点的功能、环境和服务布局。在3家分行试点开展存量网点优化调整工作，启动智能网点建设试点，探索提升网点竞争力的新路子。

四、全面推进薪酬管理体系建设，激励约束机制日益健全

（一）加快推进薪酬治理体系建设，支持保障综合化国际化发展。建立健全控股子公司激励约束机制，明确“管总额、管高管、管政策”的总体思路，研究制定控股子公司工资总额、高级管理人员薪酬审核及工资延期支付等办法，增强控股子公司薪酬资源配置与经营业绩贡献的关联度。加快境外机构薪酬激励机制建设，研究制定境外机构工资总额管理办法和机构等级管理办法，建立与经营发展相协调的工资总额增长机制和与机构价值贡献紧密相匹配的机构等级动态管理机制。制定印发《外派员工日常薪酬管理细则》，构建起外派员工境内档案工资和境外任职工资双线管理的晋升机制。

（二）探索实施薪酬资源集团统筹配置，提高集约化管理水平。将福利补贴纳入工资总额管理，将新并购机构工资总额作为1:0.6挂钩机制以外的单列项目，扩大集团工资核算范围，保障员工工资收入平稳增长。将境外及控股机构工资总额纳入集团统筹配置，规范绩效工资、福利补贴、专项工资、实拨资金等配置模式，初步形成集团统筹、分类管理的激励资源配置格局。以经济增加值为核心考核分配工资费用，制定实施重点激励计划及中间业务收入奖励计划，加大对重点区域和产品的倾斜力度，支持经营转型发展。合理优化员工工资结构，结合经营绩效水平和当地同业实际，对25家一级（直属）分行调增了薪点值，平均上调11.6%。

（三）扎实开展薪酬工作调研，全面谋划转型发展期的激励机制建设。积极开展境外及控股机构薪酬工作实地调研，加快推进相关薪酬管理制度办法的落实。采取现场与非现场相结合的方式开展境内分行薪酬工作调研，总结提炼薪酬工作中的实践经验和存在的问题，为进一步做好全行薪酬工作奠定了基础。综合分析同业薪酬数据及内部薪酬分配信息，撰写《中国工商银行2011年度薪酬报告》，薪酬决策的科学化水平不断提升。

（四）统筹推进福利保障体系建设和两项基金受托管理，提高福利保障水平。建立重大疾病救助机制，完善自主福利，构建起广覆盖、多层次的福利保障体系。加强统筹外福利负债基金管理，不断提升两项基金受托管理水平。截至2012年末，企业年金基金资产144亿元，统筹外福利负债基金资产278亿元，2012年两项基金投资收益率分别为7.1%和6.6%，均列可比企业年金和统筹外福利负债基金投资收益的第一名。调整离退休人员福利待遇，顺利完成13.7万名离退休人员的待遇调整工作。

五、大力加强自身建设，人力资源管理效能全面提升

（一）深入调研，为研究谋划工作奠定基础。分不同专题，采取多种方式持续开展工作调研，全面听取总行各部室和境内外分支机构的意见和建议，形成系列调研报告，为全面谋划人力资源管理工作提供参考。各级人事组织部门结合实际广泛开展工作调研，积极推动人力资源管理转型发展。

（二）加强培训，不断提升干部队伍整体素质。编发《中国工商银行人事组织工作的变革与展望》、《人力资源序列岗位培训教材》和考试大纲，开发网络培训课件，搭建具有工行特色的人事组织工作知识体系。首次组织人力资源序列专业资格考试，全行共有 2 181 人参加考试，1 399 人获得了相应资格。根据不同岗位职责和培训需求，组织了新任人力资源总经理培训班、境外机构人力资源主管培训班、境内人力资源骨干培训班等多期集中培训，各分支机构积极举办了各种形式的人事组织干部培训班。积极推进人事组织部门与基层机构的干部交流与轮岗，优化了人事组织干部队伍的经历和知识结构。

（三）推进信息化建设，提升人力资源管理科学化水平。不断拓展人力资源管理系统功能，扩大系统应用范围，初步建立境内外一体化的人力资源管理信息平台。加强数据信息运用，定期发布人员机构统计数据和信息快报，充分挖掘信息的应用价值。大力开展 MOVA 系统在人力资源专业的应用推广工作，征集和转发优秀案例和模板，推广先进经验，提升了工作效率和管理水平。应用推广以“机构编码”和“人员编码”为代表的人力资源信息标准，推动了全行信息标准化和信息安全管理水平的提升。

（四）强化专业考核，提高工作执行力。组织完成 2011 年人力资源专业考核，通报表彰 31 个先进单位、119 个先进个人。根据全年人事组织工作总体安排，合理设计考核指标、分值权重与评分方式，制定印发 2012 年考核办法，努力提高专业考核的科学性与可操作性。

（总行人力资源部）

工会工作

2012 年，工会紧紧围绕全行中心工作，充分发挥职能作用，突出重点，狠抓落实，全面完成了全年工作任务。

一、职工之家建设任务圆满完成

截至 2012 年末，全行累计投入资金 8.45 亿元，新建职工之家 634 个，职工小家 9 193 个，补充完善提高职工之家 2 892 个，职工小家 3 445 个，除部分集中采购项目外，如期超额完成了职工之家（小家）建设任务，一批具有区域辐射范围的文体活动中心初见成效，基层机构的生活环境和设施得到了明显改善，受到广大员工的普遍好评。

二、特困员工救助工作稳步开展

坚持将特困员工救助与节日慰问工作相结合，定期救助和应急性救助相结合，实现了救助工作制度化、日常化。一年来，总行累计 9 次下拨特困救助专项资金 8 000 万元，同时要求各行按 1∶1 的比例配套救助资金，全年累计救助、慰问各类困难员工 3.2 万人次，为解决员工特殊性、临时性、突发性的生活困难，帮助员工树立信心、渡过难关发挥了重要作用。年内还组织开展了对困难女员工的慰问，组织女劳模与特困女员工开展结对子帮扶，收到了良好的效果。

三、员工疗休养工作扎实推进

总行加大对劳模先进和中、高层管理人员疗休养的投入力度。2012 年全行参加疗休养的员工由 2011 年的 4 000 人增加至 5 000 人，提高了 25%，全行改革发展的成果惠及更多的劳模先进。在加大投入的同时，注重提升疗休养接待点的服务质量和工作水平，疗休养期间全行各疗休养接待点未发生任何人身安全事故和财产损失。

四、劳动竞赛和技能练兵活动效果显著

积极与业务部门沟通联系，发挥工会作用，推动了业务创新发展。与教育部联合举办了全行中年客户经理岗位技能比赛，并通过视频形式向全行展播了优秀选手的技能。与个人金融、产品创新、结算与现金、私人银行等部门分别举办了“新建营业网点业绩提升竞赛评比”、“新产品宣介作品大赛（作品评选）”、“结算与现金管理专业产品经理竞赛（营销方案评选）”、“私人银行目标客户市场拓展方案评选”等活动，进一步推

动了各项业务的创新发展。与机构业务、信贷管理部等10个部门联合组织了网上业务知识竞赛活动，员工参与网上答题近百万人次，提升了员工的业务技能。同时，还分别与电子银行、管理信息等联合组织了以完成年度任务目标为内容的劳动竞赛，均取得了良好效果。以全行各级巾帼文明岗为重点，以“打造卓越金融服务、建设客户满意银行”为核心内容，深入开展了“服务创一流、巾帼展风采”活动。

五、劳模先进人物推荐评选成果丰硕

2012年，全行共有12个单位荣获全国“五一劳动奖状”、全国“工人先锋号”荣誉称号；4名个人获得全国“五一劳动奖章”荣誉称号；8个单位获得全国金融系统“五一劳动奖状”、“工人先锋号”荣誉称号；52名个人获得全国金融系统“五一劳动奖章”荣誉称号；6个单位分别获得全国金融系统职工职业道德建设十佳单位、十佳班组、先进单位和先进班组，2名个人分别获得十佳标兵和先进个人；2个单位荣获全国金融系统“女职工文明示范岗”称号，2个单位荣获“全国妇女创先争优先进集体”称号，1名个人荣获“全国妇女创先争优先进个人”称号。

六、员工合法权益得到有效维护

2012年，组织开展了对天津、大连、苏州分行开展集体合同及工资集体协商工作情况的调研，全行共有5个一级（直属）分行签订了集体合同、5个一级（直属）分行签订了工资集体合同，36个一级分行、直属学院签订了女职工权益保护专项集体合同。其中，贵州、大连分行签订了覆盖全辖的三个合同，在金融系统作出表率。贵州六盘水分行、大连分行营业部被中国金融工会授予“全国金融系统劳动关系和谐企业”称号。对涉及员工切身利益的规定，及时启动民主程序，分别组织对全国《劳动合同法修正案（草案）》和总行《违规积分管理办法》、《关键岗位人员岗位轮换和强制休假办法》征求了全行员工意见并反馈有关部门。

七、群众性文体活动丰富多彩

举行了全行第二届员工羽毛球比赛，全行共有51个单位、350余名参赛选手，在四个分赛区举行近500余场比赛。举办了“光影视界摄影展”，并在总行办公大楼展出获奖作品118幅。组织开展了第二届“依法合规经营，防范操作风险”箴言评选，43个单位报送箴言稿件514篇，进一步强化了员工的风险和合规意识。开展了全行首届硬笔书法展活动，全行40个单位报送参赛作品1 400余件，在总行《网讯》展示了67幅获奖作品，并参加了首届中国金融系统硬笔书法网展。配合“职工之家（小家）”建设，组织协会开展了文化慰问和赠送作品活动，总行工会获得全总优秀组织奖，并被推选为全国“文化工作者深入职工创作实践活动”优秀单位。此外，积极组队参加了全国金融系统桥牌赛、羽毛球选拔赛、第二届戏曲比赛暨戏剧（戏曲）短剧小品展演、第四届全国“社会保险杯”乒乓球赛以及第三届中国职工艺术节有关单项活动，在全行组织开展普及推广第九套广播体操活动，进一步活跃了全行员工的文化生活。以“一封信、一本书、一份礼”的形式，举办了在京机构女员工联谊晚会暨才艺展示等庆“三八”活动。

（总行工会工作委员会）

共青团工作

2012年，系统团委以庆祝建团九十周年为契机，以团的十六届五中会议和2012年全行工作会议精神为指导，认真履行组织青年、引导青年、服务青年、维护青年权益的四项基本职能，切实加强团的自身建设，主要组织开展了以下十个方面的工作。

一、开展党的十八大学习宣传贯彻活动

党的十八大胜利召开后，系统团委快速响应，积极部署，及时下发了《关于组织广大团员青年深入学习宣传贯彻党的十八大精神的通知》，要求广大团干部和团员青年切实把思想和行动统一到十八大精神上来，广泛深入开展学习宣传活动，迅速持久地兴起学习宣传贯彻十八大精神的热潮。截至2012年底，各级团组织广泛开展了座谈会、学习宣讲、主题团日、新媒体宣传等各类学习宣传贯彻活动2 000多次，参与青年5万余人，全行广大团员青年的使命感和责任感得到进一步激发，在全行改革发展中充分发挥生力军作用。

二、举办“风华五四　喝彩青春”纪念建团九十周年暨五四表彰活动

活动采取现场与视频相结合的方式召开，各级领导、团干部、团员青年代表共14 000多人参加观看了

活动。活动分为“青春赞歌”、“爱心之火”和“杰出光芒”三个篇章，通过事迹报告、配乐诗朗诵、现场访谈等方式，分别对全行团内“三优”、青年爱心大使及杰出青年进行了表彰。活动还创新加入了微博互动环节，在近两个小时的时间里，共征集微博感言1 700多条。

三、开展“学雷锋　树新风”主题系列活动

响应团中央和中央金融团工委的号召，结合全行《关于深入持久开展学雷锋活动的意见》精神，2012年3月至4月期间组织广大青年和青年文明号集中开展了“学雷锋　树新风”系列活动。广大团员青年积极响应，带头践行雷锋精神，掀起活动热潮。活动期间共开展大讨论、志愿服务周等各类学雷锋活动1 100多次，参与青年达28 000多人次，进一步促进了广大青年结合时代背景，重新认识和理解雷锋精神内涵。

四、编写《中国工商银行青年思想指引手册》

结合工商银行青年员工队伍的结构特点和思想观念中存在的思想困惑及误区，提出爱国与爱党、归属感、职业价值观、职业发展、职业道德与职业操守、压力疏导、婚恋与社会交往、劳务人员、直属机构青年、客服序列青年等10个方面的青年思想引导思路，把青年思想引导的“大道理”系统地、具体地转化为青年易于接受的“小道理”，提高团干部做好青年思想政治工作的能力，引导青年形成积极健康向上的生活态度和奋斗精神。

五、与业务部门联合开展新业务营销推广活动

（一）与总行电子银行部联合开展“指点精彩 触摸快乐”移动银行体验营销活动。各单位组织青年对内开通并体验移动银行业务，通过移动银行方式缴纳2012年团费，对外重点面向高校大学生开展专项营销活动。同时，为了扩大体验活动的影响力，在青春在线主题论坛板块，开展“移动银行发展之我见”主题征文活动。据统计，全行共有5万多名青年员工直接参与体验活动，征集征文200多篇。

（二）与总行电子银行部联合开展“凝聚智慧　引领服务”短信银行宣传暨回复短信征集活动。据统计，三个阶段活动参与人数达3 466人，共征集答案优化数据32 104条、问答原创数据21 307条、答案新增数据638条，合计54 049条。经评选，共有4 783条数据被采纳，采纳率为8.8%。活动中，各单位积极开展培训宣传并体验短信银行服务，通过回复短信的设计优化，了解、熟悉短信银行的特点和优势，不断提高自身业务综合素质。

（三）与总行贵金属业务部联合开展“积存金色梦想，成就美好未来”积存金业务营销推广主题活动。活动内容包括举办贵金属投资知识讲座，开展积存金业务行内体验竞赛活动，“我与积存金的故事”主题征文和“我为积存金业务献一策”建议征集活动。据统计，全行共有8 847名青年员工报名参加体验竞赛活动，征集主题征文和创新建议近150篇。

六、配合“满意在工行”服务工程建设，深入开展“为民服务创先争优”活动

一方面以“优质服务月”等活动情况为重点，开展全国、总行级青年文明号评选活动，评选出113个“2011年度总行级青年文明号”，推荐10个青年集体参加“2011－2012年度全国青年文明号”评选；举办了2012年全行青年文明号负责人培训班。另一方面重点面向服务一线开展“2012年青年岗位明星”评选活动，评选出158名总行级青年岗位明星，推荐10名青年员工荣获“2011－2012年度全国金融青年岗位能手”称号。

七、开展第三届青年外语学习活动暨青年外语大赛

第三届青年外语大赛在传承的基础上又有创新，在内容方面除英语外，首次增加了日语、韩语、法语、德语、俄语以及西班牙语6个小语种比赛；在组织方面再次联合教育部和人力资源部，促进了大赛与国际化人才培养推荐的衔接；在比赛形式方面首次采用主题辩论环节，增强了比赛的观赏性和比赛效果。全行各级单位共组织外语学习活动1 134场，选拔赛344场，共有6 169名青年报名参赛，其中小语种报名人数565人。2012年11月，在杭州举办了近300人参加的英语复赛和小语种决赛。12月12日在总行举办总决赛，决赛首次对条件允许的海外机构进行直播，扩大了活动影响。活动进一步激发了全行青年员工学习外语、投身国际化发展的热情和积极性，为国际化发展发现储备了一批青年外语人才。

八、开展2012年金融青年论坛活动

以“金融业服务实体经济发展”为主题举办2012年金融青年论坛征文活动，共征集参评论文216篇，较上年增加了80%，其中60篇在总行评选中获奖，5篇上报参加金融系统评选，全部获奖。为促进青年学术交流，总行举办了论坛获奖论文展示交流活动，并邀请有关专家就新时期的金融研究与论文写作进行专题讲座。此外，总行还承办了全国青联金融界别工作委员会和中央金融团工委主办的2012年中国金融青年论坛——“宏观经济政策解读”主题活动。

九、广泛开展青年爱心行动

按照团中央相关要求，结合工行实际特点，开展“献爱心、圆梦想”关爱农民工子女主题活动。总行与贵金属业务部联合推进“梦想中心”建设，在“真爱梦想基金会”的支持下，组织所在地团委与甘肃省甘南夏河县拉卜楞藏民小学等12家贫困（农民工子女）中小学开展对口帮扶；广大青年员工也开展了丰富多彩的关爱行动，通过多种形式满足农民工子女的小心愿。中国工商银行青年爱心行动自2008年启动以来，已成为工行青年奉献爱心、服务社会的亮丽品牌。总结四年来全行青年爱心行动成果，评选表彰了12名青年爱心行动爱心大使、20个明星项目以及72名优秀个人、138个优秀项目，23个单位被评为优秀组织奖。

十、加强新时期团组织自身建设

（一）主动适应团组织发展新形势要求，积极开展团的工作机制创新。与党委组织部联合印发了《关于加强新形势下党建带团建工作的意见》（工银党〔2012〕36号）。进一步加强总行团委委员会工作制度建设，创新采用团委书记工作提案制，提高工作与基层的贴合度。探索建立各一级分行、直属分行、直属机构团委2012年共青团工作量化考核办法。

（二）认真抓好团的日常工作，进一步夯实团的工作基础。一是开展了2012年全行共青团工作调研活动，分别就“如何提升我行基层团支部的凝聚力和影响力”、“全行青年职业发展状况调查”和“如何运用新媒体加强我行青年工作”3个课题，通过发放调查问卷、座谈采访、实地考察等多种方式展开调研。二是以评促建，开展全行优秀团员、团干部、五四红旗团委（总支、支部）和优秀青年小组评选，并推荐5名团员、5名团干部和5个团组织获全国金融优秀团员、团干部和五四红旗团组织；推荐的软件开发中心刘承岩获全国金融青年五四奖章，推荐信用卡电话服务中心（成都）团总支获全国五四红旗团支部。三是进一步加强全行团的宣传工作。通过《中国青年》杂志、中国青年网手机报等媒体加大对工行杰出青年、青年爱心大使等先进典型的宣传报道；充分利用总行网讯“青春在线”、《工行青年》电子杂志等平台加大对全行共青团和青年工作的宣传力度；通过“青年e家”微博平台开展“我的工行我的团”主题微博征集活动，组织青年积极参与“金融青年向张丽莉、沈星学习”主题微博互动活动。四是举办2012年全行团委书记岗位能力暨新任团委书记培训班。五是认真做好团费收缴、团内统计和报刊征订工作。

截至2012年底，全行共有35岁以下青年141 700人，占全行员工总数的31.9%；团员60 525人；团干部7 673人，其中专职团干部79人；各级团组织5 680个；共“推优”1 667人，其中经推优入党的1 089人。

（系统团委）

离退休人员服务和管理

2012年，全行离退休人员工作紧紧抓住落实离退休人员政治、生活待遇这条主线，切实从政治上尊重、思想上关心、生活上照顾老同志，着力解决改革发展中遇到的重点、难点问题，取得了明显成绩。到2012年末，全行离退休人员已达150 105人（其中离休干部5 696人，退休人员144 409人），较上年增加8 597人，增幅6.08%。

一、抓机制，强管理，离退休人员工作基础进一步得到夯实

（一）研究部署了新时期重点工作。总行在京召开了全行离退休人员工作会议，着重部署了以“认真落实总行关于对离休干部增发新中国成立前生活补贴和护理费补贴的有关规定”、“适当调整全行退休人员行内统筹外养老金待遇”、“对全行90周岁以上的老同志发放‘高寿慰问金’”、“积极探索利用社区资源做好离退休人员服务工作”、“大力开展‘养老和孝德文化’建设”五件实事为重点的新任务、新目标。这是在中央建立干部离退休制度30周年和即将召开十八大的大背景下，推出的又一系列惠及全体老同志的政策措施，进一步体现了总行党委对老同志的关心照顾和对离退休人员工作的高度重视。

（二）加强机制建设。按照全行离退休人员工作会议精神，各级行党委加强了对离退休人员工作的组织领导，纷纷建立了离退休人员工作领导小组，并明确了主要职责。在此基础上，积极创新服务管理方式，努力提升离退休人员工作的科学化水平。

（三）开展老干部政策落实情况检查。各级行认真

按照中组部《关于对党的十七大以来老干部政策落实情况进行督促检查的通知》要求，从落实两项待遇、健全工作机制、丰富文化生活和提高履岗能力等多个方面，对党的十七大以来老干部政策落实情况进行了认真细致的梳理检查，对发现的问题及时进行了整改。2012年3月末，中组部老干部局督查组专门到工行进行了检查，对工行离退休人员工作的总体评价是：政策到位，措施得力，老同志很满意。

二、抓学习，重建设，离退休人员政治待遇进一步得到保障

（一）积极开展丰富多彩的喜迎十八大主题活动。根据中组部老干部局部署，组织全行离退休人员广泛开展了“诗书画影抒情怀，喜迎党的十八大”主题活动，并协助中组部成功举办了全国离退休干部“诗书画影抒情怀，喜迎党的十八大”作品展。同时各行也采取多种形式，开展了丰富多彩的庆祝和学习活动。通过这些活动，进一步激发了广大老同志爱党、爱国、爱家乡、爱工行的热情。

（二）切实搞好政治理论学习。各级行通过举办报告会、座谈会、读书班等多种形式，组织广大老同志认真学习党的十八大精神，并利用各种媒介，及时向老同志宣讲党和国家的大政方针政策、通报行内情况，引导离退休人员党员与时俱进，坚定革命信念，永葆党员本色。一年来，全行共开展政治理论学习6 707场（次），共有24.2万人次参加；通报行内情况3 845场（次），17.7万人次参加；组织各类知识答卷928场（次），3.32万人次参加；举办各类讲座1 186场（次），5.87万人次参加。

（三）进一步加强离退休人员党支部建设。各级行将离退休人员党支部建设纳入党建工作的总体规划，不断创新党支部设置形式、活动方式和活动内容，积极开展“五好党支部”创建等活动，有效增强了离退休人员党支部的凝聚力和战斗力。

（四）深入推进离退休人员创先争优活动。各级行以创先争优活动为抓手，充分发挥离退休人员党支部的战斗堡垒作用和党员先锋模范作用，为推动科学发展、促进社会和谐、维护全行稳定发挥了积极作用。总行离退休人员党总支部开展了“学雷锋”助学捐款活动，全年共收到离退休人员捐款19 500元。

（五）坚持走访慰问和为老同志过生日制度。各级行党委和离退休人员工作部门始终把走访、慰问离退休人员和为老同志过生日作为增强党组织与老同志联系的有效方式，认真落实元旦、春节等节假日走访、生病住院慰问和为老同志过生日制度。2012年，全行元旦、春节期间共走访慰问老同志7.1万人，发放慰问金7 085万元，慰问老同志遗属1.3万人，参加慰问的工作人员达1.9万人次；日常共探望住院的老同志2.14万人次，家中探望2.04万人次，电话慰问12.35万人次；为离退休人员过生日5.18万人次。

三、抓实事，重实效，离退休人员生活待遇进一步得到改善

（一）进一步提高离休干部生活补贴和护理费补贴。按照中组部有关文件精神，及时为全行离休干部增发了新中国成立前生活补贴，并根据离休干部职级以及按参加革命时间的划分标准，增发了护理费补贴。

（二）普遍调高退休人员行内统筹外养老金待遇。根据“两项基金”经营情况，适当调整了退休人员的行内统筹外养老金待遇，至2012年10月1日前，全行顺利完成了调增工作。这是股改以后在全行范围内对退休人员待遇的一次普遍调整，许多老同志纷纷来电来信感谢总行党委的关心和厚爱。

（三）创新推进“老有所养”。推出了“高寿慰问金”制度。截至2012年末，全行共为1 909位90岁（含）以上的老同志发放了“高寿慰问金”，总金额达193.7万元。开展了“养老和孝德文化”建设活动，在全行进一步形成了孝亲敬老、互爱互助的良好风尚。探索了利用社区资源做好离退休人员服务工作，努力为离退休人员就近学习，就近活动，就近得到关心照顾，就近发挥作用创造条件、提供方便，受到广大老同志的好评。

（四）扎实做好基础服务和管理工作。2012年，全行共有13.48万名老同志参加了体检，占应检人数的94%，较好地保障了老年疾病的早发现、早治疗。扎实做好困难离退休人员帮扶工作，全行共慰问特困离退休人员2.35万人次，总金额达2 488万元。全力做好去世老同志丧葬处理工作，全年共处理丧葬事宜2 939次。

四、抓载体，增活力，老有所学、老有所乐、老有所为工作进一步得到推进

（一）继续完善离退休人员活动中心和老年大学建设。根据2011年全行老年大学现场交流会和老有所学工作座谈会精神，各级行因地制宜，切实加强阵地建设，努力为老同志老有所学、老有所乐、老有所为创造良好条件。到2012年末，全行自办老年大学已有7所，与有关部门合办22所，在校学员数达1万多人；共有离退休人员活动中心（站、室）1 536个，总面积21.1万平方米，全年活动人数达86.9万人次。

（二）积极开展形式多样的活动。各级行离退休人员工作部门以健康向上、形式多样的活动为载体，不断丰富老同志的精神文化生活，受到广大老同志的欢迎。据统计，2012年全行共组织老同志喜闻乐见的各种活动8 071场次，25万多人次参加。组织健康休养或参观学习1 242场次，近6万人次参加。

（三）充分发挥老同志的作用。为了进一步扩大老有所学、老有所为工作成果，4月26日至5月8日，总行离退部与工会工作委员会和山西省分行联合举办了山西省分行内退员工辛爱英同志个人剪纸作品展。6月份，总行通过向全行老同志征约稿件，为在职员工编印了一本《献给在职同志的爱——老同志养生体会集锦》，从中既体现和表达了离退休人员对在职员工的关怀和爱的回馈，同时也使老同志的优势和作用进一步得到发挥。

五、抓创新，强素质，离退休人员工作队伍自身建设进一步得到加强

（一）强化学习培训，提升能力素质。通过抓好《人力资源序列（离退休人员管理）专业资格认证培训教材》的学习和考试，帮助离退休人员工作者熟练掌握和运用党和国家以及总行关于离退休人员工作的方针政策。同时通过有计划、有步骤、分层次、多渠道地开展教育培训工作，有效提高了离退休人员工作队伍的整体能力素质。

（二）深入开展调研，促进工作落实。按照中组部老干部局调研工作的安排，在全系统广泛开展了以"全面抓好老干部工作政策落实情况"为主题的调研活动。通过调研，提高了离退休人员工作队伍素质，进一步深化了对做好新形势下离退休人员工作的认识，促进了离退休人员工作政策措施的贯彻落实。

（三）抓好信访和统计工作。认真贯彻总行信访工作会议精神，按照"正确把握政策，重在思想疏导"的工作原则，扎实做好信访工作，确保了老同志队伍的稳定。2012年，全行离退休人员工作部门共接到老同志来信1 442件，来访7 349人次，来电2.7万多次，回复率达到99.79%。认真做好统计信息工作，加强日常维护，有效确保了采集上报信息的准确、完整和规范。连续7年被中组部评为全优报表单位。

（总行离退休人员管理部）

教育培训

2012年，全行教育培训工作紧紧围绕全行经营发展转型和员工队伍成长需要，扎实开展"三员"培训，稳步推进"六库"建设，着力提高全行培训专业服务能力，较好地完成了全年各项工作任务。

一、"三员"培训的针对性和实效性不断提高

2012年，全行共举办各类培训班3.6万期，全行员工共参训279万人次，同比上升25.1%，人均受训约10.6天，同比上升29.3%，共有28.9万名员工至少参加一次正规面授培训，覆盖率达65.1%。

（一）管理人员培训方面，对于国际化人才培训项目，及时总结经验，综合运用多元手段，选拔具有真才实学和发展潜力的学员；2011年度学员156人已全部完成境外研修及实践，2012年度已派出69名学员分赴境外7所院校研修，48名学员开始境内培训；积极开展项目成效评估、学习成果分享和项目总结宣传等。对于高级管理人员培训，创新开展领导干部党校进修班和研究班，培训学员67名；围绕全行中心工作，统筹安排36期高管人员境内专题培训班和8期境外专题培训；开展高管个性化培训，各选派13名高管参加全球知名院校公开课以及中央和国家机关司局级干部自主选学。对于中层管理人员培训，举办处级干部党校班7期，学员规模较上年翻了一番；启动第五期IMBA核心课程培训项目；实施香港培训班15期；推动一级（直属）分行自主策划实施中层管理人员培训，培训二级分行负责人2 130人次。对于基层管理人员培训，推进一级支行行长经营能力提升项目，培训支行"一把手"1 500余人次，完成两年轮训的目标；抓好"深港联动"培训项目，培训基层行行长约500人；完成2 000名网点负责人经营能力提升培训任务，全行新建网点负责人参训率达到100%。新增网点负责人专业资格持证人员5 000余名，完成3万多名已持证人员继续教育。

（二）专业人员培训方面，开展了国际资格认证培训，印发《关于进一步加强国际资格认证培训工作的意见》，起草《国际资格认证管理办法》和《国际资格认证费用报销办法》等，建立起国际资格认证培训工作长效机制；举办15个项目国际资格认证培训共42期，累计培训2 000余人次，全行持证超过8 200人，稳居同业之首；派员参与有关国际资格标准制定工作。开展了专业资格培训与认证，印发《专业资格认证工作的有关规定》，规范认证标准；推行阳光考试，提高考试透明度和公平性；组织全行15个序列初中高级129个模块考试48期，10余万人次参加，5.2万人次获得资格；圆满完成专业资格认证工作三年目标，累计45万人次参加考试，33万人次获得资格。开展了专业

人员适岗培训，印发《2012年业务培训要点》和《2012年业务培训课程目录》，加强对全行专业人员培训的统筹和引导，全行累计举办各类适岗培训7 550期，培训34万人次；统一策划培训方案，实施多期综合性新产品、新业务培训，提高了培训效率。加大对金融资产服务等重点业务领域的支持，引导和鼓励开展跨专业、跨部室培训，本年度总行举办各类适岗培训279期，培训专业人员两万余人次，其中跨专业培训班占比达40%左右，提高了培训效率。创新总行本部员工培训形式，从管理与执行力、英语会话等多维度提高总行本部员工的综合能力，通过自主选学、周末课堂和专题讲座等形式，培训总行员工近2 000人次。

（三）业务人员培训方面，对于高级客户经理培训，印发《高级客户经理培训实施方案》和《2012－2016年客户经理培训大纲》，部署高级客户经理培训工作；组织开发12门公共类标准化培训课程及讲师手册，组建400余人的师资队伍；采取总行示范培训和分行自主培训相结合的方式，培训客户经理1.54万人。对于中年员工培训，编写《2009－2011年中年员工培训工作报告》等，及时总结经验；举办中年客户经理岗位技能比赛，表彰中年员工培训工作先进单位、先进个人及中年转岗明星，营造了中年员工职业振兴的良好氛围；将中年员工培训与客户经理等培训有机结合，培训中年员工25万人次。对于客服类员工培训，更新柜员培训教材和大纲，开展标准化、规范化的岗前培训；对在岗柜员开展操作技能培训基础上，加大新产品、新业务和营销服务等培训力度；统筹电话座席人员培训，通过需求调研，统一开发课程并实施培训。

二、提升培训产品和服务的专业化水平

（一）基地库建设。按照统一、规范、公正、客观原则，建立学校能力测评模型、制订分类实施方案、组建评审专家小组，通过分行自评、集中评审、现场评审和总行复审，开展一级（直属）分行金融培训学校分类评定，引导各分行在掌握学校现有办学能力基础上，进一步明确学校的职能定位和建设目标，促进学校发展。

（二）师资库建设。完成首批共393名总行级内部兼职培训师聘任并启动总行级内部兼职培训师培训项目，对其开展授课能力专业训练，全年总行级内部兼职培训师授课1 119场次、授课率57.8%；推动分行级师资队伍建设，全行已聘任分行级内部兼职培训师9 193名，全年参训率为87.9%，授课1.24万场次、4.47万课时，授课率43.9%。

（三）教材库建设。召开教材编审委员会会议，对全年培训研发任务进行整体规划和重点部署；梳理2007－2012年总行开发教材目录，研究2013－2015年教材开发规划；完成《全球雇员培训教材（英文版）》等76种（其中24种为纯电子版）教材的开发；投产“教材库”信息平台并完成231种教材入库。

（四）案例库建设。在剑桥大学和瑞士洛桑国际管理学院分别正式发布“收购南非标准银行20%的股权”和“工商银行股改上市”案例；总结整理全行近年来改革发展的重要成就和典型经验，通过自主开发以及与国内高校合作的方式，开展100个重点案例的开发；组织开发民生领域金融服务案例，确定48个优秀案例汇编成教材；投产案例库信息平台并完成183个经典案例入库。

（五）试题库建设。通过集中命题、交叉复核、专家审定、模拟测试等方式，完成17个序列专业资格认证考试大纲、组卷策略和试题的编写、更新和修订，目前总行题库总量已超过18万道，基本形成了覆盖主要专业、满足各类考试需求的试题库。

（六）档案库建设。构建了总行监测与分行自查相结合的信息质量管理机制，全行面授培训班信息初始录入准确率提高至80.3%；加强信息整改，确保系统信息准确无误，真实反映全行培训实际情况；多角度量化分析全行培训信息，通过《综合与调研》等渠道发布分析报告12份；优化完善系统功能，开展系统在境外机构推广应用。

（七）网络大学建设。投产网络大学新平台，投产以来总访问量超过1 300万人次，人均学习时间18.3小时，实现了网络大学十周年来新的突破；组织全行性重点网络培训项目20期，培训近113万人次，在“员工行为规范”等学习活动中发挥了重要作用，并推动分行积极开展辖内网络培训；加强综合服务功能建设，推进网络直播课堂、数字图书馆等和网络大学的集成，完成新平台外网投产；丰富学习资源，新增课件891门，总量达2 759门。

（八）模拟银行建设。开展网上模拟银行建设，选择网点柜员和大堂经理作为探索情景模拟学习的试点，开发完成《柜员业务操作实战演练》和《自助终端业务操作指南》等首批互动版游戏课件。持续推动实体模拟银行应用，全年使用模拟银行开展各类培训累计达5.35万人次。

（九）考试系统建设。完善考试系统功能，配合各相关业务部门，完成国际化人才培训项目选拔考试等多个考试项目和2012年度网上知识竞赛，为全行提供了专业的考试服务支持。

三、持续增强全行培训工作的基础保障能力

（一）完善制度体系。制定《2012－2014年教育培训规划》、《中国工商银行境外培训管理规定》、《出国境培训手册（2012年版）》、《视频培训管理办法（试行）》等一系列规章制度，不断强化对全行教育培训工

作的规范管理。

（二）健全管理机制。首次开展全行教育培训工作综合考核和总行直属学院工作量化考核，及时总结经验，完善考核方案，培训考核评价机制不断完善；制定《关于推行员工培训学分制的指导意见》，探索建立培训激励约束机制；做好总分行年度培训计划、外购培训计划等各类计划的编制、备案、审批及管理，完善计划管理机制；建立培训机构信息共享机制，提高对行外培训资源的综合利用效率。

（三）加强队伍建设。举办2012年教师节暨网络大学十周年庆祝大会，全面总结一年来教育培训工作情况，对下一阶段工作作出部署，并为优秀兼职培训师、网络大学十周年先进集体、优秀教材等获奖代表颁奖；举办网络大学十周年暨教育培训成果展，系统展示网络大学十年发展历程，以及近年来教育培训工作建设与发展所取得的成果；组织人力资源序列专业资格考试与认证、举办多期专题培训班，提升队伍专业能力。

（四）扩大宣传交流。及时向中组部等单位汇报近年来工行教育培训工作所取得的成果，并获得了第四届金融教育培训多媒体课件评比特等奖；《光明日报》、《全国干部教育通讯》和《远程教育杂志》等媒体也分别报道了工行教育培训工作情况；全年与境内外各类机构累计50余家开展了培训交流合作，逐步建立起了更加开放的教育培训工作新模式。

（总行教育部）

长春金融研修学院教育培训综述

2012年，长春金融研修学院紧紧围绕“以专业化为基础，以国际化为导向，加快精品学院建设步伐”的目标要求，强力推进建设精品师资、精品项目、精品课程、精品教材、精品课件和精品媒体等“六个精品工程”，坚持创新发展不动摇，坚持“三合一”国际化管理不动摇等“六个不动摇”，不断完善发展策略和工作措施，全面完成各项年度培训工作任务，较好地发挥教育培训主阵地作用。

一、不断突破，进一步巩固教学中心地位

2012年，学院举办现场培训班182期、14 190人次、76 403人天，同比增加7期、41人次、1 718人天。其中计划内培训班142期、10 691人次、60 592人天，承办的总行主办培训班的综合服务满意率为97.24%，高于平均满意率（96.89%）0.35个百分点，其中纳入总行监测评价重点的量化考核四项内容即班主任服务、客房服务、餐饮服务、票务服务，近几年来始终名列前茅。

2012年，学院自有16位培训师授课637学时。相关职能部门紧紧围绕营销力核心项目，创新教学模式，把情景模拟、沙盘演练、研讨式教学等方法引入到重点培训项目课程体系，在职业行为规范、沟通与谈判、团队管理等教学中得到了很好的应用，扩大了学员的参与度，提高了现场培训的针对性和适用性，进一步提升了学院自主项目的品牌效应。承办在线考试39项，为133万人次提供考试服务，同比增长75万人次；开发制作各类网络教学课件179个、1 177.56学时。这两项业务进一步开拓了学院教育培训业务范围。

二、文化产品丰富，不断强化科研中心功能

出版发行《卓越营销力培养》、《客户经理职业形象训练手册》教材两部；编审教材24部；公开发表论文、文学作品68篇，国家级以上9篇，省级59篇；认领完成总行城市金融学会重点课题8个，总行政研会课题4个；向总行报送调研报告3篇，全部被总行《综合与调研》转发；编制金融、研修参考和电子期刊140期，发行《现代商业银行》杂志513 708册，同比增加20 470册。

三、拓宽交流渠道，文化交流中心的功能得到较好发挥

2012年，是学院交流中心作用发挥最突出的一年。在业务交流方面，有59人次参加了总行、学院和社会各级各类培训，有18人次参加了行内外专业资格认证考试，有7名聘用员工获得高级技能职业资格证书。学院还通过请进来的形式与业务部门及行外系统进行交流，如与总行投资银行部共同举办的“高端客户增值服务”培训项目，开创了以学院业务骨干配带1－2名客户业务骨干共同参加培训的形式，扩大了学院的社会影响力。在人才交流方面，先后有4人次到总行及一级支行挂职交流锻炼。在体育交流方面，承办了全行第二届羽毛球比赛决赛等。

四、发挥核心技术优势，教育培训信息资源中心应用价值快速提升

以“六库”建设为主体，注重自主开发建设的物理库平台功能，汇集教育培训中的知识与信息，初步建立起贯通全行的“六库”智能体系并投产使用，为更好地履行全行教育培训资源管理中心的职能奠定了坚实基础。截至2012年底，学院共对全行49家分支机构38.47万期、701.21万人次的培训情况进行了分析，完成综合分析报告6篇，发布教学案例184个，上传电子类教材210本、试题3.58万道，整理搜集兼职培训师信息8 322条。

总结2012年工作，呈现出多个亮点：一是现场培训规模与收入同步增长，创历史最好水平，培训管理与服务更加精细化，为培训班营造了纪律严谨、活动有序、生活安全的良好培训环境。二是机构客户经理训练营项目融合了“集中导入＋教练督导＋情景再现＋模拟演练＋头脑风暴”多种培训形式，创新了培训模式。三是员工素质教育突破以往单一固定的模式，以文化建设、员工行为规范教育、学雷锋创先争优活动和全行发展战略宣讲四个板块构建起更加科学系统的员工素质主题教育体系。四是首次职工代表大会的筹备召开为全体员工参政议政，行使民主决策、民主管理和民主监督权力，为创建和谐型、学习型学院搭建了平台。五是后勤服务中心与综合服务楼管理中心整合后，实现了由竞争性经营管理模式向适应新形势下培训需求和市场要求的集约化经营管理模式的转变，促进了服务品质、服务意识、服务水平的进一步提升。六是《现代商业银行》杂志社取得吉林省一级期刊资格，并进入全省精品期刊50强。

（长春金融研修学院）

杭州金融研修学院教育培训综述

2012年，杭州金融研修学院积极应对教育培训和新院址建设双重任务，全力抓好“三员”培训组织管理，全面推进网络大学建设，着力开发实施“领导力、执行力、营销力”培训项目和国际化培训项目，支持做好“六库”建设，整合新校区功能，圆满完成各项重点工作和主要业务指标。全年共举办现场培训180期，大型会议1期，大型比赛1期，共计14 174人次，100 461人天，举办网络培训174期，919 968人次，承办在线考试项目76个，322 280人次。开发完成培训项目29个，编辑培训教材51本，开发各类课件84个，完成科研课题19项。院内教师授课共计1 652.5学时。

一、认真组织项目研发工作

落实总行《培训项目管理办法》，完善了基于全流程管理要求的项目开发、项目实施和项目评估工作。按照2012年初提出的重点开发实施“领导力、执行力、营销力”培训项目和国际化培训项目的要求，全年共完成开发了“管理人员领导力提升培训”、“内部培训师现代教育技术培训”、“全球雇员管理人员培训”等29个现场和网络自主研发项目。同时，派员参加总行支行行长及对公客户经理能力素质项目开发工作，配合总行开展了模拟银行建设，在2011年进行可行性论证的基础上进行探索和尝试，完成了客户经理和大堂经理两个角色的开发需求调研和方案设计，并着手进行开发。

二、全力抓好“三员”培训

采取现场培训、网络培训，以及现场和网络相结合的培训方式，全力抓好“三员”培训工作，建立了现场培训和网络培训齐头并进的业务发展格局。全年承办总行党校、国际化人才、一级支行行长、网点负责人等管理人员现场培训16期，920人次，网络培训3期，26 711人次。承办私人银行、贵金属交易、资产管理等新兴业务专业人员现场培训12期，1 077人次，网络培训2期，2 668人次，承办以国际资格认证CFA、CFP、CTP等为载体的高级专业人才现场培训15期，834人，行内专业资格考试现场培训2期，183人，网络培训71 614人。承办客户经理、大堂经理、产品经理等业务人员现场培训18期，2 185人次，网络培训66 426人，进一步优化了培训结构。在现场培训中，依托全行员工培训信息管理系统和短信平台为学员提供多方位的温馨便利服务，提升了学员的培训体验。在网络培训中，加入“班级论坛”、“阶段性测试”、“问卷评估”等模块，加强与学员的沟通联系，进一步落实了虚拟班级全程跟踪服务管理，提高了学习效果。

三、全面推进网络大学建设

开展网络大学数字图书馆系统测试，认真进行网络

大学新平台运行系统功能测试，组织召开总结推广研讨会，讨论研究测试中遇到的问题及改进需求，确保了网络大学新平台如期全面投产。协助起草了《网络大学系统平台管理办法》等各项规章制度，加强了系统平台功能运行管理。协助建立业务专区，创新业务部门利用网络大学推广培训和业务发展的新模式，定期编发电子版《网络大学运行月报》，梳理网络大学课程，规划完善课程体系，规范网络大学课件上载工作。

四、精心提供在线考试服务

承办了全行 21 个序列的岗位认证资格考试以及“2012 年国际化人才培训项目人才选拔英语考试”、“投资银行业务条线社会招聘笔试”等选拔性考试。为分行举办了管理人员选拔考试、准入测试、任职资格考试等选拔性考试。组织考试严格按照考试项目实施各环节的安全和涉密要求进行，对重要考试制定周密的应急预案，确保考试安全运行、公正公平。同时，做好考试延伸服务，为各境内外机构在考场安排、时差处理等方面提供个性化服务。做好在线考试的数据挖掘和数据分析工作，为业务部门决策提供了科学的信息报告。

五、支持全行“六库”建设

在师资库建设方面，在坚持聘请行内专家和高等院校资深学者的同时，加强与专业培训机构的合作，引入资深培训师的课程和新颖的培训方式，全年参与了总行 5 个部室 21 期培训班的教学方案设计，聘请师资 211 人次，创历史新高。在教材库建设方面，全年承担总行相关专业部室的教材 51 本，编辑字数达到 1 017 万字，创历史新高。在案例库建设方面，参与完成《支行行长经营管理案例汇编》案例编辑 79 个；自主开发“情景模拟案例”12 个，收集整理管理案例 106 个 。在试题库建设方面，配合完成了结算与现金管理专业试题库（2012 年版）350 题的试题修订工作；参加了总行网点负责人岗位培训资格认证题库工作；为分行编制各类试卷 14 套，合计出题 1 000 题左右。在课件开发方面，完成培训班流媒体课件 56 个，开发实用英语口语、支行行长经营管理案例汇编、企业文化电子书等网络课件 28 个，其中自主开发课件 15 个。

六、完成新院址建设和整体搬迁启用工作

先后完成新校区主体工程、装修工程、景观和绿化工程，以及设备设施的安装调试验收工作。通过了室内空气环境等 10 项检测工作，以及消防验收、交通验收和建设工程验收。根据全年培训工作要求，制订搬迁工作方案，顺利组织完成了学院整体搬迁工作，成功举办了新院址启用仪式。根据学院新校区信息化建设的目标要求，积极争取并实施完成了 Windows 7 操作系统推广、智能终端移动办公、移动存储安全管理等 15 个科技项目，初步实现了新校区“一号通”、“一卡通”、“一网通”，以及数字化、网络化、智能化、信息化功能。同时，根据学院岗位培训要求，开发建成了一卡通系统、综合接待管理系统、信息显示系统、网讯系统等一批具备适应国际化培训要求的双语信息支持功能的应用系统，为学院各项培训管理和服务工作提供了强有力的支持。

七、深化后勤服务保障

修订完成了 ISO 9000 质量管理体系认证手册和工作流程，完善后勤员工约束激励机制，制定出台了师带徒管理办法。做好新老校区交替各项后勤保障工作。在服务学员方面，从餐饮、客房、接送站、商场服务等方面满足学员需要。制订了后勤服务人员年度培训计划，进一步开展了培训和考核，强化服务理念，强化技能培训，开展员工行为规范教育，后勤员工综合素质明显提高，提升了“杭院服务”的品牌影响力。

（杭州金融研修学院）

香港培训中心教育培训综述

2012 年总行制定了《关于加强香港培训中心建设的方案》，提出要将香港培训中心“作为了解国际金融同业发展态势、最佳金融产品和实践的窗口”，进一步发挥香港培训中心境外培训主渠道作用，建成工行“国际前沿金融产品培训基地”和内外业务联动交流平台。香港培训中心积极落实总行精神，强化前沿产品培训功能，重点开发并实施了私人银行、投资银行、资产管理等 13 个业务发展前沿产品培训项目，举办了 16 期培训班，培训中高级管理及专业人员 511 人，组织学员完成了 76 个业务前沿课题研究报告；组织召开了 16 个内外业务联动专题座谈会。创建了集前沿产品讲座和同业考察、内外业务联动交流、课题研究为一体的研究式培训模式，初步形成了国际前沿金融产品培训的办学特色。

（香港培训中心）

理论研究和学术交流综述

2012年，面对复杂严峻的经营环境，全行围绕改革创新和转型发展等重点问题，积极开展理论研究和学术交流，取得了丰硕成果，有力地发挥了决策支持职能，有效提升了工行在业界的学术领先地位。

一、围绕全行改革发展的关键问题，总行推动了五个方面38项重大课题的研究，全面服务全行战略决策

一是适应国际化、综合化发展需要，围绕体制机制和管理模式变革开展研究。《工商银行集团资源共享体系建设研究》在广泛深入调研的基础上，从工商银行集团资源共享的现状入手，剖析问题，查找原因，对构建集团内部的资源共享体系提出战略构想和具体措施建议；《ONE ICBC全球一体化运营模式研究》采用案例分析方法，对比了工行与摩根大通、德意志银行、汇丰集团在ONE BANK建设方面的差异，以发展的眼光提出了下一阶段集团一体化建设的内外部目标和主要推进措施；《工商银行海外本土化经营战略》从银行本土化战略的内涵、动因和策略入手，对比了工商银行境外机构与当地主流外资银行本土化战略的前提基础、战略差异和面临的挑战，提出了未来一段时期工商银行海外本土化经营战略的总体目标原则与主要举措。

二是着眼于市场竞争和新兴业务发展，围绕新技术、新领域和新市场开展研究。《关于我行打造信息化银行的研究报告》按照集中、整合、共享、挖掘的理念，研究提出了工商银行信息化银行的建设目标、实现路径和主要措施。《新型经济组织个人金融业务拓展战略研究》探讨了会计师事务所、律师事务所等客户群体的分布特征和金融需求，对工商银行在新型经济组织个人金融业务拓展策略的总体目标和战略架构进行了规划；《境外租赁融资业务研究报告》、《商业银行黄金市场做市商模式研究》、《工商银行发展民生领域托管服务战略研究》等三个课题分别探讨了工商银行壮大境外租赁融资专业产品线，承担国内黄金市场做市商职责、开展民生领域托管服务所面临的机遇和挑战，并提出了下一步的战略目标和发展思路。

三是突出经营转型、结构调整和提升核心竞争力，就优化体制机制、业务流程开展一系列研究。《中国工商银行金融资产服务业务统计体系研究》围绕全行经营转型的总体部署，就如何构建科学、合理、全面的金融资产服务业务统计体系进行了深入探讨；《工商银行分支机构经营绩效增收潜力实证研究》借助于MOVA全方位、立体化的数据支撑，在对同业竞争、分支机构、专业条线、营业网点经营绩效分层比较的基础上，从业务协同发展、资源配置成效等经营管理的基础环节入手，提出了下一阶段全行在客户拓展、产品渗透等方面潜在的增收空间和措施建议；《工商银行重点县支行和城市行信贷资源配置优化方案研究》借鉴国内外同业机构先进的管理模式与运行经验，提出了整合和创新信贷资源配置工具手段、建立科学高效的信贷资源配置监测体系、提高信贷资源配置效率等优化重点县支行和城市行信贷资源配置的方案。

四是继续深化风险管理研究，如《商业银行过程控制暨统一运营风险监控体系建设研究》围绕价值最大化的核心理念，研究提出价值导向的过程控制框架体系设计路径，即过程设计—事项识别—评价管理，为经营决策制定和贯彻执行提供了有力的理论支持；《商业银行个人客户信息保护法律问题研究》提出了加强和改进银行个人客户信息保护的若干对策建议；《系统重要性银行监管与风险管理改进措施》研究了全球系统重要性金融机构（“G－SIFIs”）监管改革在英国、美国和中国的落地情况，提出了工行相应的风险管理改进措施。

五是提升服务与品牌研究，如《中国工商银行品牌与服务美誉度建设研究》系统总结了工商银行品牌与服务美誉度建设的基础和条件，分析了品牌与服务美誉度建设的主要瓶颈和核心驱动力量，探索研究了工商银行品牌与服务美誉度建设的路径及对策，构建了工商银行以客户和服务特色为中心的新型品牌体系。

二、密切跟踪行内外改革热点，准确把握国内外经济形势，打造四个系列研究精品，为全行经营管理提供支持

（一）国际宏观形势分析和市场研究系列产品。持续跟踪国际经济环境的最新动态变化，密切关注欧债危机演化、美国《外国账户税务合规法案（FATCA）》实施、全球经济不平衡复苏态势延续等热焦点问题对工商银行的影响。针对工行国际化战略迅速推进的情况，完善了全球区域风险分析框架体系和指标体系，定期推出了全球区域风险研究报告，并针对重点风险事件及时发

布了风险信息提示。

（二）国内宏观形势分析和市场研究系列产品。密切跟踪国内经济金融环境的最新动态，及时预测经济走势和财政政策、货币政策、监管政策的趋向，重点关注并深刻分析国内房地产市场、地方政府融资平台、跨境资金走向、通货膨胀管控以及人民币汇率等重点、热点问题，并深入剖析了国内形势变化对工商银行经营发展的影响。

（三）战略研究系列产品。2012 年，《中国工商银行 2012－2014 年发展战略规划》圆满完成编制工作，并正式印发全行实施。新三年规划在充分考虑工行发展空间和困难，审慎研判今后三年经营环境与市场地位的基础上，进一步丰富、深化、调整、充实了全行改革发展的战略重点和实施路径。围绕转型发展的新要求，深入分析和研究了集团资源共享体系建设、战略风险管理体系构建、存款保险制度影响以及盈利结构调整等战略问题。

（四）同业研究系列产品。在完善同业信息网络和数据库的基础上，围绕“主要竞争对手研究、同业业绩分析预测、银行业市场与创新动态研究”三条产品线，密切关注工商银行竞争环境和竞争地位的动态变化，并对商业银行介入 PE 的情况、国外担保体系的发展情况、电子商务市场、小企业及个人金融市场、农村金融市场等新兴市场的拓展与竞争战略进行了研究。

三、扩大学术交流范围，提高交流层次，显著提升了工行在国内外业界和学界的影响力

（一）国际交流层次不断提升。一是参加 ABAC 和 APEC 峰会。王丽丽副行长带队参加了 ABAC 四次会议及 APEC CEO 峰会。在 ABAC 第二次马来西亚吉隆坡会议上提交了“美国沃尔克规则草案的影响及对未来亚太金融监管改革的建议”、“加强跨境金融交流合作，完善国际信用评级体系”和“美国《外国账户税务合规法案》的影响与建议”的提案；在第三次 ABAC 越南胡志明会议上提交了“人民币跨境贸易结算的现状、挑战及未来发展方向”的研究报告，获得了 ABAC 的高度评价及中国外交部、商务部、财政部、人民银行和贸促会的广泛认可。二是积极参加中国金融论坛、亚洲银行家 2012 论坛、“人民币国际化：日本和中国”、中英离岸人民币市场研讨会、2012 年拉美银行业年会、“中印经济：持续高质量增长”、印度宏观经济及资本市场走向、中韩金融经济圆桌会议等一系列大型国际会议，加强了国际交流，扩大了工行的影响力。三是不断加强与国际同业的学术互访与交流。与日本伊藤忠集团经济学家、法国外贸银行全球经济研究主管、劳埃德银行首席经济学家、加拿大皇家银行经济学家、东盟与中日韩宏观经济研究办公室主任、韩国 KB 集团高管、新加坡驻华使馆经济参赞、法国巴黎政治学院教授等外方人员会谈，就全球经济复苏、欧债危机演化、国内经济形势、人民币国际化等议题进行深入沟通和交流。

（二）国内交流范围不断扩大。成功举办了主题为“银行支持实体经济”的学术研讨会。此次论坛是 2012 年中国银行业首次就银行服务实体经济问题举行的专题研讨会，与会专家就银行支持实体经济的成效给予了公正评价，对银行坚持服务实体经济的选择形成了共识，积极引导了舆论导向，引起良好的社会反响。举办“中国工商银行博士后工作站成立十周年——中国银行业未来之路”学术论坛。多位监管机构领导、金融机构高管以及国内财经领域权威专家应邀到会致辞演讲，多家知名媒体对会议进行了现场报道，社会反响良好。同时，围绕“银行支持实体经济”、“中国商业银行从大到强的发展战略”、“人民币国际化与商业银行国际化经营”等主题，举办多次学术研讨会，与银行同业和高校的专家学者展开了广泛的沟通与交流。

四、开展行长调研报告报送和重点课题研究等工作，加大专家支持力度，群众性学术活动蓬勃发展

（一）继续坚持行长调研报告报送工作，深化对全行改革发展重大问题的认识，提高应对复杂局面和解决复杂问题的能力。各分行行长、总行部门负责人从经营实践和工作实际出发，围绕经营转型、体制机制创新、服务与竞争力提升、员工队伍建设等事关全行改革发展的重点、难点和热点问题，认真撰写兼具前瞻性、针对性的调研报告，为总行领导决策及分行和部门改进工作提供了有益的参考借鉴。

（二）认真做好重点课题研究的组织、推动与应用，通过群众性学术科研活动促进业务发展。城市金融学会结合全行中心工作，制订重点课题研究计划。通过各分行学会组织全行员工共同参与研究，不仅为总行课题研究、战略规划制定提供了帮助，也为各级分行业务的开展、发展战略的制定提供了有力支持。

（三）推进城市金融学会建设，充分发挥其作为研究平台的作用。成功组织召开了研究工作会议暨理事会会议、学术委员会会议、会员代表大会和秘书长培训班等活动，学会系统各项工作顺利开展。成功举办了第十一届全国城市金融优秀论文及调研报告评选，激励各级员工参与研究工作的积极性。经学会各团体会员单位初评、专家复评和学术委员会终审等环节，共评出一等奖论文 2 篇、二等奖论文 10 篇、优秀奖论文 67 篇，一等奖调研报告 2 篇、二等奖调研报告 10 篇、优秀奖调研报告 47 篇。

（四）巩固和发挥以城市金融学会理事会和常务理事会为主体的专家咨询机制，充分发挥专家学者的智囊作用，为工行发展献计献策。成功完成学会理事会换届工作，第五届理事会成员涵盖经济金融监管部门、研究

机构、全国性金融机构，以及财经类高校的权威专家和学者，为学会活动的开展奠定了良好的基础。

（五）以创新沙龙为载体，在全行范围内构建“勤于思考、勇于创新”的研究氛围。围绕经济金融热点焦点问题，共举办4期创新沙龙活动。其中，第2期创新沙龙着眼综合经营的战略布局，保监会领导、安盛集团高管、工行保险项目筹备组专家与总行干部员工共同探讨了如何创新发展保险业务，进一步强化不同业务条线之间的联动和协同效应，提升工商银行的竞争力。第3期创新沙龙走出总行，总行相关部室以及中部六省分行负责人与近百名重点企业客户代表和私人银行客户代表共聚一堂，围绕“振兴中原经济区——银行业的责任与机遇”进行了深入的沟通和交流。

五、充分发挥《中国城市金融》、《金融论坛》的宣传导向和理论研究的学术平台作用

（一）紧密结合全行经营管理实践，提升《中国城市金融》办刊质量，服务工行改革发展。加大了对事关全行改革发展重大事项的专题报道。围绕业务集中处理改革、“改革流程、改进服务年”取得的成效、国际化发展20年、机构金融业务10周年、网络大学建成10周年、十八大胜利召开等一系列大事，精心策划相关选题，编辑记者实地采访，进行专题报道，取得了较好的宣传效果。跟踪工商银行的国际化发展进程，加强对境外机构的报道，通过采访报道、组稿约稿、来稿编辑等方式，精心打造特别策划栏目，展现境外分行经营管理风貌。创新推出“对话行史”栏目，通过“一问一答”的对话形式，运用简明、平实及活泼的言语，介绍工商银行自1984年成立以来光辉的奋斗历史。发布“2011年度工商银行十大新闻”，总结记录了工商银行在2011年转型发展中的标志性事件。

（二）开阔研究视野，推动金融学术研究，扩大《金融论坛》在学术界、金融界的影响力。积极刊登国内理论与实务界的最新研究成果，提高学术质量。重点加强了金融稳定、系统重要性银行、银行风险、信贷资产质量、利率市场化、金融资产服务、电子商务市场、银行综合化经营等商业银行改革发展热点难点问题的关注，推动了商业银行的理论研究与业务开展。在上年建立撰稿专家库的基础上，编辑部加大了向专家约稿的力度，全年刊登了包括中国人民大学校长陈雨露、财政部财政科学研究所所长贾康、北京大学金融与证券研究中心主任曹凤岐、南开大学经济学院院长马君潞、外经贸大学副校长刘亚等多位专家的文章，提高了《金融论坛》的影响力和引用率。积极组织学术征文，举办了“中国商业银行公司治理改革：进展、问题及趋势”征文活动，经匿名评选，共评出一、二、三等奖论文共6篇，扩大了《金融论坛》在高校的影响力。

六、《行史》编修工作持续推进

对行史第四分册（即《工商信贷和储蓄业务史——中国工商银行行史附录第二卷》）和《中国工商银行史（英文版）》进行了反复修改、补充及完善，最终定稿并送交出版社出版发行。开展行史第五分册即《中国工商银行股改史（2003－2006年）》的编修工作，已经取得了阶段性成果。

（总行城市金融研究所）

第五部分

境内分行成就

责任编辑：史绍伟

北 京 分 行

行长　王珍军

【业务指标完成情况】

2012 年，北京分行实现本外币拨备前利润 340.51 亿元、拨备后利润 333.15 亿元、净利润 248.97 亿元，同比分别增长 6.8%、6.1% 和 4.8%，保持系统和同业首位；本外币各项贷款余额 4 505 亿元，四大行排名第一，较年初增加 418 亿元，其中人民币贷款增加 405 亿元（含银行卡透支）；本外币全部存款余额 2.3 万亿元，较年初增加 2 616 亿元。人民币全部存款增加 2 474 亿元，增量居系统和同业首位。人民币日均存款（不含同业）增加 1 011 亿元，四大行占比 63%。实现中间业务收入 79 亿元，同比增加 6.9 亿元，收入总量和增量均保持同业首位；投融资收入突破 100 亿元大关，达到 102 亿元；不良贷款连续 12 年保持“双降”，不良贷款余额 17.71 亿元，不良贷款率 0.39%，分别比年初下降 1.7 亿元和 0.08 个百分点。拨备覆盖率达到 466%，同比提高 73 个百分点。在总行综合经营绩效考核中排名第一。

【主要工作措施】

一、加快信贷结构调整，有效支持和服务实体经济发展

一是积极抢抓优质信贷市场。立足集团总部和北京本地两个信贷市场，紧抓集团本部、中央企业、“走出去”企业和市属重点企业四大板块，重点支持国家和北京市重点在建续建项目及“十二五”规划确定的重大项目建设，全年累计投放公司贷款 3 548 亿元，净增 308 亿元，进一步巩固和扩大了在重点领域的市场影响力以及对目标客户的竞争力。按照“营销力度不减、银企关系不淡、其他业务合作不弱、客户综合回报不降”的总体原则，组织实施了四大行业贷款压降，全年共压降四大行业贷款 113 亿元，完成总行任务的 134%，进一步改善了贷款集中度较高问题，避免了因集中压降导致企业资金链断裂而引发新的风险。二是着力推进信贷结构调整。突出“四大新市场”和“三大战略领域”的发展方向，全面深入地推进信贷结构调整。积极支持了符合国家产业政策和经济结构调整方向的先进制造业、现代服务业、文化产业和战略性新兴产业的发展，四项贷款合计增加 180 亿元，占新增贷款的比重达到 43%。持续加强了对中小企业的金融服务，小企业贷款累放额达到 189 亿元，中型客户贷款增加 166 亿元，户数增加 153 户。以核心企业供应链为重点，加大贸易融资业务发展力度，贸易融资较年初增加 62 亿元。积极满足居民消费领域贷款需求，个人贷款增加 73 亿元，贷款余额突破 700 亿元大关，达到 716 亿元。三是努力推动公司金融转型。在利率市场化和金融脱媒化进程加快的形势下，该行加快公司信贷向公司金融转型的步伐。充分发挥“总部经济”资源优势和资金大行优势，依托 60 个集团大客户服务团队，一方面积极突破单纯依靠信贷融资的传统模式，综合运用间接融资 + 直接融资、投行 + 商行、信贷存量 + 信贷流量、表内 + 表外业务等多种方式，全年新增表外融资 500 亿元，有效满足了客户多元化金融服务需求，提高了客户对分行的依存度；另一方面不断提高贷款定价的科学性，增强贷款议价能力，严格控制利率下浮占比和整体下浮幅度，截至 2012 年末，人民币贷款收益率达到 6.23%，同比提高 0.42 个百分点。

二、提升精细化管理水平，巩固扩大存款第一大行优势

一是持续扩大对公存款竞争优势。紧紧抓住机构系统大户，强化高层营销和源头营销，创新营销手段，提高服务水平，稳固核心客户资金源头。着力提升公司存款的稳定性，一方面通过综合金融服务、集团公司与财务公司联动营销抓好大客户资金的“揽入”，另一方面以新兴产业市场开发为契机，加强中小公司客户的集群拓展，夯实公司存款的增长基础。充分发挥境内网点优

势和境外网络优势，强化境内外联动、总分支行联动、银政企联动，切实加强对企业“走出去”、外商境内投资、个人境外留学和务工等领域外汇资金的营销，促进外汇存款增长。全年人民币对公存款（不含同业）增加1 466亿元，四大行占比52%，外汇存款较年初增加23亿美元。二是重点抓好储蓄存款的源头竞揽。坚持“抓资金源头、抓高端客户、抓批量发展”的工作策略，将“大联动、大营销”活动与个人直销服务有机结合，一方面加强存量客户统一视图管理和星级分类管理，加快提高中高端目标客户的产品渗透率；另一方面积极拓展新市场新客户，重点深入总部、商会、协会、商品交易市场、社区会所等市场开展直销，加强对社保、医保、公积金等民生领域的拓展，促进优质高端个人客户的批量化发展，带动零售金融资产的稳定增长。以代发工资作为发展储蓄存款的抓手，坚持量质并举，全年新增代发工资单位1.2万户，优质对公客户代发工资渗透率较年初提高10个百分点，达到35.4%。截至2012年末，人民币储蓄存款较年初增加806亿元，四大行占比48%，余额突破7 000亿元，达到7 166亿元。三是不断提升存款工作管理水平。积极为客户提供以业务增值、资金安全、效率提升为目标的专业服务，以代发工资绑定存款、以结算沉淀存款、以理财吸引存款、以贷款派生存款、以现金管理稳定存款、以资产托管和企业年金转化存款，努力实现存款资金来源的最大化。引导全行更加重视存款增长的均衡性，通过存款的均衡稳定增长提高效益，全年储蓄存款和对公存款日均增量分别达到325亿元和690亿元，四大行占比分别为41%和68%。理性应对利率市场化条件下的市场竞争，着力增强成本意识，严控高成本存款增长，积极通过产品的创新组合，为客户提供个性化的综合金融服务，努力实现客户提高存款收益和分行控制付息成本的“双赢”，2012年末人民币全部存款利差水平达到1.37%，同比提高1个基点。

三、加快业务创新，推动中间业务规范快速发展

该行及时根据监管要求和市场变化调整经营策略，一方面认真抓好不规范经营问题专项治理和金融消费者权益保护，引导全行形成“整治是为了规范，规范是为了更好地发展”的正确认识；另一方面坚持将中间业务作为经营转型的主攻方向，尤其是将金融资产服务业务作为战略转型重点，加大统筹规划和系统推动力度，通过创新引领、资源整合和专业化服务，深入挖掘新的收入增长点，不仅促进了由资产持有大行稳步向资产管理大行转变，还实现了中间业务的较快增长。全年中间业务收入增幅9.5%，超出系统内平均增幅3.3个百分点，收入总量系统内排名同比提高一个位次，位列第四；金融资产服务业务收入增幅达到7.3%，占中间业务总收入的比重达到56.1%。从主要业务发展情况看，销售个人四项理财产品和法人理财产品5 780亿元和2 871亿元。新增信用卡164万张，总量突破800万张，发卡量、消费额和中间业务收入三项核心指标全面领跑同业。新增个网、企网和手机银行证书客户132万户、2.1万户和133万户，电子银行交易额55万亿元，同比增长7.5%，客户总量和交易规模均居同业首位。主承销债务融资工具2 089亿元，系统内占比68%。国际结算量1 606亿美元，排名同业第一。新增对公结算账户6万户，总量达到24.7万户，四大行排名第一。销售实物贵金属13.4吨，账户贵金属6 061吨，均排名四大行第一。资产托管规模达到8 980亿元，同比增长43%。养老金企业客户总量876户，服务职工人数达396万人，品牌影响力进一步扩大。

四、实施重点领域改革创新，提升分行整体服务水平

一是加快解决服务突出问题。狠抓重点区域和重点时段的排长队综合治理，对重点网点进行挂牌督导，2012年第四季度贵宾和普通客户平均等候时间分别降至10分钟和18分钟，基本实现了总行提出的“1030”的工作目标。积极推动客户投诉问题的加快解决，强化客户投诉的源头治理，构建了投诉与服务、舆情、信访“四线联动”的工作格局，全年客户投诉量同比下降71%。集中开展服务态度专项治理，2012年第四季度共受理“服务类”投诉及意见工单542件，较第三季度减少了793件，降幅达59.4%。根据第三方测评结果，2012年第四季度，服务规范度同比提高7.2分达到90.8分；客户满意度提高到88.8分，居同业四大行首位。在中国银行业文明规范服务千佳示范单位评比中，申报的10家网点全部入围，占北京地区49家入围网点的20%，居系统同业首位。同时，4家网点荣获“2012年度北京市银行业特色服务示范单位”荣誉称号，居同业之首。二是创新实施运营标准化改革。在全面总结样板店推广经验、运营标准化试点和服务模式调整等前期成功实践经验的基础上，本着以客户为中心、以柜员为中心，突出大堂流程优化、突出细节调整、突出贵宾理财中心推广的“两中心三突出”原则，在全行327家贵宾理财中心以上网点全面推广了以服务环境、大堂经理、运营流程、服务行为、服务管理五个方面标准化为核心的运营标准化改革，其中161家网点已通过标准化改革验收。从改革效果来看，网点管理规范度明显提升，柜员精神面貌明显改善，网点承载能力明显增强，客户等候时间和柜面业务可分流率持续下降，风险管控能力、自助机具运营效率、人力资源运用效率进一步提高。三是持续推进业务流程综合改造和业务集中处理改革。积极推动总分行流程优化项目在分行的实施和推广，完成了20个流程优化项目，解决了94个紧迫性流程问题，提高了系统运行稳定性和业务处理效率，有效降低了客户等待时间。不断扩大业务集中处理范围，实现了总行业务集中处理平台的业务品种全覆

盖，在分行自有集中处理平台上试点投产外汇查询查复集中项目，并实现了银关通项目的集中处理。稳步推进现金业务与2 700台自助机具的集中管理，实施科学统一调配，规范自助机具加钞模式，既提高了自助机具集约化管理水平和运营效率，又有效防范了业务风险，得到金融监管部门的充分肯定，并向金融同业推广。四是不断完善多元渠道体系。充分发挥渠道建设领导小组的职能作用，统筹全行“全渠道”建设的系统规划、战略决策和组织推动。继续坚持网点“高端化、综合化、大型化”的发展方向，在保持总量稳定的前提下持续调整优化物理渠道布局，全年新建、迁建、升格网点51家，新建自助银行26家，网点总量达到642家（含90家自助银行），四大行占比35%，排名第一。全行贵宾理财中心以上网点达到341家，占网点总量的62%。加快提升电子渠道承载能力，提高电子渠道的安全性和便捷性，全年新增自助机具1 250台，总量达到5 944台；柜面业务可分流率降至35.7%，同比下降3.6个百分点。

五、加强风险内控管理，保障全行健康平稳运行

一是切实加强重点领域信用风险防控。认真落实总行融资性担保机构、小企业信贷业务、贸易融资业务、房地产贷款业务、个人贷款业务等风险提示视频会议的具体部署，切实抓好相关领域的风险防控，融资平台和房地产到期贷款全部收回，中担担保贷款和钢贸类企业贷款大幅压缩，担保圈风险得到有效化解。积极做好不良贷款的清收处置和潜在风险贷款的清收转化，全年清收处置不良贷款7.9亿元，压降潜在风险贷款53亿元，确保了信贷资产质量基本稳定。二是切实加强操作风险和其他风险管理。积极推进监督体系改革，强化对风险领域和重点环节的业务检查，加强对高风险机构和高风险柜员的管控，开展“十类”严重违规行为专项治理，充分利用核查系统做好风险核查工作，全年可控风险暴露水平降至万分之九，发现“十类”严重违规行为13笔，同比分别下降31%和91%。持续提升风险量化管理水平，扎实做好客户信息安全、外包业务、表外业务、市场风险、声誉风险和法律风险等各类风险的防控工作，及时发现和消除了风险隐患。三是切实加强内控案防工作。进一步完善内控合规体系建设，深入开展“内控案防执行年”和“员工行为规范教育”等一系列活动，持续加强了对案件易发领域和违规多发环节的检查整治，有力地保障了全行安全稳定运营，在国有五大行中唯一荣获“北京市银行业合规管理十佳银行”称号。严格落实案件防范责任制，努力做到防患于未然，全年未发生重大安全事故和风险案件。

六、加强党建和队伍建设，为改革发展提供有力保障

一是不断加强党的建设。深入学习贯彻党的十八大精神，引导全行广大党员和员工自觉把思想和行动统一到党的十八大作出的各项部署上来，把学习贯彻成果体现到推动分行“建设一流的金融机构，创造一流的经营业绩”上来。落实中央及总行“基层组织建设年”的各项部署，推动创先争优常态化和长效化，引导广大党员干部“干好当前事、带动身边人”，更好地发挥党的政治优势。以党员领导干部为重点，围绕保持党的先进性和纯洁性的各项要求，持续开展反腐倡廉教育，大力弘扬服从大局、求真务实、艰苦奋斗的作风，以党风建设带动行风建设。二是深入推进干部员工队伍建设。积极创新干部管理体制，坚持“德才兼备、以德为先”，树立注重基层、注重实践的用人导向，完善竞争性选人用人机制，通过多种途径把人选准、用好。坚持人才优先发展战略，实施高级专业人才培养计划，完善专业职级体系，使各类优秀业务人才进步有通道、发展有舞台。建立以人均效能指标为核心的用工计划配置模式，将新增人员优先配置到人均边际产出较高的支行、重点发展区域、新兴业务领域和一线服务岗位。三是扎实开展企业文化建设。加强内部服务质量建设，出台《内部服务工作方案》，研发内部服务质量评价系统，建立起签约、公示、评议“三位一体”的内部服务质量评价机制，形成了机关为基层、二线为一线、团结协作、协同发展的良好工作氛围。积极建设“首都文化大行”，深入推进精神文明建设和企业文化传播，努力使“工于至诚，行以致远”的工行价值观内化为全行员工的实际行动。圆满完成职工之家建设，全面实施员工关爱计划，进一步增强了员工对企业的归属感和认同感。

天 津 分 行

行长　华耀纲

【业务指标完成情况】

2012 年，天津分行实现账面拨备前利润 63.54 亿元，同比增长 11.37%；实现拨备后利润 60.15 亿元，同比增长 11.11%。实现中间业务收入 18.5 亿元，同比增长 11.71%。本外币各项存款（含保本理财和信用卡）2 607.94 亿元，同比增长 13.68%。本外币各项贷款（含信用卡）2 019.38 亿元，同比增长 11.98%，成为天津市首家贷款超过 2 000 亿元的银行。不良贷款 9.41 亿元，同比下降 0.09 亿元；不良贷款率为 0.47%，同比下降 0.06 个百分点，保持无重大事故和案件的良好纪录。

【主要工作措施】

一、打响客户拓展战役

健全以存量客户和增量客户为考核中心的激励机制，研发推广以存款为基准的纵向考评和跨专业产品横向覆盖的客户智能营销系统，充分运用大额资金监控、全球信息资讯、工商信息共享等平台，深入推进客户拓展工程。成功营销对公存款重点客户 150 户，其中：存款 5 000 万元以上的客户 91 户，存款 3 000 万元以上的客户 59 户，合计金额 187.11 亿元。营销新注册客户基本户 202 户，其中注册资金 1 000 万元以上的客户 137 户。金融资产在 5 万元以上的个人中高端客户数 65.16 万户，同比增长 3.14 万户；资产占比 85.34%，同比增长 1.2 个百分点。

二、打响新兴领域开拓战役

一是实现信贷市场的创新发展。办理首笔以特定资产收费权支持文化产业项目，与工银租赁等行内资源联动，实现直租保理等业务突破。“四大新市场”的贷款余额同比增长 28%。二是实现品牌投行的跨越发展。成功运作 TOT 个性化投行创新项目、交易所融资租赁项目、结构化证券投资等多个项目，为多家企业解决资金 230 亿元，实现投行收入 7.5 亿元，同比增长 22.11%。三是实现新兴业务的突破发展。私人银行客户增幅位列 26 家分部、中心首位。成为首批试点开办委托代扣业务的银行，打破建行在公积金贷款市场的垄断地位。国际结算量四行占比为 30.15%，位居同业第二，与中行差距由上年 8.45 个百分点缩小到 2.66 个百分点。成功研发津通卡闪付功能，实现了在高速收费站的快速通关，信用卡发卡量 215.9 万张，新增发卡 55.3 万张，同业排名第一；实现收入 2.33 亿元，同比增长 60.7%。

三、打响渠道优化战役

坚持实施营业网点建设“项目工作跟单制”，对较大型建设项目进行打包，采取入围单位“邀请招标”形式，提高建设效率。完成营业网点项目 40 个，新增自动柜员机 88 台、中小商户自助终端 5 007 台。推进折换卡工作，发放惠民灵通卡 23.6 万张，实现星级客户网点叫号排队系统在全部网点的投产应用，有效缓解了网点柜面压力。柜面可分流率为 28%，位居系统前列。

四、打响服务提升战役

推进业务集中、在行式自动柜员机集中供钞、重要空白凭证集中配送等工作。集中平台业务量已达 402.5 万笔，日均业务量 2.08 万笔，同比提高 33.5%。健全服务管理机制，做到服务每个环节有章可循、有据可依。创新开展优质服务样板网点导入式服务培训，完善便民服务设施。客户平均等候时间为 13.75 分钟，同比缩短 5.49 分钟；客户满意度为 90.6 分，同比提高 4.72 分，获得天津金融工委、银行业协会等颁发的多项荣誉。

五、打响风险防控战役

通过建立健全市场风险管理委员会工作规则、风险偏好管理实施细则等制度，提升风险防控水平。强化操作风险管理，健全业务运营质量考核机制、风险核查和责任追究机制、加强网点关键岗位的人员管理。强化信用风险管理，制定作业监督操作风险指引。强化内控案防管理，针对票据贴现、融资性担保机构、房地产信贷等重点领域进行了合规性检查。在全行范围内开展以“学习违规处理规定，强化风险防范意识”为主题的案防法纪教育活动，保持无重大事故和案件的良好纪录。

六、打响员工素质提升战役

一是提高员工素质。建立高级管理人员上岗考核资格准入制度，强化营销人员营销能力和营销技巧培训，利用模拟银行提升操作类员工的实战能力。制定分行专业资格管理办法，建立完善各专业序列资格认证及管理工作机制，开展了营销、产品、风险等序列的专业资格考试认证工作。创新开展新员工培训项目，将“入职后培训”前移至“应聘期培训”，显著缩短了新员工岗位适应期。二是优化人员配置。推进营业网点标准化改革，全面优化网点资源配置，启动实施43家支行营业室网点的推广工作，得到总行领导的充分肯定。研究制定业务服务外包工作管理办法，通过将部分辅助性、服务性非核心业务进行外包，提高了全行人力资源优化配置水平。

七、打响惠及民生战役

以民生改善作为工作的落脚点。在原有薪酬福利的基础上，全面完成年初制定的各项民生改善目标。调整了员工岗位工资薪点值，调增了全行员工公积金缴存额，大幅提高了交通补贴标准，增设了通讯补贴，增加了节日补助，开展了丰富多彩的文体和疗养活动以舒缓身心，为提升员工的美好生活增添了幸福的光彩，为天津分行的未来发展积累了宝贵后劲。在全行上下营造了团结向上、心齐气顺的和谐氛围，人心的凝聚、士气的高涨成为推动天津分行改革发展不断前行的坚强保障。

八、打响横贯性管理绩效提升战役

以“完善部室职能、完善部室考核、完善服务评价机制”三个完善为核心，建立了跨专业、多产品的联动协作模式。开展了“创新与服务”大讨论活动，围绕创新与服务两个关键点，努力将分行机关本部建设成为学习型、创新型、效能型、服务型“四型机关”，促进了分行整体创新能力和服务能力提升。

河北分行

行长　许　杰

【业务指标完成情况】

2012年，河北分行实现拨备前利润105.13亿元，增长6.38%；实现拨备后利润101.53亿元，增长0.83%，均居同业首位、系统第8位。实现EVA 41.47亿元。人民币各项贷款较年初增加362.3亿元，同比多增79.08亿元，排系统第7位，同业首位。人民币全部存款较年初增加224.25亿元，同比多增195.88亿元，系统排第19位，较上年上升10个位次。实现中间业务收入31.56亿元，其中，结算理财代理业务收入20.46亿元，同业占比首位。销售品牌金1 836公斤、品牌银8 211公斤，分别排系统第4位和第1位。信用卡发卡量268.48万张，消费交易额391.53亿元，均居同业首位。获省政府“金融贡献奖”，是四大行中唯一一家连续五年上榜单位。

【主要工作措施】

一、坚持更新理念，转型发展的良好局面进一步形成

紧紧抓住转型发展“一条主线”，突出提升竞争能力和盈利能力“两大重点”，着力推进经营科学化、管理精细化、执行规范化“三化建设”，全面夯实客户发展、渠道优化、内控管理、队伍建设“四项基础”，努力在建设盈利、存款、资产、创新、人才“五个强行”的征程中实现新跨越。一是更加注重树立现代商业银行经营理念。通过发展战略研讨会、全省分行行长会、支行行长培训班等形式，统一全行对转型发展的理念认识，突出在发展中转型、在转型中发展，通过处理好规

模与质量、速度与效率的关系，加快发展、优化结构、推进创新、提高质量，走低风险、低占用、高收益、可持续的发展道路。二是更加注重夯实经营发展根基。把客户发展、渠道优化、内部管理、队伍建设四项基础，作为全行转型发展的重点和关键，为强行建设提供持久动力。三是更加注重转变工作作风。以转观念、改作风、强能力、明责任为目标，进一步强化干部作风建设，深化遵章守纪、依法合规的理念，强化制度刚性约束，严格规范执行，规范的管理秩序、高效的工作作风，形成强大的竞争能力。

二、坚持优化结构，持续发展能力进一步增强

一是坚持增量和存量并重，持续推动信贷转型和结构调整。突出拓展“四大新市场”。瞄准先进制造业、现代服务业、文化产业、战略性新兴产业中优质大中型客户及重点项目展开攻坚。年末，四大新市场贷款余额817.67亿元，增加254.91亿元，增幅45.3%，高于各项贷款增幅31.8个百分点。加快“三大战略领域”发展。以商品融资产品为支撑，围绕钢铁、煤炭、羊绒等商品交易市场及产业集群拓展业务，国内贸易融资余额比年初增加77.69亿元，增幅38.2%，增量居系统第4位。新增小企业客户467户，贷款64.89亿元，排系统第4位。加快个人循环贷款、卡贷通等新产品推广，逐产品对接目标市场，扩大个人贷款业务领先优势，个人住房贷款较年初增加128.59亿元，排系统第2位；个人经营性贷款较年初增加46.84亿元，排系统第3位。着力压降“四大行业”贷款。全年共压降“四大行业”贷款76.33亿元，占各项贷款比重较年初下降7.08个百分点。重点加强对政府融资平台、房地产和“两高一剩”行业贷款风险防控，自2011年以来平台贷款压降120.39亿元，占比下降11.12个百分点。二是加快推动中间业务收入结构主要由融资项目拉动向“三大转变”转型。由融资项目拉动向基础类服务类业务转变。积极组织开展多层次营销活动，抓好结算、理财、代理三大基础类业务增收工作，实现结算业务收入13.99亿元，同比增加0.91亿元；代理个人保险收入1.47亿元，排系统第5位。着力扩大信用卡消费和分期付款规模，信用卡消费额同比增加103.5亿元，实现分期付款手续费收入1.45亿元，成为新的亿元产品线。加大重点地区、重点客户国际业务的营销和渗透，实现国际结算量156.59亿美元，同比增加6.53亿美元。由中低端同质化服务向品牌化高附加值服务转变。按照总行确定的四大类10项业务，着力推动金融资产服务业务发展。加快代客资产管理发展，探索开办信托租赁、股票收益权等新模式业务，累计办理资产管理业务项目投资19.12亿元；办理贴现419.33亿元，连续十年保持同业首位。瞄准实体经济，大力发展银行承兑汇票、保函、信用证等传统表外业务，累计办理银行承兑汇票、信用证、保函183.26亿元，同比增加23.18亿元；办理租赁业务13.55亿元。巩固并扩大托管、年金业务规模和收入同业领先优势，托管规模达837亿元，收入1.5亿元；年金业务收入5 758.49万元，同比增长146%，排系统第4位。积极挖掘客户交易需求，丰富代销产品种类，销售品牌金1 836公斤，排系统第4位；品牌银8 211公斤，排系统第1位。由重收费轻服务向提升服务质量、提高合规收费意识转变。建立信息沟通机制，认真做好消费者权益保护基础性工作，严格执行“2012年版收费价目表”和有关配套管理办法，准确理解和把握服务收费政策，严格落实“四有一不”要求，通过产品和服务的不断升级，推动中间业务可持续发展。

三、坚持夯实基础，存款特别是储蓄存款业务竞争能力得到提升

持续推动客户发展、机制激励等基础工作，建立并严格落实存款工作八项机制，努力推动存款增长。一是突出源头争揽，储蓄存款竞争力有效提升。以主题营销活动为抓手，着力抓好代发工资、批发市场商户、个人高端客户和第三方存管客户四类客户争揽，从源头做好储蓄存款争揽。代发工资单位增长2 030户，代发金额净增94.2亿元，超额完成年度任务。工银商友俱乐部新增99家，商品交易市场拓展108家，分别完成全年任务的123.75%、216%；商友卡会员新增7.67万人，是上年的297%。金融资产5万元以上中高端客户增加12万户，私人银行客户增加68户。二是突出协调联动，抓好对公存款增长。明确机构业务部牵头，多部门互动，着重抓好客户提升、信息利用、大户培育、贷款拉动、结算带动五项工作，强化联动营销，提升存款业务核心竞争力，成功争揽财政增值运作资金57亿元，军级客户开户率达100%。三是突出机制创新，保障存款增长。建立存款工作组织领导、责任分解、客户分包、存款考核、存贷挂钩、激励费用分配、竞争力评价和责任追究、通报讲评“八项机制”，并严格按照工作机制，分别对城区、县域支行对公存款竞争力情况进行考核，落实奖惩，有力地提升了全行上下对存款工作的重视程度。

四、坚持精细管理，运营品质有效提升

以强化内部管理为保障，确保资产质量的提高和内控案防管理的稳定，整体服务水平的提升。一是信贷资产质量持续提高。大力推进重点行和重点项目不良贷款清转，加大新违约贷款催收力度，控制贷款向不良迁徙，不良贷款实现双下降。二是内控和案防管理工作显著增强。以全年无案件、无重大风险事件、无重大安全事故为目标，开展“促合规、夯基础、创三无”主题活动，并以此为统领，相继开展了“强内控、上等级”、“无瑕疵信贷活动年”、“建设最安全银行”、“员工行为规范教育”等活动，依法合规、安全稳健氛围日渐浓厚。全年累计发生可控一类风险事件75笔，同

比下降49笔，降幅39.52%。三是服务品质全面提升。以开展“满意在工行”主题活动为抓手，深入实施服务效率、渠道、规范化、基础管理、美誉度和二线为一线服务“六个再提升工程”，加大对敏感类投诉的处理效率和处置力度，进一步提高服务规范化水平，客户投诉同比下降75.3%，连续两年荣获河北网民最信赖的银行品牌称号，石家庄中华、邢台中兴等12家支行荣获“河北省银行业协会文明规范服务百佳示范单位”称号，5家支行荣获“中国银行业协会文明规范服务千佳示范单位”称号。

五、坚持改革创新，经营活力进一步激发

把机制体制改革作为动力源泉，不断深化组织架构、运营管理、渠道布局、员工队伍的转变，激发经营发展的新活力。一是机构管理进一步完善。经总行批准，新设立私人银行中心，全面提升对高端个人客户服务水平，单独设立信贷监督执行部、养老金业务部，实现了授信审批和法律事务的集中，同时对全行820多个机构进行了等级评定，机构管理体系更加科学系统。深入推进县域支行改革，进一步完善分类管理模式，建立县域支行“计划单列+重点+特色+一般”分类管理体系，制定了加快县支行变革的工作指引和发展规划，县域支行发展的路径更加明晰。二是运营改革深入推进。业务集中处理平台运行更加稳健，完成汇划等30个大类112个小类的对公和部分个人金融业务集中到省行处理，网点覆盖率达到100%，总分行平台集中率达到98%，排系统第3位。业务流程综合改造完成全部533个紧迫性问题，“三个一”工程实现阶段性工作目标，分行特色业务改造取得实质性进展，一些复杂业务流程得到改进和完善。三是渠道优化建设快速推进。积极调整网点空间布局，丰富网点业务功能，加强自助银行、电子银行等渠道建设，优化物理网点93家，离行式自助银行达到150家，ATM、自助终端等各类自助设备达3 963台，个人转账终端达1.93万台，柜面业务可分流率降至37.3%，较上年下降3.48个百分点，网点环境和功能布局明显改善。四是员工队伍更具活力。着力优化员工队伍结构，以公开选聘、竞争上岗为主导的，面向各级管理类、业务类职务以及员工岗位晋升的机制不断完善，拓宽了员工职业发展空间。开展以支行管理者、专业人员、业务人员为重点的分层培训，培训的实用性、针对性不断提高，促进了员工队伍整体素质的提升。

山 西 分 行

行长　周　玮

【业务指标完成情况】

2012年，山西分行实现拨备前利润66.79亿元，同比增加4.07亿元，增幅6.48%；净利润46.75亿元，同比增加3.01亿元，增幅6.88%；实现经济增加值（EVA）24.67亿元，同比增加2.2亿元。实现中间业务收入20.13亿元，同比增加1.47亿元，增幅为7.87%，四大行占比为40.62%，排第1位。人民币全部存款（含同业）较年初增加269.88亿元，日均增加129.66亿元，其中储蓄存款增加229.19亿元，四大行占比为33.66%，排第1位。累计投放各类贷款（含贴现）1 246亿元，创新融资（包括理财融资、债券承销、承兑汇票、信用证、代理信托计划、PE主理等）199亿元。不良贷款余额和不良率分别较年初下降0.76亿元和0.16个百分点。

【主要工作措施】

一、准确领会总行意图，组织实施三项工程，努力争先进位

按照总行对分行提出的“因势而变、变而亦变”的要求和“规划期末全面进入总行第二盈利梯队”的目标，明确提出“争先进位”的经营理念，增强全行上下加快转型发展的信心，全面夺回同业市场占比的历史高点，推动各专业考核排名跨入系统内前10位。组织实施“合规文化建设工程”、“竞争力提升工程”和“最佳服务银行打造工程”，多方面提出经营转型和结

构调整的目标和举措。围绕“总行要求、市场可能、员工利益、同业定位”四个动力源，重新修订2012－2014年发展战略规划，提出更加契合山西分行实际的任务目标和总体要求。

二、深耕客户基础，狠抓账户质量，巩固存款业务领先地位

依托账户营销工作，重点抓好对公新开基本账户代发工资业务的同步拓展，以及“两卡一U盾”的跟进营销，努力扩大个人中高端客户规模。发挥理财、基金、保险等产品优势，与存款互为支撑，精准互动，实现了储蓄存款的稳定增长。充分利用各种资金监测平台，锁定目标，逐户挖转。加强了与中国（太原）煤炭交易中心的合作，与252个客户建立了银商转账合作关系。抓住财政、社保、公积金等系统龙头，实现30亿元社保资金、70亿元财政非税收入归集分行。加强存款波动监测分析，加大日均和月均指标考核，建立存款增长长效机制，严格落实稳存责任，防止了月末季末存款的大起大落。充实客户经理队伍，将账户营销、客户关系维护与客户经理绑定，明确营销责任，层层挂钩考核，确保了存款业务的量质并举。

三、全面梳理市场，层层落实责任，推动信贷业务稳中求进

一是全面梳理确定目标市场。结合山西省“十二五”发展规划和“综改试验区”建设方案，从14个维度对全省所有行业、企业、项目进行大规模梳理分析，确定了未来目标市场客户1 844户，项目362个，融资需求9 230亿元。二是千方百计推进信贷结构调整。积极推动“四大新市场”拓展，大力拓展小企业集群化融资，加快贸易融资业务营销进度，加快发展个人消费信贷和信用卡贷款业务。年末“四大新市场”贷款较年初增加36.96亿元，增幅为32.56%；“三大战略领域”贷款较年初增加25.76亿元，其中小企业贷款较年初新增10.57亿元，增速为12.2%；个人贷款新增21.63亿元，增速为21.5%。三是层层落实营销责任。对目标市场实行名单制管理，定目标、定客户、定人员、定进度，逐户制订营销计划和融资方案，形成了反应敏锐、响应及时、责任清晰、挂钩包户的营销格局。按照“投行开路、商行跟进”的思路，多渠道满足客户需求，确保了分行在目标客户核心业务的主导地位。

四、强化规范经营，培育优势产品，力促中间业务二次起飞

开展整治不规范经营专项治理，掀起了“学标准、强服务、促发展”为主题的2012年版收费标准学习高潮，全面推进消费者权益保护工作。持续开展产品创新，完成8个课题调研、9个项目评估，推动10个产品列入总行开发计划。强化考核机制引导，制定20款拳头产品专项计划，购买潞矿、太钢私募债、阳煤短融中票、兰花公司债等债券29.6亿元，实现投资收益3.03亿元、中间业务收入2 477万元，成功营销潞安集团60亿元股权融资业务。加大信用卡产品营销，以分期付款业务为抓手，全年实现信用卡中间业务收入3.2亿元，同比增长68.42%。实施托管业务“211工程”，资产托管规模当年新增2 499亿元，实现收入9 438万元。积极推进养老金业务规模发展，实现业务收入3 523万元，同比增长33%，保持了在同业和系统内的领先地位。大力提升高净值客户贡献，开拓私人银行产品新渠道，全年净增私人银行客户181户，实现中间业务收入1.2亿元，同比增长53.2%。在五台山成功举办“五台大智系列”贵金属产品现场发布会，进行11场路演、207场沙龙，创下单月销售228公斤、收入2 055万元的销售佳绩，确保贵金属实物销售始终保持三分之二的市场领先优势。

五、弘扬合规文化，突出重点治理，提高风险管控水平

一是推进合规文化建设工程。组织实施“合规文化建设工程”，将各项监督管理行为纳入合规文化建设范畴，加强制度建设、风险排查、行为习惯养成，内控案防水平显著提升，8月份成功摘掉了“总行内控案防重点关注行”的帽子。二是突出重要领域治理。创新员工行为动态排查手段，重点对员工个人账户与企业账户往来进行排查核实，共排查人员14 620名，排查覆盖率达97.7%。开展对近三年内外部检查发现的279个项目、3 331个问题的跟踪整改，将网点服务、ATM管理、监控中心职守等全面纳入监督，成功堵截侵害ATM案件2起，抓获犯罪嫌疑人5名，风险暴露水平由年初的23.26‰降至10.36‰，降幅达55.46%。积极开展应急演练，在总行业务灾难恢复应急演练中取得第4名，成功处置一起意外动力断电事件，受到总行表彰。三是加强信贷风险管控。开展三级联动的贷后管理交叉检查活动，按月对重要风险点进行提示和核查，及时揭示潜在风险隐患，防止风险的积聚和扩大。加快不良贷款清收处置进度，采取有效措施堵住向下迁徙通道，进一步提升了全行资产质量水平。

六、加快离柜业务营销，调整业务模式，提升服务水平

以开展“把工商银行搬回家”活动为抓手，重点营销银行卡和电子银行产品，加快离行式自助网点建设和自助设备布放，新增自助银行134个、自助设备1 200台。推进存取款等基础性产品的离柜业务营销，柜面业务可分流率为36.9%，较年初下降了2.95个百分点。专项治理网点排长队问题，运用非现场手段跟踪监测92家重点网点，查找与改善网点现场管理不足，有效缓解客户排队压力。发挥大堂经理分流柜面业务的职能作用，开展“管理人员示范营销”和“本部员工进网点营销”专项活动，带好营销队伍。全年省分行和各二级分行本部共有1 599名干部员工深入网点开展

银行卡和电子银行产品营销服务。

七、加强队伍建设，深挖人力潜能，促进齐心共进

进一步强化干部队伍建设，交流调整二级分行行长6人，省分行3名优秀部室总经理到二级分行任行长、3名年轻的副总经理到省分行营业部、二级分行担任副职，干部队伍结构得到优化。加快对年轻干部的培养，安排省行本部5名、各二级分行22名优秀年轻干部上下交流。开展分层次、差异化、多领域的全员培训，累计举办各类培训697期，培训34 556人次。落实总行“十件文化大事”，加快企业文化体系的深度传播，召开二届三次职代会，增加职工之家建设投入，积极开展特困员工救助。重视离退休人员服务工作，调整提高内退及离退休人员的待遇，被山西省老龄委和中国老年杂志评为“老龄宣传工作”先进单位。

内蒙古分行

行长　吴宁锋

【业务指标完成情况】

2012年，内蒙古分行实现拨备前利润46.83亿元、拨备后利润44.72亿元，分别增长10.36%和9.54%；实现净利润33.33亿元、经济增加值18.6亿元，分别增长8.83%和15.34%；实现中间业务收入13.59亿元。人民币各项存款余额1 934.27亿元，较年初增加132.28亿元，增长7.34%；人民币各项贷款余额1 386.34亿元，较年初增加161.82亿元，增长13.21%。累计清收处置不良贷款26.13亿元，不良贷款余额10.44亿元，较年初减少4 061万元；不良贷款占比0.76%，下降0.13个百分点。

【主要工作措施】

一、全面启动重点领域的改革创新，努力提升管理效率效能

一是深入推进省行营业部提升竞争力改革，全面启动二级分行提升竞争力改革。共核减各二级分行和分行营业部本部机构140个，减幅40.2%；上收城区一级支行管理职能，推动二级分行对城区网点的全口径扁平化管理，共核减城区支行内设机构70个，减幅79.5%。压缩二三线人员1 100人，销售类人员达到2 357人，占比由13.11%提高至18.51%。二是不断完善考核激励机制。倡导“保工资、挣绩效”的薪酬理念，依托MOVA系统的强大功能，对机构、部门、产品和员工进行精细化、自动化业绩计量，建立起多维度量化绩效考核体系。三是进一步深化运营改革和流程优化。投产5个业务流程优化月度版本，投产紧迫性问题、对公账户开户流程优化等50多个项目，基本解决影响柜员和客户体验的533项紧迫性问题。四是有序推进岗位整合。成立营业网点岗位整合优化工作领导小组，岗位编号由原来的124个调减至54个。撤销分行对账中心与清算中心，将二级分行业务处理中心岗位由15个整合为3个，释放人员48人。

二、以结构调整为主线，创新资产业务发展思路，引领经营转型发展

一是持续推进信贷结构调整优化。紧紧抓住地方煤炭企业兼并重组的良好契机，新增煤炭行业贷款58.32亿元，增长1.14倍。努力拓展战略性新兴产业、先进制造业、现代服务业、文化产业“四大新市场”，新增贷款115.14亿元，增长59.31%。稳健发展小企业信贷业务，实施集约式的专业化管理，新增贷款39.37亿元，增长36.31%。依托商品交易市场和商友俱乐部，新增个人经营贷款15.55亿元，增长31.89%。以供应链和商品融资为主要抓手，新增贸易融资13.68亿元，增长14.23%。统筹处理好总量控制与维护重点客户和市场竞争力的关系，“四大行业”贷款下降25.85亿元，余额占比下降10.24个百分点。加大信用卡分期付款营销力度，积极拓展POS转分期业务，银行卡透支规模较年初增加3.38亿元，增长16.53%。二是不断提高信贷业务可持续发展水平。从市场细分、分层营销、专业经营、目标措施、考核激励等方面深入实施信贷拓

户工程，推动优质信贷客户持续快速增长，年末公司信贷客户1 755户，增加329户。大力实施短期融资优先发展政策，逐步改善长期贷款集中度偏高的状况，公司贷款余期5年以上贷款较年初减少19.7亿元，占比较年初下降8.69个百分点。加强贷款定价管理，提升贷款收益水平，各项贷款平均收益率6.99%，较年初提高1.01个百分点。

三、以加快市场拓展为核心，建立健全稳存增存长效机制，存款市场竞争能力稳步提升

一是储蓄存款保持良好发展势头。扩大个人客户规模，有效客户增加37.5万户，增长6.55%。加强代发工资业务拓展，新发展代发工资单位614户，代发工资存款留存率13.5%。充分发挥商友俱乐部营销平台功能和品牌影响力，会员储蓄存款较年初增加14.4亿元，人均增加4.7万元。加强存款与理财等增值型金融产品的互动，全年销售理财产品448亿元，同比增加142亿元，增长46.4%。二是机构存款继续保持快速增长。做好对财政、社保、国土等重点政府客户的营销和关系维护工作，营销自治区财政国库资金4笔、48亿元三个月定期存款。通过实施重点客户差别利率及短期同业定期利率等手段，加强对同业存款拓展力度。年末机构同业存款余额591.74亿元，较年初增75.31亿元，增长14.58%。

四、以提高产品覆盖率为重点，积极培育中间业务新的增长点，加快推动盈利模式转变

一是投行业务成为中间业务重要增长极。加强商投联动，受理重组并购项目32个、融资金额91.58亿元，完成投放32.25亿元。大力开展财产收益权业务，实现4家企业25亿元收益权转特定资产支持贷款业务。全面推动股权融资业务发展，成功营销了鄂尔多斯东源矿业3亿元、内蒙古金陶矿业3亿元股权主理银行业务，完成了华电新疆2 300万元私募资金的募集。二是银行卡业务快速发展。开展信用卡产品定向营销，做好交通卡、社保卡、财政公务用卡以及逸贷卡等项目发卡工作，大力发展特约商户，拓展“高营业额、高交易额、高收益”收单市场。新增信用卡发卡13.1万张，信用卡消费交易额增加40.9亿元。三是电子银行业务发展成效显著。进一步落实电子银行“跑马圈地”战略，组织开展企网、个网和手机银行不动户二次营销，提高网银动户率和活跃客户占比。四是国际业务竞争力进一步提升。实行重点客户直营策略，逐户制订本外币结算、融资、理财配套服务方案，提高市场覆盖率和收入贡献度。国际贸易融资余额4.31亿美元，完成国际结算47.69亿美元。五是结算、年金、托管等业务保持良好发展态势。实行“验资E线通”系统限时上线，组织开展“结算账户专项营销”、“公司无贷客户营销”等活动，新增结算账户1.66万户，销售法人理财29.78亿元。成功办理全区首笔贵金属回购业务，完成黄金租赁首笔提金业务。加强养老金业务市场营销，新增管理职工规模1.66万户。推动资产托管业务全面发展，托管资产规模增加30亿元。

五、以实施“渠道再造”工程为突破，着力加强自助渠道建设，加快提升服务供给能力

一是加快自助渠道建设进度。成立渠道优化建设办公室，加快自助银行建设和各类自助设备的更新投入。新建离行式自助银行40家，新增自动柜员机219台，新布放自助终端59台、个人转账终端1 061台。二是优化物理网点网络布局。按照“每一项资产都要讲收益、每一项投资都要讲回报”的要求，加快功能单一网点的综合化改造进度，加强网点建设成本管理，对140个网点进行了标准化装修和改造，占网点总数的31.7%。三是加快柜面业务分流进度。组织开展“告别存折时代、畅享便利金融”销折换卡营销活动，单一存折占总客户比重下降了7.26个百分点。从考核激励、营销宣传、大堂经理及自助设备配备等方面加大工作力度，加快推进柜面业务分流工作，柜面业务可分流率45.8%，较年初下降4.9个百分点。

六、以强化风险管理为保障，狠抓重点领域的风险防控，平安发展能力进一步增强

一是加强信用风险防控与监测。组织对资产质量迁徙变化、重点行业新增客户贷款情况进行全面非现场监测，加大潜在风险贷款退出转化和担保圈贷款风险化解力度，退出转化潜在风险贷款22.05亿元，化解担保圈贷款16.62亿元。建立不良贷款管理形势月度分析例会制度，提早制定应对措施，当年新发生不良贷款25.72亿元，劣变后收回22.4亿元，当年劣变贷款清收率为87.1%。二是不断提高内控合规水平。圆满完成员工行为规范教育活动，在总行考核评比中排第10位，在7家重点联系行中排第4位，被评为“员工行为规范教育活动组织推动先进单位”。推广运用“内控综合管理平台”应用系统，深化运营风险核查工作，风险暴露水平15.44‱，较上年下降23.06个万分点。三是不断提高案件防范能力。组织编写案防重要风险点防控手册，加快推进远程集中监控报警联网系统和指纹网络身份认证系统技防建设，新建成5家远程联网监控报警系统，为241个营业网点安装了指纹网络身份认证系统，有效提升了外部风险的技防水平。成功防范24起电信诈骗案件，避免客户资金损失88万元。

七、以强化内部管理为手段，加强员工队伍和企业文化建设，凝聚力和向心力不断增强

一是持续加强员工队伍建设。统筹优化领导干部配置，补充正职后备干部27名、副职后备干部65名，上下交流干部25人，组织3次人员招聘，补充人员294人。提高培训的针对性和实效性，举办各专业、各层次培训班556期，培训员工3.94万人次。二是持续改善服务面貌。通过行长坐堂、小额补偿、远程监控等管理方

式，加强对排长队、客户投诉多两个突出问题的专项治理，客户满意度提升到94.7%，客户投诉量较上年下降75.9%。满洲里市政街支行和包头银河广场支行被中银协评选为2012年度中国银行业文明规范服务千佳示范单位。三是持续加强企业文化建设。组建省行离退休人员管理部，加强离退休人员管理服务。加强职工之家建设，装修改造86个职工之家。及时开展特困员工救助活动，共发放救助金280万元，救助特困员工920人。

辽宁分行

行长　戴春林

【业务指标完成情况】

2012年，辽宁分行实现拨备前利润59.6亿元，拨备后利润55.62亿元，同比分别增长8.4%和3.8%；人均利润31.8万元，比上年增加2.3万元，增长7.8%；EVA21.51亿元（总行考核口径），同比增长0.76%。人民币全部存款2 842亿元，比年初增加263亿元，增长10.2%。人民币各项贷款1 812亿元，比年初增加209.5亿元，增长13.07%。实现中间业务收入18.7亿元，同比增长3.23%。累计清收处置不良贷款9.8亿元，不良率比年初下降0.09个百分点，降至0.95%。

【主要工作措施】

一、推进经营工作有序开展，提升核心业务市场竞争力

面对复杂的经济形势和激烈的市场竞争，辽宁分行始终坚持以资产业务为战略方向，以负债业务为发展基础，核心业务市场竞争力得到了提高。一是提高资产业务市场拓展能力。积极推动固定资产支持融资、商品融资等成熟资产业务的做大做强，固定资产支持融资同比增加34亿元，商品融资同比增加7.3亿元。加快进入“四大新市场”和新农村建设市场，林权抵押贷款、农产品商品融资等业务取得进展。小企业贷款挖掘省内主要供应链业务潜力，推进商品融资发展，扩大具有地方特色的商品融资品种。支持个人住房信贷需求，发展以卡分期为主导的卡融资业务，个人类贷款稳步发展。二是推进存款总量的持续增长。从提高网均、人均以及市场占比等多维度入手，完善存款业务长效发展机制，加快渠道建设和客户扩容，增强理财与存款互动，发挥大额资金流向监控平台优势，巩固存款增长基础。三是拓宽中间业务增收渠道。统筹新兴和传统业务的协调发展，积极发展信用卡、国际业务、贵金属等重要增长点，大力发展有质量、有效益、风险可控的表外业务，发挥金融资产服务对中间业务的拉动作用，私人银行业务取得突破。

二、扩大基础客户群，进一步壮大客户规模实力

坚持推进“大中小”客户扩容工程，客户总量继续保持增长。有贷户拓展方面，把大力拓展中小企业作为突破口，以先进制造业企业作为中型客户拓展的重点，依托省内钢铁、石化、制造业三大产业链条和主导产业集群，充分利用链融资方式、理财融资、网络融资平台，实现核心客户上下游企业和集群企业的系统化拓展，公司有贷户较年初增加108户。无贷户拓展方面，通过积极开展“十大领域、十小行业”对公账户营销等活动推进对公结算账户增长，保持了存量和增量四行占比第一。个人客户依托代发工资、重点项目、俱乐部平台、职场营销等路径扩大规模总量，个人客户较上年增长5.3%。

三、加快结构调整和经营转型步伐，积蓄持续发展的内生动力

一是通过信贷结构调整，推进资产业务持续稳定增长。“四大行业”贷款压降46亿元，“四大新市场”贷款增加49.8亿元。固定资产支持融资、商品融资占公司贷款的比重分别达到3.3%和3.2%，较年初分别提高2.4个和0.3个百分点。小企业贷款、个人贷款和银行卡融资在全部贷款中的占比达到24.2%，较年初提高3.4个百分点。二是通过收益结构调整，强化利润增

长的多点支撑。中间业务收入在利润中的占比达到30%以上，净利息收益率达到2.99%，高于系统平均水平。三是通过区域结构调整，激发区域间的梯次发展动力。推进二级分行梯度梯次接续发展，构建“梯次有序、结构平衡、特点突出、协同共进”的区域发展格局。县支行竞争力进一步提升，利润贡献占比提升至17.2%。四是通过加快渠道结构调整，提升综合服务能力。全年实施物理网点建设项目52个，完成总行计划的149%，实施自助银行建设项目108个，完成总行计划的116%。

四、全面根植精细化管理理念，提高管理工作的执行力

一是加强信贷资源配置的精细化。运用经济资本限额、RAROC、EVA等控制手段，将有限的信贷规模向小企业贷款、个人贷款、银行卡融资和贸易融资贷款等期限短、抵押足、信用等级高、经济资本占用少的业务和产品倾斜。二是强化经营管理考核的精细化。明确各项经营管理考核目标，探索建立更加精细的业务核算机制和利润分成机制。三是加强资产质量管理的精细化。加强对政府融资平台、房地产开发、钢铁等重点行业贷款的风险排查和防控，并重点加强了不良贷款清收处置力度，确保信贷资产质量的稳定和改善。四是加强内控案防的精细化。完善和提升内部控制的IT技术手段和功能，加强现场检查和非现场检查的统筹应用，有效控制各类违规行为和风险事件。

五、进一步优化资源配置，为加快业务发展注入强劲的推动力

一是进一步强化财务资源的配置导向。加大对基层网点的资源投入，实行绩效费用分配与网点竞争力挂钩的资源配置方式，提高网点产出水平。二是大力优化人力资源整体结构。在现有人员总量的基础上，优化人力资源区域、专业、岗位和素质结构，分流业务人员245人，充实了大堂经理及营销队伍。三是完善考核评价体系和机制。进一步完善行长经营绩效考评办法，突出效益和效率指标，加大对人均、网均指标的考核力度。研究完善客户经理绩效考核机制，重构销售类岗位绩效考核体系。以网点岗位标准化改革为契机，建立基于岗位的网点员工绩效考核办法。

六、坚持加强党建和队伍建设工作，汇集经营发展的凝聚力和向心力

积极主动研究加强党建和队伍建设的有效方法和途径，通过抓党建促行建、抓党风促行风、抓班子带队伍，进一步凝聚了转型发展的力量。强化领导班子和干部队伍建设，在转型发展中积极发挥引领示范作用。充分激发人力资源潜能，进一步焕发广大员工的职业激情。加强思想政治工作和企业文化建设，为经营发展提供精神动力。深入推进党风廉政建设，推进党风廉政建设与经营工作的“互联、互动、互推、互为”，切实从源头上不断完善机制建设，从根本上保证党风廉政建设工作的全面落实。

吉林分行

行长　鞠延强

【业务指标完成情况】

2012年，吉林分行实现拨备前利润32.6亿元，同比增长8.4%，拨备后利润31.6亿元，同比增长6.7%，增幅在36家一级（直属）分行中均排在第22位。实现经济增加值（EVA）11.9亿元，增长14.1%。各项存款1 953亿元，较年初增加150.7亿元；各项贷款1 116亿元，较年初增加89.2亿元；不良贷款余额12.89亿元，较年初下降0.5亿元；不良贷款率1.16%，较年初下降0.14个百分点。贷款收益率较年初提高0.58个百分点，贷款利息收入同比增长22%。实现中间业务收入11.7亿元。信用卡新发卡22.9万张，发卡量突破99.2万张，规模和增量均居同业第一；个人网银和企业网银证书版客户分别增长285%和55%。

【主要工作措施】

一、加快信贷市场拓展，优化调整信贷结构

在宏观经济下行、市场有效需求不足的背景下，积极调整经营策略，重点围绕区域经济特征、产业周期转换以及总行政策导向大力开展市场调研，明确市场定位和业务发展的主攻方向，梳理体制机制，强化协调联动，充实信贷队伍，通过一系列的调整理顺、紧密跟踪和持续调度，年末人民币贷款增加109亿元，扭转了贷款增长乏力的被动局面。在总量增长的同时，信贷结构同步优化。个人贷款较年初增加73亿元，同比增幅26%，存量和增量同业双第一，其中非住房类贷款增量占比达到30.7%；先进制造业和现代服务业两项贷款较年初增加30亿元，涉农贷款同比增长20%。着眼于核心客户上下游中小企业的批量化拓展，建立了全新的体制机制和业务运作模式，推动供应链融资业务快速突破，一汽下游三方融资业务的累放量超过50亿元，较2011年增长10倍。

二、扩大各项业务总量，推进业务经营转型

积极发挥代发工资、商品交易市场、三方存管等源头市场的支撑作用，增强储蓄存款长期稳定发展能力，储蓄存款增加129亿元。建立大客户直营机制，区分有贷户、无贷户实施分类管理，重点推动50万元以上无贷户存款拓展，营销公司无贷户1 195户。提升财政、社保、公积金、军队和优质同业客户的存款份额，机构同业存款较年初增加40亿元。创新中间业务发展模式，加快培育具有较高成长性的新的业务线，构建品牌类投行业务项目储备库，加快重组并购项目运作，全年实现投行业务收入2.63亿元，同比增长81%。以私人银行中心成立为契机，加快产品配置、签约模式、服务模式创新，通过拉网式、名单制的营销，私人银行客户较年初新增89户，同比增长38%，增速居系统内第11位。累计新发信用卡22.9万张，重夺同业第一发卡银行，完成总行计划的135%；实现信用卡消费交易额205亿元，保持同业第一收单银行。积极拓展资产管理、委托管理、代客交易、承销、代理销售及咨询等金融资产服务业务，代理基金业务收入同比增长13%，年金业务收入同比增长4倍。

三、加快重点领域改革创新，增强经营发展内生动力

着眼于经营效率的提高和经营活力的增强，平稳实施授信审批集中、资产负债管理体制、小企业管理体制、产品创新管理体制、法律事务集中等一系列改革，建立了前中后台职能清晰、职责明确的管理架构。着眼于资源配置效率和机制效率的提高，完善经营绩效考评体系、部门业绩考核评价办法、重点产品销售业绩考核奖励办法，改革工资总额管理办法、绩效工资分配机制、营销费用分配模式及管理机制，创新大客户直营、贷后管理、联系行制度、重要事项督办等管理制度。着眼于网点竞争力和服务管理能力的提升，成立网点建设办公室和品牌与服务管理部，整合网点日常服务管理、运营管理及业务宣传等职能，网均投诉率40%，同比下降70个百分点，无重大声誉风险事件发生。

四、加强风险管理，确保稳健经营

坚持从严治行的经营理念，注意把握风险管理的前瞻性、规律性和实质性，实施精细化的管理。加强对房地产贷款的封闭管理，收回未按销售进度还款的房地产项目14个、贷款25.7亿元。深入研究小企业、贸易融资、个贷和卡融资的风险规律，针对点多面广、形成原因多样的风险特征，成立违约贷款催收团队，加大催收管理力度。强化政府融资平台到期贷款的管理，顶住个别大额平台贷款风险释放压力，通过加大清收处置力度，累计清收处置不良贷款3.86亿元，退转潜在风险贷款13.53亿元。针对中间业务乱收费等问题，以及4起案件风险信息引起监管部门高度关注的案防形势，加大查处力度、强化执行，加大教育引导力度、强化预防，促进内控案防水平提升。处理各类违规责任人56人，实施违规积分处罚4 767人次，违规事件多发势头得到遏制。

五、加强队伍建设，激发队伍活力

在全行范围内开展干部特别是年轻干部的公开选拔，新聘任一批管理干部，充实到各二级分行领导班子和重点营销及管理部门，增强了各行各条线的营销组织能力和内部管理能力。打通省分行、营业部与二级分行之间的干部交流通道，跨层级、跨地区、跨专业岗位交流43人次。为各类优秀人才搭建“双通道”职业发展路径，将2 000多名柜员合同工纳入职业发展体系。实施人才兴行战略，以提升经营管理能力为核心，举办三期管理人员“领导力提升项目”北大研修班，百余名副处级以上领导干部参加培训。聘请总行专家和外部培训机构针对信贷前中后台人员开展信贷专项培训；以提升业务技能为目标，全年组织专业类员工培训3 200人次，培训覆盖率达到97%。

黑龙江分行

行长　李　勇

【业务指标完成情况】

2012年，黑龙江分行实现净利润34.2亿元，实现中间业务收入15亿元，同业占比第一。全部存款2 614亿元，同业排名第一，比年初增加199亿元。各项贷款1 295亿元，比年初增加135亿元，存量和增量同业排名均为第一。不良贷款余额13.41亿元，比年初减少0.26亿元，不良贷款率1.04%，比年初下降0.14个百分点。

【主要工作措施】

一、推进结构优化，大力发展资产业务

一是构建战略合作体系，夯实域内重点客户基础。与地方政府、行业大户加强联系，构建多层次战略合作体系。促成总行与黑龙江省签署《金融战略合作协议》。同时，与哈尔滨、大庆、齐齐哈尔等多家地方政府建立战略合作关系，落实具体金融合作事项，与北大荒、哈药、龙煤等大型企业集团建立了银企互信机制。二是加大客户营销，努力拓展新兴业务市场。投放贷款734亿元，同比增加8.3亿元。加大对先进装备制造行业贷款投放，投放贷款26亿元，率先在同业打破对哈电集团10年无贷款的局面。积极开拓现代服务业市场，投放现代服务业贷款91亿元。三是努力调整优化信贷结构。装备制造、服务业、文化产业、战略新兴产业等“四大新市场”贷款余额252.81亿元，比年初增加96.21亿元，增长61.43%。

二、夯实存款基础，努力实现稳存增存

调整经营绩效考评方法，全力抓好日均存款。突出工资性资金源头，以代发工资业务为切入点，以商品交易市场为突破口，以储蓄存款与银行理财产品的良性互动营销为手段，储蓄存款保持同业领先优势。新增代发工资单位1 161户，净增代发额56.51亿元，净增代发人数84.56万人。做好公司有贷户的营销与维护工作，积极探索有贷户和无贷户的捆绑和相互转化，对重点存款大户实施名单制营销管理。利用对公大额资金平台，按月通报目标客户营销、受托支付资金留存、平台推广应用等情况，杜绝“裸贷”，防控大额资金流出，确保稳存增存。

三、强化业务营销，提升中间业务收入水平

一是个人金融业务实现较快发展。以“汇款套餐、星级优惠服务”为主打产品，开展了“个人结算旺季营销活动”和“借记卡营销活动”。基金销售计划完成率等5项指标在总行排名第一，个人理财业务等35项指标在总行排名前10位。二是银行卡业务实现多样化发展。拓展了哈尔滨、牡丹江、大庆等地购物和购车商圈的105个商户，以分期付款为抓手，为客户量身定做服务方案。信用卡新增发卡26.66万张，消费额144.74亿元，同比增加8.09亿元。信用卡透支余额10.73亿元，比年初增加2.93亿元。三是电子银行业务实现新突破。专项治理企业网银不动户，开展网上银行精准营销活动，全年净增四星级以上个人网上银行客户12万户，比年初提升3个百分点。发挥网银特色平台优势，进行业务推广和优化。手机银行交易额96.2亿元，在总行排名第5位；柜面业务可分流率37.2%，比年初下降4.76个百分点。四是品牌类投行业务赢得新跨越。创新开办了首例以农村耕地经营收益权设立发行的信托理财融资产品，成功投放分行首笔总行资金池投资的表外项目。投行品牌业务实现收入11 845万元，同比增加4 445万元，增幅60%。五是机构金融业务稳步成长。扩大养老金业务优势，全力拓展中小企业年金市场，销售养老金理财产品150.97亿元，日均销售额70.57亿元，均列系统第1位。抓住省级预算单位零余额账户变更契机，完成零余额账户变更687户，并争揽基本账户176户，进一步夯实了客户基础。六是现金管理及贵金属业务取得快速发展。以现金管理服务锁定优质客户资源，现金管理客户27 348户，比年初增加7 951户。法人理财有效客户4 636户，净增2 795户。

贵金属销售228亿元，在总行排名第11位。七是国际业务市场得到进一步拓展。办理国际结算56.02亿美元，同比增长45.64%。国际贸易融资发生额11.85亿美元，同比增加4.67亿美元。

四、深化改革创新，强化经营管理

一是机构改革工作平稳推进。对省行营业部和二级分行的城区支行进行精简整合、扁平化管理，精减压缩二线富余人员，一线柜员和营销力量得到有效补充。二是风险管理水平持续提升。重点防控贸易融资、小企业、房地产、政府融资平台等领域的风险，退转潜在风险贷款16.25亿元，清收处置不良贷款8亿元，不良贷款保持“双降”态势。加强员工行为规范教育活动，把教育活动与规范经营行为、防范内部案件、排查重点领域潜在风险、整治道德领域突出问题等工作结合起来，认真抓好业务运营管理，可控风险暴露水平、风险率、风险度呈大幅下降趋势，降幅分别达55%、46%和16%。成功堵截各类外部欺诈事件22笔，涉及金额1.06亿元，保持“零损失”。三是员工队伍建设不断加强。开展管理人员选拔任用工作，选拔省行营业部党委副书记1人、二级分行纪委书记2人，公开选拔省行本部总经理助理15人、省行营业部管辖支行和二级分行行长助理12人。加快推进非管理类员工晋升发展，公开选拔省行本部高级经理14人、省行营业部高级经理10人、二级分行高级经理22人。认真抓好员工培训工作，全年通过现场授课和视频培训等方式，共举办各类培训班984期，培训3.4万人次。四是关心员工生活，努力解决员工实际困难。拨出专款，抓好员工体检工作，为女员工购买“女性团体安康保险”，为员工及其18周岁以下子女投保补充医疗保险和在岗员工意外伤害保险。发放特困救助和送温暖资金511万元，救助特困员工2 737人次。拨付专项资金228万元，用于部分单位“职工之家”场所改造和设施更新。五是党风廉政建设扎实推进。认真落实党风廉政建设和案防责任制，连续4年无内部经济案件，连续8年未发生副处级以上干部违法违纪案件。注重用制度和流程强化廉洁自律管理，坚持用制度管权、管事、管人，保证各项决策的公开透明和阳光操作。六是企业文化和精神文明建设取得新成绩。深入学习贯彻党的十八大会议和总行工作会议精神，深入开展社会主义核心价值体系宣传和思想政治教育。有5家支行被评为全国银行业文明规范服务千佳示范单位，2家单位获“全国工人先锋号”、“模范职工之家”称号。2名个人分获“全国五一劳动奖章”、“全国金融系统五一劳动奖章”，省行工委获全国金融系统“职代会制度建设示范单位”称号。

上海分行

行长　沈立强

【业务指标完成情况】

2012年，上海分行拨备前利润超过220亿元，同比增加9.83亿元，增长4.7%。实现中间业务收入75.91亿元，同比增加2.39亿元，增长3.3%。实现EVA98.4亿元，RAROC达到40.2%。本外币全部存款余额12 107亿元，增加1 324亿元，其中储蓄存款增加496亿元，对公存款增加490亿元，均居同业第一；同业存款增加101亿元；外币存款增加39亿美元，居同业第一。本外币各项贷款余额突破5 000亿元，增加538亿元，其中人民币各项贷款（含信用卡）增加366亿元，居同业第一；个人贷款增加104亿元，余额近千亿元。不良贷款余额29.37亿元，不良率0.59%，连续15年保持下降。

【主要工作措施】

一、坚持发展第一要务，稳步推进业务发展

一是三项存款高位突破。全行存款业务克服困难，在同业竞争白热化、利率市场化的形势下，努力做大存款规模，增强存款稳定性和价值性，三项存款同业第一，牢固树立存款竞争优势。抓源头抓基础，扎实推进扩户增容工程，加强客户全覆盖管理，合理安排理财产品销售期次，强化客户资金对接，提前锁定资金来源，进一步夯实存款基础。盯流量强维护，加强重点资金和预算拨款流向监测，加强烟草、城投、财务公司等重点客户营销，流量控制和存量维护并举，提高存款留存率和到位率。内联动外合作，强化专业条线协调配合，有效整合全行资源，提升整体营销竞争力；深化与同业机构合作，以业务为抓手，强化优势互补、资源共享，进一步做大存款规模。二是信贷结构持续优化。贷款业务面对有效需求乏力，主动调整结构，加快四大行业压降，聚焦先进制造业、现代服务业、航运金融和供应链融资等新兴市场，支持实体经济，支持民生工程，积极拓展中小企业客户，做大个人贷款业务，大力发展各类贸易融资业务，满足社会消费需求，做好结构调整的“加减法”，拓展新业务增长点，信贷总体投放平稳。四大行业贷款压降151.2亿元，完成总行指标的137%，制造业、服务业、文化产业、战略新兴产业贷款的增幅，均远高于公司贷款平均增幅，现代服务业贷款占比提升至33.25%，小企业拓户944户，国内贸易融资累放585亿元，个贷余额近千亿元。三是中间业务挖潜增收。坚决执行监管要求，认真做好收费管理，创新产品服务，优化产品结构，整合费率模板，提高产品覆盖率，多策并举挖潜增收。发挥考核导向作用，加大资源配置和考核奖励力度，硬指标与软管理相结合，有效推动重点业务快速协调发展。加强收入监测和分析，强化事前监控和缺口管理，对重点行部和产品实施动态管理，加强督导推动和服务支撑，确保完成序时进度。强化应收管理，认真贯彻落实整治不规范经营要求，严格中间业务收入减免流程，严防“跑、冒、滴、漏”，做到“退有依据，应收尽收”。四是资产质量明显改善。严格落实银监会管理要求，深入贯彻“三个办法、一个指引”，加强贷款发放与资金支付管理，加强潜在风险、担保圈、过度融资、关联违约等客户和项目的压降退出。强化小微企业融资、贸易融资、个人贷款、信用卡等业务审查，加强资金支付管理和流向监督，严防信贷资金被挪用。规范与融资性担保等机构的业务合作，严格准入标准，对不符合条件的坚决退出。严控信贷资产劣变，加强不良贷款清收、处置和转化，全年实现现金清收4.87亿元，呆账核销7.49亿元，不良率成功回到年初水平以下。

二、坚持改革创新驱动，持续优化经营结构

一是金融资产服务业务快速发展。聚焦理财、财富管理等新兴领域，做大资产托管、养老金和第三方存管等业务规模，做强代理交易和代理销售业务，完善账户贵金属、账户外汇等产品体系，金融资产服务业务规模和收入贡献不断扩大。法人理财销售942亿元，个人理财类产品销售3 817亿元，均居同业第一。第三方存管新增9.5万户，总量突破213万户，养老金客户新增762户，总量近1 800户，托管资产规模突破2 600亿元，实现收入2亿元。新增账户贵金属64.4万户，交易收入1.1亿元；实物贵金属收入0.68亿元，同比增幅295%。新增总分行级现金管理客户297户，新签约全球现金管理客户180户，新增账户371户，现金管理实现中间业务收入2 257万元。二是模拟利润中心初见成效。投行业务创新突破，实施准利润中心考核，加强商投联动，大力推动并购贷款、上市顾问和PE主理银行等产品，积极拼抢债券承销、银团贷款安排等服务，品牌类投行业务贡献突出。实现投行收入2.22亿元，其中债券融资工具承销发行260亿元，居同业第一。金融市场部以打造利润中心为目标，强化创利能力，进一步做大盈利贡献。金融市场业务实现自营投融资净利润7.8亿元，实现中间业务收入6.8亿元，同比增幅为24%；结售汇业务量590亿美元，同比增幅50%，增量增幅均居同业第一；发行理财产品350期，发行理财产品1 250亿元，全年实现区域理财中间业务收入超过1亿元。三是潜力业务规模强势突破。信用卡业务全面领先，加快信用卡发卡，成立信用卡收单中心，积极拓展收单市场，加大商户与消费促销力度。信用卡发卡总量达到544万张，直接消费额577亿元，内外卡总收单交易额1 588亿元，透支余额66亿元，较年初增长14亿元，中间业务收入达到14.6亿元，同比增幅21%，均位居同业第一。积极拓展电子商务市场，关注金融网络化、电子化趋势，加强线上线下客户营销，网上银行个人客户和对公客户分别新增75万户和1.7万户，WAP手机银行客户新增93万户，新增电子商务及银企互联客户86户，电子银行交易额达到41.8万亿元，完成中间业务收入5.8亿元。

三、坚持攻坚重点领域，全力提速晋位争先

一是国际业务赶超发展。成立国际业务推进委员会，制定超常规发展战略，全行抓、抓全行，加强资源调配，加强考核激励，加强内外联动，市场份额稳步提升，业务实现跨越发展。全行开办外汇存款、国际贸易融资、国际结算三项业务的网点累计超过250家，业务开办率达到90%以上。外汇三项存款余额89亿美元，较年初增长38亿美元，余额位居同业第一。国际结算新增客户4 600余户，结算业务量突破2 000亿美元，总量和增量同业双第一。国际贸易融资新增客户274户，累计发放量为151亿美元，同比增幅152%，居同业第一。跨境人民币结算量624亿元，业务量较去年实现翻番。外汇中间业务收入3.9亿元人民币，同比增幅27%。二是拓户增容量质并举。实施拓户增容工程，坚持大中小客户并举，法人客户集群式拓展，全行新增建信客户768户，其中总部客户拓户42户，A+级（含）以上公司有贷户新增386户，A+级（含）以上优质小企业有贷户新增180户；无贷户新增5万元以上账户近7 500户，新增50万元以上账户近2 500户。个人客户批量式发展，以代发工资为手段，加强与第三方合作，做大个人中高端客户规模，代发工资发薪企业突破20万户，发薪人数达到300万户，私人银行客户净增693户。机构客户分层营销，全力推进市区两级财政预算单位单一账户改革营销工作，争揽预算单位单一账户1 500余户，市场占比达到了33.5%，较改革前提升了近3.5%。三是郊区板块全面突破。按照“队伍、机制、问责”六字方针，践行晋位争先经营战略，业务规模迅速增长，系统同业排名快速上升。至2012年末，郊区板块实现经营利润45亿元，中间业务17.8亿元，人均中间业务收入超过80万元，均居同业第一。人民币各项存款1 646.9亿元，较年初增长212.3亿元，增量增幅同业第一，市场份额较上年大幅增长1.3个百分点。外币各项存款取得垄断优势，存量达到15.51亿美元，较年初增长11.08亿元，存量增量同业双第一，市场份额大幅提升至34.7%，较年初增长19个百分点。人民币各项贷款938.4亿元，较年初增长46.7亿元，外币各项贷款14.37亿美元，市场份额较年初大幅上升12.9个百分点。

四、坚持风险防控保障，不断夯实管理基础

一是加快体制机制改革。围绕上海“四个中心”建设，推进体制机制改革，积极拓展新业务新市场，开拓新的盈利增长点。加快“地铁银行”建设，构建覆盖全市的立体金融服务网络。开展网点裂变，打造世博支行等特色支行，增强服务能力，激发经营活力。推进网点综合化，加强网点本外币、存贷汇一体化经营，推进客户经理综合化，网点经营效能不断提升。加快业务运营改革和综合流程改造，构建“前台受理、后台处理”的集约运营模式。大力实施业务电子化改造，深入推进柜面业务分流，电子银行渠道交易替代率近80%。二是深化联动营销模式。构建综合营销管理模式，加强产品交叉销售和捆绑营销，做到大中小客户、前台营销部门和重点产品全覆盖。有效发挥公司、个金等业务经营管理优势，加强跨条线、分支行联动，完善考核激励，促进客户资源共享，带动新兴业务线的快速发展。实施客户经理综合化改革，强调对公对私、本外币全产品营销，客户占比和产品覆盖率进一步提高。研究制定重点法人、机构和高端个人客户年度业务发展计划和综合经营方案，积极组建客户综合业务服务团队，着力实现客户统一管理、产品统一经营。三是加强内控风险案防。强化对重点领域、重点岗位、重点人员的风险控制，加强风险意识教育和防控能力培训，认真开展以《员工违规行为处理规定》为主要内容，以新入行员工、新提聘干部、新转岗客户经理等“三新人员”为重点对象的主题宣讲活动。加强开户和对账管理，坚持营销与开户分离、操作与审批分离，重申“本人办、当面办、交本人”高压线；加强对重要岗位人员准入管理，严肃查处员工参与民间借贷、违规担保等违法违规活动。四是强化优质服务管理。全面落实总行服务规范指引，按照“提升服务能力、促进服务效率”为主题，积极构建服务新格局。进一步规范和完善大堂服务管理模式，确保大堂服务在岗率100%，现场管理全覆盖。加强客户投诉原因研究细分，有针对性地提高服务管理能力。强化标杆网点先进服务管理模式推广，以点带面，有效促进网点综合竞争力提升。加强服务工作基层调研，进一步梳理业务制度、改善服务流程、优化产品设计，有效提升客户服务体验。加大渠道建设和自助机具投放力度，加快网点业务分流，客户投诉和网点排长队现象明显改善，全行服务效率和形象有了较大提升。

五、坚持人才文化兴行，积极营造和谐氛围

一是提升党建工作渗透力。贯彻落实党的十八大精神，在全行组织开展形式多样的学习教育活动，理论联系实际，用十八大精神指导和推动经营管理工作。积极推进创先争优工作，形成长效机制334个，推动党建工作制度化、规范化水平不断提升，获得总行“基层党建工作创新案例优秀组织奖”第一名的荣誉。落实基层组织建设年各项任务，围绕“五个提升”总体要求，加强基层调研指导，加强党员干部培训，提高基层党员组织生活质量，进一步激发创先争优的自觉性和积极性。评选表彰了一批先进基层党组织和优秀共产党员，汇编整理先进事迹《我们，一同前行》，制作创先争优活动视频《党旗下的承诺》，营造了党建工作良好氛围。二是打造企业文化软实力。积极推进机关文化，以文化建设为切入点，加强工作作风建设，切实改进文风会风，践行部室服务承诺制，深入基层解决实际问题，务实高效推进各项业务快速发展。打造博物馆文化，将银行博物馆打造为分行文化展示名片，完成银行博物馆网站上线，全力推进上海金融博物馆建设，成功赴台湾举办精品展，以文化为纽带，有效促进两岸更广泛的金融合作。深化员工关爱文化，继续打造职工之家品牌，落实好各项帮困慰问和关爱活动，发挥正能量导向，舒缓员工工作压力，进一步提升员工的企业归属感和发展认同感，推动全行和谐发展。三是强化民主管理凝聚力。进一步深化民主管理，不断健全完善职代会制度，切实落实行务公开，努力引导广大员工积极参与民主决策和民主监督。召开分行二届二次职代会，围绕中心任务开展职代会提案工作，确定了19份议案、34份提案，由相关部门予以重点落实，基层工会参与率达100%。开展分行职代表巡视活动，结合提案与部门开展面对面交流，发挥参政议政作用，进一步向广大员工群众宣传分行业务发展成果，增强职代会提案的影响力。认真履行民主程序，对总行《违规积分管理办法（2012年版）》、《关键岗位人员岗位轮换和强制休假办法》（修订稿）广泛征求员工意见和建议，充分发挥了员工民主参与作用。

江 苏 分 行

行长　黄纪宪

【业务指标完成情况】

2012年，江苏分行实现净利润173.6亿元，同比增长5.6%；实现中间业务收入112.61亿元；市场竞争力持续改善，人民币各项新增存款、人民币储蓄新增存款列四行第二，人民币对公新增存款、中间业务收入四项指标均列四行第一；资产业务快速发展，人民币贷款新增590.6亿元，列系统第一；全面风险整体推进，贷款和信用卡透支不良额43.4亿元，控制在预定的目标范围内。

【主要工作措施】

一、突破重点和夯实基础并重，存款业务竞争扎实有效

一是完善存款业务经营机制。改进考核激励机制，提高日均存款在经营绩效考评中的权重，深化省分行管理人员竞争力考核办法，实施对公存款专职客户经理直通式考核。完善监测督导机制，建立每日预测预警制度，对存款增长缓慢的分支机构进行督导帮扶。二是大力竞争储蓄存款。开展代发工资业务专项营销活动。以银商通、商友卡和汇款套餐等产品为重点，大力拓展商品交易市场。创新营销活动组织方式，组织开展旺季营销、“投百亿、访万户，金融服务送上门”等营销活动，强化公私联动、行商营销、批量拓展。三是奋力拓展对公存款。依托大额资金监测平台，加强目标客户营销拓展，持续扩大对公存款客户基础。持续抓好省级对公存款攻关项目营销，做好电力、烟草等系统客户营销维护，积极争揽上市和拟上市公司募集资金归集。积极竞争财政类资金和社会公共基金，组织医疗、教育市场营销攻关，成功竞标社保卡项目。

二、规范经营和拓展来源并举，中间业务转型步伐加快

一是全面开展“整治不规范经营”活动。深入开展自查自纠工作，对贷款附加不合理条件、不合理收费等问题开展集中整治，推进了中间业务规范化经营。二是加快推动融资中介业务规模化发展。大力发展资产管理业务新模式，加大项目储备力度，推动资产管理业务规模化发展。以重点产品线为突破口，推动品牌投行业务跨越发展。深化与工银租赁合作，以基建设施、装备制造、租赁和商业服务领域为重点，实现客户数和融资额“双破百”。三是深入推进产品线建设。推广商友卡、汇款套餐、全球快汇等个人结算主打产品，积极营销结算套餐、现金管理、银企互联等对公结算产品。持续做大以购车分期为重点的分期付款业务，加大MIS系统和POS机具投放力度，积极抢占收单市场份额。坚持公私联动批量销售和营业网点阵地营销相结合，努力做大保险销售规模。充分发挥贵金属旗舰店营销作用，公私联动、集中营销、高层营销，做大贵金属客户规模和交易规模。

三、市场拓展和风险管理兼顾，资产业务快速健康发展

一是围绕“稳增长”的总体要求，推动资产业务突破发展。创新运用“开发区+区内实体企业”的营销模式，实现区内优质实体企业批量拓展。大力发展供应链融资业务，推动小企业及个人信贷客户批量拓展。积极支持优质实体企业“走出去”，成功运作了徐工海外收购以及永鼎泰富孟加拉国电站项目。二是着眼可持续发展，深入推进信贷结构调整。辟出专项规模，支持重点县支行信贷业务竞争发展，年末20家重点县支行中有14家实现信贷增量四行第一。以专业市场、产业集群、供应链等板块为重点，推动“三小贷款”稳定增长。大力推介固定资产支持融资业务，全面拓展四星级以上酒店、大型商业百货、高等级景区等客户。在南京、常州各成立一家科技支行，试点科技企业金融服务。三是严格风险防范，保证信贷业务健康发展。完成审批业务集中管理，同步推进标准化建设、信息系统应用和制度配套完善。抓好平台贷款到期预案管理，年内到期贷款均按时收回。严格钢贸、光伏、造船行业信贷准入和核准要求，

严格执行房地产贷款名单制管理，加强小企业、个人贷款和分期付款业务监控管理。坚持表内外业务一体化管理，重视表外垫款、欠息等苗头性问题，提前做好风险防范。四是创新体制机制，加快不良贷款清收处置。将不良贷款管理工作由支行上收至二级分行，在全行组建了专业的违约贷款催收团队和不良贷款清收处置团队，提升了不良贷款处置的效率和成效。加快推进呆账核销，重点对存量不良贷款中账龄较长、关系复杂、诉讼执行难的，凡是符合呆账认定条件的，努力做到应核尽核。

四、狠抓风险防控和内部管理，打造安全平稳高效的经营环境

一是推进案防长效机制建设。以“零案件、零重大事故、零重大负面舆情”为目标，组织开展“内控履职强化年”活动，突出各级管理层和操作层的内控履职。持续开展“无差错、无违规”活动，建立视频监控中心，对网点运营、服务、安保等情况开展实时远程监控。开展员工参与民间借贷排查和治理，落实关键岗位人员轮岗制度，有效防范道德风险。二是推进渠道布局优化。出台分行2012－2014年网点优化建设规划，新建营业网点46家，其中县域网点37家；完成网点迁址60家。创新试点“自助＋理财”金融服务，加快自助设备投放，着力把电子银行渠道优势转化为客户市场竞争优势。三是突出加强服务管理。改进窗口交接班管理，通过低柜进高柜、二线到一线、错时就餐等办法，努力解决好排长队问题。以举办自助机具使用大赛、开展电子银行转账汇款交易有奖活动、重点目标客户定向营销宣传等多种形式，引导和培养客户自助交易习惯。加强大堂经理配备，推广新型排队叫号管理系统，持续做好舆情监测，突出抓好首诉处理，探索小额补偿制度，投诉处理效率明显提升。

五、加强党建和干部员工队伍建设，营造奋进和谐的良好氛围

一是加强党建和干部队伍建设。举办管理干部读书班、开展中心组集中学习、组织网上自学自测，扎实推进创先争优活动，全行共有3个基层党组织、4名共产党员、1名党委书记和1名党务工作者受到总行党委表彰。组织“百位行长话廉政”、廉政谈话、廉政承诺等活动，加大干部公开选拔竞聘力度，推进干部资源在全行的有序流动。加大领导干部培训力度，与中国浦东干部学院合作，对省分行管理干部开展轮训。二是加强员工队伍建设。组建专业队伍，完成整建制派遣和跨地区保险代理派遣工作，组建电子银行售后服务、国际业务产品经理、投资银行、信用卡分期付款营销等四支团队，组建县域支行“零基”营销队伍。开展中青年干部培训班、客户经理加强班、网点负责人培训、中年员工培训、新入行员工培训等重点培训项目，出台业余学习奖励办法，提升了员工的综合素质和履职能力。三是深入实施凝聚力工程。坚持职工代表大会制度，深化行务公开。发挥“直通行长室”的沟通桥梁作用，努力解决员工关切的热点问题。有1个单位、1名员工分别荣获全国“工人先锋号”、全国金融“五一劳动奖章”称号，1个单位、1名员工、2个单位分别荣获省“五一劳动奖状”、省“五一劳动奖章”、省“工人先锋号”称号。

浙 江 分 行

行长　沈荣勤

【业务指标完成情况】

2012年，浙江分行实现拨备前利润236.05亿元，同比增加21.46亿元，增长10%；拨备后利润220.67亿元，同比增加7.82亿元，增长3.67%；实现经济增加值（EVA）102.38亿元，同比增加1.47亿元，增长1.46%。本外币全部存款余额8 387亿元，较年初增加815亿元，四行占比提升2.91个百分点，达33.22%。表内全部贷款余额6 604亿元，较年初增加618亿元，余额增量均居同业第一；表外融资余额2 192亿元，较年初增加134亿元。实现中间业务收入90.54亿元，同比增加3.89亿元，增长4.49%。中间业务收入四行占比36%，提升5个百分点以上。不良贷款余额60.19亿元，不良贷款率0.97%，分别较年初上升17.03亿元、0.21%，低于全省金融机构平均水平，在四大行中处于最低水平。获“全国银行业金融机构小微企业金融服

务先进单位”、“首届浙江省最具社会责任金融机构”等荣誉称号。

【主要工作措施】

一、毫不动摇抓客户，存款竞争力逆势提升

坚持从客户基础抓起，创新产品、改进服务、完善机制，在全省金融机构存款增速明显下滑的情况下，实现了存款竞争力的逆势提升。先后组织开展了“夺标强中强”、“促联动，抢代发”等一系列营销竞赛活动，以智多薪卡、商友卡、联名芯片卡、速汇金、理财等产品为主要抓手，重点突破代发工资、商品交易市场、省外浙商、县域农村、出国商务留学、第三方存管等客户群体，新增个人有效客户137.5万户、增长11%，其中个人中高端客户新增19.5万户，增长42.44%，并带来存款增长227.84亿元、占全部新增储蓄存款的86.06%。更加注重有效对公结算账户，通过开展工赢积分结算账户、商业信函营销等活动，持续加强现金管理、法人理财、供应链易透和全能付等优势产品营销。新开人民币单位结算账户97 496户，四行占比38.2%，继续保持同业占比第一，新开账户带来存款309.7亿元，占新增对公存款总量的91.2%。深耕专业市场、产业集群、供应链上下游小企业，中小企业新增548户、1 101户，个人经营贷款客户新增2.64万户。加强大额资金封闭管理，发挥好资产业务带动作用，有贷户新增存款144.62亿元，列系统内第4位。加强社保、财政、烟草、公积金、军队等核心客户维护，抢抓财政专户、社保基金财政专户清理归并、省政府“自主发债”、公积金扩面等机遇，推进银证、银期、银保综合化合作，系统客户存款增加205.38亿元。

二、竭尽全力拓市场，信贷结构持续优化

坚持“大中小并举”，奋力拓展优质信贷市场，在有力助推实体经济的健康发展和转型升级的同时，实现了自身信贷结构的动态调整和优化，初步形成流动资金贷款、项目贷款、个人贷款45∶24∶31的信贷比例。一是加强大企业、大项目营销。围绕浙江海洋经济示范区、舟山群岛新区、义乌国际商贸和温州金融改革等“四大国家战略”建设，加强商投互动、内外联动、本外币联动，成功营销“海洋平台三用途工作船租金收益权信托项目”、舟山“黄泽山石油中转储运项目”、“义乌市小商品出口监管中心一期工程项目”等一批重点项目。二是加快进入新市场。发展技术工艺先进、行业领先、市场前景好的先进制造企业，重点拓展具有示范效应和产业拉动作用的重点文化产业项目，四大新市场贷款新增610亿元，占全部公司贷款增量的146.3%。三是继续加强“两小”拓展。深化小企业专营机制，推广“小额易捷贷”、“易保贷”、“采购通”、小额授信贷款、积数贷款、商铺使用权质押贷款等特色产品，小企业贷款新增126亿元，个人经营性贷款新增24.61亿元。四是加大重点县域投入。年末全省列入总行重点支行管理的30家支行新增贷款307.63亿元，增长13.84%，高于全省平均增幅4.07个百分点，重点支行市场竞争力明显提升。

三、坚定不移促转型，中间业务领先优势扩大

一是规范中间业务收费。成立消费者权益保护工作领导小组，强化中间业务收费服务管理，制定出台《中间业务收费管理实施意见》，对收费科目等作出具体规定，切实做到收费有依据、有协议、有服务、有记录、有管理，经得起各类检查。二是打造金融资产业务新品牌。积极拓宽区域理财资金投向，理财产品余额达到701.03亿元，其中区域理财产品余额380.24亿元，同比增长232.23%，系统内排名第一；强化投行业务创新，品牌类投行业务收入同比增长163%；发展基金专户、券商定向资产管理、ESCROW（跨境安心账户）、新兴合伙企业等托管业务，托管资产余额6 153亿元、新增3 443亿元，养老金客户新增331家、总量达1 407家，养老金业务收入系统第一；加强银团分销网络构建和银团项目的对接，实现标准银团牵头行或联合牵头行项目71个、分销60.1亿元，同比增长492%和16%；积极推广重点产品，着力发展黄金租赁业务，实现贵金属业务收入2.05亿元，四行占比第一。三是注重传统业务的创新挖潜。创新“人民币出口代付+远期境外币种转换”、“走出去”企业金融服务等，国际结算四行占比从去年的29.99%上升到32.78%，跨境人民币业务首次跃居四行第一，历史性地实现本外币结算占比“双第一”。信用卡发卡量较年初净增100.19万张，消费金额1 330.85亿元，同比增长45.23%，分期付款余额320.31亿元，较年初增加43.79亿元。

四、千方百计控风险，资产质量总体可控

一是前移风险关口。投产信贷客户智能化监测系统，强化信贷业务风险预警分析，加强全面风险排查，加快潜在风险贷款退出转化，全年退转潜在风险贷款103亿元、转化担保圈贷款168亿元。二是切实加强重点领域风险防控。严格控制四大行业贷款总量，四大行业贷款下降160亿元，完成总行任务的140%；持续推进各项平台贷款规范清理工作，融资平台贷款余额比年初下降111亿元，降幅16.7%，继续保持零不良；严格控制房地产及相关产业新增项目，严格名单制准入，房地产贷款余额170.3亿元，较年初下降43.2亿元。三是狠抓不良贷款清收处置。专门成立不良贷款处置工作小组，集中抽调精干力量攻坚克难，加强与总行、当地法院等部门沟通联系，综合运用现金清收、重组转化、核销、还款免息、债权转让等多种途径，加快诉讼执行进程和不良贷款处置进度。清收转化不良贷款59.04亿元，比上年增加21.77亿元，增幅达59.45%。

五、齐心协力强管理，发展活力有保障

一是持续强化内控案防工作。成立非现场监测中

心，运用非现场风险模型，创新风险事件及重要风险点的核查方法、手段，上收业务运营风险等级评定职能至省分行、反洗钱职能到二级分行，新增信贷、电子银行、商业贿赂等6个重要风险点防控治理。加强安全保卫工作，提升操作风、合规风险防控能力，继续保持内控评价一级行，连续5年被浙江省授予“治安安全示范单位”。二是深化重点领域改革创新。推进产品、流程、渠道、管理创新，推出“工银聚”、“云服务平台”和云办公平台，全年立项投产区域特色创新项目92个。积极应用E式营销管理、MOVA、CBMS、PBNS、数据仓库等系统，经营管理的科学化和精细化水平进一步提升。三是进一步提升改进服务。全年新建成网点20家、智能银行25家、离行式自助银行146家，新增自助设备投入2 046台，电子银行业务占比达到64%，交易离柜率在50%的个人客户占比59.5%。深入推进业务集中处理改革，已完成28项业务大类的集中投产，对公非现金业务集中率达到84.65%，集中批量代理业务品种98项，业务量较上年同期增长39.53%。全面开展星级网点、星级员工创建工作，推广网点服务质量与排队管理系统，完善一站式投诉通道和管理机制，开展内部服务承诺监督考核，服务水平和客户满意度进一步提升。

六、改进作风促和谐，队伍凝聚力不断增强

一是改进党风行风。深入推进创先争优和基层组织建设年活动，扎实开展民主评议行风活动，群众满意度在全省23家参评银行中名列第一。扎实推进惩防体系建设，以管理人员为重点切实加强反腐倡廉教育，严格落实廉洁自律各项要求。二是完善员工工作。积极搭建有利于优秀人才脱颖而出的发展平台，56名年轻干部在公开选拔中脱颖而出，走上分支行管理岗位。全年共有1 050名柜员合同工和555名劳务人员转为合同制员工管理，4 399人实现了工资档次晋升，1 096人实现了工资等级晋升，579人实现了职务层级晋升。成立培训学校和模拟银行，举办各级各类面授培训班946期，促进了员工履职能力提升。三是优化薪酬福利管理。优化薪酬资源配置，深化支行绩效管理，深化补充医保制度，将女员工生育医疗费用和员工子女医疗费用纳入补充医保保障范围。四是深化特色企业文化建设。开展以“服务实体经济、服务百姓生活”、“学雷锋、强服务、比奉献”、“满意在工行”等主题活动，宣传推广基层行特色文化建设先进典型。完善假期管理和五项福利管理，提高公积金缴交标准，制定和实施退休和内退人员待遇调整实施细则，营造心齐、气顺、劲足的良好氛围。

安徽分行

行长　常真旺

【业务指标完成情况】

2012年，安徽分行实现账面净利润46.93亿元，完成总行下达计划。各项存款余额3 191.76亿元，四大行市场占比29.5%，居首位；各项贷款余额2 158.55亿元，四大行市场占比为32.68%，居首位；实现中间业务收入23.52亿元，继续保持同业第一。不良贷款余额和占比分别比年初下降0.76亿元和0.24个百分点，实现双下降。

【主要工作措施】

一、深入实施三大业务发展战略，保持市场领先优势

一是加强存款市场竞争。坚持抓好客户拓展、源头揽存、联动营销等基础性工作，促进储蓄存款持续快速增长，强化无贷客户存款竞争，加大财政、社保、军队和优质同业客户营销和公关力度。全年各项存款增加354.84亿元，同比多增119亿元。其中，储蓄存款（含保本型理财）增加249.35亿元，同比多增66.43亿元；公司存款增加28.18亿元，同比多增46.12亿元；机构和同业存款增加77.31亿元，同比多增16.14亿元。二是拓展优质信贷市场。强化优质信贷市场挖掘和

拓展，统筹安排贷款均衡投放，各项贷款增加243.37亿元，同比多增28.05亿元。积极推进小企业信贷业务规模化、集约化发展，小企业贷款增加42.22亿元，增长20.9%。大力发展国内贸易融资业务，办理国内贸易融资253亿元，商品融资41.12亿元。三是促进中间业务发展。深挖传统中间业务增收潜力，努力扩大中间业务收入来源，全年同比多收1.01亿元。销售个人理财产品750亿元、对公理财产品85亿元。信用卡消费交易额418.9亿元，同比增长44.2%。办理国际结算118亿美元，外汇资金业务62亿美元，同比分别增长22%和13%。

二、加快推进业务转型，努力挖掘客户价值

一是加强公司无贷客户经营。由追求产品价值向追求客户价值转变，以金融资产服务业务等契合公司无贷客户需求的业务为重点，推进全产品营销，深入挖掘客户价值。公司无贷客户净增1.84万户，其中日均存款余额10万元以上客户979户，新增无贷客户存款15.08亿元。二是加强个人贷款客户经营。以“规模持续领先，资产质量良好，客户基础扎实，转型效果明显”为总体目标，积极推动个人贷款向个人贷款客户经营转变。个人贷款在全部贷款占比为32.06%，高于全国平均水平7.82个百分点，实现中间业务收入0.75亿元。

三、加快推进结构调整，促进发展质量提升

一是强力推进金融资产服务业务发展。将金融资产服务业务作为经营转型的重点，制定业务发展意见，成立业务管理委员会，实现收入5.12亿元，同比增长27.27%。组建私人银行中心，新增系统签约客户93户，实现收入1 534万元，居一级分行私人银行中心第1位。组建品牌投行团队，办理了马钢股份100亿元短期融资券承销发行等项目，实现品牌投行收入1.47亿元。大力发展资产管理业务，办理结构化融资7.06亿元，发行区域理财业务产品6期、9.99亿元，实现贵金属业务收入7 591.29万元，市场占比52%，居首位。二是加快信贷结构调整。“四新市场”贷款新增130.74亿元，占公司贷款比重提高5.7个百分点；小企业贷款增长20.9%，余额占全部贷款的11.31%，提高0.68个百分点；信用卡消费透支增加10.37亿元、信用卡分期付款增加12.78亿元，合计占全部贷款增量的9.85%；“四大行业”贷款余额下降50.83亿元，完成计划的200%。三是积极拓展优质客户。净增公司信贷客户557户，现金管理客户7 958户，百万元以上机构客户59户，有效外汇账户266户。发展代发工资业务，加强专业市场、集群客户批量营销和星级客户交叉营销，净增四星级以上个人优质客户23.7万户、个人中高端客户188.7万户；净增代发工资客户2万户，第三方存管客户3.52万户，建成商友俱乐部178家。四是推进渠道结构调整。新增对外营业网点18个，迁址优化网点21个，升格二级支行37个，新增离行式自助银行63个，柜面业务可分流率为32.2%，下降0.52个百分点。

四、严格风险和案件防控，抗风险能力有效增强

一是加强信贷风险管理。认真组织开展存量贷款风险排查工作，提前化解风险贷款6.22亿元。退出转化潜在风险贷款39.76亿元，完成计划的154.6%；化解担保圈贷款25.75亿元，完成计划的121%。二是加快不良贷款清收处置。清收处置19.16亿元不良贷款，完成计划的180.75%。其中：现金清收4.11亿元，清收处置五年以上账龄不良贷款2 666万元，收回账销案存资产942万元。实现不良贷款清户30户，其中千万元以上大额不良贷款大户9户。三是着力强化案件防控。加强内控案防管理，通过以“人”入手作为经线、以“事”入手作为纬线，从“经”和“纬”两方面构建内控案防网络。强化排查长效机制建设，重点排查在册不在岗、在岗行为有异常的员工，通过规范“人”的行为，达到规范操作、防范风险和案件的目的；制定《关于加强风险事件管理的意见》深入分析诱发风险事件“人”的因素，排查风险事件责任人异常行为，加大风险事件核查治理力度，一类风险事件大幅下降，有效消除了风险隐患。加大远程监控与现场巡查力度，突出抓好防范撬盗ATM、电信诈骗等案件风险防控，成功防范多起外部案件（事件），实现了安全运营。

五、深化内部改革创新，经营管理水平不断提高

一是进一步完善经营管理体制。成立养老金业务部，新增托管资产801.85亿元，实现养老金业务收入2 582.67万元、资产托管业务收入1.2亿元，同比分别增加936万元和3 608万元。完成授信审批垂直集中管理改革，法律事务管理体制改革完成序时进度。推进县支行加快变革发展，贷款余额占比提高0.87个百分点。深化业务集中处理改革，网点投产覆盖率达到100%。二是加强业务创新。推出“九华大愿”贵金属产品，销售459公斤，实现中间业务收入3 567万元，占全部贵金属收入的46.98%。办理首单PE私募股权投资基金、“高端财务顾问+结构化融资”项目，创新办理了境内外同业通、增强型票融通、掉存通、跨境掉存通业务，投产徽商期货集中式银期转账网银自助注册业务、招投标监管系统和房产登记交易税费征管系统。三是着力提升服务水平。积极开展文明规范服务创建活动，16家网点获得安徽省银行业百家示范单位，5家机构获得中国银行业千佳示范单位候选资格。加强客户投诉治理，客户投诉量同比下降67%，实现无重复客户投诉。

六、持续加强党建和队伍建设，发展基础进一步夯实

一是加强党建工作。以开展基层组织建设年和召开省行党代表会议为重点，积极推进党建工作，引导广大党员坚定正确的理想信念，积极投身全行改革发展实

践。深入贯彻落实中央政治局、总行党委关于当前密切联系群众、改进工作作风的新要求，持续推进反腐倡廉工作，进一步提高了党员领导干部的廉洁意识和拒腐防变能力。二是加强队伍建设。制定实施系统管理人员、高级经理和高级客户经理、省行本部管理人员绩效考核办法，实行绩效合约考核。加强干部梯队建设，新提任二级分行、省行部室正副处级干部平均年龄为 41 岁，干部结构进一步优化。三是加强企业文化建设。组织开展了员工优秀书画作品展示，出版了员工艺术作品集和书画作品选。深入推进文明创建工作，连续三届荣获“安徽省文明行业”称号，是全省金融系统唯一一家省级文明行业。

福建分行

行长　乔晋声

【业务指标完成情况】

2012 年，福建分行实现拨备前利润 78.66 亿元，拨备后利润 72.43 亿元，同比增长 5.6 亿元，增幅 8.38%；四行占比 27.93%，同业第一。EVA 31.08 亿元，同比增长 2.67 亿元，增幅 9.41%。RAROC 38.25%，同比上升 0.59%。平均资产回报率 2.43%。NIM 4.1%，同比上升 0.3%。贷款收益率 7.07%，同比上升 1.07%。全部存款余额 2 400.03 亿元，比年初增加 396.05 亿元，增幅 19.76%。各项贷款余额 2 402.98 亿元，比年初增加 265.33 亿元，增幅 12.41%；表内外融资增量 329.02 亿元。实现中间业务收入 37.55 亿元。不良贷款率 0.69%，比年初下降 0.01 个百分点。

【主要工作措施】

一、抓市场营销和客户拓展，不断夯实发展基础

始终坚持“以市场为导向、以客户为中心”，在全辖开展了“拓户提升”对公账户和“寻源·亮剑”代发工资两大专项营销活动；在省行、二级分行本部开展“金秋夺宝大行动”等拓户活动。根据“小福建、大闽商，小 GDP、大 GNP”经济特色，抓住闽商遍布全国、全球发展的特点，提出“立足省内做省外、境外”，坚持跟随客户战略，通过“省内 + 省外 + 境外”模式做好闽商的服务，增强一体化、综合化服务能力，引导“闽商回归、闽资回流”。与省文化厅、省住建厅、福州市政府、泉州市政府、省个私协会及多家商会、重点企业等签订战略合作协议（备忘录），提供综合金融服务，不断贴近政府、贴近市场、贴近客户，得到了政府、监管部门和广大客户的高度认可。

二、抓转型创新，不断提升市场竞争力

大力发展金融资产服务业务，开展股权信托、理财委托贷款、理财委托投资票据、财产收益权信托等模式的理财业务，发行区域理财 20 期、21.49 亿元。品牌类投行业务规模不断扩大，实现投行业务收入 8.06 亿元，系统排名第十，四行占比 34.92%，同业第一。资产托管业务取得重大突破，新增托管规模 864.7 亿元，实现收入 1.45 亿元，连续保持市场占比第一和系统排名前十。贵金属业务强劲增长，实现收入 1.36 亿元，同业第一，系统考核排名第二，获总行“2012 年度贵金属业务卓越贡献奖”。信用卡发卡量 236 万张，同业第一；透支余额 134 亿元，系统排名第四。在同业中第一家推出电子银行在线兑奖、同城跨行速汇等系统，实现收入 5.59 亿元，同业第一，同比增长 33%。在泉州成功试点供应链融资业务，将品牌核心企业及其上下游资金封闭在分行运行，供应链融资增量占全省的 60.55%。

三、抓信贷结构调整，实现信贷业务持续健康发展

一是行业结构不断优化。“四大行业”贷款占各项贷款比重 16.26%，比年初下降 2.67 个百分点；“四大新兴产业”贷款比年初增加 198.89 亿元，占公司贷款比重 70.53%，上升 4.3%；贸易融资、中小企业、个人贷款“三大战略领域”新增贷款 136.64 亿元，余额占全部贷款的比重 60.81%。二是贷款期限结构、大户集中度不断优化。法人贷款长、中、短期余额占比分别

为30.4%、14%、55.6%，中长期贷款占比始终保持在低于50%的水平，亿元以上大户贷款占全部法人贷款的比重为46.9%，系统排名第二。三是风险收益不断优化。贷款利息收入同比增加38.9亿元，增幅32.7%。贷款收益率7.07%，系统排名第一，同比上升1.07%。

四、抓机制体制改革，不断提升经营管理水平

机制创新方面，建立了行领导走基层访客户制度和分块联络省政府各厅局营销管理机制，形成省、市、支行三级联动的系统营销格局。组建了大客户金融服务中心、个人高端客户推动小组、私人银行中心，推进分层营销、分类服务、分层经营。按照“同业领先、系统先进”的双重维度设定量化考核目标，形成“收入凭贡献，考核看业绩”的绩效考核体系。梳理出80个全产品营销计件考核指标，制定考核实施细则，上不封顶，实现产品定价和奖励兑现的规范化、透明化。机构改革方面，完成了授信审批垂直集中管理改革，信贷风险防范能力和核心客户市场竞争力明显增强。完成了营业部体制改革和重点支行改革，营业部在总行直属分行和一级分行营业部绩效考评中连续7个季度荣获第一名。深化支行机构改革，资源配置更加有效，支行竞争合力和风险防控能力显著增强。

五、抓金融服务能力提升，提高市场影响力和社会美誉度

一是加快网点渠道建设。新增网点9个，优化网点46个，新建离行式自助银行70个，安装自动柜员机2 260台、自助终端1 191台，创建9家个人金融品牌理财工作室，建成14家贵金属旗舰店，实现了机构网点在省区市县的全覆盖。二是加大产品创新。首创“工银随军银行保障车”，募集首期3亿元“平潭交投公司股权投资单一资金信托计划”，承销首笔中小企业集合债，推出了牡丹旅游休闲卡、公交手机支付、银医一卡通，提高了民生领域金融服务能力。三是加强服务管理。实行“一把手”服务责任制和服务工作负积分考核工作制，加强客户投诉管理，受理客户投诉下降幅度60.61%，创建了4家中银协文明优质服务千家示范单位，持续开展非金融增值服务，客户满意度和品牌知名度进一步增强。

六、抓内控案防，实现平安运营

一是加强风险管理制度建设。先后制定了《信贷管理考核办法》、《融资性担保机构信贷管理意见》等十几项制度办法，确保依法合规经营。二是高度重视信贷风险防控。提出信贷风险防控“二十条”意见，制定合作担保机构担保贷款风险九项要求。针对发展中出现的新情况、新问题，梳理了11个方面的信贷风险，布置防控措施。三是高度重视不良贷款清收处置工作。建立不良贷款约谈制度和小额不良贷款领域警戒线管理制度，与资产管理公司合作创新不良贷款清收途径，风险评价考核系统排名第四。四是持续抓好内控案防工作。认真配合人民银行、银监局等各项内外部检查审计工作，切实加强了发现问题的整改。开展执法监察“飞鹰”行动，保证政令畅通。开展“三位一体”员工行为规范教育活动、操作风险排查专项治理等工作，对帮助企业弄虚作假、欺骗等行为“零容忍”，加强安防设施建设，在公安部、银监会组织的银行业金融机构安全评估中，列四大商业银行第一位。

七、抓党建和队伍建设，提升企业文化建设水平

加强党风廉政建设。认真落实党风廉政建设责任制和案件防范工作责任制，把廉洁从业教育纳入各级人员教育培训内容，开展“基层组织建设年”活动，获总行“创先争优在身边”活动优秀组织奖。加强人才队伍建设。先后制定《销售类员职业发展暂行办法》、《行级领导与客户交流沟通制度》等制度办法，搭建各类员工晋升发展平台。将培训与客户拓展相结合，邀请企业高管共同参加清华大学“管理人员领导力提升高级研修班”培训，组织管理人员赴香港参加战略管理培训班和“深港联动”培训班。加强企业文化建设。普及“职工之家”建设，开展“一行一社团”活动、员工健康理疗和员工生日祝福墙活动，先后荣获福建省“和谐企业”、“全国文明单位”、“全国模范职工之家”等荣誉称号。

江 西 分 行

行长　倪百祥

【业务指标完成情况】

2012 年，江西分行实现拨备前利润 43.98 亿元，增长 14.86%；拨备后利润 41.87 亿元，增长 12.28%。实现中间业务收入 23.3 亿元，增长 27.7%，增幅一级分行排名第三，同业第一。本外币全部存款 2 306.5 亿元，比年初增加 197.3 亿元，其中储蓄存款增加 124.25 亿元，对公存款增加 23.2 亿元。人民币各项贷款（含卡透支）1 343.6 亿元，较年初增加 199.8 亿元，其中流动资金贷款增加 107.9 亿元，项目贷款增加 20.2 亿元，个人贷款增加 56.7 亿元。清收处置不良贷款 10.5 亿元，其中现金收回 2.6 亿元，实现风险拨备回拨 2.9 亿元。

【主要工作措施】

一、把握科学发展主线，加快推进全行经营转型

一是牢固树立“客户第一”的观念，客户结构不断优化。持续开展“走万家、拓千户”主题营销活动，表内拓户 461 户，中型企业拓户 259 户，小企业客户增加 687 户，新增国际业务客户 246 户。大力营销个人中高端客户，加快拓展私人银行客户，五星级以上客户新增 1.4 万户，发展 800 万元以上私人银行目标客户 292 户。二是正确把握“进”与“退”的关系，贷款结构不断优化。将工业园区企业作为实体经济信贷市场营销的“主阵地”，实体经济贷款净增 126.5 亿元，余额占比提高 9.18 个百分点。注重做大信贷流量，表内贷款累放 590.6 亿元，增长 34.6%；担保类表外业务累计办理 238.4 亿元，增长 25.7%；通过投行、金融资产服务业务撮合投资 78.9 亿元，增长 89.3%。运用“网贷通”、账户卡循环贷款等产品开展小企业批量营销，小企业贷款增加 59.9 亿元，增长 64.7%，系统内排名第 5。着力调整“四大行业”贷款，成功向进出口银行上海分行转让 5 亿元公路项目贷款，在全国首次运用 CM2002 资产买卖子系统分销信贷资产，转让房地产贷款 11.2 亿元。三是坚持传统业务与战略新兴业务并举，业务结构不断优化。开展电子银行业务千场路演推介等活动，在全国首推“客票通”网银订购汽车票，活跃客户占比提高 11 个百分点，柜面业务可分流率下降 7.6 个百分点。量质并举发展银行卡业务，开展以“五大五小”优质商户为目标的名单制营销，推出摊位租赁分期，家装分期等新品种，成功办理首笔“掉存通 + 付汇理财通”等多项组合业务，首笔跨境人民币代付、人民币双币种信用证转开业务等。为中煤建设集团办理 1 350 万美元“保函 + 租赁 + 保理”业务，首创全国金融行业内新型结构性融资模式。成功完成江西长运并购上饶汽运、泰豪科技并购沈阳电机等 6 个项目，完成 2.8 亿元中节能股权投资项目，实现 PreIPO 股权投资项目的零突破。

二、抓好两项存款，努力提升市场竞争能力

一是坚定不移地实施“蓝海”战略，储蓄存款市场份额进一步稳固。全面突破省内商品市场，推出了“日均存款保障 + 三户联保”方式的个人经营贷款，创新融资担保模式，积极竞争商户融资业务。商友客户达 24.2 万户，全国排名第 8；商友客户储蓄存款新增 64.6 亿元，占纯储蓄新增的 52%；商户个人经营性贷款余额达 111.1 亿元，成为省内首家破百亿元的分行，在全国“工行进市场，服务进商户”营销活动中排名第 2。广泛开展了打工储蓄、乡镇联谊、产品下乡、农产品种购春季营销等活动，与省供销社签订了全面战略合作协议和个人业务专项合作协议，创新并发行了农村客户专属的田园卡，实现净增田园卡 34 万张。二是积极构建对公存款稳存增存机制。建立“主办行全面营销，协办行跟进配合，项目组总体协调，挂户行领导大力推动”的四位一体联动营销机制，实行对公客户“双名单制”营销管理系统，将大中小对公客户营销责任真正落实到人。加强对省财政、公积金、社保等 24 个对公系统大户的直营工作，建立大额资金流出报告制度，

做到“日监测、笔跟踪、人管户、户增存”。

三、着力加强三大建设，筑牢业务发展根基

一是着力加强风险控制建设。切实加强信贷基础管理工作，加强对小企业和个人贷款的质量监测和贷后管理，将不良贷款催收责任落实到各级机构相关负责人及客户经理，防范系统性风险。推进检辅、内控、派驻监管“三位一体”的内控案防机制建设，认真开展员工行为规范教育、“反对商业贿赂、珍惜职业生涯”主题警示教育，组织全省管理人员观看反腐倡廉警示教育宣传片，增强了全行干部员工依法合规经营意识和拒腐防变能力。二是着力加强渠道建设。提出了2012－2014年网点建设战略目标，将过于集中在中心城区的网点迁向经济发展较快的新建城区、经济开发区及城乡接合部，完成优化改造物理网点63家，建设完成离行式自助网点444家，布放助农取款点909家，投产自助设备579台，自助设备总量达到2 010台。三是着力加强干部队伍建设。实施二级分行行长任期目标管理制度，组织高管读书班等各类管理人员培训，全面提升各级领导干部管理能力与水平。组织落实党风廉政建设和案件防范工作责任制工作，开展“集中整治影响发展环境的干部作风突出问题”专题民主生活会和“基层组织建设年”活动，制定了省分行机关下基层工作约法三章、切实改进工作作风密切联系群众的实施意见，营造了求真务实、厉行节约的良好氛围。

四、优化四项管理，促进全行和谐发展氛围

一是积极营造和谐企业文化。制定《江西分行企业文化建设三年规划》，组织实施文明创建“满堂红”工程和首届“感动江西工行”员工评选活动，完成行史陈列馆、红色钱币馆和陶瓷艺术馆建设，打造了“一报二渠三馆”多元文化传播平台。二是扎实推进内部管理改革。稳步实施人力资源管理优化项目，率先在省行本部开展整编定员工作。成立私人银行中心、业务营运中心、渠道管理部，组建投行专职队伍，提高了专业化经营水平。完成授信审批集中和法律事务集中管理改革，推进区域管理改革，强化南昌地区作为省会城市的重要战略地位，重点支持九江、赣州等分行加快发展，加大了对南昌县等7家重点县支行和1家城区重点支行资源及业务扶持倾斜力度。三是切实加强服务品牌管理。组建专门的基层网点管理机构，强化对网点服务的管理和指导，客户平均等候时间从15.1分钟压降至8.8分钟。16家单位获省银协文明规范服务示范单位，6家单位获全国银协文明规范服务千佳示范单位，均居同业首位。四是落实人本管理理念。全面落实员工各类权益保护制度，健全职代会制度，实行行务公开，依法保障员工参与民主管理、民主决策、民主监督的权利。积极落实《女职工权益保护专项集体合同》，切实保护了广大女员工的合法权益。积极创建“职工之家”，全面改善网点员工的工作和生活条件，切实体贴关怀民生。

山东分行

行长　谷　澍

【业务指标完成情况】

2012年，山东分行实现拨备前利润176.79亿元，拨备后利润168.82亿元。本外币各项存款6 186.09亿元，较年初增加799.09亿元。各项贷款5 159.33亿元，较年初增加435.98亿元。不良贷款率1.18%，较年初下降0.08个百分点。连续六年实现零发案，连续十一年未发生责任性案件事故。在总行一级分行经营绩效考核中排名第四，较2011年提升2个位次，创历史最好成绩。

【主要工作措施】

一、业务经营发展方面

一是在做大融资总量的基础上推进信贷结构调整。坚持表内外融资渠道相结合，在加快表内贷款投放的同时，大力发展表外业务，实现表内外业务协调发展，不断做大做优融资总量。累计发放本外币表内外各类融资5 716亿元，年末余额6 466.79亿元，较年初增加

705.13 亿元。其中，累计发放本外币各项贷款 2 360 亿元，年末余额 5 159.33 亿元，较年初增加 435.98 亿元；表外融资业务年末余额达到 1 307.46 亿元，较年初增加 269.15 亿元。不断调整优化信贷投向，扎实推进信贷结构调整。优先发展的小企业贷款、贸易融资、个人贷款合计较年初增加 229.85 亿元，占全部人民币贷款增量的 52.19%。房地产开发贷款较年初下降 51.29 亿元。地方融资平台贷款较年初下降 118.45 亿元。四大行业贷款累计较年初压降 179.34 亿元，超额完成总行下达全年计划。不断降低贷款经济资本占用，提高贷款整体收益水平，贷款收益率 6.58%，较年初提高 0.63 个百分点。二是在提升服务质量的基础上加快存款增长。制定实施存款主维护人制度、IPO 项目制度、存款重点关注支行制度和存款信息督导制度，坚持用好大额资金监控平台，充分发挥理财产品稳存增存作用，配套落实竞争力衰减问责制度，加快渠道优化建设和网点服务质量提升，有力地促进了各项存款的日均持续稳定增长。高度重视发挥电子银行渠道的替代分流作用，电子银行业务占比已达到 64.2%。不断提高业务处理的集约化、直通化、自助化水平，客户排队等候超过 20 分钟以上网点占比由年初的 14.14% 降至 1.33%。综合运用现场检查、非现场监测等多种手段，切实加强服务管理，投诉量较上年下降 72.18%。三是在坚持依法合规的基础上提升中间业务发展质量。认真做好中间业务收入规范整顿工作，严格执行总行新版服务价格表，保障了中间业务的良性健康发展。实现中间业务收入 64.64 亿元，同比增加 2.99 亿元。其中，结算代理理财业务 39.03 亿元，同比增加 7.75 亿元，增幅 24.76%；品牌类投行业务 7.26 亿元，同比增加 5.83 亿元，增幅 408%；金融资产服务业务 29.78 亿元，同比增加 9.73 亿元，增幅 48.5%。

二、信贷风险防控方面

一是严格贷款审查审批制度。严控限制类、退出类和涉及环保风险客户融资。对小企业贷款、贸易融资和个人贷款等重点业务品种，加强融资背景真实性审查，突出防范虚假信息、虚假交易形成的信用风险。完成授信审批集中改革工作，促进了审查审批工作的资源优化和效率提升。二是认真开展信贷风险排查。开展贷款资金跟踪监测分析和客户资金流向分析，对融资平台客户、房地产贷款客户发生逾期、欠息、现金流指标劣变等情况进行预警，广泛开展了小企业贷款、贸易融资和个人贷款三项业务“回头看”自查工作。压降潜在风险贷款 125.25 亿元，化解担保圈风险贷款 99.3 亿元，退出“两高一剩”贷款 38.4 亿元。三是不断强化信贷监管要求。加强信贷监督执行管理，上收部分重点领域及业务品种的核准权限，贷款受托支付比例达到 95.58%，较年初提高 2.89 个百分点。自主研发了法人客户贷后管理系统，加强担保公司等合作机构业务管理，担保贷款较年初下降 167.66 亿元。对不良贷款风险责任进行现场认定，对相关责任人进行处理，促进了贷款合规经营。四是加快不良贷款清收处置。完善大额不良贷款管理机制，加快新增不良贷款处置速度，清收处置不良贷款 34.99 亿元，年末不良贷款余额 59.71 亿元，不良贷款率 1.18%，较年初下降 0.08 个百分点。

三、内控监督管理方面

一是明确风险防控重点，提升内控管理效能。仔细梳理监管部门和总行下发的各类风险提示，组织专业部室和各分行进行风险隐患排查，采取了针对性的防范措施。认真落实防案分析会制度，从省行一直开到支行，且上级行和专业部室派员参加下级行防案分析会，使各级管理人员和广大员工都能熟练掌握风险防范要领。二是加大监督检查力度，切实消除风险隐患。利用“内控监测分析系统”，对重要风险点进行不间断地非现场监测。开展信贷业务“飞天行动”，综合运用夜间行动、开箱开柜等手段，对动产质押监管、权证类档案管理、贷款资金投入与工程进度匹配等内容进行突击检查。针对当前民间借贷盛行、外部诈骗较多等严峻形势，持续开展员工参与非法集资、经商办企业、挪用客户资金、泄露客户信息等违规行为动态排查。突击检查了 1 023 个网点，网点覆盖率 106%。三是加强行为规范教育，增强合规自觉意识。将内控防案、职业教育等内容列为各级行、各专业举办培训班的必修科目，开展员工行为规范教育活动，在“抓组织、抓落实、抓结合”三个方面下功夫，转培训率和培训覆盖面均达到 100%。

四、党建和员工工作方面

一是着力加强党和领导班子建设。实施全行党建工作目标管理，积极探索党建工作量化考核思路，将“创先争优”活动与创建学习型党组织、党的作风形象建设、基层党组织建设以及经营发展中心工作相结合，着力提高党建工作水平和领导班子管理能力。扎实做好党的十八大代表的推荐选举工作，召开了由 97 名代表参加的全省党代表会议，选举产生了 5 名出席总行党代表会议的代表，其中 1 名同志还在总行党代会上当选为党的十八大代表。二是不断畅通员工职业发展通道。畅通管理职务与业务职务的转换通道，在二级分行全面开展了职务转换工作。修订管理人员选拔任用工作规定，制定实施关于推动员工向基层一线流动的意见，组织实施运行管理、内控合规、授信审批等业务条线高级经理公开选聘工作，引导员工向基层一线合理有序流动。重视员工教育培训工作，全年举办各类培训班 1 770 期，参训人员 10.13 万人次。三是优化完善考核与分配机制。强化“以岗定薪、以能定资、以绩定奖”的薪酬分配理念，坚持把工资分配向基层倾斜、向服务一线倾斜、向关键人才倾斜，员工工资总额增幅 5.04%，二级分行以下员工收入增幅高于省行本部和二级分行高管

3.6个百分点，客户经理和柜员收入增幅高于中后台员工2.6个百分点。加强绩效考核管理，使员工收入与贡献更加科学地挂起钩来，提高绩效考核的公信力和激励作用。四是持续增强员工人文关怀。完善补充医疗保险、企业年金和贫困救助制度，有效解除员工后顾之忧。补充医疗保险年均赔付达2 428万元，惠及8 300余名员工及其子女。累计发放各类特困救助资金276万元，惠及员工千余人次。建设完成了全省175个“职工之家”，一级支行以上机构覆盖率达100%。

河南分行

行长　刘卫星

【业务指标完成情况】

2012年，河南分行实现拨备前利润72.12亿元，增长11.49%；拨备后利润66.79亿元，增长9.01%。实现经济增加值（EVA）25.7亿元。各项存款余额3 665.5亿元，新增517.4亿元，增幅16.44%。各项贷款余额2 204.3亿元，新增297.9亿元，增幅15.63%。实现中间业务收入32.44亿元，同比增长8.34%。在四大银行中，继续保持了各项存款余额、储蓄存款新增、各项贷款余额、新增和增幅、中间业务收入、利润等主要指标市场占比第一。同业可比的20项中间业务产品中，有11项排名同业第一（投资银行、对公理财、对公人民币结算、信用卡、个人理财、担保承诺、对公委托贷款、资产托管、贵金属、第三方存管、企业年金）。累计清收处置不良贷款14.29亿元，较年初减少0.87亿元；贷款不良率0.96%，较年初下降0.20个百分点，连续七年实现“双降”。

【主要工作措施】

一、强化联动营销

坚持把联动营销作为可持续发展的主要抓手，分公司、机构、个金三个条线，开展联动营销竞赛活动，强化上下联动、部门联动、业务联动、资源联动、思想联动、公私联动和区域联动“七个联动”。在业务联动上，成功将富士康的海外代付需求转化为国际贸易融资需求，累计办理国际结算197亿美元，表内外国际贸易融资31亿美元，结售汇业务35亿美元，新增对外担保业务1.5亿美元，均实现了翻番增长。在部门联动上，强化个金、公司、机构、银行卡、电子银行部门联动，提高了综合营销效果和各类产品对客户的渗透率，信用卡中高端客户渗透率达到15.1%，较年初提高1.1个百分点；个人网银覆盖率达到52.03%，较年初提高7.83个百分点。在公私联动上，将代发工资覆盖率和净增指标纳入公司、机构、结现、电子银行等部门的考核，新增代发工资3 470户，增幅23.8%，高于系统平均增幅7个百分点；加强私人银行与公司条线联动，累计为公司高管配置私人银行专属产品80亿元。

二、强化信贷调整

一是积极实施信贷拓户工程。以核心客户上下游供应链为依托，开展批量营销，强力推进以中小客户为重点的信贷拓户工程，中型有贷户较年初新增151户，增长15%；小企业贷款客户净增488户，增长33.15%。二是积极拓展战略性领域。四大新市场贷款新增155.43亿元，余额占公司贷款比重36.01%，较年初提高6.14个百分点；电力、公路、城建、房地产四大行业贷款压降64.85亿元，余额占公司贷款比重41.8%，较年初下降10.28个百分点；中小企业、贸易融资、个人消费贷款业务三大战略领域贷款较年初新增198.68亿元，余额占全部贷款的比重44.58%，较年初提高3.46个百分点。三是积极加快信贷创新。运用“信贷+租赁”、“间接融资+直接融资”、“投行+商行”等融资模式，通过委托贷款、银行承兑、保函、信用证、进口代付、租赁融资、理财等表外融资产品，新增表外融资191.4亿元，有效地支持了实体经济发展。

三、强化收益增长

一是抓传统带动，充分挖掘现金管理、法人和个人理财、对公和对私人民币结算、银行卡等传统优势产品的增收潜力。现金管理以资金池、票据池和收款管家为抓手，实施链式营销，实现收入8 087万元，同比增长226%；法人理财重点渗透行业客户、公司无贷户和机构客户，对公基金销量、理财业务对优质客户渗透率全国排名第一，实现中间业务收入8 298万元，同比增长67.5%；银行卡业务重点拓展收单市场和汽车分期业务，分期付款业务收入同比增长310%。二是抓创新推动，加快在养老金、品牌类投行、私人银行等业务领域的创新突破。实现养老金业务收入7 581.7万元，同比增长1.6倍，市场占比达到99%；重组并购、股权融资、高端财务顾问等重点品牌类投行业务实现收入1.18亿元，同比增长703.9%；私人银行业务实现收入7 345万元，同比增长92%。三是抓机制促动，将中间业务收入考核挂钩比例由12%提高到15%，组织由部室总经理带队的工作小组，深入18个二级分行、80多个城区和县域支行开展专项督导，帮助找差距、定措施、挖潜力，调动了各个层面的积极性。

四、强化客户拓展

一是抓图谱应用。在各个条线、各个专业、各级机构均建立了客户图谱，有的放矢地开展精准营销和客户维护工作。建立流失客户监测分析机制，提高拓户工作的针对性和成功率。如围绕财政、社保、公积金、军队等九大龙头行业，构建了各层级机构客户全景图谱、重点客户图谱和单一客户全业务图谱，新增机构客户1 085户，其中千万元以上客户138户，占新增机构账户总量的12.7%。二是抓批量拓户。通过抓“工商验资e线通”系统升级和财税库银系统的跟踪服务、100家链式账户的“集群链式”营销、“一周一系统”专项营销等，对公结算账户净增29 511户，其中存款1 000万元以上的尊享客户、100万－1 000万元的卓越客户分别增长7.9%、7.8%。以代发工资为抓手，对内重点争揽对公有贷户、无贷户的代发工资业务，对外重点挖转政府、科研、部队、医院等高收入机构在他行代发工资业务，四星级及以上个人客户新增26.41万户，增长13.49%，高于系统平均增幅4.08个百分点，私人银行客户较年初净增281户，跻身千户大行，其中资产2 000万元以上超高净值客户增长44%。三是抓项目带动。开展了“百县千村金融服务”和“区级政府及下属企事业单位”专项营销活动，拓展优质对公客户1 907户。

五、强化改革推动

一是深化县域支行改革。加大信贷规模、产品、费用、渠道、人力等资源的配置力度，实施省行部室正副总经理、资深经理帮扶督导制度，县域支行各项存款增幅17.26%，各项贷款增幅31.74%，中间业务增幅25.04%，税前利润增幅43.34%，分别高于全省平均增幅0.82个、16.08个、16.7个、34.37个百分点。二是深化授信审批集中改革。个人信贷、小企业信贷、法人信贷业务每人日均处理笔数分别较集中前提高245%、147%、87%。三是深化业务运营改革。深入推进业务集中处理改革，到12月末，共实现30个业务大类101个业务小类的集中处理，对公非现金业务集中率超过90%，网点集中覆盖率达到100%。

六、强化综合管理

一是加强信用风险管理。建立信贷业务前中后台联动管理机制、贷款催收与预警机制，严格地方融资平台、房地产、产业结构调整等重点领域的风险防控，加大潜在风险贷款退出、“担保圈”化解和不良贷款清收处置力度。压降潜在风险贷款49.22亿元，化解担保圈贷款38.51亿元，分别完成年度计划的134.7%和205%。二是加强操作风险防控。深入开展管理品质提升年活动、合规建设提升年活动，以及规章制度执行情况大检查、“五大操作风险”排查等11项专项检查和业务运营风险事件专项治理，各类风险事件同比减少16 796笔、下降35.76%，一类风险事件同比减少160笔、下降12.82%。三是加强案件风险防控。开展了“六个一”和员工行为规范教育活动，参加总行网络大学在线学习12 794人次，加大了监管部门提出的案防重点、总省行提出的8个风险点和27个高风险环节的防控治理力度，实现了安全营运。四是加强服务管理。落实业务高峰时段弹性工作制度、业务高峰时段提醒和邻近网点推介制度，积极探索高低柜联动、高端客户快速通道、电话预约服务、电子预填单等服务举措，客户投诉同比下降58%，客户满意度达到99%。

湖北分行

行长　官学清

【业务指标完成情况】

2012年，湖北分行实现账面拨备前利润、拨备后利润和净利润77.95亿元、73.05亿元和54.51亿元，同比分别增加17.35亿元、16.66亿元和12.68亿元，增幅28.63%、29.55%和30.31%。本外币贷款（含信用卡透支）比年初增加332.71亿元，增长16.45%。其中公司贷款、个人贷款、信用卡透支、票据贴现分别增加238.84亿元、67.52亿元、25.87亿元和0.48亿元，分别增长16.58%、13.33%、35.98%和14.08%；外汇贷款增加5.83亿美元，增长80.86%。各项存款比年初增加486.17亿元，增长16.1%。其中，储蓄存款增加266.61亿元，对公存款增加219.56亿元；外汇存款增加1.82亿美元。实现中间业务收入45.29亿元，同比增加12.39亿元，增长37.68%。不良贷款率0.74%，比年初下降0.21个百分点。

【主要工作措施】

一、强化综合负债经营理念，加快负债业务发展方式转变

一是突出抓好个人综合负债业务联动。狠抓渠道联动，以私人银行中心挂牌为契机，开展“高层揽高端”活动；利用电子银行平台优势，加强对个人中高端客户的营销和渗透。狠抓公私联动，积极推进“四类客户”、“九大市场”拓户工程，深化与证券、保险、辖内、商品市场等领域的合作。二是突出强化对公综合负债持续增长机制。完善对总行直营客户、省行直营客户、中小客户的分层管理体系营销。开展直营客户走访活动，成功营销东风汽车公司、三峡财务公司、汉口银行、湖北银行等大批客户购买法人理财产品，全年销售法人理财232亿元。实行对公存款分管行长目标考核机制，加大管理团队绩效挂钩力度和行政问责力度。

二、全力拓展优质信贷市场，加快信贷结构调整步伐

一是巩固核心客户市场领军地位。加大对东风、武钢等直营客户的综合营销力度，拓展武当山、神农架等优质客户，先后为武汉地铁集团、华润置地等重点客户制订综合融资服务方案。二是加大新兴市场拓展力度。专题部署制造业、商贸流通业和现代服务业金融服务工作，对东湖示范区各项贷款余额突破百亿元，比年初增长46.66亿元，增幅82.97%。三是扩大中小企业客户覆盖面。推广小企业信贷“襄阳模式”、“黄石模式”，强化对核心企业上下游、供应链的营销和渗透，小企业贷款比年初增长12.27亿元。四是突出强化县域信贷市场竞争。支持县支行积极营销优质县域产业园区、招商引资项目和龙头企业，加大农业产业化金融服务创新力度，县域贷款占全部贷款增量的43.08%，增幅24.19%，高于全部贷款增幅7.74个百分点。五是推动个人信贷转型升级。发展首套房贷款、汽车贷款、经营贷款和消费贷款，扩大在优质个贷住房按揭资源、品牌汽车下游经销商、信用卡分期付款等业务领域的优势。个贷余额574.14亿元，比年初增加67.52亿元。信用卡贷款余额97.77亿元，比年初增加25.87亿元。

三、传统业务与创新业务两手抓，构建中间业务多极增长模式

一是激发基础性中间业务增长新动力。以“客户、产品、科目”为抓手，开展新客户拓展、不动户唤醒活动和产品科目全覆盖，努力挖掘结算、代理等基础性中间业务增长潜力。二是实现资产管理业务新突破。首次运用股权信托融资模式为武汉地铁集团融资40亿元，运用保险资产管理公司专项债权计划模式为客户融资4.72亿元，以总行理财资金投资租赁收益权解决客户融资需求3亿元，办理私人银行客户专属理财投资2亿元。三是推动品牌投行业务新跨

越。成功为三峡集团、武钢集团等5户企业的7个债务融资工具项目承销发行债券共计368亿元，为福星科技等企业提供设备租赁融资38.14亿元，并购重组业务、企业上市及发债顾问实现零的突破，重组并购顾问业务收入1.38亿元。四是开创国际业务发展新局面。加大国际业务创新力度，先后突破人民币外汇期权组合、外汇掉存通、人民币外汇掉期、“贸易全程通”业务，满足了“走出去”企业的跨区域、多元化、全方位金融服务需求。

四、优化规范金融服务，不断提升金融服务能力

一是加快服务渠道建设。完成网点建设项目266个，新增网点38家。在15个省级重点集镇设立16家网点。推动网点外汇业务覆盖工作，在贵宾理财中心以上网点全面开通对公和个人外汇业务。按照一般理财网点1名、贵宾理财中心2名、财富管理中心3名的标准，强化网点对公客户经理配备。二是强化服务规范管理。严格落实银监会和总行相关要求，规范和公开中间业务收费标准，加大检查监测力度。深化标杆网点打造、“神秘人”暗访、行长坐堂等活动，强化服务投诉管理，加大对不规范服务事件通报、整改力度。三是推进服务模式创新。改变单纯提供贷款服务的传统模式，积极构建“融资+融智”的服务新模式。通过提供“个人+对公、本币+外币、存款+贷款、存款+理财”的综合服务，有效帮助实体经济和城乡居民提高资产管理水平，实现金融资产保值增值。

五、深化经营改革，不断激发经营发展活力

一是大力推进县支行改革，强化目标引领。制定县支行2012－2014年三年发展规划，在全省范围确立了20家重点县支行、5家潜力县支行，宣传和推广“应城经验”。二是深入推进授信审批集中改革，提升信贷审批效能。实现了全行授信审批组织机构集中、人员办公集中、信贷业务集中，实施授信审批部“绩效考核千分制”，将考核得分与绩效工资分配挂钩，进一步提升了审批效率和审批质量。三是积极推进机构人员改革，着力完善体制机制。推进空缺管理岗位公开竞聘工作，及时充实各级领导班子队伍。完善考核激励机制改革，强化资源配置的价值贡献导向，优化费用挂钩指标体系，更好发挥绩效考评的激励作用。

六、坚持风险防控“生命线”，打好资产质量“保卫战”

一是全力以赴打响重点领域资产质量“保卫战”。推进二级公路贷款清收整改，严格规范政府平台贷款管理，有效管控房地产贷款、小企业贷款、贸易融资、个人贷款、信用卡贷款风险。二是突出加强信贷业务精细化管理。强化一体化信用风险管理理念，加大各类风险管理技术的运用力度，扎实做好风险化解和处置工作。三是深入推进内控案防综合治理。加大对违规违章现象的惩处力度，在行长经营绩效考评办法中实行重大违规事件倒扣分制。自主研发和设计重点检查项目风险排查模型，有效提升了审计检查工作效率和质量。充分发挥内部管控中心作用，强化保安队伍履职能力，实现了无重大外抢、外盗、外骗案件和治安责任事故目标。

七、发挥党建和企业文化建设的保障作用，增强凝聚力和向心力

通过中心组学习、中层干部轮训、基层宣讲、组建专题课题组、邀请专家解读报告等丰富形式，积极发挥党建对经营发展的引领作用。深入开展“三亮、三比、三抓、三评”、“创先争优在身边”等活动，认真贯彻落实中央关于密切联系群众，改进工作作风的八项规定和总行党委的工作要求，进一步加强和改进作风建设。认真总结湖北分行两家“全国文明单位”的创建经验，研究制定“全国文明单位”创建三年规划，在全行范围大力推动文明创建提档升级。加大对职工之家、职工食堂、职工院落的建设力度，积极主动做好离退休老党员和困难党员走访慰问工作，提高内退员工福利标准，保障全行和谐稳定的发展局面。

湖南分行

行长　张恪理

【业务指标完成情况】

2012年，湖南分行拨备前利润、净利润、EVA分别实现55.6亿元、42亿元、22.3亿元，分别增长15.7%、30.8%、84.1%，增幅分别排全国一级分行第6位、第2位、第3位。实现中间业务收入28.7亿元，增长18.8%，增幅排全国一级分行第5位，居同业第一。各项存款增加296.4亿元，增长12.4%，其中对公存款新增98.3亿元，储蓄存款新增198.1亿元；各项贷款增加165.1亿元，信用卡透支净增26亿元。清收处置不良贷款13.4亿元，贷款不良率下降0.24个百分点。信用卡消费额669亿元，同业排名第一，排全国一级分行第4位；分期付款交易额76亿元，增长97%；柜面业务可分流率33.2%，比上年下降3.6个百分点，优于系统平均水平2.3个百分点。经营绩效考核跃居全国一级分行第19位，创五年来最好名次。

【主要工作措施】

一、突出营销拓展，推动各项存款稳步增长

一是大力拓展公司存款新源头。实行公司存款“一把手”责任制，严格执行贷放分控，加强信贷资金全过程管理。发挥大额资金监测平台作用，防止客户资金流失，推出“收款管家”新产品，稳定了湖南移动等公司存款重点大户，与省工商局合作开发企业验资核查系统，推动了公司存款稳步增长。二是促进储蓄存款快速增长。抓好对公客户代发工资业务，开展银医一卡通及金融社保卡项目营销，依托工银商友俱乐部营销服务平台及商友系列产品，大力推进商品交易市场营销。储蓄存款同比多增26.8亿元，销售银行类理财产品245亿元，代理销售基金34.5亿元，代理个人保险销售8.4亿元。三是加大机构存款维护和营销力度。配合财政部门做好财政专户归口管理和撤并清理，积极参与湖南省金融社保卡的竞标及发行，优化“烟草在线代扣”系统，获得湖南省烟草公司资金集中监管主办行资格，抓好民生领域增存工作，提高财政存款留存率。

二、突出结构调整，推进信贷业务健康发展

一是积极营销优质信贷市场。做好信贷大项目营销，成功为三一集团办理票据业务3亿元，与境外分行合作开办三一重工的融贷通业务。积极营销新兴行业市场，加强“网贷通”、“小企业经营型物业贷”、“标准厂房按揭”等特色产品推广。小企业贷款净增37.4亿元，增幅64.9%。二是积极调整信贷投放结构。开展“工行进市场，服务进商户”个人经营性贷款主体营销活动，大力支持中小企业及个人信贷业务发展；新四大产业新增贷款38.2亿元，占比36.7%，较上年提高1.5个百分点。三是积极拓展中型信贷客户。制定中型信贷客户拓展考核办法，开展国家级园区“10+1”营销活动，对核心客户的上下游客户、入园企业、专业市场实行批量营销。

三、突出挖潜创新，增强中间业务创收能力

一是完善中间业务管理工作机制。建立健全中间业务工作机制，灵活运用MOVA数据平台功能、加强中间业务监测分析，加大组织推动与增收督导工作力度。二是规范中间业务服务收费管理。组织开展不规范经营专项治理，设立客户投诉举报专线电话，开展消费者金融知识宣传普及活动，实现中间业务服务收费规范化。三是创新发展高收益转型中间业务。提高房地产业务、小企业金融业务、网贷通业务综合回报率，大力发展分期付款业务、贵金属业务、收单业务等高收益转型中间业务，以代理基金、保险、理财等高收益品种为营销重点，努力挖掘新的收入增长点。中间业务收入同比增长4.5亿元，增长18.8%；同业占比31.1%，同比提高1.2个百分点。

四、突出质量与效益，夯实转型发展基础

一是提升信用卡业务经营效率。采取零售与集团发卡相结合方式，依托公务员卡、工商卡、烟草卡、逸贷卡、银联尊尚白金卡等项目，推动卡量的规模化发展。

推出家装专项分期付款业务，开展购车专项分期付款业务竞赛活动，加大对大型卖场、家电连锁、大型家装超市等营销 POS 分期工作力度。实现信用卡中间业务收入5.2亿元，占全部中间业务收入的18.3%。二是促进电子银行业务快速协调发展。建成集网上银行、手机银行、电话银行于一体的一站式电子缴费平台，制定柜面业务分流考核办法，开展专项竞赛引导业务分流，组织小分队深入社区、园区、专业市场主动营销电子银行产品。三是大力发展结算与现金业务。加快贵金属客户拓户步伐，开展开户有礼、贵金属实盘交易大赛、黄金积存营销竞赛等贵金属营销活动，签约现金管理客户8 039户，实现收入2 648万元。四是进一步增强国际业务竞争力。为三一重工办理贷融通创新业务及内保外贷业务，与工银亚洲合作开展背对背信用证与转开保函。承办首笔以加纳政府为借款人的出口买方信贷业务，开创工商银行外国政府项下买方信贷业务的先河。

五、突出防控重点，提升风险管理水平

一是认真落实信贷管理责任制。健全监测机制、督导机制和问责机制，将责任制度落实到信贷业务前中后台每一个业务环节、业务岗位和业务部门，确保各项任务落实到位。二是全力压降潜在风险贷款。按照风险因素逐户分类，实行“一户一策”，落实化解措施。把政府平台贷款、二级公路贷款、融资性担保公司担保贷款等列入重点风险防控范围。三是创新不良贷款快速处置机制。推行二级分行不良贷款集中管理，减少法人客户不良贷款管理层级，积极推进“抓大清长”策略，对不良贷款大户逐户攻坚。清收处置不良贷款13.36亿元，实现历史最好水平。四是扎实抓好内控案防管理。坚持案防工作“一把手工程”，抓好“8+1”风险点防治，重点查处“十大违规”行为。积极推进“三位一体”的员工行为规范教育活动，网络在线学习参学率达到99.4%。组织“建设最安全银行”主题活动，提高内控外防水平。

六、突出人本管理和队伍建设，培育经营发展动力

坚持将人本管理贯穿始终，持续提升员工凝聚力和战斗力，为经营发展培育人力资源优势。抓好党建、班子建设和干部培养。加强基层党组织和班子建设，落实党风廉政建设责任评价；持续推行竞争择优选拔，对省分行部室和二级分行班子共启动员工中级专业职务晋升，加强优秀青年员工锻炼，在全行范围进行公开选拔副处级以上干部101人，占同级干部的31.2%；完成客服类岗位员工转聘工作。

广东分行

行长　施　刚

【业务指标完成情况】

2012年，广东分行实现拨备前利润283亿元，同比增幅为6.48%；实现拨备后利润275.75亿元，同比增幅为4.46%，利润总额居同业第一。本外币全部存款14 467亿元，比年初增加1 734亿元，增幅13.62%；本外币贷款余额7 176亿元，比年初增加881亿元，增幅14%，存贷款余额、增量均居四大行首位。全年实现中间业务收入120.3亿元，同比增幅9.85%，居同业第一。国际业务第一次实现历史性突破，国际结算2 019亿美元，外币存款165.3亿美元，外币贷款127.9亿美元，均居同业第一。资产质量总体稳定，不良贷款余额59.55亿元、不良率0.83%，分别比年初下降13.91亿元和0.34个百分点，不良率低于系统平均水平。全年无案件发生，实现安全运行。

【主要工作措施】

一、毫不动摇抓存款，牢固树立存款业务领先优势

广东分行坚持存款市场领先战略，按照存款理财互动、资产业务拉动、渠道平台带动、公私部门联动、资源投入撬动、考核评价调动的“六动”要求，开拓存款工作思路，提升存款市场竞争力。对于个人客户，着力通过“存量+流量”、“存款+交易”、“稳存+外拓”等多种思路，增强储蓄存款竞争力。储蓄存款余

额6 952亿元，净增743亿元，四行占比34.7%，实现余额、增量双第一。对于公司客户，通过建立存款分层次营销服务机制，完善公司存款发展与资源配置挂钩机制，加快大额资金平台的推广和应用，提高对公客户对分行存款的贡献度。对于机构客户，充分抓住部分地区市场面临重新洗牌的机会，进一步加大资源投入，积极争抢财政、社保、住房公积金、国土系统、“建”字头客户的存款份额。对公存款净增421亿元、余额4 984亿元，重新夺回余额同业第一。同业存款净增555亿元、余额2 516亿元，余额增量保持同业双第一。

二、坚定不移促转型，促进信贷业务可持续发展

一是深入调整品种结构。优先支持个人类贷款、小企业贷款和贸易融资业务的发展。个人贷款净增214.7亿元，余额2 031亿元，系统内余额增量“双第一”，成为系统内首家个贷规模超2 000亿元的分行。小企业贷款净增202亿元，系统内增量第一，余额1 042亿元。贸易融资净增400亿元、余额1 046亿元，均居系统内第一。二是大力推进行业结构调整。制造业、文化产业、现代服务业和战略性新兴产业贷款占贷款比重分别为13.59%、1.56%、23.7%和1.49%，同比分别提高1.24个、0.41个、6.58个和-4.77个百分点。三是积极培育信贷蓝海。围绕县域经济和重点子行业，积极推进上下联动、投商互动，拓展与储备潜在优质企业。四是加快表外信贷业务的发展力度，加大对债券市场、股权融资和拟上市公司等重点业务和板块的拓展，支持重点客户和重点项目的资金需求。全年累计运作表外投资310亿元。

三、千方百计增中收，确保中间业务可持续发展

一是加强精细化管理。加快推进三全营销机制进MOVA，充分调动了员工的积极性和创造性。同时在新版服务价目表颁布后，加强对基层的指导沟通，把工作做细，算好账，盘好点，盯住数，确保应收尽收。二是加快创新发展，积极寻找新的利润增长点。加快资产管理、品牌类投行、信用卡、贵金属、手机银行和跨境人民币业务等新兴业务的发展力度。销售个人理财产品5 514亿元、对公理财产品934亿元。代理销售工银安盛产品9.51亿元，系统排名第一。资产管理余额996.7亿元，同比增加160亿元。实现品牌类投行收入13.4亿元，增幅117%，居系统内第二。信用卡存量766万张，净增95万张，其中新增发卡188万张，居系统同业双第一。实现贵金属交易量9 794吨，居系统内第一。手机银行客户净增265万户、总数633万户，成为全国首家手机银行客户超600万户的分行。

四、持之以恒抓质量，把好信贷管理三道关口

一是严控贷款准入关，防止“病从口入”。进一步完善定政策、定行业、定客户“大三定”和定客户、定条件、定方案“小三定”会议工作制度，稳字当头、准字为先，切实防范重点领域的信贷风险。二是狠抓存量贷款管理关，突出防控重点。以实名制管理为抓手，强化对融资大户风险管理工作，会诊分析及高管访谈150户，涉及贷款240亿元，退出潜在风险贷款133.71亿元。开发表外资产管理系统和小企业风险监测管理系统，实现“内评验证”对表内外信用风险的全覆盖，提升了风险管理效率和发现风险的及时性、有效性和科学性。三是把好不良贷款的清收转化关。按“抓大户、借东风、收现金、快进出”的原则，一手推动大户的不良清转，一手紧抓新发生不良清收处置工作，利用新发生不良抵押较充足的特点，探索债权转让方式处置不良贷款。清收转化处置不良贷款75.6亿元，完成总行年度任务的183%，现金清收21.7亿元。

五、齐抓共管抓案防，努力当好“内控一流标杆行”

一是关口前移、注重预防，加强廉政合规文化教育。深入推动“员工行为规范教育活动”，加强对各级管理人员和广大员工的反腐倡廉教育，特别是抓好基层机构负责人、客户经理等易发案岗位的理想信念、职业道德以及案例警示教育，增强全体员工遵纪守法和廉洁自律意识。二是突出抓好重点风险领域防范工作。按照“三查、四防、一落实”的工作要求，在认真做好9个重要风险点防控工作的基础上，强化网点现场监督和防赌禁赌工作，积极防范商业贿赂风险，加强合规风险和操作风险管理。三是做好“防外案”相关工作。以“建设最安全银行”活动为抓手，开展员工安全宣传教育，积极加强克隆银行卡、电信诈骗、撬盗ATM、枪支守押和持械抢劫等风险环节的治理，加强安全防范工作。

六、坚持不懈抓改革，稳步提升服务水平

加大对重点区域的支持力度，深化广东顺德、南海地区综合配套改革。进一步扩大重点县支行范围，加大资源“下沉”和政策、产品倾斜力度，建立健全对一级支行尤其是重点县支行的考核体系，深化重点支行改革。同时积极推广开展网点岗位人员标准化配置、精益“六西格玛”网点转型项目、运营三项改革、小企业网点营销模式变革等工作。在服务提升方面，以开展“满意在工行”、“行风评议”等主题活动为抓手，以改进现场窗口服务为重点，排队和投诉等突出问题得到有效解决。客户平均等候时间比年初下降37%，柜面业务可分流率33.9%，比年初下降9.15个百分点；客户投诉数量同比下降30%。

七、以人为本促和谐，持续加强队伍和文化建设

一是加强人力资源科学配置，不断优化队伍结构。积极探索使用现代人力资源管理方法和工具，在对各地区、各业务线人均效益指标偏离度进行综合分析评价和定制化考核的基础上，加强对人力资源科学配置的有效监测和考量。二是完善干部培养使用机制，加大竞岗选拔等竞争性选人用人力度，加强人员的前中后台交流、

内外交流和上下交流，不断增强队伍活力。三是积极倡导共创共健共享的家园文化，组织开展了形式多样的文体活动和慰问活动，较好地满足了广大员工的物质精神生活需要，增强了全行干部队伍的凝聚力。

广西分行

行长　黄再红

【业务指标完成情况】

2012 年，广西分行实现净利润 33.53 亿元，同比增加 3.1 亿元，增幅 10.20%；实现经济增加值 14.49 亿元，同比增加 2.61 亿元。实现中间业务收入 18.06 亿元，增长 13.22%，连续两年实现收入总量和增量同业“双第一”。本外币各项存款 2 071.18 亿元，比年初增加 238.39 亿元，其中对公存款新增 98.71 亿元，储蓄存款新增 139.68 亿元，均排名同业第二。本外币各项贷款 1 669.61 亿元，比年初增加 163.03 亿元，同业排名第二。不良贷款余额 7.52 亿元，较年初减少 1.14 亿元；不良贷款占比 0.45%，较年初下降 0.12 个百分点。

【主要工作措施】

一、扎实开展“扩户优户年”活动，增强经营发展后劲

一是积极拓展公司信贷客户市场。住广西 14 个千亿元产业和 10 个战略性新兴产业等产业振兴新机遇，扩大核心客户市场份额和综合贡献度。发展具有区域特色的贸易融资业务，批量拓展供应链上下游中小型客户群体。表内外公司融资客户 2 189 户，比年初增加 562 户，其中中型企业客户 676 户，增加 163 户；小企业客户 1 173 户，增加 313 户。二是加强对公无贷客户市场营销。组织开展微型企业、核心企业供应链及直营客户、专业交易市场等三个主题营销活动，新开法人账户 3.38 万户，新增账户 1.64 万户，同业排名第一。针对机构客户资金流量、存款沉淀、交易对手等情况逐行分析，按月通报督导，新增机构客户 711 户，完成全年任务的 177.8%。三是加快扩大国际业务客户群体。改进客户分层营销管理，突出存量客户市场占比提升和新增客户精细化管理，拓展国际业务客户 135 户，其中 5 000万美元以上客户覆盖率 72%，提升 10%，高于系统内平均水平 26 个百分点。四是做大做优个人类客户市场。有针对性地加强财富客户的营销服务，新增四星级以上个人客户 13.53 万户，新增私人银行客户 71 户，总数达到 220 户。以网点发卡为着力点，推广新产品，公私联动拓展财政公务卡项目，新发卡 24.9 万张，其中，财政公务卡 17.6 万张，全国排名第 6 位。开展手机银行专项营销活动、电子银行商务市场专项营销活动，新增手机银行客户 67.58 万户，个人网上银行和企业证书客户 57.59 万户和 1.44 万户。

二、大力加强存款工作，努力提升竞争发展水平

一是强力推动储蓄存款加快发展。组织开展“储蓄存款超千亿，发卡增收铸辉煌”旺季营销活动，把储蓄存款日均增量占考核的权重提高到 80%，引导各行提高存款增长均衡度和稳定性，储蓄存款日均增量 82.49 亿元，同比多增 24.32 亿元。加强公私联动抓好代发工资业务，借助商友俱乐部平台继续加快拓展商品交易市场，加快安装投产中小商户转账终端，扩大分行结算资金市场份额。做好结构性存款和保本理财产品的营销，带动储蓄存款增长。二是着力抓好对公存款稳定增长。积极做好财政、社保、军警公检法、公积金等政府系统板块和同业存款的营销工作，机构存款比年初增加了 47.51 亿元、同业存款比年初增加了 8.67 亿元。扎实做好新开户和同名跨行客户的营销，组建重点客户营销团队，积极拓展产业链集群、城市圈集群等新客户。全年新开账户带来时点存款余额 72.46 亿元，日均存款 30.81 亿元。积极运用大额资金监控系统平台，强化资金归行监测管理，确保有贷户货款回行率、分行存款占比不低于分行的贷款份额，公司机构存款增量占比达 91.3%，改变了以往主要依赖同业存款拉动对公存款增长的局面。

三、加快推进信贷结构调整，增强资产业务发展后劲

一是统筹做好传统四大行业信贷调整工作。严格执行总行四大行业调整政策，完成四大行业压降 19.28 亿元，完成总行下达压缩任务 18.74 亿元的 102.86%。支持地方优质项目建设，投放公路贷款 29.7 亿元，同比多投放 20.81 亿元；电力贷款（不含电网）40.98 亿元，同比多投放 0.55 亿元；房地产开发贷款 44.6 亿元，同比增加 6.9 亿元。二是抓好新兴市场拓展，提升创效能力。以特定资产收费权为拳头产品，对文化产业进行重点突破，发放贷款 10.7 亿元。大力推进以住宿业为重点的旅游行业发展，发放旅游业项目贷款 14 亿元。与区直属 13 家林场中的 9 家建立了信贷关系，发放贷款 6.53 亿元。三是积极发展小微企业信贷业务和个人类信贷业务。实施小企业金融专业化经营，大力拓展优质市场，小企业贷款比年初增加 34.31 亿元，增幅为 54.5%。围绕商品交易市场、家居装修、商友会员等市场，加快个人非住房类贷款发展，个人贷款比年初增加 31.91 亿元，其中个人消费及经营贷款增加 18.94 亿元。

四、加快中间业务创新发展，提高市场竞争力

一是提升传统个人类中间业务收入贡献度。坚持“做强补短、深挖潜力”，巩固发展个人结算、个人理财、灵通卡、工银信使、代理保险、代理基金等传统业务，实现个人中间业务收入 5.5 亿元，系统排名第 18 位。二是加快投行业务创新发展。加强品牌投行产品的营销推广，重点满足客户在资产债务优化重组和对外投资、扩大经营生产的需要，实现投行业务收入 4.79 亿元，较上年增长 16.19%，其中品牌类投行收入 1.67 亿元，同比增加 1.26 亿元，同比增长 308%。三是不断巩固优势业务的市场地位。信用卡业务以发卡、收单和分期付款为重点，以重点项目带动批量发卡，加大 POS 投放力度，实现信用卡中间业务收入 3.4 亿元，增幅 76%，系统排名第 8 位。加大与第三方支付机构合作，完成电子银行交易额 41 684 亿元，实现业务收入 4.27 亿元。四是积极拓展新兴业务市场。大力发展现金管理业务，打造现金管理标杆客户。新增财智账户客户 8 404 户，现金管理中间业务收入 5 900 万元，同比增加 5 626 万元。开展个人贵金属交易类业务实盘交易大赛等活动，成功办理首笔黄金租赁业务，实现业务收入 3 718 万元。成功挖转和签约广西区烟草等 31 户企业年金计划，新增年金人数 2.83 万户，实现收入 2 447 万元。开拓商品房预售资金托管、股权投资基金托管等业务新品种，实现资产托管业务收入 3 377 万元。

五、扎实推进机构机制改革，增强经营活力

一是稳步实施营业部提升竞争力改革。制订了《广西分行营业部提升竞争力改革实施方案》，顺利推进区分行营业部改革。二是顺利完成授信审批垂直集中管理改革。实现授信审批“业务、人员、管理”三集中，授信审批垂直集中管理工作进入专业化、精细化、自我提高新阶段。三是梳理机构职能，合理设置机构，为业务发展提供组织机构保障。设立了金融市场部，为加强金融市场业务管理和加快业务发展提供保障。四是稳步推进直属支行升格工作。提升来宾、崇左、贺州三家直属支行的管理层级，促进三行市场竞争力的提升。

六、抓好风险管理和案件防范，确保全行安全运营

着力做好政府融资平台贷款、潜在风险贷款、担保圈贷款、交叉违约、逾期欠息等贷款的退出化解工作，退出潜在风险贷款 27.89 亿元，法人客户正常类、关注类贷款迁徙率为 0.06%。严格控制“两高一剩”企业和低水平重复建设项目的信贷投放，妥善处置了河池龙江河镉污染事件，及时收回涉案企业贷款，确保了分行信贷资产安全。认真开展员工行为规范教育活动，深入排查违规参与民间集资和担保及经商办企业、结算账户等重要风险点，完善守押外包、安防设施、法律诉讼和案件治理等制度管理，有效消除案件风险隐患。坚持抓好廉政教育，有序开展整治不规范经营工作，成立消费者权益保护工作小组，设立收费投诉服务专线电话，促进全行业务持续健康发展。

七、加强党建工作和队伍建设，促进全行和谐发展

深入开展创先争优活动，加强后备干部队伍建设，继续深化干部管理。开展管理人员、专业人员、业务人员三员培训，全年培训 14.5 万人次，人均培训 13.5 天，员工参训率 99.62%。加快企业文化传播与深植，持续宣传工行价值理念和企业形象，不断提炼升华促进全行经营发展和中心工作的人文精神与文化脉络，为经营转型和加快发展提供强大的精神动力。各级工会组织主动服务于全行业务发展大局，真心贴近员工，关心关爱员工，关注和维护员工合法权益，扎实开展推优活动，加快推进“职工之家”建设，用心做好集体福利和帮扶济困工作，使员工感受到工行大家庭的温暖，进一步增强凝聚力和归属感，为全行经营发展营造和谐良好的环境。

海南分行

行长 石琪贤

【业务指标完成情况】

2012年，海南分行实现净利润15.4亿元，同比增长6.52%。各项贷款472.72亿元，增加62.64亿元，增长15.3%。各项存款余额919.52亿元，增加59.32亿元，增长6.9%。实现中间业务收入7.38亿元，增长19.4%。不良贷款余额7 544万元，不良贷款率为0.16%，继续保持在合理弹性运行区间。内部可控风险暴露水平为10.04‱、环比下降1.94‱，重要业务环节和领域的风险得到有效控制，继续保持无案件、无重大事故、无重大差错。

【主要工作措施】

一、牢牢抓住三大业务主线，大力提升经营水平

一是统筹资源，加快优质信贷市场拓展。积极对接“四大新市场”，加快在旅游、文化、海洋、现代服务业等新兴市场的布局，国际旅游岛先行试验区项目落户，旅游产业基金获准筹备，“四大新市场”贷款累放额占公司贷款累放额的58%，文化领域贷款增幅40%。完成国际贸易融资业务6.15亿美元，同比增长55.61%，业务量和存量均居同业第一。积极寻求在股权融资、银团贷款、信托+理财、表内+表外等领域的重点突破，新型融资渠道带动各项贷款投放占总投放量的20%。二是突出优势，推动存款业务领先发展。在储蓄存款方面，加大对代发工资、征地补偿、拆迁补偿等源头性业务的营销，推动了储蓄存款内涵式发展。进一步发挥结构性存款对优质客户的吸引作用，实现存款业务与理财业务的双向发展。强化渠道管理，丰富网点内涵，充分挖掘新建网点潜力。近三年新增的23家网点存款新增超21亿元，新增存款贡献度40.53%。在对公存款方面，创新完善了对公存款分析、流向监测、营销分析等六项制度，夯实了发展基础，成为“四大行”中月均增量唯一一家正增长的银行。三是着力突破，促进中间业务转型发展。创新服务手段，相继突破委托债权投资信托理财、财产收益权信托理财等资产管理业务，实现业务收入5 700万元，系统排名比年初提升18位。股权融资、高端财务顾问、重组并购、债券承销等重点品牌类投行业务梯次推进，有效地发挥了投行业务的拉动作用。实现投行收入2.32亿元，中间业务收入占比31.1%，同比提升0.91个百分点，高于系统平均水平8.09个百分点。

二、继续完善体制机制建设，有效激发经营活力

一是推进渠道内涵发展。统筹推进各类服务渠道的协同发展，新建网点9家，离行式自助银行16家。全行营业网点总量126家、自助银行179家、ATM 549台、POS机6 235部，组建私人银行中心，总量适度、布局合理、功能完善、竞争有力的渠道网络体系逐步形成。二是深化运营改革。以业务量、客户数、发展潜力等指标核定标准化的人员配置，对全辖126个网点人员进行全面梳理，重新配置，释放96名柜面人员，占比达10%，充实到客户经理队伍。三是提升服务品质。增加大堂经理或业务引导人员，充实一线柜面人员，配足配强客户经理，解决排长队和分类服务的问题，提高网点业务分流和市场竞争的能力。客户平均等候时间由上半年的23分钟下降至11.5分钟，降幅超过53%。四是完善考核费用管理。根据总行相关政策调整，对行长经营绩效、费用分配办法、本级部门管理、干部行政问责等一系列考核办法进行对接和完善，将考核结果有效落实至部门正副职岗位、分支行正副行长、省行本级员工等岗位上，切实增强了业绩传导压力和动力。五是加强重点领域管理。高度重视“不规范经营”问题整治工作，认真贯彻落实“新价目表”的培训、执行、监督和检查等环节工作，杜绝因收费问题引发的声誉风险。继续加强对房地产贷款潜在风险、理财业务风险、银行卡透支以及小企业、贸易融资、个人贷款风险的防控，促进业务发展。特别是针对房地产贷款集中到期还

款压力较大的情况，加大项目预期管理、押品动态管理、“三轧差”管理等工作力度，有效地实现了房地产贷款风险化解工作的常态化管理。

三、持续加强干部队伍建设，不断强化智力支持

一是加强各级领导班子队伍建设。完善省行各级管理后备干部建设，确定了27名正职后备干部人选，目前已形成四个梯次的后备队伍结构。加强常态化交流机制，确定35名干部员工交流名单，实现了干部员工跨部门、跨专业、跨层级、跨区域的常态化交流。二是完善干部员工管理机制。建立健全员工信息管理、定期考评管理、违规处罚管理、AB岗管理、流动监测管理以及员工流失问责管理等管理制度，营造“事业留人、制度留人、待遇留人、感情留人、文化留人”的氛围。强化干部行政问责管理，对连续排名靠后的管理人员，实行技术转任或强制退出；对高级客户经理进行严格的业务量化考核，确保人员与岗位匹配、业绩与收入匹配；对连续绩效考核不达标的专业人员，实行技术降级。三是抓好各级队伍培训工作。通过举办中高级管理人员读书班、高校学习班等形式，多渠道提升各层级管理人员学习能力、思维能力、执行能力和带队伍能力；通过授课、视频、模拟、送教上门等多种途径，组织抓好重点业务、重点产品和重点工作的针对性培训，提高各级专业营销人员的实战能力；通过积极开展各类业务技能培训，明确业务操作流程，统一业务操作口径，提高一线员工规范化操作水平和效率。四是加强队伍作风建设。积极倡导朴实无华的文风、学以致用的学风、求真务实的作风，深化反腐倡廉教育，健全廉政案防制度，为全行健康持续发展保驾护航。

重庆分行

行长　王百荣

【业务指标完成情况】

2012年，重庆分行实现拨备前利润55.13亿元，增长9.38%；净利润38.16亿元，增长5.39%。本外币各项存款（含同业）突破2 500亿元，达到2 533.91亿元，新增424.51亿元，增幅20.12%，排名系统第3位。本外币各项贷款突破1 800亿元，达到1 865.68亿元，新增311.68亿元，增幅20.06%，排名系统第2位。实现中间业务收入26.41亿元，同比增加3.28亿元；增幅14.2%，高于系统平均水平7.08个百分点，排名第8位。不良贷款余额和不良贷款率分别较年初下降2.61亿元和0.26个百分点，继续保持“双降”。未发生重大差错事故和案件，实现了安全营运。

【主要工作措施】

一、全面实施“五动”战略，在创新中加快转型步伐

一是实施信贷综合回报拉动战略，信贷结构持续改善。“四大新兴”市场贷款占公司贷款比重较年初提高14个百分点。新增中型有贷户233户，小企业客户416户，流动资金、小企业贷款占各项贷款比重分别较年初提高6.3个和1.1个百分点。1年期（含）以内短期贷款占比较年初提升4.56个百分点，利率上浮贷款占比较年初提高16.8个百分点。二是实施主导产品带动战略，盈利水平不断提升。销售法人类、个人类理财（不含短期理财）产品分别为183.97亿元和527亿元。金融资产服务业务实现中间业务收入9.71亿元，增长63.5%。电子渠道业务实现中间业务收入4.86亿元，增长37.6%。国际业务实现中间业务收入2.9亿元，增长77.91%。三是实施各项业务联动战略，竞争能力显著增强。做大交易型融资业务，贸易融资表内业务累计发放277亿元，增幅145%；信用证业务累计开证45.87亿元，增幅136.81%。贴现量（含代理业务）302亿元，增幅43.01%，排名同业首位。做强交易型结算业务，结算收入同比增加5 729.24万元，增幅52.26%，存量对公结算账户达到7.46万户，保持四行占比第一。做优交易型资金业务，结售汇业务量80.63亿美元，同比增幅135.83%，系统排名第一。四是实

施优质客户驱动战略，经营基础不断夯实。实施培养战略性合作伙伴工程，与重庆市卫生局等13家单位建立战略合作伙伴关系，新增国际业务客户386户、机构客户822户、20万元以上中高端客户1.92万户、财富客户1 400户、私人银行客户104户。五是实施渠道建设推动战略，经营活力更加强劲。新建和改造网点43家，新增自动柜员机345台、自助终端748台、个人转账终端4 488台、POS机7 592台，组建私人银行中心、贵金属中心、保管箱中心，服务能力持续增强。对不同时间客户密集办理业务的网点进行高低柜比例调配，制定大堂经理管理办法，271个网点安装了新型排队叫号机，164个网点开通了预填单功能，建成281个电子银行服务示范区，有效缓解了客户排长队问题。

二、积极推进“三化”管理，在和谐中提升经营效能

一是精细化管理深入推进。完善分支机构考评体系，重点突出了结构调整、市场竞争力等考核指标，探索实施对副职管理人员的“条块结合”考核，有效提升了副职管理人员的履职水平。招收应届大学毕业生304人，交流正副总经理级干部14人，提拔总经理级干部10人，调整配备县支行行长7人，人员结构和布局不断优化。二是集约化管理持续推进。业务集中、远程授权、监督体系和现金集约化运营等改革工作纵深推进，按照“全流程、全口径、精细化管理”的原则，强化监督执行工作，有效提高了信贷政策制度执行力，系统内第七家完成反洗钱集中处理改革。三是人性化管理全面推进。开展“送清凉、送关怀、送慰问”活动、日常定期走访和节日慰问，为一线员工和困难人员送去关怀与慰问；成功举办“颂工行　感行恩”等16项活动，集中1 688万元建家专款，完善了317个网点的健康保障设施，召开首届第五次职代会暨会员代表大会，开展第三届“出主意　献计策”提合理化建议活动，促进员工参政议政。

三、不断强化风险防控，在发展中巩固经营成果

一是信用风险管理不断强化。狠抓到期贷款清收、重点区域和客户风险化解、风险监控，收回平台贷款93.2亿元，无一笔形成不良。实行房地产客户名单制管理、销售收入管理，按月监测和现场检查等方式，收回房地产开发贷款61.31亿元，房地产贷款不良贷款迁徙率为零。开展小企业信贷业务、钢贸类企业、联保贷款、销售归行等专项风险排查，新发放贷款拉网式非现场监测，提前收回潜在风险贷款11.3亿元。二是操作风险管理不断强化。完善操作风险管理委员会工作机制，构建操作风险事件快报机制，逐笔对重点关注类准风险事件进行核查，完成30 829件核查类准风险事件的等级评定工作，员工行为类违规大幅下降，风险事件下降7.62%。防堵操作风险事件97起，涉及金额322.26万元，实现了操作风险零损失。三是市场风险管理不断强化。建立了包括本外币、存贷款利率的审批机制，实现了对人民币定期存款、外汇各项存款利率的系统刚性控制功能。四是内控案防管理不断强化。组织开展了“强合规、控风险、保安全”内控管理主题活动和“三位一体”员工行为规范教育活动，对部分重要环节存在的少量违规问题进行了整改落实，纠正和消除了操作管理环节等方面存在的隐患和漏洞。开展个人质押贷款业务、票据贴现业务、地方融资平台贷款业务等合规性检查，发现并整改问题369个，完成对6个分支行财务管理制度情况的执法监察，开展“建设最安全银行”主题活动，实现了零发案工作目标。五是中间业务收费管理不断强化。成立了由行领导任组长，相关部门负责人为成员的整治不规范经营领导小组，制订专项治理活动方案，清理纠正不正当贷款业务和收费项目。全面核查收费价格，严格执行收费标准，完成各项业务收费的协议、收费标准、服务标准、记录依据的规范化管理。统一印刷了“工商银行2012版价目表”、“七不准”、“四公开”，并在各营业网点公告，接受群众监督。

四 川 分 行

行长　陈焕祥

【业务指标完成情况】

2012 年，四川分行实现拨备前利润 116.69 亿元，较上年增长 15.38%；实现拨备后利润 113.16 亿元，较上年增长 12.70%，均居系统内第 7 位。实现中间业务收入 40.64 亿元，增长 16.58%，增幅较系统内平均水平高 9.46 个百分点。各项存款（含同业、信用卡存款）5 675.95 亿元，比年初增加 840.15 亿元，增长 17.37%，系统内排名第 5 位，同业排名第 1 位。其中对公存款比年初增加 393.54 亿元，增量系统内排名第 6 位；储蓄存款比年初增加 421.98 亿元，增量系统内排名第 5 位。各项贷款余额（含信用卡，下同）3 321.79 亿元，比年初增加 534.15 亿元，增长 19.16%，增量系统内排名第 5 位。表内外融资总量规模较年初增加 1 014.1 亿元，贷款余额、增量及表内外融资总量均位居四大行同业第一。个人网银客户较年初新增 114.27 万户，企业网银客户较年初新增 2.16 万户，分别居系统第 6 位和第 2 位。信用卡消费交易额 452.96 亿元，同比增加 193.96 亿元，增长 74.89%。实现国际结算量 180.05 亿美元，同比增加 66.90 亿美元，增长 59.13%。销售实物黄金 1 395.71 公斤，同比增加 530.10 公斤，增长 61.24%。不良贷款余额 26.97 亿元，比年初下降 14.37 亿元；不良率 0.84%，比年初下降 0.67 个百分点，不良率较系统平均水平低 0.01 个百分点。继续保持“零案件”目标，内控评价保持一级水平。

【主要工作措施】

一、以经营转型为主线，加快经营理念转变，积极应对更加复杂多变的内外部经营环境

进一步深入开展了以客户为中心为主题的教育活动，积极引导全行员工树立多元化经营的思路，明确了加快提升经营转型速度和质量的整体工作要求，大力拓宽客户面、业务面和业务渠道。年初分行就早见识、早动手，结合工作实际提出了“十大工作重点”、“六大兴行举措”和“两大工作方法”等具体工作要求，狠抓经营客户理念的传导与贯彻，持续推动全行逐步由向规模要效益转变为向市场要效益、向服务要效益和向创新要效益。

二、以客户拓面为抓手，加快提升客户总量和质量，夯实分行科学发展基础

加大客户拓面工作力度，在不断壮大客户规模总量的同时，注重量质并举，“大中小”齐头并进，不断优化客户结构，提升中高端客户占比，全面夯实分行科学发展基础和动力。一是不断壮大基础客户群，增加有效客户量。二是注重量质并举着力优化客户结构，不断提高法人中高端、个人中高端客户总量和占比。三是将外拓与内控有效结合，全面提高客户拓面效果。

三、以存款工作为重点，强化管理推动，努力提高存款业务市场竞争能力

一是围绕客户拓面抓存款，全年通过新拓展个人客户带来新增金融资产 195.82 亿元。二是围绕资金流抓存款，实施“跨区域、跨部门联动营销”、“大额资金流动事前控制”以及“客户资金流向日常跟踪管理”三大工作机制，努力将社会存款“分流”和“汇集”到分行。三是围绕产品服务抓存款，充分发挥工商银行在产品、渠道、科技等方面的领先优势，不断提高存款业务的市场竞争力。

四、以结构调整为关键，加快发展方式转变，全面提升多元化经营水平

一是客户结构更加优化。坚持把“拓户、扩容、抓中小”作为主攻方向，重点加大了对中小微企业、贸易融资、个人消费贷款“三大战略领域”客户拓展力度。二是业务领域不断扩展。大力发展金融资产服务业务，在通过有竞争力的金融资产服务业务吸引更多的存款的同时，依托存款资源开发扩大了金融资产服务业

务，实现了存款、理财、基金、保险等业务的全面发展。三是收入能力明显增强。按照多元化经营的发展要求，通过不断扩大客户面和业务面提高增收水平，进一步实现经营收入多元化。

五、以改革创新为突破，加快机制和流程优化，进一步激发全行经营管理活力

一是加快推进机制流程优化。持续推进营业部“1+6”管理模式改革，加快提升成都主战场市场竞争能力。二是继续推进服务渠道优化，2012 年，分行新建网点及启用证照43 个，迁建网点31 个，升格网点14 个，并成功在甘孜、阿坝两个少数民族地区设立了直属支行，在全省各市州实现了机构全面覆盖。全年新安装投放自动柜员机 997 台，投放自助终端 421 台、POS 设备 7 058 台。三是重点推进员工队伍优化，对全行各机构人员配置进行了分析梳理，进一步对中后台人员编制进行了压缩，为前台和一线充实人力资源。到年末，全行通过劳务外包实现了 691 个岗位人员结余，前台和一线人员较年初共计增加 1 254 人。

六、以精细管理为手段，强化风险防控能力提升，为全行保持健康快速发展夯实基础

一是加强风险防控，着力提升信贷资产质量。年末，全行不良贷款余额及占比继续实现双降，其中个贷不良率和信用卡透支不良率分别为 0.22% 和 0.43%，均大幅低于平均水平。二是着力内控上台阶，全面保障健康发展。2012 年实现了蝉联内控评价一级的目标。三是加强党风廉政建设，努力营造稳定健康环境。

七、以十八大精神为指引，全面推进党建工作，努力锻造和谐向上的特色企业文化

一是认真学习贯彻党的十八大精神，让全行干部员工进一步明确了方向，坚定了信心，也凝聚了加快发展的力量。二是充分发挥党员先锋带头作用，抓好“四好”班子评价和基层党支部星级评定工作，营造了良好的党建工作氛围，党员先锋带头作用进一步彰显。三是积极构建和谐稳定氛围，坚持“以人为本”，积极营造“快乐工作、幸福生活”的良好氛围。深入推进了“职工之家”建设，广泛开展各种文体活动。目前，分行已建成职工之（小）家 819 个，其中，全总模范职工小家 1 个，全国金融系统模范职工之（小）家 4 个，省总工会模范职工之（小）家 12 个，总行级模范职工之（小）家 7 个，员工精神文化生活得到极大的丰富。

八、以服务社会经济为己任，认真履行社会责任，全面提升企业品牌形象

积极开展“服务实体经济支持中小企业发展系列宣传活动”，组织开展了“百名记者进工行”主题宣传活动，全年在各类媒体刊载专题报道 1 635 篇（次），名列全国工行系统前列。同时，积极履行社会责任，继续选派扶贫干部挂职达州、巴中开展对口扶贫工作，圆满完成总行领导来川扶贫调研各项工作，广泛宣传报道分行 17 年来开展定点扶贫工作的情况。积极响应监管部门号召，为省内少数民族落后地区捐款扶贫，极大地提升了分行的良好社会形象。

贵州分行

行长　黄　力

【业务指标完成情况】

2012 年，贵州分行实现净利润 31.63 亿元，增幅 15.3%，EVA 值 16.04 亿元，增幅 25.2%。人民币各项存款 1 809 亿元，较年初新增 335.6 亿元，增幅 22.79%。人民币各项贷款 1 551 亿元，较年初新增 228 亿元，增幅 17.24%。实现中间业务收入 14.52 亿元，增幅 24.1%。不良贷款余额较年初下降 0.148 亿元，不良率 0.39%，较年初下降 0.08 个百分点。在总行一级分行综合经营绩效考核排名中居第 11 位。

【主要工作措施】

一、把握贵州速度，全力后发赶超

2012 年 1 月 12 日，国务院颁布实施《关于加快贵州社会经济又好又快发展的意见》（简称国发 2 号文），给贵州经济社会全面发展带来了历史性机遇。贵州分行紧紧把握机遇，围绕“提量扩容”和“提质增效”两

大工程，以“在发展中促转型、在转型中谋发展”双轮驱动，推动贵州分行业务发展再跨越。一是抓机遇。以总行的转型发展要求与本地优势资源、优势产业有机结合，把全行发展的注意力集中到借力和借势“贵州速度”上来，主动对接地、州、市政府和省直各厅局，围绕“十五个重点行业”和“十一类目标客户”，落实具体项目相关合作事项。二是促转型。一方面保持“赶”的速度，对交通、电网、煤炭、化工等市场优势成熟度高的优质资源，抓重点、抓龙头扶优扶强，加大金融支持力度。一方面推动“转”的速度，对战略性新兴产业、先进制造业、现代服务业和文化旅游等转型升级新行业新企业，找准业务着力点，多种方式深化银企互动，培育新的业务增长点。全年新增公司贷款141亿元，增幅达14%。围绕贵州“烟、酒、茶、特色食品和中药材产业”精准营销小企业，全年小企业贷款增速49.13%。以金融创新深化金融服务，办理首笔国内信用证项下卖方融资业务、金融机构间海外代理代付及代理结算业务、滚动型结构型存款业务、反向汇兑通业务、提单背书业务。品牌类投行收入占投行业务总收入比重达73%，同比提升51个百分点，市场竞争能力进一步增强。三是勤算账。完善了一系列费用挂钩激励考核机制，引导各级行重视业务和产品的效益，关注经济资本占用和RAROC，算指标、算效益、算收入、算费用，推动了各项工作开展。四是抓联动。通过专业联动、上下互动、产品促动，积极从优质公司客户中寻找优质个人客户，努力实现以公促私、以公引存、公私并举，带动业务综合收益提升。梳理整合现有产品，突出传统优势和重点产品，对个金、国际、电子银行、银行卡、结算、贵金属等相互融汇，为公私联动中的客户提供丰富的产品供应线。在营销组织上，搭建高效的协同联动机制，强化上下级行沟通反馈，以“理财沙龙”、“工银商友俱乐部”、“私人银行中心”等营销活动平台为载体，不断提升全行市场竞争力。

二、夯实发展基础，守好三道防线

一是守好资产质量线。开展“信贷管理质量提升”专项活动，强化质量分析、监测、预警、约谈、考核和问责等多项管理机制。建立重点领域关注客户名册，对信用风险隐患实施专班管理。强化重点大户清收攻坚，落实行领导挂帅清收，提升不良贷款管理层级，推进风险关口前移。全年清收处置不良贷款完成总行计划的234%。二是守好内控案防线。保持对各类案件和重大风险事件严密的布防措施，重点加强对业务发展快、创新速度快、市场变化快的领域进行业务检查，实现对高风险环节、高风险领域和高风险专业有效防控。围绕“建设最安全银行”目标，投产了风险信息管理运行系统，启动了远程监控信息平台升及改造工作，与公安机关协作外部风险防范机制进一步增强。扎实做好信访稳定工作，为全行业务健康快速发展营造良好的内外部环境。三是守好党风廉政线。继续深化岗位廉政教育，严格落实党风廉政建设责任制，加强对二级分行和省分行机关部室高级管理人员廉政工作量化考核和问责，进一步完善本行“三重一大”决策制度，加强对员工参与非法集资、民间高利贷、恶意透支等违规行为的查处防范。同时，努力构建廉政案防文化传承机制，制定《关于建立廉政和案防制度、文化传承培训机制的指导意见》，保证廉政案防制度执行的连续性及有效性，促进廉政案防文化的继承和发展，为全行的经营转型、业务发展提供强有力的基础保障。

三、加强机制建设，推动可持续发展

分行确定了“队伍”、“渠道”、“文化”三个建设年工作目标，重点从机制体制上不断夯实可持续发展的工作基础。一是持续推进队伍建设。深入贯彻十八大精神，积极践行“八项规定”，在全行开展“学习型、服务型、管理型、效能型、廉洁型”五型机关创建活动，分别开展正副总经理、高级经理、主管层次的竞聘上岗和员工上挂下派交流任职工作，进一步改进和提升作风建设，营造全行上下用心想事、扎实干事、合力成事的环境氛围。二是深化拓展渠道建设。着力理顺渠道建设工作机制，私人银行中心顺利开业，先后完成6家县域二级支行升格和12个新网点建设工作，新建50个离行式自助银行，调整优化低效网点，针对县域及城区支行不同特点竞争需要进行不同的资源配置，全行渠道服务承载能力进一步加强。三是积极培育企业文化。出台了《2012－2014年企业文化发展规划》，以贵州分行时代精神作为推进全行改革与发展的精神动力，继续实施为员工办“十件实事”、打造“职工之家”、组织员工捐建“爱心互助专项资金”等活动，增强团队凝聚力、向心力，和谐奋进的良好环境正在形成。

云南分行

行长　许　海

【业务指标完成情况】

2012年，云南分行实现拨备前利润52.99亿元，同比增加7.03亿元，增长15.3%；实现拨备后利润51.11亿元，同比增加8.39亿元，增长19.64%，净利润增量排名第9位，增幅排名第6位。实现中间业务收入15.69亿元（含工银租赁收入），增长11.04%，增幅高于系统平均水平3.92个百分点，系统排名第13位，上升15位。人民币贷款1 659.54亿元，比年初增加203.26亿元，增长13.96%，增量同业排名第1位。人民币存款2 138.03亿元，比年初增加158.93亿元。其中：储蓄存款（含保本型理财产品）增加106.49亿元，机构存款（含同业）增加89.71亿元。清收转化不良贷款17.99亿元，不良贷款余额9.4亿元，比年初减少11.63亿元；不良贷款占比0.59%，比年初下降0.88个百分点，实现了不良贷款余额和占比的“双下降”。

【主要工作措施】

一、切实提升竞争能力，持续拓展优质市场

一是全面完善市场营销机制。以“大联动、大营销”活动为契机，强化公私联动营销机制，从业务和产品入手，采用重复销售、交叉销售、向上销售等多种策略，推行了多元化组合营销体系。与昆明、昭通、曲靖等8个州（市）政府，省工商局、省工商联等签订了《金融战略合作协议》。二是积极拓展优质信贷市场。新增公司有贷客户113户，新增个人客户49.65万户。优质客户贷款余额占比由年初的93.26%提升到97.96%，新增贸易融资贷款占新增公司贷款占比高达40.36%。三是加大稳存增存工作力度。巩固和扩大基本面客户存款、重点客户存款、重点资金留存，夯实发展基础。强化贷款用途控制，加强对贷款客户的资金封闭管理。通过大额资金监控流向监测平台的运用，深入研究资金运动规律，确保客户资金在行内循环。

二、切实加快结构调整，持续增强经营活力

一是进一步加快渠道建设。完成新增购置租赁项目49个，物理网点装修升级改造142个。消灭了28个低效网点和7个存款在亿元以下的网点。自动柜员机增加272台，增幅34.25%。二是进一步调整信贷结构。压降四大行业贷款11.11亿元，小企业贷款、贸易融资、个人贷款占全部贷款的比例较年初提高了3.28个百分点。酒店住宿行业新增贷款6.09亿元，增长105.02%，高于公司贷款平均增幅95个百分点。三是进一步拓展新兴业务。国际业务共办理海外代付业务3亿美元，其中办理出口项下贸易融资业务11.5亿元，对外担保、贸易融资累放量及余额均保持同业第一。获得了省内第一批托管合作银行资格，首次开办了股权投资基金托管业务。与云南中原实业集团合作，发行了牡丹中原联名卡，与省公路投资开发公司、省高速公路联网管理中心开展高速公路ETC、MTC发卡项目的营销工作。

三、切实完善管理机制，持续加快改革创新

一是深化体制机制改革。组织实施并完成省分行绩效合约项目，建立科学有效的绩效管理体系。制订《云南分行三年发展规划》，完成授信审批工作的集中上收，集约独立的授信审批体系初步建立，整体运行顺畅良好。二是强化业务运营管理。实现26大类、77小类业务集中的投产推广，对公非现金业务集中处理占比突破70%，柜面对公非现金业务集中处理比例达到94%。三是加大改革创新力度。完成对昆明螺蛳湾8亿元融汇物流股权投资基金的投放、丽江束河1.2亿元景区门票收益权项目等一批有示范推广效应的品牌类投行项目，累计提供投行创新融资106.5亿元。林权抵押贷款取得新突破，贷款余额达到11.4亿元。研发官渡区地税多元化申报系统、昭通住房公积金联名卡项目、曲靖公积金还款代扣业务处理系统等新应用。

四、切实加强服务管理，持续提升服务水平

以“满意在工行”活动为主线，把提升服务水平作为竞争优质客户的重要手段，推动业务持续发展。进一步确立“机关为基层，二线为一线，上级为下级，领导为员工，全行为客户”的大服务格局，全行管理人员到网点坐班达8 000余人次。全面推行服务规范非现场检查，每月抽调检查二级分行部分营业网点的监控录像，对照服务规范逐条进行评分，被抽查网点的评分结果即作为其所在二级分当期服务工作考评得分，纳入行长经营绩效考核。全年客户投诉92件，较上年减少97件，下降51.32%，客户满意度提升8.57个百分点。在全省启动创建一批服务水平优、客户满意度高、经营业绩好、示范能力强的优质服务样板店工作，有1个网点进入中国银行业“百佳服务示范单位”行列，3个网点进入总行金融服务样板店百佳行列，14个网点进入云南省银行业文明规范服务示范单位行列，3个网点荣膺“2012年度中国银行业文明规范服务千佳示范单位”称号。

五、切实强化内控建设，持续提升经营质量

组织开展“执行力建设年”主题实践活动和“员工行为规范”主题教育活动，不断加强风险管理，提高分行资产的整体质量。一是推进内控案防制度建设，全面完善风险管理体系。举办安全防范系统管理培训班和纪委书记监察主任培训班，完成第二批9个二级分行远程监控报警网络管理中心建设，内部控制管理评价进入全国一级行列。二是深入开展主题教育活动，加强主动防范风险意识。在全行范围内认真组织开展以学习落实“三位一体”员工行为规范管理体系为主题的员工行为规范教育活动。根据银监会、云南银监局和总行的工作部署，在全行范围内开展“不规范经营”专项治理工作，将原有的565个收费项目下降到409个，降幅27.61%。三是不断提高信贷管理水平，促进业务持续健康发展。全面开展非零售、零售风险量化工作，以及内部评级推广运用和操作风险管理工作。清收处置亿元以上不良贷款3户、金额9.64亿元。

六、切实做好党建工作，持续提升队伍素质

大力加强党建工作，把党风廉政建设责任制纳入行长任期目标管理。研究制订《云南分行优秀年轻干部培养选拔实施方案》，启动和实施“361”人才工程，加大干部培养和选拔工作力度，对4个二级分行副行长和省行4个部室副总经理进行公开选拔，对13个二级分行班子和18个省分行机关部室共56名领导干部进行调整充实。推进企业文化建设，有30个分行、支行通过省级文明单位考核验收，被命名为云南省第十三批省级文明单位。建成“职工之家（小家）”221个，慰问困难员工776人，金额达260万余元。完成3 000多名离退休、退职人员、退休教师待遇调增及兑现。全年向干旱灾区、地震灾区、贫困地区、希望小学、爱心水窖等捐款捐物达995万元。

陕 西 分 行

行长　尚　军

【业务指标完成情况】

2012年，山西分行实现拨备前利润60.6亿元，较年初增长16.7%；净利润43.7亿元，较年初增长16.9%，增幅在系统内排名第7位。实现EVA 24.85亿元，经济资本回报率34.8%，同比上升7个百分点。实现中间业务收入18.97亿元，增长10.5%。全部存款3 266.7亿元，较年初增加461亿元。其中储蓄存款增加198亿元，对公存款增加204.9亿元。各项贷款1 570.5亿元，较年初增加180.7亿元。其中公司贷款增加119.5亿元，个人贷款增加58亿元，小企业贷款增加33.2亿元，余额突破百亿元大关。不良贷款余额22.77亿元，较年初下降0.84亿元；不良贷款率1.45%，较年初下降0.25个百分点，连续12年实现“双降”目标。

【主要工作措施】

一、打好攻坚战，实现效益增长和可持续发展的新突破一是夯实基础，提升存款业务竞争力。突出日均、分类管理、注重联动、控制成本，日均存款（不含同业）较年初增加 155.66 亿元，存款增量均衡率达 38.63%。推动优质客户量和资产占比“双提高”，实施理财、个贷“双引领”战略，个人有效客户、中高端客户和财富客户分别较年初增长 7.49%、10.12% 和 20.05%，个人优质客户总资产增长 10.29%，储蓄存款增加 126.02 亿元。抓好大额资金管理平台应用，加强流向管理，新增对公存款 204.93 亿元。二是优化结构，加快信贷业务转型发展。累计投放各类贷款 613 亿元，同比多投放 159 亿元，重点市场的竞争力得到进一步巩固和提升。把支持实体经济与推进信贷结构调整和业务转型相结合，“四大新兴行业”贷款余额 188.77 亿元，占公司贷款的 16.28%，较年初提高 3.3 个百分点；四大压降行业贷款较年初减少 16.82 亿元。加大对优质客户上下游产业链中小企业的信贷投放，发展资本占用少、风险收益高、综合回报显著的融资业务，公司、个人有贷户较年初净增 346 户和 1.61 万户，小企业、贸易融资、个人类融资余额占比分别提高了 1.49%、1.19% 和 0.88%。创新融资方式，满足客户多元化融资需求，完成股权融资 130 亿元、融资租赁 7 亿元、新增推荐总行投资项目 11.86 亿元。为陕煤集团办理 40 亿元矿业收益权信托理财业务和 70 亿元股权信托理财业务，单笔金额创历史之最。三是加快中间业务发展，构建多元化盈利格局。在深入开展整治不规范经营活动基础上，挖掘传统类中间业务增收潜力。实现结算类中间业务收入 2.98 亿元，累计销售法人理财产品 392 亿元，同比增长 235%。实现信用卡中间业务收入 3.69 亿元，同比增长 43.7%。高度重视加快产品创新，实现金融资产服务业务收入 1.64 亿元，同比增长 66.28%。

二、打好品牌战，实现服务能力和品质的新突破

深入开展“满意在工行”主题活动，围绕客户投诉、排长队等突出问题，逐级、逐项分析排查业务流程改革的重点，实施客户投诉专项处理工程，加快推进新版叫号机安装进度。客户投诉量 203 件，同比下降 588 件，降幅 74.3%。加快推进总省行各项新系统、新流程的落地应用。“三个一”（一次填单、一次授权、一次打印）项目、客户预约推广应用等 533 项投产应用工作全面完成，进一步提高了分类处理效率和营销服务效率。推进业务集中处理改革，对公非现金业务集中度达 95% 以上。实施授信审批集中垂直管理，审批效率较集中前有较大幅度提高。以“保新增、促优化、抓离行、提效能”为主线，大力开展以网点装修改造、功能分区、业务整合、服务升级为主要内容的渠道建设工作。优化调整低效网点 36 个，网点综合化率达到 97.12%，服务供给能力明显改善。加大电子支付、网上理财等优势产品的应用推广，提高证书客户占比、提升客户的活跃度和贡献度，柜面业务可分流率较年初下降 3.68 个百分点。

三、打好质量战，实现风控质量和案防工作新突破

延伸风险管理内涵，加快风险量化管理体系建设，强化评级、债项、RAROC 等风险量化工具应用。以“实名制”管理为抓手，持续加大“打假、防假”力度，强化融资大户和潜在风险常态化管理，突出抓好融资平台、房地产、担保圈等重点关注领域的风险防控，抓好风险突出机构的整顿，抓好风险突出业务品种的管理，抓好已逾期贷款的清收转化处置，二级公路等不良贷款项目取得重大进展。累计退转潜在风险贷款 20.29 亿元，信贷风险得到有效缓释。按照监管部门和总行整治不规范经营活动的统一部署，全面开展自查自纠、明确禁止性规定、统一规范服务价目、建立健全举报和投诉机制，有力地促进了服务提升和发展规范。深入开展员工行为规范教育活动，进一步强化了员工的遵章守纪意识和案件防范意识。进一步强化运行风险管理，打造以“进岗位、进功能、进流程、进系统”为核心的内控监督新流程，风险暴露水平由年初的 17.7‰下降至 12.1‰。认真落实防控责任和工作措施，组织突发事件应急演练活动，全年未发生较大案件和重大安全生产事故。

四、打好阵地战，实现管理效率和管理水平新突破

加强机构竞争力管理，突出区域特色。突出以营业部为龙头的关中四家分行的“核心支撑”作用，在调整经营结构、创新业务和产品、培育新市场和盈利增长点上，成为全行发展主力军；突出陕北两行的“提升发展”作用，紧紧抓住国家建设重要能源接续地的机遇，进一步抢抓优质市场，为全行盈利增长做出更大贡献；突出其他四家分行的“巩固提高”定位，通过加大理念转变和体制、机制创新力度，巩固市场竞争优势。发挥好绩效考核在经营导向和要素配置上的作用。积极调整考核指标设置，加大 EVA、贷款收益率等指标的考核权重，并借助经济资本手段，加强对客户结构调整和业务结构调整的考核引导。深化 MOVA 在绩效考核、资源分配、营销组织、产品定价等领域的应用，实现无缝对接。推动人力资源合理有序流动，充实网点转型后前台营销人员，完善联动营销考核机制，组建跨层级、跨部门的专业服务团队，促进部门、业务条线“大联动、大营销”。深入开展创先争优、部室联系支行、职工小家建设、“感动工行”员工推荐评议、本部作风改进、“学习型银行建设”主题学习等活动，全面推进党建和企业文化工作，发挥凝心聚力、促进发展的重要作用。

甘 肃 分 行

行长　张海琳

【业务指标完成情况】

2012年，甘肃分行实现净利润13.78亿元，增长25.38%，高于系统10.98个百分点，位居全国第四；各项贷款新增118.12亿元，增长17.41%，高于系统5.07个百分点，位居全国第三。全部存款时点增加120.42亿元，日均增加97.1亿元，存款均衡率80.66%，高于系统55.54个百分点；实现中间业务收入10.61亿元，增长5.75%。不良贷款较年初减少2.69亿元，不良贷款率由1.31%降至0.79%，首次低于系统0.05个百分点，贷款质量创历史最好水平。

【主要工作措施】

一、关爱员工营造干事创业新氛围

围绕关爱员工这一主线，深入实施了一系列关爱员工行动计划。开通“行长热线”，累计答复处理员工发帖2 176条，及时有效地解决了员工反映的业务发展、经营管理、干部作风和工作生活等方面的问题；制定员工工资积分晋档办法，多层次大面积晋升了员工岗位工资档次；设立基层网点“忠诚员工”荣誉奖项，有192名连续30年从事柜面服务员工获得“忠诚员工”称号；完善员工加班工资管理办法，一线员工的劳动权益进一步保障；加强人文关怀，68家县支行职工食堂建成使用，65对夫妻两地分居问题得到解决，累计帮扶各类困难员工1 635人次，发放慰问金356万元。全行以人为本的管理理念进一步增强，团结奋进、跨越发展的氛围更加浓厚。

二、推进翻番增长业务发展取得新成效

加强高层营销、团队营销和全员营销，成功拓展了一批中高端客户。开展“千人双百”集中营销活动，促进信贷总量增长和结构调整，小企业、个人和贸易融资三大领域贷款占比提高3.52个百分点，先进制造业、服务业、文化产业和战略性新兴产业贷款增量占公司贷款增量的75.07%，票据业务交易量和收入同比分别增长3.13倍和2.57倍。中间业务在规范合规基础上实现稳定发展，结算、理财、代理业务市场份额持续提升；电子银行年活动成效突出，规模、质量和效益快速增长；信用卡发卡量和收单业务保持同业双第一；担保保理、企业年金、贵金属业务收入大幅提升；国际业务同业占比出现回升；私人银行签约客户取得进展。主要业务指标较2009年末相比，中间业务收入增长102.86%，净利润（按可比口径）增长108.79%，两项指标三年时间率先实现翻番增长；各项贷款增长70.88%，预计2013年用四年时间实现翻番增长；全部存款增长44.75%，预计2014年用五年时间实现翻番增长。有1家二级分行存款实现翻番增长，7家二级分行贷款实现翻番增长，9家二级分行中间业务实现翻番增长，7家二级分行净利润实现翻番增长。

三、深化改革创新竞争发展能力持续增强

修订完善经营目标及绩效考评、主要业务黄牌警示及产品计价考核等办法。实施18项重点工作工程，加强重要工作推动力度。省分行成立国际与投行业务部和私人银行中心，组建公司、机构、结现等专业营销团队，对营业部7大城区支行实行省分行和营业部“双线”考核，设立兰州新区支行。黄金租赁、租赁融资、票据池入池质押贷款、股权融资业务实现重大突破，承销发行中期票据10亿元，承销发行短期融资券55亿元，累计办理资产管理业务12.33亿元。一些基层支行在创新发展中增强了竞争能力，定西陇西支行小企业贷款突破3亿元，平凉华亭支行新增发卡10 197张，陇南康县支行销售法人理财11.25亿元，白银平川支行销售个人理财11亿元，甘南羚城支行贵金属递延业务交易量在全国工行系统网点中排名第12位。

四、强化管理全行实现安全稳定运行

加强信贷风险管理，实行不良贷款“双线”控制，退出转化潜在风险贷款23.08亿元，清收处置不良贷款

6.02 亿元。实施操作风险“网状控制法”，操作风险事件较同期明显下降。扎实开展“内控案防执行年”和“员工行为规范教育”等活动，积极做好信息系统、安全保卫、法律、声誉等各类风险防范和信访维稳工作，有效遏制了群体性赴京来省上访事件。广泛深入开展营业网点服务达标活动，聘请第三方公司对 20 家标杆网点进行驻点培训，组织员工赴西安“海底捞”火锅店和全国百佳服务示范网点西安莲湖路支行学习观摩体会先进的服务经验。流程优化、业务集中、渠道建设和柜面分流等服务治本工程持续推进，全行客户投诉下降 79.55%，营业网点规范化服务达标率为 71.18%。加强党建工作，组织各级党组织和广大党员干部认真学习宣传贯彻十八大精神；适时调整、交流管理干部，进一步优化领导班子结构；分批举办管理干部培训班，组织干部员工开展《工作意味着责任》和《带着快乐工作》读书活动。认真抓好文明单位创建工作，16 家二级分行及省分行本部全部获得市级以上文明单位称号，其中省分行本部和 12 家二级分行获得省级文明单位称号。积极践行社会责任，连续 4 年独家冠名赞助“工行杯”感动甘肃陇人骄子评选活动。

青 海 分 行

行长　崔　亮

【业务指标完成情况】

2012 年，青海分行实现净利润 5.73 亿元，实现中间业务收入 1.58 亿元，同比增长 6.22%，连续三年保持增长态势。各项存款突破 500 亿元，较年初增加 64.99 亿元；各项贷款突破 300 亿元，较年初增加 44.53 亿元。不良贷款余额降至 2.12 亿元，不良贷款占比 0.68%，继续保持双下降。

【主要工作措施】

一、强化存款基础地位

在认真分析和预测存款资金来源的基础上，适时调整抓存款的思路，围绕高星级代发工资客户，开展以电子银行、白金卡、分期付款、理财产品销售等为重点的事件式营销，净增储蓄存款 29.87 亿元，同比多增 5.56 亿元。针对青海省实施财政资金与贷款挂钩考核办法的实际，实施重点客户存贷款业务捆绑营销，机构存款较年初增加 37.68 亿元，同比多增 1.4 亿元。大力拓展各类商品交易市场、新型要素市场、产业链集群、园区集群、城市圈集群和特定客户集群，积极营销对公理财、住房公积金保障卡、医疗保障卡、电子银行、代发工资等产品，加强分支行、部门和支行间的上下联动、左右联动、内外联动，夯实了联动抓存款的工作基础。

二、抢占信贷业务市场

围绕青海省产业龙头、双百项目、特色优势产业、核心客户上下游企业、他行优质客户市场，积极参与各类项目对接及签约活动，大力培育和开发“四大新市场”和“三大战略领域”，累计发放项目贷款 48.4 亿元。将园区与各类专业市场作为主攻方向，重点营销核心企业上下游供应链客户，依托贸易融资、网贷通等新兴融资产品营销短期贷款，支持了科技、服务和加工业等小企业的合理需求，扩大融资品种覆盖面和客户群体。贸易融资较年初净增 14.55 亿元，是同期的 2.3 倍；累计投放小企业贷款 9.27 亿元，同比多投放 5.16 亿元，增幅达 125.22%。大力推广个人经营贷款和消费贷款，净增个人贷款 2.65 亿元，余额突破 10 亿元。

三、大力发展新兴业务

实施创新支撑发展战略，推进发展理念、金融产品、科技手段和营销机制创新，新发信用卡 2.02 万张，实现消费交易额 26.35 亿元，其中金卡和白金卡交易额 20.13 亿元，占全部交易额的 76.4%。对公结算账户净增 1 927 户，同比多增 1 782 户。新增商友卡 2 831 张，同比增加 4 倍；实现电子银行交易额 5 121 亿元，同比多增 628 亿元。销售各类理财产品 169.2 亿元，其中个人理财产品 152.8 亿元，是上年同期的 1.7 倍。国际结算量、外汇中间业务收入、跨境人民币结算量、新增外汇对公存款等指标均创历史最好水平。向青海省人民医院发放设备购置贷款，向青海航空投资公司租赁民航客机，实现了PE主理银行业务零突破。

四、加强全面风险管理

密切关注复杂经营环境下的风险释放和演化，积极采取措施重点管控信用风险、市场风险、流动性风险、操作风险和声誉风险，清收处置不良贷款2.16亿元，实现不良贷款清户8户，退转潜在风险贷款9.26亿元。实行支行风险暴露水平、风险率、风险度、员工违规积分情况与内控绩效工资挂钩考核，组织开展“三位一体”员工行为规范教育活动，举办员工行为规范教育知识竞赛，对高风险机构、网点和员工进行跟踪帮扶，内部风险暴露水平下降至9.67‰，实现了无经济案件、无监管处罚的内控管理目标。

五、完善经营管理机制

推行应用MOVA系统，完善绩效合约评价制度，调整和优化指标设置，有效发挥了费用配置的杠杆作用。在立足业务发展，提高效益、效率的基础上，实现员工收入的增长。调整充实公司金融业务部等部门职能，增设私人银行中心，市场营销能力和客户服务能力提升。实施了自助设备集中供钞、集中装卸钞、集中账务处理、集中日常运营维护的“四集中”管理改革，投产运行的203台自助设备全部实现集中供钞管理。深化业务流程综合改造和业务集中处理改革，完成了18类个人业务的集中处理，业务集中处理范围覆盖全部营业网点。

六、持续改进服务工作

健全以办公室归口管理、各专业部门分工负责的矩阵管理模式，加强了服务工作的组织推动。省分行与12个支行、机关各部室签订服务承诺协议书，细化了服务内容和时限要求。推广客户服务质量评价系统和排队叫号系统，加大了对网点服务的量化考核力度。渠道建设有序推进，新增营业网点2个，建成青海省内首家私人银行中心，装修改造7个网点，新增自助银行13家，网点服务承载能力不断提升。电子银行、自助机具的业务分流功效不断提高，柜面业务可分流率38.7%，较年初下降3.37个百分点。重视客户经理队伍建设，组织开展营业网点环境专项整治工作与营业网点服务“导入式”培训，保证了对优质客户的“一对一”服务和金融产品的“一对多”营销，推动服务工作不断改进。

七、加强党建和队伍建设工作

积极开展党员公开承诺、创建群众满意窗口和优质服务品牌等活动，城北支行营业室荣获“中国银行业文明规范服务千佳示范单位”称号。按照“巩固、深入、提高、创新”的思路，推进精神文明创建工作，所有对外机构经复评再次确认为市级及以上文明单位。组织完成省分行后备干部推荐工作，调整补充了部分管理岗位人员，开展了专业类高级经理推荐选聘工作，举办各类培训班47期，受训人员达2 867人次。在各支行建立了师徒结对帮扶机制，“一对一”帮助新员工健康成长，省分行团委在总行外语大赛中荣获优秀组织奖。建设“职工之家”和“职工小家”，改善员工工作条件。主动帮扶困难员工，员工的归属感和凝聚力不断增强。

宁夏分行

行长　王保林

【业务指标完成情况】

2012年，宁夏分行实现拨备后利润11.31亿元，净利润8.42亿元，分别较上年增长23%和22.77%，增幅列全国30家一级分行第4位。实现经济增加值3.73亿元，同比增长42.09%。实现中间业务收入3.67亿元，同比增长8.45%，增幅在系统内排名第16位。经济资本回报率26.93%，总资产净回报率1.9%，同比分别提高了2.57个和0.08个百分点。净利息收益率（NIM）4.07%，同比提高了0.25个百分点。成本收入比32.91%，同比下降了0.34个百分点。各项贷款455.73亿元，较年初增加60.72亿元，增长15.37%。各项存款453.20亿元，较年初增加20.93亿元，增长4.84%。不良贷款余额1.74亿元，不良贷款率0.38%。没有发生重大案件和责任事故。

【主要工作措施】

一、加快信贷结构调整步伐，积极支持区域经济发展

以服务支持实体经济为己任，推进“信贷扩户工程”，固定资产支持融资、设备购置贷款等新业务发展取得突破，本外币各项贷款增量位居四行同业占比首位。新拓展中小企业客户100户，贸易融资、中小企业及个人“三大战略领域”贷款较年初增加50.63亿元，占各项贷款的比重提升6.81个百分点，“四大新市场”贷款比重提升5.96个百分点。“四大行业”贷款余额较年初减少9.66亿元，占各项贷款的比重降低7.48个百分点。信贷结构的不断优化调整也使信贷投放综合净收益水平有了新的提升，新发放贷款中上浮利率贷款占比为61.21%，同比提高2.68个百分点。

二、推进发展方式转变，拓宽中间业务增长空间

一是金融资产服务业务迈出开创性步伐。实现投行业务收入1亿元，同比增长42.69%。现金管理、第一结算银行等领先优势进一步巩固。资产托管在同业中率先实现了由单一信贷融资向商业银行理财资金、专项资金托管等多领域发展。养老金业务占据市场主导地位。二是“强个金”战略见到实效。实施“五类新客户”拓展计划，进入26家商品交易市场，建设“工银商友俱乐部”16家，个人客户新增18.8万户。信用卡新发卡6.13万张，消费额和透支额同比增长34.21%和31.65%。三是电子银行、手机银行、个人网银等业务稳步拓展。电子银行交易额突破8 600亿元，同比增长34.25%。个人网银四星级以上客户渗透率达46%，同比提高了8.5个百分点。四是国际业务竞争发展能力快速提升。跨境人民币结算量四行占比51.5%，位居同业首位，受到总行表彰奖励。国际贸易融资同比增长翻倍，累放额及余额同业占比双夺第一。

三、深化服务改进与创新驱动，增强可持续发展的后劲与活力

以开展“满意在工行”主题活动为抓手，加快推进网点标准化建设、自助银行布局扩容、电子银行柜面分流、服务投诉治理“四大工程”，促使服务效率和品质稳步提升。在自治区“3·15”满意度调查和行风评议中，客户满意度最高，行风评议排名前列。装修改造营业网点和离行式自助银行32家，新增ATM 43台，新增POS和中小商户消费转账终端1 698台，网点环境和功能布局得到明显改善。完成一家县域支行新建和两家县域网点升格，提升了分行在县域经济的市场形象。实施授信审批集中改革，业务集中处理改革纵深推进，远程授权监管模式不断完善，运行管理水平稳步提高。业务集中处理已扩充到24大类99小项，较上年同期增长了25%和21%。推进MOVA系统应用推广工作，推出集多项行业应用信息于一体的“牡丹惠民卡”，与宁夏交通厅合作的ETC不停车收费项目正式营运，开创了集群式拓展中高端客户的新通道。围绕农业产业化核心企业，成功发放农户个人订单种粮及枸杞商户助业贷款，探索信贷服务“三农”新路径。

四、抓好风险管理和内部控制，夯实经营发展与管理根基

不断强化全面风险管理，深入推进内部评级法成果应用，在强化客户信息安全、声誉风险、法律风险等防控工作基础上，突出抓好中小企业、集团关联客户、房地产和“两高一资”等重点行业领域风险防控。压降退出潜在风险贷款4.41亿元，清收处置不良贷款2.4亿元。充分发挥运营风险监测模型作用，强化准风险事件监测分析与核查，准风险事件和风险事件数量较上年同期分别下降44.07%和56.81%。进一步完善内控合规体系建设，严格落实重点领域、重点业务和重点环节的风险排查、防控及案件防范责任制要求，认真开展“三位一体”员工行为规范教育，确保了全年无重大违规事件和经济案件发生。

五、加强党建和员工队伍建设，引领保障科学发展

积极参与“宁夏金融系统迎接党的十八大暨纪念建党91周年”和举办贯彻落实十八大精神学习班等活动，以开展“基层党组织建设年”活动为抓手，扎实推进创先争优。不断加大公开选拔竞争上岗任用方式的力度，注重在实践中培养、考察、提拔、锻炼干部，最大限度地为干部成长创造空间。加快实施人才兴行战略，实施人才引进、人才跨机构跨岗位有序流动以及人才培训，新招收研究生17人，大学生127人。制定分支机构分类管理办法，完善工资总额管理、重点产品计价、行长经营绩效考评等激励有效、约束有力的薪酬管理和考评机制，大大激发了全行上下干事创业的热情和动力。扎实推进对15件员工代表提案的解决落实，通过开展主题教育、表彰先进树立典范、加大帮扶救助和“职工之家”建设力度、活跃员工文体生活等多种形式，切实增强了员工队伍的凝聚力和向心力。

新疆分行

行长　孙建勇

【业务指标完成情况】

2012 年，新疆分行实现拨备前利润、拨备后利润分别为 31 亿元和 31.04 亿元，分别增长 15.1% 和 12.2%。实现经济增加值 13.4 亿元，完成总行目标的 111.3%。中间业务收入 9.4 亿元、增长 4.7%，增幅居系统内第 17 位，较上年提升 20 位。本外币各项存款（不含同业）和各项贷款余额分别为 1 854.25 亿元、734.8 亿元，较年初分别增加 243.4 亿元和 133.8 亿元，分别增长 15.1% 和 22.3%，增量排名同业均第一，创新疆分行历史纪录。不良贷款余额和占比较年初分别下降 1.42 亿元和 0.44 个百分点，分别降至 6.56 亿元和 0.89%，继续保持“双降”态势。信用卡发卡量达 96.9 万张、增长 5.84%，消费额、贷款余额、收入分别达到 178.1 亿元、11.35 亿元和 2.52 亿元，增幅分别为 21.4%、18.5% 和 31%。实现电子银行业务收入 1.77 亿元，完成年任务的 110%；网上银行交易额 2.12 万亿元、完成年任务的 118%，持同业首位。投资银行、养老金分别实现收入 8 069 万元、516 万元，增长 43.6%、135.8%。贵金属交易量达 1 937 吨。办理国际结算量 43.27 亿美元，国际贸易融资 4.4 亿美元，保持同业第二。

【主要工作措施】

一、有效推进资产负债业务的协调性、可持续性发展

围绕国家重点在建续建项目、“十二五”规划重大建设项目、煤炭煤化工、石油石化等资源开发项目，以及文化产业等新兴市场积极营销，公司贷款大幅增加，贸易融资、小企业及个人贷款“三大战略领域”增量占全部贷款增量的 66.0%。通过加大渠道建设力度、改进流程、提升服务等措施，有效改善客户体验，增强了网点阵地对个人客户的吸引力。通过开展政府、社保、军队等六大板块系列主题营销活动，加强高层维护和精细化维护，巩固了机构业务阵地。通过抓住开户源头，有效掌控大额资金流动，挖掘公司有贷户、融资需求客户、结算客户的潜力，保证了公司存款持续增长。

二、创新发展新兴业务，开辟新的效益增长点

创新应用总行新产品和开发区域特色产品，不断推出有市场竞争力的涉及投资银行、贵金属、私人银行、托管、养老金、信用卡、国际结算、电子银行等多项业务的新产品，充分满足客户多元化金融需求，推动业务升级发展。全年信用卡业务发展发卡近 97 万张、消费额 178 亿元，贷款余额 11.4 亿元，实现收入 2.52 亿元、增幅 31%。投行业务实现收入 8 069 万元、增幅 43.6%，并实现了 PE 主理银行、财产及股权收益权等业务零的突破。私人银行中心正式挂牌，签约客户及收入成倍增长，分别达到 162 户和 479 万元，分别是上年的 10.8 倍和 7 倍。贵金属产品线更加丰富，推出了具有民族特色、援疆主题等特色产品，黄金租赁业务和贵金属综合回购业务实现了零突破。资产托管、养老金、理财等业务实现了较快发展，兵团资产及负债业务增幅均在 25% 以上，国际业务克服外围市场影响取得了新的成绩。

三、稳步提升全行服务形象与服务效率

通过加强渠道优化建设的规划管理和组织推动，重点对 300 平方米以上网点进行装修改造，全面提升网点形象。已审批项目 110 个，其中正在施工项目 85 个，已竣工项目 8 个。按照离行式自助银行与网点 1:1 的配比目标，积极推动电子银行、自助银行、自助设备等电子渠道建设，加快柜面业务分流，全行柜面业务可分流率较年初下降 18.6 个百分点，降至 38.9%。开展标杆网点建设试点，实施客户满意度提升工程，有效改善了客户体验。12 月份客户平均等候时间 17.8 分钟、客户满意度 99.3%，分别较 6 月份减少 3.7 分钟和提高 0.6 个百分点。

四、逐步理顺管理的体制机制

整合成立小企业金融业务部、投资银行部、私人银行中心、创新管理办公室，建立了更加科学清晰的管理架构。修订部门及分支行绩效考评体系，制定重点业务发展专项激励办法，建立经营管理人员存款竞争力衰退问责等配套机制，加大考核激励力度，增强了各级机构经营活力。组织对全行所有员工、所有岗位签订绩效合约，将员工20%－40%的岗位工资与绩效合约确定的岗位履职要求挂钩；对管理人员进行360度评价，将绩效考核、员工满意度等指标纳入考评，充分调动了各级干部及员工的积极性。

五、进一步提高风险管控能力

理顺信贷前中后台关系，在各二级分行恢复设置信贷管理部，加强信贷基础管理和业务培训，有效防控重点领域信贷风险，保证了信贷资产质量持续优良。在二级分行恢复设立内控合规部，部分二级分行独立设置保卫部，落实了各级内控安全管理职责。开展员工行为规范教育、“双零”网点和柜员建设、“最安全银行”建设等活动，营造合规守纪的良好工作氛围，深入完善案防工作长效机制，加强内控文化体系建设。以主要风险点防控和加强基层机构案防工作为抓手，通过非现场检查、专项检查和突击式检查，推进业务运营风险核查和整改。全年未发生重大违规问题和案件。

六、提高员工福利待遇，增强归属感、向心力

实施人力资源精细化项目，开展员工满意度调查，并对满意度较低的薪酬绩效管理、工作环境、发展培训等问题，逐一提出解决办法。对全行管理干部和后备干部实施胜任力管理项目。大幅调高薪点值，全年员工人均收入增长15%，实现了员工与工商银行同进步、共发展。实施交通补贴等多项满足员工需求的福利项目，着手制定基本医疗加补充医疗、大病基金加救助基金医疗保障办法，建立起了更加完善清晰的薪酬体系、福利体系、保障体系。完善基层民主管理与行务公开，组织开展劳动竞赛和业务技能比赛，扎实推进“职工之家”建设，有效调动了广大员工的积极性与创造性。2012年度新疆分行系统被命名为自治区文明行业，分行本部及辖属11个单位再次被命名为自治区文明单位。

西藏分行

行长　彭正江

【业务指标完成情况】

2012年，西藏分行实现拨备前利润2.27亿元、拨备后利润1.32亿元，分别较上年增长284%、262%。人均、网均拨备前利润居系统内和同业首位。实现中间业务收入843万元，较上年增加463万元、增长122%。各项存款55.75亿元，较年初增加27.57亿元、增长97.5%。各项贷款83.1亿元，较年初增加63亿元、增长313.8%。继续保持无案件、无重大责任事故、无重大业务差错、无不良贷款的良好局面。

【主要工作措施】

一、抓统筹谋划，逐步明晰整体发展方略

按照“着力提升金融服务能力，扎实推进‘增点进位’工程，努力建设新型西藏分行”的要求，把全行思想统一到建设“管理基础扎实、服务特色显著、人员素质优良、社会形象良好、盈利能力较强”的新型西藏分行上来。结合“增点进位”工程实施情况，立足区情行情，将分行发展定位为从开门创业到提速发展的新阶段。针对国内经济形势的复杂性，深刻分析利率市场化和同业竞争压力加剧带来的挑战，形成“坚持四个不动摇”的整体方略：即坚持“确保安全经营”和“推进跨越发展”的指导思想不动摇，坚持推进“增点进位”的市场目标不动摇，坚持借势联动营销的发展战略不动摇，坚持“集中精力开发重点项目和加强基础业务体系建设”的新三年发展规划不动摇。提出了确保安全经营、实现在系统内和同业人均利润最多、资产利润率最高、三大业务增幅最快“一保三最”

的发展愿景。

二、抓维稳工作，精心维护政治形象

始终把维护稳定和确保安全作为第一责任和硬任务。一是在思想上高度重视。及时传达贯彻自治区、总行维稳要求，一丝不苟地抓好员工思想政治教育，一丝不苟地抓好维稳各项组织建设工作，一丝不苟地完善和落实维稳工作制度，一丝不苟地落实好各个敏感时期维稳工作措施。二是在制度上加强建设。逐级签订安全保卫工作责任书，全员签署维稳承诺书，明确干部员工出入藏管理、公寓管理、车辆管理、员工及亲朋在藏管理、长假点名管理等相关要求。三是在行动上坚决落实。严格执行干部员工值班带班、夜间物理网点和自助网点巡查、员工住宿查寝等相关要求。四是在管理上严格要求。组织应急处突演练、加大值班带班抽查等，并对发现问题严肃处理。

三、抓借势营销，不断增强发展能力

立足区情行情，充分发挥特有优势，实施借势营销优质贷款发展战略，“发挥两大优势”即充分利用好国家给予西藏的特殊优惠金融政策优势、充分发挥好工行的整体功能和总行、兄弟行全力支持西藏分行业务发展的优势，“实现三赢目标”即通过借势联动营销，使借款企业可享受西藏特殊优惠利率政策，大幅降低融资成本；内地分行有效维护重点客户银企关系，增加中间业务收入；西藏分行优质信贷业务得到快速发展，增强盈利能力。实现企业、内地分行、西藏分行三赢。“突出四大板块”即基础设施板块、综合能源板块、特色产业板块、施工服务板块，健全联动营销的组织体系，明确联动营销的目标客户，制订联动营销的工作计划，完善联动营销的工作机制，强化联动营销的激励措施。年末，公司贷款较上年6月末增长了15倍，贷款投放领域涉铁路及公路施工、火电及水电建设、青藏电力“天路”建设、矿产资源开发、旅游项目、商贸流通等领域，实现了资产业务的快速发展，并带动负债业务和中间业务协调发展，提升了分行竞争发展能力和盈利水平。

四、抓内控案防，着力夯实管理基础

年初行长分别与班子成员、部门负责人签署党风廉政及案防责任书、内控责任书，强化分行党风廉政建设及案件防范工作。抵制和反对一切分裂破坏活动，远离黄赌毒；坚持职业操守上的忠诚性，禁止经商办企业和参与民间融资。始终坚持“内控先行”、“制度先行”的理念，根据业务发展的需要，以及分行岗位设置的具体情况，及时梳理完善各类规章制度、岗位职责、细化流程、重在落实，确保各项工作有章可循。深入开展员工行为规范教育活动，扎实做好活动各阶段工作，增强员工的风险防范意识、遵章守纪意识和合规经营意识。扎实开展内控评价达标晋级活动，通过梳理完善制度流程，强化问题整改落实，提高制度执行力和操作规范化水平，首次实现内控评价“保三争二”目标。

五、抓机制体制，积极蓄积发展后劲

一是扩大服务网络。针对从2012年起西藏实行差异化特殊费用补贴政策，为落实自治区党委、政府、监管部门对在藏金融机构“走出拉萨”设立网点的要求，如期完成了林芝支行筹建和开业工作。二是增设营销机构。针对西藏区域机构业务资源丰富和推进重点项目建设的市场机遇，为突出专业化营销、精细化管理，通过资产业务发展带动负债业务和中间业务协调发展，成立机构业务部，将市场营销部更名为公司业务部。三是充实客户经理队伍。从2011年6月的8人增加到现在的25人，有力地保障了集中精力抓好重点项目建设的需要。四是加强绩效考核。全面推行管理人员绩效合约，逐步提高全员绩效工资挂钩比例，实行重点项目、重点产品专项奖励。

六、抓队伍建设，促进提升整体素质

高标准加强班子建设，一心一意谋发展，公开公正用干部，在祖国的边陲地区工作更讲政治，在少数民族地区工作更讲团结，在艰苦地区工作更讲表率，在竞争压力面前工作更讲开拓，在异地集体生活情况下工作更讲人本关怀。为满足经营管理需要，不断充实干部员工队伍，由年初的62人增加到106人，队伍结构不断优化，市场营销和一线人员占比不断提高，增强了市场拓展和金融服务力量。在自治区召开的第一次全区金融工作会议上，获得区政府授予的金融工作先进集体荣誉称号。连续第二次评为“西藏自治区银行业良好银行机构”。

大连分行

行长　迟维君

【业务指标完成情况】

2012年，大连分行实现拨备后利润26.7亿元，增长8.3%；实现经济增加值9.7亿元，增长0.5%。不良贷款余额降至0.93%，连续第八年保持下降。本外币各项贷款余额955.8亿元，较年初增加104.6亿元；本外币全部存款（含同业）余额达到1 410.3亿元，较年初增加144.6亿元，余额和增量继续保持同业首位。实现中间业务收入8.02亿元，再创历史新高，增幅15.9%。新发信用卡23万张，信用卡发卡规模突破88万张，规模和增量均位居四行第一；实现信用卡消费交易额120亿元，比去年同期增加27.2亿元，同比增幅29%。电子银行个网客户数和企网客户数分别达到133万户和1.96万户，各类客户数、电子银行交易额继续领跑同业。累计叙做国际结算业务103.88亿美元，同比增幅14.68%，实现国际贸易融资发生额10.74亿美元，同比增幅13.43%。

【主要工作措施】

一、坚持转型发展，综合竞争能力和可持续盈利能力稳定提升

一是牢牢把握信贷发展主题，以深化结构调整提升发展动力。全年实体新市场领域累计投放207.2亿元、占新发放公司贷款的55.1%，同比提高12.4个百分点；新市场贷款较年初净增61.9亿元、增幅38.1%，同比提高了10个百分点。围绕核心企业供应链以及各类专业市场、产业集群、源头部门开展批量营销，小企业贷款余额24.8亿元。个人贷款余额275.5元、较年初增加22.2亿元，在地区同业和系统内五家直属分行中均居首位。信用卡透支11.5亿元，较年初增加1.5亿元。二是以深化客户战略夯实发展根基，推动存款业务快速发展。突出抓客户基础工程，通过坚持批量营销、源头拓展、公私联动、捆绑渗透，不断积聚存款发展的战略资源。对公结算账户总量达到3.7万户、保持同业第一，净增3 180户；个人有效客户规模达到292万户、净增23.3万户。储蓄存款在同业中率先突破700亿元大关，较年初净增73.4亿元，持续保持余额和增量双第一；对公存款余额625.4亿元，较年初净增62.8亿元，重新夺回同业增量首位。三是着力发挥中间业务发展对经营转型的主推力作用，以深化创新应用提升发展水平。一手抓规范整治，一手抓业务发展，依靠优势业务和创新业务的突破带动，保持了收入的较快增长，四大行占比上升1.7个百分点。股权融资、租赁融资、理财投资等品牌类投行业务收入增长82.4%，在全部投行业务收入中的结构占比提高12.7个百分点、达到40.8%。私人银行客户达到230户、增长34%，管理总资产40.6亿元、增长33.1%。企业年金收入增长超过2倍，成为增速最快的中间业务品种。

二、坚持突出风险管控，为稳定经营和健康发展奠定坚实基础

通过认真做实做细到期贷款预案管理、严格责任落地和积极创新手段加大加快逾期贷款划转及不良贷款清收处置，系统风险得到及时有效控制、信贷资产质量趋于稳定，退出潜在风险贷款17.6亿元、化转逾期贷款47亿元、清收处置不良贷款16.1亿元，不良贷款占比0.93%，低于四大行平均水平0.52个百分点。强化重要业务领域和关键风险环节的合规检查，针对房地产贷款、融资性担保、金融资产服务业务、银行卡等重点领域开展8次专项检查、对78个营业网点开展“飞行”检查。扎实推进贷款“七不准”和服务收费的排查及整治工作，发挥风险联动效能，对涉及“十大违规”的高危事件进行重点监管和专项治理。进一步加强反洗钱制度建设和业务管理，全面完成反洗钱集中处理上收工作，可疑交易报告报出率控制在1.8%以内。业务运营核查工作不断规范，运营风险管理效果显现，内部风险暴露水平和可控风险暴露水平同比分别下降24.3%

和22.1%。保持对重要风险环节的案防高压态势，把握案发新趋势和新特点，确保了全年平安无案件。

三、坚持机制创新驱动，激发经营活力、释放改革红利

一是适应转型发展需要，积极推进重点领域机制改革。完成分行投行机构与管理机制改革以及私人银行中心组建工作，实施产品线专项绩效考核和风险激励机制，搭建项目营销与产品研发之间的对接响应机制和利润分享机制，明确新兴业务优先发展策略下的联动保障机制，专业线活力得到有效激发。推进催收集约化管理创新实践，成立个人违约贷款催收中心。优化公司业务部内部机制体制、成立分行小企业营销中心、加大个金及个贷业务垂直管理力度，提升了对客户的直接服务能力和盈利创收能力。二是围绕内部管理增效，着力提升管理的集约化、精细化水平。启动实施网点效能提升项目，持续推进渠道布局优化建设。全年新建网点12家、迁建6家、改造3家，新增自助银行20家、ATM和自助终端233台，自助渠道规模与自助设备跨行交易量占比均居同业第一，电子银行交易离柜率50.8%，较年初上升10.9个百分点。业务运营体系综合改革持续深入推进，业务集中处理范围不断拓宽，实现上门收单业务集中管理和空白重要凭证集中配送，全面启动自动柜员机集中运营管理。现金综合运用率从年初的44.9%提高至49.4%。

四、坚持抓好党建和队伍建设，凝聚力和创造力不断增强

深入落实总行“基层组织建设年”整体部署，不断改善基层党建薄弱环节，形成典型经验宣传推广，激发了基层党组织和党员履职爱岗、转型发展的积极性和创造力。进一步构建科学的人员晋升和流动机制，以提升员工岗位胜任能力和拓宽职业发展路径为目标，系统性开展多层次、多形式、针对性的业务培训。组织召开第二届一次职工代表大会，全行民主管理工作水平不断提升。开展“十佳杰出青年”、先进团组织和岗位明星评选活动，充分展示员工风采。深入推进服务工作“八大明显改进”工程，服务品质和服务面貌不断提升，2012年在“大连市金融业市场满意度调查”以及“大连诚信机构调查”中，分别获得“市民满意金融机构”、“大连诚信金融机构”称号，品牌形象和社会影响力进一步提升。

青岛分行

行长　侯本旗

【业务指标完成情况】

2012年，青岛分行实现拨备前利润35.11亿元，账面净利润23.48亿元。经济增加值13.21亿元，同比增加0.87亿元，增幅7.05%。实现中间业务收入11.14亿元，同比增加1.29亿元，增幅13.07%，完成额和增量首次领先同业。资产负债业务全面发展，实现了全部存贷款余额双双突破千亿元大关，成为青岛市首家全部存贷款余额双超千亿元的商业银行。

【主要工作措施】

一、加快经营转型步伐，结构调整成效明显

在信贷结构方面，实现两个显著改善。一是四大新市场贷款占比显著增加。累计对接先进制造业、现代服务业、文化产业、战略性新兴产业项目71个，四大新市场贷款276.4亿元，占公司贷款的40.68%，比年初提高8.14个百分点。二是城建等四大行业贷款余额282.38亿元，较年初下降29.75亿元，降幅9.53%，占公司贷款比例较年初下降6.6个百分点。在客户结构方面，围绕客户加强联动营销，有效促进了客户规模和质量的双提升。个人有效客户净增19.69万户，增幅7.19%，同比多增3万户；净增个人中高端客户3.29万户，增幅12.47%，同比多增1.29万户。个人中高端客户占比由9.65%提升到10.13%。从个人客户资产来看，个人客户资产增长了108.13亿元，创历史新高，增幅达17.6%，同比多增61.82亿元。有融资余额的公

司客户数达到1 732户。其中，中型有贷户756户，较年初净增63户，表内外融资余额669.02亿元，较年初增长10.68%。在收入结构方面，实现资产管理业务收入2.4亿元，同比增加1.1亿元，增幅达86%，占中间业务收入的22%，比上年提高9个百分点。实现品牌类投行收入8 475万元，占比由36.47%提升至44.49%，收入结构进一步优化。

二、实施市场领先战略，综合服务能力实现新提升

一是大力发展品牌类投行业务，有效推动公司金融业务由“资金供应商”向“金融服务商”转型，商投互动逐步实现由“融资”向“融智”转型。非信贷融资服务总额达到87.3亿元，非信贷融资服务额与新增公司贷款比例达到2.21∶1，特别是通过加大创新型表外融资业务的推广力度，全年累计完成表外融资业务30笔，为客户解决融资50.45亿元。二是紧跟大型集团客户金融发展步伐，综合化营销管理能力实现新提升。首次实现海信集团全球授信，完成海信集团资金集中管理三期项目对接。针对海尔金融债券偿债基金发行理财产品8亿元，为海尔办理首笔内保外贷业务，获得了海尔财务公司40亿元金融债主承销商资格。成功完成利群集团整体授信方案，新增融资2.4亿元，并成功营销MIS结算服务业务。三是新金融产品应用和新业务领域拓展实现新突破。与工银国际共同筹建的青岛蓝色半岛股权投资管理有限公司正式注册成立。渤海农业短期融资券成功发行，债务融资工具主承销业务取得突破。四是大力提升个人住房贷款市场竞争力，加大新业务品种推广力度，确立了新的竞争优势。发放个人贷款71.05亿元，比年初增长6.93亿元。

三、提升产品竞争力，可持续发展能力进一步增强

一是加快电子渠道建设步伐，坚持外延拓展与内涵提升相结合，强化联动营销和交叉营销，在电子银行客户数量、业务规模、中间业务收入实现额及增量占比等方面，继续保持了同业领先优势。实现电子银行交易额3.19万亿元，同比增长24%。新增企业网银证书客户3 128户，同比增长6%；新增个人网银证书客户18.3万户，同比增长199%；新增手机银行客户19.6万户，同比增长35%。二是以青岛市扩大对外开放和实施企业“走出去”战略为契机，提高客户覆盖率和产品渗透率，发挥国际业务对其他业务的辐射和带动作用。办理国际结算194.85亿美元，同比增长13%。三是紧紧围绕新产品推广、有效发卡、分期付款、风险管理等重点工作，从规模、质量、效益、品牌等全方位入手，量质并举，精耕细作，使信用卡贷款余额、总收入、中高端客户渗透率等主要业务指标开创了历史最好水平。全年净增发卡3万张，累计发卡14.1万张，实现信用卡收入1.05亿元，同比增加0.3亿元，增幅43%。四是狠抓产品创新，优化收入结构。新增现金管理客户1 894户，完成总行计划的236.75%；实现贵金属中间业务收入2 093.4万元，同业占比第一。

四、加强党建和员工队伍建设，提升人力资源竞争优势

一是启动“网点精益运营项目”，提升网点运营效率。与知名咨询公司合作运用精益六西格玛先进理念和工具，优化网点岗位设置和业务服务流程，促进网点由“核算交易型”向“营销服务型”转变。二是组织实施“人才盘点项目”。运用国内外先进的人力资源管理理念，采用严谨科学、具有前瞻性的方法，描绘出“人才地图”，为关键人才的未来培养和职业发展奠定基础。三是不断完善竞争性选人用人工作机制。推进公开选拔和竞聘上岗工作的规范化，加大对重点支行的支持力度，优先从当地业绩突出、符合条件的干部中公开选拔。开展部分副职管理岗位的公开竞聘工作，进一步扩大公开选拔和竞聘上岗的范围，拓宽选人用人视野，促进优秀人才的脱颖而出。

五、扎实做好风险管理工作，保障安全平稳运营

开展以“纠违章违规、压风险事件、强履职尽责、惜职业生涯”为主题的内控文化教育活动，进一步夯实了内控管理基础。完善不良贷款处置联动机制，退出潜在风险贷款18.5亿元，完成总行下达计划的162.28%。清收处置不良贷款13.99亿元，完成总行计划的341.22%。继续保持对各类案件和重大风险事件的高压态势，杜绝了严重违规及案件的发生。

宁 波 分 行

行长 俞 龙

【业务指标完成情况】

2012 年，宁波分行实现拨备前利润 47. 45 亿元，同比增加 2. 54 亿元，增长 5. 67%。本外币各项存款 1 290. 25亿元，比年初增加 51. 05 亿元；本外币各项贷款 1 609. 67 亿元，比年初增加 97. 63 亿元。实现中间业务收入 15. 22 亿元，其中，资产托管业务收入 1. 01 亿元，同比增长 28%；信用卡业务收入 1. 76 亿元，增长 51. 8%。清收处置不良贷款 9. 41 亿元。

【主要工作措施】

一、积极推进信贷转型

一是优化信贷行业结构。加快拓展“四大新市场”，新增贷款 74. 54 亿元，占全部公司新增贷款的 131. 35%；余额达 694. 64 亿元，占全部公司贷款的 56. 99%。持续压降“四大行业”贷款，扭转城建、公路、电力、房地产贷款占比较大的信贷结构。全年压降 59. 78 亿元，占公司贷款的比重由年初的 37. 64% 下降至 30. 98%。二是优化信贷产品结构。创新融资产品，加快推进传统信贷业务向金融资产服务转型。本外币信贷流量 177. 16 亿元，与新增公司贷款比例达 3. 1∶1。其中：牵头筹组银团项目 5 个，分销金额 25 亿元，同比增加 23. 5 亿元；理财项目推荐额 33. 15 亿元；融资租赁推荐额 6. 135 亿元。成功推荐总行投资信用债券两笔。三是优化信贷客户结构。帮助小微企业解决“融资难”、“担保难”问题，小企业拓户 374 户，贷款余额 306. 05 亿元，比年初增加 6. 88 亿元。加强与重大基础设施、重大城镇建设、重大环境提升和重大民生保障项目的合作对接，投放贷款 129 亿元，同比增加 71. 25 亿元，优先保障 57 个重点项目资金需求。

二、努力做好稳存增存

一是夯实客户基础。加强与源头性部门合作，推行对公要客清单报送、营销跟进与管户转化工作。大额资金流向监控平台目标客户成功营销 127 户，信贷资金受托支付留存率55. 17%。对公客户 40 050 户，新增5 892 户，增幅 17. 1%；新增对公结算账户 10 014 户，对公存款时点余额 47. 81 亿元，日均存款 28. 89 亿元。开展“财富大赢家”、“星级大挑战”等活动，促进低星级客户向高星级客户迁升。个人总客户数 431. 31 万户，较年初增加 62. 50 万户，增幅 17%，较同期提升 5 个百分点；四星级以上客户 51. 26 万户，较年初增加 7. 54 万户，增幅达 17%。全面启动贵宾理财中心和财富管理中心的贵宾专区服务，五星级以上客户分流到贵宾专属区服务的比率达到 52. 36%，比年初提高 31. 65%。二是发挥产品促存功能。通过商友卡结算资金，带动新储蓄存款增加。商友卡新增 1. 5 万张，存款达到 6. 67 亿元。抓住汇价和利价上的套利机遇，创新推出了外汇存贷宝、人民币外汇互存宝等优势产品，办理增存创收系列产品 87. 58 亿元。

三、着力提升盈利能力

一是加快新兴中间业务发展。以金融资产服务业务和中间业务产品为抓手，挖掘创收潜力。11 个大类的金融资产服务业务共实现收入 2. 64 亿元。加大对中间业务十大重点产品的营销力度，实现收入 12 亿元，占全部中间业务收入的 78. 8%。二是在充分做好市场调研的基础上，适时灵活地调整定价标准。存量贷款收益率同比上升 0. 58 个百分点；新发放贷款利率平均浮动幅度同比上升 2. 24 个百分点，有效地提高了贷款收益水平。2012 年新发放公司贷款利率平均上浮 7. 16%，同比上升 3. 47 个百分点，加权平均利率受两次降息影响，仍达到 6. 38%。

四、全力加强风险管控

一是努力打好不良贷款压降攻坚战。实施潜在风险贷款和担保圈贷款的常态化管理，切实解决信贷业务中存在的突出问题。开展清收处置百日竞赛活动，现金方式清收不良贷款 6. 47 万元，处置抵债资产 3 800 万元，通过清收处置实现拨备回转3.08亿元。二是严密开展内控案防。深化落实“三位一体”员工行为规范管理，先后开展了专题网络学习、征文、知识竞赛、自查自纠、合规标兵评选等活动。创新优化监测手段，在原有非现场日常监测的基础上，共研发监测模型90个，日常监测指标涵盖8个业务类型的77个风险部位或环节，形成一套能够精准定位、有效监测重点业务和高风险环节的非现场监测指标体系。2012年继续保持内控一级行水平。三是积极防范声誉风险。主动联系和邀请媒体记者深入基层网点和服务一线，在多家媒体刊发正面新闻报道306篇，转刊1 055篇次。

五、夯实持续发展基础

一是加快渠道建设进程，加强网点服务力量。按照“三年任务两年完成”的自我加压目标，新建18家物理网点和20家离行式自助银行，网点总数达到170个。抓好网点产能提升，2011年新建的17家网点存款达到15.65亿元，贷款18.26亿元，其中有4家网点存贷款双超亿元。补充、增加网点服务人员数量，招聘新员工331人，从业人数达到4 246人，增长6.28%。开展综合业务的一级支行由9家上升到13家，开办综合业务的网点由83.44%上升到92.64%。二是推进MOVA系统应用。MOVA开户率74.81%，累计动户率78.15%。在总行MOVA体系建设总结表彰会上，被授予“MOVA杰出贡献先进集体”荣誉称号。三是持续改善客户服务能力。开展“满意在工行”、“网点百日零投诉”等活动，153个网点实现零投诉，占网点总数的93%。推进客户服务工程，客户平均满意率达到97.05%，客户评价率98.21%，同比分别提高1.26个和1.09个百分点。连续第三年获得“宁波市民最满意银行”、“宁波最具竞争力银行”称号，2个网点获得全国银行业千佳服务示范单位。

六、加强员工队伍建设

一是强化干部队伍建设。加大干部选拔调整力度，完善市场化选人用人机制，组织开展了15个分行部室科级岗位、6个网点负责人、5个支行内设部门负责人两个批次的集中公开招聘。在分行范围内交流副处级以上干部21名。二是锻造员工进取作风。加强班子领导力、组织推动力和机构执行力，开展“调研分析能力专项推动”、“支持实体经济服务年”、“民主评议行风”等活动，引导全行在工作实践中树立“言必行，行必果”的扎实作风。对各专业、支行、部门、网点和员工的任务量化、细化，着力形成纵到底、横到边的无缝隙责任体系。三是着力改进员工工作。开展“十佳优秀员工评选”、“女员工提升素质建功立业竞赛”、“文化为伴，青春同行”新员工演讲比赛等多种活动，进行“全行青年职业发展状况调查”，建立内训为主、外培为辅的教育培训模式，选聘内部兼职培训师143名，举办各类培训39 490期次，人均培训约12.7天，同比增加4.8天。

厦门分行

行长　崔　勇

【业务指标完成情况】

2012年，厦门分行实现拨备前利润22.4亿元，增长6.6%；中间业务收入7亿元，增长8%。本外币各项存款758亿元，增加近90亿元，首次实现增量同业占比第一。本外币各项贷款743亿元，增加43亿元。不良贷款余额13.2亿元，不良贷款率1.78%。金融资产服务业务收入超过2亿元，占全部中间业务收入超过1/3。信用卡业务总收入超2亿元，增长42.7%；电子银行业务收入7 600万元，增长15.8%；投资银行业务收入实现1.4亿元，增长40%。四星级以上客户增加7.2万户，增长24.1%，新签约私人银行客户超百户，800万元以上私人银行客户数增长近60%。

【主要工作措施】

一、重视增长和稳定相协调，抓实抓牢存款工作

一是精细化存款管理。出台存款协调管理办法，完

善存款考核激励机制，实行存款与干部任用、行长绩效、贷款规模“三挂钩”。对单笔1亿元以上或日均存款5 000万元以上的大额存款实行专列管理和考核；对存款下降超千万元的客户、贷款超亿元而存贷比不理想的客户，实行名单制管理，加强稳存、增存工作。二是着力提升公司有贷户和无贷户存款贡献。严密监测贷款资金流向，通过规模管理提高信贷资金在分行的留存率。制定公司无贷户存款管理细则，推动实施分层营销，为稳存增存奠定基础。三是做细做深机构同业存款。以系统建设捆绑营销重点客户，积极配合福建省分行做好省级财政非税收入收缴系统建设，配合厦门海关做好海关税费电子支付系统的开通上线工作，积极参与本地区重点院校校园“一卡通”建设，支持学校改扩建工程，密切银校关系，拓展学校存款。四是扎实做好储蓄存款工作。大力发展代发工资业务，拓展商友卡和“存贷通”业务，组织开展芯片借记卡主题营销活动，加强优质客户精准营销，有效扩大客户群体，增加储蓄存款。

二、积极抢占贷款市场，实现资产业务整体发展

一是全力稳定公司贷款。深入开展“走三千，拓五百”活动，抓好重点源头渠道，与一批重点集团客户建立战略合作关系。建立公司客户和项目资源信息资源库，加强系统内外的合作联动，实施重大项目业务联席会议制度，有效推动重点客户疑难业务的办理进度。二是大力拓展个人贷款。加大一手房按揭贷款营销力度，收集整理全市在售楼盘信息，确立营销责任支行，每周公布全市商品房销售排行榜，强化对重点楼盘的驻点营销，抢占按揭贷款市场份额。广泛开展与二手房中介的合作，促进二手房贷款业务的拓展。三是动态调整票据规模，提高交易票据议价技巧和水平，合理选择票据交易期限结构、承兑人结构，实现票据规模进退可控，提高分行信贷规模使用效率和均衡率。

三、加快中间业务创新发展，开拓增收渠道

一是加强新产品的宣传推广，稳固信用卡市场领先优势。推出首张IC卡行业应用的联名信用卡——鼓浪屿联名卡，与厦门市总工会发行“工会会员服务卡”，成为该项目唯一的合作银行。二是突出发展网银证书客户，成功营销一批大型优质客户开通使用银企互联业务，进一步推动电子银行业务发展。三是大力推进投资银行业务发展，实现投资银行在债券承销、重组并购、股权融资等多项新业务领域取得重要突破。四是积极构建“私人银行＋投行＋网点”三合一的全功能、会所式服务，高标准推进私人银行业务。五是成立金融资产与创新服务中心，专司牵头管理、推动金融资产服务业务、产品和业务创新。

四、改革经营管理，为转型发展增添活力

一是积极探索加强分行业务部门直接经营。推进业务线部门由管理型向经营型转变，担当重大项目、战略性业务领域拓展，充分激发二线部门经营发展活力，增强二线服务一线的意识，促进业务发展。二是建立完善同业“抱对”竞争机制。按照一定区域，把支行与主要竞争对手建立“一对一或多对一”的对应关系，锁定竞争目标对手，进行同业“抱对”竞争力考核，全面提升同业竞争力。三是积极探索跨区域金融合作。充分利用跨区域金融资源，探索突破厦门地区空间、资源限制，与福建省分行联合召开厦漳泉同城化推动工作座谈会，初步拟定了金融同城化的工作机制，联动营销厦门地区省级财政非税收入收缴等业务。

五、强化服务理念，改进提升服务工作

一是实施网点“变脸工程”。完成29家网点“变脸”改造，内部环境焕然一新，员工服务操作舒适度、便捷性提高，服务效能和客户美誉度明显提升。二是扎实提升员工服务技能。启动星级柜员评级工作，创新培训方式，首次尝试沙盘模拟培训，聘请厦门航空服务团队开展服务礼仪培训，提高培训效果。三是加强“排长队”和客户投诉问题处理。全面完成排队叫号机改造升级，专项治理“排长队”问题，辖区网点超过30分钟等候客户占比较年初有较大幅度下降，网点现场投诉处理能力明显增强。四是积极探索金融服务新方式。加快推进标杆网点、私人银行、贵金属业务品牌旗舰店和夜间银行建设，不断满足客户多样化服务需求。

六、以人为本，扎实推进员工队伍建设

一是积极倡导快乐工作理念，加快人力资源管理改革创新，努力建设和谐团队。二是逐步提高员工薪酬收入，改善员工福利待遇，让员工共享改革发展成果。三是继续探索完善后备人才队伍建设，畅通职业发展渠道，加快员工队伍成长。四是加强对干部的绩效评价管理，对支行领导班子新增政治素质、经营业绩、团结协作和作风形象四个方面的考核内容，并制定出台任职期满人员考核办法。五是结合纪念建党91周年、学习贯彻党的十八大精神等主题活动，加强新形势下党风廉政建设和企业文化建设，大力营造敢于担当，积极向上的团队氛围。

七、加强风险管理和内控案防建设，实现安全无事故

一是前移风险关口，全面深入开展风险排查，进一步摸清“家底”，为风险管理工作奠定良好基础。二是成立风险处置工作组，加快不良贷款清收处置，取得较好成效。三是继续加大对重点领域的风险控制。四大行业、地方政府融资平台压降成效显著，潜在风险和担保圈贷款化解效果明显。四是加强突发应急事件管理，切实做好新形势下声誉风险管理工作。修订分行重大突发事件报告制度和突发事件总体应急预案，逐步完善多维联动的声誉风险管理体系和舆情管理工作机制，提高快速反应能力。

深圳分行

行长　林　谦

【业务指标完成情况】

2012年，深圳分行实现风险调整后利润75.3亿元，EVA 31.2亿元，人均利润143万元，人均中间业务收入63万元，位居系统前列。实现中间业务收入33.2亿元，系统内排名提升2个位次，同比增长18%，高出系统内平均增幅10个百分点。其中金融资产服务业务营业贡献11.1亿元，同比增长21%，增速高于一般中间业务收入3个百分点。对公存款优质客户6 886户，较年初净增1 864户，增长37%，居系统前列；个人有效客户682万户，较年初净增76万户，四星级以上客户117万户，较年初净增13万户，拓户任务完成率系统内排名第一。人民币各项存款4 094亿元，较年初增加139亿元、增长3.5%。不良贷款额9.78亿元，较年初下降1.71亿元，不良贷款率0.47%，保持同业第一，远低于系统内0.87%的平均水平。被总行评定为内控“一级行”。创新获奖的数量与等级在同业和系统内均排名第一；创新产品价值贡献能力突出，产生中间业务收入超过6亿元。连续多年成为深圳地区金融创新成果和获奖数量最多的金融机构。在深圳市2012年银行业行风评议工作中，分行营业部荣获“中国银行业文明规范服务百佳示范单位”，福田支行营业部、高新园支行营业部获得“中国银行业文明规范服务千佳示范单位”。

【主要工作措施】

一、将既定战略作为全年工作的指引

坚持探索以低资本消耗实现高价值增长的科学发展道路，形成了清晰的发展愿景和战略目标，确立了“树三心、做五量、促转型”的发展思路。全行上下紧紧围绕既定战略、发展目标和思路有序展开工作，有力地推进了转型发展的进程。

二、将客户经营作为全年工作的核心

坚持将客户经营放在各项工作的首位，全力以赴做好客户经营，依靠工行强大的品牌和科技系统优势，认真落实“一心一意谋发展”观念，继续推进“拓户提效”、“扩户升星”和“品牌塑造”三大工程，持续夯实客户基础、优化客户结构，分行个人、公司、机构客户规模和结构实现“量质齐升”，可持续发展的基础不断夯实。

三、将创新转型作为全年工作的动力

坚持“系统、网络、平台、联盟”的创新发展策略，以客户需求和市场导向为中心多方面推进“三通”平台创新，为分行负债和中间业务收入带来新的增长点。坚持以机制创新激发转型发展的活力，持续完善市场营销、运营管理、信贷管理等机制创新，制定了一整套“重点突出、兼顾过程、价值导向、科学合理”的绩效考核办法，充分调动了全行员工的积极性和创造性。

四、把党建和队伍建设作为全年工作的支撑

持续强化党的思想政治工作，提出了“拼搏、责任、使命”的“三感”精神，将全行干部员工的思想统一到分行发展上来。认真落实中纪委和总行相关会议精神，围绕新形势下保持党的纯洁性的各项要求，深化党风廉政建设。引导员工找准本职工作与“五量”的结合点，切实提升做“五量”的能力，将“五量”经营成效作为检验能力高低的重要标准，全面提升干部员工能力。

五、把人本文化作为全年工作的基础

全面贯彻“真心实意待员工”的理念，深入开展“为民服务创先争优”活动。实现职工食堂在所有一级支行的全面覆盖，以“职工之家”环境优化项目的成功实施打造了员工的温馨家园；优化体检项目，加大疾病监测和预防力度，最大限度地帮助员工解决重大疾病就诊问题；积极举办各类文体活动，丰富员工业余文化生活。以人为本的企业文化建设深入人心，为分行经营发展提供了强大精神动力。

六、把风控案防作为全年工作的保障

坚持依法合规经营，加强重点信贷领域风险防控，高度关注复杂环境对分行经营管理的各种影响，强化全面风险管理，全面提升信用、操作、市场、声誉等领域的风险管理水平。深化内控管理体系建设，结合经营形势变化，狠抓重点领域的风险防控工作。认真落实监管部门和总行案防工作要求，全面贯彻落实总行“三查、三控、三防、四进”相关要求，时刻保持对各类案件和重大风险事件的高压态势。

苏州分行

行长　徐晓岚

【业务指标完成情况】

2012 年，苏州分行实现拨备前利润 70.68 亿元，同比增加 10.64 亿元，增幅 17.73%。实现净利润 48.85 亿元，同比增加 5.65 亿元，增幅 13.08%。实现 EVA 29.47 亿元，同口径增幅 6.94%。经济资本回报率 37.81%。人民币各项存款 2 004.03 亿元，比年初增加 218.58 亿元；人民币同业存款余额 49.22 亿元，比年初增加 3.17 亿元。人民币各项贷款余额 1 812.44 亿元，比年初增加 188.53 亿元。外汇存款余额（含同业）24.10 亿美元，比年初增加 12.76 亿美元。外汇各项贷款余额 32.41 亿美元，比年初增加 12.18 亿美元。本外币不良贷款余额 10.30 亿元，比年初增加 3.29 亿元，不良率 0.51%，比年初上升 0.11 个百分点。2012 年在直属分行、一级分行营业部经营绩效考核排名中列第 3 位。

【主要工作措施】

一、稳步推进拓户增容工程，负债业务市场竞争力有效提升

一是对公存款夯基础、抓源头、攻重点。明确专业职能，制定考核办法，建立健全对公存款的考核督导机制。制定《对公存款基础工作考核办法》，建立大额资金按日变动监测分析制度，实施信贷资金封闭管理和大额资金流向监控，按月召开对公存款网点督导约见会，强化对公存款督导机制。积极开展对公目标客户营销竞赛活动，共开户 213 户，新开基本户 15 户，新增存款 5.18 亿元。30 户重点攻关项目开设账户 71 户，新增存款 6.04 亿元，36 家挖转他行存款大户共有 38 个账户，新增存款 2.09 亿元。二是储蓄存款克难攻坚，取得新突破。充分发挥公私联动整体优势，认真梳理对公客户代发工资渗透情况及新增有贷户代发工资渗透率，开展“拼搏营销战乡镇，奋力夺取新阵地”的乡镇网点营销竞赛活动。以福农卡、贵金属、理财产品、个人寿险四种重点产品撬动乡镇市场，实现乡镇网点新增储蓄存款 28.69 亿元，占全行新增的 26.9%。三是拓户增容步伐加快。抓业务链、产品链、客户链上的客户，进行批量式、集群式、链条式营销。法人客户比年初净增 259 户，中型企业客户拓展工作在系统内名列前茅。个人客户总量 676.20 万户，比年初增加 83.34 万户，增幅 14.1%。金融资产在 5 万元以上个人中高端客户 40.49 万户，比年初净增 4.1 万户，增幅 11.3%。新增私人银行签约客户 326 户，客户结构进一步优化。

二、大力优化信贷结构，全力构建信贷业务健康发展

一是加快客户结构调整优化。优先支持小微企业发展。小企业人民币贷款投放 499.33 亿元，余额 283.37 亿元，比年初净增 21.72 亿元，在系统内直属分行、一级分行营业部增量排名中列第二。加快个人贷款业务发展。积极组织房屋团购活动，加强按揭贷款营销，发放个人贷款 168.51 亿元，比年初增加 30.84 亿元。二是加快产品结构调整优化。创新推出“开发区 + 区内企业群”的整体金融服务模式，批量拓展园内优质企业 219 家，全年开发区实现新客户融资 153 亿元。将资产管理类业务作为维护竞争优质客户、增加中间业务收入和减少经济资本占用的重要手段。对客户量体裁衣进行

包装推荐，全年上报总行入池项目58个，金额为175.99亿元；投放56笔，金额为167.29亿元。三是加快行业结构调整优化。重点拓展现代服务业、战略新兴产业、先进制造业和文化产业“四大新市场”以及苏州市支柱产业和商贸流通等领域，加大对“4+2重点市场”的信贷投放力度，全年投放385.02亿元。城建、公路、电力、房地产四大行业贷款余额407.05亿元，较年初下降73.86亿元。政府融资平台贷款247.43亿元，较年初下降62.24亿元，占公司贷款的16.48%，较年初下降7.84个百分点。

三、新兴业务快速发展，经营贡献日益凸显

一是投行业务发展迅猛。以品牌类业务为发展重点，商投互动，提升综合金融服务能力。完成投行业务收入7.55亿元，同比增加2.70亿元，增长55.54%。二是信用卡业务优势进一步显现。全年实现中间业务收入2.60亿元，比去年同期增加1.12亿元，增幅达75.67%。新增商户754户，布放POS机具1 892台，商户增量是上年同期的3.41倍，POS投放量是上年同期的3.16倍。信用卡分期付款业务稳健发展，实现分期付款业务收入1.3亿元，比去年增加0.7亿元。三是电子银行业务持续健康发展。企业网银证书版客户净增7 160户，同比增长29.76%；个人网银证书版客户净增40.86万户，同比增长162.93%；手机银行WAP客户净增39.94万户，同比增长42.19%；电子银行交易额67 000亿元，电子银行业务收入2.34亿元。四是国际业务实现新跨越。完成国际结算量1 230亿美元，同比增长225亿美元，增幅22.4%，列同业第一位；发放表内外贸易融资198.27亿美元，同比增加10.99亿美元，增幅5.87%。以总行外汇存贷款利率机制改革为契机，积极开展产品创新实践，年末全部外汇存款新增位居同业第一。开展“国际业务百日拓户竞赛活动”，年收付汇5 000万美元以上的大型客户，分行客户占比突破50%。五是贵金属业务稳步拓展。销售实物黄金1 315.60公斤，同比增长138.29%；销售实物白银955.33公斤，同比增长165.38%。实现贵金属业务收入2 991.92万元。

四、深入开展改革创新，夯实经营发展基础

一是深化运营改革，提升服务效率。扩大业务集中处理范围，实现了28个大类102个小类的业务集中处理。注重发挥中后台服务业务、服务基层的作用，认真执行服务承诺制和限时审查审批制，组织召开贷审会89次，同比增加23次，完成各类审批55 671笔，较上年增长37.9%。二是加快渠道建设优化，提升服务质量。新建17家网点、优化18家、升格21家，对外营业物理网点总数211家。开通自动柜员机1 252台，年内新投放272台；在线运营的自助终端570台，年内新增184台；自动柜员机和自助终端平均硬件运行率分别为98.23%和99.08%。建成贵金属五星级网点2家，四星级网点38家，三星级网点103家。深入开展运行业务质量分析和窗口资源优化配置，打造客户服务体验的良好环境，客户办理业务的平均等候时间为7.3分钟，柜面可分流率29%，较年初降低7.94个百分点，客户满意度上升至99.6%，提高了4.23个百分点。三是加大产品创新研发力度。票据自动打印装置及系统，经国家知识产权局授权为国家实用新型专利，是苏州分行首次获得国家专利。

五、全面加强风险管理，内控案防平稳有序

一是强化信贷风险管理。针对钢贸市场贷款劣变的集中爆发，进行管控协作，通过增加抵押、严控授信，合理引导钢贸企业潜在风险的有序释放。深入推动潜在风险和担保圈贷款风险化解，综合运用各项政策处理不良资产。全年不良资产虽呈“双升”态势，但总体风险可控。二是深化内控管理。积极落实总行员工行为规范教育活动，组织开展集中学习312次。开展“无差错、无违规”活动，降低网点业务违规和差错率，遏制操作风险和道德风险。严格整治六类违规行为，保障了各项业务合规发展；巩固和加强安全防范设施建设，实现了技改与安防100%检查验收达标和全网点覆盖，连续被评为苏州市级“平安金融”先进集体。三是抓好案防和党风廉政建设工作。以“全行统筹抓预防，部室分工抓联防，支行落实抓严防，内控监察抓惩防”的“四防格局”，不断夯实案防基础。围绕“教育、制度、监督”三项基础工作，加强作风效能建设，推进惩防体系建设和党务行务公开。分两批组织各二级支行行长、网点负责人、各营销科室负责人以及分行中层以上干部共255人赴苏州监狱参加警示教育活动。

六、注重队伍建设，营造和谐温暖的“家园”文化

一是加强队伍建设。有7家支行和9个部室的16名管理干部进行了轮岗，增加了干部队伍的活力；开展支行行长助理、部室总经理助理的公开选拔，增强了各行、各专业条线的内部基础管理能力；开设“周末总经理大讲堂”，全年举办17期2 607人次参训；人员配置向县域行、新城区行倾斜，录用员工358人中65%投入县域行，22%投入新城区行。二是深入开展理论、业务教育活动。组织开展了“讲党性、重品行、作表率”活动、“纪念建党91周年党日专题活动”、开展苏州分行首届“我身边的榜样”巡回演讲共17场、千人优质服务推动大会，强化员工自我提升的主动意识。三是开展丰富多彩的活动，增强青年员工凝聚力。开展展示青年风采的系列活动，搭建青年员工沟通交流平台，新设了分行团委邮箱、QQ群、新浪微博“苏州青年e家”等，举办了“我为工行增光彩，工行因我而精彩”的员工文艺会演活动，进一步激发了广大员工的爱岗热情。

广东分行营业部

总经理　沈晓东

【业务指标完成情况】

2012年，广东分行营业部实现拨备前利润128.97亿元，同比增加1.67亿元；实现拨备后利润126.45亿元，同比增加4.6亿元。全部存款6 498.65亿元，比年初增加538.14亿元，增长9.03%，增量四行占比31.92%，余额四行占比37.13%，连续三年保持同业双第一。各项贷款3 413.36亿元，比年初增加391.64亿元，余额四行占比37.75%，增量四行占比46%，连续三年保持同业双第一。实现中间业务收入47.72亿元，同比增加2.18亿元，增幅4.79%。不良贷款余额36.75亿元，下降12.61亿元；不良贷款率1.07%，比年初下降0.56个百分点，创历史最优水平。

【主要工作措施】

一、深入推进存款领先战略，着力夯实发展基础

一是巩固储蓄存款领先优势。强化存款与理财的互动作用、业务与产品的带动作用以及渠道和市场的拉动作用，持续增加存款来源。本外币储蓄存款2 925.83亿元，比年初增加297.60亿元，连续5年保持余额和增量同业第一。二是着力扭转对公存款增长乏力的局面。加大资源投入和考核力度，深化存款主维护人制度和分层次营销，建立大额资金监控平台目标客户营销跟踪和问责机制，抓好集团客户和系统大户的存款营销，提升社保、医保、公积金以及医院、学校、酒店、专业市场等具有稳定现金流客户的存款占比。本外币对公存款2 252.15亿元，比年初增加64.76亿元。三是努力提升同业存款经营贡献。按照“平时抓流量增利润，时点抓存量提占比”的原则，抓好同业存款发展，尤其是提升非银行同业存款的占比。本外币同业存款余额1 320.67亿元，比年初增加175.78亿元。

二、深入推进信贷结构调整，提升可持续发展能力

一是发展“两小”业务和贸易融资，优化信贷产品结构。推进个人贷款和小企业贷款专业化经营，一级支行成立小企业金融业务分中心19家、个人贷款中心11家。净增贸易融资227.58亿元、个人贷款85.35亿元、小企业贷款17.26亿元，占全部贷款增量的62.80%。二是拓展“四大新市场”，优化信贷行业结构。制定四大新市场营销指导意见，重点抓好省行确定的2 832个目标客户的拓展。四大新市场贷款余额1 135.20亿元，在全部公司贷款中的占比为42.14%，较年初提升404.26亿元、11.49个百分点。统筹有序压降“四大行业”贷款，余额比年初下降46.41亿元。三是大力推进直接融资等市场发展，多途径满足客户合理融资需求。承销南方电网50亿元超短期融资券，中标天河城集团、广百集团及粤电集团中期票据37亿元，加快从资产持有大行向资产交易大行转变。四是大力提高资本回报。新发放人民币法人客户贷款、个人贷款RAROC值为52%、39%，分别高于阈值（16%）36个、23个百分点，比年初提高22个、10个百分点，节约资本30亿元，增加EVA约2亿元。

三、深入推进客户拓展和产品渗透，培育新的增长点

一是突出抓好优质客户拓展。对于大中型客户实行名单制营销和板块营销，重点突破上市公司、医院、酒店等薄弱板块，依靠公私联动和商友俱乐部等平台拓展优质客户。法人结算账户净增1.96万户、法人有贷户净增345户、四星级以上个人客户净增34.53万户。二是突出抓好新兴行业、新兴市场拓展。办理国际结算654.68亿美元、同比增长40.38%，国际结算四行占比39.04%，超过第二位的中行1.40个百分点。办理跨境人民币结算229.62亿元、同比增长117.84%。新增信用卡66.22万张，消费额373.72亿元、同比增加80.56亿元，收单交易额984亿元、增加88亿元。资产托管运作规模3 441亿元、比年初净增1 024亿元；新签约养老金企业客户1 238户、总量2 053户。三是突出抓

好产品渗透率的提升。充分发挥分行渠道广泛的优势，大力开展综合化服务，法人理财客户在公司存款5万元以上客户中的渗透率为24.51%，较上年末提升6.53个百分点；工银信使客户在个人中高端客户中渗透率为46.20%，比年初提高8.71个百分点；手机WAP银行客户在个人中高端客户中的渗透率15.12%，比年初提高5.51个百分点。

四、深入推进风险管理和内部控制，确保高质量发展

突出抓好不良贷款的清收处置，资产质量创历史最优水平。一是不良贷款净下降额为股改以来最多。不良贷款余额36.69亿元，比年初净下降12.59亿元，降幅25.5%，为股改上市以来下降额最多和降幅最大的一年。不良贷款率1.07%，比年初下降0.56个百分点，为历史最优水平。二是清收处置金额创股改以来新高。清收处置不良贷款41.73亿元，同比多清收24.01亿元。压降5年以上账龄不良贷款14户、2.73亿元；现金收回账销案存资产3.19亿元，排系统第1位。三是大额不良贷款清收处置工作取得重大突破。清收大额不良贷款10户、20.41亿元，占法人不良贷款清收总额的71.99%。四是小企业不良贷款清收处置成效明显。清收转化小企业不良贷款6.70亿元，有效遏制了小企业不良贷款的上升势头。五是华鼎创富担保贷款压降成效明显。不良贷款余额1.31亿元，压降额2.71亿元，清收转化户数53户。在内部控制和案件防范方面，突出抓好“三查”、“四防”和运营风险核查工作，落实账户开立、U盾申领等9个重要风险点防控，加强道德风险、操作风险、声誉风险以及外部欺诈风险防控，2012年未发生案件和大的安全事故。

五、深入推进改革创新和优质服务，增强发展动力

一是抓好机制创新。建立机构客户主营销制度和挂牌营销机制，完善公司存款分专业考核制度，实施信贷业务“双签”制度，提高经营效率。二是抓好业务创新。完成49个收入超过500万元的品牌类投行大项目；组建17只股权私募基金，完成运作7个重组并购项目；推出了集“收单、发卡、分期”于一体的“工银汇信通”产品；在全行率先推出“双币掉换型理财产品组合”、“跨境人民币掉期产品组合”等新产品。三是抓好服务创新。将行风评议与“满意在工行”服务主题活动紧密结合，完善服务管理体系，服务面貌持续改善。年末客户平均等候时间比6月末下降21.6%，客户投诉量同比下降25.2%，柜面业务分流较年初下降12个百分点。

六、深入推进体制机制完善，强化经营保障

一是推进干部队伍建设。加强各级干部公开选拔力度，建立管理人员履职档案，制定实施支行副行长绩效合约管理制度。组织支行信贷副行长培训班，提高经营管理能力。二是优化经营考核。按照“兼顾存量，突出增量”的原则强化对支行的考核评价，加强对重点业务的考核，将150多个产品纳入全产品营销计价考核。应用MOVA做好对客户经理的考核，打破“大锅饭”现象。三是抓好一体化联动营销。深化“ONE ICBC”理念，强化与总省行及境内外机构的一体化联动。同时依托MOVA系统完善考核分润机制，从机制上促进部门与部门、部门与支行、支行与支行之间联动营销，努力打破“部门墙”。四是完善员工职业生涯管理。启动为期两年的结算和公司专业营销精英培养项目，全力打造与转型发展相适应的员工队伍。推动员工职业发展工作，完成2011年员工职业晋升落地处理。

第六部分

重要文献

责任编辑：周吉人

认真贯彻全国金融工作会议精神
稳步推进转型发展　积极服务实体经济

——在中国工商银行2012年工作会议上的讲话

姜建清

（2012年1月17日）

这次会议的主要任务是，认真学习贯彻中央经济工作会议和全国金融工作会议精神，落实发展战略研讨会各项部署，总结2011年工作情况，分析面临的新形势，安排2012年工作任务。下面，我讲几个方面的意见。

一、认真贯彻全国金融工作会议精神

2012年新年伊始，在国内外经济形势严峻复杂、中国金融改革发展处在关键阶段的背景下，国务院召开了全国金融工作会议，系统总结了近几年的金融工作，分析了当前金融改革开放发展面临的新形势，研究部署了今后一个时期的金融工作。认真学习贯彻全国金融工作会议精神，全面落实金融改革发展新的重大战略部署，对于继续有效应对国际金融危机影响、更好地促进经济金融持续稳定健康发展，具有十分重要的意义，是当前和今后一个时期全行的一项重要任务。

（一）学习贯彻全国金融工作会议精神，就是要充分看到银行改革发展取得的成绩，坚定建设国际一流现代金融企业的信心和决心。这次全国金融工作会议对近年来包括大型商业银行在内的金融业改革发展取得的成绩给予了充分肯定，这对我们是巨大的鼓舞。从我行情况看，2007年全国金融工作会议以来的五年，也是我们在改制上市的新起点上、克服国际金融危机影响，推进国际一流现代金融企业建设取得重大进展的五年。五年来，全行认真贯彻党中央、国务院决策部署和金融监管要求，牢牢把握主题主线，不断完善公司治理，推进经营转型，创新金融服务，强化风险管理，使全行核心竞争力和可持续发展能力显著提升，并在支持实体经济健康平稳发展中发挥了大银行应有作用。五年来，全行个人和公司有效客户增长超过70%，总资产翻了一番，净利润增长320%，ROE提升7.97个百分点，手续费及佣金收入加上投资交易收入占总收入的比重从29%提高到39%，不良率下降2.86个百分点，在应对国际金融危机的挑战中保持了健康发展态势，成长为全球市值、盈利、存款和品牌价值四个第一的银行。

2011年是我行股改后实施的第二个三年规划的最后一年，全行在严峻复杂的经营环境下圆满完成了各项目标任务，改革发展呈现出新的局面。

一年来，全行通过信贷结构的调整提高了信贷发展质量与服务实体经济的水平。全行人民币各项贷款新增8 183亿元，增幅13.2%，较好地落实了稳健货币政策要求。新发放项目贷款的95%以上投向了国家重点在建续建项目。积极支持了先进制造业、现代服务业、战略性新兴产业和节能环保等绿色产业的发展，严控了“两高一剩”行业贷款。加大了对中小企业的支持力度，中小企业有贷户增长33.7%，新增贷款占公司贷款增量的71%，其中，小企业贷款增幅达47.3%（可比口径）。贸易融资增幅48.3%，增量占到公司贷款增量的45.4%。个人消费领域贷款（含银行卡融资）增量占全部贷款增量的32%。公路、城建和房地产等四大行业贷款占公司贷款的比重下降6.86个百分点。地方政府融资平台贷款余额下降1 113亿元。房地产开发贷款比年初下降73亿元，同比少增966亿元。

一年来，全行通过发展方式的转变增强了可持续盈利能力和市场竞争能力。依靠创新驱动和管理提升，全行实现净利润××亿元，增长××%；ROE为××%，提高××个百分点；手续费及佣金净收入占营业净收入的比重为21.6%，提高2.5个百分点。人民币各项存款（含同业）新增13 011亿元，连续4年新增超万亿元；其中储蓄存款新增7 178亿元，实现增量及存量同业占比“双第一、双提升”。以低资本占用为主要特征的中间业务和新业务发展较快，市场优势得到巩固。理财产品余额和收入双居同业首位。信用卡发卡量、消费额、融资额和收入四项核心指标全面领跑同业。债务融资工具承销发行额连续5年蝉联市场第一。贵金属、资产托管、养老金、投资银行、结算与现金管理、私人银行等业务也均实现规模与收益的同步增长。国际化经营取得新进展，去年又在11个国家和地区新开机构，全行境外机构总数达到239家，覆盖到33个国家和地区。亚太现金管理中心和中非现金管理平台设立完成，全球托管网络建设加速推进。跨境人民币业务累计办理量是上年的近8倍。境内国际结算量突破1万亿美元，跻身全球领先国际结算银行之列。

一年来，全行通过重点领域和关键环节的改革创新提升了经营活力和发展动力。去年纳入利润中心改革的产品线扩展至6家，拨备后利润同比增长28%。省区分行营业部改革基本完成，县支行改革覆盖面拓宽、改革成效进一步显现。22家一级（直属）分行实现授信审批垂直集中管理。科技和产品创新成果显著，第四代应用系统建设圆满完成，并创新推出了MOVA系统、基于直接消费且与客户代发工资联接的逸贷信用卡、账户贵金属定投及双向交易、国内银行首个短信客服平台、工银移动银行等一大批基础平台和拳头产品，进一步形成了科技发展和创新应用的“代际”优势。将“改革流程、改进服务年”与“为民服务创先争优”活动有机结合，多管齐下提高了窗口服务质量。按计划完成了60%紧迫性问题和21个主体项目的流程改造优化任务，全新集中处理模式覆盖到1.6万个网点、33大类业务，对公非现金业务集中率达到87%。新建网点800余家，网点环境和功能布局明显改善。电子银行业务占比超过70%，交易离柜率在50%以上的个人客户占比升至41%。短信业务量突破700万笔，分流了近30%的电话银行人工业务量。

一年来，全行通过改进风险管理和加强内部控制经受住了复杂经营环境的考验。统筹推进巴塞尔新资本协议实施的各项准备工作，进一步加强了并表风险、国别风险、表外风险管理，内部评级和操作风险高级计量法项目成果应用加快，并在国内首家研发投产了全球市场风险管理系统，市场风险计量与管控达到国际先进水平。以同业最低的融资成本在银行间市场发行880亿元次级债券补充附属资本。初步核算，全行资本充足率和核心资本充足率分别达到12.7%和9.6%。突出加强了信用风险管理，按照贷款新规走款的比重达到93%，潜在风险贷款和担保圈贷款退出及转化超额完成全年计划，不良贷款余额和比例连续12年双下降，其中不良率降至0.93%，拨贷比达到2.5%，提前一年实现监管达标，拨备覆盖率达269%，同比提高41个百分点。内控合规关口前移，运营风险监督模型更加完备，监测与核查力度加大，内部风险暴露水平降幅超过1/4，保持了案件低发势头。

一年来，全行通过加强党建和队伍建设为改革发展提供了重要保障。以开展创先争优和纪念建党90周年等活动为载体，推动了党建工作的创新发展，增强了各级党组织的生机与活力。以“员工与工行同进步、共发展”为核心理念，完善了新时期员工工作体系，开创了员工工作的新局面。干部人事制度改革进一步深化，对部分一级分行、总行部室及境外机构副职进行了公开选拔，完善了多层次的干部常态化交流机制，加强了业务类干部的培养配备，集团化、市场化、多元化的干部管理体系建设取得新成效。以国际化人才项目、中年员工培训、专业资格认证、培训资源开发建设为重点，深化了全员培训工作，培训的针对性和实效性得到明显增强。以舆论引导、思想疏导和文化传导为重要手段，营造了和谐稳定的发展环境。

五年来的改革发展实践和去年的经营成果充分证明，党中央、国务院关于金融工作的一系列方针政策和工作部署是完全正确和行之有效的，我们完全应该、也完全有条件把工商银行建设成为国际一流的现代金融企业。全行应当对此充满信心。

（二）学习贯彻全国金融工作会议精神，就是要尽快把思想和行动统一到党中央、国务院关于经济形势的分析判断和金融工作新的重要部署上来，努力开创改革发展的新局面。金融工作会议深刻指出，我国金融业既有新的发展机遇，也面临诸多挑战。我国仍处于发展的重要战略机遇期，工业化、城镇化和农业现代化快速推进，将为金融业发展提供更加坚实的基础和更加广阔的空间。随着经济发展方式转变和结构调整，我国经济社会发展呈现新的阶段性特征，对金融业发展提出了新的更高要求。同时，国际金融危机使世界经济金融格局发生深刻变化，我国经济和金融开放程度不断提高，新型金融市场、机构和产品不断发展，金融业运行中的风险隐患也在积聚，各种不确定因素增多，竞争压力增大。面对这些机遇和挑战，要进一步增强责任感和忧患意识，加强战略谋划和思考，既要积极把握各种有利条件，又要居安思危，做好应对更大困难和挑战的准备，增强在纷繁复杂的局面下推动科学发展的能力。

温家宝总理在这次会议上阐明了做好新时期金融工作必须把握好的五项原则，即坚持金融服务实体经济的本质要求、坚持市场配置金融资源的改革方向、坚持创新与监管相协调的发展理念、坚持积极防范化解风险的永恒主题、坚持自主渐进安全共赢的开放方针。人民银行、银监会已着手就银行业贯彻这五项原则提出具体要求。我们要结合自身实际，认真贯彻落实这些原则要求及相应的重要工作部署。一要准确把握服务方向。牢固树立服务实体经济的指导思想，以创新的思路加大对经济结构调整和经济社会发展薄弱领域的支持，通过完善金融服务功能帮助企业发展创新、实现资产保值增值，全面提升服务实体经济的质量和水平。二要准确把握转型导向。坚持通过改革破解制约科学发展的瓶颈，科学平衡风险、收益、资本的关系，重视强化资本约束，优化资源配置，调整经营结构，努力走出一条资本消耗低、风险控制好、支持经济发展能力强、盈利增长可持续的发展新路。三要准确把握创新精髓。始终坚持以市场为导向，以客户需求为中心，以提高金融服务能力和创造客户价值为根本目的，推进金融创新，坚决防止规避监管要求和脱离实体经济发展需要的非理性创新。四要准确把握风险防线。把防范风险作为经营工作的生命线，充分认识当前形势下防范金融风险任务的艰巨性，加紧建立更加全面、严格、科学、先进的风险管理体系，有效防范风险的蔓延传递。五要准确把握开放方针。根据国家金融对外开放的总体方针和战略部署，在与进入国内市场的外资银行搞好竞争合作的同时，继续积极稳妥地推进我行国际化发展战略，更好地服务于国家扩大对外开放和实施企业“走出去”战略。

（三）学习贯彻全国金融工作会议精神，就是要立足当前，开好局、起好步，切实把今年的工作做好做扎实。2012 年是巩固应对国际金融危机成果的关键之年，也是喜迎党的十八大召开之年，做好今年的工作至关重要。中央经济工作会议已经确定了今年经济工作的方针政策和目标任务，强调今年经济工作要突出把握好“稳中求进”的总基调。对我行来讲，在今年国内外经济环境仍然十分复杂严峻，国际金融危机深层次影响持续显现的背景下，也必须坚持把“稳中求进”作为工作的主基调。“稳”就是要支持经济平稳较快增长，保持资产质量的基本稳定，保持各项业务的稳健运营，保持盈利的平稳较快增长。“进”就是要进一步抓住“危”中之“机”，在改进金融服务上取得新成效，在转变发展方式上取得新进展，在深化改革创新上取得新突破，在党建和员工队伍建设上开创新局面，实现第三个三年规划的良好开局。

根据“稳中求进”的主基调，统筹贯彻中央经济工作会议和全国金融工作会议精神，我们确定今年经营发展的主要目标是：实现净利润××亿元，增长××%；实现经济增加值××亿元，增长××%；ROE 达到××%；成本收入比控制在 38% 以内；不良贷款率控制在 1.2% 以内；拨贷比保持 2.5%；资本充足率和核心资本充足率分别保持在 12.2% 和 9.6% 左右。全行要按照这一目标要求，扎实做好各项工作。

二、抓住时机推进转型发展

发展必须转型，转型就是发展，是更加注重质量和效益的发展。要在结构调整、经营转型上迈出更大步伐，努力增强发展的协调性和可持续性。

（一）进一步提高信贷经营管理水平，更好地支持实体经济发展。根据稳健货币政策和我行实际，今年全行人民币信贷计划按 8 500 亿元掌握，增幅为 12% 左右，总行在规模把握上将视宏观调控要求保持一定的灵活性。在注意保持信贷适度、均衡增长的同时，要加大信贷结构调整力度，强化信贷基础管理，把握降低资本消耗和防范金融风险的内在要求，促进信贷业务在调整中发展。

要通过完善信贷增量与流量双线调控、行业政策指导与限额核定双轨管理、经济资本配置与 RAROC、经济增加值考核双重控制，突出“四大新市场”和“三大战略领域”发展方向，稳步减少“四大行业”的贷款占用，深入推动信贷业务转型发展。一是优先支持国家重点在建续建项目和“十二五”规划确定的重大项目建设，并要更加重视利用多种金融工具，引导社会投资进入国家政策鼓励的重大项目建设领域，发挥信贷资金的撬动作用。二是重点完善先进制造业、战略性新兴产业、现代服务业、文化产业信贷政策，做好与国家产业政策的衔接，创新服务方式，确保其贷款增速高于公司贷款平均增速，并且有个好的客户结构和发展质量。三是持续提高中小企业贷款比重，重点发展与企业生产经营活动相契合的贸易融资等短期贷款，积极支持符合政策要求的科技、服务和加工业等中小企业，加大投入、加快创新帮助小微企业解决融资难问题。完善中型企业和小微企业的统计口径，形成更加完备的中小企业信贷服务体系。四是开拓文化、教育、健康、旅游等新兴消费市场，创新以银行卡为载体的小额消费信贷模式，加强与大中型优质商户、新兴消费业态中的高端商户的合作，大力发展直接消费信贷业务，新增个人消费贷款和银行卡融资占个人贷款比重不低于 55%。五是进一步调整贷款结构，今年要从公路、电力、城建和房地产“四大行业”贷款中调整出 1 500 亿元，使其占全部贷款比重降至 30% 以下，从中腾挪出来的贷款资源重点配置到“四大新市场”、“三大战略领域”以及重点县域机构。要严格执行授信总量控制、行业限额管理、审批权限上收等管理要求，注重区别对待，加强收回再贷的流量管理，优先保证存量优质项目的续贷资金。要讲究结构调整的方式方法，对贷款减少的重点客户，要通过为客户度身打造全产品、多元化金融服务，建立更加紧密的新型银企关系。要积极创造条件启动资产证券化，大力发展银团贷款和贷款转让业务，拓宽贷款流转渠道，更多地利用短融中票、私募债等资本市场工具，运用风险参贷等创新方式支持有关企业的融资需求。

要保持对严峻复杂的经营环境下信用风险的高度敏感，加强对宏观经济形势和调控政策效应累积影响的研判，强化信贷风险监测预警和超前处置，确保信贷资产质量稳定。一是防范经济增速放缓带来的信用风险。密切关注重点行业、产业的产销变化，主要原材料及商品价格变化；密切关注企业订单、开工率、销售回款等经营情况变化，及时防范和化解风险。二是防范地方政府融资平台、房地产等重点调控领域信用风险。加强平台存量贷款分类管理、规范整改和信用增级工作，提高平台项目现金流覆盖水平，及时清收到期贷款。加强土地、房产等押品管理，实行定期押品价值重评；健全房地产项目建设、销售还款、资金链情况监测预警机制，及时针对异常情况采取有效措施，敦促企业加快销售回款，确保到期贷款安全收回和平稳过渡。三是防范环保不达标和产能过剩引发的信用风险。将绿色信贷理念贯彻到全部资产业务，并依据工信部“十二五”期间 19

个重点行业淘汰落后产能目标任务，逐户落实信贷退出计划。四是防范资金紧张形势下，企业关联交易、虚假交易触发的信用风险，防范企业及个人套取银行信用、套现及民间高利贷融资链断裂导致风险转向银行。

要适应信贷结构调整与信贷风险防范的需要，切实加强信贷基础管理。完善量化政策工具统筹机制，合理调节信贷总量、流量和增量，以科学管理方式引导结构调整。与全面推行授信审批集中管理体制改革相配套，完善授权管理制度和信贷业务流程。加强监督检查和合规性管理，强化对政策制度执行的刚性控制。完善贷款资金流向跟踪监测技术和方法，严格按贷款新规支付贷款资金。今年要组织开展信贷业务合规性大检查，以及贷款质量分类、地方政府融资平台贷款的专项检查，进一步夯实信贷基础。

（二）大力发展金融资产服务业务。成立金融资产服务业务委员会，启动业务管理系统建设，按照4个方向10大类业务，加快产品创新和市场拓展，建立交易额和收入双重指标的监测考核体系，力争相关收入占总收入的比重提高1个百分点以上，迈出由持有资产大行向管理资产大行转变的重要一步。

创新发展资产管理业务。资产管理是监管部门鼓励金融创新的重点领域，当前资本市场低迷也使客户将资产保值增值的需求重点转向银行理财产品等资产管理业务。要切实抓住政策和市场机遇，加快产品创新，大力提升专业服务水准，增强差异化和个性化服务能力，扩大资产管理业务规模。要完善私人银行业务布局，加强与境内外投行业务线的联动，把香港私人银行中心建设成为海外私人银行业务的产品创新和服务支撑中心，提升对高净值客户的服务水平。要巩固工银瑞信在固定收益类产品上的优势，努力提高股权类产品投资收益。

优先发展账户类交易业务。这是挖掘客户交易需求、做大交易收入的主要潜力所在，要优先开发、重点发展，力争年内代客交易盈利增长20%以上。要加快构建国际化的贵金属交易平台和黄金资产池，提升做市商实力，把贵金属业务链做长、做宽。要创新推出账户外汇、账户原油等产品，充分发掘账户交易类产品的市场需求与盈利能力。要加大金融市场交易规模和频率、提升收益。要稳妥发展全球商品交易业务，研究与南非标准银行的合作，完善代客商品交易产品线，提高商品交易头寸管理和交易能力，力争成为国内代客商品风险管理服务的首选银行。

着力发展资产支持性服务业务。要关注基金法修改带来的基金创新产品，与民生领域以及与第三方支付快速发展伴生的托管市场需求，开辟托管业务新领域；搭建全球托管服务网络，逐步将工银亚洲、工银金融和工银欧洲打造成为境外托管业务的重要平台和区域运营中心。要抓住养老金有关政策规定日益清晰的有利条件，围绕信息管理和资产管理两大板块，拓展行业客户范围，提升养老金业务综合服务能力。

加快发展融资中介服务业务。要把握区域集优债券、超短融发行主体放宽等政策机遇，推动债券承销多元化，拓展境外债承销业务市场，扩大主承销规模，努力增加承销、投资、交易各环节收益。要加快构建涵盖行内机构、境内外同业的银团分销网络，尤其要加大对近年尚无牵头筹组银团分行的辅导力度，着力争取银团市场的高端组织地位。

（三）全面增强个人、公司和机构金融竞争发展能力。统筹个人、公司和机构金融三大市场的业务开发和协调联动，进一步提升整体竞争发展水平。

一要深入实施“强个人金融”、“大公司金融”和“全机构金融”战略。个人金融，要通过重点拓展文化、教育和医疗等新兴消费领域，拓展商品交易、县域和发达乡镇等新市场；通过重点抓好各类经济组织中高端客户，抓好芯片卡、借贷一体卡等新产品；通过加快推出整合存款、理财、贷款等多种金融账户功能的“个人投资管理账户”，扩大业务领域，提升服务水平；确保今年新增四星级以上个人客户超过600万户，金融资产新增8 500亿元以上，继续保持同业第一。要保持信用卡总量稳定，重点提高卡片的启用率和动卡率，大力拓展收单和分期付款市场，依托公司结算账户做好线上、线下商户收单业务的联合营销。公司金融，要着力实施商投互动及发展金融资产服务两大策略，构建一套覆盖大中小客户、信贷+非信贷、表内+表外、商行+投行、本行持有+银团转让、境内与境外机构的一体化公司营销服务体系，全面拓展结算和现金管理、融资、交易、托管和理财等综合服务。力争今年新增有贷户2.1万户、无贷户44万户、现金管理客户10万户，非信贷融资与信贷融资比例达到2.5:1。要加紧推动投行业务转机制、调结构、上水平，尽快组建品牌类投行业务专门团队，提升重组并购、股权融资、高端财务顾问等品牌投行业务比重。加强非牌照类投行与牌照类投行、境内投行与境外投行业务的整体互动，发挥各自优势特别是工银国际的牌照优势，争取到更多中资“走出去”企业以及全球知名跨国公司融资、并购中的业务机会，提升投行全球竞争发展水平。机构金融，要抓住财政收支规模扩大、民生领域投入加大、直接融资持续增长、同业合作深入发展中的机会，把握好各类重点客户的新需求，完善金融服务政策措施，开发适用的产品和服务系统，实现全客户覆盖、全产品营销、全流程服务、全方位管理、全系统联动，扩大我行在机构金融市场上的领先地位。

二要加强三个联动。要着手建立联动营销服务系统，并依托MOVA完善考核激励机制，促进联动营销、一体化服务。要公私联动。深入开展“大联动、大营销”，围绕代发工资、社保、医保、公积金以及银商、银医、银校合作等市场或项目，通过先进系统平台提前介入，进一步提升公私联动水平。注重批量发展个人客户的质量选择，实现量质并举。要区域联动。研究客户跨区域、跨境的供应链、贸易链、投资链，把握资金流动中产生的各项金融需求，不断创新和延展跨区域、跨境、跨时区服务，确保客户服务不断点、不断线。要渠道联动。要继续有重点地优化物理渠道，尽早完成去年启动的新建优化网点扫尾工作，争取早出效益；今年安排的新增网点以及离行式自助银行建设，也要力求早规划、早投入运营。新增网点资源要继续向重点县域倾斜，尽快在重点县域和城镇形成有较强竞争力的网点布局。电子银行要着力向新业务、新产品、新市场、新领域渗透。要加大自助银行、ATM、POS机等终端设备投放力度，建立统一监控管理系统；网上银行要加快网络新技术、商业新模式的应用与推广，丰富产品功能；移动银行要增强易用性，提高业务笔数和交易金额占个人网银的比重；电话银行、短信银行与客户经理要加强联动，增强对客户服务的响应能力，改善客户体验。要顺应电子支付新趋势，研究与第三方支付机构合作与竞争的新方式。要切实通过渠道协同，使业务离柜率在50%以上的客户占比提高至45%以上，柜面业务可分流率降至36%以下，短信银行对电话人工服务的分流率进一步提高，不断扩大全行服务承载容量，促进各项业务持续较快发展。

三要促进存款稳定有效增长。要紧紧依靠个人、公司和机构金融业务的全面开发、协调联动，保持存款稳定均衡增长，提高存款可用率。要利用好大额资金流向监控平台等工具，落实资金流动中各节点的营销与稳存责任，提高目标客户在我行开户率，引导资金在我行体系内循环。要完善网点服务功能、提升服务水平，挖掘网点的增存潜能，提高网点单产，走一条依靠内涵发展赢得存款竞争优势的新路子。要认真研究存款保险制度推出后，对个人客户特别是中高端客户金融资产配置的影响，提前做好应对准备。

四要提升中间业务管理和服务水平。银行服务收费问题近来为社会所关注。今年监管部门要出台《商业银行服务价格管理办法》，国家发改委将开展银行收费专项检查，这对于银行加强服务价格管理、提高中间业务服务水平，是一个积极促进。全行要认真落实监管要求，本着对企业收费必须符合“依法合规、服务匹配、协议完备、客户自愿”四项原则，对现行中间业务收费情况进行梳理，重点检查是否存在收费与服务不匹配、与贷款捆绑收费等问题，对没有实质性服务的收费项目要做好清理，对不规范的收费行为要进行整改。要进一步规范中间业务收费管理办法，健全统一的定价管理机制。要坚持“以价值创造取得合理业务收入”理念，大力发展具有技术知识含量、能促进企业发展、为客户增值的产品，推动中间业务向个性化、品牌化、高端化方向发展，促进中间业务收入健康可持续增长。

（四）深化国际化综合化发展。要跟随国家扩大对外开放和实施“走出去”战略，进一步完善境外机构布局，加快推进境外机构本土化经营，提高全球化服务水平。明天下午要召开国际化工作会议做全面部署。这里，我着重强调几项需要重点研究和破解的问题。

一要提高国际化发展水平。在基本完成境外机构布局之后，要认真研究制定未来一个时期的国际化发展战略，提出转型发展的任务目标和举措，在调整收益结构、资产负债结构、产品结构、客户结构等方面取得显著成效。要坚持一行一策制定境外机构发展指导意见，搭建更加完备的境内外一体化营销服务平台，有针对性地加强国际化品牌传播，多种方式充实境外机构资本，帮助境外机构提高内生发展能力。境外机构要因地制宜，集中力量抓几条业务线、几个拳头产品，迅速打开市场突破口，稳定一批战略性客户，力争在本土化经营和盈利贡献上有个大的提升。今年境外机构总资产可能突破1 500亿美元，利润要争取突破15亿美元（含南非标准银行投资收益）。境内机构要进一步扩大受理外汇业务的网点覆盖面，抓住重点城市行和重点客户群体，努力提升结售汇、国际贸易融资、国际结算等三大业务竞争力，其中国际结算四行占比力争提高到28%。境内外机构要加强协调联动，对照“走出去”企业名单，逐一落实营销与服务任务。沿边地区国内分行要发挥好“桥头堡”作用。

二要整体布局境外经营网络。去年未完成境外审批程序的筹建机构要争取获颁牌照，尽早开业，年内境外网络要覆盖到40个左右国家和地区。要根据全球总体战略、产品线发展规划、境外机构发展程度和所在市场特点，深入研究、通盘考虑业务线境外设立形式和管理模式，主要依托已有境外机构的牌照功能和业务体系，延伸业务线在境外的服务；在条件具备的地方，要构建不同形式的区域管理中心，提高全球业务管理能力，保障国际化战略的落实。

三要启动全球离岸人民币中心建设。积极将境内人民币优势延伸到境外，提高清算、报价和交易能力，把境内做市经验移植境外，增强国际市场做市业务的影响力。要加快建设几个离岸人民币中心，形成以总行为中心，辐射全球的人民币业务网络，打造全球跨境人民币业务第一大行。

要按照全国金融工作会议要求，积极稳妥地推进综合化经营。工银安盛要继续创造条件，争取尽早完成审批、开始运营。要继续抓紧进入信托领域的各项准备工作。要进一步发挥工银瑞信、工银租赁、工银国际等综合化子公司的创新服务平台作用，努力提升集团综合化服务水平和多元化盈利能力。

三、坚定不移深化改革创新

坚持以改革突破制约科学发展的瓶颈，以创新驱动转型发展，紧紧扭住当前发展中的突出矛盾和问题，实现改革创新的更大突破。

（一）深化重点领域改革。随着业务专业化、集约化经营程度提高，国际化综合化发展加快，全行管理复杂程度和机构协同要求越来越高，对集团管理体制提出了新的要求。近来，总行开展了一系列专题调研，下一步将针对组织机构管理中存在的突出问题，按照顶层设计、统筹协调的原则，提出改进方案和发展纲要。总的想法是，建立适应未来发展需要、支撑经营转型战略实施的组织架构，着力解决经营授权、资源配置、激励约束等影响机构竞争力的主要问题，形成更加科学系统的机构管理体系。方案与政策酝酿成熟后，总行今年将召开机构管理工作会议进行总结部署。现阶段要继续深化以下四个方面的改革，为全面和深层次地改进机构管理创造条件。

一要本着精简效能的原则深化各级内设机构改革。以集团总部机构改革为切入点，通过利润中心改革和专业化机构建设逐步分离总部的直接经营和专业处理职能，突出管理职能。加大对各级行内设机构人员比例控制，鼓励各级行在内设机构精简方面先行先试，采取多项政策鼓励人员向基层经营机构流动，充实一线营销服务人员。

二要继续推进好利润中心改革。利润中心改革既要扩大范围，更要完善机制。今年私人银行部、资产管理部、投资银行部要启动利润中心改革。利润中心要一心一意搞经营，努力做优做强。同时，要加紧完善相应产品线的利润核算与分润机制，妥善处理好利润中心与境内外分行以及各利润中心之间的分润关系，进一步形成区域经营与专业条线协同、各业务领域协同的发展新格局。

三要持续推进业务流程和业务集中改革。以自助渠道分流、业务受理前移和业务处理后移为重点，深入改革业务流程。上半年全面解决剩余的191个紧迫性问题，年内再完成27个项目主体功能的投产应用，重点在网点排队管理、业务预约处理、跨系统流程整合等领域取得突破性进展，基本建成具有精益、便捷、直通、高效特征的新业务流程体系，服务明显上台阶。要提高业务集中处理层次，年内完成18类个人业务的集中处理，基本建成“网点全面受理、中心集中处理”的业务集中运营格局。要投产境外企业级数据仓库和境外报表集中管理平台，进一步压缩报表数量、提高报表自动化水平。要统筹规划专业化机构建设，加强现有各类专业化机构的整合集约和差异化管理，促进专业化机构之间及其与分支机构之间的联动共享。

四要持续推进县支行和大中城市行改革。继续加大对重点县支行的信贷、网点和人力资源投入，大力增强我行在重点县域和经济强镇的竞争发展能力，增强对“三农”的支持和服务能力。启动重点城市行竞争力提升计划，明确经营定位，创新体制机制，强化业绩激励，打造一批经营管理水平高、市场竞争力强、盈利贡献大的重点城市行，扩大我行在城市的战略优势。

（二）加快科技和产品创新。按照我行“十二五”信息科技发展规划目标，今年要在四大平台建设上有个大的进展。一是打造全球化系统平台。完成FOVA系统在工银亚洲以及新设机构的推广，启动MOVA向境外机构、集团子公司的延伸。同时，要加快信息数据标准化建设，尽快制定和发布集团信息标准。二是打造综合化服务平台。推进集团子公司核心业务系统建设，快速提高子公司的业务信息化水平，实现多业务领域信息平台的交汇贯通和协作共享，同时构建集团管理和信息安全防护体系，确保应用体系架构支持我行向全能型金融业务领域拓展。三是打造云计算应用平台。建立起“客户服务云”、“内部管理云”和“基础设施云”等云端平台，提高经营管理效率和服务响应速度。四是打造智能化管理平台。深入应用商业智能、移动办公等新技术，实现客户服务、产品创新、经营分析、决策支持与风险控制的智能化、集约化管理。一季度投产建成全球科技服务中心，为全行业务发展提供有力科技支撑。要促进科技创新成果向现实竞争力转化，建立完善产品后评价机制，推出一批客户响应度高、市场竞争力强的新产品，力争全年自有产品数量增长10%以上，产品覆盖率和交易频率均有大幅提升。

（三）持续改善服务面貌。今年要以开展“满意在工行”主题活动为抓手，继续深入推动部分网点排长队问题的解决，推动个别业务领域客户投诉较多问题的解决，全面提升客户对我行服务态度、效率、产品和环境的满意度，把“为民服务创先争优”引向深入。

一是深入实施服务效率提升工程。要统筹推进流程改造、业务集中、渠道优化建设、柜面业务分流，加强对排队情况的监测分析和窗口服务力量的及时调配，把“1030”的基本效率指标纳入对二级分行行长和网点负责人的绩效考核，不断提高网点和各类渠道的服务能力。要推出网点服务承载能力评价模型，重点评估一些代理业务带来的柜面业务量，切实平衡好客户拓展与结构优化、客户需求与服务供给的关系，实现业务发展与客户服务能力相协调相适应。

二是开展投诉重点问题专项治理。对客户反映较多的产品销售不规范、窗口开工率不足、自助机具运行非正常等问题，进行分析梳理、逐类诊断、专项治理，切实从制度、流程、技术上加以根本解决。要提高网点现场处理客户投诉能力，确保客户投诉在现场第一时间得到响应。要加强对客户投诉及其处理情况的监测考核，坚决查处恶性服务事件，同时要建立和完善客户体验机制，促使全行真正把客户满意不满意作为衡量服务工作的基本标准。

三是构建完善的服务管理体系。要把金融消费者权益保护放在更加突出位置，建立覆盖全集团的消费者权益保护制度，健全侵害消费者权益问责机制，积极开展金融知识普及和宣传，及时让客户了解新产品、新服务的信息，充分尊重消费者的知情权和选择权。要更加重视服务质量的日常监督，设置窗口服务即时评价器、推广服务质量视频集中监控模式，加强各项服务规范落地执行情况的检查，尤其要着重强化网点负责人和大堂经理服务管理职责。要更加重视规范中后台和管理行的服务，明确服务标准和责任。要更加重视服务典型的培育和先进经验推广，在总结去年“百名记者进工行”活动经验的基础上，组织开展“千名记者进工行、万篇文章评服务”宣传活动，多形式、大规模宣传服务先进典型，宣传工行服务实体经济的新形象。

四、加大力度提升集团整体治理水平

要适应经营环境变化，按照系统性重要银行标准，进一步完善集团治理，增强对各类风险的防控能力。

（一）完善公司治理。要适应金融监管改革以及全行综合化国际化发展实际，加快构建更加科学的跨市场、跨地域、跨监管环境的集团治理架构和机制。一要着手研究制定“One ICBC”整体战略规划和分阶段目标步骤，健全集团运行体制机制、明确集团各单元责任和义务。抓紧启动“八大全球统一体系”建设，年内基本建立起全球统一的授信体系、资产营销和管理体系、客户服务管理体系、科技体系、信息资讯体系、全面风险管理体系、财务管理体系和人力资源管理体系，整体搭建起集团一体化管理和资源科学化配置的组织管理架构，实现集团各单元在更大范围的战略联动与战略协同，为全球客户提供同一个ICBC体验。需要指出的是，要加紧研发全球信息资讯联动系统，依托总行“资讯平台”，及时发布全球各类市场信息，实现市场资讯在集团内部之间互通互享，推动境内外机构联动捕捉市场机会，促进信息成果转化为营销实效。二要完善母公司对子公司的管控机制、协调机制和责权机制，因地制宜地实施差异化的子公司治理模式，促进子公司健康可持续发展。三要加强集团派驻子公司董监事队伍建设，强化派出董监事的出资人意识，发挥其在子公司经营决策和执行监督等方面的作用，确保股东意愿落实和子公司经营行为符合集团发展战略要求。

（二）严格资本管理。要牢固树立资本管理理念，抓紧制订资本占补平衡管理办法，重在增强内部资本积累和资本约束，同时积极探索发行符合国际新标准的资本工具，拓展资本补充渠道，确保资本充足率的稳定。

要把经济资本管理作为资本管理的重要内容和推动发展方式转变的重要手段，切实加以改进和完善。要创新经济资本计划管理模式，探索建立经济资本资源配置的市场化机制，推动经济资本管理逐步实现从静态到动态、从单向到双向、从指令性限额到市场化配置的转变。从今年起，要进一步加大对经济资本（EC）占用、风险调整后资本回报率（RAROC）、经济增加值（EVA）的考核力度，严格控制全年经济资本增量限额，对未经批准的超限额行为，总行将严格计收超额资本占用成本。要通过RAROC和EVA等价值型指标优化经济资本限额配置，推进经济资本在资产负债组合管理、产品定价、信贷审批、资源配置、绩效考核等领域的应用。要将经济资本配置与信贷政策、信贷结构调整目标紧密结合，促使各行更加主动地寻求信贷资产最优组合和信贷资源最佳配置，真正做到“算好了再干”，而不是“干了再算”。要提高签发银行承兑汇票、开立融资性保函等表外业务的经济资本配置系数，加强表外业务限额管理，控制表外加权风险资产的过快增长。抓紧研究制定利润中心和子公司的经济资本管理方案，条件成熟后实施EVA考核。

（三）加强风险管控。要强化集团风险偏好、风险限额和集中度管理，争取尽快获批实施新资本协议，以先进的风险管理技术来提高风险管理效率。要推进国别风险评级和应用，完善国别限额管理，及时分析国别风险对集团整体风险敞口的影响，定期开展压力测试，做好风险预警和提示，不断提高国别风险的管控能力。要持续关注欧债危机走势，密切监测交易对手和我行持有各类债券的风险敞口，确保外汇债券投资安全。要加快全球市场风险计量、管理、压力测试系统海外延伸步伐，构建金融市场交易集中管理模式，建立以产品控制为核心的中后台监控体系，防范复杂金融市场环境下的利率、汇率及操作风险。要加强对流动性覆盖率（LCR）和净稳定资金比例（NSFR）指标的监测分析，合理安排各层次流动性储备，确保全行流动性安全。要完善并表管理框架，实现财务状况、风险水平、IT信息全面并表，并健全并表机构风险隔离机制。要牢固树立“安全生产无小事”观念，加强生产运行精细化管理，制定职责更加明确、更具可操作性的业务连续性计划，提高信息系统风险应急管理能力。

（四）紧抓内控案防。当前，针对银行业的金融诈骗和暴力犯罪事件多发，金融犯罪的智能化、组织化、大额化趋势明显，隐蔽性增强；同时，随着我行金融创新和集团化发展步伐加快，风险的复杂性和差异性增加，全行内控案防面临新形势新情况，落实依法合规经营的要求更高，防范案件风险的压力更大，维护经营安全的任务更迫切。全行务必要保持清醒头脑，高度重视并突出抓好“三查、三控、三防、四进”工作，保持对各类案件和重大风险事件的高压态势。

“三查”即查快、查新、查重。“查快”就是检查业务发展快、创新速度快、市场变化快的业务领域。今年重点对理财、金融市场业务、小微企业信贷、融资担保等业务进行合规性审计。“查新”就是检查新业务、新流程、新系统、新模式、新机制的运营风险控制情况。“查重”就是要检查可能对集团经营造成重大损失或影响的风险因素，以及小概率、大损失事件。

“三控”即加强对高风险环节、高风险领域和高风险机构的管控。要严控银企对账、U盾申领、批量办卡、特约商户管理、印章管理等违规问题高发环节，完善制度，强化执行，严厉打击虚假办卡、非法套现、盗用客户资金以及各种营私舞弊行为。要严控信息安全、反洗钱领域风险和子公司、境外机构风险，落实信息安全管理制度和防护措施，改造批量查询或下载客户敏感信息的应用系统，防止客户信息外泄；统筹反洗钱信息系统建设，建立反洗钱长效监督机制；探索对子公司和境外机构的内控管理方式，处理好“合外规”与“合内规”的关系，确保集团合规管理的有效性。要严控案件和重大风险事件多发的机构。总行要利用运营监督系统，定期分析通报运营风险较高的网点和柜员，落实管理责任，限时查处和整改。总行还要视情况宣布一批违规违纪行为多、案件风险隐患多、声誉风险事件多的“三多”一二级分行，对其重点监控、从严管理。

“三防”即防外部诈骗、防暴力犯罪、防员工行为失范。防范外部侵害的关键在于筑牢自己的防护堤坝。要严防不法分子以各种虚假手段骗取银行资金，加强案例教育和规章制度学习，增强员工风险防范意识与反诈骗能力，确保依法合规操作，不给犯罪分子可乘之机。要严防抢劫、盗窃营业网点和自助设备的暴力犯罪，加强安全技术防范，扎实做好安全保卫工作。要严防员工参与非法集资、民间高利贷、经商办企业、违规担保、恶意透支套现等行为，有针对性地开展员工异常行为排查，强化对员工特别是基层管理人员和客户经理的行为约束。

“四进”即发挥技术硬约束作用，把内控监督功能嵌入业务处理系统，打造以“进岗位、进功能、进流程、进系统”为核心的内控监督新流程，构建起全过程控制与合规管理的新模式。同时，要完善运营风险管理系统，持续优化监督模型，提高风险事件核查的针对性和有效性。

五、更加重视加强党建和队伍建设

要紧密结合新形势下全行改革发展实践，积极主动地研究加强党建和队伍建设的有效方法和途径，把保持党的纯洁性作为党的建设的一个重要目标和抓手，落实从严治党、从严治行要求，抓党建带队伍，抓党风促行风。

（一）加强领导干部和党员队伍建设。要以迎接党的十八大和贯彻落实十八大精神为主线，深化创先争优活动，全面提高党建工作水平。要精心筹备我行党代表会议，通过选举产生出席党的十八大代表的过程，使广大党员接受一次党性锻炼和民主集中制教育。要落实中央把2012年作为“基层组织建设年”的部署，深入总结创先争优活动经验，把行之有效的好做法提炼上升为制度规范，推动创先争优常态化、长效化，激发基层党组织和党员履行岗位职责、推动转型发展、打造人民群众满意银行的积极性和创造力。要全面加强各级领导班子和领导干部的思想政治建设，建立对干部“德”的考核评价体系，重视群众公论，坚决不用在“德”上不合格的干部。要完善公开选拔、竞争上岗的干部选任机制，通过多种途径把人选准、用好。要积极推动干部交流工作制度化，注重关键岗位、后备干部、年轻干部的轮岗交流，注重培养使用经过基层历练、能力强素质高的干部，增强干部队伍活力。

（二）抓好人力资源建设。要合理控制用工总量增长，重点在改变人力资源“三多三少”结构上下功夫。要建立以人均效能指标为核心的用工计划配置模式，确保新增人员配置向重点发展区域、新兴业务领域和一线服务岗位倾斜。要强化人力成本约束，探索分行本部人员控制和网点标准化配置工作，构建员工双向选择、动态配置机制，以人力资源结构的优化来支撑全行转型发展。

要坚持人才优先发展战略。按照中长期人才发展规划，用好人才发展重要政策，加快推进重点人才工程，提高中高级人才比重，促进员工成长成才。要重视业务人才的培养使用，完善专业职级体系，使各类优秀业务人才进步有通道、发展有舞台。要健全人才外部引进政策和机制，有针对性地引进我行急需的中高端人才。适时组织境外机构副职全球招聘，建立全球雇员集团内有序流动机制。

要坚持教育培训务实管用。深入挖掘、提炼全行经营管理和创新发展的典型经验，年内完成50个教学案例的开发，逐步形成具有工行特色的案例库，更多地运用案例教学，提升培训实效。要以项目管理为抓手，统筹推进管理人员、专业人员、业务运行和客户服务人员能力培训。继续高标准推进国际化人才培训项目，加大境外机构优秀雇员到境内交流培训力度。要以重点人才、紧缺人才培训带动全员培训，通过提升总行党校和行属院校培训功能、丰富网络大学内容、建设业务知识库系统、加强培训资源开发建设，通过广泛开展岗位大练兵、大比武和各类知识竞赛等多种方式，掀起建设学习型银行、争做知识型员工的热潮。

（三）扎实开展思想政治工作和企业文化建设。要按照十七届六中全会提出的文化建设新任务新要求，深入开展社会主义核心价值体系教育，加快推进精神文明建设和先进企业文化建设，夯实广大干部员工的思想文化基础。要重点做好“十件文化大事”、搭建企业文化交流平台、开展主题教育活动、总结推广先进典型，广泛传播我行企业文化。要充分运用MOVA系统，规范各级各类机构的绩效考核，完善与员工业绩贡献挂钩的薪酬分配机制。综合运用荣誉激励等多种方式，增强员工的职业荣誉感和敬业精神。要充分发挥工会、共青团等群众组织的作用，全面完成职工之家建设，维护好员工合法权益；加强对青年员工的思想教育和引导，激发青年员工立足岗位建功立业的积极性。要关心一线员工、特困员工、离退休人员、内部退养人员等各类员工群体，积极帮助解决实际困难。继续扩大疗休养员工数量。要深入做好维护稳定工作，多做思想教育工作，多做帮扶转化工作，把各种不稳定因素化解在初始状态。要重视舆情监测和引导，打好舆论宣传主动仗。

（四）深入推进党风廉政建设。要认真落实第十七届中央纪委第七次全会精神，紧紧围绕在新的形势下保持党的纯洁性各项要求，深化党风廉政建设和反腐败斗争。要以党员领导干部为重点，持续开展反腐倡廉教育，培育廉洁价值理念。要抓好反腐倡廉制度建设，尤其要抓紧推出“三重一大”决策制度、廉洁从业规定等一些重要制度的配套实施意见，完善党务、行务、部务三项公开制度，严格落实党风廉政建设责任制，加强对反腐倡廉制度执行情况的监督检查。要注重依托信息技术手段，把廉政风险防控与各项业务管理工作有机结合起来，建立廉政风险信息共享、评估和预警机制，做到对各类不廉洁问题超前防范、及时制止和有效查处。要对财务费用支出、采购外包和工程建设项目、资金交易等重点领域和关键环节，实施重点监督，不断完善制约机制。要深化和拓展巡视工作，更加有针对性地促进分行班子建设，加强党风廉政建设。同时，要加紧完善对控股机构、境外机构管理层的监督，实现反腐倡廉体系对集团各级、各类机构的完整覆盖。

党的优良传统和作风是党的纯洁性的具体体现，要把作风表现作为评价一个领导干部品行与党性的基本方面，把一个单位的风气作为衡量领导班子是否有凝聚力、战斗力的重要内容，根据新的形势任务要求，深入查摆、大力整顿作风上不适应的问题，按照牢记“两个务必”、坚持“四个大兴”的要求，高标准建设党风行风。当前尤其要通过党风行风建设解决好一些单位和领导干部程度不同存在的四个方面不良倾向。

一是防止和纠正大局观不强的倾向。破除“部门墙”、“业务及机构壁垒”要依靠改革和完善机制，但任何机制都是有局限性的，事实上，在多元、综合化发展的过程中也越来越难以简单界定机构与部门业务的职责边界。增强集团发展的协同效应，首要与根本问题在于各单位特别是各级领导干部、管理人员的思想作风，在于是否能够从集团战略全局和整体利益出发谋划发展、推进工作。

二是防止和纠正经营作风不实的倾向。尤其要注意克服急功近利、心浮气躁，不讲结构和质量、不顾资源承载能力、不按经营规律办事的做法；严肃查处投机取巧、弄虚作假的经营行为，教育和引导全行更加自觉地坚持科学的发展观和正确的业绩观，脚踏实地干工作、心无旁骛谋发展，做到思想实、为人实、干事实、业绩实。

三是防止和纠正艰苦奋斗思想淡化的倾向。在连续成为全球盈利最多银行的情况下，要特别注意防止滋生铺张浪费习气，防止精神懈怠的危险，始终发扬厉行节约、勤俭办行的传统，永葆艰苦奋斗的本色。特别需要强调的是，随着业务发展，一些行尤其是基层行确实需要相应改善营业办公条件，但也要注意防止贪大求洋，盲目迁建营业办公大楼和高成本建造各类非营业性用房，严禁以各种名义新购建会议中心、接待中心。随着业务创新加快和市场竞争加剧，业务营销压力加大，公务接待活动增多，但也要注意严格规范经费开支，处处精打细算，坚决制止奢侈浪费以及与经营管理无关的职务消费行为。随着国际化发展，出国（境）任务增加较多，但也要注意统筹管理、规范审批、严格控制不必要的无实际工作成效的出国（境）活动。

四是防止和纠正队伍管理有所放松的倾向。剖析一些行发生的重大风险事件和客户投诉问题，固然有机制流程等方面的因素，但主要还在于管理不到位，甚至治行不严。值得注意的是，一些行片面强调业务繁重、竞争激烈而放松合规管理和服务要求，一些领导干部在处理违规违纪问题上大事化小、小事化了，客观上助长了一些不好的风气。这些年，全行通过干部制度改革使一大批年轻干部走上领导岗位，给干部队伍注入了生机活力，但相对来说，不少同志特别是一些长期做业务工作的同志缺乏管理工作实践，领班子带队伍的经验不足。面对复杂环境和艰巨的转型发展任务，队伍管理应该有更高的要求。事实上，一些问题早些发现、严肃处理，才有利于业务健康发展，也是对员工真正的爱护。在这方面，各级领导干部务必要端正思想和作风。

同志们，今年的经营形势依然严峻复杂，转型发展任务艰巨繁重。全行上下要坚持以科学发展观为指导，坚定信心，克难攻坚，扎实工作，稳中求进，确保圆满完成全年各项任务目标，为实施新一轮三年发展规划开好局、起好步，为实体经济健康发展提供更好的金融服务，以改革发展的新成绩迎接党的十八大胜利召开！

在中国工商银行分行行长工作会议上的讲话

姜建清
（2012 年 7 月 16 日）

今年以来，全行在严峻复杂的经营环境下，总体保持了盈利增长、业务发展、结构优化、风险可控的稳健发展态势，成绩来之不易。但同时也出现了盈利增速放缓、存款波动加剧、中间业务收入增幅大幅减缓、不良贷款反弹等问题，全行经营发展面临着股改上市以来最为复杂的形势。这次会议的主要任务是，认真贯彻落实国务院和金融监管机构相关会议精神及工作部署，分析国内外经济金融形势，完善经营策略和工作措施，动员全行统一思想，审时度势，进一步加强管理、改进服务、加快改革创新和经营转型，努力实现自身健康可持续发展和更好地支持实体经济。下面，我讲三个方面的问题。

一、关于当前经济形势与我行的信贷把握

今年以来，国内外经济延续复杂运行的格局，存在较多的不确定性。

从国际看，导致国际金融危机的深层次矛盾尚未消除，新的风险又在形成和集聚，世界经济复苏的曲折性、艰巨性进一步凸显。美国经济复苏进程减缓。尽管美国经济出现一些积极信号，但经济向好的情况总体低于市场预期。5 月份美国制造业 PMI 下滑 1.3 个百分点至 53.5%；消费者信心指数滑落至 64.9，为 8 个月来最低水平；失业率升至 8.2%，是 11 个月以来第一次回升。近日美联储宣布延长“扭曲操作”宽松货币政策，并下调了美国未来三年的 GDP 成长预期。欧洲经济不确定性增加。欧债危机仍然是全球经济复苏的最大不稳定因素。欧盟主要国家在解决债务危机上各执己见，难以形成政治合力。尽管希腊大选结果使其退欧风险暂时得以缓解，但并未改变危机实质。同时，欧债危机进一步向西班牙、意大利等国蔓延，其经济萎缩、银行业危机升级，以及国债收益率持续攀升，引发了市场新一轮担忧。为避免陷入低增长陷阱，欧盟区的宽松货币政策已经启动。亚太地区和主要新兴经济体增速普遍放缓。日本经济复苏势头虽有所改善，但难有大的起色。印度、巴西、南非等新兴经济体经济增速也在放缓，一些国家陆续实施宽松货币政策，扩大内部投资需求，面临经济下行与通货膨胀长期存在的双重压力。国际金融市场动荡进一步加剧。欧美等经济体实施新一轮宽松政策在即，全球性通胀的压力骤增，滞胀的危机依然存在。全球金融体系的不稳定性上升。

从国内看，我国经济运行总体平稳，经济增长处于目标区间，物价涨幅继续回落，但经济下行压力也在加大，结构性问题比较突出。一是拉动经济的投资、消费和出口“三驾马车”增速都有不同程度下滑。1－6 月固定资产投资同比增长 20.4%，增速同比回落 5.2 个百分点；社会消费品零售总额同比增长 14.4%，增速同比回落 2.4 个百分点；进出口总额同比增长 8.0%，呈低速增长态势。二是反映经济活力的一些先行指标出现回落。6 月份中国制造业 PMI 为 50.2%，创 7 个月最低值，环比下降 0.2 个百分点。其中新订单指数下滑至 49.2%，环比下降 0.6 个百分点；生产指数下滑至 52%，环比走低 0.9 个百分点。全社会用电量同比增长 5.8%，增幅回落 6.2 个百分点，为近年来最低水平。三是反映企业生产经营状况的主要指标不理想。从我行对 1.4 万户样本企业的持续跟踪监测情况看，企业总体出现销售收入增速下滑、资金回笼困难、盈利能力下降、亏损面扩大的迹象。1－5 月企业实现销售收入同比增长 7.66%，增速下降 16.1 个百分点，其中大、中、小企业增速分别下降 17.4 个、17.4 个和 4.2 个百分点。企业应收账款和应付账款余额同比分别增长 18.1% 和 15.2%，反映了企业资金周转困难加剧。存货同比增长 15.7%，增速有所放缓，但库存压力仍然较大。企业销售利润率为 5.19%，同比下降 0.65 个百分点；亏损企业占比为 6.51%，同比上升 0.55 个百分点。40 个行业中利润率同比下滑的行业 31 个，亏损面扩大的行业 22 个，与投资关联度较高的钢铁、建材、建筑及装备制造等行业表现尤为明显。四是一些潜在风险和结构性问题不容忽视。如地方政府融资平台贷款偿付压力较大。今年以来财政收入特别是地方上的土地收入降幅明显，而地方政府融资平台又进入集中还款高峰期，一些地区的融资平台资金链趋于紧张，新上项目面临的资本金约束很大。再如，产能过剩的问题突出。尤其是与固定资产投资相关的钢铁、水泥、电解铝等行业产能过剩严重，钢铁行业产能利用率约 80%，闲置产能近 1.7 亿吨；

电解铝行业产能利用率仅70%，闲置产能近1 000万吨；水泥行业闲置产能近3亿吨。作为国内煤炭市场风向标的秦皇岛港出现煤炭压港现象，库存接近港口容量上限。电力企业存煤平均可用28天，创历史最高水平。

信贷运行是国民经济的晴雨表，经济形势变化在银行信贷领域也有直接的体现和反映。一是信贷需求出现结构性变化。上半年中长期贷款增速放缓，这一方面是贯彻宏观调控政策和监管要求，控制政府融资平台贷款、房地产开发贷款，以及解决贷大贷长贷集中问题过程中主动调整的结果，同时也是固定资产投资增速下滑在银行信贷业务上的反映。小企业贷款和个人类贷款增幅也呈下降趋势，反映出经济下行背景下，产业链末端的小企业经营更为困难，以及社会消费需求下降。同时全行票据贴现余额从历史低位快速回升，较年初增加991亿元，一定程度上反映出随着票据利率的持续下降，主要用于满足中小企业需求的票据业务与小企业贷款之间产生了一定的替代效应，也说明信贷市场需求发生了变化。二是信贷资产质量出现值得注意的苗头。全行已经延续12年的不良贷款“双降”趋势在今年二季度出现波动，到6月末不良贷款余额较年初增加×亿元，有×家分行不良贷款余额上升，小企业、个人、贸易融资、信用卡等领域的不良贷款出现反弹，反映了在经济增长放缓的背景下，部分行业和客户偿债能力下降、违约风险上升。此外，房地产开发企业的资金链日趋紧张，销售进度缓慢，风险不可忽视。

针对宏观经济下行压力加大的形势，国务院已明确把稳增长放在更加重要的位置，根据形势变化加大预调微调力度，同时进一步强调要正确处理保持经济平稳较快发展、调整经济结构和管理通胀预期三者的关系。这对银行服务实体经济提出了很高的要求，也是对银行信贷结构调整和转型发展的促进。应当认识到，目前经济运行中出现的问题，实际上是经济转型和结构调整中不可避免的阵痛，这个成本是我们必须支付的，而且过程也决非一帆风顺。中国经济经历了超过30年年均9.7%左右的高增长，这在全球是一个奇迹。未来我国经济将进入高增长速度回落期，不管是主动调控还是被动适应，我们可能要面临一个连续十年维持平均7%的增长目标阶段。在这种情况下，需要转变过去高增长的预期思维，走出对过去发展路径的依赖，正确处理好稳增长和调结构的关系。实际上，转变发展方式、调整经济结构是未来经济增长的一条主线，也是中国经济发展必须要过的一关。稳增长必须建立在结构调整基础上，调结构就是为了解决经济高速增长中存在的深层次矛盾，调结构是促进经济又好又快发展的真正有效保证。只有那些结构调整快的地区、转型效果好的行业，在今后的发展过程中受到的冲击、遇到的困难才会相对较小；只有坚持调整结构、深化改革，才能渡过难关、消除阵痛，实现长期的平稳较快发展。对工商银行来讲也一样，我们要正确处理好短期与长期、权宜之计与长远之策的关系，既要立足当前，更要着眼长远，决不能为了解决当前经营中的一些问题而给工商银行长远可持续发展增加障碍和困难。要全面、准确地贯彻宏观调控政策及其预调微调措施，更加重视科学、合理地把握信贷投向投量，把信贷结构调整和风险防控放在更加突出的位置，努力实现信贷业务的健康可持续发展，不断提升服务实体经济的水平，更好地支持经济平稳较快增长和经济发展方式的转变。

（一）科学把握好信贷投放和结构调整。一要进一步加快新四大产业信贷业务拓展。去年7月分行行长工作会议以来，全行对重点进入的先进制造业、服务业、文化产业、战略性新兴产业等新四大产业信贷业务拓展力度有了明显增强，新四大产业贷款余额占全部公司贷款的比重提高7.21个百分点至47.98%。今年上半年其新增贷款更是占到公司贷款增量的105%。但总的看，我们对一些新市场进入的策略还不够完善，配套措施和营销还不够有力，步伐还不够快。比如，在制造业29个子行业百强企业2 900户中，我行有融资关系的仅占30%。再如，对于战略性新兴产业和文化产业的业态和发展趋势，还不是很熟悉，信贷政策和产品体系尚需完善。由此来看，对新市场政策配套不到位、金融创新不足、营销与服务跟不上就会影响信贷结构调整效果。因此，各级行在推动信贷结构调整中，要更加重视推动新市场的进入，尽快梳理并确定新四大产业重点目标客户名单，特别是在我行尚无融资或融资占比较低的优质客户，以及对我行业务发展具有重要影响的战略性集团关联客户，逐户研究清晰可行的营销方案，对核心业务品种明确提出同业占比领先的发展目标。要继续深入做好对新市场的调查研究，进一步破除制约新市场开拓的思想观念和体制机制障碍，加强前中后台的沟通协调，提高信贷政策的协同性，促进评级授信、信贷审批、作业监督等各业务流程的衔接和信息共享，实现风险的有效制衡和效率的优化提升。要适应大型跨国企业全球化发展需要，推进全球统一授信。要逐步探索对部分客户授信项下提款制的“实授信”。要抓紧完善RAROC管理，导入MOVA系统数据，全面反映客户综合贡献；在分行业、分产品、分客户精细核算收益的基础上，科学确定RAROC阈值，完善RAROC阈值形成机制；在对各机构、各区域整体RAROC水平进行评价和控制的基础上，对单笔业务给予分行一定授权，保持灵活性；进一步完善行业政策与客户准入政策，更好地实施宽选、严审、实管的市场营销与风险控制等策略，引导全行切实在信贷经营中兼顾风险、收益与市场竞争力。

在对这些行业积极“进”的过程中，也要严把贷款准入关和投放关，要严控高污染、高排放项目和产能过剩项目，防止一些企业乘“稳增长”之机、利用银行信贷资金盲目投资，形成新一轮的低水平重复建设和产能过剩。要积极支持企业“走出去”消化过剩产能以及开展海外兼并重组，通过加强境内外机构项目库建设和联动等措施，做好企业“走出去”和境外项目的对接，为企业提供融资支持和运营支持等综合性服务。

二要更加重视统筹项目信贷运营。继续做好我行前期支持的、效益好的在建续建项目的信贷资金投放，注意跟进“十二五”规划中一批事关全局、带动性强的重大项目启动，主动营销一批有利于全行结构优化和整体带动性强的新项目。要积极通过创新，重点运用结构融资、直接融资、表外融资，以及其他新兴融资工具，多渠道满足重大项目资金需求。

目前，全行四大行业项目贷款余额 2.22 万亿元，占全部项目贷款的68%，占全部四大行业贷款的96%。无论是把握好项目贷款投放，还是推动四大行业信贷结构调整，关键在于掌控好四大行业项目贷款的总量和投向。必须坚持四大行业信贷结构调整的目标不动摇，坚决完成今年 1 500 亿元的压降计划。应当看到，虽然去年 7 月实施四大行业信贷结构调整以来，取得了明显成效，其贷款余额占公司贷款比重下降 8.44 个百分点至 41.39%，但四大行业贷款集中度高、资本消耗大、可能出现系统性偿债风险的问题仍然突出。今年的四大行业结构调整计划是稳妥和可行的。上半年全行对四大行业累计新投放贷款 2 565 亿元，在实现总量下降 915 亿元的同时通过到期贷款收回再贷有效地支持了四大行业中的重点资金需求，下半年四大行业到期贷款高达 1 987亿元，有条件实现下半年总量再压降 585 亿元的计划与再新增 1 400 多亿元投向重点需求的双重目标。为了更加有效地推进四大行业信贷调整、准确把握相关政策和监管要求，防范政策性、系统性风险，同时也为了集中有限的信贷资源支持在建、续建项目和一些新的国家重大项目的资金需求，加大对中西部地区和东北地区重大项目的信贷倾斜，要对四大行业的贷款总额控制实现行业和区域“两个打通”。也就是说，除房地产开发贷款外，不再简单地实行分行业的贷款压降计划控制，而是控制四大行业贷款总量。对四大行业的信贷需求按照相关政策要求、风险效益原则和先续建、后新建的顺序综合衡量，总体安排，并确保将压降额度调配到新四大产业等国家推动经济结构调整和产业优化升级的重点领域；变过去贷款“谁收回谁使用”，为“收回”与“发放”双线管理，部分压降额度上收总行统一调配。对于地方政府融资平台贷款，要继续贯彻好“总量控制，分类管理，区别对待，缓释风险”的原则，严格控制总量和新增，但要利用好收回再贷支持符合条件的优质客户在建续建合理资金需求。

三要积极扶持优秀中小企业发展。要认真贯彻总行关于发展中型企业、小型微型企业的信贷业务指导意见和相关政策措施，加快中小企业客户拓展力度，充分利用我行大型客户、核心客户多的优势，以供应链融资为抓手，围绕龙头企业，实现批量拓户，广泛拓展核心企业的上下游客户。要改变简单依靠融资性担保机构防控风险的做法，高度重视企业经营现金流和第一还款来源，严格销售归行管理，完善小企业信用贷款的相关措施。要积极跟进国家出台的扶持中小企业发展的一系列优惠政策，以及鼓励引导民间投资的“新 36 条”实施细则，为民间资本进入铁路、市政、能源、电信、教育、医疗等领域做好重组并购和投资银行服务。目前在部分分行试行的中型客户信贷政策效果较好，可在总结完善的基础上尽快在全行推广。同时，对处于小型到中型过渡期的企业，可以采取抵押项下的债项融资满足其合理融资需求，防止过渡期优质小企业流失。

四要推进个人消费信贷业务健康发展。要配合国家出台的一系列刺激消费政策，通过合适的产品支持扩大消费需求。要在坚持风险定价的前提下，严格按政策支持合理的个人住房信贷需求。要将信贷资源优先投向收益较高、风险可控、并且能够有效监控用途的信用卡贷款业务，特别是综合收益较高的分期付款业务，积极发展家电家居、数码产品、文化教育等新兴消费贷款市场，促进信用卡贷款业务的可持续发展。

五要进一步加大对重点县支行的信贷资源配置倾斜力度。对有效贷款需求较多的重点县支行，应单列专项信贷计划，并通过适当调减经济资本占用、增强利率定价管理弹性等措施支持其提升在中小企业及个人信贷市场上的竞争力。

（二）在严峻复杂经济环境下有效防控风险。当前我国银行业信贷资产质量正经历着近几年来最为严峻的考验，而且这一过程可能持续较长时间。能否有效控制信贷风险，保持资产质量稳定，关系全行经营工作的全局，事关经济金融稳定的大局，全行务必要认识明确、目标清晰、态度坚决、措施有力，不能有任何疏忽和迟疑。

要增强风险防控的前瞻性。总行各相关部门和各级行都要加强贷款质量分析，逐行业、逐客户、逐地区、逐品种地做好敏感性分析和压力测试，敏锐发现和把握倾向性、苗头性问题，增强信贷风险防控的前瞻性和预见性。对于不良贷款增加比较多的领域，要深入查找在产品、制度、流程等环节存在的缺陷，重点解决好客户、产品、行业、区域等政策维度间不够衔接、制度之间重叠冲突和指导性不强、各条线自定流程等问题。要高度重视内外部审计和检查中发现问题的整改，举一反三，完善管理。要针对规律性原因和实质性风险点采取有效措施，提升全产品、全业务、全流程的风险防控和根治能力。

要增强风险防控的针对性。前一阶段，总行相继召开了小企业贷款、贸易融资、个人贷款、房地产贷款等业务的风险提示会，各行要切实抓好各项风险防控措施的落实，坚决遏制这些领域的不良贷款反弹势头。对不良贷款有明显反弹的分支机构，实施风险提示、通报告诫、业务整顿等警示措施。要实事求是地做好融资平台存量贷款的增信整改工作，严格把握，但确属必要时经过批准可适当调整还款期限和还款方式，缓释平台贷款集中到期还款压力。继续严格执行房地产贷款资金封闭管理，加快销售资金归行。要高度重视防范形形色色的骗贷风险，根据企业的主营业务和真实交易信息控制融资额度，防范假单证、假票据、假交易的贸易融资业务，防范个人住房贷款中的假按揭、个人消费贷款中的假合同和个人经营贷款中的假用途，切实加强贷款资金受托支付管理，确保用于真实交易和用于支持实体经济。

要增强清收处置的有效性。目前全行对大中型企业贷款已经有了一套相对成熟的违约催收机制，但对小企业和个人贷款的违约催收机制还不能适应业务快速发展的要求。全行要充分认识违约催收对于及时化解小企业和个人客户逾期贷款风险、防止风险积累和扩大的重要作用，切实加强风险识别和催收系统建设。各行保留下来的电话银行客服人员要有一半以上专职负责催收，总行各电话银行中心要在保证接听率和服务水平的基础上，尽可能内部挖潜，安排力量专职从事个贷催收。各行还要根据本行违约贷款的数量和趋势，及时配备和调整充实相应的催收团队。要加快不良贷款的清收转化与处置，继续强化领导挂帅、分级负责的工作机制。对符合核销条件的贷款及时纳入核销工作流程，尤其要注意做好对小微企业和信用卡不良贷款的核销工作。要落实好财政部批量处置不良贷款新政策，抓好有关分行批量转让不良资产试点工作。

二、关于利率市场化、资本监管改革两大挑战与应对策略

6月8日和7月6日，人民银行连续两次下调金融机构人民币存贷款基准利率，扩大人民币存贷款利率浮动区间，标志着我国利率市场化改革进入到最核心环节。6月8日银监会又发布了《商业银行资本管理办法（试行）》，并要求2013年1月1日起正式实施。这两项改革为商业银行自主经营创造了新的条件，对商业银行加强自我约束、改进经营管理、转变发展方式提出了更高且更为紧迫的要求。我们要充分估计这两项重大改革对银行经营发展的现实和深远影响，积极妥善应对，并以此为新的促进，全面加强管理，加快改革创新，推动经营模式和发展方式转变。

（一）积极应对利率市场化挑战。我国利率市场化改革自1996年启动以来一直在稳步向前推进，通过渐进式改革，逐步实现了除人民币存贷款外的绝大部分金融资产领域的市场化定价，并初步建立了以Shibor为基准的市场化定价机制和市场利率体系。应该说，我们对利率市场化影响的认识是较早的，近十多年来特别是股改上市以来全行持续推进经营模式和发展方式转变，大力调整业务结构、资产结构、渠道结构、收益结构和客户结构，加强全面风险管理和全面成本管理，强化资本硬约束，实现了资金来源与运用由总行统一计价、统一配置，为应对利率市场化积累了经验，奠定了基础。但利率市场化作为我国金融领域的一项根本性变革，是对银行业盈利模式、经营结构、管理水平、创新发展能力的全方位考验，真正来临时我们还是感受到前所未有的压力。

这一方面是盈利增长的压力。从一些国家的情况看，利率市场化改革短期内往往伴随着利差收窄和波动加大，长期会随着金融业转型和资产负债多元化调整到位而逐步稳定在一定水平。我国这次选择在社会总需求不足、银行存款增长乏力的情况下，与不对称降息同步调整利率浮动政策，必然带来银行利差实际收窄。总行模拟了在不同的存贷款定价策略下两次政策调整对全行效益的影响，其中影响最小的定价组合，即存款执行挂牌利率，贷款执行调整后的基准利率、利率浮动比例不变，将静态增加2012年下半年净利息收入约7亿元，增加净利息收益率（NIM）约0.5个基点；减少2013年净利息收入110亿元，降低NIM约9个基点。对全行效益影响最严重的定价组合，即存款一浮到顶、贷款一浮到底，将静态减少2012年下半年净利息收入约235亿元，降低NIM约19个基点；减少2013年净利息收入约1 300亿元，降低NIM约104个基点。不同的定价水平对效益的影响差异巨大。以上仅仅是静态地测算利率政策调整对存贷款收益的影响，如果考虑到利率下调将使债券投资收益率和存贷款增长稳定性下降因素，则对效益的影响更大。同时不排除央行进一步下调存贷款基准利率的可能性。而且利率市场化后，存贷款利率将由资金市场供求关系决定，变动频繁且走向更难预测，经营成本和利息收入增长的不确定性进一步增加。以2011年全行净利息收入3 668亿元为基础测算，NIM每下降1个基点，将影响我行净利息收入约14亿元，保持利润持续稳定增长的压力十分突出。

另外是市场竞争的压力。这次利率政策调整后，各家银行的反应速度和应对策略大相径庭，但无论是大型银行，还是中小型银行都明显感受到了来自市场的竞争压力。自6月8日降息以来，各家中小银行存款利率多次变动，我行不少客户也提出了存款利率上浮到顶和贷款利率下浮到底的需求。迫于竞争压力，一些不具备综合竞争优势的银行可能会更多地使用价格竞争手段，甚至不排除有的金融机构进行非理性竞争。利率市场化正深刻改变金融市场竞争格局，商业银行平衡市场、风险、收益的难度加大。只有那些经营结构优、管理水平高、创新能力强的银行，才能经受住利率市场化浪潮的涤荡和磨炼，银行的优与劣、好与坏也才能区分出来。一些劣质银行因财务成本失控最终将退出市场。

利率市场化首先考验的就是银行的定价能力。我们要在现有的定价管理基础上，适应利率市场化的新进展，加快构建更加精细化、富有弹性的利率管理体系，增强定价管理的科学性和市场适应性。要根据不同产品的资金成本、竞争策略、客户价值、风险程度和目标利润来合理灵活定价，既不能由于定价不合理，带来市场竞争上的被动，更不能不顾成本盲目让利，甚至存款一浮到顶、贷款一浮到底，用更多贷款、更低收益、更大风险和更高资本来维持粗放发展。要统筹兼顾市场开拓与成本控制，完善人民币存款差别定价管理和分级分类授权机制；要坚持贷款风险收益定价原则，完善贷款利率审批机制，实施贷款利率浮动分类授权管理，平衡传导总行风险偏好、结构调整、市场营销战略。要充分发挥内部资金转移定价机制的引导作用，加强 Shibor 利率的运用，增强内外部利率的协调性和统一性，努力成为市场价格的主导者。同时要大力提升风险管理和成本管理的科学化、精细化水平，使定价有更大的空间。

（二）积极应对资本监管改革挑战。我国新的资本办法是在全球金融监管改革的大背景下出台的。这一办法结合中国国情，借鉴巴塞尔Ⅱ到巴塞尔Ⅲ的改革成果，对现行的资本管理体系进行了重大改革。特别是细化了资本充足率指标定义，将商业银行资本充足率监管要求分为最低资本要求、储备资本要求和逆周期资本要求、系统重要性银行附加资本要求、第二支柱资本要求等四个层次。办法实施后，系统重要性银行的资本充足率监管要求为 11.5%，一级资本充足率要求为 9.5%，核心一级资本充足率要求为 8.5%；严格了资本定义，债务性资本工具必须具有减计或转股条款；扩大了风险覆盖范围，增加了操作风险资本要求，将信用与市场风险联动所形成的“新增风险”以及交易对手风险纳入资本覆盖范围，提高了监管资本的风险敏感性；同时，对商业银行内部资本充足评估程序、资本充足率监督检查和信息披露等进行了规范。

实施新的资本办法后，将使我行资本充足率有一定程度下降。如按照权重法测算，2011 年末的资本充足率为 12.36%，较现行法下降 0.81 个百分点；如按照内评法三年过渡期的资本底线要求测算，2011 年的资本充足率为 12.87%，较现行法下降 0.3 个百分点。中长期来看，资本监管重心将转向核心一级资本充足率，我们面临的监管资本约束和资本市场约束显著增强，假设 2012－2014 年全行净利润年均增长 15%、利润留存比例为 65%，风险加权资产（RWA）增速控制在 14%，预计 2013 年能够全部达到监管要求；如风险加权资产（RWA）增速为 16%，要达到一级资本充足率 9.5% 和资本充足率 11.5% 的监管要求，则需要通过外源方式补充一定量的资本。但事实上，明后年利润增长极有可能持续放缓，资本内源性补充能力会大幅降低。此外，由于新办法对银行各类资产设置了不同的风险权重，因而对我行各主要业务均带来程度不同的影响，一些业务的资本成本将有所提高、资本回报率下降。同时，随着新的资本办法的实施，资本管理的复杂性也大为增加。如何在资本约束日趋严格、资本管理更加复杂的情况下，保持合理的资本充足水平，早日满足新资本监管要求，并有力支持各项业务持续发展和综合化国际化经营，是我们面临的一个非常紧迫的任务。

当前全行要抓紧学习和培训新的资本办法，深刻理解各项新规及其给全行经营管理带来的影响，进一步完善以效益为中心、以资本为核心的发展机制，以更加高效地运营资本来约束和引导全行经营管理行为。一要制定资本达标计划和规划，争取如期达标，力争提前达标。要根据新的监管要求，结合全行战略转型和业务发展规划，尽快制定资本充足率达标计划及三年资本规划。二要认真贯彻监管要求，做好实施配套工作。各有关部门要密切配合、分工落实，按照监管要求进行自我评估，逐项查找达标差距，加快配套制度修订、模型优化、系统升级以及实施成果的推广应用，全面开展三大支柱实施的联合演练，做好第一支柱下的资本测算，执行第二支柱资本充足自我评估程序，推进第三支柱信息披露工作。三要以资本回报决定各类机构和各项业务的进退取舍，提高资本使用效率。要完善业务受资本制约的理念，研究建立多维度的资本占用计量评价体系，包括对机构、产业、行业、客户、产品、地区等多个维度计算资本占用水平，并结合资本的收益确定对不同业务线、产品线、区域和企业采取不同的支持指导策略，促进全行资本和资源优化配置。四要建立多渠道资本补充机制，为各项业务创新发展提供稳定的资本支持。要通过稳定的利润增长来增加内源性资本补充，并积极创新发行新型资本工具，认真做好股权融资和新型二级资本工具发行的研究工作，尽快在国内实现新型二级资本工具的发行。同时积极参与信贷资产证券化试点，在提高资产流动性的同时，释放存量资本。

三、关于抓改革创新促转型发展

上半年，集团实现净利润×亿元，较上年同期增加×亿元，增长×%，增幅同比下降×个百分点。这种盈利增长大幅趋缓态势的形成，是经济下行、监管环境变化、利率政策调整，以及复杂的舆论环境下一些基层机构商业银行经营理念动摇等多种因素叠加影响的结果，也反映了全行经营结构和发展方式调整尚不及时和深入。要扭转盈利增幅下滑趋势、在新的经营环境下保持稳定的盈利增长，首要的还是要充分认清形势，牢固树立科学的发展观。要坚定不移地坚持办“真正的银行”的经营理念。在依法合规经营的基础上努力增加盈利，是市场经济条件下企业生存发展的基本要求，也是企业履行一切责任的基本前提。要坚定不移地坚持转型发展的方向，把各种挑战和压力转化为调整经营结构、转变发展方式的动力。通过体制、机制的改革和业务、技术的创新，加快走出一条资产结构调整优化的新路子，形成资本消耗低、风险控制好、经营效益高、对实体经济支持力强的资产业务特别是信贷业务格局；走出一条盈利结构调整优化的新路子，推进从传统融资中介向与金融服务中介并存的转变，形成均衡、多元的盈利增长格局；走出一条经营结构调整优化的新路子，推进从本土传统商业银行向全球化大型金融集团的转变，逐步提高综合化、国际化业务的资产和盈利占比，形成具有较强综合金融服务能力，跨境、跨市场的经营格局。这是我们应对经济周期性波动、适应利率市场化和资本监管改革、在新的市场环境下实现盈利持续平稳增长的根本举措，是应对各种现实和潜在的危机、可以预见和难以预见的各种挑战、保持基业长青的根本途径。关于改革创新和转型发展的战略策略，总行已经作了全面部署，新的三年规划也已发布，关键是要加快贯彻落实。这里我结合当前新的形势变化再强调以下几点要求。

（一）狠抓存款这个基础不放松。存款是各项业务经营发展和转型创新的基础。今年以来，受经济增速放缓、流动性整体紧张、民间借贷活跃、大型集团公司资金管理模式变化，以及利率市场化提速等因素影响，全行存款增长很不稳定。尽管6月末全行各项存款较年初增加11 372亿元，但6月最后5天就增加7 190亿元，季后5天又下降了近4 800亿元。存款增长乏力、大幅波动正在成为影响全行今明两年效益稳定增长、业务稳健运行、经营转型的重要因素。总行上半年几次召开会议，研究部署存款工作，全行要狠抓各项工作措施的贯彻落实。要用创新的思维做好存款工作，加快完善存款业务发展的长效机制，通过加快渠道建设和客户拓展，实施动态差别存贷比管理，加强理财与存款互动，充分利用大额资金流向监控平台功能等措施，巩固存款稳定增长的基础。在当前存款定期化趋势明显、利率水平正处于下行通道的情况下，全行尤其要注意把握好市场与成本的平衡，严禁不理性竞争，有效控制付息成本，积极维护良好市场竞争秩序。

（二）推动中间业务在规范基础上向更高层次发展。上半年，集团实现中间业务收入589.31亿元，增长3.67%，增速大幅减缓。当前银行业正在开展的整治不规范经营行为确实对中间业务收入增长带来了一定影响，但是我们也注意到，一些分支机构在整治不规范经营工作中，对加强消费者权益保护与发展中间业务关系认识较模糊、理解有偏差、把握不够准，对中间业务发展的组织推动力度有所松懈。还有一些机构在纠正不合理收费的同时，对一些该发展的业务也踌躇不前，对一些该收取的费用也放弃了，中间业务收入增长缓慢也有认识和工作上的原因。因此，当前推动中间业务健康发展，首要和关键的还是要进一步端正认识，统一思想。总行一再强调，发展中间业务是经营转型的重要方向，“整治是为了规范，规范是为了更好地发展”。只有规范经营，加强消费者权益保护工作，银行才会有良好的市场环境和公平的竞争秩序，中间业务才会有健康发展的环境和持续成长的空间。目前，总行下发了《关于加强消费者权益保护工作的通知》，各行在继续抓好整治不规范经营行为的同时，要按照总行各项安排部署，落实牵头管理部门和岗位人员，构建消费者权益保护工作长效机制，确保消费者权益保护工作的常态化、规范化。下半年，《商业银行服务价格管理办法》以及新的政府定价、政府指导价目录将出台，收费项目、标准和方式都可能会发生新的变化，而且相应的收费监管也会更加严格和规范，这些不可避免地会对银行中间业务收入带来新的影响，但我们一定要正确对待，以积极的心态应对中间业务政策和监管环境的变化。

要在坚持依法合规的基础上，坚定不移地发展中间业务，增加中间业务收入。各行要逐业务线、逐产品开展中间业务增收潜力诊断，分门别类提出改进措施，特别是中间业务收入同比下降较多的分行要力争恢复正常的增长，确保实现全年中间业务收入计划。中间业务可持续发展的关键要靠不断创新、培育核心竞争力。要主动适应新的市场环境和客户需求，努力拓展一批具有发展潜力的业务领域，培育一批快速成长的业务线，打造一批差异化、品牌化并具有行业竞争力的产品，带动整个业务格局的优化。比如，品牌类投行业务，上半年实现收入54.65亿元，同比增长了133.35%，发展势头很好。现在缺的不是市场，缺的是人才。当务之急是要加快人才队伍培养和引进，年内总行和一级分行投行团队要达到500人，二级分行也要有专职或兼职的投行人员，确保市场有人抓、业务有人干，把品牌类投行尽快打造成为全行中间业务的重要增长极。又比如，信用卡业务，上半年中间业务收入实现了46%的较高增长，下一步重点要放在挖掘客户用卡潜力、加快新兴市场拓展上，尤其要加快组建专职收单团队，大力开展线上线下一体化营销，提升重点市场和商户覆盖率，进一步扩大收单市场份额，拓宽信用卡收入来源。

（三）促进金融资产服务业务全面健康发展。去年发展战略研讨会提出将金融资产服务作为全行经营转型重点发展的战略领域后，全行做了大量基础性工作，基本构建了金融资产服务业务统计框架体系，摸清了全行金融资产服务业务的基本情况，更有计划和重点地推动了一些产品线的发展。下一步总行和分行都要成立金融资产服务业务管理委员会，加强业务的统筹规划和系统推动。要进一步规范和完善业务统计体系，力争年内开发完成业务统计IT系统。要深入研究把握金融资产服务业务的发展趋势，加快重点业务领域创新，加大资源配置、考核激励等方面的倾斜力度，激发业务增长潜能，力争今年金融资产服务业务收入占总收入比重再增长1个百分点，推动全行从持有资产大行向管理资产大行迈出更大步伐。

要适应金融资产服务业务快速发展的需要，加紧完善相应的风险防控机制。必须清醒地认识到，金融资产服务业务虽然是受人之托、为人服务，但并不意味着银行自身不承担风险，实际上业务发展中任何闪失和不规范行为都可能导致风险转嫁或蔓延到银行，而我行金融资产服务业务还没有形成比较成熟的管理机制。要尽快建立一套完善的业务组织管理体系和管理制度，按照“谁发起、谁负责，有人管、有人看”原则，落实业务归口责任，建立业务准入、授权授信、项目投资审批和投后管理全流程控制机制，确保业务走得远、走得快。

（四）提升国际化综合化发展水平。上半年，境外机构（不含南标投资收益）总资产增速 27.4%，净利润增长 ×%，均大幅超过境内分行增幅，对集团利润的贡献度提升了 0.37 个百分点，进一步体现出国际化经营对稳定集团利润、分散区域风险的均衡效应。下半年还将有 5 家境外机构开业，美国东亚银行更名以及阿根廷标准银行境外审批程序也将完成，年内境外机构将覆盖 40 个左右的国家和地区。随着近年新成立机构逐步做大做强，未来我们在境内外市场回旋调剂的空间会更大，国际化经营对集团可持续发展的均衡协同效应会更加明显，优势会更加突出。下一步，我们要根据国际性银行发展趋势和我国经济对外开放新的阶段性特征来提升发展水平。当前我国对外开放正由吸收外资为主转向吸收外资和对外投资并重，中资企业“走出去”主要集中在能源资源、先进制造业、基础设施等领域，相关信贷融资需求较为旺盛，我们要努力加强信贷服务，提供综合金融服务方案。选择性发展境外零售业务。境外经营成本高，零售业务不可能全面开花。港澳和东南亚等地区华人众多，零售基础也较好，应抓紧发展。年内境外个人客户要力争达到 65 万户，发卡量达到 30 万张。欧美等发达地区，主要做私人银行等高端财富管理业务。要建设好私人银行香港中心，年内欧洲中心、中东中心争取开业，并尽快打开业务局面。人民币扩大跨境使用为我们提供了新契机，我行要借力中国香港、英国、新加坡等人民币离岸中心的逐步形成，将人民币第一大行优势延伸至全球，提升在全球金融市场的影响力、竞争力。境内国际业务要继续推动实施重点突破、梯次发展战略，使更多的分行成为当地“国际业务第一银行”。要努力扩大国际贸易融资业务规模，并通过客户和业务结构调整，带动收入结构优化，实现国际贸易融资业务规模和国际结算收入同业占比的同步提高。

7 月 19 日，我行控股的工银安盛保险公司将正式挂牌开业，全行综合化经营又多了一个新阵地。工银安盛与各行的合作不是简单的代理销售关系，而是集团内的战略协同、资源共享和优势互补。各行要充分发挥渠道和客户优势，支持工银安盛产品销售，确保今年实现 35 亿元代销目标。工银安盛要找准保险和银行产品的契合点，开发更多有竞争力的银保产品，加快做大规模、做强实力。工银租赁、工银瑞信、工银国际、工银金融要发挥好创新服务平台作用，因地制宜加快发展。总行将对子公司等同于利润中心进行考核管理，加大绩效与业绩贡献的挂钩力度，促使子公司提高对集团利润的贡献度。

（五）不断深化机构管理。经营模式和发展方式的转变，必须要有与之相适应的机构管理做保障。去年发展战略研讨会上，总行提出了“ONE ICBC”的战略构想。今年上半年，又组织专门项目组进行了广泛调研，研究酝酿相关政策办法，下一步还将召开全行机构管理工作会议，对机构管理工作进行系统规划和部署。要认真梳理全行机构设置和分类情况，着手制定全行机构管理办法，明确各类型机构管理模式，规范和加强全行机构管理，加快构建起适应未来发展需要、支撑经营转型战略实施的组织架构和管理模式，强化集团治理，促进资源和信息在机构间共享，实现“条块”协同和集团的一体化，激发组织发展的内生动力，解决因机构壁垒而衍生出的部门各自为战、信息传导迟缓、市场反应迟钝等问题，打造核心竞争力。各行、各部门要按照总行的工作部署，继续推进各项内部改革。要把利润中心改革作为深化机构管理的工作重点，进一步完善利润核算体系，科学反映和分配利润中心与分行的利润，促使各产品线做专、做精、做大；并以此为突破，逐步整合业务条线管理职能，完善管理部门的系统管理职能，突出利润中心的直接经营特点。要继续加强和完善授信审批集中管理改革，目前尚未实现集中管理的一级（直属）分行要加快改革，确保今年全面完成改革目标。要积极探索法律事务管理体制改革，年底前完成一级分行层面法律事务集中。要深化省区分行营业部运营机制改革，适时启动二级分行竞争力提升工程，打造一批样板城市分行，适当扩大县支行变革对象范围，提升各级机构的管理效率和竞争力。要加快流程优化项目建设，继续深化业务集中处理改革，进一步扩大个人业务和分行特色业务的集中处理范围，不断提升集中处理的水平和效率，使基层机构腾出更多资源专注于经营发展。要完善资讯平台考核奖励机制，使各机构、各部门有动力共享信息、挖掘信息，抓住业务机会竞争市场、拓展客户。

（六）坚持不懈地提升服务水平。近一个时期以来，全行服务水平提高较快，客户满意度得到提升，社会舆论中的正面评价越来越多，但各行服务改善的进展很不平衡，一些行客户投诉和媒体批评较多的状况改观不大。当前严峻复杂的经济形势对金融服务提出了很高要求，在利率市场化条件下赢得客户不仅需要灵活的定价策略，更需要靠优质的、能够为客户带来较高价值回报的综合服务。全行要紧跟形势和时代的发展，不断深化对服务内涵与价值的认识。要全面加快机制、渠道、产品和技术创新，努力为客户提供先进和适用的金融服务。要继续深入开展“满意在工行”主题活动，不断研究广大客户的需求和社会各方面关切，并抓住当前服务工作中的薄弱环节，特别是客户投诉较为集中的问题，更有针对性、更有效率地改进服务。要更加重视改进管理行和中后台的服务，更加注重组织管理行和基层行、前中后台一起研究分析服务中存在的普遍性和根源性问题，从运营机制、操作流程、产品设计、管理制度等各个方面加以系统地改进，真正在全行铸就一条以客户为中心的服务价值链，形成提升服务层次的合力。要进一步加强舆情管理和服务宣传，维护和提升我行声誉。

最后，再强调一下各类风险防范和安全稳定工作。当前诱发各类风险的内外部因素都明显增多，而且党的十八大召开在即，中央和国家有关部门对做好当前的安全和稳定工作做出了全面部署，监管部门也就确保金融稳定工作专门召开了会议，总行也进行了具体安排。各级行要严格落实工作责任，认真按照有关要求，深入排查各类风险和安全隐患以及不稳定因素，及时采取相应的管理和化解措施，全面加强内控外防，并要切实完善应对各类突发事件的预案，做到早发现、早报告、早处置，防范风险的积聚和事态的扩大，确保不发生大的风险事件、安全事故和影响社会稳定的问题，努力营造和谐稳定的发展环境。

同志们，当前全行经营发展势头总体是好的，但复杂严峻的外部形势给银行经营带来的影响和考验也是全局的、长期的。全行一定要振奋精神，顽强拼搏，开拓创新，稳中求进，扎扎实实抓好各项工作，在形势变化中稳住步子，在创新发展中提升层次，全力维护好和保持住来之不易的经营发展良好局面，以优异的成绩迎接党的十八大胜利召开！

在江苏分行授信审批集中管理改革工作汇报会上的讲话

姜建清

（2011 年 12 月 27 日 · 根据录音整理）

听了江苏分行关于授信审批集中管理改革的情况介绍，总的感受是，江苏分行在业务大行中率先迈出了授信审批集中管理改革的重要一步，决心大、行动快、步骤稳、效果好，总体进展情况良好，为全行的信贷审批体制改革走出了一条路子，摸索了不少经验，也提出了不少建议，为后续改革的全面开展及深化树立了很好的榜样，成绩值得肯定。

要从根本上做好授信审批集中工作，思想认识的统一是一个很重要的前提。有些分行在这个问题上有一些犹豫、彷徨，关键是这些行在思想认识上还没有完全统一，我觉得可以给他们一定的时间，相信不需要太长的时间，在事实面前他们就会觉悟，就会转变。下面我从统一思想认识的角度，讲一讲为什么工商银行要推出这些改革。

前几天，新任银监会主席尚福林找我交谈时讲，国家领导人找他谈话的时候说到，中国的银行业在内控管理方面有些回潮。公司治理和风险管理问题，对商业银行来说，非常重要。要做好这项工作，关键是要把这些要求转变为具体的操作和控制办法。工商银行在十年前就完成了数据的大集中，近几年，我们又陆续推出了远程授权、事后监督改革、业务集中处理以及授信审批集中管理等改革，这些改革的推出，都是我们完善风险管理的具体措施。在事后监督改革方面，我们建立了一百多个模型，对风险特别是操作风险进行系统监控，有效防范了各类风险的发生。我想，一家商业银行先进的内控管理，就是这样一点一滴地锻造起来的。从十多年前我行百万元大案件一年发生十几起，到现在一年仅有一起。正是因为这些改革措施的推出，通过规模化、集约化的生产与运行，才打造了我们今天的全面风险管理体系，才有了今天的案件、风险低发的整体态势。我在今年的发展战略研讨会上讲，今后商业银行的发展模式一定是逐步从趋同开始走向差异化，能否做到集约化管理是一个关键。

授信审批集中改革是集约化经营的重要组成部分。工商银行的集约化管理，走过了很长的一段道路。储蓄业务的前中后台最早都在储蓄所，后来一层层地向上集中，从最早的县、市、省的集中，到 1999 年全国数据大集中，当时南京、广州分行用的是日立机，全国其他地区用的是 IBM 机，除了两市不能通兑，全国都实现了通兑。2000 年开始研究数据仓库的问题，也是从那时开始研究信贷集中的问题。当时信贷系统是按省区分行上报的报表系统。要求全行集中后，把报表系统变为一个信贷控制系统，结果上传时数据量太大，全国的系统一度瘫痪。后来我们一步步地改进，最后实现了信贷业务的集中。过去，基本账户在储蓄所，集中到县支行后，从3万多个减少到2 000多个，减少了大量的案件事故的发生，也降低了大量的计算机内存耗用。以后开展的资金、财务大集中，以及近两年的会计集中处理，一开始也是有反对意见。一些同志认为现状很好不用改，认为改革会影响效率，但改革后，系统运营很好，也被大家接受了。

所有的改革，思想认识统一是关键。2011年5月我到广东一个镇调研，这个镇GDP很大，业务量也很大，支行行长说现在的审批效率很低，中台审批放在县支行效率都低，建议放在镇上。这也是一个改革的思路，按照这个思路，我大概算了一下，工行至少要增加7 500人，加上还有忙闲不均的问题，有些地方还需要再增加人。当时我就问，有没有可能通过IT技术实现远程审批，让千里之外变成和左右房间是一样的便捷，无非就是解决好效率和沟通的问题。

我们推行的各类改革，包括账户集中、会计集中，也包括授信审批集中，第一就是要规模化生产。要实现规模化生产就要向集约化去发展，简单地说，就是打造银行工厂。过去手工时代，产品的所有部件一个人做，效率很低；现代产业分工很细，流水线作业，大大提升了工作效率。规模化的效果就是提升效率。同样如此，随着银行中小企业业务量上升，人均业务量达到饱和的时间不远了。讲效率不仅要考虑前台，中后台也会成为受理业务瓶颈，不集中就不可能大规模地增加客户。通过集中，实现规模化、集约化是重要的改革方向。

第二就是标准化。所谓标准化就是降低和减少误差，过去分散情况下对信贷的判断和把握方面误差值很大。授信审批的集中改革有利于从风险偏好、信贷政策、行业企业平均值等方面统一信贷审批标准，降低误差，提高审批质量，加强风险防控水平。

第三就是信息化。授信审批集中后采用了即时通信系统，进一步加强了上下的信息沟通和回馈，整个的信息沟通更加畅通。很多事情包括审批集中这项改革，成功的关键就是加强沟通。

效率和集约之间并不是完全对立的关系。过去讲搞活经济就是放权，道理就是要提高效率，对政府讲是可以的，政府不该管得太多。银行这样的专业机构要讲标准化、规模化，灵活和变通一定是可控状态下，不能离开这个前提。所以强调提高效率，并不代表业务处理一个人一手清。我们一些地方干部因为对现代大工业的理解深度不够，常错误地认为提高效率就得放权。我们一定要努力适应基层对高效率的要求，但不是通过过度放权、一手清的方式达到。通过IT技术缩短链条，在加强沟通的基础上完全可以达到高效率，而不是放松管理控制，不是以放松严格的流程和制度约束来达到高效率。

前几天，王岐山副总理找我谈话时说，工商银行已经是中国经营管理最好的银行，下一步，你们要瞄准汇丰银行。在所有的领域与汇丰银行进行比较，努力成为世界上最好的银行。开展授信审批集中，也可以看看西方做得最好的一些银行，不一定仿效，但要把好的方面学过来，自己比他们好的就保留，按照国际标准不断提升我们的管理水平。

对江苏分行来说，下一步的工作任务还很重，工作难度也不小。首先，改革范围不断扩大，苏州分行和省行营业部的审批业务要集中进来；其次，工作的内容不断增加，业务量也会逐渐扩大；最后，人员的数量和素质还存在一些问题，人员培训、队伍建设的压力很大。我希望分行像以前一样，继续高度重视这项改革，困难想得多一些，步子迈得稳妥一点，努力把这项工作做得更好。

下一步，总行相关部门要抓紧研究推进相关工作，重点解决好两个方面的问题：

一是要重视IT系统的安全性问题。立刻着手建立系统的安全与备份工作，保障系统的安全平稳运行。随着系统的全面推广，业务量会逐渐攀升，业务的高峰即将到来，在系统运行的稳定性、人员配备与培训等方面要做好充分的准备。要进一步优化系统设计，提高系统操作界面的友好性，丰富系统内容，将行业数据、企业数据、有关权证扫描件等纳入系统中，提高审批效率。

二是要改进机构和人员管理工作。审查审批人员是需要经验的，培养一个优秀的审查人员不容易，要很多年的业务积累，马克思在《资本论》中讲到了复杂劳动和简单劳动是有区别的。信贷专业人才要进行统一招聘，集中培训，经过连续的三到四年，前中后台的人员问题就可以全部解决了，杭院、长院要把这个事情担当起来。

要做好组织机构、人力资源改革，加快推进，通过完善生产关系促进生产力的发展。审批中心是一个专家的团队，可以在专业职务上多设一些。薪酬一定要比省行机关高，比省行同等级的要高，你是专家，应该拿高一点，因为他们是专家和技术人员。

最后，希望工商银行能够在信贷集约化经营方向上走出一大步，推动中国商业银行的改革能够不断创新，提升工商银行在管理体制上对其他行的领先优势。

坚持工行特色国际化道路 实现全行国际化新的提升发展

——在2012年中国工商银行国际化工作会议上的讲话

姜建清

（2012年1月18日）

2012年，我们迎来了工商银行跨国经营20周年。1992年1月27日，我行第一个海外机构——新加坡代表处正式成立。今天我们在这里召开国际化工作会议，主要任务是回顾20年来全行国际化发展取得的成绩和经验，分析当前面临的新形势，研究部署未来一个时期推动国际化提升发展的战略思路和举措。下面我讲三点意见。

一、工商银行走出了一条适合自身特点的国际化发展道路

20年来，与中国改革开放的伟大时代同行，工商银行的国际化经营也走过了不平凡的历程，取得了令人瞩目的成就，在中国金融业的发展史上书写了“扬帆出海”的华彩篇章，为全行成长为全球市值、盈利、存款和品牌价值四个第一的银行做出了重要贡献。

（一）境外机构从无到有，全球服务网络基本建成。从1992年设立第一家境外机构新加坡代表处起步，到去年末我行已建成覆盖33个国家和地区、由239家境外机构组成的牌照完备、运营高效、服务优良的全球网络。考虑到我行还有一些项目正在履行境外监管审批程序，预计年内会覆盖40个左右国家和地区，有望超越中行。我们还通过持有南非标准银行集团20%股权实现了战略布局非洲大陆。作为海外经营网络的重要补充，代理行网络从1992年覆盖60个国家和地区的208家银行，发展到今天覆盖136个国家和地区的1 553家银行。20年来，我们抓住两次“危”中之“机”，实现了海外机构建设的跨越式发展。2000年以前我们把握亚洲金融危机后的有利时机，以自主申设为主，快速进入了韩国、日本等周边市场和德国、卢森堡。从2000年到2006年我行在申设基础上逐步开展并购，这一时期中资银行成功收购海外银行的几起典型案例都是由工商银行完成的，如我们先后多次对港资银行与欧资银行进行并购整合，打造了在港经营旗舰工银亚洲，成为中资银行境外资本运作第一案。2006年以来，我们依托股改上市后整体实力的增强，抓住国际金融危机带来的全球金融市场准入放宽的机遇期，积极稳妥地实施自主申设与战略并购并举策略，实现了海外机构布局的大跨越。

（二）境外经营能力由弱到强，可持续发展模式逐步确立。进入新世纪以来，我行境外机构的竞争发展能力有了显著提升。境外机构总资产从2000年的36亿美元增至2011年的1 320亿美元（含南非标准银行投资），拨备后利润从3 400万美元增至13亿美元（含南非标准银行投资收益），除个别当年新设机构外其他境外机构均实现盈利，境外机构资产和利润年复合增长率均达到39%左右；资产质量稳定改善，不良资产率从2001年的4.49%降至2011年的0.19%。2011年，境外机构ROE平均为12.4%，回报水平超过一些欧美大银行；人均资产1.4亿元，人均净利润87万元，超过全行平均水平，体现出较高的经营效率；手续费及佣金净收入占比达到20.8%。2009年11月，在我国首次召开的国际监管联席会议选择工商银行作为评价对象，来自10个国家和地区的监管机构对工行的稳健经营成绩给予了较高评价。

（三）境外机构发展从孤岛状态到纳入全球一体化平台，科技优势充分发挥。我行境外机构设立初期，由于无法实现境内外系统的对接，不利于海外业务的拓展和内外联动的开展。2003年，我们明确提出“要建立客户、业务、技术、信息的统一平台，形成有机联系的整体网络结构；加快海外数据中心建设，实现海外与国内数据中心对接”的发展目标。2006年，我行在中资同业中率先启动了自主研发的FOVA系统建设，功能覆盖到存款、贷款、汇款、银行卡、网上银行、国际结算、贸易融资、金融市场等多个领域。经过几年的不懈努力，目前FOVA系统已在34家境外机构成功投产，覆盖除工银亚洲外的全部境外机构（工银亚洲已经准备上线，上半年就要投产）。我行还从2005年开始积极推动境外机构单证业务集中处理，目前全部境内外机构的国际结算单证业务均已上挂总行单证中心，国际业务集约化经营水平领先国内同业。

（四）重点产品线从境内延伸到境外，全球服务能力不断增强。我行始终围绕“走出去”企业需求特点，依托FOVA平台和境外机构多牌照优势，加快境内重点产品线向境外的延伸，推动全球服务能力提升。截至2011年底，我行支持“走出去”企业贷款余额129亿美元，确立了“走出去”业务大行地位。工银国际先后参与了多个具有全球影响力的IPO项目，显著提升了我行国际声誉和市场地位。在中资同业中率先推出了全球现金管理业务，与2 232家客户建立了合作关系，并在香港设立了亚太区现金管理中心，与南非标准银行联合搭建了中非现金管理平台。在33家境外机构投产了网银系统，海外网银个人客户达到16.2万户、企业客户达到1.4万户，网银客户渗透率接近30%。在香港建立了统一的境外信用卡平台，9家境外机构实现信用卡发卡，17家境外机构实现借记卡发卡。依托银行卡与网银套接模式，境外零售业务实现较快发展，个人客户已达55.5万户。工银澳门海外贵金属业务中心已具雏形，工银伦敦实现贵金属实物销售。工银金融的证券清算和证券融资业务模式趋向成熟，证券清算总额超过20万亿美元。全球托管网络建设加速推进，基于内外联动的资产管理产品创新持续加快，贸易金融业务逐渐成为新的利润增长点。

（五）国际业务从市场追随者到主导者，经营成果创历史最好水平。我行境内国际结算量从1993年的340亿美元发展到2011年的超过1万亿美元，四行占比提升至27.9%。2011年，我行本外币、表内外全口径的国际贸易融资发生额稳居四大行之首，半数以上分行保持四行占比第一，国际结算收入四行占比22.8%。我行把握国家加快推进人民币跨境使用的政策机遇，早布局、早启动，在较短时间内就基本确立了同业领先地位。截至2011年末，跨境人民币业务量突破万亿元大关，人民币清算网络覆盖55个国家和地区，清算账户数稳居同业第一。境内分行跨境人民币结算量较上年增长近5倍，四行占比达到27.6%，跨境人民币业务线已成功拓展到23家境外机构，业务范围覆盖贸易、服务、资本及融资等众多领域。成功承销了离岸人民币债券近300亿元，开创了发债资金回流境内的新模式；成功完成跨境人民币租赁项目，成功营销外国央行以人民币作为外汇储备资产并为其提供资产管理服务，开创中资同业先河。

（六）国际化人才队伍建设与时俱进，为国际化战略实施提供了有力保障。从1992年派出第一批外派员工以来，经过20年的努力，我行已经初步建立起一支数量充足、素质优良、结构合理、国际竞争力较强的国际化人才队伍。截至2011年末，境外机构员工总数达到5 700余人。2011年我们启动了国际化人才培训项目，计划每年派出200人，用10年时间培养2 000名左右高端国际化人才，为下一阶段的国际化发展奠定更加坚实的人才基础。全行在实践中不断完善境外机构筹备组工作机制，大大提高了申设筹备工作效率，这也是近年来我行境外机构建设步伐明显快于同业的重要原因之一；持续开展外派人员集团内公开招聘，并于2011年首次在集团范围内对境外机构一把手进行公开竞聘，集团化人力资源管理理念得到进一步深化和落实；在中资同业中开创性地提出了“全球雇员管理”理念，并组织了首届荣誉全球雇员评选表彰和各类培训活动，促进了“One ICBC”的文化融合；建立了专职派出董监事制度，促进了境外机构公司治理水平的提升。

海外发展20年来，我们取得一切成绩和进步的根本原因和基本经验，归结起来主要有以下几点：

一是坚持与中国经济全球化进程相匹配的国际化战略。中国银行业的国际化是中国经济全球化的必然结果。1992年小平同志发表“南巡”讲话，中国改革开放进入新阶段，我行顺应中国外向型经济发展需要，开始了从立足国内市场向统筹发展国内国外两个市场的定位转变，提出了“全行办外汇”的发展战略，并选择在世界重要转口贸易及海运中心新加坡设立了首家境外机构，随后在亚洲、欧洲设立分行，在美国设立代表处，走出了国际化的第一步。2001年入世后，中国经济全球化程度不断加深，国家明确提出要实施“走出去”战略，中资企业海外投资明显加快，我行以支持企业“走出去”为己任，提出了“壮大亚洲，巩固欧洲，突破美洲”的跨国经营战略，国际化发展开始提速。2006年入世过渡期结束后，特别是2009年人民币跨境使用进入实施阶段，我行依托已初步建立的国际化经营基础，实现了全球服务网络和海外业务的创纪录发展。可以说，工商银行在20年的国际化过程中，始终坚定贯彻国家对外开放战略，紧扣中国开放型经济发展的需要，把握不同时期的战略机遇，稳步加快了国际化进程。

二是坚持自主申设与战略并购并举的国际化战略。20年来，我们审时度势，在网络和业务拓展策略上始终坚持战略并购与自主申设并举的原则。1993年以来通过申设方式进入了29个国家和地区，实现了低成本、低风险的稳健网络扩展。同时，把战略并购作为推动境外本地化发展的重要手段，按照风险可控制、成本可接受和机构可整合的原则稳步开展对中小型银行的收购与整合。到目前为止，我行历史上进行的11次收购，没有一起是失败的，正在审批中的东亚银行（美国）和阿根廷标准银行收购项目也进展顺利。在20年的海外并购历程中，工商银行不仅开创了中资银行海外资本运作的众多先河，而且创造了股权投资合作的境外网络建设新形式，快速实现或强化了对重点目标市场的覆盖，成功在战略性市场进入了当地主流银行行列。比如，收购印尼Halim银行成就了中国银行业首次跨国并购，入股南非标准银行创下我国企业境外投资单笔金额纪录，收购澳门诚兴银行使当地最大本土银行成为工行集团成员，全面自愿要约收购泰国ACL银行使工行迅速进入泰国市场，创造性运用捆绑交易收购东亚银行（加拿大）使工行进一步完善了北美布局，收购富通证券（北美）PDS部门成立工银金融使工行开创了海外证券清算业务，收购东亚银行（美国）成功后将使工行实现北美零售业务的破冰，收购阿根廷标准银行则探索了中资银行在拉美并购成熟商业银行的道路。

三是坚持稳健审慎的国际化战略。20年来，我行认真汲取国际大银行开展跨国经营的经验和教训，在国际化过程中始终把风险控制放在首位，战略上积极、战术上谨慎，绝不把放松风险控制作为加快国际化的条件。我们清醒认识到更深入参与国际竞争和介入高端复杂金融领域给经营管理带来的挑战，在国际化过程中着力建立健全灵活、全面、高效的风险管理体系。指导境外机构和子公司在统一风险管理框架下结合实际做好日常风险管理，实现了对各项业务的全额风险计量和全程风险监控，提升了并表风险管理水平，避免了不同业务单元、不同市场、不同国别之间的风险传递。这些行之有效的做法，促进了境外机构健康、稳健发展，实现了其对总行的利润回报、业务拉动、功能互补和战略协同作用。

四是坚持科技引领的国际化战略。20年来，我们始终坚持系统建设、机构建设与业务发展统筹规划、同步推进，建立了多币种、多语言、跨时区的全球一体化科技平台FOVA。依托FOVA，我们能够在全球范围内提供统一标准的金融服务；能够为境外机构产品创新提供系统支持，增强其业务扩张能力；能够通过系统硬控制提高境外机构风险管理能力；能够实现国内外成熟理念和产品的共享。可以说，FOVA系统是工商银行这棵大树的根须，不管境外机构所在市场的特点如何，只要有根须，全球分支机构都可以得到整个大树的营养，实现客户、业务、技术和信息资源的共享传递。

五是坚持业务发展、文化建设与社会责任统筹的国际化战略。20年来，我们始终把符合东道国法律、尊重东道国文化、促进东道国繁荣作为全球企业文化建设的基本前提，按照集团化、同一化、市场化、人本化的原则，从战略、制度、产品、服务、品牌、员工、企业形象等文化载体入手，实现了集团文化与当地文化的有机融合，极大增强了全球雇员队伍的凝聚力，提高了当地市场和客户对ICBC的认同度。鼓励境外机构在促进中国与东道国（地区）贸易投资，支持当地经济社会发展，解决就业的同时，主动承担社会责任，注意环境和知识产权保护，坚持走和谐共赢的国际化道路。

经过20年的探索实践，我行在全球网络、规模效益、科技平台、服务能力、人才队伍、管理水平、品牌文化等方面的国际化发展上实现了历史性跨越，有力推动了全行经营转型和创新发展。工商银行海外发展20年取得的巨大成就，是全行干部员工团结奋斗的结果。一切亲身经历了这一过程并贡献了自己力量的工行人都有理由为此感到骄傲和自豪。在这里，我代表总行向所有为工商银行国际化发展贡献了智慧和力量的历任老领导、广大干部员工致以崇高的敬意！向关心和支持工商银行国际化发展的国家有关部门表示衷心的感谢！

二、当前国际国内经济形势严峻复杂，工商银行的国际化道路任重而道远

成绩已成为历史。我们应该清醒地认识到，尽管工商银行国际化发展20年取得了辉煌成就，但距离真正的全球性银行还有很长的路要走。当前，世界经济发展的不稳定性不确定性，特别是欧洲主权债务危机影响的冲击力仍在扩大；同时，入世十年的中国经济已更紧密地融入全球，今后十年将是中国经济发展的关键时期，转型升级的紧迫性、艰巨性与世界经济结构调整的剧变力、震荡力深度交融，挑战前所未有，机遇稍纵即逝。工商银行又站在了国际化提升发展的新起点，今后的道路依然任重而道远。

（一）从机遇方面看，我国经济更主动、更全面融入全球，为包括我行在内的中资金融机构国际化发展提供了广阔空间和良好条件。首先，对外投资作为输出过剩产能、化解国际收支不平衡的重要举措，是我国调整经济结构、实现可持续发展的战略选择，要求中资金融机构必须同步“走出去”提供服务。一方面，我国长期高投资、低消费造成的国内供需失衡使产能过剩成为不少产业的普遍现象，迫切需要通过对外投资加快消化过剩产能。另一方面，我国长期的贸易、投资双顺差和外储余额形成了对外金融资产贬值与对外金融负债升值，导致经济福利损失，也需要通过对外投资缓解国际收支失衡。与日本、印度、俄罗斯等对外投资发展迅速的国家相比，我国在通过对外直接投资促进国际收支平衡、化解过剩产能、推动产业结构升级方面还有较大潜力。2010年我国对外直接投资占GDP的比重为1%，远低于处于同一发展阶段的俄罗斯3.55%的水平。从反映一国国外净要素收入的（GNP－GDP）指标来看，2010年我国这一指标为304亿美元，远低于日本1 427亿美元的水平。根据“十二五”规划纲要，我国要加快实施“走出去”战略，提高对国民经济的贡献率；对外直接投资将保持增长，逐步走上资本流入和资本流出更趋平衡的发展道路；对外投资合作的规模和层次也会实现飞跃，形成一批初具规模的大型跨国公司和金融企业集团。“走出去”的关键是要构建我国自己的全球供应链体系、培育自己的跨国公司和跨国金融机构，使商品、人民币、银行和服务形成一个全方位的、协同走出去的系统。随着我国企业“走出去”步伐加快，必然要求中资银行的金融服务相应地从传统的存贷款、结算等服务领域向多元化、综合化的金融服务领域发展，

衍生出公司金融、投资银行以及各类金融中介服务等巨大的市场需求。可以说，当前“走出去”带来的业务机遇非常广阔，需要我们把内外连接起来，帮助客户找到市场，帮助中国的过剩产能和基本建设能力加快“走出去”。

其次，贸易结构优化升级使我国逐步从贸易大国向贸易强国转变，为中资金融机构国际化提供了持续动力。目前我国已经是世界第一出口大国和第二进口大国，未来对外贸易发展主要呈现出两个方面的特点：一是需求与政策双轮驱动，进口市场稳定增长。国家实施积极的财政政策，把扩大内需作为我国经济社会发展的战略基点，完善鼓励合理消费的财税和信贷政策措施，将有效地拉动国内消费需求；同时，国家继续把扩大进口作为战略措施来抓，扩大先进技术设备、关键零部件和能源原材料进口，加之政府出台的一系列鼓励进口政策，必将有力地支撑进口增长。二是出口结构调整升级。未来我国货物贸易出口仍有较大提升空间，在大型机电产品出口及大型承包项目上的强大增长动能会不断释放，特别是新兴市场的需求会成为出口的新增长点。随着贸易结构和贸易发展战略的调整，进出口将对我国加快产业升级和技术更新起到巨大催化效应。这也为中资金融机构深化内外联动，抓住跨境客户国际贸易链条的两端，以内促外拓展海外客户与业务机会，以外带内提升全球贸易金融服务能力带来了新的空间。

最后，人民币跨境使用扩大正在为世界货币体系变革积聚力量，也为中资金融机构走向世界提供了更加有利的条件。人民币跨境使用是助推扩大对外投资、提高开放型经济发展水平的重要支撑，是我国从经济强国走向金融强国的重要战略举措。跨境人民币业务启动两年多来，业务规模和涉及领域加速拓展，境外离岸人民币市场加快形成，国际影响力不断扩大。2011 年跨境人民币结算业务量突破 2 万亿元，是上年的 4 倍；跨境人民币投融资业务也出现井喷式增长。香港人民币业务存款从 2010 年末的 3 000 亿元猛增至 2011 年末的 6 000 多亿元；离岸人民币债券市场快速发展，仅 2011 年前 11 个月，香港人民币债券发行量已达 991 亿元（其中工银亚洲约承销 300 多亿元），是 2010 年全年发行量的 3 倍，成为全球成长最迅速的债券市场之一。香港离岸人民币市场的快速发展，也使新加坡、伦敦、纽约等国际金融中心期待成为下一个离岸人民币中心，也为中资金融机构的国际化提供了宝贵的机遇。

（二）从挑战方面看，世界经济形势严峻复杂，全球经济环境短期内难以明显好转，保护主义倾向将更加突出。国际金融治理机制建设加快，全球金融监管更趋严格。首先，世界经济格局复杂动荡使中资金融机构国际化面临的风险增大。总的看，在全球经济下行风险凸显的大背景下，世界经济格局呈现出三个显著特点：一是政治周期、商业周期与地区动荡三者叠加，多种矛盾及利益冲突不断升级。二是国际协调与合作更加困难。发达经济体与新兴经济体面临的经济问题不同，各国之间的政策协调与国际合作难度加大。三是经济结构调整与短期政策目标存在明显冲突。部分发达国家受债务高企、削减财政赤字压力增大等因素影响，难以实施有效的重大结构性调整；同时受信心缺失和去杠杆化影响，推行的宽松货币政策也难以有效发挥作用。由于上述制约，发达国家实质性的结构调整尚未真正启动，经济复苏曲折艰难。因此，未来一段时期，中资金融机构国际化面临国别风险和交易对手风险增加，各种风险之间的关联性增强，系统性风险超过了以往任何时期。

其次，发达国家金融监管新政策持续出台，中资银行海外经营承压。目前世界各主要国家纷纷通过增设监管指标、改组监管机构、延伸监管范围、调整监管重点等方式，构建更为严格的金融监管体系。一是监管标准更趋严格。提高对系统性大型金融机构的监管标准，包括增加资本金和流动性等要求，以增强金融机构吸收损失、防范风险的能力；限制金融机构经营范围，高风险衍生品交易等或被禁止、或将置于更严格的监管之下。二是宏观审慎监管更加明显。金融监管将更关注系统重要性金融机构的行为、金融市场整体趋势及其与宏观经济的相互影响。三是监管范围更为全面。金融监管指标增加，关注情景从正常市场条件下的金融安全扩展到极端压力情景下的金融稳定，这对于中资银行如何形成可持续发展的跨国经营模式提出了更高要求。中资银行不仅要根据国际监管新要求建立更加完备的制度和控制手段、承担比过去更高的管理成本，而且在增资、注资与资本利用过程中可能受到更大的约束。

最后，全球金融业格局调整演变，中资银行国际化面临潜在竞争对手的挑战。国际金融危机以来，全球经济增长的重心逐步从西半球转向东半球和新兴经济体，世界金融业格局也随之发生了深刻的变化。在全球金融监管强化的背景下，部分受到危机冲击的西方跨国银行实施了业务收缩战略，主动或被动地剥离非战略业务，将战略资源更多集中于核心业务和包括首选的亚洲市场等核心市场。与此同时，许多受金融危机影响较小、实力较强的新兴经济体的跨国银行则采取了更为进取的战略，特别是在危机中表现良好的亚洲和拉美的银行更是依托显著提升的整体实力，加快了全球化布局。目前，亚洲地区出现了不少重要的大型国际金融机构，其利润水平暂居全球领先地位。中资银行国际化在与西方国际大行同台竞技的同时，还将不可避免地面临这些新崛起跨国银行的激烈竞争。

（三）从我行情况看，尽管近年来全行国际化发展有了长足进步，但与国际性大银行相比仍有较大差距。首先，国际化经营水平总体还不高。一是网点布局不尽完善。截至 2011 年末，我行共有境外分支机构 239 家，主要集中在港澳，共 150 家，占全部境外分支机构的

63%；然后为东南亚，共50家，占21%；其他地区39家，占16%；尚未形成对全球各经济板块的有效覆盖。相比较而言，汇丰集团在全球87个国家拥有7 500多家经营机构，其中英国以外机构6 225家，占比高达82%。二是海外资产和利润占比低，分布不均匀。截至2011年末，我行境外机构总资产和净利润占集团的比重分别为5.4%和3.3%，而且主要分布于港澳地区。而汇丰、花旗、桑坦德、摩根大通、美国银行、三菱东京日联等大型跨国银行海外利润对集团的贡献一般都在30%以上，并且呈现出利润贡献区域均衡化的特点。去年，由于欧美银行受到金融危机影响，大量利润来自于亚洲地区，这是一个新的特点。

其次，本土化经营还不够。一是自主筹资能力不强。受外汇资金总规模、人民币升值预期等因素影响，我行外汇资金紧张状况可能在较长时间内持续。虽然前一阶段境外机构自主筹资能力明显增强，但尚不能满足快速发展的业务需求。目前境外机构总体贷存比约为140%，可持续发展面临资本与资金的双重制约。二是业务结构较为单一。大部分境外机构基本上以传统的银团贷款参贷、债券投资、贸易融资、结算清算和零售业务中的一种或几种为主，其中尤以银团贷款和债券投资占比较高，公司业务与零售业务发展很不平衡。三是客户结构本地化程度不高。境外客户普遍还是以“走出去”的中资客户为主，当地客户基础比较薄弱。四是存款结构不合理。以定期存款为主，资金成本偏高。

最后，产品线的全球竞争力还不强。本地化创新水平和金融服务能力尚不能有效满足客户的跨境金融需求。比如，在外汇交易领域，德意志、巴克莱、花旗三家银行外汇交易的市场份额分列全球前三位，而我行外汇交易市场份额全球排名第109位。在私人银行领域，国际大银行私人银行业务起步较早，已形成了各自的优势项目和品牌。汇丰、花旗、摩根大通的私人银行业务分列全球第2位、第4位和第5位。我行私人银行业务自2008年推出以来，虽然发展迅速，市场影响力不断提升，在固定收益投资组合等产品上保持境内领先地位，但尚未进入全球排名榜单。香港私人银行中心挂牌成立，标志着我行在海外首次拥有了自己的私人银行机构，开始在国际上发展私人银行业务。在现金管理领域，尽管在境内优势明显，但与国际先进同业相比还存在一定差距。我行现金管理业务全球排第50名，而花旗、汇丰和德意志银行分列全球前三位。全球主要地区一半以上的大公司选择花旗作为首选现金管理银行。尽管花旗现在遭遇了不少困难，利润情况也不太好，我行的市值已经是花旗的3－4倍，但有句俗话“瘦死的骆驼比马大”，花旗银行的服务能力仍然非常强，短期之内这种优势是不会丧失的。

需要指出的是，从国内银行到国际银行、再到全球银行是国际化银行发展的几个重要阶段，我们还有很长的路要走。银行国际化不是单单拓展几个海外分行，建几个海外网络，更深刻的涵义是要满足客户的全球金融服务需求，满足商业银行自身可持续发展需要，是以国际化推动发展方式转变，提升国际竞争力和产品服务能力。未来十年是决定我行能否抓住国际化发展机遇，成长为真正的全球性银行的关键十年。我们必须在已有国际化经营基础上，树立更高标准，脚踏实地、坚定不移地推进国际化银行建设，加快建设成为一家真正具有全球影响力的跨国金融机构。未来全行国际化发展的努力方向：一是重要金融产品在全球市场具有影响力，可以引领创新的方向，影响市场导向和信心。二是拥有一批全球同业领先的业务线，具有很强的全球服务能力，拥有一批稳定的、有重要影响力的全球客户，要把产品线延伸到海外，和国际的大银行进行竞争。三是在国际贸易结算、跨境资本服务领域占据重要市场份额，对国际贸易和跨境投资有重大影响力，具有国际一流的贸易金融服务和跨境资本服务能力。我国是全球贸易大国，去年进出口贸易总额达到3.5万亿美元，预计未来的贸易量还会进一步增加，所以说贸易金融是我行海外业务的重要产品，也是一个重要优势。跨境资本服务能力，特别是跨境人民币服务能力，是我行海外发展的另一重要优势，将来我行也要在这个方面进一步提升服务能力。四是能影响金融服务价值链和全球银行业竞争结构的变迁，能影响国际银行业服务价值主张的确定。五是能影响全球行业规则、标准、监管规定的制定，能让国际监管机构、行业协会在银行监管规则、国际清算规则以及国际会计准则的制定过程中反映意见，也就是在国际金融体系中具有重要地位。上面提出了非常高的国际化发展目标，只要我们像以前一样脚踏实地去做，这个目标应该是可以实现的。

三、实现国际化提升发展，沿着工行特色国际化道路继续稳步向前

当前全行国际化发展已进入一个新阶段。要主动适应经济金融全球化深入发展的趋势，坚持统筹境内境外两个大局，充分利用两个市场两种资源，坚定战略、稳扎稳打，努力把国际化经营提高到一个新水平。

（一）积极服务产业资本全球化。工行作为我国国际化水准最高的金融机构之一，要发挥支持我国经济全球化的主力军作用。要适应我国对外开放由出口和吸收外资为主转向进口和出口、吸收外资和对外投资并重的新形势，针对我国“进出口贸易型”、“境外投资型”、“对外工程项目总承包与劳务合作型”和“区域管理型”四种不同类型的“走出去”企业，深入研究其各类金融需求，构建全方位服务体系，开展标准化和个性化的综合服务。在当前人民币升值预期继续增强、外汇资金紧张的大背景下，要充分利用“货币互存”、“购汇＋止损期权”、外管局委托贷款等渠道，解决外汇资

金供给不足的难题，着力支持重点客户、重大海外并购、投资项目的融资需求，并以融资类业务为杠杆开展全产品营销，深化银企间合作，提高产品覆盖率和客户综合贡献度。

要尽快建立“走出去”项目信息收集分析共享平台，为强化境内外联动营销提供有力抓手。境外机构要逐一排查所在地中国相关业务客户，建立内外联动重点客户名单；境内机构也要关注本地区“走出去”企业动向，及时主动沟通信息，在同等条件下优先选择系统内机构作为本行客户跨境金融业务的境外合作银行，支持境外机构服务好“走出去”客户和项目，沿边分行要发挥好“桥头堡”作用。应该说这方面我们做得还很不够，比如国际结算业务方面，目前大部分信用证业务的海外议付都是由外国银行办理，有的境内分行说这是客户的选择，但其实只要稍微做点客户工作，这些问题就会解决，所以各机构还是要努力做好客户工作。另外，这项工作的前提是信息，我们可以依托全球信息资讯平台，建立便捷的信息沟通渠道，把“走出去”信息沟通好。要制订出台统一的分润机制及收费标准，逐步做到根据主办行、协办行、各产品线部门承担的风险、责任、贡献决定利益分配。能够进行实际分配的，原则上应进行实际分配；确因监管或政策障碍不能分配的，才用影子考核办法解决，形成境内外一体紧密协作机制。

（二）坚持境外机构“一行一策”发展。总行要制定境外机构一行一策的发展指导意见，加大差异化的帮助和指导力度。境外机构要坚持把结构调整作为本土化发展的根本途径，以更加积极进取的姿态发展客户，形成能够支撑本地化、主流化发展的客户基础和客户结构。要优化存款期限和币种结构，降低付息成本；扩大中端客户存款占比，扩大存款来源，拓宽主动负债渠道。大力发展贸易融资等优质信贷业务，提升优质贷款占贷款总量的比重。加强债券投资管理，严控高风险债券敞口，增加人民币债券投资。提高零售业务和非利息收入占比，形成多元化收入增长格局。要坚持把创新作为本土化发展的动力，不仅要积极开展适用的总行创新业务，还要加大对本地化产品和业务的推广。对海外业务创新，总行要给予适当支持，使境外机构新产品、新业务收入的增长速度不低于营业收入增长速度，并逐步取得在某些新兴业务上的领先优势。要认真总结中东及欧洲机构区域统一管理经验，在湄公河等境外机构较为集中的地区探索有效的区域统一管理模式，逐步实现区域内机构间的差别定位、优势互补、战略协同，形成我行在重点战略区域的整体竞争优势。

港澳机构要借力粤深港澳一体化合作，着重在区域内理财、投行和消费金融等新兴业务方面取得重大突破，大力提升经营效率、盈利与服务能力、目标客户保有量和贡献度，打造成为当地具有高端科技、高端客户、高端业务，并具有强大市场竞争力、市场影响力和品牌感召力的主流银行。东南亚机构要立足较好的本土化经营基础和较完善的区域网络布局，推进各项业务全面崛起和较快发展，努力成为全行境外业务发展和盈利增长的新引擎；到 2014 年，要有一批机构主要经营指标显著接近当地主流银行，印尼、泰国机构要成为当地第一华人零售银行和第一对华贸易金融服务提供商，努力进入当地商业银行前列。其他亚洲机构要以与中国的双边贸易、投资和人文交往为切入点，为跨境客户和当地客户提供特色金融服务，努力成为全行海外盈利增长的重要一极。欧美机构要发挥当地金融体系发达优势，进一步加强区域整合与完善牌照功能，建设全行金融市场业务与国际市场的接轨平台，大力拓展优质信贷、投资银行及资产管理业务，逐步实现本土化突破。中东、澳洲、非洲和拉美机构要进一步完善“贷款换资源”、“工程 + 金融”等业务模式，促进业务规模和经营效益提升。

（三）构建世界级的产品线。境外机构在业务发展上不要求大、求全，要集中力量抓几个拳头产品打开市场突破口。要继续发挥好并购在国际化发展中的重要作用，抓住合适时机，通过并购完善和扩大我行在新兴市场的布局及提升在海外重点业务线的服务能力。近期，海外市场波动剧烈，许多欧洲银行遇到债务危机，资本缺口还在扩大，不得已的情况下只能采取收缩战略，出售一部分产品线，总行战投部要加强观察与跟踪，及时掌握有关信息。

一要加快建设海外第一华人零售银行和私人银行。要坚持差异化策略，主要依靠银行卡配套网银为渠道，以服务于“走出去”的优质企业员工、留学生和新移民为重点，力争到 2014 年境外个人客户达到 150 万个。要确保网银与 FOVA 同步落地，在移动互联网普及程度较高的市场推出手机银行，建立全球电话银行服务体系，力争到 2014 年，基本实现网银系统对境外机构的全覆盖，形成与物理网点协同作用的海外零售客户营销服务平台。有条件的机构要开办银行卡业务，争取通过三年努力，使境外信用卡发卡量达到 60 万张，力争 100 万张，银联卡收单清算市场份额超过 30%。要尽快开发私人银行客户全球账户管理体系和 CRM 系统，尽早在亚洲、欧洲、中东等重点市场开展私人银行业务，把香港机构打造成全球私人银行业务的产品支持中心和业务发展的旗舰，争取成为华人私人银行客户海内外资产的主办银行，确立我行在全球华人私人银行市场的引领者地位。现在我行投资银行业务和私人银行业务在境外还有点前中后台不分，所以工银国际在全世界忙着找客户和搞推销，工银亚洲也在全世界找私人银行客户。将来要进一步发挥各大洲境外机构对私人银行和投资银行业务的营销前台作用，欧洲和中东机构要尽快成立私人银行和投资银行中心，工银国际和工银亚洲私人银行中心要更好地发挥中后台作用。当然起步阶段境外机构可能营销能力和经验还不足，工银国际与工银亚洲可以一起去联合营销，但逐步地要将当地前台营销职能转由境外机构承担，工银国际和工银亚洲要用更多的力量把产品研发好，因为竞争结果归根结底还是要取决于产品的竞争力。

二要全力打造境外外币清算大行。以推动海外美元、日元、欧元三大外币清算中心建设为核心，按照全球业务运行集中管理、互为备份的思路，加快建立各主要货币连续清算运作机制，打造全球统一运作、安全高效的资金汇划清算平台，为工行在全球进行不间断资金交易提供保障。到2014年，确保系统内跨境美元清算业务的70%通过美元清算中心纽约分行办理，跨境欧元和日元清算业务的90%通过欧元清算中心法兰克福分行和日元清算中心东京分行办理，外币清算直通率保持在99%以上，达到国际领先水平。

三要努力提高综合服务能力。要在亚太区现金管理中心和中非现金管理平台基础上，建立欧洲、美洲区域现金管理服务中心，搭建总行、区域中心、境外机构三级全球现金管理服务架构，为跨国公司客户提供“多国家、主办行”模式的全球现金管理服务，使我行成为在亚太、非洲地区领先、其他地区具有一定竞争力的全球现金管理大行。要以成为国际一流托管银行为目标，建设海外托管业务平台和亚洲、美洲、欧洲托管运营中心，加强与优秀全球托管银行的合作，不断完善全球托管网络，使我行逐步发展成为业务覆盖全球主要投资市场，能为境内外投资者提供跨地域、跨市场、一站式、全面证券服务的全球托管人。要继续增强海外资产管理服务能力，重点面向全球机构客户和高净值客户，创新和丰富产品，增强中高端客户黏性。要从贵金属业务海外延伸做起，逐步探索进入大宗商品代理交易领域。要提升投行业务全球竞争力，支持工银国际建设成为全行海外投资银行平台，力争2014年发展成为核心业务居亚洲同业前列、有较强影响力和盈利能力的亚洲知名投行。其他具备投行业务资格的境外机构都要积极开展投行前台业务。要培育建立全球金融租赁业务产品线，在工银租赁丰富的产品体系支持下，依靠海外机构的客户和网络优势，打造我行贷款+租赁的特色金融服务。

（四）巩固和扩大境内国际业务优势。把握“十二五”规划提出促进贸易收支基本平衡、大力发展服务贸易和建设国家级外向型经济区域的有利条件，力争到2014年境内国际结算量占比达到30%，努力赶超市场领先者。要选择一些中心城市行，进行重点培育、政策倾斜和全方位扶持，支持其成为当地国际业务第一大行，引领和带动所在区域国际业务竞争力整体提升，形成“梯次发展、重点突破”的区域提升新格局。要充分认识“无大不强、无小不稳”业务发展规律，抓住中资“走出去”企业、外贸企业、外商投资企业、中小银行同业、有跨境金融需求的个人等五大客户群体，积极开展分层营销、分类管理，加快形成“总量增长、结构合理”的目标客户新体系。要优化客户需求快速反应机制，加快产品研发，完善创新推广机制，加快构建起“先进完善、灵活多样”的产品创新体制，迅速推广出口退税和出口信保融资业务，推广通过网银办理国际结算和贸易融资业务，打造自主的国际汇款品牌，以产品优势提升竞争优势、发展优势。

（五）打造全球跨境人民币业务第一大行。这是我们占据国际化经营制高点、赶超其他国际大银行的战略抉择和必然路径。我们要紧紧抓住我国扩大金融对外开放、扩大人民币跨境使用这千载难逢的机遇，积极争取各国央行和监管机构的支持，丰富人民币内外联动产品体系，想方设法把全行人民币优势延伸至全球，争取用三到五年时间把我行打造成为全球跨境人民币业务第一大行。

要有计划、分步骤建立集团内离岸人民币中心。建立离岸人民币中心是在当前政策条件下，集合全行资源，打造境外人民币优势的重要手段。今年要先把工银亚洲打造成集团内部离岸人民币中心，初步搭建起集团内离岸人民币中心架构。工银亚洲要争取成为人民币做市商，完善工银集团境外人民币交易平盘中心、资金交易中心和产品提供中心职能，提升为各境外机构的离岸人民币交易、清算和产品服务水平，加快形成集团协同优势，确立我行在香港离岸人民币市场上的领先地位。同时，要支持新加坡分行获得人民币清算行资格，把新加坡分行、工银伦敦、纽约分行作为后备中心，成熟一个，建设一个，尽快建立起辐射全球的离岸人民币中心网络。

要加快完善境外人民币资金管理与现钞业务运作机制。工银亚洲要通过疏通资金流通渠道和灵活的定价机制，提高在境外市场的人民币资金筹措能力和统筹力度，重点拓展低成本人民币资金。要加快建立集团内离岸人民币现钞流通、调运机制，通过现钞业务扩大境外人民币储蓄、现钞兑换和银行卡等零售金融产品的覆盖面，支持境外人民币零售业务快速发展。

要进一步巩固离岸人民币债券市场行业领导地位。要抓住赴港离岸人民币债券发行主体、发行规模、资金回流政策放宽的机遇，做好对潜在客户的内外联动营销。原则上所有由我行作为发行人的项目，境内分行都要成为其回流结算行，实现债券发行、结算、存款、融资在系统内的全流程整合，提升对离岸人民币债券客户的全面服务能力。要做好自身赴港发行人民币金融债的各项准备。主动加强监管沟通，研究在香港以外国家和地区发行离岸人民币债务工具的机会。利用国家出台RQFII的政策机遇，加大营销力度，实现人民币资金托管和结算业务的双丰收。要打造跨境人民币投资业务规模经济优势。敏锐把握国家不断放宽跨境人民币资本项下业务的政策机遇，大力发展人民币对外投资和外商直接投资业务，抢滩海外人民币资本市场，迅速扩大我行跨境人民币业务资本市场份额。

各地机构都要力争成为当地跨境人民币业务领先者。境内分行要继续稳固和扩大跨境人民币核心客户群，提高重点客户覆盖率与进入率，加强与境外机构的联动，努力扩大跨境人民币业务覆盖面与市场占有率。各家分行要争先晋位，争取更多分行四行占比第一，消除排名末位。要落实好境外人民币业务发展实施方案，所有具备资质的境外机构都要开办人民币业务，尽快形成特色产品和拳头产品。东南亚、中东和南美的机构，要抓住所在区域（包括非洲）外汇储备多元化需求，加快当地人民币清算行资格申请，积极营销东道国央行以人民币作为储备货币。现在有些非洲国家已经在做这项业务，工银亚洲已经在跟香港方面谈，其他境外分行也要积极争取此类业务机会，业务收益可以由各境外机构分享。

（六）进一步夯实风险管理、科技和人才支持保障基础。当前国际化发展最大优势，也是各家银行对工商银行最肯定、最推崇的就是我们的科技平台，最大挑战是风险管理，最大瓶颈制约是人才短缺。要在已有的条件和基础上，进一步加强风险管理，加大科技和人才保障，为国际化发展提供强有力的支持和保障。

一要加强风险管理。要适应国际银行业监管新趋势，切实加强对境外各类风险的统一管理，在保证各个机构稳健发展的同时，有效阻隔境外风险向境内传递。要进一步加强境外机构并表风险管理，投产全球资产管理系统，加快集团信贷管理基本制度向境外延伸，统一境内外信贷业务标准，全面实施全球统一授信管理。要进一步完善境外机构市场风险管理，健全限额动态调整机制，扩大市场风险管理系统境外覆盖范围，改进市场风险监控手段。认真研判汇率走势，通过优化外汇资产配置结构等多种手段，防范和降低风险。要进一步做好境外机构流动性管理，处理好总行支持境外发展与增强境外机构资产负债自我平衡能力的关系，把境外机构债务工具发行纳入全行资产负债管理，把境外附属机构母行负债依存度控制在监管要求内。要进一步强化覆盖境外机构的集团操作风险管控体系，及早发现和掌控尚未形成损失的趋势性、苗头性操作风险事件，通过系统硬控制和制度约束消除潜在风险隐患。

二要加强科技平台建设。FOVA 系统今年要确保在工银亚洲投产，保证新设机构对外开办业务前投产应用。要按照“ONE BANK”要求优化 FOVA 系统架构，完善功能，打造境外机构特色业务平台。要继续推广全球信贷管理、统计信息管理、财务管理、人力资源管理、业务参数应用管理等内部管理系统，完善集团一体化管理平台，提升全球一体化科技平台的核心竞争力。经过 20 年国际化发展，我们现在已经成为“太阳不落”的银行，这里国内机构晚上还在休息，境外机构那里太阳刚升起开始上班，所以在这样的情况下，我们不能让全球运营管理和服务支撑体系适应中国的作息时间，而要积极适应这种变化，使总行的管理服务体系适应全球化发展的新要求。现在全行各业务条线和服务部门都要开始考虑如何支撑全行 24 小时连续不间断运营。国际部可以牵头来做一些调研，海外分行也要认真反映，总行目前有哪些运营管理方式不适应你们的业务需求，要认真研究哪些方面是可以调整的，否则将来就有可能会损失很多的业务机会或者影响我们的服务效率，甚至是给我们的客户带来不便。

三要加强人才和企业文化建设。国际化发展的成败关键在于人才建设，在于文化融合。要像重视实体资本那样重视人力资本，进一步加强国际化人才队伍建设工作，尤其是高级管理人才、重点领域专业人才和小语种人才的引进和培养。要注重配好新设机构领导班子，加大境外管理人才培养储备。要继续完善对派出董事、监事的任用管理，持续提高附属机构的公司治理与精细化管理水平。要加强对境外投资银行、资产管理、私人银行、资产托管等专业线的人才保障，抓好人才国际化项目建设，打造一支数量精、业务尖的专业人才队伍。要进一步强化全球雇员管理，使外籍高管和业务骨干境内学习交流制度化、长效化，促进集团内人力资源有序流动和优化配置。要更加系统地指导和组织境外机构开展工行企业文化建设，加大工行品牌及中华文化传播力度，树立工商银行统一的价值理念和品牌形象，不断增强全球雇员对集团的认同感和归属感，走出一条与东道国政府和人民友好相处、文化包容、和谐共赢的国际化发展道路。

同志们，我行国际化发展 20 年的光辉历程已经载入工商银行的史册，更新更美的蓝图正等待我们去描绘。让我们齐心协力，顽强拼搏，开拓进取，扎实工作，不断开创全行国际化事业的新局面，为率先建设成为我国跨国大型金融机构做出新的贡献！

在中国工商银行纪检监察工作会议上的讲话

姜建清

（2012 年 2 月 8 日）

这次全行纪检监察工作会议，是贯彻落实党的十七届六中全会和第十七届中央纪委第七次全会精神，动员全行在新的起点上推进党风廉政建设和反腐败工作取得新进展的一次重要会议。刚才立宪书记所作的报告已经总行党委认真研究审议，我完全赞同。下面，我讲几点意见。

一、深入推进党风廉政建设和反腐败工作，为全行健康可持续发展提供坚强保障

2011 年，各级行党委、纪委及监察部门按照从严治党、从严治行的方针，加强党的作风建设和反腐倡廉建设，完善惩治和预防腐败体系，党风廉政建设和反腐败工作取得新的进展，积累了新的经验，呈现出一些鲜明特点。主要表现在：一是坚持把服务中心工作作为全行反腐倡廉建设的根本任务。紧密围绕全行改革发展大局，把反腐倡廉建设有机融入各项业务工作和管理流程中，通过巡视、量化考核评价、执法监察等工作，有效保障和推动中央重大决策部署及总行党委各项工作安排的贯彻落实，促进全行的科学发展和稳健经营。二是坚持抓住廉政建设和案件防范两个重点不放松。根据银行特点和我行实际，既突出抓好廉政建设，管好各级领导干部，又突出抓好案件防范，确保不出现重大违法违纪案件。近年来全行信访举报量年均下降 20% 左右，总行直接管理的干部自股改以来没有新发生重大违规违纪问题，我行案件监管指标持续保持金融同业先进水平。三是坚持综合运用教育、制度、监督等多种手段推进反腐倡廉建设。积极探索和自觉遵循反腐倡廉基本规律，并根据形势变化不断创新反腐倡廉教育形式，健全反腐倡廉制度框架体系，完善监督检查手段，深化重点领域和关键环节的机制改革，统筹规划、多措并举加强反腐倡廉建设，取得明显成效。四是坚持运用先进的信息科技手段提高金融风险防控能力。依托领先金融同业的信息科技优势，从源头上对权力运行进行硬约束，最大限度地降低人为干预和腐败概率，有效防范和控制了金融风险。如开发的业务运营风险管理系统，目前已建立起 178 个风险监督模型，从根本上提高了对风险事件的分析、预警和控制能力。五是坚持打造一支专业化、高素质的纪检监察队伍。把建立健全一支专业化、高素质的国有控股大型商业银行纪检监察队伍，作为协助党委抓好党风廉政建设和反腐败工作的重要保障。去年各级行全面贯彻落实总行党委 64 号文件，纪检监察组织建设普遍得到加强，推进反腐倡廉建设的能力得到有效提升。总的看，在过去的一年里，党风廉政建设和反腐败工作为全行改革发展顺利推进发挥了重要保障作用。在此，我谨代表总行党委向纪检监察战线上的全体同志，表示衷心感谢和亲切慰问！

在充分肯定成绩的同时，我们也必须清醒地看到，在当前十分严峻复杂的国内外经济环境下，银行改革发展还面临许多新的挑战和考验，全行党风廉政建设和反腐败工作也面临不少新情况新问题，主要是：防范社会融资等活动蕴含的风险向银行内部传导的压力较大；干部作风方面还存在一些突出问题；腐败问题在一些部位和领域仍然容易滋生；反腐倡廉工作仍然存在薄弱环节，等等。我们一定要充分认识全行反腐倡廉工作的长期性、复杂性、艰巨性，进一步坚定信心、加大力度，继续把工作做深、做细、做实，做出成效。

春节前，我们先后召开了全行发展战略研讨会和 2012 年全行工作会议，对今年及今后一个时期的改革发展任务进行了部署。全行要紧密结合新形势下的改革发展实践，认真贯彻党的十七届六中全会和第十七届中央纪委第七次全会精神，更加积极主动地研究加强党的建设的有效途径和方法，建立健全惩治和预防腐败体系，加大案防工作力度，扎实推进党风廉政建设，为全行建设“三个之最”的国际一流现代金融企业提供有力保证。

第一，加强对中央重大决策部署及总行党委工作安排贯彻落实情况的监督检查。要抓好贯彻落实中央经济工作会议、全国金融工作会议以及全行发展战略研讨会、2012 年全行工作会议精神情况的监督检查，重点开展对推进经营转型、加快金融创新、改进金融服务、防范金融风险、加强人才队伍和企业文化建设等措施落实情况的监督检查，推动新一轮三年（2012－2014 年）规划的全面落实，保持全行健康可持续发展的良好势头。要加强对党的政治纪律执行情况的监督检查，坚决

纠正有令不行、有禁不止的行为，保证中央重大决策部署及总行党委各项工作安排的贯彻落实。

第二，按照建立健全惩治和预防腐败体系要求全面推进反腐倡廉各项工作。建立健全惩治和预防腐败体系，在党风廉政建设和反腐败工作中处于基础性、全局性、战略性地位。要继续落实好中央《关于建立健全惩治和预防腐败体系2008－2012年工作规划》以及总行党委《实施办法》，全面推进反腐倡廉各项工作。同时要加强调查研究，注重顶层设计和总体规划，做好新的五年工作规划起草工作。要坚持以服务全行改革发展为主线、以监督制约权力为核心、以改革创新为动力、以健全制度为重点、以科技手段为支撑，推动建立健全惩治和预防腐败体系的长效机制。

第三，紧跟经济金融形势变化更加有针对性地抓好案件防范工作。要高度关注复杂经营环境下的各类风险演变，尤其是民间借贷风险向银行转嫁等情况，切实增强抓好案防工作的责任意识。各级行、各部门既要各负其责，又要形成齐抓共管的合力，紧密结合经营管理和创新发展实际，加强对案发新趋势和新特点的研究，增强对风险的准确判断和处置能力，特别是对一些重要风险点采取更加有预见性和针对性的防控措施，保持持续、严密的防控态势，从管理上进一步夯实案防工作基础。

第四，坚持以人为本做好员工工作。我们建设“三个之最”现代金融企业的事业要依靠员工，也要通过改革发展成就员工。各级领导干部要进一步提升做好员工工作的能力，深入贯彻落实全行员工工作会议精神，按照总行党委提出的“员工与工行同进步、共发展”的理念，深入基层和一线了解员工诉求，帮助员工克服实际困难，解决员工反映强烈的突出问题，切实维护员工合法权益。

第五，建立健全适应国际化、综合化发展要求的廉政和案件风险防控机制。随着全行国际化综合化发展战略的深入推进，集团的业务轮廓正在发生深刻变化，面临的风险种类、复杂程度等都较几年前大为不同，各类风险相互交织和传染的可能性也在加大。因此，我们必须前瞻性、系统性地考虑如何建立覆盖集团各级、各类机构的廉政和案件风险防控机制问题。要通过多种渠道和手段，把境内银行、母公司在廉政案防方面的经验做法有效传递到境外机构、各子公司，同时也要把境外机构、各子公司及其所在国家和地区、所在行业好的做法吸收进来，促进全行管理水平的不断提升。

第六，认真总结党风廉政建设和反腐败工作的有益经验。近年来，全行以改革创新精神推进反腐倡廉建设，对新形势下反腐倡廉建设认识上有新提高、工作上有新拓展、方法上有新突破，形成了一些具有工商银行特点的经验做法，得到中央纪委和监管机构的充分肯定。各级机构要结合深入开展创先争优活动，认真梳理和总结这些成果和经验，更好地把握国有控股大型银行反腐倡廉建设的特点、规律和发展趋势，继续创造性地谋划和推动工作开展，努力开创反腐倡廉工作的新局面。

三、保持党的纯洁性，建设纯洁、团结、有战斗力的党员、干部队伍

胡锦涛总书记在十七届中央纪委第七次全会上再次指出，全党面临的执政考验、改革开放考验、市场经济考验、外部环境考验是长期的、复杂的、严峻的；精神懈怠的危险，能力不足的危险，脱离群众的危险，消极腐败的危险更加尖锐地摆在全党面前。落实党要管党、从严治党的任务比以往任何时候都更为繁重、更为紧迫。经受考验、化解危险，最根本的是要加强党的自身建设，始终保持党的先进性和纯洁性。从本质上讲，党的纯洁性和先进性是一致的，纯洁性是先进性的重要体现。近年来，全行上下按照中央部署，深入开展以实践“三个代表”重要思想为主要内容的保持共产党员先进性教育活动，取得了显著成效，全行党员、干部队伍总体上是好的。但我们也必须看到，随着世情、国情、党情的深刻变化，随着全行内部改革与外部竞争压力的不断增大，随着全行党员队伍的变化，从严治党、从严治行的任务十分艰巨，保持党的纯洁性也面临着不少挑战。主要表现是：在全行党员、干部中，有的疏于中国特色社会主义理论体系学习，理想信念不够坚定；有的事业心和责任感不强，庸懒散、奢侈浪费现象还较突出，对员工关心关爱不够，不敢碰矛盾、不去着力解决问题，存在做表面文章、甚至个别弄虚作假的现象；有的原则性、大局观不强，奉行好人主义、自由主义，热衷于搞“小圈子”；有的无视廉洁自律要求，违纪违法问题仍有发生；个别基层组织对党员、干部的教育、管理和监督还不够严格，等等，正如我在今年工作会议上所讲的那样，这些问题在作风上，就集中表现为大局观不强、经营作风不实、艰苦奋斗思想淡化、队伍管理有所放松等“四个方面的不良倾向”。这些问题如不及时加以解决，就会严重影响各级行党组织领导核心作用的发挥，影响全行改革发展各项工作的深入推进。尤其是在当前国内外经济环境十分复杂严峻，各种结构性矛盾日益突出，防范风险的任务相当艰巨的情况下，更容易给一些不法分子可乘之机，使一些风险隐患得以扩散和放大，不利于保持全行健康平稳发展和维护经济金融秩序的稳定。全行要充分认识当前形势下保持党的纯洁性的极端重要性和紧迫性，不断增强党的意识、政治意识、危机意识、责任意识，切实做好保持党的纯洁性的各项工作。

当前和今后一个时期，保持党的纯洁性，就是要按照中央要求，坚持从严治党、从严治行，坚持强化思想理论武装和严格队伍管理相结合、发扬党的优良作风和

加强党性修养与党性锻炼相结合、坚决惩治腐败和有效预防腐败相结合、发挥监督作用和严肃党的纪律相结合，不断增强自我净化、自我完善、自我革新、自我提高的能力，始终坚持党的性质和宗旨，在履行建设国际一流现代金融企业的职责使命中彰显共产党人政治本色。这里，我对全行党员、干部提出四个方面的要求：

一要始终保持思想纯洁。思想纯洁是马克思主义政党保持纯洁性的根本。要加强思想建设，教育引导全行党员、干部坚定共产主义信念，在思想上政治上行动上同党中央保持一致，确保党和国家金融方针政策在工商银行的全面贯彻落实。要加强理论学习，教育引导全行党员、干部认真学习和实践中国特色社会主义理论体系，做到真学真懂真信真用，旗帜鲜明地抵制各种错误思想理论的影响。要加强党性修养和党性锻炼，教育引导全行党员、干部始终站稳政治立场，不断增强宗旨意识，把践行共产主义远大理想和中国特色社会主义共同理想落实到建设国际一流现代金融企业的实际行动中。要加强道德建设，教育引导全行党员、干部牢固树立正确的世界观、权力观、事业观，带头弘扬以爱国主义为核心的民族精神和以改革创新为核心的时代精神，积极建设先进的企业文化，争做社会主义道德的示范者、诚信风尚的引领者、先进文化的传播者。

二要始终保持队伍纯洁。党的纯洁性归根到底要靠各级行党组织特别是每一名党员、干部来体现和保持。要把好党员入口关，加强思想上入党教育，重视党员质量，成熟一个发展一个，努力把干部员工中的先进分子吸收到党内来。要选好干部配好班子，加大竞争性选人用人力度，坚持德才兼备、以德为先，坚持注重实绩、群众公认，选拔任用那些政治坚定、有真才实学、实绩突出、员工认可的干部，使全行干部队伍结构更加科学合理。要加强日常教育管理，建立健全教育管理机制，使全行每个党员、干部思想更成熟、党性更坚强、品德更高尚，使全行每个党组织特别是基层党组织更富有创造力、凝聚力、战斗力。要疏通出口，建立健全党员党性定期分析制度，完善民主评议党员制度，对不合格党员要按照党章和其他有关制度规定进行严肃处理，纯洁党员队伍。

三要始终保持作风纯洁。党的优良传统和作风是党的纯洁性的具体体现，也是我们不能丢的传家宝。要以防止和纠正“四个方面的不良倾向”为重点，持续加强作风建设。要坚持科学的发展观和正确的业绩观，大兴求真务实之风，做到思想实、为人实、干事实、业绩实。要坚持走群众路线，带着深厚感情做好员工工作，善于从员工中汲取智慧和力量，把服务员工、培育人才作为检验各级行党委领导班子和党员领导干部业绩的重要指标，作为检验纯洁性的试金石，努力做到广大员工与工商银行同发展、共进步。要大力弘扬勤俭办行作风，永葆艰苦奋斗本色，自觉抵制享乐主义、铺张浪费以及所谓“内部营销”等不良风气，建立健全职务消费制度，规范领导干部职务消费行为。要认真开展批评和自我批评，鼓励和支持党内自下而上的批评和员工的批评，正确对待各方面批评意见，使批评和自我批评成为促进各项工作的源动力和驱动力。

四要始终保持清正廉洁。党的纯洁性同一切腐败现象是根本对立的。要严格执行管理人员廉洁从业若干规定，党员领导干部要经常对照这些规定进行自查，带头严格执行。要大力推进廉洁文化建设，使之成为党员、干部廉洁从业的内在动力，成为党员、干部自觉规范思想行为的制约力量。要进一步规范决策行为，切实落实“三重一大”决策制度，提高决策的科学化民主化水平。要认真执行防止利益冲突管理制度，主动识别和管理利益冲突行为，防微杜渐，防范道德风险。要坚决查办腐败案件，深入治理腐败现象易发多发领域，积极运用信息科技手段实行硬约束，从源头上防治腐败。要加强警示教育，通过加强案件剖析和案件通报等工作，使全行党员、干部从中吸取教训、引以为戒。

这里，我还希望各级党委要深刻认识到，严格的监督和严明的纪律是防止党员干部腐化变质、维护党的纯洁性的有力保证。要重视加强党内民主监督，加强普通党员对党员干部的监督，加强党员干部对领导干部和领导班子的监督，加强领导班子成员对“一把手”的监督和领导班子内部监督。要深化和拓展巡视工作，健全组织机构，加强工作力量，更加有针对性地促进分行班子建设，加强党风廉政建设。要积极推行党务公开，让党员、员工更加全面地了解和有序参与党内事务，并与行务公开、部（室）务公开相结合，尤其是在选拔任用、绩效考核分配等关系员工切身利益的问题上，加大公开力度，既要进一步形成监督合力，起到规范权力运行的作用，更要调动广大干部员工参与经营管理的积极性、主动性，促进全行加快经营转型、实现可持续发展。要把严明党纪作为执行党风廉政建设责任制的重要内容，对违反纪律行为进行严肃处理，做到遵守纪律没有特权、执行纪律没有例外，在全行上下营造风清气正的良好环境。

三、纪检监察部门要切实履行职责，坚决维护党的纯洁性

建设一支政治坚定、纪律严明、刚正不阿、秉公执纪的纪检监察干部队伍，是新形势下加强全行反腐倡廉建设的必然要求，是维护党的纯洁性的重要保障。各级行纪检监察部门和广大纪检监察干部要按照中央纪委及总行党委要求，忠实履行职责，扎实开展工作，把党风廉政建设和反腐败工作不断引向深入。

各级行纪检监察部门要全面履行党章赋予的职责，充分发挥教育、监督、检查、处理、保障等职能作用。要结合各单位实际情况，经常在党员中开展维护党纪、

保持党的纯洁性教育，对党员领导干部行使权力进行监督，确保权力正确行使。要提高查信办案工作能力和水平，加大信访核查和案件查办力度。要建立健全党员权利保障机制，保障党员各项民主权利正常行使。要开展相关制度措施落实情况的监督检查，纠正在思想、组织、作风等方面存在的不良现象，维护党员、干部队伍纯洁。

各级行纪检监察部门和广大纪检监察干部要率先做保持党的纯洁性的先锋模范。要强化理论学习，坚定政治立场，增强使命感、责任感、荣誉感，坚决贯彻中央关于加强反腐倡建设的重大决策部署，认真落实总行党委工作要求。要加强纪检监察部门领导班子和干部队伍建设，不断提升纪检监察干部队伍素质，既要把那些党性好、能力强、作风正、威信高的干部选拔进各级行纪检监察部门领导班子，把那些德才兼备的优秀人才选拔到纪检监察干部队伍中来，把那些具备发展潜力的优秀纪检监察干部纳入各类人才成长工程，又要加大纪检监察干部与业务干部之间的双向交流力度，拓宽其成长空间。要严格教育、管理和监督，引导和督促各级行纪检监察干部牢记使命、恪尽职守，坚持原则、敢于碰硬，真正做党的忠诚卫士、银行的守护者、员工的贴心人。要牢固树立监督者更要接受监督的意识，自觉接受各方面监督，自觉维护纪检监察干部的良好形象。各级行党委要支持纪检监察工作，关心爱护纪检监察干部，为他们的学习、工作、生活创造条件。

新的一年已经开始，希望大家振奋精神、扎实工作、攻坚克难，努力推进党风廉政建设和反腐败工作取得新成效，保障全行改革发展取得新进步，以优异成绩迎接党的十八大胜利召开！

在金融市场部工作调研会议上的讲话

姜建清

（2012 年 2 月 16 日 · 根据录音整理）

听了金融市场部关于去年经营管理工作情况以及下一步工作思路的介绍，感觉近几年金融市场部在工作上确实取得了很大进步，业务面进一步拓宽，工作更细致，创新更深入。杨行长、王行长谈的意见我都赞同。目前我行金融市场业务改革已经走在了国内同业的前列，在机制方面，实施了利润中心改革；在风控方面，实现了风险管理中台的内嵌和系统的无缝连接；在 IT 方面，自主研发了市场风险管理系统，搭建了金融市场交易管理平台；在创新方面，建立了 24 小时资金交易体系，实现了境外机构金融市场业务的集中交易与统一策略，等等。这些都是工商银行独特的或者是国内银行中唯一的做法，很好地保障了我行金融市场业务的稳定发展。

这次座谈会十分必要，因为金融市场部的工作非常重要。管理学中有种方法叫 ABC 管理法，即按照管理对象的主次关系进行分类管理的方法，举例来说，一个工厂企业生产一百种产品，其中有三种产品 A、B、C 最重要，它们在工厂所有产品中占据了最大的比重，所以要对这三种产品特别加以管理。从这个角度来说，如果要从工商银行的业务中拿出 A、B、C 来，那么金融市场业务就是其中一项，因为金融市场业务利润占到全行利润的近四分之一，资产也差不多接近这样一个比重。金融市场业务发展中的任何问题，都可能会对全行经营产生非常大的影响。从这方面来看，行领导一定会非常关注金融市场业务，不仅关注业务发展、风险控制，还包括产品创新、体制机制建设等各个方面，不仅过去关注，现在关注，今后还会更加关注。现在工行的收益结构是“6:2:2”，未来发展到“5:2.5:2.5”，再到“4:3:3”，希望金融市场部的利润增幅都不低于全行利润增幅，否则全行收益结构就会往差的方面退步。金融市场部去年利润增长 30%，今年考虑到各种市场因素变化，提出了 16% 的利润增长目标，我认为还是可以的，也是不容易的。今年利率方面的变化会很大，目前我们也很难预测。但流动性总体上会有所释放，至少存款准备金率还很可能进一步下降。通常情况下，资金比较宽松的时期，价格就会趋于下行，从这个角度看，完成今年利润任务的压力还是很大的。

从业务方面来讲，首先要高度重视投资业务，因为投资业务的利润占比在 95% 以上。人民币债券投资方面，一是要对投资的久期做好研究，提出对久期摆布的整体策略。从我国宏观经济走势来看，银行投资久期的策略应该是持有资产相对长一些，负债相对短一些，这是一个大的取向。当然还要考虑很多其他因素的变化，特别是对流动性和收益性的综合衡量。二是要与授信业务部配合，逐步扩大投资范围。在投资国债和金融债的选择相对固定情况下，比较大的投资选择变化就是在企业债方面，现在投资企业债占比12%，未来可能上升到15%～20%。信贷投资是资产业务，债券投资也是资产业务；信贷需要授信，债券也需要授信。它们的风险控制也都类似，尽管信贷类产品和债券类产品流动性有些不同，管理方式有所区别，但整体看，信贷投资和债券投资对工商银行承担风险来说实质上是一样的。因此，金融市场部要与信贷、授信、公司部门协调配合，认真研究如何配置信贷和债券两种资产，同时也可以此为工具，争取到更多的承销业务。现在承销部门总是求着企业找我们承销，没看到信贷部门还给企业贷款，如果把一部分贷款转化为债券投资，就会争取到更多的承销机会。对于高信用等级企业群体，我们能够承受几千亿元贷款，那么也可以适当容忍一些债券投资，因为这两个投资对象信用等级是一样的。总行几个部门要认真研究这个问题。如果把思路进一步展开，不仅仅拘泥于信贷投资和债券投资，实际上这个投资理念在各个企业之间也同样适用。对于一些大企业，甚至不是以工商银行为主办银行的企业，也可以通过这个办法把企业争取过来；还可以进一步扩展到香港、亚洲等更大范围的优秀企业。

外汇投资方面，金融市场部汇报了外汇投资的意义、范围，也讲到了非美元投资，建议可以对新兴市场的投资机会做一些研究。前一段时间，高盛在新兴市场货币投资中又赚取了丰厚利润。当然高盛的研究力量确实比较强，有专人对新兴市场进行持续跟踪分析。但高盛也不是一直持有新兴市场金融资产，在新兴市场暴涨前，他们进去了、赚了钱；价格掉下来前，他们又及时撤离。近两年内，新兴市场的资产经历了暴涨，当然后来有所回调。我们自己要反思为什么没有抓住机会，在暴涨前就进入新兴市场进行投资。对于上述投资思路，相关部门要深入研究、思考、讨论，逐步拿出一些比较可行和规范的办法。

除投资之外，还有很多业务都值得我们通过进一步创新来实现更好的发展。比如结售汇业务就具有很大的发展潜力，希望将来能够和国际结算一样，逐步成为工商银行一项市场领先的业务。贸易融资我们已经赶上了中国银行，国际结算与中国银行只有三四年的差距，但是结售汇的差距就比较大。这些业务实际上是不可分的，要有明确的发展要求，也可以放在一起考核。其中特别要处理好与分行的分润关系。在结售汇方面，要探索创新、完善渠道，使网络运用更加便捷，这样才有助于扩大市场。我们在外汇业务方面是后来者，作为后来者在追求效益和追求市场之间应该有个取舍。现在外汇业务效益总体上比较好，在条件允许的情况下，如果外汇存款能够在价格方面稍微有所调整，就会对争取市场产生非常大的作用。在业务发展上一定要讲求战略和战术，看到短期和长期成效。一百多年前，外国商人来中国推销柴油，当时中国老百姓只用植物油、动物油点灯，没人愿意用国外的洋油。外商就无偿赠送油灯、送柴油，这看起来明显是亏本生意，但一些中国人用了三四次之后就觉得柴油灯更明亮，结果就开始用柴油灯，而且用了以后就舍不掉了，越用越多，市场自然也就打开了。所以要妥善处理“取”和“舍”的关系，在外汇业务上特别要认真研究这些做法。当然，市场营销也不是不计成本，要兼顾收益与市场。在新兴业务上，有时候是先和后的问题，所以如果我们和市场领先者采取同样的战略，可能并不利于业务发展。从长期来看，当我们确立了市场的主导地位后，就可以实施新的市场竞争策略。当然，这都要在金融制度许可范围内考虑问题。现在利率市场化改革进程不断加速，将来肯定要全面推开。所谓利率市场化，就是在一定制度基础上，完全由市场确定价格。那时候利率定价与现在完全不同，主要根据某项业务总的利润状况和客户综合回报来确定，价格可以上一点，也可以下一点，没有参照值，完全按照银行自身的能力定价，当然也会考虑社会公众的接受度，所以那时候市场竞争将更为激烈。实际上现在外汇利率是可以上下浮动的，因此要从整体战略上思考全行的外汇存贷平衡问题。如果舍弃500万元甚至1 000万元的利润，也许就能够带来更好的外币资产负债平衡。现在舍掉一点利润，把市场做大了，将来可能会带来5 000万元甚至上亿元的利润。我们要学习卖洋油的外国商人的经营策略，相关部门要认真思考研究这个问题。

在交易性业务方面，要充分肯定金融市场部在账户贵金属方面的探索，今后要继续扩大这方面的优势，通过大力创新，增加交易频率和客户黏性，同时还要再造一条或者几条类似贵金属业务的交易性业务线。现在仅一条贵金属业务线就创造了30多亿元的收入，如果能再造两三条，那业务收入就能达到100亿元左右。一条产品线经历了进入期、成长期、成熟期，总有一天会进入衰退期。有时由于新的进入者参与竞争，或者整个贵金属价格出现暴跌，市场就会进入一个低迷期，那时候30多亿元利润就可能会骤降。因此我们要有许多类似产品线做后备。正如一个企业在创新方面要有很多条产品成长曲线，当一条产品线进入下行期、衰退期时，它的第二条、第三条产品线又正好进入成长期和成熟期，这样把许多条产品成长曲线连接起来，就会形成企业持续上升的产品成长曲线。

在承销业务方面，随着利率市场化改革进程加快，资本市场不断成熟完善，债务融资工具承销市场潜力非常大。债务承销主要是客户端的营销，不仅要处理好分润关系，还要在渠道方面建立非常便捷的联系，需要加强对分行相关业务的培训，在这些方面各部门也要做好研究。

总体上看，全行对于金融市场业务这样的新业务认识还是不足。这次座谈会上提到的有些金融市场业务，许多同志可能会觉得非常新颖，这也反映出大家的知识更新不够，包括在金融市场部工作的同志，也都面临着知识不足的挑战。因此，希望金融市场部今年组织若干出访团，专门去拜访世界上一些在金融市场方面做得非常优秀的大银行或者有特点的小银行，进行面对面的深入交流。有些银行虽然规模很小，比如罗斯柴尔德（Rothschild）银行，但它某项金融交易有可能是业内最好的，这就值得我们学习。学习别人的先进做法，获得有益的启发和借鉴，为我所用，提升创新能力，研发推出我们的产品，有效解决知识更新不够的问题。

另外，还要进一步加强金融市场业务管理。特别是那些乌龙事件、黑天鹅事件等极端事件，一旦发生就可能会造成颠覆性的后果，一定要坚决控制住，绝不容忍。做银行就是经营风险，发展金融市场业务可以忍受一定风险，但不能忍受不可承受的风险。对于金融市场的所有业务，都要有总量和累计量的控制，不管是主观还是客观、无意还是有意，都不允许超过这个限制。我们在高速公路上经常看到桥上写着限高三米，超过了就不可能过去。对金融市场业务也要有类似限高，避免出现大的问题。

在金融市场中，经常会遇到很多新型业务。比如说，一个新市场推出一项衍生产品，可能存在一定风险，不要因为有风险我们就不介入。今天我们看到西方银行出现了许多问题，特别是有很多衍生产品出了问题，这就好比他们在水里游泳，有些人淹死了，有些人淹了半死，我们却在岸上自鸣得意，说自己一点没事，那是因为我们从来没下过水。如果有一天发大水把我们冲下去怎么办？不会游泳的人等到“被游泳”、“被参与”的时候就晚了。看到风险不敢介入风险、躲着风险，总有一天会碰到更大的风险。对待风险最好的办法，第一就是控制总量，避免碰到大的风险和颠覆性的问题；第二就是要去实践，只有会游泳，将来才不怕出问题。金融市场部汇报的纸浆交易业务、碳排放交易业务和远期交易等几项新业务，总体上都没问题，可能有赚有亏，但总体上能赚，就应该提出表扬。

最后，对大家在汇报中谈到的问题讲几点意见。

一是关于商品交易发展问题。在石油、天然气、煤炭、铁矿石、粮食等很多方面，中国都是世界上最大的进口国。但在这些领域，中国企业没有任何定价权、发言权，几乎全部掌握在世界领先的投行手里。这些投行已经从中国企业赚了很多利润，但投行自己出现了亏损，还将设法全部转嫁给企业；企业在交易中出现了亏损，在国内受到很多批评，以后更不敢再做交易了。然而迈不过去这个门槛，永远都会面临汇率等价格风险方面的问题。所以商品交易业务一定要做，但关键要严控风险，把握总量，循序渐进地去做。与之相关的还有人才问题，总行也正在考虑，研究通过与国外合作或者引进人才的办法，尽快缩短与国外同行的差距，现在还谈不上缩小与国际一流银行的差距，首先是缩小与国际三流银行的差距。要想办法加强学习和实践，逐渐赶上来。

二是关于改革模式问题。现在金融市场部面临的一些问题，将来其他利润中心都可能会遇到，比如前中后台分离、24 小时交易支持等，需要深入研究。随着工商银行的全球化发展，肯定会面临 24 小时服务支持的问题，要尽快研究找出相应的解决办法来。

三是关于服务渠道问题。现在我们对客户的服务链条仍比较长，服务渠道还不够顺畅。未来很多业务需要充分依托电子渠道优势，更好地利用网上银行做交易。目前我们企业网银主要是用来做支付和现金管理，将来要通过在企业网银客户端增加产品投资及交易功能等创新方式，进一步完善企业网银功能，全面提升客户服务水平，不断做大业务量。

四是关于业务备份问题。下一步对包括金融市场部在内的利润中心，都要考虑业务备份的问题。要确保我们这么大的银行业务不中断，做好业务备份是一个关键性问题。我们现在已做到计算机备份和系统备份了，这方面基本没有问题了。但在业务备份方面的工作做得还不够到位，一旦出现极端事件，怎样才能确保交易业务和一些后台业务正常运行，相关部门要深入研究解决。

推进专业升级　提升服务水平
为全行健康可持续发展作出新贡献

——在中国工商银行内部审计工作会议上的讲话

姜建清

（2012 年 2 月 28 日）

这次会议的主要任务是，深入贯彻全行发展战略研讨会和年度工作会议精神，回顾总结过去三年内部审计工作，分析新形势，明确新要求，落实新任务，推动内部审计工作开创新局面，实现新跨越，创出新佳绩，为支持和保障全行新一轮转型发展发挥更大增值作用。下面，我讲三点意见。

一、过去三年内部审计工作为全行改革发展作出了重要贡献

过去三年，在内外部环境十分复杂、各种压力挑战交织叠加的情况下，全行认真贯彻国家决策部署和金融监管要求，坚持在调整中促转型，在创新中谋发展，在竞争中抓机遇，圆满完成了三年规划确定的主要目标任务，成长为全球市值、盈利、存款和品牌价值四个第一的银行。在这一过程中，内部审计围绕全行的中心任务和发展战略，勇于实践、善于创新、扎实进取、勤勉履职，实施了一系列开创性和富有价值的工作，为全行有效地掌控风险、提高竞争能力、实现改革发展目标提供了重要保障，取得了显著成绩。

（一）在服务全行经营转型的过程中，忠实履行了内审监督评价和咨询服务职责，体现了专业价值。在全行改革发展进程中，内部审计牢牢把握自身在全行公司治理和风险管控体系中的主要职责，将工作定位放在服务大局，发现问题，揭示风险，提出建议，督促整改上，全力配合全行一系列重大改革战略的实施，在信贷、资金、IT、银行卡、财务管理等业务条线，以及运营改革、流程再造、海外战略、集团管理、内部控制等领域，先后完成了190余项全行及区域性的审计和调研项目，检查评价和揭示了经营发展过程中在机制、流程、系统、产品等层面存在的问题和风险，提出了许多具有战略性、系统性、建设性和前瞻性的审计建议，审计成果得到了董事会、监事会和高管层的高度重视，在推动全行改善管理、加强控制、防范风险等方面有效发挥了增值作用。

在尽职履行监督评价职责的同时，内部审计的服务领域不断深化拓展，组织协调外审工作过程中，统筹资源，协调内外，在推动全行加强风险控制与合规管理等方面发挥了越来越大的作用；提供咨询服务过程中，为全行机构申设并购、业务开办等项目提供了大量的鉴证支持。

（二）在应对全行复杂风险管理局面的实践中，快速提升了审计能力和水平，经受住了考验。三年来，内部审计面对复杂的风险管理形势与经营要求，以创新为动力，以技术为支撑，积极寻求在复杂风险形势下的有效履职方式与手段，逐步形成了以审计信息化平台为基础，以非现场审计技术、风险热图构制技术、内部控制评价技术、审计结果评级技术四项专业技术为核心的内审专业方法技术体系，建立了一套完整的专业管理框架和规范的实务标准体系，打造了一支精干高效的职业化审计团队，履职能力不断增强，专业化水平快速提高，内部审计的职能优势、技术优势、服务优势日益突出，较好地实现了自身的专业转型和升级发展。在近年来各项审计活动中，充分把握重大性原则、重点性原则和实效性原则，在董事会关注的业务领域做了大量扎实有效的审计工作，经受住了复杂任务的考验，是一支敢打硬仗、能打硬仗、值得信赖的队伍。所谓重大性原则，就是要看有没有发生系统性、全面性风险的可能，这是内审工作的第一要点，银行业不可能没有风险，我们每天都在和风险打交道，但不能发生系统性、全局性风险，这就是重大性原则；第二就是重点性原则，每一个发展阶段，都有重点、热点以及非常突出的问题，要引起我们高度重视，可能重点性问题会变成重大性问题，在这种情况下，我们要重视审计风险的导向，审计要体现重点性原则，关注当前的热点领域、难点问题，或者某些发展比较快的业务领域；第三就是实效性原则，一个单位经营管理的状况怎么样，审计的实际效果如何，关键就是看一个单位是不是存在风险隐患，风险隐患是不是影响可持续性发展，问题是不是得到了有效的整改，风险是不是得到了有效的控制。从这三个方面来看，这些年的内部审计工作是出色的，是有成效的。

（三）在参与公司治理建设的进程中，创新完善了科学高效的内审体系，走出了具有工行特色的发展道路。在我行建立和完善现代公司治理的过程中，内部审计根据全行国际化、综合化发展和集团化管理要求，逐步建立和完善了适应我行公司治理和风险管理需要的审计组织管理机制、专业工作模式和资源配置方式，构建了适应国际一流商业银行运营规范的内部审计体系。内部审计通过深化“一体化”管理和“六统一”运作，规范向董事会的报告制度和报告程序，整合总分局职能与管理关系，确立以价值贡献为导向的激励约束机制，提升了内审系统整体管理效能，增强了对治理相关各方、各级各类机构、各个经营层面的综合审计服务能力，全行良性互动的内部审计监督评价机制和环境全面形成，内部审计已经成为董事会履行监督职能和进行战略决策的重要资源和手段。

（四）在开展内审创新实践的活动中，全面巩固了在国内业界的领先地位，树立了工行品牌。在全行积极推进转型发展的进程中，内部审计在各级管理层的大力支持与配合下，积极探索，勇于创新，创造性地开展各项审计工作，审计成果广为接受和运用。我行内部审计多次在国家有关监管部门、中国内部审计协会等组织主办的会议、论坛上介绍经验、分享成果，还承担了国家级专项课题研究和专业标准制定工作，先后有十几家机构到我行交流学习内部审计经验，并多次荣获全国内部审计工作先进单位荣誉称号。内部审计工作取得的成绩有目共睹，不仅得到了行内治理各方的充分认可，而且得到了监管部门和国内审计业界的广泛关注和积极评价，在业界的领先优势不断扩大，影响力不断增强，树

立了具有工商银行特色的审计品牌。

总体来讲，近三年内部审计坚持“理念立审、技术强审、标准精审、管理固审、队伍兴审和协调扩审”的发展方向，在有效支持全行改革发展进程的同时，全面完成了上一个内审三年规划的目标任务，实现了自身的升级发展，走出了一条具有工商银行特色的发展道路，为我行安全稳健运行和持续健康发展作出了重要贡献。内部审计取得的成绩，凝聚了内审系统干部职工的心血和汗水，得益于各分行、各部门的合作与支持，得益于审计署、银监会等监管机构和内审协会的指导与帮助。在此，我代表总行党委和董事会，向内部审计系统全体员工和所有关心、支持内部审计工作的同志们表示衷心的感谢！

二、深刻认识和把握内部审计面临的新形势与新任务

受国际金融危机的持续影响，未来一个时期银行业发展的内外部环境较之以往更为复杂和严峻。面对新的形势与任务、机遇和挑战，全行审慎应对，在年前召开的战略发展研讨会上，全面确立了未来一个时期转变发展方式、调整经营结构、推进转型创新、协调持续发展的战略指导思想与目标任务。更好地支持、配合新时期全行的一系列改革发展战略，是对内部审计工作提出的新要求，需要内部审计清醒和深刻地认识到在复杂经济金融形势下自身的职责与使命，立足当前、着眼长远、明确方向，将是内部审计推动今后工作的主要任务。未来一个时期，内部审计要做好四个注重和四个坚持。

（一）注重前瞻服务，坚持把围绕中心、支持全局作为内部审计新时期的根本任务。国际金融危机对商业银行改进公司治理、强化风险控制形成了巨大的推动力，也对内部审计完善职能、升级发展提出了新的要求。未来一个时期，全行将实施以“ONE ICBC”理念为引领、以集团管理一体化为着力点、以打造八大全球统一体系为重点的集团化战略，许多业务将面临着走出去或重新整合，许多新产品将会研发投产，这对内审工作而言，将面临更为复杂多变的新情况和新问题，需要内部审计为全行改革发展提供更多的前瞻性、全局性、重要性的支持与服务。

新形势要求内部审计准确把握自身的服务方向和服务精髓，准确理解全行改革发展过程中提出的新要求、新变化和新问题，积极融入全行的转型发展进程，以创新的工作思路、敏感的风险意识、前瞻的审计视角为全行提供专业支持和服务，实现对全行各类机构、各经营层面关键风险的合理覆盖与全方位监督，有针对性、有重点地支持和服务于全行的经营目标和中心任务。内部审计要集中精力和视角，看全局性问题，站在集团层面的高度开展审计活动，提出审计建议；看重要性问题，针对全行经营发展中的主要业务和重点领域开展有效审计，前瞻性地发现重大潜在风险隐患；看敏感性问题，在对全行经营发展的环境和阶段特征进行敏锐分析和科学预判的基础上，对可能存在风险苗头的业务进行审计，并提出审计建议。

（二）注重研判风险，坚持把以风险为导向的监督评价作为内部审计活动的核心内容。未来一个时期，全球多元化风险的交互影响与国内外监管的严格要求，将始终伴随着全行的改革发展进程。各类风险的复杂性、突发性和扩散性考验着全行的风险防控能力，跨专业、跨市场、跨国别的集团性风险、系统性风险、机制性风险将成为全行需要着力防控的主要风险，加强和提升集团风险管理能力已经成为全行实现新一轮转型发展目标的基本要求和根本保障。

内部审计在全行业务发展和经营转型快速推进的进程中，要牢牢抓住风险控制这一生命线，坚持以风险为导向，前瞻性揭示风险，建设性提出建议，针对性督促整改，在更大的范围、更高的层次和更加前沿的领域实施审计评价和提供咨询服务，促进全行风险管理能力与经营发展能力的同步提升。在今后一个时期，内部审计要关注六个方面的风险：一是关注信贷结构调整效果和转型过程中的风险，促进信贷结构调整目标的实现；二是要关注国际化发展和综合化经营过程中的风险与控制，为我行国际化战略的顺利实施提供有效支持；三是要关注全行经营转型和业务创新过程中的风险与控制，保障全行创新和转型发展的质量与速度；四是要关注集团信息科技体系运行管理的安全与质量，增强 IT 风险防范能力，促进科技引领战略的顺利实施；五是要关注新资本协议的实施和应用情况，推动我行新资本协议实施的升级和深化，加强资本管理，促进集团风险管理能力的提升；六是要关注各项业务落实监管要求和行内制度有效性情况，促进全行严格执行各项法规制度，规范经营行为，增强合规管理水平，完善消费者权益保护。

（三）注重实践应用，坚持把方法技术的创新发展作为提升审计能力的基础工程。未来全行转变发展方式、实现经营转型关键在于技术、服务、产品的创新与进步，这是增强全行核心竞争力，保持领先优势的重要保障。内部审计作为全行风险管控体系的重要组成部分，要实现对全行经营管理的有效监督与检查，就必须具备与之匹配的方法技术，需要结合全行的经营发展情况，进行更为丰富的创新实践，只有实现审计技术的领先进步，才能更加有效地提升审计能力和水平。

当前形势下，内部审计实践应用的重点在于方法技术的不断创新与发展，技术是实现审计思想，提供多样审计服务和产品的关键因素。面对遍布全球的机构网点，浩繁复杂的业务交易，没有一套好的非现场监督检查系统，要实现审计的有效覆盖是绝不可能实现的。因此，要充分利用好我行强大的信息技术力量、完备的业务管理系统和丰富的数据积累，持续完善非现场审计体

系，大力推动非现场方法技术的创新。过去几年，内部审计已经在大部分审计项目中推广使用了非现场审计技术并取得了显著成效，今后要坚定不移地发展下去，要在总结以往经验成果的基础上，科学完善我行非现场审计体系，力争将内部审计的非现场审计技术做成全行的示范，行业的标杆。

（四）注重争先创优，坚持把创一流、树品牌的目标作为内部审计发展的内在动力。随着我行建设最盈利、最优秀、最受尊重的国际一流现代金融企业步伐不断加快，内部审计也应当实现自身新一轮的升级发展，力争以一流的产品、一流的技术、一流的管理、一流的队伍和一流的能力，为全行经营发展提供优质、高效的审计服务。

董事会已经批准了内部审计新的三年发展规划，这个规划目标清晰，任务明确，积极进取。内部审计要在规划执行过程中，注重继承性与创新性相结合、全局性与重点性相结合、服务全行与自身发展相结合，坚持科学发展观，服务全行改革发展大局，以提升服务能力为主线，以打造精品审计项目为重点，创一流，树品牌，努力打造国际一流、同业标杆的集团内部审计体系，更加有效地履行对全行风险管理、内部控制和治理过程的监督评价职责，为全行建设“三个之最”的国际一流金融企业作出更大贡献。

三、扎实有效做好 2012 年的内部审计工作

2012 年是全行新三年发展规划实施的第一年，各项工作要开好局，起好步。今年年初的工作会议上，已明确将“稳中求进”作为今年工作的主基调。内部审计要准确理解和把握工作会议的精神，及时调整工作思路和重点，增强服务全行经营目标和中心任务的主动性和有效性。做好 2012 年内审工作的总体要求是：紧密围绕全行改革发展大局，坚持科学发展，坚持与时俱进，以风险控制为核心，以增值服务为根本，以持续创新为动力，创一流、树品牌，加快建立和完善适应集团化管理需要的内部审计体系，重点推进机制、方法、技术、队伍优化，全面提升履职服务能力，更好地发挥对风险防控的保障性作用和转型发展的建设性作用。要重点抓好以下几项工作：

（一）抓项目实施，高质量完成年度内部审计计划。2012 年的内部审计计划董事会已经批准，这一计划围绕全行转型发展的战略部署、经济金融形势和全行风险控制状况，贯彻了监管要求，体现了董事会、监事会和高管层关注的重点，重点审计信贷业务、财务效益、资金市场、集团风险、境外机构、信息科技、新资本协议等需要高度重视和重点防控的风险领域，确定了对小型微型企业信贷业务、闲置固定资产管理、理财业务、电子银行安全、并表管理等 25 个审计项目，这些项目与全行的经营目标契合度高、关联性强，关键是要抓好落实，确保质量和效果。

在审计计划的执行过程中，一是要突出审计重点，增强前瞻性和针对性。通过集中资源审“快、新、重”业务领域，重点关注对集团经营影响大、创新发展速度快、流程系统模式新等主要业务的战略性、系统性和机制性风险，以及业务协同、集团联动过程中的跨专业、跨区域、跨监管风险，侧重评价关键制度、流程、系统、操作以及相关管理控制的有效性。二是要注重形势变化，增强敏感性和时效性。通过机动灵活做“短、精、专”审计项目，快速响应形势变化对全行重大战略和重点业务的影响，对转型发展过程中可能遇到的新问题、出现的新情况和潜在的新风险，早发现，早预警，早应对，促进全行在复杂多变经营环境下化危为机，化险为夷。三是要促进问题整改，增强建设性和增值性。要通过审计监测、后续审计和延伸审计，持续跟进审计发现问题的整改落实情况，进一步完善向董事会及其审计委员会、监事会、管理层的沟通与报告机制，及时报告整改结果。

（二）抓职能深化，不断提升审计专业服务水平。要在现有组织架构的基础上，加快完善适应全行全球化布局和集团化发展要求的审计监督服务框架，将内部审计的专业优势和职能优势，充分转化为稳定、优质、高效的增值审计服务。

一是提升对集团层面战略决策和风险管理的审计服务水平。要服务“ONE ICBC”的集团一体化管理战略，从战略高度和全局层面，进一步提升综合归纳和提炼审计发现的水平，及时提出更有分量、更有价值的审计与研究报告，为全行制定实施战略决策和完善风险管理提供更具前瞻性和建设性的审计服务。

二是提升对境外机构的审计服务水平。要服务全行国际化发展战略，通过加强对境外机构审计条线的管理和指导，切实防范国别、监管、声誉等风险。一方面要加快制定实施针对不同监管环境、不同业务市场的境外机构审计服务规范，加快境外机构审计信息监测分析系统的建设进度，并在战略执行、机构申设、网络布局、产品线拓展、系统运行等方面优化审计服务功能，促进境外机构在有效把控风险的前提下，实现规模效益和发展质量的同步提升。另一方面要强化集团总部对境外机构审计的统筹组织与管理，逐步完成集团和区域两级结合，分层次、集约型的境外审计全球化布局。

三是提升对总行直属机构和利润中心的审计服务水平。要结合总行利润中心和部门管理架构改革、绩效考核和薪酬激励改革的实施，制定对总行本部及直属机构审计的工作规范，明确直属机构审计风险监测框架，建立数据获取渠道，有针对性地确定审计重点，及时跟进相关措施，实现内部审计对总行层面风险的深度分析与监测报告，适应全行风险集中管理的需要。

四是提升对境内分行的审计服务水平。要服务全行

结构调整和经营转型，结合各区域分行的业务经营和风险管理情况，增强各分局对局部风险的持续监测力量，提升各分局对区域性环境变化的前瞻预见能力和对区域性风险的发现揭示能力，加强技术、方法和信息的交流与沟通，为分行健康经营提供全方位的审计咨询服务。

（三）抓精品工程，提升审计项目整体化运行水平。高质量的审计项目是内部审计服务价值最根本、最直接的体现。近年来，内部审计积极树立和强化品牌意识，启动了审计项目精品工程建设，审计活动和审计报告质量有了显著提升，今后要继续坚持不懈抓实抓牢，将精品工程建设有机贯穿于“创一流、树品牌”的内审职能转型和体系优化进程，使审计项目的运作水平再上一个新台阶，全面提升内部审计的品牌价值和增值服务作用。

一是要完善管理机制。从理念意识、制度流程、系统控制、考核评价等方面，全面升级精品审计项目管理的硬控制与软约束，使审计项目全面纳入精品审计管理框架内运作，实现精品审计工程建设与提升审计服务能力的整体推进和协调发展，带动审计工作整体水平的不断跃升。

二是要全面提升质量。要进一步优化审计准备、审计实施、审计报告、审计跟进等关键环节的质量管理标准，深入落实审计项目工作规程、审理规则等项目管理制度，全面实现对审前、审中、审后的全过程系统控制，整体提升审计项目管理能力。针对审计过程中发现的问题，要从治理、制度、机制、流程、系统、管理、执行等方面分析整理、归类汇总，使审计发现的分类更为清晰合理、便于整改；要定期对各类审计发现进行综合归纳与提炼，提出更为战略性、前瞻性的审计建议。

三是要加强考核评价。要完善以审计项目价值贡献为核心的分局考核激励办法，以及基于岗位能力和审计项目贡献的员工薪酬分配和激励机制，优化以审计质量管理、方法应用、团队履职为重点的审计项目后评价机制，增强对精品审计项目的支持与促进作用。

（四）抓方法技术，创新优化审计工作模式。在信息化飞速发展的今天，方法技术水平决定了内部审计的履职水平。内部审计要立足全行战略转型和改革发展需要，充分发挥我行信息科技优势，以系统整合、标准优化、实践应用为突破口，加快建立和完善集团口径的现代化审计方法技术体系，有效支持对境内外机构、重要业务、主要风险领域的审计活动需要。

一是要继续加强非现场审计体系建设。要在巩固现有成果的基础上，加强以制度体系、机构人才体系、产品体系以及技术支持体系为核心的非现场审计体系建设。在未来一个时期，要创新深化非现场审计技术在审计项目、风险持续监测和风险综合评估“三个领域”的应用，实现审计项目开展方式由以现场审计为主向现场审计与非现场审计并重的方向转变；实现非现场审计的应用领域由在境内机构运用为主向境内与境外机构运用并重的方向转变；实现非现场审计的运用模式由以审计项目运用为主向审计项目与持续监测运用并重的方向转变。实现最大限度的非现场审计覆盖，整体提升审计监督能力。

近年来，内部审计积累了许多先进实用的非现场审计技术和经验，要积极向专业管理部门和各分行推广精确制导、有效审计的成功经验和做法，进一步提高各项业务在创新发展中内部控制的有效性。

二是要继续加强审计信息化建设。要根据集团化审计需要，优化审计信息系统与各类核心业务管理系统的对接模式，畅通数据获取通道；加强各类审计信息系统的整合，建立和完善功能齐全、作业规范、知识共享和成果转化高度统一的审计数据与信息平台，实现对各类审计信息的集中管理和应用，支持内部审计功能拓展和效能提升。

三是要不断优化风险热图构制技术。这项技术从审计视角展示全行机构、业务与产品的风险与控制状况，覆盖全面，结果直观，视角独立。要继续提升这项技术的准确性和时效性，并将这项技术逐步拓展到新的业务领域，及时有效地掌握机构和业务的风险分布和控制状况，做到心中有数，更好地发挥风险热图在风险早期预警、监测、评价等方面的支持作用。

四是要不断探索和创新先进审计技术。把自主创新与引进转化有机结合起来，以内部审计专业技术自我创新为主导，充分学习借鉴全球同业风险管理与审计技术成果，引进必要的信息化审计等专业工具，提高审计质量和效率。先进的技术方法既来源于业务的创新与实践，又要推进业务的创新与实践，因此，要加强与业务部门和同业机构的交流与推广，促进各项业务制度流程的完善与管控水平的提高。

五是要不断提高审计标准化建设实效。继续深化包括审计制度体系、实务规范、实施细则和审计操作手册等具有我行自主知识产权的内部审计标准体系建设，强化标准化建设成果发布应用及专项培训工作，使标准化成果有效转化为推动审计工作质量和层次提高的重要手段。

（五）抓监审联动，促进全行依法合规稳健经营。随着国际金融危机影响的持续发展和外部经营环境的日趋复杂多变，国家对金融行业的监管检查将更加广泛、深入、复杂和严格。为确保国家宏观经济及金融政策的贯彻实施，今年银监会将对我行开展平台贷款、理财业务、五级分类、业务收费等相关业务的现场检查，审计署将继续对我行开展新增贷款投向审计调查。前不久，银监会下发了《关于整治银行业金融机构不规范经营的通知》，各分行要严格执行《通知》中“七不准”和“四公开”的有关要求，规范管理，对服务收费严格实行明码标价制度，要在网点、网站等采用各种方式及时公布不同类别服务项目的价格和适用对象，建立科学合理、公开透明的收费制度，切实保护金融消费者权益。这项工作总行党委非常重视，专门召开了党委扩大会议，听取了财务会计部对贷款客户收费情况的汇报，并作了部署。总行还召开了视频会议，杨行长在会上作了重要讲话，对全行整治工作的指导思想、整治重点、整治目标和工作时间表进行了部署。

银行是服务性行业，为经济社会发展提供优质的金融服务是我们的责任和义务，银行在整个社会经济资金运行中，发挥了重要的资金中介的作用，在这个过程中银行提供了服务。现在社会非常关注银行的服务收费问题，在媒体上也有一些报道，主要是关注收费依据、额度、标准、合同、消费者的知情权等方面。从全行来看，目前涉及服务收费的业务和产品有800多项，需要我们认真进行自查和梳理。今天，我再次强调，全行上下务必高度重视这项工作，总行将成立一个临时机构，抽出一部分人员，专职负责这项工作，从规范合同内容入手，看合同对客户是否有告知，看收费依据、看完整性、看自愿性等。之后就是抓落实，是不是按照合同执行，是不是对等。只有规范，才能持久，只有为客户提供优质的服务，尤其是为客户增值的服务，中间业务才有持久的生命力。我希望各部门和各分行对这件事重视起来，如果中间业务不能健康地发展，我行的转型将是困难的，因为我们不能仅靠存贷利差来生存，这是关乎全行能否健康长久发展的大事。

对外部的监管检查，全行上下务必高度重视，认真负责地做好各项配合工作，并以此为契机，切实做好自查自纠和整改工作，全面提高风险管理和内部控制水平。内部审计要深入研究、及时传导监管检查要点，统一协调全行完善信息沟通和配合保障机制，不断提升配合审计和检查工作的效率和效果。同时，要积极学习借鉴审计署、银监会的审计检查思想和先进方法技术，与全行分享监管部门关于内部控制和风险管理的理念和经验，并指导和促进我行的审计实践。

各分行、各机构和总行相关部门要将主动配合外部监管检查和行内审计检查，作为提高自身政策水平和管理水平的重要契机，增强全局意识，加强沟通联动，注重问题整改实效，有效杜绝屡查屡犯的顽疾，推动全行提高风险管理和内部控制水平，确保今年各项经营工作的稳健与安全。

各境外机构要按照当地监管要求配备与机构发展和风险水平相适应的审计力量，对监管检查发现的问题要高度敏感，及时向总行报告，对整改工作要高度重视，确保机构健康发展。

（六）抓人才培养，打造职业化高素质内部审计队伍。人才是事业长久的根基和保证，内部审计要继续坚持集约化、内涵式的高、精、尖队伍建设方向，坚持以人为本、适用胜任、注重实效的人才培养原则，进一步强能力、促活力、增实力，确保队伍结构、素质与布局适应发展需要，锻造精兵强将，为全行和内审实现新的发展目标提供持久有效的人才保证。

一是进一步优化队伍结构。内部审计要深入研究队伍的梯次与专业等结构优化问题，人才的流动和储备问题，要在保持总量基本稳定的前提下，以培养全行转型发展过程中急需的审计人才为重点，通过系统规划与有序推进，加快培养和引进一批掌握风险管理、信息分析技术和银行业务的复合型人才，适应国际化业务和新兴业务快速发展要求的紧缺人才，具有丰富管理经验的专家人才，具有较高理论水平的研究人才，并通过以上核心人才的引领和带动，促进审计专业团队结构的持续改善。

二是进一步提升队伍素质。要以培训工作为抓手，以增强内审人员发现和解决问题的能力、协调沟通的能力和持续学习的能力为核心，进一步完善培训机制，创新培训方式，提升培训效果，将培训知识技能与培养战略思维相结合，个人能力培训与团队协作培训相结合，通过分层次、针对性的立体化多维度培训，促进内审人员全面提升职业敏感程度、政策水平与专业水平，充分适应全行发展对内部审计工作的多元化要求，不断提高内部审计活动的公信力和威信度。

三是进一步加强文化和作风建设。要以全行“崇尚信誉、追求卓越”的核心价值理念为统领，将集团企业文化建设与内审实践紧密结合，积极深化以“服务、增值”为核心的内审文化建设，把为组织增加价值，服务组织目标的实现作为一切内部审计工作的出发点和落脚点，有效贯穿渗透到内部审计活动中去。要不断加强内审人员职业道德教育和思想作风建设，引导和规范内审队伍秉承公正、客观、保密与胜任的从业原则，践行客观独立的监督评价职责，保持积极向上、团结协作的良好氛围，营造理解互信、沟通协作的良好审计环境，树立内部审计廉洁自律、奉献进取、勇于攻坚的良好形象。

同志们，今后的内部审计工作将面临更加艰巨的任务和挑战，在全行的经营发展中需要发挥更加重要的作用，总行党委、董事会、监事会、高管层高度重视并寄予厚望。希望大家以改革创新的精神、更加饱满的热情，团结奋进，不辱使命，圆满完成各项任务，为全行健康可持续发展作出新贡献。

在集团内公开选拔干部集体谈话会上的讲话

姜建清

（2012 年 3 月 9 日 · 根据录音整理）

今天，我们以座谈会的形式进行一次集体谈话。在座的 24 位同志通过集团内公开选拔，即将奔赴新的工作岗位，这里首先向大家表示祝贺。在座谈中，同志们都回顾了过去的工作，谈了未来的目标与打算，也提出了一些建议，大家讲得都很好。时间所限，有些同志还来不及发言，以后也可以通过各种渠道反映自己的想法。借此次机会，我谈两方面的意见。

一、为什么要加大干部的公开选拔力度

关于一个银行或者一个企业的核心竞争力可能会有很多种说法。什么是工商银行的核心竞争力？有人说工商银行的管理严密，基础很好；有人说工商银行的 IT 领先，是核心竞争的利器；也有人说工商银行的品牌优秀，是几十年的老店，在 1984 年工商银行从人民银行分离出来之前，我们的工商、信贷、储蓄业务就已经开始运行，工商银行从 1984 年成立的第一天起就是中国最大的银行，全社会对工商银行的品牌认知度很高，等等。但我认为无论是这些核心的业务、核心的产品以及品牌认知度，或者是工商银行的其他优势，都只是核心竞争力的组成部分。而工商银行真正的、最重要的核心竞争力就是人才。如果没有一大批核心人才，我们现在所取得的成就就可能得而复失。工商银行之所以 IT 领先，是因为我们早在十多年前就在国内率先确立了大集中的战略，自主推出了一代又一代新的系统。实际上，IT 软件是人的经营管理思想的物化，而最核心、最重要的还是人的想法。有些金融机构请我们给他们输送 IT 技术，他们没有意识到人的管理思想是无法复制的。

很高兴看到这次公开选拔的同志都很年轻，绝大多数同志在工商银行还能工作 15 ~ 20 年。20 多年后的工商银行依然是中国最大的银行、最强的银行，总行提出的“三个之最”银行目标可能已经实现，那时候总行现在的领导班子成员都不在岗位上了，而大家可能还在继续工作，工商银行的事业就是这样一代一代地传承下去的。

今天的工商银行不仅是规模最大、实力最强、品牌最优的银行，而且是社会上比较公认的在管理等各方面比较优秀的银行。可以预见，未来的 15 ~ 20 年中，在激烈的竞争中，我们面临的挑战也十分严峻。

利率市场化来临会导致现有的商业银行盈利格局发生颠覆性的变化。我们必须提前做好应对准备。总行在去年发展战略研讨会和 2012 年工作会议上，已经提出了我们未来的转型方向，就是要从一个信贷大行转变成一个信用大行，从一个资产持有大行转变成一个资产管理大行，从现有信贷利差收入、投资收入与手续费收入 6:2:2 的收益结构，经过十年的努力转变为 4:3:3，这些都是为了应对将要来临的利率市场化所作的调整。利率市场化不是“山雨欲来风满楼”，这个“风”已经到了。目前全世界的大银行都经历了利率市场化导致的大洗牌。面对利率市场化我们不仅需要在战略上有超前的思考和部署，而且在战术上也要进行具体的安排与落实。

当前我们国家正在进行结构调整，经济结构、产业结构、区域结构都将发生很大的变化，工业化、城市化发展的进程也在加快。在这一过程中，对于我们这样一家传统以大中城市金融为主的银行如何适应挑战，有人建议到农村去新开网点，比如说再设立 200 个村镇银行，就能把网点铺下去了。但事情是否这么简单，这里有许多方面需要深入思考，因为在战略上是不能走回头路的。我曾经说过，工商银行已有 1 800 个县级机构，比如我们在县城里是开饭店的，而增加对农村的服务比如卖包子，为什么要新开包子铺呢，为什么不在饭店里卖包子呢。这不仅有利于节约管理成本和增强管控能力，而且原有的整套系统还可以继续应用并充分发挥优势。

一讲到发展，很多人都提出要增网点，增加网点当然很容易。大家更要认识到，多增网点的成本是巨大的，假设每个网点加上前后台支持人员需要 10 个人，那么 1 000 个网点至少多增 10 000 人，当年在职员工本应增加的收入就被摊薄了。而且从更长远来看，电子银行的渠道替代作用越来越大，现在全行离柜业务量占比已经达到 71% 了。当初在 2003 年个人网银投产时，我们希望用十年的时间，使离柜业务量占比达到 70% - 80%。现在看来，这一目标达到了，未来的十年，有可能 90% - 95% 的业务都将分流到离柜办理。因为年轻

人的消费习惯、生活习惯完全不同，网络将成为他们交流的主渠道。在这种情况下，也许就在10年或20年之后，我们面对的可能是要关掉8 000家网点呢？要减掉10万名员工呢，谁会有勇气这么做？如果我们能够在现有条件下把业务搞上去，度过这一段转型时期，把全行的结构调整好，将来就会更加主动。

除了中国的银行以外，世界上大型银行的分行数量一般是6 000－8 000家。当然，中国的情况非常特殊，因为中国地域广阔。我们曾设立了一大批小型分支机构，但从全国数据、地区数据对比来看，这些小机构人均效益大多很低，而且在日均业务量、人均业务量和新增业务量等方面差距非常大。目前一些分行一方面提出要新开网点，另一方面又存在现有网点窗口开工不足、产品单一、业务单一等突出问题。从长久来看应如何解决这些问题和矛盾，需要我们进行深入思考。

我到二级分行调研，很少有行长能非常准确地告诉我网点经营的细节信息，比如说其下辖30个网点，每个网点的业务量、每个人的业务笔数是多少，每年新增业务笔数是多少，不同网点之间人均效率和效益差别是多少？每个网点开工的窗口是多少，每个窗口效益如何，效益不佳到底是因为窗口少，还是因为网点布局不合理，网点布局应如何改进、功能如何整合，等等。这些问题都要靠人来研究解决。要对几十个网点进行详细地分析，经过一两年的材料积累，就应该能够提出很好的调整策略，比如，哪些网点需要增窗口，哪些需要增加人员，哪些需要搬迁另设，等等。但做这么仔细分析的行长很少，这有可能是因为没想到、没经验，也有可能是责任心的问题，工作不够仔细，等等。我举这个小的案例是为了说明，我们各级机构在未来的发展中面临很大的挑战和困惑，需要人才发挥聪明才智去解决。

在工商银行面临巨大挑战的情况下，我们的网络、网点的结构调整还不够到位，由此就带来了一些问题。比如说，我们的零售金融特别是储蓄业务就受到农行很大的压力。一提到这个问题就有人会说，农行的网点多，比工行多8 000家，当然零售金融做得好。但我们更应该与一些股份制银行比一比，人家3个网点的业务规模能抵我们20个中小网点，3个网点的存款比我们10个中小网点还多，很多人只看到了农行比我们网点多，却没有看到股份制银行比我们竞争力强。

有一次在分行的座谈会上，我拿到了一份关于同业的全面的分析材料，当时一位支行行长报告说，工行在当地的存款是农行的一半，是因为工行网点是农行的一半。这听上去似乎很有道理，但我提出，为什么某几家银行网点只有工行的十分之一，但存款却是工行的一半，这位行长就哑口无言了。如果我们老是和不如我们的同业对比，就永远不可能有进步，只有在这个世界上与强过自己的人进行比较，而且要超过他，这才是一个优秀的银行家和企业家。希望大家在各自的岗位上，瞄准最优秀的同业进行比较和学习。

应该说，这十年尤其是改制以来的六年多时间，是工商银行历史上最好的发展时期，全行经济效益好、资产质量优，其中一个重要原因就是经济处于上行期，我们面对的经营压力相对较小，成本很低，成本收入比只有30%。前些天我看了有关汇丰银行2011年经营情况的分析报告，研究了汇丰的战略，真为他们的CEO感到痛苦。因为汇丰的成本收入比已经高达60%了，它现在不是要扩张，而是想收缩，尽可能把不赚钱的业务砍掉，还要关闭20多个国家的网点，出售相关资产，尽可能缩小经营规模，现在，汇丰的宣传口号也在改变，不再特别强调“The world’s Local Bank”，现在称自己为“Global Leading Bank”。汇丰希望把成本降低几十亿美元，促进ROA、ROE的提升，以此来刺激股票价格的提高。因为汇丰有股权激励，管理层和员工的身家财产都在汇丰的股票上，所以一定要想方设法把股价提上去。在这整个过程中，我可以想象汇丰面对如此高的成本收入比，会经受多么大的痛苦。

我担忧的是，如果我们现在没有十年、十五年的战略远见，十几年后很可能也会面临这样的问题。但是，如果我们能够提前十年、十五年就预见到可能会面临的问题，对全行的效率、结构和布局进行统筹考虑，对包括机构布局、人员布局和业务结构等进行战略性调整，并一步一步地将战略执行到位，届时就不会那么痛苦，就能够战胜挑战。几百年来，全世界银行业历经了风风雨雨，多少曾经跑在前面的金融机构后来在半路上就倒下去了，在今天的世界金融舞台上，往往是“剩”者为王，这里不是胜利的“胜”，而是剩下来的“剩”。希望大家对这些问题进行非常深刻地思考，并从更长远的视角对经营战略进行部署和操作执行。

另外还有国际化的问题。在座的同志有的也参加过国际化培训。在过去的十年，包括在金融危机期间，我们始终重视培养优秀人才，使全行拥有了一定的人才储备。当年在全行经营还很困难的时候，在不良资产还很多、财务成本还很高的情况下，我们就曾选派了一大批同志到国外培训，在座的有好几位同志也曾经在国外培训过。这是当时其他银行所没有做过的事情。当年到国外参加培训的有一百人左右，这些同志学成归来后都发挥了很大的作用，其中很多同志到海外工作或到总行担任领导职务，成为工商银行的中坚力量。

在金融危机期间，我们逆市进行了海外机构的申设和收购兼并。那时候国外哀鸿遍野，我们进行收购兼并没有对手竞争，收购价格就比较低。我们的机构申设也受到了当地政府热烈欢迎，审批时间短，遇到的障碍也少。在这一轮危机还没有完全过去的时候，我们的国际化布局已经基本完成，预计到今年底全行境外机构将覆盖40个国家，已经超过了中国银行。现在很多国有银行准备摩拳擦掌学习工行加快海外布局，且不管他们能不能做成，比如国内、国外监管机构会不会批准，人才能不能到位，等等，这些都将是很大的制约因素。而此时的我们已经开始调整国际化战略，下一步不再大张旗鼓地在境外扩张机构了，因为全球大约仅五十个国家的贸易就差不多占到全世界贸易总量的百分之八十到九十，可以说，对我们而言真正有价值的就是这五十来个国家。我们的境外布局在十年内可能没必要超过五十个国家，主要是抓住最重要的地区，这样就可以把成本控制在最优水平，否则就会遇到很多难以控制的问题。就像前面讲的增设网点的道理一样，我们的境外机构布局也要“有所为，有所不为”。我们下一步的工作是要把境外机构的业务线、产品线开发出来，让境外机构落地，变成本土化银行，做优做强，不断增加利润和收益回报。我们实施的是差异化的经营策略，真正做到‘人无我有，人有我新”。

归根结底，工商银行未来发展一切都要依靠人才，不仅靠总行的战略型人才，还需要有较强执行力的人才，在基层、在直接激烈竞争的领域，也要靠人才来赢得竞争优势。未来工商银行要想长久保持竞争领先地位，长久保持不可复制的竞争力，远远超越同业，甚至让同业连与工商银行竞争的想法都没有了，那时我们就在竞争中占据了绝对高点，而现在还远远没有达到这种程度，其中最关键的原因就在于各级各类的人才还不够多。

因此，总行在培养和选拔人才方面下了很大的决心。一是通过这次集团内公开选拔招聘了一批干部；二是继续开展大量的上下、内外以及东西部的干部交流；三是继续提拔、任用一大批年轻干部；四是连续十年把2 000人送到海外去参加培训。这些工作就是要为工商银行未来成为国际上最领先的银行创造条件。我们要像十年前做IT那样，像锻造工商银行的管理那样，培养工商银行的人才。在座的各位有幸成为工商银行整个人才工程中的一份子，能够脱颖而出，并即将走上新的岗位，我为大家感到高兴。

二、对公开选拔干部的几点希望和要求

这次公开选拔意义重大，效果很好。一是总行党委高度重视。党委多次对相关问题进行认真研究部署，很多党委同志还在面试中担任了评委，对面试人选严格把关。对于任用人选，党委也是经过认真研究、统筹考虑确定的。二是竞争非常激烈。本次选拔共有22个岗位，全集团有350多人报名，278人参加笔试，131人参加面试，43人进入考察，在每一轮环节都采取了差额选拔的方式。三是筛选十分严格。始终坚持公开、平等、竞争、择优的原则，纪检监察部门对公开选拔进行了全过程监督。坚持德才兼备、以德为先、群众认可的用人标准，公选过程中还进行了两次民主推荐和测评，广泛听取群众意见。根据注重实绩的选拔原则，总行考察组到用人所在单位和部门进行了深入考察，了解干部的德能勤绩廉各方面情况，特别是工作表现和业绩。在这次选拔中我们强调基层管理经验，担任一级分行副行长的人选都要具备基层管理经历，要担任二级分行一把手两年以上。个别同志表现非常好，能力很突出，但是缺乏基层管理经验，所以安排在行长助理岗位进一步锻炼，给大家一个过渡期。通过公开选拔工作，给大家提供了一个公平、公正的展示舞台，全行各方面的反响很好。大家经过层层选拔最终脱颖而出，也十分不易，这里我再一次向大家表示祝贺，并对大家提几点希望和要求。

（一）要正确看待这次公开选拔的结果。在即将走上新的领导岗位的时候，希望大家认真思考，正确看待这次公开选拔的结果。我认为至少应该从三个方面来认识。第一，是大家自身努力的结果。大家在工作岗位上和在平时的学习中，通过坚持不懈的努力，积累了丰富的经验，做出了很好的业绩。第二，是组织关心培养的结果。在成才的各个过程中，应该认识到工商银行为大家创造了条件、提供了环境、搭建了舞台。在座的很多同志也是本单位、本部门的后备干部，占比达到70.8%，是组织上长期培养、重点关注的干部。这次大家能够脱颖而出，也是党委综合各方面因素，比如岗位需要、班子结构、个人专长等情况做出的决定，并不是说其他同志就不优秀。第三，是群众支持和信赖的结果。在考察中，群众对大家各方面表现作出了客观充分的评价，群众支持各位到更高层面去发展。

所以，希望大家保持平常心来看待这一次公选结果。政治上要求进步，职务上希望晋升，都是积极的、向上的态度，也是每个人自然的愿望。但是，越是在这种时候越要保持一颗平常心，希望大家用一种平和的、豁达的、不骄不躁的心态，正确对待个人名利和职务升迁。特别是要注意克服自我感觉良好、心浮气躁的心理，要站得高一点、想得远一点、心胸开阔一点，淡泊超脱一点。我希望大家能够摆正心态，对自己在公开选拔中胜出有一个清醒的认识。

（二）要把进步看做新起点，努力做好新岗位的工作。大家到了一个更高的岗位，意味着更大的挑战和考验，更大的责任和压力，也会得到更多的关注。群众可能会有这样的想法，想知道公选上来的干部，是不是能考不能干、会说不会做，这也是很正常的想法。我认为大家在过去的岗位上干得很不错，但到了新的岗位就会面对新的要求。希望大家要满怀责任感和事业心，要把全部的心思用在干事创业上，倍加努力地履行岗位职责，要以良好的作风和优秀的业绩，在新岗位上赢得干部员工的信任和支持。

首先就是要加强学习，提高素质。一个人的进步最重要的是靠学习。有观点认为，通过学校教育学到的知识，在人的一生中所起的作用不超过5%，因为随着时间推移，知识在大量地折旧，所以要树立终身学习的理

念，在工作和生活中不断地学习积累新的知识。作为金融干部既要懂金融、懂经济、懂企业，更要懂政治；既要重视优良传统的继承，又要努力开拓创新；既要有本土的经验，又要有国际的视野。大家要努力成为这样的综合型人才。一是要向书本学习。希望大家用更多的时间多学习、多读书，涉猎领域可以更广泛一点，不仅限于政治、经济、金融和我们自身的专业，还要包括历史、文化等更宽广的领域，成为一个学者型领导者。学习贵在坚持。人与人之间尤其是在刚毕业、刚参加工作的时候差距不是很大，但有的同志令人感到“士别三日，当刮目相看”，也就是常说的“非昔日吴下阿蒙也”，其原因就在于学习，是通过学习改变了自己，所以希望大家要持之以恒地坚持学习。二是要向自己身边的同事、上下级学习。要谦虚、谨慎。尺有所短寸有所长，每个人都有自己的优点。特别是到了新的岗位，如果分管的工作是过去所未从事过的专业，一定要放下架子，不要不懂装懂，要敢于学习，善于学习，积极向领导、同事和下级学习，学习他们好的经验和方法，只有这样才能取得更大的进步。三是要向实践学习。我们所处的工作环境，平时工作实践中有大量的实例，会遇到大量的创新需求，大家在实践的过程中要多进行理性地思考，善于把实践经验上升为理论知识。这就是要会积累、会分析、会总结，善于归纳、提升，从中把握住本质性和规律性的东西。要在干中学，学中干，尽可能深入基层、深入市场、深入到客户之中去，了解、分析、解决实际问题，以此来丰富经验，开拓视野，增长才干。可以预见，在座的 24 位同志十年后也将会出现较大的差别，关键之处就在于能否坚持学习。

其次要干好工作，勇于创新。要获得群众的信赖与支持，就必须脚踏实地，埋头苦干。一要尽快进入角色。从过去的工作岗位转换到了一个新的岗位，要尽快熟悉环境、熟悉人员、熟悉业务，融入班子和团队，更要独当一面开展工作。二要真抓实干。到了新的岗位，站在了一个干事创业、施展才华的更大舞台，大家要大胆工作，把分管的工作抓实抓好。要与干部员工一起研究工作、推动工作；对工作高标准严要求，始终与最优秀的目标比较；要把年轻人的干劲、冲劲、拼劲发挥出来，去努力开拓业务，在同业里进位争先，在激烈的市场竞争中赢得优势。三要不断创新。我们现在的事业正在迅速向前发展，整个社会对银行的创新需求也不断增长。大家都是年轻同志，理论基础比较扎实，思维很活跃，这是一个很难得的优势，在工作中要把自身的知识优势与工作实践更好地结合起来，加大创新，加快创新，推动我们的业务和管理向更高水平发展。

（三）要高度重视团结协作，尽快融入新的领导班子。团结协作是领导班子凝聚力、战斗力的源泉。在班子团结问题上，也比较能够反映一个人的党性和政治品格。在新的岗位上，除了应具备较高的政治素养、业务素质外，还必须掌握领导艺术和领导方法。作为一名副职，到了一个新班子，一定要维护好班子的团结。

第一，要树立大局意识。在工作上大家都有各自的分工，但班子是一个团体，大家都要以工商银行的事业为重，个人利益要服从集体利益，分管部门利益要服从整体利益，不利于团结的话不说，不利于团结的事不做，自觉维护班子团结和整体形象。

第二，要摆正位置。工商银行一贯坚持这样的原则，就是大事由党委集体讨论，大家形成一致决议，决议确定后大家分工落实，班子成员行动一致地支持一把手工作，当好班长的参谋和助手。同时还要处理好与其他副职之间的关系，做到分工不分家，要多沟通、多支持、多协调，在原则问题上不能放松，在小事情上要多谦让，也就是所谓的“大事讲原则、小事讲风格”，齐心协力发挥出班子整体合力。工商银行机构比较多，部门之间容易产生所谓的“部门墙”，每个部门单个看起来都很强，但是要发挥整体的效率、效应、效力的时候就容易出现一些阻碍，不仅在总行存在这个问题，而且在一级分行、二级分行、县支行也同样存在这个问题。所以我们提出了“ONE ICBC”的设想，就是要打破部门和机构之间的“墙”，作为分管领导要特别重视跟其他领导或者其他部门之间的沟通、交流。

第三，要胸襟开阔。要能容人容事，善于化解各种矛盾，有问题多交流，把问题放在桌面上，开诚布公地沟通，要珍惜同志间合作共事的机会，珍惜彼此之间的友谊和感情，共同营造团结和谐的工作氛围。

（四）要做清正廉洁的领导干部。希望大家尤其注意做到以下几个方面。

第一，要正确运用手中的权力。大家到了新的岗位后掌握了更大的权力，希望大家一定要认清手中权力的性质和来源，说话办事必须出于公心，为工商银行的事业、为干部员工掌好权、用好权。树立正确的业绩观、权力观、利益观，珍惜组织和群众的信任，珍惜自己的政治生命，干净做事，明白做人。

第二，要严格要求自己。工作作风上要坚持走群众路线，想问题、做决策、办事情，都要带着对群众的深厚感情，把群众的根本利益放在第一位，提高做群众工作的能力，为客户、为员工多办实事、多做好事、多解难事。总行党委召开了员工工作会议以后，全行上下对员工工作都高度重视，大家要认真贯彻落实好员工工作会议精神，心中要有员工，切实把关系员工切身利益的事情办好。到了领导岗位后还要特别注意艰苦奋斗，这些年工商银行经营状况不错，大家各方面收入也提高了不少，但条件再好，也不能大手大脚，一定要把艰苦奋斗作为自己的座右铭，时刻警醒自己，吃苦在前，享受在后，从小事做起，克勤克俭，为干部员工树立榜样。现在有些方面确实存在铺张浪费的现象，所以我在这里尤其提醒大家要注意保持艰苦奋斗的作风。

第三，要保持清正廉洁。干部能力再强、工作再勤奋，如果廉洁上出了问题，就失去了做人立业之本，不仅辜负了组织的培养，损害了党的形象，也断送了个人前途，毁了事业、毁了家庭。希望大家在工作和生活当中要坚持以身作则，注意管住自己，管住家人，管好身边工作人员。银行是和钱打交道的，大家在廉洁自律方面要守住底线，时刻紧绷廉洁从业、依法合规这根弦，在任何情况下都稳得住心神、管得住行为、守得住清白。

大家是工商银行又一次通过大规模公开选拔出来的优秀人才，即将奔赴新的领导岗位，踏上新起点就意味着开启新的征程。总行殷切希望大家能够把这次机会当成一次全面锻炼自己、提高自己的难得机遇，以饱满的热情、开阔的视野、扎实的作风，专心致志投入到新的岗位工作中去，干出新业绩，开创新局面，不辜负总行党委和全行干部员工的期望和重托，也为全行后续不断开展的公开选拔树立良好典范！

在2012年第1次行务会议上的讲话

姜建清

（2012年4月10日）

总的看，第一季度取得了很好的业绩。刚才杨行长通报了第一季度的经营情况，分析了当前经营发展中遇到的新情况新问题，对一些重点工作又作了布置和强调，我都同意。这次会议十分重要，会后大家要认真贯彻落实。这里我想再强调两个问题。

一、关于维护金融消费者权益的问题

近来，银行服务收费问题成为社会关注的热点，这一问题又与近期对银行盈利高的质疑交织在一起，对银行形成了不小的压力。尤其是一些银行在贷款发放、服务收费等方面存在的不规范经营行为，被媒体及相关职能部门披露后，社会反响强烈，不仅给银行的形象造成了极其不利的负面影响，而且也对银行盈利结构调整、保持中间业务持续增长带来了严峻挑战。今年2月，银监会部署安排了以纠正“附加不合理贷款条件和不合理收费”为主要内容的不规范经营问题专项治理工作，并且陆续对银行服务收费问题进行大检查。发改委等部门也要对此进行检查。

总行党委对这一问题高度重视，几次召开会议进行专题研究，并按照监管部门要求，做出了一系列工作安排部署，还专门成立了由行领导挂帅的整治不规范经营问题工作领导小组和消费者权益保护办公室。各级行迅速行动，抽调精干人员，立足自查自纠、重在整改，围绕“查源头、查程序、查行为”三个重点，对不规范经营主要是服务收费情况进行了全面梳理，并针对存在的问题进行了集中整治。经过前一时期的自查、抽查、专项检查和全面整改，全行不规范经营整治工作已取得了初步成效。但应该看到，当前开展的集中整治工作大多还是阶段性的治标措施，要确保整治工作取得更持久的成效，根本措施还是要标本兼治，尽快建立完善的金融消费者权益保护机制，全面保障金融消费者的公平交易权、选择权、隐私权、知情权，这不仅是银行应尽的法律责任和义务，也是银行健康和可持续发展的内在要求。当前，无论是金融监管机构，还是银行业自身，都越来越重视金融消费者权益保护这项工作。因此，要应对好当前面临的严峻挑战，认识的提高是首位的。

从国际国内监管趋势看，加强对消费者权益保护已成为全球银行监管改革的重要内容。这次金融危机的爆发与蔓延，使得各国监管当局普遍意识到，忽视对消费者利益的保护，会破坏金融业赖以发展的基础，影响到金融体系的稳定，因而进一步加大了对金融消费者权益的保护力度。2010年11月，世界银行开展了关于金融消费者保护和金融认知的全球计划，并拟定了《金融消费者保护的良好经验建议》。美国成立了独立的金融消费者保护署，英国提出要惩罚甚至关闭那些不能公平对待消费者的金融机构，日本则要求银行业将金融消费者保护纳入监管部门对银行评价的重要指标。我国在立法和监管层面上也越来越关注消费者权益保护。证监会、保监会均已成立消费者保护局，银监会的相应机构也在筹建中。人民银行、银监会等监管部门除在一些业务管理办法中明确规定了金融机构对消费者权益保护要担负的责任和义务外，又专门制订客户投诉管理、客户信息安全保护等一系列制度办法，进一步要求商业银行保障和维护金融消费者的利益。这些监管上的重大变化将深刻影响金融机构的经营管理。

从国际银行业发展实践看，建立消费者权益保护机制是确保消费者合法权益不受侵害、避免银行出现相关风险的必要举措。国际大型银行集团普遍建立了消费者权益保护机制，有的银行还开始计提了不当销售拨备。比如，摩根大通银行在适用于全集团的行为准则和道德准则中对金融消费者权益保护进行突出强调，要求全体员工严格遵照执行，并指定专门的法律合规专家处理消费者保护问题；花旗集团明确要求监控有关消费者权益保护的法律法规及监管规章变化，对复杂衍生品和结构性融资交易进行法律合规审查，避免对金融消费者形成误导或欺诈性销售。三井住友集团总部设立利益冲突管理部门，对风险相对较高的26类金融商品及服务专门制定金融消费者权益保护细则以指导业务开展。相反，因不重视消费者权益保护而遭遇巨额经济损失和声誉损害的案例也不胜枚举。去年汇丰银行因为不恰当地将产品销售给一些高龄客户，被英国金融服务管理局开出了有史以来最大金额罚单，还将面临巨额赔偿。这一事件也给银行业以警示。

从我国银行业现实情况来看，金融消费者权益保护问题正日益凸显出来。长期以来我国金融消费者权益保护法制建设相对滞后，消费者自身金融知识及风险防控意识不强，我国银行对消费者权益保护的配套机制建设还不完善，在提供产品和服务过程中，没有把消费者和银行双方的权利、义务等问题上升到消费者权益保护的高度来看待。但近年来随着银行和金融消费者双方的权益意识越来越强，各方面对金融消费者权益关注度的上升，银行在维护金融消费者权益方面的工作逐步加强，我国银行业消费者权益保护工作开始进入到一个新的发展阶段。

总行党委较早认识并持续关注维护金融消费者权益问题，近年来着力加强了对这方面工作的研究和推动，去年成立了消费者权益保护领导小组，前不久又在同业率先成立了单独的部门——消费者权益保护办公室，这并不是单纯为落实国家有关部门和监管机构整治不规范经营工作部署而设立的临时机构，而是一个常设机构，其目的就是为了持续推动我行维护消费者权益工作走上常态化、规范化、制度化的轨道。

我们要认识到，在银行利益相关者中，最重要的是与客户也就是消费者的关系，客户是我们的衣食父母和业务发展的基石，只有切实维护好消费者权益，才能吸引更多的消费者使用金融服务和产品，培育稳定和可持续的客户资源，实现消费者与银行的互利双赢。任何漠视、侵犯或损害客户利益只能迫使客户拿脚投票，最终动摇银行发展的根基。因此，总行一而再、再而三地强调“唯有专业服务才是正道坦途，唯有严谨规范才能连续持久，唯有为客户增值才能受客户欢迎”，就是这个道理。各部门、各分行要切实增强维护消费者权益的主动性和责任感，牢固树立公平、友善对待金融消费者的观念，经常组织相关会议研究消费者权益保护问题，并将其充分体现和落实到各项工作中，融入到企业文化和社会责任建设中，努力打造工商银行尊重客户、负责任的良好形象。

（一）要从维护消费者权益的高度来认识和做好整治不规范经营工作。这次整治不规范经营，表面上是对银行服务收费、贷款发放等环节存在的不规范行为进行整治，实质上是要求银行从根本上维护金融消费者的合法权益，夯实可持续发展的基础。今年发改委、人民银行、银监会还会对不规范经营整治工作进行专门检查。各部门、各分行要深刻认识这次集中整治工作的重要性，切实把思想和行动统一到监管部门和总行党委的安排部署上来，不折不扣地落实好各项规定和标准。同时，要把这次整治工作当做提高维护消费者权益工作水平的重要契机，注重源头整改和标本兼治，对一些过于强化银行权利的文本或条款，要进行梳理和修改；对一些产品和服务的不合理定价，以及无实质内容的服务，要及时整改和规范，尤其要注意防止产品低端化、收费简单化，努力为客户提供有技术知识含量、价值含量的高质量服务。

（二）要加快建立健全维护消费者权益的长效机制。消费者权益保护工作涉及面广，内容复杂，是一项系统性工作，必须有完善的制度和机制。当前要重点做好以下几项工作：

一要尽快研究起草集团消费者权益保护管理办法，落实有关法律法规和监管要求，明确消费者权益内涵和范围、权利保护原则、部门职责分工等各项要求，并将这些要求嵌入各业务环节和系统中，进行全流程控制，使各机构自觉规范自身经营行为，在推进业务发展中维护好消费者各项合法权益。

二要尽快完善相应的工作机制。要完善消费者信息传递和反馈机制，分析和监测消费者对产品和服务的体验，确保能够及时、准确、全面获取相关信息。要完善投资者评估机制，在已有客户适合度风险评估基础上，逐步充实客户风险等级动态评估调整、刚性限购等规定内容，确保把合适的产品销售给合适的客户。要完善金融服务和产品信息披露机制，做到信息披露充分、及时、有效，切实保障客户的知情权和选择权。要完善维护消费者权益应急管理和客户投诉处理机制，及时妥善解决客户投诉事项，积极预防合规风险和声誉风险。

三要尽快采取措施加强消费者信息安全保护。消费者信息是受法律保护的，违反规定使用、泄露、出售消费者信息，不仅当事人要承担法律责任，而且会给银行带来重大声誉和法律风险甚至巨额经济损失。当前我行对客户信息的使用和管理，总体是好的，但在管理制度、流程和系统等方面仍存在一些薄弱环节和漏洞，个别行还发生了员工对外出售客户信息的不法行为，造成了很坏的社会影响，教训十分深刻。全行一定要高度重视并采取有效措施，加强客户信息保护。在制度上，要建立健全客户信息保护制度，明确客户信息使用与限制规范，强化各部门在客户信息保护方面的责任；在技术上，要建立全面、可靠和高效的信息安全防范体系，严格权限管理，加大对违规行为的监督和控制力度；在员工教育上，要加强员工职业道德和风险防范教育，切实提高信息安全保密意识，防止违规和不当使用客户信息，确保客户信息安全。

四要尽快形成成熟的定价策略。合理的产品定价是促进公平竞争、保障市场充分供应、满足消费者需求的关键因素。《商业银行服务价格管理办法（征求意见稿）》规定，除少数涉及社会公众的基本服务项目，实行政府定价或政府指导价外，对绝大多数中间业务，仍由银行根据市场情况自主定价。要深入研究和加快形成一套成熟的定价策略，确保产品定价在法律和合同框架下，既体现公平、合理原则，又能够充分发挥杠杆作用促进业务发展。今后任何产品的定价，必须经过消费者权益保护办公室的审核、把关，防止出现不合理定价损害消费者权益。同时，要注意加强对消费者的教育，使他们理性看待银行产品定价和服务收费等问题，积极培育成熟的金融消费市场。

（三）要从满足客户金融服务需求这个根本上维护好消费者权益。消费者权益维护绝不仅仅是不侵犯、不损害消费者利益，更深层次的内涵在于创新金融服务、丰富金融产品，使消费者需求得到充分满足。不能因整治不规范收费而放缓业务创新、放松市场营销和开拓，整治是为了规范，规范是为了更好的发展。当前金融消费需求潜力巨大，而我们受人才、理念、机制等因素制约，对一些新领域、新市场的开发还不够深入，还不能很好地满足实体经济和市场主体的新需求。去年，总行党委提出将创新的着力点、转型的重点放在做大金融资产服务和品牌类投行等业务上，就是看到当前直接融资市场逐步发展，金融资源配置方式正在发生改变，客户金融资产服务和投行等需求旺盛，市场空间非常广阔。目前总行已明确金融资产服务业务的范畴和统计口径，并着手推进业务平台开发，下一步要成立金融资产服务管理委员会，制定业务发展战略，进一步确定重点发展和创新发展的产品线，推动金融资产服务业务快速发展。品牌类投行业务要尽快落实改革方案，充实服务力量，并善于从企业战略、行业整合的高度来引领和加大创新力度，促使并购重组、股权融资和高端财务顾问等品牌类投行业务有大的起色。结算、电子银行、银行卡等业务要积极顺应网络支付、第三方支付等新商业模式变化，发挥我行线上与线下、支付与信贷等综合优势，大力拓展新兴市场份额。总之，要积极通过加强金融创新，打造一大批技术知识价值高、能促进企业发展、为客户增值、受市场欢迎的产品和业务，在极大地满足客户需求的同时更有力地推动全行中间业务的提升和经营转型。

二、关于加强管理的问题

今年以来，我国经济下行压力增大，经济运行中一些矛盾和问题更加凸显出来，银行的各类风险也在积聚和显露。在这种严峻复杂的经营环境下，全行更要重视加强管理，坚守风险底线，以更加扎实的工作，确保各项业务稳定健康发展。

（一）在经营发展势头持续向好的情况下，更要重视加强管理。这些年来全行在管理方面取得了历史性的进步，有力地保障和促进了各项业务的健康快速发展，也得到社会各方的高度认可。但需要警惕的是，在连续多年的稳定发展之后，一些基层机构风险意识、从严治行的观念有所淡化，个别机构有“管理回潮”的苗头。从近来各类内外部检查情况可以看到，有的基层机构经营思想不够端正，不顾风险、质量和结构，片面追求速度和规模的倾向又有所抬头；有的基层机构不是将激烈市场竞争的压力转化为加快创新、改进服务的动力，而是想方设法投机取巧，甚至不惜违规经营、弄虚作假；有的基层机构在执行制度规范中打“擦边球”，甚至随意变通政策和流程；有的基层机构疏于日常管理和监督，对一些违规违纪的问题视而不见，对一些屡查屡犯的问题熟视无睹，重大风险事件时有发生，甚至有个别基层机构负责人和员工背离职业道德和行为操守，参与民间高利贷、非法集资或充当资金掮客，危及资金安全，损害银行信誉，等等。这些问题若不及时加以整治，不仅会滋生不良风气，削弱可持续发展的基础，甚至可能引致风险传染和放大，损害全行多年来改革发展的成果。

（二）在复杂经营环境与资金面偏紧情况下，更要重视加强管理。在当前社会资金面偏紧的环境下，民间高利贷行为异常活跃，并千方百计利用银行管理上的漏洞、在银行渠道融资与民间借贷之间非法套利，以致银行一些低风险业务和新业务领域，如小微企业信贷业务、担保业务、贸易融资业务、票据业务等出现了新的风险苗头。比如，近期为舆论广泛关注的中担担保公司风险事件，波及 20 多家银行和近 300 家企业，在担余额约 31 亿元。去年，总行就察觉到这种趋势，并采取了一系列严格管理措施，对与融资性担保机构和小额贷款公司的业务合作风险进行控制，但仍有部分分支机构没有引起足够的重视，近期发生的华鼎、创富两家担保公司的风险问题，主要原因就是没有严格执行总行管理规定。

今年以来，受成本上升等因素影响，一些企业特别是小微企业经营困难增多，资金链紧张，为了维持生产经营，少数企业不惜采取非正常手段套取银行信用，甚至通过虚假贸易、虚假合同等方式骗取银行资金。比如近期总行通报的福建安溪小企业信贷风险事件就是这样一起典型的案例。

此外，在社会资金面紧张的情况下，许多企业也将融资需求转向了票据领域，一些不法分子趁机从票据资金流转过程中牟利，甚至利用假银行汇票、假支票等诈骗银行资金。去年，全国发生了多起重大票据诈骗案件，涉及金额数以百亿计。一直以来，我行票据业务保持了很高的质量，不良率在接近零的优良水平，票据业务领域多年来没有发生过案件。但在当前外部票据诈骗案件多发、高发的态势下，我行票据业务领域风险事件增多，去年全行成功防堵伪造、变造票据和支付凭证风险事件1 600余笔、涉及金额400多亿元，今年第一季度又成功防堵此类风险事件493笔、涉及金额3.9亿元，甚至还出现了我行员工涉嫌收受好处费，为不具备资格的企业违规办理贴现业务的风险事件，不能不引起我们的高度警觉。

（三）在客户结构发生重大变化的情况下，更要重视加强管理。相当一段时期，我们习惯了做大企业、大项目的业务，而且在很大程度上形成了路径依赖。这些大客户的制度和财务管理比较规范，风险把控能力较强，银行和客户关系相对简单，银行只要选择好客户和项目，银行资产就相对比较安全。近几年，全行在调整结构中，大力开拓了中小企业市场，中小企业客户数量逐步增加，目前中小企业客户已占到全行法人客户总量的90%，贷款余额占全部公司贷款余额的64%。与大型客户相比，许多中小企业普遍存在治理结构不够完善、财务制度不够健全、经营管理不够规范、内部控制不够严格等问题，而且这些客户群体的产业链条错综复杂，商品交易和资金往来频繁，融资需求多样化，银行管理的难度、复杂程度大为增强。虽然我们根据中小企业、小微企业业务风险特征研究出台了一些管理措施，但总的看，与时俱进还是不够，针对性的管理措施和办法还不多，在当前中小企业特别是小微企业经营困难加大，各类风险事件增多的形势下，相应风险防控机制亟待完善。我们的客户结构正在并且还将进一步发生变化，对小微企业贷款、个人经营性贷款、理财业务、代理业务、私人银行业务的管理与过去针对大型客户的管理有所不同，更多地依赖基层分支机构进行审批和管理，在银行融资与民间资金之间巨大资金价差诱惑下，稍有不慎就会出现逆向选择，不仅对我们信贷风险形成挑战，而且对我们的操作风险和道德风险形成挑战。

（四）在业务创新步伐加快的情况下，更要重视加强管理。近年来，我们创新的加快在显著增强竞争发展能力的同时，也对我们的管理工作带来了许多新的课题，一旦管理滞后，容易诱发重大风险。比如，去年某分行发生了客户利用网银e卡产品无限制开卡、销卡的功能，大量占用我行网银资源从支付宝公司套利的风险事件。再比如，由于全行中间业务平台管理上的疏漏，第三方支付系统可以通过我行中间业务平台接口扣收客户大额资金，使得在传统方式下低风险甚至无风险的代收代付业务出现较大风险。这些风险事件暴露出业务创新过程中的管理薄弱环节，提醒我们必须注意新业务、新产品处理流程的严密性、科学性，管理工作必须不断适应业务创新的进程。

（五）在综合化国际化发展加快的情况下，更要重视加强管理。当前，全行集团化发展进入到一个新的阶段，基本形成了以商业银行业务为主体的跨境、跨市场的多元化经营格局。经营管理正越来越多地面临不同国家（地区）、不同行业的差异性和复杂性，原来以单一市场、传统业务为基础而形成的管理方式已经难以适应跨市场、跨业务领域风险控制的要求，集团管理的难度和复杂程度大为增加。一方面，集团所属机构之间各类风险相互交织和传染的可能性增加，风险来源、传染路径和表现形式更加复杂，影响的范围和领域扩大。另一方面，由于集团管理跨度大、委托代理关系复杂、利益诉求本位化等一系列的问题，更容易出现管理盲区。此外，国际金融监管日趋严格，监管的范围扩大，标准提高。这些都迫使我们必须更加重视和尽快提升集团管理水平。

越是形势严峻复杂，越要紧绷从严管理、从严治行这根弦，努力把全行稳定健康发展的势头维护好、保持住。从全行来讲，希望能够做到“五个进一步”。一是进一步端正经营管理思想。要牢固树立科学发展观，坚持依法合规、稳健经营的思想，坚决克服经营上的短视行为和管理上疏忽懈怠，时刻保持对发展形势和风险苗头的敏锐洞察，及时发现新情况，研究新问题，采取新措施，确保全行的稳定健康发展。二是进一步建立健全管理体制机制。要根据综合化国际化发展实际和新的金融监管要求，加快完善跨业务、跨市场、跨地域、跨监管环境的集团治理架构和运作机制，切实将业务发展建立在严格规范的管理基础之上，确保集团管理的有效性。三是进一步完善管理制度和管理技术。要适应业务创新发展加快的新形势，加紧建立和完善相应的管理制度。要强化技术控制，特别要注意持续优化监督模型，提高风险事件核查的针对性和有效性。四是进一步加强对重点业务领域和关键环节的管理。针对风险高发领域和管理薄弱环节，认真细致梳理可能存在的问题和风险隐患，优化和规范业务处理流程，进一步完善前中后台分离与监督制约机制，推动业务管理规范化、标准化建设。五是进一步强化对“人”的管理。所有管理问题，归根结底都是人的问题。没有铁的规章、铁的纪律，就不可能有好的管理、好的风气。要加强对员工行为的监督管理，加大轮岗交流力度，及早发现潜在问题。要严加教育、严肃执纪、严格问责，对于敢触碰制度红线的违规违纪问题，要严肃查处，决不能手软，更不能姑息。

同志们，当前外部形势变化很快。复杂多变的国际政治经济环境，以及不断呈现新情况、新变化的国内经济运行，对我们的发展提出了新挑战，全行转型发展的任务繁重，各方面对银行业尤其是大型银行的期待和要求也比较高。越是形势复杂，越要保持头脑清醒，坚定立场；越是面对的风险挑战大，越要迎难而上，奋发有为。全行要进一步学习领会和贯彻好中央经济工作会议、全国金融工作会议和最近召开的“两会”的精神，把思想认识和行动统一到中央的决策部署上来，坚持稳中求进，扎实工作，努力取得各项工作的新进展、新突破、新成效，迎接党的十八大胜利召开。

在董事会战略研讨会上的讲话

姜建清

（2012 年 4 月 12 – 13 日 · 根据录音整理）

一、关于新三年发展战略规划总体情况

《中国工商银行 2012 ~ 2014 年发展战略规划》是工商银行股改上市以来第三个三年规划，也是在第二个三年规划取得良好业绩的基础上制定的。在过去的三年里，我们大力推进经营转型，既保持了发展战略的连续性，又审时度势、灵活务实地应对了非常复杂的国际国内经济形势变化，全行延续和扩大了首个三年规划期形成的良好发展态势，并在探索业务发展和资本支撑相协调、风险与收益相平衡的可持续发展道路上迈出了新的步伐。尤其是在应对国际金融危机的“大考”中，我们脱颖而出，成长为全球盈利、市值、存款和品牌价值第一的银行，迈入了世界领先的大银行之列。我们能取得这些成绩，与董事会审时度势地科学决策，与全体董事、监事的不懈努力密不可分。

新三年规划的启动和上个三年规划有很多相似之处，都面临着国际金融危机的严重影响，虽然目前全球经济出现了一些复苏的势头，但是从许多方面看，现在的环境较危机爆发之初更为复杂，不确定性更多，一些新兴市场国家包括中国所受到的影响依然很大，我们要有充分的思想准备去迎接和应对更大的困难和挑战。

今天，我们在这召开战略研讨会，研究未来三年的发展战略规划，和往年一样，对我们来说都是一个很大的挑战，因为一个战略的失误造成的损失有时候是难以挽回的。通常情况下，战略的正确与否，不是从现在看将来，而是从将来看现在，是要被历史所检验的。

从国家层面来讲，在宋朝、明朝的时候，中国的 GDP 占世界的 1/3，因为那时候是农业经济社会，中国的粮食产量、棉花产量在世界上都是了不起的。据说康乾盛世是中国最骄傲的时候，但实际是深重灾难的埋伏期，随后国力就大幅度下滑，一蹶不振。过了几十年、上百年以后，颓势变得不可挽回。为什么？因为世界已经进入了工业革命时期，中国却还在闭关自守、沾沾自喜，没有抓住这个历史机遇。从世界上大公司的案例我们也可以看到类似的情形，最近柯达公司破产倒闭就是一例，曾经那么辉煌，就因为没有抓住影像数字化的机遇这一个决策失误，百年大业顷刻坍塌。教训非常深刻。

从我个人经历来看，在 20 世纪八九十年代，我当时在上海接触了很多的企业家，他们都是兢兢业业、一丝不苟，经常深入到基层和车间，可以说是好领导。可是今天这些企业大多不复存在，或破产或被兼并，工人下岗，那些企业家也大多不知去向了。我也认识一些在当时看来头脑比较灵活，甚至有些不太安分的企业家，反而他们的企业现在经营管理得蛮好。企业经营往往就是这样，有可能因为战略过分的激进而倒闭，也可能因为过分保守而被淘汰，但到底是激进好还是保守好？没有一个案例能说清楚。

这十几年来我跟世界上很多的金融家都成为了朋友，一张张脸孔在我面前生动地再现，比如花旗的桑迪 · 威尔，那时号称全世界最佳 CEO，两年以后却成了全世界最差 CEO，原因就是战略上过分扩张，导致风险失控，以致花旗至今一蹶不振。我和美联银行原 CEO 肯 · 汤普森也很熟，每次见面他都非常激动，说美联银行在美国排第五位、第六位，可结果是一天就倒闭了。麦卡锡先生对英国非常熟悉，可能知道 RBS 的 CEO 古德温曾经被称为世界金融界的“神童”，但今天 RBS 不仅国有化了，可能还要卖掉。银行业几百年的历史，生生死死，有多少曾经辉煌的银行今天都不复存在了，有多少当时大家认为不怎么样的银行今天还存在着。过去大家所赞赏的，结果后来被证明是错误的；过去大家反对的，结果后来又被证明是正确的。当然，即使正确也仅限于一个时期，再往后发展是否正确也不好说。比如，前些年，渣打银行不被看好，其实 20 世纪

50年代的时候，渣打在香港比汇丰厉害，在亚洲业绩远超汇丰，到了90年代，渣打却被汇丰甩出很远，一个变为矮子，一个成为巨人，根本都不在一个可比层级上，但是这些年来渣打在新兴市场上又做得不错。汇丰的前任董事会主席、CEO庞约翰和我是多年好友，七八年前他每次到北京都会跟我聊聊，告诉我说他们在美国做的收购非常好，后来的结果是差一点造成了汇丰的滑铁卢。他当时回顾说，自己一生没有犯过太大的错误，除了在墨西哥那边遭受了一些损失。

我讲这些是想告诉大家，董事会对每一件事情的决策都要非常慎重。我和杨行长算是老马了，拉了几十年的车，有一些经验甚至是第六感觉认为有些事不能做，因为我们经历和看到了太多的市场起伏，更不能忘记在十几年前工商银行的经营窘境，当时在计划经济体制影响下，全行不良贷款余额最高时达11 163亿元，不良率达47.59%，此外，2000年高点时还有1 864亿元的非信贷不良资产余额，以及实质已处于不良状态的10 090亿元借新还旧贷款，资本金甚至是负数。按照现在世界上银行业的标准，工商银行应该都破产好几次了。后来得益于国家政策支持和经济发展，我们实行了股改上市，又经过这些年经营转型、调整结构，变成了世界上最优秀、最赚钱的银行。这个变化前后也就十几年时间。在此，我想讲战略制定是非常重要、非常慎重的，做什么决策都要前后左右反复思考。

二、关于工商银行国际化发展战略问题

这就是在国际化、全球化的过程中，工商银行到底是处于什么地位，应该怎么干？

从一个国家来看，其金融体系和银行体系的形成，实质上是一个历史的过程。1984年工商银行成立的时候，中国只有四大专业银行，这四大银行的总资产约占了整个中国银行体系的95%以上。经过20多年的发展，今天中国有3 800多家各种各样的金融机构，四大银行的份额下降到45%左右。反观世界上其他的国家，他们的银行体系却是呈逐步集中之势，许多银行通过收购、兼并、重组，从小到大发展，成为了一国的主要银行，规模最大的四到五家大银行一般占50%左右的市场份额，日本和美国是40%多，欧洲有些国家，包括德国、法国，还有美洲的加拿大等，主要银行的市场份额占比较大，加拿大的四五家银行约占该国市场份额的90%以上，南非也是这种情况。银行业内部少数几家金融机构之间竞争非常激烈。这是近几十年全球金融业发展的一种现状。

还有一个非常有意思的现象是，全球金融体系的机构总量是越来越少。像法国，过去有庞大的储蓄银行，千千万万的村镇银行，成千上万个信用社，结果过了几十年储蓄银行都合并成法国松鼠储蓄银行，信用社合并变成大众银行，后来大众银行和储蓄银行又合并为法国大众储蓄银行。美国也差不多，15年前约有14 000家银行，现在只有6 000多家，里面很多还是跟“两房”有关系的，将来假如美国把“两房”关闭或者政府不承担责任，有可能还有大批小银行要倒闭。每个国家的金融体系就是这么一种状况，都是一个历史形成的过程。

世界上的国际性银行或者全球性银行也是历史沿革的产物，比如汇丰银行，过去主要是依托英国殖民地而发展起来的，可以看到它在中国香港、印度、中东和亚洲一些国家特别强大，这都与当地曾是英国殖民地相关。

在今天这样一个时代，形成那种世界性银行的条件、环境已经不复存在。今天的世界大型银行，基本上都不是全球性银行，都是一些区域性、甚至是本土性银行。按市值排名，工商银行、建设银行、富国银行、摩根大通、桑坦德、伊塔乌，这些银行中哪个是全球性银行？都不是。目前汇丰大概还算一个，其他没有了。我认为过去由于历史、文化的因素形成了一些跨国银行，而今后的银行可能更多的是凭借所在国的经济贸易投资关系，逐步形成一种国际性银行，而区域性强大的国际银行也有可能在全球名列前茅。

汇丰现在为什么会考虑从30多个国家中逐步退出来？我认为主要有两个原因：第一，英国现在的经济总量不足以支撑它，也就是说母国没有一个非常强大的贸易和投资关系作为支持。第二，经过多年的实践已经证明，汇丰在境外的有些地方不赚钱或亏钱。可见实践是非常重要的，战略正确不一定就成功。除了战略正确还要执行正确，一个正确的战略如果被错误地执行可能结果也是失败的，一个不完全正确的战略执行得好，也可能变得不那么糟糕，甚至经过一定的修正，再过若干年又变对了，这种情况也是存在的，不要简单地认为只要我们想对了就对，还得做得好，要落实到位。所以汇丰在有些国家经营失败了，比如在美国的收购及经营失败了，不是说美国市场不好，可能是它的执行方面有问题，后面的执行偏离了初衷。

我们的执行和战略到底应该怎么做？工商银行将来全世界的布局，我个人的看法，大约在50个以内国家和地区就足够了。这个数据董事会将来可以讨论。目前我们海外机构布局马上就要覆盖到40个国家和地区，今后的十年中，可能平均每年只增加一个海外机构，因为国际化的发展并不在于在海外设有多少网络和机构，更重要的是已设机构的这些国家和地区一定要与中国有非常密切的贸易、经济和投资关系，我们要根据这个关系来建立海外机构，建立以后就要把它做到本土化，让它扎根，产生效益，把它做优做强。这样的话，机构网络真正拓展到50来个国家和地区，就很优秀了，就是跨国银行了。

评价一个真正的国际性银行，看什么？我分析，一般看三个方面的业务，一是全球资本市场业务；二是在

全球的信贷、融资、项目方面的业务；三是跟零售相关的业务。不同的国际性的银行，在这三个领域的能力也是不一样的。有第一层次全球性银行，第二层次全球性银行，还有第三层次的全球性银行，三个层次全面发展的全球性银行其实是没有的。

如摩根大通，在第一项业务，即全球资本市场业务在全球是很强的，第二项业务即全球的融资、项目等业务方面就一般。第三项业务它在美国本土还行，零售的边界就在美国本土，美国以外它一概不做。而汇丰，其第三项业务即零售在世界上很多地方都很强，信贷、融资和项目等方面则一般，全球资本市场业务也是一般，它比不上美国的大投行。还有些银行，像美国的富国银行，本土零售做得很不错，而在全球项目信贷和金融市场几乎没有它的名字。

再看我们自己，目前工行在第三项业务即零售业务方面在中国是最强的，将来有可能在中国临近的地区，比如东南亚这些地区，会做得不错。因为目前我们在香港、澳门零售做得都不错，东南亚等地区条件与港澳差不多，应该也可以做得不错。但要注意，不要把这条产品线简单地铺到全世界，为什么？主要是从成本、效益来考虑，干什么业务都要赚钱，如果效益成本不匹配，有一天你可能要关闭这条产品线。至于第二条产品线即全球信贷和融资，应该是工商银行的强项，我现在越来越看好大型项目、贸易融资这条业务线的前景，将来会很强，在第二条产品线方面，我们会成为世界领先的银行，现在已经初露端倪。这是与跟中国贸易和投资走出去相匹配的。当然这也带来了一个问题，就是这条业务线需要很强的资本来支撑，还有流动性怎么平衡，风险如何控制，都要考虑。在第一项全球资本市场，目前我们是在中国做得最好的银行之一，但不可能只局限在中国资本市场来做，一定要到全球资本市场去争取大量交易业务。人民币国际化以后，我们作为最大的人民币银行，把这个市场撇开不要或不管，是肯定不行的。另外，中国逐步成为全球的大宗商品进口国、需求国，却在整个大宗商品的市场上基本没有任何的定价权。而世界上有四五家或者十余家主要的大银行，它们在这个领域算是全球性或重要性银行。在这方面，我们要努力。

所以，从工商银行发展看，第一，未来设立机构的国家或地区，一定是与中国经贸往来规模能数得着、排上名的，海外机构不必太多，关键是能真正管好。第二，在三个业务领域，要有选择地做好第三层面，也就是零售这一块业务；同时可以大力发展全球信贷和融资业务，这是我们的优势。下一步要想办法突破的可能在全球资本市场领域，真正在这个领域突破是不容易的，但又是必需的。这是人民币国际化的要求，也是交易业务发展的需要。目前这是我们的短板，这个领域问题不解决的话，工行不可能成为一个真正的全球性银行。

三、关于未来规模发展与业务转型的问题

经营最根本的是要做市场，至关重要的是成本和效率的权衡。世界上有很多的市场、很多的机会，但并不是所有的机会都是适合我们，用中国话说，你不可能包打天下，因此对自身的定位要非常清楚，如何选择和衡量？就是要看成本和效率。今后，我们在制定战略时要非常清醒地认识到这一点。有时候你要选择做什么，还相对容易；你要选择不做什么，可能会更难。我们现在所面对的，包括一些市场竞争，其边界在哪里，临界点在哪里？我想在这方面谈点看法。

工商银行成立时，我们大概贷款是 2 500 亿元，存款是 1 700 亿元左右，大约是这么一个规模，约占了当时中国银行业的一半。经过了 28 年的增长，去年我们的总资产是 15 万亿元，中国银行业总资产是 110 万亿元，我们的份额大概也就是 13% －14% 这么一个比例，确实就像刚才那位董事说的，历史地看我们的份额是在下降的。能不能守住？要我说，守不住。为什么？这里且不说政治经济上的原因、金融体制上的考量，假设未来四年中国银行业总资产按年增长 16% －17% 的速度不变，这就意味着四年的时间，截至 2015 年末中国银行业的总资产将达到约 200 万亿元。工商银行即使按照 11% 的增长速度来估算，四年以后总资产也将达到 23 万亿元，尽管占比持续下降，但仍会是世界上资产最大的银行。

对于这个问题，我曾在货币政策委员会上做过一次发言，讲了几点意见。第一，中国过度使用了信贷，这是不可持久的。第二，信贷的增长对银行业来说是有边界的、有临界点的，过度使用信贷长远看是要出问题的。一家银行总资产达到 30 万亿元甚至 40 万亿元后，管理这家银行的难度是极大的。第三，长此以往，中国不仅是几大银行将面临非常大的困难，将来还会形成一批新的资产上 10 万亿元的大型银行，届时全球二十家银行中可能有十几家都是中国的银行，系统风险控制难度很大。监管部门有的负责人很赞同我的观点，他们也讲到四大银行目前在中国金融体系中的占比是 45%，到底什么时候是临界点？这些都是关系到整个中国金融体制改革的深层次问题，但中国现在到底应该形成一个什么样的金融体系架构，这不是由我们一家银行能确定的，但这又确实是一个非常值得思考的问题。比如说我们国家的银行体系中要不要大银行，有些人倾向于全部搞成小银行。从世界金融体系发展趋势看，我们可以拿 100 年来所有发达国家和市场经济国家的金融体系演变来分析，这些国家银行体系总体来说是在走集中的道路，规模居前的四五家大银行的市场占比都是在 50% 左右，个别高的占到 80% －90%，竞争也非常充分。当然也有许多中小银行，但这些中小银行不是跨区域的，有的甚至只是服务于一个社区。这种大中小架构的

设计，从理论和实践上是比较合适的。

目前我们实际正处在一个转折过程中，这个过程是很难受的。坦率地说，扩张起来是非常容易的。在香港披露上半年年报的时候有分析师问："听说中国信贷需求下降了，你们的情况怎么样？"我回答说："你说信贷需求减少了？工商银行今年如果放着胆子干，两万亿元贷款也能放出去，政府融资平台需要贷款，开发商需要贷款，城市基础建设需要贷款，铁道部想贷款，电力也要贷款。问题是我们能不能这样无节制地放贷？我们还能不能继续往这样的道路上走？有时候有些同志会有侥幸心理，觉得现在情况不是还可以吗？今年不是还可以吗？看两三年好像也没问题，既然人家这么干，我们也这么干，有什么问题呢？如果以后不行了再说，有些同志就是这样想，既然大家都上了这条快车道，那就一起往前疾驶吧，管它将来怎么样。我认为，这是一种不负责任的态度与想法。

前面说过，工商银行在中国的市场份额要下降，是不可阻挡的。对此，我们应该有思想准备，但是，要切实牢记，资产份额的下降并不代表我们金融产品竞争力和市场竞争力的下降，我们在产品、服务、盈利等方面的竞争力应该至少巩固并要力争不断提升，这是两个不同的概念，是两码事情。从另一个角度来说，金融必须要放在世界范围来看，我们在国内资产市场占比好像在下降，但从全球来看，已经是一个巨无霸了，未来几年资产有可能大到没有一个外国银行能够跟我们比较了。举例来说，23 万亿元人民币，如果按 6:1 的汇率，是 3 万多亿美元接近 4 万亿美元。而现在全世界最大的银行资产大概是 2.5 万亿美元。我们还嫌小，要多大才算够？

我记得一次去非洲出访时，曾告诉某国的首脑说我行的年利润达两三百亿美元，那个国家的总统以为听错了，连续问了我三遍，我就重复了三遍，那个总统和在座的所有部长听了后大笑，以为是天方夜谭，一个银行利润怎么跟他们一个国家的 GDP 一样多？吓坏人了，这是一个不得了的数字。因此，银行的规模有一个临界点的问题，我认为要有控制。现在中国银行业的总资产已经是全世界第一位了，已经超过美国的银行业，下一步准备怎么办？如果我们不主动改革，将来就可能会被动地进行调整。主动改革就是，要想办法往资本市场方面发展，对现在这种间接融资为主的体系进行改革。如果被动改革，就可能是到达临界点以后产生恶性事件。人无远虑，必有近忧，不加快调整转型，真要到那时候再后悔就晚了。

从另外一个方面看，一些银行拼命往信贷里面冲，大胆进，因为现在没有大问题，还可以，还能赚钱，但是将来如果碰到不景气、经济下行的时候，银行可能就要出大问题了。对我们来说，确实有个主动调整的过程，所以我赞同一些董事讲的关于新市场、新业务的观点，要找出一些非常适合工商银行发展的领域，积极进入。前面我说过，从世界层面看，一个跨国银行业务有三个层面，从零售到中间的银团、项目融资，最上层的业务就是做很多的交易性业务。工商银行目前最弱的就是交易性业务，不仅薄弱，而且结构非常不合理，大部分都是买一些国债、长期投资，都是一些银行类的账户资产，真正的交易比例很低。这个将来要作调整。现在大量的企业都在融资，企业开始从信贷融资走向资本市场融资。去年我们承销发行企业融资债券 2 900 多亿元，居国内同业第一位。人民币的国际化，也带来了很多新的交易机会。我们在这个领域跟国际大银行的差距还很大，所以这个方面我们得尽很大的努力去改变。这方面的改变确实很难，还需要时间，比如风险管控的问题、新市场开拓问题，但主要还是缺乏人才，但只要我们有这方面的充分认识，还是要努力往这个方向去转换。

关于中间业务的发展，今年是非常困难的一年。第一季度中间业务收入不仅没像过去那样高速成长，相反增速是迅速下滑的。原因大家都知道，由于前一段整治不规范经营等各种因素，我们把更多的精力放在业务规范，特别是中间业务收费的合规性方面。当然规范是为了更好的发展，中间业务收入应该而且必须保持一个比较快的增长。我想，通过今年的努力，在初步整顿好、更规范的基础上，要开始更多考虑如何加快中间业务的服务和产品创新，要能够提供给客户很好的服务，促进中间业务的更大发展。对于投资银行业务，可以做亚洲的投资银行业务，做中国企业"走出去"的收购兼并顾问，现在也在做，关键还要在人才配备方面加强力度。另外在人民币业务方面、在财富管理和私人银行业务方面，我们都是有很大潜力的，而且这方面也没有引起中间业务收费方面的矛盾。因此，我们要加快这些业务的发展速度，力争将减少的收入弥补回来，因此，今年中间业务发展的任务是非常繁重的。

四、关于未来机构布局和改革的问题

在某种意义上，可以说工商银行是先有分行后有总行的，从人民银行分离出来以前，下面分支机构就已经存在了，工行总行是后面成立的，因此工行体系分行历来都很强大、很完善，再加上我国政治体制、经济体制、财政体制等因素，从而逐步形成了强大的"块"（分行）的体系。

工商银行成立到今 30 年来，一直在往集成、集中的大银行方向发展，就是一个非常重要的思想在指导，信贷集中、资金集中、报表集中、财务集中、信息集中，大大小小几百项，最后变成比较像集团化管理的银行。比如，计算机系统的集中，从几千个微机到几十个中心，再到总行的几个中心，最后到全球中心，就是计算机集成。同时，在管理集中的过程中，机构也不断地对外扩张。海外分支机构马上要拓展到 40 多个国家和地区了，同时又设立了很多新的业务线，比如资产托管、企业年金、资产管理、贵金属、私人银行等部门，基金、租赁、保险等子公司也在不断在外延和扩张，所以总行的管理职能越来越重要，需要有一个整体的规划。

未来工商银行到底会形成什么样的管理体制？比较形象地说，是一个“井”字形体制，“两竖”是总行管理部门和总行的经营部门（利润中心），“两横”是境内外分行、子行。今后总行部门中，负责管理的不要去经营，负责经营的不要去做管理。总行要着眼于打造精简高效的全球管理总部，进一步强化总行本部作为全行战略决策、管理指挥、资源配置和风险管控中心的核心职能。按照产品经营、支持保障与管理职能分离的原则，逐步实施对总行部门的分类管理，将总行部门分别转型为全行的利润中心、成本中心和决策管理中心，对主要承担全行业务处理与支持保障职能的成本中心，通过建立完善内部服务和计价机制，着力提升其工作效率和服务质量。在分离产品经营和支持保障职能的基础上，进一步整合总行本部管理类部门的职能，精简管理机构，改革管理流程，真正打破“部门墙”，促进资源和信息在机构间的共享，着力提升其战略决策和管理控制能力。

总行现在已有40多个部门，再多设管理部门下面分行就更无所适从了。下一步还要尽量减少管理部门，再选择若干家具备条件的产品经营部门纳入利润中心管理，逐步分离转移利润中心原有的系统管理职能，健全利润中心考核管理和核算体系，构建科学合理的利润分成机制、内部计价机制与激励约束机制，实现总行利润中心与境内外分行、总行成本中心等主体之间收益成本的准确核算，激励更多产品经营部门改革和转型的积极性，推动产品线竞争力提升和业务健康快速发展，扩大产品线的盈利贡献，形成专业化产品线与分行相互促进、协调发展的经营格局。

有些同志对于利润中心改革有点疑虑，认为管理部门少了不利于管理。我想，这主要是思想观念的问题。举例来说，大家也许还记得中国的体制改革，过去的部委可不少，一机部到七机部、纺织部、邮电部、石油部，等等，后来撤销了石油部，改成中石油和中石化，撤销了纺织部，搞出了纺织协会。总行在进行利润中心改革时，曾有些部门认为自己的部门这么重要，却变成了经营中心，管理不就乱了吗？我说中国没了石油部、纺织部也没出乱子，其实还是思想观念的问题。此外要将体制机制逐步理顺，把分行的核算搞准了，分行利润能够越来越增加。但我们要科学界定分行的成本支出，该分担的要合理分担。坦率地说，由于目前中国财政分灶吃饭，我们下大决心增加总行的利润中心，科学合理地反映分行的利润，也是对分支机构的爱护，减少他们的压力。要不图虚名，也莫求虚名。

接下来我再讲一下机构效率的问题。由于历史、城乡分布的原因，工商银行的人均和网均效率还不够高。利率市场化的挑战，最根本的是对成本、对效率的挑战。刚才有董事讲到利率市场化怎么办？我讲一个故事就说明问题了。有两个朋友在森林里面玩，结果老虎来了，一个人撒腿就跑，另外一人先停下来换球鞋，先跑的那个人就问“老虎来了你还不跑?”换鞋的那个人回答说：“我穿上球鞋跑得更快。”什么意思？就是说在这种情况下，只要做好准备，比另一个人跑得快就行，老虎吃掉的肯定是后面那个。目前我们就是要穿上那双球鞋。利率市场化本身是不可逆的，如果出现不对称的加息，利差马上就会收窄，这是没办法的，但是利差收窄是有极限的，因为要考虑整个金融体系的生存，金融体系的生存好坏直接会影响到资源配置的积极性，这是一个非常复杂的政治和经济统筹考虑的问题。事实上，国家有关部门包括央行不可能让利率市场化把所有的银行都搞到破产或倒闭。在这种背景下，我们去预先谋划，去增加中间业务收入，提高定价能力和控制成本水平，理论上是似乎对的，实际上关键还在于你要比别人做得好。穿好鞋，比别人领先五步路，老虎就吃不着你了。所以我们一定下大决心努力提高效率、控制好成本。现在各机构之间的效率成本差异非常大，要科学分析人均存款、人均中间业务收入、人均业务量等数据，并采取针对性措施帮助他们提高效率。现在虽然已经做了很多工作，但还不够。

提高机构效率非常重要的是流程优化和功能整合，现在很多业务一步可以做完原来的三步、五步，甚至八步的工作，反过来看，原来的几个流程不就是多出来的、冗余的吗？泰勒管理方法，是用秒表计算每个环节能节约多少时间，几分钟都是好的，这是为了提高效率，增加产量。我们现在的流程优化是为了降低员工的工作量，对员工是有好处的。

关于县域发展的问题。总体来说，县域机构总行要管起来。走什么样的路，刚才杨行长讲了，李行长也讲了，非常重要的是，我们现在做的事情能不能三年五年、甚至十年八年以后回头看还是对的，这一点非常重要。工商银行现在的县支行有1 700多家，很多都有非常完善的管理架构、人员、网点、IT，等等，就是业务量还小一些，还能再做大一点，业务的服务范围可以再广一点。

至于是否要设村镇银行，我向银监会尚主席说过，我们在县城原本有一个饭店。现在因为有的农民爱吃包子，若咱们要再开一个包子铺，搭配懂包子经营的领导班子，机构进行独立核算、配置资本金什么的，为什么不让饭店做一点包子卖呢？这不是更有利于节约成本吗？他觉得我讲的对，赞同我这个观点。我们现在的县域分支机构就有1 700多家，而且新增网点60%都布局在县域。从长远来看，世界上一般大银行的分支机构在

6 000 家左右，工商银行现有 17 000 家机构，当然中国人口多，机构网点多一点也是正常的，但是随着电子银行的飞速发展，现在 70% 多的业务量已经在电子渠道办理，再有个四五年、五六年，会不会 90% 业务都到网上办理？我看很有可能。到那一天有没有可能觉得网点多了，人多了？再把几千家分支机构关掉，把十几万人辞退回家？我看很难。因此，我们既然已预见到了将来，那么今天所做的决策，为什么不为五年、十年以后的情况多想一想呢？现在完全有条件进行结构调整。这一批新增网点铺设完以后，保持 17 000 家分支机构应该足够了。像刚才有些董事讲的建设银行想在农村搞多少家村镇银行，我知道他们新的领导层已经改主意了。我们要抓住新农村建设这一历史性的机遇，既要把现有的县域机构特别是一些重点县、百强县机构搞好，同时又不要盲目的扩张。

最后我想讲的是“ONE ICBC”的一体化管理问题。这对工商银行未来经营发展至关重要。我们现在有非常庞大的信息网络，这是工商银行宝贵的财富，但是我们的许多信息在上下之间、不同分行之间、海内外的分行之间仍然是割裂的，很多的机会、业务无法共享，也没有共享的制度性安排。这造成工商银行大量的资源浪费或损失，在某种意义上可以说是捧着金饭碗讨饭吃。如果能把这个事情做好，把上下、内外，行与行之间全部变成一个有机的整体，变成制度性安排下的信息共享、业务机会的共享，工商银行就会在现有水平上进一步获得极大程度的提升，这就是价值创造。这个方面可以做很多的工作，开始的时候可以先从数据挖掘开始，有针对性地挖掘一批数据，寻找出可以共同去经营的方面。

另外，各位讲到未来监管改革可能带来的银行成本上升问题，总体上我是赞同这个观点的。未来监管改革给银行带来成本的上升是趋势，这不仅包含了对资本的要求的提高，而且包含了在合规性方面的要求可能带来成本投入的增多。对于消费者权益的保护也可能是一个新的趋势，各家银行在这个方面将会投入越来越大的成本。虽然我们过去一直很重视消费者的关系，但随着整个社会民主化的发展，消费者对自身权益的认识在提升，法规在完善。在这种情况下，做好消费者权益保护工作，避免银行遭受损失，是一件十分重要的工作。前不久汇丰就为此遭受了巨额罚款，将来拥有什么样的客户、能够销售什么样的产品、如何充分履行信息披露的义务，这些都要认真分析研究，也都会增加很多成本，银行在这方面的准备还不够充分。

总之，这次的董事会战略研讨会开得非常好，时间虽然不长，但在这一天半的时间内，董事、监事们都做了很好的发言，有深度、有高度。通过本次会议的研讨，大家统一了思想，形成了共识，坚定了信心，相信我们一定能够把握住“危”中之“机”，在新的三年里实现新发展、新跨越，再创工商银行更好的成绩！

在中国工商银行纪念建团 90 周年暨五四表彰活动上的讲话

姜建清

（2012 年 5 月 4 日）

今天，在纪念中国共青团成立 90 周年、喜迎党的十八大召开之际，我们在这里共同回顾共青团发展壮大的光辉历程，表彰近年来涌现出的优秀青年代表，这对于激励广大青年员工与工商银行同进步、共发展，满怀信心地建设“三个之最”现代金融企业，具有十分重要的意义。刚才受到表彰的杰出青年、青年爱心大使和团内“三优”代表，从不同侧面向大家集中展示了当代工行青年的精神风貌。从他们身上，我们看到了工行青年自强不息、勇攀高峰的拼搏精神，情系客户、心系工行的敬业精神，锐意进取、追求卓越的创新精神，传播爱心、服务社会的奉献精神。在此，我代表总行党委向所有受到表彰的青年同志表示热烈的祝贺！向默默坚守自身岗位、努力做出自己贡献的全行广大青年员工和各级团组织、团干部致以节日的问候！

下面，我讲两个方面的意见。

一、弘扬共青团的优良传统，继续坚持党建带团建，推动全行青年工作再上新台阶

90 年前，在中国革命汹涌澎湃的伟大洪流中，在中国共产党的直接关怀和领导下，中国共产主义青年团宣告成立。90 年来，共青团始终为完成党在各个历史时期的中心任务，团结带领一代又一代中国青年，走在革命、建设和改革开放的前列，为民族独立、人民解放和国家富强而不懈奋斗。90 年来，一代又一代共青团

员紧跟着党，团结广大青年群众，积极响应党的号召，始终站在爱国浪潮的前列，为中国解放和建设事业作出了重要贡献。90年的历史充分证明，中国共青团不愧为党的有力助手和后备军，不愧为党联系青年的桥梁和纽带。90年的光辉历程也昭示了一个真理，共青团只有在中国共产党的领导下，紧密团结人民群众，才能大有作为。

纵观工商银行28年来的发展历程，我行党委始终高度重视共青团和青年工作，坚持以党建带团建，把团的建设作为重要任务纳入党建工作总体布局。各级党组织悉心指导、主动关心共青团和青年工作，为增强团组织的战斗力、吸引力和凝聚力指明方向、提供支持；各级团组织在党组织的领导下，牢牢把握正确的政治方向，主动融入全行改革发展中心工作，形成了党领导团、团紧跟党，党重视团、团依靠党，党有号召、团有行动的良好工作局面。

回顾过去，我们欣慰地看到，在全行改革发展的不同时期，共青团始终坚持“服务大局、服务青年”的工作宗旨，切实履行了组织青年、引导青年、服务青年、维护青年权益的职能，在凝聚青年思想、促进业务发展、培育青年人才、加强自身建设等方面取得了积极成效，实现了重点工作有亮点、难点工作有突破、整体工作有推进的良性发展，充分发挥了党的助手和后备军作用。在团组织的带领下，一代又一代的团员青年紧跟党组织，以朝气蓬勃、欣欣向荣、开拓进取、奋勇争先的良好风貌，为工商银行的改革发展奉献着青春和智慧，五四青年奖章获得者、杰出青年、青年岗位明星、青年爱心大使等优秀青年群体不断涌现，他们的榜样作用引领着更多的青年员工不断奋进，他们的奋斗精神和先进事迹激发着更多的青年员工以更饱满的热情和斗志投入到全行的改革发展中。

青年是祖国、民族的未来和希望，也是工商银行的未来和希望。源源不断地培养造就大批优秀青年人才，是关系工商银行事业继往开来、薪火相传的根本大计，也是建设国际一流现代金融企业的必然要求。各级党团组织一定要站在保证工行事业后继有人的高度，充分认识加强青年工作的重要性和必要性，进一步做好青年员工队伍建设。

一是继续加强党建带团建，为青年员工干事创业创造良好环境。加强党建带团建工作是充分发挥共青团生力军和突击队作用，做好党的青年工作的重要保证。各级党组织要牢固树立赢得青年就是赢得未来的思想，进一步加强对共青团工作的领导，带团干部队伍建设、带基层组织建设、带创先争优活动，用改革创新的办法解决突出问题。要把青年工作作为全行员工工作的重要内容来抓，定期听取青年工作的汇报，适时给予指导和帮助。要相信和重视青年，关心和爱护青年，也要严格要求青年，为青年人才成长创造条件、提供舞台，让青年在工作实践中经受磨炼、增长才干。

二是坚持与时俱进，总结和把握新时期青年工作的特点与规律。各级团组织要积极适应时代发展和企业变革，站在配合各级党组织做好全行员工工作的高度，总结和把握共青团和青年工作规律，不断拓宽工作领域、丰富工作载体、创新工作思路，在建设国际一流现代金融企业的进程中开创共青团和青年工作的新局面。要坚持用科学理论教育引导青年，用企业愿景凝聚激励青年，充分调动广大青年的积极性、主动性和创造性。要紧密结合我行业务发展，找准共青团工作服务经营大局的切入点和着力点，带领青年在“急、难、新、重”任务中建功立业、成长成才。要进一步加强共青团的自身建设，积极探索和创新适应股份制银行要求的组织体系和运行机制，使共青团事业不断焕发出新的生机和活力。

三是坚持以青年为本，提高服务青年的针对性和有效性。随着经济的快速发展和社会的巨大进步，以及信息科学技术的不断提高，青年的思想观念、利益诉求和行为习惯都发生了深刻变化。共青团要进一步发挥党联系青年群众的桥梁和纽带作用，坚持把竭诚为青年服务作为共青团一切工作的出发点和落脚点，不断提高服务青年的能力和水平，更好地维护青年的合法权益。要结合新时期青年的变化与特点，敢于触碰深层次的思想问题，合理引导青年，创造性地设计青年乐于接受和参与的活动载体，多开展寓思想性、理论性、专业性和年轻人的特性于一体的活动，增强工作的针对性和有效性，努力使青年工作更好地体现时代特点。

二、正确认识机遇和挑战，进一步提高能力素质，做工商银行事业全面发展的建设者和接班人

在党中央、国务院的正确领导下，工商银行历经20多年改革发展的实践与创造，通过不断完善公司治理，推进经营转型，创新金融服务，强化风险管理，在持续的变革创新中不断增强综合竞争能力，在支持实体经济平稳发展中发挥了大银行应有的作用，在应对国际金融危机的挑战中保持了健康发展的态势，取得了历史性的进步和成就。2011年全行实现净利润2 084亿元人民币，较上年增长25.6%，继续保持了全球市值、盈利、客户存款和品牌价值第一的上市银行地位。近年来，我行每年获得国际国内上百个奖项，国际市场地位、知名度和影响力大大提升。

与此同时，我们也要清醒地认识到复杂严峻的国内外经济金融环境带来的挑战。国际金融危机继续演进，经济金融形势跌宕起伏，各种不确定因素不断增多。国内经济运行中的素质性、结构性矛盾相互交织，银行经营面临的各类风险在加大，同时，利率市场化改革使现有的商业银行盈利模式受到重大考验，国家经济结构调

整，以及工业化、城市化发展的进程对于我行的业务结构、经营布局提出了更高要求。面对这些挑战，我们必须以战略性的思维、前瞻性的眼光和创新性的举措来正确应对。

人才是企业竞争发展的核心和关键。工行的改革发展，离不开青年员工的价值创造和业绩贡献；广大青年的成长成才，也离不开工行的大舞台。当代工行青年一定要善于把握机遇，勇于承担责任，敢于吃苦历练，以扎实的作风和持续的干劲为工商银行的又好又快发展作出应有贡献。

希望青年们坚定信念，满怀信心。拥有坚定理想信念是有为青年最宝贵的品格。青年富有理想，而真正远大的理想，必须与祖国的命运和人民的意愿紧密结合。只有为远大理想而不懈奋斗，青年的人生抱负才能真正实现。今天，世情、国情、行情深刻变化，广大青年员工要充分认识到我们党带领全国人民在争取民族独立、人民解放所做出的艰苦卓绝的努力，认识到社会主义现代化建设和经济金融发展所取得的伟大成就，善于从维护我国改革发展稳定大局的高度看问题，从办好国有银行、服务实体经济、促进国家长远发展的高度看问题。要坚定理想信念，凝聚精神力量，满怀发展信心，衷心地热爱党、拥护党、信赖党，自觉地把自己的人生与祖国、与人民的事业紧密相连，主动投身到工行建设国际一流现代金融企业的改革实践中去，实现自己的人生价值。

希望青年们勤于学习，锤炼品德。当下，知识更新与日俱增，信息交流日益广泛，青年人要树立终身学习的理念，在工作和生活中不断地学习积累新的知识，成为全面发展的综合型人才。既要认真学习与本职工作紧密相关的政治、经济、金融知识，又要广泛涉猎历史、科学、文化知识以及国际前沿理论，还要注重对经营管理理论的研究，用新的经营管理理念、方式、机制去推动变革、促进创新。优良品德的养成对人的一生至关重要。青年时期可塑性强，是人生的起步阶段，也是品德养成的关键时期。青年应该常葆进取之心，常存感恩之念，要树立正确的世界观、人生观、价值观和职业发展观，努力培养良好品德，增强职业道德，完善人格修养。要树立大局意识，正确认识个人与集体的关系，将个人价值的实现，建立在工商银行事业发展的基础之上，多一些责任，少一些功利，多一些奉献，少一些索取。青年应该成为引领风气之先的力量，尤其要在推动我行先进企业文化建设方面发挥积极作用，从自己做起，努力做工行企业文化的倡导者、实践者和传承者。

希望青年们创新务实，开创未来。发展的希望在创新，创新的希望在青年。广大青年员工要充分发挥年轻人的干劲、冲劲和拼劲，大胆地想，大胆地试，突破传统思想的束缚，争做创新型银行建设的先行者。要切实加强工作调查研究，尤其要紧密结合全行推进转型发展、服务效率提升、加快科技和产品创新、业务流程改革等发展战略积极开动脑筋，多出“金点子”。与此同时，青年要始终如一地保持朝气、锐气和勇气，脚踏实地、不畏艰险，尽可能深入基层、深入市场、深入客户，了解、分析、解决实际问题，不断增强服务客户的能力，在工作实践中成长为业务骨干。要保持艰苦奋斗的传统，在艰苦环境中磨炼自己，清醒地认识到现在越是辛苦，越能够得到锻炼和提高，吃苦在前，享受在后，从小事做起，克勤克俭。正如毛泽东同志所说的，“世界是你们的，也是我们的，但归根结底是你们的”。只有我们党的队伍里，始终洋溢着崇高理想、充满奋斗精神的青春激情，只有我们工行的肌体里，始终流淌着与时俱进、锐意改革、攻坚克难、执着奉献的青春血液，我们的事业才能永葆生机与活力。希望广大青年员工认清使命、勇挑重担，为开创工行美好的未来贡献自己的青春与智慧，创造出无愧于时代的光荣业绩。

“青年者，人生之王、人生之春、人生之华”。未来要靠青年去创造，历史要靠青年去书写。在改革发展的时代大潮中，青年应该大有作为，也必将大有作为。希望你们志存高远，携手并肩，在团组织的带领下，为实现建设国际一流现代金融企业的目标努力拼搏，以更加辉煌的成绩迎接党的十八大胜利召开。

在信贷资产质量分析会上的讲话

姜建清

（2012 年 5 月 15 日・根据录音整理）

与今年第一季度以及最近几年情况比较来看，4 月份我行不良贷款和逾期贷款出现了一个拐点，这是一个非常值得关注的迹象。这个迹象并不是银行经营过程中出现的偶然现象，而是与外部大的经营环境、与我们内部的一些问题有着紧密联系。我们国家正在进行经济发展方式转型和经济结构调整，这个过程不会非常顺利，也不可能没有任何成本。现在，全社会固定资产投资的速度在下降，更多地转向以内需拉动为主的经济发展方式。在这个转型过程中，亲固定资产的制造业业态会随之产生很大变化，甚至对相关的消费领域的业态、劳动力就业的业态都会产生影响。这种经济结构调整的影响面超过了我们原来的想象，我们对风险的准备还是不够。对于4月份出现的这种现象，我判断5月、6月还会持续，对这个情况我不大乐观。今天听了这个分析会，我觉得在座的各位比我乐观。我现在并没有看到6月份会走出上行的迹象，当然最终还是要靠数据来说话。4月和3月的数据情况完全不一样，一个月会差距这么大，我认为还要再连续看几个月，才能做进一步的判断。在当前的情况下，我就讲四点。

第一，要加强分析。我认为5月份的数据是个非常重要的数据，甚至6月份的数据也是非常重要。我们希望看到能够真实反映情况的数据，是值得我们清醒看待的数据。今后几个月的工作重点就是加强对经济运行、对银行经营风险的关注，要掌握更细的情况。要密切关注各种信贷产品，也包括关注区域，甚至关注一些产业、或者企业，做一些更深入细致的分析。比如，房地产贷款，要不是去年6月份总行下定决心踩一下刹车，否则再增加几百亿元贷款，那现在房地产不良贷款形势就更不乐观了。我再一次强调，我们不能太过于乐观，从世界经济来看，包括从中国经济走势来看，没有迹象表明我们能够乐观，因为我们不可能再重复过去大规模的投资，或者重新启动宽松的货币政策。按照现有的政策往下走，现在还看不到经济走势有逆转性的变化。有人说第二季度末情况会有所反弹，我对第二季度末经济能不能反弹心里都没底，至于第三季度末或年底情况怎样，我们不知道，到时候会不会有大的政策调整，我们也不知道，所以我认为不可掉以轻心，不良贷款的形势可能会更趋于严峻。

第二，要加强催收。建议会后魏首席召集个金部和有关部门，与电子银行中心开个会，专门研究一下怎样加强催收。提出有效措施，形成文件印发实施，并做好总分行的分工协作。

第三，要加强处置。要加大不良贷款处置力度，加快处置进度。要尽量通过清收方式处置；对符合核销条件的不良贷款要抓紧核销，同时加强对账销案存资产的管理。在加快核销的同时，也要真实反映一年来贷款劣变的整体状况，以及付出的财务成本。

第四，要加强管理。现在基层行信贷管理薄弱也是造成我们信贷风险的一个很重要原因。内审局对贷款管理状况进行了审计，发现了一些问题。有些行信贷管理的专业能力有所下降，在经济上升周期并不会明显反映出管理上的薄弱，但是在经济转折或下行期间，外部环境变化和内部管理薄弱问题交织在一起，就会加速不良贷款的产生，甚至是有一些风险会从其他银行或者其他方面转移到我行。这是造成我们信贷风险不可小觑的一个重要原因。我赞同对一些信贷管理能力不强的分支机构，有针对性地进行整顿。信贷管理部要把需要整顿的分支机构名单列出来，按流程会签并提交会议讨论确定后实施。对各级管理人员要有一个更加严肃的态度，对因管理不到位形成不良贷款的，要对主管领导进行告诫谈话，要求他们未来一段时间内集中精力化解不良贷款。

另外，关于逾期贷款的统计标准问题，现行的规则是一旦客户出现欠款，就将所有剩余贷款纳入逾期贷款统计，造成逾期贷款量很大，波动也很大，并不反映真实的风险情况，有点不合理。建议就这个问题跟安永讨论一下。

我大致就说这几点，刚才魏首席说的我原则上都赞同。希望大家密切关注，这几个月每月都要做分析，要把形势估计得更加严峻一些。

在提高选人用人满意度座谈会上的讲话

姜建清

（2012年5月18日·根据录音整理）

这次座谈会开得很好。大家都进行了认真的思考，提出了一些意见和建议，有很好的针对性和参考价值。大家对近年来工商银行大力推行的集团化、市场化、多元化干部制度改革，对我们用人的导向以及现在风清气正的选人用人环境，都表达了充分的肯定。

应该说，这些年工商银行围绕全行改革发展的中心任务开展选人用人工作，坚持服务协同、以人为本的理念，为业务发展和干部成长创造了有利条件，为工商银行建设国际一流现代金融企业提供了非常好的人才保证。大家的发言也使我们确实感受到，选好用好干部是一项艰巨复杂的工作，因为这项工作跟大家都有切身关系、有密切的联系。大家站在不同的角度看待选人用人工作，可能会有一些不同的看法和要求，这也正是这项工作的复杂性所在。所以，党委组织部门要高度重视，深入抓好工作，及时了解情况、解决问题，把这项工作不断推向深入。今天参会的一些部门，包括党委办公室、纪检监察、宣传教育等部门，涉及方方面面，每个部门都有责任把提高选人用人满意度工作抓好。下面，我再讲几点意见。

一、充分认识提高选人用人满意度工作的重要意义

一个单位事业的成败，关键在人。前一段时间，我给集团内公开选拔的干部开了一个座谈会，讲的就是人才队伍建设对工商银行长远发展的重要性。前几天，我会见英国《银行家》杂志主编，这家杂志创办于1926年。我对他讲，从《银行家》杂志创刊到现在已接近90年的时间，期间世界上的银行起起落落，90年前世界上最大的银行应该是里昂信贷，后来被法国兴业追上，再被花旗赶上，后来又被日本的银行赶超。那时候没有进行资本排名，都是按照资产规模来排。25年前开始按照资本进行排名，现在按市值、利润进行排名，工商银行都是全球第一，可能再过两三年，全球资本、资产第一的银行也将会是工商银行。发展趋势就是这样，已经不可阻挡。

我向他提出的问题是，到《银行家》杂志创刊200年的时候，能不能预测那时候全世界的银行业发展格局是什么样的情况？世界上最主要的银行是谁？我认为成为领先的银行没有什么了不起，难的是持久地成为世界上最好最优的银行。怎么样保持我们的事业基业长青？就是靠人才。其他优势都不足以保持一家银行的长久领先，这个道理大家都懂。今天工商银行能够取得一些成就，关键就在于我们有良好的管理团队和员工队伍，全行的未来发展也将得益于我们当前高度重视选人用人。我们在选人用人方面风清气正，能够真正选好用好人才，全行的事业就能基业长青。如果哪一天工商银行出了问题，一定是出在人的问题上，而不是出在其他一些问题上。

党的十七大指出，要提高选人用人的公信度。十七届四中全会再次强调坚持民主、公开、竞争、择优的原则，提高选人用人公信度。选人用人公信度就是公众的信任程度、公众的满意程度。俗话说，群众的眼睛是雪亮的，在公众群体非常大的情况下做出的评价应该是公正准确的。这么多年来，干部工作都是如此。在一个单位风清气正的情况下，群众的满意度评价是不会有问题的。

近几年中央对这项工作高度重视。2010－2012年，中组部、国资委连续三年都召开了相关会议，连续两年开展专项检查，不久前又召开了选人用人满意度工作部署会，通报了调查结果，提出了改进工作的具体要求。中组部也召开了干部监督工作座谈会，对这项工作进行具体部署。同时，中组部还开展了以下两项工作：一是全国组织工作满意度民意调查，中组部委托国家统计局，用抽样调查、填写问卷的办法开展全国组织工作满意度的民意调查，调查对象包括全国31个省区市和中央国家机关、中央企事业单位；二是干部选拔任用“一报告两评议”工作。这些工作大家都知道，都是落实党的十七大提出的提高选人用人公信度的重要举措，也是加强民主监督、提高组织工作科学化水平的有效抓手。总的来说，要抓好这个工作，必须要高度重视、深刻理解这项工作的重要性，提高责任感和使命感。只有抓好这项工作，营造一个风清气正的选人用人环境，才能更好地推进全行的改革发展。

二、准确把握提高选人用人满意度工作的现状

从全国的情况来看，国家统计局做了一个统计，2008年以来全国干部选拔任用和整治用人不正之风的两个满意度是逐年提高的，2011年比2008年分别提高9.13个和9.18个百分点。从全国整体来看2008年以来趋势是上升的，但是从去年来看，中央企业选人用人满意度低于全国平均水平，也低于在京的中央单位和全国企业平均水平，满意度有所下滑。

中组部很重视这个问题，专门召开了会议，认真分析了中央企业选人用人满意度下滑的主要原因，总体归纳为以下七个方面。一是一把手用人权过于集中，存在个人说了算的现象；二是干部工作不公开、不透明的问题比较突出；三是竞争性选拔工作需要进一步规范；四是考核评价机制有待进一步完善；五是对干部选拔任用工作的“硬约束”不够；六是企业组织人事部门自身建设有待加强；七是部分企业员工对选人用人工作不太了解。今年全国组织工作满意度民意调查将于6月份开始。中组部希望各个中央企业要高度重视，希望今年能够超过去年，能够止降回升，力争超过2010年的历史最好水平。这是整个中央企业的情况。

从工商银行的情况看，我们这些年坚持党管干部原则，坚持德才兼备、以德为先的用人标准，树立正确的用人导向，为提高选人用人满意度奠定了良好的基础。从中组部反馈的干部选拔任用工作“一报告两评议”结果看，工商银行的选人用人满意度始终保持了较高水平，处在中管金融机构的前列。2011年4月，我们在中央企业和中央金融机构提高选人用人满意度工作会议上作了经验介绍。2010年和2011年，我们的选人用人工作评价“满意和基本满意率”分别为98.7%和96.5%，分

别高于中央单位平均水平5.8个和3.6个百分点。

尽管我们的情况还不错，但也有一些新情况和新问题需要解决。一是大家谈话中也提到的，集团化干部管理的幅度不断扩大。这些年，大家到海外机构、到新成立机构工作的机会比较多。全行干部管理的幅度越来越宽，管理的难度和复杂性逐步增加。二是综合化、国际化发展步伐加快，新的机构、新的业务对干部选拔任用工作提出了新的要求。三是从外部环境来看，一些地方存在的选人用人不正之风，也会对我行的选人用人风气带来一定影响。外面有些人也会给行里打招呼。总行及分行在这个方面坚持原则，总体做得比较好。四是由于部分参加民主评议的干部任职时间较短，以及对新提拔任用干部的宣传较少，对干部的熟悉程度相对不足。刚才好几位同志谈到，大家现在不要说对其他部门，就是对本部门其他处室的干部，有时候都感觉不太熟悉。有几个部门提出要搞一个平台，彼此之间交流一些干部的工作情况，我认为挺好。这个部门的情况可以让其他部门学习借鉴，也是对干部工作的一个促进。我觉得这些都可以探讨。

三、要进一步做好提高选人用人满意度工作

要做好几个方面工作。

一要继续深化干部体制改革。我们选人用人要坚持德才兼备、以德为先，坚持民主、公开、竞争、择优，把政治上靠得住、工作上有本事、作风上过得硬、干部群众信得过的干部选拔到领导岗位上来。现有的一些好的做法要继续坚持下去。大家对现在的干部交流反响不错，比如在总行工作的干部到基层任职锻炼确实是一个很好的例子，要不断完善这些好的做法。

二要进一步增强透明度。要加强对选人用人工作的宣传，让全行上下更好地了解我行改革发展的成果，了解干部制度改革的成效和选人用人工作的有关情况，树立正确的用人导向和舆论导向。有的部门建立了平台，可以展示各个处长的工作。如果效果好，组织部门可以研究总结一下经验，其他部门也可以学习。我觉得总行部门总经理的工作也可以亮一亮。可以利用网讯这个平台，大家都亮一亮工作，总的目的就是降低“不了解”率，保障大家对干部选拔任用工作的知情权、参与权、选择权和监督权。要坚持民主、开放的选人用人理念，促进选拔任用干部过程中的信息公开。这些方面现在已经在做，将来要继续做好。要进一步扩大公开选拔和竞争上岗的力度，提升竞争性选人用人的层级。现在总行的副总经理、利润中心的副总经理都公开选拔了，省行副行长公开选拔的情况也很普遍，将来的工作力度可以再大一点，总行部门和利润中心的总经理也可以拿出来公开选拔。

三要加强对干部选拔任用工作的监督检查。认真开展干部选拔任用工作自查自纠，对违规违纪用人行为实行“零容忍”，不断加大从源头上防治用人不正之风的力度。目前这项工作已经在全行开展，下一步要对发现的问题进行集中整改。对选人用人工作存在问题的单位，总行党委组织部要进行重点检查，帮助分析原因，严肃认真地抓好整改。要认真贯彻落实《管理人员选拔任用工作监督检查办法（试行）》，加强日常监督，真正做到有章必依、执行必严、违规必究。坚持从严治党、从严治行、从严管理干部，提高选人用人工作的规范化、科学化水平。在选人用人工作上出现问题的，要问责；这方面出现问题的，提拔前发现的就不能再提拔了，提拔以后发现的也要拉下来。充分发挥纪检监察、内审内控等部门的作用，有效整合干部监督资源，形成工作合力。

四要进一步加强组织人事部门自身建设。开展组织工作满意度调查实际上对组织人事工作提出了更高要求。组织人事部门工作如何、作风如何、形象如何，直接影响到选人用人满意度的高低。各级组织人事部门要进一步增强政治意识、大局意识和责任意识，继续深入开展讲党性、重品行、作表率活动，带头创先争优，着力提升组织人事部门履职能力和服务水平。一个单位风气正不正，组织人事部门起着非常重要的作用。要坚持公道正派，在工商银行任何人靠关系、走捷径是不行的。总行党委过去是这么做的，今后还是这么做。任何人到这里来打招呼都没用，还可能会受到负面影响。

五要进一步加强组织领导，形成工作合力。这项工作涉及面广、综合性强、复杂程度高，是党委和组织部门的责任，也是各级机构、部门和干部共同的责任。各级党委要把这项工作放在重要位置，并作为对领导班子年度考核的重要内容。组织人事部门要认真抓好各项工作的落实。纪检监察、内审内控、教育宣传部门也要相互支持配合，上下联动，齐抓共管。各级干部要严格执行党的干部政策，带头执行干部选拔任用工作的各项制度规定，正确行使用人权力，正确对待个人进退留转，自觉服从组织安排，共同维护好工商银行良好的选人用人环境。

最后讲一下营造风清气正的十八大代表选举环境。现在正在开展这项工作，中央也有“5个严禁、17个不准、5个一律”的纪律要求。这两天我行十八大代表候选人初步人选已经在公示，马上要开代表大会。要把这些纪律要求宣传好，进一步加强监督检查力度，坚决防止拉票贿选等违规违纪行为，积极营造风清气正的十八大代表选举环境，确保圆满完成十八大代表选举工作。

总的来看，工商银行这些年在干部选拔任用方面的工作做得不错，但还要继续做好。这项工作没有最好，只有更好。特别是有些工作有难度，要做好不容易，比如说刚才讨论的不了解比例较高的问题。“这个人还不

错，但是我不了解他”这种情况是比较普遍的。这么大的集团，17 000家机构，遍布全球34个国家和地区，国内遍布31个省市，各层级内设机构也不少，仅总行的各种利润中心和总行本部的机构就有四十来个。怎样利用一些更好的机制，让大家更多地了解？其实了解干部就是让这些干部更好地履行职责，知道他们肩负的责任。这是我们必须要深入思考解决的问题，我希望大家多思考、多出主意，共同把选人用人工作做得更好。

从银行信息化到信息化银行

——在2012中国金融论坛上的演讲

姜建清

（2012年5月23日·根据录音整理）

刚才许多重要的嘉宾从监管的角度对今天会议的主题做了非常好的演讲。因为这是第十五届科博会，又是一个金融的论坛，我想契合今天的主题，从科技和金融的角度谈一点我对银行信息化，也是企业信息化的看法。

最近一段时间，社会上有点埋怨银行赚钱太多了。其实就在十多年前，我们的银行业还有几万亿元的不良资产，如果对这些不良资产全额计提拨备，就是几万亿元的亏损。经过十几年改革发展，现在中国银行业已经取得了举世瞩目的成就，工商银行成为全球市值最大、盈利最多的银行。根据今天华通明略发布的最具价值全球品牌百强排行榜，工商银行又是全世界金融业的品牌第一，品牌价值为415亿美元。为什么会产生这么大的变化？有很多学者进行了一些理论方面的分析，比如，有人认为是制度原因，过去，中国在从计划经济向市场经济转轨过程中，很多企业不适应了，造成大量的不良资产，并转嫁到银行；今天，中国的经济体制改革取得了重大成功，为银行创造了好的发展环境。又有人把原因归结为财务重组、改制上市，等等。当然，这些原因都是重要的，但是我记得哲学上面说，发生变化最重要的原因其实是内因。所以，我想，中国商业银行之所以发生巨变的重要原因，是管理水平的提升。在这个过程中，技术原因往往较少为人所关注。这里，我想讲一讲，为什么技术原因会对中国银行业产生这么大的变化。

我认为，20多年前，中国金融业管理水平低下，产生了大量不良资产的状况，与当时中国金融业的信息技术水平低下是不可分的。在那个时候，中国的金融业还处于手工操作时代。稍微年长一点的朋友们可能记得，当时到银行的储蓄所，会非常有趣地看到银行柜员后面有个大转盘，里面放着很多小纸片，你们知道那是什么？那就是数据库。柜员接到你需要取钱的单据以后，就会从后面的大转盘中抽一个账页出来，里面记载着你有多少钱，数据的前台和中台都在储蓄所。那时候，工商银行有一两万个分支行，每个分支行都可以发放贷款，但都是自己在做决策。这里面就会出现大量的风险，包括信用风险、市场风险和道德风险。一个外界看来名称统一的银行更像是无数个小银行的集合体，就像无数个小船捆绑在一起，但不是真正的航空母舰。随着经济社会的迅速发展，这种手工化的管理方式肯定是无法适应的。于是，中国金融业开始逐步走上信息化建设道路。20年来的这段时间，我把它归纳为银行信息化的阶段。我们不断地从局部，从一个个机构，从一项项业务，从一条条业务线开始，建造起今天这么一个高度信息化的商业银行。如果拿中国的商业银行跟西方的商业银行进行比较，有一项我们完全不输于他们，甚至在很多方面超过了他们，这就是中国商业银行的IT水平，这也是今天我们可以感到骄傲的一个方面。

那么，这种信息化改革产生了多大的变化？我想以工商银行为例跟大家做一个简单介绍。第一个改变是实现了IT的大集中。我们过去是几万个“手工的银行”，慢慢变成了几千台微机，后来变了几百台小型机，再后来变成以省市区为单位的有30多台大型机的银行，最后我们再把它归并为一个超大型数据中心。这个任务在十年前完成了。IT大集中以后，第一次把一个无数的小银行的集合体变成了真正意义的“一个银行”。这个数据大集中完成以后，起到了什么作用？最明显的是工商银行的不良贷款控制能力在这个时期发生了剧变。过去我们发放的贷款不良率非常高，但自从开发了信贷管理系统之后，我们新发放的贷款不良率从来没有超过2%，这个纪录从10年前一直保持到今天。这两种剧变的时间重合为什么这么巧？因为数据大集中后，全部贷款都集中到一个数据库管理，总行可以监控到全行任何机构的任何一笔贷款的发放。到今天为止，我们境内所有机构的业务数据全部集中了。不光境内，境外 34 个国家的 240 个机构的所有业务数据都实时地集中到我们的上海数据中心。所以说，这个 IT 大集中建立了银行经营管理一个非常重要的基础，或者说是产生剧变的开始，这是我们管理思想上的一个改变。

第二个改变是实行了运营的集约化。因为有了数据的大集中，我们建立了全行级的数据仓库，并先后建立了业务集中处理中心、金融交易中心、单证中心、报表中心、电子银行中心、电话银行中心、短信平台、远程授权等集约化的运营平台，改变了传统分散作业的模式，实现了后台业务处理工厂化、集约化和标准化，不仅大幅提升了业务运营的效率，而且促进了前台柜面服务的响应能力和服务效率的大幅提高。比如，全行业务集中处理以后，业务的平均受理时间为分散处理模式下的 35%，但核算质量却提高了 10 倍。再比如，过去我们业务授权都是分散在每一个分支机构，每一个网点都有授权人员，现在我们通过把授权归集到 1 000 公里甚至几千公里以外的远程授权中心统一授权，使人均效率提升了 5 倍。又比如，过去我们每一个分支机构都有报表人员进行报表编制，但是实行报表集中编制后，报表自动化率提高了 6 倍，报表总数减少了 60%，仅仅这一项改革就释放出 3 万名员工，每年减少人力资本支出近 60 亿元。

第三个改变是实现了管理的现代化。因为有了数据的大集中，我们开发应用了一系列管理系统。现在工商银行每年要开发的各种业务系统、产品系统、管理系统的软件有 700 多个，我们有 5 000 名软件工程师专门负责软件开发，使经营管理效率得到显著提高。比如，建立了个人和法人客户的统一视图、统一评价、统一营销管理、统一信用管理等系统。开发应用了资金管理系统和财务管理系统，提高了全行资金财务的集中配置效率和管理水平。现在实行资金财务集中的企业越来越多了，我们称为“全球现金管理”。一个公司可能有几百几千个子公司，但是财务管理是一个中心，大量节约了成本，降低了资金占用。我们建立了全行统一的信用风险管理系统，自主研发了市场风险管理系统、内部资本充足评估、风险加权资产计量等风险管理应用。过去我们对每笔业务、每笔贷款是“做了算”，现在是“算了再做”，做到了心中有数，因为对每笔业务的成本效益是可以测算的，风险管理水平得到大幅提升。我们开发应用了新一代监督系统，根据交易的历史数据，编制了几百个监督模型，这些监督模型能够把运行中存在的问题及时揭露出来，从根本上改变了传统的业务复审模式，实现了更加精准的业务监督。我们开发应用了新的绩效考核系统，从机构、部门、产品、客户和员工五个维度构建起完整的绩效评价体系，激发了经营活力和价值创造力。我们建立了全球共享的信息资讯平台，国内和国外的分支机构在同一个平台上共享信息，这个系统投产以来已经转化信息应用成果 1 800 多例。

第四个改变是实现了服务的电子化。因为有了数据大集中，我们完成了从手工操作时代到计算机集中处理的飞跃，实现了金融电子化。而且建立起由网上银行、电话银行、手机银行和自助银行构成的、功能完善的电子银行服务体系，为全球客户提供全天候、24 小时不间断服务。目前我们仅网上银行个人客户就超过 1.2 亿户，电子银行对传统柜面业务的替代率已经超过 70%，这 70% 的业务量如果都在网点办理的话，大概需要 1 万个网点、十几万名柜员才能承担。现在我们全行信息系统每天处理的总业务量大概在 1.7 亿笔左右，这么庞大的业务量，如果没有科技的集中和网上银行的强大支撑，是难以想象的。

我刚才讲了中国银行业信息化走过了 20 年的发展道路，取得了显著的成就。但是，也应该看到，银行信息化的建设已经到了转折关头。从外部环境的变化看，全球经济金融的一体化深入推进，新的金融监管改革进入付诸实施阶段，国内金融脱媒和利率市场化加速演进，对商业银行的经营模式、发展方式，特别是对银行的资本、成本的约束在加强。更为重要的是，新一轮科技革命正在席卷全球，以云计算、智能移动终端为代表的信息技术风起云涌，有可能从根本上颠覆我们对银行的传统认识。如果不能适应信息时代的生存环境，银行现有的规模、地域、网点等优势可能就不复存在。从内部情况看，中国银行业信息化的推进是分步骤、渐进式的。在信息化初始的时候，许多系统都是遵循以电子化复制手工操作的思路来设计和开发的，系统之间存在专业分割、标准不一、关联复杂、流程过长、运行成本高等问题。随着银行规模的持续扩张以及国际化综合化发展的加快，这些先天不足衍生出来的部门各自为战、信息传导迟缓、市场反应迟钝等“大企业病”越来越明显。从信息理论来看，“大企业病”的本质是企业管理者的管理能力和信息不对称造成的。信息对称对银行和企业的成功至关重要。如果信息不对称，即使有的企业坐拥海量信息，也可能因为信息割裂、缺乏信息挖掘和贯通而患上信息“贫血病”。银行要避免和解决“大企业病”，就必须通过建设信息化银行使企业变“扁”、变“平”，成为穿上溜冰鞋的“大象”，能够轻盈地跳舞并迅即地奔跑。

总而言之，目前银行信息化的时代已经接近尾声，必将加速进入信息化银行建设的崭新阶段，实现信息技术与经营管理的高度融合，才能打造银行不可复制的核心竞争力。技术应用是表，管理思想是里。信息化银行核心体现的是管理的思想，是管理的战略，所以是非常难以复制的。可以预料，信息化银行建设的步伐与成效将使银行业出现竞争力的“代际”差异，谁能在信息化银行的建设中占据主导地位，谁就能在未来的发展中保持战略优势。从银行信息化到信息化银行，不是简单的信息技术升级和应用范围扩大，而是在银行信息化的基础上，真正实现信息的“融会贯通”，进而推动银行经营管理质态发生根本性变化。我把信息化银行的突出特点归纳为八个字：集中、整合、共享、挖掘。

第一是运营集中。要参照工业化大生产的方式，将过去分散处理的作业模式转变为工厂化、规模化、标准化的作业模式，实现业务的集中处理、前中后台的有效分离以及各类风险的集中监控，最终达到经营管理的全面集中、集约，使银行在业务量快速增长和业务复杂性大幅提高的情况下，依然能够保持业务运营的高质量、高效率，并且能够有效降低生产运营成本和控制经营风险。其实，在世界上很多银行都因为运营集中不够而出现问题。最近摩根大通银行在衍生产品交易中出现了20亿美元的风险损失，这种风险在全世界银行中屡见不鲜。百年老店巴林银行的破产也是因为类似原因。我们看到这样的故事一次一次重演，为什么就不能解决这个问题？其实这是一个技术问题，只要通过计算机的集中和计算机的限额控制，任何交易员的违规交易行为都是无法通过的，这就是一个技术问题，没有做到就使银行在管理中间出现了重大的瑕疵。

第二是系统整合。要按照一个统一的IT中枢和架构，将核心业务系统、客户关系管理系统和银行内部各管理系统全部整合到一个信息系统平台之上，实现各系统的互联互通，这是非常难的。今天上午我在国防大学有一个活动，参观了他们的一个展览馆，里面非常详尽地介绍了在军事上如何集成，如何整合的问题。军队有很多兵种，有海军、陆军、空军、二炮，也有前线，有后勤，完成任务往往需要各兵种、各方面的力量的合成。对银行来说也是一样的。银行有非常多的业务线，这些业务线该如何整合？比如与我们有信贷关系的一家大型企业，在它的供应链、产业链条上，可能有几百家上游企业和几千家下游企业，它们之间是互相关联的。上游企业的一张生产订单实际上就是来自下游企业的需求，为什么银行信贷不能把上下游串起来一起做？这样既能防范风险，又能拓展市场。在国际上也是一样，大量的企业走出国门之后，这个供应链、产业链就被割断了，在中国是中国的银行在服务，在外国是外国的银行在服务，不能把它们之间联系起来。实际上，一个好的跨国公司就是把它的供应链、产业链内部化。所以，系统地整合就是要真正实现现代技术与企业或者银行的经营理念、核心业务、管理方式和客户服务的高度融合，使银行的经营更趋灵活协调，提升对战略决策的执行力、对市场和客户的服务响应力。

第三是信息共享。几乎所有的企业都存在信息共享不够充分的问题。有人说大企业这个问题比较严重，我看很多中小企业同样存在这个问题。打个比方说，本来过去是岁数大的人才患的老年病，现在有一些中青年也得了老年病，就是这个道理。因为现代社会的信息量非常多，如何突破信息传导和查询的时空限制，实现对各类信息的集中共享和检索，提高信息可用性和易用性，是非常重要的。工商银行在不断朝这个方向迈进，最近建成了新一代资讯平台，把190多个业务系统整合到一个系统上面，把内部、外部的信息整合为全行共享的信息库。投产后已经收到非常明显的效果。我们相信这样一个信息化银行的建设，能给我们带来大量的业务机会和收益。

第四是数据挖掘。在海量数据面前，如何把对银行或者企业非常需要的管理信息、客户信息、产品信息等进行收集、储存和处理？需要通过先进的数据挖掘来实现。通过对信息进行归纳性推理，使潜在的原始信息变成现实的经过加工的信息，以充分地发现和利用有价值的信息，帮助管理者判断市场、发现价格、评估风险、配置资源、提供决策支持。比如，随着大量在线社区、社交媒体、交互广告的出现，客户与银行的沟通方式也发生了变化，银行可以通过数据挖掘对客户的行为特点进行科学分析，及时发现并挖掘客户的真正需求，进而开发针对性的产品和服务，制定更切合的价格体系，进行更为精准的营销和服务，达到事半功倍的效果。

朋友们，信息改变世界，信息引领未来。虽然经历了国际金融危机的痛苦冲击，但是金融创新的脚步会因此而加快。现在全球银行业正在经历前所未有的剧变，包括金融的格局、金融的版图也在悄然发生变化，许多国际领先银行正在疗伤，试图走出一条与过去不同的发展道路。传统意义的银行正渐行渐远，而一个更富有活力和效率的信息化银行正渐行渐近。对世界银行业而言，这是一次极富挑战性的转身。中国的银行业应该在这个历史巨变中担当先行者，用我们的实践和努力为中国的信息化银行建设走出一条新路。

在纪念建党91周年暨创先争优座谈会上的讲话

姜建清

（2012年7月3日·根据录音整理）

今天，我们怀着十分喜悦和激动的心情，召开纪念建党91周年暨创先争优座谈会，庆祝伟大的中国共产党成立91周年。刚才，10位代表介绍了创先争优活动的做法，从不同角度谈了开展创先争优活动的收获和体会，大家的发言内容丰富、各具特色，让人听后很受启发。党委组织部可以将代表们的发言整理后通过网讯、简报等各种形式发给全行各级党组织学习参考。在此，我代表总行党委，向参加座谈的各位代表，向辛勤工作在各条战线的全体党员致以节日的问候和崇高的敬意！同时也希望你们再接再厉，不断取得新的更大的成绩。借此机会，我讲三点意见。

一、坚持把基层作为创先争优的着力点和落脚点，切实抓好基层组织建设年各项工作落实

创先争优活动开展以来，我们以打造“五强”党组织和“五优”共产党员为目标，每年围绕一个主题组织开展活动。2010年紧紧围绕“增强基层组织核心竞争力和经营活力”的主题，积极引导基层党组织履职尽责创先进，广大党员立足岗位争优秀；2011年以“打造卓越金融服务，建设客户满意银行”为核心内容，深入开展为民服务创先争优活动；2012年以迎接党的十八大召开为契机，突出基层组织这个重点，通过开展“基层组织建设年”活动，扎实推动创先争优，进一步激发基层党组织和党员履行岗位职责、推动科学发展的积极性和创造力。两年多来，创先争优活动为推动中心工作、服务人民群众、加强基层组织建设提供了动力和保证，为发挥基层党组织和党员作用搭建了重要平台，取得了丰硕成果。

确定2012年为基层组织建设年，是党中央作出的重要部署。“求木之长者，必固其根本”。工商银行有17 000家分支机构，43万名员工，25万多名党员，绝大多数都分布在基层。党的基层组织是我们党全部工作和战斗力的基础。抓基层、打基础，一直是全行党建工作的一个重点。基层组织建设年要取得实效，得到大家欢迎，有几方面需要特别重视。一要着力解决几个基层组织建设中的突出问题，办好几件党员群众期盼的实事，留下一些日后还能起长期作用的成果。在发言中，深圳分行营业部通过“两次分流”方案解决了客户排队问题；陕西榆林定边支行以创先争优活动提高了县支行员工队伍凝聚力；牡丹卡中心通过优化操作系统缩短了信用卡客户等候时间等，都非常具体、实在。各级党组织在开展基层组织建设年的过程中，要坚持从实际出发，设定可以实现的目标，先要找准问题，什么问题突出就解决什么问题，什么事情紧迫就办什么事情，不过于求全求多，只求有效管用。二要创新党组织的活动方式和载体。党组织是凝聚广大党员的重要平台，是扩大党建工作感召力的有力阵地。在一个企业、一个单位，工作干得好不好，关键看这个单位党组织的凝聚力发挥得怎么样，是不是能够把广大的干部、群众凝聚到党组织周围，这是一个可以观察的重要的方面。比如，风险管理部通过开展“爱岗敬业，科学规划职业生涯”活动，帮助青年员工明确发展方向，部里工作搞得非常生动活泼；河南周口铁路支行通过打造“星级服务队伍”活动，激发员工改进服务的积极性和主动性；天津经济技术开发区分行每年在党员中开展业务营销竞赛和产品体验活动等，都很好地增强了党建工作的活力和吸引力。要适应新的形势需要，不断加大党组织活动方式和载体的创新力度，突出时代性、多样性、有效性，使基层党建工作与党的号召同步、与企业发展同步、与党员群众需求同步，要联系实践搞党建，这样才能提升基层党建工作的实际效果。三要建好建强党支部，特别是要突出加强基层党支部带头人队伍建设，选优训强党支部书记。总行党委组织部将于近期举办基层党支部书记示范培训班，进一步提高基层党支部书记履职能力。各单位党委也要按照基层组织建设年工作要求，抓好党支部书记轮训，新任党支部书记要在半年内完成任职培训。党的十八大召开后，各单位要举办党支部书记学习贯彻十八大精神专题培训班。

二、重点总结和运用创先争优活动经验，推动创先争优常态化长效化

按照中央要求，从今年7月开始，创先争优活动要自上而下地进行总结。总行和各一级（直属）分行、各直属学院（机构）的总结工作将于7月中下旬进行，其他各级机构的总结工作将于8月进行。全行各级党组织要根据中央确定的"推动科学发展、促进社会和谐、服务人民群众、加强基层组织"的总体要求，着眼于保持党的先进性和纯洁性，认真对照本单位提出的目标任务，全面回顾创先争优活动的丰富实践，系统总结创先争优活动的特点、做法、成效和经验启示。

一要建立健全创先争优长效机制。创先争优活动是一项经常性的工作，大家都谈到了在创先争优活动中一些好的做法，比如，四川绵阳分行将机构设置与党组织设置统一规划，消除了党员空白点；福建三明列东支行组建业务创新"党员先锋队"，发挥党员带头作用推动了业务发展；湖北武汉洪山支行引导党员围绕本职工作进行公开承诺，有效推进了服务提升等。各单位要结合工作实际，坚持务实管用、突出重点、集思广益、创新完善的原则，认真提炼创先争优活动的有效做法和成功经验，确保每个党支部至少建立一项创先争优长效机制，使创先争优活动融入基层党组织和党员的日常工作，成为基层党组织和广大党员的价值追求。同时，要研究提出具体措施，督促检查创先争优长效机制运行情况，及时解决存在问题，保证创先争优活动落到实处、见到实效。

二要加强统筹协调，坚持广泛发动。认真做好创先争优总结工作，对于进一步激励基层党组织和广大党员立足岗位争先进、创优秀，推进创先争优常态化长效化，加强党的先进性和纯洁性建设，具有十分重要的意义。各单位既要认真做好本单位的创先争优活动总结，又要认真指导下一级党组织做好总结。要把总结过程作为深化认识、推动工作的过程，作为经验介绍、交流的过程，作为落实好党员、群众反映突出问题的整改工作过程。要坚持广泛发动，确保每个基层党组织都要总结，争取每名党员都参加总结，使基层党组织和广大党员通过总结进一步提振精神、明确方向。要坚持群众参与，充分运用和推广群众评议创先争优的好经验好做法，真心实意听取群众意见和建议。

三要继续做好创先争优宣传工作。一方面，要大力宣传创先争优长效机制建设的重要意义和好经验好做法，将创先争优制度公之于众，加强宣传引导，接受群众监督。另一方面，要做好先进典型事迹的宣传。创先争优活动开展两年多来，涌现出一大批先进典型。宣传典型的过程，本身就是一个学习的过程和发挥典型作用的过程。在座谈中，湖南株洲新华路支行肖义华同志提到她发扬"传、帮、带"传统，帮助性格内向的青年员工发展为业务全面的大堂营销能手；天津经济技术开发区分行讲到的发挥先进典型刘红同志在理财营销方面的带动作用，都是很好的例子。要继续大力宣传创先争优先进基层党组织和优秀共产党员的事迹和经验，进一步营造学先进、见行动、做贡献的浓厚氛围。

三、切实加强和改进党的建设，更好地发挥党建促发展的作用

我们党91年的历史，是党领导中国人民不断赢得革命、建设、改革胜利的历史，也是党不断实现、保持、发展自己先进性和纯洁性的历史。91年来，中国共产党始终屹立于时代进步的潮头，带领人民创立了彪炳史册的丰功伟绩；始终把握历史前进的脉搏，依靠人民战胜各种困难，开创了中国特色社会主义的发展道路；始终坚持为人民谋福祉，实现好、维护好和发展好最广大人民群众的根本利益。事实充分证明，中国共产党不愧为伟大、光荣、正确的马克思主义政党，不愧为领导中国人民不断开创事业发展新局面的核心力量。

在党的领导下，28年来，工商银行积极适应不同历史时期的改革发展形势，不断强化和完善党的工作机制，将党建工作优势转化为全行核心竞争力的有机组成部分，探索走出了一条具有中国特色的现代金融企业的发展道路。工商银行一贯重视党建工作。特别是近年来，我们先后开展了几次集中的教育活动，全行党的建设和组织工作服务大局更加自觉、改革创新更有成效、抓基层打基础更加有力。但也应该认识到，当前世情、国情、党情正发生着深刻变化，一些深层次困难和挑战层出不穷，全行党建工作面临新形势新任务。特别是国际经济环境严峻复杂，全球通胀压力加剧，新资本协议和利率市场化改革的不断推进，都给我们带来了严峻的挑战，对以党的建设引领和推动全行科学发展提出了新的更高要求。我们必须坚持党的领导，发挥党建工作的强大优势，保持党的先进性和纯洁性，引领企业的经营发展，保证党始终成为现代金融企业建设中的坚强领导核心。要坚持以科学理论指导党的建设，立足新的实际，以改革创新精神研究和解决全行改革发展中面临的问题，实现发展方式和经营结构的转型，有力推动"三个之最"美好愿景的实现。要坚持"融入中心抓党建、抓好党建促发展"，充分发挥基层党组织的战斗堡垒作用和广大党员的先锋模范作用，努力将党组织的政治优势转化为业务发展优势，把党员队伍的活力转化为改革发展动力。要坚持与时俱进、改革创新，在继承和发扬以往基层党组织建设工作经验的基础上，深化对基层党组织建设规律性的认识，不断探索体现时代特征、符合企业实际的新思想、新制度和新方法，使基层组织建设体现时代性，富于创造性。生产力中最积极、最活跃的因素就是人，要把工商银行的工作做好，关键在于抓队伍建设。要坚持"发展依靠员工、发展成就员工、

发展成果与员工共享”的理念，积极适应新形势下员工工作的新要求和新挑战，进一步建立健全联系群众、服务群众的长效机制，把关心人、爱护人、理解人、尊重人、发展人，作为党组织建设的出发点和落脚点，为党员和群众解难题、办实事，努力调动和激发广大员工的积极性，努力推动全行发展方式加快转变。党的十八大召开后，要组织开展多种形式的学习教育和主题实践活动，深入学习领会党的十八大精神，保证十八大精神在全行有效贯彻落实。

平凡工作孕育伟大，普通岗位诠释崇高。全行各级党组织要更加重视加强党的建设，进一步把党建工作的政治优势与现代金融企业制度有机结合起来，在认真总结创先争优活动、全面加强基层组织建设的基础上，引领全行广大干部员工坚定理想信念、增长知识本领、锤炼品德意志、矢志奋斗拼搏，不断开创国际一流现代金融企业建设的新局面，以改革发展的新成绩迎接即将召开的党的十八大！

在中国工商银行MOVA体系建设总结表彰大会上的讲话

姜建清

（2012年8月22日·根据录音整理）

刚才我们表彰了MOVA体系建设过程中涌现出来的先进集体和先进个人，我代表总行党委向大家表示祝贺，希望全行上下认真学习这些先进集体和先进个人的先进事迹。我想，今天的表彰对于激励和鼓舞全行上下满怀信心面对前所未有的复杂经营形势，努力实现全年经营目标；对于激励和鼓舞全行上下坚定不移地推动精细管理，全面落实经营转型战略方针，具有十分重要的意义。下面，我讲三点意见。

一、MOVA体系的建成是全行经营管理改革创新的重要体现

创新是一个民族进步的灵魂，是一个国家兴旺发达的不竭动力，更是一个现代金融企业科学可持续发展的源泉。回顾这些年来工商银行改革发展的历程特别是在股份制改造过程中，正是借助共管基金等新思路，使我们较好完成了财务重组；正是通过沪港两地同步上市的新突破，开启了我们经营发展的新篇章。近几年，我们进一步通过集团化管理、综合化经营、国际化布局等一系列战略创新，以及机构调整、客户分层营销体制改革、营业部改革、扁平化改革、重点县支行改革、信贷改革等方方面面的体制、机制创新，促进了全行市场竞争力的稳步提升、业务领域的快速发展和经营效益的持续增长。

随着工商银行业务规模越来越大、经营地域越来越广、管理机构越来越多，如果我们不能在管理上再上一个台阶，没有一个精准的战略传导体系、高效的管理响应体系和科学的决策支持体系，就有可能患“大企业病”，就有可能成为像过去比尔·盖茨说的银行业要成为“过时的恐龙”。正是基于这样的背景和判断，总行党委果断决策，于2008年10月启动了管理会计体系建设。

现在工商银行有三个“娃”，NOVA、FOVA，包括现在的MOVA，这些都是我行攻坚克难、自主创新的生动实践。由于管理会计不像财务会计那样有公认的会计准则作为框架和指引，同时又涉及一个企业内部最核心的商业价值，这使得管理会计建设具有较强的隐蔽性和复杂性，加之中国的商业银行与国外商业银行又有较大差异，以及工商银行的行业领导者地位，这些都决定了我们的管理会计体系建设很难借鉴和复制他人成功的经验。我们已经成为了全世界“四个第一”的银行，在很多领域没有一个能模仿或者能借鉴的对象，更多地需要我们自主创新。在这一过程中，我们也深刻体会到了前所未有的困难与挑战。一方面，MOVA的技术研发难度大。一来我行的组织体系、产品体系复杂，近300家二级行、近17 000个网点、上万种产品，如何将收入、成本、费用、税金、风险准确计量到机构、部门、产品、客户和员工五个维度，难度非常大，况且各行的行际差异较大，要综合考虑各分行精细化管理程度需求；二来MOVA涉及全行经营管理的方方面面，不仅要实现数据集成，更要反映全行的管理理念和管理导向，等等。这些都要求业务部门对MOVA的核算逻辑有清晰的认识，对MOVA的功能设计有宏观的把握，对MOVA的推广应用有较高的管理智慧。另一方面，MOVA的应用推广难度大。作为管理平台，MOVA需要各专业

系统的数据保障与支持，它的应用不仅涉及自身的推广，更要完成对基础配套系统规范使用的集群推广，工作量非常大。如在MOVA推广过程中，我们全面推广了个人客户营销管理系统、法人客户营销管理系统、对公收费系统等。同时，MOVA不像其他业务系统，不用就开展不了业务，而绕开MOVA各行的经营运转能够照样进行，因而受制于各级行管理惯性、固有思维、自有系统等因素影响，MOVA的推广难度很大。

在困难和挑战面前，我们迎难而上，实现了管理会计体系建设的新突破。刚才短片也介绍了，目前全行有27万用户登录、使用MOVA，累计登录量超过3 000万次，并且在前中后台各业务领域、各层级得到了广泛应用，基本形成了理念先进、管理科学、服务应用的管理会计体系。一是在技术实现上，按照“统一平台、统一数据、统一模型、统一方法”的建设原则，在较好地继承了现有数据仓库、产品化改造等科技成果基础上，实现了对64个上游系统的融合，初步建立了数据完整、及时准确、平稳可靠，能够有效支撑管理会计运转的技术平台，全行的科技领先优势再一次得到体现。二是在功能应用上，紧紧围绕“三最一流”银行的愿景目标，按照总行党委“One Bank”的管理理念，基本实现了MOVA在营销组织、经营分析、考核评价与资源配置等银行核心管理过程的全面运用，为下一步深化关键领域改革创新创造了条件。三是在业务管理上，近年来全行在营销服务、产品创新、流程优化、资金管理、资本计量、风险控制和财务核算等领域的相关改革成果，在MOVA建设中得到广泛应用，大量的业务标准得到同步规范，管理流程得到同步优化，经营质量与效率得到显著提高。四是在理论实践上，紧密联系全行实际，建立了适合工商银行自身经营发展需要的管理会计理念、方法和模型体系，近期先后通过和发布了全行管理会计建设的应用规划和系统建设规划，为今后深化应用明确了发展方向。可以说，工商银行管理会计体系已不仅仅是一个数据与报表平台，而正如MOVA的英文名字Management of Value Accounting的意译一样，是基于价值会计的管理，体现了管理学中的价值管理思想、科学管理理论、决策理论、系统理论等。目前国内同行纷纷通过各种途径了解我们的MOVA进展情况，学习管理会计体系建设经验，也说明了我们的管理会计体系建设得到了同业的认可和肯定，我们的科技化建设、精细化管理又一次引领了银行业的创新发展。

这些成绩的取得，既得益于各级管理人员的高度重视，也得益于各专业部门和广大干部员工的积极响应。在这里，我再一次代表总行党委向MOVA体系建设取得的成就表示祝贺！向作出突出贡献的财务会计部、信息科技部、个人金融业务部、结算与现金管理部、人力资源部等5个牵头部门，以及参与建设的各专业部室、各级分行和广大干部员工表示衷心感谢！同时，也希望我们的MOVA团队和全行上下能够再接再厉，以更加奋发有为的精神，以更加扎实的工作作风，继续优化MOVA功能，提高MOVA数据质量，不断取得MOVA建设的新进展、新成果。据了解，世界一些主要先进银行都花了大量时间与精力进行管理会计体系建设，一些外国大型银行在解决各业务线的利润核算方面花了40年时间，它们对MOVA建设的长期性、艰巨性要有充分的认识。我们对全球先进银行的IT建设，彼此之间处于什么样的水平，要经常进行研究分析，要在信息化建设和精细化管理上占据优势。从大机运率来看，现在工商银行水平不比一些外国大银行差。我们收购的南非标准银行，过去也是西方人管理的一个大银行，他们的IT水平明显落后于工商银行。在董事会上，我们有个曾在世界著名大银行工作过的外部董事，曾经几次跟我们讲，花旗银行20年前就完成了“One Bank”，各系统已高度整合。我们很羡慕，现在我们也正在往这条路上走。但最近我会见了一个花旗高层领导，他跟我说花旗银行60多个系统，彼此分隔，整合是个大问题。所以我们要经常进行分析，把握国际国内同业的发展方向，然后找出我们自己存在的不足，并迅速改进，在信息化管理方面始终成为全球领先银行。

二、深入理解当前深化MOVA体系管理应用的重要意义

今年以来，全行在严峻复杂的经营环境下，总体保持了盈利增长、业务发展、结构优化、风险可控的稳健发展态势。但是也出现了盈利增速放缓、存款波动加剧、中间业务收入增幅大幅减缓、不良贷款反弹等问题。我们已经讲过多次，全行经营发展面临着股改上市以来最为复杂的形势。在这种环境下深化MOVA体系的管理应用，借助MOVA体系推动全行经营发展，可以说是正当其时。因此，今天的表彰不是MOVA体系建设工作的结束，而是其在管理应用领域的新起点，全行上下要结合当前形势，对MOVA体系的概念与内涵有一个清晰、全面、深刻的认识，要围绕发展转型，深入理解深化MOVA体系应用的重要意义。

（一）充分认识MOVA体系在科学决策中的重要作用。工商银行在这轮经济周期中能不能成长为真正的现代金融企业，关键看能不能顶住利率市场化、资本监管约束强化和市场竞争加剧的挑战，只有在经过一系列压力考验后，我们还在健康的成长，才能说我们是最优秀、最受尊重的现代金融企业。过去几年我们确实是实现了高速增长，前9年利润年均增长32%，是在国内国际同业中增长迅速、领先的银行。但是，新的拐点可能会出现。在当前这样的情况下我们更要增强科学管理的意识、精细管理的观念和对市场的快速反应。这就要求我们要紧密结合当前形势，借助MOVA的支持，从细处着手，查风险、比差距，找不足、谋发展，做到决

策有据。

上半年财务会计部借助 MOVA，从四个层级、五个维度编制了管理会计报告，一套 8 册，近 3 000 页，工作量之大、难度之大可想而知。我细细看了这厚厚的一摞材料，感觉它就像 X 光透视，或者像体检报告一样，对全行包括各个分行经营管理情况进行了一次全面、深入、细致的透视和检查。我希望再按六大区域对 36 家分行的情况进行逐一分析，并给各部门和各分行“一把手”寄送一套，希望各单位“一把手”能够借助 MOVA 的分析，及时发现经营中的短板和薄弱环节，甚至对之前的决策进行纠偏，找准差距，争创一流。最近，总行一直在考虑要开一个机构工作会议，机构中非常重要的是营业网点。工商银行的营业网点不算少，现在近 17 000 家。我们对一些分行进行分析，如果仅从平均数看，有些分行指标很漂亮，网点的网均效率指标很好看。但是如果深入研究管理会计报告，会发现全行经营管理中存在一定程度的“二元”现象，就是业务和效益集中在少数网点的现象比较普遍，正态分布不好。个别网点表现非常好，存款几十亿元、几百亿元，甚至更大的网点也有，但也还有很多个低效甚至亏损网点。这用整体平均是看不出问题来的。机构的管理优化甚至机构的调整，都离不开对每个机构的精细化分析，所以要利用好这个报告。另外，从客户端分析来看，我们有 430 多万对公客户，而金融资产 50 万元以上的只有 40 多万户，这既要求我们不断的外延扩张，做好新客户的拓展，更要注重对存量优质客户的维护。刚才举这个例子就是让大家充分认识运用好这个新工具的重要性，希望大家按照分行行长工作会议上做出的工作部署，将工作目标和任务细化、分解，充分借助 MOVA 这一工具，紧紧围绕发展转型这一主题，找准问题，科学决策，狠抓落实。

（二）深刻领会 MOVA 体系在应对利率市场化改革中的基础作用。今年 6 月和 7 月，人民银行连续两次下调金融机构人民币存贷款基准利率，扩大人民币存贷款利率浮动区间，我国利率市场化改革步伐进一步加快。利率市场化首先考验的就是银行的定价能力，定价能力的实质就是成本管控，成本管控的关键就是要实现精细化管理，落脚点就是管理会计。过去这么多年来经营形势非常好，有时候个别行在某些方面核算得不那么精细，对利润的整体影响不大，但在经营形势不好的情况下，最终比拼的是成本，而成本管控的精髓，就是要把成本看做是一项资源投入，努力提高成本的投入产出比和价值创造能力。今年利率市场化进程加快后，有很多分行同志说：小银行全部放开啦，我们顶不住啊，向总行打报告，要求存款一浮到顶，贷款一浮到底。近期股份制银行已陆续披露半年报，他们利润增长率大大高于国有控股大银行，幅度甚至比在利率市场化推出之前还要大。我很奇怪，按道理利率浮动区间加大了，股份制银行成本会更高，那怎么利润增长反而更高呢？当然可以说他们的贷款增长多一点，但贷款增长多一点，不只是今年，这些年来都是这样，这个比例关系没有改变，为什么他们的利润没受影响或者说受影响小呢？这些问题都需要我们通过 MOVA 系统，通过同业的分析来进行比较。目前，国际国内经济不确定因素仍然很多。国际上，世界经济仍将延续复杂运行的格局；国内宏观经济增速进一步回落，虽然近期一些经济指标回落幅度减缓，但经济下行的压力仍然较大，全行经营发展面临严峻形势。刚才说了我们在经历了这么长时期的利润高增长后，未来 1 至 3 年可能会逐步过渡到一个平台期，总体的利润增速下降，这是不可避免的。但是有一条，下降的时候我们要比可比同业慢，上升的时候要比可比同业快，就是我们要始终处于可比同业的领先地位。这是给大家的一个要求。要保持盈利第一大行的地位，我们就必须苦练内功，借助 MOVA 的数据支持，充分了解每个机构网点的业绩状况，每个部门的资源消耗，每位员工的价值产出，每个产品的成本投入，每个客户的业务贡献，及时发现经营中客户潜藏的风险与问题，以更有效地应对变幻莫测的市场竞争，走出一条向精细管理要效益、靠管理创新谋发展的新路。

复杂的经营形势尤其是利率市场化，既是挑战也是机遇，说它是机遇就是因为我们有非常好的信息化基础，有 MOVA 的支持，相比其他商业银行，我们可以在分行业、分产品、分客户精细核算的基础上，更加科学地进行产品定价、客户营销和资源配置，我们一定要利用好 MOVA，把它作为提升全行市场竞争力和应对复杂经营环境的有力武器。

（三）准确理解 MOVA 体系在实现资本集约经营、发展方式转变中的关键作用。金融危机以来，全球对资本监管的约束进一步强化。前不久，银监会发布了《商业银行资本管理办法（试行）》，并要求 2013 年起正式实施。按照新的资本管理办法，我行资本充足率将有一定程度下降，如何在资本约束的限制下，继续实现盈利的稳定增长，是我们面临的一个非常紧迫任务。如果我们仍然延续“面多加水，水多添面”的粗放型经营模式，也就是募集资本、大量增加贷款，再募集资本、再放贷款的增长模式。这将令我们不断面临募集资本的压力，如果不能形成有效的拓宽资本金补充渠道，未来的发展将会受到极大的影响。

资本对风险约束的强化实际上就是要打破这种被动的局面，要求我们很好地平衡资本、收益、风险之间的关系，实现科学发展。因此，在新的三年规划期内，我们提出大力调整信贷结构、收益结构和渠道结构，突出强化资本约束和管理，积极推进以低资本占用业务为主导的经营转型。经营转型的关键就是要做到在各类经营管理对象上实现进退有度，提高资本使用效率，实现资本的优化配置。这就必然要求我们借助 MOVA 的数据支持，清楚地掌握每一个网点、客户和产品的资本占用和投入产出情况，科学确定多维度的 RAROC 阈值，并结合资本的收益确定客户管理、产品生命周期管理和行业、区域指导政策，将资本约束的压力分解、传导到每一个网点、客户、产品和员工，使我们的结构更加合理，经营转型更加有针对性和可操作性。

（四）全面把握 MOVA 体系对"One Bank"建设的支持作用。近年来，总行提出了"One Bank"的管理思想。作为银行经营管理的重要理念和破除银行发展瓶颈的重要切入点，目前世界一些先进大银行都在推行这个管理理念。但现在对"One Bank"概念的理解并不统一，具体内容也存在一些差异。简单地说，"One Bank"是指银行作为由众多业务单元组成的网络型组织，借助于一定的手段和机制使各业务单元分工协作，形成有机的统一整体，进而完成特定目标和任务。

从这个视角来看，我们的"One Bank"不仅需要组织架构的变革、业务流程的优化、管理的集中，更需要各方面体制机制的配套和保障，以达到深化母子公司的紧密协作、境内分行与境外机构的联动发展、部门与部门之间、分行与分行之间的协调配合。这就必须借助 MOVA 多维度业绩的准确、科学、自动化计量来提供支持。现在，这种联动和协作有，但更多的是人为因素在里面起作用，制度化保障和信息化支持比较差。例如，我们的利润中心改革，不仅需要完善机构、部门维度的业绩核算，还需要准确地核算产品、客户、员工业绩，以建立全行各业务板块协同经营机制、协作发展机制、利益分成机制等，从而调动各经营单元的积极性，真正从制度上来建设起一个"One Bank"，而这些单纯依靠传统的会计核算数据是难以满足的。总之，无论是外部经营形势，还是内部管理改革，抓紧落实 MOVA 应用，对全行的科学可持续发展是至关重要的，对此大家要统一认识、统一思想。

三、努力开创 MOVA 体系应用的新局面

MOVA 作为一个管理平台，为全行经营提供了数据的精细展示，但是如果 MOVA 不与应用结合、不与管理结合，没有配套的体制机制，就没有生命力，就不会形成生产力。因此，如果说过去三年是建系统、做推广、打基础，那么未来三年要在建机制、抓应用、见成效上下功夫，使之尽快由数据优势转化为管理优势、经营优势、竞争优势和效益优势。前不久总行印发了《深化 MOVA 管理应用指导意见》，对 MOVA 管理应用进行了全面、细致的部署。近期要在几个关键领域上下功夫，实现管理应用的新突破。

（一）在完善管理机制上下功夫，全面激发经营活力。机制是无形的手，是经营管理的永恒主题。机制建设得好，大家都有清晰的奋斗目标，工作就有奔头，内部管理的效率高，经营质量就会好，就会达到事半功倍的效果。这几年我们在管理行的机制建设上做了不少工作，资源配置和考核评价基本做到了公开透明、科学合理。但一直以来，受制于数据的限制，我们在支行、网点和员工层面的机制建设上还存在一些不足。基层网点和员工是我们经营发展的根基，一个好的机制只有细化落实到支行、网点，落实到员工，才能真正在结构调整和经营转型中取得实效。我们现在对网点的核算，讲得比较多的是存款抓了多少或者取得了多少中间业务收入，这两个要素是比较全的。但很难讲清楚网点到底赚了多少钱，这是很根本的，因为最后要转化为利润。这些分析得不太清楚，成本效益这个概念也不太清楚，网点占用了多少资本就更讲不清。下一步，我们要依托 MOVA 员工、网点维度的数据，细化资源配置。在人力费用配置上，要深化客户经理、柜员的薪酬激励机制改革，进一步优化激励机制，要以产品销售业绩、管户业绩为主，实现对客户经理薪酬的分配，要结合实际探索业务量在柜员考核中的应用；在财务资源配置上，要更加注重网点和科技投入的后评价，使渠道建设投入能够在服务质量改善和业务分流上真正发挥作用；在信贷资源配置上，要更加注重产品和区域配置的边际收益和质量，切实在结构调整中发挥好作用；在考核评价上，原来受制于数据获取因素，很多时候是被考核对象自己提供自己的数据，由于数据缺失或失真，很多考核指标不能很好地发挥"指挥棒"的经营导向作用。现在借助于 MOVA 的支持，无论是过程指标还是结果指标，多数都可以取得。总行年初也对分行和部门考核办法进行了调整，各级行也要结合自身特点，认真研究自己的经营短板，尽快优化考核办法，发挥好 MOVA 在经营转型中的作用。总之，要通过资源配置和考核评价机制的完善，强化薪酬与业绩关联度，在全行上下真正树立"以业绩论奖惩，以作为论地位"的激励约束机制，充分激发经营活力。

（二）在强化营销组织上下功夫，切实提高市场竞争能力。近年来银行业的竞争日趋激烈，不仅中型股份制银行和城商行发展迅速，一大批非银行金融机构快速兴起也在抢占和蚕食银行原有的市场份额。此外，银行客户的多元化、需求的多样化，都给我们的营销组织和客户管理带来了非常大的挑战。比如，存款工作，最近杨行长开会布置了多次，全行的存款在关键时间点还是有大起大落的现象，这既说明了市场竞争的激烈，也说明了我们的对策、措施还没有完全落实到位，说明我们对客户的追踪、分析、了解得不够，手段不够先进，管理责任不够明确。在营销组织和客户管理中，我们也采取了客户分层营销、公私联动营销等方案和措施，但在具体落实上还需要依托 MOVA，进一步完善机制、细化任务、落实责任。要加强客户营销的协同、协作机制，充分发挥 MOVA 的管户和认领、分成分润、联动营销功能，使员工劳有所得，切实调动客户营销的积极性。

要加强对营销组织的事前、事中和事后管理。事前要结合客户类型、规模、贡献和风险情况，做好客户挖掘，筛选出优质客户，实现精准营销。各行可以看一看管理会计报告中本行大客户的管理情况，客户“裸贷”的情况还不少，光有贷款没有存款，存款跑到其他行，贷款找工行；事中要及时了解、跟踪客户动态，加大对客户资金流的监控，加大对客户金融需求的分析，对客户的动向进行预判，维护好存量客户，同时还要做好大型优质客户的上下游市场营销延伸；事后要做好客户的监测和贡献评价，为下一轮的产品定价和营销策略奠定基础。要建立各类客户的管理责任制，将客户逐一落实到客户经理，实现客户清单式管理，巩固我们的传统市场优势。

（三）在提升经营效率上下功夫，不断提高价值创造能力。从管理会计报告看，各行的人均、网均等经营效率类指标差异较大，我们不少的分行，网点不比人家少、人员不比人家少，存款却不比别人好，这些问题需要深入研究。我们在县域机构也碰到这样的问题，有时候一讲县域支行存款不太好，马上有人说农行机构比我多几倍，所以我们存款没农行好。可是我们在某县行的机构数量比另一个银行多5倍，但是这个银行的业务却是我们的三分之一或二分之一，那又如何解释呢？因此网均、人均都要比较，来判断我们竞争力的强弱。还有一些地方存在资源投入与市场地位不匹配、与区域资源不匹配的情况。有些机构存量很大，增量很小，是维持型机构；有些机构存量和增量都很好，是成长型机构；有些机构存量和增量都不好，是衰退型机构。在同一分行内部、辖属机构之间差异也非常大，这些都是发展上的不均衡现象。如果我们只把发展的重点放在那些特大型网点、特大型客户，靠这些特大型网点、特大型客户生存，我们的存款状况不会根本改善。而如果17 000个网点都动起来，努力抓好存款，将会有极大的变化。当前问题主要是依靠MOVA深入分析不够，所以希望下一步各级行要更加注重经营效率的提升，网均、人均要与系统比、本地区比和同业比，要通过MOVA及时发现我们经营中的短板，通过体制层面的创新，让体制与经营发展、市场竞争的匹配度更加紧密。要深化机构层面的改革，切实提高县域支行、省行营业部的经营效率和效益，按照市场和客户资源来配置网点资源、人力资源和等级设置。要深化营销部门、产品管理部门和利润中心等专业条线层面的改革，完善分成分润机制，尽量压缩不必要的管理职能，切实激发各个业务单元的价值创造力。要探索建立营销部门按照MOVA客户维度业绩来计量贡献和产出的机制，对于大客户直营部门可以按照单客户贡献体现营销团队的价值，探索客户经理责任制和团队营销责任制。要提高产品经营部门产品盈利管理能力，制定切实可行的产品发展策略，对产品创新的收益、风险和资本占用进行预测，对产品投产后的收益、风险和资本占用进行后评价，要用拳头产品占领市场，发挥好产品在结构调整中的作用。要加大对利润中心的授权改革，在确保风险可控的前提下，简政放权，切实将其打造成新的利润增长点。

（四）在深化经营分析上下功夫，不断增强科学决策能力，长期以来，我们的管理层、部门负责人、客户经理在经营管理决策上，凭经验、靠直觉的情况比较多，主要原因是我们还没有形成一个精细化的数据支持。这在业务相对简单、利率相对固定、风险相对较小的市场环境中或许还能应付，但是在综合化经营、利率市场化、风险积聚的经营环境下，就必须依靠数据进行科学的决策，依托MOVA的数据支持，进行有深度、有广度的经营分析。所谓有深度广度，就是要构建以决策支持为导向，涵盖机构、产品和客户等所有银行管理要素的全方位、立体化的经营分析模板与管理应用制度，比如说为机构开立与撤并、产品创新与定价、客户挖掘与维护等提供数据支持；就是要建立健全满足不同群体需求的决策支持机制，构建面向各级管理层的管理会计报告机制，面向各个业务条线和部门负责人的管理会计报告机制，面向各级行客户经理的营销支持分析报告机制，切实提高全行的科学决策的水平。总行各个管理部门包括内控、内审部门要运用MOVA的数据，各分行、各业务部门、利润中心也要借助MOVA数据，加强经营研究分析，改进经营管理工作。

（五）在完善数据治理上下功夫，持续提升MOVA体系运行质量。MOVA应用的领域、范围非常广泛，这既是MOVA优势的一个体现，也对MOVA的数据加工和数据质量提出了很高要求。简单来说，在数据生成过程中，MOVA依据员工在PBMS、CBMS中登记、认领的业绩，依托组织树整合主机、台账系统，按照预先设定的核算逻辑和指标模型进行数据处理，从而实现了五个维度的信息展示。正因为如此，MOVA的数据质量不仅取决于自身的设计，而且还取决于诸多上游系统的稳定运行，取决于各项管理规范的统一和提升，取决于各项业务规则的严谨、准确。经过前期业务部门、科技部门的创新攻关，我们已经解决了MOVA数据从“无”到“有”的问题，MOVA数据质量有了较大幅度的提升，基本满足了分行精细化管理的大部分需要。但是随着管理应用的不断深化，对数据质量会提出更高的要求。因此，下一阶段深化MOVA管理应用还需要在数据质量上有新提升新突破，要采取有效措施，努力实现MOVA数据从“有”向“全”和“准”提升。一是继续做好组织树、产品体系、指标口径等业务规范的梳理，做好中间业务跟单计价、对公客户业绩计量、营业费用分摊还原等核算逻辑的梳理，尤其是对长期没有得到有效解决的难点问题，要集中时间、集中精力重点攻关。二是着力构建全方位、全过程的数据质量保障机制。要加强数据质量的事前防范，完善上游系统变更对

MOVA影响的联动评估机制，在数据源头上严把质量关；要加强数据质量的事中管控，根据MOVA需求、版本投产和批量情况，及时组织开展数据验证和修复；要加强数据质量的事后监测，根据监测的分析结果，及时发现和清理影响数据质量的各类问题。三是建立MOVA数据质量责任机制。MOVA团队要发挥好组织协调作用，制定数据质量提升的工作计划和措施，推动数据治理工作的深化；MOVA各上游系统的主管业务部门也要站在全局高度，积极配合MOVA数据治理工作，要对自己主管系统数据的稳定性、可靠性、及时性进行提升；各分行要在MOVA深化应用中，积极发现、反馈存在的数据质量问题，协助总行研究、制定提升数据质量的业务规范，共同实现MOVA数据质量的新提升。

这里，我要对MOVA体系境外机构的应用推广提几点要求。随着我行国际化发展步伐的加快，年内境外机构可能要覆盖到近40个国家和地区。据估计，真正值得设海外机构的国家和地区也就50个左右，所以我行国际化发展未来的方向是，在继续完善机构布局的同时，更要实现境外机构管理的精细化。下一步工作将重点转向高质量、本地化发展上，这必然离不开管理会计的支持。我们的NOVA、FOVA海外推广经验都为MOVA的海外延伸提供了坚实基础。对于MOVA的境外延伸，一是在财务会计部总牵头的组织格局下，国际业务部也要作为牵头部门，积极参与，推动MOVA在境外机构的延伸；二是继续坚持先试点、后铺开的工作方针，要选择工银亚洲、工银印尼等2～4家境外机构进行先期试点，认真解决境外延伸中存在的业务和技术难点，然后再推向所有境外机构，2013年希望在境外延伸有重要突破；三是境外机构要积极主动地参与到MOVA境外延伸工作中，将这项工作抓紧、抓好、抓出成效。

当前外部经营形势日趋复杂多变，同业竞争日趋激烈，希望各级行党委按照年初和年中工作会议要求，切实把各项工作落到实处。要加强对当前经营形势的分析，有新情况新问题及时向总行汇报，以便总行冷静观察，把握走向，稳妥应对。现在距年底没有几个月了，完成全年各项任务指标的压力非常大，尤其是存款工作面临的挑战非常大。希望大家一定要努力完成全年各项指标。会后，各级行、各专业要深化MOVA体系的运用，完善管理机制。回去后可以举办一些相关培训班，让各级领导会用、能用MOVA来抓管理抓经营，将我行的科技和管理优势转化为竞争优势，提升竞争能力和经营效率，加快全行管理现代化建设步伐，为把工商银行建设成为最盈利、最优秀、最受尊重的国际一流现代金融企业而努力奋斗！

在第25次党委（扩大）会议上的讲话

姜建清

（2012年9月7日·根据录音整理）

刚才杨行长对不良贷款工作进行了重要的部署，各行要认真贯彻落实。杨行长对工作的部署已经很全面和具体。我只谈几点看法。

第一，大家必须统一思想，对防控不良贷款工作要高度重视。今天召开这次会议，足见总行党委对这项工作的重视程度。尽管从目前情况来看，全行不良贷款率为0.89%，还处于比较好的水平。刚才个金、银行卡部以及几家分行都汇报了当前各自不良贷款情况，目前各专业和分行不良贷款率都还保持在较好的水平。

这次总行召开会议，要求大家对防控不良贷款工作要引起重视主要有这么几个原因：一是这次不良贷款的上升是这些年来不良贷款连续“双降”之后出现的拐点。我行从2000年剥离不良贷款之后12年以来，全行的不良贷款余额和不良贷款率连续“双降”。从今年上半年情况来看，不良贷款余额出现了上升，不良贷款率继续下降。如果工作不力，全年不良贷款甚至可能出现“双升”的局面。更令人担忧的是，此次不良贷款出现拐点性的变化与全国宏观经济走势密切相关。虽然目前不良贷款余额上升很少，但是从全球银行业的不良贷款产生曲线来看，从不良贷款开始反弹到不良贷款大幅增加的时间间隔比较短，曲线是非常陡峭的。往往在1－2年内，不良贷款余额或者不良贷款率从较低的水平迅速增长到非常高的水平。比如次贷危机、欧债危机和之前的亚洲金融危机等展现出来的情况都是如此。

第二，今天来参会的各家分行基本都是沿海地区重点分行、大行。这些分行的客户相对资质较好，企业的国际化水平、市场化水平和管理水平相对全国其他地区都是比较好的。从全行来讲，这些分行的风险管理能力和水平也是相对比较强的，连续多年都是信贷管理水平较好的分行。现在这些沿海地区分行首当其冲出现了不良贷款的拐点，这是否说明中西部地区分行管理水平更高？中西部地区的企业管理更好？实际上并非如此。中国的经济有梯度变化的实际情况，一般来说，东部沿海地区的经济情况最先出现变化，大概半年到一年左右时间中西部地区会逐渐出现类似东部地区的经济状况。2008 年金融危机时，也是东部沿海地区首先出现经济困难，中央出台了 4 万亿的刺激政策，才使东部沿海地区的状况没有蔓延到中西部地区。如果中央不出台刺激政策，2008 年东部地区的经济困难一定会在一年以内蔓延到中西部地区。在此规律下，令人更为担心的是，在半年或者一年左右时间之后，东部沿海地区各行不良贷款的反弹情况还没有好转，中西部地区分行也出现不良贷款反弹或增加的情况。这是我们更加不愿意看到的情况。

第三，从这次信贷违约的客户来看，可以说是点多面广。这些年来我们加强了风险管理，近期暴露的大型企业重大信贷风险事件中，我行目前鲜有涉及。其他大型银行已经出现了类似风险事件，一次重大信贷风险事件导致一家银行不良贷款几十亿、甚至上百亿元的增加。但从我行目前情况来看，此次信贷违约客户涉及面很广，比如小企业贷款、消费信贷、贸易融资、信用卡融资、信用证融资等。这是非常不好的现象，令人担忧。

第四，各方对目前经济形势的看法不一，全行对不良贷款工作的看法也不一致。对于中国经济形势，国内国外看法不一，全国上下的看法也不完全一致，政府和企业的看法也不完全一致，东部和中西部地区的看法也不一致。目前来看，中国经济确实处于一个比较重要的关口。中国经济保持 30 多年超过 9% 的增长之后，面临经济结构调整和发展方式的转变。经济转型的压力、国外经济低迷的压力等综合因素都交织在一起，使宏观经济下行压力加大。中央提出“稳增长”的政策目标后，首先开始增大投资力度。截至 7 月末，投资增幅是 20.4%，这是从近几年最高 40% 多的增幅降下来的。最近发改委批准很多项目，但是这些项目资本金如何落实？资金如何配套？政府融资平台贷款如何处理？目前我国 GDP 应该是 47 万亿元左右，政府债务占 GDP 大概 40% 多，如果占比增加到 70% 的警戒线，也就是增加 14 万亿元左右。据有关统计，2008 年政府 4 万亿刺激计划出台后，各级政府融资就增加了 12 万亿 - 14 万亿元左右，也就是 1 - 2 年的信贷投放而已。如果发展方式不转变，即使采用 2008 年的政策，最多也就是持续 1 - 2 年。总体来看，仅依靠政府投资拉动是不可持续的，因此必须要拉动民间投资。只要投资增速下降，与投资密切相关的钢铁、水泥、有色、建材等产业就出现明显过剩，与其配套的中小企业就会经营困难。其次，要提高消费拉动经济的力度，但是这很不容易。多年来消费年增幅在 13% - 18%。消费的增长必须要靠增加就业和增加消费者的收入来实现。投资增速下降，就业和收入都会受影响。今年以来消费增幅在 14% 左右，这是近 10 年来较低水平。再次，国际经济形势低迷，导致我国出口不振，1 - 8 月进出口增幅仅为 6.2%。另外，8 月 PMI 是 49.2，表明了今后几个月经济走势。从企业情况来看，企业存货、应收账款大幅增加，销售下降。这些都说明国内宏观经济转型、产业结构调整是一个长期艰苦的过程。

从全球经济来看，美国负债已经达到 16 万亿美元，虽然美国房地产行业表面看似有所复苏，但主要是国际避险资金寻找出路所致。现在西班牙、葡萄牙、意大利、希腊大量存款和资金外逃，很多避险资金到了美国。欧洲情况更不容乐观。虽然第三季度到年末欧美极有可能再次推出定量宽松货币政策，但这对中国有利有弊，一方面会对我国通胀造成压力，另一方面也会促进出口以及过剩产能输出。

现在我们在召开防控不良贷款工作的会议，可能有些中西部行正在召开发展业务的会议，因为目前这些行不良贷款工作没有压力，情况比较好，他们认为是要大干快上，加快发展。这里要强调，要增强忧患意识，要未雨绸缪，对下一步工作要有预见性，不能乐观。比如去年 7 月沈阳召开的年中工作会议我们提出压降四大行业贷款，现在来看，这完全是正确的决策。“四大行业贷款”很多是涉及政府融资平台的，现在监管部门加强了对政府融资平台贷款的检查，如果四大行业贷款不压降，监管部门不允许。房地产贷款余额现在出现下降，也是对的，虽然目前房地产行业资金链条还正常，但是其实隐藏很大的潜在风险。因此，防控不良贷款工作一定要有预见性。

从银行体系来看，必须对银行体系流动性的问题高度重视。现在银行流动性的波动超过以往任何时候。整个社会上形成了在银行体系之外的庞大的资金流动周转体系，这里主要包括各种理财产品，以及各种融资性的债务工具。这庞大的资金流动体系由各类融资机构组成，除银行外还包括信托、贷款公司、融资性及非融资性担保机构、典当行以及民间钱庄等。现在全国仅小额贷款公司就近万家，担保公司超过 1 万家。目前整个社会资金链条还比较正常，很大原因是在银行之外形成了如此庞大的资金流动体系。就银行体系来说，对房地产行业的贷款和政府融资平台的贷款是收紧的，而且力度相对是比较大的。在此情况下，房地产行业和政府融资平台的资金链条没中断，这跟银行体系之外资金流动周转体系的存在是分不开的。但是需要注意的是，这些资金的成本是比较高的，有些利率超过 8%，甚至达到 16% 以上。现在的实体经济，或者哪个投资项目回报率能够达到这个水平？一旦市场意识到风险，刚才提到的资金链就可能中断，并蔓延到其他行业，乃至整个社会。据统计，现在信托公司的融资规模超6万亿元，理财资产余额6.5万亿元，这两块金融资产规模都已经超过保险公司的资产规模。另外，还有证券公司、资产管理公司都在发行投资或者融资产品。这些规模庞大的资金不管如何运作，最后跟银行信贷资产一样，只能投资到企业实体上。企业实体就是真正的基础性资产。这么庞大的资金在投资时，一定是认为基础性资产是优良的，是可以取得高回报的。美国次贷危机的基础性资产是房地产，当时就认为房地产行业是一定没有问题的。在当前的复杂情况下，我们必须保持清醒的头脑，决不要让外部的金融风险往银行延伸。国务院领导同志指出，一定要守住风险底线，绝不能发生全局性、系统性的金融风险。工商银行是全国最大的商业银行，只要发生大问题，一定是全局性和系统性的金融风险。我们绝对不允许这样的情况发生。

第五，我谈几点具体要求。

一是要始终遵循商业银行的经营原则。不管面临何种情况，无论经济上行周期还是下降周期，都必须坚持这一条。控制盲目追求规模扩张的冲动和欲望，坚持信贷支持实体经济，贷款总量要与当地经济总量相匹配。

二是要坚守风险管理的底线。不以牺牲长期发展为代价追求短期利益。越是在目前复杂形势下，越要坚持信贷结构调整的方向，统筹兼顾，处理好贷款投向、质量和效益的关系。不能以一时之需，动摇政策制定、流程架构的根基。虽然我们防控不良贷款工作压力较大，但是我们不要动摇工行一直以来严格风险把控的这些要求。可能这些要求比同业要严，但是必须坚持。一定要巩固我们已经取得的风险管理的重要成果。这几个月以来，国际上唱衰中国银行业的声音很多，如果不良贷款出现“双升”的情况，各方的无理指责更会铺天盖地。

三是要瞻前顾后，特别是对我们生疏的、缺乏风险控制经验的领域要十分谨慎，要进行战略取舍。对一些资产过于集中的行业要果断退出，对一些不计划长期持有的业务也要果断退出，对一些存在风险隐患的客户要果断退出。抓紧时机进行我行战略结构的转型和调整。如果一旦社会出现信用危机，银行资金是无法退出了。比如融资性担保公司业务，我们抓紧退出了，如果大部分银行都想退出，工行想退出都不可能了。

四是要坚持依法合规经营。现在社会融资活动非常活跃，我们不要盲目跟风，不要从事超越自我风险控制能力的业务。最近我给党委又写了一封信，谈了对加强我行自营业务风险管理的看法。另外，要防范信贷资金投放之后，被挪用、移用的可能。如果社会资金链断裂，极有可能出现这些情况。今天我们谈到个人贷款发生问题，其实与企业信贷是分不开的。因为一旦企业资金出现困难，就容易发生个人贷款，包括信用卡融资的挪用。要加强表外业务、金融资产服务业务、代客业务的管理。还有，目前国内担保市场的准入、运行和管理较为混乱，融资性担保公司和没有主业的非融资性担保公司，以及实体企业互保、连保，形成了非常危险的链条。我行的公司贷款中，保证贷款的不良率是2.13%，第三方信用担保的不良贷款占整体公司不良贷款的40%以上。现在采用担保增信实际上没有起到风险防范的作用，只是审批时更容易通过。这不是自欺欺人吗？

全行上下，尤其是不良贷款压力较大的分行，行领导要把主要的工作精力放在资产质量管理上。各行都要对全部贷款进行更加详尽的认真排查，采取有效措施，包括提前退出等预见性的措施，做好不良贷款管理的各项工作。

在“中国工商银行博士后工作站成立10周年——中国银行业未来之路”学术论坛上的致辞

姜建清

（2012年12月7日·根据录音整理）

中国工商银行博士后工作站已经走过了十年的历程，今天我们举办这次论坛，既是对中国工商银行博士后工作站成立十周年的庆贺和纪念，也是借此机会，对金融领域重大问题进行高层次的探讨与交流。

十年弹指一挥间。过去的十年，是中国金融业、银行业改革波澜壮阔的十年，也是世界金融业风云变幻的十年。这十年，尽管面临非常艰巨的挑战及千头万绪的改革任务，但我们没有忘记理论的研究和探索，没有忘记人才的吸引和培养。十年来，中国工商银行博士后工作站按照人才兴行战略，积极开拓创新，不仅形成了一套行之有效的管理和运作机制，收获了一批高质量的研究成果，更重要的是培养了一支具备理论联系实践能力、综合素质高和专业能力强的人才队伍，为工商银行的改革发展贡献了力量，探索出一条具有自身特色的博士后工作站发展道路。我们在实践中，积极创建了工作站理论指导与挂靠部室业务实践相结合的培养模式，引进人才按课题所需、留住人才按业务所需的用人模式，科研成果兼顾学术性与应用性的研究模式。如今，博士后工作站已成为工商银行引进和培养高端专业人才，增强研发和创新能力，加快产学研结合和科研成果转化的重要渠道和平台。

今天研讨的主题是“中国银行业未来之路”。过去的十年，是全球银行业近百年来变化最大的十年，美国次贷危机、欧洲主权债务危机相继爆发，全世界一些重要银行倒闭；监管法规更趋严格，从巴塞尔协议Ⅱ提升到巴塞尔协议Ⅲ，美国的沃尔克法案和英国的监管法规颁布，而且金融改革和监管被提升到了全球最高层次——G20的会议上来讨论。我们现在还没有很好地对过去十年全球金融业的巨大变化进行科学、精辟的理性总结。如果十年前全球银行业能够前瞻性地深入研讨这些问题，或许可以避免很多损失。展望未来，我们能否理性预测出今后十年世界银行业和中国银行业将会发生什么样的变化？目前世界上一些主要银行的高层，总体对未来银行业发展前景感到迷茫。当然，当前西方银行业所面对的挑战是前所未有的，中国银行业也有很多挑战，但是与他们不同，需要积极探讨、研究。

过去十年，中国银行业发生了翻天覆地的变化，在公司治理、风险控制、发展方式转变等方面都取得了巨大的进步，成功抵御了国际金融危机的冲击，从过去被称为“技术上已经破产”的银行成为现在全球领先的大银行。就在同一时期，西方银行业遭遇了百年不遇的沉重打击，正处在深度的调整和休养恢复之中。全球新的国际环境以及资本监管等一系列新制度的出台，都将对银行业下一轮发展带来巨大的不确定性，既伴随着挑战，也孕育着机遇。在工商银行博士后工作站成立十周年这个特殊时刻，我们共同展望中国银行业乃至世界银行业未来的发展趋势，探讨银行业改革发展路径和创新模式，正逢其时，是十分有益的。借此机会，我愿与大家共同探讨三方面需要重点研究和关注的问题。

第一，要重点关注宏观经济周期变化的挑战。国际金融危机及欧洲债务危机可能持续蔓延，其影响不会很快消失；欧洲经济短期内看不到恢复迹象，美国经济复苏的新增长点尚不清晰；国际热钱流动影响甚大，许多情况不甚明朗。总之，世界主要经济体及全球经济增速短时期内回到危机前水平几乎是不可能的，全球经济将进入一个低速增长期。为了应对这种挑战，主要国家持续实施量化宽松货币政策，加大了资产价格、金融市场波动及通胀压力。同时，经济和金融领域的保护主义不可避免增强，给包括中国在内的新兴市场国家经济增长带来压力。国内经济在连续多年高增长之后，经济发展中的结构性问题依然突出，投资、消费、出口结构调整任重道远，去产能过剩化难度不小。中国未来将致力于经济结构的战略性调整和发展方式的转变，更加重视发展的质量和效益。在外部环境的影响和主动调控作用下，国内经济增长速度可能回落，进入一个相对平稳的增长期。银行作为顺周期行业，银行在全球经济下行和国内经济增速放缓的大背景下，必然面临盈利增长、资产质量安全等新的挑战。

第二，要高度关注银行业发展周期变化带来的影响。金融危机爆发以来，国际社会在总结和反思危机教训的过程中，启动了新一轮的金融监管改革。中国监管部门也借鉴国际金融监管改革成果，制定了新的资本管理办法，显著提高了对银行资本的监管要求。外部的环境变化以及监管加强，使银行管理的复杂性大为增强，如何长期保持合理的资本充足水平，支持业务持续增长，将是中国银行业面临的一大挑战。同时，中国利率市场化改革已经提速，资本市场发展和金融脱媒加速演进，中国银行业目前仍以存贷利差为主要盈利来源，在风险计量、定价和管控能力还有待加强的情况下，其盈利模式、经营结构、管理水平、创新发展能力和市场竞争能力等方面都将受到全方位的考验，平衡市场、风险和收益的难度越来越大。商业银行的盈利增长可能出现陡降，与外部更高的资本监管要求对银行造成两重压力，这可能导致一些银行更加激进的扩张、盲目创新，诱发新的风险。

第三，要密切关注国内外金融竞争格局变化带来的挑战。尽管西方发达国家的银行业在这次危机中遭受重创，但其金融创新力和国际竞争力仍不可忽视。危机导致全球银行业集中度进一步提升，银行的差异性已经开始凸显，经过一段时期的调整和恢复，两三年后有可能会进入新一轮金融创新和全球扩张期，从而对刚刚进入国际化发展期的中国银行业形成新的竞争与挑战。国内的金融业竞争也进一步加剧，不理性的价格竞争可能会导致银行业整体效益下降和风险上升。第三方支付等机构对银行业传统中介地位的挑战也不可小视。所以，面对新的竞争格局，及时的创新和应变是中国银行业能否继续保持竞争力的一个关键因素。

展望未来，中国银行业面临的困难和挑战更加艰巨，这些都是值得深入探索和研究的课题。只有把握规律、战胜挑战，才能实现长期可持续发展，确保我们在下一个十年以更加昂扬的姿态挺立行业发展潮头。

博览十载工书勤，贤才辈出行天阔。面对这么多困难、挑战，面对这么多可研究探索的新领域，希望大家放开眼界，勇于创新，攻坚克难，更加勤勉地治学，更加踏实地工作，为工商银行开创国际一流现代金融企业建设新局面，为推动中国银行业的科学发展做出新的更大贡献！

在中国工商银行贯彻十八大精神推动科学发展研讨会上的讲话

姜建清

（2012 年 12 月 20 日）

这次研讨会的主要任务是，深入学习贯彻党的十八大和中央经济工作会议精神，总结十六大以来全行改革发展成就，分析当前形势，研究谋划明年工作思路及未来一个时期的战略举措，动员全行进一步解放思想，凝聚力量，抓改革、促转变、谋发展，沿着科学发展的道路阔步前进，奋力开创国际一流现代金融企业建设的新局面。

一、回顾十年发展历程，进一步增强坚持中国特色社会主义、贯彻落实科学发展观的高度自信与自觉

党的十六大以来的十年，是我国经济社会发展取得举世瞩目成就的十年，也是工商银行历史上发展速度最快、发展质量最好的“黄金十年”。十年来，在党中央、国务院的正确领导下，在科学发展观的指引下，全行加强形势研判和战略谋划，经受住一系列困难和风险考验，实现了从大到强、从本土到全球、从国有独资银行到国际公众持股公司的历史性转变，探索走出了一条有中国特色的大型金融企业建设道路，在中国乃至世界金融史上写下了浓墨重彩的篇章。

这十年，最突出的成就是综合实力、国际竞争力和影响力的空前提升。十几年前，我们因承担了较大的国企改制成本，加上经营管理中的问题，背负了巨额不良资产和账务包袱，被国际上一些人认为“技术上已经破产”。在经营最困难的 1999 年，全行不良贷款余额高达 11 000 多亿元，不良率高达 47.5%，同时还有 1 万亿元实际上已处于不良状态的借新还旧贷款，以及 1 800 多亿元的财务包袱。全行以 2000 年剥离部分不良资产为契机，展开资产质量攻坚战和经营效益翻身仗，当年一举扭转之前连续七年的实际亏损局面，到 2002 年依靠自身努力消化了 3 500 多亿元的不良资产和 600 多亿元的财务包袱，解决了 4 300 多亿元的借新还旧贷款，使经营状况出现好转。在此基础上，我们按照十六大关于金融改革的总体部署，经历十年以股改为突破的综合改革和转型发展，使全行经营管理状况发生了脱胎换骨的变化。信贷资产质量达到国际先进水平。总资产、客户存款和贷款余额分别达到 17.4 万亿元、13.6 万亿元和 8.6 万亿元，分别增长 2.6 倍、2.3 倍和 1.9 倍。自 2003 年引入国际审计以来，净利润从 226 亿元增至 2011 年的 2 084 亿元，预计十年（到 2012 年末）年复合增长率达到 30%，是全球成长性最佳的金融机构之一。ROA 和 ROE 均处于国际领先水平。资本实力在全球千家大银行中排名第二。成本收入比水平显著优于国际大银行的平均水平。全行国际地位和影响力大幅提升，成为一家市值、盈利、客户存款、贷款、品牌价值等多项指标全球第一的银行，昂首步入世界领先大银行之列，实现了几代工行人的梦想。

这十年，最具标志性的突破是现代金融企业制度的建立。我们在先期推进内部改革的基础上，以善于借鉴、勇于创新、敢于超越的精神，成功完成了中国最大规模银行的股份制改革，以及全球最大规模的发行上市工作，被誉为“世纪招股”。通过改制上市，全行实现了在国家控股基础上的产权多元化，建立了“三会一层”的现代公司治理架构，整体构建起了符合我国国情和商业银行经营管理内在要求的现代金融企业制度。我们紧紧扭住影响科学发展的深层次问题，加强顶层设计，尊重基层首创精神，全面系统地推进改革攻坚，在财务、资金、统计、授信审批及信息科技等领域推行了以集约化为导向的集中管理改革；在 8 条业务线推行了以强化经营职能、鼓励价值创造为核心的利润中心改革；在省区分行营业部和重点县支行推行了以增强经营活力和竞争发展能力为目标的管理体制改革；在业务运营体系中实施了涵盖远程授权、业务集中处理和监督、综合业务流程改造、后台中心建设等内容的综合改革，初步构建起集约高效、风险可控的价值型运营管理体系；从机构、部门、员工、产品、客户等维度，改进了绩效考核体系，完善了激励约束机制，进一步激发了各层面的积极性和创造力。

这十年，最根本的变化是发展方式的转变。我们十分重视战略的前瞻性，早在十年前就启动了经营结构的调整，“变革与转型价值突出的银行”成为股改路演时最具吸引力的投资故事之一。股改上市后更是将全面推

进经营转型作为两轮三年规划的核心。十年来，全行开辟了投资银行、电子银行、现金管理、私人银行、资产管理、贵金属、养老金、理财、票据等一大批新兴业务领域，不断形成新的盈利增长点，全行手续费及佣金收入和投资交易收入占总收入的比重由23%升至40%，十年间以年均10%左右的信贷增长支撑了30%的净利润成长，过度依赖存贷利差收入的传统盈利增长方式得到较大改变。我们积极稳健地推进国际化综合化发展，境外网络从10个国家和地区的34家机构扩展至37个国家和地区的近400家机构，并通过持有南标集团股权实现了对非洲大陆的战略布局，形成一个覆盖国际主要金融中心和我国主要经贸往来地区的全球服务网络，这期间进行的11起并购全部获得成功，除个别当年新设机构外，所有境外机构全部盈利，境外机构总资产和拨备后利润增长超过10倍；十年来全行经营范围从传统商业银行扩展至基金、租赁、投行、保险、证券清算等领域，一些子公司快速成长为行业领先者。可以说，发展方式转变是贯穿十年发展的主线。

这十年，最重要的贡献是支持了经济社会发展和民生改善。我们以服务经济发展为己任，通过不断优化信贷资源配置、创新产品和服务机制，促进了经济健康发展和经济结构调整。十年来，我国经济年均增长10.7%，我行信贷年均增长10.8%，与经济发展基本相适应。我们以为人民大众提供卓越金融服务为使命，从服务模式、业务流程、服务渠道、产品供给、消费者权益保护等方面全方位加以改进，一年一个主题，一年一个台阶，一年一个变样，并以“零差错、零投诉”的成绩，经受了奥运会、世博会和亚运会等重大国际活动的严格检验，全行服务出现了新面貌。目前全行产品总数超过4 000个，是国内产品最丰富、服务供给能力最强的银行。电子银行渠道占比从16%提高到75%，其中离柜交易率在80%以上的活跃客户占比达到25%。高效、安全、便捷的现代金融服务体系不断完善。

这十年，最显著的竞争优势是科技创新。十年来，我们始终坚持“科技引领”战略和自主创新原则，相继完成了数据大集中、数据中心整合、科技灾备体系建设等一系列重大基础工程，开创了国内金融界建设超大规模数据中心的先河，建立了具有国际先进水平的集约化信息技术平台。在此基础上，重点研发推广了第三代全功能银行系统（NOVA），成为国内首家自主研发核心业务系统的银行；研发推广了覆盖至全部境外机构的境外综合业务处理系统（FOVA），成为国内银行中第一家实现信息系统全球一体化延伸的银行；研发推广了全行统一的绩效考核平台（MOVA），提升了精细化、科学化管理水平；研发推广了适应未来发展需要的第四代核心应用系统（NOVA+），构建起一个具有高度灵活性、先进性和抗风险能力的应用架构体系，进一步巩固了在国内同业中科技发展的“代际”优势，跨入了全球最优秀IT银行之列。全行信息系统日均处理业务量达到1.77亿笔，10年增长5.3倍，信息系统可用率始终保持在99.95%以上的较高水平，并拥有国内同业中规模最大、实力最强的科技队伍和最多的科技专利。科技发展推动了机制变革、创新转型和管理提升，铸就了工商银行的核心竞争力。

这十年，最大的进步是风险管理和内部控制水平的提升。我们根据不同时期的风险特点和监管要求，不断改进风险管理体制、流程和技术。特别是股改后，建立了相对独立的内部审计和控制体系，健全了适应集团化发展的全面风险管理体系，积极推进了巴塞尔新资本协议实施工作，增强了风险管理的前瞻性、科学性和有效性。全行不良贷款余额和比例连续12年双下降，其中不良率从2002年末的25.69%降至目前的0.87%，不良贷款拨备覆盖率从1.5%大幅提升至288.33%，千人发案率等管理指标居国际同业先进水平。在历史罕见的国际金融危机考验中，我们始终保持了稳健经营和健康发展态势，成为十年卓越发展成就和管理进步的有力佐证。

这十年，最鲜明的特点是坚持以改革创新的精神加强和改进党的建设。我们始终坚持党的领导核心地位，并适应公司治理的变化，不断探索完善党建工作新机制，形成了党委与现代公司治理职责明确、运转协调、相互促进的新体制。我们不断丰富和拓展党建工作内涵，从加强党的执政能力建设和先进性建设，到深入学习贯彻“三个代表”重要思想，从开展保持共产党员先进性教育活动到开展学习实践科学发展观活动，从创建学习型党组织到开展创先争优活动，从加强党风行风建设到扎实推进反腐倡廉建设，从发挥各级党委的领导核心作用到发挥基层党组织的战斗堡垒和党员的先锋模范作用，形成了党的思想、组织、作风、反腐倡廉和制度建设齐头并进的党建新格局。我们坚持以人为本加强员工队伍建设，全面实施人力资源管理提升项目，加大竞争性选人用人和干部交流力度，持续开展国际化人才培养、中年员工职业振兴、全员培训等工程，促进了从人员大行向人才大行的转型。我们大力培育富有工行特色、体现时代精神的先进企业文化，积极践行企业社会责任，树立了良好声誉和品牌形象。

十年成就，是在工商银行成立近30年改革发展实践基础上取得的。这些成绩的取得归功于党中央、国务院的正确领导，得益于中国经济持续快速健康发展，离不开各监管部门和有关单位的关心、支持和帮助，来源于几代工行人和全行员工的不懈努力和艰苦奋斗。在30年的探索特别是近十年的创新实践中，我们立足国情行情，逐步深化了对建设现代商业银行理论与实践一系列重大问题的认识，积累了宝贵的经验。

——必须坚持把自身经营发展放到全国经济金融工作大局中去谋划和推动。经济好才能金融好、银行好。

我们注重在服务经济金融工作大局中把握市场机遇和商业银行经营规律，做到了在经济高涨时期不过度放贷，在经济紧缩时期不踩急刹车；做到了信贷政策与产业政策相配合，金融创新与经济发展需求相适应。这十几年来，我们的信贷服务从以一般性流动资金贷款和技术改造贷款为主，发展到贸易融资、基本建设和基础设施贷款，从大企业、大项目贷款到中小微企业和个人贷款，从公路、电力、城建、房地产"四大重点行业"到战略性新兴产业、先进制造业、现代服务业、文化产业"四大新市场"，从控制"两高一剩"到全面实施"绿色信贷"，全行在信贷结构的因势而变、顺势而为、动态调整中，拓展了发展空间，提升了资产质量；在不断提升支持经济发展水平中，实现了自身健康发展。

——必须坚持把改革作为破除发展障碍的根本动力。素以稳健经营见长的工商银行，从未忧惧变革，不管有多大困难和阻力，从未放慢改革的步伐。我们与时俱进地推进观念转变和思想解放，从原先受传统观念和体制束缚较深，到确立"质量、效益、管理、发展、创新"的十字方针，再到进一步引入 ROE、ROA、RAROC、EVA 等管理理念，观念的变革、理念的更新，如静水深流，把全行经营发展推向全新境界。我们敢于和善于用改革的办法解决发展中的矛盾和问题，在经济转轨阶段背负巨额历史包袱的危难时期，我们通过推进艰苦卓绝的内部改革，逐步走出了经营困境。在入世形成的国际竞争面前，我们通过背水一战，实施股份制改革，实现了变革自强。在应对百年不遇的国际金融危机的严峻挑战中，我们通过重点领域的改革突破和关键环节的创新攻坚，获得源源不断的改革回报和经营活力，不仅成功抵御了危机冲击，还抓住危中之机，实现了新的跃升和发展，跻身于世界金融舞台的最前沿。工商银行的发展史就是一部改革史。改革不避难、不停步，成为工行这艘巨轮破浪前行的最大动力源。

——必须坚持把发展方式转变作为推动科学发展的根本途径。随着经营环境和发展条件的变化，我们越来越深刻地认识到，过度依赖存贷利差收入的增长方式和以规模扩张为主要特征的粗放型发展模式已难以为继，只有摆脱路径依赖，加快转型发展，才能赢得主动，赢得未来。十年来，我们努力走一条规模、结构、质量、效益、效率有机统一的发展道路，撤并低效网点近 2 万个，持续调整优化了机构布局；加快经营结构的战略性调整，从存贷利差收入占绝对比重到存贷利差收入与中间业务收入、投资交易收入多元发展，从单一存款业务到存款与理财业务协调发展，从单一柜台服务到物理与电子渠道并重发展，同时在发展中不断优化客户结构，逐步形成了一个好银行的客户基础。我们努力走一条业务发展与资本支撑相协调的道路，全行加权风险资产增速及其在总资产中的占比低于可比银行，依靠外源融资补充资本的比例低于可比同业。我们努力走一条国际化综合化的发展道路，在服务企业"走出去"和满足客户多元化金融需求中，增强了统筹利用国际国内两个市场、银行业务和非银行业务两种金融资源、多元获取收益、合理分散风险的能力。我们努力走一条更多依靠科技进步、人才素质提升、管理创新驱动的内涵式、集约式发展道路，以科技创新和业务创新的深度融合引领转型发展，以人力资源的整体开发和人才生产力的充分释放支撑转型发展，以管理基础的夯实和对风险底线的牢牢坚守保障转型发展，为发展方式的转变寻找到新的引擎。通过转型发展，全行提高了发展质量，拓展了发展空间，增强了发展后劲。

——必须坚持把发挥党的政治优势作为现代金融企业建设的根本保障。这些年来，无论国内外环境如何变化、全行体制机制如何变革，无论面临什么样的困难关口和复杂考验，我们都始终坚持党对国有金融企业的坚强领导，保证了现代金融企业建设始终沿着正确的方向前进。在具体实践中，我们注重把完善党的领导体制与健全现代公司治理制度相结合，把党管干部、党管人才与建立人力资源管理新体系相结合，把加强党风廉政建设与加强内控管理相结合，把抓好思想政治工作与抓好企业文化建设相结合，使党建优势、党建资源、党建成果成为全行核心竞争力的重要组成部分，成为现代金融企业建设的重要推动力量。

这些经验做法是我们坚持中国特色社会主义、贯彻落实科学发展观的生动体现。实践充分证明，中国特色社会主义道路，是我们新时期改革发展的必由之路、成功之路，邓小平理论、"三个代表"重要思想和科学发展观是指导我们现代金融企业建设的强大思想武器。站在十年改革发展奠定的基础上，全行要进一步提升对科学发展观实践价值和理论创新的认识，增强坚持社会主义的道路自信、理论自信和制度自信，满怀信心地在科学发展的新征程上谱写新篇章。

二、认清新形势新变化，积极应对挑战，牢牢把握机遇

对工商银行来讲，新世纪的第二个十年，仍将是一个机遇与挑战交织并存的时期。国内外经济金融形势的深刻变化，特别是经济周期、银行业自身特点和我行发展中出现的新情况、新问题的叠加影响，使全行经营发展面临一些从未有过的困难和挑战，而且这种困难程度和挑战的复杂性一点也不比上一个十年低。

从经济发展周期看，国际金融危机和欧洲债务危机的后续影响不断加深，世界经济已由危机前的快速发展期进入深度转型调整期，全球经济短期内难以走出低迷境况，主要国家持续实施量化宽松货币政策，使潜在通胀和资产泡沫的压力再度全面加大，不排除出现经济滞胀局面的可能。国内经济运行缓中企稳，但发展中不平衡、不协调、不可持续问题依然突出，经济增长下行压

力和产能相对过剩矛盾有所加剧。未来我国将加快转变经济发展方式，把推动发展的立足点转到提高质量和效益上来。在外部因素影响和主动调控作用下，我国经济已进入个位数增长阶段。我国银行业改革开放30多年来的发展，一直与经济高增长相伴而行。银行作为顺周期行业，经济高增长时，水涨船高，好银行和差银行资产和利润都会迅速增长；经济增速放缓时，水落石出，过去潜伏的问题可能变成真实风险暴露，那些对经济高增长和传统发展方式依赖程度较深的银行，会产生“不适应症”；那些越接近真实市场、越主动推进经营转型的银行，生存发展机会越大。在经济减速时仍保持稳健发展的银行，才是好银行。可以说，我国银行体系面临经济体制改革以来最大的转型压力。

从银行业发展来看，未来一个时期我国银行业有可能从之前的盈利高增长期进入一个相对平缓的发展阶段，盈利增幅很有可能回落至个位数，甚至在外部环境剧烈变化的情况下出现负增长。银行业发展的这种变化，既是经济周期性变化的反映，是由银行顺周期的特点决定的，也有来自金融体系内部变革与调整的影响。一是金融监管变化。金融危机以来，国际社会启动了一系列强化宏观审慎管理的金融监管改革，我国监管部门也颁布了新资本管理办法，显著增强了对商业银行的资本约束。有限的资本来源制约着资产等业务的扩张，银行业传统经营模式下的盈利高增长注定难以持续。近年来虽然我行增长方式有了较大改变，但实现现有经营模式下的盈利增长同样面临着资本不足的压力。假设未来五年我行贷款年均增加9 000亿元，考虑风险加权资产增长及对外资本性投资等因素，未来五年如果要保持目前13.6%的资本充足率要求，则需要增加资本1.48万亿元。假设未来五年全行能够保持年均10%的净利润增长，且将65%的利润用于留存增加资本，则可补充资本1.04万亿元，尚有资本缺口4 296亿元。若再考虑资本定义更加严格等因素，则资本缺口更大。如何在外源性资本补充渠道狭窄的情况下，以有限的资本获取对收益增长的更充分的支持，是我们面临的重大而紧迫的问题。二是利率市场化改革。当前利率市场化改革已步入核心环节，在经济增长放缓、有效融资需求下降、银行流动性管理难度加大的背景下，在我国银行机构仍然以存贷款为主要业务，同时风险度量、定价和管控能力还有待加强的情况下，利率市场化加快将使利差收窄，对银行盈利模式、经营结构、管理水平、创新和竞争发展能力形成全方位考验。对我行来讲，明年将迎来贷款重定价的高峰，两次基准利率下调和贷款利率下浮区间扩大的影响将在明年初集中显现，加上存款定期化、长期化趋势增强和对部分重点客户上浮存款利率，导致全行存贷利差收入增长难度明显增大。三是金融脱媒的加剧。近年来金融脱媒呈加速趋势，“十一五”期间各类债券年复合增长率超过30%，股票市场累计融资占股市成立以来融资总额的一半。同时，基于互联网和移动通讯技术的第三方支付产业飞速发展，连续5年增长率超过100%。这使银行基于支付中介和融资中介这两大基本功能的传统业务市场面临分流，给银行存贷汇业务经营带来重要影响。

此外，银行业发展还受到经营环境其他许多方面变化的影响。随着企业责任运动在我国的兴起，消费者权益保护意识的逐步增强，以及互联网传播方式的快速发展，政府、股东、客户等利益相关者对银行的诉求正发生新的变化，金融服务要求日益提高，并成为持续关注的热点。特别是在经济增速放缓、企业经营困难加大的情况下，可能一定程度上会使经济领域的矛盾焦点向银行集中，加大了银行发展的环境压力。

从我行自身发展来看，目前我行已经是全球银行业中少有的大型金融集团，存贷款指标都达到全球第一，总资产和一级核心资本也即将成为全球第一。这在带给我们欣喜的同时，让我们感受到了沉甸甸的压力。因为银行规模增长是有边界和临界点的，不可能无限扩张。巨大的金融体将不可避免地和全球经济金融发生更加密切的联系，金融本身的风险属性和外部风险变化交织在一起，稍有不慎就可能带来巨大的、难以估量的系统性风险，而这种风险在初始累积阶段很容易被银行所忽略。更何况驾驭一个如此规模庞大的金融机构，没有任何先例可循，作为探路人和先行者，我们必须比别人更具前瞻视野，更加小心谨慎，也必须在经营转型上比别人有更加强烈的紧迫感。未来一个时期，全行还面临人员结构周期性调整的挑战。从2014年以后将迎来员工退休高峰，未来五年平均每年大概会形成近2万人的退休及自然减员。如何在有效控制成本的前提下做好人才衔接，平衡好总量、结构、成本和效率的关系，是可持续发展必须要解决的一个难题。

与此同时，我们也要充分看到，全行改革发展面临许多难得的历史机遇。从国内看，我国发展的有利条件、内在优势和长期向好趋势仍在延续，仍处于可以大有作为的重要战略机遇期。党的十八大对全面建成小康社会和全面深化改革开放作出新的战略部署，可以预见，随着工业化、信息化、城镇化、农业现代化同步发展，随着经济结构转型加快，国民收入稳步增加，多层次金融市场体系日趋完善，人民币跨境使用扩大等新形势的发展，必将打开更加广阔的金融发展空间。特别是城镇化正在成为我国经济发展的巨大引擎。目前我国城镇化率刚超过50%，远低于发达国家近80%的平均水平。今后一二十年我国城镇化率将不断提高，每年将有相当数量农村富余劳动力及人口转移到城市，带来人口比例的增加和城市面积的扩大，带来投资的大幅增长和消费的快速增加，带来产业结构、就业方式、社会保障等一系列重要转变，这一切必将给银行发展带来大量的业务机会。从国际上看，主要发达国家受金融危机拖累，以及实施新的国际监管标准和持续去杠杆化影响，其银行机构在国际市场的扩张可能放缓甚至收缩，从而为我们推动国际化进程、拓展外部发展空间创造了条件。

从行内看，全行经过10年来的改革发展，综合实力迈上一个大台阶，形成了良好的业务基础、管理基础和人才基础，已站在可以发挥综合优势的新起点上。同时，我们在经营结构和业务发展上还有很大的提升空间。如在机构发展方面，我们有7家一级分行在资源投入领先同业的情况下，市场占比却落后于同业；有3 400多家网点的存贷款日均余额小于2亿元。在客户结构方面，全行3.7亿个人客户中，存款5万元以上的仅3 000多万户，低效睡眠客户超过1亿户；422万对公客户中，存款5万元以下的超过280万户；259家集团大客户中，有49家日均存贷款余额小于5亿元。在员工结构方面，人均效率低于一些同业，中后台人员占比偏高。差距就是潜力。只要我们从结构调整、客户拓展、资源配置、机构优化、体制创新、管理提升等方面综合加以改进，就一定能将差距转化为发展空间，促进全行价值创造能力和经营绩效水平的大提升。总之，我们应该有信心、有能力在纷繁复杂的局面下实现健康可持续发展。

能否把握机遇，应对挑战，关键取决于我们的思想认识，取决于我们改革创新的力度。改革是全行发展的最大动力，也可以为我们带来最大红利。过去如此，今后也是如此。如果没有当初我们破釜沉舟、背水一战的综合改革，没有股改后持续创新和大刀阔斧的转型，就没有今天的发展局面。在穿越最艰难的急流险滩之后，工商银行的发展已舟至中流，有了更开阔的行进空间，同时也面临着“中流击水、浪遏飞舟”的挑战，需要我们以更大的决心、勇气和魄力推进改革再出发。应该警惕的是，在工商银行越来越多的指标进入全球领先的成就面前，在全球第一的光环下，全行上上下下不同程度地出现了“改革疲劳症”和“精神懈怠病”的苗头，对新一轮改革的复杂性和转型的艰巨性，特别是对不良贷款反弹压力增大、利润增速下降、资本约束对结构调整形成倒逼机制，以及由此带来的一系列新的矛盾和问题，思想准备明显不足，卧薪尝胆、励精图治、艰苦奋斗的精神渐渐少了，官僚习气、奢华风气和精神暮气有所滋生；一些同志陶醉在过去的成绩簿上，思想行为受到惯性、惰性和部门利益的羁绊，缺乏攻坚克难的勇气，缺乏全局观念和视野，一些积弊久革不除。此外，在改革的主动性和紧迫性方面也存在不足，在机制、体制上还存在诸多需要理顺的地方。十八大报告中警示全党，“精神懈怠”是第一位的危险。西方历史学家曾研究了历史上20多种消亡的文明，结论无一例外，都是因为自身失去了改革的勇气和创新的活力，而被历史淘汰出局。银行经营也是如此，不管过去有多么辉煌，一旦思想封闭僵化、创新迟缓乏力，结果只能是丧失机遇而走向衰落。当前工商银行转型发展又处在一个重要关口，全行上下务必要增强改革的责任感和紧迫感，拿出不惧艰难的勇气、奋发进取的士气和革故鼎新的锐气，坚定不移地走依靠改革创新推动转型发展的道路，为工商银行赢得一个更加光明的未来。

三、在深化改革创新中加快转变发展方式，增强发展的稳健性、协调性和可持续性

要坚持把改革创新贯穿于经营管理和队伍建设的各个环节，着力增强内涵式发展新动力，着力构建资本集约型业务新体系，着力激发各业务各机构发展新活力，着力提升国际化综合化发展新优势。力争到2015年我国“十二五”规划完成时，我行表内资产规模与管理的表外资产规模的比例从现在的2.5∶1调整到1∶1，信贷利差收入与非信贷利差收入的比例由现在的6∶4调整到5∶5，综合化子公司和境外机构对集团的盈利贡献有较大提升，发展的稳健性、协调性和可持续性得到全面增强；争取到2020年我国全面建成小康社会之时，工商银行效益、质量、管理等各项指标全面达到国际先进水平，跨境跨市场服务能力进入国际先进行列，“三个之最”的国际一流现代金融企业建设得到国际国内的广泛认可。

2013年是全面深入贯彻落实党的十八大精神的开局之年，也是外部环境严峻复杂的一年，做好明年工作意义重大。刚刚结束的中央经济工作会议提出，明年经济工作要继续把握稳中求进的总基调，继续实施积极的财政政策和稳健的货币政策，处理好稳增长、调结构、控物价、防风险的关系，实现经济增长××%左右、居民消费价格涨幅控制在××%左右的宏观调控目标。中央特别强调，要进一步深化改革开放，进一步强化创新驱动，加大经济结构战略性调整力度，推动经济持续健康发展。持续健康发展，要求的是尊重经济规律、有质量、有效益、可持续的速度，要求的是在不断转变经济发展方式、不断优化经济结构中实现的增长。中央还要求，要高度重视财政金融领域存在的风险隐患，坚决守住不发生系统性和区域性金融风险的底线。对工商银行来讲，要落实好中央经济工作会议关于明年工作的总体安排部署，重点是转变发展方式和增强服务实体经济的能力，关键是在多重因素叠加影响下保持资产质量的稳定和经营效益的合理增长。这里特别要指出的是，我们追求的利润增长是建立在改进服务、控制风险、创新业务、开拓市场基础上的、健康和可持续的增长。我们要坚持社会主义市场经济改革方向，必须清醒地认识到，给国家、为股东创造利润是光荣的、理直气壮的，是有利于经济社会发展、有利于维护金融安全稳定的，也是真正地对客户、对员工负责。在任何复杂环境下，全行都要坚持现代金融企业经营理念和发展方向，坚持建设

“三个之最”国际一流金融企业的愿景不动摇。明年和未来一个时期，我们要努力在科学发展上实现六个方面的新突破、新提升。

（一）在构建信贷业务可持续发展格局上实现新突破。综合考虑支持经济发展、社会融资结构变化和全行经营转型等因素，未来5年我行本外币信贷资产还会新增4万亿元以上，每年贷款累放额要达到8万亿元左右。这不仅使我们面临很大的信贷市场拓展压力，更重要的是对全行保持资本充足率满足监管要求带来较大挑战。我们必须加快调整信贷结构，进一步形成资本占用低、资产质量优、风险收益好、可持续的信贷格局，以相对少的资本支撑信贷的适度增长。要研究贷款流量管理方式，逐步实现新增贷款计划与存量移位贷款的统筹管理使用，促进存量信贷资源在全行范围内的优化配置。初步考虑，未来五年，全行个人贷款（含卡融资）余额占集团贷款比例要由目前的25%提升至32%；在境内分行公司贷款中，“新四大市场”贷款余额占比由48%提升至52%，供应链融资余额占比由0.6%提升至5%，小企业贷款余额占比由13%提升至16%；境外贷款余额占集团贷款比例由4%提升至7%。

一要积极培育未来信贷增长的战略领地。牢牢抓住经济发展方式转变和经济结构战略性调整过程中新的市场机遇，培育符合经济发展阶段性特征和信贷结构调整方向、业务带动能力强、能够接续发展的信贷蓄水池。

一是工业化、信息化、城镇化、农业现代化中的信贷市场。积极营销国家“十二五”规划实施中一批重大建设项目，特别是新型信息技术类基础设施建设，综合运输体系建设中的重点项目，以及重点资源、能源项目。要通过产品和服务创新开发“新四大市场”，跟随重大技术突破和产业升级发展，重点竞争具有核心竞争力和经济效益的企业和项目，特别是“新四大市场”中高端装备制造业、信息技术产业、大型综合物流、新型文化产业的业务。要围绕国家深化产业结构战略性调整，积极支持过剩产能在国内消化一批、向境外有序转移一批、整合一批和淘汰一批，促进化解产能过剩矛盾。要关注新型城镇化带来的市场机会，对按照公司化、市场化模式运作的客户，从核算科目、产品、准入、审批等方面建立一套符合城镇化金融服务特点的经营体系，有选择地做好城市基础设施、智慧城市、宜居城市等新型城镇化建设的综合金融服务，避免走传统平台贷款的老路。要以大型集团化农垦区和农业产业化龙头企业为重点，稳步进入现代农业信贷市场。要积极支持国家生态文明建设，挖掘新能源和可再生能源、节能环保产业、“两高”行业龙头企业开展清洁生产、污染治理中的信贷市场潜力。要适应人口结构变化带来的民生保障新需求，重点挖掘“老”、“少”两端的医疗、养老、教育以及保障房建设等民生领域的市场机遇。

二是个人信贷市场。要尽快实施基于各类渠道、各种产品的个人客户综合授信管理。要顺应消费需求结构升级发展趋势，重点抓住住房消费刚性需求，继续严格落实差别化住房信贷政策，积极支持符合条件的个人首套房和改善性住房需求，力争住房按揭贷款增量市场占比第一。要重点抓住一般性金融消费需求，围绕我行基本客户，大力发展与个人收入来源账户挂接、覆盖面广、单户融资量小的新型个人消费贷款业务。要充分利用信用卡这一便捷的小额贷款业务融资工具，在管住个人收入账户和POS机“两头”风险的同时，利用POS机端和卡片端的客户消费行为分析系统，有针对性地营销目标客户，引导客户将潜在消费转化为现实消费，将消费需求转化为消费信贷需求。要稳健发展以生活消费品流通为主的个人经营性贷款，提高个人经营贷款发展质量。

三是重点区域信贷市场。要按照国家主体功能区战略规划，逐步完善区域信贷政策体系。对于国家战略规划区域、开发区以及旅游等具有板块化特点的信贷市场，实行更切合区域发展特点的信贷准入政策，推行“区域板块＋区内企业”、“开发区＋入园企业群”一体化服务模式，把更多的、具有板块关联性的优质产业和项目纳入信贷支持范围。

二要创新发展供应链融资新模式。传统的点对点信贷业务管理方式使得客户资源和信息散落在各个分支机构，我行网络、科技、客户资源等方面的整体优势难以得到充分发挥，也加大了营销和风险控制成本。这两年的试点经验证明，供应链融资模式可以实现对核心企业供应链上物流、信息流和资金流的有效整合，能够使核心企业及其上下游企业及个人的融资、存款、结算及理财等金融服务需求聚拢在我行，并能把一大批中小企业和个人的业务带起来、风险控制住，这是对信贷业务发展模式的重要变革。要尽快从政策制度、产品流程、评级授信、客户营销、资源配置、信息交流、风险控制等方面构建管理体系。要在全行建立几千个总行级、分行级核心企业供应链信息网，并明确牵头行和参与行的职责与利润分配关系，实现客户信息在集团内共享，促进业务联动营销、批量发展。要推广核心企业所在地行“一点对全球”的集中经营管理模式，对于融资规模大、跨区域范围广、涉及客户众多的供应链，可由总行建立供应链融资集中运营平台，实行“属地机构发起、总行集中处理”。要改造信贷流程，实行基于核心客户和产业链条的整体授信、审批和风险管理，灵活应用多种授信方式，扩大业务授权，提高业务处理效率和专业化水平。明年要围绕大型制造业、连锁商业、重点能源和资源产业、大宗商品交易市场等产业链资源，争取在每家一级（直属）分行做成5条左右的完整的供应链金融服务，并实现核心企业对上下游企业至少1:12的拉动，力争新增供应链融资1 000亿元。

三要继续优化“四大行业”信贷结构。经过一年半时间的努力，全行“四大行业”信贷结构调整取得了显著成效，完成三年4 000亿元调整计划的80%，贷款余额占比下降13个百分点至39%，基本降到2005年股改时的比重，贷大、贷长、贷集中的矛盾得到缓解。明年要继续对“四大行业”贷款实施总量控制，同时要更加注意区别对待、好中选优、掌握节奏，对剩下的800亿元调整任务可以分两年完成，统筹处理好总量控制与维护重点客户和市场竞争力的关系。要加强信贷流量管理，善于通过存量收回再贷支持四大行业贷款需求。2013年将有4 500亿元四大行业贷款到期，其中的4 000亿元在逐户逐笔落实到期收回、收回再贷方案，把握好进退节奏的基础上，可继续用于四大行业。对小口径融资平台，要按监管要求管严管紧，在现有贷款余额进一步收缩的前提下，依靠收回再贷支持有我行融资余额的重点在建续建项目。在房地产贷款领域要继续坚持名单制管理，重点支持能够带来按揭资源的普通商品住房开发，支持商业可持续的保障性住房项目。对电力和公路贷款可继续实施“两个打通”，把客户的风险与收益作为市场进入与否的主要标准。

四要确保信贷资产质量健康稳定。要高度关注经济增长放缓和经济结构调整中一些矛盾和问题的显现，关注一些重大风险苗头的演变趋势，增强信贷风险防控的前瞻性和预见性。要进一步加强行业限额管理和客户统一授信管理，继续加强对重点调控领域、“两高一资”及产能过剩行业、受经济波动影响较大行业的风险管控，重点防控处于产业链末端的小企业经营状况恶化，以及贸易融资和个人贷款交易背景不真实导致的信贷风险。特别是对11个产能过剩行业，要继续严格控制融资总量，严格信贷准入标准，有序把握进退节奏，有效化解过剩行业贷款潜在风险。要加强员工的行为管理，防范因操作风险导致信托公司、担保公司、小贷公司、民间借贷或影子银行风险转嫁、传递到我行。要健全到期贷款管理和逾期贷款催收制度，加强贷款潜在风险排查和监控分析，及时落实还款来源和风险化解方案，减少潜在风险损失。

（二）在各项业务转型升级上实现新突破。要通过全面推动基础业务转型升级，金融资产服务业务快速崛起，金融市场业务做优做强，扩大市场空间和收益来源。

一要加快基础业务转型升级。个人金融、公司金融、机构金融业务是我们经营发展的三大基石，必须以创新促转型，推动发展上质量、上水平。个人金融业务资本消耗低、抗经济周期性强，创新发展的空间广阔，是银行利润的稳定器和助推器。要抓住全面建成小康社会中人均收入倍增的机遇，把握大格局、谋划大思路，以新机制、新模式和新策略来全面开发个人金融市场，推动业务大发展、优势大提升。在客户战略上，要积极拓展大公司、机构类客户、金融同业、新兴经济组织、商品交易市场等领域的个人客户，以及跨境流动性强的个人客户等六大目标群体，重点向高星级客户和电子银行活跃客户两端延伸，扩大中高端和潜力客户基础。同时，要对现有客户群体分层维护、逐步提级、挖潜增效。在服务模式上，要建立以客户经理为主、产品经理配合的综合营销服务模式，跟随客户资产配置需求、沿着客户资金流动链条创新和营销产品，深度挖掘客户价值，既要发展好理财、基金、保险等金融资产服务业务，还要通过搭载医疗、社保、交通、教育、旅游、文化等社会服务功能的产品来增强客户和合作伙伴黏性，更要根据客户成长的不同阶段，及时做好借记卡到信用卡、一般客户服务到理财金、财富管理、私人银行服务的升级衔接。在机制保障上，要建立个金业务各条线发展情况综合评价与考核体系，实现信用卡、电子银行、贵金属、私人银行、工银瑞信、工银安盛保险等业务中的个人服务部分纳入个人金融业务的一体化发展格局，真正实现综合开发、全面发展，推进“大个金”向“强个金”的战略跨越。

公司金融业务，要向综合服务转型，向经营资产转型。依托构建统一客户视图、统一科技平台、统一营销服务、全球统一授信的客户营销服务管理体系，构筑各行业龙头企业、产业链企业、拟上市企业、开发园区企业以及同业优质客户等五类优质客户群，特别是要通过采取针对性举措，主动竞争一批他行优质客户，推动重点产品向客户的更多覆盖，推动从公司信贷向“营销供应链化、业务综合化、服务全球化”为特征的公司金融转型。要推行“商行+”战略，突出深化商投互动机制，同时要进一步拓宽与租赁、信托、保险、证券、基金等非银行金融机构的合作，尤其要加强公司业务部门与我行各子公司的业务联动，真正构建“大公司业务”格局，实现公司业务的全面开发、融合发展。要抓住国家鼓励企业兼并重组整合产能、支持企业“走出去”扩大对外投资、有序转移产能中的潜在业务机会，积极发展重组并购、财务顾问以及杠杆融资等业务，确定“走出去”业务发展重点区域和范围，利用好本外币两种资源，完善对“走出去”客户的金融服务。要积极通过资产管理、资产证券化、银团贷款及转让等方式，打造信用交易大行，加快公司金融转型步伐。

机构金融业务，要适应新变化，打造新优势。抓住政府对公共资金管理方式的变化，竞争国库集中支付和非税收入收缴、预算单位公务卡、地方政府债券承销等业务。要及时跟进社保改革动向，深入挖掘医疗卫生、教育等领域对资金归集、保值增值等金融服务需求，开发民生领域综合金融服务。要紧抓证券公司、保险公司资产管理业务政策松绑契机，围绕资金募集、运作管理、流动性管理等需求，加强同业合作，探索客户共享、渠道共建等交叉销售合作模式。

特别需要强调的是，存款是各项业务的发展之源、稳定之基，在当前金融脱媒和利率市场化进程加快的大环境下，存款的稳定与成本直接关乎银行的流动性安全和运营效益，对于银行经营有着特殊的重要性。要积极构建金融进一步深化、客户可投资金融产品不断增多、利率市场化进程逐渐加快条件下存款发展新模式。既要增强利率管理弹性，实行分地区、分品种、分客户的利率定价，提升存款市场竞争力，又要强化存款成本约束，把握盈亏平衡点，确保存款增加带来盈利而不是亏损。既要适应客户资产配置多元化需求和存款理财化趋势，依托存款资源开发扩大金融资产服务业务，又要通过有竞争力的金融资产服务业务吸引更多的存款，尤其要重视抓好无贷户存款。既要不断扩大包括存款在内的金融资产总量规模优势，又要优化金融资产中各项产品的结构，做好存款与理财等各类金融资产服务业务之间的有序衔接、平稳转化，保持存款和理财的稳定增长，巩固市场优势地位。要加快负债业务创新，积极探索发行境外人民币金融债券、普通金融债、大额可转让定期存单等主动负债业务，以可控性更强、更为主动的流动性管理应对环境的复杂变化。

二要推动金融资产服务业务快速崛起。金融资产服务业务是中间业务中最核心、最活跃的部分，是手续费和佣金收入的主要增长点。今年受经营环境变化影响，全行中间业务收入大幅减缓，预计全年增幅仅为5.2%，是近十年来的最低增幅。明年影响中间业务收入增长的各种不确定因素仍然不少，特别是监管部门可能将对商业银行服务收费政策和定价进行调整，静态算账可能会直接减少我行中间业务收入55亿元。面对新的发展环境，实现中间业务可持续发展，关键要推动金融资产服务业务的快速崛起，创新一批有技术知识含量、为客户增值的高品质服务，做大做精有真正需求的市场。

总行自去年提出大力发展金融资产服务业务战略以来，加强了统筹规划和系统推动，出台了《金融资产服务业务管理基本规定》，促进了业务发展。到今年9月末，金融资产服务业务（不含基础类）余额75 748亿元，较年初增长12.89%，实现收入340.08亿元，年化后同比增长36.06%。下一步还要建立健全相关委员会和机构设置，细化配套制度，理顺业务流程，完善统计体系，尽早投产业务管理平台，进一步形成有利于金融资产服务业务健康、快速发展的管理基础。要主动适应市场变化，加快各条业务线的创新，拓展新型服务领域。要坚持对客户和产品分类评级，确保将合适的产品卖给合适的客户。要加强对金融资产服务业务的系统推动，既要分类别、分部门制订增长计划，又要加强协调联动，以集团整体优势推动金融资产服务全面发展。特别是要把握好资产管理、资产托管、支付结算、现金管理、债券承销、养老金、贵金属业务市场的巨大潜力，充分发挥综合优势，实现更好更快的发展。

信用卡、投资银行、私人银行业务中的主要或基础部分是金融资产服务业务，而且具备了跨越发展和形成规模效益的条件，更应当快马加鞭，加大资源倾斜和创新推动力度，进一步使之成为盈利较快增长的重要领域。信用卡业务将伴随着消费政策效应的不断显现，以及网络新生代渐成消费主力，迎来一个较长时期的高速增长。要紧紧依托我行客户优势，主要面向本行代发工资客户和基本存款客户扩展信用卡业务，力争到2014年代发工资客户的信用卡渗透率提高一倍到54%。要变明年刷卡手续费下调影响收益的不利因素为开拓收单市场的契机，组建专门收单团队，扩大收单商户规模，以量补价实现收单业务收入较快增长。同时要大力提升信用卡服务品质，以精品服务提升客户用卡体验。

投资银行业务近两年在调整中显著提升了发展质量，要继续加快转型步伐，积极构建境内外一体化的投行业务经营格局，将境内客户、融资资源优势与境外牌照优势结合起来，力争多做出一批综合效益明显、市场影响突出的投行项目。境内投行要以深化利润中心机制建设带动业务大发展，进一步扩充专职投行团队，调动各分行发展投行业务的积极性。要严格品牌类投行业务标准，加强投行产品创新，拓展融资安排渠道，提高投行专业服务水平，打造品牌类投行业务的核心竞争力。

私人银行业务发展能够配合传统零售业务、公司金融业务转型升级，也能促进投资银行、资产管理等新兴业务协同发展，一举多得，要进一步加快发展速度。要深化私人银行部的改革，赋予私人银行部必要的产品创新权限，总行私人银行部要增强产品支持服务功能，进一步完善与集团其他业务条线和各分行的协作分销、分润机制；境内各私人银行分部要转变为各分行的私人银行业务中心，做好客户服务和营销。要建设好香港和欧洲等境外私人银行中心，发挥其对周边市场的辐射作用及对境内市场的创新示范效应，提升私人银行全球服务竞争能力。

三要做优做强金融市场业务。相较于传统信贷业务，金融市场业务占用资本更少、资本使用效率更高。要切实把握住信用债市场规模扩大和客户对利率、汇率和商品套期保值需求增多的有利形势，加快推动金融市场业务向全面服务流动性、经营性融资、综合化服务和功能性工具转变，努力提升发展水平和扩大盈利贡献。债券投资为主的固定收益业务是我行除贷款资产外的第二大资产业务，要以提高资产收益率为核心，探索主动负债等多渠道来源支持债券资产投资规模的合理增长。要统筹资本占用与资本利用效率，积极拓展投资品种，在建立信用债投资与信贷融资相统一的授信体系基础上，适当提高收益率水平较高的信用债规模，合理调整可供出售类与持有到期债券比例，优化债券资产结构。交易业务近年来发展迅速，但与国际一流银行相比还处于初级发展阶段。我们要以全球视野和战略眼光，加大产品创新和业务推广，打造汇率类、账户交易类、商品类、利率类和信用类拳头产品，加快形成较为完整的全球市场业务产品体系，不断壮大客户群，力争明年账户交易类客户达到1 000万户。要通过适时和稳妥的海外收购，较快提升全球商品交易能力。

（三）在推进跨境跨市场经营上实现新突破。一要推动国际化发展水平实现新跨越。目前我行全球服务网络已经达到一定规模，今后要着力推动各机构业务的拓展和经营效益的提高，促进国际化发展整体升级，构建具有工行特色的服务完善、模式成熟、运营集约、内外一体的全球化发展格局。

要推动境外机构差异化、本土化发展。要继续坚持以服务于我国开放型经济发展为出发点，重点在我国贸易与投资主要国家和地区完善服务网络，力争2013年基本完成全球化布局的主干网络，设有经营机构的境外国家和地区总量控制在三年发展规划所设定的目标以内。在此基础上，要根据各区域经济特征、监管差异和各机构自身特点，细化“一行一策”，合理定位各境外机构业务格局，逐步形成能够有效利用母国和东道国资源、商业可持续的发展模式。港澳地区机构，要充分利用粤深港澳一体化发展优势，强化主流银行地位，打造拥有高端客户、高端业务、高端科技和较强市场影响力的区域强行；新兴市场机构，要抓住当地经济处于上升期，与我国经济互补性强的优势，加速发展成为本土化程度较高的当地综合性主流银行；成熟市场机构，要利用其金融市场发达、创新能力强的优势，以服务我国“走出去”企业、全球500强企业、本土领军企业为重点，做大做强一些本地特色业务，建设成为我行进军国际市场的区域业务、产品、人才和资讯中心。总行要不断优化FOVA系统架构和功能，在产品创新、业务运营、客户营销、风险管理、科技服务、人才队伍和品牌建设等方面提升对境外机构本土化发展的支持能力。

要因地制宜谋划全球重点产品线发展。实现国际化的跨越发展，关键要打造一批具有自身发展优势和特点的全球业务线。总行各业务部门要转变只专注于境内业务发展的思维定式，既要把境外业务发展纳入全行产品线统筹规划，通过构建全球客户资源共享机制、跨境产品研发推广机制，推动各产品线在境外加快发展；又要因地制宜、分类施策，支持境外机构特色产品的开发，有选择地在港澳、东南亚等风俗习惯、民族文化相近地区发展零售业务；在全球稳步发展公司信贷与项目融资业务以及收单业务；在人民币业务、商品业务领域努力实现全球资本市场和金融资产服务业务的突破，培育我行多元化的全球业务优势。各境外机构要在努力拓展资金来源，提高自身资金平衡能力的基础上，着力发展最擅长的业务领域，打造当地市场有较大知名度和影响力的拳头产品。

要实施跨境人民币业务带动发展战略。要把握扩大人民币跨境使用中的政策机遇和市场机会，把我行人民币业务第一大行的优势发挥好、延伸好，全面提升跨境人民币业务综合服务能力。境外端，要继续完善工银亚洲作为全行离岸人民币中心的各项职能，支持新加坡和欧洲、北美、中东等机构争取当地离岸人民币市场的清算行资格，利用机构先发优势积极拓展南非、南美市场，抢占人民币业务发展的制高点。境内端，要加强区域发展规划，着力打造上海和深圳前海两个境内跨境人民币区域业务中心，以完善跨境人民币业务体系为抓手，逐步提升边贸行在边贸业务方面的市场渗透率。继续推进境内国际业务第一银行工程，对重点省份和城市行实施精细化分层管理，加大政策倾斜和资源支持，进一步形成“梯次发展、重点突破”的区域提升新格局，力争到2015年末成为中国第一大国际结算银行。

要加快提升综合化发展水平。以集团整体发展战略为中心，以股权管理为主线来统筹综合化业务条线布局、牌照设置，创造条件进入信托、期货、证券等新领域，逐步搭建全球商品交易、资产托管等非传统商业银行业务平台，进一步完善综合化经营布局。要以完善公司治理、加强收益考核、建立内部价格转移和分润机制为抓手，继续深化“各业务线专业运营、产品和服务高度聚合、渠道交叉销售、科技后台集中运行”的整合发展模式，促进综合化子公司与集团深度融合、协同发展。工银瑞信、工银租赁、工银国际、工银安盛等综合化子公司要服从于集团整体战略，充分发挥专业产品线功能，积极配合集团竞争和服务客户，并在各自领域争先进位，成为行业标杆。特别是工银安盛要尽快理顺内部治理机制，加快业务发展模式创新，打造卓越服务品质，力争到2014年末实现收支持平，尽快进入寿险行业先进行列。

（四）在集团治理和内部管理上实现新的突破。在全行业务规模、经营地域和管理边界日益扩大的过程中，要高度重视强化集团治理和内部管理，确保集团治理的全面性、一致性和有效性，不断提高集团管理效率和风控水平，降低管理成本，打造战略统一、运作高效、管控有力、服务协同的“ONE ICBC”。

一要深化组织机构改革。明年全行的组织机构改革要迈出更大步伐，总行将成立专门领导小组，尽快出台整体改革方案，争取上半年能够部署和启动。要按照“两横”、“两纵”的“井字形”架构，明确各类机构的管理模式和发展定位，并实行分类管理，充分调动各级各类机构的创造力和经营活力。总行和一二级分行层面都要建立机构效率指标监测分析制度，利用MOVA系统加强成本效益诊断分析，将其作为机构经营转授权、资源配置的主要依据，并要完善考核评价体系，引导各类机构实现有质量、有效益的发展。

总行本部机构改革要率先突破，按照产品经营、支持保障与管理职能分离原则，对现有部门职能进行全面梳理和整合，凡具备盈利条件的产品经营部门要转型为利润中心，其系统管理职能逐步归并到相关管理类部门，切实改变目前总行管理部门偏多，上下级行机构对口设置导致的分工过细、多头营销、交叉重叠等问题，打造精简高效的全球管理总部和集中经营能力强大的全球营业中心。要深化利润中心改革，重点理顺与分行的分润关系，推动利润中心成为真正的产品创新和经营机构。要继续深入实施省区分行营业部和二级分行竞争力提升工程，完善重点县支行改革。制定县支行等级评价办法，分类管理和配置资源，对高盈利县域支行以及当地经济活跃、金融资源丰富的县域支行，率先加快改革与转型步伐，提升其竞争发展能力；对低效或亏损县域支行，要改革、调整、挖潜并举，重在提高投入产出效率、扭亏增盈。力争用5年左右时间，使直辖市、省会城市行和50个大中城市行及200家重点县支行核心指标位居当地可比同业第一，龙头地位更加巩固、竞争优势更加突出。今后全行网点建设要着眼于整体战略和结构调整大局，更加注重优化改造而不是新建，境内网点总量要严格控制在1.7万家以内，2015年底前基本完成低效网点改造。

二要深化业务运营改革。要继续完善业务集中运营格局，按照“集约高效、充分上收”原则，全面将可集中的区域特色业务纳入总行平台集中处理；探索部分实时业务的非实时或准实时改造，到2013年底实现25%的个人业务纳入集中处理，基本建成境内业务跨产品、跨渠道集中处理体系。要继续推进业务流程综合改造和优化工程，全面达到“三年根本改善”的既定目标。信贷业务流程要在近几年改革的基础上，综合运用信息化手段，进一步整合融合，并逐步实现信贷系统与业务系统的对接，彻底解决职能交叉、流程重复、手续叠加等问题，加快形成集约化、专业化、标准化、信息化的信贷运行机制，提高信贷服务与管理效率。同时，要统筹规划境内外共享业务运营平台，2014年完成亚洲、欧洲、美洲等海外运营中心架构搭建，到2015年，将总行清算中心建成面向全集团的综合化业务后台，基本实现业务处理、业务管理、风险管理和客户服务的跨境、跨渠道延伸。

三要进一步完善风险管理。面对严峻复杂的经营环境，全行要更加注意把握好防控风险与促进发展的关系，从监管新要求和我行可能成为全球系统重要性银行的高标准出发，进一步完善风险管理架构、流程和制度，加强对子公司治理机制健全性的监督，完善风险并表管理，确保对跨市场、跨领域风险的有效隔离和控制，提高集团的风险管理水平。要按照“全球授信、全球风控、全球共享”原则，完善覆盖境内外各业务条线的统一授信体系。要积极推进境外机构资金集中和内部资金转移价格管理，统一调配运作境外机构富余资金，在提高资金使用效益的同时，对冲和集中管理其面临的市场风险。要完善集团口径利率风险管理框架，建立外汇风险敞口监测控制体系，积极创新流动性管理机制和手段，有效应对集团流动性风险和利率风险。要坚持“五有”内控总体要求，强化对集团合规事务的统筹管理，努力做到对合规风险“实时发现、准确识别、及时报告、有效制止”。要尽快完成全行法律事务集中管理改革，加强集团法律风险和国别法律风险防控。要集中力量整合各类风险监控系统，强化以过程控制为特征的跨渠道、跨机构、跨产品的运营风险统一管理，提升操作风险防范水平。

四要加强资本约束和成本管理。要实施以资本管理为主线的资源配置和业务发展战略，严格控制风险资产增长，未来两年全行风险加权资产增速要控制在18%以内。要加强以经济资本配置、资本限额管理、资本有偿使用等为主要手段的资本综合管理体系建设，加快系统开发，实现与MOVA、CM2002等核心管理系统的对接，切实将资本约束要求落实到各类机构、各类资产、各项业务经营管理的全领域、全流程。各分行各业务线要更加注重调整风险资产结构，将资本优先投向资本占用低、资本回报高、符合国家政策导向的业务和区域，提高资本配置效率。同时，要科学制订资本规划和资本补充计划，探索发行新型资本工具，建立应急资本补充机制，保障业务的可持续发展。

成本控制能力是商业银行竞争力的一个核心要素。在当前盈利增长大幅减缓的环境下，必须更加重视强化成本控制，大力提升成本管理的科学化、精细化水平。要进一步优化费用资源配置机制，优先将费用资源配置到发展潜力大、效率高的领域，提升投入产出成效。要有过紧日子的思想准备，厉行节约，注重量本利核算，严控一般性支出，将有限的财务资源用在刀刃上。明年初要集中开展一次全行财务大检查，进一步促使各级行严肃财经纪律，规范财务行为，加强成本约束。

（五）在信息化银行建设上实现新突破。要坚持科技创新引领战略，加快从银行信息化向信息化银行转变，从根本上变革全行的经营管理模式，从容应对一个更加开放、交互的互联网金融新时代的到来。

一要扩大科技“代际”优势。要朝着“运营集中、系统整合、信息共享、价值创造”的信息化银行建设方向，建立统一的IT中枢和架构体系，实现全行各个管理系统的互联互通。要前瞻性开展业务及应用系统规划研究，集中精力实施好产品化改造工程，在科技与业务深度融合创新上实现更大突破。要持续优化NOVA、FOVA和MOVA三大系统功能，注意汲取收购兼并机构现有系统优点相应提升FOVA系统功能，统筹规划综合化子公司的客户信息、财务与会计核算以及风险管理等系统建设。要加快“两地三中心”工程建设，确保2014年上半年上海同城数据中心投入使用，构建多层次技术灾备体系。

二要提高数据挖掘能力。要加快数据库、信息库“两库”建设，实现行内经营管理数据、行外经济金融同业数据和集团行务信息、全球商务信息等内外部信息的“大集中、全覆盖”。要完善信息资讯平台，加快移动办公建设，实现办公系统、业务系统、营销系统、行外资讯系统的统一整合。要更加重视依靠数据信息的深度分析和综合运用来推动业务发展，进一步提高信息利用率。要完善客户信息的统一管理，通过海量数据挖掘，分析客户行为特点和交易习惯，识别出客户真实需求，为营销服务提供精准支持。

三要加快电子渠道建设。要加快构建综合性、开放性的营销、交易、服务体系，推进我行金融产品与集团外部信息和服务资源的网络化整合创新，为客户营造互动分享的应用新体验。要研发适合不同用途、不同额度、不同渠道的差异化支付产品，充分发挥我行优势，积极开发基于电子银行渠道的个人电子分期付款、标准化网络融资等新型信贷服务，促进支付、投资、融资、消费各价值链的有机融合与创新发展，积极应对同业和第三方支付机构在电子商务领域的竞争。要紧跟移动互联网发展潮流，开发更多智能便捷、贴近客户需求的移动服务应用，抢占移动银行竞争制高点。要推进电话银行中心向多媒体客户联络中心转变，进一步推广短信银行，持续扩大中心的营销职能，不断提升服务效率。要明确电子银行的产品优先准入原则，构建差异化价格体系，促使电子银行销售产品的优先部署，确保电子银行产品对客户更具有吸引力。要进一步扩大证书客户的覆盖率和现有电子银行客户的动户率，持续开展柜面业务分流，力争交易离柜率在80%以上的电子银行活跃客户占比每年提升4个百分点，七年内提升到50%，15年内提升至80%，从根本上改变机构、人员结构及成本分布，促进全行服务效率和经营效益的整体提升。

（六）在人才队伍和企业文化建设上实现新的突破。要以创新的精神统筹推进人才队伍和企业文化建设，不断增强人才队伍和企业文化两个竞争力，形成工商银行独特的战略优势。

一要努力提高人力资源效能和人才竞争力。到今年年底，全行从业人员总量将达到44.4万人。随着全行盈利增长趋缓，人力成本的问题提前凸显出来。综合考虑全行当前与长远业务发展、人员平稳接续、员工薪酬增长等各种因素，随着今后几年人员退休高峰来临，有必要通过“多退少进”实现人员规模逐步压降，到2020年将全行人员总量控制在40万人以内。据此匡算，明年全行人员净增规模要控制在2 000人以内，2014年人员总量规模转入零增长，2015年到2020年每年退休人数将从3 500人左右增加到1.5万人以上，加上其他正常离职因素，全行六年共计减员约4万人左右。各机构要眼睛向内，更加注重努力挖潜，持续优化人员在地区、专业、层级和渠道间的分布，引导员工向新兴和核心业务领域、重点区域、前台营销岗位流动，提高人力资源的投入产出效能，更多地依靠优化调整稳妥完成人员的代际交替、总量压降。

要深入实施全行中长期人才发展规划纲要，推动人才工作理念创新、体制机制创新和方法创新，开创各类人才充分涌现、各尽其能、才尽其用的工作局面。要实行更加开放和灵活的市场化选才用才政策，面向集团内外、海内外引进紧缺型和高层次人才。全面加强管理人才、专业人才、营销人才、运行人才、客服人才五支人才队伍建设，继续实施国际化项目和中年员工培训规划，打造我行更为突出的人才比较优势。要从更高层次、更广范围推进人才在上下级、境内外以及境外机构之间的交流锻炼，明年要加大总行部门间的干部交流力度，以充满生机与活力的人才队伍支撑战略转型和业务发展。

要持续不断地提升工商银行的学习能力，使学习成为推动工作的第一动力。要把握各级各类人才的培训需求，建立培训内容与岗位需求紧密结合，培训方式适用有效，覆盖不同层级、岗位和专业的工作机制，并引入培训积分制、跨专业联合培训等创新方式，提高培训的针对性、有效性和适用性。要高质量地实施各级管理人员培训。要重视做好新入行员工、青年员工的职业培训工作，防止出现员工代际接续中的岗位技能断层。要完善专业资格管理，明年全面完成非管理类员工的资格培训和考试认证工作，促进专业人员职业能力的提升。

二要增强企业文化竞争力。要把宣传培育和践行社会主义核心价值观作为企业文化建设的首要任务，融入全行价值理念、规章制度、日常行为等各个层面。要在推进跨境跨业经营中，重视提高跨文化管理能力，促进文化传播和融合。要对社会责任工作进行统筹规划、顶层推动，以卓有成效的实际行动充分展示工商银行的社会担当和精神风貌。要高度关注利益相关者合理需求，完善金融消费者保护机制。要以人为本，加强和改进思想政治工作，深化精神文明创建活动，持续推进家园文化建设，积极营造相互尊重、相互理解、和合共生的人文环境，提高员工的幸福指数和归属感。要兼顾集团统一性和各机构差异性，不断完善多元、分层激励体系，实施“管总额、管高管、管政策”的集团薪酬管理机制，注重薪酬激励、精神激励、情感激励的协调，增强工商银行文化的凝聚力和吸引力。我们即将迎来工商银行成立30周年的历史时刻，全行要以此为契机，多角度、全方位宣传我行改革发展成就，在境内外树立ICBC集团的良好形象，把企业文化建设全面引向深入，使其成为推动发展的重要力量。

日前，中央做出改进工作作风、密切联系群众的八项规定，新一届中央领导集体为全党作出了表率。总行党委结合实际出台了具体贯彻落实措施，对党委班子成员和总行本部改进作风明确了新的规定。要深刻认识新时期加强作风建设的极端重要性，各级领导班子、领导干部要从严要求，做弘扬优良作风的典范。要力戒形式主义、文牍主义，大力弘扬求真务实的工作作风，少说空话、套话，多干事、干实事；要精文简会，提高效率，腾出更多的时间深入基层、深入市场，多了解情况、多出思路、多解难题，多搞帮扶，实实在在推动基层加快转型发展。总行要尽快成立专题调研组，适应新的形势变化，加紧研究当前全行改革创新的一些重大课题，修订完善正在实施的新三年规划。要持之以恒地抓好党风廉政建设和反腐败工作，严格执行廉洁自律各项规定，严肃查处各类腐败案件和违规违纪行为，进一步树立工商银行务实高效、清正廉洁的良好形象。

同志们，工商银行从未像今天这样阔步走向世界金融舞台的前沿，以欣欣向荣的姿态屹立于世界优秀银行之林。未来生长于昨天，现在孕育着未来。党的十八大描绘的全面建成小康社会的宏伟蓝图，鼓舞人心；工商银行建设“三个之最”国际一流现代金融企业美好愿景，催人奋进。让我们担当起这光荣而艰巨的使命，进一步解放思想、凝聚力量，真抓实干，攻坚克难，创造出无愧于历史的新业绩，开创出更加宽广壮丽的新天地，不负时代的重托！

在中国工商银行2012年工作会议上的讲话

杨凯生

（2012年1月17日）

一、2012年主要经营目标情况

1.1.1　总体经营效益情况

经营效益保持稳定增长。

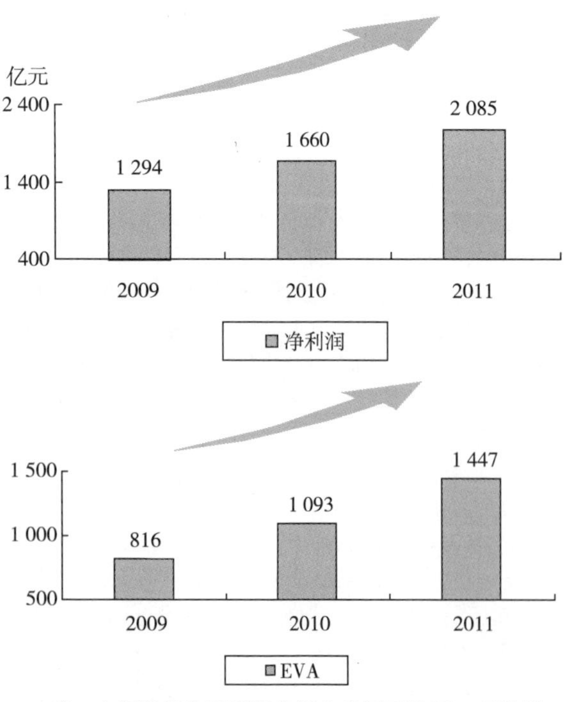

注：上图数据为国际财务报告准则下集团口径数据，其中2011年为管理层数据。

2011年，集团实现净利润××亿元，同比增加××亿元，增幅××%。股改以来净利润年复合增长率达到32.8%，引入国际审计以来年复合增长率达到32.0%。

集团EVA达到1 447亿元，同比增加354亿元，增长32.39%。

1.1.2　主要经营指标情况

各项经营指标表现良好。

2011年主要经营指标情况表

集团

主要经营指标	2011年	2010年
1. 盈利能力		
1.1　加权平均权益回报率	××%	22.79%
1.2　平均总资产回报率	××%	1.32%
1.3　基本每股收益（元）	×	0.48
2. 收益结构		
2.1　净利息收益率（NIM）	2.63%	2.44%
2.2　手续费及佣金净收入占比	21.66%	19.13%
2.3　成本收入比	29.89%	30.99%
3. 资产质量		
3.1　不良贷款额（亿元）	724	732.41
3.2　不良贷款率	0.93%	1.08%
3.3　拨备覆盖率	269.28%	228.20%
3.4　贷款总额准备金率	2.50%	2.46%

盈利能力继续增强。

加权平均权益回报率达到××%，较2010年提高××个百分点。

收益结构进一步优化。

手续费及佣金净收入占比持续提高，达到21.66%。

资产质量持续改善。

不良贷款继续保持“双降”趋势，其中不良率下降0.15%至0.93%。

拨备覆盖率达到269.28%，较2010年提高41个百分点；贷款总额准备金率较2010年提高4个基点至2.50%。

各项经营指标全面向好，表明经营基础比较扎实、可靠。

1.1.3　市值情况

市值第一银行地位进一步巩固。

2011年，我行各项业务保持健康良好发展态势，盈利能力进一步增强，市值领先地位得到进一步巩固。2011年末，工商银行市值为2 280亿美元，较第二名建设银行市值（1 748亿美元）高532亿美元，领先优势较2010年末扩大420亿美元。

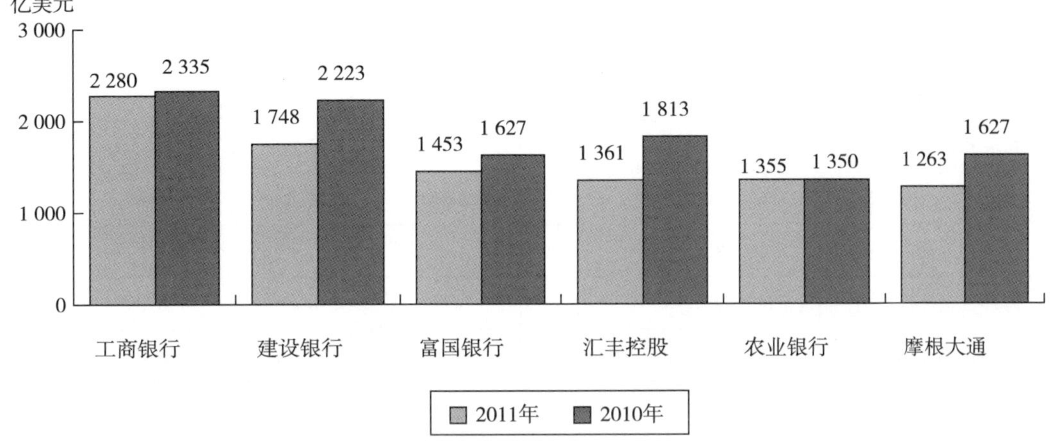

工商银行和国内外同业市值对比情况

1.1.4　各分行财务运行情况

单位：亿元，%

行名	拨备前利润	同比增幅	预算完成率	拨备后利润	同比增幅	预算完成率	行名	拨备前利润	同比增幅	预算完成率	拨备后利润	同比增幅	预算完成率
北　京	318.7	18.9	106.2	314.1	20.6	106.9	云　南	46.0	26.1	106.4	42.7	37.7	108.7
广　东	265.1	20.4	98.2	263.3	21.1	100.6	宁　波	44.9	13.5	100.4	41.2	18.3	100.4
江　苏	226.2	16.8	102.4	219.8	20.4	103.4	黑龙江	44.9	44.8	128.4	50.4	65.9	157.0
浙　江	214.6	21.3	103.3	212.9	25.2	106.5	广　西	42.9	20.4	103.0	40.7	35.2	109.3
上　海	210.3	16.1	105.0	208.0	17.7	107.2	内蒙古	42.4	40.2	115.4	40.8	44.8	123.0
山　东	159.3	23.0	108.8	153.3	35.9	113.6	江　西	38.3	32.5	109.3	37.3	47.9	118.1
四　川	101.1	38.9	110.2	100.4	48.0	117.2	贵　州	37.6	19.6	105.6	36.6	26.3	112.4
河　北	98.8	24.6	103.1	100.7	40.6	112.5	青　岛	30.5	34.7	117.1	28.6	46.2	123.3
深　圳	80.4	14.5	96.3	79.8	22.8	100.9	吉　林	30.1	33.6	115.4	29.6	46.8	127.5
福　建	72.6	33.9	113.9	66.8	38.7	113.2	新　疆	26.9	34.9	108.4	27.7	42.4	120.1
河　南	64.7	21.7	106.5	61.3	37.6	112.5	大　连	25.3	31.3	103.0	24.7	39.5	110.3
山　西	62.7	23.0	108.2	58.1	22.4	108.4	厦　门	21.0	17.5	98.4	18.7	16.3	94.8
湖　北	60.6	29.8	102.5	56.4	33.5	105.9	海　南	20.1	28.8	108.8	19.3	26.7	111.4
安　徽	59.8	23.0	107.6	57.2	27.0	110.5	甘　肃	16.3	34.9	104.2	14.7	41.6	108.4
天　津	57.1	24.7	107.0	54.1	34.7	109.9	宁　夏	10.1	40.9	109.2	9.2	50.3	113.1
辽　宁	52.2	43.1	128.4	51.2	50.7	139.9	青　海	8.2	37.2	108.9	9.2	56.3	139.2
陕　西	51.9	21.8	107.9	50.1	28.9	116.4	西　藏	0.6	111.5	170.5	0.4	46.5	127.7
重　庆	50.4	29.4	112.5	48.2	35.3	116.6	分行小计	2 740.82	23.09	105.66	2 670.10	28.96	109.54
湖　南	48.1	17.7	102.1	42.9	40.5	108.0							

各分行拨备前利润和拨备后利润均实现了不同幅度增长，较好地实现了预算计划。北京分行拨备前利润和拨备后利润均突破 300 亿元大关；与 2010 年相比，百亿元梯队新增两家机构，其中四川分行拨备前利润和拨备后利润均超过 100 亿元，河北分行拨备后利润超过 100 亿元。

1.1.5　利润中心预算完成情况

单位：亿元

项目	金融市场部	资产托管部	票据营业部	贵金属业务部	公司业务二部	养老金业务部
一、营业收入	435.79	16.29	16.80	2.94	2.21	0.38
（一）利息净收入	411.71	0.01	16.63	-0.82	1.29	
1. 利息收入	979.21	0.01	37.12	0.06	8.09	
其中：客户贷款利息收入						
投资证券利息收入	944.37					
存放和拆放同业款项	34.84	0.01	3.93	0.06		
2. 利息支出	567.49		20.49	0.88	6.80	
其中：同业存入和拆入款项	50.39					
内部资金计价支出	517.10		20.49	0.88	6.80	
（二）手续费及佣金净收入	9.44	16.28	0.17	3.46	1.41	0.38
手续费及佣金收入	10.45	17.01	0.18	3.51	1.41	0.38
手续费及佣金支出	1.01	0.73	0.01	0.05		
（三）其他非利息收入	12.42					
其中：投资收益	12.42					
（四）公允价值变动收益	-0.98					
（五）汇兑及汇率产品净损益	2.64					
（六）其他业务收入	0.56			0.30	-0.49	
二、营业支出	-7.17	1.55	3.15	0.89	0.31	0.30
（一）营业费用	1.02	0.62	1.62	0.77	0.15	0.28
（二）营业税金及附加	0.91	0.93	1.25	0.12	0.54	0.02
（三）资产减值损失	-9.10		0.28		-0.38	
三、营业利润	442.96	14.74	13.65	2.05	1.90	0.08
加：营业外收入			0.07	0.02		
减：营业外支出			0.06			
四、税前利润	442.96	14.74	13.66	2.07	1.90	0.08
加：国债利息免税收入	58.04					
五、考核利润	501.00	14.74	13.94	2.07	1.90	0.08
六、预算完成率	120%	118%	115%	297%	322%	425%

利润中心各专业线收入分配情况。

2011 年各专业线收入分配情况　　单位：亿元

部门	产品线名称	本部收入	分行收入	分行收入占比	部门	产品线名称	本部收入	分行收入	分行收入占比
金融市场部	代客资金交易业务	6.01	53.35	89.88%	票据营业部	系统内转贴现	5.04	8.29	62.19%
	其中：账户贵金融交易	3.46	12.31	78.06%		联动贴现业务	0.06	0.02	30.00%
	债务融资工具承销	1.72	7.70	81.72%		票据存管业务	0	0.12	100.00%
	分行推荐信用债券投资业务	0.00	29.81	100.00%		小计	5.1	8.43	62.31%
	柜台债券交易	0.004	0.005	53.88%	贵金属业务部	实物类产品	1.67	5.90	77.94%
	债券结算代理	0.005	0.003	34.23%		代理交易类产品	1.62	5.65	77.72%
	小计	7.74	90.87	92.15%		贵金属租赁	0.14	4.66	97.08%
资产托管部	沉淀资金计价净收入	0.00	40.17	100.00%		小计	3.43	16.21	82.54%
养老金业务部	养老金业务收入	0.38	3.45	90.00%	合计		16.65	159.13	90.53%

注：账户贵金属交易中的本部收入 3.46 亿元中包括贵金属业务部分润 0.22 亿元、电子银行部分润 0.11 亿元。

产品线分润情况：在利润中心与分行间存在分润关系的产品线中，本部收入占全部产品线收入的比例为 9.47%，分行收入占全部产品线收入的比重为 90.53%。

1.1.6　各境外分行和境内外控股机构财务运行情况

单位：亿元

机构名称	拨备前利润			拨备后利润			机构名称	拨备前利润			拨备后利润		
		同比增减	同比增幅		同比增减	同比增幅			同比增减	同比增幅		同比增减	同比增幅
新加坡分行	2.10	1.37	189%	1.99	1.56	361%	阿布扎比分行	0.27	0.24	922%	0.08	0.06	301%
首尔分行	1.89	-0.82	-30%	2.05	-0.65	-24%	法兰克福分行	1.12	0.35	46%	1.12	0.35	46%
东京分行	2.12	1.11	109%	1.34	0.39	41%	卢森堡分行	1.80	0.84	87%	1.13	0.31	39%
香港分行	1.21	0.26	28%	1.37	0.44	48%	工银伦敦	1.70	0.33	24%	1.54	-0.13	-8%
（湄公河）区域	0.10	0.09	793%	0.09	0.08	702%	工银莫斯科	0.13	-0.14	-52%	0.13	-0.15	-53%
河内分行	0.14	0.13	1 161%	0.14	0.13	1 161%	工银欧洲	1.38	1.28	1 251%	1.25	1.15	1 127%
金边分行	-0.02	-0.02	—	-0.03	-0.03	—	工银欧洲本部	0.33	0.18	119%	0.33	0.18	119%
万象分行	-0.02	-0.02	—	-0.02	-0.02	—	巴黎分行	0.38	0.42	1 110%	0.34	0.38	1 010%
孟买分行	-0.79	-0.79	—	-0.79	-0.79	—	阿姆斯特丹分行	0.16	0.17	1 795%	0.13	0.14	1 527%
卡拉奇分行	-0.13	-0.13	—	-0.13	-0.13	—	布鲁塞尔分行	0.26	0.26	—	0.23	0.23	—
工银亚洲	36.63	3.27	10%	32.45	1.32	4%	马德里分行	0.16	0.16	—	0.13	0.13	—
工银澳门	8.01	1.58	25%	8.01	2.07	35%	米兰分行	0.09	0.09	—	0.08	0.08	—
工银泰国	3.46	1.15	50%	2.21	0.91	70%	悉尼分行	1.76	0.99	129%	1.54	0.86	126%
工银印尼	0.82	0.16	24%	0.64	0.20	46%	纽约分行	2.14	0.76	55%	2.14	0.76	55%
工银阿拉木图	0.18	-0.02	-11%	0.18	-0.02	-11%	工银加拿大	0.26	-0.09	-27%	0.25	-0.11	-30%
工银马来西亚	0.39	0.28	273%	0.32	0.25	387%	工银金融	0.51	0.46	885%	0.51	0.46	885%
工银国际	1.68	-3.89	-70%	1.02	-4.44	-81%	境外机构合计	70.64	9.56	16%	62.36	5.68	10%
中东机构	2.18	1.17	116%	1.99	0.98	98%	工银租赁	14.61	1.76	14%	11.72	3.61	45%
工银中东(迪拜)	0.33	0.04	15%	0.33	0.04	15%	工银瑞信	2.39	-0.10	-4%	2.39	-0.10	-4%
多哈分行	1.58	0.88	126%	1.58	0.88	126%	境外机构及境内控股机构合计	87.63	11.22	15%	76.46	9.19	14%

注：2011 年 1 月新开业的巴黎分行、马德里分行、阿姆斯特丹分行、米兰分行、布鲁塞尔分行实现当年开业当年盈利；2011 年 8 月、9 月分别开业的卡拉奇分行和孟买分行以及 2011 年 11 月开业的万象分行和金边分行的收入暂未覆盖开业及营业成本。

1.2.1　存款业务发展情况

人民币存款业务余额及增量继续保持同业领先地位。

2011 年四大行人民币存贷款增长情况表　　单位：亿元

	工商银行			农业银行			中国银行			建设银行		
	余额	比年初	增幅	余额	比年初	增幅	余额	比年初	增幅	余额	比年初	增幅
人民币各项存款	127 603	13 011	11.4%	100 788	9 908	10.9%	78 259	9 265	13.4%	104 400	10 499	11.2%
其中：储蓄存款	59 102	7 178	13.82%	57 619	6 980	13.78%	31 647	3 891	14.0%	43 912	3 967	9.9%
对公存款	58 519	4 390	8.1%	40 878	3 002	7.9%	40 829	5 124	14.4%	53 124	4 047	8.2%
同业存款	9 983	1 443	16.9%	2 292	−73	−3.1%	5 784	250	4.5%	7 364	2 485	50.9%

注：本表数据为储蓄存款含个人保证金、对公存款含对公保证金。

人民币各项存款余额和增量居同业首位。我行人民币各项存款增加 13 011 亿元，增长 11.4%，增量较第二位的建设银行（10 499 亿元）高 2 512 亿元，人民币各项存款余额领先建行 23 203 亿元。

人民币储蓄存款余额、增量居同业首位。人民币储蓄存款增加 7 178 亿元至 59 102 亿元，增量较第二位的农行（6 980 亿元）高出 198 亿元，余额领先农行 1 483 亿元。

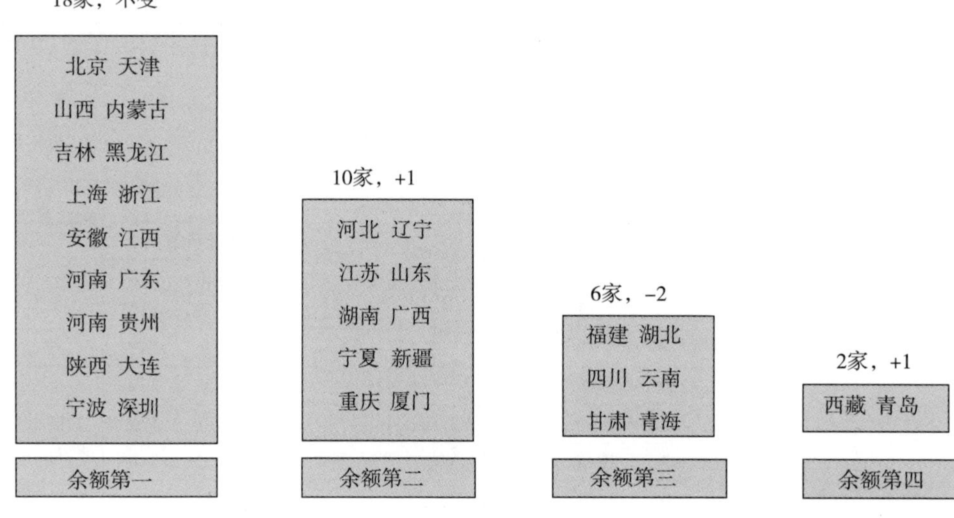

人民币存款余额四大行排名情况

深圳分行存款余额由第三名升至第一名，宁夏分行由第三名升至第二名，河北分行由第一名降至第二名，青岛分行由第二名降至第四名。其余分行无变化。

1.2.2　贷款业务发展情况

贷款增长合理适度，投向结构持续优化。

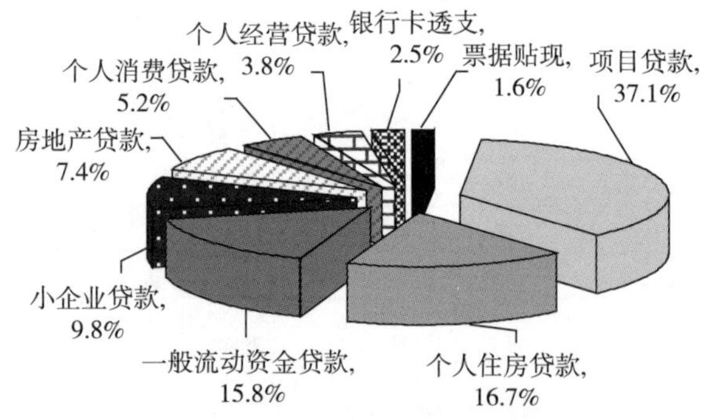

2011 年末贷款分品种余额占比情况

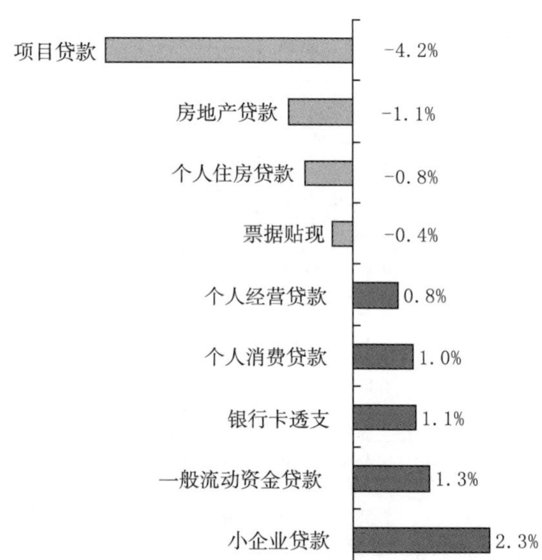

2011 年贷款分品种余额占比变化情况

2011 年，境内分行新增人民币贷款 8 183 亿元，增长 13.2%，同比少增 816 亿元，完成 8 200 亿元计划的 99.8%，符合央行差别准备金动态调整机制要求。

小企业贷款、贸易融资、个人经营和消费贷款、银行卡透支合计增加 6 348 亿元，占新增贷款总量的 79%，项目贷款同比少增 3 491 亿元。

房地产开发贷款比年初下降 73 亿元，同比少增 966 亿元；个人住房贷款同比少增 1 294 亿元。

存贷利差有所上升，处于适当水平。

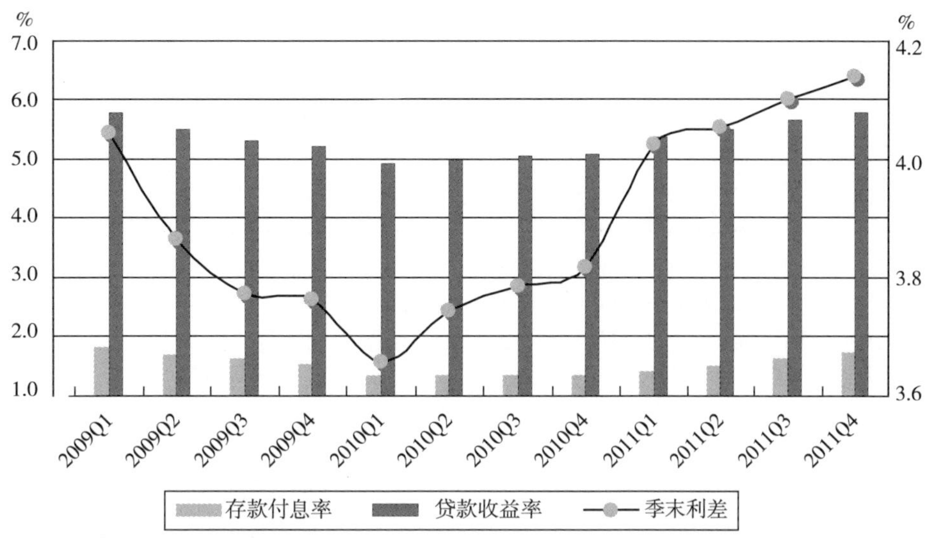

主要指标	2011 年	2010 年	变动情况
各项贷款平均收益率	5.91%	5.19%	0.72%
其中：公司贷款	6.06%	5.41%	0.65%
个人贷款	5.61%	4.85%	0.76%
新发放贷款平均利率	6.80%	5.30%	1.50%
其中：公司贷款	6.68%	5.28%	1.40%
个人贷款	7.38%	5.37%	2.01%
新发放贷款浮动幅度	6.51%	-2.35%	8.86%
下浮占比	11.29%	33.72%	-22.43%
上浮占比	54.16%	18.28%	35.88%
基准占比	34.55%	48.00%	-13.45%

新发放贷款加权平均利率 6.80%，其中公司贷款加权利率 6.68%，个人贷款平均利率 7.38%，同比均有所提高。我行的利率执行水平既有利于支持实体经济平稳较快增长，也有利于防止物价过快上升，体现了稳健的货币政策的要求。

人民币新发放贷款收益率情况

单位:%

行名	新发放贷款收益率	行名	新发放贷款收益率
河北分行	7.20	厦门分行	6.83
宁夏分行	7.18	贵州分行	6.79
青岛分行	7.18	安徽分行	6.79
广东分行	7.13	甘肃分行	6.77
内蒙古分行	7.12	重庆分行	6.74
大连分行	7.08	河南分行	6.73
深圳分行	7.03	江西分行	6.73
四川分行	7.03	江苏分行	6.71
苏州分行	6.96	广西分行	6.69
海南分行	6.96	宁波分行	6.67
山东分行	6.94	新疆分行	6.65
黑龙江分行	6.94	辽宁分行	6.62
陕西分行	6.92	天津分行	6.55
湖南分行	6.92	湖北分行	6.53
云南分行	6.91	青海分行	6.47
山西分行	6.91	上海分行	6.32
福建分行	6.88	北京分行	6.30
吉林分行	6.84	分行平均	6.80
浙江分行	6.84		

1.2.3 资金营运情况——债券投资情况

债券投资规模稳步增长，收益水平持续提升。

2011年人民币债券投资业务运行情况表

单位：亿元

项目	余额	较年初增减	利息收入	债券收益率
持有到期类债券投资	24 158	1 156	787	3.39%
可供出售类债券投资	7 707	-606	271	3.54%
应收账款类债券投资	4 988	-29	125	2.53%
其中：重组类	3 980	-43	90	2.25%
合计	36 853	521	1 183	3.30%

截至2011年末，全行人民币债券投资余额36 853亿元，比年初增加521亿元，增幅1.41%；2011年全年超过债券余额的47%实现了到期重定价，新增债券投资收益率4.09%，为近三年来最高。全行实现债券投资收益1 183亿元，收益率3.30%，较2010年（2.92%）提高个38个基点。

超额备付率创历史新低。

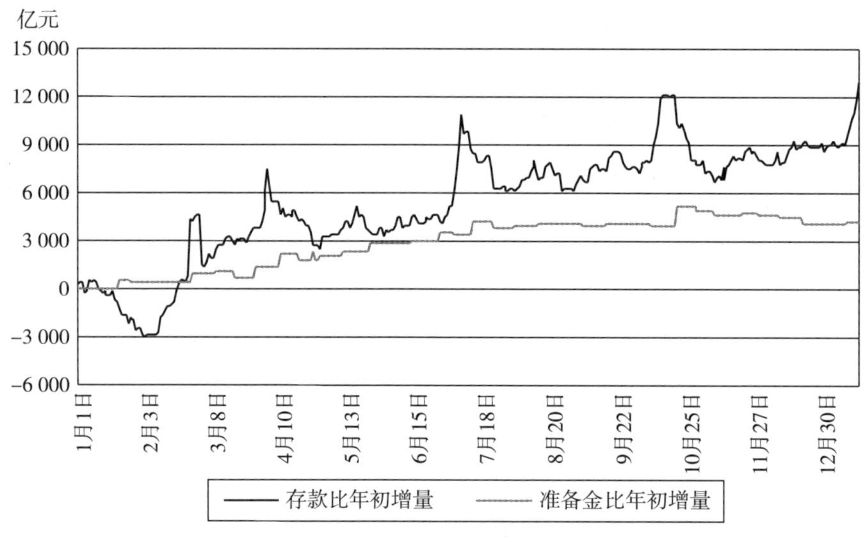

2011年我行存款增量与准备金缴存情况

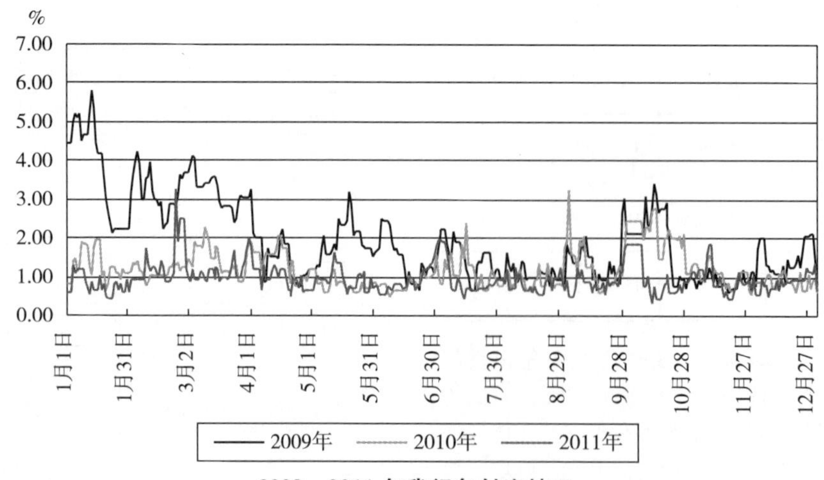

2009—2011年我行备付率情况

2011 年上半年人民银行 6 次上调法定存款准备金率，2011 年 12 月 5 日下调存款准备金率，截至 2011 年末我行存款准备金率为 21%，比年初多缴存准备金 4 166 亿元。

截至 12 月 31 日，全行日均超额备付率 0.95%，比 2010 年同期下降 0.24 个百分点，创历史最低备付水平；2011 年全行日均备付率为四家大型银行最低水平，比四行平均水平低 0.27 个百分点，日均节约资金 324 亿元。一方面说明我行流动性管理继续居同业领先水平，另一方面也表明我行流动性管理面临较大压力。

1.2.4 信贷结构调整情况——信贷投放行业结构变化情况

信贷行业投向结构不断优化。

从贷款增长率看，符合国家产业结构调整导向的先进制造业、现代服务业、战略性新兴产业、文化产业等“新兴四大行业”贷款增速较快，分别增长 23.7%、39.3%、19.6% 和 28.3%，高于全行贷款（本外币）13.5% 的增速水平。

从贷款增量看，2011 年贷款增长额最大的前五个行业由 2010 年的批发零售、房地产、公路、铁路和城市基础设施转变为批发零售、机械、装备制造业、铁路和建筑行业，房地产、公路、城市基础设施贷款快速增长得到有效控制，批发零售业同比多增 718.7 亿元，机械和装备制造业同比多增 271.9 亿元，房地产同比少增 1 049.2 亿元，铁路行业贷款在努力满足国家重点在建、续建项目需求的同时，同比少增 398.8 亿元。

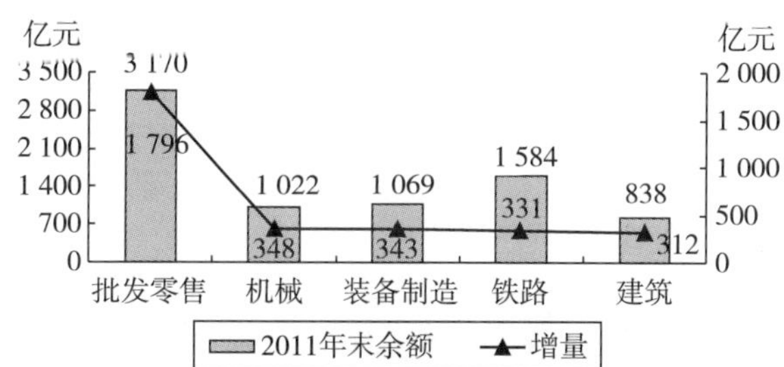

2011 年贷款余额增量前五位的行业

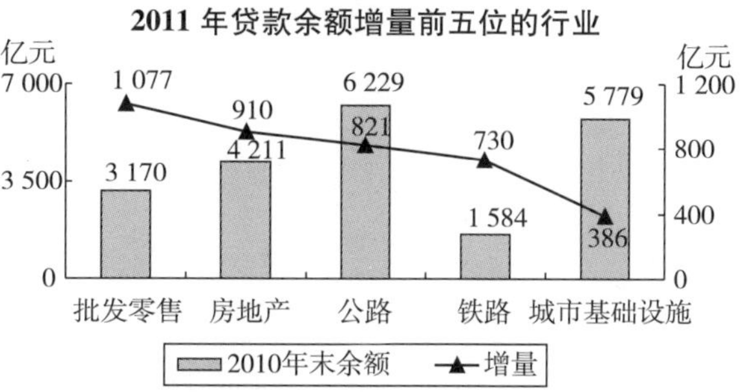

2010 年贷款余额增量前五位的行业

对四大行业贷款的调整有力支持了小微企业贷款的增加。

2011 年末，全行“四大行业”贷款余额 24 817.8 亿元，较 6 月末减少 843.95 亿元，完成预定任务的 88.5%。

考虑到 2011 年这一调整计划 7 月以后才正式下达，因此，全行“四大行业”贷款调整的成效仍值得充分肯定。

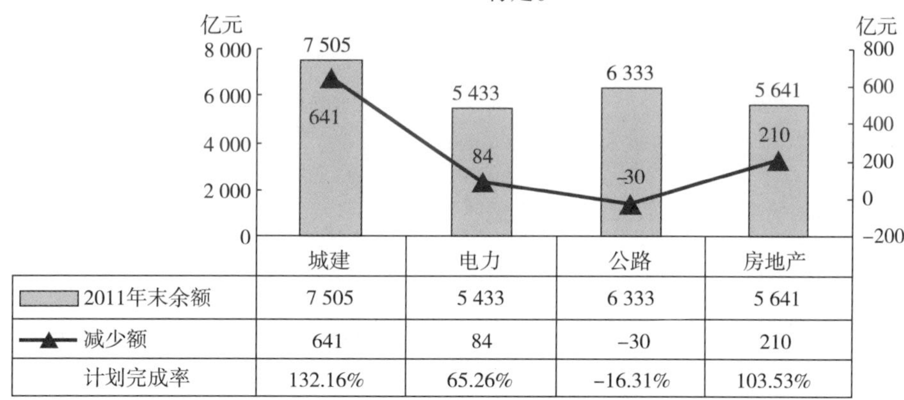

	城建	电力	公路	房地产
2011年末余额	7 505	5 433	6 333	5 641
减少额	641	84	-30	210
计划完成率	132.16%	65.26%	-16.31%	103.53%

“四大行业”贷款余额变化情况

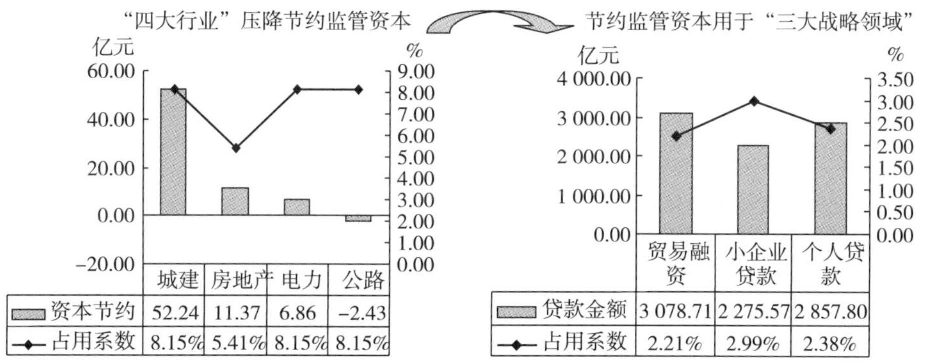

	城建	房地产	电力	公路
资本节约	52.24	11.37	6.86	-2.43
占用系数	8.15%	5.41%	8.15%	8.15%

	贸易融资	小企业贷款	个人贷款
贷款金额	3 078.71	2 275.57	2 857.80
占用系数	2.21%	2.99%	2.38%

从行业看，房地产、城建贷款分别减少210亿元、641亿元，占四大行业已减少额的25%、76%，分别完成计划的103.5%、132%；电力和公路贷款调整进度缓慢，分别减少84.2亿元、增加29.85亿元，分别完成计划的65.3%、-16.3%。

公路、电力、城建与房地产"四大行业"减少贷款843.95亿元，按2011年上半年项目贷款和房地产贷款监管资本占用系数（分别为8.15%、5.41%）和贸易融资、小企业与个人贷款监管资本占用率（分别为2.21%、2.99%与2.38%）测算，节约监管资本约68亿元，可用于满足新增贸易融资3 078亿元或小企业贷款2 276亿元或个人贷款2 858亿元的资本需求。

小微企业贷款占比进一步提高。

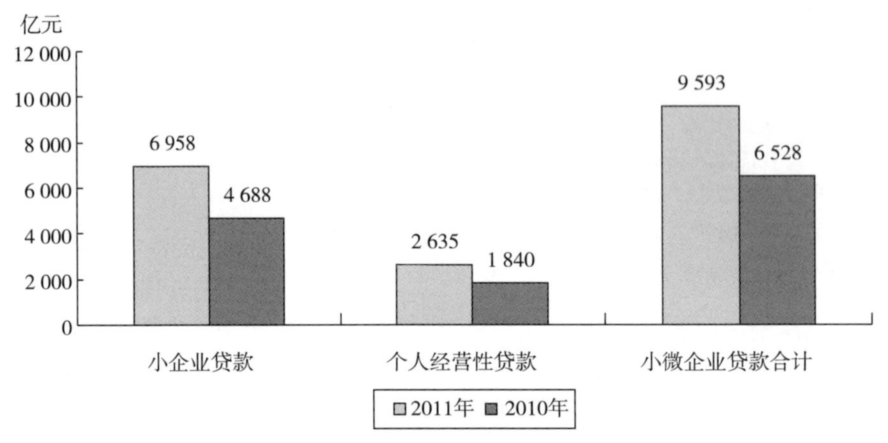

小微企业贷款余额变化情况

截至2011年末，全行小微企业贷款（含小企业贷款和个人经营性贷款）比年初增长3 066亿元，占境内各项贷款增量的35.2%，贷款余额达到9 593亿元，占境内各项贷款总量的比重较年初提高3个百分点。其中小企业贷款余额6 958亿元，较年初增加2 270亿元，占公司客户贷款增量的43.6%。

潜在风险贷款退出转化及担保圈贷款化解情况良好。

2011年全年潜在风险贷款退出及转化1 368.8亿元，完成全年1 000亿元计划的136.88%。

从行业看，退转结构调整重点领域行业潜在风险贷款893.49亿元，退转产能过剩行业潜在风险贷款38亿元。

从信用等级看，退转A+级（含）以下潜在风险贷款709.31亿元。

2008年以来潜在风险贷款退出转化情况

2008年	2009年	2010年	2011年
1 286亿元	1 260亿元	1 209亿元	1 369亿元

2009年以来担保圈贷款风险化解情况

2009年	2010年	2011年
868亿元	1 703亿元	1 495亿元

2011年全年共化解担保圈贷款风险1 494.79亿元，完成全年1 000亿元计划的149.48%。

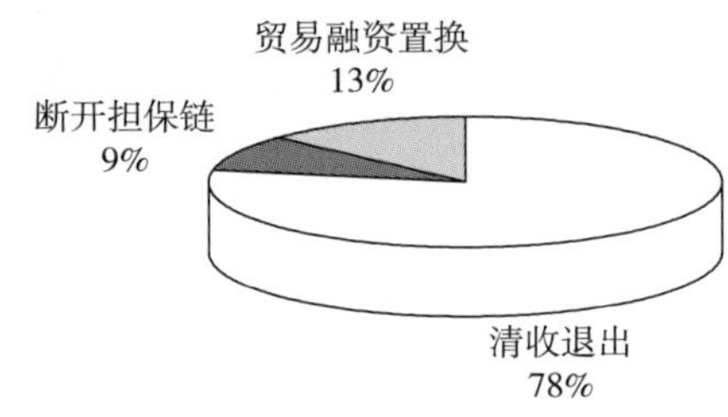

2011年担保圈贷款不同化解方式占比情况

从化解方式看，通过清收退出方式化解1 161.73亿元，通过断开担保链等方式优化迁徙141.89亿元，通过贸易融资置换191.17亿元。

从担保圈贷款结构看，存在较大风险的三类、四类担保圈贷款余额较年初减少403.36亿元，占比较年初下降4.69个百分点，担保贷款总体风险有所降低。

1.2.5 客户结构调整情况——中小企业客户拓展情况

中小企业客户快速增长，客户结构进一步优化。

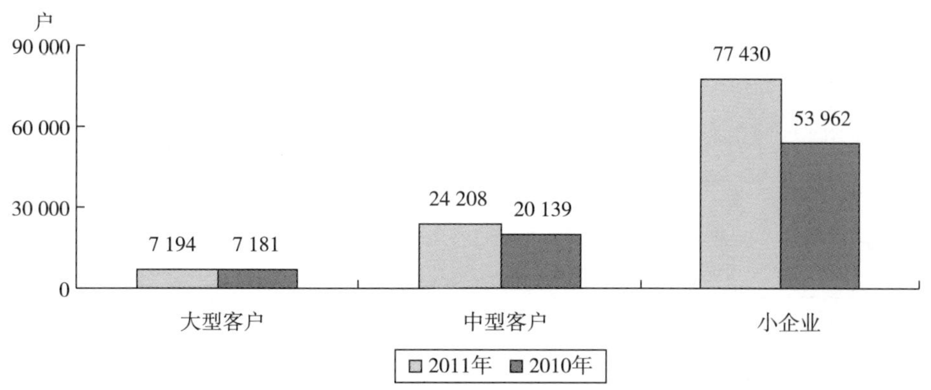

注：数据来源于信贷管理部。

有贷客户结构变化情况

截至2011年末，我行有贷客户数为10.87万户，较年初增长2.74万户；客户增长主要来自于中小型企业客户，其中中型客户较年初增长0.41万户，增幅为20.20%，小型企业增量为2.35万户，增幅为43.49%。

中高端公司无贷客户持续稳步增长。

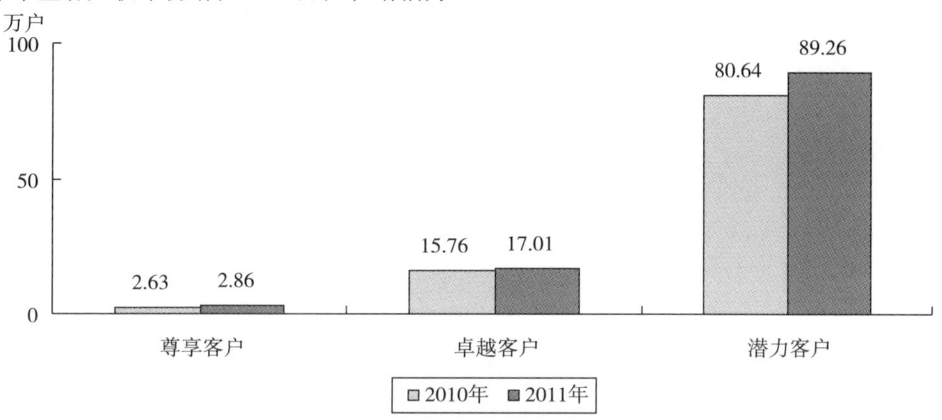

中高端公司无贷客户增长情况

2011年末，中高端公司无贷客户突破100万户，达到109.13万户，较年初增长10.09万户，增幅为10.19%，在全部公司无贷客户占比提高至28.3%，较年初提高2.6个百分点，其中尊享客户达到2.86万户，卓越客户达到17.01万户，潜力客户达到89.26万户，客户结构进一步优化。

个人客户金融资产稳步增长，中高端客户资产占比持续提高。

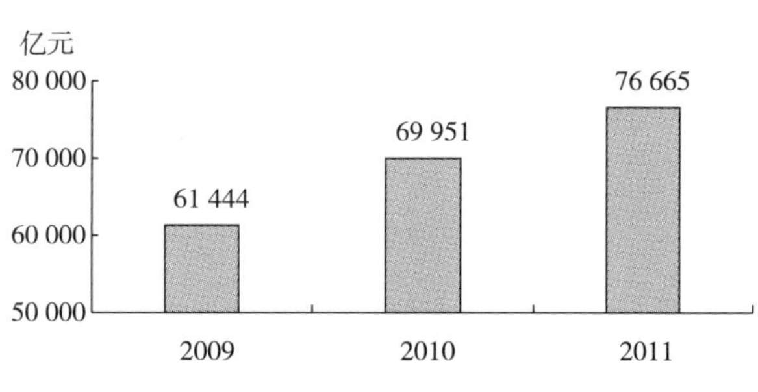

个人客户金融资产变化情况

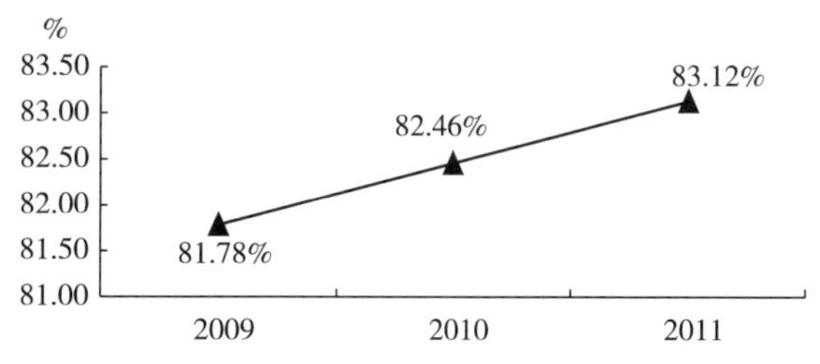

中高端客户金融资产占比情况

个人客户金融资产总量稳步增长，从2009年的6.1万亿元快速增长到2011年的7.7万亿元，增长1.6万亿元，增幅24.6%。

中高端客户金融资产占比不断提高，从2009年的81.78%提高到2011年的83.12%，提高1.34个百分点。

1.2.6 中间业务发展整体情况

中间业务收入总量、增量继续保持同业第一。

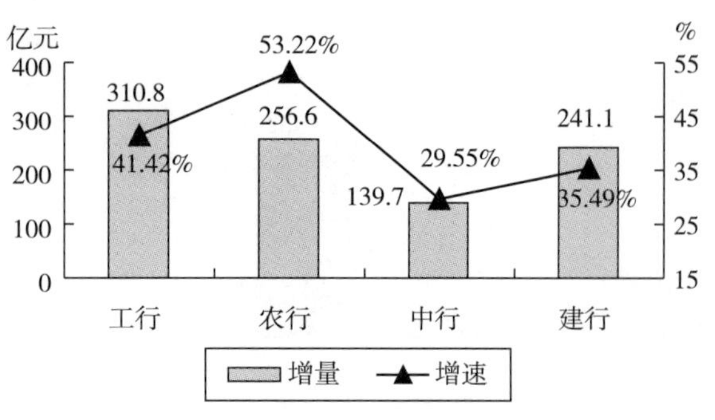

中间业务增量、增速四行情况

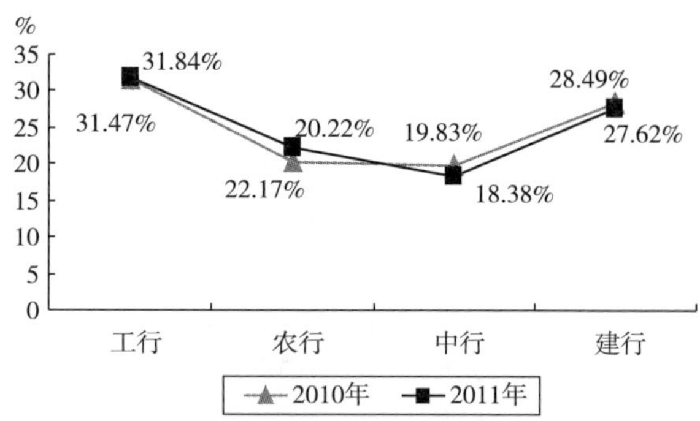

中间业务收入四行占比变动情况

2011 年，我行实现中间业务收入 1 061.18 亿元，同比增加 310.8 亿元，增长 41.42%，增幅高于建行和中行；中间业务收入四行占比提高至 31.84%，较 2010 年提高 0.37 个百分点。

境内分行　　单位：亿元,%，位

类别		2011 年收入	市场占比	占比变化	同业排名	排名变化
人民币结算		140.37	31.18%	0.13%	2	0
其中：	人民币对公结算	96.30	36.86%	-1.85%	1	0
	人民币个人结算	44.07	23.33%	0.47%	2	0
贵金属		32.28	57.05%	18.95%	1	0
代理及个人理财		109.85	38.30%	-3.01%	1	0
代理保险		32.95	26.48%	-1.84%	2	0
委托贷款		78.42	44.52%	5.83%	1	0
对公理财		67.36	39.71%	-3.94%	1	0
借记卡		43.52	22.19%	-1.72%	3	0
信用卡		122.44	38.78%	-2.64%	1	0
国际结算		47.15	22.79%	1.98%	2	1
代客外汇买卖及结售汇		43.27	21.00%	-0.36%	2	0
投资银行		210.84	34.56%	-0.53%	1	0
担保承诺		66.50	28.89%	-0.97%	2	0
资产托管		58.94	44.48%	6.49%	1	1
企业年金		3.38	96.45%	0.28%	1	0
电子银行		101.81	53.24%	-2.90%	1	0
中间业务合计		1 061.18	31.84%	0.37%	1	0

1.2.7　资产质量变化情况

不良贷款余额和不良贷款率连续12年保持“双下降”，有力支持了盈利能力的上升。

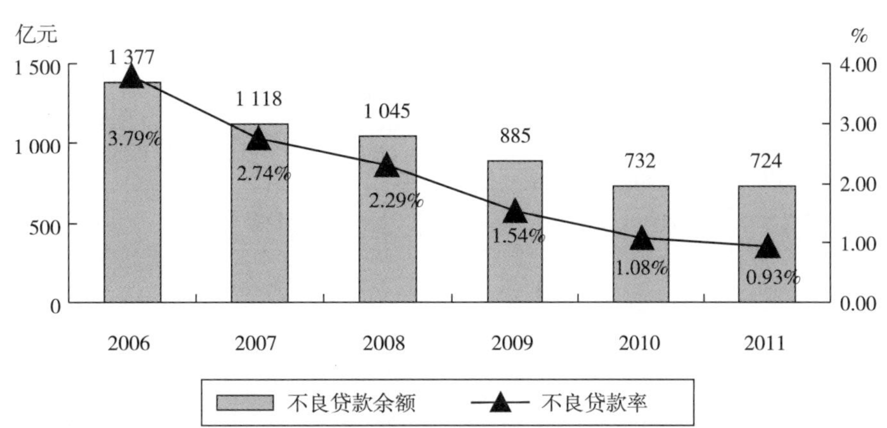

资产质量变化情况

2011年，我行不良贷款余额降至724亿元，较2006年（1 377亿元）下降653亿元，不良贷款率降至0.93%，较2006年（3.79%）下降2.86个百分点。在拨备保有水平不断提高的同时，信贷成本率（减值准备提取与贷款总额的比重）以及资产减值计提占拨备前利润的比例持续下降，分别从2006年的0.83%、30.88%下降到2011年的0.41%和10.28%。

拨备保有水平不断提高，抵御风险能力进一步增强。

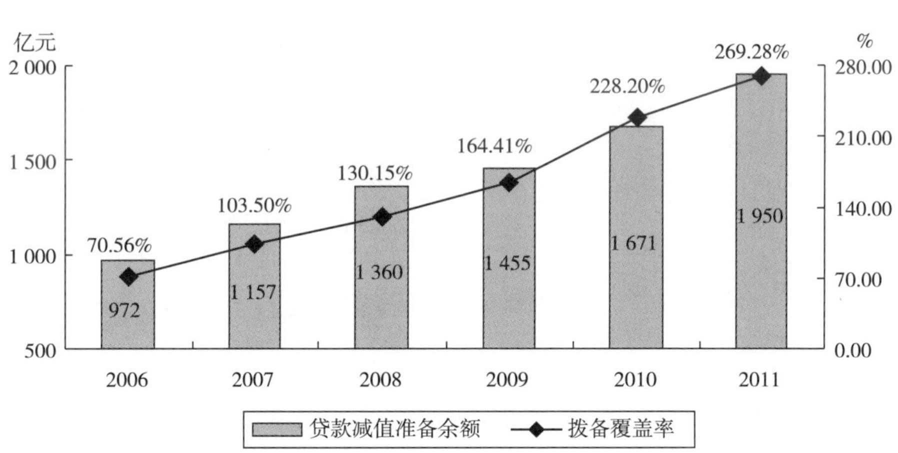

贷款减值准备余额和拨备覆盖率变动情况

在不良贷款余额持续下降的同时，我行始终坚持稳健的拨备提取政策，拨备保有水平不断提高。2011年末贷款减值准备余额达到1 950亿元，较年初增加279亿元；拨备覆盖率提升至269%，较年初提高41个百分点；贷款总额准备金率达到2.50%，超过本年度“腕骨监管指标”目标值（2.48%）0.02个百分点，提前达到银监会制定的《商业银行贷款损失准备管理办法》有关监管要求（2013年底前达到2.50%）。

1.2.8　其他业务发展情况——信用卡业务

2011 年信用卡业务经营成果

主要经营指标	2011 年	增幅
发卡量（万张）	7 065	11%
客户数（万户）	4 944	12%
消费额（亿元）	9 765	53%
贷款余额（亿元）	1 784	94%
其中：分期付款余额（亿元）	1 059	109%
总收入（亿元）	175	35%
其中：中间业务收入（亿元）	122	34%
180 天以上不良贷款占比	0.68%	-0.26 个百分点
中高端客户渗透率	18.90%	+1.3 个百分点
卡均消费（元）	14 131	30%
卡均贷款（元）	2 581	64%
卡均总收入（元）	254	14%
卡均中间业务收入（元）	177	14%

备注：1. 2011 年末按照提升信用卡品质要求，主动销卡 400 万张。如剔除此因素，信用卡发卡量同比增长将达到 17.3%。

2. 按同期可比口径计算，信用卡总收入达到 210 亿元，同比增长 61.4%，中间业务收入达到 157 亿元，同比增长 72.0%。

卡量与客户数快速增长，2011 年累计新发信用卡 1 544.6万张，清理低效卡 845.5 万张。客户持卡比从 2010 年末的 1.44 下降至 1.43。

客户结构不断优化，中高端客户渗透率保持上升态势，年末达 18.9%，较年初提高 1.3 个百分点。

核心指标继续领跑国内同业，发卡量、消费额、透支额、中间业务收入同业排名稳居第一。

2011 年电子银行业务经营成果

主要经营指标	2011 年	存量/增长率
1. 客户规模（万户）		
新增个人网银客户数	2 190.5	11 816
其中：证书客户数	1 263.0	3 341
新增企业网银客户数	58.8	284
其中：证书客户数	44.8	152
新增手机银行客户数	1 869.6	4 820
2. 交易规模（万亿元）		
电子银行交易额	288.9	同比增长 25.5%
3. 经营效益（亿元）		
电子银行业务收入	101.8	同比增长 41.2%
4. 电子银行业务笔数占比	70.1%	提高 11 个百分点
5. 客户质量		
个人网银中高端客户渗透率	43.2%	提高 4.8 个百分点
电子银行活跃客户占比（50%）	41.4%	提高 11.1 个百分点
电子银行活跃客户占比（80%）	20.0%	提高 7.7 个百分点

业务量质并举协调快速发展。

客户结构持续优化，证书客户占企业和个人网银客户比例分别达到了 53.5% 和 28.3%，同比提高 4.9 个和 6.7 个百分点。

中高端客户渗透率持续上升，网上银行在四星级以上个人中高端客户中渗透率达到 43.2%，较上年末提高 4.8 个百分点。

客户活跃度进一步提升，交易离柜率 50% 和 80% 以上的电子银行活跃客户占比分别达到 41.4% 和 20%，较年初提高了 11.1 个和 7.7 个百分点。

二、2012 年主要经营计划

2012 年度经营计划制定过程中坚持了“稳中求进”的指导思想，引导和促进全行加快改革创新，持续推进经营转型，巩固和提升市场竞争力、风险防控力，着力增强我行的可持续发展能力。目前全行经营计划已经董事会审议通过，总行将在近期将经营计划目标分解落实到分行，全行要紧紧围绕计划目标统筹安排好各项工作，在复杂多变的外部经营环境和日趋激烈的市场竞争态势下，进一步巩固和提升我行竞争发展能力，推动全行健康可持续发展。

2.1　主要经营目标

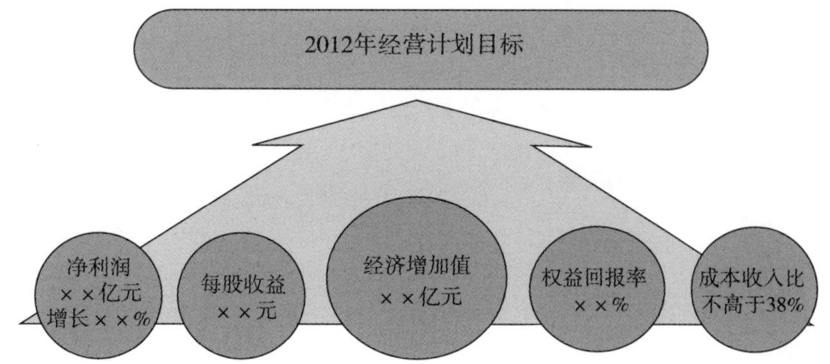

2.2　业务发展计划

存贷款发展计划。

人民币存贷款计划表

单位：亿元

计划项目	2012 年计划		2011 年		
	增量	增幅	余额	增量	增幅
人民币存款	13 000	10.2%	127 239	13 000	11.4%
人民币贷款	8 500	12.1%	70 309	8 200	13.2%

外汇存贷款计划表

单位：亿美元

计划项目	2012 年计划		预计 2011 年		
	增量	增幅	余额	增量	增幅
外汇存款	160	36.7%	436	121	38.4%
外汇贷款	150	30.4%	494	130	35.7%

中间业务发展计划。

中间业务收入计划表

单位：亿元

计划项目	2012 年计划	增幅
中间业务收入	1 260	20.00%

预计 2012 年实现中间业务收入 1 260 亿元，增长 20%。

2.3　风险控制计划

不良贷款控制计划。

不良贷款管理计划表

计划项目	2012 年计划			2011 年
		同比增减	同比增幅	
不良贷款率	不高于 1.20%	—	—	0.93%

"四大行业"贷款总量控制计划。

"四大行业"贷款总量控制计划表

单位：亿元

计划项目	2012 年计划			2011 年
		同比多减	调减计划的增幅	
"四大行业"贷款总量调减金额	1 500	656	77.7%	844

2.4　资本管理计划

集团口径

指标	2012 年计划数	2011 年
经济资本供给量（亿元）	11 425	9 737
经济资本需求量（亿元）	7 965	6 750
核心资本充足率	9.6%	9.6%
资本充足率	12.2%	12.7%

注：1. 2011 年资本充足率指标数据已考虑新增发行 500 亿元次级债的因素；

2. 2012 年计划数不考虑再融资、新增发行次级债等外源性资本补充因素；

3. 未考虑对外股权投资消耗资本因素；

4. 未考虑《商业银行资本管理办法》正式实施的影响和 2012 年资本充足率计算政策和计算方法的变动。

三、2012 年工作要注意的几个问题

目前国际金融危机的影响仍在持续，国际国内经济

形势严峻复杂，中央经济工作会议和全国金融工作会议对银行业稳健发展和支持实体经济提出了明确的要求，我们要认真把握“稳中求进”的主基调，着力转变发展方式，调整经营结构，深化改革创新，提升服务水平，加强内部管理，努力保持健康和可持续发展的良好局面。关于2012年的工作，董事长已做了全面部署。下面，我重点强调几个问题。

3.1 关于信贷结构调整中需注意的问题

3.1.1 切实保障贸易融资健康发展

贸易融资业务快速发展，促进了信贷结构优化。

近几年来，全行贸易融资业务增加较快，在信贷业务中的比重不断提高，2011年末表内贸易融资占全部贷款的比重达到10%，占公司贷款比重达到14%。

2011年增加贸易融资2 425亿元，增幅为49.26%，占公司贷款增量的46.62%，占流动资金贷款余额的36.64%。全年累计办理贸易融资表内业务15 185亿元，比上年增加5 438亿元，增幅为55.79%，增幅同比提高12.4个百分点。

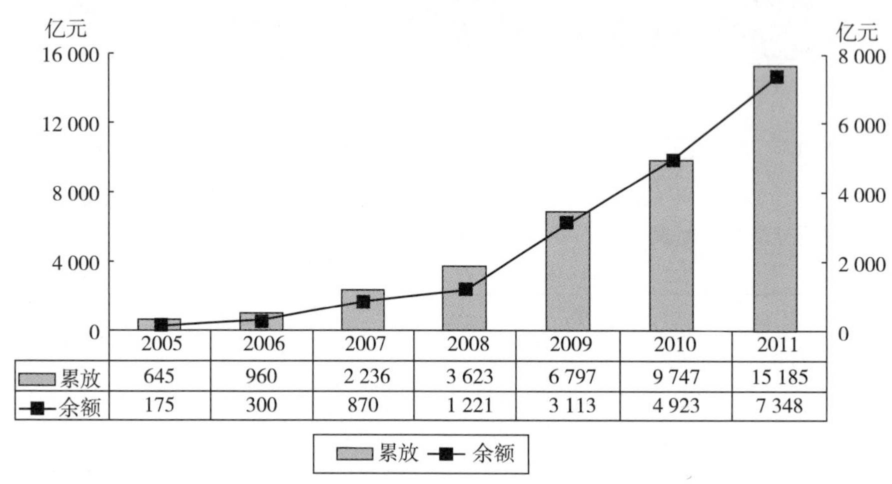

	2005	2006	2007	2008	2009	2010	2011
累放	645	960	2 236	3 623	6 797	9 747	15 185
余额	175	300	870	1 221	3 113	4 923	7 348

2005－2011年贸易融资表内业务发展情况

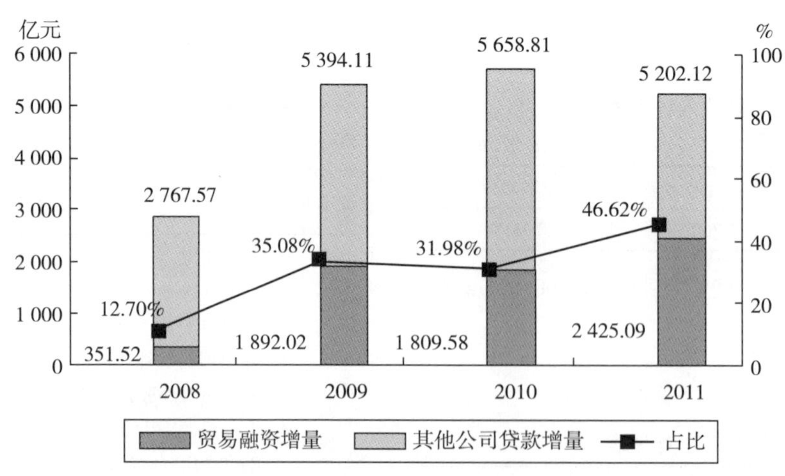

2008－2011年贸易融资余额增量占公司贷款余额增量比例

贸易融资发展中要关注的风险。

目前，随着贸易融资业务规模不断增加，贸易融资业务风险有所积累，一些风险事件有所显现，管理力度必须加大。

虚假交易风险。有的企业利用虚假合同、虚假发票、虚假订单、虚假交易单据（签收单、运单）、虚假交易账户等手段虚构交易及关联交易套取银行融资，出现了金融欺诈风险及信用风险。

物权管理风险。有的物流监管企业疏于监管职责，商品监管检查频率间隔期过长，监管反馈信息不及时、不完整，存在商品重复质押、抵押品被挪用或更换转移、以次充好等问题，弱化了动产抵押对贸易融资贷款的保障效力，存在风险隐患。

融资管理风险。有的经办机构和人员未能有效采集企业准确信息以甄别企业间交易的合法性、合理性；未能取得购货方对债权的有效确认，未能严格执行专户管理规定，对借款人应收款账户控制流于形式；融资账户与企业交易指定的回款专用账户脱节；未能有效核实应收账款与回款的对应关系、融资对应的货款回笼后未能及时扣收导致融资被挪用。

业务审查风险。贸易融资业务有着严格的审查单证的技术要求，检查发现部分业务及单证审查审批不规范，不细致，特别是对于重要交易单据、不符点等关键点的审查重视不够，存在操作风险隐患，亟须提高专业性反假能力。

切实保障贸易融资健康发展——风险应对措施。

发展供应链融资模式。重点推进以重点产业、重点企业、重点产品为主体的供应链、产业链、交易链的融资模式，解决贸易融资客户分散、产品分散、产业契合度不高的问题，升级全行贸易融资业务的经营管理模式和管理技术，在有效拓展业务资源的同时，进一步提高信用风险的控制能力。

加强合规性管理和监督。对于贸易融资业务要突出防范企业虚假交易形成的信用风险，根据前中后台的专业分工实行模块化作业方式，严格落实客户经理贷前调查职责，对于在审查、审批、核准查实环节，属于调查不实、提供无效或虚假资料等行为的，要严肃追究客户经理及申报行的责任；授信审批环节存在合规问题的，要追究相关人员责任；对于在放款核准和执行监督环节监督不力，未能有效发现或发现后未能及时报告或未能中止拒绝的贷款，要严肃追究执行信贷监督部门具体责任人的责任，切实建立起严密的贷后管理机制。

加强集中审查模式建设。制定贸易融资技术审查标准，在贸易融资贷款规模大和有条件的分行推行贸易融资技术审查集中模式，提高交易单据审查的专业性与独立性，加大贸易融资专业人才的培养，切实增强贸易融资防假、反假能力。

加强系统控制功能。要加快应收账款、核心企业、商品融资系统模块开发工作，完善电子供应链金融平台的配套管理功能，为贸易融资的集约化运营提供技术平台。要尽快研发贸易融资结算专户资金监控工具，实现回款提示、债项核实、自动扣收等功能，有效监测账户资金流转及异动信息，加强贸易融资业务风险的技术控制。

3.1.2　确保小微企业贷款健康发展

要在加大对小微企业贷款投放的同时，密切关注当前形势下小微企业新的风险特征，改进信贷管理，并要注重通过创新金融服务帮助小微企业缓解经营困难。

密切关注小微企业新的风险特征。

生产经营困难增加。小微企业一般处于产业链的末端，随着经济环境的变化，企业原材料、劳动力成本和融资成本进一步上升，一些小微企业订单、利润明显减少，被拖欠货款增加，经营风险及可能衍生的信用风险加大。

过度扩张与过度融资风险。一些小微企业尚未形成良好的公司治理机制与决策制衡机制，生产转型频繁、产业与生产扩张缺乏有效制衡，隐形融资行为常导致过度融资及过度扩张，进而波及银行信贷风险。

类金融化操作风险。一些小微企业运用自有资金或者挪用银行贷款涉足民间借贷或其他高风险领域，企业经营主业空心化，中小企业主负债出走事件时有发生，企业违约风险上升。

有的小微企业恶意套取银行信贷资金的现象有所抬头。由于一些小微企业缺乏严格的经营信息及财务信息的管理制度，虚假交易、虚假订单、虚假合同、重复抵押、挪用资金的问题屡有出现，直接构成银行的现实风险。

一些小微企业对国家日益严格的环保和食品安全监管政策不适应，在环保、食品安全等方面发生风险事件有所增加。

要严格落实小微企业贷款风险防控措施。

加强对小微企业贷款关联关系和交易背景真实性、合理性的调查和审查，对存在股权关联、自然人关联、实际控制人关联的小微企业，要实施统一授信管理。

严格执行信贷资金受托支付，加强贷款用途的监管，防止我行信贷资金被挪用，流入房地产和民间借贷等领域。

从严把握第一还款来源。要坚持小微企业货款归行额与融资总量相匹配、货款归行占比与融资占比相匹配的原则；对与生产销售不匹配且不能合理解释的归行货款，不能作为授信依据。

切实做好小微企业主经营行为的动向监测，高度关注对外投资、扩展产能的情况，严格防范过度融资和多头融资风险。

认真贯彻“绿色信贷”政策，对于小微企业生产、销售不符合环保、安全和质量监管政策的，要一票否决，现有的存量贷款要全部退出。

要进一步改进对小微企业金融服务。

要严格执行国家监管部门有关规定，按照总行安排，加紧对小微企业收费进行全面清理、规范，禁止收取不合理费用。

要综合运用信贷、结算、投资银行等服务功能，努力帮助缓解小微企业困难。

要对小微企业贷款进行合理定价。小微企业一般具有较高的经营风险，要体现风险定价原则，对风险溢价应通过正常的贷款利率浮动来实现；小企业贷款利率要能够覆盖资金成本、风险成本和管理成本，并保持必要的收益水平；要根据具体的贷款期限、担保条件、提款时效等因素，灵活差别定价；要积极参照市场、同业的小微企业利率水平，合理定价。

3.1.3　促进调减“四大行业”贷款余额工作的顺利进行

四大行业贷款调整计划完成总体较好，但分行业和分地区情况不平衡。

从分行看，有 20 个分行完成调整计划，有 4 个分行计划完成率高于全行平均水平。有 13 个分行低于全行平均水平，由于种种原因，有三个分行四大行业贷款余额有所增加。

2012 年，全行四大行业贷款余额调整计划为 1 500 亿元。全行要确保实现这一目标，在努力支持在建、续建项目，力避出现“半拉子”工程的同时，为我行支持中小企业、个人消费贷款和贸易融资业务发展腾挪出更大的空间。

要加强计划管理的科学性。实行总量计划和分行业计划两手管理，既要确保行业调整总量计划完成，也要保证分行业计划完成，逐户逐笔落实到期贷款、合同项下未提款等的调整计划，防止信贷调整过程中形成新的不平衡和“强压强退”问题；对于 2011 年未完成的调整额度继续纳入到对分行、分行业的 2012 年调整考核计划中。

加强到期贷款管理。调整计划能否顺利完成，关键是能否收回到期贷款。在全部四大行业贷款中，2012 年到期贷款为 4 699 亿元，占全部到期贷款的 19%，对到期项目贷款要全部收回，不再办理展期和再融资，尤其要注意加强地方政府融资平台和房地产到期贷款收回管理，防范资金链风险。

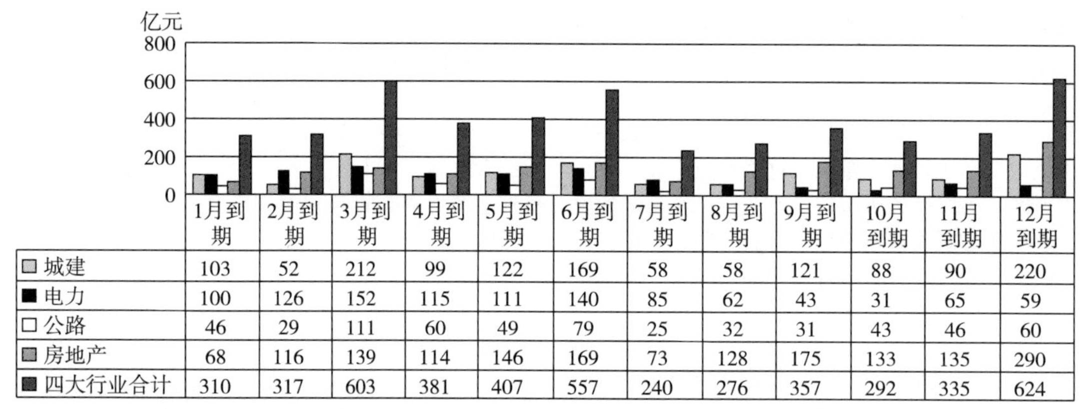

	1月到期	2月到期	3月到期	4月到期	5月到期	6月到期	7月到期	8月到期	9月到期	10月到期	11月到期	12月到期
城建	103	52	212	99	122	169	58	58	121	88	90	220
电力	100	126	152	115	111	140	85	62	43	31	65	59
公路	46	29	111	60	49	79	25	32	31	43	46	60
房地产	68	116	139	114	146	169	73	128	175	133	135	290
四大行业合计	310	317	603	381	407	557	240	276	357	292	335	624

2012 年四大行业贷款余期分布情况

实行差异化的区域信贷结构调整政策。有条件的分行要加大“四大行业”调整力度，对于贷款未到期而有条件提前收回的，要给予政策鼓励。超计划提前收回部分贷款按照一倍经济资本占用抵减。对于中西部和东北地区的电力和公路项目，必须符合新的准入要求，提高贷款利率和综合收益。对于公路贷款集中度高、预期还款负荷过重的省市交通厅局暂停受理与审批新的贷款；对于存在公路不良贷款的省市不得发放新的公路贷款。

创新信贷结构调整的方式方法。坚持有扶有控，合理安排投放，保障重点在建、续建项目建设；更多地利用短融、中票、私募债等资本市场工具，运用风险参贷方式支持四大行业合理融资需求，维护重点客户关系；积极创造条件尽快启动资产证券化，大力发展理财投资资产转让业务以及银团贷款业务，拓宽贷款流转渠道。

3.1.4　要继续加大对重点县支行信贷资源倾斜

目标

★ 30家总行级重点县支行要争取于2012年末实现贷款余额排名同业首位；

★ 157家重点县支行要用两年左右的时间实现存款、贷款排名同业前两位。

2011年情况

➢ 2011年，全行157家重点县支行人民币贷款增加783亿元，增幅为12.6%，较全行平均增幅高出0.6个百分点，较各县支行所在一级（直属）分行平均增幅高出0.8个百分点。

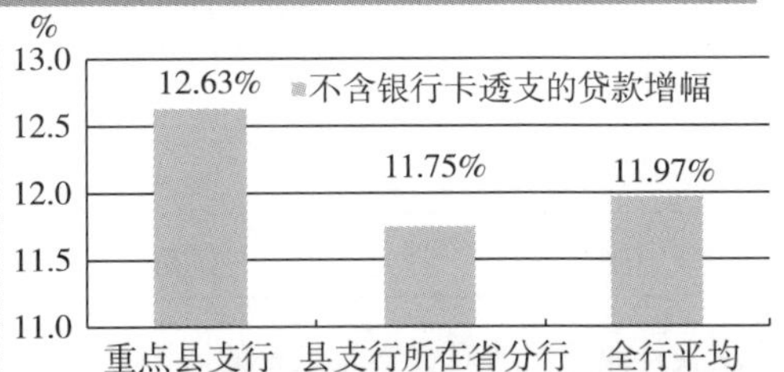

✓ 江苏、福建、安徽、贵州、黑龙江、湖北、内蒙古和新疆分行辖内重点县支行贷款增幅超过省分行增幅的1.3倍。

✓ 河北、河南、江西、吉林、海南分行辖内重点县支行贷款增幅低于省分行，重点县支行贷款余额占比下降。

2012年措施

➢ 在省分行层面实施重点县支行的计划单列管理。在总行下达年度贷款计划后，省分行要根据总行下达的重点县支行贷款计划配置的比例指导线，制订辖内重点县支行的信贷资源配置计划，报总行备案并定期监测。

➢ 总分行要加强对重点县支行信贷资源配置的监测和指导。对于辖内重点县支行贷款计划配置不合理、执行不到位或市场占比出现下滑的分行，总行将扣减其年度贷款计划指标专项用于全辖重点县支行。

总之，信贷结构调整是我行发展方式转型的需要，也是防范未来信贷资产质量波动和劣变的需要，必须持续抓下去，连续抓几年，毫不放松。但工作要扎实，要细致，做到有进有退、有扶有控。“进”要重质量，“退”要讲方法，“扶”要靠创新，“控”要有机制。要注意统筹兼顾，妥善处理好信贷结构调整过程中方方面面的关系，确保通过这轮调整，显著降低信贷业务资本消耗，显著增强信贷业务可持续发展能力。

3.2 关于表外业务发展中需要注意的问题

近年来我行表外业务发展速度明显加快。2009 年之后我行表外 RWA 增速明显高于中行和建行。根据 2011 年前三个季度数据推算，2011 年末我行集团口径表外 RWA 增速为 33% 左右，高于中行（6% 左右）27 个百分点，高于建行（4% 左右）29 个百分点。

若我行 2011 年表外 RWA 增速与建行持平（4%），则可少增风险加权资产约 2 031 亿元，按照 12% 的资本充足率为基准测算折合资本需求约 244 亿元。

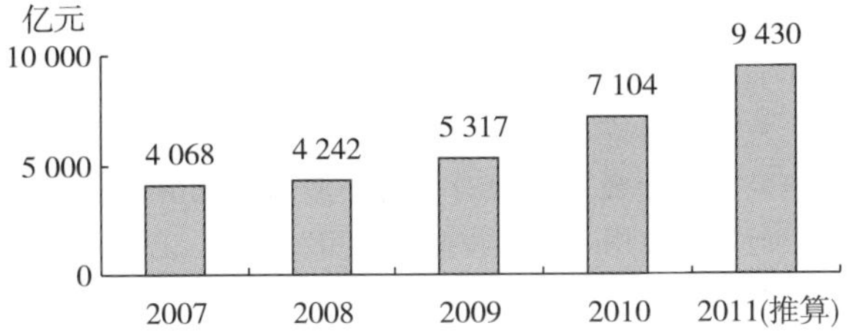

近几年表外 RWA 增长情况

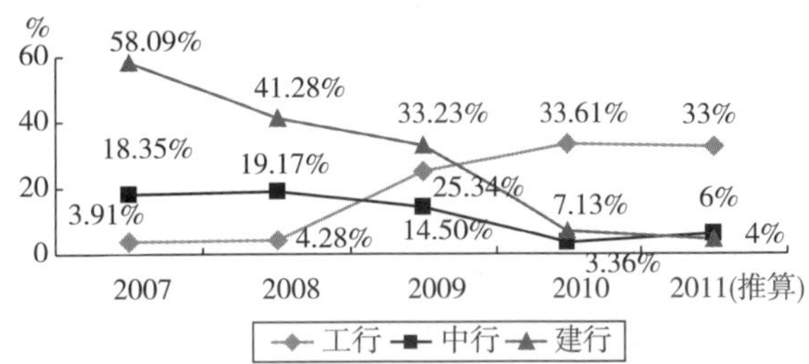

我行与同业表外 RWA 增速情况对比

关注表外业务收益贡献与资本占用的匹配情况。

表外业务的发展方向应该是低资本占用和较高的收益水平。我行目前的表外业务结构不尽合理。根据 2011 年前三个季度数据推算，2011 年末全行表外业务加权风险资产余额为 9 430 亿元，其中签发承兑汇票、出具融资性保函和承诺是主要项目，上述三类业务的 RWA 合计 7 298 亿元，占全部表外加权风险资产余额的比重为 77.4%。

如仅考虑业务产生的直接收益，在风险资产权重相同的情况下，上述这一些表外业务收益率远低于全行各项业务的平均收益率，其中签发承兑汇票收益率（0.16%）和承诺业务收益率（0.80%）分别较全行各项业务的平均收益率（5.45%）低 5.29 个和 4.65 个百分点，也低于其他表外业务的收益水平。

2011 年表外业务收益率情况

单位：亿元

项目	2011 年末风险加权资产余额（推算）	2011 年全年收入	风险加权资产收益率（年化）
承兑汇票	2 090	3.3	0.16%
承诺业务	4 119	33	0.80%
各项业务	86 219	4 697	5.45%

必须关注表外业务发展对资本充足率的影响。

2011 年表外业务余额及加权风险资产变动情况

集团口径

单位：亿元

项目（按监管口径分类）	资产余额		风险加权资产				RWA 增量影响资本充足率（基点）
	2010 年末	2011 年末（推算）	2010 年末	2011 年末（推算）			
				余额	增量	增幅	
1. 等同于贷款的授信业务	3 166	4 551	2 221	3 210	990	44.6%	15.3
1.1 承兑汇票	2 495	3 406	1 544	2 090	545	35.3%	8.4
1.2 融资性保函	670	1 123	644	1 090	446	69.3%	6.9
2. 与交易相关的或有项目（非融资性保函）	1 726	1 803	770	775	5	0.7%	0.1
3. 与贸易相关的短期或有项目（跟单信用证）	3 068	4 356	546	735	190	34.8%	2.9
4. 承诺（合同项下未提款、信用卡授信额度未使用部分等）	8 928	11 540	3 319	4 119	799	24.1%	12.4
其中：合同项下未提款	6 565	7 612	2 138	2 154	16	0.8%	0.3
其中：信用卡授信额度未使用部分	2 363	3 928	1 182	1 964	783	66.2%	12.1
5. 信用风险仍在银行的销售与购买协议（有追索权的资产销售）	637	1 060	127	212	85	66.4%	1.3
6. 汇率、利率及其他衍生产品合约风险资产	12 578	2 508	112	247	135	120.4%	2.1
7. 其他表外项目（融资平台表外增计部分）	46	259	9	131	122	1 290.0%	1.9
合计	30 148	26 077	7 104	9 430	2 326	32.7%	36.0

注：集团口径资本充足率以并表数据为基础，目前尚在计算中。

签发承兑汇票、出具融资性保函、信用卡未使用授信额度三项业务增量较高，增速较快。

合同项下未提款存量较大。

表外业务管理思路及工作措施。

合理控制表外业务 RWA 增速。

要发挥经济资本对表外业务的约束作用。总行要提高表外业务经济资本计量标准。分行要在表外业务增量限额约束下，以确保获得较高的综合收益为前提，优先满足重点客户表外业务需求。

要加强对各类贷款承诺及信用卡授信额度的计划管理。在签订贷款承诺协议以及核定客户信用卡透支额度时，要兼顾客户贡献的提升和资本成本的控制，严格区分银行可随时撤销额度与不可随时撤销额度，提高相关业务的资本使用效率和资本收益水平。

总之，尽管有些表外业务，例如出具保函能够带来一定的手续费收入和部分保证金存款、国际结算等业务，但资本占用过高，收益水平相对偏低，必须加以约束；要加快表外业务转型，合理控制表外业务 RWA 总量，优先发展资本占用少、收益水平相对较高的表外业务。

要特别注意发展金融资产服务型等“表表外”业务，加快实现银行发展方式的转型。

3.3 关于存款工作中需要注意的问题

人民币存款增长均衡率为近年最低水平，各季初存款下降明显。

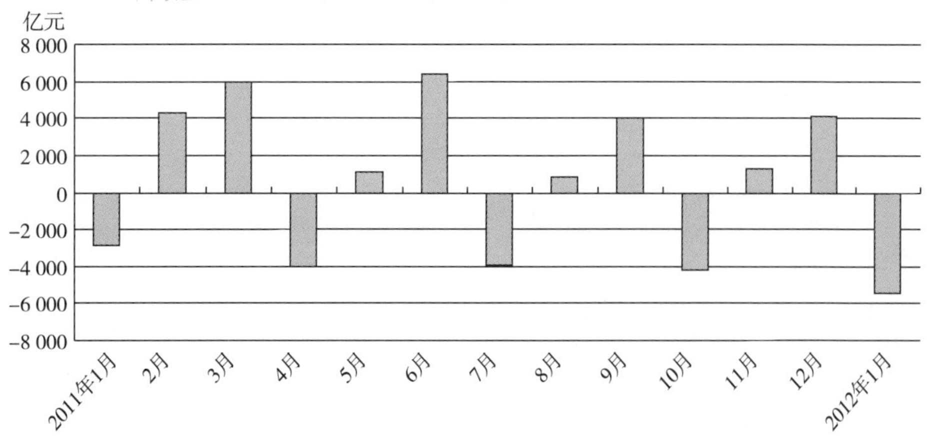

2011 年 1 月至 2012 年 1 月 13 日各月度存款变化情况图

2011 年全行各项存款（含同业）均衡率 41%，为近 5 年来最低，分别比 2007 年至 2010 年低 42 个、13 个、31 个和 22 个百分点。

2011 年存款双向波动超过 1 万亿元，且各季初存款大幅下降。1 月、4 月、7 月、10 月存款当月分别下降 2 859 亿元、4 056 亿元、3 962 亿元和 4 205 亿元。

2011 年各项存款（含同业）日均增加 5 394 亿元，法定存款准备金日均增加 2 921 亿元，法定存款准备金日均增量占各项存款（含同业）日均增量的 54%，存款增长难以支持长期资产合理布局。

2011 年全行日均新增存贷比为 88.5%，其中 20 家分行日均新增存贷比高于全行平均水平，17 家分行日均新增存贷比超过 100%。

2012 年初全行存款再次出现大幅下降。截至 2012 年 1 月 10 日我行各项存款（含同业）大幅下降 3 974 亿元，农行、中行、建行分别下降 98 亿元、1 084 亿元和 377 亿元。截至 1 月 13 日，我行各项存款（含同业）比年初下降 5 469 亿元，占 2011 年全年增量的 42%。

存款增长不均衡制约了资产业务发展和经营结构转型，增加了财务成本和准备金缴存成本。

影响一：存款波动可能会影响到贷款投放总量。

存款增长稳定性是央行差别准备金动态调整机制公式中确定经营稳健程度的重要评价指标之一，即存款增长的不均衡会影响我行年度贷款总量增长空间。

影响二：全行非信贷资产增速放缓，难以持续推进经营结构转型。

截至 2011 年末全行债券投资余额 37 195 亿元，只比年初增加了 921 亿元，增幅仅为 2.53%。2011 年全行各类融资业务大幅下降，分行融资业务日均余额同比大幅下降 55%，除在部分时段对冲存款波动外基本处于停滞状态。

影响三：需要依靠融入资金及吸收部分高成本同业存款支持资产业务发展。

2011 年，总行日均融入资金 1 092 亿元，同比增加 824 亿元，支付利息 50.02 亿元，融入资金成本 4.58%；短期同业定期存款日均余额 2 318 亿元，同比增加 1 824 亿元，支付利息 115 亿元，平均付息率 4.95%。

影响四：季末存款波动增加了法定存款准备金缴存财务成本。

2011 年 4 月 6 日多缴准备金 853 亿元，7 月 5 日多缴准备金 911 亿元，10 月 8 日多缴准备金 1 178 亿元。2012 年 1 月 5 日多缴准备金 806 亿元。按我行融入资金成本与法定准备金利率 1.62% 之差测算，每锁定 10 天准备金的机会成本约 3 亿元。

做好存款工作的几项措施。

保持存款稳定、均衡增长，避免大起大落。

优化存款品种结构和客户结构，切实加强存款的基础工作。

进一步夯实存款业务发展基础，进一步巩固存量客户份额、拓展增量客户群体，更多地依靠提高中高端客户比重，创新金融服务来强化存款工作的基础。

注意把握存款增长和控制成本的关系。

有效控制付息成本是提高 NIM 水平的关键因素之一。既要保持存款的稳定、均衡发展，又要妥善处理好量与质的关系，增强成本意识，控制付息成本。

加强存款业务与理财业务的良性互动。

建立差别存贷比动态管理机制，确保全行资产负债总量与结构的平衡。

对存贷款发展过于不平衡或与总行转型发展导向严重偏离的分行，要通过定向借款等方式引导其动态调整资产负债结构，确保全行资产负债总量和结构平衡，进一步推动全行经营转型。

总之，抓存款不能仅关注时点数，时点数是一家银行在一定时期基础业务发展水平的重要标志之一，是需要关注的。但更要关注的是存款实力的持续增强，要把存款工作的基础做扎实，通过优化客户结构、扩大客户基础、渠道建设和转型、创新产品、改进服务和完善机制，不断提高存款增长的效益性、稳定性和可持续性。

3.4 关于资产管理业务发展中需注意的问题

厘清关于资产管理业务的几点认识，有利于推动相关业务的健康发展，也有利于创造更好的发展环境。

发展资产管理业务不是为了拉存款，更不是搞高息揽存。

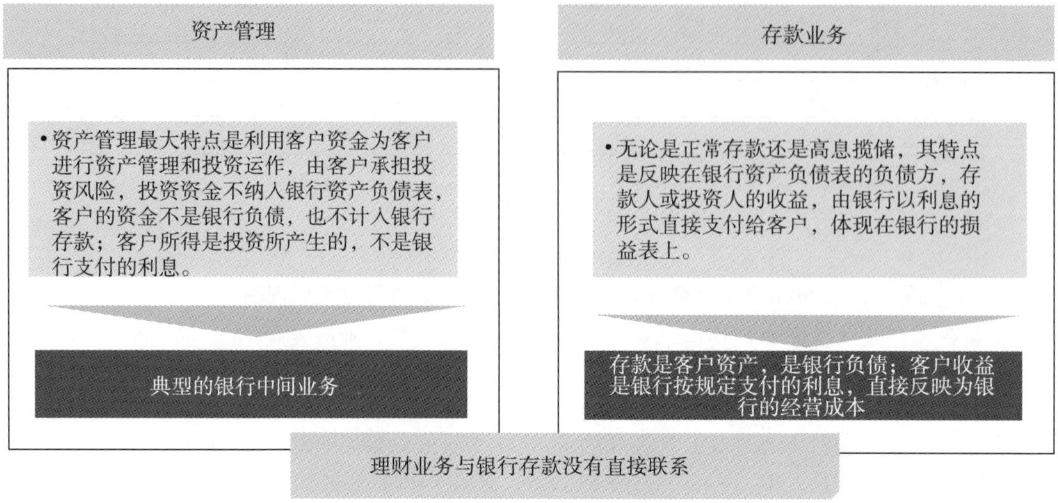

资产管理

• 资产管理最大特点是利用客户资金为客户进行资产管理和投资运作，由客户承担投资风险，投资资金不纳入银行资产负债表，客户的资金不是银行负债，也不计入银行存款；客户所得是投资所产生的，不是银行支付的利息。

典型的银行中间业务

存款业务

• 无论是正常存款还是高息揽储，其特点是反映在银行资产负债表的负债方，存款人或投资人的收益，由银行以利息的形式直接支付给客户，体现在银行的损益表上。

存款是客户资产，是银行负债；客户收益是银行按规定支付的利息，直接反映为银行的经营成本

理财业务与银行存款没有直接联系

误认为银行销售理财产品、发展资产管理业务就是为了拉存款甚至高息揽存的原因

• 有的银行在开展资产管理业务、销售理财产品时，自营与代客不分、没有托管、没有独立核算，甚至没有真正投资，募集资金直接纳入银行表内，客户收入直接通过银行自营收入划转，和存款利息支付没有本质区别。
• 我行的资产管理业务与上述做法有本质区别。这不仅是销售策略和管理办法的区别，实际上是理财业务与存款业务的本质区别。我行必须坚持正确的资产管理业务发展方向，实行独立核算，自营业务和代客业务严格分离。否则，就不可能走出一条新路子，对全行发展方式的转变也不会起到应有的推动作用。

• 某些银行发行的保本型理财产品占其整个理财产品规模的比例超过80%。按照现行会计准则规定，如果是保本型理财产品，银行将承担最后偿付义务，必须纳入表内核算，反映为银行存款。我行发行的保本型理财产品不多，均按规定纳入表内核算。
• 有时候我们的一些工作安排，也容易使人产生误解。比如说，我们把理财产品销售有时候简单地围绕着存款任务的完成、存款目标的实现来安排、统筹。实际上理财产品对存款的拉动作用主要应该体现在客户在投资不同理财产品的间隔段，其资金会存储在银行等待新的投资机会。

正确的思路应该是：

通过夯实存款工作的基础，吸收更多客户资金存入我行，并以此扩大我行理财产品的投资群体及其投资实力，推动我行理财业务的持续发展；通过资产管理业务水平的不断提高，稳步提升客户在我行投资理财产品的回报水平，吸引更多投资者成为我行客户，并使更多资金在投资间歇期沉淀为在我行的存款。

理财项目投资不是绕贷款规模、不是变相放贷。

理财项目投资

•理财项目投资，是银行为投资者寻找到投资机会，代理客户把资金投资于一些项目，投资收益返还给客户，银行从中收取手续费、管理费的中间业务。
•理财项目投资确实会增加一些企业和一些项目所获得的融资总量，但不能简单地说是银行信贷的一部分。理财项目投资不反映在银行资产负债表内，且银行不承担或有责任，因此也不应反映在银行表外，是一种“表表外业务”。

直接融资业务

银行贷款业务

•贷款资金的来源是银行吸收的存款，银行的负债在用于贷款后体现为银行的资产。资金来源及应用均反映在银行资产负债表内。

间接融资业务

理财项目投资与银行贷款业务有本质区别

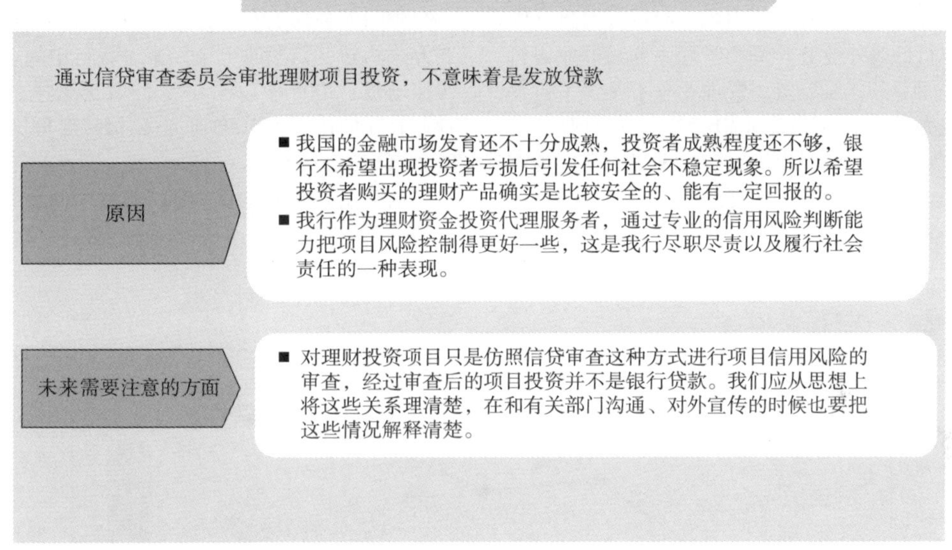

资产管理业务应按照“卖者有责、买者自负”的原则开展。

卖者有责

•对于理财产品销售业务，银行的责任是准确销售，充分揭示风险，不能诱导客户购买。把合适的产品介绍给合适的投资者。
•必须遵循监管部门规定的有关风险提示程序。

买者自负

•具体项目尽管经过了我行内部的各种审查程序，通过了银行的信用风险审批或投资风险审批，但任何人都无法保证不出现任何市场风险，一旦出现投资风险，应由买者自行负责。
•“买者自负”指的是客户和银行已经签订了协议合同，同意理财产品说明书约定，而且知晓了银行的风险提示，对蕴含的风险已经了解，并且作为一个具有充分民事行为能力的人，经过自己的判断，觉得自己可以接受并购买某种理财产品，则对理财产品出现的投资风险和损失，买者应自己承担。

产品营销要合规，风险揭示要充分，各自责任要清晰，问题处置要依法，这是银监会“卖者有责，买者自负”八个字的基本精神。

要防范声誉风险。

•尽管我行履行了尽职责任，风险提示也已十分充分，营销也是合规的，责任也是清晰的，但真正出现问题准备依法处置的时候有些客户可能还是不接受。

•无论是由于客户的法律、金融知识不完备的原因，还是客户急于想弥补自身损失的原因，都有可能引发纠纷。

•如果处理不当就会对我行的声誉产生负面影响，因此，资产管理业务必须注意防控好声誉风险。

总之，规范的资产管理业务不是银行的表内业务。同时，银行也并不承担或有的信用风险和投资风险，因此也不属于银行的表外业务。资产管理业务是商业银行一项重要的中间业务。发展资产管理业务不是为了拉存款和绕规模发放贷款，而是商业银行协同其他业务发展，优化经营结构，为市场提供更多的投资产品，为客户提供更多元化的金融服务，实现发展方式转型的重要内容。对此，我们必须提高认识，在合规、健康的基础上继续大力发展资产管理业务。

3.5　关于手续费及佣金收入发展中需注意的问题

中间业务发展有力促进了全行盈利结构的调整和发展方式的转变。股改上市以来，我行中间业务收入持续快速增长，2005 年以来年复合增长率达到 43.8%，占营业收入的比重由 2005 年的 6.14% 逐步提高至 2011 年的 21.66%。

从可比同业情况看，各行都将中间业务作为转型发展的主要方向，近几年来增长速度都较快。我行始终保持总量和增量上的领先优势。

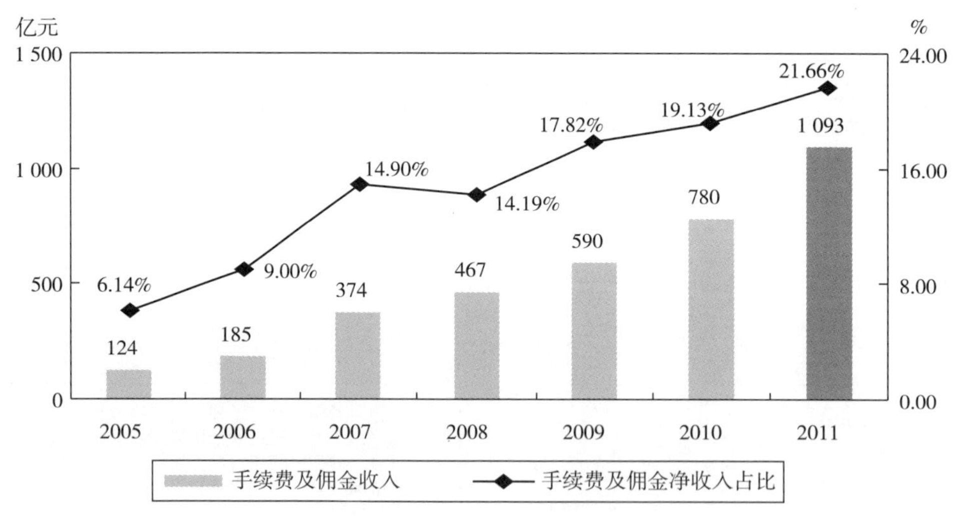

2005 年以来中间业务发展情况

2006－2011 年四行境内分行中间业务收入增长情况

单位：亿元，%

年份	工行	农行	中行	建行
2006	194.68	154.39	164.96	145.90
2007	379.38	253.32	291.66	320.22
2008	450.33	294.51	362.85	407.43

续表

年份	工行	农行	中行	建行
2009	571.88	343.04	388.45	504.58
2010	750.37	482.11	472.73	679.27
2011	1 061.18	738.69	612.45	920.35
复合增长率	40.38	36.76	30.00	44.54

与国际大型银行相比，我行手续费及佣金净收入占比还比较低。导致这一差距的主要原因包括市场环境、银行客户结构以及业务多元化发展水平等。

在商业银行传统的手续费佣金业务及跨市场业务两大领域，我行均存在较大差距。如以现金管理业务为例，美国银行现金管理业务收入已达45亿美元，折合284亿元人民币，按可比口径，我行为89亿元人民币。如果将银行从事的保险、证券等业务计算在内，则我行在非利息收入方面与国际大银行的差距更大。

2011年上半年我行与部分国际大型银行手续费及佣金净收入占比情况

银行	手续费及佣金占比（%）
中国工商银行	23.27
美国银行	42.91
JP摩根	33.39
德意志银行	32.23
富国银行	29.27
巴克莱银行	28.83
汇丰集团	24.67
桑坦德	24.05

从服务收费角度看，造成我行与国际大型银行相比手续费及佣金收入占营业收入比重较低的主要原因有两个：

一是与国际银行相比，国内银行服务收费项目较少，产品创新空间仍然很大。

目前，全行中间业务产品有700余项，收费项目和收费标准有814项，而业务国际大型银行的收费项目是我行的10倍以上，比如：个人住房贷款业务，汇丰银行目前大约有各类收费项目90项，我行不足10项。收费项目的差距实际是产品和服务供给能力的差距。

二是与国际银行相比，国内商业银行收费水平较低，有很多服务并未收费或收费标准明显低于国际银行。比如：在银行卡服务方面，目前国内商业银行的服务项目与国外大银行基本相同，但费率较低。如ATM的跨行取现，汇丰银行15－25港元/笔，花旗银行2美元/笔，富国银行2.5美元/笔，远高于我行的2－4元人民币/笔。

在存款账户服务收费方面，国际银行收取的小额存款账户管理费也远高于境内银行。汇丰银行规定，对月均余额低于5 000港元的账户，每月收取50港元管理费；花旗银行在美国对月均余额低于500美元的账户，每月收取4.5－6.5美元不等的管理费。而我行对日均存款余额低于300元的账户，每季收取3元人民币的小额账户管理费，还对11类账户免收小额账户管理费。

手续费及佣金业务发展中存在的问题。

1月5－11日，总行成立了三个调查组，选择三家分行对涉及18个科目的相关产品收费进行了调查。

调查发现了我行服务收费存在的一些问题，这些问题其他产品也有体现，需要引起重视并抓紧整改完善。

科目编号	科目名称
511027	国际贸易融资安排手续费收入
511028	国内贸易融资安排手续费收入
511039	收支账户资金托管业务收入
511045	投融资顾问业务收入
511047	常年财务顾问
511046	并购重组业务收入
511048	股权融资及企业发债顾问业务收入
511049	银团安排承销与管理业务收入
511050	间接银团与资产证券化业务收入
511051	其他投资银行业务收入
511054	企业信息服务业务收入
511087	对公贷款服务业务收入
511086	个人贷款服务业务收入
511093	国际保理手续费收入
511084	进口代付手续费收入
511092	出口发票融资手续费收入
511094	国内保理业务收入
511098	承诺业务收入

小型微型企业相关服务收费政策还需抓紧落实。国务院和银监会对小型微型企业收费的要求是："除银团贷款外，禁止商业银行对小型微型企业贷款收取承诺费、资金管理费。严格限制商业银行向小型微型企业收取财务顾问费、咨询费等费用"。

个别机构对2011年10月25日以后误收的一些费用退费清理工作尚未结束。

有的行按我行《小企业信贷政策与制度》划分小型企业，划分结果可能与按工信部《关于印发中小企业划型标准规定的通知》确定的划分标准存在差异。

不得将收取财务顾问费、承诺费等作为能否审批发放贷款的条件。

如有的行向客户提供的《贷款发放通知书》内有"我行在贵公司支付××万元贷款承诺费后三个工作日内，发放贷款××万元"等不规范表述。

有的行在要求客户需对抵押物投保时，指定保险公司，容易使客户误解为捆绑销售。

不应简单地理解和计算综合收益率。

有时对一些客户综合收益率采用"倒算法"，逻辑和流程基本是：判断客户是否符合贷款条件—根据市场竞争情况确定综合收益率—确定利率和费率的分割比例—配置一项或几项服务产品—与客户分别签订相关服务协议—审批、发放贷款，收取利息，同时收取约定的服务费入账。

这种操作模式的直接后果是：虽从形式上看比较完善，有产品、协议和收费标准，但这种简单化的做法有的导致了贷款利息的跑冒滴漏，不符合利息的风险定价原则，有的由于服务内容和服务质量不到位，易被质疑为乱收费。

对企业信息服务、常年财务顾问、投融资顾问等业务服务内容要清晰，协议要规范，服务质量要保证。

企业信息服务与常年财务顾问两项业务服务内容不够清晰，存在混淆和交叉。

收费协议要素不齐全，如有的投融资顾问协议未约定服务期限，存在瑕疵。

缺乏有效的服务记录。比如常年财务顾问，目前向客户提供的常年财务顾问服务形式多为电话沟通、寄送材料、发送邮件等，对于提供服务的具体内容、时间等并无记录，可能导致我行难以证明收费的合理性与服务内容的真实性。

立即采取措施，进一步规范手续费及佣金业务收入管理开展全行收费检查。

各行要立即开展收费自查，对涉及服务收费的规章制度、专业会议文件、各类会议纪要、内部邮件，都要纳入自查的范围，做到每一笔收费符合“依法合规”、“服务匹配”、“协议完备”和“客户自愿”的要求。对存在的问题要抓紧整改，进一步规范收费行为。尤其要防范对小型微型企业不合规收费现象的发生。各行必须在2月底前完成自查，总行将随后开展复查。

严格执行对小型微型企业的相关收费政策。

严格执行工信部确定的小型微型企业划型标准。

抓紧清理退还2011年10月25日以后误收的相关费用，逐户做好解释说明工作，不得将应退还客户的相关费用转为其他形式的收入。已退费的要有退费清单，并做好核实工作，防范道德风险。此项工作必须在2月17日前完成。

调整部分业务收费政策。

总行将根据最近调查情况，结合全行手续费及佣金业务收费实际，研究对部分收费项目进行调整。

全面梳理手续费及佣金服务项目。

梳理规章制度。尽快梳理各专业相关产品规章制度和操作规程，做到规章制度合规，收费条件及标准要对现有产品和收费项目做到全覆盖。

梳理服务项目。要对各项手续费及佣金业务对应的服务内容进行调查和梳理，厘清服务项目和服务方式，并进一步完善和建立客户服务档案和年度服务协议执行评价制度，做到可查阅和可核实。

适当调整手续费及佣金收入考核方式。

调整手续费及佣金收入同业占比考核口径。从2012年起，主要只对结算、代理、理财类手续费及佣金业务收入进行同业占比考核。

加强舆情监测与引导，高度重视与监管和物价管理部门的沟通工作。

加强宣传，充分反映我行在服务客户、支持小型微型企业健康发展、履行社会责任方面的做法，引导舆情，提高客户和社会各方对我行服务的认可度。

高度重视，积极配合各级监管部门对服务收费的检查工作，加强同价格监管部门的沟通，充分反映我行在改进服务、合规收费方面做的工作，争取监管部门的理解与支持，及时掌握监管政策动向，争取主动。

总之，全行要高度重视手续费佣金业务发展中的问题，一是要通过自查整改，加强收费规范管理；二是要着力推动中间业务向高质量、品牌化、高端化方向发展，以合格的服务和先进的产品取得应有的中间业务收入，维护银行手续费佣金业务的形象，增进社会各界对银行服务收费的理解和支持，促进中间业务健康和可持续发展，更好地带动全行经营转型和服务实体经济。

3.6 关于进一步完善经营考评办法的问题

为落实我行经营转型的战略要求及银监会相关规定，更好地发挥经营考评的激励导向作用，总行将对2012年境内分行绩效考评体系做进一步调整和完善。

考评办法调整背景。

资本监管进一步强化，我行未来发展面临更加严格的资本约束。

当前社会舆论对银行收费关注度持续提升，收费监管日趋严格，迫切要求中间业务发展转型，以实现中间业务收入的可持续性增长。

当前我行柜面压力仍然很大。推动柜面业务分流，提升服务质量，事关全行经营转型大局。

在复杂严峻的经营环境下，我行风险管理面临严峻考验，特别是地方政府融资平台贷款、房地产贷款风险增大。

银监会正在研究制定大型银行绩效考评指引，要求商业银行：“在绩效考评中，要坚持以风险为本，增加风险类指标权重；不得层层加码，不切实际提高考核要求；不得设立时点性业务规模指标；不得设立单纯的市场份额指标；不得在绩效考评体系之外设立单项业务指标”。

考评办法调整原则。

保持考评框架的基本稳定和连续性。

在保持总体考核导向连续性和一贯性的前提下，引入反映下一阶段战略发展重点的关键考核指标。

突出经营导向的前瞻性、全局性。

前瞻性体现今后一个时期经营发展的战略要求，指标设置要从全行战略发展的高度出发，有利于持续提高经营效益、经营效率与核心竞争力，增强风险防控能力。对于一些专业性的工作要求，可在总行对分行考评办法的统一导向下，纳入部门工作中去组织推动。

考评指标的设置突出考核重点，避免叠加效应。

对于经济资本系数调整已体现的政策要求，避免再单独设置指标进行考核，以免产生叠加效应，导致一些考核力度不恰当放大。

统筹数量和质量并重的发展要求。

业务发展考核不仅要注重业务量的增长，更要注重业务效率和价值贡献的提升，注重收入贡献。纳入考核体系的业务指标，不能片面强调业务量的增长，忽视业务发展质量和风险防控要求，导致业务发展偏离价值创造方向。要避免由于考核指标设置不完善诱发道德风险。

考评办法调整思路。

突出对中间业务转型发展的考核。

增设品牌类投行收入指标（权重30分），引导投行业务向品牌化、高端化方向发展，提升工商银行投行业务品牌价值。

对其他类的中间业务如结算、理财、代理类等中间业务收入采用同业占比考核，但对有些“基础类投行”业务不再纳入同业占比考核，引导分行进一步优化中间业务收入结构，规范收费管理，提升中间业务发展质量。

增设贷款收益率指标（权重10±20分），主要考核各行贷款的收息水平及同业排名，以减少息转费的现象。

突出对渠道分流和服务质量的考核。

增设“柜面业务可分流率”指标（权重50分），引导分行将占用柜台资源较多的基础类业务向电子渠道分流，减轻柜面的服务压力和排队情况，提高网点效率。

将“电子银行交易额”考核调整为电子银行交易额、交易笔数同时考核，促进电子银行渠道业务发展。

增设“电子银行活跃客户占比”指标（权重10分），考核交易离柜率在50%以上的客户占全部客户数的比例，引导分行积极推进电子渠道业务分流。

适当加大服务工作专项考核权重，推动网点服务规范化建设，提升服务质量，树立我行良好品牌形象。

考评办法调整思路。

突出经济资本考核。

加大EVA等经济资本相关指标的考核，引导分行逐步压缩高资本消耗业务，大力发展低资本消耗和无资本占用业务，走资本节约型发展道路。

将“总资产净回报率”指标调整为“总资产价值回报率”指标（权重140分），用经济增加值替代净利润，科学评价各行总资产的价值回报水平。

增设“网均经济增加值”指标（权重为20分，新增设网点两年内不纳入考核），引导分行优化网点布局，提升网点经营效率，创造更多价值贡献。

充分借助于经济资本手段，加强对信贷结构调整的考核引导。

适当提高风险类指标考核权重。

将风险管理评价由268分调增到280分，内控评价由－90分调增到－100分，引导分行进一步增强风险意识和管理意识，积极防范可能出现的各种风险。

其他调整设想。

落实银监会相关要求，拟不再将有的同业占比指标作为主指标考核，而是作为主指标调节项。

优化客户结构，加强对中小型优质贷款客户拓展的考核引导。增设“客户产品覆盖率”（权重5分）指标，引导分行在拓展客户的同时，加强产品营销，有效服务客户。

加强产品价值创造引导。一是将存款同业占比考核口径由时点调整为日均口径，引导分行平衡存款时点、日均增长要求，稳健推动存款业务开展。二是在考核国际结算业务量增长的同时，使用国际结算收入贡献进行调节，引导分行在拓展业务量的同时，注重国际结算业务的价值贡献。

增设“对公大额资金管理”专项考核（权重10分）。重点考核对公大额资金封闭管理效果、系统内联动营销效果和目标客户拓展成果，以进一步提高全行对公存款管理水平。

适当加大地区调节系数，体现经营环境差异，反映各行的经营努力程度。同时，为体现分行的相对进步程度，拟将费用分配与分行绩效考核进步排名挂钩，鼓励位置相对靠后的分行争先进位。

进一步加大人力费用、经营费用与绩效考核的挂钩力度，充分发挥绩效考核激励作用。

2012年全行面临的经营环境将更加复杂，市场竞争将更加激烈，转型发展的任务将更加艰巨，社会各界对银行业服务也给予了更高的期望。全行要将应对挑战与把握机遇有机地结合起来，未雨绸缪，稳中求进，继续实现竞争发展的新突破，不断推动结构调整的新进展，努力取得改革创新的新成效，为工商银行的长期可持续发展奠定更为坚实的基础。

在中国工商银行分行行长工作会议上的讲话

杨凯生

（2012年7月16日）

刚才，董事长就当前国内外经济金融形势作了深入分析，对科学把握下一阶段的信贷工作、积极应对利率市场化和资本监管改革、进一步以改革创新促转型发展等重点工作做出了全面的安排和部署，全行要认真学习领会和贯彻落实。下面，我再讲两点意见。

一、关于上半年经营管理中的几个问题

今年以来，全行在严峻复杂的经营环境下，保持了平稳健康的发展态势，总体经营情况是好的，但也出现了不少新矛盾、新问题，遇到了多年来未曾有过的困难和压力，我们要高度关注，认真应对。为了突出重点，今天不准备全面总结分析上半年的经营管理工作了，只强调四个问题。

（一）盈利能力保持同业领先，但盈利增速明显趋缓。上半年集团实现净利润×亿元，在国内外同业中继续保持总量领先。但上半年的盈利增速只有×%，同比回落了×个百分点，这是除国际金融危机严重的2009年外，我行近十年来最低的盈利增速。NIM增长态势也明显减缓，仅比上年微升5个基点至2.66%；利息净收入增幅同比下降了4.99个百分点。集团中间业务收入增幅也只达到3.67%，同比下降了41.88个百分点。14大类中间业务收入项目中“8升6降”，38家分行中有13家分行中间业务收入同比下降，而去年同期所有分行都是增长的。面对十年来尤其是股改上市以来少有的这些情况，全行上下要充分认识到，在中国银行业从高速增长期进入一个相对平缓的发展阶段的过程中，盈利能力将成为一个银行核心竞争力最重要、最综合的体现。工商银行的盈利优势必须加以巩固和提升。

（二）各项业务发展总体健康平稳，但存款波动较大。今年以来信用卡和品牌类投行收入保持了较快增长，对全行中间业务收入作出贡献。国际结算量四行占比创了历史新高。今年总行选择8家机构作为打造当地国际业务第一银行的首批试点行，截至6月末其中已有7家机构国际结算量当地领先。全行金融市场、资产管理、养老金、结算与现金管理、私人银行、贵金属、电子银行、资产托管以及个金、公司、机构等业务总体上都保持了稳健发展的态势。需要注意的是，尽管上半年存款时点增长情况不错，但波动较大、均衡性较差的问题比较突出。6月末，人民币各项存款（含同业）比年初增加11 372亿元，增幅8.91%，在四大行中增量排第一。但全行人民币日均存款仅比年初增加480亿元，同比少增加2 085亿元，人民币新增存款均衡率仅为4.2%，是近5年来的最低水平。6月末最后5日全行存款增加7 190亿元，占上半年全部新增存款的63%。存款大幅波动不仅一定程度上增加了财务成本和法定存款准备金缴存成本，而且直接影响了全行的贷款投放能力。初步测算由于存款波动大影响央行对我行的稳定系数的观察，从而影响我行贷款增量计划60亿元。在利率市场化改革不断加速的情况下，全行上下要充分认识到，我们必须尽快在经营理念上、管理方式上摸索出一套新思路，以努力适应市场的发展和变化，从而保持各项业务的平稳发展和领先优势。其中十分重要的一点就是要通过加强同业的合作和竞争，争取在市场上进一步发挥工商银行资产负债产品定价的影响力。

（三）信贷投放总量和投向整体把握较好，但信贷工作适应新情况、新形势的能力还需着力提高。上半年人民币各项贷款增加4 512亿元，同比多增357亿元，增幅6.4%，投放进度的掌握既体现了宏观政策要求，也符合我行自身经营计划的要求。上半年我行贷款增量居四大行首位，增幅与几大行大体相当，再次反映了我行信贷投放不大起大落的稳健经营风格。从结构上看，项目贷款增加693亿元，同比多增252亿元，增幅2.57%；小企业贷款增加650亿元，同比少增520亿元，增幅9.3%；贸易融资增加1 292亿元，同比多增220亿元，增幅17.72%；个人类贷款增加530亿元，同比少增862亿元，增幅2.9%；银行卡融资增加299亿元，同比少增108亿元，增幅16.8%；票据贴现增加991亿元，同比多增1 092亿元。这些数据总体上是健康的，但在一定程度上也说明我们信贷工作适应新形势、应对新情况的能力还需着力提高，我们的信贷经营理念、管理水平和队伍素质还不能很好适应信贷转型和业务发展的需要。在快速变化的市场环境中，我们发现、识别和竞争新客户、拓展新市场的能力还不足，尤其是在进入制造业、新兴产业以及重点县域等目标市场

方面步伐还不够快、措施还不够有效。在与同业竞争中寻求合作、分担风险的意识和能力还不强，不愿做、不会做银团贷款的问题还普遍存在。目前银团贷款占全行公司贷款比例还不足10%，部分行自去年以来在银团贷款方面仍然是零牵头、零分销。面临新的经济形势和市场情况，全行上下要充分认识到进一步提升信贷管理水平和管理效率是当前的一项重要任务。总行下一步将在及时调整和完善信贷政策、提高市场响应能力方面，在管理的精细化、科学化上下更多的功夫，以努力提高有关政策的时效性和可执行性。

（四）全行运行质量总体稳定，但风险管理压力有所加大。今年以来，全行以推进资本管理新办法的实施为主线，不断加强涵盖信用风险、市场风险、操作风险等在内的全面风险管理体系和风险量化体系建设。持续开展了业务运营风险核查工作，全行内部风险暴露水平较去年下降了40%，创造了历史最好水平。信贷资产质量总体保持稳定。上半年累计清收处置不良贷款296亿元，其中现金清收117亿元，完成年度计划的98%。不良率为×%，较年初下降×个百分点。拨备覆盖率达×%，较上年提高了×个百分点。但全行信贷资产质量也出现了一些值得重视的苗头，应该看到，随着经济运行环境、条件的变化，我们风险管理的压力正在增大。上半年全行劣变贷款同比多增×亿元；不良贷款余额比年初上升×亿元。近年来发展较快且质量一直比较稳定的小企业贷款、个人贷款、贸易融资、信用卡等领域的不良贷款余额和比例都有不同程度地增加和上升。外部侵害银行资金安全、客户信息安全、客户资金安全的风险事件也呈多发态势，尤其是套取和挪用银行贷款的事件增多，社会上各类融资活动蕴含的风险通过不同渠道向银行传导的压力也增大了。全行上下要充分认识到，加强风险管理是银行永恒的课题，在经济运行中不确定性因素有所增多，各方面矛盾和问题有所加大的情况下，我们尤其要绷紧风险管理这根弦，绝不能忘记以往的教训，绝不能让经过多年努力而来之不易的局面发生逆转。

二、关于下一步工作的四点要求

“稳中求进”是中央确定的今年工作的总基调，也是我们年初分行长工作会议确定的今年全行工作的基本要求。当前，国际金融危机特别是欧债危机仍在发酵，全球经济不确定性仍在增强，我国经济下行压力有所加大，经济运行中不合理、不协调、不可持续的深层次矛盾表现更为突出了。随着利率市场化进程的提速和新资本管理办法的发布，银行业的发展格局已经和正在急剧变化。从长远来看，全行经营转型的任务更加艰巨和紧迫了；从眼下来看，完成全年经营目标的难度进一步加大了。在这样的情况下，下半年全行应更加坚定地贯彻“稳中求进”的工作主基调。“稳”就是要坚持建设“三最”现代金融企业的战略目标，就是要坚持去年底发展战略研讨会和今年初分行长会议确定的发展思路和工作要求，就是要坚持加快转变发展方式，坚持深化体制机制改革，坚持抓好全面风险管理。总之，“稳”就是要保持工商银行发展战略和发展目标的连续性、稳定性。“进”就是要密切关注、主动适应外部环境变化，及时调整经营策略，不断提高各项政策措施的针对性、灵活性，保持积极进取的精神状态和工作风貌，努力实现复杂局面下各项业务的持续发展。总之，“进”就是要在进一步夯实基础的过程中，不断扩大主要业务的领先优势，不断增强和扩大市场影响力，就是要不断加快综合化、国际化转型，就是要不断增强支持实体经济和服务社会公众的能力。具体来说，稳中求进就是要坚持“四个不动摇”，并在这个基础上实现新的突破和提升。

（一）坚持信贷结构调整的思路不动摇。自去年7月以来，我们启动了以调整“四大行业”贷款总量、拓展“四大新市场”和“三大战略领域”为主要内容的新一轮信贷结构调整工作。时间不长，但已经取得了积极的进展和不小的成效。一年来，全行先进制造业、现代服务业、文化产业和战略性新兴产业贷款合计增加5 653亿元，占公司贷款的比重由40.77%提高至47.98%；小企业、个人消费和贸易融资合计新增贷款4 616亿元，占全部贷款的比重由18.61%提高至23.35%；电力、公路、城建和房地产“四大行业”贷款余额下降1 770亿元，占公司贷款的比重由49.83%降至41.39%。在不到一年的时间里，信贷结构调整取得这样的成绩很不容易。通过信贷结构的主动调整，我行贷款集中度较高、资本消耗较大的问题有了一定程度的缓解，同时，也拉动了全行贷款平均收益率由5.51%提高至6.46%。

当前我国经济增长速度有一定下降，而中国作为一个发展中大国，需要保持一定的增长速度。所以当前宏观调控把稳增长放在了更加重要的位置。稳增长的政策措施包括促进消费、促进出口，也包括促进投资的合理增长。如何在稳增长的过程中，更好地发挥银行的作用，各部门有很多的要求，各地方也寄予很高的希望。银行信贷管理工作又进入了一个新的阶段。我们要全面学习和领会党中央、国务院的宏观调控方针，认真贯彻落实中央银行、银监会的政策导向和监管要求，努力减少工作中的盲目性和片面性。温家宝总理最近明确强调，“稳增长，当前要促进投资的合理增长。在促进投资当中，非常要紧的是要注重投向，注重结构，注重质量和效益”。今年下半年全行要在支持经济稳增长的过程中，继续坚定不移地调整贷款结构，优化信贷投向，只有这样才能促进经济结构的调整，更加有效地支持实体经济的发展，从而为稳增长打下更为可靠的基础。也只有这样才能巩固我行信贷结构调整的成果，为我行信贷业务长期可持续发展创造更为有利的条件。经研究，我行全年8 500亿元的信贷计划暂不调整。这是根据中央银行动态管理的政策要求，并综合考虑了存款增长、信贷需求、风险防控等因素而决定的。全行要把信贷工作的主要着力点放在结构的调整上，坚持信贷结构调整的战略和目标不动摇。在这个过程中的重点和难点是，如何更好地做到区别对待、有进有退、进退有度，既把握好退出的时机、力度和方式，又把进入新领域、开拓新市场摆在更加突出的位置，真正形成有较大自主回旋余地、有接续发展能力的信贷格局。关于这个问题董事长刚才已经作出了全面部署并提出了一系列明确的要求，全行要认真落实。

一要确保完成全年四大行业信贷调整目标，努力取得四大新市场拓展的新突破。要通过对四大行业贷款实行“两个打通”，更加有力地推动四大行业的结构调整，确保实现今年1 500亿元的压降计划。总行有关部门要按照这一要求尽快完善四大行业贷款流量管理办法，确保结构调整目标的实现。要进一步完善有利于进入四大新市场的信贷政策体系。近期总行将陆续下发先进制造业、现代服务业和文化产业领先企业的目标客户名单，各行要逐户提出针对性的综合营销方案，通过产品组合设计和专业团队营销，力争在这些领先企业的存贷款、结算、贸易融资、现金管理、重组并购、企业年金等核心业务市场份额占据同业前列。总行将实行定期监测和通报，并将信贷规模配置与任务完成情况挂钩。

二要继续推进小企业、贸易融资和个人贷款业务健康较快发展。目前我行小企业贷款、贸易融资业务和个人经营性贷款基本属于以分散性客户为主的业务运作方式。这种业务模式影响了客户的深度发掘，而且也不利于风险控制。发展供应链融资是贸易融资和小企业信贷较为理想的运营模式，是工行的竞争优势所在。前不久总行已重新修订了供应链融资跨区域信贷政策，进一步丰富了分行间相互合作的技术手段，明确了业务处理的模式，组建了供应链融资专业运营平台，各行对于这项业务要给予足够重视，组织专人筛选客户，把准需求，加强协调，力争年内业务拓展有实质性的突破。要进一步推进以为核心企业配套、以稳定合作关系为基础、以核心企业订单、合同为纽带的产业集群和专业市场发展模式，进一步提升业务发展的规范化、标准化水平。

三要提升重点县支行信贷市场竞争力。下半年总行将进一步加大对重点县支行的资源配置和政策倾斜力度，继续下达分行辖内重点县支行专项计划，将不少于600亿元的增量计划配置用于重点县支行，并通过适度降低重点县支行新增中小企业和个人类贷款的经济资本占用、丰富信贷业务品种等配套手段，确保市场占比领先同业的重点县支行市场份额不下降、落后同业的重点县支行占比有提升。

四要改进信贷管理方式和流程。关于这个问题要多作一些强调。运用RAROC工具完善风险定价管理是实现新资本监管达标的必要条件之一。用RAROC计量客户或债项的风险收益时，需要考虑该业务的利息和费用收入，以及风险成本、资金成本、经营成本和资本占用等参数。这些参数的计量是基于我行10年来办理信贷业务所积累的海量内部数据，并随着业务发展动态予以调整的，总的来说是符合我行业务特点和管理实际的。我行自2010年9月开始实施RAROC阈值管理以来，人民币新增贷款RAROC水平持续提升，今年上半年全行新增贷款RAROC值为44.87%，较实施RAROC阈值管理之前上升了28.4个百分点。总的看，实施RAROC阈值管理没有制约我行信贷业务的发展，它对全行强化风险收益理念，提高资本收益水平，促进信贷结构调整，发挥了积极作用。必须继续坚持实施这一管理方式。同时，经过这两年的实践检验，也发现在RAROC阈值的设置和管理的具体方法上还有一些不够科学合理、有必要不断完善的地方。下一步要在参数计量上，利用MOVA系统数据，更有效地衡量客户的综合回报；在阈值调整上，要进一步研究不同行业、不同产品、不同客户的RAROC阈值如何能根据市场环境的变化而科学、动态地进行调整；在具体操作上，要在坚持符合监管部门RAROC刚性管理要求的基础上，建立更完善更有效的授权审批机制，允许少量低于RAROC阈值但综合回报较高、市场影响力较大的项目、客户进入审批通道。此外，还要将RAROC阈值管理进一步扩大到表外业务，对人民币保函、信用证、银行承兑汇票等业务统一实施RAROC阈值管理。要通过坚持和改进RAROC管理，真正做到“算了做”，而不是“做了算”，使这一管理工具既能够促进信贷质量和收益的提高，又可以对业务营销起到指导作用。

要继续进行信贷业务流程的创新优化，进一步根据产品特点和客户风险程度改进业务流程。要更好地发挥授信审批集中管理在控制风险和支持市场营销等方面的作用。目前全行已有23家分行基本实现了授信审批集中管理，实践证明授信审批的集中，不仅有利于提高授信审批工作的水平，也有利于提高工作效率。尚未完成改革的分行要加快工作进度，确保年内完成改革目标。

目前，审计署正在对我行开展2012年新增贷款情况专项跟踪审计调查，近日银监会还将进驻我行开展政府融资平台贷款现场检查，各行要积极配合外部审计检查，抓紧自查自纠，边查边改，切实落实整改措施。同时，这些集中的审计检查也再次提示我们，信贷结构调整的方向是正确的，只有在任何时候任何情况下，都认真执行监管要求、信贷政策和管理制度，做到信贷总量恰当、投向准确、操作合规、风险可控，才能经得起历史的检查和考验。

（二）坚持不断提升盈利能力的基本经营要求不动摇。当前，银行业经营环境发生了一些新的变化，银行盈利的稳定增长面临巨大挑战。同时，前一阶段社会上对银行盈利质疑的声音比较多，尽管监管部门、各家银行以及许多经济学家都对这个问题作出了说明，进行了澄清，但这些舆论的影响仍然存在。更重要的是我们一些同志以效益为中心的经营思想也因此受到了一定程度的冲击和干扰。这需要引起我们的高度重视。我们要清醒地认识到，工商银行作为一家国有控股大型银行，一家公众持股公司，保持盈利稳定合理增长，是对党和国家负责，是对国有资产保值增值负责，是对广大投资人负责。随着金融监管改革的推进，资本对业务发展的约束进一步增强，也只有保持盈利稳定合理增长，才有可能通过内源性方式不断补充资本，从而增强服务实体经济发展和广大社会公众的能力。同时，跟其他任何企业一样，也只有创造更好的经营效益，员工收入才会有合理增长的可能，因此，保持盈利能力增长也是对员工负责。总之，不断提升盈利能力是商业银行的基本经营要求，对于这一点任何时候都不能动摇。关于今年的利润计划，总行在确定今年增长目标时已经考虑了一些困难因素的影响，尽管目前出现了一些新情况，但总的看来，对今年利润的影响还是可以承受的。因此总行决定，目前不调整年初的利润计划。各级行要认清形势，坚定信心，廓清思路，进一步完善相关的增收节支、开源节流措施，确保全年经营目标的实现。当前稳定盈利增长关键是要抓好两件事。

一要抓好利率市场化的应对工作。关于这一点董事长刚才已经作了全面安排，我再作一点说明。6 月 8 日和 7 月 6 日人民银行在连续降息的同时扩大了利率浮动区间，这是人民币利率市场化进程提速的重要标志，对商业银行经营管理影响深远。面对新的形势，总行以全行 2011 年净利息收入、NIM 水平和 2012 年 6 月末人民币存贷款规模为基数，测算了 6 种利率变动情景对我行今明两年经营效益和 NIM 的影响。刚才董事长分析的两种情景，就是其中第一和第六种情景，也就是静态测算对全行效益影响最小和最大的两种情况。现在我对可能的几种情景再作一点详细的说明（见 PPT 材料）。大家通过这些分析，可以看出如果简单化地应对存贷款利率浮动区间的扩大，后果是极其严重的。还可以进一步在假定存款利率不变的情况下，更简化直观地算一算贷款利率下浮的影响。贷款平均利率每多下浮 1 个百分点，将使全行今年和明年的 NIM 分别下降 0.7 个基点和 3 个基点左右，全行净利息收入分别减少 8 亿元和 40 亿元左右。也就是说，如果我们本来可以把贷款维持在基准利率水平，但却打了 9 折，那么明年全行的净利息收入将因此减少 400 亿元，如果打了 8 折，那么净利息收入将减少 800 亿元，如果打了 7 折，那么净利息收入将减少 1 100 多亿元。当然，这些还只是基于静态情景的测算，在实际中基准利率的变化，尤其是利率浮动区间进一步扩大的可能性都是存在的。而且还要看到存贷款利率的变化也会影响到债券等其他产品的收益，其对银行的影响是多方面的。能否把这些不利影响降到最低，归根结底取决于我们的经营管理能力和定价水平。董事长讲话中对有关问题已经讲得很明确了，希望各部门、各分行都要全面、准确地加以把握和贯彻。这里要特别注意澄清两个认识。

一是不能简单地以为利率市场化了，各家银行都会不理性地提高存款利率、降低贷款利率，如果我们动作小了，一定会被动。事实上任何一家银行的产品定价都会受到它自身财务的硬约束，也许它可以在一时、一事上不计成本、不讲收益地进行所谓竞争，但这一定是难以持久的。这两次利率政策调整后，总行积极与几家大银行沟通协调，得到了各方的响应，初步形成了存贷款利率同业协商机制，较好地引导了这一个多月来的市场定价。中央银行对此给予了充分的肯定。经过 1 个多月的探索和调整，市场上逐步形成了差异化的人民币存贷款利率体系，但并没有出现所有的银行、所有品种的存款利率都一浮到顶以及贷款利率大幅下降等不理性行为，也没有出现想象中的存款大搬家现象，市场整体运行是平稳的。当然，各家银行由于实力不同、业务结构不同、管理思路不同，产品定价的策略也会不同。随着市场竞争的加剧，目前形成的这种定价机制可能也会受到挑战，各类、各家银行产品定价差异性会趋于明显。我们一方面要继续加强主动协调，推动完善利率同业协调机制，积极倡导理性竞争，这不仅有利于维护良好的市场竞争秩序，也有利于我们自身的经营发展。实践已经证明，我们作为一家存贷款总量最大的银行，有能力而且也应该在利率市场上发挥主导作用。对这一点我们过去重视不够，今后需要更多地学会如何在竞争中谋求发展，在合作中实现共赢。另一方面要充分准备，积极应对可能出现的不理性竞争的市场局面。经过近些年的积极准备，我行利率管理的市场应变能力和效率已经有了明显提高。仅今年上半年全行就 10 次调整短期同业定期存款集中价格、12 次调整短期同业定期存款指导利率；6 月 8 日利率政策调整后，总行根据客户、期限、金额和市场竞争情况，对存款差别化定价策略以及部分信贷业务的 RAROC 阈值进行了迅速调整。比较下来，我行大部分存、贷款品种的利率水平与同业是相当的，如果考虑到品牌、综合服务能力、存款安全性和渠道便利性等因素，可以说我们现在的定价水平应该是具有一定竞争力的。下一步，总行将根据市场形势变化，适时调整利率管理策略，在严格遵循按风险与成本定价原则的同时，注重保持利率管理的弹性，更好地适应市场竞争的需要。

二是不能以为利率市场化了就要分散全行的定价管理。综观国内外银行的定价管理，那些优秀的商业银行都是根据总体经营战略实施统一的定价策略，在任何时候、任何情况下，都会坚持风险、成本和收益相平衡的定价原则。面对利率市场化进程的加快，我们要坚持并不断完善全行利率集中管理体制，实施统一的内外部定价政策，发布统一的利率挂牌报价，存贷款利率的浮动区间由总行统一集中管理。这有利于在必要时全行迅速调整经营策略和对外报价，避免因分散定价出现混乱，防止形成一穴溃堤、全线被动的局面。加强统一定价有利于传导总行经营导向，促进全行加快结构调整和发展方式转变；有利于各级行增强成本、效益观念，强化定价管理的财务硬约束，抑制不理性经营行为。这对总行的工作水平、工作效率、工作作风都提出了更高的要求。总行要抓紧在现有的工作基础上建立起更灵活的内外利率调整机制，实行针对重点客户、重点产品的差别管理方式，积极支持分行增强市场竞争能力。各行对确需办理的超过定价授权的业务应及时上报总行，总行相关部门要增强服务意识，提高工作效率。要进一步完善内部资金转移定价管理，切实加强 Shibor 在全行内外部定价中的应用，不断提高内部资金转移价格与市场的契合度。同时，要加快信息系统研究改造，增强系统对按区域、产品、客户群体等进行灵活定价的支持能力，为提高利率精细化管理水平和市场反应效率打好基础。

二要抓好中间业务收入的持续增长。今年以来，受多方面因素影响，全行中间业务收入同比增速大幅下降，这是近些年来没有出现过的情况。与同业相比，我行境内分行中间业务收入增幅在四大行中居第 2 位，建行和中行分别同比增长 2.96% 和 0.38%，农行同比下降 1%。其中，结算、代理、理财三大类中间业务收入总量我行列第 1，增量列第 3；14 类中间业务总量同业占比“6 升 8 降”，其中投资银行、国际结算、企业年金、人民币结算等业务收入占比提高，贵金属、担保承诺、对公理财、委托贷款及贷款服务、代客外汇买卖及结售汇等业务同业占比都有所下降。可以说目前我国银行业中间业务发展正处在一个十分紧要的关头，我们对此应有危机意识和紧迫感、责任感，继续坚持大力发展中间业务、加快调整收益结构的发展战略。

我行中间业务收入连续九年保持了年均 40% 以上的增长。在如今利率市场化进一步加快的环境下，我们更清晰地看到了，这些年来工商银行主动加快经营转型，努力提高非利息收入占比这一战略的重要性和正确性。刚才，董事长在讲话中阐述了中间业务规范与发展的辩证关系，并进一步明确了相应的工作思路，全行要认真加以把握和落实。

一方面要进一步规范经营行为。这里强调两点要求，一是严格执行“12 版价目表”和有关配套管理办法。价目表以外的项目、我行免费服务目录中的项目一律不能收费。二是切实规范收费服务操作，严格落实收费有充分依据（价目表）、有完备合同或协议、有真正服务、有经得起检查的服务记录、不搞综合收益拆分等“四有一不”要求。目前在这方面存在的主要问题是培训不够，不少业务经办人员包括管理人员还没有都做到全面理解新版收费标准和配套管理办法的内容及相关要求，准确把握收费尺度。总行消费者权益保护办公室和有关部室第三季度内要组织推动各分行、各专业再进行一次全面的培训教育活动。同时要注意妥善处理好各类客户投诉，尤其要加强对带有普遍性、典型性的投诉问题的跟踪监测和深层次分析，从根源上研究改进措施，进而推动消费者权益保护的长效机制建设，促进消费者权益保护工作的常态化、系统化和规范化。

另一方面要坚持中间业务发展的方向和目标。前一阶段，一些行与监管部门沟通不够，对收费政策宣传引导不够，以致有些专业部门和员工感觉有点茫然，在工作中觉得无所适从。这种精神状态直接影响了全行中间业务的发展。在当前形势下，一定要引导大家正确理解整治不规范收费与加快中间业务发展的关系，纠正认识误区和执行偏差，防止片面性和形而上学。要更加重视引导基层行全面、准确地理解和把握服务收费政策，坚持依法合规收费，对那些完全合理合法的收费业务，对那些曾经受到质疑但现在规范了并达到服务标准的收费项目，要认认真真地执行收费标准。下一步要对“12 版价目表”和有关配套管理办法，以及《中间业务收费减免管理办法》执行情况进行监督检查，既不允许超“12 版价目表”乱收费，也不得随意减免收费，形成跑冒滴漏。要坚持正确的激励导向，既要严厉惩处不规范经营行为，又要鼓励各级行通过产品创新和高品质服务促进中间业务增长。今年以来，为鼓励发展中间业务，总行出台了一些激励配套机制。各行也要结合自身实际情况加大政策和资源倾斜力度，支持中间业务发展。各级行、各业务条线要对上半年中间业务各产品收入增长情况进行分析，找出问题及原因，加强工作督导，进一步在全行形成抓中间业务创新与营销的积极氛围。

（三）坚持加大风险管理力度不动摇。在当前严峻复杂的经营环境下，各类突发性风险因素有所增多，防控各类风险的压力明显加大。全行一定要保持清醒头脑，坚守风险管理底线，坚持依法合规、防微杜渐，确保资产质量不出现大波动、内部管理不出现大问题。这是全行实现稳健经营和健康可持续发展的基础。

一要重视信用风险防控。当前我行信贷风险总体处于安全可控范围内，但必须做好防范资产质量进一步波动的准备。要抓风险突出机构的整顿、抓风险突出业务品种的管理和抓已经逾期贷款的清收转化处置等三个工作重点，采取有效措施，力争下半年不良贷款能得到有效控制。要把好客户准入关，有针对性地收缩和控制部分风险相对较高的客户的贷款总量，要注意防范一些小微企业、个体工商户的过度融资风险。对于存在挪用信贷资金、利用银行资金去搞民间借贷赚取利差的融资客户，要及时收回贷款。对于当前风险隐患突出的钢贸类、外贸出口型、房地产配套服务企业和专业市场的小企业存量贷款，要追加有效的增信措施。要推进全流程押品管理，更好地发挥抵质押品对融资风险的缓释作用。同时要继续加强对担保机构合作的管理，密切关注合作担保机构的经营变化，发现风险要及时预警、果断退出。

今年政府融资平台开始进入集中还款高峰期，年内我行到期贷款 1 908 亿元，占全部平台贷款的 17.3%。到 6 月末，我行房地产贷款中未实现预定销售计划的建设项目有 716 个、涉及贷款 1 067 亿元。这两大重点领域的风险防范工作不能松懈、要求不能降低，要继续强化到期贷款的收回工作，防止风险的积聚和扩大。

上半年全行逾期贷款尤其是个人客户逾期贷款增多，到 6 月末，逾期贷款达 × 亿元，比年初增加 × 亿元，其中个人逾期贷款（含 10 天延期待扣日内贷款）比年初增加 × 亿元。据了解，这其中有部分贷款违约并非完全主观故意，而是由于客户还款计划未及时调整等因素造成的，只要提醒或催收工作到位，这部分逾期贷款是能够收回的。各行都要加快完善个人违约贷款催收管理机制，明确催收各环节的流程和工作内容，落实分阶段对违约客户采取不同方式催收的责任，确保每个催收环节都要有人管、有人做。各分行电话银行中心的职能统一上收到总行之后，有些分行还保留了一部分人员，要利用好这支力量集中开展电话催收。总行电话银行中心也要集中部分坐席，采取统一外拨方式进行催收。要建立对催收工作量和催收成效的考核机制，提高催收的有效性。

二要重视市场风险防控。前不久摩根大通暴露了“伦敦鲸”事件，累计交易亏损达到几十亿美元，主要是由于交易策略出现失误，以及内部风险管理机制未得到有效贯彻。我们要认真总结和汲取这些教训，进一步加强完善定价估值、模型风险管理、风险限额管理等措施，认真落实前中后台分离等各项制度规范，严防类似风险事件的发生。同时，要加强对国际金融市场的监测分析，及时研判防控风险，并严格在国别风险限额内开展各类金融市场业务，严格对境外机构信贷和代理行授信额度的管理，确保风险敞口可控。

三要重视新业务领域风险防控。近年我行产品创新步伐大、业务领域扩展快，加之当前经营环境较为复杂，一旦管理跟不上，容易出现问题，一些过去被认为低风险甚至零风险的业务也可能出现风险。这里我要着重提醒注意加强两个方面的风险防范。

一是加强金融资产服务业务的风险防范。今年我行代理的某信托计划的一家项目公司发生了涉及大额民间融资的问题。尽管从法律意义上我行并不承担这类信托计划的产品收益和兑付责任，而且经过检查，现在看来在相关业务办理流程中，我行也没有明显的瑕疵和问题，但在当前环境下，一旦出现了这种问题，银行很难完全置身事外。这是一类新的风险苗头，各行要切实引起高度关注。近期总行将出台《金融资产服务业务管理基本规定》，从业务范围与管理原则、业务组织架构与部门职责、评估准入与限额管理、业务流程、存续期管理、统计披露与财务补偿以及 IT 建设等方面对金融资产服务业业务进行进一步的规范。各部门各分行要认真按照这一规定落实责任分工，完善相应的机制和流程。下一步还要组织对存量业务尤其是理财、代理信托计划、PE 基金等业务进行重点检查，对存在的风险隐患抓紧落实整改措施，防止表外、表表外风险向表内蔓延和转移，避免外部风险波及我行。

二是客户信息泄露和客户资金安全的风险防范。随着我行与券商、电子支付等第三方机构业务合作平台及分行自主研发的区域性系统开放平台的增多，客户信息和资金安全问题进一步凸显。去年以来全行进一步加强了技术手段控制和对外部公司合作的管理，客户信息保护以及相应的账户安全、资金汇划安全情况总体是好的，但在对外合作中仍然存在着对客户信息安全和资金安全管理重视不够的问题，有一定的风险隐患。要进一步通过加强教育和完善管理，促使各级行树立客户信息保护意识。要进一步在制度规范、流程管理、操作执行等方面进行综合治理，完善技术控制，加强对外包服务管理及第三方合作公司的监督，做好内外部人员的信息防泄露工作，确保我行客户信息安全。同时还要明确，对于第三方公司合作特别是代收代付业务合作，必须坚持以保证客户资金与信息安全为前提，要严格落实审批制度。要加强区域性系统开放平台的管理，确保不出现客户信息泄露事件，确保客户账户资金安全。

四要重视操作风险防控。目前全行内控管理总体是有效的，今年全行还进行了“员工行为规范教育活动”，起到了很好的作用。但当前诱发操作风险的各类因素很多，我们必须切实坚持从严管理、从严治行的基本方针，更加注重通过先进的内控管理理念、机制和技术，不断提升内控管理水平。要继续按照年初分行长工作会议的部署，突出抓好“三查、三控、三防、四进”工作，保持对各类案件和重大风险事件的高压态势。要落实银监会要求，做好重要岗位轮岗工作，轮岗率要达到 100%。要提高关于对账率及对账频率的要求，尤其要加强对重点账户、高风险账户的监控。要充分发挥业务运营风险监测模型的作用，对一些有异常资金往来情况的员工、基层机构负责人和客户经理要加强监督，强化涉及员工的准风险事件的监测分析和核查排查。这不仅是防范案件的需要，也是爱护员工、关心干部、加强队伍建设的需要。

这里还需要强调的是，要重视加强与监管部门的沟通协调，主动、全面、客观地向监管部门反映经营管理情况，积极争取理解和支持。要进一步完善与监管部门的信息沟通机制，不能因我们内部信息沟通不及时、工作配合不到位，影响到监管工作的及时开展。对监管中反映出的问题，要切实落实整改措施，全面改进我们的工作。

（四）坚持走创新发展的路子不动摇。应该说，这些年，全行创新发展的步伐非常快，成效也很显著。但正如董事长所指出的，当前利率市场化和资本监管改革两大挑战对全行创新发展又提出了更多更紧迫的要求。我们只有加快创新，才能增强适应市场变化的能力，才能加快形成资本节约型的发展方式，才能走出一条业务结构多元化、收入结构多元化、区域结构多元化，总资产规模增加适度而利润却可以持续增长的道路。

一要继续推进国际化综合化深入发展。今年上半年全行境外机构总资产和净利润分别增长27.4%和×%，大幅超过了境内分行。工商银行推进国际化发展的战略成效初步显现。下半年要力争实现波兰、沙特、科威特、秘鲁、巴西营业机构的顺利开业，在完成东亚银行（美国）的交割后，下一步要抓紧阿根廷标准银行项目的交割。同时，要启动新西兰子行监管报批程序。在境外机构网络基本搭建完成的基础上，要注重推进重点业务线的境外布局，要加快建设覆盖全球四大中心的全球现金管理体系。我们要看到，随着中资企业“走出去”步伐的加快，大型企业境外金融服务需求越来越多。上半年全行通过境内外联动营销了近40家集团75个项目，成效很显著，但这仅仅是一个开端，要继续加大境内外联动力度，重点抓住电力、电信、交通、矿产、石油、化工等行业重大“走出去”项目，积极探索“政府牵头、工行搭台、企业为主”等中外基础设施合作模式以及在境外设立投资基金等方式，提升全球金融服务能力。要加紧把境外机构建设成为当地主要的人民币清算行。要加快研究推进工银亚洲集团内离岸人民币中心建设，不断完善境外人民币产品体系，努力使我行成为境内外人民币市场发展的引领者。

二要继续稳步推进金融资产服务业务创新发展。这是我行形成未来银行间差异化竞争优势的关键所在，也是推动我行从资产持有大行转向资产管理大行的潜力所在。到6月末，资产管理类、委托管理类、代客交易类、承销与咨询类、代理销售类等5大类金融资产服务业务余额7.18万亿元，比年初增长7.58%；累计交易额7.34万亿元，同比增长（年化）6.11%；实现收入229.72亿元，同比增长（年化）23.09%，占总收入的比重由去年的7.93%提高至8.75%。金融资产服务业务无论是在相关业务的利益主体、运行模式方面，还是业务组织架构的搭建方面，与商业银行传统的存、贷、汇业务都有很大的不同，只有坚持创新，才能促进金融资产服务业务的健康发展。下半年在出台金融资产服务业务管理办法的基础上，各相关专业要结合自身特点和客户需求，积极探索业务的新领域，制定相应的管理机制和业务发展策略，推动业务发展迈出更大步伐，使之真正成为能够支撑我行业务结构和收益结构转型的重要力量。

三要加大公司金融业务创新力度。公司业务作为我行的一项传统业务，也面临着重要的创新任务。当前公司客户尤其是一些大型企业的经营形态已经发生了很大变化，对金融服务的需求也日益多元化和个性化了。全行要主动适应市场变化和客户需求，在现有产品的基础上，加大产品线整合力度，积极研究大型项目融资、杠杆融资等技术，不断提高信息咨询、融资结构设计与安排、贷款分销、现金管理等业务能力，充分发挥我行信用管理大行的全面优势。公司业务要转向用更少资本、更低风险获取更高综合回报的发展模式。要高度重视银团贷款业务发展，继续推动境内外银行贷款分销网络建设及牵头分销工作，争取与更多同业机构建立稳定的银团分销合作关系。对于一些新签约重大项目，要善于通过发展银团贷款来降低集中度风险、提升业务收入。要进一步重视商投互动，进一步发挥投资银行利润中心改革后的体制机制优势，加强商行业务与投行业务的客户信息共享和业务协同，年内要争取再做成一批综合效益明显、市场影响突出、客户认可度高的投行项目。要抓住国有经营领域引入民间投资的机遇，大力发展咨询顾问、股权融资业务，进一步使品牌类投行业务成为我行竞争优质客户的重要手段和新的利润增长点。

同志们，当前全行经营发展面临的形势非常复杂，各种新情况、新变化层出不穷。希望通过这次会议，全行能够进一步统一对形势的看法和认识，立足当前，着眼长远，进一步坚定稳中求进、科学发展的观念和决心，进一步增强做好今年工作，完成全年任务的信心和勇气，扎扎实实落实三年规划开局之年的各项工作目标，继续朝着建设最具盈利能力、最优秀、最受尊重的国际一流银行的战略目标迈进！

利率市场化影响分析

杨凯生

（2012 年 7 月 16 日）

1.1　模拟情景一的影响

模拟情景：各项存款均执行 7 月 6 日的挂牌利率，即活期、协定、通知存款、二年及以上定期存款执行降息后基准利率（全部不上浮），一年内定期存款利率上浮到降息前的基准利率（不上浮到顶）；存量贷款重定价时执行最新基准利率、存量贷款原定利率浮动比例不变。

对全行的影响：静态测算，这种情景下全行明年净利息收入将减少 110 亿元左右，NIM 降低约 9 个基点。

对分行的影响：通过内部资金转移价格的固定点差模式，总行转移存贷款基准利率下调对分行的影响，由于存贷款利率浮动幅度没有发生变化，基准利率调整不直接影响分行经营效益。

1.2　模拟情景二的影响

模拟情景：各项存款到期重定价利率上浮到顶，存量贷款重定价时执行最新基准利率、存量贷款原定利率浮动比例不变。

对全行的影响：静态测算，全行 2012 年下半年将减少净利息收入约 10 亿元，降低 NIM 约 1 个基点；2013 年净利息收入将减少 160 亿元左右，降低 NIM 约 13 个基点。

对分行的影响：2013 年将有 35 家分行经营利润将减少 5 亿元以内，北京分行将减少利润 8.5 亿元。

广东分行	-4.77	云南分行	-0.90
北京分行	-8.50	广西分行	-0.79
浙江分行	-3.34	陕西分行	-1.31
上海分行	-3.92	宁波分行	-0.60
山东分行	-2.40	贵州分行	-0.64
江苏分行	-3.04	黑龙江分行	-1.15
四川分行	-2.06	内蒙古分行	-0.81
河北分行	-2.04	江西分行	-0.97
湖北分行	-1.44	吉林分行	-0.79
河南分行	-1.57	青岛分行	-0.43
安徽分行	-1.29	大连分行	-0.54
福建分行	-0.96	甘肃分行	-0.60
深圳分行	-1.24	新疆分行	-0.75
山西分行	-1.63	宁夏分行	-1.18
天津分行	-0.94	厦门分行	-0.26
湖南分行	-1.11	海南分行	-0.35
辽宁分行	-1.30	青海分行	-0.19
重庆分行	-0.89	西藏分行	-0.02

1.3　模拟情景三的影响

模拟情景：各项存款到期重定价利率上浮到顶，存量贷款重定价时按最新基准利率平均打 95 折（利率浮动比例下降 5 个百分点）。

对全行的影响：静态测算，全行 2012 年下半年将减少净利息收入约 52 亿元，降低 NIM 约 4 个基点；2013 年净利息收入将减少 390 亿元左右，NIM 降低约 31 个基点。

对分行的影响：2013 年将有 18 家分行利润减少 5 亿元以内，12 家分行利润减少 5 亿 – 10 亿元，3 家分行利润减少 11 亿 – 15 亿元，广东、北京、浙江等 3 家分行的利润减少 15 亿元以上。

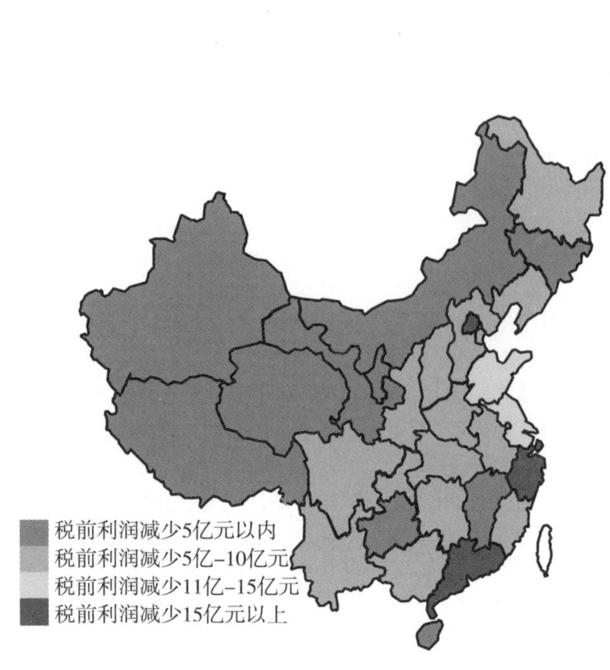

广东分行	-20.51	云南分行	-4.93
北京分行	-17.82	广西分行	-4.89
浙江分行	-16.86	陕西分行	-4.77
上海分行	-14.91	宁波分行	-4.42
山东分行	-14.15	贵州分行	-4.33
江苏分行	-13.67	黑龙江分行	-4.25
四川分行	-9.49	内蒙古分行	-4.07
河北分行	-9.21	江西分行	-3.98
湖北分行	-6.63	吉林分行	-3.43
河南分行	-6.42	青岛分行	-2.89
安徽分行	-6.34	大连分行	-2.65
福建分行	-6.22	甘肃分行	-2.41
深圳分行	-6.04	新疆分行	-2.28
山西分行	-5.57	宁夏分行	-2.17
天津分行	-5.53	厦门分行	-1.93
湖南分行	-5.53	海南分行	-1.49
辽宁分行	-5.43	青海分行	-0.84
重庆分行	-5.37	西藏分行	-0.18

1.4　模拟情景四的影响

模拟情景：各项存款到期重定价利率上浮到顶，存量贷款重定价时按最新基准利率平均打9折（利率浮动比例下降10个百分点）。

对全行的影响：静态测算，全行2012年下半年将减少净利息收入约95亿元，降低NIM约8个基点；2013年净利息收入将减少550亿元左右，NIM降低约44个基点。

对分行的影响：2013年将有8家分行的经营利润减少5亿元以内，16家分行利润减少5亿－10亿元，4家分行利润减少11亿－15亿元，8家分行利润减少15亿元以上。

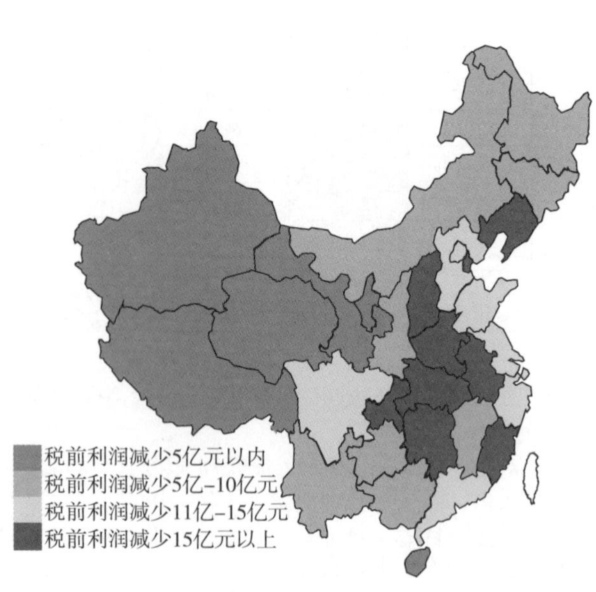

广东分行	-36.52	云南分行	-9.00
北京分行	-27.62	广西分行	-9.04
浙江分行	-30.55	陕西分行	-8.31
上海分行	-26.13	宁波分行	-8.27
山东分行	-26.04	贵州分行	-8.05
江苏分行	-24.46	黑龙江分行	-7.41
四川分行	-17.03	内蒙古分行	-7.38
河北分行	-16.49	江西分行	-7.04
湖北分行	-11.90	吉林分行	-6.11
河南分行	-11.36	青岛分行	-5.37
安徽分行	-11.46	大连分行	-4.80
福建分行	-11.54	甘肃分行	-4.25
深圳分行	-10.90	新疆分行	-3.85
天津分行	-10.18	宁夏分行	-3.23
湖南分行	-10.02	厦门分行	-3.62
山西分行	-9.59	海南分行	-2.65
辽宁分行	-9.63	青海分行	-1.50
重庆分行	-9.89	西藏分行	-0.34

1.5　模拟情景五的影响

模拟情景：各项存款到期重定价利率上浮到顶，存量贷款重定价时按最新基准利率平均打 8 折（利率浮动比例下降 20 个百分点）。

对全行的影响：静态测算，全行 2012 年下半年将减少净利息收入约 180 亿元，降低 NIM 约 14 个基点；2013 年净利息收入将减少 950 亿元左右，NIM 降低约 76 个基点。

对分行的影响：2013 年将有 3 家分行的经营利润减少 5 亿元以内，6 家分行利润减少 5 亿 – 10 亿元，4 家分行利润减少 11 亿 – 15 亿元，23 家分行利润减少 15 亿元以上。

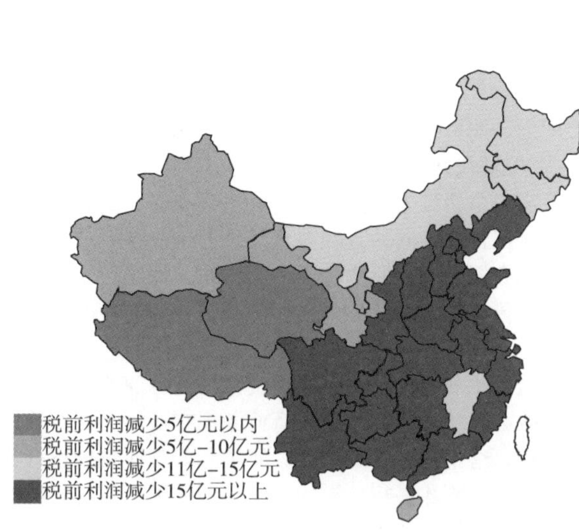

广东分行	-68.54	云南分行	-17.16
北京分行	-47.22	广西分行	-17.33
浙江分行	-57.95	陕西分行	-15.38
上海分行	-48.55	宁波分行	-15.98
山东分行	-49.82	贵州分行	-15.49
江苏分行	-46.05	黑龙江分行	-13.74
四川分行	-32.12	内蒙古分行	-13.99
河北分行	-31.06	江西分行	-13.16
湖北分行	-22.44	吉林分行	-11.48
河南分行	-21.24	青岛分行	-10.34
安徽分行	-21.70	大连分行	-9.09
福建分行	-22.18	甘肃分行	-7.93
深圳分行	-20.64	新疆分行	-6.99
山西分行	-17.64	宁夏分行	-5.35
天津分行	-19.47	厦门分行	-6.99
湖南分行	-18.99	海南分行	-4.98
辽宁分行	-18.04	青海分行	-2.82
重庆分行	-18.94	西藏分行	-0.67

1.6　模拟情景六的影响

模拟情景：各项存款到期重定价利率上浮到顶，存量贷款重定价时按最新基准利率平均打 7 折（利率浮动比例下降 30 个百分点）。

对全行的影响：静态测算，全行 2012 年下半年将减少净利息收入约 235 亿元，降低 NIM 约 19 个基点；2013 年净利息收入将减少 1 300 亿元，NIM 降低约 103 个基点。

对分行的影响：2013 年有 2 家分行的经营利润减少 5 亿元以内，4 家分行利润减少 5 亿 – 10 亿元，2 家分行利润减少 11 亿 – 15 亿元，28 家分行利润减少 15 亿元以上。

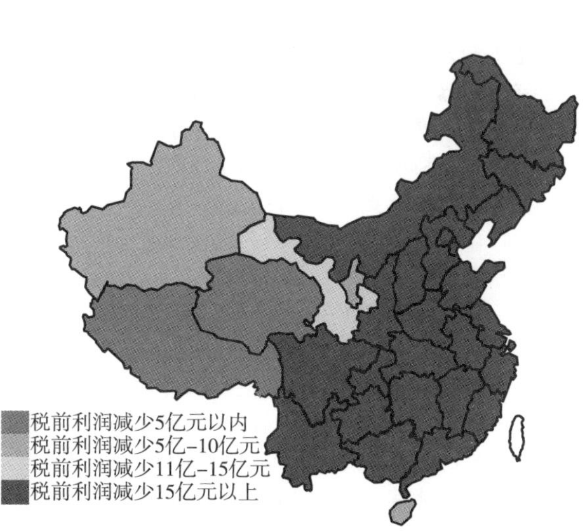

广东分行	-106.47	云南分行	-26.80
北京分行	-70.74	广西分行	-27.13
浙江分行	-90.36	陕西分行	-23.77
上海分行	-75.15	宁波分行	-25.08
山东分行	-77.92	贵州分行	-24.28
江苏分行	-71.62	黑龙江分行	-21.25
四川分行	-49.97	内蒙古分行	-21.81
河北分行	-48.30	江西分行	-20.41
湖北分行	-34.92	吉林分行	-17.83
河南分行	-32.95	青岛分行	-16.21
安徽分行	-33.81	大连分行	-14.16
福建分行	-34.74	甘肃分行	-12.30
深圳分行	-32.16	新疆分行	-10.72
山西分行	-27.20	宁夏分行	-7.90
天津分行	-30.45	厦门分行	-10.97
湖南分行	-29.61	海南分行	-7.73
辽宁分行	-28.00	青海分行	-4.39
重庆分行	-29.63	西藏分行	-1.06

在中国工商银行商业银行业务与投资银行业务互动研讨会上的讲话

杨凯生

（2011 年 12 月 6 日 · 根据录音整理）

今天讲三点容易记的内容。

第一点是这次会议很有意义。听了一天的会，我觉得这次会议的召开很有意义。这次会议的意义，不仅仅在于通过这种形式把工银国际和总行的同志、分行的同志聚集在一起，大家就怎么加强合作、协同发展谈了些具体问题，做了些具体探讨。我认为意义恐怕还不仅在于此。真正的意义，或者说更重要的意义，在于通过今天的会议，我相信大家，包括现在从事商业银行业务的同志和现在从事投资银行业务的同志，包括工银国际和工商银行内部搞投行业务的同志，都可能通过今天的会议认识到了为什么我们现在要突出强调在工商银行系统内、集团内，加强商业银行业务和投资银行业务的有机融合。我愿意说有机融合，我也赞成这次会议会标上说的协同发展，但我不太赞成在这里用互相支持、合作、共赢的说法，那就显得生分了，显得是两家人了，我觉得这完全是工商银行一个集团内的事，是不同专业线的有机融合，是协同发展。董事长曾经说过银行将从传统的融资中介向全能的金融服务中介转变，这种转变我认为不是银行想不想、愿不愿的问题，而是市场变了，客户需求变了，这就要求我们甚至倒逼我们要去实现这种转变。我们知道企业发展分为简单再生产和扩大再生产，无论是简单再生产还是扩大再生产，都需要银行给予服务和支持。如果一个企业搞简单再生产，搞传统意义上的扩大再生产，那么银行给它提供存、贷、汇的服务即存款、融资和结算基本上就够了。而今天，所谓企业扩大再生产，已不再是传统意义上简单的产能增加，规模扩大，而是技术创新和升级换代，现在的企业发展已不仅仅着眼于一个企业自身的发展，而是更多着眼于一个行业一个产业的整合，不仅仅着眼于国内市场，而是更多地放眼于全球市场，因为经济金融已经越来越一体化了。在这个时候，银行如仅仅提供存、贷、汇的服务就不能满足企业新出现的需求了。比如兼并收购、债券承销、股权融资、资产管理、IPO、IPO 之后再融资等需求。这个时候如果银行自身不转变，那么我们将会失去机会。如果企业的这些新业务不给我们做，我们只去做传统的贷款存款，不仅利差越来越小，而且更要看到，如果我们不能满足这种多元化的金融服务需求，不仅是新的业务和服务的机会拿不到，更重要的是传统的客户也会失去，传统的市场也会失去。因为客户是不可能把自己不同的金融需求割裂开来，结算和现金管理在工商银行做，股本融资和发债在其他银行做的。工商银行传统的公司业务向新型的公司业务转型的实质就是商业银行业务和投资银行业务的有机融合。当然按照目前监管法规的要求，有些投资银行业务商业银行是可以直接办理的，有的投资银行业务现在还不允许商业银行办理，这就是通常所说的牌照类和非牌照类的投行业务的区别。刚才易行长讲的主要是商业银行自身开展的非牌照类的投行业务，工银国际今天讲的是牌照类的投行业务，当然兼并、收购、咨询、顾问等业务投资银行和商业银行都可以办理。总行有一个投行部，为什么又要办一个工银国际？这就是为了符合监管法规的规定。所以简单说是两块业务，商业银行和投资银行业务，或者分得细一点，分三块，工商银行的商业银行业务、工商银行自身的非牌照投行类业务、工商银行通过工银国际开办的牌照类和非牌照类业务。这几块业务要协同发展，要两条腿走路。今天的会议讨论的就是怎么把两条腿迈好。过去只有一条腿，现在有了两条腿，但仔细看看可能一条腿粗一点，一条腿细一点，往前走的时候动作可能还不太协调，一条腿快一点，一条腿慢一点，给人有点瘸的感觉。开这个会的目的就是把动作协调起来，走得更快，更顺畅，保证不跌倒。今天这个会的意义就在于此。我刚才讲为什么要搞投行业务，提到是市场的需要、客户的需要，市场转型的需要。实际上还可从商业银行自身的需要来说，因为银行靠简单的传统业务已经很难实现可持续发展了。另一方面，投行业务的发展也离不开商业银行业务的支撑，这还不仅仅是个品牌和市场影响力的问题，还有更深层面的内容。这次西方的金融危机有个突出的问题，就是那些缺少吸收存款能力，仅靠从市场上批发融资的银行的流动性风险是随时有可能发生的，所以现在有许多投行都想要恢复自己的存款业务，实际就是商业银行业务。单纯的投行缺少融资能力以及商业银行的配套服务，这次都遇到了严峻挑战。

当然从以往来看，商业银行办投行成功的例子不多，因为管理文化融合得不是很好，两条腿走路动作不够协调。花旗和汇丰的商业银行业务应该说是很有名的，但投行业务开展得并不算好，商业银行搞投行比较成功的大概只有德意志和 JP 摩根。这就是我想讲的第一点，通过今天的会议，一个重要的收获就是无论从事商业银行业务的同事还是搞投资银行业务的同事，都进一步认识到了，现在要加强投行业务和商业银行业务的有机融合，这是在我们一个系统内、在我们一个集团内一件很有意义的事情。

我想讲的第二点，就是商业银行业务和投资银行业务有没有可能融合好。什么是投资银行业务？投行业务就是在市场上发现投资者和发现投资对象的业务。比如 PE，首先要把投资者组织起来，而后把筹集到的资金投向投资对象，IPO、再融资也是给投资者提供一个投资对象。而发债是去寻找投资者，买债券是寻找投资对象。除了这些融资类业务，投行的咨询顾问业务实际上也是在发现投资者和发现投资对象两者之间协调。投资银行的这种业务性质，商业银行是可以融合进去的。除了客户信息共享之外，实际上商业银行在这个过程中可以或者应该扮演培育投资者和培育投资对象的作用。例如，培育投资者，最简单的就是为其提供融资。不仅客户没有投资能力的时候需要得到商业银行各种支持和融资，投资对象有时也需要培育。也就是说，商业银行在为投资者实现自己的投资需求，为投资对象获得投资的过程中可以发挥很多作用。因此，投资银行是发现投资者和发现投资对象，商业银行可以培育投资者和培育投资对象，这两者的融合不仅是可能的，而且是应该的，关键是看我们自身有没有本事融合好。有一些投行没有商行背景的，就缺少一条腿，有一定的难度；有一些商行办了投资银行，但是因为两者的融合不是很有机，所以也不是很成功。工商银行就要想办法走出一条自己独特的路子来，商业银行办投资银行而且办得成功的路子。我曾跟黄明祥同志说过要把商行和投行的长处结合起来，办一个具有工商银行特色的投资银行。当然话好说，做起来不是很容易，如果很容易就不需要开今天这个会了，如果很容易今后就不会再有什么问题了。我相信今后还会不断的有问题需要研究解决。通过今天的会大家认识到了一些问题，知道了商业银行缺少投资银行的业务和项目，商业银行的许多业务就失去了进一步发展的前景，比如兼并、收购、重组，包括 IPO 之后资金的监管、托管等。同时如果缺少商业银行的手段，投资银行业务的开展就会缺少重要的基础和支撑，比如商业银行自身的 QDII 投资对工银国际在海外发展中就有重要作用。现在因为监管的限制，许多业务还没有放开，如果将来工银国际在 A 股市场上可以做牌照业务的话，就能更进一步看到工商银行和工银国际有机融合的力量所在。到那个时候，大家都会意识到，我们今天这个会开得正当其时，我们为投行业务和商业银行业务有机融合奠定了思想基础，这种融合对商行投行都是很有意义的。

第三点我想讲一讲如何在工商银行集团内部进一步办好工银国际。我们已经有了比较成功的案例，上午黄明祥总裁已经介绍了，巴西石油、AIA、美的空调、明阳等，可以举出很多比较成功的例子，但这还只是一些个案，真正形成一种机制性的合作，并且使这种合作具有稳固的基础，现在看来还要经过一段努力，还需要一段时间的磨合。我觉得建立机制固然重要，但更重要的是首先在观念上、文化上我们要进一步找到共同点。应该承认投资银行业务和商业银行业务在观念上、文化上是有差异的，而在中国商业银行和投资银行观念的差异、文化的差异可能更大一些。投资银行是发源于西方资本主义社会，或者说是资本市场发育到一定程度以后出现的业务，它的历史也就 100 多年，相对来说，商业银行业务的历史要更长一些，西方的不去说，去山西平遥看看，钱庄就是商业银行的雏形，或者说那就是商业银行。由于投资银行历史不长，而且发源于西方，是在市场经济的环境下形成的，发源于比较发达的资本市场，所以和商业银行存在差异，和搞社会主义市场经济条件下的商业银行，和国有控股商业银行在管理理念上文化上更是存在差异。我们对这种差异要承认，要研究，要互相扬长补短。虽然我们互相有一些看法，搞商行业务的人常说搞投行的手机不怕多，头衔不怕大，忽悠事不怕吹得大，要起钱来不怕嘴张得大，这实际上是对投行的运作方式和文化不太认可。而从事投行的人又往往说商业银行很死板，对市场不敏感，传统的存、贷、汇业务没多少技术含量，而且还说我们搞投行的几乎是 7×24 小时工作，比商业银行辛苦多了，等等。这些都说明互相之间需要进一步完整地认识对方，看到自己短处和不足的地方，看到对方的业务特点和管理特点，这样才能真正实现有机融合。总行搞商业银行的同志，对投行的工作方法、管理思路，甚至对于他们的薪酬分配，要有更多的理解、包容；而搞投行的同事对商业银行的管理思路，严格的办事程序，强烈的风险意识，平和的分配机制和用人模式，也要有种认可。这里很难说孰优孰劣，很难用一个好与不好，一个对与不对来衡量，我认为需要的是有机融合。易行长刚才说了商行和投行看客户的方法是不同的，一个是看远处的，一个是看近处的，也是讲的这个问题。所以我们要在理念上捋一捋，大家要看到，我们是在社会主义市场经济条件下办投行，是工商银行作为一个国有控股银行办自己的投行，因此双方都应该找到一种认识上的共同点。比如投行的同志要更多地增加团队意识、奉献精神，搞商业银行的同事要更多增加市场意识，开拓精神。在这些问题基本有了共识以后再谈所谓机制的问题就好谈一些了。董事长在前一段召开的粤港澳联动会议上，谈到了商业银行和投行的合作，刚才易行长谈到了几个方面的机制，我都很赞成。概括一下，这个机制应该是目标一致、信息互联、客户共享、人才通用、利润分账的机制。所谓目标一致，工银国际要看到工商银行的目标是建立三最，最优秀、最盈利、最受人尊敬的国际一流金融机构，要服从和服务于这个目标。工商银行搞商业银行的同志要看到工银国际的目标是建立亚洲一流的投资银行，这是工商银行发展大局中的一个重要组成部分。所谓信息互联，包括研究报告，研究成果的互联，总行网讯的开通。客户动向、市场反应、信贷政策等这些都要创造条件互联，刚才有同志提到 CM2002 等信息对投行的开放问题，下一步可以研究一下，怎么开放、向哪些人开放。上午听同志们讲的一点对我刺激挺大，说一个省的企业有哪些准备上市，工商银行提供的信息和当地金融证券管理部门提供的信息只有 50% 的重合度。这说明我们对这方面的信息了解不多，掌握不够。我们一直说重要的客户哪一个不是工商银行的客户，重要的项目哪一个工商银行没参加过，我见到老外通常给他们开玩笑说中国大的建设项目除了万里长城建的时候工商银行没参与，其他的项目我们都参与了。但是现在看 50% 的不重合，这就是问题了。一个省 800 亿元通过资本市场的融资和再融资，其中只有 5% 存在工商银行，怪不得我们整天说存款紧张。这归根结底是信息互联、客户共享的工作做得不够。所谓人才通用，今天总行有关部门老总和分行行长们都谈到一个问题，就是培训的问题，从事商业银行的同志要更多了解资本市场，了解投资银行业务，同时在工银国际从事投行业务的员工，尤其是海外雇员，应该更多地让他们了解中国的商业银行是怎么办的，了解工商银行是怎么管理的，我觉得这个很重要。一些从事商业银行业务的员工要外派到工银国际去工作，一些海外雇员要分批分期交流到行内来工作 3 个月、5 个月、半年、一年，这都是很必要的。对这些员工来说都是一个很好的学习和锻炼的机会。工商银行的海外员工目前已经有 5 000 多人了，每年都要选择一部分员工到大陆、到总行参加培训或短期工作，创造条件让他们更多了解中国的市场，了解中国的银行运作，了解母行的管理，我觉得这才能逐步做到人才通用。再一个就是利润分账的问题，刚才有同志说这是次要的、第二位的问题，易行长直截了当点出来了，说一到下面这个问题就不是第二位的了。现在有很多说法，有的说见者有份、见面一半，五五分成，有的说个案协商等，应该承认这些办法都还不是很规范。但是我觉得这个事情真正理顺要有一个过程。而且要把这个事情搞得天衣无缝，搞得人人都说合理，没有这个可能。我们并不追求拿出一个方案来之后，分行说好、总行各部门说好、工银国际说好，这不太可能，在家里夫妻 AA 制和子女 AA 制是不太可能。所谓 One Bank，在这个时候就更要讲 One Bank 了，我们内部的事情有的时候还需要强调提倡大局意识和整体观念。在这个问题上，总行的财务会计部将来要发挥更大的作用，它相对中立。工银国际的利润是总行的，体现为总行的投资收益，总行各专业条线和各分行利润其实也体现在总行。至于各部门、各分行和工银国际之间，谁这次占点便宜，下次吃点亏，其实问题并不大。但不是有句话叫亲兄弟明算账嘛，所以财会部要尽量想办法尽快拿出一个比较合理的分账办法。分账肯定是要分的，是统一的规定死，还是一笔笔来，这两种办法都可以研究。因为投资银行业务确实也不是天天发生，实际上许多时候是三年不开张，开张管三年，具体地一笔笔分析也行。总之，分账的办法一定要有，完全吃大锅饭是不行的。我说一句居中调停的话，就是在这个问题上由于是一家人就不能太计较。总的来说，前面几个要求，例如目标一致，信息互联，客户共享，人才通用比较好办，各部门回去以后具体落实就是了，难的就是最后一个利润分账。这个机制要建立，财会部要拿出个办法来。这个办法我相信不能解决所有问题，但是有总比没有好，只要认识到我们是一个银行，认识到我们有机融合投资银行和商业银行业务的重要性，许多问题就会好办一点。

最后我想强调两个问题。

一个就是依法合规经营的问题。商业银行要依法合规经营，投资银行也要依法合规经营。我们都需要增强依法经营的意识，共同维护和创造工商银行自身的和工商银行子公司的品牌价值，这是对我们商业银行业务和投资银行业务的共同要求。

再一个就是营销中我们需要注意的事情。无论是商业银行还是投资银行，都要自觉地抵御腐败现象。万科的老总王石经常说，万科从成立以来一个理念就是拒绝行贿，无论是拿地皮、拿项目还是销售从来没有给哪个部门和个人行过贿。王石能喊得这么响，万科起码在这方面做得是比较好的。曾经有人和我说过，一个国家 IPO 项目投行数目的多少，是这个国家的腐败指数。我想这方面，工银国际要打出自己的牌子来，让客户更多地相信找工银国际是没什么问题的，这就是我们发展的机遇。

我相信通过今天的会议，大家对加强我们系统内的投资银行业务和商业银行业务的有机融合都有了一个新的认识，下一步我们的投行业务会发展得更快更好。

进一步提高认识　大力发展资产管理业务

——在中国工商银行资产管理业务工作会议上的讲话

杨凯生

（2012 年 1 月 9 日·根据录音整理）

2011 年，在内外部经济环境错综复杂、监管要求和标准日趋严格的情况下，我行资产管理业务取得了突出成绩。本次会议，我们要进一步总结 2011 年全行资产管理业务发展经验，明确 2012 年各项工作任务，在新的起点上，持续推动资产管理业务的发展。下面，我讲三个问题。

一、2011 年资产管理业务取得了突出成绩

2011 年，我行资产管理业务取得了突出成绩。一是业务发展快。2011 年，全行累计销售理财产品约 46 000亿元，同比增长 34%，余额约 7 700 亿元，同比增长 26%，这是不容易的。二是同业占比高。四大商业银行中，我行理财产品余额占比 31%，特别是资产管理收入占比超过 42%。三是市场形象好。我行资产管理业务获得了多项理财产品专项奖，2011 年，被评为年度最佳资产管理银行，在资本市场许多投资者被套牢的情况下，全行为投资者实现投资收益约 300 亿元。我行理财产品比较丰富，创新能力比较强，获得了市场肯定。特别是在创新过程中我行注意加强合规管理，得到了有关部门的肯定，比如，工商银行现在担任商业银行理财业务联席会议的主任委员，工商银行参与并牵头制定了《商业银行理财产品销售管理办法》，这说明市场以及监管部门对我行资产管理业务的市场形象是认可的。四是收入贡献增。我这里没有用收入贡献大的说法，意思是我还希望今后收入贡献能更大一些。但是要肯定在过去的一年里，资产管理业务收入贡献增加很快，全年大概是 110 亿元，110 亿元的概念就是同比增长 32%，占整个中间业务收入的 10% 左右。五是协同作用显。就是资产管理业务与工商银行的各项业务协同作用开始显现，一说到协同作用，我们往往容易想到理财业务与存款业务的协同作用。其实协同作用还不止于此。协同作用体现在方方面面，不仅是对公司业务、投行业务、个金业务的协同作用，实际上对结算业务、银行卡业务甚至对票据业务都有协同作用，这些协同作用正在不断增强。

从以上可以看出，五点中前三点我肯定得更充分一点，后两点实际上是在充分肯定成绩的同时也提出了更高的要求。去年这些成绩的取得是全行上下从事资产管理业务、销售业务的同志，还有资产负债管理部、金融市场部以及审批等部门的同志，包括海外机构、工银国际、工银亚洲等，大家都发挥了充分的协同作用。所以我在充分肯定大家过去一年成绩的同时也感谢大家所作出的贡献。

二、要进一步厘清对资产管理业务的几点认识

其实，资产管理业务不仅仅是理财产品的销售，资产管理业务作为银行接受客户委托为客户进行资产管理和投资运作的业务，这个范围是比较广的，比现在卖理财产品的范围还要更广一些，这个问题今天先不谈。我想说的是，理财业务究竟是干什么的或者说我们做资产管理业务为了什么，应该怎么干。对于这个问题，我想讲三点内容，第一点，理财业务不是为了拉存款，更不是搞变相高息揽存；第二点，理财业务项目投资不是为了绕规模，不是变相发放贷款；第三点，要正确看待和管理资产管理业务的风险。我想谈谈对这三个问题的认识和理解，供同志们参考。对这三个问题，不仅社会以及媒体对此认识不是很清晰，实际上有时候我们自己对一些问题的看法也需要深化和提高。

（一）理财业务不是为了拉存款，更不是搞变相高息揽储。要真正认识到发展资产管理业务的重要性，认识到其对工商银行经营转型的意义和作用。资产管理业务最大的特点是利用客户资金为客户进行资产管理和投资运作，由客户承担投资风险，投资资金不是银行负债，不计入银行存款，不纳入银行资产负债表。客户的投资所得是真实投资所产生的，而不是银行支付的利息。因此资产管理业务是典型的银行中间业务。对于存款，无论是高息揽存还是正常存款，其特点是应该反映在银行资产负债表的负债方，存款人或投资人的收益是由银行直接支付给客户的利息。因此，存款与理财产品，这里面区别是很大的，存款是客户资产，是银行负债，收益是银行按规定支付的利息，直接反映为银行的

经营成本。所以，理财业务与银行存款没有直接联系。

但是，为什么有人会认为购买理财产品就是把钱存到银行，银行销售理财产品就是为了拉存款甚至是为了高息揽存呢？我觉得这里面有两个原因。一个原因是，确实有一些银行在进行所谓的“资产管理”、在销售所谓的“理财产品”时存在问题，他们的自营业务与代客业务没有严格分开、没有正式托管、没有独立核算，甚至也没有进行真正的投资，理财募集资金是直接纳入银行资产负债表内的，客户收入是直接通过银行自营收入划转的，与利息支付没有本质区别。我们认为这种做法是不对的，所以工商银行很早就没有这样做。我想监管部门注意到的这个问题实际上是存在的，有些银行也确实是这样做的，但是我们从上到下要认识到，工商银行的理财产品销售、资产管理业务和有些兄弟行的做法是有区别的。这不仅是发展策略的区别，不仅是管理办法的区别，实际上是这个业务的本质区别。我认为我们的做法是对的，应该坚持，这是将来银行资产管理业务发展的方向。如果统统纳入表内，自营和代客混在一起，那么银行的代客理财业务永远走不出新路子来，永远没有什么意义。

第二个原因，我觉得是我们自身也存在一些问题。我们有的时候把理财产品销售、理财业务、资产管理业务的发展和存款业务笼统地放在一起说，说得不清楚。比如说，保本型理财产品的问题，有些银行发行的保本型理财产品占其整个理财产品规模的比例大概是百分之七八十，甚至有个别银行在时点上超过了 90%，就是说这家银行销售的理财产品百分之八九十都是保本型的。按照现在会计准则的要求，如果是保本型理财产品，银行由于要承担最后的偿付义务，那么就应该纳入表内。当然同理，由于纳入了表内，所以就可以反映为银行存款。工商银行理财产品中也有一些保本型的，但是保本型理财产品占我行理财产品销售的比例是百分之十几，年末时我们也卖了一点，但是都没有到 20%。现在，监管部门对保本型理财产品并没有禁止，但对于保本型理财产品，如果要合规就必须纳入表内，这可以计为存款。但坦率地说，这与真正意义上的代客理财、资产管理是有区别的。由于市场环境的影响，有时候我们也要发一点保本型理财产品，但我们的思路仍然是清楚的。所以，谈理财业务要说清楚，我行的资产中绝大部分是资产管理型的、投资型的、非保本的，而不是保本型的。如果监管部门今后禁止做保本型理财产品了，我们马上就可以停下来。这样我行 7 700 亿元的理财产品余额中至少有 80% 还是可以继续做的，但有些兄弟行可能就剩不下多少了。有时候我们从上到下的一些工作安排，有些思路也容易使人产生误解。比如说，我们把理财产品销售有时候自觉不自觉地围绕着存款任务的完成、存款目标的实现来安排、统筹。当然，我一直强调理财业务和存款业务要协调发展。所以讲统筹安排我觉得也不能算错，但是如果完全把理财业务的发展简单就是看做是对存款业务的保证和支撑，这个恐怕和理财业务真正发展的初衷就不吻合了。董事长在发展战略研讨会上的讲话已经下发了，大家要认真看一看，董事长指出，工商银行要大力发展资产管理业务、大力发展资产服务型业务，就是要走出一条总资产规模不无限扩张，而盈利能力却可以持续增长的新路子。就是说如果算资本充足率的话，分母不能够无限扩张，资本压力要能得到有效抑制，但是盈利能力还需要可持续增长。如果理财产品都是保本型的，都是存款，那么分母必然扩张，因为存款转换回来就是资产，风险权重资产就是资本充足率的分母，这是很简单的道理。所以，我们理财业务发展的道路应该是真正的资产服务型发展道路。

如果说理财业务不是银行的表内业务的话，那是不是就可以简单地说理财业务就是表外业务呢？严格地说，理财业务、代客业务也不是银行的表外业务。现在经常把它说成是表外业务，这个说法其实并不正确。这完全是一种代理业务，中间业务。所谓表外业务的一个特点就是有可能要转入表内，或者说按照规则，在必要的时候必须转入表内。严格地说，理财业务、代客业务是没有这种可能的。至于风险，我下面再另外讲。所以在这个问题上，我们在思想上要认识清楚，理财业务和存款业务的协同发展是必要的，但这是两码事。所以在任何时候特别是对外宣传时一定要说清楚，我们对内布置工作也要讲明白。特别是一线员工、基层负责人有时候对这些问题不是太清楚。第一，要讲清楚资产管理业务不等于高息揽存，发展资产管理业务不是为了简单地增加存款。当然要承认，资产管理业务发展好了对银行存款会有带动作用。那是因为客户买理财产品的账户在我们行，客户资金转移到了我们行。而理财产品是有周期性和时限性的，是会到期的，到期以后只要这个客户对工行忠诚度高，对工行服务满意，对工行下一步可能推出的理财产品寄以希望，那么他的理财资金就可能在到期以后就地转化为在我行的存款。这一点不仅合理、合法、合规，而且是自然的。所以理财业务和存款业务是有协同作用的，这就是为什么凡是理财业务发展得好的行大多数也是存款业务发展健康的行。而恰恰相反，存款任务很紧张，老是完不成，经常要想点不那么规范的办法的行实际上理财产品的销售也并不是十分理想。这就是存款业务和理财业务的辩证关系。我们要认识清楚这种关系的本质所在。第二，这里我还要强调一下，不仅要正确认识存款业务和理财业务的辩证关系，还要正确认识销售我行理财产品和代销其他产品的关系问题。比如说，代销保险、代销基金等。实际上作为我行的销售来说，前者是对内服务，后者是对外服务。其中当然都有对客户关系维护、对存款、托管、结算、投行等其他业务的拉动作用，但毕竟一个是代理外面机构的业务，一个是销售我们自己内部的产品，我们要坚持

"ONE ICBC"的理念，把保证自己业务的综合发展作为一个明确的指导思想。就拿代理销售基金来说也有个合理安排的问题，工银瑞信和其他基金公司，也有一个是工行的公司、一个是外部公司的问题。我们一定不会搞什么内部交易，搞什么利益输送，集团的整体协同发展，要合规合法，但是什么叫"ONE BANK"，"ONE ICBC"？这里面的指导思想我们应该是清晰的。

（二）理财业务项目投资不是为了绕规模，搞变相放贷。资产管理业务的项目投资，是银行为投资者寻找到投资机会，代理客户把资金投资于一些项目，投资收益返还给客户，我们从中收取必要的手续费、代理费的一种中间业务。这就是资产管理业务投资的实质。由于目前中国银行业的信贷还实施规模计划管理，所以大家就会想这是不是银行为了绕规模变相放贷款。我认为，银行理财投资确实会增加一些企业和一些项目所获得的融资总量，这是客观存在的。银行理财产品的出现，理财资金的投资使得一些企业和项目除了从银行获得贷款以外，还通过一种新的渠道另外获得了一部分融资，社会融资总量是增加了，但是这和银行绕贷款规模是两码事。如果从控制社会融资总量的角度来看，要不要控制，如何控制，那是监管部门怎么设计一种控制方法、对它进行合理调控的问题，这个不属于银行绕贷款规模的问题。如果下一步监管部门除了对银行放贷规模要管理之外，对理财、债券投资规模也要控制，监管部门也许会制定出对这类业务的一种控制指标，但这也不意味着理财投资就是银行信贷的一部分。这个问题在跟监管部门汇报的时候一定要汇报清楚。贷款资金的来源是银行吸收的存款，银行的负债在用于贷款后体现为银行的资产。而理财业务的项目投资，无论是债权型的还是股权型的，都是用客户的投资资金而不是银行的存款。更确切地说，理财项目投资是直接融资，银行贷款是间接融资。

那理财业务既然不是贷款，为什么还要经过我行信贷审查委员会审查呢？这是工行为了对投资者的投资安全负责，并不是说通过银行审查就是银行发放的贷款。按理说理财资金投资项目的风险是与银行没有关系的，我们可以对投资者说："市场有风险，投资需谨慎"，你们自己负责吧。但是我们不能简单地这么做。这不是银行对客户应该有的态度。第一，中国的市场发育还没到这个程度，对中国的投资者教育程度还不够，我们不希望出现投资者亏损后引发的任何社会不稳定现象。所以我们希望投资者购买的理财产品能够是相对安全的、有回报的。因此，银行作为理财资金投资代理服务者，一定要想办法把项目风险控制得更好一些。这是我们履行社会责任的一种表现。下一步，不仅债权投资要经过审查，股权投资也要经过审查。对债权类项目信用审查审批，我们叫仿信贷审批。对股权项目的投资审查，也要有一个准确的称谓，以便更清晰地表明我们工作的内容和实质。不能错误地认为，经过了银行风险审批程序，银行就承担了相应的风险责任。我们自己要从思想上将这些关系理清楚。在和有关部门沟通、对外宣传的时候也要把它解释清楚。在有些问题上，我们之前自己说得也确实不清楚。比如说某个企业提出了 3 亿元的贷款需求，最后银行给它贷款 2 亿元，通过理财投资了 1 亿元，我们一共给了它 3 亿元。这样一个简单的说法是不全面、不完整的，有时候笼统地说我们为企业提供了多少服务是可以的，但过于简单也会容易引起监管部门误解。这种说法没有真正地反映资产管理的实质。应该说，由于市场变化和发展的需要，企业融资的方式更加多元化了，可以通过贷款、发债、理财项目融资等多种融资渠道。因此银行有时候发放贷款给客户，有时候代它发行债券、短期融资券、中期票据，有时候我们发行理财产品投资于企业的项目，这是间接融资、直接融资的不同形式，都是对企业发展和实体经济运行的支持。一定要说清楚这些问题，不要引起误会。只有把这些思路理清了，才能让资产管理业务发展的环境更加理想。

（三）资产管理业务应按照"卖者有责、买者自负"的原则开展。那么，商业银行在开展资产管理业务过程中有没有风险？有没有责任？应承担什么样的风险？什么样的责任？这个问题大家都很关心。对此，监管部门有个明确的说法叫做"卖者有责，买者自负"。这是银监会对商业银行理财业务涉及的买卖双方责任的简洁说法，我认为这个说法是很正确的。只有完整地、准确地理解了这个说法，一旦理财产品出了风险，双方各自应当承担的责任才能分清和确认。

先说银行，作为卖者，应当承担什么样的责任。如果产品收益率没有达到预期收益率，甚至本金受到了一些损失和侵蚀，银行是不是要负责赔偿？而且项目经过了仿信贷流程审批，损失了是不是要赔偿？银行的责任是一定要充分向客户揭示风险，不能忽悠顾客来买理财产品，明明有风险却不提示清楚。不能搞虚假销售。监管部门有关风险提示的程序如果我们没有做到的话是要负责任的。像香港闹到现在还没解决的 Mini Bond 的销售问题，除了中资银行以外，许多外资银行也陷在里面。之所以能闹起来，是客户抓住了银行销售中一些风险揭示不充分的瑕疵。因此我们的风险揭示必须要充分，该履行的程序必须严格履行，不能怕麻烦，不能图省事，一定要把合适的产品卖给合适的客户。客户到底有没有风险承受能力，包括心理承受能力，我们都要有合理的判断。如果这些基础工作都没有做好，简单地认为卖得越多越好、卖得越多越能拿到奖金，那是要不得的。这是我们应该尽到的责任。

对于"买者自负"，应当怎样理解？"买者自负"指的是客户接受了银行风险提示，与银行签订了协议合同，同意了理财产品说明书里的约定，对蕴含的风险已经知晓。作为一个具有充分民事行为能力的人，经过自己的判断，觉得自己可以接受并购买具有某种风险的理财产品，那如果理财产品日后出现了投资风险和损失，买者是应该自己承担风险的。

对这八个字要有充分认识，认识了前四个字就认识了我们的责任和义务；认识了后四个字，就理解清楚了客户的责任和义务。一旦产品出现了问题要依法处理。所以，产品营销要合规，风险揭示要充分，各自责任要清晰，问题处置要依法。这就是银监会八字要求的精神所在。现在，对于净值型产品的风险，客户的认识相对比较到位，对其应当承担的风险基本是认可的。而对预期收益型理财产品，目前恐怕只要产品到期后的收益低于预期收益，有些客户就会觉得难以接受。所以我们今后一定要注意对产品进行充分的风险揭示，做好与客户的充分沟通。实际上这几条在监管部门的要求中已经很明确了，需要我们做的就是要更加准确地认识、执行和宣传这些规定和道理。

最后，还要强调一下声誉风险问题。尽管我们的风险提示十分充分，营销也是合规的，责任也是清晰的，但真正出现问题准备依法处置的时候有些客户可能还是不能接受，无论是由于其法律、金融知识不完备的原因，还是客户想弥补自身资金损失的愿望太强烈的原因，都有可能产生纠纷。如果处理不当就会对我行的声誉产生负面影响，对于这个问题大家一定要高度重视。

三、要继续下大力气推动资产管理业务的发展

在全行发展战略研讨会上，董事长在讲话里面很大篇幅谈到工商银行今后三年内的转型问题。其中的一个重要内容就是要大力发展金融资产服务型业务，大力发展不占用、少占用资本的业务。资产服务型业务有很多，如资产管理业务、私人银行业务等，粗略分一下就有十几类，都是资产服务型的业务。但是不管怎么分，资产管理业务，理财业务显然是里面的一个部分。其必要性、重要性不用再多说了，单纯地靠存贷利差盈利，银行的路子就会越走越窄，单纯地靠存贷款业务，我们的资本约束就无法解决。随着金融市场的发育和投资者日益增多的投资需求，不发展资产服务型业务将会失掉银行的整个客户群和基础业务。因此发展资产管理业务不仅是应该的，还是必需的。在不久即将召开的全行年度工作会上，董事长还会继续讲业务转型的问题。我们不仅需要这样做而且有条件这样做，因为客户有需求，市场有需求。根据波士顿咨询公司发布的报告显示，我国个人客户拥有的可投资资产总额达到62 万亿元，这就是我们业务发展的潜力。再看看国外商业银行资产管理业务的规模，很多都跟银行表内资产的规模基本相当，有些甚至高出银行表内资产若干倍。而我行现在的资产管理业务规模（不光是理财产品的规模，将其余所有资产管理型的业务规模加在一起）大概也只有我们表内资产的50% -60%，差距很大。但是差距就是未来的希望和潜力。下一步，我们要从以下几方面继续大力推动资产管理业务的发展。

（一）要持续加大创新力度。合规前提下的金融创新是监管部门积极倡导的。

一是在刚刚结束的金融工作会议上温家宝总理在讲到下一步金融改革发展的八项任务的时候，其中有一项就是讲要继续加快金融创新。我们下一步还是要拓宽思路，加快创新，包括资产管理业务模式、理财产品设计等。在这个过程中我们要注意做好一些基础工作，例如，要将项目投资品种从形式到内容上都改造成清清楚楚的直接投资工具，不能使投资者产生任何联想和质疑，也不能让人产生是不是银行绕规模放贷款的想法。所以，我很赞成资产管理部的说法，就是要从形式到内容上都要把这些产品改造成清晰的直接投资工具。这个工作需要总行资产管理部牵头来做，分行也要比照总行的标准来做。

二是要大力推动代理股权投资、私募基金业务的发展，这是将来一个重要的发展方向。应该承认这些业务我们以往做得不多，并不怎么会做。前段时间我们参与了美的集团的私募股权性质的上市前投资，各部门配合得不错，总体来看效果是好的，风险可控，收益也会相对较高。今后这些都要成为我行重要的产品线。

三是要将产品从预期收益型为主向分红型、净值型为主转型。国外银行搞预期收益型产品的比例很低，但国内客户现阶段比较认同这种类型。将来的产品要向分红和净值型产品转变。这里面就涉及很多问题，例如，产品改造和创新、系统的改造、客户的引导和培育等，有大量基础工作要做。

四是要配合人民币跨境投资业务发展进行创新。目前人民币在国际上的地位日益提高，跨境投资规模越来越大。在这个过程中理财业务怎么配合人民币跨境投资？这就要求从我行国际化发展的战略出发来把跨境投资理财业务进一步发展上去。

在创新过程中要特别注意严格执行监管要求，注意防范风险，合规发展业务。由于理财业务、资产管理业务对中国商业银行来说是一个比较新的业务，所以我们缺乏经验。坦率地说监管部门的经验也还需要积累，社会公众、专家学者对它的认识也很有限。在这个过程中我们更要积极主动地多向监管部门汇报，汇报我们的想法、思路和遇到的问题、产品设计的来龙去脉以及对风险管控的设想，这些工作都很重要。

（二）要严格执行监管政策，合规发展业务。近年来，监管部门出台的新要求、新规定较多。主观故意违规的问题姑且不谈，就说如果一个新的监管文件印发了，我们没有及时研究，没有及时转发，没有让客户经理和销售人员及时掌握，那就很可能会形成一种非故意违规。例如银监会规定今年1 月1 日起开始施行《商业

银行理财产品销售管理办法》，我们对基层员工和销售人员的培训工作做得如何就很重要，不能有了新规定、新要求，不少同志还不知道。在这个问题上，资产管理部门、销售部门、教育部门要共同配合把工作做好。

依法经营中另一个要求是，销售必须依法合规。例如，一个客户与我行有多种业务往来，并不是说有贷款的客户就不能做理财，客户在我们这里贷款、存款、办结算的同时购买理财产品，这是完全可能的，这正是各项业务协同发展的具体表现。但是我们要清楚，不能搞什么捆绑销售，不能对需要贷款的客户强制他购买理财产品，这种做法影响很恶劣。在这次金融工作会议上总理讲话中，对发放贷款后同时要扣下多少作为存款的行为进行了严肃批评。理财产品虽然不是存款，但如果这么做也是不行的。在这个问题上一定要引起高度注意。协同发展、各个专业协同营销、整体营销、体现"One Bank"的做法是正确的，但不能采取这些简单化的不正确做法。

（三）要加强各类风险防范，完善风控体系。开展资产管理业务，要加强各类风险防范，特别要注意健全投资审批机制。我再强调一下，根据不同项目类型特点，对于债权类项目的信用风险审批仍由信贷审查委员会进行审批，严格把关，尽可能地减少投资者面对的信用风险，审查通过后由理财投资管理部门进行投资审批。股权类项目的审批，与债权投资有不同点，譬如股权的清算是排在债权清算后面的，其风险在一定意义上比债权投资还大。同时，它得到的回报是股权分红，不是债权利息。企业可以根据自身所处生命周期阶段的不同选取不同的融资方式，或是股权融资或是债权融资。我们银行应正确把握以上特点，采取相应的投资审批机制。要成立投资风险审查委员会负责股权类项目的投资审批。投资风险审查委员会和信贷审查委员会的人员可以有一定重叠，但两个委员会应该有明确的职责分工。要尽快完成资产管理业务债权类项目和股权类项目管理系统的设计开发工作，各相关部门和分行要配合系统开发工作，切实把债权项目和股权项目投资风险管理好。

在2012年中国工商银行
渠道优化建设工作视频会议上的讲话

杨凯生

（2012年1月12日·根据录音整理）

晓鹏行长、希全同志希望我到这个会上来讲一讲，因为网点建设和渠道优化工作涉及面比较广，不仅仅是哪一个部门，哪一个专业的事，所以我就同意了。今天上午，我还专门和董事长商量了一下，具体要讲点什么。下面，我简单讲两点意见，作为晓鹏同志刚才讲话的补充。

第一，要抓紧完成三年渠道优化建设工作任务。前年，也就是2010年11月，总行党委研究决定，要在全行集中开展一次渠道建设优化工作，计划用3年左右的时间，新建1 000－1 500家网点，启用待用牌照500家，改造优化1 500家，加在一起大概3 000－3 500家。这里面，新建和启用待用牌照实际上都是新建的概念，因为启用待用牌照就是抽屉里有牌照但是没有这个网点，实际上也是新建，只不过那个是新申请牌照，这个是原有的牌照。两者合起来等于是新建1 500－2 000家，然后现有网点扩建、搬迁大概也有1 500家左右，这是一个比较大的计划。前年11月定的时候，做了一些先期调研，征求了一些分行的意见，制订了相应的计划，真正下达这个计划是在去年4月，到现在为止开展了大半年，总的来说，情况不错。刚才晓鹏行长已经讲了，2011年我们大概新建了600多家，启用牌照200多家，优化改造了600多家，加在一起有1 400－1 500家了。当然，这里面有部分已经开始营业了，也还有一些是刚刚开始装修，有些装修建设结束了但还没有正式营业。因为只有8－9个月的时间，总的来说，进展不错。

那么接下来怎么办呢？上午向董事长专门请示了一下。总体要求是抓紧完成三年的工作任务，剩余的1 500至2 000家要抓紧干、往前赶。为什么这么考虑呢？大家要看到总行下这个决心是不容易的。前几年，包括股改前夕和股改以来这几年，我们一直采取了对网点设置和渠道建设加以收缩和精简的方针。坚持了若干年，效果是明显的，保证了我们股改和财务重组的顺利实施。但是我们后来也意识到，出现了一些新情况、新问题，需要我们加以研究与解决。比如说，工商银行是一个老行，我们的老网点、老机构相对多一点，因此布局不太合理。在一些新兴的、充满生机和活力的区域，我们的网点相对不足，尤其是采取了精简收缩战略以后，我们在县域的退出力度比较大。现在看来，有必要重新进入一些重点县域，所以2010年底时，我们就决定在前3年连续开展网点装修改造的基础上，再开展3年的渠道优化建设计划，提出采用多种方式优化建设3 000－3 500家网点。有的完全是新建的，有的是把过去的牌照用起来，有的是把过去偏小、区域位置不太合理的重新调整一下。这个工作很重要，也很必要，虽然开展的时间还不算长，但已经初步开始显效了。刚才晓鹏行长讲了，网点的建设和渠道的优化，对我们增加存款、带动综合效益的提升都起了作用。因此，要继续把这项任务完成好。但是我们也要看到，这毕竟是应对阶段性需要的阶段性措施，在一定意义上，可以说是一个权宜之计，我们不可能，也不应该长期靠扩大规模、靠增设机构网点来实现发展战略。今天上午，董事长指出，这个计划不突破、不扩大，实施的时间也不延长。为什么？实际上就是我刚才说的，我们要看到这个计划是应对阶段性的形势变化、阶段性的发展需要，采取的是阶段性的措施，所以一定要抓紧做好。

之所以这么考虑，我想主要有这么几个原因：第一，这项工作是要受到自身盈利能力限制的。从去年改革发展研讨会到最近学习、传达中央经济工作会议和全国金融工作会议的精神，我们都意识到下一步我国的银行，特别是大型商业银行的盈利可能会进入一个相对比较平稳的阶段。说得严重一点，我们盈利能力的可持续增长将会受到国际、国内经济金融形势的影响，受到严峻的考验。我们股改上市以来维持了百分之三十几的年复合增长率，下一步包括今年2012年再要实现这样的增长速度，我们认为是不太可能的。大家都知道网点的建设、渠道的优化，是需要财务投入的，当我们的盈利能力不像前几年增长那么快的时候，在这些方面的投入显然就会受到影响，所以要抓紧。我们很难预料未来两年、三年甚至更长时间的整个金融环境。经济决定金融，下一步的社会环境、经济环境对我们到底会带来什么影响，按照经济工作会议和金融工作会议的分析，简单地说，就是形势是严峻的，挑战是存在的。所以我想，从这个角度来讲需要抓紧完成这项任务，拖久了不行。第二个原因就是，要实现最盈利、最优秀、最受人尊敬的国际一流商业银行的目标，我们就必须追求效率的提高。比如说，我们机构的网均效率，我们的人均效率。但是目前，恰恰我们工商银行在这一点上与不少银行相比是落后的，不要说和一些中小型银行相比，就是和可比银行、大型银行相比，我们也不具备领先优势，在某种程度上甚至可以说，是相对比较落后的，是我们的软肋，是我们的短板。虽然我们现在意识到在一些重点区域，就是刚才说的一些生机活力比较充沛的新的社区、新的城市、新的区域，包括重点县域，我们的网点不够，需要增加一些，但是我们最终还是要注意投入产出的效率。所以我们不应该，也不可能长期走这个路子，不可能长期搞网点的大规模建设。正如董事长所说，“规模不再扩大，时间不再延长”。因此，现在需要抓紧把计划完成，积累发展后劲。第三个我觉得受制约的是我们要意识到监管部门的工作思路也可能会有新的调整。怎么说呢，前两年当中，我们可能意识到建一个网点、拿一个牌照很不容易，监管部门批准不太容易。去年，晓鹏同志牵头和银监会联合开了一个监管的座谈会，在会上我们行把新建网点的审批工作、牌照的申领工作作为一个重要问题提出来了。银监会非常重视我们行的意见，采取了较大的力度来改进他们的工作方式。比如说，迁建应该在什么范围内批，在同一个城市一次只能批一个，同一个城市是个什么概念，等等，都作了些变通和调整，大力地支持工商银行的渠道优化建设工作。否则去年我们搞不了那么多。但是，就在昨天，银监会召开了一年一度的大型商业银行监管工作会议。会上，尚福林主席指出，“我们曾经精简了机构，缩短了管理链条，但近年来，又开始铺摊子，抢地盘了。”他认为，有些商业银行一定程度上存在改革回潮，他要求，要健全约束机制，强化资本对资产膨胀的约束，坚决走出面多了加水、水多了加面的恶性循环。尚主席的讲话，不仅是对商业银行工作的一种提示，我相信，他这个讲话下一步也会落实到银监会的监管工作思路中去。所以我想，我们现在要抓紧把既定的工作计划完成好，不能把周期拉得太长，否则不仅影响投入产出的效率，不仅影响我们业务发展指标的实现，最后也可能影响我们既定的网点渠道优化建设任务目标的实现。

这就是我想讲的第一点意见，同志们要抓紧完成既定的3年渠道建设优化工作目标，实际上，要实现这些目标，由于我刚才说的三个原因，一个是盈利能力的制约，一个是我们发展战略的要求，一个是监管的思路可能有些调整，我想今年应该是我们实现渠道优化建设目标的关键一年。今年如果不抓紧，可能这个计划最后就不能圆满实现。希望引起各分行、各部门、各专业的关注。

第二，不仅要重视机构网点建设的数量，更要注重建设的质量。讲到建设质量，我们的第一反应可能往往是想到建筑质量。当然建筑质量很重要。但实际上，我今天想讲的渠道优化和网点机构建设，除了建筑质量以外，还包括布局的质量、功能的质量、产能的质量和服务的质量。

从建筑质量来说，重要性不言而喻。不说装修好不好看、装修建设质量高不高，单就安全性而言，“百年大计，安全第一”。前不久，我们的一个支行盖营业办公楼，盖了一半塌了。当时网上一出来，总行十分重视，后来了解到是施工队的脚手架塌了，把在建的楼压塌了，这是一个。第二，有没有人员伤亡？有没有工商银行的员工？我们也很紧张，了解后没有工商银行的员工受伤，我们才放心了一点。同时我们也非常关注这个建设项目的整个手续，比如说立项、审批、招投标，手续是否完备，经过核查，看来都是完备的。可以设想一下，如果这里面有哪个环节我们有问题，最后导致施工有问题，那后果是很严重的。建筑质量的问题大家容易理解，我就不多说了。我想重点说说网点建设布局的质量、功能的质量、产能的质量、服务的质量。

一是布局质量，因为无论是新建，还是启用牌照，还是优化、搬迁，都存在一个网点设在哪里的问题，这就涉及机构的网络布局。刚才晓鹏行长提到“要突出重点，不撒胡椒面”，这个说法是对的。大方向上很清楚，就是要突出重点城市、重点县域，突出重点城市里的重点区域。至于什么是重点区域，实际上总行的机构网络布局优化项目为解决这个问题提供了一定的分析方法和工具。当然，这个分析方法和工具的科学性到底有多强，还有待实践的进一步检验，但毕竟已经有了一套成型的方法和工具，希望各行能够认真地按照这个方法和工具去进行选址定点的分析，真正做到“选好点”。同时，一定要注意，新建网点中的60%，也就是多数，要投放到重点县域。要看到城镇化建设是中国经济可持续增长的一个重要引擎，并将成为下一步社会发展、经济发展的重要拉动力，因此我们有必要到一些重点县域去铺设网点。所谓重点县域，分为两个层次，一个层次是30个最重点的县城，另一个层次是董事长提出的100－200家的范围。在全国2 000多个县里面，如果我们的业务能够在其中的200家重点县域中名列前茅，那么不仅是这些县域，全行的核心竞争力也将会有一个明显的提升。因此，选好点、定好位，是保证渠道优化建设工作布局质量的一个重要要求。

二是网点建设和渠道优化要讲求功能质量。所谓功能质量，是指不论是新建、启用牌照还是迁址的，都要尽可能根据客户需要做到综合化，尽可能开通个人外汇业务。我们总说，结售汇业务是我行的一块短板，能够办理这项业务的网点少，肯定会制约业务发展。另外，还要注意一点，究竟哪些地方适合建设自助银行，哪些适合建设物理网点；哪些地方适合建成财富管理中心、贵宾理财中心，哪些地方适合建成一般的理财网点，甚至是金融便利店，这些都要根据当地的情况，实事求是地、科学地论证分析后再作出决定。不能简单地认为，新建网点装修得越漂亮、投入越多，质量就越好。要根据实际需要，根据它的位置、它的界面，根据当地的客户结构来考虑这个问题。简单地把全部网点都建成中高端网点，可能不见得合适，但是我们投入这么大，全部建成100平方米、200平方米的金融便利店，这也不符合我们的要求。所以，功能的质量一定要有保证。刚才晓鹏行长之所以提到“一把手”要重视，就是因为这些问题要在全局上通盘考虑，不是简单地哪个支行、哪个二级分行说了就算的，特别要注意不能受到当地政府或者有关房地产企业的影响，我们自身要有全面的安排。

三是产能质量，也就是要注意投入产出的问题。在20世纪八九十年代，我们就讲建设一个网点要进行量本利分析，也就是要进行投入产出的比例分析。现在我们有个初步的统计，去年新建的网点中，开业半年以上的，网均储蓄在9 600万元左右，网均客户有5 000多户。新开业两个月以上的，网均存款大约是3 800万元，网均客户有2 100多户。这个势头似乎还是可以的，我们前期投入这么多，网点开业之后，一定要尽快立足于这些新的网点，抓紧市场的开拓，抓紧客户关系的建立，争取早日投产、早日见效。人力资源部和个人金融业务部做了一个初步的测算，如果去年900家新建和启用待用证照的网点开业一年后，仅拉动储蓄存款就可以达到800亿－900亿元。我希望这个目标任务能够早日实现。我们决定在三年的渠道优化建设上投入这么多确实不容易。现在既然已经投入了，就要尽快地让它见效。

第三，就是服务质量要上去。无论是网点装修，还是设备配置和ATM安装，实际上短则几月，长则一年，就应该可以完成的。但是一个网点投入运营以后，服务质量的提升、内部管理水平的提升，不是一天、两天，三个月、五个月的问题。因此，网点建成之后，首先就是要选配好负责人，选配好大堂经理，要对调过去的、对新吸收的员工进行必要的培训。只有这样，才能把我们的服务质量抓上去。否则装得越漂亮，客户的意见就会越大。这两年，我们一直在抓服务质量的提升工作。但是我们一些老的网点场地比较局促，各方面的装修也比较陈旧，给客户的体验不是很好，员工工作的环境也不是很好，这在一定意义上影响了我们的服务质量，影响了我们的市场形象。那么新建的网点、建设得越漂亮的网点就越要走在全行改进服务工作、提升服务水平的前列，因为我们有这个条件了。不能让人们说这些网点装修得倒是挺漂亮，但服务不怎么样。

这是我想讲的第二点意见，就是说不仅要注重机构网点的建设数量，还要注重质量，包括建筑质量、布局质量、功能质量、产能质量和服务质量。

同志们，今天我主要就讲这两点意见。总之，各行、各个部门、各个专业，都要重视渠道优化建设工作。要抓住机遇，抓紧时间，保质保量地完成总行既定的三年渠道建设优化工作任务，为工商银行的长远发展奠定一个更好的基础。

在中国工商银行纪检监察工作会议上的讲话

杨凯生

（2012年2月8日·根据录音整理）

我们这次纪检监察工作会议是在第十七届中央纪委第七次全会和全行2012年工作会议之后不久召开的。这次会议对于及时传达贯彻中央以及中央纪委反腐倡廉的重大决策部署，深入推进全行党风廉政建设和案防工作，更好地使我行党风廉政建设工作服务和保障全行转型发展目标的顺利实现，都具有十分重要的意义。总行党委对这次会议非常重视，会议之前专门召开会议，对建清书记的讲话和立宪同志的工作报告进行了认真研究。刚才，立宪同志对今年全行党风廉政建设和案件防查工作进行了全面部署，建清书记作了一个很重要的讲话。建清书记在讲话中充分肯定了我行去年党风廉政建设、反腐倡廉工作所取得的成效，指出了今年这方面的工作重点，并且提出了具体的要求，特别是强调了保持全行党的纯洁性的重要性和必要性，从思想、队伍、作风、廉洁、纪律等几个方面都提出了具体要求，对全行监察部门也提出了希望。在此之前，立宪书记也对今年纪检监察工作作了全面的安排，我都赞成，希望各单位结合今年全行工作会议精神一起抓好落实。

下面我再强调两点：一是关于始终保持党的纯洁性的问题。这是胡锦涛总书记在今年中纪委全体会议上讲话的一个重要内容，我们要认真地学习和落实。建清书记刚才讲话中已经就我行保持党的纯洁性，建设纯洁、团结、有战斗力的党员干部队伍提出了要求。各级党委要充分认识到保持工商银行党的纯洁性的重要性，具体地讲，就是我们要始终高度重视并切实保证工商银行从上到下思想的纯洁、作风的纯洁和组织的纯洁。这是我们工商银行可持续发展，实现长远发展目标的一个基本保证。二是关于抓好案防工作的问题。这些年来，经过全行上下的努力，我行的案防工作取得了比较明显的成效，发案率等案防指标在金融系统保持着先进水平。但是我们要看到当前案防工作面临的新情况和问题，从外部环境上来看，现在社会针对银行业的金融诈骗案件，甚至是暴力犯罪案件呈现多发势头，各类案件智能化、集团化、大额化的趋势十分明显，最近一个时期有关部门也不断地向我们通报有关情况，所以要切实引起高度重视。从内部情况来说，随着我行金融创新和集团化建设步伐的加快，各类风险的复杂性和差异性增强了，全行落实依法合规经营的要求比过去更高了，这方面我们还有大量的工作需要加强和落实。这些年来，随着我行业务的快速发展，尤其是前两年，在实施适度宽松货币政策的过程中，有关部门、监管机构，包括总行都出台了一些阶段性的政策措施。我们在这个问题上需要注意两点：一是这些政策措施的阶段性特征很明显，随着经济发展方式加快转变，随着货币政策回归常态，监管机构对有些政策、规定、措施已经并且不断地在进行调整，我们对此要有敏感性，要不断增强依法合规经营的自觉性。二是无论经营环境如何变化，商业银行经营管理的基本原则，比如讲风险、讲效益、讲诚信、讲严谨是不能变的，外部经营环境越是复杂多变，越是具有不确定性，我们思想上就越要保持冷静和清醒，做到内部管理不能松、纪律不能松，工商银行长期形成的稳健、正派的经营作风和管理文化不能变。这关系到工商银行的长远发展，各部门、各分行对此务必高度重视。

会议之后希望各单位、各部门认真学习贯彻好会议精神，传达好建清书记的讲话和立宪同志的报告，认真结合本单位实际，采取有力措施抓好会议精神的落实。

在金融市场部工作调研会议上的讲话

杨凯生

（2012 年 2 月 16 日·根据录音整理）

听了金融市场部的工作汇报，感觉金融市场部在过去一年或者说过去几年里，工作努力，业绩有提高，水平有提高，应该充分肯定。这里我着重谈几个具体问题。

第一，关于债券投资结构问题。在很长一段时间内，债券投资是金融市场业务收入的重要来源。这当中有几个问题需要研究，最重要的就是持有到期和可供出售这两种债券的结构问题，人民币债券投资近几年似乎没有主动调整过结构。当然调整结构要受到一定限制，比如按规定需要经过一定程序，还有一定比例的限额，但这个限额并没有什么法规要求。如果把这两条道路打通，研究清楚这两种产品结构调整的内涵，明白什么时候做有利、什么时候必须要做，将是一件很有意义的事情。

第二，关于债券投资规模问题。金融市场部在汇报中建议能够保持债券投资规模稳步增长。我认为，在目前工商银行总体收入结构下，今年的贷款规模计划基本上还是要保证，否则会出现问题，实体经济运行的压力会更大。要在保证贷款规模实现计划的情况下，保持债券投资规模稳定地增长。只要能赚钱，债券投资能做的还是要做，这当中也包括必要的融资业务。金融市场部要从利率、资本占用等方面算算账，具体情况具体分析。同时还要考虑流动性风险，虽然债券是高流动性资产，但也并不是想变现就能马上变现，不能变现就会出问题，因此还要想办法解决流动性问题。

第三，关于主承销业务问题。现在我们承销份额达 18.49%，市场占比第一，业务收入 9.42 亿元。希望相关部门进一步对承销额和收入之间的比例做个研究，分析市场上同业是什么水平，我们是什么水平。我们承销了那么多份额，业务收入和承销额的比例在同业中是不是保持在较好的水平。这不仅是金融市场部的事，营销部门也经常写签报要求对重要客户减免费率，对这个问题要深入研究，准确把握。

第四，关于外汇债券投资业务问题。从去年开始，我们的外汇债券投资管理水平有了明显提高，突出标志是实施了统一投资策略，这包括若干方面的内容，已经落实在名单制上了，接下来还要把这项措施进一步具体化并落实下去。境外机构有时候在外币债券投资上可能遇到问题，但这项投资并不一定是错的，因为市场瞬息万变，出现风险是正常的。但是把投资策略统一起来是有好处的。我认为不仅是投资策略，包括减持策略也要统一，因为海外机构减持的想法和总行有时是存在差异的。作为具体经营机构，肯定要考虑当期利润、当期亏损压力，而且他们对当地市场情况的掌握有时候比我们在北京要更准确。但最终要把总行和海外机构的意见统一起来，总行定下来以后，该减持就要下决心减持，这个策略的统一也十分必要。

第五，关于风险管理问题。对金融市场业务来说，投资风险、交易风险，包括交易对手信用风险，都是存在的。我们曾经投资的 Subprime 和 Jumbo 等产品，包括一些债券有浮亏，我们从来不会因为这个原因批评部门。但需要强调的是，金融市场业务不能容忍的是操作风险，因为金融市场业务操作风险要比其他业务操作风险带来的后果更严重，性质更恶劣。操作风险管理上，严禁越权，严禁超限额。说到底就是绝对不能出现类似瑞银、巴林银行的乌龙事件，除了要防范道德败坏的人以外，包括操作人员精神出现问题也是可能存在的，必须严加防范。就好像核电站里的关键按钮，只有两个人同时按下去才会起作用，就是为了防止一个人精神恍惚引发灾难。所以风险控制绝对不能出问题，否则整个工商银行的形象就会毁于一旦，股改多年来积累的声誉就会化为乌有。

在全行财务会计工作会议上的讲话

杨凯生

（2012 年 3 月 2 日 · 根据录音整理）

财务会计工作很重要，也很辛苦，去年一年在制订经营计划、配置财务资源、组织绩效考核、推动财务目标的实现等方面做了大量的工作，取得了突出的成绩，这里我就不讲了，待会沈如军同志会做全面的总结。今天我讲的不是对全行财务会计工作的整体要求，只是主要讲一讲财务会计工作的一个方面，就是绩效考核问题，供同志们参考。

第一，要进一步完善我行的绩效考评办法。

工商银行的绩效考评办法体系自 1994 年创立至今已有十七八年的时间，其间，绩效考评办法不断调整，体系逐步完善，其科学性、合理性不断提高，在全行经营管理中发挥着越来越重要的作用，效果是好的，作用是明显的，也得到了全行上下的认可。但是，随着业务的发展、经营方式的加快转型、管理手段的进步、管理方式的细化，根据这些新的形势变化和发展要求，对原有的绩效考评办法做进一步的调整、补充、完善，既是必要的，也是有基础、有条件的。在今年年初的分行行长会上，总行下发了绩效考评办法修订草稿，广泛征求了全行的意见。前不久，我又主持召开了两个座谈会，一个是部分分行行长和财会部门负责人会议，一个是总行有关部门主要负责人会议，专题讨论了如何修改绩效考评办法以达到预期的目标和要求。

工商银行是全国商业银行中较早在全辖内推出经营绩效综合考评的银行。1994 年，当时我在总行规划信息部（总行考评办）时，起草了工商银行第一个综合性的业绩考核办法《中国工商银行分行经营管理综合考核办法》，并在 1995 年初的全行分行长会议上做了介绍。此前我行的考核主要采取专业计划考核方式，考核计分方法主要为简单的算术平均，无法体现标准差和平均值的形成过程，是比较肤浅、原始的考核办法，其评价的科学性和公正性受到限制。综合考核办法第一次将标准差、加权平均值概念引入考核体系，强调平均值的形成过程，建立了工行第一套经营管理综合考评体系。此后，随着全行经营模式和增长方式的转变，以及不同时期经营重心的变化，管理的不断深化，工行绩效考评体系也随之不断调整完善，有效推动了各个时期的经营发展和全行经营战略的实施。

特别是，2005 年我行股份制改造完成与上市后，我行进入转变经营模式和增长方式，不断完善公司治理机制的新阶段。为适应这一历史性转变，我行对经营绩效考评体系进行了重大改革，搭建了新的框架：

一是适应股份制改造需要，引入了经济资本和经济增加值的概念，并初步建立了 EVA 评价方法，引导全行强化了资本约束观念。以前，资本充足率的概念并不突出。在加入 WTO 之前，中国的市场相对封闭，金融市场开放程度不高。无论是我们自己还是海外评级机构都不清楚我们的资本充足率是多少。我行上市后成为一个公众公司，尤其是一个在境内外市场同时上市的公众公司，就必须接受资本约束，考虑资本回报。因此，我们在考核办法中突出了经济资本、经济增加值的概念后，收到很好的效果。全行上下对经济资本、EVA、RAROC 的概念，对账面资本和经济资本的关系，账面资本、经济资本和监管资本的关系，都有了一个清晰的认识。

二是股改上市以来，我们意识到，中国的银行业要加快自身的转型，完全依靠传统的存贷利差来维持经营发展的路子会越走越窄。为适应全行战略转型需要，我们不断增设和调整业务结构优化指标，引导全行上下加快资产结构和盈利结构调整，转变我们的增长模式和发展方式。这完全符合“十二五”期间，以经济发展方式转变为主线的基本要求。

三是为适应银监会对国有商业银行新的监管标准，进一步调整充实风险和内控等指标体系，满足监管要求。2008 年，为落实全行提升核心竞争力的发展战略，又将中间业务收入排名等同业占比指标引入考评体系，引导分行重视主要业务的市场份额和同业排位，保持并不断提高市场竞争优势。至此，我行逐步确立了以《境内分行经营绩效和业务发展考评办法》为统领，涵盖风险管理评价、内控评价办法及多项专业专项考核办法，以价值创造为核心、以核心竞争力提升为导向的全方位绩效考评体系。

总而言之，经过这么多年的发展，我们建立了一个相对比较完善的绩效考评体系，在全行经营管理中发挥了重要作用，有了一个比较好的基础。但随着业务的不断发展、规模的不断扩大、经营转型和监管要求的不断变化，考评体系必须坚持与时俱进的要求，有必要也有可能将考评办法修改、调整得更加完善、科学和合理。由于处于经济加快转型和金融市场不断发育的阶段，我行很难建立起一套稳定不变的考核办法，长期适用于各个时段。每年我们都必须在保持相对稳定的前提下，根据经营重点的调整，对绩效考评办法进行微调。等到中国的金融市场相对成熟稳定时，我行的绩效考评办法也许就可以保持相对稳定了。

第二，绩效考评体系的完善要体现科学发展的要求，努力做到统筹兼顾，综合平衡。

要避免顾此失彼，避免导致经营管理中的短期行为，这点非常重要。要按照科学发展观的基本要求，统筹兼顾。不能搞片面性，不能搞形而上学。不能忽左忽右、忽高忽低，使分行莫衷一是，导致全行上下产生短期化的经营行为。

多年来，我行考核体系不断完善、取得实效的重要经验，其核心就是坚持落实科学发展观的要求，特别是在考评办法的完善中坚持了以下两个原则：

一是综合平衡的原则。银行的经营发展目标是多元的，考核指标体系必须统筹兼顾、综合平衡，也就是要贯彻科学发展观的要求。体现在指标体系设置上，要遵循“多元平衡”理念，努力体现经营效益与风险防范、风险补偿的平衡。在讲市场竞争和竞争力提升时，要考虑自身管理水平与内控能力、监管要求的平衡。讲当期业绩时，要考虑短期业绩与长期发展、收益质量的平衡。多元目标和综合平衡要求我们必须注意兼顾各方面关系，这就带来指标体系相对复杂，指标繁多，因为用一两个指标是难以兼顾和体现各方面要求的。这从正面说，我行的指标体系设计得比较细致具体，从负面说是指标比较冗杂，使执行中存在一定难度。我们也感到甚至有的指标之间是相互影响和矛盾的。但有矛盾似乎也恰好说明是为了统筹兼顾，防止往某一个方向偏得太远。这是企业管理中必须注意的方法。

二是坚持以风险调整后收益提升为中心的经营导向。无论是经济增加值，还是RAROC的概念，都是讲风险和收益的平衡。我们不能放弃收益的持续增长这一基本的经营导向。不管外界有什么样的看法，如何质疑银行业的利润和收费问题。我们不能因为这些看法和质疑，而影响了银行发展长远的、根本的要求。关键在于我们应该把这些工作做好。比如，不合理的收费，该禁止的要坚决禁止，该纠正的要认真纠正。同时，合理的收费，应该收的费必须要收上来。贷款的风险定价能力必须有所提高。不是说一讲中间业务考核就什么费都可以收，一讲规范经营、禁止乱收费，就什么费都不收，这都是片面的，形而上学的。我们必须坚持以风险调整后收益能力的持续提升为中心，来确立正确的经营导向。其中主要体现在，坚持强化经济资本、EVA的应用，统筹风险收益，避免短期行为；强化全面风险管理，加强内部控制（如果内部控制方面有问题，就一定要直接影响绩效考评结果才行），要以此来严格规范各级行经营行为；要强化竞争力提升，不断优化结构，坚持可持续发展的指导思想。现在各家银行都有考核办法，一些小型银行的考核力度还比较大，但不一定有利于自身的可持续发展。工商银行一定要统筹国际、国内，对公、对私，表内、表外业务的协调发展，突出全面、可持续发展的理念。

从专业的角度考虑，有的同志会觉得自己这个专业的考核力度还不够。一些专业条线的同志，总希望本专业经营管理的指标应该体现得更突出一点，权重更大一点，这些想法可以理解。但是，我们要体现风险调整后收益的可持续提升经营导向，就难以完全满足各条线、各方面的一些要求和想法。今天和大家谈一谈修改绩效考核办法的两个原则，主要是希望大家能够理解、接受、支持绩效考核办法。

2012年新办法指标体系将由“绩效与风险”、“经营转型与业务发展”、“业务协调发展”三部分构成。“绩效与风险”包括风险效益效率、风险内控评价两类指标，其中“风险效益效率”类指标包括RAROC、人均EVA等指标，权重占430分，突出以风险调整后收益为中心的经营导向；“风险内控评价”权重440分，贯彻落实全面风险管理与内部控制的要求。“经营转型与业务发展”设置收入结构优化、客户结构优化等指标，主要是引导分行推动结构调整，加快经营转型，增强可持续发展能力。客户结构优化和收入结构优化指标是相辅相成的。客户结构优化会带来收入结构优化，带来经营发展方式的转型，带来服务水平的提高等。董事长在改革发展研讨会上明确指出，要将收入结构从6:2:2调整到5:2.5:2.5，甚至是4:3:3的比例。设置这些指标的目的是引导分行推动结构调整，加快经营转型，增强可持续发展能力。例如，提高电子银行业务收入、柜面业务的替代率、优质客户的占比等。其中有的地方考虑得比较细致，如关于网银客户的发展，公司网银客户和个人网银客户的工作量、需要投入的成本、可能带来的收益、对各项业务综合发展的拉动能力都是不一样的，这次根据大家的意见加以了适当的区分。

“业务协调发展”类指标包括各专业的专项考核，其中服务质量专项考核权重22分。这类指标给了各专业部门一定的发言权，提升了各专业部门管理上的权威性，主要是支持各专业管理部门加大推动本专业工作的力度。另外，由于专业很多，而总分是有限的，各专业部门都反映专业分不够。但我们不能再把风险收益类指标和经营转型与业务发展的指标降下来，来增加有关专业考核的权重。有的专业部门将专业分设置了500分、1 000分，最后折算到财务会计的指标里，也只有几分或几十分，这也是一种过渡性的办法和综合平衡的要求。希望各专业用好这些分数。要强调的是，专业考核办法的导向必须和总行绩效考核办法的总体导向一致。例如，业务结构优化，就是要鼓励有些业务发展得快一点，有些业务控制一下。而从专业的角度看，可能不愿意受到这种控制，更希望自己业务发展得快一点。不管如何调整与完善指标体系，都要体现和落实总行的经营指导思想，注意符合监管的要求。

因此，从指标和权重分布上看，总行在考评办法的指标设置中，注重了综合平衡、统筹兼顾和协调可持续发展的要求，着力引导分行稳健经营。比如，考虑了银监会的要求，合规与风险类指标的权重设置高于其他类指标。这一点分行也要注意。对于监管部门的意见，有明确要求的必须在考核办法中体现，不能出现违背。再比如，监管部门很反感存款时点数指标，认为这是导致银行经营情况大起大落的一个因素。在存款同业占比考核上，我们就作了必要的完善，同时强调考核日均和月均口径，日均口径考核每日存款的稳定程度，月均口径考核每月存款的均衡程度。在注重日均数的情况下，兼顾月均数。这就避免了简单的考核时点数，更强调存款业务的均衡发展。在存款指标中，还剔除了国有大型银行和股份制银行在我行的短期同业定期存款，主要的目的是引导分行下功夫夯实存款工作的基础，推动存款业务稳健发展。再比如，充分听取分行意见，这次将考核指标增长率与系统内贡献比重由3:7调整为4:6，目的是在体现贡献的同时进一步体现鼓励进步。这里也涉及一个平衡的问题。基数小的分行希望突出增长指标，基数大的分行希望强调系统内贡献指标。如果淡化基数的概念，主要突出增长率，但是在全行总量占比不高，可能捡了芝麻丢了西瓜；如果一味强调贡献度指标，就是突出了基数，也不利于全行区域间的综合平衡。有的行原来的基数比较差，现在处于高速发展阶段，需要鼓励调动其抓业务的积极性。今年考核指标增长率与系统内贡献比重由3:7调整为4:6，也是为回应不少分行提出的差异化考核需求，考虑分行工作基础、区域发展的不平衡。在进一步突出东北老工业基地振兴，西部大开发、中部崛起的同时还要考虑东部地区分行率先带动工商银行经营转型的要求，不能顾此失彼。实际上，我们也适当提高了环境调节系数，以更好地体现经营环境差异和分行努力程度。还加大了对分行进步的费用奖励力度。东北地区、西部地区、欠发达地区的同志在向地方政府汇报工作的时候，也可以汇报一下这些因素，全面地宣传我行的增长率与贡献度指标、环境调节系数等情况。我们要兼顾大行贡献与小行进步的关系，进一步拓宽视野，站在全行的高度，站在One Bank的高度，以更广阔的胸怀、更建设性的态度理解和对待考核办法。总而言之，总行的办法是注意了综合平衡的，统筹考虑了各方面的意见，各行要全面、辩证地领会总行办法精神。

第三，正确认识和有效发挥绩效考评办法的作用。

考评体系是引领业务发展的“指挥棒”，但是绩效考评替代不了全面管理工作。考评体系是引领业务发展的“指挥棒”，可以有效地调动积极性，有效地引导分行合理配置资源，朝着既定的方向发展。但是，也必须承认考核办法的作用是有限的，不能寄希望于以考核办法取代全面管理工作。考核办法设置的科学性、合理性也是相对的，没有完美无缺的考核办法能让各分行、各部门都满意。因为这涉及综合平衡、相互制约和协调。作为一个企业、一个银行，尤其是我们这样的超大型银行，思想政治工作、经营管理工作一刻也不能放松。不能简单地认为，下发考核办法后，经营管理就万事大吉了。这不仅高估了考核办法的作用，更重要的是弱化和放弃了自身的管理。不管是抓班子建设、加强内部管理，还是增强市场竞争能力、加强企业客户关系的维护公关工作、做好当地党政领导的沟通汇报、加强和监管部门的联系沟通等一系列的工作，许许多多的工作是无法反映到考核办法中去的，也无法用一个简单的考核办法来全面取代。历史的经验证明，搞平均主义、吃大锅饭会把企业引入歧途。但是，以为有了一个综合考核办法，就不需要做思想工作了，这就是把企业管理想得太简单了。考核办法只是我们众多的管理手段的一项。组织考核办法的落实也只是我们众多的管理工作的一项内容，而不是管理工作的全部。

考评结果的公平性是相对的，关键还在于按照考核导向把业务抓上去。考评结果让所有人满意是不现实的。只要有考评，就会有排在前面的和排在后面的，就会有人不满意，就会有人认为考评办法不合理。各家行的经营基础、信贷规模和经营效益等都存在较大差异，这种差异是客观存在的。经营效益好、经营效率高的分行考核结果会排在前面，这与历史形成的经营规模、所处的经济环境有很大的关系，但也并不绝对。对这个问题，第一，下一步我们仍然会不断完善考核办法，一旦发现不合理的地方，我们就要抓紧调整和修改。第二，目前的考评办法的考评指向是经营效率、经营效能和市场竞争力，即使规模小，只要效率高、竞争力强，仍然有机会排在前面。比如海南分行，其资源禀赋和项目储备不是很丰富，规模也有限，其贡献度在全行按EVA大小排序只在27位，不算大，但是其综合绩效考核排名为第7位。说明我们的考核办法既突出了效益和贡献，又强调了风险管理、内部控制和各项业务的综合发展与综合平衡。也许，有一些利润大行感觉不好。但是，你在经济增加值和净利润上占了很多优势，如果能再搞好其他工作，理所当然可以排到更前面。有的规模大行，由于某些原因，经营效率或者市场竞争力相对低，排名就会相对靠后一些（如××行按EVA大小排序在16位、17位，而其考核排名为第27位、28位，因为其他指标拉了后腿）。从人均指标的差距看，比如目前人均EVA最高的107万元，最低的8万元，相差13倍多，而二者的考核得分仅相差3倍多，这说明考核办法本身已经控制了指标的得分差距，一定程度上体现了对于这类行的照顾。而且从工资分配上也体现了对其的倾斜，人均工资差距远低于人均EVA、人均净利润的差距。因此规模大小、基数高低不是唯一和根本的问题，经营效益、经营效率、竞争力才是关键。规模大的行不要只强调贡献，规模小的行也不要仅强调进步，而是要紧紧围绕经营效率、效益、市场竞争力，把各项业务发展上去，自然会取得排名的提升和更好的资源配置结果。

有的分行提出，希望对每个分行设定一套差异化考核指标，这就还原成仅看计划完成情况了。考核一刀切的办法不行，得留一些缺口，但如果全是缺口，那就变成一把锯了，不是我们想要的结果。所以，境内分行不适宜搞所谓的差别考核办法。只要大家充分认识到建立这套考核办法的重要性和必要性，承认其相对合理性，大家在这套办法的指引下，都努力把各项工作做得更好，业务发展得更快，风险管控得更有效，效益提升得更明显，我们的目的就达到了。至于具体的考核办法，可以按照“立足当前，着眼长远”的指导思想，不断地完善、修改。

要突出发挥好MOVA在绩效考核和经营管理的重要作用。这套绩效考核办法不是脱离MOVA体系凭空生成的。2011年，MOVA的推广应用取得重要进展，全行上下紧密协作，高效联动，取得了显著成效。全行27万用户登录使用MOVA，累计访问超过2 300万次。目前日均访问近30万次，在考核评价、资源配置、营销组织和经营分析等领域正在发挥越来越重要的作用，这说明MOVA是一个很好的系统。我们应该将MOVA的推广应用和绩效考核办法的调整完善工作结合起来，加大MOVA推广应用的深度和广度。总行近期将加快停止各项数据返传的步伐，引导或“倒逼”大家从MOVA系统中采集和分析经营数据。不能再简单地采用数据返传的办法了，那样太浪费资源，占用系统。同时，境外机构、附属机构MOVA的推广应用工作也要加快，真正地让MOVA、FOVA、NOVA系统有机地融合成为一体，成为工商银行的三大管理系统。

今天，我主要讲了绩效考核办法。财务管理工作是一项全面的管理工作，绩效考核工作只是财务管理工作的一个重要内容，我突出讲了这个内容。其他的全面工作，一会儿由沈如军同志讲一讲。这里，我再讲一下规范我行经营收费的问题。董事长专门给党委和高管层写了一封长信，内容是关于进一步健全工商银行消费者权益保护机制的几点建议。董事长把手续费佣金收入、收费管理和其他服务工作等方面综合起来，并提高到了工商银行的社会责任问题和健全消费者权益保护机制的高度。总行下一步将考虑成立一个专门的机构来推动这项工作。总的意思是，我们不认为目前对银行收费工作的质疑是一个阶段性的问题。今后，一方面，社会和国民经济的发展对银行的要求会越来越高；另一方面，银行又会不断地被置于社会公众、客户、监管部门、媒体的监督之下，这将成为一种常态。我们承受的这种压力不会很快减轻或消失。要改变目前的状况，关键在于我们要把自身的工作做得更规范、更加合理，更经得起检查。总行将成立一个消费者权益保护工作小组，暂时挂靠在财务会计部，由沈如军同志担任主任，从各专业部门选调10多名副处级以上得力干部集中精力抓好这项工作。这和健全考核机制也是相关的。大家拿到的考核办法好像对中间业务收入的考核力度小了一些，但不能简单地这样看，不同的阶段有不同的工作重点，总行不断根据自身发展和经营转型的要求，同时也是顺应监管部门的需要，调整考核办法，希望大家能够把工作做得更好。

进一步发挥内控合规部门在规范全行经营管理中的作用

——在中国工商银行内控合规高级管理人员培训班上的讲话

杨凯生

（2012年3月14日・根据录音整理）

同志们，今天很高兴来到内控合规高级培训班上和大家见面。本来准备明天上午来做一个比较系统的讲话，但是因为其他会议和安排的原因，就只能今天先来看看大家，简单讲一点想法，供大家思考。这两年罗行长对全行的内控合规工作抓得比较具体、比较细致，一会儿他将对近几年内控合规工作的探索做总结，对未来一段时期内的内控合规工作的方向和任务进行详细讲解和安排，请大家认真抓好落实。

近年来，我行的内控合规管理工作确实取得了长足进步，在全行的经营管理中发挥着越来越重要的作用。比如，我们通过两个“内控三年规划”的制定和落实，逐步健全和完善了工商银行的内控合规工作体系；通过连续多年开展内控评价与合规检查，特别是通过去年以来开展运营风险事件核查，内控合规工作更加有机地融合到了全行经营管理的运作中；通过对各项业务规章制度制定过程的参与，特别是这几年《业务操作指南》的制定，提高了工商银行各项制度的可操作性、可执行性和可检查性；通过反洗钱工作的加强，使我行的内控合规工作进一步顺应了全球内控合规工作发展的潮流，使中国银行业的内控合规工作进一步和全球银行业的内控合规工作接轨；通过操作风险高级计量法工作的落实，不仅奠定了工商银行全面实施巴塞尔委员会新的资本协议和满足银监会关于资本管理新要求的基础，更重要的是为我们加强内部管理、防止各种操作风险事件的发生创造了良好的条件。这几年的内控合规工作取得的成绩与同志们的努力是分不开的，你们已经并将继续在全行的经营管理中发挥越来越重要的作用。我想工商银行今天能成为市值第一、利润第一、存款第一的大银行，在国际和国内市场上都具有了重要的影响，这和整个内控合规工作的不断深化、内控合规水平的不断提高、内控合规工作作用的不断加强是分不开的。

下面，我想重点讲一个问题，就是下一步为什么还要继续加强内控合规工作。董事长最近一直讲我们能不能把工商银行办成一个将来任何部门、任何人来检查都检查不出问题的银行。我们首先要考虑董事长为什么提这个要求，其次再思考要真正做到这一点，内控合规工作要扮演什么样的角色，发挥什么样的作用。

首先来回答第一个问题。通过这次金融危机对西方金融体制、经济运行体制，包括政治体制的冲击，可以促使我们思考许多问题。中国是一个正处于转型阶段的发展中国家，经济运行当中不协调、不平衡、不可持续的问题还很多，在今年的中央经济工作会议和全国金融工作会议上，包括今年“两会”的政府工作报告里都提到了这个问题。同时，我们的社会生活也正处于一个各种矛盾纷繁复杂的转型阶段，在这个过程中，对于在社会生活和经济生活中扮演了十分重要角色的银行而言，理所当然地会成为大家非常关注的对象。例如，最近一段时间，社会上对银行的利润增长是不是正常、是不是暴利，对银行的收费是不是合理、是不是乱收费，对银行的运作是不是规范、是不是存在许多违规问题，对银行的资金是不是真正地投向了实体经济、有没有尽自己的力量支持小微企业的发展等很多问题都有不少质疑。这些问题之所以会这么集中和突出，我觉得在一定意义上是我们整个经济社会转型期间许多矛盾的一个集中反映，是各种现象综合折射到了银行身上。在这种情况下，我们唯一要做的就是把自身的工作做得更好。我理解董事长之所以提这个要求，就是要我们把这看做今后相当长一段时间里的常态，也就是说在今后很长一段时间里，银行将会处于社会公众、媒体、政府有关部门、监管机构更严格的要求之下。这对我们的工作会带来两方面的影响，一方面将促使我们更自觉地把各项工作做得更好，另一方面又要求我们要有适应这种压力的能力，要有应对这种局面的水平。我认为一家优秀的银行必须要做到：第一风险是可控的，资产质量是稳定的；第二盈利能力、资本回报是股东满意的，盈利水平是领先的、合理的；第三内部管理、控制体系是健全的、有效的，而不能是案件事故频发的。简单讲，就是如果我们的资产质量是稳定的、盈利能力是很强的、内部管理是健全的，那么无论怎么严格的要求，我们都经得起历史的检验，都对得起国家、对得起公众、对得起股东对我们的希望和要求。那么无论我们处于“道德的洼地”或是其他什么样的环境，也都有能力来顺利地解决这些问题。对此，我们应当认真地思考内控合规工作今后应该怎么深入地开展，内控合规部门应该怎么继续发挥好作用，内控合规体系应该怎么进一步健全和完善。我觉得有一条应该引起银行特别是大银行的注意，即凡事一定要按规矩做事，凡事都要讲依法合规。首先要做到规章制度是可执行的，规章制度的内容和要求是符合市场运作规律、符合市场化改革趋向的；其次执行过程不能走样、要严谨认真。在这个过程中，要求内控合规部门一定要负起应有的责任，发挥应有的作用。

一是要保证我们的制度、办法、规定是合理的、可执行的。首先是工商银行系统内部的规章制度，包括总行层面和分行层面制定的各种规章制度应达到合理性、科学性、可执行性和可检查性的标准。制定规章制度一定要避免一些不具约束力的原则性号召、道义性要求。规章制度应该是具体的，应该怎么样、不能怎么样、禁止怎么样，要说得很清楚。制度不应该似是而非，不应该有多种解释和多种理解，制度的内容应该是清晰的、要求是明确的。内控合规部门在实现这个目标，在完善规章制度的过程中要提出自己的意见，要在评价这个制度是否利于执行、是否符合监管要求等方面发挥更多的作用。现在，我们有些制度制定的出发点，只是为了规避制度制定者的责任。这个指导思想是错误的。这不仅仅是工作方法问题，而是领导部门、领导机关的思想作风问题。我认为总行要带头端正思想。严格管理是对的，该做到的必须做到，做不到就要追究责任，但是不要为了将来推卸责任去制定那些根本就做不到、毫无依据的制度。内控合规部门也要在这方面发挥积极的作用，要提出具有建设性、针对性的意见。如果监管部门甚至是更高部门制定的制度也存在上述问题，我想内控合规部门也要积极地向有关部门反映执行过程中发现的问题，提出我们的建议和希望。因为监管部门和我们的目标都是一致的，都想把中国的金融业办好，都想保证金融体系的稳健运营，保证中国经济的可持续发展。

二是要认真落实各项规章制度。说到落实制度，多年来我们有的同志养成了一个不好的习惯，一看到规章制度，凡不太合自己想法的，马上就想到要怎么绕圈子、怎么样变通一下，坦率地讲，中国传统文化中的变通太多了。我经常举一个例子，九十年代，有一次在法国，抽空去凡尔赛宫参观，一行共八个人。中国人习惯一个人排队，其他七个人在外面抽烟、聊天。排队的人排了二十多分钟排到了，说买八张门票，但售票员说买四张票以上就算团体，必须到另一个窗口去买，这里一人最多只能买四张。我们想那就再加一个人进来吧，两个人各买四张，但售票员还是不卖，认为你刚才已经说过要买八张了，只能到团体窗口买。最后，我们只能到另一个窗口再排了一次队买了八张票。这看似很死板，但却促使我们想到了执行规章制度的严谨性。如果变通太多，执行者总在那里随意地解释规章制度，规章制度的严肃性就不存在了。因此，我觉得我们必须要自觉地执行规章制度，一切按规矩办，要加强严肃性。当然，有时也存在制度还不尽合理的情况，那又怎么办呢？这实际上就需要内控合规部门和市场营销部门、业务管理部门各负其责了。例如，市场营销部门想这么去做，而内控合规部门把关后认为不能这么做，这里就会有碰撞、有制衡。这种制衡的结果也许有时偏这边一点，也许有时偏那边一点，但总体上保证了我们经营运作的方向基本不出太大的偏差。我认为不仅这种冲撞、这种矛盾、这种相互的制衡是自然存在的，在一定意义上说，这种存在是有它积极意义的。因此，在这个过程中市场营销部门、业务管理部门和内控合规部门都要各司其职，这样才能保证我行的经营管理行为在一种比较合理的定位上向前发展。如果完全听从市场部门，规章制度的执行可能就放在第二位了；如果完全简单化地理解执行制度，那目前很多制度制定的科学性又值得质疑。但如果有质疑就不遵从现有的制度，那么银行就难以运作了。所以，我们一方面要不断地健全我们的制度体系，不断地反映、要求监管部门完善监管规则；但另一方面我们也一定要在内部不同部门从不同的角度来审视日常的经营管理行为，最终达到一种比较合理的平衡。在这个过程中，需要内控合规部门去做大量的工作。

总的来说，在过去的几年里，内控合规部门发挥了很重要的作用，取得了很大的成绩，那么下一步我们要按照董事长的要求，把工商银行打造成一个谁来检查都检查不出问题的银行，这就要求内控合规专业要进一步发挥好职能作用，促进全行上下都能把自己的工作做得更好，做到更经得起检查，真正把工商银行办成一家最盈利、最优秀、最受尊重的国际一流金融机构。我相信这一目标一定能够实现！

在中国工商银行中间业务收费管理工作会议上的讲话

杨凯生

（2012 年 3 月 26 日・根据录音整理）

今天这个会议主要是进一步部署全行收费的规范清理工作。具体地说，也就是部署 2012 年版《工商银行服务价目表》的颁布实施工作。具体要求易行长会做详细的安排和部署，我先讲几点意见。

第一，我们在思想上要高度重视这项工作，认真贯彻落实国务院领导同志的指示精神和央行、银监会的有关要求。商业银行经营行为的规范、整顿工作现在看来不仅仅是银行自身的问题，不仅仅是经济问题，不仅仅是企业管理问题，实际上也是一个涉及我们宏观经济运行乃至社会管理的问题。搞得不好还有可能影响到党和政府与广大人民群众的关系，影响到党群关系、干群关系，关系到金融市场秩序的稳定，关系到货币政策的传导、实施，等等。这不是一件小事，我们思想上必须高度重视，不要简单地就事论事来看待这个问题。

最近一个阶段以来，董事长和我在参加有关会议的时候不断听到领导同志的有关指示精神乃至批评，所以我们要认真地把这项工作抓好抓出成效来。今年 1 月以来，为了落实国务院领导同志的指示精神和有关监管要求，总行党委曾经先后两次召开党委扩大会议研究有关问题。对照监管部门规定的八个“规定动作”，我们作出了一系列安排，不仅认真落实了八个“规定动作”，还采取了一系列“自选动作”来配合“规定动作”的落实。目前全行上下正在按照总行有关要求有序推进中间业务收费的清理工作。月底总行将进一步向银监会，向有关部门报送工商银行在这方面的自查、整改、规范工作情况。

今天这个会议是一次再动员、再布置的会议，所以我们这次会开的规模比较大，请各行的主要负责同志、各有关部门的同志都参加了。希望大家通过今天的会议进一步加强对这项工作的重视，把有关工作进一步抓好抓实，务求收到实效，保证不走过场。

第二，要认真执行好2012年版服务收费价目表。总行经过党委（扩大）会议审议，决定颁布2012年版服务收费价目表。周五为了抓紧时间，我们下发了一个版本。周六根据所了解到的情况以及横向纵向的一些分析，我们又做了一些调整，于周日下发了一个新的版本。两天之内连续下发两个版本，一方面说明了这项工作的复杂性，另一方面也说明总行对这个问题很重视。希望各分行认真查一下，最后印的、最后公布的、确保最后执行的一定是我们第二次下发的版本。

2012年版服务价目收费表相对以前版本的调整是比较大的。在此我强调两点：一是我们要保证根据监管要求做到3月31日如期颁布如期执行新的服务收费价目表。监管部门已经明确表态，商业银行3月31日如不能颁布新的收费价目表，就意味着放弃收费业务，以后就不准再收费。既然监管部门有这个要求，那么我们务必做到在3月31日统一把最新版本的服务收费价目表印发出来放在我们工商银行所有的17 000个网点里。二是要确保2012年版服务收费价目表可执行、可操作。不仅仅是印发，后续还要落实一系列相关配套措施。比如过去有一些收费项目由参数控制，收费参数与交易行为结合在一起，只要发生交易就会按照标准收费。此次新版本调整后假如这一项调整为不收费了，该如何处理？那就需要修改系统，但是因为现在时间来不及，可以先把这个收费参数统一设置为零。对于标准调整以后确实还要收的项目，参数可能也需要做相应调整，这里面有很多配套工作要落实。再比如说凭证，我们有些凭证已经印上了具体的收费标准，但是可能和新收费版本不衔接、不一样。对于不收或者收费标准调低的情况，凭证上面如果还印有原较高标准的，我们可以细心、耐心地做一些解释；对于本来凭证上说是免费而我们这次调整为收取的情况，这样的凭证绝对不能用。当然经过我们初步了解，还没有出现凭证上明确印了免费而2012年版调整后需要收费情况。关于凭证问题下一步要抓紧处理，因为新服务价目收费表的颁布不能推迟，执行的日期不能延后。这就使得有些工作可能显得有点跟不上，但我们必须把这些问题处理好。另外，2012年版服务收费价目表颁布以后，我们就不能再搞手工收费，必须在系统里面进行收取。有些专业据说过去有在外围系统收费的情况，通过这一次规范，这些行为以后就不要再做了。只有这样，才能保证我们新的服务收费价目表能够真正地执行。

第三，宣传工作非常重要。根据监管部门统一要求，各家银行要在3月31日统一对外公布新的服务价目收费表。但正因为各家银行是同时的，也会带来一些问题。有不少有心的媒体、关心银行经营管理工作的社会公众、法律事务工作者、客户等都会来注意这些事情。他们会去比较各家银行的收费情况，谁的项目多谁的项目少，谁的哪个标准高谁的哪个标准低，原来你是收费多少项现在变成多少项了，为什么减少这么多、是不是本来收的不对，等等。所以我们一方面要认真规范自己的经营行为，另一方面也要实事求是地做好解释说明工作，做好媒体的沟通工作。

这两天我也在整理自己的思路，我觉得有些问题我们以往想得不太系统。我们经过统计2011年末工商银行全行的各类产品是3 243项，而2005年是887项。可以看出上市以来工商银行的产品数量每年都是迅速递增的，2011年比2005年增长了266%。也就是说，现在的服务项目和产品品种是2005年的3.6倍。比如说2005年的时候我们还没有真正的贵金属交易，私人银行业务也没有，理财产品和现在也不一样，等等。且不说每一项产品的规模扩大了多少，单就产品品种增加了那么多，我们的手续费佣金收入、中间业务收入增长一定意义上说也是自然的。而且工商银行总资产规模上市以来翻了一番，5年中我们一个工商银行变成两个工商银行了。在这种情况下，收费额的增长也是自然的。我觉得如果有必要的话，可以耐心细致地向有关部门、向媒体将这个情况解释清楚。

第四，我们要高度认识到这次清理规范工作的必要性。如果说以往所有的收费项目全是自然的、正常的，为什么要清理规范呢？因为我们过去有些地方确实不够规范。国务院领导同志很重视，监管部门、社会公众也有这样的要求，所以我们要清理规范。比如说，我们过去有些服务内容基本类似、服务功能大体雷同的产品，但是收费的名目总行和分行的叫法、这个分行和那个分行的叫法不一致，这就容易引起消费者、客户的质疑，引起他们的不理解。这就是我们不够规范的地方，是我们管理水平不高的地方。该一致的要一致，该明晰的就应该明晰。再比如说，像过去一些基础投行类服务项目，服务的内容不够具体，服务工作无法记载，真正的服务工作无法反映出来，也难以最后检查和核实服务的质量、水准。那么从规范的角度我们就觉得这样的费用就不要去收了。我们希望凡是收费的服务都是有具体内容的，服务工作都是有明确记载的，都是可以检查的。我再举一个例子，社会公众对于我们过去不规范的“息转费”问题反映比较多。根据现在我国中央银行关于人民币贷款利率的规定，商业银行应该在基准利率的基础上按照风险定价的原则来确定利率执行标准，但是不得擅自下浮，下浮的话要执行人民银行的统一规定。有 段时间，人民银行规定个人房贷利率可以下浮一定比例，各家银行也是不得低于人民银行限定的下浮标准的。但关于上浮中央银行没有规定，目前商业银行是有经营决策权的，我们应该按照风险定价的原则，实事求是地确定这个借款人这笔贷款的利率应该是多少。

但过去在这个问题上我们有些做法不规范，所以这次我们很重视，就是要清理规范。例如有的时候我们银行自身的经营指导思想不够端正，我们没有全面地来理解收入结构调整、经营结构转型的问题。我可以举一个例子，比如有的企业，根据RAROC计算以及企业EVA贡献程度的大小，我们算下来它的利率应该达到某一个标准。比方说利率经过计算是9，但我们为了增加非利息收入，减少利息收入在整个营业收入中的占比。我们就希望把9变成6加3，利息收入是6，其他变成3的收费。我们已经发现，有的行的财务顾问费居然有精确到分的现象，这个分怎么来的？实际上明显看出是按照利率折过去的。这就是我们对经营转型的理解不够全面。当然有些时候这个行为也是按照企业的要求而做的。企业说我承认这个9可以，但是我希望变成6加3。因为工商银行对我的定价在一定意义上是我在社会上进行其他融资的价格标准。如果把它定成9，对我在社会上再融资，包括发债，包括到其他银行进行贷款都会带来影响。企业这样一提，我们有的同志也欢迎，正好非利息收入也上去了，中间业务收入也上去了，利息收入占比也下来了。以上这些做法都是我们经营行为不够规范的表现。但是，实际上我们想一想，这并没有实际增加企业的负担，也没有实际增加银行的收入，只是人为地、不规范地调整了我们的收入结构。这种做法既不应该，也不值得。我觉得对于这样的做法我们应该纠正，应该规范。

从发现的这些问题综合考虑下来，我觉得工商银行作为一个负责任的大银行，一定要认真贯彻落实国务院领导同志的指示，认真落实监管部门的要求，认真回应媒体、社会公众的声音。本着对国家、对股东、对客户都要负责的精神，来做好这次规范清理收费的工作。一是可以消化的成本，我们努力自身消化，尽量减少客户负担。二是对过去的一些不规范做法，就如刚才我举的这些例子，我们都要去规范它，息转费不搞，按照风险定价来定；服务内容不具体的，没有办法记载的，该取消就取消；服务功能雷同，内容一样的，该归并就归并。

前期我们已经做了大量的工作，总行这次2012年版服务价目里的收费项目实行市场调节的是393项，还有16项是政府定价的，加在一起是409项，占我们现在3 243项产品总数的12.61%。今天我把这些情况和大家说一说，第一，市场对于新服务价目表高度重视，我们自己也一定要认真对待。第二，简单地和大家谈一谈我们之所以这么做的来龙去脉。我们过去不规范，不规范在哪，我们思路上要捋清楚。无论是和媒体谈，还是和政府部门交换意见的时候，我们就可以思路更清晰一些。总之这次我们是本着对国家、对股东、对客户都负责的精神来做的。

我们要通过继续抓好经营转型、深化自身改革来体现“十二五”规划提出的经营方式转变这一条主线，我觉得我们这个方针是不变的。中国银行业原有的主要依靠存贷利差收入的发展模式是不可持续的，必须要转型。同时我们网点的服务水平一定要提高，有投诉我们要及时处理，第一时间把它消化好。还有我们的内部管理要加强，不能出任何案件，不能出任何大的事故，等等。这些问题今天我就不多讲了，关于服务收费详细的情况由易行长来讲。

在2012年第1次行务会议上的讲话

杨凯生

（2012年4月10日·根据录音整理）

下面，我对一季度的经营情况进行一个简要通报，并对下一阶段需要重点关注的几项工作强调几点意见。

一、一季度主要经营情况

今年以来，面对复杂严峻的国内外经济金融环境，全行认真贯彻中央经济工作会议、全国金融工作会议和“两会”精神，落实总行2012年工作会议部署，稳中求进，开拓创新，扎实工作，各项业务总体保持了健康的发展态势，各项重点工作进展顺利。主要体现在以下几个方面：

（一）各项财务指标完成情况较好。一季度全行实现净利润××亿元，同比增加××亿元，增长××%，完成年度计划的××%。年化平均权益回报率为××%，年化平均总资产回报率为××%，分别比年初提高××个和××个百分点。3月末，全行NIM为2.64%，较上年提高3个基点，实现利息净收入989.35亿元，同比增长15.88%；实现手续费及佣金净收入285.06亿元，同比增长9.95%，占营业净收入的比重达到21.96%，较上年提高了0.38个百分点；银行卡、品牌类投行、银行类理财、养老金、国际结算等业务是一季度增收亮点，同比增长均超过20%。成本收入比为24.56%。提取拨备101.96亿元，拨备覆盖率达到276.70%，比年初提高9.78个百分点。拨贷比为2.51%，高于监管要求。

（二）信贷投放总量适度、结构合理。一季度全行人民币各项贷款较年初新增2 329亿元，同比增加214亿元，增幅为3.3%，完成年度计划的27.4%，既有效支持了实体经济发展，也较好地贯彻了稳健货币政策的要求。新增贷款中，小企业贷款增长438亿元，增量占全部公司贷款增量的26.7%，增幅是全部公司贷款增幅的2倍；项目贷款增加320亿元，同比少增214亿元，增幅1.2%；房地产贷款累放357.4亿元，余额下降104亿元，既依靠收回再贷积极支持了有还款来源的保障房建设，支持了有实力开发企业的普通商品房建设，也认真贯彻了房地产市场的宏观调控政策。个人类贷款（不含银行卡透支）增加331亿元，占全部新增贷款的14.2%，其中个人住房贷款较年初增加117亿元，在个人贷款中的增量占比为35.4%；银行卡透支较年初增加127亿元，增幅为7.1%。票据贴现业务在全行信贷运作过程和经营管理中发挥了重要作用，增加229亿元，同比多增489亿元，增幅为21%。

（三）各项新兴业务发展的基本态势良好。今年以来，全行市场竞争优势进一步得到巩固和提升，截至3月末，个人中高端客户增长77.33万户。理财产品累计发行量、余额分别达到1.15万亿元和8 580.9亿元，继续稳居同业首位。债务融资工具承销发行额市场占比为17.5%，处于市场领先地位。信用卡消费额和透支额同比分别增长38.2%和74.9%。投行业务发展呈现出一些新的特点，作为今后发展方向的收购、兼并、重组、高端财务顾问等品牌类投行业务收入为17.3亿元，同比增长45.2%，在全部投行收入中的占比达到22.2%，较上年末提升4个百分点。这对规范投行业务发展、提升投行业务发展水平具有重要意义。账户贵金属交易收入四行占比达到73.88%，保持较大的领先优势。结算与现金管理、电子银行、资产托管、养老金、私人银行等业务规模与收益均保持了稳定增长的良好态势。

（四）风险得到有效控制。全行进一步加大了潜在风险贷款退出及转化和担保圈贷款化解力度，累计清收处置不良贷款××亿元。不良贷款余额保持稳定，不良率为××%，较上年末下降××个百分点。同时，加快推进了全球统一的全面风险管理体系建设，并表管理得到加强。深化了信用风险、市场风险、操作风险量化建设，推进了新资本协议实施的达标工作。通过进一步完善资产管理业务前中后台分离，加强制度和系统建设，将其风险纳入了全行整体风险管理体系，为资产管理业务的加快发展奠定了比较好的基础。同时，有针对性地加强了重要业务环节和领域的风险检查和防控，重点抓了个别员工违规参与社会非法集资活动，违规参与社会上不法分子倒卖票据，违规贴现套现活动，内控外防工作有了新的加强。

（五）服务工作得到不断改进。以“满意在工行”为主题的活动继续深入进行，全行服务面貌持续改善。网点优化建设进度加快，自去年实施新一轮建设计划以来，新开业或完成装修待开业网点已达到822家（含新增建和待用证照启用），占已下达计划的91.3%；新建离行式自助银行开业1 621家，占已下达计划的90.1%。根据监管部门的要求和把工行办成一家受人尊重的大银行的需要，我们进一步加强了保护消费者权益的工作，对一些不规范的经营问题进行了全面的自查、清理和整改，在总行专门成立了消费者权益保护办公室，梳理规范收费项目并印发了“2012年版”服务收费价目表，经营整治工作取得了阶段性成效，消费者权益维护工作得到加强。

（六）改革创新稳步推进。确定了私人银行部、投资银行部和资产管理部利润中心改革方案。IT“1031”工程基本完成。业务流程综合改造从紧迫性问题、业务受理流程、业务处理流程、综合流程体系、网点标准化、流程管理机制建设六个方面全力推进，业务集中处理已完成34个业务大类、119个业务品种在全行1.6万余个网点的推广。MOVA在各机构、各业务条线的应用进一步扩大和深入。更加系统地推进了组织机构科学化管理工作，县支行和大中城市行竞争力改革继续深化。科技和产品创新持续推进，向市场推出了数字电视银行、企业iPhone手机银行、短信银行智能应答等一批服务新产品。

总的来看，今年一季度以来全行的经营发展态势是健康的、良好的，在国民经济运行和社会活动中发挥了积极的作用。但随着形势变化，特别是经济下行压力的增大，经营管理也出现了一些新的情况和值得注意的问题。在严峻复杂的经营环境下，全行上下要保持清醒的头脑，正确分析判断形势，重视倾听各方面对银行服务实体经济和社会公众的期望和要求，要全神贯注地、不受干扰地认真贯彻中央经济工作会议、全国金融工作会议和“两会”精神，切实落实监管部门各项监管规定，按照总行党委年初确定的工作目标和部署，牢牢把握稳中求进的总基调，扎扎实实、心无旁骛地解决好当前工作中存在的主要问题，努力把业务发展、队伍建设、内部管理的各项基础工作做扎实，不急功近利，不搞短期行为，着力推进工商银行的长期可持续发展。

二、当前经营管理中需要注意的几个问题

（一）关于存款问题。当前存款形势不容掉以轻心。截至3月末，全行各项存款（含同业）余额134 120亿元，比年初增加6 517亿元，增幅5.11%，增幅为2008年以来同期最低水平，增量为2009年以来同期最低水平。更值得重视的是，存款稳定性较差，呈现先大幅下降后逐步回升、季末冲高态势。从时点看，一季度末公司、机构存款增量及增幅均为2008年以来同期最低水平，储蓄、同业存款增量及增幅处于这几年同期中等水平。从日均看，全行各项存款一季度的日均余额比年初余额下降2 269亿元。从地区看，大部分分行是通过季末冲高实现一季度存款正增长的，绝大多数行日均存款余额比年初下降，上年末存款冲高回落的负面影响仍继续存在。从同业比较看，我行存款余额当然还是第一，但存款增量及增幅处于四大行较低水平，均低于其他三行。从波动情况看，一季度四大行均存在存款大幅波动现象，季末最后四天我行各项存款（含同业）累计增量达5 669亿元，在四大行中波动最大。4月初的情况仍不理想，四大行存款均出现回落下降，截至8日我行下降3 517亿元，农行下降2 238亿元，中行下降1 833亿元，建行下降2 850亿元，到4月8日，我行存款较年初只增加3 000亿元，增量在四大行中排在末位。

总行对当前存款增长形势作了一些分析，这其中既有外部的原因，也有我们内部的原因。从外部原因分析，一是货币政策调控带来的自然反应。2010年以来，人民银行连续12次上调法定存款准备金率，大型金融机构法定存款准备金率两年内由15.5%最高上调至21.5%。虽然2011年12月和2012年2月两次下调了存款准备金率，但下调后法定准备金率仍高达20.5%，处于历史高位。加之为防止通胀，中央银行对信贷规模的总量实施了控制，贷款增速放慢也导致存款派生能力下降。在偏紧的货币政策下，货币乘数效应会下降。测算下来，去年末货币乘数为3.79，比2010年末下降0.13。另据人民银行统计，2011年，全部金融机构人民币贷款增加7.47万亿元，同比少增3 901亿元，比2009年少增2.04万亿元；全部金融机构人民币存款增加9.63万亿元，同比少增2.29万亿元，比2009年少增3.37万亿元，可见存款少增要比贷款少增的趋势更加显著。

二是由于流动性收紧，部分银行存贷比面临监管红线，存款同业竞争加剧。根据已披露年报来看，部分股份制银行尤其是中小银行存贷比较高，截至2011年末，交行、浦发、民生、深发展、兴业、中信和招商银行的存贷比均超过70%，接近75%的监管红线。在存贷比硬约束下，各家银行对于有限存款资源的竞争力度明显加大。同时在流动性趋紧情况下，货币市场的资金收益率较高，2011年各期限Shibor均值均为历史最高水平，2012年一季度主要期限Shibor继续上行。存款和资金已成为当前最重要的盈利性资源，各行均将存款作为各项工作的重中之重，部分银行甚至采取了一些非正当手段竞争存款。

三是贷款“受托支付”的要求对我行传统的客户结构形成了新的挑战。多年以来，工商银行逐步形成了以集团客户、大型客户、上游客户为主的客户结构，在传统贷款支付方式下，此类客户的贷款资金可以在其账户上留存并根据资金使用进度逐步支付，贷款对存款的派生效应比较明显，我行信贷优势和存款工作优势能较好地结合起来。现在实行贷款受托支付后，我行信贷资金无法在贷款客户账户内留存，转而直接支付至下游企业，而下游企业多是中小企业，许多不在工行开户，或不是我行的贷款户。这使得我行信贷优势天然转化为存款优势的状况发生逆转。根据人民银行的返传数据，2011年，工行、农行、中行、建行4家大型银行人民币各项存款平均增幅11.1%，交行、中信等13家股份制银行平均增幅15%，城商行平均增幅19.1%。这其中既有前面所说的“竞争”的结果，也与大型银行客户结构偏大、偏重有一定关系。

四是在利率市场化改革仍处于进程之中的情况下，高收益理财产品对客户的吸引力不断增强，客户金融资产配置的结构调整变化对存款增长带来一定影响。目前，我国金融市场仍是二元利率结构，即法定利率和市场利率并存。相对高收益的理财产品对以法定利率定价的传统存款的替代效应日益增强，尤其是储蓄存款表现更为突出。从我行数据来看，2009年至2012年第一季度末，我行个人理财产品余额（含保本和结构性存款）分别为2 448亿元、3 874亿元、6 197亿元、7 709亿元，占个人储蓄存款余额的比重分别为5.31%、7.47%、10.49%、12.09%，占比不断上升（以上为按时点数计算，如按日均数计算则占比更高）。截至2012年2月末，我行个人理财产品余额（含保本和结构性存款）8 707亿元，分别比农行、中行、建行多4 942亿元、3 387亿元和2 735亿元；个人理财产品余额占个人储蓄存款的比重分别比农行、建行高8.17个和1.9个百分点。这在一定意义上可能意味着，在未来利率真正市场化之后，工商银行的适应能力也许会更强，但当前对我们的存款工作还是有一定压力的。

五是大型集团公司的资金集中管理和市场化运作给我们存款工作带来挑战。近年来，我行的一些重点客户，如石油、石化、电力、航天兵器、船舶等大型集团公司为提高资金使用效率、保证资金安全，普遍推行了资金集中管理的改革，成立总部财务公司统一管理和运作集团资金。受此影响，一方面，对公存款同业化趋势明显，即传统以法定利率定价的公司存款转变成了以市

场利率定价的同业存款；另一方面，在各家银行资金出价不同的情况下，集团资金在不同银行间逐利摆布的动机也明显加强，这进一步加剧了存款市场竞争，提高了存款付息成本。

从内部因素分析，一是我行作为大型商业银行，对于存款业务市场变化和竞争适应能力一定程度上弱于中小银行，存在着惯性大、调整周期长的特点。这些年来，我们也非常重视存款工作，在渠道建设、考核激励、公私联动、大额资金监测平台推广等方面采取了一系列措施，但由于我们是家大型商业银行，经营决策的传导链条比较长，整个系统运作的惯性比较大，因此在适应市场的快速变化、在相关措施想要立竿见影收效等方面，比中小银行面临更大难度。

二是客户基础广泛性不够。这两年我们部署了抓中型客户的拓展、抓无贷户的拓展等工作，也收到了一些成效，但怎么样把客户基础的夯实与存款的稳定增长有机结合起来，我们还没有找到很好的方式，还不能充分适应新的存款形势需要。

三是以客户为核心的存款营销联动机制还不完善，整体合力发挥不好。目前看，总分行之间、各分行之间、总行各部门之间，配合联动还是有缺陷的。比如说大额资金流向监测平台的作用发挥还不够，各行对这个平台的认识程度、使用水平很不平衡。为进一步推动联动营销战略，我们开展了“大联动、大营销”活动，取得了一些成效，但还有很多工作要做，需要进一步打破部门、条块分割，真正统一客户视图，通过为客户提供全面金融服务来吸引客户，吸引存款的工作做得还不够。再比如说，有贷户和无贷户的划分究竟是以授信为准，还是以用信为准，尽管有关行领导协调了多次，但一定程度上还没有完全搞清楚，这不仅是客户基础的划归问题，更关键的要把各类客户的营销和服务工作落到实处，不留空白点，不留盲区，做到“向外要客户，对外搞竞争”。目前无贷户存款占比已经超过了有贷户，如果这个领域的服务存在盲区，工作不到位，就会有相当一部分存款流失，就无法解决好“裸贷”的问题。

全行要充分认识到存款形势的新变化和我们工作上的不适应，要有针对性地改进存款工作机制，采取相应的策略措施，把功夫下在建立存款业务的长效机制上，下在夯实存款基础上，而不是简单靠搞突击、冲时点来解决问题。一是要发挥好存款考核的导向作用。今年总行在境内分行考核办法中对存款业务的考核作了调整，调整的主要内容是，将存款考核指标设为人均新增存款（权重90分）和存款同业占比（权重50分），以及新增加的对公大额资金管理专项考核指标（权重10分）三项。其中人均新增存款采用日均口径，存款同业占比采用日均和月均指标加权七三开。这既落实了监管要求，也体现了我们希望保持存款均衡稳定增长、防止大起大落的指导思想。总行各部门、各分行对此要有个全面的认识和把握，不能把存款考核办法的调整简单理解为放松对存款工作的要求。实际上，我们既是为了保持存款的稳定，防止存款不健康地大幅波动，同时也是为了保持工商银行在存款市场上的领先优势，保证工商银行有足够的资金实力支持和服务于实体经济的发展。这里还要打个招呼，今年总行将在继续实行以经济增加值（EVA）为核心的费用分配机制的基础上，把激励费用与存款产品营业贡献相挂钩，加大资源配置向存款业务的倾斜力度。各行要把更多精力放在做实存款的基础性工作上，真正依靠有竞争力的产品和服务来营销客户、稳定增加存款。

二是发挥好源头揽存和联动营销的作用。源头性业务的特点是前期营销工作难度较大、周期较长，而后期营销维护相对简单，存款资金增长潜力大，付息成本相对低廉。各行要重视源头性业务的发展，采取更加积极有效的措施，营销竞争工商、财政、海关、社保、税务、企业代发工资、企业保证金等客户存款源头。要进一步完善以客户为核心的联动营销机制，打破部门分割，做到对公、个人客户以及有贷户、无贷户资源相互依托、全面渗透，在存款与理财、融资、结算、现金管理、交易、托管等业务联动上取得新突破。

三是发挥好大额资金监控平台的作用。经过二期优化，大额资金监控平台的功能更加完备了，但应用不够平衡。主要是目标客户开户率还比较低，目前平台目标客户库中有对公客户88 000户，累计实现开户的只有1 100多户，占比仅为1.2%；贷款派生存款流失的现象还比较严重，全行受托支付资金留存率只有66%左右，其中跨一级分行的受托支付留存率尚不足30%。接下来，有关部门要在继续完善系统功能、扩展平台客户监测范围的同时，下大力气抓好平台的推广应用工作。各行也要增强使用平台的自觉性，并对使用中发现的问题及时提出意见建议。总之，要以平台为载体和抓手，更好地适应贷款受托支付管理要求，做到“日监测、笔跟踪、人管户、户增存”，有效提高目标客户开户率、信贷资金留存率和大额资金封闭管理水平。从一季度起，由信息科技部牵头，公司、结现等部门配合，要按季通报各分行平台使用情况。

四是发挥好新开业网点对存款增长的拉动作用。实践证明，新网点在吸收存款方面的作用是十分明显的。去年全行开业半年以上的新网点（含新建和待用证照启用）90家，新增存款199.8亿元，网均达到2.22亿元。今年总行又下达了450－500家的新网点建设任务，各行要抓住网点建设稍纵即逝的窗口机遇期，进一步加大在建、待批和待开业网点项目的组织推动力度，争取早开业、早见效。

五是发挥好资金价格的调控引导作用。今年以来，总行已7次调整同业定期存款利率，并扩大了分行同业存款定价授权，这对稳定全行同业存款市场份额和满足流动性管理需要起到了重要作用。下一步，要继续加强市场资金形势和同业动向的分析，适时适度调整存款业务内部定价和同业存款外部定价，引导各行提高发展存款业务的积极性，不断优化负债结构，促进存款规模与成本控制的有效平衡。此外，总行将于5月1日起推行外汇存贷款利率管理改革，授权符合条件（新增外汇存贷比在100%以下、外汇贷款综合收益率5%以上）的境内分行自主确定全部外汇贷款和部分外汇存款的利率。各分行也要积极探索辖内外汇利率管理机制，配合总行共同提高全行利率管理水平。

（二）关于中间业务规范健康发展问题。当前，中间业务发展正处在一个敏感、复杂而关键的重要关口。我们必须一手抓不规范经营问题整治，一手抓中间业务创新发展，确保中间业务收入规范和有质量的发展，更好地促进全行结构调整和经营转型。

要扎实推进不规范经营整治工作。经过前一时期的自查、抽查、专项检查和全面整改，全行不规范经营整治工作已取得了初步成效，监管部门和广大消费者给予了积极评价。但消费者权益维护是一项长期性工作，各级管理部门和社会舆论高度关注，下一步还要迎接发改委、人民银行和银监会的检查，发改委昨天又来文要求各商业银行限时上报收费项目明细，这是在为其5月份的全面检查做前期准备。各分行、各部门一定要在思想上高度重视，认真对照监管要求和检查情况，毫不松懈地做好后续的整改工作，进一步巩固整治成果，维护我行声誉和社会形象。

一是抓好新收费价目表和收费管理办法的落实执行。2012年版收费价目表已经于4月1日起正式公告实施，与原来的价目表相比，新收费价目表的调整比较大，牵涉的方面和环节也比较多，基层网点和一线员工熟悉和掌握需要一个过程。我们要抓好系统、流程、参数的衔接工作，通过系统的控制减少出现工作差错的几率，减轻一线的压力。对部分因改造难度较大等原因还未完成的系统参数调整、协议修订等工作，要抓紧时间尽快完成。同时，各业务线、各分行要加强对新价目表和相应的收费管理办法执行情况的监督检查，加强对各级管理人员、客户经理和一线员工的培训，做到对价目表的熟练使用，对新的收费管理办法的正确执行。要认真听取各方面的情况反馈和意见建议，在实施中不断修订和完善新版价目表，基层行发现问题要及时向总行消费者权益保护办公室反映，务必避免实际收费项目或价格与价目表不一致的情况，确保新价目表准确执行、落实到位。

二是积极做好各项内外部检查的配合及整改。在前期自查和检查中，发现部分分支机构不同程度地存在一些不规范经营问题，比如个别规章制度、操作规程、批复文件等的内容不符合“七不准”精神，个别机构经营行为不符合“七不准”要求，以及存在收费标准不统一、收费期限重叠、收费金额与协议金额不一致、服务内容与收费不匹配、服务记录不完整等现象。各分行和相关部门要全面落实整改责任，确保整改质量和效果。这是一项关系到全行的重要工作，不是哪一个专业部门的事情，各分行党委要高度重视。总行将持续跟踪各分行整改进度。要利用CS2002、MOVA等信息科技平台，对收费项目执行情况进行非现场监测，对4月1日以后发生的违规收费行为要严肃处理。要积极配合好发改委、人民银行、银监会的检查工作，并主动加强协调沟通、做好宣传解释，使相关部门了解我行清理、规范、整改不规范经营，维护消费者权益所做的工作，了解我行加快金融服务创新，积极支持实体经济发展所做的努力，争取理解和支持。

三是注重客户投诉处理和舆论引导。要高度关注客户收费方面的投诉，坚持首问负责制，安排专人加以及时处理，坚决防止投诉升级。同时要认真分析研究客户关于收费投诉的热点焦点，并从运营机制、操作流程、管理制度和体制机制等方面查找问题根源和薄弱环节，采取针对性措施予以重点改进。当前社会舆论对这次商业银行集中公布新收费价目表形成了新一轮的关注。从各分行反馈的信息来看，执行情况基本是好的，社会反响平稳，社会公众和媒体普遍持积极正面的态度，没有出现有损我行声誉的事件和报道。各分行、各部门要注意继续做好舆情应对工作，严格按照统一的宣传口径与新闻媒体进行沟通，对存在失实和误导的媒体报道要及时进行解释澄清，避免负面影响的扩散。

坚定不移地推动中间业务创新发展。今年，全行中间业务增收面临的不确定性较大，一季度，境内分行手续费及佣金收入增幅较去年全年增速下滑30多个百分点，有8家分行中间业务收入比去年同期少增。这里面有我们主动调整优化中间业务收入结构的因素，有减少、归并中间业务收费项目的因素，也有我们不适应新的监管环境变化的原因。尤其要引起注意的是，还有部分同志对规范发展中间业务的认识存在偏差，有的行、有的同志不能正确看待整治不规范经营工作，对发展中间业务的态度出现了摇摆，存在“顺其自然，能做多少算多少”的不正确想法，在工作推动上出现了简单化、情绪化的倾向，这既会影响整治不规范经营工作的成效，还会对全行这些年来之不易的转型发展局面带来损害，必须切实加以防止和纠正。

一要认识到大力发展中间业务，大力提升非利息收入占比是我们应对利率市场化挑战、实现经营转型的一项战略任务，在任何情况下，转型的方向不能变，转型的脚步不能停。不能把整治不规范经营与中间业务创新发展对立起来，整治的是我们一些不规范的收费行为，而不是停止中间业务的发展。必须认识到，整治不规范经营是为了更好和更高水平的发展。新收费政策的实施既是对全行收费业务健康发展的自我约束，也是对商业银行按照市场原则经营，在确保交易公平基础上取得合理收益的一项保护。关键是我们的产品要有价值、服务要有内容、客户要有需要、收费要有依据，我们收取的应该是质价相符的费用。

实事求是地讲，规范服务收费行为在短期内对中间业务的增收可能会有一定的影响，但对这种影响我们应该全面和正确地看待。测算下来，新价目表的实施大体会使我们的中间业务全年减收近百亿元，但从中间业务收入的结构来看，2011 年全行结算、清算及现金管理、个人理财及私人银行、资产托管等社会比较认同的业务收入在整个中间业务收入中的占比达到了 79.3%，只要这些主体业务保持健康发展，并积极带动其他中间业务创新转型，中间业务收入的增长是可以持续的。而且，我们剩余 20% 的中间业务收入项目经过整治后仍然也是要发展的。所以，中间业务发展的目标我们还是要坚持，年复合增长率还是要保持在一个较高的水平。

二要认真落实中间业务创新发展的目标和措施。股改以来，全行中间业务收入的复合增长率达到了 40.38%，这里面有我们经营规模扩大的因素，也与我们不断加快产品创新是分不开的。股改上市前，我们能提供的金融产品只有 887 种，而到了去年末，我们的产品是 3 243 种，增加了 2.6 倍。但与国际大银行相比，我们的产品和服务供给能力还有较大的差距，这从一个角度也说明我们的创新空间仍然很广阔。

总行在年初制定全年中间业务发展计划时，既考虑了保持发展的连续性和稳定性的需要，也充分考虑了宏观经济形势的变化和各方面的监管要求。总行提出的实现中间业务收入 1 260 亿元，同比增长 20% 的发展目标现在看来还是合理的。大家应该看到，中间业务收入比重作为衡量一家银行可持续发展的重要指标，一直为广大投资者所关注，在当前复杂的市场环境下，如果我行的中间业务收入出现大的波动，势必会引发市场新的质疑。因此，全行一定要通过加快服务和产品创新，更多地推出能够满足客户需求的增值服务，努力实现今年中间业务收入增长目标。特别是全行上下要加快中间业务品牌化、高端化发展，将金融资产服务和品牌类投行作为全行中间业务收入的重要增长源和创新着力点，努力做大做强这两项战略性业务。要在业已明确的金融资产服务业务范畴的基础上，尽快形成完善的业务分类统计和制度体系，统筹推进业务规划、系统开发、产品创新和风险管理体系建设等工作，进一步丰富各相关产品线，在更好地满足客户资产保值增值需求的同时，实现金融资产服务业务规模的不断扩大、收入比重的不断提升。要把品牌类投行业务有机融入“大公司金融战略”，充分发挥其在全产品营销、综合化服务中的功能作用，将并购重组、股权融资、高端财务顾问等业务打造成公司金融市场上的拳头产品，积极为客户提供高附加值的投行专业服务，创立我行品牌类投行业务在同业的领先优势。

（三）关于信贷结构调整问题。今年以来，我国经济增长下行压力增大，第一季度，投资、消费、出口“三驾马车”均出现放缓趋势，企业经济效益下滑，亏损增加。1－2 月全国规模以上工业企业实现利润同比下降 5.2%，尤其国有及国有控股企业实现利润出现了较大幅度下降。近期，温家宝总理在广西、福建调研时指出，要对当前的宏观形势保持清醒头脑，增强忧患意识，密切关注经济运行中的新情况、新问题，实行灵活审慎的宏观政策，适时适度进行预调微调，确保经济平稳较快发展。

在复杂严峻的外部环境下，第一季度，我行信贷工作也出现了结构调整难度增加、新的市场需求不足、风险因素增多等一些复杂情况。越是这样，越是要保持清醒的头脑，要充分认识到，信贷结构调整是全行转变发展方式、降低资本占用、实现信贷可持续发展的内在要求，是适应经济结构调整的战略选择。要确保信贷结构调整的方向明确、措施得当、步骤稳妥，确保通过信贷结构调整在更好地服务于实体经济的同时，实现自身的健康可持续发展。

稳妥调整四大行业贷款。今年全行四大行业贷款压降目标为 1 500 亿元，至第一季度末下降 318 亿元，少于序时进度 60 亿元，略微慢了些。按同业可比口径，我行目前四大行业存量贷款比重仍高于可比同业 4－7 个百分点。据了解，今年以来同业也加快了信贷结构调整的步伐，有的银行也明确提出了压降有关行业贷款的计划和要求，比如交通银行四大行业贷款占比在今年前两个月就下降了 2.2 个百分点。由此可见，信贷结构调整的工作如果不抓紧，可能会失去主动调整的有利时期，增加今后工作的难度。

总行有关部门要根据四大行业贷款到期情况、续建续贷项目情况、经营性流动资金情况，以及表外业务分流情况等，尽快将 1 500 亿元压降计划按行业和分行进行分解下达，督促指导分行按计划稳步推进。要坚持四大行业项目贷款授权与审批核准程序，继续加强考核。总行理解一些分行由于历史上形成的信贷结构的特殊性，在调整中面临较大的压力和阵痛，但这种阵痛是信贷结构调整过程中必须要经受的。

要大力拓展四大行业贷款收回和流转的渠道，积极稳妥开展理财融资、短融中票及资产证券化等业务，通过金融创新产品来满足四大行业客户资金需求，保证贷款的收回。需要强调的是，由于当前我国的理财融资在一定意义上还不够规范，不是成熟的市场化产品，还未能实现风险的有效转移，所以，既要把这些产品看成信贷结构调整的重要工具，也要注意，如果我们的理财产品、包销的短融中票与信贷结构调整的方向不一致，那只是在表面上完成了信贷结构调整，而没有改变承担相关行业风险的实质，是和信贷结构调整的初衷不吻合的。要高度重视银团业务发展，改变“先贷款、再卖出”的传统观念，要从信贷业务发起时就推动实现贷款交易，从源头上实现四大行业压降和信贷结构调整。要进一步加快建立行内合作、同业分销、境外分销三维一体的银团合作分销网络，提高银团贷款分销能力。

加大目标市场拓展力度。第一季度，全行“四大新市场”的营销和市场拓展取得了新进展，制造业贷款增长945亿元，增幅为8.4%；现代服务业贷款增长814亿元，增幅为10.4%；文化产业贷款增长58亿元，增幅为8.8%，均高于全部公司贷款增幅。但与我们结构调整的战略要求相比，一些新市场和重点领域信贷拓展进度还是有差距的。比如在许多具有国际市场竞争力的大型制造企业的金融服务中仍无我行身影；装备制造业销售百强企业中，我行有贷户占比只有33.5%。

在当前经济下行压力增大，有些行业有效贷款需求下降的情况下，能否打开新的信贷市场和扩展战略领域的信贷空间，决定着信贷结构调整的进程和信贷业务的可持续发展，也体现着我行服务实体经济发展的水平。各级行都要高度重视新市场和战略领域贷款需求的研究分析，总行和分行班子成员要亲自带队开展市场调研，了解现代制造业、服务业等行业领域的有效贷款需求，深入实地考察和体验一批龙头和先进企业的发展水平，找准信贷和整个金融服务的切入点。要结合“十二五”规划和各区域发展规划，优先选择制造业500强企业、服务业500强企业，或者行业龙头企业、区域特色优势产业，作为重点营销拓展的目标。对于其中没有我行融资或未建立信贷关系，以及融资占比相对较低，拟进入的目标客户要逐户列出名单，积极开展营销，按季度通报新市场拓展情况。

要继续积极拓展中小企业和个人消费信贷市场。要通过加大专业队伍建设，优化审查审批流程，创新小企业金融服务，增强小企业市场竞争力。探索保险公司履约保证保险方式，进一步丰富小企业和个人贷款担保方式。

加强重点信贷领域风险防控。今年全行地方政府融资平台和房地产开发贷款集中到期分别为1 908亿元和1 540亿元。去年以来，各家银行都在压缩政府融资平台和房地产存量贷款，相应的平台公司和企业融资渠道收窄，特别是房地产企业还涉及大量的信托贷款和民间融资集中到期，流动性比较紧张，到期收回贷款的压力很大，风险隐患上升。2月末平台不良余额××亿元，较1月末增加××亿元，出现逾期尚未纳入不良贷款的还有××亿元；3月末房地产不良贷款余额××亿元，比年初增加××亿元，不良率××%，较年初上升××个百分点。在经济下行压力增大的环境下，小企业贷款和贸易融资业务发展中的风险因素也明显增多，而且随着小企业和贸易融资进入规模化发展阶段，风险防控的要求也会越来越高。3月末，全行小企业不良贷款余额较年初增加××亿元，贷款不良率为××%、较年初上升××个百分点。关注类贷款余额的上升，也要引起我们的高度关注。3月末，全行关注类贷款余额为××亿元，比年初增加××亿元，关注类贷款占比为××%，比年初上升××个百分点。

尽管信贷资产质量总体还在安全可控的范围内，其中还有年初总行要求实施更为严格的贷款质量分类标准的因素，但也要密切关注企业经营压力增大和现金流紧张等风险因素。风险防控这根弦绝不能松，绝对不能出现不良贷款大幅上升的情况。上半年，总行要组织对地方政府融资平台、房地产、小企业、贸易融资、担保机构贷款等开展一次合规性大检查，各行也要开展自查，力争及时发现和及时化解风险。

（四）关于贷款收益率问题。第一季度，全行人民币贷款整体收益率为6.61%，比2011年提高70个BP，同比提高106个基点；新发放人民币贷款平均利率为7.16%，比2011年提高36个基点。但我们也要看到，第一季度末全行整体贷款利率平均浮动幅度为-0.49%，仍在基准利率以下；仍然有33%的公司类贷款和49%的个人类贷款执行下浮利率，执行上浮利率的公司和个人贷款只占32%和39%。各分行贷款执行利率水平也很不平衡，存量贷款收益率最低分行与最高分行相差151个基点，新发放贷款平均利率最低分行与最高分行相差135个基点。我行的NIM水平较同业还有一定差距。真正按照风险定价原则，提高贷款收益水平的潜力还很大。

今年，总行将在营业费用配置中设置“贷款收益率”挂钩调节系数，根据各分行人民币新发放贷款加权平均利率在当地工行、农行、中行、建行四行的排名分别确定调节系数，促使各分行加强贷款利率管理，增强风险定价意识，并以此引导各分行的信贷结构调整。各行要切实按照风险定价原则，合理确定贷款利率水平。特别要注意在整改“息转费”不规范问题时，不能把原先抵补风险的“收费”流失掉，不能出现“跑、冒、滴、漏”，要按照风险定价原则实事求是地确定利率水平。要根据宏观经济形势和信贷市场供求关系变化，及时研究分析市场利率走势，加强对贷款利率执行情况的定期监测、分析和通报，做到统筹兼顾市场拓展和收益率水平。

同志们，当前外部经济形势严峻复杂，我行经营发展也面临一些新情况新问题。希望大家密切关注形势变化，及时完善策略措施，统筹安排，扎实工作，稳中求进，毫不松懈地抓好年初总行各项工作安排的落实，努力把全行经营发展的好势头巩固住，并力争有新的突破和提升。

在董事会战略研讨会上的讲话

杨凯生

（2012 年 4 月 12－13 日·根据录音整理）

一、关于监管改革可能带来银行成本上升的问题

刚才麦卡锡先生提出，我们需要对当前的国际金融形势的严峻性有更加充分的认识，我认为这个观点是正确的。麦卡锡先生刚才举了一个例子，说由于一些法规的出台及监管部门采取的一些措施，会导致金融机构直接成本的上升。如摩根大通，经过测算，因此而增加的直接成本高达几十亿美元。我认为这个问题确实需要引起重视，这些成本究竟哪些是应该的、必需的，哪些是陡然增加的？我总觉得现在出台的一系列监管措施、一系列新的法规要求和西方监管部门在这一次危机中的特殊感受，同他们对那个阶段发生的问题的特殊记忆是有关系的。因为任何人，包括欧美的监管部门，做出的任何决定，对任何问题做出的判断，和他实际所接触过的事情是紧密相关的。因此，这些措施的出台既然与一个阶段性特殊的记忆有关，人们做出的反应往往就是应急性的，这是自然的。但需要研究的是，有些应急措施是不应该固化的，应该是动态的。例如一个人身体有了感染，他的白血球会增多，这对应对感染是必需的，但如果过高或一直过高下去，那就有问题了。

从商业银行的角度，确实面临着由于一些新的监管法规的出台，会导致的成本增加的问题，怎么办？我们一方面要研究承受这样成本的能力，为承担这些成本做好准备。另一方面，也应该呼吁国际上的监管部门冷静地、理智地来看待问题，来做出决定。比如说巴塞尔Ⅲ提出一个新的概念，银行必须考虑逆周期的资本需求。无疑这个要求是正确的，但是监管部门简单地说这句话是不够的，比如说要真正地计算逆周期的资本需求，首要前提就是要有权威部门判断某一个时期的经济处于什么周期，是成长周期还是衰退周期，还要明确在什么样的周期下要采取什么样的逆周期行为，采取到什么程度。我认为这个问题目前巴塞尔委员会并没有研究透彻。

全球的经济发展很不平衡，不同的国家有不同的情况，不同的国家在什么情况下会出现逆周期？由谁来判断这个经济体处于什么周期阶段？我认为这是个大问题。具体到中国，中国现阶段处于什么周期的哪个阶段，由哪个部门来判断？监管部门要按这个判断来决定采取什么样的逆周期措施？我认为这些问题都需要研究透，这些问题不研究，商业银行的经营环境就会成问题。不是说我们不愿意承受更大的监管压力，而是我们认为许多要求的科学性、操作性需要增强。不能简单地把资本充足水平定在一个比例上面之后，任何时候都再加一点，那就是什么逆周期要求了。实际上，在经济高速增长期、过热期和衰退期对经济资本的要求就应该有所不同，绝不是简单地在任何时期都增加一点就行了。我认为这些问题都需要认真研究。

作为商业银行自身来说，需要做好充分的准备。比如在财务上的承受能力。这些年工商银行的利润保持了较高的增长速度，未来我们要使工商银行具有承受更多财务成本的能力。

二、关于人均经营效率问题

刚才麦卡锡先生还谈到了一个重要的问题，就是人均指标的问题。由于历史原因，工商银行的人均盈利、人均营业收入指标要落后于一些规模比我们小的银行，我们也一直希望能够扭转这个局面。在这次的三年规划中，我们提出了在未来三年内，人均指标要有明显的提高，人均营业收入和人均净利润的指标绝对额要增加50%以上。能不能做到？实际上是看我们的业务发展，看我们盈利水平的增长能不能达到规划目标。我们规划的目标是未来三年净利润年复合增长率为15%。我认为这和人均净利润、人均营业收入三年共增长50%是吻合的。如果人均净利润、人均营业收入增长达不到50%，就意味着净利润年复合增长率没有达到15%。

刚才麦卡锡董事说到未来几年内为什么还想适当增加一些人员？是的，三年规划提出，准备要增加一点新员工，增长的人数约是现在总人数的4%，这对人均指标肯定有一定的侵蚀，但不算太严重。为什么还要增长？是因为下一个三年，我们将会遇到一个员工退休的高峰期，只能现在提前做一点人力的储备。所以在这个三年当中，会承受一种阵痛，做一个两难的选择，一方面我们希望努力提高人均水平，另一方面还要增加一些

人，增加的人员会侵蚀人均指标。但这是一个不得已而为之的选择，在两难当中我们只能寻求一个平衡点。

未来三年，我们将面临着很艰巨的挑战，外部环境不确定性的挑战。外部环境条件究竟会进一步恶化还是复苏，具有不确定性，欧洲、美国都是如此。中国经济正处于转型期，结构要调整，发展方式要转变，这都会给银行的经营发展带来一些不确定性。我判断，未来盈利的增长幅度肯定会比过去三年有所下降，甚至是一个比较明显的下降。因此，我们要未雨绸缪，以保证在未来三年内，工商银行能够保持一种相对良好的发展态势、保持必要的合理的盈利增长。

三、关于金融服务县域、农村经济的战略问题

这个问题很重要。工商银行应该如何支持“三农”？如何发展在县域、在农村的业务？办村镇银行是不是一个出路，要不要学汇丰银行准备办一批村镇银行的做法？我想就这个问题谈谈我的看法。

我们先分析一下汇丰银行。近年来，特别是2011年董事长、总裁更换后，汇丰银行调整了一些做法，比如，他们下决心处置、关闭了自己16项非核心业务，采取了较大的区域结构调整的力度。在欧美进行收缩，关闭了在波兰、俄罗斯的零售业务，处置了在英国本土的保险业务；在拉美积极地介入巴西和阿根廷，比如在阿根廷开设了14家分行，对墨西哥的业务进行了合并，出售了在智利的零售业务；在中东退出了在科威特的零售业务。与此同时，汇丰银行不断地宣传要在中国办多少家村镇银行。这实际上是汇丰银行在有选择地进入亚洲市场、进入新兴市场的一种策略。在亚洲地区，他们认为新加坡、韩国和中国台湾地区在这次金融危机中虽然所受冲击不太大，但是国际贸易融资业务是下降的，他们正在考虑在这几个地区的收缩，在日本已经明显收缩了，卖掉了日本的私人银行业务，泰国的零售业务也已经卖掉。

从他们的这些做法中我们可以看到，第一，汇丰的策略是一切以成本收入比为考量依据，能创造收入、能控制住成本的业务就发展，能创造收入、能控制成本的地区就积极进入；相反收入少或者增加自己成本的业务就不做。节约资本，节约财务成本，节约费用，它的这个指导思想非常明确。第二，汇丰一旦需要进行业务结构和地区结构调整的时候，它的动作非常快，它有能力、有办法很快地进行业务结构和区域结构的调整。

这两条启示我们，第一，我们也要适当提高自己的市场意识和商业原则，办哪些业务、不办哪些业务，哪些多办、哪些少办，一家银行应该要有自己的商业考虑和原则。第二，我们在进行调整，特别是进入一些新领域、新地区时，要格外谨慎。比如说在国际上一些劳工保护特别严格的地区，税收环境、监管环境不理想的地区，我们进入是比较谨慎的。因为我们不像汇丰，有些调整动作做起来并不容易。具体到村镇银行该不该办的问题。首先，汇丰银行在中国想办村镇银行，绝不是像他们宣传的那样，是关心中国农村的发展，而是根据它的逐利原则，它认为这里有机会，就来了。这种判断是不是准确，几年后是不是能给它带来很好的回报，还有待检验。但是有一点是肯定的，一旦不盈利，它会马上撤离农村的，任何人无法阻止。但它通过这样做达到了进入中国市场的目的。但如果是我们就不一样了。去的时候很容易，现在各部门非常欢迎，各地也非常欢迎；但是一旦去了以后，如再要采取适当的合并措施，适当的整顿措施，就不是我们说了算的。作为一家负责任的大银行，确实要高度关注中国经济的基础——农村的发展。实际上，这些年来我们始终没有放弃对农村、对农业、对农民“三农”事业的关注和支持。近年来我们不断增加在县域的投入，包括信贷资源、人力资源、财务资源的投入，这些都有数据可查。我想工商银行今后支持“三农”的重点还是应放在如何办好我们现有的1 000多家县域支行上，我不太赞成办过多的村镇银行，办那么多独立法人，我们在里面持有一点股份，或者控股，或者不控股。在中国，投资不控股等于搞赞助。如果需要我们赞助，我们可以拿出多少钱来赞助，但是让我们去投资不控股，这并不是一种有效的做法。一旦入股，就要承担管理的责任，而那么多村镇银行，一个个都是独立的法人，管理链条那么长，那么分散，我认为目前中国的这些银行，包括大银行，也包括汇丰银行，要把这么多小村镇银行都管好很不容易。

我们要认真研究怎么支持中国的农业，怎么支持中国农村的社会发展和经济发展。比如说我们在三年规划中提出要把80%的重点县支行办成当地一流的银行，下一步我们要进一步把它具体化。我们提出新开办的网点60%必须放在县这一级，这个要坚持。如果我们搞村镇银行，就必须在统一法人，在“ONE ICBC”的管理机制下来搞，比如IT系统必须是统一的，风险管理必须是并表管理的，必须执行统一的信贷管理政策，等等。这样，才能确保支持农村发展的效果。

四、关于中间业务收入来源问题

刚才有董事引用有关统计说中国银行业的中间业务收入，手续费佣金收入有90%是来自于信贷业务。我认为这个数字是有问题的。我为什么急于想把这个数字给大家留下的错觉扭转过来呢？因为这直接涉及如何看待目前中国银行业手续费佣金收入的合理性问题。

以工商银行为例。2011年工商银行的手续费佣金收入是1 091亿元，鉴于和信贷有关的手续费佣金收入往往受到质疑，我们可以把与信贷有关的手续费佣金收入全部统计起来，这就是假定所有的投行业务收入、担保承诺业务收入统统与信贷业务有关联，去年我行的投

行业务收入为226亿元，担保承诺收入为51亿元，共计277亿元，占全行手续费佣金收入的25%，也就是说全行的手续费佣金收入有75%是来自于理财业务、私人银行业务（共计305亿元），来自于结算、清算业务（共计254亿元），来自于银行卡业务（173亿元），来自于托管业务（73亿元），其中托管的资产主要是证券市场、股票投资、基金的托管。所以，工行的手续费佣金收入有75%以上是来自于与信贷直接关联不大的业务。当然你说结算业务与信贷没有关系吗？如果这么说就不太好讨论了，因为银行是一个信用中介机构，什么业务都可以说与信用活动是有关的。但我认为这个概念还是可以区分清楚的，否则回答不了现在社会上对银行收费有质疑，认为银行收费好像都是变相的息差收入。有人认为银行第一只会靠利差吃饭，第二变出名来搞手续费也是和贷款有关的。这个看法是不正确的。

我们可以看到，发达国家银行手续费佣金收入在营业净收入中的比重远高于我们，但是贷款在总资产中的占比要远低于我们。发达国家银行的手续费佣金收入是来源于哪里呢？坦率地说，我认为持这些观点的专家、学者需要更深入地了解金融业。

五、关于银行家素养问题

董事长刚才讲了很多，讲到一个正确的战略的制定和实施对一个银行的重要性。我想补充的一句话是，一个银行家、一个银行的管理者个人的作风、个人对自己的判断，对一个银行的健康发展也有至关重要的作用。刚才董事长讲了桑迪·威尔，我们都很熟悉。十多年前，他在北京国贸大饭店曾经办过一个花旗庆祝进入亚洲一百年的晚宴，姜董事长当时是工行行长参加了，我当时是华融公司总裁也参加了。记得当时有一个镜头，在他后来退出历史舞台的时候，常常在我面前浮现。这个镜头就是，当时他很兴奋，当他准备拿起桌子上的毛巾擦汗的时候，旁边他的一个助手立即上前帮他擦汗。当时人们的那种感觉，关键是他本人的那种感觉都不太好形容。说实话，曾几何时他确实是一个很了不起的银行家。但后来呢？因此，无论在你多么成功的时候，都要保持一种冷静、清醒的认识，对自己有一个准确的估计，这是非常重要的。工商银行发展到今天，我们需要做的，正如董事长一直说的，我们必须战战兢兢，如履薄冰。我们必须懂得这个道理。我们必须对工商银行的长远负责，一旦对自己失去了正确的估计就危险了。

在第25次党委（扩大）会议上的讲话

杨凯生

（2012年9月7日·根据录音整理）

当前，宏观经济走势总体并不乐观，全行信贷资产质量面临的压力也在增大。总行党委非常关注资产质量问题。这次会议的目的就是统一对经济形势的研判，统一思想认识，统一政策措施，统一工作步调。刚才听了分行和几个部门的汇报，下面我谈几点意见。

一、充分认识我行信贷资产质量面临的严峻形势

截至今年6月末，我行不良贷款余额比年初上升了21.4亿元，不良率为0.89%，改变了不良贷款连续12年“双降”的局面。我们担忧的不仅是在四大行中我们不良贷款增长算是多的，也不仅是改变了不良贷款“双降”的局面，而是这种趋势到目前还一直在持续。截至6月末，全行逾期贷款余额是1 416亿元，比年初增加338亿元，出现了较大幅度的上升，而且这其中有718亿元尚未进入不良贷款。逾期和不良是有时间间隔的，如果这部分逾期贷款有10%发生劣变，不良贷款就会增加70多亿元，不良率就会上升到1.9%左右。事实上，全行不良贷款增加的情况在8月仍然没有好转。截至8月末，全行不良贷款比6月末增加了36亿元，比年初增加了58亿元，不良率已经上升到0.91%，出现不良贷款和不良率“双升”；逾期贷款余额1 210亿元，虽然比6月末减少近200亿元，但还是比年初上升了248亿元。其中，有525亿元逾期贷款还没有归入不良贷款，包括个贷470亿元，公司贷款55亿元。

现在各分行对形势的看法还不是很一致，所以要统一认识。今年以来，为防范信用风险，保持信贷资产质量的稳定，我们采取了一系列措施。一是继续抓信贷结构的调整。上半年全行压降四大行业贷款近1 000亿元，转化了风险贷款1 000亿元。二是上半年组织了多次信贷业务检查，包括政府融资平台贷款、房地产贷

款、小企业贷款、贸易融资、个人贷款等多个领域，涉及贷款近4万亿元，纠正了一些违规问题，并对今年新发放的3.5万亿元贷款的信贷作业情况进行了检查。总行连续五次召开风险提示会，对融资性担保机构业务、小企业信贷、贸易融资、房地产贷款、个人贷款五个方面的业务进行了风险提示，引起了分行的重视，对抑制不良贷款反弹起到了一定作用。三是对一些重点领域采取了一些特殊的风险管理措施。在非现场检查的基础上，总行利用信贷管理系统对1 329户存在风险隐患的小企业进行了重点监控，向分行下达了1 620户房地产企业和部分地方政府融资平台贷款到期必须催收的通知，对35万户个人违约贷款下达了违约明细，对9 500户公司贷款进行了风险提示。最近总行又对部分分支机构的信用证、房地产、小企业、贸易融资、个人贷款业务进行了风险提示和整顿，提出了管理要求，通过采取适当上收信贷审批权、对机构负责人诫勉谈话、扣减专项奖励和绩效工资等措施，促使加强信贷风险防控和不良贷款清收转化处置工作。但在提法上由过去的“停止信贷审批”改为“整顿某类信贷业务”，这样既不影响业务发展，又能切实引起分行重视。此外，上半年全行不良贷款的处置转化工作抓得也比较紧，今年累计清收380亿元，其中收回现金152亿元，核销26亿元。

这些努力取得了一定的成果。前一阶段媒体报道的几起重大信贷风险事件，基本上都没有涉及工商银行，由此可见我们的信贷管理能力确实是在不断提高，分行的执行力是强的，判断把握也是准确的。但现在应该看到的是，虽然上半年我们做了很多工作，但形势仍然非常严峻，8月末不良贷款额和不良贷款率已经“双升”。因此，全行要统一认识，牢固树立审慎发展的理念，把不良贷款的控制与信贷资产质量的稳定作为今后几个月的工作重点，进一步明确下一步工作的目标和措施。

二、下一阶段抓好信贷资产质量工作的几点要求

（一）明确目标。到今年9月末，不良贷款余额要控制在751亿元以内（即二季度末的水平），年底前要控制在730亿元以内（即年初水平）。这个目标表明了总行稳定信贷资产质量的态度和决心，全行要引起充分的重视。

（二）加强不良贷款的清收转化处置工作。每个分行和每个专业都要制订并落实清收处置工作计划。要加快不良贷款核销进度。当前不良贷款核销工作主要受司法程序滞后的影响，各分行要加强与地方党政领导部门的沟通，阐明这是为了降低当地的信贷不良率，改善当地金融生态环境，是从根本上促进金融对当地经济发展的支持。一些确已收不回来的贷款，只要当地法院进行了判决，就可以依法合规核销了。

（三）加强贷款重组的管理，提升贷款重组的质量。现在我行对法人贷款的重组有一整套的办法，总行信贷管理部和个金部要抓紧研究制定个人贷款重组的具体办法。要坚持规范操作，不能将贷款重组简单变成不良资产的改头换面，借新还旧。

（四）进一步加强个人和信用卡贷款的逾期催收和呆账核销工作。到8月末，我行个人逾期贷款余额586亿元，金额比较大。个人贷款逾期90天以后才会进入不良，所以在1－90天以内肯定会积累一批逾期贷款。虽然8月末个人逾期贷款比6月末下降了20亿元，但比年初还是增长了140亿元。今年上半年我们专门抓了逾期催收工作，效果是明显的，下半年要继续加大力度。总行确定的目标是，到9月末个人逾期贷款控制在500亿元以内，到年末要控制在350亿元以内。各分行要把任务层层分解落实下去。

一是要进一步加强催收力量。“95588”电话银行中心要加强集中催收，各分行的呼叫中心也要抽出相当部分力量专门负责个人贷款的催收工作。各行要加快建立个人贷款催收中心，组建专门的催收团队，完善个人违约贷款催收机制，全面加强个人违约贷款催收工作。

二是要做好催收追偿记录和证据的留存工作。法院对进入司法程序的不良债权有明确要求，符合条件的500万元以下的不良贷款要有催收证明。现在我们做的不少催收工作，例如打过若干次催收电话，上门催讨过多少次，但都没有规范的记录。

三是要加强催收与核销工作的协调。信贷管理部、电话银行中心、信用卡电话中心、个金部要集中做好催收工作；风险管理部、内控合规部、信贷管理部、银行卡部、个金部要尽快研究解决核销效率问题。对于2 000元以下的信用卡小额不良贷款的责任认定和核销，要在依法合规前提下适当简化程序。

四是要进一步优化信用卡发放与授信额度的管理。在审查信用卡和确定透支额度时，要了解客户与我行是否存在其他业务关系，特别是否有代发工资关系。以后在新发展的信用卡客户中，要争取95%－100%都要与我行建立代发工资关系，并在合同中增加贷款逾期不还，可以直接在工资账户中扣款的条款。

（五）未雨绸缪，提前做好即将到期贷款的管理工作。我行9－12月即将到期的贷款有12 578亿元，其中公司贷款1.15万亿元，个人贷款1 078亿元。今天到会的10家分行就有6 250亿元，占境内分行即将到期贷款的50%。要规范到期贷款的提前催收机制，加强对即将到期贷款的管理。从现在开始，总行信贷管理部要按月逐级逐户向一级（直属）分行下发公司客户到期贷款的清单，逐日逐级逐户向一级（直属）分行下发个人违约贷款明细。各一级（直属）分行也要同时向二级分行及支行发送相关清单，将催收责任严格落实到各级机构相关负责人及客户经理，从源头防范贷款

发生新的劣变。

（六）认真做好大额不良贷款的认定和管理工作。凡是正常关注类贷款劣变为不良贷款管理、单户金额超过1 000万元的，要由一级（直属）分行行长或主管行长组织审核确认；单户贷款劣变金额超过5 000万元的，必须报总行备案。在认定不良的同时，要拿出可行的清收处置方案来。不良贷款的分类认定工作要做细，要经得起审计检查。

（七）继续加强对风险较大经营机构的整顿工作。对不良贷款上升比较快的机构要进行重点监控。总行已对6个方面的业务进行了风险提示和整顿：国内信用证业务涉及3个一级分行，3个二级分行；进口信用证业务涉及1家分行；房地产贷款涉及5家一级分行，6家支行；小企业贷款涉及31家分行，对其中28家分行的121个二级分行进行了业务整顿；贸易融资涉及23家分行，65家支行；个人贷款涉及16家分行，43家二级分行。这项工作下一步还要继续做。我们不希望看到像前几年一样大面积地停办信贷业务的情况出现，这不是出路，但必需的整顿工作还是要做的。

（八）加大不良贷款与经营费用和信贷规模挂钩的力度。对年底没有达到目标，不良贷款余额较6月末和年初增加的分行，要按照不良贷款增加额的一定比例扣减考核利润，并调减明年的信贷规模，严格控制不良贷款增加较多分支机构的贷款投放。

（九）配合做好信贷合规检查，发现问题及时整改。这个月审计署要进驻我行，对4家分行的2012年信贷投向进行审计。下周银监会将对20余家分行政府融资平台集中检查发现的问题交换意见。各行对检查出的问题要及时整改，这不仅是合规的问题，对我们防范信贷风险也是有意义的。

最后，还是要强调领导重视的问题。各分行、各部室要认真贯彻落实此次会议精神，积极主动地开展工作。从现在开始到年底之前，不良贷款增加比较多的专业和分行要集中精力抓好信贷资产质量的把控工作，确保实现总行确定的不良贷款控制目标。

在中国工商银行贵金属业务工作会议上的讲话

杨凯生

（2012年10月16日·根据录音整理）

工商银行贵金属业务这些年来取得了长足的发展，今天来参加会议的同志，有贵金属业务条线的同志，也有各分支机构分管贵金属业务的领导同志，还有总行与贵金属业务平时联系比较多、协同配合比较密切的部门同志。大家对工商银行贵金属业务的发展都做出了重要的贡献，我今天很高兴来和大家见面，并且代表总行党委就贵金属业务的发展向同志们说一声谢谢。刚才，红力行长已经讲了很多，我都赞成，接下来我简单地谈几点想法。

一、贵金属业务在全行经营转型中发挥了重要的作用

这几年，贵金属业务取得了积极的进展，在全行的经营转型和工商银行的品牌塑造中发挥了重要的作用。我们在三年前决定把贵金属业务作为全行一条独立的产品线来进行经营和管理，现在回过头来看，董事长当时的提议，总行当时的这个决策，是有前瞻性的，是正确的，取得了很明显的效果。当时总行曾经有个想法，说看看在三年后，我们在贵金属业务条线上的营业收入能不能达到15亿元。现在回过头来看，三年来我们贵金属业务条线的收入超过了70亿元，仅去年一年，贵金属业务条线就创造了35亿元多的营业收入，这说明我们的发展速度是非常快的。当然今年有点压力，但是总的情况也是不错的。刚刚看的片子里面有一句话，我们贵金属业务部开张的时候，全球的黄金价格突破了每盎司1 000美元，现在当然价格更高了，可以看出我们是抓住了全球金融市场中贵金属业务发展的重要机遇。

今年以来，贵金属市场变化比较大，从营业收入来讲，同比只增长了5%，到9月底大概26亿元。全年我们希望能实现36亿元，能够保持去年的水平或者略有增长，最后三个月时间要实现10亿元的营收，压力是比较大的。今年的交易量也比去年同期有明显的下降，下降了40%，7.7万吨。当然，我们还是抓紧做了工作，比如说客户数量今年是翻番的。现在我们确实需要认真地研究下一步贵金属业务需要怎么样的发展，该不该加快发展，我想这是目前摆在我们面前的重要课题。

（一）发展贵金属业务是工商银行经营转型的需要。从股改上市前到现在，我们一直十分强调要加快工商银行的经营转型，不断地主动调整我们的业务结构，调整我们的盈利结构，也包括调整我们机构的区域结构，比如说我们加快了海外机构的发展。工行整个的经营转型是我们设立贵金属业务部、加快贵金属业务发展的一个大的背景。因为我们越来越认识到，经过这么多年的市场化改革，银行仅仅会干存、贷、汇这些传统业务是不行的，仅仅靠存贷利差吃饭是难以实现可持续发展的。所以我们一直强调要走综合化、国际化的经营转型之路。在这个过程中，我始终认为加快贵金属业务的发展，实际上是既能够促进我们综合化经营，又能够加快我们国际化发展步伐的一个重要举措，契合我们的发展战略。这实际上和贵金属本身的基本属性有关系。贵金属具有商品属性、金融属性和货币属性，布雷顿森林体系解体，美元和黄金不再直接挂钩之后，并不意味着黄金的金融属性的弱化，实际上它还是许多资产持有者避险的一个重要工具。因此，黄金交易、贵金属交易始终在国际金融市场上占有重要的地位，是整个金融市场的重要组成部分。相应地，世界上的大银行，都在金融市场上的贵金属交易中扮演着重要的角色。比如汇丰银行，典型的全球性大型商业银行，它是全球黄金业务的一个重要做市商，这点我们差得还很远。工商银行的发展目标大家都知道，我们要成为全世界最优秀、最盈利、最受人尊敬的国际一流金融机构。所以在一个国际性的重要的金融市场——贵金属市场中没有什么影响力，没有话语权，大家并不通过你来做交易，你对这个市场也并不了解，没有一支很好的队伍，那么真正实现“三最”就是句空话。所以从工商银行的战略目标实现来说，我们必须介入这个市场，把它作为加快综合化发展、加快国际化发展的一个重要抓手，努力地提升自己在这个市场中的影响力。

（二）发展贵金属业务是提升客户服务能力的需要。从客户对银行提出的服务需求来说，我觉得我们也有必要把贵金属业务做好、做大、做强，否则我们就难以适应市场的需要，难以满足客户的要求。全球的贵金属投资交易量是不断增长的，2001 年，只有不到 400 吨，到去年经过整整十年，已经到了 1 600 吨，这可以看出增长速度是非常快的，客户是有这个需要的，特别是中国的客户。从个人客户来讲，中国的民间自古以来就有藏金、储金的传统，现在实际上许多投资者还是对黄金有偏好，我们 3 克、5 克的金钱卖得也不错，就说明即使消费和投资能力并不是很强的客户也有这种需要。从这三年的实践中我们也可以看出，贵金属业务有效地满足了客户的需要，实际上也给我们带来了不少的效益。比如说，2011 年到现在不到一年的时间，全行贵金属业务客户基本上翻番，达到 400 多万户，他们的金融资产余额增加了 44%，他们在工商银行的存款余额增长了 41%，从 1 100 亿元增长到 1 600 亿元。这说明贵金属业务带动了我们存款业务、零售业务的发展。这就是业务联动的一个明显效果。

除了个人储金以外，还有许多通过工商银行平台从事贵金属业务交易的个人和对公客户，交易量也是很大的。现在我们贵金属产业链，特别是黄金产业链的业务做起来了。就拿黄金租赁来说，现在客户大概将近 400 户，累计黄金租赁业务量超过 120 吨，这给工商银行不仅带来了黄金租赁业务的收入，实际上也巩固了我们和这些企业客户的全面合作关系。结算业务来了，信贷业务来了，理财业务来了，各方面业务都来了。所以我想，从客户的需求层面来讲，我们的贵金属业务发展，第一有空间，第二有需要，第三对我们自身的各项业务发展，也有着实实在在的拉动协同效应。

（三）发展贵金属业务是稳定我国金融市场的需要。工商银行作为我国最大的商业银行，发展贵金属业务，办好贵金属业务，对我国金融市场的建设，对稳定我国的金融市场，也具有重要的意义。在这点上，有关方面和人民银行对我们是寄予期望和要求的。我们办这个业务历史不长，成立贵金属业务部也就三年时间，但是三年来，我们在我国金融市场建设中是发挥了重要作用的。除了我们常说的我们是货币政策传输的最主要的管道，我们一贯认真地执行人民银行的货币政策以外，就是在贵金属业务当中，我们为中国金融市场的发展，为中国金融市场的稳定也是做了贡献的。现在在上海黄金交易所当中，我们的场内交易量一年达到了 6 万多吨，占整个上海黄金交易所的比重将近 30%，是上海黄金交易所最大的金融类会员。我行在整个黄金市场上的吞吐能力、价格影响能力，对这个市场的稳定发挥了重要作用。与此同时，对我行整个业务也是有拉动的，上海黄金交易所的清算量，工商银行做了 50% 左右，全年有 4 000 亿 – 5 000 亿元通过工商银行来清算。所以我想，做好贵金属业务，把贵金属业务在以往三年的基础上进一步加快发展，是完全有必要的。今年以来尽管遇到了一些挑战，市场情况不是很好，但我想，全行各部门、各分行还是要进一步提升对加快贵金属业务发展的认识，把这个业务着力地推向前进，不要在里面算小账。比如说，黄金租赁业务收入，过去算在中间业务收入中，现在算在其他业务收入中，影响考核了，因此办这个就不是很起劲了。实际上，只要客户有需要，我们还是要办。归根结底它是有利润的，是对其他业务有拉动作用的。

二、进一步发展贵金属业务需要重视的几个问题

第一，要注意发挥综合各部门及各分行的协同优势。贵金属业务部成立以后，总行经过研究，把它定位为一个利润中心，定位成利润中心后，就要算账，每年

就要背利润指标，就有利润完成的任务。因此，每办一笔业务，算贵金属业务部的，还是算哪个分行的，或算哪个业务条线的，就有了问题。这个问题算得好，有利于调动各方的积极性，算不好，坦率地说是增加内耗的。但是我很高兴地看到，贵金属业务部成立以来，对这类问题是处理得比较好的。不能简单地说是让利于分行，但是贵金属业务部在考虑和各条线、各分行的分润分配问题上，态度比较主动，比较大气，这点也得到了各分行、各专业部门的认可，大家也都很支持，很配合。正因为这样，贵金属业务才能以每年100%多的年复合增长率发展。我想下一步，这个问题还是非常重要。大企业集团优势就是抗风险能力强，劣势就是有通行的所谓“大企业病”。这个“大企业病”往往表现在效率低下，各部门、各分支机构、各子企业内耗等。这就是企业管理中需要防止和解决的世界上通行的“大企业病”。工商银行是全世界少有的大企业，40几万人，17万亿元总资产，是全世界排在前面的大企业，我们要防止这些“大企业病”在工商银行内部的滋生和蔓延。我觉得贵金属业务这几年的发展提示我们，只要把这个问题解决好了，将极大地有利于促进我们各项业务的发展。下一步，我们还有大量的问题需要解决。比如说，我们的实物金和交易类的纸黄金等业务究竟应该怎么样更好地协同发展，这里面有许多问题是值得研究的。现在贵金属业务部在一定意义上，名不副实，因为我们人为地把它割裂开来了，一块是金融市场部做的，一块是贵金属业务部做的。这样做有很多好处，比如说外汇市场平盘等，金融市场部有专门的人才，非常熟悉，有它的优势。贵金属业务部的同志集中精力去做了实物类的业务，同时还推动了相关的融资类等业务的发展，以往这个体制是发挥了重要作用的。下一步，我们怎样让工商银行全行发展贵金属业务的综合能量进一步迸发出来，我觉得我们还是有工作要做的。总行在这方面要研究，有关部门在这方面要研究，各分行在这方面要研究。一切要以有利于业务发展，有利于风险管控，有利于前中后台分离为原则。在这个前提下究竟怎么样更有效率，下一步我们要研究。

这三年来，贵金属业务部与各分行和各条业务线这个关系的处理上，既坚持了贵金属业务部作为一个利润中心的发展方向，有任务、有指标、有压力、有考核，同时又把各分行的积极性、分支机构的积极性、各业务条线上的积极性较好地调动了起来。这个总的方向和原则要坚持。

第二，创新这个基本的动力必须保持。没有创新，我们的业务发展不了。刚才大家看到了很多产品，有投资类的，有收藏类的。但是我觉得，创新恐怕不仅仅是实物形态的翻新，这个要翻新，因为投资者有心理需求。但是我觉得更重要的创新，是在贵金属业务中如何实现对公对私的联动，如何实现自身销售和融资的联动，如何实现现货和期货的联动，如何实现境内贵金属业务和境外贵金属业务的联动，等等，这里面都有创新的余地。下一步贵金属业务部和有关部门要进一步研究，把创新的步子进一步加快，只有这样才能使我们贵金属业务的核心竞争力不断提升，让同业望我们项背而难以赶上，否则各大银行之间产品同质化的趋势难以避免。

第三，一定要注意好风险防控。三年来我们发展得很不错，但是也遇到了几次挑战。最明显的一次是，有人在网上不负责任地散布虚假消息，莫名其妙造谣说工商银行的实物金里面掺假。这不是我们的问题，但这是我们的风险，带来了很大的声誉风险，如果我们应对不当，许多问题就会百口莫辩。现在有些媒体很不负责任，甚至一些主流媒体也跟着炒作。董事长非常关心这个问题，亲自作了安排，提出了要求。总的来说我们这次应对得很好，我们把中央电视台请去了，让它到实地采访，实地去观察，然后到加工企业去了解情况，马上取样、化验，事实证明不存在任何问题。当时我跟中央电视台同志说要把这个问题提高到保证十八大前舆论环境的纯洁，保证十八大顺利召开的高度来看，这不是工商银行的问题，这事关中国金融市场稳定的大局。说工商银行卖假黄金，就像说人民银行印假钞票一样，后果非常严重。

回过头来看这几年，我们确实有些问题，可能大家都知道的山东一个客户通过我们电话银行买卖黄金的问题，由于我们当时系统中存在的漏洞，他反复交易100多笔，不当得利2 000多万元，我们认为他是不当得利，后来从他账户上扣收了，客户不服，到处告，经过一审、二审，最后判决我们胜了。在这个案件中，我们没有资金上的损失，但是声誉影响是有的。媒体上一报道，说客户利用工商银行系统不完善获取不当得利，这一听系统有不完善之处就不硬气了，不像这次，一化验一点毛病没有，非常硬气。还有更荒唐的是账户黄金报价问题，这完全是我们交易人员的误操作，100多块钱报成了800多块钱，几分钟时间，影响就很大了，对我们造成的影响很坏。再比如说，我们是上海黄金交易所最重要的金融类会员，我们场内交易额占它场内交易额的近30%，所以它现在一提到工商银行就说了不起。但我们和黄金交易所的系统对接上，也出过好几次毛病，人民银行、银监会都来问。虽然主要是由于金交所系统有些问题，但最后我们自身也采取了很多措施，予以了完善。我举这些例子就是说贵金属业务发展的过程中是面临各种各样风险的。如果说银行是一个信用机构，银行是凭信用吃饭的，那么在贵金属业务上这一点体现得尤为突出。现在我看到这些贵金属实物产品，坦率地说我有一个担心，担心有人仿造。所以我们必须尽快在实物金里嵌入二维码，这将来有了问题才能说得清。工商银行的黄金不可能有假，我们一定要亮出这块牌子。总之，在加快贵金属业务稳步发展中，一定要高度防范各种各样可能出现的风险。一旦出现问题，要及时果断妥善地应对。

总的来说，工商银行业务转型的任务还很重，工商银行经营转型的路还很长。在这过程中，加快贵金属业务发展，是我们一个很重要的任务。红力行长刚刚说到了，我们贵金属业务收入，占我们中间业务收入的3.04%，像汇丰银行等国际大银行，它的贵金属业务收入占营业收入的5%，这就不是一个概念了。希望大家进一步重视这块业务，把这块业务做好，把贵金属业务提高到工商银行发展战略的高度来认识这件事情。

在中国工商银行金融资产服务业务管理工作会议上的讲话

杨凯生

（2012年10月26日·根据录音整理）

我利用这个机会就谈三点意见。

一、为什么要重视金融资产服务业务管理

昨天总行印发了《金融资产服务业务管理基本规定（试行）》。今天，总行又专门就《基本规定》的实施召开一个全行性的会议，这体现了总行对有关工作的重视。为什么要如此重视这项工作？为什么董事长在今年上半年要就加强金融资产服务业务的管理问题向党委正式写一封信？为什么总行要花半年多的时间、组织20多个部门参与、经过反复沟通研究拿出这个有100多条款的《基本规定》？答案很简单，因为全行金融资产服务业务的量越来越大，在全行业务中的收入占比越来越大，同时与之相随的风险也越来越大。这几个“越来越大”，要求我们不得不重视这项业务的管理。

到今年6月末，金融资产服务业务中的资产管理类、委托管理类、代客交易类、承销类、代理销售类、咨询类6大类业务余额已达7.18万亿元，9月末的余额更是达到了7.57万亿元，接近我们表内总资产的45%；从交易额看，到6月末，6大类业务交易额为7.31万亿元，9月末则达到10.36万亿元，增长非常之快；从收入额看，到6月末收入229.72亿元，9月末达到340.08亿元，比同期增长了36.06%。

但与银行传统的存贷汇业务相比，我们对金融资产服务业务，特别是对其中近年涌现的一些新型业务了解还不是很多，对管理中存在的各种问题和风险认识也不足。

首先，对相关业务的定义就不是很清楚。金融资产服务业务到底指哪些业务，坦率地说，到现在为止并没有一个十分统一明确的定义。比如说，前面提到了6大类业务，即资产管理类、委托管理类、代客交易类、承销类、代理销售类和咨询类等，而按照我们“金融资产服务业务统计制度”规定，除了这6类之外，还有基础类业务。所谓基础类业务，包括结算、银行卡和电子银行等业务。可见，关于金融资产服务业务的内容、定义都还处于逐步明确、不断深化的过程之中。正因为如此，管理中存在这样那样的问题也就不足为奇了。这次制定印发《基本规定》，总行就是力图进一步把这些问题加以明确，以利于有关业务的健康开展。

其次，除了业务内容之外，其实我们对金融资产服务业务的性质认识也还不够清楚。我们过去对金融资产服务业务的一些说法，比如“表外业务”、“表表外业务”、“表外外业务”等，实际上就反映了我们对这些业务性质的认识不是很清楚，这也导致我们在业务发展中出现一些问题。就拿理财业务为例，理财业务到底是什么性质的业务？理财业务是不是为了绕规模发放贷款？是不是高息揽存？是不是单纯为了增加银行中间业务收入？这些疑问，反映了我们在特定的历史阶段，对这类业务的认识是不够准确的，这些不准确，也带来了市场和监管部门的一些质疑。所以，这两年来，我们反复强调理财业务“三不是”：银行发展理财业务不是为了绕信贷规模、不是为了高息揽存，也不是单纯为了增加银行的中间业务收入。正确的说法是，发展理财业务是金融市场发展的客观需要，是投资者多元化投资的需要。银行理财产品是给投资者提供的多元化的投资工具。投资于理财产品的资金主要也是用于支持实体经济运行的。开展理财业务也提升了银行应对利率市场化改革的能力。当然，银行在提供服务的过程中相应会有收入，这是银行调整业务结构、调整收入结构的自然结果。

还需要注意的是，我们发展金融资产服务业务到底

有什么风险，风险会体现在什么地方，风险到底大不大，对此我们了解并不多，认识并不深。相应地，我们对有关业务的管理办法不多、管理要求也不够明确。实际上，金融资产服务业务操作很复杂，潜在的风险涉及政策风险、信用风险、监管风险、法律风险、道德风险、操作风险、市场风险、声誉风险等多个方面。这几年来我们实际业务中已经发生了一些风险。

比如说代理的直接投资业务，投资解禁期到了，客户要求退出，但由于我们操作不当而没有及时退出，最终导致了纠纷和损失。这里的问题是，在投后的管理中，我们有没有明确的退出机制、究竟谁有权决定退出、应该在什么时机退出，我们和投资者各自在其中应负什么样的责任，等等。对这些问题，此前，并不是都很清楚。这反映了我们对有关风险的认识不全面、管理机制不健全、业务操作不规范。

再比如代理信托业务，从理论上讲，银行只是代理，业务风险跟银行没什么关系。但实际上不是这么简单。如果信托产品不能按约定兑付，如何应对投资者的诉求？到底是信托公司的责任、是银行的责任还是投资对象的责任？这些问题，在目前的市场条件下很难说清楚。我们经常认为，在金融资产服务业务中，风险应该由投资者承担，银行只是履行代理操作职责，只拿了一些佣金和手续费，最多参与一点超额分成，因此银行不应该承担风险。这些说法是有一定道理的，但事实上绝没这么简单。一方面，是因为中国在转型过程中市场发育水平还不够，投资者教育还不足，有关法律还不够健全；另一方面，经过这次金融危机，我们可以看到即使一些比较成熟的市场规则也受到了挑战。以香港为例，典型的就是有关迷你债（mini bond）问题，到底是投资者的责任还是银行销售不当的责任？这种官司实际上打不清楚，最后有关银行都代赔了损失。

此外，当业务真的发生了损失，我们应对的规则也不清晰，没有损失处理机制。如果不能及时处理，能不能长期挂账？直接垫款合规不合规？符合不符合监管要求？对有关业务事先能不能提拨备，代理业务怎么提拨备？这些问题财务会计准则、有关监管规定也是模糊的，还需要在实践中理顺。

总之，从上面说的几个方面来看，我们必须重视金融资产服务业务的管理，否则时间越长问题会越多。现在制定印发《基本规定》是必要的。

二、怎么看待《金融资产服务业务管理基本规定》

《基本规定》的制定历时半年之久，总行二十几个部门都不同程度地参与了。现在这个版本基本成熟了。但是正因为存在我刚才所说的这一系列的问题，注定了这个《基本规定》今后一定还需要不断完善。

在制定《基本规定》的过程中，我曾明确提出要坚持几个基本原则。

第一，要有明确的业务授权和限额。各金融资产服务业务部门没有授权和限额不得开办相关业务。要对不同客户、不同行业、不同类型的业务设定限额。当然，有些限额的制定现在还有难度，但这个指导思想必须明确。第二，开办相关业务必须前中后台分开。这是个重要的指导思想。第三，各部门要明确责任、各负其责。比如说，金融资产服务业务，客户准入怎么管、限额管理谁落实、投资决策谁负责、存续期管理谁来做、资产估值怎么做，最后的业绩考评、损失处置由哪个办法规范、哪个部门来实施，等等。这些问题，都要力求明确。

这几条原则是制定这个规定的基本出发点。当然，要完全落实这些要求，目前也有难度。比如最后一条“明确责任、各负其责”问题，《基本规定》有些地方写得还是比较原则的，这是因为一些问题还需要在实践中不断摸索、完善。《基本规定》确定了一年的试行期，就是希望一年之后，全行对各项业务能有更全面的认识，寄希望通过一段时间的实践，能够把《基本规定》修订得更完善。

《基本规定》印发后，各分行、各部门、各子公司都要认真学习研究，了解这个规定的基本要求。同时，《基本规定》还要有一系列配套的办法、流程、细则，总行已经明确了制订这些配套办法的负责部门，大家要限期完成。相关分行开办金融资产服务业务的，要主动按照《基本规定》明确的原则、职责、流程来办理。总行和分行、总行各部门，既要强调各自的责任，也要强调彼此协同。在落实具体工作要求的时候，既要注重业务发展，更要注重加强风险管控。

另外，据了解，现在有一些金融资产服务业务还停留在手工处理阶段，这种情况要尽快整改，要尽快统一纳入 IT 系统管理。同时，由于金融资产服务涉及的业务很多，各部门在开发相关系统时，要避免浪费，不要搞重复开发，要力求在总行统一规划、统一系统框架内来完成，确保达到业务全面统计、定期分析、刚性控制等基本目的。

三、工商银行有条件把金融资产服务业务发展好管理好

发展金融资产服务业务是我行既定的战略方针，这是我行经营转型的需要，是我行调整资产结构和收入结构的需要。同时，我们也有条件、有基础把有关业务发展好、管理好。

我们强大的存贷汇业务为金融资产服务业务的发展和管理提供了坚实的基础和平台，比如客户基础、机构基础、渠道基础、IT 基础以及比较成熟的风险管理基础等。我们一以贯之的比较成熟的风险管理思路，是完全可以移植、应用到金融资产服务业务中来的。这些都

是我们发展金融资产服务业务的重要基础。工商银行历来讲风险、讲管理、讲审慎经营，这已经成为工商银行企业文化的重要组成部分。有了这个文化，我们在今后发展金融资产服务业务中，一定能够不断总结、及时完善，随着对业务认识的不断深入，一定能够把金融资产服务业务的各项管理工作做得更好、更有成效。

在中国工商银行2012年度决算工作会议上的讲话

杨凯生

（2012年12月6日·根据录音整理）

年终决算工作会议每年都要开，在当前形势下更有开的必要。董事长对今天这个会议也非常重视。刚才董事长和我研究了会议上的一些提法，董事长提出了明确的想法和要求。今天我就讲两个问题，稍后沈如军同志会就决算工作做具体安排部署。

一、努力完成全年经营目标

全行经营目标包括若干方面，今天我主要讲两个目标。一个是财务目标，另一个是资产质量的目标，这两个既定的目标全行要努力完成。

今年以来，全行上下面对纷繁复杂的宏观经济金融形势，紧紧围绕总行经营发展要求，为实现经营目标付出了很多努力。从财务状况来看，前三个季度，集团实现净利润1 857亿元，完成董事会通过的全年净利润计划的78.5%，在国际国内同业中仍然保持了利润增长额、利润实现额第一的领先优势，但净利润的增长幅度明显降低了。前三个季度我行净利润增幅为13.3%，同比回落了15个百分点，回落幅度相当大。在国内可比同业中，我行增幅高于中行（9.85%），但低于农行（19.19%），也略低于建行（13.87%）。从分行完成情况看，36家一级、直属分行净利润预算完成率平均仅为67.75%，低于去年同期16.60个百分点。只有天津、贵州、新疆和西藏4家分行完成了序时进度，而去年同期这个数据为35家。这是我行股改上市6年以来第一次遇到盈利增速如此放缓的情况，这给我们带来了前所未有的压力，需要引起我们的高度重视。之所以出现这种情况，我们分析大体有如下三个方面的原因。

（一）今年以来全行资产负债业务增长的均衡性、有效性受到了冲击，对全行盈利能力产生了一定影响。今年全行的存款情况，从时点数来看还可以，但一是存款时点数波动大、均衡性较差。9月末，境内人民币各项存款（含同业）比年初增加14 169亿元，但日均存款仅比年初增加2 249亿元，同比少增1 250亿元，这对我们利润计划的实现产生了直接的影响。存款增长波动性大不仅增加了财务成本和法定存款准备金的缴存成本，在一定程度上也制约了资产业务发展，影响了全行债券投资及贷款投放能力。二是存款长期化、定期化的趋势比较明显。前10个月，人民币定期存款日均余额较年初增加4 882亿元，活期存款日均余额下降1 758亿元；其中，定期储蓄存款中两年期（含两年）以上存款占比由年初的24.8%提高至10月末的30.5%，提高近6个百分点，导致付息成本增加较快。前10个月，全行利息支出增幅（37.9%）高出利息收入增幅（24.3%）13个百分点。

从贷款情况看，截至10月末，全行人民币各项贷款较年初增加7 442亿元，增长10.6%，应该说贷款增长幅度不算低，但投放进度（51.9%）低于上年同期（54.1%）2.2个百分点，一定程度上影响了全行原定利润计划的实现。经测算，贷款投放进度每降低1个百分点，贷款利息收入将减少5亿元。所以贷款投放首先总量要合适，其次在总量合适的前提下，对贷款投放进度、投放节奏的把握，其科学性、有效性必须进一步提升。

（二）中间业务收入增长乏力，直接影响了利润增长。今年前三个季度全行中间业务收入增幅仅为3.5%，同比回落了40个百分点。境内分行增速虽在四大行中仍处于领先地位（工行、农行、中行、建行境内分行中间业务收入增速分别是3.08%、2.15%、-0.37%和1.61%），但我行的增长速度跟去年相比大幅下滑，这明显拖累了利润增长。到10月底，情况仍然没有好转，境内分行手续费佣金收入同比增速进一步降至1.6%。在收入下滑的同时，各项中间业务发展也不均衡，14类中间业务中“9升5降”，企业年金、信用卡、对公理财等业务收入同比增长超过了20%，品牌类投行业务收入同比增长超过200%，但是由于各种原因，担保承诺、贵金属、代客外汇买卖及结售汇等业务收入同比下降幅度较大。

（三）资产质量的波动对盈利能力增长也带来了影响。资产质量能否继续保持稳定、能否有效地控制住信贷成本，是保证盈利持续增长的重要环节。从前 10 个月的监测情况来看，全行的不良贷款率是持续下降的，但贷款劣变额和不良贷款规模都有所增加，特别是东部沿海地区部分分行风险暴露明显；小企业、贸易融资、个贷及银行卡的贷款质量都出现了不同程度的波动。不少分行已经能够明显感到由于拨备计提的增加对盈利能力的影响。从全行来说，今年前 11 个月提取的贷款减值损失比去年同期增加了 16 亿元，增长 6.02%，但贷款减值准备余额的增量比去年同期少 29 亿元。去年同期，我行核销不良贷款 32 亿元，今年核销 43 亿元。这些都会对我们的拨贷比指标产生影响，而我们如果想保持较高的拨贷比则又会对利润带来影响。尽管今年我们拨备计提比去年多了 6%，但是目前的拨贷比也才刚达到银监会要求的境内分行拨贷比 2.6% 的监管目标值，再低就不达标了，而如果多提拨备财务压力又难以承受。

总的来看，今年以来我们行利润可持续增长的能力是受到了考验的。那么我们今年的利润计划要不要努力完成？为什么现在还要强调要努力实现经营目标？我知道我们有些同志现在有不同的议论和看法，有的同志说本来社会上对我们银行的盈利就有这样或那样的议论，少赚点就少赚点吧，还有的同志说得更极端、更绝对一点，认为工商银行盈利多，要把自己打造成盈利第一的银行，也没看出有什么好处。这些看法我们认为都不正确。我们且不说保持盈利能力的可持续增长，首先是对党和国家的金融事业负责、对股东负责、对投资者负责的体现，即使从自身来讲，我们也需要保持盈利能力的可持续增长。最近我也在反复算账，把这些账也算给同志们听一听。财政部对我们实施利润增长幅度与员工费用增长幅度相挂钩的做法，具体地说就是 1:0.6，利润增长每达到 1 个百分点，员工费用可以增长 0.6 个百分点，利润增长幅度上不去，员工费用增长幅度就上不去。何况我们还要考虑员工人数每年还要有一定增长的情况。最近人力资源部提出明年员工增长计划是净增 7 500人，这主要是考虑到 2014 年、2015 年以后，工商银行将面临一个退休到龄人员增长比较快的局面，大概一年会有 2 万 -3 万人退休。在这种情况下，我们事先不做一点员工储备，不培养一些熟悉业务的员工，到时候我们的服务水准、经营能力可能就会下降，所以这两年来我们有意识地保持了一定速度的人员增长。但是刚才和董事长商量，这个人员计划恐怕要控制一下。为什么要控制呢？因为如果新增 7 500 多人，新增员工的工资大概要占新增工资总量的 16%，简单的一句话，就是新增员工多了，我们在岗员工工资的增长幅度就要受到影响。这里有个两难的问题。人员不增加不行，否则两三年后我们就将面临一个合格员工短缺局面的挑战；但如果增加多了，就无法保障目前在职员工每年收入的合理增长。解开这道难题唯一的办法就是保持一定的利润增长幅度。若利润增长 10%，员工收入可以增长 6%，而这 6% 实际上将近百分之一点几要被新增员工“吃掉”，还有一块是各地政府经常会出台一些诸如住房公积金政策标准、养老统筹标准等上调的政策，这些政策也会形成当地员工费用的相应增加，这又会挤占一块。这两块加在一起大概每年要有 3 个百分点，那么员工费用增长 6% 的话，其中一半的增长在岗员工几乎没有感觉到。所以利润计划的实现，首先当然是考虑为国家、为投资者做更大的贡献，另一方面也是工商银行自身员工费用合理增长的需要。希望同志们能够统一认识，把思想统一到总行的决策部署上来，要意识到完成利润计划对工商银行长远的、可持续发展的意义。

具体到怎么完成今年的利润计划，我想从以下三个方面提些要求：

1. 提高存贷款工作水平，为完成全年财务目标作贡献。要落实好对重点客户存款差别定价的有关精神，对于大型客户的存款统统上浮就不叫差别定价。要不断优化负债结构，有效控制付息成本。要充分发挥好大额资金流向监控平台的作用，加大营销与稳存力度，引导资金在我行体系内循环，减少不必要高成本资金的吸收。在贷款方面，要积极抓好银行贷款定价管理这一银行业务经营发展中最具主动性的工作，新发放贷款浮动水平不仅对贷款投放当年，而且对未来存续期的贷款利息收入都将产生影响，这个工作一定不能放松。总行相关部门要进一步完善精细化的利率管理体系，增强定价管理的科学性和有效性。

2. 中间业务收入在最后一个月内要有所突破。前期，各行对本行全年中间业务收入进行了测算，从上报情况来看，大部分分行对中间业务增收是有信心的，态度比较积极。希望各行以总行进一步加大中间业务收入费用挂钩力度为契机，强化中间业务的组织推动工作。当然在这个过程中还是要严格地执行我们的收费政策，要严格执行今年公布的收费目录标准，不能出现收费合规问题。

要实现中间业务收入的增长，各专业部门的配合联动非常重要。目前，总行承担中间业务增收任务的专业部门约有 16 个，只有大家齐心协力，实现部门、专业联动，中间业务增收才有可能真正抓出成效。从前 3 个季度的情况来看，不同专业不同地区间中间业务收入增长不平衡的现象很明显。我们总是说中间业务收入增长乏力，主要是客观环境、外部监管政策调整的问题，但是如果仅仅是这个原因，那对大家的影响应该是一样的，对各行的影响应该是基本相同的，但实际情况不是这样。从同业占比来说，14 类业务收入总量同业占比“5 升 9 降”，投资银行、国际结算、代理保险、人民币结算和企业年金5类业务收入同业占比同比是提高的，但担保承诺、贵金属、委托贷款与贷款服务等9类业务收入同业占比同比下降。区域结构方面，30家分行中间业务收入同比增长，其中西藏、江西、湖北和贵州4家分行增速超过20%，8家分行同比下降，其中2家分行下降幅度超过15%。从同业情况来看，全行仅有10家分行结算、代理、理财三类业务收入实现了总量和增量同业占比“双领先”，到10月份，三类业务“双领先”的分行进一步下降至8家。因此，中间业务收入增长乏力，除了受市场和监管环境影响，恐怕不能排除部分专业和部分分行组织推动较去年有所松懈等方面的因素。下一阶段，各专业要按照年初确定的工作目标，加强系统推动和产品创新，力争为全行中间业务增收多做贡献。财务会计部要对市场竞争力提升和下降的专业在考核结果上有所体现。

3. 要千方百计保持资产质量的稳定。稳定资产质量，目前来说就是要求不良贷款额努力保持在年初水平，不良贷款率要比年初有所下降。这是董事长明确提出的要求。虽然目前不良贷款率比年初下降应该不成问题，但是不良贷款额保持在年初水平难度较大。董事长在传达十八大精神的分行党委书记、行长会议上提出的要求很明确。只有这样才有可能尽量降低信贷成本和拨备计提的财务成本，为利润目标的实现做贡献 。

除了上述三个方面的问题之外，我还要专门强调一下费用管理问题。这几年，由于利润情况比较好，利润年复合增长率超过30%，所以我行的费用支出相对比较宽松。这是合理的。近年来，我们利用盈利能力比较强的机会，下大力气抓了一些营业网点的新建、改造。除了基层营业网点外，我们还利用这个机会搞了一些一级分行、二级分行营业办公楼的改建。记得前两年抓网点改造的时候，总行就曾经强调“要抓住机遇”。现在看来这个机遇我们还是抓住了。如果按照今年的盈利能力，坦率地说许多事情可能就力不从心了。同时随着盈利能力的增长，这几年来我们员工的收入也相应地有了合理的增长，原来和有的同行差距是比较大的，通过这几年这种差距缩小了，同志们应该有感觉，特别是一线的员工、基层的员工。这和我们近几年盈利能力的提升是明显有关系的。去年集团的营业费用约1 400亿元，为2006年股改上市时的2.2倍，折合为年复合增长率是16.7%，我觉得这与我行净利润年复合增长率30%是相适应的。

但是现在的问题是利润下来了，我们的费用支出恐怕也要相应下来了。董事长说“利润增长得快，费用支出可以增长得快一点，利润增长得多，费用支出增长也可以相应地多一点，但是利润增长得少，费用增长肯定就少，如果亏损了，费用可能就要负增长”，简单地说就是这么个道理。随着利润增长幅度明显放缓，同志们要有过紧日子的思想准备。

前不久的分行党委书记、行长会议上，有的同志提出过考虑到今年的宏观经济金融形势，要不要调利润计划的问题，总行经过研究，认为可以采取一个比较实事求是的做法，就是在考核42家一级、直属分行和一类营业部预算完成情况时，对于预算完成率排名处于前30位的分行，可以视同完成预算，以此激励分行努力提升盈利水平。同时，和EVA核心指标挂钩、以价值创造为导向的费用资源配置机制必须坚持。之所以这样做，除了要维持办法的严肃性和稳定性以外，更重要的是要形成一个长期、有效的机制。因为这个办法不是管今年一年，在经营形势开始出现逆转的情况下，在今后几年，这种费用管理机制更需要坚持，否则的话就难以有效地激励和约束全行的经营行为。所以这里我要重申一下，今年整个的经营计划和利润计划是不做调整的，原来和效益挂钩的费用配置模式是要坚持的。大家要意识到，越是在经济下行、越是在经营遇到困难的时候，坚持这种机制的必要性就更加显现。原来一再提倡的价值创造、效率优先的原则，我们不会放弃，并且在今后的各项管理中，会把它体现得更加充分。因为工商银行不能搞短期行为，我们要打造百年老店，必须有一套健全、有效、能稳定大家预期的机制。这一点要和同志们说清楚。

二、要进一步严肃财务纪律，规范财务行为

今天我要专门讲一讲严肃财务纪律，规范财务行为的问题。这个问题和第一个问题有联系，但是还不能完全从完成今年利润计划这个角度来理解这个问题。不是说为完成今年利润计划，大家要严肃财务纪律，少花一点钱，不是这个概念。

前面已经讲到，股改上市这几年来，在净利润年复合利润增长率超过了30%的情况下，营业费用年复合增长率保持了接近17%的增长，费用的支出环境是比较宽松的。在这种大环境下，这些年来外部监管部门如审计署，对我们的检查主要的重点是放在信贷管理方面，财务上的检查是比较少的。这几年来，在这样一种相对宽松的财务列支环境下，我们财务纪律的意识有所淡薄了。前一阶段，总行财会部组织了一次内部规模不算太大的财务检查，看到了一些问题，今天我要特别点一点，希望引起各行的重视。

检查中发现，部分行员工的工资费用和福利性费用的关系没有定位好，列支存在问题。近两年来，财政部一直在规范国有企业员工福利费的列支问题，不仅明确规定了职工福利费的类型和形式，也明确要将五项福利补贴纳入工资总额管理。从近几年国家对职工福利费管理模式和政策发展方向看，今后职工福利费将逐步以现金形式纳入工资总额管理，最终可能取消职工福利费项目。而我们现在有的分行还在工资外大量列支所谓的

"福利费"，如搞实物福利甚至发放各种购物卡，还有少数南方分行给员工发放冬季取暖补贴，还有个别分行在发放车改补贴的同时还给员工报销车辆使用费，这些做法是不合规的，也是经不起检查的。

更不应该的是，有一个分行一次性买酒××万元，这能买多少瓶酒？到底是不是买酒了？是谁喝的？是不是要重新上演去年广东中石化150余万元买酒事件引发的一幕？再比如说，有一家二级行，在同一家酒店，一年内的会议费达127笔，费用超360万元，算一下大概就这个二级行，在这一家饭店，每两天有一个会，每天在这个饭店的费用开支是1万元，这个经得起经不起检查？同志们一听就知道了。再比如说，我们现在车改了，公务车相对少了，但是有一家二级分行，几台公务车年台均汽油费超过26万元。有一个二级分行，一次买毛巾120万元，按20元/条计算人均可发放毛巾数量超过60条！

今天上午董事长专门和我说，对这些问题必须严肃地讲一讲。我们判断，在利润高的时候，外部检查重点查的是利润来源合理不合理、是不是乱收费造成的；利润少了，恐怕就要查截留利润问题、乱列支费用问题、"小金库"的问题。所以我们必须要努力维持多年以来打造的稳健、审慎、合规的形象。如果我们现在不主动地抓这个问题，不前瞻性地抓，不及早抓这个问题，今后在这方面形成被动的可能性很大。像刚才我举的这几个例子，不需要深入检查，就可以发现不合理，不应该。这些问题反映了这些年来，在我们一些同志当中，财务纪律的意识淡薄了。对这些问题应该怎样去规范，不规范会导致什么样的后果，我们考虑得少了。在这些问题上，我们的头脑不是那么清醒。我们一定要注意这些问题，一定要充分汲取有些兄弟企业、兄弟银行在财务列支上由于一笔两笔不规范就给这个企业带来重大伤害的教训。随着社会的发展、经济的进步，由于种种原因，大型企业、大型银行和广大消费者、社会公众的利益相冲突的地方似乎越来越多了，不仅是中国，在西方也是如此。在这样的情况下，就更加要求大型企业、大型银行要时时处处检点自己的经营行为，包括经营态度、服务水平问题，包括保护消费者合法权益的问题，也包括自己的管理问题。不正确的"奢华之风"，花钱大手大脚，铺张浪费的行为必须努力刹住。

十八大召开后，党中央提出了一系列新的要求，对党风建设、对工作作风的端正也作出了一些新的规定。我们工商银行在这方面要认真地落实，努力地跟上，把各项工作做得更主动、更认真、更有效，要继续秉承一以贯之的厉行节约、勤俭办行的基本经营理念。各分行包括一级分行、二级分行，以及各部门一把手对于财务的合规性要负总的责任；各级财会部门要切实负起严格日常财务管理的责任，要增强合规意识。在政策把握方面必须要有明确的立场，要把好关。

快到年底了，财务列支中"突击花钱"的问题一定要注意把握好。列支要合理，该当年列支的当年列支，不该当年列支的就不要当年列支，特别是不允许列支后套现放在一边，然后来年再说。这是不允许的。有一个二级分行一个月当中向办公室一个员工支付各项费用200多万元，一个员工一个月报销200多万元这可能吗？有的分行全年大部分的职工福利费、劳动保护费甚至业务宣传费都集中在年底发生，这都是突击花钱的表现。这些情况也对我们传统的财务管理办法提出了新的要求。过去的"基数法"是不合理的，今年花少了，明年就更少；今年花多了，明年就可以要到更多。我们现在对分行的考核和EVA挂钩后，这种情况基本上已经很少了。但是有的时候，我们对各部门的费用列支计划还是存在"基数法"的概念，这容易造成一些同志不合理的支付习惯。这种做法第一不合规，第二业务水准也很差。对这些问题都要提高到"依法合规经营"的高度来充分认识，否则今后的隐患是很多的。因此，各行一定要增强费用安排和列支的计划性、均衡性、规范性，要密切关注向个人集中支付大额资金可能产生道德风险甚至滋生腐败的问题，提高费用管理的综合调控能力。

说到严肃财务纪律、降低财务成本的问题，我专门讲一讲固定资产投入的成本管理问题。这几年，总行在一些网点的改造、建设和一些必要的营业办公楼的建设等固定资产投资方面花了一点钱，从新建网点的人均存款、网均存款和老网点的比较来看，总体效果不错，对提升我们的核心竞争力发挥了重要的作用。但是在固定资产投入方面，成本意识、效率意识在有些地方表现得还比较淡薄。主要是两个，一个是房屋购置，另一个是车辆购置。拿房屋来说，今年到11月为止，总行审批的固定资产投资项目中，总行认为价格偏高的项目有34个，打回去之后，通过进一步的谈判，其中有16个项目确实又降低了价格。所以这里面的谈判余地和空间还是有的。如果不打回去，这16个项目就稀里糊涂按照原来的价格支付了。这里面就容易出现这样或那样的问题。希望各级行在这方面要认真负责地把关，把固定资产投入的成本管理工作抓好。这些钱笔一挥，几千万元、上亿元的钱就出去了，1亿元的钱要通过投放多少贷款才能收回来？所以这一点我们一定要注意。

今天国际业务部的同志也在，我想利用这个机会讲一讲加强境外机构财务会计基础性管理工作的问题。今天是年终决算会议，年终决算既包括境内分行，也包括境外机构。我们现在境外机构越来越多了，但是由于境外机构外派人员有限，而且派出去的人员当中，真正熟悉财务会计的人员比较少，也比较缺乏财务会计管理的经验，因此，我们看到境外机构日常的财务报表、财务分析和财务预测工作的质量，与境内分行相比还有一定的差距。我们担心境外机构的财务会计管理会不会越来越成为我们集团财务会计管理的一个短板。FOVA 系统上线后，应该说为加强境外机构财务会计管理奠定了一个重要的基础，以后需要进一步加强。从目前来看，境外机构许多会计处理过多地依赖中介机构、审计机构。依赖外部机构并由其来负责我们最终的会计核算、财务决算会带来一个问题，就是及时性比较差，造成每年审计调整的数量和金额都比较多。境外机构审计完成不及时，不仅影响境外机构的日常财务会计管理水平，而且会严重影响到总行集团报表的编报进度。

就财务开支的管理而言，境外机构怎么管、怎么管好的经验不是很足，运行机制也不是很完善。固定资产怎么管？台账怎么建？日常费用怎么管？再加上各国的制度也不尽一样。比如说，海外普遍没有发票制度，有些开支只能凭小票，甚至凭有权人签字的白条来反映一些费用的支出情况。这种情况其实对我们的管理水平要求就更高了，否则的话这里面会留下很多问题。再比如说，各国的监管要求、监管政策不尽一致。在拨备的计提上，有的国家想收税，不让多计提，没有出现不良就不让提，不像我们有拨贷比要求，没有出现不良也必须提足 2.6% 的水平。所以下一步要把境外机构财务会计管理的问题作为一个重要问题提到议事日程上来。明年总行财会部和国际部要一起研究，把境外机构的财务会计管理真正地解决好。境外机构的行长、总经理要高度重视财务会计核算和财务管理工作，充分认识到财务会计工作对全行经营发展的基础支持作用，认识到会计信息失真给本机构乃至集团带来的风险，同时要注意加强合格财务会计人员的配备，确保各项基础财务会计管理工作的开展及财务制约机制的建立。总之，既要因地制宜，同时要有一套统一的、集中的财务会计管理机制和办法，这一点要作为明年的一个重要任务把它抓好。

今天我就讲这么两个问题，一个是全年经营计划实现的问题，再一个就是严肃财务纪律的问题。希望通过今天的会议，能够引起各行、各部门、各级机构的重视。大家要齐心协力，既要把今年的经营目标完成好，同时要把工商银行长远的财务管理、会计核算机制进一步完善好，把我们长远发展的基础进一步夯实好。

加快经营转型步伐
积极应对资本监管改革挑战

——在中国工商银行贯彻十八大精神　推动科学发展研讨会上的讲话

杨凯生

（2012 年 12 月）

前言

2012 年 6 月 7 日，银监会颁布《商业银行资本管理办法（试行）》（中国银行业监督管理委员会令 2012 年第 1 号）（以下简称《办法》），并将于 2013 年 1 月 1 日起实施。《办法》实现了国内资本监管标准与国际最新监管标准的接轨，体现了巴塞尔 II、巴塞尔 III 等国际监管标准的最新要求。遵循这些规则是我们在国内和国际市场所无法回避的责任和义务。

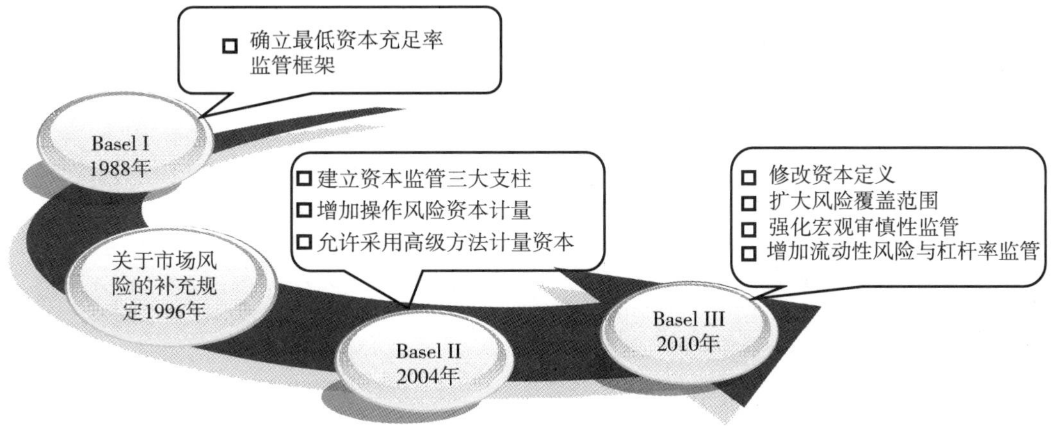

《办法》对我行经营发展提出新要求

《办法》将使我们面临更强的资本约束，与现行资本监管标准相比，《办法》覆盖的风险范围要求更广、资本质量要求更严、资本充足率要求更高。

为实施《办法》，全行上下要进一步强化资本集约使用意识和风险收益均衡意识，准确把握各类业务资本占用的规律和特点，加快经营转型步伐，走出一条有工商银行特色的可持续发展之路。

一、十年来我行实施资本管理的有关情况

背景

自 1999 年巴塞尔新资本协议征求意见以来，我行一直注意跟踪研究国际上实施新资本协议的有关问题，在借鉴国际经验、吸取金融危机教训的基础上，有效把握自身经营特征，逐步开发投产了对信用、市场、操作等各类风险的计量工具，并将风险量化结果应用于经营决策、资本配置、产品定价、绩效考核等经营管理全过程，逐步形成了全行统一的风险偏好、风险战略和风险文化。

尤其是 2010 年巴塞尔资本协议 III 颁布、银监会自《资本管理办法》征求意见以来，我行加快了有关工作进度，接受了银监会关于实施我国的《资本管理办法》的四轮评估指导，并按照监管要求及《办法》的有关规定进一步完善了公司治理，健全了政策制度，规范了工作流程，优化了计量方法，改进了 IT 系统。

十年来我行加强资本管理的工作进程

我行 2003 年成立了巴塞尔资本协议实施领导小组，有计划地为实施国际、国内的资本监管要求，开发了一系列的项目。

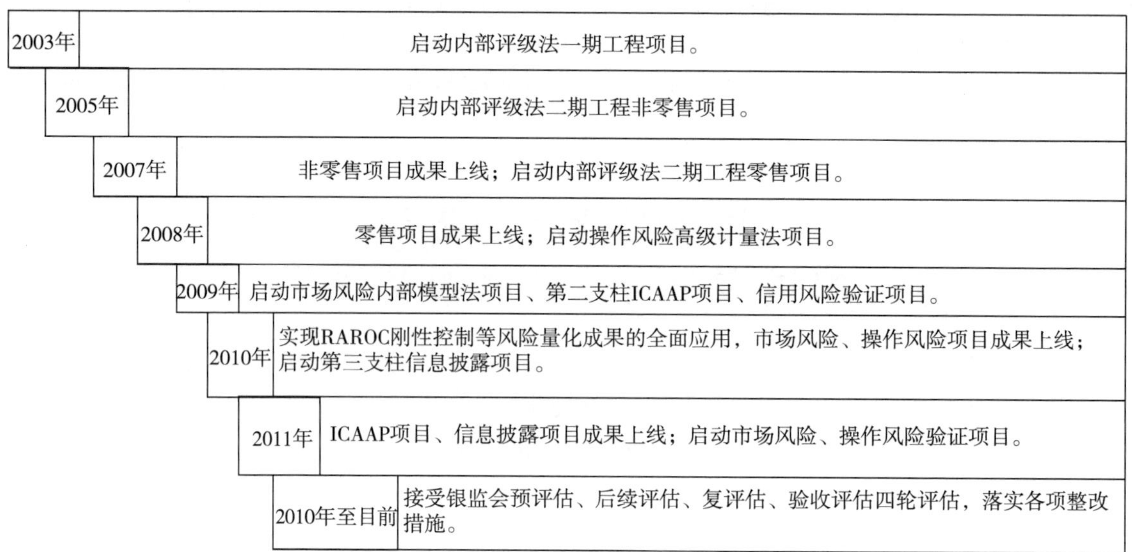

主要工作成果

截至目前，我行已开展了近 20 个实施项目，开发了 162 个量化模型，研发投产了 33 个相关 IT 系统，量化结果在风险管理全流程得到了广泛应用。

第一支柱方面，实现了信用、市场、操作等主要经营风险的量化反映及评价，研发和完善了覆盖经营风险管理全流程的 IT 系统，推进风险计量结果在风险管理全流程的应用，实现了各类风险识别、量化、监测与控制的规范化运作，建立起以 RAROC/EVA 为核心、风险与收益相匹配的资本配置体系。

第二支柱方面，构建了全面风险管理体系，明确了风险偏好，建立起实质性风险评估、资本充足率预测、整合性压力测试三位一体的内部资本充足评估程序。

第三支柱方面，在完成上市公司季度信息披露的同时，模拟开展了四期资本管理达标信息披露。

2012 年 12 月，银监会下发了《中国工商银行实施资本管理高级方法的验收意见》。目前，我行已具备了实施条件。

（一）第一支柱监管要求：最低资本要求

三大支柱分别是指最低资本要求、监督检查和市场约束。其中第一支柱是核心。

第一支柱的具体监管要求。涵盖信用风险、市场风险与操作风险三大风险，覆盖三大风险的资本必须满足最低资本充足率目标。资本计量提供了备选方案，信用风险包括标准法和内部评级法（IRB），内部评级法又分为初级法和高级法；市场风险包括标准法和内部模型法；操作风险包括基本指标法、标准法和高级计量法（AMA）。商业银行风险管理水平不同，可以适用的资本计量方法不同。

1. 信用风险内部评级法：基本概念

什么是内部评级法

商业银行基于内部评级体系（客户评级、债项评

级、零售资产分池）估计的风险计量参数（PD、LGD、EAD、M）计算风险加权资产。

内部评级法允许风险管理水平高的银行使用自己测算的风险要素计算资本要求，资本监管的风险敏感性、有效性大幅提高。

初级内部评级法——银行只估计 PD，其他参数由监管给定；高级内部评级法——银行需估计所有参数。

零售没有初级法、高级法的区别，且风险加权资产计算不考虑期限因素。

风险参数	含义	主要决定因素
PD	客户一年内违约的可能性	客户信用等级
LGD	一旦客户违约导致的贷款损失程度	是否采取抵押、采取何种抵押
EAD	一旦客户违约的风险暴露大小	贷款额度
R	贷款所属企业之间的关联度	客户规模、违约概率
M	贷款的平均回收时间，最长取 5 年	贷款剩余期限

信用风险内部评级体系的整体架构

信用风险内部评级法建设主要分三大块：一是管理政策方面；二是数据的整合方面；三是模型的建立和应用方面。其中，模型（风险计量）是核心，应用是目标，管理政策、数据和系统是模型开发和风险计量结果应用的基础和支撑。

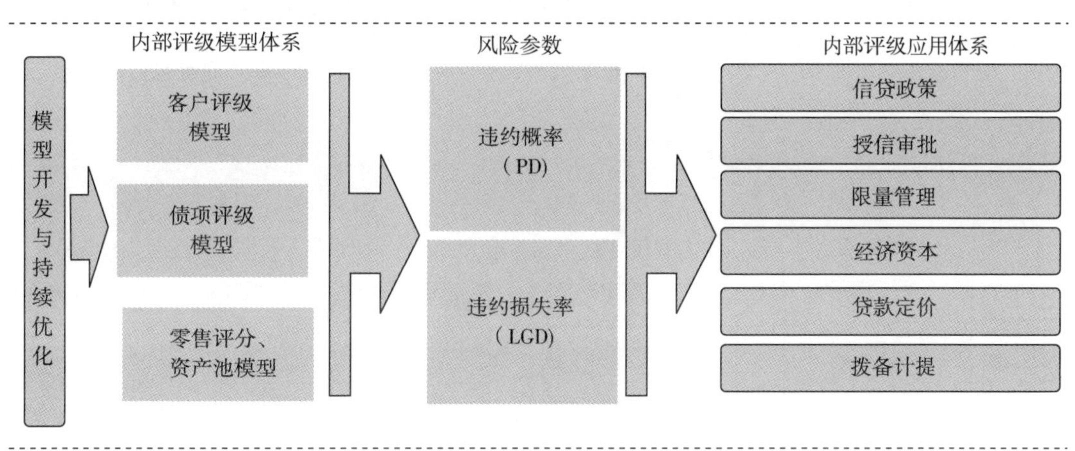

信用风险内部评级法：管理政策体系

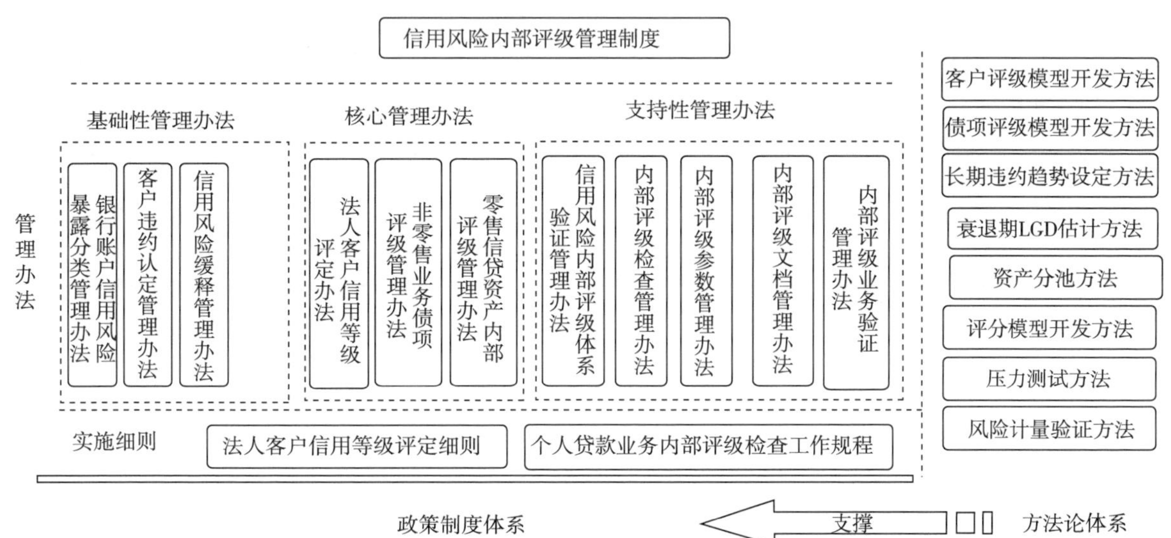

制定了以内部评级管理制度为第一层级，法人客户信用等级评定办法、非零售业务债项评级管理办法、零售信贷资产内部评级管理办法等为第二层级，各类评级实施细则为第三层级的评级制度体系，建立了制度完备、过程规范的评级管理政策体系。

信用风险内部评级法：数据

建立南北两大数据中心，2002 年完成全行数据大集中，2008 年投产全行企业级数据仓库，积累了较为完整的信用风险数据。

非零售方面，积累了自 1999 年以来 411 万户（有贷户 195 万）法人客户的基本档案信息、财务报表信息、评级信息，超过 700 万条借据的基本信息、担保信息、贷款交易明细等数据。

零售方面，积累了自 1998 年以来 2.82 亿个人客户（有贷户 1 500 万、信用卡客户 8 000 万）基本信息、申请信息、中间业务信息、交易信息等。

数据积累长度和质量满足监管要求

非零售和零售违约、损失数据积累均已超过 10 年，满足 PD 量化至少 5 年、LGD 量化至少 7 年的最低数据要求。

建立了全行数据质量管理标准和平台，开展内部评级业务复核验证，数据质量满足要求。

信用风险内部评级法：模型概况

建立了非零售客户、债项二维评级体系。

开发了 34 个法人客户评级模型，实现了对所有法人客户违约概率（PD）的计量。

开发了覆盖全行 175 个信贷产品的 3 类债项评级模型，实现了违约损失率（LGD）的计量。

建立了零售信用评分模型和资产池划分体系。

开发了 75 个信用评分模型，覆盖了个人业务客户准入、账户信贷审批和业务管理的完整生命周期，实现了对客户或者单个账户未来风险状况的识别。

划分了零售信贷资产池，并基于资金池实现了违约概率（PD）、违约损失率（LGD）、违约风险暴露（EAD）的计量。

信用风险内部评级法：非零售模型体系

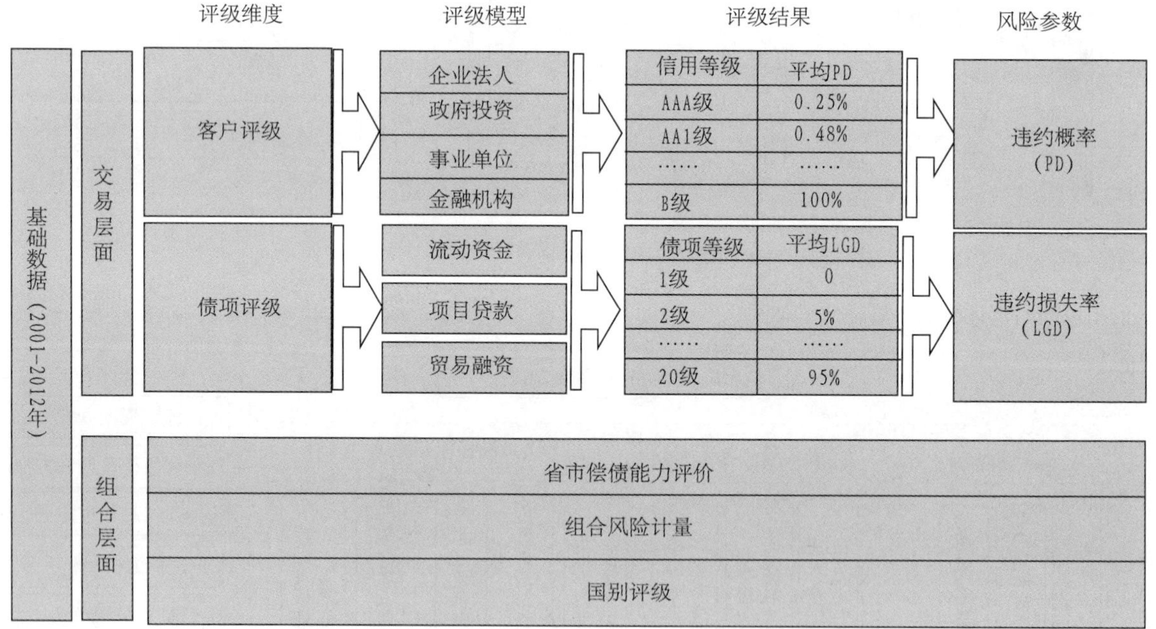

信用风险内部评级法：法人客户评级模型

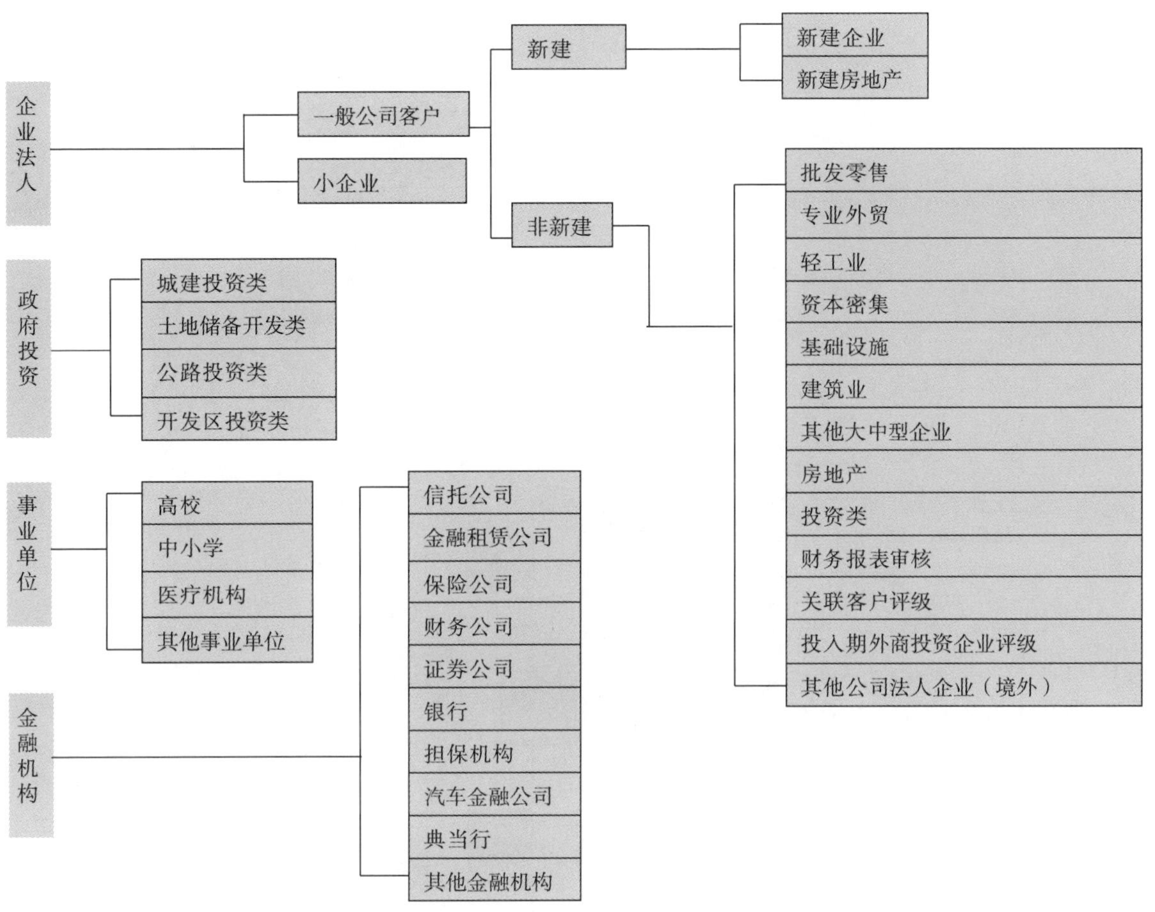

信用风险内部评级法：零售信用评分模型

零售信用评分模型

评分类型	预测目标	模型分类	适用对象	管理应用
客户评分	预测客户未来一段时间内变为风险客户的概率	外部征信评分模型	人民银行征信报告中有个贷或信用卡信息的客户	对客户进行风险排序，为客户分类、营销和申请审批等提供决策依据。
		内部客户评分模型	无征信报告或报告中无个贷和信用卡信息的客户	
账户评分	预测单个账户未来一段时间内变为风险账户的概率	申请评分模型（AS）	新申请账户	对单个账户进行风险排序，为申请审批、贷后管理、催收、调额和交叉营销等提供决策依据。
		行为评分模型（BS）	存量未逾期账户	
		催收评分模型（CS）	早期逾期（逾期1－60天）账户	
		营销评分模型（MS）	存量未逾期账户	

信用风险内部评级法：零售资产池划分

零售资产池划分

确定了违约、损失、风险暴露等关键定义。

通过划分“PD资产池”、“LGD资产池”和“CCF资产池”，实现PD、LGD和EAD的计量。

PD、LGD、EAD估计值采用长期平均方法。

在风险参数计量基础上，进一步计算预期损失、非预期损失、RAROC，并应用于拨备计提、经济资本管理、贷款定价、绩效考核等领域。

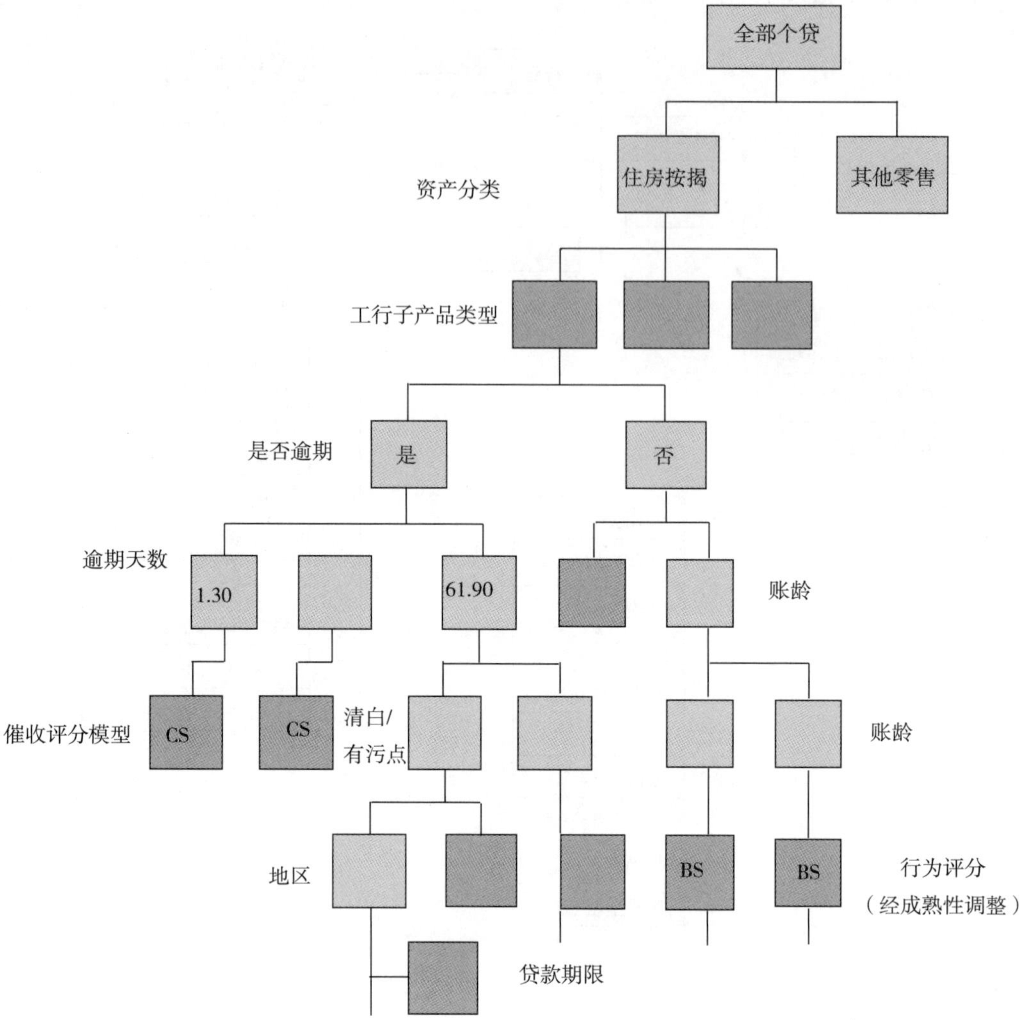

全部个贷
资产分类 住房按揭 其他零售
工行子产品类型
是否逾期 是 否
逾期天数 1.30 61.90 账龄
催收评分模型 CS CS 清白/有污点 账龄
地区 BS BS 行为评分（经成熟性调整）
贷款期限

信用风险内部评级法：IT 系统

研发了评级数据管理、信用风险计量、后台管理等全流程的内部评级系统，实现评级前、中、后台的系统化管理。

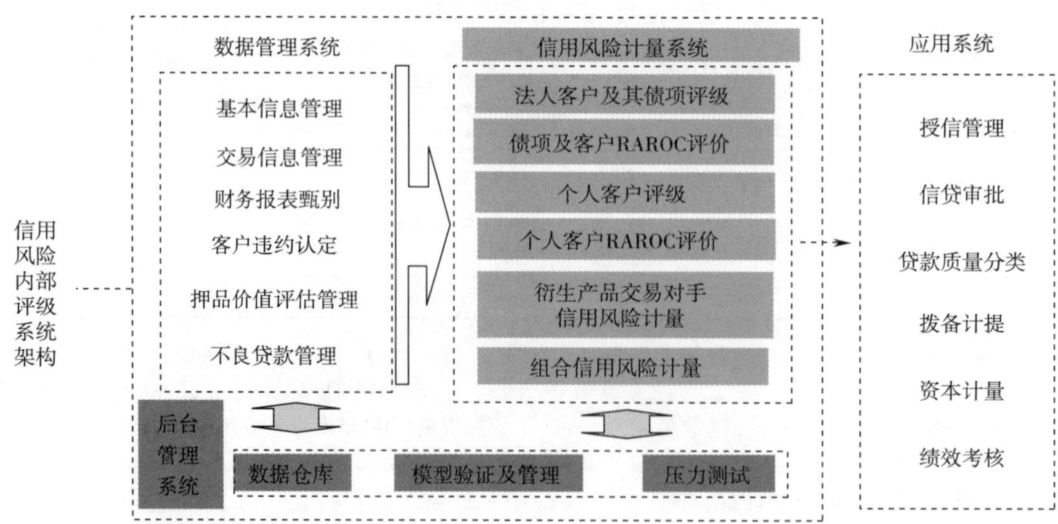

信用风险内部评级法：实施成效

实现了内部评级结果在信贷政策、授信审批、限额设定、贷后管理、风险报告等核心领域的深入应用。

信贷政策	• 2003年起将客户信用等级作为信贷准入标准，2010年起将客户信用等级、RAROC作为行业信贷政策的重要内容。
授信审批	• 2010年9月和2011年2月，我行分别实施了法人客户和个人客户逐笔信贷业务RAROC刚性控制。
限额设定	• 2008年起，法人客户信用等级成为限额设定的重要依据。 • 2011年起，行业RAROC是行业限额设定的重要依据。
贷后管理	• 2005年起，客户评级结果是贷后监测频率的重要参数。 • 2010年起，EL、RAROC等内部评级结果成为贷后监测的重要内容。
风险报告	• 2002年起，逐年撰写评级分析报告。 • 2010年起，按季度撰写风险量化分析报告。

实现了内部评级法在贷款定价、拨备计提、经济资本、风险偏好、绩效考核等高级领域的应用。

贷款定价	• 自2011年起，基于内部评级结果的RAROC逐渐成为贷款定价的重要工具。
拨备计提	• 自2011年起，预期损失率成为贷款分类刚性控制的重要因素，也是正常、关注贷款拨备计提的重要依据。
经济资本	• 在2012年印发的经济资本计量标准中，PD、LGD已成为法人客户经济资本计量模型的重要输入参数。
风险偏好	• 自2011年起，RAROC成为风险偏好的重要指标。
绩效考核	• 自2011年起，信贷业务RAROC作为分行风险评价的重要内容，进入我行绩效考核体系。

2. 市场风险内部模型法：基本概念

市场风险

因市场价格的不利变动而使商业银行表内和表外业务发生损失的风险。

市场风险主要可以分为利率风险、汇率风险（包括黄金）、股票价格风险、商品价格风险和波动率风险，分别是指由于利率、汇率、股票价格、商品价格和波动率的不利变动所带来的风险。

内部模型法

采用内部模型（风险价值VaR）计量市场风险资本的方法。

风险价值（VaR)

（Value at Risk，VaR）是指在一定的持有期和给定的置信水平下，利率、汇率、股票价格和商品价格等市场风险要素发生变化时可能对产品头寸或组合造成的潜在最大损失。

市场风险资本要求的范围

风险类型	一般市场风险	特定风险	交易账户	银行账户	
利率	是	是	√	不适用	⇒ 第二支柱ICAAP覆盖
股权	是	是	√	不适用	⇒ 第一支柱信用风险框架覆盖
外汇	是	不适用	√	√	
商品	是	不适用	√	√	

市场风险内部模型法：管理政策

建立起由内部模型方法支撑的市场风险管理政策体系，自上而下依次分为基本制度、管理办法和实施细则。

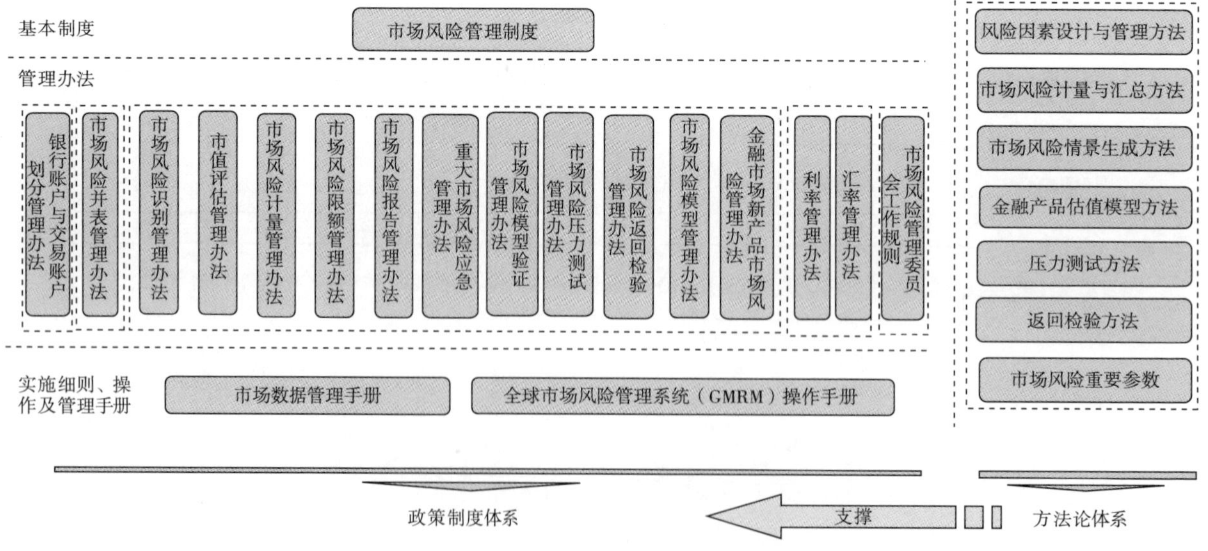

市场风险内部模型法：模型体系

建立了各类收益率曲线方法；除采用市场交易价格估值外，还开发了17个定价估值模型；采用历史模拟法进行VaR计量，构建了16项市场风险内部计量方法论。

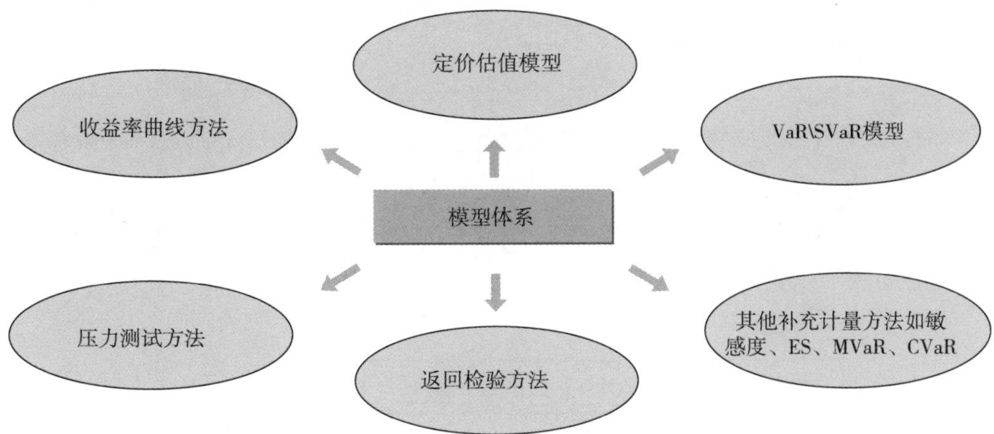

市场风险内部模型法：数据与系统

建立了全行统一的市场风险数据库，自主研发了市场风险管理IT系统，实现了市场风险识别、计量、监测与控制全流程的自动化。

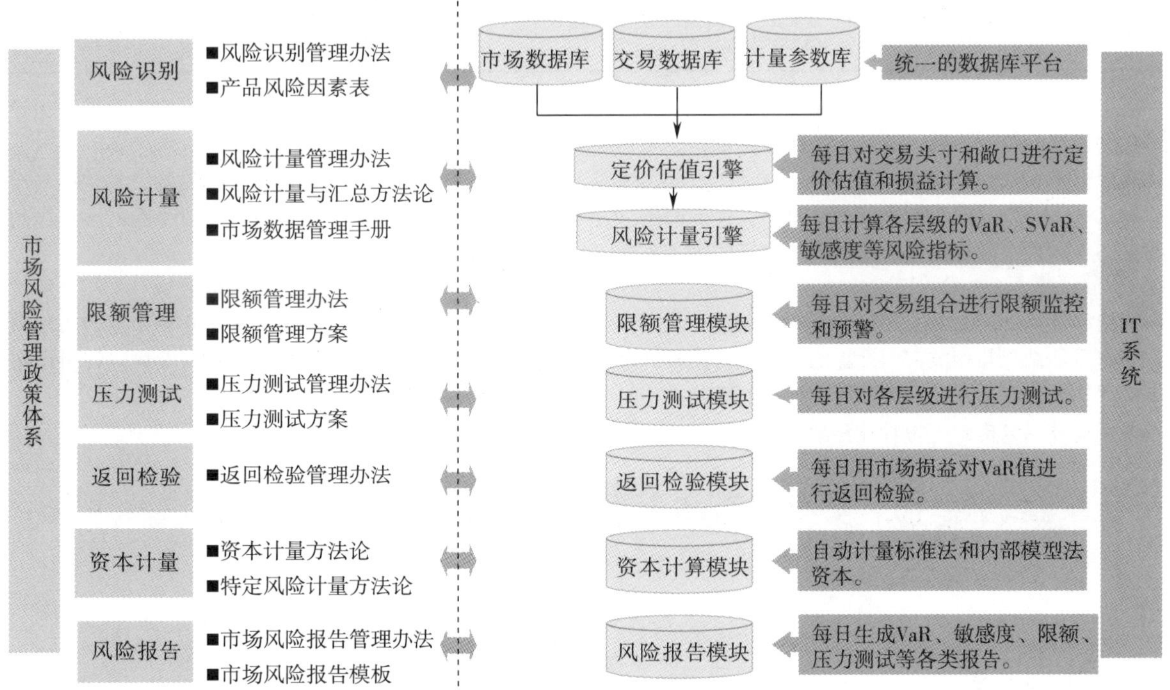

市场风险内部模型法：系统境外延伸

2011年初，我行自主研发的全球市场风险管理系统（GMRM）全面投产，标志我行在市场风险管理领域的跨越式发展，2012年将实现法人层面境外分行全覆盖，2013年力争实现集团层面市场风险统一计量与监控。

境外分行(2012年全覆盖)　子行(2013年全覆盖)

集团			
集团	总行		已覆盖
	境外分行	纽约、新加坡、首尔、东京、悉尼、河内	已覆盖
		卢森堡、法兰克福、多哈、阿布扎比、香港、卡拉奇、金边、万象、孟买	2012 年 7 月覆盖
	子行	印度尼西亚、加拿大	2012 年 12 月覆盖
		阿拉木图、伦敦、欧洲、莫斯科、中东、马来西亚、工银澳门、工银泰国、工银亚洲（争取 2013 年实现覆盖）	2013 年覆盖

市场风险内部模型法：产品控制

建立了产品控制体系，通过实施产品控制，夯实市场风险内部模型法数据基础。

对账——分别与前后台进行每日对账，保证前中后台数据的一致性、准确性，形成准确的交易明细和头寸数据。

估值验证——通过独立获取市场数据进行市值重估，并将重估结果与相关部门计算的市值进行比较，保证市值评估的独立性和公允性，保证损益的准确性。

损益计算与分析——每日计算交易员、产品、交易处室及部门维度的交易损益，监测因违规交易行为导致的损益异常变动。

交易价格监测——将对每笔交易的交易价格与市场价格进行比对，防止交易员与交易对手间的不正当利益输送行为。

市场风险内部模型法：实施成效

全球市场风险管理系统实现了集团范围内市场风险的识别、计量、监测与控制，并将有关风险计量结果作为资本配置的依据。

业务与风险数据的集中

●全球市场风险管理系统搭建了交易数据库、市场数据库和参考数据库平台，实现了集团市场风险相关业务数据与风险数据的集中，奠定集团市场风险分析的基础。

多维度的风险计量与压力测试

●开发了市场风险计量模型，实现了对各类金融市场业务市场风险的识别与计量，并通过压力测试评估极端情景下的最大损失，为有效防控风险提供量化依据。

限额监控与自动预警

●实现对各类投资组合的每日限额监控和自动预警，将风险和损失控制在我行可承受的偏好之内。

资本计量与风险分析报告

●实现市场风险资本的计量与分配。自动生成各类风险报告，提高全集团市场风险分析水平。

3. 操作风险高级计量法：基本概念

操作风险

是指由不完善或有问题的内部程序、员工行为和信息科技系统，以及外部事件所造成损失的风险，包括法律风险（不包括策略风险和声誉风险）。

《办法》规定，商业银行可采用基本指标法、标准法或高级计量法计量操作风险资本要求。

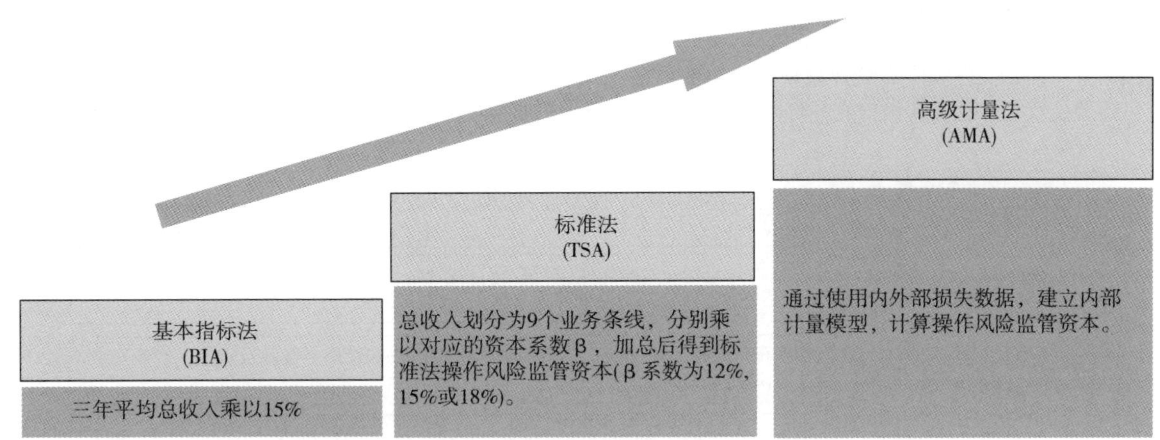

操作风险高级计量法：管理政策体系

形成了由基本制度、管理办法、操作及管理手册构成的操作风险管理政策体系。

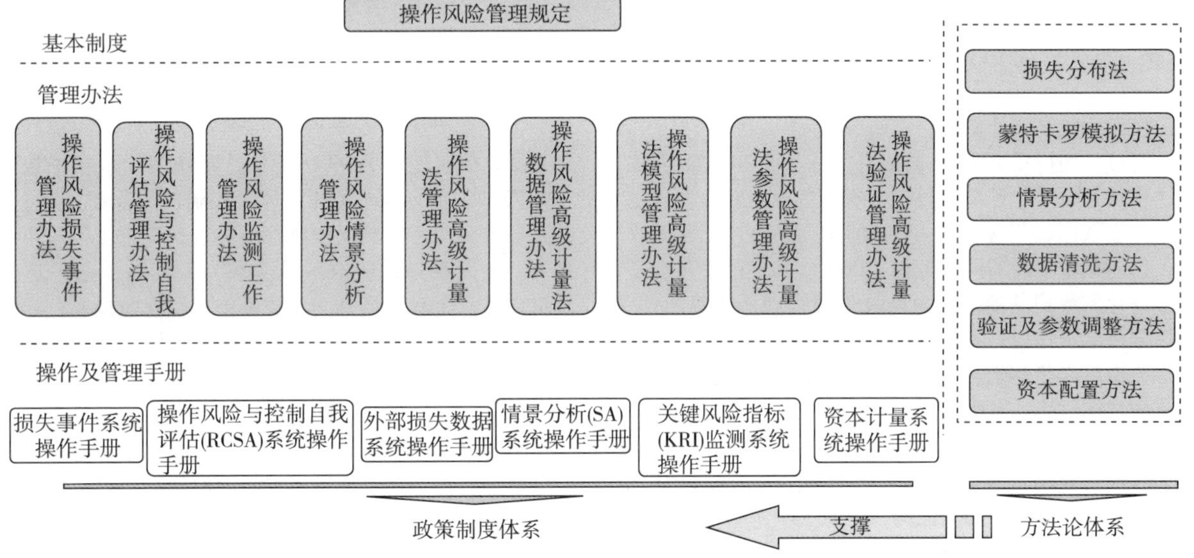

操作风险高级计量法：数据

形成了内外部损失数据、情景分析数据、业务经营环境和内部控制要素四类数据相互支持的操作风险损失数据。

内部损失数据——从 2005 年开始系统收集并报告操作风险损失数据，2008 年和 2011 年修订了《操作风险损失事件管理办法》，进一步明确了损失定义、统计标准、职责分工和报告路径等内容，保障了损失数据统计工作的规范性。

外部损失数据——2009 年购买了 SAS 公司的 OpRisk Global Data 外部损失数据库，截至目前损失数据库约有 2.8 万条数据。

情景分析数据——2009 年印发、2012 年重新修订了《操作风险情景分析管理办法》，2010 年、2011 年在全行范围内开展了两次情景分析工作。

业务经营环境和内部控制要素——设计了 BEICF 打分卡，参考指标包括规模因素（收入、资产等财务指标，员工等非财务指标）和风险因素（操作风险与控制自我评估、关键风险指标等数据），已具备通过BEICF打分卡将操作风险占用的资本分配到各一级分行的能力。

操作风险高级计量法：模型体系

经过综合比较分析，最终选取损失分布法（LDA）确定操作风险资本要求。

损失分布法是操作风险高级计量领域的主流方法，具有风险敏感度高、易反映银行业务特性等优点。

我行根据业务条线、损失原因将操作风险损失事件分为17类，基于损失数据估计对每一类损失事件发生的可能性（频率）和事件发生导致的损失大小（严重度），确定给定置信水平下的操作风险资本额。

操作风险高级计量法：IT系统

开发了操作风险损失事件管理系统（ILD）等操作风险高级计量法系统，实现操作风险识别、计量、监测与控制的系统化管理。

操作风险损失事件管理系统(ILD)	实现全行操作风险损失数据的动态跟踪，为数据采集和管理工作提供流程支持。
操作风险与控制自我评估系统(RCSA)	具备支持全行开展操作风险与控制自我评估工作的能力，由固有风险和控制有效性评估、剩余风险分析及报表输出等模块组成。
外部损失数据系统(ELD)	管理我行获得的外部操作风险损失数据，由数据管理、校验及审核、搜索和统计等模块组成。
情景分析(SA)管理系统	具备支持我行开展情景分析工作的能力，提供了操作风险压力测试工具。主要包括情景生成和情景分析等功能模块。
关键风险指标(KRI)监测系统	具备支持我行开展关键风险指标监测工作的能力，包括指标创建、指标监测等模块。
高级法资本计量系统	由资本计量、模型管理、相关性和保险缓释、参数估计及检验、精细度映射等功能模块组成。

操作风险高级计量法：实施成效

通过全面应用AMA（高级计量法）的四大管理工具，实现了对操作风险的科学、规范管理。

损失数据收集：2005年启动操作风险损失数据收集，目前共收集内部损失数据4 000余条，有效夯实了风险量化的数据基础，并为风险限额管理、风险评估、情景分析等工作提供了数据支撑。

关键风险指标监测：2006年启动并建立了操作风险监测指标体系，实现了对各类业务操作风险高发领域的定期监测和分析。

风险与控制自我评估：2009年启动风险与控制自我评估，对各类业务和产品的风险点大小进行科学评估和排序，并建立起操作风险的定期梳理机制。

情景分析：自2009年起开展操作风险情景分析，实现了对潜在重大操作风险的量化分析和提前预警，提高了操作风险管理的前瞻性。

操作风险管理工具的广泛应用，提升了操作风险精细化管理水平，各项内控指标继续保持同业领先。

案件风险率持续改善。2012年9月末，我行案件风险率为百万分之0.43，低于银监会百万分之4的监管目标值。

操作风险损失保持低位。2012年6月末，我行操作风险损失率为0.0058%，低于操作风险限额（0.15%），处在可接受范围。

信息系统运作安全稳定。2012年9月末，我行信息系统整体可用率为99.9918%，系统版本差错率控制在0.73‰，信息科技类操作风险控制较为有效。

各主要业务领域操作风险指标表现良好。2012年9月末，全行业务运营内部风险率为1.86‱，业务运作质量良好；金融市场等交易业务中未发现超授权、未授权、重要差错事故等异常交易情况；被诉案件、客户投诉、外部欺诈等指标均处于较好水平。

（二）第二支柱监管要求：监督检查

第二支柱“监督检查”的主要内容包括对商业银行和监管机构两方面的要求，一方面要求商业银行开展内部资本充足评估（ICAAP），另一方面要求监管机构对相关工作进行监督检查。2008年国际金融危机之后，巴塞尔委员会在第二支柱中强调银行要完善公司治理架构、加强对所有实质性风险的管理、提升全面风险管理能力。

内部资本充足评估（ICAAP）主要内容包括实质性风险评估、资本充足率预测、整合性压力测试三个方面。

实质性风险评估

对银行经营中所面临的主要风险进行评估并得出总体资本要求。

资本充足率预测

根据银行业务战略、财务规划、资本变动预测、资产质量预测等，对银行未来三年的风险加权资产和资本进行预测，得出未来三年的资本充足率。

整合性压力测试

在单一类型风险压力测试的基础上，将银行所面临的主要风险在统一的情景下进行整合性压力测试，提出相关管理行动方案。

第二支柱实施：管理政策体系

构建了完整的全面风险管理制度体系。

制定《风险偏好制度》，设计风险偏好指标体系，明确风险管理容忍度。

制定《全面风险管理框架》，确定风险管理准则。

制定《风险管理三年规划》，分解风险管理目标。

制定《风险管理委员会章程》，搭建风险管理平台。

制定《风险限额管理办法》，实施风险管理过程控制。

制定《风险报告制度》，确保风险管理信息传递畅通。

制定《风险及资本充足评估管理办法》，评估资本充足情况。

制定《风险评价办法》，评价风险管理效果。

建立了科学的资本充足管理政策体系。

制定了《三年资本规划》，确立资本管理发展方向。

董事会审议通过了《资本充足率达标规划》，明确资本充足达标计划。

三次升级经济资本计量标准，及时反映风险计量成果。

明确了资本充足管理的原则。

统一政策：统一制定资本规划、计量标准、管理政策、配置计划。

综合平衡：统筹兼顾经济资本和监管资本。

渐进应用：逐步扩展应用领域，增强应用力度。

确定了资本充足率管理的目标。

全面符合银监会监管要求。

考虑资本充足率与资本回报率的关联效应，确定合理的资本充足率水平。

设置50个基点至100个基点的缓冲区间，保持安全边际，满足临时性资本需求。

核心一级资本充足率目标区间：9%至9.5%。

一级资本充足率目标区间：9.5%至10.5%。

资本充足率目标区间：12.5%至13.5%。

第二支柱实施：实质性风险评估

实质性风险评估是指对我行主要风险进行评估并得出相应的资本要求，包括对风险水平和风险管理质量两方面的评估。

实质性风险是指可能导致重要损失的风险，我行实质性风险包括信用风险、市场风险、操作风险、集中度风险、流动性风险、银行账户利率风险、战略风险、声誉风险。

评估采用打分卡的方法，对各类风险从风险水平和管理质量两个方面进行评估，最终得出覆盖我行所有实质性风险所需的资本充足率。

举例：集中度风险评估

对风险管理质量的定性评估

通过评估集中度风险管理工作开展情况，得出集中度风险管理质量所需要附加的资本要求。

包括治理、政策流程、计量与监测、内部控制四个方面，具体评估集中度风险管理是否具有良好的管理架构、完备的政策流程、准确的计量与监测、严密的内部控制体系。

对风险水平的定量评估

根据定量指标是否差于目标值得出集中度风险水平所需附加的资本要求。

共10个指标，具体包括：单一集团客户集中度风险、单一客户集中度风险、最大十家客户集中度风险、地区贷款占比、行业贷款占比、房地产贷款占比、银行对房地产抵押的依赖比率、最大类公司类贷款产品的集中度、剩余期限1年以上的贷款的占比、不良贷款率。

第二支柱实施：资本充足率预测

制定《资本充足率管理办法》

明确资本充足率的计算、计划与控制、监测预警、信息披露、管理分工等问题，规范和强化资本充足率管理。

确定资本充足计划

综合考虑股东回报、监管要求、业务发展和外部市场环境，确定资本充足率年度目标值。

根据监管要求，制定2013年至2015年资本充足率达标规划。

制订风险加权资产控制和资本补充方案。

内部资本补充方案包括利润留存、拨备计提等。

外部资本融资方案包括股份发行与回购、资本债券发行与回购等。

通过经济资本管理，实现风险加权资产结构与总量控制。

对资本充足率进行预警

设置资本充足率预警区间，分为正常、关注、预警三种状态，分别采取相应的措施。

第二支柱实施：整合性压力测试

自2006年起开展压力测试工作，逐步建立了覆盖主要风险的整合性压力测试体系。

2006年，第一届董事会风险管理委员会第2次会议明确要求开始开展压力测试工作。

2007年，建立自下而上压力测试模型，首次完成GDP下降对公路、电力、房地产、城市基础设施、汽车等行业的压力测试。

2008 年，与奥纬公司合作开展“压力测试与组合管理项目”，建立自上而下模型。

2009 年，制定《压力测试管理制度》；投产非零售信用风险压力测试系统。

2010 年，与国际货币基金组织/世界银行 FSAP 中国评估小组代表举行了会谈。FSAP 评估小组对我行在压力测试工作方面取得的成绩给予充分的肯定。

2011 年，投产零售信用风险压力测试系统和市场风险压力测试系统。

2012 年，投产整合性压力测试系统；完成人民银行组织的金融稳定压力测试。

第二支柱实施：系统建设

开发了实质性风险评估、资本充足预测、整合性压力测试等系统，实现了内部资本充足评估工作的自动化。

实质性风险评估系统	对各类实质性风险水平进行评估，并考虑压力测试和资本强度因素，得出总体资本充足要求。
风险偏好与资本充足预测系统	将实现风险偏好指标及关联指标的数据搜集、预警、监测、分析；实现基于经营规划、财务规划，并运用内部评级相关成果的资本充足预测。
整合性压力测试系统	在全行统一的压力情境下，整合了第一支柱下的信用、市场、操作风险和第二支柱下的五类实质性风险，得出压力情景对资本供给、资本需求和资本充足率、资产质量的影响，并评估管理行动对压力测试结果的影响。

（三）第三支柱监管要求：市场约束

主要是通过信息披露强化市场对银行的监督。披露内容由定性与定量披露构成，主要包括适用范围（主要是明确并表范围）、资本构成、风险评估和管理程序以及资本充足率四个领域。

披露内容

第一支柱方面

风险管理体系：信用风险、市场风险、操作风险、流动性风险及其他重要风险的管理目标、政策、流程以及组织架构和相关部门的职能。

资本充足率计算范围。

资本数量、构成及各级资本充足率。

信用风险、市场风险、操作风险的计量方法，风险计量体系的重大变更，以及相应的资本要求变化。

信用风险、市场风险、操作风险及其他重要风险暴露和评估的定性和定量信息。

第二支柱方面

内部资本充足评估方法以及影响资本充足率的其他相关因素。

其他：薪酬的定性信息和相关定量信息

第三支柱实施

制订了第三支柱报告定期披露实施方案。方案包括信息披露基本原则、披露内容、披露时间与渠道、披露管理体系、披露信息质量保证机制、部门职责分工。

制定了第三支柱信息披露模板

披露内容包括资本充足率、全面风险管理、信用风险、市场风险、操作风险、流动性风险、交易对手信用风险、银行账户利率风险、资产证券化与薪酬。

组织实施了四期模拟披露，分别以 2010 年 6 月末、2010 年末、2011 年 6 月末和 2011 年末数据为基础编制了第三支柱模拟报告。

制定了第三支柱报告披露管理办法，明确了披露流程、工作机制与各部门的主要分工。

（四）资本计量高级方法验证、审计与监管评估

成立了独立于开发团队的验证团队，对信用、市场、操作等内部风险计量体系进行独立验证，确保风险量化的有效性。

2009 年成立验证管理处，组建独立于计量开发及应用的专业验证团队。

2009－2012 年聘请咨询公司对我行信用、市场和操作风险计量体系进行全面第三方独立验证。

自 2010 年以来，独立开展新优化模型投产前全面验证，将验证结果作为新模型投产的重要依据。

建立验证系统，逐步实现验证指标计算的自动化。

外部独立验证表明，我行信用、市场与操作风险高级计量方法实施体系达到了银监会的监管要求，能够较好地满足内部风险管理需要。

信用风险——评级（评分）模型的区分能力较高，

具有一定的准确性、稳定性和审慎性；

市场风险——风险估值模型与风险价值模型的可靠性高，返回检验与压力测试满足监管要求；

操作风险——计量模型方法合理，开发过程可独立复原，计量结果审慎；

政策、系统等支持体系——相关配套的支持体系能够保障风险识别、计量与控制工作有效开展。

风险类别	项目公司	公司情况
非零售信用风险	穆迪（Moody's）公司	世界三大评级公司之一，是信用风险管理咨询领域的领先者； 具备识别、计量、验证、评估与管理银行面临的各种实质性风险的能力。
零售信用风险		
市场风险	奥格（Algo）公司	世界领先的风险管理解决方案提供商，隶属于惠誉（Fitch），现已被 IBM 兼并； 业界公认的操作风险数据提供商之一。
操作风险		

内部审计局根据监管要求，制订《新资本协议实施审计工作规范》，全面推进资本计量高级方法实施审计工作。

时间	内容
2010 年 9 月 15 日 -10 月 29 日	非零售信用风险内部评级法审计
2011 年 7 月 1 日 -20 日	零售信用风险内部评级法审计
2011 年 11 月 8 日 -11 月 25 日	市场风险内部模型法审计（第一轮）
2011 年 11 月 9 日 -11 月 25 日	操作风险高级计量法审计
2012 年 4 月 9 日 -20 日	市场风险内部模型法审计（第二轮）
2012 年 9 月 -10 月	信用风险内部评级法审计（第二轮）

内部审计结果表明：我行三大风险的计量实施体系符合监管要求，管理制度完整，计量范围全面，未发现存在重大缺陷。

目前，银监会已对我行资本计量高级方法实施情况进行了四轮评估检查。

时间	评估轮次	评估内容
2009 年 11 月 -2010 年 6 月	第一轮评估	对我行信用风险内部评级体系、操作风险标准法及相关支持体系预评估，对市场风险内部模型计量体系建设情况进行了解。
2011 年 3 月 -6 月	第二轮评估	对信用风险内部评级法预评估中发现问题的整改情况进行评估。
2011 年 10 月 -12 月	第三轮评估	对非零售信用风险初级内部评级法和零售信用风险内部评级法的整改情况进行复评。
		对我行市场风险内部模型法和操作风险高级计量法进行达标评估。
2012 年 10 月 -11 月	达标验收	对我行《办法》实施情况进行达标验收。

2012 年 12 月，银监会向我行反馈了验收意见，肯定了我行在新资本协议实施中取得的成绩：

信用风险方面："内部评级体系公司治理机制完善；内部评级政策制度体系较为完备，建模方法论合理可行，开发流程相对规范；内部评级操作流程设计较为合理，支持内部评级的数据 IT 体系不断完善；评级应用工作不断深入；内部评级体系的设计、开发、使用、验证和应用较为规范有效。"

市场风险方面："在内部模型法体系构建过程中，自主研发市场风险管理系统，注重政策、流程与系统实施的结合与衔接，从定性、定量两方面建设内部模型法。"

操作风险方面："已将操作风险管理纳入全面风险管理框架之中，自主研发了操作风险高级计量法应用系统，初步实现了各类操作风险管理工具的电子化操作和高级计量法监管资本的自动计量。"

我行已具备了实施条件。

小结

先进风险量化技术的全面应用，提高了我行在经营管理中的资本意识，增强了应对利率市场化、实施经营综合化、加快发展国际化的能力，保障了全行业务的稳健经营和持续健康发展。

资本约束不断强化，资本充足水平保持相对稳定，2012 年 9 月末资本充足率和核心资本充足率分别达到 13.61% 和 10.51%，抵御风险能力不断增强。

内部评级应用全面深化，信贷业务风险得到有效防控，不良贷款余额和不良贷款率多年保持较为理想的水平，信贷资产质量持续改善，风险调整后收益水平稳步提升。

自主研发的全球市场风险管理系统成功投产，实现集团范围内市场风险数据、VaR 计量、限额监控、风险报告的集中统一管理。

操作风险管理精细化水平不断提升，内部风险暴露水平持续降低，主要内控指标在同业保持先进水平。

全面风险管理体系建设持续推进，并表风险、国别风险和表外风险管理水平有效加强。

二、《办法》的主要内容及对我行的影响

（一）《办法》的主要内容

《商业银行资本管理办法（试行）》（中国银行业监督管理委员会令〔2012〕第 1 号）与《商业银行资本充足率管理办法》（中国银行业监督管理委员会〔2004〕2 号）相比，主要变化有：

主要变化	新办法	旧办法
资本充足率要求更高	核心一级资本充足率、一级资本充足率、资本充足率分别为 5%、6%、8%，考虑储备资本 2.5% 和系统性重要银行因素 1%，充足率要求将达到 11.5% 以上。	核心资本充足率 4%，资本充足率 8%。
资本定义更严格	核心一级资本、其他一级资本、二级资本。	核心资本、附属资本。
覆盖风险更多	信用风险、市场风险、操作风险、交易对手信用风险； 第二支柱中考虑集中度风险、流动性风险等。	信用风险、市场风险。
风险加权资产计算对风险更敏感	信用风险—内部评级法、 市场风险—内部模型法、 操作风险—高级计量法。	信用风险—现行法、 市场风险—标准法。
监督检查、信息披露的要求更高	明确增加第二支柱、第三支柱。	要求信息披露。

资本充足率要求更高

《办法》提出了四个层次的资本充足率监管标准，系统重要性银行资本充足率至少需达到 11.5%。

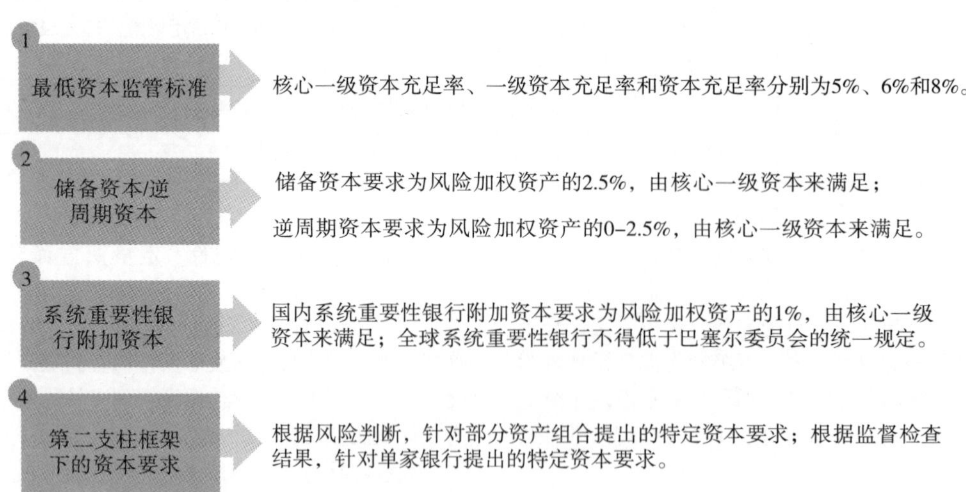

合格资本标准更严格

资本构成项	现行方法	新办法
1.实收资本或普通股	核心资本	核心一级资本（权益）
2.资本公积		
3.盈余公积		
4.一般风险准备		
5.未分配利润		
6.少数股东资本可计入部分		
1.其他一级资本工具及其溢价		其他一级资本（如被记为负债，具有吸收损失能力）
2.少数股东资本可计入部分		
1.二级资本工具及其溢价	附属资本	二级资本
2.超额贷款损失准备 • 权重法下不超过信用风险RWA的1.25% • 内评法下不超过信用风险RWA的0.6%		

• 新办法将一级资本细分为核心一级资本和其他一级资本。

• 国内目前没有合格的其他一级资本工具。

• 二级资本主要包含：银行发行的混合资本债券、长期次级债券，以及超额贷款损失准备等。

《办法》提高了合格资本门槛，明确要求债务型资本工具必须具有减计或转股条款。

其他合格一级资本工具标准

没有到期日，至少发行5年后才可赎回。

必须含有减计或转股条款。

不得含有利率跳升机制及其他赎回激励。

本金偿付需银监会批准。

任何条件下都有权取消分红或派息，且不构成违约。

合格二级资本工具标准（目前境内发行的次级债均不满足要求；银监会设定了10年过渡期）。

原始期限不低于5年，至少发行5年后才可赎回。

必须含有减计或转股条款。

不得含有利率跳升机制及其他赎回激励。

距到期日前最后5年按20%的比例逐年减计。

风险覆盖面更广

现行《办法》下，银行的资本仅需覆盖信用风险和市场风险；新办法增加了操作风险的资本要求，还提出了在第二支柱中考虑集中度风险、流动性风险等实质性风险的资本要求。

信用风险：既包括贷款违约风险，也包括表外业务和交易对手违约风险。

市场风险：因市场价格的不利变动而使商业银行表内和表外业务发生损失的风险。

操作风险：由不完善或有问题的内部程序、员工行为和信息科技系统，以及外部事件所造成损失的风险，包括法律风险，但不包括策略风险和声誉风险。

流动性风险：无法以合理的成本及时筹集到客户和交易对手当前和未来所需资金而对商业银行经营所产生的风险。

集中度风险：单个风险暴露或风险暴露组合可能给银行带来重大损失或导致风险轮廓发生实质性变化的风险。

资本计算方法更严谨

《办法》允许商业银行采取更高级的方法计算资本，比如信用风险可采用内部评级法，市场风险可采用内部模型法，操作风险可采用高级计量法等。与原来的标准法相比，这些高级方法计算出来的资本更能够合理地反映银行的风险水平，可实现资本的节约（如按照我行2012年6月测算数据，内部评级法比现行法节约353亿元资本）。

	基本阶段	中级阶段	高级阶段
非零售信用风险	权重法	初级内部评级法	高级内部评级法
零售信用风险	权重法	内部评级法	
市场风险	标准法	内部模型法	
操作风险	基本指标法	标准法	高级计量法

我行现行资本充足水平

我行 2012 年 6 月末集团口径资本充足率为 13.57%，核心资本充足率为 10.38%，处于历史较高水平。

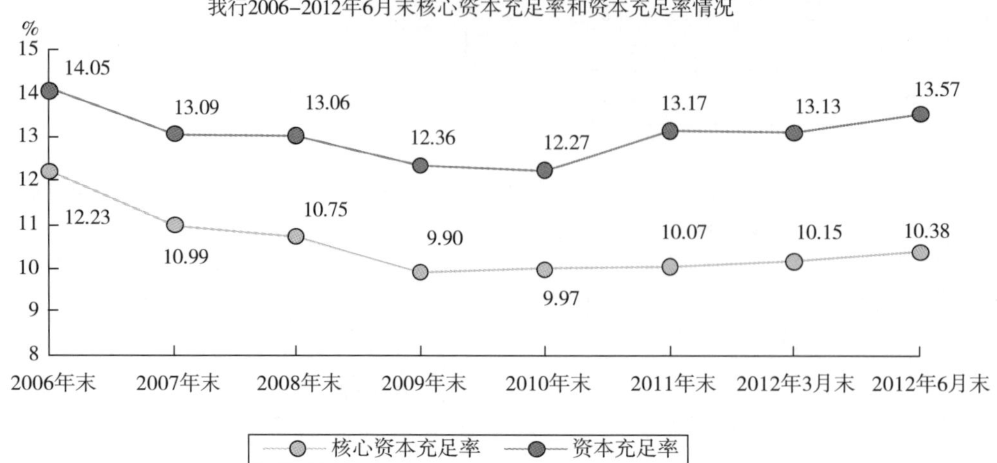

对我行资本充足率影响

按照银监会要求，我行申请自 2013 年 1 月 1 日起正式实施资本管理高级方法，其中非零售信用风险实施初级内部评级法、零售信用风险实施内部评级法、市场风险实施内部模型法、操作风险实施标准法，并按以上方法报告与披露我行资本充足率相关信息。

以我行 2012 年 6 月末高级方法定量测算集团口径数据进行测算，实施《办法》后的资本充足率与现行法相比，略有上升。

若不考虑底线约束，高级方法资本充足率 14.26%，较现行方法上升 69 个基点。

若考虑底线约束，即高级计量方法计算的资本占用不低于非高级方法计算资本占用的 95%，则资本充足率降至 13.84%，较现行方法上升 27 个基点。

方法	现行法	高级方法	
		底线前	底线后
资本充足率	13.57%	14.26%	13.84%

注：底线约束是监管部门为避免商业银行采用高级方法后出现大幅度的资本节约而采取的一种监管措施，底线约束自商业银行获准采用高级方法起至少持续三年（以我行为例，2015 年结束），第一、二、三年采用高级方法计算的资本占用总量不得低于其他方法计算资本总量的 95%、90% 和 80%。

新办法总资本净额较现行法增加 1 110 亿元。

主要有以下两个因素：

新办法未分配利润全额计入核心一级资本。

新办法贷款损失准备计入二级资本。考虑并行期调整因素，高于 150% 拨备覆盖率的超额贷款损失准备全部计入二级资本。

	现行法	新办法	资本净额变化情况
总资本净额	12 245	13 355	+1 110

新办法资本占用较现行方法增加 277 亿元。

信用风险节约 353 亿元资本占用。

市场风险内部模型法较现行的标准法增加 3 亿元资本占用。

新增的操作风险增加 627 亿元资本占用。

三大风险（集团口径）	现行法	新办法	RWA 变化情况	资本变化情况（按 8% 资本要求）
RWA 总计	90 211	93 676	+3 465	277
信用风险 RWA	89 395	84 984	-4 411	-353
市场风险 RWA	816	851	+35	+3
操作风险 RWA	—	7 841	+7 841	+627

未来三年资本充足率预测

根据资本规划相关测算，如利润增速能够实现 15%，我行信用风险加权资产增速保持在 18% 以内，则 2013 年年末和 2014 年年末资本充足率能保持在 11.5% 以上。如果信用风险加权资产增速过快，资本充足率可能降至监管要求（最低资本充足率 11.5%）之下。

要保持资本充足率长期维持在监管要求之上，关键是严格控制风险加权资产的增长，这就需要我们对新监管规则下各类风险的资本占用特征进行全面的分析。

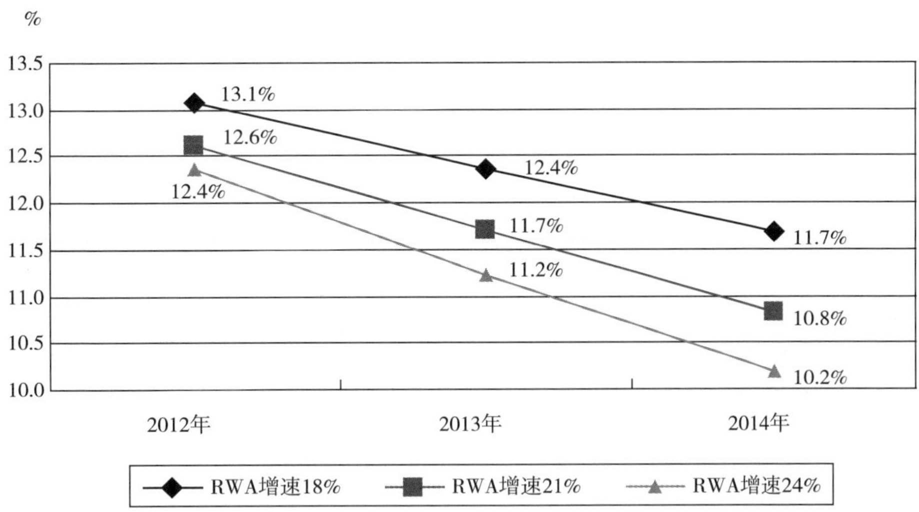

（二）信用风险资本占用特征分析：总体情况

新监管规则的实施对银行业的信贷业务发展模式的影响。

在新监管规则下，单笔贷款的资本占用受客户信用等级、债项等级、剩余期限等多项风险因素的综合影响。不同企业规模、业务品种、产品期限、风险缓释手段的贷款，其资本占用将出现明显差异。

主动适应监管新规，积极调整信贷结构，是保障信贷业务可持续发展的必由之路。

准确把握资本占用规律，理解各类信贷业务的资本占用特性和风险收益特性，是调整信贷结构的重要依据。

现行法信用风险资本计算规则

在现行法下，资本对风险敏感度差，资本计量规则简单。将信贷资产的风险权重分为 0、20%、50%、100% 四档。其中，一般企业债权的风险权重为 100%，对我国中央政府投资的公用企业债权的风险权重为 50%，个人住房抵押贷款的风险权重为 50%，对个人的其他债权及其他资产的风险权重均为 100%。

现行法不能反映商业银行风险管理水平的差异。按照监管当局统一参数算出的资本充足率，并不能反映商业银行抵御风险能力与市场竞争地位的差异。

内部评级法下信用风险资本计算规则

内部评级法允许风险管理水平高的银行使用自己测算的风险要素计算资本要求，资本监管的风险敏感性、有效性大幅提高。

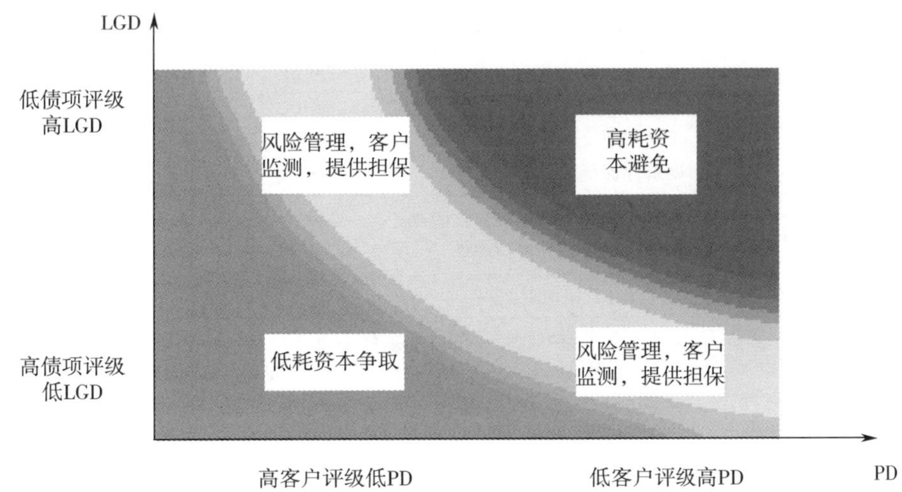

内部评级法下，违约概率、违约损失率、剩余期限、相关系数越低，资本占用率越低，以 2012 年 6 月不同规模企业资本占用率计算为例：

客户规模	平均违约概率 PD	平均违约损失率 LGD	平均剩余期限（年）M	平均相关系数 R	平均预期损失率 EL	平均资本占用率 K
大型企业	0.93%	45.16%	6.46	0.19	0.41%	7.10%
中型企业	1.52%	35.91%	4.43	0.17	0.52%	6.42%
小型企业	1.89%	25.77%	0.80	0.14	0.47%	3.61%
合计	1.30%	38.60%	4.80	0.17	0.46%	6.29%

信用风险 RWA 计量结果对比分析

实施内部评级法后，6 月末集团口径信用风险加权资产（RWA）下降 4.93%，其中内部评级法覆盖部分 RWA 下降 9.40%，内部评级法未覆盖部分 RWA 权重法比现行法上升 15.49%。在内部评级法覆盖部分中，零售信贷业务、中小企业、主权的 RWA 分别下降 48.38%、0.55%、13.09%，专业贷款（项目融资）的 RWA 提高了 8.58%。

	内部评级法风险加权资产（亿元）	现行法风险加权资产（亿元）	新旧方法风险加权资产变动率（%）
1. 内部评级法覆盖的信用风险暴露	64 644	71 353	-9.40
1.1 公司风险暴露	54 791	54 464	0.60
1.1.1 一般公司	28 964	29 541	-1.96
1.1.2 中小企业	13 460	13 534	-0.55
1.1.3 专业贷款（项目融资）	12 367	11 390	8.58
1.2 主权风险暴露	2 814	3 238	-13.09
1.3 零售风险暴露	7 040	13 637	-48.38
2. 内部评级法未覆盖的信用风险暴露	17 135	14 837	15.49
3. 其他资产	3 205	3 205	0.00
4. 合计	84 984	89 395	-4.93

说明：2012 年 11 月银监会明确“只有对省级以上（含）政府的债权、铁道部本部的债权可以标为主权风险暴露”。按此监管规定，我行主权暴露敞口将下降，但由于业务本身的 PD、LGD 等内部计量结果不变，资本占用不受影响。

表外业务资本占用情况

在新办法下，贷款承诺信用转换系数提升，将占用更多的资本。主要业务品种如下：

表外项目	对应我行业务品种	业务余额（亿元）	当前信用转换系数（%）	新办法信用转换系数（%）
等同于贷款的授信业务	1. 承兑汇票 2. 融资性保函	3 987	100	100
原始期限不超过 1 年的贷款承诺	1. 已签订贷款合同尚未提款的业务 2. 已承诺未提款的授信额度	1 441	0	75
原始期限 1 年以上的贷款承诺	同上，只有原始期限区别	8 630	50	75
可随时无条件撤销的贷款承诺	合同条款中明确了我行可随时无条件停止放款的未提款业务	415	0	0
未使用信用卡授信额度	信用卡未使用额度	3 837	50	25
与贸易直接相关的短期或有项目	主要为信用证	3 970	20	20
与交易直接相关的或有项目	主要为非融资性保函	1 785	50	50
信用风险仍在银行的资产销售与购买协议	1. 签订了包销协议，尚未销售出去，也未过销售期的债券包销未销额度 2. 客户保留了追索权的贷款购买	1 064	100	100

（三）信用风险资本收益情况（RAROC）分析

RAROC 的基本原理

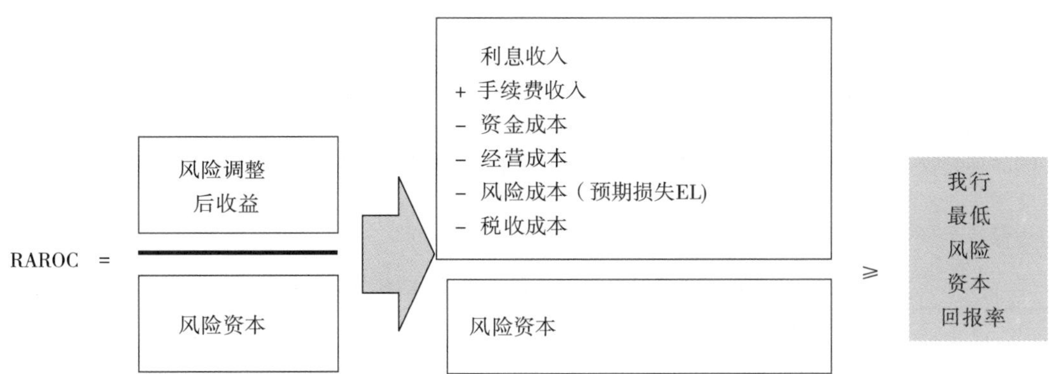

RAROC（风险调整后的资本收益率）：是风险收益均衡工具，是一定会计期间内，一笔信贷业务、一个客户或者一个金融服务产品组合所带来的风险调整后收益与所占用资本（信用风险资本和操作风险资本）之间的比率。

经济增加值 EVA（Economic Value Added）＝风险调整后净收益－经济资本×我行期望的最低风险资本回报率

RAROC 的主要参数

2012 年 6 月末，境内公司法人人民币贷款 RAROC 水平达到 24. 85%。

RAROC (24.85%) = （利息收入(6.84%) + 手续费收入(0.25%) - 资金成本(4.40%) - 经营成本(0.21%) - 风险成本(0.46%) - 税收成本(0.35%)）/ 风险资本(6.70%)

手续费收入：包括财政贴息收入以及贷款承诺费、法人账户透支承诺费、循环贷款承诺费等手续费收入。

资金成本：

贷款期限	6个月-1年(含)	1-3年(含)	3-5年(含)	5-10年(含)	10-20年(含)
最新配置价格(2012年7月调整)	3.65%	3.85%	4.20%	4.40%	4.55%

经营成本：

流动资金	项目贷款	贸易融资	并购贷款	房地产贷款	银团贷款	合计
0.20%	0.14%	0.47%	0.19%	0.17%	0.26%	0.21%

主要风险参数	含义	负责部室
风险成本	预期损失率（PD×LGD）	风险管理部
资金成本	内部资金转移价格	资产负债管理部
经营成本	经营成本	经营成本部
风险资本	信用风险资本（PD、LGD、EAD、M、R）和操作风险资本（取决于营业净收入）	风险管理部

RAROC 刚性控制

RAROC 管理不仅是实施新资本协议的必要前提条件，也是我行平衡风险和收益，提高资本运用效率，提升客户精准营销水平的重要工具。

自 2010 年 9 月 1 日起，对境内公司法人人民币贷款 RAROC 值不达标（债项本年 RAROC 值和客户本年 RAROC 值均低于规定阈值）债项启用刚性控制。2011 年启用对零售贷款的 RAROC 刚性控制。

2012 年 9 月，总行印发了《关于加强信贷业务 RAROC 管理的通知》（工银办发〔2012〕790 号），扩大 RAROC 的使用范围，将阈值实施业务范围扩大到表外业务。同时，进一步完善我行 RAROC 管理政策，不断提高阈值设置的科学性、有效性、统一性、稳定性和严肃性，并完善 RAROC 控制机制，适当增强管理弹性。具体内容包括：

一是扩大了 RAROC 的使用范围，将阈值实施业务范围扩大到保函、信用证、银行承兑汇票等人民币表外业务；

二是所有纳入阈值管理范围的境内公司及个人人民币贷款、表外信贷业务均实行 RAROC 阈值系统控制；

三是对不同行业的项目贷款、流动资金贷款、贸易融资等不同品种设置差别化的 RAROC 阈值，较为清晰地体现行业信贷政策的取向和信贷结构调整的方向；

四是为保持信贷业务有序运作，应对外部市场变化，对于低于阈值一定范围的业务、符合总行规定的特定业务品种、特定客户补充了特定流程处理方式和管理方式，适当增加管理弹性。

RAROC 刚性控制效果

风险调整后收益水平稳步提升

实施 RAROC 刚性控制后，全行风险调整后收益稳步提升，以法人贷款为例，2012 年 1－6 月新增贷款 RAROC 水平达到 43.60%，较 2010 年第四季度提高 13.83 个百分点。

2010 年 9 月以来新增人民币贷款 RAROC 情况

发放时间	敞口（亿元）	执行利率/基准利率（%）	平均 PD（%）	平均 LGD（%）	平均剩余期限（年）	平均预期损失率（%）	平均监管资本占用率（%）	平均 RAROC（%）
2010 年 9－12 月	9 961.8	99.39	1.32	31.88	3.50	0.39	4.64	29.77
2011 年 1－12 月	26 328.26	105.75	1.44	32.56	2.12	0.44	4.36	42.74
2012 年 1－6 月	15 153.12	110.00	1.28	33.53	2.04	0.40	4.70	43.60

RAROC 计量举例

例：某批发企业，信用等级为 AA－级，申请一笔 600 万元的流动资金贷款，期限一年，由仓单质押，评估仓单下货物总价 800 万元。该笔业务营业成本为合同金额的 0.2%，营业税金及附加为利息收入的 5.00%，操作风险对应资本占用为营业净收入（营业净收入＝利息收入减去资金成本）的 15%。该笔贷款拟申请利率为基准利率 6.00%，无相关手续费收入。

假定 2012 年 8 月 1 日发放该笔贷款，计算该笔业务的 RAROC、EVA。

（1）违约概率 PD

根据我行客户评级主标尺管理办法，客户信用等级 AA－级，对应的违约概率为 0.97%。

（2）违约损失率 LGD

根据债项评级模型，该笔债项回收率为 60%，LGD 最终确定为 40%，债项等级为 9 级。

（3）资金成本与经营成本

根据我行内部资金转移价格，1 年期人民币资金成本 3.65%（总行给定点差 2.35%）。根据我行成本归集还原与分摊计量结果，流动资金贷款的成本率 0.2%。

（4）风险成本（预期损失 EL）

风险成本率＝PD×LGD＝0.97%×40%＝0.39%

EL＝EAD×PD×LGD＝600 万元×0.97%×40%＝2.33 万元

（5）资本占用

资本占用＝信用风险资本占用＋操作风险资本占用＝5.14%＋0.35%＝5.49%

说明：操作风险资本占用 0.35%＝营业净收入×15%＝（利息收入 6%－资金成本 3.65%）×15%

（6）计算 RAROC

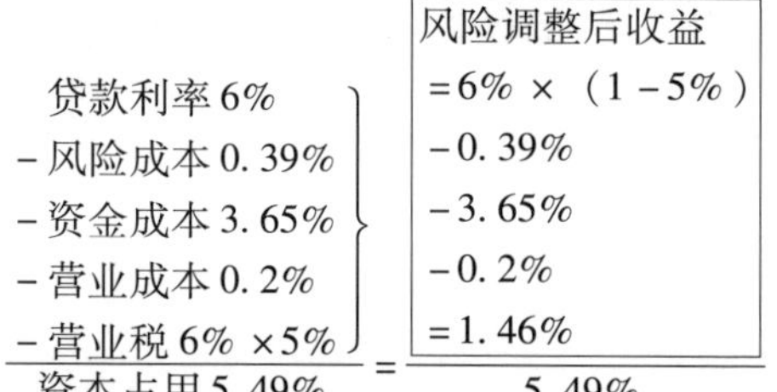

该笔债项 RAROC＝1.46%/5.49%＝26.61%

EVA＝600×1.46%×（1－所得税税率 25%）－600×5.49%×资本成本 15%＝1.63 万元

对于本例，假定贷款利率未知，最低资本回报率为 20%，此时

$$\frac{\text{利率}\times(1-5\%)-0.39\%-3.65\%-0.2\%}{5.14\%+(\text{利率}-3.65\%)\times15\%}\geq 20\%$$

解得最低贷款定价＝5.61%；较基准利率下浮如超过 6.58%，则所占用资本无回报。

信贷业务风险收益分析：产品

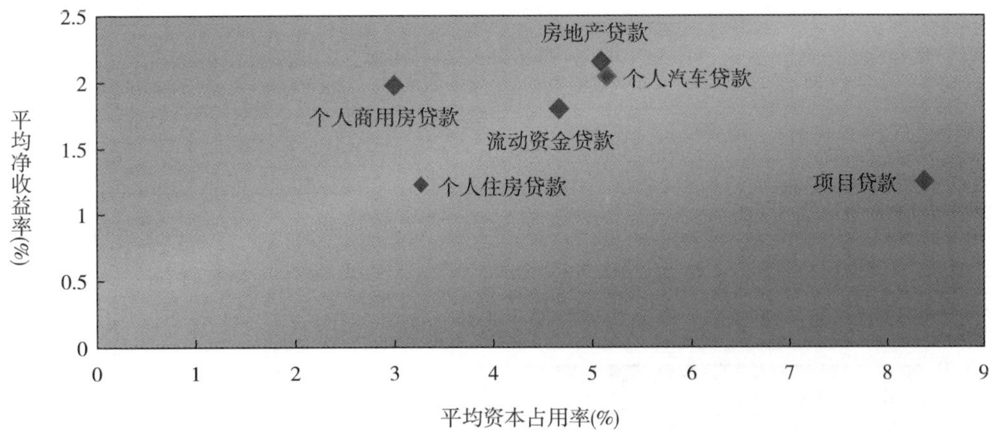

平均收益率取决于贷款期限、利率上浮幅度和贷款附属手续费收入等因素。在个人产品中，平均收益率最低的是个人住房贷款。在法人产品中，房地产贷款利率上浮多，平均收益率最高，达到7.58%；流动资金次之，为7.25%。项目贷款的平均收益率为6.96%。

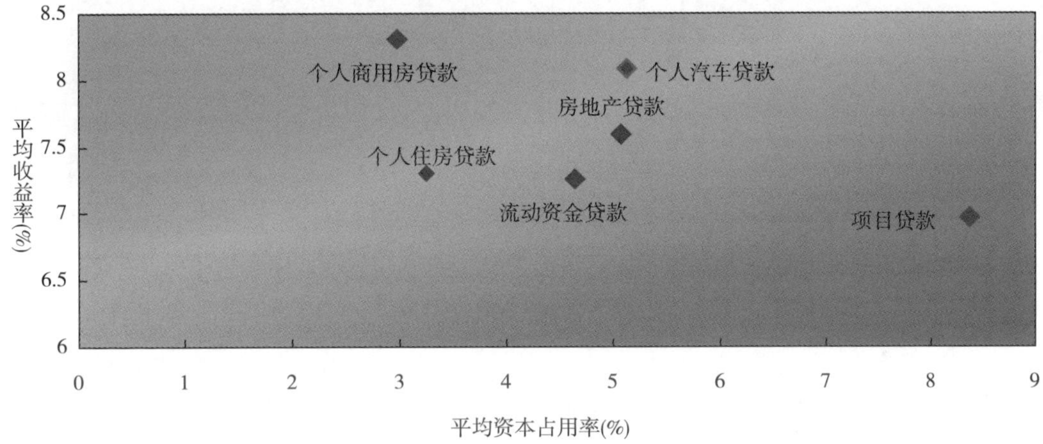

个人信贷产品的整体风险调整后资本收益水平高于法人。在个人产品中，平均净收益率最低的是个人住房贷款；资本占用率最高的是个人汽车贷款。在法人产品中，从平均净收益率看，房地产贷款的平均净收益率最高，达到2.15%，流动资金为1.97%，项目贷款由于期限长资金成本高、利率上浮低，平均净收益率最低，为1.25%。从平均监管资本占用率看，项目贷款期限长、担保方式中信用贷款比例高，资本占用率高。

2012年6月末法人客户各业务品种风险收益情况表

业务品种	平均PD（%）	平均LGD（%）	平均剩余期限（年）	平均预期损失率（%）	平均监管资本占用率（%）	平均收益率（%）	平均净收益率（%）	平均RAROC（%）
流动资金贷款	1.31	38.66	0.70	0.44	4.62	7.25	1.80	46.15
项目贷款	1.14	45.05	8.51	0.50	8.31	6.96	1.25	14.67
房地产贷款	1.85	29.41	2.42	0.53	5.07	7.58	2.15	39.94
合计	1.30	38.60	4.80	0.46	6.29	7.09	1.53	24.85

说明：贷款收益率=贷款利率+手续费率；

贷款净收益率=贷款利率+手续费率－资金成本率－经营成本率－风险成率－营业税率。

其中风险成本率来自预期损失率（PD×LGD）；资金成本率来自内部资金转移价格；经营成本率来自经营管理费用分摊。

2012 年 1－6 月个人客户新增贷款各业务品种风险收益情况表

单位：%

业务品种	平均 PD	平均 LGD	平均预期损失率	平均监管资本占用率	平均收益率	平均净收益率	平均 RAROC
个人住房贷款	1.13	29.72	0.34	3.23	7.30	1.23	34.78
个人商用房贷款	2.48	27.84	0.69	3.01	8.30	1.98	57.26
个人汽车贷款	1.68	49.76	0.84	4.89	8.08	2.04	37.34
合计	1.42	22.62	0.36	2.42	7.84	1.87	54.31

信贷业务风险收益分析：行业

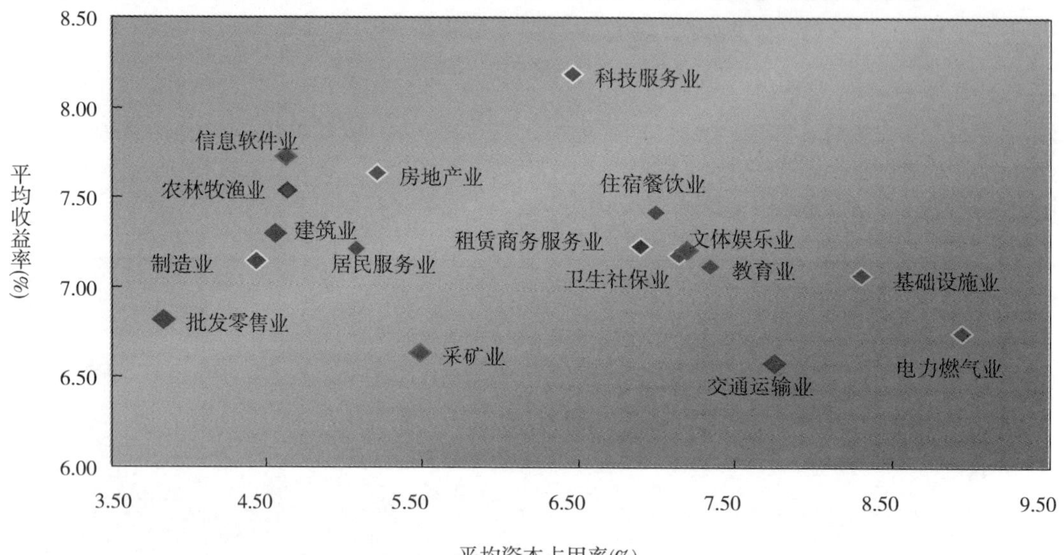

制造业客户准入门槛高，客户信用等级较低（平均 PD 为 1.24%），同时产品结构上短期贷款多、抵押贷款多，利率执行水平高，综合反映为平均净收益率较高、资本占用率较低，风险调整后资本收益水平高。批发零售业客户信用等级较低（平均 PD 为 2.00%），业务产品中贸易融资、流动资金占比高，综合反映为平均净收益率较高（1.86%）、资本占用率较低（3.84%），风险调整后资本收益水平高。

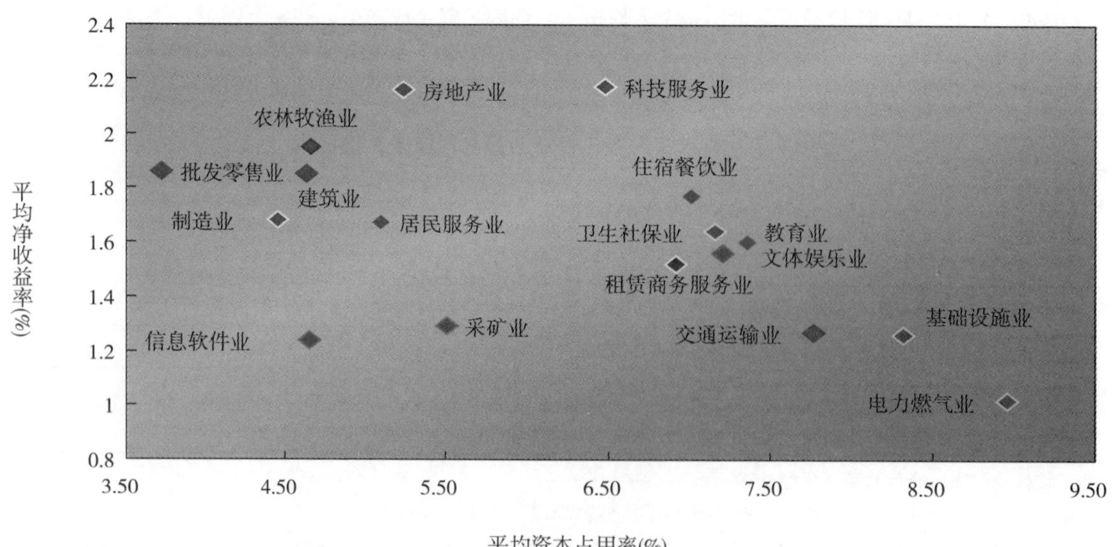

电力燃气业客户信用等级较高（平均 PD 为 1.01%），同时项目贷款占比高、期限长、利率执行水平低，综合反映为平均资本占用率高，风险调整后资本收益水平低。

2012 年 6 月末各行业信贷业务风险收益情况表

行业	人民币贷款总敞口（亿元）	平均 PD（%）	平均 LGD（%）	平均剩余期限（年）	平均预期损失率（%）	平均监管资本占用率（%）	平均收益率（%）	平均净收益率（%）	平均 RAROC（%）
批发零售业	5 286.51	2.00	25.45	0.94	0.47	3.84	6.81	1.86	57.49
农林牧渔业	228.06	1.62	35.98	0.87	0.51	4.65	7.53	1.95	49.50
建筑业	1 388.74	1.26	33.87	1.69	0.39	4.57	7.29	1.85	45.46
制造业	11 120.31	1.24	33.99	1.03	0.39	4.44	7.14	1.68	44.33
房地产业	5 119.66	1.94	29.33	2.64	0.56	5.23	7.63	2.16	38.79
居民服务业	104.83	1.13	36.23	2.82	0.38	5.09	7.21	1.67	34.93
科技服务业	94.56	1.79	35.35	3.72	0.63	6.48	8.18	2.17	33.89
信息软件业	227.54	1.13	43.08	1.86	0.39	4.64	7.72	1.24	28.22
住宿餐饮业	722.58	2.00	32.89	6.02	0.66	7.01	7.41	1.77	26.50
采矿业	1 923.43	0.79	44.59	2.21	0.32	5.50	6.63	1.29	25.78
卫生社保业	249.88	0.72	54.58	3.20	0.38	7.15	7.17	1.64	25.58
文体娱乐业	143.14	1.46	44.13	3.31	0.60	7.20	7.20	1.56	24.21
教育业	251.70	0.94	51.88	2.87	0.45	7.35	7.11	1.60	22.77
租赁商务服务业	3 640.69	1.34	41.03	4.60	0.51	6.91	7.22	1.52	21.62
交通运输业	10 501.58	0.92	44.47	10.56	0.40	7.76	6.57	1.27	16.10
基础设施业	4 641.71	1.35	43.09	5.99	0.52	8.31	7.06	1.26	14.39
电力燃气业	5 815.45	1.01	50.38	8.31	0.51	8.95	6.74	1.02	11.46
合计	52 022.66	1.30	38.60	4.80	0.46	6.29	7.09	1.53	24.85

信贷业务风险收益分析：客户规模

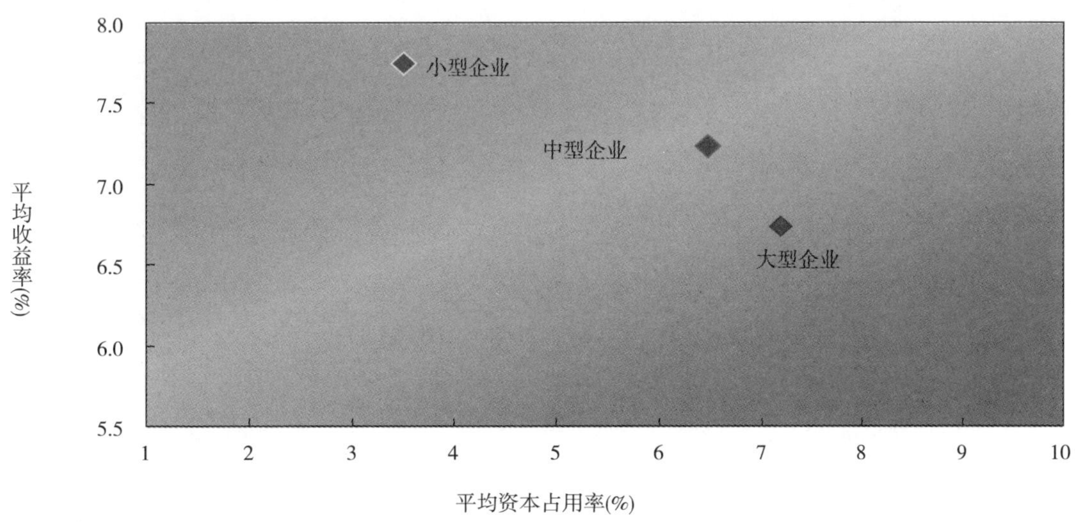

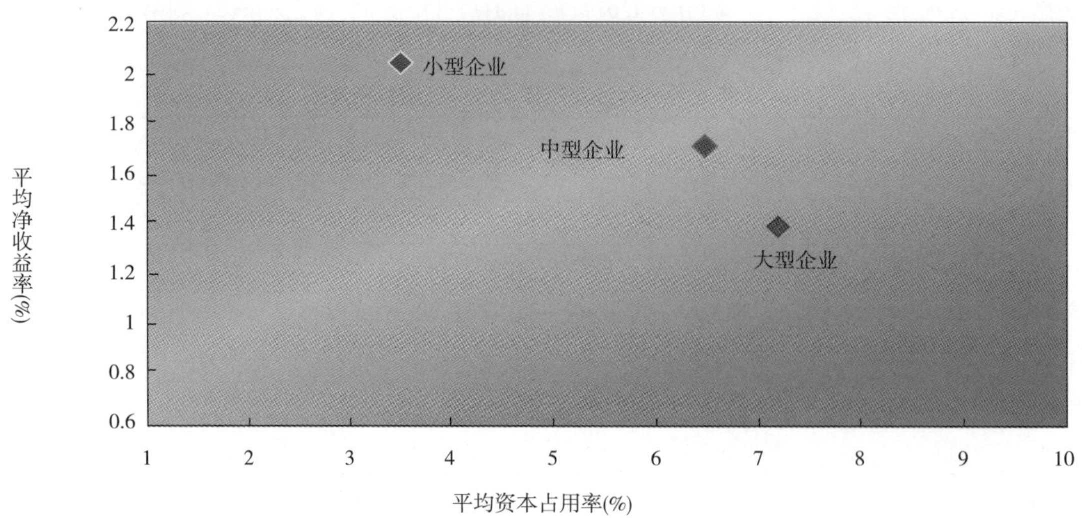

2012 年 6 月末不同规模客户信贷业务风险收益情况表

行业	人民币贷款总敞口（亿元）	平均 PD（%）	平均 LGD（%）	平均剩余期限（年）	平均预期损失率（%）	平均监管资本占用率（%）	平均收益率（%）	平均净收益率（%）	平均 RAROC（%）
大型企业	24 217. 22	0. 93	45. 16	6. 46	0. 41	7. 10	6. 75	1. 26	18. 13
中型企业	19 518. 65	1. 52	35. 91	4. 43	0. 52	6. 42	7. 24	1. 62	25. 21
小型企业	8 286. 80	1. 89	25. 77	0. 80	0. 47	3. 61	7. 76	2. 10	65. 83
合计	52 022. 66	1. 30	38. 60	4. 80	0. 46	6. 29	7. 09	1. 53	24. 85

大型企业客户信用状况好、违约概率低，但违约损失率较高，剩余期限较长，综合反映为资本占用率较高。同时，大型企业议价能力强，利率上浮幅度小，风险调整后资本收益水平相对较低。小企业违约概率高，但抵质押和保证贷款占比超过 95%，违约损失率较低，剩余期限较短，综合反映为资本占用率较低。小企业利率上浮幅度大，风险调整后资本收益水平较高。

信贷业务风险收益分析：法人客户区域

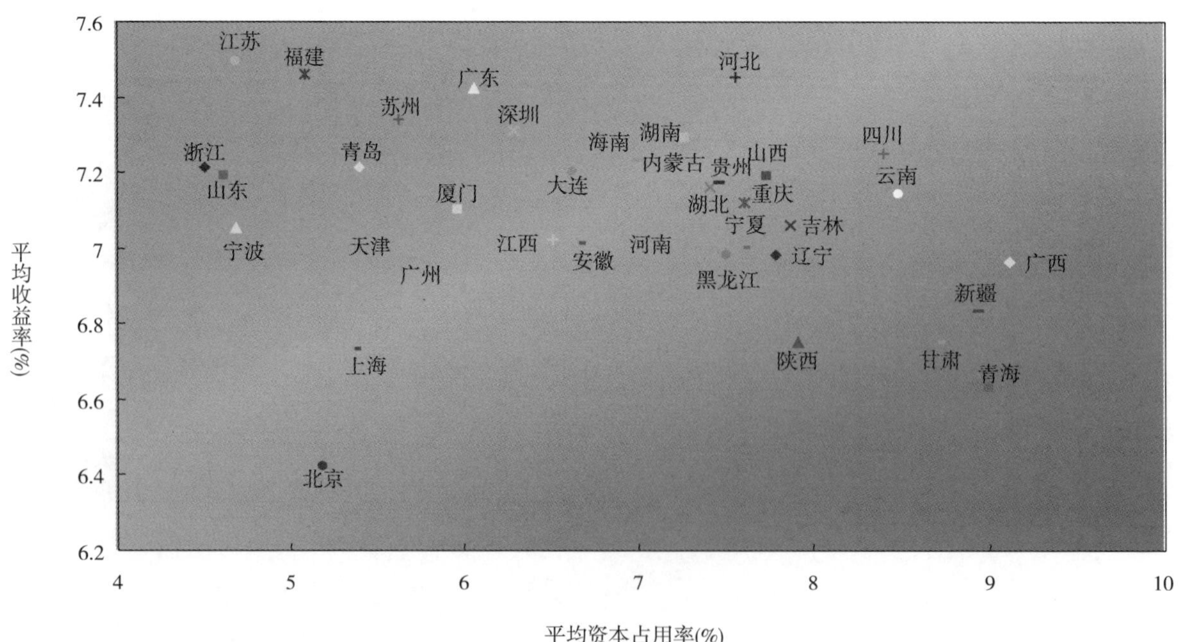

对于法人客户信贷资产，信贷产品结构是影响区域风险收益水平的重要因素，小企业贷款业务、贸易融资占比较高的分行，风险收益水平相对比较高。

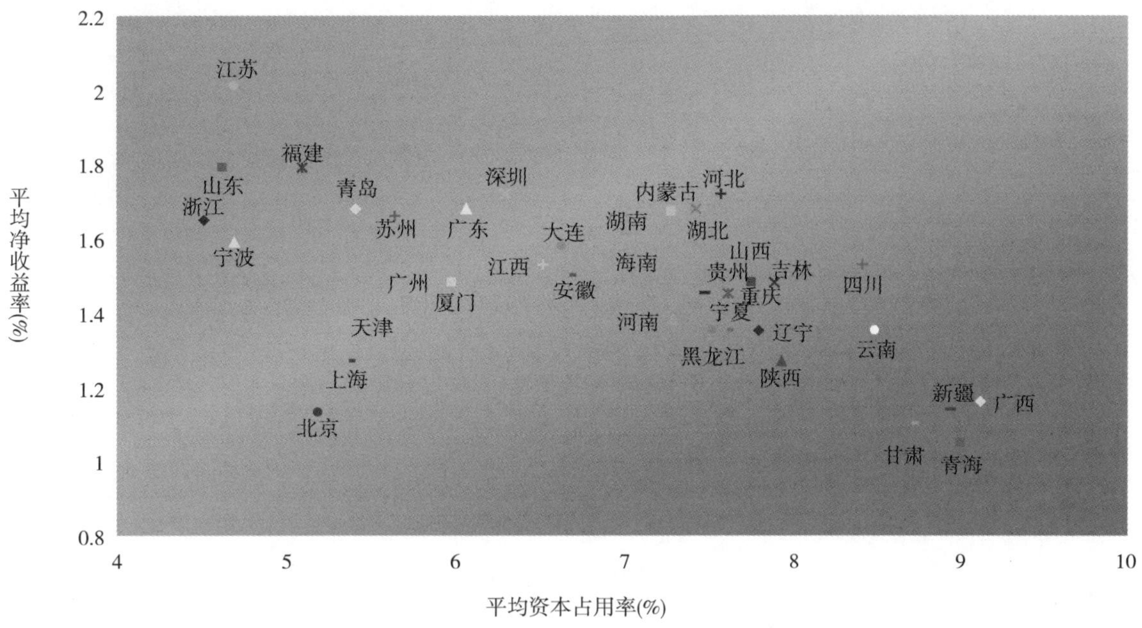

江苏、山东、福建等分行的平均净收益率高于1.75%，同时资本占用率低，综合反映为风险调整后资本收益水平高。北京分行尽管资本占用率低，但平均净收益率不高，综合反映为风险调整后资本收益水平中等。

单位：%

平均RAROC排名	区域	平均监管资本占用率	平均收益率	平均净收益率	平均RAROC	平均RAROC排名	区域	平均监管资本占用率	平均收益率	平均净收益率	平均RAROC
1	江苏	4.69	7.49	2.01	45.59	20	湖南	7.01	7.23	1.61	22.98
2	浙江	4.51	7.21	1.65	39.95	21	河北	7.56	7.45	1.72	22.74
3	山东	4.62	7.19	1.79	39.87	22	北京	5.19	6.42	1.13	22.53
4	福建	5.09	7.46	1.79	36.68	23	海南	6.85	7.24	1.53	22.01
5	宁波	4.69	7.05	1.59	35.67	24	重庆	7.47	7.17	1.45	19.95
6	苏州	5.64	7.34	1.66	31.18	25	河南	7.28	7.01	1.38	19.74
7	青岛	5.41	7.21	1.68	30.94	26	贵州	7.61	7.12	1.45	19.57
8	西藏	8.24	6.94	2.01	28.86	27	吉林	7.88	7.06	1.48	19.43
9	广东	6.07	7.42	1.68	28.13	28	黑龙江	7.51	6.98	1.35	19.04
10	深圳	6.30	7.31	1.72	28.11	29	山西	7.74	7.19	1.48	18.99
11	厦门	5.98	7.10	1.48	25.02	30	宁夏	7.61	7.00	1.35	18.71
12	广州	5.71	6.97	1.44	24.93	31	四川	8.41	7.25	1.53	18.52
13	江西	6.52	7.02	1.53	24.52	32	辽宁	7.79	6.98	1.35	18.33
14	大连	6.63	7.20	1.58	24.43	33	陕西	7.92	6.75	1.27	16.37
15	湖北	7.42	7.16	1.68	23.58	34	云南	8.49	7.14	1.35	16.32
16	内蒙古	7.27	7.29	1.67	23.12	35	新疆	8.94	6.83	1.14	13.39
17	安徽	6.68	7.01	1.50	23.10	36	甘肃	8.72	6.75	1.10	13.20
18	上海	5.38	6.73	1.27	23.04	37	广西	9.12	6.96	1.16	12.95
19	天津	5.50	6.95	1.40	22.98	38	青海	9.00	6.63	1.05	12.04

信贷业务风险收益分析：个人客户区域

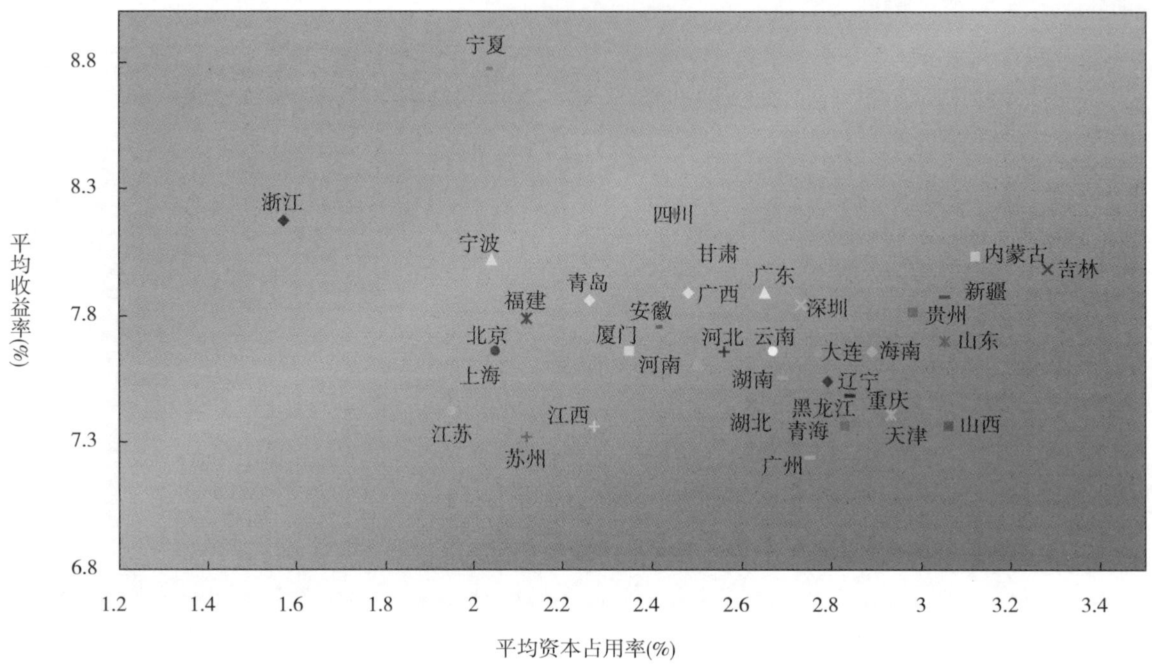

个人信贷资产的平均收益率为7.84%，其中平均收益率较高的分行为浙江、宁波、四川和宁夏，主要原因是产品结构中个人综合消费贷款占比较高或议价能力较强。

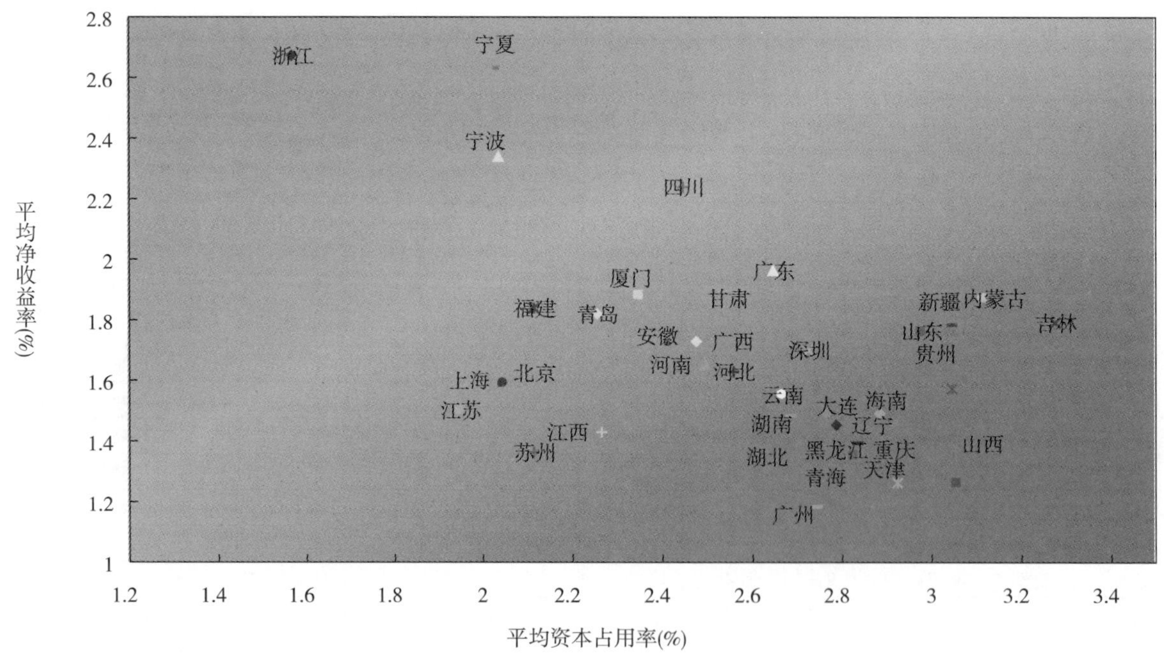

个人信贷资产平均资本占用率为2.42%，其中资本占用率较高的分行为陕西、吉林、内蒙古和山西。

单位:%

平均RAROC排名	区域	平均监管资本占用率	平均收益率	平均净收益率	平均RAROC	平均RAROC排名	区域	平均监管资本占用率	平均收益率	平均净收益率	平均RAROC
1	浙江	1.57	8.17	2.67	88.03	20	云南	2.67	7.66	1.55	49.14
2	宁波	2.04	8.02	2.34	80.74	21	河北	2.56	7.66	1.63	48.10
3	四川	2.45	8.20	2.24	71.91	22	吉林	3.28	7.98	1.79	47.26
4	宁夏	2.03	8.77	2.63	69.93	23	重庆	2.84	7.48	1.39	46.11
5	北京	2.05	7.66	1.59	61.49	24	湖南	2.69	7.55	1.48	45.39
6	广西	2.48	7.89	1.73	58.86	25	湖北	2.62	7.45	1.39	45.37
7	青岛	2.26	7.86	1.82	58.62	26	黑龙江	2.92	7.57	1.46	44.60
8	广东	2.65	7.89	1.96	57.33	27	大连	2.77	7.65	1.49	44.21
9	厦门	2.35	7.66	1.88	56.23	28	辽宁	2.79	7.54	1.45	43.82
10	甘肃	2.54	7.97	1.87	55.14	29	贵州	3.05	7.70	1.57	43.11
11	上海	2.04	7.66	1.58	52.58	30	江苏	1.95	7.42	1.50	41.94
12	深圳	2.73	7.84	1.70	52.08	31	广州	2.75	7.24	1.18	41.63
13	河南	2.50	7.61	1.65	51.55	32	海南	2.89	7.66	1.49	40.98
14	福建	2.12	7.79	1.84	51.43	33	青海	2.83	7.36	1.35	40.14
15	江西	2.27	7.36	1.43	51.22	34	陕西	3.57	7.80	1.66	40.08
16	新疆	3.05	7.87	1.78	51.01	35	天津	2.93	7.41	1.26	35.97
17	山东	2.98	7.81	1.76	50.82	36	山西	3.06	7.36	1.26	34.91
18	内蒙古	3.12	8.03	1.87	50.24	37	苏州	2.12	7.32	1.36	34.67
19	安徽	2.41	7.75	1.72	49.54						

客户综合 RAROC 的计量

客户综合 RAROC，指客户贷款、存款、中间业务、票据业务、债券投资、货币市场等业务的综合 RAROC。

2012 年 3 月，CM2002 系统已经实现与 MOVA 的对接，能够准确计量综合 RAROC。对于贷款业务，其相关收益和 RAROC 来自 CM2002 系统的逐笔信贷明细；对于存款业务、中间业务及其他非信贷类业务，从 MOVA 系统自动获取。

目前，在计算客户综合 RAROC 时，基本覆盖了客户主要业务品种，系统也实现了自动连接，但中间业务收入的准确性仍需要持续改进。

客户 RAROC 风险收益分析：百亿元以上大户

百亿元以上大户的风险收益特征表

客户名称	信用等级	人民币贷款风险敞口（亿元）	贷款剩余期限（年）	监管资本占用率（%）	贷款收益率（%）	贷款 RAROC（%）	客户综合 RAROC（%）
首都公路发展	AAA	137.28	12.20	3.02	7.05	41.26	42.73
中石油	AAA	222.00	1.54	2.75	5.28	27.10	39.35
广东电网	AAA	194.92	14.95	4.07	7.11	37.53	37.53
山东省交通厅	AAA	189.29	5.10	3.83	6.47	31.87	32.83
铁道部财务司	AAA	415.00	12.96	3.90	6.12	32.73	31.94
中石化	AAA	104.46	0.52	3.15	5.63	19.37	30.99
二滩水电	AA	104.82	9.56	9.82	8.16	28.78	30.56
湖南高速	AAA	189.40	7.77	6.05	6.70	23.53	29.36

续表

客户名称	信用等级	人民币贷款风险敞口（亿元）	贷款剩余期限（年）	监管资本占用率（%）	贷款收益率（%）	贷款 RAROC（%）	客户综合 RAROC（%）
辽宁省交通厅	AAA	227.43	6.45	5.74	6.83	26.50	27.15
贵州高速	AAA	226.82	12.55	7.07	7.18	22.89	26.78
黑龙江省交通厅	AAA	107.05	11.02	6.39	7.06	27.04	25.78
武广客运	AA +	129.18	22.20	7.82	7.11	22.31	22.32
陕西高速	AAA	140.49	13.97	6.56	6.53	17.64	17.96
山西省交通厅	AA +	227.83	6.73	9.05	7.10	16.83	16.96
天津高速	AA	137.99	12.15	6.41	6.79	16.71	16.92
广州建设	AA	116.23	10.80	8.59	6.32	12.81	13.11
青海黄河水电	AA +	106.80	13.43	10.21	6.31	9.81	9.87

客户的产品结构不同，资本占用率不同，如青海黄河上游水电开发有限责任公司几乎全部为项目贷款，期限较长，贷款方式为信用，资本占用率高；中石油、中石化贷款以流动资金为主，期限短，资本占用率相对较低。

当客户办理贷款也办理其他业务（存款、中间业务等）时，客户的综合收益水平将显著提升，如中石油（日均存款 180 亿元）、中石化（存在债券投资收益），考虑综合收益后，客户 RAROC 水平分别提高了 12.25 个和 11.62 个百分点；湖南省高速考虑投融资顾问等中间业务收入后，RAROC 水平均提高了 5.83 个百分点。

（四）市场风险资本占用特征分析

内部模型法具有能够开展资本分配和绩效考核等管理应用的特点。

内部模型法根据投资组合层级分别计量不同组合的损益和风险（资本），实现各机构、各层级、各组合资本的精确计量。

2012 年 6 月内部模型法市场风险资本分配情况

单位：亿元

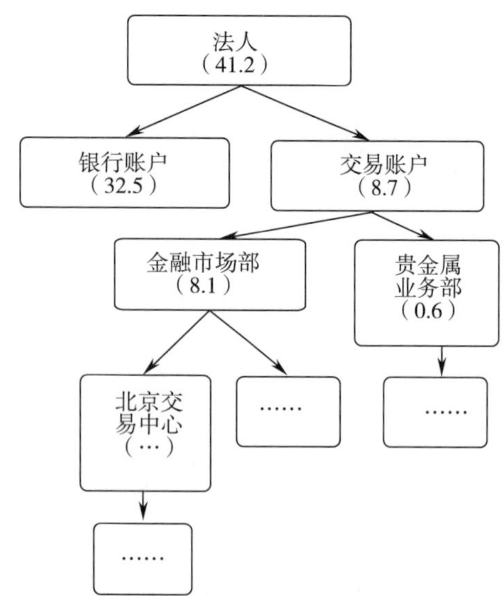

2012 年 6 月，法人口径市场风险内模法定量测算资本要求 41.2 亿元，其中银行账户占比 79%，交易账户占比 21%。市场风险敞口主要由银行账户外汇敞口构成。

金融市场业务资本占用情况分析

市场风险RAROC计算原理

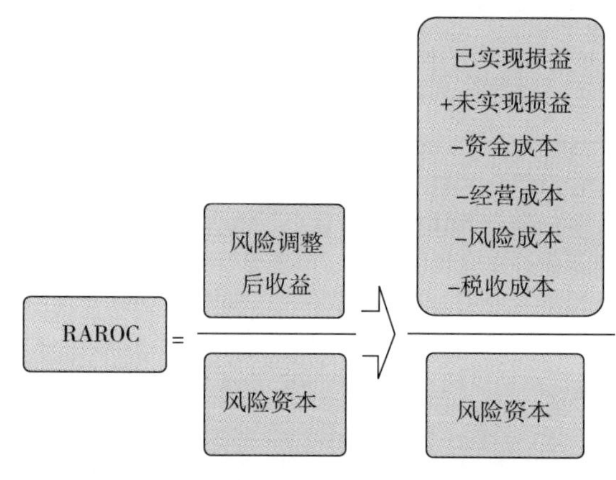

市场风险内部模型法使得金融市场业务进行 RAROC 评价具备了基础条件。

我行金融市场业务主要包括投融资、交易和承销发行等。除占用市场风险资本外，还占用信用风险资本、交易对手信用风险资本和操作风险资本。

按《办法》要求，对不同账户（交易账户和银行账户）和不同风险类别，使用不同的风险计量方法。信用风险资本占用主要存在于投融资业务中。市场风险资本占用主要存在于交易业务和承销发行业务中。交易对手信用风险资本占用主要存在上述业务中的衍生交易。

法人口径金融市场业务资本占用情况测算如下

（2012 年 6 月，单位：亿元）

资本类别	占用	计算方法
信用风险	338.45	权重法
市场风险	41.20	内部模型法
交易对手信用风险	9.68	新标准法
操作风险（集团）	66.05	标准法

操作风险三种资本计量方法资本占用比较

《资本管理办法》规定，操作风险资本计量方法包括基本指标法、标准法和高级计量法（AMA）三种。我行同时按三种方法进行资本计算，并按照标准法和高级计量法同步推进操作风险体系建设工作。从 2012 年 6 月末计算结果看，基本指标法与标准法结果接近，高级计量法相对节约资本。

2012 年 6 月末 3 种方法资本计量结果比较

方法	计算结果（亿元）
基本指标法	618.52
标准法	612.47
高级计量法	368.42

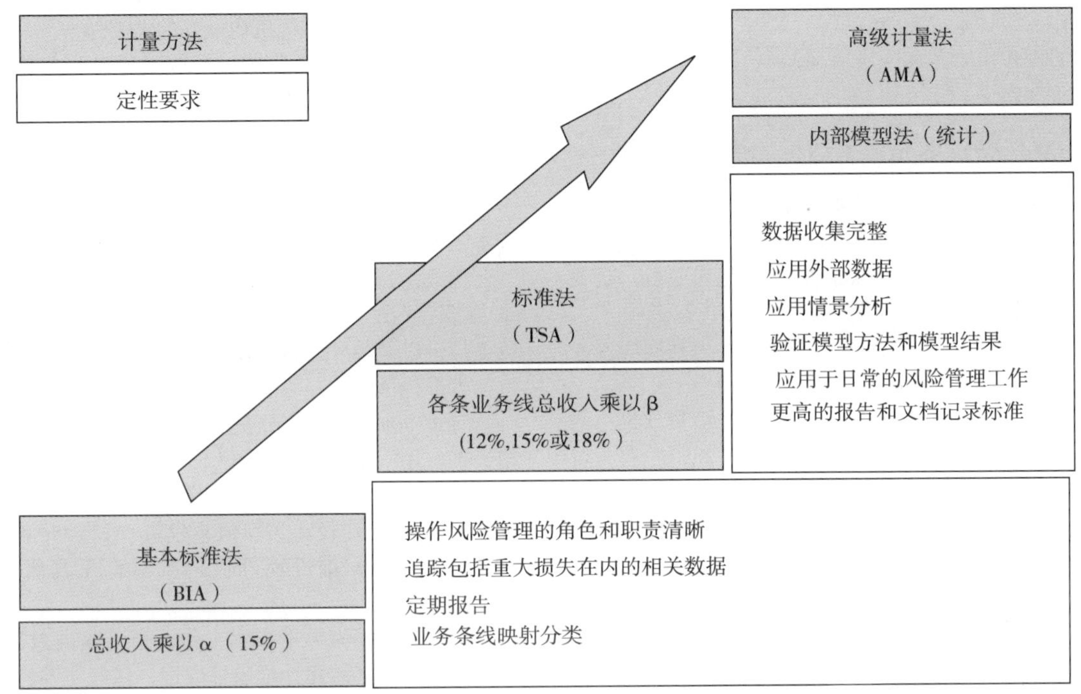

分行层面操作风险资本占用特征分析

我行自 2011 年起采用打分卡法向各一级分行（直属分行）配置操作风险资本。打分卡法使用了规模因素和风险因素。

在测算全行操作风险资本总量的基础上，计算各行的规模权重和风险因素，二者相乘即为各一级分行（直属分行）的资本分配权重。

设定了“操作风险资本占用率”考核指标，并将其纳入分行经营绩效考核（操作风险资本占用率＝操作风险资本占用额/当期营业收入）。

分行可通过提高风险自评（RCSA）质量、关键指标（KRI）监测结果及专业考核得分（与操作风险密切相关的风险管理部、内控合规部、法律事务部、信息科技部、监察室和保卫部等专业）等方式降低操作风险资本占用。

规模因素和风险因素

<table>
<tr><td rowspan="3">规模因素</td><td colspan="2">非财务指标</td><td colspan="2">财务指标</td><td rowspan="2">规模权重</td></tr>
<tr><td>从业人员占比</td><td>营业网点数占比</td><td>资产总额占比</td><td>营业收入占比</td></tr>
<tr><td>①</td><td>②</td><td>③</td><td>④</td><td>⑤-（①+②+③+④）/4</td></tr>
<tr><td rowspan="2">风险因素</td><td>RCSA</td><td>KRT</td><td colspan="2">专业考核结果</td><td>风险因素</td></tr>
<tr><td>⑥</td><td>⑦</td><td colspan="2">⑧</td><td>⑥、⑦、⑧加权平均</td></tr>
</table>

操作风险评估验收情况

我行于2010年成为国内首家自主研发并实施操作风险高级计量法（AMA）的银行。由于国内其他银行高级计量法项目尚在建设过程中，银监会认为还不具备审批AMA的条件。因此，今年我行暂按操作风险标准法向银监会提交实施申请，并请监管部门对高级计量法整改情况进行了评估，为我行明年率先提交AMA实施申请打下了坚实基础。

银监会对我行操作风险新协议实施情况给予了肯定，并提出了实施AMA需要改进的几个问题：一是进一步改善数据质量；二是关键风险指标监测和系统建设需要加强；三是统一操作风险经济资本计量标准；四是深化操作风险计量成果的应用。

实施操作风险高级计量法（AMA），对节约资本占用具有重要意义。

三、保持资本充足率达标的挑战与对策

1. 利润是资本补充的重要来源

利润补充资本的情况：自上市以来，通过利润留存补充资本占比达到71%（总计达4 200亿元左右）是我行资本补充的重要来源。

挑战：在现有资本充足率要求下，如果利润增速放缓，商业银行未来可能面临较大资本缺口。

以我行为例，如果未来三年保持本外币贷款年均增加9 000亿元，风险加权资产则年均增长18%左右，若我行净利润年均增长15%、分红比例为35%，要满足12%的资本充足率要求，尚有资本缺口1 200亿元；若利润增速降为10%，资本缺口将达到1 470亿元左右，平均每年的资本缺口为400亿－500亿元；若利润增速在10%以下，则资本缺口更大。

对策：保持利润稳定增长，保持合理的现金分红比例，为补充资本提供稳定的内部来源。

2. 积极扩大资产证券化试点

挑战：我国直接融资和间接融资的比例不尽合理，中国银行业面临的主要问题是贷款每年都会有相当幅度的增长，这种风险资产逐年增加的状况造成无论是采取资本内源式积累，还是采取外部补充方式，都难以从根本上解决银行的资本缺口问题。

对策：在坚持风险可控的前提下，积极推进银行资产证券化，走出一条银行总资产规模不无限扩大，同时却可持续发展的新路子。

贷款证券化可实现银行风险资产的转移，达到资本节约的目的。

在利率市场化的背景下，通过贷款的证券化买卖，有利于建立信贷资产的市场定价机制，为贷款定价提供市场基准。

贷款证券化可以增加市场投资工具，满足投资者多元化的投资需求。

进行资产证券化试点只要坚持两条原则，可以防控住有关风险。

简化贷款证券化产品结构，暂不推出合成衍生产品，确保贷款的风险总额不会因为证券化转换后而发生放大。

证券发行者（贷款出售者）必须持有部分风险级别相对较高的与原有贷款相关的债券。

3. 进一步扩展资本补充渠道，创新资本工具

挑战：目前我国银行可以选择的资本补充渠道较少，在当前市场状况下很难进行股票融资，原发行的次级债需要逐年从资本中扣除。

对策：尽快推出符合《资本管理办法》标准的新型资本工具，配合监管机构做好相关工作。

从2013年1月1日起，商业银行发行非普通股新型资本工具，必须包含减计条款或转股条件。要探索发行优先股、CoCo债券（contingent convertible）等，拓宽资本补充渠道。

4. 加快推进实施资本计量高级方法，进一步节约资本占用

挑战：目前监管拟批准我行实施非零售信用风险初级内部评级法，同时与市场风险密切相关的债券投资、资金拆借以及境外机构信用风险敞口尚未覆盖；操作风险拟批准标准法。

对策：加快推进实施资本计量高级方法，进一步节约资本占用。

加快涵盖信用、市场、操作等各类风险以及境内外业务的IT系统建设，实现债券投资、资金拆借的内部评级风险计量，推进境外机构资本计量高级方法的实施。

持续做好损失数据积累工作，全面提高数据质量，优化计量模型，深化计量成果应用，做好非零售信用风险高级内部评级法、操作风险高级计量法实施申请准备。

下一步的工作要求

进一步强化资本集约高效使用意识，有效落实风险收益均衡理念。

认真学习熟悉《办法》，掌握领会《办法》的内在要求，准确把握各类业务资本占用的规律和特点，全面落实内部风险资本约束和考核机制。

积极转变经营发展方式，适应资本监管的强约束。

充分利用内部评级风险计量结果，从行业、区域、客户、担保、期限、品种等多个维度，优化业务资源配置，走资本节约型的发展道路。

继续完善信贷审批RAROC刚性控制工具。

要研究提高RAROC计算的科学性和合理性，增强MOVA系统与RAROC的关联，完善RAROC计量中资金成本、经营费用等各类成本的核算；要考虑不同区域的经济结构、金融生态环境和分行的经营管理水平，更

合理地设置参数。

要研究拟订实行 RAROC 特定阈值的客户名单，并根据市场变化动态优化 RAROC 阈值控制体系。

加强市场风险管理

各分支机构特别是控股机构，要了解本机构市场风险来源。对于交易账户各项业务，各机构应在总行核定的限额内开展业务，做好限额监控和报告工作，做好全球市场风险管理系统的延伸工作；系统已经延伸覆盖的境外分行应使用高级计量工具，逐步提升市场风险的监控和分析水平；对于银行账户汇率风险，各机构应积极开展主动管理，对外汇敞口形成原因及变化趋势进行分析，控制分行非交易非结构性外汇敞口。

加强操作风险管理

完善内控体系，严防操作风险案件；规范开展损失数据收集等管理工具，提高对操作风险的分析水平和把控能力；用好操作风险高级计量法系统，提升操作风险管理工作效率和质量。

做好内部资本充足评估分析

继续做好风险偏好、全面风险管理框架、风险及资本充足评估管理办法等各项全面风险管理制度的执行。

加强对流动性风险、集中度风险、声誉风险、战略风险等剩余实质性风险的有效管理。

开展压力测试，分析极端情形对资产质量、资本占用的影响配合总行做好腕骨指标分析、风险自评估等工作。

完善信息披露工作机制，做好定期信息披露工作，接受市场监督和约束，确保资本管理办法顺利实施。

按照银监会要求，我行申请自 2013 年 1 月 1 日起正式实施资本管理高级方法，其中非零售信用风险实施初级内部评级法，零售信用风险实施内部评级法，市场风险实施内部模型法，操作风险实施标准法。要做好按照以上方法报告与披露我行资本充足率信息的相关工作。

在董事会战略研讨会上的讲话

赵　林

（2012 年 4 月 12—13 日・根据录音整理）

这个《规划》是在系统总结前两个三年规划实施成果并对未来的形势做出客观判断的基础上提出的战略和措施，应该说这个《规划》经过反反复复、上上下下地讨论研究，是一个比较成熟的方案，也是一个积极的方案。要实现这个方案，需要付出很大的努力。

工商银行经过股改上市以来，特别是通过前两个《规划》的圆满实现，为下一步的发展打下非常好的基础，所以我们应该对实现这个《规划》充满信心。同时，我们也必须看到当前我们面临非常复杂的环境，不确定因素也很多，社会压力也在不断加大。在这样的环境下，怎么样更好地推进战略规划的实施，值得我们进一步研究。落实好、实施好这个《规划》是关键，要根据情况的变化不断完善相关政策、措施。

如何更好地实施呢？我认为需要关注以下几个问题：

第一，关于资源配置问题。如何让资源配置与战略导向更好地融合起来？资本的约束可能是今后发展中面临的最大问题，在资源配置上，如何更好地体现我们的发展战略？我认为需要注意以下几点：一是要从集团层面来考虑资源配置。随着我行综合化、国际化的发展，我们要从集团角度，全面考虑资源配置，而不仅仅是局限于国内和商业银行业务。现在我们的业务已经多元化，在配置资源的时候，怎么样真正通过高效的资源配置，促进集团整体目标的实现，这个问题需要认真考虑。二是如何通过资源配置更好地促进结构调整。应该说这几年我们在经营结构调整、收入结构调整、客户结构调整等方面取得了很大的成绩，但是下一步我们要更好地发展，还必须要进一步加大结构调整。关键还是我们资源的配置如何跟结构调整结合起来，更好地促进结构调整。三是在资源配置上要考虑如何培育新的利润增长点和业务增长点。有些业务可能在初期不一定很赚钱，但从长远来看，是必须要发展的，在初期配置资源的时候，这方面可能就得考虑怎么样为今后的发展打下一个很好的基础，这也是要认真考虑的。四是在考核机制上，怎么样才能够促进资源更加合理、有效的配置。从工商银行这么多年的发展来看，我们每个阶段的考核机制都是为了促进目标的实现。在这个三年规划里，我们面临着非常复杂的环境，而且监管力度在不断加大，如何把有限的资源配置好，对促进整个规划的实现是非常重要的。

第二，关于全面提升服务能力的问题。这个问题在规划里面有很多的体现，主要有这么几点，要进一步提升市场研究分析能力。总体上来看，工商银行对市场的分析研究能力还是比较强的，特别是在宏观上或是对未来形势的判断上，对一些大的方面的分析也比较多，同时对每一项业务的分析，也做得不错。但是如何把它结合起来，使之更加有利于推动整体目标的实现，或者能够更好地发挥工商银行的优势，怎么更好地为我行新的利润增长点、新的业务服务，推进业务的发展，这方面还需要进一步加强。

通过分析研究，如何真正找准业务的增长点，这里边既包括怎么样发挥我们的优势，还包括怎么样培育新的增长点，相应地确定长期市场的目标定位，使市场更加清晰。在这个方面，董事长已经反复强调，如何发挥“ONE BANK”的整体优势，特别是像我们这样一家大银行有很多优势，很多业务小银行是做不了的，而我们有能力、有条件去做。从现在的情况看，工商银行各个业务条线在市场上都非常强势，怎么样能够把各个业务条线的强势整合成集团整体的优势，怎么样更好地发挥整体合力的作用，我认为这个方面还是非常紧迫的。随着我行国际化、综合化的发展，需要更深入地来研究，来整合我们的资源，更好地发挥我们的优势。

第三，关于进一步完善全面风险管理体系的问题。刚才大家谈到了很多，我们业务发展很快，监管要求也在提高，整个社会上对银行的关注度也越来越高。在这样一个过程中，从自身的发展来看，需要我们加强内部管理；在更好地为实体经济服务、为社会服务方面，也需要我们更加严格、规范地管理经营。虽然我们在这些方面已经取得了很大成绩，整体的管理水平、内控水平在同行业中都是领先的，同时业务发展很快，特别是进入一些新市场、新业务，开发一些新产品，都需要我们来进一步完善风险管理体系，特别是集团风险管理的问题，都需要我们去认真研究。

第四，关于更加重视消费者关系管理的问题。工商银行是国内最大的银行，可以说工商银行的一举一动对市场都有很大的影响。大家经常可以看到，市场上只要反映什么东西，好的方面可能很多，但一有不好的事情往往也会找你，为什么？因为你规模大，你的客户、你的网络延伸到各个角落，当然社会公众关心，客户关心。在这种情况下，如何更好地维护消费者关系，给我们自身发展创造一个好的环境，这也是我们实施规划中需要考虑的一个问题。

第五，关于人才队伍和企业文化的建设问题。这些年工商银行之所以发展得这么好，有一个很重要的原因，就是我们始终在抓人才抓队伍建设。下一步我们要开拓新市场、发展新业务，更要加强人才的培养，做好关键人才的储备。同时，要加强企业文化建设，怎么样能够凝聚全行的力量来推动我们这个目标的实现，这方面工商银行也是做得非常好，在社会上影响很大。要坚持下去，把它做得更好。

在中国工商银行党校第二十期领导干部进修班开学典礼上的讲话

赵　林

（2012 年 4 月 17 日 · 根据录音整理）

中国工商银行党校第二十期领导干部进修班今天开学了。首先，对大家来总行党校参加学习表示欢迎！

党校是我们党培训各级领导干部的重要阵地。长期以来，中央高度重视干部教育和培训工作，特别是近些年围绕推进科学发展、改革开放和现代化建设，下发了一系列关于加强党校工作、干部培训、人才队伍建设文件，就做好新时期、新形势、新任务下的干部教育培训工作提出了许多新的要求。总行党委按照中央部署，着眼于建设国际一流现代金融企业的目标，高度重视，研究制定了加强党校建设、加强学习型党组织建设、加强各级干部教育培训等方面的具体贯彻落实意见。姜董事长在不同场合多次强调要不断加强对各级领导干部的教育和培训工作，使之能够与我行的各项改革与发展任务相适应。经过股改上市以来的不懈努力，工商银行已经进入了建设“三个之最”国际一流现代金融企业的新阶段。我们既面临很多机遇和有利条件，也面临一些新的挑战和更加复杂的环境。从国际经济环境看，当前国际金融危机，尤其是欧洲主权债务危机的影响依然严重，国际市场持续低迷，贸易保护主义倾向有所加剧。从国内经济环境看，一些体制性、结构性矛盾依然突出，经济增长存在下行压力，部分行业产能过剩问题凸显，企业亏损面扩大，结构调整和转型压力重重。面对挑战，总行党委在去年的发展战略研讨会上提出“调整结构、创新驱动、优化格局、深化改革、提升服务、完善治理、人才兴行、文化引领”的32字方针，通过加快发展方式转变，推动全行健康可持续发展。要落实这些部署，不断取得新的进步，关键是要有一支高素质的干部队伍。这里面，干部教育或者说管理人员培训是重要一环，要充分利用行内外、境内外各种培训资源，为干部员工提供更多学习培训机会。通过加强教育培训，提高领导干部对党的纯洁性的认识，提高领导干部推动科学发展的能力，使全行能够更好地贯彻总行战略部署，推进经营转型和结构调整，深化体制机制改革，提高经营管理水平和核心竞争力，在新的历史起点上推进国际一流现代金融企业建设。

长期以来，总行党校按照中央要求，坚持围绕全行中心工作和干部队伍建设的需要，不断提高培训的针对性和实效性。总行党校校务委员会每年都要对如何进一步做好干部培训工作进行研究，提出改进要求。应该说，这些年做了大量的工作，也取得了好的成绩。比如，充分发挥“三级联动”的资源优势，做好分层次、分类别培训；针对各层级领导干部的不同特点，改进培训总体规划，统筹把握好党性培训、管理培训和业务培训的关系；根据培训班不同类型，优化课程设计，精选教学师资；抓好主体教育的同时，适当增加国情行情、党风廉政和抓班子带队伍、战略思维能力等方面的内容；不断改进方式方法，加大案例教学，引入现场体验等。今年，我们还将继续加大培训力度，扩大培训规模，重点抓好各级党员领导干部尤其是分支机构主要负责人的培训工作，全年计划举办不同层次的各类培训班19期，培训各级领导干部和管理人员1 000余人。这仅仅是党校系列的培训，相比较管理培训、业务培训、境外培训等其他各类培训，党校培训只是很小一部分，主要是针对各级领导干部和负责人。

为什么要如此重视对领导干部的教育培训？我认为，无论是个人，还是企业，勤于学习、善于学习，就能坚持正确的方向，找出前进的办法；反之，如果忽略了学习、出现了懈怠，就有裹足不前的后果，就有落后淘汰的危险。无论从哪个角度，强调加强学习，都不过分。从行里来说，会尽可能提供干部培训的各类条件；从个人来说，要充分意识到自己所肩负的责任，始终做到主动学习、善于学习。现在，很多同业佩服我们的经营业绩，羡慕我们的领先优势，一个重要原因是我们具有明显的人才优势，很多原来工商银行的人现在在其他不同银行当了负责人，所以我们有时候被称为银行业的“黄埔军校”。又比如这几年我们在全球开设了很多新的分支机构，扩展到33个国家和地区，而且今后还会进一步发展。这么多境外机构在短时间内相继开业，我们能够派出工作人员，并且使新设机构第二年甚至当年就能盈利，有的甚至超过在当地已有长期经营历史的其他中资同业，说到底是因为我们一直在花大力气培养人才队伍，始终对各级领导干部的学习抓得紧，而且长期如此。以去年为例，全行教育培训经费总量接近9亿元，其中总行就有1亿多元，并且这个数字每年都在增长。去年我们还推出了国际化人才项目，这是一个跨度长达十年的持续计划。我们就是有这样的长远眼光，所以大家也要以同样战略的眼光、长远的眼光，切实抓好自身的学习。无论从一个人来说还是从一个单位来说，抓好学习，才会不断增强才干，工作才有执行力；抓好学习，业务才能不断创新；抓好学习，工行才有越来越强的核心竞争力。

我们有时候跟同业、跟外界，包括跟国外的一些机构谈起干部的教育培训，大家都认为工商银行很有魄力。去年董事长提出要适应工商银行国际化、综合化发展的需要，下大力气加快培养一批干部，要求每年培养200人。在教育部、组织部和各个部门的大力支持下，特别是在分行党委的支持下，通过全行选拔，第一批班顺利成行了。一年200人，十年下来就是2 000人，这是一个大手笔，没有魄力是很难做到的。董事长曾经讲过，论到竞争优势，有很多是别人可以复制的，但真正人才上的优势是没法复制的。如果说十年以后我们能培养出2 000名左右的国际化人才，那么我们在整个金融市场上、在同业中是没有人能够比的。那时，我们现在采取这个重大举措的重要性将会进一步体现。

党校培训有别于其他培训，主要是以提高领导干部的综合素质、战略思维能力、领导能力和党性修养为重点。国际上的知名企业、众多的金融同业都很重视员工的培训和教育工作，而且做得很规范。作为一个领导干部，要负责指挥一个团队、一个企业，要带领大家开拓市场、发展业务，要把队伍带好，因此自身的素质就非常重要。现阶段，对领导干部培养自身素质、锻炼各方面能力的要求越来越高，必须将学习贯穿始终。而且，现在岗位的竞聘、职位的晋升，都和应聘者个人的能力紧密相关。个人的知识、能力非常重要，否则根本担当不了重任，很难做好管理工作。党校在课程设置、师资选择、培训手段、实践内容等方面是下了一番功夫的，目的就是为了让大家学有所获。从这些年实践看，来这里学过的人都反映党校期间的学习对自己的帮助很大，回去后对实际工作的把握和处理能力有了明显的提高。教育部在这些方面动了不少脑筋，比如怎样把课程安排得更合理、针对性更强，而且学习起来更加有趣，能够和我们的工作、生活紧密结合起来。到学校来授课的老师都是国内一流的教师，而且党校每年都会对他们进行分析、评价、筛选，那些确实讲得好、大家反映不错的老师长期给大家上课，使大家真正能通过不长的时间学到一些东西。

总行党校在培训上采取了分层培训体系：房山是主校区，主要负责对一级分行、直属分行、总行部门、直属机构及直属院校负责人的培训，也包括对总行本部处级干部的培训；长院、杭院两个分校，主要面向二级分行负责人和同级别干部；另外还有湖南、湖北、四川三个教学基地，主要针对县级分支机构负责人，教学计划主要是根据干部的特点和需求制订的。这几年，总行和一级分行的学习机会相对多一点，二级分行特别是县支行一级的负责人，相对来说机会要少一点。而从现实的情况，从干部队伍的结构、担负的任务来看，各层级负责人的领导能力都应得到及时、尽快的提高，所以长院、杭院在加快培训二级分行班子成员，三个基地则主要培训县支行包括城区支行一级的负责人。学员们在培训之后感受都非常深，认为有资格和层次高的老师上课，与总行相关部门的负责同志面对面的交流，收获很大，觉得非常必要。这进一步坚定了我们开展好各层次培训的决心。

这期班放在主校区，是列入中央国家机关分校主体班序列的，时间相对长一些，对党的理论体系的学习比较系统，所以在培训对象上适当侧重于新任职干部、年轻干部和履历相对单一的干部。这期班将深入学习胡锦涛总书记等中央领导同志近期一系列重要讲话精神，比较系统地学习党的基础理论和中国特色社会主义理论体系，还安排了综合知识与能力培养、党性修养方面的专题学习和讲座，经济金融改革与发展重要问题的讲座，以及结合专业特长开展课题研究等方面的内容，特别是还将组织大家到延安干部学院接受党性教育和革命传统教育。应该说，内容是很丰富的，思想性、针对性也是很强的。而且我们请了很多资深专家、知名学者来授课。大家平时工作忙，很难有时间集中、系统地学习和思考一些问题，现在暂时脱离工作岗位，集中一段时间来党校学习，希望能沉下心来，利用这次机会，认真读书学习，系统总结思考，加强相互间的交流研讨，努力使党校学习的过程成为自己思想上不断解放、认识上不断深化、能力上不断提高、党性不断增强的过程，使党校学习的收获和成果成为做好工作的新动力。

学习能够让大家获得很多的知识，特别是使大家对党的基本理论、基本路线、基本纲领，对中国特色社会主义理论体系、对科学发展观都有比较系统的、深入的认识。另外，党校还是一个很好的平台，大家可以互相进行交流，通过交流取长补短，学习其他机构做得好的地方，总结一下在过去的工作实践中，有哪些方面还需要进一步改进，怎样更好地把工作提高到一个新的水平。而且，大家还可以集中时间，系统地思考一些问题。平时工作很忙碌，很难沉下心来对一些问题进行很好地研究、分析和思考，到了党校，可以有一个很好的总结、反思的过程。像课题调研，以分组的形式对一个问题进行深入分析，结合实践，既看到成绩，也看到不足，大家通过系统思考研究提出一些针对性的意见和建议，既可以为自身工作积累经验，也可以为总行决策、管理提出有创造性的意见和建议。每次大家研究的课题，基本上都要通过不同渠道给行里领导层看，还要把大家研究的成果提交给有关的部门，供部门在研究工作的时候进行参考。在研究课题的过程中，大家还可以和总行相关部门进行交流，既可以反映基层的实际情况，也可以更好地理解总行战略意图，将两者很好地结合起来。在上课的过程中，授课的有总行领导，也有部门负责人，大家可以提问、可以探讨，使大家对一些问题的认识更加深刻，使总行在制定各项决策办法的时候可以听到基层的意见，使制定的各项政策措施更加符合基层的实际。

我讲这些，目的是希望大家来到之后，沉下心来好好学习，真正地学一些东西、探讨一些问题，这对我们今后的工作是很好的推动。从今天开始，大家就将展开一个团结、紧张、严肃、活泼的学习历程，希望大家专心致志，心无旁骛，遵守纪律，合理安排学习计划，努力提高学习效果，真正做到满怀学习渴望而来，满载丰收成果而归，使大家在党校的学习成为一段充实、美好、难忘的经历。

在中国工商银行精神文明建设暨企业文化建设工作经验交流会上的讲话

赵　林

（2012 年 7 月 6 日）

昨天，我们表彰了 2011 年全国级和总行级文明单位，随后又听取了 9 家机构代表的经验交流和发言。从发言情况看，近几年这些机构精神文明和企业文化建设措施有力，各有特色，取得了较好的成效，值得大家学习借鉴。

我们召开这次会议，主要任务是进一步贯彻落实中央和总行党委关于加强精神文明建设和企业文化建设的各项部署和要求，总结推广基层行的好做法好经验，探索新形势下推进精神文明建设和企业文化建设的有效途径，对当前及今后一段时期精神文明建设和企业文化建设相关工作进行部署安排。下面，我讲三点意见。

一、全行精神文明建设和企业文化建设开拓创新，取得了丰硕成果

近年来，总行党委认真贯彻落实胡锦涛总书记在庆祝建党90周年大会上的重要讲话和党的十七届四中、五中、六中全会精神，围绕工商银行转型发展的新形势新任务，制定下发了《关于加强和改进新形势下宣传思想文化工作的意见》，要求全行围绕中心、突出重点，把精神文明建设和企业文化建设抓紧、抓细、抓出实效。从前段时间的调研情况和这次会议上大家交流情况看，各级行党委和有关部门较好地贯彻落实了总行部署，紧密联系本行实际，创造性地开展工作，精神文明和企业文化建设与经营管理工作相融并进，在巩固中提高，在创新中发展，保持了积极健康的良好态势，为全行改革发展发挥了重要的推动作用，主要体现在以下几个方面。

（一）深入开展社会主义核心价值体系教育，团结一心、共同奋斗的思想基础更加牢固。总行党委将社会主义核心价值体系教育作为基础工程，与深入开展学习实践科学发展观和创先争优活动紧密结合，贯穿到精神文明建设和企业文化建设的全过程，扎实推进学习型党组织建设，着力加强党委中心组学习，使各级领导干部增强了运用科学理论分析解决复杂问题的能力，带动全行形成争当学习型员工、争创学习型党组织的良好氛围。围绕庆祝新中国成立60周年、中国共产党成立90周年等大事喜事，深入开展了爱国主义教育、党史教育、理想信念教育和形势任务宣传教育，通过网上知识竞赛、理论研讨、专题讲座、员工座谈等形式，大力弘扬民族精神和时代精神，唱响了爱国、爱党、爱行、爱岗的主旋律，使员工的集体归属感和主人翁责任感大大增强，自觉地为建设国际一流现代金融企业贡献力量。各分行也结合本单位实际，创新宣传教育的方式方法，通过“行长直通车”、“成长论坛”、“微型党课”、“激励墙”、读书学习等各种方式的活动，释疑解惑、凝心聚力，使社会主义核心价值体系更加深入人心、科学理论引领作用更加突出。

（二）扎实推进精神文明创建工作，创先争优、和谐奋进的文化氛围日益浓厚。近年来，我们按照“两手抓、两手都要硬”和“精神文明建设重在创建”的方针，将时代要求与金融行业特点相结合，精神文明建设目标与全行转型发展任务相结合，不断巩固和提高创建工作的水平与质量。着眼于文明单位的发展进步，修订了《文明单位管理办法》，进一步促进了创建与管理的紧密相融，推广应用“宣传思想文化管理信息系统（CCMS）”，实现了全行创建工作的跟踪记录和动态管理。各行结合“为民服务，创先争优”活动，在文明创建工作的理念、内容、方法、机制等方面进行了探索和创新，形成了许多有益经验。有的行还将文明创建工作纳入行长经营绩效考核，使创建工作由外在推动型向自主创建型转变，激发了基层活力，促进了服务效率和能力的提升。山东济南大观园支行和广东分行营业部亚运城支行，作为金融系统文明创建工作仅有的两个入选案例，被收入了“全国文明办主任培训班参考资料”。在各级行党委和广大员工的共同努力下，全行文明创建工作呈现出整体推进、亮点纷呈、蓬勃发展的态势。目前全行共有全国级文明单位113个、总行级文明单位358个，创建工作与业务经营齐头并进，在全行形成了学先进、促发展的浓厚氛围，树立和展现了我行良好的社会形象和精神风貌。

（三）加快推动企业文化深度传播，凝聚力量、促进发展的文化意识更加自觉。企业文化体系发布后，全行以推进文化理念的深度传播为重点，紧紧围绕全行中心工作，努力找准结合点，多措并举、广开渠道，不断增强企业文化建设与经营管理工作的融合度，使企业文化建设进入了有统一目标导向、有自身鲜明特色、与改革发展相适应、与经营管理同进步的新阶段。一是健全制度，加强培训。总行制定出台了《关于加强企业文化建设的意见》，编制了《企业文化手册》双语版，组织了企业文化师资培训，开发了网络视频培训课件，编撰了《企业文化故事》，将企业文化相关内容纳入全行各级各类认证考试和培训，有力地推动了境内外企业文化传播工作的全面开展。二是创新载体，搭建平台。利用网络系统，为员工开设了“企业文化园地”，并依托这一平台，先后开展了“工行情，文化行”图文故事和“文化感言”、“画说工行”漫画征集等学习宣传活动，以生动活泼的形式反映员工的文化生活，在潜移默化中传播我行价值理念。三是注重调研，强化指导。开展了专业文化现状摸底调研，从较为成熟的风险文化、创新文化和服务文化入手，对价值理念进行梳理和提炼，取得了初步成效。对分行特色文化建设工作进行规范指导，发挥了文化在增强基层行竞争实力、促进业务发展方面的作用。各分行也紧密结合自身实际，积极开展各具特色的文化活动，进一步丰富和扩展了我行企业文化内涵。如有的行将文化元素融入“职工之家”建设，使关爱员工心灵的“文化角”与关心员工生活的“温馨角”有机融合；有的行开展“企业文化墙”建设，利用宣传栏、电子屏在办公区域、营业网点传播价值理念；有的行利用户外广告牌、文化宣传册、业务营销活动等媒介，向社会公众展示我行文化成果。全行涌

现出了一批“文化示范网点”、“示范基地”和“文化样板店”。这些成果的取得，表明全行上下对企业文化的认识和文化自觉已经上升到了新的层面，工行文化影响力正在由内而外地不断扩大，凝聚力量、促进发展的文化软实力得到提升。

（四）创新员工思想教育工作，以人为本、成就员工的价值理念深入人心。各分行党委坚持把为了人、依靠人、尊重人、理解人、关心人贯穿于精神文明和企业文化建设工作始终，积极探索新时期员工思想教育的新途径、新办法，在全行形成了用价值理念引领发展的生动局面。一是连续十年开展主题教育活动。从2002年起，结合全行不同时期的中心任务、工作重点和员工思想实际，每年推出一项主题鲜明、富有特色的主题教育活动。特别是企业文化体系发布以来，全行紧扣“服务价值年”、“改革流程，改进服务年”的要求，先后开展了“建设一流企业文化，培育服务价值理念”、“文化聚人心，转型促发展”等主题教育活动，在全行营造了强服务、促转型、谋发展的良好氛围。二是推出“感动工行”员工评选活动。先后开展了两届评选表彰，深受员工的欢迎，成为新时期我行精神文明和企业文化建设工作的又一大亮点和特色。在活动的激励带动下，很多员工全心全力投入改革发展攻坚，为推动我行业务发展做出了积极贡献。三是积极构建“员工心灵绿色通道”。坚持把多层面、多形式的员工思想调查和访谈制度作为员工思想工作的有效途径，在“员工帮助计划”理念的基础上，积极筹划为员工提供热线电话、直通邮箱、在线测评等专业心理帮助，营造和谐健康的良好氛围。

全行精神文明和企业文化建设工作所取得的这些进展和成效，得益于各级行党委的正确领导，凝聚着全行宣传思想文化工作者的心血和汗水，也离不开各部门和广大员工的大力支持。在此，我谨代表总行党委向在精神文明和企业文化建设工作中取得优异成绩的先进单位和部门表示祝贺，向辛勤工作在宣传思想文化战线的同志们表示感谢！

回顾近年来的精神文明和企业文化建设工作，我们的基本经验可以归纳为以下几点：

一是围绕中心，服务于全行战略发展。这次9家单位的发言都体现了这一特点。各级行党委和宣传思想文化工作部门主动适应全行改革发展的新形势、新要求，紧紧围绕全行中心工作，努力探索精神文明建设和企业文化建设服务于经营管理实践的有效切入点，使各项措施及各方面工作既体现先进性和导向性，又具有针对性和可操作性，较好地营造了秉承稳健、崇尚创新、追求卓越的文化氛围，形成了与改革发展和现代金融企业要求相适应的价值理念和行为准则，把广大员工的思想和行动统一到总行的战略决策上来，在推动国际一流现代金融企业建设中发挥了重要作用。

二是以人为本，坚持贴近员工贴近实际。员工是工商银行最宝贵的资源，也是精神文明建设和企业文化建设的主体。长期以来，我们始终坚持“员工与工行同进步、共发展”，尊重员工的首创精神，关注员工的感受诉求，注重各项工作举措更加贴近实际，能够被员工认同，有效地调动和发挥员工的积极性、主动性和创造性。无论是特色鲜明的文明创建活动，激励奋进的创先争优活动，还是丰富多彩的企业文化体系传播和实践，都较好地体现了“从员工中来，到员工中去”的要求，增强了工作的针对性和有效性。江苏分行从战略高度重视企业文化建设，坚持以人为本、创新为先，通过发挥典型的示范引领作用，抓好网点窗口形象和先进典型的培育培养；通过加强人文关怀，架起领导与员工的沟通桥梁，适时开展以减压管理为主要内容的“健心”工程，为员工办实事，充分调动了广大员工的积极性和创造性，业务发展和各项工作都迈上了新台阶。浙江分行营业部解放路支行面对新形势、新任务、新情况，用心分析员工所面临的工作压力，通过加强压力管理，引导员工科学看待，做好自我调适，并优化业绩考核，激发员工干事创业的积极性，自觉把压力和困难当做自我成长和进步的课堂；用心用情解决员工生活、家庭的问题和困难，减轻员工的后顾之忧；多措并举，拓宽员工职业通道，激励员工成长成才；通过实施全面健康管理，营造健康快乐、积极向上的氛围，收到了明显效果。数据中心（北京）针对员工特点和工作性质，通过加强心理疏导、实施“员工帮助计划”、开展“三心工程”，不断提高思想政治工作水平，用文化软实力催生员工队伍创造力、战斗力、凝聚力，努力打造一流员工队伍，争创一流工作业绩。

三是与时俱进，不断增强生机与活力。精神文明建设和企业文化建设工作的长足发展得益于勇于探索、与时俱进。我们始终将改革创新作为工作的源动力，以发展的眼光审视新情况，用创新的态度寻求新突破。准确把握环境形势变化和社会发展步伐，紧密结合工商银行实际，通过引入新理念新方法、运用新形式新手段，打造品牌载体，丰富活动内涵，提升文化品质，使工作水平和成效逐步提高，吸引力和感染力不断增强，激发了员工踊跃参与的兴趣和热情，增强了宣传思想文化工作的生机与活力。上海虹桥支行通过推出“发现虹桥”的系列活动，以企业文化为引领，从认知、技能、榜样以及行为等方面，积极推行契合团队特征的主题活动，精心打造生动活泼的文化载体，在团队中营造了积极向上、奋发有为的整体氛围，使文化建设成为支行发展的动力，真正做到了凝心聚力。延安分行通过不断丰富活动载体，推进文化传播，增强了企业文化的内外影响力；通过构建温馨之家，营造了良好的文化氛围，为员工解决具体问题，不断增强员工的归属感，激发了员工的责任感和奉献精神，用文化搭起联系客户的桥梁，塑造了良好形象。

四是弘扬先进，大力营造浓厚氛围。在精神文明和企业文化建设中，我们始终注重先进典型的挖掘和宣传，通过各类评选表彰活动，运用多种宣传渠道，为干部员工立榜样、树楷模。特别是近几年，我们创新推出了“感动工行”等富有感染力和影响力的评优活动，加大了对先进典型的宣传力度，进一步弘扬了爱岗敬业、无私奉献、自强不息、开拓进取的良好风尚。通过榜样的力量，激励和鼓舞员工不断提升综合素养、增强业务能力，在本职岗位上建功立业，形成了创先争优的浓厚氛围。北京分行翠微路支行善于发现、培养、宣传、推广典型，通过广泛选树“让先进典型走出来”，精心培育“让先进典型亮起来”，主动引领“让先进典型动起来”，在支行营造了创先争优的良好氛围，推动了精神文明和企业文化建设的深入开展。

五是加强领导，充分发挥全行合力。精神文明和企业文化建设是全行性的系统工程，工作领域宽、涉及面广，需要各级行、各部门的共同努力。这几年我们将文明创建和企业文化建设与创先争优活动、学习型党组织建设及其他各类活动结合起来，与企业发展、内部管理结合起来，与基层组织建设和员工队伍建设结合起来，积极加强与各部门的沟通和协调，使各部门、各层面都动了起来，方方面面的力量凝聚在一起，推动了全行精神文明和企业文化建设的深入开展。山东分行领导班子高度重视、统筹推进，建立完善长效机制，创新方法、丰富载体，不断扩大工作成效；坚持以人为本，有机融合，持续增强内在动力；围绕中心，服务发展，两个文明建设取得了丰硕成果。安徽分行营业部党委通过不断完善创建机制，形成推动文明创建工作的合力，通过加强员工队伍建设、提高全员综合素质及核心竞争力，不断增强团队凝聚力和战斗力；以优质服务为突破口，提升行业文明的形象感召力，保持了多年的先进。湖北孝感分行党委坚持“两手抓、两手硬”的方针，通过提高思想认识、加强组织领导、确定创建目标、营造浓厚氛围、抓好银企联动，全面加强文明创建工作，取得了良好成效。

上述几点，是对近年来全行精神文明和企业文化建设工作经验的总结和提炼，集中反映了我们在工作中的探索和成果，丰富了我们对精神文明和企业文化建设工作的认识，对做好今后的工作具有重要指导意义，必须坚持下去，并在新的实践中不断丰富和发展。

二、适应新形势新任务，增强使命感责任感，不断开创精神文明建设和企业文化建设的新局面

党的十七届六中全会提出，要推动社会主义精神文明和物质文明全面发展，培养高度的文化自觉和文化自信，提高全民族文明素质，提升国家文化软实力，努力建设社会主义文化强国。党中央在总结改革开放几十年来实践经验的基础上，把文明建设和文化建设提到了前所未有的高度。根据六中全会精神，总行在《关于加强和改进新形势下宣传思想文化工作的意见》中，对今后一段时期我行精神文明和企业文化建设作出了全面部署。姜建清董事长也多次指出，全行要继续坚持“两手抓两手硬”的方针，持续推进精神文明和企业文化建设，办好“十件文化大事”，为增强竞争发展能力、建设国际一流现代金融企业提供精神动力、思想保证和文化支撑。

应该说，这几年我行宣传思想文化工作在党委领导下，认真贯彻落实党的方针政策，围绕全行中心任务，在精神文明建设和企业文化建设方面做了大量的工作，取得了很好的成效。但大家也要看到，我们的工作与全行建设国际一流现代金融企业的战略目标和当前改革发展的形势任务要求比，还存在一些不足和差距。有的分支行对这项工作还重视不够，方法不多，效果不明显，没有充分发挥出精神文明建设和企业文化建设在凝聚人心、提振士气方面的重要作用。有的行在宣传思想文化队伍人员配备方面不够得力，与“工作需要、能力适配、岗位胜任”的要求相比，还有较大差距，影响了宣传思想文化工作整体水平的提升。有的同志对现有岗位还存在着一些认识误区，工作责任感有待增强，综合素质和履职能力有待提高。要解决这些问题和不足，需要进行多方面的努力，特别是各级行的领导，要进一步提高认识，增强使命感责任感，切实抓好组织推动和督促指导，努力取得精神文明建设和企业文化建设的新成效。

（一）从增强工商银行文化软实力、推进国际一流现代金融企业建设的战略需要出发，深入推进精神文明建设和企业文化建设。股改上市后，我们已圆满完成了两个三年发展规划，成为全球市值、盈利、客户存款和品牌价值“四个第一”的大型上市银行，迈入了世界领先大银行之列，但距离实现“三个之最”的国际一流现代金融企业的战略愿景，还有一定的差距，在打造文化软实力和改进服务等方面，要做的事情还很多。在去年底的发展战略研讨会上，总行党委把“人才兴行、文化引领”作为转型发展的战略方针之一。各级行党委和宣传思想文化工作部门一定要认清肩负的重要职责，紧紧围绕建设“三个之最”银行的目标，用战略的思维研究和推动精神文明建设和企业文化建设。要以党的十七届六中全会为统领，紧密结合我行实际，大力实施“文化强行”战略，不断增强企业文化与经营管理工作的融合度，更好地发挥企业文化对业务发展的推动作用。要以大力加强精神文明建设为抓手，不断改进服务工作，塑造优质服务文化，提升客户的满意度和社会美誉度，把ICBC打造成世界知名品牌。

（二）从打造一流员工队伍、营造良好发展氛围的

现实需要出发，深入推进精神文明建设和企业文化建设。近年来，我行通过实施人才兴行战略，加强员工队伍建设，队伍的凝聚力和战斗力有了很大提高，为推进全行改革发展提供了有力的人才支撑。但我们也要清醒地看到，随着经济发展方式转变和结构调整，我国经济社会发展呈现出新的阶段性特征，各种不确定因素增多，党中央、国务院对银行服务实体经济发展提出了新的更高要求，社会各界、广大客户对银行的要求也越来越高，同时，随着同业发展进步，我行的竞争压力也在不断增大。要贯彻落实好中央有关要求，为广大客户提供优质服务，增强可持续发展能力，巩固和扩大我们的竞争优势，就必须着力提升员工职业素养，进一步树立良好作风，打造出一流的员工队伍。我们要把精神文明建设和企业文化建设摆在更高的位置，积极倡导爱岗敬业、诚实守信、厚德明礼、行止有序的良好风尚，深入开展职业道德、行为规范、业务能力及心理健康的教育培训，提升员工职业素养，树立队伍良好形象。要更加全面、准确、深入地宣传我行的经营理念，引导广大员工切实把思想和行动统一到总行党委的战略决策部署上来，为建设国际一流现代金融企业献策献力，确保各项目标的顺利实现。

（三）从不断提高宣传思想文化工作成效的迫切需要出发，深入推进精神文明建设和企业文化建设。经过近年来的探索和实践，全行精神文明和企业文化建设基本形成了一套行之有效的工作思路、工作机制和工作方法，积累了丰富的经验。但必须看到，股改上市后，随着我行经营管理体制机制的改革创新和发展变化，精神文明建设和企业文化建设工作的环境、任务、对象等也都发生了很大变化。加之现代信息技术的迅猛发展，特别是微博等新媒介的广泛应用，既为精神文明建设和企业文化建设提供了新的途径，也对传统的工作模式提出了新的挑战。如何解放思想、与时俱进，强化创新意识，准确把握新形势下精神文明建设和企业文化建设工作的特点和规律，在内容、方法、手段和机制等方面积极探索创新，进而不断增强精神文明和企业文化建设工作的针对性、实效性和吸引力、感染力，已经成为一项重要而紧迫的课题。

各级行党委和宣传思想文化工作部门要认真领会和贯彻总行的要求，从全行改革发展稳定的大局出发，从实现新时期战略目标任务的高度出发，认真分析新情况新问题，科学把握新任务新要求，切实增强做好工作的使命感和责任感，使精神文明建设和企业文化建设更好地围绕中心、服务大局、创新发展，不断开创精神文明建设和企业文化建设的新局面。

三、围绕中心服务大局，切实抓好当前和今后一个时期的精神文明建设和企业文化建设

今年我们党将召开第十八次全国代表大会。这是党在全面建设小康社会的关键时期和深化改革开放、加快转变经济发展方式的攻坚时期召开的一次非常重要的会议。当前我们要以优异成绩迎接十八大的召开。十八大召开后，我们要通过深入学习宣传贯彻会议精神，结合工作实际，进一步抓好精神文明建设和企业文化建设，为我行改革发展提供强有力的思想动力和文化支撑。

（一）加强社会主义核心价值体系学习教育和形势政策宣传教育，不断提高广大干部员工的思想道德素质。要持续开展社会主义核心价值体系教育，围绕中央即将颁布的《社会主义核心价值体系建设实施纲要》，组织形式多样的学习实践活动，使社会主义核心价值体系作为精神文明建设和企业文化建设的“魂”，更好地体现到各种活动和载体中，渗透到干部员工思想行为中，进一步巩固员工的思想道德基础。要充分发挥党委中心组学习的龙头作用，进一步深化学习型党组织建设，推动领导干部自觉加强理论学习和工作调研，深刻领会社会主义核心价值体系的科学内涵，将社会主义核心价值体系学习教育与我行改革发展实际紧密结合起来，使学习教育落到实处、发挥实效。要抓住新的三年规划开局的契机，广泛开展“新征程，新展望”形势政策宣传教育活动，通过编发提纲、领导宣讲、岗位竞赛、行情问答等方式，引导员工正确认识国内外发展形势和全行经营环境，深刻理解总行战略决策，进一步坚定信心、鼓舞干劲，为推动全行可持续发展作出新的贡献。

最近中央文明办决定在食品行业、窗口行业和公共场所三个领域率先开展“道德领域突出问题教育和治理活动”，倡导知荣辱、讲正气、促和谐的文明风尚，为党的十八大召开营造良好社会环境。作为窗口行业，全行上下要正确认识此次活动的重要意义和目标任务，认真贯彻落实总行下发的《关于在全行开展道德领域突出问题专项教育和治理活动的方案》，结合正在开展的不规范经营专项治理活动和员工规范学习教育，组织多层面、多形式的教育和治理活动，加强舆论宣传和典型引导，促使干部员工增强道德意识，提升道德自觉，践行道德规范，进一步彰显我们的优良行风，把我行社会主义核心价值体系教育活动推向深入。

（二）抓紧落实“十件文化大事”，全面推进企业文化建设。去年总行党委围绕贯彻落实党的十七届六中全会精神，提出了办好“十件文化大事”的要求。这是我行当前和今后一段时期精神文明建设和企业文化建设的重要任务。“十件大事”涉及各个层面、各专业条线，需要全行各司其职、发挥合力。作为宣传思想文化工作的职能部门，各级党委宣传部门承担着企业文化建设的规划、组织、协调等职责，同时还要配合相关部门和机构，推动企业文化建设的深入开展。大家要重点抓好三方面工作：一是切实推进文化的学习和传播，要将企业文化建设内容进一步融入党委中心组学习、党校培

训和各类岗位资格认证培训中，进一步体现在文化标识、内网内刊、媒体宣传中，不断丰富传播载体和方式方法，增强企业文化实践的感染力和吸引力，通过文化的潜移默化，使干部员工进一步加深对工行价值理念的理解和认同。二是及时总结文化建设成果，组织多层次、多角度的“企业文化建设巡礼”等交流活动，让员工亲身感受到企业文化建设带来的实实在在的成果和益处；适时开展企业文化调研，总结文化建设中的经验和不足，为持续丰富文化内涵、提升文化品质奠定基础。三是积极配合业务部门做好专业文化的梳理提炼，推动创新文化、风险文化、服务文化等专业文化建设；进一步抓好特色文化的规范工作，指导基层行结合区域实际，打造富有活力、特色鲜明的特色文化品牌；协助境外机构做好《企业文化手册》多语种版本编纂工作，促进我行文化在境外机构的传播。

各级行党委领导班子、各级宣传思想文化工作部门负责人作为企业文化建设的领导者和推动者，一定要在企业文化方面多学习、多积累、多交流，成为企业文化建设的先行者，确保我们的文化建设真正与经营管理工作相融并进，确保总行的各项政策得到正确解读和全面执行。要牢固树立文化管理意识，在吃透文化精髓的基础上，将价值理念融入经营管理工作，融入思维方式和行为习惯，以言传、以身教影响和带动广大员工投入文化实践，形成文化自觉。

（三）深入开展树典推优活动，进一步营造争先创优的良好氛围。各级行党委、宣传思想文化工作部门要把深入开展树典推优活动作为精神文明建设和企业文化建设的一项重要工作来抓。要紧扣全行中心任务，深入持久地开展创先争优和“文明单位”、“青年文明号”、“党员先锋岗”、“巾帼建功示范岗”等创建活动，挖掘和宣传一批在我行改革发展中做出突出贡献、产生重要影响的先进集体。要运用员工喜闻乐见的方式和载体，积极组织“文明新风大看台”等宣传活动，推广先进集体的事迹和经验，把先进经验、先进思想变成全行的共同财富，转化为激励广大员工奋发进取的精神动力。要坚持开展两年一届的“感动工行”员工评选表彰活动，牢牢把握“感动”这一关键要素，在典型挖掘和学习宣传上下功夫，在延伸感动和丰富内涵上做文章，组织开展“身边的感动”大讨论，广泛挖掘各层面的道德模范、优秀志愿者和“身边好人”，使员工通过发现和讲述身边的好人好事，受到自我教育和熏陶。同时，要切实把先进典型培养好、维护好，关注、关心他们的成长和发展，引导他们谦虚谨慎、再建新功，使先进典型发挥出持久的示范激励作用。

明年是毛泽东为雷锋同志题词五十周年，党中央专门下发文件，要求在全国深入开展学雷锋活动。雷锋精神作为党和人民极为宝贵的精神财富，曾经哺育和激励了几代人成长，在今天和未来仍然具有不可替代的榜样意义。将学雷锋活动常态化、机制化，是我们党几十年来宣传思想工作的经验总结。各级行要认真贯彻总行《关于深入持久开展学雷锋活动的意见》，紧密结合金融行业特点和我行实际，大力开展雷锋事迹、雷锋精神和雷锋式模范人物的宣传教育活动，广泛普及爱国、敬业、诚信、友善的基本道德规范，在全行形成践行雷锋精神、争当先进模范的良好氛围。通过开展“学雷锋、树新风”活动，增强服务意识，改进服务作风，提升服务能力，提高服务效能，进一步提升员工道德素质和行业文明程度。同时，要将学雷锋活动的经验推广到各层面的树典推优工作中去，从经营管理和员工思想实际出发，多动脑筋、广开思路，在巩固提高、延伸辐射上下功夫，打造具有工行特色、员工普遍认同的品牌活动载体，增强树典推优工作的生机活力。

（四）打造品牌载体，丰富活动内涵，增强员工思想教育和企业文化实践的针对性和实效性。随着社会进步和各项改革的深入推进，我行员工队伍结构呈现出新的特点，思想状态、价值取向和利益诉求也日益多变多维多元。各级行党委要注意倾听基层心声，切实为员工思想动态把脉，了解员工所思所想、所需所求，认真研究制定好相关政策措施、组织好各类活动的开展。要适应传媒技术发展和员工喜好的新变化，运用大众喜闻乐见的形式、载体和平台，增强精神文明建设和企业文化建设的吸引力和感召力。一要赋予员工教育活动新内涵。要继续抓好主题教育活动，紧贴形势任务和员工思想实际，将主题教育活动与学习型党组织建设、企业文化建设、文明单位创建紧密结合，加强形势政策教育、理想信念教育和职业操守教育。要鼓励基层行充分尊重和发扬员工首创精神，丰富教育活动的内涵和形式，确保活动更加适应区域特点，更加符合工作实际。今年要重点结合“满意在工行”活动，开展“打造卓越金融服务，建设客户满意银行”主题教育活动，以客户满意为导向，以解决客户关心的突出问题为重点，引导员工践行我行对社会公众和客户的承诺，努力提升客户满意度和市场美誉度。二要开辟企业文化传播新途径。要逐步推进“企业文化园地”栏目优化和功能升级，增加互动交流功能，引导员工围绕业务发展、内部管理、员工教育、人文关怀等问题进行讨论，提出合理化建议，使园地进一步成为全行员工交流心得、展示才华、分享快乐、感悟生活的精神家园。要依托宣传思想文化工作管理信息系统，推进“影像库”、“故事库”、“员工艺术作品库”三库建设，适时做好精选结集工作，推出《工行记忆》和《企业文化故事集》等系列丛书，充分展示我行文化的独特魅力和深刻意蕴。三要构建员工关爱新渠道。要在坚持员工思想调查和员工访谈制度的基础上，逐步构建“员工心灵绿色通道”，通过热线电话、直通邮箱、在线测评等形式，为员工提供专业心理辅导，帮助员工树立阳光心态，进一步提高员工的幸福指数和工作满意度，为全行改革发展、和谐稳定注入持久动力。

（五）完善管理体制和运行机制，不断提高精神文明建设和企业文化建设的成效。加强精神文明建设和企业文化建设，是全行共同的任务，需要各专业、各部门的广泛参与和积极配合，必须形成党委统一领导、分管负责人具体抓、职能部门组织协调、各部门齐抓共管的工作格局和责任体系。要进一步建立和完善宣传思想文化工作的考核机制，逐步完善考核评价办法和评估指标，加大宣传思想文化工作的检查指导，综合考核评价各级机构、部门宣传思想文化工作。要不断完善表彰激励机制，对在宣传思想文化工作中作出突出贡献的先进集体和个人进行表彰奖励，充分调动宣传干部的积极性和创造性。要在全行范围内全面推广宣传思想文化工作管理信息系统，不断优化系统功能，严格执行信息系统管理制度，切实做好系统电子台账管理和日常运行维护工作，有效实施工作动态跟踪，充分发挥系统的信息交流功能，推动信息的纵向传导和横向共享，切实提高宣传思想文化工作管理效能，为各专业开展相关工作提供多方位平台支持。

在此，我特别强调两点：一是要适应宣传思想文化工作部门人手少、头绪多、任务重的特点，学会“弹钢琴”、抓重点，做好统筹安排，摆布好各项工作的次序进度，每年重点围绕总行部署和本单位实际需求，集中精力搞好精品活动，实实在在地提高活动的影响力，增强员工队伍的凝聚力。二是要适应精神文明建设和企业文化建设涉及面广、系统性强的特点，善于沟通协调、借势借力，学会集中资源、凝聚力量，将精神文明建设和企业文化建设工作与党建、工会、青年和妇女工作结合起来，同业务发展和经营管理结合起来，调动各方面积极性，使各项措施更加有力，各项工作更加有效。

（六）注重素质能力培养，不断提高宣传思想文化工作水平。精神文明建设和企业文化建设的新形势新任务对宣传思想文化工作队伍提出了新的要求。各行要高度重视和切实加强宣传思想文化工作队伍建设，不管机构如何改革和设置，都要根据工作需要配备好宣传干部，形成专兼结合、优势互补的工作队伍，为做好宣传思想文化工作提供人才保障。要按照政治强、业务精、纪律严、作风正的要求，建立健全人才培养和选拔机制，把那些政治上清醒坚定、思想作风修养好、政治理论水平高、熟悉宣传工作的优秀干部充实到宣传思想文化工作岗位上来。要以全行推行的专业资格考试认证工作为契机，通过加强专业培训、岗位轮训、岗位实践等形式，加快培养专兼职宣传工作骨干，切实提高岗位履职能力和创新能力。各级党委要从工作上、生活上关心宣传干部，充分激发他们的积极性和创造性，着力营造宣传思想文化工作者“有为有位、干事创业”的良好氛围，为想干事、能干事、干成事的同志创造宽松的工作环境，特别是为年轻同志的成长、进步提供施展才华的舞台。

这里，我着重对各行宣传思想文化工作的负责同志提三点要求：一要具备全局意识和战略眼光。要准确把握世情、国情、行情，及时传导和准确诠释全行发展战略和各项政策措施，从全行角度去思考如何拓展宣传思想文化工作的边界，如何为经营转型提供更多的服务支持。二要了解经营管理工作实际。要清楚本单位经营管理和业务发展的方向是什么，问题和难点在哪里，有的放矢地制定和改进各项政策措施，提高工作的针对性和实效性，把工作真正做深做实做细。三要善于开展员工思想工作。要继承和发扬党的思想政治工作优势，坚持为了员工、依靠员工、服务员工，切实体察员工所思所想，多做统一思想、提高认识的工作，多做凝聚人心、鼓舞士气的工作，多做关心员工、促进和谐的工作，更好地调动发挥广大员工的积极性和创造性，不断提高各级组织的向心力和凝聚力。四要注重学习借鉴先进经验，加强信息交流和总结推广，把各行在实践中的先进经验做法变成全行的共同财富，推动工作的深入开展，取得更好的成效。

当前和今后一段时期是全行推动转型发展、建设国际一流现代金融企业的关键时期，宣传思想文化工作任重而道远。希望大家齐心协力、步调一致，以昂扬的斗志、创新的精神和务实的作风，全面推进精神文明建设和企业文化建设，以优异成绩迎接党的十八大的胜利召开。

在新的起点上持续稳健发展

——在中国工商银行资产管理业务工作会议上的讲话

王丽丽

(2012 年 1 月 9 日)

这次资产管理业务工作会议是在国内外经济形势严峻复杂、国内监管要求不断提高、银行资产管理业务面临发展新阶段的形势下召开的一次重要会议。本次会议的主题是，认真总结 2011 年全行资产管理业务发展经验，明确 2012 年各项工作任务，落实业务发展关键措施，力争在新的起点上实现全行资产管理业务持续稳健发展。下面，我讲三个方面的意见。

一、2011 年资产管理业务成绩斐然

（一）业务持续快速健康增长。2011 年全行资产管理业务继续保持快速增长态势。在通货膨胀率不断攀升和存款负利率的背景下，客户对银行理财产品需求旺盛。我行全年实现理财产品持续供给不断档，各销售部门加大销售力度。截至 2011 年末，全行本外币理财产品累计销售 46 413 亿元，同比增长 34.3%，其中：个人理财产品销售成绩显著，累计销售 35 250 亿元，同比增长 89.2%；对公理财产品销售额 11 162 亿元，虽然同比减少了 30%，但仍保持了较大规模。全行资产管理能力不断增强，管理资产余额持续增加，2011 年末全行理财产品余额规模达 7 666 亿元，同比增长 26.5%，最高时突破了一万亿元，相当于国内前十大基金公司管理资产规模的总和。资产管理业务对全行中间业务收入的贡献度不断提升，全年资产管理业务实现收入达 109.6 亿元，同比增长 32.53%，在全行中间业务收入中占比稳步提升。

在市场形势复杂多变，债券市场剧烈波动的情况下，资产管理部门努力把握市场走势，抓住有利时机加大投资力度，全行理财实现新增债券投资 2 828 亿元，取得了良好的投资收益。同时，在总分行及各相关部门的积极配合和通力协作下，全行理财通过各种创新模式完成了项目投资 5 301 亿元，支持了公司客户的融资需求，使我们的客户服务水平大大提升，为理财客户创造了较好的投资收益。

（二）市场领先地位进一步巩固。面对激烈的市场竞争，我行始终坚持以客户需求为导向，秉承“诚信、价值、专业、创新”的经营理念，积极推动业务发展，继续保持了境内规模最大资产管理银行的优势地位。截至 2011 年 11 月末，我行理财产品余额、收入在四家大型银行中占比分别为 31.4% 和 42.4%，均居同业首位。“工银理财”品牌形象进一步提升，在《21 世纪经济报道》、《理财周报》两家主流媒体主办的评选活动中，“工银理财”均荣获“最佳银行理财品牌奖”；泸州老窖收益权理财产品获得《卓越理财》杂志“卓越理财产品”荣誉称号；“步步为赢”理财产品获得《理财周报》杂志“2011 年度中国最佳银行理财产品”荣誉称号；在由《金融理财》杂志社与中国社科院金融所共同主办的 2011 中国金牌理财“金貔貅奖”评选中，我行获得“年度最佳资产管理银行”奖项。

与此同时，我行资产管理业务管理严格、运作规范的专业能力和专业水平也领先于同业，顺利通过了各种检查，得到了监管部门和审计部门的高度认可。受监管部门委托，我行牵头组建了“商业银行理财业务联席会议”并担任主任委员，通过先后牵头组织四次联席会议，讨论了资产管理业务正确的发展方向，强化合规管理理念、研究资产管理业务未来发展战略等重要议题，向监管部门和社会各界积极宣传和维护理财业务的正面形象，提升市场美誉度。我行参与制定的《商业银行理财产品销售管理办法》已由银监会正式发布，对规范理财产品销售行为具有重要意义。我行的专业能力还得到了银行同业的广泛赞誉，交通银行、进出口银行、深发展银行、北京城商行、南京银行、齐鲁银行等一批银行同业纷纷来我行学习，借鉴我行在投资管理、运行管理、风险管理方面的成功经验。

（三）产品创新效果显著。2011 年，是近几年我行资产管理业务创新走得最快的一年，在产品创新、技术创新和渠道创新方面成果丰硕、效益显著。

在产品方面，我行推出了一批颇具特色的创新产品。“7 天增利”、“周周分红”和“步步为赢”等新型现金管理型产品极大地补充了灵通快线产品系列；境外 IPO 理财产品既为客户创造了良好收益，又提升了我行国际证券承销知名度；“保中宝”和“商业地产理财产品”、投资于股票收益权和结构化证券优先份额的“两

权其美”、投资于艺术品和酒类等另类投资理财产品、投资于境外未上市股权的可换股定向投资理财产品和私募股权理财产品等一批创新产品，既延伸了理财资金的投资领域，又提高了产品的流动性和收益性，同时较好地满足了包括私人银行客户在内的高净值客户的个性化投资需求。在2011年全行产品创新奖的评比中，境外IPO专项理财产品、“收益递增型理财产品、“两权其美”三款理财产品获得了二等奖；“保中宝”、工银私募股权两款理财产品获得了三等奖，是总行获奖数量最多的业务板块之一。

在投资技术方面，我行自主投资管理能力稳步提升。自主管理的净值型产品830003、830006及转债产品的投资业绩全部超越市场同类产品，其中830003产品净值增长超过7%，在全市场债券基金中排名第一。量化投资研发也取得了初步成效，自主开发的投资于全球市场的增强型股票指数基金（QDII）产品成功发行，A股量化投资模型的研发和产品化进展顺利，初步搭建了量化投资的研发平台和投资管理平台。

在渠道方面，我行坚持拓展产品销售的渠道创新，取得了可喜的突破。一是资产管理部和养老金部密切合作，针对企业补充养老金这一特殊投资群体，开发了多款“如意人生”理财产品，取得了可喜的销售业绩，开辟了新的市场领域和销售渠道；二是成功开辟了将我行理财产品通过银行同业销售渠道代销的新途径。目前我行已与5家银行签订合作协议，并成功与贵州六盘水商业银行、四川绵阳市商业银行开展了理财产品代销合作，销售我行理财产品8 000万元，为拓展我行理财产品销售覆盖面进行了有益的尝试。

（四）对全行综合贡献进一步增强。在自身快速发展的同时，资产管理业务在维护全行客户关系、创造中间收入、带动相关业务协同发展等方面也发挥了突出作用。

一是为客户创造了可观的投资收益，较好地维护了客户关系。2011年，在资本市场不景气的情况下，我行理财产品推陈出新，发行的固定收益类理财产品全部实现了预期收益，较好地满足了客户的多样化理财需求，全年累计为客户创造的投资收益达300亿元，进一步巩固了我行与客户的关系。

二是满足了公司客户多样化的融资需求，提升了全行融资服务能力。2011年理财资金通过北交所委托债权投资、收益权信托、委托贷款等多种创新投资模式向2 500多家公司客户提供融资超过5 300亿元，提升了全行融资市场竞争力。

三是提升了全行市场竞争力，有效地维护和吸引了一大批重点客户。全行理财客户持续增加，2011年末全行理财覆盖了个人理财客户数661.3万人，同比增长55%；法人理财客户数达16.26万户，同比增长27%；私人银行客户2.3万户，同比增长27%。资产管理业务在竞争客户和扩大我行客户群体方面发挥了独特的推动作用。

四是创造了可观的中间业务收入。全年资产管理业务累计实现收入达109.62亿元。其中，管理费收入31.68亿元，销售手续费收入35.10亿元，项目推荐及投后管理费收入34.39亿元，私人银行渠道相关收入达8.45亿元。可以看出，资产管理业务已经成为全行中间业务收入的重要组成部分和新的盈利增长点。

五是同步带动了托管业务和投行业务的快速发展。截至2011年末，全行理财业务贡献的托管规模达1.15万亿元，占全部托管资产规模的33%；理财投资项目也带动了境内和境外投行业务的同步发展，特别是通过境外IPO理财产品有力地提升了我行国际投行的形象。

（五）业务运作体系进一步完善。资产管理部按照“业务发展、制度先行”的原则，狠抓创新业务的制度建设，在三层制度体系下又制定了股权项目投资指引、结构化证券投资指引、保本产品运作规程、资产管理业务风险限额实施方案等一系列新制度；按照《商业银行理财产品销售管理办法》要求制订了理财产品风险评级办法，进一步完善了产品风险评级与客户风险承受能力的相互匹配；督促各分行制定本行的项目投后管理办法，推动理财项目投后管理工作落到实处。

系统建设迈上新台阶。基于PPM系统基础上的《资产管理业务系统建设三年规划》顺利通过了总行技术委员会的审议，明确了今后资产管理业务系统开发的目标和方向。在产品创新部和信息科技部等部门的大力支持下，资产管理业务风险监测项目、统计报表项目、资产登记项目等一批重点开发项目顺利投产并向分行延伸。全行资产管理业务综合平台功能得以不断丰富和完善，运作流程不断规范，管理效率不断提高，操作风险控制能力不断增强。截至2011年末，全行通过系统管理的理财产品近8 000只，处理各类交易17万笔，未发生操作风险损失事件。

（六）分行资产管理业务发展迅速。伴随着全行资产管理业务的快速发展，分行的业务也取得了长足的发展。一是2011年分行理财累计完成项目投资2 152亿元，为上年同期的3倍；向总行理财推荐项目3 012亿元，同比增长8.2%；二是各分行积极销售理财产品，为全行理财产品销售4.6万亿元做出了积极贡献；三是对符合条件的分行新增了授权，使获得授权的分行总数达到31家（投资组合管理模式的分行12家）。全年各授权分行共发行自主管理的理财产品15 467亿元，产品余额1 500亿元，分别为上年同期的3倍和2.5倍；分行全年资产管理业务直接创造收入达16亿元，同比增长2倍；四是分行产品创新积极性明显提高。2011年分行上报创新方案十余个，其中“融资理财通”、“金财鑫”等创新产品已经获得良好的经济效益和社会影响力。在此，我对相关分行的创新努力表示衷心感谢！

从全行层面看，资产管理业务的快速健康发展为推动全行经营模式转型和盈利结构调整等做出了很大贡献。依托理财产品的发行和投资，我行服务客户的手段多元了，维护和竞争客户的能力增强了，满足客户多元化投资和融资需求的业务品种丰富了。资产管理业务对全行的盈利贡献越来越大，资产管理业务已经发展成为不占用资本、发展前景广阔的重要业务板块，是我行由持有资产大行向管理资产大行转变的探索者和开拓者。正如姜董事长和杨行长到资产管理部调研时提到的，"不管人们对资产管理业务如何评价，资产管理业务已经成为了商业银行未来转型的不可逆转的发展方向"。

一年来，在面临各种政策、环境、资源等因素不断调整的大背景下，全行资产管理业务克服重重困难，取得了有目共睹的成绩。这与董事长和行领导的高度重视是分不开的，与资产管理部门的辛勤工作和创新精神是分不开的，与各分行、与总行各部门的大力支持和配合是分不开的。在此，我代表总行党委，向为推动全行资产管理业务发展付出了艰辛努力的同志们，以及支持资产管理业务发展的各条战线上的同志们表示热烈的祝贺和由衷的感谢！

二、2012 年资产管理业务的新机遇和新挑战

展望 2012 年，国内外经济形势的复杂性和不确定性，既给资产管理业务带来新的挑战，也将带来新的发展机遇。只要我们加强研究，把握机遇，资产管理业务仍存在较大的发展空间。

（一）充分认识资产管理业务面临的新挑战。

1. 2011 年以来，世界经济增长放缓，国际贸易增速回落，国际金融市场剧烈动荡，各类风险明显增多。2012 年世界经济形势仍将十分严峻复杂。当前，国内经济增长下行压力和物价上涨压力并存，出口形势仍然不容乐观，经济结构的调整难度加大，部分行业和企业的经营面临困难。在上述严峻复杂的环境下，一方面理财的新增投资可能将面临一些困难，另一方面复杂经济环境也可能增加现有投资的潜在风险。全行要对理财投资给予密切关注，早做预案，防患于未然。

2. 同业竞争激烈，业务拓展难度加大。目前国内基金、保险、证券、信托、私募等资产管理机构的数量不断增加，与银行理财展开了全方位的业务竞争。开展资产管理业务的银行同业数量也呈迅速增长态势，据不完全统计，目前国内已有 120 家银行在开展资产管理业务，同比增长 16.5%；发行理财产品超过 2.2 万款，同比增长 63%。部分银行依靠大量发行保本、短期限高收益理财产品抢占市场，少数银行 T+0 系列理财产品收益率较我行高 50 个基点以上，竞争十分激烈，对我行资产管理业务的领先地位形成了强劲的挑战。

3. 流动性管理难度加大，管理成本越来越高。受国内银行存款营销、理财市场竞争和产品期限短期化等因素影响，我行理财产品规模波动剧烈。以 T+0 无固定期限产品为例，规模波动幅度从日常的 10% 扩大到最高时的 70%，流动性管理难度日趋增大。为应对产品规模的大幅波动，资产管理部门进行了大量的融资。而这种融资行为基本上都是在流动性紧张的情况下进行的，融资成本从平时的 2% 左右飙升至 8% -9%，管理成本非常高（经测算 2011 年为流动性管理付出的成本高达 24.4 亿元），直接减少了我行的中间业务收入。

4. 监管要求变化，业务发展环境存在很大不确定性。一是理财产品投资主体地位缺失、投资渠道受到明显限制。银行理财产品至今还未取得与信托、保险、基金及券商集合理财等同等的法律地位，这直接影响了理财产品在各类投资市场中的交易资格，理财资金的投资机会受到了很大的限制，交易成本明显增加，交易效率大大降低，潜在的代理人风险和操作风险不容忽视；二是监管部门正在考虑制定理财业务的相关管理办法，如《商业银行理财业务管理办法》和《商业银行理财产品投资管理办法》等，现有业务发展模式可能受到一定的影响，业务发展存在不确定性。

（二）资产管理业务面临新的发展契机。尽管资产管理业务的发展面临诸多困难和挑战，但是，随着宏观经济政策的适时调整和金融市场的不断发展，预计资产管理业务仍然存在可观的发展空间。

1. 国家宏观经济政策调整和重点行业发展规划陆续出台，资产管理业务将迎来新的发展机遇。2011 年 12 月中旬召开的中央经济工作会议提出，要继续实施积极的财政政策和稳健的货币政策；加快推进经济发展方式转变和经济结构调整，着力扩大国内需求，着力加强自主创新和节能减排，着力保障和改善民生。这些重要的经济政策和措施将带来消费领域、战略性新兴产业、现代服务业、文化产业、民生工程等方面的新发展，为理财资金投资带来新机遇。

同时，区域经济布局和重点行业发展规划陆续出台，为理财资金投资提供了广阔的发展空间。"十二五"期间，国家将积极扩大国内投资和消费需求，推动经济向内需主导型转变。工业化、信息化、城镇化、市场化、国际化向纵深发展，一系列新兴产业规划将释放充足的增长动能。经济结构的调整和新经济增长点，对项目融资需求将十分旺盛，给资产管理业务带来更多的新发展契机。

2. 金融市场的快速发展蕴藏着巨大的投资空间。一是债券市场将进入快速扩张期。根据市场权威机构对债券供给情况的研究和预测，预计 2012 年债券供给规模可望达到 7.5 万亿元。债券市场容量的扩张，为我行理财资金的投资提供了丰富的资源。二是新型债券品种层出不穷，包括地方政府债、私募债券、集合票据、商

业银行次级债券、小微企业债等新兴债券品种的增加和发行规模的扩大，信用债券投资将迎来更多的投资空间和选择余地。三是银行资产证券化有望重启，证券化市场将迎来新的发展，这不仅会增加理财投资的新品种，而且为今后更多类别的资产证券化的创新创造有利的市场环境，理财资金投资于非标准化、非流通的投资品的现状有望得到改善，理财资产的流动性将大大增强。

3. 监管不断完善将推动行业的规范发展。一年来，监管部门出台了一系列规章制度和监管政策，加强对资产管理业务的监管和规范，特别是近期下发的《商业银行理财产品销售管理办法》和《关于进一步加强理财业务风险管理的通知》，对于规范理财产品的销售管理，提高风险管理水平指明了方向；同时，监管部门还在加紧修订理财业务管理办法及相关制度，将使资产管理业务的监管更加完善，更加适应银行资产管理业务发展的新形势、新诉求。可以预见，我们将迎来一个更加规范有序的发展环境，将更有利于促进商业银行理财业务规范和可持续发展。

4. 持续旺盛的客户理财需求给银行资产管理业务提供了广阔的发展资源。波士顿咨询公司发布的报告显示，截至2011年底我国个人拥有可投资资产总额达到62万亿元，可投资资产在600万元以上的家庭总数达到121万户，拥有可投资资产规模预计达到27万亿元，且近三年平均增长速度为30%以上。持续增长的社会财富为资产管理业务的深入发展提供了肥沃的土壤。从我行理财业务开办的短短6年的发展历程也可以看出，理财客户数量呈快速增长态势。2011年末我行理财客户已经接近700万个（人）。客户理财需求呈现多样化，不仅要求银行提供更多的理财产品，也对理财产品在投资品种、期限结构、风险结构等方面提出了更高的要求。特别是在资本市场不景气的情况下，有更多投资者的投资理念将从投机向投资回归，纷纷转向银行理财市场，这种投资需求的变化将使银行理财迎来又一个良好的发展阶段。

5. 中国经济的国际融合将为资产管理业务国际化注入新的发展动力。一是投资中国成为全球投资者的趋势性选择。二是人民币跨境结算业务发展迅速，为理财业务的国际化发展提供了良好条件。根据不完全统计，2011年末香港市场的人民币存款已经达到了约6 000亿元，客观上存在大量人民币理财需求。RQFII机制已经提上议事日程，也将为国际投资者投资于人民币产品提供了更多便利。三是国内投资者的全球化资产配置需求和多市场投资需求不断增长，为国内理财资产投向国际市场提供了主要的推力，QDII产品将呈现出数量和结构上的纵深发展。四是随着我行在境外设立的分行越来越多，我行的境外客户也将随之增加，这些客户的理财需求也为我行理财投资的国际化提供了肥沃的土壤。如果我们能抓住境外投资者投资中国、境内投资者走向国际以及我行国际化发展的契机，我们完全相信资产管理业务国际化将迎来历史性的发展机遇。

三、2012年资产管理业务发展的目标和要求

总行对2012年资产管理业务发展的总体思路是：围绕全行结构调整、经营转型战略，完善业务机制，提升投资水平，持续开拓创新，强化风险管理，努力实现资产管理业务持续稳健发展。

今年全行资产管理业务的经营目标是：全行理财产品计划实现销售28 000亿元，年末全行理财产品时点余额计划达到10 000亿元，全行理财产品日均余额达到9 000亿元，全年实现业务收入不低于120亿元。

为完成上述目标，我提几点要求。

（一）认真贯彻落实董事长发展战略研讨会讲话要求，扎实推进资产管理业务发展。从发达国家金融市场的发展来看，资产管理业务已经成为国际大型领先银行集团收入的主要来源之一。随着国内金融改革进程的不断推进，商业银行与客户的关系也正发生深刻的转变。董事长在发展战略研讨会上要求“全行要始终以改革的姿态调整经营结构，以创新的精神突破传统的经营模式，走出一条资产不无限扩张、盈利平稳较快增长的发展新路。要做大金融资产服务业务，推动由持有资产大行向管理资产大行转变。金融资产服务业务应该成为未来我们业务发展的方向，成为经营转型中重点发展的战略领域。要借助社会财富快速增长和客户资产配置多元化的市场环境，重点发展为客户资产保值增值的资产管理业务”。全行要按照这一要求，把资产管理业务作为推进金融资产服务业务发展的重要引擎，扎实推进资产管理业务发展。

资产管理业务是银行为客户管理其委托的特定财产、为客户实现资产保值增值的行为。资产管理业务应该回归其本质，真正地代表客户的利益去进行投资，为客户管理好风险，而不是将自营不能投资的项目让理财来投资；产品的发行也应该是满足客户的真正需求，而不是为了增加存款去设计和发行产品。全行要正确认识资产管理业务的作用，客观看待资产管理业务目前面临的困难，稳中求进，通过规范管理和业务创新，坚定不移地推动资产管理业务规范、健康发展。

（二）稳步推进利润中心改革。为进一步激发资产管理业务产品线经营活力，巩固和提升资产管理业务作为全行新利润增长极的作用和地位，总行正在加紧研究并将适时启动利润中心改革工作。对于利润中心改革，我提几点要求：

第一，关于利润中心方案总体框架。一是要突出资产管理部经营职能，明确其作为利润中心的经营定位，以利润为导向，激发经营活力，同时强化资产管理部履行经营职责所必需的业务集中经营权和审批权。二是平

稳推进改革，兼顾各方利益。妥善把握改革范围和强度，充分考虑部门间、总分行间已有的良好协作关系，以及业务收入全部归属分行的收入分配模式，采取平稳渐进方式，稳步调整利益分配格局，保证改革过程中各方利益平衡。三是结合实际，分阶段实施独立核算与考核。考虑到资产管理业务尚处于发展初期阶段，监管部门还将陆续出台一系列新的监管要求，因此总行决定暂时采用虚拟利润还原考核模式，然后逐步过渡到独立核算资产管理部利润贡献的模式。四是建立将考核结果、利润贡献与各项资源配置有机联系的激励约束机制，根据经营业绩配置各项资源，形成责、权、利相匹配的管理机制，增强利润中心的盈利能力和创新动力。

第二，要需着重处理好的几个关系。一是要妥善处理好利益分配格局。鉴于资产管理部成立时间短，业务处于发展初期，受市场环境、监管政策变化影响较大，客户拓展和业务规模提升均有赖于总行相关部门和分行支持的特点，改革初期将设置一定的过渡期，过渡期内在现有利益分配格局不发生变化的基础上，仍然将使用现有理财业务管理费、销售费以及项目推荐费收入科目的加总实现情况来考核总行资产管理部本部经营绩效。二是处理好总行业务与分行业务之间的关系。改革后总行将继续鼓励已经形成投资组合管理能力的重点分行开展投资及产品创新等业务，分行应对工作的重心适时进行调整，将主要力量投向产品销售、项目推荐及尽职调查、投后管理、客户关系维护等工作，作为今年工作的重点。三是处理好业务发展与中心建设稳步推进的关系。利润中心的建设是一个稳步推进的过程，为了不影响现有业务发展体系，在改革过程中，总分行组织体系、业务流程、风控体系保持不变。四是利润中心改革要处理好提高市场开发能力、创新能力和持续盈利能力的关系。

（三）加强市场研判，提高投资能力和投资效益。一是要紧密跟踪市场，增强对市场分析和政策预判能力，把握好投资节奏和品种搭配；二是要加大交易型投资的力度，提高交易水平；三是要加大债券投资类产品的创新力度。

要加强对“十二五”规划和国家重点行业产业规划的研究，抓住经济结构调整带来的战略机遇，积极推进项目投资，不断优化项目资源配置。

要逐步提升自主管理能力，特别是培育资本市场的投资管理能力。在已经取得较好投资业绩的830003、830006、可转债等产品基础上，继续拓展投资领域，开展股债结合的配置型产品、FOF产品、量化产品等自主管理；继续加大创新力度，敏锐捕捉定向增发、并购重组等业务机会，为包括私人银行客户在内的高净值客户提供高附加值的个性化服务，通过持续的业绩增长树立和提高品牌地位；同时，通过引进和自主培养相结合的方式，加快我行资本市场投资专业人才培养。

（四）加大私人银行财富管理业务支持力度。今年资产管理业务要将支持私人银行的发展、把为私人银行客户提供优质资产管理服务摆在突出地位，进一步加强和完善与私人银行业务的联动发展机制。一是加快机构创新，积极推进资产管理部私人银行支持中心的组建进程，整合两个部门的优势资源，把该中心打造成面向私人银行的产品中心、投资决策中心和业务审批中心；二是创新业务流程，制定专属产品研发流程、项目推荐审批流程、客户资产配置流程，提高业务办理效率，实现“流水线”作业和批量化生产；三是丰富私人银行产品种类，构建银行理财产品、第三方理财产品、顾问咨询服务三大产品线；加大现有产品的营销力度，积极推进私募股权投资、文化艺术类投资、期酒茶叶投资等另类投资领域的开拓创新；探索新型私人银行全权资产委托管理模式，加快私人银行财富管理业务的国际化步伐，推出一系列境外投资或跨境投资的私人银行专属理财产品。2012年力争私人银行财富管理业务在产品线、资产规模、收入占比三个方面取得显著提升。

（五）进一步完善理财项目投资审批管理机制，提高项目投资的科学性和效率。根据姜董事长和杨行长在资产管理业务现场调研会议讲话精神，理财项目投资与信贷在投资主体、审批条件、审批目的等方面有较大的差异，特别是在涉及股权、资本市场和私募股权投资类业务时，理财项目投资更是明显区别于传统的信贷业务。为进一步完善理财项目投资审批机制，根据不同项目类型特点，对于债权类项目和股权类项目分别采用不同的信用风险审批和投资审批机制：一是对于债权类项目信用风险的审批，仍由我行信贷审查委员会进行审批，审查通过后由理财投资管理部门进行投资审批；二是对于股权类项目的审批，总行决定成立专门的资产管理业务投资风险审查委员会，负责对资产管理业务股权类项目审查审批。该委员会的委员可由资产管理、信贷审批、公司业务以及相关部门负责人共同组成，同信贷审查委员会委员有交集，但审批事项范围和审批目的、审批管理方式都要符合股权类项目审查审批的特点。针对明年的项目投资，我提几点要求：

一是要加强市场研究，做好项目营销工作。各分行要认真分析当地市场状况，挖掘客户资源，找准客户需求，按照各类理财投资模式的要求加大推介力度；二是各分行应根据我行行业政策和理财投资标准优选客户，储备一批好项目，认真做好项目的尽职调查工作，积极向总行推荐项目；三是各分行上报总行项目时，应按照我行相关政策和程序完成信用风险审查审批工作，同时要加强对项目风险管理，做好投后管理工作，定期将投后管理情况向总行进行报告。

（六）继续加大业务创新力度。

1. 积极创新理财资金的投资模式。一是深化与北京金融资产交易所的合作，开展制度研究、产品设计和金融创新工作，在稳步推进北金所委托债权投资模式的同时，积极探索融资租赁项目收益权转让、非金融企业票据资产投资和信用证收益权转让等创新业务模式。二是通过信托合作等方式做大资本市场业务。继续做大财产收益权信托、TOT等创新型信托业务；以有限合伙方式拓展结构化信托业务；通过买断式股票回购交易、并购基金等方式拓展资本市场业务，提升资本市场理财业务比重。三是积极推广资产管理咨询、代为推介信托计划、PE投资顾问、私募股权投资基金等新业务品种，不断开拓业务发展新领域。

2. 加快理财产品创新。一是要根据客户需求对现有的固定收益类理财产品进行优化，按照客户需求进一步丰富产品的期限结构和收益结构，增加中长期限理财产品，提供更多的投资选择品种。二是要认真总结几年来资本市场运作经验，探索将商业银行与资本市场有效结合的业务模式，向重点客户提供"方案设计+专属产品"的一揽子业务服务，提升我行综合化理财服务水平。

3. 要重视量化技术开发，提升自主设计和自主管理能力。量化投资是进行市场投资的重要技术，也是提高盈利能力的重要手段。在2011年恶劣的市场环境下量化产品在风险控制方面表现突出，并获得市场认可。尽管目前市场上量化投资的产品还不多，但各大基金公司、券商、银行都纷纷加入这一新的竞争领域。今年我行要在已经组建的量化投资团队的基础上，继续加大对量化投资数据库、交易系统、投资模型的研发力度，积极开发一批高技术含量、有较强竞争力的量化投资产品，不断提高我行的产品设计和投资水平，逐步建立国内量化投资的领先优势。

（七）积极推进资产管理业务国际化发展。国际经济全球化、人民币国际化、客户投资理财需求国际化等趋势将为我行资产管理业务国际化提供了良好的宏观和微观环境，我们要抓住时机积极推进。一是要建立与工银国际、工银亚洲、工银亚投紧密合作的工作机制，2011年该项工作做得不错，今年要加强在工银亚投平台上的产品研发，加强对私人银行中心的产品支持；二是要推进理财产品的国际化，挖掘境外特别是香港市场人民币理财需求，开发一批投资于人民币市场的理财产品，满足境外和港澳台客户分享中国经济增长成果的现实需求；三是要顺应中国企业走出去所带来的投融资需求，扩大理财产品的投资范围和领域，逐步实现理财资金投资的国际化，从全球范围为客户提供全方位的资产配置；四是要开发两头在外的理财产品，根据境外客户的理财需求，设计并管理境外发行、境外投资的理财产品，从而实现理财产品发行国际化和资金投资国际化的有机结合；五是要加强与各海外行合作，增加对海外行理财产品供给，开拓海外销售渠道，以境外机构为依托推进海外销售渠道的整体建设。为实现上述目标，要着手研究建立国际化的研究分析团队、投资管理团队、风险控制团队。资产管理部要尽快在香港建立覆盖亚洲地区的境外资产管理平台，抓住人民币国际化快速发展的机遇推动资产管理业务国际化发展，今后再逐步将其业务范围扩展至其他地区。

（八）强化理财产品合规销售，提高产品销售能力。要积极贯彻落实银监会最新发布的《商业银行理财产品销售管理办法》的有关规定。总分行要积极行动，做好贯彻落实新办法的各项工作；总行相关部门要根据新办法的要求，确保客户经理熟悉办法规定，坚持合规销售，并建立客户投诉处理机制，做好客户服务。

要采取有效措施，拓展客户群体，提升客户覆盖率和渗透度。尽管我行理财产品的客户覆盖率逐年提高，但仍有相当一部分高端个人和法人客户没有购买过我行理财产品，一些高端客户流失到其他银行同业。资产管理部门要与销售部门共同分析原因，研究解决方案，深挖现有渠道的销售能力，要协同发挥个人、法人、私人银行销售渠道优势，进一步提高我行理财产品在高净值客户的覆盖率。要利用我行网上银行的优势提高理财产品的购买便利性。凡是没有监管限制和政策限制的理财产品，一律要同步通过网上银行销售。继续做好理财产品销售渠道创新工作，继续加强对其他银行的营销工作，拓展同业银行代理销售渠道，扩大已取得的战果，提升我行产品的整体销售能力。

（九）提升风险管理能力，优化风险管理手段。

一是要更加重视流动性风险的管理工作，把流动性管理当做系统工程来抓。由于影响产品流动性因素众多，流动性管理已经不仅仅是资产管理部门的任务，而是包括销售部门、资负部门、金融市场部门在内的多个部门的共同任务。资产管理部门要加强与上述各部门的沟通和配合，做好日常流动性管理、监测和报告工作，提前制定科学的流动性管理预案，防范流动性风险。今年流动性管理工作的难度会更大，这项工作一定不能懈怠。

二是要着重加强理财投资品的信用风险管理和监测。总行已经着手开发系统，将理财产品管理系统与CM2002对接，实现对项目投资全流程的管理和监控。要在制度建设上、系统开发上、流程优化上下大力气，彻底解决目前项目投后管理尚未解决的问题。各行也要按照总行的统一要求完善理财资金投资、投后管理制度和流程，切实落实好部门职责和分工，共同把好投资的信用风险关。

三是要继续严格执行资产管理业务风险限额管理方案。风险限额管理方案是我行创新的风险管理办法。总分行要动态监测限额执行情况，对于超限额情况立即报告，并做认真分析，根据业务发展实际需求不断完善限额管理方案，进一步提升市场风险管理水平。

四是要加大系统建设力度。今年系统建设要在三年规划基础上，做好项目管理、债券交易、信息披露等重点项目的开发工作。总行要在系统新功能实现后及时组织培训，提高全行对系统的运用能力。分行要配合总行，多提合理开发需求，不断完善系统建设。要通过系统建设来加强操作风险的管理和监测，防控操作风险隐患。

同志们，实践证明，资产管理业务的发展是当前商业银行发展中一个不可逆转的大趋势。经过近几年的积累发展，我行资产管理业务已经发展到一个新的阶段。站在新的历史起点上，全行各部门、各分行要进一步加强团结协作，增强创新意识、合规意识，坚持推进资产管理业务发展战略不动摇，让资产管理业务为全行收入结构调整和经营转型发挥更加重要的作用！

在中国工商银行国际化工作会议上的讲话

王丽丽

（2012 年 1 月 18 日 · 根据录音整理）

刚才董事长已经讲得很全面了，下面我讲几点具体问题，供大家在传达董事长讲话，贯彻落实这次会议精神的时候参考。

一、抓住发展机遇，推动国际业务赶超竞争对手

近年来，我行国际业务发展迅速，国际结算量四行占比从 2006 年的 21.98% 提升至 2011 年的 27.86%，与中国银行的差距从 22.5 个百分点大幅缩小到 7 个百分点，并且完全甩开了建行的追赶。结售汇业务量四行占比从 2006 年的 18.68% 提升至 2011 年的 23.9%，与中国银行的差距从 31.5 个百分点大幅缩小到 18 个百分点。境内外汇存款余额从 2006 年末的 226 亿美元提升至 2011 年末的 462 亿美元。随着 73 家境内外机构单证业务完成上挂，2011 年单证中心单月处理业务量达到 4 万笔，较成立之初增长约 40 倍。这是全行上下、境内外机构共同努力的结果，刚才对表现突出的境内分行和附属机构颁奖，是对大家工作的充分肯定。董事长在报告中提出，未来三年境内分行国际结算量四行占比要达到 30%，我想凭借全行上下这种积极势头，如果按照每年提升 1 个百分点的速度，到 2014 年我行国际结算量四行占比有望突破 30%，将可能追平或超过主要竞争对手。为此，总行将在政策、渠道和外汇资金等方面继续给予倾斜。据测算，实现该目标未来三年大约需要 480 亿美元的外汇资金投入，这是一笔不小的外汇资金需求，需要总分行共同想办法来筹措。特别是随着汇率的变动，客户结售汇的意愿可能会出现不同方向的变化，有可能会带来不小的挑战，但是我们一定要朝着既定目标继续向前走。

今年要力争在以下几个方面取得新的进步。

一是要集全行之力打造更多的国际业务大行、强行。去年北京、浙江、重庆、贵州四家分行实现了国际结算量四行占比第一的好成绩，特别是浙江分行取得了历史性突破，为其他沿海地区大行赶超当地领先者树立了榜样。此外，大行当中江苏分行国际业务的表现也相当出色，国际结算量四行占比与主要竞争对手的差距仅为 0.1 个百分点；广东分行做的是很不错的，该行占比与主要竞争对手仅差 3 个百分点；广东省分行营业部也曾于去年年中时实现超越。说明大家是有实力、有干劲的，希望今年能够涌现出更多这样的分行。今年总行提出了打造“中心城市第一国际业务银行”的业务发展战略，希望以点带面来带动国际业务再上一个新的台阶，请总行各部门在政策上继续给予支持。

二是要进一步调整客户结构。去年我行境内贸易融资发生额、余额四行占比分别为 33% 和 29%，同期国际结算量和收入四行占比仅分别为 27.86% 和 22.79%。经过分析可以看出，国际结算收入占比的提升空间仍然较大，当然这里面有统计口径的差异，但是客户结构可能是个主要问题，即贷大、贷集中以及国际业务客户基础的优势相对不明显的问题。另外，进口项下的融资比重较高，去年贸易融资新增余额中进口项下占到 80% 以上，出口融资占比很低。当然，在特定环境下，进口融资比重高的结构可能也是 2011 年我行国际结算和贸易融资大幅增加、中国银行大幅减少的一个原因，因为金融危机直接影响了我国的出口贸易。但是从长远看，进口融资占比达到 80% 的这个结构还是需要逐步调整的。因此，要坚持扩大外向型企业客户的数量，扩大出口企业客户的数量，扩大小企业、进出口企业的业务量，更加注重我行的收益结构。

三是要进一步调整优化业务结构。目前我行非贸易结算量已经超过中国银行，但是贸易结算占比较中国银行还差 13 个百分点，特别是出口贸易结算更是短板，

占比较中国银行差20个百分点，因此今年要抓一下这个问题。当前我行代付融资量已经远超中国银行，其中大家做了很多工作，这是需要充分肯定的。但是也要看到，表内贸易融资较中国银行还有不小的差距，相差9个百分点，规模上差100多亿美元。今年总行将继续加大对表内贸易融资的外汇资金支持力度，已经确定了100亿美元的新增规模，支持力度为历年之最，希望能看到一个令人满意的结果。

四是要进一步提高收入贡献。在收入结构中，表外代付体现在境内的收益率较低。表内融资与代付余额之间的比例为1.35∶1，但安排费收入与代付手续费收入之间的比例为2.35∶1，反映出表内贸易融资收费政策灵活性不足，外币融资系统内归集率较低的问题。今年希望各行要重视提高收入贡献。

五是要进一步提升网点外汇服务能力。总行今年网点建设的指导思想，就是力争使直辖市和计划单列市分行不低于80%的网点、省会城市分行不低于60%的网点、其他地区分行不低于30%的网点，实现在结售汇业务办理的窗口数量、现钞配备、办理效率等主要指标上不低于当地中国银行的水平。另外，总行也在考虑将外汇存贷款定价权下放给具备条件的分行，希望这个政策对业务发展能够起到促进作用。

二、关于跨境人民币业务发展问题

正如董事长所讲的，我行是一个人民币大行，抓住人民币国际化机遇、推动业务发展对于我行来说是一个非常重要的课题。这两年，人民币“走出去”的步伐比许多人预期的要快许多，目前与境内发生跨境人民币实际收付业务的境外国家和地区的数量已经达到181个。我行跨境人民币业务开展得比较不错，市场占比为27.6%，甚至有的境外机构人民币业务的收入占比已经达到50%左右，说明我行作为人民币大行在此项业务方面具有一定的优势。

董事长在报告中讲到，我行的目标是打造全球跨境人民币业务第一大银行。这个目标是非常宏伟的，对工商银行来说也是必须要实现的。为了实现这个目标，我们要克服很多困难，比如说在政策方面还有一些不利因素。但是我们要自力更生，把握机遇，全力加快这项业务的发展。这是我们必须要做的事情，因此今年要有新的突破。

一是要打造离岸人民币市场的“领头羊”地位。总行、工银亚洲要做更多的工作，比如说，近期工银亚洲向总行进行了多次汇报，表现出了较强的信心。工银亚洲首先要争取香港人民币做市商资格，加快建设成为集团内的离岸人民币资金交易中心和产品提供中心，所有有条件的境外机构都要以当地货币对人民币的挂牌交易为契机，争取成为当地人民币做市商。境外机构要结合市场需求，尽快推出一批拿得出、打得响的拳头产品，提高跨境人民币和派生业务的收入贡献，将人民币业务打造成新的利润增长点。位于与中国政府签署本币互换协议的15个国家和地区的境外机构要主动引导培育客户，迅速扩大市场份额。

二是要充分发挥代理行的推动作用。总分行要继续加强对代理行的营销力度，今年争取将代理行跨境人民币账户网络覆盖到与我国年经贸量300亿美元以上的所有国家，此项工作由总行国际业务部来指导和监控。特别是要加强对港澳和东南亚等重点市场的营销，推介境内银行间人民币债券、RQFII、RFDI等重点产品，不仅要完成合作协议签署，而且要实现业务量的实质性增长。

三是要提高对“走出去”客户的市场份额。首先，一定要保持对政策的敏感性，跨境人民币资本项下政策空间在逐步扩大，相关细则在陆续出台。各行要抓住这一有利时机，将企业“走出去”和人民币“走出去”紧密结合起来，为“走出去”企业提供包括跨境人民币在内的“一揽子”金融服务方案。其次，要按照董事长和行长的要求，对境外机构已有重点客户名单进行汇总、细分和整理，制定出统一的、关联各国的重点客户名单，境内外机构继续加强联动，使我行的市场占有率不断提高，希望在跨境人民币业务方面不要出现四行排名最末的现象。

三、把握战略重点，推动跨国经营再上新台阶

当前，我行遍布全球的经营网络基本建成，全行要把经营转型作为未来一段时期国际化的中心任务，推动境外机构本土化与主流化进程。2012年的几项重点工作包括：

（一）加强精细化管理，保持境外机构长期持续的竞争力。要继续实施“一行一策”的差异化管理政策。要继续根据海外市场和机构特点，因地制宜地制定价值创造和提升计划，逐步实现主要经营指标向当地市场重要或主流银行大幅度靠拢，或者在细分市场、特色业务上占据优势地位。这是一个新的目标，希望总行相关部门和境外机构加深理解。

要努力提高境外筹资能力。总行正在研究在香港、纽约、伦敦等国际金融中心建立境外筹资中心，逐步做到在全球成本最低的地方筹集资金，在收益最高的地方运用资金，通过制定合理的价格机制和考核还原机制，推动集团内资金有序流动。要继续利用外资银行在华机构对人民币资金的需求，为境外机构争取互拆互惠性质的外汇资金。境外机构要继续通过发行各类债务工具筹集资金。需要特别提出的是，要密切关注境外主权基金、中央银行等机构投资者对华、对亚洲的投资意愿以及相关金融服务需求，努力扩大我行的外汇资金来源。在这方面，工银亚洲和工银澳门具有较高的市场敏感

度，做了许多工作，也取得了较好的成效。

要积极稳妥地推进区域总部建设。刚才董事长和行长均谈到了这个问题。总之，要认真总结中东及欧洲机构区域统一管理经验，因地制宜地推广区域管理模式。在此过程中，要充分听取行内外各方的意见，不断进行总结，争取能够找出适合特定区域管理的最佳模式。区域管理是海外集约化管理的方向，境外同志要继续理解和配合这项工作，要一心一意地把自己的工作做好，把队伍带好。

（二）强化支持保障，确保境外机构健康平稳发展。要强化跨境风险管理和合规管理。对于我行国际化走到今天所取得的骄人成绩，全行员工都感到非常骄傲和自豪。但是也应看到，国际化发展可能会分散风险，带来新的利润增长点，同时也可能带来新的风险，关键在于管理能力。我们要居安思危，切实加强对境外各类风险的统一管理，有效地防范和把控好各类风险。合规管理方面，要完善细化覆盖所有境外机构的合规管理指导意见和规章制度，各境外机构要结合各自实际情况，抓紧构建内控严密、行之有效的合规管理机制，切实消除潜在风险点和管理盲点。

要重视反洗钱工作。此前董事长和行长对此项工作多次作出过批示。近几年，国际上对金融机构的反洗钱监管始终保持高压态势，摩根大通银行、美联银行、苏格兰皇家银行、劳埃德银行和荷兰银行等国际知名银行先后被美、英等国的监管机构处以巨额罚款和信用曝光，遭受到了较大损失。工商银行是一家年轻的机构，大家一定要严格遵守联合国、境外机构驻在国、中国银监会和我行的相关规章制度，要以新一代国际业务反洗钱系统和境内外一体化反洗钱监控系统投产为契机，进一步健全国际业务反洗钱管理体系，确保各项业务依法合规开展。

要继续完善境外应急管理机制。去年日本“3·11”大地震、泰国洪灾等境外自然灾害，以及其他一些地区发生的政治和金融动荡等突发事件对当地社会经济和金融市场造成了较大冲击，也凸显出加强海外突发事件应急管理的重要性。随着我行境外机构网络的快速拓展，海外应急事件也愈加频繁。去年东京分行在应对大地震的过程中表现突出，我驻日本大使馆特别对我行提出了表扬，对维护我行在日本的良好形象起到了积极作用。日本大地震后，总行修订印发了《境外机构突发事件应急预案》，今年会进一步细化突发事件的分类分级，完善应急预警要求。境外机构务必要严格执行规定，提高对当地社会、政治、经济、文化、宗教、党派和自然等领域相关重大事件的敏感性，做好预判、报告和应急处理。

另外，结合当前境外机构的新特点和新形势，总行印发了《关于进一步规范境外机构主要负责人请假制度的通知》，各境外机构要认真执行文件规定，切实履行请假程序，保证我行业务有序发展和业务安全。

（三）关于债券投资统一管理。总行于2011年7月印发了《境外机构金融市场业务集中交易管理办法及配套规程》，就集团内而不仅是境外机构的债券投资管理进行了规定，要求实施投资策略统一管理和债券集中交易。境外机构要上报债券投资策略及有关说明并由总行统一审批，在总行规定的业务区域、准入名单、授权、授信及期限结构内进行债券投资。具体交易时同时向总行和同业交易对手询价，在总行报价不低于同业交易对手报价时，须与总行交易，以降低集团交易成本和风险，维护工商银行的利益。

今年，要继续完善全行债券投资集中管理机制。一是进一步加强资产负债管理。总行资产负债管理部统一核定包括境外机构在内的全行债券投资年度规模，建立起全行债券投资计划管理。二是完善统一的债券投资授权、授信和限额管理机制。三是完善统一的债券投资政策和策略。由总行制定年度、半年和月度投资策略，包括币种、区域、收益率、久期、名单准入等，指导集团内的投资行为。各境外机构要按规定上报年度、半年和月度投资策略及有关说明，由总行统一审批和指导。今年首先从亚洲时段进行债券投资的集中试点，其实此项工作去年已经开始进行试点，效果比较理想。比如说，我们仅做了10笔债券集中交易，就节省了50万美元。今年还要开发全球债券统一策略和集中交易管理系统，系统完成之后，总行将实现通过系统每日监控全行所有交易品种的动态情况。目前伦敦和纽约交易中心已经开始代理总行账户贵金属和外汇买卖报价与平盘，在此基础上将加快完善全业务品种24小时全球交易体系。要特别重视增加债券投资这个品种，如果因为监管和税务障碍使此项工作不能一步到位，则先由香港交易中心负责24小时为全行提供债券集中交易报价与平盘服务，希望境内外机构都要重视这项工作。

（四）关于境外三大清算中心建设。此项工作与年度工作会议上董事长提出的业务转型存在很大关系。得益于几年前我们制定的正确战略，我行外币清算业务取得了较好成绩。去年，纽约清算中心实现了美元清算跨时区24小时不间断运行；系统内跨境美元、欧元清算业务去委比例已经分别达到62.2%和83.6%，清算归集效果明显，在此对境内分行给予的重视和支持表示感谢。在当前各家银行注重由资本占用型业务转向代理中间业务的形势下，继续加快发展清算业务意义重大。

今年，全行要继续加强对境外三大清算中心的支持力度。一方面，境外机构要利用各种渠道强化对驻在国周边、新兴市场及国内中小银行的营销，努力成为国外中小同业对华业务和国内中小同业跨境业务的清算枢纽。另一方面，境内分行也要积极开展营销，把同业三大币种的清算业务争取到我行。当然也必须要重视清算服务水平的提升，否则服务能力达不到，成功营销的客户可能也会留不住，甚至可能适得其反，造成不好的影响。

（五）关于境外科技支持。2011年，在总分行的通力合作下，特别是在总行信息科技部的支持下，FOVA系统推广工作取得了显著成效。今年FOVA系统推广任务仍然比较艰巨。4月份要实现工银亚洲的系统投产，届时系统整体应用将达到一个更高水平；后续还有新收购的美国东亚银行、阿根廷标准银行的系统整合，预计其复杂程度会比较高，另外还有一些新开业的境外机构的系统投产工作将陆续铺开。经过这几年的摸索，我们已经积累了一些系统投产应用方面的经验，能够较好地做到兼容并蓄、机动灵活，同时又不失整体优势。当然，目前也存在一些客观的不利因素，比如说，境外监管要求、市场惯例、客户需求、产品组合等方面的个性化需求可能会有所变化或者越来越多，境外特色需求与总行标准系统存在不小差异。近期，总行国际业务部针对境外个性化要求已经做了许多细化工作。

下一步，境外系统推广和优化要注意统筹考虑全行内部管理要求和境外监管、市场方面的个性化需求，合理安排系统功能提升工作。应该讲，近几年特别是去年总行相关部门和境外机构的沟通做得是非常不错的，工作推动也比较顺畅。对于今年面临的挑战，需要我们下更大的功夫，只要大家通力合作，是能够实现既定目标的。

最后我简单谈一下境外人员队伍建设问题。我行20年国际化历程所取得的重要成就之一，就是培养和锻炼了一支优秀的国际化人才队伍，这是全行员工队伍的重要组成部分，也是我行跨国经营的中坚力量。这些成绩的取得，与我行人力资源管理领域长期持续开展的大量工作是分不开的。应该讲，我们遵循“One ICBC”理念，按照集团化人力资源管理思路，已经逐步建立了境内外员工的双向交流机制和全球雇员定期培训交流机制。2010年以来已经有9名外籍管理人员到总行交流任职，先后组织了3期面向全球雇员的专门培训，成功举办了首届荣誉全球雇员评选，外籍雇员已经能够参加集团培训和评优活动等，这些好的做法要长期坚持下去。

今年，总行人力资源部对全球雇员的集团内交流已经有了安排，拟将交流任职单位从近两年的总行部室扩展到境内分行、境内直附属机构或其他境外机构；逐步建立实名推荐任职、公开竞聘等机制，尝试国际派遣，并探索面向全球的公开招聘；拟在现有培训项目基础上，逐步建立系统化、标准化、多元化的国际化人才培训机制，实现全行教育资源对海外员工的全覆盖。

刚才我讲了今年的几项主要工作，应该讲任务还是比较艰巨的，要落实好董事长的讲话精神，要完成好今年的各项工作任务，需要全行上下共同努力。

稳步提升资产负债配置效率
全力推进经营结构转型工作

——在中国工商银行2012年资产负债管理工作会议上的讲话

王丽丽

（2012年2月15日）

今天我们召开2012年资产负债管理工作会议，主题是认真贯彻落实我行发展战略研讨会和2012年工作会议精神，总结2011年的工作，分析面临的形势，部署2012年工作任务。下面，我讲几点意见。

一、2011年资产负债管理各项工作成效显著

2011年，国内外经济金融形势复杂严峻。在总行党委、董事会的正确领导下，全行资产负债管理部门以科学发展观为指导，合理把握资产负债总量和运行节奏，确保了资产负债的平稳运行和结构优化，为全行各项业务发展做出了积极贡献。

人民币存贷款增长适度，信贷投放节奏稳定均衡。全年人民币各项存款比年初增加13 011亿元，增长11.4%；人民币各项贷款比年初增加8 183.5亿元，增长13.2%；各项贷款增量符合稳健货币政策要求，增量排名居各金融机构首位。资本充足率继续保持理想水平。截至2011年末，我行未并表口径资本充足率达到13.04%，核心资本充足率为10.34%，较2010年末分别提高了102个基点和11个基点，继续保持在较为理想的水平。外汇资产负债业务协调发展。全年境内分行外汇存款比年初增加147亿美元，增长47%；外汇贷

款比年初增加99亿美元，增长27%，其中国际贸易融资比年初增加91亿美元，增长45%，增量是其他三大行合计增量的1.1倍。流动性管理水平继续领先同业。全年日均超额备付率为0.95%，比2010年下降0.24个百分点，比四大行平均水平低0.27个百分点，相当于日均节约资金324亿元。利率定价管理成效显著。全年人民币贷款平均收益率为5.91%，首次超过主要可比银行2个基点；存贷款利差4.16%，全年新发放人民币贷款平均利率6.8%，比其他三大行平均水平高18个基点。分行同业融资业务收益大幅提升。全年境内分行累计办理人民币同业融出业务1.7万亿元，对应到期应收利息61.7亿元，同比增加20.9亿元，增幅达51.13%。国债代理发行市场占比27.39%，继续保持第一，实现中间业务收入4.35亿元。票据融资业务收益率创历史新高。在全年票据融资业务日均余额比2010年下降50%的情况下，实现利息收入125亿元，同比增长22.3%；票据融资收益率8.32%，创历史新高，其中贴现收益率达9.29%，同比提高558个基点，买入返售收益率5.57%，同比提高292个基点。

总体来看，2011年全行资产负债管理各项业务都有很大发展，各方面工作都有了新进步、新变化。总结过去一年的经验，归纳起来，主要有以下几个方面：

（一）紧紧把握资产负债结构优化这一核心，资产负债的资源配置效率持续提升。

着力推进信贷总量的平稳适度增长和结构优化。2011年，在全行上下的共同努力下，各级资产负债管理部门准确把握政策，加强协调互动，既确保了各阶段信贷总量、节奏符合宏观政策要求，又积极推进资产负债结构优化。总行综合运用政策传导、系统管理和平衡调度等措施，确保全行各阶段贷款增量符合央行差别准备金动态调整机制要求，推进贷款计划在季度间和月度内的平稳均衡实现，同时引导各分行落实信贷结构调整战略部署，优化新增贷款投向结构，支持实体经济急需、合理的信贷需求。小企业贷款、贸易融资、银行卡透支、个人消费及经营性贷款五类贷款合计增量达6 348亿元，占当年全行人民币贷款增量的79%。各分行认真领会和执行总行相关政策要求，不断提高信贷计划调控能力和控制精度，特别是甘肃、宁夏、湖北、河北、陕西、安徽、大连7家分行年末计划执行精准度为99.9% – 100%。票据营业部充分发挥票据业务专营优势，从全行大局出发，在年末、季末关键时点累计让渡信贷规模近100亿元，为全行信贷均衡投放做出了重要贡献。

着力推进经济资本对全行资产的刚性约束和结构调整。一是严格控制经济资本配置总量。通过增设分地区经济资本总量限额和表外业务经济资本专项限额，强化资本对业务和风险的刚性约束作用。在未进行限额调整的情况下，2011年末境内分行经济资本总体占用比年初增加555亿元，限额执行进度为100.2%；表外业务经济资本占用增加15.4亿元，限额执行进度为85.7%，执行情况良好。其中，山东分行实施了经济资本精细化管理提升项目，通过改善担保方式、优化信贷结构等措施节约经济资本占用，仅调增票据资产规模就节约经济资本占用2.37亿元。二是积极推动全行信贷结构调整，分档提高2011年下半年新发放的中长期贷款和房地产贷款经济资本占用系数，降低小企业经济资本占用，积极引导全行压降“四大行业”贷款，严格控制贷款展期和再融资。三是积极支持全行渠道优化和国际化发展战略，对2011年新增网点当年暂免征收营运资金占用息，足额拨付新增网点营运资金6.5亿元，支持新建网点数量65个，向6家境外机构增资87亿元人民币，提升了境外机构资本实力。

着力推进内部资金转移价格的市场化调整和结构性配置。一是灵活调整内部资金价格。2011年，5次结构性提高人民币各项存款集中价格，引导全行在合理控制付息成本基础上稳存增存，同时适度降低存贷款期限错配风险。42次调整短期同业定期存款集中价格，切实维护全行流动性安全。细分5年期以上各项贷款内部定价期限档次，6次结构性提高人民币各项贷款配置价格，不断调整优化贷款期限、品种结构，提高贷款定价议价水平。5次调整境内分行外汇存贷款内外部资金价格，1次调整结售汇等外汇买卖内部价格，引导外汇存贷款和结售汇业务的协调发展。二是完善内部定价机制。优化结构性存款和再贴现业务内部定价机制，建立与市场Shibor挂钩的内部定价模式，不断简化短期同业定期存款内部定价模式，提高内部定价效率。

着力推进外汇资产负债的协调发展和结构优化。近年来，外汇资产负债管理步入了一个良好的发展态势。2011年，积极应对外汇资金形势变化，全行上下大力吸收外汇存款，支持国际贸易融资和重点企业“走出去”。境外机构外汇资金自给能力进一步增强，工银亚洲发债募集资金余额约占全部境外机构募集资金的50%以上，同时积极探索新的债务工具，2011年10月成功在港发行人民币次级债券，成为首家在港发行离岸人民币次级债券的金融机构。工银伦敦、悉尼分行、新加坡分行等境外机构积极发行CD和中期票据等筹资工具，有效降低了母行负债依存度。

（二）紧紧把握构建风险管理体系这一基础，资产负债管理的风险防控能力稳步提升。

有效确保我行资本充足率保持稳健水平。一是及时补充我行资本，先后发行380亿元和500亿元次级债，有效提升了我行资本充足率水平。二是通过加大对地方政府融资平台贷款的清理转化进度，积极清理表外承诺业务，压缩保本理财业务，合理控制风险加权资产规模和增长速度。其中北京分行、厦门分行2011年末表外业务经济资本限额执行进度分别为 – 421.3%、

-340.5%，取得了良好的节约资本的效果。三是进一步提高资本充足率管理的精细化水平，合理优化“中央政府投资公用企业”统计范围，完善集团内海外代付业务抵减分录的处理方式，资本充足率计算的科学性与合理性继续提升。

有效确保我行本外币流动性安全。2011 年，各分行积极配合总行做好日常资金管理工作，加强大额资金预测预报，密切监测客户资金情况，做好资金调拨。资产负债管理部门会同总行相关部门，合理安排银行间市场融资，加快构建表内外流动性的统一协调管理机制，在确保流动性安全的同时提升了资金使用效率。灵活调整人民币美元掉期、卖出回购和贵金属掉期规模，确保外汇流动性安全；积极争取外汇资金支持，有力提高了我行服务企业“走出去”发展的能力。

有效提升市场风险管理水平。一是对新发放中长期固定利率贷款实行系统管理，优化固定利率贷款限额管理，降低利率上行期的贷款利率重定价风险。二是强化利率监督检查，研究分期还款类法人贷款的系统计息方法，积极推进利息补收工作，清理存量固定利率贷款数据，提高利率风险监测质量。三是抓住汇率波动时机，灵活运用表内、表外工具对冲汇率风险，控制汇率风险敞口。2011 年末，按照银监会定义计算的并表口径外汇风险敞口为 143 亿美元多头，未经审计调整的汇兑及汇率产品净收益达 18 亿元人民币左右，有效控制了汇率风险。

有效强化同业融资和票据业务重点领域的风险防控。进一步夯实同业融资业务制度基础，规范分行同业融资业务流程和资金顾问服务收费。加大了票据业务实时监测力度，妥善应对齐鲁银行案件和 2010 年新版票据印制工艺两起突发事件，有效化解票据业务潜在风险。组织开展票据融资业务检查，修改票据业务制度办法，提高了风险防范意识和能力。在票据市场伪假票据案件多发的情况下，全行票据资产不良率继续保持为零。

（三）紧紧把握贴近市场服务全行这一宗旨，资产负债管理的盈利创造能力稳步提升。

准确把握资金变动趋势，努力提高资金使用效益。一是通过高效的流动性管理节约资金创造效益，2011 年全行日均备付率比四大行平均水平低 0.27 个百分点，日均节约资金 324 亿元，按总行 2011 年融入资金成本 4.58% 测算，相当于多创造利润 12 亿元。二是通过波段性操作熨平资金的大幅波动。抓住部分时段资金宽裕时机，加大资金运作力度，2011 年分行非结算用途存放同业和票据回购业务在日均业务量同比大幅下降 55% 的情况下，实现利息收入 52.5 亿元，与 2010 年基本持平；在全行资金较为紧张的情况下，我们仍然积极支持债券业务发展，同时全行债券投资结构得到了进一步优化。2011 年债券到期 17 016 亿元，新增债券投资 17 936 亿元，债券余额的 47% 在利率高点实现了到期重定价。三是通过捕捉市场机会，抢抓时机办理再贴现业务。全年各级票据经营机构以 2.25% 的价格为全行融入了 142 亿元的低成本资金。在实现 1.2 亿元利差收益的同时，按照全行再贴现业务平均期限和总行 2011 年融入资金成本测算，节省融资成本约 9 000 万元。

准确把握利率变动方向，努力提高外部定价水平。一是充分把握信贷规模趋紧的形势，加大下浮利率贷款发放控制力度，在全年新发放人民币贷款中，下浮利率贷款占比下降了 22 个百分点，上浮利率贷款占比上升了 36 个百分点。剔除基准利率上浮的因素，全行通过优化贷款利率结构，促使新发放贷款平均利率同比提高了 43 个基点，一年可增加利息收入约 124 亿元。其中，广东、浙江、山东、北京、天津、山西等分行新发放贷款规模、利率均居当地四大行首位。二是全年 37 次调整短期同业定期存款指导利率，促进同业定期存款余额增长 3 960 亿元，日均余额同比增加 1 824 亿元。其中，北京分行、上海分行、山东分行实现同业存款余额、日均双增长，且付息率增幅低于全行平均水平。三是全年 6 次调整分行同业融资指导利率，分行累计融出资金加权平均利率达 5.72%，较上年上升 302 个基点。四是全年 26 次调整票据融资业务指导利率，贴现平均买入利率 8.62%，转贴现平均买入利率 9.45%，定价水平处于同业领先地位。五是全年 5 次调整外汇存贷款利率定价标准，外汇资金使用效率进一步提高。其中，河北、江西、浙江、河南、贵州、云南 6 家分行的外汇贷款综合收益超过了 5%，处于全行领先水平。

准确把握市场竞争态势，努力提高非信贷资产收益。一是分行同业融资业务在连续 10 年新增资产不良率为零的前提下，2011 年到期应收利息首次突破 50 亿元大关，中间业务收入首次超过 2 亿元。北京、辽宁、深圳、上海、江苏、广东（含营业部）等分行同业融资业务对应到期利息收入均超过了 3 亿元；北京、广东、上海、山西、辽宁 5 家分行国债代销总量全行合计占比超过了 50%，有效提升了非信贷资产收入占比。二是大力拓展系统外渠道、加快资产周转速度，票据业务经营模式出现了可喜突破。2011 年，全行票据资产周转次数从 2010 年的 5.7 次上升到 8.6 次。河北、重庆、山西、四川、深圳、江苏和广东 7 家分行的票据周转次数超过 20 次，其中河北分行超过 50 次。票据资产周转速度的加快有力地推动了票据收益的大幅提高，河北、山西、广东、浙江和江苏 5 家分行的贴现收益率超过了 12%，其中河北分行高达 22.54%，稳居全行第一。此外，票据营业部和重庆、山西等分行积极拓展票据代理业务，天津、广东分行大力开展票据池业务，在依托票据业务提高中间业务收入方面取得了明显成效。2011 年全行通过票据业务实现中间业务收入 3.8 亿元，比 2010 年增加 3.1 亿元。

（四）紧紧把握加快改革创新这一根本途径，资产负债管理的体系层级持续完善。

资产负债管理半径和配置范围持续延伸和扩展。一是管理范围由境内机构向境外及附属机构延伸。加快境外人民币资金管理机制探索，实现境外机构人民币资金业务统一管理。完善境外机构发行筹资工具额度管理和备案机制，健全利率风险并表管理机制。二是资源配置由表内业务向表外业务延伸。扩展表外业务管理范畴，积极推进表外业务流动性管理系统建设，建立资金流动监测与管理机制，按照监管要求着手构建表内外一体化的流动性管理机制。三是流动性管理由资金配置运作向资金来源监测管理延伸。总分行资产负债管理部门与各存款业务部门密切配合，主动服务存款业务部门稳存增存，实时监测各项存款波动情况，增强了资金运作和配置的主动性、灵活性和前瞻性。

资产负债管理工具和调控手段不断丰富和优化。2011年，成功投产了信贷流量管理余额控制功能，在技术手段上实现了对信贷余额的实时监控。升级完善了4.0版本经济资本计量标准，调整集中资金经济资本计量标准，进一步优化负债期限结构。不断优化全额资金集中管理系统功能，实现对集中配置发生额、集中配置内外部收益率和物理网点集中配置状况的定期监测。改进流动性管理技术，升级现金流量监测与管理系统。投产分行融资业务流动性管理项目，开展“一点接入、一点清算”模式下流动性管理系统建设，为2012年全行资金管理及支付体系改革奠定了良好的基础。顺利投产票据系统重构项目，理顺了业务流程，优化了用户界面。

总之，2011年各项工作任务的圆满完成，离不开总行各部门和分行的密切协作，离不开全行资产负债管理战线的广大干部员工的辛勤努力。在此，我代表总行党委向大家表示衷心的感谢！

在充分肯定成绩的同时，我们还必须看到全行资产负债管理也面临一些困难和问题。主要包括，资产负债管理的视野和范畴还需进一步扩展，资产负债结构与可持续发展的战略要求相比仍有较大差距；全行资产负债业务的市场竞争力和盈利贡献水平仍有提高的空间；资产负债管理政策的执行力还需要进一步增强，部分分行在执行总行政策和把握工作全局性方面还有待进一步提高；管理水平和专业队伍建设亟须加快。对这些问题我们一定要高度重视，下大力气认真加以解决。

二、充分认清形势，找准工作目标

2012年是我行新一轮三年规划的开局之年，做好今年的工作需要我们认真领会总行党委对当前国内外经济金融形势的战略分析和工作部署，深入研判资产负债管理工作面临的机遇和挑战，充分谋划今后一段时间的工作目标和发展方向，力争在推动全行经营转型方面谋得新思路，在提升资产负债配置效率方面取得新进展，在推进资产负债管理机制建设方面获得新突破。

2012年，世界经济形势总体上仍将十分严峻复杂，国内经济发展长期向好趋势没有改变，但同时也面临着发展方式转变与产业结构升级等结构性问题。中央经济工作会议已经明确了2012年宏观经济“稳中求进”的总基调，继续实施积极的财政政策和稳健的货币政策，同时增强宏观调控的针对性、灵活性和前瞻性，加快推进经济发展方式转变和经济结构调整。姜董事长和杨行长在2011年发展战略研讨会上指出，要完成未来三年的经营目标，需要牢牢把握“资本约束、经营转型、风险控制、盈利可持续增长”四个方面重要问题。具体到我们资产负债管理专业来讲，2012年主要有四个方面的问题需要我们持续关注：

（一）资本充足率管理压力依然较大，资本对业务和风险的刚性约束作用需要进一步强化。近年来，国内外银行业监管力度不断加强，第三版巴塞尔协议大幅提升了对商业银行资本数量和质量的要求；国内资本监管要求也持续提高，银监会正在讨论修订的《商业银行资本管理办法》明确了资本充足率达标要求和时限，严格了资本工具的合格标准，扩大了监管资本的风险覆盖范围，进一步强化了资本约束，我行资本充足率管理面临较大压力。

一是资本充足率达标压力较大。《商业银行资本管理办法》将增加操作风险资本要求，提高了资产的风险权重。经测算，新办法实施后我行资本充足率水平将在目前基础上下降1个百分点以上。二是资本缺口较大。预计2012年风险加权资产（RWA）增速将保持在18%左右。按照我行2012年本外币贷款增加9 500亿元测算，考虑到RWA增量以及对外资本性投资安排等因素，如果要满足资本充足率要求，全行新增资本需求为2 000亿元左右。如果扣除利润留存因素，尚有资本缺口500亿元左右。三是融资渠道收窄。根据监管规定，次级债发行上限为核心资本净额的25%，2012年仅剩余了370亿元左右的额度。因此，如果要满足全行新增资本需求，必须更多地依靠内源性资本积累。四是资本监管约束力显著增强。《商业银行资本管理办法》实施后，资本监管的重点将由资本充足率转向核心资本充足率。由于核心资本的补充仅能通过利润留存和发行股本实现，在资本市场融资窗口条件不具备的情况下，唯有通过提高资本回报水平，增加利润留存来保持资本充足水平。如果资本占用不能取得足够的收益，业务发展必将受到严重制约，因此资本对业务发展的约束力将显著增强。

总行党委在多次重要会议中反复强调要调整经营结构、加快业务转型，其核心就是要压缩高资本消耗业务，发展低资本消耗和无资本占用业务，积极开辟新的业务增长点、创造多元收益来源，提高发展质量和可持续增长能力。资产负债管理专业的同志们要牢固树立资本节约与回报意识，强化经济资本限额管理，积极支持低风险业务发展，走出一条低资本占用、高产出回报的发展新路。

（二）信贷总量调控压力依然较大，信贷计划管理方式需要进一步完善。2011 年，人行借鉴宏观审慎管理框架，实施了差别准备金动态调整机制，指导商业银行把握信贷总量与节奏，对商业银行年度贷款总量空间进行动态调控。差别准备金动态调整机制对商业银行产生了较大的影响，各行贷款总量增长空间的核定具有了间接性、动态性和政策性特征。

一是间接性，各行贷款增长空间由宏观经济形势、资本充足率和经营稳健程度按公式计算得出，按照 2011 年第三季度末 12.42% 的法人口径资本充足率测算，我行 2012 年全年增量空间初步计算值为 8 332 亿元，较 2011 年多 149 亿元，预计余额增幅为 11.85%，较 2011 年低了 1.33 个百分点。二是动态性，央行在年内根据宏观经济形势、各行资本充足率变化和经营发展情况，按季度对各行贷款增量上限进行动态调整，这使我行贷款总量增长空间由以往的静态目标变为动态指标，需要适时对贷款品种和地区指标进行优化和调整。三是政策性，差别准备金动态调整机制要求各行优化新增贷款投向和保持贷款均衡增长，即通过结构调整和稳健经营可以获得更高的信贷增长空间。在差别准备金动态调整机制公式中，除资本充足率外，稳健性参数对贷款增长空间影响最大，稳健性参数的确定重点考虑新增贷款投向结构，尤其是对小微企业和个人消费贷款的投入。在均衡性要求方面，目前计算的第一季度人民币贷款增量空间为 2 334 亿元，占全年 8 332 亿元增量空间的 28%，接近于去年四个季度平均分布的进度，节奏掌握压力有所缓解，但月度贷款增量最高不得超过季度的 40%。从 1 月份全行贷款实际运行情况看，目前我行季度内和月度内贷款节奏把握的压力仍然较大。为适应宏观经济形势和货币政策要求，提高贷款计划管理的科学性、合理性和有效性，继续保持全行贷款总量的合理均衡增长，我们需要对信贷计划管理方式进行适当优化。

（三）本外币流动性风险管理压力依然较大，集团范围内的资金管理机制需要进一步完善。人民币资金管理压力不断加大，资金波动、监管压力和清算模式改变给流动性管理带来严峻挑战。2012 年整体资金形势仍然紧张，年初以来存款延续了 2011 年的大幅波动，存款下降及资产业务规模扩大的压力并存，流动性与效益性的协调难度更加突出。从中长期看，监管机构按照第三版巴塞尔协议将流动性覆盖率及净稳定资金比率纳入流动性风险监管指标体系，人民银行第二代支付系统可能在 2012 年 10 月投产应用，我行将逐步采取“一点接入、一点清算”的清算支付模式，这些都对人民币资金流动性管理工作提出了新的要求。

外汇资金管理压力不断加大，我行国际贸易融资业务的快速发展及国际化战略的稳步推进，给集团流动性风险管理带来了更大的压力。目前我行国际贸易融资增长较快，可仍然离总行党委的要求差距较大；国际结算市场占比为 27.9%，如果要超过我们最主要的竞争对手，至少要增加 4 个百分点，也就是说市场占比要达到 32% 左右，这对外汇资金的需求量是非常大的。同时，我们需要抓住这次金融危机中的机遇，加快境外机构发展布局，今年还有新设网点机构的计划，大概有 50% 的境外机构也需要补充资本，因此对外汇资金的需求也很大。截至 2011 年末，境外机构资产余额达 1 271 亿美元，占集团外汇资产的 62%，流动性管理的压力日益显现。目前，世界发达地区、发展中地区都有我们的分支机构，包括自然灾害频发的地区如印度尼西亚、日本、巴基斯坦等，金融危机严重的欧洲地区如意大利、西班牙等，这些地区的监管环境和经济金融形势各不相同。集团层面在制定统一的管理政策时，还要兼顾 33 个国家和地区的境外机构的实际情况，分别制定具有针对性的管理政策。这些都为集团流动性风险管理带来了更大的难度和挑战。

（四）利率市场化压力依然较大，利率风险管理能力需要进一步提升。2011 年，人民银行三次上调存贷款基准利率、六次上调存款准备金率，市场利率剧烈波动，导致全行同业存款付息率同比上升 105 个基点，比储蓄、对公存款付息率多上升 70 个 基点，利率市场化程度进一步加深，全行付息成本控制难度持续增加。近年来，国内外对加快人民币利率市场化改革的呼声很高，一旦利率完全实现市场化，特别是存款利率上限放开，我行存款付息成本有可能明显上升，对全行利润将产生较大影响。目前我行人民币存款付息率约 1.75%，如果存款付息率上升 50 个基点，按照 2011 年末全行人民币存款余额 12.76 万亿元测算，每年就会增加利息支出 638 亿元，在假设贷款利率不变的情况下，相当于 2011 年全行利润要减少 30% 以上。同时，利率市场化也将造成银行存贷利差波动加大，银行面临的利率风险会显著增加，但目前国内对冲利率风险的工具和手段还比较缺乏。这就需要我们积极谋划、提前布局，加快建设市场化利率管理机制，积极运用业务规模优势和市场影响力，不断提高利率定价水平和风险管理能力。

总体来看，未来资产负债管理专业面临的挑战和压力是巨大的，特别是宏观经济环境的复杂多变将对以上四方面因素造成系统性、联动性甚至方向性的重要影响。我们必须要有强烈的危机意识和忧患意识，未雨绸缪、稳中求进。同时我们也要看到，我国经济发展仍处于重要战略机遇期，国内经济增长的内生动力依然强劲，我行的经营发展仍将保持健康平稳的态势，本外币一体化、集约化的全额资金集中管理体制必将会继续完善，资产负债管理的精细化和信息化水平必将会不断提高。全行一定要坚定信心，始终坚持科学发展观，在化解危机过程中实现新跨越，在克服困难过程中取得新突破，顺利完成今年的各项任务目标。

2012 年资产负债管理工作的主要任务是：认真贯彻中央经济工作会议精神和全行工作会议部署，密切围绕全行经营转型的目标，加强资本约束传导，建立和完善适应利率市场化经营管理要求的内外部定价和传导机制，积极推动全行资产负债管理工作由表内业务向表外业务延伸、由境内机构向境外及附属机构延伸、流动性管理由资金业务向存款业务延伸，进一步提升资产负债配置效率，为全面提升我行的竞争发展能力和可持续盈利能力做出更大贡献。

2012 年全行资产负债管理的主要目标：一是保持存贷款业务的平稳有序增长，全行人民币各项存款增加 13 000 亿元，增幅为 10.2% 左右，年初人民币贷款计划暂定为 8 500 亿元，增幅为 12.1%，年中将视差别准备金动态管理要求和同业运行情况进行适时调整。二是确保资本充足率维持在合理水平，资本充足率和核心资本充足率分别保持在 9.6% 和 12.2% 以上。三是合理把握资金业务节奏，全行备付水平继续保持同业领先。四是协调贷款定价管理和支持实体经济的关系，公司贷款下浮机会成本率控制在 1.45% 以内。五是积极扩大外汇资金来源，初步计划全年外汇存款增加 160 亿美元，外汇贷款增加 150 亿美元，将有限外汇资金优先用于支持国际贸易融资和“走出去”业务。六是积极拓展同业融资业务，巩固国债代理发行市场领先地位。七是推进票据业务转型发展，实现盈利能力的可持续增长，保持票据贴现量和收益率在国有大型商业银行中的领先地位。

三、围绕经营转型，稳步推进工作

为全面做好 2012 年资产负债管理各项工作，我着重提出以下几个方面的要求：

（一）继续坚持严格资本约束这个前提条件，稳步提升资产负债管理在推动全行增长模式转变中的作用。

要以完善经济资本限额管理机制为核心，推进经济资本管理系统工程建设。姜董事长在改革发展研讨会上提出了建立“资本综合管理体系”的构想，今年在继续加强经济资本配置计划管理，严格控制全年经济资本增量限额，努力提升经济资本配置效率的同时，要改进经济资本限额管理模式，统筹协调经济资本总量限额与专项计划之间的关系，实现经济资本配置方式从静态向动态、从单向向双向、从指令性计划向市场化配置的转变。

要以 4.0 版本经济资本计量标准为基础，全面推进资本管理信息系统建设。今后要继续吸收零售内部评级法的相关成果，进一步完善计量标准。要完整开发资本管理系统（二期）全部功能，实现债项及客户层面 EVA、RAROC 的计量和分析，为全行经济资本推广应用提供必要的技术手段和信息平台，真正实现“算好了干”而不是“干了再算”。

要重点加强经济资本的推广应用，建立深入基层的经济资本管理专业队伍。各分行要认真组织 4.0 标准的培训推广，培训对象应延伸至基层，要确保每个支行都能够熟练运用资本管理信息系统，形成经济资本数据监测分析和定期报告制度，正确运用经济资本、EVA、RAROC 等数据，支持基层业务决策。要合理分析存量业务的资本占用和资本回报情况，通过优化客户结构、产品结构、行业和期限结构，提高担保抵押条件等方式降低资本占用，推动信贷结构的调整和优化。

要密切关注监管政策动向，妥善规划中长期和短期资本供求，积极采取各项措施确保我行资本充足率稳定。要密切关注我行资本充足率和风险资产变化情况，在约束风险资产扩张的同时，综合运用各种手段补充资本。在满足监管规定的前提下，要继续协调相关部门降低“合同项下未提款”、“未使用信用卡透支额度”等表外承诺项目对资本充足率的不利影响。在银监会《商业银行资本管理办法》正式出台后，要及时修订完善《2012 年至 2014 年资本规划》，合理筹划未来三年资本管理目标、资本补充计划和资本管理方式。要争取进一步强化经济增加值、经济资本回报率等相关指标在绩效考评体系中的应用，增强分行资本约束意识，实现对风险加权资产总量和结构的调控。

（二）继续围绕经营结构调整这个中心工作，稳步推进资产负债组合总量平衡和结构优化。

要适应宏观形势与政策变化，调整完善信贷计划管理方式。为增强贷款计划的科学性、合理性和有效性，一是在分品种、分地区贷款计划的确定上，总行将在 8 500亿元年度总量计划中，设置 300 亿元的“动态计划指标”，年初以“其中数”形式下达各行，在第四季度根据央行差别准备金动态调整机制要求，以及分行存款业务发展、信贷结构调整的情况，来最后确认动态计划指标是否可转为年末贷款正式计划。动态计划指标的设置，改变了传统贷款计划分配的“画地为牢”属性，分行能否获得更多的信贷资源配置，要看外部宏观政策要求变化，还要通过分行业务发展的实际成果来争取。二是在计划指标的核定中，要在充分考虑业务发展需求的基础上，综合考虑分行价值贡献、结构调整、市场占比等因素，通过科学测算和统筹平衡确定分地区计划分配方案。三是在执行进度的掌握上，要结合全行业务发展导向，有针对性地核定分行贷款计划到位进度，在当前存款增长压力较大的情况下，将考虑把各行存款业务发展情况作为月度计划核定的挂钩因素之一。

要合理把握新增贷款投向，切实提高贷款增长均衡性。要继续加强信贷计划执行监控和进度督导，科学运用信贷流量管理措施，合理安排贷款投放进度，提高贷款增长的均衡性。要根据全行经营发展战略和信贷结构调整要求，坚持“有扶有控、区别对待”原则，将新增贷款主要用于中小企业贷款、贸易融资和个人类贷款，优先满足银行卡透支、“网贷通”等新兴业务的发展需要，严格控制与四大行业调整战略相关的房地产贷款和中长期项目贷款增长。要优化信贷资产期限结构，提高信贷资源配置的科学性，加大对 RAROC 和 EVA 水平较高业务的倾斜配置力度，重点发展期限短的业务品种，继续降低中长期贷款增量占比。

要优化信贷资源区域摆布，加大对重点县支行信贷资源的倾斜配置。年度计划核定中适度向重点县支行较为集中的分行倾斜，提高重点县支行所在省分行尤其是市场占比落后分行的信贷资源配置比重。要在省分行层面实施重点县支行的计划单列管理，在总行下达年度贷款计划后，省分行要根据总行关于重点县支行贷款增幅不低于省分行 1.3 倍的比例指导线，制订辖内重点县支行的信贷资源配置计划，报总行评估并定期监测。对于辖内重点县支行贷款计划配置不合理、执行不到位或市场占比出现下滑的分行，总行将考虑实施扣减其年度贷款计划指标专项用于重点县支行等措施。

要合理确定票据资产占比。要充分发挥票据业务资本占用低、消耗少、收益高的优势，保持票据资产在信贷资产总量中的合理占比，提升资产负债的配置效率。在票据资产摆布上，一是要加大对商票和半年以上期限电票的买入力度，增加高收益票据资产占比。二是要注意提高流通好和周转快的票据、特别是交易效率更高的电票资产占比，加速票据资产周转，进一步提升票据盈利能力。

（三）继续把握风险控制这个关键环节，稳步推进资金管理的机制创新和体系建设。

要研究并推动建立存贷比动态差别管理机制。目前，随着宏观经济形势变化以及货币政策调整影响，全行持续出现新增资金来源难以满足资金运用的现象，存款业务对于各项资产业务的刚性约束作用逐步显现。从各分行情况看，2011 年以来部分分行存款大幅波动、新增存贷比较高，2011 年全行日均新增存贷比 88.5%，20 家分行日均新增存贷比超过全行平均值，17 家分行日均新增存贷比超过 100%。负债业务与资产业务的总量不平衡影响了全行经营结构转型。因此，要加快研究并建立存贷比动态差别管理机制，提升全行对“负债约束”的重视程度，主动调整资产负债结构。

要积极稳妥地推进第二代支付系统改革各项准备工作。2012 年 10 月人民银行要正式投产第二代支付系统，我行将逐步按照“一点接入、一点清算”的模式接入第二代支付系统，这将是我行自 2010 年全额资金集中管理改革之后资金体制的又一重大变革。一点接入后，虽然资金清算集中到总行，但资金管理仍将由分行具体负责，总分行流动性管理手段将得到进一步丰富和完善，流动性管理的责任和要求也将更高。总行资产负债管理部要与信息科技部、运行管理部密切配合，加快流动性管理系统的配套建设，充分评估资金管理模式转变带来的影响，积极稳妥地推进改革及试点工作。要及时通过系统培训等方式向分行传达改革思路和新的资金管理模式，进一步修订资金管理办法，明确资金逐级管理职能和分行责任目标，确保改革的顺利推进和全行流动性的安全。

要进一步拓宽资金及流动性管理范围。要继续深入了解各境外机构人民币业务开展情况，建立和完善境外机构人民币资金管理机制，加强对境外机构人民币资金和流动性风险管理；要继续关注理财业务发展对全行流动性的影响，完善表内外业务统筹规划的流动性风险管理体系。要继续加强对存款业务的监测分析，深入了解存款业务的运行规律，配合存款业务营销部门做好工作，切实通过推动负债业务增长，带动资产业务增长和收入结构优化，服务全行转型发展。

（四）继续认清利率市场化这个必然趋势，稳步推进内外部定价和传导机制的优化完善。

要继续完善内部资金转移定价机制。要紧跟利率市场化进程，结合全行经营转型过程中出现的新业务、新特点和新要求，继续完善内部资金转移定价机制，不断提高内部资金转移定价的精细化管理水平。要根据宏观政策、市场形势和全行经营政策变化，适时、适度调整内部资金转移价格，并注重提高内部资金转移价格调整的前瞻性，有效发挥内部资金转移价格的调控引导作用。各分行资产负债管理部门要继续把握和正确理解总行内部资金转移价格调控意图，切实发挥好“承上启下”的传导作用，既要结合自身经营特点，通过灵活多样的方式将总行经营政策有效传导给各业务部门和各级经营机构，也要将经营中出现的新情况和新问题及时反馈给总行。

要稳步推进外汇存贷款利率市场化改革。完善和细化利率市场化改革的方案，配套出台相关政策，全力确保外汇利率市场化改革的平稳有序。在推进利率市场化改革的进程中，要密切关注外汇利率市场化改革带来的新变化，及时解决外汇利率市场化改革中出现的新问题，不断完善和优化我行外汇利率市场化的管理体制，积累我行应对利率市场化冲击的经验。

要进一步加强人民币存贷款利率管理。积极配合全行信贷结构调整，协调贷款利率管理与中间业务收费的关系，完善小微企业贷款利率定价机制。继续控制下浮利率贷款的发放，稳定新发放贷款的利率定价水平。要全面分析研究市场形势和同业动向，统筹稳存增存和成本控制的关系，完善差别定价管理机制，适时适度调整短期同业定期存款指导利率和重点同业客户利率定价策略，促进存款规模与成本控制的有效平衡。要强化利率管理的服务意识，提高特别授权业务审批效率，加强对利率执行的监督、检查，规避利率操作性风险，促进各分行依法合规经营。

要加快建设市场化利率管理系统支持平台。以对公定期存款业务为突破点，加快开发利率管理系统的利率控制与审批功能，争取实现对分币种、分地区、分品种、分期限存款业务规模的差别管理与调控，逐步实现对负债业务的全流程管理。要通过在主机系统增加对超授权利率录入的控制功能，在利率管理系统中增加利率超授权审批功能，规避利率操作风险、提高审批效率，加快建立高效的负债业务利率审批机制，提高服务水平。

（五）继续坚持扩大非信贷资产利差收入这个经营思路，稳步促进证券融资和票据业务的健康发展。

要积极推动同业融资业务发展。一要力争实现同业融资业务四个转变：从服从流动性向服务流动性的转变，从分流性融资向经营性融资的转变，从资金性服务向综合化服务的转变，从融资类工具向功能性工具的转变。二要加快业务创新步伐，促进业务可持续发展。研究并逐步推广应收租赁款逆回购业务、“双向”融资业务等。三要高度重视业务风险管理。同业融资业务多数属于信用类业务，有一定的风险，各行在业务快速发展的同时要切实高度重视风险管理。

要继续保持国债代理业务市场领先地位。2011 年，储蓄国债（电子式）发行方式由包销模式改为代销模式，各商业银行对财政部总发行额度的竞争很激烈，尽管我行储蓄国债（电子式）市场份额稳居第一，但占比已由 2010 年的 29.55% 下降为 25.32%。财政部、人民银行计划在 2012 年取消对公客户销售凭证式国债政策，并将凭证式国债发行方式引入代销模式，因此今年的市场竞争将更加激烈。各行要充分发挥我行网点数量、客户群体和管理系统优势，努力扩大国债代销量，巩固我行市场占比第一的位置，增加中间业务收入。

要加快票据业务经营转型步伐。实现由规模约束下的票据资产交易商向票据资产交易商和票据服务代理商并重的转变，全面加强分行与分行、分行与票据营业部之间的业务合作，把握市场动向、提高交易业务占比；彻底转变主要依靠规模与资金开展票据业务的惯性思维，积极主动地开创票据业务的新局面。

要大力开展以票据为载体的综合服务业务。通过提供代理承兑、代理审验、代理查询、代保管、代理托收、代发托收、代理传递、代理交易、代理接入等服务，推动票据业务由单一的利息收入向利息收入、投资收益以及中间业务收入的全方位收入结构转型，实现票据融资业务持票生息、交易获利、服务收益齐头并进的格局。

（六）继续加强员工队伍建设和党风廉政建设，不断增强人员队伍的战斗力和凝聚力。

要高度重视员工队伍建设。要保持人员的总量合理稳定，持续优化员工的专业结构，增加高层次复合型人才、高端专业人才比重。要促进本专业员工的职业发展，营造和谐的发展环境。要不断加大人员轮岗交流力度，推进资产负债管理专业人员参加财会资金序列、风险管理序列和交易序列等专业资格考试和认证，提升人员的职业发展能力。

要切实加强党风廉政建设。要认真落实胡锦涛总书记在第十七届中央纪委第七次会议上的重要讲话精神，加强党风廉政建设和反腐败工作。要以信贷规模、资本限额、资金头寸、利率定价和票据融资为重点，科学构建逐级授权体系，通过集体决议、逐级审批、量化评价和监督检查等方式，对经营管理过程中的关键环节和重点领域进行严格把关。

总之，今年的经营形势依然严峻复杂，全行的转型发展变革已进入了关键的攻坚阶段，资产负债管理部门的同志们一定要统一思想认识、增强大局观念，在各级行党委的坚强领导下，紧紧抓住当前发展机遇，攻坚克难、稳中求进，确保圆满完成全年目标任务，为全行可持续发展做出新贡献。

在金融市场部工作调研会议上的讲话

王丽丽

（2012 年 2 月 16 日 · 根据录音整理）

首先，这是一次十分重要的汇报，董事长、杨行长亲自听取汇报，说明了金融市场部业务的重要性。可以说，金融市场部工作做得好坏，对工商银行发展战略的实现和整个经营结构的调整，以及每年全行利润完成情况关系重大。去年市场环境不太好，但是金融市场部还是克服困难完成了任务，今年由于我们面临发展战略和经营结构的调整，各方面压力很大。如果总行党委制定的收益结构调整发展战略不能实现，可能在今后两到三年，我们会非常被动。之前在资产负债管理专业会议上，我们用了大约一半的篇幅，对为什么要调整战略、为什么要节约资本、为什么要调整收益结构进行了深刻阐述。董事长、杨行长这次专门听取汇报，也是希望在结构调整上有一个更大的改进。金融市场部作为一个产品部门、一个业务部门、一个前台部门，要与时俱进，开拓思路，通过扩大产品领域，创新产品种类，不断完善和调整经营策略。

我认为，要从今年开始，着力抓好以下几方面工作：

一要积极应对利率市场化改革进程加速给金融市场业务带来的挑战，下大力气开发有竞争力的利率产品。

二要认真研究债券投资久期问题，在整个金融市场业务利润构成中，债券投资占了利润来源的95%以上，对此要有一个清醒的认识，把这项研究做好。

三要加强对公客户营销工作。去年解决的6亿元的衍生产品垫款问题，即代客风险管理，实际上就是用掉期、衍生产品、理财为客户提供服务。这不是金融市场部的问题，是我们如何理解客户关系的问题，无论客户如何重要，都要按照合同办事，今年还应加大这方面服务。

四要持续开展前瞻性的研究探索。除债券投资外，未来要开辟新的利润增长点。市场环境在变，监管要求在变，业务结构也要随之改变。我们要想始终保持同业领先，巩固和扩大市场领先优势，开辟新增长点和调整业务结构两者都不可偏废。

五要研究产品服务问题。去年我们在产品线上投入了很大精力，事实证明取得了较好成效，比如账户贵金属产品，还尝试着做了一些商品交易。这既是一种尝试，也是对人才的培养，将来这个市场潜力会很大，只有迈出现在的一小步，才有可能在未来迈出一大步，今年还要认真研究产品问题。

六要加强学习与交流。要按照董事长的要求，近距离向国际先进大银行学习，研究外资银行交易部门的产品结构、利润结构和一些新产品。这是一个长期工程，是开拓市场、研发产品和培训人员的捷径，要尽快落实。

七要投资境外企业债券。由于现在欧美不确定性因素较多，所以比较好的选择是从香港开始，我认为香港有些企业的风险在相对可控范围内，金融市场部要和授信部、机构部配合好，把境外企业债投资做起来，既要稳健经营又要提高收益。

八要加强对分行的业务培训。教育部在今年的培训计划中，可以增加一至两期针对分行公司业务条线的金融市场业务培训，让分行营销人员了解熟悉业务，加强新产品市场推广。

九要跟踪企业债工作。工商银行是人民币大行，国内市场不管是什么业务，都要拔得头筹。随着短融、中票的放开，企业债迟早也要放开。金融市场部要注意加强与监管部门的沟通，在这块业务上抢占市场先机。

最后要控制风险。去年底，董事长指出，在金融市场业务上，如果四家大型银行没有进行超前管理的话，有可能会出问题，而且一旦出了问题，就是大问题。近来有很多大银行因为交易问题受到调查或处罚，包括汇丰、德意志、摩根大通、花旗、瑞银等，这同时也警示我们，金融市场风险控制工作始终不能放松。下一步，可能会有新的国际监管和金融市场监管政策出台，包括LIBOR的定价方式都要改变，ISDA（国际互换及衍生品协会）以及伦敦的金融监管当局，对场外金融交易要征收额外的准备金。这些情况，金融市场部已经向行领导报送了信息，希望今后还要进一步报告应对措施，研究工商银行应该怎么做，要有一些比较超前的风险管理办法。操作风险方面，我认为这两年管得还不错，没有发生大的经济损失。我们要始终牢记，任何一个小的问题，有可能将来就是一个大的损失，希望金融市场部要定期强化操作风险防范意识，继续做好风险防控工作，确保金融市场业务稳健发展。

提高认识　抢抓机遇
全面推动跨境人民币业务快速发展

——在中国工商银行跨境人民币业务座谈会上的讲话

王丽丽

（2012年3月6日·根据录音整理）

跨境人民币业务自2009年7月试点到现在已近3年时间，在全行上下共同努力下，我行跨境人民币业务同业领先地位已基本确立，业务量已突破万亿元大关，人民币清算网络覆盖58个国家和地区，清算账户数量稳居同业第一。境内分行2011年跨境人民币结算量较上年增长近5倍，四行占比达到27.6%，22家境外机构已成功开办人民币业务，业务范围覆盖贸易、服务、资本及融资等众多领域。2012年以来，全行及时把握人民币国际化带来的市场机遇，以董事长提出的“打造全球跨境人民币业务第一大行”为目标，跨境人民币业务继续保持快速发展。2012年1月，我行境内外机构共完成跨境人民币结算业务435.71亿元，同比增长73.4%。跨境人民币贸易融资业务172.77亿元。跨境人民币购售业务18.53亿元，同比增长2 150%。

以上成绩的取得充分说明我们的战略方向是对的，部署是得当的，措施是有力的，但我们也应该看到跨境人民币业务发展中还存在一些问题。在今年的国际化工作会议上，董事长已经对跨境人民币的战略意义做了很深刻的阐述，并提出了下一步发展思路。上周五总行召开了工商银行跨境人民币业务领导小组第一次工作会议。在这次会议上，我们总结了我行迄今为止在该业务领域中的成绩，同时也详细梳理了近期需解决的主要业务问题，并且列出了各部门详细分工的业务种类。会议纪要非常重要，将随后下发。董事长提出打造跨境人民币业务第一大行的目标有充分的道理，我行在人民币业务方面占有绝对优势，在跨境人民币业务方面有条件充分发挥我行优势，当然我们也有短板。涉及境外方面，我行和有关同业由于历史原因形成了一定差距，还有政策支持方面，我行获得的政策支持力度不够多。例如在主要国家和地区的，我们清算行、运钞行资格缺失，给工作带来了一定的难度。另一方面，我们在业务量上四行占比虽然靠前，但仔细剖析后还是存在一些问题，比如跨境人民币融资中90%都是代付，比如21家RQFII机构的证券托管银行中17家归属中行、2家归属汇丰、2家归属交行。200亿RQFII全部瓜分完毕，我行未占据一席。这对我行来讲是一个警示，说明不管有多大的优势，如果营销、联动做不到位，仍然会丢掉整个市场。因此，虽然取得了不错的业绩，但我们现在更要看到的是问题和未来的工作。

我们这次召开座谈会，目的就是由总行搭建交流平台，让好的经验在分行间相互分享。同时利用此次机会，总、分行面对面共同研究解决业务发展中存在的突出矛盾和主要问题，并且研究下一步的工作方向。总体来看，今年我们面临的形势还是非常严峻的。跨境人民币业务启动至今已近3年时间，在亚洲地区召开的跨境人民币业务或人民币业务的研讨会、营销会、座谈会等各种会议一直持续，主办者大多为渣打银行、汇丰银行，德意志银行等，说明跨境人民币业务的重要程度在金融同业中得到共识。

今天来参会的都是跨境人民币业务大行，在座的10家境内分行和6家境外机构占到了全行跨境人民币结算量的94%，贸易融资业务量的60%。许多具有标杆意义的跨境人民币首发业务和创新产品都是在你们中间产生的。你们的业务完成情况对全行实现市场占比的提升、产品结构的优化等目标具有非常重要的影响。你们为全行的跨境人民币业务发展做出了重要贡献，未来还要依托你们把工商银行跨境人民币业务继续推进，我代表总行对你们的辛勤付出表示衷心感谢。当然，我们还有很多工作要做，市场占比还要进一步提升。今年全行的跨境人民币结算四行占比目标是28.5%，争取达到30%。在座的各行、各部门要认真研究目前跨境人民币业务的现状，到今年年底至少在座的分行四行占比不应低于全行平均水平。希望大家都能充分认识到自己担负的责任，总分行、境内外联动，统筹一切资源与力量，突破制约业务发展的瓶颈，实现市场竞争力的不断提升。

下面我主要谈五点意见：

一、统一思想，进一步提高重视程度

总行各部门、境内外各分支机构要深刻认清人民币国际化的宏观发展趋势，统一思想，把跨境人民币业务作为全行国际化发展中的重要战略任务来抓。2012年我国外交政策要点其中之一就是加快推进人民币区域化。亚洲地区是国家的重点，也是工商银行的重点战略区域，因此跨境人民币业务要成为我行未来国际化发展中的重要节点。我行在过去3年为跨境人民币业务做了巨大投入，不论是从国家利益还是从工商银行战略转型和我行商业利益来看，我们都要进一步提高对这项业务的认识。目前多数分行已经认识到跨境人民币业务的重要性。北京分行在同业竞争激烈的情况下，跨境人民币业务不仅同业占比第一，且在当地四行占比超过50%，在全行的占比也远超北京市场在全国的占比。广东、深圳、浙江等分行在业务规模、产品创新等方面也取得了较大进展。但所有境内分行仍需继续下大力气提升跨境人民币业务覆盖面与市场占有率，以实现今年全行境内跨境人民币四行占比提升至28.5%的目标。跨境人民币结算传统大行其业务量在全行系统内的占比要与所在省（市）在全国跨境结算量的占比相匹配，并进一步提升自身在当地跨境人民币结算量占比，切实发挥拉动作用，从而带动全行占比进一步提升。国际业务部要按月上报占比情况。上海分行应利用国家将上海打造成全球性人民币业务中心的机会，充分发挥我行人民币业务优势，力争成为当地跨境人民币业务领头羊。中央已经明确上海成为金融中心的方针，金融市场部要尽快上报打造金融市场第二总部的相关报告。

境外机构方面，要进一步提高对业务创新的敏感度，丰富人民币业务产品，结合市场需求尽快推出一批拿得出、打得响的拳头产品，提高跨境人民币及其派生业务的收入贡献，将人民币业务打造成新的利润增长点。在政策支持方面，我行不是处在非常有利的地位，如果我们拿不出与众不同的措施，可能就无法真正提高竞争能力。我们只有发挥自身优势做到比别人更好，才能在竞争中有出路。国际业务部要多和境外机构沟通。境外机构规模小，人员有限，任务繁重，但在人民币业务方面做出了很大的努力，取得了很好的成绩。例如，新加坡分行收入近50%来自人民币相关业务。工银亚洲、工银澳门是我行跨境人民币业务主要贡献行，他们克服了很多困难。例如工银亚洲不是清算行，而中银香港作为香港地区人民币清算行占据了很多政策优势，在这种情况下工银亚洲还是发挥了很大的主观能动性，取得了不错的成绩。工银澳门在当地跨境人民币业务做得非常有生机，东京分行、中东机构、工银印尼、首尔分行的跨境人民币业务也做得非常不错。我们希望把跨境人民币业务打造为新的利润增长点。工银亚洲要发挥自身优势，加快建设成为集团内的离岸人民币业务中心，行使人民币资金集中管理、清算、交易平盘、产品提供等职能，要为境内外机构提供优惠的人民币资金和产品支持。可以说这是对工银亚洲提了非常高的要求，希望工银亚洲尽快给总行报方案，包括政策、资金等各方面需要总行支持的内容，总行能够满足的，一定要全力支持。董事长提出我们占领市场时要有一些策略，有时候我们需要在一段时间内向市场、向客户提供有竞争力的价格及服务。各行要做测算，由此会影响利润多少，总行采取一些措施承担起来，国际业务部负责这项工作。另外，新加坡分行要继续配合两国自由贸易区谈判，紧盯我行在其中的议题，争取拿到清算行和现钞调运行资格，为我行整体跨境人民币业务争取更大的空间，取得突破。关于境外清算行问题，国际部已就该事宜向所有境外机构发出通知，没有报的机构要尽快报。所有境外机构都要和当地监管部门去谈，我行要在未来的人民币业务中做清算行。目前香港、澳门我行都不是清算行，已经失掉很大的优势。马来西亚已指定了中银马来西亚作为当地人民币清算行，该清算行不是我国监管机构确定的。马来西亚清算行的指定其中是有客观原因的，中国银行两年多前已开始申请。我行失去一次机会可以，但不可以失去第二次、第三次。

二、加强营销，加快建立跨境人民币核心客户体系

全行要研究建立跨境人民币核心客户体系，公司业务部门、结算现金管理部要加快建立我行重点客户名单。各行要结合本地实际情况，对核心客户在服务价格等方面给予合理优惠，不断扩展核心客户基础。资产负债部要在定价上给予优惠。出口客户名单已全部放开，进入率达到30%的指标还要细化。对境外机构而言，一方面要充分配合境内分行提高对“走出去”客户的市场份额，境内外机构双方要主动沟通信息，邀请对方提供配合；另一方面要深入挖掘本地区企业人民币业务需求，发挥各自地域优势，达到与境内的资源共享，延伸我行客户链，锁定境外客户。总行公司业务部门要牵头进一步加大对全行跨境人民币业务有重大影响的总行直营客户及各省重点客户的营销力度，特别是在全国有众多分支机构的客户，通过总对总营销，实现我行境内多区域业务的整体提升。

三、加强产品创新，全面深化跨境人民币业务内涵

随着跨境人民币业务全球化发展，离岸人民币市场规模不断扩张以及客户跨境人民币需求更加综合化、国际化，境内外机构要以跨境人民币结算为基础产品，融资及理财服务为增值产品，适应市场需求，不断丰富“工银跨境通”产品体系的内涵，打造我行品牌优势。工商银行在跨境人民币业务方面一定要有拿得出的具有竞争力的产品。总行部门也要有分工，比如发债、RQFII等。公司业务一部、公司业务二部实际营销中都可以引导客户采取人民币合同定价。同时，我们也面临一些问题，比如债券发行受国家政策的限制，港澳地区之外的发债机遇一定要把握，资产负债管理部一定要跟踪，和监管部门去谈。我们面临很多的困难，但要想办法，只有将业务做出来了，才能够推动监管当局更积极地认同我行。发债的事情国际部要在月报中体现。

四、完善内外联动机制，充分发挥集团人民币业务整体优势

要建立起切实可行的跨境人民币业务内外联动机制。以满足客户综合性金融服务需求为目标，总分行之间、国内分行与境外机构之间、部门与部门之间以及境外机构之间要加强联系与沟通。境内外机构要分别搜索业务机会，充分发挥我行网络布局优势，共同建立起一套切实有效的内外联动机制。这里讲的内外联动包括境内外市场信息、客户需求、业务产品等多方面的联动。一方面要建立起内外联动合作平台，境内外机构及时发布更新市场价格、政策变动等信息，实现离、在岸市场信息的顺畅互动，并借助该平台使境、内外需求与供给实现最优配置。这个平台由国际部负责建立。另一方面研究探讨建立内外联动的利润认可机制，在对境外机构的考核中有客观的体现。境外机构靠自身力量确实很困难，例如机构规模小，资本充足率限制、资金来源限制、总行资金成本提高等，同时境外机构面对总行多个部门，工作报告、接待任务繁重。因此，我不赞成所有专业会议都让境外机构一把手参加，我行有先进的视频，要依托科技系统转变方式，技术性的问题由国际部具体研究。

五、完善各项基础措施，为跨境人民币业务快速、平稳发展保驾护航

经过近三年的发展，我行跨境人民币业务在政策制度、系统建设、人才培养等方面已取得了长足进展。继续完善各项基础保障措施仍是我行实现跨境人民币业务飞跃发展的基础。包括进一步规范各项业务制度流程、完善跨境人民币清算系统、完善跨境人民币信息报送功能、实现系统自动化处理等。由国际部负责，总行相关部门分工，一一解决，把业务先做起来，逐步完善。从目前的经验看，部分地区人民银行等监管部门观念较为开放，会对新兴的跨境人民币业务领域尝试新举措，这就要求分行具备高度的业务敏感度，与当地监管部门保持密切联系，分析客户需求，捕捉政策导向，积极向监管机构寻求政策突破口，争取在更多领域取得优先试点权。例如深圳分行人民币代发工资业务，是由新加坡分行首先建议推动的，是很重大的突破。该项业务的意义还在于以后有新政策出台，监管机构会考虑工商银行，而不是凭借惯性思维考虑中国银行或其他银行。我们要大力宣传我行的国际化不弱于他行。

最后强调一点，跨境人民币业务需要全行重视，总行支持，内外联动，需要所有分行务实地采取措施，前瞻性地、主动积极地从各方面推进，能够突破的要尽早突破，不能突破的也要打好基础。各境外机构要积极克服客观不利因素，将我行本土强大的人民币优势继续向所在地区延伸。随着人民币国际化进程的加快，预计今年很多会议或论坛都会集中在这个问题上，因此在这种大背景下，任何一面的缺失都会对我行整体竞争力造成极大的不利影响。我们的目标是打造全球跨境人民币业务第一大银行，为实现这个目标，境内外机构要同心协力，把跨境人民币业务作为全行国际化发展中的重要战略任务来抓。希望大家在今天接下来的时间里多交流经验，谈问题，谈建议，谈联动，谈合作，集思广益谋划我行跨境人民币业务今后的发展，把这次座谈会开成一个比较务实的会议。

在中国工商银行2012年境外工作会议上的讲话

王丽丽

（2012年7月20日）

今天召开境外工作会议，主要任务是深化落实年初全行国际化工作会议精神，研究新形势下境外机构的结构调整和业务转型，讨论境外机构进一步提升风险防控能力、自主发展能力与可持续盈利能力问题，确保圆满完成全年任务目标。下面，我重点讲几点意见。

一、关于做好业务结构调整

上半年，境外业务继续保持快速发展态势，截至6月末，我行境外机构总资产达1 696亿美元，较年初增长33.4%，实现拨备后利润7亿美元，较去年同期增长37.4%。境外机构不良贷款率保持在0.35%的较低水平。FOVA系统在工银亚洲成功投产，实现对所有境外营业性机构的全面覆盖，系统功能不断优化。境外机构“一行一策”经营转型、重点产品线建设、跨境人民币业务等也在按照年初国际化会议精神和工作部署全面推开，产品线全球服务能力不断增强。总的来说，上半年我们海外业务发展稳扎稳打，取得了良好成绩，这来之不易，与总行各相关部门和全体境外机构的团结努力是分不开的。在此我谨代表总行党委向大家表示衷心的感谢！

当前境外机构面临的经营形势非常复杂，欧债危机阴影下世界主要经济体集体陷入困境，全球经济增速放缓使得有效需求下降，已经对包括中国在内的新兴市场产生了一定影响。欧洲央行下调基准利率至历史最低水平，我国央行不到一个月时间里两度降息，通过逆回购释放流动性，也凸显出国内经济增长不确定因素增多，稳定增长面临压力。我们要清醒地认识到，今后一段时期国际国内经济形势变化非常复杂，境外机构能否延续以前的发展态势面临着严峻考验。当前境外机构结构调整取得了显著的成绩，既有着历史性的机遇，也遇到了不少问题。下面，我主要从资产、负债与收入几个方面谈谈经营结构调整问题。

一是做好资产结构调整。近两年境外机构资产规模保持快速增长，2011年增幅达72%，增至1 271亿美元；2012年上半年增幅达33%，增至1 696亿美元。境外机构资产规模的快速增长一方面是由于近年来境外机

构数量的快速增加，另一方面也要考虑代付、簿记等业务的部分影响。上半年，境外机构代付余额257.8亿美元，比年初增长109亿美元，增幅74%，海外代付在境外机构资产余额中的占比达到15%，较年初上升了3.52个百分点。到6月末，总行簿记境外机构资产27.01亿美元，比年初增长7 287万美元，增幅2.77%，簿记贷款占境外机构资产的1.6%，由于境外机构资产总额的上升，占比较年初下降了0.4个百分点。长远来看，境外机构的发展过度依靠这几个产品线是不适当的，不利于境外机构形成自己真正的客户基础并实现盈利可持续增长。对于代付业务，近期银监会规范代付业务管理，对业务流程、会计处理和风险管理提出了新的要求，代付业务由表外转为表内会计核算使得境内分行叙做代付业务动力已经在下降，势必引起境外机构资产规模波动。对于簿记业务，有的境外机构簿记业务是依靠总行专门融资部门，自己没有努力营销，簿记业务不在自身信贷业务区域内，贷后管理跟不上。此外，境外机构簿记的专业融资产品期限普遍较长，自身资金匹配管理压力大，给全行外汇资产负债统筹管理带来难度。因此，各行要抓紧研究应对措施，加快建立自身可持续发展的资产业务发展模式。今年总行非财务考核对资产结构调整提出了要求，对过度依赖代付、简单依靠总行簿记业务的境外机构予以扣分。当然，此前我行发展这些业务的目的主要是支持中资企业“走出去”，支持中国外向型经济发展，并不是为了发展资产规模而开展这些业务，我们海外发展肯定要从这些基础业务做起，此类内外联动业务也在实质上对于我行服务国家“走出去”战略发挥了重要作用，所以总行对于代付、簿记业务也要历史地看待，要掌握好考核的尺度，不能简单地归咎于境外机构予以扣分，在通过考核手段引导资产结构调整时要考虑得尽量全面一些。

二是做好负债结构调整。截至2012年6月末，境外机构总负债余额1 617亿美元，上半年增幅为35%。境外机构对总行资金依赖程度逐步降低，从总行拆借资金余额基本保持稳定，截至6月末余额为54亿美元，总负债占比3.36%，较去年末下降了1.72个百分点。不少境外机构在当地市场发行了债务融资工具，这是很好的发展方向。各项存款余额总体保持稳定增长，但由于客户结构还不够理想，同业存放和拆入余额增幅相对较快，占比很大。负债结构的不平衡性和不稳定性使得流动性管理难度加大，如果市场资金面发生重大变化，就会给全行资产负债管理造成巨大压力，也不利于资产规模稳步增长。为此，拓展存款和调整负债结构是我们反复强调和长期关注的问题。拓展存款要结合当地市场和业务发展阶段统筹考虑，对于存款资源丰富的港澳机构，重点要放在提高存款余额、改善存款结构、降低负债集中度、提高人民币存款市场占比、提升长期稳定资金来源占比上。2011年末工银亚洲人民币存款香港市场占比接近10%，今年要再接再厉，力争尽快达到姜董事长提出的20%的目标。港澳以外的机构也要结合当地市场情况认真分析、稳步推进。比如，首尔分行上半年推出了韩元联名借记卡，这是我行港澳以外机构首次推出借记卡产品，对发展零售业务和负债业务将有很好的促进作用。会前，李晓鹏副行长也提出总行相关部室和港澳外机构要研究如何突破银行卡领域，并以此为突破口积累零售客户、拓展零售存款，请大家抓紧研究落实。

三是做好收入结构调整。近年来境外机构中间业务收入保持增长，在营业收入中的比重有所增加，但利息收入仍是最主要的部分。上半年，境外机构实现利息净收入合计8.31亿美元，实现手续费与佣金收入合计2.18亿美元，分别占营业收入的78.6%和20.7%。而且目前境外机构中间业务收入主要还是资产推动型的（如贷款、担保类及贸易融资类等资产业务），其他中间业务收入增长不错，但是占比很小。现在境外机构总资产已接近1 700亿美元（不含南非标准银行投资），继续通过资产推动中间业务收入增长的余地有多少，大家心里需要有一本账，要抓紧研究改善收入结构、提高中间业务收入的思路、措施和办法，认真落实、扎实做好相关工作。

二、关于按照“一行一策”原则推进经营转型

今年总行基于境外机构上报的2012年经营转型方案，结合国际化工作会议精神和工作要求，确定了所有境外机构的“一行一策”工作计划，突出了境外机构经营转型发展导向，采用颜色块方式绘制了境外机构重点产品线发展规划图，并明确了各行机构定位、产品线规划、工作措施及具体要求，后续会向各境外机构下发通知。此外，会前各境外机构按照要求向总行提出了支持事项需求表，包括资金、人员、联动、营销、授信、IT、考核、业务等各项内容，国际业务部在会前和总行相关业务部门进行了沟通，目前所有相关部门都给予了反馈，反馈意见已在会前发给了各境外机构。国际业务部和总行相关部门的这项工作做得很扎实。今后，在“一行一策”工作计划的实施过程中，总行将会一如既往地给予支持，各行也要着力突出今年的重点领域和事项，在总行支持下争取每年解决几个关键问题，这样几年下来就会有质的飞跃和进步。

三、关于努力提升境外机构综合贡献度

当前世界经济复苏曲折性和艰巨性凸显，国内经济运行仍存在一些突出矛盾和问题，经济下行压力加大，上半年已有两次降息，这已经对银行业盈利情况产生了较大影响。与去年25.6%的净利润增长率相比，今年上半年全行利润增幅明显放缓，能否完成全年利润指标

面临压力。在全行上半年分行行长工作会议上，姜董事长对境外机构整体经营情况给予了表扬，在会上讲境外机构贡献很大，这说明我们的工作取得了一定的成效。今年全行国际化发展已经走过 20 个年头，特别是近 10 年我们经历了一个快速发展时期，境外发展取得了显著成绩，国际形象得到了极大的提高。之前我们着重强调要发挥境内优势支持境外机构发展，随着境内外形势的变化，今后要更加突出地强调提升境外机构对集团的利润回报和综合贡献度，实现对集团的功能互补和战略协同。对于国际业务对全行业务发展的协同促进作用，我一个比较直观的体会是，以前国家领导人出访基本上带中国银行与工商银行两家银行出去谈国际业务，随着我们国际影响力的增强，现在如果领导人出访带一家银行，很多时候选择的是工商银行。为此，各境外机构要有紧迫感与责任感，认清发展国际业务的重要性，继续努力提升对集团的综合贡献度。

四、关于境外机构经营效率问题

在做大境外机构整体利润，提升境外利润在集团利润占比的同时，境外机构要进一步提高经营效率，注重定价水平的提高和负债成本的合理控制，提升综合 NIM、ROE 和 ROA 等经营效率指标水平。特别是 ROE、ROA 这两个指标，要与工商银行集团的情况进行对比。当然，在与集团情况对比时要充分考虑境外客观的经营情况，不能进行简单对比，要体现出一定的差异性。这个问题请各境外行和总行相关部门关注一下。比如我们每年都有新开设的机构，还有设立了一两年的机构，有些机构是子行形式，还有一些机构正在推进信用卡或者零售业务，各种因素都会对效率指标产生影响，境外机构、国际业务部和总行相关部门在分析境外机构经营情况时所有的情况要力争说到位，说客观，在呈报相关报表时，对重要影响因素要增加说明，考虑得尽量周到，以反映境外真实的经营情况，否则将可能会使我们对境外的经营情况产生误解。此外，总行将考虑在考核时分类制定 ROE 指标的 T1 和 T3 值，以进一步体现各类机构的差异。总体看来，今年境外机构的利润整体增长得很好，但在账面上工银国际、首尔分行、工银泰国三家机构的利润是下降的。首尔分行上半年实现账面利润 2 428万美元，由于去年账面利润中包含了 935 万美元的“总行拨入营运资金”，导致其今年账面利润增幅同比大幅下降，但实际上，根据总行绩效考评有关规定，其账面利润实际增幅应为将近 20%。工银泰国利润下降主要受到营业外收入和营业费用的负面影响（存款保险费同比增加 6 600 万泰铢、营业外收入下降 8 633 万泰铢），如还原上述非正常经营性因素，拨备前利润同比增加 21.24%。对于这些方面都要予以考虑，在相关报告和报表中反映汇报清楚。

五、关于以资本回报为基础实施境外增资

总行对境外机构增资申请有明确态度，要产生相应效益才能增资，总行将进一步加强资本回报率的考核，境外机构提出增资申请时先要考虑资本回报能否达到总行考核要求。在资本回报问题上，境外机构如果拉了集团的后腿，显然就会受到质疑，境内的收益率这么高，为什么非要到海外干。我向姜董事长汇报境外机构上半年资产增长 33%，拨备后利润增长 37%，董事长高兴地表示我们的境外发展是成功的，我们的境外发展战略是正确的。当前，总行为顺应巴塞尔Ⅲ的监管要求，提出鼓励低资本消耗的业务转型导向，发展资本节约型业务。我希望能够保持境外机构的持续稳步发展，境外机构经过短短十几年的快速发展，现在正处于迈进新的发展阶段的关键时期，为了应对新资本协议的管理要求而停止发展肯定不是一个好的选择。但是境外机构也要深刻意识到，总行面临资本水平逐年下降的问题，境外机构的资本水平能够支撑多大资产规模，各行都需要预先作分析，测算依靠利润等手段能够补充多少资本，业务发展的资本耗用及缺口，拿出资本使用和补充的整体规划。当然，我希望拿出来的规划是一个协调发展规划，而不是停止发展规划。

六、关于“实事求是”实施差异化发展

各境外机构面临的监管要求肯定是不同的，所以要找到适应各行的可持续发展模式，不能简单地把所有的产品线向全部境外机构延伸出去。

一是选择重点区域实现综合化经营突破。对具备综合化经营条件的港澳及东南亚地区机构，要在已取得的成绩基础上继续努力，争取能在全球资本市场、信贷、项目融资、零售等多个业务领域获得突破，助力总行成为这些业务领域的全球性或重要性银行。上半年港澳机构做了很多工作，如工银亚洲通过调整按揭贷款、信用卡签账和现金透支利率，抢占香港按揭贷款、信用卡零售业务市场，按揭贷款市场占有率取得进步，个人客户较去年同期增长明显；在争夺离岸人民币市场制高点上，积极扮演离岸人民币交易做市商角色，不仅是彭博首批 CNH Swap Offer Rate（SOR）报价行之一，也是香港财资市场公会担任首批离岸人民币即期汇率中间价报价行，今年第一季度离岸人民币做市业务交易量超过去年全年水平 2 倍多，为工商银行的整体发展做出了贡献。下半年，我们要积极落实托管专业会议的部署，支持工银亚洲成为全球托管业务区域中心，并推动欧洲、美洲区域中心的加快发展。姜董事长对新加坡分行申请特许全面银行牌照也做了批示，目前看牌照获批很有希望，国际业务部、新加坡分行要抓紧研究尽快报出所需材料。目前工银亚洲和工银欧洲对私人银行业务也都进行了部署，总行私人银行部也进行了积极的推进，争取

尽快把私人银行业务做上去。

二是抓住金砖国家业务机会。近几年巴西、俄罗斯、印度、南非等金砖国家正在崛起，成为全球经济增长新的引擎。我们通过设立子行、分行以及代表处等形式进入了这些国家，前期总行也布置孟买分行、工银莫斯科、巴西子行筹备组、非洲代表处对金砖国家业务机构做了非常详细、务实的调研，掌握了大量的数据。从梳理情况看，这些国家有很多业务机会，大多是“走出去”企业，其中工银莫斯科已成功营销了29家重点客户，超过了当地中国银行，并拟继续对49家重点客户开展营销，孟买分行、巴西筹备组、非洲代表处三家机构也梳理出61家核心客户名单、46家重点营销客户名单和203家中资企业客户名单。这是一项长期工作，对夯实我行客户基础，实现长期可持续发展非常有意义，这方面工作国际业务部做得不错，经常性地协调各业务部门，指导境外机构跟进相关业务动态，把握业务发展机遇，今天在座的各部门对境外机构的支持也很大。目前工商银行国际化发展已深入人心，未来继续以这种思路去不断调整完善我们的业务发展策略，我们的国际化一定会发展得非常好。

三是做好欧美机构的差异化发展。对于身处欧美成熟市场的境外机构，除工银加拿大、美国东亚继承原东亚银行网络和客户资源，具备拓展本地零售业务条件外，其他机构受牌照和市场环境等因素限制，实事求是来讲短期内要在本地零售取得进展获得效益是有难度的，现实情况决定目前这些机构重心是在批发业务上，包括企业网银、咨询（投行）、全球现金管理等。欧美机构要利用好身处金融中心和当地金融体系发达的优势，拓展优质信贷，做好风险控制，逐步实现本土化突破。目前我行不具备满世界都发展零售业务的条件，零售业务重点将集中在港澳、亚太周边地区以及收购的一些机构。

四是做好部分境外机构的重点帮扶。今年总行确定了几家重点帮扶机构，分别是孟买分行、工银泰国、工银加拿大和阿根廷标准银行，这些机构面临情况相对复杂，总行需要及时了解和掌握情况，有的放矢地给予差异化指导和帮助。姜董事长要求这些机构的情况每个月要报一次。如工银泰国存在高管任职资格和关联交易的限制，上半年来做了一些工作，高管任职资格获得监管认可，监管当局也正式解除对关联交易对手的限制，扫除了该行与境内外及中资银行业务联动的障碍。阿根廷标准银行是我行收购史上业务品种最全、机构人员最多的本地主流银行，今年工作组进驻后配合总行研究跨境贷款业务承接方案，改进基础设施，对接整合工作，努力实现经营管理的平稳过渡。阿根廷收购项目还有不小的难度。从审批看，阿根廷标准银行的收购项目先后有国务院领导、银监会高层，以及我行5位行领导推动，但始终还没有获批。阿根廷标准银行合计70%的收入来自离岸业务，只要一完成交割，该行阿根廷比索与美元交易就只能拿到总行金融市场部和香港外汇资金交易中心来做，当然风险也相应地转移到了总行，此外还有一些离岸贷款。但既然我们收购了，就一定要成功接管，否则70%的业务不能做，收入没有了，该案例就会成为我行第一个失败的收购案例，所以无论如何一定要平稳过渡。孟买分行针对牌照受限、监管严格、资金运用渠道有限等不利条件，提出了在印度的业务定位和发展规划方面的思考，在客户营销方面做了很多工作。工银加拿大同样也面临着严格的监管限制亟待突破。下半年这些重点帮扶机构还有很多工作要做，要高度重视、审慎研究和认真对待，各行还要与总行保持密切联系，定期上报经营情况，及时沟通经营中遇到的问题。另外再提一下卡拉奇分行，与其他境外机构相比，该行经营条件和安全环境相对不利，但开业半年来各项业务都发展得不错，跨境人民币业务也实现了突破，应予以表扬。总行和国际业务部也想了不少办法，做了很多工作。虽然目前我们的注资大部分被直接无息拿走了，营销的贷款项目难以推进，但是我看了一下经营数据，卡拉奇分行下半年扭亏为盈还是有希望的，要锲而不舍地好好研究监管问题，分行要在保证安全经营的基础上，继续配合总行，想办法、找出路，探索资产业务发展的有效途径。

七、关于进一步加强风险管理和业务合规问题

整体看，今年上半年国内新增贷款量低于市场预期，实体经济贷款需求不旺，但票据业务量增加了3 000多万元。情况比较复杂的是，6月中旬贷款需求趋于旺盛，总行给境内分行下达规模，但分行还把业务放到票据上或者把规模上交。到了6月20日左右，境内分行又纷纷向总行要规模，规模反而又不够，这都体现了上半年全行经营形势的复杂多变，以及应对的难度。银行业不良贷款开始有所抬头，我行也是如此，但我行资产质量情况在四大行里面还算不错。境外机构（特别是港澳机构）有部分内外联动背景的贷款及融资，国际国内银行业形势变化会对境外机构风险控制、资产质量和流动性管理产生明显影响，要针对不良情况做好分析与控制，确保境外不良贷款不要与境内同步抬头。下面提几点希望，希望大家做好风险把控。

一是要多做一些低风险业务。面对今年较为特殊的外部经营环境，境外机构一方面要积极采取措施，保持住业务良好发展态势，完成好总行交办的任务，提升境外机构资产和利润在集团中的占比；另一方面更要保持清晰的头脑，多做低风险业务，注重风险管理，做好内部控制，即使对境外机构来说是低风险的内保外贷业务，也要做好定期风险监测和风险防控，建立有效的贷前、贷中和贷后沟通管理机制。比如，前不久我行境内

分行和境外机构共同续做的两笔金额约 1 亿美元，反担保方式为全额人民币存单质押和 100% 保证金的内保外贷业务项下备用信用证出现履约风险。总行已专门就此发文明确管理要求，要求境外机构办理内保外贷业务时应重点发展借款人在本机构所辖信贷业务区域的业务。境外机构还要继续增强对欧债危机的认识和理解，一定要慎重对待涉欧问题。

二是要长期关注流动性管理。随着境外资产规模不断增长，流动性管理作为我们长期关注的问题愈发显得重要和迫切。这个问题我在此前各种会议上多次强调过，这里再次重申流动性管理要作为风险管理的重点来抓，要更加主动地做好境外资产负债管理，建立有效的内部管理机制，继续做好境外筹资中心建设，做到在全球成本最低的地方筹集资金，在收益最高的地方运用资金，集团内部通过合理的价格机制和考核还原机制推动资金有序流动。希望全行进一步理顺体制机制，力争把流动性管理做得更好。随着境外人民币业务快速增长，关注外币流动性的同时，也要关注人民币流动性。此外，上半年总行探索完善境外机构资产负债管理的新思路，提出统一简化境外机构外汇资金额度管理模式，从严控制外币债券投资规模，并下达了今年境外机构外汇集团外融入额度和债券投资额度。资产负债管理部要与境外机构进行更加充分的沟通，进一步完善集团外汇资产负债管理机制，在加强境外资产负债管理的同时，也要有效地支持和帮助境外的发展，不要增加境外的额外负担。

三是关注业务合规风险。合规管理是当前的一个重点工作，过去一年部分机构出现了一些问题，一定要提高警惕。最近，部分境外机构的监管当局在给总行的信函里提出了对我们当地分行、子行的一些监管意见。当然，在这些监管意见中，也有不少是由于金融危机后监管要求日益苛刻导致，说实话有些意见我也不太能够认同，包括对我们提出了一些增资要求。比如工银欧洲提出为了满足巴塞尔新协议要求和业务发展需要，需要 2 亿美元增资，这个问题有些难以处理，目前总行外汇资金不是十分紧张，应该说能够满足此类增资需求，但如果增资将会对境外机构资本回报率造成较大影响，我相信其他地区机构也很有可能会陆续遇到此类问题。尽管如此，请各境外机构务必保持合规风险意识，尊重当地监管当局，及时报告和及时沟通，消除可能存在的误解。对于监管检查指出的问题和意见，必须做到快速反馈和整改，避免监管当局对我行突然采取措施的被动局面发生，坚决杜绝影响整个工商银行国际形象的重大事件。应当说，风险与合规管理与业务发展需要同步，为了提高境外机构的重视程度，总行相关部门将制定严格的管理与考核规定，对于未按总行要求做好合规制度建设、受到监管部门处罚、反洗钱工作不力、出现流动性风险倒逼总行拆借资金、出现问题不及时上报等情况，总行将在考核结果上予以体现，并将会实施相应的管理处罚措施，在此特别提请大家予以重视。

八、关于境外机构网络拓展和布局

过去二十年，我们境外机构网络拓展实现跨越式发展，特别是股改上市以来，境外机构数量以及覆盖国家和地区每年都保持快速增长。到今年底，我们境外机构覆盖的国家和地区数将达到 40 个左右。今后我们的境外机构还会继续增加，不过不会像现在这么快，我们境外发展的重点将从拓展国家和地区的覆盖面，逐步向探索境外机构的内涵式增长模式转变，有条件的境外机构可以加快二级网络延伸，力争更深入地扎根和渗透于本地市场，通过精耕细作提升在境外市场的发展深度和质量。在其他适合的地区，可以考虑再设立几家一级机构，进一步完善我们的全球服务网络。今年银监会对商业银行增设境外机构设定了指标限制，要求 2012 年度境外新设和并购计划总量不超过上年度审批机构总数，实施计划管理的范畴也延伸到二级机构。从总行前期摸底情况来看，境外机构二级网络设立需求已经远超过银监会核定的指标。对此，国际业务部正在依据银监会核定的指标和审批节奏做好境外二级机构申设的统筹规划，并与银监会进行进一步的沟通，有些二级机构申设工作将会放在 2013 年实施。大家要执行总行的统一安排，今后对设立二级网络的本量利分析要做得细致一些，切实按照“科学论证、审慎推进”的原则有序拓展境外二级网络。另外，姜董事长还提出我们境外现在业务发展得不错，可以考虑择机购买一些房产，以支持境外机构的长远发展和落地生根。

九、关于严格执行各项纪律

一是请假及报告制度。如今我们的机构越来越多，突发事件也相应增多，我们要努力确保突发事件发生时，总经理要在岗，这样才能尽可能降低风险。因此总行对境外机构主要负责人参加会议、培训、营销等各类活动进行了规范，强化了管理要求，在此我重申境外机构要严格执行包括请假制度在内的总行各项纪律，有则改之，无则加勉。另外要按总行制度要求上报相关材料，经营中遇到的新情况和新问题、监管当局的最新意见或检查结果要及时报告总行，不能迟报瞒报。

二是关于廉洁履职。根据 2012 年全行工作会议的“实现反腐倡廉体系对集团各级、各类机构完整覆盖”的工作部署，今年总行将加强对派驻境外机构管理人员廉洁从业、落实案防责任等情况的监督检查，并将选择部分境外机构做现场检查，重点检查境外机构高管层人员廉洁从业、案件防范、反腐倡廉制度建设情况、遵守所在地金融监管从业操守、配偶子女随任、作风建设、重要事项决策和执行情况等。

三是关于安保工作。当前境外机构面临的安全形势也越来越复杂，对此总行一直十分关注，境外机构要认真做好安保工作，确保员工安全，不要在安全上出现问题。大家在外面，总行有时鞭长莫及，但对大家的住宿和安全需求总行都会给予全力支持。

还想讲一下境外机构非行政职务序列的问题。此前不少境外机构都提出了在境外机构加快发展非行政职务序列的建议，境外机构不少外派员工在境内时基本上都是业务骨干，外派后增加了境外的经验，也为境外工作作了贡献，但在职务晋升上还没有充分地得到体现。非职务序列暂时没有在境外机构实施是一个必须要加快解决的大问题，姜董事长也讲过，在境外机构实施非职务序列的政策是对的，人力资源部也已经启动这项工作。这里，给大家一个交代，今年总行一定会努力解决这个问题。

今年全行完成利润指标的压力非常大，希望境外机构提前预估并向总行报告今年利润能增长多少。我知道很多机构的发展基础很好，今年仍然会有一个大的发展。当然，我也希望大家考虑并提出希望总行支持和解决哪些问题，我和国际业务部一定会全力推动解决，支持境外机构获得更好的发展环境，奠定今后可持续发展的基础。我希望今年成为境外机构发展道路上的一个转折点与分水岭，过去境内机构和总行各部门给了境外这么大的支持，使境外机构能够快速成长，如今在工商银行境内发展比较困难、遇到瓶颈的时候，境外机构有责任做出更大的贡献，给全行一个好的回报。为了让行领导、总行相关部门和境内机构，更加了解境外的情况，对一些重要报告我都会请姜董事长、杨行长和相关行领导看。比如莫斯科最近发展得很不错，进步很大，通过相关报告我提出莫斯科本来就发展得不错，只不过过去一直没有增资，所以发展受到限制。所以希望各境外机构能够把工作情况总结定期上报，最好能有一份整体的报告，让总行各位行领导和部门从不同的角度更多地了解境外机构的发展，留下比较深刻的印象，这样也有利于今后沟通相关事项，支持我们境外机构的发展。

下半年国际国内形势不容乐观，工作任务仍然比较繁重和艰巨，在座的各位境外机构和总行部室管理人员都是国际化发展的中坚和骨干力量，希望大家进一步增强使命感、责任感和紧迫感，深入理解全行整体发展战略，保持境外盈利的持续稳健增长，切实抓好风险与合规管理，在工商银行国际化的历史上做出应有的贡献，书写下每一个机构、每一个业务条线自豪的一页。

在中国工商银行2012年境外工作会议上的总结发言

王丽丽

（2012年7月30日）

今天的会议开得非常紧凑，国际业务部、所有境外机构以及总行其他相关部门都做了非常充分的准备，很有启发。我自己做了个记录，今天大概一共谈到了26个方面的问题。大家都一致认为，过去我们利用一些经济体准入门槛降低机遇，建立起了工商银行国际业务的基本框架。现在工商银行发展到了一个新的阶段，我们要追求有内涵的发展，落实科学发展观，不断地优化经营结构，夯实工商银行百年大计的基础。可以说，今天在座的所有同志参与了一件非常有意义的事情，这次会议未来可能成为工商银行国际化发展一个新的里程碑。当然，我们一方面要做百年大计的规划和准备，另一方面还是要立足当下，从今天做起。今年在国内外非常复杂的形势下，我们境外机构能不能对工商银行做出更大贡献，希望各个境外机构的总经理尽快给国际业务部简单报一下。

今天参加这个会议的有总行28个部门的负责同志，每个部门都做了一个发言，对大家提出的问题都有了一个回应，而且提出了很多好的建议。工商银行境外业务的发展其实是工商银行整体的发展，是我们所有境内外同志共同努力的结果，在此我对总行各部门，还有参加今天会议的国内重点分行对境外发展所做出的贡献表示衷心的感谢！

我还想补充讲一点资产业务问题。今天我们谈到了代付问题、簿记业务问题，我想要把话说得尽量客观完整一些，不希望给大家一个误导。这些业务都是我们现在还要继续发展的，只不过我们要认识新问题和新趋势，早一点做好转型准备。在我们境外机构发展初期，簿记业务对境外业务做出了很大支持，但回过头来看，有些簿记贷款期限是非常长的，而且有些收益很低，比如有些贷款的收益率可能只在Libor加25个点，Libor

加40个点或者Libor加50个点，这和我们的成本是倒挂的，所以要从两方面来看待这个问题。

另外，我希望资产负债管理部和财务会计部综合境外机构发言谈到的资本管理和资金需求问题，做个测算。国际业务部这次会议上做了详细的记录，会前国际部向境外机构做了一个很好的总行需求事项调查，通过这次会议，信息又有所增加，国际业务部要根据这次会议记录再梳理一下，一一协调解决。还有一个问题，今天提到首尔分行和孟买分行由于汇率问题影响账面收益，其实可能还有更多分行，比如莫斯科子行和工银阿拉木图，都遇到过这个问题，这个问题要尽快解决。希望各机构能配合国际业务部和总行相关部门在当地做一个调查，看外资银行、代理行是怎么解决这个问题的，他们是怎么处理的，怎么向集团报告的。比如说，这些国家的货币现在是贬值了，如果是升值了要不要剔除？好像从来没有提出过。不能货币升值了，业绩表现得特别好，大家就什么都不说了。金融市场部和国际业务部要好好研究一下这个问题，要有一些能规避汇率风险的创新工具。我们曾找南非标准银行帮着做过，希望能够继续下去，不要不了了之，遇到这个问题的机构多了，这个问题总是需要解决的。希望一个月之内能拿出个解决方案来。

最后，希望今天的会议能为工商银行的国际化发展起到一个好的作用，奠定好的基础。

在江苏分行授信审批集中管理改革工作汇报会上的讲话

李晓鹏

（2011年12月27日・根据录音整理）

对东中部地区业务量较大的分行加快授信审批集中管理工作，是2011年8月董事长在总行党委会上做出的指示，主要是考虑今年全行大力发展小微企业贷款和拓展中型客户，估计2012年中型、小型客户业务量将大幅增加，到那个时候，工商银行的信贷审批系统能否承载这个业务量，是我们需要思考的课题。董事长要求我们在东、中部地区业务量较大的大行里面先抓1－2个来试点。9月1日，我和魏首席、林首席一起到江苏来，大家共同研究了这样一个方案。

首先，谈谈对江苏分行试点工作的感受。从前面汇报情况看，江苏分行进行授信审批集中管理试点是成功的。我个人有两点感受，一是领导重视，这是成功的关键。全行三十几家分行中，去年已实行集中的城市行十个，今年要实行集中的十几个分行都是业务量中等或偏下的分行，明年十几个都是业务量较大的分行，如果分行一把手感觉实在有困难，可以再放宽一点时间。江苏分行承担了改革创新的责任，是非常不容易的，也展现了分行党委贯彻总行部署的执行力。二是试点的亮点在于统一通讯平台，包括95588电话核实系统。建设一个即时文字、音频和视频交流系统是董事长提出来的。如果没有科技系统，审批效率、服务质量和标准化的问题都很难解决。看了前面的演示，觉得下一步信息科技部门还需要进一步优化，但总体上看，这个系统可以推广。

其次，简单谈谈对下一步工作的几点建议。请信用审批部会同相关部门再具体研究。

第一是流程优化问题。这是我特别关心的，不仅是江苏，将来在全国都存在，授信审批部门的岗位流程怎么设计，现在大致上是一手清的，基本上是一条线。有的分行把评估单独设了一个科，江苏分行除了评估、集团授信和押品估值分开以外，其他基本上是评级、授信和审批放在一起，全国的情况大概差不多。这样合不合适，授信审批部门的相关岗位是否需要分开，环节是不是太多了，效率是不是有问题，这需要研究。授信审批在一级分行层面的集中管理，甚至以后在全国按照区域进行集中管理，不仅仅是为了解决效率的问题，也不是减人的问题，主要是统一风险把控标准、保证统一的风险偏好和信贷政策的贯彻落实，实现前中后台相互分离。请大家结合授信审批集中管理的目的和意义再做一些思考。

第二是进一步细化流程。业务集中审批后的人员和岗位管理也需要细化一下，目前不是很规范。关于业务量和人员定额的标准，总行原来是想统一制定的，但比较有难度，主要是东中西部的地区差异很大。可以搞一个分区域的标准，比如沿海地区、长三角等，分个贷、法人客户，大体上定一个标准，这样对人员编制整体上有个约束。现在是试点阶段，像江苏这样的大行，人员编制暂定为120人是可以的，但在未来，从管理角度出发，要考虑有一个标准。另外，就像董事长讲的，授信审批机构走专业化的道路，在领导职数配备上、专家职数配备上要有所侧重，培养一批信贷审批的专家型人才。

第三是信贷审批人的授权问题。对信贷审批专家的授权管理要尽快研究解决，薪酬水平要与专家授权和所承担的工作量相一致，切实发挥审批专家的作用。

第四是进一步提高审批效率。江苏分行的试点经验最终是否能全面推广或有把握地推广出去，要看苏州分行、营业部全部上收以后的情况。现在不错，下一步对业务量的压力测试要关注一下。涉及几个问题，一是个贷自动化审批的流程设计要抓紧，未来30% -40%的个贷业务通过系统审贷，人工审查的业务量会有所降低。二是增加专职审批人的数量，逐步扩大专职审批人审批的业务范围和比重，包括授信项下短期融资业务的审批、专家会商制基础上的审批。三是如何提高具体业务环节的办理效率。

第五是如何看待审批否决率的问题。目前，总行审批业务，不包括分行经过沟通后没有最终上报的业务，直接否决率在10%左右。二级分行否决率为3% -5%。部分分行在集中管理之初的个贷否决率是10%，法人、小企业是5% -6%。大家不要担心否决率过高，实际上对业务发展没有太大的影响。前两年抓大项目，现在是抓中小企业，大量增加的中小企业贷款与基础设施贷款是不一样的，有一定比例的否决率不是一个坏事。将来可以建立一个复议制度，审批集中后，对审批否决业务基层有意见的，可以复议一下，但要有一个流程，到一定金额的，还可以到总行去复议。

还有一个问题，如果江苏分行的苏州和营业部也集中进来，运作得还比较顺利，就涉及明年怎么向其他十来家分行进行推广的问题，具体模式怎么办也需要研究。目前还有个别几个分行不想集中，有的分行考虑人员的问题、业务量的问题，打算搞业务审批集中，但人员不集中管理的“逻辑集中”模式，需要总行研究后做出统一安排。

全力推进全球统一授信
不断提升集团信用风险管理水平

——在中国工商银行全球统一授信评估工作推动会上的讲话

李晓鹏

（2012年1月11日）

为加强集团信用风险管理，适应我行国际化、综合化纵深发展的要求，在总行授信业务部牵头下，相关部门、机构共同努力，研究制定了全球统一授信办法和境外项目贷款评估办法。这两个办法已经下发到各机构，并将在新的一年全面实施。为做好全球统一授信和境外项目贷款评估工作，我们今天专门召开由总行相关部门、境内外机构参加的视频会议，对工作再做推动和进一步的安排。下面，我首先就推进全球统一授信工作讲几点意见。

一、全球统一授信是加强集团信用风险管理，实施“ONE ICBC”战略的客观要求

自2006年公开上市成为大型公众持股银行以来，我行紧紧抓住经济全球化和我国加快“走出去”步伐的重大战略机遇期，积极审慎推进综合化经营和国际化发展，加快打造全功能、全球化的大型金融集团。目前，全集团业务架构已经涵盖了商业银行、投资银行、基金管理、金融租赁、保险服务等多个领域，境外机构网络覆盖了30余个国家和地区，境外机构总数达到230多家，初步形成了以本土商业银行业务为主体，跨区域、跨市场、跨业务的综合金融服务体系。与此同时，我行信用风险管理范围也正从原来的境内逐步向境外延伸，由商业银行业务向投行业务、租赁业务等更大范围扩展，境外资产总量迅速扩大。到去年末，集团境外机构信贷资产已达5 535亿元人民币，综合化经营子公司的资产也达到1 037亿元人民币。在国际化、综合化业务快速发展的同时，全球客户的信用风险识别、计量、防控的难度也在不断加大。

因此，要适应这一新形势，保证整个集团业务的健康、持续、稳定发展，就有必要坚定不移地推进集团统一信用风险管理，尽快建立全球统一的信用风险管理视图，加快构建一套覆盖工商银行全集团、既具风险防控作用又能体现业务支持功能、既符合国际银行业惯例又符合我行业务运行实际的全球信用风险管理体系。在去年12月22日召开的发展战略研讨会上，姜建清董事长对集团实行“ONE ICBC”一体化管理提出了明确的要

求，并且将全球统一授信放在首要位置。董事长指出，要建立全球统一的授信体系，推动授信主体、形式、币种、对象的“全面统一”，授信机构、客户、业务、系统的“全面覆盖”，实现全球授信，全球共享。全球统一授信办法的印发实施，正是落实总行战略部署的具体措施，具有重要意义，标志着我行全球统一的信用风险管理体系建设又迈出了极其重要的一步，将对我行国际化、综合化发展战略的稳步推进起到积极作用。具体讲，全球统一授信体系的建立将主要在三个方面发挥重要作用：

首先，全球统一授信将使我行集团信用风险管理提升到新的水平。全球统一授信管理实施后，将实现对全集团所有境内外机构、所有法人客户与交易对手、所有信用风险业务的统一授信管理，有效防范我行不同机构对同一客户多头授信、过度授信、授信集中的风险。并且，随着全集团信用风险管理理念、掌握标准、分析方法、系统控制的逐步统一，有利于实现境内外机构风险文化的有效融合与风险偏好的实质统一，将在更高层面上控制信用风险总量与结构，稳步提升集团信用风险管理水平，促进全行信贷结构调整与经营转型，为我行全球布局与综合化发展提供有力保障。

其次，全球统一授信将进一步增强我行全球业务拓展的整体竞争力。统一授信既是重要的风险管控手段，也将对信贷资源配置、信用风险业务发展起到引导和纽带作用。全球统一授信体系建立后，可通过全球授信方案这一载体，借助全球授信经理和全球客户经理网络，实现各产品线对客户的一揽子同步推广和“1+N”链式营销；可通过全球统一授信这一纽带，以客户总部属地机构为中枢、其他机构协同配合，实现对客户的一揽子同步拓展和“1+N”联动服务。总体来看，全球统一授信的实施，将大大促进母公司与子公司之间、境内外机构之间、境外机构之间、商业银行业务和非商业银行业务之间，以及各产品线之间的业务协同与联动。通过更广泛、更高层次的内外联动、外外联动和综合联动，将有效发挥集团整体资源优势与经营合力，为我行境内外机构以“ONE ICBC”的合力竞争全球优质客户提供重要平台。

最后，全球统一授信将提升我行在国际银行业的整体形象。实行全球统一授信管理，是国际先进银行的通行做法。通过建立全球统一授信体系，将使我行以工银集团整体推进与客户业务合作，以国际“通用语言”与银行同业展开竞争、交流与协作，无疑将会大大提升工商银行的整体形象。同时，实行全球统一授信管理，统一全集团信用风险偏好，也是落实巴塞尔新资本协议及我国银行业监管规定的重要举措，通过统一授信有效控制信用风险集中度，将提升国际、国内监管部门对我行并表信用风险管理的认可度，对我行逐步建成大型跨国金融机构战略目标的实现有着重要意义。

二、推行全球统一授信，既要讲全面统一，又要注意差别管理

我首先讲一下全面统一的问题。全球统一授信的核心就是“三统一”原则，即总量统一、标准统一和系统统一。为什么要讲统一，这是工商银行的风险文化和全球授信的功能决定的。现在，同一个客户在工商银行的不同机构会有不同的评级和授信标准，这既对客户不公平，也不利于风险的集中控制。解决这种“单兵作战”的状况，只能依靠实施全面统一的授信管理。

所谓“总量统一”，就是指工银集团所有机构的法人客户与交易对手的信用风险业务全部纳入统一授信管理，境内外机构基于全行统一的风险偏好，遵照相同的标准和要求，合理核定客户的授信方案；同一客户只能由全行的一个机构按规定程序与授权权限核定授信方案，并在系统中统一控制。

在总量控制的同时，办法还对授信分项结构做出了统一安排。对公司客户，按授信品种大类设立非融资类担保、贸易融资、营运资金贷款、项目贷款、债券投资、衍生交易、融资租赁、投行融资八个分项授信额度；对金融机构客户，继续沿用现有授信分类方式，设立了贸易结算、同业融资、担保业务、债券投资、衍生交易五个分项授信额度。

所谓“标准统一”，就是统一集团范围内授信掌握的标准与方法。在充分吸收、借鉴境内公司客户、机构客户和外资代理行客户授信测算方法的基础上，全球统一授信办法规定了公司客户最高授信额度、营运资金类授信额度，以及外资金融机构类客户最高授信额度、资金类授信额度的授信测算模型，为境外机构核定授信方案提供参考。

所谓“系统统一”，就是统一授信管理的系统平台。在制定全球统一授信办法的同时，总行授信业务部、信贷管理部、信用审批部、信息科技部等相关部门和工银亚洲等机构同步研发全球信贷管理系统统一授信功能模块，按期提交了开发需求与立项申请，目前开发工作正在有序进行中，年中将投产使用。正在开发的全球授信系统平台将实现对境外机构客户信用风险业务的系统管理与控制，提供更为友好的界面和更加灵活的调剂、共享功能，实现授信业务的组合控制。

全球统一授信还必须实行差别管理。客观上讲，由于机构类型不同、经营环境差异和客户及业务的多样化需求，在推进全球统一授信过程中不可能“一刀切”、“一步走”，必须在坚持“统一管理、总控风险”基本原则的前提下，充分考虑境外机构、客户及业务的差异化特点，满足其业务发展的质量与效率要求。基于上述考虑，全球统一授信办法制定过程中吸纳和借鉴了国际先进同业、我行境外机构的成功经验和好的做法，在授信管理机制和业务流程上做了一些创新安排。

第一，建立了五项授信管理特别机制。一是推广授信牵头行机制，进一步明确牵头行和协办行职责与义务，充分发挥客户总部所在地机构的信息、营销与管理优势；二是建立全球授信经理和客户经理机制，界定经理人员职责，明确上下交流、横向沟通机制，为加强授信的全过程管理提供保障；三是优化授信预留与共享机制，允许对“自上而下”授信客户核定预留额度，满足新增授信的时效性要求，允许授信额度在集团客户不同成员企业、不同分项授信额度、不同授信品种之间共享；四是建立追加授信机制，对风险可控、时效性要求高的业务以及工银亚洲、工银国际、工银租赁等机构开辟授信调整特别通道，允许采用追加授信方式调整授信额度，满足自主和快捷审批的要求；五是实行授信限时审查机制，对标准化授信业务审查时限做出承诺与约束。

第二，优化了授信业务基本流程。在明确调查、审查、审议、审批、执行等授信基本流程的基础上，考虑境外市场特点和同业惯例，办法还对业务流程做了四项优化：一是实行全球统一授信项下授权审批制。客户授信及业务审批权限属同一境外机构的，该机构可一次性完成授信方案及业务审查审批；客户授信权限属总行的，境外机构在已核定的授信方案内办理业务时均须履行本地审批程序，但可不受业务审批权限限制；超过境外机构业务审批权限并需报总行调增授信额度且仅涉及项目贷款的，报总行信用审批部，征求总行授信业务部意见后完成审查审批程序；二是授信调查环节引入平行作业模式，便于本地机构授信部门陈述风险评价意见；三是授信执行环节引入本地审批程序，本地机构可根据当地监管要求或细化放款条件需要，在核定授信方案基础上进行本地审批；四是押品价值评估嵌入授信方案审批流程，可在授信调查阶段完成押品预评估，在授信执行阶段落实押品价值外部书面认定。

三、统一思想，加强领导，认真落实全球统一授信工作的各项要求

全行上下要以实施全球统一授信办法为契机，统一思想，加强领导，通过脚踏实地、深入细致的工作，不断提升集团整体风险控制水平和全球市场竞争能力。

一是要进一步统一认识。全球统一授信旨在建立全集团统一的授信文化、理念、方法与标准，实现对全集团信用风险总量的统一控制，提升对全球客户的综合化服务水平和竞争能力。在办法起草过程中，总行注意广泛调研，充分征求意见，努力从各方面吸收好的做法，这都有利于制定更为完善、更具适应性的授信管理规定。办法印发后，贯彻执行是关键。各行要充分认识全球统一授信的重要性与紧迫性，境内外机构、各级机构前中后台部门和各相关专业岗位人员必须统一认识，发挥主动性和创造性，不折不扣地贯彻落实好相关要求。各行在总行规定范围内，可以根据自身情况，制定相应实施细则，更加有效地执行相关规定，但在授信管理、业务系统开发等相关工作中必须坚决执行全球统一授信要求，不允许因各自强调特殊性而降低这项工作质量，影响集团信用风险管理工作的顺利推进。

二是要加强多层次的联动协作。全球统一授信体系的建立与完善，必须依靠全行上下的共同努力与密切协同，需要总分行、境内外机构下“一盘棋”，以集团风险收益回报最大化为目标，开展多层次的联动协作。首先，总行各相关部门要密切协作，高效完成大型优质跨国集团客户授信工作，加快全球信贷管理系统授信功能模块研发，稳步推进全球统一授信工作。其次，总行相关部门要加强指导，发现重要业务机会和重大风险隐患要尽快通知境内外机构，并及时研究解决境内外机构在授信管理中遇到的问题。境内外机构也要及时向总行反映问题，提出建议。最后，境内外机构之间、境外机构之间要加强协作。通过授信牵头行机制、全球授信经理、全球客户经理网络，实现相关机构之间的信息共享、业务联动，进一步发挥我行集团风险防控与市场拓展的协同效应与整体合力。

三是要切实加强专业队伍建设。全球统一授信的有序推进和顺利实施，必须得到高素质人力资源支持与全面融合的信用风险文化的有力支撑。总行要加大对境外机构授信管理人员的培训力度，尤其要重视对相关外籍员工的专业培训，使他们熟悉全球统一授信理念、标准、方法和有关要求。同时，要进一步加强境内外机构的沟通与交流，在信贷管理制度整合的同时，实现文化理念的不断融合，促进我行国际化经营水平的不断提升。

四是要在实践中不断完善全球统一授信体系。由于我行机构布局地域分散，经营管理跨度较大，涉及业务范围广，各东道国监管和环境差异大，且各行的发展阶段不一致，全球授信推行过程中面临的情况将更加复杂多样。要根据业务发展要求和风险管控重点变化情况，及时总结经验，发现问题，研究提出解决方案，持续完善全球统一授信制度、方法体系，不断提升全球统一授信管理水平。

最后，我再专门就境外项目贷款评估工作提一些要求。

随着我国企业“走出去”步伐加快，境外项目贷款逐年增加。从这几年情况看，境外项目贷款大多没有进行全面、独立的评估，有的境外项目贷款时效性要求很高，项目决策时间很短，报到总行后很短时间就要给出意见，这都不利于项目贷款风险的把控和业务的持续发展。

从实际情况看，对于“走出去”项目和境外当地项目，由于所在国家、地域、法律、文化、监管、市场等环境差别，以及国际大型银团项目贷款结构安排的多

样化与复杂性等诸多问题，都使得境外项目贷款风险把控的难度增大。去年，中海外公司在波兰高速公路项目施工中大幅超过中标预算造成严重亏损，直接反映了商业银行在境外项目贷款中面临的风险。同时，也要承认，我行不少境外机构开业不久，在当地项目贷款市场经验相对薄弱，尽管诸如房地产类项目的风险评价能取得外部评估咨询机构的专业支持，但要想进入更多的行业与领域，成为真正有竞争力的本地化银行，还需持续、深入的学习和实践。商业银行和其他所有“走出去”的企业一样，要想在境外项目贷款市场中找准位置、分得蛋糕、取得成果，就必须坚持自己的行业跟踪研究和独立风险判断，发挥我行项目贷款评估工作的经验，将境内成熟有效的项目贷款评估方法，引入境外项目贷款管理工作。为此，总行授信业务部牵头，与相关部门、机构共同协作，制定了境外项目贷款评估办法。

境外项目贷款评估办法体现了“统一管理、分类指导，上下联动、部门协作，循序渐进、逐步完善”的原则，立足于质量、效率、成本的统筹协调，主要内容包括：

一是明确了境外项目贷款评估的评价对象及管理范围。明确要求我行向依法合规的境内、境外借款人发放的，用于中国大陆境外固定资产（含飞机、船舶）购建及改造、房地产开发、企业并购、项目融资以及经营性资产支持融资等类型的贷款纳入评估管理范围，首次在制度层面将项目贷款评估工作纳入境外项目贷款管理范畴。

二是规定了境外项目贷款评估的组织形式与职能分工。境外项目贷款原则上应进行现场评估。对于重点优质客户“走出去”项目贷款，在主要风险识别和偿债能力计量较为清晰的前提下，可主要依据调查资料完成评估报告，并委托项目所在地机构履行现场评估程序。总行权限内的境外项目贷款由总行授信业务部组织实施评估，境内外机构权限内的境外项目贷款由其评估主管部门组织评估，评估人员与调查人员应尽可能分离。

三是区分了境外项目贷款评估流程与适用范围。根据贷款金额、风险程度、项目类型、评估条件等综合因素，明确境外项目贷款评估适用基本评估流程、调评合一和认同评估三种优化流程。对于境外双边贷款或我行牵头银团贷款，原则上采用基本评估流程，按照我行调查、评审分离的基本要求，由评估部门在前台尽职调查报告的基础上，组织完成相对独立的风险评估。对于在尽职调查阶段风险预判相对清晰、风险防范措施相对明确的境外项目贷款，可采用调评合一流程。境外项目贷款评估办法明确能够提供足额抵押、保险且产品易于公开市场交易的飞机、船舶融资等七类境外项目贷款可适用调评合一流程。对于我行参贷并认可银团牵头行风险管理能力的境外项目贷款，牵头行能提供我行需要相关评审材料的，可采用认同评估流程。境外项目贷款评估办法规定，入选《财富》杂志全球500强企业的外资银行作为牵头行，我行参贷份额不超过15%的境外银团贷款，可采用认同评估流程。

四是突出了境外项目贷款评估的核心内容和风险把控重点。境外项目贷款评估以建设风险、经营风险、财务风险及偿债风险为主要评价对象。国别风险、法律风险、担保风险等评价，由其他相关专业管理部门负责；总行未明确规定的，可依据我行认可的第三方专业评估咨询机构意见。对于目前我行境外项目贷款相对集中的飞机船舶融资、经营性资产支持融资、并购贷款等，境外项目贷款评估办法还分别明确了风险把控重点。比如，对并购贷款，明确要求关注并购交易相关地区法律的限制与要求，重点对并购双方的业务相关性、并购后的经营管理变化与整合风险进行分析，审慎预测并购完成后的整体经营与财务状况，综合评价借款人还款来源是否充足、还款期限是否合理。

境外项目贷款评估工作从无到有，从不规范到成熟完善，决不是“一日之功”，需要将之作为一项长期工作任务来抓，不断探索、改进、完善、提高。在此过程中，要特别重视境外项目贷款评估队伍建设。一方面，总行要加强境外项目贷款评估专业人才培养与储备，人力资源部门要在人力配备上给予大力支持，为授信业务部增加相应专业人员，在总行层面建立起一支熟悉境外项目贷款市场特点、具有国际视野、风险把控能力强的境外项目贷款评估队伍。总行授信业务部要加强境外项目贷款评估培训，尽快使相关业务人员熟悉评估制度、规定、方法与标准。另一方面，各机构也要加强自身专业人才队伍建设，配置足够的评估人员，尽快建立起一支与境外项目贷款业务发展相适应的专业化评估人才队伍。对于规模较大的境外机构，尤其要加快评估队伍建设，如果没有配备专业评估人员或评估人员数量、质量不能适应项目贷款业务发展的要求，总行将不予评估授权。

同志们，全球统一授信和境外项目贷款评估工作非常重要。新年伊始，总行就召开视频会议，推动两项工作，充分显示了总行党委加强集团信用风险管理的决心。希望全行上下高度重视，认真落实，通过扎实开展工作，不断提升集团信用风险管理水平，为我行国际化、综合化发展战略的稳步实施奠定坚实的基础，为我行长期、协调、可持续发展做出更大的贡献。

巩固成果　再接再厉
加快推进渠道优化建设工作

——在2012年中国工商银行渠道优化建设工作视频会议上的讲话

李晓鹏

（2012年1月12日）

今天我们在这里召开全行渠道优化建设工作视频会议，对过去一年全行渠道优化建设工作做全面、系统的总结，并且按照总行党委的要求对今年全行的渠道优化建设工作进行一个整体的部署。总行对于开好这次会议非常重视。会议之前，董事长、杨行长对今年全行整个渠道优化建设工作的原则、重点和指导思想又进行了明确。渠道优化建设领导小组也进行了专题的研究，根据去年的整体工作，提出了今年要“早安排、早行动、早见效”的工作要求。今天，凯生行长亲临这次视频会议并要作重要讲话。这充分体现了总行党委对全行渠道工作的高度重视，我相信通过今天的会议，今年的全行渠道优化建设工作能够又好又快地发展下去。下面，我讲三点意见。

一、全行重视，工作到位，2011年渠道优化建设工作迈出重要步伐

过去的一年，全行渠道优化建设工作整体上取得了比较好的成效，基本上达到了总行党委提出的工作目标。

一是物理网点建设成效明显。到去年年底，全行新增建营业网点完成装修或已经开门营业的有605家，占全年计划的86.4%，其中已经开门营业的有463家，占全年计划的66.1%；启用待用证照网点完成装修或已经开门营业的有202家，占全年计划的101.0%，其中已经开门营业的有173家，占全年计划的86.5%；这两项实质上都是新建，无非一部分是新申请营业牌照700家，另一部分是用待启用牌照200家，加在一起是900家，按照70%开门营业的进度要求，应该是630家，这两项加在一起刚好是636家。同时，去年全行优化调整网点完成装修或已经开门营业的有655家，占全年计划的131.0%，其中已经开门营业的有634家，占全年计划的126.8%，存量网点优化任务完成的情况相当好。从各行计划完成情况来看，新建计划较多的四川（60家）、河南（45家）、福建（30家）、宁波（17家）、重庆（15家）分行当年新建项目全部完成装修并开门营业；广东（54家）、江苏（50家）、湖北（35家）分行完成装修并开门营业的占计划的85%。应该说，在去年时间短、任务重的形势下，上述分行能取得这样的成绩是很不容易的。我们去年4月才拿到中国银监会的渠道准入计划，这个计划分到各个省也需要一个过程。因此有效的时间应该是四分之三，在这个时间中大部分分行能够全面实现开业，全行有70%的新建项目能开门营业，总行认为是非常不容易的。

二是自助银行建设成效明显。全行新建离行式自助银行完成装修或已经开门营业的有1 558家，占全年计划1 800家的86.6%，其中已开门营业的有1 292家，占全年计划的71.8%。县域新建离行式自助银行完成装修或已经开门营业的有736家，占比47.2%，其中已开门营业的有592家。从各行计划完成情况来看，新建计划超过100家的分行中，四川分行有94%完成装修并开门营业，广东、河南分行新建项目完成装修并开门营业的占比超过80%。新建计划在30－100家的分行中，新疆、江苏、苏州、深圳分行新建项目全部完成装修并开门营业；安徽、福建、上海分行新建项目完成装修并开门营业的占比也超过了80%，自助银行建设的步伐明显加快，按照序时进度来讲也超过了70%的目标。

三是自助设备布放成效明显。去年全行新投产自动柜员机超过1.1万台，其中存取款一体机占比64.3%；全行可用设备总规模超过5.9万台，其中存取款一体机存量占比45.3%。浙江（3 770台）、广东（3 743台）、北京（3 213台）三家分行自动柜员机累计投产数量均超过3 000台。2011年全行新投产查询缴费机和转账汇款机8 870台，总规模超过3.3万台。为了支持自助渠道建设，满足业务发展需求，总行加强了设备资源的动态管理，建立了全行自动柜员机资源调整机制和总行设备资源池，结合各行具体实施进度对资源进行滚动调整。各行也加强了网点、自助银行建设与设备投放之间的协同发展，优先保证新建网点和自助银行的设备配备和按时开业。

回顾一年来的工作，全行上下采取了以下几项得力措施，才使得渠道优化建设工作有了明显的进展。

一是加强领导，切实保证组织工作到位。2010 年 7 月，姜建清董事长在总行个金部调研时，从全行经营转型战略高度提出了渠道优化建设的工作任务。同年 10 月，总行党委研究批准了 2011 年至 2013 年渠道优化建设规划，提出了“突出重点、确保产出、增调同步、统筹配置、整体规划、分步实施”的原则。2010 年 11 月，总行召开了渠道优化建设动员会，在这个会上，凯生行长对全行如何实施三年的渠道优化建设工作做了重要的讲话，对未来的渠道优化建设工作进行了全面部署。去年是全行渠道优化建设三年规划的第一年，也是开局之年，总行先后召开了四次渠道优化建设工作的座谈会、片区会和推动会，及时解决分行在建设中遇到的问题和困难，督导分行按时完成各项工作任务。更为重要的是，经过去年一年的实践，渠道优化建设工作得到了各一级分行、直属分行主要领导同志的普遍关注和高度重视，大部分分行都成立了渠道优化建设领导小组，并设立了专门机构，不少分行的一把手定期组织行长办公会，专题研究这项工作的进度，帮助解决工作实施中的具体困难。

二是部门协作，及时落实配套政策。去年上半年，总行相关部门根据分行建议和全行的实际情况，进一步丰富、完善了渠道优化建设的政策措施，落实了财务审批、人员配备、营运资金、上存资金价格、考核标准等五大方面的扶持政策。下半年，总行又加大了对新网点的新产品支持力度。2011 年发行了三期面向新开业网点的高净值专属理财产品，并配备了一定额度的个人贷款规模，增加和吸引了一批新客户和新存款。同时，在去年下半年总行还专门举办了一期新建网点负责人示范培训班，在这个班上我做了发言，对未来新的网点负责人如何以新的面貌、新的机制、新的产品来发挥我们新渠道的新作用，提出了要求。李卫平总监在这个班上为学员上了第一课，从业务、技能、管理上提出了要求。全行 100 余名新建网点负责人参加了培训，提升了新网点负责人的业务素质和领导能力，充分发挥了新建网点在拓展新市场、发展新客户以及提升市场竞争力等方面的作用。

三是主动联系，提高市场准入审批效率。去年 9 月银监会在杭州召开了一次工商银行监管联动会议，这次会议是对工商银行整体监管工作的一个交流，总行充分抓住这次机会，向银监会汇报了工商银行渠道建设工作中的一些困难，特别是在牌照审批、流程、速度和标准方面存在的一些问题，得到了银监会的高度重视和全面支持。通过这次会议，监管部门调整优化了渠道优化建设的有关政策和建设标准。第一是对“一个城市一次只能申请一家”的标准进行了重新的界定，“城市”既可以按照行政区划中县和市区的区一级来确定，也可以按照商业银行管辖行来确定，这就为我们在渠道牌照申请方面提供了一些便利。第二是适当调整了网点计划调整权限，凡是省与省之间的网点调整，由银监会协调；省内跨地区的调整，由各省银监局批准；地区内跨县的网点调整，由地区银监分局来审批；如果在地区范围内涉及名称变更的，由当地银监局批准，这样大大提高了牌照审批和准入效率。第三是在这次会议上，各行充分与当地监管部门沟通，在这个基础上，监管部门对开工和开业的审批流程进行了优化，明显加快了我们的工程进度。

四是机制创新，高效运作保证实施效果。去年不少行面对繁重的网点建设任务，创新了管理和工作运行机制，比如广东分行制定了网点建设流程控制图模板，指导辖内各行开展工作；广东分行还实行了“三堂会审、两会合一”、“串行改并行”的这种工作做法，实行了差别转授权、特事特办、优先审批等工作措施，有效压缩内部建设周期，使单个网点平均建设周期从过去的 90 多天降低到 30 – 45 天。四川分行对新建渠道的财务审批实行了“缩短层级、集中会审、专业点评、紧急会签”的工作机制，统一制定了渠道建设项目财务申报的模板。江苏分行将网点建设由立项选址到建成开业的全流程，进一步细分为 5 个建设阶段，23 个关键节点，按周跟进工作进度，并将进度表制成展板，张贴到相关部室以及负责人的办公场所，实时了解工作进展，随时发现和督导薄弱环节。应该说这些措施对推进渠道优化建设工作起到了一个非常重要的作用。

总结和回顾去年的工作，全行渠道优化建设呈现出以下几个突出特点。

第一，重点突出，区域布局调整更趋合理。一是空白县域呈下降态势。2010 年 11 月初在总行召开的渠道优化建设工作会议上，我们明确提出，“城市变大了”、“县域变强了”、“农民变富了”，直接对我们的个金业务发展提出了新的要求，而工商银行在县域布局上还有一些不适应的地方，在 2010 年之前工商银行大概有 20% 的县域没有分支机构。经过去年一年的努力，这项工作取得了一些进展。从最新了解的情况来看，去年新建的支行和网点中大概有 39 个设在了空白县，主要集中在四川（7 个）、山西（7 个）、福建（4 个）、湖北（3 个）、河北（3 个）、河南（2 个）等分行。到目前，工商银行县域机构的覆盖率由上一年的 80% 提升到了 81.9%，这样还有 18% 左右、大概 370 个县域没有我们的机构。当然我们没有必要强调覆盖率达到 100%，关键是要抓经济强县、经济强镇，弥补这个空白点。我们也分析了一下，370 个空白县域主要集中在西部地区和东北地区，其中西藏、云南等省区无我行分支机构的县域超过 70 家。

二是商品交易市场“四无”现象得到明显改观。所谓“四无”，就是没有我们的网点、自助银行、自动柜员机和自助终端。去年 8 月总行在福建福州召开的渠道优化建设工作推进会议上，提出要加大商品交易市场及商户群体的营销力度，加大对全国规模较大的商品交易市场的渠道布放。从最新了解的情况来看，经过不到一年的渠道建设和设备布放，已经初见成效。2011 年末，总行确定的全国 2 000 家重点商品交易市场内设立网点机构的有 272 家，比上年同期增加 49 家，设立自助银行的有 274 家，比上年同期增加 80 家，市场覆盖率分别为 13.6%、13.7%，分别比上年同期提高 2.5 个和 4 个百分点。在商品交易市场布放的自动柜员机达到了 1 044 台，自助终端 758 台，个人转账终端 47 084 台，市场覆盖率分别为 23.1%、22.2%、51.0%，分别比上年同期提高了 6.9 个、3.2 个、26.2 个百分点。从整体上看，去年下半年以来重点商品交易市场内渠道建设的情况有所改善，自助设备对市场的覆盖率有所提高。

三是探索第三方渠道合作模式，延伸了服务半径。加强银保渠道合作，自去年 10 月总行启动银保渠道合作项目以来，两个多月时间已在太平人寿、太平洋人寿、新华人寿等保险公司的营业场所布放自助终端 112 台、自动柜员机 29 台。扩大银银通、柜面通试点范围。探索社区便民服务合作模式。通过第三方机构在社区便民服务点布放自助终端，目前北京、重庆、宁波、郑州、广州、沈阳、青岛等城市正在 150 余个居民社区实施布放项目。

第二，增调同步，综合化网点占比明显提高。通过去年一年实施的网点综合化改造、增加网点业务品种授权等措施，全行 739 家储蓄所和分理处升格为支行级机构，网点综合化比率达到 86.3%，有效地提升了网点服务形象和服务能力。

第三，虚实结合，自助服务渠道分流效果显著。一是自助设备数量质量双提升。去年全年新投产自动柜员机设备台数增幅达到 26.8%，与此同时年交易量突破 50 亿笔大关，达到 52.6 亿笔，比上一年度增加 11.2 亿笔，增幅 27.1%；年交易额 48 634 亿元，比上一年度增加 14 880 亿元，增幅 44.1%。自动柜员机单台日均交易量基本保持在 320 笔左右，单台日均交易额 31.7 万元，同比增加 4.1 万元。去年全年新投产自助终端设备台数增幅 28.8%，交易量突破 10 亿笔，达 11.9 亿笔，比上一年增加 3.7 亿笔，增幅高达 45.6%。

二是自助设备功能持续优化。为满足业务发展需要，总行结合客户需求特点继续优化各类自助设备的服务功能。2011 年，自动柜员机新投产了快速取款、无介质存款、动态密码安全认证等新功能；自助终端新投产了基金销售、灵通快线销售、医疗服务、工银信使定制、芯片卡充值等数十项新功能；个人转账终端作为开拓商品交易市场的主要结算工具，实现了手续费优惠、汇款套餐办理等新的业务。

三是柜面业务分流效果明显。去年 12 月个人转账汇款和银行卡存取款柜面业务可分流率合计由上半年的 41.7% 下降到 39.2%，其中转账汇款可分流率由 17.9% 下降到 17.2%，银行卡存取款可分流率由 23.8% 下降到 22.0%。

第四，投入产出显著，经营业绩和运营效率逐步提升。一是储蓄存款实现“双第一、双提升”。到去年年末，全行人民币储蓄存款增长 7 162 亿元，同业占比 32.57%，较上年末大幅提升了 2.34 个百分点，实现同业第一；储蓄存款余额达 59 067 亿元，同业占比为 30.73%，位居同业第一。

二是个人客户数量和金融资产双提升。至去年年末，全行个人有效客户总数 2.82 亿户，比年初增加 2 270万户，增幅 8.75%；四星级以上客户人数为 4 938 万户，比年初增加 563 万户，增幅 12.87%。个人客户金融资产总额 76 665 亿元，比年初增加 6 714 亿元，增幅 9.60%。

三是个人中间业务收入增长势头喜人。去年全行个人中间业务收入（含信用卡）470.7 亿元，同比增长 125.9 亿元，增幅 36.5%；不含信用卡的个人中间业务收入 348.3 亿元，同比增长 94.6 亿元，增幅 37.3%；个人结算业务收入 44.1 亿元，同比增长 4.8 亿元，增幅 12.2%。

四是新投产网点成效逐步显现。根据各行的报送情况，到 2011 年底，开业半年以上的新网点（含新建和启用待用证照）90 家，给全行新增存款 199.8 亿元、网均 2.22 亿元，其中储蓄存款 106.8 亿元，网均 1.19 亿元。还有 37 家新网点共发放了贷款 100.3 亿元，网均 2.71 亿元。我们又通过数据挖掘方法，对开业一段时间的新建网点储蓄存款和个人客户数进行了监测分析，开业半年以上的纯新建网点网均储蓄存款余额 9 643万元，网均个人客户数 5 143 户；开业两个月以上的网点网均余额 3 818 万元，网均个人客户数 2 148 户。所有新开业的启用待用证照网点网均储蓄存款余额 13 169万元，网均个人客户数 13 197 户。如果按照这个标准测算，去年已经和即将投产的 900 家纯新建和启用待用证照网点开业一年后将能带来 800 亿 - 900 亿元的储蓄存款。

三、明确目标，抓住重点，确保完成 2012 年渠道优化建设工作任务

今年是渠道优化建设三年规划的第二年，也是三年计划中承前启后、最重要的一年。在综合平衡三年规划的整体进度和目前的工作基础上，总行确定了 2012 年渠道优化建设目标。

1. 新建物理网点 450 - 500 家，两年累计新建投产 1 100 家，全行境内分支机构总量达到 1.72 万家。

2. 新建离行式自助银行 2 000 家，总量接近 6 000 家；新投放自动柜员机 1.3 万 - 1.5 万台，总量超过 7

万台；新投放自助终端 2.0 万 - 2.5 万台，总量达到 6 万台；新投放个人转账终端 25 万台，总量接近 60 万台。

3. 优化存量网点 500 家，其中，全行百平方米网点和 7 人以下网点的改造优化要有明显进展。

围绕以上目标任务，今年渠道建设要在继续贯彻“突出重点、确保产出、增调同步、统筹配置、整体规划、分步实施”工作方针的基础上，特别关注“四个并重”。

一是坚持物理网点建设和自助渠道建设并重。从去年一年的执行情况看，相对而言大家普遍重视物理网点的建设，进展也不错，电子化网点的建设主要是去年下半年，特别是 10 月以后才发力。根据全行的工作部署，总行认为，在抓好物理网点建设的同时，今年要着重把我们的电子化网点抓一抓。从目前的情况来看，我们认为全行的电子化网点建设也确实存在一些差距。从总体上来讲，我们工商银行在科技上的力量是非常强大的，竞争优势也是非常明显的，但是在自助银行、自助设备的配备方面，与同业相比优势还不够明显。到去年底，全行离行式自助银行 3 373 家，比上一年末增加了 86%，其中 2 267 家在城区，1 106 家在县域，加上 10 399 家附行式自助银行，共有 13 772 家自助银行。农行这几年主要对存量网点进行了升级改造，增加了设备投入，自助银行数量已经达到 15 900 家，比我们多 2 100 家；其中附行式自助银行 13 900 家，离行式自助银行2 000家。自动柜员机 7.1 万台，比我们多 1.2 万台；自助终端 7.1 万台，比我们多 3.2 万台。从一些地区来看，我行浙江分行 ATM 是 3 817 台，农行是 4 558 台，比我们多了 741 台；我行深圳分行 ATM 969 台，比年初增加 78 台，农行 1 221 台，比年初增加 110 台。

从交易处理能力上看，工商银行的设备一直保持稳步提升的态势。2011 年，自动取款机的日均交易笔数 292 笔，其中取款笔数 155 笔，日均取款金额 18.57 万元；存取款一体机的日均交易笔数 389 笔，其中存款笔数 71 笔，日均存款金额 20.20 万元，取款笔数 113 笔，日均取款金额 16.40 万元。取款业务的离柜率超过了 94.44%，存款业务的离柜率达到了 70.23%。物理网点柜面日均小额存取款的笔数是 63 笔，一台自动柜员机相当于 2 - 3 个网点的小额存取款业务量。而我们大量新投产设备的交易笔数也达到了自助设备平均交易笔数的 90% 左右。投产一台设备、建设一个自助银行，能快速增强业务处理能力，对物理网点形成有效的补充。

因此，在今后的工作中要进一步加强自助渠道建设，坚持物理网点建设和自助银行、自助设备投放并重，要保证所有的县支行都要开设离行式自助银行，布放离行式自助设备。在具体工作过程中，我们要注重自助渠道的选址规划，比如自助银行重点投放到交易量较大的商业区、商务办公区、旅游景区、新建城区等区域，自助设备重点投放到商品交易市场、重点县域等地区。我们还要注重自助银行服务模式的创新，考虑建设一部分“1 + 2 + N”模式的离行式自助银行，也就是一家离行式自助银行可以配备两名工作人员、多台自助设备，能够提供快捷办卡、存取转汇、各类缴费等服务，还要具备理财、个贷等业务的咨询、受理功能。直辖市、计划单列市和省会城市分行要考虑建设一批离行式自助银行旗舰店，要考虑在大型厂区、居民卫星城、商业集中区等客流量大、金融交易需求比较旺盛的区域进行选址。同时我们要继续加大总行与多家全国性保险公司在渠道方面的合作，加大第三方渠道合作力度，尤其是能够弥补我行在县域及县以下地区金融服务能力不足的第三方机构，更好地把工作抓紧落实，把工作做实做细。

二是坚持新建网点和优化调整并重。去年的渠道优化建设，总行重点监测和督导的是新建设的和启用待用证照的网点，对优化调整项目主要由各行来监测执行，整体来讲我们优化调整的效果还是不错的，全年共搞了 655 家。这里有一组财会部门提供的数据也充分证明了这一点。去年 1 - 11 月，全行营业网点购建、租赁及装修改造项目已立项 2 287 个（不含自助银行，其中属于总行渠道优化计划的 1 221 个），其中新增购建项目 490 个，新增租赁项目 889 个，存量自有网点升级改造项目 549 个，存量租赁网点升级改造项目 359 个。由此可以推算出全行网点升级改造项目 908 个，占比 39.7%；新建和迁建项目 1 379 个，占比 60.3%。从以上数据可以看出总行这几年在财务方面的支持力度是比较大的。但是目前来看还有很大的差距。目前全行营业面积不到 100 平方米的网点还有 1 500 多家，从业人员 7 人以下的还有 1 600 多家，储蓄存款在 5 000 万元以下的 300 多家（机构综合管理系统数据，不含 2011 年新开业网点）。当然，我们 100 平方米以下的网点、7 人以下的网点也有它存在的合理性，不能一概而论。但是我们分析过，大部分 100 平方米以下的网点都有升级优化的必要，有一些也可以升级优化后改造为自助银行。现在看来，这类网点还比较多，还要认真地分析。所以，各行要进一步加大低效网点的改造力度，力争在今明两年有比较明显的改善。

三是坚持渠道建设和流程优化并重。为有效提升个人金融业务服务品质，按照总行党委“为民服务创先争优”活动总体部署和“打造卓越金融服务、建设客户满意银行”的总体要求，尤其是去年 11 月 22 日，总行召开了以“改善服务、提升品质”为主题的个人金融与银行卡业务旺季营销工作会议，提出了一些改善服务的目标，比如说客户平均排队等候时间控制在 30 分钟以内，客户投诉量下降 30%，重复投诉率下降 50%，柜面业务可分流率下降 4 个百分点等目标。要实现这三项目标，确确实实提高网点服务效率、提高客户的满意度，同样需要在增加我们渠道数量的同时，实施现有网点的流程优化，各行要本着“两多一少”（非现金柜要多一点、自助设备要多一点，现金柜要少一点）的原则，提升物理网点的业务分流能力，要建立营业网点规范化服务流程，强化大堂经理和高柜柜员对客户的识别引导职能，将办理复杂业务的客户分流推荐到低柜办理，以业务量和推荐数量为重点考核高柜柜员，实现高低柜服务的无缝对接，切实提高服务效率。

四是坚持网点开工和开业并重。去年，全行新建网点开工率达到93.3%，但开业率为66.1%，如果加上启用待用牌照的开业数量，开业率达到70.7%；新建离行式自助银行开工率达到96.3%，开业率71.8%，因此，从全行整体上来看，仍有25%左右的已开工网点处于在建或建成后等待开业的状态。这批未建成或建成后未开业的，主要原因集中在个别地区监管审批周期长、房源获得时间比较晚或者在建设过程中变更了消防安保的一些流程等。各行要进一步加大在建、待批和待开业项目的组织推动力度。总行要求确保2011年度700家新建网点和1 800家新建自助银行在3月底之前全部对外开业。要将已完成装修但尚未开业的新建网点作为工作重点，明确工作时间，倒排工作计划。已报送银监局但尚未获得批复的新建计划要力争在1月底之前获得批复，以保证网点按时营业。个别还没有提交申请而被银监会列为作废的2011年度新建网点指标，这些分行要提前准备好申报材料并向当地银监局主动汇报，力争在银监会批复2012年度新建计划之后，两个月之内实现开门营业。我们去年大概有72家的指标是作废的，其中有10家是报上去没有批，有62家是根本就没报。

三、加强领导，科学组织，扎实推进渠道优化建设顺利开展

当前，我国的经济总体保持着平稳较快发展势头，中央经济工作会议要求，宏观调控中要继续处理好保持经济平稳较快发展、调整经济结构、管理通胀预期的关系；继续实施积极的财政政策和稳健的货币政策，根据形势变化适时适度预调微调；货币政策要兼顾控制通胀、防范金融风险和促进经济平稳较快发展三重目标。这种复杂的经营环境对商业银行的经营管理提出了更高要求，各家商业银行所面临的资金波动性较大、流动性趋紧的状况在一段时期内将成为常态。2011年，经过全行上下的共同努力，实现了储蓄存款存量增量“双第一、双提升”的工作目标。但是，也要看到我们的增量只比农行多182亿元，占比只有0.83个百分点的差距。今年，商业银行之间的存款争夺战将更加激烈。为了保住同业领先的地位，我们必须在发挥存款和理财联动作用的同时，坚定不移地发挥新建网点作为巩固存款的基础性平台作用，依靠网点开业数量的逐步增加，网均产能的逐步提升，逐步拉开和竞争对手的距离。

在监管方面，银监会去年对我行新建网点的总量规模和开业申请是非常支持的，这也是我们渠道建设取得突破的有力保障。但是，我们也要看到，如果我们不抓住这个网点建设的窗口期，抓紧工作，机遇就会稍纵即逝。因此，全行必须继续统一思想，继续加大力度，继续加快节奏，全力以赴保质保量完成渠道建设任务。

（一）加强组织领导，提升责任意识。当前，无论是国家政策、监管要求，还是内部条件、财务支持等各方面，都对我行加快实施渠道优化调整提供了有利的环境和宝贵的机遇。可以说是机不可失、时不我待。如果错过了这次难得的历史机遇，没有做到渠道的顺势调整，造成客户流失、存款下降以及同业竞争的被动局面，将会对工商银行的发展造成重大损失。因此，总行计划在以后对各行渠道建设情况进行总结表彰的同时，还要建立问责机制，对于因渠道建设工作不利，导致市场丢失、占比下降的，要进行问责。

总行要求各级行必须将网点建设作为“一把手工程”来抓，行长要亲自挂帅，亲历亲为，主动协调解决渠道发展中的问题。具体来说，在渠道建设过程中，一把手要做到三个亲自过问：

一是要亲自过问监管审批进度。去年总行行领导不仅协调银监会，而且到广东、江苏、浙江省银监局亲自拜访各省银监局领导。但我们发现有些分行工作不够主动，监管审批光有总行的推动不行，如果各行不主动，总行工作也很被动。所以各行一把手必须亲自过问牌照审批的进度。

二是要亲自过问网点选址和布局。这是一个战略性的任务，哪个地方需要定点，当然不是一把手说了算，而是牵头过问，通过一个科学的流程来确定我们的网点选址。

三是要亲自过问计划落实和进度进展。要定期召开专题办公会，积极跟进项目的进展情况，协调项目进行中出现的各种问题，督促计划的落实。

（二）加强内外协调，提升工作效率。经过去年一年，我们深深体会到渠道建设工作环节比较多，层级也比较多。因此要加强这项工作，完成这项任务，我们内部各个方面要加强协调。我们也总结了很多好的经验，希望大家继续发扬。把去年已经形成的好的经验和做法制度化、规范化。比如说“三堂会审”等，既要保证规范，又要保证效率，不能出现道德风险。

（三）加强计划安排，提升执行能力。一是各行要对本行的渠道优化建设做一个整体规划，按照今后两年内物理渠道加自助渠道在同业中具备明显优势的目标要求，合理地规划物理网点和自助银行的新建和调整计划。二是要明确今年渠道延伸重点区域，物理网点建在哪里最能提升效益、自助银行建在哪里最能发挥作用、单台自助设备布放在哪里最能满足客户需求，总行有一个统一的规划，比如60%以上的新建网点要放在县域。

我们统计了一下，现在自助机具大概是47%，物理网点是50%多，这两个比例要保证继续提升，保证我们的重点县域。另外，全行有15个一级分行作为网点建设的重点行。我们不能撒胡椒面，不能为了建网点而建网点。所以说15个重点一级分行、60%的县域是我们的重点，是渠道建设的一个工作策略。三是要安排好渠道建设的进展计划。各行对上报监管部门的进度计划、物业租购计划、财务审批计划、开业计划都要有安排；特别是我们对上岗前的人员培训、人员的配备等都要提前有计划，总体上在计划安排上要体现早启动、早开业、早见效。对今年的渠道建设任务，总行有整体要求，希望上半年能够完成今年计划的40%，同时第一季度实现对去年未开业的网点全部开业。

（四）加强政策支持，提升资源投入。总行再次明确，经过一段时间摸索的有关网点建设的五大优惠措施继续执行，请总行各个部门继续坚持。在这个基础上，结合各行的需求，希望在以下几个方面探索一下政策支持的方法。一是要贷款规模适当地与新建网点挂钩，这些网点需要一些个贷甚至是小企业贷款。董事长要求今年贷款规模要集中在150个重点县，使他们在当地的信贷市场中提升占比，其中30个作为重点行，争取市场占比第一，这都和我们的渠道优化建设有联系，希望大家能够一块研究。二是要加大对新网点投放新的理财产品，去年做了，但是金额不大，今年要加大力度。三是各行要将人力资源投入与渠道挂钩，今年新招聘的大学生除一部分先在电话银行中心实习外，在信用卡等集约化中心交流锻炼外，其余主要到一线网点去。这个人力资源部门都有安排，希望大家能够注意。

（五）加强考核通报，提升管理水平。去年总行采取每半月对全行渠道建设在立项、选址、筹建批复、装修和开业等关键环节进行定期监测和通报的做法，在及时发现问题和推动工作方面取得了一定的效果。总行还搭建了渠道建设进度监测系统，建立了通过数据挖掘监测新建网点经营业绩的手段和机制。今年一是要形成固定、完善的监测报表体系，将数据挖掘手段转化为系统自动生成的常规业务报表，从本月起，各行要将辖内网点建设情况通过人力资源机构管理系统来填报，总行将据此进行考核通报。这对总行决策很重要。完全通过手工，通过人海战术去统计分析，还是有些差距。如果优化调整只是装个门脸、换个灯箱，这对实际的发展业务、增加存款可能也有必要，但实际意义不是很大。总行说的优化是要根据区域客户结构、根据网点服务功能来进行一些调整，该迁的迁，该并的并，该改成自助银行的改成自助银行，切实发挥作用。这一点只有通过考核监测系统才能看出来。二是要建立和完善离行式自助银行和自助设备的台账监测体系，跟踪分析自助银行结构、区域分布和业务量情况，科学评价自助银行建设成果。三是要加大考核督导力度，将渠道优化建设情况纳入对各一级分行行长的绩效考核，将客户发展情况作为新建网点的监测考核重点。四是要加强对存量网点优化的监测考核，规范优化标准，提高优化质量，切实把工作做实。总的一句话，今年考核工作要精细化、要严格，切实使我们的网点能够发挥真正的作用。

同志们，渠道优化建设是新时期全行发展的一项重大战略部署。我们一定要坚定信心、再接再厉、精心部署、扎实工作，全面推进渠道优化建设持续、深入、协调开展，为建设“三个之最”国际一流现代金融企业做出新的贡献！

充分发挥授信审批职能作用
全面推进信贷业务可持续发展

——在2012年中国工商银行授信审批工作会议上的讲话

李晓鹏

（2012年2月10日）

根据中央经济工作会议和全国金融工作会议精神，总行已对全年的各项工作进行了安排部署。各级授信审批部门要认真贯彻落实，通过切实发挥授信审批职能作用，推动信贷转型和结构调整，为全行健康、协调、可持续发展作出更大贡献。

下面，我主要讲三方面意见。

一、2011年全行授信审批工作取得显著成效

2011年是“十二五”规划开局之年，面对复杂多变的经济金融环境，全行信贷工作认真贯彻宏观调控政策，积极支持国民经济平稳较快发展，为全行经营目标

的实现作出了重要贡献。截至2011年末，集团口径各项贷款余额78 012亿元，比年初增加10 106亿元，其中人民币贷款比年初增加8 184亿元，控制在年度计划之内。信贷资产质量持续改善，不良贷款率为0.93%，下降0.15个百分点，不良贷款连续12年实现双下降。信贷结构得到明显优化，小企业贷款、贸易融资、个人贷款业务占比由上年末的38.46%上升至43.78%；利率上浮贷款余额占全部公司贷款余额比例为32.77%，较上年末提高11.22个百分点；公司贷款中余期5年以上的长期贷款余额占比由上年末的31.89%降至30.64%；公路、电力、城建、房地产四大行业贷款明显下降。

全行信贷工作取得的显著成效，离不开各级授信审批部门的扎实工作和全体同志的辛勤努力。去年全年，全行授信审批部门共受理完成各类年度授信方案审批3.54万个，涉及单一客户4.76万户，核定授信额度14.06万亿元；受理完成法人和个人客户单笔信贷业务审批226.24万笔，金额8.89万亿元；完成项目贷款评估报告2 870份，评估项目贷款1万亿元；受理评估押品15.36万宗，押品价值5.86万亿元；共组织召开信贷审查会议1.85万次，审议授信方案4.27万笔、金额13.98万亿元，审议单笔业务5.42万笔、金额3.05万亿元。

回顾过去一年的授信审批工作，主要有以下六个方面的成绩：

（一）认真贯彻宏观调控政策，深入推进信贷结构调整。2011年，全行授信审批部门认真落实稳健的货币信贷政策，有扶有控，深入推进信贷结构调整，取得明显成效。

积极推动中小企业和个人信贷业务拓展。总行迅速出台了中型客户授信管理操作优化方案，制定了中小型企业和国内贸易融资信贷业务审查指导意见。通过“严审、实管”把好客户“宽选”质量关。经过前中后台共同努力，全年中小企业贷款余额较上年末增长15.53%。加大对流动性强、收益较高、信用记录良好的个人消费贷款和基于专业市场的个人经营贷款的支持力度，全年个人消费贷款增加1 060亿元，增长39.84%，个人经营贷款增加795.7亿元，增长43.25%。

认真落实四大行业信贷压降要求。总行制定了公路、电力、城建、房地产四大行业授信审批掌握意见和理财投资、债券承销及贷款审查、审核标准，适时调整了业务授权。授信审批中更加严格审查借款人和项目自身的现金流覆盖水平，通过调整贷款品种期限、合理压缩贷款本金、设置均衡合理的分期还款计划、增加贷款抵质押担保、重新谈判定价等措施降低我行贷款风险，提高收益水平。2011年，全行共核减四大行业授信额度5 167亿元，经审查否决的四大行业项目贷款达2 863亿元，否决率达30.64%。

积极支持新兴领域信贷需求。全行加大了对战略性新兴产业、先进制造业、现代服务业、文化产业等新兴行业和重点领域的信贷支持力度，重点支持了一批整体实力较强、技术水平较高、竞争优势突出、环境污染较少、资源消耗较低的企业和项目，适度支持了经营模式成熟、现金流稳定、重创意、轻资产的文化企业。2011年，全行审批同意制造业贷款15.7万笔、金额10 486亿元；服务业贷款3.5万笔、金额4 092亿元；文化产业贷款1 399笔、金额198亿元。2011年，全行制造业、服务业和文化产业贷款分别新增2 148亿元、2 582亿元和131亿元，同比分别增长23.7%、39.3%、24.8%。

大力支持“走出去”企业授信及融资需求。加大对国内大型优质客户“走出去”的授信审批支持力度，合理制定融资方案，灵活运用境外项目人民币贷款、内保外贷、结构性融资、非融资类保函、出口买方信贷及商业贷款等多产品组合，满足客户多样化融资需求。全年共审批完成“走出去”企业跨境业务6 389笔，折合人民币10 468亿元。

支持创新型融资和授信业务发展。2011年总行完成审批代理类融资业务151笔、金额6 891亿元，分别较上年增长109.72%和29.86%，积极支持了非信用类融资业务的发展。全年为1 315户金融同业机构核定授信额度43 930亿元，适度支持与同业机构开展债券投资、同业借款、代理开立票证等信用类授信业务合作，扩大资金运作的规模和收益。

（二）严格把握审查审批标准，切实防范重点领域信贷风险。2011年，全行授信审批部门充分发挥中台部门的风险控制职能，切实抓好重点领域、重点行业信用风险防范，严把风险关口。

严防融资平台信用风险。按照监管要求，周密制定按一般公司类管理的平台客户的授信管理措施，上收了小口径融资平台贷款的审批权，严格执行“四贷四不贷”要求。受理审查小口径融资平台新增贷款业务39笔、金额829亿元，否决19笔、金额622亿元。认真做好存量平台贷款整改的审查工作，全年审批通过小口径融资平台贷款整改30笔、金额227亿元，通过整改规范了贷款品种，合理压缩了贷款期限和金额，增强了担保措施，设置了相对均衡的分期还款计划。截至2011年末，政府融资平台贷款全覆盖及基本覆盖占比达到96.6%，为五大商业银行最好水平。

严把房地产行业政策风险。去年对房地产客户授信总量逐步收紧，对有重大违规行为的房地产企业一律不予审批贷款。不断深化对房地产贷款的授信审批全程管理，落实可靠还贷来源和抵质押担保等风险缓释措施。全年共核定房地产行业客户授信额度8 844亿元，较上年减少564亿元；全行经审查否决的房地产开发贷款、固定资产支持融资及并购贷款 394 笔，合计 1 058 亿元，否决率为 23.42%，较上年提高 6.15 个百分点。

严控“两高一剩”行业贷款。认真执行绿色信贷政策，坚持环保一票否决制，严格控制对不符合国家产业政策导向、产能过剩、低水平重复建设以及技术装备水平落后项目的授信总量和新增融资。2011 年末，全行产能过剩行业项目融资授信额度较上年末减少 35 亿元，而行业龙头和优势企业正常经营所需要的非专项授信额度同比增加 239 亿元。经过几年的持续努力，各级行主动防范产能过剩行业信贷风险的意识不断增强，总行受理的产能过剩行业贷款逐年减少。2011 年，总行受理产能过剩行业贷款 21 笔、金额 617.53 亿元，已审结 16 笔，其中否决 8 笔、金额 505.78 亿元，否决率分别达 50% 和 81.9%。

加强融资性担保公司和代理类融资业务风险防范。规范融资性担保公司管理，提高授信准入标准，落实统一授信要求。将代理类融资业务统一纳入信用风险审查审批流程，积极研究探索审查方法和风险防控措施。密切关注代理类融资业务的政策风险和信用风险，加强对理财资金投向的审查分析，严禁理财资金进入国家政策法规明确的限制性行业领域，特别是严禁理财资金直接或间接流入房地产及“两高一剩”等高风险领域。

（三）深化改革，授信审批集中管理工作又有新进展。2011 年，全行加快推进一级（直属）分行层面授信审批集中管理改革，到年末，共有 22 家一级（直属）分行实现了集中管理，基本完成了第一、第二批改革任务。去年 9 月，总行在南京召开了授信审批集中管理改革工作座谈会，总结研究了前两批分行的改革经验和存在问题，在列入第三批改革计划的业务大行中又选择江苏、河南分行提前进行试点。这两家分行领导重视，措施得力，行动迅速，11 月末实现了集中管理，为今年业务大行实行集中管理提供了宝贵的经验。

改革过程中，总行加强组织推动，保证了改革的有序推进。同时先后出台了《信贷专职审批人管理办法》和《关于规范公司信贷业务“双签”审批有关事项的通知》等制度文件，组织开发了统一通信平台，为提高前中后台沟通效率提供技术保障；研究开发了个人贷款 95588 电话核实系统，提出了个人信贷业务自动化审批系统开发思路。各分行特别是江苏、河南分行结合实际，创新工作方法，在优化业务流程、规范尽职调查内容和审查方法、应用统一通信平台、推行限时审贷和阳光审贷、加强员工队伍建设等方面做了大量细致扎实的工作。

总体来看，集中管理后，各分行信贷业务流程运行比较顺畅，风险把控尺度更为统一，审查审批人员的专业水平得到提高，服务意识不断增强。江苏、河南分行授信审批集中管理改革的成功实践证明，通过优化流程，完善制度，充分利用现代科技手段，业务大行完全可以实施授信审批集中管理，同时效率是可以得到保证的，这样更有利于在全行范围内统一风险偏好和风控标准，更好地适应经营转型和集约化发展的需要。姜董事长很重视这项工作，元旦之前亲自带队到江苏分行进行授信审批试点情况调研，并对授信审批集中管理改革所取得的进展和成效给予了高度评价。

（四）强化管理，全球统一授信审批体系建设开始起步。2011 年，工银集团信用风险管理体系建设进一步加快。总行制定下发了法人客户和交易对手全球统一授信管理规定，按照“全面统一、差别管理”的原则，将全集团所有境内外机构、所有法人客户与交易对手、所有信用风险业务纳入统一授信管理，启动了全球统一授信试点工作；总结推广境内项目贷款评估经验，制定了境外项目贷款评估管理办法，对境外项目贷款评估工作进行了规范；印发了外资金融机构统一授信实施办法，实现了全行内、外资金融机构客户授信管理和业务控制原则的统一；优化了境外机构报审业务流程，规范业务报审要求。全球统一授信审批体系建设的加快，标志着我行全球统一的信用风险管理体系建设又迈出了极其重要的一步，将对我行国际化、综合化发展战略的稳步推进起到积极作用。今年初总行专门召开了全球统一授信评估工作推动视频会，总的来看，这是工商银行统一风险管理的要求，希望全行上下高度重视，认真落实，通过扎实开展工作，不断提升集团信用风险管理水平。

（五）持续推进授信审批创新，不断增强中台服务能力。去年，全行授信审批部门业务创新进一步加快，对优质客户个性化和创新型信贷需求的服务能力不断增强。通过总分行联动，积极推动煤炭资源整合贷款等信贷产品的创新发展，制定深圳分行“税银通”、“存贷通”客户授信管理创新方案，着手研究“押品池”管理模式，积极推动黄金租赁业务，以及银租合作、银银合作等新型机构业务的开展。

全行授信审批科技创新进一步加快。进一步优化完善电子化审批系统功能，全面推动信贷业务全流程电子化审批；加紧研发全球统一授信系统功能模块和资产管理系统双签审批功能模块；信贷审批资格管理系统二期功能顺利投产，实现了审批资格认定的全过程电子化管理。实现了授信系统与金融市场询价系统的挂接，将远期结售汇业务、贵金属租赁等业务纳入授信系统控制。

全行授信审批服务方式创新进一步加快。共有 34 家分行推行了“限时审贷”，27 家分行推行了“阳光审贷”。江苏分行提出了“五个转变”、“三个对标”，积极创新授信审批管理；广东分行率先推出“审贷通在线审批系统”，实现了授信审批全流程无障碍沟通；陕西分行严把“四关”，认真审慎开展押品价值评估工作。

（六）加强专业管理与指导，不断提升授信审批专业执行力。2011 年，全行授信审批部门进一步深化专业指导与交流，通过印发制度办法、审查指引及基层调研、交流任职、与境外机构交流审查要点等多种方式，开展多层次的交流，提高了授信审批人员对管理制度、审查技巧和业务系统的运用能力，执行力进一步提升。

全行授信审批专业加大检查力度，开展了授信审批业务大检查，督促分行持续提升授信审批工作质量，消除风险隐患。继续抓好业务培训，加快专业序列、授信审批资质考试题库建设，做好信贷审批人资格和押品价值评估人员资质认定工作。2011 年，全行授信审批部门共举办各类培训班 430 个，参训人员达 2.89 万人次；对 656 人认定了信贷高级审批人资格。

过去的一年，全行授信审批战线齐心协力、奋力拼搏，为实现全行经营目标、顺利完成第二个三年规划、稳步推进全行经营转型和可持续发展作出了重要贡献。在此，我代表总行党委向全行授信审批工作战线的全体干部员工表示衷心感谢和亲切慰问！

二、2012 年全行授信审批工作面临的形势和任务

2012 年，全行授信审批工作面临的环境更加复杂，任务更加艰巨，挑战更为严峻。从国际形势看，美债危机影响有待进一步消化，欧债危机日趋恶化，全球政治、经济、社会矛盾交织，传统产业产能过剩和新兴产业发展不确定性长期存在，要素市场波动加剧，国别风险上升，外部需求减弱，跨国经营客户和国内涉外客户信用风险上升。从国内市场看，宏观调控将继续推进，经济增速预期放缓，政府融资平台、房地产、影子银行、民间借贷等风险逐步释放，大部分产能过剩行业整体负债率有所上升，系统性信用风险和客户特定风险防范和化解的难度依然存在。在宏观和微观经济不确定性增大的同时，银行同业的竞争也日趋激烈，在国际、国内两个市场展开激烈的角逐，防范风险、持续发展两方面的有效平衡成为各大银行面临的巨大挑战。

面对复杂多变的国际国内经济金融形势，中央经济工作会议和全国金融工作会议对 2012 年的经济金融工作提出了明确要求：继续实施积极的财政政策和稳健的货币政策，保持宏观经济政策的连续性和稳定性，增强调控的针对性、灵活性、前瞻性，继续处理好保持经济平稳较快发展、调整经济结构、管理通胀预期的关系，加快推进经济发展方式转变和经济结构调整，突出把握好稳中求进的工作总基调。要坚持金融服务实体经济的本质要求，坚持市场配置金融资源的改革导向，坚持创新与监管相协调的发展理念，坚持把防范化解风险作为金融工作生命线，坚持自主渐进安全共赢的开放方针。

上述复杂的外部环境和经济金融稳定发展的要求，使得授信审批工作在实践中面临着巨大的挑战和压力。

一是控制总量、调整结构的压力。今年，总行确定新增信贷规模为 8 500 亿元，从市场需求总量和结构看，这个盘子还是比较紧的。作为信贷投放的审查把关部门，如何通过科学的授信审批，将有限的信贷资源进行高效配置，促进信贷增量在区域、行业、客户、产品上进行合理分配，需要一定的形势预判和把握能力，需要较高的行业、客户风险识别防控水平。同时，今年政府融资平台风险要继续化解，四大行业 1 500 亿元的压降任务要确保完成，实体经济要积极支持，新兴产业、中小企业市场要重点倾斜，任务非常艰巨，授信审批部门进一步实施有扶有控、促进结构调整的难度加大。

二是防范风险、稳定质量的压力。年度工作会议将今年的不良贷款比率确定在 1.2% 以内。这是一个实事求是的目标，但实现起来仍将有很大的难度。首先，今年客观形势的复杂性导致客户经营不确定性增大，加大了授信审批部门风险把控的难度和压力。其次，新一轮信贷结构调整将重点关注的实体经济、生产流通领域、中小客户、新兴产业，市场化程度往往较高，不具有行业垄断优势，受经济波动影响较大，信用风险相对较难把握，而授信审批人员审查这些新兴产业新客户的经验还不够丰富，如果不能妥善处理好发展业务和稳定质量的关系，就可能出现边调整、边产生新的风险。因此，在结构调整过程中授信审批工作能否充分发挥风险把关作用非常关键，要切实落实严审要求，精选出风险可控、有发展前景的客户和业务作为目标对象。

三是风险收益统筹权衡的压力。按照全行的经营目标，今年要实现净利润 2 367 亿元，增长 15%，盈利增长的任务很重。我行是信贷大行，信贷业务仍然是全行盈利的主要来源，作为中台环节的授信审批部门如何在风险收益间做好权衡，统筹好风险控制与业务发展的关系，统一好市场部门和审批部门的认识，摆布好不同客户、不同收益之间的结构都面临较大的压力。同时，今年监管部门将加大对银行收费业务的监管检查力度，严格与贷款相关的收费管理，提高信贷业务收益的政策把握和执行难度加大。授信审批部门要作出独立的风险判断，根据风险收益匹配的原则，进行风险定价，提高收益水平。

四是服务创新、提高效率的压力。去年，我们加快了授信审批集中管理，建立了全球统一授信体系，规范了境外项目评估工作，上收了高风险领域的审批权，这是客观形势的要求。虽然决策层次提高，有利于统一风险掌握标准，但也对总行和一级分行管理水平和服务效率提出了更高的要求。授信审批业务不集中不行，但集中统一以后服务效率不能满足市场需求也不行。改革与服务、集中与效率、统一与灵活必须兼顾。

要认真贯彻落实国家宏观调控要求，实现经济发展目标，完成总行党委确定的全年工作任务，授信审批战线的全体同志要变压力为动力，勇于担当，切实肩负起“四大责任”。

一是支持实体经济发展、调整信贷结构的责任。支

持实体经济是新一轮信贷结构调整的重点，是总行的一项重大战略决策，事关全行战略转型的大局，也契合中央的要求。授信审批部门要坚定不移地贯彻执行总行的战略部署，自觉地承担支持实体经济发展、调整信贷结构的重任。这是今年信贷结构调整工作的“牛鼻子”，抓住这一点，很多问题就会很好地解决。从工商银行的角度来看，要落实好支持实体经济的要求，就是要关注和支持现代制造业、现代流通业、现代服务业以及传统产业转型中产生的各种融资需求。全行授信审批部门应遵循“信贷结构与经济结构相匹配”的原则，在信贷结构调整过程中要始终坚持实体经济导向，以创新的思路开展工作，逐步建立起与实体经济融资需求相适应的评级授信、评估、审批工作流程和机制，实现信贷结构调整与经济转型之间的良性互动。授信审批部门要充分认识到自身职责所在，授信审批流程、服务机制若不符合要求的，要相应进行调整，从思想上和机制上为全行信贷结构调整提供有力保障。

二是客观审查、独立审批的责任。面对保持资产质量稳定的艰巨任务，全行授信审批人员必须勇于承担责任，把控好风险底线，确保每一个授信方案、每一笔贷款的审查审批经得住历史的检验。首先，要严格执行审查审批标准。要敢于坚持原则，严格执行审查审批标准，不能有丝毫的放松与懈怠。审查人员要坚持独立审查，尽职分析，提出合理的审查意见；集体审贷机构和审贷专家要切实履行职责，集体审议不能流于形式，不能把审查、审批岗位和集体审议机构当做“橡皮图章”，要切实发挥好决策参谋作用。其次，要保持适当的授信审批否决率。新一轮结构调整过程中，加工制造业、中型企业以及新的产业客户在增多，再加上我们实行“宽选”的工作方法，客户成分复杂，业务量大，风险程度也相对提高，授信压缩率和贷款否决率有所提高均属正常现象，如果不升反降，反而值得担忧。因此，要保持授信审批否决率的合理水平，该支持的支持，该压缩的压缩，该否决的否决。最后，要强化授信审批的独立性。坚持前中后台职能分工，强化授信审批部门的独立性和权威性。授信审批部门需要与前、后台部门密切配合，但也要相互制衡。前台部门主抓营销，不能影响中台审批；后台部门主管政策和监测，不涉及具体授信审批业务。授信审批部门在服务前台、支持后台过程中，一定要保持独立审贷，腰杆子要硬，手脚要干净，不能为了迎合市场和客户而失去原则，一定要充分发挥好信用风险防火墙作用。

三是加快创新、改善服务的责任。授信审批部门要继续加大创新力度，坚持通过授信审批创新提升全行的竞争力，争取更多的发展机会。创新要有利于风险防范。通过创新审查审批方法，完善授信总量控制手段，更好地覆盖传统业务的风险防控盲点，充分揭示新业务的潜在风险，提高授信审批业务风险控制的前瞻性和预见性。当前特别要加大新兴产业、新兴行业、创新型业务的授信审查审批方法的研究与创新。创新要促进业务发展。根据全球统一授信审批管理、授信审批体制改革后出现的新情况，积极适应前台部门及客户的多样化需求，创新授信审批管理模式、评估方法、产品组合控制手段，推动信贷产品创新，积极支持供应链金融、产业集群金融、新兴市场、新兴业务拓展，不断提高服务效率和服务水平。

四是服务大局、持续发展的责任。授信审批工作要有大局观。在风险防范、结构调整过程中，要更加充分地发挥授信审批业务的桥梁与纽带作用，加强全行公司、机构、个人金融、资产负债、中间业务的联动协作，推动信贷业务与投行业务、租赁业务以及全球授信与全球现金管理、全球资产管理等专业线、产品线之间的共同发展，为我行“强个人金融”、“大公司金融”和“全机构金融”战略的实施提供有力支持，为全行主要经营目标的实现和持续发展作出更大贡献。

结合当前形势与任务，为实现信贷业务健康可持续发展，2012 年全行授信审批工作的总体要求是：认真贯彻全行发展战略研讨会和全行工作会议精神，遵循科学发展核心要求，围绕信贷转型与结构调整中心任务，充分发挥授信审批职能作用，难中求准，繁中求精，稳中求进，为全行健康可持续发展作出新的贡献。

三、突出重点，务求实效，认真安排好2012 年授信审批工作

按照今年工作的总要求，总行制定了授信和审批工作计划，即将下发各行。下面，我就几项重点工作提出以下要求：

（一）以支持实体经济为重点，全面落实信贷结构调整的各项措施。优先审批国家重点项目信贷需求。紧跟国家产业规划重点和重大投资方向，积极支持、优先保障国家重点在建、续建项目和“十二五”规划确定的重大项目建设资金需求，综合利用多种金融工具，引导社会投资进入国家政策鼓励的重大项目建设领域，发挥信贷资金的撬动作用，进一步巩固我行信贷市场领先优势。各行要做好经济资本、信贷规模等资源的统筹安排，保障国家重点项目信贷资源配置，并积极利用重大项目贷款投放，带动项目供应链融资、客户关联企业、上下游信贷市场的拓展，切实发挥信贷投放的扩展效应和联动作用。

主动受理“四大新市场”信贷业务。授信审批部门要主动受理战略性新兴产业、先进制造业、现代服务业和文化产业“四大新市场”信贷业务，着力支持消费结构升级和相关民生领域的金融需求。要加强相关产业、行业授信审批研究，探索有针对性的风险识别与控制方法，按照“积极支持、稳健授信、审慎评审”的原则，合理确定客户授信总量和审批结论。对战略性新

兴产业，要深入研究授信审批方法，通过优选客户，把准项目，逐步培育目标市场与未来重点客户；对于先进制造业，要重点支持其中的高端制造客户合理的项目和营运资金需求，对当前处于行业中端，但可通过产业升级进一步提升竞争力的客户与项目，可给予适度信贷支持；要积极开拓文化、健康、旅游等新兴消费市场，大力支持文化产业中市场成熟、盈利模式相对稳定的细分行业，择优支持具有轻资产、重创意特点的新兴文化产业。

大力支持中小企业和个人信贷业务发展。严格执行“宽选、严审、实管”要求，积极推动信贷政策制度完善和产品创新，支持中型客户合理的流动资金需求，提高贸易融资比重，适度支持有利于做大做强企业主营业务的项目贷款需求。探索小微企业信贷业务审批创新，优化整合小企业信贷业务“四合一”处理流程，明确小微企业和个人经营贷款的风险边界，严防贷款流入股市、期市、地下钱庄。对存在民间借贷、类金融化操作的小微企业不得审批办理融资。加大对流动性强、收益较高、信用记录良好的个人消费贷款的支持力度，创新以银行卡为载体的小额消费信贷模式，支持信用卡透支和分期付款等消费金融业务稳健发展。要认真执行总行去年出台的小微企业、个人经营贷款政策制度，原则上同一客户只能在我行办理其中一项贷款业务，不允许一个客户在我行同时办理小微企业贷款和个人经营贷款业务情况的出现。

继续支持贸易融资业务快速发展。积极支持以供应链融资、商品融资等新兴融资方式推动贸易融资发展。支持依托核心客户、优质项目的产业链营销和全球供应链产品推广，通过供应链融资打通产业链空间，实现客户集群化拓展。支持以现货融资为基础，以标准仓单、电子仓单、提单、未来货权等多种货权融资模式为补充的商品融资产品体系创新，支持商品融资与预付款、应收账款融资等产品组合创新，支持境外商品融资业务。要更加重视交易背景真实性审查，对虚假贸易融资业务，一经查实，要严肃处理。

加强对“走出去”企业跨境信贷业务的评估和审查。加大对弥补国内能源矿产等战略资源不足、促进境外资源勘探开发、提高境内企业国际竞争力、加快开拓国际市场以及国内成熟产业技术设备出口等业务或内保外贷项目的支持力度。支持国家大型骨干企业实施境外并购、对外投资和对外承包工程、资源，支持结构性融资以及由中信保提供保险项下的出口买方信贷、银团贷款等业务。

继续落实四大行业压降任务。认真执行公路、电力、城建、房地产四大行业压降计划，严控客户授信总量和新增贷款投放。加强收回再贷的流量管理，优先保证存量项目的续贷资金。注意压降方式、力度与节奏，避免因工作简单而失掉重点客户、引发新的风险。要督促企业及时重组债务，调整债务结构，落实还贷来源。

（二）正确把握重点领域信贷风险，提高授信审批工作的准确性和精细化水平。加强系统性风险审查。切实防范宏观经济波动可能引发的系统性风险，从严审查周期敏感性行业贷款，严格控制此类行业新增中长期贷款。加强涉外业务风险防控，着重加强对客户产品主要销售国家或地区相关市场和汇率、利率波动情况的分析，根据出口订单增减、成本收益变化情况和企业总体发展趋势，合理确定授信及融资总量，落实好第一还款来源和风险缓释措施；对外保内贷、内保外贷等跨境信贷业务，既要注重核实境内外担保方的担保能力，又要合理把控国别风险、实际用款客户、项目的运营风险；加强融资性担保机构风险防范，有效落实授信控制要求，按规定范围开展授信业务合作。对境外代理行客户，核定授信方案时要考虑我行对该区域愿意并能够承担的信用风险敞口及国别风险限额。

继续防控和化解政府融资平台风险。今年，地方政府融资平台贷款和理财资金逐步进入集中还款期，各行要加强对地方政府财政收支及客户实际偿债能力、流动性风险的分析和预测，按照“把住总量递减、严控新建新增、支持续建在建、修改完善合同、逐渐缓释风险”原则，扎实细致地做好平台贷款的清理、压降工作。要认真核实土地注入的真实性，对注入土地不实，治理结构、内部控制不健全的地方政府融资平台，要从严掌握评估、审查标准。严把新增贷款准入关，做好信托理财融资到期接续工作。

严格房地产行业贷款的授信审批。控制房地产客户授信总量与同业占比，核定的授信额度主要用于项目资本金到位、四证齐全、已落实资产抵质押、已完成贷款正式审批的在建项目和保障性住房建设项目，严格控制向新项目增加授信。对商业地产保持警惕和控制，做好按揭贷款与开发贷款的对接。加强对客户的跟踪分析，对因面临征收土地闲置费或无偿收回等重大因素导致资金链紧张的客户，要及时研究制定风险防范措施。关注房地产行业进一步调整对建筑、建材、家电等关联行业和房地产贷款较大的银行业金融机构客户的影响，适时调整授信审批策略。

严防“两高一剩”行业风险。深化绿色信贷理念，严格执行“环保一票否决制”。严禁对环保不达标、能耗超标及产能落后企业核增授信，严格限制对资源性产品出口企业核增授信，谨慎掌握存在排污、能耗、产能过剩潜在风险企业的授信总量。对不符合环保要求、低水平重复建设项目及技术装备水平落后项目，要严禁新增融资。支持企业加强技术升级改造和淘汰落后产能的合理融资需求，加大对循环经济、环保产业、低碳产业和重点节能减排项目的授信支持力度。

加强贷款用途真实性审查。要做好流动资金贷款用途的合理性审查和贸易融资、小微企业贷款、个人经营贷款和综合消费类贷款用途的真实性审查，确保信贷资金按照审批要求真正进入实体经济领域，防止信贷资金变相违规进入楼市、股市、期市及高利贷领域。对短融、中票、私募债券承销及其他代理业务审查也要特别关注资金用途的合规、合理性，注意加强各类代理类融资业务审查方法研究。

（三）认真贯彻监管政策，合规设定融资业务的前提条件和管理要求。在融资方案中设置合理的前提条件和管理要求，是防范信贷风险、支持业务发展的客观要求，在目前的市场和政策环境下更显重要。设置前提条件要遵循合规性、针对性、重要性和可操作性原则，针对融资业务的主要风险点提出防控措施。设定前提条件要分清主次，表述明确，便于理解和操作。对于项目核准、用地、环评和资本金到位比例等重要合规性要求，前提条件设置更要严格、明确、具体、可操作。合规性有问题的，要退回调查环节重新落实。对不符合监管政策或者根本无法落实相关监管要求的业务要果断否决，绝不能通过设置模糊的前提条件降低监管要求，也不要把设置过高的、无法达到的前提条件作为否决贷款的一种方式。

设定贷款前提条件和管理要求时还要特别注意杜绝捆绑收费和强制收费的问题。当前，监管部门、社会舆论都对银行收费问题非常关注，全国金融工作会议和银监会2012年度大型银行监管工作会议都对银行收费提出了具体的要求。董事长、杨行长在年度工作会议上也就规范服务收费的把握原则和具体措施提出了明确的要求。授信审批部门在贷款审查审批中要注意维护金融消费者合法权益，无论是审查内容还是审批结论，都不得提出额外的不合理收费要求，不得在贷款利息之外设置没有具体服务内容的收费名目；不得将收取财务顾问费、承诺费等作为能否审批发放贷款的前提条件；也不得将应该收取的贷款利息拆分为利息加中间业务收费；不允许通过降低利率条件去追求中间业务收入。严禁以贷转存、以贷收费、存贷挂钩、浮利分费、借贷搭售等违规现象。在这里我要特别强调对小微企业的收费问题，各级行授信审批部门都要严格落实国务院要求，在对小微企业融资审批中不以任何形式设置承诺费、资金管理费、财务顾问费和咨询费等条件。

（四）全面完成授信审批集中管理改革任务。根据总行授信审批集中管理改革先城市行、再中西部地区分行、最后东部地区分行的“三步走”工作部署，2012年底前全行要实现授信审批在一级（直属）分行层面的集中管理。总行要认真总结第一、第二批改革已经取得的成功经验，稳妥推进第三批改革工作，确保按照总行既定部署顺利实现授信审批集中管理改革目标，切实提高授信审批的专业化、集约化、标准化和信息化水平，努力使我行信用风险防控体制机制建设和管理水平与全球最大银行相匹配。

目前已经实现集中管理的分行，要加快推广应用统一通信平台和个贷95588电话核实系统，充分利用信息科技手段保证前中后台及时有效沟通，提高审查审批质量和效率。要进一步优化业务流程，规范授权，推行“双签”，明确岗位职责。对部分风险相对可控的信贷业务品种，可在报经总行同意后调整优化审查审批模式、业务流程和专职审批人转授权要求。同时进一步完善业务集中后的内部管理，抓好队伍建设，明确工作纪律，研究制定考核办法，充分调动审查审批人员的积极性，不断提高工作水平。

尚未实现集中管理的分行要抓紧制定改革方案，切实做好机构调整、人员选聘、工作衔接以及办公场所准备等工作。在改革方案上报总行批准后抓紧实施，确保在年内实现授信审批业务和人员的完全集中管理。个人信贷业务尚未实现前中台分离的分行，要尽快将个贷审查审批职能从前台部门分离出来，统一纳入授信审批部门审查审批。要将所有个人贷款、信用卡等个人融资全部纳入个人客户综合授信管理，对于超过个人客户综合授信管理系统自动核定的融资业务，由一级分行授信审批部门有权审批人负责审批。未经总行同意，今后各分行均不得自行决定在二级分行和县支行设立授信审批分部，也不得将授信审批职能划归前台部门行使和管理。

在全面完成一级分行授信审批集中管理的基础上，研究探索实行区域审批集中或跨区域集体审议的可行模式。着手研究境外机构审批体制建设问题，探索全集团授信审批体制改革的总体方向。

（五）稳步推进全球统一授信审批体系建设。全面推进全球统一授信工作。严格按照全球统一授信试点工作要求，进行授信方案调查、审查、审批，建立全球授信经理、全球客户经理网络和相关配套机制。全球统一授信系统投产后，各机构要按照总行统一部署和要求，全面实施全球统一授信管理，切实做到“全面统一、全面覆盖”。

继续完善客户层面信用总量控制。完善集团客户授信优化方案，深化“总量法”、“增量法”、“综合法”的内涵，进一步扩大“自上而下”集团客户名单，提高集团客户授信总量与结构控制水平。研究区域产业集群、专业市场、商业圈客户差异化、易操作、便于执行的授信总量与结构控制方法，支持中小型客户批量化拓展和整体营销。要注重从客户整体角度分析评价债务规模匹配性、信用总量适度性和银行融资总量合理性，酌情设定我行愿意并能够承受的资产负债率等财务指标控制线，合理把控客户信用总量。

加强境外信贷业务评估、审批审议管理。严格遵循境外项目贷款评估管理要求，明确评估职能部门和专业评估人员，细化内部流程和工作要求，扎实开展境外项目贷款评估工作。优化境外机构信贷业务流程，明确报审材料内容和格式要求。稳步推进电子化审批系统和通用表决系统在境外机构的推广应用，进一步规范、完善境外机构信贷业务集体审议制度。

（六）提高押品管理水平，增强风险防御能力。全行授信审批部门要高度重视新形势下的押品管理工作。要充分认识当前房地产市场进一步调整、国际大宗商品市场价格波动加剧等因素可能导致我行主要押品抵押缺口增大的风险，深入分析押品全程管理中存在的薄弱环节和风险隐患，积极适应全球押品价值评估体系建设要求，按照“严格评估、加强管理、重点把控、强化问责、创新保障”的原则，继续完善押品管理，不断增强全行资产业务抵御重大金融风险的能力。

严把新增押品准入关口，加强在库押品重评管理。对于新增押品，要谨慎评估，客观反映押品价值，充分揭示风险，坚决杜绝价值倒逼，原则上不再接受机器设备抵押。对于在库押品，要认真做好价值重评工作，加强动态监测。当前，要特别加强房地产、存货等重要押品价值重评管理，存在抵押品缺口的，各相关部门要加强配合，及时采取补充抵押物、收回融资等措施。同时，要强化押品评估合作中介机构管理，完善问责机制，落实问责要求。

切实加强个贷押品价值评估管理。加快完善个贷押品管理机制，改进评估管理模式，优化评估流程，加强统计分析，强化系统控制，为个人信贷业务的健康发展提供有力保障。各行要切实重视个贷押品价值评估管理，认真梳理问题隐患，加强监测检查，落实有效措施，确保押品估值合理，重评及时，管理到位，风险可控。

研究建立全球押品评估管理体系。研究建立覆盖押品入库、在库、出库管理全过程的全球押品管理体系，明确押品评估方法、标准、流程与管理要求，加强集团层面的押品价值评估管理。优化整合境内外押品系统，做好境内押品系统迁移工作。

积极探索押品池管理模式。突破单一押品管理模式，创新押品池管理方式，逐步构建包括单一押品、多品种押品池、客户押品池、集团整体押品池在内的押品池管理框架，为各相关业务条线开展信贷融资业务、现金管理业务、资产管理业务等金融业务提供信用增级、风险缓释、业务机会，打造多功能、高效的押品管理平台。

（七）切实抓好授信审批基础管理，增强服务能力。完善授信审批系统建设。进一步优化 CM2002 授信审批系统功能，深入推动电子化审批工作，实现对外币债券、衍生交易、代理行客户授信的实时控制。加快建设并投产 GCMS 全球授信系统，启动境内外授信系统一体化建设工作。

抓紧推广应用个人信贷业务自动化审批系统，争取30%左右的个人住房贷款业务能通过电子化审批系统自动审批。加快信贷业务统一通信平台系统的推广应用，利用物联网技术进一步延伸和完善统一通信平台的系统功能。优化提升通用表决系统功能，链接视频会议系统。完善资产管理系统的业务自动分发、流程跟踪、统计分析和文件检索功能。

进一步完善授信审批各项规章制度。各级授信审批部门要认真梳理工作中的薄弱环节，抓紧整章建制，制定完善基本规范、操作指南、审查指引、人员管理、业绩考核制度，明确规范业务行为与工作程序，统一风险偏好与把握尺度。制定的制度标准应该符合授信审批管理的基本逻辑，简明扼要，易操作，易执行，易管理。

深化授信审批专业指导。授信审批实现集中改革后，管理职能很重，要求很高，必须坚持业务、队伍两手抓，授信审批部门要总结出一套集中改革后的有效管理方法。继续深入开展专题调研和工作指导，积极开展多层次的业务交流，帮助分支机构解决业务管理中的普遍性、疑难性问题。调整优化信贷业务集体审议范围，指导分行进一步完善专职审议制度，研究制定部分重点行业客户授信指引，抓紧制定下发个人信贷业务、债券承销与投资、理财投资等创新型业务审查指引和新兴产业项目评估要点，适时出台股权价值评估等新型押品价值评估指引。

抓好授信审批监督检查。优化授信审批检查方式，进一步增强授信审批检查的针对性，提高检查的频率，确保取得实效。要按照“查快、查新、查重”的原则，加强授信审批各项业务重点检查和专项检查的力度，确保合规性，针对突出问题和风险隐患，组织多频次的检查，并确保检查发现问题整改到位、责任落实到人，坚决杜绝屡查屡犯、只查不改情况的出现。今年，总行将加大对上年检查发现问题整改情况的核实，未整改落实的，要严肃处理。

（八）切实加强授信审批队伍建设。加强授信审批资质管理。加强信贷审批资格管理和信贷专职审批人管理，完善一级（直属）分行行长、副行长高级审批资格认定工作，研究制定信贷审查审批人员尽职免责办法，将并表机构信贷审批人员纳入审批资格管理体系，建立信贷审批人退出机制；加强总行信贷评估委员工作考核评价与异地调用管理，逐步将总分行评估委员纳入全行统一的评估专业人才管理体系；规范押品评估人员资质管理，明确个贷业务押品评估资质要求，确保押品评估人员持证上岗。

深化授信审批专业培训。重点加强全球统一授信、境外项目贷款评估、新兴产业、新兴行业、新兴业务培训。通过建立总行培训与分行培训相结合、脱产培训与岗位轮换相补充、前中后台交叉的多层次培训交流机制，逐步培养一支能够适应境内外、传统业务与新兴业务、表内业务与表外业务、自营业务与代理业务要求的高素质授信审批专业人员队伍。人力资源部门在引进人才、岗位轮换时要给予倾斜，在数量和质量两方面为授信审批部门配备与业务发展要求相适应的专业人才，特别是熟悉国际市场、新兴产业、新兴业务的专家型人才。

加强思想作风建设。授信审批人员要做到坚持原则、廉洁从业、敢于担当、开拓创新。随着授信审批集中管理改革的逐步到位，各分行要抓好授信审批人员廉洁从业教育，促进全行授信审批人员不断提高思想水平和职业素养，增强廉洁自律、爱岗敬业的高度责任感和使命感，提高服务意识，风险面前不推诿责任，不麻痹大意，勇于承担重任，敢于坚持原则，善于开拓创新，独立、客观、公正开展授信审批工作，不断适应授信审批业务发展的需要。

同志们，2012年，全行授信审批工作将面对更加复杂的经济金融环境，工作任务十分繁重。我们要按照总行党委和董事会确定的发展思路和统一部署，迎难而上，开拓创新，全面推进信贷结构调整，加快信贷业务转型，为全行实现业务健康、可持续发展作出更大贡献！

振奋精神　齐心协力
推动境外银行卡业务健康快速发展

——在中国工商银行2012年境外银行卡视频会议上的讲话

李晓鹏

（2012年3月9日）

这次会议的主要任务是，认真学习贯彻工商银行2012年工作会议和国际化工作会议精神，总结2011年境外银行卡业务工作情况，认真分析当前面临的形势，明确未来三年特别是2012年境外银行卡发展任务。下面，我讲三个方面的意见。

一、2011年境外银行卡业务取得了明显进步

一年来，在总行的正确领导下，各境外机构与总行相关部门紧密配合，坚持“携手银联、开疆拓土、双币双卡、稳健进取”的工作思路，克服种种困难，在推动境外银行卡发展、新产品研发、系统推广等方面取得了显著的成绩。

一是发卡机构稳定增加，各项核心指标大幅提升。截至2011年末，境外银行卡发卡机构达到18家，其中信用卡发卡机构9家，借记卡发卡机构17家。分别比上一年增加5家和15家，另有6家境外机构完成了信用卡系统投产与业务准备。2011年末，境外信用卡发卡量达到了24万张，较上一年增加了6.1万张，境外借记卡发卡量达到了14.3万张，较上一年增加了4.7万张，分别增长34%和49%；银行卡累计消费额为18.5亿元人民币，较上年增长26%；期末贷款余额为2.6亿元人民币，较上年末增加了33%；逾期180天以上不良资产占比为0.8%。

二是业务发展各具特色，因地制宜扩大市场影响。去年5月，我们在新加坡召开了境外银行卡业务工作推动会，并举办了“工银银联双币信用卡”首发仪式。各境外机构积极落实会议精神，高度重视，广泛动员，精心组织，境外银行卡业务发展取得了明显效果。

工银澳门按照“全行办卡”的指导思想，实施积极主动的市场推广和渠道营销策略，调动网点、营销部门以及中后台员工的积极性，配合“澳门购物节”举办多种营销活动，有效促进了银行卡业务发展，全年新增信用卡2.9万张，新增借记卡2.5万张，实现收单金额643亿澳门元，超额完成了总行下达的发卡和收单任务。工银澳门银行卡业务的成功做法值得各境外机构学习借鉴。

工银亚洲加强对营业网点信用卡营销工作的督促指导，网点发卡量逐步增加；与香港航空公司合作推出具有较强市场吸引力的联名卡，去年该卡发卡近4 000张；配合总行逸贷卡的发行和银联跨境分期付款商户营销，积极拓展跨境分期付款收单商户，年末收单商户零售点数目达到2 219家，全年实现收单额89亿港元，较上年增长60%。工银亚洲还研究了进一步加快银行卡业务发展的各种措施，向总行提出建议，引起了总行的重视。

河内分行深入了解当地市场特点，分析客户结构，将往来越南和广西的中资客户作为切入点，组织开展专项营销活动，银行卡业务从零起步，当年实现信用卡和借记卡系统同时投产、同步发卡，仅用了两个多月时间就发行了730张银行卡，超额完成全年发卡任务。

工银印尼积极拓展特惠商户，在雅加达、万隆等城

市累计发展了近百家特惠商户，涵盖餐饮、医疗保健、房地产销售、文化娱乐等多个行业，改善了用卡环境，扩大了市场影响。

新加坡分行在境外机构中率先发行了工银银联双币信用卡，突出定位高端的客户发展战略，努力实现业务本地化突破，发卡客户中70%以上是新加坡公民和永久居民，卡均年交易额达到8 657元人民币，卡均透支额达到4 440元人民币，动卡率达到55%，实现了银行卡发展量质并举的新目标，作出了表率作用。

法兰克福分行面向中资机构，加强公私联动，克服各种困难，积极营销信用卡业务，超额完成了总行下达的信用卡发卡任务，率先在欧洲成熟市场实现了信用卡业务的突破。同时，法兰克福分行还与银联携手营销，将该行发行的银联借记卡作为德国世界大学生运动会代表团唯一指定用卡，首次将工行零售业务产品打入欧洲主流客户市场，有效提升了“工银卡”品牌在德国的影响力。

马德里分行去年1月开业后迅速发行了银联欧元借记卡，准确定位目标客户，积极向中资企业员工、往来中国及西班牙之间的客商等营销银行卡，超额完成了借记卡发卡任务。

工银加拿大克服时差大、地域远等困难，加强与总行及当地卡组织之间沟通协调，创新并发行了银联“PBOC2.0” + Interac“EMV”双标识、双标准芯片借记卡，并实现存量客户换卡及新客户发卡，超额完成了借记卡发卡任务。

其他境外机构在加强对本地银行卡业务市场调研的同时，较好地完成了FOVA银行卡系统投产任务。在去年的境外银行卡业务营销中，涌现出一批业绩突出、事迹感人的先进个人。根据各境外机构的推荐，经过层层评比，评选出10名境外银行卡最佳营销能手，准备近期进行通报表彰。各境外机构要组织本行员工学习境外银行卡最佳营销能手的事迹及经验，取长补短，共同提高。

三是境内外联动有新进展，服务质量有所提升。在总行卡部、个金部、科技部等部门的通力支持下，境内机构实现了营业网点及ATM全面受理境外银行卡的查询、取现、存款等基本业务，境外银行卡在境内的受理服务渠道实现了质的飞跃。同时，去年还实现了境内外银行卡客户贵宾服务渠道共享，境内50家机场贵宾室开始向境外高端客户开放，工银集团的白金卡客户无论是在境内还是境外，都可享受当地贵宾室、贵宾通道、贵宾窗口等，初步实现了资源整合、服务共享。总行下了很大的功夫，对境外卡给予“国民待遇”。境内卡到境外能不能得到“国民待遇”，有待明确。

去年，境内外机构合作举办了内地持卡客户回馈活动。工银澳门借“澳门购物节”之机，配合境内分行组织内地客户到澳门旅游、购物；新加坡分行配合总行卡部及境内分行，组织客户在新加坡举行了“工行回馈礼、畅游新加坡”旅游、购物活动，收到了良好的效果，获得了客户的好评。

四是境外银行卡产品线初步完善，多个新产品陆续推出。全年共完成了新增银行卡项目立项20个，形成涵盖信用卡、借记卡等卡种，磁条卡、芯片卡等介质，接触式支付和非接触式支付等支付方式，人民币、当地货币等币种，银联 + 当地卡组织的“双卡、双介质、双支付、双币种、双标识”境外银行卡产品线。去年5月，工银银联双币信用卡在新加坡全球首发；9月，工银银联双币闪付信用卡在工银澳门成功首发；11月，银联“PBOC2.0” + Interac“EMV”双标识、双标准芯片借记卡在工银加拿大顺利投产并发卡。这些新产品对提升市场影响力、促进业务发展起到了重要作用。

五是科技助力业务拓展，系统投产取得重大突破。在总行科技部门的大力支持下，各境外机构克服时间紧、任务重、人手紧、地域范围广、工作时差大等多种困难，共完成了15家境外机构FOVA银行卡通用版系统投产工作，超额完成了总行确定的系统投产任务。例如，在日本发生“3·11”大地震后，总行已同意东京分行可以暂缓银行卡系统投产和发卡，但东京分行结合发展本地客户和人民币业务发展的需要，在总行科技部门的支持下，克服大地震造成的各种困难，精心组织推动，坚持完成了系统投产并成功发卡。

六是制度建设明显加强，各项业务管理逐步规范。“流程优先、制度至上、风险可控”是境外银行卡业务发展中必须始终坚持的原则，也是保证业务稳健发展的关键。2011年，总行制定并发布了《境外信用卡（个人卡）授信政策指引（试行）》、《境外银联双币卡业务暂行规定》、《前台操作流程（试行）》、《客户服务工作制度（暂行）》等近30项涉及风险管理、运行管理、客户服务等一系列规章制度，保证了境外银行卡业务健康发展。各境外机构认真落实总行有关制度规定，根据当地市场状况，制定了信用卡授信实施细则，实现了业务安全运行。

七是境外银行卡业务运营标准化建设快速推进，初步建立起专业化、集约化的中后台业务运营机制。卡中心（国际）在促进境外银行卡业务发展中发挥了重要作用，人不多、办公面积不大，工作进展很大、很有成效。今年先后在深圳和香港建立了制卡中心和应急制卡室，承担了工银澳门等17家境外机构的31个卡种的制卡工作，实现了15家境外机构银联卡资金集中清算；初步实现了参数集中设置，全年累计审核、维护参数8 300多条；在审核、监控、催收等三个信用卡风险业务系统的基础上，建立了集中风险管理平台。新加坡分行的信用卡申请实现了系统自动审批，工银澳门于今年2月实现了系统自动审批，其他机构也在加快推进审核审批作业系统的投产进度。

境外银行卡人工坐席服务系统去年1月16日投产后，经过4次版本升级，成功实现了为17家境外发卡机构提供普通话、粤语和英语3种语言，7×24小时涵盖卡启、挂失、查询、授权等人工坐席服务。全年累计接听客户电话6.5万次，接听率达93%；累计处理境外银行卡授权业务8 000多笔，总计金额1 226万元人民币；累计催收235户，回款约58.7万元人民币。10月，在完成接听客户电话的同时，又为工银澳门开通外呼服务，共完成外呼客户7 000多名，提供营销、领卡、领奖、补充资料等多项服务。

境外银行卡业务是我行国际化发展的重要工作内容，这方面没有经验，总行要求又很高。过去的一年里，各境外机构和总行各相关部门，都为发展境外银行卡业务作出了积极的努力，付出了辛勤的劳动，并取得了明显的成绩。在此，我代表总行，向付出辛勤劳动、取得明显成绩的各境外机构致以亲切的慰问，并表示衷心的感谢！

二、认清形势，明确未来三年境外银行卡业务发展目标

（一）当前境外银行卡业务面临的新形势。发展境外银行卡等零售业务是全行的一项重要战略部署。姜董事长在2011年国际化工作会议上指出：境外机构要加快向本土银行转变，抓紧从以批发业务为主向批零兼顾的经营模式转变。境外机构刚开业时主抓批发业务如银团贷款等是对的。但随着国际化进程的发展，就不能单抓批发业务了。大家都知道，零售业务与批发业务不同，发展初期可能见效不如批发业务那么立竿见影，但一旦发展起来，则可获得稳定、长期的收益。工银澳门银行卡业务三年发展实践证明了这一点。他们通过积极开展发卡、收单等低资本占用的银行卡业务，带来了大量的存款和零售客户，银行卡收入成为其贷款手续费收入之外的第二大收入来源，2011年实现收入1.53亿澳门元，同比增长4 200万澳门元，增幅为37%，税后净利润贡献为1 670万澳门元，银行卡业务成为工银澳门的一项“既有名又有利”的重要产品线，证明由批发业务为主向批零兼顾转变是正确的。

当前，我行境外银行卡业务仍处于起步阶段，与花旗、汇丰和中国银行等银行卡业务国际化程度较高的国际同行相比，我行在发卡区域、发卡总量和消费额等方面，均存在较大差距。2010年末，花旗在美国之外108个国家发行信用卡约5 900万张，消费额2 115亿美元，卡均3 585美元；汇丰控股在英国之外42个国家发行信用卡约5 000万张，消费额1 181亿美元，卡均2 362美元；中国银行在中国大陆之外13个国家和地区发行信用卡约250万张，消费额60亿美元，卡均2 406美元。尽管我行目前与国际同业相比，银行卡业务有比较大的差距，但未来几年，总行认为全行范围内发展银行卡业务也有难得的发展机遇：

一是人民币国际化发展趋势让越来越多的境外机构及个人投资者持有人民币，日益庞大的境外人民币资金为我行发行银联双币卡和双边贸易收单业务提供了市场空间，人民币加当地货币信用卡也会更加受客户欢迎。例如，去年卡中心（国际）客服中心根据工银澳门的要求，电话联系了符合条件的4 036名“VISA”持卡客户，向其推荐银联双币信用卡，受到大多数客户欢迎，其中3 027名客户成功办理了银联双币卡，成功办卡率达75%。二是目前海外已有4 800多万名华人华侨，每年还有2 600万名外国人来华，随着中资企业“走出去”、中国公民境外投资、留学移民，为我行境外银行卡发卡提供了广泛的客户基础。三是我行已经建立了覆盖33个国家和地区、由239家境外机构组成的牌照完备、运营高效、服务优良的全球网络，全行对境外机构网点、ATM 、POS机等投入持续加大，为境外银行卡业务发展逐步奠定了基础。四是银联卡全球受理网络日益扩大，目前已经延伸至境外125个国家和地区，为我行境外发行银联卡提供了有利条件。五是我行依靠自身科技力量研发的FOVA银行卡系统日益完善，已在17家境外机构投产，为在境外推广各项银行卡产品提供了良好的科技平台。

当然，我们在发展过程中也会遇到不少挑战：一是随着互联网的普及和移动通讯技术的发展，支付领域的创新和发展非常迅速，“支付宝”、“财付通”、“谷歌钱包”等在支付领域异军突起，在线支付、手机支付等无卡支付方式渐成气候，对传统银行卡支付方式形成一定程度的替代和挤出效应。为此，总行正在研究如何以“网银+银行卡”来应对第三方支付的挑战。二是欧美及亚太一些国家由于受经济金融危机和信用卡过度发展的影响，为加强监管，不少国家提高了信用卡业务的审批门槛，工银印尼、工银马来西亚、首尔分行等境外机构的银行卡业务申请审批都受到了一定的影响。三是我行虽然已经有17家机构开办了银行卡业务，但除港澳之外，多数境外机构本土化经营进展缓慢，缺乏银行卡业务的经营管理经验及业务人员，银行卡产品线和客户基础也较为薄弱。

总的来看，未来几年我行境外银行卡业务将迎来难得的机遇，同时也面临严峻的挑战。虽然我行发卡量较小，但业务增长迅速，发展潜力巨大。国际同业银行卡业务规模庞大，发卡地域广，但由于受经济金融危机影响，贷款逾期率、损失率较高，正处于停滞或缓慢发展阶段。各境外机构必须认清形势，提高认识，抓住机遇，跨越阻碍，肩负起发展境外银行卡业务的历史使命。

（二）未来三年境外银行卡业务的发展愿景、目标和指导思想。根据全行2012－2014年发展规划，我们制定了未来三年境外银行卡业务发展实施规划，明确了

当前和未来一段时间境外银行卡的发展愿景、目标和指导思想。

我行境外银行卡发展愿景是：建设“运行平稳、架构灵活、分行欢迎、客户满意”的全功能银行卡业务平台，打造“多币种、多标识、多介质、多功能、多主题、支付灵活、安全可靠”的银行卡产品线，争取用10年时间将境外发卡机构建设成为“产品种类丰富、客户服务优秀、风险控制有效、利润贡献良好”的国际主流发卡及收单机构。

未来三年，境外银行卡业务的发展目标是：到2014年，信用卡发卡机构达到25家，借记卡发卡机构达到27家；信用卡和借记卡发卡量均超过60万张；新增信用卡动卡率达到50%，总体动卡率达到40%；消费额突破50亿元人民币，贷款额突破10亿元人民币，收单额突破1 000亿元人民币；180天以上不良率控制在1.5%以下。上述目标是个方向，有条件的境外机构要超额完成规划任务。

境外银行卡业务发展要吸取境内银行卡业务发展的经验，尽量少走弯路。当前和今后一段时间，境外银行卡业务发展的总体指导思想是：依托集团优势，突出重点地区，坚持“一行一策”，实施客户、产品两大战略，拓展发卡、收单、贷款三大市场，统一打造“工银卡”品牌，统一客户政策，统一主要功能，统一监控平台，统一授信审批，扎实做好各项基础工作，推动境外银行卡业务健康快速发展。

要在复杂多变的国际环境中抓住发展机遇，应对新的挑战，发展银行卡业务，必须牢牢把握以下四个重点：

一是要把握发展重点，实施“一行一策”。“一行一策”是我行境外机构业务发展的基本指导原则。不同区域的境外机构必须结合所处市场环境及自身条件，制定本行银行卡业务发展思路，突出工作重点。从全行而言，亚洲区域是境外银行卡业务发展的重点区域，要根据当地市场状况，确定较高的发展目标和较快的发展速度，以多产品、多介质、多渠道加快发展。港澳地区是境外银行卡发展的核心区域，要根据当地市场及客户需求，研究开发特色银行卡产品和服务，大力发展旅游、交通、酒店、购物等各类联名卡、主题卡，快速增加发卡规模，提高市场占比，力争成为当地主流发卡行。其他境外机构重在完善服务功能，不追求发卡数量指标，但按照“一行一策”的要求，结合实际制定银行卡业务发展目标，满足“三基要求”，即凡具有银行卡业务资质的境外机构，必须具备基础银行卡产品：银联双币信用卡（配发万事达卡）、借记卡等；具备基本的服务设施：个人网银、ATM；具备基本的客户服务能力：设置专门服务柜台与专职服务人员，提供基本服务项目。在此基础上，“一行一策”考虑发展思路，依靠批发业务，银行卡业务跟进，通过公私业务联动，做好银行卡的市场营销和中国游客的收单业务。

二是把握产品策略，以差异化思路寻求发展路径。境外机构在选择银行卡产品时，必须结合实际、因地制宜，根据所处市场成熟度、客户用卡偏好、同业竞争状况，从银行卡产品线中选择合适的主打产品，集中各类资源进行有重点地推广。港澳地区应以竞争他行客户为目标，以新技术、新产品、新工具、新服务拓展本地市场；针对VISA、万事达持卡客户发行银联双币卡，方便客户在境内外使用；大力推广非接触式芯片卡，填补市场空缺；研发推出手机支付卡等新产品。欧美等成熟市场应研究当地中资企业与机构、与中国商务贸易往来密切人群的用卡需求，发行银联双币信用卡，配发万事达信用卡，条件成熟时推出双标识、双标准信用卡。新兴及欠发达市场应着眼于当地各类客户的用卡需求，从现有银行卡产品系列中选择适合的银行卡产品向当地客户营销，同时交叉销售多种零售产品，提高综合贡献度。

三是要把握客户定位，从细分市场实现发展突破。我们的境外机构在当地属于外资银行，其品牌影响、服务能力、营销资源与当地银行相比还有较大的差距，这就决定了境外机构不能向国内机构一样在客户发展上全面出击、四处开花，而必须细分市场，营销特定的客户群体。这就要求我们营销银行卡时，必须找准客户定位，争取通过细分市场获得竞争地位和业务发展。

为此，规划明确了我行境外银行卡业务的客户定位，将中资公司与机构、华人华侨、与中国商务贸易往来密切人群以及跨境个人客户等作为主要目标客户，力争成为全球华人的首选银行。

在落实这一客户定位的过程中，各境外机构应立足本地市场和客户基础，实施区域化客户发展策略。港澳地区要加快经营转型，坚持本地化经营，以港澳本地居民为主要目标客户，全力竞争他行客户，增加市场份额，发挥旗舰作用。其他区域要以当地华人华侨、中资公司与机构、与中国商务贸易往来密切人群以及跨境个人客户作为主要目标客户，稳步提升客户规模。

四是要把握业务核心，推动发卡、收单、贷款三者互动同步发展。发卡、收单、贷款是银行卡业务的核心。我认为，这三项业务之间存在着互相影响、彼此关联的共生关系。如果只发卡，不拓展特惠商户和收单业务，那么发了卡可能也不好用，没有竞争力；如果发了卡，收单和特惠商户也有了，但授信额度不能满足客户要求，反过来也会制约发卡，限制客户用卡。因此，未来三年，境外机构必须统筹考虑这三项核心业务，选择好重点突破口，使之相互促进，形成良性循环。要把促进发卡工作放在境外银行卡业务发展的首位，同时加快拓展收单和特惠商户，开展多种形式的促销活动。总行卡部要牵头研发全球联名卡和收单业务，区分不同区域，加强对各地区收单业务模式研究，探索建立境外收单专门团队，以“总对总”方式发展境外收单业务，卡中心（国际）做好配合，境外机构积极跟进，利用好中国银联的境外商户资源，帮助境外机构在境外特惠商户及收单业务上取得较大的突破。同时，要在有效控制风险的前提下，区分客户的信用等级、授信规模等条件，实施灵活的利率政策，吸引客户使用我行的信用卡贷款。

亚太地区要积极与航空公司、旅行社、酒店、商场、留学中介等发行联名卡，以此促进发卡业务。港澳地区网点数量多、工作力量强、银行卡业务经验丰富，应加大投入，在发卡、收单及特惠商户上寻求同步发展突破，带动分期付款、消费透支规模增长。欧美成熟市场的境外机构要抓住国内居民出境旅游、购物的机会，寻求知名消费品牌收单业务突破。

（三）贯彻“ONE BANK”理念，实现境内外银行卡业务“五个统一”。“ONE BANK”理念是董事会根据当前全行面临的形势和经营管理现状提出的重大战略，是整合国内各分行、境内外各机构、全行各业务条线力量，形成竞争发展合力，破解发展难题的重大举措。这一理念也必须在境内外银行卡业务发展中得到很好地贯彻落实。当前，贯彻“ONE BANK”理念，在银行卡业务发展上就是要做到境内外银行卡业务“五个统一”。

一是要统一品牌宣传，打造全球知名“ICBC CARD”品牌。要根据全行银行卡品牌建设统一规划，在境外市场坚持推进“工银卡”品牌建设，用10年左右时间，将“ICBC CARD”打造成国际市场上具有较高认知度和美誉度的国际银行卡品牌。境外银行卡卡面设计、我行标识使用、宣传视觉表现等要统一遵守我行《集团企业形象管理手册》、《品牌架构视觉表现基础应用规范（2010版）》等有关规定。同时，要充分利用多种渠道和媒介，将我行境外银行卡产品功能、特色服务和促销优惠等向社会公众广泛传播，提升“ICBC CARD”品牌认知度。

二是要统一客户政策，建立标准一致的全球银行卡客户服务体系。目前，境内的银行卡客户政策已经比较成熟，境外的客户政策还需要明确。总行卡部与卡中心（国际）在这方面要研究统一，看看国内的客户政策在境外是否适合以及如何落实。各境外机构也要结合当地的监管、市场、客户需求及服务能力，提出合理化建议。卡中心（国际）汇总形成境外银行卡客户政策，并与境内的客户政策进行汇总匹配。这里我还想强调一下统一全球银行卡客户双向服务的问题，要让境外客户在境内能够得到优质的服务，同时也要让境内客户在境外能得到同样优质的服务。目前，我行境外机构的银行卡客户服务能力还很弱。这方面，希望总行卡部和卡中心（国际）好好研究，今年提出逐步解决的方案。

三是要统一主要功能，打造NOVA与FOVA银行卡系统互联互通的平台。要继续完善FOVA银行卡系统，尽快实现“一个客户、多种卡片、共享额度、差别利率、综合账单”，推动NOVA与FOVA系统的连通，将境外信用卡功能纳入全行信用卡系统统筹规划，境内NOVA系统中的新产品、新技术、新功能都能同步在FOVA系统中共享。

四是要统一授信，建立全球联动的信贷管理体系。以个人客户综合授信为基础，以完善的境内外信用卡风险管理制度和系统为支撑，境内外机构紧密协作，通过全球资产管理系统与信用卡业务系统的刚性控制，进一步加强对境外银行卡审批、授信、授权的集中统一管理，实现个人客户信用卡授信全球统一，做到境内外信用卡“多卡一额，动态共享”。

五是统一监控，建立覆盖境外银行卡业务全流程和各环节的风险管理体系。由于消费习惯的差别和经济环境的原因，目前境外信用卡业务的风险水平要高于境内，体现在资产质量上，就是境外信用卡透支不良率要高于境内。处于这样的市场环境中，我行在发展银行卡业务时，必须更加注重业务风险管理和控制。总行卡部要牵头将境外信用卡业务纳入全行信用卡业务的监控范畴，构建全球统一的信用卡用卡及收单风险监控系统，提高可疑交易快速反应能力和反欺诈能力，保护客户资金安全。总行卡部要联网监控境外业务，建立更多的风险监控模型，把风险控制做在前面。

三、2012年配套政策及工作要求

去年，为配合我行国际化战略的贯彻实施，总行内审局组织直属分局对19家境外机构和7个总行部门，就境外信用卡业务发展情况，开展了一次专题审计调研。调研报告充分肯定了境外银行卡业务在客户发展、产品创新、服务渠道延伸、风险控制、业务流程优化、中后台业务配合等方面取得的成绩，客观地指出了当前在管理架构、差异化发展、考核机制、资源投入等方面制约境外银行卡业务发展的主要问题。对此，董事长和杨行长都很重视，要求有关部门制定工作方案，解决好这些阻碍业务发展的问题。2月中旬，我召开了一次专题会议，就解决影响境外银行卡业务发展问题重申和提出了以下几点政策措施：

第一，关于境外银行卡业务的管理职能划分问题。经过一年多的磨合，卡中心（国际）与境外机构及总行各相关部门的日常工作及联络支持机制已经建立，协调沟通效率比成立初期显著提高，2011年较好地完成了FOVA银行卡系统投产及业务管理等各项工作。因此，我在这里重申一下，由总行卡部统一管理全行信用卡业务，并授权卡中心（国际）具体实施境外信用卡业务管理工作。总行卡部牵头负责与各国际卡组织的协调工作。卡中心（国际）制定涉及境外信用卡管理的重要政策和制度规定，报总行卡部审查，经总行批准后下发执行。卡中心（国际）负责制定境外信用卡发展规划、年度计划等，报经总行批准后执行，并列入财会部、国际部境外机构考核指标。卡中心（国际）负责境外银行卡产品创新、业务管理，并为境外机构提供银行卡业务中后台服务。境外银行卡业务的市场营销以境外机构为主，卡中心（国际）与总行国际部一道加强指导并提供必要的支持。

第二，关于境外银行卡业务资源投入问题。总行在2011年已经为境外银行卡业务发展出台了不少政策。比如新设境外机构的网点装修、ATM及POS设备初始投资、银行卡营销费用均可在利润考核中还原。今年总行这些财务投入政策将继续执行。在此基础上，总行准备为重点机构拓展市场制定专项利润返还政策，支持其加快信用卡业务发展。希望各境外机构能够根据总行制定的发展计划，配套进行人力、物力投入，配备足够的人员从事银行卡产品营销和客户服务，有条件的营业网点要配备负责银行卡等零售产品营销的客户经理。要配合总行开展全球统一和区域特色相匹配、多种形式相结合、主题鲜明的发卡和用卡促销活动。

第三，关于FOVA银行卡系统建设问题。总行科技部门和卡中心（国际）将在去年成功实现15家机构FOVA银行卡系统投产的基础上，继续加大对FOVA银行卡系统的研发投入。今年重点帮助工银亚洲完成FOVA系统投产，并梳理港澳机构系统中的特色银行卡产品和功能，进一步完善FOVA银行卡通用版，在产品种类、系统功能、客户服务等方面进行升级优化，使所有发卡机构都能共享新产品、新功能和新服务。

第四，关于境外银行卡业务的考核激励问题。今年总行将在对境外机构的考核中，增加银行卡等零售业务中长期发展及本地化经营考核指标的比重，并对不同境外机构确定不同的考核权重。对于港澳等亚太区域银行卡业务发展重点行，考核权重要进一步加大。另外，为了鼓励境外机构加大对银行卡业务投入，总行财会部会同有关部门正在研究，准备在过渡期内，对境外机构银行卡业务收入给予增加考核系数，从政策上保证境外机构发展银行卡等零售业务的收益。

第五，关于在境外发行双标识、双标准卡的问题。去年，境外银行卡已完成了与银联的全面合作。下半年开始，总行卡部和卡中心（国际）积极推动与VISA、万事达等卡组织境外发卡合作，并签订了合作备忘录。今年，总行还将探讨与JCB、大莱等国际卡组织的合作，条件成熟时也会在境外发行这些组织的卡。发行双标识、双标准卡是境外机构的强烈要求，总行也赞同这个需求。但是鉴于国际卡组织之间的竞争关系很难达成统一，什么时候能够发行双标识、双标准卡，还没有明确的时间表。总行卡部要继续加强与银联高层的沟通和协调，研究推动在银联受理网络薄弱地区发行银联+万事达双标识、双标准信用卡。在此之前，只要是没有监管规定限制，各境外机构都要发行银联双币信用卡，配发VISA或万事达信用卡。也可探索与当地卡组织联合发行双标识、双标准银行卡产品，解决银联卡在当地的使用问题。

希望上述五个问题的解决，能够有力地促进境外银行卡业务的整体发展。下面，我再对2012年的工作提几点要求：

一是各境外机构要高度重视，加强领导，增强境外银行卡业务发展的紧迫感。境外银行卡业务能够发展起来，与在座各位的努力是分不开的。工银亚洲、工银澳门等多数境外机构的一把手参加了今天的视频会，有了大家的重视和支持，境外银行卡业务将会有跨越式发展。2012年，希望各境外机构的领导对银行卡业务继续高度重视，增强工作紧迫感，加强组织领导，加大工作力度，加快发展步伐。工银印尼、工银马来西亚、工银泰国、首尔分行、河内分行等境外机构，对涉及的卡产品需当地监管部门审批的，主要负责同志要亲自关心，亲自推动，加快获得监管部门的审批，争取早日实现发卡。

二是要确保完成今年发卡任务。今年，总行根据各家境外机构的意见，统筹确定了信用卡和借记卡各增加7万张的发卡任务。会后，各境外机构要尽快分解落实，采取有效措施，确保完成或超额完成总行下达的发卡任务；要在努力增加发卡量的同时，更加重视提高发卡质量，确保新增信用卡动卡率达到50%。

三是继续做好FOVA银行卡系统投产工作。今年，总行确定了4家境外机构（工银亚洲、万象分行、金边分行、伊斯兰堡分行）FOVA银行卡系统投产计划；各相关境外机构要配合总行，积极做好投产前的各项准备工作，争取能够如期投产系统并成功发卡，卡中心（国际）要继续提供现场及非现场业务支持；去年已经实现系统投产而未发信用卡的6家境外机构，今年须尽快实现发卡。

四是要坚决管控好业务风险。要继续坚持稳健进取、稳中求进的发展思路，严格管理和控制好信用风险、欺诈风险、收单风险及操作风险。去年，境外银行卡发卡、收单也偶有风险事件发生，要认真总结经验教训，引以为鉴，完善制度、系统，落实各项操作流程。各境外机构要以《境外信用卡（个人卡）授信政策指引》等制度规范为指导，以全球统一的客户政策为依据，制定完善的授信实施细则，加快FOVA信用卡审核审批作业系统推广，尽快实现通过系统完成审核、审批、授信及调额申请。

卡中心（国际）要尽快制定《境外银行卡收单业务风险管理办法》，把风险控制想在前面，严格商户开业时间、执业背景等方面要求，加强收单机构及商户准入、退出以及日常管理；加快推进信用卡申请审批、授信、授权、清算、制卡、参数的集中处理和管理，实现境外银行卡全部中后台业务的专业、集约、规范化运作。

同志们，一年之计在于春。境外银行卡业务发展的客观和主观条件都已具备。总行各相关部门及各境外机构，要以启动境外银行卡发展三年规划为新起点，密切配合，抓好落实，大力推动境外银行卡业务发展，确保实现总行确定的各项发展目标，为建设“全球第一华人银行”做出更大贡献。

改善服务　提升品质
稳步推进个人金融和信用卡业务健康发展

——在中国工商银行个人金融、银行卡与私人银行业务工作会议上的讲话

李晓鹏

（2012 年 4 月 6 日）

今天我们召开工作会议，主要任务是贯彻年初全行工作会议精神，总结零售业务板块经营发展中取得的成绩和存在的不足，分析当前面临的新形势和新挑战，部署今年的重点工作。下面，我主要就个人金融和信用卡工作讲三个方面的意见。

一、2011 年工作回顾

2011 年，面对复杂的市场环境和激烈的同业竞争，在总行党委的正确领导下，全行个金和信用卡战线全体员工共同努力，克服了多重困难，顶住了多方压力，各项工作都取得了良好的业绩。

一是市场规模继续扩大。截至 2011 年末，全行个人客户金融资产达到 7.67 万亿元，较上年末增加 6 714 亿元，继续领先同业。其中，全行储蓄存款余额达到 5.91 万亿元，比年初新增 7 161.72 亿元，余额领先农行 1 448.43 亿元，余额和新增四行占比分别提升了 0.06 个和 2.34 个百分点，实现了“双第一、双提升”的目标。信用卡业务实现了新突破：发卡总量达到 7 065万张，当年新发卡 1 545 万张，注销低效卡 846 万张后，净增 699 万张，增长 11%；消费额达到 9 765 亿元，同比增加 3 382 亿元，增长 53%；信用卡融资 1 784亿元，较年初增加 864 亿元，增长 93.9%。发卡、消费、融资三项核心业务指标均领先同业。

二是业务结构实现优化。从客户结构看，2011 年末全行四星级以上中高端客户为 4 938 万人，占比达到 17.52%，较年初提高 1.19 个百分点；中高端客户资产占比达到 84.7%，较年初上升 0.95 个百分点。四星级以上客户信用卡渗透率达到 26.1%，较年初提高 2.1 个百分点。从信贷结构看，全行个人贷款在总贷款中的占比进一步提高到 25.79%；个人消费和个人经营贷款余额达到 6 369.1 亿元，占个人贷款的比重达到 35.12%。从信用卡结构看，信用卡融资在全行总贷款中的占比由 1.4% 提升至 2.5%，其中分期付款余额达到 1 059 亿元，较年初增长 109%，占信用卡融资的比重达到 61.2%；年消费 1 万元的卡由 2010 年的 623 万张发展到 810 万张。白金卡发卡量达 63 万张，较年初增长 103%，增速创历史新高，实现消费额 2 441 亿元，以 0.8% 的发卡量占比实现了 27.9% 的消费额。

三是产品创新和渠道建设取得成效。先后推出了芯片磁条双介质卡、军人保障卡、社保卡、银医卡、市民一卡通、逸贷信用卡，其中逸贷信用卡凭借费率低、直接消费的特点，较好地实现了信用卡与消费信贷业务的融合。针对工银商友俱乐部会员量身打造了包括商友卡、汇款套餐等一揽子金融服务方案，提高了商友卡客户对我行的认同感和归属感。试点推出了客户经理与客户联络互动项目。不断扩展信用卡短信客服功能，实现了短信查询余额和还款额、定制短信账单等 15 项功能。进一步加强个人客户星级系统应用，发挥跨专业的交叉销售功能，提高重点产品覆盖率。在渠道建设上，新建装修物理网点 1 462 家，新建离行式自助银行 1 558 家，新投产自动柜员机超过 1.1 万台，新投产查询缴费机和转账汇款机 8 870 台，总规模超过 3.3 万台，新投产个人转账终端 10.9 万台，累计达 31.9 万台。信用卡营销和服务渠道也在日益完善：网上办卡业务累计申请量已达到423 万笔，累计申领 124 万张，占去年总发卡的 17.74%。不仅节省了柜台及人力资源，而且所发卡启卡率达 100%。同时，在确保电话接听服务质量的前提下，稳步拓展外呼功能，使服务从价值链的后台走向营销的前线。

四是服务和流程得到优化。2011 年个人客户投诉

总量累计10 733件，比2010年同期下降约60%，且各月份个人客户投诉量环比下降明显；信用卡客户投诉量同比下降40%。全行通过开展柜面业务分流工作，柜面业务可分流率降至39.19%，较年初下降2.51个百分点。信用卡电话服务20秒接听率由2009年的36%提升到2011年的94%，远高于国内同业72.96%的平均水平；短信客服业务量占电话中心呼入量比重达到30%，分流、替代电话业务效果明显。

五是风险控制不断加强。去年，全行个金工作结合运营管理改革，从制度、系统、流程、队伍等方面不断完善操作风险管理机制；启动个人客户信息真实化工程，构建常态工作机制，提高风险防控能力；切实抓好高风险业务环节管理，严格防范假按揭，规范贷款用途管理。在信用卡方面，完善客户星级标准，强化授信管理，提升信用卡额度自动审核系统功能。加强系统对风险的硬控制，投产了205个风险监控模型，打造风险实时干预系统，实现由交易监测到全面业务监控的转变。截至2011年末，全行个人贷款和信用卡不良率分别为0.48%和0.69%，分别较年初下降0.09个和0.21个百分点。

六是经营业绩与贡献度不断提升。2011年全行零售业务实现营业贡献1 438亿元，对全行的贡献度提升至30%；实现个人中间业务收入471亿元，同比增长126亿元，占全行中间业务收入的44.2%，是全行中间业务收入最高的专业。按可比口径计算，信用卡总收入达到210亿元，同比增加80亿元，其中中间业务收入157亿元，同比增加66亿元。

此外，在这里简要总结一下刚刚结束的全行“改善服务，提升品质”旺季营销活动。活动自去年11月22日启动，历时四个多月，跨两个年度，覆盖了元旦、春节等多个重要节日，确实对全行服务改善和业务品质提升起到了积极作用。活动期间，全行实现了将客户排队等候时间控制在30分钟以内的目标，客户投诉量同比下降了85%；中高端客户数量同比多增了27.8%；全行个人金融资产增加了7 252亿元，其中储蓄存款增加了7 873亿元，同比多增844亿元。总的来说，这次活动能够圆满完成，源于各行在活动中做到了四个结合：一是认识到位，组织细致，因地制宜地开展各种营销活动，同时合理安排去年工作收尾和今年开局，做到了主题活动与年度工作相结合；二是突出服务，优化流程，多策并举改善客户体验，以提升客户满意度来增加我行竞争力，做到了服务改善与营销工作相结合；三是依法合规，强化管理，同时做好客户教育和引导，从内部和外部营造良好的经营环境，做到了业务发展与品质提升相结合；四是量质并举，突出重点，注重业务、客户和收入结构调整，做到了短期目标与可持续发展相结合。可以说，本次活动较好地实现了利用旺季促进全行业务规模和质量的同步提升，也为今后的工作积累了宝贵的经验。

回顾去年以来的工作，有以下几个特点需要认真总结：

第一，营销目标更加精准，市场渗透有效突破。2011年，全行在“五新”策略指导下，以工银商友俱乐部为载体，在商品交易市场渗透中取得了新的突破。全行已拓展商品交易市场5 144家，组建工银商友俱乐部2 976家，拓展商友会员292.08万户，储蓄存款余额达到2 285.41亿元，个人经营贷款余额达到773.04亿元，全年会员汇款金额累计1.93万亿元，月均1 608亿元。此外，我们继续推进重点县域市场的拓展，加大资源支持和倾斜力度，增加专属产品供给，充分利用新建渠道效能，加快进入新农村市场。同时，进一步加大对公共和民生项目的争揽力度，扩大财政统发、公积金、社保、医保等存款源头，快速扩大客户规模。2011年全行新增代发工资单位10.8万家，新增代发工资客户1 240万人，新增代发工资额2 119亿元，分别比上年增长16.15%、5.33%和24.38%。

去年，全行坚持精确营销，加大对四星级以上优质客户信用卡业务渗透力度，大力推广具备先发优势的芯片卡项目，着力打造购车分期等业务品牌，重点拓展3万多家“五大五小”目标商户，全行发卡、收单、融资业务在重点市场和客户取得显著进展。

第二，联动机制不断健全，整体功能有效发挥。去年4月开始历时5个月的“大联动、大营销”活动，是近年来全行参与部门最多、营销范围最广、活动声势最大、营销效果最好的一次联动营销活动。全行整合集团资源，推进公私、个卡、私私部门全面协同，促进了个人金融资产增长1 997亿元，并带动了信用卡、电子银行、贵金属、私人银行等业务上了一个新台阶。通过这次活动，全行联动机制进一步完善，整体营销合力全面提升，“谁营销、谁受益”的分配机制更加清晰，我行渠道、人才、系统、产品等方面的优势更加突出，为探索新的营销模式和体制机制，提高业务管理的精细化水平和市场响应能力积累了宝贵经验。

第三，量质并举一以贯之，发展品质逐步提升。在业务规模不断扩大的同时，我们十分注重实施积极的结构调整，引导全行不断优化客户结构和信贷结构，推进经营转型。尤其是通过开展“改善服务，提升品质”旺季营销工作，在全行进一步树立了依法合规、稳健经营、服务至上的理念。到2011年末，全行四星级（含）以上优质客户占比达到17.53%，比上年末提高1.2个百分点；信用卡电话、短信、要客服务明显提升。特别是去年全行开展了“批量办理借记卡和集体营销信用卡”大检查，加强管理，完善制度，主动注销低效卡，大大提高了卡片质量。全年信用卡动卡率达到41.9%，较年初提高了0.3个百分点，启卡率达到50.7%，较年初提高了0.1个百分点，新发卡启用率达到了36.8%，较年初增加了3.8个百分点，为信用卡业务的长期、可持续发展带来了后劲。

第四，团队建设有所加强，行商理念逐步培育。近两年来，全行着力转变和逐步扭转过去习惯的等客上门营销模式，重新梳理归类个人金融和信用卡目标客户群体，积极探索，调整零售业务部门组织架构，加强外勤队伍和直营团队建设，构建各类产品服务和新型营销平台，有效提升了营销层级，完善了营销模式，创新了营销载体，拓展了营销半径，提高了营销效率。全行通过多种形式深入开展客户经理营销技能培训，提升开拓市场、营销客户、维护客户的实际工作能力，促进客户经理由智力支撑型向能力贡献型转变。

第五，战略目标更加清晰，资源配置逐步加大。两年来，在全行个金业务三年发展规划指引下，"强个金"战略不断传导深化，全行围绕储蓄存款"双第一、三个点"工作核心，不断调整经营策略，加快对源头性市场的覆盖和客户基础的夯实，加大对渠道、机具、人才投入，并在财务、资金价格、考核机制等各方面进行倾斜，有力地推动了全行竞争力稳步提升。两年来，在"两个第一、两个加大、两个确保"和"三精"策略的指引下，信用卡业务发展步伐更加坚实，量质并举，发卡收单融资并重，线上线下一体的经营格局基本形成，正在迈上市场有形、管理有术、风险有控、经营有向的可持续发展新路子。

以上良好业绩的取得充分证明总行党委关于个金和信用卡业务的战略目标、思路和举措是完全正确的，各行在战略跨越中的工作是积极有效的。在此我代表总行党委，向大家的辛勤工作表示衷心的感谢！困境之中结硕果，来之不易；压力之下求突破，更需努力。希望大家在今后的工作中要坚持运用并不断完善这些经验，保持和维护好这一良好发展势头。

二、2012年新形势与新要求

今年以来，全行个金和信用卡业务发展面临着不同以往的新形势与新挑战，总的来看，体现在三个方面：

（一）市场竞争的压力。从宏观经济层面来看，年初以来，受国内外宏观经济的影响，全社会资金异常紧张，储蓄存款业务遭遇了多年来少有的困难局面，零售业务发展外部环境也面临很大挑战。在这种背景下，同业竞争压力陡增，其他行大规模利用结构性存款、保本理财等产品抢夺客户，使得我行的领先优势逐步缩小。今年第一季度，虽然季末全行储蓄存款余额和新增又回到同业第一和第二的位置，但年初以来相当长的时间内不仅落后于建行和农行，甚至比中行还要低。同时，全行储蓄存款发展的稳定性和均衡性不佳。年初一段时间，全行储蓄存款日均下降697亿元，峰值时期下降了1 240亿元，直至1月17日才扭负为正。截至今年3月31日，我行储蓄存款旬均增量1 484亿元，较农行少1 399亿元，较建行少2 062亿元，仅略好于中行（多276亿元）。去年以来，监管部门对存款的稳定增长提出了新的要求，将存款增长稳定性纳入了差别准备金动态调整机制中，并从今年开始采用存款日均考核指标。这些都对今年的储蓄存款工作提出了新的严峻挑战。

信用卡市场也面临较大的竞争压力。2011年末，我行发卡量四行占比较年初下降3.5个百分点。今年，我们还要消化原有的低效卡1 000万张，同时要保证7 500万张的总卡量，可以说发卡任务十分艰巨。在信用卡融资上，我行去年增加了800多亿元，增长了94%，但农行增加980亿元，增长165%，大有赶超之势。同时，国内发卡市场即将开放，花旗银行获批在我国内地开办信用卡业务，其固有的品牌优势和强劲的市场号召力将加剧国内信用卡市场和消费市场的竞争。在收单市场上，第三方支付公司介入线上支付业务后，我行的收单市场也必将面临新的挑战。

（二）规范服务的压力。当前，"银行服务收费问题"已被全社会广泛关注。2月，银监会发布了《关于整治银行业金融机构不规范经营的通知》，提出了"七不准、四公开"和"合规收费，以质定价，公开透明，减费让利"的监管要求。根据这些要求，全行对现行收费服务价目进行了全面的检查和梳理。从零售业务检查的情况来看，我行在服务收费上确实存在不完善的地方，主要表现在一是收费项目过多，需要合并，或重新定义；二是与贷款相关的收费尚未做到价质匹配；三是收费标准不够统一和规范。个金和信用卡业务，服务客户众多，业务面广，处理环节多，在规范服务收费工作中肩负着重要的责任。如果处理不好，不仅影响全局，而且也会对自身业务的可持续发展带来重大损失。

（三）风险管理的压力。当前，国际经济环境动荡不安，全球经济复苏艰难。我国经济在朝着宏观调控预期发展的过程中，不平衡、不协调的矛盾依然存在，经济运行依然处于复杂多变的敏感期。特别是去年以来民间借贷市场无序发展、高利贷蔓延所带来的多重风险，社会上利用虚假贸易、虚假合同、虚假经营和虚假消费等手段套取或骗取银行资金从事高利贷等违法违规现象屡见报端。伴随银行卡产业的快速发展，与银行卡相关的违法犯罪活动也日益增多。尤其是近年来，伪卡产业链初步形成，作案手段花样不断翻新，作案方式隐蔽性强，科技含量高，并呈现出规模窃取信息，专业制造伪卡，批量盗刷等团伙作案的特点。因此，个金、信用卡战线上反虚假、反欺诈的任务十分艰巨。同时，去年以来，在全行组织的内部审计和业务检查中，也发现了一些严重的内部管理问题。比如，部分分行在贷款资金用途管理上把控不严，发生了贷款资金违规流入房地产市场甚至是民间借贷市场的问题。还有一些分行重规模、轻质量，重速度、轻服务的苗头又有所抬头，被办卡、被保险、被理财以及违规批量营销办卡的事件时有发生，有些问题在个别地区还比较突出和严重。因此，必须把风险控制好。

根据当前新的形势，总行认为，今年个金和银行卡工作总的工作指导思想还是要坚持去年提出的“改善服务，提升品质”旺季工作要求，通过“改善服务，提升品质，稳步推进个金与信用卡业务健康发展”。围绕这个指导思想，提出以下四个“稳步”的要求：

第一，拓展客户，夯实基础，实现个人金融资产规模的稳步提升。实现“强个金”战略的主要标志之一，就是实现个人客户金融资产规模的最大化，其中储蓄存款作为金融资产的基础，更是开展各项业务的源头活水。要抓好这些工作，必须从基础抓起，处理好客户和存款的关系。目前全行个金工作中的一个突出问题是我行在客户规模上的差距。2011 年末，我行客户总量为 2.82 亿户，比农行少 1.13 亿户，与建行基本持平。我们下大力气开拓新市场，建设新渠道，其根本目的也是为了快速扩大客户基础。没有客户，就没有存款基础，也会失去开拓其他中间业务的可能。因此，全行客户的发展速度仍必须加快，尤其是中高端客户增速要进一步提升。今年全行要重点增加各类机构的“双高”人员群体、新型经济组织的从业人员群体、经济强县的富裕农工群体和跨区域流动的新型就业群体等四类新客户，既要重视客户结构调整，也要实现客户总量的拓展。对于信用卡业务，要通过有效发卡来发动市场，增加持卡客户。各行要充分发挥各种渠道优势，加大对外呼营销的利用，切实提升四星级以上客户、代发工资客户信用卡渗透率；要在深入推进“五大五小”和逸贷卡商户营销的基础上，加快非接触式受理环境建设，吸引新的客户；要扩大联名卡的合作范围，特别是通过建立覆盖广泛、品种丰富、优惠明显的国内甚至是全球的购物联盟，增加工银信用卡的凝聚力，扩大全球客户基础。

第二，改善服务，合规经营，实现个人中间业务品质的稳步提升。4 月 1 日，全行已实行新的服务收费管理办法。个人中间业务要按照“找准市场，持续创新，优化结构，加强协作，科学管理，实现转型”的思路开展工作。一要按照总行的统一部署，规范经营，合理收费，特别是在开展个人贷款业务、理财产品销售、信用卡等业务时，要严格执行我行的收费标准，同时，自觉接受监管部门的检查和媒体的监督，妥善处理好客户投诉，维护好我行的社会形象。二要优化中间业务收入结构，在提高理财、基金、保险、信用卡等业务收入的增长速度同时，要挖掘和培育新的收入增长点，包括私人银行、贵金属、结售汇、收单、分期付款、信托及全球资产管理。总行将理顺这些业务的收入考核机制，合理反映各行零售部门在多品种营销中的业绩。三要继续做好客户教育。近几年，我行在客户教育方面做了不少工作，“投资理财万里行”、“公益大讲堂”以及为信用卡集团客户提供的“工行服务日”等活动，在社会上取得了良好反响。客户教育活动，是提升银行和消费者之间认同的重要手段，对我行业务发展起到了潜移默化的效果。各行要对客户教育常抓不懈，通过媒体、店堂、讲座等多种形式持续开展客户教育工作，总行也将会在客户教育方面提供各类支持。客户教育归根到底，是客户关系维护问题，要通过客户关系的维护，增强客户对我行的认同和信任。

第三，优化系统，从严把关，实现风险管理水平的稳步提升。大力发展个人信贷和信用卡融资是我行信贷结构调整的战略安排。对此，全行必须坚定不移地贯彻落实。但是，在个人类信贷高速发展过程中，工作要扎实，步伐要稳健，头脑要清醒，不能失去风险底线。去年，分期付款、个人经营贷款等业务增长速度都比较快，总行希望个人信贷能够加快发展。但是面对高速的发展，我们还是担心贷款质量的控制问题。有些信贷政策的调整，是为了市场和风险的平衡，并不是为了停止业务的发展。比如，个人房屋抵押贷款因为贷款用途不透明而出现了一些问题，监管部门也提出了要求。总行取消了这个科目，并不是说个人房屋抵押贷款不能办了，而是要求按照个人经营、个人消费等不同的贷款用途，在个人经营贷款、个人消费贷款等对应的科目进行反映。今年，要特别注意处理好几个关系：一是个人经营贷款与小企业贷款的关系。在客户选择上，要按照“原则划分，有限交叉”的原则，重点在个体工商户和其他形式的个体从业者中优选信用好、经营能力强、发展前景优的客户，不与小企业交叉。在贷款金额掌握上，要控制单笔数额过大的贷款，避免风险过重。在客户培育上，对发展到一定程度的个人贷款客户，要及时升级为小企业客户，保持个贷客户的流动性。二是个贷各个业务品种发展的关系。去年，总行结合实际的市场情况，大力发展了个人消费贷款和个人经营贷款等收益率较高的贷款品种，对提升全行个人贷款收息水平和贡献起到了积极的作用，也显著调整了全行个贷结构。根据今年的情况变化，总行在下达个贷规模计划时，不再区分品种下达，希望各行根据当地市场实际，研究不同品种的合理组合和风险定价，在符合监管要求的条件下，自行安排住房贷款、消费贷款和经营贷款的投放。三是信用卡授信额度与资本占用的关系。要继续完善个人信用卡总额度管理，降低信用卡资本占用。目前总行正在调整信用卡授信规模，拟减少 1 000 亿元表外风险加权资产。调整对象主要包括高额度、低使用率客户，长期占用免息还款期的客户以及确认套现、疑似套现或高风险用卡客户。四是集中管理与提高效率的关系。今年信用卡监控中心要实现对全行的统一监控。要提高办卡效率，实现审批集约化处理。要完成北京、广东两个区域制卡中心建设，实现区域内相关分行制卡业务集中。

第四，强化联动，综合营销，实现零售业务整体贡献的稳步提升。个金和信用卡业务是全行的一项基础业务。正是因为这一点，它既需要大量的资源投入，又需要长期的培育，更需要机制体制的保障。只有这样，才能实现整体贡献度的不断提升，其他各项零售业务才能在这个基础上开花结果。因此，全行要继续深化零售业务与公司、机构、结现部门的联动营销机制。2011 年的“大联动、大营销”活动给体制机制建设开了个好头，年初以来的旺季营销活动也较好地延续了这一做法。下一步，要将营销活动中取得的好的经验制度化，加快公私部门资源整合，进一步完善联动配合的长效机制。全行要深化个金、信用卡与私人银行、贵金属、电子银行、资产管理、金融市场、工银瑞信等部门或机构的协同机制和分润机制。要在统一客户视图的基础上，充分发挥产品部门和客户部门的作用。个金部门作为客户部门，要做大客户平台，培育并做好客户升级和推荐；产品部门要加快产品研发，优化产品结构，深化协同营销机制，不断满足客户需求。个金和私人银行要联动好，两个部门要做到销售渠道透明、客户维护互补、分润方式合理，实现工行整体利益和客户利益最大化。零售业务部门与工银瑞信要联动好，稳步推进我行集团发展战略，支持工银瑞信 2012 年继续实现快速发展。信用卡与个金、私人银行、工银瑞信也要联动好，做好代发工资客户、私人高端客户的发卡和基金营销发行。

工银瑞信在大家的支持下，也取得了突破性的发展。去年，管理的总资产规模超过 1 000 亿元，在全国基金公司中排第七位；管理的共同基金规模达到近 700 亿元，在全国基金公司中排第九位。特别是去年工银瑞信管理的股权基金产品和固定收益类债券基金产品收益大幅提高，都在全国基金公司中排前三位，并且都处于正收益状况。工银瑞信去年管理工商银行的养老金和企业年金，收益都是正值，收益分别排在 7 家和 9 家投资管理人的第一和第二位。因此，工银瑞信还是有能力设计好产品，提升好投资者业绩，请大家继续给予支持，在公募基金的发行、专户资产的管理和企业年金的推荐上，能够多给予工银瑞信支持。

三、集中精力抓好几项重点工作

今年个人金融业务的主要目标是：加快市场拓展，新增个人客户 3 000 万户，总量达到 3.1 亿户；其中四星级（含）以上中高端客户新增 600 万户，5 万元以上优质客户新增 500 万户。新增个人金融资产 8 500 亿元，其中，储蓄存款新增 7 000 亿元。销售个人理财类产品 2.4 万亿元，新增个人贷款 2 800 亿元。实现营业贡献 1 500 亿元，实现个人中间业务收入 470 亿元。这些指标都要确保或力争同业第一。进一步改善服务水平，客户平均排队时间控制在 30 分钟以内；客户投诉量下降 30%，重复投诉率下降 50%；柜面业务可分流率下降 3 个百分点。不断加强管理，个人贷款不良率控制在 0.65% 以内。

信用卡业务的主要目标是：新发卡 1 500 万张，消化原有的低效卡、无效卡 1 000 万张，年底实现净增 500 万张，使总卡量达到 7 500 万张；客户数达到 5 500 万户；信用卡启用率达到 60%，年动卡率达到 45%；中高端客户渗透率达到 25%。新拓展商户 13 万户，年消费额突破 13 000 亿元，力争 14 000 亿元；信用卡融资余额达到 2 700 亿元，其中分期付款余额 1 500 亿元；信用卡总收入达到 207 亿元，其中中间业务收入 152 亿元；90 天以上不良贷款占比控制在 1.5% 以内；电话服务 20 秒接听率保持 90% 以上。

关于全年的工作安排，年初已印发全行。下面我从全局的角度讲九项重点工作。

（一）继续挖掘商品交易市场潜力。实践证明，商品交易市场是一座蕴藏着巨大商机的金矿，亟待我们去深入挖掘。今年，各行要进一步抓实、抓好商品交易市场拓展，从资源配置、产品创新、团队建设等方面都做好配套和保障。一要延伸渠道。加快物理网点建设、自助设备布放，打造专职外勤营销团队，实现“柜台有机具，市场有设备，周围有网点，服务有专人”的工作要求，从市场挖出更大的效益。二要做好服务。针对不同类型商户特点和市场产品供应链特性，建立分客户、跨地区、上下游、产业链联动的营销机制，加大专属产品发行力度，适时组织会员活动，并根据实际情况探索医疗法律咨询、名品鉴赏、子女教育培训等非金融增值服务，为市场和商户提供便捷周到的服务，促进深度营销。三要抓住重点。做好全国 100 家大型市场和总行直营 5 家市场的专项营销活动，并优先满足行业上下游中具有一定规模的源头商户的融资和理财需求，提高客户忠诚度，扩大我行在市场商户中的影响力和覆盖范围。

（二）提高代发工资业务占比和质量。代发工资是全行个金业务一项重要的基础性和源头性业务，在今后一个较长时期，必须抓实抓好。代发工资业务既要注重规模的扩大，更要注重质量的提高。各行要特别做好对大型公司集团客户、同业客户、财政统发、新型经济组织等客户拓展，排出名单、明确进度、配套资源、完善考核，推动公司、机构和结现类客户代发工资业务的深度拓展。在抓好代发工资业务外拓的同时，我们还要研究有效手段，以产品和服务来提高代发资金的留存率和贡献度。要根据代发工资客户资金流向特点，推广零存整取、基金定投、黄金积存、理财定投等具有计划性、积累性特点的产品，培养客户小额定期积累财富的习惯，利用我行专属理财产品的优势承接客户资金，满足客户差异化的投资理财需求。要继续加大逸贷卡在代发工资客户中的渗透率，不断优化产品功能、拓展使用范围，为代发工资客户提供更多便利。要积极推介信用卡、网上银行、电话银行、手机银行等产品，持续宣传我行星级服务体系以及个人客户综合积分计划，吸引客户将资金向我行归拢，通过多元化组合、多渠道应用和多角度维护，提高客户代发工资的业务贡献。

（三）探索推进全球个人资产管理。这个项目是总行适应当前市场需求，创新推出的一项具有重要战略意义的项目。该项目将个人客户分散在本异地、境内外的房地产、贵金属等实物资产和各类金融资产等进行统一汇集，形成个人客户资产池，依托该资产池为客户提供多地域授信、融资、担保等核心服务，以及财富规划、资产转让等其他综合性服务。该业务目前在市场上尚属空白。各行一定要高度重视，充分发挥我行全球集团优势，加强区域联动，打通地域与产品界限，努力探索为客户盘活不同区域多种资产的新的服务和合作模式。

（四）大力推进流程优化和业务分流。去年，总行投产了156个流程优化项目，今年还将以提升网点服务效率为重点进一步强化流程优化工作。各行要加强推广应用，将流程优化的成果转化为业务处理效率。要强化培训宣传，确保一线员工熟知并熟练运用，提高柜员业务处理效率，减少客户平均排队时间。要加快“营业网点营销服务效能提升”项目实施，推进高低柜服务的无缝对接，强化大堂经理和高柜对客户的识别引导职能，将办理复杂业务的客户分流推荐到低柜办理，以业务办理量和推荐人数为重点考核高柜柜员。今年将率先在北京、浙江分行开展排队叫号机链接星级客户营销系统的试点工作，发动大堂经理利用客户排队等候时间营销信用卡等产品，在改善客户感受的同时提高营销成功率。要积极推进95588与客户经理联动项目，北京、宁波、广东分行营业部要深入做好试点工作，为全行推广积累经验。

（五）重视发展个人外汇业务。今年的目标是，要实现三个区域、三类网点，全面开办五项外汇业务，即在各直辖市分行、直属分行和省会城市分行，全行所有财富管理中心、贵宾理财中心和理财网点，要实现个人结售汇、个人外汇储蓄、个人外汇理财产品、个人外汇汇款和个人外汇买卖五项个人外汇业务的全面开办，提高中心城市行外汇业务覆盖率。对于新建网点，要同步获取办理这五类外汇业务的准入资格。同时，要加强内外联动，做好相关业务的组合销售。要以跨境客户为目标，根据客户出入境期间不同阶段的业务需求，为客户提供一揽子服务方案。总行研发的电子渠道全球账户已经投产，柜面渠道二期项目今年上半年也即将投产，境内外银行卡双向优惠方案也已确定。各行要把握机遇，加强营销宣传，推进境外零售业务快速发展。

（六）加快银行卡产品创新。经过去年以来的市场调研和技术准备，今年，全行拟重点推广单芯片银行卡、实名电子现金卡、银医一卡通、金融社保卡、公务卡、借贷一体卡、多币种信用卡、工银货币基金卡、保险信用卡、汽车信用卡、黑金卡等产品。我在这里重点讲一下芯片卡。去年人民银行正式下发了《关于推进金融IC卡应用工作的意见》，中国银联也就银行卡风险转移做出了新的规定。近期，在广东、福建等地区发生了多起磁条卡克隆案件，给持卡人造成了不小的经济损失。从去年开始，总行已经全面部署了芯片卡发卡工作。目前我行已经针对IC卡受理环境做了大量工作，全行所有自助机具已经可以全部受理芯片卡业务。从社会环境、客户认知以及技术条件看，芯片卡的发展环境已经逐步成熟。因此，全行要高度重视，确保完成今年3 000万张芯片卡的发卡任务，巩固我行技术和产品的领先优势，提升客户交易的安全性。总行将继续加大对芯片卡发卡的支持力度，对目标客户新发的芯片卡，总行将承担全部采购费用。同时，总行将组织一系列专题营销活动，推动芯片卡发行。各行要加强多行业应用，推动芯片卡在医疗、社保、交通、市政、通信、石油化工等行业领域的应用，满足客户多元化应用需求，迅速将芯片卡技术优势转化为市场份额，确保行业领先地位。要按照全行金融IC卡业务发展规划的要求，全面提升理财金账户芯片卡在新发卡中的比例，认真部署芯片信用卡的升级转化工作，争取更多的优质发卡市场，扩大领先优势。

银行卡的创新发展必须要与优质的服务相匹配。今年，要下气力做好几件事：一是稳步提升电话银行接听率，不断扩大外呼业务项目；二是迅速扩大短信业务覆盖率，力争达到35%以上，不断拓展短信业务品种；三是大力改善要客服务，通过建立总行和一级分行直管的要客团队，打造工银信用卡的服务品牌；四是推广和完善积分办法，用活存量，引导增量，科学配比。同时，探索建立全行统一的积分管理平台，不断提高积分品质。

（七）加快银行卡线上收单步伐。面对国内第三方支付规模迅速扩大的新形势，线上收单业务已经成为众矢之的。我认为，从长远看，线上支付业务对于银行卡战略导向而言，是发展的方向、提升的动力。我们必须要研究全方位的线上支付发展策略，抓住产品研发、市场拓展、业务管理三条主线，做好未来一段时间加快发展线上支付的业务准备。要快速弥补境内跨行在线收单产品的空白，按照银联在线支付业务规则，及时推出在线代收、无卡自助消费等新业务。要制定线上支付业务操作规程，满足监管机构对线上支付产品的安全管理要求。银行卡部、个金部要与电子银行部门密切配合，开展线上线下一体化营销，审时度势抢占支付市场先机。各行要组建收单业务团队，一级（直属）分行要在银行卡部下设立收单中心，组织推动辖内收单业务；各二级分行要成立收单小组，专职从事收单市场拓展、商户关系维护等工作，真正解决商户拓展和维护力量不足、风险管控不到位的问题。

（八）稳健发展信用卡分期付款业务。各行要确保信用卡透支计划使用到位，确保信贷资源优先用于信用卡透支。总行也要加大对分行的督导力度，对信用卡透支进行序时计划管理，保障信用卡透支资金的使用效率和效益。在工作措施上，一方面要以分期付款业务为抓手，在巩固购车分期优势的基础上，优化分期付款行业结构，大力发展家电、教育、旅游、婚庆、家装等分期付款业务；另一方面要抓紧投产多还款日系统，方便客户财务安排，平滑贷款增长曲线，合理调控信贷计划。

（九）稳步做好渠道建设。渠道优化建设是推进零售业务转型发展的关键。今年，要在加快物理网点建设的同时，重点推进自助渠道建设，重点抓好存量网点的优化重组，明显提升我行渠道的竞争力。在网点功能设置上，各行要做好“1+2+N”模式的网点设计规划，改变传统以高柜服务为主体的网点服务模式，加强大堂经理和营销经理配备，提升我行服务供给能力。同时，要加快全行POS机清理，对长期不动或无效特约商户，要抓紧整顿。在此基础上，抓紧开发投产集商户准入、设备管理、运营监控为一体的POS机管理平台，把银行卡刷卡渠道建设提高到一个新水平。

同志们，今年的任务很重，压力很大，困难很多，但是我相信，依靠我们长期形成的市场基础和久经考验的员工队伍，我们一定会在稳中求进中取得新的胜利，为实现个金与信用卡业务的健康发展做出新贡献。

在董事会战略研讨会上的讲话

李晓鹏

（2012年4月12—13日·根据录音整理）

工商银行作为一个大银行，要高度关注中国农村经济的发展。以下几项数字可以说明这一点，第一，中国的城市化率2011年已经达到51%，即中国13亿人口，已有超过6.5亿人是城市人口。因此，随着城市化率的提高，这些客户群体比例也在提升。第二，中国城市的面积已比十年前扩大了将近一倍。相对而言，农村是在缩小，新城市在增加，或者说新农村在扩大，老农村在缩小。第三，由于县域经济的发展，不少县域财富不断积累，已与十几年前大不相同，特别是在一些区域出现了不少经济强镇。

我认为，工商银行在考虑农村市场的时候，要有一个非常清晰的战略，就是在农村这个大市场中，我们究竟想做什么，我们的目标客户群是哪些，这需要事先搞清楚。简而言之，中国的所有农民未必都是工商银行的客户，中国所有的县及县以下的经济区未必都是工商银行的业务市场，我们没有必要去大幅度或者是全面的涉足，否则成本等各方面将难以承受。因此，工商银行在研究新农村发展的过程中，应该是有选择的，既要发挥大银行的社会责任，更要坚持刚才杨行长讲的商业银行原则。

在此基础上有三块涉及新农村的业务，是工商银行应该考虑的，并且这两年也在逐步地探讨中。一是约2亿人流向城市的新农民。这个客户群体我们要抓住，这个客户群体的平均收入比农村的农民要高，虽然可能比城市人口平均收入水平稍低。二是十年来在城乡接合部聚集了相当多的财富和客户，比如大量的商品交易市场和各类开发区，这个客户群也应该去抓。三是现在工商银行大概在全国19%－20%的县没有机构，也应该有选择地对那些经济强县、强镇有一点投入。据一个初步的调查结果显示，在我行未设立机构的那些县里，GDP超过100亿元的大概有几十个，GDP超过50亿元的镇有几十个。因此如果我们要研究新农村建设的问题，应该有策略地选择我们的目标市场、目标客户。这是我的一个基本看法，实际上这两年工商银行的经营管理层已经在这方面做出努力。

第一，怎么去实现这个目标客户和目标市场的推进呢？一是机构适当准入；二是产品适当渗透；三是同业适当合作。之所以说适当，主要是由于这里面是有选择的，这三点可能是在新农村建设过程中，我们战略性的一种思考。机构进入，我认为对财富聚集比较突出的重点县和镇，可以设立我们的机构。2011年以来，我行新设了650家网点，其中60%是投向县和个别重要镇。杨行长最近公布了一个数据，2011年我行新设的600多家网点里，网均存款9 000多万元，其中经营了一个完整年度的约有90个，网均增存2亿多元，而这还只是个人储蓄数据，不包括企业存款。由此看来，有重点地选择进入，对于我们增加存款、增加客户是非常有利的。既然现在工商银行有这么一个战略安排，我个人认为应该坚定不移地推进。

第二，关于产品市场渗透的问题。2亿农民工涌入城市之后，工商银行能够给他们提供什么样的产品和服务呢？目前还在讨论中。这两年大家感觉到资金比较紧张、流动性比较紧张，但我们发现一个状况，每逢重要的节日，特别是春节，这2亿农民工的资金在城乡之间大出大进，对工商银行的业务量和存款有一定的影响。目前这2亿农民工中大部分还不是工商银行的客户，如果有选择地营销的话，就需要有一种产品既可以控制柜台压力，同时又有可能抓住目标客户。

有一个很典型的例子，有一部分农民工客户每年春节和其他重要节日都要向农村汇款，这个汇款的流程还没有完全打通，有一部分地区目前还没有工商银行的机构，需要农村金融机构和邮政储蓄银行来转接，这就增加了这些客户的汇款成本，因此，他们宁愿把存款从工商银行取出到隔壁的邮政储蓄银行和农业银行汇款来解决这个问题。如果说我们有一个产品能够打通这个汇款流程，则可以留住一大批客户。当然这里面还有一个问题，即便是这个县域有工商银行的机构，也是异地业务，需要收取费用，如果想争取这块业务就要有一些定价策略。因此产品的渗透是很重要的，必须要有适应这个客户群体的产品。

第三，同业适当合作。目前，全国有相当部分的县和镇，工商银行没有机构，战略上也不准备进入，我们要通过工商银行的品牌网络优势，加强与当地的农村信用社、农村商业银行的合作。这两年我行也做了一些尝试，比如说我们推出了一种叫做“银银通”的产品，当地的农村金融机构通过我们的网络搭建一个平台，通过这个平台把我们好的理财产品等输送给在农村金融机构开户的这些客户。还有一种产品就是“柜面通”，工商银行和当地农村金融机构签订一个协议，相互受理银行卡业务，农信社发的银行卡可以到工商银行的柜面办理业务，工商银行发的银行卡到农村金融机构也可以办理业务，相互认同，有些省这样做了以后效果不错。

我们在江苏调研的时候还发现一个典型案例，农村信用社的客户持银行卡到城市工商银行柜台办理业务，卡均业务量是10万元。而工商银行的银行卡客户到农村去消费，卡均业务量只有3万元。当然这个不一定具有普遍性，可能刚好这个典型只是农村富裕人群，但这也说明了一个问题，农民并不是很穷，只是到农村去没有机构。这些也应该认真研究，看看是不是有推广价值。我觉得时间久了，客户越来越多地到工商银行办理业务，则有可能转化为工商银行的客户。瞄准这些目标市场，在机构、产品、同业上适当进入，可能对大家所关心的新农村发展会有一点帮助。

总而言之，要关注新农村建设，但一定要按照工商银行稳健经营的理念，以恰当的策略去拓展，而不是简单地去发展一些机构。

在中国工商银行部分分行授信审批集中管理工作座谈会上的讲话

李晓鹏

（2012年5月23日·根据录音整理）

2010年，总行党委决定用三年时间，在一级分行层面实行授信审批集中管理改革，到现在已有将近两年时间了。在总行党委的正确领导和有关部门的推动下，经过各分行的共同努力，授信审批集中管理改革工作取得了重大进展。到目前为止，已经有22家分行实现了授信审批集中管理，这其中包括原计划今年实施改革，但去年第四季度开始提前启动试点的江苏、河南和湖北三家分行。经过将近两年的时间，现在全行三十几家分行中，大多数分行已经按照总行党委的要求，在一级分行层面实现了授信审批集中管理的改革目标。通过这次座谈会，以及根据总行在此之前所掌握的情况来看，授信审批集中改革的成效非常明显。特别是通过第三批试点行的推进，使改革成效进一步深化。总结这项改革的成效，我认为主要有四个方面。

一、推动了全行信贷结构调整

这一点大家应该是有体会的。近两年来，特别是去年全行沈阳工作会议上，总行提出了新时期信贷结构的调整目标，主要是控制压降四大行业贷款的投放，拓展新四大板块，也就是向个贷、中小企业、贸易融资，向先进制造业、现代服务业、战略性新兴产业和文化产业等新的市场领域进行调整。通过授信审批集中改革，在体制上、理念上、技术上确保了信贷结构调整的顺利进行。当然，在这个过程中还有很多困难，大家对信贷结构调整的新四大板块和旧四大板块之间进退的速度和节奏如何把握，如何平衡，还有一些想法和困难。但总体来讲，信贷结构调整进展是良好的。这中间凝聚了包括授信审批在内的前中后台所有部门的努力和贡献。已经集中的分行在这次结构调整中的变化，我没有作具体的数字分析，审批部门可以再分析一下，是快了还是慢了，我相信已经实现授信审批集中的分行的情况可能会更好一点。

二、促进了信贷质量的持续提高

授信审批集中管理所期望达到的效果就是通过审批的集中实现流程的统一、信贷投放标准的统一和风险控制标准的统一，进而提高信贷资产的质量。我觉得两年时间里在这个问题上还是有明显的进步。根据审批部提供的数字，到今年4月末，境内分行的不良贷款率是0.95%，比2010年下降了0.1个百分点，这一年多将近两年的时间里，全行的资产质量稳中有升。由于原来的授信审批分部主要是负责个贷、小企业还有一部分贸易融资的审查审批，因此，集中以后对资产质量的影响变化主要体现在小企业和个贷，包括贸易融资。到今年4月末，境内分行小企业不良贷款率是1.04%，比2010年增加了0.24个百分点。但是，已经实现授信审批集中的22家分行，小企业贷款不良率比2010年末只上升了0.1个百分点，特别是较早实现授信审批集中的十三家分行，不良率较2010年下降了0.31个百分点，而没有集中的分行小企业不良贷款率较2010年上升了0.33个百分点。可以看出，小企业贷款不良率的变化情况，较早集中的分行要优于全行，已集中的分行优于没有实现集中的分行。再看看个人贷款：4月末境内分行个人贷款不良率0.57%，与2010年末持平，但已经实行授信审批集中管理的22家分行个贷不良率较2010年末下降了0.04个百分点，而没有实行集中的分行个人贷款不良率较2010年末上升了0.03个百分点。所以说，小企业和个贷资产质量的变化表明，授信审批集中管理确实有助于提高信贷资产质量。

三、进一步规范了信贷经营和信贷管理

刚才魏首席提到，这两年我们接受了审计署、银监会等监管部门的多轮检查，行内的内审部门、信贷管理、信贷作业监督等也作了很多内部检查工作。从审计署、银监会和行内信贷作业监督这几个层面的检查结果来看，全行信贷管理水平总体上在不断提高，规范经营的效果在逐步增强。从已集中和未集中分行的情况对比来看，已集中分行的问题较少一点，未集中分行的问题相对多一些。我还是讲一下具体的统计数据。从审计署2011年新增贷款投向审计、2011年经济责任审计以及2011年银监会合规经营现场检查和信贷管理部今年第一季度作业监督非现场监测情况看，已集中的分行涉及调查、审查环节的问题256个，未集中的分行383个。当然这里没有考虑未集中的分行业务量比较大等因素，只是简单地反映了一个总体的趋势。去年审计署对我行经济责任审计的结果表明，已集中分行查出涉及调查、审查环节的3个问题，没有集中的分行查出了14个问题。从信管部门今年第一季度信贷作业监督检查看，已集中的分行有217个问题，未集中的分行有357个问题。所以，授信审批集中管理对规范我行的信贷管理有很大促进作用，这是个总的趋势。

四、实现了授信审批业务的集约化经营

显著节约了审批资源。通过授信审批集中管理，明显节约了审批资源，也节约了人力资源。尽管授信审批集中管理改革的初衷和目的不是为了减人，但是在改革的过程中，我们确实感受到了审批资源利用效率提高，有的分行集中后有30%甚至50%的优秀审批人才充实到了其他各个业务条线。

我行授信审批集中管理改革取得了明显、突出的成效，我希望总行授信、审批部门要认真总结，好好分析，也希望今天参会的同志，能够从已经实现集中的分行实践中汲取宝贵的经验。大家此前对授信审批集中管理的顾虑和担忧，从全行的发展趋势，从已集中及试点分行的效果中应该能得出很好的答案，找到比较好的解决方式和方法。通过今天的会议，我和魏首席都感到收获很大，也进一步增强了做好这项工作的信心。

关于如何推动全行授信审批集中管理工作，最近审批部有一个签报，董事长、杨行长等行领导都一致认为，要继续推进授信审批集中管理工作，顺利完成三年三步走的改革目标。作为今天会议的总结，也是下一步的工作要求，我想集中谈两个观点：一个坚定，两个优化，继续把全行授信审批集中管理改革进行到底。

一个坚定，就是要坚定信心，统一思想，继续推进授信审批集中管理改革，圆满完成总行党委交给我们的任务。经过两年努力取得了这样的成效，大部分分行已经完成了这项工作。总行党委也希望第三批计划在今年完成的分行，要统一思想，坚定信心，排除万难，争取完成任务。我来开会之前向董事长汇报，董事长说，集中管理是大趋势，总行党委已经决定了，早集中主动，晚集中也要集中，但相对就要被动一点。下一步要考虑到更大的区域集中，这也是国际大型商业银行普遍的大趋势。总行党委的意见很明确，要坚定方向，坚定信心，把授信审批集中管理改革推进下去，争取圆满完成任务。听了今天十家分行的发言，部分分行对下一步集中工作安排感觉到有一些困难，包括思想认识方面，还有人事安排、人员选聘等具体问题。我想，任何改革都是这样的，在做决定之前都会有些犹豫。总行在这个问题的决策上是稳健的。事实证明，实施集中以后，尽管还有一些问题，但是从全局讲，从战略讲，集中对效率的提升、对风险把控的效果非常明显，我们的种种顾虑是可以解决的。有些问题，比如审批效率，并不是集中

所带来的，不集中同样面临这样的问题。迈出改革的步子，很多现有的问题都可以解决了，新的问题也可以逐步解决。如果不迈开改革的步伐，老是在谈论集中后可能出现的问题，既不符合总行党委的要求，也不利于解决现实的问题。当然具体到改革方案设计上，总行文件和每次会议上也明确过，对个别业务量大，或有特殊情况的分行，可以采取特殊措施，不搞一刀切。个别分行目前集中实在有困难，需要另案处理，个别研究的，也不是不可以。但是从发展趋势来看，集中是方向。统一到大势所趋的改革大方向上，统一到总行党委要求上来，认真借鉴改革成功分行的经验，坚定信心，迈出集中管理改革的关键一步。如果哪个分行在这个问题上确实有困难，希望不全部集中，或采取其他类似于逻辑集中的方式，分行党委要认真研究制定出方案，专题向总行汇报。

两个优化。第一个是优化业务流程，提高业务办理效率。刚才各分行在发言中提出了很多集中之后关于流程改革的问题，索总也进行了一些解释，我在这里再强调几个问题：一是完善信贷业务集体审议制度。总行对这个问题做了专题研究，特别是省行营业部撤销审批分部以后，大量集体审议业务可能需要放在一级分行，需要进一步完善一级分行集体审议制度。二是要适当增加专职审批人和专职审议委员。这是提高效率的要求，也是我们这两年改革实践得出的结果。三是要进一步明确一些特殊业务的审查流程，提高低风险和授信项下贸易融资业务的审批效率。四是要抓紧投产个人住房贷款的自动化审批功能，减轻集中后业务量压力。五是要在资产管理系统中加紧开发自动分发和统计功能。六是尽职调查模板要进一步标准化，既方便前台营销部门，又要符合中台的审批需求。七是要进一步明确双签的流程和规定。对实践中遇到的问题要进一步明确和规范。八是明确内设机构的设置原则。比如是以客户为中心还是以业务品种为中心来设置内部科室，大家的意见不一致，我觉得这一点允许大家讨论和探索。但是有些基本原则还是需要总行予以明确，如除小企业贷款和个人贷款之外的客户，评级、授信、审批、评估、押品评估及重评不能由一个人全部完成。九是押品评估管理优化。总行已经进行了研究，近期将就这个问题征求大家意见。这几个问题是关于优化业务流程、提高审批效率的关键问题，会后请相关部门按照各自职能分工抓紧研究。

第二是优化运行环境，保证授信审批集中管理正常运行。集中以后人员是核心问题，一是要科学核定集中管理后的授信审批人员编制总量，确保审查审批人员数量。二是选好称职的授信审批部门负责人，切实加强集中后的管理。对于集中后人员较多的，可考虑适当增加授信审批部管理类干部职数。三是要根据集中后的业务量、人员总数、结构等问题，适当增加专业类干部职数。四是加强组织领导和人员队伍建设，多关心职工，为职工解决实际困难，切实增强岗位吸引力。总之要通过多方面措施不断优化授信审批集中管理后的运行环境，稳定授信审批队伍。

总的来讲，我们要坚定授信审批集中改革的决心和信心，通过优化业务流程，优化运行环境，解除大家的后顾之忧，不断提高集中以后的审批和服务效率，为全行在新的时期进一步加快改革、促进发展做出我们授信审批部门新的贡献，这是我们会议的落脚点和主要内容。会后由信用审批部牵头把这项工作规划细化一下报总行党委审查后抓紧实施。希望与会各分行的同志回行后及时向分行党委汇报，已经与分行沟通好的方案要抓紧审批，还需要考虑特殊方案的，待沟通以后正式以行文下发。按照时间进度，6月底以前所有的方案必须拿出来，7月开始陆续实施。

在中国工商银行
信用卡专业工作会议上的讲话

李晓鹏

（2012年6月7日·根据录音整理）

这次会议的主要内容是分析前5个月信用卡业务出现的新变化和新问题，重点研究如何加大有效市场拓展和加大风险管理力度，确保我行市场领先地位和业务健康发展。有针对性地安排好、部署好全行信用卡工作，下面我讲几点意见。

一、前5个月的经营情况

今年以来，全行信用卡专业按照“两个加大、两个确保”的指导思想，围绕“市场拓展、品牌建设、风险管理”三项重点工作，开拓创新，务实进取，信用卡业务保持了较好的发展态势。主要有以下几个特点：

（一）主要业务保持平稳发展。截至5月末，我行信用卡发卡量达到7 247.3万张，净增加183万张，较同期增长2.6%；客户数达到5 144万户，较年初增加200万户，增长4.1%；中高端客户渗透率18.9%，比年初增加0.1个百分点；四星级以上客户渗透率27.3%，比年初增加1.2个百分点；截至5月末，我行特约商户数量达58.98万户，较去年同期增长12.72%；POS机终端62.26万台，较去年同期增长15.52%；全行小额快速支付商户5 205家，受理终端12 461台，较年初分别增长4 188户和6 192台。累计实现消费额4 816亿元，同比增长36.8%，年化卡均消费16 079元，比去年同期增长25.4%；信用卡贷款规模达到2 001亿元，分别较去年同期和年初增长63.5%和12.2%，其中分期付款余额1 215亿元，较年初增长14.7%。根据4月末四行同业交换数据，我行发卡量市场占比达38.4%，消费额市场占比37.8%，贷款规模市场占比36.8%，中间业务收入四行占比37.4%。信用卡消费额、发卡量、贷款余额、中间业务收入四项核心指标在同业中依然具有绝对领先优势。

（二）业务收入实现快速增长。今年前5个月，全行信用卡实现总收入90.7亿元，同比增加28.1亿元，增长44.9%，其中，中间业务收入65亿元，增长49.7%。占全行中间业务收入的16.7%，占比同比上升5.7个百分点。在全行中间业务收入增长趋缓的情况下，信用卡收入增长为全行做出了重要贡献。在中间业务收入中，分期付款手续费收入23.9亿元（不含手工收取），同比增长18.9亿元，增幅375.1%，占中间业务收入的36.8%；收单回佣收入20.2亿元，同比增长6.4亿元，增幅46.2%，在中间业务收入中占比31.0%，全行商户回佣收入增长显著。高收益优质商户发展迅速，收单交易额行业结构、商户质态正在不断优化。

（三）服务工作进一步提升。今年以来全行从渠道拓展、系统优化和流程改进全方位着手，提升信用卡客服品质，取得了显著成效。信用卡电话中心日均20秒接听率达到96%，领先同业，实现各时段均匀接听；短信客服日均业务量突破3万条，业务功能也拓展至21项，达到电话中心受理业务种类的50%，电话业务分流效果明显；信用卡多还款日项目推出首月成效初显，4月27日—5月31日共新发卡118万张，其中52万新增客户共计60万张卡由系统随机分配了非25号的还款日（新发的逸贷卡、公务卡、航空联名卡等18万张根据相关制度规定及协议要求仍为25号还款日，存量客户新发卡片40万张根据同一客户同一还款日原则也仍为25号还款日）；另有1.1万余名存量客户共计1.6万张存量卡片主动将还款日从目前的25号调整为非25号。截至5月末，信用卡要客数量已拓展至6 046名；客户投诉较去年同期大幅下降37.2%，投诉客户满意度达90%，服务管理水平显著提高。

（四）精确授信工作稳步推进。“多卡一额”授信模式得到有效推进，目前对4 306万贷记卡客户建立了总额度，占全行持有贷记卡客户的97.64%。截至4月末，我行信用卡授信总额6 200亿元，较年初增长589亿元，增幅为10.51%。其中，我行四星级及以上客户的信用卡授信总额为5 057亿元，占全行授信总额的81.90%；四星级及以上客户信用卡贷款规模为1 822亿元，占全行贷款规模的95.49%；信用卡授信规模和贷款资源集中分布在高星级客户上。

（五）风险监控的作用越来越明显。我行通过不断优化信用卡风险实时监控系统功能，实现了信息显示、联机操作、自动处理和实时监控四位一体的风险监控模式。今年前4个月，堵住套现、疑似套现、违规和高风险用卡共计19.40万张，止付卡片1.74万张，避免损失金额9亿元。发现可疑商户3 346户，设置受控商户1 033户，延迟付款929笔。通过开展重点监控和重点干预，成功监控侦测和快速干预处置多起伪卡欺诈事件，协助公安机关破获多起境内外伪卡欺诈大案。今年第一季度，我行信用卡境内外部欺诈金额449.19万元人民币，信用卡境内欺诈风险BP值为0.034个基点，较上期增加0.02个基点，低于中国银联最新公布的2012年第一季度国内贷记卡欺诈风险BP值为0.19个基点；境外欺诈金额43.59万美元，境外欺诈风险BP值为6.49个基点，较上期增加1.52个基点，低于VISA国际组织最新公布的2011年末中国区贷记卡欺诈风险BP值3.31个基点。

（六）信用卡业务风险总体可控。到今年5月末信用卡90天不良率为1.35%，较2009年2月的最高值4.57%下降了3.22个百分点，信用卡不良率与个人贷款不良率之间的差距从2009年的3.17个百分点下降至0.74个百分点。从第一季度末同业数据看，我行信用卡90天不良率为1.28%，低于国内同业1.33%的平均水平0.05个百分点，我行信用卡180天不良率0.79%，低于国内同业1.6%的平均水平0.81个百分点。与摩根大通、美国银行、花旗银行等6家国际主要发卡银行进行同口径比较，我行信用卡30－180天不良率为1.29%，低于国际大行平均值1.23个百分点。信用卡风险整体保持在可控范围，但不良额出现上升较快的势头。

二、前5个月工作中出现的新变化

今年以来，受国内、国外经济形势的影响，我行信用卡出现一些新变化，一是不良率在持续三年下降之后，开始小幅反弹，特别是逾期额增长过快，应该引起我们的高度重视；二是市场拓展不足，全行出现净增发卡低于同期水平，而销卡量则高于同期的现象。

（一）前5个月信用卡逾期额出现快速增长，如得不到有效控制，将影响信用卡业务的健康发展。从今年前5个月的整体情况分析，全行信用卡90天不良率为1.35%，较年初增加0.26个百分点，同比上升0.1个百分点。信用卡不良贷款余额增速过快，截至5月末，逾期90天以上贷款余额为27亿元，较年初增加7.54亿元，增幅38.71%。信用卡业务风险变化的主要特点是：

1. 信用卡不良率出现周期性反弹，同比上升0.1个百分点。90天不良率在前5个月出现小幅上升趋势，4月末达到1.40%，较年初增加0.31个百分点，同比上升0.08个百分点。5月回落至1.35%，较上月下降了0.05个百分点。

2. 不良贷款绝对值增长较快。2011年10月以来，信用卡不良贷款余额出现每月递增的趋势，每月增加约1亿元。特别是从今年1月开始，信用卡不良贷款余额加速增长，1月份增加2.69亿元，2月增加1.46亿元，3月增加0.77亿元，4月增加2.39亿元。5月不良贷款余额增速得到一定控制，增加了0.22亿元。

3. 部分分行风险暴露较为明显。受经济环境的变化影响，原先风险水平较高和不良率较低的长三角地区不良贷款增幅最为明显，上海、江苏等分行不良贷款较年初增幅超过80%，其中上海分行90天逾期贷款增幅达到147%。由于市场发展和业务规模有限，海南、甘肃、大连等分行不良率超过2%，其中海南分行90天不良率达到3.53%。广东、江苏和福建3家分行逾期贷款总量超过2亿元。

4. 客户结构不同风险差别明显。从形成逾期的客户结构看，四星级以上客户和代发工资客户的资产质量较好。四星级以上逾期客户占全部信用卡逾期客户的8.57%，四星级以上逾期客户占四星级以上全部客户的0.68%，不良率为0.85%，低于全行信用卡不良率的平均水平。代发工资逾期客户占全部信用卡逾期客户的1.87%。根据逾期90天以上账户持卡人目前的星级分布情况，三星级及以下逾期客户达99.40万户，占全部信用卡逾期客户的91.43%。根据系统中客户申请办卡时的职业信息数据统计，在可准确定位所处行业的信用卡不良贷款持卡人中，排名前三位的分别为学生、小企业主和事业单位员工。其中，不良贷款学生客户的申请办卡时间主要在2007－2009年，占学生客户不良贷款总人数的94.29%。公务卡中的个体、私营类企业和民营、乡镇类企业逾期金额占公务卡的50%以上，户数占比达到45%。

5. 卡种之间质态有较大反差。从产品品种结构看，逸贷卡由于其面向稳定的代发工资客户群体，与代发工资账户挂接、到期自动扣划透支欠款的产品特性，在各类信用卡产品中不良贷款户数最少。航空卡、白金卡等面向中高端客户的产品资产质量相对较好。在商务卡客户中，5月末，逾期客户数1 231户，金额801.16万元，质量相对也比较好，但个体工商户逾期客户较多。不良贷款户数占比相对较高的是运动卡、猪福卡持卡人，占37.38%。准贷记卡不良贷款占比一直较高，全行准贷记卡不良率为8.72%，较年初增长0.43个百分点，超过信用卡平均不良率7.37个百分点。分期付款业务风险有所显现。5月末，全行信用卡分期付款逾期贷款余额为7.15亿元，较年初增长103.7%，增速高于全行信用卡逾期贷款增幅65个百分点。分期付款本年新增逾期金额为3.64亿元，占信用卡新增不良贷款的48.3%。

从以上产生不良额群体和不良额发生的区域分析，信用卡不良贷款余额及占比上升的原因主要有以下几点：

一是国内经济增速较上年进一步放缓，经济下行风险有加大的趋势。近期公布的国内消费品零售总额、工业增加值以及进出口值等相关数据显示，经济增速明显放缓，已经影响到了部分居民收入和信用卡客户的还款。今年前5个月信用卡刷卡消费比去年同期增长36%，而去年前5个月信用卡刷卡消费比上年同期增长60%。中国经济最活跃的长三角地区信用卡不良贷款大幅增长，也从另一个侧面反映了经济下行对信用卡业务的影响。这必须引起我们的警惕，特别是个体、私营类企业和民营、乡镇类企业，由于企业融资需求较为强烈，但也普遍存在规模偏小，抗风险能力差，容易受到经济波动的影响，在当前经济出现下滑风险的大形势下，必须做好风险防范预案。

二是主观上对90天的逾期没有足够的重视。长期以来我们习惯于原来180天计算不良率的口径，对早期逾期资产的管理力度不足，分行的清收重点主要放在逾期180天以上的不良资产。自去年下半年银监会2号令颁布后，改变了不良率的计算口径，将90天作为计算不良率的主要标准，但我们的风险管理重心未能及时前移至早期逾期特别是逾期60－90天以内的账户上，致使在不良余额的控制上不够主动。

三是信用卡贷款规模增速低于同期水平。今年以来，在全口径管理模式下，全行各贷款增量主要集中在公司贷款。按照计划5月末信用卡贷款规模应较年初增加367亿元，而实际信用卡贷款余额仅比年初增加217.4亿元。

四是需核销的信用卡呆账没有得到及时消化。截至4月末，有25.4万户、3.7亿元具备核销条件的信用卡呆账尚未核销。其中，单账户贷款金额在2 000元（含）以下的不良贷款21.66万户，户数最多；单账户贷款金额在2 000元－2万元（含）的不良贷款2.03亿元，金额最多。

（二）市场拓展不到位，新卡营销和老卡客户挽留力度均显不足。前5个月，信用卡共发卡548万张，销卡365万张，实际增长183万张，增幅2.6%。

一是序时发卡进度没有完成。过去3年，全行发卡量都超过了1 500万张，今年考虑到到期卡比较集中，没有再增加发卡任务，维持了全年新增1 500万张的任务指标。按照这个指标，前5个月应发卡625万张，而实际全行才完成548万张的发卡任务，只占序时任务指标的87.7%。

二是出现历史同期发卡量最低。今年前5个月的发卡规模是近五年来同期发卡规模最低的一年，今年分别是前三年同期发卡的80%、89.8%和80.7%。

三是对客户挽留力度明显不足。前5个月全行共销卡365.4万张，其中到期卡占了65%（239.2万张），未到期卡占了35%（126.2万张）。在全部销卡中，除了180.8万张到期的无效卡无法挽回外，其余的184.7万张销卡是有可能进行挽回的，占到了全部销卡的50%。

全行发卡进度缓慢的原因，主要是部分行没有正确地处理好发展与调整的关系，偏离了量质并举的正确发展轨道。特别是13家分行发卡出现了负增长，其中湖南分行前5个月新增发卡才5.7万张，销卡却达到13.6万张，净增发卡为负7.9万张；厦门分行负增长超过4万张，吉林、青岛、深圳、河北4家分行超过3万张，四川分行超过2万张，负增长超过1万张的有江西、黑龙江、广西分行，还有1家过千张、两家过百张的发卡负增长分行。这13家分行前五个月共计发卡82万张，销卡合计115万张，销卡是新增发卡的1.4倍。总行在销卡掌控上没能采取有效的措施，也是一个原因。

三、今年后7个月重点工作

针对目前出现的两大问题，全行上下必须引起足够的重视，要坚持“两手抓”，“两个加大、两个确保”工作要求落到实处。一手抓好风险防控，采取有效措施，将信用卡风险消灭在萌芽之中；一手抓好市场拓展，既要抓好新产品和重点产品的市场拓展，又要抓好到期卡的挽留工作，确保完成全年的发卡任务。

（一）落实风险管理措施，坚决遏制不良率增长势头。一是要提高精确授信水平，实施更审慎的授信管理。各分行要按照总行关于实施信用卡多卡一额管理、分级授信审批等相关要求，规范开展信用卡授信审批工作，强化审核流程管理，对当前贡献星级在三星级（含）以下且非代发工资的客户审慎授信，提高申请环节的反欺诈识别能力。进一步规范信用卡授信额度管理，对进入我行风险监控系统并经调查认定为套现用卡、疑似套现用卡、高风险用卡的客户统一按照新印发的《高风险客户授信调整业务流程》进行相应降额处理。针对部分持卡人利用免息还款期反复使用信用卡资金，占用授信资源的情况，对其授信额度要进行控制，以加强我行信用卡风险管理，提高资金使用效益。

二是要加大信用卡电话服务中心的催收力度。对全行逾期60天以内的客户集中开展专项催收行动，根据催收评分、逾期金额等，实施差异化催收策略。将逾期1－30天账户的催收覆盖率从目前的74%提高到100%，其中高风险账户做到催收覆盖两次；将逾期31－60天账户的催收覆盖率从目前的91%提高到100%，覆盖次数从目前的1次提高到2次。力争60天逾期递延率达到10%，努力使催收回款率从目前的84%提高至90%，预计6月可减少逾期金额2.25亿元，90天不良率预计可降低0.11个百分点。在全行范围内全面推广语音自动催收，提高催收效果。

三是各分行要采取多种清收措施压降不良贷款。对于逾期超过60天的账户，以及电话中心上送的高风险大额贷款户、失联客户等，各分行要加强后续催收力度，发动分行客户服务中心、各发卡机构、各网点等一切可能的催收力量，加大催收力度，确保逾期180天的信用卡不良资产在6月底以前催收次数达到6次，60－90天催收回款率不低于70%，以促进不良资产快速压降。

对有担保的分期付款客户，要及时对担保单位进行追索，启动对客户诉讼程序，加快完成对其保证金账户资金的扣划工作，在6月底以前还清逾期账户。对于公务员、事业单位员工类客户，通过联系其单位协助开展催收。对武警、军队公务卡客户，通过与机构部配合，联系单位财务、人事等部门开展催收工作。对部分有还款意愿和一定还款能力的客户，按照银监会规定可采取个性化分期还款方式，以拓宽化解信用卡不良资产风险的渠道。

四是要加快开展信用卡欠款扣收工作。总行已将个人信用卡扣收范围由原180天以上提前至逾期90天以上，并在近期印发的法人客户扣收办法中明确规定法人客户的扣收标准为逾期90天。对有行内资产的客户，要求分行逐户查明资产情况，无论金额大小，凡在我行有金融资产的，均进行扣收。

五是要进一步加强对行内员工信用卡逾期的管理。总行近期下发了《关于进一步加强行内员工信用卡逾期资产管理工作的通知》（工银卡〔2012〕61号），各行要结合文件要求，对总行下发的信用卡逾期90天以上行内员工清单进行逐户排查，确保6月30日前归还全部信用卡欠款本息。对行内员工要严格执行我讲过的信用卡业务“五大禁令”，发现使用信用卡恶意透支和参与信用卡套现的，按照有关规定严肃处理。

六是要积极配合公安法院部门开展打击银行卡犯罪行动。要抓住公安部门上半年集中开展“破案会战”行动的有利时机，对犯罪嫌疑人进行追索以挽回我行的资产损失。对于经我行追索后不愿还款的客户及失联客户，由各分行联系当地人民法院集中开展一次司法诉讼活动，借助司法力量有效维护我行债权，并为后续呆账核销工作做好准备。

七是要做好呆账核销工作，做到应核尽核。总行近期将发文对信用卡的呆账核销规定进行调整和简化，增加信用卡呆账核销工作的可操作性。第一是对以银行卡小额追索类申报核销的，组卷时可采用清单方式申报核销；第二是扩大了以执行终结或中止类申报的呆账核销适用要件范围；第三是增加了财产或者遗产清偿证明的出具单位；第四是对一级（直属）分行进行实地核查的相关要求有所放宽。各分行要对逾期180天以上不良资产进行逐户排查，对符合追索类或小额追索类条件的，可以按账户为单位，催收次数达到6次即可核销。在核销中，合理界定信用卡从业人员非主观责任和非直接导致资产损失，制定尽职免责条款，以促进不良资产快速压降。各行要加快申报、审查审批进度。对经前期清理后确认已完成尽职追索、具备核销条件的呆账，各行银行卡业务部要及时组卷申报，风险管理部门要切实提高审查、审批效率。充分利用调整后一级（直属）分行150万元的审批权限加快呆账核销力度，力争年内消化信用卡不良贷款6亿元，将不良率控制在年初水平。

（二）落实精确营销策略，提升有效市场占有率。今年的发卡任务虽然较为艰巨，但有利的因素也很多，像我行运用芯片卡的先发优势和总对总项目合作的优势，打造的交通卡、公务卡、中油卡、公积金卡、航空商旅联名卡5种拳头产品，显示了良好的发展前景；还有我行今年推出了7种新产品，必将吸引新市场、新客户。下一步我们要在营销方式、营销力度和挽留到期卡上做文章、下功夫。全年要确保完成新发卡1 500万张，在总行的统一筹划下，合理安排注销无效卡，年底使总卡量达到8 000万张。

一是通过重点拳头产品抢占有效市场。交通卡、公务卡、中油卡、公积金卡、航空商旅联名卡5种重点产品的市场表现突出，对全行的发卡、消费都有重要的贡献。前5个月，全行净增卡量183万张，这5种卡净增卡量就达212万张，净增占全行的116%；启卡率为58.1%高于全行53.9%的平均水平，中油卡、公务卡、航空商旅联名卡等平均动卡率达54%高于42.5%的全行平均水平。

要进一步加大交通卡的营销推广力度。总行已与公安部交通管理局建立了总对总的合作关系，全面推动交通卡合作。各行要加大交通卡营销推广力度。已发行交通卡的行，要丰富产品功能，优化合作方式，扩大发卡规模；未发行交通卡的行，要积极营销，主动攻关，尽早提交详细合作方案，尽快实现发卡。

要充分利用全国各级预算单位强制结算目录已实行的契机，名单制营销7万余家中央预算单位、军队武警单位和地方预算单位。要将公务卡定点消费商户纳入特约商户营销和管理重点，构建良好的公务卡受理环境。

各行要紧跟国家和地区政策，尽快获取公积金卡发放资格；将发卡对象锁定于国家公职人员、有财政拨款的事业单位及效益较好的企业的公积金缴存客户。

虽然中石油暂停了中油卡1%的加油优惠，但该卡依然受到客户的欢迎，各行要继续做好中油卡的营销。同时，要抓紧利用安邦保险提供的加油3%优惠，并积极配套其他加油优惠或汽车类增值服务，保持好这一良好势头，特别是保持好存量客户不流失。航空商旅联名卡今年增速较快，质量也相对较好，有很大的市场空间，各行要坚定不移地下大力气深入开发、耕耘这块市场。

二是发挥新型产品的替代作用，积极营销新兴市场。今年以来，总行推出一系列新产品，这些新产品在功能性、时尚性和便捷性方面都拥有别具一格的特色和优势。各行要准确把握借贷一体卡的一卡双账户的卖点，充分利用借贷一体化营销的便利，及早抢占市场制高点。在营销多币种信用卡上，要锁定外交人员、出境旅游人员、跨国商务人员、企业外派人员这类具有境外消费需求的客户，方便其在境外使用当地货币消费。各行要将工银货币基金卡作为竞争新增代发工资客户的利器，并借此维护好具有理财偏好的存量客户。要借助我行的整体优势，调动各个方面的积极因素，加快新产品的市场投放速度。从6月开始，根据新产品开发进度，先后开展一系列市场促销活动，利用新产品优势，抢占新兴的优质客户市场。

三是做好非接芯片信用卡的发行。要按照全行金融IC卡业务发展规划的要求，进一步加快发展节奏、扩大领先优势，尤其要做好异形芯片卡——闪酷卡的上市推广。“闪酷卡”作为“小钱包”直接挂接在“大钱包”上，是主账户卡的附属卡，具有快速支付的特性，全行有2 200多万户交易活跃的可配发闪酷卡的目标客户，我们要抓住这个群体，积极营销，实现配发，可首先考虑在行内员工中配发闪酷卡。同时要利用闪酷卡时尚、便捷、安全的优势，吸引更多的行外客户、年轻客户办卡。要加大闪酷卡的宣传，形成一种追逐时尚的声势，把我行芯片卡的优势通过闪酷卡展现出来。

四是做好到期卡客户的维护与挽留。今年后7个月，全行到期卡还有526万张，总行要制定挽留工作方案，提出挽留目标。各行要高度重视到期卡客户的维护与挽留，这也是一种重要的营销。通过加强客户服务、关系维护、需求管理等工作，提升客户的忠诚度。

卡片的到期，并不绝对意味着客户的流失，关键是看我们挽留工作做得好坏。我们要以新的产品、新的服务、新的优惠政策来满足客户新的需求，要把到期卡客户的挽留工作作为一项重要的工作来抓。对于将要到期的卡片，各行要细分挽留目标并提前提醒客户，做好营销和挽留，对正常使用的到期卡，继续办卡的可以适当提高其授信额度或增加积分；要加强对所辖营业网点的培训和管理，要把操作柜台变为营销的阵地和挽留的窗口，对客户经理和柜员要提出挽留到期卡的要求，将挽留任务下达到各营业网点，要充分调动广大一线员工挽留客户的积极性，要制定出切实可行的客户挽留奖励方案，对挽留客户作出突出贡献的员工要大力进行表彰。各行要抓住今年新产品集中推出的机遇，做好到期卡的替代工作，提升到期卡自动换卡的比率。

（三）打造良好的用卡环境，增加回佣收入，提升信用卡业务整体收益。今年我行中间业务收入增长乏力，效益增长压力比较大，而信用卡业务收入作为全行成长性最好的品种之一，要为全行提升中间业务收入做出贡献。

一是继续推动优质商户拓展。对大型优质商户，要加强总对总集团商户营销。围绕商户行业、所属地区及联动部门三条营销主线加强拓展，瞄准“高营业额、高交易额、高收益”的高端优质收单商户，制定营销方案，推动营销工作开展；积极与高端商户开展 MIS 收单合作，根据集团商户所属区域，分行作为主办行，要配合总行开展集团商户联动营销，争取当地更多的集团商户。各行要重视对具有地方特色的中小商户的拓展，开展“走街串巷”POS 机布放活动。

二是加强小额快速支付环境建设。各行要对非接设备新增需求及采购开辟绿色通道，保证完成全年 10 万台非接设备布放任务。总行将安排配套的营销激励办法，配合闪酷卡的发行，对发卡和非接设备的布放进行奖励，并计划在全国 2 000 家商户开展联合促销活动，各分行要做好促销活动的组织实施工作。

（四）稳健发展分期付款业务，保持我行领先地位。分期付款拉动了信用卡中间业务收入的快速增长，是信用卡中间业务收入的重要来源。要加快分期付款业务创新，优化分期付款行业结构，

一是要加大信贷资源投入，推动信用卡贷款稳步增长。各行要加强行内协调，争取本行信贷资源优先投向收益高、风险可控的信用卡贷款业务，在风险可控的前提下，确保信用卡贷款序时进度的完成。前几个月信用卡贷款规模被其他贷款挤占情况比较严重，总行将根据各分行上半年信用卡贷款规模执行情况，对各行全年计划进行必要的调整。二是加快分期付款业务创新，在抵（质）押担保方式下积极探索形式多样的业务合作模式，拓展专项分期多管理层级、多业务品种、多合作模式的有效市场，加强合作机构管理，适应未来工商银行业务快速发展的需要，促进信用卡贷款业务持续健康发展。三是大力拓展新兴消费市场，优化分期付款行业结构。各分行要在巩固好购车分期业务的市场优势和健康发展势头的同时，抓紧优化分期付款行业结构，大力发展家电、家居、家装、智能手机、数码产品、文化、教育、旅游等收益高、市场广阔、风险可控的新型消费贷款市场，避免信贷资源过度集中投放，形成信用卡贷款业务可持续发展的良好局面。四是加强分期付款服务创新，优化完善功能和业务流程，加快推动短信分期、账单分期等新业务研发推广。加快推进专项分期付款业务电子化处理系统建设，促进业务规范化发展。五是加强信用卡贷款风险管理，严格执行收费核算与管理要求。为防范业务风险，规范核算与操作，各分行应严格执行分期付款业务手续费必须通过系统自动收取的相关规定，坚决杜绝手工收取；对于采用一次性收取的分期付款手续费，必须严格按照权责发生制原则进行递延核算，严禁一次性入账。

在当前经济波动的复杂形势下，信用卡业务坚持“两手抓”就显得更加重要、更加迫切。希望大家同心协力，按照“两个加大、两个确保”的工作思路，全力做好风险控制，全力做好市场拓展，稳步推进信用卡业务的健康发展，努力完成好今年的各项工作任务。

在中国工商银行个人金融业务年中工作会议上的讲话

李晓鹏

（2012 年 7 月 30 日・根据录音整理）

刚才又听了 20 家分行的经验介绍，也很受启发，各行围绕总行“强个金”战略，创造性地进行了各种尝试，做法都很不错。今年上半年全行个金业务面临了多年来少有的复杂和严峻的形势：一方面，全社会对金融服务提出了许多意见，我们处于公众、媒体、舆论的风口浪尖，而个金在其中又担负了巨大的压力；另一方面，国际、国内形势的复杂性又使我们的宏观调控出现了许多不确定性。在这种背景下，在总行党委的正确领导下，在全行个金战线员工的辛苦努力下，上半年个金工作还是比较圆满地完成了总行年初交给的任务，具体

概括为“两个第一、两个高于和一个提升”。“两个第一”就是储蓄存款存量和增量第一。“两个高于”一个是储蓄存款增幅高于全行存款增幅，上半年全行存款新增加 11 327 亿元，较年初增幅 8.9%。其中，储蓄存款新增 6 648 亿元，较年初增幅 11.24%，高于全行存款增幅 2.34 个百分点；另一个就是上半年日均、旬均储蓄存款增幅大幅高于去年同期，日均高于去年同期 33 个百分点，旬均高于去年同期 9.85 个百分点。“一个提升”就是服务提升。年初总行确定了以“改善服务，提升品质”作为今年工作的主题和主线，半年来全行服务品质大幅提升。以客户投诉为例，截至 6 月末，全行受理个人客户反映问题 160 869 件，较 2011 年同期下降 88.2%，其中投诉是 723 件，较同期下降 88%。在刚结束的分行行长工作会议上，总行党委对个金、信用卡、私人银行等大个金业务所取得的成绩给予了充分的肯定。我代表总行党委，代表姜董事长、杨行长，对大家并通过你们对全行个金战线的辛苦工作表示感谢。下面我主要讲讲对客户基础和个人信贷这两个问题的看法。为什么讲这两个问题，因为从近几年情况看，我感觉我行的客户基础还存在一些不理想的情况，事关全局，需要引起大家的重视；个人信贷上半年出现了大幅下降，这个问题也不能回避。

一、关于客户基础问题

总行党委对大力发展个人金融业务、不断扩大和增强个人客户基础相当重视。长期以来，我们也以具有广泛的客户基础而自豪。股改上市以后我们加强了对客户基础拓展的规划，客户总量由当时的 1.7 亿户增加到今年 6 月末的 2.9 亿户，增加了 1.2 亿户。特别是近三年，个人客户增长速度逐步加快，2009 年和 2010 年个人客户增长速度都是 6.2%，2011 年提高到 8.9%。客户基础的壮大，为发展个人金融业务创造了广阔的空间。但是我们还必须看到，这一发展速度仍然满足不了目前我国经济社会发展以及广大客户的金融需求，与同业相比、与全行经营发展总体态势相比还有一定差距。

一是与同业相比，工商银行客户基础不具有领先优势。截至 2011 年末，农行客户达到 3.95 亿户，当年新增 4 500 万户，增幅 12.85%；我行 2011 年末客户是 2.8 亿户，增幅为 8.9%，与农行比我们总量少了 1.1 亿户，速度低了 3.95 个百分点，差距较大。同建行相比较，我行客户规模也不占优势。截至今年 6 月末，建行个人有资产客户数量为 2.35 亿户，同口径我行为 2.52 亿户，但我行网点数量超过建行 1 800 个左右，网均客户数量我行不占优，而且建行近三年来每年个人有资产客户增速均在 9% 以上，略高于我行。

二是与三年规划相比，个人客户发展存在较大差距。客户基础的差距直接影响了包括储蓄存款在内的个金业务竞争能力。正因为如此，总行清醒地认识到客户增长的问题，在 2010 年制定未来三年全行个金发展规划时，明确提出了争取在 2012 年末将客户总数提高到 3.91 亿户，从而对“强个金”战略实施形成有力支撑。但两年半时间过去了，实际完成情况不是十分理想，按照规划要求，2011 年末，全行个人客户要达到 3.18 亿户，而实际只完成 2.8 亿户，与规划相差 0.38 亿户；按照规划要求，2012 年末，个人客户达到 3.91 亿户，目前全行实际个人客户 2.92 亿户，差了将近 1 亿户。

三是个人客户增长速度和全行一些主要业务增长速度相比也较慢。如个人客户增长速度低于小企业客户增长速度，我行小企业客户数量 2010 年增幅是 42.31%，2011 年增幅是 43.14%。再如，全行个人理财业务和个人金融资产近年来每年的增长速度都是在 10% 以上。没有庞大的客户基础，没有客户稳定快速的增长，就无法实现由“大个金”向“强个金”战略跨越。同时，客户增长对客户结构调整也很重要，没有一定的客户发展速度，就没有结构调整的空间，更无法在发展中实现结构优化。

导致我行客户发展速度不够理想的原因很多，综合来看，我认为主要有以下四个方面：

1. 全行贯彻新市场、新客户战略不够坚决。近年来，各行在贯彻落实个金转型方面还是有一定成效的，效果最明显的就是在商品市场拓展方面，全行已组建工银商友俱乐部 3 246 家，拓展商品交易市场 5 310 家，拓展商友会员 455.44 万人，较年初新增 163.36 万人，同比增长 113%。商友会员个人金融资产规模总额达 6 755.50亿元，其中储蓄存款余额 4 473.80 亿元，银行类本外币理财余额 1 562.31 亿元，个人经营贷款余额 1 196亿元。但总体上讲，在六类新市场中，除了商品交易市场外，新型要素市场、新兴消费市场、新型经济组织等还没得到大家的关注，或者关注到了但还没有采取实质性措施。如果我们在新的市场中不加快拓展步伐、加大资源投入和产品创新力度，结果将会是留存的老客户质量下滑，新的优质客户增长乏力，对客户基础产生重大影响。因此，希望大家在这个问题上要统一思想。

2. 渠道优化布局没有跟上客户拓展步伐。上半年根据董事长的指示，我组织人力资源部、个金部、科技部等有关部门对当前营业网点的业务量状况做了调查。调查的结果喜忧参半，喜的是经过这两年大力发展电子业务，离柜业务量不断提高，同时通过优化流程，柜台业务量也有下降，柜台压力有所减小。忧的是有一个问题要引起大家的重视，就是分地区看，业务的增长性差距明显：老城区业务量增长速度不如新城区、城乡接合部和开发区，城区不如县域。这是一个基本趋势，这个规律是和城市化进程相吻合的。渠道、网点是客户的家。要想有效拓展客户基础，渠道布局必须跟上，走进新区，调整老区，重组低效，否则，就是纸上谈兵。正是看到了这一趋势，所以从2010年开始，总行提出了要进一步抓好渠道优化建设，目前已经投产700多个网点。截至上半年末，总行可监测到业绩的753家新网点，共吸纳存款合计1 079亿元，其中储蓄存款比年初增长336亿元，增幅105%，网均增长4 500万元，是存量网点的1.5倍；拓展个人客户519万户，比年初增长344万户，增幅196%，网均增长4 600户，是存量网点的6.6倍；个人金融资产865亿元，比年初增长439亿元，增幅103%，网均增长5 800万元，是存量网点的1.3倍。700多个新建网点的业务发展速度和质量高于存量网点，效果明显，这项工作的步伐还要再快点。

3. 经营思想从“坐商”向“行商”转变还不到位。这几年，大家对需要走出去的认识都比较统一。但是在实施过程中，大部分分行出于各种原因，主动走向市场的政策措施、资源投入都非常不够。这也是新市场拓展不利的一个重要原因。北京、山东等分行的直销、营销小分队等做法，都取得了不错的成效，他们不仅认识早，而且落实快，因而效果比较明显。但是大多数行，由于人员紧张、资源不足等各方面问题，还走不出去。总行近年来也提到了个人客户经理队伍建设，特别是要培养一支5 000人能够走出去、具有市场营销技能的客户经理队伍，但到目前为止，这方面效果不明显。当然，走出去不能完全靠个金，要公私联动，公司客户经理只是把个金客户经理领进去，但业务能否谈成要靠个人客户经理自身。因此，没有人走出去，不能做到“行商”，客户基础就无法实现真正扩展。

4. 产品和服务创新上还存在很大差距。比如借记卡作为我行发展客户的重要手段和介质，无论是在总量上还是在质量上，与同业相比差距明显。截至6月末，全行累计发行借记卡35 442万张，同业占比24.11%，排名第三；农行5亿张借记卡，比我行多1.5亿张，占比34.56%；建行39 293万张借记卡，比我行多4 000万张，占比26.73%。我行芯片卡发展还不错，但优势还没发挥，要利用芯片卡的优势多创新一些他行无法仿制的产品来竞争客户。再比如代发工资业务。去年大联动、大营销以来，代发工资业务有长足发展，公司部、结现部、机构部给予很大的支持，每年都有提高。但是目前我们代发工资覆盖率不高，留存率更低。现在代发工资覆盖率是有贷户48%，无贷户8%，机构户25%。代发工资留存率目前是15%，比5月提高6%，但仍比较低。此外，对于富裕农工群体和新生就业阶层的金融服务提供方面，我们还缺乏足够的产品来支撑业务的发展。现在有些农民工工资已经超过大学生了，江苏分行柜面通例子中，农信社客户到我行办业务的客户户均存款10万元，客户质量非常好，也需要我们更加重视。

作为全球“四个第一”的商业银行，我们必须夯实、巩固雄厚的客户基础，这是较长时期工商银行能不能傲立于中国金融市场、保持同业第一的一个重要因素。因此，希望大家在增强客户基础方面要多下功夫、多管齐下：

一是任务要明确。原则上讲，每年个人客户增长速度都不能低于10%，同时，四星级以上和5万元以上客户增速不能低于15%。今年按照这个要求，力争实现全行个人客户新增3 000万户，总量达到3.1亿户；其中四星级（含）以上中高端客户新增600万户，5万元以上优质客户新增500万户。各行按照这个要求，做好自己的规划。将来既要考核各行客户增长速度，也要考核客户增长的结构。各行要正确认识到客户增长与业务发展潜力之间的因果关系，花大力气抓好客户发展，首先要确保今年的目标任务百分之百完成，并逐步缩小与农行的差距。

二是目标要精准。拓展客户当然要讲质量，讲客户贡献，不能只看数量。全年要按照五新市场、六新客户拓展要求，继续巩固拓展商品交易市场，新增363万户；要充分利用我行新推出的个人家居、文化、留学等个人消费贷款产品，大力拓展新型消费市场，在新型消费市场新拓展100万户；要抓住我行加快渠道建设的良机，用好各项优惠政策，依托结算、理财等业务拓展县域和农村市场，实现县域农村市场新拓展100万户；要加大拓展各类源头性市场力度，利用社保卡项目、银医一卡通项目、军人保障卡项目，拓展源头性客户400万户；要继续大力发展代发工资业务和集团客户，新增公司类个人客户1 200万户。同时，我们要在发展中调整和优化客户结构。中高端优质客户发展要重点增加三类新客户：第一是各类企业的“双高”人员群体，新增50万户；第二是新型经济组织的从业人员群体，包括律师事务所、会计师事务所、审计师事务所等从业人员，新增10万户；第三是跨区域流动的以交易类业务为主的优质客户群体，新增100万户。

三是方法要转变。一要继续加强联动营销。通过去年的大联动、大营销活动，已经形成了一套公私部门比较认同的公私联动、个卡联动、私私联动的有效工作机制，并且形成了谁营销谁受益的激励机制，希望各行能够深化这些做法，落到实处。二要加强客户经理队伍建设。要抓紧落实总行三年建立一支5.5万人的客户经理队伍，其中外勤客户经理5 000人的规划目标。其中，5 000人的外勤营销队伍建设要拿出具体方案，包括人员来源、队伍建设、培训、产品、管理，个金部要多组织一些经验交流，互相启发。

四是继续落实渠道优化建设各项措施。个金部门要密切配合人力资源部和渠道优化建设的有关部门开展好工作。要在抓好新建网点建设的同时，重视存量低效网点的重组，加快渠道优化工作实施，并力争提前、超额完成全年任务，提高网点建设效率。新建网点要尽快投产见效，用好总行的政策。总行也将组织“新建网点业绩提升竞赛评比”活动，鼓励新建网点早见实效。在服务品质提升方面，增强主动营销和服务，重视金融消费者权益保护工作，将被动营销转变为主动告知客户信息，主动提供产品和方案，挖掘客户需求。要持续优化星级客户营销系统，加大星级体系应用推广力度，积极开展星级客户体验活动。要充分利用好95588与客户经理联动这个平台，加强管户经理与优质客户的无缝对接，强化银行与客户之间的联系。

五是加大服务和产品创新力度。要重视四个方面的服务和产品创新：第一是银行卡，包括借记卡和贷记卡，要把我行在银行卡创新上的优势发挥得淋漓尽致。今年要以芯片卡，特别是单芯片卡的发卡作为利器，突出芯片卡安全便利优势，在客户拓展中发挥作用。要抓好联名卡即项目发卡，项目发卡质量很高，无论是社保卡、银医卡、市民卡、交通卡，开卡率很高、卡均消费额高、假卡很少，值得投入，不仅能拓展新客户，而且创造出很多新增效益。第二是理财业务。今年以来理财业务出现一个新问题，理财资金对应的项目很少，资源不够，期次发行的产品对接起来很难，因此要拓展更多的收益高、风险可控的项目。总行有关部门在产品设计上要做好工作。理财产品的发售上一定要区别对待，要把理财产品作为拓展目标客户的利器。要拿出一部分用到新建网点、代发工资客户等方面，特别是新增代发工资客户上，与我们的区域策略、竞争性项目、目标客户群体挂钩，提升理财产品销售的综合效益。第三是结算业务。目前，我行个人结算业务收入市场占比只有24.78%，农行占比51.46%，远远高于我行。因此，我们需要产品来竞争客户，最近发展的福农卡、助农取款等都是很好的结算产品，要大力发展。要大力推广江苏分行柜面通经验，有条件的分行要向江苏分行学习。第四是中间业务。上半年个金中间业务收入同比下降，下降的主要项目是与个人贷款相关的服务收费。总行今年准备推出个人资产综合服务，通过这项业务给个人客户提供全方位的服务，包括咨询、授信、跨行、跨国融资、提供担保等综合金融服务，系统正在开发，可以尽快选择几个机构手工试点推进。通过个人资产综合服务收取的中间业务费用，要有根有据、有服务内容。要关注中间业务创新，以个人资产综合服务为切入点，打开个人中间业务收入新的通道、新的天地。

二、关于个人信贷问题

近几年总行党委对调整信贷结构高度重视，提出了把个人贷款作为重要的业务板块重点发展的战略安排。在这个战略指引下，在信管部、风险部等有关部门的大力支持下，这几年个人贷款业务发展非常快，势头非常好，成果非常明显。到去年末，个人贷款占整个贷款的25.8%。今年信贷规模计划安排是8 500亿元，其中个贷2 800亿元、信用卡850亿元，个人信贷共计3 650亿元。但今年以来个人信贷业务发生了大的变化：截至6月末，个人贷款余额18 665亿元，当年新增530.29亿元，同比少增862.1亿元，仅完成全年新增计划2 800亿元的18.94%。全行仅四川和贵州分行完成序时计划，部分重点地区分行（青岛、海南、山东、深圳和宁波）甚至出现余额负增长情况。截至6月末，虽然我行个人贷款余额同业占比29.86%，仍居同业第一，但较年初已下降0.93个百分点；当年个人贷款增量同业占比14.69%，同业排名第四。截至6月末，个人贷款在全行各项人民币贷款中的余额占比为24.95%，较2011年末（25.8%）下降0.85个百分点，新增额占比为11.75%，较2011年末（33.22%）下降21.47个百分点。同时，个人不良贷款余额105.52亿元，较年初增加18.06亿元；不良率0.57%，较年初增加0.08个百分点。

个人信贷面临的这些新问题有复杂的客观原因，也有我们的工作问题。首先，从外部市场环境来看，宏观经济面临持续下行压力，市场投资更加谨慎，国家继续实行从严的房地产宏观调控政策，市场交易量没有大幅增加，刚性需求还未有效释放，对于住房贷款产生了影响。但个人消费贷款、经营贷款这方面需求还是存在的。据国家统计局公布的数字，上半年全社会消费品零售总额同比增长是14%，说明消费市场还是在稳定发展。同样的市场环境，农行、中行、建行分别比我行多增310.89亿元、552.63亿元和625.03亿元，因此完全强调市场问题也不客观。

其次，从我行个贷产品体系调整方面看。近期，总行取消了个人房屋抵押贷款和个人综合消费贷款，这确实在短期内对我行个贷业务的发展造成了一定的影响。但这两个品种的取消，使得我行个人贷款的用途更加明确，经营更加稳健，符合监管部门的要求。并且，原有产品的各项用途大部分有新的产品承接，同时针对不同客户群体的个性化需求推出了个人家居、文化、留学和私人游艇等创新产品。应该说，此次个贷产品调整虽然是以规范为目的，但是从结果上看，并没有削弱我行的产品体系，而是在规范的基础上进行了提升和优化，新产品的目标客户定位更清晰，贷款用途更多样，担保方式更灵活。

最后，从我行个人信贷政策看，我行采取了更加稳健的经营策略，贷款投放更加审慎，清理融资性担保公司，合理控制授权额度，风险控制进一步加强。对此，有些行觉得没有担保就不会做业务了，这说明我们的个贷营销水平亟须提升。对于部分优质客户，我们可以考虑用信用贷款来满足他们的融资需求。控制授权额度是总行综合考虑目标客户实际需要确定的，例如个人经营贷款500万元是适当的，是能够满足一般需求的。因此，稳健信贷政策是必要的，我们要以稳中求进的思想推动个贷业务的长期健康发展。

总之，个贷对于客户发展、储蓄存款、中间业务等整个个人金融业务的拉动作用是非常明显的，个贷做不好，必将成为影响个金发展大局的一块致命性“短板”。从思想认识看，部分分行存在着对个贷业务发展主观认识不到位的问题，在政策调整时期出现了“等、靠、停”的消极情绪。有的分行，无论市场环境处于顺势还是逆势，总是落后于其他商业银行，这就不是客观因素问题。

下一步，全行要按照总行发展个人贷款的总体部署，统一思想，坚定信心，千方百计促进个人贷款的可持续发展。

1. 坚定以发展个人贷款作为调整全行信贷结构重点的部署不动摇。虽然今年上半年我们遇到一些困难，但是暂时的。一方面国家也在微调、预调宏观调控政策，另一方面总行也在研究和出台一些新的信贷政策和产品，如果大家能够进一步认识到我们工作中的差距，推动个人贷款业务的可持续发展是可能的。要坚定信心，做到思想不乱，队伍不散，加大发展力度，确保实现三年发展规划中个人贷款占比提升的目标。

2. 坚持区别对待，力争实现全年目标。今年计划是2 800亿元，剩下5个月的时间还有2 300亿元的任务。有一些分行特别是沿海地区感到增长乏力，但是也有十几家分行发展得很好，希望调增信贷计划，平衡一下，还有完成任务的希望。因此，2 800亿元总体目标暂不做调整，但各地区要区别对待。需求好的，质量有保证的，上半年进度理想的，满足规模要求。上半年差距较大，市场有一定困难的，规模可以做适当调整。个人住房、消费和经营贷款三项贷款间的规模可以根据当地的实际情况自由调节使用，不再限定。

3. 要加快信贷政策和产品创新步伐。一是6月底总行调整了个人住房贷款内部资金转移价格，提升了我行参与同业竞争的能力，各行要根据具体情况，进行风险定价，灵活调整定价。二是要抓紧发展包括文化贷款、家居贷款、游艇贷款等在内的新产品。三是有些信贷政策和产品还要及时研究调整。如将以房产抵押担保的家居、文化、留学、游艇等消费贷款的贷款年限延长至10年，抵押房产扩大至第三人（自然人）；针对高端客户的信用贷款要稳健开展；在个人经营贷款中，拟增加优质商品交易市场管理方担保方式等。要正确理解总行《关于加强小企业贷款和个人贷款管理的通知》精神，做到微型企业和个人经营贷款的原则划分、适当交叉，主要把握两点：一是在同一时点法人贷款和个人贷款不得并存；二是已经发放过小微企业贷款的，不得再发放个人经营贷款。各级授信审批部门要把握好以上原则，及时传达给辖内审批人员，确保个人经营贷款的持续、健康发展。

4. 加大营销力度，深度挖掘市场。各行要重再布置、再动员，瞄准市场、瞄准客户，组织一场全面的、有声势、有效果的个人信贷营销活动。一要大力发展个人住房贷款业务，通过差别化的营销策略，充分满足客户合理购房需求，同时要与装修、耐用品等消费类贷款同步营销。要优先支持我行开发贷款项目，保障公私业务联动和资金封闭运行。二要实现新兴消费贷款市场的突破。各行要按照总行家居、文化、留学和游艇等贷款产品的营销方案要求，紧密结合当地市场，突出新产品的特点和亮点，努力打造个人贷款新增长点。三要坚持加快发展个人经营贷款业务。要抓住当前商品交易市场融资需求旺盛的有利时机，以商友通、商友贷等产品为切入点，有效拓展优质经营商户集群。

5. 要加强部门联动，为个贷业务发展提供一个良好氛围。个人贷款营销部门要认真学习有关信贷政策、产品流程、审批要点，切实加强与信贷管理、授信审批等有关部门的沟通与联系，夯实联动基础，打造协作机制。特别是在审批集中到一级分行后，审批部门要缩短审批周期，研究规范个人贷款的审批流程，加强中台对前台的审批要点指导。要充实足够的个人贷款审批人员，同时，总行提倡前台营销和中台审批的绩效捆绑考核，以市场为导向，以提升市场竞争力为标准，提高部门间的协调、沟通与支持水平。关于产品创新和需求，在兼顾效率和前中后台沟通的基础上，属于客户和市场提出的产品创新需求，分行和前台部门也可以发起，提出建议和设计流程，提出后交由后台信管部门最后确认、审查；属于宏观调控、信贷政策引起的产品创新需求，由后台部门直接发起，征求前台部门的意见，遵循规定的流程。两种情况最终都需要后台部门审查确定。

6. 注重风险防范，量质并举地推动个人贷款业务健康发展。上半年，个贷不良率提高了0.08个百分点，不良余额增长了10亿元，出现了“双升”，但个人贷款从整体上判断业务发展是健康的，质量是良好的，风险是可控的。6月末全行个人不良贷款额和不良率已回落到4月末的水平，初步遏制了“双升”的势头。在当前经济下行压力加大的环境下，各行要对贷款风险高度警惕，特别要注意：一是关于催收，再次明确个人不良贷款管理是由信贷管理部牵头，列入不良的由风险部清收处理，出现风险预警、监测、检查的，由信管部门牵头；前台部门作为贷后管理部门，对日常管理、催收是负有重要责任。各行坐席人员下半年拿出一半精力进行催收，总行电子银行中心要充实坐席催收人员，上下协同，把这个工作做好。二是学会对个人贷款的风险重组。任何贷款出现风险后，都有重组的可能和必要。长期以来，我们对法人贷款的重组比较擅长，也有一些经验，但不大重视个人贷款，出了风险，催收不够、核销不够，更谈不上重组。事实上，个人贷款是有重组必要的，特别是近两年来，单笔金额较大的贷款越来越多。因此，请大家好好学习个人不良贷款重组的办法。三是做好核销工作。我行拨备覆盖率在283%左右，但核销大部分是法人贷款，其次是银行卡，最少的是个贷，全行风险准备的资源一定要向个金做些倾斜。

今年的业务发展是不错的，成绩来之不易。虽然现在出现了一些困难和问题，但我们完全有理由、有条件，在后5个月中加以改进。希望大家认真领会总行的要求、认真解读总行有关文件精神，不要轻易地去误判经营发展中出现的问题和困难。要按照总行党委近年来特别是今年行长工作会议上的要求，坚定转型的决心不动摇，坚定结构调整的决心不动摇，坚定持续发展、可持续增长的信心不动摇，坚定风险管理的理念不动摇。在全行业务发展的过程中，要确保个金业务继续作为全行发展的重要增长点，圆满完成今年的任务，实现全行个人金融业务又好又快的发展。

提高认识　狠抓落实
推动全行押品工作再上新台阶

——在中国工商银行押品管理工作会议上的讲话

李晓鹏

（2012年8月23日·根据录音整理）

这次会议的主要任务是，全面总结近几年全行押品工作取得的成绩，深入分析当前面临的形势和任务，部署下阶段工作，振奋精神，凝聚共识，推动全行押品管理再上新台阶。下面，我讲几点意见。

一、近几年押品工作取得了显著成绩

自2005年开发押品评估系统并实施存量押品入库以来，在全行押品工作人员的共同努力下，押品管理由分散粗放式逐步向集约精细化转变。尤其是近两年来，我行以加强抵质押风险防控为主线，以服务信贷结构调整和业务拓展为目标，以完善制度体系和优化管理系统为抓手，押品管理系统、制度建设和人才培养取得了显著成效，有效发挥了押品的风险释缓作用。押品业务已成为我行日常信贷分析、信用审批、经济资本有效配置的有力支撑。

（一）搭建押品管理系统平台，有效夯实发展基础。

1. 构建了较为完善的押品管理制度体系。2005年以来，先后制定了押品价值评估管理办法及细则、评估流程管理办法、合作中介机构管理办法等。2011年，总行根据现实工作需要，下发了一系列通知，继续强化押品估值日常管理和重评管理，强调建立动态监测和风险预警机制，规范人员资质管理。今年，总行制定了涵盖法人、个贷、境内外押品管理的押品管理办法。这些不同层级的押品管理制度规定，已经形成了较为完善的押品管理制度体系。

2. 升级完善了押品评估系统。近两年，总行对法人押品评估系统进行了持续优化升级。该系统功能日趋强大，具备押品基本信息维护、押品价值评估、押品重评预警、不足值预警、数据统计分析、中介机构管理等功能，可满足内部评级法高级法的需要。同时，押品评估系统为票据池、供应链融资金融服务、法人理财产品、融资性担保机构反担保押品、贵金属业务等10多个项目的实施提供了系统支撑，有力支持了我行信贷结构的调整以及信贷产品的创新。系统操作也日趋简便，提高了押品价值管理的效率。

3. 整合了法人和个贷押品价值评估业务。2011年，总行按照银监会加强个贷押品动态管理的要求，下发了《个贷押品管理办法》，明确了个贷押品管理的职能分工、押品准入、评估流程、监测检查等方面的规定。组织开发并投产了个贷押品评估系统，为个贷押品价值动态监测和日常管理奠定了坚实基础。这有利于改变个贷押品管理粗放的现状，标志着个贷押品价值正式纳入统一的押品价值评估管理体系，有利于实现个贷押品价值的全周期管理，形成涵盖法人和个人的统一的押品管理平台。

（二）深化押品价值管理，提高了押品风险管理能力。

1. 建立了押品价值动态监测机制。押品重评是实现押品价值跟踪管理的最重要方式。近两年，我行逐步建立和完善了周期重评与非周期重评相结合的重评管理机制，动态跟踪管理在库押品价值，将未重评率纳入我行内控监测指标，与行长目标责任制挂钩。加强了押品不足值预警管理，确保风险补足措施的落实，消除押品风险隐患。

2. 印发评估指南，不断提高评估质量。总行按照分类指导原则，逐步建立健全重点类押品价值评估指南。去年，下发了《关于印发〈在建工程抵押价值评

估技术操作指南〉的通知》（工银办发〔2011〕170号）和《关于印发〈房地产类押品价值评估操作指南〉的通知》（工银办发〔2011〕281号）。评估指南明确了两类押品的评估操作要点，并对关键抵押风险点进行了揭示，有效指导了全行两类押品的评估工作。

3. 完善了押品风险分析报告制度。坚持开展押品价值年度分析和季度监测。通过对押品价值的不同维度风险分析，为我行的管理决策提供了坚实数据支撑和参考依据。特别是每年的全行押品价值分析报告，对全行押品结构、区域分布、担保能力、押品缺口等方面进行统计分析，提出工作建议，发挥了良好作用。

4. 适时进行压力测试，防范系统性风险。我行法人押品中，房地产类押品宗数及融资占比均居首位。根据宏观调控形势，总行去年对居住类房地产类押品进行了压力测试。测试表明，我行法人客户房地产类押品担保能力总体较强，与市场价格变化呈显著非线性相关，并相应提出了应对措施。目前，房地产市场下行趋势明显，压力测试作为押品动态监测的重要补充，为防范系统性风险发挥了重要作用。

（三）押品结构不断优化，押品缺口逐年降低。

1. 抵（质）押贷款增速大于信贷投放增速。近两年，我行实行更为稳健的信贷政策，抵质押担保方式得到更多重视。从2008年至今，法人抵质押融资年均增长22.48%，高于同期信贷增速5.18个百分点；押品价值年均增长21.3%，高于信贷规模增速4个百分点。抵质押融资增速、押品价值增速与信贷规模增速呈良性递增关系，信贷风险总体得以有效降低。

2. 押品整体担保能力较高，LTV（融资－价值比）区间结构合理。全行法人押品总体LTV为38.4%，继续保持较低水平，74.2%的融资的LTV为50%以下，仅1.74%的融资的LTV超过了最高抵押率，说明我行押品整体保障能力较高。

3. 押品结构持续优化，机器设备类押品显著降低。近年来，我行多措并举，加强了对新增押品的准入把关。截至2011年末，全行法人客户押品共计153 634宗，较年初增加35 852宗，其中流动性好、变现能力强的房地产、流动资产、建设用地使用权三类宗数占比合计达98.12%，对应融资占比合计达85.32%，价值合计占比达77%，三大类押品宗数与内评价值总体呈上升趋势。同时，机器设备类押品各项指标逐年下降。截至2011年末，全行法人客户机器设备类押品共计918宗，较年初下降192宗，降幅达17.3%。

4. 严防抵（质）押风险，缺口率稳步下降。截至2011年末，全行法人押品缺口总额为392.32亿元，较年初上升61亿元，缺口率①为1.74%，较年初下降0.04%，较2009年末下降0.36%。缺口增长受信贷投放增长的影响较大，近三年在信贷投放增长的背景下，缺口率不升反降，说明我行较好地控制了缺口总额的增加趋势。缺口率居前三位的是存量机器设备、长期投资和收费权类押品。

（四）押品管理基础进一步夯实，抵质押贷款押品处置受偿率显著提高。我行对押品进行规范化管理前，处置押品的贷款受偿率为46.17%。2005年以来，对法人押品实行统一管理，严格执行“先评估后贷款”等规定，坚持谨慎评估原则，以内部评估的价值作为贷款发放依据。我行内部评估价值普遍低于外部评估价值，挤掉了外部评估的水分，确保了评估结果的公允和客观。同时，我行加强了对押品价值跟踪管理，在贷款存续期间，通过对押品进行周期性和非周期性重评，及时量化风险，并对不足值押品采取追加担保、回收贷款等方式化解押品缺口风险，提升了押品对信用风险的抵补能力。据统计，目前我行通过处置押品收回的不良贷款受偿率提高到了77.95%，抵质押贷款受偿率呈稳步提升态势。

二、当前押品工作面临的形势和问题

当前，欧债危机仍在持续发酵，国内经济增速预期放缓，政府融资平台、房地产、民间借贷等领域风险逐步释放，担保公司管理不规范的问题不断积累暴露，案发率有所上升。在这样的形势下，押品作为银行债权第二还款来源的重要保证，其风险释缓作用更显重要。同时，我行正积极向银监会申请实施内部评级法。其中，押品评估模型、管理制度、IT系统和人员资质等是监管部门的重点关注内容之一。押品管理专业化是实施巴塞尔新资本协议的基础，更是内部评级高级法被认可的前提。押品管理是商业银行全面风险管理的重要内容，是评级授信、贷款定价、资本配置、绩效考核的不可或缺的要素。

目前，全行正在实施信贷结构调整，大力支持实体经济和中小企业发展。押品是众多结构性融资产品的基础，全面提升押品管理水平，有利于促进我行的产品创新和营销模式创新，有利于保障贸易融资、商品融资以及新型信贷产品的正常运行，促进小微企业、个人客户信贷市场拓展，是推动金融创新和信贷结构调整，适应市场发展形势的现实选择。

但目前看来，我行的押品工作还面临诸多问题和挑战。

（一）全行押品全流程管理和问责机制还需完善。虽然我行已经建立了较为完善的押品价值评估流程，但是押品管理环节中的押品准入、押品评估、押品存续期管理、押品处置等职能还有待进一步明确和对接。与押品全流程管理无缝对接的要求相比，各相关职能部门的

① 缺口率：押品抵质押缺口与融资余额的比例，此处用来反映抵质押缺口相对于融资余额的对比关系，以从总体上反映抵质押风险的严重程度。

押品管理职能边界还有待进一步清晰。

1. 从押品入库管理环节看，目前，我行还存在押品现场勘查走过场、押品合法性审查形式化、未在贷款发放前落实押品登记手续等问题。有些分行对押品准入的尺度把控较松，接受了一些合法性存在疑点、权属有瑕疵、变现能力差的押品抵入。这些问题严重削弱了押品风险缓释功能和第二还款来源的保障作用。

2. 从押品在库管理环节看，基层人员普遍缺乏押品重评工作积极性，没有意识到重评工作的风险预警作用，尤其是对小企业信贷风险管理的重要作用，存在重评形式化、重评不及时、重评质量不高等问题。总行专门下发了加强重评管理的通知，但部分分行仍不够重视，大量重评工作存在被动、敷衍的现象。虽然我行押品未重评率逐年下降，但去年底押品未重评率仍有5.38%。近期，银监会一再就押品重评问题对我行提出监管提示。押品日常管理也存在一些漏洞，商品融资业务中还存在融资商品质数不详、商品监管权责不清等问题。我行亟待建立有效的问责机制，完善相关制度，堵塞作业漏洞。

3. 从押品出库管理环节看，全行确实存在着押品入库评估与出库拍卖价值差距较大，形成“剪刀差”的情况。押品处置受偿率不理想，除了押品自身贬值、外评高估、地方司法干预等外部因素外，我行在押品处置阶段的管理缺失和职责模糊也是不可忽视的因素。押品评估系统和资产处置系统尚未有效对接，押品处置信息没有及时反传到押品评估系统，没有形成完整的押品价值管理链条。

（二）评估合作中介机构还未实现统一管理，押品评估模式尚需改变。我行自2007年印发《抵（质）押物评估合作中介机构内部管理办法》以来，对法人押品评估合作中介机构采取了名单制管理，严格准入认定，加强日常管理和年度考核。但个人、法人和押品处置评估合作中介机构的认定和管理还分散在不同的部门，评估合作中介机构尚未实现统一管理。评估合作中介机构的认定标准不统一，中介机构出具的评估报告存在不同程度的价值高估现象。

目前，我国银行业押品评估委托付费模式为借款申请人委托并支付评估费用，经济利益的趋同性导致了外评价值虚高的可能。前一段时间，银监会在《中国银监会关于整治银行业金融机构不规范经营的通知》中规定银行业金融机构应依法承担贷款业务及其他服务中产生的尽职调查、押品评估等相关成本，不得将经营成本以费用形式转嫁给客户。押品评估委托付费问题变得更为敏感。监管意见和押品评估的内在规律都要求我行改变目前的押品评估模式，即押品评估应从内外评相结合的模式逐步过渡到以内评为主的评估模式，这对我行的押品管理水平和押品从业人员的专业素质提出了更高的要求。

（三）房地产类押品的风险保障能力面临考验。近年来，国家出台了包括“新国八条”在内的一系列房产调控措施，通过限购、严控房地产信贷、大力加强保障房建设等多种手段抑制房价过快增长。当前，中央一再强调要坚持房地产调控政策不动摇，促进房价合理回归，促进房地产市场健康发展。目前，房地产公司销售放缓，融资渠道收窄，融资成本上升，部分房企资金链趋紧，整体呈流动性风险加大趋势。我们要清醒地认识到，一旦出现房价大幅波动的极端情况，对房地产价格产生影响的变量会增多，对银行的影响也不仅仅局限于押品的价值变动，而是一系列连锁反应，这将严重影响房地产类押品的风险保障能力。

目前，我行押品中房地产类及建设用地使用权类押品高居首位。在全行九大类押品中，房地产类押品宗数、内评价值、对应融资余额占比分别达62.15%、59.22%、65%。虽然房地产类押品的LTV值（39.95%）相对合理，缺口率（1.2%）较低，但动态来看，当前的房地产形势和经济运行周期对我行的风险防控能力提出了严峻挑战，一是考验我们对房地产类押品的全信贷周期的价值管理能力；二是考验我们能否正确分析评价市场下行过程中产生的风险，并提出有效应对措施，实现前瞻性预警；三是对押品的风险管理能力提出了更高的要求。

（四）押品业务面临着较大的创新压力。《物权法》的实施拓展了企业融资抵（质）押空间，押品范围不断扩大，新型押品层出不穷，信贷产品的交易结构和特征日趋复杂，担保方式的创新在增强银行竞争力的同时也带来新的风险。我行面临越来越多的特殊押品抵（质）押要求，如酒窖、排污权、小企业林权等。押品的价值决定着贷款定价，纷繁的押品品种对押品评估和动态监测提出了更高的要求。

为有效应对信贷市场的不断创新，押品评估系统中押品挂接模式也须从一对一，向一对多、多对多方向发展，进而引入押品池的概念，这也是未来押品工作的发展方向。押品池能为资产管理、托管业务、财富规划、理财、投行业务以及其他衍生业务提供翔实的数据和系统管理支持，有助于为客户提供更加全面的金融服务，促进新型业务的开展和创新，增强我行盈利能力。在押品池的创新中，如何根据各种押品组合特点，减少押品入池、出池操作环节，建立顺畅的入池、出池机制，实现灵活性和个性化的统一平衡，是我们面临的重大课题。只有这样才能真正践行“以客户需求为导向、以服务客户为中心”的理念。此外，押品组合管理时，借款人和押品以及押品之间风险的相关性，境内押品管理模式如何向境外分支机构延伸，都需要重点关注并予以解决。

（五）押品工作队伍建设还需加强，流程管理还需进一步完善。经过几年发展，各行押品从业人员已基本具备相关专业知识，但专业素质还需要在实践中进一步加强。在押品评估中还存在简单照搬外部评估报告，风险揭示不全面，测算方法选取不当，参数选取错误，滥用评估假设等问题。根据我行信贷结构调整和支持文化产业大力发展的要求，会有越来越多的以知识产权、专利权、商标权等为质押的信贷需求。我行押品评估人员主要习惯于评估土地、房产、公路收费权等传统押品，如要内评这类新型押品，专业素质和后续培训还远远不够。尤其是个贷押品价值评估，亟须建立一支专业技能过硬的评估队伍，把好个贷押品价值评估关口。

法人客户、小企业客户及个人客户押品分属不同IT系统，流程设置也有较大区别。小企业客户押品评估流程为押品评估、授信评级、贷款审批捆绑在一起的“四合一”流程，个贷押品评估流程为贷款审批、押品评估的“二合一”流程。加上部门职能不同，各行法人、小企业、个人客户对应押品初评、重评部门不完全一致，押品流程上报路径也不尽相同。这些都需要我们亟待进一步整合押品流程，优化押品评估系统，理清小企业及个贷押品流程管理链条，增强业务流程的匹配性。

三、下一步押品工作的任务和要求

（一）加强领导，提高认识，高度重视押品管理工作。各级行应充分认识押品管理的重要性，统一思想，更新观念，切实改变对押品管理重视不够的现状。要加强对押品管理工作的领导，正确处理抵押风险防控与市场营销的关系，押品评估质量与效率的关系，当前利益与长远利益的关系，形成前中后台互相监督、互相促进的良性循环。以授信审批体制改革为契机，健全押品价值评估组织机制，设立专人专岗从事押品价值评估工作。要充分认识抵押风险转化为客户违约风险的潜在性及滞后性，不能因当前客户风险、债项风险低就忽略押品管理，从宽认定押品价值。对优质贷款或高信用等级客户对应的押品，在价值评估和日常管理中也要保持必要的谨慎态度。要坚持谨慎评估原则，客观反映押品价值，对押品风险进行必要的揭示，坚决杜绝价值倒逼，不能因为营销的压力放松押品的评估标准。

（二）认真贯彻落实《中国工商银行押品管理办法》。这次会议前，《中国工商银行押品管理办法》（以下简称《办法》）已正式印发全行。《办法》规定了新时期押品工作的总体目标和框架，是今后我行押品管理工作的重要文件。《办法》有以下几个特点：

首先，《办法》贯穿押品全流程管理理念，规范押品入库、在库、出库管理环节，统一了境内外押品管理标准。《办法》将押品准入制度、入库评估、在库重评、日常管理、出库管理等作为重点，形成适用于全集团押品管理的制度体系，改变以往个贷和法人、境内和境外、价值评估和押品处置各自分割的局面，有利于实现押品的“全集团、全流程、全口径”管理。

其次，《办法》增强了业务的可操作性。在实行统一的押品准入标准、价值评估基本方法和责任认定的基础上，结合各种业务特点，使押品初评与重评、法人押品与个贷押品评估流程之间既有关联又有区别，并规定可根据信贷业务流程个性化调整押品流程，使押品流程与信贷业务流程既匹配又相对独立，增加了业务操作的灵活性。

再次，《办法》明确了各部门职责及押品牵头管理部门，改变了以往押品管理各环节分散在不同部门以及部门职责交叉脱节的局面。《办法》按照前中后台管理规范、操作灵活、有效衔接的全过程管理要求，力求形成牵头部门统筹协调、各相关部门分工负责的押品联动管理机制，为今后进一步理顺押品管理体系、促进押品业务的健康发展奠定了基础。

最后，《办法》充分考虑了监管部门要求、押品业务发展现状以及信贷市场发展的需要，力求在三者之间取得平衡，提出了加强管理、提高工效的一系列新举措。一是明确重要押品价值评估要实行集体审议制度，总行权限信贷业务对应押品以及新型押品应与对应信贷业务实行集体审议（上会或者多人讨论审定押品价值）；二是明确我行押品评估要逐步发展到以内评为主，并在明年选择部分押品管理较扎实的分行，对房地产等类别押品进行直接内评试点；三是增强押品评估的独立性，对于能明确提供押品的抵质押贷款，必须先评估后审批；四是明确要求各一级（直属）分行要成立押品管理中心，设立专人专岗从事押品评估工作；五是明确我行押品重评可采取自上而下的“批量”重评的模式；六是统一了合作评估中介机构管理标准，规范了合作评估中介机构委托付费模式。

当然，押品涉及面广，管理环节众多，《办法》不可能面面俱到。各行要认真领会《办法》精神，根据各行实情制定好实施细则。要以《办法》的制定为契机，建立健全重点类押品评估指南体系，进一步明确各类押品特别是新型押品的评估标准。要着力推动押品池建设，根据押品池的建设规划，按照“灵活入库、分类管理、动态调整、整体监测”的原则逐步推进分类别的押品池建设。要深入研究不良资产处置项下押品评估工作，最终形成覆盖全信贷周期的押品价值管理的完整链条。要加快完善押品管理机制，进一步理清押品评估流程，加强押品价值监测分析和实物管理，统一管理评估合作中介机构，不断提高押品管理工作的质量和效率。

（三）切实完善押品全流程管理。要按照《办法》的全流程管理理念，加强押品入库、在库、出库管理，逐步形成前中后台管理规范、操作灵活、有效衔接的全流程押品管理体系。

一是严把押品评估入库关口。对于新增押品，要谨慎评估，客观反映押品价值，充分揭示风险。在选择押品时，要坚持优选原则，着眼于信贷资产的安全回归。对于经年存量押品，要定期现场勘查。对于存在瑕疵的押品，要关注企业经营状况，适时置换其他抵押资产。加快清理变现能力差、保障程度低的押品，尽快解决历史遗留问题。

二是加强在库押品重评管理。对于在库押品，要认真做好价值重评工作，加强押品价值的动态监测。一方面，要进一步简化重评流程，优化押品评估系统，逐步推广“批量重评”，提高重评工作效率。另一方面，要保障重评质量，不能放松评估尺度，坚决杜绝不履行现场勘查，重评走过场等现象。各行要加强对不良贷款对应押品的重评管理，重点关注押品变现能力，严格履行现场勘查，如实反映押品状态。要制定科学合理的考核机制，将押品重评和不足值管理纳入相关人员考评、机构考核和内控检查指标体系中。

三是完善出库押品管理。要对接押品评估系统和资产处置系统，根据押品处置信息全面地评价和修正押品评估工作，进一步提高押品评估质量。押品出库评估时要尽量选择初评合作中介机构进行评估。要将资产处置评估中介机构纳入合作中介进行统一管理，对处置押品评估机构的选择和准入要公开透明，定期清除不合格的中介机构。一旦评估价值与最终处置受偿金额差异过大又没有合理解释的，则将中介机构纳入黑名单。

（四）大力提高押品风险监测管理水平。按照监管部门和风险管理要求，加强押品动态监测，建立定期检查与非定期抽查、系统监测与现场检查、综合检查与专项检查相结合的监督检查制度，持续增强押品监测的及时性和有效性。要着重提高房地产押品的风险监控能力，防范集中性风险。加强对房地产行业的研究，提高风险预警能力，制订科学的预警方案，适时开展房地产类押品压力测试，为信贷决策提供参考。要加强对存货类押品的监管。加强对贸易融资业务、商品融资业务、供应链业务存货价值的全过程管理，高度重视现场勘查，防止押品在抵质押期间由于管理不善而发生贬损，严防以次充好、以假乱真。要开发押品价值评估系统的盯市功能，实时监控存货价值变化。要加强政府融资平台等重点领域押品的风险防范工作。要对政府融资平台融资、土地储备贷款以及“四大行业”对应的押品进行清查，清理抵质押贷款中的违规问题，核实评估测算过程，真实反映抵（质）押缺口。对不能覆盖融资余额的押品，要采取补足抵押物或压缩贷款等措施化解风险。针对检查中发现的突出问题和风险隐患，各分行要限期整改，整改责任要落实到人。

（五）建立押品数据信息库，加大人员培训力度。我行押品评估要逐步过渡到以内评为主，关键要解决两个问题，一是要建立押品数据信息库，实现押品价值信息共享；二是要开展多层次、多渠道的培训，提高评估人员的专业素质。总行首先要建立房地产类押品数据信息库，并开通数据信息共享渠道，提高评估人员对市场信息的把控能力，有效解决押品市场信息不对称问题。目前，押品数据信息库暂时放在 NOTES 中的“押品价值评估园地”，预计明年 2 月押品数据信息库投产上线。

总行将按照专业资格管理要求，规范押品评估人员资质管理。根据法人和个贷押品评估工作的不同特点和专业要求，分类明确资质管理要求，确保押品评估人员持证上岗。要强化各类培训和后续教育，利用各种渠道，开展多层次的培训工作。要加强重点类押品和新型押品评估方法的培训，利用大量实际案例讲解增强培训的针对性。要增加押品评估系统操作培训，进一步减少系统操作风险。要针对基层员工工学矛盾突出的特点，开通网上远程培训课程，要改变以考试为目的的培训理念，加强后续教育培训力度，努力提高队伍的专业素质。

立足新起点　争创新业绩
努力推动离退休人员工作再上新台阶

——在中国工商银行离退休人员工作会议上的讲话

李晓鹏

（2012 年 8 月 31 日）

这次会议的主要任务是：学习贯彻 2012 年全国老干部局长会议和中组部老干部工作座谈会精神，总结和交流近两年来全行离退休人员服务管理工作，分析当前离退休人员工作面临的形势和任务，以推进“老有所养”为侧重点，着重落实好新“五件实事”，进一步提高老同志的满意度，为促进我行和谐发展营造良好氛围。总行党委对离退休人员工作非常重视，这次会议召开之前，专门听取了离退休人员工作情况的汇报，着重就当前工作中存在的一些重点、难点问题进行了研究。姜建清董事长和杨凯生行长还对开好这次会议作了重要批示，对进一步做好离退休人员工作提出了新的明确要求。我们要认真学习领会，抓好贯彻落实。下面，我主要讲三点意见。

一、近两年离退休人员工作取得显著成绩

过去两年，在总行党委的正确领导和关心支持下，各级行党委和离退休人员工作部门认真贯彻中央和总行党委关于全面做好离退休干部工作的要求，围绕中心、服务大局，开拓创新、奋发进取，推动离退休人员工作取得了新进展、新成效。主要表现在以下几个方面：

（一）党委高度重视，全行离退休人员工作形成齐抓共管的良好格局。总行党委高度重视离退休人员工作，姜董事长和杨行长经常过问和听取离退休人员工作情况汇报，针对离退休人员工作中存在的突出问题，特别是老同志的有关待遇问题及时作出重要指示和批示。每到重大节日，都要亲自看望和慰问老同志，主动与老同志交流情况、沟通思想、听取意见和建议。各分行党委也都把离退休人员工作摆上重要议事日程，许多行的“一把手”亲自担任离退休人员工作领导小组组长，对离退休人员工作遇到的问题，都能在第一时间给予解决。各级行离退休、人力资源、办公室、财务、工会、教育等相关部门认真履行各自职责，齐心协力抓好落实，全行离退休人员工作形成了领导到位、重视到位、关怀到位、支持到位的良好格局。

（二）树立全新理念，离退休人员服务管理工作的指导思想和工作目标更加明确。按照惯例，全行每两年召开一次离退休人员工作会议，每次会议都有不同主题和不同的工作重点。特别是2010年全行工作会议上，我们提出了“两常两多”、“三个观念”、“三种感情”等新理念，并从切切实实地为老同志办几件实事、做一些好事、解几个难事出发，提出了着重落实好“七件实事”的具体工作目标。会后还出台了我行股改以来首部关于离退休人员服务管理工作的综合性、制度性文件——《中国工商银行离退休人员管理工作暂行规定》，从而在思想和制度层面，为全行进一步做好离退休人员工作奠定了坚实基础。

两年来，各级行党委和离退休人员工作部门紧紧围绕总行党委提出的工作目标，转变思想，真抓实干，做了大量卓有成效的工作。据统计，仅去年元旦、春节期间，全行就走访慰问离退休人员81 281人（次），慰问老同志遗属2 398人（次），25 244人（次）参加了走访慰问；日常共探望住院的老同志19 898人（次），日均55次；到家中探望老同志19 076人（次），日均52次；电话慰问老同志105 786次，日均290次。年内共处理离退休人员丧事3 083次，日均8.4次。共为49 706位老同志庆祝了生日，日均达136次。

（三）落实“七件实事”，全行老同志的满意度有了新的提升。2010年全行离退休人员工作会议后，各级行认真按照会议要求，抓重点、抓弱项、抓基层，努力推进“七件实事”的落实，取得较好成效。一是解困帮扶工作得到有效推进。目前，全行大多数一级分行都建立了员工互助基金，资金总规模接近2 500万元。已先后救助过2.3万名生活有困难的离退休人员，仅2011年就为3 415名老同志提供了帮扶。二是厅局级以上退休人员医疗待遇进一步得到保障。不少分行努力创造条件，为厅局级以上退休人员积极联系办理《干部医疗证》，并提高了他们的医药费报销比例，使这些老同志的医疗待遇进一步得到改善。三是离休干部健康休养政策普遍得到落实。各行针对离休干部的实际，分别采取组织他们就近周边休养或发放补贴、报销费用等方式，有效落实了离休干部健康休养政策。四是离退休人员管理及活动经费问题得到较好解决。据调查，目前各一级分行已全部落实了离退休人员管理及活动经费，绝大多数二级分行和支行也分别采取各种方式，较好地落实了离退休人员管理及活动经费。全行此项费用已由2007年的4 084万元，逐步提升至2011年的15 321万元，从中充分体现出各级行党委对老同志的关心和关爱。五是离退休人员体检工作得到较好落实。目前全行除西藏分行（无离退休人员）外，已全部建立了离退休人员定期体检制度。2011年，全行老同志的平均参检率为92.98%（个别行离退休人员与在职员工一样，每两年进行一次体检），较2010年全行离退休人员工作会议前提高了16.95个百分点。六是为老同志定期举办讲座和围绕改革发展成果组织参观学习活动得到较好推进。2011年，全行共举办各类讲座1 758场（次），日均4.8场（次），共有90 024人次参加；组织各种参观学习活动1 551次，日均4.2次，共有54 086人次参加。值得一提的是，去年以来，全行以创先争优活动为抓手，在离退休人员中大力开展了远学杨善洲和近学第二届“感动工行员工”湖北分行离休干部王铁生活动，并以建党90周年为契机，广泛开展了“与党同呼吸、共命运、心连心”主题征文和“庆祝建党90周年全行离退休人员书画作品巡回展”等活动，不仅极大丰富了老同志们的精神文化生活，而且进一步强化了这支队伍的“两项建设”。

（四）突出工作重点，老有所学工作得到扎实有效推进。为了更好地把“六个老有”落到实处，取得实实在在的成果。去年初，总行党委提出每年都要侧重抓好一个“老有”，一年抓一个，力求年年见实效。按照这一指导思想，2011年我们着重抓了老有所学。相继召开了全行老年大学工作现场交流会和首次老有所学工作座谈会。总行党委对这次座谈会高度重视。姜董事长

在召开会议的请示报告上特别批示：老同志的发言稿要在网讯上全文发表，激励全行员工尤其是青年员工抓紧宝贵时间努力学习，勤奋工作。姜董事长的批示不仅从全局上肯定了我们开展老有所学活动的重要意义，而且对于我们今后继续充分发挥老同志的传帮带作用，更好地助力我行改革发展具有十分重要的指导意义。很多员工在网讯上读了我行老同志老有所学的做法、经验和体会后，都觉得深有感触，很受启发。为进一步扩大老有所学、老有所为工作成果，今年6月，总行通过向全行老同志征约稿件，特意为我们在职员工编印了一本《献给在职同志的爱——老同志养生体会集锦》，从中既体现和表达了我行离退休人员对在职员工的关怀和爱的回馈，同时也使老同志的优势和作用进一步得到发挥。

（五）加强自身建设，离退休人员工作队伍的整体素质和工作水平得到进一步提高。一是坚持每年举办一期离退休人员管理部门处长培训班或业务骨干培训班，有效提升了工作人员的综合素质和业务水平。二是在全行广泛开展了老干部工作政策业务知识竞赛活动，进一步营造了加强业务学习的氛围。此次竞赛活动被中组部老干部局评为组织工作二等奖，并被总行授予业务知识竞赛“组织推动奖”。三是深入调查研究，解决实际问题。近两年来，全行先后以“关于建立困难离退休人员帮扶机制情况研究”和“加强新形势下离退休人员思想政治建设的有效途径和方法研究”为主题，深入基层，开展调研，并形成了有价值的调研报告，分别被中组部老干部局评为优秀调研成果二等奖和三等奖。为解决个别行反映的活动经费开支难问题，总行还专门成立联合调查组，深入重点行帮其解决了困扰多年的经费难题，较好地落实了行领导提出的“抓重点，抓弱项，抓基层”的要求。四是树典推优，以点带面。在全行开展了先进离退休工作者评选表彰活动，经各行层层评选推荐，共选出受总行表彰的“全行先进离退休人员管理工作者”62名。其中，吉林省分行营业部离退休人员管理中心主任于得力同志还被中组部评为“全国优秀老干部工作者”。五是组织编写了人力资源序列离退休人员管理专业培训教材、考试大纲和题库，为指导全行离退休人员工作者开展日常工作和参加专业资格认证考试提供了依据、奠定了基础。

今年3月底，中组部老干部局督查组专门到我行就离退休人员工作开展情况，特别是党的十七大以来老干部政策落实情况进行了检查。通过检查，督查组对我行离退休人员工作的总体评价是：政策到位，措施得力，老同志很满意。

可以说，这些成绩来之不易，是总行党委正确领导的结果，是全行各级机构各部门大力支持和离退休人员工作者不懈努力的结果，也是广大离退休人员积极参与、全力支持的结果。在此，我谨代表总行党委向全行广大老同志致以崇高敬意和衷心感谢！对各级行党委和有关部门一直以来对离退休人员工作的关心支持表示赞赏和充分肯定！对长期辛勤工作在离退休人员工作战线上的同志们表示诚挚的问候！

二、认清形势，提高认识，切实增强做好离退休人员工作的责任感和使命感

从全国形势看，“十二五”时期，我国将出现新中国成立后第一个老年人口增长高峰，60岁以上的老年人将由现在的1.78亿人增加到2.21亿人，老年人口占全国总人口的比重将由13.3%增加到16%。老龄化进程与家庭小型化、空巢化相伴随，与经济社会转型期的矛盾相交织，社会养老保障和养老服务的需求将急剧增加，老龄事业发展任重道远。

从全行形势看，随着人口老龄化进程的加快和我行的不断发展壮大，离退休人员工作又处在了一个新的起点，面临着许多新情况、新问题、新任务：一是进入“双高期”的老同志日益增多。目前，我行100岁（含）以上的老同志共17人（男性15人，女性2人；退休15人，离休2人；其中最为年长者为106岁），90—99岁的共1 824人（其中离休244人，退休1 580人）。全行离休干部的平均年龄已达83岁。其中，80岁及以上的占离休干部总数的76.86%。退休人员平均年龄68岁，80岁及以上的也有17 574人，占退休人员总数的12.98%。并且离退休人员中“空巢”（50 019人，占35.84%）、独居（3 465人，占2.48%）、行动不便、生活不能自理等情况越来越突出，管理服务的难度也越来越大。二是离退休人员队伍结构发生了新变化。到去年底，全行离退休人员已达141 508人，其中，离休干部6 188人，只占4.3%；退休人员占绝对多数，且以每年4%－5%的速度递增，呈现加速增长的态势，预计到2017年，全行退休人员总数将达到21.6万人。与离休干部相比，退休人员面宽、量大、情况千差万别，对他们服务管理的机制、手段和方式方法等都需要认真研究探索。三是离退休人员的思想观念日益多元化。应当指出，全行广大离退休人员长期受党的教育，思想主流是好的。但是，在我国经济社会处于深刻变革的背景下，各类社会热点问题叠加出现，信息传播手段日益多样便捷，思想领域呈现活跃和复杂的状态，离退休人员不可避免地会受到社会上这样或那样思想的影响，统一思想、凝聚共识的任务将更加艰巨。如何有针对性地加强离退休人员的思想政治工作，引导他们自觉抵制各种错误思潮和社会不良情绪的影响，始终保持政治上的坚定和思想上的清醒，已经成为一项重要而紧迫的课题。

各级行党委和离退休人员工作部门要高度重视这些新趋势新特点，主动适应形势的发展变化，切实增强做好离退休人员工作的政治责任感和历史使命感。

一要在感情投入上下功夫，突出一个“情”字。从政治上尊重、思想上关心、生活上照顾老同志，是我们党和我们工商银行的光荣传统，也是我们义不容辞的责任。习近平同志在去年9月召开的全国老干部工作“双先”表彰大会上指出，尊重老干部就是尊重党的光荣历史，爱护老干部就是爱护党的宝贵财富，学习老干部就是学习党的优良传统和作风，重视发挥老干部作用就是重视党的重要政治资源。我们在前年召开的全行离退休人员工作会议上也特别指出，做好离退休人员工作，必须深怀前辈感情、功臣感情和工行感情，只有牢固树立这三种感情，才能把离退休人员工作真正做出水平、做出境界。尤其各级领导干部要带头树立这三种感情，带头做好离退休人员工作。要知道，每个人都会变老，老同志的今天，就是我们在职干部的明天。我们今天带头爱老敬老，明天也会受到后来人的尊敬。实践证明，做好离退休人员工作，关键在领导，领导在认识，认识在感情。哪个单位的领导带头尊敬老同志，那里的离退休人员工作就肯定做得好。古人云：见其礼，知其政。各级领导干部一定要带头尊敬离退休人员，带头做好离退休人员工作，带头关心、支持离退休人员工作。为进一步加强对离退休人员工作的组织领导，最近总行党委决定，成立离退休人员管理工作领导小组。目前尚未建立离退休人员管理工作领导小组的一级分行和二级分行，也要相应建立这一组织。

二要在细致周到上下功夫，突出一个“细”字。老同志的身体状况、脾气秉性、兴趣爱好等都不尽相同。因此工作中，我们要多注重在服务内容、服务方法、服务手段的多样化、个性化、精细化上下功夫。通过常规服务与重点服务、共性服务与个性服务、集中服务与上门服务相结合的方式，努力满足他们多层次、多方面的需求。要从加强走访调查和建立健全各种台账入手，深入分析和细致掌握所辖离退休人员的基本信息和老同志的有关情况，在此基础上，分门别类地提出服务措施。要体现面向全体、突出重点的要求，着重抓好“双高期”老同志的服务管理，加紧研究建立和完善困难离退休人员帮扶机制，及时发现和解决老同志最紧迫、最直接和反映最强烈的问题。要针对退休人员越来越多的实际，进一步研究如何加强退休人员服务管理的问题，努力把工作的各个方面想得更周全、更细致，做得更扎实、更到位。

三要在务实办事上下功夫，突出一个“实”字。以务实的作风做好离退休人员工作，就是要树立离退休人员工作无小事的观念，从具体工作做起、从点滴和细微处入手，把离退休人员各项待遇落实好，把关系离退休人员切身利益的具体问题解决好，切切实实地多为他们办实事、做好事、解难事。我们在2010年全行离退休人员工作会议上曾专门提出，两年内要着重为老同志解决好“七件实事”。会后，从总行开展的几次调查看，全行贯彻落实“七件实事”的总体情况是好的，尤其随着“七件实事”的逐步解决，老同志的满意度也在不断提升。但是，全行在落实“七件实事”的力度和效果上还存在着不平衡性。例如在建立困难离退休人员帮扶机制上，有的行还存在差距；在体检和落实老同志活动经费等方面，支行不如分行、基层不如机关的现象仍然存在。这些问题说明有些行的工作还不够扎实，对上级行的要求和出台的政策，抓而不深，抓而不细，抓而不实。因此，各级行党委和离退休人员工作部门一定要牢固树立求真务实的工作作风，把抓好离退休人员工作方针政策的落实作为一种政治责任，进一步完善工作制度，落实工作责任，坚持领导带头，责任到人，对每项工作都做到有部署、有检查、见实效，不断改进离退休人员服务管理工作。

三、围绕大局，突出重点，努力推动离退休人员工作再上新台阶

今年是中央建立干部离退休制度30周年，党的十八大又即将召开。根据中央和总行党委的要求，今明两年，全行离退休人员工作的总体要求是：以邓小平理论和“三个代表”重要思想为指导，深入贯彻落实科学发展观，认真学习贯彻全国老干部工作“双先”表彰大会、全国老干部局长会议和干部离退休制度建立30年来老干部工作座谈会精神，以迎接党的十八大和贯彻党的十八大精神为主线，进一步加强离退休人员思想政治建设，深入推进离退休人员创先争优活动；在继续巩固深化老有所学成果基础上，以老有所养为侧重点，着重办好新“五件实事”，进一步提高离退休人员待遇保障水平，努力推动离退休人员服务管理工作再上新台阶。

按照这一总体要求，全行要突出抓好以下几方面工作：

（一）以迎接党的十八大为主线，进一步加强离退休人员思想政治建设。今年我们党将召开十八大，这是全党全国各族人民政治生活中的一件大事，国际国内都十分关注。在这种情况下，尤其需要我们重视加强思想政治工作，引导离退休人员与党中央保持思想统一、步调一致，为十八大胜利召开营造良好氛围。要以迎接党的十八大为契机，组织离退休人员深入学习中国特色社会主义理论体系，不断坚定对马克思主义的信仰、对走中国特色社会主义道路的信念、对改革开放和社会主义现代化建设的信心。要组织离退休人员学习党史、学习党章，引导离退休人员自觉遵守党的政治纪律，不信谣、不传谣，始终与党中央保持高度一致，切实做到离休不离党，退休不褪色，永远跟党走。要进一步采取多种形式，及时向老同志传达中央精神，宣讲党和国家的大政方针政策，通报有关情况，引导广大离退休人员科学认识国际国内形势，正确理解中央的决策部署，辩证

看待社会热点问题。十八大召开后，各级行要按照中央和总行党委的统一部署，迅速组织离退休人员开展各种学习活动，把思想和行动统一到十八大精神上来。

在这里，着重强调一下十八大期间的离退休人员信访维稳工作。据统计，今年1—7月，全行退休人员的信访量有所增加。对此，各级行要引起高度重视，切实采取有效措施，全力做好十八大期间的离退休人员信访工作。要按照“正确把握政策，重在思想疏导”的工作原则，通过细致的政策解释和思想疏导，努力把矛盾化解在基层，严防各种信访极端和恶性事件的发生。

（二）以深入开展创先争优活动为抓手，积极发挥离退休人员在推动我行科学发展、和谐发展中的作用。深入开展创先争优活动是党的建设的一项重要、经常性工作，也是加强离退休人员党支部建设和思想政治建设的重要载体和抓手。李源潮同志曾就离退休人员创先争优活动作出过重要批示，强调“要进一步鼓励和支持老干部在思想政治上创先争优，在道德品行上创先争优，在教育后代上创先争优，在文化学习和活动上创先争优。要进一步宣传和树立杨善洲那样的老干部先进典型，使优秀老干部成为我们社会尤其是青少年尊敬和学习的榜样。”这为深化离退休人员创先争优活动指明了方向。我们要按照李源潮同志的要求，进一步突出离退休人员创先争优的重点，鼓励和支持离退休人员在“四个创先争优”方面发挥作用、作出示范。要引导离退休人员始终做到政治坚定、思想常新、理想永存，并充分发挥自身的政治优势、经验优势、威望优势，继续为我行改革发展做出力所能及的贡献。要进一步激发离退休人员参加文化学习和文体活动的积极性，在推动我行企业文化建设中发挥引领作用，展现老同志积极向上的精神风貌。要在离退休人员中深入持久地开展学雷锋活动，引导和激励广大离退休人员争做社会主义荣辱观和道德观的践行者、传播者、引领者，弘扬新风正气，促进社会和谐。要积极采取各种形式，继续深化向杨善洲同志学习活动，同时注意挖掘和树立一批我行像王铁生同志那样的离退休人员先进典型，引导老同志见贤思齐、创先争优。为进一步发挥老同志的优势和作用，迎接工商银行建行30周年，根据姜董事长的建议，总行将在全行范围内启动以“工行不会忘记”为主题的离退休老同志口述工行历史影像文字资料采集工程。目的是通过深入挖掘蕴藏在老同志身后动人的故事，多侧面、多角度地展示我行曲折辉煌的发展历程，激励员工，凝聚合力，推动我行国际一流现代金融企业建设。

（三）以推进“老有所养”为侧重点，着重办好新“五件实事”。千方百计为老同志办实事、做好事、解难事，是我们对离退休人员工作的一贯宗旨和努力目标。特别是2010年全行离退休人员工作会议以来，各级行党委和离退休人员工作部门以为老同志集中办好“七件实事”为重点，做了大量工作，较好地解决了一批事关老同志切身利益的实际问题。今年适逢干部离退休制度建立30周年和党的十八大召开之年，为进一步体现总行党委对离退休人员的关心和照顾，总行党委研究决定，今明两年全行要以推进老有所养为侧重点，再集中为老同志办以下五件实事。

一是认真落实总行关于对离休干部增发新中国成立前生活补贴和护理费补贴的有关规定。今年初，总行考虑到离休干部对党和国家作出的特殊贡献，参照中组部《关于提高离休干部生活补贴标准和扩大发放范围的通知》（组通字〔2011〕29号）标准，决定对我行离休干部增发新中国成立前生活补贴，即在社保部门发放的新中国成立前生活补贴之外，再以行内计发的离休干部统筹外养老金为基数，为他们增发新中国成立前生活补贴。不仅如此，总行还针对离休干部年老多病，需要专人护理、照顾的实际，决定在国家发放护理费的同时，根据离休干部的职级以及中央组织部关于参加革命工作时间的划分标准，增发离休干部护理费补贴。此项政策已于今年初开始实施。各级行要认真做好政策落实情况的检查工作，确保将总行党委对离休老同志的关怀和照顾落到实处。

二是适当调整全行退休人员行内统筹外养老金待遇。股改以来，在总行党委的正确领导下，我行通过建立统筹外福利负债基金和企业年金基金，较好地解决了离退休人员的生活待遇问题。目前，我行退休人员基本养老金均高于社会平均水平，同时还享有行内补贴。但是，由于受物价上涨等各方面因素影响，我行退休人员的待遇水平还不尽如人意。总行党委对此一直十分重视。近日，在深入调研、综合平衡和充分征求意见后，决定从今年9月开始，对全行退休人员行内统筹外养老金待遇进行适当调整。全行退休人员平均调增行内养老金226元/月。其中，股改前退休（含内退转退休）人员调整标准平均为220元/月；股改后退休人员调整标准平均为240元/月。考虑到股改后内退转退休人员与在岗退休人员的待遇有一定的差距，其人均增加行内养老金420元/月。同时，总行决定对全行内退人员的待遇也进行同步调整。这项工作是我行股改以后在全行范围内对退休人员待遇的一次普遍调整，涉及面广、要求时间紧、政策性强，各级人力资源和退休人员工作部门要密切配合，细致操作，把总行党委的温暖圆满地传送到每个退休（内退）人员心中。

三是对全行90周岁以上的老同志发放“高寿慰问金”。近年来，随着社会进步和医疗水平的不断提高，广大老同志的生活条件有了明显改善，全行步入耄耋甚至百岁高龄的长寿老人越来越多。为了充分体现总行党委对老同志的关心关爱，更好地彰显我行敬老爱老的大行风范。总行党委研究决定，从今年起，对全行90岁（含）以上的老同志按年发放“高寿慰问金”。标准是：百岁（含）以上的老同志每人每年2 000元，90—99岁的老同志每人每年1 000元。各行要按照总行要求，认真建立相应台账和管理制度，切实加强发放管理，把好事办好。

四是积极探索利用社区资源做好离退休人员服务工作。我行离退休人员的总体特点是量大、面宽、分布散。尤其是在社会整体人员流动性增强的大背景下，部分离退休人员的流动性也逐渐加大，出现了人户分离、居所多变、外出频繁等情况，有的实际上也从“单位人”变成了“社会人”。因此，在不削弱我行服务管理工作的前提下，充分利用社区资源为老同志提供更多更好的服务，无疑是做好新形势下离退休人员工作的一个有效途径。各行要以此为课题，根据自身实际，区分社区服务项目的不同特点，积极研究探索利用社区服务的不同形式做好这项工作，努力为离退休人员就近学习，就近活动，就近得到关心照顾，就近发挥作用创造条件、提供方便。当然，利用社区资源开展离退休人员服务工作，无论对于老同志还是离退休工作人员，都会有一个思想转变的过程。要通过多种形式的宣传引导，使老同志充分认识到，社区老干部工作是对我行服务管理工作的一种补充，是在保持原有服务管理关系的基础上，为离退休人员提供多一层的服务和保障，从而打消他们的思想顾虑，增强他们对社区的认同感。离退休工作人员也要更新思想观念，增强创新意识和开放思维，充分认识到利用社区资源做好离退休人员工作是大势所趋，切实增强工作的责任感、紧迫感。各一级分行在今明两年内，都要至少搞一个利用社区资源做好离退休人员服务工作的试点行。明年适当时候，总行将会就此专题召开一个经验交流会。

五是大力开展“养老和孝德文化”建设。德乃人之本，孝为德之先。大力开展“养老和孝德文化”建设既是全行干部员工思想道德教育的重要内容，也是建设社会主义核心价值体系的题中之义，更是增强我行企业文化吸引力和凝聚力的基础工作。为此总行决定，从今年起，全行要以推进老有所养为目标，广泛开展多种形式的“养老和孝德文化”建设活动，大力弘扬以“孝德”为核心的人文精神，在全行进一步形成孝亲敬老、互爱互助、明礼守信、忠于国家、热爱工行的良好风尚。要把“养老和孝德文化”建设与传统节日活动有机结合起来，在坚持做好走访慰问工作的同时，组织广大青年员工积极参与为老同志献爱心、办实事等活动，不断增强“养老和孝德文化”的影响力和渗透力。要在全行广泛开展“孝德之星”、“孝德家庭”等评选表彰活动，注重及时发现和树立先进典型，进一步增强“养老和孝德文化”的感染力，营造人人争做孝德模范的良好氛围。

（四）以贯彻落实全行老有所学工作座谈会精神为突破点，进一步把“老有所学”引向深入。

一方面，进一步加强老有所学的平台建设。要针对离退休人员精神文化需求的发展变化，本着因地制宜、方便适用的原则，不断完善基础条件，改进服务管理，积极推进离退休人员活动中心、老年大学等活动学习阵地建设工作。着力加强老年大学的管理，切实提高“示范校”办学水平，加快老年大学建设步伐。积极探索运用网络拓展离退休人员的学习活动阵地，通过多种教育形式提高学习效果。

另一方面，进一步抓好老有所学的制度建设。一是要健全完善活动机制。从适应离退休人员活动、学习的需要出发，认真制定推进老有所学的工作计划和长远规划，做到年有计划，月有安排，日有操练，使老有所学工作制度化、规范化。二是要健全完善交流机制。通过举办不同规模的笔会、书画展等活动，为老同志老有所学搭建良好的交流和展示平台，进一步激发他们的学习和创作热情。三是要健全完善表彰机制。不断发掘和树立老有所学的先进典型，大张旗鼓地进行宣传表彰，努力在全行形成人人学习，终身学习的良好风尚。四是要健全完善活动效果监测机制。通过对广大离退休人员身体健康状况和平均寿命水平等指标进行横向、纵向对比分析，及时了解掌握老有所学、老有所养等整体活动的质量、效果，为科学地组织开展好老有所学、老有所养提供参考。五是要健全完善协调机制，使全行现有资源更好地实现共享。六是要健全完善投入机制，为更好地推进老有所学创造条件，提供支持。

（五）以学习先进、争当先进为立足点，进一步加强离退休人员工作部门自身建设。今明两年，离退休人员工作任务依然十分繁重，对加强离退休人员工作部门自身建设提出了更高要求。我们要始终围绕建设模范部门、打造过硬队伍，坚持讲党性、重品行、作表率，以深入开展“学先进、见行动、争优秀”活动为抓手，进一步加强离退休人员工作者的思想、能力和作风建设，为全面做好离退休人员工作提供队伍保障。各级离退休人员工作部门要按照中央关于建设学习型政党的要求，把建设学习型离退休人员工作部门作为一项战略性、基础性、经常性工作来抓，使每一名离退休人员工作者都切实做到“掌握政策，熟悉情况，搞好服务”。今年5月，总行为全行离退休人员工作者专门编发了《人力资源序列（离退休人员管理）专业资格认证培训教材》，并且高级资格考试工作就将在9月初进行。各级离退休人员工作部门要组织工作人员认真学好这部教材，真正做到工作、学习两不误。要通过抓好学习和资格认证工作，帮助离退休人员工作者熟练掌握和运用党和国家以及总行关于离退休人员工作的方针政策，提高贯彻执行能力、服务管理能力和开拓创新能力。尤其在座各位都是离退休人员工作部门的负责同志，更要带头加强学习，当好学习的表率，自觉成为离退休人员工作的行家里手。

面对复杂的工作局面，坚持搞好调查研究，这是我们党和工商银行一贯提倡和坚持的最基本的工作方法，也是离退休人员工作不断创新发展的基本途径。要始终坚持从实际出发，进一步深入基层、深入老同志之中，全面了解、深入分析老同志的所思、所想、所忧、所盼，真正把老同志的思想分析透，情况了解准，并提出有针对性的措施办法，为党委决策当好参谋。这里我再强调一下，我们这次会议提出的新“五件实事”直接涉及老同志的切身利益。各级行一方面要认真按照总行要求，把工作做细，扎扎实实地抓好落实；另一方面要加强调研，随时了解掌握各项实事的落实效果和老同志的情况，对老同志的有关意见和相关重要信息，要及时向上级主管部门汇报。总行将对各行落实新“五件实事”情况进行检查。

做好新形势下的离退休人员工作，任务重、要求高、责任大。希望大家进一步振奋精神，与时俱进，务实创新，以更加努力的工作和更加优质的服务，把离退休人员工作提高到一个新的水平，为工商银行更好更快地发展做出新的更大贡献！

统筹协调做好非金融支付机构合作工作

——在中国工商银行非金融机构支付业务座谈会上的讲话

罗 熹

（2011 年 11 月 23 日）

这次会议很有成效，六家分行、五个部门都对自身与第三方支付机构的营销合作进行了比较深入的分析，也都谈了工作策略，提出了明确的工作建议。这次会议的目的是贯彻姜董事长关于我行与第三方支付机构开展合作的指示精神，分析第三方支付机构发展形势，研究我行对支付机构的整体合作策略。这件事情很重要，关系到我行支付结算业务发展前景，关系到我们客户资源的保护和开发，关系到我们电子银行方面的竞争与合作，也关系到我行与支付机构合作总的策略。今天的会议达成了很多的共识，下一步工作如何开展，要有安排和部署，大家可以在总的指导原则下，各司其职、统筹协调、形成合力，共同做好非金融支付机构合作工作。下面，谈几点意见。

一、第三方支付机构发展趋势

（一）宏观经济调控及行业政策将推动第三方支付机构发展，形成与商业银行支付业务互为补充的格局。“十二五”期间，我国将从以零售为主的电子商务走向以商务协同为核心的电子商业，即突破以往电子商务以前端网上销售为主的格局，实现产业链的全面电子化、信息化，促进产业链上各方资金流的合理配置。我们现在要适应发展趋势，把电子商务中的电子支付、网络支付摆在重要的位置上来。结算与现金管理部不能只研究网下结算，必须研究网上结算，这已是一个基本的结算工具问题，结算工具不再仅仅是传统的三票一卡。这就要求我们：一是要发展网上支付，各种网上支付工具；二是要跟各类有关机构开展合作。我们不可能仅靠自身就包打天下，在这一点上我们必须有一个客观的认识，我们还是要互相借力，共享客户资源。

（二）第三方支付业务呈现出高速与跨行业纵深发展态势。从全球范围来看，世界各主要国家近年来都出现了第三方支付机构伴随电子商务的发展而高速成长的现象，如美国的 PayPal、英国的 Moneybookers、俄罗斯的 WebMoney 等，其中 PayPal 已在上午做了介绍。PayPal 的模式取决于它的商业环境，这种商业环境也是我们未来发展的方向，包括反洗钱、税务、外汇管理、交易规则等都极为严格。从国内第三方支付业务看，从 20 世纪 90 年代初发展至今，第三方支付业务已获得了空前的发展，目前支付宝占据国内近一半的市场份额，市场占有率为 47%；其次是腾讯公司的财付通为 20%，第三位是银联在线（包含银联商务、北京银联、广州银联及数字王府井等）占据 9%。从整个行业发展趋势来看，第三方支付行业整体呈现出纵深化发展趋势，所涉及领域包括保险、航空、票务、基金等，覆盖了从 B2B、B2C、C2C、网游到旅游、教育、生活服务、公共事业缴费等领域。今后我们要研究银行与支付机构可比较的口径，以掌握银行在网络支付中所占有的市场份额和实际作用。

（三）行业监管政策出台对非金融支付业务产生深远影响。从已经出台的《非金融机构支付服务管理办法》及其细则，以及正在征求意见的一些配套规范来看，势必强化行业内业务集中发展的趋势。实际上这个办法是把非金融支付机构纳入了监管范围，承认了它的合法地位，也明确了银行与第三方支付机构之间的业务合作关系。比如明确了客户备付金存管和客户信息保密等要求，这就规范了第三方支付机构的管理。在业务方面有如下趋势：

第一，行业整合并购将大规模开展。从第三方支付市场交易规模来看，2007 年以来，整个市场呈现高速增长的态势，而随着行业监管政策的出台，一批小型第三方支付机构将面临从业资质困难，第三方支付领域将呈现行业内的大规模跑马圈地和并购浪潮。

第二，移动支付业务将成为竞争热点。智能手机的快速发展，将第三方支付企业的服务逐渐由 PC 终端转移到手机终端。获得移动支付牌照的支付企业将借助先发优势，迅速占领市场。就远期来看，移动支付的普及将大幅覆盖线下支付市场，也将造成各支付企业市场份额重新洗牌。将来三大电信运营商、第三方支付机构和商业银行可能都会投入资源加入竞争。网下支付、网上支付和移动支付将成为未来支付的三大形式，我们都要给予高度关注。

第三，行业创新速度将进一步提高。第三方支付机构的创新包含多个方面，手机支付、电话支付、移动 POS 等支付手段的创新；如钱包支付、点卡积分支付等支付平台模式的创新；B2B，C2B，B2B2C 等支付服务模式的创新；还包括从结算、担保、融资等多个方面的创新。第三方支付机构将出现从单一产业链的支付服务向跨产业链的融合转移的趋势。

二、第三方支付机构与商业银行竞合关系现状

随着第三方支付行业的发展和支付手段的不断创新，银行与第三方支付机构间竞合关系也在不断地转变。对此，姜董事长指出“第三方支付公司的发展，目前尚未对我行形成大的冲击，但未来类似支付宝性质的公司将对我行汇款收入形成巨大冲击，利用从我行账户免费或低费划往支付宝账户，形成其竞争及收费的来源。类似无卡支付业务将对我行线下 POS 机的商户收费形成巨大冲击，形成将来线上大于线下，又无商户收费的局面。因此，我行必须及早着手，从这两方面考虑，形成有效对策”。这是董事长对第三方支付公司与银行之间竞合关系的发展变化趋势做出的明确判断，指出了第三方支付机构与我行之间的竞争的主要焦点。我们认为，第三方支付机构的经营模式是依托网络平台、拓展网上客户、归集网络资金，开展货物流、资金流和信息流的电子商务服务。为了有效贯彻董事长的指示精神，我们要对目前第三方支付机构与银行之间的竞合关系现状有全面的了解和清醒的认识。

（一）第三方支付机构与商业银行的关系逐步发展为竞合对手。第三方支付机构发展到一定的规模后，对商业银行电子银行市场以及银行卡收单市场逐渐形成挤压效应，甚至影响市场的定价权，第三方支付机构利用沉淀资金和客户群作为谈判的筹码，要求银行以极低的价格提供基础的支付服务。由于第三方支付的业务模式和传统银行业的支付清算业务有很强的趋同性，第三方支付机构与银行在网络结算领域发生竞争，特别是随着双方支付都向高度网络化延伸，这种趋同性和竞争性将更加明显。

（二）第三方支付机构与银行合作是必然趋势。第三方支付机构的立足之本在于能够将客户在银行账户中的资金与支付机构账户中的充值进行自由的转换，这就使得银行成为第三方支付机构赖以生存的基础。第三方支付的信用担保功能促进了电子商务的活跃，特别是广大个人客户的参与，客观上也增加了银行的网银客户和交易量。此外，第三方支付机构由于伴随电子商务发展的天然优势，对货物流和信息流的掌握具有明显的优势，这些是银行所不擅长的，而银行所具有的雄厚资金实力又是第三方支付机构所必需的。因此，银行与第三方支付机构之间资源共享、优势互补、加强合作是必然趋势。

首先，要清楚银行有哪些方面是支付机构所需要的。一是银行基础性的支付结算是他们所必须依赖的，这也是我们将来掌握收费主动权的手段；二是资金融通，因为他们无论是从信贷资质还是资金实力上都对银行有相当依赖；三是他们需要银行的客户资源；四是根据监管的要求，他们必须将资金存管在银行；五是在支付结算工具上要借助银行，比如网上银行、银行卡、POS 机等。

其次，要了解银行对第三方支付机构的哪些资源比较看重。一是网上的客户资源，我们想通过他们去营销网上客户；二是他们的资金来源，我们希望能够吸收通过网络支付形成的资金沉淀；三是他们的支付工具，比如预付卡、网络账户等。

最后，要清楚双方的矛盾焦点。一是客户信息，不是简单的保护问题，而是客户信息共享以及共享过程中的安全问题；二是资金价格问题，这里面包括了他们存放在银行的资金价格，还有就是我们对他们资金融通的价格，对他们客户提供消费信贷的价格问题，此外不排除在将来监管许可的前提下，向其提供直接融资的价格问题，当前主要是银行向其付息的价格；三是各种收费价格，我们现在要把各个种类的收费研究透，存款是一类、网上支付收费是一类，信用卡是一类；此外还有他们对客户的收费要研究，因为客户是共同的，一方多收了另一方就要少收；四是产品竞争，最典型的就是便捷支付，再比如将来对商户的融资，包括消费信贷等，还有缴费、收单的问题，都是我们目前还不太愿意和他们合作的范围。所以要把我们和对方之间的资源分析清楚，就是我们需要他们什么，他们需要我们什么，然后把焦点一项一项列出来，越细越好，哪些问题是有矛盾的，是要去平衡的。

（三）当前我行与非金融支付机构合作中存在的主要问题。目前，在央行已颁发牌照的40家支付机构中，已与我行达成合作意向的企业超过半数，其中居行业龙头地位的支付宝、商服通、银联商务已经与我行签订了明确备付金存管银行的战略合作协议，但从我行目前与第三方支付机构合作情况看，仍存在一些问题，主要是：

第一，缺乏有效的业务组织推动和管理机制。与第三方支付机构的业务合作涉及业务部门众多，主要涉及的部门包括结算与现金管理部、电子银行部、银行卡业务部、个人金融业务部、信息科技部等，在没有明确有效的工作流程的情况下，行内各业务部门与第三方支付机构合作意见难以统一，有些时候在不同分行间形成无序竞争，无法形成我行统一的政策和策略。

第二，在一些业务领域对我行形成冲击。例如支付宝等担保支付类企业，通过提供用户免费充值服务，从而事实上完成了用户在不同银行之间的免费资金划拨，冲击了银行的汇款收入，特别是个人汇款收入；再如支付机构对线上商户低价服务与银行对线下POS机的商户收费形成竞争等。

三、与第三方支付机构合作的工作要求

对于如何与第三方支付行业开展合作，以及在合作中实现双方互利双赢，总行始终高度重视，董事长也曾就这一问题进行了明确指示“一是要重新审视第三方支付机构的市场定位，研究向个人客户收取B2C在线支付手续费新型业务模式的可行性和实施策略。二是要进一步挖掘电子商务市场发展潜力，力争电子商务特约商户规模翻番。三是要充分认识第三方支付机构的业务优势和市场策略，扬长避短，争取主动。四是要在产品易用性和安全性两者之间寻找新的业务平衡，持续加大产品易用性优化”。为有效贯彻落实董事长指示，各部门、各分行要从以下几方面开展工作：

（一）适应市场发展，采取主动策略。要清醒地意识到，第三方支付行业快速发展是不可避免的趋势。我行应顺势而为，充分发挥我行自身优势，尽快适应三个变化，一是尽快适应当前第三方支付市场变化，调整我行原有业务发展策略；二是适应行业监管相关办法规定的缺乏给业务推动带来的挑战，在现有条件下，积极开展对第三方支付机构的前期营销；三是适应第三方支付机构创新产品给我行业务带来的冲击，积极发展我行网上支付业务。

（二）明确工作机制，落实“五个统一”。明确有效的工作机制是做好我行非金融机构支付服务业务的前提和基础，要处理好我行与第三方支付机构之间的竞合关系，就必须有明确的行内工作机制。对此，董事长指出“要加强对第三方支付机构合作的统一营销、统一议价、统一接口，最大限度地维护我行利益和业务的经营安全。四个部门要形成会签制度，不能单打一”。

第一，建立有效的部门间协调合作机制。建立由总行结算与现金管理部牵头，电子银行部、银行卡业务部、个人金融业务部、信息科技部等部门组成的非金融支付机构业务协调小组，协调小组的办事机构设在结算与现金管理部。结算与现金管理部作为全行非金融支付机构业务牵头营销及备付金存管业务管理部门，要负责研究第三方支付行业发展形势，完成对支付宝的研究报告，协调对第三方支付机构的营销和合作的政策和策略。电子银行部负责与第三方支付机构在电子渠道的合作、服务定价等；银行卡部负责在银行卡、预付卡、商户、收单等领域的合作；个金部负责网上个人客户相关合作政策，科技部配合客户和产品部门做好产品完善和系统开发工作。各相关部门要各司其职，对自己所辖业务领域提出政策建议，经牵头部门统筹后形成全行对外的统一政策。

第二，做好统一管理和分级授权。既要保证整体营销的统一部署，又要充分考虑到局部市场与不同地域间差别，对于全国性大型支付机构，由总行统一谈判，整体推动；对于地区性小型支付机构，则在统一原则的基础上，由所在地分行组织营销。确立属地行主办原则，非金融支付机构总部所在地分行为业务主办行，负责非金融支付机构的前期营销、客户维护及业务日常管理，非金融支付机构分支机构所在地分行为业务协办行，负责当地客户维护、业务日常管理。

第三，建立全行统一定价机制。根据目前非金融支付机构发展情况，由总行制定非金融支付机构业务定价议价原则，建立对非金融支付机构的综合评价机制。非金融支付机构定价优惠必须以确定我行为备付金存管银行作为基本条件。必须做到对于一家非金融支付机构，在工商银行只能有一个价格。对方是整体与我行合作，如各地分行自行定价的话，可能形成我行利益流失。同时，要对我行银行卡合作商户合同进行全面梳理，对包括信用卡和借记卡合作、线上线下合作的商户要统一签署商户合同，规范收费条款，尽快争取线上扣费率达到5%。

第四，统一业务准入和系统接口。在相关监管政策及业务管理办法基础上，由总行结算与现金管理部商有关部门，对支付机构产品合作实施准入政策。信息科技部对非金融支付机构相关业务系统进行整合，实行统一的技术准入，在系统上做到硬控制，分行不得自行接入，否则客户信息泄露了，业务也流失了。今后各支付机构与我行的系统连接原则上只能由总行或总部所在地分行接入，对于在其他分行已有的接口要由总行信息科技部限期清理，特殊情况需要保留的，必须报经总行协调小组审核。

第五，统一控制，做好风险防范工作。首先要实行对产品安全性的统一控制。针对非金融支付机构创新业

务风险相对较大的特点，总行相关部门要对创新产品进行统一的风险评估，并制定本专业领域内的风险防控方案和应急措施，实现事前、事中、事后全流程风险控制。其次要加强对客户信息安全的统一管控。近期，银监会下发了《中国银监会关于加强电子银行客户信息管理工作的通知》，对于商业银行在与第三方支付机构合作过程中做好客户信息保密提出了严格要求。特别强调了银行对于客户自助发起的资金划转必须严格执行《电子银行业务管理办法》等制度要求；加强客户身份识别管理和安全认证，至少在首笔业务前由银行直接验证客户身份；未经客户授权，银行不得将客户敏感信息提供给第三方支付机构；以及银行要加强对支付机构的合作准入管理，防范套现、欺诈等行为。我行在与第三方支付机构开展合作过程中，必须严格执行上述监管要求，切实做好客户信息保密工作。

（三）加强对潜在重点行业、重点业务的培育及跟踪营销工作。从目前业务发展趋势来看，我行需关注并跟踪营销以三大运营商为代表的移动支付业务；关注以支付宝为代表的国内非金融支付机构的跨境支付业务；关注以 PayPal 为代表的国际第三方支付企业在中国市场的发展。总行结算与现金管理部将商相关业务部门分析第三方支付行业发展形势，制定潜在重点业务的营销策略。

（四）积极开展同第三方支付平台合作的产品创新。董事长曾多次指出：在合作过程中要充分发挥我行具有信贷资质、资金实力、客户资源等核心优势，积极推出“工银 E 支付”、“网上支付 + 消费信贷”、移动支付等产品。因此，面对新的市场形态和业务形式，我行应积极与人民银行、银监会等监管机构沟通，跟踪研究国家对于第三方支付的政策动向，参与各项规则的制订工作，根据市场需求和发展趋势，结合我行风险控制要求，在风险可控的基础上，积极开展同第三方支付机构合作的产品创新。

一是要加快研发和推广以“工银 E 支付”为代表的具有和支付机构进行竞争能力的进攻型产品。要主动出击，尽快扩大我行网上商城规模，扩大“工银 E 支付”的商户覆盖范围，让客户更加愿意使用“工银 E 支付”，从而使各第三方支付公司不得不接受“工银 E 支付”的方式，而不能坐等第三方支付公司使用我行的连接。

二是要加快研究我行与支付公司优势互补的产品及合作领域。前提是我行与支付公司的各项合作必须严格满足各种监管要求，在此基础上要研究预付卡领域合作、收单领域合作、联名卡业务，以及“网上支付 + 消费信贷”的业务模式。

（五）联合同业，探索建立行业新标准。目前第三方支付公司对银行最大的冲击就是个人汇款业务，仅此一项，我行每年少收取数亿元手续费收入。由于现行的按交易金额比例打包收费的做法已实行多年，要转变也实属不易。我们应在完善自身对第三方支付机构合作的基础上，尝试通过同业联盟的方式，逐步推进这种转变。可以考虑明年召开同业研讨会，先将农、中、建、交等大银行联合起来，探索建立在线支付的新行业标准，将客户向支付机构账户进行的充值视为汇款，在对此类汇款考虑给予一定程度的优惠的基础上逐步纳入汇款收费范围。

四、下一步工作安排

（一）做好与监管部门沟通工作。总行结算与现金管理部要根据此次会议情况，整理需要向人行和银监会反映的情况和建议，尤其是在执行第 86 号文件过程中的情况，同时要积极参与监管部门各项规章的制订。

（二）完成对支付宝的研究报告。总行结算与现金管理部要商有关部门和分行，特别是浙江分行，共同完成对支付宝的研究报告，对它的经营模式，收费策略、技术框架、客户政策、产品特色进行全方位的研究，以确定我们和支付宝的合作策略。

（三）大力推广“工银 E 支付”。总行电子银行部要结合银监会第 86 号文件的要求，下发通知，一方面对我行与支付机构开展的快捷支付合作进行规范，同时以此为契机推广“工银 E 支付”。不仅要立足于“工银 E 支付”的安全性，更要通过拓展商户范围来实现易用性，引导客户实现平稳过渡。在此过程中也要注意做好与各支付机构的沟通工作，特别是与支付宝之间的沟通。

（四）做好同业交流工作。总行结算与现金管理部要在对支付宝研究的基础上形成一个对第三方支付机构的整体研究报告，要提出银行业对第三方支付机构的合作策略。在 2012 年召开同业研讨会，力争形成同业共识和银行业的共同应对策略。

（五）完善后续工作措施。总行结算与现金管理部要整理今天座谈的意见和建议，并形成签报。并在此基础上完善《关于加强我行非金融支付机构服务的意见》。主要内容：一是对第三方支付机构的经营模式的分析；二是我们内部的工作机制；三是双方的合作策略要说清楚，包括具体机构、具体产品的不同合作策略尤其是收费策略等。

（六）研究技术管控措施。信息科技部要研究与第三方支付机构合作技术管控的措施，把技术上的硬控制作为风险防范和业务准入最终管理手段。如客户信息的保护和对一些机构的准入政策，在通过总行协调小组讨论后，以技术手段保障总行政策的贯彻执行。

（七）严格执行会签制度。与第三方支付机构合作工作，必须有全行统一的意见才能组织实施，因此今后分行与第三方支付机构的合作必须要向总行报告，涉及相关部门的，要严格执行会签制度。

（八）研究专门的考核机制。建议财会部牵头研究对第三方支付业务对各部门和各分行的影子考核办法，以妥善解决在各分行和部门间的利益分配问题。

努力拓展我行在民生领域的金融服务

——在中国工商银行民生领域金融服务案例分析会上的讲话

罗　熹

（2011 年 11 月 30 日·根据录音整理）

今天的会开得很好，大家交流的案例很生动，讨论热烈，分析深入，建议中肯，富有启发。此前，对于民生领域金融服务所涉及的问题基本上是各部门分散地进行研究，现在请 16 个分行、总行相关部门一起来研究、分析，很有意义。

当前，我行对民生领域的金融服务态势发生了很大变化。从今年我们开展的调研活动，到各分行尝试做的一些民生领域金融服务项目，再到这一次的案例分析会，我们正在认清形势，把握特点，用心规划，创新方法。下面，我讲三个方面的意见。

一、高度重视民生领域金融服务工作

“十二五”规划发布之后，总行党委对加强民生领域金融服务工作非常重视。我和几个部门一起，先后走访了中央有关部委，了解民生领域推出的各项政策及金融服务需求；赴各地开展业务调研。从社会经济发展的趋势和我们了解的情况看，民生领域金融服务市场广阔，意义深远，我行在这方面已经有了良好基础，需要下更大气力推动这项工作。

（一）民生领域市场前景广阔。我国政府提出“十二五”期间要加快转变经济增长方式，大力调整经济结构，着力保障和改善民生，这意味着经济发展的目的、增长方式和结构都发生了变化，这里面蕴含着巨大的民生金融服务需求。

经济发展目的上，过去发展经济是要“国强”，现在还要“民富”，要让改革开放和国民经济发展的成果惠及全体人民。过去企业利润分配要留存、要充实资本金，现在则要求企业必须拿出一部分钱来补充养老。基本养老是强制性的，即使没有在企业工作的城镇居民也要建立基本养老，农村居民也有新农保。改革发展的成果不再仅仅是用于企业的扩大再生产，不再是单纯地追求出口创汇。与此同时，中央和地方财政不断地加大对民生领域的资金投入，社会资金的运行也将随之发生深刻变化。

经济增长方式上，由主要依靠投资和出口拉动向依靠消费、投资和出口协调拉动转变。如何刺激内需呢？大家知道，历史上有“老三件”的说法，自行车、手表、缝纫机；后来又有“新三件”，电视机、电冰箱、洗衣机；再后来演变为住房、汽车、电脑。而当前大家关心的则是养老、医疗、教育这三件事。这些老百姓关心的问题必须要依靠各级政府，通过改善民生的政策措施，改善群众的生活水平，解决群众的后顾之忧，从而提高社会大众的消费意愿和保障能力，以此来带动内需，促进经济增长方式的转变。

经济增长结构上，过去我们主要发展第二产业，现在需要发展第三产业。第一产业解决吃饭问题，第二产业解决生活设施问题，第三产业解决提高生活质量问题。公共财政进入到民生领域，就是要解决医疗、养老、教育等一系列民生问题。这必将对商业银行的金融服务提出新的要求：一是服务对象要调整。今后公共机构以及第三产业将成为我们很重要的服务对象。二是资金流发生变化。个人、企业等社会资金通过纳税与政府资金一起进入到公共资金池，再分流到不同的服务领域。三是需要创新服务手段。公共资金池的资金通常具有公共性、委托性以及保值增值、公共监督等需求，需要我们整合并创新服务手段，满足其信息流和资金流的要求。

（二）民生领域金融服务意义深远。一是有利于支持社会经济的发展。我国国民经济持续多年高速发展，取得了巨大成就，但也积累了一些问题，改善民生即是“固民本、固国本”解决相关问题的良方。保障和改善民生带来了巨大的内需，提升了产业水平，改变了服务方式。银行开展民生领域金融服务就是支持扩大内需，就是支持经济转型，就是改进社会服务，就是提高生活水平。

二是有利于履行银行社会责任。工商银行作为国有大型商业银行，是为政府和老百姓服务的，理应重视和加强面向民生领域的金融服务，要为政府部门解除民生基本保障后顾之忧提供支持，为社会公众提供服务手段、提高服务效率和拓宽服务渠道，这是我们应尽的社

会责任。我们要有计划、有步骤、有策略地进入这个市场，尤其要进入这一领域的牵头部门和高端市场。

三是有利于开拓市场服务领域。民生领城的金融服务有着鲜明的特点，是一个丰富、完整和独特的市场，需要有一整套的渠道、政策、方法和技术来应对。有人说新农合不宜进，我认为城乡一体化之后，城镇和农村的差距日趋减小，进了城的农民工就是工人，除了户籍已无明显差别，不做新农合将意味着我们在城市的业务比重也要减少，更何况像江苏、浙江和上海等发达地区的农民群体中还有很多优质客户。

四是有利于加快经营方式转型。从我们目前的经营结构分析，第一，资产规模不可能持续扩大。我行资产规模已经接近2.4万亿美元，资产规模越大意味着我们的风险敞口越大，完全依靠扩大资产规模的做法不可持续，必须扩大我们的业务规模，即管理资产而不是持有资产的规模。民生领域业务的特点就是业务规模大，资产规模小；第二，民生领域的资产服务，不产生金融负债或者产生非常少的金融负债。第三，绝大部分民生领域业务都是收费业务。我们的经营转型就是要以较少的资产、资本和成本来赢得更多的收益。所以说，民生领域的业务符合我们经营转型的方向。

未来三年是我们经营转型的关键三年，工商银行未来三年所面临的国际环境复杂多变。在这种情况下，如果转型成功的话，我们就有可能度过这一关，并将在未来10年中持续发展。民生领域金融服务为这一转型提供了良好的市场机遇。

（三）我行民生领域金融服务基础良好。我行始终密切关注并积极支持政府在民生领域实施的各项改革，不断地提供配套金融服务，在各项民生领域金融业务中打下了很好的基础，积累了丰富的客户资源和宝贵经验。

财政业务。财政部门是我行最重要的政府机构客户，随着国库管理制度的改革，我行与全国财政系统的合作逐渐从最初的负债业务，拓展至代理财政集中支付、代理非税收入收缴、预算单位公务卡等创新业务领域。在各级行的共同努力下，我行在财政存款、代理财政收付等领域均保持明显的同业领先优势。截至第三季度末，全国各级财政部门在我行开立各类账户近4万个，财政存款余额6 829亿元，代理各级财政集中支付1.4万亿元，预算单位公务卡发卡量220万张。

社保业务。社会保障领域是我行的传统业务领域，作为最早承担养老金社会化发放的银行，工商银行早在1992年就为各地社保部门提供服务，承担了覆盖社保资金归集、存储、管理和发放等全过程的服务。伴随社保改革进程，我行系统与各地社保部门保持了近二十年的合作关系，在社保存款、社保资金代理归集与发放、社会保障卡、新型农村养老保险等领域广泛开展合作，实现了全过程代理，一直位居同业领先地位。截至9月末，全行社保存款余额为5 949亿元，市场份额约为30%，居同业首位。已在全国21个省（市）的48个城市（地区）发放了社会保障卡近1 000万张。

住房公积金业务。由于历史原因，我行住房公积金业务起步晚，但业务发展的上升势头很好。近年来，总行加大工作力度，强化综合服务，各级行积极努力，有效地扩大了住房公积金业务规模，实现了住房公积金存款和中间业务收入的快速发展。截至9月底，住房公积金存款余额为1 364亿元，四行占比23%；代理住房公积金归集业务收入1.64亿元；个人住房公积金委托贷款余额2 151亿元，代理委托贷款业务收入2.42亿元；在28个住房公积金支持保障性住房建设试点城市中，我行大连、重庆等13家分行争得承办行资格，并有重庆、运城、大连、唐山等分行发放项目委托贷款8.8亿元。

医疗卫生领域业务。近年来，为支持和配合我国医疗卫生领域的改革，我们在融资服务、产品支持和业务渠道方面作了许多努力。年初，我安排总行机构业务部在全行范围内开展深入调研，全面把握医疗卫生事业改革需求，精心完成了“医疗卫生系统金融服务方案”，得到了卫生部的高度认可。目前我行共有2.6万户医疗卫生客户在我行开立账户3.2万个，存款余额约为421亿元，归属机构业务科目下的余额为199亿元。其中，医疗卫生行政机关2 580家，开立账户3 600个，存款余额为52亿元，占医疗卫生系统存款的12.38%；各类医院共有1万余家，开立账户14 000多个，存款余额为474亿元，占医疗卫生系统存款的53%。此外，我行向各类医药卫生单位提供的贷款余额约为430亿元。

教育领域业务。教育领域蕴含着丰富的发展机遇，多年来，我们利用信息科技、服务网络、金融产品等优势，大力支持教育体制改革，逐步建立和完善教育领域常态服务机制。在存贷款、代理收费、网上银行和“校园一卡通”等方面支持教育领域各项改革，目前，我行与约8万户教育系统客户建立了业务合作关系，开立账户近10万个，存款余额约为2 057亿元，各类贷款余额为365亿元。其中归属公司业务科目下管理的账户6.8万个，存款余额为1 251亿元，归属机构业务科目下管理的账户3.2万个，存款余额为806亿元，个人助学贷款余额为15亿元。

二、深入研究民生领域的客户需求

要做好民生领域的金融服务，必须充分认识民生市场的发展形势，深入研究民生领域客户金融服务的需求特点，把需求搞清楚，避免盲目性，提高针对性。

（一）充分认识市场发展形势。当前，民生领域市场存在着大量市场机遇，也遇到了大量问题，现在的形势到底怎样，我们的基本判断是：

一是市场初显。政府主导的、涉及公共福利的、惠及全民的资金流和资金圈正在形成，但现在还没有办法对每一条线、每一个圈清晰地描述。

二是运作无序。民生领域涉及部门众多，民生问题分散在财政、社保、医疗、教育等不同部门管理，而业务的服务对象、技术标准、操作流程、管理规则等也不统一；资金管理统筹层次不同，有地市统筹、有全省统筹、有些还要全国统筹；系统建设层次参差不齐，中央、省级、市级及县级建设和管理的系统并存。

三是投入巨大。要建立公共福利保障设施，需要对资金流和信息流建立完整的服务平台和技术系统，还要进行机构建设和队伍建设，需要巨大的投入。

四是全民关注。民生领域的公共服务涉及全社会每个人的切身利益，对于服务质量、社会公正和资金安全等问题，全社会都很关注。

在这种情况下，开展民生领域金融服务，任务非常艰巨。我认为需要明确两点，第一，这个领域我们非进不可，而且还要高度重视；第二，必须要在认真研究、统一规划下，有方向、有计划、有重点、有步骤地进行。

（二）准确把握民生领域资金的运作特点。民生领域业务与其他领域的业务有着很大区别，客户除了开户、办卡、结算、清算、监管、增值等基本需求之外，在资金运作方面还有着显著特点：

一是资金流与现金流高度整合。从这个角度来说，相关系统建设中，银行负责的是用于资金流管理的系统，通常与政府部门的信息流系统密不可分，所以政府多向银行提出系统建设要求，对此要想办法让政府参与，合作开发；合作开发有困难的一些项目，也可以当做我们系统的一些延伸项目进行开发。

二是资金运作“四金合流”。所谓四金合流就是财政资金、银行资金、企业资金和个人资金四流合一。民生领域的资金有着与众不同的特点：第一是公众性，资金组成很多是公共财政资金，用以解决社会福利，要求有社会监督。第二是系统性，虽然许多资金最终流转到个人手上，如基本养老金、住房公积金、基本医疗保险等，但与个人自有资金相比，其信息流和资金流是系统性的。所以民生领域的金融服务必须建立系统架构。例如养老金须从人社部开始顶层设计、系统规划，然后辐射到银行渠道上去。第三是基础性，民生领域金融服务所需要的大多是结算、清算、信用卡、网银等基础产品。第四是委托性，个人、企业、银行和财政资金合流进入这个资金池后，实际上是通过委托关系由银行进行资金流的管理。

三是渠道需求综合多样。要做好民生领域金融服务，需将营业柜台、网上银行、电话银行、手机银行、自助终端和银银代理六个服务渠道综合运用，物理网点与电子化手段并举，这就需要我们合理部署，要让不同的业务使用不同的渠道，使社会公众感到方便。

（三）深入研究不同领域的业务需求。各级政府围绕“十二五”期间改善民生的工作目标，在社会保障、社会救助、住房保障、医疗卫生、国民教育和公共财政等领域出台了一系列政策和措施，给金融服务带来新的需求。

在公共财政领域，有两方面的需求：一是优化客户服务需求。要求银行进一步做好代理财政集中支付、非税收入收缴和公务卡等日常服务工作，通过优化流程、完善系统等方式提高服务水平。二是加快业务创新的需求。针对地方政府发行债券、国库资金保值增值、省直管县财政等管理改革，要求银行积极介入，主动争取资产管理和主承销商资格，组合相关理财产品，专门制定国库资金增值方案等。

在社保领域也有两大需求，一是依托我行的业务和科技优势协助社保部门推进社保改革。包括医保费用即时结算、异地就医结算、提升社保统筹层次、社会保险关系转移接续、农村新型养老保险和社保资金投资运营等。二是“金保工程”信息系统建设及推广社保卡。其中推广加载金融功能的社保卡是由人社部和人民银行共同推进的一项重大举措，11 月 15 日，我参加了人民银行和人社部联合召开的社保卡加载金融功能工作座谈会，人民银行总行李东荣行长助理要求商业银行开展社保卡加载金融功能工作“决心要大、步子要稳、工作要实、服务要到位”，充分说明政府部门决心很大，势在必行。

从住房公积金领域需求看，加强住房公积金管理和支持保障性住房建设是今后一个时期政府的重点工作，这当中的住房公积金监管、个人住房和保障性住房建设项目委托贷款需要银行提供服务。在住房公积金管理方面又有新的打算，比如划分清楚住房公积金中心、代理银行和各参与单位的职责界限；建立住房公积金管理中心公正、透明及披露制度；构建住房公积金中心监管体系和托管机制等，这些都需要银行的大力支持。

医疗卫生领域的需求，重点在创新卫生专项资金监管、新型农村合作医疗基金托管、药品集中交易、医疗设备租赁管理、医疗行业基金、“银医一卡通”等方面，在产品设计、流程优化、系统开发、渠道建设等方面统筹考虑，服务医院、方便就医，推动我行医疗卫生相关业务快速发展。

教育服务领域的需求，在财政拨款和科研经费、学费收缴、社会赞助和教学设施建设等方面，应有很多金融服务要求，例如针对学生可以提供从入学到就业一条龙服务，包括助学贷款、创业贷款、代发工资、逸贷卡、消费贷款等全程追踪；在高校的基础设施建设方面，今后大部分资金由国家财政承担，在财政资金投入过程中我们可以提供资金服务。

在社会救助方面，我曾向红十字会提出三条建议，得到了充分认同：一是现金管理，保证全球捐助资金实时归集拨付。二是资产管理，解决捐献资金保值增值问题。三是资产托管，解决社会监督和适时披露问题。

以上仅仅是简单的列举，还有很多尚未提及。我们的服务空间相当广阔，这方面的研究工作我们做得还很不够。所以要深入研究民生领域金融服务的客户需求，摸清情况、全面分析、权衡利弊、有的放矢。

三、切实加强民生领域金融服务的工作要求

如何做好民生领域金融服务呢？我想从以下几个方面提出一些工作要求。

（一）加强研究。要针对民生领域的各个部门、各种方案、各项产品，分地区、分行业进行研究。一是要关注重点地区；二是加强信息收集、分析、整理和发布工作；三是要加强对资金流、资金圈的定量分析，以此作为进行投入的决策依据。

（二）制定政策。要针对不同领域、不同地区、不同项目，制定包括准入、收费、融资以及内部授权等一系列政策。比如技术开发方面，哪些要合作开发、哪些要系统对接、哪些可以延伸开发，类似这些方面的政策都要分门别类地确定下来。

（三）明确职责。民生领域的金融服务难度大，要按照不同领域、不同业务、不同客户确定牵头部门和责任部门，该哪个部门负责的，哪个部门就要管到底。一是要明确牵头部门。建议由机构业务部牵头，负责总部客户的营销和整体协调，把各项工作统筹好、协调好、沟通好。二是各部门合理分工、各司其职。民生领域金融服务涉及很多部门，大家要按照现有的工作职责，确定分工，做好方案、渠道和产品等各项工作。

（四）整合渠道。要将上述六个服务渠道整合运用，有的同志对社保卡业务有疑虑，认为会对柜台造成很大压力。我认为只要六个渠道综合摆布、全面沟通，是有可能减轻柜台压力的，这并不是一个难以解决的问题。机不可失，如果因此止步于这一领域，过上几年再想夺回市场就很困难了。

（五）优化流程。要将银行的管理流程与政府的工作流程、个人的消费流程有机结合起来，银行服务要嵌入到政府的工作流程当中去。比如加载金融功能的社保卡的开卡流程，需要整合与优化，方便群众申请和使用。

（六）设计方案。要针对不同的政府主管部门，设计专属服务方案。以后，凡是涉及民生领域的服务要实行项目制管理，精心设计这些服务项目，投产前要进行项目验收，投产之后，可以搞客户体验，根据客户体验结果和反馈情况，不断升级和完善功能。

（七）创新产品。我们已有一些基础的服务手段和基本的金融产品，还要针对满足民生服务的需要，进行一些客户化的改造，研发一些具有工行特色的产品。一是满足政府管理需求。围绕政府部门实施对财政性资金、社会保障资金和住房公积金等全流程监管的要求，创新服务手段。二是满足客户资金增值需求。针对养老基金市场化、专业化投资运营以及资产保值增值的要求，在账户监管、融资服务、现金管理和投资理财等方面创新产品。

（八）开发系统。民生领域业务具有系统性的特点，这就需要信息系统的支持。相关业务部门要分析业务需求，针对医疗、养老、住房等领域开发一些业务系统，并将这些业务系统进行有机整合，建立民生领域金融服务平台，向客户推介并广泛应用，为民生领域客户提供有竞争力的品牌式服务。

（九）规划投入。银行和公共服务机构共同使用系统的建设，需要银行做适当投入。对于有偿投入，可以采取融资或者租赁的方式解决；对于无偿的，要具体研究，有的可以做一些延伸开发，确有需要的可直接投入。

（十）培养人才。要有一支专业的队伍。一是要把民生领域金融服务的内容作为机构客户经理培训的重点，制作专门的课件进行培训。二是在全行范围内选聘一些具有丰富营销经验的客户经理，组成专家队伍，针对项目需要设计服务方案。三是希望科技部门配备一些优秀的人才来做这方面的工作，参与方案设计，实施系统开发。形成“一个专门营销团队、一个专用业务系统、一个专属服务方案”的营销模式，有效引导客户，做好推广。

最后，再讲几项重点工作，一是要对民生领域分系统、分行业做一些专题调研报告。二是要对民生领域制定一些具体的服务方案。三是重点研究几个问题：即社保卡业务的策略问题、认识问题和投入问题；地方政府债券承销发行业务的问题；养老金市场化服务的问题；对医疗卡的相关问题的研究，涉及人社部、卫生部以及各级医疗行政管理部门和各家医院；民生金融领域的资产管理问题，现在很多民生领域主管部门都提出保值增值的需求，总行也要争取推出一些符合民生领域资金特性的理财产品；对政府主管部门、公共机构广泛引入托管机制的问题。在深入研究的基础上，出产品、出方案、出系统、出政策，在合理规划基础上做好服务。

认真做好公司金融资产服务工作

——在中国工商银行结算与现金管理、贵金属业务工作会议上的讲话

罗　熹

（2012 年 1 月 13 日・根据录音整理）

这次会议的主要任务是，认真贯彻落实全行发展战略研讨会议精神，总结 2011 年结算与现金管理以及贵金属业务工作，部署 2012 年重点工作，深入推进公司金融资产服务。稍后红力副行长将就贵金属业务工作作重要部署。下面我代表总行党委讲三点意见。

一、总结 2011 年工作情况，明确 2012 年任务目标

（一）结算与现金管理专业为全行经营发展做出突出贡献。2011 年以来，结算与现金管理专业围绕全行经营目标，强化市场营销，加快业务创新，提升内部管理，在宏观政策趋紧、经济形势复杂的局面下，扎实推进各项业务，迈出公司金融资产服务坚实的步伐，主要体现在以下四个方面：

一是经营价值全面提升。在货币市场流动性紧张、资本市场长期低迷、保险市场不景气的环境下，2011 年结现专业共同努力，逆势作为，实现营业贡献 566 亿元，对全行的利润贡献稳居前三位。截至 2011 年底，公司无贷户存款余额达到 23 238 亿元，占全部公司存款的 74%，公司金融资产的销售额达到 1.27 万亿元，完成全年计划的 134%。对公结算业务量达到 1 350 万亿元，实现结现类中间业务收入 206.9 亿元，同比增长 69 亿元，超额完成全年计划指标。

二是市场营销取得突破。通过实施集群营销策略，市场拓展力度进一步加大，客户规模优势得到进一步巩固。在做好客户规模的同时，开展了长期不动户唤醒、清理工作，共计激活 15 万户，撤销 62 万户，剔除撤销因素，全行账户净增 68 万户，截至 2011 年底，中高端公司无贷客户占比达 28.3%，较上年提高 2.6%，账户收益明显提高，客户质量显著提升。通过参加欧洲金融年会、亚洲银行家峰会、AFP 国际展会，以及现金管理、理财、代理等专题营销活动，积极推进高层营销，企业财资服务影响增强，专业客户增长显著，现金管理客户数达 66 万户，其中，总行级现金管理客户达到 1 280户，全球现金管理客户达 2 232 户，法人理财客户数达 16.9 万户，银商转账客户数达 56 万户。

三是资产服务迈出步伐。升级完善现金管理，提高金融资产服务力。2011 年，契合国内企业资金偏紧、外部环境复杂多变的经济形势，结现部门通过票据池、本外币资金池、本外币账户管理等核心升级产品，突出满足企业资金流动性管理、资金风险管理、境外账户管理需求，稳步推进与国家电网、中通服、中石油、武汉钢铁等一批国内大型优质企业合作项目，进一步密切与历峰集团、迪士尼公司等 500 强外资公司的深层合作；海航集团、华为等“多国家、主办行”重点客户取得历史性突破，市场影响力与日俱增；搭建了亚太区现金管理中心和中非现金管理平台，账户服务能力向海外延伸，通过南标的现金管理平台，延伸了在非洲 16 个国家的账户服务，以现金管理为核心的金融资产服务平台得到进一步完善。

深入开展理财和贵金属业务，不断完善金融资产的增值服务。通过实施分层营销策略，有效增强了理财业务渗透率，网点覆盖率达到 64.2%，较上年提升 44%，全年实现销量 11 118 亿元，完成全年销售任务的 185%。同时，通过与产品部门密切合作，积极推动理财产品和服务创新，全年发行定向一对一专户理财产品 297 款，销售额 1 056 亿元，面向法人客户推出“周周分红”理财产品、QDII 境外股权投资产品、票据资金信托计划、私募股权投资基金信托计划等创新型法人理财产品。2011 年，全行大力发展贵金属业务，实现了贵金属业务在零售、批发、代理、交易、电子银行及海外机构等渠道的全面发展，截至年底，全行贵金属客户达到 524 万户，贵金属业务线收入达 35.8 亿元，同比增幅超过 370%，业务交易量达 16.2 万吨，同比增幅为 565%，其中账户贵金属交易量达到 9.5 万吨。

积极拓展代理业务，逐步拓宽金融资产服务领域。2011 年，结现专业在非金融机构支付业务方面取得新的突破，通过与支付宝、贝宝等公司的高层互访，进一步密切了我行与行业领军机构的合作关系，通过召开非金融机构支付业务座谈会，明确了下一步合作方向和内

部工作机制，目前已有26家机构与我行明确合作意向，市场占比达到65%；银商转账迅速扩大，目前已有116家交易市场与我行建立合作关系，交易量超过700亿元，市场占比稳居同业第一。

四是营销机制日趋完善。结现专业持续推动规范化和精细化管理工作，通过法人客户统一评价系统、对公收费系统、绩效考核平台等系统建设，深化了公司客户营销管理平台建设；通过推进全产品、全流程、强管理的制度体系建设，强化执行力，强化风险防控；持续开展财资管理师培训工作，营销团队建设不断向规范化、高素质化发展；深入落实“信息创造价值”，分层次、有重点地向分支行提供了近百次信息服务，为提升市场营销效果发挥了积极作用。

2011年，受宏观经济层面紧缩及全球债务危机的影响，我们的发展经历了最为困难的一年，结算与现金管理专业坚定信心，迎难而上，在逆势中取得了可喜的成绩，成绩来之不易，这是结算与现金管理专业全体员工振奋精神，团结协作，努力工作的成果，我代表总行党委，向全行结算与现金管理专业的员工表示诚挚的慰问和衷心的感谢！向有关部门和分支机构对结现工作的大力支持表示衷心的感谢！为表彰先进，总行已评选出价值贡献突出奖、市场拓展卓越奖、平台建设典范奖，并在此次会议上进行通报表彰。希望各行以获奖单位为标杆，积极进取，努力工作，为推动结算与现金管理业务新发展、提升公司金融资产服务能力做出更大的贡献！

（二）公司金融资产服务面临更为复杂的竞争形势。

一是金融资产服务需求旺盛。温总理在金融工作会议上提到，全社会金融资产是119万亿元，其中银行业金融资产是108万亿元，存款大概有70万亿元，证券是5.8万亿元。在经济形势日益复杂的情况下，一方面，客户的金融资产形态更为多元化，公司存款等基础性金融资产与高级金融资产之间的相互转化更为频繁，金融资产种类不断增加，金融资产保值增值需求日益迫切，迫切需要多种手段合理配置各种资产，满足其流动性、安全性和收益性的综合需求，这对银行处理多元化、多产品、多币种的金融资产能力提出更高要求，除了做好资产服务、资产管理等业务，还要进一步完善代理经纪、投资银行等服务，弥补金融资产服务的薄弱环节；另一方面，对金融资产服务效率提出更高要求，对金融资产服务的全过程要实现电子化处理，延伸服务触角、提高服务效率。

二是流动性趋紧依然延续。中央经济工作会议要求，宏观调控中要继续处理好保持经济平稳较快发展、调整经济结构、管理通胀预期的关系，继续实施积极的财政政策和稳健的货币政策。在通胀预期和经济下行风险的双重压力下，宏观环境总体上仍将延续偏紧态势，金融机构资金流动性紧张的态势短期内不会有大的改观，以存款为基础的金融资产的争夺将会加剧；明年企业资金将是紧张的一年，理财产品在规模和结构上会产生深刻变化；以流动性管理为主的现金管理需求将更为迫切；同时，金融资产的价格可能不会大幅上升，这给我们的金融资产保值增值工作带来更大的困难。

三是金融资产收益空间收缩。受全球经济复苏滞缓、欧债危机持续恶化的“双重风险”影响，国际金融市场的总体波动性加大，全球部分地区政治动荡加剧，进一步加剧了金融市场发展的不确定性，资本市场和资产价格双双在较低的价格水平上波动，金融资产的逐利性将更加明显，同时，利率市场化的加速将挤压银行利润空间，法人理财、黄金租赁、贸易融资、企业年金等与利率相挂钩的产品收益率将会受到影响，盈利保持高增长的难度加大。如何在控制风险的前提下，节约公司客户资金使用成本，提升客户金融资产收益水平，已经成为我行亟须解决的问题。

四是银行收费金融监管力度加大。近期，监管部门加大了对银行收费的管理力度，第一是取消了密码重置、一年内对账单打印等技术含量低的服务收费，第二是不得随意提高跨行交易、账户管理费等基础性收费，第三是严控“贷款搭车”等相关收费，除银团贷款外，不得对小微企业贷款收取承诺费、资金管理费、财务顾问费等费用。随着对收费监管力度的加大，金融资产服务的手续费收入将会受到影响，一方面我们需要大力拓展公司客户规模，增加对公结算账户规模，扩大金融资产服务范围，以规模优势来弥补收费的降低；另一方面，需要加快业务创新，拓宽服务领域，完善金融资产服务能力，提高金融资产服务技术含量，以同业领先优势实现收入的可持续增长。

（三）2012年总体工作要求和经营任务。2012年，结算与现金管理专业工作的总体要求是：紧密围绕全行持续发展、结构调整和经营转型的战略部署，强化客户营销，突出增值服务，加快产品创新，完善经营机制，不断提升对公司金融资产的服务能力。深入客户营销就是把握客户的需求变化，掌握业态的最新动向，认真做好公司客户金融资产服务需求分析，从客户的实际需求出发提供相应产品和服务，有针对性地进行营销工作；突出保值增值就是要突破银行存、贷、汇的传统经营方式，提供各类增值产品，由基础结算服务向财资管理、金融资产服务转变，一方面要注重节约成本，另一方面考虑增加收益，满足客户金融资产服务的需求；加快产品创新就是根据客户现实和预期的需求，开发适用产品，实行服务系统电子化、网络化和自动化；完善经营机制就是要建立以客户经理为核心的经营管理机制，完善平台建设、渠道建设、绩效考核和定价机制，深入推动金融资产服务的可持续发展。

2012年，结算与现金管理业务的主要目标是：营业贡献达到580亿元，公司无贷户存款增长1 000亿元，中间业务收入实现200亿元；新增公司无贷客户44万户，新增中高端无贷户11万户，现金管理客户增长10万户，存量客户超过76万户，全球现金管理客户增幅在40%以上，存量客户超过3 150户；人民币结算业务量超过1 200万亿元，法人理财产品发行额超过9 200亿元。

同志们，今年结现专业的任务是繁重的，要确保在严峻的形势下完成任务，必须牢牢把握以下三个原则：

一要把金融资产服务作为工作重点。前不久，建清董事长在发展战略研讨会上指出“金融资产服务应该成为未来我们业务发展的方向，成为经营转型中重点发展的战略领域”。公司金融资产服务在国际上已经普遍开展，包括资产服务、代理经纪、投资银行和资产管理四个方面。其中，资产服务包括了以交易为背景、以账户服务为主体的结算、清算、年金、托管等业务，总体来说，结现部的业务处于资产服务板块；代理经纪就是代理销售保险、基金、债券等业务；投资银行是为企业融资提供销售、顾问、咨询、簿记等服务；资产管理把客户的资金吸引到我们资金池里，通过我们的资金池来购买投资产品。我们要根据自身的业务特点，深入研究客户金融资产服务流程中的投行、理财、结算、托管、配置和交易等各个环节中的需求，认真梳理市场上金融资产服务的客户数量、产品种类、产品功能、技术平台等，形成金融资产服务的市场调研报告，在此基础上，开发适用产品，完善服务系统，建立金融资产服务平台，在利率市场化进程加快的背景下，尽可能满足客户金融资产的保值增值需求。

二要把公司无贷户存款作为经营任务。与往年相比，今年首次明确了公司无贷客户存款的工作目标。公司无贷户存款具有筹资成本低、波动幅度小等特点，是最优质的战略性资源，是最基本的客户金融资产，是结现专业价值的重要体现。全行要进一步提高对公司无贷客户存款的重视程度，将公司无贷户存款作为基础目标贯穿于整个金融资产服务过程中。第一要明确存款的部门职责，结现专业要切实承担起无贷户存款增长指标，无贷户、有贷户存款要定期划分，以上一年度是否发生信贷业务为标准，每年年初按照这一标准调整存款范围，年度中间保持不变。第二要有配套政策，对全行来说，无贷户存款单独下达计划无疑是一项重要挑战，各主管行长要将这一情况向一把手行长汇报，从机构、人员、考核等方面予以支持，强化公司无贷户存款在经营任务中的重要地位。第三要加强联动，公司无贷户存款涉及多条业务线和环节，结现部门要加强与相关部门的联动，特别是要重视与公司部门的协调配合，贷款营销与存款营销要有机结合，通过完善交叉服务、建立捆绑考核机制等手段，实现公司金融资产与金融负债业务的良性互动与协调发展。第四是存款指标要落实到人，发挥客户经理在营销管理的核心作用，逐步形成完善的公司无贷户维护管理机制。

三要把结算技术创新作为发展动力。在同业竞争日趋激烈的环境下，创新是金融资产服务的发展动力，结现专业要把创新放在优先发展的地位：一是要实现结算网络化，要以集群营销为基础，按照客户个性化需求，将结算网络从企业内部延伸到企业外部，实现企业与银行、企业与企业之间的无障碍快捷结算，以批量结算手段满足日益增长的金融资产服务需求；二是要实现支付电子化，进一步提高电子手段在资产服务、代理经纪、资产管理和投资银行领域中的应用，以高效的电子手段提升服务效率，把电子化的处理作为基本技术保障；三是要实现平台综合化，着手更新或升级现有营销管理系统，建立起集业务管理系统、客户关系管理系统、风险控制系统于一体的综合平台，满足客户需求多样化及资产服务一体化要求；四是要实现操作自动化，特别是实现以客户为中心的操作自动化，以流程管理为核心，以保障安全和效率提升为前提，积极探索现金管理的客户端操作，全方位提升客户和银行的操作自动化处理水平。

二、深入推进公司金融资产服务

为有效落实2012年工作要求和任务目标，各行要着重做好以下工作：

（一）紧盯客户，抓住商机。要坚持以市场为导向，充分发挥市场在发掘客户需求上的前沿作用，以八大主题营销活动为契机，拓展重点市场，为公司金融资产服务提供最坚实的客户基础。

紧盯五大核心客户。要加快发展总部经济客户，以欧洲金融年会为平台，以集团企业的现金管理服务为切入，跨区域、跨国界联动发展总部经济客户，实现总行级现金管理客户增长200户以上；要扎实开拓行业龙头客户，紧密围绕产业结构优化调整，锁定制造业、服务业等核心产业龙头企业，循环经济、环保等新兴产业龙头企业，开展主题营销活动，树立行业服务方案的典型，不断提高战略性行业龙头的客户规模；要加大供应链核心客户的营销，各行要充分运用信息监测结果，确定100个主要业务份额在他行的核心客户名单，以开展供应链营销活动为契机、以供应链结算优惠定价为手段、以供应链配套服务为基础，努力挖转目标核心客户，同时，要以金融资产排名前十位的制造业核心客户为基础，与公司部联合开展制造业供应链营销；要紧密跟踪跨国公司客户，完善与跨国公司金融需求相适应的全球现金管理平台，以欧洲金融摩洛哥年会和AFP年会为平台，主攻欧美区域客户，以亚洲银行家峰会为平台，主攻亚太区域客户；牢牢把握国家大力扶持中小企业的重要机遇，重点培养潜力中小企业客户，力争每年拓展5万户百万元以上的优质客户，要加强“工商验资

E线通”的推进力度，提高开户营销能力，挖掘新客户存款，大连、湖南、天津等5家分行，力争本年投产上线。

紧盯四大重要集群。要继续做好供应链集群营销活动，总行要在“系统到位”方面上有所突破，实现法人客户系统对供应链营销的全面支持，实现MOVA对供应链营销效果的考核应用；各行要进一步贯彻落实“客户经理到位”和“营销方案到位”，依托核心企业挖转上下游企业，实现50%以上的他行上下游客户在我行开户并办理业务、挖转他行客户的金融资产规模增长30%以上。行业集群的营销重点是服务业，总行将于第三季度开展服务业集群营销活动，重点进行现金管理、法人理财、代理等业务营销推广；各行要在此基础上，进一步完善服务行业营销方案，开展主题营销活动，抓住一批龙头客户，形成规模效应。要加强对重点区域集群的市场拓展，各行要认真梳理辖内重点县域集群、重点城市圈集群和国家级开发区集群的客户状况，确定挖转名单，制定渠道策略和产品策略，力争将重点区域内60%以上的客户都争揽到我行。要以“海外对公账户拓户活动”为契机，大力拓展“走出去”集群市场，境内外分行要及时开展辖区内“走出去”企业的市场调查，明确目标、精心组织、加强联动，以财资管理、理财、国际结算等境内外业务一体化为支撑，实现亚太区、非洲区的中资客户市场渗透率达到10%，在其他区域的中资客户市场渗透率达到4%，年均客户增量达到30%。

紧盯两个潜力市场。代理市场遇到两个新的问题，第一个就是第三方机构的快速发展，需要打破一些过去的传统的概念，考虑网上的支付结算工作如何发展；第二个是专业市场的发展，需要我们考虑如何适应现在支付结算工具的发展和支付结算业态的变化。要以备付金存管方案为主题，开展非金融机构支付市场专题营销活动，提高市场影响力，通过与有影响力的企业进行高层互访、联合营销，大力拓展非金融机构客户及其网络商户，力争实现首批非金融支付机构100%选择我行为备付金行，网络商户在我行的开户率达到50%；要深入挖掘网络支付、预付卡支付、银行卡收单机构的市场潜力，建立有特色的支付结算网络平台，提高与第三方支付机构合作水平，重点推进我行备付金存管等综合服务；在加强与非金融支付机构合作的同时，我们还要自己做好第三方支付，大力推广“工银E支付”业务，实现支付业务的新突破。要以银商转账业务为主题，开展专业市场营销活动，充分挖掘专业市场所蕴含的客户资源。要紧密围绕专业市场客户特点，配套提供账户服务、理财服务、速汇款、对公自助等金融服务，对于优质客户重点提供“网络融资+银商转账”资产服务，力争实现网络融资客户100%使用我行银商转账系统。

（二）依托创新，提供增值。要围绕金融资产的多形态、逐利性和流动性特点，深化产品创新，提升服务内涵，不断满足客户资产保值、增值的深层次需求。

一是完善账户服务产品。一方面，要充分运用财智账户卡的账户管理功能，实现对客户结算类、投资类、融资类、托管类等账户的统筹管理。这里我强调一下，财智账户卡不仅是自助服务的介质，也是账户管理的有力工具，是今年营销推广的重点产品，力争发卡突破八十万张。另一方面，做好综合账户的系统投产与应用，逐步完善具有统驭功能、能够提供全品种金融资产服务的账户体系。

二是整合现金管理产品。要加强现金管理产品的整合，以核心产品为主体，进一步打通金融资产和金融负债的通道，信贷管理部、公司业务部、国际业务部要积极参与，在风险可控的前提下，加大信用证融资、发票融资、应收账款池融资、订单融资、内保外贷等产品在现金管理方案和平台中的渗透，促进结算和融资的良性互动，实现客户价值最大化。

三是创新法人理财产品。要进一步密切与资产管理部的合作，提高产品设计对法人客户的支持力度，契合优质大客户，提供专户理财和保本理财产品，契合中小无贷客户特点，设计易于推广、易于发售的集合产品。要积极推进区域理财产品的创新，在成熟地区尽快推出周末理财产品、保本型按月循环型理财产品等。

四是拓宽经纪类产品供应渠道。一方面要推动与基金公司、信托公司以及工银国际等机构的合作，积极推广PE股权投资基金，拓展经纪类产品的来源，满足客户多元化资产增值需求；另一方面，要加强与保险公司、大型企业及铸币公司等的合作，发展保险、贵金属和企业年金的代销业务，提升金融资产的经纪服务能力；还要引入产品竞争机制，形成行内与行外经纪类产品良性竞争、互为补充的发展格局，促进我行代理经纪业务的快速发展。

五是探索资产保管产品。要在创新保管类产品上下功夫，弥补金融资产服务的薄弱环节。要探索性开发基于票据池模式的票据管理产品、基于第三方存款模式的证券管理产品、基于代理基金或保险模式的经纪产品、基于黄金积存模式的贵金属产品等，并能高效率、低成本地实现现金资产与非现金资产的转化，处理好各类资产的转化期限配置，在满足客户现金流管理的基础上，实现我行存款的不断增长。

六是推进跨境服务产品。要以力争成为跨境人民币业务第一大行为契机，大力发展跨境人民币现金管理服务，以境内业务为基础，逐步完善“走出去”企业的境外账户信息服务、集中收付款、资金池和理财服务，实现我行核心系统、全球现金管理系统、中非直联系统对跨境人民币业务的全面支撑，提升跨境资产服务能力。

（三）拓展渠道，改进服务。要加强公司金融资产服务的全渠道建设，今年重点抓好以下几方面：一要加大网点建设，遵循“新建＋优化”的总体思路，建设一批集对公业务、个人业务、现金管理、理财等一揽子综合服务网点；做好网点优化，将单一个金业务、单一个金柜员、单一储蓄存款的网点，改造成为综合网点，拓宽网点对公营销辐射面。要按照“财智账户品牌进网点、核心产品进网点、客户经理进网点”的要求，首先确保中高端网点、百强对公业务网点、重点县域支行营业部设置“财资工作室”，设置专职客户经理岗位，提高网点的公司金融资产服务能力，扩大网点资产规模，力争在年底前实现公司金融资产10亿元以上的网点达到1 000个。二要重视电子渠道在金融资产服务方面的开发应用，注重加强与电子银行、运行管理等部门的协作，充分发挥我们在科技和设备上的强大力量，拓展理财、代理、经纪、贸易融资等服务在网银渠道的应用，满足客户电子化服务需求。三要稳妥推进对公ATM、自助票款机的应用推广，统一投放与管理，延伸金融资产服务触角、提高服务效率。四要紧盯移动互联网的发展潮流，积极探索移动应用服务，推进金融资产服务便捷化和智能化。五要充分利用代理渠道，把握公共服务平台蕴含的商机，把握与中小金融机构互联的商机，通过代理渠道扩大金融资产服务范围。

（四）构筑平台，创新技术。要兼顾金融资产服务的经营性与管理性要求，着力推进营销管理平台建设，为深化发展金融资产服务提供坚实保障。

完善法人客户营销系统。一要推进星级评定系统。各行要按照总行的统一部署，做好星级评定结果在产品销售、产品定价、客户结构提升等方面的应用，并牵头落实星级评定在本行对公条线前台营销、中台审批、后台风险控制等领域的应用，完善客户信息，提升数据质量。二要创新离行支持系统。要在离行服务支持的延伸终端上有所突破，建立电话、台式电脑、移动电脑、iPad、手机五位一体的营销工具体系。以客户经理为主体，实现客户营销维护的离行办公；以平板电脑为工具，实现离行信息与内部营销管理系统的实时链接与更新；以账户服务为核心，实现多产品、多渠道、多部门、多机构的客户营销整合。三要进一步强化应用。各行要继续强化系统的应用，加强系统应用情况通报，对于客户认领率低、日常维护差的分行将扣减专业考核分数。

深化全球现金管理系统应用与推广。要推动产品整合，4月底前，完成网银高级功能与全球现金管理功能相近产品的整合，实现同一产品的多渠道应用，各行要严格按照总行计划做好移行测试、协议补签、业务培训和结果验证工作；要深化系统应用，境内外机构要充分利用系统争揽客户、服务客户，在系统支持下灵活配置产品，重点推广资金池、财智账户卡、收款管家、票据池等核心产品，切实发挥系统在金融资产服务中的保障作用。要加快全球现金管理的全流程建设，打造一个可操作、可维护、可控制、可报告的全球现金管理系统，实现客户端和银行端的服务功能。

三、完善金融资产服务的经营机制

（一）加强机构建设。境内机构方面，各行要进一步加强结现专业的机构建设，全面提升公司金融资产服务能力，公司客户超过3 000户的二级分行应设置结现机构负责公司金融资产服务。境外机构方面，要分别以工银欧洲和纽约分行为平台，完成欧洲区和美洲区的现金管理中心建设工作，形成贯穿“总行、区域中心、境内外机构”三个层面，职责清晰、有机联动的一体化服务架构。在机构建设方面，各行还要注重结现部与公司部的协调配合，通过建立无贷户和有贷户的联动营销、交叉服务等机制，促进公司金融资产与金融负债业务的良性互动与协调发展。

（二）完善考核体系。从今年起，总行将正式依据MOVA数据对各分行进行业务考核，各行要加强推广应用，推动经营管理精细化。要按照“年初确定基数、年中保持不变、任务指标明确”的原则，把无贷户存款纳入分行行长绩效考核体系中，提高全行对基础金融资产的重视程度，并结合存款问责制等手段，合理调动存款工作积极性。要注重质量的考核，将账户的活动率、收益率、留存率，存款付息率，产品渗透率等纳入到考核体系中，制定合理评价指标。要建立起完善的影子考核体系，将所有涉及公司无贷户的经营贡献、结现类的收入，全额计入结现部门，同时计入相关部门，通过利益共享加强部门联动，发挥整体优势。要完善行际的还原考核，将由于资金归集、账户整合等造成的存款和收入的集中，相应还原计价到相关分行，总行要处理好分行之间的收益还原，分行也要处理好二级分行、支行及网点间的收益还原。

（三）加快流程建设。要根据客户需求和业务特点，结合全行业务流程优化工作，在网点层面建立起统一、高效、规范的对公服务流程，减少不必要的业务处理环节，提高客户价值。配合运行管理部门做好业务流程优化，各行要从账户管理、营销服务、系统优化等方面加强业务控制和风险防范，确保金融资产服务各环节的操作风险可控、业务流程优化和服务质量提升。要强化信息监测在营销中的应用，公司存款规模超过500亿元、公司客户数超过20万户的分行，要进一步完善日监测、周通报的监测机制，切实提高信息对营销的指导和支持作用。

（四）完善定价机制。总行按照“确保收入、夯实基础、集中管理、实时评估”的原则，制定了重点客户结算优惠定价方案，并着手开发相关系统，拟对资金行内、行外流转实施差别定价，待5月版本系统投产后，各行要认真研究优惠定价方案，综合考虑客户的金融资产规模和收益贡献，确定试点名单上报总行，通过优惠定价吸引客户及其交易对手在我行开户并办理业务，合理运用价格杠杆提升金融资产规模，促进收益增长。

（五）打造专业队伍。一要加强人员培训，坚持专业资格培训与岗位适应性培训并重，健全员工学习培训长效机制，提高培训覆盖率至80%以上。各行要牢牢抓住CTP培训、行内外客户经理和产品经理培训机会，为员工提供更多的学习机会，将业务能力突出、知识结构合理、业务经验丰富的人员优先充实到结现专业队伍中去，打造公司金融资产服务的营销专家和产品专家。今年，公司和结现部门要做好高级客户经理的培训工作，教育部门要积极配合，细化培训方案，明确培训对象，实现培训目标。二要优化客户经理的评价工作，以客户经理分管的客户价值贡献为依据，进行客户经理业绩评价，在费用额度、定价、创新、策划等方面给予客户经理一定的经营职权，从业绩评价上体现“以客户为中心”的经营理念。三要加强产品经理队伍建设，各行要尽快推出涵盖服务支持、产品创新、营销推广等内容的考核方法，进一步完善产品经理的考核机制和选拔机制。

同志们，2012年是下一个发展战略规划的开局之年，也是深入推进金融资产服务的开局之年，任务艰巨、责任重大，希望全行结算与现金管理专业的员工能够真抓实干、锐意进取、扎实推进，以求真务实的作风和饱满的热情，认真做好公司金融资产服务，为提升全行可持续发展能力作出应有贡献！

推动境外机构托管业务发展
加速构建工商银行全球托管网络体系

——在中国工商银行境外机构资产托管业务
专题工作会议上的讲话

罗 熹

（2012年1月16日）

这次境外机构资产托管业务工作专题会议，是我行首次召开的面向境外机构的资产托管工作会议。参加今天会议人员除总行相关部门外，还包括23家境外机构。会议的主要任务是，研究我行境外机构发展资产托管业务的重点工作，促进全球资产托管业务快速健康发展。

刚才，大家围绕托管部提交的工作意见进行了认真的讨论，提出了一些很好的意见和建议。为了更好地推进境外机构发展全球托管业务，下面，我讲五点意见。

一、全球托管业务稳健有序发展，初步实现了从本地托管向全球托管的转变

我行全球资产托管业务是在资本项目没有完全开放、国家有限度地引进外资开放证券市场的大背景下起步的。起步阶段经历过低潮，如今占据国内同业首位，并创造了QDII领域多项第一的纪录，实属不易。从2003年至今8年多时间，我行全球资产托管业务在业务规模、经营效益、市场份额、托管网络管理、系统开发等方面都取得了阶段性成果，初步实现了从本地托管向全球托管的转变。

一是规模、效益快速增长。截至2011年末，我行托管QFII资产209.36亿元，是2004年我行开始提供QFII托管服务时的24.59倍，QFII托管业务收入1 931.47万元，是2004年末的38.67倍；托管的全球资产（含QFII、QDII）规模合计603.22亿元，是2006年我行开始提供QDII托管服务时的4.84倍；全年实现托管费收入1.3亿元，是2006年的36.06倍。

二是市场份额居国内同业首位。在QFII托管领域，截至2011年末，我行市场份额为16.5%，稳居中资银行首位，超出建行4个百分点，是中行的两倍多。在QDII基金托管领域，我行托管的只数和规模都稳居市场首位，市场占比超过46%，几乎相当于建行和中行的总和。在商业银行境外代客理财产品托管、信托公司QDII产品托管领域，我行同样占据市场领先地位，市场占比超过50%。一直以来，我行很多业务的国际化程度落后于中行，但在全球托管业务领域，我行相对于中行具有绝对优势，遥遥领先。

三是与一大批境内外知名金融机构建立了合作关系。通过开办全球资产托管业务，我行与瑞士信贷、大和证券、韩国未来资产、野村资产管理、哈佛大学、杜克大学、英杰华全球投资、科威特政府投资局等多家境

外知名资产管理机构建立起托管合作关系，极大提升了我行在金融资产服务领域的地位及品牌形象。

四是服务范围拓展到全球多个市场。国内QDII制度的迅速发展，推动了我行托管业务的全球化进程。我行通过境外托管代理行，将托管服务覆盖到了包括美国、中国香港、新加坡、韩国、澳大利亚、伦敦等在内的近30个市场，为下一步我行境外机构在这些地区开展托管业务提供了基础。

五是境外机构托管业务已经起步。工银亚洲开办托管业务近四年时间，顺利投产了境外托管系统，已经承担起总行作为主托管人的QDII产品香港本地托管银行职能，同时兼顾香港本地及海外中小规模的私募基金托管。工银伦敦从2006年开始为国内第一只QDII基金的境外资产提供保管及清算交收服务。工银印尼深入挖掘当地托管业务资源，主动向总行提出开办托管业务需求，2011年正式向印尼央行申请托管牌照，不仅成立专职托管业务部，而且通过市场方式聘请托管专业人员。东京、首尔分行在QFII业务营销过程中，主动与当地潜在客户建立业务联系，为最终赢得QFII客户合作做出了重要贡献。工银金融的前身PDS由总行整体收购而来，借助原有业务平台，可提供保管、清算等基础性托管服务，具有强烈的开办资产服务业务的意愿和一定的条件。

二、发展全球资产托管业务是全行经营战略转型的需要

股改上市以来，我行不断在创新发展中推动经营转型，大力发展金融资产服务业务已经成为全行新的战略目标。资产托管业务是金融资产服务的重要组成部分，作为典型的中间业务，托管业务不占用商业银行有限的经济资本，不需要拨备，收益高，风险低，分享直接融资快速增长的收益，降低未来可能发生的金融脱媒对我行收入的冲击，具有广阔的发展前景。做大做强资产托管业务，对我行大力发展金融资产服务、加快全行从资产持有大行到资产管理大行的转变，将发挥重要作用。

从全球范围来看，按照托管服务覆盖范围不同，资产托管分为本地托管和全球托管，其中，全球托管是在跨境投资中，为保证投资组合资产安全，由托管人提供的与证券交易相关的服务。与本地托管相比，全球托管的技术含量要高得多，具有业务营运全球化、托管服务综合化、托管网络二元化、行业发展集中化等较为鲜明的特点。从本地托管到全球托管，是国际大型托管银行发展的必经之路。

从内在压力看，跻身全球托管银行前十强是我行资产托管业务中期发展目标。要实现上述目标，即使其他托管银行规模和收入不增长，我行也要在目前水平上增加七倍到十倍，受制于国内市场容量和制度限制，仅靠境内业务不可能完成这个目标。与此同时，随着我国资本市场进一步开放及对外资托管银行准入放宽，我行与外资托管银行的竞争将日益激烈，已有领先地位将受到严峻挑战。我们必须变被动为主动，走出国门，主动参与全球托管市场竞争，做强做大境外托管业务，早日成为有竞争力的全球托管银行。

从客户需求看，国际资本流动加速和国际资本流动的证券化趋势，为不同地域的金融资产在全球多个市场跨境配置提供了广袤空间，对托管银行向多个市场延伸服务提出了要求。比如，全国社保、中投、外管局都已经在境外投资，但目前都是选择外资银行托管，如果我行境外机构具备条件，同样可以为上述机构的境外投资提供托管服务。再比如，一些国外客户或国内客户在境外的分支机构，开展跨境股权收购、商品服务交易、兼并收购等业务时，我们的境外机构完全可以提供ESCROW托管服务。总而言之，客户业务范围、资产配置和资本流动的国际化，对托管银行境外服务的需求越来越多。可以预见，未来5－10年，国内商业银行将进入全球托管服务发展的黄金时期。与我国快速发展的跨境投资相适应，在全球范围内为境内外投资者提供全面的托管服务是我行托管业务发展的必然。

所以说，发展全球托管业务，不仅有利于增强我行托管业务未来的市场竞争力，更是全行国际化发展的重要战略布局，是实施我行经营国际化、综合化战略的重要步骤。全球托管业务必须成为我行境外机构的一项重要的新兴业务，在提升境外机构经营竞争能力、推动境外机构快速融入国际资本市场中起到积极作用。

三、统筹规划，科学布局，加快完善我行全球托管网络体系建设

我行托管业务发展的最终目标是成为真正意义上的全球托管银行，可以实现在全球100余个主要证券市场为客户提供托管服务，全球托管网络是我行提供全球托管服务的根本和前提，托管网络不是指单纯的物理经营网点，而是具有专业水平、交叉服务能力的托管服务网络。事实上，没有任何一家全球托管银行可以在全球每个市场都使用自身物理机构提供托管服务。例如，全球最大的托管银行纽约梅隆银行托管资产接近27万亿美元，服务范围覆盖全球所有主要市场，但只有5%左右的市场由其自身机构提供托管服务，其余95%的市场则通过托管代理人完成。花旗银行有46%左右的市场由自身机构提供托管服务，其他市场也是通过代理方式完成的。其他全球托管人大多数都是这种模式，彼此的差别只是外部委任的比例不同。可以看出，自身机构配合外部委托方式是全球托管银行普遍采用的网络搭建模式。

（一）积极探索符合我行特色的全球托管网络发展道路。结合实际情况，我行可以通过提升境外机构托管服务能力、加强与境外托管代理人合作，以及酌情并购

专业托管机构二种途径同时推进的方式搭建我行全球托管网络，使我行逐步发展成为托管业务覆盖全球主要投资市场，可为境内外投资者提供跨境、一站式、全面证券服务的全球托管人。对我行来讲，这是一项长期的具有挑战性的工作，需要各境外机构、总行相关部门的共同努力和通力配合。

我行全球托管网络采取总行、区域中心、本地托管人组成的三层架构体系。

总行是我行全球托管网络的中枢，对全球托管网络进行战略布局和调整，并对区域中心和本地托管人进行管理。区域中心是全球托管网络的中间环节，是我行全球托管服务的窗口，承担境外托管业务拓展、区域托管业务整合处理、客户关系维护、区域内本地托管人日常管理等多重职责。根据各市场投资特点不同，我行计划在亚洲、美洲和欧洲成立三大区域中心，辐射发展周边地区托管业务，形成伞状管理网络，覆盖全球主要证券市场。区域中心在整个全球托管网络体系中承上启下，至关重要，掌握大量核心数据、信息及客户资源，既直接提供托管服务，又需要整合区域内不同本地托管人的服务，必须由我行境外机构担当。本地托管人作为全球托管网络的底端，直接面向客户和市场，应优先选择具备相应条件的我行境外机构担任。在我行境外机构不覆盖的市场或境外机构不具备提供托管服务条件的市场，总行将委任其他境外托管代理人担任，其主要职责是进行所在地市场的托管业务处理。

（二）需要关注的三个问题。一是不能把全球托管业务等同于境外机构开办托管业务，二者既有联系又有区别。全球托管业务符合我行全球化发展战略，是我行在全球提供托管服务能力的体现，它不是托管业务简单地向境外延伸。目前，我行全球托管业务以向中资客户境外投资提供托管服务为主，长远来看，我行全球托管业务可在全球任意市场为来自于任意地域的客户提供托管服务。境外机构开办托管业务是我行全球托管业务的一部分，是在其所投资的市场为客户提供托管服务，只有在全行全球托管服务平台下，才能显现和发挥我行托管业务全球化的特点和优势。

二是全球托管网络不仅包括我行境外机构，还包括大部分境外托管代理人。受制于某些证券市场的特殊性，比如市场规模较小，投资限制较多，业务成本较高等原因，我行不可能在全球所有市场布点，全揽托管服务。可以培育和发展境外机构在全球主要市场提供服务，很多市场则要依赖独立的所在地托管代理人。

三是全球托管服务总部视客户而定，客户来自哪里，哪里就是全球托管服务总部。总行作为全球托管业务及网络的管理机构，主要体现在业务管理层面。从全球托管服务提供角度来看，三大区域中心是整个网络的核心，它们既面向客户，又集中所辖本地托管人的服务结果，彼此之间属于并列关系，互相支撑，互为全球托管人。例如，当美国客户投资全球市场时，美洲区域中心就是这个客户的全球托管服务总部，亚洲和欧洲区域中心应将各自属地托管服务结果向其报告，在这种情况下，总行是亚洲区域中心的中国市场本地托管人。

四、积极扶持，梯队发展，逐步推进境外机构托管业务实施进程

（一）境外机构开办托管业务应实现梯队式发展，循序渐进纳入我行全球托管服务网络。从 2012 年开始，总行将加紧全球托管网络布局，重点扶持、推进境外机构本地托管业务发展。近年来，我行成功实施国际化发展战略，境外机构开设与管理取得丰硕成果，为全球托管网络建设提供了较好的发展平台。但是，各家机构条件差异较大，把我行所有境外机构一次性、一揽子全部纳入我行全球托管网络是不现实的。

根据各境外机构所处的市场环境、监管法规政策、准入条件、境内外客户投资需求、境外机构开办托管业务意愿和基础条件等方面的差异，将境外机构划分为不同梯队，遵循循序渐进的原则，先成熟的先发展，有需求的先发展，逐步实施境外机构托管业务提升计划，纳入我行全球托管网络，是现实可行的发展策略。

参考成熟全球托管人的网络布局，在亚洲、美洲和欧洲各金融中心各发展一家区域托管中心，以工银亚洲等境外机构为代表，作为第一梯队重点机构发展，其业务功能由基本服务和本地托管服务，逐步过渡、提升到增值服务和区域托管服务。

具有强烈托管业务市场需求的境外机构，以工银印尼、东京分行、首尔分行、新加坡分行、工银伦敦等为代表，作为第二梯队的重点机构发展，重点开发本地托管服务能力，着力服务中资企业境外投资，同时，大力挖掘所在地市场的本地客户。

将有托管业务开办意愿，但目前还不具备托管业务开办基础的境外机构纳入第三梯队机构发展，逐步使这类机构获得业务专业知识和人员储备，择机开办托管业务。

（二）认清境外机构发展托管业务的关键点，夯实托管业务开办基础。在搭建我行全球托管网络过程中，应同步制定各项标准，包括服务标准、收费标准、数据接口标准、系统架构标准等。全行使用统一标准体系提供服务，收取费用。区域中心和境外机构托管业务系统的搭建应遵循总行统一部署的原则，保证我行全球托管网络系统从建设初期就使用统一的标准，以便不同市场的托管系统对接和信息传递，以及应对未来全行托管服务系统可能面临的整合、改造等变动。

统一部署，统一平台，客观考虑差异化的托管系统解决方案。托管业务系统是托管服务的基础和保障，也是境外机构开办托管业务最关键、最急需解决，同时又是最头疼的问题。目前，统一由我行对所有境外机构自

主开发系统的困难较大。一是各国资本市场规则差异很大，无法形成统一的需求；二是总行开发团队一个一个地去熟悉各个独立的境外资本市场，再在境内承担需求编制、系统开发任务，不仅难度大，不现实，而且显然不如境外机构了解当地市场来得更直接；三是某些国家法律上根本就不允许使用自主开发系统，存在系统准入限制。因此，境外机构应充分了解各国在系统开发等方面的规定和限制研究成本、效率、专业性要求等实际情况，及时向总行汇报。总行在此基础上，进行统一部署，从全行托管网络系统架构角度统筹安排。

储备人才，着手打造专职、专业、稳定的托管服务团队。开办托管业务涉及市场、会计、法律、系统等多个专业，具有很强的专业性，在筹建业务开办初期就应该留意人才储备，以打造精品服务团队为目标，保证托管从业人员的独立性、专业性、稳定性，这是托管业务发展的重要核心竞争力。

提高意识，注重托管业务开办的合规性管理。托管业务与资本市场紧密相连，要保证业务开办既符合中国的监管要求，又符合境外机构所在地监管要求，通过多种手段保障托管业务依法合规运营。

（三）境外机构发展托管业务的原则与目标。各境外机构应高度重视发展托管业务的重要意义，抓住境内、外资本市场逐步开放和人民币“走出去”的有利时机，克服业务发展过程中“技术水平高、联动要求多、监管要求多”的困难，对初期较大的人力资源投入和财务成本做出合理的安排，大胆探索符合我行特色的全球托管业务发展道路，开拓全行金融资产服务新局面。

境外机构开办托管业务，要坚持“全球营销、分层运营、统一平台、完善产品、行司联动、专业支持”六项原则：

全球营销，是指所有境外机构都要参与到托管业务营销过程中来。全球托管业务营销不受运营平台限制，与是否具备营运能力没有关系。要在全球范围内发动境外机构的力量，营销境外符合条件的金融机构 QFII 托管业务；挖掘本地客户的托管服务需求；关注其他国家或地区客户投资本地市场的托管业务机会。

分层运营，是指总行、区域运营中心、本地托管人要各司其职。根据客户属地、投资特点、服务需求的不同，该由哪个层级负责的运营，哪个层级就应该承担主要服务职能，各个层级之间既要讲究分工，又要注重配合，充分利用我行全球托管服务网络的交叉服务能力。

统一平台，是指全行托管业务要在统一规划的系统平台上运营。分层运营并不是意味着各自为政，而是要由总行进行统一部署，制定统一的全球托管网络平台，规划统一的建设标准。在此前提下，由于所在国有规定或限制以及业务特殊性要求而无法实现自主研发的市场，境外机构可报总行后研究外购或租赁方式实现系统解决方案，这样，全行托管运营平台才能取得一致性、互通式和可持续性的发展。

完善产品，是指要充分挖掘具有本地特色的托管产品。目前，境外机构能做的大多是总行营销的托管产品在境外的托管服务延伸，基本以 QFII、QDII、ESCROW 为主。实际上，成熟的全球托管人在全球市场上提供的托管产品、服务种类繁多，有很多是我们在境内接触不到的。境外机构身处当地市场，可以多做一些市场研究，争取向总行或其他兄弟机构提出好的建议，不断完善、丰富我行的全球托管产品线。

行司联动，是指要加强我行境外子公司与托管业务的联动，特别是纽约分行和工银金融之间的联动。境外子公司地处海外市场，相比总行而言，在信息获取、客户服务和属地资源等方面有优势，要多考虑可以为总行带来什么，如何为总行提供业务支持，而不要单方面从总行获得业务资源。要形成良性互动平台，构成我行在全球市场的整体合力优势。

专业支持，是指总行要建立专业团队支持境外机构托管业务发展。托管业务的专业性较强，经验积累非常重要，境外机构开办托管业务，不能依赖境外机构自己去研究、规划和发展，这样不仅容易走弯路，而且浪费人力、物力、财力，总行必须建立起专业团队，指导、扶持境外机构发展托管业务，加速境外机构托管业务的实施进程。

境外机构提升托管服务能力，要围绕三个目标：

一是努力成为独立的托管服务专业提供者。一方面，境外机构作为我行全球托管服务网络中的节点，为我行客户在境外机构所在地市场提供本地托管服务；另一方面，也可以独立作为托管服务提供机构，重点开发本地客户资源与服务机会，为其他全球托管人提供境外机构所在地托管服务。

二是增强托管业务市场拓展的主动性。在业务开办初期，可借助总行 QDII 等全球托管产品服务，达到条件的，由总行委任境外机构尝试提供托管服务，扶持境外机构迈出托管服务第一步。长远来看，境外机构应逐步提升自主营销能力，在本地市场拓展新的客户资源，接受全球其他市场投资本地的托管服务委托。

三是发扬我行在资产托管领域的领先优势。托管业务作为中资银行近年来大力发展的新兴中间业务，已经逐渐成为各家银行竞争的焦点。目前，各中资银行涉及境外托管时，基本属于批发委托方式，自主性的市场拓展属于空白。各行纷纷意识到境外市场蕴藏大量商机，具有极大发展潜力，开始筹划境外机构托管业务发展。我行先行一步，早在四年前就着手推动工银亚洲、工银伦敦涉足托管业务，抢占市场先机。希望各境外机构负责同志提高认识，抓住市场发展机会，提高对托管业务的重视程度，在境外把托管业务做大做强，延续并发扬我行在托管领域的领先优势。

五、关于2012年的主要工作

搭建我行完善的全球托管网络体系任重而道远，境外托管业务要在2012年谋好局，开好篇。下一阶段，全行应分工配合，合力推动我行全球托管业务快速发展：一是总行要组建强有力的专业团队，建设统一的全球托管业务系统平台，制定统一的产品营运流程与操作指引，在境外机构托管业务发展过程中发挥龙头和主导作用；二是总行相关部门要积极支持、大力配合，处理好人员、系统、专项费用、业务考核、风险控制、境内外联动、潜在收购机会等几个方面的关系，保障境外机构顺利开办托管业务；三是加快推进托管区域中心建设，不仅要有一定的战略投入，还要尽快确定营运地点，加强行司联动，积极争取与外管局、中投、汇金公司等大型机构投资者的托管合作机会；四是要积极创造条件，尽快与当地监管部门协商资格准入事宜，推进属地化运营，建立起总行、区域中心和各境外机构相互配合的全球托管网络。

具体来说，今年要重点做好以下几项工作：

（一）加速提升工银亚洲本地托管服务能力。工银亚洲作为全行最早开办托管业务的境外机构，虽然起步较早，发展较快，但仍不能满足托管的专业性要求。这几年，工银亚洲积累了一定的业务经验，要好好总结，发现问题，思考问题，考虑如何更好地发挥主观能动性，提升信托服务等业务能力，强化本地营销，特别是RQFII业务，今年必须首先突破。要组建专职托管团队，提高托管业务人员专业化水平，保障托管服务的稳定运营，逐步赶超中行，取得本地托管市场领先优势，为尽快成为亚洲区域中心夯实业务基础、团队建设、系统安排，巩固、发挥过去几年总行扶持工银亚洲托管业务发展的工作成果。总行将继续在托管业务系统开发方面给予工银亚洲支持。

（二）重点完善美洲托管服务平台建设。由纽约分行和工银金融牵头研究美洲托管服务平台建设。今年，美洲托管业务应有新的起色。可以由总行、纽约分行及工银金融组成专门工作小组，重点研究、落实系统解决方案，总体规划，分步实施，每一项工作都要落到实处，见到实效。在已有客户资源、业务积累的基础上，总行要扶持纽约分行及工银金融研究在美国设立专业托管业务经营机构的可行性方案，以全球托管业务营销和美国本土市场托管业务为起点，继而辐射美洲周边市场的托管业务。

（三）分步推进欧洲境外机构开办托管业务。欧洲区域覆盖的市场较多，差异化较大，较为复杂，由工银欧洲牵头进行欧洲托管区域中心搭建的相关研究和准备，细心做好市场分析及调研工作，深入研究监管要求，尽快提出欧洲托管区域中心机构及搭建模式建议。在此基础上，抓紧准备托管业务市场准入资格是今年的工作重点，先在牌照所在地市场上开办托管业务，争取成为欧洲市场上第一家具有托管业务经营牌照的中资银行，今后再逐步研究如何辐射周边市场，按照周边证券市场的活跃程度，分步将其纳入欧洲区域中心管理。

（四）积极扶持工银印尼等有意愿的境外机构稳步开办本地托管业务。2011年，工银印尼在托管业务开办准备方面做了不少工作，有望在今年获得业务资格，成为继工银亚洲、工银伦敦、工银金融之后，我行第四家提供托管服务的境外机构。像工银印尼这样积极性较高，市场需求突出的境外机构还有一些，总行应该积极扶持，以满足境外机构服务中资企业境外投资的托管需求为契机，先将托管业务架构搭起来，再逐步完善系统、团队、制度等工作，协助其顺利获取本地托管牌照，扶持其扎实开展本地托管业务，将越来越多的境外机构纳入全球托管网络。

（五）加大托管业务境内外联动的激励机制。QFII是我行涉足全球托管业务的起点，也是境外机构了解托管业务的媒介。这些年，首尔、东京分行等境外机构积极主动参与QFII营销，成效显著，除为我行带来直接托管业务收入外，还产生了很多投资银行等其他业务合作机会，充分显示了QFII业务在我行与境外客户、特别是非银行类金融机构客户多赢业务合作上的效果。希望更多的境外机构加入到QFII营销队伍中来，发挥全行力量拓展市场。我行与中资银行相比，在QFII领域已经占据领先地位，但我行的目标是不断缩小与花旗银行、汇丰银行的差距，这两家外资银行已有上百年发展历史，我行开办托管业务才13年，要超越他们难度不小。因此，资产托管部要加大营销激励机制，加强QFII营销托管费收入考核还原力度，提高还原比例，强化境内外联动效果，通过QFII托管紧密境外机构与当地各类金融机构的业务往来关系。

（六）总行相关部门要积极支持、大力配合，保障境外机构托管业务顺利开办。境外机构开办托管业务是总行、境外机构共同参与、互相配合的结果，需要总行多个业务部门的支持和配合，资产托管部作为全球托管网络的业务管理部门，应注意协调与总行相关部门之间的关系，及时沟通有关情况。除了负责建立全球托管网络，并对托管网络内成员机构进行管理、维护、评价外，还应从业务发展角度给境外机构提出建议，给予业务指导。

需要明确的是，搭建全球托管网络不是说总行在各个国家或市场再去单独设立托管机构，而是在符合条件的境外机构内部组建专门团队完成托管服务，各托管区域中心和境外机构的托管机构、人员管理仍由当地行负责，报告路径不变。资产托管部负责对境外机构托管业务进行辅导、联系及业务管理。国际业务部在每年规划境外机构申设时，要考虑境外机构托管业务的发展需求，在每年下达境外机构考核指标时，要考虑境外机构托管业务的完成情况。

人员问题是境外机构托管业务发展的关键。人力资源部在核定境外机构人员编制时，要将托管业务团队纳入常规项目，结合境外机构所在地的市场同业、业务规模、托管业务战略定位等因素管理人员编制，并根据业务发展需要，定期进行人员调整。

系统是境外机构开办托管业务的重要问题。由于境外资本市场差异较大，而且一些国家针对系统开发及使用有特殊法规限制和要求，不可能所有的境外机构托管系统都由总行统一开发，但是科技部应进行研究、统一部署，组建专业开发团队，专注境外证券市场和系统开发需求，在可行的市场，必须以我行自主研发为主，这也是我行科技整体发展战略的要求。在无法实现自主研发的市场，可考虑采取外包或租赁的方式，满足境外机构托管运营的要求。特别是对于全球托管网络系统架构如何规划，如何与FOVA系统整合，要争取在今年拿出切实可行的方案来，资产托管部要予以配合。

人员和系统都会涉及财务安排，财务会计部要给予境外机构一定的倾斜，在年初预算时，根据境外机构托管业务发展规划，考虑财务预算的额度和使用，特别是要考虑境外机构在业务开办初期投入较多的特殊情况。在年底考核时，也要充分结合境外机构开办托管业务这项新业务对分行经营的影响，在业务成熟时，可将托管业务纳入境外机构常规考核管理。

作为快速完善我行全球托管网络的捷径，并购中小型专业托管机构是我们需要关注的。战投部在选择目标并购对象时，要按照全行发展战略，结合托管业务全球化发展需求，以合适的时机、合适的价格甄选目标机构，资产托管部从业务角度保持与战投部的及时沟通。

法律事务部要继续为全球托管业务的开展提供法律支持，包括法律意见咨询、外部市场法律风险规避等，并对境外市场存在的潜在法律风险予以揭示，保障境外机构托管业务的合法合规开办。

机构业务部要在境内外业务联动方面多动脑筋，多为境外机构推介客户跨境投资业务机会，带动境内集团客户境外业务与境外机构的业务合作，借助资产托管业务的金融服务平台为客户提供境内外一揽子金融服务方案。

境外机构发展托管业务是一项新的事业，我们面临的挑战很多，但总行党委的战略布局已经确定，只要我们认真思考，积极谋划，共同努力，今年走出坚实的一步，工商银行成为全球托管银行的目标就能够实现。

努力提高金融资产服务的综合能力

——在2012年中国工商银行机构金融、资产托管、养老金业务工作会议上的讲话

罗　熹

（2012年1月19日）

刚才三位总经理就本专业2011年工作做了全面总结，对贡献突出的分行进行了表扬，对今年工作做了周密部署，我都赞成。会后相关材料也将下发分行。下面我代表总行党委讲三点意见。

一、2011年各项工作成效显著

（一）经营业绩突出

1. 机构金融业务经营绩效持续提升。2011年机构业务各项经营计划全面超额完成。机构存款增量4 732亿元，中间业务收入14.7亿元，营业贡献511亿元，EVA282亿元，均保持良好上升趋势。机构存款、第三方存管、代理中央财政集中支付、军队公务卡、军人保障卡等重点业务继续保持市场领先地位，代理财险收入跃升同业第一。

2. 资产托管业务规模效益水平创历史佳绩。2011年托管规模达到3.5万亿元，比上年增长23%；实现托管业务收入59亿元，比上年增长74%；实现托管业务营业贡献82亿元，同比增长50%；总行资产托管部利润中心经营效益良好，全年实现净利润14.7亿元，其他经营指标均全面完成年度目标。

3. 养老金业务市场份额保持显著领先。2011年拓展养老金客户6 634家，客户总量近3万家。受托管理养老金基金446亿元，管理养老金个人账户990万户，托管养老金基金1 846亿元，银行同业占比分别为61.2%、53.7%、41.9%。实现养老金业务收入3.8亿元，四行占比90%。养老金业务还与银行卡、电子银行、资产管理等多项业务产生了良好的协同效应。

（二）工作措施有力

1. 机构金融业务方面。一是积极拓展民生领域金融服务。2011 年国家加大民生领域资源投入，新的资金圈、资金流正在加速形成。总行对此保持高度敏感，通过走访中央部委和地方政府，组织分行开展案例分析和业务座谈，对市场新形势、客户新需求进行了大量调查研究，并为卫生部、外交部、中组部、住建部、人社部量身定制了综合金融服务方案。截至 2011 年底，全国民生领域各类机构在我行开立账户 20 万个，存款余额 2.6 万亿元。二是深入推进重点客户营销。2011 年全行紧密围绕客户需求，上下联动、一体维护，逐渐从单一产品营销转向满足客户全方位需求的综合营销；从单一客户营销转向网络体系营销；从单一职能部门营销转向全行全系统联动营销，有效巩固了我行与财政、军队等系统龙头客户合作关系，并在中信证券、人保集团 IPO 项目营销中充分展示了我行整体优势。三是大力加强保险合作推动。首次举办银保高层合作研讨会，加强与中国人寿、人保集团等大型保险公司高层走访和业务推动，积极为保险公司提供全面金融资产服务，并加强战略层面互助互利合作。在 2011 年我行两次成功发行次级债过程中，保险公司起到了决定性作用。2011 年全行实现银保合作综合收益约 120 亿元，比上年增长 126%。四是不断完善机构客户营销机制。建立了银保委员会等重点业务协调机制，形成了银银平台工作小组和技术服务小组等营销工作机制，并不断完善部门联动、公私联动、上下联动、内外联动的一体营销机制。同时，按照“统一数据源、统一信息标准、统一操作管理平台”的原则，推进机构客户营销管理系统建设，推进“全客户覆盖、全产品营销、全流程服务、全系统联动”的系统支持。五是积极开展稳存增存工作。按照“注重联动、控制成本、提高日均、保证时点”的原则，全行加大重点机构客户综合营销，努力通过优质增值服务吸引客户资金，并组织部分重点分行一把手参加的机构金融业务座谈会，研究探索对机构客户总部营销政策。面对 2011 年存款市场“资金紧、规模少、价格高”的局面，机构存款完成全年增量计划 118%；机构存款增长均衡率 47%，高于全行平均水平 6 个百分点；综合成本率保持较低水平，实属不易。

2. 资产托管业务方面。一是重点推动信贷资金托管成效显著。年内两次召开专题会议部署推动信贷资金托管业务发展策略，全行积极落实“深度营销、完善流程、系统支持、专业服务、规范收费”要求，服务功能和技术含量显著提高，超额完成了“收入 26 亿元，同业排名第一”的双目标任务计划。二是在各类业务市场上全面发力。加大对优质公司低风险基金产品营销力度，落实托管基金代销激励政策，证券投资基金托管市场占比领先第二名优势扩大到 6 个百分点；保险资产托管规模突破万亿元，市场份额重夺第一；企业年金基金托管、全球托管等业务的领先优势得到进一步巩固。三是分行托管业务全面发展。随着全行性业务推动、收入和存款返还、重点产品激励等综合政策措施的实施，分行托管业务呈现全面启动、快速发展的良好态势。分行托管规模和收入同比大幅上升，产品创新潜力得到激发，大宗商品交易资金、第三方支付资金、股权投资基金、不入市年金产品、区域性理财及他行理财等创新托管业务蓬勃发展。四是全球托管业务网络建设进展顺利。组织首次全行境外机构负责人托管业务座谈会，明确了推进托管业务全球化发展的战略部署；积极培育境外分支机构开展托管业务，加快托管系统境外延伸，全球三大区域托管中心建设工作稳步推进。

3. 养老金业务方面。一是着力推进重点客户营销工作。全行将大型集团性客户、系统性客户作为营销重点，确定 33 家总行级直营客户，全年上门营销 30 余次。各分行持续跟进当地重点客户，做好营销组织管理，创新营销模式。全行组织参与了 101 家重点客户企业年金项目投标，中标率 77%。二是大力拓展中小客户和非标准年金市场。以集合计划产品为载体，以“如意养老”标准化年金产品、“如意人生”福利计划为重点产品，积极拓展中小企业客户，全年拓展集合计划客户 1 900 家。积极推广基本养老保险、住房公积金、综合养老保障等非标准年金业务，管理各类非标准年金个人账户 103.6 万户，托管基金 280 亿元。三是成功试水养老金资产管理业务。开发推出面向养老金客户的理财产品，全年销售“如意人生”系列养老金理财产品 157 亿元，实现养老金资产管理业务的良好开端，丰富了养老金产品种类，拓展了全行理财产品销售渠道。与此同时，工银瑞信企业年金投资管理业务快速增长，服务客户超过 4 000 家，基金规模 113 亿元。

2011 年，金融业三大市场都不太景气，资本市场持续低迷，货币市场资金匮乏，保险市场增速放缓。机构金融、资产托管和养老金业务都是金融资产服务部门，与金融市场联系密切，业务发展也因此受到巨大挑战。面对这种形势，三个专业广大干部员工按照总行党委的战略部署，迎难而上，逆“市”而为，取得了突出成绩，更显难能可贵。在此，我代表总行党委，向奋斗在机构金融、资产托管和养老金业务战线上的同志们表示诚挚的慰问！向所有关心和支持这三条战线的相关部门、分支机构表示衷心的感谢！

二、明确 2012 年工作目标

2012 年，国内外的经济金融形势依然严峻复杂，新年伊始召开的第四次全国金融工作会议对金融业加快改革发展、更好地服务实体经济进行了战略部署，前天召开的我行 2012 年工作会议对今年的工作进行了总体安排，在 2012 年，三条战线的同志们要坚定信心、振奋精神、认清形势、攻坚克难，积极稳妥地做好金融资产的综合服务工作。

（一）顺势而为，充分运用有利因素

1. 民生领域蕴藏着巨大的金融服务需求。一是政府公共服务职能加强为我行提供了大量的机遇。社会保障全面覆盖与基本公共服务均等化，有利于我行更多地参与新农保、新农合、城镇居民社会养老保险和医疗保险改革试点。民生投入对政府部门管理模式和水平提出新的要求，为我行带来了保障性住房融资、财政专项资金以及住房公积金监管、政府性资金资产管理、养老基金投资管理等业务发展机遇。政府加速管理职能向服务职能转变，我行可发挥产品、系统和渠道优势，抢先进入，成为政府金融服务外包的重要提供商。二是政府对民生领域投入不断加大，为我行提供了丰富的机构金融资源。2012 年，国家将继续实施积极财政政策，有利于我行财政存款稳步增长；2012 年底社保资金结余有望突破 3 万亿元，全年增量超过 3 000 亿元；全国住房公积金归集沉淀资金将达到 9 000 亿元，仍是带动机构存款增长的重点业务品种；国家加快壮大文化产业，加大对医疗、教育、救助机构的资源投入，有利于扩大医院、学校、文化企事业单位等客户资金来源。三是资产托管业务和养老金业务方面也大有可为。资产托管可以充分发挥保障资金安全、便利投资运用、公开披露信息和信托法理保护等内在机制，力争在更多的领域嵌入托管机制，提供安全保管、资金清算、会计核算、投资监督、信息披露等托管服务。养老领域金融服务需求增加，国家支持发展企业年金和职业年金，新修订的《企业年金基金管理办法》全面实施，企业年金服务及收费标准、信息披露与报告规范、集合计划管理规范等配套政策陆续实施，为标准年金业务发展营造有利的外部环境。企事业单位各类保障和福利基金管理需求逐步释放，为发展非标准年金业务带来商机。

2. 金融资产服务带动全行经营转型。姜建清董事长明确提出全行要大力发展 10 大类金融资产服务业务，机构、托管和养老金三个部门都是为客户提供金融资产服务的，其内容涵盖金融资产服务等多个领域，全面满足客户资产循环运转中的交易、清算、托管、估值、监督等各方面需求，具有资本消耗少，边际成本低、综合回报高，社会影响广、发展潜力大的优势，是全行转型发展和结构调整的战略支点，也是全行技术、财务、人员等资源投入的重点。机构金融方面，机构客户系统性强、资金规模大、业务需求广泛、资源集中度高，围绕机构客户需求开展金融资产服务，有利于带动全行多部门、多产品、多条线的协同发展，充分发挥资本占用少、风险暴露小、营销收益高、经营成本低的综合优势。资产托管方面，可以发挥业务本身具有的“两高两低”（高稳定性、低风险性、高成长性、低资本占用）特点，力争为全行创造更多的中间业务收入，提供更多的低息沉淀资金；要积极借鉴国际先进托管银行的业务模式和发展经验，结合国内实际创新托管服务。养老金业务方面，服务种类和服务对象多样，涉及银行、信托、保险、证券等各个金融领域，业务涵盖受托管理、账户管理、资产托管、投资管理、顾问咨询等多个方面，服务对象既包括企事业单位，也包括个人客户，具有独特的业务性质和开阔的业务边界，是未来金融资产服务的潜力领域。

3. 资本市场改革持续深入推进。机构金融方面，我国鼓励机构投资者增加对资本市场的投资比重，加快引进合格境外机构投资者（QFII）的步伐，市场主体和资金量都将显著增加，有利于我行证券类存款的增长。国家研究探索和试点推出高收益企业债、市政债、机构债等债券新品种，积极研究开发股票、债券、基金相关的新产品，有利于促进我行债券承销、财务顾问、金融市场、资产管理等业务的发展。资产托管方面，随着基金法修订，基金管理公司向资产管理公司的转型将迈出步伐，更多形式的基金产品将涌现出来，资产管理机构中后台业务外包将成为潮流，社保资金和住房公积金等入市投资，将为市场带来巨量需要托管的资金。养老金业务方面，证监会、全国社保基金理事会等部门和单位对养老基金入市持积极态度，人力资源和社会保障部门正在积极稳妥推进基本养老金市场化投资运营，养老金市场与资本市场的对接和融合，将为我行发展养老金资产管理业务带来新的市场机遇和更为有利的制度环境。

4. 我行营销协调机制逐步建立。机构金融方面，通过多种方式加强了政策协调、信息沟通、资源统筹和部门协作，在机构客户营销管理系统开发、银银平台推进等重大项目以及机构存款、银保合作、民生金融服务等重点领域，各种协调机制逐步常态化、规范化、制度化，有效解决了机构客户金融资产服务的联动协作问题。例如，银保委员会就是跨部门营销协调机制的一个典型范例。资产托管方面，多部门联动营销机制初步建立，在推动信贷资金托管业务中各业务部门良性互动、在建设境外托管网络上总行相关部室和境外分支机构通力配合、在证券投资基金业务中代销、托管、清算三位一体的综合金融服务，都成为营销协调机制的成功范例。养老金业务方面，与公司、机构、电子银行、银行卡等业务的交叉销售和客户共享机制更加健全，与资产管理、资产托管等业务条线及工银瑞信的联动合作日益增多，捆绑营销方式和综合服务模式正在不断完善；受托管理、账户管理、资产托管、投资管理等各项业务协调发展机制初步建立；养老金综合管理系统功能不断优化，综合服务能力不断增强。

（二）认真应对，努力化解不利因素

一是金融市场规模增速趋缓。当前国内经济增长仍有不确定性，物价上涨压力仍然较大，货币政策要兼顾控制通胀、防范金融风险和促进经济平稳发展三重目标，社会资金流动性整体难现宽松格局，2012 年货币、证券和保险三大市场不会出现爆发性增长。这样的外部环境使得机构存款和同业存款持续稳定增长面临较大压力；存量托管资产净值增长乏力，给托管收入持续增长带来挑战；企业年金基金投资收益率不高，部分企业建立年金制度的态度更加谨慎，企业年金发展速度将受到一定的影响。

二是金融监管更加趋于严格。银监会严控融资类信托比重，银信合作将以银行代理推介资金收付为主要合作方式，业务规模和手续费收入面临压力。保监会和银监会禁止保险公司驻点销售的影响逐渐显现，地方保险行业协会继续对银保代理手续费率设置上限，对商业银行代销保险手续费收入产生一定负面影响。监管层采取多种措施抑制期货市场过度投机，将直接影响期货保证金和客户数的增长。对商业银行收费问题的关注，会使一些托管市场受到抑制；一家保险公司可选择多家托管银行的保险新政，将会引发保险托管市场的二次争夺和格局调整。单位补充性养老保险和个人储蓄性养老计划的税收优惠政策短期内难以出台，企业年金的财政税收优惠力度仍显不足，职业年金管理办法尚未正式出台，导致企业建立补充性养老保障和福利计划意愿不强。

三是我行相关产品服务还比较单一。机构业务仍存在信息系统支持不足、服务平台较少的问题，业务集中于存款、代理、银银平台、第三方存管等少数产品，机构客户产生的相当部分手续费收入没有相应地反映在机构业务条线上；很多机构客户已经市场化了，我行在其金融资产形成过程中和金融资产形成后的综合服务化服务响应能力不足，不能很好地适应机构客户系统性强、级别层次高、服务要求广的特性。托管服务主要集中在为客户提供基本托管服务上，资金管理、证券借贷等收益高的增值托管服务还没有开展，民生领域托管服务刚刚起步。养老金业务主体仍集中于以企业年金为主的标准年金业务，非标准年金业务发展较慢，产品创新和业务领域拓展亟待突破，作为未来养老金业务核心的资产管理业务才刚刚起步，产品种类比较单一。

四是以客户为中心的体制机制尚不完善。机构业务部门在全行机构客户统一营销、综合服务中的主导作用尚未充分发挥，仍存在管理流程不够清晰、信息传导不够顺畅、考核激励有待完善等体制机制的问题，机构客户营销管理工作很难做实、做细。以银保合作为例，2011 年召开了两次银保委员会会议、四次业务推动会，虽然制止了同业占比和业务规模双下滑态势，但仍有少数分行至今没有全面落实昆山会议十项措施，分管行长协调不力，网点资源分配缺乏依据。资产托管业务营销管理体制还没有真正建立起来，一些分行还没有专门从事托管业务的机构，以兼职为主；托管客户服务系统投产以来推广应用情况不佳，客户服务标准不统一，客户服务质量难以保证。养老金专业尚未充分调动和有效整合各级营销力量，业务发展取决于各级经营管理人员的行政推动，客户营销往往是高层营销靠关系、基层营销靠激励，没有形成对重点客户的专业营销团队，没有实现关系营销向专业营销、产品营销向价值营销的转变。

（三）2012 年工作思路和目标

2012 年，机构金融、资产托管、养老金业务三个专业的总体要求是：围绕全行持续发展、结构调整、经营转型的总体要求，在机构金融业务方面，要加强重点客户营销，探索民生领域金融服务，开发适用产品和服务，完善营销工作机制；在资产托管业务方面，要拓展托管领域，开发增值服务，完善托管平台，布局全球网络；在养老金业务方面，要组织专业营销，做大资产管理，发展非标准年金，改善后台运营。三个专业要不断提高技术水平、联动能力和人员素质，改进和加强金融资产服务能力，为我行实现建设“最盈利、最优秀、最受尊重现代金融企业”的宏伟目标做出新的贡献。

2012 年，机构金融业务目标是：营业贡献 530 亿元，EVA310 亿元；机构业务存款增量 4 000 亿元，日均增量 2 000 亿元；纳入营业贡献考核的机构中间业务收入 49 亿元；银保业务综合收益 150 亿元。资产托管业务目标是：托管业务营业贡献 88 亿元，其中托管费收入 63 亿元，同业存款内部计价收入 25 亿元；托管资产规模确保达到 38 000 亿元，其中托管证券投资基金 7 000亿元，保险资产 12 500 亿元，信托资产 3 800 亿元，商业银行人民币理财资产 11 000 亿元，企业年金基金2 000亿元，全国社保资金 550 亿元，券商资产管理 450 亿元，QFII 资产 300 亿元，QDII 资产 400 亿元；力争全行各项托管业务收入同业第一。养老金业务目标是：账户管理、基金托管业务市场占比保持第一，受托管理、工银瑞信投资管理业务市场占比进一步提高；全年新增养老金客户 4 500 家，受托管理基金达到 480 亿元，管理个人账户达到 1 100 万户，销售养老金理财产品 800 亿元，实现养老金业务收入 5.5 亿元。

三、2012 年主要工作要求

（一）以客户需求为导向、以民生领域金融服务为重点、以机构客户营销管理系统为平台，做好机构金融业务

1. 深入研究六类机构客户的金融需求。以客户为中心，研究客户需求、制定服务方案、组织产品分销、控制经营风险、做好售后服务。一是对银行同业客户，把握政策性机构在非现金结算、跨境金融服务等领域深度合作需求，尽快与农发行、进出口银行签订战略合作框架协议，推进与中投公司、外管局业务合作；把握重点股份制银行授信和各类投融资业务需求，强化综合营销，优化信用证代付、同业账户透支、债券承销服务；把握中小银行客户资源共享、渠道共建的合作需求，加快银银平台发展，全面推进与中小银行代理业务合作的深度开展，同时积极拓展与农村金融机构、非银行金融

机构合作领域；举办“银行同业合作研讨会”，推介重点产品、研讨创新合作，进一步扩大我行同业合作产品与服务的市场影响力；加强与综合评价前10位信托公司的合作，修订代理信托计划业务管理办法，促进代理信托计划业务稳步发展。二是对证券类客户，把握证券公司客户拓展、资产管理、资金融通等多元化发展需求，紧抓转融通业务、单客户多银行存管模式推出契机，在北京、上海、深圳等重点区域组织银证合作研讨推动会，做好对证券登记结算公司以及综合评价前10名证券公司的营销；与证券公司积极探索客户财富管理新模式，并向证券公司推介代发工资、网上银行等产品，构建对公、对私产品的互补交叉销售网络；与证券公司举办高端客户主题营销活动，加大优质个人客户第三方存管开户奖励力度，努力提升高端客户渗透率；积极营销获得开展融资融券业务资格的证券公司，做到“批准一家，开通一家”，同时加大对拟上市的证券公司IPO业务营销力度。三是对保险公司客户，要进一步落实昆山会议的各项措施，把握保险公司大力发展银行代理保险的核心需求，将全行资源重点向A类、B类保险公司倾斜，抓好全国营销活动的销售进度，落实银保协调机制和重点公司合作政策，加大考核激励，强化通报、问责制度，优先完成中国人寿、太保寿险、人保寿险、工银安盛（金盛人寿）的代销任务，积极推进网上保险、电话保险等新渠道建设；在抓好保障型产品代销的同时，加强非寿险投资产品等理财+保障型产品代销工作；把握保险资产管理公司投融资需求，重点做好股票、债券、基金、债权计划等投资品种的销售。四是对政府客户，把握政府客户资金保值增值、信贷支持、授权支付、资金监管、个人金融等方面需求，研究政府资金收支运动规律，组织开展针对财政、医疗卫生、教育、海关、事业单位等系统性客户的营销活动；深入开展稳户扩户工程，积极竞争各类财政资金专户，组织营销中编办等各级事业单位改制主管部门，扩大代理中央集中收付、非税收入收缴等业务规模；大力推广预算单位公务卡，努力扩大发卡规模，提高消费额，提升动卡率；配合财政部开发非税收入电子化缴款等新业务，推广代理中央财政授权支付网上银行和地方国库集中支付无纸化业务，牵头营销地方政府自行发债和国库现金管理等新型财政业务，在现有政策下探索财政性资金资产管理服务，积极培育新的收入增长点。五是对军队客户，把握军队财务管理精细化需求，推行网上服务，面向总后和总装，开展以推介网上银行产品为主题的营销活动；探索海外服务，制定军队海外执行任务的金融服务方案，与海军后勤部和总装综合计划部协商，选择1-2个项目进行实施；推广移动服务，探索为军队提供野外移动金融服务新模式，并制定相应流程；优化资金监管服务，认真维护总后资金监管系统，做好总参系统投产准备，并配合武警升级改造警银直连系统，完善军队综合业务系统，并积极在广州军区和兰州军区推广；全力做好保障卡、公务卡、退役卡服务工作；研究制定部队账户服务的基本标准。六是对社保和公积金客户，要抓住政策改革带来的业务契机，组织对龙头客户的综合营销活动，推动我行委托贷款、账户监管、资产托管、资产管理和投资理财等业务发展；加快投产公积金综合业务系统，在全国范围内对目标客户开展集中推介；协助主管部门规范业务流程、统一技术标准、提高业务集中层级，推动信息系统合作；提升社保卡、公积金联名卡功能，并以两卡的推广为契机，引导客户进行金融消费，提高我行综合收益。

2. 积极探索民生领域金融服务。今年民生领域将有一批项目集中推出，全行要加快开发相应产品服务，继续完善体制机制，抢抓发展机遇。一是分类研究民生领域项目需求。要认真分析医疗、教育、养老、住房、就业等各部门需求特点，加强各行业信息收集、整理和发布，细致把握资金流、资金圈运转规律，加大各项产品、各种方案研究推广力度。总行将组织召开民生领域金融服务座谈会，认真分析民生领域资金运作特点，进一步摸清行业发展现状，并明确下一步抓抢市场机会、巩固优势地位、突破薄弱环节的策略和做法。二是建立行内工作机制。针对民生项目，制定社保卡、银医合作、银校合作等营销指导意见，明确包括准入、收费、融资、内部授权、协调机制等在内的政策。在投入产出评估的基础上，支持分行加大民生项目投入，争取通过适当投入，锁定一批优质民生领域合作资源。三是整合渠道，改造流程。加强银银平台和电子银行渠道建设，提高我行在县域和城镇地区民生领域金融服务能力。优化加载金融功能的社保卡开卡流程，方便群众申请和使用。四是设计方案，加强培训。针对文化、教育、医疗卫生等部门的财务管理与业务发展需求，设计个性化、综合化的金融服务方案。对已经制定方案的，下一步要抓住现金管理、资产托管、电子银行、资产管理、银行卡等金融服务需求，细化方案，加强对全行客户经理的培训。

3. 完善机构客户综合营销机制。2012年要推行“一个平台、一个方案、一个经理、一个工具、一个考核”等“五个一”工程，形成一整套有利于客户营销的工作机制，保障和推动业务可持续发展。“一个平台”就是要在年内投产机构客户营销管理系统，真正实现对机构客户的统一视图、系统营销、信息共享和客户管理功能，引进智能、互动、移动和维护等先进手段，提高对机构客户的服务效率。“一个方案”就是要为重点客户制定综合金融服务方案，提供全产品、全流程的专属金融服务，定期对客户营销方案进行评估和优化。“一个经理”指要完善机构客户的名单制管理，重点客户要有专职客户经理担负营销和维护责任；对于总后、财政部等系统客户要设立首席客户经理，承担部分协调职责；中小客户的营销也要落实到人。“一个工具”指的是要为机构客户经理提供座机、手机、平板电脑、移动电脑、办公电脑“五位一体”的营销技术支持，引进智能、互动、移动的服务手段，让客户经理及时掌握客户信息、接收服务要求、发出服务指令。“一个考核”就是要以客户贡献为中心，完善客户评价和客户经理考核机制，并将机构客户业务的相关部门统一纳入考核范畴，对营销部门考核机构客户产生的所有贡献，对相关产品和支持部门加大捆绑考核权重，通过管理会计实现部门间责任共担、利益共享。

（二）拓展服务领域，完善服务内容，着手全球营销和营运布局，做好资产托管业务

一是扩展托管服务领域。深入挖掘民生领域托管需求，积极研究托管机制在医疗、社保、住房公积金、学校捐赠基金和慈善等领域的嵌入途径，通过产品和服务，引导和激发需求，近期各行要重点关注地方社保资金委托全国社保基金理事会投资和住房公积金入市投资等政策动向，与相关管理机构做好沟通，争取提前介入。把握住基金管理公司专业化发展的机遇，在做好基金产品营销的同时，积极争取基金管理公司向现代资产管理机构转型带来的中后台业务外包机会，力争在业务外包领域确立领先地位。继续做好信贷资金托管业务，围绕专户保管、专项指令、专户筹集、专门审核、专门监测、专门报告的“六专”要求，对托管服务实行专业化、精细化管理，切实提高服务价值，同时努力争取他行委托贷款等领域的托管业务。积极拓展安心账户托管业务，加强在房产、商品等交易资金、资本市场募集资金、应收款、预收款、第三方支付、基金第三方销售市场等的托管服务能力，不断拓展托管业务领域。

二是完善托管服务内容。以“统一的服务标准、稳定的服务质量、成体系的定价机制”为核心，实施托管服务产品化工程，在客户分类基础上，细分托管服务种类，确定各层级、各类别的产品服务标准，逐步探索根据客户需求整合服务种类的模式，不断巩固市场竞争优势。积极推进托管服务差异化，在产品和服务方案定制中，兼顾客户标准化和个性化需求，针对服务类别，实施差异化定价策略，从打包定价模式向精细定价模式转变。利润中心要结合财务核算方式的改革，做好各类产品和服务的成本收益分析，为产品和服务定价机制提供科学依据。积极借鉴纽约梅隆等国际先进托管银行的服务内容和业务模式，加大业务交流和人员培训，尽快将资金管理、证券借贷、业务外包等收益水平高的托管服务引入我行。

三是打造全行统一的托管服务平台。进一步完善托管业务管理体系，结合利润中心改革，不断探索托管业务总分行之间、部门之间的业务协作和利益分享机制，完善总分行业务指导和业务培训模式。建立总分行一体营销管理平台，尽快投产托管客户服务系统，实现总分行客户信息、营销过程和服务流程的共享，提升客户营销的效率。建立统一的托管营运平台，将总部托管营运流程改造的成果向分支机构延伸，形成统一的、标准化的托管营运流程。加快各类托管系统的推广应用，各分行要在今年实现托管业务营运和数据统计的全流程系统化处理，减少手工干预和操作，提升效率，控制风险。

四是做好全球托管业务战略布局。按照“全球营销、分层运营、统一平台、完善产品、行司联动、专业支持”六项原则，总行要适应业务发展需要，会同人力资源部尽快设立分行托管业务处和境外托管支持处两个机构，组建专门的业务团队，建设统一的业务系统平台，制定统一的产品营运流程与操作指引，并适时进行全球托管业务培训；总行相关部门要在人员配备、信息系统、专项费用、业务考核、境内外联动、潜在收购机会等方面，积极支持和保障境外机构开办托管业务；工银亚洲、工银欧洲、纽约分行与工银金融作为三大托管区域中心，要有相应的战略投入，尽快确定营运地点，加强行司联动，积极争取与大型机构投资者的托管合作机会；有条件的境外机构要尽快与当地监管部门协商资格准入事宜，推进属地化运营，建立总行、区域中心和各境外机构相互配合的全球托管网络。

（三）以完善市场营销体系、产品服务体系、运营管理与评价体系为抓手，做好养老金业务

一是建设高效的专业营销体系。进一步明确养老金业务前台市场营销职责，资源配置适当向前台营销倾斜。在总行、各一级（直属）分行组建专业营销团队，对重点客户实施名单制跟踪管理，将目标客户分解到相应团队。健全养老金业务与公司、机构、结现等其他金融业务的交叉销售和客户共享机制。跟随全行信贷投向，加大对战略性新兴产业、现代服务业和先进制造业的营销力度。配合我行社保领域金融服务，积极探索参与基本养老保险服务的途径和模式。针对不同层级客户实施针对性的营销策略和服务方案，原则上1 000人以下的客户都要纳入集合计划管理。推广“标准年金＋综合养老保障”、“综合养老保障＋投资理财”等组合营销模式，开展养老金产品综合营销。以教育、卫生、科研、文化等行业客户为重点，积极营销职业年金业务。以综合养老保障基金、各类社保基金为重点，拓展非标准年金客户。

二是构建完善的产品服务体系，提升资产管理能力。以受托管理为先导，以账户管理和资产托管业务为基础，以资产管理为核心，构建涵盖资产管理和信息管理两大板块的养老金业务和产品体系。大力推广养老金资产管理业务，围绕养老、健康等用途，突出安全、长期等特色，设计和提供在期限结构、收益水平、品种类型上有针对性的高附加值的养老金理财产品，更好地满足客户需求。进一步丰富和完善“如意人生”系列养老金理财产品种类，时机成熟可以尝试推出零售化产

品。充分发挥集团整体资源优势，完善沟通协调机制，形成养老金资产管理业务经营合力。

三是优化业务运营管理体系，完善业务考核评价体系。完善业务制度办法，改进和优化业务流程，推进业务处理的标准化。继续推进标准年金的受托管理和账户管理业务处理由基层行向一级（直属）分行的上收集中工作。从架构优化、功能完善、流程改进三方面升级养老金综合管理系统，建成统一、高效的业务处理平台。推进养老金客户专属服务平台应用，推广客户自助服务模式，改善客户体验，提高服务效率。推进集合计划产品运作流程统一和服务细则的规范统一。全面优化并投产养老金综合管理系统运营监测模块，开展风险监测和监督检查。研究建立包括直接效益和间接贡献的养老金业务考核评价体系，科学计量养老金业务盈利水平，全面评价养老金业务综合贡献。

（四）打造适应金融资产服务要求的专业队伍

目前，全行专职认证的机构客户经理约 1 300 人、资产托管专职人员不到 200 人、养老金业务专职人员不到 300 人，这与三条业务条线庞大的客户数量、丰富的业务内容、快速增长的服务需求和不断加快的创新需求相比，还不是很适应；三条业务线的工作方式和服务水平还有待改进和提高，人员的数量、素质和结构都有待加强。

2012 年，要下大决心、下大力气加强客户经理队伍建设和部门作风建设。一是近期总行要在全行范围内进行一次三个专业的从业人员状况的摸底调查，全面掌握相关人员数量、岗位、序列归属和知识结构等情况。二是根据全行队伍状况，制定队伍建设总体方案、培养计划和培训内容，强化专业培训，做到有创新、重实效、全覆盖；要完善人才选聘机制，每年重点培养一批既懂客户需求又懂产品功能的“营销精英”和“产品专家”。三是各级分行要结合本行实际，将专业素质高、创新能力强的干部员工充实到三条业务线上来，逐步建立起一支高素质的专职团队，为业务的持续发展提供人才保证。四是要优化考核机制，以管户贡献衡量绩效，明确各级专业人员工作职责和导向，加强考核激励。五是三个业务条线的同志们，要进一步改进工作作风，努力打造“勤于做深、好于做实、精于做细”的良好作风。

为全行转型发展提供优质信息服务

——在中国工商银行管理信息工作会议上的讲话

罗　熹

（2012 年 2 月 23 日 · 根据录音整理）

这次管理信息工作会议的主要任务是，认真贯彻落实全行发展战略研讨会议和年度工作会议精神，总结 2011 年管理信息主要工作，部署 2012 年重点工作任务，全面提升信息创造价值能力，为推动全行转型发展提供优质信息服务。下面，我讲三点意见。

一、2011 年全行管理信息工作成绩显著

2011 年全行管理信息部门紧紧围绕总行党委工作部署，深化信息服务，提升信息价值，加强统计管理，改善数据质量，取得显著成绩，为全行改革发展做出重要贡献，并荣获全国金融工会授予的全国金融系统“金融服务先进集体”称号。

（一）境内报表集中改革提前完成。经过艰苦努力和持续攻关，提前一年全面完成改革目标，精简报表、自动化率、释放人员三项指标均超过 60%，其中，报表编制人员累计释放 21 698 人，减少 75.8%，人员占比从 7.15% 下降到 1.73%。山西、山东、浙江、北京、上海、广东等分行成效突出。报表集中管理是实现我行内涵式改革和集约化经营的重要组成部分，对增强我行软实力、实现科学发展具有深远意义。

（二）全球信息资讯平台应用成效显著。平台经过三期改造，已具备先进的信息服务功能。数据信息快速增加，信息内容日益丰富，已有信息资源逾 110 万条，境内外授权用户近 2.2 万人。河北、山东、广东、北京等分行依托平台提供的信息抓住了实质的业务机会，信息创造价值的优势日益凸显。全行依托平台增加企业存款 684 亿元，办理融资业务 619 亿元，实现收入 30 亿元，推动了多项业务的快速发展。

（三）金融监管统计成绩突出。全年报送 792 期、78 万多份报表，监管统计自动化率提升到 88%，圆满完成 1 760 多项临时紧急调查任务，受到人民银行和银监会表扬。统计业务制度不断完善，新增和修订基础指

标4 500多个。建立T－1监测工作制度，统计监测切实加强。研究提出多项表外项目资本节约合理化建议，节约全行资本占用375亿元。

（四）信息标准化工作取得积极进展。设立“信息标准化工作小组”，完成存款、贷款、黄金业务标准制订，是参与人民银行数据标准制订最多的银行。推动落实银监会银行业监管统计数据质量良好标准，试点评价结果位居同业首位。投产信息标准管理服务（IS2010）系统，发布10个主题共1 149个信息标准，为全行资金流监测和信息流优化打下坚实基础。

（五）数据仓库应用再创佳绩。企业级数据仓库（EDW）为全行经营管理提供了778项数据应用服务。开展了精准营销和事件式营销服务，推送1.22亿户目标客户，成功营销1 336万户，客户活跃度提升2－3倍。境外客户关系管理（FCRM）系统投产应用，自动化统计平台（CS2002）推广应用到32家境外机构，集团层面决策支持能力显著增强。客户信用风险管理平台（CIIS）有效应用行内外风险信息，现金清收转化不良贷款超过50亿元，创造经济价值约500亿元，在人民银行、银监会系统应用考核中连续名列第一。

（六）对外信息披露工作屡获殊荣。圆满完成年度报告、一季报、半年报和三季报的编制和披露。年度报告获得美国媒体专业联盟（LACP）“银行业年度报告白金奖”、香港会计师公会“最佳企业管制资料披露大奖H股板块白金奖”。巴塞尔新资本协议第三支柱报告披露加紧筹备。评优工作喜获丰收，全年共获得191个奖项，其中境内140项，境外51项。加强集团评级管理，做好境内外债券发行评级工作，大幅节省了采购费用。

（七）网讯宣传再上台阶。按照董事长“将网讯、资讯平台、NOTES及公文平台进行整合”重要批示，内部门户建设取得初步成果。紧紧把握全行改革发展脉络，总行网讯全年发布信息近17万条，展示了全行发展新成就、党建新成绩和文化建设新进展；分行网讯引领和宣传作用进一步增强，北京、上海、浙江、山西、广东、江西、福建、甘肃等分行创新内容和形式，较好地服务了本行经营管理和业务发展。

（八）竞争力分析取得突破。克服数据样本有限等困难，完成了产品竞争力分析报告和县支行竞争力分析体系搭建，形成国际、国内、一级分行、大中城市行、县支行和产品6个维度的竞争力分析评价体系，总行领导和各部门都非常重视。总分行管理信息部门应用数据库信息，加强资金流向监测、客户信息挖掘、风险信息揭示等分析，“参谋部”作用得到有效发挥。

（九）数据质量管理持续推进。明确了各级行数据质量工作责任线，完善了数据质量考核制度，将全行数据质量管理纳入年度操作风险管理范畴，将分行数据质量控制情况指标纳入内控评价指标体系，有效推动“数据质量源头负责制”的落实。与运行管理等10个业务部门联合扎实开展了数据质量提升工作。企业和个人征信系统数据质量保持高标准，位居五大行首位。人民银行授予2003－2010年度“全国征信工作先进集体”称号。

总的感觉是，这两年管理信息工作发生很大变化，工作既有广度也有深度：

第一，观念上的变化。确实将工作落实到做好信息服务、创造信息价值上来，拉近了与业务一线的距离，比如各类分析报告、资讯平台、智能服务、数据质量等，直接为业务部门提供服务，在控制风险、增加收益上起了重要作用。

第二，服务范围扩大了。信息服务实现了“五个延伸”，从网讯行务信息向资讯平台商用信息服务延伸，从决策支持、风险管理服务向市场营销、业务一线服务延伸，从境内服务向集团服务延伸，从被动获取信息向主动收集、互动交流服务延伸，从大众化服务到个性化服务延伸。信息服务在业内有品牌，有优势。

第三，协调力度加大了。信息标准、数据治理、统计管理、门户建设等工作的协调力度都很大。管理信息部门顾全大局，注重从全行角度出发解决问题，保持了良好的工作作风，做到了开拓创新、精益求精、兢兢业业、无私奉献。

2011年全行管理信息部门取得了很大的成绩，这是在总行党委正确领导下，在各相关部门大力支持下，在全行管理信息部门员工共同努力下取得的。总行党委对全行管理信息工作是充分肯定的。姜建清董事长、杨凯生行长、赵林监事长批示：“成绩突出，继续努力”、“做了大量工作，取得显著成效”。在此，我代表总行党委向全行管理信息部门全体员工表示衷心感谢！向各有关部门和分支机构的领导对管理信息工作的大力支持表示衷心感谢！

二、新形势下管理信息工作大有作为

我在2011年全行管理信息高级研修班上对信息创造价值作了专题阐述。这一年来，全行围绕信息创造价值进行了积极探索，做了大量的工作，取得显著成效，今年可以在这方面步伐迈得更大一些。在新的形势下，管理信息业务大有作为。

（一）宏观来讲，是落实金融工作五项原则的必然要求。温家宝总理在全国金融工作会议上提出做好新时期金融工作必须把握好五项原则，即坚持金融服务实体经济的本质要求、坚持市场配置金融资源的改革方向、坚持创新与监管相协调的发展理念、坚持积极防范化解风险的永恒主题、坚持自主渐进安全共赢的开放政策。在服务实体经济、配置金融资源、服务创新监管、防范化解风险和推进国际化发展中都要准确掌控资金的流向和流量，其背后则是信息流的监测、反映和预警，可以说管理信息在落实金融工作五项原则中具有举足轻重的作用。

（二）前瞻来讲，做好管理信息工作是未来银行发展的必然要求。我认为未来银行的发展有几个转变，其中一个转变是从资金交易型转为信息服务型。资金流和信息流管理是银行的两大重心，随着信息化时代的到来，资金交易的电子化、信息化特征更加突出，信息流的重要性越发明显。对客户来说，通过信息准确判断价格变化进行风险规避比提供融资便利更迫切。这是很重要的转变，在这方面管理信息发展空间很大。管理信息工作将成为工商银行未来核心竞争力的重要组成。

（三）现实来讲，做好管理信息工作是我行转型发展的必然要求。转型就是更加注重质量和效益的发展。在转型发展中管理信息发挥着标准制定、资金监测、风险预警和信息分析应用等重要作用，比如我们要建立集团信息标准，为实现“八大全球统一体系”互联互通奠定基础；要推动建立统一的表外、表表外业务统计制度，支持金融资产服务业务发展；辅助开展信贷总量、流量和增量的监测和预警；建设和完善公私联动、内外联动营销的信息平台；提供挖掘客户资源、竞争优质客户的精准信息；在节约人力和资本、促进内涵发展中具有不可替代的作用。

按照全行年度工作会议要求，要做好当前管理信息工作，必须从“打基础”和“上台阶”两个方面入手：“打基础”就是要统一信息的标准、资源、制度和管理；“上台阶”就是改善数据质量，提升信息服务和信息创造价值的能力。

统一信息标准。按照人民银行金融标准化和银监会《银行监管统计数据质量管理良好标准（试行）》，建立集团信息标准体系，实现监管标准、披露标准和经营管理标准、客户标准的统一对接。

统一信息资源。加快统一门户系统建设，加大EDW业务源系统信息集成，实现“一次存储，共享使用”，节约采集成本，优化信息流管理。

统一统计制度。按照监管统计归口管理的要求，树立集团统计理念，完善覆盖全行的统计制度，集成部门统计和分行统计，形成跨部门、跨专业、跨产品的统计管理体系。

统一报表管理。巩固境内报表集中改革成果，推动境外报表集中管理改革，投产境外企业级数据仓库和境外报表集中管理平台，精简报表数量，提升报表编制自动化水平。

改善数据质量。按照“数据全入库”的原则，推动数据入库标准化，落实数据源头负责制，从体系、制度、考核、系统等方面采取有力措施，调动各方力量，提升数据质量。

提升信息价值。这是信息管理和服务的“落脚点”。要打造信息服务品牌，开发分析应用工具，提升信息加工能力；推动境内外商用信息成果转化，扩大精准营销应用，有效支持市场营销和精准服务；运用集团关联信息和行内外风险信息，实现前瞻预警和流程控制；完善分析体系，引导多层面核心竞争力提升。

按照总行党委战略部署和工作要求，2012 年管理信息业务总体工作要求是：紧紧围绕总行党委发展战略部署和年度工作安排，树立信息集约管理理念，积极推动“四个统一”，即统一信息标准、统一信息资源、统一统计制度、统一报表管理，着力做到“四个加强”，即加强门户系统建设、加强文化宣传引导、加强信息安全管理、加强信息价值创造，为全行转型发展提供优质信息服务。

三、扎实做好 2012 年管理信息工作

2012 年管理信息工作仍然十分繁重，要按照全年总体工作思路，重点抓好以下九个方面的工作：

（一）按照建设国际一流工银资讯的要求，推动集团资讯信息共享和内外联动营销。据商务部统计，截至 2011 年底，我国境内投资者在全球 178 个国家（地区）设立对外直接投资企业 1.8 万家，累计实现非金融类对外直接投资 3 220 亿美元。目前我行已在港澳、亚太、欧洲、美洲和非洲的 33 个国家（地区）建立 239 家境外机构，全球金融服务能力显著提升。2012 年是中国企业“走出去”的机遇年，也是我行国际化发展的机遇年，资讯平台要建立全球信息资讯联动系统，实现资讯信息在集团内部互通互享，推动境内外机构联动捕捉市场机会，促进信息成果转化为营销实效，为搭建“ONE BANK”服务体系做出积极贡献。

推动集团资讯信息共享。尽快建立和完善“走出去”项目信息收集分析专栏，及时发布内外联动重点客户的市场信息，实现“走出去”客户信息在集团内部的共享。各境外机构要逐一排查所在地中国企业客户，定期将重点客户基本信息报送资讯平台，为建立内外联动重点客户名单库提供依据。各境内分行要随时捕捉进入名单库的重点企业跨境业务动态，主要搜集项目名称、投资金额、项目所在地国别、联动方、所需金融服务等要素，为跨境营销提供尽可能全面的信息。

建立内外联动信息反馈机制。借助资讯平台发布的企业跨境信息，总行将建立内外联动业务信息跟踪反馈机制，将每一条内外联动业务信息的发布日期、项目名称、信息提供方、项目情况、投资额度等及时通知给项目落实方。凡接到通知的境内外机构必须将信息是否浏览、浏览日期、浏览人员及职务、是否介入项目落实情况等相关内容反馈总行。总行将定期对内外联动信息反馈情况进行通报。

加强信息成果转化。总行部室、境外机构和信息成果转化成效不明显分行要加强营销信息跟踪反馈，着力推动成果转化工作，实现“三个匹配”：即应用成果转化量与信息报送量相匹配，应用成果转化与业务发展相

匹配，总行部门、境内外机构应用成果转化相匹配。各单位要准确计量信息应用转化成果，在继续统计存贷款、利息收入的基础上，将因信息应用产生的债券、投资、交易、金融资产服务等收益，以及避免的损失纳入统计范围。

提升信息服务水平。加强与信息科技部联系，探索“五位一体”智能服务。境内外机构高管人员要充分利用电话、手机、移动电脑、平板电脑、台式电脑，随时随地获知和应用信息，对行领导批示信息及时作出回复。总行将选择北京、河北、上海、山东、广东5家分行，试点开展客户信息服务，为全行探索路子。

做好移动办公服务。总行已经组织实施智能终端移动办公项目，为手机和平板电脑提供移动办公解决方案。管理信息部要加紧制定《移动办公管理办法》，加强对移动办公的保密安全管理。基于手机智能终端的移动办公系统计划于4月投产，总行将选择北京、上海、浙江、山东4家分行和票据营业部作为首批移动办公系统投产单位，相关分行和机构要提前做好准备工作。

（二）克服“多监管标准、多系统、多语言”等困难，全面推开境外报表集中管理改革。为减轻境外报表编制压力，提升境外机构经营管理水平，总行党委决定启动境外报表集中管理改革。应该说，境内报表改革的成效和经验，为境外报表改革提供了很好的借鉴，但境外报表存在“多监管标准、多系统、多语言”等困难，要花费更大精力，探索更多途径，也需要境外机构的高度参与和积极配合。

抓紧报表压降和自动化工作。今年境外报表集中改革的工作重点可以放在压降总行布置的境外报表数量和提高总行布置报表自动化水平上。前期管理信息部牵头已经对总行布置的报表进行了全面梳理，要尽快废止重复、过时、无报送依据、无填报规则的报表，缓解境外分支机构报表报送压力。科技部门要尽快开发已提交自动化需求的报表。

提升业务系统境外延伸响应度。FOVA、信贷管理等不少系统已经延伸到境外，应该说，境外报表自动化已经有了基础。为了尽快提升境外报表自动化水平，总行明确要求，已经延伸到境外的系统，要补充完善信息标识，满足境外报表自动化生成需要。凡总行统一建设的业务系统，必须要能满足境外报表自动化生成需要。

加快境外企业级数据仓库（EDW）和报表集中管理平台建设。这是提升境外报表自动化的基础工作。要尽快纳入全球信贷管理系统、海外分行综合业务处理系统、衍生品交易系统等17个境外数据源，实现集团层面的数据集中和统一视图，夯实境外机构报表集中管理的信息基础。要集中资源尽快建成全行统一的境外报表集中管理平台（FS2012），逐步实现所有境外机构报表的自动生成和集中管理，为境外报表集中改革提供抓手和工具。

各境外机构要指定专职部门和专职人员，在报表管理业务上接受总行管理信息部指导，承担本机构报表自动化工作。要配合总行做好总行布置报表的自动化研发、测试投产、数据核对、参数管理等工作；主动推广应用EDW、FS2012等系统；自主开展当地监管和本行自设报表的自动化需求研究和指标梳理，逐步实现本行特色报表自动化生成。

（三）建立全覆盖统计体系，提升集团统计管理水平。监管统计工作不仅关系宏观政策的落实和监管有效性，同时也服务于集团经营管理，其重要性不言而喻。要适应归口管理和集团管理新要求，做到制度、监测、管理全覆盖、全提升。

完善全覆盖统计制度。总行发布了覆盖全行、与监管统计对接的《中国工商银行统计制度》，各单位要认真学习，严格执行。各部门要准确界定专项统计制度中统计指标的含义、表内逻辑关系和跨表校验关系，消除制度漏洞。各分行要结合自身情况和区域监管要求，细致梳理各类统计报表，与全行统计制度实现对接，统一指标口径，加强参数管理，规范数据采集，严格复核审验，奠定良好的信息流统计基础。

当前一个重要而紧迫的任务是，搭建金融资产服务业务统计制度，这是适应由持有资产大行向管理资产大行战略转型的重要基础工作。总行管理信息部已牵头18个部门进行了梳理，共涉及风险资产、管理资产等113个产品411项基础数据，数据缺失率为69.6%。下一步各相关部门要积极配合管理信息部，细化梳理表外业务，完善系统业务标识，按照不重复、不遗漏、全覆盖的原则，构建金融资产服务业务统计框架。各分行要结合实际，全面梳理，摸清数据源，按月向总行反映；并建立分行层面统计制度，正确标识业务信息，加强数据治理，为形成全行统一标准的金融资产服务业务统计体系奠定基础。

加强统计监测分析。各分行要根据总行文件要求，设置统计监测分析岗，行使数据质量查询权，全面落实月度数据T-1监测制度，做到提前把关、提前校验、提前发现问题，保证统计数据的准确和完整。各部门和各分行要抓住重点和热点问题，持续监测存贷款增减量的异常变化，贷款结构和企业贷款余额大中小型分布比例的变化，个人按揭贷款和房地产开发贷款的质量变化，代理销售理财、保险等广义表外业务量的变化和风险状况，继续关注同业拆放、同业存放及买入返售、卖出回购业务交易对手细分数据和委托存贷款业务数据变动，做到“情况明，数据准，反应快”，争取工作主动权。

严肃统计管理纪律。总行要把统计工作质量列入内控合规检查评价的重要内容，把监管统计工作成果纳入对部门的绩效考核范畴，还要比照银监会，建立统计管理“通知单、查询单、通报单、检查单”制度，通知落实事项，查询落实结果，通报存在问题，启动内控检查。各部门要按照统计制度设置和维护业务标识，对涉及全行统计数据采集的标识调整事项，提前向管理信息部报备，并报送管理信息主管行长批准后方可实施，不得自行改变标识；要做好数据测试分析，及时向监管部门报告情况，确保监管统计要求顺畅落实，确保统计工作和数据口径的合规性。各分行要高度重视统计报备制度，及时掌握本行影响统计制度落实和统计数据采集的重要事项，向总行管理信息部报备。

（四）推动内部门户系统建设，加强网讯文化宣传引导。今年4月，网讯将全新升级改版，开设系统导航、导览搜索、办公服务、个人工作和系统服务等板块，全面承担全行内部门户系统功能，发挥统一入口、统一导航和统一平台的作用。新版网讯将各系统整合到一个平台，实行统一身份进入和授权浏览。将建立集团与分支机构两层结构的网讯站点体系，分行子站点既与集团门户保持一致，又有分行特色，承担本地系统导航、办公和信息服务等功能。

推动网讯门户系统建设。总行各部门要熟悉升级后的网讯系统功能，原有开发的应用系统，要逐步进行改造迁移，采用身份认证与集中授权平台统一登录，上挂总行网讯系统导航；专业信息发布与沟通交流等内容，要统一在网讯系统中实现。各分行要准确把握总行党委对网讯承担全行集团统一门户职能的要求，利用总行提供的开发平台，基于标准模板规范，通过分行自主研发建立本行网讯子站点，做好本地的系统整合与集成，确保风格、布局、技术体系等严格与总行保持一致，将分行网讯逐步升级改造成为分行门户，承担起分行本地系统导航、信息导览搜索、本地办公服务、个人辅助办公等职能。

做好行务信息宣传报道。各分行和各部门要根据年度工作会议精神，围绕以下重点内容组织信息报送：认真贯彻党中央、国务院关于金融工作战略部署的新思路；实施转型发展和从持有资产大行向管理资产大行转变的新突破；提高信贷经营管理水平，全面增强竞争发展能力的新进展；深化改革创新，持续改善服务，推进综合化、国际化发展的新步伐；完善集团整体治理水平，增强对各类风险的防控能力的新成效；加强党建、队伍建设和企业文化建设的新成果。要突出加强存款业务、调整信贷结构、支持中小企业发展、开展金融资产服务等重点业务的宣传报道，发挥舆论主渠道作用。

加强网讯文化宣传引导。总行网讯要推进网讯企业文化园地二期的建设，搭建员工论坛，提高员工参与度，传播工行企业文化和价值理念，形成内容更丰富、功能更强大的信息平台。各分行要加强网讯文化宣传引导，使网讯成为宣传改革发展成就、传播工行企业文化和价值理念的重要阵地。

（五）做好定期报告和第三支柱报告的编制和披露，保持国内同业领先水平。今年总行管理信息部披露压力增大，要按照新的监管要求，跟踪国内外经济金融形势，做好四期定期报告的披露，同时还要协调相关部门，保证获批实施新资本协议的同时，高质量地完成第三支柱报告的编制。

完成定期信息报告披露。要跟踪市场热点，解答市场疑惑，完善披露流程，增加主动性披露内容。要紧盯市场关注的欧洲主权债务暴露、地方政府融资平台、房地产贷款和小企业融资等信息，关注银行资产质量和信贷政策导向信息，突出风险、资本和公司治理内容，反映我行转型发展、国际化综合化进展；要重点披露我行开展金融资产服务业务、加强收费管理等市场关注问题，保持定期披露工作高水准。

做好第三支柱报告披露。作为实施新资本协议的重要组成部分，相关部门一定要高度重视。风险管理部、资产负债管理部、信贷管理部、国际业务部、金融市场部等部门要结合差距分析报告，认真梳理和分析原因，提早制定并落实解决方案；要严格按照责任分工和工作时间表，加强协调与配合，顺利完成首份第三支柱报告的披露。

加强境外评级事务集团化管理。总行和境内分行的信用评级事务已经纳入集团服务框架统一管理，今年要扩大至整个集团。境外分行和附属机构要与总行管理信息部加强沟通与协调，在集团服务框架下购买和使用信用评级以及评级信息服务，不得擅自与评级机构接洽或签署集团服务框架之外的购买协议，以维护我行整体利益。

（六）深化数据仓库应用，服务全行精细化管理。目前，数据仓库已经集成境内90个业务系统的数据源，还有13个与经营管理相关的境内业务系统今年也要纳入EDW，可以说，数据仓库具备了强大的信息集成应用能力。要按照“业务管理发展到哪里，数据仓库支持到哪里；系统开发到哪里，数据仓库规范到哪里”的工作原则，加快信息标准建设，完善系统功能，深化系统应用，在全行集约经营、精准营销、精细服务中发挥积极作用。

加快集团信息标准化建设。要坚持定义、名称、口径、来源和参照“五个统一”的原则，统一规范集团内部语言，实现“八大全球统一体系”间信息互联互通和高效传递，实现全行资金、人才、信息等发展要素的一体化管理。年内发布信息标准2 900项，覆盖16个重点领域。加快信息标准化成果转化，推动信息标准在机构整合、产品管理、客户统一评价、数据治理等重点领域的应用。各部门、境内外分行要积极参与标准的制定、落实和应用。

推广事件式营销应用。数据仓库的建设、管理在总行，应用主要在分行。今年要“点面结合”，全面推开精准营销服务。从“面”上来说，要突出抓好大额资金回流、转账分流、代发工资等事件性营销（EBM）活动；各分行都要组建 EBM 服务团队，根据本行实际，推出 EBM 信息服务项目。从“点”上来说，浙江、山东、江苏等分行要逐步探索 EBM 在重点县支行应用的途径和项目，为全行铺开提供经验，拓展信息创造价值的范围。

推动 CIIS 系统深入应用。集团关联客户信息系统在识别和预警关联客户风险中发挥了积极作用，关联客户风险明显下降。今年要与信贷、科技等业务部门共同研究方案，逐步实现集团关联客户信息系统应用纳入业务流程。管理信息部要牵头负责征信异议处理工作，要与个人金融等部门磋商，依托制度和系统两条腿实现征信异议处理关口前移、重心下移，减少操作风险和声誉风险，将这项工作落到实处。要在全行范围内稳步推进法人扣收工作，全面提升我行信用风险防控能力。

（七）开展数据质量综合治理，不断提升全行数据质量。这是难度最大的工作，需要长期艰苦作战。要通过综合治理来提高数据质量，做到“框架、考核、系统、联动”四轮驱动，综合发力，绝不能用一个手段、一个办法解决。

建立全行数据治理框架。按照“一个制度（即数据治理框架）”、“一个仓库（即所有数据必须纳入数据仓库集成）”、“一个标准（即信息标准化）”、“一个平台（即数据质量管理平台）”、“一个责任（即谁开发系统、谁负责，谁录入数据、谁负责）”的原则，研究建立全行数据治理框架，从组织、制度和流程上提供保障，形成科学的数据治理体系。

坚持数据质量考核通报制度。完善“统分”结合的考核评比体系，推进数据质量源头治理。要牵头运行管理、个人金融、结算与现金等专业部门继续深化重点领域数据质量治理，开展分业务条线数据质量考核评比工作。总行相关部门要在全行数据质量治理框架下，研究制定本专业系统数据质量管理细则，明确任务、强化考核、联动协调、综合治理。

优化数据质量管理平台。继续推动数据质量管理平台的功能优化，建立数据质量管理平台（DQMP）与全行信息标准化管理服务系统（IS2010）的刚性连接，利用信息标准化项目成果提升我行整体数据质量。依托平台逐步实现数据质量指标考核的自动化。加快数据质量管理平台海外延伸，建立境外机构信息系统数据质量保障机制。

落实《良好标准》达标措施。银监会实施《银行监管统计数据质量管理良好标准（试行）》是针对总行统一法人的，但良好标准达标工作需要全行参与，64 项具体达标工作措施有 52 项涉及分行，需要总分行联动，综合推进。各部门、各分行要认真执行相关要求，按照时间表、责任制、任务书，落实达标工作措施，按时达到良好标准，推进监管数据质量和风险管理水平的提升。

（八）加强客户信息安全管理，建起信息管理和应用的“防火墙”。总行党委高度重视信息安全工作，董事长和杨行长作过重要批示。去年内审局组织的信息安全现场检查中给予总行管理信息部很高的评价，信息应用管理制度做到了全覆盖，其中仅客户信息安全管理制度有 19 份。管理信息部门汇集了全行监管信息、披露信息、经营管理信息、客户信息，但各类信息的使用分散在各部门和分行。

完善信息安全制度和机制。要按照“数据全入库、使用有授权、查询有记录、传输要加密、保存要规范”的工作原则，全面梳理并完善信息安全制度，特别是个人客户信息安全制度，建立信息查询、下载、传输、保存、销毁等环节的管理制度，保障信息安全和规范应用。要推进信息分类、分级授权管理，建立向外部提供信息的审核机制。信息科技部门要提供有效的技术手段，强化信息安全硬控制。内控合规部门要将信息安全管理纳入分行内控合规检查范围，确保各项安全管理制度和各项控制措施落到实处。各部门要认真落实信息安全制度，结合本专业特点，建立信息应用细则，严密流程，落实责任，严格审批，确保信息应用万无一失。要建立信息应用联系人，做好用户申请和离职、离岗注销。

各分行要按照总行安全制度要求，梳理并完善分行层面信息安全制度，保障知识产权、国家秘密、商业秘密和客户信息的安全和规范应用。完善信息分类分级授权系统控制，提升信息合规使用硬控制。加强向外部提供信息的统一管理，严格审核，归口发布，防止信息违规泄露。加强和优化信息查询使用的审批流程和工作机制。做好信息安全日常监测，加强用户动态化管理和异常使用信息的监测，加大制度执行情况的现场检查，切实做到信息全锁定、无泄露。

（九）推广竞争力分析评价，提供高品质信息产品。总行管理信息部已经搭建了比较完善的多层面、多维度的竞争力分析体系，今年重点要完善产品竞争力分析，统一比较口径，推动分行开展竞争力评价工作。各分行管理信息部要做好同业数据采集和内外数据核对工作，参照总行竞争力统计评价体系和标准，开展辖内机构竞争力的分析评价，使这项工作成为管理信息核心产品。要继续围绕全行工作重心，利用数据库海量信息，加强客户结构、客户贡献、资金流向监测、同业客户资源挖掘等分析，为各级管理者提供决策参考。

2012 年管理信息专业承担着艰巨的任务，从事管理信息的同志要具有全局观念、集团视野和前瞻思维，不断提高政策敏感度、业务熟悉度和组织协调度，着力提升数据分析能力、营销支持能力和风险预警能力，深化信息服务，挖掘信息价值，加强统计管理，提高数据质量，在全行转型发展中做出积极贡献。

积极开拓公司金融资产增值服务

——在中国工商银行公司金融资产增值服务营销活动视频动员会议上的讲话

罗　熹

（2012年3月1日）

这次会议的主要任务是，进一步落实董事长关于加强金融资产服务的总体要求，动员全行开展结算与现金管理专业集中营销活动，部署公司无贷户存款工作，推动海外账户拓展。刚才结算与现金管理部许燕总经理对当前公司金融资产增值服务的三项重点任务做了详细的安排，四家分行也分别介绍了自己的工作经验，许多措施都值得借鉴。下面，我代表总行党委讲五点意见。

一、把握当前公司金融资产服务的要点

在贷款规模收紧、收费监管加强、资金形势紧张、同业竞争日趋激烈的严峻复杂形势下，公司金融资产服务亟须改进和加强，全行要把握住公司金融资产服务的要点，全力以赴做好这项工作。年初以来，总行行长例会研究分析的重点事项有两项：一项是当前全行的存款形势，另一项是关于收费的管理问题。董事长对此也非常重视，总行党委专门开会研究改进措施。

我们之所以在结算与现金管理专业会议后不久就召开这次会议，是因为当前经营环境相对复杂。第一是今年贷款规模相对往年没有明显增加，预期会影响到收益。去年我们提高了收息水平，今年再提高收息水平的空间有限，所以工作重心要向存款尤其是向低成本存款侧重。第二是当前收费监管加强，我们的服务更要加强。在收费检查力度加大的情况下，如果服务跟不上，会影响我行的收益水平和金融创新，这方面也要统一认识。第三是在国内经营环境复杂的形势下，如何利用境内服务优势拓展海外账户，带动全行各项业务发展，有效提升收益水平。第四是今年的资金形势比较紧张，控制负债成本，努力提高资金收益水平是我们当前必须重视的问题。所有的资金来源中成本最低的就是公司存款，而公司无贷户存款因为没有风险敞口已经成为同业竞争的焦点。所以我们要利用我行的服务、技术、效率、质量、功能等方面的优势做好公司无贷户存款工作，取得较好的经营业绩。

当前公司金融资产服务有四个要点：

（一）突出公司金融资产增值服务。

第一，公司金融服务分两个部分，一是公司金融负债服务，二是公司金融资产服务。从企业的角度来看，公司金融负债的主要表现形式是贷款，公司金融资产的主要表现形式是存款。在金融负债方面，现在大型企业资金来源逐步转向市场直接融资，通过银行贷款的比重逐步下降，另外在公司金融负债的服务方面还面临着结构调整的任务，比如说四大行业压降的问题，所以说这些年我们正在逐步加强对公司金融资产服务的力度。从另一方面看，公司金融资产和公司金融负债这两项也是相互依存的关系，金融负债业务做得好会增加我们公司金融资产的总量，公司金融资产业务做得好也会吸引一部分优质客户来我行贷款。

第二，现金和存款是公司金融资产服务的重点。公司金融资产包括股票、债券、基金、票据和保单等，但主要还是以存款和现金的形式存在，要以公司存款和现金为主体开展金融资产服务工作。

第三，发挥公司金融资产服务的增值功能。金融资产服务给企业带来的增值服务主要体现在以下四个方面。首先是为企业金融资产增加收益，这里面最典型的就是对公理财。其次能够为企业降低成本。例如现金管理业务可以集中企业资金，降低企业财务成本。再次能够为企业控制和降低资金风险。最后提高企业资金使用效率。

第四，全方位满足公司客户金融资产增值服务需求。我们除了要满足企业现金和存款金融服务需求外，对其他形态公司金融资产的服务也要重视。比如投行服务、经纪服务、托管服务、还有理财服务等。

第五，要重视现代信息技术的应用。首先要加大力度推动现金管理业务，现金管理是运用现代信息技术给集团客户、跨国公司和机构客户提供的财资管理服务平台。其次就是重视网络支付业务。刚才分行经验介绍中提到，要针对公司客户“群、池、链、团、流”五种聚集形态狠抓集群营销、链式营销和流式营销，这个营销理念十分先进，体现的是不要独立地做业务，而是要利用现代的信息技术做业态营销，要利用网络支付给企

业提供安全便捷的支付平台。

（二）突出公司无贷户存款营销。去年以来总行相关部门对公司存款工作高度重视，取得了一定成效，但是从目前存款形势来看，仍不容乐观。截至2月末，公司存款余额比年初下降2 500亿元，较储蓄、机构存款下降时间长、数额大。面对这一严峻复杂形势，我们在抓公司存款的工作中更要注重抓占比超过70%的公司无贷户存款。一是公司无贷户中很多都是中小企业，稳定性强。二是公司无贷户存款不以贷款为前提。贷款转化为存款有两种方式：一种是贷款没有支付货款之前，在企业账户的暂歇转化为企业存款；第二是企业购进原材料并加工销售之后，转化为货款收回后形成的存款，由这两种形态转化而成的存款都有一定风险，而无贷户存款相对而言没有这种风险。三是无贷户存款主要来源于中小企业，我们的议价能力较强，付息率更低。所以公司无贷户存款是我行要全力争取的资源。做好公司无贷户存款组织工作，有利于我行优化存款结构，降低经营成本，提高客户营销与维护的连续性和稳定性，提升金融资产服务管理水平，推动盈利模式向资产、负债、中间业务共同拉动转变。

（三）突出海外机构账户拓展。在经济全球化的背景下，我行国际化步伐不断加快，国际化、综合化发展提速，境外经营网络扩展至33个国家和地区，230余家分支机构，境外机构净利润占比由3%提升至4%左右，境外机构的服务能力和竞争能力显著提升。要进一步巩固和提升我行在国际国内两个市场的竞争优势，必须要有与我行世界领先地位与发展战略部署相符合的客户优势。通过海外对公账户拓户，竞争海外客户市场，可以形成更加多元、均衡、稳定的客户结构，有效拓展我行海外业务，将境内综合服务优势延伸到境外，推进境内外对公业务的协同发展。所以说大力推进海外机构账户拓展工作，是将我行系统优势转化为经营成果的有效环节，是我行成功实现国际化和综合化战略的重要部署。

许多机构意识到海外账户拓展工作的重要性，工作也很主动。比如：前期湖北分行营销武汉钢铁海外账户就是一个十分成功的案例，湖北分行与加拿大子行开展联动营销，成功为我行营销了100亿美元的两个项目，四个账户的业务。再比如：有的海外分行争取一些中国驻外使、领馆的费用账户开在我行，莫斯科子行争取的中国驻俄罗斯大使馆费用账户一年有3 000万美元存款。纽约分行最近正在营销联合国的账户，还会同总行一起进行高层营销，目前来看，营销的效果较好，如果营销成功的话也可以给我行带来3亿美元的存款。所以全行都要重视海外账户拓展工作，加大营销力度。

（四）突出服务收费规范管理。近年来，监管机构对银行业务收费监管力度加大，政策不断收紧，在服务收费问题上我国银行业普遍面临监管和社会舆论的双重压力。我们也要看到，公司的金融增值服务需求并不会因为收费政策变化而降低，同时，在相同的收费政策环境下，在坚持规范合规的基础上，能够凸显我行所固有的质量和技术等方面的优势，从这个意义上说，统一规范的收费政策反而在一定程度上能够成为我行同业竞争的优势。当然，从目前来看，严格的收费政策客观上对我行的盈利状况可能会造成暂时的影响，只要我们持续改进和加强金融资产服务，为客户金融资产创造价值，我们相信一定能够消除收费监管压力带来的负面影响。

前段时间总行对收费服务项目进行了统计和清理，全行收费服务项目近850多项，其中涉及对公和个人结算的项目共有200多项，占了收费项目较大的比重。结算与现金管理部要密切关注收费管理政策，按照“依法合规、改进技术、确保质量、适当优惠”的原则做好收费项目的规范清理工作，切实提高服务质量，增加收益。

以上是当前公司金融资产服务的四个要点，各行一定要正确把握当前金融资产服务工作的重点，在实践中不断丰富和完善，形成我行在金融资产服务上的政策和措施。

二、做好公司金融资产集中营销活动

今年结算与现金管理专业营销活动安排得很紧凑，每个季度都有主题活动，活动的密度大、品种多、区域广，全行一定要集中营销资源，有序安排活动。总行将会在年中对营销活动的成绩进行评价、考核、奖惩和通报，各行要抓好营销活动进度安排，切实保障营销活动实际效果。

（一）确保高效联动，目标统一。全行要以“高效联动、目标统一地推进金融资产综合服务”为思路开展金融资产服务。结算与现金管理部要发挥好牵头作用，加强与公司业务一部、公司业务二部、机构业务部、国际业务部、电子银行部、运行管理部等相关部门的沟通协调，采取跨部门、跨区域联动营销，加强总行、分行、支行、网点四级联动和境内外联动。各行要实施资源倾斜政策，在依法合规的前提下适当增加公司无贷户的营销费用，切实提高营销效果和服务效率，确保圆满完成结算与现金管理专业今年的目标任务。

（二）确保主题突出，重点明确。各个营销活动在联动营销、综合营销的基础上，必须保证主题突出、目标明确。如现金管理主题营销要以龙头企业、大型企业、集团企业客户为目标市场，充分挖掘集团客户、重点客户市场空间，推进以现金管理为核心的金融资产服务综合营销。为切实提升营销效果，近期总行将会下发全国制造业龙头企业名单，各行要采取有效措施进行针对性营销，为客户提供金融资产服务。公司无贷户主题营销要将全行公司无贷户作为营销目标，按照客户分层营销办法，加大重点集群、重点产业营销力度，巩固提升我行公司无贷客户市场优势，优化公司客户结构。代理业务主题营销要以重点非金融机构为目标，以备付金存管方案为主题，综合介绍和营销我行备付金存管、代理清算、预付卡发行与受理、投资理财、供应链金融等各方面服务。

（三）实施差异化的定价制度。营销活动中要实施差异化的客户定价政策，总行结算与现金管理部已经起草并即将下发重点客户差别定价方案，同时正在开发重点客户差别收费系统，按照公司客户的存款贡献实施结算产品的差别收费，建立起规范的差别收费管理方式。各分行也要积极探索，在总行制定的收费策略基础上，按照“做大总量、增加收益、分类定价、适当优惠”的原则，逐步形成完善的、具有工行特色的重点客户定价机制。对形成了资金流、资金圈的客户集群，要有集群营销策略和差异化的收费政策，出台一些差异化的营销措施。对于现金管理客户，要结合客户在我行的存款份额制定收费策略，合理利用价格杠杆提升公司无贷户存款规模。例如对于使用我行现金管理产品而将存款归入他行的客户，应实施相应的上浮收费标准，相反则实施优惠的收费标准。对“走出去”的客户和海外客户，要在现金管理项下的收付款、账户管理等产品以及其他对公产品和服务给予适当的价格优惠，设计多项产品的打包定价标准，以价格优势推动拓户工作开展，合理运用价格杠杆提升金融资产规模，逐步将客户业务吸引到我行集团内循环，促进收益增长。对于重点优质公司客户的高管和财务负责人，要做好高层营销工作，为其提供富有竞争力的个人业务产品定价，实现个人业务和公司业务的相互拉动，协同发展。

三、全力抓好公司无贷户存款

根据公司有贷户和无贷户存款的特征，为更好地推动公司存款增长，总行已经明确公司无贷户存款的划分原则，经多方讨论，决定按照“四个到位，两个相对”的原则将公司存款划分为公司有贷户和公司无贷户存款。四个到位即“划分到位、责任到位、营销到位、考核到位”；两个相对是指“金融资产与金融负债交叉营销，有贷户存款与无贷户存款标识定期调整”。按照以上划分原则，以上一年度公司客户是否发生用信为标准，将公司存款划分为公司无贷户和有贷户存款进行管理，其中，用信包括贷款和贸易融资，集团客户存款以集团所属机构是否为独立法人客户来区分有贷和无贷客户存款。我要特别强调以用信行为为划分标准区分公司有贷和无贷存款，没有涉及客户层面，只是对公司存款任务的划分，因此各行要发挥不同专业的业务优势，做好部门联动营销，携手共同维护好全行的公司客户。

各行要按照总行所确定的有贷户和无贷户存款划分统一原则，明确部门责任，同时各行要从经营大局出发，调动抓低成本的无贷户存款积极性，不断创新工作思路，完善工作机制，确保在当前资金紧张的形势下实现公司无贷户存款的稳定增长。

（一）职责清晰，确保存款任务到岗到人。各行对无贷户存款工作要实施领导负责制，明确分管行长负责公司无贷户存款组织工作，督导工作进展，建立相关部门参加的工作小组，及时解决工作中存在的问题。各行要在3月15日前将工作机制建设情况及工作进展报送总行结算与现金管理部统一汇总。同时，各行要将公司无贷户存款计划层层分解，落实到一线营销人员，确保营销任务到岗到人。公司业务部门和信贷管理部门也要分别做好大中型贷款企业和小微贷款企业的存款工作。

（二）开拓新的结算支付领域。随着客户在结算交易方式上的改变，一些新的支付结算领域如第三方支付备付金、预付卡备付金等业务形成了客户资金流较为密集的地带，以第三方支付机构为例，与传统的证券行业资金托管不同，其客户保证资金先归集到第三方支付机构账户，再以其自身名义汇总转化为银行存款，所以第三方支付机构资金具有总量大、成本低、稳定性强等特点，已成为各家银行竞争的重点。各行要认真研究本行范围内新的结算支付领域特点，开展专题营销活动，为客户配套提供账户服务、理财服务、速汇款、自助等金融服务。要深入挖掘新兴第三方支付机构的市场潜力，建立有特色的支付结算网络平台，提高与第三方支付机构的合作水平，重点推进我行备付金存管等综合服务，确保资金留存在我行。同时，在开拓新型结算支付领域业务中，要严格注意客户信息安全工作，确保我行客户资源不外流。

（三）开发适用的对公结算产品。要不断研发适合对公客户金融需求特点的新产品，特别是要在产品销售方式上进行创新，由单一产品销售向组合产品销售转变，把传统的结算产品与现金管理产品、网络支付产品融合在一起，把结算产品与贸易融资产品融合在一起，以产品吸引存款，以产品留住存款。各行要根据区域及行业客户特征，结合不同类型客户的金融消费习惯，制定有针对性的结算套餐。要发挥现金管理平台的作用，打造资金池、票据池及债券池，提高财资管理水平。要加强综合账户的研发和推广工作，逐步完善具有统驭功能、能够提供全品种金融资产服务的账户体系。

（四）充分利用资金监控平台。今年，总行将对资金监控平台进一步完善，信息科技部要落实以下工作：一是在资金监控平台添加公司有贷户和无贷户标识。二是加快平台改造，把资金监控触角延伸到包括中小企业在内的所有公司客户，做到能够实时监测全客户资金流向和目标客户信息报告。各行要充分发挥资金监测平台的营销功能，做到“日监测、笔追踪、人管户、户增存”，及时了解客户上下游资金流向，建立完善监测结果的通报制度。对每一笔大额支付都要跟踪落实资金流向，建立目标客户的跟踪机制和限时开户制度，将目标客户开户率作为衡量营销效果的重要依据，目标客户开户率要达到30%以上，多方面扩大公司无贷户资金来源。要加强资金流失客户的营销管理工作，认真分析不同行业、不同性质的客户资金流转规律，努力提高客户资金在我行的留存比例。要利用客户资金监测系统分析客户、账户、存款结构、付息率、资产配置等信息，全面掌握客户情况，为精准营销提供支持。

四、大力拓展海外公司账户

近期海外账户拓展工作目标是：依托工银集团的优势，力争用3年时间将我行打造成为中资客户本地的主要账户行，中资客户的市场渗透率要超过50%，且要逐步提升外资客户数量，实现境外机构的本地化经营转型。具体目标是：2012年，要实现境外机构对公客户新增3 000家，对公客户结算账户新增4 000户；到2014年底，对公客户累计要新增10 000家，其中，中资客户累计新增6 000家，外资客户累计新增4 000家，对公客户结算账户新增15 000户，为客户提供以结算账户为基础的金融资产服务，稳步提升我行的国际市场竞争力。

这个任务指标是充分考虑了我行境外机构的历史渊源、经营现状和客户市场特点确定的。总行对境外机构的调研数据显示，中资客户在潜在客户市场的市场渗透率将近20%，外资客户在潜在客户市场的市场渗透率不足10%，表明海外账户市场潜力还很大。全行要进一步增强做好海外账户拓展工作的信心，争取今年有一个良好的开端和较大的突破。

（一）要建立工作机制。海外账户拓展是以境外机构为主，由总行、境内分行、境外机构通力配合的一项重要工作，要制定切实有效的工作机制。为此，总行要做好业务指导与工作协调，结算与现金管理部要牵头成立区域业务小组，分组支持境内外机构海外对公结算账户拓展工作的深入开展。境外机构要成立工作推动小组，按照海外机构“一行一策”的整体工作部署，制订自身的具体实施方案，提出与对公业务的捆绑营销措施，明确职责分工和具体工作流程，做好当地客户信息梳理、营销、开户、日常服务等工作，并定期分析形势、总结经验，向总行报送海外账户拓展工作进展情况及对公账户当期增长数量。在拓展了新客户、新账户之后，要高度重视维护工作，通过促使客户保持结算账户交易的活跃度，发展客户在我行的新业务。境外机构与总行、境内分行和工银集团旗下其他机构之间要形成联动营销机制，建立业务联系人制度，定期分享客户资源，协同开展业务营销。

（二）要发挥产品优势。一方面，要突出各境外机构的本行服务特色，以全球现金管理、代发工资、内保外贷、贸易融资、银团贷款等业务为突破口，将特色业务进行打包营销，吸引新客户、巩固和维护老客户，并紧盯当地业务大行，持续丰富产品体系，做好本地化业务改造，优化和利用好网上银行等电子化服务平台，为客户提供便捷优质的本地结算与现金管理服务。另一方面，要发挥跨境人民币服务优势，密切关注客户动态，重点关注在亚太地区和其他新兴市场设立机构的中资企业客户，深入挖掘客户的人民币业务需求，通过人民币账户管理吸引客户使用我行产品与服务。同时，进一步丰富本行的跨境人民币产品体系，结合本行业务特点实现我行核心系统、全球现金管理系统、中非现金管理平台对跨境人民币业务的全面支撑。最后，要开发富有本地化特色的电子银行产品体系，支持境外机构开展海外企业代发工资等跨境支付结算业务。

（三）要开展分层营销。总行结算与现金管理部要牵头下发全年任务计划和目标客户清单，境内外机构要联动开展客户营销。针对中资客户，境内分行要与境外机构联合制定营销策略，积极协助境外机构开展中资“走出去”企业的总部营销，为客户制订专属服务方案和服务案例，推动客户总部将境外成员单位账户开至我行境外机构。针对外资客户，境外机构要通过业务推介活动、上门拜访等方式介绍我行服务优势，演示业务操作流程，争取合作机会，境内分行要配合境外机构做好外资“走进来”客户的各项服务工作。在客户营销过程中，各境内外机构的结算与现金管理业务主管部门要负责牵头营销工作，公司业务一部、公司业务二部、国际业务部等对公业务部门要全力配合，要将海外账户拓展工作与现金管理、国际结算、跨境人民币结算、公司贷款、贸易融资、项目融资、公司理财等各项对公业务营销有机结合，实现对公业务的捆绑交叉营销，彰显我行整体营销合力。

（四）要丰富营销手段。各境内外机构在客户营销方面要不断丰富营销形式、完善营销渠道，将集群营销、分层营销和精准营销相结合，将业务营销与品牌宣传相结合，从营销产品向营销个性化解决方案转变，将业务合作关系发展为战略伙伴关系。同时，要善于利用网络、平面媒体、网点、电子银行等渠道，开展形式多样的业务宣传活动。要借助国际性金融会议的平台，通过主题演讲、业务座谈、客户需求交流等方式，展示我行整体服务优势和服务能力。

五、持续完善公司金融资产服务营销机制

（一）建立科学有效的考核激励机制。总行要对全行营销工作的进度实时监控，定期对各分行的营销活动情况进行考核、评比。将现金管理客户拓展情况、代理客户拓展情况、账户开户率、法人理财产品销售情况等纳入单项营销活动考核，并计入全年结算与现金管理专业考核体系中，加大公司无贷户存款和海外账户拓展工作的考核力度。结算专业考核中，公司无贷户存款指标的比重不低于40%，并且实行公司无贷户存款“一票否决制”，凡是今年不能完成公司无贷客户存款任务的

分行，一律不能进入结现专业考核前十名，并且不得参加结现专业的各种奖项评选。从境内分行来说，要重点考核公司存款日均余额和付息率，防止冲时点现象；要将境内分行海外成功推荐开户的情况纳入年度内全行重点产品激励计划考核，并在境内账户拓展任务指标的基础上，将海外拓户工作作为加分项进行考核。从境外机构来说，要将拓户工作纳入非财务考核指标，每年初因地制宜地为各境外机构制订具体可行的拓户计划，年终对拓户工作完成情况进行分析和通报。总行还将实施工作问责制，对于结算专业目标任务完成落后的分行，这些分行的“一把手”和分管行长都要向总行作出专题汇报，说明原因、分析情况、提出限期整改措施。

（二）积极推进网点建设。目前全行1 000多家具备条件但未办理对公业务的网点要全部开办对公业务，并不断充实对公业务品种，增强综合服务能力。要对新建网点科学布局，适当增加重点经济区域的综合性网点总量，新建网点的综合化率要在90%以上。要积极推进网点升级改造，提升中高端客户服务能力，加强网点对公业务流程的梳理与优化，提高对公业务处理效率。

（三）做好客户经理队伍建设工作。一是要尽快补齐营销人员缺口，按照每名客户经理负责20户的标准，对日均金融资产在50万元以上的客户配备客户经理负责营销。二是要强化对客户经理的培训和资格认证工作，大力推进财资管理师队伍建设步伐，切实提高客户经理专业素质和服务意识。三是以MOVA系统数据为依据完善对公客户经理的考核体系，进一步明确对公客户经理岗位任职资格标准，完善对公客户经理职务序列管理，建立一整套基于岗位价值和公司无贷户存款业绩的对公客户经理绩效考核指标和薪酬激励制度。四是要明确客户经理营销职责，建立营销管理制度，在权限、费用、定价、协调等方面给予客户经理一定的经营职权，从业绩评价上体现“以客户为中心”的经营理念。五是要为客户经理提供“五位一体”的营销工具，要在离行服务支持的终端上有所突破，实现客户营销维护的离行办公。六是客户经理要用好法人客户营销管理系统，及时上挂信息，及时补充数据，及时跟踪账户，及时营销产品。

同志们，一年之计在于春，做好全年公司金融资产服务及结现专业营销工作的部署，尤其是打好第一季度的开局之战，意义重大，任务艰巨。各级机构和部门要进一步增强责任感和使命感，锐意进取，以饱满的工作热情和扎实的工作作风，努力实现结现业务全面发展的良好开局，完成总行提出的工作目标和任务。

积极探索我行金融资产服务的有效途径

——在中国工商银行2012年金融资产服务座谈会上的讲话

罗　熹

（2012年3月8日）

为落实建清董事长在战略发展研讨会上的讲话精神，将金融资产服务作为我行经营转型的主攻方向，积极探索金融资产服务的方式，我们在厦门召开本次座谈会。这两天听了五位总经理关于金融资产服务的专题发言和参会分行的成功案例介绍，我们深受启发和鼓舞，同时深感各部门、各分行对此项工作高度重视，各行积极探索金融资产服务的方式方法，分析需求，统筹营销，构筑平台，创新技术，取得了显著成效。下面我就如何探索我行金融资产服务的有效途径谈三点想法。

一、充分认识金融资产服务对全行经营转型的战略意义

（一）我国金融资产服务市场潜力巨大

1. 通过金融市场配置资源的方式日渐成熟。温家宝总理在全国第四次金融工作会议上对金融工作提出了五项原则，其中一项就是要坚持市场配置金融资源的改革方向。这一原则指明了中国金融业发展的方向，就是要通过直接的、间接的金融融资方式来配置社会资源。过去间接的银行信贷方式占有很大比重，目前很多融资活动都是通过直接的市场方式进行。直接融资分为两种，一种是市场内的，另一种是市场外的。场内交易近10年来翻了20倍，我国已成为全球第三大资本市场。场外交易包括理财、信托、产业基金、私募基金等。同时，很多商品交易逐步深化为金融交易，比如大宗商品交易、贵金属交易等。各类交易的蓬勃发展派生了大量的金融工具，如股票、债券、基金、票据、保单、理财产品、信托等。个人投资者、机构投资者都可以使用这些金融工具，出现“投资有工具，交易有市场，资产

有收益，服务有机构”的局面。通过金融市场方式来配置经济资源的方式越来越普遍和深入。现在直接融资的比重越来越大，个人和金融机构纷纷进入市场，这种情况下，不能再坚持以往吸收存款、发放贷款为主的经营模式。随着金融市场发展，资源配置方式发生了根本的改变，最大的变化就是客户手中有了金融资产，我们应当将着力点放在金融资产服务上。金融资产服务就是对客户持有的金融资产提供的服务，这些金融资产的所有权和收益权都是客户，我们只提供服务，不承担风险，搞清楚这一点，我们的工作就有了方向。

2. 金融业三大市场发展潜力巨大。近年来，中国金融市场交易品种逐渐增加，交易规模持续增长，市场成员不断扩大，截至2011年底，中国银行业金融机构总资产108万亿元，同比增长17%。对于银行来说，债券资产有的在资本市场里面，有的在货币市场里面，市场多元化了。再比如说票据，企业的短期融资券、中期票据大量发行，央行也有央行票据，这些都是我们可以服务的金融资产。2011年银行金融机构108万亿元总资产中，贷款是58万亿元，其他非贷款金融资产占比近一半。对此，我们要高瞻远瞩，主动适应市场结构的深刻变化。保险资金运用形式日渐多元化，可投资多类型金融资产，配置空间逐步接近国际成熟保险市场水平，截至2011年底，保险业总资产达6万亿元，同比增长19%，预计到2015年，保险业总资产将达到10万亿元。这意味着客户手中持有的保单会大量增加，由此衍生大量的金融服务需求。资本市场改革全面提速，多层次市场体系逐步完善，对外开放进程稳步推进。截至2011年底，资本市场规模达25万亿元，预计到2020年，市值将达到60万亿—80万亿元。金融业三大市场的持续发展，促进了市场资金运用结构优化和收益稳定增长，同时也催生了更多的金融资产新形态，对银行提出更多的金融资产服务需求。

3. 客户的金融资产服务需求旺盛。随着我国经济持续发展及金融市场逐步完善，客户可投资的金融资产类型呈现多样化的趋势，除现金、银行存款等基础性金融资产外，以股票、债券、基金、票据、保单、理财、信托等形态存在的金融资产大量涌现。个人客户追求资产的保值增值，需要银行根据客户需求、资产特征、风险偏好等，通过个人理财和私人银行服务，提供资产净值融资、个人借贷、信托服务、投资管理等差异化的服务方案。随着公司、机构客户持有金融资产结构日益多元化，一方面在其形成、持有、转化金融资产的过程中，需要银行多个部门的参与，提供包括结算、投资银行、资产托管、养老金、理财等多类型、多流程的金融资产服务；另一方面对银行的服务能力也提出更高要求。一是服务领域的新需求，银行在民生等领域可提供的服务仍显不足，需要迎合业务领域的扩张，提供与其相适应的金融资产服务；二是服务手段的新需求，在经济全球化背景下，简单、初级、分散的服务手段很难满足投资者的需求，高附加值的增值服务、统筹客户需求的一揽子服务能力越来越受到客户的重视；三是服务地域的新需求，随着国际间投资与资本流动的日益频繁和开放，越来越多的客户产生全球投资需求，需要资产托管、现金管理、账户管理等服务向全球延伸。

（二）国际同业的成功经验具有借鉴作用。从国外银行业实践来看，金融资产服务业务主要包括证券服务、财富管理、现金管理、投资银行等，这些服务在国外银行的经营发展中发挥了重要作用。当然，外资银行的金融资产服务并不局限于上述四种，只是这四种服务比较成熟。2001年，我拜访了瑞士几家银行，他们的财富管理已经做得比较成熟了；2003年我拜访德意志银行，他们的现金管理业务很成熟了；2011年我去加拿大皇家银行，他们将财富管理和资本市场放在一起，一个是资金的来源，一个是资金的投向，他们自己的投资工具和外部投资工具各占一半，2010年这部分业务收入占全部收入比重超过1/3。而从我行来看，65%左右的收入都与贷款有关，这说明我行的业务收入来源比较单一，而且蕴藏着风险。董事长在2007年左右就提出要做信贷流量的观点，但是贷款业务的转型需要很长的时间。从历史经验来看，不良贷款的产生有两大来源，一是经济体制改革，二是经济结构调整。因此，一旦宏观经济环境发生大的波动，就会产生很大的风险。目前，我行在金融资产服务领域处于国内领先地位，但与国际先进银行相比规模较小、收入占比较低，还需要长期的发展过程。纽约梅隆银行集团是全球最大的专业托管银行，托管服务覆盖全球103个市场；截至2011年末，其托管资产规模达26万亿美元，托管业务收入共计37亿美元，约占该行总收入的34%。环球私人银行是汇丰银行的主要业务线之一，2001年，该业务收入为14亿美元，2010年迅速达到30亿美元，十年间业务收入翻一番。结算及现金管理服务是汇丰银行向全球客户提供的重要服务，截至2011年末，该行总收入835亿美元，该业务收入56亿美元，约占总收入的6.7%。摩根大通银行是全球领先的投资银行之一，截至2011年末，该业务实现税前收入263亿美元，占该行总收入的26.3%。

国际同业在上述专业领域的成功经验为我行经营转型提供了可借鉴的发展模式。在金融脱媒程度日益明显的情况下，外资银行将发展重点由传统的存贷款等商业银行业务，转向新兴金融资产服务业务，逐渐提升其在银行整体收入中的占比；善于分析客户的个性化需求，将银行提供的服务产品化，量身定做专项金融服务方案，除满足客户对资产便捷管理的需要外，更具有保值增值的功能；擅长在集团统一平台上进行运营，集成资金管理、投资运作、发行、清算等多个领域的运作，为客户提供综合化的解决方案。

（三）金融资产服务是经营转型的方向。建清董事长在去年的发展战略研讨会上提出，“金融资产服务业务应该成为未来我们业务发展的方向，成为经营转型中的重点发展的战略领域，从现在起，我们要着手金融资产服务业务的新布局，高起点地谋划这项业务发展，推动我行由持有资产大行向管理资产大行的转变”。董事长对金融资产服务工作强调了三点，第一将其明确为转型方向，第二作为重要的战略领域，第三要从整体上进行布局。解决这些问题，需要全行统筹规划，集中广大员工的智慧。我行在对客户金融资产服务方面已经初具规模，据对2011年的统计，全行金融资产服务业务的发生额（作业量）为2 500万亿元、资产存量为12万亿元、收入为780亿元、总行级产品和服务113项（不含分行和子公司）。金融资产业务具有资本占用少、经营风险小、资产种类多、收益稳定性强、与客户经营流程高度契合及长期可持续性等特点，符合我行经营转型、结构调整的需要，是我行经营转型的重要领域和战略支点。

1. 有利于由资产持有大行向资产服务大行转变。截至2011年末，我行资产规模已经达15万亿元，按照这样的增长速度，再加上欧美银行正在“瘦身”，最晚2013年底，我行将成为全球资产规模最大的银行，庞大的表内资产存量对我行资产风险管理能力和资本需求提出极高的要求。金融资产服务业务有助解决资产规模过于庞大、投资市场过于集中的问题。客户通过经营既有资产或投资行为将存款转化成其他形态的金融资产，在不同类型金融资产转化的过程中，我行通过提供金融资产服务，一方面赚取相应的佣金收入，另一方面可以把上述资产登记在我行名下或通过我行代理持有，我行向其提供管理及运营服务，产生增值收益。相比而言，目前我行存款规模虽大，但是消化这些存款的途径有限，而且面临越来越高的揽存价格压力，存款规模难以持续扩大，存款稳定性存在挑战。

2. 有利于由资本占用大行向资本节约大行转变。与传统的商业银行业务不同，金融资产服务不承担信用风险，较少涉及市场风险，占用自有资本少，以收取佣金为主要盈利方式，主要成本包括系统开发、人力资源和渠道使用等，在业务开办初期一次性投入较大，随后逐年递减。作为我行典型的金融资产服务，资产托管业务资本占用为零。2009年至2011年，全行托管费收入由22亿元增至59亿元，增幅达1.7倍，综合营业贡献由43亿元增至82亿元，增幅达90%。对公理财业务不用计提拨备，占用少量资本，2009年至2011年，对公理财销量从7 226亿元增至11 118亿元，增幅达54%，业务收入由20亿元增至51亿元，增幅达1.6倍。

3. 有利于由利差收入大行向服务收入大行转变。这并不说明我行目前的利润来自于高息贷款，也不说明未来的利润要来自于高收费，应该从收入结构上看待这个问题。大力发展低资本占用的中间业务，是商业银行加快发展转型的基本方向，中间业务形成银行的非利息收入，主要是通过服务收费实现收入增长的，金融资产服务有很多是中间业务。建清董事长多次提出我行的信贷利差收入、投资与交易收入和手续费及佣金收入的比例要从6:2:2向5:2.5:2.5，再到4:3:3的转型，金融资产服务正是后两项收入的主要来源。

金融资产服务业务在我行主要包括资产服务、资产管理、投资银行、代理交易、代理经纪、资产托管等。金融资产服务的四个特性：不占用资本，客户的资产，不承担风险，可用货币计量，它与中间业务、表外业务、交易业务有联系也有区别。中间业务、表外业务不在银行的资产负债表内反映，是银行从内部业务管理需要对业务种类进行的口径划分；从客户的角度来看，大多数中间业务和表外业务都可以看做是银行为客户提供的金融资产服务。金融资产服务与中间业务、表外业务最大区别是金融资产服务是为客户的金融资产提供服务，真正体现了以客户为中心的理念。对表外业务来说，一是概念不准确，一些占用资本、银行承担风险的业务也列入表外业务；二是范围太广，种类太多，难以明确。交易类业务分三种：自营交易，代客交易和自营交易各占一半（比如说代客结售汇），以及完全的代客交易（比如说理财产品）。同一笔交易，不同的环节表现为不同的性质，因此要搞清楚所处的环节。以上三类业务表述有交叉、有联系、有区别，这些探讨不影响金融资产服务业务的开展，只要把经营的模式确定下来了，其他就好办了。

二、认真分析客户金融资产服务的现实需求

截至2011年末，我行机构客户存款余额3.7万亿元，持有票据1 253亿元，销售债券60亿元，基金10亿元；公司客户存款余额3.2万亿元，理财产品销量1.1万亿元，存量2 100亿元，销售基金505亿元；全行储蓄存款余额5.9万亿元，销售个人理财产品3.5万亿元，基金4 223亿元，个人保险735亿元。以上是我行管理的客户的金融资产，不过客户的金融资产远不止于此，有很多不在我行进行管理。金融资产服务工作要围绕客户需求展开，机构、公司、个人客户作为我行主要的三类客户，是我行提供金融资产服务的重要对象。我们应当在分析各类客户的特点、资产构成及对我行的金融资产服务功能性需求的基础上，剖析我行所能提供的金融资产服务现状，研究提升我行金融资产服务专业能力的有效途径。

机构客户类型多、系统性强，持有资产规模大、流转率高、创新需求多，同时对个人、公司业务发展具有显著的促进作用，综合贡献度较高。从机构客户的服务需求来看，对银行的资产管理、运作管理、交叉销售、

募集资金、资金清算等方面的服务能力比较看重。政府对金融资产服务的需求主要表现为政府财务顾问、国债（地方债）发行、委托贷款、代理财政国库集中收付和资产托管服务，需要银行增加对政府机构的服务品种，创新保本型理财产品；同业客户对财富管理需求较高，要求银行利用货币市场、债券市场、投资银行、贵金属交易及信托等工具为其提供更为专业的资产管理服务，帮助其实现资产的保值与增值，在同业债券承销、发行与交易服务、跨境贸易人民币结算等方面的合作需求旺盛。

公司客户数量大，类型差异明显，资金运用专业化、市场化程度相对较高，对银行服务的综合化、网络化、电子化、个性化要求越来越多。从公司客户的服务需求来看，其通过资金融通、资金运用、投资交易和资产配置、内部管理等手段实现经营管理的目标，依赖于银行提供的托管、结算、信息、估值、配置、养老等服务，在服务电子化、便捷性、设计“一站式服务”方案等方面的需求日益突出，特别是对于以银行为平台，开拓新的投资渠道，进入各类投资市场并获取专业的资产保值增值服务，客户需求是非常迫切的。目前，我行公司客户总数412万户，其中有融资余额的客户仅10多万户，占比2.5%，公司客户取得贷款后，其前后的经营活动仍然需要银行资产服务的支持，如账户管理、支付结算、投资理财、资产托管等服务；绝大多数是无贷客户，其金融资产服务需求主要体现在基本的存款、支付结算、投资理财、资产托管等方面。400多万户无贷户是我们金融资产服务的重点对象，前一段时间，总行召开了公司客户金融资产增值服务视频动员会，提出了工作要求，希望各分行尽快落实。

目前，我行可提供的金融资产服务包括结算服务、交易服务、托管服务、配置服务、融资服务、理财服务六项内容，涉及私人银行、资产管理、投资银行、资产托管、养老金、结算与现金管理及金融市场等多个部门，基本可以满足三类客户的金融服务要求。从此次参会的几个部门来看，机构金融专业通过银银平台为同业客户提供跨行汇款、柜面通、代理第三方存管、代理账户黄金等产品，为社保和住房公积金客户提供国债销售、代理社保和住房公积金归集及发放、住房公积金委托贷款等服务，为政府提供政府财务顾问、代理财政国库集中收付业务和预算单位公务卡等服务。给金融机构提供大量的经纪代理业务，就是帮助其他机构代销，如代销国债、代销保险、代销基金等各类代销业务。这类代销收入较为可观，但代销能力仍相对不足。目前，我行可为机构客户提供的金融资产服务产品近50项，基本可以满足机构客户的服务需求。结算与现金管理专业可为客户提供账户管理、支付结算、现金管理、对公理财、代理业务等服务，品类丰富、体系完备、技术先进，能够满足公司客户对资金流入、流出和留存各环节实施高效管理的需求，若以既有的产品为基础加以整合，可逐步形成全流程、一体化的综合服务能力；依托我行物理网点和网银平台，着力将各类优势服务向境外服务、集群服务、综合服务、网络化和电子化、市场中介扩展，具有为客户提供多区域、多市场服务的能力；结算产品电子化、自动化服务已具备一定基础，得到市场的检验和认可。资产托管专业可为客户提供安全保管、资金清算、估值核算、信息服务、绩效分析、公司行动、投资监督等多项服务；在资本市场外，对于存在使用权和所有权分离或交易双方信息不对称的交易，我行也创新性地设计托管机制，将托管产品延伸到第三方支付、商品交易，甚至传统的信贷资金监督支付领域，由此形成了覆盖场内场外两个市场，证券、资金、实物多种资产形态，共计16类38个品种的较为完备的产品结构。养老金专业针对养老金资产日常运营、安全保管、保值增值的需要，为客户提供包括受托管理、资产托管、投资管理、汇划清算、代理收付、管理顾问等全面资产管理服务；针对养老金信息交互、数据保存的需要，为客户提供包括个人账户管理、权益信息查询、信息数据存储、权益信息报告等综合信息管理服务；初步建立以企业年金业务为主体，涵盖基本养老金、全国社保基金、企事业单位综合养老保障基金及个人养老基金等领域的养老金综合服务体系。

目前，我行在上述领域的服务市场领先，与国内银行相比，提供的服务种类多、规模大、手段新，但是与市场总规模、各项需求相比，与国际同业提供的服务功能和技术相比，还有很大的发展空间。一是规模上与社会金融资产总规模仍有较大差距。我行在很多产品的单一市场领域占据绝对领先地位，但与客户的需求和整体市场规模比，其普及程度和对客户的渗透还很不够。以对公理财为例，截至2011年末，全行企业存款余额为3.17万亿元，对公理财发行额为1.16万亿元，占基础类金融资产规模的37%。相比而言，存款重视存量，靠利差收入，风险较大；金融资产流量大、风险小，在客户增值基础上赚取收益。二者究竟哪一个更好，要认真计算比较，存款和理财的关系也要好好分析。二是产品服务品质仍有很大改善空间。目前，为适应客户需求和金融资产服务工作要求，我行各项产品和服务已向综合化、个性化、流程化转型，但仍然无法完全契合不同地域、不同规模、不同行业、不同类型、不同风险偏好客户的要求，专业化、人性化水平不足，还有许多工作需要改善。三是以客户为中心的服务意识不足。我行各条业务线推出金融资产服务产品的速度很快，但大多是基于本部门、本专业的角度，分散化地设计产品和服务，很多业务的重点还是倾向于向客户销售产品，并没有以客户为中心，围绕客户持有的金融资产，考虑客户的潜在服务要求，整合我行的产品和服务，形成基于客户的统一的金融资产服务平台。目前各个部门都在做产品，然后营销给每个客户，应当按照客户分类，提供制式化服务，同时兼顾高端客户个性化服务。四是全球服务能力薄弱。近几年来，我行在国际化建设方面工作成效显著，在多个国家和市场设立机构，这为金融资产服务全球化提供了很好的发展平台。但目前来看，我行向客户提供全球投资管理、资产托管、现金管理、网络支付等金融资产服务的能力，还很难满足日益国际化的客户服务需求。

三、探索我行金融资产服务的有效途径

加快金融资产服务的发展步伐，积极培育金融资产服务的能力，是我行业务发展和经营模式转型的必然选择，我行应尽快建立“以客户为中心，以服务为导向”的业务拓展模式，积极探索我行金融资产服务的有效途径。

一是服务产品化。在服务提供方式上，要逐步摒弃按产品分割客户服务的传统模式，把各类金融服务汇集成“服务池”，将服务产品化，根据客户需要对服务进行相应组合，形成个性化产品，向客户提供一揽子金融资产服务。依据客户个性化需求，量身定制金融服务方案，满足客户对资产便捷管理、保值增值的要求。二是服务平台化。要改变以往以产品为中心、各部门分头开发和营销的传统，加快业务的内部整合与协同，加大联合开发和交叉销售力度，形成全行金融资产服务平台，强化提升个性化服务能力。三是服务全球化。要加快提升全球服务能力，迎合大型企业、机构客户及高净值富裕个人客户的跨境金融服务需求，加快完善全球服务网络建设，提升全球资产配置与服务供给能力，为客户提供专业化的境内外综合金融资产服务。四是服务精细化。要全面了解我们的客户，对客户类型、需求、使用的服务、业务贡献度等进行细分、筛选、分析，推行差异化服务，对优质大型客户采用个性化、人性化方案，对小型客户使用标准化方案，提高我行的金融资产服务效率。

今年，围绕机构、公司、个人客户的需求，继续完善全行产品线建设，加强产品的开发和管理，提高专业服务能力，发挥全行综合化平台优势，做大做强金融资产服务业务。

（一）重点研究民生领域及银银平台的服务方案。一是建立民生领域综合金融服务平台。围绕政府部门实施财政性资金、社会保障资金和住房公积金等全流程监管创新服务方式；针对财政资金管理专项化、养老基金市场化、专业化投资运营以及职业年金建立和推广进程，推动账户管理、托管服务、融资服务和投资理财等产品的创新进程；开发医疗、养老、住房等领域综合业务系统，为民生领域客户提供有竞争力的品牌服务。下一步要先有一个品牌，然后打造若干服务平台，如住房公积金综合服务平台、社保服务平台、医疗服务平台、财政综合服务平台等。通过平台整合我行的产品，以更好地服务客户，同时能获得客户信息，挖掘客户需求。机构业务部牵头研究分析各领域的情况，有服务平台的要优化整合，没有服务平台的要加快开发。二是加速银银平台拓展步伐。整合银银合作资源，丰富银银平台合作内涵，加快投产代理品牌贵金属、合作办理远期结售汇业务、外汇买卖、账户贵金属业务、同业存款账户透支等业务的服务功能；将人民币支付结算代理、代理银行承兑汇票业务以及代理国际结算业务等成熟产品及优势业务移植到银银合作平台；搭建与中小银行的直接交易平台，开展债券承销、信贷资产转让、理财托管等业务，全面提升银行客户的服务水平和价值贡献。下一步，通过银银平台，与农信社、农村合作银行、城市商业银行合作，开发小微企业贷款，将来还要开发保险方面的销售平台，加强与保险公司信息共享。

（二）大力推广现金管理和网络支付服务。一是推动现金管理业务跨越式发展。加强供应链核心企业营销，通过为其提供全面的现金管理解决方案，拓展供应链上下游企业现金管理服务；加强收款管家、资金池、票据池、债券池等重点产品宣传，促进现金管理与贸易融资、法人理财等产品的组合服务；加强与境外机构联动，继续推进外资跨国企业总部营销，争取成为外资跨国企业境内、区域乃至全球现金管理的主办行。现金管理最重要的是加快系统建设，实现可操作、可管理、可交易、可监测、可展示的功能，尽量让客户在平台上交易，避免台下交易。二是推广网络支付服务的应用。针对网络支付、银行卡收单和预付卡三种不同类型的支付机构服务需求制定合作策略；树立“网上支付+消费信贷”的综合业务优势，要争取网络客户，利用网络支付机构的庞大客户资源，拓展网络支付业务。

（三）全面提升资产托管服务的综合竞争力。我行已经是亚洲最大的托管银行，未来的目标是要能够跻身全球大型托管银行的行列，要按照“统一平台、全球营销、集中营运、属地服务”的原则，实现三个突破：一是要突破地域。稳步推进我行全球托管网络建设，扶持境外机构分梯队开办托管服务，拓展托管服务的广度和深度，大力推动托管服务从境内向境外、从一国向多国延伸，今年重点提升工银亚洲的本地信托及托管服务能力，研究工银金融托管业务开办的可行性方案，扎实推进工银金融托管业务实施进度。二是要突破市场。从为公募基金等资本市场主要产品提供托管服务，转向重点研究资本市场以外的、存在使用权和所有权分离的，或交易双方信息不对称的交易市场，创新设计托管机制和方案，思考如何拓展 ESCROW、收支账户等与资本市场不直接相关的服务，将托管服务延伸到民生、主权类基金、商品交易、票据等新领域。三是要突破服务。在稳定国内领先地位的同时，向国际一流全球托管银行看齐，在服务内容、手段、托管机制创新方面多下功

夫，不断提升证券借贷、资金管理、抵押品管理、税收服务、海外投资信息、法规咨询等增值服务能力。

（四）积极拓展养老金投资理财和个人养老服务板块。强化整体品牌、打造综合平台、构建专业团队、提高服务能力。近期要重点抓好以下两项工作：一是提升养老金投资理财专业能力。积极创造条件争取投资管理资格，适时开展直接投资业务；提升投资管理能力，形成涵盖市场研究、资产配置、绩效评估等多功能的基本管理架构，逐步树立我行养老金资产管理品牌形象；丰富完善投资理财产品体系建设，争取以银行理财形式为基本养老金等各类社保基金提供直接投资管理服务。二是积极探索个人养老金融服务模式。认真分析个人养老金融服务需求，整合现有各种产品和服务，明确发展思路、制定发展规划，研究服务内容，确定服务模式；构建多品种、有特色的个人养老金产品体系，加快研发在期限结构、收益水平、品种类型上符合养老特点的多类型个人养老金理财产品；密切关注政策动态，加强与同业机构的联系与沟通，积极争取政策支持，探索商业银行参与个人税延养老保险业务的方法和途径。下一步，要给个人客户提供养老金管理系统，实现与其他个人业务项目的衔接，提供综合账户、综合信息、养老顾问服务等综合服务，还可以与个人金融资产服务结合起来。

（五）加快完善金融资产服务的工作机制。一是整体推进客户营销策略。对目标重点客户实行有计划、分步骤的营销活动，注重源头营销，以供应链集群、行业集群、区域集群和“走出去”集群为重点，做好集群营销，确保各项营销计划落到实处，提升营销效果；抓紧总结各行先进服务经验，形成针对重点客户的统一金融服务方案、服务标准和服务流程；加强重点客户名单制管理，根据客户规模、综合贡献、发展潜力等，落实重点客户分层管理制度，在产品价格、资源配置、政策支持等方面给予相应倾斜；进一步扩大各类客户分类评价范围，完善综合评价模型和方式；抓紧制定部队客户的服务标准，增加我行对部队客户的竞争力。二是不断完善金融资产服务技术平台建设。开发推广机构客户营销管理系统，升级改造公司客户营销管理系统，建立涵盖业务运营与管理、客户关系管理、风险控制等多功能的综合系统平台，满足客户需求多样化及金融资产服务一体化的要求；搭建与中小银行的直接交易平台，建立覆盖医疗、养老、住房等民生领域的综合服务平台；推进星级评定系统的应用，要创新离行支持系统，推动以客户经理为主体，实现客户营销维护的离行办公；优化安心账户、企业年金、分行托管业务营运流程再造项目，提升交易监督系统自动化水平，继续推进托管业务系统境外延伸，全面搭建具备国际竞争力的托管业务处理系统；优化系统投资管理模块，加强对养老金资产投资行为的系统化监督，完善投资管理人绩效评估和业绩分析功能。三是组建具有专业能力的服务团队。加强渠道建设和专业人员队伍的培养，做好网点优化，设置专职客户经理岗位，提高网点的金融资产服务能力；组建专家服务团队，采取“客户经理＋产品经理”的服务机制，选拔高素质、综合型、专业化的营销人才；加强人员培训，坚持专业资格培训与岗位适应性培训并重，健全员工学习培训长效机制，提高培训覆盖率。尤其是对于无贷户专职客户经理，要进行专职人员报名单、兼职人员报人数，加强对专职客户经理的业务培训。四是建立全面科学的统计分析体系。坚持“以服务收费为准、以系统处理为轴、以交易动作为据”的原则，一要全面反映，凡是属于金融资产服务业务范畴的都要在统计中反映；二要收资对应，将相应的金融资产的处理服务与银行业务收入对应；三要统一规则，各类业务应有统一的统计规则；四要合理划分，清晰界定收费业务、价差业务和利差业务的范围；五要全程衔接，统计应覆盖相关业务的资产并对应收入的每一个环节；六要数据共享，各部门应共享相关业务的统计数据，在数据质量达到标准后，及时纳入数据仓库统一管理。五是优化内部管理机制。各行要充分调动并有效整合营销力量，以客户为中心分析需求，建立客户服务统一视图，开展协同服务，提高服务效率，强化服务效果；逐步建立系统性客户相关分行利润还原机制，完善客户经理工作业绩评价；梳理服务流程，提高金融资产服务的集约化、流程化、标准化水平，统筹考虑金融资产服务参与部门的分润机制，在营销部门、产品部门、营运部门的成本核算、考核评价方面，要尽快拿出客观可行的方案，争取年内见到实效。

金融资产服务作为我行经营管理转型的方向，已经全面启动，但是还有很多产品、标准、技术、方法、机制需要完善，希望各部门、各分行高度重视，统筹规划，结合本专业特点、客户需求积极挖掘金融资产服务的新领域和新方法，加强工作机制建设，为金融资产服务发展创造良好的外部环境，夯实内部基础，努力提升我行金融资产服务的全面性、专业性和先进性，推动我行金融资产服务实现跨越式发展，为我行构建现代化经营模式做出贡献！

探索建立现代金融企业内部控制体系

——在中国工商银行内控合规高级管理人员培训班上的讲话

罗　熹

（2012 年 3 月 14 日 · 根据录音整理）

刚才杨行长作了重要讲话，充分肯定了内控合规部门这几年的工作，深刻分析了我行当前面临的经营形势，为内控合规工作指明了方向。为更好地贯彻落实杨行长的讲话，我结合工作实际讲一讲现代金融企业的内部控制。现代企业内部控制体系建设经历了一百多年，但尚未形成成熟的工作模式，许多做法还处在摸索之中。我行近年来在贯彻财政部等五部委《企业内部控制基本规范》的过程中，结合自身内控管理实践，提出了“行为有规、授权有度、监测有窗、检查有力、控制有效”的内部控制总体要求，经过了深思熟虑，具有很强针对性和实效性。今天围绕这一主题，我讲三个问题：

一、提出“五有”的背景和意义

（一）“五有”的理论基础。1912 年英国审计师蒙哥马利最早提出了“内部控制”的概念，认为“内部牵制就是一个人不能完全支配账户，另外一个人也不能完全加以控制”。这句话有三层涵义：第一，内部控制是会计概念，是针对账户的；第二，内部控制包含制约的理念，即牵制；第三，内部控制是企业内部管理中的活动。由于公司既是营利机构，又具有很强的社会属性，因此这个观点很重要。特别是上市公司主要用投资者的资金开展生产经营，在这个过程中就可能出现“内部人”控制的问题。以银行为例，高管相对于银行整体是内部人；部门的主管相对于高管是内部人；分行相对于总行是内部人；支行相对于分行是内部人。所以要防止内部人的操纵、欺诈、舞弊，这就是内部控制产生的初衷，也是为什么在业务部门监督系统之上，总行还要建立一套综合监控分析系统的原因。

1929 年美国股灾导致的经济危机，虽然有经济结构和产品过剩的问题，但是从微观角度来讲，企业管理中的内部人控制也是重要原因之一。在 1929 年之前，公司管理中内部人操纵的现象非常严重，特别是会计上做假账。1929 年股灾以后，重大的公司内部人控制丑闻仍多次发生，引发了广泛关注。1985 年美国注册会计师协会、内部审计师协会、财务执行官协会等组织，出资设立了反欺诈财务报告国家委员会，由其下设的 COSO 委员会开始系统地推动内控理论发展，并在 20 世纪 90 年代之后取得了很大进展。由此可见，虽然内部控制是企业内部的活动，但提出“内部控制”的原因是外部股东、社会公众和监管部门强烈要求企业管理者对会计报表的真实性、完整性负责任。

20 世纪 90 年代以来，有关内部控制的制度安排逐步规范。1997 年英格兰银行发布了《银行内控和第 39 条程序》，1998 年巴塞尔委员会发布了《银行机构的内部控制制度框架》，2002 年美国国会发布了《萨班斯—奥克斯利法案》，2009 年 COSO 委员会发布了《内部控制体系监督指引》。目前国际银行业内部控制在制度框架上已经比较明确和完善了。

我国商业银行内控制度发展完善也经历了一个过程，2002 年人民银行发布了《商业银行内部控制指引》，2007 年银监会发布了《商业银行内部控制指引》，2008 年财政部等五部委联合发布了《企业内部控制基本规范》，2010 年五部委又发布了《企业内部控制基本规范》配套指引。我国在不到十年的时间里，就建立起一整套银行内部控制规则。这套制度规范是否有效？其中的“三大目标”、“五大要素”、“三道防线”构成的制度框架可不可行？内控环境、风险评估、控制活动、监督与纠正、信息与沟通这五大要素相对比较抽象，因此，我们提出了“五有”的内控总体要求。这是国内外先进内控理论在我行的具体化，它更加形象、直观和具有操作性。

综观银行业各类风险和损失事件，也能看出内部控制何等重要。根据一项对美国银行业的研究表明，在不同历史时期，由于银行内部原因造成损失的比例为 50% 到 90%，由于经济衰退、资产贬值等外部原因造成银行损失的比例为 20% 到 60%，也就是说银行损失很大程度上是因为内部管理出了问题。这一点从国际上发生的 6 起重大银行失控事件中也可以得到证明。1995 年巴林银行尼克 · 李森违规操作导致银行倒闭事件损失 70 亿美元，2002 年爱尔兰联合银行约翰 · 鲁斯纳克违规操作导致巨额诈骗案损失 7.5 亿美元，2008 年法国兴业银行杰洛米·科维尔违规操作导致欺诈案损失71亿美元，2008年曼氏期货公司伊万·多利违规操作事件导致损失1.4亿美元，2008年摩根士丹利马修·派普违规操作事件导致损失1.2亿美元，2011年瑞士银行奎库·阿多博利违规操作事件导致损失20亿美元。这些事件不是一般的操作风险，不是信用违约，也不是市场价格波动，而是内部失控。这些事件的教训非常深刻，也印证了杨行长讲到的：不管外面怎么说、环境怎么变，关键是我们要把自己的事情办好。

我还要强调一点，内部控制主要是对内部人行为的控制，这是内部控制最本质的特征。有的同志讲，内部控制是对制度、流程、技术和行为的不当所进行的管理活动，但是不管是技术、流程，还是制度，都是人在执行。有的同志讲，用机器管人行不行，但要知道机器是人设置的，机器的程序是人开发的，机器也是人操作的。所以，离开对人的行为的控制，内部控制就失去了意义。过去一些银行发生很多案件，制度不合理的原因主要在总行，制度执行不到位的原因主要在基层行，但是都离不开人的因素。所以该追究管理责任的要追究管理责任，该追究工作责任的要追究工作责任。不能因为制度有问题就去改制度，机器有问题就去改程序，这是“头痛医头、脚痛医脚”，也是纯粹的“技术观点”。要根本解决问题，就要对人的行为进行约束，这是提出“五有”的原因，“五有”全部是针对人的行为的。

（二）“五有”的内涵与关系。“五有”是一个完整的目标体系，共包含五句话。

一是“行为有规”，即银行所有的经营管理活动都必须有制度和流程的安排。怎么才有战斗力？“内方外圆”才会有战斗力。所谓“内方外圆”就是内心有原则和底线，在外面活动才能具有灵活性，否则可能就是呆板和盲目的。这个原则和底线就是一整套的制度安排，是一系列的“规”。

二是“授权有度”，即所有的经营管理活动都应当在合理的授权范围内。银行有多层委托代理关系，任何一级行长都没有能力对银行的资产负完全责任。既然是有限责任，就应该有一个授权，能做什么、不能做什么、能做多少都要有度。

三是“监测有窗”，即各个岗位人员的行为是完全透明的，各级管理者对职责范围内的人和事要能够看得见。我们有1.7万家机构、40多万人，有柜员号的员工20多万人，如果我们对各个岗位的活动一无所知，怎么能做好内控，怎么能确保合规，难道靠他们自己报告？在控制活动中，自首机制是很难发挥作用的。因此，如果看不见各级岗位的经营管理活动，内控就没有任何基础。“监测有窗”在银行业早有应用，天津分行营业部现在使用的老盐业银行大楼，一层做柜面业务，楼上做管理工作，二楼夹层有三个窗子，专门观察大厅里活动，这是“监测有窗”形象的展现。现在内控合规部门对信贷活动、柜台活动、资产管理、市场交易等业务活动还缺乏实时观测的手段。有人说这些部门有监督系统，但正如上所述，内控就是针对内部人而言的，它是一种制衡。业务部门为了管理确实要有监督系统，这也是内控管理的要求，但是从法人的角度、高管层的角度，还必须要有一个“窗口”让内控合规部门能看得见。

四是“检查有力”，即对人的行为要有一个检查的过程。监测解决了时间、地点、人物的问题，如果要知道原因、过程、结果就必须去检查。现场和非现场的检查都是必要的。有的时候通过非现场的方式就能把原因、过程、结果搞清楚，有的时候就必须到现场去。检查怎么叫有力呢？这么多年检查年年做，但是公安、纪检、监察、审计、监管等部门从外面发现的问题还是不少。因此，我们的检查工作应该做一些改进，要处理好内部检查与外部检查、综合检查与专项检查、自我检查与独立检查等关系，使检查更加有力度，避免走形式。

五是“控制有效”，即通过上述的内部控制活动，实现操作风险的缓释，损失率的降低，内部控制评价得分的提升。在这方面，我们要有一套指标体系来检测控制是否达到效果。

“五有”是对国际规则和国内监管的一个具体落实，比较形象，特别是基层行的同志比较容易记和理解。“五有”之间具有内在逻辑关系。人要做动作，首先要有规矩；规矩有了怎么做，还要有授权；根据授权去做事，应该有“窗口”能观察；监测过后时间、地点、人物清楚了，原因、过程、结果需要检查；这些工作的目的是使风险概率降低，损失程度减轻，合规水平提升，这样，控制效果就达到了。

（三）“五有”的提出背景。内控理论一百多年来不断发展。内部控制最早是针对会计的内部操纵、欺诈和舞弊提出来的。内部控制的深层次原因是委托代理关系，这种关系造成了委托人要求代理人必须对自己的行为进行控制。内部控制理论本质上是对人的行为的控制。我曾让我的一个会计专业博士后学生研究财务角度的内部控制，中外上市公司的财务报表有水分、有泡沫、有虚假，我们能否监测出来，得到的回答是这件事非常难，不好做。内部控制理论虽然经过了一百多年的发展，但是仍未能彻底解决公司财务欺诈行为的控制问题，更不要说与银行经营管理行为相关的控制了，因此需要有针对性、指导性的思路和方法。

金融监管要求愈加严格。近年来监管部门要求对操作风险计提资本。据初步测算，按照操作风险高级计量法要计提300多亿元；按照标准法要计提近600亿元。如果通过内部控制降低操作风险的损失概率，就能把这项资本占用压低一点。反之，操作风险的资本要求必然会大幅增加。信贷操作流程中的操作风险也值得关注。前一段时间，某银行和担保公司合作出了问题，有同志讲这里的风险是不是由于对担保公司的评估授信不当引起的？有这方面的原因，但是这家支行的有关负责人跑到担保公司上班去了。这难道不算是操作风险？在操作风险管理上，我们在全球银行中名列前茅。我和一些欧美银行领导交流，他们在这方面并不是那么精细。对于欧美银行的操作风险管理，有些可以借鉴，但也不要以他们为标杆。如果他们是标杆，就不会在过去十多年当中出现6起巨额的失控事件。杨行长今天的讲话语重心长，提醒我们：辛辛苦苦积累的成果，千万不能毁于某个失控事件。

监管处罚应当引起高度重视。2009 年到 2011 年，我行受到监管处罚的金额分别为 6 913 万元、6 666 万元、2 357 万元，原因主要有三个方面：一是税务监管政策调整导致涉税处罚占比较高；二是外汇管理的监管进一步加强；三是反洗钱的要求不断提高。这三方面的罚款需要引起注意。监管部门在检查中发现的一般问题通常会出具整改意见或进行监管谈话；如果涉及罚款，问题的性质就比较严重了。所以，我行在适应外部监管要求方面还需进一步改进。

全行经营管理提出更高的目标。当前我们的业务规模在增长，但是资本要求也在提高；我们的盈利能力在增长，但是外界关注度也在提高；我们的客户群在增加，但是客户服务的压力也在增加；我们的品牌美誉度在提高，但是违规的隐患也值得关注。预计到今年底，在国际银行业衡量银行的八类指标中，市值、利润、存款、贷款、资产、品牌这六类指标我行可能成为全球第一。我们的收入在全球 500 强中排到第 87 位，在银行中排到前十位。我们的资本在银行中排第六位，今年可能提升到第四、第五位，再用三年左右的时间，资本也可能排到第一。也就是说，我们有望在三年左右的时间里，八大指标全部跃升全球第一。到那时候，内部控制的压力就更大了。

全行经营方式转型加快。一是国际化。我行已经在 33 个国家和地区建立了 239 个机构，这些机构的经营范围、地域环境、业务结构都不尽相同，要研究如何有效地进行控制。二是综合化。我行已经涉足租赁、基金、投行、保险等领域。这些领域过去有的也曾经做过，但是 2000 年以前的综合化是失败的，这里面的教训要认真汲取。三是信息化。现在全球商品交易发生了深刻变化，很多公司和个人都是通过网上进行交易和支付，在这种情况下，如果我们的监测手段、检查手段和控制手段不改进，那么失控的可能性不是没有。再比如，现在金融市场交易在做交割的时候，不用物理传单，屏幕上就可以确认，在这种情况下前台、中台、后台如何配合和制约，成为一个现实的问题。四是流程化。现在银行是流水化作业，我们的监督、检查和控制必须镶嵌到流程中去。合规管理是事前的，不是事后的，大量的隐患要在事前堵住，事后就是评价、检查和处罚了。合规管理要从岗位设立、系统开发、产品设计、制度制定时就要开始着手。在设立岗位时，要看这个岗位是否落实内控合规的要求；在开发系统时，要看这个系统里是否有内控合规相关的信息安排；在产品设计时，要有风险防控方面的要求；在制定制度时，要看这个制度会否引起操作风险和合规风险。

二、落实“五有”的积极探索

（一）行为有规方面。制度建设取得成效。一是全行建立了一套员工行为规范体系，即《员工行为守则》、《员工行为禁止规定》、《员工违规行为处理规定》。这三个规定各有侧重，第一个是正面有规范，第二个是反面有禁止，第三个是违反有处罚。二是近三年来内控合规部门制定了 16 项制度办法。三是牵头编制了 987 张业务操作指南，涵盖了 16 个业务部门。四是制定了违规积分管理办法，在对严重违规进行处罚外，对一些零星违规事件要进行记录或教育，不能等到一个人犯了大错误再处理，这也体现了对员工的爱护。

积极探索制度管理。一是对制度进行梳理评估。二是制度的合规审查效果不断体现，近三年审查了 1 128 个制度，提出了 1 598 个管理建议。三是对各项制度进行了广泛的宣传。同时，也要看到目前制度中确实存在相互之间不衔接的地方。因为制度是部门制定的，在制定过程中，法律部门进行了法律审查，合规部门进行了合规审查，但工作力度还需进一步加大，要加强对制度的规划、评价和管理工作。

（二）授权有度方面。授权管理体系不断完善。我行有对人、财、物管理的一整套的授权，有对外业务签约的授权，还有业务处理的授权。比如贷审会的信用审批授权，市场交易授权等。在具体授权中，还分为年度授权、特别授权，还有岗位授权、系统授权，特别是近几年推广的远程集中授权，进一步提高了业务处理中的授权效率。另外，授权在整个公司治理和公司管理中发挥了重要作用，这里面涉及股东大会、董事会、监事会、高管层，涉及总行对分支机构的授权。可以说从 2000 年以来，这一套授权管理体系越来越健全。

（三）监测有窗方面。全行的监测体系逐步健全。各业务部门都建立了专业的监测系统，内控合规部门也在搭建综合监测分析平台，审计部门也有审计监测系统，今后的任务是要下大力气加快建设内控监测分析系统。现在的内控监测分析系统有 10 个模块，77 个功能。去年底，我们用这个系统验证了个人贷款中的情况，发现全系统有 1 770 笔“卡贷通”套现，其中行内员工也有涉及，我们进行了严肃处理。所以，实践证明综合监测系统是发挥了重要作用的，要进一步加强。

内控合规部门进系统、建系统。一是进系统，是指要进所有的业务系统。内控合规部门是总行授权的专司监督检查的职能部门，应该能够进入所有的业务系统，进行实时的监测。二是建系统。进了业务系统之后，不能替代业务系统的自我监督，要建立自己的系统和模型，从中筛选出内控合规部门所关心的信息。三是信息分析。建完系统后要对系统筛选的信息进行分析。我调研过四川分行的监控系统，做得不错，很受启发。之后我给党委写了一个调研报告，提出交易信息、核算信息、管理信息、行为信息"四位一体"的监控模式。就是说当一笔业务有问题时，可以调出这四个方面的内容来，基本上从远程就可以把问题监测住，然后在必要时候进行现场检查。保卫部最近制定的反欺诈管理办法也很好，原来涉及外部欺诈防控工作的时候有很多部门参与，这个制度明确了凡是出现欺诈的事，都要及时报告给保卫部门。各分行监测中心建设要搞一体化的、综合的监测，要包含图像的、数据的、账务的和工作的信息。以改进窗口服务为例，我们通过摄像头能看见柜员工作规范与否，支行负责人在晨会上是否提出过相关要求这个管理信息也要能看见，这样，在遇到问题时就可以明确落实管理责任了。

完善操作风险监测。在借鉴国内外经验的基础上，我行建立了34条操作风险核心指标，严格计量了操作风险损失，开展了操作风险与控制自我评估，推广了情景分析，建立了报告制度。这些是对操作风险的识别、计量和控制所做的工作安排。

建立反洗钱的监测体系。目前我行建立了两个反洗钱系统，一个是境内外一体化的反洗钱监控平台，这个平台不仅适用于国内分行，还适用于境外分行，现在已经在10个境外分行开始使用了。另一个是全球特别名单控制系统，凡是黑名单上的人，只要在我行的系统做业务，马上就会有提示。下一步计划建立员工账户监测系统，通过系统监测我行员工在本行的交易行为，排查大额可疑交易并进行确认，确需进一步核查的，将对相关单据进行验证。

做好业务运营风险监测。业务运营风险监测的范围逐步扩展，涉及操作、运行的相关业务都在逐步纳入，从柜台业务发展到银行卡、电子银行，甚至包括个人金融业务中的一些低柜业务。目前，这个系统已经包含了186个监测模型。

（四）检查有力方面。全行监督检查工作成效显著。全行这些年开展了三个层次的检查工作：一是内审局对信贷、内部控制、理财、境外机构等开展了一系列审计项目。二是内控合规部门三年来开展了一系列合规检查，全系统的检查、审计项目有2万多个。三是各业务部门也安排了一系列的专项检查。应当说全行监督检查的规模和数量比较大、频率也比较高，从检查发现问题的整改率、涉及金额、违规数量等方面，可以看出监督检查工作取得的成效。

积极探索检查统筹管理。我行正在建立一个监督检查管理系统。一是对全行检查进行统筹管理，统一安排，检查项目的启动要经过审批，检查过程中的工作底稿全部要进入这个系统。二是规范检查发现问题的整改工作，整改结果要在系统中进行核销，检查人员要对整改情况进行确认。而由于制度不完善引起的屡查屡犯问题，要及时对制度进行修改。三是要加强检查信息内外共享，公安、纪检、监察、审计、监管等外部检查的信息都要进入这个系统，以避免重复检查。当然，这个系统是不对外开放的，不能把内部的检查信息泄露出去。另外，我们现在已经广泛开展非现场检查，比如去年对银行卡的综合检查，先在系统内进行非现场检查，发现了线索，再去做核查，这样就大幅提高了检查的效率。

（五）控制有效方面。控制效果逐步显现。一是在操作风险和案防管理方面，近几年我行操作风险损失率和千人发案率呈下降趋势，外部欺诈案件的防范案件成功率达到81%。连续8年涉枪案件为零，连续4年既遂案件和员工伤亡案件为零。二是在运营风险事件核查方面，内部风险暴露水平下降了35%，违规代客办理业务笔数下降了33%，规避反交易及逆向操作业务笔数下降了32%，员工自办业务笔数下降了19.5%，员工账户与客户资金往来笔数下降了14%，运行风险大幅下降。三是在不良贷款责任认定方面，贷款合规水平大幅度提高，推动全行资产管理水平迅速提升。四是在内控评价方面，过程评价和效果评价都是比较好的，被评为内控一级的分行数量在逐年增加，2011年度内控一级行有18家，二级行有16家，三级行有2家。另外，一些行还是发生了一些案件或重大风险事件。从五要素的分析也可以看出，分行内控活动的得分相对较低，反映出违规操作问题应当引起注意。

三、构建"五有"的工作体系

（一）搭建更加清晰的工作架构。处理好与外部监管和外部审计的关系。具体来说就是信息要共享，工作要配合，整改要到位。其中，重点是整改要到位。董事长已经讲过几次，多次检查发现的都是同样的问题，对此大家要高度重视。所以整改要采取核销制，下整改单的时候一定要明确责任人，要落实哪个岗位、哪个部门、哪个机构负责这项工作的整改，整改到位了才能核销这个事项。

处理好内部监督和内部管理的关系。对于与内审、监事会办公室、保卫、监察等部门的关系，要在明确这些部门基本职责的基础上，处理好两个问题。一是信息共享的问题。即相互交换在履行监督职责过程中发现的问题等信息。二是在工作中要加强配合，比如内控合规部门和监察部门的配合很好，内控合规部门认定责任后，交由监察部门处理，流程很清楚。

处理好内控部门与业务部门的关系。首先也是信息共享的问题。充分的信息共享不仅仅是报几张报表，而是要将系统的"钥匙"交给内控合规部门。如果因此影响了业务或泄露了信息，要由内控合规部门承担责任。但到目前为止，还没发现客户信息从监督部门泄露的情况，所以业务部门要信任监督部门。其次是职责要清晰。内控合规部门与业务部门的工作职责是有明确区别的，双方都要支持对方履行各自的职责。最后，内控合规部门在工作中要维护、支持业务部门进一步提高经营效率。检查是有成本、有代价的。为此，各级分管内控的领导、内控合规部门要体谅业务部门和基层机构，要支持业务部门和基层机构提高运营效率和经营效益。总体而言，内控合规部门要找到自己的职能定位、工作方式、工作渠道和技术手段。

（二）建立更加合理的工作机制。实行合规经理制。合规经理不是总行新提出的要求，各一级支行、二级支行本来就有管内控的负责人，这个合规经理不一定是专职的，比如某支行副行长具体负责内控合规方面的工作，也就是把合规经理的职责落实到了相应的岗位。合规经理的报告路线要进一步理清，哪些是向本级负责人报告的，哪些是向合规部门报告，要实行双线报告。我们正在建设内控的综合管理平台，以后所有工作都要在这个平台上作业。

建立检查中心。按照检查工作专业化和集中化的设想，相关部门发起的检查应逐步由二级分行以上机构的检查中心来组织实施。就是说检查中心要建在二级分行，一级分行有检查任务时可以统一调度二级分行检查中心的人员。将来内审、内控、业务部门组织检查，原则上应由检查中心的人员来具体履职。检查中心的人员将来要按专业进行分组，配备业务经验丰富、原则性比较强的同志。同时，还要逐步进行整合，过去我们设立了反洗钱中心，今后反洗钱中心的牌子还要保留，但是要成为检查中心里面的一个小组。检查中心不能太多，多了就有可能影响工作效率。据统计，截至2011年底，二级分行以上的检查中心共有301个，专职的检查人员有2 504人，兼职的合规经理6 340人，兼职的核查岗32 735人，应当说全行监督检查队伍已经基本形成。可以考虑吸收一些有经验、责任心强的中年员工，各分行可以研究摸底，选聘这些同志到检查中心工作。

全员实行违规积分管理。追究责任仅是违规积分管理的一个方面，更主要的是通过违规积分实现记录、教育、处罚和考核的功能。比如说在实际工作中有许多同志一直认真执行规章制度，长期不发生业务差错，那么通过违规积分管理系统就可以发现和选出这样的同志来，给予这些同志相应的鼓励。

（三）运用更加先进的技术手段。首先做到“建系统”。包括内控监测分析系统、检查监督管理系统、合规管理系统、操作风险管理系统和反洗钱系统在内的内控综合管理平台，要按工作计划继续抓紧，建成独立的监督检查系统平台和数据信息共享机制；要抓好反洗钱综合监控系统建设。内控合规部门要通过“建系统”，运用更加先进的技术手段提高工作水平，夯实工作基础。

切实做到“进系统”。要对全行尤其是有信息源的90多个系统进行系统分析，做到“进岗位、进功能、进流程、进系统”。内控合规部门要熟悉各个岗位的职责、各个产品的功能、各项管理的流程，以及各个业务系统和管理系统，下一步要出台关于内控合规部门加强信息系统学习的指导意见。而在国际化、综合化发展的背景下，我行的产品已经非常复杂，产品创新发展的进度也非常快，所以还要通过学习来熟悉各类产品。

（四）实施更加流畅的工作流程。加强外部检查的整改。要充分借助系统功能，利用总行的监督检查管理系统，对各级行接受外部监管部门的检查（审计）以及发现的问题和整改情况进行管理，要求各级行及时反馈处罚情况，通过系统对问题的整改进度进行跟踪和考核。

做好业务运营风险核查。核查工作不仅是对业务运营监测系统监测出来的风险事件进行核查，对其他相关系统分析排查出来的事件也要进行核查。核查需要线索，线索怎么来呢？要从监测系统里面分析排查而来，不过我们现在掌握的监测系统还很少。信贷专业有监测系统和监测中心，相关情况内控合规部门也需要掌握；还要掌握市场交易、资产管理、银行卡、电子银行等方面的监测信息。所以要制订出计划，明确哪些信息要掌握、要共享、要搜索、要分析。所有的业务信息数据经过筛选后，就知道哪些是符合既定风险特征的待核查事件了。核查流程去年已经初步形成了，下一步还要继续完善。

提高内部检查效果。提高检查效果涉及检查内容怎么安排，检查对象怎么确定，检查方式怎么选择，检查结果怎么应用等。我们已经拟定了一个监督检查的管理办法，凡是达不到这个办法要求的，建议就不要部署。要切实解决检查过多、各自为战、内外分割过多的问题。

（五）打造高效的专业团队。加强内控合规部门专业团队建设。当前内控合规部门面临着人员较紧、专业人才少、人员结构失衡等问题，要进一步加强培训，并适当补充人员。对此，要有统一的要求，就是建立精通业务、熟悉系统、精于检查、善于控制的专业团队。另外，还要加强业务部门和内控合规部门人员的交流。

完善内控合规部门年度绩效考核。深圳分行有一个经验，就是年度考核时基层行和各业务部门不对内控合规部门打分，内控合规部的考核等级由行领导班子确定。所以，考核问题需要进一步研究，比如监督部门之间可以打分，董事会办公室、监事会办公室、监察室、保卫部、法律部、内审局可以给内控合规部门打分，因为工作性质相似，做得好不好、有没有支持、有没有配合都很了解；而由被检查对象给检查部门打分的做法，可以斟酌。

研究在业务部门设立合规官的可行性。业务部门掌握的资产规模庞大，内控合规工作没有具体的人来负责是不行的。比如副总经理可以兼任合规官，但是我们对合规官是有要求的。现在海外机构普遍都设立了合规官，因为国外监管机构有些要求，而且合规官要经过监管认可。将来总行业务部门要逐步探索设立兼职或者专职的合规官，控制整个条线和板块的合规风险。比如银行卡的规模很大，电子银行每天发生交易而且新生事物层出不穷，还有金融市场、资产管理等都应该切实履行好内控管理职能，这些做法都有待探索。

今天和大家讨论内控工作，交流经验，共同探讨，很有收获。总行相关部门对内控合规工作给予了大力支持，在这里表示衷心感谢。希望通过交流，引起大家的思考和讨论，不断完善我行的内控合规体系，不断提高我行的内控合规水平。

对基金形势及银基合作的几点认识

——在中国工商银行银基战略合作研讨会上的讲话

罗　熹

（2012 年 4 月 18 日・根据录音整理）

在著名的侨乡、国际制造业名城东莞，我们非常高兴地迎来了参加银基战略合作研讨会的各位嘉宾。首先，我代表工商银行对各位的光临表示热烈的欢迎，对长期以来在我行基金托管、代销业务发展中给予的大力支持表示衷心的感谢！2011 年，我国基金行业发展遇到了很多困难，今年以来，虽然资本市场依然低迷，但产生了许多积极的变化。刚才，大家对于今年的市场走势、证券投资基金发展方向以及行司双方合作进行了深入讨论，提出了宝贵的意见和建议。下面，我就基金行业的形势以及银基合作谈点看法。基金行业的发展，说到底是投资者、基金管理公司、托管银行和代销银行共同的事，因此，我的看法主要集中在共同关心的领域。

一、银行与基金共同面对全球金融市场动荡的挑战

2011 年，包括股市、债市、汇市和大宗商品等在内的全球金融市场出现了大幅震荡，股市市值缩水近 6.3 万亿美元。欧洲央行认为，2011 年欧元区债市波动程度已经达到 2008 年雷曼兄弟倒闭后的水平。虽然中国仍是全球最具活力的经济体，但股市的表现也令投资者失望，去年上证综指和深成指分别下跌了 22% 和 28%，股票总市值减少 5 万亿元。在这个背景下，基金净值缩水近 3 300 亿元，跌幅 13%。可以说，商业银行和基金公司共同面临复杂多变的市场环境。

（一）全球经济再平衡，经济步入慢增长。经历了 2008 年金融危机后，全球经济在 2011 年再次陷入债务危机，经济增长在短暂的复苏后重新放缓，这在很大程度上反映出，之前各国采取的凯恩斯主义反周期政策并没有触及此次金融危机的根源——全球经济失衡。所谓全球经济失衡，主要表现在以美国为代表的国家以过度的财政赤字、贸易赤字、金融部门衍生化和居民负债为支撑，坚持高福利、过度消费的发展道路，造成巨大的经常账户赤字；而以中国为代表的发展中国家，则以投资和出口为主导，居民消费不足，积累了过多的外部盈余。

这一次债务危机最严重的欧元区，也是经济失衡最为严重的区域。主要表现在，以德国为代表的核心国家拥有大量的贸易盈余和低债务率，而意大利、西班牙等边缘国家积累了较大的贸易和财政赤字，并由此导致高债务、高赤字，欧元区货币统一、财政分裂的体制缺陷，加剧了这种不平衡。

历史经验表明，金融危机往往成为改革的契机。目前，在债务危机影响下，多个国家已经开始对经济发展模式进行调整，全球经济失衡出现了改善的曙光，IMF 预测，2013 年后，全球经济失衡将逐渐缩小。从中短期而言，全球经济走向再平衡必将是一个曲折的过程，债务危机的解决也将充满波折，全球经济进入慢增长阶段。根据 IMF 预测，2012 年全球 GDP 同比增长 4.0% 左右。其中，发达国家将维持低增长态势，新兴发展中国家经济增速也将继续有所放缓。

（二）中国经济长短周期叠加，增长放缓。中国经济失衡是全球经济失衡的重要组成部分。同时，中国经济当前面临的主要矛盾是长周期增长趋势放缓和短周期总需求紧缩的叠加。温家宝总理在政府工作报告中提出将 GDP 的增长目标调低到 7.5%，这是自 2005 年以来计划增长目标首次低于 8%，比 2011 年的计划目标下

调了0.5%。据多家研究机构预计，2012年GDP增长率很有可能下滑至8.4%左右。

从长周期看，我国潜在增长率正处于放缓的开始阶段。观察过去三十多年经济增长的历史，我国三次全要素生产率的显著提升，都与体制改革有关。最近一次是在21世纪初至全球金融危机前，我国加入世贸组织，进一步提高了对外开放的水平，伴随农村劳动力的大量转移，潜在经济增长率从2001年的9.8%上升到2006年的10.7%，6年平均增速为10.4%。但是，目前加入世界贸易组织的全球化红利在逐渐消失，未来十年，我国更多地要依靠放松内部体制性约束，提高核心竞争力，改善资源的配置效率。2011年中国人均GDP已超5 000美元，根据中国香港、日本、韩国、新加坡和中国台湾的历史经验，在人均GDP达到5 000美元与13 000美元时，经济增速一般下降1－3个百分点，我国潜在增长率下降符合历史经验。

从短周期看，我国经济的短周期波动主要反映需求的自主增长，和以逆周期为导向的宏观政策对投资的影响。预计2012年将经历短周期的一个拐点，存在增长见底后小幅反弹的可能。前面，我们分析了全球经济步入慢增长将导致外需疲弱、出口增速下降，同时，房地产的去泡沫化和产业投资的去杠杆化也会使得投资增速放缓，对需求的自主增长形成下行压力。但近期通胀回落，增加了宏观政策支持增长的空间，硬着陆的风险不大。政策的逆周期操作和“十二五”规划带动的政府主导投资将推动经济增速在2013年温和回升。需要注意的是，受制于潜在增长率下降和控通胀的需要，我国经济难以回到过去的高速增长状态。

（三）全球经济再平衡，金融市场震荡加剧。自2008年金融危机以来，全球经历了史无前例的货币政策和财政政策宽松，在全球经济再平衡之前，全球主要经济体很难走出确定性的短期增长路径，非常态的经济增长模式将延续。各国决策当局将在通胀、增长、解除危机之间寻求平衡，政策与经济自身运行之间进行反复博弈，并在政策出台后出现短暂的均衡，在这一过程中，随时可能会出现“黑天鹅”事件。

在国际方面，“黑天鹅”事件频现。日本大地震对全球经济造成重大负面影响。欧债危机卷土重来，希腊、意大利、西班牙主权评级连遭调降，主权信用危机深度恶化。美国失去了保持近百年的AAA级评级，房地产市场、就业市场依然低迷。在国内方面，紧缩的货币政策使得经济增长开始减速，各种问题逐渐显露，如地方政府融资平台债务问题、中小企业融资难和民间高利贷问题、房地产调控与房地产企业资金链问题、全球经济减速与出口环境恶化问题等；在资本市场方面，去年A股市场下跌幅度超过绝大部分市场参与者的预期。我国一直以来“重融资、轻投资”的问题没有得到彻底解决，加剧市场下跌。由于发行制度不完善而导致的新股高市盈率、高发行价问题，动摇了二级市场的发展基础，损害了代表广大中小投资者的基金利益。国内上市公司也存在技术水平和管理能力有待提高、法人治理结构不健全、缺乏规范的分红制度等问题。

在全球经济迈向再平衡的过程中，未来一段时间内，包括中国资本市场在内的全球金融市场将出现动荡，商业银行和基金公司需要共同面对这一严峻的挑战。

二、共同迎接历史机遇，推动基金行业创新发展

全球金融市场动荡对于商业银行和基金公司的经营发展形成重大挑战，同时，这也为基金行业突破瓶颈、迈上新台阶、稳健发展带来了难得的机遇。历史数据显示，全球金融市场动荡的时期往往也是金融创新活跃的时期，是金融行业突破旧模式、创造新模式、为新的全面发展作准备的时期。全球金融市场大幅波动以及通货膨胀的加剧，对于投资者的财富构成重大威胁，在这一背景下，投资者对于财产保值、增值的需求更加迫切，前两年理财产品的快速发展说明了这一点，这也为提供专业理财服务的基金行业发展带来了广阔的空间。同时，我国基金行业发展的外在条件和内在因素正在发生改变，基础市场的健康发展、金融工具不断完善、以新《基金法》为标志的基金行业制度创新，必将激发基金行业的活力，提升基金行业投资管理的能力，更好地满足投资者需求。因此，在经历了四年的徘徊与沉淀后，我们要共同努力，推动基金行业制度、产品创新，助力基金行业的再次腾飞。

（一）推动《基金法》的修改完善，营造有利于基金行业发展的制度环境。在各方面的共同努力下，新《基金法》有望于今年出台。新《基金法》总结了基金行业十多年发展的经验和教训，对于原有《基金法》中制约行业发展的内容进行了较大调整。主要体现在以下三方面：

一是拓展基金投资范围。目前我国基金仅限于投资上市交易的股票、债券和货币市场工具，与其他发达市场相比，投资范围明显过窄。在美国，共同基金除了可投资股票、债券、货币市场工具外，根据基金投资目标和投资策略，还可投资大宗商品、远期合约、期货合约、互换合约、权证等金融工具。新《基金法》草案借鉴了国际同业经验，拓展了基金的投资范围：“买卖未上市交易的股票或股权、上市交易的股票、债券等证券及其衍生品，以及国务院证券监督管理机构规定的其他投资品种”。投资范围的拓展，不仅会改变目前我国基金风险收益与单一的股票市场高度相关、基金行业风险积聚的状况，而且在各类金融市场大幅波动的背景下，基金公司可以投资于正收益的市场和产品，具有了为投资者获取回报的基础。

二是适当放松了对于基金行业过于严格的监管。如适当放松对于基金管理人的管制，为基金管理人的市场准入、组织形式、投资运作、业务范围等保留一定的法律空间，通过市场化的途径，进行制度创新的各项试验，有利于激发基金管理人的活力，提升基金产品的竞争力。又如，放松目前对于基金关联交易过于严格的规定，特别是不再禁止基金财产买卖托管人发行的股票，这将有利于提高投资者收益，缩小指数型基金的跟踪偏离度，为指数基金平台上的产品创新释放空间。

三是推动基金审批的市场化改革。新《基金法》草案中将基金募集申请从“核准制”修改为“注册制”，行政许可的理念从实质性判断调整为合规性的形式审核，有利于基金公司根据市场的情况和投资者的需求，及时推出基金产品。

（二）共同推进重大基金产品创新，满足投资者需求。日前，证监会主席郭树清提出“积极研究开发股票、债券、基金相关的新品种，稳妥推出国债、白银等期货品种以及期权等金融工具。”资本市场金融创新的步伐加快，将极大地推动基金行业的产品创新，可能对未来基金行业发展的格局产生重大影响，需要我们重点关注。

融资融券业务和股指期货的发展将极大地推动ETF基金的发展。自1989年全球第一只ETF基金在美国证交所上市以来，ETF基金发展迅速，截至2011年底，总规模超过1万亿美元。我国ETF基金的产品推出速度逐年加快，截至2011年底已成立ETF基金37只，规模770亿元，但与国际相比还有很大差距。随着沪深300股指期货正式上市交易及ETF获批作为融资融券标的，投资者可以依据不同市场情况选择更加多元化的投资策略。这将增加投资者对ETF基金的需求，增强ETF基金的流动性，带动规模扩张，ETF有望逐步发展成为基金市场的主流品种。

衍生产品创新将推动绝对收益型基金产品发展。目前，基金行业被投资者诟病的一个重要原因，就是股票、混合型基金产品奉行的相对收益原则，与大部分投资者对于绝对收益产品需求严重错位。在专户理财业务实践中，通过股票投资比例的灵活调整实现绝对收益的效果并不理想。而从国际投资实践看，绝对收益策略常常通过基金经理购买衍生品（股指期货、融券等）完全对冲投资组合风险敞口，或者保留少量风险敞口来实现，主要包括套利策略、事件驱动策略和方向性策略等。我国股指期货、国债期货和融资融券业务的发展，为绝对收益型基金产品的发展提供了可能。

（三）共同发展低风险基金产品，突破基金行业发展瓶颈。2008年金融危机后，在基金规模徘徊不前的同时，银行理财实现了爆发式的增长，至2011年，商业银行共发行2.1万款理财产品，年发行规模超过10万亿元。理财产品的迅猛发展，说明居民理财需求的风险收益特征呈现金字塔结构，以及对于替代储蓄的低风险投资产品的迫切需求。特别是我国股票市场低迷，加剧了居民对于低风险、低收益产品的需求。基金产品能否向低风险产品和客户成功延伸，是基金规模能否突破瓶颈，快速增长的重要因素。

提高收益，大力推动货币市场基金发展。2011年，证监会明确规定货币市场基金投资“协议存款”不再受“投资定期存款的比例不得超过基金净值30%”的上限规定。此后，货币市场基金收益率显著提高，2011年第四季度，货币市场基金整体年化收益率达到4.57%，吸引力大增。货币市场基金规模从2011年第三季度的1 265亿元迅速增加至年底的2 945亿元。未来，要借鉴国际上货币市场基金运作的经验，深入研究提高货币市场基金清算速度的途径，进一步开发其支付功能，增强其现金管理功能。

借鉴理财产品成功经验，开发理财型债券基金。近期，我们与基金公司合作开发理财型债券基金，在业内引起了强烈反响。该类产品在设计中采取成本摊余法估值并披露预期收益率的方式，借鉴了理财产品预期收益稳定的重要特征。同时，这类产品相对于银行理财产品而言，还有其自身的优势：定期披露净值，方便投资者对产品收益进行跟踪；基金认购起点低，较理财产品有更广阔的客户基础。

（四）共同推动养老金制度改革，奠定基金行业长期健康发展的基石。20世纪70年代以来，以401（k）计划和个人退休金账户（IRAs）为代表的私人养老金制度从无到有逐渐壮大，成为美国养老体系的支柱。养老资金为共同基金业注入长期和稳定的资金，最近十年，私人DC型计划和IRA年均净流入共同基金1 238亿美元，即使在金融危机期间，养老金净流入共同基金的资金仍保持正值，有力地支撑了基金行业的发展。

我国养老金入市问题也被提上议事日程，特别是近期备受市场关注的地方养老金入市终于开闸，全国社保基金理事会将代理广东省政府委托的千亿元养老金投资运营。工商银行是广东省政府委托社保理事会投资的三个托管人之一。我国在社保体制构建和改革过程中，可以借鉴美国成功经验，共同推动建立类似于401（k）计划和个人退休金账户（IRAs）的机制，赋予个人养老金更多的投资选择。这必将激发市场对于养老产品的旺盛需求，并带来相应基金产品创新，奠定基金行业长期健康发展的基石。同时，基金公司只有切实提高投资管理水平，在风险可控的前提下尽可能增加收益率，给养老金带来较好的回报，才能在这一前景广阔的市场中获得较大份额。

（五）共同加快基金行业全球化发展，参与国际竞争。RQFII投资获准，推动基金公司海外业务扩张。去年12月，《基金管理公司、证券公司人民币合格境外机构投资者境内证券投资试点办法》开始实施，允许基金管理公司、证券公司的香港子公司运用其在香港募集的人民币资金开展境内证券投资业务。这将有利于国内基金业进一步参与国际资产管理和海外业务的拓展，有利于提高基金公司整体竞争实力。目前，仅香港的人民币资金池就已经达6 000亿元左右，这部分资金有获取更高收益的需求。最近我们了解到，一些国家的央行持有人民币储备，并希望参与RQFII的投资。

QDII基金逆市发展，投资范围进一步拓展。2011年，有24只QDII基金成立，募集规模188亿元，高于2010年。到目前为止，QDII基金的投资还是以亚太区新兴市场为主，特别是香港市场。但2011年新成立的QDII基金的投资范围有了较大拓展，一是以“黄金”、“农业”及“抗通胀”为主题的“商品”类基金获得市场青睐，累计募集资金达到94亿元；二是诸如“全球收益不动产”、“油气能源”为代表的新兴投资领域的开辟，满足了国内投资者分散化资产配置的要求；三是跨境ETF即将推出。目前证监会已受理首批跨境ETF的申请，跨境ETF已进入排队待批阶段。跨境ETF的出现，使市场投资品种进一步丰富，为机构、个人投资者提供了一个参与境外市场投资、分享境外市场上涨的有效渠道，也为投资者增加了可套利投资的标的。

三、合作共赢，深化银基战略合作

截至2011年底，我行托管基金231只，资产总规模6 236亿元，市场占比接近30%，继续保持市场第一。今年以来，我行已托管新基金8只，募集规模114亿元，四行占比42%，其中，广发聚财信用债券基金募集规模45亿元，成为今年以来募集规模最大的一只基金。展望未来，我们更需要携起手来，以创新作为双方合作的前提，以共赢作为合作的基础，以合作推动双方业务的更快发展。我们共同的目标是，在合适的时候，设计并向合适的投资者销售合适的基金产品。

（一）共同推进基金产品创新。随着基金投资范围的拓展和资本市场产品创新的加快，在监管部门的支持下，基金业已经迎来基金产品创新的热潮。我行与基金公司即将合作推出首只跨市场ETF——沪深300ETF，长、短期理财型债券基金等新产品。

今后，我们希望与在座各位加强合作，推出更多适合投资者需求的创新基金产品。我们将力图建立一个基金产品创新交流的平台，与各家基金公司就产品创新的方向和思路进行讨论。同时，我行资产托管部和个人金融业务部将与各家公司就银行客户对于理财服务的具体需求、基金产品创新思路进行密切交流，也希望各家公司可以将创新产品的想法和方案与我们进行分享，双方紧密合作，共同推动基金产品创新工作。

（二）共同推进各类型基金产品的发展。大力发展包括债券基金、保本基金和货币市场基金在内的低风险基金产品，重点参与各类理财型债券基金的创新，与各基金公司合作，共同开发低风险客户，争取突破基金规模瓶颈。

稳步推进股票、混合型基金产品。做好行业和主题基金的开发，未来一段时间，证券市场出现系统性大幅上涨的可能性不大，但存在一定的结构性投资机会，行业和主题基金有一定发展空间。在行业基金方面，由于经济转型消费受益的主基调没有改变，加上政策对于服务业的扶持，消费品和服务业存在较大投资机会；在主题基金方面，可重点关注财政投向、“十二五”规划的落实以及结构调整相关板块的政策扶持情况。

支持战略性ETF基金产品的发展。近期，监管部门很重视ETF基金的发展，对有关政策进行重大调整，原来一个指数的ETF基金只能授权给一家基金公司，现在调整为可以向多个公司授权，即所谓1+N模式。考虑到ETF基金对于我国资本市场和基金行业的重要意义，在当前ETF连接基金销售艰难的情况下，我们将克服困难，支持部分重点的战略性ETF产品，进行合理布局。

（三）共同推进基金国际业务的发展。工商银行抓住境内外资本市场逐步开放和人民币“走出去”的有利时机，明确了“全球营销、集中营运、统一平台、属地服务”的全球托管业务发展原则，积极探索符合我国特色的全球托管业务发展道路，开拓我行金融资产服务的新局面。我们将继续推动QDII基金发展，继续拓展QDII基金投资范围，为客户寻找全球投资机会，提供全球资产配置；积极完善香港信托及托管服务平台，对中东、欧洲等区域的人民币业务提供托管服务进行前瞻性布局；抓住RQFII额度扩容的有利市场及时机，加强与基金公司等在港机构的代销、信托、托管等业务合作。

为了更好地服务于基金公司业务全球化拓展的需要，我们将成为全球托管人作为努力的目标，力争使我行托管业务覆盖全球主要投资市场，可以为境内、外投资者提供跨境、一站式、全面的证券服务。为此，我们一方面积极培育境外机构开办托管业务，积极推进亚洲、美洲、欧洲三大托管区域运营中心的建设。目前，工银亚洲、工银伦敦已初步具备托管服务能力。美国的纽约分行和工银金融将成为我行在美洲托管业务的载体，先从美国本土市场的托管业务做起，未来积极向跨境托管方向发展。另一方面，我们先后与纽约梅隆、BBH等全球托管银行建立了主次托管合作关系。在非洲，我们也计划与南非标准银行开展托管业务合作。我行的全球托管网络建设，使得我行具备了为各基金公司国际业务发展提供支持的能力。

（四）全面提升我行基金托管、代销服务水平。加快托管业务发展步伐，全力支持基金产品创新。托管服务作为机构投资者后台支持系统的重要组成部分，对于基金产品创新至关重要。具体而言，市场上的每一项产品创新、产品每个环节的变化都可能涉及托管流程的改造，以及业务处理原则的改变和技术系统的完善。如在沪深300跨市场ETF中，我行迅速完成了复杂的系统开发和测试工作，有力支持了产品创新。我行目前已开始开发投资商品期货的技术系统，并对国债期货的投资需求进行研究。未来，基金产品创新趋于复杂，对于技术系统将提出更高要求，我们将继续加大投入，重视系统的改造、升级和快速响应，支持基金产品创新工作。

发挥"强客户+强渠道"的双强优势，进一步打造最佳基金代销银行。我行具有客户基础上的规模优势和金融资产上的质量优势，同时拥有便利发达的物理网点和电子分销渠道。我行将充分利用自身优势，向客户推荐适合其需求的基金产品，将基金的专业化投资优势真正转化成客户切实的收益，进一步支撑基金行业的发展。我行将积极进入新市场，发展新客户，针对不同客户群体配置基金产品，壮大客户群体。同时，继续打造高素质的基金营销服务团队，全面增强服务能力。

去年年底，工商银行在同业中率先提出"做大做强金融资产服务"的发展战略，把以存贷款业务为主，调整为存贷款业务与发展包括基金在内的金融资产服务并重。为此，今年我行采取了有效措施，全力支持托管基金的销售工作，将销售我行托管基金的中间业务收入挂钩费用比例提高20%。

（五）全面深化与基金公司的合作。随着商业银行和基金公司业务范围的拓展，银基合作的领域进一步延伸，我们将强化与各家基金公司的沟通，深化各项业务的合作。在持续开展好传统基金托管、代销业务方面合作的同时，充分利用新《基金法》出台的时机，鼓励我行托管基金购买工商银行股票，使得我们有机会用良好业绩为投资者带来丰厚回报。我们还将积极为基金公司提供存款，代发工资、联名卡等全方位的服务。

尽管未来一段时间，全球金融市场持续动荡，给商业银行和基金公司的经营和发展带来巨大的压力和挑战，但是危机和动荡中也孕育着发展的历史机遇，让我们携起手来、共同努力、深化合作，共同推动基金行业创新发展，助力基金行业突破发展瓶颈、迈上新的台阶，再次迎来基金行业发展的春天。

在中国工商银行机构信用代码推广应用工作启动会上的讲话

罗　熹

（2012年5月31日·根据录音整理）

今天会议的主要任务是，根据人民银行统一要求，部署全行机构信用代码推广应用工作，落实各级机构和各部门的职责与分工，明确相关工作任务和要求。下面，我代表总行党委讲三点意见。

一、全行要充分认识机构信用代码推广应用工作的重大意义

推广应用机构信用代码是建立国家信用体系的基础。经过三十多年的改革开放，我国经济和社会建设取得了举世瞩目的成就，但在经济社会转型和发展过程中，信用缺失问题还相当严重，信贷诈骗、商业欺诈、制假售假等问题屡禁不止，直接影响到市场体系的有序运行和全社会的和谐安定。党的十七届六中全会明确提出要"把诚信建设摆在突出位置，大力推进政务诚信、商务诚信、社会诚信和司法公信建设，抓紧建立健全覆盖全社会的征信系统，加大对失信行为惩戒力度，在全社会广泛形成守信光荣、失信可耻的氛围"。温家宝总理在全国金融工作会议上提出，"要继续推进金融业统一征信平台建设，以社会成员信用信息的记录、整合和应用为重点，建立健全覆盖全社会的征信系统，全面推进社会信用体系建设"。

在党中央、国务院的持续关注下，当前全社会对诚信的重视程度已经上升到一个新的高度，相关部门正在采取多种手段推动征信系统的建设。征信系统的发展可以分为三个层次：第一个层次是金融领域征信，可以称为"小圈"的征信；第二个层次是经济领域的征信，可以称为"中圈"的征信；第三个层次是社会领域征信，可以称为"大圈"的征信。目前，虽然各监管部门都在积极采取相关措施，但除了人民银行牵头组织的属于"小圈"的银行信贷征信已经取得了显著的社会和经济效益外，其他征信系统尚未取得明显进展。主要原因是受制于各行业和部门的信息分割、信息标准不统一，监管部门缺乏制约失信主体的有效手段。失信主体大多流动性很强，改头换面后继续行骗，失信成本很

低，迫切需要在全社会形成“一处失信，处处制约”的联合惩戒机制。2011 年 10 月 19 日，国务院常务会议对推进社会信用体系建设再次进行了明确部署，决定把社会信用体系从过去的金融领域扩大到经济领域、社会领域，逐步建立覆盖全社会的征信系统。

为加强全社会征信体系基础建设，提高经济和金融服务水平，人民银行启动了对机构信用代码的研究工作，制订了工作方案，建立了机构信用代码管理系统。机构信用代码是从信用的角度编制的识别机构身份的代码标识，具有唯一性、经济性、广覆盖性、实用性和兼容性的特点。覆盖机关、事业单位、企业、社会团体及其他组织等全部机构，不影响现有其他机构代码的派发和使用，与其他代码是整体与局部的关系，在全国全面推广应用后将成为各类机构的“经济身份证”。通过机构信用代码服务系统与其他代码系统建立对应关系，实现机构信用代码身份识别和信息共享的桥梁作用，是建立全社会征信系统重大基础工作。在 2011 年湖南省试点的基础上，今年 6 月 1 日，机构信用代码系统将在全国正式推广应用，这项工作已列为人民银行 2012 年重点工作任务，要求人民银行各分支机构一把手亲自主抓，要在今年 10 月底前完成 5 月 31 日前开立基本存款账户的存量客户机构信用代码发放工作，并推动系统在反洗钱等领域取得显著应用效果。

我行作为最大的国有商业银行，一方面必须严格按照人民银行统一部署，按时高质量完成在我行开立基本存款账户客户的机构信用代码发放工作，继续保持在支持国家信用体系建设方面的带头和标杆作用；另一方面，还要深入分析机构信用代码系统推广应用后的特点和作用，主动应用系统为提高全行经营管理能力服务，实现国家利益和工行利益的“双赢”。据初步分析，机构信用代码将成为非自然人客户的“经济身份证”，包含单位高管及控股人员信息在内的二十余项信息，将有助于商业银行对机关、企事业单位、社会团体和其他组织等机构进行更准确的身份识别，了解其实际控制人等信息，推动信息在各行业和部门之间的互联和共享。可以预见，建立机构信用代码体系，对于推动落实金融账户实名制、提升金融服务水平、助推反腐防腐工作开展、改进社会管理方式、助力和谐经济社会建设将具有重要意义。

第一，有助于推动落实金融账户实名制和反洗钱监管要求。目前，个人账户以居民身份证为标识识别个人身份，较好地落实了账户实名制。但机构账户由于主体拥有的身份识别标识复杂、整合识别难度大，实名制和反洗钱监管要求的落实存在较大困难。机构被吊销营业执照后仍在金融机构办理业务的情况屡见不鲜，银行基层网点在反洗钱工作中因机构客户信息不全、客户身份识别工作不到位而受到行政处罚的事件经常发生。建立机构信用代码体系，能够为金融机构开展机构账户主体资格审查、身份核实、风险分析等工作提供有力支持，解决机构身份证件多头发放、各自独立、难以相互印证的难题，减少开户单位多头核实信息的工作环节和成本投入，提高账户主体信息的准确度和完整度，对全面落实金融账户实名制和反洗钱监管要求具有现实意义。

第二，有助于全面提升金融服务水平。机构信用代码与人民银行结算账户开户许可证核准号密切相关，覆盖所有与银行业金融机构发生业务往来的经济主体。通过机构信用代码，能够便捷、迅速地实现银行内部、银行与银行之间、银行与监管部门之间的信息整合与共享，并依托金融机构庞大的网点体系和高效安全的网络系统，为各类经济主体享受全国范围内统一、优质的金融服务提供便利，改善金融生态环境，提高金融服务水平。

第三，有助于推进惩治和预防腐败工作。机构信用代码包含准入机关、机构类别、地域归属等属性，通过系统还能查询机构基本信息以及法定代表人、主要控股股东、注册资本等信息，能够实现对特定机构或人员的关联关系追索，确认相关机构的规模和行业归属、地域分布等。并能依托机构信用代码与其他机构编码的对应关系，深入挖掘所涉机构和人员的行政监管、资金往来、违法违规、税费缴纳等信息，为摸底排查、分析判断、定位追责提供充分的数据支持，形成惩治和预防腐败行为的合力。

第四，有助于信息共享，改进社会管理方式。机构信用代码是一种“桥梁”码，与现有各类编码并存，并全面匹配、关联工商登记注册号、组织机构代码、纳税人识别号等现有机构代码。有助于打破部门信息壁垒、实现不同管理部门之间的机构信息共享，加大守信激励、失信惩戒工作力度，提高全社会信息化、网络化水平。此外，机构信用代码结构清晰、含义明确，能够从机构类别、机构性质、行政区划等不同口径进行统计分析，为国家宏观决策提供基础数据参考，助推社会管理方式的改变。

二、全行各级机构和各部门要明确分工，协同推动相关工作

机构信用代码的发码对象是在我行开立基本存款账户的所有非自然人客户，机构信用代码系统应用领域覆盖全行结算和信贷等多类业务，涉及从总行到基层营业网点各级机构，以及今天在座的所有部门。因此，必须明确机构信用代码推广应用中各级行、各部门的工作职责，分工协作，共同推动相关工作。

（一）各级行管理信息部门作为机构信用代码应用推广工作牵头部门，要主动承担协调组织、沟通反馈的工作职责。要牵头制定机构信用代码系统应用管理办法；做好辖内用户管理和系统日常维护；加强与当地人民银行和上级行对口部门的联系与沟通，及时总结和反

映机构信用代码应用推广过程中遇到的问题；在人民银行和上级行的指导和相关部门的配合下，牵头解决推广应用工作中出现的问题；组织辖内相关部门做好机构信用代码证发放进度及信用代码应用成效的统计报送。

（二）各级行运行管理部作为法人基本存款账户主管部门，是此次机构信用代码信息采集和代码证发放工作的主要责任部门。总行运行管理部制定了统一的机构信用代码发放操作指引，并且通过《关于做好机构信用代码证发放工作的通知》，对分行存量和新增客户机构信用代码证发放流程以及空白机构信用代码证的保管方式进行了规范。各级行运行管理部要严格按照总行通知要求，指导基层网点业务人员在为客户开立基本存款账户时，引导客户申领机构信用代码；通过机构信用代码系统报送新增客户、完善存量客户的基本信息，并发放机构信用代码证；负责做好机构信用代码空白凭证的申领和保管；配合管理信息部门按时向当地人民银行和上级行报告机构信用代码证发放进度。

（三）各级行内控合规部作为反洗钱工作的牵头部门，是机构信用代码系统的主要应用部门。负责指导辖内公司业务、机构业务、银行卡业务和贵金属业务等相关部门在日常业务活动中，按照人民银行相关规定，查询机构信用代码系统，辅助开展客户身份的初次识别、持续识别和重新识别工作；要按照人民银行要求在反洗钱相关管理办法中完善应用机构信用代码信息的具体措施，通过修订相关规程确保反洗钱监管措施能够有效转化为工作人员的实际业务操作。

（四）各级行结算与现金管理、公司业务、机构业务、电子银行等部门要积极承担联系和通知存量客户申领机构信用代码的工作职责。据统计，目前全行符合人民银行机构信用代码发放条件的存量客户超过 300 万户，以有效的方式提醒这些客户及时来我行申领机构信用代码，是确保按时完成机构信用代码发放任务的关键。各相关部门要负责联系本部门管理的法人客户，电子银行部要负责利用我行门户网站、企业网上银行、短信平台等渠道协助提醒、敦促相关存量客户向我行申领机构信用代码。

（五）信息科技部门要负责做好我行客户信息向人行系统报送及我行业务系统改造有关的各项技术保障工作。从技术层面看，主要有三方面工作要做：一是要将在我行开立基本存款账户的客户信息向人行机构信用代码系统上报，获得人行统一派发的机构信用代码，供我行各专业部门向客户发放；二是根据业务部门提出的深化应用机构信用代码业务需求，对我行相关业务系统进行改造和完善，为深化机构信用代码应用和管理提供技术支持；三是要做好网络维护，确保机构信用代码系统在我行应用工作平稳运行。

三、关于机构信用代码推广应用工作的几点要求

（一）各级行领导和相关部门负责人要高度重视机构信用代码的发码和系统应用工作。机构信用代码系统的推广应用是今年人民银行的重点工作之一，由各地人民银行一把手亲自主抓。总行已经成立了机构信用代码推广应用工作领导小组，由我任组长，管理信息、信贷管理、运行管理、结算与现金管理、内控合规、电子银行、公司业务、机构业务和信息科技等部门负责人为成员，指导全行相关工作的开展。各级行也要按照总行模式成立工作领导小组，指导并推动辖内相关工作的开展。

（二）要加强与当地人民银行的沟通和联系，争取工作的主动。根据人民银行总行安排，机构信用代码系统主要由各地人民银行推动实施，并逐级下达了工作考核任务。商业银行应发码客户的核实与确认、发码进度的考核等关键工作均由各地人民银行分支机构全权负责。各级行要重视并加强与当地人民银行机构的沟通，积极主动汇报和反映相关工作开展过程中取得的成效和遇到的问题与困难，提出适合我行的解决方案和措施，以争取有利于工作开展的环境和条件。

（三）要将推动机构信用代码发放和为客户提供优质服务相结合。在国家没有出台强制性行政要求，申领手续又较为烦琐，对客户并无明显当前利益的情况下，客户申领机构信用代码可能不会太积极，还有可能出现不配合甚至拒领的情况。我们要统筹考虑，既要按时完成人民银行布置的发码任务，又不能影响同客户的业务关系，这是对我们服务客户能力的一次考验。要求各行相关部门密切配合，集思广益，想出一些能与日常业务工作相结合，不给客户增添不必要的负担和麻烦的工作方法与措施。例如，可采取将发码与基本存款账户年审工作相结合，根据网点服务范围为客户提供就近服务，为重要客户提供上门办证服务等便利客户的措施。

（四）要严格按照总行制定的进度积极推进发码工作。各行要严格按照人民银行和总行要求，积极推动存量客户发码工作。杜绝等待客户上门、依赖客户主动申请的想法，主动出击，积极联系并协助客户申领机构信用代码。总行要求各行要在 2012 年 7 月 31 日、8 月 31 日和 10 月 21 日三个时点前分别完成辖内 50%、80% 和 100% 的存量客户发码工作。发码进度还应及时向当地人民银行报告，并同时抄报上级行。

（五）要在反洗钱工作中积极应用机构信用代码系统识别客户身份。人民银行此次推广机构信用代码的重要目的之一，就是将机构信用代码充分应用到商业银行反洗钱工作中去，解决客户身份信息不全、不实，难以支持反洗钱监测分析的问题。机构信用代码是机构客户的“经济身份证”，有助于商业银行反洗钱工作人员对

非自然人客户进行更准确的身份识别，并深入了解机构实际控制人等信息，以便更加精准有效地监测分析可疑交易线索和进行客户风险分类。各行要按照人民银行要求，把反洗钱领域应用机构信用代码作为反洗钱常规工作之一，把查询、核实机构信用代码及其内容作为反洗钱客户身份识别和交易分析的必选动作，切实发挥机构信用代码辅助判别、辅助决策的功能，确保应用工作取得实效。

（六）要把这次机构信用代码发放和营销基本存款账户客户相结合。各级行要利用这次联系客户发放机构信用代码的机会，想办法多争取一些客户到我行开立基本存款账户。我行对公账户有430万户，但基本存款账户在我行的大约300万户，起码有130万户的潜力客户是可以做工作的。

（七）要规范管理机构信用代码发放工作，严控操作风险。机构信用代码证一旦发放给客户，客户就在机构信用代码系统中有了户头，有了合法身份。因此，一定要严格按照制度要求给合格客户发放机构信用代码，不能给不符合发证要求的客户发代码证。空白机构信用代码凭证由各级运行管理部门负责保管，一定要按照我行重要空白凭证管理相关制度管理好。

（八）要采取适当的激励措施有效推动相关工作开展。基层行业务人员工作现在已经很饱满，工作压力较大，机构信用代码的推广应用又给大家增加了新的工作任务，加大了工作强度。要激励广大基层业务人员尽心尽力地做好相关工作，除了做好培训，提高大家思想上对这项工作的认识和理解之外，希望各行能够制定适当的激励措施，鼓励先进，有效地推动相关工作的开展。

同志们，机构信用代码是一项全新的事物，是建立国家征信系统的重大基础性工作任务。各级行一定要严格按照人民银行和总行要求，高质量如期完成机构信用代码发放工作，积极主动应用机构信用代码系统，为提升我行经营管理能力和风险防范能力服务，实现国家贡献和工行事业的“双赢”。

努力提升金融机构总部营销的能力

——在中国工商银行金融机构总部营销座谈会上的讲话

罗　熹

（2012年7月5日）

近年来，在全行的共同努力下，金融机构客户营销工作成效显著，积累了许多先进的经验和做法。本次会议，总行相关部门总经理和五家分行行长就金融机构总部营销介绍了情况，阐述了看法，提出了建议，大家谈得都很好。听了大家的发言，我深受鼓舞，很受启发。下面，我谈三点意见。

一、加强金融机构总部营销具有重要意义

（一）总部是金融机构客户资源集聚地

1. 资金的集中地。银行、证券、保险等金融机构客户，出于提升资金运作效率、降低运营风险的考虑，逐渐实施资金总部集中管理，在总部形成巨量的资金流，而且伴生大量的资金沉淀。以今年5月份为例，34家证券公司总部存款单月流量超过100亿元，其中9家证券公司总部存款单月流量超过500亿元。在全行对公客户存款前100名中，41家为金融机构客户，户均存款达121亿元。金融机构总部客户丰富的金融资源，不仅是机构存款增长的重要来源，也为银行发展资产托管、顾问咨询、投资项目推荐、财富管理和私人银行等各类增值服务创造了机会。同时，在金融机构总部集聚地，伴随着数以万亿的资金集中，还会形成若干个要素交易市场。例如，上海基本形成了包括股票、债券、外汇、期货、黄金、保险、信托、资产管理等在内的完整金融市场体系，2011年上海金融市场交易总额达418万亿元，预计到2015年将突破1 000万亿元，为银行发展金融资产服务提供了广阔的发展空间。

2. 信息的集中地。机构金融业务政策性强，信息含量多，创新潜力大。总部是金融机构客户的“大脑”，是决策中心，是资金流拨付的源头。在企业营销过程中，信息代表了价值，对金融机构业务营销来说，信息资源价值尤为重要。北京、上海、河南、广东、深圳五个地区共有326家金融机构总部，其中中资银行总部18家，外资银行总部34家，证券公司总部、证券交易所及证券登记结算公司52家，保险公司总部90家，信托公司22家，其他非银行金融机构110家。这些总部集中了营销需要的大量关键信息。从总部源头把握信息，就等于抓住了客户的龙头，提升了营销工作针对性；率先掌握政策变革、行业创新信息，就能把握转瞬

即逝的机会，在竞争中立于不败之地。

3. 客户资源的集中地。金融机构客户总部不仅自身是商业银行优质客户，而且还拥有丰富的法人和个人客户资源。以中国人寿为例，全国有近三千家分支机构，几十万名员工，数以千万计的个人及团体客户。在业务处理向总部集中的同时，金融机构总部成为优质客户资源聚集的“富矿”。商业银行应当与证券公司、保险公司等金融机构客户开展战略合作，通过联动营销和客户资源共享，为共同的客户提供一站式综合金融解决方案，不断拓展核心客户群。

（二）加强总部营销是全行经营转型的方向

1. 有利于促进营销模式集约化转变。金融机构客户的决策呈现自上而下的特点，金融机构总部营销具有以点带面的效果。抓住了总部，就等于抓住了客户系统的牛鼻子。一般来讲，总部营销工作做得好，对分支机构合作的辐射作用就越明显，双方整体沟通协调成本就越低，工作开展的前瞻性和针对性就越强，整体合作关系就越能长期稳固发展，总部营销投入所带来的间接和远期效益巨大。

2. 有利于带动全行金融资产服务的快速发展。金融机构总部持有金融资产规模大、流转率高、创新需求多，对银行的资产管理、运作管理、交叉销售、募集资金、资金清算等金融资产服务的需求旺盛。金融资产服务具有资本依赖度低、经营风险小、收益稳定性强、与客户经营流程高度契合、长期可持续性等特点，符合全行改革发展、结构调整的需要，是我行经营转型的重要领域和战略支点。

二、深入分析金融机构客户总部需求

在当前国内加快转变经济发展方式、调整经济结构的背景下，金融环境发生重大变化，金融改革步伐显著加快，金融机构客户总部营销工作面临着新形势。

一是资本市场创新步伐加快。证券公司重点在资产管理和投资银行领域开展了创新，保证金现金管家、股指牛熊宝、券商分级收益理财计划的推出，将为证券客户提供更广泛的投资理财选择；期货方面，原油期货多币种清算平台应运而生，国债期货、金融期权等金融衍生品积极筹备，激发了不同企业以及机构投资者金融投资多样化的创新要求；从保险看，保险行业“十三条”投资新规在投资管理模式、投资品种、投资方式等方面有较大突破，使银保合作由传统的存款与产品合作，扩大到资产管理、股权资本、理财交易、衍生品存管等领域深度合作。资本市场的创新将推动其与银行业务融合互动，也将要求银行不断突破，积极应对。

二是利率市场化改革提速。近日，央行扩大了存贷款利率浮动区间，各家商业银行存款产品定价的差异性趋于明显，一些不具备综合竞争优势的银行可能会更多地利用价格杠杆来竞争优质金融机构客户资源。同时，受资本市场行情影响，证券公司经纪业务下滑，迫使其通过高息挤占银行利润；大型财务公司通过将低成本资金转化为高成本同业存款，从各家商业银行不断攀升的利率报价中获取高收益满足自身经营需要；资产管理公司等其他重点同业客户也借此次央行扩大利率上浮的时机提出调增活期存款利率的要求，对我们平衡市场、风险、收益三者关系提出了新的挑战。

三是资本监管改革深入推进。自 2012 年起，《商业银行资本管理办法（试行）》（以下简称《办法》）将正式实施。为限制商业银行经营过度杠杆化，《办法》对商业银行之间互相拆放业务设置了 25% 的风险权重（三个月期限内为 20%），受此影响同业拆放业务的资本成本有所提高、资本回报率有所下降，预计明年同业市场资金来源将受到很大影响，对同业资金往来的定价能力提出了不小的挑战。

在此背景下，全行应重点关注、深入研究金融机构客户总部出现的新需求：

一是服务领域的新需求。金融机构总部希望银行提供资金归集、资金融通、资金运用、投资交易、资产配置的服务，并实现其加强分支机构管理的目标。具体来看，同业客户总部对资产保值增值需求较高，要求银行利用货币市场、债券市场、投资银行、贵金属交易及信托等方式为其提供专业的资产管理服务，并在同业债券承销、发行与交易服务、跨境贸易人民币结算等方面有旺盛的合作需求。证券公司客户越来越重视资金收益和流动性的要求，证券公司客户交易结算资金的资产管理创新业务即将推广，不仅要求银行给予更加灵活的资金报价，还需要在透支授信额度、资金存取便利等方面给予支持。

二是服务手段的新需求。随着我国经济持续发展及金融市场逐步完善，金融机构客户金融资产类型呈现多样化的趋势。除现金、银行存款等基础性金融资产外，以股票、债券、基金、票据、保单、理财产品、信托计划、私募基金等形态存在的金融资产大量涌现，新的资金圈、资金流加速形成。在此背景下，原来简单、初级、分散的服务手段难以满足金融机构总部的需求，高附加值的增值服务、统一的系统平台、统筹客户需求的一揽子服务能力越来越重要，需要我行在金融机构总部的金融资产的形成、交易和管理过程中，提供包括结算、投资银行、资产托管、养老金、理财等综合的金融资产服务。同时，考虑到不同金融机构在行业类别、经营导向等方面差异，需要银行根据客户总部不同的业务需求、资产特征、风险偏好等，提供个性化的服务方案。

三是服务地域的新需求。近年来，外资金融机构在国内经营地域、领域的限制逐步放开，更有一批国内金融机构通过 QDII、设立境外机构等方式走出国门。随着国际间投资与资本流动的日益频繁和开放，越来越多的金融机构产生全球投资需求，需要银行的账户管理、资产托管、现金管理等服务向全球延伸。

三、加强金融机构总部营销的有效途径

关于下一步金融机构总部营销工作，大家提出了很好的想法，总行机构业务部要牵头研究、消化、吸收，并进一步充实完善《加强金融机构客户总部营销指导意见》。就下一步工作，我再强调几点。

（一）加快完善总部客户营销体系。一是做好协调。完善总部客户营销体系意义重大，机构业务部要充分发挥组织协调作用。比如在银保合作委员会中，机构业务部积极协调，取得了较好的效果，从销量看，我行与农行的差距在缩小，对建行的领先优势有所扩大。二是细分客户。要区分有总部的客户和无总部的客户，明确哪些客户有总部、总部在哪、由谁负责。例如把有贷户、无贷户分开管理后，今年上半年无贷户存款增加600亿元，效果很明显。三是分层管理。要列出总分行级客户名单，做到责任分明。例如，进出口银行是总行级客户，总行就要对这个客户的营销全面负责。四是完善机制。在体制问题上要处理好几个关系：处理好各层面的职责关系，将总行、总部所在地分行、协办行、开户支行的职责划分清楚；处理好各层面的分润关系。比如总行争揽了中国人寿的存款，存款分配要与各行的销售业绩挂钩，这样大家才有积极性。

（二）加快产品创新步伐。一是主动创新。产品创新分为主动创新和被动创新，关键还是靠主动创新。对客户金融需求要逐项分析对接，尤其对有总部的客户，要注重通过营销系统上报客户需求分析，并及时更新。二是服务创新。服务方案应当具有针对性和竞争力，根据客户金融需求，制订包括金融资产服务、代理业务等在内的个性化服务方案。三是产品创新。有几项业务值得重视：资产服务业务，包括结算、托管、投行等；经纪业务，除基金、保险、信托等业务外，货币经纪公司也可能与我们有代理经纪关系；资产管理业务，刚才提到的社保业务本质也是资产管理，具有很大的市场潜力，需要积极探索。

（三）加快完善利率定价机制。利率市场化改革给我们带来了很多机遇，关键是能不能抓住和利用好。一是灵活定价。由于利率市场化是双边的，需要我们从整体上实现对收益、成本和风险的动态评估，加快构建科学、富有弹性的利率管理体系，增强定价管理的市场适应性。具体到哪一类客户给多大的浮动权，哪一些分行给多大的浮动权，多大资金额度给什么样的浮动幅度，都需要认真研究和动态调整。二是综合定价。客户合作要从整体上进行摆布，机构业务部应在全面掌握客户的交易和服务的基础上，进行综合定价。三是双边定价，即收支两边定价。利率市场化是对银行存款成本控制和资金运用能力的全面考验，资金定价不能片面地考虑收益或成本。同时，定价在产品上也应当合理摆布，比如机构存款在利率上浮10%后怎么办，结构性存款能不能做，资产管理业务如何参与等，都要在合规的前提下积极研究探索。

（四）加快营销系统建设。一是加快推出机构客户营销管理系统。由于没有系统支持，目前我们还不能及时全面掌握客户在我行开办的业务种类、交易规模、产品价格等信息，需要抓紧研发和推广应用机构客户营销管理系统。二是加快打造信息共享和交易平台。金融机构总部最大的特点是系统性，及时掌握客户分支机构的信息，对于提升工作效率很有好处；另外从管理角度看，营销活动中人员角色、任务管理、业务风险都应通过系统规范和控制。此外，要加快建立交易平台，尽量用丰富的产品满足金融机构的多样化需求，提升营销精准度。三是加快建立客户服务系统。要尽快建立覆盖证券、银行、保险、基金、信托等业务的客户服务系统，进一步提高服务效率。

（五）加快提升风险掌控能力。要把风险管理始终贯彻于总部营销过程之中。近期部分金融机构合作过程中风险有所凸显，再次敲响了加强风险防控的警钟。虽然有的金融机构行业排名靠前，但内部缺乏管理、流程缺乏规范、风险缺乏控制。因此，要充分了解合作金融机构的资金运作，切实掌握风险状况，准确判断管理能力，有选择地进行合作。同时，要在加强风险监测的基础上，建立快速反应机制，客户经理要随时掌握客户情况，发现异常要及时上报，防患于未然；要建立责任追究机制，明确责任人，责任问题要一查到底。

同志们，金融机构客户是全行最优质的客户资源之一，做好总部营销是提升金融机构客户服务水平的关键所在。希望各分行和总行相关部门高度重视、统筹规划，加强机制建设、夯实管理基础，努力提升金融机构客户总部营销水平，推动机构金融业务健康快速发展！

在中国工商银行制度梳理工作动员暨培训会议上的讲话

罗　熹

（2012年7月25日·根据录音整理）

刚才魏首席的讲话深刻阐述了规范制度管理、做好制度梳理工作的意义，并就如何做好本次制度梳理工作做了全面的部署和安排，我都赞成。借此机会，我想谈几点看法。

一、进一步提高对制度管理重要性的认识水平

一是制度管理对于总行工作具有重要意义。一家银行经营管理的好坏主要取决于它的软件和硬件，其中，硬件主要包括人、财、物和信息科技支持等；软件主要包括文化和制度。对于现代商业银行的总行来说，其职能越来越集中在三个方面，第一是管理职能，第二是交易职能，第三是集中运营职能，而管理职能的重要内容之一就是制度管理。因此，制度管理对于现代商业银行的总行来说意义非常重大，我们要通过科学的管理发挥好制度的作用，切实履行好总行的职能。刚才魏首席已经讲了，按照总行党委的部署，前段时间由魏首席主持、相关部门共同参与，在制度管理方面做了大量的工作并取得了进展，统一了全行的认识，明确了制度管理工作的“四化”目标，制定了《制度梳理工作方案》和《制度管理基本规定》，明确了制度管理的一系列方式方法。这些工作为后续做好制度梳理和制度统筹管理工作奠定了基础，对于进一步提高我行的经营管理水平一定会产生重要作用。

二是加强制度管理是落实“五有”要求的重要举措。在“行为有规、授权有度、监测有窗、检查有力、控制有效”的内控“五有”总体要求中，今年围绕“行为有规”安排了两项重点工作，第一项工作是在全行范围内开展员工行为规范主题教育活动，通过员工行为规范主题教育活动让员工清楚地知道，什么是提倡的，什么是禁止的，什么是要受到处罚的。第二项工作就是对制度进行梳理和规范。通过制度梳理和规范解决制度管理中存在的“上下、左右、前后、内外”四个不一致的问题，这些不一致的问题在一定程度上已经影响了我行的工作效率。因此，需要加以梳理和规范，通过不断地努力工作去逐步改善。

三是制度管理是一项非常复杂的工作。在制度制定过程中，首先要考虑到客户服务的需要，发挥制度在服务客户、维护客户方面的积极作用，要避免使制度衍化为推卸责任、消极履职的工具。其次要考虑市场竞争的需要，使制度设计成为我行参与金融服务的“安全服”和“防护罩”，确保我行在市场中的竞争力。再次是要考虑风险管理的需要，不能因为客户服务和市场竞争的需要，就放松对风险的管控。这三者之间如何平衡，需要我们在今后的制度制定过程中认真研究和协调把握。目前，《制度管理基本规定》对制度制定流程和制度管理作出了周密的安排，我相信这个安排对于未来我们平衡制度各方面的关系将发挥重要的作用。

二、认真落实好制度梳理工作的各项要求

为切实落实制度管理和制度梳理的各项工作要求，我再强调四点要求：

一是高度重视，统一认识。规范制度管理、开展制度梳理工作的重要性和必要性，刚才魏首席已经做了深入系统的阐述。我希望大家深刻领会这项工作对于全行战略发展的重要意义，各部门要高度重视这项工作，真正把思想统一到总行党委的正确决策上来，把行动落实到具体的工作要求上来。全行目前正在推进“三位一体”的员工行为规范教育活动，各部门要把制度梳理工作和规范教育活动结合起来，从员工思想、操作行为、制度建设等各方面综合入手，贯彻落实好姜建清董事长提出的“要把制度约束、技术控制、员工职业道德教育有机结合起来”的工作要求。

二是明确责任，落实任务。制度管理和制度梳理是一项全行性的工作，刚才魏首席对制度梳理的工作目标、工作任务都做了具体的部署，一会儿还要进行培训讲解，希望各部门要严格对照动员会提出的“一个目标、四个阶段”工作要求，在部门内部明确职责，做好任务分解，确保每一项制度梳理和整改工作落实到处室、落实到责任人，认真对照制度梳理十项评价标准，查找制度中存在的“四个不一致”问题，系统全面完成整改工作，扎扎实实地把制度梳理工作各项规定动作

在规定的时间内，保质保量地做到位，确保我行的制度管理整体水平有明显提高。

三是标本兼治，完善机制。刚才魏首席指出，制度管理工作是一项长期性工作，不可能毕其功于一役。各部门要以这次制度梳理为提高全行制度管理水平的重要契机，既要治标，更要治本，要在完成现有存量制度梳理任务的基础上，认真总结取得的成果和经验，切实贯彻执行好即将印发的《制度管理基本规定》，全面提高我行制度管理的科学性和精细化水平，确保我行制度体系建设早日实现“制度制定权限化，制度行为程序化，制度体例标准化，制度口径一致化”的工作目标。

四是相互协调，加强沟通。在制度梳理过程中，会遇到大量沟通协调的问题，比如哪些制度要废止、哪些制度要完善、哪些制度有冲突等，这些工作仅靠一个部门是无法解决的。因此，要建立联席会议沟通协调机制，在具体问题中涉及哪些部门，就请哪些部门来共同研究解决。在此基础上，要进一步探索建立制度的评估机制，即逐步建立起由外部会计师事务所、内部审计局等内外部机构以及制度执行层面参与的，对我行制度的有效性和可操作性进行评估的内外部评估机制，逐步使我行的制度体系、制度内容、制度执行等都达到科学、系统、高效的目标，为将工商银行建设成为最优秀的现代商业银行作出贡献。

在中国工商银行员工行为规范教育活动推进视频会上的讲话

罗　熹

（2012 年 7 月 27 日）

根据“三位一体”员工行为规范教育活动总体安排，今天刘立宪纪委书记、王希全党委委员和我共同主持召开这次推进视频会，这充分体现了总行党委对这次活动的高度重视，也是为了及时总结经验，相互交流学习，有效推动下一阶段工作开展，确保活动收到实效。刚才山西分行、山东分行、河南分行、大连分行、广东佛山分行、总行电子银行中心六家机构介绍了自身活动开展情况。总体看来，各机构对这次活动认识到位，安排细致，注重实效，富有特色，已取得了良好的阶段性成果。下面，我受杨凯生行长委托讲三点意见。

一、特色鲜明、推进有序，员工行为规范教育活动取得阶段性成果

自 5 月 11 日教育活动视频动员会召开以来，总行员工行为规范教育活动领导小组办公室持续加大组织推动力度，及时召开办公室成员部室联席会议，梳理确定了活动重点和 12 项规定动作，采取印制纸质读本和网络课件等多种形式编发《员工行为规范培训手册》等 20 余份培训材料，启动了员工行为规范主题征文活动，举办了员工行为规范视频培训和到部分分行及机构的现场巡讲，组织召开了重点联系分行汇报视频会，并组成 10 个督导工作组对 17 家分行和机构的教育活动进行了指导推动，研究制定了《员工行为规范教育活动评价办法》，确保了各项活动的深入开展。

全行各机构认真落实总行活动要求，结合实际采取有力措施推动活动开展，截至目前各项活动总体进展顺利。其中，前三项“规定动作”已按时完成。所有分行都成立了由“一把手”任组长的活动领导小组，所有机构都制订了具体的活动方案；广泛组织员工参加了总行举办的视频培训；开辟了员工行为规范网讯专栏，据不完全统计，全行共刊发各类稿件 13 000 余篇。有四项“规定动作”已进入深入推进阶段。全行共开展以《员工行为规范培训手册》为主要内容的专题培训 3 000余次；有 32 家机构将员工行为规范作为新员工入职培训的必备内容，28 家机构的负责人围绕“员工行为规范”为辖内员工作了专题授课；截至 7 月 26 日，网络大学员工行为规范相关课程点击量已超过 700 万人次，列热门课程第一，参与学习员工的平均学习时长接近 6 小时。其余五项“规定动作”已在各机构活动方案中作了安排，将作为下一阶段工作的重点。

除认真完成好活动规定动作外，各机构还紧密结合实际，主动创新了许多“自选动作”，丰富了活动形式，充实了活动内容，并取得了良好效果。从我最近到总行银行卡中心、国际单证中心、电子银行中心三个直属机构，以及山西、河南等分行的现场调研情况看，大部分机构都开展得不错。总体来说整个活动呈现出以下特点：

一是坚持统筹安排，使教育活动与业务发展紧密结

合、相互促进。今年全行经营发展环境严峻复杂，案防形势不容乐观，经营压力持续增大，各机构在组织开展员工行为规范教育活动时注意统筹安排，坚持将教育活动与业务发展、内控案防、重点领域风险排查、道德领域突出问题整治及其他重点工作结合起来，实现了学习教育活动与其他工作的相互促进。如总行战略管理与投资者关系部结合业务实际将员工行为规范纳入到《战投部工作手册》编制与培训中，将行为规范内化为部门的日常工作要求；广东分行注重将活动计划与人才战略工作规划相结合，重点抓好新员工和新上任管理人员的上岗前行为规范教育，将培养既具备领导力、创造力，又懂制度、守制度的高级管理人才和专业类、销售类骨干人才作为此次活动的重点；江苏分行将员工行为规范教育活动作为规范收费行为和改善公众金融服务的切入点，在提高客户满意度方面发挥了积极作用。上半年，面对严峻的市场形势和经营转型的任务，各机构注意协调处理好各种关系，实现了各项工作的互相促进、协调发展。

二是坚持有的放矢，使教育活动与风险防控紧密结合、相互促进。为了确保教育活动取得实实在在的效果，各机构对干部员工履职行为中存在的突出问题采取了有针对性的措施，对规范员工行为，防范道德风险起到了积极作用。如总行资产托管部根据不同员工特点，分别为新员工入职培训、老员工从业资格继续教育、专业类员工和管理类员工制订了个性化的员工行为规范学习方案，提高了学习的针对性；辽宁分行在活动中着力解决员工在外违规兼职、经商和办企业行为，员工违规出租出借账户、参与民间借贷等九个方面的重点问题；湖北分行针对异常行为管理难点，在认真研究新形势下员工行为管理特点规律的基础上，制定印发了《湖北分行员工行为管理办法（试行）》，积极探索员工行为管理的新思路。教育活动的开展有力地促进了内控案防各项措施的落实，仅从全行业务运营风险核查结果来看，第二季度涉及员工违规问题的风险事件由第一季度的 19.71 万笔降至 17.5 万笔，降幅达 11.21%；十大违规行为引发的风险事件由第一季度的 6 695 笔降至 4 956 笔，降幅达 25.97%，各种行为类风险事件得到有效控制。

三是坚持正面引导，使教育活动与学习宣传先进典型紧密结合、相互促进。各机构认真贯彻总行坚持正面教育为主的活动要求，将树立正面典型、强化正面引导作为开展此次教育活动的基点，辅之以员工行为排查和警示教育，在全行初步形成了“正面有规范、规范有典型”的氛围。如新疆分行组织开展“明星引路，共同进步”巡回演讲，宣传典型人物、优秀员工和服务明星，充分发挥了正面典型的导向和激励作用；厦门分行提出将严守规范、恪尽职守，保持高水平的合规意识和职业操守作为具备评选“制度执行标兵”和“内控监察先进集体”的优先条件；上海分行组织开展创建“规范化管理示范网点”劳动竞赛活动，并下发《网点规范化管理推进经验汇编》，推广示范网点行之有效的工作理念、方法和成果。各机构通过对身边典型的发掘和宣传，将行为规范具体化、亲切化，有利于引领更多的机构和员工实现业务发展和内控合规双达标的管理目标。

四是坚持全员参与，使教育活动与内控合规文化建设紧密结合、相互促进。全员参与既是总行的统一要求，也是这次活动的基本特征。从总行本部、直属机构到各级分支机构均高度重视，从各级管理人员到一线员工均按照岗位适应原则，积极参与，认真学习。同时，各机构非常重视员工的参与度，积极创造各种学习条件，力争使教育活动覆盖到每一个机构、每一个部门和每一名员工。如总行信贷管理部创建了员工行为规范教育活动平台，集文件汇编、参考课件、学时记录、分享体会、评价检验、总结回顾等功能于一体，为员工学习提供了便利；山西分行精心编制了《员工行为规范教育活动学习卡》，明列每日学习内容和要求，并建立单位负责人分级检查评价工作机制，省行行长亲自逐个点评省行各部门和各二级分行主要负责人的学习心得；河南分行按照岗位适应原则和渐进原则，将分专业、分岗位编写的“每日一读”学习材料发送至每位员工邮箱，注重职业道德教育的持续效果；内蒙古分行除集中培训外，还开设了网络微课堂，定期通过 95588 系统网络平台向全行员工手机用户发送“宣讲短语”和培训内容，灵活解决了工学矛盾，扩大了活动的覆盖面。全行广大员工通过全面地参与教育活动，对自身行为标准有了更清楚的认识，能更明确地对照行为准则规范提升自己，并能有效地维护好自己的正当权益，学习的主动性普遍提高。

从活动开展的整体情况和取得的初步效果来看，本次活动在提高员工合规意识、规范员工从业行为、加强内部管理、控制风险案件等方面产生了积极作用。本次活动也引起了银行同业的关注，银监会和各地银监局对此作出了肯定的评价。活动的开展是有必要的，当然也不能完全依靠一次活动来解决问题，董事长在 2011 年发展研讨会的讲话当中提出内控工作要把制度规范、技术控制、员工职业道德教育有机结合起来，这三者应该是相辅相成的。根据分行反映和总行督导调研了解的情况，活动的推进过程中也还存在一些困难、不足和问题。第一是个别机构和员工片面强调经营压力，对此次活动的积极作用和对业务的促进作用认识还不到位，产生了一些畏难情绪，在工作中有一些被动的行为，有些规定动作完成不理想，自选动作也没有安排或无自身特色。第二是活动的开展在各机构间不够均衡，还有少数机构组织推动措施不够有力，宣传方式和教育活动方式简单，活动效果不够理想，甚至流于形式。第三是基层网点员工上班时间紧、工作压力大，下班后又因为电脑作为业务操作终端大部分不能上网，只能多人共用一台网吧机轮流进行学习，总体学习时间和效果难以得到保证。提出的这些问题，希望大家在下一步的活动中给予注意，有的机构可能需要“补课”，有的机构需要改进。

二、明确任务，狠抓落实，再接再厉推动活动进入新阶段

根据前一阶段教育活动开展的初步经验、成效以及存在的困难和问题，各机构需要更细致、更有针对性地对活动进行再研究、再组织和再安排。对于前期三项规定动作还没有落实的，要认真查找原因，着力推动，确保跟上全行活动进度；对于正在推进的四项规定动作，要认真总结前段活动组织经验，不断完善方式方法，进一步扎实推进，确保按时保质保量完成。概括来说，要抓好五个关键环节：第一是“学”，要做到全员学；第二是“讲”，领导要带头讲，既讲正面典型又讲反面案例；第三是“测”，即要测评每一位员工掌握规范的程度；第四是要“评”，评每一位员工的合规程度，好的要表扬，有问题的要指出；第五是要“改”，就是对发现的问题进行整改。

最近总行正在组织一项较大规模的制度梳理和规范工作，即针对目前制度制定和执行中存在的“四个不一致”问题，制定了《制度管理基本规定》，要求在明年6月底前完成所有制度的梳理和规范。因此“改”既包括个人的“改”，也包括机构的“改”、部门的“改”，大家都要重视。各机构下一步要继续努力推动教育活动向纵深开展，特别要认真组织抓好下一阶段的五项重点活动。

一是做好“合规标兵”推荐和评选工作。这次活动结束后，总行将表彰一批长期严守行为规范和岗位职责、兼顾风险控制和经营业绩的优秀个人和机构，树立在内控合规方面持之以恒的行为典范，充分肯定和发挥这些机构和员工的正面引导作用。各机构要重视榜样的激励和引导作用，坚持正面教育导向，认真做好“合规标兵”的推荐、评比与宣传表彰工作，用身边的人、身边的事来教育和引导员工，进一步深化活动效果，同时逐渐形成良好的评选表彰长效机制。

二是组织开展好员工行为规范网络知识竞赛。在员工行为规范教育网络学习阶段结束后，总行将于9月份组织开展员工行为规范网络知识竞赛活动，具体竞赛要求总行已下发文件统一进行了布置。本次竞赛不仅是对各机构行为规范教育成果的检验，同时也是为了加强全员对于“三位一体”行为规范内容的全面掌握和准确理解，进而强化员工的学习习惯，促进行为规范教育效果的提升。各机构要广泛动员全员参加，力争在员工行为规范网络知识竞赛中取得优异的成绩。

三是组织开展好对近两年来各种检查发现问题整改情况的检查。内外部检查发现的问题，包括业务运营核查发现的风险事件，直接反映了各机构风险控制与内部管理的实际状况。同时，每次检查发现问题的整改落实情况，某种程度上也能反映各机构对问题整改的态度，是杜绝屡查屡犯问题的保证。因此各机构不仅要对照行为规范要求组织员工查找自身问题，更要重视对已发现问题的整改，要借本次员工行为规范教育活动之机，对以前存在的问题和经营管理的薄弱环节采取有效措施，真正实现员工合规意识与内部管理水平的双提升。总行目前正在制订检查方案，各机构要按照总行方案认真组织自查，真正对本机构以前检查发现问题的整改状况有一个客观的评价，对整改不重视、不到位的问题要切实深化认识，积极组织整改，总行将于8月至9月组织重点抽查。

四是做好对各机构员工行为规范教育活动开展情况和管理人员及员工基本行为的评价工作。总行已制定了《员工行为规范教育活动评价办法》和评价指标，即将印发全行。各机构要根据评价指标认真开展自评，并及时将自评结果报送总行活动领导小组办公室，总行将对各行的自评结果进行抽查评价。此外，各分行还应参照总行评价办法结合本行实际制定合理的考核指标，对辖内各机构活动的开展情况和效果、管理人员和员工行为合规状况进行评价，并将评价结果纳入对机构的内控评价和对个人的年终工作考核及考察使用中。

五是认真做好教育活动的总结工作。各机构要认真总结本次学习教育活动的成效，及时交流活动的经验，同时进一步加强和改进制度建设和技术控制手段，进一步扩大活动成效。总行将在第四季度对活动情况进行全面总结，并将以总结交流会的形式对活动的组织情况和效果进行交流，对好的经验做法进行通报表彰。

三、合理安排，积极探索，切实将活动要求落到实处

（一）始终坚持“切实掌握、岗位适应、注重实效、综合评价”的活动原则。杨凯生行长在教育活动动员会上特别强调要注意管理人员的教育，我认为十分重要。一些案件也反映出基层机构的负责人确实存在这方面的问题，是不知规范还是明知故犯，要认真分析。在对员工进行教育的过程中要特别重视对管理人员、对基层机构负责人的教育。这次活动第一是要做“头”，就是领导首先要带头学、带头改；第二是要做“活”，即活动形式要灵活多样，但不能搞形式主义；第三是要做“实”，即要注重实际效果。因此，全行管理人员和员工都要通过本次学习活动切实掌握员工行为规范内容，清楚知道应该怎么做，时刻谨记什么不能做，明确了解违规的后果。各机构要认真梳理规范内容，组织不同岗位有所侧重地学习和掌握规范内容。要积极创新活动形式，力争用丰富多彩、有效务实的学习方式，确保收到良好的学习效果。要通过多个维度指标对各机构活

动开展情况和效果进行综合评价，确保整个教育活动达到预期目标。

（二）充分发挥本次活动在完善内部管理方面的促进作用。各机构要将员工行为规范教育活动视为加强内部管理的一次契机，切实处理好教育活动的推进与完成好各级机构、各位员工的经营目标和业务工作之间的关系，把教育活动与推动转型发展的各项工作要求结合起来，与规范经营行为、加强内控案防、做好风险排查以及道德领域突出问题的整治等工作结合起来，切实解决各机构和干部员工履职行为中存在的一些突出问题，发现和改进发展中的管理薄弱环节，并避免使员工和基层机构产生逆反心理、畏难情绪，努力使教育活动由“要我学”变为“我要学”，“要我做”变为“为我好，我要做”。

（三）结合实际，创造条件，有效解决基层机构学习教育活动中的实际困难。针对部分员工特别是基层员工受到客观条件的限制，面临自由支配的学习时间有限、学习的硬件条件不具备等困难，各机构在组织开展各项活动时要更加周到和细致，既要明确必要的活动要求，也要充分考虑基层员工的实际困难，一方面积极为基层员工创造学习条件，另一方面要从员工实际情况出发采取一些时间灵活、便于学习、易于掌握、互动性强的形式和方法，保证基层员工学习的条件和效果。

（四）加强指导，确保每个机构和部门教育活动实际效果。各机构要把握好活动进度，积极采取有效措施，切实按照方案时间要求推进各项工作，确保各项规定动作按时完成。各级教育活动领导小组办公室要加强对学习组织情况和效果的指导，重点帮助和推动一些进度慢、效果差、案防形势严峻机构的活动进展，确保每个机构和部门各项活动都取得实效。

（五）努力探索建立员工行为规范学习的长效机制。员工行为规范教育不只是阶段性的活动，也是我行长期以来员工职业道德教育的一种延续，更是未来长期员工职业道德教育的一项重要任务，其内容和方式需要不断丰富和完善。各机构要重视活动的持续影响，要特别借本次活动开展的机会，探索将员工行为规范固化到今后培训与教育工作中去的方法和经验，努力建立员工行为规范教育学习的长效机制，真正将合规文化内化于心，外化于行，真正在全行上下形成“凡事讲依法合规，做事要有规有矩”的良好氛围。

（六）通过教育活动，逐步形成“教育在前、奖惩在后、监测在上”的合规管理方式。刚才有的分行讲到了教育“三前”的问题，即教育一是要在入行前，目前人力资源部在这方面已经作了详细的安排，在此基础上要作进一步的完善；二是要在转岗前，要让每一位员工知道转到另外一个岗位上的合规要求是什么；三是要在上任前，即管理人员在上任之前明确要做的事。比如我来工行任职时，办公室给了我一份工商银行“一行三会”规则，我一看就知道，董事会、监事会、股东大会和高管层对于总行级的管理人员有什么要求，这就很规范。“奖罚在后”大家都比较容易理解。这里要强调一下“监测在上”，即对每位员工的行为是要有监测、有记录的。这个监测有一些是对操作行为动作的监测，比如摄像头，因此，我才把监测比喻为“在上”。当然，有一些是数据上的监测，比如风险排查；有一些是信息上的监测，比如违规积分；还有一些是工作记录方面的监测，比如会议纪要等，这些都属于监测的范畴。通过监测保障教育活动与合规管理各项活动落到实处、取得实效。

优秀的银行需要每一位员工具有良好的职业素养，良好的职业素养需要持之以恒的教育和培养。相信通过这次“三位一体”员工行为规范教育活动，通过持续不断的教育培养，通过员工良好职业素养的形成，工商银行一定能打造出一支优秀的、敬业的、合格的员工队伍和具有工行特色的优秀合规文化，在实现“三个之最”愿景中发挥基础的、长远的、积极的作用！

关注货币市场　做好同业服务
努力开创银行同业合作新局面

——在2012年银行同业研讨会上的讲话

罗　熹

（2012年9月6日）

今天我们在这里召开以“创新产品，合作共赢”为主题的银行同业合作研讨会，这里我想与大家分享同业合作的形势与现状、探讨同业合作的渠道与产品，分享工商银行同业合作的实践与展望。

一、同业合作的形势与现状

近年来，国际经济金融形势复杂多变，我国经济增速有所减缓，金融改革加快推进，商业银行以存贷利差为主的传统盈利模式不可持续，银行业的经营环境、市场结构、发展模式正面临重大挑战，同时也蕴含着新的战略机遇。

（一）形势分析。从外部环境看，国际金融危机的深层次影响持续显现，世界经济增速放缓，面临的下行压力和潜在风险有所加大。欧债危机仍是当前全球经济金融运行中的最大风险，全球经济复苏乏力，包括中国在内的新兴经济体面临不小的风险与挑战。从国内环境看，我国经济增速虽有所回调，但仍处于重要的战略机遇期，工业化、城镇化和农业现代化深入推进，国家竞争力显著提高，将更加紧密地融入全球化进程当中，经济转型升级的紧迫性、艰巨性与世界经济结构调整的剧变力、震荡力深度交融。从金融形势看，我国金融改革加快推进，利率市场化、人民币国际化出现新的变化与进展，境内外金融监管政策趋严，诸多外资银行纷纷加强在中国的布局与发展，这些形势变化也必将对中资银行业未来经营发展产生重大影响。

中资银行同业各有优势，客户基础和擅长的业务领域各有不同。在这种复杂多变又蕴含发展机遇的时期，探讨银行同业如何加强创新与协同发展问题意义重大。工商银行衷心希望银行同业之间优势互补、创新合作，实现共赢。

1. 银行业多元化发展，总体保持稳健运行。近年来，GDP 的高速增长与经济货币化程度提高推动了我国银行业快速发展。截至 2011 年底，银行业金融机构资产总额 113.3 万亿元，比年初增加 18 万亿元，增长 18.9%；负债总额 106.1 万亿元，比年初增加 16.6 万亿元，增长 18.6%；所有者权益 7.2 万亿元，比年初增加 1.4 万亿元，增长 23.6%。同时，银行业总体运行稳健，截至 2012 年 6 月末，商业银行不良贷款率为 0.94%，拨备覆盖率达到 290%，加权平均资本充足率 12.9%，核心资本充足率达到 10.4%。截至 2011 年底，我国银行业形成了包括 2 家政策性银行及国家开发银行，5 家大型商业银行，12 家股份制商业银行，144 家城市商业银行，212 家农村商业银行，190 家农村合作银行，2 265 家农村信用社，1 家邮政储蓄银行在内的多元化体系。

从体系结构上看，从 2005 年到 2011 年，大型商业银行资产总额占银行业资产的份额从 52.5% 减少到 47.3%、股份制商业银行从 15.5% 增长到 16.2%，城市商业银行从 5.4% 增加到 8.8%，其他类金融机构从 26.6% 增长到 27.6%，表明中小银行的份额逐渐增大。

从发展速度上看，2011 年，大型商业银行资产总额同比增长 13.4%，股份制商业银行同比增长 23.3%，城市商业银行同比增长 27.1%，其他类金融机构同比增长 22%，表明中小银行的增速较快。

从经营特点上看，不同类型商业银行在市场定位、产品结构、业务资质、科技能力、经营网络等各有优势，各有特色。

今年上半年有些情况还有一些变化，一是银行业不良贷款率有所上升；二是各家机构盈利的增速减缓；三是对客户之间的争夺较以前更加激烈。另外，从上述分析比例上可以看出，大型银行的份额一直在下降，表明这个市场是共同合作的一个市场，不是一个垄断的市场。总之，银行业的多元化发展为同业合作的创新发展奠定了坚实基础，优势互补，互利共赢成为合作共识。

2. 利率市场化。利率市场化是指放松利率管制，由市场供求关系决定利率的高低。实际上就是将利率的决策权交给金融机构，由金融机构根据资金状况和对金融市场动向的判断来自主调节利率水平。

我国利率市场化改革自 1996 年启动以来一直在稳步向前推进，通过渐进式改革，逐步实现了除人民币存贷款外的绝大部分金融资产领域的市场化定价，并初步建立了以 Shibor 为基准的市场化定价机制和市场利率体系。2012 年 6 月 8 日和 7 月 6 日，人民银行连续两次下调人民币存贷款基准利率，扩大存贷款利率浮动区间，标志着我国利率市场化改革进入到最核心环节。

从短期来看，利率市场化首先考验的是银行的定价能力，是对银行业的盈利模式、经营结构、管理水平、创新发展能力的全方位考验。这次利率政策调整后，各家银行的反应速度和应对策略有所不同，但是无论大型银行还是中小银行都明显感受到了市场价格竞争和盈利增长压力。从长期来看，此次调整将促使商业银行发展方式与传统经营模式发生重大转变。未来如何有效推动业务转型，加大中间业务及非利差收入的比重，改善盈利结构，是摆在银行业面前的一个重大课题。这次人民银行扩大存、贷款浮动范围是一次打破银行传统经营模式的调整。过去银行业“吸收存款，发放贷款，提取拨备，获取利润”的模式在存贷款利率固定的情况下才能持续。随着利率浮动范围的扩大，客户提高存款利率、降低贷款利率的要求更为强烈，银行业风险管理能力将受到考验。从美国、日本利率市场化进程来看，只有掌握对冲、分散、转移风险的能力，才能获得高收益。所以，利率市场化表面上看是对银行定价能力的考验，实质上是对银行风险管理能力的考验。

3. 人民币国际化。人民币国际化是指人民币跨越国界，在境外流通，作为国际上的支付工具、储藏手段，成为国际上普遍认可的计价、结算及储备货币的过程。2008 年以来，随着全球金融危机的持续蔓延，世界经济衰退和国内经济下行的风险不断加剧，人民币国际化迎来了一个重要的发展契机。2009 年，我国加快人民币国际化进程，推动“人民币结算货币、人民币投资货币、人民币储备货币”的三步走战略，实现了跨境结算、跨境投融资、回流渠道拓展、离岸中心建设等方面的长足发展。

我国与韩国、中国香港、马来西亚、印度尼西亚、阿根廷、新加坡、新西兰等国家和地区签署了 17 个双边本币互换协议，总金额达 1.7 万亿元人民币。人民币跨境清算可通过境内商业银行代理境外商业银行进行，这给国内银行业人民币清算业务发展提供了历史性机遇。工商银行愿与银行同业携手，充分发挥各自优势，共同开拓境内外市场。

（二）合作现状。银行同业之间的合作发展较快，银行业同业负债和同业资产规模与比重逐年提高。根据人民银行统计口径，“对其他存款性公司负债”与“对其他金融性公司负债”两项之和基本可以代表银行业同业负债业务规模，“对其他存款性公司债权”与“对其他金融机构债权”两项之和基本可以代表银行业同业资产业务规模。

1. 同业负债业务方面，据人民银行的统计数据，截至 2012 年 6 月末，“对其他存款性公司负债”与“对其他金融性公司负债”两项之和为 16.8 万亿元，在总负债中占比为 13.3%；2011 年同期，两项之和为 10.9 万亿元，在总负债中占比为 10.3%。

2. 同业资产业务方面，截至 2012 年 6 月末，“对其他存款性公司债权”与“对其他金融机构债权”两项之和为 27.6 万亿元，在总资产中占比 21.8%；2011 年同期，两项之和为 19.5 万亿元，在总资产中占比 18.4%。这组数字反映了最近两年银行经营的特点，即客户有效吸收不足，银行业的资产体内循环比较明显。也就是说，货币在各银行间互相流转，存来存去、借来借去，反而对贷款给客户比较谨慎。所以，银行同业之间的资产和负债比同期是增加的。

3. 从具体金融机构来看，同业资产规模的增速普遍高于总资产的增速。截至今年第一季度末，上市银行同业资产和同业负债的占比均提高 1 个百分点以上，分别至 18.1% 和 21.4% 的历史最高水平。

二、同业合作的渠道与重点产品

（一）同业合作的渠道。经过多年的发展，银行同业合作的领域广泛，渠道多元，产品丰富。按照合作的渠道进行划分，银行同业合作可以分为场内合作和场外合作。

1. 场内合作。场内合作是指通过全国银行间市场开展的各类合作，主要包括同业拆借、债券回购、债券承销和发行、债券投资和交易、外汇买卖、衍生品交易、信贷资产转让和票据业务等。近年来，银行间市场内合作保持了快速发展的态势，2011 年，银行间市场累计成交 196.5 万亿元，同比增长 9.5%，较 2000 年的 2.3 万亿元增长 84 倍，成为银行同业合作的重要渠道。这说明银行业场内市场的交易份额正在增加。

2. 场外合作。场外合作是指合作双方在银行间市场外开展的业务合作，包括同业存放、银团贷款、支付结算代理、国际结算和贸易融资、资产托管、系统代建等。相较于场内合作，场外合作在合作模式、机制等方面更加灵活，在满足日益增长的金融服务需求和实现同业合作创新等方面发挥了重要作用。

（二）同业合作的领域。按照合作的领域划分，银行同业合作可以划分为融资业务、支付结算业务、国际业务、外汇和衍生业务和信息科技合作。

1. 融资业务。融资业务既包括同业之间的资金融通行为，也包括为共同的客户提供的信贷融资支持。

2. 结算业务。银行同业在结算业务领域的合作主要体现在支付结算代理、现金管理等方面。

3. 国际业务。随着国际贸易的发展，银行同业在国际业务领域的合作越来越密切，在国际结算代理、贸易融资、跨境资金清算等方面建立了广泛的联系和良好的合作关系。

4. 外汇业务。从国内市场看，随着银行外汇资金来源渠道增多，各家银行需要通过国际金融市场进行资金交易活动的范围和规模日趋扩大，银行同业在外汇业务领域的合作更加密切。

5. 信息科技。当今，信息和科技对于社会的影响越来越深刻，科技能力成为衡量一个企业市场竞争能力的重要因素。而不同银行在信息科技的能力、发展的水平等方面存在差异，又为银行同业在信息科技领域合作提供了可能。目前，银行同业信息科技领域的合作主要体现在系统开发建设、系统托管维护等方面。工商银行跟一些外资银行之间做了系统直连，它的优势在于对方开通的账户基本上视同于在我行开通账户，有利于客户便捷的清算和结算。

（三）同业合作的重点产品。银行同业合作重点产品包括拆借业务、债券业务、信贷合作和国际业务。

1. 拆借业务。根据全国银行间同业拆借中心的统计，2011 年同业拆借发生额 33.4 万亿元，较上年增长约 20%，今年 1 月至 6 月，场内同业拆借发生额 23.8 万亿元，达到去年全年成交额的 71%，较 2000 年 2.3 万亿元发生额增长 9 倍，保持了较快的增长态势。银行同业通过资金业务合作，在资金面较为紧张的形势下，较好地调剂了资金余缺，弥补了流动性较为紧张的银行资金头寸，提高了全行业的流动性水平。

2. 债券业务。银行同业在债券市场的合作主要包括债券回购、债券承销和发行、债券投资和债券交易等。作为直接融资业务的重要工具之一，债券融资业务持续快速发展，从 2005 年开始，占直接融资的比重超过股票融资，2010 年占直接融资的比重达到了 76.9%。目前，银行间市场债券交易参与机构达 11 162 个，其中银行业金融机构占较大比例，交易量、托管量更处于绝对优势，在整个债券市场交易中占有举足轻重的地位。近年来，银行同业进一步发挥了银行业金融机构在金融服务实体经济方面的联动优势，加强了在短期融资券、中期票据、支持中小企业专项金融债的承销分销、认购投资等方面的合作，较好地实现了资源共享、互利共赢。2011 年，债券回购累计成交 100 万亿元，同比增长 13.6%，债券发行规模 7 万亿元，年末托管余额达 24.4 万亿元。

3. 信贷合作。银行同业在信贷市场的合作主要包括票据业务、信贷资产转让、银团贷款和信贷业务委托代理。通过信贷业务产品的合作，有效分散了业务风险，降低了风险集中度，提高了银行间信贷资产流动性，调整了银行自身信贷资产规模和结构，提高了资金利用效率和收益，满足了客户的需求和监管的要求。据银行业协会统计，境内银团贷款余额稳步增长，2011 年突破 3 万亿元，较上年增长 22%，占对公贷款的比例接近 9%。

4. 国际业务。银行同业在国际业务方面的合作主要包括代理信用证、信用证保兑、进口代付融资、风险参贷、福费廷和跨境人民币结算等。我国已成为全球生产、贸易、投资和劳务市场的重要参与者，在国际市场上的地位和影响力不断提升，国内和国外的贸易往来、人员流动、资金结算越来越频繁，跨境结算和融资的需求也越来越迫切。银行同业加强国际业务的合作，对于开拓信贷市场、优化信贷结构、促进银行经营模式和增长方式的转变具有重要意义。

（四）同业合作的创新。随着我国经济体制改革的逐步深化，利率市场化和人民币国际化进程逐渐加快，金融服务需求种类日益多元，需求层次不断提升，传统的同业合作发展模式受到了较大限制，一定程度上制约了同业合作范围的扩大和持续深入发展。为应对挑战，银行同业纷纷在产品和工具、市场和载体以及渠道和网络等方面进行创新，加强合作，取得了显著成效。

1. 产品和工具创新。由于政策、市场和技术等方面的原因，某些业务领域存在较高的准入门槛和资格限制，如第三方存管、基金代销、远期结售汇等衍生产品交易业务、贵金属交易、理财产品开发等，只有部分银行具有上述业务的资质和研发、运维能力，而由于不同银行间的市场定位、客户群体和网络渠道存在差异，因此，商业银行可以通过代理业务合作丰富自身的产品结构，巩固客户基础，拓展潜在客户，分享中间业务收入。

2. 市场和载体创新。银行同业业务经过多年的发展，已将信贷市场、货币市场和资本市场联系起来，其综合性、交叉性的业务特质使之成为最具创新活力的业务领域。同业存款利率的市场化，使同业资金往来的空间增大，对金融同业合作产生深远影响。随着利率进一步市场化，金融机构之间开展的同业存放、利率掉期、货币互换以及资产转让等业务的交易量将大幅增加，而且还会创新出许多衍生产品。

3. 渠道和技术创新。中小银行网络大多局限于其所在区域，且服务渠道单一，以柜面为主，缺少网银、电话银行等渠道。大型银行可利用自身全国性网络与中小银行的区域网络相结合，形成覆盖全国的庞大服务网络，为本行客户和中小银行客户提供服务。同时，随着企业“走出去”，大型银行加快在全球的战略布局，可以与中小银行在国际结算、外汇清算、人民币跨境结算方面加强合作。同时，商业银行信息系统建设投入所需成本巨大，研发难度较高，如核心系统、各类业务管理系统等。大型银行可通过代建代管、系统集成、软件租赁、代理等方式为中小银行提供服务。当前，中国的商业银行热衷于建立全国性银行，追求小而全或大而全，但缺乏客户群体细分能力，银行间合作缺乏深度和广度，这就使得很多银行失去了区域优势，银行同质化程度不断加剧。

三、工行同业合作的实践与展望

（一）工行同业合作实践。根据银行同业合作的新趋势与新要求，我行努力加快创新、提升服务，有效促进全方位合作。

1. 国际业务方面。2011 年，我行境内分行贸易融资累计发放 960 亿美元，比上年增长 1.5%；国际结算量首次突破 1 万亿美元。代理国际结算业务量达到 107 亿美元。我行稳步实施国际化发展战略，境外营业机构延伸至五大洲 33 个国家和地区，分支机构 239 家，并与 136 个国家和地区 1 553 家境外银行建立代理行关系。

2. 外汇清算业务方面。成功搭建全球 7×24 小时统一清算系统平台。2011 年完成外汇资金清算 625 万笔，直通率连续 5 年保持在 99% 以上。2012 年上半年完成跨境人民币清算业务 3.5 万笔，清算金额 8 987.69 亿元，分别较去年同期增长 2 倍和 3.4 倍。截至 2012 年 6 月末，共有 24 家境内金融机构在我行开立了欧元和日元代理结算账户，共完成境内外币代理结算业务 42 170 笔，代理结算金额折合 275 亿美元。近期境外银行机构和金融机构在工行开立的境外人民币账户 250 余户，境外企业开立的境外人民币账户 4 000 余户。

3. 金融市场业务方面。2011 年我行人民币债券投资规模近 3 万亿元；人民币融资交易量近 15 万亿元，外汇货币市场交易金额 5 965 亿美元；人民币外汇交易做市业务规模超过 6 000 亿美元，市场排名连续三年蝉联第一，人民币利率交易业务量超过 9 800 亿元；2011 年我行债务融资工具主承销项目数达到 117 只，主承销业务量达 2 850 亿元；今年上半年我行金融债承销规模近 240 亿元。

4. 代理业务方面。截至 2012 年 6 月末，我行境内机构达1.66万家，国内代理行数量达到131家，为开展支付结算代理提供有力支持。2011年，我行代签银行承兑汇票31.4亿元，代理汇兑339.5亿元，代理国际结算业务107亿美元。

5. 托管业务方面。截至2011年末，托管资产总净值3.5万亿元，比上年末增长22.8%，托管资产规模超过3万亿元。截至2012年6月末，我行托管的商业银行理财产品余额突破1.2万亿元。

综上所述，我行依托遍布全球的业务网络、安全的业务系统、专业的服务团队，可以为同业客户提供优质的服务。

（二）工行同业合作体系。我行积极在同业合作的内部机制、合作模式、产品等方面加强创新。

1. 内部机制。为充分调动全行同业合作的积极性，我行从机构设置、制度框架、管理模式等方面积极探索。一是机构业务部定位于同业客户的营销管理部门，金融市场部、国际业务部、现金与结算管理部、运行管理部等作为产品部门，协调配合，共同为同业客户提供服务。二是我行将机构、个人和公司客户并列为三大客户体系，强化服务金融同业客户的能力，促进我行三大客户业务的全面协调发展。三是管理模式上，探索营销与产品部门影子计价的考核模式，积极探索长远和当前的结合，总行与分行以及员工利益结合的激励机制。

2. 合作模式。随着经济体制改革的不断深化和金融需求的日益增长，银行同业合作也在不断向前发展，从最初的简单双边资金融通合作，逐渐发展到多边全面合作，再到结成紧密的战略联盟，发展战略合作。银行同业合作主要有以下三种模式。

一是简单的双边合作。这是传统的同业合作模式，在这种合作模式下，一家银行为了弥补流动性不足、延伸服务网络、拓展服务渠道、丰富自身产品而与另一家银行开展资金融通、市场交易、结算代理合作。单一产品的合作主要是靠银行双边协商开展合作，由于参与机构少，合作范围小，合作层次主要集中在交易部门和前台营销部门，因而具有迅速、便捷的优势，但这种合作只在双边进行，既缺乏统一的标准，又缺少通用的规则和严密的协议，合作关系较为松散。

二是协议联盟的合作。随着银行同业合作的发展，银行之间不再满足于以资金融通交易为主的简单双边合作，而是谋求通过建立合作机制，扩大合作范围，多边协调发展。一种是通过签订合作框架协议，扩大双方合作范围，深化合作领域，实现双边全面发展。另一种是通过建立协议联盟或行业协会的方式来实现多边协调发展。前者在国内的应用广泛，后者的代表是银行业俱乐部。在欧洲，为了应对贸易全球化和经济一体化带来的挑战，出现了欧洲顾问委员会，委员会通过制定统一的规则，要求会员银行信息共享、业务互联、渠道和网络互通。在国内，建立了银行业协会等行业性组织，并通过签订多边协议帮助银行业共同应对挑战和危机。通过双边或多边的协议联盟，银行同业合作有了统一的行动规则，合作的范围和层次进一步扩大和深化，更好地实现了银行之间的有序竞争、资源共享、互利共赢。

三是一体化战略联盟合作。虽然协议联盟对于银行同业合作的发展起到了很大的促进作用，但由于签署的协议或者建立的联盟本身具有自愿性，且缺乏长远规划，因而协议联盟发展到一定程度后，也会遇到瓶颈。随着经济全球化的发展，金融服务一体化的影响日益显现，银行之间更倾向于通过建立紧密的战略联盟进行合作。在这种合作模式下，银行之间渠道和客户等资源全面共享，技术和产品等优势互补，营销、审批、清算等前台、中台、后台密切合作、战略协同，共同为客户提供全方位、一体化的金融服务，并通过建立有效的业务规划，专注于合作业务的长远发展。如新加坡发展银行与美国道富银行结成了战略联盟，为新加坡客户提供信托基金服务，花旗银行与浦发银行合资成立了信用卡中心，专注于信用卡业务的发展。

3. 合作产品。我行目前已经形成较全面的同业合作产品线，为同业客户提供在国际业务、金融市场业务、外汇清算业务、支付结算代理业务、托管业务及基于银银平台的直连汇款、代理第三方存管等金融产品和服务。

（三）工行同业合作的思路。工商银行根据不同类型银行的特点，提出了不同的业务合作思路。

1. 与大型商业银行合作。大型商业银行在产权制度、组织架构、业务产品、分支行机构设置方面存在许多相似之处。同时，经过20余年的发展，大型商业银行形成了各自的比较优势。因此，四大行具有合作必需的互补性和匹配条件。我行将与大型商业银行继续在同业拆借、非结算性存放同业、债券投资、衍生交易等业务方面加强合作。如工行在城乡接合部或较为发达的农村乡镇，可以尝试与农行开展代理业务。

2. 与政策性银行的合作。政策性银行在特定领域内承担政策性融资业务，具有自身网点较少、资金来源主要依靠发行金融债券的特点。我行将继续加强在同业拆借、支付结算代理、政策性金融债券承销及投资、票据贴现与回购、信息科技合作等方面保持良好合作关系，下一步将加强在境外发债业务、混合贷款、银团贷款等方面的合作。近年来与政策性银行境外的合作，我行采取优惠贷款和商业贷款相互搭配，各自发挥优势，共同支持中国企业产品和产能输出。

3. 与股份制商业银行的合作。股份制商业银行具有经营机制灵活，业务发展与创新较快的特点。我行将继续加强在存款、同业拆借、融资性存放同业、支付结算代理、债券投资、国际结算及贸易融资等方面合作。

4. 与中小银行的合作。近年来，城市商业银行、农村商业银行等中小银行发展迅速，规模相对较小，各具特色，在各自领域具有竞争优势。中小银行与我行经营网点和客户结构差异较大，互补性强，业务合作空间大，具有广阔的前景。我行与中小银行将在支付结算代理、国际业务合作、外汇清算、同业存款等业务合作基础上，着力加强在银银平台、代理远期结售汇等业务上的创新合作。

银行同业合作的创新与发展源于相互的信任和真诚的交流。期望通过这次研讨与交流，能够为我们的合作指明新的方向，创造新的契机，积极推动国内银行同业在各领域的合作。我相信，以长期友好合作关系为基础，以有效满足客户需求为目标，我们一定能够真诚合作，携手前行，互利共赢。

进一步完善培训体系
提高培训工作实效性

——在中国工商银行2012年教师节座谈会上的讲话

罗　熹

（2012年9月11日）

为庆祝第28个教师节，今天我们在杭州金融研修学院新院址，召开2012年教师节座谈会暨网络大学10周年庆祝大会。刚才，我们一起学习了《姜建清董事长致全行兼职培训师和培训工作者的慰问信》，共同感受了总行党委对培训工作的亲切关怀和殷切期望。三位获奖代表与我们分享了培训工作的体会。大家在各自岗位上的长期坚守和辛勤付出让我们深受感动和启发。在此，我代表总行党委向广大兼职培训师和全体培训工作者致以节日的问候和衷心的感谢！感谢大家长期以来为全行人才培养和业务发展付出的辛勤劳动！下面，我重点就如何提高培训工作实效性讲几点意见。

一、全行培训工作实效性实现了大幅提升

一年来，全体培训工作者紧紧围绕全行中心工作和重点任务，以服务业务发展和员工成长为宗旨，深入开展“三员”培训，加快推进“六库”建设，不断提高培训工作的统筹性、针对性、实效性，为全行转型发展提供了强有力的人才支撑和智力保障。

（一）持续开展“三员”培训，着力提高各级各类员工的履岗能力和综合素质。以“国际化人才”培训和高级管理人员培训为引领，全面提升管理人员的政治素质、职业操守和管理能力。适应全行国际化综合化发展需要，我们在去年启动了“国际化人才”培训项目，按照“境内培训＋境外研修＋公司实践”三阶段培养模式，计划利用10年时间培养2 000名具有国际视野、卓越领导能力、核心专业优势和较强创新能力的国际化人才队伍。目前，首期156名学员全部完成境外研修，陆续进入工作实践环节，第二期培训工作正在按计划有序推进。深入推进管理人员培训，依托“三纵三横九级”管理人员培训架构，通过行内外、境内外多种方式和渠道，开展了党校培训、高级管理人员境外培训、中级管理人员香港培训、基层管理人员培训、“深港联动”培训、IMBA、干部自主选学等培训项目。截至8月底，今年共举办管理人员培训班53期、3 175人次。

以专业资格考试认证和高级专业人才培训为抓手，重点打造专业人员的专业能力、研究能力和创新能力。全面推进专业资格考试认证工作，印发了业务运营等9个序列的专业资格管理实施细则和《资格认证工作的有关规定》，统一了各序列的报名条件、免试条件和认证标准。组织了投行顾问等15个序列的初、中、高级专业资格考试，各分行按照总行要求自主开展了业务处理和柜员2个运行类序列专业资格考试认证工作。截至8月底，全行累计约37万人次参加了各类专业资格考试，25万人次获得资格证书。按照专业化、高端化、国际化的要求，不断深化高级专业人才培训项目。召开国际资格认证培训项目座谈会，分析总结高级专业人才培训使用情况，对下一阶段工作目标和主要任务作出部署。进一步扩大国际资格认证专业覆盖面，将国际注册反洗钱师、国际注册管理会计师、国际注册内部审计师等纳入全行统一管理。截至8月底，全行共7 402人获得国际资格认证证书。

以高级客户经理和中年员工培训为重点，着力提高业务人员的服务意识、职业技能和市场开拓能力。制定了《2012—2016年客户经理培训大纲》、《高级客户经理培训实施方案》，对全行客户经理培训进行全面分析和统筹规划。启动了高级客户经理培训项目，开发有针对性的培训课程，举办师资培训班和示范培训班，指导、检查、督促分行开展统一、规范的客户经理培训，

力争在年底前完成全行1万名公司、机构和个人客户经理的专项培训。不断深化中年员工培训工作，在全面总结3年轮训工作的基础上，加快建立中年员工培训长效机制。组编《中年员工培训指南》，努力将中年员工培训融入日常培训工作中，逐步实现中年员工培训与客户经理、柜员培训的同部署、同安排、同实施。举办中年员工培训先进单位、先进个人、转岗明星评比以及客户经理岗位技能比赛等活动，进一步营造中年员工“学先进、比技能”的良好氛围。

（二）加快推进“六库”建设，大力加强培训基础保障和资源供给能力。在基地库方面，研究起草了《关于加强总行直属学院建设的方案》和《关于加强香港培训中心建设的方案》，为直属学院和香港培训中心的可持续发展作出系统规划。制定金融培训学校资质标准及分类细则，全面启动分类评定工作，努力推动培训学校向现代培训基地的转型。同时，各单位更加注重培训基地建设，其中浙江分行和广东分行营业部先后设立了金融培训学校，杭州金融研修学院的新院址正式启用，河北、山东、四川、贵州等分行在学校建设方面也投入了大量资金，全行院校发展进入了新的阶段。

在师资库方面，认真做好总行级内部兼职培训师的聘任工作，按照推荐提名、情况复核、专家评议、全行公示等程序，最终聘任393名总行级内部兼职培训师；同时，进一步明确分行级兼职培训师选聘工作的目标任务、职责分工和聘任标准，扎实推进分行级内部兼职培训师的选聘和信息入库工作。截至今年8月底，全行分行级兼职培训师累计8 370人。筹划内部兼职培训师培训项目，通过与优秀外部机构合作，实施授课技能、课程开发、案例教学等方面的系统化培训，提高兼职培训师的授课能力和研发能力。

在教材库方面，坚持“简明、实用、方便”的原则，加大口袋书、手册式和电子版教材的开发力度，编写完成了《新员工培训》、《专业资格认证公共基础培训教材》和《营业网点负责人岗位培训教材》等一批跨专业、跨部门、综合性教材和资格认证类教材。在全行范围投产教材库信息平台，目前已完成2004年以来总行开发的236本教材的入库工作。同时，加强培训教材物理库建设，已完成182种、约1 664册教材的分类、上架和归集工作。

在案例库方面，印发了《案例开发管理办法》，推动全行案例开发工作规范进行。启动重点案例开发工作，通过推荐评审，确定了100个重点案例选题，并从中遴选了12个选题与清华大学等5所国内知名高校进行合作开发，力争在年底前完成100个重点案例的开发工作。进一步推进与国际知名院校合作开发案例的相关工作。今年5月，“收购南非标准银行20%的股权”的案例发布会在剑桥大学召开，这是中国大型金融企业的经典案例首次进入国际主流商学院。“工商银行改制历程”案例也将于10月份发布。

在试题库方面，印发了《试题开发管理办法》和《关于进一步加强考试题库保密管理的通知》，切实提升题库建设的标准化、规范化水平。适应专业资格考试认证工作需要，组织开发专业资格认证公共基础试题及其他考试试题约3.7万道，通过专家审定、交叉复核、模拟测试等多种方式，确保入库试题的质量。截至8月底，全行试题总量已达87万道，为顺利开展专业资格考试、选拔竞聘、培训测试及业务竞赛奠定了坚实的基础。

在档案库方面，一是加强员工培训信息管理系统在全行的使用和推广，印发了《员工培训信息管理系统管理办法》和《员工培训信息管理系统操作手册》，举办二级分行以上系统管理员的集中轮训，开展全行系统信息质量检查，建立培训信息分析发布机制，充分发挥该系统在培训工作信息化、集约化方面的平台优势。二是根据系统投产以来的运行情况，及时进行系统功能的优化与升级，积极探索与其他培训平台的整合，为搭建全行统一的培训系统平台做好准备。

此外，在网络大学建设方面，一是组织开展了网络大学新平台建设工作，经过平台选型测评、客户化开发、投产测试、课件迁移、试点应用等一系列准备，网络大学新平台已于5月12日建成投产。投产以来，共组织全行性培训8期、培训47万人次，人均学习时间10.5小时。二是深入开展网络大学的应用推广工作，组织召开应用推广视频会议，印发《做好网络大学新平台应用推广工作的通知》，健全完善网络培训考核机制，举办全行管理员集中培训，不断提高全行网络培训应用能力和管理水平。

二、提高培训工作实效性任重道远

近3年来，在总行党委的高度关注和正确领导下，在业务部室的大力支持和密切配合下，在各级培训工作者的辛勤努力下，全行培训工作在发展中创新、在创新中发展，取得了令人瞩目的成绩，得到了全行上下的普遍认可。同时，我们也要清醒地看到，同国际一流金融企业的培训工作相比，同全行业务发展和员工成长的新期待新要求相比，我行培训工作还存在一些不适应的地方，突出表现为培训实效性还需进一步提高。

（一）初步建立了具有工商银行特色的培训体系，但培训实际效果还需进一步提升。经过全体培训工作者的共同努力，我们初步建立了具有工商银行特色的培训体系，包括以“三员”为主体的全员培训体系，以“六库”为核心的培训资源体系，培训基地、网络大学、模拟银行、国际合作有机结合的运行实施体系。我们根据培训工作规律和员工岗位特点，将全行员工细分为管理人员、专业人员、业务人员，按照“三员”的技能标准和岗位实际开展各类培训，有效地提高了培训的针对性。在认真调研、全面规划的基础上，我们对直属学院、香港培训中心、金融培训学校的职责分工和功能定位进行了明确界定，实现了基地资源的优势互补和有效整合。但同时，我们还存在一些需要完善的地方，主要体现在以下几方面：一是“三员”培训的实效性还不强，还没有真正按照“干什么学什么、缺什么补什么”的要求开展培训。在管理人员培训方面，还没有建立针对各级各类管理人员的能力素质模型，在课程内容、方式方法、标准要求等方面还缺乏一致性和连贯性。在专业人员培训方面，新产品、新业务、新系统等应急性培训仍然是培训的主要内容，跨部室、跨专业的综合性专业人员培训力度还不够。在业务人员培训方面，“工学矛盾”仍然是制约培训工作的一个瓶颈问题，培训资源需要进一步向一线延伸。二是“六库”建设的实效性还不强，基础资源建设与业务发展、岗位实际、技能短板的契合度和时效性还不够，还缺乏培训资源更新和维护的长效机制。三是运行实施体系的实效性还不强，还没有充分发挥各类平台和渠道的培训效能。香港培训中心需要进一步发挥在金融产品和信息资源方面的区域优势，侧重抓好投资银行、私人银行、资产管理等重点领域的培训。同时，培训工作对外合作的力度还需进一步加大，在学习借鉴国际先进培训理念和做法的基础上，还应突出项目合作、互访实践等深层次培训交流。

（二）基本完成了从粗放式培训向精细化培训的转变，但培训质量还需进一步提高。为提高培训精细化水平，我们从制度建设、基础保障、系统平台等方面做了大量探索和努力，取得了一些成绩和经验。我们印发了《关于加强教育培训工作的意见》等近30项制度，培训工作的系统性、规范性水平不断提升。建立了员工培训信息管理系统，全程跟踪记录员工培训信息，为提升培训信息化、精细化水平奠定了基础。适应员工培训需求多样化、多元化的需要，搭建了工商银行网络大学和考试系统，并分别荣获“中国企业数字化学习应用特等奖”和“中国企业最佳在线考试应用奖”，在金融同业中居领先地位。加强培训成本控制，印发《教育培训经费管理办法》，探索培训经费“跟着项目走、跟着员工走”的使用模式，促进经费向优质培训资源和重点培训项目流动。总体而言，全行培训工作基本完成了从粗放式培训向精细化培训的转变，下一步工作重点是进一步提高培训质量。一方面，要进一步坚持按需培训的理念，全面掌握各业务条线和各类员工的培训需求，并据此制定下一年度全行培训计划；另一方面，要大力加强培训效果评估，优化评估机制，强化效果反馈，切实将实际培训效果作为考量各项工作质量的关键要素。

（三）探索应用了现代培训的理念和方法，但还没有完全掌握金融企业的岗位培训规律。我们学习借鉴了国际一流培训机构普遍推崇的“学习与发展”理念，更加关注员工的个性培训需求和职业发展需要，努力实现企业发展和员工成长的双赢。实行了培训项目管理制，全行所有集中面授培训和远程网络培训都按照项目管理的方式，开展需求调研、课程设计、渠道选择、师资选聘、效果评估，实施系统、规范的培训。在金融同业率先建设了模拟银行，并逐步发展成为提升业务人员操作技能和服务水平的重要渠道。探索开发网上模拟银行，着力打造工商银行培训工作领先于国内外同业的重要武器。不断完善教学方式，采取案例式、体验式、沙盘模拟等多种方法，提高培训的吸引力和感染力。但同时也要看到，我们还没有真正掌握金融企业的岗位培训规律，培训理念和方法还存在一些误区。在培训理念方面，部分同志仍然认为“只有面授培训才是真正的培训，面授培训一定好于网络培训”，网络培训难以充分发挥出应有效能；在培训方法方面，填鸭式面授培训还大量存在，培训缺乏互动性、实战性和吸引力；在培训对象方面，多年不训和重复培训的现象依然存在。

（四）培训工作得到了全行的关注和支持，但还存在一些制约培训工作进一步发展的瓶颈问题。作为一项基础性、战略性工程，培训工作得到了总行党委的持续关注。姜董事长多次强调“培训工作事关全局、事关长远，在这方面要舍得投入”。各级机构领导也更加重视培训工作，亲自调研需求、亲自审定项目、亲自编审案例、亲自登台授课。广大员工积极参与培训工作，通过集中面授、网络大学、模拟银行、班前晨会、自主学习等多种方式和渠道，提高自身岗位技能和综合素质。但同时我们也要认识到，目前还存在一些瓶颈问题。主要包括：一是没有真正建立培训与业务的联动机制，培训与业务的契合度和关联度还不够，突出体现为新业务新产品的培训教材及相关培训仍然滞后；二是培训工作缺乏切实可行的激励措施，个别分行的培训工作在一定程度上还存在“说起来重要、做起来次要、忙起来不要”的现象。另外，在培训与使用相结合方面，我们还需要做出进一步努力；三是在基地建设方面，虽然部分金融培训学校办学条件得到了较大改善，但仍有部分学校在软硬件设施、人员配备、经费管理、绩效考核等方面，还需要得到更多的关注和支持。

三、提高培训实效性的主要措施

为提高培训工作的实效性，我们要对现有培训工作进行全面客观的总结和分析，认清面临的挑战和困难，明确下一阶段的目标和措施，努力使全行培训工作再上新台阶。

（一）深化“国际化人才”和高级管理人员培训。作为工行培训工作中关注程度最高、投入资源最大的培训项目，“国际化人才”培训已基本完成了第一期工作。要认真总结一年来的经验和做法，深入分析面临的困难和不足，着力提高“国际化人才”培训的针对性和实效性。要突出学员的个性化和差异化培训，通过插班研修、自主选课、商务拜访等途径，提升学员的语言能力、独立能力、创新能力、交往能力。要加大境外实习的工作力度，细化实习安排，强化实习考核，借助合作院校、外资银行、境外子行、境外项目单位以及中介机构等渠道，确保学员能真正学到国外优秀企业的经营理念和经验做法。要进一步加大高级管理人员的培训力度，对总行副总经理、省分行副行长以上的高级管理人员，分批次、分专业地开展境外研修和培训，力争在3－5年内完成高级管理人员境外轮训。同时，加快管理人员能力素质模型的建设步伐，在突出个性化培训的基础上，统筹培训对象、培训课程和境内外资源，切实提高其国际视野、战略思维和决策能力。

（二）完善专业人员培训模式。要进一步完善高级专业人才培训、专业资格认证培训和岗位适应性培训相结合的专业人员培训模式。在高级专业人才培训方面，一是要提升国际资格认证综合管理水平，研究制定国际资格认证管理办法，对国际资格认证的范围认定、资格引入与退出、培训组织、沟通交流等进行规范。加强与总行相关部门及海外分行的沟通合作，全面收集经济金融、信息科技、专业资讯等领域全球公认度高的国际资格认证，并进行细致整理和分析。逐步将国际资格认证与我行专业资格认证进行合理对接，全面提升资格认证管理水平。二是要完善国际资格认证持证人的管理和使用，尽快将全行国际资格认证持证人信息完整录入员工培训信息管理系统，提高持证人管理的信息化水平。加强与人力资源等相关部门的沟通合作，制定相应政策办法，鼓励员工通过自学获得国际资格证书，推动获证员工到相关业务岗位上工作。三是要不断完善高级专业人才培养模式，制定切实可行的培训效果评估方法，探索分析高级专业人才培训对全行的价值贡献度，不断提高培训的效率和效益。在专业资格认证方面，在确保年底完成全部资格序列考试的基础上，认真梳理各专业的实施细则，尽快出台相关办法，进一步明确获证员工的职务聘任、业务授权、继续教育等重要内容。在岗位适应性培训方面，要加大项目整合力度，大力开展跨专业、跨部室的综合性素质技能培训，彻底解决重复培训、多头培训的现象；要认真研究新产品新业务新系统类培训的规律和方法，突出培训特点，缩短培训链条，确保基层机构在新产品投产后最短时间内接受相关培训。

（三）更新客户经理培训理念。为切实提高客户经理培训的实效性，要在客户经理培训工作中树立“有破有立”的培训理念，即要逐步打破目前各前台业务部室分别主抓本业务线客户经理培训的现状，尽快建立由培训主管部门牵头、主要前台业务部室参与，统筹规划培训对象、培训内容、培训方式的客户经理培训新格局。今年，总行重点开展的高级客户经理培训就是按照这一理念进行的尝试。从目前情况看，培训取得了较好效果，得到了相关业务部室和高级客户经理的普遍认可。接下来，各行要根据自身实际，探索建立客户经理培训的机制流程和主要措施，从营销工作的实战需要出发，从客户经理的个性需求出发，切实开展各级各类客户经理培训。

（四）以开发重点案例为抓手，不断完善培训方式方法。案例培训是通过讲述“成熟的、成功的故事”，使学员在最短时间内学习经验、提高能力的培训方法，也是我行在培训方式创新方面的重要抓手。要继续加大与国际知名院校合作编写案例，力争今后每年发布一个工商银行经典案例。要加大与国内一流院校的合作力度，利用合作机会，培养储备一批工商银行案例编写骨干，保质保量地完成100个重点培训案例。要加强案例库的信息更新和动态维护工作，确保培训案例能紧跟全行业务发展。要学习借鉴剑桥大学等国际一流商学院案例教学的经验和方法，结合我行实际情况，编写工商银行案例教学手册，在全行推行标准化、规范化的案例培训，不断提高案例教学的实战性和互动性。

（五）以网络大学10周年为契机，进一步推动网络培训工作。今年是工商银行网络大学建成10周年。从2002年我行率先在国内金融业开通远程教育系统，到今年启用国内一流的新平台，网络大学在系统功能、课程内容、应用范围等方面实现了跨越式发展。10年间，网络大学的日均访问量从最初的500人次发展到10余万人次（最高达25万人次），课件数量从最初的30门发展到2 400余门。网络大学已经成为我行知识传播、业务推广、文化理念传导的重要渠道，成为国内金融同业网络培训的标杆。在新的起点上，我们要进一步在提升网络大学功能的实用性、学习的便捷性、内容的丰富性上下功夫，力争用3年左右的时间，将其建设成为功能强大、使用便捷、国际领先的网络学习平台。要建立网络大学培训资源的准入和调整机制，确保广大员工能及时学习全行最优秀的网络课件。作为网络大学的运行维护部门，杭州金融研修学院要认真研究金融企业网络培训的规律和方法，切实做好网络大学系统平台的运行监控、内容更新、在线答疑等支持服务工作。

（六）更加重视兼职培训师队伍建设。兼职培训师是提高培训实效性的重要因素。我们一直认为，工商银行培训的基础是“六库”，而“六库”的核心是师资库。全行上下要统筹规划、分级推进，下大力气建设一支结构合理、素质精良、内外结合、数量充足的兼职培训师队伍。对于总行级内部兼职培训师，要突出发挥高级管理人员“领导开课”的示范效应，通过分类评聘、年度评优、经验交流等多种方式，努力在全行营造良好的兼职培训师工作氛围。各分行要进一步落实分行级内部兼职培训师的最低规模要求，适时做好续聘、增聘和调整工作，并为已聘师资提供更多授课实践与专业培训机会。同时，要研究制定外聘兼职培训师管理办法，按照统筹规划、分类管理、动态调整的原则，拓宽师资渠道，完善激励机制，力争在3年内建立一支规格高、渠道广、数量足的外聘兼职培训师队伍。

今年是我国发展进程中具有特殊重要意义的一年，也是全行推动转型发展、建设国际一流现代金融企业的关键一年。全行培训工作责任重大、使命光荣。希望各级领导和培训工作者进一步增强紧迫感和责任感，坚定信心，扎实工作，不断提升培训工作的针对性、实效性，以优异的成绩迎接党的十八大的胜利召开！

加快网讯战略转型
实现信息化银行建设的新跨越

——在中国工商银行网讯工作座谈会上的讲话

罗　熹

（2012年9月27日）

很高兴在这个秋高气爽的季节跟来自全行的管理信息主管行长和部门负责人座谈网讯建设工作。这次会议是集团网讯和部分子站点投产后的总结会，也是网讯转型建设全面推开的动员会，是交流网讯建设经验、展望网讯业务发展的一次重要会议。

刚才听了北京、上海、浙江、陕西、深圳、江西6家分行的发言，感觉大家对集团网讯工作有了更深入的感受和认识，普遍认为，在信息智能引领的变革时代，在工商银行建设国际一流现代金融企业的关键时期，我行在同业率先整合行内信息、资讯、数据、办公服务和全部业务系统，搭建起覆盖全集团的网讯新体系即集团信息平台，使其成为提升全行经营管理水平和服务能力的重要抓手，成为我行加快建设信息化银行、推动“ONE ICBC”战略理念实施的重要载体。

大家对如何加强网讯体系建设提出了很好的意见和建议，总行管理信息、信息科技等相关部门要认真研究，加以采纳。今天在井冈山这个“中国革命的摇篮”召开会议，我们的网讯工作思路也要脱胎换骨，彻底革新，跟上信息化银行建设的步伐。下面，我就围绕网讯转型、集团信息平台建设工作讲四方面的意见。

一、完成“五个转型”，实现从网讯到集团信息平台的新跨越

新版网讯的建成投产，开创了网讯工作的崭新局面，是我行信息化银行建设史上一个重要的里程碑和新起点，总行党委对新版网讯建设给予了很高的评价。

新版网讯在定位、职能、内容、管理制度和结构体系上实现了从旧版网讯到集团信息平台的转型和飞跃。对此，我们要彻底转变思想，认识到新版网讯和原来的网讯不是同一事物，新版网讯就是集团信息平台，按照国外跨国公司的习惯叫门户网站，是我行43万员工进入行内系统的唯一入口。目前沿用“网讯”的概念是为了照顾大家的习惯，今后会逐步统称为集团信息平台。

董事长在《从银行信息化到信息化银行》的演讲中对集团信息平台的理念和建设背景有详细阐述。董事长指出，大多数银行完成银行信息化，即解决IT技术支持经营问题后，要取得新的竞争优势就必须转型为信息化银行，走向信息引领经营的发展道路。信息化银行中“信息”是要产生价值、产生效益的，对信息的掌握和管理将成为银行的核心竞争能力。董事长提出“集中、整合、共享、挖掘”的八字方针，为信息化银行建设和信息管理工作指明了方向。贯彻落实“ONE BANK”战略理念，集团信息平台承载了信息流整合和管理、信息共享和应用的重要职能，任务艰巨，责任重大，使命光荣。

从目前集团信息平台建设情况看，可以说取得了初步成绩，实现了“五个转型”。

（一）实现了从单一信息平台到综合化网络系统的职能转型。过去的网讯仅承载了信息发布的单一功能，现在的集团信息平台集成了信息、资讯、数据、办公和业务系统，成为全行统一入口、统一导航、集团共享的综合信息系统。作为全行唯一的门户平台，集团信息平台拥有了前所未有的六大功能：系统导航功能，通过集成190多个业务系统，提供个性化系统导航服务，使我行各业务领域的员工通过网讯平台快捷进行业务操作；信息导览功能，以8个核心栏目和9个专业频道的方式提供信息展示，使重点更加突出，检索更加便利；统一搜索功能，打破系统障碍允许用户根据授权搜索全行各系统信息；办公服务功能，通过整合公文系统、邮件系

统、通讯录、档案管理和印章管理等日常办公管理工具，全面提供办公信息化支持；个人辅助办公功能，可以提供批示、待办、待阅信息、推送设置、转授权、个人收藏、群组维护等功能，多角度满足个性化办公需求；系统服务功能，通过提供知识库、统一通信和系统服务，为员工扩充知识和及时交流提供便利。

（二）实现了从行内信息共享到行内外商用信息整合的内容转型。过去的网讯仅有行务信息，现在的集团信息平台保留了传统信息，实现了传统信息的量质齐升。随着全球信息资讯平台建设应用，集团信息平台加强了外购信息统筹管理，初步实现了外部信息集中采购；通过与新华社、财汇等多家重要的商务信息服务公司开展合作，扩大了信息覆盖面，丰富了信息品种；初步整合了各部室已有的外购信息，打破了专业分割，提高了外购信息资源的利用效益，集团信息平台在跟踪市场、联动营销、服务客户方面的作用日益突出。到8月末，资讯平台已累计发布信息153.6万条，加上初始导入的信息，共213万条。其中，今年1—8月，资讯平台共发布信息98.3万条，日均发布信息5 500条，前8个月的信息发布量已是去年信息发布量的2.2倍。

（三）实现了从简单化到制度规范化、体系化的管理转型。网讯转型对管理水平提出了更高的要求，科学、系统、规范的制度体系是管理灵魂和水平的体现。目前网讯制度体系搭建完毕，已印发的《网讯管理办法（试行）》、《网讯子站点建设方案》、《网讯业务规范（试行）》和即将下发的《网讯工作考核及奖励办法》，是对集团信息平台建设和应用的全方位梳理和规范，构成了保障其正常运转和快速发展的四大支柱。资讯平台制度规范初步完备，近两年来推出的《全球信息资讯平台管理办法（试行）》、《全球信息资讯平台工作考核与奖励办法》、《智能终端移动办公系统管理办法（试行）》等重要文件，从信息报送、成果转化和智能移动办公等方面对资讯工作进行了全流程、多角度的规范。

（四）实现了从一级平台向两层站点结构的体系转型。加快建设各分支机构网讯子站点，形成两层结构的统一体系，是实现集团各机构在更大范围的信息共享和战略联动，是打造“ONE ICBC”的必由之路，对全行加快推进综合化、国际化发展具有战略意义。总行先期选取浙江、北京、上海、山东分行和票据营业部5家机构进行试点，在时间紧任务重的情况下，浙江、北京和上海分行圆满完成了子站点建设，湖南分行作为非试点单位提前完成了子站点建设工作。4家单位的子站点建设既严格遵守总行的建设要求和规范，又突出了分行特色，他们的建设经验对尽快搭建起全行一体化的信息平台管理体系具有重要意义。

（五）实现了从信息共享到信息创造价值的职能转型。自资讯平台投产以来，已有35家境内分行、6家境外机构、2家总行部室通过资讯平台实现信息应用成果转化4 071例，新增存款1 356亿元，贷款1 222亿元，实现中间业务收入及已确认利息收入43亿元，在信息创造价值方面迈出了实质性的步伐。工银欧洲、工银亚洲、山东分行、江苏分行等7家境内外机构依托资讯平台发布的全球各类联动信息，实现应用成果转化9例，累计新增企业账户11个，取得公司存款5.2亿元、贷款20亿元、利息及中间业务收入481万元，实现市场信息在集团内部间互通共享，推动内外机构联动捕捉市场机会，促进了信息成果转化为营销实效。

三、统一“四点认识”，明确集团信息平台建设新思路

集团信息平台建设是一个长期系统的工程，还有许多问题需要理清思路，统一认识。

（一）统一“两库一师”认识，明确管理信息的定位和职能。管理信息部门是探索信息引领经营、推进信息化银行建设的排头兵，因此要率先深化职能定位，以迎接新挑战、承担新使命。过去管理信息部定位是全行的“统计局”、“数据库”和“参谋部”，现在要提高到打造全行“两库一师”的战略高度上来认识，即打造全行的“数据库”、“信息库”和“分析师队伍”，通过“两库一师”建设来实现信息对经营的智能引领。

目前数据库建设已初步完备，信息库的建设蹒跚起步。数据库集中了我行经营管理的大量标准化的数字信息，但是对于生产营销过程中存在的大量非结构化信息，比如文本、影音、图片等信息还没有存储和分析，这就需要提出“信息库”的新概念。强大完备的“信息库”是信息化银行必须具备的要素，是信息创造价值的基石。通过打造“数据库”和“信息库”，保证全部有价值的结构化数据和非结构化信息入库，杜绝信息在库外流转现象，这是信息流管理的第一步，是解决信息集中共享的基础和前提。“两库”建设是管理信息部核心职能。但是有数据、有信息，有这“两库”还不够，必须要有人生产它、加工它，必须要有生产信息产品的专业队伍，引入市场的通行说法就是分析师。建立分析师队伍是管理信息部要承担的另一个新职能。打造分析师队伍，通过分析师对来自数据库和信息库的基础信息进行画龙点睛式的分析加工、组合生产，推出定制化、产品化、模块化的金融信息产品。

集团信息平台承载了数据库和信息库所有基础信息的分类存储和金融信息产品的个性化、模块化展示功能，完成好“两库一师”建设将使我行的信息管理效率和水平迈上一个新台阶，为管理层和一线员工提供更便捷、更全面、更优质的信息服务，最终达到信息价值最大化的目标。

（二）统一信息库建设认识，明晰信息库建设的流程、重点和难点。

1. 四步流程。信息库建设相比数据库建设工作基础薄弱，在建设方案和作业流程方面需要我们多方探索。信息库作业流程大致可归纳为四步：一是系统搜集信息，即通过各类系统自动搜集和抓取信息。系统包括办公系统、业务系统、营销系统、行外资讯系统四大类。比如营销信息来源应包括行内个金、公司和机构的三大营销管理系统。二是信息进入仓库。信息库要有过滤功能，让有价值的信息进入仓库。三是仓库生成平台。平台上各类信息分门别类展示，比如个人金融业务用户可以在个人业务平台中找到所有相关信息，不用再去其他途径寻找。专业分析师可以进入不同专业平台，对相关信息进行分析加工，研发金融信息产品。四是平台发售产品。金融信息产品对内是发布，对外是销售。类似彭博和路透的信息终端，打开集团信息平台，界面上出现各业务模块，点击模块进入后有更详细的菜单目录。行内用户根据授权使用，行外用户根据付费情况使用。

2. 四大重点：信息进入仓库后要分类存放，便于查找。这就需要建货架，开引擎。货架即一个根据用户的需求和习惯自由组合的个性化界面，分行有分行的货架，总行有总行的货架，货架之间关系要理顺。开引擎，就是在货架内部建立搜索引擎。这些为以后作分析、出成品打下基础。所以建货架、开引擎、作分析、出成品是下一步工作的四个重点任务。

3. 四个难点：一是业务系统如何充分整合。目前部分业务系统未真正纳入集团信息平台，仅以链接的形式存在，还不是统一的系统模块，影响了信息平台部分功能的实现。比如统一搜索功能还无法获取分散在各个应用系统中的信息。业务系统没整合到信息平台上来，就无法实现信息共享，也无法作出信息产品。比如审贷系统中大量的、有价值的信息目前没有入库，我们无法整合加工其信息。二是办公系统信息如何整合入库，互动、移动办公功能如何优化，辅助办公智能化如何提高。三是信息要标准化过滤后进入仓库，标准化自动过滤功能的实现需要认真研究。四是两级体系的构架如何协调衔接。分行信息毫无疑问要进入总行仓库，但是总行仓库如何对其进行加工，总站仓库信息如何给子站授权使用，都需要进一步明确。

（三）统一“信息创造价值”的认识，突出平台价值发现和价值引领的作用。

1. 商务信息范围有待扩展。目前平台上行务信息比较完善，商务信息比较薄弱，时效性不够，无法满足一线员工需要。比如各种价格信息不够齐全，个人客户经理需要的同业理财产品价格信息也没有，或者我们还不知道哪个系统有这样的信息；又如利率报价信息也不齐全，因为资产负债部的利率信息没有整合进来。

2. 金融信息产品尚未全面推出。目前资讯平台只有投资银行部的资讯报告一个产品，在实现多种信息的精准分析、价值的深度挖掘和创造方面的功能还有待提高，在帮助全行研判市场、优化资源配置、推动转型发展方面的职能还未完全实现，距离董事长提出“信息将在所有经营要素中发挥主导作用”的要求尚存差距。

（四）统一“ONE BANK”认识，推动集团信息平台的体系建设。

1. 全覆盖的两层站点体系建设有待提速。子站点已成功投产4家，经过前期试点发现，子站点建设在系统开发、功能完善、接口改造、系统维护管理等方面存在挑战，建设进度与原计划有差距。同时，集团信息平台在移动终端上的应用和普及还有待提高。

2. 海外版建设有待提升。网讯海外版建设离服务我行国际化战略的目标有一定差距，目前网讯海外版的内容少、系统功能单一，信息发布因翻译等原因比较滞后，不能满足我行加快推进国际化、综合化战略的需要。

三、推进“六个强化”，开创集团信息平台建设新局面

集团信息平台是建设信息化银行、提升银行竞争力、推动“ONE BANK”战略理念实施的重要抓手和基础。全行上下要从思想上高度重视，行动上积极落实，从“六个强化”着手，全力推进网讯工作。

（一）强化系统整合，丰富网讯新功能。

一是加快系统梳理，实现全面整合。对全行现有的应用系统进行全面梳理摸底，加快对未接入网讯应用系统的改造；新开发的系统要保持与网讯接口的一致性，最终实现集团信息平台对所有办公系统、业务系统的无缝对接和无一遗漏的全部整合。各相关业务部门负责业务系统、营销系统的建设，办公室负责办公系统的改造，必须保证全部信息纳入网讯系统，实现共享。管理信息部门负责对进入网讯系统的全行信息流的整合管理。加快统一搜索功能的完善，实现无任何障碍跨系统搜索信息。加快推进办公信息化子系统建设，尽快推广到全行，在全行搭建起统一的办公业务无纸化处理体系，从而真正实现自动化、智能化的办公管理。

二是加快问题收集，实现功能优化。收集整理集团信息平台投产使用以来用户集中反映的各类问题，加以深入分析研究，进一步优化功能。对全球信息资讯平台进行全新改版升级，对现有的栏目体系重新梳理并增加分类维度，使信息浏览和查询更加便捷直观，信息互动更加充分，推送、评论等功能发挥更大作用。

三是加快技术应用，改善用户体验。充分利用视频、音频、即时通信等多媒体技术，优化信息的展现方式，按照专业条线对信息进行科学分类展现，达到信息简便搜索和深度共享。根据用户的浏览习惯自动进行信息推荐，改善用户体验。

（二）强化交流共享，扩大信息服务面。

一是统一外购信息，实现资源整合共享。外购信息要全部纳入集团信息平台，由管理信息部门统一负责外部信息采购，尽快推出全行外购信息管理办法，实现外部信息统一规范管理。

二是广纳行内外信息，满足个性化需求。不同岗位的员工对信息的需求各有不同，我们要在目前所提供的市场资讯、行业动态基础上，进一步整合行内信息，增加经营管理需要和客户关心的房产、税务等经济、金融和市场信息，满足多样化需求。

三是优化互动交流功能，真正实现即时沟通。丰富现有统一通信模块，为全行员工提供分专业、分区域的互动交流，充分满足员工即时沟通、在线解答各类业务疑问的需求，提高工作效率。

四是扩充全球资讯平台用户，提供全方位信息支持。将全球资讯平台浏览权限分类开放至一线员工，便于全行员工通过统一的信息平台获取经营管理中所需的各类信息，实现信息共享。搭建全面、便捷、高效的服务系统，提高客户服务效率，提升客户服务能力。

（三）强化结构统一，推进网讯全覆盖。

一是适应集团化战略，加快子站点建设。尚未建成子站点的单位要按照总行提出的规划和时间表加快建设。要借鉴目前已投产的子站点建设经验，进一步完善子站点管理办法，整合好各单位自行研发的业务系统。已经建成投产的单位要加强推广培训，使员工熟练掌握、方便使用。

二是适应国际化战略，加快海外版网讯建设。在国际化发展战略的指引下，要加快建设面向境外机构的海外版信息平台，将境外机构及其用户尽快纳入信息平台管理的整体框架。以海外版信息平台建设为抓手，加强内外联动、信息共享和应用成果转化。

三是适应创新化战略，加快移动终端应用。积极探索以智能手机、平板电脑等各类新媒体终端为载体的传播形式，在安全可控的前提下，努力完善、推广信息平台在多种移动终端上的应用，真正实现无论何时、无论何地在线浏览和移动办公。

（四）强化信息挖掘，提升价值创造力。

一是注重深度挖掘，提升信息的管理价值。结合全行经营发展战略和阶段性工作重点，组织策划、采访撰写深度报道，做贴近业务、贴近管理的观察家。报道主题除了展示经营成绩和工作经验，也要关注影响全行各业务条线发展的潜在问题，重要问题可以“高层内参”形式上报，并对重要案例进行追踪，促其解决。

二是注重商用信息实效，提升信息的营销价值。继续做好全球信息资讯平台营销信息跟踪反馈实时监测，提高营销信息的成果转化率。继续以全行发展战略为导向，以境内营销信息深度挖掘为基石，以内外联动、信息全面拓展为抓手，为全行业务转型提供有力信息保障，不断探索信息创造价值的方法和途径。协同有关部门，把个人业务、公司业务、机构业务三大营销管理系统完善好，把相关的信息纳入信息库，加工后发布给全行，使平台切实成为支持一线营销的“信息库”。

三是注重专属产品打造，提升信息的市场价值。加快全球信息资讯平台各类专业数据库的建设，开发各类数据分析模型和软件，建立信息加工厂，积极开展信息研究，提供信息分析报告，生产信息产品。通过金融信息产品和服务的不断创新，体现产品定价权，树立市场话语权，增强市场竞争力，为客户增值，为银行增效。

（五）强化流程管理，创建协作新机制。集团信息平台的维护和管理有其特殊性，一方面信息技术日新月异的发展，要求我们不断采用最新的信息技术完善平台架构；另一方面行内业务的快速发展，也会不断要求对网页和功能设计作出调整，体现出日常维护频率高、需求多、变化大、时间紧等特点。总行管理信息、信息科技部门要做好协调配合，建立针对集团信息平台特点的全新工作机制和绿色通道，以满足业务要求。

（六）强化队伍建设，满足工作新要求。集团信息平台的架构、技术运用比原网讯有了质的提升，业务涵盖的范围和承载的职能更广泛，地位更重要，功能更强大，服务更多样，对系统建设和维护的要求更高，因此信息平台需要建设两支队伍，一支信息管理队伍，另一支是信息分析队伍。各单位要站在信息化银行建设的战略高度重视队伍建设，适当增加工作人员配备，配合总行管理信息部加强业务培训，提升信息质量，挖掘有深度有价值的信息，提高系统应用和管理能力，为建好用好集团信息平台贡献力量。

四、做到“十要”，扎实推进集团信息平台建设工作

（一）调研要深。希望会后各分行分管行长带队，作一次深入调研，年底前完成这个任务，形成调研报告上报总行。调研对象就是营销一线的个金、公司和机构客户经理，询问他们在日常营销工作中对信息的需求，这会大大拉近信息服务工作与一线营销人员之间的距离。

（二）培训要细。针对不同层面需求组织不同的培训班，即信息管理人员培训班、信息分析人员培训班，以及针对全体集团信息平台用户的培训班。这个培训量很大，也需要我们根据学员特点制定详细的课程菜单和周密的培训计划，明确以上三类人员各自需要掌握什么知识和技能。总行管理信息部今年年底前要制订好明年的培训方案。

（三）功能要好。对功能的改造速度要加快，要把董事长和其他行领导使用信息平台办公中提出的问题尽快解决好。要经常召开用户体验会，也可以在网上收集每个用户反映的问题。把所有问题按照重要性和解决的难易程度排队，加快改造频率，必要的时候以月为单位

覆盖解决。其中办公等服务系统不涉及生产的，可以更迅速地改进。

（四）子站要强。按照集团信息平台的要求，设计时间进度表，加快各分行子站点建设，力求早日全部完成。在建设子站点同时，要研究做好子站跟总站之间的衔接，确定哪些内容是子站必须导入总站信息库的，哪些不需要导入。

（五）用户要多。总站要考虑如何给子站用户授权。目前各分行能进入总站进行信息浏览的用户人数不多且多为各分行高管，急需利用信息开展工作的客户经理没有权限。原则上每位员工都应该可以登录总站浏览基本信息。

（六）授权要准。要做好平台授权管理工作，对每位用户给予何种程度的授权，要由上级管理员核定。比如路透、彭博的信息平台是根据用户付费与否来核定用户浏览信息的权限。我们要扩大集团信息平台的服务面，首先就要做到授权精准。

（七）境外要用。我行国际化战略实施，需要我们解决境外人员浏览信息平台的问题。面对全球各种语言，我们可以走由简到繁的道路，先把英文版信息平台做好，信息由少到多，由一般到专业逐步丰富，翻译务求准确并符合英语思维习惯，而不是中式英语。

（八）信息要多。一是外部采集信息尤其是价格信息数量要多、时效要快。二是解决业务系统、办公系统和营销系统的信息整合，丰富信息来源。三是开辟信息补充渠道，对业务系统、办公系统和营销系统不存在的，但确需采编补录进来的信息，可以尝试“一录两用”的方法，即一次录入两次使用，来提高信息自动化管理水平。比如客户经理会在日常工作中记录营销信息，将来可以直接记录到营销系统中，再由系统导入信息仓库。

（九）安全要严。集团信息平台是提供给内部员工使用的，不对外开放。只有完成产品化、制式化的信息产品才会提供给行外用户。今后集团信息平台也不会对外开放，对外开放的是电子银行部的对外门户。

（十）考核要精。在信息创造价值工作起步初期，考核办法可以设计得简单一点，将来要不断研究完善，推出更加精细科学的考核体系。考核不仅记录是谁提供的信息，谁取得了多少效益，还要确认具体哪条信息做成了何种交易，这单交易里面纯收益额是多少，在得到收益方认可后才能计入考核。现在总行一年给四百万元的奖励，务必要保证奖给该奖的人、机构和部门。

信息化银行是我行发展的战略方向，让我们抓住这一战略机遇，振奋精神，开拓进取，做好集团信息平台的建设工作，完成好信息化银行建设这一历史重任，为我行发展转型、增强国际影响力、建设国际一流金融机构做出更大贡献。

在中国工商银行美洲区机构全球现金管理工作座谈会上的讲话

罗　熹

（2012 年 10 月 22 日 · 根据录音整理）

今天，我们在多伦多成立美洲区现金管理中心之际，召开美洲区全球现金管理工作座谈会。刚才大家讲得很好，研判了市场形势，分析了客户需求，也谈了推进工作的思路、措施和建议，这是在美洲区开展全球现金管理业务的良好开端。下面，我讲三点意见。

一、在美洲区开展全球现金管理业务的必要性

总行在部署全球现金管理区域中心过程中，首先关注亚太区，2011 年 3 月在香港成立了亚太区现金管理中心，这个中心已经开始发挥作用了。第二是 2011 年 9 月和标准银行共同成立了中非现金管理平台，这个平台主要借助于我行与标准银行之间的业务合作，为非洲的跨国公司提供现金管理服务。今年上半年，在巴黎成立了欧洲区现金管理中心，旨在加强对欧洲区跨国公司的现金管理服务。这次在多伦多成立美洲区现金管理中心之后，我行的全球现金管理服务区域中心布局基本完成，这个安排主要是为了提升我行对跨国公司的客户服务水平，增强境内外联动能力。在美洲区开展全球现金管理业务很有必要，主要体现在：

（一）服务于公司的全球化。中国在吸收外商投资方面有三十多年的历史，截至 2010 年 9 月，累计吸收外商直接投资超过 10 600 多亿美元，主要是欧美国家的企业到中国开店设厂。对于这些企业的资金服务，当

时主要由欧美银行提供，中资银行只是协助办理一些资金代收代付业务。那时的国际业务部门主要是和外资银行签署中国地区资金代理收付合作协议。这是早期中资银行为跨国公司提供服务的模式，当时的欧美银行把中资银行作为其现金管理业务在中国的末端来对待。中资银行上门收款，因为跨国公司总部的资金归集需求，资金又很快被划到欧美银行的中国区总部，在这一过程中，中资银行收取了一些费用，但高附加值服务的收益却没有拿到。2000 年以后，中国的企业开始“走出去”，从产品输出走向了产能输出。中资银行在企业“走出去”过程中开始发展自己的全球现金管理业务，这是因为中资企业确实有强烈的业务需求。截至 2010 年末，共有 2 000 多家中资企业在美洲地区投资和设厂，累计投资金额超过 517 亿美元。在美洲地区，我们要继续与美洲的银行开展全球现金管理业务合作，同时要为我国在美洲地区投资的企业提供全球现金管理服务。在我行有分支机构的地方，由分支机构来完成；在没有分支机构的地方，由美洲地区的本土银行协助完成对客户的全球现金管理服务。

全球现金管理服务是“多国家、多功能、多渠道”的跨国集团公司财资服务。虽然我行从 2008 年开始部署这项业务，也取得了一些成绩，但在“三多”方面还存在不少难点和问题。关于“多国家”，包括语言问题、监管问题等，以语言问题为例，除英语以外，还需要开发葡萄牙语、西班牙语、俄语等更多本地语言，如果只提供英文服务，我们的员工结构就会出问题，我们和本土银行的连接就会出问题。关于“多功能”问题，以我行在非洲地区的全球现金管理服务为例，目前只能提供一些基础性服务，还出现了对账单发送不及时等问题，更多先进的、综合的功能还无法实现。2009 年，我行现金管理就有“八大功能、九大解决方案”，但在实施具体客户项目时，就发现很多功能还不完善，很多服务还无法提供。关于“多渠道”问题，早期只有柜面渠道，逐渐发展出网上银行、银企直联等更多渠道。但实际上，我行还无法做到为每个集团公司多渠道服务，并通过同一个界面展现，这对我们的技术和服务能力是很大的考验。我行要在美洲地区形成强大的服务能力，不仅有功能问题，还有技术和 IT 水平的问题。可见，公司的全球化发展亟须银行建立和推广全球现金管理这样一个服务平台，真正让企业感受到“登上这个平台，就能走遍全球”。

（二）我国与美洲地区的投资、贸易、金融往来密切，市场潜力巨大。从贸易投资上看，2011 年，我国同美洲地区的贸易额约 7 400 亿美元，占中国对全球贸易额的 1/5 左右；2011 年《财富》全球 500 强企业中，有 155 家，也就是有近 1/3 的公司总部位于美洲区，所以，这个区域非常重要。如果不在美洲区发展全球现金管理业务，那么像苹果、麦当劳、微软、IBM 这样总部位于美洲地区的跨国公司就无法和我们开展合作，很多大客户资源就会流失到其他银行。从金融往来上看，很多大型金融公司位于美洲地区，美国、加拿大、巴西、阿根廷、秘鲁、智利、加勒比地区国家等，都有很多金融公司。可见，我们确实需要通过全球现金管理，为各类贸易、投资和金融活动提供全方位的服务。

（三）人民币在美洲地区的发展，亟须银行建立人民币综合服务平台。我行要在美洲地区为企业的人民币账户提供服务，就必须搭建一个以账户为主的综合服务平台，成为美洲地区的人民币主服务商。继以香港为中心的亚太地区人民币业务发展之后，欧洲地区以伦敦为中心的人民币业务也逐渐发展起来，美洲地区应该以美国为中心发展，所以我们有必要顺势在美洲地区发展全球现金管理服务。由于美国的金融监管对我们开展跨境现金管理服务有一些限制和障碍，总行决定将美洲中心设立在加拿大的多伦多。多伦多的金融市场比较健全，利率、汇率和物价、股价相对稳定，金融监管比较完备，金融业态比较健康。美洲中心成立后，主要业务还是要侧重于美国市场，为中资和美资跨国公司提供服务。

二、工作目标

美洲区现金管理中心成立以后，我们要建立一个覆盖美洲地区，以总行、区域中心、境内外机构为架构的服务平台，这个服务平台有以下六个目标。

一是服务属地化。美洲中心要承担客户营销、后台服务、业务运营、风险控制等工作。因为总行结算与现金管理部只有一个全球现金管理业务推广处，既要做业务规划和大客户营销，还要进行系统开发，不可能具体组织对客户的日常服务。所以，发展全球现金管理业务，要建设区域中心，实行服务属地化。

二是营销分层化。第一，需要总行出面营销的跨国公司总部，由总行负责，比如武钢项目，通过有效的高层营销，武钢明确地表示要将现金管理业务交给我行，湖北分行趁势开展了积极的跟踪营销，最终把这项业务做成。联动营销需要确定以谁为主，不然联动很难推进。属于全球跨区域的客户，原则上由总行出面营销，但总行可以给区域中心和境内外机构下达任务。第二，如果客户只在某个区域内活动，那么区域中心就要发挥作用。比如在美洲的跨国公司，在北美、南美、拉丁美洲开展贸易和投资活动，美洲中心就要出面营销。第三，对于基本不跨区域、只在一个国家范围内活动、偶尔有几个项目在境外的公司，由当地行负责营销并提供服务。

三是渠道电子化。第一种渠道是银行柜面，企业现金管理的各种交易通过柜面办理，这是比较普遍的渠道。第二种比较普遍的渠道是网上银行，企业通过登录网银办理业务。第三种相对普遍的渠道是银企直联，通过技术的物理渠道与企业系统进行连接。第四种是SWIFT，企业可以通过自己的SWIFT通讯与银行连接，也可以通过银行与银行之间的SWIFT连接办理业务。第五种是代理行，在我行没有分支机构的国家和地区，需要通过代理行传递交易信息。发展全球现金管理业务，代理行的介入很有必要。

四是功能多样化。现金管理最早的功能是账户服务，这是现金管理的主体和基础，银行若能为客户提供全球账户服务，就具备了全球现金管理的基础服务能力。无论客户从哪个渠道接入，银行都要协助其办理账户资金的及时归集下拨、收付款、账户的开立撤销、账户信息查询等业务。现金管理的第二个功能是公司理财，这里的公司理财是站在公司的角度，为其建立现金池、票据池和债券池。在这三大池的基础上，协助客户进行金融资产的转换和配置，在配置过程中，可以销售公司类理财产品。现金管理的第三个功能是贸易融资，包括短期透支、贸易融资等。现金管理的第四个功能是风险管理，主要针对公司的利率和汇率风险管理，当利率、汇率发生波动时，协助客户进行币种之间的调换和期限调换。现金管理的第五个功能是增值服务，比如海关服务、税务服务等，主要是协助客户定期缴税、报关、缴费。上述五类服务功能要努力逐步实现，没有强大的功能，就无法抓住客户、留住客户。

五是产品平台化。所谓产品平台化，就是尽可能将企业的账户服务、资金交易、财资管理等交易在现金管理服务平台上实现。在过去，客户的汇款、结算、资金交易、风险管理在不同的系统平台上处理。希望系统改造之后，第一，要实现平台交易，就是尽可能让客户在一个平台上交易，而不是分散在多个系统上；第二，要实现简单交易平台化、复杂交易连线化，比如外汇买卖，由于涉及报价问题，需要和金融市场的系统连线，进行连线交易；第三，要实现风险交易落地化，对于存在较大风险的交易，要通过有关系统和有关部门进行落地交易。这三种交易方式实现以后，企业的财资管理会更加便捷、安全、高效。

六是界面客户化。现金管理业务将来要为客户呈现两个界面：客户端和银行端。现在的现金管理是服务的简单打包，没办法集成到一个界面上，以后要建立客户端和银行端，让集团客户的总部、分（子）公司和银行的总行、分支机构都能看到现金管理界面。比如客户在美国，虽然区域服务中心位于多伦多，但纽约分行通过银行端，可以看到其集团客户的各项交易，从而实现“四可”：一是可展示，即这个端口是可以展示的。二是可计量，即客户的所有业务都可以汇总和统计，这样总行和分支机构都掌握其集团客户在全球完成了哪些交易、交易量如何，以便更好地制定收费标准和风控政策。三是可操作，这个操作分两种，一种是日常维护，另一种是日常交易，有些交易由客户自己完成和维护，有些交易由我们来维护。四是可控制，要让企业有所控制，也要让银行有所控制，对于企业可以自行控制的部分，用协议约束；对于需要银行控制的部分，要区分是由总行控制，是区域中心控制，还是当地机构控制。比如华为项目，深圳分行专门设立了华为支行，那么华为支行就需要根据总行与华为集团总部签订的协议和业务分工，承担各类与华为协调、沟通、设置和运维的事项。

通过这六大目标，争取用三年左右的时间，实现我行在现金管理领域国际主流银行的地位，逐步达到市场规模领先、服务功能完善、科技平台先进、专业素质过硬的要求，逐步实现境内外客户互荐、项目共建、平台共用、利益共享的集团运作机制。

三、工作措施

（一）注重客户营销。客户营销是第一步，要重点抓住四类客户的营销。第一类是中资跨国公司，由总行和境内分行承担主要营销任务，其中，总行负责大型客户营销。第二类是美洲的跨国公司，由美洲地区的分支机构负责营销。第三类是美洲的外资跨国公司，其母公司既不在中国，也不在美洲，则由当地机构负责营销，营销成果在全行范围内共享。第四类是美洲跨国公司的区域总部，其区域总部位于美洲，这类客户的营销工作也很重要。

账户营销是第二步，要关注三类账户的营销。一是子账户营销，对集团公司要形成子账户包围主账户的态势，今年初总行安排了境外对公账户拓户活动，表明境外的账户营销工作和境内一样需要持续开展。二是主账户营销，要掌握主账户对子账户的绝对影响，积极开展集团公司的主账户营销，这主要是境内分行的任务，毕竟境外机构要成功营销美洲区客户的主账户还有待时日。三是形成全账户营销的态势，要营销集团公司大部分的账户，如果客户账户不在我行，则通过代理行实现账户的有效连接，将客户的母、子账户进行关联。

（二）注重风险防控。风险防控要注意“两个管理”的问题，第一是外汇管理问题，各个国家都有外汇管理，甚至是外汇管制，我们需要在符合当地外汇管制的前提下，为企业提供相应的服务；第二是合规管理问题，要研究和适应当地的金融监管要求。此外，在风险管理过程中还要关注“三个反”：一是反洗钱，全球现金管理业务要特别注意防止不法分子通过系统洗钱；二是反恐融，即反恐怖融资；三是反贪腐，防止个别不法分子利用这个系统从事贪污腐败活动。

（三）注重系统建设。要加快系统改造速度，搭建全球现金管理的整体技术架构，完善各项功能服务，上面提到的多国家、多功能、多渠道问题，都需要通过不断优化系统来实现。

（四）注重清算能力。在境外提供现金管理服务，主要取决于我行在当地的现金、资金、票据、债券的清算能力，具备了上述清算能力，才能够满足集团客户收付款、缴费等各项业务需求。要力争成为上述结算和清算的本地一级行。

（五）注重客户培训。对于集团客户的财务管理人员要进行长期培训，在培训过程中，要和企业的财务人员建立好系统维护关系，编制维护手册。此外，要形成现金管理业务上线的实施方案，为系统上线提供支持。

（六）注重宣传推广。要通过多种方式宣传我行全球现金管理服务与平台。今年4月，我们在亚洲银行家2012年度“交易银行成就奖”评选活动中，荣获“亚洲最佳交易银行”、“亚太区最佳合作银行”、“中国最佳现金管理银行”和“中国最佳合作银行”四项大奖，要利用这些成果提高我行的品牌知名度，宣传全球现金管理服务。现金管理业务做得好，要申请注册商标，将其发展成为我行的专属服务，防止我行独有的产品与业务被他人侵权和盗用。

（七）注重机制建设。开展全球现金管理业务需要境内外机构联动、服务流程衔接和考核机制激励，从而调动全行的积极性。从总行现金管理专业部门到区域服务中心、再到境内外分支机构，要形成有效的工作机制。全球现金管理业务是对我行管理体制、经营机制、技术水平和专业素质的一项长期挑战，把这项业务做好，有利于我行形成在全球客户服务上的有效手段和竞争能力。在全球机构设立达到一定规模时，我行需要在全球的竞争中形成服务特色，而全球现金管理业务就是一个重要的战略举措。

希望我行在美国、加拿大、巴西、智利、阿根廷、秘鲁等国家的机构，齐心协力，争取在明年形成一套完备的工作体系和服务架构。对于美洲中心，希望加拿大子行投入更多的精力开展团队组织、区域服务、系统上线、功能维护等工作，总行相关部门也要在人员、技术、费用等方面提供支持。

在中国工商银行监督检查管理系统推广视频会上的讲话

罗　熹

（2012年10月31日）

这次全行视频会议的主要任务和目的是，推广应用监督检查管理系统，布置全行监督检查信息统一管理工作，以此推动全行规范监督检查工作方式，加强监督检查信息管理，提升监督检查质量和效果。受杨凯生行长委托，我讲三点意见。

一、充分认识统一管理监督检查信息的重要作用

近年来，我行不断完善公司治理，加强内部控制和风险管理，加大内部监督检查力度，各机构、各部门相继开发和应用了一些具有区域或专业特色的监督检查系统，初步形成了事前防范、事中控制、事后监督纠正的监督检查管理体系和工作机制，在确保依法合规经营和业务持续健康发展方面发挥了重要作用，取得了明显成效。但随着我行业务规模越来越大，经营领域越来越广，信息化程度越来越高，现有监督检查管理体系的不足也逐渐暴露，主要表现在因为缺乏全行统一的监督检查管理平台，监督检查信息无法共享，各级行都不能全面掌握全辖各机构、各专业的监督检查信息，对各类监督检查信息无法进行深层次的挖掘分析，导致重复检查和检查空白同时存在，前查后犯、屡查屡犯的现象不能有效遏制，一定程度上造成了监督检查资源的浪费，制约了监督检查质量的进一步提升。

针对监督检查工作方式不统一、不规范，监督检查信息不共享、难利用等问题，总行党委明确要求，要通过对全行监督检查信息的统一规范管理，推动监督检查水平提升。为贯彻落实总行党委这一要求，去年以来，总行相关部门开展了大量的调研论证工作，研究制定了《监督检查信息管理办法》，对监督检查信息管理的内涵和外延进行了明确定义；对监督检查信息采集标准、工作流程进行了统一规范；对监督检查信息，包括各机构、各部门以及外部监督检查机构在组织、实施监督检查工作过程中形成的各种文档信息，以及相应的分析应用信息等进行了明确；对检查立项、检查准备、检查实施、后续管理等各阶段的操作流程和作业标准进行了规范。同时，确立了外部监管机构检查信息的报告制度，初步实现了集团口径外部监管检查信息的统一管理。对《违规积分管理规定》也进行了定期修订，目前积分标

准已覆盖信贷、资产负债等16个专业，并将于近期发布财务等14个专业的违规积分标准，达到全业务条线覆盖，实现对全行员工违规积分信息的统一规范管理。

今天我们召开全行视频会议，首先要统一思想，充分认识统一管理全行监督检查信息的必要性和重要性。

（一）统一管理全行监督检查信息是全行信息化、流程化、标准化建设的客观要求。近年来，我行经营管理迈上了新的台阶，全行信息化、流程化、标准化建设的步伐也日趋加快。推进监督检查工作的信息化、流程化、标准化建设，在全行建立统一的监督检查信息管理平台，既是提升全行监督检查管理工作水平的需要，更是契合全行整体发展和信息化管理目标的要求。

（二）统一管理全行监督检查信息是推动监督检查管理制度落实的重要手段。由于没有统一的信息管理系统，使得我行监督检查制度规定在执行中难以统一和规范。新开发的监督检查管理系统严格遵照《监督检查信息管理办法》、《员工违规积分管理规定》和《关于加强外部监管机构检查信息报告工作的通知》等监督检查管理制度进行设计开发，是监督检查信息管理要求的集中体现，是推动这些管理制度有效落实的基本保障。

（三）统一管理全行监督检查信息是实现监督检查资源集约化、精细化管理的有效途径。通过监督检查管理系统平台统一管理全行的检查信息，各部门可以实现对监督检查信息的集约化、精细化管理，科学、合理、有针对性地安排监督检查工作，统一规划，一方面可以跟踪和督促整改落实，切实减少前查后犯和屡查屡犯现象；另一方面可以有效避免短期内重复检查，减轻基层行负担，切实提升监督检查工作的效率和质量，深化监督检查效果。此外，通过统一监督检查信息管理平台，可以将外部监督检查工作底稿等检查信息录入系统，有助于总行及时掌握辖内机构接受外部机构检查的动态，更加积极主动地跟监管部门沟通，提升沟通的效率和效果。

（四）统一管理全行监督检查信息是强化风险管控的有力支持。通过统一管理检查信息，统一建立监督检查项目库、检查发现问题库、问题整改跟踪落实库、违规责任处理库等，可以有效实现风险预警、多维度查询和综合分析，为各级管理人员提供决策支持。比如，我们对境外机构检查逐年增加，但检查效率有待提高。前段时间我到直属分局去调研，他们加强非现场检查的思路值得借鉴。这个系统投产后，通过掌握前期对境外机构的检查情况，可以避免一些重复检查，可以明确哪些境外机构是必须检查的，哪些是通过非现场检查就能实现的。这样既有利于提升对境外机构的检查效率，又能避免检查空白，强化对境外机构经营风险的管控能力。

二、切实掌握监督检查管理系统的管理内容

为实现对全行监督检查信息的统一管理，总行开发了监督检查管理系统，力求以此为平台、以规范监督检查行为为导向、以提升效能与强化风险防控为目的，与监督检查管理制度、检查行为、检查效能有机结合，实现对全行监督检查信息的统一管理和利用。

刚才大家观看了监督检查管理系统的功能演示。总体来看，这个系统依照“抓源头、控过程、管后续”的原则，设计了内部检查管理、外部检查管理、查询统计分析、系统管理四大模块和若干子功能，充分考虑了机构发展、人员变动、外部检查、数据传输、功能拓展等因素。该系统的特点：一是全面性。系统应用流程基本覆盖了监督检查工作的事前、事中、事后全过程，达到对全行各层级、各业务条线和监督检查部门，以及外部监管机构开展的内外部监督检查进行统一信息管理的目标。全行员工均可使用不同角色登录系统，根据权限进行监督检查信息的查询、录入等操作，基本实现了全机构、全人员、全过程覆盖的信息采集管理。二是针对性。通过该系统，可以合理制定重点检查内容和方法，各级行、各专业均可及时全面掌握本机构、本专业存在的风险点和外部监管检查重要成果，确定项目检查内容、选择检查方法，确保检查活动主要风险点的有效覆盖，使检查更有针对性。三是有效性。各级行、各专业可以有效应用监督检查信息，将统一平台监督检查信息广泛应用于统计分析、风险预警、质量考核、管理决策工作中，提高信息有效利用率。同时，以系统检查信息为参考，可以合理安排全行及各专业的年度监督检查项目，有效配置检查资源，既防止重复及过度检查，又避免出现监督检查的盲区。

监督检查管理系统项目自去年正式启动以来，总行相关部门和软件开发中心上海研发部积极配合，联合攻关，经过反复摸索和论证，于2012年第一季度正式投产。按照“分步推进，试点先行，全面推广，注重实效”的原则，上半年首先在广西、江苏、浙江、吉林、重庆、宁波6家分行完成系统验证和试点应用，下半年又将试点单位扩大至总行内控合规部、办公室、私人银行部和全行各级内控合规部门。近期总行召集15家分行对系统试运行情况进行了总结交流。从试运行情况看，江苏分行等部分条件比较成熟的单位已直接在所有业务条线、各基层机构全面推开，并将系统推广应用工作纳入绩效考核，保障了系统推广应用效果；除个别分行因认识、人员素质等因素使得应用效果不太理想外，大部分分行在认真录入的基础上，已开始尝试对监督检查信息进行分析应用，查找新业务领域、新产品推广过程中的风险点和管理疏漏，出台强化风险防控新措施。截至今年10月15日，系统内共开设各类用户40 916

个，建立检查（审计）项目25 544个，录入检查问题66 420个，对个人处理50 822人次，其中违规积分31 491人次、日常处理17 852人次、批评教育8 232人次、行政处理233人次。近几个月的试点情况，表明该系统已具备向全行全面推广应用的条件。

三、应用监督检查管理系统的工作要求

为应用推广监督检查管理系统，落实总行党委统一管理全行监督检查信息的要求，全面提升我行监督检查工作水平和效果，要做好以下六方面工作。

（一）高度重视监督检查信息管理工作，扎扎实实推广应用监督检查管理系统。加强全行监督检查信息管理、建立全行统一的监督检查平台，是我行进一步强化内部控制和风险管理的一项重要举措，也是对我行监督检查信息管理方式的一个重大改进，不仅在管理幅度上涉及全行各机构、各层级、各业务条线，在技术领域涉及与各类监督管理系统的对接等若干难题，更重要的是还涉及观念转变和作业习惯改变的问题。因此，各机构、各部门要充分认识这项工作的重要性和复杂性，树立全局观念，扎扎实实地做好系统的推广应用工作。这个系统是有效解决多年来检查多、检查效果不尽如人意、屡查屡犯等问题的有效工具，希望各级行、各机构一把手亲自安排部署系统推广工作，各级领导自己也要学会使用该系统，以便直接掌握不同分支机构和业务存在的问题和整改进度。各级行、各机构分管负责同志要自觉承担抓推进、抓落实的工作。各级行、各机构内控合规部门要主动发挥好主管牵头作用，教大家使用，带领全行推广，特别是做好综合分析、报告等工作。其他各部门均要针对本部门、本专业特点，推广使用好系统，力求有效发挥系统功能。

（二）尽快完成监督检查信息数据录入和系统对接工作，尽早实现对监督检查信息的统一管理和资源共享。一是要尽快完成监督检查信息数据补录、清理工作。在系统试运行阶段，各试点单位已在系统中录入部分信息，但相比全行内外部检查总体情况，目前系统内信息数量相对较少，信息的质量有待提高，大量的检查信息需要录入和完善。各机构、各部门要在2013年3月底前，先将2012年的内外部各类监督检查信息录入完毕。二是要切实做好监督检查管理系统与各专业原有监督检查系统的对接。比如运行管理专业的业务运营监督系统的核查信息要和监督检查管理系统对接，信息要共享。再比如信贷专业的信贷监测中心的监督检查信息也要和这个系统对接，要形成全行统一的监督检查信息管理平台。对于董事会和监事会安排的检查，下一步再研究如何进行信息衔接。总行各部门要指定专人负责，和内控合规部积极协作，力争在2013年6月底前实现本专业所有监督检查系统与监督检查管理系统的对接工作。对接可采取两种方式：一种是对于监督检查系统较为完善的信贷、运管、内审等部门，要尽快开发数据导出接口，明确具体导入时间，将各专业系统数据按季度导入监督检查管理系统。以后内部审计可以根据内控日常检查的情况，有针对性地进行更深入的审计，所以这个系统也是内部审计工作的基础。另一种是没有独立监督检查系统或系统功能不完善的部门，可选择在2013年3月底前一次性将所有数据导入后再在监督检查管理系统中录入，或者选择直接在监督检查管理系统中录入。以后原则上不再开发各专业条线的监督检查信息管理系统，各专业条线都基于这个系统做检查，与开展信贷工作都是在信贷管理系统中操作类似，以后监督检查工作都在这个系统中操作，在这个系统中立项，组织检查，录入检查发现需要整改的问题等。各机构、各专业的监督检查信息不得游离于监督检查管理系统之外，以达到监督检查信息集中管理和共享的目的。

（三）要充分利用监督检查管理系统，规范各类监督检查行为。各机构、各部门要严格执行总行的规定，按照“谁检查、谁积分、谁录入、谁管理”和“及时、完整、准确”的原则，将各类内外部监督检查信息纳入系统统一规范管理。其中，内部监督检查信息由项目组织或实施机构负责录入或系统导入，外部监督检查信息由被检查机构或部门负责上传和录入。检查立项、现场（或者非现场）检查、质询取证、录入问题、整改落实等各个监督检查环节都要进行规范，工作底稿、各种监督检查报告、签报和行领导批示等原始资料均要扫描之后纳入系统管理，如果在规定时限内没有及时扫描进系统，要作为违规处理。今后监督检查管理系统作为各项监督检查工作的主平台，还将逐步完善项目流程控制，完成与内控监测分析系统的对接，实现非现场分析、项目进度管理、问题库管理、积分和处理、整改落实及跟踪反馈的全过程质量管理，确保各项监督检查行为规范有序。对于没有在这个系统上操作的检查活动，组织和实施部门要签报说明没有纳入的原因。

（四）认真做好监督检查信息维护工作，提升系统数据质量，加强信息安全管理。数据质量是系统的根本，总行相关部门要尽快制定系统管理的办法和操作手册，统一操作要求和数据口径，在全集团范围实现统一标准、统一要求、统一口径，保证系统信息的准确、有效和完整。严格规定各部门、各层级、各岗位人员的查询、录入、维护等权限，不得随意录入、导入、查询信息。要加强系统参数维护和用户权限管理，做到既利用好系统的各类信息，又确保信息的保密和安全。

（五）加强监督检查信息的挖掘分析，充分发挥系统在风险防范、合规管理中的作用。各机构、各部门要在系统推广应用过程中，建立统一的检查资源集中管理模式，从检查项目立项着手，进行检查资源控制；要加强对信息系统中违规问题的分析研究，针对存在问题，特别是带有普遍性、系统性的问题，从制度设计、执行

等方面剖析深层次原因，从违规问题的业务种类、业务产品、业务流程分布以及机构网点分布等不同维度揭示违规操作的高发领域和区域，为我行制度建设、流程改造提供有价值的信息。同时，要及时采取有针对性的措施，确保全行经营管理行为符合外部监管标准，监督各项业务操作符合内部制度规定，全面提高风险防范和合规管理水平。

（六）加强考核和培训，加快系统优化升级，建立功能完备的监督检查管理系统。内控合规部门要加强系统应用的检查和监测，定期督促各机构、各部门推广应用工作，及时总结先进经验和做法。从2013年开始，内控合规部门每年对系统的使用情况进行检查，重点是哪些检查项目没有在这个系统中操作，哪些检查信息没有录入，哪些信息的录入质量不符合要求，哪些整改的挂单没有及时核销，长期不核销的要分析原因。各机构、各部门要建立推广应用工作考核评价机制，设计定性和定量指标，综合评价系统应用情况，确保系统推广应用取得实效。各机构、各部门要尽快安排转培训和再培训，灵活采取集中培训、网络学习、园地答疑等多种方式，确保各级管理人员和需要使用的业务人员能上线、会使用。同时，在使用中要及时收集和反馈系统推广和运行中存在的问题和相关建议，总行内控合规部要及时进行研究分析，不断优化升级系统功能。

监督检查管理系统推广应用是一项长期艰巨的任务，希望通过这次会议，统一思想，真抓实干，以系统推广应用为契机，规范、共享监督检查信息，合理调配检查监督资源，实现监督检查集约化、精细化、科学化和规范化，使全行的监督检查工作水平迈上新的台阶，为全行业务经营健康、持续发展发挥更大的作用，做出更大的贡献！

坚持做好公司无贷户存款工作

——在中国工商银行公司无贷户存款工作座谈会上的讲话

罗　熹

（2012年11月27日·根据录音整理）

今天会议的目的是和大家沟通一下公司无贷户存款工作的情况和想法，总结前一时期工作开展的经验和问题，并就下一步工作做出部署。刚才总行结算与现金管理部分析了全行无贷户存款情况，评价了重点分行工作业绩，安排了下一步工作计划，我都赞同。8家分行介绍了先进经验，9家分行查找了差距和问题。总行资产负债管理部、金融市场部、资产管理部等部门发表了很好的意见，针对相关问题做了分析。下面，我讲四点意见。

一、狠抓落实，公司无贷户存款工作成效显著

今年以来，结算与现金管理部对公司无贷户存款工作认识充分，组织有力，协调推进，通过明确管理责任、落实指标任务、配备管理人员、完善服务机制等，很好地体现了“早介入、早准备、早见效”的工作思路，公司无贷户存款工作取得一定的成效。

一是业务规模快速增长。截至2012年11月中旬，公司无贷户存款1.71万亿元，比年初增长1 567亿元，完成全年计划的150.7%。公司无贷客户的规模稳步提升，较年初增长38.4万户。

二是客户结构持续优化。截至2012年10月末，潜力以上中高端公司无贷客户为105.9万户，较年初净增9.6万户。总行级重点公司无贷客户金融资产余额3 119亿元，较年初增长137亿元。

三是经济效益不断提升。截至2012年10月末，公司无贷户存款的营业贡献达143亿元，在公司存款贡献占比为53.6%，较年初提高2.5个百分点。

四是市场地位稳固确立。公司无贷户存款稳定增长有效推动了对公存款良性发展。按照人民银行可比口径，截至10月末，全行对公存款余额6.22万亿元，增量四行占比55.5%，增量由第一季度第四位跃升至第一位，对公存款继续保持同业第一的领先优势。

值得肯定的是，今年存款同业竞争激烈，市场环境复杂多变，面对首次明确按客户分类的无贷户存款营销任务，各行能从全局的角度考虑问题，顶住了压力，承受了考验，积极主动地推进各项工作，在全行上下的共同努力下，无贷户存款率先走出低谷，并在6月份扭负为正，此后一直保持稳定增长态势，为全行对公存款业务做出了重要贡献。

总体来看，公司无贷户存款呈现以下特点：第一是增长较稳。第二季度以来无贷户存款持续平稳增长，趋

势不错，没有出现大起大落的情况。第二是效益较高。无贷户存款具有成本少、风险小、活期占比高等特点，整体效益比较高，对全行贡献较大。第三是方式较新。拓户增存、理财争存、服务留存和网络扩存等都是创新金融资产服务方式的有益实践。第四是风险较小。从目前看，尚未发现无贷户存款工作引发的操作风险、信用风险和市场风险的情况。

二、积极部署，金融资产服务能力不断提升

今年以来，公司无贷户存款工作成效显著，表明结算与现金管理专业的金融资产服务能力不断提升，总结起来，有以下几点经验。

（一）狠抓存款考核，构建内部激励机制。在年初的专业会及公司金融资产增值服务营销活动视频动员会上，总行专门布置了公司无贷户存款工作，明确要加大公司无贷户存款考核力度，其中在结现专业考核中，公司无贷户存款指标的比重达到40%，并执行“一票否决制”，凡是不能完成公司无贷客户存款任务的分行，一律不能进入结现专业考核前十名，不得参加结现专业的各种奖项评选。各行按照总行激励考核机制的要求，制定了相应的考核办法，营销资源向公司无贷户存款倾斜，确保发挥考核正向激励作用。部分分行还将公司无贷户存款纳入分行行长经营绩效考核体系，并且权重占比较高，这些分行无贷户存款计划完成情况良好，取得了理想的经济效益。如江西、贵州等分行制定并下发无贷户存款考核管理等制度办法，强化公司无贷客户管理要求。安徽分行将拓户和存款等工作纳入二级分行经营绩效考核，权重达到10%，充分调动了分行抓低成本无贷户存款的积极性。

（二）提升服务水平，完善服务管理体系。全行紧密围绕公司无贷户存款工作完善服务管理体系，推动公司无贷户存款快速增长。一是根据不同客户的金融资产服务需求，分层级、分类别制订了涵盖产品营销、服务流程、服务渠道、定价机制等内容的“公司金融资产增值服务”营销方案，稳定我行存量客户，挖转他行存款，寻找公司无贷户存款工作突破口。二是明确实施重点公司无贷客户分层营销管理模式。全行确定了260户总行级重点公司无贷客户和5 000家一级分行级重点公司无贷客户，同时为重点公司无贷客户配备首席客户经理和营销服务团队，明确管理责任，提供有针对性的金融资产服务。如江苏分行确定了100户重点目标客户，对全部目标客户开展了三轮拜访和服务方案推介工作，目前，已经和94户重点客户建立合作关系，存款余额共计37亿元。三是充分发挥重点产品优势，为客户提供支付结算、现金管理、对公理财等增值服务，挖掘中小客户业务潜力，提升重点客户价值贡献，不断完善金融资产保值增值服务能力。如甘肃分行对结现专业的6大类58项产品进行优化组合，以现金管理综合服务套餐成功营销兰渝铁路、酒钢集团财务公司，兰新铁路甘青段等项目。

（三）实施拓户增容，开拓存款新来源。增量客户是公司无贷户存款增长最为稳定的来源，全行针对新增客户开展一系列营销活动，集中营销资源，从客户经理、网点和支行三个层面制定拓户目标，并制定相应的考核奖励办法。同时，及时捕捉市场信息，积极拓展上下游企业，高度重视对万元以下存量小客户的管理和挖潜，激活睡眠账户，取得了良好效果。尤其是四川、山东、浙江等分行重视客户拓展工作，不断夯实客户基础，优化客户结构，大、中、小型客户比例保持在合理的水平，在今年同业竞争激烈、大客户存款流失严重的困难局面下，中小企业客户存款尤其是新增客户存款保持稳定增长，有效抵御了大客户存款流失带来的冲击。

（四）强化增值服务，理财和存款联动发展。全行高度重视存款与理财联动关系，采取有效措施促进存款理财双增长。一是正确认识理财在客户关系维护中的重要作用，部分行从经营大局出发，以确保公司无贷户存款增长为导向，将理财作为实现存款业务整体部署的重要工具，有针对性地选择目标客户，而不是简单地将理财作为一项产品来营销。二是深入挖掘客户金融资产增值需求，掌握公司客户资金规律，积极调整优化理财产品结构，合理安排理财产品发行节奏，利用优势理财产品挖转增量客户。三是大力发展专户理财，针对存款量大、资金分布广的重点客户，积极推介专户理财服务，引导存量客户归集外行资金集中购买我行理财产品，使公司客户不同形式的资金在我行系统内循环。上海、浙江、广东等分行积极推动理财与存款的互动，在季末前后采取集中推出、强势营销、抢占资源的法人理财营销策略，有效促进了无贷户存款的持续增长。

三、高度重视，进一步强化无贷户存款工作意识

存款工作是最基本、也是最能体现金融资产服务能力的工作，全行要高度重视，进一步强化无贷户存款工作意识。

（一）抓好公司无贷户存款是推动全行经营转型的需要。首先，无贷户存款是经营转型的重要抓手。经营转型的抓手很多，其中，无贷户存款是一个很重要、很实在的抓手，这项工作既抓了金融资产服务、抓了中小企业，也抓了风险的防范，同时也不存在通过贷款派生存款产生的资本占用问题。其次，无贷户存款是增加收益的关键领域。结现条线上EVA、净利润、营业贡献中，无贷户存款贡献度在70%－80%。在今年利润增速大幅下降的情况下，无贷户存款的稳定增长对增加全行收益无疑起到了积极作用。最后，无贷户存款是金融资产服务的资金基础。存款是基础性金融资产，掌握了

客户存款，就可以引导客户选择其他的综合金融资产服务。同时存款营销涉及账户、结算等一系列基础金融服务，也是现金管理、风险管理及投资管理等专业化程度更高的金融资产服务的起点。

（二）抓好无贷户存款是应对当前市场资金形势的需要。从去年开始资金形势发生了重大的变化，现在的资金形势是，波动大、来源少、价格升、定期多。资金形势变化也是经济形势变化的一个反映。与前几年相比，投资者对大规模投资比较慎重，所以资金存定期的较多，全行定期存款占比显著上升。还有一个问题是实际收益低。资金运用的收益是在下降的，无论是贷款收益、金融市场收益，还是资产管理收益，都比去年少。这三个收益都往下走了，客户的存款收益不可能大幅上升。抓公司无贷户存款无疑是一项有实际作用、能够缓解目前资金严峻形势的工作。

（三）抓好无贷户存款是适应未来经济形势和行业发展环境的需要。未来一段时期，宏观经济和银行业发展环境将呈现以下特点。一是投资下行。投资下行就意味着市场上的资金大量减少。二是利率放松。利率市场化加速推进，未来存款价格竞争将会很激烈，如果没有一定的价格优势存款就可能流失。三是资本约束加强。在强资本约束的情况下，通过贷款增加存款是高风险、高成本的一种方式。四是扩大内需。这意味着中小企业将会得到国家和社会的支持，这也为无贷户存款提供大量机会，我们过去做“大项目、大城市、大公司”，现在要转移到对中小企业的服务上来，这些服务其中就包括基础性金融资产服务，也就是营销存款过程中提供的服务。

（四）把公司无贷户存款作为全行工作重心之一是我行经营理念的创新。主要体现在：一是明确了重点。无贷客户在全部公司客户中占了97%，下一步全行经营转型的一个重点就是这97%的客户。二是划分了职责。年初，全行明确了同业、机构客户归机构业务部，有贷户归公司业务一部和信贷管理部，无贷户归结算与现金管理部，为分工协作开展工作打下基础。三是明确了方向。无贷户存款工作符合金融资产的发展方向，是向其他高级金融资产转换的通道，未来的工作方向就是由基础金融资产服务向高级金融资产服务发展。四是明确了工作价值。抓账户营销、现金管理等工作的目的是为了利差和中间业务收入，无贷户存款筹资成本低，抓无贷户存款的同时也就抓住了利差。在工作中要注重经营手段和经营结果的对应，突出每项业务、每项产品的价值，现金管理、资产管理、网络支付等工作成绩要以是否增加了存款和中间业务收入来衡量。

四、明确目标，持续抓好无贷户存款各项工作

总行对公司无贷户工作非常重视，前一段专门对各分行公司无贷户存款开展情况进行了调查，还到几家分行进行实地调研。为保证公司无贷户存款健康快速发展，在今后一段时期内，各行要注意把握以下几点：

一是盯客户。通过岗位盯，做好客户分类，逐个落实到客户经理；通过系统盯，监测客户资金流向；盯住金融资产的转型，关注客户各类型金融资产的转换。二是做理财。行内理财产品和行外理财产品要有机结合，提高理财产品收益率和灵活性，满足客户金融资产增值需求。三是用网银。要加强与电子银行部的沟通，积极做好网银在无贷户群体中的拓展，特别是中小企业客户群体。四是出产品。要丰富我行账户服务、现金管理、资产管理、网络支付产品体系，力争每年出三至五个新产品，同时，也要注重研究同业的做法，以不断提高的创新优势加强对客户的吸引。五是增人手。将取得CTP等专业资格的人员尽快补充到对公营销服务岗位，发掘兼职对公营销人员潜力，协助客户培养财资管理人才。六是评网点。积极研究对网点对公服务能力的考核评价工作。七是抓考核。明年要在总行层面上制定无贷户存款考核指标，在结算专业考核中仍要保持不低于40%的权重；要对客户经理进行考核；要不断提高统计数据质量，规范数据标识。

岁末年初，全行要密切关注经济金融形势新情况、新变化，在落实好年初存款工作会议要求的同时，重点做好以下工作：

第一，力争完成全年无贷户存款的增长任务。先进的分行要再接再厉，计划完成不理想的分行要奋起直追。为鼓励先进行，明年存款任务的分配不以今年完成情况为依据，存款任务完成好的分行明年任务适当调低，避免“鞭打快牛”现象。总行结算与现金管理部要会同金融市场部、资产管理部、机构业务部、公司业务一部，与集团企业的财务公司进行积极沟通协调，防止年底存款流失；合理安排理财产品发行节奏，通过理财留住资金；要利用大额资金监控平台加强对大型企业资金流动情况的监测调控。

第二，尽快落实明年总、分行级重点公司无贷户名单。要根据客户金融资产变动情况和营销规划，确定明年重点公司无贷户名单，总行要尽快确定总行级重点公司无贷客户名单，明年年初下发分行。一级分行、二级分行也要分别确定本行重点公司无贷户名单。

第三，利用网讯平台交流公司无贷户存款工作先进经验。会后，各参会行要把经验和建议落实到文字，上报总行结算与现金管理部，上挂网讯平台，供各行参考借鉴。同时，参会行要将会议情况向“一把手”汇报，争取“一把手”重视和支持。

第四，探索公司金融资产服务方案。广东、安徽等分行可以先试点，金融资产服务方案要务实，注重创新，包括金融资产的种类和数量、当前措施和未来计划。

第五，尽早开展旺季营销，春节前做好客户的上门营销。元旦到春节期间，是银企之间往来的关键时点，要尽早开始安排和筹划，元旦后通过视频会进行布置。同时，各行要在春节前主动上门拜访重点客户，密切银企合作关系。

公司无贷户存款工作任重道远，全行要以更加开阔的视野，更加坚定的决心，更加扎实的工作，切实提高经营能力和管理水平，推动无贷户存款工作取得更好的成绩。

规范银保业务管理　提高银保合作效益

——在中国工商银行银保业务工作视频会议上的讲话

罗　熹

（2012 年 12 月 6 日）

一、银保业务工作富有成效

近两年，国内银保业务整体规模出现下滑，总分行迎难而上，齐心协力，扎实落实各项工作措施，有效提升了我行银保业务竞争力。

（一）经营业绩良好。一是市场地位进一步提升。这几年，受股市低迷、利率波动、监管趋紧等因素的影响，国内以储蓄型为主的保险产品销售受阻，增速大幅回落，银保业务结束了连续 10 年的高速发展。今年保险公司的销售量同比下降了 25%，有的公司甚至下降了 50%，而我行今年前 10 个月实现代理保险业务收入和销量双增长。代销保险业务量 751 亿元，同比增长 13.8%，同业占比 35.3%，同比提高 6 个百分点，同业排名第一，同比提高一个位次。其中，代销寿险业务量 428.5 亿元，同比负增长 16.5%，同业占比 27.3%，同比提高 1.9 个百分点，同业排名第二，同比提高一个位次；代销财险业务量 323 亿元，同比增长 119%，同业占比 57%，同比下降 3.7 个百分点，继续保持同业排名第一。代理保险业务收入 27 亿元，同比增长 2.7%，同业占比 27.6%，同比提高 3.2 个百分点，同业排名第二位，与去年持平。其中，代理寿险业务收入 19.7 亿元，同比负增长 14.4%，同业占比 25.2%，同比提高 0.3 个百分点，同业排名第三，与去年持平；代理财险业务收入 7.3 亿元，同比增长 122%，同业占比 37.4%，同比提高 15.5 个百分点，继续保持同业排名第一位。个人保险客户达到 997 万人，同比增长 15.4%，中高端客户保险覆盖率超过 15%。二是银保业务综合贡献进一步提升。截至 10 月末，银保业务给我行带来的直接贡献达到 48.5 亿元，间接贡献 60 亿元。几个重点业务品种增速明显，如保险资产托管规模比年初增加 2 321 亿元，仍保持四行占比第一的优势；金融市场交易比去年同期增加 4 425 亿元；我行 A 股前 10 大股东中（扣除汇金和财政部）共有 5 家保险公司，持股数 58.9 亿股；保险公司累计持有我行次级债 1 417 亿元。保险公司对我行资本管理、市值管理及金融资产服务业务等方面的贡献不断增长。

尽管近两年国内银保业务发展遇到困难，但在困难面前，总分行共同努力，采取有力措施，取得良好经营业绩，难能可贵。

（二）工作措施有力。一是协调工作机制不断加强。实践证明，部门形成合力，我行与保险公司的合作效益才能提高。2011 年，在我行代理保险业务同业占比严重下滑的不利形势下，总行于当年 3 月成立了银保业务协调委员会。两年来，总行银保委员会统筹规划全行银保工作，制定重点工作措施，规范银保合作相关办法，相关部门抓好落实，形成了总分行联动、各部门协调的良好工作机制，很快扭转了银保业务下滑的态势，促进了业务的稳健发展。

二是联动营销工作成效突出。近两年来，总行加强对大中型保险公司的统一营销，成功举办了银保业务研讨会、保险公司客户答谢会和商投联动政策研讨会，推动了次级债认购、资产托管、投资银行、联名卡、渠道共建等一系列业务合作；成功营销了我行发行的三期共 1 080 亿元次级债；联动工银国际竞争人保集团上市投行项目，获得人保集团 H 股 IPO 业务联席账簿管理人资格。

三是营销推动工作组织有力。总行个金部牵头组织了代理个人保险总对总营销活动和主题营销活动，通过“面对面、点对点”推动营销模式创新，掀起全行保险销售的高潮。总行机构部联动相关部门开发新产品，组织了代理对公财险和代理对公寿险业务主题营销活动，确保了代理对公保险业务收入的快速增长。

四是自主营销能力大幅提升。2010 年，银保监管新政出台，禁止保险公司销售人员在银行网点驻点销售，我行销售人员数量不足、销售技能弱的问题凸显，这就要求我行发展自己的销售队伍。自去年以来，总行积极推动分行建设保险销售队伍，目前已有 1/3 的分行正在安排转岗或将二线人员充实到一线销售队伍，还有一些分行通过与第三方劳务公司合作充实网点人员，例如江苏分行在利用转岗人员建立保险销售队伍方面做了很好的探索。同时，总行个金部举办了 23 期客户经理培训班，累计培训人数约 2 200 人，举办了培训和先进分行经验交流会，多措并举提高全行自主销售能力。

五是支持了工银安盛的快速成长。工银安盛成立后，总行多次召开专题会、现场和视频推动会，制定专项激励方案和考核实施细则。今年 7 月至 11 月，累计代销工银安盛产品 23 亿元，占工银安盛总保费收入的 94%，工银安盛在外资保险公司中的市场排名由 6 月末的第 12 位上升到 10 月末的第 6 位。

六是规章制度建设更加完善。总行根据市场和监管环境变化、业务发展状况及刚刚发布的《中国工商银行金融资产服务业务管理基本规定（试行）》的要求，修订了《银行保险业务管理办法》（以下简称《管理办法》）。总行相关部门对完善银保业务考核激励、网点管理、风险管理等制定办法，推动了银保业务精细化管理。

在业务快速发展的同时，我行银保业务发展不平衡的问题仍较为突出。目前，全行代理保险业务收入同业第一的分行仅有北京、山西、黑龙江、广东分行及广东分行营业部 5 家；天津、福建、青岛分行排名第四，14 家分行排名第三，其中有的分行连续多年同业排名第三，拖了全行的后腿。排名靠后的这些分行银保业务市场占比上不去，不是员工能力低、也不是当地资源少，主要是领导对银保业务不重视，没有采取提高管辖行执行力、调动一线员工积极性的有效措施。从总行筛查的情况看，全国有近 1 000 个网点零出单，这些问题必须引起我们的高度重视。

二、加强银保业务规范管理

随着保险业的快速发展，银保业务合作主体和内容日益丰富，监管部门对银保业务规范发展的要求更加严格，我行加快经营转型、调整业务结构的战略对银保业务发展也提出了更高目标和要求。为确保我行银保业务规范经营，总行修订并印发了新的《管理办法》。为争取完成今年银保业务的经营任务，努力做好明年的银保业务工作，全行要再接再厉，加强业务精细化管理，做好以下几方面工作：

（一）抓好保险销售年末冲刺，提早部署 2013 年旺季销售工作。今年的最后一个月是我们努力完成今年任务、部署明年工作的关键时期，从当前情况看，全行距离全面完成今年业务计划还有一定差距，一些分行的同业排名仍不理想。总行相关部门和各分行要抓紧年前的有效时间，联合保险公司组织好保险销售冲刺工作，努力完成今年 912 亿元销售额、35 亿元收入的目标，保险代销规模与收入同业占比第三、第四的分行要尽快提升市场位次，但要实事求是，禁止弄虚作假。

总行确定的 2013 年代理保险业务发展目标是：代理保险业务收入 36 亿元，代销保险业务量 1 000 亿元，总体上比 2012 年增长 10% –20%。完成这个目标有很大挑战，总行相关部门和各分行要提早部署明年“开门红”销售工作，按照总行准入的保险产品，加快产品上线；同时要在年底前把“开门红”营销方案发下去，目标是完成全年代销业务量的 40% –50%。

（二）抓好新《管理办法》的贯彻落实，确保配套制度跟进到位。新《管理办法》已经印发，总行相关部门、各分行要高度重视这项工作，一是要认真组织学习新《管理办法》的内容和要求，抓好贯彻落实。二是相关部门要按照全行制度梳理工作的统一部署以及《金融资产服务业务管理基本规定》的要求，做好现行银保制度、办法和流程的梳理整合、修订、废止工作，并配套新的《管理办法》，围绕准入管理、资源配置、考核激励、限额管理等出台一系列办法和措施。三是要加强系统控制，在机构客户营销管理系统中做必要的设置，落实《管理办法》的要求。四是要开展业务检查，明年分阶段检查各项措施落实情况，确保配套制度跟进到位。

（三）进一步完善银保业务管理机制。一是银保委员会协调推动工作要落到实处。各分行银保委员会要充分发挥决策、协调和推动作用，研究制定落实总行银保业务发展的政策和措施，协调分行相关部门共同推动银保业务的发展，特别是市场占比落后的分行，银保委员会要负起责任，拿出提高竞争力的措施。各行银保办公室要定期对保险公司的合作开展评价，综合掌握各家保险分公司的销售能力、与我行的合作效益、销售合规性、售后服务水平、风险管控能力等情况，在总行确定的重点合作保险公司基础上，优选合作对象，开展综合营销服务，实现我行银保合作综合贡献最大化。

二是加强银保资源的统一配置。随着银保合作规模的不断扩大，合作程度不断加深，公平、合理地配置各类银保合作资源的问题愈发突出。从 2013 年起，总行将按照“谁贡献、谁受益”的原则，运用模板等方式实行保险销量与存款、其他收入等资源的统一配置。总体原则为：第一是保险存款要根据分行代销保险业务收入进行匹配。第二是与保险公司开展的结算类业务，要依据分行代销保险业务收入和保险结算业务量分润。第三是总行将依据分行代销保险业务收入情况，把不体现在分行的收入在对分行的专业考核中体现。要强调的是，对于总行从整体合作需要出发确定的保险公司销售任务，各分行要服从大局，主动与分公司加强合作，提高执行力，确保完成销售任务。

三是简化签约流程，对公司和产品实施一次准入。总行在新《管理办法》中规定，对保险公司和产品实施一次签约准入。总行这个决定，主要是为提高银保合作效率，解决过去与保险公司签约层次多、种类多、时间长、标准化程度低等问题。要提高签约层次，一级分行以下机构不再与保险公司签约，总之，要坚持一个原则，即凡是代表总行签约的务必要慎重，要在充分征求有关部门意见的基础上，形成统一决议。

（四）创新销售模式，大力开展主题营销活动。2013年，各分行要认真开展代销保险主题营销活动。总行将出台《代理个人保险主题营销活动管理暂行办法》，联合保险公司配置主题营销活动推动资源，重点销售高保障、价值型的期交产品和纯消费型保险产品。营销活动一定要有针对性，注重实效，要有产品、有策略、有落实。

（五）加快销售队伍建设，提高自主销售能力。2013年，各家保险公司将加快推进银保产品结构调整、发展期缴保障型产品，产品更加复杂，对我行销售人员的营销能力提出了更高要求。我行若要巩固市场竞争优势，就要在增加销售人员数量的同时，进一步提高销售人员的专业技能。明年，总行计划在全行建立1 000人的保险专家队伍，培养10 000名保险销售人员。相关部门制订工作方案后，各分行要认真按总行要求抓好队伍建设工作。

（六）落实考核激励措施，充分调动各级机构和销售人员的积极性。各分行要落实代理保险业务考核激励措施，特别是同业排名第三、第四的分行，更要重视这项工作。要通过考核，强调代理保险业务同业占比；通过激励，调动网点和销售人员的积极性。各分行要将代理保险业务纳入二级分行行长经营绩效考核内容，提高各级行对代理保险业务的重视程度，提高各级行发展代理保险业务的执行力。明年，总行将对同业占比落后分行进行重点检查，对未开展代理保险业务的二级分行和零出单网点，总行要进行问责。从去年开始，总行银保办对落后分行进行了谈话，今后银保办要继续加大力度，做好这项工作。

（七）突出风险防范重点，强化银保业务风险管控。根据当前保险行业运行情况和银保业务发展实际，要重点防范三类风险：一是防范投诉、退保风险。明年是我行第一个满期给付高峰，将有700多亿元的保单面临到期给付，而5年前银行5年期存款利率为5.13%－5.85%，这些保单的分红收益预期若低于当时利率，易引起客户投诉。总分行要密切关注到期保单收益情况，提前制订应对满期给付和投诉的预案，做到早发现、早报告、早处置，防止发生客户集体投诉或非正常集中退保事件。二是防范销售误导风险。总分行要加强合规销售管理，做好对消费者的引导和教育，严禁误导销售。三是防范保险公司经营不善风险。总行相关部门和各分行要关注保险公司经营管理、风险控制和财务状况，做好信息搜集、定期评价工作。另外，保险资金投资市场化改革推行以后，银行合作主体主要是保险资产管理公司，对这类机构的准入管理、风险评估、限额管理、业务流程还缺乏相关的评价标准，总行相关部门要制定相应制度和流程，共同推动银保业务发展。除上述三类问题外，我再补充两点：一是最近华夏银行出现理财产品销售纠纷问题，引起社会关注。我行也要警惕是否有保险销售不入账的问题，防止极个别员工与保险公司分支机构违规进行个人代销，一旦出现这类问题，客户就会追究银行责任。二是保险投资新政已经陆续颁布实施，我行将由相关部门通过各种方式和渠道为保险公司提供投资服务，对此我们要做统一安排。

三、切实推动银保全面合作

从未来形势判断，银保业务仍处于重要发展时期。从宏观形势看，党的十八大报告提出要在加强经济建设的同时，以保障和改善民生为重点加强社会建设，保监会将推动保险业在完善现代金融体系、社会保障体系、农业保障体系、防灾减灾体系、社会管理体系这“五大体系”建设中发挥更大作用，为保险业发展提供了良好的社会基础和政策环境，也将对促进商业银行与保险公司合作发挥积极作用。从监管形势看，保险投资新政陆续出台以后，拓宽了保险资金投资渠道和范围，不仅有利于提高保险产品的长期投资收益水平、优化保险公司资产负债久期匹配、平滑收益率波动，也有利于保险产品的优化和创新，有利于银保业务的增长，这是我行做大银保业务的一个契机。

从我行经营发展情况看，11月召开的分行党委书记、行长会议制定了加快经营转型、完善收益结构、推进国际化综合化发展等目标任务。为实现上述目标任务，我行要全力发展资本占用少、风险低、规模大、收益高的金融资产服务业务。10月份，总行下发了《金融资产服务业务管理基本规定》，目的是规范和加快这类业务的发展。银保业务在金融资产服务业务中的占比接近15%，全方位推进与保险公司的合作，是贯彻总行发展战略的重要举措。

与此同时，我们也要看到伴随保险市场的激烈竞争和资本市场的持续低迷，保险公司经营风险不断加大。今年以来，一些保险公司盈利大幅下滑甚至出现亏损，少数公司为追求规模，不计成本、不当销售、夸大收益承诺，以致引发投诉和大面积退保。保险投资市场化改革对投资经营和风险管控能力较弱的保险公司将是新挑战。这在给我行发展银保业务带来机遇的同时，也带来了挑战和风险。

面对新形势，我们要审时度势，结合实际，不断总结经验，力求扬长避短，研究切实能够推动工商银行与保险公司实现全面合作的政策和措施。在对外合作方面，做好以下几方面工作：

（一）优先与大型保险公司开展合作。大型保险公司实力强、信誉好、业务规范、资源丰富、抗风险能力强，与我行在人员、服务网络等方面具有对接优势，保险投资市场化改革后，这方面的优势就尤为重要。在以往的合作中，大型保险公司不仅在代销保险、存款、代发工资、金融市场交易、资产托管、现金管理、银行卡、投资银行等方面为工行做了很大贡献，而且对我行资本管理、市值管理、经营转型、服务客户等也发挥了重要作用。

2013 年，我行要继续把国寿集团、人保集团、太平集团、工银安盛、新华人寿、泰康人寿、平安集团、太平洋集团作为重点合作伙伴，总行相关部门、各分行在代销保险业务的配套支持和各类金融资产服务业务合作中给予政策和资源倾斜，优先完成上述保险公司的销售目标。在此基础之上，各分行按照总行的统一安排，可优选综合贡献高、银保竞争力强、合作风险小的中型保险公司开展全面业务合作。

（二）进一步提高保险客户覆盖率。目前，我行个人客户保险覆盖率仅有 3.3%，中高端客户也只有 15%，远低于发达国家银行客户水平。我行客户保险覆盖率低的原因，一是客户保险意识还没有培养起来，客户对保障的需要没有转化成购买保险的需求。二是针对中高端客户在产品设计、培养保险意识及制定营销方案等方面，我行未与保险公司联合采取有力措施。三是我行缺少保险专家和保险专业销售人员，因此明年要加大销售人员的培训力度。

总分行应联合保险公司从两方面入手开展工作，切实提高中高端客户保险覆盖率。一方面，总行要联合保险公司开发满足我行中高端客户需求、符合我行销售渠道特点的产品，联合制订营销方案，加大养老、教育及健康类保障型期缴产品的销售。另一方面，各分行要与保险公司开展保险知识讲座、社区营销、理财沙龙等，培养和引导客户保险需求。这不但有利于优化我行业务结构，满足客户保障需求，也符合近年来监管部门一直推动的业务向期缴型保障产品转型，回归保险保障本源的发展趋势。

（三）切实加快银保网销等电子渠道建设。大型保险公司在电子化建设和网点布局方面具备与我行开展对等合作的条件。银保电销渠道，包括网上银行、电话银行和自助银行等，不仅具有覆盖面广、销售成本低、误导风险小、收益高、方便客户等优势，而且能减轻我行网点排队和销售人员不足的压力。总行相关部门要对网银保险、电话保险、自助机具保险工作做出进度安排，确定重点合作公司，制定代销产品具体方案。要实现保险公司客服、银行客服、客户三方通话的方式，共同处理保险产品投诉和客户咨询，做好网上保险产品筛选、宣传促销，做好系统功能优化。优化总行电话银行系统外呼功能，完善管理制度和办法，力争明年实现 10 家左右分行的电话保险销售。通过各种渠道、多元化、全方位地与大型保险公司合作，力争用三年时间，实现我行银保网销等电子渠道业务占比 10% 的目标。目前，保险的网销占比与基金相差较远，我行要积极主动地推动保险网销发展，尽快将简单的保险产品放在网上进行销售。

（四）积极拓展保险公司客户资源的综合利用。大型保险公司员工、营销员数量已达数百万人，通过个险、团险、银保三大渠道积累了几亿客户。我行要积极开发和利用保险公司本身客户资源，大力发展代发工资、代发佣金等源头性业务，并综合营销银行卡、个人网银、理财产品等金融业务；与大型保险公司发行联名卡开展缴纳保费、给付保险金等业务，将其员工和客户转化为我行客户。同时，我行要与大型保险公司开展渠道延伸合作，在其县域机构布放我行自助设备（包括自动柜员机与自助终端），为客户提供查询、转账、缴费等金融功能，延伸我行产品和服务，争取在我行物理网点覆盖不到的新市场拓展新客户。另外，在现金结算管理合作方面，结现部要对我行现金管理系统进行个性化改造，对保险公司统一组织推介会，向保险公司介绍产品功能，并给予适当费率优惠，丰富与保险公司的合作内容。

（五）全面开拓保险投资服务工作。保监会颁布保险投资新政，扩大了保险资金投资品种和范围，降低了保险公司投资的相关资质要求，放宽了保险资金投资特定产品的比例限制，加快了保险资金投资主体市场化改革，对我行代销保险、资产管理、金融市场交易、资产托管、基金、租赁、投行等业务有积极的促进作用。开拓保险投资服务业务，符合我行经营转型、发展金融资产服务业务的需要，也是明年银保合作的一个亮点。我行要做好与保险公司业务对接的各项准备工作，充分了解保险公司合作需求，开发资产管理产品，设计服务方案，制定业务制度和流程。明年初，总行要组织保险投资服务推介会，请每个相关部门向保险公司清晰、简捷地推荐我行产品和服务。

新《管理办法》进一步明确了总分行各职能部门的职责、制度和流程，目的是促进银保业务更加规范、快速发展。保险业的各项政策调整也带来了银保业务发展的机遇，希望各部门、各分行按照今天会议部署和新《管理办法》的要求，认清形势，抓住机遇，拓宽银保合作空间，提高对保险销售的支持力度，进一步推进与保险公司的全面合作。

坚持改革创新　狠抓工作落实
努力取得党风廉政建设和案防工作新成效

——在中国工商银行纪检监察工作会议上的报告

刘立宪

（2012 年 2 月 8 日）

这次会议的主要任务是，认真学习贯彻党的十七届六中全会和第十七届中央纪委第七次全会及 2012 年全行工作会议精神，回顾总结 2011 年全行纪检监察工作，分析当前反腐倡廉面临的形势和挑战，研究部署 2012 年工作任务，将全行党风建设和反腐倡廉工作不断引向深入。

一、2011 年全行党风建设和反腐倡廉工作取得明显成效

2011 年，全行各级纪检监察机构认真贯彻落实中央纪委和总行党委的工作部署，把反腐倡廉工作放在全行经营管理全局中定位谋划，与全行改革发展中心任务紧密结合，以健全惩治和预防腐败体系为重点，整体推进反腐倡廉各项工作，全行反腐倡廉建设取得新的明显成效，为顺利实现第二个三年发展战略规划目标提供了有力保障。

（一）以服务发展为目标，促进中央重大决策部署和总行各项工作要求的贯彻落实。各级纪检监察机构明确自身定位，发挥职能作用，积极适应全行加快转变发展方式的新要求，着力提高服务大局的主动性和灵敏性，围绕党委的工作重心，部署纪检监察工作。加强对中央重大决策部署和总行党委工作安排执行情况的监督检查力度，把推进经营转型、调整信贷结构作为巡视、廉政案防责任制量化考核评价和执法监察的核心内容。总行巡视组对湖北、山西分行和长春金融研修学院进行了巡视，全行各级纪检监察机构共对 8 491 个下级领导班子和本级部室开展了廉政案防责任制量化考核评价，指出了在领导班子建设、科学发展、案件查防等方面存在的突出问题，督促被巡视和考评单位认真进行整改，有力地推动了中央重大决策部署和总行各项工作要求层层落实。

（二）以宣传教育为基础，牢固树立廉洁合规意识。全行按照完善机制、注重融入、不断创新的思路，深入开展反腐倡廉宣传教育。注重常态化机制建设，将反腐倡廉教育列为各级党委中心组必学内容，各级领导干部带头讲廉政党课，注重总结工作经验，亲自撰写理论文章；重视对新提拔、新录用人员岗前廉政培训，总行纪委监察室先后对近 150 名新任职的处级管理人员和赴基层任职干部进行了任前教育和培训。注重将廉洁从业教育贯穿于各项业务工作之中，特别是《员工违规行为处理规定》修订下发后，总行组织对全行宣讲人员进行了培训，各机构、部门宣讲人员结合实际以多种形式开展了辖内的学习教育活动，确保学习教育覆盖全行。注重创新教育载体和方式，各级行采取专题教育、知识竞答、征文和演讲比赛等形式，开展内容丰富、形式多样的教育活动，如北京分行连续六年开展“案防在我心中”主题教育活动、广西分行开展了“模拟法庭”警示教育、新疆分行定期印发“廉政漫画”，进一步增强了廉政文化的亲和力、影响力和渗透力。一年来，全行共开展反腐倡廉学习和培训 15 406 次，其中各级党委中心组廉政学习 3 856 次，培训干部员工 75 万余人次。

（三）以健全制度为保障，推进反腐倡廉建设科学化。将制度建设作为反腐倡廉建设科学化的重要途径，总行先后出台或制定了管理人员廉洁从业若干规定和承诺办法、巡视回访工作暂行规定、信访举报工作规程、治理“小金库”长效机制、防止利益冲突管理办法、“三重一大”决策制度实施细则和总行纪委全委会议事规则等；重新修订印发了党风廉政建设责任制实施办法、员工违规行为处理规定、案件管理办法等制度。印发了《中国工商银行员工行为禁止规定》，进一步明确各级管理者和操作人员在经营管理活动中需禁止的各类行为；印发了《管理人员选拔任用工作监督检查办法》，进一步规范了管理人员选拔任用工作。各级行也根据自身廉政案防职责制定了一系列制度办法。江苏分行出台了《公务用卡消费管理暂行办法》，进一步加强了对公务活动中经费使用情况的监督；湖北分行制定了《支行行长岗位风险预警防控办法》，对基层机构负责人岗位风险提出了一体化的防控措施。2011 年，全行共制定或修订反腐倡廉有关制度办法 240 余项，进一步

完善了反腐倡廉制度体系。在制度建设中，一是抓住“面”，从议事程序到行为规范，基本涵盖了教育、监督、惩处等各个方面；二是强调“点”，突出重点领域，明晰权力边界，重在互相制约；三是体现“新”，根据反腐倡廉情况变化和工作需要，及时完善原有制度，确保制度的可操作性；四是突出“合”，注重制度之间的协调和衔接，提升了制度的系统性。

（四）以监督制约为关键，促使权力规范运行。各级纪检监察机构通过丰富监督手段、前移监督关口、延伸监督领域、整合监督资源、提升监督效能，促进了重点领域和关键环节权力的规范运行。一是丰富监督手段。通过党内监督、执法监察、信访核查等手段，实施多方位、动态化监督。对各级管理人员进行任前廉政谈话7 688 人次，诫勉谈话 602 人次，函询 168 人次，8 059 名管理人员报告了个人有关事项，将 29 552 名管理人员的廉政信息纳入了总行“廉政管理系统”进行实时监测管理；全行对 1 975 个机构开展了执法监察，现场监督集中采购项目 5 663 个，项目金额共计 81.4 亿元；把管理人员违规违纪、以权谋私问题和上级交办的信访件作为核查重点，加大了直查力度，全行共直查重要信访件 436 件，其中总行直查 27 件。二是前移监督关口。设置并严格执行供应商资格准入标准，建立禁入名单，清除 54 家有不良记录的供应商，促进了采购环节诚信体系建设。三是整合监督资源。健全纪检监察机构内部协调机制，统筹联动信访核查、执法监察、廉政监察、案件查处；强化横向联系，积极与内控、内审、人事等部门配合，共同开展对管理人员离任审计，形成监督合力。四是提升监督效能。对在财务管理、中介外包、集中采购、绩效分配执法监察中发现的问题提出整改建议 3 286 条，完善相关制度 214 项，通过以查促建，以建纠偏，进一步深化了源头治腐长效机制。

（五）以案件防查为重点，提升风险治理水平。各行根据总行案件形势分析会的要求和部署，把案件防范作为经营管理工作的重要组成部分，与经营管理工作同研究、同部署、同检查和同考核，保证了各项案件防范工作制度和措施的落实。继续加强对重要风险点防控，对年初确定的 6 个重要风险点进行了专项治理。各业务部室从完善制度、改进流程等方面提升了重要风险点防控水平，如总行运行管理部进一步加强了企业对账风险管理，通过完善客户对账考核办法，全行网银对账点击率由年初的 78.62% 提高至 91.19%。全行对员工违规参与民间借贷和担保开展了专项排查，严肃处理违规行为，有效防范和化解了案件风险。继续加强对重点监控行和重点关注行监控整改，总行和相关分行定期派员进行现场督导整改，切实提高了其案防工作水平。对业务领域案件苗头性问题及时进行科学预判与深入调研，不断增强案防工作的前瞻性。先后组织开展了对信用卡业务风险防范和员工违规参与民间借贷和担保的问题调研，查违堵漏，有效防范了案件发生。

（六）以作风建设为抓手，营造经营管理良好环境。各级机构注重把作风建设与促进管理人员廉洁从业相结合，推动勤俭办行、厉行节约措施的落实。严格管理赴境外公务活动、公车使用、系统内公务接待、楼堂馆所建设、会议、文件等方面费用支出。深入开展治理商业贿赂专项工作；认真组织开展“小金库”专项治理工作，初步构建了全方位、多层次的防治“小金库”长效机制。注重把作风建设与维护员工合法权益相结合，继续推进行务、部（室）务和党务公开工作，起草了《基层党组织党务公开实施意见》，保障了员工知情权、参与权、监督权的落实；畅通员工表达利益诉求渠道，江苏和贵州分行营业部分别以“直通行长室”、“党委直通车”栏目为平台，及时解决了一批员工反映强烈的问题。一年来，全行各级机构共通过信访、职代会等解决员工反映的突出问题 8 084 个。

（七）以队伍建设为支撑，提高反腐倡廉工作能力。继续推动《关于加强和改进纪检监察组织建设的意见》的贯彻落实，总行将贯彻落实情况纳入巡视和廉政案防责任制量化考核评价内容，并先后组成 7 个检查组，对 14 个一级（直属）分行进行了现场检查，对发现的问题立即督促整改落实。截至 2011 年底，全行凡是有党委的分支机构都设立了纪委，共设立纪委 661 个，应设并已设立监察机构 396 个，配备专职纪检监察人员 3 034 人，交流任职 822 人，累计培训专兼职纪检监察人员 20 950 人次。积极探索在“双重领导”体制下，建立健全考核机制，明确考核权重，不断加大纪检监察系统领导和管理的力度，全行纪检监察组织建设取得明显成效。总行突出抓好纪检监察机构负责人履职能力建设，通过组织参加中纪委第一期中央金融机构省级分行纪委书记培训班和二级分行纪委书记香港培训班，提高了各级纪委书记的政治素质和业务素质。探索纪检监察工作管理新手段，总行着手开发统一高效的纪检监察业务系统，进一步提高纪检监察信息化管理水平。

同志们，2011 年全行纪检监察工作的新成效，是在中央纪委和总行党委的正确领导下取得的，也是各级党组织、各职能部门各负其责，各级管理人员和广大员工共同参与和努力的结果。总行党委对全行党风建设和反腐倡廉工作是满意的。在此，我谨代表总行纪委，向纪检监察战线上的全体同事，向关心和支持纪检监察工作的各级管理人员和全行员工，表示衷心的感谢和敬意！

在肯定成绩的同时，我们也要清醒地认识到，当前全行反腐倡廉形势依然严峻、任务依然艰巨，廉政建设和案防工作还存在一些薄弱环节，主要表现为，少数员工参与非法集资、违规担保以及违规经商办企业的情况依然存在，有的已给工行的声誉和资产造成损失；有的重点领域和关键岗位的管理人员利用职权收取好处和侵占员工利益，个别的已构成职务犯罪；有的机构负责人履行党风廉政建设责任不到位，政治纪律观念淡薄，对总行党委决策部署贯彻执行不力、速度不快、标准不高；有的管理人员案件和风险的防范意识淡薄，履职松懈，管理失之于软、失之于宽，案防制度不落实，致使违规操作引发的案件仍有发生；有的管理人员艰苦奋斗精神和勤俭节约意识消退，存在铺张浪费的现象；纪检监察工作也部分存在履职不充分、人员结构不合理、政治、业务素质需进一步提高、激励保障机制尚不完善等不足之处，在紧密结合全行改革发展中心任务开展反腐倡廉工作，真正融入业务经营之中还有不小的差距，影响了自身职能作用的发挥。各级党委和纪检监察机构要深刻认识所面临的严峻形势，增强忧患意识和责任意识，以更加坚决的态度，采取更加有力的措施，切实解决反腐倡廉工作中存在的问题。

二、2012 年的主要工作任务

2012 年，是全行加快推进转型发展的重要一年，也是全面落实总行党委《建立健全惩治和预防腐败体系 2008—2012 年工作规划》的收官之年。各级党委和纪检监察机构要把思想和行动统一到总行党委的决策部署上来，认真贯彻党的十七届六中全会和第十七届中央纪委第七次全会精神，严明党的纪律，着力保障全行经营转型；加强作风建设，着力提升工作执行力；推进惩治和预防腐败体系建设，着力抓好《工作规划》和总行《实施办法》的落实；加大案防工作力度，着力遏制各类案件发生；突出工作重点，狠抓任务落实，力争取得廉政案防工作新成效，为开创全行可持续发展新局面，建设“三个之最”的现代金融企业提供有力保证。

（一）加强监督检查，促进中央重大决策部署和总行各项工作要求的贯彻落实。全行各级纪检监察机构要认真贯彻落实全行发展战略研讨会提出的“调整结构、创新驱动、优化格局、深化改革、提升服务、完善治理、人才兴行、文化引领”三十二字战略方针，把反腐倡廉工作融入全行经营改革发展的总体布局之中，加大监督检查力度，确保中央重大决策部署和总行各项工作要求落到实处。要围绕加快推进转型发展这一主线，突出工作重点，抓住关键环节，加强对全行加快金融创新、优化发展格局、深化体制机制改革、提升服务水平和防控金融风险等重大决策部署贯彻落实情况的监督检查，及时发现和纠正存在的问题，坚决纠正有令不行、有禁不止的行为，从严惩治失职渎职、弄虚作假特别是利用职权以权谋私的行为，促进管理人员勤勉合规履职。各级纪检监察机构要在完善制度措施和推动深化改革上下功夫，针对监督检查中发现的突出问题，研究提出解决的对策建议，为总行党委决策及有关部门完善制度、改进工作提供参考和借鉴。

（二）推进作风建设，进一步夯实党风廉政建设的基础。各级纪检监察机构要认真履行协助党委抓党风建设的职责，督促各级管理人员充分认识保持党的纯洁性的极端重要性和紧迫性，不断加强党性修养，弘扬良好作风，切实成为求真务实、勤勉敬业、改革创新、清正廉洁的表率。一是要大力弘扬求真务实的优良作风。要营造良好管理氛围，促使各级管理人员勇于讲实话，坚持出实招、办实事、务实效，不搞花架子，不做表面文章，把工作的着力点真正放到研究解决全行转型发展的重大问题上，放到研究解决全行体制机制改革的紧迫问题上。当前要注意防止和纠正经营作风不实的倾向，注意克服急功近利、心浮气躁，不讲结构和质量、不按经营规律办事、不顾基层实际，盲目追求速度和规模的倾向。对作风漂浮、敷衍塞责引发重大风险事件或造成重大经济损失的，对投机取巧、弄虚作假的经营行为，必须严肃追究责任。二是要大力弘扬艰苦奋斗的优良作风。要特别防止和纠正艰苦奋斗思想淡化的苗头，始终发扬厉行节约、勤俭办行的传统。认真执行管理人员廉洁从业若干规定，规范管理人员职务消费行为，既要适应全行业务创新、市场开拓和综合化国际化发展的需要，也要注意严格审批程序，加强预算监管，坚决制止与公务活动无关的公款消费行为和奢侈消费风气，对违反规定的视情节予以严肃处理。要探索建立激励约束机制，通过对勤俭行为的正面激励，对浪费行为起到约束作用，形成勤俭光荣、浪费可耻的正确导向。三是要大力弘扬攻坚克难的优良作风。认真解决部分管理人员存在的安于现状、小进则满，拈轻怕重、推诿扯皮，畏难惧险、萎靡懈怠等问题，加大治庸治懒治散力度，严肃处理不作为、乱作为等行为。督促各级管理人员强化建设国际一流现代金融企业的责任意识和奉献意识，振奋精神、迎难而上，敢为人先、勇于碰硬，应对新挑战，抢抓新机遇，努力实现全行转型发展的新跨越，走出一条更加宽广的可持续发展新路子。

（三）加强惩治和预防腐败体系建设，整体推进反腐倡廉各项工作。2008 年以来，全行按照总行党委关于落实《建立健全惩治和预防腐败体系 2008—2012 年工作规划》实施办法明确的工作目标，着力加强组织领导、搞好任务分解、狠抓工作落实、强化监督检查、营造良好氛围，整体推进反腐倡廉教育、制度、监督、改革、纠风、惩治等各项工作，惩治和预防腐败体系建设已取得重要进展和显著成效。现在距离全面完成《工作规划》只剩下不到一年时间，总行党委部署的各项任务还有待全面落实，在落实工作中遇到的许多新情况、新问题需要得到解决。今年是贯彻落实《工作规划》各项任务的关键时期，各级纪检监察机构要对照《工作规划》分工方案和工作要点，从全面、实效等角度对全行第一阶段惩防体系建设进行评估，总结经验、肯定成绩、查找不足、分析原因，提出改进措施，确保任务落实。同时，加强调查研究，理清工作思路，启动惩治和预防腐败体系2013—2017年工作规划的起草工作，不断取得体系建设阶段性成果。

一要持续抓好反腐倡廉制度建设。对《工作规划》提出的制度建设任务，要尽快完成，抓紧出台一批反腐倡廉制度规定。对条件成熟但尚未出台的制度，如“三重一大”决策制度实施细则、基层党组织党务公开实施意见，要加快工作进度，尽快研究出台；对已经出台但配套制度还不完善的，如廉洁从业若干规定，要加快制定相关配套制度；对已经开展工作但受客观条件所限需延缓出台的，如规范管理人员职务消费的办法，要搞好分析论证和试点工作，待条件成熟后在全行实施。反腐倡廉制度建设要根据全行改革发展的需要，注重与原有制度的配套衔接，内在逻辑的一致性；注重制度的简明性、实效性和可操作性；注重体现改革发展、结构转型的基本要求。要加大对反腐倡廉制度落实检查力度，建立健全制度执行监督和问责机制，切实提高制度执行力。

二要不断深化各项监督检查工作。一是继续搞好巡视工作。今年总行将在总结近年巡视工作基础上，结合分行落实总行党委关于加快转变发展方式、调整信贷结构等决策部署以及关于加强班子建设，执行“三重一大”各项要求的情况等，确定进行巡视的一级（直属）分行和直属机构。要进一步健全巡视组织机构，加强巡视工作力量；强化巡视成果运用，加强巡视回访检查。二是深入推进党风廉政建设责任制的落实。去年总行党委重新修订的《党风廉政建设责任制实施办法》进一步明确和强化了各级领导班子和领导干部在党风廉政建设中的责任，总行将继续选择部分分行和总行部室就落实责任制情况进行量化检查评价，充分发挥责任制量化考评“小巡视”的作用，帮助被考评单位查找和解决廉政案防等方面的突出问题。三是抓好党内监督各项制度落实。认真贯彻执行党内监督条例，加强对民主生活会、述职述廉、诫勉谈话和函询等制度执行情况的检查；严格执行领导干部报告个人有关事项等制度；完善管理人员廉政管理系统，加强廉洁风险信息收集、识别、评估工作。继续加强管理人员廉洁从业警示教育，推进廉政文化建设，增强反腐倡廉教育的针对性和实效性。抓好管理人员廉洁从业若干规定和承诺制度的落实、督促“三重一大”决策制度的执行等。深化党务、行务、部（室）务公开对权力行使的监督制约，探索制定适应我行基层党组织党务公开工作的有效措施，促进权力规范运行。加强对民主集中制执行情况的监督检查，提高民主生活会质量。四是拓展加强监督的有效途径。逐步做好经济责任审计中的廉政案防检查评估工作，配合内部审计局尝试开展对境外机构管理人员廉洁从业情况的监督检查，逐步建立健全境外机构外派人员监督工作机制和制度。继续坚持应用科技手段防范廉政和案件风险等行之有效的经验做法，加大科技防腐力度，提高监督检查效率、降低监督检查成本。

三要深入推进治本抓源头工作。进一步加大改革创新力度，以执法监察、信访核查、廉政监察和效能监察为抓手，通过强化监督规范权力运行，努力在重点领域和关键环节取得新的突破，最大限度地减少机制障碍和制度漏洞。深入推进财务管理制度、集中采购体制等改革，继续对部分机构执行财务制度情况开展执法监察，加强对管理人员特别是各级机构主要负责人经费使用情况的监督，力争三年内将财务制度执行情况执法监察覆盖全行。严格采购供应商禁入名单库管理，定期检查并通报结果。对近年效能监察试点工作进行总结，进一步探索适合我行不同机构特点的效能监察实施方法，尽快推动效能监察在全行范围内深入开展。要进一步提高信访举报工作水平，加强对信访举报反映的苗头性、倾向性和全行热点问题的综合分析和调查研究，及时将员工反映较多的突出问题和制度漏洞归纳汇总，为业务部门改进工作和完善制度提供依据。积极开展信访监督，运用信访监督解决信访问题，促进领导干部廉洁自律。进一步完善信访举报工作机制，加强信访监督、执法监察、廉政监督和案件查办工作的联动和整合，形成监督合力，提升监督实效。对涉及重要部门、重大项目和总行管理的干部，线索相对清晰的信访举报，总行将做到有报必查并在一定范围内公布核查结果，及时将群众监督转化为组织监督。

四要切实解决员工反映强烈的突出问题。各级机构要加大力度，标本兼治，从员工反映最强烈的问题抓起，从员工最不满意的地方改起，从员工最期盼的事情做起，保护员工爱岗敬业、创新探索的积极性，以维护广大员工切身利益的实际成效促进全行和谐稳定。各级纪检监察机构要加强对各级管理人员执行党的群众路线情况的监督检查，加大解决员工反映问题和维护员工利益工作在巡视、廉政案防两个责任制量化考评和效能监察评价中的权重，严查在绩效分配等方面损害员工利益的行为，加大对损害员工利益行为的问责力度，发现一起、查处一起、通报一起。进一步畅通员工反映问题、表达合理诉求的渠道，关注员工特别是困难员工的实际问题和利益诉求，加强对员工的人文关怀，使广大员工共享全行改革发展成果。做好群众来信来访工作，加强对反腐倡廉舆情特别是网络信息的收集、研判和处置，注意核查新闻媒体和网络舆情反映的案件线索，充分发挥广大群众的监督作用。

（四）下大力气做好案件防查工作，确保案件低发态势。2011年全行各类案件稳中有降，但重大风险事件却有所上升，各类案件和风险事件暴露出全行在案防工作中还存在很多薄弱环节，如不彻底治理，案件随时会出现反弹。对此，各行、各部门要始终保持清醒的头脑、高度的警觉和防控案件的高压态势，按照董事长在年初全行工作会议上提出的“三查、三控、三防、四进”的要求，构建起过程控制、技术约束、风险导向、查防结合的内控案防新模式，确保今年案件风险率指标控制在银监会规定的目标范围内，千人发案率控制在0.1以内，进一步夯实案件防范工作基础，继续保持案件低发态势。一要准确研判案防形势。要加强对当前银行体系流动性趋紧、信贷领域诱发道德风险因素增多的形势下案发趋势和案件特点的研究分析，从经营转型、机构改革和业务创新过程中可能隐藏和已经暴露的案件隐患入手，提前做好防控预案，努力提高案防工作的前瞻性和有效性。二要继续抓好案件防范工作责任制落实和长效机制建设，根据不同管理层次、业务条线、员工岗位分别制定案防职责，明确案防责任，传导案防压力，形成覆盖全员、纵横交织、权责清晰的网格化案防体系。三要加强重要风险点的防控。重点抓好违规参与民间集资和担保及经商办企业、银企对账、U盾申领、特约商户管理、定期存款提前支取、企业开户、印章管理、查阅下载保管客户信息8个风险点的防控治理。要建立风险点防控规划，细化每个风险点可能存在的重要风险环节，逐一明确防控措施。四要做好员工行为动态排查。健全员工从业行为约束和对员工异常行为的监测机制，持续开展对行内员工参与赌博、非法集资、经商办企业或为民间借贷提供担保的专项排查，发现有违规行为的，要严肃处理，涉嫌违法犯罪的要移送司法机关追究法律责任。对在排查过程中走过场，应排查而未排查、应发现而未发现，仍发生员工因参与非法集资、违规担保及经商办企业等活动引发案件和风险事件的，要从严从重追究有关人员的责任。五要实施重点监控（关注）措施。今年总行将根据近两年的发案情况，对部分发案的二级分行直接实施重点监控（关注）措施，以点促面，推动其所在一级（直属）分行的案防工作。总行将视情况对违规违纪行为多、案件风险隐患多、声誉风险事件多的一二级分行进行通报。六要严肃查办案件和违规违纪问题。重点查办内幕交易和利益输送案件，违反政治纪律案件，违反组织人事纪律案件，贪污、挪用、侵占、内外勾结诈骗案件，管理人员或重要岗位员工利用职权收受贿赂案件，违规为民间借贷提供担保造成重大风险和损失的案件等。总行将对重要案件线索坚持到位督办，案件责任追究从严掌握，尤其是对屡查屡犯的问题，加大惩处力度，促使各级管理人员切实抓好内控案防工作，促使基层员工养成合规文化。要注重发挥查办案件的治本功能，注意分析案件成因，从教育效果、制度执行、流程设计等方面研究案发规律和防范措施，切实起到查处一起案件、完善一套制度、教育一批员工的成效，促进惩治成果向预防成果转化。各行要建立健全考核机制，科学确定业务指标和风险控制的关系，将案件防控工作和责任追究、市场准入、业务停复牌等挂钩，通过完善考核机制引导合规的经营行为和有效的防控行为。加强对案件和违规违纪问题审理，严格执行查审分离制度，规范审理程序和范围，未经审理的不得上报审批，不得作出处理决定，不得下发通报。

三、采取更加有力的举措，确保反腐倡廉各项任务落到实处

各级纪检监察机构要进一步增强政治责任感和工作紧迫感，认真履行职责，加强自身建设，提高工作标准，强化工作执行力，确保反腐倡廉各项任务落到实处。

（一）发挥纪检监察职能作用，强化执行力建设。“天下之事，不难于立法，而难于法之必行”，反腐倡廉工作效果如何在相当程度上取决于纪检监察机构的工作执行力。各级纪检监察机构要狠抓执行力建设，把维护党的政治纪律，贯彻落实中央重大决策部署和总行党委各项工作要求作为纪检监察机关的重要职责。要把握职能定位，发挥职能作用，对于纪检监察机构直接抓什么，牵头抓什么，督促抓什么和怎么抓要有明晰的把握和清楚的认识。对于纪检监察机构直接抓的工作，要毫不放松，牢牢抓在手上，切实做到一抓到底、抓出成效；对于纪检监察机构牵头抓的工作，要认真履行好牵头抓总职责，同时注意调动其他部门的积极性，共同完成好任务；对于纪检监察机构督促抓的工作，要加强指导、协调、检查和服务，督促有关部门认真履行好职责。要进一步完善纪检监察“双重领导”的工作体制机制，为纪检监察机构有效履行职责提供制度保障。各级纪检监察机构要坚持在同级党委和上级纪委的双重领导下开展工作，一方面，要自觉接受同级党委的领导，将纪委工作纳入党委的统一部署中，重大问题要及时向党委请示汇报，为党委出好主意、当好参谋，按照党委的要求做好工作。另一方面，上级纪检监察机构要切实负起对下级纪检监察机构的领导和管理职责，督促下级纪检监察部门分解任务、细化责任、勇于担当，有所作为。对履职中遇到困难和阻力的，上级机构要坚持原则，给予切实的帮助和支持。要根据纪检监察领导体制和工作特点，进一步健全纪检监察机构和管理人员考核评价体系，充分发挥考核的导向作用。从今年起，每年度除被巡视和量化考评的单位外，其余单位纪委书记要分批次向总行纪委汇报工作、述职述廉，总行纪委将对各单位好的做法、经验加以总结推广，对存在的问题，提出整改措施，鼓励先进，鞭策后进，确保上级纪检监察机构的工作部署得到全面落实。

（二）加大改革创新力度，努力提高反腐倡廉建设科学化水平。各级纪检监察机构要在各级党委的领导下，坚定信心，勇于担当、真抓实干，坚持以改革创新精神推进反腐倡廉建设。积极发挥组织协调的职能作用，紧紧围绕全行改革发展中心任务，把反腐倡廉建设放在全行经营管理全局中谋划和推进，为推动全行转型

发展提供有效服务和有力保证；积极推进反腐倡廉工作内容创新，鼓励和支持各单位各部门在反腐倡廉教育、制度、监督、改革、纠风、惩治等各个方面探索取得更好实效的途径，对好的经验做法认真进行总结推广；积极推进反腐倡廉工作方式方法创新，加大科技防腐力度，推行“制度＋科技”防范廉政风险和案件风险的经验，把信贷审批、集中采购、财务管理、中介外包等重点领域和关键环节的风险要素防控流程化；建立完善信访举报、执法监察、廉政监督、案件管理等科技平台，不断提高工作质量和效率；积极推进反腐倡廉体制机制创新，建立完善查办案件和违规违纪问题等监督工作协调联系机制，加强纪检监察部门与人事、内控、内审、保卫等部门的协调配合，充分发挥各职能部门的优势和作用，整合监督资源，形成监督合力。

（三）加强纪检监察自身建设，为落实反腐倡廉各项任务提供组织保证。各级党委纪委要从政治和全局高度充分认识加强和改进纪检监察组织建设的重要性，将纪检监察组织建设作为一项长期而紧迫的重要任务抓好抓实，巩固前一阶段纪检监察组织建设成果，对存在的问题要分类督导，逐步解决。纪检监察人员岗位等级和纪委书记排序不符合总行党委要求的，应限期落实；人员配备不到位的，要及时配备齐，并注重增配人员的素质要求，严格把好“进人关”，防止安置性、照顾性进人。要拓宽选人视野，注重选调懂业务、懂管理、懂政策的中青年优秀人才充实纪检监察队伍，不断优化纪检监察队伍的年龄、知识和经历结构；一级（直属）分行要继续坚持向总行报备纪委书记（包括兼任行政职务）的分工情况，总行下一步将就纪委书记在班子内分工研究提出规范性意见。要以提升综合素质和加强能力建设为重点，通过教育培训、互动交流、研讨座谈等途径，着力提高纪检监察干部特别是新任职干部服务、保障和促进转型发展的能力，做好群众工作和维护和谐稳定的能力，识别和防范、治理廉政和案件风险的能力。继续深化纪检监察人员滚动进出机制，加大轮岗、挂职、交流力度，增强纪检监察队伍的综合素质和生机活力。要严明纪律，切实加强对纪检监察队伍的教育、管理和监督，督促纪检监察人员严格遵守政治纪律、工作纪律、办案纪律、保密纪律和廉政纪律。各级纪检监察人员要自觉接受党组织和员工群众的监督，秉公执纪、依法办事，维护纪检监察干部可亲、可信、可敬的良好形象。

今年是全行第三个三年规划的开局之年，面对复杂严峻的外部形势和艰巨繁重的工作任务，各级纪检监察机构和广大纪检监察人员要奋发有为，求真务实，脚踏实地，埋头苦干，尽心尽力地履行好肩负的职责，以反腐倡廉各项任务的全面落实，为全行实现经营转型、开创可持续发展新局面做出新贡献！

与时俱进　改革创新　努力构建集团化安全管理体系　积极打造“最安全银行”

——在中国工商银行安全保卫工作会议上的讲话

刘立宪

（2012 年 5 月 10 日・根据录音整理）

这次会议是2009 年成都会议后第一次全辖安全保卫工作会议，也是第一次请各分行主管领导参加的保卫专业会议。总行党委对这次会议高度重视，同意以现场会形式召开，有两点考虑：一是经过这几年的发展，全行的保卫工作处于一个新的起点上，保卫工作情况和面临的形势发生了较大变化，需要通过讨论、面对面的交流来听取大家的意见和建议，汲取大家的智慧，使我们的保卫工作再上一个新台阶，更加稳健、快速、高质量地发展。二是全行保卫干部队伍变化比较大，2009 年以来分行保卫部总经理有三分之二以上为新任职的，分管行领导的变动面更大些，有必要通过会议来使大家回顾这些年保卫工作走过的历程，取得的经验，还存在哪些不足。只有了解历史，尊重历史，才能创造未来，促使保卫战线上工作的同志们更加明了肩负的重任，继往开来，推动保卫工作进一步提升服务全行转型发展的水平。

我们这次会议的主要任务是：贯彻落实 2012 年全行工作会议的精神，分析安全保卫工作的形势和面临的改革发展任务，审视安全保卫工作服务全行转型发展的路径，总结成功经验，谋划未来发展，统一认识，明确重点，凝聚力量，推动安全保卫工作再上新台阶，努力打造最安全银行。下面，我讲三个方面意见。

一、股改上市以来安全保卫工作成效与主要经验

股改上市是工商银行发展的里程碑。股改以来，工行迅速成长为全球利润、市值、存款和品牌价值第一的银行。这是总行党委正确领导和全行员工奋力拼搏的结果，也凝结了安全保卫工作的贡献。认真总结这一阶段安全保卫工作，对于我们更好地贯彻总行党委决策部署，充分发挥专业职能作用，支持全行加快转型发展，具有非常重要的意义。几年来，全行安全保卫工作继续贯彻总行党委确定的“减库、减人、减枪，管少、管好”十字方针，切实加强防范外部风险工作，积极提升管理集约化水平，在保障全行经营环境的安全稳定方面取得了显著成效，得到了公安部、银监会和同业的充分肯定，主要有五个方面：

——实现了“三减”工作目标，稳步推进工作转型。截至2011年末，和“三减”前比较，全行金库已降至863座，减少3 515座，减幅达80.3%；守押人员降至1 136人，减少26 363人，减幅达95.9%；公务配枪降至70支，减少25 817支，减幅达99.7%，在四家大型商业银行中枪支存量最低，连续八年保持涉枪事件为零、员工伤亡为零。特别是股改上市后，根据现代企业治理的要求，我们加大落实了“三减”力度，有效集中了安保工作防护目标，安保资源得到了科学配置，使安全保卫工作稳步实现了从操作型向管理型的转变。

——推动并实现了守押体制的根本变革。目前，全行99.1%的营业网点和72.2%的金库守押实现了外包，较“三减”前分别提高了92.8个和69.3个百分点，基本实现了守押社会化全覆盖。通过守押体制改革，转移了守押操作风险，节约了运营成本，改变了银行安全保卫工作看家护院的旧格局，促进了依靠改革求发展、到市场中找出路的安保理念转变，形成了利用社会资源提供专业安保服务的新模式，安全保卫工作精细化和集约化管理水平逐步提升。

——构筑了坚实的安全防范设施防线。多年来，各级行克服困难加大投入，我行安防设施整体水平逐年提升。全行严格按照国家新的安防标准要求，完成安防监控数字化、金库振动入侵报警和营业网点防尾随通勤门等安防设施升级，98.3%的金库和99.4%的营业网点实现110报警联网，49.7%的自助银行实现了远程监控联网，切实构筑起保障员工生命和国家财产安全的坚实防线，全行连续五年没有发生员工伤亡的案件。

——搭建起集约化安保工作管理体系。近年来，安全保卫工作紧跟全行现代经营管理的要求，不断健全安保规章制度体系，已经建立起以安全保卫责任制为主线，以内部治安保卫管理、委托守押业务管理、刑事治安事件应急管理和外部案件管理等相关规章制度为载体的集约化安全保卫管理架构，基本形成了管理有制度、操作有规程、过程有监控、违规有处罚的规范化管理环境，有效保证了不同时期安全保卫工作的扎实推进，促进了工作效率和质量的提升。

——外部案件防控工作取得显著成效。近年来，面对全国刑事治安犯罪案件数量逐步攀升的严峻外部环境，全行安全保卫战线同志们恪尽职守，勇于担当，通过不断强化物防、技防建设，坚持开展案防教育，组织落实应急演练，狠抓重点风险防控和从严查处各类案件等有效措施，使我行始终保持着低发案率和高成功防范率的良好态势。各级安全保卫部门紧跟业务发展，积极参与防范伪卡欺诈、网银犯罪和电信诈骗工作，取得了显著成效。2006年以来累计协调公安机关查处境内外假冒工行网站逾千个；2010年以来协助公安机关破获各类银行卡案件万余起；2011年成功防范和协助侦破各类电信诈骗案件1 500余起，为客户避免资金损失1.2亿元，这些工作不仅得到了监管部门的肯定，更为我行赢得了社会公众和媒体的广泛赞誉，树立了良好社会形象。

回顾这六年，安全保卫战线的同志们始终以饱满的工作热情、扎实的工作举措，圆满完成了总行党委部署的各项任务，为全行两个三年发展规划目标的顺利实现，做出了实实在在的贡献。在此，我代表总行党委向大家表示诚挚的慰问和衷心的感谢!

多年来安全保卫工作取得的成绩来之不易，实践中积累的经验十分丰富和宝贵，值得认真研究和总结。归结起来，主要有以下几个方面：第一，坚持把安全保卫工作作为银行经营管理的重要组成部分。总行党委把安全保卫工作作为全行经营管理的重要内容，着眼长远，精心规划。在发展方向上，提出了“三减、两管”十字方针，确立了安全保卫工作走社会化、科技化和管理集约化的道路；在守押社会化改革上，面对各方面质疑的声音，始终给予安全保卫工作有力支持，坚定不移向前推进；在安防设施建设上，面对股改后较大的盈利压力，始终保持有效投入，全行安防设施已逐步更新换代。几年来，在总行党委的正确领导下，安全保卫工作逐步融入全行经营管理之中，把握节奏、科学规划，实现了稳步推进。第二，坚持把确保全行经营环境安全稳定放在首位。多年来，安全保卫工作坚持把营造安全环境作为安全保卫工作的中心任务，采取切实举措，有效应对和化解了外部攻击风险，保障了各级机构安全运营，支持了各项业务平稳发展，赢得了一线员工、业务部门和监管机构的广泛认可。第三，坚持打造全员参与的安全保卫大格局。这些年安全保卫工作所取得的成绩，得益于我们坚持构建起安全保卫责任制体系，把安全保卫责任逐级分解到岗，落实到人，有效调动了全员力量参与到安全保卫工作中来，为安全保卫工作的持续推进打牢了基础。第四，坚持主动由操作型向综合管理型转变。面对全行现代经营管理的要求，安全保卫工作

坚决贯彻落实十字方针，稳步实施工作转型，以推进守押体制改革为抓手，促进了管理和业务运行模式的转变；以安全技术防范为方向，推动了防范手段和水平的提升。在转型过程中，全行安全保卫战线的认识和行动得到了统一，为安全保卫工作取得更大进步奠定了基础。第五，坚持自我加压、积极进取。这些年社会治安形势始终相对严峻，安全保卫工作始终承受着较大压力，而且随着全行经营发展，特别是自助银行和 ATM 数量的不断增多，确保全行安全运营的难度明显加大。在这样的背景下，全行安全保卫战线同志们克服困难，奋发有为，不仅保证了全行经营环境的安全稳定，而且实现了从操作型向管理型的有效转变。这种自我加压、积极进取的精神，正是安全保卫工作能够不断开创新局面的重要动力。上述主要经验是多年来安全保卫工作改革实践的结晶，启示着我们在打造“最安全银行”的过程中要继续遵循，不断完善，有所发展。

当前全行正处于加快转型发展的关键时期，面临着社会治安形势依然严峻，针对银行机构的诈骗、抢劫、盗窃等侵财犯罪仍然多发的态势。因此，确保全行经营环境的安全稳定至关重要。据银监会通报，2011 年针对银行业的抢劫、盗窃等暴力犯罪共计发生 92 起，造成资金损失 416 万元，人员伤亡 66 人。去年我行虽然没有发生员工伤亡的恶性案件，但遭遇抢劫、盗窃等外部攻击数量也较 2010 年增长了 15.8%。这类犯罪对我行员工生命安全和资金安全的严重威胁不容忽视。随着银行业务经营的发展，伪卡欺诈、违法套现、票据诈骗和非法集资等金融犯罪有增多趋势，犯罪手段亦趋复杂化、智能化和组织化。对此，各级行必须保持高度警觉，丝毫不可懈怠。

同时，我们的安全保卫工作还存在一些问题和不足。有的基层行没有把安全保卫工作作为经营管理的重要组成部分来抓，“平时不烧香，临时抱佛脚”，把安全保卫工作当做一项临时应急工作看待，而不是作为日常工作统筹部署；部分单位的领导也没有站在全行经营管理的角度来思考安保问题和开展工作，思路限制了出路，以至于基层安全保卫责任不落实、安全保卫队伍结构梯次不够合理、安全保卫人员综合素质仍待提高等问题还没有得到较好解决。少数安全保卫部门综合性安全管理的职能作用发挥得不够充分，仍习惯于“看家护院”的“老套路”，对如何当好安保工作的指挥者、管理者适应得慢，办法也比较少。从全行来看，安全保卫工作集约化管理水平需要继续提升，特别是随着全行经营管理体制改革的深入，需要重新梳理和细化安全保卫责任制，进一步修订完善安全保卫规章制度体系；需要建立更为全面科学的外部风险防控机制与体系，充分利用现代信息技术，增强风险预警预防能力，实现从事后查处向事前主动防范的转变；安全技术防范工作仍需要进一步加强，在利用技术手段落实制度要求，实现流程和系统的硬控制方面，需要重点研究和加快推动；随着我行综合化国际化的发展，需要构建集团化安全管理体系，加强对集团境外机构、直属机构和子公司的统一安全指导与服务等。如何系统有效地解决这些问题，是安全保卫工作面临的一个重大挑战。

二、今后一个时期安全保卫工作的主要任务

在年初全行工作会议上，姜建清董事长要求全行始终保持清醒的头脑、高度的警觉和对案件及重大风险事件防控的高压态势，按照“三查、三控、三防、四进”的要求，构建起过程控制、技术约束、风险导向、查防结合的案件防范新模式。“三查”是查快、查新、查重；“三控”是加强对高风险环节、高风险领域和高风险机构的管控；“三防”是防外部诈骗，防暴力犯罪，防员工行为失范；“四进”是讲内控监督功能的嵌入，技术硬约束的问题，进岗位、进功能、进流程、进系统。这是今后一个时期我们安全保卫工作的核心任务，各级安全保卫部门要夯实基础、加强管理、提升风险防范水平，扎实做好落实核心任务所要求的每项工作。

（一）强化管理，夯实安保工作的基础。实践证明，要保持稳健发展，必须打牢基础。未来几年安全保卫工作将面临更多挑战，解决现实存在的突出问题，是一项十分紧迫的任务。

第一，要狠抓安全保卫责任落实。应该讲，这些年大家做了大量的工作，也取得了一定的效果。但是，工作发展仍不平衡，有的单位责任制落实得好，有的单位落实不到位，甚至个别行还因责任悬空而发生了案件。究其原因，关键是还没有形成切实有效的责任约束，没有建立起常抓不懈的机制。在 2009 年成都安全保卫工作研讨会上，我专门讲过这个问题。一方面强调各级行长、各级管理者必须把加强保卫工作，实现平安运营和资金、人员的安全作为首先履行的义务，另一方面要求各一级（直属）分行安全保卫部门，要从全行经管管理的角度来履行安全保卫工作的职责，敢于理直气壮地要求下级行行长落实安全保卫工作；要注重把责任逐级具体分解，无论是否有专门的安保部门，落实安保的责任要明确由各级行承担；要以责任落实为重点，制定有效的检查和考核办法，做到考核有力，责任落实有效。今天我再次重申这几点，就是希望大家能够对照一下，看一看哪些地方做到了，哪些地方还存在不足。今后三年全行将进一步深化组织机构、管理体制和运行机制改革。随着这些改革的深入，在不断充实前台力量的同时，对中后台集约处理能力提出了更高要求。安全保卫部门必须准确把握运行机制改革的发展趋势，切实用安全保卫责任分解和落实的办法，将安全保卫工作与日常经营管理结合起来，实现安全保卫工作由主要依靠安全保卫力量向全员齐抓共管的转变。今年总行将制定

《安全保卫责任制实施办法》，进一步明确和细化各级机构负责人、安全保卫部门和关键岗位的工作职责，这是十分必要的。各级行要负责任地提出制定这个办法的意见和建议，确保办法的实际操作性，在制度出台后还要重点抓好贯彻执行，保证安全保卫责任制在全辖各个层面，特别是基层得到有效落实。

第二，要加强委托守押业务管理。守押社会化改革后，加强委托守押业务管理，督导保安公司提供持续稳定的守押服务，是保障全行各级机构日常业务正常运营的重要任务。但是检查中发现，有的行签订了合同却没有要求保安公司提供保单；有的行变更了保安公司却不按照程序报上级行审批；有的行对保安公司不全面履行守押合同的现象听之任之，束手无策。反映出守押社会化后，个别安全保卫部门对从自己守押到组织监督他人守押的职能转变不适应，疏于职守，综合性安全管理能力不强。守押社会化只是管理方式的改变，对安全保卫部门来说，阵地没变，但角色变了，从战斗员变为指挥员。从这个角度讲，责任变重了。在当前国内守押服务市场仍不够成熟，一些保安公司运作管理还比较粗放，保安公司内部管理问题影响到当地银行正常运营的事件还时有发生的情况下，如果不能充分履职，不变粗放式管理为精细化管理，就谈不上对保安公司的履约监督，更无法保证委托守押业务的平稳运行。为此，各行要全面规范和加强委托守押业务管理，开展一次专项检查。要通过逐级查问题纠违规，切实强化制度执行，提升管理专业化和精细化水平。同时，各行要继续推动委托守押服务市场化运作，多想办法，多做文章。大家应该已经看到，2010 年国务院《保安服务管理条例》施行以来，守押服务市场垄断的局面已经开始被打破。

《保安服务管理条例》以国务院 564 号令发布，从 2010 年 1 月 1 日起施行，其中许多条款与我们相关。如第十条，从事武装守护押运服务的保安服务公司要符合的条件，有两条我们应该注意到，一是有不低于人民币 1 000 万元的注册资本，二是国有独资或者国有资本占注册资本总额的 51% 以上，这是对国有控股武装守押公司的要求；第四十条规定，国家机关及其工作人员不得设立保安服务公司，不得参与或者变相参与保安服务公司的经营活动；第四十八条规定，国家机关及其工作人员设立保安服务公司，参与或者变相参与保安服务公司经营活动的，对直接负责的主管人员和其他直接责任人员依法给予处分，等等。这个条例是我们完善守押市场的法律依据，不符合条例的严格说都是不合法的。我们全行共雇用守押公司约 480 家，四种类型，第一种为公安机关实际控制的，其中有一些是现役警察在管理，根据去年数据大概 400 余家，按条例规定应该退出的，属于历史遗留；第二种为 27 家由国资控股的，其中有 10 多家实际上也是公安部门控制的，公安部门用自己的三产公司或者借其他公司名义来管理的；第三种是保安公司自己独资或者控股的，有 6 - 7 家；第四种是自然人，有 15 家，按照保安服务管理条例，这类公司要被改变或者被兼并，因为按条例不符合国有控股的要求。这些情况说明了什么问题呢？一是占绝大多数的公安机关控股公司是不符合条例规定的，不合法，从法律角度应该改变；二是说明保安服务管理条例出台之后，整个形势已经有所好转，有所松动，因为毕竟出现了由国资控股的十几家基本符合条例规定的保安服务公司；三是给我们一个提示，应该借助贯彻保安服务管理条例之力，不断推动守押公司的管理市场化、股权多元化。我们的目的不在于改制，在于在市场上多培养、多催生几家守押公司，以改变目前一家垄断、漫天要价、银行束手无策的局面。解决这一问题的路径，第一，我们有国务院的条例，可努力推动各级政府落实条例。第二，我们现在正在和公安部沟通，也借助银监会或者银行业协会来做工作，目前应该说有一些成效。在这里我想说，这些事情当然从上层解决更好，但是由于守押的地域化特点，各分行、各地市甚至各县也是有自己的工作空间的，希望大家能够在吃透当地情况的基础上，借助当地银行业协会、银监局等部门，通过与政府沟通，积极主动地推动当地守押公司的多元化，点的突破可以推动面的改变。

目前，解决保安行业“管办分离”进程缓慢的问题已经纳入监管部门的工作日程，公安部明确表示将出台相关指导意见，全面部署落实保安公司改制。外资保安公司也在加快国内布局的步伐。我们要充分把握这些契机，依靠监管部门和行业协会，联合同业机构，借助监管约束和行业自律，推动保安公司规范服务行为。要继续发扬不等不靠、主动出击的守押社会化改革精神，积极探索引进多方力量参与守押服务，推动守押服务主体多元化，促进守押服务市场化运作。

第三，要打造专业化安全保卫队伍。安全保卫部门要实现由单纯执行部门向综合性安全管理部门的转变，必须培养高素质的安全保卫人才，打造专业化的安全保卫队伍。围绕这个目标，总行将采取三项措施：一是引进专业化安全管理教材。为使安全从业人员及时了解国际公认的行业准则，掌握现代安全管理理论知识，总行决定引进一系列国外安全管理著作，出版《现代企业安全管理译丛》。目前，已完成《安全导论（第八版）》编译出版工作，该书是美国产业安全学会的认证安全管理专家（Certified Protection Professional，CPP）考试指定的书籍（CPP 认证自 1977 年开始组织实施，是目前世界上安全管理人员的最高专业许可），是一本全面论述安全管理基础理论的全书。书中有关诚实和诚信培养、职场暴力、应急处置、危机管理的相关内容对监察、工会等部门同样有学习借鉴意义。各级机构要将其当做安全从业人员的基础理论教材，同时也要把它作为管理人员的安全启蒙和综合管理能力参考书。随后总行还将陆续编译《风险分析与调查》、《高效的安全管理》等系列安全管理专业书籍，力求通过介绍国际现代企业安全管理理念与基本模式，推动更新对安全保卫工作内涵的认知。二是加大培训力度。今年总行将组织多期安全保卫专业培训班，对安保管理人员和专业人员进行强化培训，力求通过大面积的集中培训，培养一批有较强管理能力、实际操作能力和创新执行能力的专业骨干。三是组建安全顾问团队。通过挖掘安全保卫人才资源，引入行内业务专家，邀请国家安全防范专业人士，组建不同专业方向和领域的安全顾问团队，作为总行层面安全保卫工作的智库，为安全保卫工作专业化、综合化、集团化发展提供专业支持。此外，总行将推行安全保卫岗位资格考试，并制定了年度保卫专业培训要点。上述措施各有侧重，又相互衔接。各行要根据总行整体思路，结合本单位实际，组织分层次、分重点和针对性培训，使基层安全保卫人员强化履责意识，更新知识储备，提高专业能力。不仅明白要做什么，而且能够胜任工作。

（二）提升效能，筑牢技防设施防线。近年来全行安防设施建设一直在有序推进，安全技术防范水平也在逐步提升。但是在抓好设施建设的同时，如何确保设施功能得到充分发挥，实现利用技术手段强化控制和防范风险的目的，是当前要重点研究和解决的一个问题。

第一，要确保安防设施建设到位。多年来我们反复重申，必要的安全成本投入是必不可少的，关键是用于事前防范，还是用于事后弥补。但是我们有些同志对此依然认识不清，只算经济账，不算安全账。比如，在当前撬盗 ATM 犯罪持续高发的态势下，还有 13 家一级分行辖内 760 余台 ATM 和 150 家自助银行没有按照国家相关安全防范标准要求实现撬盗报警联网。这是极大的风险隐患，必须尽快解决。相关分行要制定专项方案，明确一名行领导牵头负责，保卫部门具体实施，切实督导未达标单位抓紧整改。在未实现报警联网前，要安排行内人员或委托第三方，加大对 ATM 的巡查力度，保证安全。对于当地公安机关不具备报警联网条件的，要确保实现行内报警联网。总之，要把报警联网作为自助银行建设和 ATM 布放的先决条件。同时，总行要加大跟踪督导力度，把安防设施建设纳入年度考评内容，作为评优奖先的硬指标。

第二，要确保安防设施运行正常。这几年，由于管理不善，报警、监控等设施失效，致使案件防控失败，造成了资金损失的教训不胜枚举。究其原因，关键是没有处理好技防与人防之间的关系。我们经常讲，技防是对人防在技术手段上的补充和加强，两者是相互补充、相互促进的关系，不可偏废。技防再先进，缺乏科学严谨的管理，其效能也就无从发挥。要保证安防设施的运行正常，一是要坚持落实安防设施“谁使用、谁管理、谁负责”的原则。目前基层网点和金库安装的各种安防设备的数量非常多，单纯依靠安全保卫部门去检查每个设备是否正常，是不切实际的，也是不科学的。只有依靠每个网点和在日常管理中多留心，常检查，发现故障及时报修，才能尽早发现问题，消除隐患。在这方面，安全保卫部门要主动指导和帮助基层，把需要查看的设备和常见故障特征列出来，使一线员工知道看什么、怎么查，有故障时及时报修，工作才算到位。二是要严格执行安防设施运行管理制度。去年总行印发的《员工行为禁止规定》，明确规定：“严禁擅自拆除、挪用监控、报警、消防等安防设备和擅自改变其规定设置”。这是用实际教训换来的硬规定，决不允许逾越和触犯。在这方面，安全保卫部门不仅要进行经常性监督检查，还要把这项要求切实传导到基层和相关业务部门，广而告知，晓以利害。同时，总行要考虑在相关制度中明确安防设备的安装与变动流程，建立起审批机制。通过多管齐下，避免无知违规。三是要积极探讨运用技术实现对安防设施运行情况的远程监测与控制，引进社会资源提供安防设备巡查、巡检等专业技防服务，充分利用科技化和市场化手段，降低巡查不及时或不到位等人为因素影响，确保安防设施运行正常。

第三，要提升安防设施建设的标准化水平。从管理学的角度来看，任何事物只有标准统一、规格统一，才可能通过规范化管理，发挥其整体效能。总行正在组织安防设施集中采购，已经完成了相关设备性能的集中测评，进入了供应商评审程序。这项工作的主要目的是通过统一规格型号、统一质量要求、统一支持服务、统一品牌形象，解决现有部分安防设施性能落后、品牌繁杂、质量和维护缺乏足够保障等问题，推动提升全行安防设施的统一化和标准化程度。各行要配合总行做好相关工作，尤其要加强集中采购后对安防设施供应商和维护服务商的监督管理，定期开展服务质量评价，对设备运行不稳定、维保服务不到位的必须坚决清退。统一是集约化管理的基础，实现安防设施在规格和标准上的统一，只是安防设施标准化建设的第一步，科学合理地集成各种安防设备，使其发挥最大功效才是根本目的。比如，调研中发现，有的营业网点按照当地监管要求在正门安装了多个摄像探头，加强了对进出客户的监控取证，但与保安公司交接款箱的区域却存在监控死角；有的在营业大厅内安装了多个报警探测探头，但忽视了后门后窗的报警布防；有的 ATM 振动报警器灵敏度调节不当，旁边有汽车经过就报警等。这些说明安防设施建设统一规划和标准是有必要的，至少有两点好处，一是便于管理维护，做到使用和功能的合理匹配；二是可以抵制一些地方和部门不切实际的需求。在这方面，总行保卫部已经制订了计划，我就不再展开来谈。

第四，要提升安全技术防范的集约化水平。近几年不少分行在远程报警监控联网建设上加大了投入，初步实现了全辖联网，安全技术防范水平也得到了提高，成效是值得肯定的。但是在建设过程中，也有一些现象应引起我们的注意。比如，有的报警监控中心处理系统每天收到上万条报警信息。从警情处置标准看，绝大多数属于误报。分析误报的原因，有的布防时间不当，有的布防区域过多，有的不区分警情与正常操作，见人就报。误报过多使值班人员无法区分和处置，误报等于不报。因此，安全技术防范建设必须坚持实用、集约、高效的原则，在远程报警监控联网建设中，不仅要坚持报警优化的原则，还要区分警情的轻重缓急，根据情况设定布防的区域和布防的时间，作出相应设置，实行动态管理。要做到不漏报、少错报，切实发挥好报警平台的功效。总行正在组织警情信息分析课题研究，开发以警情分级为主导的报警监控联网集成平台。各行特别是已经实现联网的分行，要积极配合做好基础数据采集、系统需求分析等工作，多提供一手资料和有价值的意见，确保系统开发不走弯路、取得实效。

（三）综合防控，有效防范外部攻击风险。安全是发展的基础。各级安全保卫部门要坚持预防为主，突出重点，综合防控的方针，采用有效措施，坚决防止发生重大案件和风险事件，打造全行经营发展的平安环境。

第一，要把保障员工生命安全放在首位。以人为本是工商银行企业文化的核心价值，保障员工在工作环境中的生命安全永远是第一位的。各级行领导和安全保卫干部必须牢固树立“安全问题，生命至上”观念，把保障员工生命安全放在工作首位。要保障员工生命安全，必须坚持警钟长鸣，定期通报社会治安形势，开展典型案例教育，引导基层领导和员工警惕潜在危险，增强防范意识。必须狠抓应急演练，要针对恐怖袭击、暴力抢劫、爆炸火灾等容易造成严重危害的风险事件，完善演练方案，丰富演练形式，加大演练频度，不断强化员工危机意识，提升应急处置和自救能力，使每一名员工能够处变不惊，妥善应对。实践证明，演练与不演练是有很大区别的，最近保卫部通报了一个大连邮储银行和北京分行一个网点基本上在同一时间、遭遇了情况相似的抢劫，但是比较起来，我行网点演练的效果还是不错的，柜台员工在稳住抢劫犯的同时，在没被察觉的情况下按动报警按钮，犯罪分子感觉不妙跑出网点后被公安人员抓到。这充分说明应急演练对保障员工的安全、做好紧急情况处置是非常有必要的。当然我们还有需要改善的地方，这个案例中员工在柜面上接到了一个纸条，说我有炸弹，我要抢劫，按照目前的报警办法，员工没有办法通知周边任何人，因为不能惊动对方，报警按钮也只能是报告总控或启动公安联网报警，在场的其他员工都不知晓，很难形成一个集体处置的默契配合。假如说在按这个按钮的同时能用一种不为外人所知的形式来通知所有在场的员工，例如播放一个特定曲目，这样整个网点的所有员工就会知道有情况。这些问题只能靠我们在实践中不断摸索，不断演练，使所有员工不断增强应对突发事件敏感度和处置能力。要和大家讲清楚，演练的目的一是保障员工生命财产安全，这是最主要目的；二是保障在网点内的客户生命财产安全；三是保障银行的资金财产安全，这个顺序是不能改的，永远以员工生命安全为第一位。我想从这个角度出发，员工是乐意参与的，也是有必要参与的，所以我们要反复地向基层员工宣传演练的目的，作为管理者，认真组织演练，就是对员工生命安全负责的一种表现。

第二，要坚决遏制撬盗 ATM 高发态势。目前，全行 ATM 数量已经突破 5 万台，自助银行达到 1.3 万余家。要确保这些防护目标的运营安全，任务十分艰巨，必须标本兼治，综合防控。一是要坚持两个“严禁”，即严禁没有通过公安机关验收就投产使用，严禁重大安全隐患没有落实整改就带病运行，这是我们案件防范的高压线，决不允许触犯。二是要立足事前防范，推动开展安全评估。通过全面评判自助银行和 ATM 周边环境，科学制订安全防护方案，最大限度地消除隐患，规避风险。三是要注重对撬盗 ATM 犯罪规律和特点分析，锁定案件多发区域和时段，确定高风险系数的自助设备，进一步强化防护措施，完善、提升技防水平和能力，加大巡查力度，提升防范工作的精确性。四是要落实警情双向接处警机制，确保警情不遗漏、处警不延误，并要积极尝试借助社会专业化安保服务力量，解决基层机构自助设备夜间巡查和接处警力量薄弱的问题。

第三，要全方位多手段防范金融诈骗。金融诈骗涉及银行业务经营各个领域和环节，防诈骗工作必须依靠多专业多部门的有效协作。各级安全保卫部门作为全行外部欺诈风险归口管理部门，要充分发挥信息汇集中转、风险预警评估、组织协调防控等专业职能，推动提升全行防诈骗工作效能与水平。一是要多种渠道、广泛收集各类金融诈骗犯罪信息，及时归纳、整理、分析犯罪规律与特点，发布风险预警，提示业务部门强化管理，未雨绸缪。二是要密切关注、随时跟进各项业务发展创新，从事前预防、风险控制的角度，积极提供专业评估建议，帮助业务部门完善管理，防患于未然。三是要立足事前防范、专业指导，教育、提示客户加强自我防护；积极探索开展外部欺诈风险评估工作，不断提升对风险的综合管控能力。四是要加强与公安机关、监管部门、银联银协等单位的沟通协作，争取多方支持，形成合力，有效防范外部诈骗犯罪，营造良好的业务发展环境。

第四，要抓好本单位重点风险防控工作。各级分支机构由于经营管理范围不同，所处地区不同，面临的外部攻击风险类型与特点存在着差异性。即使同一地区在不同时期的案防形势也不尽相同。因此，各行开展外部风险防范工作，必须立足于本行实际，深入分析，全面排查，找出重点风险和薄弱环节，有针对性地采取防控措施，并根据形势变化不断调整完善，做到因地制宜，因时施策，有的放矢。从某种意义上讲，这项工作的成效如何，体现了一个分行安全保卫工作的真正水平，检验的是各级安全保卫部门管理智慧和能力。

需要强调的是，今年下半年将召开党的十八大，各级行、各机构要以高度的政治责任感，务必把各项安全保卫措施落到实处，严防发生各类重大案件及事故，努力营造全行经营发展的平安环境，迎接党的十八大胜利召开。总行要加大安全监督检查力度，特别要加强对上海和北京两个数据中心、重点分行和相关直属机构的安全指导与检查。北京及周边地区分行、敏感地区分行要按照当地党委、政府和监管部门要求，加强组织领导，周密部署安排，确保做到万无一失。数据中心（上海）和数据中心（北京）要以防火灾、防爆炸、防破坏、防恐怖袭击为重点，逐级落实安全管理责任，全面强化安保措施，确保生产运行安全。广东、甘肃分行要牢记涉枪无小事，全力保障枪支安全，决不允许由于管理懈怠引发涉枪风险事件。

关于今年工作的具体要求，总行在《2012年安全保卫工作要点》中做了部署，各行要逐项抓好落实。

三、坚持深化改革，不断拓展安全保卫工作职能

去年总行发展战略研讨会确定了当前和今后一个时期全行中心任务，明确提出了要以进一步深化改革和体制机制的突破为动力，进一步完善公司治理，形成更加全面、系统、严密的风险和内控管理体系；要进一步夯实案件防范工作基础，继续保持国内外同业案件防控指标先进水平等具体要求。在年初全行工作会议上，董事长再次强调了要紧抓内控案防，并在部署“三查、三控、三防、四进”工作中，专门指出要加强安全技术防范，扎实做好安全保卫工作。

今后几年，安全保卫工作必须紧紧围绕总行党委的要求，以深化改革、创新实践为抓手，进一步拓展工作职能，提升管理水平，将安全保卫工作与全行经营管理更加紧密地结合起来，更好地服务于全行改革发展的大局。关于进一步完善安全管理职能，合理设置机构的问题，总行保卫部已经有了一个初步方案，总体方向与思路我都赞同。这里，我主要谈谈安全保卫工作完善安全管理职能的必要性和有利条件。

首先，完善和拓展安全管理职能是必要的，是工商银行经营发展的客观要求。股改以来，安全保卫工作顺应工行现代金融企业管理架构的建立，从“看家护院”型转变为综合性安全管理，并以稳定的安全环境和有效的风险掌控证明了转型的成功。当前，全行正在进入一个新的发展阶段，经营发展方式正在发生重大变化，这就要求包括安全管理在内的经营管理方式随之改变。我们必须正确认识并紧跟发展的趋势，主动调整安全保卫工作效能发挥的范围，积极探寻安全保卫工作与业务经营的结合点，完善管理机制，丰富工作职能，这样我们才能更好地服务全行经营管理的大局，才能符合全行发展的整体要求。比如，在完善管理机制方面，随着业务集中处理改革和网点结构转型的持续推进，支行、网点的职能定位和人员组成都发生了变化，基层安全保卫工作管理方式必须相应改进。通过责任细化和分解的方式来保证基层安全保卫工作得到落实，这是个基本原则，需要配套的举措来支持。要解决这个问题，可以抓住两点：一是要明确岗位。一些具体操作性的事务，需要有人去抓去管，可专职也可兼职。只要明确了岗位，谁在这个岗，就要担这个责。设岗的前提是职责必须简明扼要，便于执行，同时还要有岗位激励机制，既要罚更要有奖，这样才能调动积极性。二是引进技术手段。在年初全行工作会议上，董事长提出要发挥技术硬约束作用，打造以“进岗位、进功能、进流程、进系统”为核心的内控监督新流程。按照这个要求，支行和网点每日安全检查登记能不能电子化，上级机构的安全检查能不能远程化，安防设施运行管理能不能系统化，这些都是值得认真探索实践的。又比如，在拓展安全保卫工作职能方面，近年来全行经营规模不断扩大，产品种类不断丰富，面临的外部风险攻击明显增多，而全行能否保持健康发展关键在于能不能防范和控制住风险。从这个角度来说，安全保卫工作在防范外部风险方面不仅要勇于担当，也是大有可为的。再比如，工商银行已经发展成为国际化集团企业，不仅经营网络由境内扩展到了境外，而且集团组成既有传统的分支机构，还包括不同类型的附属机构、子公司。虽然这些单位的实际情况存在差异，安全需求也各有侧重，但是任何一家单位的安全出了问题，都会影响到集团整体经营管理和社会形象。因此，建立相同价值取向的安全管理准则与规范，推动构建集团化安全管理体系机制，是很有必要的。总之，面对全行未来经营发展趋势与要求，继续推进安全保卫工作深化改革，不仅是有必要的，也是一项时间紧迫的重要任务。

其次，完善安全管理职能的有利条件。几年来，我们坚持贯彻落实总行党委提出的十字方针，积极推动“三减”和守押社会化、防范科技化等改革进程，安全保卫工作及时有效地进行了自身管理和业务运行模式的转型，安全保卫部门实现了由单纯执行部门向综合性安全管理部门的转变，有了进一步拓展业务范围的组织基础。从安全保卫工作方式来看，从只能由保卫干部到现场才能履职，转变为可以利用科技化和市场化手段来远程、间接实现。从过去碎片式部署任务落实责任，转变为通过预案、管理制度和运作机制来系统地规范安保工作。可以说，这些根本性的变化，使我们具备了研究解决安全管理体制机制与工商银行经营转型同步发展的条件。从外部环境来看，近年来安全保卫工作在防范外部风险方面的职能作用，已经被越来越多的业务部门所接受。比如，去年总行保卫部组织开展的账户实名制风险

评估，就得到了总行行领导和专业部门的充分认可。这是安全保卫工作主动为业务发展服务的有益尝试，坚定了我们贴近业务、服务业务、拓展职能的信心。此外，现代安全防范技术日趋成熟和广泛应用，也为安全保卫工作拓展服务范围、深化服务内容提供了技术支撑，发达国家近百年的银行安保工作经验也为我们提供了有益的借鉴。

这个工作方案还在论证、完善之中，待报请总行党委审议同意后，总行将作专题工作部署。

今年，总行已在全行范围开展以建设“最安全全银行”为目标，以服务业务、服务基层、服务员工为核心内容的主题活动。各行要将此次活动与全年整体工作有机结合，组织动员全员积极参与建设，确保活动扎实有序开展。

过去的辉煌成就已经载入史册，我们又将踏上新的历史征程。未来几年安全保卫工作任务更加艰巨，各级安全保卫部门要充分履行全行经营管理重要组成部分的职责，进一步增强使命感责任感，锐意进取，踏实前行，积小胜为大胜，用我们的扎实工作、辛勤的汗水、卓越的奉献将工商银行打造成“最安全的银行”。

在中国工商银行商业银行业务与投资银行业务互动研讨会上的讲话

易会满

（2011 年 12 月 6 日 · 根据录音整理）

今天参加全行商投联动会议，收获很大。在年底召开如此大规模的、专门针对一个专业的会议，在工商银行还是首次。这充分说明总行党委对投行工作的重视，也体现了在推动全行加快经营转型，更好地应对利率市场化、金融脱媒化，推动全行综合化和国际化、保持我行持续竞争发展能力中，投资银行具有不可替代的地位和作用。这次会议收获的不仅是投行专业知识，更重要的是通过这种方式统一思想、提高认识，进一步确立投资银行应有的地位、发挥应有的作用。结合分管的工作，我谈五点体会。

一、进一步提升我行竞争发展能力，需要进一步重视投行业务，并加快推进投行业务转型

（一）发展投行业务是实施新的客户战略的必然要求。银行是经营客户的企业，客户基础决定了银行的收益和风险。因此，银行需要因时而变、因势而变、因需而变。一是我行的客户结构比较传统。尽管这几年我行经营转型取得了重大进展，但我行还是比较传统的商业银行，业务比较传统，产品比较传统，更重要的是客户群体也相对比较传统，所以在传统市场占有很大优势。但同时也带来同质化的恶性竞争、客户价值开发不够、收益水平不高等问题。这种客户结构深深地打上了传统商业银行的烙印。二是客户的需求在不断变化，创新满足客户的程度决定了客户的选择。如果我们不能够因需而变，客户就会离我们而去。三是我行的客户结构必须调整，不调整就会被动，不调整没有出路。今年总行对信贷结构调整做了重大决策，如通过四大行业压降，逐步解决贷大、贷长、贷集中的问题。在解决退的问题的同时，必须解决好进的问题。如何紧紧抓住代表我国市场经济发展方向、代表先进生产力的未来客户，是我们客户战略的重中之重。相对而言，在资本市场、债券市场、并购市场比较活跃的客户，应该是我们的未来客户。但目前差距还很大。今天上午，黄明祥总裁介绍某省行调查辖内上市企业与省上市办的拟上市企业名单重合度只有 50%，该省企业在资本市场筹集的资金回流到工行的只有 5%。这一方面说明我行的客户结构存在问题，另一方面也说明我行还有很大的业务发展潜力。四是调整客户结构需要新业务、新产品、新领域的支撑。个人金融领域，要高度重视理财业务、贵金属业务和私人银行业务，对公领域，要大力发展并购重组、股权私募、债券承销、资产管理等。通过新业务、新领域的拓展，不断发展新客户，壮大客户基础。前年，我在参加全行投行业务座谈会时，发现全行三十多家分行可以分三种类型，第一种是商商联动，基本上经营传统商业银行业务，各个品种组合营销；第二种是商投联动，商行开路，投行跟进；第三种是投行开路，商行跟进。第三种类型分行典型的是广东分行，投行在为广东分行创造大量业务机会的同时，也很好地优化了分行的客户结构。

（二）突出发展投行业务是公司业务转型的必然要求。公司业务转型包括三方面的内涵：公司信贷向公司

金融的转型，商业银行向商行加投行业务的转型，从单一的金融服务商向综合服务商转型。过去，公司部门比较多地关注信贷业务，更多地关心贷款业务，对新业务、新产品的认识还不是很到位，运用得还不是很自觉。比较擅长发放贷款并持有，不太关注贷款的经营与分销；比较擅长做融资业务，不太注重做财务顾问；比较擅长做间接融资，不太注重做直接融资，等等。这些都是传统公司业务发展中的突出问题。这几年，我行持续推进公司信贷向公司金融业务转型，收到了较好的效果。今年，公司贷款的利息增长26%，但是公司类中间业务收入增长53%，两者是1:2；公司贷款增加4 000亿元，但公司金融总量超过8 000亿元，两者是1:2，这是我行推行全产品营销、表内外一体化发展的成果。预计今年我行境内投行收入可突破200亿元。从实践情况看，公司业务转型势在必行，也大有可为。今天我们更多听到的是工银国际对母行感激的话，我认为这只是问题的一方面，我们更要看到工银国际对母行、对各分行的贡献，这是工银集团内部的互动共赢。

（三）投行转型是投行业务可持续发展的必然要求。这次座谈会介绍得比较多的还是品牌类业务，包括IPO、直投、发债、资产交易，等等。今年境内投行收入超过200亿元，但从结构上分析，85%以上的收入来自基础类业务，今年基础类业务增长了172%；仅只有不到15%的收入来自品牌类业务，这个比例比两年前还有所下降。从外部环境看，虽然今年我行基础类业务增长迅速，但外部环境一旦变化，就会造成很大冲击，具有不可持续的特点。工银国际在品牌类业务方面运作比较成功，在金融同业中也造成了较大影响，但总体规模还不够大。下一步，我行在发展基础类业务的同时，要进一步改善投行收入结构，进一步提升品牌类业务收入占比，增强投行业务的可持续发展能力。

近来，姜董事长和杨行长关注得比较多的是，如何通过投行系统的利润中心改革，进一步发展品牌类业务，尤其是重组并购等影响力比较大的业务，塑造我行投行业务品牌。利润中心改革将进一步强化总行投行部的直接营销、直接服务功能，建立专业化团队，引进市场化机制，推出重点产品，培育投行客户群，推进商投联动，进一步增强品牌类业务的竞争力。董事长最近在有关投行改革的文件上批示：“开展低资本耗用而高智力型的品牌类投行业务，不仅扩大中间业务收入，提升收入质量，而且要抓住‘龙头’，派生出公司、个金及其他收费业务，扩大工行品牌影响力，能够增强对客户的‘黏性’”。这个批示的指导思想是十分明确的。下一步总行要在如何推进投行收入结构调整方面进一步制定办法，尽快推进投行业务转型，保持投行业务可持续发展。

二、深度挖掘客户资源，抓住商投互动的源头

发展投行业务，实现商投互动，第一要务是抓客户资源，这是投行实现高端化和品牌化的关键。近几年，我行投行收入快速增长，其中一个很重要的原因是客户基础的壮大。两年来，我行投行客户从2.2万户增加到4.4万户，客户覆盖率达到42%。将来，投行还要建立专门的客户群，区分并购客户、直投客户、拟上市客户等。同时，要看到投行和商行对客户的评判标准不太一样，投行比较注重看企业的未来和发展空间，商行比较注重企业现在的经营状况；投行比较注重看行业的发展，商行注重企业自身的规模；投行擅长找企业亮点，商行注重挖掘企业面临的风险。这是投行文化和商行文化的区别。这也决定了不能用商行的眼光来筛选投行的客户群，投行要建立自身的客户群。重点把握三个方面。

（一）把握行业发展主线，找准商投互动的客户群体。一是把握产业升级的战略机遇。随着我国经济的不断发展，以及产业宏观调控的不断加强，一些重点产业的企业数量多、竞争力不强等问题亟待解决，优胜劣汰、兼并重组活动日益提速。如钢铁、煤炭、有色、建材、汽车、船舶、房地产以及消费相关等行业，这是商投互动的切入点。二是把握经济结构调整的战略机遇。近年来，我国加大经济转型力度，大力发展低碳经济、绿色经济、战略性新兴产业、装备制造业、现代服务业和文化产业等重点领域。在关注这些领域信贷业务发展，优化我行信贷结构的同时，更要有意识地挖掘客户上市发债、股权私募、重组并购、短融中票、理财融资等机会。三是把握我国企业“走出去”的战略机遇。近年来，国有大型企业“走出去”步伐加快，海外并购也持续升温，尤其是在欧美等发达国家受金融危机困扰，部分企业资金链出现断裂，更是为我国企业提供了进入的契机。据统计，2010年大中华区海外并购活动交易总额实现创纪录的620亿美元，今年上半年也达到170亿美元。并购主要集中在能源与资源行业，也涉及消费、科技、传媒和电信等行业。

（二）围绕企业生命周期做文章，全面挖掘客户“商行+投行”的需求。要为优质的、具有上市潜力的中小企业成长提供全程金融服务。在企业初创期，以公司信贷、贸易融资、现金结算等产品为支撑，与企业签署优先认股权协议，积极提供基础类投行服务；在成长期，提供私募引资顾问和财务重组服务，配套提供信贷支持；在上市期，通过内外联动，积极营销上市顾问和承销保荐服务；在上市成功后，提供资本市场再融资顾问，解决上市公司股东参与配股、增发、增持以及并购、对外投资等资本项下融资需求。通过综合运用信贷和非信贷、商行和投行、表内和表外融资手段，充分发

挥工商银行集团整体优势。

（三）通过满足客户需求与创造客户需求相结合，深度挖掘客户的投行需求。客户对投行的需求往往是非直接的，更多依靠银行站在企业战略、行业整合的高度来主动引领、主动创造。这要求我们改变惯性的营销思维和方式，具备更高的战略眼光、更敏锐的行业嗅觉、更开阔的金融眼界、更全面的资源整合能力，为企业提供一揽子的综合服务方案，帮助企业实现更长远的战略目标。公司营销部门在与企业财务部门打交道的同时，更要加强与企业的战略投资、资本运作部门打交道，甚至要与企业高层保持紧密关系，提高对投行信息的捕捉能力和反应速度。这一点我体会比较深，很多重大的投行业务，是姜董事长、杨行长在会见客户高层时，向客户推荐而产生的。

今天会议开得很成功，但要转化为现实的经营成果，就必须狠抓落实。各行要尽快建立投行客户名录，逐户落实责任，持续抓好推进。

三、充分发挥境内外投行机构的各自优势，形成全行商投互动发展的合力

境内外投行机构要紧紧围绕各自定位，充分发挥比较优势，深入推进商投互动发展。要加强境内分行与工银国际、境外机构的内外联动，理顺投行与公司业务、资产管理、金融市场、私人银行、专业融资等专业条线的分工合作机制，全面推进“商投互动”、“投投互动”和“商商互动”。对此，我提三个建议。

（一）建立有效的信息沟通机制。目前，商投互动最大的问题是信息不对称。境内外不对称、总分行不对称、分支行也不对称。因此，以客户为中心建立有效的信息沟通机制显得尤为重要。总行相关部门和工银国际要建立一个有效的信息沟通共享机制，构建共同的客户群。同时，要主动创造客户需求，主动推介客户给对方，实现客户资源的共享。

（二）发挥境内外投行机构的各自优势。工银国际的优势主要在团队、专业、牌照。工商银行境内投行的优势主要是有渠道，有客户基础。两者如何结合好，发挥整体合力，十分重要。境内投行系统利润中心改革后，直营力度加大，发展并购重组业务需要专业化的团队，内外联动显得更为重要。要推进境内外业务一体化，实现利益共享，互利共赢。

（三）发挥境内分行、直属机构尤其是各级公司业务部的积极性。主要是发挥客户资源优势，深度挖掘客户投行业务需求，积极开展和工银国际的互动。一是要积极关注公司客户赴港进行股票发行上市融资和债券发行融资的业务需求，配合支持工银国际承揽相关的保荐承销业务。二是积极争取 QDII 客户、保险机构、专业投资者以及私人银行高端客户在香港市场的证券经纪业务。三是关注未上市公司客户引入境外战略投资者或直接投资等业务需求，配合支持工银国际以直接投资方式参股优质公司企业，并通过上市等手段实现投资退出。四是积极推荐高端机构和个人客户，作为工银国际私募股权投资基金管理和专户理财的投资者。积极提供融资、结算等商业银行服务，做好项目后续管理、客户关系维护、境内监管机构沟通协调等配合工作。

总之，工银国际在发展期及品牌创建期，尤其需要在座各分行、各公司业务战线和总行各专业的支持。

四、进一步强化机制保障，调动商投互动发展的积极性

姜董事长在今年 3 月底的“粤深港澳机构一体化联动发展座谈会”上，深刻指出了联动发展的关键在于强化机制保障，并提出了五个方面的机制建设要求，这对指导全行境内外分行与工银国际的互动合作同样具有十分重要的意义。落实姜董事长要求，关键抓好三点：

（一）进一步完善考核机制，落实内外联动中分行和专业的责任。目前与工银国际的联动指标已纳入分行长经营绩效考核指标体系，下一步在全行公司、投行的专业考核办法中也可以纳入此类指标。

（二）进一步健全分润机制。这是长效机制，也是根本，只有机制落实了，业务才能长远发展。无论是工银国际，还是利润中心改革后的总行投行部，都要处理好这个关系。

（三）进一步完善创新机制。我行发展投行业务，与单一的投行机构相比，最大的优势在集团的客户、资金、渠道、产品等资源优势，只有通过产品的组合和创新，充分整合这些优势，才能在激烈的竞争中获得优势。工银国际发展得比较好，其中一个重要原因是有我行强大的客户和渠道支撑。为充分发挥这种优势，建议建立投行业务发展委员会，加大对重点投行项目的推动。

五、加强风险控制，确保商投互动可持续发展

投行业务是高收益业务，同时也是高风险业务。风险防范重点，主要有三方面。

（一）选择好的客户，把握好准入关。投行文化与商行文化有差异，选择客户的角度不一样，但风险的本质是一样的，基本的风险表现归根结底也是一致的，对风险的识别也是共同的。因此，选好客户是防范风险的基础和前提。

（二）建立商行业务与投行业务的有效防火墙。发展投行业务，必须发挥好母行的商行优势，特别是资金优势，但绝不能为发展投行业务而放低商行业务标准，特别是融资业务。工银国际既要围绕工行客户做文章，更要跳出工行客户。要做亚洲一流投行，必须吸收亚洲

乃至全球一流客户。这不仅关乎利润，更是关乎品牌和声誉。

（三）高度重视声誉风险。投行是连接融资与投资客户的桥梁，向客户推介产品，凭借的是工行的品牌和信誉。投行业务大多是表外业务，如 PE 主理、资产管理，但给银行带来的风险后果是一样的。如果出现风险，损害的是我行的品牌和信誉。总之，业务发展只有走得稳，才能走得远；只有坚持合规、坚持专业，才能树立良好的品牌。

最后，我相信通过这次研讨会的召开，工银国际一定会跨入新的发展阶段。今天对工银国际是一个新的里程碑。也相信通过这次会议，全行投行业务转型会进入新的发展阶段，商投互动也必定会取得更加丰硕的成果。

进一步加强大额资金监控管理
促进公司存款业务稳步健康发展

——在中国工商银行大额资金监控平台应用暨公司存款工作推动会议上的讲话

易会满

（2011 年 12 月 9 日）

这次会议的主要任务是，总结大额资金流向监测管理平台建设与应用推广工作，分析公司存款业务面临的新形势、新情况，进一步明确大额资金监控平台对公司存款的基础性作用，动员全行做好平台后续推广应用工作，促进公司存款业务健康稳定增长。下面，我讲五点意见。

一、平台建设进展顺利，功能应用初见成效

今年 4 月大额资金监控平台投产以来，经过半年多时间的运行，累计监测结算资金 238 万亿元，监测客户 1 078 万户，向全行提示资金汇划信息 340 万笔，提示汇划金额在 500 万元（或 1 000 万元）以上的客户 910 万户，其中未在我行开户的目标客户 8.6 万户。至 11 月末，全行完成目标客户开户 14 251 户，开户率 16.64%，较 5 月份提高 14.49 个百分点，新增户增加存款 2 027.58 亿元，取得初步成效。

（一）平台建设顺利推进。平台从 2 月份立项，4 月 24 日一期项目投产，10 月 24 日二期项目投产，项目建设进展比较顺利。在短时间内完成从需求编写到开发测试工作，一年内投产两个版本，这在全行应用管理系统开发建设中是不多见的，这也是行领导高度重视、各部门密切配合的结果。董事长在年初全行工作会议上就明确提出，要"加快建立大额资金流向监控管理平台，实现对客户资金行内外转移情况的自动、实时监测与提示，为各类存款联动营销提供技术支持"；杨行长在七月份的工作会议上也特别强调要"发挥大额资金监控平台作用，保持存款稳定均衡增长"，并多次就发挥平台作用做了重要指示。

（二）平台功能日益完善。二期资金平台功能在四个方面得到了优化升级：一是丰富了资金流向统计功能。分行可以通过对辖内资金流向的统计分析，找出当地在资金管理和存款工作中的薄弱环节。二是增加了邮件实时提醒功能。系统二期能够做到每日发送五个批次信息，有助于迅速了解资金汇划信息，尽快采取措施尽可能减少存款流失。三是增设了交易明细查询功能。相关人员在收到邮件提示信息后，可以查询汇划资金所处的产业链位置，以便更直接掌握客户结算方式和支付规律。四是建立了目标客户库。根据交易客户的开户行信息，可将客户锁定在某个二级分行，帮助分行精准营销。平台功能的日益完善为我们提供了一个有力的抓手，也大大提升了我们抓好存款工作的基础。

（三）平台应用有序开展。今年进行了两次培训，累计培训 3 000 多人次。同时，总行还深入分行进行现场培训和应用指导，扩大培训工作的覆盖面。大多数分行对系统推广工作非常重视，按总行统一部署，积极组织力量，开展专题培训，促使相关业务人员尽快了解平台、熟悉平台、应用平台。从平台使用情况看，今年 7—11月，全行累计查询大额资金流动信息 59.66 万次，其中山东、浙江、大连、青岛、吉林分行查询信息累计均已超过 3 万次，大额平台利用率较高；从效果看，7—11月月均监测资金规模 34 万亿元，月均监测客户 154 万户，目标客户开户情况较好，浙江、上海、河南、江苏、四川、广东、福建、山东、河北、北京分行的目标客户开户数均超过 500 户，福建、江西、河南分行目标客户开户率超过 20%，成效初步显现。

二、当前平台应用存在的问题

总的看，自大额资金监控平台投产以来，全行在依托系统积极拓展客户，实现稳存增存的工作取得了一些成效，但也存在一些问题，要引起高度重视。主要有以下几个方面。

（一）部分行认识还不到位。部分行对资金平台的作用认识不足，对平台推广应用的工作主动性不够，主要表现在对分管行长、对业务部门负责人的培训不到位，管理人员对系统功能的了解不多；实际工作中未指定专人筛选邮件信息、向相关领导转发信息；未对客户经理整理收付款信息，并据此开展针对性营销情况进行引导与监督；各相关业务部门间协调沟通不足；责任不明、目标不明、考核不明等。这些现象都严重影响了平台推广应用工作的有序开展。系统的建设需要一个过程，功能需要逐步完善，但关键是要深入了解和掌握系统各项功能，真正按照提示的信息开展营销。随着营销成功率的提高，系统所蕴含的先进生产力自然就释放出来了。只有运用才能不断完善和提升系统功能。

（二）平台利用还不充分。至 11 月末，全行累计查询信息 59.66 万次，按 2.83 万名公司客户经理计算，平均每人每月查询不到 5 次。在公司贷款规模相当的分行中，对平台利用情况差别很大。至 11 月末，山东分行查询超过 7 万次，上海分行不足 1 万次；河南分行超过 2 万次，湖南分行不足 2 000 次；大连分行超过 5 万次，黑龙江分行不足 2 000 次。部分行平台信息查询次数少，系统没有得到充分利用。

（三）目标客户开户率还比较低。至 11 月末，平台监测出未在我行开户的目标客户共计 85 626 户，成功营销 14 251 户，开户率仅 16.64%，说明分行利用平台信息开展针对性营销的效力还有待提升。

（四）新开户存款贡献还比较小。从新开户存款情况看，前 11 个月，全行新开账户客户 60.9 万户，存款余额 2 027.58 亿元。但 1 000 万元以上的新增客户仅有 3 157 户，99% 的新开户存款在 1 000 万元以下，户均存款仅 13 万元，客户平均存款贡献率偏低。虽然新开户初期存款额度小有其合理性，但也说明营销针对性不强，有的分行未能从平台提供的交易信息入手，明确营销目标，抓住与我行现有客户之间交易频繁、交易金额较大的优质目标客户。

（五）通过资金监控稳存的力度还很欠缺。平台信息显示，7—11 月我行客户通过同名账户分别向同业净流出 3 448.24 亿元、2 180.68 亿元，2 474.05 亿元、2 837 亿元、2 973 亿元，其中对农行、中行、建行、交行以及其他中小银行均是资金净流出。同名账户向同业的净流出，虽然有客户资金归集后在各家银行重新摆布的因素（我行资金归集总量在同业中占先），但也反映出了我行在存量客户的维护上存在着较大的问题。此外，我行信贷资金流失率偏高，7—11 月全行信贷资金支付留存率由 80.06% 下降到 74.78%。与之对应，公司客户新增存贷比也明显下滑，6 月末新增存贷比为 57.69%，到 11 月末已下降至 11.22%，下降了 46.47 个百分点。

三、全行公司存款业务情况及面临的形势

今年以来，特别是下半年以来，全行公司存款形势不容乐观，部分分行形势严峻。截至 11 月末，全行公司存款余额 3 1947 亿元，比年初增加 556 亿元（其中人民币存款增加 430 亿元），同比少增 3 171 亿元，对照全年 3 500 亿元人民币的公司存款任务，只完成了 12.29%，情况很不理想。存款工作面临的形势和问题有：

（一）货币政策趋紧，全社会存款增速放缓。今年以来，在“防通胀、保增长”的目标下，我国货币政策稳中趋紧。从企业存款来看，至 10 月末，全部金融机构企业人民币存款余额 29.2 万亿元，较年初增加 1.3 万亿元，同比少增 2.3 万亿元，增速放缓。从信贷投放看，至 10 月末，工农中建四大行人民币公司贷款新增为 1.4 万亿元，同比少增 7 380 亿元，增量只有去年的 65.4%，其中我行今年公司贷款新增 3 954 亿元，同比少增 2 224 亿元，也只有去年同期的 64%，信贷投放总量的减少，资金面趋紧，从源头上影响了公司存款的增加。

（二）重点地区和行业公司存款发展不均衡。从地区看，截至 11 月末，全行有 26 家分行公司存款实现正增长，上海（218 亿元）、山东（168 亿元）、山西（101 亿元）、福建（91 亿元）和四川（89 亿元）分行增长最多。同期，有 12 家分行公司存款负增长，广东（－509 亿元）、广东分行营业部（－248 亿元）、天津（－85 亿元）、湖北（－60 亿元）和河北（－56 亿元）分行下降最多。从行业看，我行在电网、批发零售、电子信息、石油化工、电信等行业中公司存款增长较好。但是，受加强地方政府融资平台管理和房地产市场调控影响，城建、房地产、公路、开发区、城市轨道交通等行业在银行的融资逐渐减少，销售收入逐渐萎缩，自有资金支付比例不断提高，行业存款下降幅度较大。其中城建行业存款下降最多，至 11 月末比年初下降了 326 亿元，同比多下降 175 亿元。

我行公司存款在传统的重点地区和重点行业表现出了与往年很大的不同，反映出今年存款形势的复杂性。需要提出的是，在这种错综复杂的形势下，山西、福建、贵州、甘肃、宁夏五家分行仍提前完成了全年公司存款任务。

（三）企业财资管理加强，稳存增存难度加大。近年来，大型企业为实现有效调剂集团内资金余缺、降低负债和成本、提高资金收益等目标，开始不断加强自身

财务管理水平，比较集中的体现就是财务公司的大量涌现。如今年以来，总行直营客户，如中兴通讯、国家核电技术、中国建筑、中铁建、马钢（集团）均相继成立了财务公司。总体看，集团财务公司的设立对银行存款的影响是多方面的，一是财务公司凭借集团内部资金池优势，对集团金融资产进行集中管理和控制，为成员单位提供融资服务，减少了对银行资金依赖，降低了银行派生存款；二是银行与集团下属公司原有合作关系对公司存款的影响下降，财务公司将在更大程度上决定企业资金在银行的分布；三是财务公司的设立，企业资金的集中，在一定程度上改变了银行存款结构，是银行不同品种存款波动的重要原因。

（四）公司存款重视不尽平衡，工作机制需进一步落实。在公司业务领域，部分行还存在重贷款、轻存款的情况。对公司存款工作研究不够，落实不够，推进不力。强调客观原因多。各业务条线用力不尽平衡。有的行只重视时点，不太关注存款的稳定性，忽视日均。同时，公司存款涉及部门众多，牵头部门也不尽相同，有的行没有明确牵头部门，没有形成有效的管理机制，存在职责不清、任务不明的问题，一旦竞争形势严峻，就暴露了出管理体制的弊端。

四、加快平台应用推广，强化公司存款业务的基础工作

平台功能不断完善，营销支持作用已得到显著增强，面对严峻的存款竞争形势，我们要以大额资金平台为抓手，从以下六个方面强化公司存款的基础工作。

（一）强化责任落实，进一步加大平台应用推广力度。各行要建立平台系统应用的领导负责制，分管行长要亲自挂帅，定期听取平台运用和资金流向情况汇报，要了解平台功能，及时查看平台提示信息，督导大额资金管理工作进展，协调解决平台应用过程中存在的问题；要进一步明确部门分工，落实责任，加大平台应用的组织推动力度。各级公司业务部门要做好平台的日常管理和协调工作，平台应用部门要安排专人负责平台信息的传递、分析、跟踪监测，实现专人、专职、专责管理；要加强对存款的监测，对每一笔大额支付都要跟踪落实资金流向，对存款余额达到一定规模的客户要建立大户监测机制，对当日支付超过一定额度的账户要登记存款监控台账。同时要做好公私联动，支付到个人客户的信息要及时提示给个金业务部门。要加强平台二期使用的经验交流，表彰平台运用和资金监控得力的先进单位和个人，充分发挥平台在稳存增存工作中的积极作用。要进一步完善通报制度，对于平台运用较差，资金监控不力，连续出现大额资金无故流失的事件，要追究有关人员责任。

（二）密切跟踪资金流向，实现拓户增存工作的新突破。在大额资金流向监控平台中建立目标客户库，对扩大我行客户群，夯实存款业务基础具有十分重要的意义。这一功能将他行存款大户的信息清晰展现出来，大大拓宽了我行客户选择的视野，为基层行的营销提供了重要的信息支持。各行必须建立目标客户的营销进度跟踪机制和限时开户制度，将目标客户开户率作为衡量营销成果的主要依据，力争 2012 年全行目标开户率达到 30% 以上，依托平台成功营销目标客户超过 3 万户。这方面，仅依靠客户经理是不行的，各级管理人员尤其要发挥作用，真正负起责任来。

（三）加强信息的传递与沟通，提高联动营销成效。各行要加强信息的传递与沟通，建立起快速灵活的反应机制。对于跨一级分行的目标客户，目标客户所在地行要主动与资金汇出行加强联系，及时获取目标客户的有关信息，资金汇出行也要提供必要支持，通过加强对付款客户的沟通，尽快将目标客户转化为我行客户。平台二期还实现了对行内公司客户资金流向的跟踪，为行内相关部门的联动营销提供了重要技术支撑。下一步，总行将研究制定大额资金联动营销实施的有关办法，规范资金流出方和流入方的责任与义务，明确利益分成的原则和标准，建立起信息共享的联络机制。各分行也要密切关注大额资金流转情况，逐步形成分工合理、运行通畅的营销协调机制。要进一步细化本级行及下属二级分行平台应用推广小组的职责分工，指定专人负责，建立起联动营销的工作机制。各级行公司业务部门要根据平台二期提供的信息，加强与机构、结算等部门沟通与合作，对于存款贡献度大的重点客户，要制定具有针对性的营销服务方案和措施，提高客户对我行的贡献度和依赖性。

（四）掌握资金流向规律，提高资金在我行留存比例。各行要加强资金流向同业情况的分析，对于通过同名账户和非同名账户流出到同业的资金要区别对待、分类管理。近几个月来，大额平台数据反映出我行同名账户资金外流情况比较严重，这其中除了客户归还他行贷款属正常原因外，其他大部分同名账户的资金外流映衬出我行的存款管理水平还不高，稳存工作力度还不够。对此，各行要认真梳理，仔细排查，找出同名账户资金流出的真正原因，对于归还贷款因素以外的同名账户流出资金要做好限期回流工作。对于通过非同名账户流出的资金，要限期与收款客户建立起联系，及早实现目标客户在我行开户，形成资金在行内的封闭循环。

集团总部所在地分行，要强化对总部客户资金流动的管理能力，对总部客户资金流动逐日进行监测，定期分析、适时采取措施，坚决扭转从我行归集资金后流到他行的不利局面，提高总部客户资金在系统内的留存比例。各行要认真分析不同行业客户的资金流转规律，找出我行客户结构的薄弱环节，通过目标客户营销来提升我行产品在产业链上下游企业的覆盖率，努力提高客户资金在我行系统内的流转比例。各行要积极关注企业网

银和银企互联的高速发展趋势，把握客户通过电子渠道向行外划转资金的特点，采取针对性措施遏制通过电子渠道的资金大规模流出。

（五）充分发挥平台作用，加强信贷资金管理。各行要加强对辖内有贷户存款的监测分析，建立并完善监测结果的定期通报制度。各级行要根据平台提示的信息，及时跟踪分析企业存款变动，对异常变动情况要及时与客户沟通，妥善处理。对信贷资金要加强专户管理，切实管住一手支付，实施后续支付流程跟踪，精确掌握客户资金流向，瞄准资金流转的薄弱环节，拓展一批客户群。要顺应“实贷实付”的贷款支付要求，通过平台对信贷资金实时跟踪，全程关注企业资金往来，除个别银团贷款已指定其他银行为贷款代理行的情况外，要把“信贷资金全额留存行内”作为一项制度要求，落实在营销、审批、发放等各个环节。对于平台提示的信贷资金流出率高、存贷比明显不合理的信贷客户，要努力提高客户货款归行率、存贷比等综合贡献度指标要求，客户不予配合的要适当减少信贷资源的投入，确保2012年全行信贷资金留存率达到80%以上，较目前提高10个百分点。

（六）不断完善配套工作机制，充分发挥考核导向作用。近期总行研究拟订了大额资金流向监控平台系统管理办法，很快会印发全行，届时平台的使用情况将不仅作为公司金融业务综合评价的组成部分，而且还将作为衡量各行经营管理水平的重要参考。各行要根据总行的管理办法，围绕客户联动营销、平台应用效果、信贷客户资金管理等方面工作，建立并完善相应的配套工作机制：一是要建立“跨区域、跨部门联动营销”、“大额资金流动事前控制”以及“客户资金流向日常跟踪管理”的三大机制，促进资金在我行系统内循环流转，防止大额资金无故外流。二是要建立“重点目标客户营销进度跟踪机制”，认真做好新开户工作，通过平台提供的重要信息，跟踪资金流向和客户流向，采取针对措施延伸拓展客户，千方百计引导资金回流。三是各行要根据自身特点，实行“大额资金无故流出问责制”，加强对资金的流出管理，促进全行联动营销，提高大额资金流动管控水平。四是各行要结合业务实际，进行平台应用推广的专项考核，分解落实相应指标，引导所辖机构加快平台应用推广，突出工作重点。各行考核结果要定期在辖内公布。

五、全力抓好年内公司存款，争取较好完成年度计划

现在距年末只剩下不到一个月的时间，形势紧迫，为做好近段时间的公司存款工作，我再提四点要求：

（一）抓好重点分行，实现公司存款均衡发展。一是各行要眼睛向下，眼睛向内，多从主观上找原因，要层层落实责任制。对公司存款负增长行，会议后要召开专题党委会，进一步研究布置年内公司存款工作，以确保消灭全年公司存款负增长行。二是存款大行要做好资金预测，对存款大户进行排队，依据年底利润缴存、债券兑付、计划资金划拨等资金流动规律，准确预判资金流向情况，逐户做好工作。要避免存款大起大落，既要稳定和增加存款，确保完成今年任务，又要防止人为冲高，造成不必要的资金营运压力。三是要做好资金监控。密切监控企业资金流向，加强与企业沟通联系，全过程掌握资金流动情况；要采取跨地区、跨部门、跨流程的联动营销方式，提高资金行内循环比例。要努力实现公司存款、贷款业务平衡协调发展，对于今年信贷资源占用较大，但缺乏资金监控管理能力，新增公司存贷比达不到10%的分行，总行将以此作为分配其2012年公司信贷规模的参考因素之一。

（二）突出重点客户，提升重点客户存款贡献度。我行公司存款集中度高，大户存款占比高，而今年存款形势十分严峻，时值年末各行对存款大户的竞争将更加激烈，为尽早做好稳存增存工作，各行要认真梳理辖内重点客户，拟定本行重点存款客户名单，充分利用我行业已建立起来的分层营销体制优势，全力做好年底前稳存增存工作。要建立重点大户行领导联系制度，日均存款5亿元以上的重点客户，省行领导要亲自听取存款情况汇报，定期拜访企业高层、加强银企联谊，协调解决存款服务问题，防止大额存款年底突然流失。各业务部门要按照分层营销管理要求，将重点客户、目标任务和营销责任落实到具体的部门负责人和客户经理，加强对存款波动大的重点客户联系。

（三）突出重点产品，有效带动公司存款增长。一是要进一步加强保证金存款营销。在渠道上要加大与农信社、地方商业银行的银票代签合作，争取年内实现代签业务量的新突破；在产品上要重点加强对银票、保函、付汇理财通、内保外贷，以及信用证项下保证金存款产品的营销，争取锁定期限较长的保证金存款，优化保证金存款结构；在目标客户选择上，重点加大对批发零售、电子信息、石油化工、食品加工、纺织、造纸、有色金属冶炼、建材、建筑、钢铁、房地产等保证金存款资源丰富的重点行业及核心客户营销。

二是要进一步加强中小企业特色产品营销。近年来，我行通过账户营销不断拓展对公客户市场，为存款的增长奠定了坚实的客户基础。各行要在此基础上，紧紧抓住国家大力扶持中小企业的重要机遇，以“验资E线通”为重要手段，进一步加大对重点地区、重点市场、重点行业的营销力度，推动各类客户齐头并进，进一步夯实存款基础、降低存款成本、优化存款结构。

三是要进一步推进公司存款与理财产品的互动发展。理财产品具有对公司存款的分流和替代作用。各行要加强分析和研究，深入了解客户风险收益偏好，按照推动公司存款与理财产品互动发展的思路，精心设计理

财产品的销售规模和时机，准确定位销售对象，推进公司存款的稳定增长。

四是要进一步加强重点结算产品营销。结算产品是吸收存款的有力工具。近年来，我行在做好传统结算业务的基础上，创新推出财智账户卡、对公自助设备、结算套餐等产品，不断巩固了我行结算业务优势。因此，各行要结合客户特点和区域特点，创新发展结算业务，尤其是要进一步加大财智账户卡的营销推广，力争明年发卡量突破百万张，以领先同业的结算优势确保存款的稳定增长。

五是要充分运用产品价格杠杆稳定客户存款。根据杨凯生行长在天津存款会议上的讲话精神，总行按照“确保收入、夯实基础、集中管理、实时评估”的原则，着手开发重点客户结算优惠定价系统，拟对资金行内、外流转实施差别定价，确保资金在系统内流转。各行要认真研究优惠定价方案，综合考虑客户的收益贡献和存款潜力，确定试点名单上报总行，以价格优惠吸引客户及其交易对手在我行开户并办理业务，合理运用价格杠杆提升结算业务，实现稳存增存。

（四）加快推进渠道建设，提高服务能力。对于全行1 000多家具备开办资格但尚未实际办理对公业务的网点，要积极寻求有关部门的大力支持，尽快配齐资源，开门营业。新建网点的选址和布局必须征求分行对公部门的意见，新网点的综合化率要达到90%以上，要切实落实总行关于网点对公服务区域的软硬件要求，完善与对公营销相关的岗位设置，使网点成为中小客户营销与维护的基础平台。要进一步充实客户经理队伍，对于客户经理数量严重不足的分行，通过多种渠道加快人员补充。要进一步明确客户经理的营销职能，提高综合营销与服务能力。

岁末年初，各行要认真谋划明年工作，完善公司存款制度，加强考核，落实责任，建立科学的营销管理机制。进一步分解公司存款为有贷户存款和无贷户存款，分别落实到相关部门管理和考核。为进一步落实公司存款工作，要比照储蓄存款，扩大公司存款在绩效考核指标中的权重，以促进公司存款稳步增长，保持我行应有的市场地位，努力实现我行各项业务协调、全面、可持续的发展。

同志们，尽管目前全行公司存款业务面临着巨大压力，存在着许多困难，但只要我们统一思想，立即行动，充分利用平台功能，加快完善配套体制机制建设，就一定能够取得公司存款业务的大发展！

实施流程优化　深化运营改革
助推运行管理再上新水平

——在中国工商银行运行管理工作会议上的讲话

易会满

（2012年1月11日）

这次会议的主要任务是，贯彻落实全行发展战略研讨会精神，全面总结2011年运行管理工作，研究部署2012年改革发展任务，动员全行加快流程优化、深化运营改革、巩固管理基础，充分发挥运行管理在全面建设“三个之最”国际一流金融企业中的价值创造作用。下面，我讲几点意见。

一、2011年的工作和未来三年的总体目标

各级运行管理部门围绕全行发展战略部署，深入实施运营改革，全面推进流程优化，着力加强过程控制，全行运行管理体制机制加快创新，运营基础不断夯实，运营水平继续提升，为全行加快转变发展方式作出了积极贡献。

（一）坚持锐意创新，运营改革取得新的突破。全行上下攻坚克难，向纵深推进运营改革和流程优化，工商银行传统的管理理念、运营布局、运行模式发生了显著变化，业务运营效率提高、风险管理能力增强、人力资源配置优化效果明显。

业务运营格局呈现全新局面。遵照集约运营的理念，建立了全行统一的业务集中处理体系，作为集交易处理、业务管理和客户服务功能于一体的共享服务中心，开创性构建了全新平台和流程，实现对公非现金和个人非实时业务的跨地区集中处理。全新业务集中处理模式推广到1.6万余个网点，资金汇划等33大类、115个业务品种实现集中处理，总行平台单日处理业务量达188万笔、分行平台单日处理业务量达86万笔，柜面对公非现金业务集中率达到87%，全面完成总行党委提出的改革目标任务。青岛、河北、辽宁、黑龙江、安徽、山东、河南、重庆、新疆等分行业务集中率突破90%；上海分行率先探索实施了对公现金收付、银行卡

等业务集中处理。工厂式、流水线的作业模式促进了规模效应充分发挥，集约化、专业化、标准化的业务集中运营效果加快显现。浙江、江苏分行依托全新平台业务管理功能，实施目标管理和精细考核，有效提高了业务运营质量和效率。影像切割、工作流管理、二维码识别和学习库等机制实现并行作业、自动处理和岗位制衡，将业务操作各个环节有机衔接，业务运营效率和风险控制能力显著提高。业务受理和处理分离机制降低了前台业务复杂度，拓宽了网点业务服务范围，为优化人力资源配置创造了有利条件，重庆、湖北、云南、陕西等分行启动网点资源优化配置，加快了网点功能转型。

业务运营改革持续深化。与集约监控模式相适应的标准化管理体系全面构建，运营风险监督体系运行更加高效。运营风险全面核查职责顺利移交，各级运行管理部门全力做好人员划转、业务培训、系统优化等工作，确保了运营风险监控体系在移交前后平稳运行。风险模型更加智能，通过动态学习的模型训练，使风险管理形势最新变化得以通过模型进行及时监控，增强了风险管理的前瞻性和主动性。统一运营风险监控正式启动，业务运营风险管理系统在印尼子行试点投产，标志着运营风险监控体系成功延伸至境外机构。集中式、跨机构的授权管理体系不断完善，部分行实行区域性远程授权组织模式，北京分行建立授权业务处理负载均衡机制，实现人员弹性调配，保障了业务及时处理；专业化、流程化的远程授权模式运作不断成熟，授权集约化水平进一步提高，授权质量效率进一步提升，事中风险控制能力进一步增强。

流程综合改造取得重要进展。工程整体规划和顶层设计全面完成，系统性地提出了改革的总体思路、具体目标、主要内容、重点措施和实施安排，跨部门、跨专业、跨平台的业务流程综合改造和优化主体工程全面启动。基层行高度关注的533个严重影响客户体验、柜员体验的突出问题，已经解决342个，交易改造后平均处理时间缩短20%，完成年内解决60%的预定目标。重要业务环节的流程得以优化，对公和个人综合销户、司法机关查冻扣、贷款查询、综合信息调整等复杂业务流程完成改造；交易间信息共享、打印缓存等流程优化构想在基金、理财开户、个人业务综合签约的流程改造中得以实现，为全面实现一次填单、一次授权、一次打印的“三个一”交易改造工程奠定了基础。重点项目推进取得实质性进展，21个流程优化主体工程项目完成研发，部分项目功能已经投产，客户调度管理项目实现客户的精确识别，网上银行客户预约项目实现个人开户、签约的预约服务，交易智能定位项目彻底解决了柜员记忆交易代码的难题，公民身份核查项目彻底解决了重复核查、核查效率低的难题。各行按照总行统一部署，稳步推进分行特色业务流程综合改造，完成了自助缴费、财政集中收支、中间业务平台交易整合等387个综合改造和优化项目。广东、北京、山东、浙江、天津等分行分别实施网点标准化管理、网点客户排队调度、预填单、凭证预约出售、个人账户历史明细查询改造等优化项目，为全行实施流程优化积累了宝贵经验。在总分行的共同努力下，流程优化在提升客户服务水平、提高业务处理效率、强化运营风险管理等方面取得了明显成效，实现了“一年显著变化”的阶段性目标。

（二）加强过程控制，促进全行业务安全运营。业务核算管理持续加强。适应业务发展和风险控制的需要，制定涵盖业务集中、风险监控、账户管理等业务领域的数十项专门制度，为规范核算行为、强化风险管理提供了保障。会计档案影像管理平台不断完善，实现了业务集中处理、远程授权等事中影像的综合运用，进一步提高了资源配置效率，为全行经营管理活动提供了有力支持。应用核算与产品分离成果，实行核算代码集中管理，有效支持了信贷、个金、银行卡、结算等专业的产品创新。

风险管理水平持续提升。基于数据分析、方式互补、良性循环的监测、质检、履职使得运营风险监控体系具备了精细化管理能力，总分行持续开展定期分析，及早揭示各业务线所面临的风险特征，员工行为管理、异常交易监控、账户管理、客户信息管理等环节的风险事件分别下降60%、48%、29%和23%。网点、柜员可控风险暴露水平的排名，为各级机构实施针对性管理提供了强有力的支持，操作、执行因素引发的风险事件大幅减少。紧密结合金融同业案防形势和全行运营风险新趋势，加大运营风险专题分析力度，及时将内外部风险管理形势变化及其深层原因传导至各级机构，增强了风险管理的针对性和有效性，内部风险暴露水平由27.8降至20.5，降幅超过26%，一类风险事件数量和占比分别下降42%和21%。风险管理手段不断丰富，支付密码推广力度加大；电子印鉴系统成功试点投产，为印鉴管理集约化奠定了良好基础。贯彻风险导向的对账原则，强化高风险账户的重点对账，对账机制有效落实，全行邮寄对账反馈率达91.2%，网银对账点击率达94.2%。组织业务运营制度执行、重要业务和关键风险环节以及参数安全等多次专项检查，牵头组织配合人民银行支付结算执法检查，高效完成全行自查、检查配合、问题整改、事实认定和总结处理等各阶段任务，推动支付结算领域重点难点问题的解决，促进了全行支付结算业务管理水平的提升。识假防假成效显著，累计收缴各类本外币假钞3 860万元，防堵伪造、变造票据和支付凭证1 600余笔，涉及金额400多亿元，识别各类虚假身份证件2 900余件，有效避免了潜在的巨大损失。

参数管理改革持续深化。全面完成参数基本制度的拟定，为实现全行参数统一集中管理奠定了基础。账务动态管理改革基本完成，在全行实施了统一、规范的中间业务收入核算标准，通过对4 700多个中间业务核算事项进行梳理，将涉及的260多个收费账户精细化分类到890个账户，中间业务核算的标准化、规范化管理成效明显。启动了人工核算统一运行标准试点，清理了已停用科目涉及的账户3.3万个，无标准的账户10.4万个，一年以上未用的账户355万个，将人工核算纳入到系统核算管理，规范了中间业务手工核算账户的使用。参数集中管理取得新的进展，将国际单证系统核算参数集中到参数管理平台，推进了全行统一参数管理集约化的工作进程。新产品参数设计实施生命周期流程化管理，重点介入产品项目设计、评审、投产与推广等工作环节，提升了参数设计质量和效率。深入落实以风险分级管理和模型控制为基础的参数风险管理措施，境内外一体化参数监控管理改革全面启动，全行参数安全运行水平进一步提高。

（三）实施精细管理，实现运营水平大幅提升。现金营运管理集约化水平不断提高。金库标准化建设目标任务基本实现，经过三年努力，全行96.6%的金库已达到规定标准。通过扩大库区面积、实施功能分区、配置自动化处理机具，金库业务处理能力和服务保障能力得到增强；通过墙体库门加固、安防设施更新，大幅提高了库区的安全防护水平；通过配置除尘、消毒、降噪等设备，金库管理人员工作环境得到明显改善。金库资源进一步整合，金库布局更趋合理，去年共有97座金库被精简撤并，金库数量整合至826座，纳入金库实施集中处理的现金业务种类和服务保障范围进一步扩大。适应贵金属业务快速发展需要，积极推进贵金属库建设，强化贵金属仓储、调配管理，贵金属物流管理的效率和质量得到有效保障。现金库存限额管理持续加强，现金备付率控制在0.44%以下，现金综合运用率达到61.1%，现金营运效益和综合运用水平不断提高。

自助设备集中运营管理改革取得明显成效。按照管理标准、流程统一、运行高效、服务规范的原则，建立自助设备集中运营管理新模式，组建成立344个自助设备运营中心和专业化管理团队，集中运营管理框架基本形成。全行自动柜员机供钞集中度达到96.4%，离行式自动柜员机装卸钞、账务核算、日常运营维护已全面实现集中管理。通过优化装卸钞模式、实施账务联动处理、日志电子化改造等措施，实现了系统对风险环节的硬控制，业务自动化处理能力得到增强，运行质量和效率大幅提高；在全年新上线运行9 599台自动柜员机的情况下，全行自动柜员机正常运行率较年初提高2.98个百分点，达到96.3%，现金保障率提高1.63个百分点，非技术故障率降低0.61个百分点。通过加强营业网点服务管理、应用故障短信自动提示、建立应急快速反应机制，客户服务质量得到明显改善。

资金清算质量和效率不断提升。清算通用平台全面投入运营，个人和对公等业务条线的清算标准相继建立，显著提高了清算效率和风险控制水平。清算业务持续创新，研发跨境小额批量清算、中哈双币通、中越通等22个项目，初步形成了具有市场竞争力的清算产品线。积极推进海外三大清算中心建设，建立了总行代理纽约分行跨时区的清算机制，大幅延长了美元清算时间，引导美元、欧元资金清算向纽约分行、法兰克福分行倾斜，全年美元、欧元去委支持比例分别为62.2%和83.6%。着力打造境外人民币清算行，人民币跨境清算网络覆盖亚洲、欧洲、美洲和非洲的55个国家和地区，清算标准自动转换、清算汇路自动优化、清算运行实时监控等处理机制稳步实施。金融市场后台发挥重要的支持保障作用，债券结算渠道覆盖银行间和交易所市场，在同业中率先建立了交易、审核、结算全流程的直通处理模式；海外交易中心后台建设稳步推进，资金业务自动处理、衍生产品统一管理、资金账务集中监控等后台运营机制构建完成，为实现全球24小时不间断的资金交易提供了重要保障；全面完成分行理财后台搭建，实现总行理财系统与托管系统对接，资产管理业务运作效率与质量明显提升。

（四）加强基础建设，服务支持能力稳步提升。高效组织完成全功能银行系统运行管理专业7个版本153个项目在境内分行的投产，以及FOVA系统在9家境外机构的推广。完成我行第二代跨行支付系统功能研发，“一点接入、一点清算”的支付运行平台基本形成。实施跨地区机构和账务核算撤并的全流程系统硬控制，完成5家分行不同模式的跨地区机构撤并，增强了适应行政区划调整和行内经营管理需要的能力。全面完成新前台报表应用推广，建立了严格的报表生命周期管理和用户管理制度，前台报表使用的统一规范和信息安全得到加强。针对年终决算面临的各种新形势、新情况，认真分析核算管理的内在变化，周密制订工作方案，改进工作流程，以高效的工作机制圆满完成账务数据清理、账务核对、资产清点、利润结转等各项年终决算工作任务。

2011年，运营改革圆满收官，各项工作如期完成，标志着全行运行管理第二个三年发展战略规划的各项任务目标全面实现。三年来，运行管理发生了深刻变化，以体制机制创新为特点的运营改革取得显著成果，以跨系统跨专业整合为核心的流程综合改造全面启动实施，以夯实运营基础为目标的强基固本战略取得新的进展。这些成绩得到了全行上下的高度评价，这是全行运行管理战线干部员工攻坚克难、奋发图强的结果，是全行相关部门支持配合的结果。在此，我向全体运行管理人员致以衷心的感谢和诚挚的慰问，向关心和支持全行运行管理的相关部门和分行表示衷心的感谢！

过去三年的改革发展实践，是我们不断思考怎样建设运营集约化、管理一体化价值型运行管理体系的过程。回顾三年来的实践，我们的经验和体会是：

——总行党委的坚强领导是运行管理工作顺利推进的基础。姜建清董事长、杨凯生行长等总行主要领导高度重视运行管理工作，在战略层面进行了全面部署，并提出阶段性工作重点。三年来针对运营改革、流程优化等方面工作做出重要批示50余次，召开党委扩大会议、专题会议、改革推动会议以及开展专题调研达数十次，在历次全行性重要会议上均突出强调运营改革、流程优化的重要性，并对全行提出明确要求，有力促进了运行管理各项工作的顺利推进。

——坚持锐意创新是运行管理取得突破发展的主要动力。针对我行分散的业务布局、运营格局和管理格局，借鉴流程再造、共享服务、精益运营等现代管理理论，规划实施了业务集约运营改革和流程综合改造工程，系统解决发展不均衡和资源配置效率低等问题，促进全行业务发展质量效率的提升。

——从实际出发、服务全行改革发展大局是运行管理一切工作的出发点。运行管理始终坚持紧紧围绕全行经营管理重心来部署和开展各方面工作。坚持走内涵式发展道路，提高资源配置效率，助推全行发展方式转变和核心竞争力的提升；坚持打造集中、安全、高效的业务运营体系，支持新兴产品的不断推出，服务于全行经营转型和结构调整；坚持强基固本，促进业务安全运营，服务于全行的稳健经营。

——注重客户体验、满足服务对象要求是运行管理持续发展的重要保证。运行管理始终坚持把满足客户各方面金融综合需求作为业务运行体系建设和完善的主要方向，把改善客户体验作为业务流程设计和优化的基本要求，把开展客户体验活动作为检验运营改革和流程优化成效的试金石。把客户对于业务运营服务综合性、便捷性、高效性的要求融入到业务流程和服务流程中，促进了我行服务水平的显著提升。同时，高度注重柜员体验，并把其作为重要的评判标准。

运行管理工作取得显著成绩，还得益于总行各有关部门的大力支持和密切配合，他们作为运营改革和流程优化的参与者和推动者，为全行运行管理改革做出了重要贡献。

这些经验是全行在深入落实科学发展观、推动发展方式转变过程中的实践结晶，也启示和激励着我们以更大的信心和决心推进运行管理在新的起点加快改革发展步伐。

当前商业银行经营模式正在发生深刻变化。我行将以加快发展方式转变为主线，积极推进经营转型，深化体制机制和流程改革，完成经营模式和增长方式由规模扩张型向效益质量型的转变；将加快推进国际化发展战略，全面推进综合化经营战略。全行新一轮改革发展，要求运行管理深化改革，通过内涵式挖潜，进一步提高资源配置效率；要求运行管理建立覆盖全球、集中统一、安全高效的业务运营体系，提供更加优质的综合运营服务；要求运行管理通过提高业务运行流程的规划、设计和管理水平，为全行产品创新提供有力的支撑；要求运行管理坚持不懈地深化科学风险管理理念，以更有效的措施和更先进的手段加强操作风险的过程控制。

另一方面，全行的运营格局和体制机制还存在一些深层次矛盾和问题。各行业务集约运营和管理水平差异较大，从根本上调整运营结构、优化运营布局、促进网点转型的任务依然艰巨；部门主导的业务流程管理模式尚未彻底改变，以客户为中心的体制机制尚不完善；点多面广的运营风险特征并未彻底改观，制度执行力和风险管理能力需进一步增强。

面对新的形势，总行在深入分析、科学论证的基础上制定了2012—2014年运行管理发展战略规划，明确了新三年的发展战略目标、主要任务和实施步骤。未来三年，运行管理工作的总体目标是：深入落实科学发展观，以助推全行发展方式转变、提升核心竞争力为主线，以理念、体制、机制创新为重点，深入实施流程综合改造，实现业务流程向服务导向型飞跃；努力构建布局科学、层次清晰、运作协调的业务集约运营体系，实现业务运营向质量效益型的转变；全面打造理念科学、流程完备、框架完整的风险管理体系，实现运营风险管理向过程控制型转型。运营集约化向更深层次发展，管理一体化取得实质进展，价值型运行管理体系建设向更高水平迈进。运行管理部门要站在全行改革发展的战略高度，认清和应对内外部经营环境演变和深层次改革带来的各种挑战，高标准、高起点、高水平推进各项改革，全面加强管理，实现未来三年又好又快发展。

二、以改进服务为目标，重点推进业务流程综合改造

要以客户为中心、以融合共享为理念，以改善客户体验、提高服务效率为目标，深入实施业务流程综合改造和优化工程，再利用两年时间，着力解决紧迫性问题，全面优化业务受理、业务处理流程，推进网点标准化和流程管理机制建设，建立起功能完善、内控严密、管理有效的综合业务流程体系，打造我行在业内领先的流程竞争优势，实现“三年根本改善”的目标。2012年是业务流程综合改造和优化工程取得成效的关键一年，要全面解决剩余191个严重影响客户和柜员体验的紧迫性问题，完善21个已完成主体投产项目，做好明年启动后续11个项目的准备工作，完成剩余27个项目的主体投产应用，基本建成精益、便捷、直通、高效的业务流程体系。

（一）建立便捷高效的网点业务受理流程。要全面完成客户调度项目，实现客户的精确识别、完善调度管理，实时监测网点不同分区的排队状况，根据客户星级、业务类别实现排队组合管理，及时调度网点服务资源。要建立网上银行、手机银行、自助银行等非柜面渠

道的全方位客户预约服务机制，建立客户自助预填单和系统预处理模式，减少柜员操作环节，缩短客户柜面等待时间，为实现客户签单服务模式提供基础。要实现对公客户回单、对账单等自助打印服务功能，提升客户服务水平。

（二）构建精简顺畅的网点业务处理流程。要建立交易统一管理机制，按照“单一交易完善、相似交易合并、关联交易整合、作废交易退出”的原则全面推进交易综合改造，优化交易功能，精简交易数量，规范交易应用。要完善交易智能定位和模糊检索方式，通过业务产品与交易体系的智能匹配和相互关联，逐步建立产品导向的柜面操作模式。要建立向客户透明的柜员操作流程，同步展现业务信息，引导客户参与业务处理流程，建立对柜员的监督机制，解决综合改造和优化工程中密码共享、合并授权等难题。要全面推进“三个一”改造工程，从根本上解决信息录入、身份核验、打印填单、重复授权等影响业务处理效率的突出问题，提高网点业务处理效率。要全面完成客户身份资料影像和信息管理平台的研发投产，实现客户身份信息和证件影像的一次采集、多次利用，提高网点业务处理效率，降低业务运营成本。

（三）打造集约直通的综合业务流程。要按照“能集中不分散、能自动不手工、能直通不落地、能联动不分步、能直驱不分离”的原则，实施跨系统、跨专业、跨机构业务流程整合和优化。要深化账户封装联动记账，推进账户管理、外管申报等跨系统、跨平台的业务联动处理，实现内部账户直通式处理。要实施核算登记簿的电子化改造，实现登记簿的电子联动处理，减轻手工登记簿的管理压力和保管难度。要推广关联系统驱动主机记账核算改革，提高业务处理的直通、直驱水平。要按照统一核算管理的要求，整合各项业务运行规章制度，根据运营改革和流程优化同步建立相应的运行制度和管理秩序，动态完善业务运营制度体系，实现制度设计、流程管理和风险控制的统一，增强业务流程的风险管控能力。

（四）建立标准规范的网点运营管理体系。要建立营业网点岗位设置、人员配备、设施配置标准，以及网点运营评价指标体系、网点运营管理平台和考核管理机制，实现对网点和柜员运营效率、服务质量、业务管理等信息的实时掌控和网点资源的科学调配，切实构建起岗位设置有标准、任务分配有目标、人员调整有依据、要素配备有规范的网点管理秩序，全面提高营业网点管理效能和核心竞争能力。要制定《网点管理指引》和《网点岗位手册》，明确网点统一的管理范围、业务要点、履职标准等内容。要构建直接面向网点，涵盖知识管理、在线培训、业务咨询等功能的柜面业务支持系统，全面提高柜员业务培训质量和效果。各行要统筹流程优化与运营改革，结合柜面业务分流、业务分离和流程精简带来的岗位释放情况，同步推进网点资源整合和标准化建设，释放网点潜能，加快推动营业网点由核算处理型向服务营销型转变。

（五）建立科学高效的流程统一管理机制。要在推进业务流程综合改造和优化的过程中，制定全行业务流程标准，建立流程度量体系，完善流程评估机制，形成业务流程全过程、多形式的反馈机制，逐步建立一套涵盖需求设计、流程评审、事后评估、动态持续优化的科学高效的流程统一管理长效机制。要建立流程原型试验模拟机制，在业务流程构建初期，快速建立业务流程优化设计的“原型”，通过模拟“客户界面、操作界面、输出界面”，设计业务处理逻辑，对新建流程进行试验性论证，以提高流程质量、缩短研发周期、降低推广风险。要搭建统一的业务流程和资源配置管理平台，实现业务渠道、业务流程、交易使用、业务授权、核算要素等统一管理，提升我行业务流程管理水平。

实施流程综合改造是全行完善业务流程、改进客户服务、打造核心竞争力的战略举措，也是一项涉及面广、任务艰巨的系统工程，全行要继续高度重视，强化部门间、总分行的组织协同，加快实施进度。各行要结合自身实际，有针对性地开展本行特色业务流程的综合改造和优化工作，系统、全面梳理现有规章制度和业务流程；要高度重视新业务、新版本的投产组织和业务培训，使各级机构及有关人员及时、全面了解和掌握投产项目的功能及操作流程；要持续深入基层网点和业务一线开展调研，主动收集和分析基层网点提出的优化建议。

三、以集约运营为导向，全面完善业务运营体系

全行要秉承科学发展理念，继续深化集约运营改革，运用共享服务等理念，加快构建面向国际化、综合化、集团化，布局科学、层次清晰、功能完备、运作协调的全球一体化业务运营体系，实施精益运营，持续提高业务处理效率和标准化程度，实现业务运营在集约高效的基础上向质量效益型转变，全面达到业务集约运营、风险集中控制、业务布局优化和网点功能转型的目标。

（一）深化业务集中处理改革，继续扩大业务集中处理范围。要按照全品种、全网点、全流程、全业务量纳入集中处理的要求，全面完成已研发37大类业务的集中处理。要按照“风险可控制、效率可保证、业务可规范”的原则，大力推动个人金融、电子银行、银行卡等对私业务的集中处理改革，上半年全面完成既定纳入集中处理业务品种的技术研发；要加快业务推广，年内全面完成牡丹卡开卡信息录入等18类个人非实时业务的集中处理，全面形成网点全面受理、中心集中处理的全新业务运营格局。各行要加快梳理和改造本行特

色业务流程，逐步将代理财政清算、代理国库、代理税款等特色业务纳入总行平台实施集中处理。要因地制宜，逐步实现二级分行集中处理业务向一级分行层面集中，分行平台集中业务向总行平台迁移，实现境内业务跨产品、跨渠道的集中处理，不断提高业务集中处理水平。各行要深入分析本行业务实际情况，根据今年集中处理业务品种新增和总分行平台结构调整的总体规划，制订切实可行的实施方案，提前统筹做好人员、场地、设备等各方面准备，总行有关部门要积极支持分行下一阶段的改革需求。

全面加强业务集中运营管理。要按照功能定位清晰、资源利用高效、质量效率兼顾的总体要求，建立科学的业务集中运营管理机制，全面加强业务处理中心内部管理。要建立业务处理中心管理制度，明确内部机构设置、岗位设置、人员配置、业务操作等标准，完善科学分组，细化岗位职责，合理安排劳动组合，确保中心各项业务工作有序开展。要配备足够数量和素质的专业人员，打造适应业务集中处理需要的运营能力，保证集约运营改革的顺利推进。要建立科学的业务集中处理优先级管理模型，提高业务调度的科学性和业务处理效率，满足业务及时处理的要求。要强化前后台的密切协作，充分运用全新平台管理功能，加强中心对网点业务运行质量效率管理，促进网点不断提高业务标准化和规范化水平。要推进境内业务处理中心分等级、分区域业务备份，建立相互补充的跨省应急备份机制，确保业务处理的连续性、及时性和业务信息的安全性、完整性。

（二）着手研究构建全球集约运营格局和统一的金融市场与资产管理业务后台。要立足于国际化发展战略，统筹规划构建全球化、跨领域、多层次的境内外共享服务运营平台，实现业务处理、业务管理、账务核算、风险监控和客户服务从境内专业管理向跨境、跨渠道管理的延伸，为全球业务运营管理打好基础。上半年要开始着手研究在亚洲、欧洲、美洲分别构建涵盖业务处理、核算授权、资金清算等职能在内的海外业务运营中心的方案，实现在更大范围和更宽领域内的集约化、专业化和标准化运营。

要按照全行加快经营转型的总体要求，为我行做大金融资产服务业务、参与全球主要资本市场、货币市场和商品交易市场，打造管理统一、安全高效、持续运作的金融市场与资产管理业务后台。要利用3年时间完成系统平台建设，实现境内与境外金融市场与资产管理业务后台运行资源集约共享、操作风险集中控制。要建立工商银行全球互为备份的后台运作机制，为总行与海外交易中心提供跨时区、不间断的支持保障。要提高对金融市场业务后台数据的分析能力，充分挖掘交易的核算、结算和清算信息，研发设计后台数据统计模型，为全行经营决策定期提供独立、客观、公正的经营分析报告。

（三）构建新型支付清算运营模式。要持续加强清算业务管理，高效组织清算业务运行，建立境内外一体化的清算运营体系。要实施清算网络互联互通工程，连接全球主要金融中心，支持场内和场外、全额和净额多种结算模式，为我行金融资产跨市场、跨时区交易提供安全、高效的支付渠道。要加快清算通用平台在境外机构的推广应用，实现跨境支付清算标准统一，为境外人民币清算行建设创造有利条件。要加快第二代跨行支付系统建设，完善“一点接入、一点清算”的运作机制，优化各业务条线的支付流程，提高全行资金运作效率和业务处理水平。要充分发挥我行作为清算市场主要参与者的作用和清算网络优势，不断丰富清算服务品种，构建涵盖人民币跨境清算、外币全球支付、商品交易清算的产品体系，全面扩大清算市场份额。

（四）提高现金物流现代化管理水平。要加快现金管理模式创新，发挥现金营运中心物流管理核心作用，充分运用现代化、信息化物流管理手段，提高本外币现钞、贵金属、有价单证集约化管理效能。要继续强化现金运营和服务标准化管理，不断增强现金运营和服务保障能力，提升现金集约化营运水平，满足业务快速发展需求。要继续加大自动化物流管理设施配备力度，按照总行清分机具配备指导意见和业务实际需要，提供专项资金支持，确保设备配备到位。按照点验钞机国家强制标准和监管部门要求，及时更新点验钞机具，提高货币反假的电子化和智能化水平，切实履行社会责任。要继续加强库存限额管理，合理控制现金库存占用，全行现金备付率要控制在0.45%以内，现金综合运用率要达到61%以上。

（五）加强自助设备集中运营管理。要完善自助设备运营中心和网点对自助设备管理的职能定位，认真落实人员、设备、车辆、相关场地的配备，为自助设备集中运营提供保障。要加快建设直通式、智能式自动柜员机运营管理系统，强化设备运营环节的全流程硬控制。要加大在行式自助设备集中运营管理力度，分阶段完成在行式自动柜员机集中供钞、集中装卸钞、集中账务处理的推广。要按区域做好动态密码锁改造试点工作，提高安全控制水平。要积极实施全行统一的自助设备运营服务规范，落实部门协调管理机制和设备动态调整机制，提高集中运营效率和客户服务水平。自动柜员机现金保障率要保持在98.5%以上，非技术故障率要控制在1.15%以内，确保运营质量和服务效率。

（六）推进参数管理境内外协调统一发展。要全面落实参数管理基本制度，研究制定参数人员工作管理规范和配套实施细则，认真组织培训。要以整合电子银行渠道参数集中管理为契机，稳步开展各专业外围业务参数的优化和集中管理，逐步建立外围业务系统参数集中管理运行机制。要完成参数全生命周期管理在参数设计与投产管理等方面的应用和推广，建立并完善主机全量参数标准数据库，实现参数模型化辅助设计及版本参数推广的电子化、流程化管理目标，增强参数对产品创新和业务推广的支持能力。要加快新一代境外参数管理系统建设步伐，研究构建符合境内外机构业务管理和运行要求的参数专业化管理平台，更好地发挥参数管理在全行业务运营管理中的重要控制作用。

四、以过程控制为重点，大力提高专业管理水平

当前，经济运行中积累的风险隐患逐步向金融领域传导，个别地区民间借贷无序扩张等不确定因素加大了商业银行业务运营过程中风险管理的压力。另外，部分地区日趋激烈的同业无序竞争，对运营风险管理提出了更高的要求。部分风险事件暴露出个别机构负责人未能践行科学发展理念，不能妥善处理风险管理和营销发展的辩证关系，一些关键业务环节和重要业务领域的风险控制尚不严密，风险管理要求得不到有效落实。为此，全行上下要高度重视运营改革所建立起的先进风险管理平台，深化改革成果运用，以更主动、更有力、更严密的风险协同管理，形成强大的风险管理合力。要合理把握业务发展与风险控制的关系，搭建集风险管理环境、风险识别评估、控制措施、信息交流反馈、监督评价与纠正等要素在内的业务运营风险管理框架，运用定性管理与定量目标管理相结合的方法，显著增强运营风险管理能力。

（一）深化运营风险监控体系成果的运用。要建立业务运营风险监控、客户对账、检查督导等运营风险信息的共享机制，应用情景分析、关键风险指标等先进操作风险管理工具，全方位从人员、机构、业务线、渠道、时间、地域等不同维度对业务运营风险进行分析、评估和管理；要推进检查管理理念、方式、手段的创新，贯彻风险导向的检查原则，以业务运营风险管理系统揭示的运营风险状况为依据，充分发挥检查对制度执行的良性促进作用。各级机构负责人要继续抓好运营风险分级管理制度的落实和有效运行，高度重视运营风险评估报告所揭示的运营风险状况及趋势变化，对连续被定为高风险以及频繁触发同类风险事件的机构、人员、业务，要第一时间予以跟踪和重点关注，督促有关责任部门和责任人采取有效措施，严格落实奖惩制度。运行管理部门要在提升自身风险识别分析能力，有效治理本专业风险事件的基础上，继续实施运营风险通报制度，加强对大额资金异动类准风险事件、高风险网点、高风险柜员、高风险业务环节等重点分析；要通过风险管理委员会、操作风险管理委员会、案防分析会、运营风险专项分析会等形式，及时将典型风险事件所揭示的制度设计、交易流程、违规操作以及非正常交易等深层问题向各级机构负责人、相关业务部门进行提示，以便其采取针对性措施。全行要通过机构间的上下联动、部门间的协同配合，实现可控风险暴露水平、内部风险率、内部风险度的进一步下降，力争控制在20、2和10以内。

（二）建设境内外统一的运营风险监控平台。要按照将业务运营风险管理系统打造成全行操作风险管理重要平台的目标要求，遵循可行、有效原则，整合全行相关风险监控系统，稳步推进风险导向和流程导向的运营风险监控体系向海外机构的延伸，构建境内外统一的运营风险监控平台。要前移风险模型监测，在产品和服务的流程研发、交易设计阶段，同步启动模型设计工作，推进风险监控由事后监测向事前预警和事中控制转变。各行要以运行风险监控中心动态评级为契机，全面落实监控中心管理制度，深入推进运营风险监控体系标准化建设。

（三）加强重点运营环节的风险管理。要进一步深化集中式、跨机构的核算授权机制建设，研究在人员和业务量规模较小的分行实行省行层面的集中授权，提高授权的集约运营水平和事中控制能力。要有效落实网点负责人为本机构内控第一责任人制度，切实加强网点“大现场”管理，选配具备相应能力和素质的网点负责人或大堂值班经理承担网点现场管理职责；强化现场管理人员与网点负责人的相互制约机制，严格落实现场管理人员的业务审批和事中风险控制职责，加强业务审核、签批真实性管理；建立远程授权人员、网点现场管理人员的定期轮岗制度，以保证网点内控机制有效运行。要加强账户开立、使用、撤销的过程管理，严格落实“营销部门尽职调查、网点受理、集中审批”的开户业务流程；根据账户集中审批工作要求，在业务处理中心配备具备足够专业技能的专职账户审批人员，利用业务处理中心信息集中优势，加强对异常开户行为的分析，并结合不同账户类型实施分类管理。加强存量账户管理，加大对长期不用、久悬未取等风险隐患较大账户的清理力度。要加强印章、凭证等各项核算要素的管理，严格按照规定的用途、范围和手续使用。要规范现金业务操作，加强钱箱领缴、款箱出入库、交接和保管等关键环节的管理。要进一步强化参数风险管理，研究制定各专业系统的参数分级分类管理标准，并分别制定差异化的参数维护流程和标准。要加快参数监控管理平台的建设和投产，推进参数监控从事后向事中过渡，提高参数风险的过程控制效能。要加强对公反洗钱工作，优化反洗钱系统功能，完善交易对手信息，加强反洗钱数据分析，提高反洗钱工作水平。

（四）丰富完善运营风险管理手段。要根据外部欺诈风险变化趋势和不断呈现的新特征，大力推广防范风险的技术手段。要加快支付密码和电子印鉴的推广应用，实现全行支付密码的全面普及，支付密码器应用比例提高至60%，新开立账户支付密码器全覆盖；有序组织全行电子印鉴系统推广，加强账户支付交易的核实，实现印鉴管理的集约化。要加快研发应用相关技术

手段，实现对现场真实性审核的硬控制，为现场管理人员走出柜台从事“大现场”管理创造条件。要加强客户对账精细化管理，按照年度日均余额和发生额每季确认账户对账范围和频率，重点强化新开账户、新注册网银账户、变更预留印鉴账户和资金异动账户的对账；各行要充分运用短信对账、自助渠道对账等多种方式拓展对账手段，确保对账覆盖率保持在99%以上。

最后还需要强调的是，实现运行管理又好又快发展，要求我们切实加强人才队伍建设。要把加强运行管理队伍建设作为推动转变发展方式的基本保障，逐步培养和造就一支总量合理、结构科学、素质优良、执行有力的运行管理人才队伍，全面提高运行管理队伍的竞争能力。要通过重点带动、整体推进，抓好各类人才队伍建设，分别以提高现代金融业务运营管理能力、提高专业创新能力、优化结构和提升能力为目标，深入推进领军型高级管理团队、运营专家型人才、操作型人才三支队伍建设，造就一大批满足新形势下运行管理需要的人才。要不断完善人才培养开发、评价发现、选拔任用、流动配置和激励保障机制，切实提高运行管理工作者的整体业务素质和职业道德素养。

2012 年是我行股改后第三个三年发展规划的开局之年，做好今年的工作对于全面完成未来三年发展战略规划各项目标任务至关重要。各级运行管理部门要进一步增强使命感、责任感，锐意进取、求真务实，把做好今年工作和推进未来三年发展战略结合起来，着力深化改革，全面加强管理，扎实做好运营改革和流程优化工作，开创价值型运行管理体系建设的新局面，以全新的运营模式和管理机制有力推动全行发展方式转变。

坚持科技引领　深化创新驱动
为全行经营转型和可持续发展提供强大推动力

——在中国工商银行信息科技工作会议上的讲话

易会满

（2012 年 1 月 12 日）

今年是我行实施股改后第三个三年规划的开局之年，立足于全行经营发展的新阶段，我们召开这次会议，在总结 2011 年工作成绩的基础上全面部署 2012 年信息科技工作任务，对于我们进一步统一思想，认真贯彻落实总行发展战略研讨会精神，推进建设国际一流 IT 银行具有重要意义。下面，我讲三个方面的意见。

一、全行各项科技工作取得重大进展，奠定了“十二五”信息科技发展的良好开局

过去的一年里，各级科技部门紧紧围绕我行整体经营发展目标和“十二五”信息科技发展规划，全面完成了既定的各项科技工作任务，全行信息系统总体上运行平稳，“1031”工程按计划基本完成，科技行业领先优势进一步巩固，有力推动了全行经营发展目标的顺利实现。

（一）信息系统运行总体平稳，科技基础设施建设进一步夯实。2011 年，全行日均业务量达到 1.65 亿笔，同比增长 18.4%，日峰值业务量达到 2.13 亿笔，同比增长 13.5%，均创历史新高。在业务量持续攀升的情况下，全行信息系统基本保持安全平稳运行态势，基础设施建设取得显著成效，信息安全工作取得重大突破，为我行提供更加高效、优质的金融服务奠定了强大的科技基础。

一是生产运行管理精细化工程成效显著。去年，各级科技部门从监控管理、性能容量管理、应急管理等八个方面积极推进生产运行管理精细化工程，达到了既定的各项工作目标。通过几年来的努力，我行全面建立了面向业务和面向服务的生产运行监控体系，并实现了对网上银行、金卡、跨行支付等 43 个关键应用系统的差异化实时监控，各分行实现了柜面终端、中间业务平台、综合前置等 5 个关键业务系统的端到端监控。通过一年来深入开展生产系统整合和性能容量优化工作，主机系统处理效率提升了 6.5%，交易平均响应时间缩短了 19.4%，核心系统批量运行时间减少了 2 小时，有效降低了生产运行风险。在去年初各中心职能优化调整后，生产运行统一管理力度得到加强，数据中心建立专职的总值班队伍，软件开发中心进一步充实了应用支持力量，同时完善了 24 小时值班制度和生产事件分级管理机制，生产运行现场管理和生产事件处理能力显著提升。总行面向 20 家分行开展了现场技术支持与服务，按照“一行一策”的方针对各行共提出 407 项优化建议，分行生产运行能力得到显著提升。按照“统一的

服务电话、统一的服务短信、统一的服务邮箱、统一的服务门户”目标，总行积极推进科技服务支持平台建设，启用了科技服务IT呼叫中心，试点了科技服务门户，初步建立起面向分行和业务的科技服务体系。

二是全行基础设施建设进一步夯实。“两地三中心”工程建设取得阶段性进展，去年底上海同城数据中心建设工程正式奠基；数据中心（上海）扩建园区正式投入使用，并成功部署了主机核心系统双园区运行模式，在国内率先实现了系统不停机的园区级切换和业务接管；实施了个人网银跨中心多点部署，全行跨中心高可用体系和远程异地灾备体系建设迈上新台阶；完成了资产托管、金融市场、电子银行等集中式业务营运中心的场地灾备切换演练，提升了我行相关业务的连续性运作水平。河北、上海、浙江、广东等33家一级分行仅用了不到一年时间就完成了机房灾备建设工作，实现了“重大灾难事件发生后，分行辖内营业网点大部分柜面终端关键业务服务不中断”的既定目标，分行业务的对外持续服务能力显著加强。

自助设备投放力度进一步加大，全行可用ATM、自助终端和POS设备数量分别达到5.9万台、3.9万台和80.5万台，同比分别增加1万台、5 000台和36万台；ATM和自助终端的正常运行率分别达到97.76%和98.89%，河南、上海、四川等分行ATM正常运行率超过98.5%，北京、山东、厦门等分行自助终端正常运行率超过99.5%；ATM和自助终端单台日均交易笔数分别达到308笔和112笔，均较2010年进一步增加，柜面业务分流作用进一步显现。

三是信息科技风险管理水平进一步提升，信息安全防护能力得到明显加强。2011年，信息科技部在组织各级科技部门认真开展信息科技风险管理第一道防线有关工作的同时，积极履行第二道防线工作职责，建立了涵盖41个量化指标的信息科技风险监测指标体系，并通过每月例行化非现场检查和2次集中现场检查，提出了2 200余项改进要求并逐一落实，实现了信息科技风险的常态化管理。同时，全行从组织保障、制度建设、管理措施和技术手段等方面着手，深入推进信息安全工作，确立了牵头部门联合推动，各部门积极参与的信息安全管理组织体系；修订完善了信息安全管理制度体系；建立了信息安全管理通报机制和例行化信息安全现场检查和非现场检查机制；实施推广了客户端安全管理、客户端信息防泄露、电子文件安全控制、客户端网络准入控制等一系列信息安全防护控制系统。

（二）“1031”工程基本完成，应用研发创新成果丰硕。截至2011年底，“1031”工程按计划顺利推进，完成了129项既定的工作任务，基本实现了“客户视图统一、核算相对独立、产品灵活配置、境外应用一体、管理信息集中、全面风险管理”的第四代应用系统建设目标，进一步巩固了我行在国内同业的科技领先优势。期间，全行科技部门与业务部门深入融合，密切配合，攻坚克难，始终遵循“科技引领”发展战略，坚持自主创新的原则，将信息科技打造成为助推全行经营发展的利器，推动全行的创新能力、管理水平和服务品质实现新的飞跃。通过持续的科技创新和业务创新，2011年总行应用研发项目905个，应用研发规模突破103万个功能点，研发测试效率达到18.7个功能点，版本差错率控制在1.51‰。在客户服务、金融市场、银行卡、电子银行等领域推出了一大批基础服务平台和创新拳头产品，为全行提升服务水平、加快经营改革、推进国际化进程、强化风险管理提供了强有力的技术支撑。

一是持续提升全行业务产品创新能力和客户服务水平。个人和法人客户统一评价、统一营销管理、统一信用管理等系统功能进一步完善，建立了对公客户资金流向监测分析系统平台，积极梳理和推动全行客户服务产品功能整合及共享，研发优化逸贷卡产品并实现与客户代发工资的联动，在国内率先推出短信客服平台、95588电话银行与客户经理互动、iPad网上银行和全面支持所有主流智能终端的手机银行，进一步拓展了我行多渠道的营销服务平台。

二是积极推进业务流程综合改造及优化工作。去年，在业务部门与科技部门的共同推进下，全面梳理了业务流程综合改造和优化工程的59个项目，完成了其中21个主体项目，解决了340个影响客户服务体验和服务效率的紧迫性问题，并研究落实了52项境外系统的优化措施，同时进一步拓展了全行业务集中处理领域，新增了26种业务的集中处理。科技部门积极主动，采取了一系列技术改造措施优化业务流程：如利用远程授权拍照设备简化柜员身份证复印流程；实现对公客户回单自助打印功能；建设公民身份信息本地核查库；新增菜单、模糊查询两种柜面交易定位模式；全面实施ATM电子日志以及自动对账，取消纸质流水打印；等等。

三是全面支持国际化发展进程。FOVA系统推广工作取得新的进展，完成了在工银加拿大、工银泰国等9家境外机构的投产，投产FOVA系统的境外机构达到34家，覆盖了除工银亚洲外的所有境外机构；推出境外网上银行、单证中心、信贷管理、信用卡、外汇买卖、账户贵金属等一大批适应境外客户需要的产品和有竞争力的增值服务。同时，积极研究境外机构差异化版本策略，以满足境外机构灵活化的产品创新与管理需求。

四是稳步提高经营管理与风险控制水平。全面推广了MOVA平台，全行用户总数超过25万，定制考核方案9.7万个，各业务部门、各分行积极应用MOVA系统进行指标分析与考核管理，在营销支持、经营分析、考核评价与资源配置等方面的作用开始逐步显现，实现了机构、部门、产品、客户、员工五维度的考核评价，推动了以价值为导向的考核目标。同时，根据巴塞尔协议Ⅲ的要求，进一步完善风险管理领域系统建设，自主研发了内部资本充足评估、风险加权资产计量等风险管理应用，为我行新资本协议达标工作提供了强有力的系统支持；启动市场风险管理系统在境外机构推广工作。规划建设办公管理应用平台，提出内部门户系统优化改造及功能整合规划，试点投产了手机移动办公、即时通讯等办公系统。

五是积极开展技术架构优化与平台整合工作。2011年，科技部门充分发挥科技引领作用，深入开展了47项应用架构的梳理与优化工作，内容涵盖市场营销与销售管理、银银合作平台、境外人民币系统建设、资产管理及金融市场专业系统建设、第三方合作平台功能提升、芯片卡多应用平台优化等重点业务领域应用系统的建设规划，主动推动业务系统整合，提出系统功能提升建议，取得了非常显著的成效。

六是各分行积极开展特色业务创新。2011 年，各分行研发的特色创新项目达到 1 241 个。北京分行的银医合作平台、浙江分行的网点营销服务项目、宁波分行的市民卡、深圳分行的企业通等特色业务产品和管理平台成功推出后，有力支持了当地分行业务开展，发挥了信息科技在市场竞争中的优势。

过去的一年里，全行各级科技干部和员工顽强拼搏、无私奉献，为全行改革发展做出重要贡献，在加快经营转型、调整经营结构、推进综合化和国际化战略的实施、完善体制机制和全面风险管理等方面发挥了非常大的作用，得到了总行党委、各部门的高度肯定，也得到了同业的一致好评。日前总行对一年来在生产运行、应用创新、工程建设等方面表现突出的先进单位和个人进行了通报表彰。在此，我代表总行党委，向全行科技工作者致以诚挚的问候，对大家在过去一年中的努力与所做出的贡献表示衷心的感谢！对各业务部门和各分行给予信息科技工作的关心和支持表示衷心的感谢！

在总结过去、肯定成绩的同时，我们也必须清醒地认识到，与全行业务发展的要求相比，与建设国际一流IT银行的目标相比，我行信息科技自身还存在一些不协调、不适应的问题。第一，在全行生产运行态势持续向好的情况下，总行层面及个别分行仍发生了一些影响业务运营和客户服务的生产事件。其中个别分行由于机房配电系统故障引发生产事件，造成辖内主要业务发生较长时间的中断，暴露出分行对机房基础设施管理重视严重不到位，在机房基础建设、日常管理、应急管理等方面存在较大问题，也在一定程度上反映出全行生产运行管理水平仍需提高。第二，我行应用研发优势还没有得到完全发挥，产品研发的效率和质量需要进一步提升，产品创新的计划性不强，需求整合力度不够，产品研发投产后没有得到充分使用等问题还需要大力改进；同时，我行业务应急管理水平和应急处置能力还无法有效应对各类突发事件，业务连续性运作水平有待进一步提升。第三，全行科技队伍建设仍需进一步加强，总行科技队伍存在人员结构不均衡、骨干人员流失等问题，分行科技队伍则面临科技力量不足、年龄老化、稳定性较差等突出矛盾。所有这些问题都需要科技与业务部门在今后的工作中努力改进，持续提升信息科技实力。

二、充分认识科技工作面临的新形势，巩固信息科技作为全行核心竞争力的领先优势

2012 年是我行提升核心竞争力，扩大市场领先优势，向纵深推进经营转型的关键时期。去年底召开的全行战略研讨会明确提出要加快转变发展方式，把经营结构战略性调整作为转变发展方式的主攻方向，这是新的形势下、在新的发展阶段，我行面临的历史性任务，也对全行各级科技部门提出了更高要求。作为全行改革发展的关键保障力量，科技部门要高度重视、认真分析全行经营发展中面临的一些新形势，多谋划、早应对，不断提升信息科技实力和服务水平，为全行改革创新和转型发展注入新的动力。

一是要高度重视信息科技风险防范，把风险可控作为保持业务发展的基础和先决条件。随着信息科技在银行业的深入应用，信息科技在为业务快速发展提供有力支撑的同时，所面临的风险也日益严峻，信息科技风险的突发性和全局性等特点日益凸显，一旦发生信息系统安全事件，将对银行客户服务和交易安全、社会声誉造成重大影响。作为一家拥有 2.79 亿个人客户、412 万法人客户、日均业务量超过 1.6 亿笔的大型金融企业，工商银行的对外服务关系到国计民生，而社会各界和媒体对银行服务也给予了越来越高的关注，当前互联网、短信、微博等传播途径更加普及与快捷，使包括信息系统运行、信息安全等在内的信息科技风险更容易被聚焦放大，对我们在事件的快速处理以及危机管理上提出了更高的要求。同时，监管部门高度重视信息科技风险，去年末人民银行组织召开专题会议，对加强信息科技风险管理提出了更加明确和严格的要求，银监会也先后多次就其他商业银行发生的系统故障或信息安全事件发布了信息科技风险提示。着眼于“打造卓越金融服务、建设人民群众满意银行”的目标，需要我们始终高度重视信息科技风险管理，进一步健全三道防线，积极防范包括系统运行风险在内的各类科技风险，确保稳健运行，创建金融服务最佳银行。

二是要发挥信息科技的核心竞争优势，推动全行业务创新发展。当前，货币政策转向稳健、经济结构调整步伐加快、以资本监管为核心的金融监管日趋严格，对我行改革发展和业务创新提出了更迫切的要求。同时，国内几大银行改制以来竞争发展迅速，中小金融机构在细分市场上竞争激烈，各家银行差异化、个性化发展特

征日益显现，全行各个领域都面临来自不同竞争对手的挑战。可以说，工商银行的成长之路就是一条以创新满足客户服务需求、以创新增强竞争实力的探索之路。在总行发展战略研讨会上，董事长提出要做大金融资产服务业务，由持有资产大行向管理资产大行转变，加快推进经营转型，减少资本占用，促进盈利可持续增长，这是对全行科技与业务部门共同的新要求。因此，科技与业务部门要联合攻关，加快理念、体制和机制转变，推动管理、产品、渠道和服务等全方位的创新，从而带动我行各项业务不断迈上新台阶、实现新跨越。

三是要积极应对高新技术发展对我行保持科技领先优势带来的机遇和挑战。当今信息技术发展日新月异，云计算、物联网、智能终端等新技术已经开始渗透到包括金融业在内的各行各业，银行业的信息化必将催生一次新的革命，实现新的飞跃。新技术在为金融业务创新提供技术支持与保证的同时，也为金融业务发展带来了新的契机。我行的日均业务量已经从 2008 年的 8 000 多万笔，增加到现在的 1.6 亿多笔，年均复合增长率近 30%。要保持全行业务发展的高速增长，如果只是一味地靠资源的投入，靠员工劳动强度的加大，是难以维持的。未来如何借助新技术保持我行科技领先优势，进而深入推进业务突破创新，构建多元化、可持续的经营结构，实现利润的长期可持续增长，是全行面临的一项重大课题。全行科技部门对此要深入理解和思考，对目前的科技优势要保持清醒的头脑，要关注全球信息科技发展的新趋势和新理念，要借鉴国内外大型银行同业的经验，实现科技引领的优势。

四是要充分发挥集团科技优势，加快推进综合化发展的建设步伐。目前，我行正在发展成为一家以商业银行业务为主体，跨市场、国际化的大型银行集团。综合化经营模式作为国际银行业发展的必然趋势，不仅是银行发展战略的重要环节，也是科技战略的重要突破点。既要保持传统业务的优势地位和创新升级，又要对新产品推出保持高度敏感，能够在最短时间内形成先发优势，最大限度提高客户产品覆盖率。面对我行综合化发展的战略部署，信息科技要主动适应客户跨市场、多元化的综合金融服务需求，加快拓展对综合化经营支持与服务的广度和深度，把子公司的科技发展规划纳入到全行整体科技战略部署中，增强全行集团内一体化服务能力和跨市场盈利能力。要充分发挥集团内科技资源的整体效益，用技术手段推动全行从为客户提供存贷款为主，向提供全面金融服务方案为主的金融服务商转变，不断提升我行在财政、社保、证券、保险、银行同业 5 大市场中的竞争力。

五是要加快提升信息科技的全球服务能力，满足境内外一体化建设的长远要求。在我行国际化发展进程中，全行上下始终坚持系统建设、机构建设与业务发展统筹规划、同步进行，通过科技引领有力提升了境外机构的产品供给、业务拓展和风险控制能力，并初步建成了多币种、多语言、跨时区的全球一体化科技平台。全面加快国际化银行建设，是工商银行适应全球经济金融格局重构与中国发展方式转变，稳健成长为“三个之最”现代金融企业的必经之路。未来几年，伴随中国经济全球化和人民币国际化的进程，我行将继续稳步拓展境外机构布局，推动境内优势产品线全球服务能力的提升，基本形成对于我国主要经贸往来地区全覆盖、与我行客户金融服务需求相适应的全球经营网络。这些都需要以信息科技为基础，推动境外机构业务转型，全面提升全球服务能力，在国际化银行建设的道路上迈出更大步伐。

我们要深刻认清上述新形势、新要求，以前瞻思维和战略眼光，深入分析和思考新时期下的信息科技工作。新的发展形势赋予了信息科技新的历史使命，全行信息科技部门只有通过不懈努力，持续提升信息科技实力，才能创造并保持更大的科技领先优势，才能增强信息科技服务客户、推动战略转型、促进可持续发展的能力，才能在激烈的竞争环境中赢得优势。

三、认真做好 2012 年全行信息科技工作，为实现“十二五”信息科技发展规划目标夯实基础

2012 年我行进入全面实施“十二五”信息科技发展规划的攻坚阶段，在全行战略发展的整体框架下，2012 年信息科技工作的指导思想是：紧密围绕我行整体发展战略，以建设国际一流 IT 银行为目标，以服务业务、服务管理和服务基层为宗旨，全面推进“十二五”信息科技发展规划中制定的各项工作任务，继续保持信息科技国内同业领先地位。对于今年信息科技工作的具体任务，稍后林晓轩首席信息官将作具体全面的部署。在此，我着重强调几点要求：

（一）要始终坚持“安全生产第一”的指导思想，持续提升安全生产运行和信息科技风险防范能力。一是要深入推进生产运行的精细化管理。要落实生产运行管理责任，加强生产运行日常管理，提高第一时间恢复生产的意识，切实提高生产运行风险防范和应急管理能力。数据中心（上海）要加强对中心内部各分中心、各级分行的生产运行统一管理，以及对软件开发中心应用支持队伍的统一协调，发挥出我行集中生产运行的优势，真正实现生产运行的一体化。总行科技部门要全面开展对分行的现场技术支持工作，形成对分行支持工作的常态机制，协助分行解决和处理技术支持过程中存在的问题，加强对新版本新应用的技术培训和指导。

二是要加强全行灾备体系建设和管理。要同步推进“两地三中心”工程基础建设和相关技术准备工作，完成新老园区双活模式的试点部署，确保 2013 年上海同城数据中心交付使用。数据中心（上海）要在本部与

北京分中心之间实现双向生产运行操作的全面接管，真正发挥灾难备份管理机制的作用。各一级分行要加强灾备机房管理，将灾备机房纳入分行生产运行管理体系，定期开展切换演练；要杜绝检查成为“运动”，应急成为“救火”，进一步提高突发事件应急响应和处理能力，确保分行辖内生产系统的连续性运行。

三是要强化科技基础设施建设。要坚持一手抓投入、一手抓管理，在继续加大机房、设备、网络等基础设施建设投入的同时，要切实加强科技资源的使用管理，充分发挥科技资源的使用效率。各分行要提高中间业务平台、综合前置等关键系统的高可用性，要积极推进服务器虚拟化、网络提升等工程，加强行内资源共享，充分发挥行内资源的使用效率，满足信贷集中审批、远程授权、“95588”客户经理联动等系统应用对科技基础设施的性能需求。各分行要进一步发挥科技部门在网点建设改造工作中的积极作用，规范网点信息化建设标准，积极推广应用预约取号、电子免填单、系统预处理等新兴服务模式，推进网点由业务操作型向营销服务型的转变。

四是要持续完善信息安全防护体系。全行各级科技部门和业务部门要进一步健全落实信息安全管理职责。各级信息科技部门要与业务部门大力协作，全面推广落实各项信息安全防护措施，进一步完善客户端安全管理，重点改造涉及批量查询、打印、下载客户敏感信息的应用系统，加强信息系统的安全等级保护。内控合规部要牵头落实好信息安全监督检查职责，会同相关部门做好重大违规行为的处理。各业务部门要落实好信息保护和使用管理的职责，并主动提出各类业务信息的分级保护需求。

五是科技与业务部门要密切配合，落实好信息科技风险管理三道防线的职责。各中心和各级分行科技部门要强化科技管理措施，履行好信息科技风险管理第一道防线的有关工作。内控合规部和信息科技部要切实承担起第二道防线的职责，内部审计部门要做好信息科技风险管理第三道防线的相关工作，促进信息科技工作的持续改进和提升。

为满足外部监管和内外部审计的要求，为我行客户提供更加安全可靠的服务，各级业务部门要加强业务应急管理工作，按专业健全业务应急预案，以积极应对包括系统故障在内的各类突发风险；总行各专业部室要牵头组织好各专业的业务应急演练，加强本专业的应急管理培训；各分行要认真落实并做好分行层面的演练工作，确保业务运营和客户服务的连续性。

2011 年全行四级（含）以上生产事件数量大幅下降，其中浙江、河南、山东、山西、深圳等绝大多数分行实现了信息系统“零故障”。但是，对于安全生产运行工作我们一刻也不能放松，各中心和分行必须给予高度重视，严格按照总行制度和规范要求加强日常操作和管理。云南等去年发生重要业务全辖性生产事件的分行，要从自身查找原因，吸取教训，积极落实各项技术与业务整改措施，提高生产运行管理的执行力；其他分行也要居安思危，主动评估，防患于未然，要充分利用好全行统一的生产运行监控平台，提前发现生产运行中的风险隐患，并快速处理，优先保障对客户提供及时服务。今年要坚决杜绝二级以上生产事件以及四级以上管理操作类生产事件，对由于管理原因造成三级以上生产事件的各数据中心或开发中心，以及四级以上生产事件的分行，要根据情节和事件造成的影响追究各级机构管理人员责任。全行各级科技部门要始终坚持“安全生产第一”的指导思想，充分吸取前期各类事件的教训，切实提高生产运行管理能力，为全行的改革发展提供稳定的技术平台。

（二）加快应用创新步伐，推进全行实现经营转型以及服务能力和风险控制能力的全面提升。按照“十二五”信息科技发展规划目标，我行要构建全球化、综合化、智能化、虚拟化的应用系统平台，巩固我行核心业务系统的代际优势，并以此推动全行的业务创新、产品创新、流程创新和管理创新。一要建立全球化的应用体系，持续优化推广 FOVA 系统平台，构建全球客户信息共享体系、全球化产品服务体系以及全球清算体系，提升境内外机构的客户服务能力和市场竞争力，支撑我行实施以“ONE ICBC”为重点的集团一体化经营战略。二要构建综合化金融服务平台，积极推动全集团信息科技的统一规划与管理，实现新业务领域信息系统自主研发，推动集团内机构间客户信息、渠道建设、产品服务的共享。三要打造智能化银行，深入应用商业智能等新技术，构建智能化的客户服务平台、灵活快捷的产品创新平台以及集约化的决策支持与经营管理体系。四要推动虚拟化应用平台建设，构建多渠道互联互通的“客户服务云”，统一高效的“内部管理云”，以及按需分配和灵活调度的“基础设施云”，为客户提供全方位的金融信息和产品服务。

围绕上述规划目标以及总行发展战略研讨会的要求，今年要重点做好以下几个方面的应用研发工作。

一是要全力支持金融资产服务业务的创新发展。金融资产服务业务是全行未来业务发展的方向，也是经营转型中重点发展的战略领域。科技部门要与相关业务部门共同研究，深刻把握金融资产服务需求多元化、业务种类丰富、服务形态新颖等特点，在资产管理业务、资产支持性服务业务、代理交易销售业务和融资中介服务等方面做好科技支持工作。要建立统一的金融资产服务业务管理平台，将分散在各个条线的业务纳入统一管理，同时要建立相应的风险管理系统，夯实发展基础，通过发挥科技优势，实现金融资产服务业务规模、收入的大幅度增长。

二是要积极促进“强个金”、“大公司金融”、“全机构金融”等业务战略的实现。要加快在零售业务、公司业务、机构业务等领域应用系统的研发，进一步完善客户统一评价系统，大力推动系统在加强客户营销、产品创新等各领域的应用，形成信息更加统一、功能更加全面、体系更加完整的客户服务系统；要扩大我行的科技优势，加强在理财、信贷、银行卡、电子银行、结算、投行等重点业务领域的产品研发，实现全客户覆盖、全产品营销、全流程服务、全系统联动的系统支持，推动我行各项业务竞争发展能力的有效提升。

三是要积极支持业务流程改造和加快业务分流。业务流程改造是一项长期工程，信息科技部门要与相关业务部门积极配合，持续开展各项业务流程的分析诊断，确保按计划推进 38 个重点项目建设，全面解决 533 项紧迫性问题，搭建新业务流程体系架构。各分行科技部门要按照总行的统一思路和部署，围绕本行实际，同步开展好分行区域化、差异化、特色化的业务流程综合改造和优化工作。今年还要大力拓展个人金融、电子银行、银行卡等业务的集中处理，实现境内业务跨产品、跨渠道的集中处理。同时要进一步加快电子银行渠道发展，促进业务分流。要加大开发力度，积极完善手机银行、短信银行平台等系统功能，拓展业务范围与市场占比，提升工商银行“移动银行”的品牌形象；在产品设计研发中，要加强客户体验，提升易用性与安全性，让广大客户能够便捷、轻松地使用我行各类电子银行产品。

四是要大力推进国际化、综合化、集团化的发展战略。要积极完成 FOVA 系统在工银亚洲以及新设或并购机构的推广，推进我行国际化的快速发展；要统筹建设全球化、跨机构、境内外共享的服务运营平台，实现业务处理、业务管理、账务核算、风险监控等运行模式从境内向境外延伸；要建立全球统一的授信体系；要打造境外机构特色业务平台，满足当地监管的要求和快速支持本地业务创新。要积极推动综合化子公司的科技统一规划与管理，加快相关领域的系统开发，快速提升各子公司的信息化水平，推进子公司与集团的深度融合，实现对客户的信息共享以及统一授信管理，打造集团竞争的新平台。同时要继续深化 MOVA 在集团内绩效考核、资源分配、营销组织、产品定价等领域的应用，为全行深化精细管理、优化资源配置和转变经营机制提供有力支持。同时认真梳理分行特色业务数据需求，不断完善并推动分行使用好总行绩效考核、营销管理、经营统计等系统，并逐步减少总行向各分行返传相关系统的数据。

五是要强化全面风险控制，不断提升治理水平。在金融危机影响深化、各种风险因素交织叠加的形势下，要以新资本协议达标实施为契机，持续完善我行全面风险管理系统平台，不断深化信用风险、市场风险、操作风险、流动性风险等管理领域的风险量化体系及管理平台建设，保持全面风险监测计量体系的有效性、完整性，全面提升集团风险管理水平。

六是要积极开展本地特色业务创新。分行科技部门要聚焦市场需求，按照“走出去”的开发要求，围绕金融服务、营销联动、流程改革、资源配置等核心工作，进一步强化主动创新意识；要在业务创新和引领方面多做出贡献和示范，尤其要结合当前的经济形势和分行本地实际情况，做好对重要客户的系统开发和营销支持，并做好产品使用效果的分析；要充分发挥分行科技研发短、快、灵的特点，积极开展本地特色业务研发，加强在社保、医疗、交通等方面的行业合作，大力支持战略性新兴产业和区域特色优势产业，直接满足市场发展及客户服务需求。

在开展特色业务研发、提升服务水平等方面，去年部分分行做了大量工作，取得了很好的成效。这次会上将有四家分行作经验介绍，希望各分行认真学习经验，积极总结分行特色创新中的好思路和好做法，共同促进将产品优势更好地转化为市场优势，不断提高专业服务水平和创新能力。

（三）要提升科技服务水平，打造持久的 IT 竞争力。总行党委把推动全行服务改进作为提升全行可持续发展能力的战略任务，就是要从根本上改变全行服务面貌，提升客户满意度和市场美誉度，打造国内服务最佳银行和客户首选银行。信息科技部门要继续深化科技与业务融合的发展原则，从提高服务手段着手，持续增强科技服务业务、服务管理、服务基层的能力，助力我行打造国内服务效率最高、客户投诉最低、客户最忠诚和最推荐的银行服务平台。

一是要进一步优化应用创新流程。业务部门要继续加强需求管理，从全局角度统筹考虑形成需求，对于新产品或开发工作量大、项目风险高的项目，要联合信息科技部门和产品创新管理部门及相关业务部门报请行领导审批，提高业务需求决策层次；要积极参与整个应用研发项目过程，提前进行客户体验，以及时发现和解决问题，提升产品创新的质量和效率，加大产品使用分析力度；要完善总分行应用研发联动机制，继续安排业务部门和分行一线业务人员参与总行项目研发过程，持续加强客户体验。

二是要进一步强化科技服务及应用推广。一直以来，科技部门在业务创新与支持上前瞻性、主动性地开展了大量工作，取得了显著成效。科技部门要进一步提高主动服务意识，最大限度地发挥新版本、新应用的作用，总分行上下联动，共同推进各类系统平台的推广使用。要加大版本培训力度，面向分行做好总行研发的新产品、新业务功能的宣传，考虑适当扩大培训范围至县区支行，便于基层分行了解并使用好总行产品。各分行科技部门要加强力量，抽调技术骨干，保证足够的人力投入，配合做好系统平台的投产和后期维护工作；要发挥在总行版本推广使用中的作用，在分行层面形成一支产品专家团队，体现科技部门的价值，在分行业务竞争中发挥最大效益。

三是要持续推进网点及自助服务渠道建设。网点及自助服务渠道建设是保证运营效率提高、改善服务质量的一个重要抓手。当前网点科技设备种类超过二十种，要持续推进网点设备标准化、机具整合等工作。同时，全行 ATM 设备总量超过 5.9 万台，闲置的旧设备达到 1 200余台。在未安装的设备中既有必要的库存，也有因网点改造计划不明确、拆迁未落实等原因造成设备难以安装到位。总行将继续加大自助设备投放力度，年内计划新增投放 15 000 台 ATM 设备，并建立日/夜间差异化的维护机制，引导各分行持续提升自助设备对外服务水平。各分行要进一步加强自助设备的管理，特别是要加强 POS 的管理，切实发挥各类自助设备的使用效益。

四是要加快推动科技服务体系建设。要抓紧筹建全球科技服务中心，总行信息科技部要会同人力资源部等部门，按照前期总行党委的要求，以更好地支持我行国际化发展为出发点，就全球科技服务中心建设形成具体的方案，并力争在今年第一季度末之前全球科技服务中心正式开始运作，为境外机构提供全方位的科技和业务服务。要全面推广科技服务支持平台，实现统一服务电话、统一服务短信、统一服务门户、统一服务邮箱的目标，扩大在全行各业务部门、各分行的使用范围，建成全行科技服务的统一窗口和服务品牌。

五是要进一步加强科技对全行经营决策的支持力度。要充分利用技术手段，通过对业务量等数据的统计分析，深入分析不同业务发展的特点和规律，深层次了解各业务渠道、各业务种类的发展趋势，洞悉客户需求和消费行为的变化，加快推出新产品、新业务，在优化业务流程、提升服务效率、推进渠道建设等方面主动提出有价值的业务建议，进一步推动全行加快经营转型。

（四）要持续加强科技队伍建设。在现代金融企业发展格局下，科技队伍建设要主动适应外部形势的新变化，主动适应全行改革发展的新要求。今后一段时期，我们要以提高专业服务水平和创新能力为目标，按照去年全行员工工作会议精神，持续加强全行科技专业队伍的建设和管理，为全行改革创新持续注入新的动力与活力。

一是要继续保持科技人员的投入力度。今年在科技队伍规模保持一定增长幅度的同时，将人才培养重点放在结构调整和素质提升上面来；要培养形成一批岗位能手和技术骨干，能够在专业条线或工作领域独当一面，并纳入信息科技核心人才库进行动态管理；要不断完善信息科技序列专业资格认证体系，从培养、选拔、使用、分配等环节入手，研究制定符合我行发展需要的科技人才培养规划和政策措施。要强化基层科技队伍建设，针对各分行维护的应用系统日益庞大、各种机具设备不断增多、本地应用开发要求迫切等情况，各一级分行要根据本行实际工作需要及时补充科技人员，重点强化一级分行本部和二级分行科技人员队伍素质和能力建设。同时，各分行要继续加强和完善网点科技管理员的激励、考核、培训等管理机制，发挥科技管理员在基层技术支持工作中的重要作用，进一步提升网点窗口的科技服务水平。

二是要不断健全完善科技员工激励机制。要按照总行党委要求，抓紧在全行范围内研究设立科技人才奖励基金；要逐步建立和完善与全行业务发展相适应、与我行信息科技领先地位相匹配的合理的薪酬体系；各中心内部要进一步加强薪酬分配管理，进一步建立科学的薪酬分配机制，加大向骨干员工、一线员工的倾斜力度；各分行要通过多种形式完善科技人员的收入分配机制，加大激励力度，提升科技员工的归属感；要进一步提高信息科技专业各级非管理类干部职数配备比例，加强信息科技专家的配备力度，进一步完善科技专业人员的晋升通道。

三是要积极落实科技队伍管理措施。各中心要进一步加强队伍建设和管理，在统一岗位职级体系的基础上，建立良性竞争的机制和氛围，加强员工交流，提升员工履职能力。各分行要提升科技干部敢于管理和善于管理的能力，增强队伍凝聚力，充分发挥这支强大科技队伍的优势和潜能，造就一支敬业乐群、团结进取的科技队伍，为建设国际一流 IT 银行做出更大贡献。

同志们，2012 年我行各项经营转型、结构调整和业务创新的要求非常迫切，信息科技工作任务也将更加繁重而艰巨。全行各级科技部门要根据总行改革发展的新要求，在发展中求创新、在创新中谋发展，不断地加快改革步伐，全面推进“十二五”各项信息科技工作任务目标的实现，将信息科技打造成为提升全行金融服务能力和经营管理水平的持续源动力，以更大的信心和热情续写工商银行信息科技发展的新篇章！

坚持科学发展　深化经营转型 全面开创公司与投行业务新局面

——在中国工商银行2012年公司与投行业务工作会议上的讲话

易会满

（2012年1月12日）

今天会议的主要任务是贯彻中央经济工作会议、全国金融工作会议精神和全行发展战略研讨会精神，总结2011年公司和投行业务工作，全面分析2012年经营环境，理清工作思路，找准发展方向，部署今年公司与投行业务重点工作，全力推进公司金融业务转型发展。下面，我重点对公司与投行业务的工作进行布置，之后张红力副行长、魏国雄首席风险官将分别就公司信贷业务中的专业融资产品发展、小微企业业务发展进行专题部署。

一、狠抓经营转型，2011年公司投行业务再上新台阶

过去的一年，是值得认真总结的一年。国际国内经济金融环境复杂多变，全行公司投行战线的同志，积极应对多重困难，认真做好结构调整、市场拓展、关系维护、风险控制等多方面工作，迎难而上，顺势而为，取得了公司投行业务转型发展的新成果。全年公司业务内部核算利润贡献1 095亿元，增加145亿元；EVA713亿元，增加118亿元。本币公司贷款新增4 696亿元，增长10.5%；本币公司存款在资金持续紧缩、同业激烈竞争等严峻形势下，增加1 101亿元，较年初增长3.6%。公司类不良贷款余额591亿元，比年初下降19亿元；不良率1.13%，下降0.17个百分点。实现公司贷款利息收入2 935亿元，增长28%；公司类中间业务收入达到522亿元，增长48%，占全行中间业务收入的49%，其中投行收入211亿元，增长50%，投行收入总量和增量分别占中间业务收入的20%和23%，稳居市场第一。

以上成绩的取得，主要得益于以下几方面工作。

（一）深入推进结构调整，可持续发展能力进一步提升。近年来，我行持续推进信贷结构调整，拓展新的市场空间，夯实发展基础，带动资产质量、效益的提升。一是优化行业结构。公路、电力、城建、房地产四大行业贷款全年负增长1 014亿元，同比少增4 386亿元。制造业、现代服务业和文化产业贷款分别新增2 147亿元、2 260亿元、131亿元，同比分别增长23.7%、40.8%、24.8%，制造业、现代服务业新增贷款占全部公司新增贷款的93.8%。二是优化客户结构。坚持大中小并举，持续实施信贷拓户工程，有融资余额客户总量达到12.23万户，增长29%；其中大客户以维护好客户关系为重点，以60亿元影子计划支持了226户重点客户499亿元贷款需求；中型客户增长6 828户，完成全年5 000户任务的136.6%，中小客户占比较年初提高2.35个百分点，达到92.8%。运用黄金租赁、股权投资基金主理银行、代理中小企业设备租赁、信用证代付等多种新型表外融资产品大力拓户，表外客户占比达到全部新增中型企业的39.6%。三是优化品种结构。大力发展贸易融资、供应链融资、商品融资。围绕761家供应链融资核心企业拓展了7 832家上下游客户，实现1:10的拉动效应，累计发放表内外业务7 302亿元，并拓展大量结算、存款等综合业务。贸易融资占公司贷款比重10%，提高2.4个百分点。四是优化期限结构。新增贷款中，中长期项目贷款增速仅为1.67%，比平均增速低8.6个百分点。五是优化收益结构。去年公司贷款利率平均上浮5.66%，同比上升7.2个百分点。新发放公司贷款中，利率上浮贷款占比达到52%，同比上升31.8个百分点，加权平均执行利率为6.44%，同比提高1.22个百分点。

（二）金融资产服务初具雏形，公司金融转型迈上新台阶。积极开拓债券承销、资产交易、委托贷款、银团分销、股权融资等业务，全年实现非信贷融资9 522亿元，与新增公司贷款比例达2.03:1，比去年的1.11:1提高0.92个百分点，实现中间业务收入60.5亿元。一是债券承销业务继续领跑同业。主承销发行2 660亿元，市场占比14.6%，已连续第5年排名市场首位，实现承销收入9.1亿元。在超短期融资券、私募债、保障房债券、地方政府债、海外人民币债和美元债等新产品承销领域也奠定了市场领导者地位。二是资产交易业务取得新突破。重点通过委托债权挂牌投资、理财委托贷款、财产收益权、集合信托、贷款转让等模式，实现

资产交易 3 408 亿元，同比增长 28.9%，实现理财项目推荐及管理费收入 34.6 亿元。直接受理济钢集团股权信托 30 亿元、武汉地铁集团股权信托 40 亿元等重大项目。三是银团贷款牵头行地位更加牢固。牵头筹组银团 76 个，发放贷款 1 713 亿元，分销 714 亿元，实现银团安排承销与管理业务收入 8.63 亿元。银团贷款余额 4 609 亿元，占公司贷款的 8.83%，较年初提高 0.81 个百分点。四是全产品营销深入推进。加大表内 + 表外、对公 + 对私全产品营销，产品覆盖率大幅提高，总行直营户信贷业务、顾问类投行、企业网银、国际结算、公司理财、企业年金、代发工资覆盖率分别达到 95%、35%、88%、72%、36%、25%和67%，均实现较大幅度提升。同时，促进了私人银行、资产托管、养老金、基金管理、账户交易类产品、代理销售等金融资产服务业务的发展。

（三）商投互动成为营销突出亮点，促进投行业务升级发展。全行公司投行战线加快从信贷市场向债券、资本、并购、私募市场延伸，全面提升投行对商行业务的功能互补作用。一是品牌类业务快速发展。重组并购、股权融资项目分别达到 205 个、63 个，分别实现收入 10.4 亿元、4.6 亿元，分别增长 120%、230%，实现历年最快增长；在无证券市场牌照、无股权投资功能条件下，探索形成包括 PE 主理银行、企业上市顾问、股权私募顾问、可认股安排权在内的股权融资产品体系，协助企业募集股本资金超过 200 亿元。二是投行大项目营销取得突出成绩。成功运作中信戴卡收购德国 KSM 铸件公司等重大跨境并购项目；锁定华电越南沿海二期火电站项目、中化收购泰国意钾项目股权等十数个跨境并购项目财务顾问角色，担任锦江集团重大海外并购项目的全球融资协调人、并购财务顾问和银团贷款牵头行。圆满完成中石化—沙特基础合资的天津 26 万吨聚碳酸酯项目融资顾问。成功运作 25 亿元华电新疆上银基金、20 亿元中信白银郡鑫基金、20 亿元宽带资本诚柏基金等 PE 主理银行项目，成为股权私募领域重要新兴力量。三是客户覆盖率全面提升。投行客户新增 3.69 万户，增长 150%；品牌类投行客户达到 2 287 户，增长 76%；存量信贷客户覆盖率达到 40%，新增客户覆盖率达到 81%，整体客户覆盖率达到 54.4%，提高 23 个百分点。客户基础的壮大，带动投行收入快速增长，实现两年翻番。

（四）坚持境内外联动，全球一体化服务取得新突破。一是创新内外联动方式，从“点对点”联动转向“点面结合”。通过与纽约分行、工银亚洲、法兰克福分行等境外机构紧密配合，成功营销戴姆勒集团、福特集团总部账户开立、存款结算、债券承销等业务。二是围绕大型客户“走出去”，成功营销一批重大项目。如获得中石油海外发行 18.5 亿美元债券和 30 亿元离岸人民币债券全球簿记管理人、三一重工 H 股联席账簿管理人资格，为中石化—新奥能源联合收购中国燃气 H 股出具 80.6 亿港元备用信用证等。三是抓住人民币国际化历史机遇，为中石油、中石化、宝钢、中粮等大型客户办理跨境人民币结算和贸易融资业务。去年前 11 个月，共完成跨境人民币结算和贸易融资 8 395 亿元。

（五）强化系统推动，公司投行战线执行力和战斗力明显增强。一是强化行业指导。制定装备制造业和文化产业市场营销指导意见；与文化部、新闻总署建立战略合作关系，推动各分行与省级文化主管部门建立合作机制，探索创新“影视通”供应链融资、“集合放款 + 版权质押 + 实际控制人连带保证”、“固定资产支持融资 + 收入账户封闭管理”等现代服务业融资模式。二是强化平台建设。针对严峻的公司存款形势，在杨行长亲自指导下，搭建大额资金流向监控管理平台，对跟踪大额资金流向、发现并营销目标客户、提高资金留存比例、加强资金监控管理起到重要作用；集团客户综合评价系统全面投产，资产交易管理等功能实际应用，将表外资产交易业务纳入全流程系统管理。完成门户网站“财务顾问专区”系统投产。三是完善分层营销机制。分层营销体系基本建成，形成层次清晰、分工合理、权责明确、整体协调、充满活力的新型营销体系，实现客户差别化服务。总行级公司客户 259 户，一级（直属）分行级客户 2 230 户，二级分行级客户超过 1.3 万户。四是拓展投行合作渠道。与中信建投、申银万国等 9 家国内券商签署上市顾问合作备忘录，与德州太平洋资本等 43 家知名 PE 机构建立主理银行合作关系，与重庆两江新区管委会等政府机构签署 PE 战略合作协议，与德勤、毕马威等 10 余家机构开展并购业务合作，投行信息来源和营销服务渠道显著拓宽。五是加快对公客户经理队伍建设。对公客户经理达 2.86 万人，增加 2 301 人，增长 8.8%；占全体员工的 7.1%，提高 0.39 个百分点；加强对公客户经理资格认证和岗位培训，提升履职能力。企业理财师队伍达到 3 300 人，延伸营销服务触角。

（六）狠抓风险控制，实现质量效益双提升。坚持把落实国家宏观调控政策与服务好客户、发展好业务、控制好风险有机结合，取得较好成绩。一是对四大行业压降，提高信用等级和资本金比例，严格落实足额抵押担保；认真分析压降过程中存在的问题，重点保障用款需求紧迫的重大续建续贷项目，维护好客户关系，避免半拉子工程。二是对债券承销业务完善客户后督管理工作模式，密切关注发行人信用风险；严格信息披露义务，严控发行后操作风险。三是对资产交易业务严格按照监管部门要求，做好银信转表续接工作；加强对理财及信贷资产交易业务的规范性检查；梳理表外非信贷业务流程，严格理财融资项目入池审核。四是建立投行与商行业务的防火墙，高度重视 PE 主理银行、资产管理中的声誉风险。将 PE 主理银行业务纳入全行信用审批流程，对合作机构实行动态名单管理制度。

2011年，全行公司投行战线同志坚持贯彻落实总行党委总体发展战略，顺应宏观调控形势，坚持商业银行经营原则与支持实体经济发展的统一，加快信贷结构调整，坚定不移地推进公司金融转型，延续和扩大了业务良好发展势头，经营质态实现了新的提升，初步开创了大中小客户并举、商投行互动、表内外综合、境内外协同的可持续发展新局面。在此，我代表总行党委向大家表示衷心感谢和亲切慰问。

二、积极应对挑战，深化公司投行业务经营转型

未来一个时期，中国经济仍将经历内外部复杂多变环境的考验。从国际看，欧债危机远未结束，债务危机可能向银行体系蔓延，欧元区经济衰退风险加大，美国经济复苏乏力，全球经济增长将继续下滑。从国内看，固定资产投资增速将出现回落，尤其是房地产投资将有所降温；外需将进一步减弱，出口增速将加速回落，净出口对经济增长的贡献可能进入负贡献或微贡献时代。经济发展中一些体制性、结构性矛盾更加凸显。如经济增长存在下行压力，但物价上涨压力依然存在；经济转型和结构调整力度加大，但发展方式转变任重道远；房地产和基础设施投资降速，但投资依然是我国经济增长的主要因素，调控和风险防范面临多重挑战。针对当前经济发展存在的高度不确定性，中央经济工作会议要求，宏观调控中继续处理好保持经济平稳较快发展、调整经济结构、管理通胀预期的关系；继续实施积极的财政政策与稳健的货币政策，根据形势变化适时适度预调微调。严峻而复杂的外部经济环境，对全行公司和投行业务持续健康发展提出诸多挑战。

（一）传统信贷扩张模式面临转型。一是资本约束对信贷扩张形成强大制约。巴塞尔协议III和我国监管机构的新资本管理办法，大幅提升银行资本数量和质量。我们只能更多通过控制贷款增速，优化信贷结构，发展非信贷业务解决。二是利率市场化与金融脱媒加快演进对以利差为主的盈利模式提出挑战。利率市场化意味着银行利差水平必然随着市场波动，依靠信贷规模扩张带动利差收入增长的不确定性大为增强。金融脱媒意味着更多优质企业通过直接融资渠道筹资，信贷快速扩张很可能面临次优市场先择和风险上升。三是我国金融市场的不断深化为信贷业务转型创造了有利条件。经过多年发展，我国已从间接融资一统天下，发展为货币、信贷、资本市场等多层次市场共同繁荣。融资渠道不断拓宽，直接融资比重不断提升。同时，资产交易市场趋于活跃，资产证券化重新启动，为信贷流量管理创造良好条件。我行已成为全球信贷第一大行，资产不可能无限扩张。如何以有限的资本，创造更多回报，服务更多客户，是我行实施战略转型，掌握未来竞争主动权的关键。

（二）信用风险管理面临新的挑战。近几年，商业银行贷款总量迅速翻番，在我国经济快速增长的背景下，大部分贷款都没有经历完整经济周期的考验。随着投资增速回落和经济下行，信用风险管理压力将大大增加。一是地方政府融资平台将面临集中还款压力。未来三年内，有35%的平台贷款到期，上半年是第一个偿债高峰，但是地方政府在严格的房地产调控下，商品房税收下降，土地收入锐减，同时面临部分在建工程续建、保障房建设支出、民生支出等硬性支出；财政压力加大，部分政府融资平台面临偿债风险。二是小微企业面临经济下行周期的考验。去年以来，部分小微企业受出口增速放缓、资金和劳动力成本上升、货币持续升值影响，经营出现困难。少量小微企业依靠甚至参与高利贷，出现资金链断裂。预计今年我国经济仍将偏冷，小微企业资产质量面临更严峻考验。三是房地产贷款受国家宏观调控的影响。在严格的房地产调控政策下，房屋销售明显放缓，投资回落。房地产企业资产负债率已处于高位，今年将迎来偿债高峰，除银行贷款外，还有房地产信托、基金、私募、民间借贷等，违约风险可能加大。这些都对信用风险管理的前瞻性、预见性提出更高要求。

（三）品牌类投行业务带动公司金融业务转型的力量还不够强大。十年来，我行投行业务取得长足发展。但基础类投行业务仍占主要地位，品牌类投行业务对公司金融业务转型还难以起到支撑作用。一是发展基础还比较薄弱，收入替代能力有限。全行80%投行收入来自基础类投行业务，在严格规范传统基础类投行业务收费背景下，增长将面临拐点。品牌类投行收入仅30亿元，仅占18%，还不能形成有效替代。二是发展文化还有差异。我行投行业务是从商行业务发展起来的，比较擅长发放贷款并持有，不太关注贷款经营与分销；比较擅长融资业务，不太注重高端投行业务；比较擅长做间接融资，不太注重做直接融资。如何转变传统营销思维，创造和引导客户需求，还需要一个过程。三是投行队伍建设亟待加强。全行投行专职团队仅300余人，不足公司客户经理队伍的1%，分支机构主要依靠公司客户经理开展业务，投行团队专业技能还不够强。四是商投互动的良性机制还未真正形成。如何建立有效的信息沟通机制，实现客户资源共享；如何发挥境内外投行机构的各自优势，形成整体合力；如何发挥分行尤其是各级公司部门的积极性，都需要在实践中不断探索。

（四）信贷新市场拓展与传统市场局部退出都面临较大压力。目前，我行正处在信贷结构大调整时期，新市场拓展和传统市场退出力度都较大，如何处理好进与退的关系，做到进有据、有方向、有市场；退有度、有节奏、有选择，把握好二者衔接，避免脱节，是对全行公司投行业务新的考验。一是新市场拓展是对我们驾驭

信贷经营规律、把握信贷风险的考验。总行战略研讨会上提出，要大力培育“四大新市场”，到2014年末，战略性新兴产业贷款较2011年末翻一番，先进制造业和现代服务业贷款比重分别达到25%和20%以上，文化产业贷款余额达到1 200亿元。要实现这一目标，需要选准目标市场和目标客户，才能承载新增的贷款；需要把握好信贷规律，才能避免制造业和服务业等在历史上出现的大量不良贷款情况；需要培育好一支队伍，熟悉战略性新兴产业、文化产业等行业运作模式。二是传统市场局部退出是对我们贯彻结构调整决心、处理好与客户及地方政府关系的考验。今后较长一段时期，投资仍是拉动我国经济增长主要动力之一。传统行业信贷需求仍然旺盛，尤其是传统产业往中西部转移，带来大量信贷资源。有些行仍保持巨大营销惯性，寻找新的替代市场还有较长过程。同时，由于今年部分地方政府财政压力增大，部分企业经营困难增加，因此四大行业压降、与客户和地方政府关系维护难度会更大。

（五）公司投行业务市场面临激烈竞争。近年来，我行公司与投行业务保持了良好发展势头，转型取得较大成效。但当前我国商业银行面临资本约束、利率市场化等因素的挑战，经营压力都较大，为了保证可持续发展，商业银行均加快结构调整和经营转型，控制资本占用高的信贷业务的增长，大力发展低资本或无资本占用业务，积极竞争新市场新业务，部分银行在部分领域、部分业务上已经形成独具特色的发展模式，同时持续加大创新力度，不断开发新产品、改进业务流程、提高工作效率，形成较强的竞争力。在这种同业竞争日趋激烈的形势下，我行在各个业务领域都面临来自不同竞争对手的挑战，市场份额和领先优势遭遇强烈挑战。

总之，未来公司金融业务发展面临的挑战和压力是巨大的，充满了诸多不确定性因素。但也要看到，我国经济发展仍处于重要战略机遇期，国内经济增长的内生动力依然强劲，经济结构将发生新的调整，民生领域财政投入力度不断加大，消费、服务业将呈现快速增长，居民收入占国内生产总值的比重将有所上升，多层次资本市场日趋完善，人民币在跨境贸易和投资中的使用扩大等，为我国银行业的持续发展提供了新的发展条件。同时，总行党委已确定未来发展战略，规划了业务发展方向，制定了明确的目标任务。全行要进一步坚持科学发展，树立忧患意识，认真分析业务发展过程中面临的新问题、新挑战，积极适应国家宏观政策，保持前瞻性，提高针对性，加快改革创新，破除体制机制制约，优化业务发展格局，提升金融服务水平，将公司金融业务的发展推向新的高度，实现新的跨越。

三、2012年公司投行业务转型的工作要求

2012年，全行要认真贯彻落实总行党委关于“把握好资本约束、把握好经营转型、把握好风险控制、把握好盈利可持续增长”的总体要求，全面深化“大公司金融”战略，实现公司投行业务全面、深度、持续发展。全行公司与投行业务工作的指导思想是：认真贯彻落实国家宏观调控政策，坚持科学发展，以公司金融转型为核心，持续扩大客户基础，加快信贷结构调整，挖掘信贷新市场，推动投行结构升级，提升金融资产服务规模，拓展盈利空间，增强业务发展的可持续性。

2012年，全行公司金融业务发展要按照既定战略，确保实现以下经营目标：人民币公司贷款计划新增4 800亿元，公司存款计划新增2 000亿元，有融资关系公司客户新增2.1万户；非信贷融资与信贷增量的比例争取达到2.5:1；实现中间业务收入600亿元以上，力争增速超过20%；基础类投行收入稳健增长并逐步实现软着陆，重组并购、股权融资和高端财务顾问业务增速力争达到50%，全口径品牌类投行收入力争达到45亿元。投行客户总数达到6.72万户，投行独有客户达到3 200户，增长40%，投行业务信贷客户覆盖率力争达到50%以上。继续保持公司存款、贷款、中间业务收入同业排名第一的位置。要确保完成上述目标任务，必须紧紧抓住以下四个重要方面。

（一）紧紧抓住商投互动与发展金融资产服务两个中心，推动公司金融转型。近年来，我行坚持公司金融业务转型发展，经过持续努力，经营转型结出丰硕成果，形成信贷与非信贷产品、间接和直接融资、表内和表外融资、境内和境外机构全面协同的良性发展格局。当前债权交易市场、债券市场、股票市场、保险市场以及中间业务市场快速崛起，在社会融资总量中占比快速攀升。每类市场均有广阔空间，表外债权交易市场，去年仅我行就提供了近7 000亿元的融资服务，债券市场规模超过1万亿元，各类资本市场规模超过1.5万亿元。我国金融市场多元化、深层次的发展，为商投互动和发展金融资产服务提供了良好土壤。下一阶段，要以开阔的视野、创新的思维，继续推动公司金融转型。一要以投行改革为突破口，强化商投互动，提升重组并购、股权融资、高端财务顾问等品牌投行业务比重，加强公司、投行与工银国际整体互动，发挥各自优势，形成集团整体竞争合力，带动公司金融快速转型。二要构建起包括信贷一二级市场、债券市场、资本市场、中间业务市场的金融服务体系，做大金融资产交易和管理规模，走出一条资产不无限扩张、收益多元均衡、盈利平稳较快增长的发展新路。

（二）紧紧抓住改革创新这一主线，深化“大公司金融”战略。随着全球经济的融合发展，公司客户经营范围更加广泛、国际化程度更高、规模化经营和多元化发展特点更加突出，需求更加多元化、综合化、个性化。我行通过建立涵盖资产、负债和中间业务在内的12大类近70条产品线，对推动全产品营销、综合化经营、全方位满足客户需求起到非常积极的作用。从国际

大型银行发展历程和经营实践看，整合产品线、提升综合服务能力成为公司金融转型的发展趋势。因此，通过深化“大公司金融”战略，进一步提升竞争力势在必行。一要强化公司金融业务“One ICBC”的一体化经营理念，构建一套覆盖大中小客户、表内+表外、商行+投行、本行持有+银团转让、对公+对私产品、境内与境外机构的一体化经营管理体制，形成市场部门牵头、产品部门广泛参与的营销服务体系。二要强化全产品营销机制建设，加强产品、部门、机构的营销协同，以丰富的金融产品为基础，以公司客户经理+产品经理营销组合为手段，全面开展全产品营销，提高产品覆盖率和市场占有率。三要依托MOVA系统，强化客户综合营销服务、综合收益管理以及客户经理综合考核，实现利差与中间业务收入统筹、各项中间业务收入统筹、本外币产品统筹，保证公司客户综合收益持续提升。

（三）紧紧抓住服务实体经济和信贷新市场，增强可持续发展能力。以支持实体经济为基础，发展信贷新市场是优化信贷结构，实现可持续发展的关键。经济增长方式的转变，必将重构公司信贷市场。未来几年，消费市场空间将大幅扩张，企业生产、消费、国内贸易发展方式将发生巨大转变。产业科技政策将推进产业结构深刻调整，先进制造业、现代服务业、战略性新兴产业、文化产业将得到重点支持，中小企业将得到大力发展。要坚持金融服务实体经济的本质要求，积极发掘信贷新市场，重点保障重点环节和薄弱环节的信贷需求，加大对战略性新兴产业、先进制造业、现代服务业、文化产业、节能环保、科技创新的支持力度，推动传统产业改造提升，确保信贷资金有序流入实体经济。

（四）紧紧抓住风险防控，提升发展的质量。风险控制是业务发展之本，是银行的生命线。只有健康发展，才能持续发展。目前，公司金融业务正步入发展新阶段、快轨道。宏观经济环境更加复杂多变，经济发展中一些体制性、结构性矛盾更加突出，对我行风险防范能力提出更高要求。如要着力发展小微企业，又要防范经济下行的考验；要大力拓展“四大新市场”，又要避免业务发展初期出现大的风险，影响后续发展；要压降四大行业，又要避免一刀切，简单化。要切实增强风险管理的前瞻性和预判力，保持资产质量的长久优良。

四、重点抓好几项具体工作，深化结构调整与业务转型

公司金融经营转型是一项长期、系统的工作，涉及的方向多、范围广、程度深，面临的环境复杂、挑战严峻，我们要以服务实体经济为基础，以关键业务为突破，以改革创新为重点，以整体推进为目标，实现公司金融业务全面、协调、持续发展的新局面。

（一）抓好公司信贷市场的进与退，保持信贷稳健可持续发展。随着信贷回归常态，公司贷款增长将日趋稳健，未来公司信贷增速将保持在10%左右。在新增信贷规模减少的情况下，需要把握好市场，平衡好进退，优化好结构。

1. 深入挖掘目标客户，着力拓展四大信贷新市场。信贷结构调整要重点解决好“进”的问题，大力发展“四大新市场”，2012年力争制造业贷款新增2 300亿元，现代服务业贷款新增2 200亿元，文化产业贷款新增200亿元，战略性新兴产业及其他行业贷款新增1 600亿元。具体做到突出四个重点。一是突出重点客户。要从“宽选”角度出发，加快选取行业中大中型龙头企业和重点项目，从产业链和产业集群中筛选优秀中小企业，形成重点营销的目标客户名单，争取率先在重点客户上实现突破，在优势市场占据先机。二是突出重点子行业。四大新市场子行业较多，成熟度不一，要加大调研力度，选准重点拓展子行业。制造业重点支持高端装备制造、新一代信息技术、节能环保、新材料；钢铁、有色、石化、纺织、造纸等传统行业，优先支持其中的先进板块；现代服务业要形成在大百货、大商圈、大酒店、大物流、大医院、大学校领域的“六大优势”；文化产业要支持出版发行、文化旅游、有线网络、电影院线、影视制作、广告会展等产业发展壮大，支持文化创意、移动多媒体、动漫等产业加快发展。三是突出重点区域。制造业要抓住重点区域，进行重点拓展；现代服务业和文化产业，重点拓展珠三角、长三角、环渤海和中部地区市场。针对区域市场，总行将研究适合的信贷政策和授权体系，推动全行业务梯度发展。四是突出重点产品。制造业要以产业链融资为抓手，积极拓展链上企业；出台专项产品融资管理办法，丰富长期贷款品种，满足企业生产专项产品周期长、额度大的融资需求；创新以知识产权为保障性资产或权利抵质押品的新型信贷产品。文化产业抓住“轻资产”、“重创意”的特点，推动“影视通”供应链融资、“集合放款+版权质押+实际控制人连带保证”、“固定资产支持融资+收入账户封闭管理”和设备租赁融资等产品的试点。通过重点产品的推广应用，率先形成成熟的业务发展模式，带动业务快速发展。

2. 坚持大中小客户并举，形成稳定协调的客户基础。要按照“不分大小，只分优劣”的原则，稳定大户，重点突出中小客户，进一步夯实客户基础。力争2012年有融资关系的公司客户净增2.1万户，其中中型企业净增5 000户以上，贷款争取新增2 200亿元。

围绕此目标，针对大客户，一要以维护好客户关系为出发点，尤其是与大客户已签合同且发放部分贷款的重大续贷续建项目贷款，要重点予以保证，认真履行好合同，协调好关系。二要以满足客户多元化需求为中心，积极主动推进业务转型，积极主动推进服务创新，积极主动推进全产品营销，进一步提升对大客户的综合金融服务水平。要针对不同客户，制订相应的产品和服

务方案，实现营销个性化和深度化。要以大客户为突破，建立客户统一管理、产品线统一经营、收益统一评价的综合营销服务和经营管理框架和机制。三要统筹境内外各级机构，实现由总行到支行、境内到境外的多级联动营销模式。

中型企业和小微企业贷款是我行重点发展的领域，要抓住国家重点支持中小企业发展的机遇，加强金融产品和服务方式创新。对于小微企业的拓展，魏首席将作专门部署，在此我重点讲讲中型企业拓展。针对中型企业，一要继续将中型企业拓展作为重点业务常抓不懈。2011 年全行客户规模比年初有了较大提升，但中型客户市场仍有较大发展空间，要继续全力以赴扩大中型客户数量。上年度未完成拓户任务的分行，要找原因、想办法，采取切实措施。在拓新户的同时，要注意稳固原有客户关系，真正做到“拓一户稳一户”。二要继续深入细致挖掘目标客户市场。各行要结合去年拓户经验和本地区的经济特点，抓优势产业，进一步深入细致挖掘中型客户目标市场，重点从政府部门、行业协会、开发区、产业集群等信息源头和客户集中地选取目标客户，重点抓“四大新市场”中的优质客户群体。三要完善信贷政策体系，提高适用性。前中后台要加强沟通协调，前台要及时将问题反馈给中后台部门，逐步完成中型客户政策的细化和优化，提高信贷政策适用性。要通过培训、现场指导或经验交流、座谈等形式，帮助分行了解、熟悉、运用好政策，提高政策理解、执行水平。对部分经营管理水平较好的分行，可在政策、流程上适当放宽，制定更有针对性和适用性的拓户政策；允许其针对特定客户群进行业务模式创新。四要建立资源配置和考核激励相结合的系统推动机制。今年，总行信贷规模分配将把向中型客户、小微企业、个人贷款、县域机构倾斜作为重要考虑因素，各行要抓紧制定客户拓展目标，用好用足信贷资源；同时在 MOVA 系统支持的基础上，将客户数量、信贷资产质量、综合业务覆盖率、综合收益水平等多种指标纳入考核或监测。五要健全贷后管理和风险控制机制。要全面梳理、总结中型客户拓展经验，形成一整套适应中型企业特点的风险控制和贷后管理规范，指导各行开展业务。

3. 以核心企业供应链为重点，继续拓展贸易融资、商品融资。去年供应链融资实现了非常明显的拉动效应，今年要继续完善供应链融资政策配套、工作机制，实现更大突破。一要做好持续营销工作，及时总结，加大资源投入。二要紧密结合制造业和服务业上下游链条长、核心企业对所属产业链控制力较强的特点，重点使用供应链融资产品。要充分发挥核心企业对上下游的带动作用，提高核心企业的延伸拓展能力。三要重视供应链融资对公司存款的拉动作用，着力强化供应链资金封闭管理。总行已在集团综合评价系统中增设了“网链通”子系统，可按金额、按时段、按行内行外等维度查询出核心企业与上下游企业的资金往来情况。各行要积极利用该系统的客户识别和资金流向监控功能，提高客户资金在我行内部留存比率。

4. 继续做好四大行业贷款压降工作。在各个部门大力支持和公司战线的艰苦努力下，2011 年底四大行业贷款余额较 6 月末下降 857 亿元。2012 年，全行仍要按照既定目标稳步推进四大行业压降，力争实现 1 500亿元的压降目标，四大行业贷款余额占各项贷款余额比重下降至 29%。总行对信贷结构调整的态度是坚决的，目标是明确的，各行要统一思想，坚定信心，不能有任何动摇，不能有任何退缩，更不能心存侥幸。总行将根据压降目标将任务按行业分解至分行，对 2011 年完成进度较好的分行，适当调减今年压降额度；对没有完成任务的分行，适当调增压降额度，今年压降计划争取在 2 月下达。各行要根据总行下达的任务，精心组织制订本行压降方案，确保完成今年压降任务。一要摸清到期贷款情况，尽量做到到期贷款应收尽收，同时注意结构调整方式方法，避免因工作简单影响银企关系。二要区分不同地区经济发展特点，结合当地客户结构和信贷资源状况，采取有针对性的政策措施，合理支持中西部和东北地区以我行为主要金融服务行的重点在建、续建公路和电力项目。三要密切关注国家重点项目建设进度，对于我行参贷并需要履行合同义务的重大在建续建项目，要加强同业沟通合作，根据用款需求和提款时间，提前与审批部门沟通衔接，按季安排好贷款投放，防止项目延期和半拉子工程。四要加强金融创新，拓宽企业融资渠道。充分发挥信贷二级市场在调节表内表外资产互相转化作用，加强与其他金融机构合作，拓宽资产转出渠道，力争实现存量贷款更大量转出。今年信贷结构调整任务艰巨，各行要加强对压降工作的监测分析，做到按季通报，按季考核。既要合理控制四大行业增量，又要着重调整存量，确保今年压降目标按时、按质、按量完成。

（二）抓好投行改革，实现经营转型新突破。在投行业务即将进入第二个十年的关键时刻，总行党委经过反复酝酿和科学论证，近期通过了总行投行部利润中心改革和全行投行业务经营管理体系改革的方案。

1. 加快业务整合，促进结构升级。强化总行投行部的直接经营定位，总行投行部主要开展重组并购、股权融资和高端财务顾问等品牌价值高的投行业务。加强投行产品线梳理，将短融中票、资产交易、银团贷款、理财融资业务归口至总行公司业务一部经营管理。基础类投行业务实行“分步走”，暂由投行部继续管理，同时投行部保留研究中心提供服务支持。原则上分行投行部门的职能要与总行投行部保持一致，条件成熟的分行可在改革初期将基础类业务调整至公司业务部门。

2. 推进利润中心改革，激发经营活力。将总行投行部打造为利润中心，优化内部处室设置，加强全行投行团队建设；分行可单独设立投行部或挂在公司业务部下，组建10—20人的团队从事品牌类投行业务。

3. 建立分润机制，理顺经营管理机制。现在的初步设想是，投行利润中心对基础类收入按5%与分行模拟分润。对品牌类投行收入，原则上由投行利润中心与分行按2:8实际分润，两年过渡期内可将总行分润部分还原给分行模拟考核。对投行利润中心与资金渠道部门合作的股权融资、并购融资等业务，整体收益扣除相关费用后，由分行与资金渠道部门按5:5实际分润，之后再由投行利润中心与分行按2:8分润。同时，要在分行长经营绩效考核指标体系中设置一定权重专项考核品牌类投行业务的发展，通过考核激励手段引导全行自觉贯彻执行总行的战略部署。

这次投行业务改革意义重大，任务艰巨，时间紧迫，我提几点具体要求：

一要高度重视投行改革的紧迫性。总行党委这次决心非常大，全行必须拿出敢为天下先的改革意识和百折不挠的创业精神，改变对现有投行发展模式的惯性依赖，按照总行要求早谋划、早实施，启动投行业务二次创业，争取改革发展主动权。总分行要在第一季度完成机构调整、定岗定编、人员划转、业务交接以及财务改革实施方案的制定出台等前期工作，这是投行业务发展新的机遇期，各相关部门要尽快按照新职能、新机制开展工作，确保不影响第一季度各项业务指标和工作任务的完成。

二要抓住改革实施的关键环节。这次改革的核心任务是要加强投行业务的项目运作能力、提升投行业务品牌形象。要实现这一目标，关键在于加强业务联动和队伍建设。首先是加强商投互动，发挥全行整体资源优势。利润中心改革绝对不能削弱，而是要进一步加强投资银行与公司业务、资产管理、私人银行、专业融资等专业条线的分工合作，加强总分行、境内外、集团与附属公司的联动。总行投行部要与相关部门、各分行、工银国际等机构，建立有效的信息沟通机制，构建共同的客户群。公司与投行部门要主动创造客户需求，主动互相推介客户，实现客户资源共享。要发挥境内外投行机构各自优势，把工银国际的团队、专业、牌照优势和境内机构的渠道、客户、资金优势结合好，发挥出整体合力。其次是加强队伍建设，为投行改革提供人才保障。总行投行部要尽快通过系统内招聘和市场引进，在第一季度前补充30人，建立90人的专职团队。各行要根据市场潜力、发展基础，配备专门的品牌类业务团队，境外机构要配备1—2名专职并购人员，全行初步建立起约500人的品牌类投行团队。要加大培训投入，在赴投行机构交流、培训或以工代学等方面适当倾斜。要加强总行投行研究中心建设，充实分析师队伍，提升投行研究行业覆盖面和研究深度。

三是全力打造拳头投行产品。重组并购业务方面，要综合运用各项产品，切实提升并购融资安排能力，推进并购“融资+顾问”综合服务模式。要加强境外机构投行团队建设，积极推动与境内外中介机构的互补合作，拓宽境外并购项目信息来源，提升跨境项目落地操作能力。要明确重点并购行业和客户标准，建立并完善重组并购客户库和项目库，夯实并购业务发展基础。股权融资业务方面，PE主理银行业务要重点挖掘央企和省属企业股权融资、上市公司产业链并购、拟上市企业私募融资等重点领域业务机会，在热点产业投资领域提早布局，争取2012年股权募资规模超过300亿元。要探索企业股权私募及上市顾问业务创新模式，加强与国内优秀券商合作力度。以“可认股安排权”产品提前锁定与优质拟上市企业合作关系。高端财务顾问方面，要重点发展多样化的高端财务顾问类型，尽快形成高端财务顾问的业务模式，开辟品牌类投行收入新的增长点。

（三）抓好金融资产服务，做大资产管理规模。董事长在发展战略研讨会上明确提出，金融资产服务业务应该成为未来业务发展的方向，成为经营转型中重点发展的战略领域。去年全行在金融资产服务方面实现了较大突破，要借助良好的发展势头，加快布局金融资产服务业务。重点围绕债权资产交易市场、债券承销、资本市场等做大金融资产服务业务，力争2012年实现交易和服务总额增长20%以上，达到1.2万亿元，总收入超过60亿元。其中债券承销2 600亿元，资产交易3 200亿元，委托贷款2 800亿元，银团贷款分销1 200亿元，股权融资300亿元，同时力争在资产证券化领域实现突破。要建立完善的统计和分析制度，做到全面统计、定期分析。要加强统一管理，从营销调查、信息统计、风险控制及分析监测等各环节介入，强化全流程管理。要依托各方面资源，联合各产品条线，发挥客户基础雄厚、管理体系完备、产品服务优异、金融创新快速等优势，通过商投互动、境内外协同、多产品综合的方式，全面推动债券承销、资产交易、银团贷款和股权融资等业务营销。

1. 加大债券承销业务营销，进一步扩大市场份额。当前债券市场正处于快速发展阶段，信用债券余额占本币贷款余额比例已从2005年的1.63%提高至2011年的8.12%，日益发展为企业融资的主要渠道之一。除短融中票外，还发展出了超短期融资券、私募债、保障房债券、政府债、境外债等新产品，同时“区域集优债”、“融资平台资产证券化”等新产品正待研究推出。在债券市场多元化发展加快的形势下，全行要抓紧整合相关产品和业务，拓展市场时要做到两个一体化。一要做到直营客户和非直营客户承销一体化。要借本次投行改革的契机，打破直营客户和非直营客户之间的界限，通过一体化推动，消除业务发展短板，实现业务发展齐头并进。二要做到境内债和境外债承销一体化。要充分发挥我行海外分支机构的作用，通过境内外协同，加快拓展境外债承销业务市场。为了实现承销业务一体化发展，要进一步做到三个统一。一要统一团队。债券市场是非常专业的市场，要建立专门的团队负责业务推动。二要统一营销。要集中人员和业务资源，统一开展营销，为客户提供标准和高效的服务。三要统一管理。要对业务的营销、尽职调查、后续管理、风险控制等各个环节进行统一的管理运作，确保业务良性发展。

2. 把握好四个兼顾，多方位推动资产交易业务快速发展。经过近三年的发展，以理财融资、代推介信托及信贷资产转让等产品为主的资产交易业务已发展为比较成熟的业务线，未来要通过继续完善业务模式，做到四个兼顾。一要兼顾市场拓展与信贷结构调整。推荐理财投资项目要按照全行信贷结构调整的总体要求，坚持优中选优、风险可控，优化入池项目的行业与期限结构，做大业务规模。二要兼顾业务收益与重点客户关系维护。要根据市场形势，结合创新服务努力提高项目议价能力，提高收益水平，同时要发挥资产交易业务满足客户资金需求的积极作用，在坚持市场化原则下掌握适度灵活，维护好重点客户关系。三要兼顾多产品推动。要在继续开展北金所委托债权或委托贷款等业务品种基础上，稳步拓展并积极应用租赁资产收益权、贸易融资应收账款收益权交易、专项债权计划及 TOT 信托收益权等理财业务创新模式；加强代推介信托项目的营销推动，积极拓宽除理财资金外的其他投资资金来源。四要兼顾业务持续发展。今年理财融资到期项目较为集中，要提前做好预案，平稳落实项目到期后还款或后续融资安排。要在监管框架下继续探索存量资产转让，在年初各行规模相对宽松时，实现部分信贷资产转让及银团贷款份额转出。密切跟踪与联系监管部门，加快推进信贷资产证券化业务的申报与开办。

3. 加速构建银团分销网络，扩大银团贷款业务规模。一要加快构建涵盖行内机构、境内外同业银团分销网络。行内要加快整合境内外机构，构建内部交易网络；境内分行要深化大行合作、挖掘中小银行潜力，不断扩展分销范围，每家分行至少要同四家以上中小银行建立稳固的银团分销关系，要消除“零牵头、零分销、零代理”现象。境外分行要加快与当地银行合作，组建基于国际市场的全球银团销售网络。通过建立银团分销网络，将我行打造成为银团市场的高端组织者。二要顺应结构调整导向，将银团安排服务与信贷新市场新产品紧密衔接。根据信贷结构调整导向，提升对“四大新市场”牵头银团贷款业务的渗透率，改变银团贷款过于集中于传统基础设施领域的局面。同时，综合运用银团分销、俱乐部贷款拼盘、已承诺份额转让、已签约双边贷款转换银团等分销方式，提高流动资金、贸易融资、中小企业银团占比。三要加强资产经营理念，提升综合收益水平。在信贷资源配置上，要倾斜我行牵头的银团项目，以较少贷款增长撬动更多银团贷款分销份额。要培育信贷资产分销的经营理念，通过发放—分销的经营模式，在提供有质有量的金融服务前提下，增加顾问费、安排费、承诺费、代理费等中间业务收益。四要加强内部管理，实现规范经营。要重视银团贷款业务的规范化管理，做到开展银团贷款业务有专项计划目标、有专岗组织推动，有专人统计、监测和分析。按监管部门各项业务指引、协议文本等要求，规范拓展业务。

（四）抓好公司金融业务国际化，推动全球市场一体化经营。要以我行已经形成的境外机构、重点产品、科技系统为支撑，以解决客户关系管理为突破，推动公司金融业务国际化发展。一要建立境外目标客户和目标项目库，为境内外分行开展营销提供信息。总部所在地和项目所在地机构提供走出去的中资企业和引进来的外资企业信息，总行统一汇总，按月向境内外分行发布最新信息。要根据项目具体情况，由总行牵头营销或推动分行营销。要按月进行统计排名，作为境内外分行内外联动工作的评价依据。二要探索建立全球客户经理、项目工作组的工作模式。针对国际化重点目标客户和项目，组建跨部门、跨分行的全球服务团队或项目工作组，协调境内外分行，组织推动业务发展。三要以产品为先导，推动业务发展。要加快梳理国际业务重点发展产品，根据客户投资布局和经营特点，明确重点适用产品。在推广产品和服务、争取重点项目时，对境外机构在政策、资源上给予适当倾斜。四要统筹各方资源，建立交易管理为主的业务发展模式。境外机构要改变以持有业务为主的发展模式，加强与当地同业联系，建立交易网络，形成以交易管理为主的业务发展模式。

（五）抓好公司存款，稳固业务发展基础。2011年，受流动性紧张、信贷投放放缓等因素影响，公司存款增加 1 101 亿元，同比少增 2 214 亿元，全行有 17 家分行负增长。公司存款增长不理想，有客观原因、更有主观原因。新年伊始，全行要及早谋划，认真研究布置年内存款工作，力争全年新增公司存款 2 000 亿元。一要加快大额资金流向监控平台的推广应用，强化公司存款的基础工作。各行要建立平台系统应用领导负责制，分管公司业务的副行长要亲自挂帅，督导大额资金管理工作进展；要明确部门分工，落实责任，对平台应用实行专人、专职、专责管理；要建立目标客户营销进度跟踪机制，全面提升目标客户开户率；要加强信息传递与沟通，强化异地客户联动营销；要依托平台，加强信贷资金管理，确保信贷资金留存率达到 80% 以上。二要实现拓户增存新突破。各行要建立起目标客户营销进度跟踪机制，将目标客户开户率作为衡量营销成果的主要依据，力争 2012 年全行目标开户率达到 30% 以上，全行依托平台成功营销目标客户力争超过 3 万户。三要提高资金留存比例。各行要加强对资金流向的监测和分析，对资金持续大量流失的分行，要认真梳理、仔细排查，找出资金流失的真正原因，对除归还贷款外，其他流出资金要做好限期回流工作。各行要克服重贷轻存观念，总行对信贷资源占用大，但缺乏资金管理能力，对去年新增公司存贷比不到10%的分行，将适度调减今年新增公司信贷规模。四要落实公司存款责任、完善相关工作机制。公司存款是公司业务领域的一项重要工作，各行公司业务部门要责无旁贷抓好这项工作，公司业务部门要认真做好有贷户存款营销，加强对系统的指导和管理，组织落实各项营销措施，把目标客户营销好、服务好。各行要结合本地实际情况，建立“大额资金无故流失”、“目标客户开户率下降”、“同业净流出持续增加”等问责制，将公司存款工作责任落实到具体的单位和人员。

（六）抓好信用风险管理，确保业务持续健康发展。一要加强新市场拓展过程中的风险防范。要把握新市场运行规律，找准目标客户群，切忌为盲目营销新市场，拓展客户基础而降低准入门槛。另外，当前贸易融资发展迅速，要注意防止虚假贸易，提高风险识别能力，确保融资安全。二要加强融资平台和房地产贷款风险防范。对政府融资平台，要通过退出部分项目，加快贷款重组计划，补充合法有效抵质押物，避免地方偿债能力下降将风险转嫁我行；要进一步严格执行房地产贷款封闭管理规定，逐笔进行风险排查，提前制定可行的风险防范预案，加快退出综合实力不强、资信状况一般的中小房地产客户。要确保落实退出名单中列明的退出任务。三要防范经济下行产生的风险。尤其是要防止经济周期波动对中型企业和小微型企业考验。四要加强四大行业压降过程中的风险防范。四大行业贷款压降是信贷结构调整的重点，工作要细致周密，防止贷款压降过程中部分客户资金链断裂。

（七）抓好队伍建设，为业务发展提供有力保障。要坚持量质并举，抓好信贷队伍建设。一要加大配备力度。力争2012年新增客户经理3 000人。要通过多渠道补充客户经理人数，重点从取得对公客户经理序列和营销序列专业资格人员、客户经理助理人员中选拔优秀人才，同时通过社会招聘选拔补充部分客户经理。要配备合格的客户经理助理，分流客户经理日常操作性工作。各行要根据市场潜力、发展基础逐步配备投行专业团队。二要提升队伍素质。要加大对各级管理人员培训，实现“专家治贷”。要以客户经理资格认证为抓手，全面落实持证上岗制度，推进客户经理牵头的“一站式”营销服务机制。要加强客户经理队伍和投行专职人员培训投入，安排其赴境内外投行机构参加各类短中长期交流、培训或以工代学。

（八）抓好管理和服务提升，确保贷款企业相关中间业务收费健康发展。近期，随着宏观环境变化及企业经营出现困难，监管部门、社会舆论以及刚刚结束的全国金融工作会议都对银行收费问题给予了高度关注。与公司贷款关联度较高的收费，包括基础类投行、承诺、贸易融资安排、对公贷款服务费等，更是关注的焦点。前期发改委对部分分行进行检查，认为我行存在个别收费与服务不匹配、与贷款捆绑收费和强制收费等现象。这个问题处理不好，将严重损害我行的社会形象。董事长和杨行长对这个问题非常重视，提出要认真整改，规范发展。对于与贷款相关的收费问题，总行已进行了专题研究，并成立了三个工作组，赴有关分行调研，拟根据调研情况，出台规范贷款企业相关收费问题的文件。我先提几点要求。一是每一笔收费必须符合“依法合规”、“服务匹配”、“要素完备”、“客户自愿”四项原则的要求，各行必须抓紧自查、抓紧整改。所谓“依法合规”就是每项收费要有相应的总分行制度规定，不得自立名目，擅自收费；各行要全面清理内部文件、纪要，坚决杜绝出现任何明文规定“利息上浮部分收费”、“以收费为贷款前提条件”等违规现象。所谓“服务匹配”，就是不能只收费不服务或提供无实质内容的服务，服务与收费项目要相关。所谓“要素完备”，就是逐笔收费都要“有审批记录、有合同协议、有服务记录”，有据可查。所谓“客户自愿”，就是不得利用信贷业务捆绑收费、强制收费，坚持客户自愿原则，各行必须2月底前完成全面的自查，总行将随后开展复查。二是要重点做好小微企业收费管理。去年，国务院要求不得对小微企业收取承诺费、资金管理费，严格限制收取财务顾问费、咨询费。总行近期根据调研情况将会进一步出台规范小微企业收费的文件，各行届时要按照总行要求认真抓好这项工作。三是要按照“整合一批、规范一批、承载一批、还原一批”的思路重点梳理基础类投行业务，坚持合规、规范发展。“整合一批”，即将信息咨询服务整合进管理较为规范的常年财务顾问业务。“规范一批”，要求各行必须督促辖属分支行按照上述四项原则逐笔业务进行规范。“承载一批”，即以高端财务顾问业务承载基础类业务中具有较高技术含量的部分。“还原一批”，即将确实无法做到服务与收费匹配的收入做好还原，坚持风险收益相匹配的原则，做好利率定价。要通过规范管理，保持此类业务的健康持续发展。

同志们，经过近几年的经营转型，我们取得了辉煌的业绩，现在我们又站在新的起点，面临许多新的挑战和新的机遇，我们要以勇于进取、敢为天下先的精神，应对新挑战，抢抓新机遇，始终坚持科学发展，深化经营转型，全面开创公司与投行业务新局面。

坚持外延拓展与内涵提升相结合
进一步强化电子银行创新竞争优势

——在中国工商银行电子银行业务工作会议上的讲话

易会满

（2012年1月19日）

这次会议的主要任务是，贯彻落实全行发展战略研讨会和年度工作会议精神，回顾总结电子银行业务工作，分析电子银行业务面临的新形势，部署2012年工作任务，动员全行进一步提高对发展电子银行业务重要性的认识，全面发挥电子银行促进全行转型发展的作用，强化电子银行业务的创新竞争优势，向国际一流电子银行目标迈出更大的步伐。

一、抢抓机遇，电子银行在高起点上实现了新突破

2011年，电子银行围绕全行中心工作，深入实施电子银行业务渗透与提升战略，积极加快市场拓展，努力提升质量效益，超额完成全年各项任务指标，在高起点上实现了业务发展的新突破，为全行的经营发展作出了重要贡献。

（一）规模和效益跨越式增长。实现电子银行交易额288.9万亿元，增长25.5%；个人网银客户突破1亿户，达到1.18亿户，增长22.8%，在同业中率先建立了亿级的网上银行客户群体；企业网银、手机银行客户数分别达到284万户和4 820万户，较上年末分别增长18.8%和63.4%，持续领跑国内市场；电子银行业务年收入突破100亿元，达到101.8亿元，经营效益大幅提升。

（二）结构与质量进一步优化。网上银行证书客户发展进一步提速，个网和企网证书客户分别新增1 263万户和44.8万户，总量增长60.8%和30.7%。网银客户整体结构持续优化，客户活跃程度进一步提升。截至年底，证书客户占企业和个人网银客户比例分别达到了53.5%和28.3%，同比提高4.9个和6.7个百分点；交易离柜率在50%和80%以上的电子银行活跃客户占比分别达到41.4%和20%，较年初提高11.1个和7.7个百分点，超额完成全年35%和15%的任务目标。

（三）促进全行经营转型的作用更加突出。电子银行业务笔数占比连续突破60%和70%大关，达到70.1%，较上年末大幅提高11个百分点。交易量相当于2.1万个网点，21万柜员办理的业务规模。全行53.4%的个人基金、57.2%的个人理财产品、95.5%的外汇买卖和99.9%的账户贵金属交易均通过电子银行渠道办理，交易主渠道作用日益发挥，渠道贡献显著增强。

2011年，在《亚洲银行家》、金融客服联盟等国际国内媒体和机构举办的评选中，我行分别荣获“年度中国最佳网络银行”、“电子银行综合实力奖”、“最佳网上银行用户体验奖”、“金融客服精英团队奖”等35个奖项，获奖数量再创历年新高，充分体现客户和业界对我行电子银行的高度认可。

过去的一年，围绕电子银行业务的持续、健康、快速发展，全行上下鼓足干劲、紧密协作，电子银行产品创新、市场拓展、服务提升、业务分流、海外推广和风险防控各项工作均取得可喜成绩。

一是加快业务创新，产品应用实现新突破。全年共推出54项面向客户的创新产品，iPhone手机银行、iPad网上银行分别荣获苹果中国区2011年度五项最佳财经应用，并成为唯一入选的银行。业内首创工银电子密码器、工银E支付等新产品，成功推出企业网银行业版和个人网银个性版，投产铁道部互联网售票项目并售出我国首张铁路电子客票，优化完善企业网银贵宾室、工银信使、手机银行等195项产品功能，实施银企互联精品工程、U盾安装易用性提升等精细化项目，进一步巩固产品竞争优势。完成7个NOVA版本的测试和投产验证，认真组织开展新业务的试点与推广工作，持续提升应用质量。各行重点推进区域特色业务创新，共推出89项区域特色产品。其中，北京分行开通网上预约医院挂号服务，上海分行推出多渠道银彩通，湖北分行实现ETC路桥收费网银和手机银行充值，天津分行投产“工行校园通”电子渠道校园卡充值服务，开辟新的业务增长点，推动电子银行产品在目标客户群体中的渗透。

二是强化营销推动，市场拓展取得新成效。成功举办“金融@家‘亿’路有你 共续辉煌”全行性大型系

列营销活动，深入开展企业柜面活跃客户等多项精准营销，进一步扩大市场影响力，提高客户活跃度。正式开通我行官方微博，搭建与客户近距离沟通的新平台。加强电子商务业务管理，规范我行与第三方支付公司的电子商务业务合作，全年新增商户313家，进一步巩固市场领先优势。大客户营销与拓展进一步加快，全年新增银企互联客户450户，有效巩固全行的企业优质客户市场。在认真落实总行统一营销部署的基础上，各分行结合辖内实际，开展各具特色的市场活动。如广东分行应用特色抽奖平台，联合多家商户开展形式多样的优惠活动，吸引大量客户参与交易和互动；江苏、山东等分行运用电话外拨和短信营销积极推介工银信使等业务，在拓展客户的同时，拓宽收入来源；湖南分行联合省供销总社搭建农村电子商务平台，带动向省内农村市场的金融服务渗透。

三是创新服务模式，服务提升迎来新跨越。大力推进短信银行、在线客服等新型服务手段建设。一年内实现短信银行跨越式发展，短信业务量累计达到715万笔，服务客户超过347万户，12月分流电话银行人工业务量的比例达到29.8%。电子银行中心（广州）正式开业运营，形成了以四大电子银行中心为支撑的服务支持新格局。非信用卡人工电话呼入量达到6 671万通，日均18.3万通，电话接听率达到95.1%，20秒电话接听率达到90.7%。建立电话人工服务热点问题分析解决机制，促进全行产品功能和服务流程的不断优化。成功组织各中心和分行开展电话客服业务连续性运作计划演练，提升电话客服业务应急处置能力。完成电子银行业务流程优化的阶段性工作，有效提高业务处理效率。其中，柜员办理电子银行注册业务处理时间缩短至5-9分钟，效率提升40%，变更和注销业务处理效率分别提升45%和66%。全行广泛应用客户服务与投诉支持管理系统，深入开展电子银行产品经理培训，共培训4 300多名一线业务骨干，进一步提升基层服务能力和水平。

四是全力组织推进，业务分流开创新局面。2011年，电子银行围绕柜面业务分流这一全行性的中心工作，着力推进，实现良好开局。总行层面强化组织推动，两次召开全行柜面业务分流视频会，建立周例会、月通报的工作机制，深入多家分行开展业务调研督导，同时组织开展柜面转账汇款业务营销活动，加强客户分流引导。截至12月末全行柜面业务可分流率为39.2%，较上半年降低2.5个百分点。不少分行因地制宜，在机制建设、资源投入、督导推动等方面开展大量工作。北京、广西、深圳等分行将分流指标纳入分行综合绩效考核；浙江分行开发柜面业务分流数据分析系统；四川等分行尝试对电子渠道业务量实行放大还原，对柜面银行卡存取款和转账汇款按一定折扣比例计算业务量，有效调动一线业务人员的分流积极性。

五是加速境外布局，国际化拓展迈上新台阶。在欧洲五国分行、加拿大子行投产FOVA海外网银业务，在工银澳门等境外机构投产全功能电话银行服务，并推出账户贵金属、外汇买卖、企业网银财务室、海外电子商务等多项创新产品。总行通过选派业务骨干开展现场支持、组织专题培训、编发业务资料等方式，加大对境外电子银行业务的支持力度。截至去年底，工银澳门等22家境外机构对外开通网银业务，形成包括门户网站、个人网银和企业网银在内，拥有九种语言版本的较为完善的产品体系；电话银行已受理11家境外机构的客户咨询和业务支持工作。海外网银新增个人客户5.4万户、企业客户3 217户，客户总数分别达到16.2万户和1.4万户，实现新的发展。

六是加强制度建设，风险防控取得新进步。实施新版电子银行业务制度，组织开展制度培训月活动，全行累计举办培训活动1 000余场，培训12.5万人次，覆盖机构和网点近9 000家。利用数据仓库构建风险监测模型并开展风险非现场监测，进一步强化对风险的主动监测。将网银注册与反洗钱客户风险分类系统对接，强化对洗钱高风险客户的系统硬控制。加强网银注册业务风险教育和风险提示，网点人员风险意识进一步增强。累计防堵外部欺诈风险事件77起，62个基层网点和107名员工获得总行通报表彰。大力开展客户安全教育和二代U盾、短信认证等产品推广，进一步提升外部欺诈风险防范水平。

2011年，全行电子银行业务在多年持续快速发展的基础上，取得全方位的新成绩、新突破，超额完成2009—2011三年规划的各项任务目标，巩固了在国内同业中产品功能最丰富、客户数量最多、市场份额最大、经营效益最好的领先地位。这些成绩的取得，是总行科学决策、正确领导的结果，是各相关部门高度重视、紧密配合的结果，更是全行特别是基层行员工全力拼搏的结果。在此，我代表总行，向全行为电子银行业务发展而付出努力的同志们致以诚挚的问候，对你们在过去一年中的拼搏与奉献表示衷心的感谢！

二、面向未来，齐心协力推进业务发展再上新台阶

去年专业会，总行在认真分析未来一段时期电子银行面临的发展形势的基础上，结合总行党委对电子银行的要求，提出了构建六个方面的战略重点、实现四个翻一番、打造三项引领优势的发展方向，这些指导思想符合当前业务发展战略需要，也体现了董事长在全行发展战略研讨会和年度工作会议中关于电子银行未来发展的相关要求。在制定电子银行2012—2014年业务发展规划的过程中，总行贯彻上述战略构想，进一步明确了未来三年的发展思路和具体目标：未来三年电子银行要围绕全行发展战略，以促进全行经营转型为目标，加快面

向新技术、新市场、新渠道的业务创新与拓展；坚持业务规模与结构质量并举、市场拓展与服务提升并重，优化业务流程，提升客户体验，强化业务分流，提高客户活跃程度，持续增强盈利能力，确保业务规模、质量、效益全面协调发展；进一步完善全球服务体系，不断加强业务风险防控，将国际一流电子银行建设全面推向深入，把我行电子银行锻造成为实现“三最”愿景的重要核心竞争力。2012 年到 2014 年要新增网上银行企业证书版客户 100 万户，新增网银个人证书客户 5 000 万户，新增手机银行客户 5 000 万户，个人网银客户和手机银行客户总数分别超过 1.7 亿户和 1 亿户，业务离柜率在 80% 以上和 50% 以上的活跃客户占比分别达到 25% 和 50% 以上，柜面业务分流工作取得明显成效。

2012 年是新一轮三年规划的开局之年，电子银行业务发展环境也显现出一些新的特点：

一是移动金融服务迅速升温。移动金融服务的迅速兴起和持续快速增长，势必成为当前和今后一段时期电子银行发展的一个显著特点。去年末，我国手机网民数量已达 3.56 亿，占网民总数的比例达 69.3%。网民上网的应用深度进一步拓展，手机银行、手机支付等移动金融服务日益为社会大众所接受。银行业针对移动金融市场的创新和服务也进一步升级，面向 iPhone、iPad、安卓等各类智能终端的客户端应用层出不穷。目前，网上银行是对传统银行服务的替代。今后，移动银行将会对网上银行和传统柜面服务实施新一轮替代。如同网上银行发展初期对客户电脑和浏览器的渗透和占领一样，今后几年将是移动银行进入客户手机的黄金时期和关键阶段。这必将伴随着客户和市场版图的新一轮选择和划分，也将为电子银行的发展提供新的机遇和空间。我们在网上银行领域建立了优势，但是面对移动银行的迅速发展，如果不能把握机遇、抢占份额，不能从渠道端把握客户，原有的优势就有可能被蚕食，甚至被颠覆。

二是客户对电子金融服务的需求进一步升级。随着社会发展和信息化水平的不断提升，客户对电子银行的认识不断深入，接受程度也越来越高，对电子银行服务的要求也越来越高。突出表现在对安全性和便利性的要求进一步升级，要求在尽可能保证安全的情况下，让电子银行的安装、登录、使用更加简单、方便、快捷。如何协调安全性和便利性这对矛盾，是竞争客户的重要因素。近期我行有所突破：比如二代 U 盾，在提高安全级别的同时，进一步优化驱动，安装更加便捷；又比如电子密码器的推出，既减少驱动安装环节，又实现多渠道应用；再比如工银 E 支付，满足网银和手机小额支付的安全性和便捷性要求，同时避免了第三方快捷支付存在的客户信息泄露问题。这三项产品都是我行首创，为下一阶段的发展提供了一定的引领优势。未来一段时期，要牢牢抓住客户需求升级的有利契机，加大宣传和引导，充分发挥优势抢占市场，重点是抓好证书类客户的拓展，做好方便客户、有利于客户体验不断提升的新型产品的应用推广。

三是市场竞争更趋白热化。近年来，银行同业都进一步加大了对电子银行的资源投入和发展力度，一方面是对自身客户群的挖掘和转化都进一步提速，另一方面更加注重客户的外延性扩张，突出体现在对新技术、新商业模式、新营销模式的市场化应用与推广。如一些银行推出的针对智能手机的移动金融门户类应用，又如越来越受客户关注的微博应用、团购营销，还有各类秒杀、节日促销等。这些新应用、新模式，充分体现银行服务与网络信息技术相结合的巨大活力，具有创新性强、辐射面广、影响力大、热点转换快的特点，也对我们稳定现有客户、拓展新客户提出新的挑战和考验。这就要求我行在做好传统网点营销的同时，更加敏锐地洞察市场机遇，更加迅速地响应客户需求，更加注重发挥电子银行自身优势，进一步加大投入，加快产品、营销与服务模式的创新。

在客观认识和把握当前外部环境新变化的同时，全行还应清醒地认识到自身业务发展中存在的问题。一是电子银行整体的引领作用尚未全面发挥，如何利用电子银行特有的优势，带动新产品、新市场、新客户、新领域的拓展，效果还需要进一步扩大。结构调整任重道远，优质客户占比和客户的活跃程度还有待进一步提升。二是对电子银行推动的机制还需要进一步完善。经过十二年的发展，电子银行已探索出一条健康快速的发展道路，形成一套行之有效的发展机制，但不同分行的重视程度、发展成效差异性仍然不小，业务推动的力度还需进一步加大。境内外业务发展也不太平衡，特别是境外机构之间发展更不平衡，境外业务发展还要进一步提速。三是便利性和客户体验与客户期望还有差距，网银界面、U 盾安装、业务办理流程还有优化的空间。四是风险防范还有待进一步加强。如何把各项风险防范措施真正落实到位、落实在各业务环节中，还需进一步探索。

面对当前的形势，要做好下一阶段的工作，关键是要统一思想，进一步提高对电子银行业务发展规律的认识。

（一）促进全行经营转型是电子银行业务的基本发展方向。如何站在全行发展战略的高度，通过大力发展电子银行业务，把适应外部环境和技术的变化，与全行经营转型有机地结合起来，这是电子银行业务发展的方向，也是生命力和价值所在。主要体现在三方面：一是电子银行是竞争未来客户的根本途径。银行是经营客户的企业，谁把握了未来客户，就能在未来竞争中占得先机。发展电子银行业务，是适应客户网络化生存模式发展潮流的需要，是竞争年轻客户的需要，是竞争高端客户的需要。未来的客户，将更多通过网络虚拟渠道享受银行的服务；未来银行的竞争，也将逐步减少对物理网点的依赖。不能为客户提供便捷、高效、优质的电子银行服务，失去的将不仅仅是电子银行业务，而且是一系列金融服务的选择，最终将影响客户的选择，尤其是未来客户的选择。二是电子银行是竞争新业务、新产品、新市场、新领域的重要手段。作为一项产品和业务，可以在移动银行、短信银行、电子商务等领域大有作为；作为一个渠道，可以延伸我行服务辐射范围，促进向县域、商品交易市场等的覆盖；作为一个平台，可以大力发展账户贵金属、账户外汇等账户交易类产品体系，大力发展金融资产服务业务。三是电子银行是渠道转型的主要承载者。全行超过三分之二以上的业务已实现离柜。从渠道建设的趋势看，增设物理网点十分必要，但受人员增长和成本制约，远不能满足业务快速增长的需要。电子银行越来越成为竞争、稳定和维系客户关系的重要武器，也成为提高效率、节约成本的重要方式。电子银行不再是一个简单的渠道，更是检验银行经营转型程度和现代化水平的重要标准之一。

（二）坚持创新驱动是电子银行业务的基本发展原则。创新是电子银行业务发展的灵魂，也是核心竞争力的重要体现。越是在激烈的竞争当中，越是要依靠创新激发出强大的发展动力。创新要突出三方面内容。一是加快新技术的应用。网络信息技术的创新发展很快，从技术研发面世到应用推广，直至对人们的生活方式和行为模式产生广泛影响，整个过程都十分迅速。要成为电子银行的创新引领者，就必须持续不断地跟踪信息科学技术发展的最新趋势，加快新技术在电子银行的研发应用。二是加大商业模式创新。发挥电子银行作为交易载体、产品平台和信息渠道的优势，研发以交易功能为基础，整合内外部资源和流程，融合资金流、信息流等在内的综合性增值服务，让电子银行更深地嵌入到社会经济运行的各个链条和环节当中。三是进一步提升产品的易用性水平和精细化程度。电子银行的创新竞争在不断升级，对功能的模仿很容易，但如何让客户觉得好用和喜爱，才真正体现创新的功力。

（三）以客户为中心是电子银行业务发展的基本出发点。客户的体验、选择是检验电子银行发展成效的试金石。以客户为中心，一是要做到真正从客户的需求出发。打造国际一流电子银行，实现功能与产品最丰富、营销与服务能力最强大、互动与界面最友好、国际化拓展最广泛、新兴技术应用最全面的目标，关键还在于能否真正围绕客户来研发产品、设计流程、优化服务。二是以客户为中心需要有科学的方法。只有建立完善的客户体验工作机制，把客户体验方法贯穿到产品和流程的设计、优化当中，才能真正打造出电子银行精品。三是以客户为中心要具有强大的服务能力和优秀的服务水平。这主要体现在两个层面，一方面是对电子银行客户的服务，关键在于能否及时解决好客户使用过程中遇到的问题，完善售后服务，并提高客户对电子银行产品的应用水平和活跃程度。另一方面是对全行客户的服务，电子银行作为全行的集约化服务平台，需要充分发挥自身的服务优势，促进全行服务水平和服务形象的提升。

（四）处理好跟随与引领的关系是实现电子银行业务科学发展的途径。电子银行既要做好跟随，也要善于引领。跟随源于电子银行自身的特点。电子银行既是一项新业务，同时又是重要的渠道。作为渠道就是各类产品的承载者，离不开各专业的支持、协同与配合。实施引领战略的关键是能不能带来新业务、新产品、新市场、新领域。要处理好主角与配角的关系，在跟随上要主动当好配角，在引领方面要积极、要负责任地当好主角。只有主动地做好配合，才能够更好地发挥引领；如果在新领域能比较好地发挥引领，也会获得更多的支持和投入。电子银行的跟随与引领是相辅相成、辩证统一的，这样才能促成业务的良性发展，才能让各专业、各分行齐抓共管。处理好跟随和引领的关系，一方面需要客观认识，重点是要认识到电子银行的服务能力和服务水平；另一方面要主动寻找自身定位，进一步加大创新与拓展力度，主动寻求发挥引领的空间。

三、突出重点，扎实做好2012年几项业务工作

2012年电子银行业务发展的指导思想是：坚持外延拓展与内涵提升相结合，加快面向新领域、新市场、新客户的渗透，持续拓总量，着力调结构，强化产品和服务创新应用，深入推进业务分流，加快境外业务拓展，进一步加强风险防控，确保电子银行业务规模、质量、效益协调快速发展。

2012年电子银行业务工作要实现“一抓三提升”，即在抓好总量规模的同时，进一步提升网银交易占比、证书客户占比和活跃客户占比，具体发展目标是：新增企业网银证书版客户30万户，新增个人网银证书客户1 500万户，新增手机银行客户1 800万户，实现电子银行交易额280万亿元，电子银行业务离柜率在50%以上的客户占比提高4个百分点，柜面业务可分流率降低4个百分点，其中转账汇款可分流率降低1.75个百分点；境外网上银行新增个人客户5万户，新增企业客户2 500户。

为确保实现上述目标，重点要做好以下几方面的工作。

（一）进一步加快重点产品、重点客户、重点市场的渗透和占领，全面巩固电子银行竞争优势。董事长、杨行长在年度工作会议上对全行电子银行业务发展做出了重要指示，要求今年电子银行要坚持数量与质量并举，向新业务、新产品、新市场、新领域着力渗透，加大投入、加强推广，不断提升我行电子银行的核心优势。

一是突出发展证书客户。网上银行证书客户交易贡

献大、活跃程度高，对于优化客户结构、提升业务发展质量具有重要意义。集中精力加快发展证书客户，是总行一项重要战略部署，也是未来几年网上银行业务发展的基本方针。围绕证书客户发展，总行今年在任务指标、考核办法、业务推动等各个方面都有新举措，各行要全面领会总行的战略意图，抓紧制订全年证书客户拓展计划，逐级抓好贯彻落实。对企业客户，重点要抓好新增结算户的捆绑营销、重点企业客户的联动营销和普及版客户的升级营销，同时做好行业版企业网银的推广应用，满足企业客户的个性化使用需求。对个人客户，在加强新客户捆绑营销的同时，积极推动存量口令卡客户和静态密码客户的转化工作。2012 年全行要实现企业网银证书客户占比提高 4 个百分点，个人网银证书客户占比提高 7 个百分点。要通过证书客户的迅速拓展，快速提升交易规模，优化业务结构。

二是大力发展移动银行。要像十年前抓网银一样来抓移动银行，努力打造我行在移动银行领域不可复制的竞争力。各行要进一步加大营销力度，强化移动银行品牌宣传，广泛吸引客户认知、接受和使用移动银行。在持续拓展手机银行客户规模的同时，要特别注重对客户交易行为的引导。进一步加强对手机银行客户注册环节的交易宣传和演示，积极创新手机银行营销模式，通过开展手机银行交易有奖、电子商务与手机支付联合推广等方式，积极拓展移动金融交易需求强烈的个体商户、商务白领、高校学生等客户群体，扩大手机银行交易规模，力争用一年的时间实现手机银行交易额和交易笔数翻两番。

三是加快普及短信银行。要保持短信银行良好的发展态势，进一步丰富查询类功能，增加交易类功能，改善交互体验，加快实施短信银行的两大转变，第一是从以人工服务为主向自动应答、智能化服务与人工服务相结合的转变，第二是从咨询服务为主向咨询服务与办理交易并重的转变，推动短信银行业务范围、占比实现新跨越。总分行要统筹协调做好短信银行的营销与宣传，客户经理、大堂经理和网点柜员等一线服务人员要主动向客户宣传推荐短信银行，引导更多的客户了解、使用这项新产品，促进电话银行服务比例的降低。年内要确保实现短信银行占电话人工业务量的比例超过 40%，力争达到 50%。

四是主动介入包括第三方支付在内的电子商务市场。要进一步加大特约商户拓展力度，制定电子商务目标商户清单，逐户设计营销服务方案，全年要实现新增电子商务商户 600 户以上。对第三方支付市场要坚持主动介入、加强合作、全行整体利益最大化的原则，在强化总行对重点第三方支付公司直接统筹协调的基础上，研究对第三方支付公司发展二级商户实行差异化定价和交易限额管理，主动应对其对我行商户的竞争。要落实电子商务主办行、协办行分润机制，严格规范第三方支付公司多地开户、随意开放接口的行为，进一步理顺商户内部管理秩序。要大力推广工银 E 支付业务，提升我行在小额支付市场上的竞争优势。

（二）进一步加快产品创新与优化，提升产品易用性和客户体验。要围绕新产品研发和现有产品易用性提升两大主题开展电子银行创新工作，进一步拓展创新领域，提升客户体验水平，确立电子银行的竞争新优势。

一是围绕新业务领域强化创新产品研发。要以提升移动银行客户体验为重点，进一步丰富移动银行的产品功能，开发基于智能手机的客户端移动生活服务，进一步提升界面的友好性、功能的全面性和操作的便利性，建成集信息资讯、投资规划、增值服务、在线客服于一体的新型移动服务平台。要进一步利用电子银行渠道，加快对重点县域、发达乡镇、重点商品交易市场等的产品和服务模式创新，实现对新区域客户的延伸。要进一步拓展电子银行金融资产服务业务，实现理财产品定向销售、额度预约购买、客户识别等功能。要积极研发电子银行专属产品，探索研究小额电子支付钱包等新兴业务，进一步加大电子银行专属理财产品投放，确保我行专属理财产品发行数量、收益率等在同业市场的竞争力。要持续开展分行特色业务创新与应用，围绕银医合作、烟草、彩票、保险、行业类 B2B 等新业务种类和新专业领域，依托电子银行打造资金在我行循环流动的畅通渠道，在不断拓展电子银行新发展空间的同时，促进全行相关业务的增长。

二是持续引领新技术应用的行业潮流。要密切关注互联网和金融行业的创新趋势，积极研究微信、语音识别、二维码等新技术应用。要进一步提升电子银行对客户端的适应性水平，实现电子银行对苹果电脑等新终端以及谷歌等非 IE 浏览器的适配，扩大网上银行对各类上网人群的覆盖面。

三是进一步提升产品的易用性和客户体验。要以产品可用性测试和客户体验方法为依托，加强分析客户使用频繁、交易占比高的产品，进一步加大流程优化和产品改造力度。要建设网上银行和手机银行统一客户视图，实施电子商务商户端接口配置功能改造等一系列产品优化项目，不断提升产品的人性化和易用性水平。要全面梳理和优化企业电子银行申请表格，做好个人电子银行变更类业务免填单试点，进一步方便客户填写和柜员操作。

四是打造优质电话银行服务。各电子银行中心已全面建成，下一步要以打造国际一流呼叫中心为目标，全力推进电话银行的服务水平和服务质量再上新台阶。要加快推进石家庄中心、合肥中心和广州中心的新办公场地建设进程，保障服务工作的正常开展。要组织优化电话银行知识库，进一步丰富内容、完善结构、提升使用的便捷性，发挥好电话银行知识库作为全行性知识平台的作用。要在分析梳理客户行为基础上，优化电话银行自助语音树的结构和流程，引导更多客户以自助方式办理业务。要进一步加强对客户热点咨询问题的梳理与分析，加大与相关部门的沟通协调力度，促进全行产品、流程以及制度的不断完善。

（三）进一步发挥电子银行业务分流作用，促进全行经营转型和结构调整。去年以来，业务分流工作已取得初步成效。但与未来三年分流工作取得明显成效、实现大转变的目标相比，目前还仅仅是迈出了第一步。渠道转型和结构调整不是一朝一夕之功，柜面业务的分流是一项长期系统性工程，需要各级行和各相关专业高度重视、密切配合、常抓不懈。分流工作越往后越难，因此今年全行还要进一步加大工作力度，加强资源投入和机制保障，扎实打好压降柜面业务可分流率的攻坚战。

一是落实全产品销售。要坚决贯彻董事长的有关指示，除了有政策监管规定不能在电子银行渠道销售的产品外，其他在柜面销售的理财产品，包括各分行的区域性理财产品，一定要同时在电子渠道销售，并不断扩大电子银行渠道的销售额占比。为此，总分行的各相关部门要密切协作，切实完善理财产品的电子渠道销售机制。要大力推进分行本地特色业务在电子银行渠道的销售和办理，各行要对柜面办理的业务进行全面梳理，找出严重挤占柜面服务资源的区域性业务，加强与公共事业单位以及通讯、社保、高校、广电等相关部门的沟通合作，尽快将与人们日常生活密切相关的产品、服务投放到电子银行渠道。

二是全面抓好大中小各类客户的服务。在做好个人客户转型分流工作的同时，更要抓好对企业大客户的服务与营销。大客户仍然是电子银行业务的基础。要通过调研深入了解企业客户服务需求，优化企业电子银行的服务内容、服务模式和服务流程，进一步提高企业客户的满意度。要完善与行内营销部门的协调联动，进一步加快银企互联推广，全年新增银企互联客户500户以上，持续巩固我行在大客户市场的领先优势。要发挥好电子银行中心专家团队对一线业务人员的支持作用，进一步提升基层行对电子银行客户的服务水平。要依托客户服务系统做好全行电子银行客户的投诉管理，配合行内相关部门不断优化客服系统的流程和功能，进一步提升客户服务工作效率。

三是发挥好价格杠杆作用。要进一步完善收费机制，坚持电子渠道收费不能高于物理渠道、网银渠道收费不能高于自助机具的总体原则，实现不同渠道间的衔接与平衡，吸引客户更多地使用电子银行进行交易，促进柜面业务分流。发挥价格杠杆作用，可以继续通过阶段性优惠营销活动的方式来实现，增强重点产品、重点业务的吸引力，体现我行电子渠道的价格竞争优势。

（四）进一步加速境外业务拓展，服务全行国际化经营。随着全行国际化战略的深入推进，电子渠道对于境外各项业务拓展的支撑作用将日益发挥。下一步的境外电子银行工作，还是要坚持“全面推动、分类指导、重点突破、梯度发展”的原则。各境外机构要进一步提高对发展电子银行业务重要性的认识，加大资源投入，提升我行在全球范围的渠道服务能力和竞争力。

一是加快推进境外电子银行渠道建设。结合今年全行境外机构拓展计划，各相关境外机构要切实做好电子银行业务开通、系统投产等推广工作。其中，泰国、孟买、巴基斯坦、莫斯科等境外机构要正式对外开通网银业务，金边、万象等境外机构要认真制订网银业务开通计划并做好相关准备工作。已投产网上银行服务的境外机构要尽快开通电话银行人工服务。

二是加大境外市场拓展力度。总行将通过强化业务考核、定期表彰通报等方式，督导境外机构加快业务发展，同时还将传导境内营销经验，指导境外机构开展电子银行推广。各境外机构要结合本机构所在地区实际情况，建立并逐步完善营销支持体系，加大电子银行产品与其他产品线的捆绑营销，不断提升境外电子银行的客户占比与业务占比。

三是加强境外业务管理。各境外机构要切实落实电子银行各项制度与风险管理措施，根据电子银行业务发展情况不断完善相关制度办法，有效防控业务风险。总行将通过自查与抽查相结合的方式，对境外机构的电子银行业务管理情况进行检查与指导，促进境外机构业务管理水平的提升。

（五）进一步强化风险管理，确保业务持续健康发展。要以U盾、网银大额转账交易为风险控制重点，深入运用运行监控模型，进一步加强业务风险防控，为电子银行业务持续健康发展保驾护航。

一是深入抓好U盾管理。要坚持开展对基层员工的网银注册风险警示教育工作，坚持员工签字确认，做到风险点和控制措施人人知晓。将企业网银注册信息录入集中到业务处理中心办理，将证书解冻前的电话核实集中至95588办理，形成“网点+业务集中处理中心+95588”三道防线，避免“网点一手清”。进一步加强对U盾的管理，将U盾作为重要物品纳入核算要素管理系统，对U盾的入库、出库、申领、发放等环节均进行控号管理。认真按照我行会计档案管理相关规定做好对注册申请资料的核对和保管工作，将企业和个人注册资料全部纳入凭证影像传输系统进行电子化保管，落实各岗位的责任，确保资料完整、齐全。研究在个人和企业网银交易环节增加事中验证措施，增强对本人真实交易意愿的确认。持续抓好对基层网点业务办理规范性的监督检查，特别是客户身份真实性、申请资料完整性、客户签章齐全性等关键环节。要将监督检查责任落实到具体岗位和人员，确保业务办理经得起考验。抓好客户交易环节的风险防范，开展多渠道的客户安全教育活动，大力推广二代U盾、一代U盾+短信认证、电子密码器等产品，防范外部欺诈风险。

二是做好大额交易风险防范。大额交易是电子银行风险防范的重点。要持续研究针对公转私等大额交易的有效控制措施，做好电子银行渠道洗钱特征研究及身份识别和监控工作，加紧实现跨行公转私支付控制等系统优化，通过系统监测、培训检查等方式加强督导反洗钱措施的稳步落实，防范洗钱风险。

三是加强运行监控模型的应用。要进一步丰富业务运营风险监控模型，与分行共同利用数据仓库系统开展电子银行业务非现场监测分析，提升业务监督检查水平。各分行电子银行部门要与本行运管、内控部门密切配合，认真做好对网银大额资金交易的风险核查。风险事件的核查必须集中在二级分行以上机构，核查要全面、及时。要研究将企业网银业务全面纳入业务集中处理平台，同步提升业务处理效率和风险控制水平。

（六）进一步提升业务发展能力，夯实业务发展基础。主要体现在三方面：一是加强营销推动，通过加大宣传投入，强化营销组织与落实，推动各项业务发展目标的实现；二是加强考核引导，发挥好考核的指挥棒作用来带动电子银行各项工作的落地；三是加强队伍建设，通过深入开展业务培训，落实人员配备来提升电子银行业务发展能力。

在营销推动方面，要组织开展贯穿全年、主题统一的电子银行宣传推广活动，既要充分发挥网站、短信、微博等行内自有渠道的营销宣传作用，又要加大在外部网站、平面、户外和移动网络媒体的宣传资源投入，营造良好的柜面业务分流宣传环境和市场氛围。要持续深入开展中高端个人网上银行、企业网上银行、工银信使、柜面转账汇款等精准营销活动，同时研究建立客户行为分析模型，充分利用电话外呼、短信等远程电子化营销手段开展业务推广。各行要在总行整体营销宣传活动框架下，策划分行特色营销活动，认真组织制作宣传素材，做好电子银行品牌、亮点产品在行外媒体和行内网点的宣传，重点要突出对网银证书客户、移动银行客户的营销拓展。同时，要进一步加大营销资源投入，采取积分、U盾及密码器工本费优惠等多种形式的回馈活动吸引客户开通并使用电子银行。

在考核激励方面，总行党委对电子银行业务的发展非常重视，今年在分行行长经营绩效考核中进一步增加了电子银行考核内容，将柜面业务可分流率指标纳入了考评体系，并在保留客户发展和交易额总量指标的同时，新增了对电子银行交易笔数和活跃客户占比的考核，考核分值也将大幅提升。各行要结合总行考核思路的变化和基层业务发展的特点，有针对性地优化完善基层行行长绩效考核和电子银行专业考核，确保考核落地、工作落地、服务落地。特别是对网点的考核要保证责权与贡献的衔接挂钩，确保网点功能定位合理、柜员分配有效、岗位职责明确。各分行要进一步加强对电子银行产品销售的考核与激励，要应用MOVA系统做好一线营销人员的电子银行渠道销售业绩考核，辅以有效的产品激励措施，通过考核激励体现出谁做奖励谁，充分调动一线员工营销电子银行业务的积极性。

在队伍建设方面，总行将组织开展面向各级行管理人员的电子银行业务培训，进一步提高各级管理层对电子银行业务的重视程度。同时，还将继续组织面向分行业务部门管理人员、各级行电子银行产品经理的专项培训。各行要充分发挥主动性，在做好电子银行人员队伍建设的同时，加大业务培训力度。关于电子银行产品经理的配备问题，我再次重申，在二级分行要按照每1 000户企业网银客户配一名产品经理、每5 000名个人网银中高端客户配一名产品经理的标准，落实产品经理配备，并要优先保证业务规模较大的支行。要采取量化计价激励等方式，增强电子银行产品经理岗位的吸引力，提高从业人员积极性。关于基层培训，各分行电子银行部要加强与个金、公司、机构、结算等部门的联动协作，联合开展针对大堂经理、客户经理和柜员的电子银行业务培训，确保相关人员准确掌握电子银行业务知识，提升一线业务人员的电子银行营销和服务能力。

同志们，2012年是全行新三年发展规划的开局之年，全行要进一步统一思想，深化认识，以更高的使命感、责任感和紧迫感，积极加快业务拓展步伐，进一步优化业务结构，深入推进柜面业务分流，进一步强化电子银行的创新竞争优势，为我行建设国际一流现代金融企业做出更大贡献！

大力深化产品创新　促进全行转型发展

——在中国工商银行产品创新工作会议上的讲话

易会满

（2012 年 2 月 9 日）

这次会议的主要任务是，全面总结 2011 年全行产品创新工作情况，分析把握新形势，结合全行转型发展要求研究部署 2012 年工作任务，动员全行大力深化产品创新。下面，我讲几点意见。

一、2011 年产品创新工作取得积极成效，有力推动了全行转型发展

2011 年，全行坚定实施“人无我有，人有我优，推广应用一批、开发投产一批、研究储备一批”的产品创新战略，紧密围绕全行结构调整、服务提升、流程优化等中心工作不断拓宽产品创新的内涵和外延，推动产品创新工作取得了新的积极成效，为促进全行转型发展做出了重要贡献。

（一）创新推出了一批有较强竞争力的重点产品，有效促进了全行经营转型。一年来，全行大力推进产品创新项目研发，通过落实年度业务与产品创新计划、加强创新项目需求整合、强化需求质量管理、开展新产品立项风险评估等措施，确保了重点产品研发工作的顺利实施。创新推出了大宗商品交易市场仓单质押融资、逸贷卡、账户贵金属定投及双向交易、人民币外汇期权、iPhone 手机银行、iPad 网上银行、工银商友组合套餐、境外银联双币卡等一批有较强竞争力的产品，对于满足客户需求、促进经营结构调整和提升全行竞争服务能力发挥了重要作用。如大宗商品交易市场仓单质押融资产品依托网上商品电子化交易模式，以交易商品现货仓单为质押品，为市场交易商提供自助申贷、网签合同、提款和还款等服务，有效满足了交易商便捷获取银行融资的需求。又如，iPhone 手机银行和 iPad 网上银行为客户提供了全新的移动银行服务，客户可随时随地便捷地办理汇款、缴费、投资理财、账户管理等业务，满足了时尚高端客户群的金融服务需求，提升了我行电子银行产品竞争力。在全行共同努力下，截至 2011 年末全行产品总数达 3 243 个（其中我行自有产品 1 517 个，代销产品 1 726 个），同比增长 15.2%。

（二）推进了业务流程优化和产品服务模式创新，有效提升了服务水平。通过开展行内员工流程优化意见建议征集活动，梳理解决了 342 项涉及客户体验和服务效率的紧迫性问题，实施了客户综合开户、账户绑定和办理多笔非资金交易时一次签单确认的流程改造，建立了面向任务的引导式柜员操作模式，优化整合了部分输密、授权交易，减少了柜员重复操作，提升了服务效率和业务运营风险控制水平；创新推出了网上网下联动、排号机客户识别、电子银行预约取号、个人客户经理与客户互动联络等新型服务模式，方便了客户业务办理，缓解了柜面压力和客户排队现象。此外，还研发投产或优化完善了 MOVA 系统、大额资金流向监控管理平台、金融市场交易管理平台、境内外一体化清算支付平台、业务运营风险管理系统等重点系统平台，推动了业务创新，提升了经营管理水平。

（三）新产品推广应用得到加强，有效增强了产品创新价值创造能力。全行通过加强重点产品推广和产品创新贡献度考核、强化新产品培训、发布新产品信息和营销推广案例、统一编发全行产品手册和重点产品宣介材料、印发县域机构重点推广产品清单、创新产品精准营销和推荐营销模式、组织开展产品体验月活动、深入基层行加强产品销售服务支持等一系列措施，大力加强新产品推广应用，促使我行产品更多地被客户了解和使用，有效增强了产品创新价值创造能力。如总行运用数据挖掘方法分析筛选出预约周期转账、收款管家、汇款套餐等 31 项重点产品目标客户清单，发布至基层行开展产品精准营销，使部分产品营销成功率提高了数十倍。又如，在产品体验月活动期间，通过产品体验营销成功销售银行卡近 46 万张，发展个人电子银行客户 12 万余人，新增个贷客户近 1 万人。通过全行共同努力，许多重点产品推出后取得了良好的市场成效。在新型融资类产品领域，企业网络循环贷款新发放 1 498 亿元，客户数增加 1.1 万户；在新型电子银行产品领域，iPad 网上银行客户数达 114 万户，实现交易金额 68 亿元；在新型中间业务产品领域，芯片卡新增发行近 850 万张，同比增长 92%；在新型投资理财产品领域，账户贵金属年交易额近 1 万亿元，实现业务收入 12.6 亿元，同比增长 460%；在新型结算产品领域，汇款套餐产品

年销售58万份，实现手续费收入1 739万元。

（四）产品管理和创新研究进一步加强，创新管理手段不断完善。一年来，总行重点加强了产品管理和产品创新前瞻性研究，编制完成了2012—2014年产品创新规划，发布了电子银行搜索服务、自助终端服务提升、云计算金融创新应用等十余篇高质量的研究报告；开展了产品管理体系课题研究，明确了全行产品管理体系建设蓝图和措施计划；初步建立了产品后评价制度，扩大了产品竞争力评估范围，加强了产品销售及使用数据统计系统建设；推进了产品序列专业资格认证工作；制定印发了产品命名管理办法和产品售后服务管理办法。上述措施进一步增强了产品创新储备，丰富了创新管理手段，规范和加强了产品管理，为产品创新工作持续深入开展创造了条件。

（五）全行产品创新积极性和创造性不断提高，为深化产品创新提供了动力和源泉。一年来，各部门、各分行密切配合，加强联动，产品创新积极性和创造性持续增强。总行各部门在客户需求调研、新产品方案设计、创新项目业务与技术开发、新产品推广应用、产品使用效益跟踪评价、产品创新研究、产品创新宣传等方面开展了一系列富有成效的工作。各分行积极完善辖内产品创新工作机制，加大创新资源投入，强化履行市场需求调研、区域特色产品创新、新产品市场拓展等方面的工作职能，全年累计向总行报送金点子和流程优化意见建议3.8万余个、产品创新研究报告和同业产品创新动态950余篇，在采取多种措施有效强化全行性产品市场推广的同时，创新推出区域特色产品235个，深圳分行工银市民通与工银企业通、广东分行小额便利贷与工商租约贷、浙江分行产业集群小企业联保融资、北京分行银团实物黄金租赁、青岛分行环球理财通、贵州分行短信预约排号服务，以及多家分行推出的银医一卡通等一批区域特色产品，有效契合了当地市场和客户需求，增强了我行市场竞争力。北京、广东、上海、深圳、浙江、山东、江苏、安徽、福建、苏州、山西等分行工作成效较为突出，在2011年产品创新工作考核中名列前茅。

上述成绩是在总行党委的高度重视和正确领导下、依靠各部门、各分行的共同努力所取得的，工作在产品创新战线的同志们开拓进取、求真务实、辛勤耕耘、默默奉献，在全行业务发展中发挥了不可替代的重要作用。在此，我谨代表总行党委向大家表示衷心的感谢和诚挚的问候！

回顾一年来全行产品创新工作，有两点经验值得总结：

一是增强产品创新价值创造能力是产品创新不断深化的关键。2011年，全行坚持把促进经营转型、加强新产品推广应用、增强产品创新价值创造能力作为产品创新工作的出发点和落脚点，紧密围绕全行结构调整、服务提升、流程优化、业务分流等中心工作大力加强产品创新和新产品推广应用，立足提升产品市场表现组织开展产品使用效益跟踪评价、产品竞争力评估、产品经理队伍建设、产品体验营销与精准营销、产品推广服务支持等一系列产品管理工作，有效拓展了产品创新的内涵和外延，在驱动产品创新不断深化的过程中更好地为客户创造了价值、为我行创造了效益。

二是深入运用科学方法是产品创新不断深化的保障。2011年，全行在产品研发和推广应用过程中深入运用客户体验、产品设计标准化、产品要素组合配置、产品竞争力评估、新产品立项风险评估等科学方法，不断提高创新质量和效率，推动产品创新工作向纵深发展。一年来，全行累计开展各类产品客户体验活动142次，发现和解决影响客户满意度的产品服务问题数百个；通过丰富和完善产品设计规范、加强规范执行情况监督检查、运用专业化工具进行需求设计、制定需求审核提交和档案管理办法等措施，进一步规范了产品设计开发行为，提高了创新质量；实施了银行卡、保险、养老金等产品系统产品化改造，运用产品要素组合配置方法快速推出了如意人生福利计划、逸贷卡等新产品，提高了创新效率和服务供给能力；累计开展产品竞争力评估201项，提出完善产品、加强营销、改进服务的措施建议518条；累计开展新产品立项风险评估422项，识别出各类潜在风险点663个，逐项制定并落实了风险防控措施。上述科学方法的深入运用为深化产品创新提供了有力保障。

在肯定成绩、总结经验的同时，我们也要认识到产品创新工作中还存在一些问题。一是产品结构有待调整。自有产品创新需要重点加强，与产品配套的服务流程有待持续优化，产品组合设计和组合营销需要重点推进，客户体验工作需要进一步强化。二是需求整合及质量管理需要不断加强。跨专业、跨渠道、跨产品线的需求整合需要进一步推进，部分创新项目的需求质量和决策层次不高。三是产品后评价等产品管理工作需要进一步加强。产品管理机制尚不完善，缺乏科学的产品成本计量与产品投入产出评价制度，尚有部分产品因未实现数据统计而无法进行使用效益排名，产品竞争力评估工作有待深入开展，产品管理人员队伍建设需要重点加强。上述问题需要在今后的工作中重点加以解决。

二、因势利导、抢抓机遇，增强深化产品创新的紧迫感和责任感

随着我国经济发展和社会进步、客户需求升级、同业竞争加剧和我行实施转型发展战略，产品创新工作面临的形势正在发生深刻变化。1月份召开的2012年全行工作会议明确提出要以创新的思路加大对经济结构调整和经济社会发展薄弱领域的支持，全面提升服务实体经济的质量和水平，始终坚持以市场为导向、以客户需

求为中心、以提高金融服务能力和创造客户价值为根本目的推进金融创新，走出一条资本消耗低、风险控制好、支持经济发展能力强、盈利增长可持续的发展新路。这对深化产品创新工作带来了新契机，提出了新要求。

（一）我国经济发展和社会进步要求我行不断深化产品创新。国家调整经济结构和推进产业结构升级，要求我行加紧深化投融资、金融避险、投资银行等产品创新，更好地支持高新技术产业、先进制造业、文化产业、现代服务业发展；国家着力扩大内需，要求我行不断推进消费信贷、支付结算、投资理财等产品创新，促进新兴消费市场发展和消费结构升级；国家推进新农村建设和城镇化进程，要求我行有针对地创新农村和县域金融产品，加大对经济社会发展薄弱领域的金融服务力度；国家提升社会保障水平和改善民生，要求我行进一步创新和丰富养老金、资产管理、资产托管、代理、银行卡等产品，提升社会管理和公共服务领域的金融服务水平。此外，随着云计算、物联网、三网融合、智能终端等新技术的应用发展和社会化媒体的爆发式增长，技术和业务资源高效聚合、协同共享、重新分配的趋势日益凸显，企业提供产品服务和客户获取产品服务的内容、方式、渠道、区域等不断突破传统商业模式的限制，正在引发银行产品及其服务模式的革命性变化。只有全面深入地研究上述新政策、新产业、新领域、新技术发展趋势，不断发掘其中蕴含的金融需求和客观规律，才能更好地深化产品创新、提升服务水平，在开拓业务领域、把握市场先机的同时，更好地服务实体经济发展。

（二）客户金融需求日益升级需要我行不断推进产品创新。客户是商业银行生存之本，商业银行只有通过产品服务，不断为客户创造价值、实现银行与客户双方共赢，才能健康持续地发展。我们只有因势而变、因需而变，以客户为中心大力发展具有技术知识含量、人无我有、人有我优的产品，并以更广阔的战略眼光、更敏锐的市场嗅觉、更全面的资源整合能力，全面梳理把握重点目标客户的整体金融服务需求，有针对地设计研发和营销推介能够促进客户长远发展、为客户增值的一揽子产品服务组合，才能有效满足和引领客户需求，巩固和拓展优质客户群体，切实提升金融服务能力和客户价值创造能力，让金融创新成果惠及千家万户，打造人民群众满意银行，促进全行持续发展。同时，在企业经营模式和居民生活方式不断发展变化、经济周期和相关市场频繁波动的大背景下，资金、物资、信息等资源的社会分配和流通方式随之改变，客户金融服务需求综合化、多元化、差异化、个性化的趋势日益显著，客户更多地依赖电子网络和自助渠道获取银行产品服务，更加注重产品的安全易用和体验感受。目前，我行产品体系和配套服务还有待进一步完善，各项产品多为单独销售，服务分散供给，部分产品不够方便易用，已不能很好地适应客户需求发展变化，影响了产品营销服务效率和客户价值深度挖掘。

（三）同业竞争日趋激烈要求我行加快推进产品创新。在我国经济和金融开放程度不断提高，新型金融市场、机构和产品不断发展的背景下，各家银行纷纷将产品创新作为竞争市场、赢得客户的利器，不断加大资源投入。多家大型银行设立专职产品创新部门和人员队伍与我行开展全面竞争，并已在部分领域和地区形成竞争优势；中小银行重点创新零售银行、电子银行、银行卡、投资理财、中小企业金融服务等产品，对我行形成直接的竞争压力；外资银行重点拓展高端客户和私人银行产品服务，对我行相关业务带来冲击。与此同时，诸多第三方支付公司、移动运营商获取支付业务许可证后加快对汇款、缴费等支付业务以及代销基金、代销保险、POS收单等领域的渗透，加速蚕食银行传统优势领域；金融脱媒和利率市场化加速演进，使得股票、债券、信托等资本工具对银行存贷款的分流和挤占效应日益突出，对我行巩固和提升市场竞争力带来严峻挑战。我们只有始终保持对市场竞争态势和同业产品动态的高度敏感，眼睛向外、瞄准同业，居安思危、未雨绸缪，加快推进产品创新，才能驱动各项业务持续快速发展，巩固和提高我行整体竞争力。

（四）我行实施转型发展迫切要求深化产品创新。在金融监管改革不断深化、资本约束进一步加强、金融脱媒趋势日益显著的背景下，我行面临的经营环境更为复杂严峻，全行迫切需要通过产品创新驱动发展方式转变，大力发展低资本消耗和无资本占用业务，不断开辟新的业务增长点，加快实现转型发展。要改变目前的信贷结构，就需要创新和丰富小企业融资、贸易融资、个人贷款、分期付款等贷款品种，有效降低资本占用，促进信贷业务可持续发展；要稳定和增加吸收存款，就需要加强账户管理、支付结算、投资理财、代理收付、资产托管等领域产品创新，通过多元化服务抓住存款增长源头；要推进收入结构调整，就需要深化金融市场、资产管理、投资银行、贵金属、银行卡等领域产品创新，拓展利润增长点，提高手续费收入、投资和交易收入占比；要推进客户结构调整，就需要创新和丰富面向中高端个人客户、中型企业、小微企业的特色产品，提高我行产品服务对优质客户的渗透率；要推进渠道结构调整，就需要拓展新型电子服务渠道，丰富和完善电子银行产品，促进柜面业务分流，提高物理渠道与电子渠道的协同联动水平；要推进区域结构调整，就需要加大分行区域特色产品、银银合作等产品的创新力度，延伸产品营销服务网络，提升我行在重点区域市场的竞争服务能力；要加快实施国际化战略，就需要全面推进境外产品服务体系建设，有针对地拓展和延伸境外产品线，不断增强全球一体化服务能力；要稳步推进综合化经营，就需要深化投行、保险、基金、租赁等领域的产品创新，强化跨市场、跨机构产品的交叉销售和相互代理，增强集团综合服务能力；要提升服务水平和产品易用程度，就需要以客户为中心不断优化产品设计，创新产品营销服务模式，深入推进业务流程综合改造，持续提升服务效率和客户满意度。

全行必须深刻认清上述形势变化给产品创新工作带来的机遇和挑战，切实增强应对竞争的危机感、抢抓机遇的紧迫感和深化创新的责任感，因势利导、趋利避害，站在工商银行改革发展战略高度深入抓好产品创新工作，通过产品创新加快经营转型，优化业务格局，实现可持续发展。

三、2012 年产品创新工作的主要任务和有关要求

前不久召开的总行业务与产品创新管理委员会审议通过了《2012—2014 年产品创新规划》，为深化下一阶段产品创新工作提供了指引。根据该规划，未来三年产品创新工作的指导思想是：抓住我国“十二五”规划实施带来的机遇，围绕全行改革发展中心工作，深入实施“人无我有、人有我优，推广应用一批、开发投产一批、研究储备一批”的产品创新战略，紧扣“创意、创新、价值创造”的工作链条，不断拓展产品创新的内涵和外延，围绕客户整体金融服务需求进一步加强产品研发和新产品推广应用，着力强化产品管理，提高自主创新和产品创新价值创造能力，通过产品创新加快业务发展方式转变、促进全行转型发展。

为将上述指导思想落到实处，全行在产品创新工作中要遵循以下基本原则：一是坚持开放、进取、求真、务实的创新理念，以客户用上卓越金融产品为己任，以建设一流产品创新银行为目标。二是坚持以客户为中心，以市场为导向，立足国际化视野加强创新前瞻性研究，注重客户体验，开发引领市场需要、客户满意度高的产品。三是坚持以服务全行转型发展为主线，围绕全行调整经营结构、提升服务水平、优化业务格局等中心工作深化产品创新，促进全行转型发展。四是坚持以全行整体优势为依托，充分发挥全行网络、渠道、机构、技术、人才等方面的优势，通过总分行、境内外、公私业务联动，不断提高产品竞争力。五是坚持产品创新与业务创新相结合、自主创新与引进吸收相结合、专业创新与整合创新相结合、产品研发与产品推广应用相结合，不断提升产品创新的质量、效率和效益。六是坚持产品创新与风险管理相结合，有效防控产品创新过程中的信用风险、市场风险、流动性风险、操作风险和声誉风险，确保产品创新工作合规健康开展。

2012 年是我行加快转型发展的关键一年，是实施新一轮产品创新三年规划的开局之年。根据全行工作整体安排，今年产品创新工作目标是：进一步完善产品创新管理体制机制，丰富创新方法，加强创新文化和队伍建设，大力研发和推广应用具有技术知识含量、高实用性、高易用性、高附加值、满足客户差异化和个性化需求的优质明星产品，确保我行自有产品数量增长 10%，投产五年内新产品总收入增长 20%，客户持有产品总数量增长 15%，提高客户产品覆盖率。

为实现上述工作目标，全行要重点抓好三方面工作：

（一）围绕全行转型发展加强重点领域业务与产品创新。

1. 深化金融资产服务领域产品创新，推动由持有资产大行向管理资产大行转变。一是创新资产管理产品。丰富理财产品种类，研发无固定期限定投、FOF 类、外汇基金量化、净值型固定收益等新型理财产品，推出金融产品交易撮合服务和私人银行全权资产受托服务，研发信托公司与证券公司集合理财代理销售平台、私人银行专属网银和私人银行代理产品销售系统。二是创新账户交易类产品。研发个人账户外汇买卖、账户贵金属转换、账户原油、积存金定向支付、不同材质贵金属租赁与实物回购等新产品，丰富人民币衍生品和代客商品交易产品，完善账户贵金属委托交易方式和金融市场交易管理平台。三是创新资产支持性产品服务。研发第三方支付机构备付金托管、基金销售资金托管、网上交易资金第三方托管和结算账户资金监管产品，完善综合养老保障产品，研发信贷资金托管管理系统和机构客户营销管理系统。四是创新融资中介服务产品。丰富投资银行产品服务，推出高端智能财务顾问，实现银团贷款主办行与协办行系统自动分润，把握区域集优债券发行主体放宽等政策机遇丰富承销发行产品种类。通过上述措施，满足客户多元化金融资产服务需求，推动我行向管理资产大行转变。

2. 深化信贷产品创新，促进信贷结构调整和实体经济发展。结合战略性新兴产业、先进制造业、文化产业、现代服务业等新兴行业特点创新相关信贷产品；丰富供应链融资和适应中小企业经营特点的融资产品，创新基于货权的商品融资模式和服务项下贸易融资模式；建立个人客户综合授信管理体系；丰富投资理财产品质押、知识产权质押等融资担保方式，创新投行 + 商行、商行 + 租赁、表内 + 表外的综合融资服务方案；推进境内资产管理系统向全球信贷管理系统迁移，研发全球押品管理系统和全球授信管理系统。通过上述措施，加快向可持续及资本消耗低、风险收益高的信贷结构转变，更好地服务和支持实体经济发展。

3. 深化电子银行产品创新，推进渠道转型和业务分流。研发更多智能便捷、贴近客户需求的移动银行服务；整合短信客服和短信手机银行，扩大短信服务范围，提升短信银行智能化、自动化服务水平；实现电话银行全流程自动语音识别和引导服务，加强人工坐席、

自助语音、短信客服的互联互通；丰富网上银行产品服务，整合网上银行与手机银行客户信息，建设适应多种操作系统和浏览器的网银系统；实现我行电子商务平台与不同商户系统的高效连接，研发工行电子商务通行证产品；将自助终端服务功能拓展至全部非现金业务，研发自助发卡机和存折卡产品；推出数字电视银行；丰富电子银行专属产品，全面提升电子银行产品易用性。通过上述措施，不断增强电子银行产品市场竞争力，促进渠道转型和业务分流，提升服务承载能力。

4. 深化支付结算、银行卡等领域产品创新，拓展利润增长点。创新“节节高”存款、个人收款管家、整汇零取、网银彩票支付结算、SD 卡手机支付等个人存款和结算产品；研发综合三级账户、增值型资金池等对公结算和现金管理产品；创新一卡多联名、芯片卡一卡多应用、两卡一账户芯片卡、公共服务领域联名卡、电子商业券收单和金融 IC 卡多功能终端等银行卡产品；推进商业银行业务与保险、基金、租赁等非银行金融业务的产品组合创新，研发工银安盛联名卡和保险销售综合平台，增加网上银行代销保险和基金产品种类。通过上述措施，拓展盈利渠道，以合理的服务、先进的产品增加中间业务收入。

5. 深化境外产品创新，增强境外机构内生发展能力。完善海外网银和海外电话银行产品服务，研发海外 iPad 网银和适用不同国家地区的多版本手机银行；推出境外联名卡和预付卡，完善海外借记卡；研究丰富工行跨境产品服务；研发海外理财产品销售系统、境外客户营销管理系统、个人客户全球资产管理系统和全球私人银行客户关系管理系统；实现金融市场、贵金属、积存金、托管等业务系统向境外机构延伸，投产境外企业级数据仓库和境外报表集中管理平台。通过上述措施，丰富境外机构产品线，增强境外机构内生发展能力和全球一体化服务能力。

6. 深化面向重点客户、重点区域的产品创新，持续优化客户结构和区域结构。推出增值服务平台，实现不同客户群体专属产品服务的灵活配置；推出面向高端客户的个人投资管理账户和运通百夫长卡、黑金卡产品，创新高端客户预约理财和定向营销服务；研发为中小企业提供服务的采购卡和中小商户移动支付终端；丰富银银合作产品体系和适应县域、乡镇经济特点的区域特色专属产品，创新和丰富农村金融产品服务。通过优质实惠的个性化产品服务，增强我行在重点区域和重点客户市场的竞争服务能力。

7. 深化业务流程和产品服务模式创新，促进服务提升。结合产品创新深入推进业务流程综合改造，重点推进跨业务、跨机构、跨渠道的操作流程整合，全面实现客户办理多笔业务时身份自动识别、一次输密认证、一次签单确认和相关交易联动处理，完善网上网下联动、柜面预填单和产品预约服务，推出网点排队管理系统，完成 18 类个人业务集中处理。完善客户经理与 95588 电话座席、短信银行联动服务模式，建立产品售后服务管理系统，完善产品推荐营销系统，研发产品搜索平台和社会化网络应用平台，推出便携式营销服务终端。通过上述措施，进一步缓解柜面服务压力，提升产品营销服务效率和客户满意度。

全行在实施业务与产品创新的过程中，要通过加强市场调研和创新研究、深入开展客户体验活动、推进产品设计标准化和产品系统产品化改造、强化需求质量管理等措施，不断提升创新质量和效率。总行产品创新管理部要组织会同各部门更多地深入一线调研基层行和客户需求，加强产品创新前瞻性研究，拓展客户体验活动的深度和广度，加大自有产品创新力度，注重围绕重点目标客户需求设计研发产品服务组合，有效挖掘和引领客户金融服务需求；进一步推进跨专业、跨渠道、跨产品线的需求整合，着力加强需求质量管理，丰富产品设计规范，强化规范执行情况监督检查，促进分行特色产品应用的共享复用，将新产品风险评估拓展至产品研发各环节。总行各业务部门要严格遵循《业务需求提交和项目文件归档管理办法》，规范需求审核提交流程，强化部门总经理需求审核职责，提高需求决策层次；要切实做好产品投产前的易用性测试、验收把关和各项业务准备，努力确保产品质量，保障新产品市场推广工作顺利进行。科技部门要与业务部门密切配合，全程参与项目需求编写和分析论证，全面推进产品系统产品化改造，在更多产品线实现新产品快速配置上线和客户个性化定制产品功能，及时开发解决影响客户满意度的紧迫性问题。各分行要持续深入地组织发动辖内员工研提产品创新金点子和业务流程优化建议，广泛收集反馈客户产品体验感受和同业产品信息，在配合总行做好全行性产品研发工作的同时，充分运用各项产品平台快速配置推出满足本地市场需求的区域特色产品。各部门和各分行要引导更多具有代表性的客户和一线员工参与产品体验活动，及时研究和改进产品服务中存在的问题，切实做好新产品风险评估，深入识别各类风险点，逐项制定和落实风险防控措施，保障产品创新工作健康发展。

（二）大力加强新产品推广应用。全行要根据调整经营结构、加快转型发展的总体要求，大力加强新产品推广应用，重点抓好电子供应链融资、网络循环贷款、未来货权融资、易融通、小额便利贷、个人经营贷款、个人消费贷款、逸贷卡、消费分期付款等新型融资类产品，七天增利、灵通快线、步步为赢、积存贵金属、贵金属租赁、结售汇、账户贵金属、避险衍生品、债券结算代理、承销发行、如意人生福利计划、如意养老、交易资金与专项资金托管等金融资产服务产品，电子密码器、工银 E 支付、电子收款账单、在线客服、短信客服、iPhone 手机银行、iPad 网上银行等新型电子银行产品，工商验资 E 线通、收款管家、财智账户卡、现金管理、加工贸易保证金、代发工资、汇款套餐、银行芯片卡、金融社保卡、银医一卡通、芯片卡手机支付、并购重组、股权融资、银银合作等新型中间业务产品，海外银行卡、海外网银、人民币跨境购售、跨境贸易人民币结算、国际贸易融资、全球现金管理、全球账户管理、系统内跨境汇款、跨境贸融通等新型国际化产品，客户综合积分、运通白金卡、工银财富理财金卡、工银商友组合套餐、中小商户消费转账终端、牡丹城市圈卡等优质客户专属产品及增值服务的市场推广工作，提高新产品使用效益，更好地竞争客户、赢得市场。

全行要通过做好新产品推广应用配套工作、创新产品营销方式、完善产品创新考核奖励制度等措施，促进各项产品的市场推广，不断提升创新实效。总行各部门要密切协作，切实加强新产品营销推动，动态完善全行产品手册和重点产品宣介材料，深入做好新产品培训，组织开展新产品知识竞赛，强化新产品信息和产品营销推广案例征集发布，运用数据挖掘方法筛选发布重点产品目标客户清单，加强对各分行重点产品推广情况、客户产品覆盖率、客户持有产品数和新产品收入指标的考核，开展新产品推广奖和明星产品奖评选，进一步做好产品销售服务支持工作，通过多种方式调动各分行和基层员工学习掌握和营销推广新产品的积极性。各分行要进一步履行好新产品推广应用的主体责任，落实做好对业务管理和一线人员的新产品培训，动态监督考核辖内新产品推广工作落实情况，组织推动基层行充分利用总行发布的产品手册和宣介材料加强产品营销推广，根据重点产品目标客户清单强化精准营销，把握目标客户群体全方位需求强化产品组合营销，结合客户体验活动广泛开展产品体验营销，引导客户更多地了解、关注和使用我行产品，持续提升产品市场表现，更好地为客户创造价值、为我行创造效益。各部门、各分行在产品推广应用过程中，要特别重视做好产品售后服务，通过提高产品研发质量、加强新产品培训、规范销售行为、加强对外宣传等措施，预防和减少客户产品使用障碍，按规定及时处理售后服务事项，利用电子渠道和营业网点广泛收集普遍性或影响较大的产品售后服务问题，由产品主管部门组织研究并逐项彻底解决，切实提高产品服务水平和客户满意度。

（三）加强产品创新工作组织推动。要进一步做好产品创新基础性工作，加强组织推动，促使产品创新向纵深发展。

一是健全产品后评价机制。总行产品创新管理部要研究完善产品使用效益排名标准，定期统计通报全行各项产品使用效益排名和最优、最差产品，配合科技部门于年内全面实现各项产品销售与使用情况数据统计，研究推进产品成本计量，探索开展产品投入产出评价。各部门、各分行要结合产品使用效益排名和相关统计数据，切实加强各项产品的跟踪评价，有针对地调整产品战略和业务资源配置，强化产品营销推广，持续提升产品市场表现。

二是深化产品竞争力评估。总行产品创新管理部要研究完善产品竞争力评估工作方式，建立产品竞争力评估报告标准化模板，组织行内机构依据产品客户数、销售量、交易量、业务收入统计数据和第三方客户满意度调查数据着力加强产品竞争力量化评估，确保我行自有产品每三年至少开展一次产品竞争力评估。各部门、各分行要通过产品竞争力评估准确衡量我行产品的市场地位，深入分析与同业产品相比的优势和不足，有针对性地采取措施，加强营销、改进服务、完善产品，提升市场竞争力。

三是切实加强产品命名规范化管理。总行产品创新管理部要加强对产品命名规范化管理工作的组织推动。各部门、各分行要在新产品命名和调整产品名称前按规定履行报批手续，做好产品目录更新维护和客户宣传等工作，并在业务办理和市场营销中规范使用产品名称和产品简称，使产品名称真正体现产品核心特点、便于客户理解和选择使用，促进产品营销服务。

四是推进产品经理队伍建设。总行将结合产品序列专业资格认证在全行各级机构建立产品经理队伍，研究加强产品经理工作管理。各部门、各分行要按要求设置专职产品经理，全面履行产品战略管理、市场研究、设计研发、营销策划、销售支持、跟踪评价等工作职责，增强产品管理力量，强化产品经营管理。

五是加强创新文化建设。总行产品创新管理部要积极会同相关部门在全行企业文化框架内建立创新文化分支体系，加强产品创新工作宣传，弘扬开放进取、求真务实的创新文化。各部门、各分行要积极传播创新工作理念和行为准则，组织发动全行员工强化创新意识，掌握创新方法，把握创新精髓，以提高金融服务能力和创造客户价值为根本目的，全面深化产品、服务和管理创新，驱动全行可持续发展。

六是进一步加强分行产品创新工作。总行要通过加强考核奖励、推广科学方法、强化培训辅导、开展创新交流、提供服务支持等措施，指导和激励各分行深化产品创新工作。各分行要不断加大创新资源投入，完善辖内产品创新管理机制，增强产品创新部门力量，充实产品创新专职人员数量，加强产品创新工作组织推动，进一步发挥好市场需求调研、新产品推广应用和区域特色产品研发的主体作用，通过产品创新更好地拓展市场、竞争客户、促进本行业务发展。

同志们，产品创新是我行实施转型发展、增强可持续盈利能力的重要战略举措。全行要以科学发展观为指导大力深化产品创新，推动我行在转变发展方式上取得新进展，在深化改革创新上取得新突破，在改进金融服务上取得新成效，加快形成不可复制的核心竞争力，为把我行建设成为国际一流现代金融企业和人民群众满意银行贡献力量。

继往开来　迎难而上 开创投资银行业务转型发展的新局面

——在中国工商银行投资银行业务座谈会上的讲话

易会满

（2012 年 3 月 14 日）

这次座谈会的主要任务是贯彻落实全行投行经营体系改革精神，研究全行投行业务发展的新机遇和新任务，促进基础类投行业务的规范管理和品牌类投行业务的快速发展，推动全行投行业务结构升级和经营转型。下面，我讲几点意见。

一、投行经营体系改革是全行投行业务发展的新机遇

（一）前十年的发展为投行改革奠定坚实基础。十年磨一剑。过去的十年，是中国经济发展和金融改革突飞猛进的十年，是工商银行股改上市并实现经营转型的十年，更是投行业务从无到有、由小到大的十年。十年时间，工商银行的投行业务圆满地完成了建立业务发展模式、形成市场领先优势、推动收益结构调整的战略任务，成为国内成立最早、规模最大、产品最丰富的银行类投行。一是引领了国内银行商投互动的发展趋势。我行是国内最早内设投行部门、内外并重发展投行业务的商业银行，初步探索形成了商投互动的发展模式，我行投行业务的组织架构、产品体系和运作机制成为国内银行同业发展投行业务的样板。二是投行业务成为我行收益结构调整的中坚力量。全行投行业务从零起步，年均复合增长 70%，在 2009 年成为国内首家投行收入突破百亿元的银行，又用仅仅两年时间实现了从 100 亿元到 200 亿元的翻番增长。投行业务在全行中间业务收入及其增量中的占比均超过 20%，是第一大中间业务品种，成为我行战略引资、上市路演、业绩披露等过程中广大投资者关注的业务亮点，对展示我行战略转型成果、提升资本市场认可程度发挥了重要作用。三是投行业务成为我行完善服务功能、满足客户新型投融资需求的重要手段。全行建立了由顾问咨询、并购重组、股权融资、债券承销等十几项产品组成的产品体系，主要投行产品收入、交易规模和品牌项目数均领先银行同业。投行业务推动了我行由公司信贷向公司金融的转变、由货币市场到资本市场的跨市场发展。

（二）全行改革发展的大局对投行业务提出新的要求。站在新的转折路口，我国经济发展急需进行结构调整，金融改革即将涉入深水区，工商银行的改革发展也面临各项攻坚任务，这既为投行业务的发展创造了良好的环境，也对投行业务的发展提出了更高的要求，迫切需要投行业务尽快实现结构升级和转型发展。与工商银行在国内、乃至全球的市场地位和影响力相比，我们的投行业务发展水平还极不匹配，尤其是品牌类投行业务带动公司金融业务转型的力量还不够强大，对公司金融业务转型还难以起到支撑作用。一是品牌类投行业务对公司金融的整体贡献度有限。全行 80% 的投行收入来自基础类业务，2011 年全行品牌类投行收入仅 37 亿元，仅占全部投行收入的 18%，在全部公司中间业务收入中所占比重还很小，对公司金融的贡献度仍然较低。二是品牌类投行业务仍未充分发挥对公司金融的功能互补作用。我行投行业务是从商行业务发展起来的，仍然带有商业银行业务的属性和特征，比如比较擅长融资业务，不太擅长高端顾问服务；比较擅长系统组织推动，不太擅长直接经营；比较擅长做间接融资，不太擅长做直接融资。全行公司投行战线迫切需要转变传统的经营思维，提升发掘、满足、创造公司客户投行业务需求的能力，发挥投行业务对公司金融的功能互补作用。三是商投互动的良性发展机制还未真正形成。投行与商行业务还没有建立有效的信息沟通机制和客户资源共享机制，境内外投行机构还没有充分发挥各自优势并形成整体合力，总分行投行部门与公司部门的分工合作机制仍然需要在实践中不断探索和完善。四是投行团队急需成为公司金融服务的“尖刀班”和“特种兵”。近年来，随着大型优质客户经营活力的提升、资本运作和走出去活动的日益频繁，客户对并购重组、股权融资等品牌类投行服务的需求非常旺盛。近年来，每年宣布的涉及中国企业的并购交易约 1 万亿元，每年国内公开市场和私募渠道的股权融资规模也超过 1 万亿元，全行近 10 万户公司客户的高端投行服务市场亟待我们开拓。但全行专职投行团队一直维持在仅 300 余人的规模，很多分行投行团队的主要精力还局限在基础类业务管理和

投行业务的系统推动上，对公司客户、尤其是大客户的直接服务能力还不强，还没能充分发挥对公司客户经理队伍的互补作用。

（三）总行党委启动投行改革带来新的发展机遇。去年以来，总行党委、姜董事长、杨行长对全行投行业务的发展做了很多的思考，多次研究讨论投行业务的改革思路和具体方案，并做出重要批示。去年8月份，姜董事长指出，“投行业务是总行公司业务转型的重要方向，投行业务结构调整是面临的急迫任务。品牌类业务是调整方向，总分行要有专门团队、专业人士专心致志地去开展投行业务。目前状况不是缺市场、缺项目，是缺人力、缺人才，解决方法只能干中学。”去年9月份，姜董事长再次指出，“开展低资本耗用而高智力型的品牌类投行业务，不仅扩大中间业务收入，提升收入质量，而且抓住‘龙头’，派生出公司、个金及其他收费业务，扩大工行品牌影响力，增强对客户的‘黏性’。这类业务市场需求量大，但能否发展壮大，关键是机制设计（包括业务、分润、激励和机构模式等），当然还有人才……投行部要按利润中心管理，总分行要有专门团队从事投行业务，总行投行部主要抓经营，总省行两级投行团队力量上要统筹使用，发挥专业特长。在境内暂时先开展非牌照类业务，跨境购并可作为业务重点。”

在此基础上，总行党委对全行投行业务未来的发展做了系统性、前瞻性的思考，经过近半年的反复酝酿和科学论证，不久前正式印发了改革方案，启动了投行经营体系改革，力图打造与工行全球地位和影响力相匹配的投行业务。总行党委对本次改革寄予了很大希望，在组织构架、人力资源、配套政策等方面给予了倾斜，改革方案也较好地体现了投行业务的市场化取向和新的经营管理机制，对全行投行业务提升品牌、扩大市场影响力、推动经营转型提出了明确的方向和要求。全行公司与投行战线要进一步统一思想，增强责任感和使命感，深入领会改革精神，真正把改革方案实施好。

二、准确把握投行经营体系改革的方向和要求

总行近期已经以工银发〔2012〕11号印发了投行经营体系改革方案，改革的基本目标和总体要求是：以客户为中心、以市场为导向，调整总分行投行部门的业务范围、职能分工和组织机构，探索推动全行投行业务经营和管理职能的适度分离，建立总行投行利润中心，强化总分行投行部门的直接经营定位，加强全行投行专业团队建设，形成适合商业银行架构的投行业务激励约束机制，引导全行做大做强重组并购、股权融资和高端财务顾问等重点品牌类投行业务。改革方案的具体内容大家都已看到了，我着重谈一谈改革实施过程中应该理清的几个认识问题。

（一）投行经营体系改革不是削弱而是更加突出投行业务的重要性。本次改革将主要依托商业银行优势开展的企业债务融资工具、资产交易、银团贷款、批量化理财融资等业务原则上归口至公司部门经营管理，投行部门主要开展重组并购、股权融资和高端财务顾问等品牌价值高、个性化特征明显的投行业务。应该看到，改革方案对投行产品线的梳理，有利于更好地发挥公司与投行部门的各自优势，有利于各产品线的做大做强。不能把投行部门的职能调整看做投行部门地位的削弱，反而应该认识到，总行党委把重组并购、股权融资、高端财务顾问等品牌类业务的发展放到了前所未有的重要地位，需要全行数百人的投行团队把更多的精力专门放到这些业务的发展上来。比如说，在今年的分行长经营绩效考核指标体系中，除保留投行业务原有12分综合考核权重外，另外增设了30分的权重专项考核品牌类业务发展，这个力度和决心还是非常大的，总行在一个专业投入这么多的考核资源，也是不常见的。

（二）投行经营体系改革不能影响而应提升分行的积极性。投行经营体系改革的实质不是让总分行去分割现有的业务存量，而是要推动总行部室提升直接价值创造能力和产品创新能力，去开拓新的市场、寻找新的“蓝海”、做大新的“蛋糕”。品牌类投行业务是技术密集、智力密集的高端业务，总分行投行部门必须提升自身的专业技术能力、资源整合能力和价值创造能力，帮助全行满足新的客户需求、开辟新的业务领域、拓展新的收入增长来源。目前总行相关部门正在加紧研究投行利润中心的财务改革方案，将在分润机制等方面充分考虑总分行的关系，积极争取模拟分润方式，希望能够充分调动全行开展品牌类业务的积极性。

（三）投行经营体系改革不等同于投行部门完全剥离产品线管理职能。改革只是要逐步增加投行团队的直接经营色彩和元素，不会完全剥离投行部门对投行产品线的系统管理和组织推动职能，“经营”和“管理”是很难完全分离的。而且改革后我们应该比以往任何时候都要更加重视加强全行投行产品线的统筹规划、制度建设和系统推动，各级投行部门更要做好对投行业务的授权管理、产品创新、专业培训、系统开发、技术指导等工作，确保不会因为强调直接经营而削弱了全行投行产品线的发展力度，确保产品线做大做强。

（四）投行经营体系改革是各行投行业务发展的新起点。前十年投行业务的发展带有一些规模扩张和资产业务拉动的色彩，受各分行区域经济总量、存量客户基础、信贷资源配置规模等因素的影响较大。但品牌类投行业务的发展，受这些因素的影响程度相对低一些，有些中西部地区经济崛起、产业升级、资源整合带来的品牌类投行业务机会，可能比沿海地区还要丰富。能不能抓住市场机遇，关键是看分行有没有战略思维、创新意识和资源整合能力。一定程度上讲，投行经营体系改革

使得所有分行重新回到同一条起跑线上。近年来，有些中西部分行对发展品牌类投行业务的认识超前、定位准确、行动果断，在投行团队建设、内外资源整合、建立激励约束机制等方面思路清晰、措施有力、舍得投入，取得了很好的效果，在资源整合类并购业务、细分市场的股权私募业务等方面树立了品牌。相反，也有些沿海地区分行品牌类业务发展停滞不前，资源投入没有跟上，业务结构没有改善，项目运作没有成果，品牌类业务的整体功能没有提升，在投行改革启动后尤其需要增强危机意识和责任意识。

三、贯彻落实投行改革精神的总体要求

投行改革和发展品牌类业务，并不是手到擒来、马到成功的事情。单是改革方案的出台，就经历大小十余稿、前后近半年的反复研究和论证，在改革过程中，有些同志可能产生不解、困惑，这也是正常的现象。但改革方向一旦明确，就要求我们必须马上抛弃一切消极思想，迎难而上，全身心地投入到改革方案的贯彻落实上去。不仅仅是投行业务的发展，任何改革的推进，都要求我们拿出敢为人先的改革意识和百折不挠的创业精神，才有可能汇聚人才、凝聚力量，推动我们迈向前进。

（一）要时刻保持开拓意识和进取精神。十年来，全行投行业务取得了显著的成绩，但与总行党委的殷切希望和全行改革发展的需要相比，我们没有任何理由骄傲自满、固步自封。我们必须清醒地看到，当前全行投行业务的发展面临各式各样的新老问题、新老困难，推动投行业务“创品牌、调结构、抓服务、上水平、保增长、转机制”将是我们长期的艰巨任务，改革任重道远。全行公司投行战线唯有时刻保持旺盛的开拓意识和进取精神，才能逐步解决投行业务发展存在的问题，探索出一条发展新路。

（二）要不断增强学习意识和创新精神。十年来我们一直是国内银行探索投行业务的领路人，投行经营体系改革再次开创了国内银行同业的先例，迫切需要我们抛弃旧的惯性思维，不断增强创新精神和学习意识，逐步去攻克结构调整、品牌提升、内外联动、商投互动等多个重大课题。全行公司投行战线要增强学习的紧迫感和自觉性，学习做好投行业务所需要的一切新知识，加强投行业务发展的战略思维和系统性思考，树立国际化、综合化眼光，提高对商行和投行业务规律性的认识，增强对全行投行业务系统推动工作的预见性和创造性，统筹兼顾基础类业务规范发展和品牌类业务快速提升。

（三）要积极培养大局意识和协作精神。近年来，利率市场化进程的加快、直接融资的冲击和资本监管的日趋严格，对商业银行原有以信贷为主的经营模式提出了严峻挑战。全行必须实现从公司信贷向公司金融的转型，实现从“商行拉动”向“商投互动”、甚至“投行引领”发展模式的转变。投行业务要成为全行公司业务转型的主方向，成为公司客户综合金融服务的重要内容。公司投行战线的同志们必须努力培养大局意识和协作精神，围绕全行大客户综合服务、大公司金融战略、信贷结构调整、金融资产服务、经济资本节约等重要经营管理事项想办法、做文章、出成绩，为全行改革发展大局发挥整体功能性作用，在全行业务结构中调整树立更加重要的地位。实践证明，加强与公司业务、资产管理、私人银行、个金、结现等各专业条线的分工合作，加强与境内外机构的上下联动和内外联动，既是投行业务过去发展的基本经验，也是今后必须坚持的重要原则，这需要投行战线的干部员工进一步加强协作精神，主动沟通、主动合作，充分利用全行可利用的一切资源，为投行业务的发展创造良好的环境，拓宽发展的空间。

（四）要努力拓宽客户基础，找准目标客户群体。投行业务实现高端化和品牌化的第一要务是抓好客户基础。第一，要壮大品牌类投行客户规模。两年来，我行投行客户从2.2万户增长到约6万户，信贷客户覆盖率超过50%。其中品牌类投行客户数虽然由数百户增长到2 287户，但在全部投行客户中的占比仍然很小，品牌类业务的客户基础非常薄弱，迫切需要加强专项考核和推动。第二，要准确把握投行目标客户的评判标准。投行业务要更加注重企业的未来和发展空间，不能仅注重企业现在的经营状况；要更加注重行业的发展，不能仅注重企业自身规模；要更加注重找企业亮点，不能仅注重挖掘企业面临的风险。也就是说，不能用商行的眼光来筛选投行客户群，投行要建立自身的客户群。第三，开拓投行客户群的关键在于创造需求与满足需求相结合。客户对投行的需求往往是非直接、非显性的，需要银行站在企业战略、行业整合的高度来主动引领、主动创造。这就要求我们改变惯性的营销思维和方式，具备更高的战略眼光、更敏锐的行业嗅觉、更开阔的金融眼界、更全面的资源整合能力。公司投行战线不仅要与企业财务部门打交道，更要与企业的战略投资、资本运作部门打交道，还要与企业高层保持紧密关系，提高对投行信息的捕捉能力和反应速度。像巴西石油、AIA等大型项目，都是姜董事长亲自营销来的。这也说明，我们的各级行长、主管行长要在投行业务重点客户营销过程中发挥更加重要的作用。

四、近期必须抓好的几项具体工作

（一）抓好投行经营体系改革实施，夯实转型发展基础

一是抓紧落实分行层面的投行改革工作。总行启动投行经营体系改革的前后，已经有很多分行提早研究、提早决策，启动了分行层面的改革。各行的投行业务发

展阶段有所不同，区域市场特征和本行的经营管理思路也有差别，具体改革方案也不尽一致。有些分行的改革相对彻底，投行部门只负责重组并购、股权融资、高端财务顾问等品牌类业务；有些分行剥离了基础类业务，但还是负责相对宽口径的品牌类业务；也有的分行投行部门的职能没有做大的调整，仍然统筹兼顾全口径投行业务的发展。这些都是分行层面有益的探索和实践，不一定说孰优孰劣。但也还有些分行没有引起重视，思考明显不够，动作比较缓慢，还在观望和犹豫，各项工作仍在原地徘徊，需要尽快下定决心、理清思路、付诸行动。全行上下都要认识到，这次改革的核心任务是加强品牌类投行业务的项目运作能力和整体功能性作用，所有改革安排都要体现这一核心要求。这几项品牌类业务仍然处于发展起步阶段，都是见效比较慢的业务，对团队素质的要求也很高，需要整合的资源也很多，需要大家进行更具前瞻性的思考和更艰辛的实践，才能一步一个脚印地实现总行党委提出的宏伟战略目标。各行必须在3月底、最晚在4月底完成分行层面的投行业务改革。

二是加强投行专业队伍建设，为投行改革提供人才保障。目前总分行投行专业团队仅约350人，其中从事品牌类投行项目营销运作的团队大概也就200多人，这与董事长提出的在全行建立四五百人的品牌类投行团队的要求差距太大。总分行必须尽快按照董事长“总分行要有专门团队、专业人士、专心致志地开展投行业务；目前状况不是缺市场、缺项目，是缺人力、缺人才”的指示，加快投行专业队伍建设。总行投行部正抓紧人员招聘，将争取在上半年补充20人，基本建立90人的团队，其中品牌类团队约50人。各分行也要抓紧按照改革要求充实配备专业团队，业务发展基础好、市场潜在容量大的分行可组建10－20人的投行团队，具体人员规模可视业务发展需要灵活调整。其中，原则上各行基础类专职团队应至少配备2－4人；重组并购、股权融资专业团队至少配备3－5人，高端财务顾问专业团队至少配备2－3人。到2012年底，全行投行专业团队力争达到500人，其中品牌类投行团队力争达到350人。到2014年，根据业务发展情况，将全行投行团队和品牌类投行团队人数分别充实至600人、450人。对关键投行岗位和中高层级业务序列职务，可尝试市场化引进部分高端人才，并在薪酬福利等方面给予配套支持，对全行投行团队形成适当的补充。此外，要加强境外投行团队建设，可以考虑先在重点区域市场配备投行团队，比如工银欧洲已经提出要建立覆盖区域市场的“投资银行业务中心”，这也是一种很好的尝试。工银亚洲、悉尼、新加坡、加拿大、非洲和美洲机构也可考虑设置不少于2人的投行专职人员。

三是加强商投互动，发挥全行整体资源优势。无论是总行层面的利润中心改革，还是分行层面的投行业务改革，都绝对不能削弱，而是要进一步加强投行与公司业务、资产管理、私人银行、专业融资等专业条线的分工合作机制，加强总分行、境内外、集团与附属公司的联动机制。总行投行部要与相关部门、各分行、工银国际等机构建立有效的信息沟通机制，构建共同的客户群。各方要主动创造客户需求，主动互相推介客户，实现客户资源共享。要发挥境内外投行机构各自优势，把工银国际的团队、专业、牌照优势和境内机构的渠道、客户、资金优势结合好，发挥出整体合力。

（二）抓好品牌类业务提升，融入“大公司金融”战略。品牌类投行业务要积极融入“大公司金融”战略，加强公司与投行部门的营销协同和一体化运作，充分发挥投行业务在公司金融全产品营销、公司客户综合化服务方面的功能性作用，为大客户提供高技术含量、高附加值的投行专业服务，将投行业务打造成为公司金融市场竞争的拳头产品。

一是加快提升重组并购业务市场影响力和客户认同度。要强化商业银行并购业务的核心优势，丰富并购融资安排手段，提升并购融资安排能力，灵活组合理财资金、内保外贷、国际银团、信托私募等融资工具。要加快重组并购业务创新，对并购活跃的特定行业或区域，尝试发起设立并购基金或专项并购资金信托计划。要加强总分行互动、境内外联动，积极拓展与业界领先中介机构的合作，拓宽项目信息来源，提升项目操作执行能力。要重点配合做好对总行级公司客户的并购需求挖掘和并购服务，以资源类并购、跨境并购等为重点，抓住有市场影响力的大型项目，进一步提升我行投行业务品牌价值和客户认同度。要在充分调研分析的基础上向证监会申请上市公司重组并购顾问资格，争取介入业务潜力巨大的资本市场并购服务领域。2012年，全行重组并购收入力争突破15亿元，增长50%以上；当年拓展重组并购客户数超过300户；成功运作10个以上具有市场影响力的重大项目。

二是加快提升股权融资业务的战略功能和市场规模。要把握实体经济发展以及国家宏观政策、产业政策、体制改革背景下的各类股权交易市场机会，全面介入公司客户战略引资、Pre－IPO、产业整合、上市公司增发配股、股票质押融资、夹层融资等各类股权融资活动，综合运用上市、PE或信托私募等工具，通过对接行内理财资金或以主理银行模式募集社会资金，帮助客户实现股权融资。要配合公司信贷结构调整，积极与战略性新兴产业、先进制造业、现代服务业、文化产业等领域优秀PE基金管理机构拓展合作关系，利用股权融资培育我行优质信贷客户群体。要配合“四大行业”压降并提供替代融资服务，比如对央企电力龙头企业下属的盈利预期较好的区域性子公司、具有上市前景的新能源子公司，要积极提供战略引资等股权融资服务。2012年，全行股权融资规模力争超过350亿元；力争完成 PE 主理银行项目 100 个，企业上市顾问业务签约 200 户，股权私募顾问业务签约 200 户，可认股安排权顾问业务签约 300 户；全行股权融资业务收入力争达到 6.9 亿元，增长 50%。

三是加快形成高端财务顾问业务模式和专业服务能力。要尽快形成高端财务顾问业务的制度办法体系，重点推进个性化理财融资顾问、项目融资顾问、结构化融资顾问、发债顾问、财务重整顾问等重点高端财务顾问服务，开辟品牌类投行收入新的增长点，锻炼提升投行队伍的专业技术能力。

（三）抓好基础类业务规范，确保持续健康发展。今年 1 月初召开的全行公司与投行工作会议已经对基础类投行服务收费问题做了前瞻性的安排，我们提出的“依法合规、服务匹配、要素完备、客户自愿”的总体要求以及“整合一批、转化一批、承接一批、分流一批”的整体思路也都被全行分行长会议、总行党委 2012 年第 5 次扩大会议、全行整治不规范经营视频会以及工银办发〔2012〕188 号《关于做好整治不规范经营问题工作的通知》等文件所采纳，目前的主要任务是严格做好落实工作。我再特别强调以下几点：

一是总分行公司投行部门要各司其职，确保规范工作有序开展。总行投行部要继续承担起基础类业务的规范和发展职能，总行公司业务部门要全力做好配合工作，确保整体工作安排责任明确、时限清楚，确保复查整改工作全面覆盖、重点突出，确保收费标准梳理合法合规、合情合理，确保制度办法梳理可操作、可执行。分行层面，不管改革后是由投行部还是公司部负责基础类业务，都要确保责任分工明确、部门协调顺畅、动员组织充分，不能因为业务交接、人手不足等任何原因造成任何工作环节的延误和落空。

二是要对服务收费问题给予足够重视，切实做好整改工作。尽管总行从年初以来先后在各类会议、各种场合反复强调规范管理的重要性，但还是有部分分行工作不主动、不及时、不到位，存在麻痹思想、侥幸心理和懈怠现象。如果不利用监管部门给予的自查自纠这段时间把规范管理工作做扎实、做细致，到 4 月 1 日以后迎接各类检查时就肯定会出差错、出纰漏，那时再想补救就是事倍功半了。各行必须高度重视整治不规范经营工作，切实加强组织领导，实行行长负责制，严格按照“统一部署、整体推进、统筹协调、边查边改”的总体要求，逐项分解落实整治任务并在规定时限内全面完成。近期要在全面自查自纠的基础上切实抓好整改工作，贯彻落实好“服务与收费相匹配”这一核心精神，确保整改后的逐笔业务都要满足“依法合规、服务匹配、要素完备、客户自愿”的基本要求。

三是要不打折扣地落实各项管理要求，抓好规范发展。各行要严格根据总行《关于做好整治不规范经营问题工作的通知》的相关要求，按照规定的时间表逐项落实相关工作。总行投行部也研究提出了下一步加强规范管理的一系列工作意见，近期文件将正式印发，我先跟大家强调几点主要内容，各行可以先参照执行。第一，严格限制收取小微企业顾问咨询费。要贯彻落实国务院常务会议精神，严格限制向小微企业收取顾问咨询费，即必须在完全符合“依法合规、服务匹配、要素完备、客户自愿”原则的前提下按照最优惠费率向小微企业收取顾问咨询费。同时，上收小微企业常年财务顾问业务、投融资顾问业务审批权限，由二级分行以上机构进行审批。第二，规范大额投行收费项目。综合考虑常财、投融资顾问的业务性质和服务内容，原则上各行新办理的常财业务收费不得超过 50 万元/户/年，新办理的投融资顾问业务收费原则上不得超过 500 万元。当然，限价措施作为内部管理要求，不对外公布，今后可以根据基础类业务整体服务水平提升等情况，通过年度授权或管理文件进行动态调整。第三，适当上收分行投行业务授权。取消企业信息服务中的资信评级、信息服务业务授权，并入常财业务管理。与限价要求相配套，常财业务授权调减为均不超过 50 万元；投融资顾问业务授权调减为不超过 500 万元，二级分行转授权不超过 200 万元。同时，加强分行品牌类收入入账管理，除股权投资基金主理银行、个性化理财融资顾问业务外，单笔收费超过 500 万元的重组并购、股权融资和高端财务顾问业务均报总行审批。第四，对常财业务实施标准化服务改造。总行将对常财收费实行分档固定金额，针对各档次付费金额的客户提供不同等级的标准化研究产品套餐、配备不同等级的专属理财师、提供不同时限的一对一咨询服务。各行要确保电子化服务渠道畅通，对新办理的常财业务必须在 5 个工作日内开立“财务顾问专区”账号。要不断丰富常财服务形式，业务规模较大的分行如条件成熟，可自行外购部分研究产品作为服务补充。第五，充实投融资顾问服务内容。总行要抓紧建立投融资顾问报告的示范模板库，对投融资顾问客户均应附赠最高档次的常财服务套餐。要强化服务团队的责任意识，收费不超过 200 万元的投融资顾问报告，要由中级企业理财师审核签字；收费不超过 500 万元的投融资顾问报告，要由高级企业理财师审核签字。按照协议提供约定服务并记录后，分行可在服务记录中增加客户对我行服务满意度评价的相关材料。

四是要抓紧推动各项中长期基础性工作。除按监管部门要求在 3 月底前完成各项治理工作外，年内总分行投行部门要花大力气做好各项中长期基础工作，夯实基础类业务发展基础，主要是研究搭建投行客户综合信息咨询服务平台、建立全行投融资顾问报告的示范模板库、投产投行业务管理系统主机驱动记账项目、加大研究产品采购力度、加大企业理财师培训认证力度、加强对服务收费问题的考核监测力度。

五是要做好规范管理工作和经营计划的统筹平衡。

近期总行已经正式下发了2012年全行的经营计划，各行应科学、合理地做好经营计划的组织实施和分解落实工作，不要习惯性地层层加码、过度考核，要给今年的规范管理工作多留一点余地。目前的形势对基础类收入可能会有一定影响，但希望全行一方面能够实现基础类收入的软着陆和平稳过渡，不出现大起大落；另一方面也不要在基础类业务上出现影响大的典型性事件，更不要成为社会舆论关注的焦点。这对我们各级行长和管理者是非常大的挑战和非常高的要求。

投行业务是全行经营转型和结构调整的重要方向，是总行党委寄予重望的业务领域。过去十年的投行业务实践证明，全行的投行团队是支有凝聚力、有战斗力的队伍。希望大家进一步增强责任感和使命感，借投行经营体系改革的东风，奋勇开拓、锐意进取，共同谱写投行业务发展的新篇章，开创投行业务发展的新局面。

在中国工商银行中间业务收费管理工作会议上的讲话

易会满

（2012年3月26日）

刚才，杨凯生行长也是整治不规范经营问题工作领导小组组长，对全行中间业务收费管理工作做了重要指示，明确了方向。各部门和各分行要深刻领会、认真贯彻。下面，我再布置几项具体工作。

一、正确把握监管要求，进一步增强整治不规范经营问题的紧迫感和责任感

今年以来，为落实国务院领导指示精神，监管部门从1月20日起，通过出台3号文件、召开全国银行业系统电视电话会议、加强窗口指导等方式，部署安排以纠正“附加不合理贷款条件和不合理收费”为主要内容的不规范经营问题专项治理工作。根据专项治理推进情况，3月9日和15日，央行、银监会会同央行组织召开了两次专题会议，研究部署规范商业银行服务收费工作。在对各家银行前期整治工作给予肯定的同时，央行和银监会也提出了新的要求。这些要求主要有：

（一）进一步提高认识，高度重视不规范经营问题整治工作。不规范经营不仅影响商业银行市场声誉、可持续发展、服务实体经济效率和金融市场秩序，而且关系货币政策执行和金融稳定。整治不规范经营问题工作责任重大，各行党委要高度重视，对规范服务收费行为形成共识，发挥党委对服务收费的驾驭作用。各家银行要服从大局，像保护眼睛一样保护银行业来之不易的改革发展成果，继续深化改革，增加服务内容，提高透明度；像爱护自己的身体一样规范公司治理，完善内控，在商业目标与社会责任之间找到一个较好的平衡点。工、农、中、建、交是金融业的主力，在外部检查中，应尽量做到不被查出问题或没有重大问题。

（二）立足于自查自纠，迅速行动，对整治不规范经营问题再动员、再部署和再加力。尽管目前专项治理工作进展比较顺利，但整治质量不高，具体表现是防止“七不准”和“不合理收费”行为发生的机制尚未完全建立起来，自查自纠仍需进一步深化，特别是有一些银行对不规范经营问题没有给予足够重视，对外部舆论和监管要求反应迟缓，整治力度不够，有可能影响全局。各行要严格落实银监会关于整治不规范经营问题工作的部署，统筹安排，强化组织，明确机制，牵头明确，跨部门参与，各担其责，从严、从细落实检查工作，坚决杜绝走过场。要认真公示“七不准”、“四公开”和梳理后的收费项目。要认真评估总结，以问题为戒，狠抓规范经营建设。对自身存在的问题要进行全面梳理和报告，亮出问题也要有时间要求，不亮查出来属新问题。要从严处罚，讲究实效。要认识到舆论监督的重要性，不要为治理而治理，为检查而检查。要一级培训一级，层层抓一把手。各行要积极配合央行、银监会规定时限到期后的检查。对收费标准的设置要体现求真务实，适当进行归类整合，不要搞太多项目，更不要因内部部门功能重叠而分化或增加收费项目。3月1日“七不准”生效，4月1日起按公告收费标准收费，凡未按照政府指导价和市场调节价分类公告收费项目的银行，视同放弃收费业务。监管部门将发现一起，查处一起。对整改好的银行，监管上、金融市场上将给予激励；对整改差的，不姑息护短。

（三）坚定不移地实行市场化经营，依法维护商业银行经营权益。要认真学习领会国务院领导在第四次中央金融工作会议上的讲话以及央行、银监会有关规定，

努力推动中间业务发展和经营转型。要坚持自主定价、自主经营的基本原则，对有理的问题要据理力争，对存在的问题要及时整改纠正。要收集正面典型案例，加大对股改上市以来金融服务、金融创新的宣传。要加强与人民银行和监管部门的沟通，涉及服务收费的问题应及时汇报，共同维护商业银行形象，共同捍卫改革开放成果，共同改进服务效率和服务水平。要认真梳理经营管理模式，合理设置经营目标，做到科学发展，在稳中求进中保持良好的发展态势。

可以看出，央行、银监会对商业银行整治不规范经营问题工作要求非常高和严格，目前已陆续对各行整治情况展开专项检查。总行党委今年以来认真贯彻落实国务院领导指示精神和监管要求，一直高度重视整治不规范经营工作，3月22日，总行再次召开党委（扩大）会议，专题研究服务收费管理工作，审议“12版”服务价目表，并部署实施工作。今天的会议就是对党委（扩大）会议精神的具体贯彻，各行要认真领会监管部门和总行党委的各项要求，从思想上高度重视，在行动上扎实推进，在措施上坚决有力，确保如期完成各项整治工作任务。

二、进一步深化整治不规范经营问题工作，努力提高整治质量和效果

自1月20日银监会出台3号文件以来，按照银监会确定的8个工作步骤，总行做出了一系列工作安排。从目前情况来看，全行整治不规范经营问题工作进展总体上比较顺利，其中总行重点开展了以下工作：

（一）召开党委扩大会议，成立领导小组。2月8日，总行召开党委（扩大）会议，要求全行上下迅速行动起来，采取有力措施，按照监管部门要求，做好收费业务自查工作，规范全行中间业务收费，做到收费有依据、服务到位、人员配备、手续齐全，确保合规经营。同时决定成立总行整治不规范经营问题工作领导小组，杨凯生行长任组长，相关副行长任副组长，22个相关部门为成员单位。

（二）召开专项整治工作会议。2月16日，总行召开了全行整治不规范经营问题工作视频会议，杨凯生行长和我出席会议并讲话。杨行长重点强调了规范经营行为，特别是服务收费行为的重要性和长期性，要求全行进一步认识规范经营行为对我行推进经营转型，建设“三最”银行的重要意义，明确要求中间业务收费要做到“四个有，一个不”。我主要根据党委意见，部署了全行整治工作的指导思想、整治重点、整改目标和工作时间表。

（三）明确部门职责，认真推进自查整改。制定了规范服务收费工作任务分解表，明确责任部门和完成时限。各相关部门对照“七不准”等要求，制定本专业整治工作方案，推进收费标准、规章制度、操作流程、服务内容梳理等工作，按照边查边改的原则，从源头上进一步规范服务与收费行为，并指导、督促各分行对口专业做好自查自纠和整改工作。

（四）如期公示“七不准”。2月20日，总行下发了《关于在营业场所公示银监会信贷业务经营“七不准”规定的通知》，要求各分行按照总行确定的内容，采取在网点电子屏显示或在业务宣传栏中张贴等方式，对“七不准”进行公示。2月底前，总行门户网站和各营业网点均公告了“七不准”。

（五）制定整治工作细则。3月7日，总行下发了《关于做好整治不规范经营问题工作的通知》，要求各级行从加强领导、明确责任，自查自纠、重在整改，规范服务收费、落实禁止性规定，强化宣传、引导舆情，加强管理、完善考核，提升服务、规范发展六个方面推动整治不规范经营问题工作，确保各项整治工作扎实有序开展，并在规定时限内全面完成。同时，总行还对重点整治工作任务和关键时点进行了明示。

（六）开展专项检查。3月9日，总行下发《关于开展整治不规范经营专项检查的通知》，按照全行统一方案，检查分行对“七不准”的自查和整改措施、对收费监管政策和收费标准执行情况以及服务与收费匹配情况等。总行14个部门参加，选择10家分行进行重点检查。同时，召开了整治不规范经营问题专项检查组动员会，总行从检查思路、检查重点和检查工作组织等方面进行了动员，提出了具体要求。

（七）梳理收费项目。从2月8日到3月23日，按照银监会有关要求，由财务会计部牵头，总行18个专业部门参加，经过分专业梳理、集中梳理和汇总审议等三个阶段，形成初步梳理结果，我在3月20日召集专题会议，听取各相关部门梳理工作汇报，逐项对梳理结果进行了讨论和完善，由各相关部门总经理签字确认，财会部汇总后提交党委会议审议，最终形成“12版”价目表，并于3月23日下发。

在整治不规范经营问题期间，总行领导和相关部门加强了与央行、银监会、国家发改委、中国银行业协会、新闻媒体和同业的沟通，协调服务收费事项，参与《商业银行服务价格管理办法》制定工作，请示“四公开”公示及落实办法、协调收费标准公告方式、加强正面宣传等工作。财务会计部编发了《专项治理工作简报》，及时通报全行整治工作动态。

各分行也按照总行统一部署，围绕“查源头、查程序、查行为”三个重点，对“附加不合理贷款条件和不合理收费”进行了自查，各分行自查报告已陆续报送总行，总行5个检查组的检查也刚结束，目前，总行正在抓紧汇总分析各分行自查及检查情况。

回顾两个多月的整治工作，在看到整治成效的同时，还必须清醒地看到目前全行整治工作存在的问题，突出表现是整治工作推进不够平衡，整治质量差异较

大。从横向看，有些专业部门重视程度有待提高，对目前面临的舆论压力和监管风险估计不足，整治工作不够细致和深入，整治力度和进度不够到位；从纵向看，根据总行掌握的情况，个别一级（直属）分行对不规范经营的危害性认识还不高，组织推动力度较弱，自查自纠情况不够理想，与监管及总行要求差距较大，部分二级分行及以下机构整治工作氛围尚不浓厚，存在逐级衰减的现象。各行和各部门特别是主要负责人对这些问题必须引起足够重视，要增强大局意识，从维护我行良好的社会形象，打造“三最”银行，实现全行可持续发展、确保依法合规经营的角度，总结并进一步部署整治不规范经营问题工作，做到全流程、全品种地毯式自查，对发现的问题迅速进行整改，并最终落实到流程和规章制度上。各行要研究制定并细化分行和基层行深化整治不规范经营问题工作的要求和措施，进一步抓好“七不准”和整治“不合理收费”的再落实，督促整治工作整体推进，确保整治质量和效果。

三、周密部署，确保“12 版”服务收费价目表顺利实施

“12 版”服务收费价目表总行将按有关规定在本月底前向监管部门报备，同时抄送中国银行业协会，于 4 月 1 日起在全行实施。实施新的服务价目表，既是全行整治工作的一项重要内容，也是今年全行经营管理的一件大事，各行必须严格按照总行统一部署，重点做好以下工作：

（一）做好“12 版”价目表公告工作。总行决定，“12 版”价目表采取印制手册方式在各营业网点公告，公告开始时间为 3 月 31 日。总行还将在门户网站公告电子银行业务收费标准，各行不得自行改变公告方式。“12 版”价目表以一级（直属）分行为单位统一印刷，并配送辖属各营业网点，各行要合理安排印刷和配送时间，确保 3 月 30 日前配送到位。

各行要按照总行确定的规格，选用质量较好、耐磨损的纸张印刷手册，做到封面美观大方，内部字迹清晰。同时要合理确定印刷数量，以满足网点和各相关业务部门年内实际需要。“12 版”价目表为我行重要文件，各行要加强电子版本管理，不得对服务价目表构成要素进行改动，严禁私自转发外传，并要与印刷企业签订保密协议，印刷结束后立即销毁电子排版。从 3 月 31 日起，所有营业网点应至少配备一份价目手册，并打孔固定在显著位置专架展示。各营业网点应明确专人负责协助客户查阅和解答客户咨询。

需要强调的是，2 月底全行已公告了“七不准”，3 月底前除公告价目表外，还将公告“四公开”和举报投诉电话，各行要认真开展上述公告工作，定期对网点公告情况进行检查抽查，确保公告效果，未经总行同意，严禁擅自停止其中任何一项公告。

（二）确保 4 月 1 日起全行统一按照“12 版”价目表收费。相对于“09 版”收费标准，“12 版”价目表除政府指导价未调整外，市场调节价部分变化较大，如在收费标准中增加了“项目功能”和“优惠政策”等要素，对部分收费项目进行了合并、更名、降低、取消和调整等。各行要加强培训，使各级管理人员、客户经理和一线员工尽快熟悉“12 版”价目表，做到熟练和正确运用。从 4 月 1 日起，删除的收费项目要立即停止收费，合并的收费项目与现有各项产品及服务的对照关系要尽快建立起来，以防止漏收和误收。4 月 1 日前，总行各专业部门将陆续安排本专业收费价目培训，各分行也要根据实际开展相关培训。同时，要做到与收费项目相关联的规章制度、操作流程、协议文本、收费凭证、投诉处理等同步到位，并互相衔接。特别是面向个人客户的收费项目，由于涉及客户数量大，社会关注度高且影响大，各行务必高度重视，把各项准备及配套工作做细做扎实。目前，总行各相关部门正在抓紧推进相关配套工作，相关文件将于 3 月 31 日前下发各分行。各分行也要抓紧对本行自行制定的相关制度和协议进行修订，确保 4 月 1 日起投入使用。对实施“12 版”价目表，要实行行长负责制和部门负责制，凡收费项目出了问题，要追究相关部门和分行领导责任。

（三）确保参数调整和系统改造到位。实行“12 版”价目表，部分收费项目涉及参数调整和系统改造。各部门和各行要按照职责分工，抓紧与参数管理和信息科技部门沟通，确保 4 月 1 日开门营业前参数调整、系统改造到位。对于部分因调整或改造难度较大、时间来不及的收费项目，可按照“先外后内”的原则，先调整参数和收费凭证等与客户关联度较高的部分，再抓紧修订相关规章制度。

（四）加强对外宣传管理。中间业务收费标准历来是媒体和舆论关注的焦点，可以预见，本次商业银行集中公告收费价目表，很有可能形成新一轮的关注，全行要做好应对准备，并争取把这次新的价目表出台作为我行规范收费、改进服务、提升形象的重要机遇期，掌握舆论的主动权。总行将在近期下发中间业务收费项目梳理情况对外解释口径，供各行应对媒体解释使用。各行不得自行统计并对外发布收费项目梳理信息，如当地监管部门要求报送相关信息，必须报告总行并按总行确定的口径提供。总行还将下发“12 版”价目表常见问题解答口径，供“95588”和柜面员工使用。要严肃新闻宣传纪律，各一级（直属）分行、二级分行和城区支行要专门指定一名熟悉银行业务、政策水平高、业务熟、富有媒体应对经验的人员负责接待和应答媒体采访。同时，各网点负责人、大堂经理和柜员要做好应对记者暗访和答复客户咨询的准备，确保不同渠道应答口径一致。要加强对相关舆情的监测，对不实事求是的舆情要提前进行干预和控制，防止扩散失控。

（五）继续做好不规范经营问题整改工作。本月底或下月初总行整治不规范经营问题工作领导小组将听取总行5个检查组对10家分行检查情况汇报，相关分行对检查组指出的问题要及时整改反馈。需要指出的是，这次自查工作，不单是对银行收费，而是要全面对照"七不准"，检查不规范经营涉及的所有问题。自查自纠工作任重而道远，各分行要对照监管和总行要求，认真总结评估前期自查自纠工作，整治不达标的部门、分支机构和业务，必须补课，绝不能走过场。对于自查、检查中发现问题不及时整改、或存在问题未发现而被监管部门查出的，总行将追究有关领导责任。特别需要强调的是，随着3月底前各行向当地监管部门报送自查报告，有部分行可能会产生自查自纠任务已完成的想法，从而放松对整治工作的组织领导，这种想法是相当危险的，对下一阶段的整治工作，监管部门和总行要求是进一步深化和加强，而不是放松和弱化。

四、加强中间业务组织推动，稳步推进经营转型

发展中间业务是我行经营转型的长期任务，全行上下绝不能有丝毫松懈。2012年，各行要毫不动摇地实施发展中间业务，推进经营转型的战略，为实现新三年规划确定的转型目标打好基础。

今年，全行中间业务增收面临的不确定性较大，特别是新监管环境下，整治不规范经营、物价主管部门对服务收费的大检查、新的《商业银行服务价格管理办法》即将出台等，都对中间业务发展提出了更高要求。"12版"价目表出台后，虽然收费项目数量有所减少，但主要是由于调整、合并等所致，只有少部分项目由收费转为免费或标准降低，会对中间业务产生一定影响。1—2月，全行实现中间业务收入147.72亿元，同比增长28.74%，中间业务收入总量比建行低9.3亿元。

客观分析，今年全行中间业务增收确实面临着一些不利因素，在这种条件下，全行上下不仅要防止各种消极情绪的滋生，更要坚定信心，要看到全行中间业务近几年积累起来的产品、客户和管理基础及竞争优势，看到构成全行中间业务收入主体的各项产品其发展是健康的，看到中间业务广阔的市场和创新空间以及巨大的增收潜力。只要各行认识、组织和措施到位，抓住市场机遇，就可以通过加大创新和强化管理弥补由于政策调整而产生的收入缺口，并实现中间业务收入的一定增长，避免中间业务收入大起大落对全行整体效益和核心业务指标产生较大的冲击。各行要在继续坚持近几年行之有效的做法和措施的同时，不断转变观念，拓宽中间业务增收思路，创新增收机制。在此，我要特别强调，中间业务收费政策和收费标准由总行统一管理，未经总行同意，任何分行不得擅自改变收费政策和收费标准，做到应收尽收。

要下大力气优化中间业务品种和收入结构，持续推进中间业务转型发展。今年总行对《境内分行经营绩效和业务发展考评办法》进行了完善，将结算、代理、理财等三类业务收入纳入同业占比考核，同时增设品牌类投行和贷款收益率等指标，目的就是引导各行发展交易类、代理销售、资产管理、私人银行等业务，更加注重价值创造能力和发展质量的可持续提升；同时，通过引导各行做好贷款风险定价工作，约束与贷款客户相关的低端业务和"息转费"的发生。全行中间业务各主要产品线都要加快转型，要按照总行党委提出的"唯有严谨规范，才能持续发展；唯有专业服务，才是正道坦途；唯有为客户增值，才受客户欢迎"的要求，梳理服务内容，完善管理模式，转变增收方式，不断提高对全行中间业务收入的贡献度。

同志们，今天已经是3月26日，离"12版"价目表实施只剩6天，时间非常紧迫，任务非常繁重，希望各行认真贯彻本次会议精神，高度重视新价目表的实施工作，抓紧工作，确保"12版"价目表顺利实施，确保各项整治工作有序推进。

在投资银行业务座谈会结束时的讲话

易会满

（2012年3月27日·根据录音整理）

从参会分行的发言看，大家对总行投行改革方案的推进工作做得都不错。一半以上的分行已经基本完成改革，至少在组织架构、队伍配备上达到了总行的要求；有四分之一的分行改革工作正在进行当中；还有四分之一的分行需要进一步论证改革方案。总体而言，全行从上至下对投行业务转型的认识有很大提升。下面，我再

讲几点意见。

一、要进一步坚定投行业务转型发展的信心和决心

在当前复杂的经营环境下，保持投行业务较快发展面临较大压力和难度，要实现投行业务顺利转型和平稳发展，需要全行进一步统一思想、坚定信心和决心，需要各分行主管行长、部门负责同志进一步提高认识、加强组织推动。要清晰地认识到，商业银行推进经营转型和加快结构调整的方向不会改变，进一步改善收益结构的目标不会改变，坚持中间业务市场化定价的原则不会改变。在此背景下，加快发展投行业务既是商业银行改革发展的内在要求，也是适应客户需求变化的必然选择。工商银行投行业务经过前十年的发展，已打下良好的基础，今后的十年，投行业务则要走出转型发展的新路子。目前来看，我行基础类投行业务经过前期的集中清理和规范，已经基本能做到收费与服务相匹配，今后对此要常抓不懈。突出发展品牌类业务是投行经营体系改革下一步的核心任务。对品牌类中的并购类业务，随着中国企业“走出去”步伐的加快，海外资源并购、过剩产能转移、新市场拓展等力度的加大，并购类业务面临巨大发展潜力；对股权融资类业务，国内企业普遍缺乏股本资金的现状，也为发展提供了广阔的空间；对高端财务顾问业务，大中型企业实际有比较旺盛的需求，这类业务考验的主要是银行的服务能力和水平。总而言之，如何借助投行经营体系改革的东风，打造我行投行业务的高端品牌形象，提升我行投行业务在业界的影响力，扩大投行业务对全行利润的贡献和占比，需要全行进一步坚定信心和决心，继续努力。

二、对投行业务下一步发展的几点具体要求

大家在发言中，结合当前的经营环境，对今年投行业务发展的目标定位是比较准确的，特别是对重组并购、股权融资、高端财务顾问等品牌类业务如何发展，都有比较清晰的认识和思考。对基础类业务规范管理问题，核心要求是服务与收费相匹配，总行近期下发的文件中，对服务记录、服务标准、服务要件等方面做了梳理和规范，各行必须严格执行。下面，我再提几点具体的工作要求。

（一）限期完成投行经营体系改革各项工作。一是理清分行投资银行部基本职能，提升直接经营能力。各行可以根据自身实际情况做差异化安排，但提倡遵循投行经营体系改革方案的基本要求，同时应将企业年金、资金托管等业务予以剥离。二是充实投行专业人员，加强队伍基础建设。各行主管行长要对投行专业人员数量和质量把关，保证人员限期到位，力争3月底、最迟4月底前完成团队组建工作。要做好二级分行投行职能、团队、业务的延伸，可研究试行“1+X”模式。三是科学确定投行业务考核口径。对总行投资银行部的考核应与其业务范围相适应，总行对省分行投行业务的考核应采用宽口径指标；分行内部考核方式由省分行自行确定，总行不做统一规定和硬性要求。四是坚持市场化引进和自主培养相结合的方式开展团队建设。从外部引进人才，带来对传统思想、理念、技能的冲击，有其好处。有条件的分行可在激励机制上先行先试，如尝试“一对一”协定薪酬等方式，保护和调动人才的积极性；但同时也要讲大局，充分体现和弘扬工商银行优秀的团队协作精神。

（二）抓好具体项目尤其是品牌类项目的落地。投行业务的生命力与竞争力在于创新，投行业务转型发展的重点在于狠抓品牌类大项目。针对当前品牌类投行业务发展面临的项目落地难这一薄弱环节，必须进一步增强创新的主动性和前瞻性，围绕企业资金需求迫切、产业升级换代加快、企业“走出去”力度加大等经济运行特点和发展趋势，摸清客户需求，同时要善于研究借鉴同业成熟做法，总结系统内先进分行成功经验，不断丰富产品线，提升服务水平。在品牌类业务的发展上，每个省份作为一个大的经济体，都有其广阔的业务机会，中西部地区甚至可能不比东部沿海地区机会少。各行要转变思路、擦亮眼睛，狠抓几个大项目，争取有所突破、有所作为。工银国际这几年的发展经验表明，投行业务不仅仅是靠规模、靠利润，更需要依靠大项目树典型，来形成带动力，扩大影响力。

（三）尽力完善品牌类业务发展的配套环境。一是处理好专业产品线独立性与全行服务整体性的关系。一方面要梳理和丰富投行独有产品线，另一方面要站在工商银行整体和全局的高度，主动配合、积极协调、争取支持，加强与资产管理、个人金融、工银国际等相关业务线及机构的联系和协作，满足客户多元化的投融资需求。二是处理好商业银行风险评判标准与相适应的投行业务审批体制的关系。商行业务与投行业务一项重要的差异，在于对风险的评判角度和偏好不同，要深入研究两者在业务政策、风险审查等方面的差异性，结合工商银行风险文化特点，提出合理化建议和思路。三是处理好统一核算体系与合理分润机制的关系。总行正在研究完善投行业务考核体系，核心是调动省行的积极性，首选方案是采取影子考核的方式，合理分润方式也是备选方案之一。四是处理好人才自我培养与外部引进的关系。总分行可充分利用投行经营体系改革方案中的相关政策，培育和打造符合我行特点的投行人才队伍。

（四）加强投行专业培训工作。总行要加强案例交流和培训机制建设，做好全行品牌类投行团队资源的调度，统筹安排人员参加重点项目实践。各省分行要大力支持跨区域大项目的运作，积极选派人员全程参与和跟进总行重点项目，达到“干中学”的培养目的和效果。

总行、各省分行还要注意做好对二级分行投行团队、分支行客户经理的培训，形成从上至下完整的投行团队体系。可适当探索开展境外培训，择机为分管行长、处长各举办一期境外投行业务培训班，重点是选好培训对象、安排好培训课程，真正达到开阔业务视野、深化境内外业务联动的目的。

（五）尽快落实基础类投行业务整改工作。总体来看，全行整治不规范经营工作，分行与分行之间在思想认识和工作进展上还有差异，有的分行对整改治理比较重视，有的分行则重视不够。当前商业银行面临的外部检查压力较大，各行要认真做好检查整改，确保监管部门外部检查时不出现大的问题。

（六）高度重视投行业务的风险控制。投行业务面临的声誉风险、道德风险问题比较突出，对此始终要注意做好防范，尤其是在股权融资、代理代付等投行业务领域。向投资者推荐理财产品要做好风险提示，尽管风险应由客户本人承担，但也要注意避免诱发声誉风险。从投行业务过去十年的发展历程看，总体上风险控制得不错，没有发生风险损失事件，今后仍要绷紧风险防控这根弦，时刻保持理智和清醒的头脑。

在中国工商银行服务工作推动会上的讲话

易会满

（2012 年 4 月 24 日）

在“2011 改革流程、改进服务年”和“为民服务创先争优”活动中，各级行、各专业不断深化服务改进，着力开展服务创新，切实加强服务管理，全行服务水平得到明显提升。刚才受表彰的 100 家总行级样板网点，就是全行优质服务建设的排头兵；刚才视频片介绍的 11 个服务经验，就是全行凝聚才智、广泛创新的典型和代表。这些先进典型，生动诠释了现代金融服务工作的深刻内涵，集中展示了全行营业网点的良好服务风貌，充分代表了新时期服务工作的发展方向。在此，我谨代表总行党委，再次向受表彰的网点表示热烈的祝贺！向积极推动创新、努力改进服务的广大干部员工表示衷心的感谢！先进是标杆，榜样是引领。各级行要以这次表彰为契机，迅速掀起向先进学习、向榜样看齐的热潮，引导全辖牢固树立客户至上、服务为本的经营理念，真正把服务工作作为全行经营发展的一项重要战略，推动服务工作再上新台阶。下面，我再简要讲三点意见。

一、2011 年全行服务改进工作取得重大进展，服务水平显著提升

2011 年，总行各部门和各级行紧紧围绕总行党委开展“改革流程、改进服务年”活动的部署，坚持治标与治本相结合，坚持战略推动与细节改进相结合，坚持全行一盘棋与条线抓到底相结合，努力改进服务，取得了客户口碑改善、市场形象提升、服务竞争力提高的佳绩，促进了全行的科学发展。

（一）流程改造、业务集中、柜面分流和渠道优化等治本工程有效推进，在服务改进中发挥了重要作用。业务流程综合改造和优化工程有力实施，对影响客户和柜员体验的 340 个紧迫性问题进行了改进；对网点交易频率高、耗时长的 33 大类 115 个非实时业务品种和 87% 以上的柜面对公非现金业务进行了集中处理；投产了交易代码智能定位、联网核查本地化、客户调度管理等流程优化主体项目。客户和柜员对业务流程优化工作反映是好的，效果也是明显的。网点服务效率得到显著提升，网点业务平均处理时间缩短了 20%。柜面业务分流工作迅速推进，可分流率由上半年的 41.7% 下降到 39.19%，交易离柜率在 50% 以上的个人客户占比升至 41%，有效缓解了柜面服务压力。电话银行人工 20 秒接听率突破 90%，短信银行业务量突破 700 万笔，分流了近 30% 的电话银行人工业务量。网点优化建设力度加大，全年新增建和优化网点 1 462 家，网点总数达到 16 284 家。深化了自助设备集中运营管理改革，加强了各类自助设备的布放，全年新投放 ATM 1.1 万台，ATM 总量达到 5.2 万台，新增加自助终端 7 453 台，自助终端总数达到 3.3 万台。

（二）服务突出问题解决力度加大，客户口碑明显转优。近两年来各级行把解决排长队、投诉多等问题作为一项重点工作来抓，尤其是去年 8 月份全行服务工作会议召开以来，解决措施更加有力，解决成效更加明显，客户满意度有了较大提高。

一是排长队问题解决取得重大进展。自去年 8 月份提出“1030”目标以来，各级行进一步从考核引导、监测响应、加强管理、细节创新等多个方面，综合施

治，推动了排长队问题的加快解决。截至去年末，全行超时等候客户占比降至15%，超时等候网点占比降至19.3%。

二是客户投诉专项治理取得明显成效。2011年全行客户投诉降至2.5万件，较上年下降38.5%，尤其是8月份全行服务工作会议以后，季度重复投诉数量历史性下降到两位数以内，实现了总量下降1/3和重复投诉下降50%的目标。重点协调了五类投诉突出问题的解决。推行了服务工作“七禁七要”，建立了服务高压线触碰惩罚机制，强化了网络负面舆情及新闻危机提示，实施了恶性服务事件通报制度，加大了服务责任追究和查处力度。实施《小额补偿管理办法》，促进了疑难投诉、复杂投诉的迅速解决。

（三）营业网点服务规范化建设加强，客户现场体验明显改善。层层组织开展了优质服务样板网点创建活动，评选了100家总行级样板网点，并以点带面，推动了全行网点服务水平的持续提升。开展了服务规范大检查，对重点区域的263家网点进行了现场检查，整顿纠改了一批不规范服务行为。推动了营业网点大堂经理和柜员等关键服务岗位的标准化建设，到年末大堂经理增加到14 095名，柜口开工率提高到80%以上。在中国银行业协会组织的文明规范服务百佳示范单位评选中，我行共17家网点获评，获评家数远多于其他同业机构。

（四）开展了“百名记者进工行”优质服务宣传活动，服务美誉度进一步提升。在总行的统一策划下，各级行积极调动宣传资源，组织新闻媒体资深记者深入网点，进行实地体验和宣传报道。全年服务专题采访活动逾百次，涉及媒体近700家（次）、记者1 250人次，累计发稿近2 000篇次，充分展示了我行服务工作的新变化、新成绩和新形象。

（五）服务改进长效工作机制逐步完善，服务管理效能持续提高。一把手负总责和班子集体分工负责制相结合的服务领导体制初步形成，很多分行的一把手亲自带队到基层和一线调研排长队等问题，并向总行党委报送了服务改进调研报告。协调推出了《售后服务管理办法》、《电话银行服务规范》等多项服务规范，初步构建了新时期服务工作制度框架。网点服务质量监测系统、远程监控平台、神秘人检查等多种手段综合运用，促进了服务质量的全过程监督管理。服务创新氛围更加浓郁，累计征集236条服务创新金点子，并着重加强了转化运用。

应该说，2011年是全行服务面貌大幅改善、服务水平大幅提升的一年。近来，全行上下都明显感觉到，社会各方面对工商银行服务的赞扬多了，批评少了。姜董事长、杨行长和总行党委对全行服务工作的进步予以了充分肯定。我相信，只要全行继续认真贯彻总行党委关于服务工作的战略部署，持之以恒，服务工作一定能取得更大的成绩。与此同时，全行也要清醒地认识到服务改进的艰巨性、复杂性和易反复性。当前服务水平虽然有了明显好转，但是成绩还只是初步的，相对于“客户满意度最高和客户首选银行”的战略愿景，相对于我行的国际地位、客户期待和先进同业，差距还比较大。如持续抓服务工作的机制和自觉性还未完全形成，对待服务工作思想认识上存在明显的不平衡性，分行与分行之间、专业与专业之间的差异都比较突出。业务流程改造对服务水平提升的促进作用就比较明显，去年个金专业在旺季营销中突出强调服务和质量值得肯定和推广。相反，一些分行、一些专业在思想认识和工作实际中还是将服务当成阶段性的工作，抓起来时紧时松，尤其是在信贷结构调整压力加大、中间业务发展遇到困难的时候，就将服务工作放在一边了。服务工作不持续抓、不自觉抓、不反复抓，服务质量就无法根本改善，服务水平就不能持续提升。又如，客户排队等候时间有了压缩，但离真正的富有效率银行的目标还比较远，同时在重点区域、重点网点、重点时段排长队的现象还比较突出。投诉总量虽有所下降，但因收费不规范、态度不好、营销不当等引发的投诉还比较多，投诉处理的精细化程度还不高。再如，以客户为中心的服务体系逐步建立，但忽视客户和员工体验的现象仍然存在。各级行、各条线探索了一些抓服务的方法和措施，但一些根本性的制度和机制还不是那么完善，对服务规律的把握和运用还不够，服务改进的基础还不牢固。服务工作是长期而持续的工作，越是经营转型推进的关键时期，越是在经营管理头绪多、困难大、任务重的情形下，越需要重视服务工作，越需要把服务工作抓细、抓实。因此，全行要切实增强紧迫感和责任感，下更大的决心和力气，进一步加强服务改进。

二、深入组织开展“满意在工行”主题活动，切实提升客户满意度

当前全行经营发展进入到了一个新的时期，服务工作也面临许多新的挑战和任务。一方面，全球经济下行风险犹存，国内经济运行中一些矛盾和问题凸显，党中央、国务院对银行服务实体经济发展提出了更高的要求。另一方面，随着客户金融需求的升级转换，客户要求银行提供满意服务的愿望更加强烈和迫切。与此同时，金融监管机构对保护金融消费者权益、提升客户满意度的监管工作也不断加强。实际上，银行的竞争归根结底是服务的竞争，服务竞争力的衡量标准就是客户是否满意。经过近几年的持续服务改进，全行服务工作取得了比较大的进展，渠道更加便捷，产品更加丰富，流程更加精简，客户满意度具备了跃升的基础和条件。正是基于此，2月份召开的年度工作会议明确要求，2012年全行要深入开展“满意在工行”主题活动。这是贯彻落实中央开展“为民服务创先争优”活动、建设人民满意银行的具体举措，目的就是要进一步解决好客户

不满意的服务问题和薄弱环节，使全行客户满意度有一个质的飞跃。应该说，去年8月份召开的全行服务工作会议对这些问题的解决都作了明确而具体的部署安排。因此，各级行要在继续不折不扣地抓好这些措施贯彻落实的同时，进一步以改进窗口服务为重点，以解决突出问题为突破口，以构建长效工作机制为保障，以“满意在工行”主题活动为抓手，全面提升客户对我行服务效率、态度、产品和环境的满意度。

（一）协调推动消费者权益保护工作。总行党委对这项工作非常重视，先后多次开会进行了研究部署。在4月10日召开的行务会上董事长再次对这项工作进行了专门强调，要求全行从维护消费者权益的高度来认识和做好整治不规范经营工作，从满足客户金融服务需求这个根本来维护好消费者权益。杨行长指出，做好不规范经营整治工作关系到中间业务的健康发展，是维护消费者权益、提升客户满意度、建设最受尊重银行的内在要求和应尽义务。应当看到，不只是中国，全世界范围内都高度重视消费者权益保护工作。事实上，服务不好、经营管理不规范、消费者权益保护不够，会直接影响到全行的经营转型，也保证不了持久发展。关于这项工作，总行已经进行了全面详细地安排，并成立了专门的领导小组和消费者权益保护办公室，“五一”之后还要专门开会对迎接发改委、纠风办和银监会的检查进行部署。各级行服务牵头管理部门要积极参与，主动配合做好不规范经营整治工作，促进消费者权益保护工作不断加强和完善。

一是积极配合做好银监会现场访查工作。目前银监会组成的18个督查组正在全国各地进行深入的现场访查，重点查纠附加不合理贷款条件和收取不合理费用的违规行为。各级行要高度重视这项工作，加强与监管部门的沟通汇报，配合好检查人员的现场访查工作。要注意跟踪检查进程，对检查中发现的问题及时提示全辖网点进行相应整改，以做到举一反三。要对照银监会检查重点，加紧组织辖内进行再次自查，抢在外部检查之前进行一次全面细致的内部体检。

二是抓好服务收费投诉处理。对于服务收费方面的投诉举报，银监会将直接派员赴相关机构，现场核查，及时处罚，并公布了专门的投诉举报电话。2011年全行服务收费投诉总计1 011件，从今年4月1日执行新的收费标准以来，关于服务收费的咨询和投诉量明显增加。据了解，最近拨打银监会投诉举报电话对我行服务收费进行投诉的客户不少，反映的主要是个人金融业务收费问题，如信用卡年费、转账汇款费用、异地存取款手续费、小额账户管理费等。各业务条线、各级行要高度重视各方面对银行服务收费的意见和期望，尤其要认真对待每一件有关服务收费的投诉，安排专人加以及时处理，坚决防止投诉升级。

三是加强服务收费舆情管理。总行此前已经对这项工作作了安排，并印发了统一的应答口径，核心是“先服务后收费、收费与贷款分离”，“服务按目录标准或协议收取费用”。这次银监会组织赴各地的督查组都有随从记者，对现场检查情况进行跟踪报道，各营业场所要指定专人应对媒体记者。要提前了解随从记者跟踪报道情况，并及时向总行反馈，对有可能引起不良反应的报道要在第一时间做好应对。要主动加强与当地主流新闻媒体的沟通工作，积极宣传本单位金融服务改善情况，营造良好的舆论氛围。要加强对相关舆情的实时监测，对处于萌芽状态的舆情及时干预控制，对存在失实或误导的及时解释澄清，防止舆情发展成声誉风险。

（二）继续推进网点服务效率提升工程的实施。排长队问题的解决依然面临严峻的形势。从排队系统监测数据来看，今年第一季度，全行前来办理业务的四星级和五星级客户中，排队时间超过20分钟的占比达18%，六星级和七星级客户中，排队时间超过10分钟的占比达27%；山西、黑龙江、重庆、新疆、深圳、厦门、广东分行营业部等机构60%以上的网点存在周期性排长队现象，尤其是每个月养老金代发的15－20日这几天更为严重；四川、内蒙古、陕西等分行在老城镇、老工业区及大型商贸中心90%以上的网点全天候排长队。要加快服务效率提升工程的推进，实施更有针对性的解决策略，确保排长队问题有一个更大的转变。

一是实施挂牌督导制，狠抓重点区域和重点网点排长队问题的限期解决。北京、上海、广州、深圳等社会影响力大的重点区域和高端客户多、关注度高的重点网点是重中之重，这些地方排长队问题的率先解决对改善客户口碑、提升服务满意度能够起到事半功倍的效果。要在全面推进各级行解决排长队问题的同时，进一步加强对重点区域分行的督导和推动。要实施上级行领导挂帅督导制，由上级行服务工作分管行领导、服务牵头管理部门和相关部门的主要负责人对辖内排长队问题最严重的网点进行挂帅督导。挂帅领导要经常到联系网点蹲点指导，解剖麻雀，协调解决问题，并以此带动其他网点服务效率的提升。

二是借助网点标准化建设的推进，加强网点关键岗位服务履职能力建设。要将网点标准化建设与网点服务效率提升有机结合起来，依据网点业态、服务定位、履职标准等进行岗位设置、人员配备和责利考核，确保关键服务岗位配足配强。当前尤其要明确网点负责人是网点服务工作的第一责任人，强化其现场服务管理职能。要通过有效的工具和方法，使网点负责人对本网点的业务结构、客户交易习惯、员工技能特长等有一个清晰的了解和准确的把握，提高网点负责人服务精细化管理能力和水平。要按覆盖率和在岗率双100%这一标准配齐所有网点大堂经理，明确大堂经理服务职责，调整大堂经理考核重点，规范大堂经理工作流程，使大堂经理从繁重的营销任务中解脱出来，更好地进行分流引导和大堂服务管理。总行正在制定《大堂经理服务规范》。出台后，各级行要抓好落实，总行下半年将对大堂服务进行专项检查。

三是加强高低柜联动，提升柜面服务承载能力。业务集中处理后，大量非现金业务转移到后台，释放了非现金柜服务潜力，与此同时一些本可以在非现金柜办理的复杂业务在高柜办理，压柜现象明显，导致客户排长队。要依托新型排队管理系统，实行简单业务和复杂业务的高低柜分离，进一步将复杂业务分流引导至非现金柜。要丰富非现金柜台业务种类，积极与公安、监管等部门沟通协调，在确保安全的前提下将部分小额现金复杂业务转移到非现金柜办理。要制定非现金柜台业务指引，明示非现金柜业务办理种类，科学确定非现金柜每日工作量最低标准，切实提升非现金柜使用效率。要调整高柜柜员绩效考核办法，重点考核高柜柜员的业务效率、服务质量、客户转推介等，以高柜的快收快付实现客户的快进快出。

四是加强窗口开工管理，促进网点服务资源的高效配置。要加强对网点客户流量的监测分析，依据峰值分布，加强网点劳动组合和排班管理，通过错时上班制、弹性工作制等办法，促进窗口开工数量与业务量的科学匹配。有条件的分行可组织成立业务应急小分队，对周期性排长队的网点进行支持，帮助其应对业务高峰。要加强窗口交接班管理，通过低柜进高柜、二线到一线、错时就餐等办法，切实解决好员工午餐期窗口开工不足而引发的排长队问题。要加强 VIP 区与普通区的服务联动，建立潜力客户 VIP 服务体验机制，适当将一部分潜力客户引导至 VIP 区接受体验式服务，通过对各功能区服务资源的精细化管理，实现网点整体服务承载能力的提升。

五是协调配合做好流程优化、业务集中、渠道建设和柜面分流等治本工程的推进。根据总行的顶层设计，这些治本工程的阶段性规划期都是到 2013 年结束，因此 2012 年是实施最关键的一年。这一年的进展，直接决定了这四项工程的规划目标能否顺利实现，也决定了我行服务改进工作能否取得更大的成效。这四项工程的目标要求已经明确，任务措施已经布置，关键是要抓好序时推进，更好更快地发挥出对服务效率的提升作用。在业务流程优化方面，年内要解决好剩余 191 个严重影响客户和柜员体验的紧迫性问题，进一步完善 21 个已投产的主体项目，完成剩余 27 个项目的主体研发投产工作。要通过业务集中处理范围和比例的扩大，进一步将非现金和非实时业务转移到后台集中处理，上半年要全面完成纳入既定集中处理业务品种的技术研发，年内完成个人金融、电子银行、银行卡等个人业务的集中处理改革。要通过提升电子渠道的易用性、全面梳理尚未在电子渠道实现的柜面业务、推进电子渠道全产品销售等措施，确保到年末柜面业务可分流率下降 4 个百分点。今年要新增建物理网点 578 家，调整优化存量低效网点 500 家，新建离行式自助银行 2 000 家，投放自动柜员机 1.3 万至 1.5 万台，新投放自助终端 2 万至 2.5 万台。各级行服务管理部门要继续紧密跟踪这四项工程的实施，积极配合做好各项措施的推进和落实。对改革中出现的新情况、新问题，要及时反馈，主动出谋划策，并协调解决。要充分发挥督办职能，对推进不力、进展缓慢的工作予以及时有力地督导，确保各项工作迅速有效开展。

六是加强客户发展与服务改进的协调推进。要通过公私联动、现有客户对目标客户的辐射带动、创新服务方式获取外围客户等多种手段，进一步拓宽客户基础，壮大客户规模。更为重要的是，要从长远可持续发展的战略高度出发，进一步加强客户结构优化工作，以客户结构的持续优化来推动服务水平的持续提升。要充分考虑辖内服务资源可承载能力这一现实约束，通过加强考核、强化激励、完善机制等措施，进一步引导各级行将工作重点放到优质客户的协同拓展和目标客户的跨产品渗透上，切实提升单位服务资源的使用效益。要坚决禁止只讲规模、不讲结构的短期行为，盲目发展那些综合贡献度低、服务成本高的客户，不仅有碍全行服务水平的改善，也会影响长远发展。

七是加大排长队的监测考核力度。要加大排队管理系统推广力度，确保 5 月底排队管理系统的网点覆盖率达到 90%。对于达不到的分行，总行将予以通报，并在服务考核中进行扣分。总行相关部门要抓紧协调解决好系统推广中存在的硬件改造、设备采购、数据传输等问题，坚持推广周报制度，对推广进度慢的分行进行重点督导。要以系统推广为契机，抓紧建立健全相关工作机制，实现对排长队问题的实时监测、量化管理和预警响应。要将超时等候网点占比、超时等候客户占比等监测数据纳入对二级分行行长和网点负责人的绩效考核，强化排长队问题的解决。要继续坚持排长队问题按季分析制度，按季向总行递交分析报告。

（三）切实改进服务态度。服务态度是弥补服务过程的修复剂，但当前个别网点、个别员工态度冷漠、无礼甚至粗暴待客的现象仍有发生，往往成为引发服务投诉的导火索。态度好，不意味着服务好，而态度不好，根本谈不上优质服务、客户满意。要继续结合为民服务创先争优活动的开展，改进全行服务态度，通过热情、用心服务赢得更多客户的满意。

一是加强服务礼仪、服务纪律等基础服务规范的再培训和再教育，充分利用现场检查、远程监控、神秘人检查等办法加强对服务规范执行的监测和督导。要切实规范第三方公司驻点人员尤其是安保、证券人员等的服务行为，对经教育后依然达不到我行要求的立即予以清退。当前一些网点的安保人员衣冠不整、精神萎靡、态度粗暴等已成为影响客户满意度的一个重要因素，必须尽快解决。

二是规范柜面业务分流话术。去年下半年以来推行的柜面业务分流措施总体执行是好的，但是不注意分流技巧、强硬分流的情况还时有发生。客户对此意见比较大。电子银行部要会同个金部制定柜面业务分流场景标准应答话术，提升员工柜面业务分流技巧，改善客户分流体验。

三是加强奖优罚劣，形成创先争优的良好氛围。要组织开展微笑之星、服务明星、客户最满意员工等评选活动，加大优质服务典型选树和表彰力度，充分调动员工真诚服务、热情服务的积极性。要完善服务事件通报制度，对个别网点和员工态度差、行为恶、影响坏的行为及时查处，以儆效尤。

（四）继续推进投诉专项治理。自去年下半年全行客户投诉量虽逐月下降，但全年仍达到2万余件，如果将网点现场和网络等渠道的投诉计算在内，投诉总量将更高，治理任务艰巨。

一要推动重点分行和重点专业投诉治理工作。从2011年以来的投诉情况来看，四川、天津、河南、内蒙古、河北5家分行投诉总量占全行投诉总件数的32%。从专业来看，投诉较多地集中在信用卡、个人金融业务和电子银行业务领域，上述三个专业投诉占比高达95%。要加强对这些分行和专业条线的监测分析和重点指导，并做好跟踪督办，推动其进一步加大投诉压降力度。这些分行近期要召开一次专门的投诉处理工作会，研究提出投诉压降目标和具体的工作措施，并向总行报告。总行有关部门要将本专业条线投诉处理工作纳入到专业考核，推动本专业投诉量的下降。

二要将投诉焦点问题解决作为投诉处理的一项常态化工作。从近年投诉处理实践来看，推进一批量大、客户反映突出的投诉焦点问题的解决，能够有效促进投诉量的压降，更能立竿见影地改善服务体验，提升客户满意度。各级行都要对去年以来辖内发生的客户投诉进行梳理分析，找出本辖范围内客户投诉最多的焦点问题，逐一诊断，提出措施，分项解决。各行要将梳理和解决的情况报告总行，并形成机制，以后每季都要分析并向总行报告。当前重点要对服务收费和产品销售不规范、客户资金和信息安全、自助服务故障、因我行过错而引发的征信异议等问题进行整治，从制度、流程、技术上加以解决，从源头上防范客户投诉。

三要进一步完善投诉处理流程和机制。要借鉴推广上海分行投诉不过二的有效做法，清晰投诉处理中关键环节责任人，明确各环节投诉处理权限，实施投诉分级管理，使得各类客户投诉都能按照清晰的路径、顺畅的流程得到及时妥善处置。要特别注意加强网点现场投诉处理能力建设，健全网点柜员、大堂经理和网点负责人联动协同机制，实现网点对现场投诉的及时响应和有效解决。要公布上级管辖行服务咨询投诉电话，促进客户投诉的直通式解决。上级行公布的投诉电话要打得通、有人接，并有相应的工作机制来确保客户的问题能得到解决。要加强投诉问责机制建设，将投诉处理工作纳入内控评价体系，实行重大投诉一把手负责制和一票否决制，对由于处理不当而导致重复投诉或引发重大风险的，严肃追究责任。

四要抓好“95588”投诉咨询热点、媒体舆情监测问题以及网点现场投诉的梳理分析，从中找寻带有普遍性的问题，加大事前防范、事中处理和事后补救力度，使之成为解决缺陷、完善制度、改进服务、响应需求的重要信息来源和途径。要积极协调各条线加强对“95588”的业务支持，提高“95588”投诉一次解决率。要建立营业网点与“95588”投诉处理联动机制，强化投诉受理与流转落地的衔接支持和相互配合。

（五）加强内部服务质量建设。满意在工行，客户满意是标准，员工满意是前提。员工满意的关键在一线和前台。要以服务一线、服务前台为第一优先，加强内部服务质量建设，制定实施内部服务规范，切实强化二线对一线的服务。总行将出台《总行服务规范》，明确总行对分行的服务内容、服务标准和服务时限，并向全行公开，接受各级行监督。各级行要比照制定相应的内部服务规范，实施内部服务承诺制。要组织评选服务基层最佳部门，开展内部服务满意度测评，将评议情况与绩效考评、干部考核挂钩，切实提升内部工作效率和服务质量。

（六）强化服务考核引导与激励作用。今年总行对分行行长经营绩效考核指标体系进行了修订，其中服务质量专项考核权重提高了22%，同时增加了柜面业务可分流率指标，仅这两项指标占总分的比重将近5%。这表明了总行党委对服务工作的重视。各级行要进一步完善指标体系的设置，引导和激励辖内机构将服务改进重心放到关键工作的强化和突出问题的解决上来。为强化客户满意度建设，各级行要将客户满意度作为关键绩效指标纳入服务质量考核，并加大考核权重。总行将在全行范围内组织开展一次客户满意度调查工作，对全行客户尤其是个人客户的满意度进行独立调查和评价，结果纳入服务质量考核。当然，监测考核是手段，改进才是目的。要通过评估分析个人客户对我行服务的满意程度，找出个人客户满意度提升的关键环节和驱动力，并进行有针对性地改进。调查结束后，总行将向每一家分行出具一份分析报告，反馈各行客户满意度情况及与当地主要同业的对比水平，逐行提出客户满意度提升的建议措施。各行要抓好整改落实。

（七）深入开展“千名记者进工行、万篇文章评服务”优质服务专题宣传活动。今年银行业面临十分严峻的舆论形势。开展优质服务宣传，发出正面声音，引导公众舆论，对推进全行战略转型、实现科学发展有着至关重要的意义。要结合当前舆论热点及消费者关注焦点，总分行联动，一个阶段一个主题，一个主题一个系列，一个系列一波声势，在全行范围内形成不间断、递进式的宣传攻势。宣传中要做到“三结合”：

一要结合为民服务创先争优活动开展。各级行要深入一线和网点，总结一批为民服务、想客户之所想、急客户之所急的生动事例，提炼一批优质服务窗口的典型做法，发掘一批服务技能精、服务态度好、客户满意度高的服务明星，并进行大规模的宣传报道，将为民服务创先争优活动不断推向深入。

二要结合全行不规范经营整治工作开展。要广泛宣传我行在规范服务收费方面的实际行动，在减费让利方面的具体举措，特别是服务小微企业的情况，争取舆论的正面支持。要深度报道我行加大资源投入、为消费者提供更具价值服务所做的不懈努力，积极传播我行承担的巨大社会责任，帮助消费者提高对银行服务收费的理性认知。

三要结合2011年度中国银行业文明规范服务百佳网点的评选和总行级优质服务样板网点的表彰开展。要邀请国家级和省级资深媒体记者深入这些网点进行现场服务体验，发表系列报道，向全社会展示这些网点在服务改进方面的巨大成就。

三、深化对服务工作规律的认识和运用，促进全行服务水平持续提升

任何事物都具有基本的规律，服务工作同样具有规律性。在这些年服务改进的大量实践中，各级行对服务工作的认识不断提高，重创新、讲联动、抓细节，探索出了不少具有规律性的做法和经验，要总结好、推广好，抓住服务改进的“牛鼻子”，通过对规律的认识、把握和运用，进一步推动全行服务改进。

（一）服务改进重在创新。近年来各级行紧密结合服务工作实际，充分发挥主观能动性，积极开展了系列服务创新。刚才会议介绍的服务创新经验，有的是模式创新，如浙江分行的个人高端客户集中服务模式，大连分行的营业网点运营集约化管理等。有的是技术创新，如北京分行可视化系统的应用，山东分行电子预填单系统的开发。有的是管理创新，如上海分行的投诉处理“五字诀”，福建分行的大堂经理队伍管理，江苏分行营业部的大服务格局构建。有的是重点问题解决创新，如青岛分行的三快合一法，陕西分行的多队列管理。有的是方法创新，如深圳分行的自助渠道分类建设法，广东分行的精益六西格玛等。这11家分行服务创新实践充分表明，围绕某一个点或某一个面的创新突破，能够促进重点问题的迅速解决，能够带动服务水平的全面改进。总行去年以来围绕这一工作组织开展了包括服务创新金点子征集推广在内的一系列活动，目的就是为了引导全行更好地进行服务创新。各级行要进一步完善工作机制，推动全辖进行广泛而深入的服务创新。要积极营造鼓励创新的良好氛围，通过建立意见征求平台、开展创新交流论坛、评选优秀创新金点子等活动，进一步凝聚基层网点和干部员工的智慧和才干，加快形成全员创新的良好工作格局。要加强服务创新成果的运用推广，尽快发挥出服务改进效用。要建立创新后评估机制，定期评估创新应用效果。

（二）服务改进重在标本兼治。服务工作是一项系统工程，服务问题的存在既有服务运营机制、业务流程体系等根本性的原因，也有管理、考核等现实性的原因。对这一客观规律的准确把握，使我们深刻认识到，单纯地依靠“中药”或“西药”都无法从根本上解决问题，只有综合施治，才能快见效、见长效。事实上，总行着力强调的正是既治标，又治本。如为解决业务流程的问题，在2009年和2010年后台运营流程改革的基础上，2011年又启动了跨部门、跨机构、跨平台的流程综合改造和优化工程，这些根本性工程的实施对服务改进发挥了明显的作用。在抓治本的同时，总行又着重推进了排长队和投诉多等一些迫在眉睫问题的解决。全行要继续坚持治标和治本两手抓、两手都要硬这一行之有效的策略。既要着眼长远，狠抓体制机制建设，狠抓服务制度流程建设，狠抓客户结构持续优化；又要立足当前，找准影响服务的突出问题，以重点问题的有效解决达到客户口碑改善、服务形象提升的效应。

（三）服务改进重在以人为本。银行的发展，要靠“两类人”。一类是客户，没有客户，业务的发展没有根基；一类是员工，没有一支良好的队伍，工作的推进无从谈起。具体到服务来说，以人为本的一方面，就是要坚持以客户为中心，始终关注客户的体验，竭尽所能为客户提供便捷、快速、增值的服务。要进一步加强服务体系建设，从体制上和机制上促进以客户为中心的服务理念转化为各级行的自觉行动，力争让任何一项制度设计、任何一个产品推出、任何一次服务交付都能做到客户体验最优。要着力营造人人关心客户的工作氛围，切实从客户体验出发，为客户提供满意的服务。要重视客户体验管理，综合利用客户体验室、营业网点客户体验区、“95588”电话等形式，及时感知客户对我行服务的情绪体验和服务诉求，根据客户的意见和建议，有针对性地改进服务短板，有效满足客户的心理预期。

以人为本的另一方面，就是要以员工为中心，始终注重发展依靠员工、发展为了员工。要建立一线员工与各级行领导的直通平台，认真倾听员工心声，对涉及一线服务的问题优先解决，对涉及员工利益的优先安排。要将员工日常服务表现、获得荣誉等情况与岗位等级、绩效薪酬、用工转制等挂钩，激发员工服务客户的内生动力，由“要我服务”转变为“我要服务”。要善待和关爱员工，通过实施流程优化、推行弹性工作制度、完善奖惩责罚、优化考核激励、开展员工帮扶计划等，想方设法帮助缓释员工服务压力。要加强员工家园文化建

设，切实解决好中午就餐晚、工作环境差、节假日休息少等涉及员工切身利益的突出问题，提升员工的归属感。要切实加强员工技能培训，重点围绕新流程、新产品、新业务等组织开展系列实用型培训，使之尽快熟悉和掌握新流程的运营、新产品的营销和新业务的办理，不断提升职业发展能力。

（四）服务改进重在整体协同。服务工作是一项关乎银行整体运营、贯穿经营发展始终的全局工程，涉及面广，牵一发而动全身，关键在于整体协同、形成合力。这些年我们在这方面进行了一系列有益的尝试。如建立了服务管理部门牵头协调、各专业条线分工负责的矩阵服务管理架构。又如，注重服务改进与业务促进的协同推进，改变了就服务谈服务、就业务谈业务的简单化思维，强调抓服务是为了业务发展、抓业务不能以服务水平降低为代价。要进一步加强业务条线和服务部门的协同互动，统筹安排服务改进与业务发展，将服务改进的具体措施有机融入到业务发展的目标计划中，形成业务发展与服务改进的相互促进。要加强总分行之间、前、中、后台之间的联动，依托工商银行整体功能的统一发挥，形成客户服务的强大优势。要特别重视服务工作一把手工程的实施和班子成员分工负责制的落实。一把手不重视，服务工作抓不好；同样，服务水平上不去，一把手难辞其咎。一把手要切实承担起整体协同的职责来，带头研究解决服务问题，对资源配置、顶层设计等一些涉及全局性的工作要亲自协调，自上而下推动服务改进。班子成员要加强对分管专业服务改进工作的领导和推动，做到守土有责。

（五）服务改进重在抓好细节。在服务改进实践中，服务水平能获得提升的重要因素之一在于对服务细节改进的不懈追求。如刚才视频片中介绍的广东分行对填单这一细节的改进，不仅使客户填单差错率大幅下降了50%，也大大节约了大堂经理对客户的辅导填单时间，有效提升了服务效率。又如，浙江、深圳、安徽等分行在网点张贴业务高峰提示图，起到了错峰办理、熨平客流高峰的好效果。这些实践表明，哪怕是一点点的细节改进，都可能在改善客户体验、提升服务水平上产生巨大的晕轮效应。服务水平取决于细节，细节成就服务品质。各级行都要高度重视抓服务细节，从“小事”和“微处”入手，全力推动服务细节改进。要建设服务细节文化，倡导做服务细节的有心人，营造人人重细节、时时讲细节的良好氛围。当前要重点加强对服务环境的细节改进，为客户营造整洁舒适的营业氛围。要规范营业网点内部功能区的标识和指引，确保标识规范、指示清晰，方便客户快速到达相应服务区域。要对营业网点客户意见簿进行统一设计，规范现场投诉处理流程，明确大堂经理和网点负责人实时和按日回馈客户意见制度。要规范填单样本的设计和摆放，让填单样本“立”在客户水平视线内，对客户必填项和易错项鲜明标示。要定期清理各类折页、海报等，不得张贴过期宣传品，不得在客户视线范围内张贴不适合客户了解的各类内部制度和规范。要加强网点自助设备型号、标识等的统一管理，同一个网点内同一功能的自助设备尽量做到型号统一、标识统一、界面统一，最大限度地提升自助服务对客户的友好性。

同志们，2012年是全行新三年规划的开局之年，促进服务工作迈上一个更高的台阶对推进全行战略蓝图的实现具有至关重要的作用。全行一定要以更加昂扬的工作斗志，更加创新的工作精神，更加务实的工作作风，全面推进服务改进，以优异的成绩迎接党的十八大胜利召开！

在中国工商银行服务工作推动会结束时的讲话

易会满

（2012年4月25日·根据录音整理）

一天半的服务工作推动会马上就要结束了。会议期间，总行对前一阶段的工作进行了回顾，对当前服务工作中存在的问题进行了深入的分析，对下一阶段的工作做了全面的安排。会议表彰了100家总行级优质服务样板网点，选择了11家分行的服务创新典型做法进行了推广。昨天下午和今天上午又做了充分的交流讨论。会议安排得很紧凑。从会议的交流讨论和各行提交的书面材料看，一个总的感觉是全行上下对服务工作认识程度有了很大的提高，推进的力度也比较大，对当前服务问题的分析是实事求是的，对下一步的工作安排也比较全面，制定的措施比较细致，具有针对性。结合大家的讨论情况，我再讲四点意见。

一、要切实抓好会议的贯彻落实

这次服务推动会是去年 8 月全行服务工作会议的再动员、再深化、再贯彻。要着重从以下三个方面来抓好这次会议的贯彻落实。

第一，要进一步分析本行服务现状。从大家的发言和书面材料看，各行的服务工作具有不同的特征，具有明显的阶段性和层次感。有些行的服务做得比较好，有些行的服务还存在一些问题，还处于比较基础的阶段。服务工作还具有区域性的特点，这不只是在工行乃至整个金融系统都是这样，因为各个区域文化差异明显。在这种状况下，各行在贯彻会议精神时，要进一步提高对本行行情、服务现状的认识，增强工作的针对性和实效性，研究提出切合本行实际的工作目标。今年总行提出的“满意在工行”活动主题，是一个系统的目标。具体到每一个分行，“满意在工行”有哪些内涵，哪些硬指标，要做细化。如果仅停留在简单提“满意在工行”这一口号，对基层来说指导不明确，可执行性不强。因此，各行要根据总行提出的要求，结合本行实际情况和不同的区域特点，分析本行服务工作所处的阶段以及进展情况，提出具体的目标和改进措施。

第二，要研究思考并总结本行服务工作的规律。这次会议总结了全行这几年抓服务管理需要重视的五条规律。各行的具体情况不太一样，除了把握和运用好这五条普遍性的规律，各行要认真研究思考辖内服务工作的规律。对服务工作规律的思考和把握，实际上就是对工商银行的可持续发展做战略研究。比如，刚才很多同志谈到的，要进一步重视我们的客户发展，进一步重视优质客户占比的提升等。这既是服务工作规律，又是战略，客户发展战略与服务改进是相互依托、互相促进的。又如，服务改进与薪酬激励配套的问题。由于各行情况不一样，总行制定统一的政策有难度。但是各行有很多激励分配的自主权。刚才江苏分行营业部提到的大堂经理等级定在 8－10 级，做法就很好。大堂经理工资级别上去后，优秀的员工就能够配置到大堂经理这个岗位上来。如果配一个不称职的大堂经理，其他员工就会有意见，这是一种倒逼机制。大堂服务质量提不高，很重要的是因为没有相应的机制。实际上大堂经理非常重要，作用发挥得好，在网点服务改进上甚至相当于网点主任。如何充分利用绩效考核这根指挥棒很关键，像大堂经理定级这些工作，不需要总行出政策，各行都能自主解决，关键要具体落实。

第三，对会议的贯彻一定要落地，措施要具体化。要将会议要求和措施落实到基层和支行，不能简单地开个会就算是贯彻落实了，要考虑如何落地。这次会做了很长时间的准备，花了很多的精力来研究具体的服务改进措施，要切实将这些要求和措施落实到基层网点，让全行员工都要知道抓什么工作，处理什么问题，怎么去解决。

二、服务工作要与当前开展的消费者权益保护工作有机结合

在 4 月 10 日的行务扩大会议上，董事长部署了两项重点工作，一是消费者权益保护，二是内部管理，由此可见消费者权益保护工作的重要性和迫切性。董事长、总行党委对消费者权益保护工作十分重视。实事求是地讲，工商银行成立之初，并不是一家真正的服务型企业。现在，大家都认识到，要把工商银行作为一家服务型企业来经营。但从这次全行开展的整治不规范经营和收费检查情况看，对消费者权益保护的意识是不够的。银行作为服务业，作为与金融消费者天天打交道的企业，消费者权益保护观念的确立与落实，是每一个部门、每一个行的重要工作。根据董事长在行务会上的讲话要求，结合服务工作实际，我认为消费者权益保护工作从层次上来分，第一层次是服务质量，即服务要准确和安全。如果不能维护客户资金安全、信息安全，消费者权益保护就无从谈起。当前信息安全的形势非常严峻，总行开了几次专题会研究如何保护消费者的信息安全。比如资金安全问题，有一个案例，某客户资金存在银行里，没有经过身份确认被划走了。这与消费者权益保护是根本相悖的。因此，对消费者权益的保护，安全是第一层次。第二层次是服务效率。排队排一个小时，两个小时，谈不上服务效率。第三层次是服务价格。价格问题非常关键、非常敏感，也是当前媒体热炒的问题。当前有些机构可能会认为总行抓排队、抓投诉层级低了一点。从全行范围来看，如果今年再花一年时间把安全问题和效率问题解决好，把当前人们关心的价格问题解决好，就是一个很大的进步，就是对消费者权益的有力保护。第四层次是服务感知，包括服务环境、服务标准化、服务态度、对客户的尊重等。其中，对客户的尊重不应是被动的，而应是发自内心，很真诚的。第五层次是服务创造价值。要从金融消费者权益保护角度出发，循序渐进地推进这五个层面的服务工作，也就是要把服务质量做好，保护好客户资金和信息安全，进一步提升服务效率，治理和规范好服务收费行为，注重服务感知和服务的价值创造，一个阶段一个阶段逐步推进。全行要围绕服务的标准化、规范化、客户感知、分层服务等，一步一步抓下去。与此同时，消费者权益保护工作在不同分行所处的层面不一样，要解决的重点问题也不一样。在总行层面来说，今年是“满意在工行”，下一阶段可以确立为“品质提升年”。现在抓服务，主要是解决上述第一层次、第二层次、第三层次、第四层次这些比较基础的问题。今后要进一步把工作重点转到重视客户的价值创造上来，真正让消费者满意。建设最受尊重的银行首先要让客户满意，不满意谈不上尊重。总之，抓服务工作要考虑消费者权益保护的层次性和阶段

性，不同分行要确定不同的工作定位，切实把消费者权益保护工作做好，把董事长的要求很好地落实到服务工作中。

三、要抓好服务文化的建设

文化是一个深层次的问题。工商银行发布了企业文化，全行都在学习贯彻。但有了规定、要求、制度、考核等并不等于文化完全形成了。所谓文化，就是要把工作的要求转变为自觉的行动，从“要我服务”，变成“我要服务”。这一转变过程需要很长的时间，不是一两年就能完成的。因此，抓服务文化建设，首先要研究服务文化的内涵与外延。服务文化的重要内涵之一是员工满意度建设，这需要各个部门、各级管理层以人为本，为员工服好务。去年我们花了很大的精力来抓职工之家等的建设，这些都是人本文化的组成部分，目的就是真情地服务好员工，这样员工才能服务好客户。服务文化更广泛的外延就是大服务格局的形成。当然这一难度很大，但必须做好。今年着手做了一些工作，明年要重点抓，促进大服务格局的形成。

其次，服务文化建设根本在各级领导。在刚才的交流讨论中，有很多同志都谈到服务问题表现在基层，根子在各级管理者。我很赞成。服务文化的建设也一样，各级管理层，从总行到基层网点，都要重视服务文化建设，都要出台针对性的措施。各级管理人员要带着深厚的感情，学会换位思考，为基层服务，急基层之所急，急员工之所急。总行这几年开展干部交流，一个重要目的就是为了增进大家对基层同志对基层工作的感情。坦率地讲，这方面现在做得还不够，基层关于这方面的反映还比较多，管理行的个别同志对基层态度比较生硬，工作方法也过于简单化。

最后，要重视先进典型的培育和推广，做好典型引路，确保经验落地。在服务文化建设上，当前更重要的是要做好先进典型的发掘培育，使典型能够带头示范，并能够落地推广。这次会议表彰的100家网点就是这样的典型。总行在先进典型的选拔上，花了不少力气，首先要抓好11家分行服务创新经验的落地和推广。实际上，各级行有很多这样的典型。要立足于本地选典型，树典型，推典型。推广落地的一项重要措施就是抓好培训。对基层行既下任务、提要求，但更重要的是要教方法，让员工知道怎么做。从现在的情况看，对服务工作重要性的认识，全行上下比较到位，关键是怎么做。很多基层网点平常在埋头苦干，因此组织网点主任和支行行长交流、学习、培训，是非常重要的。在培训方面，各行要做一些实实在在的工作，尤其是网点主任、大堂经理等的培训要开发成体系的培训教材。

要切实将服务文化建设列入议事日程，做好服务文化内涵与外延的研究，推动服务改进长效机制的建设。

四、要认真研究解决好大家在交流讨论中提出的问题和意见

会议交流讨论中大家提出了很好的建议，也反映了一些问题和意见，总行办公室与各业务部门以及各分行要进行认真研究并抓紧解决落实。有些问题看似不起眼，但会严重影响客户的感知。比如，网点功能的布局、各种自助机具的布放等网点可视范围内的标准化建设问题。有的网点机器型号不一，各种型号的机具交叉在一起。这些都严重影响客户的服务体验。对这些问题，各级行、各部门都需要做很好的研究并解决，要切合实际情况，不能简单化和机械化。拿刚才大家提到的叫号机来说，网点情况千差万别，有的网点客户很多，未到营业时间门外就排了很多人。要切实考虑叫号策略是不是适应这样一些现实情况，不能简单地配上叫号机就完事了。再拿昨天介绍的预填单来说，有的网点没有配备大堂经理，预填单的推广就不具有可行性。

在解决问题时，要注意充分借鉴基层行的好做法和好经验。全行1.6万个网点，肯定有非常好的做法。比如服装的规范，把各行好的设计样式集中起来，在全行范围内进行网上投票，选出大家最认可的款式，然后发到各分行，请各分行照着做即可。又比如营业网点硬件配备更具人性化问题，全行集中推荐几个模式，然后在全行范围内打分，对得分最高的进行推广。这样做，成本低，还能得到员工的认可。再比如，刚才大家提到的基层网点可控和可视化系统的建设，总行要抓好一些重点城市、重点分行、重点网点的建设，大部分可由分行自己来建设。

总之，大家提了不少好的意见和建议，希望总行各部门、各分行，眼睛向下，眼睛向内，从细处着手，从全行的长远发展考虑，把相关的意见研究解决好。

在中国工商银行境外机构信息系统安全生产运行工作专题会议上的讲话

易会满

（2012 年 5 月 9 日 · 根据录音整理）

近年来，在总行党委的高度重视下，在各单位科技与业务人员的不懈努力下，我行境外信息科技工作取得了令人瞩目的成绩。截至今年 4 月末，35 家境外机构的 FOVA 系统已全部上线，下一阶段的重点工作，一是信息科技如何更好地拓展和满足境外机构业务功能、服务全行国际化战略；二是如何保障海外生产系统安全运行。从业务量看，虽然海外业务占比不高，境内日均一亿六千万笔，海外日均只有几十万笔，但风险管理、安全管理没有大小之分，对安全生产的底线要求境内外都一样，小机构也可能出现大风险，对此必须一视同仁。今天的视频会议，是境外机构 FOVA 系统投产后，召开的第一次由全部境外机构参加的信息系统安全生产运行工作会，总行国际业务部、人力资源部、财务会计部及有关部门也参加会议，足以说明总行对境外机构信息系统安全生产运行工作的重视。

今年以来，境外安全生产运行形势不容乐观，境外业务系统整体可用率较去年有所降低，主要是由于生产事件数量同比有所增长，今年仅第一季度就发生涉及境外机构的四级（含）以上生产事件两起。从去年以来境外机构生产事件的原因分析，其中既有因运维外包责任未落实、事件应急处理不当引发的生产事件，如 2 月 28 日工银泰国单点网络设备断电的生产事件，影响了全辖对外服务近 3 小时，从早上开始直到中午才恢复对外服务，如果工银泰国对外开办零售业务，后果将更严重。也有因公共服务或基础设施故障引发的生产事件，如 2 月 6 日澳门地区电信运营商网络发生系统性故障，导致工银澳门无法对外提供服务；去年 8 月 1 日纽约分行所在大楼电力供应发生故障，造成代理美元清算业务无法办理达 1 小时 45 分钟。此外，河内分行、孟买分行等机构也先后发生由于外部电力或我行机房动力设施故障等原因引起的机房停电事件，所幸这些事件都发生在非业务时段，没有对业务造成直接影响。这些生产事件暴露出的绝大多数问题非常初级。在数据大集中后，生产运行工作主要在数据中心（上海）进行日常维护，境外机构主要负责机房硬件、前置设备、网络设备、自助机具的维护管理，这些事件表明运行管理和安全管理基础工作还不到位，反映出部分境外机构重视程度不够、制度规范不完善、外包服务管理不严格、突发事件应急处理不及时以及分行技术力量薄弱等种种问题。

在 FOVA 系统推广过程中，很多国家的监管机构提出对将业务外包到中国境内有很多顾虑，核心是信息系统安全生产运行和信息安全两大问题。大集中后，即使发生的不是 FOVA 系统的生产问题，境外监管机构也会认为主要是因大集中所带来，会对我行造成较大的负面影响。现在就有个别国家的监管机构以担心信息安全问题或信息出境对其国家安全带来威胁为由，不同意将该国的金融业务系统部署到海外（即中国），如果我们对安全生产问题不加以重视，就会给当地监管机构提供口实。同时，随着我行海外零售业务的不断拓展、业务规模的不断扩大，保证零售业务连续性将对我行安全生产运行提出更高的要求。因此，安全生产无小事，必须引起所有境外机构的高度重视。

为此，根据当前境外机构信息系统安全生产运行面临的新形势、新问题、新要求，全行要进一步统一思想，加强管理，切实提高境外机构安全生产管理水平。下面我重点强调四方面的意见：

一、牢固树立“安全生产第一”的指导思想

第一，要统一思想，提升安全生产责任意识。各中心和境外机构负责人要切实提高对境外科技工作的重视程度，切实增强“安全生产第一”的意识，落实生产运行管理一把手责任制，认真吸取前期生产事件的教训，提升本机构科技管理水平。今年要严格控制境外机构生产事件的数量，特别是重大生产事件和操作管理类生产事件。后续若再发生因管理责任不落实导致的重大生产事件，将直接追究相关管理人员的责任。

各机构要牢固树立“第一时间恢复生产”的理念，健全应急管理体系，完善应急预案，丰富应急场景，强化应急演练，加强应急的全过程管理，确保突发事件在第一时间得到妥善处理。此外，重大生产事件发生后，在应急处理的同时，要严格遵守生产事件报告制度，及

时向总行汇报，坚决杜绝瞒报、缓报、不报的情况发生。“第一时间恢复生产”和及时报告是信息系统安全生产运行两项最基本的要求，总行对什么事件、什么时间上报有明确要求，各境外机构必须严格执行。从已经发生的生产事件看，个别机构对在第一时间恢复生产和及时汇报方面做得不到位，瞒报、缓报现象不同程度存在。

第二，要统一制度，强化境外机构科技管理制度执行力。各境外机构要积极组织科技人员认真学习、深入理解，切实贯彻总行的各项科技制度要求。在执行过程中，要保持制度执行的严肃性，一切按规章制度办；如遇制度不合理或无法执行的情况，要注意收集和分析，提出具有建设性和针对性的意见，特别是要重视所在地监管机构的监管要求，将相关信息及时上报总行。

总行信息科技部要认真分析研究各境外机构反馈的意见和建议，妥善处理好我行制度与外部监管要求的衔接问题，及时修订和完善涉及境外的信息科技制度，充分保证制度的合理性和可操作性；各境外机构要定期组织开展科技管理合规性的自查工作，对于检查发现的问题，要引起高度重视，举一反三，及时制定整改方案并限时进行整改，绝不允许走形式、走过场。

第三，要统一规范，持续开展专项治理工作。总行信息科技部门要加快推进境外机构机房基础设施建设，不断提升管理标准，以适应未来发展的需要。各境外机构必须严格按照总行下发的技术规范和要求，加强机房、网络通讯等基础设施的建设，切实做好基础设施检查、管理、维护及改造等各项工作。各境外机构在办公场地选址时，要将其是否符合我行机房等基础设施技术规范作为一项重要条件。针对现场和非现场检查发现的基础架构、网络部署、生产管理、信息安全等不合规问题，各境外机构要明确整改计划、落实整改要求，原则上今年上半年必须完成整改；对于涉及重大技术改造的境外机构，也必须明确进度计划，并报告总行。

二、加强对境外机构生产运行统一管理

随着工银亚洲 FOVA 系统的投产，境外信息系统业务量和应用领域将达到一个新的水平，对全球化安全生产运行管理提出了更高的要求。数据中心（上海）作为全行的生产中心，要深入研究适应境外机构全天候生产运行管理的有效方法，积极做好境外机构生产运行的统一管理，充分发挥我行集中生产运行的优势，有力支撑我行全球业务连续运营。一是要提高对境外生产系统的远程实时监控能力，在完善系统、网络、应用监控系统的基础上，尽快实施机房 UPS 远程监控系统建设，确保年内覆盖所有境外机构；二是加快推进境外机构网络高可用性改造，确保 8 月之前完成 10 家分行的实施任务，同时要督促电信运营商采取有效措施，确保境外机构通讯线路质量有明显提升；三是要建立与境外机构“一对一”联系人制度，加强对各境外机构日常生产运行情况的掌握，提高报告的时效性和准确性，加快应急情况下的响应和处理速度。

总行信息科技部要组织做好对各境外机构科技管理的例行检查，建立起问题跟踪机制和风险提示机制，督促和指导境外机构全面落实问题整改和风险防范各项要求。对于因检查不到位而出现问题的，同样要追究总行信息科技部门的责任。

目前，几乎所有的境外机构都存在不同程度的科技外包情况，如工银泰国、工银中东租用第三方数据中心的场地设施，由第三方提供电力、UPS、空调运维等服务；工银亚洲、法兰克福分行、工银莫斯科、纽约分行等境外机构，对应用研发等进行了外包。总行去年 8 月发布的《关于境外机构机房运行故障的风险提示》中明确要求，各境外机构对外包机房环境和设备，仍须承担管理责任，仍须执行我行技术规范标准。但实际操作过程中仍存在外包协议不规范、外包管理职责不落实等问题。例如，河内分行供电动力维护外包给大楼装修公司，但与服务提供商之间既没有明确的职责界定，也没有签署相关外包协议，存在较大的风险隐患。

在此我进一步重申，各境外机构必须严格按照“生产管理责任不外包、风险责任不外包”的精神，加强对外包工作的管理力度，工作中再强调以下几点要求：一是各境外机构必须坚持审慎原则，对于能够通过自身能力完成，或者实施外包后不能显著降低成本或有效提升效率的项目，不得采取外包方式；对于确实需要外包的，必须严格按照《外包管理办法》的规定报请审批。二是各级科技部门必须把好审核关，严格审核外包服务商资质，通过签署合理有效合同及服务协议等手段，确保外包服务质量达到我行信息科技管理的基本要求；外包服务商提供的基础设施、运维服务及应用产品等服务，必须符合我行的管理制度及技术规范要求。三是对于外包行为中涉及客户信息等涉密内容的，境外机构必须与外包服务商签署保密协议，采取相应的技术和管理手段进行控制，确保我行客户信息安全管理责任落实到位，并且符合我行内部管理及当地监管的要求。

总行十分重视外包管理，对境外机构信息科技工作总体上不提倡实施外包，强调有能力自己承担的要尽量自己承担，如确实因硬件、人员不能满足要求等原因对部分项目实施了外包，也要视同为我行自身的安全运行和风险管理责任。从以往生产事件看，境外部分外包公司要么一两小时联系不上，要么联系上了迟迟不来现场，要么到了现场故障定位和处理效率低下，种种问题严重影响我行信息系统的安全生产，不能不引起高度重视。各境外机构要切记风险无法外包、信誉不能外包、责任难以外包的道理，要会算大账，要注意维护工行的整体信誉。

三、高度重视境外机构信息安全防控工作

从国内外信息安全形势来看，银行业已成为黑客的重要攻击目标，如 2011 年 4 月韩国最大银行——韩国农协银行由于自身管理问题，遭到黑客入侵，致使银行各类应用系统出现持续 3 天以上的故障。同时，目前国际上各种客户信息泄露的事件也时有发生。为进一步提升境外信息科技安全防控能力，各单位要高度重视，建立起更加完备的管理和技术控制体系。

第一，切实落实信息系统安全防控的各项措施。各境外机构要严格按照总行统一要求，全面部署各项信息安全防护工作，进一步完善客户端安全管理、健全信息安全管理体系、落实信息安全管理职责、加强信息系统的安全等级保护。各境外机构内控合规部门要承担起信息安全的监督检查职责，及时发现安全隐患，提出整改建议，并督促整改落实。

第二，不断提升应对外部攻击等行为的风险防控能力。总行信息安全管理团队要主动掌握信息安全领域的新动向，完善技术防控手段，防患于未然，保障我行信息系统的安全稳定运行。各境外机构要根据我行业务连续性管理办法的要求，提前制定各项业务应急预案，以有效应对各类突发重大安全事件，并将可能引发信息安全事件的威胁或隐患控制在可接受范围之内。

四、进一步加强境外机构科技服务支持力度

根据前期信息科技部开展的统计调查结果，我行 35 家境外机构中，有 8 家机构的科技人员仅有 1 人。境外机构科技力量弱、科技人员少的问题突出，不仅难以满足境外科技管理工作的要求，也在一定程度上制约了境外应用系统的推广以及业务的进一步提升。对此，总行、各中心要充分发挥在管理和技术上的优势，与境外机构一道，共同推动境外科技服务能力的提升。信息科技人员该充实的要充实。同时，由于境外机构总体上人员不多，也不可能充实过多的信息科技人员，能集中维护的系统要尽量集中维护。

第一，总行信息科技部、各中心要提高对境外机构的主动服务意识。总行信息科技部、各中心要深入了解境外业务发展要求，认真听取意见和建议，在优化业务流程、提升服务效率、推进渠道建设等方面主动提出更有价值的业务建议；总行专业团队要建立常态工作机制，加大对境外机构的技术支持力度，重点针对基础设施、机房环境、网络配置、系统维护等方面提供有效支持及指导，帮助境外机构持续提升自身技术能力。同时，要持续开展信息科技培训工作，除加强信息科技专业人员的培训外，还要加强对信息科技主管行长甚至一把手的培训，使其了解信息科技的关键环节和主要风险点，增强对系统稳定运行和信息安全的重视程度。

第二，人力资源部与信息科技部要加快全球区域科技服务中心筹建工作。此项工作上半年要完成机构设置，确保人员到位并开始运作。通过完善我行境外科技服务体系，强化总行在境外科技服务工作中的统筹管理作用，进一步加强软件开发中心海外科技研发与技术支持的力量，并通过建立区域科技服务中心，充实境外科技服务力量，为各境外机构提供更加高效、及时和优质的技术支持服务。同时，在数据中心（上海）和海外数据中心整合过程中，要做好衔接，确保系统安全生产运行。

第三，各境外机构要根据自身实际情况，加大科技人力资源的投入。总行信息科技部、人力资源部、国际业务部，要针对境外机构科技人员的现状与管理需要，研究提出境外科技人员的配备建议，保证人员总量到位、结构合理，达到我行境外科技管理的基本要求。同时，各境外机构要调整好岗位人员配备，严格落实各项科技管理责任，充分发挥科技人员的积极性和主观能动性。

安全生产是我行各项业务发展的基础，我们要进一步增强责任感和使命感，牢固树立“安全生产第一”的意识，扎实做好信息系统安全运行各项工作，严格执行信息科技管理各项要求，共同为我行全球业务发展提供更加安全稳定的科技保障！

全面完成本年度信息科技工作任务 推动新三年科技发展规划顺利实现

——在中国工商银行信息科技高级管理人员培训班上的讲话

易会满

（2012年6月28日·根据录音整理）

总行举办这次培训班，一方面是回顾今年以来全行信息科技工作进展情况，研究部署下一阶段工作任务，另一方面也是对信息科技高级管理人员的一次集中培训，使大家对当前及今后一段时间全行经营发展形势有更清晰的认识，对全行业务创新和科技管理工作重点有更准确的把握，推动信息科技工作再上一个新台阶，更好地服务和支持全行的改革发展。下面，我讲三个方面的意见。

一、今年以来全行信息科技工作情况回顾

今年以来，面对复杂严峻的经营环境，全行按照“稳中求进”的总基调，不断加快转变发展方式，深化体制改革，大力改进金融服务，取得了较好的经营业绩，前5个月全行（境内）实现净利润969.24亿元，同比增长8.33%。总体上保持了相对稳定的发展态势，增强了竞争和可持续发展能力，为实现全年工作目标奠定了坚实基础。期间，各级信息科技部门紧密围绕全行改革发展目标，按计划积极推进科技工作，各项重点任务取得了重大进展和突破，为全行改革发展做出了重要贡献。

（一）强化生产运行精细化管理，信息系统保持安全平稳运行。今年以来，各级信息科技部门继续坚持“安全生产第一”的指导思想，全面落实生产运行管理责任制，大力推进生产运行专项治理、监控体系建设及治理、性能容量管理、应用系统优化、数据与应急管理等十个领域18项具体工作措施和任务。通过上述措施的逐步落实，在业务品种不断丰富、对外服务要求不断提升的情况下，全行信息系统保持安全平稳运行态势，信息系统可用率达到99.99%，四级（含）以上生产事件的数量同比下降24%，未发生全局性重大停机事故以及重要业务全辖性停机事故，为各项业务顺利开展提供了有力支撑。

同时，客户端安全软件、信息防泄露等安全防控系统已经安装到全行37万台计算机设备，移动存储安全管理项目也正在按计划试点，全行信息安全防护能力得到进一步提升。

（二）全面推进科技基础设施建设，重点工程取得阶段性成果。今年以来，各级科技部门积极推进全行科技基础设施工程建设。一是4月上海同城数据中心建设工程破土动工，数据中心（上海）正在以2013年底机房交付使用为目标，积极推进“两地三中心”工程建设。二是一级分行同城备份机房建设工程全面完成，境内所有分行基本完成主备机房切换演练，这是一项非常重要的基础性工作。三是全行网络提升工程进展顺利，数据中心主机异地灾备网络改造工作已经完成，两大数据中心之间的数据传输效率大幅提升；年内各分行网络提升工程完成后，全行网络基础设施的性能容量和可扩展性将得到一次全面提升，为各项业务的发展和改革奠定良好的技术基础。同时，工银瑞信生产机房和电话客服系统也完成了向数据中心的迁移，为实现集团对子公司生产运行的一体化管理进行了有益的探索。

（三）充分发挥科技引领作用，应用创新成果逐步显现。

今年是我行新三年规划的开局年，也是经营发展转型的关键期，全行应用研发任务十分繁重。截至5月末，总行完成了384个项目的研发，研发规模达到53万功能点，分别比去年同期增加了4.7%和8.7%；研发效率达到28.3功能点/人月，版本投产差错率为1.11‰，均优于年度目标。

上半年，各级科技部门围绕全行中心工作，主动开展业务应用规划，加快推进应用创新研发，有力地促进了全行服务水平的提升和全行经营改革的深入开展。

一是FOVA系统研发推广工作取得标志性进展。4月，工银亚洲FOVA整合工程顺利实施，标志着我行自主研发的核心业务系统已覆盖全部境外机构，真正实现了境外业务系统的全面统一，成为国际化发展历程中的一个重要里程碑。我行是国内商业银行中第一家实现信息系统全球一体化延伸的银行。同时，FOVA系统功能得到进一步完善与提升，重点在客户服务多样化、加强多系统联动、业务处理流程优化等方面完成了156项应

用优化任务，进一步加大了系统对全球化客户服务能力的支持力度。期间，总行、境外分行科技及业务人员发扬连续奋战的精神，攻坚克难，为推进国际化战略目标做出了巨大贡献。对此，总行将组织一次专项表彰活动，对在FOVA系统建设推广过程中付出艰辛努力的先进集体和先进个人进行表彰。后续FOVA系统推广任务仍然十分艰巨，包括对阿根廷、美国等银行机构的并购工作，对FOVA系统的整合推广提出了更高的要求。

二是客户服务和营销管理能力不断提升。电子银行、银行卡等业务产品和服务进一步丰富，推出手机银行移动生活栏目，实现短信客服自动应答功能，短信客服已经支持48项自助服务，服务效率得到进一步提升。截至5月底，全行个人网银客户已达1.18亿户，手机银行用户达到5 764万户，短信客服注册客户数从年初的50万户增长至5月末的132万户，日均处理短信突破15万条。全球现金管理整合工作取得显著进展，建立了现金管理统一客户视图，成功实施了1 800多个企业网银集团客户的迁移整合。法人客户资金流向监控管理平台得到进一步完善，为营销部门做好对公客户的稳户和扩户工作、促进存款稳定增长、通过企业资金流动情况掌握核心企业与上下游企业的关系、发展我行供应链融资和结算业务提供了有力支撑。全面建成账户贵金属交易平台，完成了实物黄金回购、对公积存金等新产品系统建设，进一步完善了实物贵金属产品和服务体系。

同时，今年总行专门建立了面向分行民生领域的金融合作支持团队，向全行下发了技术指引，对代理财政收付、住房公积金、银医合作、金融IC卡等业务应用进行重点支持，包括重庆、浙江等分行的金融社保卡，广东、上海等分行的金融IC卡，北京、浙江等分行的银医合作平台等在内的分行特色平台均取得了显著的应用成效，有力支持了分行本地业务的发展与经营创新。

三是业务流程改革及业务集中平台建设成效显著。截至目前，既定的533项业务流程综合改造及优化任务全面完成，柜面“三个一”服务模式研究取得了突破性进展，基本实现了“一年显著变化”的目标，为“三年根本改善”打下了良好的基础。业务集中平台建设取得新进展，平台新增个人业务条线20大类、33个业务品种的集中处理，涵盖对公业务、个人金融、电子银行、银行卡等38大类业务板块的140个业务品种。

四是全行管理会计和风险管理体系建设取得实质性突破。MOVA平台功能得到进一步优化，新增指标监测、公私客户联动交叉分析等新功能，MOVA平台在总分行广泛深入应用。基于MOVA的全行管理会计系统框架初步建立，覆盖预算预测、营销管理、考核评价、分析决策等业务板块，为全行构建管理会计体系提供了全面的系统支撑。同时，创新构建了金融市场交易事前控制系统，实现了对金融市场、账户贵金属、人民币外汇等业务的交易事前控制；完成全球市场风险管理系统在13家境外分行的推广，推进全球客户信用管理系统建设和境外延伸，全球一体化风险管理体系架构得以进一步完善。

五是集团办公系统规划与建设取得重大进展和突破。研究制定了各境外机构及控股机构办公系统建设规划，统一规范集团内办公系统的建设、配置、应用及策略管理，全面提升集团的办公管理效率和水平，推进我行管理模式和管理效率的新变革。同时，成功发布了新版网讯系统、手机移动办公系统和统一通信平台，实现了全行150多个业务系统的统一导航和单点登录，完成了集团应用系统和各类信息的大集中。

（四）加强全行科技管理，持续完善科技治理机制。一是坚持科技集约化发展思路，按照“两地三中心”布局，实施数据中心（上海）与海外数据中心整合，强化对境内外机构的生产运行统一管理，更好地适应和满足我行国际化发展的需要。二是全行信息科技风险管理三道防线体系进一步健全，特别是总行信息科技部与内控合规部密切配合，深入落实信息科技风险评估等第二道防线职责，与各中心和分行科技部门构成的第一道防线，以及内部审计部门构成的第三道防线形成了良性互动机制。总行制定下发了业务连续性管理办法，推动各专业条线优化完善应急预案，建立信息安全指标评价体系，进一步促进了信息科技风险管理水平的提升。

上半年，全行信息科技部门共同努力，完成了大量卓有成效的工作，确保了全行信息系统的安全稳定运行，平稳推进应用研发与创新工作，持续完善信息科技管理体系和管理机制，全行信息科技工作取得了优异成绩。

二、全行信息科技工作面临的新形势和新挑战

今年以来，国内外经济金融形势复杂严峻。一方面，国际经济复苏进程缓慢，欧债危机仍在持续，全球经济形势不容乐观；另一方面，受出口增长放缓、国内投资下滑和消费需求不足等不利因素影响，国内经济下行压力加大。外部经济环境的变化使全行经营管理面临前所未有的压力，突出表现信贷需求出现结构性变化、存款增长形势严峻、中间业务发展进入“平台期”、不良贷款有所反弹、资产质量趋势不容乐观、利率市场化加快后净息差逐步收窄等各个方面，给全行保持利润较快增长和经营稳健发展带来较大挑战。信息科技高级管理人员要高度关注全行面临的内外部经营形势，下半年的信息科技工作必须围绕应对这些新情况、新形势、新任务以及全行的中心任务来展开，牢牢把握“稳中求进”的总基调，做好服务支持工作。

（一）要以共同应对当前经营管理挑战为切入点，

推动全行经营管理目标的实现。一是要为负债业务的可持续增长服务。面对今年前5个月存款的严峻形势，信息科技部门要协助业务部门积极推广应用第三方支付机构备付金存管、住房公积金综合业务等系统平台，有效拓展储蓄和机构存款；要协助业务部门充分利用大额资金监控平台，提高目标客户开户率，引导资金在我行体系内循环，有效稳定和增加公司存款；要协助业务部门进一步发挥银银合作、银保、基金代销与托管等系统平台的作用，加强与中小银行、基金、保险等同业的合作，有效扩大同业存款来源。

二是要为信贷结构调整和新市场拓展服务。从前5个月我行贷款投放总量和节奏来看，总体平稳，但尚存在结构性问题。这一方面反映了当前复杂严峻的经济形势，另一方面也和我行客户结构现状密切相关。在以先进装备制造业、文化产业、现代服务业、战略新兴产业四大新市场领域，我行占比偏低、客户偏少。目前，总行正在研究如何进一步从准入、流程、产品、标准等方面做些微调。全行信息科技部门要积极跟踪新市场拓展情况，及时解决业务部门反映的新市场客户维护与营销管理、流程优化、风险计量等系统问题，为全行积极拓展四大新市场业务、支持实体经济发展当好助手、做好服务。

三是要为控制和处置不良贷款服务。5月底，全行境内不良贷款率为0.96%，与年初持平，信贷资产质量总体保持稳定。但进入第二季度以后，小微企业和个人客户不良贷款均有所增加，其他领域贷款质量压力持续增大，这些信贷风险苗头需要引起我们的高度关注，必须及时采取有效措施加以化解。为配合此项工作，全行信息科技部门要进一步完善风险识别和催收系统建设，支持业务部门对信贷风险的前瞻性管理、对信贷数据的监测和分析以及对不良贷款的清收和处置，协助业务部门尽快完成覆盖全行的95588人工电话集中催收机制和系统建设，提高贷款还款和催收的及时性与有效性。

四是要为规范发展金融资产服务业务服务。金融资产服务业务是今后全行经营转型的战略重点，但目前该类业务尚未建立全面、规范的管理体系，业务操作、业务流程、业务控制、业务监测、业务统计尚缺乏信息科技系统的有效支撑。为促进金融资产服务业务的规范发展，总行正在对该类业务进行梳理和规划，信息系统建设是其中一项重要任务。信息科技部门要认真分析金融资产服务业务的特点，结合业务管理制度的制订，尽快完成该类业务信息系统总体架构的设计和综合平台的建设，有效整合现有成熟业务的系统平台，及时研发新增业务的系统模块，进一步完善部分业务的系统功能，促进业务的科学化规范化管理，同时有效满足客户对该类业务的多样化一体化需求。

五是要为应对利率市场化大趋势服务。针对央行降息及存贷款利率浮动区间扩大后利率市场的形势变化，各级信息科技部门要充分认识利率市场化进程加速的大趋势，加强对利率市场化的前瞻性研究，进一步优化利率定价相关业务系统，为业务部门利率定价和利率调整提供更为便捷高效的技术服务，支持我行建立不同类别、不同客户的人民币存贷款差别化定价机制，为我行及时推出符合利率市场化方向和市场需求的利率挂钩产品奠定坚实基础，增强我行的市场竞争力。

（二）要以提高业务创新意识为抓手，推动全行深化以客户为中心的理念。当前，银行服务收费问题成为社会关注的热点，金融消费者权益保护问题日益受到重视，加之与实体经济下行而银行盈利过高的舆论质疑交织在一起，对银行的收入结构调整和中间业务持续增长带来严峻挑战。今年前5个月，全行实现中间业务收入389.6亿元，同比下降5.7亿元，中间业务发展进入“平台期”，保持原有高速增长的难度在加大。这其中固然有经济增速放缓、资本市场低迷、监管政策变化、收费标准调整等客观因素的影响，但也与产品创新力度不够、分行组织推动不足等主观因素有关。大力发展中间业务作为我行经营转型的一项长期任务，必须坚定不移地走下去。我们一方面要看到近几年我行中间业务积累起来的产品、客户和管理基础以及竞争优势，看到中间业务广阔的市场和创新空间，另一方面也要坚持规范发展、坚持为客户增值、坚持收费与服务匹配的原则不动摇，切忌重走简单粗放式发展的老路。全行信息科技部门要全面深入地研究新技术、新产品、新领域的发展趋势，协助业务部门研发符合甚至引领客户需求的新产品，开拓新的业务领域，把握市场的先机，切实提升金融服务能力和价值创造能力。

一是要提升产品的创新应用能力。股改以来，全行中间业务收入的年复合增长率达到40%，这其中既有全行经营规模扩大的因素，也与我们不断加快产品创新密不可分。在金融业务竞争日趋激烈的背景下，简单、初级、粗放、分散的服务手段已难以满足投资者的需要。客户的金融需求已从单一的存、贷、汇业务向差异化、个性化、综合化的金融服务转变，追求高附加值的增值服务。但目前来看，我行的一些产品还不能有效契合不同类型客户的要求，产品创新力度还有待加强。创新是信息科技发展的灵魂，也是核心竞争力的重要体现，越是在激烈的竞争环境中，越是需要依靠创新激发出强大的发展动力。各级信息科技部门要依托创新不断提升科技实力、不断适应客户新需求、不断解决业务新问题，通过创新引领金融发展潮流。

二是要深化以客户为中心的创新意识。产品需求必须以客户为中心，必须契合客户的实际需要。产品研发人员，特别是一线产品设计人员，要有把握市场需求动向的能力，基于客户维度进行产品研发，这样形成的产品才能真正赢得客户的认可。据统计，2005年全行的产品数量是887项，到2011年末已经达到3 243项，是当年的3.6倍。应该说，上市以来我行产品研发速度较快，产品数量每年都在快速递增，但相对于客户需求和市场竞争形势的变化，我们创新的步伐还不够快、创新的主动性还不够强，导致客户体验不尽如人意，科技优势还没有完全显现出来。这些都需要我们更加全面地了解我们的客户，以客户为中心，加强业务需求整合，推出贴近市场、满足客户需求的产品。信息科技部门作为创新型产品的研发机构，要加强与业务部门的深度融合，与其一道紧紧围绕客户需求来研发产品、设计流程、优化服务，借助自身的科技优势，提升产品市场表现，在应用创新步伐上领跑同业，在激烈的市场竞争中赢得主动。

三是要通过推进产品化改造支持产品的快速创新。近年来，我行在应用系统产品化方面做了大量工作，经过信息科技部门与业务部门的共同努力，已建立起全行的产品目录，并在对公存款等产品领域实施了产品化改造。尽管如此，我行各应用系统的参数化管理依然相对独立，产品条件难以有效共享；各应用系统对产品信息的引用尚未形成统一标准，产品维度的营销管理、统计分析、绩效考核较为不便，同时还增加了系统处理的复杂性。对此，总行信息科技部门要进一步推进各产品线的产品化改造工作，协调业务部门抓紧完善与产品化相关的制度办法，确保产品化实施效果。各分行信息科技部门要积极参加产品化改造的前期设计和后期应用，借助产品化改造支持研发流程革新和业务产品创新。

四是要为执行新的价格管理条例和新的收费目录做好服务保障。我行2012年服务价目表已于4月1日正式对外公布和实施。新的收费价目调整到位后，信息科技部要及时完成相关凭证、交易等调整优化工作，与业务部门快速联动、及时解决各渠道反映的收费问题。近期，国家发改委就《关于发布商业银行服务政府指导价政府定价目录的通知（征求意见稿）》紧急征求银监会、人民银行、银行业协会等相关单位意见，对于后续政策性收费调整导向，总行信息科技部门要保持高度的敏感性，提前做好技术梳理及相关准备工作，提高系统灵活性和适应性。

（三）要以创建金融服务最佳银行为目标，加强和优化全行渠道建设。渠道是商业银行核心竞争力的重要体现，是直接面对市场和客户的服务载体。特别是在客户金融服务需求综合化的趋势下，客户将更多地依赖电子网络和自助渠道获取银行的服务。根据今年5月末的数据，全行柜面业务可分流率为38.6%、同比下降0.6个百分点，其中转账汇款可分流率为17.1%、银行卡存取款可分流率21.5%、同比分别下降0.1个百分点和0.5个百分点，分流率指标均进一步下降。但面对今后一个时期打造国内最佳服务银行、客户首选银行、国际金融市场客户推崇中资银行的目标，我行必须加快新技术、新渠道的创新，实现全行服务渠道的优化。

在渠道建设领域，近年来各级信息科技部门做了大量工作，持续加大了科技研发和设备投入，加快推进了物理渠道与电子渠道相互促进、互为补充的服务体系建设。在自助渠道建设上，目前全行ATM可用设备达到6.4万台（其中自动取款机3.3万台，存取款一体机3.1万台），全行自助终端可用设备近4万台。从交易处理能力上看，今年前5个月，全行ATM单台日均取款笔数125笔，单台日均取款金额16.8万元；全行存取款一体机单台日均存款笔数67笔，单台日均存款金额19.6万元，自助终端单台日均交易笔数110笔，单台日均交易金额10.6万元，均比去年同期有所提升。

在此基础上，各级信息科技部门要进一步从“研究渠道、分析渠道、维护渠道”三个方面入手，积极推进全行的渠道建设。要开展渠道研究，把握不同渠道的服务特点，为科技资源科学合理的配置和投入提供依据；要加强渠道分析，掌握各渠道的目标客户群体，分析各渠道的客户交易情况和客户交易习惯，充分发挥渠道资源的最大效用；要做好渠道维护，根据目标客户特点深入挖掘其潜在需求，并结合我行业务品种有针对性地开展客户营销工作，提高客户服务水平。今后工作中，各分行要进一步加强科技对渠道建设的支持，注重银行渠道服务模式的创新，有效延伸我行服务触角，形成实体网点、电子银行、自助终端互补的服务渠道格局；要分步落实好全年的自助设备投放计划，建立统筹调度机制，不断优化设备布放策略，确保完成总行各项渠道优化和业务流程改造的工作任务。

（四）要以确保信息系统安全运行为根本，不断提升信息科技风险管理水平。从前6个月全行信息系统运行情况来看，全行共发生四级以上生产事件16起，同比减少5起，这说明全行持续加强生产运行管理所采取的措施取得了一定成效。但从已发生的事件中也暴露出不少问题。全行管理操作类事件、第三方及合作方事件的比重均有不同程度的提高，反映出相关单位在生产管理上仍存在薄弱环节。特别是在全行生产事件总量有所下降的情况下，境内分行生产事件的数量不降反升，共发生了4级以上生产事件4起，同比增加3起。这些事件对当地业务造成了较大的影响，暴露出部分境内分行的风险意识、从严管理的观念有所淡化，个别分行存在问题还比较突出。境外机构上半年也发生了2起4级以上生产事件，反映出境外机构科技基础设施建设和管理还存在不足。总行为此以行发文形式先后两次下发专项通报，并面向境外机构召开了安全生产运行工作专题会。被通报的分行要认真反思，抓紧整改，其他分行也要引以为戒，主动排查，坚决避免类似问题再次发生。

与此同时，当前行内外信息安全形势依然面临着较大的风险和挑战。一是外部客户信息安全形势严峻，监管要求日益严格。不久前，国内一些知名网站相继发生了用户信息及密码泄露事件，人民银行、银监会等监管机构多次召开情况通报会和下发文件，传达国家领导人对银行业信息安全方面的提示，提出了更加严格的监管要求。二是与第三方合作过程中的信息安全问题需要引起我们的高度重视。目前，部分机构以非加密方式向合作方发送包含我行客户账号信息的邮件，与第三方的代理业务数据传输过程未采取加密措施，生产机房托管运行第三方设备的运行维护管理责任、应急处理机制不明确等情况依然存在。三是分行区域特色业务平台存在交易风险。特别是第三方发起的业务，当合作方不是直接参与交易的收费单位而是第三方支付机构时，我行仅凭合作方提供的客户账号、金额等信息无法识别其发起交易的业务种类、业务实质及发生原因，无法针对性地使用交易限额、交易次数等控制手段。四是个别单位发生员工对外出售客户信息的不法行为，造成了很坏的社会影响，教训深刻。因此，我们要始终保持清醒的认识，进一步完善信息防护手段，严格权限管理，建立全面、可靠和高效的信息安全防护体系。

（五）要以加快“ONE ICBC”建设为着力点，深入实施集团化、国际化、综合化战略。“ONE ICBC”理念是总行党委根据当前全行面临的形势和经营管理现状提出的重大战略，是整合国内各分行、境内外各机构、全行各业务条线力量，形成竞争发展合力、破解发展难题的重大举措。当前，全行集团化发展进入到一个新阶段，基本形成了以商业银行业务为主体的跨境、跨市场的多元化经营格局。经营管理正越来越多地面临不同国家（地区）、不同行业的差异性和复杂性，原来以单一市场、传统业务为基础而形成的管理方式已经难以适应跨市场、跨业务领域的管理要求。要支持好我行集团化、国际化、综合化的快速发展，首先要解决好集团一体化管理的问题，要用信息化手段实现集团各单元更深层次的战略联动与协同。形象地说，工商银行的组织架构体系将逐步形成一个“井”字形结构，“两竖”是总行管理部门和总行的经营部门（利润中心），“两横”是境内外分行、子行和非银行金融机构，信息科技工作则贯穿于“井”字中，在纵向上要面对各业务部门的产品研发，要支持中后台部门的集约化运营；在横向上要指导境内外机构信息化建设的协调发展。从整体上看，我行要打造条块结合、纵横平衡的发展格局，信息科技必须发挥价值创造力，打造符合集团战略发展要求的统一管理平台、统一控制体系、统一工作流程，进一步提升我行经营管理水平。

一是支持集团联动与协同。我们现在有非常庞大的信息网络，这是工商银行宝贵的财富，但是我们的许多信息在上下之间、不同分行之间、境内外机构之间仍然是割裂的，造成大量的资源浪费或损失。要利用数据大集中的优势，解决“数据丰富但信息缺乏”的问题，注重提升数据整合和挖掘的质量，加强对经营决策、前台营销的数据支持灵活性。要加强对银行后台信息的分析，提供更加及时、准确、透明的银行内部信息，加强跨部门、跨业务、跨系统和跨机构流程的整体协调能力，进一步提高银行流程效率，挖掘业务流程潜力。要借助科技手段深入分析不同区域业务发展的特点和规律，强化银行总部的经营管理与指导职能，准确把握各分行经营转型的差异性和阶段性，找准银行工作的着力点，奠定新的市场地位和竞争优势。

二是加强集团IT架构规划。我行的应用体系在建立之初，出于尽快满足市场和客户需要的考虑，更多注重于产品功能的实现以及应用运行效率等因素，应用系统在标准化、产品化、模块化方面存在差距。为此，2008年10月我行启动了第四代应用系统建设，历经3年的持续投入与不断推进，已经初步构建起灵活先进、高性能、抗风险的应用架构体系。但从长远来看，第四代应用系统建设是一项长期的、逐步完善的过程。特别是在我行推进集团化、综合化发展的战略背景下，需要对银行IT架构具有前瞻性的认识和进行合理的顶层设计，推进应用架构、数据架构、技术架构的持续优化。

三是强化FOVA系统的完善提升。未来几年，我行将继续完善全球网络布局，提升境内优势产品线全球服务能力，这些都需要境外系统的支持。要加快FOVA系统在我行境外机构的推广进程，按照统一管理的原则组织各类内部管理和风险控制系统的境外延伸，做好境外FOVA系统与境内NOVA系统的互联互通。要为境外机构本地特色业务需求提供业务平台支持，满足其差异化的业务发展需要。

三、下一阶段信息科技工作具体要求

今后一段时期，全行的科技工作任务十分繁重。针对下半年的工作安排，林晓轩首席信息官随后将进行专题部署。下面，我重点围绕四个方面强调几点要求。

（一）牢固树立“安全生产第一”的指导思想，进一步做好全行生产运行管理工作。全行各级科技部门要始终坚持“安全生产第一”的指导思想，时刻保持对安全生产工作的高度重视，切实落实生产运行管理责任，严格控制全行生产事件特别是操作管理类生产事件的发生，保持住良好的生产运行态势。

总行信息科技部要重点从分行监控体系建设和管理、性能容量管理等方面，进一步完善生产运行管理体系。数据中心（上海）要切实承担全行生产运行统一管理的职责，抓紧在9月底前完成海外数据中心的系统迁移和机构职能整合，认真落实对境内外分行的统一管理、对中心内各部门及分中心的统一管理以及对生产运行与应用支持的统一管理的要求。软件开发中心和数据中心（北京）要继续做好应用研发测试工作，严把版本质量关，从源头上确保信息系统的安全稳定运行。

各分行要进一步加强生产运行管理。针对境内外分行生产事件高发的形势，各单位都要练好内功，从提高安全生产责任意识、加强基础设施合规性管理、强化监控系统部署、切实发挥监控系统作用等方面，落实好各项制度、规范和管理要求，确保辖内生产系统的安全稳定运行。要深入理解生产环境发生故障事件的严重影响，组织好灾备机房切换演练、全行网络提升工程等工作的实施，把科技基础设施建设和管理工作进一步抓好、抓实，不走过场。

对于生产运行管理工作，我曾多次强调"怎么重视、怎么要求都不为过"。今天我再次强调，全行在生产运行管理上要执行严格的问责制度、严格的通报制度和严格的问题整改落实制度。对于发生管理责任导致的生产事件，并且造成辖内系统停机故障或客户资金损失等负面影响的，各境内外分行要对相关责任人进行严肃处理，情节严重的应免职；各中心也要根据情节轻重对相关责任人进行诫勉谈话、行政问责，直至免职；总行信息科技部要组织进行通报，并跟踪督促问题的整改落实情况，同时可按照行内有关规定向总行监察室、人力资源部等部门以及相关分行提出对相关责任人员进行处罚的建议。

（二）要加强客户信息安全防护，构筑信息安全管理的防火墙。近两年全行从技术与管理两方面着手，全面实施了一系列信息安全防护手段和措施，形成了比较完善的信息安全防护体系。各单位要进一步落实好相关工作。一是要进一步完善信息安全工作职责落实，要强化"一把手"负责机制，建立相关部门的联动机制，将信息安全管理工作纳入本单位操作风险管理委员会、内控委员会或保密委员会的工作范畴，建立健全分行内部信息安全通报和评价机制，确保不留信息安全管理死角。二是要做好总行统一安全策略和安全措施的部署和落实，形成完整的信息安全防护体系。今年要重点开展移动存储安全管理系统的推广，全面落实各项安全防护策略措施，在终端渠道上实现信息安全防护的硬控制。三是要加强第三方合作中的信息安全管理，采取技术手段和系统硬控制措施，重点加强在用户授权、客户信息收集和信息对外提供方面的管理，加大对违规行为的监督和控制力度，严格控制与第三方合作过程中的客户信息泄露。

以上措施，各境外机构也要高度重视，认真落实，要加强与属地监管机构的沟通，把总行的部署和要求落到实处。

（三）加快重点应用系统研发推广，全面增强金融竞争发展能力。围绕全行改革发展目标，全行研发工作任务日益繁重，对此，我们必须坚持以技术创新带动金融创新，巩固我行应用系统建设的代际优势，重点把握如下几点。一是要深入推进全行运营管理改革进程，各分行要做好总行研发成果的推广实施，积极推动分行本地特色业务流程的优化完善，同时做好业务连续性管理，保证集中处理业务的连续运作。二是要加强区域特色业务平台的管理，目前总行已经暂停分行涉及区域代理支付特色业务的研发工作，各分行要高度重视该平台的日常管理和风险防控，积极稳妥地发展区域特色业务。三是要加大对民生领域的科技支持，推动网上银行、手机银行、短信银行等电子银行产品线的功能优化，加强芯片卡在医疗、社保、交通等行业领域的应用，满足民生领域多元化应用需求。四是要关注客户交易的欺诈风险，特别是要进一步加强银行卡的交易风险控制。各分行要利用好风险监控模型的相关功能，在年底前完成 POS、个人转账终端特色版本向总行版本的迁移工作。五是要加快推进全行金融资产服务业务系统建设，构建金融资产服务全流程业务管理体系，年内投产金融资产服务业务统计系统，满足内部管理和风险控制需要。

（四）要进一步加强全行科技队伍建设。近年来，总行科技人员不断发展壮大，在人员引进、干部培养、薪酬奖励、员工培训等方面也取得了积极进展和成效。随着我行信息科技水平的持续提升，在全行科技队伍良性发展的过程中，也面临着新的形势和挑战。信息科技部门要在人力资源部和教育部的统一业务管理和指导下，进一步加强科技队伍建设和员工培养，保证科技队伍的稳定和健康可持续发展。

一是要切实增强领导干部是员工工作"第一责任人"的意识。总行信息科技部要履行好全行信息科技工作统一管理的职责，各级科技部门（特别是各中心管理人员）要落实管理责任，各级专业类管理干部要在各自的专业条线发挥技术带头人的作用。

二是要完善员工教育培训机制，加强科技专业人才的培养。要加大各层级科技员工的交流力度，探索开展员工岗位轮换或合理流动，加强技能培训，丰富岗位阅历，提高综合素质和价值创造力。要完善信息科技序列专业资格认证体系，继续做好培训、考试和认证等工作，切实达到通过培训考试帮助员工学习掌握专业知识、理解规章制度、提升专业技能和实战能力的目的。

三是要高度重视并切实加强基层科技队伍建设。各分行特别是基层分行信息科技部门作为直接服务一线窗口的技术部门，工作压力大，工作强度高，技术水平要求高，他们承担的网络管理、设备管理、应用版本升级、办公自动化管理、终端信息安全等工作极为重要，关系到全行的生产运行质量和对外服务效率。但是，目前基层科技队伍普遍面临着人员长期得不到有效补充、只出不进、年龄结构日趋老龄化等实际情况。目前，全行 308 家二级分行（含营业部）中，科技人员数量在 15 人以下的二级分行数量占比近 3/4，8 人以下的二级分行数量占比近 1/3；分行科技人员的平均年龄超过 42 岁。而近年来，二级分行科技部门的工作量大幅增长，科技员工人均维护的设备数量从三年前的 296 台提高到目前的 528 台，增长了 78%。同时，在全行机构改革后，只有1/4的二级分行设置了独立的信息科技部，其他大部分二级分行设立了技术支持中心，挂靠在办公室、运管部等相关部门，激励措施明显不足，基层科技人员缺乏归属感，部分科技人员工作学习的主动性、积极性不高，信息系统运行维护和技术支持服务的力度进一步削弱，长此以往，信息科技的工作基础难以稳固，全行生产安全运行将失去保障。对于这样的现实情况和发展态势，希望在座的各位分管行长要多关心基层科技队伍，在认真研究分析的基础上，对二级分行信息科技工作队伍建设问题和后续工作思路向省行党委作一次专题汇报。要进一步重视分行科技工作特别是分行科技队伍的建设，完善基层分行科技机构设置，充实基层分行科技力量，加大对基层科技员工的激励倾斜力度，提升基层分行科技员工的归属感。

今后一段时期全行信息科技工作任务依然十分艰巨，希望大家充分认识到当前全行科技工作面临的新形势与新要求，以突破创新为手段，以转变发展方式为目标，圆满完成各项科技工作任务，为进一步提升我行核心竞争力，为我行建设国际一流IT银行做出更大贡献。

坚定信心　开拓市场
全面把握公司金融业务发展主动权

——在中国工商银行公司业务座谈会暨
高级管理人员研修班上的讲话

易会满

（2012年7月24日）

今天在江西举办公司业务高级管理人员研修班，并召开公司业务座谈会，主要任务是贯彻落实上周刚召开的半年度全国分行行长工作会议精神，总结公司金融业务上半年的工作，全面分析当前经济金融形势，重点研讨四大信贷新市场拓展问题，理清下一步工作重点。对于新市场拓展，我主要从认识论、方法论上谈谈，目的是启发思维、转变理念。下面，我讲四点意见。

一、上半年全行公司金融业务经营情况

今年以来面对严峻复杂的经营环境，全行公司业务条线按照总行党委关于加快调整信贷结构、转变发展方式的总体要求，攻坚克难，取得了较好成效，但也遇到了近年来少有的困难局面，需要引起高度重视。

（一）公司各项业务总体平稳，但个别业务增长乏力。上半年，全行公司业务内部核算利润贡献605亿元，与去年同期基本持平；EVA 342亿元，同比下降78亿元。人民币公司贷款增加2 725.4亿元，增长5.52%，同比多增975.6亿元，完成计划的56.77%，同业排名第一；人民币公司存款增加217.4亿元，增长0.69%，对公存款增量同业排名第三。实现公司中间业务收入290.54亿元，同比增加2.58亿元，增长0.9%；其中投行业务收入139.2亿元，增长12.5%，完成计划的68.2%。需要注意的是，公司存款虽最后两天扭负为正，但年初以来一直负增长，日均公司存款增幅为近年同期最低水平，其中有贷户存款仍下降519亿元，13家分行负增长。受内外部因素影响，公司中间业务增长放缓，增速同比回落52个百分点，四大行排名第二，比中行少21.66亿元；47个科目中20个负增长。如何保持公司中间业务持续增长是摆在我们面前的重要课题。

（二）信贷结构调整进展顺利，但调整压力逐步加大。近年来，我行坚定不移地推进信贷结构的调整，以结构调整带动信贷经营质态的提升。一是行业结构不断优化。在去年压降1 014亿元的基础上，上半年公路、城建、电力、房地产四大行业压降958亿元，完成全年1 500亿元压降计划的63.85%，占公司贷款比重下降4.49个百分点至41.43%；制造业、现代服务业和文化产业贷款分别增加1 440亿元、1 553亿元、140亿元，分别增长11.39%、16.62%、17.48%，上述三行业合计新增贷款3 132.8亿元，占全部公司新增贷款的95%。二是客户结构不断优化。有融资余额客户总量达12.95万户，净增7 079户，增长5.8%；其中中型客户净增1 868户，增长5.82%，完成全年净增5 000户任务的37.37%，中小客户占比较年初提高0.28个百分点，达到93.05%。三是品种结构不断优化。贸易融资增加787亿元，增长14.37%，同比多增280亿元；项目贷款增加684亿元，增速仅为2.62%，比公司贷款平均增速低2.91个百分点。大力发展贸易融资、供应链

融资，依托1 654家供应链融资核心企业拓展10 858家上下游客户，实现1:6.5的拉动效应。四是期限结构不断优化。剩余期限1年以内贷款余额占比较年初增加1.68个百分点；1－10年和10年以上贷款余额占比分别下降0.98个和0.62个百分点。五是收益结构不断优化。新发放贷款中，利率上浮贷款占比达到64.43%，同比上升21.23个百分比。在结构不断优化的同时，也应该看到，目前市场需求已出现变化，国家加快了重点项目审批速度，下一步四大行业的调整面临市场更大压力。同时，中型客户拓户在经历去年的快速增长后，今年前5个月仅净增225户，小微企业同比少增7 912户，同比增幅下降18个百分点，稳定增长的机制还有待形成。

（三）金融资产服务稳步推进，但转型步伐有所放缓。近年来，我行加快公司信贷向公司金融业务转型，在非信贷融资服务上收获颇丰，去年与新增公司贷款比例达2.03:1。上半年，我行非信贷融资服务4 480亿元，同比减少1 430亿元，与新增公司贷款比为1.64:1，比去年有所回落。其中，债券主承销发行1 303亿元，与去年同期基本持平。全口径资产交易完成1 571亿元，同比下降44.3%，完成全年计划的49.1%。牵头筹组银团项目57个，分销金额626亿元，同比增加225亿元；银团贷款余额4 977亿元，占公司贷款8.97%，较年初提高0.12个百分点。委托贷款980亿元，同比下降27.43%。持续推行“表内+表外”、“对公+对私”全产品营销，产品覆盖率进一步提升。从整体看，全行非信贷融资服务形势不容乐观。债券承销同业占比13.2%，首次降到同业第三，落后建行34亿元、中行12亿元；发行只数为39.5只，在四大行垫底，落后建行23.5只，中小客户拓展不利是我行丢失市场份额的重要原因。从行业看，除石化行业外，其他行业领域均未能取得领先地位。特别是电力、交通两个发行额居市场前两位的行业，我行市场占比分别下降6.5个和7.2个百分点；银团贷款虽实现了较快增长，但部分行在与同业竞争中寻求合作、分担风险的意识还不强，不愿做、不会做银团贷款业务，自去年以来仍是零牵头、零分销。

（四）联动营销取得积极进展，但资源整合尚需加强。一是商投互动渐入佳境。依托公司与投行的联动，公司金融加快从信贷市场向并购、股权私募、资本等市场延伸。成功获得万科集团、万达集团、宝钢股份、神华集团、中海油等集团客户的并购贷款业务，涉及贷款过百亿元。成功营销中石油西气东输三线项目产业投资基金项目、金融街文化产业基金项目和葛洲坝股权信托项目，涉及金额308亿元。一批投行大项目取得突破，拉动品牌类投行收入快速增长。上半年，实现品牌类投行收入54.65亿元，同比增长133.3%，收入占比达到39.3%，同比提升24个百分点，其中重组并购、股权融资和高端财务顾问合计实现收入37.22亿元，同比分别增长153.5%、128.4%、786.5%，完全扭转基础类投行收入负增长15.8%的不利局面。二是境内外联动营销取得新突破。立足“走出去”境外投资企业、对外工程承包企业以及进出口贸易企业，推行客户服务延伸境外战略。与工银欧洲、工银中东等10多家境外机构联动，营销近40家集团客户的国际银团、并购、全球现金管理、跨境人民币结算和海外债券主承等业务。围绕客户“走出去”，成功营销一批重大项目，为三一重工收购、徐工收购、中海油收购提供融资，为锦江国际海外并购、卡塔尔控股公司在亚洲、非洲、拉丁美洲开展投资业务提供财务顾问服务。成功担任中石油集团11.5亿美元海外债券联席全球协调人和簿记管理人、中石化集团30亿美元海外债券联席管理人及主承销商。为华为、中石油、中石化、鞍钢等企业办理跨境人民币结算和贸易融资服务。上半年，累计完成跨境人民币结算和贸易融资分别为3 338亿元、1 612亿元，同比分别增长119%、33.7%。在联动营销取得新进展的同时，也反映出一些问题，如客户信息共享程度还不高，客户资源整合还不够；部分行在商行客户资源中挖掘投行业务机会的能力还不强，商行和投行客户资源的转化还不深；公司业务全球服务协调机制、目标客户群、客户经理队伍以及考评机制还没有健全起来。

（五）公司信贷资产质量稳定，但风险管理压力增大。上半年，全行公司业务战线紧紧抓住“资产质量就是生命线”这一原则，把好客户准入、贷后管理等关口，在经济持续下行的背景下，保持了公司信贷资产质量的稳定。一是对于政府融资平台贷款坚持实事求是原则，根据地方政府财政实力、平台未来现金流状况，抓好搭桥贷款、项目前期贷款等的到期转化；做好在建续建项目资金的保障，避免半拉子工程；做好房地产贷款封闭管理和收回再贷管理，抓紧清收出现风险苗头的贷款；与省级交通部门整体商谈公路贷款一揽子解决方案，化解不良。二是对于债券承销严格按照类信贷审批流程办理，持续跟踪、监测发行企业和增信机构的风险状况与偿债能力，持续督导其履行信息披露、还本付息等义务。三是严把资产交易业务推荐项目入池审核关，不断完善资产交易系统，投产台账驱动主机记账功能，防范操作风险。6月末，我行公司贷款不良额589.7亿元，比年初下降8.5亿元；不良贷款占比1.06%，比年初下降0.08个百分点。但也应该看到，公司信贷资产质量也出现一些新的趋势变化，风险管理压力增大。房地产贷款不良余额44亿元，较年初增加4.66亿元，不良率0.88%，较年初上升0.12个百分点；小企业不良贷款余额88.6亿元，较年初增加41.5亿元，不良率为1.17%，较年初上升0.49个百分点，有16家分行公司不良贷款余额上升。在固定资产投资增速放缓、房地产市场持续低迷的大背景下，未来信贷质量面临更大考验。

上半年，全行公司战线的同志坚持贯彻落实总行党委的总体发展战略，积极应对外部复杂多变的宏观经济形势，主动而为，顺势而为，持续推进信贷结构调整，持续推进公司金融转型，继续延续了公司金融业务良好的发展势头，实属不易。但是，也应该看到，在业务发展过程中，出现一些前所未有的新情况、新趋势、新挑战，这些都需要全行公司战线的同志在发展中去应对、去解决、去化解。对大家上半年的辛勤努力和付出，我代表总行党委表示衷心感谢和亲切慰问。

二、公司金融业务面临的经营环境与挑战

下半年，国内外经济将继续延续复杂运行的格局，国际金融危机深层次矛盾尚未消除，新的风险又在形成和集聚。美国经济复苏的进程减缓，欧洲经济不确定性增加，欧债危机仍是全球经济复苏最大的不稳定因素，亚太地区和主要新兴经济体增速普遍放缓，金砖四国普遍面临经济下行和通胀压力并存的双重压力。国内经济总体平稳，经济增长仍在目标区间，但下行压力加大，经济运行中不合理、不协调、不可持续的深层次矛盾依然突出。严峻而复杂的外部经济环境，对全行公司金融业务持续健康发展提出诸多挑战。

（一）宏观经济增长趋缓，对信贷投放、结构调整和风险管理提出更高要求。上半年，在外需减弱以及持续的宏观调控下，我国经济增速不断回落，尤其是4月以来，投资、消费和出口增速均出现不同程度的放缓，降速超出预期。上半年GDP增速为7.8%，三年来首次破八；固定资产投资同比增长20.4%，同比回落5.2个百分点；社会消费品零售总额同比增长14.4%，同比回落2.4个百分点；进出口总额同比增长8%，呈低速增长；CPI降至3.3%，其中6月降至2.2%，呈持续回落之势；6月PMI为50.2%，为7个月来最低点；全社会用电量同比增长5.5%，增幅回落6.5个百分点，为近年来新低；钢铁、有色、煤炭等大宗商品价格全线下跌。企业销售收入下滑，亏损面扩大，与投资相关的钢铁、水泥、电解铝等行业产能过剩严重，煤炭压港现象十分突出。针对国内宏观经济下滑趋势，国务院提出要把稳增长放在更加重要的位置，并强调推进“十二五”规划重大项目按期实施，尽快启动一批事关全局、带动性强的项目。

宏观经济增长趋缓，对下半年公司金融工作带来新挑战：一是对优质资源的争夺更加激烈。上半年，我行信贷需求呈现结构性矛盾，有效信贷需求转弱。前5个月我行公司贷款增量持续下滑，6月下旬有所恢复。票据融资大幅增长，上半年新增962亿元，同比增长88%。在信贷需求趋弱的情况下，同业对优质市场、优质客户、优质项目的竞争更加激烈，结构性问题更加突出。尽快在四大新市场取得突破，是保持我行公司信贷业务主动权的关键。二是结构调整的压力将进一步加大。目前，国家发改委加快了大项目审批进度，多省市近期也频推大项目。在稳增长过程中，一批在建续建大项目以及事关全局的新的重大项目需要资金支持，尤其在中西部和东北地区表现得更加明显。地方政府也已将各行对大项目的投放与政府掌握的各种金融资源紧密地捆绑在一起，如政府存款等。各分行在调结构，调整四大行业贷款过程中，必将面临市场和政府两方面更大的压力。如何坚持好中选优、不唯大小、只唯优劣，主动选择一批优质项目，是全新考验。三是风险管理更具挑战性。今年政府融资平台开始进入集中还款高峰期，年内到期贷款1 908亿元，占到全部平台贷款的17.3%，但地方财政收入增长降幅明显，一些地区的融资平台偿债压力增大；房地产开发企业资金链日趋紧张，地产上下游产业链中的企业经营状况也逐步恶化。中小企业受宏观经济周期影响较大，部分企业经营出现困难。这些都对风险管理工作提出了更高要求。

（二）利率市场化和金融脱媒进程提速，对存款稳定、定价管理、传统经营模式都提出考验。6月8日和7月6日，央行连续两次下调金融机构人民币存贷款基准利率，首次允许存款利率上浮，贷款利率浮动下限也扩大为30%，跨出了利率市场化重要的一步。存贷款利率浮动范围扩大以及不对称降息，缩窄了银行的利差，不同的定价水平对效益影响巨大。如果利率完全市场化，影响则更大。另一方面，金融脱媒的趋势也在加速。交易商协会提出，债务融资工具要在去年突破3万亿基础上，今年突破4万亿元。为配合债市加速扩容，上半年连续出台包括扩大超短期融资券发行主体范围，外部评级AA级以上企业短期融资券及中期票据发行额度分别计算，研究资产支持票据试点等多项新政策。据统计，上半年企业债务融资工具发行规模达到1.42万亿元，创历史新高。

利率市场化和金融脱媒，对银行传统经营模式的影响是深远的。一是对存贷款定价水平提出挑战。降息以来，各家中小银行存贷款利率多次变动，我行优质大客户也提出了存款利率上浮到顶和贷款利率下浮到底的要求。不可否认，随着市场形势的变化，各行竞争策略会发生分化，价格竞争手段会更频繁地使用，甚至不排除有的金融机构进行非理性竞争。商业银行平衡市场、风险与收益的难度及稳存增存的压力都将增大。如何把我行的经营战略与市场导向有机地结合起来，建立一个适应市场的、富有弹性的定价管理体系，是提升银行竞争力的重要内容。二是对以利差为主的盈利模式提出挑战。利率市场化意味着银行利差水平必然随着市场波动，依靠信贷规模扩张带动利息收入增长的不确定性大为增强。金融脱媒意味着更多优质企业通过直接融资渠道筹资，这一趋势正在从超大型企业向大型企业甚至优质中小企业蔓延，信贷快速扩张将不可避免地面临次优

市场选择和风险的上升，加快金融转型势在必行。

（三）新资本协议实施，对表内外资产配置、公司金融转型提出更高要求。今年6月，银监会颁布新的资本管理办法，借鉴了巴塞尔Ⅱ和巴塞尔Ⅲ的改革成果，对现行的资本管理体系进行了重大改革。新办法强化了资本的定义，将一级资本细分为核心一级资本和其他一级资本，提出了多层次资本要求，在最低资本要求的基础上，首次提出了储备资本和逆周期资本要求，分别为2.5%、0－2.5%，以及1%的系统重要性银行附加资本要求和第二支柱资本要求。上述资本要求叠加后，系统重要性银行资本充足率要求为11.5%，一级资本充足率为9.5%，核心一级资本充足率为8.5%。同时，新办法严格了资本的定义；扩大了风险覆盖范围，增加了操作风险资本要求，等等。总之，新办法对资本的数量和质量都提出了更高要求。实施新办法后，我行资本充足率将出现一定程度的下降，按照权重法测算，2011年末我行资本充足率为12.36%，较现行法下降0.81个百分点；按内评法测算，也将下降0.31个百分点。

今后，资本监管的重心将转向核心一级资本充足率，满足其要求需通过资本市场筹资或利润留存解决，银行必将面临监管资本和资本市场双重约束。在经济增速放缓、利率加速市场化的大背景下，我行的利润不可能长期保持高速增长；利润留存比例也很难进一步提高；通过外源方式补充资本受到资本市场多重约束。因此，新办法的实施：一是对银行表内外资产的配置和资本利用效率提出更高要求。很多业务需要“算了做”，而不再是“做了算”。如何在资本约束日趋严格，资本管理更加复杂的情况下，保持合理的资本充足率水平，支持业务的可持续发展，是我们面临的紧迫任务。二是公司金融转型更加迫切。不可能再走更多贷款、更大风险、更高资本要求的粗放式发展道路。如何提高综合金融服务能力，以有限的资本，服务更多客户，创造更多收益，是赢得未来竞争的唯一法则。

总之，商业银行的经营将进入一个新的阶段，外部经营环境的变化是根本性的，趋势性的，也是前所未有的。但不管外部环境如何变化，商业银行经营的基本规律是不变的，改革发展的大方向也不会逆转，年初既定的经营战略不会有大的调整。做好下半年的工作，要把握四个“不放松”：一是坚持存贷款市场的拓展不放松。抓好年初确定的公司信贷新增4 800亿元的目标，对完成全年总体信贷增长目标和利润计划，意义重大。下半年，实体经济有效信贷需求能否逐步加大，还存在很多变数；个人贷款、小企业贷款短期内还难以恢复快速增长，选择优质市场、优质客户，加大投放力度，是保证信贷投放总量的关键。要通过有效的信贷投放，带动公司存款业务增长；通过优质市场的信贷投放，为信贷结构调整创造更多有利条件。二是坚持信贷结构调整的战略不放松。近两年，我行实施信贷结构调整，成效显著。过去一年，四大新市场贷款余额合计增加5 653亿元，占公司贷款比重为47.98%，提高7.21个百分点；四大行业贷款余额下降4 616亿元，占公司贷款比重下降为41.39%，下降7.21个百分点。基本扭转原来以四大行业贷款占据主要地位的信贷结构，也较好地缓解了贷款集中度风险较高、资本消耗较大的问题。但也应该看到，部分行对信贷结构调整战略仍心存疑虑、有畏难情绪，对新市场拓展仍显力度不够。这就是结构调整和经营转型带来的阵痛，唯有立足长远，才能坚定信心，攻坚克难。下半年，要坚定不移地做好四大行业结构调整和新市场拓展工作，持续优化信贷结构。三是坚持公司金融转型的方向不放松。今年以来，由于受到内外部环境的影响，公司中间业务增长放缓。但是，在利率市场化和金融脱媒大趋势下，转型不可避免。今后，只有转型转得快、转得好、转得彻底的银行，才能在未来竞争中掌握话语权。要继续抓好金融资产服务，尽快在中小企业债券承销等方面取得新突破，在投资银行领域取得新的进展，在资产交易、银团贷款分销等方面完成全年目标任务。四是坚持从严治贷的方针不放松。我国经济在经历了三十年高速增长后，原有经济增长动因减弱，宏观经济可能步入长周期的下行阶段。在经济增长放缓和转型发展的双重压力下，银行资产质量将面临多重考验，部分业务领域不良贷款已有所反弹。越是在经济下行阶段，越体现银行的风险控制水平。各行要坚守风险控制底线，做好防范资产质量波动长期战的准备。

三、多管齐下，争取主动，全力拓展四大新市场

在上周召开的年中分行行长工作会议上，董事长和杨行长均提出要进一步加快新四大产业信贷业务的拓展，并指出当前我们对一些新市场进入的策略还不够完善，措施和手段还不够有力，“进”的步伐还不适应信贷结构调整战略的需要。因此，要把拓展新市场、进入新领域放在更加突出的位置，确保在复杂经济形势下支持实体经济发展，保持我行信贷业务的持续增长。

（一）认清形势，切实把握住市场机遇。回顾改革开放三十多年，制度变革的红利、城镇化、全球化和重工业化推动了我国经济的持续高速增长。一是国有企业的抓大放小。一大批大型国有企业，通过国家注资、公司治理结构改造、机制创新、产业升级等多种途径，摆脱了过去人员臃肿、效率低下、技术落后的局面，成长为较有竞争力的企业。同时，在放小方面，通过放活市场，一批中小型国有企业成功转制，一批民营经济在激烈的市场竞争中成长起来。二是全球化，我国经济融入世界，尤其是加入世贸组织后，这一进程大大加快。世界和亚洲经济呈雁阵型发展模式，大批制造业、加工业从日本、韩国、中国台湾转移到中国内地，中国内地成

为世界制造业中心。同时，一批企业走出国门，享受全球化的红利。三是城镇化的持续推进。2011 年我国城镇化率达到 51.27%，比 2000 年提高 15 个百分点，城镇人口增长 2.3 亿人。城镇化释放出巨大的投资和消费能力，推动城市基础设施、房地产的快速发展，其投资规模分别扩大 12.5 倍和 12 倍，社会消费总额扩大 4 倍。关键是扩大了产业容纳规模，衍生出许多高度集聚的新兴行业，在传统产业和工程机械、连锁服务、城市公共事业等新领域均造就了一批优质企业。四是重工业化发展带动了对能源、原材料的需求以及基础设施的建设，也推动了化工企业的快速发展，而新经济的兴起，也铸造一批优秀企业。我国经济的持续快速发展，给制造业、服务业带来的变化是巨大的。目前，我国已超过美国成为全球制造业第一大国，服务业对经济增长的贡献也越来越大，“十一五”期间，第三产业比重提高了 2.6 个百分点。

从未来看，中国经济在经历高速增长之后，转型发展是主旋律。主要体现在，一是未来居民消费升级将加快，消费将成为推动我国未来经济增长的重要动力，对现代服务业、文化产业等均起到重大推动作用。二是工业的转型升级、战略性新兴产业、生产性服务业将成为支撑中国未来经济增长的新引擎。这是我国实现从制造业大国向制造业强国、贸易大国向贸易强国转变的必由之路。三是城市化伴随的房地产价格急升、地方融资平台快速扩张、地方政府负债高企的模式难以为继，也势必通过扩大消费，增强内需，发展现代服务业和文化旅游产业等寻求新的发展动力。

近期，国家相继出台了一系列扶持工业、战略性新兴产业、文化产业、物流、商业等服务行业的产业规划和政策，也将促进四大新市场的蓬勃发展。但由于多方面原因，我行对四大新市场的进入还不够快，主要表现为：一是同业占比还不高。如制造业 29 个子行业百强企业 2 900 户中，我行有贷户为 910 户，占比仅为 30%。有贷户中，贷款同业占比在 10% 以下的有 398 户，占比 43.7%；从同业看，贷款余额 5 000 万元以上的制造业客户，我行占比仅为 12% 左右；贷款余额排前 2 623 名的制造业客户中，有近 1 500 户不是我行客户。二是对龙头企业的挖掘还不够。去年，制造业、现代服务业和文化产业新发展有贷户 41 876 户，其中大中型客户占比 16%；今年上半年新发展有贷户 24 052 户，大中型客户占比 18%，均低于上述行业大中型客户数量 22% 的平均占比，且当年新发展有贷户在下一年有 30% 以上退出。这说明对龙头企业把握还不够，市场拓展潜力很大，大有可为。

（二）转变理念，妥善处理好四个关系。对于四大新市场，有些领域我们还较为陌生，新的机制、制度、产品、流程还在不断完善之中，我就方法论、辩证法方面谈点想法，总的要求是妥善处理好四个方面的关系。

一是要处理好新与旧的关系。对于制造业、服务业和文化旅游业，我们既熟悉，又不太熟悉。历史上出现过大量不良贷款，有很多经验，但也有很多教训。这次发展四大新市场，关键要体现“新”，不能穿新鞋走老路，新瓶装旧酒，重蹈历史覆辙。“新”主要表现在两方面。从客户角度看，主要是新治理结构、新体制机制、新技术或新流程、新业态模式，等等。核心是是否代表我国乃至全球先进生产力或先进生产力的发展方向，是否具有市场竞争力。对于新市场，尤其要把握行业发展趋势。如制造业领域，竞争由单个企业转变为供应链之间的整体竞争；批发零售领域，大型连锁企业、大卖场更具有竞争力，等等。从银行角度看，主要体现在新机制、新产品、新流程、新队伍。由传统国企转型而来的企业，大部分原来和我行关系密切，但在不良资产剥离中部分与我行关系疏远；对于制造业领域中民营企业，因曾有过教训，同业占比不高，不具有竞争优势。对于新业态、新技术、新市场领域，前景广阔，行业分散，我们较为陌生，客户拓展、政策突破和产品创新的难度都较大。必须重新深入研究这些行业、客户，摸索行业竞争力的本质和风险关键所在，调整行业准入政策，创新业务产品，优化业务流程。同时，培育一支队伍，提高对新市场的把握能力。

二是要处理好近与远的关系。今后一段时期大项目、大投资、大发展的经济增长模式仍会持续一段时间。对于城建、房地产以及煤电油运中的大项目，我们十分熟悉，风险也相对好控制。因此，还有很大诱惑力。相反，四大新市场对我们而言比较新，以前接触少，或是关系疏远了，需要做很多基础性的、长期性的、开创性的工作，需要沉下身子，开展调研；需要了解客户，学习新知识甚至新技术；需要多开展创新，付出更多的艰辛和努力。这些领域风险相对较高，效果不会立竿见影。但为什么还要花大力气发展新市场呢？这就是近和远的关系。要保持公司金融业务的持续发展，必须把握未来的客户。现代新型企业必将更多地出现在四大新市场。同时，从长远来看，除了大型国有企业和建筑施工企业外，真正能走出国门的企业，也将更多地出现在四大新市场。由于行业整合、新业态发展，对重组并购、高端财务顾问、现金管理等综合性金融服务的需求更为迫切。抢占四大新市场，就意味着掌握了公司金融竞争的主动和先机。

三是要处理好点和面的关系。四大新市场中，行业门类多，集中度不高，要更多依靠系统推动来发展。第一，结合产业链、供应链来推动。要改变目前以“点”拓展为主，逐个营销客户的分散式运作模式，既要抓好龙头企业、核心企业的重点营销，更要依托核心企业，抓好上下游企业，围绕产业链、供应链拓展整体客户群，以大客户营销带动中小客户营销。今年总行又修订了供应链融资跨区域信贷政策，丰富了分行间相互合作的技术手段，组建了供应链融资专业运营平台。各行要充分运用这一平台，加强协作，系统地拓展新市场，避免单打独斗。第二，做好个案的分析和推广。选取一些适合推广的、代表性的经典案例，解剖麻雀，分析透彻，指出其成功的关键所在，如有的是通过产品组合、有的是产品创新、有的是政策制度的突破、有的是对产业链、资金链的整体把握。通过总结归纳，在全行培训和推广，把个案的成功转变为行业营销的成功。第三，做好先进行经验的交流和推广。在拓展新市场中，部分分行已经积累了一些好的经验，总行、省分行都要做好各层面的推广，做好客户经理的培训，争取更大的成果。

四是要处理好进和退的关系。新市场意味着行业的成熟度还不够，或是我们还不太了解。改制上市以来，我行的信贷风险控制能力有了根本性的变化，拓展新市场有了更好的条件和能力，但绝不意味着可以高枕无忧、可以掉以轻心。只有时时刻刻绷紧风险这根弦，才能确保业务又好又快发展。第一，要做到进退有度。既不能无为而治，也要杜绝一哄而上。发展新市场是有一定条件的，从银行自身看，没有新机制的配套，新市场很难拓展，即使发展了，也可能造成新的风险。因此，对于创新能力强、风险控制好、队伍素质高的分行，可以更快地发展；从外部环境看，我国地区差异较大，必须做好区域分析，明确四大新市场的区域发展重点，不同区域要采取不同策略，提高市场拓展的针对性。第二，要做好市场准入，选准目标客户。新市场子行业较多，行业集中度不高，企业良莠不齐，必须深入分析每个行业，总结出行业竞争优势的本质，制定客户准入标准，指导分行营销。第三，要坚决从不具有竞争力的企业中退出。对于一般制造企业、加工企业以及传统服务企业、文化企业，还要从严控制；对于高污染企业、环保不达标的企业，更要坚决退出；对于运用了新技术、采取了新模式，但本质上还是传统企业的也要慎之又慎。

（三）多措并举，积极拓展四大新市场。今后三年，制造业贷款年均增加 2 400 亿元，年均增幅 19.5%，到 2014 年末余额达到 1.85 万亿元，占公司贷款比重提升至 25%。现代服务业年均增加 2 200 亿元，年均增幅 21%，到 2014 年末余额达到 1.4 万亿元，占公司贷款比重提升至 21%。文化产业年均增加 200 亿元，年均增幅 20%，到 2014 年末余额达到 1 200 亿元。实现上述目标，要做好如下工作。

一要抓住领先企业，实现重点突破。近期，总行将陆续下发先进制造业、现代服务业和文化产业领先企业目标客户名单。对于名单内企业，总行将适当给予扩大业务授权、调整授信管理、优化部分业务流程，加快产品创新和调整定价机制等配套措施。这些企业都是行业的“领头羊”，各行要逐户提出针对性营销方案上报总行，实现信贷业务和非信贷业务联动，风险防范和业务发展并重，争取在两年之内，在产业链融资、本外币存贷款及结算、贸易融资、重组并购、债券融资、现金管理、企业年金、个人金融等核心业务领域达到同业占比第一。总行将定期监测、通报和督导，并将任务的完成与规模配置等相挂钩。各分行也要深入挖掘本区域具有比较优势的优质客户，建立类似目标客户名单，明确目标任务和具体举措。

二要做好政策配套，创造良好条件。为了积极支持四大新市场的拓展，总行对包括行业政策、授信管理、审批权限、RAROC 阈值、业务流程等在内的信贷政策进行了梳理。第一，对行业信贷政策进行了修订。将制造业和服务业行业政策整体定位为适度进入类行业，并对子行业投向、区域投向做了相应的区分和规定，重点强调要支持行业或区域龙头企业。为了最大范围地把龙头企业选择出来，行业信贷政策取消了名单制管理，客户选择或定位由各一级分行根据相应标准自行把握。第二，完善 RAROC 的管理。主要是调整 RAROC 阈值计算的参数管理，导入 MOVA 系统数据，充分考虑客户综合贡献度；根据实际情况，调整 RAROC 阈值，将装备制造业、现代物流业、文化产业等行业的项目贷款 RAROC 阈值从现在的 14% 下调至 10%，流动资金贷款阈值从 20% 下调至 16%；建立系统重点客户名单库，对名单内客户暂不做 RAROC 阈值限制；建立 RAROC 阈值调整审批机制，对于低于阈值一定幅度内的业务，适度授权分行审批。各行要以完善行业信贷政策和调整 RAROC 管理为导向，全面梳理本地新市场客户，对于分行竞争的区域行业龙头客户，以及因企业改制等原因不能提供财务报表导致无法测算 RAROC 阈值的重点优质客户，均可报总行审核纳入系统重点客户名单库。同时，要根据客户风险大小调整审批权限，综合考虑财务指标与产品市场占有率、技术先进程度、经营现金流是否充足等因素，优化授信测算模型。

三要与中型客户拓展相结合，力争用足政策。新版行业政策的发布，为新市场拓展提供了保障，但要真正实现业务的大规模发展，还要发挥信贷政策的协同性，将行业政策与中型企业拓展相结合。四大新市场中绝大部分是中小企业，去年总行下发了发展中型企业信贷业务的指导意见，其中重点拓展的 123 个子行业中，信贷新市场的子行业占比超过 60%。近年，总行在中型企业拓展中开展了大量调研，前、中、后台也共同研究了一些政策，比如对客户准入、融资条件、信贷产品、评级授信、定价管理等均做了明确的规定，部分政策比原来放宽不少。目前在部分分行试行，效果较好，总行将在总结的基础上尽快在全行推广。同时，对处于小型到中型过渡期的企业，可采取抵押项下的债务融资满足其合理融资需求，防止过渡期优质小企业流失。各行要摸清楚各区域最具潜力的客户板块，针对不同的客户，找出适用的政策，实现批量拓户；要积极跟进国家出台的扶持中小企业发展的一系列优惠措施，以及鼓励引导民间资本投资的“新36条”实施细则，为民间资本进入铁路、市政、能源、电信、教育、医疗等领域做好重组并购和投行服务。

四要做好产品创新，提升服务水平。在政策配套较为完善的情况下，前台营销部门更要认真研究四大新市场的特点，做好产品创新，组建好领先企业服务团队，提升服务水平。第一，要充分利用我行已有的融资产品，做好产品组合设计，关键是要综合考虑资本占用和收益水平，多提供融资组合方案。尤其是利用好产业链融资方式，围绕龙头企业，拓展整个链条上的企业，提升客户对我行的综合贡献度。第二，要加强产品创新。制造业可在客户将相应资产处置权让渡给银行的前提下，采取更加灵活的贷款方式，研究创新以知识产权为保障性资产或权利抵质押品的新型信贷产品。现代服务业和文化产业要根据“轻资产”的特点，更加重视对企业经营现金流的把握，开发对现金流进行严格约束的信贷产品。针对物流、酒店等企业，要开发区别于项目贷款和流动资金贷款的中长期贷款产品。第三，要做好已有产品的推广。如，“影视通”，“门票收入受益权信托融资”，“收费权质押融资”，等等。要总结创新产品中风险控制的关键点，把控实质风险，把产品做深做透。

四、坚定信心，持之以恒，抓好几项重点工作

下半年，面对复杂多变的外部形势，在拓展好新市场的同时，还要坚定不移地抓好以下几项重点工作。

（一）积极应对利率市场化，做好存贷款的定价管理。利率市场化是我国金融领域的一项根本性变革。目前，总行按照惯例积极与其他大型银行沟通协调，初步形成了存贷款利率同业协商机制，较好地引导了市场定价秩序。经过1个多月的探索，市场、客户和银行的反映总体比较理性。不可否认，大家都感受到了来自客户和同业的压力。但应该清楚地认识到，作为一家大型银行，一是我们有能力在利率市场发挥主导作用，这主要取决于我们的协调能力；二是今后必定有一些银行因财务成本失控而被市场淘汰，我们有品牌、渠道便利性和存款安全性等优势，要有信心、有底气在市场定价中掌握主动权；三是客户逐步会趋于理性，对银行的选择不会仅仅局限于价格，而更看重银行的综合服务能力。短期的、激进的定价策略不是长久之计。利率市场化不等于分散定价管理，总行仍会坚持和完善全行利率集中管理体制。对于下一步工作：

一要加快研究市场和客户特性，坚持风险、成本和收益相平衡的定价原则，实施统一的内外部定价政策，控制好存款付息成本，努力提高贷款收益水平，全行要守住公司贷款的利率底线，如谁突破，将追究其责任。二要建立灵活的内外利率调整机制，实行针对重点客户、重点产品的差别授权，积极支持分行增强市场竞争能力。对公司存款利率上浮实行名单制管理，适时调整存款定价策略及标准，扩大重点优质客户存款市场份额。三要按照风险收益原则，继续发挥RAROC在公司贷款中定价的作用。近期，总行已经研究了贷款利率变化与RAROC阈值的关系，并考虑RAROC阈值的调整，通过RAROC阈值的管理来进行贷款定价。各行要实时跟踪监测、及时反馈利率市场变化情况，以提高市场灵敏度，并为更新利率定价策略提供依据。四要加强定价管理的研究，探索最优贷款利率形成机制。各行要对客户进行分类，测算综合收益，区分出最优质客户，其他客户贷款利率在最优质客户贷款利率基础上进行浮动。

（二）积极应对资本监管改革，提高资本使用效率。一要加强学习，认真领会资本监管改革的实质。各分行要认真组织学习新资本管理办法，并结合各行发展现状、区域资源，做好资本的配置，以有限的资本创造更多收益。二要深入了解新资本协议，调整业务发展策略。新资本协议对于信用风险加权资产的计量有权重法、内部评级法初级法和高级法。权重法调整了部分表内资产风险权重和表外项目信用转换系数，如现行法下对中央政府投资的公用企业债权风险权重为50%，新办法取消了这一类别，全部提升为100%；对公共部门实体的债权风险权重由50%降低至20%；对小型微型企业债权的风险权重由100%降低至75%；提升了对金融机构债权权重；对于表外业务，如原始期限不超过1年的贷款承诺，信用转换系数由0提高到20%。而在初级内评法下，基本消除了表内业务权重调整的影响，但对表外业务影响更大。如对于原始期限不超过1年的贷款承诺，转换系数由0提升为75%；对于债券包销，签了包销协议，仍在销售期未销售的债券，信用转换系数为100%。如果过渡到高级法，则贷款担保方式、期限等都会对风险加权资产产生重要影响。押品质量较好、保证人资质较高、中短期业务占比持续上升等将对全行降低风险加权资产、提高资本充足率起到良好作用。从同业对比看，2011年末我行风险加权资产增速比建行高6个百分点，直接导致我行资本充足率水平低于建行。其中一个重要因素是我行1年以上贷款承诺增长了10.5%；而建行为－24.4%。因此，不同的经营策略会影响风险加权资产的增长，今后即使没有监管部门的规模管理，也要积极控制风险加权资产的过快增长。三要切实加大转型力度，发展资本占用低的业务。根据新办法，信贷资本占用与违约概率、违约损失率、贷款期限、企业与宏观经济的关联度相关，总体特征是对中长期贷款、大企业贷款资本要求较高，哪家银行能够更主动地、积极地调整信贷结构，就能更从容地应对新资本协议的要求。

（三）积极应对市场变化，抓好公司有贷户存款。

今年以来，受经济增速放缓、流动性整体紧张、民间借贷活跃、大型集团公司资金管理模式变化，以及利率市场化提速等因素影响，全行公司存款增长很不稳定，尤其是有贷户存款形势更为严峻。总行多次召开会议，研究公司存款工作。各行要切实贯彻落实总行的各项工作部署，尽快扭转有贷户存款持续负增长的被动局面。一要分清责任，明确目标，下大力气拓展有贷户公司存款。在划分有贷户和无贷户的基础上，认真做好公司有贷户的认领及衔接工作，逐户分析有贷户资金状况，尽快开展营销。二要继续加强大额资金管理监控平台应用推广，拓展新开户，稳定存款。各行要以大额资金平台为抓手，强化公司有贷户存款的基础工作。实施信贷业务全流程控制，在信贷业务调查、审批、贷款定价、签订合同、放款核准、信贷资金配置、信贷资金支付各个环节进行控制，切实提高信贷资金封闭率。通过大额资金平台，建立“跨区域、跨部门联动营销”、“大额资金流动事前控制”以及“客户资金流向日常跟踪管理”的三大机制，加强系统内行际之间联动，做好省内跨区域信贷资金的留存，促进资金在我行系统内循环流转。建立“重点目标客户营销进度跟踪机制”，通过平台提供的重要信息，跟踪资金流向和客户流向，采取针对措施延伸拓展客户，把组织新开户作为抓好存款的重点工作。根据自身特点，实行“大额资金无故流出问责制”，加强对资金的流出管理，促进全行联动营销。三要突出重点产品，以产品带动存款增长。重点加强对银票、保函、付汇理财通、内保外贷以及贸易融资等保证金存款产品的营销力度，推动相关业务量稳健增长。促进理财与公司有贷户存款的业务联动，合理应用保本理财产品加大对优质客户的营销力度。通过表外理财产品的发行，形成公司存款蓄水池。开发有市场竞争力的理财产品，实现理财与存款业务的互动发展。加大委托贷款业务的推广力度，积极为资金余、缺双方牵线搭桥。

（四）持续推进信贷结构调整，抓好四大行业总量控制。一是对四大行业贷款实行收回再贷管理。今年下半年四大行业到期收回贷款 2 088 亿元，扣除 543 亿元的压降计划后，还有 1 545 亿元贷款可以投放，对这部分贷款，要通过收回再贷重新进行安排，变过去贷款谁收回谁使用，为收回与发放双线管理，部分收回贷款上收总行统一调配，实现行业和区域“两个打通”。也就是说，除房地产开发贷款外，不再简单地实行分行业的贷款压降计划控制，而是控制四大行业贷款总量。二是统筹安排、合理配置投放总量。总的原则是：“总量不变、两个打通；上下结合、统筹平衡；按月监测、平稳落地”。第一，总量不变、两个打通。即按月统计各行当月贷款到期情况、续贷项目情况等因素，根据预计收回和续贷情况，拟定各行月度除房地产外其余三大行业总量控制计划，以信贷限额的方式按月实施刚性控制。同时，将一定的收回额度上收总行，重点支持在建、续建项目和一些新的国家重大项目的资金需求，加大对中西部地区和东北地区重大项目的信贷倾斜。第二，上下结合、统筹平衡。总行要详尽掌握重点项目状况，对项目进行筛选，实行名单制管理；各行也要抓紧对本区域的重点项目按照重要性、紧迫性等原则进行排队，上报总行；总行要统筹平衡区域、行业和客户三个方面，对上报项目进行筛选。项目原则上须由国家有关部门审批或核准、符合我行现行信贷政策、已经我行审批、能够落实续贷条件、贷款收益较高等，对极少数新的国家重大项目也可上报。第三，按月监测、平稳落地。及时监测压降情况、进度，了解一些项目的现金流状况，及时向总行反映情况，既要杜绝个别项目的资金链断裂，又要对可能出现的系统性风险进行预警。三是加强创新，重点运用新型融资方式满足大项目资金需求。结合新的资本监管要求，对风险权重高的公路、城建、电力等行业信贷资产，要发挥理财投资、债券、股权融资等新型融资方式的积极作用，多渠道满足客户资金需求。

（五）持续推进综合金融服务，抓好金融资产服务业务。年初确定的非信贷融资与信贷增量的比例争取达到2.5:1，目前仍有较大差距。下半年，要在资源配置、考核激励等方面加大倾斜力度，激发业务增长潜能，力争完成年初制定目标。

债券承销业务，近期，交易商协会的市场扩容意图明显。我行要抓住机遇，改变目前承销超 AAA 和 AAA 债券达 90% 以上的局面，实现“大、中”客户并举。各行要在抢抓优质大型集团的债券业务，确保市场地位的基础上，认真研究市场变化后的客户类型，重点选择符合国家宏观经济及产业发展政策；外部信用评级 AA 级（含）以上，或行内信用评级 AA－级（含）以上；符合我行信贷政策，属于我行信贷政策积极或适度进入类企业。原则上是国有企业及其下属子公司，优质上市公司，或其他全国性、区域性、行业性龙头企业。近期总行将下达债务融资工具主承销业务发展目标，各行要落实营销组织推动，通过做实客户基础、做大承销金额，保持我行“市场占比第一”的地位。同时，要明确目标客户营销策略，有所为有所不为，做好风险防范；要做好债券承销后续管理工作，动态掌握发债机构和增信机构的风险状况，督导其做好信息披露，履行还本付息义务，切实保护投资者权益。

资产交易业务，要做好理财批量入池管理与服务，将理财资产入池标准和投资标准衔接好，提高投资率，确保业务量。做好与资产管理部门和理财投资部门的沟通，缩短业务办理和反馈时间，维护好客户关系，发挥好资产交易业务对信贷结构调整、稳定存款的积极作用。根据信贷结构调整要求选择投资项目，对需求旺盛的政府类或城建类新增结构化理财融资项目，要审慎推进、择优选择，重点支持政府背景的文化产业、轨道交通等项目。加强与北京金融资产交易所、中债登等外部机构的合作，确保委托债权投资业务模式合规及平稳操作。继续探索各类创新模式，优化业务流程，拓宽投资渠道，尽快在应收账款转让交易、专项债权计划、受益权等创新模式上形成融资规模。按照“谁发起、谁负责，有人管、有人看”原则，落实业务归口责任，严控风险。认真落实对不同业务、产品、客户和机构建立风险限额管理制度；重新梳理业务流程，公司部门要做好融资客户或融资项目的尽职调查，并履行相关投资业务存续期日常管理职能；加强存量投融资业务的档案管理。

银团贷款业务，要继续推动境内外银行贷款分销网络建设及牵头分销工作，争取与更多同业机构建立稳定的银团分销合作关系，对于湖南、甘肃、广西、云南、吉林、辽宁、海南、宁夏等还未牵头组织过银团贷款的分行，要制定银团贷款网络拓展及分销计划，尽快消除“零牵头、零分销”的局面。主动适应客户需求和市场变化，积极引导客户转变信贷方式，对于一些新签约重大项目，要通过银团贷款降低集中度风险、提升业务收入。规范开展银团贷款业务，严格区分银团贷款与系统内联合贷款，完善业务收费协议，规范主合同外收费行为。

（六）持续抓好信贷风险管理，确保业务健康发展。对于当前面临的信贷风险，姜董事长、杨行长已在分行行长工作会议上做了全面部署，各行要抓好落实。在此，我再强调三点：一要选准目标客户，把好客户准入关。客户的类别决定了风险的程度，选客户就是选风险。在经济下行的阶段，我们拓展四大新市场，更要选准客户，切忌为盲目营销新市场、拓展客户基础而降低客户准入门槛。优选符合国家产业政策导向、抗周期性较强、成长性好、技术相对领先、管理规范的企业。对于那些偏离主业、参与民间借贷的企业，坚决回避。二要认真落实好贷后管理，抓好资产交易业务存续期管理。加强对四大压降行业风险的动态监测，高度关注客户资金状况，及时发现风险苗头，做好风险控制预案，避免系统性风险。做好政府融资平台贷款的增信整改工作，实事求是调整还款期限和还款方式，确保平稳过渡。继续坚持房地产贷款发放的名单制管理，严控房地产贷款总量及投放进度。在大力拓展新市场的同时，认真研究目标客户资金需求特点、运作规律和风险点，设计相应的风险管理方式，杜绝出现一强调市场，就忽视风险的不良倾向。加强受托支付管理，加强贷款资金流向的监控，防止贷款挪用。做好资产交易业务存续期的日常管理和投资客户维护，加强存续期业务的非现场监测和风险预警分析。三要加大不良贷款的清收处置力度。落实领导挂帅、分级负责的工作机制，加大清收力度，提高清收处置成效。加强对公司关注类贷款的分析、监测，做好风险的转化，遏制公司类贷款劣变快速增长的势头。

在中国工商银行公司业务座谈会上的总结讲话

易会满

（2012 年 7 月 24 日 · 根据录音整理）

对于下半年的工作，上午已做了总体安排。大家要认真学习姜董事长和杨行长在半年度分行行长工作会议上的讲话精神，抓好贯彻落实。针对大家提出来的意见和建议，我再强调几点。

一、坚持稳中求进的总基调

杨行长的报告里面对“稳中求进”有一个比较全面的阐述，贯彻四个不动摇是坚持稳中求进的具体化。当前国际、国内经济环境变化较快，我们一定要坚持稳字当头。关于稳中求进，在公司业务方面，半年度分行行长工作会议上已经阐述得很清楚，关键体现在全行公司业务战线的精神状态中，体现在四大新市场的拓展中，体现在四大行业的结构调整中，要眼睛向下、眼睛向内，进一步发挥主观能动性来坚持稳中求进这个总基调。

二、坚持结构调整的中心任务

从各分行发言中，可归结出结构调整的关键句：一是解决进与退的问题，首要是解决进的问题。二是进的关键是理念与队伍问题。三是进的基础是客户总量的迅速扩大，带动信贷结构调整和中间业务良性发展。四是新市场拓展要自上而下、上下结合，不能任务层层分解。否则，事倍功半，或者风险巨大。尤其对于开发区与产业园区管委会与园区企业集群式拓展，更要自上而下、上下结合去主动推动。五是四大新市场要区分好新兴与传统，特别是制造业。制造业中有相当部分是传统制造业，还有多个行业产能过剩。传统制造业和现代制造业如何区分？各行要根据当地实际情况掌握。现在部分旅游业、文化产业与房地产行业关联，这是客观事实，我认为文化产业是创意 + 人才 + 地产，旅游业有时也很难离开房地产。这些需要我们系统思考，实事求是分析行业特点，关键还在于把握实质风险点，在风险可控的前提下，创新产品，主动寻找解决问题的办法。六是重点市场的拓展，要根据区域、产业链和企业集群有针对性地开展。不能广撒网，事倍功半。要在全国优选一批优秀开发区、园区，加强战略合作，选好区内优秀企业，系统地推动。

关于退的问题，一是要落实两个打通。总行公司业务一部和信贷管理部要密切合作，共同落实总行党委的经营意图，增强对四大行业结构调整的驾驭能力，提高对四大行业客户的服务能力。二是要创造好的外部环境。结构调整是一个有进有退的动态过程，要加强流量管理。结构调整的关键在于减小集中度、降低系统性风险，减少对经济资本的占用。各行在贯彻总行党委结构调整的意图时，要维护好客户关系，给我行经营创造一个好环境，杜绝出现客户服务不到位，影响我行形象的问题，今后不提四大行业压降，只提四大行业结构调整。对于具体问题，要加强与总行沟通。三是要坚守底线，如客户资金链不能断裂；要维护好工行的信誉和品牌，尤其对于已承诺贷款，要做好投放或通过创新办法妥善安排。

三、坚持经营转型的大方向

从外部经济金融环境看，商业银行经营转型不可避免。对此，一是做好方向性、规律性的把握，尊重商业银行发展的客观规律，增强转型的紧迫感、责任感和使命感。二是重在行动。要加快消灭转型创新中重点客户、重点业务、新产品的空白点，寻找好目标市场、目标客户的拓展。要用开放的心态、创新的思维发展公司金融业务。三是持续推进综合金融服务，抓好金融资产服务业务。债券承销要继续保持我行“市场占比第一”的地位；资产交易业务要继续稳健发展；银团贷款业务要继续推动境内外银行贷款分销网络建设及牵头分销工作。

四、增强应对外部环境变化的主动性

前几年，商业银行经营转型更多的是自身战略安排，但今后，在宏观经济下行、利率市场化和金融脱媒、新资本协议实施等多重压力下，转型面临更多挑战。一是公司业务战线要全面学习、全面掌握新情况、新要求。尤其是各级管理人员更要加强学习与思考，提升专业能力。如，如何充分发挥我行的大行地位，在债券承销费率上争取更多主动权，避免恶性的价格竞争。二是要按照简约、标准、直观的原则，做好专业和客户经理业务培训。要加深对内部评级法的理解，将评级、期限、收益、信用等级与保证方式等做好不同组合以及相对应的风险权重和资本占用，以更好地指导营销。要精细化经营、精细化管理，会算账、能算账、勤算账。三是要全面理性地判断信用风险，控制信贷成本。利率市场化后，最大的成本还是信贷成本。要保持我行持续的领先优势，关键还在于控制好风险。今后，我国实行存款保险制度，大银行的优势会逐步显现出来。因此，在风险控制方面，前台营销人员要站在全行角度考虑问题。四是要落实责任，抓好公司存款工作，尽快扭转不利局面。五是定价问题。要按照客户层级，抓好公司存款的分类定价，同时守住底线，控制公司贷款利率下浮幅度。

在中国工商银行运行管理重点工作推动讨论会上的讲话

易会满

（2012 年 9 月 6 日）

这次运行管理重点工作推动讨论会主要目的是深入分析当前我行运行管理和改革面临的形势、问题和困难，研究进一步深化运营改革和加强运行管理的工作措施。会议开了 1 天，紧凑而富有成效，12 家分行就有关主题进行了重点发言，提出了很多好的建议；总行相关部门也谈了很好的意见。听了后有以下几点体会：

第一，在全行上下的共同努力下，运行管理工作成效明显。从大家的发言情况来看，各行都能很好地按照总行的要求，结合自身实际创造性地开展工作，取得了很好的工作成效，焕发出新的生机与活力。

第二，全行对运行管理规律的认识有了进一步深化。各级运行管理部门围绕构建价值型运行管理体系的要求，进行了比较深入的探索和实践，构建起前台受理和后台处理相分离的全新业务运营模式，全新流程实行前后台相互制衡，促进了业务运营效率和风险管理水平的提升。

第三，深化全行运营改革与加强运行管理需要配套的体制、机制和队伍作为保障。各级行党委要进一步提高对运行管理工作的关注、重视和投入；要进一步研究在体制机制方面实施配套改革，核心是落实统一运营管理。

第四，运营改革和运行管理的深化要充分听取分行的意见和建议。总行运行管理部和相关部门要对各行提出的意见和建议进行全面的梳理，系统分析提出下一步工作措施。

第五，要持续发挥好业务运营对全行经营转型、发展方式转变和风险管理强化的重要支撑作用。运营改革促使全行运行管理体制机制、运营模式和管理理念发生了较大改变，进一步夯实了运行管理基础，但总行改革项目在基层行的实施效果、价值型运行管理体系的全面构建与总行的要求还存在一定的差距，需要全行上下继续共同努力，扎实推进各项工作，更好地发挥出改革成效。

第六，运行管理队伍建设面临较大的困难和压力。运行管理具有很强的专业性，培养一支合格的队伍需要很长的周期，但从大家的发言情况看，各级管理岗位和有关专业岗位普遍缺乏后备人才，长此下去必将影响运行管理的可持续发展，需要引起各级行的高度重视。

下面，我想重点讲两个方面的意见。

一、今年前一阶段运行管理工作成绩明显

各级运行管理部门围绕年初总行运行管理专业会的部署和要求，深入推进运营体制机制变革和流程综合改造，强化运营风险的过程控制，全行的业务营运效率和质量进一步提高。

（一）业务流程综合改造取得重要进展。今年以来，全行上下齐心协力，全面推进业务流程综合改造和优化工程项目，基层行反映强烈、严重影响客户和柜员体验的533项紧迫性问题全面解决，计划年内实施的47个项目已全部启动，网点业务受理、处理流程优化工作有序推进，在提升客户服务水平、提高业务处理效率、强化运营风险控制等方面取得了明显效果。

以差异化受理、个性化服务和精确化营销为方向，全新的网点业务受理流程已经搭建，形成了“网上预约—排队识别—自助预填—柜面预处理—交易处理”的便捷高效业务流程。实行网上银行等非柜面渠道客户预约服务和科学的客户调度管理，实现了客户身份识别环节的前移和网点服务资源的合理调度。在江西、苏州、重庆、河北等分行试点推行客户（网点）预填单和系统预处理模式，覆盖账户开立等6大类17小类业务，减少了柜员录入信息量，缩短了客户柜面等候时间，业务受理效率和客户体验得到有效提升。完善客户信息影像档案管理项目，全面实现187个需识别客户身份交易的系统联动核查，增加护照、军官证等非居民身份证件的本地化核查，提高了核查信息的完整性，较好地发挥了本地库应急核查作用。投产网点业态可视化项目，为网点和各级管理人员提供全方位、多视角的系统工具和决策支持。

以推进客户服务一次填单、一次授权、一次打印的“三个一”项目为核心，深入推进网点业务处理流程优化。完善个人客户服务综合开户签约功能，实现借记卡开立、电子银行注册、工银信使等11项业务的统一收费、统一打印，减少了柜员输入内容和身份核查次数。解决了交易边界确定、密码共享、交易间数据传递、合并授权模式等业务和技术难点，完成客户持单一介质、一站式的业务流程设计。投产代扣缴储蓄利息税、凭证式国债核算优化等项目，取消手工操作。推进单位结算账户管理优化，实现账户存取现金、账户属性调整等操作的硬控制；试点结算账户开户与人行单位结算账户管理系统的直连处理，减少不必要的手工操作、降低运营风险。

各行按照总行工作要求，认真抓好总行重点课题的研究，有针对性地推进了相关业务流程优化。浙江、山西、大连、重庆等分行实施自助发卡、回单自助打印、代理非税收入、代理国库业务处理等分行特色业务流程优化项目，有效地提升了业务办理效率和客户满意度。

（二）业务集中处理改革继续深化。今年全行上下主要围绕推进个人业务和特色业务集中处理、组织业务全面推广、抓好集中运营管理等方面开展工作，确定将20个品种、33小类个人金融、电子银行、银行卡业务纳入集中处理，完成流程设计、需求编写和版本开发计划。形成特色业务集中处理思路，完成同城票据交换提出等业务纳入总行平台集中处理的流程研发，部分行已开展相应改造工作。纳入总行统一平台集中处理的业务品种扩大到38大类、140个业务品种，全行共性对公业务品种基本全覆盖。截至8月底，总行平台单日集中处理业务笔数为129万笔，分行平台单日集中处理62万笔，全行柜面对公非现金业务集中处理比例达到95%，比年初提高8个百分点，青岛、重庆、河北、黑龙江、河南等分行已突破98%。业务处理中心的业务分组、劳动组合安排和内部管理不断完善，业务集中处理质量和效率不断提升，全行业务撤销率为0.12%，业务失败率为0.46%，网点受理业务退回率为1.19%，呈现持续向好的发展态势。业务集中处理的规模效应明显，集中模式下人日均处理能力是分散模式下柜面处理能力的7.4倍。业务集中到后台处理，实现了风险的集

中控制，风险点多面广、难以监管的局面得到初步改观。全新的业务集约运营模式，使得网点业务环节大幅精简、柜面业务处理的工作负荷和操作难度明显降低，柜面服务潜能得以释放。全新网点受理模式，突破了部分业务受传统模式下岗位分离要求不能办理的限制，为网点丰富业务品种和拓展服务范围及功能创造了良好的条件。天津、青岛、重庆、湖北、辽宁等分行积极以此为契机推进网点岗位整合，极大地促进了资源优化配置、运营能力提升和网点功能转型。

（三）运营风险管理进一步强化。持续深化监督体系改革成果运用，突出关键环节风险管理，积极探索丰富风险管理手段，增强风险过程控制能力，基本保障了全行业务的安全运营。

监控体系成果运用不断深化，实施按季分析、通报和整改的管理措施，强化高风险问题专项分析，风险管理的主动性、预见性明显增强，与年初相比，风险暴露水平由18.78‰降至13.87‰，降幅超过26%，个人金融、对公结算、电子银行和银行卡等主要业务线内部风险暴露水平降幅均在10%以上。结合金融同业内控案防新形势，加强了账户开立、资金异动、网银开立等重点环节的风险管理；对高风险的分行、高风险的网点和高风险环节进行了有效治理。按照覆盖有效、展现合理的模型建设原则，持续优化风险模型，针对批量发卡、员工参与民间借贷、同一账户频繁触发资金异动等有关模型进行了动态优化和调整。今年新增13个、退出31个、优化22个，目前在用模型数量160个。模型逐步拓展至国际业务、票据业务等领域，模型性能更加先进，月度逐笔核实类准风险事件由108万笔降至90万笔，下降20%，风险识别率由7.7%提升至9.4%。

风险管理手段和方法不断丰富，风险技防手段推广应用得到全行的高度重视，支付密码推广进展顺利。8月末全行支付密码推广率，由年初的52%提升至76%，密码器推广率由18%提升至41%，新开户密码器推广率由22%提升至63%。在组织检查过程中，充分运用运营风险监控体系监测成果，通过数据分析准确定位被查机构，突出视频等非现场检查技术的应用，将现场检查和督导帮辅有机结合，检查质量和效果明显提升。深入落实银监会监管要求，启动客户对账管理改革，全面部署对账客户信息完善、重点账户排查摸底、队伍建设和考核通报工作。上半年全行邮寄对账反馈率近95%，网银对账占比22%，网银对账点击率96%。

（四）现金、清算和参数管理不断加强。

一是现金营运和自助设备集中运营管理工作稳步推进。巩固金库标准化建设成果，提升现金业务规范化、自动化、信息化管理水平，保障现金业务高效运行。加大现代化清分设备配备力度，全行新配置现钞清分机561台、达到3 584台；推动具有冠字号码识别功能的“新国标”点验钞设备采购配置进程，提升我行点验钞机具的鉴别技术和鉴别能力。建立反假货币的监督检查和定期通报机制，通过系统监控、定期检查、抽看监控录像等多种方式，加强关键业务环节管理，确保假币治理工作落实到位。运行管理、个人金融、信息科技、保卫等有关部门密切配合，重点推进附行式自动柜员机的集中运营管理，全面实施运营服务规范，进一步提高运营服务水平；完成ATM运营管理系统一期在全行8 552台自动柜员机的推广，实现装卸钞计划、现金调出等原人工管理环节的系统自动化管理和全流程控制。

二是资金清算管理继续加强。清算体系建设扎实推进，通用清算平台建设取得新的进展，成功组织跨境人民币清算项目在境内分行和新加坡分行投产，将境内、外机构跨境人民币清算业务纳入统一平台运营，使我行在清算市场拓展、同业客户营销方面具备了领先优势。进一步加强内外联动，合理配置清算资源，上半年美元、欧元、日元去委支持比例分别达到70%、85%和74%，较去年同期分别提高13个、7个和30个百分点，有力地支持了境外三中心的建设发展。积极推进金融服务后台体系建设，修订完善后台业务领域管理办法，组织实施债券、资金、衍生产品等多个后台系统的功能建设，清算交割效率和风险管理能力进一步增强。

三是参数管理工作进一步加强。参数管理基本制度在全行全面实施，各行按总行要求制定了参数管理实施细则等措施，促进了全行参数管理工作规范化。大力推进电子银行参数集中管理，实现将电子银行核心参数由内管系统迁移至参数管理系统，由参数管理部门实行集中统一管理。在较短时间内，较好完成了《2012年版中间业务收费标准》的相关参数维护工作，有效确保了新标准成功投产实施。构建了集事前风险识别、事中实时监测、事后检查评估于一体，以模型为主要风险识别引擎的新型参数监控管理体系，实现参数监控由传统事后监测检查向全过程参数风险控制转型，参数监控质量和效率大幅提升。

今年来，运行管理改革项目多、攻坚难度大，外部形势复杂，风险管理压力大，各级运行管理部门克服各方面困难，扎实推进各项工作，付出了艰辛的劳动。从今天各行发言中也可以看出，各行在深化改革和加强管理方面采取了很多措施，取得了很好的成绩，值得很好总结和充分肯定。

二、认清当前形势，谋划并做好下一阶段工作

2006年我行成立运行管理部门之时就提出，要全面构建运营集约化、管理一体化的现代商业银行价值型运行管理体系，打造一流的金融后台。经过几年持续推进业务运营改革创新，在全行范围内初步构建了网点全面受理、中心集中处理的全新业务运营格局，业务运营效率提高、风险管理能力增强、人力资源配置优化的效

果明显，为全行改革发展和经营管理创造了价值。但我们也要看到，集约运营水平尚需进一步提升，运行管理体制机制还存在一些与全行转变发展方式不相适应的问题。

尽管目前已经在一级分行层面实现95%柜面对公非现金业务的集中处理，但制约全行服务水平和效率提高的焦点在个人业务和基层网点，个人业务的短流程、实物性等特点使得可纳入集中处理的个人业务品种比较有限，大部分业务仍在网点处理；运营风险分析分散在各分行进行，水平参差不齐，对风险事件的动因缺乏必要的敏感性，不能很好地提出针对性的管理措施。总体上，以网点为基础的分散式业务运营布局和管理格局尚未从根本上得以改观，风险点多面广、信息基础薄弱、网点排队严重的现象依然存在。业务集约化水平地区差异大、行际间进展不均衡，在一定程度上影响了全行集约运营效能的整体发挥。业务集中布局构建还主要局限于境内，全球范围内本外币、境内外一体化，跨时区、多币种、7×24小时连续运作、互为备份的业务集中运营格局尚未开始构建，对全球范围业务运作的集约运营支持能力有待加快建立。业务集中运营管理还处于初级阶段，与现代商业银行精益运营和科学管理的要求尚有一定差距，全面实现业务集约运营、风险集中控制、网点功能转型和业务布局优化的目标依然任重道远。

我行统一运行管理格局尚未形成，涵盖流程设计、流程评审、流程效率评估反馈、流程动态调整的有效管理机制尚未建立，凭证、交易、授权等流程和制度建设统一管理还需进一步加强；业务流程和制度规范分别设计、分别管理，彼此间缺乏协调，不同专业、不同分行的相似业务缺乏整合的现象还在一定程度上存在，难以从根本上进行资源、系统架构等底层的融合，增加了风险管理的难度和成本，在一定程度上也制约着运营效率和服务水平的提高，影响了全行整体服务水平和市场竞争力的有效提升。总体上来看，制约流程持续优化的体制机制问题尚未从根本上加以解决，集约化流程设计和改造面临很大困难。

全行运行管理要深刻认识到改革发展过程中遇到的问题，深入实施流程再造和持续优化，实现业务流程向服务导向型的飞跃；努力构建布局科学、层次清晰、运作协调的业务集约运营体系，实现运营格局向集约高效型和质量效益型的转变；全面打造理念科学、流程完备、框架完整、视图统一的风险管理体系，实现运营风险管理向过程控制型转变。推动运营集约化向更深层次发展，管理一体化取得实质进展，价值型运行管理体系建设向更高水平迈进，确保业务核算高效、流程融合共享、风险管理科学、服务支持有力。

根据今后一个时期全行运行管理形势和发展需要，我想着重从以下四个方面谈点想法。

（一）深入推进业务流程综合改造和优化。要以客户为中心，坚持融合共享的理念，以改善客户体验、提高服务效率、加强风险控制为目标，建立起功能完善、内控严密、管理有效的综合业务流程体系，实现网点柜面、自助设备、电子银行等各个渠道的信息共享、流程畅通和服务高效，延伸我行的服务空间，全面提升智能化服务水平。

一是建立流程优化长效机制。要充分发挥好流程优化领导小组的组织推动作用，严格按总行要求完成流程优化办有关人员配备，加强成员部门间工作协作，积极推动流程综合改造与优化工作。要全面加强需求设计、流程评审、事后评估、动态持续优化调整等管理工作，切实对全行业务核算流程实施统一管理，确保增量流程创新设计和存量流程持续优化符合我行整体发展方向，实现流程标准、交易简约、凭证规范、授权科学。要探索建立业务流程质量控制体系，建立客户满意度、交易时长、直通式水平等关键度量指标，定期就业务流程进行自查，按季实施业务流程自我评估、同行评审、第三方评估等工作，综合评价质量控制体系的有效性和业务流程的合理性。

二是加强已投产流程优化项目的推广。随着流程综合改造项目的陆续投产，新的流程促进全行运营效率和服务水平提升的成效日益显现，但由于各行认识程度和管理手段不一样，分行间改革推广和运营管理水平呈现较大差异。部分行实施流程优化项目推广的主动性不够，制约了改革的总体推进。截至7月末，总行排队管理系统推广率只有50%，其中有12家分行推广率不足30%，个别行只有5%，直接影响了流程改造和优化的推广范围和成效。各分行要加快有关设备配备和流程优化项目推广，年内要实现总行版本排队机在全行大部分网点的应用；尽快扩大对公和个人业务的网点预填单模式的推广范围，为签单式服务模式奠定基础；要加快对公业务预约服务的推广，不断扩大大额现金、凭证出售等预约服务模式的应用范围；将网点业态可视化项目推广应用到更多的二级分行、支行和网点，逐步建立起可视化、可度量、科学动态的网点排队、业务调度管理平台。要加强项目推广应用的评价、通报和考核等工作，必要时组成督导小组进行重点推动。

三是扎实抓好业务流程综合改造项目建设。要全力做好下半年4个版本12个项目的投产和重点项目的研发推广工作，加快推进柜面服务“三个一”改造，为构建“一次填单、一次刷卡、一次核查、一次输密、异步授权”等为主要特征的精简顺畅的业务处理和客户服务流程奠定基础；要启动“双屏展示交互”在主要业务上的研发投产工作，实现客户对银行业务透明化的监督管理机制，切实提高操作风险管理水平；要加快交易字段共享、凭证打印缓存、上下游交易关联等核心问题的解决。要加快实施业务处理优化，推进支付密码单自助打印项目，解决目前支付密码单打印流程复杂、占用柜面资源和人力资源的问题；系统推进核算要素管理优化，实现银行承兑汇票到期自动收取票款、自动销号等功能，提高对会计要素的风险管理水平。信息科技部门要继续保持较大的开发力量投入，按照版本计划高质量完成各项开发任务。要考虑业务流程综合改造新项目需求设计在客观上需要一个调研、论证的复杂过程的情况，在开发计划基础上适度实行后续项目的灵活安排，保障全行流程优化工程的实施进度。要提高流程控制的灵活性，逐步实现业务流程的可定义、可配置和可复用，以满足全行客户拓展、业务发展和市场变化的要求。

四是加快实施网点标准化。要加强规划，制定实施方案，统筹推进网点标准化改革，实现网点的科学化、标准化和精细化管理。要尽快完善并印发《营业网点营运管理指引》，在全行建立统一的网点内部管理规范，实现岗位职责制度化、业务操作规范化和考核评价标准化。要结合业务运营模式的调整，区分不同网点业态，全面梳理并实施网点岗位整合，明年内逐步取消新运营流程下不再适用的岗位，建立全新营业网点岗位体系，实现岗位高度整合、职责清晰明确、资源优化配置、网点功能转型的目标。要开展柜员工位标准化项目，针对当前网点柜员工位设计缺乏标准化而导致的柜员业务处理中无效动作多等问题，制定柜员工作设计标准，提高业务处理效率，改善柜员体验。

五是做好分行特色业务流程优化。要结合自身实际，有针对性地开展本行特色业务流程的优化工作，对分行业务现有规章制度和操作流程进行系统、全面、持续梳理，对分行平台上那些没有很好体现以客户为中心、风险管理不够科学的流程实施综合改造和优化。各行要继续深入基层网点和业务一线，针对业务流程、系统功能、制度建设等开展调研，主动收集和分析基层、网点提出的业务流程改造和优化问题，及时向总行反馈。

六是抓好配套制度的完善与建设。流程优化项目改变了原有柜面操作的受理模式或管理模式，要切实结合实际情况，全面清理相关制度的执行情况，扎实做好流程优化配套制度的完善工作；要坚持制度先行，确保在版本投产前完成新业务流程相关制度的下发，确保有章可循。各行要在总行制度及各期版本指引基础上，及时制定实施细则或操作规程，有效规范网点业务操作，明确新业务模式下大堂经理、客户经理的管理职责，确保规章制度、系统功能和柜面操作的一致性。要加强对管理人员和一线员工的培训工作，保证各级业务管理人员和柜员掌握系统功能，熟悉新的业务流程，缩短新旧业务流程的过渡期，增强流程优化工作的整体性和协调性。

（二）全面深化业务集中处理改革。全行要继续把这项改革作为运行管理工作的重点，按照全品种、全网点、全流程和全业务量纳入集中处理的目标要求，推进业务集中处理改革，统筹抓好业务推广、运营能力建设和业务集中运营管理工作。

一是优化流程，扩大集中处理范围。有关部门要进一步深入研究全行各类业务特点，确定各类业务可集中的量化指标和期限目标，序时推进，按期完成。各行要加大已研发投产业务的推广力度，年内全面实现对公非现金业务的全面集中处理。大力推进个人业务和分行特色业务的流程综合优化，以电子化、自助化为手段，实施传统柜面产品电子化改造和自助渠道分流；要以集约化、预约化为途径，通过客户自助预填单将传统柜面业务受理环节“前移”，最大限度地实施业务分离、服务分层，将传统柜面业务“后移”至业务处理中心处理。

要深入分析推进柜面个人业务流程优化，通过业务分流和前后台分离大幅降低柜面业务量。目前全行个人金融、电子银行、银行卡业务柜面生产性业务量日均约730万笔，其中可分流业务约330万笔、占比为45.2%，要在大力推进业务分流的基础上，进一步研究推进实时业务的非实时改造，扩大纳入集中处理范围和比例，年内完成已确定20个品种个人业务集中处理流程的研发和试点，明年上半年完成全行推广。

要进一步深入梳理分析分行特色业务流程，下一阶段要着重研究分散在柜面处理的近220万笔特色业务，通过分流、后台集中处理手段降低柜面业务占比。对于住房公积金查询、医保资金缴存等流程标准化程度较高业务，要主要通过电子化改造实现系统自动化处理；对于水费、电费、通信费代收等流程短、时效性要求高业务，要主要通过网上银行或自助设备进行分流；对于电子数据和影像交换模式的同城票据交换、代缴税款收入、代缴非税收入、代理财政支付（省级及以下）、代理国库支付、分行特色指令落地处理等业务，要统一纳入业务集中处理，明年上半年要完成主要品种的集中处理流程研发工作，明年内完成全面推广。各行要因地制宜，加快研究制定二级分行集中处理业务向一级分行层面集中、实现分行平台集中业务向总行平台迁移的方案，不断提高业务集中处理水平。

二是切实加强业务集中运营质量效率管理。实施业务集中处理改革以来，由于部分行在认识程度、推动力度、管理水平等方面存在一定的偏差，各行集约运营质量和效率存在较大差异，个别行的水平有待进一步提高。专业处理岗人日均业务量最高的分行是最低分行的3倍；碎片录入日均量最高行是最低行的7倍；业务退回率、业务失败率、业务处理和等待时间在不同分行间也存在较大的差异。从全行业务集中处理情况看，后台专业处理笔均2分钟6秒，短于网点分散模式下的处理时间，而部分行的单笔业务平均等待时间则达到66分钟15秒。这些情况从深层次揭示出部分行在人员配置、业务管理水平方面存在不足。业务集中处理改革以优化人力资源配置为目标，同时又须以一定的运营能力为支撑，但部分行由于人员配置不够、运营能力不足，高峰期部分业务等待时间较长，影响了业务处理效率和客户服务，也使得业务的进一步推广受到了限制。

各行要高度重视后台中心运营能力建设，结合后续个人业务和特色业务集中处理推广的安排，根据本行业务规模和专业处理要求提前做好业务人员规划和配备，确保人员数量、素质满足集约运营的专业化和及时性需要；要加强业务人员激励，实现岗位价值与岗位职责的匹配，有效调动其积极性，实现业务可持续发展。要实施业务处理中心标准化管理，完善内部机构设置、岗位设置、人员配置和劳动组合管理。要完善业务处理中心对网点受理业务质量效率的管理和考核机制，实现对网点业务运营过程的管理，提高网点业务规范化水平。要加快影像数字识别（OCR）在业务集中处理流程中的应用，扩大二维码信息技术应用范围，年内覆盖到主要业务品种和凭证，提高业务处理效率。要督促网点针对业务集中处理带来的新变化，做好客户引导工作，帮助客户培养新的交易习惯，促使其尽快适应全新业务运营模式。

三是高度重视并加快跨省备份机制的建设。随着业务集中处理范围的不断扩大，在业务突增以及业务处理中心的场地、人员和系统发生灾难等情况时，如何确保业务连续、及时运行日益成为紧迫性问题。总行有关部门要加强配合，统筹考虑业务应急备份和跨省业务溢出处理的要求，10 月底前制定切实可行的方案，尽快启动跨一级分行业务调度处理机制建设工作，充分利用现有各行业务处理中心的资源，实行非定向的跨省中心间业务调度处理，保障出现系统、场地、人员等方面灾难时业务处理的连续性，日常中实施跨省业务溢出处理，保障高峰期业务处理及时性和客户服务能力。

（三）切实加强运营风险管理。当前，社会上非法集资、民间借贷等外部风险持续加大，外部欺诈事件频发，并呈现多样化、隐蔽化特征。同时，全行运营风险管理框架体系尚未从整体上构建，部分产品和业务发展缺乏有效的过程控制。一些机构受重营销轻管理，对业务风险认识不足，部分网点违规及屡查屡犯现象仍然存在。全行风险管理理念转变、柜面业务规范操作、运营风险过程控制等方面仍有待加强。

全行要准确把握面临的风险形势，增强运营风险管理的计划性、系统性，通过运营操作风险制度的设计、运营风险管理体系建设、风险管理手段的具体实施，采取集成式、组合化的核算管理、事权划分、事中控制、监督检查等风险管理举措，更好地发挥运行管理在全行风险过程控制中的关键作用。要围绕高风险网点、高风险柜员、高风险客户、高风险交易来开展操作风险的防范工作，切实提高运营风险管理的针对性。

一是加强单位结算账户管理。各行要认真落实“业务营销与审批管理相分离”的管理要求，营销部门要高度重视客户尽职调查工作质量，真正做到“了解你的客户”，强化风险源头管理；要建立后台对前台的有效制约机制，坚持实行单位结算账户审批、开立的集中处理，从根本上解决账户开立不规范、不合规的问题。网点要加强对客户填写规范性和完整性的指导，以及对相关证明文件资料真实性和完整性的把关，切实提高开户质量。

二是推进会计核算印章改革。前些年我行对会计核算印章进行了改革，管理得到加强，但受到管理思路和手段的局限，当前我行会计核算专用印章种类和数量仍相对较多，总行统一管理的核算印章共 14 类、约 25 万枚，用途范围最广的核算用章约 15 万枚，涉及业务面广、人员数量多，管理难度很大；印章使用过程的管理难以实现硬控制，基层网点仍存在违规使用核算用章的现象，存在较大的案件隐患。为此，要加快调研论证，研究通过机械化控制、数字化改造等措施实施会计核算印章改革，针对用章频率高的问题，加大“电子回单系统”的推广应用，引导客户使用自助打印回单模式，降低用章频率；针对业务和用章分离，使用环节难以监控的问题，利用机械化手段对重要印章进行交易驱动、系统控制改革。推进印章数字化改造，以具有印章形态的数字化印章取代实物印章。

三是推进风险为本的对账管理体系建设。要进一步修订对账管理办法，大力推广网银对账方式，重点加强客户邮寄对账回执管理和面对面对账管理，全面夯实对账工作基础；要进一步加强重点户、大额户、异动户、敏感户的对账管理，全面落实面对面管理要求；要研究运用短信对账、手机对账、银企互联等多样化的对账服务方式，适应客户服务需求。各行行长、主管行长要高度重视对账工作，督促和指导相关部门做好网银推广、客户信息维护、面对面对账人员配备等重点工作。要通过网点、营销部门和运行管理部门的联动，加大网银对账推广集中营销力度，争取年底前实现网银对账客户占网银客户比例达到 40%、网银对账点击率保持在 90% 以上，新增企业网银客户开通网银对账的占比达到 95% 以上。各行要采取有力措施，尽快完成剩余 50% 的客户账户信息的更新工作。

四是完善风险导向的运营监督检查体系。各行要将运行督导检查和模型智能监督有机结合，继续深化监督体系建设和成果运用。要将检查重点定位于实物管理、交接环节、操作行为、网点环境等不适合模型监测的内容，以及模型智能识别定位的高风险机构、柜员和业务。要摒弃传统的“拉网式”检查方式，创新运用数据分析、视频监控等非现场检查手段，着力增强检查工作的威慑力。要建立行之有效的运行督导员准入、培训、考核、激励机制，加强运行督导队伍的建设。要重视检查结果的分析和运用，对风险较高、影响较大的风险隐患和普遍存在、屡查屡犯的顽固性问题开展专项分析和分层治理。

五是加强网点现场的运营风险管理。各行要高度重视网点现场的运营风险管理，以“业务受理真实性、柜员操作合规性、现场审核准确性、实物管理规范性”为核心，全面落实网点负责人和现场管理人员的风险防控职责，通过电子化现场履职和模型智能化识别，强化现场管理对业务真实性的检查性控制，及时纠正现场管理偏离执行标准的行为，切实提升网点运营风险防控水平。要加快主机柜员指纹认证方式的研究论证，采用指纹识别认证方式代替目前部分分行网点现场管理采用签章、工作证拍照的落后方式，切实通过技术手段来解决现场管理履职不到位的问题。要加强与营销部门的联动配合，加快支付密码的推广应用，同时配备二代证鉴别读取仪、票据鉴别仪等设备，解决客户提交各类证件、票据、资料等信息的真实性核验问题。

（四）加强运行管理队伍建设。今天各行在发言中，普遍提到运行管理干部缺乏、队伍老化、激励不足的问题。总行近期也作了初步的调查了解，目前各分支行运行管理部及集约化运营后台中心共有各类人员近4.3万名，占全行总人数的11%，本科及以上学历占比不到35%；具有高级经济师、会计师职称的共有151人，仅占0.35%；近5年来新引进人员较少，部分行甚至多年未引进新毕业大学生。全行运行管理队伍总体上呈现人员老化、后备缺乏、结构不尽合理的特点，部分行、部分领域还存在个别更为突出的问题。

基层行分管运行管理工作的负责人专业性有待进一步提高，目前全行近3 000个支行的主管行长中，16%的人员运行管理专业工作时间不足3年，还有少部分人员没有运行管理相关工作经历，支行直接负责组织业务核算的具体事务和运营风险的一线管理，不熟悉业务运营知识就很难领导好运行管理工作。一级分行及以下层级运行管理部门的4 000余名干部员工中，中级及以上职称者占比为22%，综合素质有待进一步提高；部门负责人中10%的人员运行管理工作时间不足3年，5%的人员未从事过运行管理工作，对业务运营及管理的相关要求不了解，难以很好履行专业管理职责。部分行没有考虑到新的监管要求导致面对面对账客户数量增加的情况，对账工作人员配备严重不足，且目前全行对账人员数量比2007年减少了37%。部分行对运行督导员管理有所弱化，人员不仅长期得不到补充，日常业务处理中的检查督导力度明显弱化，现有运行督导员总人数为3 069名，与总行要求4 200人的配备标准存在较大的差距，其中32.7%的人员将于近5年陆续退出，人员后续补充已成为摆在各行面前的紧迫性问题。

运行管理涉及面广、积淀深厚、影响重大，对从业人员的素质要求高，专业人才培养周期长，如果上述多个方面的问题得不到及时的解决，必将影响运行管理的持续发展。各行要把加强运行管理队伍建设作为推动转变发展方式的基本保障。要按照服务改革、整体发展、高端引领、培养为先、以用为本的总体要求，坚持内部培养和外部引进相结合，加强各类专业人才队伍建设，造就一支总量合理、结构科学、素质良好、执行有力的运行管理人才队伍，全面提高运行管理队伍的竞争能力。

一是加强专业管理队伍配备。各行要充分考虑运行管理专业性强的特点，高度重视并切实抓好基层行、各级运行管理机构负责人配备和班子队伍建设工作。要确保每家二级分行、支行、网点的班子中配有熟悉业务运营、责任心强的干部分管运行管理工作；要确保各级行运行管理部以及后台集约化运营和管理中心配备的负责人具有丰富的相关专业工作经历，具有较高的职业素养、专业素质和管理水平，并根据业务管理实际需要保持班子成员中知识结构、年龄结构的合理搭配。同时要注意后备干部的培养，形成合理的梯队，为各级行和运行管理机构选拔合格的管理者创造条件。要按照运行督导员4个网点1人、面对面对账人员5个网点1人的标准，力争于明年上半年将这两支队伍的人员全部补充配备到位。要充分考虑后台集约化中心专业处理和审核、数据分析、流程设计、风险管理等专业岗业务处理和管理的要求，切实为后台各集约化中心配备一支数量充足、素质相当的专家型队伍，满足业务运营专业化和处理及时性的需要。

二是加大人才引进力度。总行相关部门要相互配合，进一步深入调研各级行运行管理专业队伍结构及分布情况，区别不同业务领域，分析岗位需求和特点，研究提出加强运营人才引入和储备工作的具体措施，要着重引进一批精通会计核算、业务运营、数据分析、流程管理、风险管理、资金清算等方面知识的人才。各行要积极拓展人才引进渠道，结合本行运行管理队伍实际情况，统筹规划，有计划地通过大学应届毕业生招聘、社会招聘等市场化方式引进一批具有理论知识基础的创新型优秀人才，充实到运行管理专业。

三是完善人才培养机制。要通过重点带动、整体推进，抓好各类人才队伍建设，优化专业和知识结构，全面提高运行管理队伍的整体素质和竞争能力。要创新培训方式，有效提高基层人才队伍的整体素质，以全面实施业务运营序列人才资格认证制度为契机，力争使中级专业资格每年提高10%，高级专业资格每年提高5%。要加强对年轻业务骨干的选拔培养和实践锻炼，切实为他们的成长进步创造条件，加大运行管理专业管理型人才的交流培养，探索建立总行与分支机构的人才资源共享平台。要加强后备队伍建设，有计划、有组织地推进各级运行管理队伍梯队建设。要加大一线操作型人才的轮岗力度，有效丰富其履岗经历。

四是健全人才管理机制。各行要建立一套科学的人才使用标准，根据个人能力与岗位特点进行动态调整，实现人岗高度匹配。要落实网点内控一把手负责制，督促网点在配强专业负责人的基础上，切实抓好现场管理，保障业务安全运行。要建立科学的考核标准，加大对业务运营管理的考核力度，激励先进、鞭策落后，同时要进一步畅通运行管理专业人才队伍的晋升通道，对于综合素质高、业绩突出的人员要加大提拔重用力度，形成良好的选人用人氛围。总行相关部门要针对运行管理队伍岗位职级偏低、晋升渠道狭窄等导致岗位缺乏吸引力的问题，进一步研究，结合专业要求明确完善相关政策，以便分行操作，各分行要对照标准尽快落实。

今年是我行2012—2014年发展战略规划的起始之年，也是我行深化业务集中处理改革和全面实施业务流程综合改造的关键之年，各级运行管理部门要进一步增强使命感、责任感，锐意进取、求真务实，抓住有利时机全力推进各项措施的有效实施，确保运行管理各项发展战略任务取得良好的开局。

在中国工商银行部分分行产品推广工作座谈会上的讲话

易会满

（2012年10月11日）

今天与会的分行都获得了总行新产品推广奖。刚才大家介绍了本行在新产品推广方面的工作开展情况，交流了工作经验，并提出了一些很有价值的意见和建议。过去一年分行在新产品推广方面做了大量工作，创新推出了许多具有本行特色的有效做法，取得了较好的工作成绩。下面我重点就分行新产品推广应用谈几点意见。

一、新产品推广应用是产品创新的根本目的

1. 新产品推广应用是“创意、创新、价值创造”的创新工作链条中的重要环节，是体现创新实效、增强产品创新价值创造能力的重要步骤。银行的市场竞争力，很大程度上取决于创新能力和新产品推广应用能力。以新产品推广争取先发优势，为客户创造价值，为银行创造效益，是我们一贯追求的宗旨和目标。

2. 分行是产品推广工作的主体，做好产品推广更能体现分行在产品创新工作中的作用。总行创新了许多新产品，只有通过分行的有效推广才能彰显市场价值。

3. 产品推广同样需要专业能力与执行能力，产品、客户与市场机会要选得准，工作要持之以恒，才能取得良好的推广实效。

二、新产品推广应用的成效与不足

今年以来，各分行认真贯彻总行部署，采取了一系列加强新产品推广应用的措施。

1. 各分行都能根据总行的清单，结合区域特色和经营需要来选择重点推广的产品。例如，北京、海南、苏州分行在总行重点推广产品基础上，结合分行发展要求，制定了分行重点推广产品清单。

2. 大部分分行都开展了产品宣介、客户体验等活动，同时在行内开展全员产品推广的宣传和培训，不断提升员工产品推广的专业能力。例如，厦门分行结合大学生银行产品创意设计大赛，深入厦门大学举办个人金融产品专题推广活动，获得良好效果；宁波分行针对经营管理类人员、专业类人员、销售类人员、运行类人员的不同需要分类制定新产品培训计划，并将培训效果纳入员工培训信息管理系统实施动态监测；广东分行抓住移动金融发展的新契机，联合电信公司组织开展了手机银行专项体验营销活动，扩大手机银行营销切入点，推动手机银行新增客户逾百万户。

3. 不少分行对产品推广给予了专门的考核激励。例如，上海分行将重点新产品推广纳入支行行长经营绩效考核，明确了各支行产品创新工作责任人和绩效目标，激励和引导基层行加大新产品推广工作；重庆分行设立了专项新产品推广奖，用于奖励在新产品推广工作中做出突出贡献的部门和分支机构。

在各分行的共同努力下，全行重点产品推广取得了积极成效。

一是使用重点新产品的客户数快速增长。例如，截至2012年6月末，七天增利理财产品有效客户达2.1万户，较年初增长31.3%；iPhone手机银行客户103万个，较年初增长114%；iPad网上银行客户241.2万户，较年初增长211%；收款管家卡115.2万张，是年初3.6倍；金融社保卡累计发卡1 812万张，较年初增长

70.5%；全球现金管理2 900户，较年初增长28.7%；工银商友卡发卡量达455万张，较年初增长60.4%。

二是新产品交易量大幅增加，产品创新价值不断显现。例如，截至2012年6月末，贵金属积存黄金15.6吨，同比增长35.2%，实现业务收入1.3亿元；预付款与应收款项融资贷款余额共计达4 268亿元，较年初增加376.9亿元；短信客服月均应答量370.9万笔，同比增长24倍；账户管家卡结算金额616.2亿元，同比增长849%，实现业务收入6 943万元，是去年同期的1 000余倍；跨境贸易人民币结算交易金额1 822亿元，同比增长244%。

在肯定成绩的同时，我们也要清醒地看到，当前全行新产品推广工作中还存在一些问题亟待解决，主要是运用新产品解决经营发展中问题的共识还不强，持之以恒做好新产品推广工作的精神还不够，推广机制还不够完善，员工推广新产品的能力还有待提升，具体表现为：一是不少分行存在重产品开发、轻产品推广的现象，分行间新产品推广应用工作存在较大的不平衡；二是分行间产品创新牵头部门的工作存在较大差距，部分分行自上而下对新产品推广工作的分析和指导不够，服务效率、响应时间有待提高。上述问题制约了产品创新和新产品推广，需要引起我们的高度重视。

三、下一阶段产品推广工作要求

根据全行工作整体安排，下一阶段总行将研究完善总分行联动的新产品推广机制，继续加强产品跟踪评价和运营态势分析，着力做好新产品推广应用配套工作，不断创新和完善营销服务模式。各分行要围绕全行战略部署，从以下几方面入手切实采取措施，加大新产品推广工作，持续提升产品创新价值创造能力。

（一）提高认识，加强推广组织。各分行作为新产品推广的第一责任人，要高度重视并认真做好新产品推广工作的组织推动：一要落实分工，进一步明确各专业、各级机构在新产品推广工作中的职责；二要充分发挥分行产品创新牵头部门的作用，推动各专业、各机构切实履行新产品推广应用的主体责任，做好新产品推广工作；三要健全工作机制，可以通过新产品推广联席会议等机制，加强部门间横向沟通和分支机构纵向联系机制，推动形成辖内新产品推广合力。

（二）持之以恒，加大推广力度。要把新产品推广作为推动经营转型的重要措施，有重点、有声势地持续加以强化：一要根据总行重点产品推广要求，认真分析本地市场特点和潜力，结合区域特色和经营需要，抓住重点市场、重点客户需求确定重点推广产品清单，有针对性地制定新产品推广策略，并根据市场变化动态调整。二要做好新产品推广工作的组织发动，多渠道及时发布新产品信息、新产品手册和宣介材料，加快新产品信息向基层行和一线员工的传导；通过开展新产品知识竞赛、新产品宣介作品大赛、员工产品体验等方式，持续调动全行员工学习掌握和营销推广新产品的积极性。三要加强新产品对外宣传，不断拓展营业网点、网上银行、电话银行、短信银行、自助设备、外部媒体等多元化宣传渠道，通过广告宣传、产品推介会、产品巡回展等新颖多样的活动强化新产品宣传。

（三）提升能力，提高推广水平。要充分认识新产品推广工作的专业性要求，采取行之有效的措施，切实提升新产品推广能力建设，提高新产品推广的专业水平：一要加强对一线人员的支持和指导，做好新产品知识培训，扩大培训覆盖面；及时总结成功案例，强化营销案例培训，加深员工对新产品知识的了解和掌握。二要积极运用数据挖掘等科学方法，开展精准营销，提高产品推广成功率；三要继续加快营业网点客户体验区建设，强化体验营销，提高产品推广效率；四要向客户提供一揽子金融服务，强化组合营销，提高产品推广整合服务能力。

（四）健全考核，提升推广实效。各分行要进一步健全辖内新产品推广的考核激励机制，明确新产品推广的工作目标，加强对客户产品覆盖率、重点产品推广、客户持有产品数、新产品收入等指标的考核，激励和引导基层行加大新产品推广应用的资源投入和工作力度。

（五）完善评价，促进持续创新。要逐步完善新产品推广工作评价指标体系建设，加强对新产品销售与使用情况数据的动态监督，及时跟踪和通报基层行新产品推广工作落实情况，科学评价客户满意度和推广成效；要加强产品后评价，逐步开展辖内产品运营态势分析，跟踪评估本行各类产品应用情况，为强化产品经营管理提供信息支持。总行产品创新管理部要加快研究解决产品统计数据不全面或不准确的问题，同时建立各分行之间的产品信息共享机制。

近期，各分行要按照总行统一部署，重点开展好产品体验月相关工作。各分行要成立由主管行长任组长、产品创新部门、办公室及各相关产品部门组成的领导小组，结合本行实际制定活动实施计划，着力做好全行重点产品和分行区域特色重点产品的市场推广；要主动征集客户意见和建议，通过交流互动激发客户购买和使用我行产品的意愿，有效发掘并满足客户需求。还要注重做好产品售后服务，预防和减少客户使用产品障碍，切实提高产品服务水平和客户满意度。

产品创新是我行实施转型发展、增强可持续盈利能力的重要战略举措，是我行竞争客户、赢得市场的不竭动力，总行党委对此寄予了殷切期望。全行要秉承开放进取、求真务实的创新理念，进一步振奋精神，扎实工作，狠抓落实，在加强新产品研发的同时加大新产品推广，将产品创新工作不断推向深入，更好地服务全行转型发展。

在中国工商银行产品创新奖颁奖仪式上的讲话

易会满

（2012 年 10 月 11 日）

近年来，全行上下密切配合协作，紧密围绕改革发展战略，大力深化产品创新，研发推出了一大批“人无我有、人有我优”的重点产品，新产品市场推广效果不断显现，产品管理持续加强，产品创新工作取得了显著成效，为推动全行经营转型做出了重要贡献。刚才我们表彰了 2012 年度产品创新奖、2011 年度明星产品奖和 2011 年度新产品推广奖获奖集体和个人，在此我代表总行党委对获奖集体和个人表示热烈的祝贺！

刚才听了获奖代表发言，让我感受到创新作为决定工商银行未来发展的重要战略举措已得到全行上下高度重视，在行内形成了良好的创新文化。产品创新为我行创造了巨大财富，切实增强了全行竞争发展能力。同时，我行创新工作任重道远，潜力巨大，总行各部门、各分行要进一步发挥合力，共同履行好肩负的创新责任和使命。

本届产品创新奖是全行第三次产品创新奖评选活动。为进一步调动全行开展产品创新的积极性和创造性，增强产品创新实效，在原有产品创新奖基础上，今年首次增设了明星产品奖和新产品推广奖。经过统一评审，并经过总行业务与产品创新管理委员会终审，共评选出产品创新奖 40 个、明星产品奖 21 个、新产品推广最佳成效奖和优秀成效奖 70 个、新产品推广最佳组织奖 8 个、获奖集体 106 个、获奖个人 397 名。与前几届相比，本届评奖活动有三个特点。一是产品创新奖获奖产品覆盖面进一步扩大，全行联动创新取得积极成效。获奖产品数量达 40 个，较上届增加 2 个；获奖单位 28 家，较上届增加 3 家；总分行联合申报的 6 个产品、境内外机构联合申报的 2 个产品、总行与集团控股子公司联合申报的 1 个产品分别获奖。二是明星产品奖获奖产品销售及使用情况好、市场竞争力强、产品经营管理效益显著。获奖产品平均目标客户渗透率达到 25.8%，获奖个人产品平均年业务收入 9.2 亿元，获奖对公产品平均年业务收入 23.7 亿元，三分之二的产品销售量比上年增长超过 60%，近 60% 的产品年交易量同比增长超过 100%，绝大部分产品的规模、效益指标同业排名第一。三是新产品推广奖获奖集体分布地域广泛，涉及 21 个一级（直属）分行和 70 个二级分行（一级支行），相关机构对新产品推广应用工作重视程度高、投入力度大，措施得力、成效突出，为全行强化新产品市场拓展、提升产品市场表现树立了榜样。

上述获奖产品对我行发展客户、拓展市场、提升效益、增强核心竞争力发挥了不可替代的重要作用。例如，通过创新和推广账户贵金属、第三方存管、实物黄金租赁等金融资产服务产品，助力了企业和个人客户财产性收入增长，推动了我行由持有资产大行向管理资产大行转变；通过创新和推广小企业循环贷款、国内预付款融资、小额便利贷等信贷产品，服务了实体经济发展，促进了我行信贷结构调整；通过创新和推广个人网银、工银电子密码器、iPhone 手机银行等电子银行产品，提升了电子化服务水平，推动了渠道转型和业务分流；通过创新和推广收款管家、金融社保卡、银商转账等支付结算和银行卡产品，有效拉动了消费需求，促进了商品流通，拓展了我行中间业务和新的利润增长点；通过创新和推广跨境汇兑通、见证开户等跨境金融产品，提升了全球一体化服务水平，增强了境外机构内生发展能力；通过创新和推广军人保障卡、工银商友卡、银银合作柜面通等产品，提升了专业服务水平，优化了客户结构和区域结构。有关获奖集体和个人为我行产品研发、产品推广和产品管理做出了突出贡献，发挥了产品创新排头兵的作用。在他们的引领和带动下，全行产品创新工作不断深入，今年以来更是在重点创新产品研发、创新项目管理、产品跟踪评价、产品创新队伍建设等方面取得了一系列新的工作成绩，推动产品创新工作不断迈上新台阶。

在肯定成绩的同时，我们也要清醒地认识到，当前我国处在经济转型期，金融市场正在发生深刻变化，利率市场化、资产证券化、人民币国际化和商业银行综合化经营步伐加快，金融脱媒趋势加深，资本约束不断加强，商业银行平衡市场、风险、收益的难度加大，面临着盈利增长和市场竞争的巨大压力。国内外银行发展实践证明，只有创新能力强、经营结构优、管理水平高的银行才能经受住金融市场变革浪潮的涤荡和磨炼，在激烈的竞争中脱颖而出，实现健康可持续发展。全行要坚定不移地通过体制机制改革和业务、产品、技术的综合创新，增强核心竞争力，加快走出一条转型发展的新路子，形成具有较强综合金融服务能力、均衡多元的盈利增长和跨境跨市场的经营格局。要不断提高对产品创新重要性的认识，自觉运用创新手段破解发展难题、激发经营活力，站在工商银行改革发展战略高度将产品创新工作不断推向深入。下一阶段要重点抓好以下三方面工作：

一是进一步加强产品创新工作组织推动。动态完善产品创新管理机制，充分发挥各产品主管部门和各分行的创新主体作用，以及产品创新部门的统筹管理和集中整合作用，加强对各分行产品创新工作的分类指导，强化重点分行创新示范效应；加大创新资源投入，充实各机构产品创新专职人员数量，加快推进产品经理队伍建设，增强产品创新和产品管理力量，推动全行产品创新工作向纵深发展。

二是紧密围绕全行改革发展战略推进重点业务与产品创新项目研发。加强市场需求调研和创新前瞻性研究，加大自有产品创新力度，大力研发和推广应用具有技术知识含量、高实用性、高易用性、高附加值、满足客户差异化和个性化需求的优质产品；持续推进跨专业、跨产品线的创新整合，加强区域特色创新业务的总结、整合、共享和推广；深入推进客户体验、产品系统产品化改造、产品设计标准化和产品渠道规范化管理，不断提升创新质量、创新效率和产品的方便易用程度，打造我行不可复制的核心竞争力。

三是不断强化新产品推广应用和产品管理。银行的竞争发展能力与其新产品推广力度、市场覆盖能力密切相关。当前，部分基层行对新产品了解不多、推广不够，分行间新产品推广应用存在较大不平衡，新产品市场拓展潜力很大。下一步要重点加强新产品推广能力建设，完善总分行联动的新产品推广机制，重点加强对基层行管理人员和一线业务人员的新产品培训，推广体验营销、精准营销、组合营销等新型营销模式，让我行产品彰显价值。强化落实各部门、各分行的产品管理责任，通过产品运营态势分析发掘我行产品的优势与不足，有针对地采取措施完善产品、加强营销、改进服务，持续提升产品市场表现，不断增强创新实效。

为加强企业形象宣传和产品营销推广，总行于今日起组织开展2012年产品体验月活动，向社会广泛宣传介绍我行的产品服务，引导广大客户更多地体验和使用我行产品，反馈产品使用感受和意见建议。各部室、各分行要充分认识产品体验月活动对我行塑造创新型银行形象、促进产品营销、提升服务水平、强化经营管理的重要意义，切实加强组织发动，引导客户广泛参与，抓住活动契机大力强化服务宣传和产品营销推广，提升我行服务水平和产品竞争力。

产品创新是我行实施转型发展、增强可持续盈利能力的重要战略举措。全行要团结协作，开拓进取，将产品创新工作不断推向深入，为加快推进发展方式转变、把我行建设成为国际一流的现代金融企业做出更大贡献。

加强制度管理　促进持续发展

——在中国工商银行金融资产服务业务管理工作会议上的讲话

易会满

（2012 年 10 月 26 日）

总行昨天发布了《金融资产服务业务管理基本规定（试行）》（以下简称《基本规定》），并将于12月1日起执行。今天会议的主题就是以《基本规定》的印发为契机，落实总行关于加强金融资产服务业务管理的要求，促进金融资产服务业务健康和可持续发展。

近年来，全行各项金融资产服务业务取得了突出成绩，提升了全行的市场竞争力，有力地促进了全行经营转型。但在业务快速发展的同时，在业务的制度管理等方面也存在一些亟须完善的地方。对此，总行党委非常重视。今年4月，董事长专门就此问题写信给总行党委，提出加强金融资产服务业务管理的意见。杨行长批示，责成我和魏首席从流程和IT入手组织相关部门尽快研究落实姜董事长指示要求。为此，我们从5月起在总行专门组织相关部门和人员成立了制度规定起草小组，根据姜董事长、杨行长和总行相关行领导的多次指示精神，立足于健全组织架构、明确职责流程、加强风险控制和促进业务发展，制定了《基本规定》。以此为基础，后续还要陆续完善和新出台一系列相关制度、办法、规程等，以建立健全全行金融资产服务业务制度规范，促进业务健康持续快速发展。

下面，我结合在起草制定《基本规定》过程中的体会，讲四方面的意见。

一、金融资产服务业务的内涵、范围及取得的成绩

（一）金融资产服务业务的内涵和范围。在去年的全行发展战略研讨会上，总行确定将金融资产服务业务作为今后重点发展的领域，以推动全行经营战略转型。对于金融资产服务业务的内涵和外延，目前在监管部门和国内外同业中，还没有明确和一致的表述。一段时间以来，总行多个部门对此进行了研究，先后叫过“或有信用风险业务”、“表表外业务”、“表外外业务”等，最终统一到“金融资产服务业务”这个表述上来，反映了大家对这一问题认识的逐步深入。

简单地讲，金融资产服务业务，是指银行接受客户委托，为客户提供的以客户资产为载体，不计入银行资产负债表，不承担主要的信用风险和市场风险，能产生业务收入，并能以货币进行计价的服务类业务。它是商业银行在传统表内业务、监管口径的表外业务之外的新兴表外业务。

《基本规定》根据业务性质、管理职责和业务流程不同，将我行金融资产服务业务范围明确为资产管理、代理信托计划、私募股权（PE）基金管理、PE 基金主理银行、代理金融交易、债券承销、资产托管、代理销售、养老金受托管理、委托贷款和资产证券化等 11 类业务。

上述 11 类业务，可能也只是金融资产服务业务的一部分业务。从广义上说，金融资产服务业务还包括咨询类业务和基础类业务，具体比如财务咨询顾问服务、结算与现金管理服务、电子银行业务、银行卡业务等。但考虑到这些业务较为成熟、管理比较规范，因此没有纳入这次《基本规定》管理的范畴。

（二）金融资产服务业务取得的成绩。一是业务发展比较迅速。近几年来，在总行党委的正确领导下，全行各项金融资产服务业务均保持了较好较快的增长态势。截至 2012 年 6 月末，资产管理类、委托管理类、代客交易类、承销类、代理销售类等金融资产服务业务余额达 7.18 万亿元、较 2011 年末增长 7.58%；上半年交易额达 7.31 万亿元、年化后同比增长 6.17%，实现收入 229.73 亿元、年化后同比增长 23.09%。上述业务发展对于巩固我行的市场地位、推进经营转型、完善收益结构、完成经营目标发挥了重要的作用。

二是规章制度比较完善。面对业务的快速增长，各金融资产服务业务管理部门坚持依法合规经营，落实“制度先行”的要求，根据各项监管规定，分别出台了各种规章制度，构建起了相对完善的制度管理体系。据不完全统计，自 2008 年以来，总行以行文形式印发的与 11 项金融资产服务业务相关的规范性文件有 90 余件，涉及业务发展、风险管理、操作规程、实施细则、系统建设等各个方面，有力地保障了各项业务的规范运作。

三是风控措施比较有力。各项金融资产服务业务本身的风险防控措施较为有效，从风险评估方面看，相关金融资产服务业务对产品、客户、业务等进行了风险评估或评级，如理财产品评级、投资客户评级、合作机构评级等；从业务授权方面看，相关业务明确制定了业务授权表，包括风险审批权、投资决策权、合同签署权、资格准入权等；从业务流程方面看，相关业务实现了前中后台控制分离，避免了业务“一手清”；从系统控制方面看，部分金融资产服务业务搭建了自己的业务系统，一些重要的操作都能在系统上进行，如金融市场交易业务、资产管理业务、资产托管业务等，实现了对业务的系统控制。

四是业务体系基本成熟。经过这些年的探索、发展，全行已经建立起了基本成熟的金融资产服务业务体系。一方面业务产品丰富多样，资产管理、代理信托计划、代理销售、PE 基金主理银行、资产托管、债券承销、代理金融交易、资产证券化、委托贷款等目前商业银行能开展的业务，我们都已开办起来。各业务条线的产品创新也非常活跃，屡次获得全球或全国大奖，在市场和客户中树立了很好的口碑，保持了我行应有的地位。另一方面人员素质得到锻炼提高，全行打造了一支刻苦敬业、专业能力强、业务素质高的金融资产服务业务人员队伍，表现出了较强的学习能力、创新能力，较好地支撑了业务的开拓、创新和发展。

上述成绩的取得，是总行党委高度重视和正确领导的结果，是各分行、总行各部门协同配合的结果，是全行各项金融资产服务业务专业人员辛勤工作的结果，也是全行坚持经营转型发展战略的结果。

二、业务发展过程中面临的挑战

近几年中，随着各项金融资产服务业务的快速发展，金融资产服务业务的规范管理也遇到了一些挑战。这也是业务发展过程中，尤其是新兴业务发展过程的必然。主要表现在以下几个方面。

（一）对风险认识有待明确。比如，对银行是否承担、如何承担金融资产服务业务风险认识不足。一直以来，一些同志认为，金融资产服务业务是受人之托、代为操作、为人服务，银行自身不承担也不应承担风险。而且，从形式上看，银行与投融资双方的合同写得很清楚，风险由客户自担。再比如，对金融资产服务业务蕴含风险的复杂性认识不足。一些同志认为，金融资产服务业务只存在操作风险，只要合同完善、操作合规就可以了。这些模糊认识源于对金融资产服务业务风险认识

的不充分、对银行在业务中的角色定位不清楚。实际上，由于金融资产服务业务种类繁多、操作复杂，潜在的风险涉及政策风险、监管风险、道德风险、法律风险、操作风险、市场风险、声誉风险，甚至信用风险等多个方面。其中，最重要的是声誉风险，处理不当，会给我行造成严重的、难以弥补的损失。

（二）协调管理还需加强。目前，从各个具体的金融资产服务业务板块来看，管理还算比较完善。但由于不同金融资产服务业务之间、金融资产服务业务与传统自营业务之间管理不协调，导致业务尚存一定风险。比如，全行金融资产服务业务还没有形成分工明确、职责清晰的管理架构和制度体系。金融资产服务业务的研发、营销与风控涉及行内产品、渠道、管理等多个部门，部门之间以及部门与外部单位之间协调衔接不畅，难以实现整体规划与规范管理。又如，不同分行对同一业务的管理部门、管理模式、管理流程和管理制度都不尽相同，也影响了管理效果。

（三）风控标准不够统一。一是授权管理方面，金融资产服务业务种类较多，针对各个业务类别的授权流程不尽明确，不同业务之间的业务授权不够统一。二是在准入管理方面，有的业务对客户、产品、机构有评估、有准入，有的业务则不健全。或者不同业务之间的准入标准不统一，服务标准不规范。三是在限额管理方面，各类业务基本没有建立起统一、科学、有效的限额管理体系。对不同的产品、客户、项目、机构到底能做多少业务，考查评估不够，限额管理不完善。四是在风险评价方面，各类业务掌握的风险评价标准不尽一致。比如，对同一个融资客户，对其还款能力和还款意愿的判断应该是相同的，但因其在我行开办的业务不同，评价标准就可能不一致，就可能得出不同的结论。

（四）系统管理尚需完善。通过IT系统实现对业务的管理和控制，是我行风险管理的主要经验和重要手段。但目前，一些金融资产服务业务还没有实现完善的IT系统管理。比如，有的业务虽然已经建立了处理系统，但与相关系统的交互对接不够；一些业务处理系统的功能还不完善；一些业务则没有业务处理系统。总体上看，全行还没有搭建起一个能覆盖各项金融资产服务业务、与传统自营业务系统既有效衔接又适当隔离的业务管理系统。

（五）存续期管理还有欠缺。一是管理职责不够清晰。业务办理后，谁负责融资客户管理、谁负责投资客户维护、谁负责信息披露、谁负责监测分析、谁负责风险处置等不是很清晰，或者即使规定了也没有落实到位。二是估值系统不完善。对于已办理的各类业务，相关产品的公允价值是多少、估值模型是否合适、估值系统是否稳定等问题还没有充分解决。三是退出机制还不健全。投资退出、客户退出、业务退出和经营机构退出等业务退出管理还没有健全的机制。

（六）档案管理等基础工作还有待加强。档案资料是业务的载体，尤其是金融资产服务业务，各种合同、凭证、审批书等资料是界定双方权利义务、规定业务操作的主要依据。如果管理不好，可能引发风险。但由于业务发展较快、相关规定不到位，实际操作中还存在一些问题。比如业务档案的完整性、全面性没有保证。业务办理过程中和办理后，没有统一的档案组卷管理，有的档案在省行，有的档案在二级行或者支行。又比如档案保管不够规范。有的分行实现了业务档案的集中管理，有的分行还散落在基层行，甚至保管在客户经理手上。

三、加强金融资产服务业务制度管理的内容

对存在的上述问题，总行行领导非常重视。在按照总行党委要求起草《金融资产服务业务管理基本规定》的过程中，总行相关行领导先后5次专门召集会议进行研究，以摸清问题，找准关键，对症下药。《基本规定》初稿完成后，又多次征求总行相关部门以及部分分行的意见和建议，最终于8月经总行党委（扩大）会议审议通过，形成了全行对加强金融资产服务业务的基本意见，这些意见大部分已体现在《基本规定》当中。

需要强调的是，规范管理是为了业务更好地发展。在起草《基本规定》的过程中，我们始终注意兼顾业务发展与业务规范这两个方面，一是借鉴和继承了目前行之有效的业务管理体系和方法，以保持业务管理的连续性；二是对之前散落在不同部门、不同文件中的职责、流程等业务要素统一进行了梳理，以建立起全行统一的风险管理架构；三是对原先有些模糊甚至相互矛盾的职责进行了调整、明确，以利于业务管理和风险控制；四是对原先缺失的制度、规定进行了补充、完善，以进一步明确操作流程。总之，通过制定《基本规定》，是为了保障和推进业务的健康和可持续发展，具体内容包括以下七个方面。

（一）健全组织架构，加强统一管理。

一是为加强全行金融资产服务业务管理，总行将成立金融资产服务业务管理委员会，负责全行金融资产服务业务发展计划、重要政策制度、业务管理统一协调等重大事项的决策和审议。金融资产服务业务管理委员会的成员包括各金融资产服务业业务管理部门、各类风险管理部门、前中后台各相关部门。委员会秘书处设在总行信贷管理部，同时将总行信贷管理部更名为信贷与投资管理部。

二是为统一风险评价标准、明确风险审查责任，总行将设立代理投资审查委员会，负责审议金融资产服务业务涉及代理客户投资与融资的相关风险事项。代理投资审查委员会应与信贷审查委员会相互独立运作，但两

个委员会的成员可以适当交叉。代理投资审查委员会秘书处设在总行信用审批部，同时将总行信用审批部更名为信用与投资审批部。

各一级（直属）分行也要设立相应的委员会，分行信贷管理部、授信审批部等部门是否改名，总行不作统一要求。

三是为有效推动全行资产管理业务的发展，总行将设立资产管理业务推进委员会，负责资产管理业务产品研发和实施以及与监管部门、行业协会和同业沟通协调等事宜。委员会秘书处设在总行资产管理部。

此外，为加强对集团控股子公司的业务管理，总行将在必要时对其实行“风险总监派驻制”。派驻的风险总监主要负责所在机构的全面风险管理，并向总行进行风险报告。

（二）明确部门职责，理顺业务流程。

一是明确各类业务的牵头管理部门。相关管理部门负责本业务条线的推动发展、拟定专项制度和业务操作规程，承担本业务条线的主要风险管理责任。

二是明确各类风险的牵头管理部门。办公室、风险管理部、资产负债管理部、内控合规部和法律部分别负责金融资产服务业务涉及的声誉风险、市场风险、流动性风险、操作风险和法律风险的牵头管理，信贷与投资管理部负责金融资产服务业务中融资客户的信用风险牵头管理，以及各类风险的汇总监控。

三是理顺各类业务的主要流程。包括资产管理业务、代理信托计划业务、PE 基金管理业务、PE 基金主理银行业务、资产托管业务等各类业务，实现前、中、后台职能分离控制，避免“一手清”。尤其是对涉及的融资客户或融资项目调查审查流程作了明确规定，今后金融资产服务业务凡是拟投资或推荐融资客户或融资项目的，都要由各级行公司投行部门负责尽职调查，授信审批部门负责融资限额核定和风险审查，代理投资审查委员会负责集体审议，信贷与投资管理部门负责前提条件核准，最后由相关金融资产服务管理部门进行投资或推荐。

（三）完善准入管理，实行限额控制。

一是实行准入管理。金融资产服务业务需按不同业务性质和风险管理要求实行准入管理。对业务涉及的投资客户、融资客户、合作机构、新业务的准入均有明确标准，必须履行相应的审批程序。在合作机构准入上，由总行准入管理部门负责受理准入申请，提出准入意见后报总行金融资产服务业务管理委员会审议，其中：总行机构业务部负责信托公司、保险公司、证券公司的准入；投资银行部负责 PE 基金管理公司的准入；资产托管部和个人金融业务部负责证券投资基金公司的准入。在新业务准入上，由总行相关业务管理部门提出准入申请，报总行金融资产服务业务委员会审议。

二是实施限额控制。对金融资产服务业务涉及的融资客户，要比照授信管理模式，核定风险限额，实施限额控制。对合作机构与我行开展的业务合作规模，也要实行限额控制。一个合作机构可能与我行开展多种业务的合作，但总额不得超过其自身业务规模的一定比例。

三是完善授权管理。明确对金融资产服务业务实施授权管理，并纳入全行统一授权体系。遵循逐级逐类有限授权、权责一致授权和区别授权的原则，按业务品种、审查复杂程度及对人员专业资质要求，实行分类授权。坚决杜绝越权审批，注意保证不同业务、不同机构授权的匹配和平衡。

（四）建立估值体系，强化退出机制。

一是加快建立估值体系。此项工作由总行风险管理部牵头，会同相关业务部门，根据不同金融资产或投资品的类型和风险特点，负责研发估值模型和建设估值系统，做到及时准确反映金融资产的公允价值。其中对由我行托管的资产，资产托管行要根据与客户的协议按规定做好资产估值。

二是强化退出机制。在有效估值的基础上，其一是做好业务退出执行。一方面要合理设定产品或投资的退出条件，一方面要严格执行退出政策。对资产估值触发规定退出条件的，坚决退出，不能犹豫，必要时总行将通过系统对退出实行刚性控制。其二是业务退出管理。要按照经营策略需要和实际风险状况，及时开展业务风险评估，对风险较大、触发规定条件的业务品种以及风险控制不到位的机构，实施业务控制和机构整顿。

（五）落实存续期责任，做好信息披露。

一是明确责任部门。按照“谁发起，谁负责”、“谁推荐，谁负责”原则，明确业务推荐行、业务推荐部门负责金融资产服务业务的投后管理工作。金融资产服务业务中，最重要的是存续期对融资客户的管理。为此，明确融资客户投后管理比照信贷客户贷后管理进行，由业务推荐行或客户所在地行的公司投行部门负责存续期日常管理，实施间隔期检查、客户维护等工作，信贷管理部门负责存续期管理监督指导、非现场监测、风险预警与分析、汇总报告等工作。同时，信贷管理部门还应视代客投资形成的资产风险情况实行资产质量分类管理。

二是做好信息披露。各金融资产服务业务管理部门牵头负责业务的信息披露工作，根据业务发起行前台部门的日常管理报告、信贷管理部门业务存续期汇总报告以及查询相关 IT 系统信息、收集其他信息等手段，汇总、整理业务情况，并向产品销售部门提供信息披露内容，由销售部门完成披露。

三是做好风险事件的应急管理。建立金融资产服务业务重大风险事件的监测和应急管理机制。对因融资客户、融资项目因素触发的重大信用风险事件，明确由信贷与投资管理部牵头会同相关部门做好应急管理；对因市场因素触发的重大风险事件，明确由风险管理部牵头会同相关部门做好应急管理。

四是做好业务统计。目前，总行已经制定并印发了《金融资产服务业务统计制度》，相关统计系统正在开发当中。全行要按照“全面反映、收资对应、统一规则、合理划分、全程衔接、数据共享”的原则，建立起覆盖全行的分层级金融资产服务业务统计制度，做到心中有数、考核有依、决策有据。

（六）明确业务损失处理机制。对金融资产服务业务中因我行未能充分尽责履职，发生投资损失和操作损失的，由业务发起行或相关业务管理部门提出表内垫款或预计负债计提方案，按规定报有权审批人审批同意后可进行相关操作。对存续期满形成的事实损失，相关部门要按照金融资产服务业务管理委员会确定的表内垫款或预计负债计提后续处理要求。对我行承担的最终损失金额进行严格审查，形成损失核销决议。同时，要按《员工违规行为处理规定》对责任人进行认定和严肃处理。

（七）统一技术应用平台。总行信息科技部牵头、会同相关业务部门，将在遵循应用架构统一、数据信息共享总体要求的基础上，根据客户服务、业务运营和风险控制的实际需要，按“前、中、后台相分离”的原则，统筹规划和建设全行统一的金融资产服务业务技术应用系统，实现对金融资产服务业务的系统管理与控制。

四、近期要落实的几项具体工作

《金融资产服务业务管理基本规定》已经印发并将于12月1日起实施。各行、各部门、各专业人员要高度重视此项工作，认真组织学习《基本规定》的内容和要求，抓紧做好贯彻落实。下面我就近期需要落实的工作，提几点具体要求。

（一）确保配套制度跟进到位。前期，总行党委扩大会已明确相关部门的任务分工，要求制定出台相关配套的制度办法、流程要求，希望各部门抓紧落实。其中，信贷管理部牵头制定《金融资产服务业务存续期融资客户风险管理办法》，授信业务部牵头制定《金融资产服务业务融资客户风险限额管理办法》，风险管理部牵头制定《金融资产服务业务风险评估管理办法》，管理信息部牵头制定《金融资产服务业务统计制度》。上述管理办法有的已出台，未出台的要尽快印发执行。

总行各金融资产服务业务管理部门要根据《基本规定》的框架和原则，在保持业务平稳运行的基础上，根据“轻重缓急”，梳理整合涉及的11项业务的制度流程。对不符合《基本规定》要求的，要在11月底前修订到位。各分行要根据本行业务开展的实际情况，在11月底前研究提出本行加强金融资产服务业务管理、促进业务健康发展的具体落实方案和实施细则。总行信贷管理部要统筹做好服务，督促相关部门和各分行落实好总行党委会议要求。

（二）确保信息系统研发到位。一是按计划完成项目研发投产。其中，11月底前，要投产应用债权类投资业务调查、审查、前提条件核准系统功能；2012年年底前，要推进完成工银国际投行项目管理、代理保险分支机构准入等系统项目的研发投产；2012年第一季度前，要投产债权类投资业务的投后管理功能，实现系统控制管理；2014年底前，要完成金融资产服务业务管理平台的全面投产工作。二是尽快投产金融资产服务统计平台。三是明确风险报告的职责和路径。各风险管理部门负责提交业务的市场风险、操作风险、流程性风险数据信息，由秘书处汇总后向金融资产服务业务管理委员会报告。四是落实存续期管理职责。金融资产服务业务存续期管理遵循“谁发起谁负责”的原则，客户或项目所在地分行要承担起存续期管理职责。

（三）确保基础工作完善到位。一是完成存量业务的检查和分类，消除风险隐患，为今后工作打好基础。总行内控合规部将牵头对存量资产管理、代理信托计划、PE基金管理和PE主理银行业务进行一次全行大检查。相关检查通知已经下发。总行相关部门和各分行要全力配合，要逐户逐笔进行检查，及时发现和解决问题。相关检查结果和检查报告12月底要报送总行。二是做好业务档案管理。总行办公室正在牵头制定各项金融资产服务业务档案管理规定，其中关于融资客户档案管理办法将于近期印发全行执行。融资客户档案要比照信贷档案标准组卷与管理，全部集中到一级分行或二级分行档案库，2012年12月底前要完成入库。

（四）确保组织人员配备到位。一是设立相关委员会。总行正在研究金融资产服务业务管理委员会、代理投资审查委员会和资产管理业务推进委员会的职责、人员组成、议事规程及秘书处职能等具体事宜，委员会要尽快组建到位，以便能尽快做好金融资产服务业务的规划、决策和审议工作。各秘书处要做好服务和组织工作，保证委员会的顺利运作。二是调整相关部门职责。此次总行根据需要调整了信贷管理部、授信业务部、信用审批部和风险管理部等部门的职责，其他相关部门的职责也进行了调整，一些原先比较模糊的职责也作了明确。要根据职能调整安排，确保相应的编制调整和人员配备尽快到位。三是各一级（直属）分行要根据《基本规定》要求设立相关的委员会，明确各类业务管理部门的职责，相应的机构设立、部门职能调整、人员配备等工作也要尽快到位，不能影响业务的规范和开展。

《金融资产服务业务管理基本规定》的出发点是理顺金融资产服务业务的职责、制度和流程，目的是促进业务在规范中发展。希望各行、各部门以此为契机，加大拓展力度，加强规范管理，保障金融资产服务业务的健康和可持续发展，进一步推进全行经营转型和结构调整。

主动作为　科学发展
全力打造国际一流私人银行品牌

——在中国工商银行私人银行业务发展研讨会上的讲话

张红力

（2011 年 12 月 27 日·根据录音整理）

今天参加私人银行业务发展战略研讨会，我感到很高兴。这次会议是在一个承前启后的重要时刻召开的，是贯彻落实总行发展战略研讨会精神的一项重要举措，也是落实总行“加快发展方式转变，推动全行健康可持续发展”战略要求的一次思想务虚，对促进私人银行业务的转型发展具有十分重要的意义。

私人银行业务是工行综合化、国际化转型发展的重要组成部分，是工行发展低资本占用业务、实现转型发展的需要，也是顺应中国客户财富积累与服务需求升级，积极应对市场竞争的需要，关系到全行未来的竞争力提升和可持续发展。本次会议内容丰富，安排紧凑，全行私人银行业务战线上的同志们聚在一起总结交流，研判形势，谋划未来，很有意义。听了一天的发言，感到过去的三年，各行在私人银行业务领域做了大量的工作，进行了很多好的探索，形成了很多好的经验做法，值得大家相互学习借鉴，私人银行部也要注意把大家好的经验和建议吸纳到今后的工作规划中去。工行刚刚完成前一个三年规划，正在研究、讨论和制定下一个三年规划。新的三年规划将对私人银行业务发展提出新的、更高的要求。为此，我着重就如何做好今后一个时期全行私人银行业务，谈几点意见。

一、私人银行业务在全行综合化、国际化战略中发挥了重要作用

私人银行部自开业以来，按照董事会提出的“高起点、稳起步、快发展”的指导思想，在全行共同努力下，取得了十分可喜的成绩，有了良好开局，我行私人银行业务快速赶超了招商、中信和中国银行等机构，在同业市场中取得了领先地位，在全行经营转型中发挥了不可或缺的重要作用。

（一）成功确立了中国第一私人银行的同业地位。经过 3 年努力，全行高净值客户与管理资产规模实现快速增长。截至 2011 年 9 月末，全行金融资产 800 万元以上高净值客户达到 2.2 万户，是业务创立之初的 5.2 倍，管理资产规模超过 4 200 亿元，是业务创立之初的 5.6 倍。高净值客户结构进一步优化，金融资产 2 000 万元以上的超高净值客户接近 4 000 户，金融资产 1 亿元以上的极高净值客户超过 100 户，私人银行专享产品整体规模从 2008 年的 36 亿元发展至今天的 1 200 亿元，实现了快速发展。

（二）初步形成了专业经营和纵横联动的发展模式。3 年来，私人银行部和各分行充分发挥各自优势，在经营和管理两个方面进行了诸多有益的探索与创新，形成了全面覆盖三大经济圈核心城市，布局中、西部重点地区，辐射全国市场的经营格局，并形成了全行私人银行业务“纵向指导、横向联动”的发展模式。实践证明，这种相对独立的经营管理体系既有显著的专业化特征，又有充分依托集团整体优势的特性，为我行私人银行业务的快速发展打下了良好的基础。

（三）有效提升了高净值客户群体对全行的价值贡献。近年来，私人银行业务坚持“以客户需求为导向”，通过推动高净值客户结构和业务结构的快速调整，实现了客户价值贡献的有效提升。2011 年全行私人银行客户综合贡献预计达到 120 亿元，客户人均营业贡献预计达到 55 万元，客户人均管理资产近 2 000 万元，其中人均储蓄存款达到 1 100 万元，这个数字十分可观，发展 6 个私人银行客户，带来的储蓄总量相当于一家新开达标网点的水平，私人银行业务的价值贡献得到了行内广泛认可。

（四）积极助推了集团综合化、国际化战略的有效实施。近年来，私人银行业务充分利用集团优势，借助第三方机构的合作支持，建立起跨市场、跨机构、跨产品的业务平台，提升了多渠道、全球化的服务供给能力，突出体现在三个方面：一是与工银国际等机构形成了投行业务全面合作的模式，支持了工银国际对于优质 IPO 项目的竞争，推进了行内业务协同发展。二是与工银瑞信、工银租赁、工银安盛（筹）等不断拓宽合作领域，探索了跨市场业务延伸的新方式。三是与海外机构建立了全球化资产配置的服务平台，率先在工银亚洲成功组建私人银行中心，迈出了私人银行业务国际化发

展的第一步。

董事长在刚结束的总行发展战略研讨会上评价“私人银行业务已经迅速成为市场领导者”。我认为，这是总行对私人银行地位和作用的高度认可。这些成绩来自于私人银行部全体干部员工的锐意进取、奋力拼搏，来自于各专业的精诚团结，来自于全行上下的协力支持。

二、进一步增强发展好私人银行业务的信心

私人银行在前三年发展中有成绩、有经验，但也遇到了一些困难与矛盾。面对新一轮发展要求，全行一定要从战略高度和全局角度充分认识私人银行业务的重要性和必要性，认真研究当前私人银行业务面临的机遇与挑战，进一步增强发展好私人银行业务的信心。

一要正确认识私人银行业务所处的发展阶段。虽然已经经历了三年的发展，但从历史的角度看，与国际私人银行四百年发展历史比较，相对于工行存款、贷款等传统业务，私人银行还是一项新业务，有很多事情需要探索。

二要以“OPEN MIND”，即以开阔的思路来对待发展中遇到的问题和挑战。新的业务遇到很多新的问题和挑战，这些都是正常的，是业务发展的客观规律。这些问题都需要在新发展中，用发展的眼光来认识，用发展的方法来解决。

三要实现业务的可持续盈利发展。为股东创造利润贡献是全行的发展任务，私人银行业务也不例外。经营转型和实现可持续发展是未来三年全行发展的重要任务，私人银行业务必须为此做出更大贡献。

三、举全行之力推动私人银行业务大发展

总行对私人银行业务发展寄予很多期待，董事长在全行发展战略研讨会上对私人银行业务发展提出了很高要求。如何继续保持我行私人银行业务持续发展的良好势头？如何切实推动经营转型？如何继续保持我行私人银行业务在国内的领先地位？这是我们全行上下都要用心研究、认真面对的重要课题。

一要树立使命感、责任感和荣誉感。工行私人银行业务要以做中国私人银行的引领者为己任，做行业火车头，建立打造国际一流的私人银行的发展愿景。私人银行部要牵头带动全行实现董事长提出的这个目标。现在已经有这么好的发展势态，有这么好的市场机遇，我们要牢牢把握住。这是党委的要求，是董事长的要求，也是工行发展转型的要求。中国的私人银行业能不能屹立在全世界银行业，需要靠几代银行人的共同努力。作为第一代私人银行人，我们一定要打好基础，这是我们的责任和使命。

二要用更加开阔的思路经营私人银行业务。私人银行业务是全行的战略，要做好这项业务靠创新，靠配合，靠调动各个分行积极性，靠私人银行部整合联动。大家要跳出部门视角，真正站到全行私人银行发展的高度来认识，站在历史发展的高度来认识，以更加负责的态度来齐抓共管这项业务。

三要加强学习。董事长提出工行要建设学习型组织，在座每一位同志都要加强学习。要善于向国际先进银行学习，向国内同行学习，各分行与私人银行分部之间也要加强学习交流，分享经验做法。要善于把海外的经验、外部的经验与国情、行情相融合，因地制宜，促进我们自身的发展。

四要不断创新。我们通过不断创新，探索了一条依托商业银行开展私人银行的新路径，这个好的做法要坚持下去，并不断加以完善。创新包括很多方面，包括流程、产品、渠道、机制和培训等方方面面。私人银行业务要实现大发展，需要创新的事情很多，这更加需要依靠大家的聪明才智才能把事情做好。如在这次全行发展战略研讨会上董事长提出金融资产服务领域，希望私人银行业务能在这方面探索出发展的新路径。

五要凸显工行的地位与文化。什么叫工行的私人银行，首先就是做与工行的江湖地位相匹配的私人银行，其次是体现工行文化的私人银行。工行现在是全球最盈利的银行，工行文化的内涵包括了奉献、进取、稳健，有团队精神，最重要的是发展。工行的这种地位、文化要充分体现在私人银行各方面业务的发展上。我希望，每个省，每个地区最富有的人都应当是我们工行的私人银行客户，如果做不到这一点就谈不上与工行地位相匹配，与工行的声誉相匹配。有的地区客户规模不大，但当地大客户必须管好服务好，超高净值客户群体必须在工行。另外，今天大家的发言中多次谈到了投行业务的一体化合作，我觉得大家对私人银行业务理解得非常到位。特别是在亚洲，私人银行本质上就是个人投行，很难把客户的钱和公司的钱分开，现在有很多民企在香港上市，这些客户是否都是工行的私人银行客户？今天上午谈到的私人银行客户的贡献还不包括客户企业的贡献。如果算上客户企业对工行贡献将更为可观，更能说明私人银行业务对全行发展的贡献度。

六要处理好各个部门之间的关系。要树立 ONE ICBC 的理念。我们说的联动，绝不是八小时之外的事，而应该是每个专业分内的事，是团队意识的体现。有句话说，“Banking is teamwork”。银行业是一项团队运动，只有内部各专业协同配合，才能把握客户整条价值链，做到客户上下游、前后端、从最基础到最高端的业务“包揽通吃”。客户是工行培养起来的，他发展壮大了，我们一定要千方百计把他留在工行。前期私人银行部通过与资产管理部、工银国际的资产管理联动，采取有效措施把客户资产留在工行，这就是一个很好的案例。全行各专业都要增加责任感和使命感，把私人银行客户的

发展与服务，和私人银行客户相关的业务“包揽通吃”作为分内的事情来抓。

七要切实把握好风险。风险是私人银行业务发展的生命线，私人银行业务是新业务，面临大发展、大变革和大转变。工行文化很重要的一点是稳健，科学发展的重点是把风险管好。希望大家能把风险管控当做头等大事来对待。要将风险作为员工培训的一项重要内容。未来对客户也要有所选择。

八要做好员工培训。私人银行业务对员工道德的要求，专业水平的要求，忠诚度，沟通与协调能力的要求都很高。在做好专业培训的同时，也要加强员工素质修养方面的培训，例如高尔夫等。

九要抓紧做好私人银行中心建设。非设分部地区分行要在2012年第一季度完成私人银行中心建设方案的申报工作，第二季度人员要到位，全面投入运营。要加强督导，形成工作合力。私人银行部要负责做好牵头工作，加强对私人银行中心建设工作的指导和督促，切实发挥业务指导、产品提供、人员培训和绩效考核评价等职能。各私人银行分部要做好与各私人银行中心的对口联动工作，积极助推所在区域私人银行业务发展，形成私人银行业务新一轮发展的良好局面。

最后，希望全行上下齐心协力，以强烈的事业心和责任感、以改革创新的精神，积极推进私人银行业务的转型发展，为打造国际一流私人银行品牌作出不懈努力。

团结一心　稳中求进
推动专业融资产品发展再上新台阶

——在中国工商银行2012年公司与投行业务工作会议上的讲话

张红力

（2012年1月12日）

我下面要谈的专业融资产品是大公司金融的一部分，是公司信贷业务的特殊品种，过去一年的大部分时间由会满行长主抓，去年8月党委决定由我抓这项工作并具体落实专业融资产品的各项事务。专业融资产品在金融危机后的复杂环境中，融合了市场和客户的需求，正在以全新面貌迎接挑战、迎来机遇。今天会议的主要任务是认真贯彻落实全行发展战略研讨会精神，总结专业融资产品过去三年来的发展经验，针对今年的专业融资产品发展问题，制定工作目标，部署工作任务。下面我讲三点意见。

一、全行专业融资产品的发展成绩

过去三年，工商银行专业融资产品致力于国际化发展，秉承求真务实、开拓创新的经营理念，坚持专业化经营管理的发展道路，服务客户遍及全球5大洲的20多个国家和地区，国际影响力和品牌知名度不断提高。截至2011年底，专业融资产品余额（不含商品融资）1 487亿元，其中贷款余额1 114亿元，比2008年的511亿元增加603亿元，增长118%；全行商品融资业务余额1 033亿元，其中贷款余额936亿元，比2008年底的70亿元增加866亿元，增长12倍。具体而言，发展成绩主要体现在以下五个方面：

（一）作为公司信贷特殊业务品种，行内推动卓有成效。在过去三年的业务发展过程中，总行公司业务部门牵头，信贷业务相关部门配合，分行积极参与，在实践中探索出一条“业务培训＋专题推介＋日常指导”的业务拓展方式。先后组织了50多场全行集中培训、视频培训、分行专题培训和相关业务座谈会，帮助分行信贷人员了解和掌握专业融资产品业务知识和操作技能；针对国内租赁公司分布较为集中的特点，先后赴10多家分行进行了租赁融资产品专题推介，通过业务座谈、案例分析等方式引导全行熟悉产品特点和优势，推动部分分行将租赁业列为重点拓展行业；建立商品融资联系人制度，通过对联系人的业务指导、培训和转培训，培养了一大批业务骨干，起到了一带十、十带百的业务推动效果。截至2011年底，专业融资产品簿记17家境内分行和13家境外机构，审批20家境内分行和9家境外机构；商品融资从6家分行试点，到目前除西藏以外的37家一级（直属）分行全部开办业务。

（二）作为全行九大产品线之一，对境外机构建设起到了一定的支持作用。2006年开始，总行借鉴国外银行经验，将部分专业融资产品外汇贷款簿记境外机构，并逐渐发展为对境外机构的常规性支持。2008年以后，在成功转型的专业审批体制下，进一步加大了对境外机构的支持力度。截至2011年底，簿记境外机构贷款余额173亿元，审批境外机构贷款余额53亿元，帮助境外机构在短时间内建立起信贷资产组合，推动境外机构与境外客户及当地主流银行建立起直接业务联系，特别是对一些新设机构网点站稳脚跟起到了较为重要的作用。

（三）“走出去”业务成功树立大行形象。截至2011年底，支持中国企业“走出去”项目贷款金额129亿美元，其中17个项目正式列入中信保“421专项”，签约金额52亿美元，在商业银行中居于首位；配合国家对外经贸活动开展，签署中国—印尼工业合作、中英两国政府基础设施合作、乌克兰畜牧业生产基地买方信贷融资等“走出去”项目合作备忘录；完成全球首单人民币出口信贷，利用人民币资金支持企业“走出去”夺得头筹；卡塔尔、阿联酋、委内瑞拉等国家资源换贷款重点项目按照营销计划稳步推进。

（四）“打造第一商品融资银行”的发展目标逐步实现。2008年底至今，商品准入数量从2008年底的70种，增加到目前7大类共200余种；物流监管体系从6家全国性物流公司起步，新增160余家区域性物流监管企业，建立起上千个业务监管节点。截至2011年底，全行商品融资业务累计融资额超过3 000亿元，余额突破1 000亿元，继续保持四大行首位；年末商品融资客户4 997户，比年初增加2 000余户；综合收益率实现基准利率上浮39%。

（五）公司与投行业务联动发展取得一定成绩。一是公司业务带动投行收入增长。过去三年，专业融资产品初步树立境外并购贷款业务品牌，多次担任境外融资项目财务顾问，实现向欧美银行分销贷款等，累计实现投行业务收入7.4亿元，其中总行账面收入3.33亿元，帮助境内外机构实现账面收入4.07亿元，其中，安哥拉石油换住房贷款项目中间业务收入超过4亿元，博茨瓦纳电站建设项目中间业务收入超过1亿元。二是公司与投行联动营销取得突破。去年下半年开始，总行公司业务部门与工银国际积极配合，以境外项目贷款+并购财务顾问的综合服务，击败多家外资银行对手，成功中标山东重工并购法拉蒂游艇、三峡集团并购葡萄牙电力等项目。

在过去三年较为困难的外部环境中，专业融资产品取得以上成绩实为不易，离不开总行党委领导、总行部门和分行同志的共同努力，更重要的是得益于以下几方面的坚持。

第一，坚持不断的学习，把改革创新作为发展动力。姜董事长多次指出，工商银行要建立学习型组织，工商银行的国际化发展需要公司客户业务“特种兵”，专门从事一些专业性强、结构复杂、直接面对国际竞争的公司客户业务，培育公司客户业务核心竞争力。核心竞争力的形成绝不是靠“做广告”，而是要靠不断学习，改革创新，响应客户需求，提供技术先进、成本低、高估值的产品和服务。过去三年来专业融资产品的发展，就是一个不断向海内外同行学习的过程，因地制宜，推陈出新，不断提高核心竞争力的过程，根据市场需求先后创立国际业务合作、商品融资和租赁金融三条新产品线，从直接的商业贷款发展到复杂的结构融资，从单一的融资业务拓展至综合性融资顾问服务。

第二，坚持把全行利益最大化作为发展目的。专业融资产品的业务特点一直都是总行集中管理，但不管是过去的专业审批模式，还是目前的利润中心模式，业务发展都以全行利益为重，以稳定增长为先。过去三年，总行一直以簿记方式向分行转让资产，同时承担簿记资产的全部风险，既让分行分享到不断增长的业务利润，又不增加分行负担，逐渐形成专业融资产品在全行范围内整合、调配资源的制度保障。另一方面，专业融资产品业务资源往往涉及多个分行，如“走出去”业务往往涉及“走出去”客户所在分行和境外项目所在国机构，租赁融资则通常会出现出租人在一家分行、承租人在另一家分行的情况，相关分行都能做到不计得失，合力营销，业务做成后再以行内银团或协商簿记方式进行利润分配，保证了全行“走出去”业务的蓬勃发展和租赁融资的快速增长。

第三，坚持把风险可控作为发展保障。总行对专业融资产品的风险把控一直较为审慎，建立了较为完善的风险控制体系，包括总行信贷部门的全球授信管理、风险管理部门的国别风险管理、资金部门的收益水平分析和定价核准。在总行专业审查审批过程中，强调物权控制和价值保障，设置较为严格的提款前提，严格要求各项担保措施。截至2011年底，专业融资产品贷款不良率为0.14%，全行商品融资业务不良率为0.42%。

二、机遇与挑战并存的业务形势

2008年，美国次贷危机演化为金融危机并迅速向全球蔓延，国际金融市场急剧动荡，全球经济增速明显放缓。过去三年，全球经济缓慢复苏，但主权债务危机和金融部门风险增加了全球经济乃至政治前景的不确定性。在应对国际金融危机的一揽子经济刺激计划作用下，中国经济保增长、调结构、促改革、惠民生取得了明显成效，但面临不少困难和问题，经济回升的基础还不稳定、不巩固、不平衡，一些深层次矛盾特别是结构性矛盾仍然突出，持续促进经济结构优化的任务还很艰巨。

专业融资七条产品线中，五条线以国际化的境外信贷业务为主，两条线是扎根国内市场的本土信贷业务，受国内外经济环境的影响都比较大。但我们也应看到未来发展的积极因素，坚定发展信心。

一是国家密集出台一系列支持企业“走出去”政策，境内企业“走出去”步伐加快。去年共有12项政策出台，集中于推动境外投资合作、激励跨境人民币资本市场发展、关注海外投资风险三个方面。据商务部统计，2011 年 1－11 月，我国对外劳务合作派出各类劳务人员 39.5 万人；对外承包工程业务完成营业额 863 亿美元，新签合同额 1 141 亿美元；境内投资者共对全球 130 个国家和地区的 3 003 家境外企业进行了非金融类对外直接投资，境外投资明显加速，累计实现直接投资 500 亿美元。总体来看，中国企业“走出去”不仅业务金额一直增长，质量也在不断提高，从前期以劳务输出为主，逐步发展至“设备出口＋资本输出”为主，现阶段的金融服务需求集中表现为中长期项目融资、并购贷款以及相关的投行顾问服务等，这方面的融资需求目前已达到千亿美元。

二是全行大力推进信贷结构调整，为租赁融资、商品融资等国内贸易融资产品的快速发展打开空间。姜董事长在去年年底的发展战略研讨会上，将贸易融资置于工商银行信贷业务“三大战略领域”的首要位置，提出大力发展全产业链、全球供应链和网络供应链融资业务。在工商银行信贷产品体系中，虽然租赁融资和商品融资是小产品，但都面对着大市场。2011 年中国租赁业务总量超过 8 000 亿元，但租赁渗透率仍只有 3% 左右，发达国家一般在 15% 到 30% 之间，还有很大上升空间。商品融资市场更大，据中国物流与采购联合会统计，2011 年我国社会物流总额有 158 万亿元。商务部则预计，“十二五”期间，我国生产资料销售额年均增长 16% 左右，2015 年达到 76 万亿元，货物进出口年均增长 10% 左右，2015 年达到 4.8 万亿美元。无论从哪个口径来看，全社会商品融资市场需求都有数万亿元。

三、2012 年发展目标和工作要求

到 2012 年底，全行专业融资产品余额（不含商品融资）要争取达到 1 500 亿元，支持“走出去”贷款余额超过 100 亿美元，全行商品融资业务余额达到 1 600 亿元。为实现这一目标，我想对今年的工作提以下几点要求：

（一）正确理解专业融资产品线利润中心改革。专业融资产品专业性强，结构复杂；利润中心改革更是关系到全行总体发展战略。做好这一业务，靠创新，靠配合，靠各个分行调动积极性，需要大家站到全行专业融资产品发展的高度来认识和实施这项工作，需要大家用更加开阔的思路来经营这项业务。改革后的专业融资产品集中经营是为了更好地做业务，不是与分行争利。集中后，只要是分行的客户关系，就给分行八成利。而完成一个项目，总行要做大量工作，协调资金、协调政府关系、协调银行同业，最后还承担业务的全部风险。应该看到，总行利润中心改革的根本目的是为了全行产品线的发展，集中经营的同时，租赁融资产品线也正在考虑放权。总行部门和分行都要充分认识专业融资产品在内外一体化、支持境外机构发展上发挥的核心作用，要胸怀全局，服从于工商银行推进国际化经营向纵深发展的战略安排，服务于专业融资产品快速增长的发展需要。

（二）全力推动“走出去”业务开展。支持中资企业“走出去”，为“产能出口、资源进口”提供融资便利，顺应国家经济发展战略，是银行服务实体经济的最直接体现。各行要高度重视，树立使命感和责任感，将支持中资企业“走出去”、推动“走出去”融资业务开展作为今年公司信贷业务的重点工作。一是在总行公司业务部门统一协调下，加强指引省行级重点客户的“走出去”业务营销。特别要将一些综合实力雄厚、境外业务资源多、与我行开展全面业务合作空间大的省行级重点客户，作为进一步推动“走出去”业务发展的重点目标客户群体。二是进一步加强与“走出去”相关部门的沟通联系，确保第一时间掌握项目信息。三是在信贷结构调整的大背景下，压降一些公司客户境内一般项目贷款的同时，做好这些客户“走出去”的“引领、跟随”工作，维持、巩固好客户关系。四是利用好“贷款换资源”、“工程＋金融”等业务的品牌优势，在南美、中东和非洲市场稳步扩大此类业务规模。五是抓住人民币国际化的历史机遇，从建设全球人民币业务第一大行的高度，认识发展境外人民币融资业务的战略意义，充分利用我行雄厚的人民币资金资源，引导客户融资需求币种转换。

（三）实现第一商品融资银行的发展目标。要充分认识商品融资对于信贷结构调整和客户拓展的重要作用，进一步提高行业领先地位。一是加强产品创新，提高市场竞争力。加大商品融资与其他产品的组合运用，特别是商品融资与其他贸易融资产品、与项目贷款、与商品衍生产品交易的组合运用。二是推进境外商品融资业务发展。积极参与非洲、亚洲、拉丁美洲等地的传统商品融资银团贷款，提升我行在该领域的国际知名度；大力介入中国企业投资的能源、资源项目，争取为其安排后续商品贸易融资业务；积极营销以中国为销售目的地或由中国航运企业承运的境外商品融资业务。三是提升资产管理能力。推动商品融资业务向资产经营转变，注意利用私人银行、资产管理、信托、委托贷款等资金渠道，研究建立商品融资专项理财池等新型业务品种。

（四）夯实租赁融资快速发展基础。租赁融资作为一种创新型融资手段，市场需求广阔。要抓住发展机遇，加强系统推动，将租赁融资业务作为全行贸易融资业务发展的新“抓手”。一是加快完善《应收租赁款保理业务管理规定》等相关制度，为业务快速发展提供制度保障；二是将针对租赁融资交易频繁、涉及面较广的业务特点，适当扩大对一级分行的授权，充分调动分行营销力量；三是加大创新力度，通过开办理财信托业务、租前融资、逆回购、资产池融资等创新产品，通过跟随中国企业“走出去”和大型租赁公司的“国际化”加快调研和开发境外租赁融资市场需求，实现规模和收益的双增长。

（五）深化公司与投行业务的联动发展。联动是银行各个专业的分内事，是银行团队意识的体现。银行业务就是一项团队运动，只有各专业协同配合，才能把握客户整条价值链，做到客户上下游、前后端、从最基础到最高端的业务“包揽通吃”。要积极通过为企业提供财务顾问等高端投行服务提前介入项目，拓展并购贷款、股权融资、银团安排、资产交易等品牌类“融资+投行”业务；督促公司业务人员更多学习投行业务知识，了解投行产品优势，认真总结融资、投行联动案例的成功经验，提高综合营销能力；利用境外机构分销网络，提高境外银团贷款分销比例，增加中间业务收入，减少经济资本占用。

（六）扎实做好风险管理工作。要密切关注目前国内、国际复杂经营环境下各类风险的演化，增强对风险的准确判断和处置能力。一是严格执行总行信贷业务各项制度和规定。特别是要严格落实针对境外项目的各项要求，通过加强培训，提高专业融资产品从业人员的风险防范意识，提升业务操作水平。二是做好“走出去”业务的风险防控。要对企业“走出去”目标市场的国别风险、法律风险、文化融合风险等进行全面研判和分析；做好投资调查和资产评估工作，设计稳定安全的交易结构和科学合理的融资方案；充分利用我行境外网络布局优势，委托境外机构做好区域内项目的现场检查。三是应对商品融资高速发展带来的风险管理难度加大问题。加强物流监管企业管理，定期评价其赔付能力、内部管理体系、监管业务经验以及道德风险；建立商品目录及区域性物流监管企业的退出制度；加强商品价格波动监测，严格按照警戒线、处置线来管理商品价格风险；切实完善操作风险管理，加大对物流监管企业的动态监控和业务抽查力度，细致做好盘库工作。

同志们，专业融资产品专业性强、涉及面广，可供探索的领域和价值创造的空间都很大，希望全体同志进一步解放思想、坚定信心、统一认识、迎难而上，扎实做好各项工作，为发展工商银行的专业融资产品事业，为把工商银行建设成“最盈利、最优秀、最受尊重”的银行做出新的贡献！

以经营转型为主线　金融资产服务为抓手
开创贵金属业务新三年跨越发展新局面

——在中国工商银行结算与现金管理、贵金属业务工作会议上的讲话

张红力

（2012年1月13日）

下面，我就如何贯彻发展战略研讨会精神，加快发展贵金属业务谈三点意见：

一、2011年贵金属业务的跨越式发展，坚定了经营转型的决心和信心

2011年，全行深入贯彻总行“打造全球一流贵金属投资和管理银行”的战略目标，面对复杂多变的市场环境，切实加快整合创新，奋力拓展市场，积极防范和化解风险，大力推进专业化经营转型，保持了快速稳健的发展态势，迅速成长为市场的领导者。

经营业绩快速增长。截至2011年末，全年业务线收入35.81亿元，较上年增长369.81%；实现中间业务收入32.28亿元，较上年增长328.69%，是全行增长最快的产品线。广东、北京、上海、浙江、江苏5家分行收入超2亿元；山东、深圳、河南、山西、河北、云南6家分行收入超1亿元，其余各分行收入均在1 000万元以上，同比增幅均超过了150%。贵金属中间业务收入占全行中间业务收入的3.04%，较上年提升了2.03个百分点，营业贡献大幅提升。

交易规模不断扩大。全行贵金属业务交易额达1.78万亿元，同比增长307.41%；交易量达16.23万吨，同比增长565.10%。北京、广东、浙江、上海及江苏5家分行业务量超万吨。我行不但保持了代理上海黄金交易所个人白银业务场内交易量的第一，而且代理黄金业务在年内超越了兴业银行，连续三个月名列第一。

客户规模持续提升。全行各类贵金属业务客户数达524.03万户，较上年末增加283.31万户，增长117.69%；北京、广东、上海、浙江、新疆等分行新开客户数超过20万户。新开户有效率达36.59%，较上年末提升8.74个百分点。

市场地位同业第一。截至2011年11月末，我行贵金属中间业务收入四行占比达57.34%，领先排名第二的建设银行33.94个百分点，对本行中间业务收入的贡

献在四行中提升速度最快，实现了总量、增量双第一。地区同业排名第一的分行由上年的 15 家上升到 35 家，其中 23 家分行市场占比超过了 50%。年内，我行获得了上海黄金交易所优秀会员、第一财经金融价值榜“2011 年最佳贵金属投资管理银行”等 13 个奖项，并成为了国内首家以总行名义加入伦敦金银市场协会 LBMA 全能会员的商业银行。

产品体系不断丰富。通过创新升级，贵金属四大类产品在品种、功能和应用范围上均实现了较大突破。实物类产品以投资和收藏两大需求为引领，开发了 17 种 48 款新产品，并从 11 月开始，成为实物产品同业销售业绩最好的银行。交易类产品不断推陈出新，积存类业务有效客户达到 47 万户，积存黄金 25.05 吨；账户贵金属业务不仅将材质扩展到铂和钯，还实现了双向交易和积存功能。融资类业务取得规模效应，黄金租赁发生量达 62.80 吨，迅速赶超同业成为市场第一；黄金同业拆借业务正式启动，拆借黄金 9.65 吨。理财类产品也实现了与积存金的对接。

渠道服务全面升级。初步完成在零售、批发、交易、电子银行、海外等五大渠道的布局，实现了“进网点、上网站、入他行、到商场、出国门”的立体营销。专属渠道发展迅速，全行共建成贵金属独立专区 105 家、普通专区 88 家、小型专区 1 232 家，其中，北京和无锡分行的专属服务区具备全回购功能；山东、安徽、吉林等分行专属服务区建设工作起步早、规划精细，起到了很好的示范效应。全行贵金属业务网均产能由上年的 5.17 万元提高到 17.71 万元，独立专区网均产能达到了 109.04 万元。全行共有 20 家分行成立了“工银金行家”投资者俱乐部，创新了为高端交易类客户提供专业服务的模式，其中福建、江苏、重庆、宁波等分行的俱乐部活动形式新颖、成效显著。

经营管理日臻完善。结合新兴业务发展特点，大力推进业务管理专业化进程，持续开展流程梳理及新业务配套制度完善工作。实现系统建设专业化，建成了以四大类产品线为主体的业务系统。着力运营管理专业化，引入“黄金克”记账方式，优化了实物类业务会计核算方法；在山西建成了同业首个贵金属专用库，贵金属仓储物流体系建设取得实质性进展。

风险防控稳健有效。明确了业务各环节的风险管理职责，完善风险防范机制。细化了交易业务前、中、后台的操作流程，严格风险限额管理，确保内控分离机制落到实处。有效控制递延业务风险，针对年内两次价格剧烈波动，全行上下积极应对，维护了我行声誉，控制了客户的信用风险。北京、上海、山东、河北、吉林等 5 家分行在日常风险管理及穿仓保证金追缴方面表现突出。

专业团队初步形成。贵金属业务专业化团队建设成效显著，中高级管理人员和客户经理的业务能力和服务水平明显提升。通过狠抓各层级的业务培训，全行共有 1 068 人取得了黄金交易员资格，267 人取得中、高级黄金投资分析师职业资格，数量在同业中首屈一指。同时，贵金属业务部与专业部门和分行建立了员工岗位实训和交流机制，迅速在全行培养和锻炼了一批贵金属专业骨干人才。

贵金属业务身处全行经营转型改革的前沿，通过两年多来的发展，不仅成为我行增长最快且风险可控的新兴业务之一，更走出了一条行之有效的利润中心经营之路。这是在总行党委的领导下，在贵金属业务部的牵头下，在结现、金融市场、个人金融、电子银行等专业的大力配合下，在各分行的鼎力支持和推动下，创新发展、协同并进的结果。借此机会，我代表总行党委，向长期关心和支持贵金属业务发展的各专业部门表示感谢！向在全行贵金属业务战线上付出辛勤努力的干部员工表示慰问！

二、认清形势，把握机遇，明确未来三年发展目标

在这次发展战略研讨会上，总行提出了新三年的改革目标。我们必须从新的战略高度加深对业务发展的认识和理解，充分发挥贵金属业务在全行经营转型中应有的作用。

第一，全球黄金市场的不确定性为贵金属业务提供了巨大的发展机遇。2011 年是国际黄金市场极其动荡的一年，金价振幅高达 37.96%。未来一段时间，黄金市场的变化将更为复杂。但是我们应当看到，当前全球流动性依然宽松；全球最大的黄金 ETF——SPDR 的持仓量在本轮价格调整期内始终保持稳定；各国央行也结束了 19 年的净卖出，转为净买入黄金；全球黄金需求量在 2011 年第三季度达到 1 053.9 吨，创下历史最高纪录，而中国全年黄金需求量预计将突破 700 吨，进口总量将突破 500 吨。所以，推动黄金市场持续向好的基本面没有根本动摇，未来黄金市场大有可为。

第二，中国黄金产业与市场的发展为贵金属业务提供了巨大的市场空间。从产业层面来看，随着中国黄金产量的不断攀升，延伸黄金产业链的趋势日益显现，催生了多样化的资本、金融服务和避险需求，产融结合的基础条件已经具备。从市场层面来看，上海黄金交易所 2011 年的成交量连创历史新高，黄金交易总量超过 7 000吨，投资需求日益扩大。2011 年 12 月 27 日，人民银行等五部委联合下发《关于加强黄金交易所或从事黄金交易平台管理的通知》，旨在引导投资者到合法的黄金交易场所进行投资，商业银行代客黄金交易平台将成为未来市场的主体。

第三，我行经营转型战略的深入推进为贵金属业务提供了巨大的支持保障。在这次战略发展研讨会上，总行明确提出要将金融资产服务业务作为经营转型中重点

发展的战略领域。黄金是国际公认的金融资产之一，我行大力发展金融资产服务业务，应该把贵金属业务作为一项重要抓手。从国际先进银行的发展经验来看，贵金属业务既是为客户实现资产保值增值的资产管理业务，也是为客户提供入市交易渠道以及避险、套利和理财服务的代理类业务，未来更能向黄金资产托管、仓储服务发展，总行的战略意图为贵金属业务的深入发展指明了方向。

综合分析当前面临的外部市场环境，统筹考虑贵金属业务长远可持续发展的需要，未来三年将是贵金属业务攻坚克难、实现新发展、新跨越的重要阶段，对此我们要满怀信心。

在我行综合化、国际化发展战略的大背景下，未来三年全行贵金属业务发展的指导思想是：以总行确立的“打造全球一流贵金属投资和管理银行”战略目标为导向，进一步稳固国内同业贵金属市场的领先地位，坚持创新发展，深化产融结合，建立国内最丰富的贵金属产品体系，拥有比较完善的金融资产服务体系，建成与贵金属业务特点相适应的经营管理体系，成为具有一定国际影响力的、国内最大的贵金属做市商银行。

围绕未来三年的发展方向，我们要着力提升五种能力，夯实做市商基础：一是产品创新能力。要以产业链和客户需求链为纽带，深挖金融资产服务市场潜力，贯通四大类产品，持续开发出引领市场的新产品。二是客户服务能力。要从丰富产品种类、创新营销模式、简化服务流程、完善投资者服务平台着手，提升服务质量；通过深入产业链探、采、选、冶、精炼、加工等各环节，融合商行、投行业务，提升产业链服务能力。三是现货运作能力。做市商需要具备强大的实物资金实力，能够为市场提供交易流动性，促进市场繁荣。要加快构建我行黄金资产池，并通过有效管理和运作，盘活资产。四是交易能力。国际贵金属做市商银行均有强大的全球交易平台，能提供24小时服务和报价。我行要积极布局全球市场，加快培育交易团队，积累入市交易经验。五是风险管理能力。要在总行全面风险管理框架下，通过搭建和完善符合贵金属业务特点的制度流程、核算体系、运行机制和业务系统，平衡好创新与风险的关系，坚实地走出一条有工商银行特色的商业银行贵金属业务发展之路。

三、2012年的任务目标和工作要求

2012年是新三年发展的基础之年，全行贵金属业务的任务目标是：业务线收入超过40亿元，交易量超过20万吨，交易额超过2万亿元，客户数达到700万户，确保我行贵金属中间业务收入四行占比继续保持总量与增量双第一。

为确保今年目标任务的实现，我提几点要求：

（一）融合集团优势推进贵金属业务深入发展。这两年来，总行通过大力发展以贵金属业务为代表的新兴业务，积极开辟新的业务增长点和多元收益来源，探索具有工商银行特色的、行之有效的利润中心经营模式，成效十分明显。未来，总行将继续加大对贵金属业务的支持与保障。全行上下要进一步加强发展贵金属业务对我行经营转型重要性的认识，通过深入学习和实践，深刻理解贵金属业务的特点，把握全球贵金属市场发展变化的内在规律，坚持贵金属业务专业化经营的战略举措、制度安排、发展路径和成功经验，不断深化利润中心改革，全面提升贵金属业务的核心竞争力。贵金属业务部作为全行贵金属业务的牵头管理部门，要紧紧围绕全行新三年规划制定的方向，加快布局、积极整合、大胆创新、扎实推进，积极主动地承担起产品线创新发展的职责。各分行领导要高度重视，率先深入理解贵金属业务特性和规律，在机构设立、人员配备、团队培训、考核激励等方面予以重点支持，要积极推动本行业务的创新发展，创造性地解决发展中的问题。各专业和渠道要以全行改革发展大局为重，全力支持、联动配合好新兴业务的发展，形成集团优势，实现贵金属业务与其他专业互为渗透、融合发展的良好局面。

（二）进一步做大市场和客户规模，提升产品线盈利贡献。各行要巩固和扩大优势，积极弥补“短板”，努力实现四大类业务均衡发展，在保持同业第一市场地位的同时，持续扩大市场份额。要继续做好专属渠道布局，加快提升产能。年内，全行要实现所有网点均能提供贵金属服务，确保网均产能提高30%。贵金属专属服务区要扩展到200家以上，其中，有回购功能的网点要达到100家。专属渠道不仅要发挥好零售、积存、回购等功能，还要进一步拓展融资类业务，探索为客户提供实物代保管、交易咨询等服务。要深化专业渠道联动，扩大业务覆盖面。加快贵金属业务在iPone、WAP等渠道的渗透，提升电子渠道自主营销贵金属业务的功能。加深与结现、金融市场、个人金融、私人银行、公司金融等专业渠道合作，共享客户资源、共建营销渠道、共创产品服务。要加大拓户力度，提升服务。借助交易市场整顿的机遇，重点挖掘、培养优质交易类客户。发挥好投资者俱乐部在凝聚客户、服务客户方面的功能，提高客户交易意愿和交易频率。各行年内都要成立投资者俱乐部，有条件的分行可以在二级分行成立俱乐部。

（三）加快打造黄金资产池，夯实贵金属做市商实力。要拓展资产池实物来源渠道。积存业务是构建资产池的主要来源之一。目前，全行户均积存还不到10克，今年要大力发展积存业务，通过整合两类积存金产品、优化提升产品功能以及降低投资门槛等措施，吸引更多的客户购买积存金，激活不动户，使户均积存黄金达到18克。总行将继续对积存金业务给予激励支持，并将研究与分行共享资产池运作收益的分润模式。加快开辟

央行借金和企业借金等新渠道，丰富实物供给来源。要提高资产池经营能力。将资产池运作与融资类业务相结合，并引入资产负债管理模式，提高资产池运作收益。要提升跨市场交易能力。总行年内将研究在纽约、伦敦、香港建立贵金属交易平台，并派驻交易团队参与国际市场交易。要致力于交易产品和交易服务的创新。总行相关部门要积极研发跨市场的交易产品，并逐步向境外延伸，通过境内外机构联动，布局国际化的交易服务网络。

（四）加快构建产业链金融服务模式，拓展服务的深度和广度。要提升与产业链需求的契合度。各行要对本地产金、用金企业的布局和需求进行调研，加强与行业领军企业、大型企业的联系，主动推介和提供合适的融资类产品和金融服务，并积极寻找创新服务的突破口。要做大做强租赁业务。全行黄金租赁业务年内要实现发生量超70吨的目标。结合黄金产业链中下游贸易特点，在深圳分行试点的基础上，大力推进贸易融资类黄金租赁业务发展。加快推出场外交付和货币资金归还方式的租赁，拓展银、铂等贵金属租赁。开发黄金远期、期权等衍生品工具，帮助企业锁定租赁价格，规避风险。要贯通商行与投行业务推动产融结合。以黄金矿业产业投资基金的设立为契机，在产业链延展、规模化经营和实施“走出去”战略过程中寻找更多的机遇，提升对产业链的综合服务能力。

（五）健全风险防控机制，推动业务又好又快发展。要突出管好交易类业务风险。总行根据上海黄金交易所新的递延业务交易规则修订了相应的业务办法，完善了保证金管理、强行平仓、限仓管理、应急处理等一系列风险管理机制。各行要加强学习，承担起风险管理职责，特别是在市场行情波动加剧的情况下，做到对风险的事前高频预警、事中监测提示、事后主动催收，减少损失，并维护好我行声誉。要提升业务风险管理系统化水平。实现贵金属前台交易平台与全行中台风险管理系统的对接，并实现对交易权限、交易限额、风险敞口的刚性控制。要进一步完善实物贵金属产品质量检测机制，切实维护客户合法权益，提升产品的市场美誉度。

（六）加快产品线机制和体制改革，扩大专业化经营优势。要从贵金属商品属性出发，加快完善实物类业务运行管理模式。推进贵金属实物产品备货、仓储、加工、销售、回购、税务等体系建设，提升运营效率和服务质量。加快建设国际标准贵金属库，并积极探索有效的贵金属库盈利模式。要深化业务核算体系改造。通过利润中心运行平台的建设，推进业务后台运营的专业化和集中化；通过构建分配账户和未分配账户体系，支持资产池运作。要完善贵金属业务考核激励体系。在维持业务线考核体系相对稳定的前提下，适当加大对各类产品量价匹配以及同业市场份额的考核。推进MOVA在业务线考核管理中的运用，主导各层级渠道分润的标准化。要加大贵金属专业机构设置和人员配备。业务收入超亿元的分行要设立贵金属业务二级部，配备专业人员不少于5人；其余分行要在现有牵头管理机构内设立贵金属业务科，专业人员不少于3人。要进一步加强全行专业人才团队建设。鼓励和支持各行开展资质类培训，增加纵横双向的业务培训交流，重点提升专业人员的国际化视野，满足业务长远发展的需要。

同志们，未来三年的目标已经明确，全行上下要以经营转型为主线，金融资产服务为抓手，努力推动产品线核心竞争力的提升和业务健康快速发展，再创贵金属业务的新跨越、新辉煌！

在中国工商银行个人金融、银行卡与私人银行业务工作会议上的讲话

张红力

（2012年4月6日）

刚才晓鹏行长就全年个人金融与银行卡工作作了重要讲话，我对个人金融及银行卡专业取得的优异成绩表示祝贺！2011年，私人银行与贵金属业务也取得突破性发展，很大程度上得益于全行“强个金”战略的深入推进，得益于我行集团优势与整体合力的有效发挥，得益于相关专业特别是个金专业的大力支持和积极配合。在此，我对全行个金专业以及所有关心、支持和发展私人银行与贵金属业务的干部员工表示衷心的感谢！下面我就贯彻年初全行工作会议关于大力发展金融资产服务业务的要求，如何抓好私人银行及贵金属业务发展讲几个方面的意见。

一、创新驱动，提速发展，2011年私人银行与贵金属业务在全行转型发展中发挥了重要的作用

私人银行与贵金属业务是全行转型发展的新兴业务领域，也是中间业务收入的新增长点。2011年，在总行党委的正确领导下，全行深入贯彻总行“打造国际一流私人银行、贵金属投资和管理银行”的战略目标，切实加快整合创新，奋力拓展市场，积极防范和化解风险，大力推进专业化经营，各项业务保持了快速稳健的发展态势，迅速成长为市场的领导者。

（一）业务规模与经营效益实现了快速增长。2011年全行私人银行客户突破2.2万户，管理资产总量达到4 345亿元，客户规模和管理资产规模均居同业首位。实现私人银行中间业务收入8.447亿元，较上年增长122%。全行私人银行客户综合贡献达到206亿元，户均贡献超过93万元。全年贵金属业务线收入达35.81亿元，较上年增长369.81%；交易额达1.78万亿元，同比增长307.41%；交易量达16.23万吨，同比增长565.10%。全行各类贵金属业务客户数达524.03万户，同比增加283.31万户。私人银行与贵金属业务不仅成为全行增长最快的产品线之一，在市场规模上也稳居同业首位。

（二）在经营转型中发挥积极影响。2011年，私人银行业务下大力气推进客户结构升级转型。全行2 000万元以上超高净值客户3 694户，较业务创立之初增长近10倍，亿元以上极高净值客户136户，呈现突破性增长。成立投融资专业服务团队，面向超高净值客户开展投融资一体化服务与结构化投资服务。在工银亚洲内成立私人银行中心（香港），推进跨境金融服务与海外业务发展。全行共建成贵金属独立专区105家、普通专区88家、小型专区1 232家。全行贵金属业务网均产能由上年的5.17万元提高到17.71万元，独立专区网均产能达到了109.04万元，全行贵金属业务客户渗透率从上年的0.72%提升到1.72%。

（三）服务创新与品牌影响持续升级。2011年，私人银行业务在投资市场整体下行的背景下为客户创造近70亿元价值，主动把握客户股权投资、风险投资的新需求，积极配置华电煤业、美的集团等PE股权产品，提高了股权类资产在客户整体资产配置中的比例。贵金属业务初步完成在零售、批发、交易、电子银行、海外等五大渠道的布局，实现了“进网点、上网站、入他行、到商场、出国门”的立体化营销。2011年我行首度获得了《亚洲银行家》与《亚洲金融》的“中国区最佳私人银行”奖项，蝉联了《欧洲货币》的“中国区最佳私人银行”荣誉，在《欧洲货币》的全球排名由上年的第31位升至第25位。贵金属业务获得了上海黄金交易所优秀会员、第一财经金融价值榜“2011年最佳贵金属投资管理银行”等奖项，并在国内率先成为伦敦金银市场协会LBMA全能会员。

（四）专业协同联动迈上新的台阶。2011年，私人银行和贵金属业务主动融入全行各项发展战略，通过建立资源整合程度高、协调高效的运行机制，发展合力进一步增强。私人银行业务与个人金融及银行卡业务协同联动，在统一客户视图下不断完善分层次的客户服务体系，相互输送客户资源、创造业务机会。私人银行客户的户均资产达到1 960万元，其中储蓄存款占比52%，户均达1 027万元。私人银行签约客户的白金卡覆盖率由3.8%提升至54%，网银覆盖率达到71%，U盾覆盖率达到54%。私人银行业务与资产管理业务协同联动，加大私人理财业务发行力度，规模增长一倍；与机构业务协同联动，主动调整代理信托业务品种与投向，大力发展煤炭资源整合项目，同比增长187.49%；与投资银行业务及工银国际加强商投互动，PE股权融资主理银行等顾问咨询类品牌业务规模达到130亿元，同比增长200%。贵金属业务也与结现等专业协同联动，形成了纵向业务线的强大合力。

二、融入大战略，体现大作为，私人银行与贵金属业务要牢牢把握“稳中求进”的工作主基调

全行工作会议强调2012年要突出把握“稳中求进”的总基调，在目前复杂多变的形势下，私人银行与贵金属作为新兴业务也要充分体现这个工作总基调，重点要把握好三个方面的关系。

（一）要把握好新业务“稳”与“进”的关系，落实好“稳中求进”的工作总基调。对私人银行和贵金属这两项业务而言，“稳中求进”以“稳”为基础，要做好接受各项考验的准备，确保业务稳健可持续发展。“稳中求进”以“进”为突破，要坚持市场发展不放松、客户规模、业务规模与盈利能力都要保持稳定增长。一是新业务的自身特质决定业务发展首先求“稳”。私人银行与贵金属业务线跨市场、跨产品与跨机构的特征突出，相对来说是高风险、高收益的业务，这两项业务还都在发展初期，我们对业务的特征和发展规律的认识相对有限，对业务创新发展过程中的风险把控能力仍有待提高。从这几年两项新业务发展实践来看，面对当前国内外经济与市场的起伏多变，新业务发展的风险不容忽视，要求我们在业务发展过程中必须强调稳字当头，容不得半点闪失。二是近几年的探索使得两项新业务具备“稳中求进”的条件。这几年私人银行和贵金属业务的快速发展，不仅形成契合客户需求、与行内相关专业合理错位的差异化业务体系和丰富的产品线，培育出具有市场领先的客户群体，其中包括一大批具备投资经验的合格投资人，也形成了一系列的业务管理系统、交易平台，制定较为完善的业务流程与制度

体系，初步具备了对主要业务风险的把控能力，按照前中后台分离的原则在内部建立了业务管理模式，在确保效率的前提下实现对风险的有效把控，初步具备了“稳中求进”的条件。三是要把握历史性机遇推进私人银行和贵金属业务快速发展。当前面对监管部门和总行整治不规范经营的各项要求，必须深入领会姜董事长提出的“三个唯有”精神，以提升银行服务为抓手，将规范收费的压力转变成为创新发展的动力，私人银行与贵金属业务价值量提升与盈利增长，要依靠持续提升专业性的服务，以新服务、新发展不断提升我行的产品竞争能力、提升服务品质和品牌形象。要认真贯彻执行杨行长提出的“四有一不”原则，对过去几年快速发展的经验进行总结，全面落实专项治理工作，确保规范经营。新形势在服务内容与品质上对商业银行提出差异化经营的管理要求，私人银行与贵金属业务的专业优势有利于推进差异化经营，以差异化创新发展的模式不断满足客户需求，避免和其他业务条线的重复经营和无序竞争，推动业务更好更快发展。

（二）要把握好高风险业务“危”与“机”的关系，主动把握形势应对挑战。私人银行与贵金属业务发展与经济环境基本面关联程度很高，如何把握新趋势，充分做好应对各项挑战的准备至关重要。一是主动应对市场波动的挑战。复杂的国内外经济金融形势加剧国内资本市场、信托市场等投资市场的波动，市场投资工具可能会更多，结构会更复杂，为客户的财富保值带来更大的挑战。贵金属业务市场不确定因素趋于复杂化，2011 年国际黄金价格的振幅就高达 37.96%。我们要对市场可能出现的波动及对我行造成的影响预估预判、制定措施、早做准备。二是主动应对客户需求升级的挑战。当前高净值客户的金融资产形态更为多元化，便利性与时效性要求更高，亟待我们不断提高金融资产服务的专业化与电子化水平实现服务差异化，做好为客户“生财、理财、护财、传财”的全价值链管理。同样，客户对贵金属金融资产综合化服务需求与个人客户专业化服务需求快速增长，带来了产品与服务创新的挑战。三是主动应对监管合规细化的挑战。年初银监会实施了《商业银行理财产品销售管理办法》，强调了商业银行对理财产品差异化管理、差异化销售和差异化服务的要求，也为私人银行的业务创新打开了新的空间。同时，随着贵金属业务发展，相关的监管规则必然会进一步细化。总体而言，监管部门的这些举措有利于整个行业的健康可持续发展，需要我们认真领会监管部门的意图，主动把握监管新规带来的新机遇。

（三）要把握好创新性业务“专”与“联”的关系，在全行“强个金”战略中发挥更大的作用。创新性业务的“专”是要发挥专业特性，实现创新突破，这是“进”的前提，“联”是要发挥集团优势，实施整合联动，这是“稳“的基础。私人银行与贵金属业务要实现稳中求进，必须做到“专”与“联”两手抓。两个专业都要不断转变思想观念，在发挥专业优势的同时，主动融入全行“强个金”发展战略，完善管理体制，发挥整体功能，加强营销整合创新，在全行“强个金”战略的推进和实践中发挥更大的作用。

一要更加突出专业性。私人银行和贵金属业务的专业性都非常明显。为在复杂的市场形势下实现客户资产保值增值，我们必须准确预判外部经济与市场发展趋势，根据客户需求，完善专享产品线，做好差异化、个性化的资产配置，要研究推广私人银行全权资产委托、财富托付等新业务，主动为客户创造更大的价值。贵金属业务产品线丰富，市场波动大，可以提供给客户更专业的产品和增值服务。为此，私人银行与贵金属业务都要在专业性上深度挖掘，在产品线上不断丰富，在服务品质上精益求精，真正锤炼出专业的“强客户、强业务、强队伍”。

二要注重发挥联动性。银行是一项团队运动，有专业分工，有前、中、后台分工，但更强调的是合作、是协同、是配合，这是银行经营发展的精髓，银行服务以产品为中心向以客户为中心经营的转变，必须依托联动，通过联动整合形成全新的服务理念、服务方式、服务流程，带给客户全新的服务体验。只有专业之间，前中后台之间协同好，配合好，才能更好地发挥好整体合力，才能真正体现大行的作风、地位和实力。私人银行与贵金属专业要主动加强与个金等相关专业的沟通，定期联系，通过沟通增进了解、促成理解，消除不必要的误会和分歧。两个专业都要主动关注和拓展储蓄存款、牡丹白金卡、第三方存管、个人和法人信贷、投资银行、结算以及托管等业务机会，促进整体业务的发展。同时，个人金融、银行卡、公司业务、投行业务、结算和现金管理业务条线也要主动支持私人银行和贵金属业务发展，做好资源共享、信息共享、服务共享等机制建设工作，做到市场联合外拓、客户共同维护，营销交叉实施，真正实现工商银行的整体合力。

三、明确目标，加快发展，不断提升私人银行与贵金属业务的竞争力

今年确定私人银行与贵金属业务的主要发展目标是：全行私人银行客户发展确保达到 2.6 万户，超高净值客户实现 5 500 户，全行私人银行客户资产确保达到 5 000 亿元，全行私人银行客户贡献超过 250 亿元，全年资产配置总量 1 800 亿元，私人银行业务线收入突破 11 亿元。全行贵金属客户数确保达到 700 万户，交易量超过 20 万吨，交易额超过 2 万亿元，贵金属业务线收入超过 40 亿元，贵金属中间业务收入四行占比继续保持总量与增量双第一。

为有效落实 2012 年各项目标任务，全行要着重做好以下工作：

（一）提高认识，加大新兴业务的投入力度。在去年召开的全行发展战略研讨会上，董事长明确提出要将金融资产服务业务作为经营转型中重点发展的战略领域。私人银行和贵金属业务都是金融资产服务中的组成部分，私人银行业务属于资产管理业务中的核心环节，定位高端个人客户市场，是推动全行个人客户金融资产服务领域的整合创新、单体价值量突出的重要业务。贵金属是账户交易类的主线业务之一，既是为客户实现资产保值增值的业务，也是为客户提供入市交易渠道以及避险、套利和理财服务的代理类业务，未来又是能向黄金资产托管、仓储服务发展的业务。全行要从总行经营转型的战略高度提高对这两项业务的认识，加快配套机制建设，加大资源投入，争取早投入、早产出、早见效。私人银行和贵金属业务要坚持业务专业化经营的战略举措、制度安排、发展路径和成功经验，做大做强市场。

私人银行业务重点要推进“四项建设”。一是加快推进私人银行中心机制建设。现有的私人银行10家分部与6家中心显著提升了高端市场竞争与服务能力，今年全行要按照总行部署，第二季度在非设分部地区分行全面推进私人银行中心建设，做到资源尽早配置、尽早投入、尽早运营。二是要推进分层服务机制建设。私人银行分部、中心要与所在分行配合，落实私人银行客户的分层服务、分层维护、分层经营，分部、中心要发挥带动作用，集中资源拓展2 000万元以上超高净值客户，深入联动分行做好800万－2000万元高净值客户市场拓展，通过分层服务机制实现整体服务有合力、专业维护有侧重，经营价值最大化。三是要加强私人银行专属电子渠道建设，加大各类电子渠道在金融资产配置与服务应用，建立多种电子化专属服务通道。四是加快私人银行专业从业人员队伍建设，加大与业务发展相适应、相匹配的人力资源投入与储备，各行要根据总行要求，选好业务骨干充实私人银行专业队伍。私人银行部要加强培训，建立岗位资格认证制度，不断提升从业人员的专业能力。

贵金属业务重点要不断深化利润中心改革，各分行要高度重视，在贵金属业务机构设立、人员配备、团队培训、考核激励等方面予以重点支持，要将重要的贵金属业务产品纳入金融资产服务业务以及重点产品激励计划范围，激发一线人员的营销热情，迅速提升贵金属业务在客户中的渗透率。要建立总分行两级“工银金行家”团队，实行分层名单制管理，总行将给予一定的资源鼓励各层级团队开展工作，力争至年末在全行初步形成一支100人左右的核心团队。

（二）不断创新，持续提升业务的核心竞争力。我们正在推进的转型发展，就是要加大金融服务的创新，寻找的新的盈利点与增长方式，在新兴业务的发展历程中，金融创新始终贯穿其中，成为持续发展的推动力。

私人银行业务要紧密围绕提升资产管理能力的核心要求，一要突出稳健类产品优势，以私人银行日、周、月三类现金管理业务为核心，加快期次类产品研发，优化期次类产品差异化配置，加强全权委托资产管理计划研发，突出我行在稳健类投资产品的竞争优势。二要加强创新类产品配置，要主动把握投资热点，加大工银瑞信专户基金、优质代理信托产品、工银国际投资基金、PE股权投资主理银行等顾问咨询业务发展。要顺应客户需求，加快TOT类理财产品、资产托付业务创新，不断丰富和升级私人银行产品线。三要加快跨境类产品和服务研发，依托香港私人银行中心研究开发系列跨境金融产品与私人信托、投资移民等非金融增值服务，加强境内外优势资源互补。各级行要注意加强这些私人银行专享产品的营销与配置力度，争取用产品和服务吸引新客户、维护老客户、稳定存量客户，形成难以模仿、复制和超越的服务优势、竞争优势。

贵金属业务要加大产品创新升级力度，以产品优势带动渠道产能的进一步提升。要重点做好积存金产品的整合优化，突出其资产配置功能和信用功能，并通过与信用卡部门的联动丰富其兑换功能，把积存金打造成为有利于提升客户金融资产配置安全性，并有利于我行黄金资产池积聚运作、提高分行效益的核心产品。同时，要进一步创新贵金属实物投资、馈赠、收藏三类产品，结合各类产品特性，有针对性地做好营销。

（三）协调联动，增强整体竞争发展能力。当前，私人银行和贵金属业务都面临跨越式增长的宝贵时机，也面临更加激烈的同业竞争与不确定的市场环境。各家银行都纷纷开设私人银行业务，信托与第三方理财也都加大资源投入，争夺私人银行客户资源。2011年我行曾经达到800万元金融资产的高净值客户近5万户，年末客户留存仅2.2万户，留存率只有45%，市场占比仅4.3%；贵金属业务同样面临着国内同业和同行的激烈竞争，并在走向国际化的进程中，与国外资深贵金属专业银行正面交锋，竞争形势日益严峻。全行要把握机遇，发挥合力，进一步加快完善市场拓展、客户维护、产品创新、资产配置在内的协调联动机制，形成全行联动、集团协同的发展格局，推动私人银行和贵金属业务的快速发展。

在私人银行业务上，一要实现市场全覆盖，形成市场联动发展，围绕资本利得、创新资本、资源整合、房产并购、实体经济、商品交易、专业投资、高收入、富二代、境外目标群等十大私人银行客户市场，多专业联动，形成针对各个市场的营销服务方案。二要实现业务全覆盖，私人银行部门要加大对客户交叉营销力度，采取切实有效的措施争揽私人银行客户的储蓄存款、第三方存管、白金卡、个人贷款乃至跨境金融业务，把“大营销、大联动”的营销机制落到实处，把客户的业务都留在工行，进一步实现客户“出国不出行，回国回工行”。三要推进项目专项开发，私人银行部要与资产管理部、机构业务部、投资银行部、工银国际等一起加大私人银行专享产品供应规模与创新力度，各分行要围绕重点业务领域向私人银行业务推荐优质项目，发展股票收益权、结构化证券、另类投资、私募股权基金等新产品与服务。争取实现将最好的资源让最好的客户分享，争取用好的资产、好的产品来吸引和发掘更多的客户。

贵金属业务一要深化零售、批发、交易、电子银行和海外机构五大渠道联动，各专业渠道要客户资源共享、营销渠道共建、产品服务共创，形成业务联动发展的局面。二要继续做好专属渠道布局，加快提升产能。年内，全行要实现所有网点均能提供贵金属服务，确保网均产能提高30%。贵金属五星级专属服务区（旗舰店）要扩展到200家以上，其中，实现有综合回购功能的网点达到100家。专属渠道要进一步拓展融资类业务，将租赁和质押业务延伸到一线专属服务区，并探索为客户提供实物代保管、交易咨询等服务。三要加大拓户力度，提升服务。借助交易市场整顿的机遇和提升“工银金行家”投资者俱乐部服务功能，重点挖掘、培养和维护优质交易类客户。

（四）合规经营，确保业务健康快速发展。今年要对私人银行和贵金属业务相关风险保持高度敏感，在业务创新与快速发展的同时全面加强风险管控。今年监管部门从多方面加强商业银行的监管，五号令颁布实施后连续开展专项检查，整治银行不规范经营，全面治理银行收费项目，这要求我们在新业务发展中一定要坚持合规经营。一要坚持将合适的产品销售给合适的客户，充分利用好监管部门服务差异化的要求，建立合格投资人遴选制度，确保代理信托、PE主理银行、私募股权等产品风险较高，对客户投资经验与风险承受能力要求较高的产品销售给合适的客户。二要坚持对高风险产品服务的专业评议与投后管理，私人银行部要把好关，对代理信托、主理银行等顾问咨询类产品逐笔进行项目评议，补充落实风险防控条款，充分维护客户利益，并落实投后管理责任。三要坚持新兴业务服务收费依法合规。私人银行业务是口碑业务，私人银行和贵金属业务各项服务中一定要坚持“四个有一个不”的原则即“收费要有充分依据，根据政府定价或银行根据市场自主定价；有完备的合同协议，规定服务内容和服务标准；有真正的服务，价有所值；有经得起检查的记录，建立完备的台账。不能搞综合收益拆分”。要以专业服务、严谨规范管理、客户增值的结果持续提升业务经营能力与竞争能力。

贵金属业务集货币、交易和商品属性于一体，需要在加快服务和机制创新中控制好业务风险。一是要鼓励基层网点在开展贵金属业务的实践中积极总结经验、大胆探索既符合监管要求、又顺应贵金属业务特点的营销服务模式，以增强客户体验为目标，不断精简业务流程、提升运营效率。二是全行要加大交易类产品的投资者风险教育，引导合适的客户购买合适的产品。三是总分行在各自的职责范围内要加强业务风险识别和监控，促进业务快速健康发展。

今年是全行大力发展金融资产服务业务的开局之年、启动之年，私人银行和贵金属业务是金融资产服务业务的重要组成部分。希望大家再接再厉，加快两项业务的市场拓展和产品创新，强化专业协同和风险管理，全面开创私人银行和贵金属业务发展的新局面。

在中国工商银行与中国“走出去”企业业务研讨会上的讲话

张红力

（2012年5月16日·根据录音整理）

很高兴大家在百忙之中参加今天的研讨会。今天的会议是中国工商银行首次举行的中国企业“走出去”业务研讨会，是非常重要的一次会议。借此机会感谢政府各部门和企业界朋友多年来对工商银行一如既往的支持，同时也对大家今天参加这次研讨会表示热烈的欢迎。

今天是研讨会，借这个机会我有两方面的想法想和大家做一个交流：第一是对我们国家“走出去”战略的一些感受；第二着重谈一下工商银行为什么是中国企业海外“走出去”的首选银行。

一、如何看待中国企业“走出去”

当谈到“走出去”战略或任何战略的时候，我们都应该有一个历史的思维，要有一个现代世界的眼光，同时也要考虑中国的国情。从历史上来看，我们中华民族并不是一个很擅长“走出去”的民族。回顾中华民族过去的近两百年历史，从1840年鸦片战争到1949年，是中华民族积贫积弱、灾难深重、救亡图存的一百年；新中国成立迎来了民族独立、人民解放，中华民族踏上了伟大复兴的腾飞之路。

当我们回顾历史并搜寻中华民族“走出去”足迹的时候，除了想到元朝的铁骑走遍中东、非洲和欧洲部分地区之外，可能最多想到的是郑和在公元1405年后的28年间七下西洋。当时郑和的船队最多有200多艘船，每条船125米长，而80年后哥伦布发现美洲大陆的时候，他的船才3条，而且只有25米长，也就是说他们整个船队加在一起还不如郑和当时的一条船。但是当在座的各位走遍世界各地的时候，包括今天在主会场和各地视频连线分会场的都是与我们国家“走出去”有关的企业和人员，我们会发现很多国家说英语、西班牙语、葡萄牙语、荷兰语、法语，说这些语言的地区远远大于这些国家的本土。

所以，当我们羡慕我们祖先聪明智慧的时候，也不断在感叹他们并没有留给我们“走出去”的习惯，包括我们土地的命名都叫“天涯海角”等，而不说“大地到此结束、海洋从此开始”之类，所以我们的传统文化中没有太多的经营海外、经营海洋的因素，这是我自己的感受。1840年鸦片战争的时候，当时的清王朝GDP是世界第一，是英国的八倍，但英国的二万军队能打败清王朝的八十万军队；1850年英法联军几百支枪能把三万五千人的清朝防守队伍全部打败；八国联军入侵，甚至甲午海战，我们都不是弱方，但是我们却都败给了兵力不如我们的国家。所以我们有时在感叹，几百年后，当子孙看我们这代人的时候，他们想到的是中国共产党带领着全国人民，带领中华民族在全世界真正站起来了，同时我们这代人也能够和平地“走出去”，在海外、在世界各地留下我们的足迹，真正是第一次腰板挺拔地“走出去”，而不是像在过去几百年以难民、奴隶或苦工的形式在北美、非洲、欧洲出现。所以我说从历史上来看我们的祖先并不很擅长“走出去”，我们从中应该吸取更多的经验和教训。

我想说的第二点是要用现代的目光和全球的视野来看待“走出去”战略。中国经过30多年的改革开放，实现了年均9.8%的GDP增长，同比是世界最高的。若按照1949年新中国成立到今天的63年来计算，年均GDP增速大概6%，同比也是全球最高的。按照企业运营准则来讲，共产党这个管理层领导全国人民给“股民们”带来了最大的实惠，这个管理层就要得到奖励，就要永远地执政下去。但现在受部分社会媒体和一些所谓专家的影响，我们在宣传上强调党的领导少了，对于党和国有企业的地位、发展作用和领导人员应有的正面评价也羞羞答答、遮遮掩掩，实在不应该。

此时此刻，历史在呼唤着中国“走出去”。为什么？因为我们的经济已经日益融合到世界经济当中。根据最近所见数字，去年我们的能源55%依赖于国外，我们的铁矿石及很多矿产品大部分依靠国外，甚至我们的农产品都依赖于国外了，例如大豆、棉花、玉米，我们的大豆年产量1 500万吨，但进口量约在3 700万吨至4 700万吨。中国经济已经充分融合到了世界经济当中，无论是资源配置还是未来的内、外部发展需求都在呼唤着中国企业代表中国经济“走出去”，实现全球布局。这样的特殊发展阶段十分难得，历史机遇呼唤着我们的企业一定要勇于承担责任，做大做强，珍惜今天来之不易的成绩，走向世界。

我认为中国未来应实现三个方面的转变。第一是我们国家从GDP向GNP的转变。GNP是衡量一个国家的企业在全球的生产总值，而GDP是在自己本土上的范畴。中国的GDP去年达到了世界第二，超过了日本，但是我们的GNP还不到日本的一半。日本在三四十年前就已经完成了能源、化工、汽车等行业的全球布局，而且非常立体化，是通过他的九大综合商社来完成的。20世纪90年代我在美国留学的时候，美国要抵制日货，可最终发现在抵制谁呢？这些产品都在美国生产，只不过挂上日本品牌，结果整个抵制日货不了了之。我看过一个数字，但未核实真伪，澳大利亚铁矿石出口的60%控制在日本公司手里，因为离开口岸的矿石，他们的贸易公司在多年前已经签约。但我们在世界上几乎听不到反对日本的声音，日本企业的哪些经验值得我们学习呢？甚至日本的农业也已经充分的综合化，我说的综合化是上下游一体化来进行。所以说我们国家必须从GDP向GNP转型，才能适应整个民族的发展，才适应国家未来的发展。很多事情不仅仅是一个GDP的问题，例如养猪这个事情，我们最近在看一个项目，说是在一个国家大概有3 000万头猪可以养，我说这个项目我们一定要投，因为养猪是需要占地的，很少有人可以成功把猪养活在二层楼上的，它们一定要接地气，还有隔离带的设置等，这不是一个简单的供应和需求问题，是有限的土地资源的占有和使用的问题。其他还有很多例子，包括一系列问题，使我觉得中国必须从GDP向GNP转变。

第二个需要转变的方面是中国要成为一个投资大国。日本当年的发展模式就是把国内的价格稍微提高一点，辛辛苦苦认真工作，通过出口挣取外汇，然后拿这些外汇买一些非常急需的技术、产品以及设备来进行发展。但是同时要放开自己的市场，要迎接外界的投资。亚洲“四小龙”的发展当时也是复制了这个模式，中国这些年的发展在一定程度上也有这个模式，而且中国人做得更好，亚洲金融危机更使大家重视外汇储备的重要性，所以我们积累了大量的外汇储备。但是日本和“四小龙”给我们的一个启示是外汇储备积累了很多，然后没地方放，外汇又这么珍贵，所以就投到美国买债券，美国的债券几十年下来平均回报率在2%到3%，而由于你开放市场，美金又重新投过来，一般得到的回报是15%到20%之间。一个是股本回报，一个是债务回报。这样就形成一个怪圈，著名的经济学家斯蒂格利茨将它叫做“斯蒂格利茨怪圈”。对美国人来说，用同样的外汇，之所以你拿2%—3%的回报，而我来拿15%—20%的回报，具体结构不谈，他认为是叫做知识资本，所以我可以依靠它来进行投资。这个怪圈的存在，能不能改变？很难，因为投资是一门高深的学问，在座的每一位，66家工商银行的重点客户都做过这方面的尝试，你们也知道投资有多么难，短时间很难改变。但这个怪圈一定要改变，我们一定要加大投资，利用好我们的外汇，使我们的投资回报能够更高。在这些方面，我想我们都需要进一步努力，特别需要有懂投资的人才。

第三个“走出去”方面应该发生的转变，就是我们国家将要成为世界第一的进口大国，要思考怎样利用这个影响力来为国家的政治和外交服务。我们怎样才能将中国这么大的进口利用起来，为我们国家和中华民族屹立在世界上做出一点贡献，是非常值得思考的事情。我们的进口每年这么大，而且我们每天说世界政治经济环境变化莫测，这其实都是很正常的事情，如果不变化就有问题了，变化是绝对的，我并不觉得今天的变化比过去的变化更复杂，但是如何抓住这些机会，倒是我们整个国家和每个企业都需要考虑的战略。我们在海外投资很艰难，有政治环境的变化，有非控制的环境发生的变化，有我们自己经济投资的变化，有员工问题、法律问题等一系列问题，都需要面对。仅仅成为一个出口大国是没地位的，比如德国、日本，都是世界上最出名的出口大国，但他们的政治地位并不是很高。只有成为进口大国在国际上才有地位，我们现在已经有这个地位了，要利用好这个地位来发言、来影响世界游戏规则的制定，更好地为中国企业“走出去”服务。

中国企业“走出去”已经取得了非常大的成绩，当然也存在诸多挑战。截至去年底“走出去”的总量在180多个国家设立了1.5万多家企业，投资金额应该是600亿美元，可以说做得非常好。“十二五”规划把“走出去”作为国家战略，十七大报告也把“走出去”写入其中，可以说政府对“走出去”是相当支持的。企业“走出去”也形成了很多成功案例，在座的企业有的是跟工商银行完成了一些项目，有的是正在做一些项目，都是中国企业“走出去”的主力军，也有很多心得、很多辛酸能够与大家分享，因为“走出去”确实是相当的不容易，我们需要勇气、需要担当、需要包容，因为我们可能会失败。每次到海外与中资企业一起座谈的时候都能学到很多，都非常受启发，都对未来的工作有相当大的鼓舞和支持。因此我也充满信心，今天的会议一定会开好，一定会非常有效，能够真正作为一个研讨会畅所欲言，帮助我们解决“走出去”当中存在的问题和挑战。工商银行也会分享自己“走出去”的经验以及能够提供的服务内容，当然我们也有一些具体项目来跟大家一起商讨。

以上是我对“走出去”战略的一点个人体会。我们站在一个历史性的转折点，今天在座的所有人作为亲身参与者相聚这里，或者说站在这个高度，帮助我们的国家和民族，帮助我们的企业“走出去”，我们确实在做一件我们祖先都没有做过的新事情，我也感到非常自豪和荣幸，能跟大家共度今天并进行研讨。

三、工商银行是中国企业“走出去”的首选银行

工商银行“走出去”有二十年的历史，我们现在海外33个国家和地区有239个分支机构，同时我们与1 669个代理行有各种各样的金融往来。工商银行的“走出去”相比其他中资银行起步稍微晚一点，但步伐非常快。我们抓住了两次金融危机的机会积极“走出去”，我们坚持自主申设和收购并举的原则，有的分支机构以公司业务为主，有的则是公司零售兼营，根据不同市场、不同地区来确定经营策略。在完成海外布局的同时，我们加大了科技投资，所有海外分子行均与总行联网，也就是说我们知道海外分行在做什么，知道他们每一笔业务是怎样操作的，这样就增强了总行对风险把控的信心。有了信心我们就更有干劲来把海外业务做大。同时我们的多条主要产品线一直在积极拓展海外市场，今天总行17个相关业务部门的负责人在主会场参加会议，全行34个一级（直属）分行在所在地开通视频参加会议，体现了工商银行对中国企业“走出去”的承诺和信心。另外，我们海外金融产品种类已接近3 000个，可谓品种齐全，服务周到；海外员工达到5 720人，90%以上都是当地员工，可见工商银行对境外机构本土化的重视。工商银行还有更大的承诺，我们希望今年境外网络从33个国家（地区）达到接近40个国家（地区），并在三年之内达到50个国家和地区，同时在科技、信息、网络方面均要与总行进行紧密连接。我们也会加大人才培养，去年工行派出了200名优秀人才去海外学习工作一年，今后十年我们每年都要派出200人，这样十年后就有2 000名熟悉海外市场和业务的专门人才。我们设想，当某一天我们要收购某个境外银行的时候，就可以派出上百人的团队直接接管。若现在你把一个国际大行，比如花旗银行白送给我们，我们都要考虑能否接受，因为目前还没有合适的团队把它接管下来。所以说工商银行重视海外业务发展的同时，将更加注重海外人才的培养、更加重视境外相关产品的开发和创新，努力研发一些适合海外客户以及中国企业“走出去”的产品，为大家提供更加全面的服务。

在中国工商银行部分分行商品融资业务座谈会上的讲话

张红力

（2012 年 8 月 6 日·根据录音整理）

今天会上 15 家分行进行了汇报，这 15 家分行代表性很强，有起步较早、业务规模大、创新能力强的，有近年业务增长很快、发展迅速的，也有业务起步较晚、但潜力很大的分行。大家的发言分析了形势，交流了经验，提出了问题，探讨了解决方案，可以说是有的放矢、实事求是。总行召开这次商品融资业务专题座谈会，主要任务是贯彻年中分行行长工作会议精神，落实全行公司和信贷工作会议各项要求，交流商品融资业务发展和组织推动经验，结合经济形势分析面临的机遇和挑战，明确当前和今后一个时期的发展思路和业务重点。结合这次会议情况，我讲以下几点。

一、商品融资业务实现了跨越式发展

（一）商品融资业务发展历程及同业地位。2006 年晓鹏副行长与中外运公司总裁会谈时，了解到中外运正在与股份制银行合作质押监管，晓鹏副行长回来后向姜董事长作了汇报，并责成总行营业部马上研究，营业部牵头与几个部门一起开发了商品融资业务。2007 年商品融资业务开始试点，2008 年全行推开，2009 年余额达到 290 亿元，2010 年余额达到 560 亿元，2011 年余额突破 1 000 亿元，到今年 6 月底余额达到 1 200 亿元。业务规模居同业领先位置，接近实现了姜董事长提出的力争 3 - 5 年打造全国第一商品融资银行的目标。这项业务行领导非常重视，姜董事长和杨行长在相关报告上都做过重要批示。李晓鹏副行长曾经在长院为商品融资培训班授课，易会满副行长连续两年召集分行就商品融资业务开展座谈。去年我分管公司二部（营业部）以来，在姜董事长、杨行长的关心和大家的努力下，实现了业务翻番，今年上半年虽然遇到一些挑战，但是增幅高于全行贷款平均水平。据与我行合作的 6 大全国性物流公司（市场占比在 50% 以上）统计，我行业务比重总体超过其业务总量的 30%，其中在中外运等 4 家公司中居第 1 位。随着融资规模的扩大和创新能力的增强，我行商品融资业务在业界影响和知名度不断提高，品牌形象逐步确立。2011 年，在《经济观察报》主办的第四届“中国卓越银行”评选活动中，我行再度荣膺“中国卓越商品融资银行”奖，反映了银行同业、权威媒体、学术机构和客户对我行商品融资业务的广泛认可。

（二）产品体系日益完整，业务管理和推动机制逐步完善。在外部影响力不断扩大的同时，总分行也在不断探索适合产品发展的业务管理和营销推动体制，不断推出新的产品模式，丰富产品体系。在产品结构方面，从开办初期的静态质押、动态质押和信用证项下质押融资三种模式，已经发展到包括核心客户经销商群融资、专业市场集中融资、港口商品融资等 10 余种融资模式。从区域结构上看，除西藏分行外的 37 家一级（直属）分行均开办了商品融资。特别是黑龙江、河北、河南、山西、辽宁、江西、宁夏等一批东北和中西部地区分行通过将总行产品与当地资源结合，取得快速发展，成为业务发展新的生力军。从管理体系上看，总行对商品和物流监管公司实行了名单制管理和动态调整机制，并通过商品融资信息网发布商品每日价格，出台了债项授信等一系列配套政策，有效地推动了业务开展，防控了商品和物流监管风险。在业务推动方面，总行建立逐级培训机制和联系人制度，2011 年、2012 年两年分解下发了发展指标要求，对于重点项目、重点客户总行直接参与方案设计和业务营销，推进了业务开展和产品创新。

（三）商品融资成为信贷结构调整的重要载体。结构调整是我行近几年来信贷业务发展的重要方向，是优化信贷资产、提高收益水平的重要举措。商品融资面向实体经济、创新担保方式解决中小企业融资难题，促进社会商品流通，不仅具有重要的社会意义，同时以经济资本占用少、周转快、风险低、收益高的特点，在全行信贷结构调整中发挥了重要作用。2011 年全行商品融资增量在国内贸易融资中占比 23%，年末余额占比 17%，成为第二大产品。在东北和中西部地区分行，商品融资业务对调结构作用更加明显，比如黑龙江一些二级分行和县支行恢复信贷业务后，利用当地资源大力发展商品融资，有效拓展了客户、锻炼了信贷队伍、恢复了经营活力，开办业务支行超过 50 家，去年末商品融资占国内贸易融资和流动资金贷款比重分别达到 80%

和23%；宁夏分行商品融资占国内贸易融资和流动资金贷款比重分别为70%和35%；山西分行相应占比为57%和19%。

（四）商品融资成为增收拓户的有力抓手。商品融资业务开办以来，在客户拓展方面也取得了明显效果。据公司业务二部统计，商品融资业务累计拓户近万户，截至2012年6月末有余额客户5 755户，较年初净增758户，其中小企业户数占比约四分之三，贷款占比43%；大中型客户数量占比四分之一，贷款占比57%。商品融资拓户贡献还是相当大的，今年上半年新增客户占同期新增公司客户的10.7%，有的分行甚至占到新增公司客户的40%。在收益方面，由于客户整体结构偏中小，我行议价能力较强，整体收益较高，2011年全行商品融资贷款综合收益率达到基准利率上浮35%。商品融资对整个公司业务的发展，对中小企业的发展，对落实工商银行党委确定的转型发展战略起到了重要作用。

二、当前面临的主要问题

去年以来，国内经济形势发生了很大变化，对企业经营和银行信贷的影响逐渐显现，商品融资在业务拓展和风险防范方面都遇到一些挑战，从各分行发言和总行近期调研中，我们也看到了这一点。概括说主要有两个方面：

一是不良率持续上升，风险防控压力加大。商品融资业务自开办以来，不良率长期保持在0.1%的较低水平，但去年下半年，商品融资风险事件有较大幅度增加，截至今年6月末，共有66户、6.39亿元不良贷款，不良率达到0.59%，16家一级（直属）分行的40家二级分行出现不良，其中江苏、河南、吉林、甘肃、湖北、宁波6家分行不良率超过1%，安阳、吉安、陇南、包头、信阳、嘉峪关、长治、南通、松原、牡丹江10家二级分行不良贷款余额超过2 000万元、不良率超过3%。风险事件的增加，从外部原因分析，首先有经济环境变化的影响。去年以来世界经济低迷，国内宏观政策从紧，大宗商品价格持续下跌，钢铁、有色、能源、造船、纺织等多个基础性行业出现大面积亏损，许多中小企业销售萎缩、还款能力下降，包括商品融资在内的短期融资不良率都有所上升，比如山西6户煤炭企业、江苏5户造船企业因行业不景气集中出现商品融资逾期。其次，在资金短缺的情况下，一些客户铤而走险，欺诈问题凸显。在不良贷款中，有23户、2.31亿元存在质押商品以次充好、以假充真或者权属不清问题，占到整个不良贷款的三分之一。第三，存在部分物流公司监管失职问题。近几年国内同业商品融资业务发展很快，与其配套的几大物流公司的监管业务也大幅增长，一些地区的业务管理不到位、监管员责任心不强，出现了违规放贷、质物丢失等问题，形成融资风险。第四，一些地区的信用环境不佳，出现了银行质物被强抢、我行合法质权得不到当地司法机关保护等问题。除了外部客观因素，风险事件的出现也反映出我们在业务管理和具体操作中存在问题。一是放松对客户的选择和经营情况跟踪。商品融资不设信用等级的准入门槛，但不等于什么客户都能进来，要求客户生产经营正常、信誉良好。从出现风险的案例来看，经办行往往疏忽了对客户情况和资金用途的调查了解，导致企业故意骗贷、挪用资金等问题，比如江苏盐城分行为某钢贸企业发放商品融资，一个月后即形成不良。另外贷后对企业经营情况不跟踪掌握，对企业经营困难、长期停产等风险隐患没有察觉，等到贷款逾期才发现问题。如吉林松原分行为某化肥厂发放商品融资2 300万元，在一年贷款期内企业持续停产，也没有化肥进出库，直至贷款到期才发现企业造假骗贷问题。二是业务人员对商品不熟悉，贷前质物检验和贷后管理粗放，认为商品只要交给监管公司就行了，没有按管理要求履行核押、现场巡查、质物抽检等工作，给不良企业以可乘之机。比如江西某企业利用银行人员不熟悉商品的漏洞，以锌锭冒充银锭质押骗取新干县支行4 000万元贷款，直至贷款到期才发现问题。传统流动资金贷款要求对企业严格筛选和准入，商品融资淡化了对企业的考量，但需要对商品的严格管控，这些案例反映出一方面对质押商品管理不到位，另一方面对企业情况也没有及时跟踪和掌握，就容易出问题，这些隐患在经济上行期不容易暴露，但进入经济下行期后，最终将形成融资风险。三是质物处置过程比较缓慢。商品融资以商品为首要还款保障，当企业无法还款或违约时，银行可以根据合同约定直接拍卖或变卖质押商品受偿，总行在办法规定中也强调业务办理前要制定可行的商品处置预案。但在具体风险事件出现后，经办行往往不愿或者不能处置质物清偿贷款，仅仅通过法院起诉判决一种方式来处理，不仅时间长，而且其间极易发生商品变质、短少甚至被偷盗哄抢等情况，最终造成损失。

商品融资是一种结构化产品，专业性强，对操作人员的商品知识、风险意识、责任意识以及过程管理能力要求比较高，业务操作合规、管理到位风险就低，如北京分行CBD支行曾为某医疗器械经销商办理商品融资2 000万元，后该公司因涉及经济和刑事案件濒临破产，但由于分行贷前做好了周全的处置预案，质押商品按原有销售渠道顺利处置，我行融资提前收回。又如江苏扬州分行，通过商品融资拓展了当时的优质客户某铜业公司2 000万元贷款，后该公司因企业法人涉赌，经营恶化，我行信贷人员通过定期现场检查及时发现苗头，并拟迅速处置商品，迫使借款人提前偿还了融资，没有遭受任何损失，在该案例中我行成为多家银行中唯一全身而退的银行。这说明只要管理到位，商品融资是能控制住风险的好产品。在当前复杂的经营环境下，各行要严格按照操作流程管理，提高从业人员的专业素质和责任心，防范业务风险。

二是业务发展速度放缓，增长乏力。进入2012年以来，全行商品融资业务增速有放缓迹象，上半年贷款增量为152亿元，低于去年同期增量，仅完成年度计划的四分之一，5月甚至出现了余额下降情况。这里面有经济下行导致企业有效融资需求萎缩，资金面放宽又加剧了同业竞争的客观因素，但是另一方面也反映出一些分行在目标市场选择、客户储备、新产品新模式应用等方面存在一些问题，业务拓展缺乏新的增长点，基于重点行业供应链、产业集群的客户开发、港口商品融资等新的业务模式开展情况不够理想。特别是部分前期业务增长较快、规模较大的分行，如黑龙江、山西、上海、江苏等分行今年以来出现了增长乏力、后劲不足的情况。另外，各分行业务发展不平衡的问题虽有所改善，但仍然比较突出，一些信贷大行和资源丰富的地区没有用好这个产品，业务拓展的主动性不强，业务潜力没有挖掘出来，这里面关键还是认识问题。

三、对业务发展的几点认识

（一）要高度重视当前形势和风险问题。当前经济形势比较复杂，实体经济经营困难，整体信贷风险在增加，商品融资的风险防控和业务拓展的困难都比较大，对于业务发展中的问题，我们要引起足够重视，积极采取有效举措。在风险防控方面要调整以往对风险认识的观念。商品融资以商品为首要还款保障，因此管控好商品是风险防范的关键。但商品管理不仅仅是物流公司的事情，在商品权属审核、初始品质检验以及商品处置等环节都需要银行把好关。同时总行选择大型物流公司主要基于其对商品“看得住”和“赔得起”的特点。但从风险事件的处理看，对于责任清晰的小额融资，物流公司能及时赔付，对于上千万元的融资，物流公司往往要等法院裁决方能赔付，而较长的诉讼时间会导致不良贷款不能及时化解。为此，在商品监管环节我们要将风控措施由“赔付”前置为“看住”，改变以往“监管是物流公司的事情，与银行无关”的观念，加大对物流监管现场的巡检，督促监管公司加强内部管理和认真履职，保证商品安全。另外不要将商品融资作为一种“典当”去理解，贷前贷后都要关注企业经营情况，落实第一还款来源和商品处置渠道。

上半年，总行对部分监管现场进行了突击检查，对检查中发现的问题已通报相关物流公司总部并要求其进行内部全面自查。7月初总行又下发了《关于开展商品融资物流监管现场检查的通知》，各行要高度重视此次检查工作，主管行领导牵头成立检查领导小组，主管部门组织制订切实可行的检查方案，认真落实现场检查要求，对辖内所有商品融资监管现场逐户进行风险排查，特别是对风险集中地区、行业以及采取输出监管方式办理的业务要进行地毯式现场排查，对发现的问题要及时采取有效举措。其中对客户经营情况不佳、商品价格波动较大的业务，要落实商品处置预案和风险事件处理预案；对出现质物短少或以次充好的，必须要求借款人及时足量补货或提前还款；对质物存放地点偏僻、监管公司对现场把控能力差的业务，要结合企业情况制订贷款压缩退出方案，或者将质物移库保管；对品质差异大、易于掺假造假的商品，要加强品质检验频率，保证质押商品安全。对于检查中发现的监管公司管理混乱、监管员脱岗或现场操作不规范、存在风险隐患等问题，要及时通报监管公司并提出改进意见，必要时暂停业务合作。对于客户经营恶化、出现严重经济纠纷、欺诈、法人代表或实际控制人有诚信问题或不良恶习的，要通知监管公司高度关注质物安全，并尽快处置质物收回贷款。

（二）正确看待商品融资业务。对商品融资业务要做到三个正确看待。一是要正确看待这个产品。该产品在商品的准入上，选择品质标准、价格透明、变现能力强的大宗初级产品，在价格管理上，建立了每日盯市和跌价补货机制，对商品的控制由第三方物流公司负责监管，应该讲在结构设计上是一个能控制风险的好产品，尽管去年下半年以来出现了一些风险事件，但这些风险主要出现在操作环节，因此，我们不能因为这些风险事件而动摇对产品的信心。

二是要正确看待当前环境下业务发展所遇到的困难。经过几年高速发展，商品融资余额超千亿元，累计发生额逾4 000亿元，由于客户群体主要为中小客户，受经济调整的冲击更大，不可避免地会暴露出一些风险。面对这些风险，我们不能望而却步，而是要冷静查找在管理和操作中暴露的问题，通过改善和加强管理，为进一步发展奠定更坚实的基础。我认为，这次危机虽然暴露出一些风险，但也是对产品难得的考验机遇，也恰是我们理清认识，改善管理，严把操作流程的一次危中之机。利用这次危机，我们好好做做自己的功课，查找管理和操作上存在的问题并加以改善，这样才能健康发展，才能走得更远。

三是要正确看待与物流公司的合作。商品融资风险事件增加也暴露出很多监管方面的问题，让我们认识到尽管我们合作的主流监管公司都是中外运等大型央企，但因这些公司在各地区的管理能力和履职水平上存在较大差异，一些地区由于监管不到位导致质押商品减少或丢失，在分行索赔时又由于流程过长使风险不能得到及时化解，部分行对这些公司失去信心。这些公司均为央企，赔付能力方面问题不大，主要问题在于诉讼和赔付时间过长。对此，总行公司业务二部要加强与物流公司总部的沟通和协调，督促其尽快解决。关于与物流公司关系我再谈两点，第一要引入竞争，引入新的物流公司。目前6大公司是市场上商品监管的主流，各行对6

大公司的依赖度较高，我行余额占比82%的商品由6大公司监管。下一步发展中我行要适当降低6大公司业务占比。目前总行正在新增2家全国性物流监管公司，由6大公司增加到8大公司，以后也不仅仅局限于8家，还要继续扩大全国性公司。对于全国性物流监管公司分支机构少的地区，一级分行要发挥主观能动性，在当地发展、培养一批实力较强、值得信任、符合工商银行文化和要求、了解工商银行操作标准、能够切实履行监管责任的监管公司来为我们服务，宁肯刚开始银行让点利，也要把监管公司培养出来，共同发展，共同把业务做好。分行要积极与物流公司就价格、大小项目、监管场地等进行一揽子谈判，这样既可以解决我们小项目监管难收费高等问题，也可以均衡一下各监管公司的风险和收益。第二要树立正确的合作意识。我们与监管公司的关系不是简单的甲方乙方关系，而是一种合作关系，相互尊重、寻求共赢是合作好的基础。与物流监管公司不仅仅要谈判议价，更要共同树立标准。在项目初期就让监管公司参与进来，共同制订方案，若因为一些小的事情破坏合作的大局是得不偿失的。商品融资业务发展潜力很大，但没有第三方监管无法开展业务，发展好不好也与监管公司密切相关。因此总分行要从长远发展，从合作伙伴的角度出发，一方面增加竞争、减少对某些公司的监管依赖度，另一方面妥善处理好与这些公司的关系，既让他们感到相互之间有竞争，又要感到我们真诚地把他们作为合作方来对待，真正做到双赢。

（三）稳步推进商品融资业务开展。下一步工作中，要牢牢把握稳健发展这个中心，在发展中解决问题，发展业务和控制风险两手抓、两手都要硬。对于商品融资业务发展来说，当前有几点认识需要进一步强调。一是贯彻总行信贷结构调整要求、打造第一商品融资银行的指导思想不能放松。经过几年的快速发展，在业务规模上我们已经做到了第一。对目前面临的挑战和出现的问题要正确对待，这些问题都是发展中的问题，办法总比困难多。目前正是我们更好地缓一缓、想一想，夯实基础的最好时机，为下一步健康发展创造条件。要认识到，第一商品融资银行不仅仅是在总量上做到第一，在流程上、与物流公司合作上也要第一，在管理上更要第一，而且一定要与第二、第三拉开距离，取得压倒性优势地位，这是打造第一商品融资银行的指导思想。信贷结构调整是总行党委2011年提出的重要战略决策，是实现工行信贷业务可持续发展、保持盈利可持续增长的需要。商品融资作为服务实体经济、满足中小企业融资需求的信贷产品，在承接四大板块压降、推动信贷结构调整特别是促进中西部地区信贷转型方面具有积极意义，行领导对商品融资业务的发展也寄予厚望。商品融资业务市场空间很大，中国是工业生产大国，也是大宗原材料消费大国，每年钢铁、有色、能源化工、农产品等主要大宗商品的产销额超过20万亿元，但估计目前同业全部商品融资余额仅5 000亿－7 000亿元，很多融资需求没有得到发掘，业务潜力仍然巨大。同时商品融资也是银行信贷回归流动资金贷款的本质，实现物资流、信息流、现金流统一的有效工具。通过结构化设计将企业信用风险转化为商品风险，以商品价值作为还款保障，进一步强化了风险防控机制，应当说只要严格按总行规定进行操作，业务风险是可控的。比如对于前期媒体报道较多的钢贸企业贷款问题，相对于联保贷款和担保公司保证贷款，商品融资能够控住货物，风险相对还是小的。因此总行大力推进业务发展的方向不会变，各行也要加大推动和宣传，进一步增强客户的认知度和市场影响力，让更多的客户知道商品融资这个产品，使工行商品融资成为客户首选品牌。现在有些分行的行领导不够重视这个产品，对业务的推动力度不足，总行要进一步加强与省分行的沟通。

二是对新产品的研发和推广工作需要进一步加强。从业务规模上看，工行的商品融资业务已经居于国内同业领先位置，但在产品结构、业务管理、服务水平、操作流程等方面与国际先进银行相比还有差距，比如我们开展的业务多以单点融资业务为主，实现方式主要是现货的质押，而国外商品融资往往是针对某个产业链的整体融资，资金封闭循环、物流与资金流严格匹配、同时附加商品价格对冲机制、经纪业务、财务顾问、回款账户质押等其他结构设计，在满足客户整体金融需求的同时最大限度地保护银行融资安全。因此，我们要深入学习借鉴国内外同行的先进经验，加快从单户业务营销到集群式客户开发，从单点业务到上下游一体化的设计，积极推进商品融资在供应链客户中的应用，推动标准仓单融资、网上商品市场融资等创新模式的推广应用。要充分发挥工商银行产品种类多、品种全的优势，加强商品融资与其他产品的组合营销，比如贵金属作为价值高、易保存、变现快的一类重要商品，商品融资与贵金属业务结合具有很大的发展空间，此前吉林、辽宁、河南等分行开展了一些业务，但业务总量还不大。在这方面可以充分发挥贵金属业务部在价格监测、品质检验、实物存储、商品处置等方面的专业优势，总行可以创新出一些新的业务模式、提供更多的支持给分行，协力做大贵金属商品融资业务，同时也为贵金属业务客户提供更有效的融资工具。另外还要加强与物流公司合作，积极研发推广“储商银”等物流金融一体化业务模式，在有效控制风险的同时推动业务增长。

三是业务经营管理水平需要进一步提高。商品融资具有“参与主体多、商品种类多、客户类型多，法律关系复杂、操作流程复杂”的特点，对产品管理和业务经营的专业性要求很高，因此做大做强商品融资业务必须进一步提高专业化管理和经营水平，从总行到各分支行都要加强精细化管理。总行要实现对业务管理的信息化，及时准确掌握每类商品的业务开展情况、客户情况、价格变化情况等相关信息，要认真扎实做一些分析研究工作，通过信息平台及时给分行提供业务开展建议、风险提示等指导意见。分行要加强业务营销和前中后台配合，营销要有重点，切忌胡子眉毛一把抓，风险防控要有抓手，杜绝只放不管的放羊式管理。

四、下半年工作的具体要求

（一）落实总行要求，切实防范业务风险。在当前经济形势下，要下大力气抓好业务风险防控。一是严控商品准入。现在全国性商品目录120余种，占全部商品融资余额的97%，区域性商品目录170余种，业务占比仅3%。尽管每个地区都有特色，但要对区域性商品的投资回报率进行分析，对确有发展潜力、能带来较大综合贡献、具备地方特色的方可准入。对于一些不易存储、易腐烂的商品或者是监管现场比较偏远的是否要做以及怎么做，要分析把握好。因为商品融资专业性比较强，商品种类越多，我们需要分析和投入的也越多，在有限的资源下，首先要考虑做什么样的商品才是最经济的。同时要加强准入后的管理，对目录进行动态调整。细化贷前贷后的商品检验要求，严防商品以次充好、以假充真。二是落实对物流公司“有进有出”的动态管理。近期总行已将21家存在风险隐患及业务开展不力的监管企业调出合作名单，并将20家监管企业列入观察名单，下一步还将出台物流监管企业合作管理指导意见，各行要落实对物流公司的动态考察和评估要求。具体业务中加强与物流公司的沟通和配合，严格执行监管要求及质物情况定期报告制度，及时化解监管风险隐患，妥善处理风险事件。对于出现经营管理混乱、赔付能力恶化等威胁我行质押商品安全的监管企业，要及时上报总行启动退出机制。三是把好客户准入关。商品融资对企业淡化考量决非不考量，没有信用等级要求也不意味着什么客户都可以做，要选择正常经营生产，以所选商品为主业，无不良信用记录的客户。四是加强业务监测和物流监管现场巡查，各行要强化整个融资过程的管理，将对监管现场的巡检常态化，尤其是在目前较复杂的经济环境下，支行对小企业监管现场的巡检应达到每2周一次，盘库争取每月一次，分行也要不定期针对不良率较高的地区组织二级分行互检或突击检查，加强对商品品质的抽查检验力度，对于经营状况恶化的借款企业以及存在风险隐患的业务要尽早采取措施，防范业务风险。五是关注当地信用法律环境，对出现多起强抢质物或者银行权益得不到有效保护的，应谨慎办理“输出监管”方式的业务，并加强现场巡查，确保质物安全。对信贷基础薄弱、专业人员缺乏及法制信用环境很差、质物无法处置的区县支行，要停办该项业务。六是加快商品融资不良贷款的处置，要积极通过多种渠道尽快处置质押商品，对质物价值能够覆盖融资额的，要尽快通过企业原有销售渠道销售或拍卖、变卖等方式处置质物归还贷款；对质物短时间内不能处置的，要采取措施保障质物安全，同时积极查封追索借款人其他财产；对存在监管问题且责任清晰的要及时向监管公司追偿；对须法院判决的要认真配合法院准备材料，以便及时清收化解不良贷款。

（二）加大营销推动，积极推进业务开展。各行对商品融资业务要有正确认识，特别是一些业务开展不理想的信贷大行，要切实把商品融资作为信贷结构调整和提升收益水平的重要手段，分解落实年度发展指标，加大业务推动和资源投入力度，确保完成总行下达的年度发展目标。在业务拓展中，要下大力气做好目标客户的梳理和筛选，建立目标客户储备库，明确工作思路和业务重点，加强组织推动。今天有些行也提到了，要做好“三选”，选好市场、选好商品、选好客户，也就是一定要把握目标市场、目标产品和目标客户，并不是什么产品、什么客户都做。信贷前中后台要加强协调配合，加大对基层行的指导和帮扶力度，积极解决影响业务发展的瓶颈问题，将总行的各项相关政策落到实处；要引导业务经办行提高专业化水平，在某类商品、某一行业或者某个领域做深做透，切忌贪多求全，避免因为专业能力不足、管理跟不上造成风险隐患。在业务营销中，各级行都要自觉将创新意识融入到日常工作中，注意发掘有潜力的业务需求，及时提出创新方案，抢占市场先机。一是要加强营销方式的创新，加强业务发展规划研究，注意从产业集群、供应链上下游、商品集散地、大宗商品交易平台寻找客户群，变单个客户的营销为客户群的规模化开发，在港口商品融资拓展上要将有自身竞争压力的中小港口作为合作重点。二是加强业务模式创新，要认真分析客户的融资需求结构、生产经营流程和物流特点，加强产品组合和综合化融资方案的制订，满足客户综合化、多样化、个性化的需求，提升我行产品竞争力。三是加强业务流程的创新，在有效控制风险的前提下优化业务流程，提高对客户需求的响应速度和业务办理效率，推进业务顺利开展。同时要积极推进境外商品融资业务开展，认真学习国际先进银行的业务经验，总行公司业务二部及相关分行要加大与境外机构在商品融资领域的联动营销，利用我行全球服务网络优势开展业务。

（三）加强业务指导，大力提升业务经营水平。商品融资是一项专业融资产品，参与主体较多，操作相对复杂，在产品模式设计、营销推动、风险控制等方面的创新点很多，要加强总行与分行、分行与支行之间的业务联动，特别是总行要发挥好支持、指导、引领和服务的作用。一是要加强物流监管公司的管理和业务布局，再吸收一些实力强、管理规范的全国性物流公司进入合作名单。这方面公司业务二部要抓紧完成与中国铁路物资股份有限公司和中国邮政速递物流股份有限公司质押监管业务的协议谈判和签署工作，增加物流公司可选择范围，形成竞争机制，满足分行业务发展需要，对于这些大型物流监管公司该坚持的要坚持，该让步的也要适当让步，要从发展角度看问题，做到双赢才能让我们有更多可选择公司和发展空间。二是积极推广风险可控、前景广阔的新模式新产品，总行相关部门要积极引领支持分行开展产品模式和营销方式的创新，适度打破地域限制，积极推动集约化专业化的业务开展。总行要创新，但是真正的创新还是来源于基层，随着业务的增多，与客户沟通的越多，创新的也就会越多，好的做法一定要多总结，多分享，作为典型案例相互学习，不仅仅在辖内学习分享，还要在全国系统范围内学习分享，总行公司业务二部要多多发现并开发好的案例在全系统范围内宣传。在当前较复杂的经济环境下，创新对我们尤为重要，通过创新防控风险，通过创新开拓市场。三是注意优化流程设计，把握实质风险，通过业务模板、过程管理、流程控制防范操作风险。四是加强业务培训，从专业产品特点和各类商品特点出发，加强对客户经理、审查审批人员、贷后管理人员的培训工作，培养一批熟业务、懂商品、能创新的商品融资专业人才，提高业务管理和操作的专业化水平，从源头控制商品融资风险。

当前商品融资发展进入了一个新的阶段，面对日益复杂的经济金融形势和当前业务发展中的各种问题，全行商品融资战线的同志要按照总行提出的发展方向和目标要求，进一步提高认识、加强管理、开拓奋进，切实做好业务拓展和风险防控工作，推动商品融资业务再上新台阶。

把握转型方向　坚持创新发展
推动贵金属业务再上新台阶

——在中国工商银行贵金属业务工作会议上的讲话

张红力

（2012 年 10 月 16 日）

这次会议的召开正值总行贵金属业务部成立三周年之际，主要任务就是要进一步贯彻落实姜董事长、杨行长在分行行长工作会议上讲话的精神，全面总结三年来贵金属业务取得的经验和成果，提高认识，进一步坚定全行发展贵金属业务的决心，为全行经营转型和持续盈利贡献价值。下面，我谈四点意见。

一、贵金属业务专业化经营在过去三年来取得的成效

第一，抓住市场机遇实现了跨越式发展。2009 年 9 月 9 日，总行在上海成立了贵金属业务部，总行党委对这项业务寄予了很高的期望，提出了要建设国际一流贵金属投资和管理银行的目标，同时，试行利润中心改革的任务。

贵金属业务专业化经营以来，充分利用集团优势，协同发展，为全行创造出一条具有成长性和市场潜力的产品线。三年累计实现业务收入 72.7 亿元，年复合增长率 153%；累计实现业务量 26.4 万吨，年复合增长率 579%；实现交易额 3.3 万亿元，年复合增长率达到 100%；客户规模超过了 890 万户，年复合增长率达到 131%。贵金属中间业务收入四行排名从成立之初的第三位一举上升至第一位，四行占比达到 45%，连续两年保持与第二名 16% 以上的领先优势，成了市场无可争议的领导者。

第二，产品的持续创新为业务发展奠定了基础。贵金属业务专业化经营的三年，是创新的三年。不仅形成了实物类、交易类、融资类和理财类等四大类产品体系，产品种类更是达到了 30 种 500 余款，使我行成为贵金属产品种类最为齐全、品种最为丰富的商业银行，取得并保持了市场的先发优势，新产品带来的收入占到三年总收入的 50%。同时，依托全行统一平台，着力实施流程、系统和服务方式的创新，构建起符合贵金属业务特性的经营管理模式，将原先较为分散的经营格局变得更加专业化、集中化，有效地提升了业务效率和市场响应速度。

贵金属业务的创新，有以下几个特点：首先，这是一种以客户为中心的创新，客户需要什么，我们就创新什么。16 个系列 197 个品种的品牌实物产品；银行业首创的积存金产品；覆盖金、银、铂、钯并双向交易的账户贵金属产品，在四大行中第一家推向市场的代理上海黄金交易所递延产品；黄金远期、互换等产业金融服务产品相继推出，挂钩贵金属的结构性理财产品不断丰

富。这每一项创新都是对客户需求的回应，这样的创新是富有生命力的。其次，这是一种以业务发展为目标的创新，业务瓶颈在哪里，就在哪里创新。从业务制度、操作流程到运行管理，每一次创新都是对业务效率的提升，这样的创新是富有价值的。通过创新谋求发展的理念在贵金属业务线已经根深蒂固，这为贵金属业务的可持续发展奠定了基础。

第三，以专业化经营机制为基础的新兴业务发展模式初步成型。三年来，全行贵金属业务线积极探索利润中心经营机制，组织起一条以客户为中心、市场为导向、产品服务为抓手、价值创造为目标的产品线，使贵金属业务横跨实物、代理、代客、交易、租赁、拆借、理财等多个专业类别，覆盖零售、批发、电子银行及海外机构等多个渠道，成为了工商银行“井”字形组织架构体系的重要组成部分。

在经营过程中，贵金属部充分依托集团优势，不仅创造产品、输出服务，而且通过实物产品供应链、核算运营、风险控制、品牌营销策划、专属渠道建设等集中管理，配套激发盈利能力与价值创造能力的分润机制，推动贵金属业务线与各专业、各分行形成面向市场、共创利润的经营格局。在利用集团既有客户资源的同时，也切实起到了吸引新客户、留住老客户、固化存款的重要作用。新兴业务与传统业务相互融合、相互促进的良好局面已经形成。这一新兴业务的发展模式值得推广，在今后的发展中必须坚持。

借此机会，对全行贵金属业务线干部员工三年来为贵金属业务发展以及全行经营转型所做出的贡献表示最衷心的感谢！

二、实现跨越式发展的基本经验

贵金属业务三年来进行了许多探索和尝试，摸索出一套新兴业务发展的基本经验，可以简单归纳为以下五条。

（一）抓住了经营转型的发展主线。工商银行这几年的发展，非常重要的特点就是在结构调整和经营转型上付出了非常大的努力，并且取得了非常显著的成效。特别是以贵金属、私人银行、投资银行、养老金、资产托管等业务为代表的新兴业务在这几年都得到了快速发展。这些新兴业务的创业成功，最重要的是抓住了经营转型的发展主线。三年来，总行对贵金属等新兴业务的发展给予了高度的关注，目的就是要通过先行先试的成果，使全行充分认识到结构调整和经营转型的迫切性与必要性。三年来，贵金属业务线收入的88%为手续费和佣金收入，对全行手续费和佣金收入贡献从2009年的0.49%最高增长到3.04%。并且，总行党委欣喜地看到，全行对于经营转型的认识已经有了普遍提高，开始积极主动地投入资源，和总行拧成一股力量推进转型步伐。全行认识提高了，思想统一了，业务自然也就能够得到更快发展。

（二）坚持资源整合、渠道协同是工作法宝。新兴业务能够在多大程度上发挥集团优势是经营转型能否获得成功的关键。贵金属业务紧紧依靠总行各专业和各分行，共同创新机制、拓展市场，取得了很好的成效。贵金属业务部积极协调资源、创新产品、输出服务、激发活力；结算与现金、个人金融、电子银行、金融市场、产品创新、信息科技、运行管理、信贷管理、财务会计、人力资源等各专业积极配合拓展渠道、研发系统、优化流程、创新机制；各分行切实加大资源投入，建设网点、拓展客户、抢占市场；全行的专业优势和渠道资源得以紧密地结合起来，以客户为中心的产品创新能力和服务能力得到了迅速和全面的提升。

（三）创新了有工商银行特色的贵金属业务发展道路。贵金属既有商品属性又有金融属性。国际知名贵金属银行大都主要从事贵金属现货、期货等金融交易业务，拥有丰富的市场经验。我们没有照搬，而是从贵金属本质属性出发，形成了商品零售与金融交易融合发展的特色道路。一方面，我们与国际先进同业开展交流，积极加入伦敦金银交易市场协会LBMA，拓展视野，紧跟趋势，交易类业务三年总交易量达到26万吨，交易额达到2.9万亿元；租赁黄金123吨。另一方面，结合中国市场特点，创设了贵金属专属服务区这一独特业态，开创了国际贵金属银行独一无二的贵金属零售业务，三年共计实现实物产品销售285吨，黄金回购3.9吨，并以其精巧的工艺和丰富的文化内涵，赢得了市场的赞誉。此外，我们还创新了投资者俱乐部、客户沙龙、集中营销等全新的服务形式，三年来全行共举办各类客户活动近三千场，金融服务文化服务有机结合，创造了独有的工银金行家品牌。也正因为这样，《欧洲货币》在2012年把首创的最佳贵金属交易银行这一殊荣授予了工商银行。

（四）把握了发展速度与质量的平衡。贵金属业务三年来在保持快速发展的同时，很好地处理了速度与质量的关系，保持了业务快速健康发展。一是构建了符合贵金属业务特点的风险管理体系。通过建立严格的保证金管理和限仓管理机制控制交易类业务市场风险；通过提升系统化管理程度控制操作风险；通过设立严格的审批和准入制度控制租赁、拆借业务的信用风险；通过建立日常管理与应急机制严防法律和声誉风险。二是建立了严密的业务制度体系。坚持业务创新制度先行的风险管理理念，制定并优化了有关业务流程、核算机制、运行管理等方面的制度37件，夯实了管理基础。三是形成了营运管理体系。通过一系列流程再造，整合了实物调运、销售等环节步骤，探索了以贵金属专用库房为核心的仓储体系，极大地提高了运营效率。四是注重业务结构调整，面对波澜起伏的市场环境，特别是在今年严峻复杂的经营环境下，贵金属业务依然能够通过延伸产品线和调整业务结构，实现收入同比增长。

（五）培育了一支有活力的专业团队。人才是推动贵金属业务发展的基础和保障，贵金属业务线的成功也源于遵循“发展依靠员工，发展成就员工”的人力资源战略要求。三年间，全行贵金属业务线狠抓人才和团队培养，全行共有1 060人取得了黄金交易员资格，340人取得中、高级黄金投资分析师职业资格，团队规模和专业性在同业中首屈一指。同时，通过开展“感动贵金”等一系列精神文明创建活动，树立典型、传播经验，把员工发展与业务发展、服务社会、服务客户的目标紧紧联系在一起，以文化凝聚起一支甘于奉献、敢于创新的优秀团队，夯实了事业长久发展的基础。

三、可持续发展面临的挑战

展望未来，为了保持贵金属业务快速可持续的发展，必须应对三大挑战。

（一）深入发展需要进一步提高认识，进一步解放思想。目前，全行对于发展贵金属等新兴业务，推动经营转型和结构调整的认识已经基本统一，然而在实际经营过程中，还需要进一步提高认识。目前，全行不仅要抓眼前的增长，更要着眼于未来更长远的可持续发展布局。转型是有成本的，新业务的效益体现是有过程的，在当前，关键是要主动地把握这个平衡点。以贵金属为代表的综合化、国际化业务已经向我们证明它的成长性和可持续潜力，全行一定要解放思想，切实从工商银行经营转型的角度来布局贵金属业务的发展，要敢于投入资源，要善于把握平衡，要对转型充满信心。

（二）改革创新进入艰难的攻坚战。贵金属是一项复杂的业务，它兼具商品、货币、金融三种属性，并且交替作用。三年来，全行各个层面通过创新实践解决了一系列问题。目前，改革和创新已经向更深层次迈进，与传统的体制机制间发生摩擦是必然的，是成长中必然面临的痛苦。我们必须要克服畏难情绪，抢抓时机，对与贵金属业务属性不相适应的现行体制机制要加快配套改革，从而实现贵金属业务从产品、流程到体制机制的全面创新。全行上下要迎难而上，运用智慧突破瓶颈。

（三）可持续发展对结构调整提出了新要求。贵金属业务这三年的高速发展，是在跌宕起伏的市场环境中实现的，这其中不仅有抓住市场机遇的原因，更有主动调整结构的原因。从去年开始，市场环境变得复杂而严峻，这种不确定性预计在未来仍将延续。我们必须认识到，市场的波动是一种常态。因此，贵金属业务需要通过不断地调整结构去适应市场变化。当务之急，是要总结贵金属三种基本属性交替作用、影响市场的规律，只有抓住规律才能找准方向。我们不仅要适应市场环境，而且要逐步引导市场需求，推动和建设一个更加健康的市场。

四、下一步的主要工作

下一步，全行贵金属业务线要重点做好以下几项工作：

（一）把渠道协同发展提升到联动发展的新阶段。总行贵金属业务部要牵头规划好未来业务发展方向，充分协调好与各专业、各渠道、各分行的关系，从协同渠道借力发展转变为联动渠道合力发展，实现贵金属业务与各项传统业务之间信息共享、客户共享、资源共享、利益共享。总行各专业部门要充分利用贵金属业务为代表的各类新兴业务的创新优势，形成相互补充、相互促进的联动发展模式。各分行要加强领导，加大投入，加快贵金属业务进网点步伐，全力开拓市场、拓展客户，确保地区同业领先地位。只要全行上下充分贯彻落实总行的战略部署，我们就能继续保持贵金属业务的先发优势，提升传统业务的综合竞争优势，不断创造新的业绩。

（二）把产品和服务创新与业务结构调整结合起来。总行贵金属业务部要以各类客户需求为纽带，深挖金融资产服务市场潜力，不断丰富、整合现有四大类业务，持续开发出引领市场的新产品。实物类业务要创新采用更多贵金属材质，深挖题材。交易类业务不仅要创新更多便于市场推广、便于客户参与的新品种，更要针对机构客户设计资产管理类产品。融资类业务要积极开展适应产业链需求的金融创新。理财类业务要开发更多的结构性产品，并尝试为高端客户研发专属性产品。在创新产品和服务过程中，更要注重结构均衡，力争把对公业务比例从目前的20%提升到30%－40%，突破机构服务业务。各分行也要深入了解市场需求，开发市场需求，主动联合贵金属业务部共同创新。

（三）围绕黄金产业链延伸发展完善金融服务。我国的黄金产业将迎来一个产融结合发展的历史阶段，黄金金融市场将在这一过程中发挥至关重要的作用。我们要把握产业链上游矿业企业凭借资源优势向中下游加工零售环节延伸过程中催生的各类金融需求，通过创新开发实物融通、多元化融资以及套保避险等产品来满足产业链发展需要，通过金融资本的运用融入产业发展，实现银行与产业链的协同发展和价值提升。黄金产业链金融服务是一个全新的领域，更是贵金属业务能否立足国际市场的基础，不仅对贵金属业务，对信贷业务、结算业务、投行业务、金融市场业务、国际业务等都是难得的机遇。希望在贵金属业务部的牵头下，各专业、各分行都能行动起来，共同打造具有竞争力的产业链金融模式。

（四）加快构建适应贵金属业务特点的经营管理机制。一要从贵金属商品属性出发，加快完善实物运行管理模式，提升现货运作水平。贵金属业务部要通过加快利润中心运行平台的建设，提高业务后台运营的专业化和集中化水平，着力提升贵金属实物产品备货、仓储、加工、销售、回购、税务等整个运营体系效率。二要突出管好业务风险。总行贵金属业务部要从制度管理和系统控制两方面同时抓好自营业务与代理业务的风险管理。各分行要加强学习，承担起风险管理职责，特别是在市场行情波动加剧的情况下，做到对风险心中有数，掌控有术。

（五）稳定专业人才队伍与业务发展平台。贵金属业务有较强的专业性，对于人才有一定的要求。目前全行这支团队，是总行通过三年持续的培养逐步建设起来的，对市场特点已经有了较深刻的认识，对业务运作也积累了一定的实践经验。然而今年以来，各行贵金属业务主管人员变动较大，不利于业务线保持持续稳定的发展。希望一方面总行贵金属业务部要总结人才培养经验，加快形成更广阔的业务发展平台；另一方面，各分行要从长远发展角度出发，在各个层面储备一批懂市场、懂业务的专业人员，并保持团队的相对稳定，推动业务厚积薄发。

营销旺季又将到来，希望贵金属业务部要备足货源，各分行要集中资源，加紧布局，强势出击市场，交出一份优异的业绩答卷。

贵金属业务三年来的成绩已经证明了总行经营转型战略的前瞻性和正确性，未来总行将进一步加大资源投入，激发贵金属业务更大的经营活力，让我们把工商银行的集团优势充分发挥出来，合力提升贵金属业务发展能力，培育做市商实力，完善产业链金融服务能力，打造国际最大的贵金属零售和批发银行，坚定地走出一条有工商银行特色的现代银行贵金属业务发展之路。

在集团内公开选拔干部集体谈话会上的讲话

王希全

（2012 年 3 月 9 日 · 根据录音整理）

按照党的领导干部选拔任用工作条例有关规定，对于新提拔的干部做任前谈话，是干部管理工作中的重要环节。今天我们在这里召开公开选拔干部的任前谈话会议，一方面是按照规定履行组织程序，另一方面，也体现了总行党委对这次公开选拔工作的高度重视。

参加会议的 24 位干部来自全行 21 个单位，包括 11 家分行、2 个总行部门、5 家境外机构和 3 家直属机构。待组织任职手续完成之后，将会有 10 位同志到分行任职，有 4 位同志到总行部门任职，有 5 位同志到境外机构任职，还有 5 位同志到直属机构任职。大家当中有的会任副行长，有的任行长助理，还有的任总经理或副总经理。这其中异地交流的同志有 10 名之多。这次选拔工作的报名是从去年 6 月开始，但其实在更早的时候，我们就开始筹备这项工作了。自从总行党委提出实行“集团化、市场化、多元化”的干部管理体系以来，姜建清书记多次要求、党委几度研究，要创新干部管理方式，加大干部制度改革力度，加大以各种方式特别是通过市场化方式公开选拔干部的力度。在座各位同志经过报名、笔试、面试，通过了资格审查、群众评议与前端考察等多个环节以后，才有机会在这里来接受组织上的谈话。组织部门通过公选发现、遴选和储备了一批比较优秀的干部。大家的积极参与、全行对公开招聘工作的极大关注也丰富了全行干部工作的内涵与整体氛围。可以说全行对这次公选，对大家的胜出是反映热烈的，是评价积极的。

姜书记在讲话中充分肯定了同志们以往工作中的成绩，也肯定了大家在公开招聘中的表现，对同志们下一步任职提出了明确的要求和殷切的希望，十分重要。姜书记要求我们不仅要成为优秀的经营者、管理者，更要成为工商银行文化的传播者，干部工作的建设者，还要成为清正廉洁的践行者和自律者，更重要的是希望大家能够成为工行未来发展的传承者和担当者。希望同志们认真学习领会姜书记的讲话精神，把姜书记的讲话当做一次任前教育、职业教育、人生教育，这也是大家任前的一堂大课、一场大训，希望大家认真领会、思考，并在实际中落实，在新的岗位上报效组织、报效全行员工。下面，我再讲三方面要求。

第一，希望同志们能够对以往的工作进行全面总结，特别是总结自身在工作中的差距和不足。虽然在这次招聘中大家表现优秀，但并不意味着每个人都完美无缺。实际上很多参与公开招聘的同志尽管最后没有入选，但他们有很多突出的优点值得我们学习。或者可以说，在对大家的考察过程中，从不同的角度、不同的侧面还是了解了各位同志存在的一些欠缺和不足，所以不能简单地认为这次胜出了就是完美的。大家知道，公开选拔只是干部选拔方式中的一种形式。我并不认为公开招聘的干部完全是考出来的，大家要认识到，自己是经过工商银行长期培养走到今天的，这是党的长期培养。今天的30来岁、40来岁，是从三五岁、十几岁、20多岁逐步成长起来的，要记得自己是经过组织多年培养的。在座的大多数同志还是后备干部，是经过大家所在单位的全体中层以上干部一票一票推荐上来的，是一票一票写出来的，是大家所在单位党委经过认真研究报到总行来的，大家一定要对此保持清醒认识。在这次公开招聘过程中，我们进行了两次民主推荐，先是在面试前组织了民主推荐考核，在面试后还组织了考察推荐。所以希望同志们不要认为，这次公开招聘的胜出是完全凭借自己考试考出来的。要知道没有群众的推荐，没有组织的推荐，尤其是没有组织的培养，大家不可能走到这一步。所以希望大家不要简单地认为，自己这次胜出了就是在300多人中最优秀的，或者是所在单位里面最优秀的。应该肯定大家有些方面是优秀的，但是还要认识到自身存在的很多不足。希望同志们能够在这样一个时期总结自身的不足和差距。要按照姜书记的要求，在发展当中向最优秀的学习，在进步当中改正自己的不足。如果能切实达到姜书记的要求，那么作为一个人、作为一个管理者、作为一个行长就是比较合格的。

第二，希望同志们能够把当前的工作做好。从这次谈话以后到正式到任还有一段时期，希望大家保持平和的心态，在任何时候特别是现在这样一个阶段，一定要把当前任上的工作做好。在角色转换过程中，注意周边的同事、上级、下级对自己的看法，能够理性一些、冷静一些、谦虚一些，不要认为自己提拔到新岗位了现在就不管当前的工作了，更不能飘飘然。希望大家一定要牢记把当前的工作做好，不要因为职务的变动，或者说不要因为可能的变动而影响任何工作。

第三，希望大家更广泛地参与到全行的改革发展中来。同志们是干部制度改革的受益者，座谈中大家都谈了自己的感想，这里希望同志们还要成为干部制度改革的建设者。希望同志们在做好本职工作的同时，对党的建设工作、对干部制度改革、对经营管理、对员工团队建设等方面多实践、多参与、多谏言、多建议，用自己的努力来推动工商银行的发展，用自己的成功来推动工商银行干部制度改革的继续深化。希望同志们一定记住姜书记的期望，用自己的成功、用这样一种走向领导岗位的方式，来为更多的同志们创造机会，为工商银行的全面改革奠定基础。大家以后将成为总行管理的干部，总行党委组织部将持续保持对大家的特别关注，特别关注也意味着严格要求，期待大家在工作中取得新的进步，在新的岗位上做出新的成绩。

推动小企业信贷业务健康发展
积极促进信贷结构调整

——在中国工商银行2012年公司与投行业务工作会议上的讲话

魏国雄

（2012年1月12日）

刚才会满行长对2012年全行公司与投行业务发展目标和任务进行了部署，红力行长对专业融资产品发展提出了部署和要求，任务还是很重的。小企业方面，也同样如此。今年目标计划是新增小企业有贷户1.6万户，贷款余额增长2 000亿元。应该说，在比较复杂的经济形势下，既要保持小微企业信贷业务快速发展，还要控制好业务风险，难度很大。

下面，我就再补充三个方面的意见。

一、小企业信贷业务快速增长

在总行党委的领导下，经过全行员工的共同努力，截至2011年末，全行小企业贷款余额6 959亿元，比上年末增加2 234亿元，增幅47.3%，比全行各项贷款平均增幅高出33.8个百分点。全行小微企业有贷户7.53万户，较年初增加2.33万户，当年新拓展小微企业有贷户2.49万户，客户增幅42.92%。不良率为0.66%，低于全行总的不良率。量大，且面广，各个分行都得到了较好的发展。小企业，小业务，大市场的格局基本形成。

在业务拓展方面，除了单点营销与围绕产业集群、专业市场实施批量营销并举外，依托核心企业发展贸易融资是2011年小企业信贷业务的一大特色。尤其是在公司营销部门的牵头组织下，越来越多的大中型优质企业开始与我行开展供应链融资业务合作，对我行中小企业市场拓展发挥了重要作用。去年全行依托核心企业的上下游供应链关系新增客户达到2 360户，其中小企业

1 612 户，占比达到68%。为核心企业上下游供应链客户办埋的贸易融资业务余额已达480亿元，全年累放861亿元，不良率仅为0.19%，比国内贸易融资平均不良率低0.23个百分点。具体来说，主要做了以下几方面工作：

（一）方向明确，小企业信贷市场拓展有力。2010年易行长牵头公司部门选择了一批优质的核心企业并组织召开了全行核心企业供应链融资业务推动会议，专项部署了工作目标和具体要求。会后，各行积极行动起来，抓住核心企业，将其上下游客户群体中的优质企业作为营销重点，紧扣供应链条中的债项交易特点与融资需求，有效带动了小企业市场的拓展。浙江、江苏、北京、上海、广东、山东等小企业业务发展较快分行的经验表明，小企业业务要快速、安全拓展，离不开优质的大中型核心企业。

（二）配套政策，促进业务有效规范发展。2009年总行就将优质项目纳入供应链融资拓展范畴，进一步拓宽了我行供应链融资的适用范围。2010年出台了跨区域合作机制，明确了核心企业所在地分行集中办理供应链融资的适用条件。2011年又制定了全球供应链融资试点政策。应该说，这些政策对提升与优质企业合作层级，促进小企业信贷业务发展产生了积极的影响。

（三）丰富融资产品，提高小企业融资的适用性。不同小企业的生产经营周期与融资需求有很大的不同。针对这种差异性，近年来总行通过产品创新、融资服务方案创新，提高了对小企业信贷需求的适用性。去年推出了基于制造业产业链上游企业的“国内订单+国内保理”，“预付款融资+商品融资”等组合产品，和基于下游企业的“厂商银”、“厂商银储”等服务产品。还陆续推出了钢铁、汽车、石油、工程机械等加工制造领域和超级卖场、医疗、电子商品交易市场等商贸流通领域以及工程建设领域的小企业的融资服务方案。

二、当前拓展小企业信贷业务面临的主要问题与挑战

近年来全行小企业信贷业务发展形势良好。但我们也要看到，在当前内外部复杂经济形势下，小企业信贷业务发展中仍面临一些问题与挑战。

一是小企业业务发展的集约化程度有待提高。目前的小企业信贷业务仍以散点作业方式为主，这种方式不仅人工占用成本较高、标准化程度较低、管理难度较大。而且风险很大，再发展下去还会遇到人员配置的压力。因此，在小企业业务的发展过程中，应及时地把业务发展方式从传统分散单点方式转变以核心企业上下游供应链融资方式是非常必要的。

二是潜在的风险不可忽视。目前，借助债权和物权办理融资业务已成为拓展小企业市场的重要方式，但这种方式由于受到一些客观因素的影响，我们在核实交易背景、确认动产权属、监控企业资金用途等方面存在一定困难；在债项风险把控、规范业务操作、大宗商品逐日盯市等方面的技术比较欠缺。尤其在经济增长存在下行压力下，小微企业经营风险会更大。

三是拓户的潜力还有待挖掘。去年全行在依托供应链融资方式推动小企业信贷业务发展方面都做了不少工作，但各分行间的差别很大。不同行业、不同区域、不同企业与银行合作开展供应链融资的需求也不尽相同。例如，北京分行自2009年末与全国棉花交易市场合作开展“棉贸通”供应链融资业务以来，新营销客户223户，其中，小型客户210户，占比94%。已累计发放融资60亿元，目前余额9亿元，平均融资期限102天，未发生一笔不良。但截至去年末全行已认定核心企业3 064户，做成供应链融资业务的客户仅为8 502户，单个核心企业平均带动不到3户上下游企业。说明有相当部分核心企业的供应链潜力还未被发掘出来。

四是业务技能还需进一步提高。目前，有些分行的人员还比较新，一些前台、中台、后台人员对于小企业融资业务、对债项类的供应链融资方式还不太熟悉，在分析具体供应链的交易特点与风险把控方面还有些畏难。

三、几点要求

今年小企业客户数很快就会突破10万户，要高质量高收益完成好2 000亿增量任务，业务拓展与风险管理的任务都很重，为了更好地实现我们的目标，仅就今年小企业业务的发展，要突出围绕核心企业的上下游供应链展开，要做好这项工作，具体提几点要求：

一要增强协同配合。发展小企业信贷业务，需要加强部门间的协同配合。总行要在产品创新、配套政策、操作流程和营销管理等方面给予支持。各行领导要做好组织协调工作，在营销组织、目标客户确定、资源配置、技术支撑等方面给予积极支持。要尝试构建“客户经理+产品经理”的团队作业模式，公司、投行、国际、授信、审批、信贷、结算、电子银行以及租赁等业务部门要密切配合，团队组合营销。

二要选准核心企业。核心企业是开展供应链融资的基础，也是把控业务风险的关键。我们的小企业贷款不良率低，在一定程度上也反映了我们的核心客户选择得好。各行要认真分析核心企业的风险以及上下游客户分布结构、发展供应链融资的潜力。要把营销重点锁定在市场化程度高、上下游客户延展量大、符合国家产业结构调整方向的加工制造和商贸流通业，如装备制造、大宗商品交易市场以及文化产业等小企业资源较丰富领域的核心企业。

三要完善配套政策。简要地讲，我行小企业办理供应链融资的配套政策可分为三个层次：一是行业准入政策。目前总行的核心企业准入条件，除房地产行业、投

资类公司以及重污染、高污染行业外，基本没有行业性的政策限制。二是客户准入政策。对核心企业提供信用支持的，小企业办理业务时可不受信用等级限制，既可以基于债项核定授信也可占用核心企业授信额度。三是异地业务准入政策。对符合紧密型供应链条件的，如小企业未在本地建立信贷关系，或虽已建立信贷关系但未核定授信的，或核有综合授信但1年内无新增融资的，核心企业所在地行可以跨区域集中方式办理。同时积极引入见证开户、行内认同评级和审批、风险参贷、开立专户、融资通知、账户监管等做法，改进跨分行合作的技术瓶颈，提升业务办理效率。推进全球统一授信下的内外贸客户债项授信一体化，并在准入、考核、分析、定价等方面全面采用内部评级法计量结果，科学反映小企业业务的风险与收益。

四要加强风险管理。今年要进一步加强对小企业日常经营的贷后管理工作，关注其资金的最终用途、贸易背景的真实性、债项交易质量与变动情况、查验交易对手是否为关联关系等；对供应链中的核心企业要加强动态管理，重点关注其产品的市场行情变化及资产负债率、总资产周转率、现金净流量等指标，审慎评价核心企业的可持续经营能力，防范核心企业本身出现问题可能引发的系统性风险。对单一小企业与多个核心企业建立供应链关系的，也要有融资限额，防止企业过度融资所引发的违约风险。

五要加强人员的业务培训。今年，总行将重点抓好核心企业供应链融资培训工作，提高分行对产品、政策的理解与应用技能。公司部门、小企业部门要组织好面向客户经理的培训工作，有针对性地讲解产品、政策、流程、系统以及授信和审查要点。

此外，对小企业服务收费而引发的风险要重视。收费操作不好也会引发操作风险、合规风险、声誉风险。今年国家有关部门重点要对银行的收费问题进行检查。去年小企业平均贷款利率为7.12%，平均上浮13.81%，平均综合收益率30%以上。这里要注意，一定要按风险定价，高风险高收益高利率。

同志们，今年形势复杂多变，对我们大家都是新的考验。但我相信，在大家的共同努力下，一定会开创小企业客户与大中型客户协同发展的新局面。

加强信贷管理　进一步优化信贷结构
保持信贷业务持续稳定健康发展

——在2012年中国工商银行信贷管理工作会议上的讲话

魏国雄

（2012年2月10日）

今天会议的任务是，认真贯彻全行发展战略研讨会和年度工作会议精神，总结2011年信贷管理工作，布置2012年工作任务和措施，为全行持续健康发展作出新的贡献。

下面，我主要讲三方面意见。

一、2011年全行信贷管理工作取得显著成效

在过去的一年里，全行信贷管理部门在总行党委的领导下，认真贯彻国家宏观政策和监管要求，调整信贷结构，严防信贷风险，信贷管理水平迈上了一个新台阶。截至2011年末，全集团各项贷款余额78 012亿元，比年初增加10 106亿元，增长14.88%。境内分行人民币各项贷款增加8 184亿元，同比少增816亿元，增长13.18%。全集团不良贷款余额×××亿元，不良率为××%，连续12年保持不良贷款余额和比例双下降。贷款总额准备金率达到2.5%，提前一年实现监管达标，拨备覆盖率达到269.28%，提高41个百分点，抵御风险能力进一步增强，全行信贷业务继续保持了健康发展的良好态势。

（一）积极支持在建续建项目和重点业务发展，贷款保持适度合理增长。全行认真贯彻稳健货币政策，加大了对实体经济的信贷投放力度。在贷款同比少增的情况下，95%以上的新增项目贷款投向了以国家重点投资为主体的在建续建项目。支持先进制造业、现代服务业、战略性新兴产业和文化产业发展，贷款分别增长23.7%、39.3%、19.6%和28.3%，均高于公司贷款增速。中小企业贷款增加3 676亿元，占公司贷款增量的70.67%，比年初增长15.61%，其中小微企业贷款增加2 269亿元，增长48.41%，贷款增加超百亿元的有浙江、广东、山东、江苏等分行。小微企业网络融资余额增加906亿元，翻一番。全年累计发放贸易融资

15 185亿元，同比多投放5 438亿元，增长55.79%，贸易融资余额比年初增加2 425亿元，占公司贷款增量的46.63%，增长49.26%。贸易融资增量占比在70%以上的有宁波、吉林、青岛、宁夏、山东等分行。个人贷款增加2 718亿元，增长17.63%，其中个人消费贷款占个人贷款增量的39%，同比提高9.34个百分点。

（二）加快推进结构调整，信贷结构有了较大改善。去年下半年，城建、电力、公路、房地产“四大行业”贷款总量减少844亿元，占公司贷款比重由2011年6月末的51.68%下降至年末的47.54%，下降了4.14个百分点。有24家分行压降计划完成率高于全行平均水平，排名前6家的是黑龙江、广西、内蒙古、河南、安徽和陕西分行。贷款集中度和期限结构、收益结构发生了积极变化。5亿元以上大户贷款占比由年初的53.29%下降至49.88%，下降了3.41个百分点；余期5年以上公司贷款由年初的31.89%下降至30.64%，下降1.25个百分点；人民币公司贷款中利率下浮贷款占比较年初下降10.12个百分点，平均收益水平上升0.67个百分点。公司有贷户增加2.76万户，个人客户增加54万户。公司及个人客户数量的快速增长，带动了其他中间业务的发展，全年公司客户中间业务收入占全行中间业务收入的49%。

（三）认真贯彻落实监管要求，严控重点领域贷款风险。全行集中清理规范地方政府融资平台贷款，严控新增、压缩总量、缓释存量、保障质量，全口径平台贷款较年初减少1 113亿元，全覆盖及基本覆盖贷款占比提高至97.03%，平台贷款整体运行平稳、风险可控。严格落实持续从紧的房地产调控政策，全年到期收回和提前收回房地产贷款2 115亿元，贷款余额较年初下降73亿元，不良贷款减少6.8亿元，不良率由年初的0.88%降至0.76%。严控钢铁、有色金属、造纸、焦炭等“两高一剩”行业贷款，加大对劣质客户融资的退出力度。钢铁、水泥等7个产能过剩行业贷款占公司贷款的比例已降低至2.74%。同时，积极支持国家节能环保重点工程，节能环保产业贷款增加316亿元，占公司贷款比例达到6.04%。严格落实贷款新规，全行按贷款新规走款占比为93.23%，比上年提高了39.64个百分点，超过监管要求13.23个百分点，其中21家分行按贷款新规走款占比超过平均水平。

（四）加大创新力度，信贷产品和服务创新取得新进展。根据信贷市场需求变化和信贷结构调整要求，组织24项公司及个人信贷产品研发，推出了设备购置贷款、煤炭资源整合贷款、滩涂资源利用贷款等创新产品，扩大了信用贷款适用范围，进一步规范了低风险信贷业务、黄金质押担保、内保外贷、境外机构异地贷款和“走出去”企业境外承包工程相关信贷业务的管理。逐步建立起贸易融资业务跨区域供应链合作模式，围绕专业市场和产业集群研究制订个性化融资方案，快速拓展客户集群。优化小企业信贷业务四合一流程，增加网络融资业务品种，在山东等分行试点个人住房贷款自动化集中审批，在业内率先推出了个人客户综合授信管理。

（五）信贷业务实管不断加强，信贷管理基础进一步夯实。全行信贷监督执行体制和实管工作机制有序推进，37家一级（直属）分行（不含西藏）信贷监督执行专职机构和人员基本到位，开展了实管工作评价，优化了法人和个人信贷作业监督系统，累计对进入提款环节的111.68万笔、56 278亿元信贷业务逐笔进行了放款核准。经审验，有××××笔、×××亿元信贷业务存在瑕疵或风险问题，未予核准放款，并退回经办行整改，问题整改率达到100%，有效地发挥了信贷监督执行工作严控风险、预防和纠正违规的作用。

去年，全行对7 077户亿元以上单一大户和2 353个集团大户进行了年度风险分类，其中对722户单一大户和284个集团客户实施总分行两级跟踪督办，对25个风险大户由总行领导挂帅督导，并进行现场督办，收到了积极效果。对珠江钢铁、锦湖轮胎等16起风险事件启动大额突发风险事件应急处理机制，妥善处理了融资风险。全年退出及转化潜在风险贷款×××亿元，化解担保圈贷款风险×××亿元，均超额完成计划。

此外，总行还组织了对地方政府融资平台贷款、土地抵押贷款、法人客户信贷资产质量、贸易融资业务、小企业信贷业务及境外机构信贷业务等6项专项检查，各一级（直属）分行累计开展自查877项，全行还积极配合国家审计署、银监会等外部检查12项，对检查发现的问题进行了认真整改。

（六）拓宽信用风险管理领域，集团层面的全面信用风险管理持续加强。进一步完善了信用风险并表管理、国别信用风险管理和交易对手、机构客户信用风险管理。全球信贷管理系统（GCMS）二期功能版本在29家境外机构顺利投产，基本涵盖了境外所有信贷业务经营机构，实现了集团对境内外全部分行、子行的统一信贷管理。

去年，还开展了表外信贷业务清理工作，共对×××亿元承诺类业务采取废止合同或追加、修改提款条件等措施，理顺私募股权基金、信贷资产转让和各项表外代客业务流程，加快推进或有信用风险管理体系的建立。同时，积极推进巴塞尔新资本协议实施的各项准备工作，落实监管部门内评达标评估验收要求，内部评级成果在信贷政策、制度、流程、审批及贷后等领域得到更加全面深入的应用。

2011年，全行信贷工作得到了社会广泛认可，荣膺“中国低碳先锋银行”，荣获“生态中国贡献奖”、“中国银行业2010年度最佳绿色金融奖”、“全国银行业金融机构小企业金融服务特色产品奖”等荣誉。这是总行党委科学决策与正确领导的结果，是监管部门有效监管和支持帮助的结果，是总分行和相关部门团结协作、大力支持的结果，也是全行广大信贷系统员工齐心协力、奋力拼搏的结果。在这里，我代表总行向审计署、人民银行、银监会等国家有关部门表示衷心感谢！向全行信贷管理专业的干部员工表示崇高的敬意和亲切的慰问！

二、深入分析当前主要信贷风险，始终保持高度的风险警觉，增强应对风险的主动性

当前及今后一个时期，全行仍将面临十分严峻复杂的形势。尽管1999年以来，特别是股改上市以来，我行全面风险管理水平有了很大提升，又成功抵御了国际金融危机对信贷资产质量的严重冲击，但这并不意味着我们的信贷风险管理水平就可以高枕无忧。世界经济金融危机对工商银行信贷风险管理能力的考验是一个长期的过程，全行务必高度关注严峻复杂宏观形势下不断积聚的潜在信贷风险，始终保持高度的职业警觉；务必对我行信用风险抵御能力和水平保持清醒的认识，不可存在任何轻疏和懈怠；务必始终坚持稳健审慎的经营理念，始终把合规性管理放到首位。必须指出的是，全行资产质量实现了好转，特别是经历了2008年、2009年特殊时期的快速发展，一些分行经营管理的重心有所偏移，合规经营和风险管理意识有所淡化，风险管理工作有所松懈，时常发生不按规定办理信贷业务的行为，使得全行信贷业务健康运行潜存着不可忽视的隐患。结合当前形势和去年信贷检查情况，全行要高度重视以下一些风险问题。

（一）重点关注国家调控重点领域的信贷风险。2012年是地方政府融资平台集中还款高峰期，全行融资平台到期贷款×××亿元，占全部平台贷款的××%，到期收回贷款的压力很大。特别是，随着土地出让价格持续下降和地方政府财力下降，平台现金注入将会减少，现金覆盖率可能出现下降。据统计，截至2011年末，全行小口径半覆盖和无覆盖平台贷款仍然有202亿元，基本覆盖平台贷款451亿元，其中上海、四川、广西、浙江、云南、青岛、河北和江苏等分行的非全覆盖贷款余额依然较大；需增加抵质押物的平台贷款有724.8亿元；需整改还款方式的平台贷款有357.4亿元，在个别地区已经出现了平台资金链高度紧张的情况。

受持续从紧的楼市调控政策影响，房地产企业资金链持续紧张。全行年内到期的房产开发贷款项目有1 177个，贷款余额×××亿元，到期的土地储备贷款×××亿元，均存在较大的收回压力。据去年底的跟踪调查统计，全行存在资金缺口、建设缓慢、销售缓慢和未按销售进度收回贷款等情况的房地产开发贷款项目有×××个，涉及我行贷款×××亿元。青岛、河北、江苏、安徽、海南等5家分行房地产不良贷款额有所上升。

截至2011年末，全行公路行业不良贷款有108亿元，较年初增加34亿元，不良率达到1.7%，特别是前期贷放的一级公路、二级公路、民营企业为借款主体的高速公路建设贷款风险有所显现。

随着国家节能环保标准的提高和环保执法力度的加强，部分环保设施不到位、污染治理不完善、违法违规排放的企业和造纸、印染、铅锌冶炼、煤化工、火力发电、钢铁、水泥等行业环保风险增加，前不久发生的广西龙江镉污染等多起重大环保风险事件也涉及我行信贷客户。截至2011年末，我行绿色信贷观察类和整改类贷款仍有27亿元，其中观察类较年初增加了7亿元。我们还应注意到，部分产能过剩产业从东部向中西部加快转移，在中西部产能逐渐增加的同时，东部产能却没有相应减少，导致产能过剩行业贷款总量增加，信贷风险也增加。截至2011年末，我行产能过剩行业贷款余额较年初增加151亿元，不良贷款增加18亿元。

（二）新兴业务信贷风险在某些地区开始显现。我行小企业、贸易融资和个人贷款业务发展总体良好，但自去年以来，受外部环境影响，一些企业资金链紧张，利用虚假合同、虚假发票、虚假订单、虚假交易单据、虚假交易账户等手段虚构交易及关联交易，套取银行融资，出现了金融欺诈风险及信用风险。一些小微企业运用自有资金或者挪用银行贷款从事民间借贷或其他高风险领域，企业经营主业空心化，中小企业主负债出走事件时有发生，企业违约风险上升。个别分行新兴业务领域风险较为突出。去年，全行贸易融资不良率上升了0.16个百分点，其中广东（广州）、厦门、宁波、浙江、宁夏、广西等分行贸易融资不良贷款增加较多，出现了江苏新科和厦门的拼牌、奥德森、三德盛、迈士通等多起重大风险事件。2011年，浙江分行小企业不良贷款较年初增加较多，大连、厦门等十几家分行的小企业不良贷款率有所上升。此外，担保机构业务风险也需高度关注，尤其是民间借贷活跃、担保公司较多的山东、江苏、浙江、福建、广东、北京等地区金融风险比较突出，如最近媒体披露的广东两家担保公司出现了风险事件，我们要立即对其提供担保的相关客户和我行对其的授信进行检查并采取风险防控措施。全行涉及融资担保机构的不良贷款主要集中在山东、湖南、江苏、湖北4家分行。

今年以来，全行个人不良贷款出现反弹，个人不良贷款较年初增加12.56亿元，不良率上升0.06个百分点，其中广东、广西、云南、山东、江苏等分行的个人不良贷款增加较多。

（三）操作不规范的信贷风险仍然存在。2011年，审计署经济责任审计发现问题贷款×××亿元，银监会信贷合规检查发现问题贷款×××亿元，全行信贷监督执行部门累计发现各类瑕疵或风险问题信贷业务×××

亿元，说明当前信贷管理过程中仍存在一些薄弱环节，信贷业务合规性问题仍较为突出。主要表现为：在受理环节，借款主体不合规、借款企业资质不符合准入条件、项目合规性手续不完备；在审批环节，越权审批、拆细审批、以贷还贷；在合同签订环节，流动资金贷款用途不明、未按要求修订合同、未明确约定贷款支付条款、质押合同期限与主合同期限不匹配；在贷款发放环节，向“四证”不齐房地产企业发放项目开发贷款、向手续不全项目发放贷款、未审核借款人相关交易资料、未核实项目建设进度发放贷款；在贷款支付环节，化整为零规避受托支付、应受托而未采用贷款人受托支付、贷款资金滞留账户时间过长、贷款资金划入资金池、支付审核查验不严；在贷后管理环节，信贷资金使用监督不到位、部分信贷资金被挪用、信贷资金回流至借款人账户、未持续关注和跟踪借款人经营状况及贷款项目经营情况、未落实贷后管理要求、贷款风险分类不准确等。在个人贷款方面，合规性问题主要集中在未严格审查借款人收入证明及相关交易资料、借款合同用途约定不明确、未执行受托支付、信贷资金通过信用卡分期付款方式进入房地产市场等。福建、河南、河北、山东、四川、安徽、天津等分行发现问题贷款笔数较多、金额较大。

上述问题涉及信贷业务各个环节，有些问题潜存着较大风险，全行要给予高度重视和警觉，尽快采取有针对性的监督整改措施，切实抓紧纠正各种不合规问题，更加主动地管理风险，确保信贷资产质量稳定，保持信贷业务的健康发展。

三、2012 年信贷管理重点工作和措施

姜董事长、杨行长在全行发展战略研讨会和工作会议上，对今年的信贷工作提出了明确目标和要求。李晓鹏副行长在今天上午授信审批工作会议上，对今年全行授信审批工作和风险控制提出了具体要求。易会满副行长在年初召开的公司与投行业务工作会议上，进一步明确了今年公司信贷业务发展的目标和要求。对于上述要求，各级信贷部门要认真贯彻执行。

2012 年的信贷管理工作主要目标是：

1. 保持信贷合理增长。根据全行信贷计划，初步确定全年境内分行新增人民币各项贷款 8 500 亿元，增长 12% 左右，其中公司类贷款增长 5 400 亿元，个人类贷款增加 2 200 亿元。在公司贷款中，小企业贷款增加 2 250 亿元（不含个人经营性贷款 600 亿元），贸易融资增加 1 700 亿元，网络融资产品余额增加 800 亿元。

2. 调整重点信贷结构。压降城建、公路、电力、房地产行业贷款余额 1 500 亿元以上。严格控制地方政府融资平台、房地产、高耗能高污染和产能过剩行业贷款。稳步提高先进制造业、战略性新兴产业、现代服务业、文化产业“新四大产业”和中小微企业、贸易融资、个人消费“三大战略领域”贷款比重。降低公司贷款中余期 5 年以上的贷款占比。压缩已签合同未提款业务余额 2 000 亿元以上。

3. 保持资产质量稳定。集团口径不良贷款率控制在 1.2% 以内，资产质量偏离度控制在 0.02 个百分点以内，退出及转化潜在风险贷款 1 000 亿元，化解“担保圈”贷款 800 亿元。

4. 提高信贷合规水平。全行按照贷款新规走款比重在 95% 以上，信贷监督执行及时率、业务档案移交率、业务档案入库率达到 100%。非现场监督发现问题的现场检查率达到 100%。

5. 创新信贷管理方式，提高操作效率。依靠信贷管理技术革新，提高信贷管理信息化、集约化能力，试点推行小微企业贷后集中监控管理、个人信贷集中自动审批和贸易融资集中审查模式。进一步完善集团层面全面信用风险管理体系。

围绕上述目标，应主要做好以下几方面重点工作。

（一）把握信贷投向重点。2012 年的全行信贷要全部投向实体经济，重点投向积极进入类、适度进入类行业，先进制造业、现代服务业、文化产业、战略性新兴产业“新四大产业”中的重点优质客户，以及贸易融资、中小微企业、个人消费贷款“三大战略领域”。新增项目贷款的 95% 以上要投向重大在建、续建项目。

继续确定文化产业、现代物流、医院、电信运营、教育、铁路运输设备（装备）、石油石化、港口等 8 个行业为积极进入类行业；将铁路由积极进入类下调为适度进入类，住宿业由谨慎进入类上调为适度进入类，将输配电设备、农机、金属矿采选确定为适度进入类行业；将房地产、新农村（小城镇）建设、公路由适度进入类调整为谨慎进入一类，将商贸流通、轮胎制造确定为谨慎进入一类，将医药、焦炭由限制进入类调为谨慎进入二类；将城市基础设施、造船、有色金属冶炼、造纸及纸制品、煤化工、水泥等 6 个行业确定为限制进入类行业。

将原维持类和限制类客户合并为谨慎类客户。重点类客户的信用等级不低于 AA 级，不设定我行融资同业占比控制上限；适度进入类的客户信用等级不低于 A + 级，我行融资同业占比不超过 50%，其中对于融资余额 1 亿元及以下的客户可不受该比例限制；谨慎类客户的信用等级不低于 A – 级，主要办理风险可控、有还款来源保障的贸易融资等短期融资业务，我行融资同业占比不超过 30%；退出类客户仅办理低风险业务，并须逐年核减最高授信额度，压缩存量融资，直至清户。

扩大中型客户信贷政策的试点分行。上半年在各一级分行营业部和重点二级分行施行，下半年，要进一步完善中型客户信贷政策，加快在全行全面施行。

对 16 个国家战略区域信贷政策进行政策效果评价，对于政策实施效果好且确需继续执行的，要根据区域发

展的新情况、新要求，调整政策内容；对于政策实施效果差，且政策执行和管理不到位，存在政策风险敞口的，要立即予以调整和取消。

加大对重点县支行的信贷政策倾斜力度，总行将在全行157家重点县支行名单内确定一部分县支行，积极支持发展具有县域特色资源的信贷业务。各行要优先保证这些重点县支行的信贷资源，确保同业市场占比和效益排名第一，其余的重点县支行至少要确保当地同业占比第二。

（二）深入推进信贷结构调整。今年，信贷结构调整的重点是围绕提高资本利用效率和风险收益水平，压缩调整监管资本占用高、RAROC水平相对较低的信贷业务，加快发展资本占用少、RAROC水平高的业务。各行要把压降工作作为优化信贷结构的重要内容，确保“双压降”任务的完成，即压降“四大行业”贷款总量1 500亿元以上，压降表外业务中已签合同未提款业务余额2 000亿元以上。去年下半年，经清理，承诺类业务比6月末减少923亿元，按照承诺类业务风险权重38.3%和去年第三季度报披露的资本充足率12.51%计算，仅此可节约监管资本44.2亿元。截至去年底，全行合同项下未提款业务余额仍有4 724亿元，大约占用监管资本230亿元。如果今年压降2 000亿元，可节约资本95亿元左右。这将更好地满足贸易融资、小微企业和个人信贷等业务发展的资本要求。

为此，总行将进一步采取以下几方面措施：一是提高表外信贷业务经济资本占用系数，包括已签合同未提款在内的承诺类业务和银行承兑汇票在内的担保类业务的经济资本占用系数；二是进一步加强贷款限额管理。限额不足的，一律不得发放贷款。总行将以上年末10年期以上的超长期贷款占各项贷款的比例作为参照，确定2012年10年期以上贷款限额。以2011年末表外信贷业务余额为基数，参照确定2012年表外信贷业务控制总量。三是降低中长期贷款比例。贷款期限越长的贷款，资本占用越高。据测算，10－20年（含）贷款的经济资本占用系数为平均水平的1.5倍，20年以上贷款为平均水平的2倍。目前全行余期10年以上公司贷款占比15.59%，若下降1个百分点到15%以内，可节省资本占用约30亿元。四是进一步完善RAROC的计量模型，扩大RAROC阈值实施业务范围。业务范围由境内分行公司、个人人民币贷款逐步扩大到表内外、境内外全口径的信贷业务。同时，提高5亿元以上大户单笔信贷业务的RAROC阈值，适当调低我行担当牵头行和代理行角色的银团贷款RAROC阈值，增加对贷款大户的合理收益，引导分行降低5亿元以上大户的贷款占比。全年新办理的公司及个人信贷业务可比RAROC水平要比上年提高2个百分点以上。五是加强对已签合同未提款业务压降计划的管理和考核。

（三）加强重点领域信用风险防范。要严格审查、审批、严控平台客户新增授信和贷款，防止借“保续建”之名变相增加平台贷款。对平台存量贷款要继续补充落实有效抵质押担保、合同补正等措施，到期必须收回，争取实现平台贷款现金覆盖率、补充落实有效抵质押率和合同整改率三个100%的工作目标。各行一把手要亲自督办，分管行长要负责抓好对未全覆盖平台贷款的整改。总行将每三个月检查通报一次。对于平台贷款现金覆盖率低、未能注入有效资产、未能落实抵质押的分行，要暂停与地方政府财政收支相关领域的新增融资，包括保障性住房、公路等在内的所有融资业务。

总行将严格核定房地产贷款和土地储备贷款客户及准入城市名单，提高房地产开发贷款的客户信用等级和项目资本金比例准入标准。各行要严格控制对今年新开工的房地产建设项目或新客户发放贷款，尤其不得对他行退出的项目提供贷款。房地产到期贷款不得办理展期。如总行监控发现未能落实房地产贷款资金封闭管理要求，未能按照规定销售进度收回贷款，出现项目贷款被挪用的，一律停办房地产项目贷款，并追究相关人员责任。

严格控制公路行业新增贷款，不得对以财政性资金或补助为还款来源的公路项目发放搭桥贷款，不得置换他行承贷的公路项目贷款。各行要暂停受理一级公路项目贷款。对于公路行业贷款集中度过高、平台贷款现金流覆盖率低、存在公路不良贷款的地区，不再审批新的公路贷款。

各行要依据工信部“十二五”期间19个重点行业淘汰落后产能目标任务，逐户落实信贷退出计划。对于环保合格但潜在污染较重、具有较大环保风险隐患的企业，不得新增贷款，存量贷款只收不贷。严禁对环保不达标企业提供各类融资业务和融资便利。

要契合小微企业、贸易融资和个人信贷业务风险特点，采取更有针对性、更有效的风险防控措施。对存在股权关联、自然人关联、实际控制人关联的小微企业，要实施统一授信管理。严格审查小微企业货款归行额与融资总量、货款归行占比与融资占比是否相匹配，从严把握第一还款来源。对于与生产销售不匹配且不能合理解释的归行货款，不能作为授信依据。严格防范小微企业过度融资和多头融资风险，防止信贷资金被挪用，流入房地产市场，流入民间借贷市场。

各行要严格控制双边贸易融资，应主要围绕核心企业大力发展供应链融资。要有效掌控核心企业情况，如核心企业不再符合我行规定条件的，要及时调出核心企业名单，并向已办理相关业务的分行发布预警通知，防范核心企业问题引发系统性的供应链融资风险。各行办理贸易融资业务时，都要做到通过海关、税务部门的网上信息核查系统，以辅助核验交易的真实性。对于借款人首次与我行合作或者与购货方首次发生交易的，不得办理隐蔽型国内保理业务。要杜绝将缺少真实贸易背景的一般流动资金贷款简单置换成贸易融资。下一步，总行将开发应收账款、商品融资、核心企业等系统管理模块，对贸易背景核实、到账资金监控、核心企业准入管理等关键操作环节实施系统刚性控制，不断增强全行贸易融资防假反假能力。

全面推广个人客户综合授信管理，严格控制单一个人客户在我行的融资风险总量。今后，对于个人不良贷款，符合核销条件的，必须以客户为单位，以客户的整体融资为标的，对于多元融资客户的单项信贷业务不予核销处理。总行将重点研发额度小、期限短、风险可控、以银行卡为载体的直接消费信贷产品，进一步加强“卡贷通”、“网贷通”、“网银质押”等非柜面提款品种的监督支付。做好个人经营贷款和小微企业贷款的政策衔接，个人经营贷款的额度不得超过500万元，超过500万元的，需按照小企业贷款有关规定办理。各行不得向非企业法人客户发放小企业贷款，也不得向企业法人客户发放个人经营贷款。要严格审核个人消费贷款的用途，特别要严格审核100万以上大额消费贷款的用途，严防信用卡融资进入股市、楼市。此外，自3月起，各行要停止受理和审批个人房屋抵押贷款。

对于理财、中票、短融等业务的或有信用风险，要合并考虑我行统一授信额度，纳入客户风险总量控制，并落实好投后管理措施。

（四）加强贷款方式管理。严格控制保证贷款。原则上不再发放信用保证贷款，但如风险可控、确需发放的，也只接受有代偿能力的母公司担保，并要比照信用贷款相关要求进行审批和管理。对纳入担保圈的客户，不得办理信用保证贷款，且存量贷款要尽快清理化解。总行考虑，为增加担保方式的灵活性，将增加混合型贷款管理方式，区分全抵押、部分抵押，全保证、部分保，全信用、部分信用等担保方式，实行差别管理。目前，总行已经调整了信用贷款的基本条件，将信用贷款的客户信用等级调整至A+级（含）以上，并可以不受单一客户信用贷款比例限制。还规定，对未能达到信用贷款条件，但可补充提供相关信用保障措施、覆盖我行信用风险敞口的，也可以发放准信用贷款，但需提高贷款利率，并纳入信用贷款进行管理。

在贷后管理过程中，要对抵（质）押物进行检查，按规定时间重评，并一律以内部评估价值来确定抵质押率。对于存在抵质押价值缺口的，要及时补充补足抵（质）押物，修订贷款合同。确实难以补充补足抵（质）押物的，要相应压缩收回贷款或提高对不足值部分贷款利率，严格落实贷后管理责任。

目前，全行融资性担保机构提供的担保业务中尚有3.64亿元不良贷款，要加大清收力度。担保机构的准入核准全部上收总行，各行可在核定的担保机构最高授信额度内开展业务合作。对不具备担保能力，存在风险隐患的融资性担保机构担保的贷款，要抓紧落实补充抵（质）押物、调整担保人等保全措施，抓紧退出。

（五）加强信贷风险排查、检查，适时退出潜在风险贷款。今年上半年，总行将统一部署全行信贷业务的检查工作，各行要对所有有信贷业务往来的公司和个人客户进行一次全面的风险排查。对于保证方式贷款，包括担保公司担保的贷款，双边非核心客户交易链的贸易融资业务，超过100万元的个人消费类贷款，超过500万元的个人经营贷款，各行要逐笔进行检查，重点关注贷款用途是否合规，资金流向是否正常，以及还款来源等情况。在风险排查基础上，各行信贷管理部门要全面掌握辖内融资余额5亿元以上企业的经营管理情况和融资风险情况，比如是否存在集团客户内部非公允关联交易、虚假交易，是否存在过度扩张、主业不突出、投资关系复杂、过度融资、民间借贷等问题。对具有潜在风险特征的公司贷款，要全部纳入潜在风险贷款管理范围，且在纳入名单后，在6个月的观察期内不得调出，确要调整的，只能一年调整一次，且由总行核准。对于未纳入潜在风险贷款管理而劣变的，增提贷款减值准备。四大行业调结构压降贷款不能作为潜在风险贷款退转部分来计算，两项工作必须单独管理、单独考核。

对2011年内外部审计检查中发现问题，各行必须在今年6月末之前，逐个整改落实到位，并报总行信贷管理部。对于未按时整改到位的，总行将进行通报。非现场检查发现一笔，要立即查处一笔。总行非现场检查发现的，由总行带队现场检查。分行现场检查不到位、落实责任不力的，总行将直接认定处理。

要继续落实重点风险客户总分行领导挂帅督导和分级督办制度，对于总行领导督导的客户，一级（直属）分行领导必须进行现场督办，按季向总行报告督办情况。

对于连续三年内控评价等级高，历年大检查没有出现违规问题，无重大信贷风险事件和社会与环境风险事件，且信贷资产质量稳定的分支机构实行“免检制”，年内以自查为主，总行一般不再安排复查；对于管理问题较多，如存在越权审批授信、违规调整评级授信结果、违反信贷准入政策、未落实或擅自改变融资前提条件办理融资条件、受托支付不合规、未按规定办理抵押登记等严重违规情形的分行实行“重点监控制”，加大现场检查力度和频率，并限制其向下转授权，由一级（直属）分行定期向总行汇报整改情况。

（六）加强信贷资产质量管理。资产质量分类要与客户生产经营状况和信用等级相对应。凡是生产经营不正常，尤其是连续亏损的企业，要区分亏损年限，相应降低质量分类，至少进入关注类。凡是潜在风险贷款客户，信用等级不得优于A级（含），至少降级进入正常四类。对于办理展期和再融资的各项贷款，全部降级进入关注类。对于存在交叉违约和本息逾期10天以上的公司及个人经营贷款，都要降级进入次级类。各行要按照资产质量分类情况，相应调整贷后管理间隔期。对于资产质量分类为正常一的客户，每年进行一次贷后跟踪检查；正常二的客户，应每半年进行一次贷后检查；正常三及以下的客户，应至少每季度进行一次检查。对于正常四贷款，要按照关注类贷款进行管理，逐步清收。

要严格个人关注类贷款及不良贷款认定标准。对于个人贷款改变贷款用途的，至少降级认定为关注贷款；存在交叉违约的，必须认定为不良贷款。取消10天还款宽限期，个人贷款逾期后即认定为关注贷款，逾期超过90天的，即为次级贷款。对于个人不良贷款转化为关注或正常贷款，要设置6个月的观察期，观察期内没有出现违约情形的，可在观察期满后认定为关注或正常贷款，否则仍须认定为不良贷款。

各行如未按照总行规定要求严格进行资产质量分类，被总行检查发现而作出分类调整的，将视做分类偏离，纳入分类偏离度考核。同时，对于质量分类标准掌握不准确、分类结果偏离度较大的分行，采取扣减绩效评价得分、增提拨备等措施。各级分支机构的不良资产占比与银监会、审计署或总行检查认定结果差异在0.05个百分点（含）以上的，要进行限期整改，如有违规行为，要严肃处理。

（七）加强信贷监督执行工作。在放款核准环节，不得受理核准违反国家规定的信贷业务。经审核发现，对于未落实担保和前提条件、贷款资金支付方式违规、违反信贷政策制度、档案资料存在严重问题的信贷业务一律不得核准放款。对于个人经营贷款，要审核是否具备有关部门核发的营业执照、特许经营、社会治安、安全、环保卫生、依法纳税等相关证件。要件不完备的，一律不得核准放款。

要强化作业监督问责机制。在放款核准和执行监督环节监督不力，未能有效发现或发现后未能及时报告或未能中止拒绝的提款，一经查证，要严肃追究信贷监督执行部门具体责任人和负责人的责任；对于影响、干扰正常信贷监督工作，胁迫信贷监督人员核准存在合规合法问题贷款的，严肃追究与处理相关人员的责任。对于作业监督执行中发现的问题，要及时进行现场检查。

要严格执行银监会“三个办法、一个指引”，切实加强贷款资金受托支付管理，进一步提高按贷款新规走款比重，各一级（直属）分行按贷款新规走款比重要达到95%以上。对于自主支付，也应根据“实贷实付”的原则，按进度分批拨付信贷资金。同时，要强化贷款资金流向的持续跟踪，如发现授信客户存在资金游离主业，或利用下属关联公司高息放贷、违规发放委托贷款等迹象的，应立即采取暂停支付，并进行现场检查，以核验相关情况。

（八）进一步优化信贷流程，提高信贷运行效率。要根据授信审批垂直集中管理体制，对现有的信贷管理制度、流程和规章进行相应调整和优化，明确权责、清晰流程、提高效率。改进信贷业务授权管理，在审批权集中一级（直属）分行层面后，保证各分支机构负责人充分行使信贷业务的签批决策权。同时，简化小微企业、贸易融资和个人信贷业务的审批流程，可由业务受理机构调查后，直接向一级（直属）分行授信审批部门提请审查，审批后，可直接下达审批书。

要依托信贷管理技术集成化和业务信息集中化优势，加快推行小微企业贷后集中监控管理模式和个人住房信贷业务自动化和分类审批，在贸易融资规模大和有条件的分行推行贸易融资技术审查集中模式，提高交易单据审查的专业性与独立性。以网络融资平台为基础，逐步将贸易融资、小微企业贷款、个人贷款等短期小额融资通过系统和网络进行操作，努力解决业务发展规模扩大和人员专业能力、人员数量不足之间的矛盾。今年5月版本中全面实现个人客户综合授信系统功能。

（九）加强境外机构管理，加快构建覆盖全集团的信贷管理体系。加快集团产品的境外移植推广，进一步丰富各境外机构信贷产品，以供应链、销售链、“走出去”业务拓展为重点，以核心企业为依托，加快产品创新，完善对全球客户的全方位服务能力，提升本地化经营能力。

总行将加快推进集团信贷管理基本制度向境外延伸。境外机构要按照总行的要求按时实现新旧管理模式的平稳过渡，不允许任何机构游离于集团统一管理之外。上半年要集中力量做好境外机构信贷资产质量分类测算工作。

加快推进境内资产管理系统（CM2002/PCM2003）向全球信贷管理系统（GCMS）的迁移整合工作。力争用两年左右时间，构建适应我行全球化经营需要的信贷统一管理平台，全面支持集团所有机构信贷资产业务的集中运营、实时监控和统一管理。

要建立全口径境外信贷业务的监测体系，防范境外信贷业务的国别风险，加强境外机构贷款大户、风险大户的跟踪监测，实现境内外机构风险管理联动与控制，共同防范业务风险。总行将尽快取消手工报表，以系统信息为准进行业务监测。各境外机构要切实改变主要由外派人员操作GCMS的状况，确保境外机构所有信贷人员都熟悉系统操作，继续加强GCMS数据质量管理，确保系统信息反映客户和业务的真实状况。

（十）加强信贷队伍建设。做好目前形势下的信贷管理工作，建设一支优秀队伍是关键。各级领导要重视将观念新、责任强、素质高的人才充实到信贷岗位。作业监督岗位是业务准入、合规管理、风险把控的重要环节，作业监督人员要完全配备到位，并按审批人的要求考核认证合格后上岗，按照高中初审批人资格管理的要求确定相应的作业监督业务范围。初级审批人资格的只能从事相对简单的作业监督工作，相对复杂的业务要由具有高级别审批人资格的作业监督人员审核把关。对于没有相应资质人员的二级分行，由一级分行信贷管理部门进行直接监督核准。因此，一级分行和二级分行的作业监督部门要有一定数量的具有高级审批人资格的作业监督人员，不符合作业监督资格的人员不得上岗，更不能从事与规定不符的作业监督工作。

总行、各一级（直属）分行信贷管理部门要积极做好信贷从业人员培训工作。总行从2月启动对全系统的信贷相关业务视频培训。一级（直属）分行信贷管理部门要做好对基层行新政策、新产品、系统应用的培训推广工作。若因培训不到位致使基层行信贷人员理解总行政策出现偏差，业务办理违规的，要追究一级（直属）分行信贷管理部门管理责任。对信贷管理人员要制定明确的岗位职责和工作标准，严格业绩考核制度和风险追究制度，定期分流不称职的人员。最后，我还强调一点。2月7日银监会召开了在全国银行业系统整治不规范经营问题电视电话会议，主要内容是“纠正附加不合理贷款条件和不合理收费”。根据银监会统一要求，总行决定立即组织开展专项整治工作，近日将进行专门部署。各行在信贷业务的经营中要严格遵守以下规定：1. 不得以贷转存，强制设定条款或协商约定将部分贷款转为存款。2. 不得存贷挂钩，以存款作为审批和发放贷款的前提条件。3. 不得以贷收费，在发放贷款时，向客户收取不合理的中间业务或其他金融服务费用。4. 不得浮利分费，将贷款利息分解为费用收取，变相提高利率。5. 不得借贷搭售，在发放贷款时，强制捆绑、搭售理财、保险、基金等金融产品。6. 不得一浮到顶，笼统将贷款利率上浮至最高限额。7. 不得转嫁成本，将银行应依法承担的贷款经营成本以费用形式转嫁给客户。全行信贷管理部门要按照总行统一部署，尽快对涉及服务收费的信贷制度、规定、文件进行自查自纠和清理，并作为今年信贷现场检查的重点，做到全面彻底地整改。

同志们，2012年，我们将面临更为复杂的经济金融环境，工作任务十分繁重。全行要按照总行统一部署和要求，围绕信贷结构调整这一中心，加强信贷风险管理，进一步优化信贷结构，保持信贷业务持续稳定健康发展，为全行经营战略转型和可持续稳定健康发展作出新的贡献！

推进创新发展　提升管理效能
积极应对风险管理面临的新形势新挑战

——在中国工商银行风险管理工作会议上的讲话

魏国雄

（2012年2月14日）

这次会议的主要任务是，贯彻2012年全行工作会议精神，总结2011年风险管理工作，分析今后一个时期风险管理面临的形势和挑战，部署今年全行风险管理工作任务。下面我重点谈几个方面的意见，并就一些工作提出具体要求。

一、2011年风险管理的主要工作成效

过去的2011年，是具有重要意义和挑战性的一年。在国际国内经济金融形势复杂多变、监管标准日趋严格的背景下，全行风险管理战线的同志们奋发进取，积极应对挑战，认真贯彻落实总行党委、董事会的部署安排，坚持以“建设一流队伍，培育一流作风，创造一流业绩”为目标，推进全行风险管理工作的转型，努力提升风险管理水平；全行充分发挥全面风险管理效能，完善全面风险管理制度体系，投产风险加权资产计量系统，建立完善国别风险管理体系；全行持续推进风险量化技术应用工作，内部评级成果进入实质应用阶段，市场风险自主研发项目全面投产，产品控制工作效果显著，新资本协议第二支柱建设取得重要成果；全行不断提高不良资产清收处置效益，资产质量持续保持优良，不良贷款余额和占比连续十二年“双降”。

具体来说，以上成绩的取得，得益于以下几方面的工作。

（一）全面风险管理体系的建设不断得到加强。2011年，全行完善制度体系，创新管理手段，加快系统建设应用，保障全面风险管理效能充分发挥。

1. 全面风险管理制度体系进一步健全。总行印发了《风险偏好管理制度》等五项重要制度，建立风险偏好制度及指标，统一风险及资本充足评估管理，健全覆盖集团各类风险的报告机制，完善全面风险管理框架，加强风险管理评价，细化风险限额管理，探索在分行层面落实第二支柱要求。各分行认真落实各项制度，

工作扎实有效。上海和浙江分行制定了风险偏好实施细则，北京分行和工银亚洲认真开展风险自评估，江苏和深圳分行修订二级分行（支行）风险管理评价办法，河南和辽宁分行制定了风险限额管理实施细则等。

2. 推进风险加权资产计量系统建设。实现了自动获取业务数据、展现汇总及按机构和客户的逐笔数据、业务数据与总账数据对账、数据验证、参数维护和调整五大功能，建立了风险加权资产计量分析的数据集市，保证了风险加权资产计量的准确性。

3. 投产实质性风险评估系统、风险偏好与资本充足率预测系统、内部报告与监管报告系统，为申请第二支柱达标做好准备。完成了银监会资本管理办法、新资本协议定量测算，及巴塞尔委员会相关指标和系统性重要银行的测算工作。

4. 全面风险报告和专题风险报告从敞口、风险、资本计量、风险收益等维度全面反映风险情况，体现了资本管理导向。各分行持续完善报告机制，发挥管理决策的参谋作用。各行充分利用各类风险量化成果，增强独立性和权威性。持续关注地方政府融资平台、四大行业贷款、表外业务、新业务、新风险点，及时向总行报告新情况。北京、上海、广东分行和广东分行营业部报告工作成效较为突出。

5. 承接全行并表管理牵头工作。按照总行党委要求，总行风险管理部正式承接全行并表管理牵头工作，协调相关部门，较好地完成了银监会并表管理检查，客观、全面地展现了近年来我行并表管理成果。

6. 建立国别风险管理体系。总行建立了较完整的国别风险管理政策、流程、评估体系，对 120 个国家（地区）进行内部评级，建立了国别风险限额管理体系并对 199 个国家（地区）设定国别风险限额，开展国别风险压力测试，投产国别风险内部评级、敞口统计及限额管理等 IT 系统。

（二）深入推进计量成果应用，分行风险管理转型取得显著成效。全行风险管理转型工作全面铺开，各行取得了实质性进展。

1. 健全风险量化机构、配足专业技术人员。去年 4 月视频会议以来，各行均高度重视，充分利用各类资源，解决验证机构设置、管理机制和人员配备问题。目前，绝大多数分行已按照总行要求设置了专门的验证岗位，有 21 家分行成立了风险量化管理科室，12 家分行配备了 3 名以上的验证人员。机构的设置和人员的到位，为验证工作全面推广提供了强有力的保障。

2. 各分行在总行的统一指导下，开展了大量卓有成效的工作，取得了非常好的成绩。广东分行率先利用辅助审查功能开展验证工作，为全行提供了有益的探索和借鉴；在二级分行层面实现了个贷内部评级法事中验证工作，下发了验证工作操作指引。北京分行制定了验证办法，明确了验证方法与内容，将验证工作嵌入信贷审批流程；确定了个贷内部评级法事中验证流程，对于临界点附近的高风险业务进行了实时的验证。上海分行对验证中发现的重点问题积极研究，制定个贷事中验证工作实施细则，设置验证工作专岗，明确个贷事中验证的范围和流程，重点对临界客户和重点产品评分的合理性进行验证，积极探索信用卡事中评级验证的新方法。江苏、深圳、新疆、安徽分行从一把手到主管行领导、其他行领导都高度重视，验证工作开展得有声有色。江西、山东、河北、山西和辽宁分行对二级分行加强针对性的指导，验证工作从试点到全面推开，值得大家借鉴。

3. 各行根据总行评级检查管理办法，开展内部评级自查，配合总行现场检查，对发现问题进行通报并监督落实整改，成效显著。浙江分行抽调二级分行人员集中培训和学习，并制定了全面的检查模板、流程；河南分行对可能存在问题的客户进行重点检查，提高了检查效率；深圳分行将内部评级检查与促进资本节约和提高信贷业务收益相结合，提高了经济效益；湖南分行在检查过程中采取支行自查、二级分行检查与省行抽查相结合、系统验证与实地验证相结合、自上而下与自下而上相结合的方式；湖北分行出台了个贷评级事后检查方案，规范检查流程，对零售风险暴露分类和录入质量进行检查；江西分行出台了个贷内部评级检查管理办法与客户评分监测验证管理办法，四川、天津、内蒙古、江苏、黑龙江、湖北、陕西和甘肃等分行评级检查工作成效也较为突出。

4. 推进内评成果应用，完善风险量化报告。各行充分利用内部评级数据，开展丰富多样的量化专题分析。广东分行将 RAROC 分为 5 级，为前中后台管理决策提供参考，发挥 RAROC 在信贷结构调整中的引导作用；新疆分行研究分析了预期损失率对信贷资产分类和拨备计提的影响；广东分行营业部将风险量化结果应用于风险分析报告；浙江、青岛、福建、吉林和宁波分行对单位资本贡献率、EVA 等指标进行深入研究，为信贷业务精细化经营管理提供了依据；上海分行基于评级数据完成个人贷款业务还款周期特征的分析报告，为合理定价、优化营销提供依据。

在分行风险管理转型取得显著成效的同时，总行全面推进新资本协议实施，健全量化管理制度，优化风险计量系统和模型。

一是推进风险计量在资本管理、绩效考核、信贷审批、资产分类与拨备计提等领域应用，2011 年，银监会先后开展了信用、市场与操作风险高级计量方法的申请达标评估和复评工作。从银监会反馈情况看，我行实施新资本协议方面的工作是实的，把新资本协议和内部评级要求贯穿到了具体工作中，贯彻到了基层分支机构中。北京分行、广东分行、海南分行与广东分行营业部代表我行接受了银监会的评估验收，圆满地完成了现场评估工作，做出了突出贡献。其中北京分行成立由行领导挂帅的评估小组，召开16次联席协调会议，举行4次全行性培训，进行17次系统演练；广东分行组织包括广东分行营业部、中山和清远分行在内的系统演示，准备了充分的汇报材料和访谈参考信息。

二是进一步健全内部评级制度体系，印发或修订了十多项制度，优化了政府投资、个人经营贷款评分等21个模型，投产了客户违约认定、债项评级等新系统或优化版本。

三是修订了风险计量验证制度和内部评级验证办法，制定了评级模型持续监控工作规范，完善了验证工作流程，还启动了市场风险和操作风险计量独立验证咨询项目。

此外，总行定期完成操作风险高级法及标准法资本定量测算，加大高级法成果在全行的推广应用，在高级法框架下向各行分配操作风险资本占用，开展年度情景分析工作。北京、天津、山西、广东分行营业部、青岛分行的操作风险情景分析工作开展较好。总行加快信用卡反欺诈项目建设，申请反欺诈系统建成并全面投入业务应用，完成了交易反欺诈研究和系统架构搭建。

（三）市场风险管理体系建设成效显著。2011年，全行市场风险管理制度体系不断完善，市场风险管理工具和手段创新加快，市场风险计量、监测、报告与管理工作有序开展。

1. 加快市场风险内部模型法建设和应用。全面投产全球市场风险管理系统，实现了法人口径交易账户产品和银行账户汇率风险计量，包括定价估值、VaR值计量、压力测试、限额管理、风险报告、资本计算等功能，2011年末又成功将新加坡、纽约分行纳入全行市场风险计量与监控体系。

2. 制定和修订了《市场风险管理制度》、《银行账户和交易账户划分管理办法》等十项制度办法，编写了《市场风险计量与汇总方法》等七项内部模型方法论，形成了涵盖基本制度、具体办法、方法论和重要参数、操作手册和流程细则的，逐级深入、层次分明、全方位的制度方法体系。

3. 较好地完成了交易复核工作，实现全年无差错。完成本外币债券及贵金属产品控制系统建设，并荣获了人民银行2011年度银行科技发展“二等奖”。截至年底，12家分行风险管理部门开展了市场交易价格验证和限额监控，其中北京、上海、深圳分行在难度较高的情况下，均很好地完成了工作。

（四）不良贷款清收处置任务圆满完成。全行稳步推进不良资产管理与处置工作，不断完善政策制度体系，强化监测分析及预测预报，做好业务监督检查，加快系统建设应用。

1. 全年清收处置不良贷款437.10亿元，完成年度计划的145.7%。其中，现金清收197.23亿元，占比45.12%，为近年来最好水平，浙江、深圳、山西、广东、福建、江苏、上海分行作出了较大贡献。呆账核销42.84亿元，同比下降21.91亿元。不良资产处置节约拨备135亿元，可以说，风险管理对全行的经营效益做出了贡献。

2. 清收处置体现了“效益优先”的原则。全行着力提高现金受偿水平，共累计清收处置5 000万元以上大额不良贷款147.59亿元，其中现金清收75.91亿元。黑龙江分行某热电厂不良贷款项目，分行原与企业协商实施以物抵债方案，预计本金受偿率61%，后在总分行的共同努力下，最终通过还款免息方式，偿还全部贷款本金7 280万元，减少损失2 839万元。大连分行通过还款免息收回一户大额贷款本息3.45亿元。广东分行营业部对5 000万元（含）以上大额不良贷款逐户成立了处置工作组，并由行领导担任组长。

3. 以物抵债业务管理进一步加强，实现了抵入金额持续5年下降，抵债资产尤其是两年以上账龄抵债资产的处置进度加快。广西、海南、湖北、云南、江西、吉林6家分行两年以上账龄抵债资产余额清零。

4. 进一步加强账销案存资产管理与现金清收，全年累计现金清收账销案存资产12.05亿元，完成全年计划的120.5%。其中：广东、浙江、广东分行营业部、河北、四川分行现金清收金额排名全行前5位，合计6.98亿元。上海、北京、浙江、河北、河南分行的日常管理工作开展情况较好。

二、准确判断形势，做好风险应对准备

（一）经济金融形势。从全球经济金融形势看，今年情况不容乐观。有关国际组织，包括IMF都下调了今年的全球经济增长预期。美国公布2011年第四季度GDP的环比增速为2.8%，扣除库存增加，实际增速只有0.8%，美联储将今年GDP增速预测下调至2.2%~2.7%。欧洲的问题更大一些，欧债问题还没有最终解决方案，对全球经济会造成持续影响，欧元区经济可能出现负增长，会对中国进出口造成一定影响。国际上地区性不稳定因素增加，也对今年经济造成很大的影响。

从中国经济看，也存在较多不确定性因素，去年GDP增速为9.2%，总体保持稳定，但进出口的问题比较明显，去年后四个月出口增速连续下滑，今年1月的出口增长更是近两年来最低。2012年1月CPI同比上升4.5%，整体来看，通货膨胀虽得到一定遏制，但仍存在较大压力。

（二）监管形势。今年，我国将正式实施巴塞尔协议Ⅱ和巴塞尔协议Ⅲ，对资本水平和质量提出更高的要求，同时在流动性和杠杆率方面也有新的要求。系统重要性银行的监管措施即将落地实施，我行将面临更为严格的监管要求。随着我行境外业务发展和资产规模不断扩大，将面临国际和国内更多也更严格的监管要求。

（三）风险管理工作存在的主要问题。去年风险管理工作取得了很好的成效，但应该看到，外部环境变化和更为严格的监管带来了新的挑战，风险管理工作还存在一些有待改进的方面。管理制度、手段和执行力方面各行的情况不平衡，有些制度梳理还不清晰、层次不明确，操作上有一些薄弱环节，系统还未全面覆盖。具体来说有：

1. 部分分行和机构风险管理委员会的设置和运行偏重于形式，作用并没有充分发挥。一些分行风险管理评价在绩效考核中的导向作用需要加强。集团风险并表管理需要进一步强化，从上年银监会并表管理现场检查反映出的问题看，并表管理在制度、系统、数据等方面仍需改进，不少信息还需要手工报送。国别风险管理的覆盖面和评级的及时性、深度等方面还需要提高。

2. 各行内部评级结果集中度较高，很多是 AA－级，其中有模型的问题，但主要还是管理问题，相关政策还要完善，部分 AA－级客户风险不小。各分行评级验证工作参差不齐，有些行的验证工作质量不高。省市偿债能力评价结果的质量不高，有些定性打分过于随意，信息收集和对宏观经济、财务数据的分析能力不足。

3. 一些分行、子行前中后台相分离的金融市场业务架构还不够完善，风险管理部门尚未有效承担起市场风险管理职能。金融市场业务市场风险管理系统尚未全面延伸到境内外分行、子行。

4. 不良贷款管理方面。一是大额不良贷款清收处置力度需要进一步加大，去年全行 5 000 万元（含）以上大额不良贷款户数虽有所减少（比年初减少 31 户），但余额却有所增加（比年初增加了 3.82 亿元）。5 年以上账龄不良贷款的清收处置进度不够理想，个别分行领导对大额不良贷款挂帅清收的制度落实不够，未能深入清收处置一线，清收处置工作抓得不实、不深入。

二是一些分行个人不良贷款管理职责划分仍不清晰，部门间的分工协作机制尚未有效建立，管理未形成合力。

三是还款免息的比例略有下降，去年全行的还款免息比为 2.06:1，较 2010 年的 2.36:1 有所降低。部分分行呆账核销责任认定工作有待加强，存在对形成呆账的主观原因认定不准确、责任人处理不到位、责任认定意见不规范等情况。部分分行抵债业务存在抵入估值高、处置估值偏低等问题，内部评估的审慎性原则落实不到位。全行两年以上账龄抵债资产较年初下降 7.40 亿元，但山东、辽宁和上海分行新增两年以上账龄抵债资产 8.46 亿元。我行上市时遗留的待清理特殊资产中，福建、甘肃和北京分行仍未处置完毕。2011 年末，全行账销案存资产合计 1 144.94 亿元，部分分行分类认定结果尚不够准确，存在资产分类后移并急于转出销账的倾向。

三、发挥全行合力，确保完成今年风险管理工作目标

2012 年，全行要认真贯彻落实总行党委“把握好资本约束、把握好经营转型、把握好风险控制、把握好盈利可持续增长”的总体要求，认真落实全行工作会议精神，巩固、深化风险管理转型成效，探索、创新风险管理模式，充分发挥全面风险管理效能，加快推进风险量化技术应用，不断提高不良资产清收处置效益，进一步提升风险管理工作水平，推进我行结构调整和业务转型，更好地满足国际化、综合化发展的要求。有关工作，姜董事长、杨行长在今年全行工作会议上已经提出了要求，总行也印发了 2012 年风险管理工作要点，下面，我强调几方面的具体要求：

（一）进一步提升全面风险管理工作。

1. 抓好全面风险管理制度落实。总行今年将研究修订《风险管理评价办法》、《风险限额管理办法》，下发《风险自评估管理办法》《腕骨监管指标实施管理办法》、《风险加权资产计量管理办法》。《风险管理评价办法》将对不良贷款考核进行调整，在集中度风险方面重点加强对增量贷款的考核。

2. 各分行、子行要扎实开展风险自评估和腕骨指标监测工作，将此作为实施第二支柱的重要基础工作。要认真研究风险管理自评估管理办法，及时向总行反馈修改建议，同时对照风险评估定性指标，从风险水平和风险管理两方面客观、全面、准确地评估自身风险管理水平，风险自评估工作要争取在今年上半年完成。

3. 为准确、及时、全面地计量风险加权资产，总行今年下半年将推广应用风险加权资产计量系统，在正式应用前将选择部分分行进行试点，进一步夯实数据基础。各分行要在今年下半年开展辖内机构、产品线和业务线监管资本占用及使用效率的分析，进一步提高资本使用效率。

4. 各分行要充分利用好风险计量成果，对风险的预测、资本占用、风险收益等进行深入的分析，为防范风险、优化资产结构、提高效益提供管理建议，同时要密切关注重要风险领域和重点业务板块的风险，结合业务调研、同业比较和市场调查，持续关注并深入分析政府融资平台、房地产、小微企业、理财业务、新业务领域的风险变化，做好专题分析报告工作。

各分行和各附属机构要认真落实《风险报告制度》等相关制度的规定，及时向总行报送风险报告，履行风险报告职责。对于不认真落实制度要求、不及时履行报告职责的机构，总行将进行通报。要继续做好主要业务敞口及内外部风险因素分析报告，做好风险信息动态报告，突出反映风险动态变化的新特点。

5. 各行要根据风险管理委员会职责要求，结合今年风险管理的新要求，认真研究制订委员会年度工作计

划。各行风险管理部要认真履行好风险管理委员会秘书处的职能，做好年初工作计划、会议决策督办落实和执行情况总结，并及时将委员会年度工作计划和审议议案情况报总行备案。

（二）发挥内部评级成果对风险管理转型的推动作用。

1. 内部评级验证工作要进一步强化和优化。今年是分行开展验证工作的第二年，各行要提高验证工作质量，总行将进行检查和通报。各行要成立专门的验证团队，设置独立的验证岗位，配备合格的验证人员；结合本行实际，明确业务验证工作的重点；全面规范业务验证操作，建立清晰的验证工作机制和工作流程，明确发现问题的纠正机制；及时总结业务验证工作开展情况，按季上报。在非零售方面，对于平台贷款及房地产、公路、电力、基础设施等高风险行业，关键等级客户、RAROC 临界债项等重点领域，要实现业务验证的全覆盖。在零售方面，要对影响零售信用评分及 RAROC 评价结果的客户信息、贷款合同信息、抵押担保等信息的真实性和一致性进行全面验证。各分行要保证 RAROC 计量结果的准确性，总行也将进一步完善 RAROC 计量方法，对保证、抵押和质押具体情况进行细分，并考虑部分抵（质）押的情况，提升 RAROC 计量的可操作性，增强对贷款审批的指导意义。

2. 各行要根据总行规定的检查范围、检查方式和检查内容，结合本行非零售和零售业务的不同特点，有针对性地制订检查计划，定期开展内部评级自查，配合总行做好内部评级现场检查。要将事中业务验证和事后评级检查有机地结合起来，对业务验证中发现问题的整改工作进行重点跟踪和检查。在评级验证和检查工作中，要落实对于纳入潜在风险管理的客户，评级一律不得高于 A 的要求，如今后发现潜在风险客户评级高于 A，说明该行相关工作不到位。

3. 各行要结合本行内部评级量化结果和信贷结构调整情况，做好重点发展行业和退出领域的评级结构变化、资本占用情况、RAROC 分布等量化分析，深入剖析内部评级量化结果背后隐含的业务逻辑，为信贷决策提供有力的支持。同时做好零售内部评级的风险监测、风险分析和风险报告工作，重点分析违约概率、违约损失率的变化趋势，及时揭示风险源，提前防范风险，指导业务健康发展。

4. 持续做好客户违约认定、风险暴露分类核查、省市偿债能力评价、压力测试等工作。各行要重点做好主权、非零售中小企业及专业贷款、个人住房抵押贷款及信用卡等风险暴露分类结果的复核，确保相关监管资本占用的准确计量；深入、细致地做好违约认定管理工作，避免人为因素导致的客户违约状况误判；适时开展压力测试，深入分析本行可能面临的不利情景对资本占用、资产质量的影响，提前采取相应措施。

（三）进一步加强不良贷款管理。

1. 今年的形势非常严峻，根据安永初步反馈的情况，去年末部分分行一些贷款分类有偏离，此次审计需调整为不良了。考核不能按管理层的数据，要以审计后的数据作为各分行业绩考核的依据。从一月末的情况看，个人不良贷款反弹较大，是去年同期的近一倍，各行要认真查找原因。今后在考核方面应该更加严格，可考虑延后一个季度考核，以更合理、科学地反映真实情况。个人贷款过去制定的宽限期等规定不够严格，要尽快调整规范。贷款质量分类偏离度今年要进行检查，首先制度要规范，执行要严格。个人贷款违约 90 天即进入不良。在考核上要进一步完善相关制度办法，规范操作，加强自查，防范风险。

今年准备对不良贷款额、不良率较低或较高的分行在考核上有所差别。总体目标是全行不良贷款余额基本稳定在 720 亿元，不良贷款率实现下降。要提高不良贷款、账销案存资产现金清收计划考核分值，突出不良资产清收处置工作对全行经营绩效的贡献。继续对五年以上账龄不良贷款清收处置成效进行考核，增加当年新发生不良贷款清收处置情况考核，进一步优化不良贷款账龄结构。

2. 各行要按照总行已下发的通知要求，做好不良贷款发生和处置的预测预报工作，及时掌握风险动态。各行要加大部门间合作力度，建立贷款劣变前和劣变后的一体化管理机制，由二级分行行领导牵头负责，风险管理等相关部门参与，形成管理风险贷款的合力，尽量在贷款劣变以前采取措施清收处置。贷款形成不良后，在换手管理的同时，要保持处置措施和工作力度的无缝衔接。对 5 000 万元（含）以上大额不良贷款，继续实行一级（直属）分行行领导挂帅管理制度，逐户确定工作组。挂帅行领导至少每季度组织召开一次工作会议，审议方案落实情况。

3. 省区分行的二级分行、直辖市分行和直属分行要集中管理法人客户不良贷款，减少不良贷款管理层级。各一级（直属）分行风险管理部要切实承担起个人客户不良贷款的牵头管理工作，相关部门既要各司其职，又要密切配合，统筹管好个人客户不良贷款。

4. 关注重点领域贷款风险。各行要根据地区经济发展情况，加强对重点领域贷款风险的关注和管理，制定有针对性的管理预案。对涉及地方政府背景的融资平台、公路等不良贷款，原则上要上收至一级（直属）分行清收处置，并实行行领导负责制，原则上政府背景的贷款不能核销。

5. 提高不良贷款回收率和处置效率。总行将对重点大额不良贷款项目继续实行总行领导督办制度，各一级（直属）分行要由行领导挂帅负责，组织和参与处置，与借款人现场商谈，并按季向总行报告工作进展情况。各行要灵活运用各种处置措施，提高处置受偿率，尽量少核销、多清收，少用、严用以物抵债。要密切关注债务人的经营情况、担保情况，结合债务人还款意愿和还款能力，及时采取协商、诉讼、查封处置资产等有针对性的措施。进一步规范个人贷款和银行卡透支呆账核销工作，2012 年基本授权下发后，各行对个人贷款和银行卡透支呆账要以户为单位，通过各种业务系统，全面、综合审查借款人（或持卡人）情况并合并申报核销。近期总行将下发通知，进一步明确处置项目审查要求。要提高还款免息方式的还免比，继续执行二级分行以上行领导参与免息谈判的制度，对非企业的法人客户原则上不办理还款免息，特殊情况一律上报总行审批。要争取今年内清理完毕两年以上账龄抵债资产，总行已在专业考核办法中针对此项工作设置了扣分项，加大了考核力度。

6. 用好多种不良贷款处置手段，优化清收处置结构和不良贷款账龄结构，继续抓好现金清收，把“抓大户”和“清小户”结合起来，不断压缩不良贷款客户数量。

强化账销案存资产管理与现金清收，逐户做好信贷类资产分类认定，落实分类管理要求。重点对 D 类资产重新分类，对不符合债权与债务关系终结并拟转出销账条件的，划归到前三类资产管理。实行转出销账责任评议制度，经办行申报债权转出销账，须逐户提供上级行资产归口管理部门出具或认可的债权管理与追索责任评议资料，严格审慎转出销账。切实加强执行 2 年以上类、虽有财产难以执行类、追索类核销的 A 类资产管理与现金清收力度，制定清收处置计划和措施，明确责任人，逐一抓好落实，实现账销案存资产最大化收回。

7. 提高不良贷款管理的规范性和合规性。不良贷款管理全过程，包括处置方式、组卷要件、审议程序、授权审批、账务处理等均须严格执行相关法律法规和政策制度规定，规范操作，防范合规风险。贷款核销不能一核了之，一些条件不很成熟的暂时不予核销，坚持规范操作，避免出现不合规问题。

（四）做好市场风险管理和产品控制工作。

1. 进一步完善独立集中的市场风险管理和产品控制体系。市场风险和产品控制工作重点是在总行层面，但分行特别是北京、上海、深圳、广东分行也有市场风险管理的要求，这些分行要加快中台组建工作，全面履行市场风险管理职能。总行将加快做好市场风险管理系统、产品控制系统向分行的推广延伸，在条件成熟的分行启动产品控制日常监测，各行要利用系统功能做好交易复核、损益分析和价格验证工作。

2. 要进一步严格执行市场风险限额管理要求。市场状况不好时，一些原来被掩盖的问题和矛盾可能暴露，各行要做好对异常交易、大额交易的监测、分析和报告，根据历史和外部数据，确定异常交易的重点范围，强化分析监控。总行核定的外汇敞口限额是分行市场风险管理的重要指标，各行必须按周报送限额监控报表，报告限额指标执行情况，及时采取措施处理超限额事件。各行要做好市场风险分析报告工作，认真分析报告期内表内外业务市场风险状况，揭示需要关注的问题，及时报告重大市场风险事件，做好分行衍生业务统计报告工作。

3. 要继续做好每周价格验证工作，按季编制资产管理业务风险分析报告，定期向总行及分行管理层报告资产管理业务风险状况，密切关注国内外有关的舆情动态，及时分析可能给我行带来的影响。

4. 总行将推进集团汇率风险计量与管理，实现分账户、分机构汇率风险敞口汇总与 VaR 计量。总行将加快推进全球市场风险管理系统海外延伸工作，健全并完善多实体、跨时区的全球市场风险管理系统，实施统一的市场风险计量与监控，为集团延伸奠定基础。

5. 要实现产品控制日常监测工作覆盖外汇、债券、衍生品、贵金属等金融市场业务。强化交易复核操作风险管理，推进复核流程优化及自动化建设。

（五）加快操作风险计量成果的推广应用。

1. 继续做好情景分析工作。各行要认真总结前两次情景分析工作的经验，前瞻性地分析重大操作风险的潜在影响，今年第三季度前完成本年度的情景分析工作，并逐步探索将情景分析结果应用于业务管理。

2. 做好跨风险损失事件管理工作。根据银监会操作风险评估意见，跨信用风险和市场风险的操作风险损失事件应纳入操作风险的报告范畴，风险管理部负责牵头此项工作，总行将在年内制定下发跨风险损失事件的认定标准和实施细则，各行要按要求做好数据收集和分析报告工作。

3. 做好操作风险资本测算和分配工作。总行将定期按高级计量法及标准法测算全行的操作风险资本，分析对全行资本充足率的影响，按照规模因素和风险因素，将操作风险资本分配至各分行，并对“操作风险资本占用率”指标进行考核。

4. 做好反欺诈项目成果应用工作。申请反欺诈方面，各行要在利用申请反欺诈系统做好数据核查等日常监测工作的同时，及时收集辖内受理等环节获取的个人和公司灰名单信息，总行将建立全行共享的灰名单库，并根据分行应用情况研究制定申请反欺诈的应用策略，进一步完善信用卡审核作业流程。集团反欺诈方面，总行将在近期完善集团欺诈跟踪监测功能，各行要利用系统，按周开展新增申请的集团欺诈核查，并利用核查结果防范辖内集团欺诈风险。争取年内实现项目成果在信用卡日常交易监控中的应用。总行将及时总结信用卡反欺诈管理经验，积极研究网上银行等业务的欺诈风险应对方案，研究新情况、新问题和新技术，逐步搭建全行统一的反欺诈管理平台。

（六）深化和促进集团并表管理工作。

1. 梳理和统一并表管理制度体系。制定覆盖集团的风险并表管理制度，组织和推动完善并表要素管理细则。要体现工商银行“ONE BANK”的管理理念，统一制度、系统和管理要求，不论子行还是分行，不论银行或非银行机构，都要落实统一的风险文化和管理要求，没有任何特殊，同时要兼顾监管要求和当地法规要求，完善具体的风险管理措施。

2. 提升完善并表管理工作机制。总行将研究建立并表管理联席会议机制，加强并表管理职能部门之间，职能部门与并表机构之间的沟通协调，及时解决并表机构中的风险问题。研究建立并表机构业务运营管理报告机制，全面、动态地掌握并表机构业务运营和管理状况，进行整合汇总和深度分析。

（七）提升国别风险管理水平。

1. 各分行要重视信贷业务和主要客户的国别风险问题，加强国别风险限额和敞口管理，银监会对高风险国家规定了很高的拨备和资本要求，各行要认真分析、测算，总行也将加快系统建设，支持好分行工作。各行要严格执行总行下发的国别风险限额管理制度，建立国别风险敞口监测机制，确保本行国别风险敞口控制在总行分配的限额以内，对限额不足的业务要按总行的规定，申请增加限额。各行要配合总行做好相关系统的补录、维护，特别是国别字段、风险转移属性等的清理、核对、补录、确认等工作，提高系统信息的准确性。对本行敞口涉及的重大国别风险变化，以及因国别风险导致的资产质量恶化应及时向总行报告。积极配合总行做好重点国别风险敞口的调查，及时反馈情况。

2. 不断细化国别风险内部评级体系，扩大《国别风险分析报告》的覆盖面，加强对国别风险的预警与提示；探索国别风险规避与防范措施；加强国别风险敞口统计分析和对国别限额执行情况的监测。

（八）加强风险管理专业队伍建设和文化建设。

1. 加强风险管理专业队伍建设。风险管理团队和员工的素质决定了风险管理的状态和水平，各行要进一步调整好风险管理的人员结构，行领导要将适合的人员安排在风险管理岗位上，满足新形势对风险管理工作的要求。总行将在全行有序推进风险序列专业资格认证工作，完善实施细则，认真组织开展专业资格考试，持续提升专业队伍素质，促进员工职业发展。

2. 各行要做好各层次人员培训，加强针对性。一级（直属）机构负责人要重点掌握总行战略意图，了解最新国际国内监管变化及影响，跟进我行新资本协议实施情况，熟悉风险量化应用的最新成果，要全面掌握风险管理的最新知识体系。

进一步加强全面风险管理、风险量化管理、不良资产处置、集团风险管理工作的培训，有效提升境内外机构风险管理员工对我行风险管理体系、政策的理解，熟练掌握风险计量方法和系统。

各行要创新培训方式，突出实战效果。采取现场培训方式，总分行互动，总行办班、分行讲课，总行将选择工作较好的分行的不同层次人员，利用案例进行授课，起到能在实战中运用的较佳效果，风险管理工作本身也是一种很好的培训。

3. 树立合规意识。各分行要通过提升人员素质，来提高合规意识和自觉性。要高度重视行内外各类业务检查，特别是审计署、银监会、财监办等外部机构的检查，配备专门人员负责与检查单位接洽，积极做好沟通。要加强总分行沟通，及时上报内外部检查发现的问题及整改情况。各行风险管理部要特别注意媒体关于我行风险管理的信息，特别是负面信息，减少工作中的被动。要落实责任，指派专人监测新闻媒体、网站舆论等对我行风险管理的报道，发现对我行声誉造成影响的，应及时查明事实，掌握翔实情况，第一时间向总行报告。

同志们！近年来，凭借着总分行风险管理战线上同志们的共同努力和无私奉献，工商银行的风险管理工作打下了很好的基础，取得了较好的成效。今天，我们站在新的起点上，又面临许多新的挑战和新的机遇，我们要秉承建设国际一流风险管理金融企业的信念和目标，紧紧围绕科学发展观的要求，继续发扬勇于进取、敢为人先的创新精神，推动开创全行风险管理的新局面，不断提升工商银行的风险管理水平！

在信贷资产质量分析会上的讲话

魏国雄

（2012 年 5 月 15 日 · 根据录音整理）

今年 1 月至 3 月，我行贷款质量情况还可以，但是到 4 月出现了不太好的趋势，不良贷款余额增加较多。

公司贷款、个人贷款、银行卡透支风险都有所增加，尤其是逾期贷款，增加得更多。我看了一下4月的数据，按照我行现行公司贷款质量分类的标准，贷款逾期30天以上就要分类为不良贷款，年末和季末还会执行更加严格一点的标准，但4月末逾期超过30天还分类在正常或关注类的贷款还有近6亿元，那么严格来讲，不良贷款应该比现在的数字还要多。另外，我行逾期贷款总量，大大超过了农行、中行和建行。还有一个问题，农行、建行的不良贷款额要大于逾期贷款额，而我们的逾期贷款额大于不良贷款额，这个差距主要是集中在个人贷款。

我们今天召开这个会来分析出现这种情况的原因在哪里，是我们的政策太严了，还是管理不到位，还是操作上有什么问题，这些都有待分析。目前，我们的不良率还总体上不算很高，但从趋势上看不太好，不良贷款额在上升。请信贷的前台、中台和后台部门共同分析一下，我们先不要笼统地说是宏观经济大环境的原因，我们就分析哪些客户出现了问题，看看我们在政策上或风险把控上有没有问题，哪些业务哪些领域出了问题，出现这些问题的具体原因是什么，要进行针对性的分析，不要出了问题大家都吃药，关键是要对症下药，该提示风险的要提示，该控制风险的要控制，该发展的业务要发展。分析清楚了，才能采取有针对性的措施去解决问题。

经过分析，我认为4月的数据相对真实，能够反映出一些情况，下一步要采取有针对性的措施。

一是信贷管理部要与安永审计、监管部门进行沟通，合理确定逾期贷款的统计规则和口径，另外也要了解一下同业的统计标准。

二是信贷管理部要联合个人金融业务部、电子银行部、95588电子银行中心，加强对逾期贷款的催收，特别是对个人贷款、小企业贷款，要提高催收效率和效果。

三是对不良贷款上升比较多的分行，信贷管理部要给予风险提示，要求其加大处置力度，加快处置进度，对新发生的不良贷款要马上处置，要提高效率。

四是对于符合核销条件的不良贷款，风险管理部要加大核销力度、加快核销进度。

五是信贷管理部要对贷款质量分类进行一次核查，对该分类进不良而分行未进不良的贷款，总行要在5月底之前统一调整一次。今年银监会对我行的贷款质量分类偏离度考核力度很大，要以此督促分行重视起来，加紧清收处置。

六是在审查审批中要关注小规模纳税人的贷款业务，重点是小企业、贸易融资客户以及个人客户。这类客户无法提供增值税发票，适用定额税，不应有很大的融资量，目前有些客户的融资量大大超过了其本身的经营规模。另外，还要加强对客户贷款用途的审查，在已经出了问题的小企业贷款、贸易融资业务中，出现贷款挪用的情况比较多，甚至是欺诈。在审查中要关注客户经营范围是什么，贷款用途是否与经营范围相一致，如发现小企业搞多种经营，可能问题就比较大。

七是要对分行进行风险告诫、业务整顿。对不良率超过一定限度的分支机构，要暂停新增业务，而且要对主管领导的绩效进行适当的扣减，督促其将工作重点放在不良贷款清收方面，尽快把不良率降下来。比如小企业贷款不良率超过2%的给予告诫，超过3%的暂停新增小企业业务；贸易融资业务不良率超过1.5%的给予告诫，超过2%的暂停新增贸易融资业务。哪个业务出问题就暂停哪个业务，其他业务可以不停办。分支机构业务整顿期间，要求其所属一级分行进行督办，帮助整顿，并加强人员培训。

八是近期要对小企业业务、房地产业务、贸易融资业务进行风险提示，召开几个专项视频会，把政策、措施、要求讲清楚。

像今天这样的分析会以后可以多开，还可以找一些重点分行，与总行业务部门一起来分析，查找问题和原因。

加强风险控制　确保资产质量
保持小企业信贷业务健康稳定发展

——在中国工商银行小企业信贷风险提示会议上的讲话

魏国雄

（2012年5月30日）

今天我们召开一次小企业信贷风险提示会，通报今年以来全行小企业信贷业务情况，分析和提示小企业信贷业务风险，布置下一步风险管理工作。

一、当前全行小企业信贷业务情况

一是不良贷款快速增加。在业务发展趋缓的同时，前4个月，小企业不良贷款余额和不良贷款率出现持续“双升”苗头，小企业信贷资产质量形势不容乐观。二是超警戒线经营机构明显增加。截至4月末，全行623家二级分行中，小企业贷款不良率超过2%的有76家，较年初增加26家。三是部分业务品种不良率上升较快。今年1-4月，小企业不良贷款增加额最多的品种为短期普通贷款、网贷通、回购型保理、商品融资，合计占全部小企业不良贷款增加额的94%；不良贷款率较高的为退税应收款融资、小企业短期普通贷款、国内发票融资、回购型国内保理。

二、目前在管理上存在的主要问题

从外部情况看，当前小企业信贷业务面临的风险，与当前国内外经济形势变化紧密相连；但是从内部情况看，也暴露出部分分支机构管理不严格，风险控制不到位，业务操作不规范等问题。主要体现在以下几个方面：

（一）贷前调查不实。一是对企业实际情况了解不多、不深、不实、不细，一些企业主业不集中、对外担保过多、关联关系复杂、涉及民间借贷、过度融资等风险隐患未能得到充分揭示。例如，浙江分行第一季度有29户、3.87亿元小企业贷款因涉及民间借贷导致资金链断裂，占其同期劣变金额的44.9%；广东东莞市某贸易有限公司在我行办理3 000万元网贷通业务仅两个月即关门停业，事后才发现企业法人代表及其配偶早已涉嫌刑事案件。二是对企业生产经营情况调查了解不深入，部分小企业的货款归行与实际生产销售不匹配或利用关联企业虚增货款归行，部分贸易融资业务缺乏真实贸易背景等问题，在尽职调查中都未能核实，对一些企业第一还款来源缺乏分析或者把握不准。例如，福建省安溪县某家居装饰用品有限公司通过关联交易虚增销售归行套取资金，导致其三家关联企业在我行5 181万元贷款形成不良；江西某燃料有限公司虚开增值税发票导致我行996万元保理业务无对应真实应收账款形成不良。

（二）审查环节不严。一些审查人员对于调查人员提供的客户和业务资料，未能严格按照相应政策、制度、产品办法进行审核，把关不严。例如，浙江台州路桥支行违规向路桥模具基地有限公司发放450万元贷款，用于偿还其关联企业台州市某机械有限公司在我行的等额不良贷款，导致贷款当月发放、当月欠息；湖南邵阳新邵支行在明知某建筑工程有限公司在他行有不良贷款，仅凭该客户系改制企业的证明，就违规发放500万元贷款，形成不良。

（三）贷后管理不到位。部分贷款发放后，未按要求进行贷后管理，或贷后管理流于形式，对企业挪用贷款资金进行风险投资、进入违规领域等问题未能及时发现，并采取防范措施，导致贷款出现风险。例如，山东潍坊分行向某经贸有限公司发放4笔2 600万元贷款，客户经理在多次间隔期检查中反映“企业货款归行率与我行融资占比匹配”，但实际上该企业2011年在我行基本无销售归行；四川分行向成都某投资有限公司发放的500万元贷款被用于归还原我行网贷通贷款，企业又以腾出的规模再次办理网贷通业务并用于归还其他贷款，贷款实际用途与合同约定用途明显不一致。

产生上述问题原因，一是少数从业人员工作不尽职，甚至有章不循，违规操作；二是部分人员对小企业信贷政策、产品、风险的掌握不够，业务技能和风险识别能力有待提高；三是只注重担保抵押，不问还款来源、不问贷款用途、不问交易背景，尽职调查走形势；三是“重放轻管”问题依然存在。

三、严格小企业贷款风险管理工作要求

（一）加强对风险较高分支机构的信贷监控

1. 总行将对超出小企业风险控制线的支行进行业务控制：

①对于不良率超过3%的支行，进行期限为三个月的业务整顿，如整顿期满不良率继续增加，将暂停其办理新增小企业信贷业务；

②对于不良率超过2%的支行，总行将进行风险提示并进行全行通报；

2. 严格信贷业务的责任管理，对于不良率超过3%的支行，要扣减支行行长和小企业信贷业务主管行长50%的绩效，收回计划分配的小企业信贷规模。

（二）加强对小企业信贷业务的督导

1. 总行将选取不良额较大、不良率较高、不良额和不良率上升较快的一级、直属分行进行督导，并进行专题风险分析。各一级（直属）分行也要比照选取辖内风险较高二级分行和支行，开展督导工作，同时按月对辖内小企业信贷风险情况进行分析，并将督导情况和风险分析结果报告总行。

2. 总行将结合当前经济形势开展调研，分析影响业务开展的原因，更好地组织推动业务发展。总行将根据6月末小企业贷款计划完成情况，将贷款增长缓慢、与序时进度要求差距较大分行的小企业贷款规模调剂给其他分行。

（三）加快对不良贷款的清收处置

1. 对于符合处置条件的存量不良贷款，各行要尽快启动处置程序，及时将抵（质）押物进行处置后归还我行融资。新发放小企业贷款要尽量争取在借款合同中约定客户违约项下我行可采取强制执行方式处置抵（质）押物的权利，避免后续采取诉讼等耗时较长的处

置渠道。

2. 对于符合核销条件的不良贷款，各行要尽快组织申报核销。特别是各分行对权限内的不良贷款，要加大核销力度。

（四）加强贷款风险排查和潜在风险管理

1. 对于发现存在多元化投资、经营出现恶化、违规挪用贷款资金、涉嫌民间借贷的小企业客户，要特别予以关注；对未按合同用途使用贷款资金的，要宣布客户违约，提前收回贷款；对发现企业伪造交易凭证骗取银行贷款、涉嫌欺诈的犯罪行为，要及时向公安机关报案。

2. 对于受外部环境影响较大的钢贸类、外贸出口型、为房地产等行业提供配套服务的小企业存量贷款，要进行风险排查，及时发现问题，尽早采取风险防范措施。

3. 加强对专业市场及产业集群小企业贷款的管理，防止出现集中性、系统性风险。

（五）加强部分业务品种的风险管理。审慎办理期限超过6个月的商品融资业务及采用动态质押方式的商品融资业务；原则上不再办理小企业隐蔽型保理业务；严格控制为小企业客户，尤其是新建立信贷关系的小企业客户开立银票业务，严禁滚动开立银票；谨慎办理小企业异地贷款业务。

（六）加强第一还款来源管理

1. 各行要坚决摒弃以抵押论贷款的“典当”行为，防止信贷文化演变为典当文化。办理小企业信贷业务，必须明确贷款用途并落实第一还款来源，严格货款归行管理，对基本账户不在我行开立的小企业，原则上不办理贷款业务。

2. 要严格落实总行小企业信贷资金受托支付的有关要求，加强贷款用途的管理，要对企业经营行为进行全面监控，加强对所有账户的监管，对资金运行异常的，要及时查实原因，严防我行贷款脱离实体经济，流入证券、期货、房地产和民间借贷市场。

（七）加强小企业担保和民间融资风险管理。要严格执行融资性专业担保公司为小企业贷款担保的相关政策，严格按照规定并谨慎办理保证方式的小企业贷款。要加强小企业客户对外担保的管理，全面了解企业对外担保情况，对存在对外担保的小企业，要根据风险情况压缩我行贷款总量，或者相应增加抵押，以防范因对外担保可能引发的风险。要严格客户准入管理，对参与民间借贷或高息融资的小企业，在压缩存量融资的同时，不再增加新的贷款。各行要将小企业对外担保、参与民间借贷等情况作为贷前调查、贷时审查和贷后管理的重要内容，在调查报告、审查报告和贷后检查报告中增加上述内容。

各行要组织对辖内小企业贷款进行一次核查，一是查清保证贷款项下保证人的担保能力及保证贷款风险情况；二是搞清企业资金链中是否有民间融资情况；三是掌握小企业的对外担保和高息融资情况，对发现的问题尽早采取措施。

（八）加强小企业关联授信管理。目前，各行对小企业关联风险关注不够。小企业关联主要是人的关联，调查中要高度关注，实行关联授信。总行将加强对关联关系识别和关联风险防控的业务指导。各行应积极探索和研究关联风险防控技术，对好的做法，总行将进行推广。

（九）加强前、中、后台的协调配合。小企业市场营销和风险把控离不开前中后台的密切配合，前、中、后台要加强配合，减少信息传递、磨合时间。

要加大对前中后业务人员的培训力度。要量化每一个业务环节的尽职情况，明确考核评价要求，只有这样，一旦出了问题才能明确责任。

（十）进一步加大小企业信贷业务拓展力度。发展是硬道理。当前遇到的困难是发展中的问题。存量资产质量问题和潜在风险贷款的退出问题要在发展中解决。当前小企业市场很大，客户需求是存在的。各行要依托工行客户优势，强调整体营销，重点围绕核心客户产业链开展链式营销。各行小企业业务部门要加强与公司业务部门的联系，共同拓展市场。

提高风险防范意识　提升业务管理水平
确保贸易融资业务健康发展

——在中国工商银行贸易融资风险提示会上的讲话

魏国雄

（2012年6月1日）

近年来，作为推进全行信贷结构调整战略的主导业务之一，贸易融资保持着较快、良好的发展势头。但今年以来，发展过程中也存在一些问题与风险隐患，需要我们高度重视。今天的风险提示会，就是要分析问题，提示风险，提出下一步工作措施。

一、今年以来全行贸易融资发展总体情况

经过几年的努力，贸易融资已发展成为我行短期信贷市场的主打产品线，全行上下已高度认同发展贸易融资对推动信贷结构调整、实现拓户增收的积极作用。但是，贸易融资业务发展也出现一些值得重视的风险隐患：一是在增速较快的情况下，贸易融资不良余额和不良率出现双升。二是部分重点业务品种不良率超过平均水平。截至4月末，不良余额较大的业务品种主要有国内保理、商品融资、买方融资、进口押汇和出口发票融资。尤其是一些风险相对较低的业务品种，例如出口发票融资等，不良率反而比较高的问题很值得我们反思。三是个别分行贸易融资不良率过高。另外，批发零售和纺织服装两个行业新发生不良贷款占今年以来新发生不良贷款的比重较高。

二、当前面临的主要风险及其形成原因

当前贸易融资业务发展中有外部有效信贷需求不足、同业竞争加剧、实体经济经营困难的客观因素，更主要的是我们自身在业务发展模式、关键风险把控和经营管理上还存在一些问题。

一是贸易融资仍以点对点模式为主，供应链融资推进缓慢。截至4月末，全行真正依托与核心企业的供应链关系办理的国内贸易融资表内外余额436亿元，比上年末仅增加了57亿元。在当前经济金融环境下，防假反假成为贸易融资面临的首要风险。如果不借助优质核心企业的规范管理和业务配合，以单点模式办理的中小企业贸易融资，其背景真实性较难把控。在年初分行行长会议、信贷工作会议等重要会议上，总行多次指出要加快供应链融资业务发展。但总体来看，有相当一部分分行尚未给予足够重视，业务拓展没有取得实质性进展。有的分行做了，但仅限于1-2户。在目前全行已建立的3 267条供应链中，平均子客户数3.6户，其中1 610条供应链仅有1个子客户。

二是一些贸易融资产品不良率偏高。截至4月末，回购型国内保理的业务规模已达2 934亿元，但不良率也有所上升。从对银行债权的保护来讲，回购型国内保理由于具有双向追索权利而保护程度更高，但超出平均水平的不良率说明有一部分回购型保理是缺乏真实贸易背景的，尤其要关注隐蔽型保理的潜在风险。由于多数市场属于买方市场，隐蔽型保理虽然具有广泛的业务需求，但也增加了我们验证交易真实性的难度。不能单凭一纸合同和几张发票来判断，而是要借助购销双方的历史交易记录、发票、保税凭证以及资金流水等多方信息来综合验证，稍微把控不严，就很容易为不良企业套取、挪用银行资金开了方便之门。

又如商品融资产品，我们对物流监管企业和商品名录实行严格的名单制管理，但业务不良率伴随着业务规模的扩大仍在不断递增。从近年来商品融资不良贷款案例中，我们发现监管公司不尽职、业务操作不规范和缺乏专业化运营保障是导致风险的重要原因。如河南许昌分行将未纳入商品融资名录之内的聚酯切片为标的物违规办理商品融资。江西新干县支行为某企业办理的以银锭为质物的商品融资业务，该笔业务在商品品质检验环节发生银锭被置换为价值低廉的锌锭。此外，区域商品认定不少，但业务规模不大，这种小众商品办理融资如果没有专业化运营作保障，潜在风险还是比较大的。

三是贷款资金被挪用现象比较突出。贸易融资的资金挪用现象既发生在提款环节，也发生在还款环节。如江苏泰州分行为某企业发放商品融资2 000万元，按照约定采用受托支付方式支付货款后，有661万元贷款回流企业账户。发生在提款环节的资金挪用，主要是企业融资需求不真实，多是以短贷长用方式用于项目贷款或从事类金融化操作。在还款环节发生的资金挪用则暴露出在回款专户设置与现金流监控等环节存在风险隐患。如广西钦州分行为某客户办理的三笔公开型国内单保理，均因还款资金到账后被挪用导致贷款形成不良。

四是不良贷款清收处置进度缓慢。一般来说，贸易融资期限短，债权债务关系比较清晰，责任容易界定，其清收与核销进度也应较中长期贷款更快。但贷款到期日超出1年的不良贷款占比达到三分之一多，反映出这部分贷款可能存在信贷手续不全、操作管理不规范、责任难以认定等缺陷。

五是防假、防骗压力显著增加。目前，企业以虚假合同、虚开发票等欺诈手段从银行套取融资手法多样，既有关联企业虚构交易套取银行资金的，也有单一企业虚构合同、虚开发票套取银行资金；既有运用“国内信用证+议付”方式骗贷的，也有利用隐蔽型保理方式骗贷的。例如2011年厦门某企业在我行开立国内信用证并指定其关联企业为受益人，其关联企业以虚开发票方式在我行累计办理议付套取巨额资金，并通过关联企业之间大量频繁的资金往来制造销售回笼款归行的假象。再如湖北某企业办理的国内贸易融资，经查，借款人提供的4张购货人为浙江某通信有限公司的发票复印件均非该企业本身领用发票。此外，也有企业在办理商品融资过程中利用以假充真、以次充好等手段套取银行资金。例如江西某企业商品融资业务形成不良后，经查发现其质物从银锭被置换为锌锭，虽然履行了贷款受托支付，但向其上游销货方支付的货款中的一半于支付次日被转回至借款人后分批次划入其法人代表个人账户中。

上述这些问题表明，我们的一些分支机构在办理贸易融资业务中，存在着遵守和执行制度不力，风险识别

与揭示不够，防范和控制风险能力不强，甚至一些信贷人员不能认真履责或疏于职守的突出问题。需引起我们高度警觉和足够重视，并认真加以解决。

三、工作要求和措施

一是要采取切实可行的手段推动供应链融资业务取得更大进展。各行要选对客户、把准需求、用好产品、分享政策、做好协调。总行今年新修订了供应链融资跨区域信贷政策，进一步丰富了分行间相互合作的技术手段和业务模式，支持供应链融资业务发展。同时总行将制定更细化的供应链融资考核方案，将严格按照核心企业是否提供信用支持（包括提供供应链客户名单、年度融资计划、协助确认交易背景、提供担保等信用增级手段）和有效拓展供应链客户（小企业单笔新增融资不得低于 50 万元，法人客户单笔新增融资不得低于 300 万元）双重维度考核供应链融资拓展情况，并按月进行通报。

二是严格业务准入条件。对关联企业办理贸易融资业务的，其中任何一方不得为我行退出类客户或潜在风险客户，并由相关部门以联合会商方式实行名单制准入管理。对关联企业之间以延期付款信用证方式结算的，付款期不得超过 3 个月。从严审查 6 个月以上的国内保理、国内发票融资和商品融资业务。对首次向我行申请办理贸易融资的客户，如其信用等级低于 AA－级或者其办理的贸易融资业务不属于紧密型供应链融资业务，原则上须设置 6 个月观察期。对小规模纳税人仅可以紧密型供应链融资方式办理贸易融资业务。对借款人提交的单张开票金额超过 100 万元发票的，信贷审查人员要结合借款人经营规模、纳税规模以及所在地区税务主管机构关于增值税发票最高限额相关规定审慎确定。

三是提高贸易融资专业化经营水平。加强贸易融资受托支付管理和资金回笼监控，对保理等应收账款融资类产品如确实无法执行受托支付管理的，需要采取定期核验支付证明材料等手段防止企业弄虚作假。支行的记账人员要配合客户经理做好到账资金提醒与核实工作，经核实确属与融资相对应的还款来源的，要在确认后 1 个工作日内及时扣收。对首次向我行申请办理贸易融资或者交易对手为首次签署购销合同的借款人，要从严掌握。审查人员要进一步提高与贸易背景相关凭证的技术审查技巧，要通过合同、信用证、发票、签收单、运单等相关单据、单证间的合理性、一致性与逻辑关系增强对交易真实性的辨识能力。总行将于近期下发贸易融资技术审查指导意见，进一步细化国内贸易融资技术审查原则、范围、岗位设置与作业标准，并通过“循环办理＋信用审查＋技术审查”等流程优化措施促进分行在有效防控风险前提下提高业务办理效率，及时响应市场需求。

四是加强对核心企业、物流监管企业与租赁公司的动态管理。对列入潜在风险客户名单、存在交叉违约或者贷款逾期的客户不得纳入核心企业名单，对存在上述情形的存量企业总行将按月核实并调出名单。严禁潜在风险贷款客户和交叉违约客户办理新增贸易融资。对存在因监管失职导致我行商品融资对应的质物发生以次充好、违规放货、质物损毁并致使贷款损失的物流监管企业，要调出合作名单。要加强对租赁公司，尤其是非金融租赁公司的动态管理，未雨绸缪地采取有效措施防范这一主体可能引发的业务风险。

五是对采取虚假信息、单据欺诈骗贷、挪用信贷资金的贸易融资客户实行黑名单制管理，一经发现，要立即向监管部门和公安部门报案并以经济欺诈为由提起诉讼，并纳入黑名单不与其开展银行业务。对发现企业存在上述违约情形而未及时报案的，将追究相关责任人和主管领导责任。对存在与企业联合欺诈套取银行资金、明知企业存在欺诈行为而为其办理业务或者因自身重大过错导致贷款形成不良等情形的行内人员，将严肃处理相关责任人并追究上级主管领导责任。

六是加强贸易融资业务动态监控管理。对天津园区支行、大连金州支行、广州下九支行、宁波奉化支行、大连开发区支行、大连清泥洼桥支行、甘肃陇南地区分（支）行贸易融资业务进行三个月的限期整顿，在限期内不良率仍未改善的，总行将暂停其贸易融资业务办理资格。对不良率连续 3 个月高于 1.5% 的二级分行实行贸易融资业务风险告诫。对不良率高于 1.5% 的一级分行进行通报。各一级（直属）分行要对辖内不良率高于 1.5% 的二级分行跟踪督办。相关一级（直属）分行与二级分行要认真分析不良贷款成因，查找问题并制定具体的整改措施，尽快将不良率降下来。

加强管理　严控风险
保持房地产信贷业务健康稳定发展

——在中国工商银行房地产信贷风险提示会议上的讲话

魏国雄

（2012年6月5日）

这次会议的主要内容是，针对近期审计署、总行内部审计局等对房地产贷款检查发现的问题进行通报，并就如何加强房地产贷款管理、规范业务操作提出几点意见。

2012年，国家继续实施从紧的房地产调控政策，商品房销售持续低迷，销售价格呈下降态势，因销售资金回笼速度放慢，房地产开发企业资金链日趋紧张，房地产市场风险将进一步显现。为贯彻落实房地产调控政策，有效防范和控制房地产信贷风险，总行从2011年下半年开始实行信贷结构调整，主动压降房地产贷款余额。我行房地产不良贷款余额和关注贷款余额同时增加，贷款风险逐渐加大。

针对房地产贷款当前面临的风险和近期检查发现的问题，我讲以下两点意见。

一、检查发现的主要问题

（一）未按销售进度收回贷款本息。我行规定“项目销售50%前收回贷款比例不低于50%、销售80%前收回全部贷款本息”（建行要求销售75%前收回全部贷款本息）。如，湖北分行营业部向武汉某工程发展有限公司共发放房地产贷款3.7亿元，现在两个项目销售率分别达到98%和91%，但我行仅收回1.8亿元贷款，贷款收回比例为49%，违反了总行按销售比例收回贷款的规定。当然，未按销售比例收回贷款，可能存在一些客观因素，但主要还是分支行为了业绩考核或者占用房地产贷款规模等主观原因不愿意提前收贷。项目销售80%还没还款，销售资金如被挪用，贷款将面临很大风险。

（二）贷款担保存在瑕疵问题。总行检查发现，全行房地产贷款担保瑕疵主要包括：仅办理了土地抵押、未办理在建工程抵押；贷款抵押登记手续不合规；未按规定及时开展押品价值重评；其他担保问题。如，2010年7月，青岛分行向某有限公司发放2.3亿元住房开发贷款，抵押物为本项目土地，截至内审检查日（今年第一季度）项目建设进度为地上十层，尚未办理在建工程抵押。目前房地产开发企业资金链比较紧张，贷款担保作为第二还款来源，对贷款风险的防范就尤为重要，未按规定办理抵押登记手续或者担保不足值，将造成较大的担保风险，进而带来信贷风险。

（三）未严格执行贷款支付管理。监管部门和总行一再强调要加强贷款支付管理，但部分分行仍未严格执行支付管理有关规定，将造成贷款用途不真实甚至贷款资金被挪用的风险。主要包括：未在规定时间内完成受托支付；未按规定采用贷款受托支付；对自主支付的贷款资金，未按规定核实贷款用途；其他受托支付问题。如，2010年2月，四川分行营业部向成都某房地产开发有限公司发放1.6亿元住房开发贷款，借款人采用自主支付方式将贷款资金转入施工单位账户，但目前项目建设进度仅为基础工程，且贷款已形成不良。

（四）项目资本金不足。监管部门和总行对房地产项目资本金最低比例有明确的规定，且必须在贷款发放前足额到位。但是内审检查发现，仍有少数贷款存在项目资本金比例不合规或未在贷款发放前足额到位问题。

其他需要关注的问题：今年1－5月新产生关注类贷款、不良贷款和新增风险项目主要集中在限购城市。

二、几点要求

根据检查发现管理中存在的问题，提出以下几点要求。

（一）高度关注房地产政策和市场变化，确保压降和结构调整计划完成。总分行要加强联动，密切关注全国和限购城市房地产宏观调控政策，完善各地区房地产市场建设和销售情况的监测预警制度，深入分析调控政策、宏观经济变化对房地产市场的影响，继续调整控制房地产贷款的总量，确保今年信贷结构调整计划的完成。

（二）规范业务操作，强化信贷管理。信贷业务是商业银行经营的生命线，为保障全行房地产贷款的健康运行，各级行要切实提高风险管理水平，积极防控操作风险。

对于违规问题突出、屡查屡犯的分行和房地产不良贷款率较高的分行，总行将视情节轻重，通报一批，告诫一批，整顿一批，停牌一批，并将房地产信贷资源配置与各行的信贷经营管理水平直接挂钩，调整其信贷资源配置。对于违反规定、未严格履行职责，特别是有章不循、疏于职守，乃至造成信贷风险的有关责任人，要严肃处理。

（三）严格房地产项目资本金管理。房地产贷款发放前必须认真核实项目资本金凭证，确保项目资本金足额到位。存在房地产贷款项目资本金不足问题的河北、湖南和浙江分行，6 月末必须将资本金补足，否则应将问题贷款全额收回，在收回前须暂停办理新的房地产信贷业务。

（四）严禁向房地产企业发放流动资金贷款。严格执行监管部门有关对房地产企业只能通过房地产开发贷款科目发放贷款的规定，对有意违反科目管理规定的将严肃处理。

（五）限期收回未按销售进度还款项目的贷款。存在销售 80% 未能全部收回贷款本息和销售 50% 贷款收回比例不足 50% 问题的分行，要督促企业加快楼盘营销，出让项目或股权，收缩非主业投资，追加有效抵押物等措施，收回贷款或保全资产。如 9 月底前未能收回应收贷款本息的，总行将调整其房地产信贷资源配置，暂停新业务，限期清收。

（六）加强贷款担保管理。各行要切实加强押品价值重评工作。房价出现大幅下跌的地区，要积极开展房地产贷款压力测试，适度控制新发放贷款的抵押率，适当提高存量贷款的押品价值重评频率，重评价值不足的要追加新的抵押物。对因项目预售等原因要注销在建工程抵押的，要追加其他担保。对存在未落实本项目土地和在建工程抵押问题的贷款，所属二级分行信贷管理主管行长要作为直接责任人，立即补办抵押登记手续，9 月底前应办未办抵押登记手续的，如发生信贷风险，将严肃处理责任人。

（七）不得以信用方式发放房地产贷款。房地产贷款必须落实本项目的土地和在建工程抵押；未经总行批准，不得以信用方式发放房地产贷款；不得单独以其他地块为房地产贷款提供抵押担保。

（八）严格控制向限购城市新发放房地产贷款。今年要严格控制向限购城市新客户和新项目发放贷款，确实需要发放的，也要适度提高项目资本金。除了对新客户、新项目控制外，对限购城市已审批尚未发放贷款的项目也要进行限制，贷款发放前必须由原审批部门进行重新审核，重新审核时，应考虑适当提高项目资本金比例（四大行中已有两行住房开发贷款的项目资本金比例已经提高到 50%）。

（九）积极化解房地产贷款潜在风险。对今年后 7 个月到期的房地产贷款，各行要提前逐笔进行摸底。对存在资金缺口、建设及销售缓慢等情况的风险项目，各行要逐一制定并落实切实可行的风险化解方案，确保贷款到期全额收回。同时要进一步加强对房地产关注类贷款和不良贷款上升较快分行的督导工作，加大对重点风险项目运行情况的非现场监控和现场检查力度。

（十）进一步加快房地产不良贷款处置进度。要综合运用现金清收、诉讼清收、以物抵债、核销等手段，拓宽贷款清收渠道，加大不良贷款清收处置力度，把不良率控制在风险控制线以下。

加强贷款风险管理　确保资产质量稳定
稳步推进个人信贷业务健康发展

——在中国工商银行个人信贷业务风险提示会上的讲话

魏国雄

（2012 年 6 月 11 日）

今天召开的风险提示会，主要内容是通报个人信贷业务资产质量情况，分析问题、提示风险。下面，我讲三个方面问题。

一、个人信贷业务资产质量情况

截至今年 5 月末，全行个人贷款增速明显放缓。与此同时，个人信贷业务资产质量情况也不容乐观。一是逾期贷款增加较多。从近三年个人逾期贷款情况来看，全行逾期贷款总体基本平稳，但今年以来，逾期贷款增加较快。尽管处于 90 天以内逾期贷款形态大多为关注类或正常类，但此部分逾期贷款也值得我们关注。二是不良贷款余额和不良贷款率“双升”。与我行近几年来保持个人不良贷款余额和不良贷款率双下降的趋势有一些反差，需要引起警觉。不良贷款增加较多的有浙江、江苏、广东（含广州）、广西分行。三是部分机构不良贷款率过高。4 月末，在全行开办个人贷款的 328 家二级分行中，个人贷款不良率超过 5% 的机构 6 家。全行开办个人贷款的 4 075 家支行中，个人贷款不良率超过 5% 的支行有 136 家。其中个人不良贷款率超过 10% 的机构 83 家。四是同业对比优势逐步削弱。建行个人贷款资产质量明显优于同业，我行与中行、农行相比，不良率仅差距 0.01%、0.03%，从个人贷款质量上看我行优势并不明显。

二、当前面临的主要风险问题

当前，外部经营环境不确定性因素较多，竞争激烈压力较大。从内部来看，我们在管理上也确实存在一些薄弱环节。具体表现在如下几个方面：

（一）信贷管理有所放松和减弱。近年来，部分机构重规模、轻质量，重速度、轻管理的苗头有所抬头。去年以来，内外部检查仍发现部分分支机构未按总行规定办理贷款。

（二）贷前调查不实。以 2011 年审计署对我行的经济责任审计来看，2010 年 12 月，浙江义乌分行向陈×等 10 人发放个人商用房贷款，开发商将其中的一半用于归还其关联企业拖欠的我行法人不良贷款，上述客户首付款绝大部分为该关联企业垫付，存在假商用房按揭问题。福建宁德福安支行与方圆房地产经纪公司合作办理的一笔二手房贷款首付款证明均为伪造。

（三）贷款资金用途管理不严。去年以来，社会上非法中介与借款人通过虚假合同、虚假经营和虚假消费等手段套取和骗取银行资金从事高利转贷等违法违规现象，以及借款人违反合同约定将贷款用于购买股票、基金、理财产品事件频出。例如，2011 年 8 月，总行对媒体报道高利转贷情况较为严重的浙江、江苏和福建分行进行资金流向非现场监测发现并经分行核实确认其中 220 笔贷款用于高利转贷。再如，审计署审计发现，2008 年 4 月至 2010 年 12 月，福建台江支行、漳州芗城市支行、泉州指挥巷支行向周××等 36 人发放短期个人质押贷款 1 722 笔中大部分款项流入股市。

（四）短期逾期贷款催收不力。贷款逾期大多非借款人恶意欠款所致，主要原因是部分机构对逾期贷款催收管理不力，未切实履行短信、电话催收和现场催收职责。比如，部分分行将原来专职负责 95588 座席催收的人员转至营销岗位，使得该催收的贷款催收不到位。

（五）不良贷款清收处置效果不明显。根据个人贷款借款合同约定，对于借款人连续 3 个月违约的，我行可提请法律诉讼，通常法院判决、执行到裁定的时间在 1 年左右，即逾期 2 年以上不良贷款大多应履行完清收处置程序，或被认定为损失类、进入核销环节。但此项工作基本没有开展，从个人贷款核销总量上看还是相对较少。

三、几点要求

（一）重视个人贷款资产质量管理工作。加强个人贷款资产质量管理是实施个人贷款精细化管理、调整信贷结构、促进信贷业务健康发展的重要内容，各行要切实采取措施，各一级（直属）分行主管行长为第一责任人，负责组织落实辖内个人贷款质量管理，尤其是逾期贷款催收和不良贷款压降工作。

（二）加强对分支机构的风险管理与控制。总行将对个人不良贷款率超过 2% 的支行进行风险提示，对 2009 年以后新发放贷款不良率超过 3% 的支行责成进行三个月的整顿，整顿期满不良贷款率仍未明显下降的，将暂停办理个人贷款业务，并对机构负责人进行告诫谈话，相应扣减行长、主管副行长当年绩效工资 50%。2009 年以后新发放贷款有的支行总量虽不大，但从不良的情况来看，刚发放就形成不良，且不良率较高，需要进行整顿，各一级（直属）分行要派相应的工作组进行督导。

（三）切实加强个人逾期贷款催收管理。对于催收管理总行有明确制度规定：对于到期贷款要通过短信和语音方式自动提示催收；对于逾期 1－15 天贷款，要通过贷款经办行人员电话催收或分行 95588 人工座席集中催收；对于逾期 16－30 天贷款，要向违约借款人和保证人逐户寄送催收函；对于逾期 31－70 天贷款，要双人上门催收并送达催收通知书；对于逾期 71－90 天贷款，要发送律师函或公证催收；对于逾期 90 天以上的贷款，须通过法律诉讼等方式实施债权追索。各行要拿出现有 95588 座席一半以上人员，专职负责个人逾期贷款催收工作。此项工作落实得不太到位，希望各分行要专题研究，人员不够要补充人员，对工作分工做出适当调整，要集中力量做好催收工作，人工催收和上门催收要落实到人、落实到客户经理，有些需要落实到客户经理的主管、落实到主管行长进行催收，要健全催收机制，有问题需要及时报告、解决。

（四）严格落实逾期贷款风险分类管理。要严格执行《个人贷款风险分类管理办法》（工银办发〔2009〕755 号），对个人逾期贷款风险状况进行认真分析和分类，针对个人逾期贷款风险形成的主要原因，按月在资产管理系统（PCM2003）中对贷款实施风险分类管理。要重点关注借款人挪用贷款资金及已退出合作融资性担保机构拒不履行担保责任等原因导致违约的风险贷款。各一级（直属）分行信贷管理部门要按月对辖内机构风险分类工作进行检查，最近一段时间需要提高检查频率，按月检查工作要抓半年时间，扭转现有局面，并每季度向总行（信贷管理部）报送本行个人逾期贷款风险分类分析和管理情况报告。总行将定期对各一级

（直属）分行个人贷款分类管理工作进行监测和通报。

（五）加强个人贷款资金流向监控管理。要对个人经营贷款、个人消费类贷款实施逐笔提款审核，运用系统对资金流向监控功能，确保贷款资金支付及用途合规。要重点关注“卡贷通”、“网贷通”、“网银质押”等非柜面提款品种，以及大额个人消费贷款和个人经营贷款用途管理，通过运用系统监控、控制贷款最高可贷额度、加强监测等措施，防止借款人违反合同约定用途使用贷款或规避受托支付管理规定等问题的发生。总行将进一步完善资产管理系统刚性控制功能，根据非现场监督监测发现的不合规问题严重程度，实施系统差异化的刚性控制，对部分机构违规操作问题，实施系统自动提示直至限制业务办理的控制。

（六）认真做好个人贷款质量监测管理。要将个人贷款质量监测纳入各级机构信贷管理常态化工作范畴，建立“按旬监测、按月通报”制度。密切关注辖内个人逾期、不良贷款变动情况，加强对大额贷款、一人多笔贷款资产质量监测，切实防范批量违约、批量还款等风险隐患。

（七）积极推进个人不良贷款清收处置。要加强清收处置的工作力度，组织专门的团队进行清收，同时要加大个人贷款核销工作力度。根据财政部和总行个人贷款核销政策和规定，对于符合核销条件的损失类个人贷款，各级机构要及时组卷申报。根据今年的授权，此权限大部分已转授给各分行，问题的关键在于该起诉和该走法律程序的要及时做，这部分工作需要重点加以关注。各级分行风险管理部门要与其他部门配合起来，按要求履行好相关程序，将该进不良的进不良，该清收的清收，该核销的核销，进一步夯实资产质量，促进我行个人贷款健康发展。

扎实开展制度梳理　健全制度管理长效机制

——在中国工商银行制度梳理工作动员暨培训会议上的讲话

魏国雄

（2012 年 7 月 25 日 · 根据录音整理）

为确保全行制度管理体系充分体现不断变化的内外部形势需要，总行党委在今年 2 月的党委（扩大）会议上提出“要认真研究梳理我行现行制度体系，健全和完善全行制度管理机制和框架”的要求。这是总行党委从全行长远发展的战略高度，结合工商银行进入新的发展阶段所作出的一项重要决定，对全行依法合规经营和持续发展将产生深远影响。根据总行党委的决定，总行由内控合规部、信贷管理部、办公室、信息科技部、法律事务部、风险管理部、内部审计局等 7 个部室组成了制度梳理工作组，认真研究和分析了我行近年来，特别是股改上市以来制度建设方面的成绩和经验，同时，也深刻总结了制度建设中的问题和不足。在此基础上，结合我行未来综合化、国际化发展战略，研究制定了《制度管理基本规定》和《制度梳理工作方案》，并经总行党委扩大会议研究和审定通过，决定在总行范围全面开展制度梳理工作。今天，我们专门召开这次动员暨培训会，就是要进一步贯彻落实总行党委的要求，统一思想，统筹部署，扎实有效的推进制度梳理工作的落实。下面，我先讲三点意见：

一、深刻认识规范制度管理和开展制度梳理工作的重要意义

（一）规范制度管理是加强银行经营管理的基础手段。制度一般被认定为规范和约束人们行为的一系列规则，是生产关系在法律和规则上的反映。与其他任何一个机构、组织一样，制度管理在商业银行经营中发挥着重要的、基础性的作用：科学的制度设计能够确立商业银行组织结构、管理要素和职责分工，建立稳定的工作秩序；合理的制度安排能够充分体现银行战略发展意图，引导战略发展方向与银行自身竞争要求同步；规范的制度建设能够固化和实施管理方法和工作流程，引导员工规范行为，并成为企业文化的搭建载体，打造银行的软实力；持续的制度更新维护机制能够发挥银行管理调节器的作用，通过制度变迁的方式，保证商业银行能够根据内外部环境的变化进行自我修正、自我完善和自我优化，为商业银行管理效率的提升和可持续发展提供支持。同时，银行作为经营风险的特殊企业，经营管理的重点是对人的管理，制度的运作机理本质上就是通过约束和影响人的行为来规范操作和控制风险。有句老话“铁路的规章、银行的制度”，和过去讲的“三铁”铁

账本、铁算盘和铁规章，都可以看出制度管理在银行经营管理中的重要性，制度管理也必然成为商业银行经营管理的关键要素和基础手段。长期以来，我行在业务发展过程中，始终注重制度先行，大力加强规章制度建设，各专业条线、各单位部门经过多年积累，大都奠定了较为扎实的制度基础。这些年来全行各项业务之所以能够持续快速健康发展，各项改革之所以能顺利地得以推行，都与我行长期重视制度管理有关。

（二）规范制度管理是适应我行新时期战略发展的客观要求。股改上市以来，工商银行迎来难得的战略发展机遇期，开创了建设国际一流现代金融企业的崭新局面，在快速发展过程中也取得了令人瞩目的成效，跻身世界一流金融企业行列，与此同时，我们的经营管理环境也发生了深刻的变化。

从外部市场和监管环境看，一是国际经济环境的持续动荡导致国内经济运行的不确定性因素增加，宏观经济结构调整过程中不可避免地产生了信贷投放结构变化、资金压力加大、金融欺诈增多、风险因素凸显、同质化竞争加剧等诸多问题，内控回潮态势有所显现，近期国际国内同业发生的一系列金融大案要案更是印证了这一判断。新的风险使得监管当局采取了宏观审慎的监管模式，在金融创新、市场准入、资本管理、整治不规范行为、消费者权益保护诸多方面出台了更加严厉的监管措施；二是近几年监管检查监督的频度和力度不断加强，在监管检查意见和监管会谈中多次明确指出我行在制度建设和执行方面存在的问题和不足。从内部经营环境看，一是我行发展在“规模大了、发展快了、经营好了”的总体良好形势下不排除局部会出现经营粗放、管理松懈、急功近利的情况；二是综合化经营和新兴业务快速发展所产生的各类风险的交叉性、传染性和隐蔽性更强，管理难度进一步加大；三是在金融创新与服务过程中客户对我行的服务需求更加多元化，社会公众对我行的关注度也进一步提高。

因此，内外部环境的深刻变化客观要求我们要准确把握发展基调，稳中求进，从规范和健全制度管理的根本机制出发，苦练内功，改进制度建设与执行中的基本缺陷，完善工作手段与方式。这既是应对监管环境变化的根本要求，是落实监管意见的具体举措，更是适应自身发展需要的根本保障。

（三）规范制度管理、开展制度梳理是强化全行风险控制，提升管理水平的重要举措。近几年，我行在合规检查、内外部审计以及监管检查意见反馈中也发现了一些制度管理工作中的问题，主要体现在以下六个方面：一是制度管理的基本制度还不健全，职责分工不够明确，制度统筹管理还有些缺陷；二是制度建设存在一定的随意性，缺什么补什么，造成制度重叠、冲突及衔接不当；三是制度层级不够清晰，全行缺少统一的制度层级划分标准，各部室划分制度效力层级的标准也不尽一致，影响了制度的执行效力；四是制度的编制体例、命名、结构等不够规范，影响了制度的规范性、严谨性和可操作性；五是制度内容与外部监管要求不匹配，制度不够明确、清晰，造成我们有些问题屡查屡犯，整改落实不到位。六是制度的长效维护机制未能有效执行，制度制定与执行过程中所遇到的问题和偏差难以得到及时反馈和有效修正。

综合来看，目前制度管理中既有工作机制层面的问题，也有具体制度建设层面的问题，更有制度执行层面的问题，这些问题的存在增加了各个领域的风险隐患，提高了操作风险发生的机率。近两年内部审计发现问题统计结果显示，违反我行自身制度的问题占比较高，约为86%，说明违反我们自身制度和要求是当前执行中的主要问题。另外，就问题产生因素来分析，剔除个别人员主观恶意的因素外，大量非主观恶意违规行为的重复发生也客观反映了制度建设和执行中的缺陷对我行健康发展带来的危害。为此，今年以来总行在全行范围内开展了员工行为规范教育活动，就是要进一步提高员工按章办事的自觉性和制度的约束力。在此基础上，总行党委又提出来要对制度进行强化管理的要求。

未来我行的战略发展对我行规范管理和风险控制提出了很高的要求，有效控制风险和规范管理的前提在于提高我行制度建设与执行的规范性、科学性。如果制度的建设管理不严密、不科学，那么我们就很难有高水平的风险控制能力和经营管理能力，就不可能有一个可持续的、稳健的发展。因此，要从健全和完善制度管理工作机制出发，明晰制度层级效力，规范制度建设和管理工作流程，全面梳理和逐步完善各项业务制度，优化操作流程，解决长期困扰我们的制度建设与业务发展不相适应的问题，提高全行业务处理效率、风险防范能力和内控管理质量，保障各项业务的健康可持续发展。

二、规范制度管理的工作任务

根据总行党委的要求，本次制度梳理工作的主要任务是按照“统一动员，分段实施”的工作原则，全面规范我行新增制度的发布与日常管理，有序组织总行各部室分阶段完成存量制度的清理、分类、修订、废止和重新发布，推动全行逐步建立起“制度制定权限化，制度行为程序化，制度体例标准化，制度口径一致化”的制度管理长效工作机制。

（一）新增制度的管理流程和具体任务。《制度管理基本规定》将于2012年8月在全行范围内正式实施。今后，我行的制度将划分为三个基本类型，即：“规定类”制度、“办法类”制度和“细则或规程类”制度。从2012年8月起总行各部室要根据《规定》的要求，在出台新的制度时，要按照标准化的制度建设工作流程做好制度立项、起草、会签、审查、审批、签批发布、制度执行和梳理维护等各项工作。在此，我想重点强调的是：

——制度立项。国家立法每年制定多少法律、法规，都有详细的规划，我行制定制度也要进行相应的规划。各部室一是要在每年3月31日以前编制完成当年的“规定类”、“办法类”制度的立项计划，由内控合规部立项审核并报请行领导批准后方可编制；二是由于业务和形势变化发展，需要临时立项的制度，可单独以签报的形式报送内控合规部会签并报请业务部门分管行领导批准后方可编制。通过规范的制度立项管理来加强制度统筹建设，避免制度之间的重复和矛盾。关于今年后几个月的新制度立项，考虑当前部门的主要任务是抓紧梳理制度，因此，今年采取临时立项的方式执行，从明年起正式执行制度立项管理。

——制度起草与会签。各部室一是要按照规范的制度体例要求和编制模板编制制度，必须明确规定制度具体的生效日期，以便于基层行进行准备和学习。二是要以书面形式充分征求相关部门和制度适用机构的意见，做好制度的会签工作，以确保制度的合理性和适用性。

——制度审查与审批。各部室在制定制度后一是要及时将制度送审稿提交法律事务部和内控合规部进行法律审查和合规审查，确保制度满足法律和监管规则的管理要求。二是要根据制度的类型，按规定分别报请不同层级的决策机构进行审批，并经有权签批人签批发布。比如规定类制度，要报行长办公会或具有制度审批权限的专门委员会审批后才能报董事长或行长签批；办法类制度要报行长办公会或具有制度审批权限的专门委员会或分管行领导审批，由行长或分管行领导签批；细则或规程类制度要报主管行领导进行审批和签发。

——制度执行与梳理、维护。各部室一是要做好新发布制度的宣传、培训、执行和解释工作；二是要规范试行制度和作为制度过渡性文件的通知类文件的管理，明确规定文件的起止日期，试行类和通知类文件一般要求适用期在一年以内，并在有效期满时及时废止文件或调整更新相关制度；三是要做好制度的定期梳理、修订、废止和归档管理等工作，以保证制度的完整性和有效性。

（二）存量制度梳理的总体部署和具体任务。根据《制度梳理工作方案》的统一部署，总行定于2012年8月~2013年6月期间，在总行各部室全面开展存量制度的梳理工作。制度梳理的范围为总行发布的现行有效的有正式文号的、具有管理要求的各类内部规章制度，包括规定、办法、细则、指引、意见、操作规程、通知等。制度梳理工作分为动员培训、制度清理、整改发布、成果总结四个阶段。具体工作安排如下：

——动员培训。通过召开今天的制度梳理动员暨培训会，统一各部室的认识，明确工作目标和任务，准确掌握制度梳理的工作流程与方法。各部室要在8月3日之前，做好本部门制度梳理工作的动员和梳理工作的再培训。

——制度清理。各部室要严格对照制度梳理标准，摸清家底，重点做好存量制度的梳理评价，找出制度问题，形成具体的整改工作意见和安排。

——制度整改发布。各部室应根据《制度管理基本规定》的要求和工作流程，重点要做好每一个问题制度的具体整改工作，按照“成熟一个发布一个”的原则，对应完成制度修改稿的审批发布工作，新发布制度标题均应冠以“201×年版”，由办公室统一放置在新制度库发布，以便与原制度分库管理。

——成果总结。各部室要重点做好制度梳理成果的归纳与经验总结工作，并把相关情况报到内控合规部，由内控合规部统一汇总后，将全行制度梳理情况向行领导进行系统汇报。

考虑到各部室制度管理以及业务特点的差异性，各部室要根据自己的情况合理安排制度梳理工作进度，对制度梳理工作组的7个成员部室和有条件的部室，应当在9月15日前完成本部门制度的清理工作，12月15日前完成制度的整改发布和成果总结。对于确实有困难，工作任务比较重、制度清理工作量比较大的部室，要在今年12月10日前完成本部门制度的清理工作，明年5月31日前完成制度整改发布和成果总结。

三、认真组织，扎实做好制度梳理和制度规范管理工作

（一）高度重视，统筹部署。为强化组织领导，总行专门成立了制度梳理工作组，由罗熹副行长和我担任组长和副组长，内控合规部、办公室、法律事务部、风险管理部、信贷管理部、信息科技部、内部审计局等7个部室为工作组成员。工作组在全行制度梳理工作中承担统筹部署、组织协调和指导监督等职能，其日常办事机构设在内控合规部。各部室也应加强领导，由分管总经理牵头，组建专门的工作团队，统筹负责本部门的制度梳理各阶段工作，确保该项工作有组织地进行。

（二）严格执行《制度管理基本规定》。《制度管理基本规定》是我行制度管理的基础性文件，它不仅是开展本次制度梳理工作的执行标准，更是今后全行制度管理的基本规定，各部门要组织全体员工认真学习《制度管理基本规定》和《制度梳理工作方案》，让每位员工都知道和了解我行制度管理的基本要求和工作流程，并严格按照《规定》的要求开展制度管理各项工作。

（三）加强沟通、协同配合和定期报告。各部室应指派1名处长担任梳理工作联系人，负责日常联系工作；相关部室也应加强协作，互相理解和配合，做好新增制度和存量制度的制定与会签等配合工作，遇到问题及时与工作组沟通和联系；总行制度梳理工作组也要及时掌握各部室的梳理情况，及时研究解决制度梳理工作

中遇到的新情况、新问题，提高效率和工作质量。

（四）统筹兼顾，确保制度梳理工作顺利完成。总行刚刚开完半年分行行长工作会议，研究部署了下半年的工作任务，由于当前国内国际经济运行中存在着诸多不确定因素，全行下半年的经营管理任务将十分艰巨。这次制度梳理工作时间短、要求高，各部门一定要统筹兼顾，处理好业务发展与制度梳理工作的关系，把制度梳理工作落实到处室、落实到人。同时，要建立良好的工作机制，合理安排工作资源，确保业务正常发展的同时顺利完成制度梳理工作。

开展制度梳理工作责任重大，意义深远，希望大家统一认识，周密地安排好、组织好，扎实推进，确保把各阶段任务落到实处。同时，要以此为契机，规范经营行为和业务操作，严密防控风险，坚决遏制违规违纪案件的发生，切实保证全行各项战略目标和重要任务的全面完成。

深入推进　统一管理
不断提升集团并表管理水平

——在中国工商银行2012年并表管理工作会议上的讲话

魏国雄

（2012年8月10日·根据录音整理）

为贯彻全行发展战略研讨会和年度工作会议精神，落实“ONE ICBC”管理理念，切实做好并表管理各项工作，我们今天专门召开由相关部门、境内外并表机构共同参加的视频会议，这也是集团首次召开的并表管理工作会议。下面，我就推进并表管理工作讲几点意见。

一、并表管理工作开展情况

近年来，工商银行根据综合化国际化发展要求，按照银监会并表监管指引，初步建立起集团并表管理体系，不断加强并表风险管理、资本管理和财务管理。在各相关部门和并表机构的共同努力下，集团并表管理工作取得了明显成效。

目前集团并表管理体系逐步完善，全行制定实施了《并表管理制度》，明确董事会承担并表管理的最终责任，高级管理层负责并表管理的组织实施工作，各并表管理部门按照分工对并表机构进行专业条线管理。除《并表管理制度》外，集团层面的《全面风险管理框架》、《风险偏好管理制度》、《风险报告制度》等已经印发；各个专业风险领域的并表管理相关制度也陆续出台，如《信用风险并表管理规定》、《市场风险并表管理办法》、《操作风险管理规定》、《流动性风险管理办法》、《法律风险并表管理办法》、《内部交易管理办法》、《国别风险管理办法》、《金融市场业务管理办法》、《境外机构内部审计办法》等。在完善制度规范的同时，并表管理具体工作也逐步开展起来。全行建立了并表机构资金业务统一管理机制，不断加强资本充足率并表管理。按照“依法合规、集中交易”原则，推进了金融市场业务集中交易。建立了集团风险报告制度，要求各并表机构定期完成风险管理报告并上报母行，以便能及时获得并表机构的风险信息。对并表机构实施了业务授权管理，在集团统一的风险管理框架下，兼顾各机构的业务特点和监管要求，明确了各机构的经营管理权限和管理要求。制定实施了全球统一授信管理办法，从制度层面实现并表机构的法人客户各项信用风险业务的统一授信全覆盖。加快了IT系统境外延伸与应用，集团FOVA系统已在工银亚洲等36个境外机构投产，实现了境外银行类并表机构的全面覆盖；全球信贷管理系统GCMS已覆盖到银行类并表机构，初步实现了信贷业务的电子化操作和业务风险的全流程控制；全球统一授信系统功能于7月投产，从操作层面将全部并表机构纳入集团统一授信范围；全球市场风险管理系统GMRM已完成全部15家境外分行的延伸工作，实现了法人层面全覆盖，今年还将实现两家子行的系统投产；开发投产了内部交易管理系统，并已覆盖至全部并表机构；推动实施了损失事件管理、关键风险指标管理、操作风险与控制自我评估管理等系统的优化升级工作，并将逐步实现对境外并表机构的全面覆盖。

各并表机构按照集团统一要求，结合自身管理特点与需要，不断健全完善风险治理，已初步建立起符合自身管理需求与当地监管要求的风险管理框架。风险治理上，绝大多数并表机构设立了风险管理委员会或履行相应职能的机构，大多数并表机构的委员会设置在管理层，部分机构设置在董事会层面，工银亚洲、工银马来西亚和工银瑞信等建立了董事会和管理层两个层面的风险管理委员会。大多数并表机构设有专门的风险管理部门，主要负责本机构全面风险、信用风险和市场风险等管理。制度建设上，各机构均制定了风险管理相关政策制度，涵盖全面风险、信用风险、市场风险、操作风险、流动性风险和国别风险等各个领域。新资本协议实施上，按照各机构驻在国监管要求，绝大多数境外银行机构正在实施巴塞尔新资本协议Ⅱ，由于成立时间不长，数据积累有限，基本上采用标准法计量风险。监管指标执行上，各机构各项风险管理指标执行情况良好，均能满足驻在国监管要求。

2011年底，母行接受了银监会并表管理专项检查，客观、全面地展现了近年来工商银行集团并表管理情况，同时也发现了一些有待改进的问题，提出了一些整改要求，目前已基本落实完成。

由于并表管理起步时间不长，涉及机构范围较广，监管要求不完全一致，经济环境、法律环境和宗教文化差异较大，并表管理工作还存在一些问题。比如母行部分制度办法还没有覆盖到全集团，有些仅覆盖到境内分行，有些虽延伸至境外，但仅覆盖到境外分行，还有些覆盖了经营商业银行业务的并表机构，但未包括非银行类机构。有的机构风险治理架构还不健全，如少数机构还未设立风险管理委员会，未充分发挥风险管理委员会效能，未严格执行前中后台分离原则，未切实落实风险管理双向报告机制等。少数机构片面强调特殊性，以地区差异、文化差异、监管要求不同为理由，未能很好地落实母行统一管理要求，如有些机构根据业务发展需要，自行开展了一些资本性投资，有控股也有参股，而且没有及时报告母行，以致母行未能及时、全面掌握相关情况。少数机构涉及诉讼案件金额较多，遗留的法律风险敞口较大，对集团声誉风险构成潜在不利影响等等，这些都需要进一步改进。

二、下一步的工作要求

并表管理既是国内外监管的要求，也是银行集团管理的需要。年初工作会议上提出了“ONE ICBC”管理理念，对集团统一管理提出了更高的要求。我们要落实监管要求，践行“ONE ICBC”理念，进一步提升并表管理水平，促使各项工作迈上新的台阶。

（一）严格执行集团各项制度办法。所有并表机构的业务经营和管理都要严格执行集团的各项政策、制度办法，落实集团风险偏好要求和统一管理要求，对确有特殊情况，条件暂不具备的，经母行审核确认后可参照执行。母行制定的制度办法，是集团企业文化、管理模式的载体，制度办法中规定并表机构“比照”或“参照”执行的，绝大部分条款应遵照执行，在具体操作上通过机构董事会来落实，如某些条款与当地法律、监管规定、宗教文化有不一致的，可以提出来研究，不能因个别条款在执行上有问题而否定整个办法。尤其是新设机构，在业务发展初期，缺乏经验的情况下，更应突出强调工商银行的统一管理、企业文化、风险偏好等。对母行要求与当地监管要求应按照“孰严”原则执行，即当地监管要求严于集团要求的，按当地监管要求执行；对集团要求高于当地监管要求的，要执行集团管理要求，不得以监管要求不同拒绝执行。各机构应按照集团统一管理要求，及时将重要的管理政策制度等事项提交母行进行审核，相关事项经母行审核通过后，才能提交本机构董事会审议后正式实施。

（二）尽快完善风险管理治理架构。各机构要按照母行全面风险管理框架等要求，结合自身实际情况，健全风险治理架构，完善风险管理委员会职能，健全前中后台相对独立的风险管理体系。一是落实统一的风险管理委员会运作要求，要有专门风险管理委员会来履行决策职能，在委员会设置上，规模较大的机构，既要设立董事会风险管理委员会，又要设立管理层风险管理委员会，风险事项由委员会进行决策；规模较小的机构，在满足当地监管要求的前提下，两者可合一。人员构成上，委员会主任应由本机构副总经理以上人员担任，秘书长应由本机构风险管理部门负责人担任，应保持前中后台部门的适当平衡，要充分重视合规、法律和风险部门全流程参与风险管理和决策的作用。董事会风险管理委员会应重点对本机构全面风险管理报告和重要风险管理政策和制度进行审议，包括落实集团政策制度，会议频率原则上要求每季度至少一次，要有年度计划和执行情况的总结。管理层风险管理委员会主要是承担信用、市场、操作等风险的日常管理以及具体业务的审议。二是坚持前中后台分离的原则，落实换手管理要求，要遵循独立、集中的原则，明确各项业务前中后台职责分工，设立独立于前台的风险管理部门，负责本机构全面风险管理工作，保持风险管理的独立性和权威性。三是实行风险管理双线报告机制，风险总监或风险管理部门负责人不仅应向本机构负责人汇报，还应定期和及时向母行汇报；前台部门和下设子公司风险经理实行双重报告，风险经理除了要向部门主管和子公司负责人汇报外，还要向上级风险管理部门负责人汇报。四是规范业务操作，各机构要规范业务办理流程和操作要求，严格调查、审查、审批的全流程管理，按要求履行集体审议程序，母行今年也将重点对各机构业务流程的规范性进行检查。

（三）强化信用风险管理要求。要严格执行集团统一的信用风险偏好和管理要求，完善信用风险评级、授信和限额管理。要落实集团统一评级、授信的理念、方法、标准和相关要求，严格按照母行办法规定和GCMS系统操作要求进行调查、审查、审批和后续管理。对跨机构办理业务的集团或单一客户，要严格执行监管规定，落实评级、授信主体统一的要求，不得多头评级授信，不允许一个客户在多个机构有多个评级授信。各机构要按照母行评级办法进行客户信用等级评定，对同时有多家外部机构评级的，要按照孰低原则采用最低的外部评级；需使用标普、穆迪、惠誉以外的外部机构评级的，各机构要报母行认定对应关系后方可执行。对我行新收购的子机构，原则上一开始就要实行统一评级授信管理，确有困难的，也要先将跨机构办理业务的集团或单一客户，即共同客户，纳入统一评级授信范围；对其辖内客户要尽快落实过渡方案，过渡期原则上不超过一年。在限额管理方面，母行每年度将根据需要制定客户、行业、国别或产品等维度的大额信用风险暴露限额，各机构也应按照集团信用风险组合管理要求，加强本机构的大额信用风险限额管理，以防止信用风险在集团内机构之间过度转移。要尽快实现全球信贷管理系统GCMS在所有并表机构的全面覆盖，特别是对于业务特点较强的工银租赁、工银国际、工银金融以及平湖、璧山两家村镇银行，要结合各自业务特点，优化和完善系统功能，尽快实现业务和风险管理的系统化操作和控制。

（四）加强市场风险管理。要按照母行相关政策制度的要求，遵循独立、集中的风险管理原则，明确金融市场业务前中后台职责分工，完善治理架构，加强风险计量结果的应用，确保市场风险管理的独立性与有效性，扎实做好市场风险管理工作。一是配备专业人员，各机构必须配备专门的市场风险管理人员，开展独立的市场风险计量监控。二是做好市场风险限额监控报告，各机构要按照母行限额管理制度要求，在组合定义、限额申请、限额调整和超限额处理等工作中与母行密切沟通、衔接，确保有效执行母行市场风险偏好与限额。三是做好风险监控报告工作，各机构要持续推进市场风险内部模型法成果深化应用，依托全球市场风险管理系统的延伸，进一步将风险计量、压力测试等高级方法推广应用于金融市场业务风险分析报告。四是做好已投产系统运行监测维护工作，已实现GMRM系统延伸的境外分行，须由专人负责本机构系统运行监测维护工作，保障交易头寸数据、参数设置准确性和完整性，推进风险分析报告和限额系统监控的逐步应用，确保市场风险管理有效性和资本计量准确性。五是要配合做好集团层面GMRM系统境外延伸，2013－2014年推广至所有并表机构，各机构特别是业务相对复杂、交易量大的机构，要指定专人参加项目组，提前做好业务数据、系统环境的梳理，负责配合完成业务需求编写、系统测试验证、移行参数和数据准备，以及投产准备和验证等具体实施工作，确保系统顺利投产，如期完成集团风险计量覆盖。

（五）推进产品控制工作。按照全集团统一制度、统一系统、统一数据库的原则，产品控制将逐步推广到境外机构。各机构要配合母行做好以下几项工作。一是做好系统建设、优化及监测工作，根据自身业务特点对母行提出的系统需求进行分析反馈和提出具体业务需求；二是根据风险管理需要，及时调整管理流程，采取与母行统一的市值评估模式，由业务前台在金融市场交易管理平台FMBM中估值，母行验证估值结果；三是配备专门人员负责产品控制工作，配合母行做好日常监测，及时完成日常监测结果分析反馈，对异常情况做出详细说明；四是做好交易复核工作，系统投产后要将交易复核工作通过系统嵌入业务流程规范管理。

（六）增强操作风险管理能力。要落实好《操作风险管理规定》的要求，积极发挥操作风险管理委员会的作用，遵循三道防线的原则，完善操作风险治理架构，建立和健全操作风险管理体系。继续完善和推广操作风险管理工具，按照损失事件、监测工作和操作风险与控制自我评估等管理办法要求，提高损失数据、监测数据和自我评估数据的完整性和准确性，扩大工具管理和应用的覆盖范围。大力加强重大操作风险事件等报告工作，快速报告、定期分析，增强操作风险预警和提示能力。

（七）加强流动性风险管理。要落实当地监管要求，严格执行母行《流动性风险管理办法》等相关制度要求，密切关注本机构各项业务开展情况，不断优化资产负债结构，提高自身流动性风险管理水平。各国监管当局对金融机构的流动性管理要求正逐步趋严，各并表机构既有当地货币，又有美元、欧元等外币，且国际市场情况瞬息万变，流动性管理要求更高，要建立健全流动性风险的预警机制和应急机制，采取有效措施，保障正常业务运营。要确保符合境内外流动性监管要求，并及时向母行报备流动性风险报告及重大事项，实现本机构业务规范发展和有效控制流动性风险目标的有效均衡。

（八）做好新资本协议实施工作。要按照母行制订的相关实施与达标计划，综合考虑中国银监会资本管理办法规定及驻在国监管要求采用相应的方法，做好相关准备工作：一是要严格执行《资本办法》关于资本组成、资本扣除项、资本并表范围的相关规定，确保各机构资本充足率计算合规；二是要加强内部资本充足评估，做好自身资本规划，努力提高盈利能力，强化内源性资本补充，建立健全资本补充与约束机制；三是要做好资本充足率监管报表的统计与报送，各机构应按照中国银监会的监管要求填制相关报表并按期报送母行，对于驻在国监管当局要求填制的资本监管报表，应一并报告母行。各机构在新资本协议实施中，要兼顾母国和驻在国监管要求，结合自身IT系统建设和数据积累情况，持续推进新资本协议实施进程。对符合条件的银行类机构，要优先运用母行现有的风险计量模型，采用母行统一的方法论，对本机构风险进行量化建模。对非银行类并表机构，也应采用符合自身条件的指标和方法论来满足监管要求和自身风险管理需要。原则上各机构应至少执行巴塞尔协议Ⅱ监管要求，对按照当地监管仍在执行巴塞尔协议Ⅰ的机构，要尽快转到巴塞尔协议Ⅱ，按照母行统一要求做好新资本协议实施工作。要加强集团资源共享，母行已经开发应用的模型、方法和系统，各机构不再重复开发，更不要外购，母行将统一安排现有系统、模型和计量工具的应用，各机构要组成接收团队，学好用好这些系统、模型和计量工具。对于母行正在规划建设的业务系统，各机构要积极参与，相关业务部门人员参与系统需求编写，将相关业务需求纳入整个系统建设体系。各机构要与母行一起努力，促进整个集团资本管理工作走在国际同业前列，各机构也要成为当地的资本管理领先机构。

（九）持续深化风险报告工作。按照母行风险报告制度要求，结合本机构的组织架构、管理流程和人员配置等情况，制定本机构风险报告实施细则。对规模较大、风险较为复杂的机构，相应扩展报告内容，提高报告频率。非银行机构应根据自身经营和风险特点，制定可操作性强的风险报告制度实施办法，并及时向母行报送年度、中期和季度风险报告，全面反映本机构风险状况和管理情况。同时，要按照并表管理制度要求，在对外股权投资完成后，不论金额大小，必须按照规定的报告路径，及时向母行报告对外投资情况。母行将按照“下管一级、监测两级”的原则，对各机构对外股权投资情况进行监测和管理，掌握各机构下属子公司股权投资及管理情况。

（十）加强内部交易和风险隔离管理。一是加强集团内部的授信担保、资产转让、应收应付、服务收费、代理交易等内部交易管理，严格遵循公平、合规与风险隔离原则，依据正常业务标准和内部有关授权规定，对涉及的内部交易进行审查、审批，防范风险传染和利益输送。二是要进一步加强内部交易的统计、分析和报告工作，认真学习《内部交易管理办法》，准确掌握内部交易的定义和内涵，全面完整地识别内部交易，并及时通过系统平台做好信息录入与交叉核对工作，从源头上夯实数据质量。三是要认真履行内部交易的监测职责，在事前、事中和事后的各个环节，及时有效地开展审查与评价工作，切实杜绝风险隐患。四是要按照母行要求，建立健全防火墙制度，明确本机构风险隔离管理具体要求，严格遵循驻在国相关的法律法规和监管规定，采取审慎的风险隔离措施，落实好本机构与附属机构的风险隔离管理工作。

（十一）加强法律风险、声誉风险管理。要坚持法律、合规和风险部门对业务的全程参与和介入，有一套机制来保证上述部门充分发挥作用，避免最后一刻请上述部门出具意见的情况发生。目前个别机构发生一些风险事件，原因就在于没有很好地把握风险与合规问题，未能充分发挥法律、合规和风险部门的全程监督和管理职能。要给予这些部门充分时间审核，一方面及时识别和揭示风险，另一方面也帮助解决这些风险隐患。要从制度上明确要求，任何对外签署法律合同文本需经法律部和合规部审核确认，要建立合规问题的一票否决制，促进各机构充分重视和解决合规问题。各机构应认真落实母行《法律风险并表管理办法（试行）》，建立健全全程法律风险管理机制，进一步重视法律风险管理，根据业务发展需要设置法律事务工作岗位，合理配备专兼职法律人员，负责所在机构的法律风险防控工作。母行法律部要加强对并表机构的业务指导，凡涉诉案件都要及时报告母行，对涉诉案件件数和金额较多的机构要重点关注，督促其加强案件起因分析和制订应对方案，必要时进行现场检查和指导。要规范集团各类机构名称使用要求，除母行所属一级子机构及其控股的二级子机构外，其他机构原则上不得使用“工银”和“ICBC”名称，如有特殊理由需要使用的，须事先报经母行审核同意，防范“工银”名称滥用引发潜在声誉风险。

（十二）加强并表管理监督检查。各机构要加强与驻在国监管机构沟通联系，及时掌握最新监管动态，对监管当局提出的问题要积极响应和尽快解决，对监管整改要求要严格落实。母行相关部门也要加强与各机构驻在国监管机构联系，督促各机构落实各项监管要求，确保并表机构各项业务依法合规操作。内部审计部门要继续加强对并表机构的现场和非现场审计工作，确保满足监管提出的审计覆盖率要求。今年要根据董事会批准的《内部审计计划》，实施对工银伦敦、工银泰国、工银莫斯科和工银马来西亚4家机构的现场审计，开展对工银亚洲、工银澳门、工银加拿大、工银阿拉木图、工银瑞信和工银租赁6家机构的非现场审计。

对银监会并表管理检查整改工作，各部门和各机构要高度重视，对尚未落实到位的问题要抓紧时间整改落实。风险管理部要及时更新整改落实情况，并将相关情况报告行领导，同时反馈银监会。

集团并表管理是一项全新的工作，非常重要也较为复杂，集团并表管理水平高低关键是看对并表机构的管理水平，希望集团上下高度重视，认真落实，通过扎实开展工作，不断提升集团管理水平，为集团综合化国际化发展战略的稳步实施奠定坚实基础，为工商银行可持续发展做出新的更大贡献！

组建专职催收机构　健全催收管理机制
进一步加强个人违约贷款催收管理

——在中国工商银行个人违约贷款催收管理工作视频会议上的讲话

魏国雄

(2012年8月27日)

刚才，北京分行、山东分行和广东分行营业部分别介绍了本行个人违约贷款催收工作，尤其是着重介绍了在集中催收模式、流程、人员、考核等方面的具体做法。这些经验，是3家分行根据总行要求经过多年探索实践、逐步完善形成的。今年上半年，外部经济形势出现较复杂情况，部分分行个人逾期贷款、不良贷款有所上升，在此背景下，3家分行相关催收管理措施到位，催收效果比较明显，取得了较好的成效。由此可见，工作抓与不抓，抓得紧与不紧，抓得到位与不到位，效果大不一样，全行要认真学习借鉴这些经验。从全行个人违约催收工作来看，总体还是不错的，也取得了不少成效，但全行个人违约贷款催收工作机制尚不完善，还不能与业务发展完全匹配，不能完全满足业务快速发展的需要。

一、当前个人违约贷款催收管理工作中的问题

主要存在如下四方面问题：

（一）催收团队力量不足，催收职责不够清晰。根据总行现行办法规定，个人违约贷款催收职责由贷款经办行履行，但由于人员配备、相关工作措施不到位，催收工作的效果很不平衡。同时，由于缺乏有效的监测、监督和考核机制，上级行缺少对贷款经办行催收工作的督导和管理，导致催收效率和效果不够理想。

（二）人工座席集中催收覆盖范围相对较小，且通话成功率不够高。前期，总行电子银行中心试点开展了人工电话催收工作。但随着全行客户数量和各项业务的快速发展，电话人工呼入量近年来一直持续增长，电子银行中心服务压力相对较大，人员数量相对不足，因此，试点催收范围仅覆盖了北京、河南、浙江3家分行。从试点情况来看，由于客户基础信息录入不全面、不准确，或客户信息变化后未及时更新，逾60%的呼出电话为错号、无人接听、非本人接听或停机，个贷催收的通话成功率仅36.9%。

（三）催收流程有待进一步细化和完善。个人违约贷款催收工作具有较强的时效性要求，需要环环相扣、严格缜密的操作流程，对于催收中发现的异常问题（如无法联系借款人）应有明确的特殊处理机制。但从目前实际情况来看，总行95588人工电话催收发现借款人联系方式有误，将有关信息反馈给贷款经办行后，大多贷款经办行未及时有效更新借款人信息，以致整体接听率较低。对于借款人无法电话联系的情况，贷款经办行也未能及时采取上门催收等措施，使个人贷款催收链条在一定程度上脱节。

（四）部分分支行催收管理工作有待加强。截至2012年7月末，个人贷款风险有所显现。这有外部经济环境的因素，但更主要的是与工作不到位有关系。前几年形势好，大家在信贷管理上有所放松，顺周期下的催收机制不能适应当前复杂的经营环境，有些机构逾期贷款、不良贷款上升较快，全行个人违约贷款催收机制不健全、催收管理不到位。从全行逾期90天以下贷款分布情况来看，余额最大的前5家分行分别是江苏、广东、四川、广西和浙江。从逾期90天以下贷款占全行个人贷款余额的比例情况看，高于全行平均水平的一级（直属）分行共计17家。上述分行个人违约贷款催收管理相对薄弱。

二、进一步健全完善个人违约贷款催收管理工作机制

为有效防范和控制风险，确保个人贷款资产质量稳定，总行近日制定印发了《个人违约贷款催收管理办法》（工银办发〔2012〕680号）。各行要结合该办法重点做好如下工作：

（一）组建个人违约贷款催收中心，配备充足人员。2012年9月1日前，各城市分行（含直辖市分行、直属分行、一级分行营业部、二级分行）要在本级行信贷管理部组建个人违约贷款催收中心，配备充足或必要人员，组建一支专职催收队伍，负责辖内个人违约贷

款催收工作。在人员配置上，各行要根据业务发展规模、平均违约户数及人均催收工作量进行科学测算，合理配置。可以借鉴刚才三家分行介绍的经验，催收任务重时多配人、催收任务轻时少配人。需要强调的是，中心人员须专职负责个人违约贷款催收，不得兼职其他工作；在机构组建和人员配置方面，各行要严格防止走形式、走过场，确保机构、人员及时到位。

（二）明确催收中心职责，专职履行催收职责。催收中心要重点做好三个方面工作：一是违约贷款催收。按照违约贷款逾期天数的不同，采取寄送催收函、上门催收、委托律师发律师函、公证催收等方式开展催收工作，并利用自动电子催收、人工电话催收等进行组合催收。二是违约贷款监测。通过资产管理系统（PCM2003）按日查询、下载个人违约贷款明细清单，组织催收人员进行催收；按月监测、总结催收人员催收工作开展情况，跟踪电子自动催收、95588座席人工电话催收效果，并及时向所属信贷管理部及上级行报送催收工作情况、改进管理建议等。三是催收工作的组织与督导。组织贷款经办行结合违约客户总量、违约贷款类别、违约客户居住地分布等情况制订差别化催收计划，将贷款经办行、管户客户经理在催收工作中的具体职责落实到逐个项目、逐笔贷款，并督导相关机构和人员切实按计划、按分工履行催收工作。

催收中心是所属信贷管理部的内设机构，直接向所属信贷管理部汇报工作；所属信贷管理部负责督导和考核催收中心工作，并协调相关机构和部门对催收中心提供业务指导与支持，对中心人员开展业务培训。

（三）合理确定贷款经办行在违约贷款催收工作中的职责。严格按照前中后台操作分离原则，对催收工作进行集中后，贷款经办行在个人违约贷款催收工作中要重点做好四个方面的工作：一是客户信息维护。客户信息的准确性、有效性是催收工作成败的关键，贷款经办行要把客户信息维护工作纳入常态化工作范畴，纳入对前台客户经理工作质量的监控，纳入对客户经理的考核约束。二是95588人工电话催收异常情况落实与反馈。对在短信催收、自动语音催收及95588人工电话催收中发现的借款人无法联系、催收信息错误等导致催收失败等异常情况，通过资产管理系统（PCM2003）按日监测，在规定时间内对客户有效信息进行更正；对于存量正常客户，原则上也要定期通过逐一回访方式进行客户信息核实，并在资产管理系统（PCM2003）中进行更新。三是客户宣传与解释。贷款经办行在受理个人贷款申请时，要明确告知客户须履行按合同约定日期偿还贷款本息的义务，以及我行将对违约客户采取的各种催收措施及处罚手段。要在借款合同中与客户约定，如果客户违约，我行将采取短信、电话、上门等方式实施催收，避免后期客户投诉与纠纷。四是建立对违约贷款经办客户经理的考核机制。贷款经办行对逾期贷款和不良贷款的经办客户经理要有明确的责任追究与绩效考核机制。

（四）加强95588人工座席电话催收管理。在半年的分行行长工作会议上，姜董事长和杨行长均强调了个人逾期贷款催收工作的重要性，并要求各行充分利用好保留下来的电话银行客服队伍，集中力量开展电话催收。总行前期对各行的保留座席资源情况进行了调查，从调查情况看，除安徽、河北、广东、大连和河南等5家分行外，其他31家分行均有95588保留座席。针对此情况，总行将把没有保留座席的5家分行的个人逾期贷款人工电话催收工作集中至总行电子银行中心，其他各行要按照分行行长工作会议的相关要求，拿出至少一半的95588保留座席专职负责本行范围内的个人逾期贷款集中催收工作，人员不足的要在1个月内补充到位。

（五）进一步规范个人贷款催收方式及操作流程。各行要根据借款人逾期天数和违约性质，综合采用短信自动还款提示、短信和语音自动催收、人工电话催收、寄送催收函、上门催收、发律师函和公证催收等催收方式，深入掌握系统数据的传送、对接、交互规则，人员具体工作职责，以及各种催收方式操作要点，使用总行规范的统一催收语言、催收函件文本，切实做好催收工作。同时，要重点关注人工电话催收和电子自动催收无效等异常情况的业务处理流程。对于借款人联系方式不准确导致短信或电话催收失败的，催收中心要安排专人按日对电子银行95588人工座席反馈的催收异常信息及时进行处理，及时反馈贷款经办行，通过上门催收等方式获取借款人有效联系方式，并及时在资产管理系统（PCM2003）中进行更新，以确保借款人信息准确和有效、催收到位。

（六）建立有效的个人违约贷款催收监测、监督和考核机制。各级信贷管理部门要充分利用资产管理系统（PCM2003），对辖内个人违约贷款催收情况进行监测，并结合现场检查等方式，对催收中心催收工作情况进行监督和考核。对于违约贷款余额及占比上升过快、催收工作不及时、催收记录不真实，人工电话催收异常情况后继反馈不到位的，要及时进行通报，问题严重的给予处罚。各级电子银行部要加强与同级信贷管理部门的沟通联动，及时了解和掌握本行人工电话催收业务量及催收贷款收回情况，要根据催收工作开展情况制定科学合理的管理机制和考核办法，充分调动催收人员工作积极性，进一步提高催收质量和成效。

三、加强个人违约贷款催收工作的具体要求

（一）要切实加强组织领导，对本机构建立和完善个人违约贷款催收管理机制进行统一领导、统筹部署、组织协调和指导监督，确保每项工作、各个环节落实到机构，落实到人员。近日，要重点做好催收中心的组建

和完善工作，要依据集约化运行管理要求，结合本机构业务量合理配置人力资源，科学制定绩效考核标准。各行要于9月15日前，将本行各城市行催收中心组建情况报告总行信贷管理部。

（二）要加强有关部门的协同配合，处理好催收中心与各个部门、贷款经办行之间的关系，切实保证个人违约贷款催收机制的平稳运行。在具体执行过程中，一级（直属）分行信贷管理部要发挥好牵头作用，会同人力资源部等相关部门做好催收中心设立、人员配备、职责分工、业绩考核等各项日常管理工作。各一级（直属）分行电子银行部要按照总行要求做好本行95588座席人工电话催收的日常管理和信息反馈，并按月将人工电话催收情况和采取的工作措施及时报送本行信贷管理部及主管行长。同时，各行在个人违约贷款催收机制推行或实践中遇到的问题，请及时向总行反馈，总行相关部门要及时认真研究解决，不断完善。

（三）各一级（直属）分行信贷主管行长是建立个人违约贷款催收机制的第一责任人，要对本行催收中心组建和完善、人员配置情况、催收效果、《个人违约贷款催收管理办法》（工银办发〔2012〕680号）执行情况负总责。今年第四季度总行将对各分行个人违约贷款催收机制建立情况开展专项检查，督导各行严格贯彻落实总行要求。

今天参加会议的主管行长要尽快向分行党委和分行行长做认真汇报。各一级（直属）分行要按照总行要求，有序、高效地把个人违约贷款催收机制搭建好、落实好，确保个人贷款资产质量稳定，推进全行个人信贷业务持续稳定健康发展！

在中国工商银行境外机构信息系统安全生产运行工作专题会议上的讲话

林晓轩

（2012年5月9日·根据录音整理）

刚才，易会满副行长分析了前段时间特别是去年下半年以来我行各境外机构发生的重大生产事件情况，就牢固树立“安全生产第一”的思想提出了三点要求，并从加强安全生产运行统一管理、提升信息安全防护水平和加强科技支持服务等方面，对各境外机构、总行相关部门、各中心等相关单位提出了明确的工作要求，各单位要认真地做好贯彻落实。下面我再根据易行长的讲话，补充三点具体意见：

一、各境外机构要认真落实执行总行关于科技管理及建设的要求和规范

近年来，总行组织形成了一套比较完整的、适用于境外机构的制度和规范，各境外机构要组织认真学习，深入理解掌握总行制度规范。前一段时间总行对各境外机构的机房和网络等基础设施组织进行了非现场检查，并逐一下发了整改意见和改造方案，各境外机构负责人要关注并高度重视，确保该项工作落实到位。去年下半年总行曾对一些问题组织进行整改，但从今年第一季度发生的生产事件看，这些工作在部分境外机构并没有落实到位。在这里我再次强调，整改措施必须要认真落实，对执行中存在的问题和困难要及时向总行报告。

二、总行软件开发中心和系统、网络、设备专业团队要加强完善对境外机构系统和设施远程监控、性能容量分析、版本自动分发安装等手段，持续完善境外机构建设和管理的规范，并根据境外机构的规模、条件和监管要求进行分类指导；数据中心（上海）要切实落实好对境外机构的统一生产运行管理要求，进一步明确工作内容，特别是要进一步明确远程的生产运行管理，切实将工作落实到位。

三、FOVA系统优化完善工作安排和要求

一是境内外一体化的应用平台开始向境外延伸。随着FOVA系统的推广，一批境内外一体化的应用平台开始向境外机构延伸。目前，网上银行、电话银行、全球信贷管理、单证系统、统一报价、金融市场交易和风险管理、海外客户营销、反洗钱监控、黑名单管理、业务运营风险监控等一大批应用平台开始陆续在各境外机构推广，这些平台的推广对推进我行集团内部的统一管理、强化风险控制、提升客户服务水平、特别是促进境内外联动等方面将发挥重要作用。

二是积极支持境外机构特色业务研发。在落实集团统一管理的基础上，为更好地支持各境外机构差异化的监管要求和市场客户服务，总行决定建设境外机构特色业务开发和境外报表处理两个平台。其中，境外特色业务开发平台是借鉴境内分行的本地特色业务平台的建设经验，为境外机构的特色业务开发提供需要的组件和模

板，以支持境外机构本地特色业务的灵活、快速自主创新。目前该平台在工银澳门试点，工银澳门已在该平台上研发投产了一批本地特色业务。境外报表处理平台提供了数据集中处理、报表客户化定制、信息灵活查询等功能，目前该平台已在五家境外分行推广。总行将根据上述两个平台的试点和推广情况，持续进行平台的功能优化。

三是实施差异化的版本升级策略，满足境外机构产品创新的不同需求。根据各机构的业务规模和对市场变化的不同要求，总行经调研论证并征求各机构意见后，制定了FOVA系统版本的差异化升级策略。从今年5月版本开始，除工银亚洲保持一年4次季度版本投产外，其他境外机构一年投产两次版本。

四是持续推进FOVA系统优化工作。总行从去年开始就将FOVA系统建设的重点从系统推广向持续优化转移，为便于各境外机构及时了解并参与到这项工作，总行从今年3月开始建立了定期的通报机制，按月将优化进展情况通报各境外机构。截至4月底，总行累计收集整理了405项优化建议，其中103项已经解决，185项已经明确了计划安排，另外的117项需要总行相关主管业务部门继续研究和推动解决。总行前期已经明确建立了针对FOVA系统功能优化建议的反馈信箱和联系人，但是上述405项优化建议中，只有159项是通过正式渠道反馈的。因此，希望各机构负责人要关注一下这项工作。

五是积极开展系统新产品、新功能培训。为了让境外机构更好地掌握总行研发的系统新产品、新功能，除例行的版本投产前培训外，每次FOVA系统投产后，总行通过网讯、资讯平台和正式文件等形式发布系统版本业务功能的变化分析等详细情况，对此，各境外机构负责人要予以重视并组织好内部学习，也欢迎各境外机构向总行积极反馈改进意见，尽快将系统版本的新功能转变为提高各机构市场营销和加强内部管理的能力。

在中国工商银行2012年生产运行管理专题会议上的讲话

林晓轩

（2012年9月18日·根据录音整理）

刚才总行信息科技部通报了今年以来的全行生产运行情况，详细分析了目前生产运行管理方面存在的问题和差距，并提出了具体要求，之后还将进一步剖析近两年发生的生产事件案例。今天会议采取现场和视频相结合的方式召开，并延伸至二级分行，请各一级分行信息科技主管行长、二级分行主要负责人参加，这在信息科技专业条线范围内是不多见的，希望大家能够充分认识这次会议的重要性，会后认真组织落实好会议提出的生产运行管理要求。下面我主要讲五个方面的意见。

第一，要继续坚持“安全生产运行第一”的指导思想，牢固树立“第一时间恢复生产”的意识，严格落实总行各项信息科技管理制度和技术标准规范。多年来，总行始终强调要牢固树立“安全生产运行第一”的指导思想，牢固树立“第一时间恢复生产”的意识，但从近期部分分行发生的生产事件来看，各分行在信息系统运行管理方面依然存在麻痹思想，认为总行通报的生产事件不会轻易发生在本单位身上，部分生产事件也反映出总行层面没有坚决执行相关要求和策略、各类信息科技检查和技术支持流于形式、终端系统版本存在缺陷等一系列问题。近期数据中心层面发生的部分生产事件也暴露出类似的问题，没有严格落实“第一时间恢复生产”的要求。信息系统运行风险无时不在，具有突发性和全局性等特点，软硬件产品缺陷、第三方等方面的技术故障无法百分百避免，但要杜绝把技术问题转化为管理问题。因此，各中心和分行必须时刻保持清醒的认识，坚持“安全生产运行第一”的指导思想，严格执行“第一时间恢复生产”的要求，对于突发事件要坚决果断进行处置，把握应急处理时间窗口，将可能造成的影响降至最低。

多年来，总行下大力气持续建设完善信息科技管理制度和技术标准规范体系，连续11年每年坚持对各项信息科技管理制度进行全面修订，并在执行前进行专题培训，确保各中心和分行做好落实。但近期部分分行生产事件仍然暴露出没有严格执行总行的技术标准规范、没有按照总行信息科技管理制度要求准备好应急预案或应急预案不可实施等问题。希望会后各分行信息科技主管行长组织信息科技和风险管理等部门召开一次专题会，全面听取本单位信息科技管理制度和技术规范执行情况的汇报，包括机房、网络、供电等基础设施建设和管理情况，以及各类关键业务系统的应急管理和演练情况等，抓紧分析解决自身存在的问题和隐患，明确问题解决的计划时间，明确责任部门和责任人；对于无法解决的问题要尽快向总行反映，总行将组织相关专业团队提供技术支持。对于涉及总行信息科技部和各中心的工作，包括修订完善信息科技管理制度及技术规范、完善应急预案等，也同样要明确时间计划安排并尽快组织落实。

第二，要加强各类设备、网络、机房供电等科技基础设施建设和管理，严格控制基础设施超期使用引发的风险。这些年，总行党委高度重视、相关部门大力支持，持续加大信息科技投入，各分行要充分发挥各项科技投入的使用效益，按照总行制度规范要求对于达到使用期限的设备和基础设施及时进行更新换代，与开发、测试设备滚动替换，禁止超期使用各类设备、网络以及相关基础设施，确保各类基础设施安全可靠。对于因基础设施超期使用引发生产事件的要进行问责。

第三，要高度重视系统监控和生产运行值班管理，增强系统监控和生产运行值班人员的工作责任意识，严格执行总行各类管理策略，落实硬控制管理机制。运行值班这项工作虽然平凡、技术要求不高，但却至关重要，涉及信息系统安全稳定运行的方方面面，因此各中心和分行在落实运行值班人员责任的同时，要高度重视值班人员的配备，多关心值班人员的工作，为值班人员尽可能提供必要的培训机会。近几年，总行投入了大量的人力物力部署监控系统，也采取了一系列管理措施，但从今年发生的几起生产事件来看，反映出监控方面仍然存在不少问题，究其根源是我们部署的技术手段和管理措施没有落到实处，没有实现系统监控的硬控制目标要求。信息科技部要尽快明确整改计划，全面上收监控策略，统一中间业务平台、综合前置、新终端等关键业务系统平台的定级。

第四，要加强信息安全管理，深入落实各项信息安全管理措施。目前，全行已经全面部署了各类信息安全技术措施，各中心和分行要在日常工作中加强信息安全管理，分级严格控制管理策略，特别是避免为部分管理人员授予特殊权限，在信息安全管理方面保护好我们的干部。这方面各级机构负责人要带好头，坚决落实信息安全管理的硬控制措施。

第五，要进一步做好信息科技检查工作。各中心和分行信息科技部门内部的安全管理部门要密切配合本级内控合规部门，共同做好单位内部的信息科技检查工作，有关检查结果要直接向各单位信息科技部门主要负责人反馈。如果安全管理部门没有履行好检查职责，或检查中不认真、不到位，出现问题的要与生产管理部门和技术管理部门承担同等的责任。

以上各项要求总行已经强调多次了，今天在这里我再次强调，希望各中心和各级分行要做好落实。国庆临近，十八大即将召开，总行近期将进一步部署信息系统安全保障工作。希望总分行各级机构共同努力，认真落实总行的管理要求，确保全行信息系统安全平稳运行。

第七部分

综合统计

责任编辑：鹿　朋

中国工商银行股本变动及主要股东持股情况

一、股份变动情况表

单位：股

	2011年12月31日		报告期内增减（+，-）	2012年12月31日	
	股份数量	比例（%）	可转债转股	股份数量	比例（%）
一、有限售条件股份	0	0.0	0	0	0.0
二、无限售条件股份	349 083 252 791	100.0	535 504 735	349 618 757 526	100.0
1. 人民币普通股	262 289 208 241	75.1	535 504 735	262 824 712 976	75.2
2. 境外上市的外资股	86 794 044 550	24.9	0	86 794 044 550	24.8
三、股份总数	349 083 252 791	100.0	535 504 735	349 618 757 526	100.0

注："境外上市的外资股"即H股，根据中国证监会《公开发行证券的公司信息披露内容与格式准则第5号——公司股份变动报告的内容与格式》（2007年修订）中的相关内容界定。

二、前10名股东持股情况

单位：股

2012年末股东总数						940 158（2012年12月31日的A+H在册股东数）
前10名股东持股情况（以下数据来源于2012年12月31日的在册股东情况）						
股东名称	股东性质	股份类别	持股比例（%）	持股总数	持有限售条件股份数量	质押或冻结的股份数量
汇金公司	国家	A股	35.5	123 965 210 282	0	无
财政部	国家	A股	35.3	123 316 451 864	0	无
香港中央结算代理人有限公司	境外法人	H股	24.6	86 011 832 362	0	未知
中国平安人寿保险股份有限公司－传统－普通保险产品	其他内资	A股	0.8	2 806 269 049	0	无
工银瑞信基金公司－工行－特定客户资产管理	其他内资	A股	0.3	1 053 190 083	0	无
安邦保险集团股份有限公司－传统保险产品	其他内资	A股	0.2	544 890 787	0	无
中国人寿保险股份有限公司－传统－普通保险产品－005L－CT001沪	其他内资	A股	0.1	494 912 641	0	无
生命人寿保险股份有限公司－传统－普通保险产品	其他内资	A股	0.1	386 771 556	0	无
中国人寿保险股份有限公司－分红－个人分红－005L－FH002沪	其他内资	A股	0.1	374 415 643	0	无
中国太平洋人寿保险股份有限公司－传统－普通保险产品	其他内资	A股	0.1	283 287 898	0	无

注：H股股东持股情况是根据H股证券登记处设置的本行股东名册中所列的股份数目统计。

中国工商银行合并资产负债表

（按中国会计准则绘制）

（除特别注明外，金额单位均为人民币百万元）

	2012 年 12 月 31 日	2011 年 12 月 31 日
资产：		
现金及存放中央银行款项	3 174 943	2 762 156
存放同业及其他金融机构款项	411 937	317 486
贵金属	55 358	38 971
拆出资金	224 513	160 516
以公允价值计量且其变动计入当期损益的金融资产	221 671	152 208
衍生金融资产	14 756	17 460
买入返售款项	544 579	349 437
客户贷款及垫款	8 583 289	7 594 019
可供出售金融资产	920 939	840 105
持有至到期投资	2 576 562	2 424 785
应收款项类投资	364 715	498 804
长期股权投资	33 284	32 750
固定资产	110 275	100 246
在建工程	22 604	16 054
递延所得税资产	22 789	21 938
其他资产	260 003	149 933
资产合计	17 542 217	15 476 868
负债：		
向中央银行借款	1 133	100
同业及其他金融机构存放款项	1 232 623	1 091 494
拆入资金	254 182	249 796
以公允价值计量且其变动计入当期损益的金融负债	319 742	171 973
衍生金融负债	13 261	12 617
卖出回购款项	237 764	206 254
存款证	38 009	41 426
客户存款	13 642 910	12 261 219
应付职工薪酬	25 013	23 819
应交税费	68 162	61 046
已发行债务证券	232 186	204 161
递延所得税负债	552	103
其他负债	348 221	195 037
负债合计	16 413 758	14 519 045
股东权益：		
股本	349 620	349 084
资本公积	128 524	126 395
盈余公积	98 063	74 420
一般准备	189 071	104 301
未分配利润	372 541	313 334
外币报表折算差额	(12 822)	(10 792)
归属于母公司股东的权益	1 124 997	956 742
少数股东权益	3 462	1 081
股东权益合计	1 128 459	957 823
负债及股东权益总计	17 542 217	15 476 868

中国工商银行合并利润表

（按中国会计准则编制）

（除特别注明外，金额单位均为人民币百万元）

	2012 年度	2011 年度
利息净收入		
利息收入	721 439	589 580
利息支出	(303 611)	(226 816)
	417 828	362 764
手续费及佣金净收入		
手续费及佣金收入	115 881	109 077
手续费及佣金支出	(9 817)	(7 527)
	106 064	101 550
投资收益	4 707	8 337
其中：对联营及合营公司的投资收益	2 652	2 444
公允价值变动净损失	(371)	(211)
汇兑及汇率产品净收益	4 095	1 400
其他业务收入	4 622	1 374
营业收入	536 945	475 214
营业税金及附加	(35 066)	(28 875)
业务及管理费	(153 336)	(139 598)
资产减值损失	(33 745)	(31 121)
其他业务成本	(7 340)	(4 620)
营业支出	(229 487)	(204 214)
营业利润	307 458	271 000
加：营业外收入	2 767	2 451
减：营业外支出	(1 538)	(1 140)
税前利润	308 687	272 311
减：所得税费用	(69 996)	(63 866)
净利润	238 691	208 445
净利润归属于		
母公司股东	238 532	208 265
少数股东	159	180
	238 691	208 445
每股收益		
基本每股收益（人民币元）	0.68	0.60
稀释每股收益（人民币元）	0.67	0.59
其他综合收益	(1 178)	(7 951)
综合收益总额	237 513	200 494
综合收益总额归属于		
母公司股东	237 245	200 368
少数股东	268	126

中国工商银行合并现金流量表

（按中国会计准则编制）

（除特别注明外，金额单位均为人民币百万元）

	2012 年度	2011 年度
一、经营活动产生的现金流量		
客户存款净额	1 365 818	1 135 086
同业及其他金融机构存放款项净额	142 798	173 462
拆入资金净额	5 899	105 708
卖出回购款项净额	31 325	121 366
向中央银行借款净额	1 025	49
为交易而持有的投资款项净额	10 636	—
以公允价值计量且其变动计入当期损益的金融负债款项净额	147 651	160 203
存款证净额	—	33 038
收取的以公允价值计量且其变动计入当期损益的金融资产投资收益	1 486	5 669
收取的利息、手续费及佣金的现金	824 124	679 201
处置抵债资产收到的现金	478	1 950
收到的其他与经营活动有关的现金	23 870	15 481
经营活动现金流入小计	2 555 110	2 431 213
客户贷款及垫款净额	(1 010 592)	(1 036 506)
存放中央银行款项净额	(179 741)	(437 857)
存放同业及其他金融机构款项净额	(50 876)	(19 501)
拆出资金净额	(141 006)	(17 508)
买入返售款项净额	(35 653)	(1 344)
为交易而持有的投资款项净额	—	(20 475)
指定为以公允价值计量且其变动计入当期损益的金融资产净额	(80 025)	(118 555)
存款证净额	(3 880)	—
支付的利息、手续费及佣金的现金	(253 217)	(212 175)
支付给职工以及为职工支付的现金	(95 483)	(84 367)
支付的各项税费	(100 103)	(75 606)
支付的其他与经营活动有关的现金	(71 026)	(59 196)
经营活动现金流出小计	(2 021 602)	(2 083 090)
经营活动产生的现金流量净额	533 508	348 123
二、投资活动产生的现金流量		
收回投资收到的现金	965 229	1 349 324
分配股利及红利所收到的现金	914	1 268
处置固定资产、无形资产和其他长期资产收回的现金	1 271	1 278
投资活动现金流入小计	967 414	1 351 870
投资支付的现金	(1 058 490)	(1 385 697)
投资合营及联营公司所支付的现金	(19)	(10)
取得子公司所支付的现金净额	(3 723)	—
购建固定资产、无形资产和其他长期资产支付的现金	(18 707)	(11 405)
增加在建工程所支付的现金	(13 145)	(11 491)

续表

	2012 年度	2011 年度
投资活动现金流出小计	(1 094 084)	(1 408 603)
投资活动产生的现金流量净额	(126 670)	(56 733)
三、筹资活动产生的现金流量		
吸收少数股东投资所收到的现金	600	31
发行次级债券所收到的现金	20 000	89 500
发行其他债务证券所收到的现金	9 640	14 303
筹资活动现金流入小计	30 240	103 834
支付债务证券利息	(8 566)	(3 212)
取得少数股东股权所支付的现金	—	(328)
分配普通股股利所支付的现金	(70 912)	(64 220)
向少数股东分配股利所支付的现金	(41)	(69)
筹资活动现金流出小计	(79 519)	(67 829)
筹资活动产生的现金流量净额	(49 279)	36 005
四、汇率变动对现金及现金等价物的影响	(4 220)	(8 058)
五、现金及现金等价物净变动额	353 339	319 337
加：年初现金及现金等价物余额	848 308	528 971
六、年末现金及现金等价物余额	1 201 647	848 308
补充资料		
1. 将净利润调节为经营活动现金流量		
净利润	238 691	208 445
资产减值损失	33 745	31 121
固定资产折旧	12 288	11 218
资产摊销	2 708	2 235
债券投资溢折价摊销	(2 857)	(7 562)
固定资产、无形资产和其他长期资产盘盈及处置净收益	(961)	(881)
投资收益	(3 273)	(2 666)
公允价值变动净损失	371	211
未实现汇兑损失	6 853	7 497
已减值贷款利息收入	(944)	(602)
递延税款	(284)	(1 722)
发行债务证券利息支出	9 876	5 103
经营性应收项目的增加	(1 518 383)	(1 678 934)
经营性应付项目的增加	1 755 678	1 774 660
经营活动产生的现金流量净额	533 508	348 123
2. 现金及现金等价物净变动情况		
现金年末余额	76 060	60 145
减：现金年初余额	60 145	48 924
加：现金等价物的年末余额	1 125 587	788 163
减：现金等价物的年初余额	788 163	480 047
现金及现金等价物净变动额	353 339	319 337

中国工商银行资本充足率情况表

（单位：人民币百万元，百分比除外）

项目	2012 年 12 月 31 日	2011 年 12 月 31 日
核心资本	1 044 564	882 300
股本	349 620	349 084
储备	691 482	532 135
少数股东权益	3 462	1 081
附属资本	298 365	271 830
贷款损失一般准备	88 037	77 889
长期次级债务	187 585	167 655
可转换公司债券	22 558	24 615
其他附属资本	185	1 671
扣除前总资本基础	1 342 929	1 154 130
扣除	43 915	41 667
商誉	24 287	22 223
未合并的权益投资	19 574	18 957
其他	54	487
资本净额	1 299 014	1 112 463
核心资本净额	1 010 463	850 355
加权风险资产及市场风险资本调整	9 511 205	8 447 263
核心资本充足率	10.62%	10.07%
资本充足率	13.66%	13.17%

中国工商银行贷款五级分类分布情况表

（单位：人民币百万元，百分比除外）

项目	2012 年 12 月 31 日		2011 年 12 月 31 日	
	金额	占比（%）	金额	占比（%）
正常	8 501 566	96.57	7 484 060	96.09
关注	227 551	2.58	231 826	2.97
不良贷款	74 575	0.85	73 011	0.94
次级	29 418	0.33	24 092	0.31
可疑	36 482	0.42	38 712	0.50
损失	8 675	0.10	10 207	0.13
合计	8 803 692	100.00	7 788 897	100.00

中国工商银行员工情况表

2012 年 12 月 31 日　　单位：人

机构名称	总计	性别		年龄								学历				
		男	女	平均年龄	25 岁及以下	26－30 岁	31－35 岁	36－40 岁	41－45 岁	46－50 岁	50 岁以上	博士研究生	硕士研究生	大学本科	大专	专科以下
合计	414 444	209 592	204 852	40. 72	34 130	45 978	35 839	54 278	85 854	117 676	40 689	458	14 898	181 523	151 272	66 293
总行本部	3 020	1 887	1 133	35. 33	62	907	976	442	214	242	177	220	1 477	1 258	46	19
北京分行	16 308	6 533	9 775	38. 6	1 361	3 540	1 948	1 551	2 727	3 586	1 595	21	1 393	8 081	5 284	1 529
天津分行	8 013	3 775	4 238	40. 65	616	846	886	875	1 670	2 603	517	1	151	3 436	2 714	1 711
河北分行	21 010	11 567	9 443	43. 01	979	936	1 387	3 193	4 739	7 601	2 175	2	186	7 548	8 328	4 946
山西分行	15 058	7 505	7 553	41. 53	1 058	1 062	1 377	2 289	3 091	4 698	1 483		302	4 368	6 687	3 701
内蒙古分行	12 733	6 505	6 228	43. 28	594	683	759	1 770	3 016	3 842	2 069	2	140	4 554	4 681	3 356
辽宁分行	17 537	9 197	8 340	43. 34	712	878	1 442	2 094	3 903	6 110	2 398	2	297	7 431	8 203	1 604
吉林分行	13 387	6 620	6 767	41. 76	946	821	1 771	1 936	2 175	3 747	1 991	1	256	6 016	4 342	2 772
黑龙江分行	16 506	8 518	7 988	43. 91	519	545	1 082	2 437	3 626	5 973	2 324	3	95	5 620	6 935	3 853
上海分行	12 208	4 889	7 319	36. 49	1 905	2 499	1 347	1 484	2 168	2 202	603	23	544	7 211	2 886	1 544
江苏分行	17 198	9 299	7 899	42. 57	1 170	1 427	941	1 661	4 074	5 544	2 381	7	586	6 858	6 159	3 588
浙江分行	18 898	7 790	11 108	36. 59	2 268	4 837	2 249	2 342	2 707	3 169	1 326	9	567	10 718	5 664	1 940
安徽分行	12 569	7 355	5 214	43. 7	546	598	798	1 490	2 733	4 691	1 713	7	212	4 847	5 320	2 183
福建分行	10 134	5 330	4 804	42. 11	508	879	835	1 314	2 066	3 444	1 088	2	156	4 820	3 311	1 845
江西分行	9 729	5 629	4 100	41. 89	858	505	730	1 256	2 240	3 015	1 125	3	189	3 629	3 663	2 245
山东分行	18 454	10 467	7 987	42. 33	917	1 356	1 366	2 727	3 731	6 502	1 855	13	455	7 905	7 741	2 340
河南分行	19 820	10 486	9 334	42. 47	1 039	750	1 027	3 828	5 357	6 003	1 816	3	237	7 673	7 329	4 578
湖北分行	16 745	8 911	7 834	42. 75	926	890	778	2 309	4 623	5 495	1 724	12	879	6 733	5 917	3 204
湖南分行	12 523	6 811	5 712	44. 1	249	545	633	1 610	3 001	5 106	1 379	1	183	4 577	5 684	2 078

续表

机构名称	总计	性别		年龄								学历				
		男	女	平均年龄	25岁及以下	26－30岁	31－35岁	36－40岁	41－45岁	46－50岁	50岁以上	博士研究生	硕士研究生	大学本科	大专	专科以下
广东分行	20 527	10 771	9 756	36. 26	3 039	4 144	2 450	3 356	3 907	2 445	1 186	17	460	9 445	8 029	2 576
广西分行	10 739	4 956	5 783	40. 45	1 162	1 033	1 118	1 161	1 922	3 318	1 025	1	84	4 477	4 060	2 117
海南分行	2 669	1 550	1 119	40. 29	238	149	399	374	658	676	175	1	64	1 442	897	265
四川分行	15 926	7 811	8 115	38. 59	2 163	2 203	1 294	2 148	3 464	3 729	925	10	622	7 484	6 379	1 431
贵州分行	6 109	3 275	2 834	42. 79	394	456	377	577	1 243	2 341	721		89	2 387	2 465	1 168
云南分行	8 254	3 960	4 294	42. 35	672	421	511	925	1 913	3 104	708		112	3 644	3 456	1 042
陕西分行	11 370	6 344	5 026	43. 46	435	424	536	1 579	3 123	4 069	1 204	9	471	4 221	5 096	1 573
甘肃分行	7 096	3 949	3 147	44. 05	166	268	378	772	1 926	2 936	650		45	3 440	2 812	799
青海分行	2 200	1 057	1 143	40. 39	324	90	155	233	539	773	86		31	1 021	955	193
宁夏分行	2 635	1 237	1 398	41. 78	229	184	141	275	685	937	184		24	1 107	1 131	373
新疆分行	7 890	3 566	4 324	41. 6	632	586	678	872	1 770	2 549	803	2	133	3 447	3 226	1 082
西藏分行	83	57	26	34. 81	16	15	13	14	14	9	2		3	74	6	
重庆分行	6 240	3 307	2 933	42. 92	496	419	290	659	1 481	1 877	1 018	2	218	2 188	2 329	1 503
大连分行	3 524	1 430	2 094	40. 61	293	353	237	663	756	876	346	2	201	1 816	1 263	242
青岛分行	3 164	1 567	1 597	41. 46	249	410	245	283	463	1 114	400	4	151	1 424	992	593
宁波分行	3 422	1 400	2 022	38. 02	315	725	455	505	470	619	333		108	1 842	952	520
深圳分行	3 760	1 896	1 864	37. 11	384	799	550	538	681	542	266	7	516	2 187	770	280
厦门分行	1 874	850	1 024	40. 36	141	246	122	323	383	488	171	2	130	1 072	376	294
广东分行营业部	10 408	4 070	6 338	33. 51	1 932	2 934	1 705	1 305	1 531	684	317	6	267	6 163	3 208	764
苏州分行	3 149	1 472	1 677	38. 06	451	515	324	388	563	670	238	1	129	1 757	869	393
长春金融研修学院	61	35	26	43. 95	1	7	10	1	3	26	13	2	15	40	4	
杭州金融研修学院	63	31	32	40. 87	8	8	5	1	12	21	8	1	19	43		

续表

机构名称	总计	性别		年龄								学历				
		男	女	平均年龄	25岁及以下	26－30岁	31－35岁	36－40岁	41－45岁	46－50岁	50岁以上	博士研究生	硕士研究生	大学本科	大专	专科以下
牡丹卡中心	1 694	509	1 185	29.53	482	764	137	134	103	48	26	7	138	1 098	435	16
票据营业部	272	127	145	35.49	43	56	38	45	53	29	8	2	62	191	17	
软件开发中心	4 174	2 816	1 358	28.81	893	2 241	712	183	98	35	12	20	1 287	2 836	28	3
数据中心（北京）	1 190	646	544	29.22	294	600	147	69	42	27	11	7	504	664	12	3
数据中心（上海）	770	553	217	29.99	201	316	124	62	21	30	16	6	197	544	16	7
私人银行部	508	228	280	32.47	25	220	142	58	33	20	10	9	176	303	18	2
贵金属业务部	73	48	25	34.12	2	27	17	15	6	5	1	2	36	34	1	
电子银行中心	892	293	599	27.97	402	348	62	19	25	27	9		63	593	233	3
电子银行中心（石家庄）	376	106	270	26.31	236	102	13	12	10	3			6	285	84	1
电子银行中心（合肥）	311	101	210	24.82	246	53	2	7		2	1		5	188	118	
电子银行中心（广州）	176	54	122	28.86	38	100	15	14	6	2	1		3	37	124	12
国际结算单证中心	614	215	399	27.11	294	224	49	29	10	6	2	1	161	447	5	
内审直属分局	50	27	23	40.02		10	8	12	8	4	8	3	17	27	3	
内审天津分局	37	25	12	44.03		3	2	4	11	11	6		8	29		
内审沈阳分局	38	21	17	43.05		3	4	5	13	6	7		5	31	2	
内审上海分局	40	19	21	39.33		4	11	10	6	4	5		3	37		
内审南京分局	35	25	10	44.43			7	4	9	6	9		2	32		1
内审武汉分局	35	20	15	40.46		6	5	8	5	7	4		8	26	1	
内审广州分局	37	25	12	42.81		4	4	7	9	5	8	2	3	31	1	
内审成都分局	37	24	13	42.95		1	8	7	8	4	9		10	24	3	
内审昆明分局	35	21	14	41.54	1	2	4	8	7	9	4		5	30		
内审西安分局	37	24	13	46.46		1	3	6	3	10	14		2	32	2	1

中国工商银行系统机构设置情况表

2012 年 12 月 31 日

机构名称	合计	总行	一级分行	直属分行	一级分行营业部	二级分行	一级支行			基层营业网点				总行直属机构及其分支
							合计	县支行	城区支行	合计	二级支行	分理处	储蓄所	
全行	17 086	2	31	5	26	400	3 069	1 321	1 748	13 520	11 129	1 629	762	33
总行本部	1	1												
总行营业部	1	1												
北京分行	562		1			34	2	2		525	438	40	47	
天津分行	332		1			24	19	3	16	288	283	1	4	
河北分行	839		1		1	10	214	96	118	613	538	37	38	
山西分行	472		1		1	10	137	65	72	323	282	29	12	
内蒙古分行	449		1		1	12	107	50	57	328	325		3	
辽宁分行	659		1		1	12	140	29	111	505	365	50	90	
吉林分行	371		1		1	8	84	29	55	277	191	18	68	
黑龙江分行	602		1		1	12	168	54	114	420	84	119	217	
上海分行	509		1		2	32				474	453	21		
江苏分行	936		1		1	12	119	45	74	803	754	42	7	
浙江分行	790		1		1	10	106	50	56	672	525	144	3	
安徽分行	560		1		1	15	160	43	117	383	341	25	17	
福建分行	459		1		1	7	88	53	35	362	353	3	6	
江西分行	439		1		1	10	120	75	45	307	249	58		

续表

机构名称	合计	总行	一级分行	直属分行	一级分行营业部	二级分行	一级支行			基层营业网点				总行直属机构及其分支
							合计	县支行	城区支行	合计	二级支行	分理处	储蓄所	
山东分行	981		1		1	15	160	83	77	804	359	300	145	
河南分行	808		1		1	17	184	83	101	605	556	49		
湖北分行	711		1		1	12	102	36	66	595	590	4	1	
湖南分行	547		1		1	13	139	60	79	393	285	96	12	
广东分行	1 095		1			19	202	60	142	873	863	6	4	
广西分行	467		1		1	13	108	51	57	344	344			
海南分行	127		1		1	2	15	10	5	108	108			
四川分行	765		1		1	18	108	79	29	637	488	149		
贵州分行	296		1		1	8	79	47	32	207	148	59		
云南分行	365		1		1	14	65	35	30	284	280	4		
陕西分行	498		1		1	9	114	49	65	373	221	138	14	
甘肃分行	361		1		1	15	53	38	15	291	286	2	3	
青海分行	86		1			1	12	6	6	72	51	9	12	
宁夏分行	99		1				16	6	10	82	63	15	4	
新疆分行	292		1		1	14	61	39	22	215	198	15	2	
西藏分行	2		1				1		1					
重庆分行	319		1			20	38	24	14	260	109	147	4	
大连分行	157			1			20	4	16	136	136			

续表

机构名称	合计	总行	一级分行	直属分行	一级分行营业部	二级分行	一级支行			基层营业网点				总行直属机构及其分支
							合计	县支行	城区支行	合计	二级支行	分理处	储蓄所	
青岛分行	122			1			19	5	14	102	48	24	30	
宁波分行	171			1			20	5	15	150	143	3	4	
深圳分行	130			1			27		27	102	102			
厦门分行	68			1			17		17	50	50			
广东分行营业部	387				1		36	3	33	350	349		1	
苏州分行	218					2	9	4	5	207	171	22	14	
长春金融研修学院	1													1
杭州金融研修学院	1													1
牡丹卡中心	5													5
票据营业部	9													9
软件开发中心	1													1
数据中心（北京）	1													1
数据中心（上海）	1													1
私人银行部	11													11
贵金属业务部	1													1
电子银行中心	1													1
国际结算单证中心	1													1

注：本表不包括境内控股公司和境外机构。

第八部分
大　事　记

责任编辑：盘为龙

1月

4日

姜建清董事长、杨凯生行长、赵林监事长，王丽丽、李晓鹏、罗熹副行长，刘立宪纪委书记，易会满、张红力副行长，王希全党委委员出席年终决算通报会，听取2011年全行年终决算情况汇报，交换有关工作意见。在北京的董事、监事和魏国雄首席风险官、林晓轩首席信息官以及总行各部室负责人参加。

5日

姜建清董事长、李晓鹏副行长会见美国运通集团董事长兼首席执行官陈纳德（Kenneth Chenault）一行，双方就最新业务发展情况、全球信用卡行业发展趋势以及在全球范围内的业务合作机会等议题进行了交流。

李晓鹏副行长会见易方达基金管理公司董事长叶俊英一行，双方就加强年金投资管理、基金代销、资产托管业务合作等议题进行了交流。

罗熹副行长会见eBay公司全球副总裁温迪·琼斯（Wendy Jones）一行，双方就跨境支付业务合作等议题进行了交流。

6日

全国金融工作会议在北京召开，姜建清董事长、杨凯生行长、赵林监事长代表我行出席，李晓鹏副行长代表工银租赁出席。王丽丽、罗熹副行长，刘立宪纪委书记，易会满、张红力副行长，王希全党委委员列席。

王丽丽副行长参加国债协会会长办公会议。

易会满副行长会见华为公司常务副总裁兼财务总监孟晚舟一行，双方就进一步加强境内外全面金融业务合作等议题进行了交流。

张红力副行长会见委内瑞拉国家石油公司（PDVSA）行政总监、董事维克多（Victor）先生一行，双方就合作项目的有关事宜进行了交流。

张红力副行长拜访中国黄金集团董事长孙兆学，双方就进一步加强业务合作事宜进行了交流。

7日

易会满副行长出席北京分行与中国石油天然气集团公司共同举办的新春联谊活动。其间，会见了中国石油天然气集团公司王国樑总会计师、股份公司周明春财务总监和集团公司温青山副总会计师，双方就新一年的业务合作计划进行了交流。

7日-8日

李晓鹏副行长率领总行网球队，参加中央国家机关网球协会主办的“公仆杯”男子网球赛，取得甲组二等奖、乙组三等奖、丙组一等奖、丁组三等奖的成绩。

8日-10日

中国共产党第十七届中央纪律检查委员会第七次全体会议在北京召开，姜建清董事长、杨凯生行长、刘立宪纪委书记参加。

9日

党委书记姜建清同志主持召开第1次党委（扩大）会议，学习传达胡锦涛总书记在中国共产党第十七届中央纪律检查委员会第七次全体会议上的重要讲话。党委副书记杨凯生、赵林及党委委员王丽丽、李晓鹏、罗熹、刘立宪、易会满、王希全出席会议，在北京的高管成员、业务总监，以及总行各部室负责同志参加会议。

姜建清董事长会见毕马威全球金融服务主席杰瑞米·安德森（Jeremy Anderson）一行，双方就欧洲债券市场和欧洲银行业当前面临的问题进行了交流，并就继续加强与拓展双方的业务合作交换了意见。

杨凯生行长、王丽丽副行长出席我行在北京召开的资产管理工作视频会议并讲话。

张红力副行长赴湖北武汉出席中国工商银行私人银行中心（湖北）开业仪式。其间，会见了武汉钢铁（集团）公司总会计师赵小明，并与湖北民营企业家代表进行了座谈。

10日

总行党委全体成员集体慰问离退休老干部。

姜建清董事长应邀出席“北京市服务中央在北京金融机构座谈会”并发言。中央政治局委员、北京市委书记刘淇同志，市长郭金龙同志，常务副市长吉林同志等出席会议并发言。

王丽丽副行长应邀出席中国国际贸易促进委会员举办的中韩商务午宴。韩国总统李明博出席了午宴。

易会满副行长出席我行在北京召开的全行信息科技业务工作视频会议并讲话。林晓轩首席信息官主持会议。

易会满副行长会见中国华能集团公司郭珺明总会计师一行，双方就当前经济金融形势及业务合作等事项进行了交流。

张红力副行长在山东济南出席山东重工潍柴集团与意大利法拉帝集团战略重组签约仪式。其间，会见了山东省人民政府省长姜大明、副省长才利民等地方政府领导，并与山东重工潍柴集团董事长谭旭光、意大利法拉帝集团董事长诺伯托·法拉帝（Norberto Feretti）等企业负责人进行了会谈。

11日

银监会大型银行监管工作会议在北京召开，姜建清董事长、杨凯生行长、赵林监事长参加。魏国雄首席风险官、胡浩董事会秘书陪同。

王丽丽副行长会见裕信集团管理委员会成员、执行副总裁本哈德·布林克尔（Bernhard Brinker）一行，双方就欧债危机和欧洲银行业当前面临的问题，以及我行国际化发展战略等话题进行了交流，并表示将进一步深化双方在资金、跨境人民币、结算与现金管理、大宗商品贸易融资等业务领域的合作。

李晓鹏副行长出席总行全球统一授信评估工作推动会，并作了题为《全力推进全球统一授信，不断提升集团信用风险管理水平》的讲话，就全面推进全球统一授信和境外项目贷款评估工作作进一步部署和安排。

刘立宪纪委书记赴保卫部开展工作调研，听取保卫部关于新形势下安全保卫工作优化改革方案的汇报，并与参会人员就相关问题进行讨论和研究。

易会满副行长出席我行运行管理工作视频会议，并作了题为《实施流程优化 深化运营改革 助推运行管理再上新水平》的讲话。

张红力副行长赴浙江宁波出席宁波分行私人银行中心揭牌仪式。其间，会见了宁波市苏利冕副市长，双方就进一步加强合作交换了意见。

12 日

姜建清董事长会见华尔街日报副主编马特·莫雷（Matt Murray）一行。

杨凯生行长、李晓鹏副行长、王希全党委委员、林晓轩首席信息官出席全行渠道优化建设视频会议。

李晓鹏副行长参加中国人民银行关于中银通公司有关问题会议。

罗熹副行长会见北美信托银行董事长兼首席执行官华德谊（Frederick H. Waddell）及特别顾问、前美国驻中国大使雷德（Clark T. Randt）一行，双方就全球托管业务合作、全球经济走势、中美两国政治经济合作等议题进行了交流。

易会满副行长、张红力副行长、魏国雄首席风险官出席公司与投行业务工作视频会议。会上，易会满副行长作了题为《坚持科学发展 深化经营转型 全面开创公司与投行业务新局面》的讲话，张红力副行长作了题为《团结一心 稳中求进 推动专业融资产品发展再上新台阶》的讲话。

13 日

党委书记姜建清、纪委书记刘立宪在北京参加中央国家机关第 26 次党的工作会议暨 24 次纪检工作会议。

党委书记姜建清同志主持召开第 2 次党委（扩大）会议，研究年度工作会议材料。党委副书记杨凯生、赵林及党委委员王丽丽、李晓鹏、罗熹、刘立宪、易会满、王希全出席会议。

李晓鹏副行长主持召开工银租赁第一届董事会第二十四次会议。会议听取了公司管理层汇报，审议批准了《关于租赁公司 2011 年工作总结与 2012 年工作安排的议案》等 6 项议案。

罗熹副行长、张红力副行长出席全行结算与现金管理、贵金属业务工作视频会议并讲话。会议对结算与现金管理业务和贵金属业务的经营情况进行了分析，并对下一步工作做了具体的安排和部署。

刘立宪纪委书记会见中国文联民间文艺家协会节会文化专业委员会常务会长兼秘书长霍尚德一行。

张红力副行长拜访外交部翟隽副部长，双方就工行国际化战略，以及在中东和非洲地区的业务发展交换了意见。

14 日

刘立宪纪委书记参加 2012 年中国金融青年论坛——“宏观经济政策解读”主题活动并致辞，银监会副主席郭利根、证监会副主席刘新华、保监会纪委书记陈新权分别介绍了 2012 年银行业、证券业、保险业工作思路。

16 日

罗熹副行长出席我行境外机构托管业务专题会议，并作了题为《推动境外机构托管业务发展 加速构建工商银行全球托管网络体系》的讲话，就促进全球资产托管业务快速健康发展进行动员和部署。

17 日

姜建清董事长、张红力副行长会见欧盟委员会内部市场与服务委员米歇尔·巴尼耶（Michel Barnier）一行，双方就欧洲主权债务危机、中国经济形势以及新巴塞尔资本协议等议题交换了意见。

姜建清董事长、张红力副行长会见英国财政大臣奥斯本（George Osbourne）一行，双方就中英基础设施项目合作、伦敦离岸人民币市场等议题交换了意见。

17 日 -18 日

全行 2012 年工作会议在北京召开，姜建清董事长作了题为《认真贯彻全国金融工作会议精神 稳步推进转型发展 积极服务实体经济》的重要讲话，杨凯生行长对全行经营情况进行了分析，赵林监事长主持会议。其间召开了我行国际化工作会议，姜建清董事长作了题为《坚持工行特色国际化道路 实现全行国际化新的提升发展 》的重要讲话，杨凯生行长主持会议，王丽丽副行长作了讲话。会议还对 2011 年度国际业务先进集体和个人进行了表彰。

18 日

中国城市金融学会第五次会员代表大会暨第五届理事会第一次会议在北京召开。第五次会员代表大会审议通过了李晓鹏副会长所作的第四届理事会工作报告，选举了中国城市金融学会第五届理事会理事。第五届理事会第一次会议选举了理事会顾问、荣誉会长、会长、副会长、秘书长、常务理事及学术委员，会长姜建清作了题为《以科学发展观为指导不断开拓创新 再创中国城市金融学会新的辉煌》的重要讲话。

19 日

姜建清董事长、杨凯生行长会见华融资产管理公司总裁赖小民一行，双方就华融资产管理公司的股份制改革以及进一步加强业务合作等议题进行了交流。胡浩董事会秘书陪同。

姜建清董事长会见标准银行中国区总经理庞凯歌（Craig Bond）一行，双方就过去一年战略合作所取得的成绩及下一年合作项目开展等情况进行了深入交流。胡浩董事会秘书陪同。

杨凯生行长应邀接受人民网和中国共产党新闻网的在线视频访谈，介绍我行积极开展“为民服务创先争优”活动所取得成绩和经验。

王丽丽副行长主持召开境外机构经营转型座谈会。会议就全行跨境人民币业务发展、全球重点产品线拓展，以及提升境外机构自主筹资能力和本地化经营水平等主要议题进行了座谈。王丽丽副行长听取了部分境外机构转型发展的经验汇报，总行有关部门就境外信贷业务、私人银行、专业融资、资金清算和电子银行业务的发展思路、目标、工作要求和举措等进行了发言。总行28个部室负责人及各境外机构（筹备组）主要负责人参加了座谈会。

罗熹副行长主持召开第3次专题会议。会议听取了管理信息部关于落实2012年统计制度的工作汇报，研究了2012年统计工作有关问题，并对监管统计重点事项进行了部署。

罗熹副行长出席在北京召开的全行机构金融、资产托管、养老金业务工作视频会议，并作了题为《努力提高金融资产服务的综合能力》的讲话。

易会满副行长出席在北京召开的全行电子银行业务视频工作会议，并作了题为《坚持外延拓展与内涵提升相结合 进一步强化电子银行创新竞争优势》的讲话。

张红力副行长拜访商务部陈健副部长，双方就下一步更好地开展支持中资企业“走出去”等议题交换了意见。

20日

姜建清董事长、杨凯生行长、赵林监事长，王丽丽、李晓鹏、罗熹副行长，刘立宪纪委书记，易会满、张红力副行长，王希全党委委员出席“总行机关2012年春节团拜会”。党委书记、董事长姜建清发表了新年贺辞，党委副书记、行长杨凯生主持。

21日

杨凯生行长、赵林监事长应邀参加中央办公厅和国务院办公厅在北京举办的2012年春节团拜会。

31日

易会满副行长赴办公室信访办开展工作调研，听取2011年信访工作开展情况及下一步工作思路的汇报。易会满副行长在座谈中分析了当前信访工作面临的复杂形势，对全行信访工作提出要求，并对做好当前信访工作进行了部署。

31日－2月13日

赵林监事长分别与有关董事和高级管理层成员访谈。监事王炽曦、董娟陪同。

2月

1日

杨凯生行长主持召开第5次专题会议，研究2012年信贷规模有关事宜。王丽丽、李晓鹏、易会满、张红力副行长，魏国雄首席风险官出席。

李晓鹏副行长会见全国社保基金理事会副理事长孙小系一行，双方就加强投资管理合作等议题进行了交流。

罗熹副行长主持召开第6次专题会议，研究公司无贷客户存款有关事宜。

2日

党委书记姜建清同志主持召开第4次党委（扩大）会议，审议董事会有关议案及全行纪检监察工作会议有关文件。党委副书记杨凯生、赵林及党委委员王丽丽、李晓鹏、罗熹、刘立宪、易会满、张红力、王希全出席会议。

姜建清董事长应邀在北京出席德国总理默克尔访华午餐会。

姜建清董事长会见英国劳埃德银行董事长温·比肖夫（Win Bischoff）一行，双方就欧债危机进展、英国基建项目合作、跨境人民币业务合作等议题进行了交流。

杨凯生行长、易会满副行长出席我行与中国电力建设集团有限公司战略合作协议签约仪式，并与该公司董事长范集湘一行进行会谈。

王丽丽副行长会见日本横滨银行董事长小川是（Owaga Tadashi）一行，双方就跨境人民币结算、转汇款等合作议题进行了交流。

罗熹副行长主持召开第7次专题会议，研究2012年银保业务推动措施。

罗熹副行长会见阿里巴巴集团董事长马云一行，双方就加强快捷支付和信用卡业务合作等议题进行了交流。

3日

姜建清董事长应邀出席中国银行成立100周年大会并代表金融同业致辞。杨凯生行长、赵林监事长、王丽丽副行长应邀出席了大会。

罗熹副行长主持召开第9次专题会议，研究金融资产服务统计工作有关问题。

3日－7日

姜建清董事长应邀赴香港出席国际清算银行举办的中央银行行长及部分大型商业银行首席执行官圆桌会议并调研。在香港期间，姜建清董事长主持了部分在香港机构工作汇报会，就香港及海外业务下一步发展做重要讲话；先后会见了长江实业集团主席李嘉诚、东亚银行主席李国宝、招商局集团主席傅育宁、华润集团主席宋林、中国海外集团总经理孔庆平、中远香港公司总裁张良等当地主要企业集团客户，并先后赴香港培训中心、私人银行中心等机构调研，看望慰问驻港机构员工。

6日

杨凯生行长、易会满副行长会见贵州省省长赵克志一行，双方就加强银政合作交换了意见。

王希全党委委员参加中央组织部在北京召开的中央和国家机关部分单位组织人事部门负责同志座谈会。

7日

杨凯生行长主持召开业务与产品创新管理委员会2012年第一次会议，易会满副行长出席。会议听取了2011年业务与产品创新情况，2011年产品竞争力评估情况以及借记芯片卡、银企互联两项重点产品竞争力评估情况的汇报；审议通过了2012年业务与产品创新计划和2012年产品竞争力评估工作安排。

杨凯生行长会见万思迪研究公司创始人兼行政总裁克里尔·索科洛夫（Kiril Sokoloff）一行，双方就中国及全球经济金融形势、欧债危机等议题进行了广泛交流。

李晓鹏副行长会见证监会基金部主任王林一行，双方就银行系基金公司和基金行业发展有关问题交换了意见。

易会满副行长参加银监会在北京召开的全国银行业整治不规范经营问题电视电话会议。

8日

总行在北京召开2012年全行纪检监察工作视频会议。党委书记姜建清，党委副书记杨凯生、赵林，党委委员、纪委书记刘立宪出席了会议。党委书记姜建清作重要讲话，党委副书记杨凯生主持会议，纪委书记刘立宪作工作报告。

党委书记姜建清同志主持召开第5次党委（扩大）会议，听取贷款客户服务收费调查情况汇报，并通报中担担保公司有关风险事件。党委副书记杨凯生、赵林及党委委员王丽丽、李晓鹏、罗熹、刘立宪、易会满、张红力、王希全出席会议。

姜建清董事长在北京主持召开董事会会议，审议通过《关于调整董事专门委员会委员的议案》。董事会成员杨凯生、李晓鹏、环挥武、汪小亚、葛蓉蓉、李军、王小岚、姚中利出席。赵林监事长列席会议。

姜建清董事长会见美国纽约联邦储备银行行长威廉·杜德利（William Dudley）一行，双方就全球经济和政治形势、中美两国银行系统稳定性及宏观政策等议题进行了交流。胡浩董事会秘书陪同。

姜建清董事长会见美国凯雷投资集团创始人兼首席投资官康威（Bill Conway）一行，双方就进一步加强业务合作进行了深入交流。

王丽丽副行长在北京出席2012年中国APEC工商咨询理事会年度工作会议。会议总结了2011年我国ABAC工作情况并研究了2012年工作计划。

易会满副行长主持召开第8次专题会议，研究个人客户信息安全有关问题。

张红力副行长会见荷兰皇家航空公司首席财务官加吉（Frédéric Gagey）一行，双方就中国经济发展状况、欧洲债务危机对全球经济及航空业的影响等议题进行了交流。

9日

姜建清董事长在北京主持召开董事会会议，审议通过《关于〈中国工商银行市场风险管理制度〉的议案》等6项议案，并听取《关于董事会2012年工作计划的汇报》等2项专题汇报。董事会成员杨凯生、王丽丽、李晓鹏、钟嘉年、环挥武、汪小亚、葛蓉蓉、李军、王小岚、姚中利出席。赵林监事长、魏国雄首席风险官列席会议。

杨凯生行长在北京出席中共党史学会理事会会议。

易会满副行长出席我行2012年度产品创新工作会议，并作了题为《大力深化产品创新 促进全行转型发展》的讲话。

张红力副行长会见泛美开发银行私人银行部总经理汉斯·舒尔茨（Hans Schulz）一行，双方就全球及拉美地区经济形势和业务合作等议题进行了交流。

9日-10日

杨凯生行长赴山西出席我行经营绩效考评工作座谈会。其间，会见了山西省省长王君、常务副省长李小鹏等地方政府负责人。

10日

姜建清董事长会见中央汇金公司总经理彭纯一行，双方就进一步加强和改进股权管理工作进行了深入交流。胡浩董事会秘书陪同。

李晓鹏副行长在北京出席我行2012年度授信审批工作会议，并作了题为《充分发挥授信审批职能作用 全面推进信贷业务可持续发展》的讲话。

李晓鹏副行长会见证监会副主席姚刚一行，双方就推动工银瑞信改革发展等议题交换了意见。

李晓鹏副行长赴授信业务部进行工作调研。

易会满副行长赴工银租赁就大客户联动营销和信息化建设工作进行调研。林晓轩首席信息官陪同。

以工银发〔2012〕11号文印发《关于对总行投资银行部进行利润中心改革暨推进全行投资银行经营体系建设的通知》。

11日-28日

张红力副行长赴墨西哥参加G20首脑峰会并访问巴西和秘鲁。在巴西期间，先后拜会了出席中国—巴西高层协调与合作委员会的政府领导和当地中资企业负责人，会见巴西央行副行长马克斯（Sidnei Correa Marques)、巴西石油企业融资执行主管巴博萨（Gustavo Tardin Barbosa)、淡水河谷首席财务官马丁斯（Tito Martins）和全球融资总监萨古里（Sonia Zagury）；在秘鲁期间，会见了秘鲁石油公司首席财务官莫尔（Edilfredo More)、中国驻秘鲁大使黄敏慧；在墨西哥期间，参加了G20财长和央行行长会议，分别拜会了墨西哥央行行长卡斯滕斯（Agustin Carstens)、财政部部长安东尼奥（Jose Antonio Meade)、墨西哥外交部长埃斯·皮诺萨、中国驻墨西哥大使曾钢。

13日

罗熹副行长参加银监会在北京召开的2012年统计工作会议。

14日

杨凯生行长会见汇丰银行高级顾问凯文·沃茨（Kevan Watts）一行，双方就欧债危机进展、国际并购项目合作、银行国际化发展等议题进行了交流。

杨凯生行长主持召开了审计署经济责任审计问题整改工作会议，李晓鹏、易会满副行长出席。胡浩董事会秘书及相关部门负责人、分行行长参加会议。

李晓鹏副行长会见香港怡和集团董事兼怡和（中国）公司主席许立庆一行，双方就加强银企合作进行了交流。

易会满副行长拜会国家电网公司总会计李汝革，双方就加强银企合作等议题进行了交流。

14日-16日

李晓鹏副行长赴广东开展个人金融和银行卡“改善服务 提升品质”旺季营销活动和渠道建设工作专题调研。

14日-19日

罗熹副行长赴香港、韩国出席境内外机构全球现金管理会议并营销客户。在香港期间，主持召开亚太区机构全球现金管理业务座谈会和全球现金管理区域中心建设研讨会，出席重点客户全球现金管理和战略合作协议签约仪式，会见了合和实业主席胡应湘、招商银行副行长丁伟，并赴香港培训中心调研。在韩国期间，会见韩国国民银行副行长Lee Sang Won、三星电子公司金融和结算团队副总裁Chung Ho Kim 、LG集团全球司库Byeong-II Min等。

15日

杨凯生行长会见普华永道大中华区主席叶冠荣一行，双方就全球经济形势、欧债危机、巴塞尔协议Ⅲ对银行业的影响进行了交流。

杨凯生行长在北京出席全行经营绩效考评座谈会，听取总行相关部室对境内分行绩效考评办法的意见和建议。

王丽丽副行长在北京出席我行2012年度资产负债管理工作会议并作题为《稳步提升资产负债配置效率 全力推进经营结构转型工作》的讲话。

易会满副行长会见五矿集团总会计沈翎一行，双方就进一步加强全球业务合作进行了交流。

16日

姜建清董事长、杨凯生行长、王丽丽副行长赴金融市场部进行工作调研。林晓轩首席信息官陪同。

杨凯生行长、易会满副行长主持召开我行整治不规范经营问题工作会议，对全行整治不规范经营问题工作进行了部署。

李晓鹏副行长会见比利时驻华大使奈斯先生和安特卫普世界钻石中心首席执行官阿里·爱斯坦（Ali Epstein）一行，双方就加强有关业务合作进行了交流。

17日

党委副书记赵林、纪委书记刘立宪、党委委员王希全出席我行党校校务委员会第九次会议，听取2011年党校工作汇报，审议通过了2012年党校工作要点和培训计划。

李晓鹏副行长主持召开第11次专题会议，研究境外机构信用卡业务审计调研意见落实工作、2012—2014年境外银行卡业务实施规划及境外银行卡视频工作会议筹备工作。

李晓鹏副行长主持召开工银瑞信第三届董事会2012年第一次会议，审议通过《工银瑞信基金公司2011年总结与2012年计划》和《工银瑞信2012年度财务预算》。

易会满副行长会见华润集团总会计师魏斌一行，双方就2012年金融业务合作进行了交流。

易会满副行长主持召开2012年第一次技术审查委员会。林晓轩首席信息官出席。

易会满副行长会见中国核工业集团副总经理孙又奇一行，双方就我国核电发展情况及新一年度业务合作等议题进行了交流。

17日-29日

杨凯生行长赴委内瑞拉出席我行与委内瑞拉15亿美元石油贷款合同签字仪式，并访问阿根廷、厄瓜多尔。在阿根廷期间，会见阿根廷总统克里斯蒂娜（Cristina)、阿根廷中央银行行长马尔科德庞特（Mrs. Mercedes Marco del Pont)、中国驻阿根廷大使殷恒民、南非标准银行中国首席执行官主席庞凯歌（Craig Bond）；会见阿根廷标准银行管理层成员并座谈，考察阿根廷标准银行运作中心；在厄瓜多尔期间，在厄瓜多尔总统科留亚（Rafael Correa Delgado）的见证下，出席我行和中石油与厄瓜多尔战略协调部能源金融合作谅解备忘录的签字仪式，出席厄瓜多尔战略协调部部长埃斯皮内尔（Jorge Glas Espinel）举行的欢迎晚宴，出席了厄瓜多尔外交部长帕蒂诺（Ricardo Patino）主持的项目推介会议，拜会中国驻厄瓜多尔大使苑桂森；在委内瑞拉期间，会见委内瑞拉副总统豪亚（Elías Jaua)、中央银行行长梅伦德斯（Nelson Merentes)、能源矿产部部长兼委国家石油公司总裁拉米雷斯（Ilich Ramírez），并在委内瑞拉副总统豪亚（Elías Jaua）的见证下，出席了我行与委内瑞拉石油公司15亿美元贷款合同签字仪式，拜会中国驻委内瑞拉大使赵荣宪，并与中信集团总经理田国立、中石油集团副总经理汪东进、国家开发银行副行长郑之杰以及华为等在委中资企业负责人进行了会谈。胡浩董事会秘书陪同。

20日

李晓鹏副行长参加中国人民银行在北京召开的信用卡套现防范工作会议。

20日－24日

王丽丽副行长赴香港和泰国考察。在香港期间，出席亚太经合组织工商咨询理事会（ABAC）2012年第一次会议。在泰国期间，会见泰国央行副行长克利（Krirk Vanikkul）、中国驻泰国大使管木，赴工银泰国进行调研并主持召开工银亚洲跨境人民币业务座谈会。

21日

姜建清董事长会见印度诚信ADA集团（Reliance ADA Group）董事长安尼尔·安巴尼（Anil Ambani）一行，双方就新兴市场经济金融发展前景及加深业务合作等议题进行了交流。

赵林监事长主持召开监事会会议，审议通过《中国工商银行股份有限公司2012年度监事会工作计划》等3项议案并听取了《关于2011年度监事会工作总结的汇报》。王炽曦、董娟、孟焰、张炜、朱立飞监事出席。

罗熹副行长主持召开我行2012年反洗钱领导小组第一次会议，审议通过《关于2011年全行反洗钱工作情况的报告及2012年全行反洗钱工作安排的建议》。

易会满副行长主持召开第13次专题会议，研究2012年业务流程综合改造和优化工作计划。

北京市委常委、常务副市长吉林赴北京分行调研，易会满副行长出席相关调研座谈会。

22日

姜建清董事长、易会满副行长会见中共中央宣传部副部长、文化部部长蔡武一行，双方就当前经济形势、文化产业发展规划及进一步加深银政合作等议题交换了意见。

李晓鹏副行长在北京出席由中国新闻社和《中国新闻周刊》联合主办的“第七届中国企业社会责任国际论坛暨2011最具责任感企业颁奖典礼”，并代表我行领取“2011最具责任感企业”奖项。

罗熹副行长拜会国家外汇管理局副局长李超，双方就我行全球托管业务发展交换了意见。

易会满副行长在北京主持召开信访工作座谈会。

23日

姜建清董事长在北京主持召开中国工商银行股份有限公司2012年第一次临时股东大会，审议通过《关于2012年度固定资产投资预算的议案》、《关于选举柯清辉先生为中国工商银行股份有限公司独立董事的议案》。赵林监事长，李晓鹏、黄钢城、钟嘉年、环挥武、汪小亚、葛蓉蓉、李军、王小岚、姚中利董事，王炽曦、董娟、张炜、朱立飞监事以及董事候选人柯清辉出席。

姜建清董事长、李晓鹏副行长会见中国银联董事长苏宁、总裁许罗德一行，双方就进一步深化业务合作进行了交流。

李晓鹏副行长赴北京分行调研旺季营销及渠道建设工作。

罗熹副行长在北京出席2012年管理信息工作会议，并作题为《为全行转型发展提供优质信息服务》的讲话。

罗熹副行长主持召开我行操作风险管理委员会2012年第一次会议，审议通过了《2011年度操作风险管理报告》等8项议案，听取了《2011年一级（直属）分行内控评价报告》等3项专题报告。魏国雄首席风险官出席。

刘立宪纪委书记参加中央纪律检查委员会、中央组织部在北京举行的“严肃换届纪律 深入整治用人上不正之风工作”推进（视频）会议。

易会满副行长拜访联通副总经理、总会计师李福申，双方就进一步加强有关业务合作进行了交流。

24日

罗熹副行长会见前海人寿董事长姚振华一行，双方就开展有关业务合作进行了交流。

刘立宪纪委书记会见受邀在总行机关做廉洁从业教育专题讲座的北京市西城区检察院检察长韩索华一行，双方就开展党风廉政建设有关工作交换了意见。

24日－25日

姜建清董事长随同中共中央政治局委员、国务院副总理王岐山赴河南省郑州市、许昌市考察金融工作。

25日

李晓鹏副行长出席“服务实体经济与发展转型”暨2012年中国银行家论坛并发表演讲。

27日

姜建清董事长、易会满副行长会见江苏省委常委、南京市委书记杨卫泽一行，双方就进一步加强银政合作交换了意见。

姜建清董事长会见全国政协副主席董建华一行，双方就当前国际经济金融形势、欧洲债务危机发展与演变、香港地区经济发展面临的挑战与机遇等议题交换了意见。

罗熹副行长出席中国人民银行在北京召开的“全国反洗钱工作先进集体和先进个人表彰大会”，并作为获奖金融机构代表发言。

易会满副行长会见贵州省人大常委会副主任袁周一

行，双方就进一步支持贵州经济发展交换了意见。

28 日

姜建清董事长在北京出席我行 2012 年内部审计工作会议并作题为《推进专业升级 提升服务水平 为全行健康可持续发展做出新贡献》的讲话，赵林监事长主持会议。

赵林监事长赴监事会办公室宣布有关人事任免决定。

王丽丽副行长会见布鲁克菲尔德资产管理公司首席执行官布鲁斯·福莱特（Bruce Flatt）一行，双方就我行国际化发展情况与开展资产管理业务合作等议题进行了交流。

易会满副行长在北京参加银监会 2012 年信息科技工作会议。

易会满副行长主持召开工银马来西亚董事会 2012 年第一次会议。

28 日 –29 日

李晓鹏副行长赴河北保定分行调研银政合作业务。

29 日

罗熹副行长主持召开机构客户管理系统需求讨论会，研究机构客户管理系统的需求整理、系统开发工作。

工银金融通过其美国证券存托机构（DTC）账户，为总行成功代理了第一笔美国债券自营交易的后台清算和交割业务，标志着工银金融的后台清算和存管业务已经与母行实现全面对接。

29 日 –3 月 2 日

刘立宪纪委书记赴湖北分行调研并参加新一届系统团委委员座谈会。其间，会见了湖北省委常委、纪委书记、省委组织部长侯长安等地方党政领导。

3 月

1 日

王丽丽副行长主持召开第 18 次专题会议，研究南标商品交易团队相关问题。

李晓鹏副行长参加人民银行房地产金融服务专题会议。

李晓鹏副行长通过视频主持召开了工银中东 2012 年第一次董事会会议，研究审议了工银中东董事会成员调整方案，讨论并通过了《关于提名田志平等四人任职的通知》等相关决议。

罗熹副行长出席公司客户金融资产增值服务营销活动视频动员会议，并做重要讲话。

易会满副行长会见云南省委常委、昆明市委书记张田欣，昆明市委副书记、市长张祖林等一行，双方就进一步加深合作交换了意见。

易会满副行长拜访中国邮政集团副总经理刘明光，双方就新一年度深化银企业务合作等议题进行了深入交流。

1 日 –2 日

姜建清董事长应邀出席在上海召开的首届中国上市公司企业治理论坛，并在开幕式发表题为《稳健有效的公司治理是上市公司健康发展的基石 》的主题演讲。

2 日

杨凯生行长出席全行 2012 年财务会计工作会议并讲话。

杨凯生行长、易会满副行长参加了贵州省委省政府在北京钓鱼台国宾馆举办的“支持贵州又好又快发展座谈会”，并出席工商银行与贵州《“十二五”时期战略合作备忘录》签字仪式。

王丽丽副行长主持召开跨境人民币业务领导小组第一次会议，研究全行跨境人民币业务发展相关问题，并对下一步工作进行了部署。

王丽丽副行长出席庆“三八”总行在北京机构女领导干部联谊会。

李晓鹏副行长参加新疆维吾尔自治区政府与在北京金融机构主要负责人座谈会，研究金融业支持新疆维吾尔自治区发展有关工作。

罗熹副行长会见国际公认反洗钱师协会（ACAMS）主席特德·威斯伯格（Ted Weissberg）一行，双方就反洗钱和反恐怖融资专业资格认证工作等议题进行了交流。

3 日 –14 日

杨凯生行长、张红力副行长在北京参加全国政协第十一届五次会议。

5 日

姜建清董事长列席在北京召开的全国人大第十一届五次会议全体会议。

李晓鹏副行长会见全国社保基金理事会副理事长沈小南一行。

5 日 –6 日

王丽丽副行长赴广州主持召开全行跨境人民币业务动员大会。

6 日

李晓鹏副行长会见新疆自治区人大副主任王会民等一行，双方就银政合作促进新疆地方经济发展等事宜交换了意见。

李晓鹏副行长会见天津市副市长崔津渡等一行。

易会满副行长会见波音公司执行副总裁、波音民用飞机集团总裁兼首席执行官安波杰（Jim Albaugh）一行，双方就中国未来航空市场发展前景、航空融资市场流动性以及进一步加强业务合作等议题进行了交流。

6 日 –9 日

罗熹副行长赴厦门出席 2012 年金融资产服务座谈会。

7 日

姜建清董事长、杨凯生行长、易会满副行长会见黑龙江省委书记吉炳轩、省长王宪魁、常务副省长刘国中等一行，并签署了“十二五”时期《金融战略合作协议》。会谈中，双方就加快实施黑龙江“十二五”发展规划，推动黑龙江经济社会持续协调发展交换了意见。

姜建清董事长、杨凯生行长、易会满副行长会见山东省委书记姜异康、省长姜大明、副省长孙伟一行，并签署了《支持县域经济暨中小企业发展战略合作协议合作协议》。会谈中，双方就通过金融创新支持山东县域经济和中小企业发展等议题交换了意见。

姜建清董事长会见剑桥大学商学院皮特（Peter）教授，双方就合作开发我行并购案例教学事宜交换了意见。

易会满副行长会见普惠商用发动机公司总裁托德·考尔曼（Todd Kallman）一行，双方就中国航空租赁市场发展潜力、航空融资市场流动性、共同开发大客户等议题进行了交流。

6 日 –13 日

王丽丽副行长出访香港、韩国和日本。其间，出席香港商品交易所董事会会议、韩国金融监督院 2012 年度监管说明会；拜会日本财务省副部长中尾武彦先生、野村证券 COO 柴田拓美先生、瑞穗实业银行行长佐藤康博先生；赴东京分行进行工作调研，并慰问分行员工。

7 日 –17 日

李晓鹏副行长出访中国澳门、中国香港、越南、老挝和柬埔寨。其间，出席 2012 年境外银行卡视频会议，听取工银澳门、工银亚洲、工银信用卡中心（国际）、河内分行、金边分行和万象分行等境外机构工作汇报，考察当地营业网点并慰问一线员工，拜访越南工商银行、HDBank 银行、老挝中央银行、外贸银行、柬埔寨加华银行等当地金融机构，会见我国驻柬埔寨潘广学大使和驻老挝布建国大使。

8 日

姜建董事长会见中国普天信息产业集团总经理邢炜一行，双方就进一步深化信息科技产品、银行金融业务等方面的合作进行了交流。

姜建董事长、易会满副行长会见宁夏回族自治区党委副书记、主席王正伟等一行，双方就进一步加深合作交换了意见。

易会满副行长会见南方电网公司总会计师李文中等一行，双方就进一步加深业务合作进行了交流。

9 日

姜建清董事长、王希全党委委员出席集团内公开选拔干部集体谈话会。

姜建清董事长应邀出席湖南省经济发展情况汇报会。

银监会监管一部杨家才主任、陈颖副主任一行来我行通报 2011 年度监管情况，赵林监事长主持通报会，在北京的董事、监事及高管层成员出席了会议。

赵林监事长及监事会成员与新任股权董事座谈。

易会满副行长主持召开全行整治不规范经营专项检查动员会，研究部署整治不规范经营专项检查工作。

易会满副行长参加中国人民银行召开的五大电力公司发电融资情况研究会。

易会满副行长参加中国人民银行召开的商业银行服务收费座谈会。

10 日

姜建清董事长、杨凯生行长、易会满副行长参加广东省委省政府在北京钓鱼台国宾馆举办的《“十二五”时期战略合作备忘录》签署仪式。

张红力副行长会见国际航空集团首席执行官沃尔什（Willie Walsh）一行，双方就欧洲债务危机、全球经济形势、欧盟对航空业征收碳排放税等议题进行了交流。

12 日

姜建清董事长会见著名经济学家斯蒂芬·罗奇（Stephen S. Roach）率领的耶鲁大学学生访问团，双方就当前世界经济形势及中国经济增长前景等话题进行了交流。

姜建清董事长会见纽约梅隆银行董事长杰拉尔德·哈塞尔（Jerald Hassel）一行，双方就中国经济形势、两行合作等议题进行了交流。

易会满副行长会见全国政协委员、全国工商联副主席、亿利资源集团董事长王文彪一行，双方就进一步加强业务合作等议题进行了交流，并签署了银企合作协议。

罗熹副行长会见中信证券总经理程博明一行，双方就进一步推进全面业务合作进行了交流。

12 日 –16 日

赵林监事长赴香港、澳门考察。其间，分别听取了工银亚洲（香港分行）、工银国际、工银澳门、外汇资金交易中心和香港培训中心的工作汇报，并对经营管理、并表管理等情况进行调研。王炽曦监事陪同。

13 日

姜建清董事长会见永丰银行董事长邱正雄一行，双方就两行业务合作、两岸经贸交流等议题交换了意见。胡浩董事会秘书陪同。

姜建清董事长会见武汉市市长唐良智一行，双方就进一步加深合作交换了意见。

姜建清董事长会见复星集团董事长郭广昌一行，双方就进一步加强业务合作，特别是海外金融服务等方面的合作交换了意见。

13 日 –15 日

易会满副行长赴浙江出席部分分行投行业务座谈会。

14 日

姜建清董事长会见英仕曼集团首席执行官郭柏德一行，双方就进一步加强业务合作等议题进行了交流。

杨凯生行长主持召开会议，听取安永会计师事务所关于 2011 年年度审计结果的汇报。

杨凯生行长参加工、农、中、建行长座谈会，就中间业务发展事宜进行了座谈。

杨凯生行长、罗熹副行长出席内控合规高级管理人员培训班开班仪式。

15 日

姜建清董事长会见台湾人寿董事长、台湾龙邦集团董事朱炳昱先生一行，双方就银保业务合作、两岸金融保险业发展等议题进行了交流。胡浩董事会秘书陪同。

姜建清董事长会见淡马锡集团总裁格雷戈里·柯尔（Gregory Curl）一行，双方就进一步加强业务合作等议题进行了深入交流。

姜建清董事长主持召开第 20 次专题会议，研究金融资产服务工作。王丽丽副行长、罗熹副行长出席。

杨凯生行长参加国务院有关会议。魏国雄首席风险官陪同。

罗熹副行长应邀出席中国银行业协会《2011 年度中国银行业服务改进情况报告》发布暨文明规范服务表彰大会。

以工银发〔2012〕16 号文印发《中国工商银行内部控制基本规定》。

16 日

党委书记姜建清同志主持召开第 6 次党委（扩大）会议，听取人力资源部关于全行法律事务集约化改革方案的情况汇报。党委副书记杨凯生及党委委员王丽丽、李晓鹏、罗熹、刘立宪、易会满、张红力、王希全出席会议。

姜建清董事长会见高盛集团南非地区首席执行官科林·科尔曼（Colin Coleman）一行，双方就非洲地区收购、兼并等业务合作事宜进行了深入交流。

姜建清董事长应邀出席江苏省委省政府在北京人民大会堂举办的江苏省转型发展汇报会。

杨凯生行长主持召开总行风险管理委员会召开 2012 年第一次会议。李晓鹏副行长、罗熹副行长、刘立宪纪委书记、易会满副行长、魏国雄首席风险官出席。

罗熹副行长会见麦当劳亚太区司库马克·莫尼克（Marc Monyek）一行，并出席我行与麦当劳银企战略合作签约仪式。

易会满副行长会见福特汽车公司副总裁兼全球司库尼尔·施罗斯（Neil Schloss）一行，双方就加强全球业务合作进行了友好会谈。

16 日 –18 日

张红力副行长赴海南出席工银国际董事会。

18 日

易会满副行长主持召开第 22 次专题会议，研究福建分行个人账户资金被第三方支付公司扣划事件相关问题。林晓轩首席信息官出席。

19 日

姜建清董事长会见德勤全球首席执行官邵思博（Barry Salzberg）一行，双方就工商银行的国际化发展进程、欧债危机对中国金融业的影响等议题进行了交流。

姜建清董事长会见列支敦士顿国王顾问丹尼尔·莱文（Levin）一行，双方就开展财富管理、非洲业务合作等议题交换了意见。

姜建清董事长会见瑞士信贷集团首席执行官杜德恒（Brady Dougan）一行，双方就欧债危机进展、中国经济形势、投行项目合作等议题进行了交流。胡浩董事会秘书陪同。

姜建清董事长会见标准银行首席执行官杰克·马理（Jacko Maree）一行，双方回顾了过去一年两行间的合作，并对加强在 IT 和公司业务等方面的合作进行了交流。林晓轩首席信息官、胡浩董事会秘书陪同。

杨凯生行长主持召开第 1 次行长办公会，研究年度授权有关工作。王丽丽副行长、李晓鹏副行长、罗熹副行长、刘立宪纪委书记、易会满副行长、魏国雄首席风险官、林晓轩首席信息官、胡浩董事会秘书出席。

罗熹副行长应邀出席在北京举行的广东部分养老基金委托全国社保基金理事会投资运营签约仪式。

王希全党委委员赴全国组织干部学院参加干部监督工作座谈会。

19 日 –20 日

罗熹副行长出席欧洲金融会展公司第六届中国大型企业现金、财资及风险管理年会，并作题为《努力提高金融资产服务能力 》的主题演讲。

20 日

姜建清董事长会见彭博资讯公司主席高逸雅（Peter Grauer）一行，双方就世界经济金融形势、合作开发交易系统等议题进行了交流。

姜建清董事长会见德意志银行副董事长科赫·韦瑟（Caio Koch – Weser）一行，双方就欧洲经济金融形势、投行业务合作等议题进行了交流。

姜建清董事长参加中美交流基金会指导委员会会议。全国政协董建华副主席主持会议。会议就进一步深入开展中美经济与经贸交流进行了深入讨论。

赵林监事长和王炽曦、董娟、孟焰、张炜、朱立飞监事分别听取安永会计师事务所、财务会计部和管理信息部关于 2011 年度审计结果、2011 年度经营情况和

2011 年度报告编制工作情况的汇报。

易会满副行长主持召开第 24 次专题会议，研究五大发电集团融资问题。

20 日－21 日

杨凯生行长赴上海出席上海浦东服务中央企业战略发展发布会并调研。发布会上，杨凯生行长与国资委主任王勇、上海市市长韩正共同见证了我行上海分行与浦东区政府的战略合作协议签字仪式。其间，杨凯生行长还会见了中共中央政治局委员、上海市委书记俞正声。

20 日－27 日

张红力副行长出访老挝、柬埔寨和缅甸。在柬埔寨期间，会见了柬埔寨央行行长谢振都和中国驻柬埔寨大使潘广学，并召开在柬中资企业座谈会；在老挝期间，会见了中国驻老挝大使布建国，并访问大唐电力和中农矿业公司在老挝的项目；在缅甸期间，会见了缅甸 HTOO 集团公司副总裁 Zaw Mynn Lu Lu 一行。

21 日

姜建清董事长主持召开座谈会，研究我行机构管理有关工作。王希全党委委员、胡浩董事会秘书出席。

王丽丽副行长出席国家外汇管理局检查组进驻我行见面会。

王丽丽副行长主持召开总行市场风险管理委员会召开 2012 年第二次会议。魏国雄首席风险官出席。

罗熹副行长主持召开第 27 次专题会议，研究外购资讯信息管理相关工作。

罗熹副行长会见 ACCA 总裁白容（Helen Brand）一行，双方就合作开展会计热点问题研究、案例研讨、专业培训等话题进行了交流。

易会满副行长主持召开第 26 次专题会议，研究清算中心业务发展规划方案。林晓轩首席信息官出席。

易会满副行长应邀出席中国移动通信集团财务有限公司开业庆典。其间，会见了中国移动通信集团总裁李跃、财务总监薛涛海，双方就业务合作事宜进行了交流。

22 日

党委书记姜建清同志主持召开第 7 次党委（扩大）会议，审议拟提交董事会议案，并听取有关工作汇报。党委副书记杨凯生、赵林及党委委员王丽丽、李晓鹏、罗熹、刘立宪、易会满、王希全出席会议。

罗熹副行长拜会进出口银行李若谷行长。

23 日

党委书记姜建清同志主持召开第 8 次党委（扩大）会议，研究中间业务平台与第三方支付有关工作。党委副书记杨凯生、赵林及党委委员李晓鹏、罗熹、刘立宪、易会满、王希全出席会议。

姜建清董事长会见普华永道亚太区主席杨绍信及普华永道高级顾问艾尔顿先生一行，双方就工商银行近年来的国际化战略、欧债危机对中国金融业的影响等议题进行了交流。

王丽丽副行长赴上海出席香港商品交易所产品联合推介会。

李晓鹏副行长参加国家外汇管理局金融机构外汇检查通报会。

易会满副行长会见世界银行集团国际金融公司（IFC）全球副总裁冯桂婷（Karin Finkelston）一行，双方就在海外战略发展、全球贸易融资、银团贷款等领域的合作进行了交流。

24 日－26 日

王丽丽副行长赴苏州调研国际业务，赴南京出席打造国际业务第一中心城市行工作座谈会。

25 日－30 日

姜建清董事长出访卡塔尔、中国香港。在卡塔尔期间，会见卡塔尔王国埃米尔哈利法·阿勒萨尼、首相贾巴尔·阿勒萨尼、卡塔尔央行第一副行长赛尔·阿勒萨尼、卡塔尔控股集团 CEO 萨义德等当地政要及我国驻卡塔尔大使张志良。在香港期间，通过视频参加我行董事会，审议有关议案；主持召开我行年报新闻发布会及分析师会议、投资者会议；会见嘉里集团主席郭鹤年等当地主要企业负责人。胡浩董事会秘书陪同。

26 日

杨凯生行长、易会满副行长出席全行中间业务收费管理工作视频会议。

杨凯生行长在北京参加国务院第五次廉政工作会议。

李晓鹏副行长主持召开审计署《2012 年新增贷款情况专项跟踪审计调查》进驻我行见面会。魏国雄首席风险官出席。

罗熹副行长主持召开第 28 次专题会议，研究客户风险数据质量有关问题。魏国雄首席风险官出席。

易会满副行长主持召开马来西亚子行董事会。

26 日－4 月 1 日

刘立宪纪委书记赴广西参加中国金融工会第四次全体会议并在广西分行调研。

27 日

李晓鹏副行长会见中央电视台总会计师刘国良一行，双方就进一步拓宽银企合作领域、提升合作关系进行了深入交流。

罗熹副行长拜访中国人寿董事长杨明生，双方就深化全面业务合作、推动代销保险业务等议题进行了交流。

易会满副行长在北京出席第二期部分分行投资银行业务座谈会，作题为《继往开来 迎难而上 开创投资银行业务转型发展的新局面》的主题报告，并听取 13 家分行投行业务工作汇报。

以工银发〔2012〕24 号文印发《关于中国工商银行董事任职的通知》。姜建清、杨凯生、王丽丽、李晓鹏任中国工商银行股份有限公司执行董事；环挥武、汪小亚、葛蓉蓉、李军、王小岚、姚中利任中国工商银行股份有限公司非执行董事；梁锦松、钱颖一、许善达、黄钢城、M·C. 麦卡锡、钟嘉年任中国工商银行股份有限公司独立非执行董事。

28 日

杨凯生行长、李晓鹏副行长会见爱尔兰总理肯尼（Enda Kenny）一行，并出席工银租赁与爱尔兰投资发展局合作谅解备忘录签署仪式，双方就工商银行及工银租赁在爱尔兰的业务发展问题交换了意见。

杨凯生行长赴财务会计部宣布组建消费者权益保护办公室，同时宣布相关负责人人事任命。

罗熹副行长通过视频主持召开加拿大子行董事会会议，审议了子行总经理 2011 年履职情况等议案。

罗熹副行长主持召开第 29 次专题会议，研究内控合规信息化建设规则。

以工银发〔2012〕23 号文印发《关于在总行组建消费者权益保护办公室的通知》。

以工银任免〔2012〕71 号决定：聘任沈如军为消费者权益保护办公室主任。

28 日－29 日

杨凯生行长受姜建清董事长委托在北京主持召开我行董事会会议，审议通过《2011 年度报告》等 14 项议案，并听取了《2011 年度我行风险管理情况的汇报》等 8 项专题汇报。董事会成员王丽丽、梁锦松、钱颖一、许善达、环挥武、汪小亚、葛蓉蓉、李军、王小岚和姚中利出席；姜建清董事长、钟嘉年董事、胡浩董事会秘书在香港通过视频方式出席；黄钢城董事在加拿大通过视频方式出席；麦卡锡董事在伦敦通过视频方式出席；李晓鹏董事委托王丽丽董事出席会议并代为行使表决权。赵林监事长列席。

赵林监事长主持召开监事会会议，审议通过《中国工商银行股份有限公司 2011 年度监事会工作报告》、《中国工商银行股份有限公司 2011 年度监事会监督报告》等 12 项议案，并听取了关于 2012 年度监事会监督检查实施方案等 3 项专题汇报。监事会成员王炽曦、董娟、孟焰、张炜、朱立飞出席会议。

易会满副行长赴深圳分行调研。其间，会见了深圳市委常委、副市长陈应春，并走访了华侨城集团、华为公司等企业客户。

29 日

我行在北京、香港两地通过视频同步举行 2011 年度业绩发布会和投资者分析师推介会。姜建清董事长在港发表致辞，杨凯生行长在北京主持会议。王丽丽副行长、李晓鹏副行长、魏国雄首席风险官、胡浩董事会秘书分别在北京、香港两地出席会议。

李晓鹏副行长参加中央新疆重点项目推进会议。

罗熹副行长主持召开第 29 次专题会议，研究内控合规信息化建设规划。

29 日－30 日

易会满副行长、林晓轩首席信息官出访香港，拜访香港金管局副局长阮国恒先生，走访周大福、新世界、新鸿基、粤海集团、电讯盈科和招商集团等重点企业，并听取了工银亚洲 FOVA 系统投产工程情况汇报，慰问工银亚洲 FOVA 项目组全体员工。

30 日

李晓鹏副行长参加中组部老干部工作检查组访谈和座谈会，研究加强我行离退休人员管理工作。

31 日

杨凯生行长应邀参加正在访华的哈萨克斯坦共和国总理马西莫夫与中国企业界的见面会，并代表金融机构致辞。

李晓鹏副行长主持召开第 32 次专题会议，研究工银安盛开业筹备工作。

罗熹副行长出席人民银行反洗钱综合试点工作启动仪式。

罗熹副行长通过视频主持召开 2012 年莫斯科子行第一次董事会会议。

4 月

1 日

王丽丽副行长拜会人民银行副行长刘士余，双方就我行境外发债有关事宜交换了意见。

易会满副行长赴北京分行网点检查 2012 年版服务价格目录公示及执行情况。

2 日

李晓鹏副行长应邀出席商务部举办的“2012 年全国消费促进月活动启动仪式”，并作为唯一特邀金融机构代表致辞。

5 日

党委书记姜建清同志主持召开第 9 次党委（扩大）会议，研究有关工作。党委副书记杨凯生、赵林及党委委员王丽丽、李晓鹏、罗熹、易会满、张红力、王希全出席。

姜建清董事长、李晓鹏副行长会见中国银联苏宁董事长、许罗德总裁一行，双方就支付产业热点问题，以及进一步加强业务合作等话题进行了交流。

姜建清董事长会见台湾永丰金融控股公司董事长何寿川一行，双方就两岸金融开放、业务合作等话题进行了交流。

以工银发〔2012〕35 号文印发《关于印发董事会审计委员会和提名委员会工作规则的通知》。

6 日

姜建清董事长会见泰国央行行长张旭洲（Prasarn

Trairatvorakul）一行，双方就中泰两国经贸往来和人民币投资渠道、跨境人民币业务情况等议题进行了深入交流。

杨凯生行长会见委内瑞拉驻华大使罗西奥·马内罗（Rocio Maneiro）一行，双方就有关合作事宜交换了意见。

王丽丽副行长会见中国—阿根廷友好协会会长费尔德曼（Norberto Feldman）一行，双方就进一步加强业务合作等事宜交换了意见。

李晓鹏副行长、张红力副行长出席全行2012年度个人金融、银行卡与私人银行业务工作视频会议并讲话。

罗熹副行长会见货币金融机构官方论坛（OMFIF）联合主席戴维·马什（David Marsh）一行，双方就欧洲债务危机、全球金融市场形势和人民币“走出去”等问题进行了交流。

罗熹副行长主持召开第34次专题会议，研究银商转账业务。

9日

姜建清董事长、杨凯生行长、易会满副行长会见中国机械工业集团有限公司董事长任洪斌、总经理徐建、总会计师骆家駹一行，双方就重组并购、创新型海外融资、全球现金管理、金融租赁等业务合作进行了交流，并签署了《全面战略合作协议》。

李晓鹏副行长出席银监会“中国银行业小微企业金融服务成就展暨宣传月活动”启动仪式。银监会主席尚福林发表讲话，银监会党委成员、银行业协会负责人和在北京的主要银行业金融机构分管负责人参加了启动仪式。

9日-13日

王希全党委委员参加中组部在全国组织干部学院举办的干部人事制度改革研究班。

10日

姜建清董事长主持召开第1次行务会，通报全行第一季度经营情况，分析当前面临的形势，部署下一阶段重点工作，进一步贯彻落实中央宏观调控政策。杨凯生行长、赵林监事长，王丽丽、李晓鹏、罗熹、易会满副行长和魏国雄首席风险官、林晓轩首席信息官、胡浩董事会秘书出席。

杨凯生行长、易会满副行长主持召开信息科技管理委员会2012年第一次会议，审议通过了《关于第一季度信息科技工作进展情况》等5项议题。魏国雄首席风险官、林晓轩首席信息官出席。

李晓鹏副行长会见长江养老保险董事长马力一行，双方就进一步加强业务合作等议题进行了交流。

李晓鹏副行长主持召开第37次专题会议，研究近期个人住房贷款RAROC管理有关问题。

工银亚洲成功投产FOVA系统，标志着我行自主研发的境外业务系统已覆盖全行所有境外机构，基本实现了境外业务系统的全面统一。

以工银发〔2012〕38号文印发《关于印发〈全球雇员管理办法（试行）〉的通知》。

10日-6月10日

张红力副行长参加中组部在国防大学举办第四十期国防研究班。

11日

党委书记姜建清同志主持召开第10次党委（扩大）会议，研究有关工作。党委副书记杨凯生、赵林及党委委员王丽丽、李晓鹏、罗熹、王希全出席。

姜建清董事长会见卡塔尔能源与工业大臣穆罕默德·本·萨利赫·萨达（Mohammed Bin Saleh Al-Sada）一行，双方就中卡能源金融和政府间战略合作交换了意见。

姜建清董事长会见毕马威全球主席安茂德（Michael Andrew）一行，双方就全球银行业国际化演变的趋势及我国银行业的国际化发展进程等话题进行了交流。

罗熹副行长会见洛桑国际管理学院主席多米奎·托宾（Dominique Turpin）一行，双方就案例编写和员工培训相关事宜进行了交流。

易会满副行长在北京参加银监会整治不规范经营座谈会。

12日

姜建清董事长、杨凯生行长、赵林监事长，王丽丽、李晓鹏副行长在江西南昌会见江西省委书记苏荣、省长鹿心社及省委常委、秘书长赵智勇、副省长胡幼桃等地方党政领导，双方就进一步加强合作交换了意见，并签署了《金融战略合作协议》。魏国雄首席风险官陪同。

罗熹副行长会见瑞士银行前投行业务副主席、前美国国会参议员及银行委员会主席菲尔·格兰姆（Phil Gramm）一行，双方就当前国际经济金融热点问题及两行合作发展交换了意见。

罗熹副行长会见中央国家机关纪工委副书记姜永辉一行，双方就我行廉政文化建设情况和廉政风险防控机构建设情况交换了意见。

罗熹副行长主持召开第35次专题会议，研究全球现金管理系统优化升级工作。

12日-13日

姜建清董事长在江西南昌主持召开董事会战略研讨会，研究我行2012—2014年发展战略规划。杨凯生、王丽丽、李晓鹏、许善达、黄钢城、麦卡锡、钟嘉年、环挥武、汪小亚、葛蓉蓉、李军、王小岚、姚中利董事出席。赵林监事长及部分监事会成员、魏国雄首席风险官、股东单位代表列席。胡浩董事会秘书参加。

13 日

王丽丽副行长在北京参加人民银行外汇市场形势座谈会。

王丽丽副行长主持召开第 36 次专题会议，研究部署人民币汇率波幅扩大后有关工作。

罗熹副行长在北京参加保监会防范银保渠道退保风险座谈会。

16 日

姜建清董事长、张红力副行长会见世界黄金协会首席执行官施安霖一行，双方就当前国内外黄金市场发展形势及热点问题进行了交流。

17 日

姜建清董事长与新加坡淡马锡控股公司总裁科尔（Gregory Curl）举行电话会议，双方就淡马锡增持我行 H 股股票事宜进行了交流。胡浩董事会秘书陪同。

总行党校第二十期领导干部进修班开学典礼在北京分行房山培训中心举行。总行党委副书记、监事长、党校校长赵林出席开学典礼并讲话。

李晓鹏副行长会见富国基金陈敏董事长、窦玉明总经理一行，双方就进一步加强合作进行了交流。

易会满副行长应邀出席中石油集团大司库上线仪式视频会并致辞。

17 日 –20 日

罗熹副行长赴广东出席我行银基战略研讨会并讲话，南方、广发、华夏等 41 家基金公司的董事长（总经理）参加研讨会。其间，走访并会见了美的集团董事长何享健、广发银行董事长董建岳、广汽丰田执行副总经理冯兴亚。

17 日 –28 日

杨凯生行长赴欧洲、日本进行 2011 年度业绩路演。在荷兰期间，会见了荷兰央行副行长 Jan Sijbrand 先生，飞利浦公司首席执行官 Frans van Houten 先生、首席财务总监 Ron Wirahandirksa 先生；在意大利期间，会见了劳埃德银行董事长 Victor Blank 先生；在英国期间，出席了工银伦敦迁址仪式并致辞，并就国际化战略发展、我行海外机构的本地化经营等问题接受了凤凰卫视的采访；在日本期间，会见了野村集团首席执行官渡部贤一先生及住友商社滨田副社长。胡浩董事会秘书陪同。

18 日

姜建清董事长会见美国高盛集团副董事长麦克·埃文斯（Michael Evans）一行，双方就有关工作进行了交流。

王丽丽副行长会见美国财政部代理助理部长马修（Matthew Rutherford）一行，双方就中美两国宏观经济现状及发展趋势、美国国债、美国财政政策等事宜交换了意见。

易会满副行长会见中国电信集团公司副总经理柯瑞文一行，双方就企业信息科技系统建设与管理等内容进行了交流。

19 日

姜建清董事长、易会满副行长会见辽宁省省长陈政高一行，双方就当前国际国内宏观经济形势以及进一步加强合作等议题交换了意见。

王丽丽副行长会见日本瑞穗实业银行常务执行董事林信秀一行，双方就金融市场合作、人民币跨境结算等话题进行了交流。

王丽丽副行长会见苏格兰皇家银行集团司库约翰·库敏斯（John Cummins）一行，双方就跨境人民币业务、海外人民币债券投资合作等话题进行了交流。

李晓鹏副行长主持召开第 38 次专题会议，研究银行卡电话中心有关工作。

易会满副行长主持召开第 39 次专题会议，研究整治不规范经营问题专项检查情况。

易会满副行长主持召开全行整治不规范经营问题专项检查工作汇报会。

19 日 –23 日

赵林监事长赴江苏、苏州、上海分行调研经营管理和企业文化建设工作。王炽曦监事陪同。

20 日

中共中央政治局委员、国务院副总理王岐山赴我行银行博物馆考察。姜建清董事长陪同。

王丽丽副行长会见美国大通银行管理委员会成员、全球公司业务首席执行官盖戈睿（Gregory L. Guyett）一行，双方就深化两行合作及我行国际化发展等话题进行了交流。

李晓鹏、易会满副行长主持召开第 43 次专题会议，研究加强债券承销业务风险管理工作。

刘立宪纪委书记主持召开会议，听取对总行资产管理部、内部审计局、人力资源部、保卫部、离退休人员管理部 2011 年度廉政和案防责任制量化考核评价工作情况的汇报。

易会满副行长拜会国家发改委副主任胡祖才，双方就进一步做好消费者权益保护工作交换了意见。

易会满副行长应邀出席在北京召开的温州金融综合改革试验区政策座谈会。

21 日 –26 日

王丽丽副行长赴英国出席伦敦子行董事会，并拜访当地监管当局、调研南标伦敦商品交易业务。其间，陪同杨凯生行长出席工银伦敦迁址仪式。

23 日

姜建清董事长、易会满副行长会见河南常务副省长李克一行，双方就进一步支持地方经济建设等交换了意见。

李晓鹏副行长主持召开安永第一季度商定程序工作结果及 2011 年度审计主要管理建议汇报会。

以工银党〔2012〕14 号决定：任命周玮同志为山

西省分行党委书记，免去其云南省分行党委委员职务；免去林明同志山西省分行党委书记职务，另有任用。

以工银党〔2012〕18 号决定：任命孙建勇同志为新疆维吾尔自治区分行党委书记；免去吴宁锋同志新疆维吾尔自治区分行党委书记职务，另有任用。

24 日

党委书记姜建清同志主持召开第 11 次党委（扩大）会议，审议拟提交董事会的《关于 2012 年第一季度经营情况的汇报》等 11 项议案，并听取《关于〈系统内员工账户异常资金交易监督管理办法（试行）〉的汇报》。党委副书记杨凯生、赵林及党委委员李晓鹏、罗熹、刘立宪、易会满、王希全出席。

24 日－25 日

总行在北京召开全行服务工作推动视频会，贯彻落实 2012 年全行工作会议和第一季度行务会议精神，部署推动“满意在工行”主题活动，易会满副行长出席会议并讲话。会上，总行对 2011 年 100 家总行级样板网点进行了表彰。

25 日

姜建清董事长，李晓鹏、罗熹副行长，刘立宪纪委书记出席我行新版网讯发布会。姜建清董事长在会上作了题为《信息化银行的新起点》的致辞并启动新版网讯。发布会上，姜建清董事长，李晓鹏、罗熹副行长、刘立宪纪委书记为新版网讯建设过程中表现突出的机构及总行部门颁奖。

姜建清董事长、李晓鹏副行长出席我行与 20 家大型商品交易市场战略合作签约仪式暨银商座谈会并致辞。浙江义乌中国小商品城等 20 家大型商品交易市场负责人和 9 位重点商户代表以及签约市场所在一级（直属）分行个人金融业务主管行长参加了签约仪式及座谈会。

赵林监事长赴山西分行宣布人事任免决定。其间，会见了山西省委常委、常务副省长李小鹏，双方就进一步支持地方经济建设，促进我行业务发展交换了意见。

以工银任免〔2012〕105 号决定：聘任林明为内部审计局天津分局局长。解聘李炳元内部审计局天津分局局长职务，另有任用。

25 日－28 日

王希全党委委员赴福建、厦门分行开展工作调研，并与干部员工进行座谈。

26 日

赵林监事长赴新疆分行宣布人事任免决定。其间，会见了新疆人大副主任王会民，双方就支持新疆经济建设、促进业务合作等议题交换了意见。

李晓鹏副行长会见江西省副省长胡幼桃一行，双方就当前宏观经济形势以及进一步加强合作等议题交换了意见。

罗熹副行长赴总行党校为第二十期领导干部进修班学员做了题为《努力构建银行金融资产服务体系——商业银行经营转型的重要方式之一》的专题讲座。

27 日

姜建清董事长会见英国前首相托尼·布莱尔（Tony Blair）一行，双方就欧洲主权债务危机、我行参与中英基础设施建设合作等话题交换了意见。

姜建清董事长主持召开董事会会议，审议通过了《关于 2012 年第一季度报告的议案》等 9 项议案，并听取了《关于 2012 年第一季度经营情况的汇报》等 2 项汇报。王丽丽、李晓鹏、梁锦松、钱颖一、许善达、黄钢城、麦肯锡、钟嘉年、环挥武、汪小亚、葛蓉蓉、李军、王小岚、姚中利董事出席。赵林监事长及监事会成员、监管机构代表列席。胡浩董事会秘书参加。

姜建清董事长会见厄瓜多尔战略协调部部长乔治·格拉斯（Jorge Glas）一行，双方就有关议题交换了意见。

赵林监事长主持召开会议，听取安永会计师事务所关于 2012 年第一季度商定程序和 2011 年度管理建议的汇报。王炽曦、董娟、孟焰、张炜、朱立飞监事出席。

赵林监事长主持召开监事会会议，审议通过了《关于 2012 年第一季度报告的议案》，听取了《关于落实 2012 年 3 月 28 日至 29 日监事会会议有关情况的汇报》等 5 项汇报。王炽曦、董娟、孟焰、张炜、朱立飞监事出席。

罗熹副行长参加中美战略对话协调会议。

银监会在北京召开 2011 年度全国小微企业金融服务评优表彰（电视电话）大会，银监会尚福林主席出席并讲话。罗熹副行长代表我行参加并领取了银监会向银行业金融机构颁发的全部 3 个奖项。

易会满副行长应邀出席中国银行业协会中间业务联席会议成立大会暨第一届常务委员会第一次会议并讲话。会上，我行当选为中国银行业协会中间业务联席会议第一届主席单位，易会满副行长出任第一届联席会议主席。

28 日

姜建清董事长会见委内瑞拉人民权利石油和矿业部部长拉斐尔·拉米雷斯（Rafael Ramirez）一行，双方就有关合作项目交换了意见。

中国工商银行 2012 年第 1 期（总第 25 期）创新沙龙在总行举办，主题为“2011 年度总行改革发展重点课题成果发布”。李晓鹏副行长主持本期沙龙并宣布获奖课题名单，王丽丽副行长为特等奖、一等奖获奖单位颁奖，环挥武、汪小亚、王小岚、姚中利董事出席并为二、三等奖获奖单位颁奖。

罗熹副行长出席“国际化人才”项目剑桥大学学员境外研修成果汇报会并讲话。学员代表用英文汇报了题为《金融危机后英国四大银行战略调整分析及对我行的启示》的研修课题成果。

银监会在北京召开纠风工作电视电话会议，银监会主席尚福林、国家发改委副主任连维良、人民银行副行长刘士余出席会议并分别讲话。易会满副行长参加。

28日－29日

赵林监事长赴内蒙古、青岛分行宣布人事任免决定。其间，会见了山东省委常委、青岛市委书记李群和青岛市委常委、市委秘书长王鲁明等地方党政领导，双方就进一步支持地方经济建设，促进我行业务发展等议题交换了意见。

5月

1日－8日

王丽丽副行长赴美国、加拿大。在美国期间，出席了国际掉期与衍生交易协会（ISDA）第27届年会及董事会会议，随后赴纽约分行、工银金融等我行在美机构调研；在加拿大期间，会见了加拿大银监局（OSFI）银行监管部门负责人斯科特·奈特（Scott Knight）、Brookfield资产管理公司首席执行官布鲁斯（ Bruce）、中国驻多伦多总领馆代总领事吴冬梅，并赴加拿大子行调研。

2日

姜建清董事长会见美国进出口银行董事长弗莱德·霍奇博格（Fred P. Hochberg）一行，双方就两行经营情况、租赁业务合作等议题进行了交流。

罗熹副行长主持召开2012年教材编审委员会会议，审议通过了《2011年教材开发工作总结及2012年开发计划的报告》和《2012年重点案例开发工作方案》。

3日

总行在北京举行党委中心组（扩大）学习，中宣部文化体制改革发展办公室副主任高书生作关于《我国文化产业发展的现状和趋势》的报告，党委书记姜建清，党委副书记杨凯生、赵林及党委委员李晓鹏、罗熹、易会满、王希全参加。

4日

姜建清董事长应邀参加第四轮中美战略与经济对话企业家早餐会，并就进一步促进中美经济金融合作发表演讲。

党委书记姜建清同志主持召开第12次党委（扩大）会议，研究有关工作。党委副书记杨凯生、赵林及党委委员李晓鹏、罗熹、刘立宪、易会满、王希全出席。

姜建清董事长、杨凯生行长、赵林监事长，李晓鹏、罗熹副行长，刘立宪纪委书记，易会满副行长出席纪念建团九十周年暨“五四”表彰活动。

杨凯生行长、赵林监事长，李晓鹏、罗熹副行长，刘立宪纪委书记，易会满副行长参观退休员工辛爱英剪纸作品展。

7日

杨凯生行长主持召开第2次行长办公会，研究进一步做好与监管部门工作配合事宜。赵林监事长，李晓鹏、罗熹副行长，刘立宪纪委书记，易会满副行长和魏国雄首席风险官、林晓轩首席信息官出席。

罗熹副行长主持召开第40次专题会议，研究进一步充分利用对公资金监控平台做好存款工作。

以工银任免〔2012〕116号文决定：聘任侯本旗为青岛市分行行长；免去孙建勇青岛市分行行长职务，另有任用。

以工银发〔2012〕49号文印发《关于印发〈中国工商银行并表管理制度〉的通知》。

7日－9日

李晓鹏副行长赴湖北出席全行研究工作会议暨中国城市金融学会理事会议并调研。其间，走访了东风汽车、武汉钢铁、武汉铁路局等重要客户。

7日－11日

王希全党委委员赴安徽分行宣布人事任免决定，随后赴浙江出席全行干部交流工作座谈会并赴浙江分行和宁波分行调研。

8日

杨凯生行长会见萨马兰奇基金会理事长小萨马兰奇一行，双方就基金会的筹建情况、在华开展业务等议题进行了交流。

罗熹副行长主持召开第41次专题会议，研究现金管理产品整合相关工作。林晓轩首席信息官出席。

易会满副行长主持召开2012年第二次技术审查委员会。林晓轩首席信息官出席。

以工银发〔2012〕51号文印发《关于印发〈安全保卫工作考核办法〉的通知》。

8日－9日

刘立宪纪委书记在北京参加全国纪检监察系统反腐倡廉法规制度建设理论研讨会。

9日

姜建清董事长主持召开我行董事会会议，审议通过了《关于2011年度高级管理人员薪酬清算方案的议案》等3项议案。杨凯生、梁锦松、钱颖一、黄钢城、钟嘉年、环挥武、汪小亚、葛蓉蓉、李军、王小岚、姚中利董事出席。赵林监事长及监事会成员、监管机构代表列席。胡浩董事会秘书参加。

罗熹副行长会见标准普尔总裁道格拉斯·彼得森（Douglas Peterson）一行，双方就信用评级、国际经济形势、欧债危机、中国金融市场发展和人民币跨境服务等议题进行了交流。

易会满副行长出席全行境外机构信息系统安全生产运行工作专题视频会议并讲话。林晓轩首席信息官主持。

以工银发〔2012〕52号文印发《关于进一步优化数据中心（上海）职能与内设机构设置的通知》，优化调整数据中心（上海）职能与机构设置，同时撤销原海外数据中心（二级机构）及其内设机构。至9月底，基本完成海外数据中心迁移整合工程。

10日

姜建清董事长、杨凯生行长、罗熹副行长出席我行与中国农业发展银行《全面业务合作协议》签字仪式，并与农发行郑晖行长一行进行了会谈。

王丽丽副行长会见哥伦比亚国家工业协会会长路易斯·卡洛斯·比列加斯（Luis Carlos Viliegas）一行，双方就亚太经合组织（APEC）的运行机制及APEC成员经济体与哥伦比亚经贸合作等议题交换了意见。

刘立宪纪委书记出席全行安全保卫工作会议，并作了题为《与时俱进 改革创新 努力构建集团化安全管理体系 积极打造“最安全银行”》的讲话。

10日－12日

易会满副行长赴海南开展国际旅游岛陵水起步区调研。其间，会见了海南省副省长谭力，走访了海南省国际旅游岛开发建设有限公司，实地考察了陵水起步区项目现场。

11日

杨凯生行长、罗熹副行长主持召开全行员工行为规范教育活动视频动员会并作动员讲话。

赵林监事长主持召开会议，落实北京证监局《关于开展北京辖区上市公司规范运作自查自纠工作的通知》要求，部署我行自查自纠有关工作。

李晓鹏副行长主持召开信贷审查委员会全体审议委员座谈会。魏国雄首席风险官出席。

罗熹副行长出席“全球视野下的中国服务经济”专题讲座，并会见前来授课的原外经贸部副部长张祥一行。

刘立宪纪委书记出席部分分行纪检监察信访举报工作座谈会并讲话。

13日

王丽丽副行长应邀出席中日韩工商峰会。

14日

姜建清董事长会见《银行家》（The Banker）杂志荣誉主编斯蒂芬·泰姆威尔（Stephen Timewell）一行，双方就我行信贷结构调整、新兴业务发展、国际化经营战略、人民币跨境业务发展等议题进行了交流。

姜建清董事长会见卢森堡金融业监督管理委员会主席让·吉尔（Jean Guill）、卢森堡驻华大使柯意赫一行，双方就欧洲经济金融形势及我行在欧业务发展等议题交换了意见。

杨凯生行长主持召开运营改革工作领导小组暨业务流程综合改造与优化工作领导小组会议，审议通过了《关于业务集中处理和流程优化两项改革工作有关情况的汇报》。李晓鹏、易会满副行长出席。

王丽丽副行长会见迪拜金融服务局董事会主席萨博·艾格纳（Saeb Eigner）一行，双方就加强有关业务合作进行了交流。

王丽丽副行长赴外交部参加APEC工作研讨会。

罗熹副行长会见美国花旗集团副主席哈米德·比格拉里（Hamid Biglari）一行，双方就花旗近来经营情况、全球经济发展及有关业务合作进行了交流。

14日－18日

刘立宪纪委书记赴安徽分行调研。其间，听取了安徽分行工作情况汇报，会见了安徽省省长李斌，并深入基层网点考察“职工之家”、“职工书屋”建设，以及案件防范和安全保卫工作。

14日－25日

赵林监事长赴俄罗斯、西班牙、德国。其间，调研了我行当地机构经营管理情况，会见了西班牙央行行长奥德内兹、俄罗斯联邦储蓄银行董事长兼行长格列夫，拜会了我国驻俄罗斯大使李辉、驻圣彼得堡总领事谢小用、驻德国大使吴红波、驻法兰克福总领事温振顺、驻慕尼黑总领事王顺卿，并与华为、中油、一汽、宝钢、中远、五矿等驻当地企业机构负责人进行了会谈。王炽曦、张炜监事陪同。

15日

姜建清董事长主持召开信贷资产质量分析会，研究分析1－4月信贷资产质量。魏国雄首席风险官出席。

姜建清董事长、易会满副行长会见浙江省副省长兼温州市委书记陈德荣一行，双方就进一步加强银政合作交换了意见。

姜建清董事长会见华美银行董事长吴建民一行，双方就美国银行业发展趋势、主要国际银行的商业模式与发展路径、扩大和深化双方业务合作等议题进行了交流。胡浩董事会秘书陪同。

杨凯生行长会见北京市国家税务局局长吴新联一行，双方就税企关系、税企互动、税收征管政策等议题进行了交流。

杨凯生行长会见台湾友达光电股份有限公司董事长李焜耀一行，双方就宏观经济形势、跨国集团全球化管理以及加强双方业务合作等议题进行了交流。

王丽丽副行长会见新加坡驻华大使罗家良一行，双方就我行新加坡分行申请特许全面银行牌照（QFB）、新加坡与中国等其他国家自由贸易协议（FTA）谈判及进展情况、跨境人民币业务发展趋势等议题交换了意见。

李晓鹏副行长出席总行机关离退休人员“金融形势报告会”。

罗熹副行长会见美国苹果公司财务副总裁、全球司库加里·惠芙乐（Gary Wipfler）一行，双方就现金管理、贸易融资等业务合作进行了交流。

易会满副行长主持召开第42次专题会议，研究购买交流员工周转住房事宜。

15日－26日

罗熹副行长赴法国、英国、挪威、瑞典。其间，出席了我行欧洲区现金管理中心开业仪式，会见了巴黎银行首席运营官菲利普·博尔德纳夫（Philippe Bordenave）、法国外贸银行副行长多安·德兰（De Doan Tran）、拉扎德银行合伙人让·皮埃尔·托马斯（Jean－Pierre Thomas）、挪威DBNOR银行副总裁雷夫（Leif Tesksum）、瑞典银行首席风险官哈坎·柏格（Hakan Berg）、德意志银行首席运营官亨利·里乔特（Henry Ritchotte）、英国劳埃德银行副总裁安德鲁（Andrew Geczy）、迪卡侬集团董事会主席伊夫·克劳德（Yves Claude）、道达尔全球司库翁多（Humbert de Wendel）、剑桥大学校长博里塞维奇（Leszek Borysiewicz）、牛津大学副校长迈克尔·斯格勒（Michael Scholar）等欧洲金融、企业和教育界人士，见证了我行与巴黎银行、迪卡侬集团、海尔欧洲公司的签约仪式，在剑桥大学发表了“人民币跨境服务简要分析”的专题英文演讲，并听取了工银欧洲和工银伦敦的工作汇报。

16日

姜建清董事长会见墨西哥财政部长何塞（José Antonio Meade Kuribreña）一行，双方就双边投资与经贸往来等事宜以及进一步加强与墨西哥企业界及金融同业的合作进行了交流。

王丽丽副行长会见洲际酒店集团大中华区首席执行官柏思远（Keith Barr）一行，双方就资产业务合作进行了交流。

李晓鹏副行长在北京参加银监会举行的新兴市场绿色信贷论坛。

李晓鹏副行长出席工银JCB信用卡首发仪式暨新闻发布会，并会见了JCB有限公司总裁兼首席执行官川西孝雄一行，双方就有关业务合作进行了交流。

李晓鹏副行长主持召开第45次专题会议，研究个人金融便携式营销服务终端项目有关工作。林晓轩首席信息官出席。

易会满副行长应邀出席中国工程物理研究院下属中国久远高新技术装备公司挂牌仪式。

张红力副行长出席中国工商银行与中国“走出去”企业业务研讨会并讲话。

17日

姜建清董事长、杨凯生行长，李晓鹏、易会满副行长出席牡丹卡中心成立十周年庆典活动，并为全行信用卡工作先进个人颁奖。林晓轩首席信息官参加。

王丽丽副行长主持召开第44次专题会议，研究摩根大通金融市场交易巨额亏损事件的影响与启示。

李晓鹏副行长主持召开第46次专题会议，研究信用审批有关工作。魏国雄首席风险官出席。

18日

姜建清董事长、王希全党委委员出席提高选人用人满意度工作座谈会并讲话。

李晓鹏副行长出席工银瑞信企业年金论坛。

李晓鹏副行长出席《中国城市金融》创刊25周年座谈会，并作题为《加快期刊创新转型，服务改革发展大局》的讲话。

以工银任免〔2012〕134号文决定：聘任周玮为山西省分行行长；解聘其云南省分行副行长职务。

以工银任免〔2012〕140号文决定：聘任迟维君为大连市分行行长；解聘鞠延强大连市分行行长职务，另有任用。

18日－19日

杨凯生行长赴深圳出席我行与深圳市人民政府《支持文化产业发展战略合作协议》签约仪式，参观第八届中国（深圳）国际文化产业博览会我行展台，并赴华商银行调研。

21日

姜建清董事长主持召开第48次专题会议，听取工银安盛筹备工作汇报，研究部署下一阶段工作。李晓鹏副行长、胡浩董事会秘书出席。

易会满副行长应邀出席万达集团与美国AMC公司院线并购签约仪式。

21日－25日

杨凯生行长赴四川开展扶贫工作调研，在万源、巴中市分别与当地党委、政府召开了定点扶贫工作座谈会并代表我行向革命老区捐款。其间，会见了四川省委副书记、省长蒋巨峰，四川省委常委、成都市委书记黄新初，成都市市长葛红林等地方党政领导，出席了我行与成都市人民政府《共建西部经济核心增长极金融战略合作协议》签约仪式，并考察了我行成都后台服务中心建设情况。

21日－28日

王丽丽副行长赴马来西亚、印度。其间，出席了亚太经合组织工商咨询理事会（ABAC）2012年第二次会议，拜会了中国驻马来西亚大使柴玺先生、中国驻印度大使张炎先生，并分别赴我行马来西亚子行、孟买分行调研。

22日

易会满副行长出席我行与对外经济贸易大学合作举办的第三届“工商银行杯”全国大学生银行产品创意设计大赛启动仪式。

22日－23日

李晓鹏副行长赴河南主持召开授信审批集中管理工作座谈会并讲话。其间，会见了河南省副省长张大卫、郑州市委书记吴天君等地方党政领导，出席了工银租赁与河南分行、河南省人民政府三方战略合作协议签字仪式，走访了河南煤化集团、郑州航空港区和新郑综合保税区等重点企业客户。魏国雄首席风险官陪同。

23 日

姜建清董事长会见汇丰集团行政总裁欧智华（Stuart Gulliver）一行，双方就汇丰集团战略调整、银行国际化发展、两行业务合作等话题进行了交流。

姜建清董事长会见美国博斯咨询公司前首席执行官、合伙人贝纳杰博士一行，双方就当前世界经济形势及中国国有企业改革等议题进行了交流。

姜建清董事长应邀出席第 15 届中国金融论坛并作题为《从银行信息化到信息化银行》的主题演讲。

易会满副行长主持召开第 47 次专题会议，研究风险管理责任制有关工作。

24 日

姜建清董事长会见渣打集团行政总裁冼博德（Peter Sands）一行，双方就银行国际化发展、新兴市场国家经济等议题进行了交流。

25 日

姜建清董事长主持召开董事会会议，审议了聘请会计师事务所有关工作安排的议案。杨凯生、李晓鹏、梁锦松、许善达、黄钢城、麦卡锡、钟嘉年、环挥武、汪小亚、葛蓉蓉、李军、王小岚、姚中利董事出席。赵林监事长及监事会成员、监管机构代表列席。胡浩董事会秘书参加。

刘立宪纪委书记会见了来北京参加全国金融系统表彰大会的我行先进集体和先进个人代表。

易会满副行长应邀出席由《银行家》杂志主办的“2012 中国金融创新奖”颁奖典礼。

以工银党〔2012〕40 号文决定：任命马健同志为私人银行部党委书记，免去其上海市分行党委委员职务。免去张琪同志私人银行部党委书记职务。

以工银任免〔2012〕141 号文决定：聘任鞠延强为吉林省分行行长兼长春金融研修学院院长；解聘梁延国吉林省分行行长、长春金融研修学院院长职务，另有任用。

27 日

李晓鹏副行长出席我行“财富文化之旅”启动仪式。

28 日

姜建清董事长、杨凯生行长、易会满副行长会见卡塔尔首相兼外交大臣哈迈德·本·贾西姆·贾比尔·阿勒萨尼（Sheikh Hamad bin Jassim bin Jabr Al – Thani）率领的代表团一行，并一同见证了我行和卡塔尔控股有限责任公司签署“投资业务合作谅解备忘录”，双方还就“能源换贷款”、QFII、跨境人民币业务等议题交换了意见并达成合作意向。

姜建清董事长会见印度诚信 ADA 集团董事长安尼尔·安巴尼（Ambani）一行，双方就开展有关业务合作进行了交流。

姜建清董事长会见法国巴黎银行集团董事长博杜安·普罗特（Baudoin PROT）一行，双方就全球经济形势、欧洲债务危机、中国经济形势展望和两行合作领域等议题进行了交流。

姜建清董事长、杨凯生行长、易会满副行长出席我行与中国烟草总公司《战略合作备忘录》签约仪式并会见了前来参加签约仪式的该公司总经理姜成康一行。

姜建清董事长会见英国贸易与投资国务大臣史蒂芬·格林勋爵一行，双方就开展合作推动英国政府基础设施建设投资计划交换了意见。

杨凯生行长主持召开风险管理委员会 2012 年第二次会议，审议通过了《2011 年度全行法人押品价值分析报告》等 3 项议案。李晓鹏、罗熹副行长，刘立宪纪委书记、易会满副行长、魏国雄首席风险官出席。

李晓鹏副行长会见国家开发投资公司副总裁兼国投瑞银基金董事长钱蒙一行，双方就进一步加强银基合作进行了交流。

李晓鹏、易会满副行长主持召开第 49 次专题会议，研究与中石油合作框架协议有关问题。

29 日

党委书记姜建清同志主持召开第 13 次党委（扩大）会议，听取《关于消费者权益保护工作有关情况的汇报》等 6 项议案的汇报，并研究有关工作。党委副书记杨凯生、赵林及党委委员王丽丽、李晓鹏、罗熹、易会满、王希全出席。

30 日

王丽丽副行长会见意大利裕信银行集团执行副总裁伯恩哈德·布林克尔（Bernhard Brinker）一行，双方就加强有关业务合作进行了交流。

李晓鹏副行长应邀出席中国和平发展基金会主办的首届“和平发展论坛”并致辞。

易会满副行长出席马来西亚子行董事会会议（视频）。

罗熹副行长主持召开第 50 次专题会议，研究数据仓库建设应用相关工作。

李晓鹏副行长主持召开第 51 次专题会议，研究个人信贷和信用卡不良贷款管理工作。

以工银发〔2012〕56 号文印发《关于印发〈境外机构负责人经营绩效考评办法（2012 版）〉的通知》。

以工银发〔2012〕57 号文印发《关于在工银欧洲组建欧洲区现金管理中心的通知》。

以工银发〔2012〕58 号文印发《关于推进全行法律事务管理体制改革的通知》。

以工银发〔2012〕59 号文印发《关于调整风险管理部内设机构及人员编制的通知》。

30 日 –31 日

易会满副行长在北京参加第三次全国对口支援新疆工作会议。

31 日

姜建清董事长主持召开我行 2011 年度股东年会，审议通过《关于〈中国工商银行股份有限公司 2011 年度董事会工作报告〉的议案》等 9 项议案。杨凯生、王丽丽、梁锦松、许善达、黄钢城、麦卡锡、钟嘉年、环挥武、汪小亚、葛蓉蓉、李军、王小岚、姚中利董事出席。赵林监事长及部分监事会成员、监管机构代表列席。胡浩董事会秘书参加。

罗熹副行长出席我行机构信用代码推广应用工作启动视频会。

罗熹副行长会见台湾大学副校长汤明哲一行，双方就员工培训工作进行了交流。

罗熹副行长会见中诚信托总经理王少华一行，双方就业务开展及风险防范等议题进行了交流。

31 日 -6 月 9 日

姜建清董事长赴冰岛、瑞典、丹麦。其间，应邀参加了在瑞典斯德哥尔摩举行的国际货币会议和丹麦哥本哈根举行的国际金融协会理事会议，就当前欧洲金融危机演变及走向、中国经济发展前景等发表演讲；会见了毕马威会计师事务所董事长安茂德（Michael Andrew）、国际金融协会总裁达拉拉（Charles Dallara）、丹麦银行董事长兼首席执行官科尔汀（Eivind Kolding）、列支敦士登摄政王阿洛伊斯（Alois）及首相克劳斯（Klaus Tschutscher）、欧洲投资银行主席霍冶（Hoyer）、我国驻瑞典大使兰立俊、驻丹麦大使李瑞宇等政府和企业高层。

31 日 -6 月 1 日

杨凯生行长赴香港。在香港期间，通过视频出席了我行 2011 年度股东年会，听取了工银亚洲和工银国际的工作汇报，并到香港培训中心、工银信用卡中心（国际）调研及慰问员工。

李晓鹏副行长赴天津分行调研。其间，出席了第三届中国金融租赁高峰论坛，主持召开了部分分行押品管理工作座谈会，听取了天津分行工作汇报并到基层网点慰问一线员工。

6 月

1 日 -23 日

中组部组织、人民银行承办的第五期现代金融体系建设专题研修班在加拿大举行，刘立宪纪委书记参加。

4 日

王丽丽副行长召集国际互换与衍生工具协会（ISDA）国内部分会员机构代表座谈。

李晓鹏副行长主持召开信用风险委员会 2012 年第四次会议。魏国雄首席风险官出席。

罗熹副行长会见中国人寿保险股份有限公司总裁万峰一行，双方就加强银保业务合作进行了交流。

易会满副行长陪同审计署副审计长石爱中一行到数据中心（北京）参观访问。

5 日

李晓鹏副行长主持召开企业年金管理委员会 2012 年第一次会议。

5 日 -6 日

罗熹副行长赴山西分行调研。其间，会见了山西省委常委、常务副省长李小鹏，听取了山西分行加快转型经营和开展员工行为规范主题教育活动的工作汇报。

5 日 -7 日

赵林监事长赴吉林、大连分行开展重点目标客户信贷需求及信贷结构调整调研。其间，走访了大成生化科技集团有限公司、吉林出版集团有限责任公司、长春知和动漫产业股份有限公司、大连船舶重工集团有限公司等企业，听取了吉林、大连分行经营管理、信贷发展及结构调整情况的汇报。王炽曦监事陪同。

5 日 -8 日

杨凯生行长随同中共中央政治局委员、全国政协副主席王刚赴湖南就“大力发展实体经济、保持经济平稳较快发展”进行调研，并作为中国经济社会理事会常务理事参加了“2012 年中国经济社会论坛”。

李晓鹏副行长赴宁夏分行调研。其间，出席了全行信用卡工作会议，会见了宁夏自治区政府主席王正伟。

6 日

王丽丽副行长主持召开第 52 次专题会议，研究部署信贷资产证券化扩大试点有关工作。

国务院在北京召开第 207 次常务会议，研究商业银行资本管理办法，易会满副行长参加。

老挝央行批复同意万象分行代表其行使人民币清算中心职责，使万象分行成为老挝第一个、也是目前唯一一个老挝国家银行之外的货币清算银行。同时，万象分行也成为中国工商银行首个在海外获得人民币清算行资格的海外机构。

7 日

王丽丽副行长在北京参加人民银行形势分析会议。

王丽丽副行长主持召开第 53 次专题会议，研究人民币存贷款基准利率调整工作。

罗熹副行长主持召开第 54 次专题会议，研究金融资产服务统计相关工作。

易会满副行长会见金融时报社社长汪洋一行，双方就《城市金融报》移交事项交换了意见。

易会满副行长应邀出席中国建筑工程总公司成立 30 周年庆祝大会。其间，会见了中国建筑工程总公司董事长易军、总裁官庆、副总裁曾肇河，双方就进一步加强业务合作等议题交换了意见。

8日

赵林监事长会见甘肃省委书记、省人大常委会主任王三运和甘肃省委常委、组织部长吴德刚等一行，双方就干部挂职交流深入交换了意见。

王丽丽副行长会见巴基斯坦石油与资源部长阿西姆·胡塞因（Dr. Asim Hussain）一行，双方就有关项目合作交换了意见。

李晓鹏副行长会见法国安盛集团副董事长约翰·戴斯（John R. Dacey）一行，双方就工银安盛未来的战略发展方向、产品创新和结构转型等问题进行了交流。

中国工商银行2012年第2期（总第26期）创新沙龙在总行举办，主题为“创新发展保险业务、稳步推进综合经营”。李晓鹏副行长出席并致辞。

10日

王丽丽副行长出席香港商品交易所与江西铜业集团合作备忘录签字仪式。

11日

姜建清董事长会见英国标准人寿集团董事长杰拉尔德·格林斯通（Gerald Grimstone）一行，双方就进一步加强合作进行了交流。

姜建清董事长会见台湾永丰金融控股公司董事长何寿川一行，双方就世界经济金融形势和深化业务合作等话题交换了意见。

李晓鹏副行长出席《献给在职同志的爱》赠书仪式，原行长陈立、原副行长王占祥和原纪检组长肖昌秀应邀出席了仪式。

罗熹副行长应邀出席世界航空运输峰会午餐会并致辞。

以工银任免〔2012〕174号文决定：聘任孙建勇为新疆维吾尔自治区分行行长，解聘吴宁锋新疆维吾尔自治区分行行长职务，另有任用。

12日

中国共产党中国工商银行代表会议在北京召开。来自全行境内外各机构、各岗位的221名会议代表参加了此次会议，会议审议通过了《中国共产党中国工商银行代表会议选举办法》，选举产生了5名中国工商银行出席党的十八大代表。5名代表当选人是（按姓氏笔画为序）：王珍军、许龙、杨凯生、金颖颖（女）、姜建清。党委书记姜建清，党委副书记杨凯生、赵林及党委委员王丽丽、李晓鹏、罗熹、易会满、张红力、王希全出席会议。中组部会同中纪委派出十八大代表推荐选举风气督导组，全程参与了我行党代表会议，并对我行选举风气情况进行了测评。

党委书记姜建清同志主持召开第14次党委（扩大）会议，研究有关工作。党委副书记杨凯生、赵林及党委委员王丽丽、李晓鹏、罗熹、易会满、张红力、王希全出席。

党委书记姜建清同志主持召开第15次党委（扩大）会议，研究有关工作。党委副书记杨凯生、赵林及党委委员王丽丽、李晓鹏、罗熹、易会满、张红力、王希全出席。

姜建清董事长接受中央电视台采访。

13日

党委书记姜建清同志主持召开第16次党委（扩大）会议，分析当前经济形势，研究经营工作。党委副书记杨凯生、赵林及党委委员王丽丽、罗熹、易会满、王希全出席。

姜建清董事长会见新加坡淡马锡集团总裁科尔（Gregory Curl）一行，双方就近期中国央行降息、利率自由化进程、银行信贷需求情况、中小企业经营现状、我行的国际化战略、新资本管理办法带来的影响等话题进行了沟通与交流。胡浩董事会秘书陪同。

姜建清董事长、杨凯生行长、易会满副行长出席我行第八届博士后出站报告评审会并担任评委。胡浩董事会秘书参加。

13日－15日

罗熹副行长赴深圳为结算与现金管理专业高级管理人员研修班作题为“努力构建银行金融资产服务体系”的专题授课。其间，走访了深圳怡亚通供应链公司、深圳华强集团、深圳市腾邦集团、前海人寿保险公司等客户。

14日

姜建清董事长、易会满副行长赴北京分行就新兴信贷市场情况开展工作调研，实地考察了北京汽车集团有限公司、北一数控机床厂和中央电视台。

易会满副行长会见中海油总公司杨华总经理、钟华财务总监一行，双方就国际国内经济形势和下一步合作重点广泛深入交换了意见。

张红力副行长会见澳大利亚汉考克公司执行董事塔德乌什·瓦特罗巴（Tadeusz Watroba）一行，双方就中澳两国矿业领域合作议题进行了交流。

以工银任免〔2012〕176号文决定：解聘张琪中国工商银行股份有限公司私人银行部总经理职务。

以工银任免〔2012〕180号文决定：聘任陈飞为工商银行法兰克福分行总经理（正处级）；刘金不再担任法兰克福分行总经理职务，另有任用。

以工银任免〔2012〕181号文决定：聘任柴卉为工商银行布鲁塞尔分行总经理，陈飞不再担任布鲁塞尔分行总经理职务。聘任刘玮为工商银行马德里分行总经理，解聘其巴黎分行副总经理职务。刘刚不再担任马德里分行总经理职务。

15日

姜建清董事长会见泰国正大集团董事长谢国民等一行，双方就海外及国内农业项目投资、泰国基础设施建设、全球现金管理等领域的合作进行了交流。

王丽丽副行长会见美国King Street投资公司联合创

始人布莱恩·黑根斯（Brian Higgins）一行，双方就中国经济金融发展情况、欧美金融市场和政策动态、双方业务合作等话题进行了交流。

张红力副行长赴总行党校为第二十期领导干部进修班学员作题为《当代国际金融格局变化与中国的对策》的专题讲座。

以工银任免〔2012〕183号文决定：聘任郭伟为票据营业部总经理，解聘其山西省分行副行长职务。解聘应俊惠票据营业部总经理职务，另有任用。

以工银党〔2012〕49号文决定：任命郭伟同志为票据营业部党委书记，免去其山西省分行党委委员职务。免去应俊惠同志票据营业部党委书记职务，另有任用。

16日－25日

李晓鹏副行长赴墨西哥、阿根廷。其间，在墨西哥参加二十国集团工商峰会，在阿根廷调研机构申设等工作。

18日

赵林监事长、王希全党委委员赴总行党校与第二十期领导干部进修班学员座谈。

18日－20日

张红力副行长赴苏州参加私人银行业务客户营销活动。

19日

姜建清董事长会见美国彭博集团总裁兼首席执行官董德融（Daniel Doctoroff）一行，双方就中国经济增长前景、银行业发展趋势以及运用IT技术提升银行风险管理水平等进行了交流。

姜建清董事长、杨凯生行长会见南非标准银行董事长弗瑞德·法斯瓦纳（Fred Phaswana）一行，双方回顾了过去一年两行间的紧密合作，并对加强在IT和公司业务等方面的合作进行了交流。林晓轩首席信息官陪同。

王丽丽副行长会见加拿大蒙特利尔银行金融集团资本市场业务首席执行官汤姆·米尔罗伊（Tom Milroy）一行，双方就两行合作、跨境人民币结算等议题进行了交流。

王丽丽副行长在北京参加银监会《商业银行资本管理办法（试行）》实施工作会。

罗熹副行长应邀出席由中国银行业协会举办的2011年度中国银行业社会责任报告发布暨社会责任工作表彰大会并发表主题演讲。

王希全党委委员赴总行党校为第二十期领导干部进修班学员作了专题讲座，并与学员进行了深入交流。

19日－21日

易会满副行长赴辽宁分行调研。其间，听取了辽宁分行工作情况汇报，并实地考察了中航工业沈阳黎明航空发动机（集团）有限公司、沈阳机床股份有限公司和沈阳鼓风机集团股份有限公司等装备制造业重点客户。

20日

杨凯生行长在北京参加中国银行业协会第十一次会员大会。

罗熹副行长应邀赴清华大学五道口金融学院授课。

20日－21日

姜建清董事长赴江苏分行调研新兴信贷市场情况。其间，先后赴南车集团南京浦镇车辆有限公司、南京雨润集团、三宝科技集团等企业调研，并先后会见了中共江苏省委书记罗志军、省长李学勇、常务副省长李云峰，省委常委、南京市委书记杨卫泽等地方党政主要负责同志。

21日

杨凯生行长会见阿联酋投资局（Emirates Investment Authority，EIA）首席执行官穆巴拉克·阿尔·曼苏里（Mubarak Al Mansouri）一行，双方对开展产业投资和股权投资等方面的合作进行了交流。

王丽丽副行长主持召开市场风险管理委员会2012年第三次会议，听取了《集团市场风险管理及系统延伸情况》的汇报，审议通过了《2012年度境外机构交易账户市场风险限额管理方案》等5项报告和议案。

罗熹副行长会见清华大学钱颖一教授，双方就进一步加强员工教育培训进行了交流。

王希全党委委员会见甘肃省委常委、组织部部长吴德刚一行，双方就干部交流问题交换了意见。

以工银任免〔2012〕211号文决定：续聘左新亚为内部审计局南京分局局长。

22日－28日

张红力副行长赴英国。其间，分别与英国石油和壳牌石油的高管就欧债危机、银行业国际监管和国际油价走势等问题交换了意见。

23日

杨凯生行长应邀出席“第五届跨国公司领袖圆桌会议”并在“中韩跨国公司领袖闭门会议”上作主题发言。

24日－30日

王丽丽副行长赴上海出席ABAC普惠金融研讨会，并赴票据营业部宣布人事任免决定；随后赴香港出席ISDA董事局战略规划会议；赴广西出席我行跨境人民币业务境外代理行营销会议，并到重点信贷客户企业调研。

25日

党委书记姜建清同志主持召开第17次党委（扩大）会议，研究拟提交董事会审议议案，听取关于设立中欧共同基金初步方案和关于阿根廷标准银行董事会构成有关情况的汇报。党委副书记杨凯生、赵林及党委委员李晓鹏、罗熹、刘立宪、易会满、王希全出席。

罗熹副行长会见纽约梅隆副董事长、资产服务部首席执行官蒂姆·柯尼（Tim Keaney）一行，双方就两行经营动态及合作、中国资本市场发展、人民币跨境业务合作、监管改革等话题进行了交流。

以工银任免〔2012〕212文决定：解聘苏文力产品创新管理部总经理职务。

26日

《理财周报》第五届中国上市公司最佳董事会评选颁奖典礼在杭州举行，杨凯生行长蝉联“中国上市公司最具价值总裁”奖项，位列十佳总裁第一名。

李晓鹏副行长会见印度Tata集团CFO兼副总裁伊萨特·侯赛因（Ishaat Hussain）一行，双方就加强业务合作等问题进行了交流。

罗熹副行长主持召开操作风险委员会2012年第二次会议，审议通过了《2012年第一季度操作风险管理报告》等5项报告及议案。魏国雄首席风险官出席。

罗熹副行长拜会银监会副主席蔡鄂生，双方就理财信托业务具体事项交换了意见。

易会满副行长主持召开金融资产服务业务管理基本规定研究会。魏国雄首席风险官出席。

27日

姜建清董事长主持召开董事会会议，审议通过了《关于调整部分董事会专门委员会主席及委员的议案》。杨凯生、王丽丽、李晓鹏、钱颖一、麦卡锡、钟嘉年、柯清辉、环挥武、汪小亚、葛蓉蓉、李军、王小岚、姚中利董事出席。赵林监事长及部分监事会成员、监管机构代表列席。胡浩董事会秘书参加。

姜建清董事长在北京参加人民银行货币政策委员会第二季度例会。

杨凯生行长会见银监会创新部主任段继宁一行，双方就银行创新业务交换了意见。

罗熹副行长会见加拿大艾伯塔省省长艾丽森·莱特福德一行，双方就有关业务合作交换了意见。

易会满副行长赴内蒙古分行调研。其间，听取了内蒙古分行工作情况的汇报，并实地考察了内蒙古鄂尔多斯市康巴什新区。

28日

姜建清董事长主持召开董事会会议，审议通过了《关于向中国工商银行（亚洲）有限公司增资的议案》等八项议案，听取了《关于我行1-5月份贷款增长及信贷资产质量情况的报告》。杨凯生、王丽丽、李晓鹏、钱颖一、麦卡锡、钟嘉年、柯清辉、环挥武、汪小亚、葛蓉蓉、李军、王小岚、姚中利董事出席。赵林监事长及监事会成员、魏国雄首席风险官、监管机构代表列席。胡浩董事会秘书参加。

赵林监事长在北京参加中组部全国创先争优表彰大会。

罗熹副行长主持召开工银加拿大2012年第二次董事会（视频）会议。

罗熹副行长在北京参加外交部咨询委员会年中形势务虚会。

易会满副行长出席全行信息科技高级管理人员培训班开班仪式并授课。林晓轩首席信息官出席。

29日

姜建清董事长会见日本瑞穗金融集团董事会主席、总裁、CEO佐藤康博一行，双方就两行未来具体合作领域交换了意见。

姜建清董事长、杨凯生行长、张红力副行长会见原中央党校常务副校长郑必坚等一行，双方就当前国际国内经济金融形势等议题深入交换了意见。胡浩董事会秘书陪同。

杨凯生行长在北京参加全国政协“关于鼓励支持小额贷款公司发展”协商会。

赵林监事长主持召开监事会会议，听取了《关于我行境外机构资产管理和经营情况的汇报》等四项汇报。王炽曦、董娟、孟焰、张炜、朱立飞监事出席，林晓轩首席信息官参加。

30日

上海分行与宝钢股份合作开发的电子供应链融资系统正式对接成功并投入使用，成功开办全行第一笔电子供应链经销商融资业务。

7月

2日

党委书记姜建清同志主持召开第18次党委（扩大）会议，听取关于《商业银行资本管理办法（试行）》有关情况的汇报。党委副书记杨凯生、赵林及党委委员王丽丽、李晓鹏、罗熹、刘立宪、易会满、张红力、王希全出席。

姜建清董事长参加银监会经济金融形势分析座谈会。

杨凯生行长、易会满副行长主持召开金融资产服务业务管理规定研究会。魏国雄首席风险官、林晓轩首席信息官出席。

3日

姜建清董事长、赵林监事长、刘立宪纪委书记、王希全党委委员出席纪念建党91周年暨创先争优座谈会。

姜建清董事长会见澳大利亚力拓集团首席执行官艾博年（Tom Albanese）一行，双方就全球经济形势、大宗商品市场等议题进行了交流。

姜建清董事长会见台湾永丰金控董事长何寿川一行，双方就加强业务合作等议题进行了交流。

李晓鹏副行长参加人民银行《银行卡条例》制定工作领导小组会议。

刘立宪纪委书记参加中纪委第二季度例会。

3 日 –6 日

罗熹副行长赴河南出席金融机构总部所在地重点分行业务座谈会并进行工作调研。其间，会见了河南省副省长刘满仓等地方党政领导。

4 日

姜建清董事长参加国务院常务会议。

姜建清董事长应邀与法国安盛集团董事长亨利德·卡斯特（Henri de Castries）进行电话会谈，双方就合资保险公司治理等议题进行了交流。

杨凯生行长会见国际奥委会副主席、原国家体育总局副局长于再清一行，双方就工商银行参与我国体育事业发展的有关情况交换了意见。

杨凯生行长会见安永会计师事务所国际金融服务业领导合伙人鲍勃·斯坦（Bob Stein）一行，双方就全球经济形势、欧债危机对世界各国的影响以及如何做好审计服务等议题进行了交流。

总行党校举行第二十期领导干部进修班结业典礼，总行党委副书记、监事长、党校校长赵林出席并讲话。

5 日

姜建清董事长会见西班牙对外银行（BBVA）董事长弗朗西斯科·冈萨雷斯（Francisco Gonzalez）一行，双方就欧债危机的最新进展、西班牙银行业的发展情况以及未来两行的合作等话题进行了交流。

姜建清董事长、易会满副行长出席我行与中国邮政集团公司《战略合作协议》签约仪式，并会见该公司总经理李国华、副总经理刘明光一行。

王丽丽副行长参加外交部召开的中央企业国际形势吹风会。

李晓鹏副行长、王希全党委委员主持召开第 55 次专题会议，研究离退休人员管理工作。

5 日 –6 日

赵林监事长赴陕西出席全行精神文明建设暨企业文化建设经验交流会。其间，会见了陕西省委常委、宣传部长、副省长景俊海等地方党政领导。

6 日

姜建清董事长、杨凯生行长，王丽丽、张红力副行长出席我行与东亚银行（美国）项目交割仪式，并会见东亚银行主席李国宝一行。林晓轩首席信息官、胡浩董事会秘书陪同。

姜建清董事长、张红力副行长出席东亚银行（美国）有限公司第一次股东会议及董事会会议，并会见了全体董事及新任管理层成员。胡浩董事会秘书参加。

杨凯生行长会见美国罗盛咨询全球首席执行官克拉克·墨斐（Clarke Murphy）一行，双方就进一步加强有关业务合作进行了交流。

杨凯生行长会见美国伟凯律师事务所董事长休·维利亚（Hugh Verrier）一行，双方就进一步加强法律业务合作进行了交流。

李晓鹏副行长会见普天信息集团副总经理徐名文一行，双方就进一步加强银企合作等议题进行了交流。

李晓鹏副行长在北京出席一级（直属）分行授信审批主管副行长及总经理培训班座谈会，就当前信贷工作的热点和难点问题与参训学员进行了交流。

刘立宪纪委书记参加国资委召开的全国巡视工作理论研讨会。

9 日

党委书记姜建清同志主持召开第 19 次党委（扩大）会议，研究分行行长工作会议材料，党委副书记杨凯生、赵林及党委委员王丽丽、李晓鹏、罗熹、刘立宪、易会满、张红力、王希全出席。

王丽丽副行长会见柬埔寨国家银行银监局副局长谢塞雷（Chea Serey）一行，双方就有关情况进行了交流。

李晓鹏副行长出席单芯片银行卡新闻发布会。

以工银发〔2012〕72 号文印发《关于提名东亚银行（美国）有限公司董事及管理人员的通知》。

10 日

李晓鹏副行长会见 Visa 国际组织北亚区总经理柯如龙（Chris Clark）一行，双方就全球业务拓展、新产品合作开发及高端人才培训等议题进行了交流。

10 日 –11 日

易会满副行长赴甘肃出席白银有色集团股份有限公司私募股权增资仪式并致辞。其间，参加了甘肃省委书记王三运、省长刘伟平、副省长虞海燕等地方党政领导召开的座谈会，并会见了酒泉钢铁集团董事长冯杰一行。

10 日 –12 日

姜建清董事长赴上海浦东干部学院参加中组部举办的“提升企业家影响力”专题研讨班。

10 日 –13 日

王丽丽副行长参加人民银行和中国银行间市场交易商协会在青海、新疆举办的“金融市场支持当地经济发展座谈会”。

11 日

杨凯生行长会见信达资产管理公司董事长侯建杭、总裁臧景范一行，双方就进一步加强有关业务合作进行了交流。

杨凯生行长会见委内瑞拉石油和能源部长兼国家石油公司总裁拉米雷斯（Ramirez）一行，双方就有关合作项目进展情况和扩大合作领域等议题进行了交流。

罗熹副行长会见兴业证券董事长兰荣一行，双方就银证合作等议题进行了交流。

11 日 –13 日

李晓鹏副行长赴黑龙江出席东北振兴“十二五”规划专题研讨会。其间，会见了省委常委、常务副省长刘国中和大庆市委书记韩学键等地方党政领导，并赴大庆油田、哈尔滨电气集团等企业调研。

13 日

杨凯生行长会见波兰国家银行行长贝尔卡（Belka）一行，双方就我行在波兰开设分行、中波企业交流、欧债危机、欧元区经济政策等议题进行了交流。

赵林监事长应邀为证监会会管单位监事培训班授课。

王丽丽副行长会见西班牙巴塞罗那市长迪利阿斯（Trias）一行，双方就中西经贸往来、我行在巴塞罗那开设分行等议题交换了意见。

王丽丽副行长会见日本三井住友银行常务执行董事、三井住友（中国）董事长大久保克则一行，双方就进一步加强有关业务合作进行了交流。

罗熹副行长赴牡丹卡中心、电子银行中心和国际结算单证中心进行工作调研。

13 日 –14 日

易会满副行长参加中央召开的第七次全国信访工作会议。

16 日

全行分行行长工作会议在北京召开，姜建清董事长、杨凯生行长讲话，赵林监事长主持会议。王丽丽、李晓鹏、罗熹副行长，刘立宪纪委书记，易会满、张红力副行长，王希全党委委员出席。

17 日

刘立宪纪委书记出席部分分行纪委书记沟通会。

易会满副行长参加中央政法委召开的全国维护社会稳定工作电视电话会议。

罗熹副行长主持召开第 56 次专题会议，研究美洲区现金管理中心建设问题。

以工银任免〔2012〕238 号决定：聘任吴宁锋为内蒙古自治区分行行长；解聘郝彬内蒙古自治区分行行长职务，另有任用。

17 日 –18 日

李晓鹏副行长赴上海调研零售业务。林晓轩首席信息官陪同。

17 日 –23 日

赵林监事长参加中组部举办的“金融监管和风险防范”专题研讨班。

17 日 –27 日

王丽丽副行长出访越南。其间，出席了 2012 年境外工作会议和重点“走出去”企业内外联动推介会并作重要讲话；出席了 ABAC 第三次会议；会见了越南湄公河住房发展银行董事长黄南永、越南富美兴公司副总经理张培、越南平仙日用品制作有限公司副董事长、总经理赖谦。

18 日

中组部部长李源潮会见联合国秘书长潘基文，罗熹副行长陪同参加。

罗熹副行长会见中信建投证券公司董事长王常青一行，双方就进一步加强有关业务合作进行了交流。

易会满副行长出席银行业协会召开的中间业务联席会会议。

19 日

易会满副行长参加人民银行举行的“金融 IC 卡宣传月”启动仪式。

19 日 –20 日

工银安盛人寿保险有限公司在上海举行开业仪式。姜建清董事长、杨凯生行长、李晓鹏副行长、安盛集团 Henri De Castries 董事长、中国五矿集团李福利副总裁、上海市政府和监管机构领导、金融工商界人士等近 300 名嘉宾出席了开业庆典并为新公司揭牌。姜建清董事长、安盛集团 Henri De Castries 董事长、中国五矿集团李福利副总裁、上海市政协冯国勤主席在开业庆典上先后致辞。开业庆典上，工银安盛与我行举行了“吉祥如意联名卡”的发卡仪式。庆典期间，姜建清董事长还率队拜会了上海市韩正市长。林晓轩首席信息官、胡浩董事会秘书陪同参加。

20 日

姜建清董事长、李晓鹏副行长出席工银安盛人寿保险有限公司 2012 年第二次股东大会。胡浩董事会秘书陪同。

21 日

以工银发〔2012〕79 号文印发《关于提名工银安盛人寿保险有限公司董事、监事和高级管理人员的通知》。

23 日

中央在北京召开省部级干部研讨班，胡锦涛总书记在开班仪式上作重要讲话。姜建清董事长参加开班仪式。

杨凯生行长会见新加坡金管局金融业发展执行署长梁新松一行，双方就新加坡国际金融中心建设、我行新加坡分行申请特许全面银行牌照以及跨境人民币业务等议题交换了意见。

23 日 –25 日

易会满副行长赴江西出席全行公司业务高级管理人员培训班开班典礼并授课。

24 日

罗熹副行长参加人民银行召开的反洗钱形势通报会。

25 日

罗熹副行长出席我行制度梳理工作动员暨培训会议。魏国雄首席风险官参加。

以工银发〔2012〕82 号文印发《关于印发〈制度管理基本规定〉的通知》。

以工银任免〔2012〕242 号决定：续聘李健飞为内

部审计局直属分局局长。

26 日

党委书记姜建清同志主持召开第 20 次党委（扩大）会议，传达并学习胡锦涛总书记在省部级主要领导干部专题研讨班开班式上的讲话精神。党委副书记杨凯生、赵林及党委委员罗熹、刘立宪、易会满、王希全出席。

姜建清董事长会见美国花旗集团亚太区主席章晟曼一行，双方就进一步加强合作等议题进行了交流。

杨凯生行长参加银监会召开的经济金融形势通报分析会。

罗熹副行长会见欧洲货币总裁尼尔·奥斯本（Neil Osborn）一行，双方就我行跨境人民币业务开展情况、银行国际化和金融资产服务业务等议题交换了意见。

罗熹副行长主持召开第 57 次专题会议，研究信息分析工作有关事项。

以工银任免〔2012〕243 号决定：聘任马健为私人银行部总经理。

以工银任免〔2012〕246 号决定：聘任刘金为投资银行部总经理。解聘莫扶民投资银行部总经理职务。

以工银任免〔2012〕247 号决定：聘任郝彬为管理信息部总经理。解聘刘志刚管理信息部总经理职务。

以工银任免〔2012〕248 号决定：聘任莫扶民为公司投行业务总监，聘期至退休之日止。

27 日

杨凯生行长应邀赴贵州出席生态文明贵阳会议。期间，会见了贵州省委书记兼省长赵克志、省委副书记陈敏尔等地方党政领导。

罗熹副行长、刘立宪纪委书记、王希全党委委员出席员工行为规范教育活动推进视频会。

30 日

杨凯生行长会见德勤会计师事务所全球金融服务行业主管合伙人克里斯·哈维（Chris Harvey）一行，双方就全球银行合规性、银行国际化及综合化发展战略等议题进行了交流。

罗熹副行长参加中国红十字会总会召开的宣传贯彻《国务院关于促进红十字事业发展的意见》汇报会。

30 日 -31 日

李晓鹏副行长赴甘肃出席全行个人金融业务工作会议。

易会满副行长参加北京市委召开的 2012 年上半年经济形势分析会。

31 日

王丽丽副行长、魏国雄首席风险官参加银监会召开的 2012 年 6 月监管会谈。

王丽丽副行长主持召开跨境人民币业务工作领导小组第二次会议，研究全行跨境人民币业务发展的相关问题。

天津分行津通卡实现了在高速公路收费的行业应用，成为全国首家通过闪付功能在高速收费站快速通关的银行。

8 月

1 日

杨凯生行长出席我行与 301 医院银医一卡通签约仪式。

罗熹副行长拜会银监会副主席蔡鄂生，双方就信托资金风险管控议题交换了意见。

罗熹副行长主持召开第 58 次专题会议，研究华为公司全球现金管理相关工作。

2 日

杨凯生行长主持召开第 3 次行长办公会，研究信贷业务 RAROC 实施情况及工作建议。王丽丽、李晓鹏、罗熹副行长，刘立宪纪委书记，易会满副行长，王希全党委委员出席，魏国雄首席风险官、林晓轩首席信息官、胡浩董事会秘书参加。

杨凯生行长主持召开信息科技管理委员会 2012 年第二次会议，听取审议了《关于今年以来信息科技工作情况的汇报》等 4 项议案。易会满副行长、魏国雄首席风险官、林晓轩首席信息官出席。

2 日 -3 日

罗熹副行长赴宁波出席中国银行家（宁波）高峰论坛暨“2012 中国商业银行竞争力评价报告”发布会。其间，会见了宁波市市长刘奇、中国社会科学院副院长李扬。

3 日

刘立宪纪委书记、易会满副行长出席全行维护稳定工作视频会议。

3 日 -6 日

张红力副行长赴黑龙江出席 2012 年度商品融资业务专题座谈会。

6 日

党委书记姜建清同志主持召开第 21 次党委（扩大）会议，听取《关于完善我行金融资产服务业务管理的基本设想及工作建议》的汇报。党委副书记杨凯生、赵林及党委成员王丽丽、李晓鹏、刘立宪、易会满、王希全出席。

李晓鹏副行长主持召开第 59 次专题会议，研究结构性存款工作。

7 日

杨凯生行长主持召开风险管理委员会 2012 年第三次会议，审议了《2012 年中期风险管理报告》等 11 项议案。王丽丽、李晓鹏、易会满副行长，魏国雄首席风险官出席。

李晓鹏副行长主持召开工银租赁第二届董事会第一次会议。

易会满副行长应邀出席神华集团并购国网能源开发有限公司银团贷款合同签约仪式。

张红力副行长会见美国前参议员雷伯恩·亨特·里奇韦（Rayburn Hunter Ridgwayii）率领的美亚学会第87批美国国会议员助手团一行，双方就人民币国际化、反洗钱和反恐融资、金融监管和金融业发展等议题进行了交流。

7日－10日

姜建清董事长赴山西分行调研。其间，会见了山西省委书记袁纯清，省委副书记、省长王君，省委常委、常务副省长李小鹏等地方党政领导；出席了中国工商银行与山西省人民政府《综改区建设金融战略合作协议》签字仪式，并走访了太原重型机械集团有限公司等客户。

7日－9日

刘立宪纪委书记赴青海分行调研。其间，会见了青海省副省长王令浚等地方党政领导。

张红力副行长赴安徽出席贵金属业务产品发布会。

8日

易会满副行长会见美国江森自控集团副总裁兼全球司库法兰克·沃尔托利纳（Frank A. Voltolina）一行，双方就深化全面业务合作进行了交流。

易会满副行长应邀出席中国—马来西亚钦州产业园区介绍会。

李晓鹏副行长、王希全党委委员主持召开第60次专题会议，研究渠道优化建设工作。

9日

杨凯生行长应中国银行业协会邀请，出席"《商业银行资本管理办法》出台背景及重大意义"宣讲会并代表中国银行业作了《关于工行实施〈资本管理办法〉有关情况》的主题演讲。

李晓鹏副行长出席我行与大来信用证国际有限公司信用卡合作签约仪式并会见该公司首席执行官戴安·奥弗瑞恩斯（Diane Offereins）一行。

易会满副行长主持召开工银马来西亚董事会视频会议。

李晓鹏副行长主持召开第61次专题会议，研究POS和个人转账终端设备管理工作、我行与中国银联全球网络合作等事宜。林晓轩首席信息官出席。

以工银发〔2012〕87号文印发《关于张炜 李明天任职的通知》：经中国工商银行股份有限公司工会工作委员会扩大会议选举通过，张炜为中国工商银行股份有限公司职工代表监事；李明天为中国工商银行股份有限公司职工代表监事。

9日－10日

杨凯生行长赴湖北出席我行与武汉钢铁集团公司、东风汽车公司《全面战略合作协议》签约仪式。其间，会见了湖北省委书记李鸿忠、省长王国生等地方党政领导。

9日－12日

张红力副行长赴江西出席分行私人银行中心成立仪式。

14日

王丽丽副行长会见日本东洋证券董事细井靖一行，双方就中国经济金融发展情况、金融市场焦点与政策动态等议题进行了交流。

15日

王丽丽副行长会见美国花旗集团环球金融机构全球联席主管彼得·巴贝约（Peter Babej）一行，双方就新型资本工具及境外发行融资工具等议题进行了交流。

16日

姜建清董事长、赵林监事长、王希全党委委员会见中央国家机关工委常务副书记汪永清一行，并介绍了我行党建工作开展情况。

王丽丽副行长会见美国耶鲁大学陈志武教授一行，双方就当前世界经济金融形势进行了交流。

16日－17日

李晓鹏副行长赴河南出席总行2012年第3期（总第27期）创新沙龙。

17日

李晓鹏副行长听取安永会计师事务所关于2012年中期审阅结果的汇报。

20日

姜建清董事长会见美国高盛集团副董事长、亚洲区董事长马克·施瓦茨（Mark Shwartz）一行，双方就全球经济发展状况及双方业务合作等议题进行了交流。

罗熹副行长出席2012年第一期国际化人才培训项目开班典礼。

20日－21日

王希全党委委员赴辽宁出席由人力资源和社会保障部举办的第四届"社会保险杯"乒乓球赛开幕式。其间，会见了人力资源和社会保障部副部长胡晓义及辽宁省常务副省长许卫国、沈阳市常务副市长顾春明等地方党政领导。

21日

姜建清董事长会见香港交易所总裁李小加一行，双方就进一步加强业务合作进行了交流。

易会满副行长会见新加坡金鹰集团董事局主席陈江和一行，双方就国际国内经济金融形势及加强有关业务合作进行了交流。

21日－30日

罗熹副行长出访日本和澳大利亚。在日本期间，出席了工商银行现金管理客户招待会；走访了东京交易所社长斋藤、日本生命保险公司副社长古市健、瑞穗实业银行常务林信秀、伊藤忠商事株式会社首席财务官関忠行等客户；拜会了中国驻日本大使程永华。在澳大利亚期间，出席了工商银行现金管理客户招待会；会见了澳大利亚财政部次长伯尼·里波尔（Bernie Ripoll）、麦格理基金集团总裁萨马拉（Shemara）、麦格理证券集团总裁斯蒂文（Stevan）和澳洲联邦银行副行长西蒙·布莱尔（Simon Blair）；拜会了中国驻悉尼总领事段洁龙。

22 日

总行召开 MOVA 建设总结表彰会。姜建清董事长出席会议并讲话，杨凯生行长宣读了《关于表彰 MOVA 体系建设先进集体和先进个人的通报》，赵林监事长发布了全行首份管理会计报告，王丽丽、易会满副行长，王希全党委委员出席会议。

23 日

李晓鹏副行长出席全行押品管理工作视频会议并作题为《提高认识 狠抓落实 推动全行押品工作再上新台阶》的讲话。

易会满副行长主持召开技术审查委员会。林晓轩首席信息官出席。

易会满副行长出席我行与中国铁路物资股份有限公司《全面战略合作协议》签约仪式并会见该公司董事长宋玉芳、总裁李文科一行。

24 日

党委书记姜建清同志主持召开第 22 次党委（扩大）会议，审议了《关于金融市场业务上海备份中心建设有关情况的汇报》等 6 项议案。党委副书记杨凯生、赵林及党委委员王丽丽、李晓鹏、易会满、张红力、王希全出席。

党委书记姜建清同志主持召开第 23 次党委（扩大）会议，研究有关工作。党委副书记杨凯生、赵林及党委委员王丽丽、李晓鹏、罗熹、易会满、张红力、王希全出席会议。

27 日

党委书记姜建清同志主持召开第 24 次党委（扩大）会议，审议了拟提交董事会的议案并听取了《关于离退休人员工作情况的汇报》等 3 项工作汇报。党委副书记杨凯生、赵林及党委委员王丽丽、李晓鹏、易会满、张红力、王希全出席。

赵林监事长听取安永会计师事务所关于半年度审计情况的汇报。王炽曦、张炜、朱立飞、李明天监事参加。

28 日

姜建清董事长、杨凯生行长、易会满副行长出席我行与人民日报社《全面战略合作协议》签约仪式，并会见人民日报社张研农社长、何崇元副社长一行。

王丽丽副行长参加人民银行召开的 Shibor 工作会议。

李晓鹏副行长赴四川出席信用卡电话服务中心（成都）乔迁运行开通仪式。

29 日

姜建清董事长主持召开董事会会议，审议通过了《关于聘任王希全为中国工商银行股份有限公司副行长》和《关于调整部分董事会专门委员会主席及委员的议案》2 项议案。董事会成员杨凯生、王丽丽、李晓鹏、梁锦松、钱颖一、黄钢城、钟嘉年、环挥武、汪小亚、葛蓉蓉、李军、王小岚、姚中利出席。赵林监事长及部分监事会成员列席，胡浩董事会秘书参加。

李晓鹏副行长主持召开第 62 次专题会议，研究客户积分管理工作。

王丽丽副行长主持召开第 63 次专题会议，研究新加坡人民币清算行资格申请工作。

30 日

姜建清董事长主持召开董事会会议，审议通过了《关于 2012 年半年度报告及摘要的议案》等 10 项议案，并听取了《关于中国工商银行股份有限公司 2012 年中期风险管理情况的汇报》等 3 项汇报。董事会成员杨凯生、王丽丽、李晓鹏、梁锦松、钱颖一、黄钢城、钟嘉年、环挥武、汪小亚、葛蓉蓉、李军、王小岚和姚中利出席。赵林监事长及部分监事会成员、魏国雄首席风险官、监管机构代表列席。胡浩董事会秘书参加。

姜建清董事长、杨凯生行长出席我行 2012 年中期业绩发布会。魏国雄首席风险官、胡浩董事会秘书陪同。

赵林监事长主持召开监事会会议，审议通过了《2012 年半年度报告及摘要》和《聘请 2013 年度会计师事务所》2 项议案，并听取了《2012 年上半年经营情况》等 5 项汇报。王炽曦、董娟、孟焰、张炜、朱立飞、李明天监事出席。

李晓鹏副行长代表工银租赁与空中客车公司总裁兼首席执行官法布里斯·布利叶（Fabrice Bregier）签署增购 50 架 A320 系列飞机协议，国务院总理温家宝和德国总理默克尔见证了签约仪式。

31 日

姜建清董事长、易会满副行长会见中国核工业集团总经理钱智民、副总经理孙又奇一行，双方就核电项目、核燃料产业、海外项目及民用核技术等方面的金融业务合作进行了深入交流。

杨凯生行长会见美国高盛集团副董事长、亚洲区董事长马克·施瓦茨（Mark Shwartz）一行，双方就加强有关业务合作进行了交流。

杨凯生行长应邀出席中国银行间市场交易商协会庆祝成立五周年座谈会。

李晓鹏副行长、王希全党委委员出席全行离退休人员工作会议并讲话。

9 月

1 日 -11 月 2 日

李晓鹏副行长参加中组部在中央党校举办的第 52 期省部级干部进修班。

3 日

姜建清董事长会见台湾中国信托金融控股有限公司大陆总执行长罗联福一行，双方就两岸金融开放及合作等议题进行了交流。

罗熹副行长会见中国再保险集团副总裁寇日明一行，双方就加强全面业务合作进行了交流。

罗熹副行长会见中国进出口银行副行长孙平一行，双方就跨境人民币业务、资金清算结算、信贷资金托管等议题交换了意见，并签署了《合作框架协议》。

以工银发〔2012〕90 号文印发《关于调整资产托管部内设机构及人员编制的通知》。

3 日 -6 日

刘立宪纪委书记赴山东出席全行 2012 年案件形势分析会并调研。

3 日 -13 日

王丽丽副行长出访俄罗斯。其间，出席了 2012 年 ABAC 第四次会议和 APEC 工商峰会；会见了俄罗斯 En + 集团董事长兼俄罗斯铝业公司总裁杰里帕斯卡（Oleg Deripaska）、加拿大贸易部长埃德（Ed Fast）、哥伦比亚国家商业协会会长路易斯·卡洛斯（Luis Carlos Viliegas）。

4 日

张红力副行长拜会中国中煤能源集团公司王安总经理、彭毅副总经理，双方就重大项目合作、煤炭资源重组、国际业务合作等进行了交流。

易会满副行长主持召开第 64 次专题会议，研究资产支持票据和私募债承销业务。

罗熹副行长主持召开第 65 次专题会议，研究新资本协议填报有关工作。

以工银党〔2012〕5 号决定：成立工银安盛人寿保险有限公司党委。任命孙持平同志为工银安盛人寿保险有限公司党委书记；任命郭超、史小凤、张文武、郭晋鲁同志为工银安盛人寿保险有限公司党委委员。

5 日

以工银发〔2012〕91 号文印发《关于明确集团并表管理工作相关部门职责分工的通知》。

5 日 -7 日

罗熹副行长赴青岛出席银行同业合作研讨会并进行工作调研。其间，听取了青岛分行工作汇报；会见了海尔集团董事局副主席武克松、利群集团董事局主席徐恭藻。

易会满副行长赴大连出席部分分行运行管理工作推动讨论会。

6 日

姜建清董事长应邀出席新加坡总理李显龙访华午餐会，双方就当前国际经济金融形势等话题进行了广泛交流。

姜建清董事长赴银行卡业务部进行工作调研。林晓轩首席信息官陪同。

杨凯生行长参加中国经济社会理事会会议。

6 日 -7 日

赵林监事长赴天津分行调研。其间，听取了天津分行工作汇报；召开了企业文化建设座谈会。王炽曦监事陪同。

7 日

党委书记姜建清主持召开第 25 次党委（扩大）会议，听取《全行信贷资产质量情况》的汇报，并研究有关工作，党委副书记杨凯生、赵林及党委委员李晓鹏、罗熹、刘立宪、易会满、王希全出席。

李晓鹏副行长会见德勤会计师事务所中国首席执行官卢伯卿一行，双方就有关合作事项进行了交流。

10 日

赵林监事长主持召开第三届“感动工行”员工（集体）评选活动评委会议。

易会满副行长主持召开第 66 次专题会议，研究公司有贷户存款工作。

罗熹副行长主持召开第 67 次专题会议，研究 2012 年银保业务相关工作。

10 日 -11 日

姜建清董事长、张红力副行长赴宁夏出席第三届中国—阿拉伯国家经贸论坛并进行工作调研。其间，会见了自治区党委书记张毅，自治区政府主席王正伟、副主席齐同生等地方党政领导；出席了自治区人民政府向中国工商银行颁发“中阿经贸论坛金融服务顾问聘书”仪式；并听取了宁夏分行工作汇报。

10 日 -13 日

罗熹副行长赴杭州金融学院出席 2012 年教师节座谈会并进行工作调研。其间，会见了浙江物产集团董事长胡江潮、杭州杭氧公司董事长蒋明。

10 日 -21 日

杨凯生行长出访坦桑尼亚、摩洛哥、俄罗斯。在坦桑尼亚期间，会见了坦桑尼亚总统基奎特、中央银行行长恩杜鲁、财政部部长穆库罗、能源和矿业部常秘艾米蒂；拜会了中国驻坦桑尼亚大使吕友清；出席了我行与坦中国际资源有限公司、坦桑尼亚标准银行的战略合作协议签约仪式。在摩洛哥期间，会见了摩洛哥财政部部长尼扎尔·巴拉卡（Nizar Baraka）、中央银行副行长阿卜杜拉-拉蒂夫·法齐（Abdellatif Faouzi）、摩洛哥商业银行董事长默罕默德·埃尔（Mohamed EL Kettani）；拜会了中国驻摩洛哥大使许镜湖。在俄罗斯期间，会见了俄罗斯商业银行董事长赫尔曼·格列夫（Herman Gref）；拜会了中国驻俄罗斯大使李辉。

刘立宪纪委书记出访西班牙、葡萄牙、德国。在西班牙期间，会见了西班牙加泰罗尼亚大区主席阿图尔·马斯（Sr. Artur Mas）、西班牙电信首席财务官维拉（Angel Vila）；拜会了中国驻西班牙大使馆临时代办赵宏声。在葡萄牙期间，会见了葡萄牙电力首席执行官安东尼奥·梅西亚（Antonio Mexia）、高浦能源首席财务官菲利佩·西瓦尔（Filipe Silva）；拜会了中国驻葡萄牙大使张备三。在德国期间，听取了慕尼黑分行和法兰克福分行工作情况汇报；拜会了中国驻法兰克福总领事温振顺。

11 日

姜建清董事长主持召开第 2 次行务会，宣布干部任命。根据党中央、国务院的决定，经我行董事会履行相关聘任程序，并报中国银行业监督管理委员会核准，王希全同志任中国工商银行副行长。易会满、王希全副行长出席。

姜建清董事长接见华融资产管理公司总裁赖小民及党委班子成员一行，听取了华融资产管理公司关于改革发展有关情况的汇报。

以工银发〔2012〕92 号文印发《王希全任职》。

以工银发〔2012〕93 号文印发《关于洪永淼独立董事任职与钱颖一独立董事离任的通知》。

11 日 –14 日

赵林监事长赴黑龙江分行调研。其间，听取了黑龙江分行工作汇报。王炽曦监事陪同。

12 日 –21 日

易会满副行长出访波兰、匈牙利、荷兰。在波兰期间，会见了波兰金融监管局副主席沃依切赫·科瓦西亚克。在匈牙利期间，拜会了中国驻匈牙利大使馆政务参赞陈小君。在荷兰期间，出席了我行与阿姆斯特丹市政府共同主办的“2012 年中荷企业商务峰会”；会见了荷兰副首相兼经济、农业与创新大臣费尔哈亨、阿姆斯特丹市长范德兰、北荷兰省副省长扬范润、荷兰外商投资局局长浦乐施、阿姆斯特丹证交所首席执行官西斯·弗马斯（Cees Vermaas）、荷兰任仕达集团副总裁兼首席财务官范·德·克拉特（Van de Kraats）、中国格力电器董事长董明珠；拜会了中国驻荷兰使馆临时代办张晋雄。

13 日

姜建清董事长会见美国 IBM 公司全球总裁罗睿兰（Ginni Rometty）一行，双方就 IT 和全球现金管理等方面的业务合作进行了交流。林晓轩首席信息官陪同。

13 日 –14 日

张红力副行长赴山西出席我行“五台大智”系列贵金属产品发布仪式。

14 日

罗熹副行长主持召开总行操作风险管理委员会 2012 年第三次会议，会议通过了《2012 年上半年操作风险管理报告》等 6 项议案。魏国雄首席风险官出席。

15 日 –16 日

李晓鹏副行长出席 2012 年中央国家机关“公仆杯”网球团体赛开幕式并带队取得第五名，创我行历史最好成绩。

17 日 –19 日

姜建清董事长赴重庆分行调研。其间，听取了重庆分行的工作汇报；主持召开了重庆地区部分重点企业座谈会；到重庆市渝中支行调研并慰问基层员工；并拜会了中共中央政治局委员、国务院副总理、重庆市委书记张德江、重庆市人民政府市长黄奇帆等地方党政领导。魏国雄首席风险官陪同。

18 日

总行党校举行第七期领导干部研究班开学典礼。总行党委副书记、监事长、党校校长赵林出席并讲话。

罗熹副行长应邀出席南非标准银行在北京举办的“推动中国业务发展”研讨会。

张红力副行长拜会国家核电技术公司董事长王炳华、总会计师王益华，双方就银企全面合作和重点海外项目进行了交流。

张红力副行长拜会中国华能集团公司总经理曹培玺、总会计师郭珺明，双方就当前经济金融形势、能源发展和加强双方业务合作等进行了交流。

18 日 –19 日

王丽丽副行长赴江苏出席 2012 年海峡两岸企业家紫金山峰会。

19 日 –21 日

赵林监事长赴山东分行调研。其间，听取了山东分行经营管理和宣传思想文化、员工教育培训等工作汇报，召开了基层机构负责人座谈会，并到分行营业部、临沂分行、泰安肥城支行慰问基层员工。王炽曦监事陪同。

20 日

姜建清董事长会见台湾永丰金融控股股份有限公司董事长何寿川一行，双方就两行业务合作进行了交流。

罗熹副行长赴总行党校为第七期领导干部研究班和 2012 年“国际化人才”培训项目学员作了题为《关于人民币国际化的问题》的专题讲座。

以工银任免〔2012〕296 号决定：续聘郑之光为贵金属业务部总经理（省行行长级），聘期至 2013 年 1 月止。

21 日

姜建清董事长主持召开董事会会议，审议通过了《关于新加坡分行申请特许全面银行牌照相关事项的议案》。杨凯生、王丽丽、李晓鹏、许善达、黄钢城、麦肯锡、钟嘉年、柯清辉、洪永淼、环挥武、汪小亚、葛蓉蓉、李军、王小岚、姚中利董事出席。魏国雄首席风险官及监事会成员、监管机构代表列席。胡浩董事会秘书参加。

姜建清董事长、王丽丽副行长会见土耳其 GSD 控股集团主席特格·耶尔马兹（Turgut Yilmaz）一行，双方就有关业务合作进行了交流。胡浩董事会秘书陪同。

24 日 -28 日

罗熹副行长赴江西出席全行网讯工作座谈会并调研。其间，听取了江西分行工作汇报；到分行营业部北京西路支行调研并亲切慰问基层员工。

25 日

赵林监事长主持召开监事会会议，听取了《关于我行资产负债管理有关情况的汇报》和《关于我行金融市场业务有关情况的汇报》两项汇报。王炽曦、董娟、孟焰、张炜、朱立飞、李明天监事出席。

易会满副行长会见美国通用汽车公司全球司库吉姆·戴维林（Jim Davlin）一行，双方就加强全球业务合作进行了交流。

以工银任免〔2012〕308 号决定：聘任郑纯毅为工商银行多哈分行总经理，孔祥军不再担任多哈分行总经理职务。

25 日 -26 日

杨凯生行长赴山西参加银监会 2012 年中国工商银行监管联动会议。其间，拜会了山西省省长王君、常务副省长李小鹏。魏国雄首席风险官陪同。

26 日

王丽丽副行长会见英国汇丰集团环球银行业务副主席伟凯文（Kevan Watts）一行，双方就资本市场业务合作、海外资产并购、离岸人民币业务合作等进行了交流。

易会满副行长会见德国德意志银行总部董事总经理、环球交易银行副行长约翰·布尔（John Ball）一行，双方就当前全球经济金融形势、业务合作及集约化支付运营体系建设等进行了交流。

以工银发〔2012〕94 号文印发《关于在工银加拿大组建美洲区现金管理中心的通知》。

27 日

姜建清董事长、杨凯生行长、赵林监事长会见中央巡视组组长李传卿、副组长宁延令及调研组一行。

杨凯生行长会见南非标准银行集团副首席执行官兼首席运营官彼得·沃顿（Peter Wharton - Hood）、集团副首席执行官兼南非标准银行首席执行官查巴拉拉（Sim Tshabalala）一行，并出席我行与标准银行举行 IT 战略合作协议签约仪式。林晓轩首席信息官陪同。

印尼央行与我行达成首笔面值 2 亿元人民币的债券投资交易，这是印尼央行首次选定中资银行作为交易对手并进行人民币债券投资。

28 日

杨凯生行长主持召开业务与产品创新管理委员会 2012 年第二次会议，会议听取了《2012 年上半年业务与产品创新工作情况》等 3 项汇报；审议通过了《业务与产品创新管理委员会委员调整方案》等 3 项议案。易会满副行长出席。

29 日

杨凯生行长应邀参加在人民大会堂举办的国庆招待会。

10 月

5 日

新加坡金管局向新加坡分行颁发了特许全面银行（Qualifying Full Bank）业务牌照。特许全面银行是新加坡金融监管部门颁发给外国银行最高的银行牌照，这也是新加坡首次向中资银行发放特许全面银行牌照。

9 日

姜建清董事长拜会保监会主席项俊波，双方就工银安盛未来转型与发展交换了意见。胡浩董事会秘书陪同。

姜建清董事长、张红力副行长会见墨西哥驻华大使豪尔赫·瓜哈尔多（Jorge Guajardo）一行，双方就中墨金融业发展情况、我行国际化战略等议题进行了交流。

姜建清董事长会见智利银行董事长帕勃罗·格兰尼（Pablo Granifo）一行，双方就进一步加强有关业务合作进行了交流。

张红力副行长会见摩根大通全球金融机构部主席亚历克斯·林奇（Alex Lynch）一行，双方就我行在美国的机构发展等议题进行了交流。

10 日

姜建清董事长会见法国 BPCE 集团主席、法国外贸银行董事长弗朗索瓦·佩罗（Francois Perol）一行，双方就欧洲银行业发展态势、我行海外发展战略以及两行未来合作等议题进行了交流。

王丽丽副行长会见荷兰安智银行管理委员会委员、全球金融机构客户总裁马尔科姆·布朗（Malcolm Brown）一行，双方就国际业务、金融市场、战略投资等议题进行了交流。

易会满副行长主持召开第 69 次专题会议，研究平潭综合实验区金融服务支持政策。

易会满副行长主持召开第 70 次专题会议，研究进一步加强区域特色业务平台管理问题。

罗熹副行长主持召开第 71 次专题会议，研究法人客户分类统计标准问题。

11 日

姜建清董事长主持召开会议，研究与南标成立全球市场业务合资公司有关事宜。王丽丽、张红力副行长出席。胡浩董事会秘书参加。

罗熹副行长出席中国银行业协会养老金业务专业委员会第一届第三次全体成员会议。

罗熹副行长会见浙江物产董事长胡江潮一行，双方就进一步加强有关业务合作进行了交流。

罗熹副行长会见易方达基金董事长叶俊英一行，双方就进一步加强有关业务合作进行了交流。

刘立宪纪委书记主持召开会议，听取总行巡视组有关工作情况的汇报。

易会满副行长出席产品创新日暨创新产品体验月活动并致辞。

以工银任免〔2012〕321 号决定：聘任宋士卿为内部审计局武汉分局局长，解聘其湖北省分行副行长职务。解聘李久新内部审计局武汉分局局长职务。

以工银任免〔2012〕324 号决定：聘任郁炯彦为内部审计局昆明分局局长，解聘其浙江省分行副行长职务。解聘杨高林内部审计局昆明分局局长职务。

以工银任免〔2012〕327 号决定：聘任薛鸿健为产品创新管理部总经理。

12 日

姜建清董事长应邀出席华融股份有限公司成立大会并致辞。

姜建清董事长会见南非标准银行首席执行官杰克·马瑞（Jacko Maree）一行，双方就南标集团战略转型和深化两行合作等议题进行了交流。胡浩董事会秘书陪同。

杨凯生行长参加银监会召开的经济金融形势通报分析座谈会。

杨凯生行长参加全国政协召开的民营企业经济形势座谈会。

易会满副行长主持召开 2012 年第四次技术审查委员会。会议审阅了《总行技术审查委员会办公室工作情况汇报》，审议通过了《风险管理系统架构优化研究报告》和《用户界面设计规范（经营管理类系统）研究报告》2 项议题。林晓轩首席信息官出席。

以工银任免〔2012〕322 号决定：聘任李久新为内部审计局沈阳分局局长；解聘李安山内部审计局沈阳分局局长职务。

13 日 – 25 日

罗熹副行长出访美国和加拿大。在美国期间，出席了美国财资管理专业人士协会（AFP）2012 年年会，会见了花旗集团交易服务首席执行官弗朗西斯科·阿奇拉非（Francesco Archirafi）、Vanguard 资产管理公司常务董事詹姆斯·M. 诺里斯（James M. Norris）、Wellington 资产管理公司高级副总裁迈克尔·J. 布迪斯（Micheal J. Boudens），拜会了中国驻纽约总领事孙国祥；在加拿大期间，出席了美洲区现金管理中心开业仪式，主持召开了工银加拿大 2012 年第三次董事会，拜会了加拿大金融机构监管办公室（OSFI）执行董事斯科特·奈特（Scott Knight）、中国驻多伦多总领事房利，看望了“国际化人才”多伦多培训项目学员。

14 日 – 28 日

王希全副行长参加中组部和人民银行举办的“国际金融与对外投资”专题研讨班。

15 日

党委书记姜建清主持召开第 26 次党委（扩大）会议，审议了《关于工银国际三年发展情况及下一步发展建议报告》等 3 项议案。党委副书记杨凯生及党委委员王丽丽、刘立宪、易会满、张红力出席。

赵林监事长参加中央召开的全国创先争优活动总结交流会议。

16 日

姜建清董事长会见摩根斯坦利集团董事长兼首席执行官詹姆斯·戈尔曼（James Gorman）一行，双方就国际金融监管改革、银行业发展趋势及未来合作等议题进行了交流。

杨凯生行长、赵林监事长，张红力、王希全副行长主持贵金属业务部总经理、宁波分行行长竞聘选拔面试。

杨凯生行长、张红力副行长出席贵金属业务工作会议。

王丽丽副行长参加银监会商业银行资本管理办法实施情况座谈会。

易会满副行长出席国务院发展和改革委员会、国家能源局、中国石油天然气集团公司举办的西气东输三线工程开工仪式。

易会满副行长参加人民银行召开的银行卡、移动支付业务座谈会。

17 日

党委书记姜建清同志主持召开第 27 次党委（扩大）会议，审议了《关于收购南非标准银行伦敦商品交易子公司有关情况的汇报》等 3 项议案。党委副书记杨凯生、赵林及党委委员王丽丽、刘立宪、易会满、王希全出席。

姜建清董事长会见台湾中华开发银行副董事长陈鑫一行，双方就进一步加强有关业务合作进行了交流。

杨凯生行长会见巴基斯坦中央银行行长亚辛·安瓦尔（Yaseen Anwar）一行。双方就世界经济发展、中巴合作、我行在巴机构发展等议题交换了意见。

17 日 – 27 日

张红力副行长出访阿联酋和南非。在阿联酋期间，听取了中东机构工作汇报，拜会了我国驻阿联酋大使黄杰民及阿联酋监管机构有关负责人；在南非期间，参加了标准银行集团2012年战略研讨会议，考察了标准银行网点经营情况。

18日

赵林监事长赴总行党校为第七期领导干部研究班及宣传部长培训班学员授课。

19日

杨凯生行长参加银监会召开的经济金融形势通报分析会议。

易会满副行长参加人民银行与北京市政府召开的北京市保障房融资座谈会。

22日

姜建清董事长会见黑石集团董事长史蒂夫·施瓦茨曼（Stephen Schwarzman）一行，双方就美欧政治经济形势、资本市场与公司估值等议题进行了交流。

王丽丽副行长接受《财资》专访，就我行国际化发展战略、利率市场化改革等问题接受了访谈。

易会满副行长会见加拿大麦格纳集团副总裁兼全球司库保罗·布洛克（Paul Brock）一行，双方就加强全球业务合作等议题进行了交流。

22日-11月1日

赵林监事长出访加拿大和美国。在加拿大期间，拜会了我国驻温哥华总领事刘菲，听取了工银加拿大工作汇报。在美国期间，听取了纽约分行、工银金融和美国子行工作汇报，拜会了中国黄金、武钢集团、南方航空等十多家当地中资企业客户，赴工银金融清算交易厅和美国子行营业网点看望了员工。王炽曦、张炜监事陪同。

23日

姜建清董事长会见法国安盛集团董事长亨利·德·卡斯特（Henri de Castries）一行，双方就进一步加强有关业务合作进行了交流。

姜建清董事长会见淡马锡集团主席和晶一行，双方就当前宏观经济运行情况及未来发展趋势进行了交流。

王丽丽副行长会见美国PEAK 6 Advisors投资基金公司总裁乔·斯考比（Joe Scoby）一行，双方就国际另类投资、产品研发、市场拓展等议题进行了交流。

易会满副行长出席工银运通百夫长黑金卡发布会。

以工银发〔2012〕99号印发《印发〈境内分行经营绩效和业务发展考评法律事务专项考评办法（2012年版）〉的通知》。

24日

杨凯生行长听取安永会计师事务所关于我行2012年第三季度报告的汇报。

杨凯生行长会见俄罗斯储蓄银行副董事长安德列·顿斯基（Andrey Donskikh）一行，双方签署了两行合作框架补充协议。

王丽丽副行长会见尼日利亚央行储备局长拉米多（Lamido Yuguda）一行，双方就人民币国际化趋势、跨境人民币业务等议题进行了交流。

25日

姜建清董事长接受《光明日报》和《中国组织人事报》记者专访，就我行十六大以来开展干部教育培训工作有关情况、我行国际化战略等议题接受了访谈。

杨凯生行长会见中信建设董事长洪波一行，双方就进一步加强有关业务合作进行了交流。

王丽丽副行长会见澳大利亚Corrs Chambers Westgarth律师事务所合伙人、首席执行官，APEC工商咨询理事会代表约翰·丹顿（John Denton）一行，双方就进一步加强有关业务合作进行了交流。

26日

杨凯生行长、易会满副行长主持召开金融资产服务业务管理工作会议。魏国雄首席风险官出席。

杨凯生行长应邀出席招商局成立140周年庆祝大会。

王丽丽副行长会见加拿大丰业银行执行副总裁兼全球交易银行业务主管艾伯塔·乔凡娜·赛菲斯（Alberta Giovanna Cefis）一行，双方就人民币业务、金融市场、贵金属业务等议题进行了交流。

28日-31日

姜建清董事长出访台湾。在台湾期间，会见了国民党荣誉主席连战、中华文化总会会长刘兆玄、海基会董事长林中森、原宏碁电脑集团创始人施振荣等台湾各界知名人士，与国民党荣誉主席连战、永丰金控董事长何寿川共同主持了“汇通天下—从钱庄到现代银行”展览开箱仪式，与永丰金控董事长何寿川共同主持了两岸金融合作论坛，并就加强两行在人民币业务方面的合作进行了交流。胡浩董事会秘书陪同。

29日

罗熹副行长会见东亚银行总裁李民斌一行，双方就进一步加强有关业务合作进行了交流。

30日

杨凯生副董事长受姜建清董事长委托，主持召开董事会会议，审议通过了《关于2012年第三季度报告的议案》、《关于设立迪拜国际金融中心分行并撤销工银中东的议案》2项议案，并听取了《关于2012年前三季度经营情况的汇报》。董事会成员王丽丽、许善达、麦卡锡、钟嘉年、柯清辉、洪永淼、环挥武、汪小亚、葛蓉蓉、李军、王小岚、姚中利出席。赵林监事长及部分监事会成员、魏国雄首席风险官列席。胡浩董事会秘书参加。

杨凯生行长会见中国人民保险集团股份有限公司董事长吴焰一行，双方就加一步加强有关业务合作进行了交流。

赵林监事长主持召开监事会会议，审议通过了《2012年第三季度报告》的议案，并听取了《2012年第三季度经营情况》、《2012年第三季度报告编制情况》

和《2012年第三季度监督情况》等3项汇报。王炽曦、董娟、孟焰、张炜、朱立飞、李明天监事出席。

王丽丽副行长会见美国杰富瑞（Jefferies）证券与投资公司董事总经理、全球固定收益业务主管、执行委员会成员蒂莫西·克罗宁（Timothy Cronin）一行，双方就发展战略及业务合作等议题进行了交流。

李晓鹏副行长参加中央党校召开的第52期省部级领导干部培训班总结座谈会。

罗熹副行长拜会中央机构编制委员会办公室副主任王峰、何建中，双方就进一步加强有关业务合作交换了意见。

罗熹副行长赴工银瑞信、工银租赁、内审直属分局进行工作调研。

易会满副行长主持信息科技专业副总经理及专家岗位公开选拔面试。林晓轩首席信息官出席。

31日

杨凯生行长出席我行2012年第三季度业绩发布会。胡浩董事会秘书陪同。

罗熹副行长出席"监督检查管理系统"推广视频会。

易会满副行长主持银监会与我行2012年第三季度监管会谈。魏国雄首席风险官出席。

以工银发〔2012〕106号决定：提名朱铭烜任中国工商银行（加拿大）有限公司总经理，杨晓东不再担任中国工商银行（加拿大）有限公司执行董事、总经理，另有任用。

以工银党〔2012〕89号决定：王云桂同志任党委组织部部长。免去王希全同志党委组织部部长职务。

以工银任免〔2012〕333号决定：聘任王云桂为人力资源部总经理；解聘王希全人力资源部总经理职务。

11月

1日

罗熹副行长出席2012年中国工商银行保险公司客户答谢会。

易会满副行长通过视频主持召开工银马来西亚董事会2012年第五次会议。

以工银发〔2012〕104号文印发《关于印发〈投资银行业务考核管理办法（2012年版）〉的通知》。

1日-4日

中国共产党第十七届中央委员会第七次全体会议在北京召开，党委书记、董事长姜建清参加。党委副书记、行长杨凯生列席。

2日-14日

王丽丽副行长出访英国、沙特阿拉伯和澳大利亚。在英国期间，主持召开了工银伦敦董事会会议；在沙特阿拉伯期间，拜会了沙特阿拉伯央行副行长阿卜杜拉赫曼·哈米迪、财政部副部长本·哈马德·巴扎伊和中国驻沙特大使李成文；在澳大利亚期间，主持了墨尔本分行开业仪式。

3日

国际结算单证中心成功集中浙江分行单证业务，实现了全部境内机构的国际结算和贸易融资业务后台集中处理，标志着我行境内国际业务的扁平化处理和集约化改革取得了圆满成功。

5日

姜建清董事长主持召开2012年第二次临时股东大会，审议通过了《关于修订〈中国工商银行股份有限公司章程〉的议案》、《关于〈中国工商银行2012—2014年资本规划〉的议案》和《关于聘请2013年度会计师事务所的议案》等3项议案。杨凯生行长、赵林监事长、李晓鹏副行长出席会议。共有79位股东及股东代表出席本次临时股东大会。

易会满副行长主持召开第73次专题会议，研究工银莫斯科FOVA系统优化有关工作。林晓轩首席信息官出席。

以工银发〔2012〕107号文印发《关于印发资产管理部 投资银行部利润中心改革（财务）实施方案的通知》。

6日

姜建清董事长会见台湾永丰金控董事长何寿川一行，双方就进一步加强有关业务合作进行了交流。

李晓鹏副行长主持召开第74次专题会议，研究个人客户综合授信工作和个人信贷政策调整问题。魏国雄首席风险官出席。

李晓鹏副行长主持召开第75次专题会议，研究个人贷款和信用卡不良贷款工作。

7日

赵林监事长出席总行党校第七期领导干部研究班结业典礼。

李晓鹏副行长会见全国社会保障基金理事会副理事长孙小系一行，双方就加强投资管理合作交换了意见。

李晓鹏副行长拜会中国石油化工集团公司副总经理李春光，双方就加强企业年金投资管理等议题进行了交流。

易会满副行长会见荷兰皇家帝斯曼集团全球司库汉斯·福森（Hans Vossen）一行，双方就国际经济金融形势及加强全球业务合作等议题进行了交流。

7日-8日

张红力副行长赴吉林出席私人银行中心开业仪式并调研。

8日

以工银发〔2012〕108号文印发《关于提名中国工

商银行（秘鲁）有限公司董事及管理人员的通知》，提名马向军任中国工商银行（秘鲁）有限公司董事长、执行董事，赵桂才、季景玉、侯倩任非执行董事，马努埃尔·孟托利·伯班克（Manuel Montori Burbank）任独立董事。提名马向军任中国工商银行（秘鲁）有限公司总经理，刘颖任副总经理，胡安·里拉·德哈拉（Juan Lira Tejada）任总经理助理兼法规合规官。

8 日 –15 日

中国共产党第十八次全国代表大会在北京召开。中国工商银行党委书记、董事长姜建清、党委副书记、行长杨凯生、北京分行党委书记、行长王珍军、山东济南大观园支行党委书记、行长许龙、浙江温州分行营业部党支部副书记、副总经理金颖颖作为会议代表参加了大会。在大会上，党委书记、董事长姜建清被推选为大会主席团成员，并当选为中国共产党第十八届中央委员会候补委员。

9 日

罗熹副行长会见百胜餐饮集团司库、全球副总裁拉里（Larry Gathof）一行，双方就加强有关业务合作进行了交流。

李晓鹏、王希全副行长主持召开第 77 次专题会议，研究退休人员待遇调整和基金管理工作事宜。

13 日

赵林监事长会见中国证券登记结算有限责任公司监事长王海沙、副总经理高斌一行，双方就监事会有关工作进行了交流。王炽曦监事、魏国雄首席风险官。

李晓鹏副行长会见海富通基金公司总经理田仁灿一行，双方就进一步加强银基业务合作等议题进行了交流。

易会满副行长主持召开 2012 年第五次技术审查委员会会议，审议通过了《集团综合化系统建设规划》、《企业网银产品化项目总体方案》和《网点双屏服务模式研究报告》等 3 项议案。林晓轩首席信息官出席。

罗熹副行长主持召开第 78 次专题会议，研究非金融支付机构业务合作有关问题。

13 日 –16 日

张红力副行长赴海南出席贵金属产品发布仪式并调研。

14 日

罗熹副行长会见全国人大财经委员会副主任委员吴晓灵一行，双方就员工培训工作交换了意见。

易会满副行长主持召开第 79 次专题会议，研究统一运营风险监控工作有关事宜。

15 日

中国共产党第十八届一中全会在北京召开，党委书记、董事长姜建清参加，党委副书记、行长杨凯生列席。

党委书记姜建清主持召开第 28 次党委（扩大）会议，传达学习贯彻党的十八大会议精神。党委副书记杨凯生、赵林及党委委员王丽丽、李晓鹏、罗熹、刘立宪、易会满、张红力、王希全出席。

罗熹副行长会见人力资源和社会保障部社会保险基金监督司司长陈良一行，双方就当前养老保障等议题交换了意见。

罗熹副行长会见麦当劳集团全球司库马克（Marc Monyek）一行，双方就进一步加强有关业务合作进行了交流。

易会满副行长会见戴姆勒集团全球副总裁迈克尔（Michael Muhlbayer）一行，双方就进一步加强有关业务合作进行了交流。

易会满副行长会见 BP 集团全球司库戴维·巴克纳尔（David Bucknall）一行，双方就国际国内经济金融形势、人民币国际化以及加强全面合作等议题进行了交流。

易会满副行长会见阿根廷驻华大使古斯塔沃·马蒂诺、阿根廷门多萨省省长弗朗西斯可·贝雷斯率领的门多萨省政府代表团一行，双方就中阿经贸发展及加强我行与门多萨省全面合作等议题交换了意见。

16 日

总行在北京召开分行党委书记、行长会议，党委书记、董事长姜建清传达了党的十八大会议精神，并结合工商银行实际对学习贯彻十八大精神作出重要部署。党委副书记、监事长赵林主持会议。

以工银任免〔2012〕352 号决定：聘任初苏华为内部审计局南京分局局长。解聘左新亚内部审计局南京分局局长职务。

18 日

李晓鹏副行长应邀出席北京市金融工作局、西城区委、西城区政府共同举办的金融街论坛活动。

19 日

姜建清董事长、易会满副行长会见泰国正大集团董事长谢国民一行，并签署《战略合作框架协议》。

李晓鹏副行长会见中国移动通信集团公司副总经理薛涛海一行，双方就进一步加强战略伙伴关系、拓展业务合作领域等议题进行了交流。

罗熹、张红力、王希全副行长出席 2012 年中年客户经理岗位技能比赛优秀选手技能展示暨颁奖典礼。

刘立宪纪委书记参加中央国家机关工委召开的学习党的十八大精神部署会议。

李晓鹏副行长主持召开第 80 次专题会议，研究商户及 POS 集中管理和银行卡消费行为分析问题。林晓轩首席信息官出席。

20 日

党委书记姜建清主持召开第 29 次党委（扩大）会议，研究有关工作。党委副书记赵林及党委委员王丽丽、李晓鹏、罗熹、刘立宪、易会满、张红力、王希全出席。

李晓鹏副行长会见毕马威全球金融业服务业主席安德森（Jeremy Anderson）一行，双方就审计工作进行了交流。

易会满副行长会见博华资本董事长宦国苍一行，并签署《战略合作协议》。

以工银发〔2012〕111 号文印发《关于调整内控合规部内设机构及人员编制的通知》。

以工银发〔2012〕113 号文印发《关于在工银欧洲组建私人银行中心（欧洲）的通知》。

20 日－22 日

罗熹副行长赴陕西出席反洗钱重点领域工作座谈会并调研。其间，拜会了陕西省省长赵正永，走访了西飞集团。

21 日－23 日

易会满副行长赴河北出席部分分行电子银行业务座谈会并赴河北分行、电子银行中心（石家庄）调研。其间，拜会了河北省委常委、常务副省长杨崇勇。林晓轩首席信息官陪同。

21 日－27 日

张红力副行长赴印度参加亚洲金融合作会议。

21 日－30 日

王希全副行长出访波兰、西班牙和法国。其间，出席了华沙分行、巴塞罗那分行及私人银行中心（欧洲）三家机构的开业庆典，并先后会见了波兰共和国副总理帕夫拉克、西班牙中央政府驻加泰罗尼亚大区代表雅诺斯·德·卢那、巴塞罗那市市长哈维尔·特里亚斯、法国政府投资部总经理赛吉·波谢尔等当地政府高层及经济界人士，拜会了中国驻波兰大使徐坚、驻西班牙大使朱邦造、驻巴塞罗那总领事严邦华、驻法国公使刘豫锡等。

21 日－12 月 3 日

姜建清董事长出访墨西哥、秘鲁和阿根廷。在墨西哥期间，会见了墨西哥候任总统培尼亚·涅托、候任外交部长洛索亚、央行副行长弗朗切、财政部副部长罗德里格斯、Altos Hornos 公司董事长阿隆索等当地政府高层及经济界人士，拜会了我国驻墨西哥大使曾刚；在秘鲁期间，主持了工银秘鲁开业庆典，会见了秘鲁总理马约尔、秘鲁金融监管委员会主席奇德洛夫斯基等政府高层，拜会了我国驻秘鲁大使黄敏慧；在阿根廷期间，会见了阿根廷总统克里斯蒂娜、阿根廷央行行长德尔庞特、经济及财政部部长洛伦西诺，拜会了我国驻阿根廷大使殷恒民，主持了我行控股收购阿根廷标准银行交割仪式，在阿根廷标准银行中层以上干部大会上发表重要讲话，并听取了阿根廷子行筹备组的工作汇报。胡浩董事会秘书陪同。

23 日

赵林监事长主持召开会议，研究落实总行党委《关于深入学习宣传贯彻党的十八大精神的通知》的有关工作。

王丽丽副行长参加银监会举办的“中国银行业风险管理论坛”。

李晓鹏副行长会见中国银联常务副总裁、银联国际总裁蔡剑波一行，双方就加强全球收单业务及第三方支付业务合作等议题进行了交流。

王丽丽副行长主持召开第 81 次专题会议，研究印尼子行稳健型评级问题。林晓轩首席信息官出席。

24 日

李晓鹏副行长在北京巡视 2012 年度信贷高级审批资格考试工作。

我行信息科技风险管理系统一期项目在数据中心（上海）顺利投产，该系统的风险数据采集、风险分析、合规检查、指标管理等模块成功上线，标志着全行科技风险管理工作迈入信息化、自动化阶段。

26 日－27 日

李晓鹏副行长赴湖北出席 2012 中国·武汉金融博览会暨中国中部（湖北）创业投资大会，并出席我行与基金公司战略合作研讨会。

26 日－29 日

罗熹副行长赴湖南分行参加党员领导干部民主生活会，主持召开公司无贷户存款工作座谈会并作题为《坚持做好公司无贷户存款工作》的讲话。其间，会见了湖南省副省长韩永文、三一集团董事长梁稳根等地方党政领导和企业界人士。

27 日

易会满副行长出席全行保密密码工作会议并作题为《认清形势 落实责任 努力做好新时期的保密密码工作》的讲话。

27 日－12 月 7 日

王丽丽副行长出访阿根廷和哥伦比亚。在阿根廷期间，陪同姜建清董事长出席了我行控股收购阿根廷标准银行交割仪式，主持召开了阿根廷标准银行第一次董事会会议；在哥伦比亚期间，会见了哥伦比亚全国商业协会秘书长希尔博托·萨尔赛多·里贝罗，拜会了中国驻哥伦比亚大使汪晓源。

28 日

易会满副行长出席中国银行业协会“中国银行业第二届优秀客服中心及首届客服明星评选活动颁奖典礼”并致辞。

28 日－29 日

李晓鹏副行长赴天津出席工银租赁成立 5 周年总结汇报会。

29 日－30 日

易会满副行长赴山东分行出席党员领导干部民主生活会，并召开部分二级分行公司业务座谈会。其间，拜会了山东省委常委、常务副省长孙伟等地方党政领导。

29 日

李晓鹏副行长会见太平人寿保险公司董事长彭伟一行，双方就加强保险业务合作进行了交流。

刘立宪纪委书记听取监察室关于责任制量化考核情况的汇报。

张红力副行长赴美国参加中国工商银行（美国）子行弘业庆典，中美两国300多位嘉宾应邀出席。工银美国拥有美国商业银行牌照，工银美国的在美运营，使我行在美机构增加到三家，是我行推进国际化战略和全球服务进程中取得的重要突破。

30 日－12 月 1 日

李晓鹏副行长应邀赴上海出席银联国际成立仪式。

12 月

1 日

北京分行顺利完成了全国首笔跨国公司外汇资金集中运营管理改革试点交易。

1 日－9 日

张红力副行长赴青海、西藏分行参加党员领导干部民主生活会并调研。在青海期间，拜会了青海省副省长王令浚等地方党政领导，出席了私人银行中心（青海）开业庆典；在西藏期间，拜会了西藏自治区主席白玛赤林、副主席多吉泽仁等地方党政领导。

3 日

杨凯生行长参加中组部召开的省区市党委组织部长、统战部长会议。

李晓鹏副行长会见英国汇丰集团环球银行部副主席凯文·沃特（Kevan Watts）一行，双方就中国经济发展趋势、国际资本市场动态、租赁业务合作等议题进行了交流。

李晓鹏副行长出席工银运通百夫长黑金卡高端推介会并致辞。

以工银发〔2012〕120 号文印发《关于推动资产管理部利润中心改革的通知》，决定对资产管理部机构属性、职能定位、业务关系和组织架构等进行调整。

3 日－4 日

赵林监事长、易会满副行长参加银监会在云南举办的“中国银行业信息科技风险管理年会”。其间，拜会了云南省副省长丁绍祥等地方党政领导。林晓轩首席信息官陪同。

罗熹副行长赴长春金融研修学院参加党员领导干部民主生活会并调研。

4 日

姜建清董事长、杨凯生行长会见辽宁省省长陈政高、副省长陈超英一行，双方就进一步加强合作交换了意见。

姜建清董事长会见美国高盛集团董事长劳尔德·贝兰克梵（Lloyd Blankfein）一行，双方就全球经济金融形势、我行国际化发展、进一步加强合作等议题进行了沟通交流。胡浩董事会秘书陪同。

李晓鹏副行长会见财政部国有金融资产监管和高管薪酬管理调研组一行。

以工银发〔2012〕121 号文印发《关于调整数据中心（北京）内设机构人员编制及职数的通知》，决定对数据中心（北京）内设机构、人员编制及职数进行调整，增设测试支持部。

5 日

李晓鹏副行长出席中国金融出版社主办的金融移动支付技术创新研讨会并作题为《科技服务民生 积极推进金融 IC 卡行业拓展》的报告。

以工银发〔2012〕122 号文印发《关于调整信息科技部内设机构及人员编制的通知》，决定对信息科技部内设机构及人员编制进行调整，增设应用六处，调整应用五处职能。

5 日－6 日

赵林监事长赴福建分行参加党员领导干部民主生活会并调研。王炽曦监事陪同。

易会满副行长赴江苏出席部分分行公司业务座谈会。

6 日

杨凯生行长出席 2012 年度决算工作视频会议，部署全行 2012 年年终决算工作。

李晓鹏副行长主持召开信用风险管理委员会 2012 年第八次会议，审议通过了《关于完善绿色信贷分类及加强绿色信贷管理有关事项的建议报告》等 5 项议案。魏国雄首席风险官出席。

罗熹副行长出席金融教育发展基金会换届大会暨第六届理事会第一次会议。

罗熹副行长出席全行银保业务工作视频会议。

7 日

姜建清董事长、李晓鹏副行长出席“中国工商银行博士后工作站成立 10 周年——中国银行业未来之路”学术论坛。林晓轩首席信息官、胡浩董事会秘书参加。

罗熹副行长出席红十字会第九届常务理事会第四次会议。

易会满副行长会见北京金融工作局党组书记霍学文、局长王红一行，双方就进一步加强银政合作交换了意见。

王希全副行长参加银监会召开的银行理财产品监管会议。

9 日

易会满副行长应邀出席北京市金融街建设 20 周年文艺晚会。

10 日

总行召开学习贯彻党的十八大精神报告会，党委书记姜建清主持。中央宣讲团成员、中央政策研究室副主任施芝鸿作关于党的十八大精神的专题辅导报告。党委副书记赵林及党委委员李晓鹏、罗熹、刘立宪、张红力、王希全出席。

姜建清董事长会见拉扎德（Lazard）集团副主席加里·帕（Gary Parr）一行，双方就世界金融业发展趋势、我行海外并购、欧美大型金融机构发展模式及前景等议题进行了交流。胡浩董事会秘书陪同。

易会满副行长赴人民银行参加国务院反假货币工作联席会议第五次会议，并作为银行业金融机构代表发言。

李晓鹏副行长主持召开第 82 次专题会议，研究储蓄和理财业务工作。

以工银党〔2012〕98 号决定：任命俞龙同志为宁波市分行党委书记，免去其浙江省分行党委委员职务。免去周志方同志宁波市分行党委书记职务，另有任用。

以工银任免〔2012〕379 号决定：聘任周志方为内部审计局上海分局局长。解聘初苏华内部审计局上海分局局长职务。

11 日

党委书记姜建清主持召开第 30 次党委（扩大）会议，审议拟提交董事会议案并研究有关工作。党委副书记杨凯生、赵林及党委委员李晓鹏、罗熹、刘立宪、易会满、张红力、王希全出席。

杨凯生行长会见高盛集团副董事长、亚洲区董事长马克·施瓦茨（Mark Schwartz）一行，双方就全球经济形势、资本市场情况等议题进行了交流。

王丽丽副行长出席银行业协会理财业务专业委员会成立大会并致辞。

易会满副行长拜会中国华能集团公司总会计师郭珺明，双方就进一步加强银企合作进行了交流。

张红力副行长会见南非水利及环境事务部副部长特雷弗·伊恩·巴尔泽尔（Trevor Ian Balzer）一行，双方就进一步加强有关业务合作交换了意见。

张红力副行长会见印度 GVK 集团董事长桑杰·雷迪（Sanjay Reddy）一行，双方就进一步开拓印度基础设施等议题进行了交流。

11 日 –12 日

李晓鹏副行长赴山西分行参加党员领导干部民主生活会并调研。其间，拜会了山西省委常委、常务副省长李小鹏等地方党政领导，走访了太原钢铁（集团）有限公司。

11 日 –13 日

张红力副行长赴四川出席贵金属系列产品发布会。其间，拜会了四川省副省长陈文华等地方党政领导。

11 日 –14 日

刘立宪纪委书记赴数据中心（上海）参加党员领导干部民主生活会并调研。

12 日

姜建清董事长、赵林监事长出席第三届全行青年外语大赛决赛并致辞。

王丽丽副行长通过视频主持召开阿根廷子行交割后第二次董事会会议。

财政部举办“中央财政非税收入收缴代理银行项目”开标仪式，罗熹副行长代表我行作投标方案陈述并成功中标。

以工银任免〔2012〕385 号决定：解聘徐力中国工商银行股份有限公司新加坡分行总经理职务。

13 日

姜建清董事长主持召开董事会会议，审议通过了《关于向银监会申请实施资本管理高级方法的议案》等 4 项议案，听取了《关于董事会架构相关情况的报告》等 2 项汇报。董事会成员杨凯生、王丽丽、李晓鹏、许善达、黄钢城、钟嘉年、柯清辉、洪永淼、环挥武、汪小亚、葛蓉蓉、李军、王小岚、姚中利出席，麦卡锡董事委托黄钢城董事出席会议并代为行使表决权。赵林监事长及部分监事会成员、魏国雄首席风险官列席，胡浩董事会秘书参加。

姜建清董事长主持召开非执行董事座谈会，胡浩董事会秘书参加。

姜建清董事长会见汇金公司总经理彭纯、副总经理张宏安一行，双方就国内外经济金融形势、我行国际化发展、公司治理等议题进行了交流。胡浩董事会秘书陪同。

王丽丽副行长会见俄罗斯外贸银行副董事长兼首席财务官赫伯特·穆斯（Herbert Moos）一行，双方就俄罗斯远东地区开发、资本市场业务合作等议题进行了交流。

易会满副行长会见来宝集团首席财务官范·德尔·萨姆（Van der Zalm）、全球资金总监维尔德里克·德·布兰科（Wildrik de Blank）一行，双方就加强全球业务合作进行了交流。

14 日

杨凯生行长主持召开信息科技管理委员会 2012 年第三次会议，审议通过了《关于今年以来信息科技工作情况及 2013 年信息科技工作计划的汇报》等 4 项议案。易会满副行长、魏国雄首席风险官、林晓轩首席信息官出席。

杨凯生行长、易会满副行长出席中央企业—苏州市合作恳谈会。杨凯生行长代表金融机构发言，易会满副行长代表我行与苏州市政府签署《支持苏州新农村建设合作协议》。

易会满副行长会见日本伊藤忠商事株式会社首席财

务官関忠行一行，双方就开展全球现金管理、跨境人民币结算、并购贷款、贸易融资等议题进行了交流。

易会满副行长会见英国捷豹路虎汽车有限公司财务总监本·布莱恩特（Ben Bryant）、奇瑞捷豹路虎汽车有限公司总经理克里斯·布莱恩特（Chris Bryant）一行，双方就奇瑞捷豹路虎苏州年产 13 万辆乘用车合资项目进行了交流。

15 日

姜建清董事长、赵林监事长、李晓鹏副行长会见青海省省委书记强卫、省长骆惠宁、副省长骆玉林及东方航空刘绍勇总经理、东航股份唐兵副总经理一行，并出席工银租赁与青海航空投资管理公司、东方航空股份有限公司飞机融资租赁协议签约仪式。

15 日 –16 日

姜建清董事长、杨凯生行长参加中央经济工作会议。

17 日

党委书记姜建清主持召开第 31 次党委（扩大）会议，传达中央经济工作会议精神。党委副书记杨凯生、赵林及党委委员王丽丽、李晓鹏、罗熹、刘立宪、易会满、王希全出席。

罗熹副行长会见红十字会副会长王海京一行，双方就红十字会创新管理模式、完善捐赠信息管理等议题交换了意见。

罗熹副行长出席境外机构 QFII 托管营销工作视频会议并讲话。

18 日

党委书记姜建清主持召开第 32 次党委（扩大）会议，研究贯彻十八大精神、推动科学发展研讨会会议材料。党委副书记杨凯生、赵林及党委委员王丽丽、李晓鹏、刘立宪、易会满、张红力、王希全出席。

王丽丽副行长主持召开市场风险管理委员会 2012 年第八次会议，审议通过了《贵金属业务发展及风险管理情况的报告》等 7 项议议案。魏国雄首席风险官出席。

罗熹副行长、刘立宪纪委书记、王希全副行长出席员工行为规范教育活动总结表彰视频会议。

易会满副行长会见亚洲浆纸（APP）公司总裁黄志源一行，双方就银企合作有关业务进行了交流。

易会满副行长会见中国中铁股份有限公司总裁白中仁、副总裁兼财务总监李建生一行，双方就进一步加强银企合作进行了交流。

张红力副行长应邀出席中国出口信用保险公司体制改革暨注资仪式。

以工银发〔2012〕125 号文印发《关于调整授信业务部内设机构及人员编制的通知》，决定对授信业务部内设机构及人员编制进行调整，增设金融资产服务业务融资限额审查处和金融资产服务业务项目评估处。

18 日 –19 日

罗熹副行长参加国家发改委召开的全国发展和改革工作会议。

19 日

姜建清董事长会见毕马威会计师事务所主席安茂德（Michael J. Andrew）一行，双方就全球银行业发展形势、金融监管政策、我行国际化战略以及全球系统性重要银行等议题进行了交流。

杨凯生行长主持召开资产负债管理委员会 2012 年第四次会议，审议通过了《2012 年前三季度人民币存贷款利率管理情况报告》等 7 项议题。王丽丽、李晓鹏、张红力副行长，魏国雄首席风险官出席。

杨凯生行长会见新疆维吾尔自治区人大副主任王会民一行，双方就有关合作交换了意见。

李晓鹏副行长出席租赁业务座谈会并讲话。

罗熹副行长通过视频主持召开加大拿子行 2012 年第四次董事会会议。

罗熹副行长主持召开操作风险暨内部控制管理委员会 2012 年第四次会议，审议通过了《2012 年第三季度操作风险管理报告》等 8 项议案。魏国雄首席风险官出席。

易会满副行长主持召开 2012 年度安永审计进度及预审初步结果沟通会。

易会满副行长应邀出席中国石油天然气集团公司 2012 年债券融资研讨暨总结会。

20 日 –21 日

全行贯彻十八大精神、推动科学发展研讨会在北京召开，姜建清董事长、杨凯生行长作重要讲话，赵林监事长主持会议，王丽丽、李晓鹏、罗熹副行长，刘立宪纪委书记，易会满、张红力、王希全副行长出席。银监会银行监管一部有关领导应邀出席。

21 日

姜建清董事长会见列支敦士登国王顾问丹尼尔·乐文（Danniel Levin）一行，双方就加强有关业务合作进行了交流。

中投公司召开监事会工作座谈会，赵林监事长参加。王炽曦监事陪同。

易会满副行长会见中国移动通信集团公司副总经理薛涛海一行，双方就进一步加强战略伙伴关系、深化业务合作等议题进行了交流。林晓轩首席信息官陪同。

21 日 –22 日

易会满副行长参加中央农村工作会议。

24 日

姜建清董事长参加人民银行货币政策委员会第四季度例会。

王丽丽副行长会见交易商协会秘书长时文朝一行，双方就中国银行间市场跨境人民币衍生产品定义与国际通用衍生产品定义等议题交换了意见。

易会满副行长通过视频主持召开工银马来西亚2012年第六次董事会会议。

王丽丽副行长主持召开第83次专题会议，研究印尼子行监管稳健性评级提升进展及新加坡人民币清算行资格申请进展情况。

以工银发〔2012〕138号文印发《关于信贷管理部更名及内设机构与人员编制调整的通知》，决定将信贷管理部更名为信贷与投资管理部，增设金融资产服务组织管理处（兼金融资产服务业务管理委员会秘书处）和金融资产服务业务管理处。

以工银党〔2012〕108号决定：任命周明同志为贵金属业务部党委书记。免去郑之光同志贵金属业务部党委书记职务。

24日－27日

王希全副行长参加中组部召开的全国组织部长会议。

25日

王丽丽副行长应邀就我行公司治理和国际化等情况接受北大光华管理学院访谈。

李晓鹏副行长出席中国银行业协会主办的“首届银行高管与监管领导沟通会”。

易会满副行长主持召开技术审查委员会2012年第六次会议，审阅了《总行技术审查委员会办公室工作情况汇报》，审议通过了《资产托管系统建设规划研究报告》、《境外报表系统优化提升研究报告》等3项议案。林晓轩首席信息官出席。

易会满副行长会见国家开发投资公司总会计师张华一行，双方就项目融资、银团贷款、债券承销及投资、金融板块合作以及海外业务等议题进行了交流。

以工银发〔2012〕134号文印发《关于提名阿根廷标准银行董事及管理人员的通知》，提名王丽丽任阿根廷标准银行董事长、非执行董事，谢忠任副董事长、非执行董事，吴宏波任非执行董事，Gerardo Prieto、Hugo Galuzzo、Gabriel E. Castelli和Ricardo Alberto Ferreiro任独立董事，Alejandro Ledesma Padilla任阿根廷标准银行总经理。

以工银任免〔2012〕405号决定：聘任周明为贵金属业务部总经理。解聘郑之光贵金属业务部总经理职务，另有任用。

26日

赵林监事长与部分股权董事座谈，王炽曦监事参加。

李晓鹏副行长主持召开信用风险委员会会议2012年第九次会议，审议通过了《关于加快拓展制造业领先企业市场的意见》、《关于加快拓展现代服务业和文化产业领先企业市场的意见》等8项议案。魏国雄首席风险官出席。

李晓鹏副行长出席城市金融学会学术委员会会议。魏国雄首席风险官出席。

26日－27日

易会满副行长赴数据中心（上海）进行工作调研，并到嘉定上海同城数据中心施工现场检查工作。其间，会见了中国商用飞机有限责任公司总经理贺东风。

26日－28日

王丽丽副行长赴河北分行参加党员领导干部民主生活会，随后赴山西分行调研。

27日

杨凯生行长主持召开风险管理委员会2012年第四次会议，审议通过了《风险管理委员会2013年工作计划草案》、《操作风险管理委员会工作规则》、《我行信贷结构调整情况的报告》等7项议案。李晓鹏、罗熹副行长，魏国雄首席风险官出席。

赵林监事长与部分股权董事座谈，王炽曦监事参加。

李晓鹏副行长出席银监会2012年份监管会谈。魏国雄首席风险官参加。

李晓鹏副行长出席我行2012年第四期（总第28期）“宏观形势分析与展望”创新沙龙。

罗熹副行长拜会中国人寿总裁万峰，双方就进一步加强有关业务合作进行了交流。

28日

姜建清董事长主持召开第84次专题会议，研究线上线下一体化消费贷款业务，研讨银行卡收单和电子商务业务发展有关工作。李晓鹏副行长、易会满副行长、林晓轩首席信息官出席。

杨凯生行长主持召开银监会资本管理高级方法验收意见通报及理财业务现场检查离点会谈。魏国雄首席风险官出席。

王希全副行长在北京参加全国人才工作座谈会。

以工银任免〔2012〕425号决定：聘任俞龙为宁波市分行行长，解聘其浙江省分行副行长职务。解聘周志方宁波市分行行长职务。

31日

姜建清董事长、杨凯生行长、赵林监事长等全体行领导分赴总行有关部室、直属机构、工银瑞信、工银租赁以及北京分行、上海分行的一线网点，亲切看望慰问参加年终决算的广大员工。在上海，姜建清董事长先后慰问了贵金属业务部、私人银行部、票据营业部、数据中心（上海）、内审上海分局和上海分行等机构。在北京，杨凯生、赵林、王丽丽副行长、李晓鹏副行长、罗熹副行长、刘立宪纪委书记、易会满副行长、张红力副行长、王希全副行长先后走访慰问了财务会计部、信息科技部、资产负债管理部、资产管理部、金融市场部和运行管理部等部门；杨凯生行长、赵林监事长、李晓鹏副行长、易会满副行长等赴信用卡中心、工银瑞信、工银租赁以及北京分行复兴门网点支行、宣武门网点支行、长安支行营业室等网点，看望一线员工。王丽丽副行长赴国际结算单证中心、罗熹副行长赴资产托管部、易会满副行长赴数据中心（北京）慰问了参加年终决算的干部员工。林晓轩首席风险官陪同参加了慰问。

杨凯生行长陪同银监会尚福林主席看望北京分行网点一线员工。

2012 年以来，面对复杂严峻的形势，全行认真贯彻党中央、国务院决策部署和金融监管要求，统筹抓好经营管理各项工作，经营发展呈现稳中有进的良好态势，不仅保持了盈利的平稳增长和资产质量的稳定，而且在深化改革创新、加快经营转型经营、改进金融服务等多个领域取得了新的进展和突破，资本、资产、质量、效益、市值、客户存款、品牌价值等主要指标全面进入全球金融同业领先行列，实现了 2012—2014 年新三年规划的良好开局。

第九部分
附　　录

责任编辑：盘为龙

中国工商银行党委、董事、监事及高管人员名录

党委

党委书记：姜建清
党委副书记：杨凯生、赵 林
党委委员：王丽丽、李晓鹏、罗 熹、刘立宪、
　　　　易会满、张红力、王希全

董事

董事长、执行董事：姜建清
副董事长、执行董事：杨凯生
执行董事：王丽丽、李晓鹏
非执行董事：环挥武、汪小亚、葛蓉蓉、李军、
　　　　　王小岚、姚中利
独立非执行董事：许善达、黄钢城、M·C. 麦卡
　　　　　　　锡、钟嘉年、柯清辉、洪永淼

监事

监事长：赵林
股东代表监事：王炽曦
外部监事：董娟、孟焰
职工代表监事：张炜、朱立飞、李明天

高级管理人员

行　长：杨凯生
副行长：王丽丽、李晓鹏、罗熹、易会满、
　　　　张红力、王希全
纪委书记：刘立宪
首席风险官：魏国雄
首席信息官：林晓轩
董事会秘书：胡浩

总行内设机构名录

办公室

主任：高志新
副主任：宋立新、刘德奇、谢泰峰、张彪、高翀、
　　　　王元元、邢新华

董事会办公室

主任：钱毅
副主任：洪烨、陆钦

监事会办公室

主任：王炽曦
副主任：张利群、郑剑锋、郭敏

财务会计部

总经理：沈如军
副总经理：徐坤田、李明熙、魏茂庆、韩旭、
　　　　　王凤玲、吴茜

消费者权益保护办公室

主任：沈如军（兼）
副主任：李金泽、王刚

资产负债管理部

总经理：朱长法
副总经理：韩松、何邵聪、卢京华、张伟

管理信息部

总经理：郝彬
副总经理：胡铁川、张勇、张一江、郑允弢

战略管理与投资者关系部

总经理：胡浩
副总经理：邹新、宋翰乙、李志刚、陈培涛

集团派驻子公司董监事办公室

主任：吴宏波
副主任：温信祥、侯倩

投资银行部

总经理：刘金
副总经理：安丽艳、胡传军、贺西京、张都兴、
　　　　　黄纪法

金融市场部

总经理：王刚
副总经理：沈士生、唐凌云、赵传新、王海璐、
　　　　　王屯

资产管理部

资产业务总监兼总经理：陈晓燕
副总经理：马续田、胡亚冰、马俊胜

机构业务部

总经理：席德应
副总经理：张聪、史其禄、袁宏奇、胡益民、
　　　　　孙玉德

个人金融业务部

个人金融业务总监兼总经理：李卫平

副总经理：苑书义、肖在翔、任西明、胡亚辉、应维云

资产托管部

总经理：周月秋
副总经理：王立波、王承远、肖婉如、晏秋生

养老金业务部

总经理：赵跃
副总经理：任洪琦、彭兆芝、何亚平

信贷与投资管理部

信贷业务总监兼总经理：刘子刚
副总经理：刘绍楚、魏学坤、苏宗国、赵建、聂大志、殷红

公司业务一部

公司投行业务总监兼总经理：莫扶民
副总经理：熊燕、黄梅、吕一兵、王英奎、余龙、宋扬

公司业务二部（营业部）

总经理：江涛
副总经理：王一心、刘雁萍、赵桂才、王巍、刘建昌

授信业务部

总经理：蒋玉林
副总经理：赵庆森、孙以洲、张泽跃、杨海涛、刘志、王旭

信用审批部

总经理：索绪全
副总经理：徐晶、王艳秋、李建新、杨志忠、许蒙、刘元庆

风险管理部

总经理：刘瑞霞
副总经理：季景玉、刘震、梁登祥

结算与现金管理部

总经理：许燕
副总经理：杨烈、黄叶林、王守江、郭琳

运行管理部

总经理：牛刚
副总经理：宁保琪、杨棚、毛宁、戴志华、张世皓、毛群、高军、卢学功

国际业务部

总经理：吴斌
副总经理：原擒龙（兼）、聂长雯、唐濰、敖军承、曹云川

内部审计局

局长：白涛
副局长：黄庆惠、邱启祥、李炳元、杨娅丽、孙东奎、仲安妮、王景华、贾伊宾、史晓媛

内控合规部

总经理：惠平
副总经理：李林、童频、闫敏、赵建骥、连工、王栋、王增科

法律事务部

总经理：张炜
副总经理：李金泽（兼）、刘湘玲、刘泽华

信息科技部

总经理：林晓轩
副总经理：张艳、毛宇星、马雁、张颖、谭路远、钱斌

电子银行部

总经理：蔡东
副总经理：张立军、王嵩、陈静娴、鲁小涛

产品创新管理部

总经理：薛鸿健
副总经理：李秀媛、徐晓群、毛卫东、汪要武

人力资源部

总经理：王云桂
副总经理：张庆华、金晖、霍江、邢颖华

教育部

总经理：王云桂
副总经理：杨桂琴、邵光华

监察室

主任：李明天
副主任：王彦斌、崔琪珍、韩奇

保卫部

总经理：靳晓鹏
副总经理：任翠云

工会工作委员会

常务副主任：朱立飞
副主任：杨国伟

系统团委

团委书记：李群

直属党委

常务副书记：王秀山
副书记：张曙明

离退休人员管理部

总经理：冯孝凯
副总经理：李杰志、王晓岚

城市金融研究所

金融研究总监兼所长：詹向阳
副所长：樊志刚、周永发、刘彪

总行直属机构名录

牡丹卡中心

总　裁、党委书记：栾建胜
执行副总裁、纪委书记、党委委员：孙洪霞
执行副总裁、党委委员：龙春玲、周跃东、韩旭升、周万山、刘辉成
地　址：北京市西城区宣武门西大街丙 121 号
邮　编：100031

私人银行部

总经理、党委书记：马健
副总经理、党委委员：张剑宇、王华
副总经理、纪委书记、党委委员：徐卫东
地　址：上海市中山东一路 24 号 6 楼
邮　编：200002

贵金属业务部

总经理、党委书记：周明
副总经理、纪委书记、党委委员：赵文建
副总经理、党委委员：仇奕
地　址：上海市中山东二路 11 号 18 楼
邮　编：200002

票据营业部

总经理、党委书记：郭伟
副总经理、党委副书记：肖小和
副总经理、党委委员：张敬伦、唐国林
纪委书记、党委委员：吕洁
地　址：上海市虹口区天潼路 133 号 17 楼
邮　编：200080

长春金融研修学院

院　长、党委书记：鞠延强
副院长、党委副书记：李春满
副院长、党委委员：刘雨平、秦永顺、项成
纪委书记、党委委员：郑向居
地　址：长春市二道区公平路 448 号
邮　编：130033

杭州金融研修学院

院　长、党委书记：沈荣勤
副院长、党委副书记：所向东
副院长、纪委书记、党委委员：王龙华
副院长、党委委员：陈华蓉、吕香茹
地　址：杭州市西湖区留下街道屏峰 888 号
邮　编：310023

软件开发中心

总经理、党委书记：吕仲涛
副总经理、党委委员：朱菲菲
副总经理、党委副书记、纪委书记：李旭风
副总经理、党委委员：李金浩、伊劲松、吴绵顺、杨龙如、李兴双
地址：珠海市唐家湾软件园路 2 号
邮　编：519080

数据中心（北京）

总经理、党委书记：王丽平
副总经理、党委委员：翁伟勇、李六旬、孔兵、司继平（兼）
纪委书记、党委委员：黎万明
地　址：北京市海淀区西三旗建材东路 16 号
邮　编：100096

数据中心（上海）

总经理、党委书记：蒋国强
副总经理、党委委员：刘方洲、司继平、郑庆华、李金浩（兼）
纪委书记、党委委员：汪李应
地　址：上海市杨高北路 2005 号（台南西路 80 号）
邮　编：200131

国际结算单证中心

总经理：原擒龙

副总经理：荆仁、林清胜、李峰
地　址：北京市东城区朝阳门内大街188号二层
邮　编：100010

总行电子银行中心

总经理：张立军
副总经理：吕敏、郭杨
地　址：北京市西城区德胜门外大街77号德胜国际中心D座
邮　编：100088

电子银行中心（石家庄）

总经理：鲁小涛
副总经理：徐志强
地址：石家庄市桥西区时光街88号
邮　编：050000

电子银行中心（合肥）

总经理：曾建平
副总经理：戴敏
地　址：合肥市东流路999号新城国际大厦B座14楼
邮　编：230031

电子银行中心（广州）

总经理：文建平
副总经理：陈强
地　址：广州市天河区科韵路32－34号2楼
邮　编：510665

产品创新管理部产品研发中心

总经理：毛卫东
副总经理：黄浩波、王新红
地　址：北京市海淀区西三旗建材城东路16号
邮　编：100096

各一级分行、直属分行名录

北京分行

行　长、党委书记：王珍军
副行长、党委副书记：龚萍、季爱东
副行长、党委委员：顾建纲、付捷、汪晓芳、李建民
纪委书记、党委委员：张友芬
地　址：北京市西城区复兴门南大街2号（天银大厦B座）
邮　编：100031

天津分行

行　长、党委书记：华耀纲
副行长、党委副书记：张兴东
副行长、党委委员：刘惠新、张静、罗勇、王建国、张希刚、赵义民
纪委书记、党委委员：赵军
地　址：天津市河西区围堤道123号
邮　编：300074

河北分行

行　长、党委书记：许杰
副行长、党委副书记：张彦欣
副行长、党委委员：刘建民、赵增学、史立军、李明海
纪委书记、党委委员：齐永田
地　址：石家庄市中山西路188号
邮　编：050051

山西分行

行　长、党委书记：周玮
副行长、党委委员：王明贤、于晋萍、贾建强、赵象钰、牛喜军
纪委书记：王明贤（兼）
地　址：太原市迎泽大街145号
邮　编：030001

内蒙古分行

行　长、党委书记：吴宁锋
副行长、党委委员：范继忠、刘志忠、王学勇、苏新立、肖舟、涂晓光
纪委书记、党委委员：张素鲜
地　址：呼和浩特市锡林北路105号
邮　编：010050

辽宁分行

行　长、党委书记：戴春林
副行长、党委委员：王洪冰、王中印、周宝志、宋宁、张卫东
纪委书记、党委委员：王伟
地　址：沈阳市沈河区南山东堡路9号
邮　编：110013

吉林分行

行　长、党委书记：鞠延强
副行长、党委副书记：马玉贤
副行长、党委委员：张晓辛、周春晓、毕晓宏、赵桂德

纪委书记、党委委员：常景恩
地　址：长春市人民大街9559号
邮　编：130022

黑龙江分行

行　长、党委书记：李勇
副行长、党委委员：岳万国、杨宝金、马长水、杨秀芬、张希杰、石玉龙
纪委书记、党委委员：全同友
地　址：哈尔滨市道里区中央大街218号
邮　编：150010

上海分行

行　长、党委书记：沈立强
副行长、党委委员：应俊惠、顾国明、成善栋、徐力、朱晓怡、周春明
纪委书记、党委委员：吴勇
地　址：上海市浦东大道9号
邮　编：200120

江苏分行

行　长、党委书记：黄纪宪
副行长、党委副书记：朱春华
副行长、党委委员：夏卫阳、万辉、宋建华、陈平、吴宗辉、戴巍
纪委书记：吴宗辉（兼）
地　址：南京市中山南路408号
邮　编：210006

浙江分行

行　长、党委书记：沈荣勤
副行长、党委委员：田大章、叶定金、吴翔江、李海明、宋关昶、侯念东
纪委书记、党委委员：刘岩方
地　址：杭州市中河中路150号
邮　编：310009

安徽分行

行　长、党委书记：常真旺
副行长、党委副书记：梁延国
副行长、党委委员：苏国庆、许益明、胡伟谊、邹平、武龙
纪委书记、党委委员：朱勇
地　址：合肥市芜湖路189号
邮 编：230001

福建分行

行　长、党委书记：乔晋声
副行长、党委委员：刘丹、谢少波、范国德、李良茂、王升烽 、郑志伟
纪委书记：李良茂（兼）
地　址：福州市古田路108号
邮　编：350005

江西分行

行　长、党委书记：倪百祥
副行长、党委委员：苏南宏、罗健、张少华、周维、闫峻、姜成茂
纪委书记、党委委员：何维新
地　址：南昌市抚河北路233号
邮　编：330008

山东分行

行　长、党委书记：谷澍
副行长、党委委员：夏侯静波、李明、王跃民、崔中玉、徐光林、刘志刚
纪委书记、党委委员：赵树厂
地　址：济南市经四路310号
邮　编：250001

河南分行

行　长、党委书记：刘卫星
副行长、党委委员：姚虎、郭瑞海、田哲、薛文才、赵联盟、张有赋
纪委书记：姚虎（兼）
地　址：郑州市经三路99号
邮　编：450011

湖北分行

行　长、党委书记：官学清
副行长、党委委员：明道欣、王芝斌、吴代强、张金星、李峰
纪委书记、党委委员：熊红英
地　址：武汉市武昌区中北路31号
邮　编：430071

湖南分行

行　长、党委书记：张恪理
副行长、党委委员：李世文、郑子术、聂建国、李勤、张龙清
纪委书记、党委委员：邢敏
地　址：长沙市芙蓉中路一段619号
邮　编：410011

广东分行

行　长、党委书记：施刚

副行长、党委副书记：杨南昌
副行长、党委委员：沈晓东、徐守本、姜壹盛
纪委书记、党委委员：卢卓雄
地　址：广州市沿江西路 123 号
邮　编：510120

广西分行

行　长、党委书记：黄再红
副行长、党委委员：许桂北、杨永、邵苏江、李德斌、杨军
纪委书记、党委委员：吴进
地　址：南宁市教育路 15—1 号
邮　编：530022

海南分行

行　长、党委书记：石琪贤
副行长、党委委员：蔡文、王树慧、陈学坤、吴传武、杨若飞
纪委书记：陈学坤（兼）
地　址：海口市美兰区和平南路 3 号
邮　编：570203

重庆分行

行　长、党委书记：王百荣
副行长、党委副书记：雷玲
副行长、党委委员：谢明、邱建华、陈忠
纪委书记、党委委员：宋克修
地　址：重庆市南岸区江南大道 9 号
邮　编：400060

四川分行

行　长、党委书记：陈焕祥
副行长、党委委员：尹尤宪、洪维刚、罗毅、王世杰、陈丹
纪委书记、党委委员：马培雄
地　址：成都市总府路 40 号总府大厦
邮　编：610016

贵州分行

行　长、党委书记：黄力
副行长、党委委员：刘健、吴涛、黄文晖、顾斌、张正华
纪委书记、党委委员：马俊平
地　址：贵阳市中华北路 200 号
邮　编：550001

云南分行

行　长、党委书记：许海
副行长、党委委员：合杰、余良、王晓东
纪委书记、党委委员：王建红
地　址：昆明市青年路 395 号邦克大厦
邮　编：650011

陕西分行

行　长、党委书记：尚军
副行长、党委委员：刘勇、王军锋、王建设、蒋伟
纪委书记、党委委员：杨金凯
地　址：西安市东新街 395 号
邮　编：710004

甘肃分行

行　长、党委书记：张海琳
副行长、党委副书记：樊志成
副行长、党委委员：李昶、郭一民、何林、蒋立强、晏贵宾
纪委书记：樊志成（兼）
地　址：兰州市庆阳路 408 号
邮　编：730030

青海分行

行　长、党委书记：崔亮
副行长、党委委员：柴海生、李香玲、施维、张振民
纪委书记、党委委员：高得文
地　址：西宁市胜利路 2 号
邮　编：810001

宁夏分行

行　长、党委书记：王保林
副行长、党委委员：廉智、马文礼、栗宁安
纪委书记、党委委员：唐学文
地　址：银川市黄河东路 901 号
邮　编：750002

新疆分行

行　长、党委书记：孙建勇
副行长、党委副书记：袁萍
副行长、党委委员：张延挺、邢雷、黄绍辉、张家琦
纪委书记：张家琦（兼）
地　址：乌鲁木齐市人民路 231 号
邮　编：830002

西藏分行

行　长、党委书记：彭正江
副行长、党委委员：格桑曲珍、刘永斌、李海臣

纪委书记：刘永斌（兼）
地　址：拉萨市金珠中路 31 号
邮　编：850000

大连分行

行　长、党委书记：迟维君
副行长、党委副书记：李宝权
副行长、党委委员：吕维、孙祥伟、姜晓芳
纪委书记、党委委员：牛晓东
地　址：大连市中山区中山广场 5 号
邮　编：116001

青岛分行

行　长、党委书记：侯本旗
副行长、党委副书记：李波
副行长、党委委员：吴刚、程青、时辉、乔霞、毛波
纪委书记、党委委员：薛德贵
地　址：青岛市市南区山东路 25 号
邮　编：266071

宁波分行

行　长、党委书记：俞龙
副行长、党委委员：董继松、江甬辉、蔡志文、陈霄、郑东林、郑晔
纪委书记、党委委员：严爱兵
地　址：宁波市中山西路 218 号
邮　编：315010

厦门分行

行　长、党委书记：崔勇
副行长、党委委员：庄伟光、苏昆山、黄立波、曾桂华
纪委书记、党委委员：林建忠
地　址：厦门市湖滨北路 17 号工商银行大厦
邮　编：361012

深圳分行

行　长、党委书记：林谦
副行长、党委委员：李学民、姚玉平、周杰、李健雄、刘宇峰、骆伟华
纪委书记、党委委员：郑光明
地　址：深圳市罗湖区深南东路金融中心大厦北座
邮　编：518015

苏州分行

行　长、党委书记：徐晓岚
副行长、党委副书记：谢志华
副行长、党委委员：吴军、钱群
纪委书记、党委委员：周解平
地　址：苏州市阊胥路 88 号
邮　编：215002

各内审分局名录

直属分局

局　长：李健飞
副局长：庞力、娜日苏、游彩云、何黎萍
地　址：北京市西城区丰汇园小区 21 号楼西北门
邮　编：100032

天津分局

局　长：林明
副局长：王世明、孔祥国、李新明
地　址：天津市河西区围堤道 123 号 26—27 层
邮　编：300074

沈阳分局

局　长：李久新
副局长：陈晓光、刘相勇
地　址：沈阳市和平区和平北大街 180 号
邮　编：110001

上海分局

局　长：周志方
副局长：邱仁尔、林跃武、顾红英
地　址：上海市浦东大道 9 号 9 楼
邮　编：200120

南京分局

局　长：初苏华
副局长：黄世忠、吕相军、石光清
地　址：南京市建邺区兴隆大街 172－5 号
邮　编：210019

武汉分局

局　长：宋士卿
副局长：周明祥
地　址：武汉市中北路 31 号 18－19 层
邮　编：430071

广州分局

局　长：杨春林
副局长：于临辉、黄泉进、孙红、陈建兴
地　址：广州市昌岗东路五巷 23 号

邮　编：510260

成都分局

局　长：荀大志
副局长：黄岗、王文胜、严盖、刘享鑫
地　址：成都市如实庵街28号工行四川省分行营业部综合楼5－8楼
邮　编：610016

昆明分局

局　长：郁炯彦
副局长：陶云
地　址：昆明市青年路395号邦克大厦
邮　编：650011

西安分局

局　长：李志诚
副局长：水永成、相稳成、吴永强
地　址：西安市高新开发区高新路1号金融大厦
邮　编：710075

各一级分行营业部机构名录

河北分行营业部

总经理、党委书记：沈学勤
地　址：石家庄市平安南大街113号
邮　编：050021

山西分行营业部

总经理、党委书记：李裕祥
地　址：太原市新建路86号
邮　编：030002

内蒙古分行营业部

总经理、党委书记：涂晓光
地　址：呼和浩特市新华大街15号
邮　编：010010

辽宁分行营业部

总经理、党委书记：王中印
地　址：沈阳市沈河区友好街9号
邮　编：110013

吉林分行营业部

总经理、党委书记：张晓辛
地　址：长春市朝阳区同志街136号
邮　编：130061

黑龙江分行营业部

总经理、党委书记：岳万国
地　址：哈尔滨市道里区河洛街7号
邮　编：150076

江苏分行营业部

总经理、党委书记：陈平
地　址：南京市中山南路408号
邮　编：210006

浙江分行营业部

总经理、党委书记：杨忆
地　址：杭州市庆春路90号
邮　编：310003

安徽分行营业部

总经理、党委书记：赵洪亚
地　址：安徽省合肥市寿春路211号
邮　编：230001

福建分行营业部

总经理、党委书记：郑志伟
地　址：福州市八一七中路600号
邮　编：350004

江西分行营业部

总经理、党委书记：江华柱
地　址：南昌市中山路206号
邮　编：330003

山东分行营业部

党委副书记：朱岩峰（主持工作）
地　址：济南市历下区黑虎泉西路57号
邮　编：250011

河南分行营业部

总经理、党委书记：夏宗福
地　址：郑州市花园路24号
邮　编：450008

湖北分行营业部

总经理、党委书记：李峰
地　址：武汉市江汉路17号
邮　编：430021

湖南分行营业部

总经理、党委书记：张龙清

地 址：长沙市五一大道465号
邮 编：410005

广东分行营业部

总经理、党委书记：沈晓东
地 址：广州市大沙头路29号工银大厦
邮 编：510100

广西分行营业部

总经理、党委书记：农永富
地 址：南宁市民族大道38—2号
邮 编：530022

四川分行营业部

总经理、党委书记：王世杰
地 址：成都市藩库街9号
邮 编：610016

贵州分行营业部

总经理、党委书记：黄文晖
地 址：贵阳市省府路1号
邮 编：550001

云南分行营业部

总经理、党委书记：倪立
地 址：昆明市青年路395号
邮 编：650011

陕西分行营业部

总经理、党委书记：王引平
地 址：西安市西木头市9号
邮 编：710002

甘肃分行营业部

总经理、党委书记：蒋立强
地 址：兰州市静宁路358号
邮 编：730030

新疆分行营业部

总经理、党委书记：张脉群
地 址：乌鲁木齐市新民路2号
邮 编：830002

各二级分行机构名录

北京分行

分行营业部

总经理：张展
地 址：北京市西城区复兴门南大街2号（天银大厦B座）
邮 编：100031

东城支行

行 长、党委书记：苗鸿祥
地 址：北京市东城区东四十条24号
邮 编：100007

王府井支行

行 长、党委书记：郭俊
地 址：北京市东城区王府井大街237号
邮 编：100006

和平里支行

行 长、党委书记：张俊杰
地 址：北京市东城区和平里北街14号
邮 编：100013

长安支行

行 长、党委书记：杜杰
地 址：北京市西城区宣内大街乙6号
邮 编：100031

新街口支行

行 长、党委书记：曲琰
地 址：北京市西城区西直门内大街143号
邮 编：100035

南礼士路支行

行 长、党委书记：谢一平
地 址：北京市西城区阜外大街8号
邮 编：100037

金融街支行

行 长、党委书记：于青
地 址：北京市西城区太平桥大街丰汇园11号
邮 编：100032

地安门支行

行 长、党委书记：何长荣

地　址：北京市西城区德外大街77号D座
邮　编：100088

崇文支行

行　长、党委书记：高平
地　址：北京市崇文区永定门外大街86号
邮　编：100075

宣武支行

行　长、党委书记：包永康
地　址：北京市宣武区广外南滨河路3号楼
邮　编：100055

广安门支行

行　长、党委书记：尹家赪
地　址：北京市宣武区广外南滨河路3号楼
邮　编：100055

珠市口支行

行　长、党委书记：张建东
地　址：北京市崇文区珠市口东大街15号
邮　编：100062

朝阳支行

行　长、党委书记：储成龙
地　址：北京市朝阳区朝外大街1号
邮　编：100020

九龙山支行

行　长、党委书记：李湛
地　址：北京市朝阳区广渠路甲40号
邮　编：100022

亚运村支行

行　长、党委书记：齐兆惠
地　址：北京市朝阳区慧忠北里407号
邮　编：100012

望京支行

行　长、党委书记：张宁涛
地　址：北京市朝阳区酒仙桥路10号
邮　编：100102

商务中心区支行

行　长、党委书记：张丹云
地　址：北京市朝阳区建国路108号
邮　编：100022

海淀支行

行　长、党委书记：陶锦莉
地　址：北京市海淀区中关村东路100号
邮　编：100080

海淀西区支行

行　长、党委书记：任路平
地　址：北京市海淀区北四环西路65号
邮　编：101200

中关村支行

行　长、党委书记：王耕欣
地　址：北京市海淀区上地信息路2号
邮　编：100085

翠微路支行

行　长、党委书记：何平
地　址：北京市海淀区阜成路79号
邮　编：100036

西客站支行

行　长、党委书记：江波
地　址：北京市海淀区莲花池东路39号
邮　编：100055

丰台支行

行　长、党委书记：尹承德
地　址：北京市丰台区文体路19号
邮　编：100071

方庄支行

行　长、党委书记：贾金锡
地　址：北京市丰台区芳城园三区18号楼
邮　编：100078

经济技术开发区支行

行　长、党委书记：吴迎春
地　址：北京经济技术开发区荣昌东街甲5号隆盛大厦A座二层
邮　编：100176

石景山支行

行　长、党委书记：王耀红
地　址：北京市石景山区石景山路63号
邮　编：100043

门头沟支行

行　长、党委书记：范文

地　址：北京市门头沟区新桥大街12号
邮　编：102300

房山支行

行　长、党委书记：王凯
地　址：北京市房山良乡西潞北大街32号
邮　编：102488

通州支行

行　长、党委书记：马跃进
地　址：北京市通州区新华大街155号
邮　编：101100

大兴支行

行　长、党委书记：聂建文
地　址：北京市大兴区兴政街24号
邮　编：102600

顺义支行

副行长、党委副书记：梅霜（主持工作）
地　址：北京市顺义区石园西路
邮　编：101300

昌平支行

行　长、党委书记：周冀平
地　址：北京市昌平区科技园区综合办公楼
邮　编：102200

怀柔支行

副行长、党委副书记：胡贤文（主持工作）
地　址：北京市怀柔区商业街23号
邮　编：101400

密云支行

副行长、党委副书记：卫峥（主持工作）
地　址：北京市密云县鼓楼南大街
邮　编：101500

平谷支行

行　长、党委书记：金恒钧
地　址：北京市平谷区府前西街14号
邮　编：101200

延庆支行

行　长、党委书记：胡长文
地　址：北京市延庆县延庆镇东大街37号
邮　编：102100

天津分行

营业部

总经理、党委书记：马明
地　址：天津市和平区赤峰道12号
邮　编：300041

和平支行

行　长、党委书记：吴海河
地　址：天津市和平区解放路147号
邮　编：300040

新华支行

行　长、党委书记：董谦
地　址：天津市和平区西康路33号
邮　编：300051

南开支行

行　长、党委书记：葛强
地　址：天津市南开区黄河道12号
邮　编：300101

河北支行

行　长、党委书记：张筱裹
地　址：天津市河北区滨海道69、71、73、75、77号
邮　编：300010

红桥支行

行　长、党委书记：张立群
地　址：天津市红桥区大丰路西端
邮　编：300121

河西支行

行　长、党委书记：戴江
地　址：天津市河西区围堤道123号
邮　编：300074

广厦支行

行　长、党委书记：侯雨生
地　址：天津市河西区大沽路361号
邮　编：300202

河东支行

行　长、党委书记：顾建国
地　址：天津市河东区十一经路河东金融大厦
邮　编：300171

新技术产业园区支行

行　长、党委书记：何松
地　址：天津市南开区红旗路与西湖道南侧博雅轩6，7—201、302
邮　编：300192

津西支行

行　长、党总支书记：张运航
地　址：天津市西青开发区津港公路龙府花园4号楼
邮　编：300381

塘沽分行

行　长、党委书记：于德全
地　址：天津市塘沽区新华路菜市街1号
邮　编：300450

开发区分行

行　长：王兆毅
党委副书记：杜晓燕
地　址：天津开发区广场东路20号滨海金融街E5AB座
邮　编：300457

保税区分行

行　长、党委书记：李景龙
地　址：天津港保税区天保大道176号
邮　编：300456

汉沽支行

党委书记：王健
行　长：李华
地　址：天津市汉沽区新开中路69号
邮　编：300480

大港支行

行　长、党委书记：刘永辉
地　址：天津市大港区迎宾街79号
邮　编：300270

西青支行

行　长、党总支书记：毕堃
地　址：天津市西青区杨柳青新华道77号
邮　编：300380

北辰支行

行　长、党总支书记：王双宁
地　址：天津市北辰区京津路346号
邮　编：300400

东丽支行

行　长、党总支书记：王伯森
地　址：天津市东丽区福山路先锋路交口
邮　编：300300

津南支行

行　长、党总支书记：李林原
地　址：天津市津南区咸水沽镇体育场路35号
邮　编：300350

宁河支行

党总支书记：王永泰
副行长：李华金（主持工作）
地　址：天津市宁河县芦台镇商业道59号
邮　编：301500

武清支行

行　长、党总支书记：陈宏
地　址：天津市武清区杨村镇雍阳东道
邮　编：301700

蓟县支行

副行长、党总支书记：袁乃村（主持工作）
地　址：天津市蓟县兴华大街1号
邮　编：301900

宝坻支行

行　长、党总支书记：李强
地　址：天津市宝坻区南关大街2号
邮　编：301800

静海支行

行　长、党总支书记：黄诚
地　址：天津市静海镇胜利大街21号
邮　编：301600

融汇支行

行　长、党总支书记：柳青
地　址：天津市和平区大同道11号
邮　编：300040

国信支行

行　长、党总支书记：李云峰
地　址：天津市河西区宾泰公寓1门
邮　编：300061

锦州道支行

副行长、党总支书记：杨居庄（主持工作）
地 址：天津市和平区和平路254号
邮 编：300020

红旗路支行

行 长、党总支书记：孙昊
地 址：天津市南开区嘉陵道7号
邮 编：300113

南门外支行

副行长、党总支书记：孙强（主持工作）
地 址：天津市南开区南开三马路173号
邮 编：300100

黄河道支行

行 长、党总支书记：刘西泉
地 址：天津市南开区长江道万科瑞湾花园24号
邮 编：300112

成都道支行

行 长、党总支书记：刘鹏
地 址：天津市和平区成都道25号
邮 编：300050

北站支行

行 长、党总支书记：崔建光
地 址：天津市河北区中山路22号
邮 编：300142

民族路支行

行 长、党总支书记：刘建农
地 址：天津市河北区进步道38号首层
邮 编：300010

王串场支行

行 长、党总支书记：蔺津祥
地 址：天津市河北区金钟河大街107号
邮 编：300150

新村支行

行 长、党总支书记：张建波
地 址：天津市红桥区咸阳北路与丁字沽一号路交口
邮 编：300131

富民路支行

副行长、党总支书记：何文利（主持工作）
地 址：天津市河东区富民路67号增3号
邮 编：300182

唐家口支行

行 长、党总支书记：赵洪领
地 址：天津市河东区成林道东局子1号战备楼1层、4层、5层
邮 编：300161

谦德庄支行

副行长、党总支书记：张明磊（主持工作）
地 址：天津市河西区汕头路与永安道交口泰达园底商
邮 编：300204

体院北支行

行 长、党总支书记：宋佳镭
地 址：天津市西青区卫津南路与丽江道交口西南侧美域商业广场5－106－112、206－210
邮 编：300381

陈塘庄支行

副行长、党总支书记：王迪（主持工作）
地 址：天津市河西区大沽南路880号增1号
邮 编：300220

双水道支行

副行长、党总支书记：杨斌（主持工作）
地 址：天津市河西区双水道24号
邮 编：300222

空港经济区支行

行 长、党总支书记：王利力
地 址：天津空港物流加工区西三道158号金融中心2号楼103、203
邮 编：300010

河北分行

邯郸分行

副行长、党委副书记：刘斌（主持工作）
地 址：邯郸市人民东路248号
邮 编：056002

邢台分行

行长、党委书记：刘维柱
地 址：邢台市郭守敬北路285号
邮 编：054059

衡水分行

行　长、党委书记：赵相玉
地　址：衡水市人民西路321号
邮　编：053000

保定分行

行　长、党委书记：王爱东
地　址：保定市东风中路1902号
邮　编：071051

沧州分行

行　长、党委书记：卢斌
地　址：沧州市清池南大道13号
邮　编：061000

承德分行

行　长、党委书记：鲍振香
地　址：承德市西大街26号
邮　编：067000

张家口分行

行　长、党委书记：杨力民
地　址：张家口市桥东区解放大街20号
邮　编：075000

唐山分行

行　长、党委书记：王琦
地　址：唐山市新华东道102号
邮　编：063000

廊坊分行

行　长、党委书记：王向东
地　址：廊坊市和平路78号
邮　编：065000

秦皇岛分行

行　长、党委书记：李子木
地　址：秦皇岛市建设大街136号
邮　编：066000

山西分行

大同分行

行　长、党委书记：邹建文
地　址：大同市新建西路44号
邮　编：037044

阳泉分行

行　长、党委书记：常江
地　址：阳泉市德胜东街13号
邮　编：045000

长治分行

行　长、党委书记：薛会民
地　址：长治市太行东街167号
邮　编：046011

晋城分行

行　长、党委书记：段庚清
地　址：晋城市凤台西街55号
邮　编：048026

朔州分行

行　长、党委书记：董建军
地　址：朔州市振华西街50号
邮　编：036000

忻州分行

行　长、党委书记：车长春
地　址：忻州市长征西街27号
邮　编：034000

吕梁分行

行　长、党委书记：郝恩源
地　址：吕梁市离石区永宁东路29号
邮　编：033000

晋中分行

行　长、党委书记：李颖耀
地　址：晋中市榆次区迎宾路28号
邮　编：030600

临汾分行

行　长、党委书记：李广军
地　址：临汾市鼓楼北街44号
邮　编：041000

运城分行

行　长、党委书记：荆小红
地　址：运城市红旗东街242号
邮　编：044000

内蒙古分行

包头分行

行　长、党委书记：李有文
地　址：包头市昆都仑区钢铁大街 46 号
邮　编：014100

鄂尔多斯分行

行　长、党委书记：张凤山
地　址：鄂尔多斯市东胜区满都海巷北 7 号
邮　编：017000

乌海分行

行　长、党委书记：贾振山
地　址：乌海市海勃湾区人民北路 77 号
邮　编：016000

赤峰分行

行　长、党委书记：王化臣
地　址：赤峰市红山区钢铁西街 18 号
邮　编：024000

通辽分行

行　长、党委书记：李宝元
地　址：通辽市科尔沁区永清大街 352 号
邮　编：028000

呼伦贝尔分行

行　长、党委书记：徐国君
地　址：呼伦贝尔市海拉尔区伊敏大街 40 号
邮　编：021008

锡林郭勒盟分行

行　长、党委书记：谢家俊
地　址：内蒙古锡林浩特市宝昌路 46 号
邮　编：026000

乌兰察布分行

行　长、党委书记：张海君
地　址：乌兰察布市集宁区桥东五马路 6 号
邮　编：012000

巴彦淖尔分行

行　长、党委书记：刘文海
地　址：巴彦淖尔市临河区胜利路 51 号
邮　编：015000

阿拉善盟分行

行　长、党委书记：周慧林
地　址：阿拉善盟巴彦浩特额鲁特东路 05 号
邮　编：750306

满洲里分行

行　长、党委书记：刘文明
地　址：满洲里市三道街 4 号
邮　编：021400

辽宁分行

鞍山分行

行　长、党委书记：杨青
地　址：鞍山市铁东区二一九路 32 号
邮　编：114000

抚顺分行

行　长、党委书记：张学锋
地　址：抚顺市新抚区中央大街东七路 4 号
邮　编：113008

本溪分行

行　长、党委书记：徐言峰
地　址：本溪市平山区曙光路 3 号
邮　编：117000

丹东分行

行　长、党委书记：刘静波
地　址：丹东市元宝区锦山大街 113 号
邮　编：118000

锦州分行

行　长、党委书记：李爱民
地　址：锦州市凌河区解放路五段 24 甲
邮　编：121000

营口分行

副行长、党委副书记：林继维（主持工作）
地　址：营口市金牛山大街西 4 号
邮　编：115000

阜新分行

行　长、党委书记：耿敬东
地　址：阜新市细河区解放大街 8 号
邮　编：123000

辽阳分行

行　长、党委书记：王金贵
地　址：辽阳市文圣区中华大街 157 号
邮　编：111000

铁岭分行

行　长、党委书记：张小东
地　址：铁岭市银州区银州路 27 号
邮　编：112000

朝阳分行

行　长、党委书记：郭文峰
地　址：朝阳市双塔区朝阳大街四段 3 号
邮　编：122000

盘锦分行

副行长、党委副书记：王海军（主持工作）
地　址：盘锦市兴隆台区市府大街 9 号
邮　编：124010

葫芦岛分行

行　长、党委书记：吴兴春
地　址：葫芦岛市龙港区龙湾大街 38 号
邮　编：125000

吉林分行

吉林市分行

行　长、党委书记：朱评
地　址：吉林市松江路 9 号
邮　编：132011

四平分行

行　长、党委书记：杨宗江
地　址：四平市铁西区英雄大路 258 号
邮　编：136000

辽源分行

行　长、党委书记：王岩
地　址：辽源市人民大街 518 号
邮　编：136200

通化分行

行　长、党委书记：蒋超
地　址：通化市东昌区滨江西路 3801 号
邮　编：134000

白山分行

行　长、党委书记：丛武义
地　址：白山市通江路 2 号
邮　编：134300

白城分行

行　长、党委书记：王戈
地　址：白城市中兴东大路 10 号
邮　编：137000

松原分行

副行长、党委副书记：杨谦（主持工作）
地　址：松原市宁江区长宁南街 2101 号
邮　编：138001

延边分行

副行长、党委副书记：巨新（主持工作）
地　址：延吉市长白路 56 号
邮　编：133001

黑龙江分行

齐齐哈尔分行

行　长、党委书记：张希杰
地　址：齐齐哈尔市龙沙区斜阳街 6 号
邮　编：161005

牡丹江分行

行　长、党委书记：冯善核
地　址：牡丹江市太平路 115 号
邮　编：157000

佳木斯分行

行长、党委书记：张虹
地　址：佳木斯市保卫路 105 号
邮　编：154002

大庆分行

行　长、党委书记：王伟哲
地　址：大庆市萨尔图区东风路 37 号
邮　编：163001

伊春市分行

行　长、党委书记：吕云彪
地　址：伊春市伊春区新兴中大街 78 号
邮　编：153000

鸡西分行

行　长、党委书记：张青武
地　址：鸡西市鸡冠区红旗大街 19 号
邮　编：158100

鹤岗分行

行　长、党委书记：马勇
地　址：鹤岗市工农区东解放路 69 号
邮　编：154101

双鸭山分行

行　长、党委书记：李万春
地　址：双鸭山市尖山区六马路 15 号
邮　编：155100

七台河分行

行　长、党委书记：田宝财
地　址：七台河市桃山区大同街 26 号
邮　编：154600

绥化分行

行 长、党委书记：梁建国
地　址：绥化市中兴西路 72 号
邮　编：152001

黑河分行

行　长、党委书记：张余振
地　址：黑河市合作区通江路工行大楼
邮　编：164300

大兴安岭分行

行　长、党委书记：李安
地　址：加格达奇区人民路 38 号
邮　编：165000

上海分行

营业部

总经理、党委书记：徐晓萍
地　址：上海市中山东一路 24 号
邮　编：200002

第二营业部

总经理、党支部书记：洪晓岚
地　址：上海市即墨路 88 号
邮　编：200120

外滩支行

副行长、党总支副书记：冯雁飞（主持工作）
地　址：上海市中山东二路 11 号
邮　编：200002

浦东分行

行　长、党委书记：秦华
地　址：上海市浦东南路 2024－2034 号
邮　编：200127

静安支行

行　长、党委书记：胡霄骅
地　址：上海市康定路 699 号
邮　编：200040

徐汇支行

行　长、党委书记：王伟权
地　址：上海市广元西路 8 号
邮　编：200030

虹口支行

行　长、党委书记：钱勤新
地　址：上海市东大名路 578 号
邮　编：200080

闸北支行

行　长、党委书记：赵家骏
地　址：上海市河南北路 485 号
邮　编：200071

卢湾支行

行　长、党委书记：王德湛
地　址：上海市淮海中路 98 号
邮　编：200021

黄浦支行

行　长、党委书记：周紫华
地　址：上海市四川中路 346 号
邮　编：200002

杨浦支行

行　长、党委书记：张毅
地　址：上海市控江路 1698 号
邮　编：200092

普陀支行

行　长、党委书记：徐光华

地　址：上海市普陀区大渡河路 388 弄 5 号
邮　编：200062

长宁支行

行　长、党委书记：苏岳勤
地　址：上海市延安西路 318 号
邮　编：200050

宝山支行

副行长、党委副书记：王睿（主持工作）
地　址：上海市松滨路 318 号
邮　编：200940

闵行支行

行　长、党委书记：王燕青
地　址：上海市莘松路 288 号
邮　编：201100

金山支行

行　长、党委书记：王卫政
地　址：上海市金山区石化卫零路 558 号
邮　编：200540

漕河泾开发区支行

行　长、党总支书记：李毓菖
地　址：上海市宜山路 900 号
邮　编：200233

虹桥开发区支行

行　长、党总支书记：张政
地　址：上海市娄山关路 83 号
邮　编：200336

浦东开发区支行

行　长、党委书记：吴燕芬
地　址：上海市金桥路 1391 号 3 – 7 层
邮　编：200129

嘉定支行

副行长、党总支副书记：杨勇（主持工作）
地　址：上海市清河路 151 号
邮　编：201800

南汇支行

行　长、党总支书记：冯羽
地　址：上海市惠南镇城南路 258 号
邮　编：201300

奉贤支行

行　长、党总支书记：盛俊中
地　址：上海市南桥镇南中路 48 号
邮　编：201400

松江支行

副行长、党总支副书记：徐莹（主持工作）
地　址：上海市松江区中山二路 218 – 228 号
邮　编：201600

青浦支行

行　长、党总支书记：吴晓春
地　址：上海市青浦区城中东路 485 号
邮　编：201700

崇明支行

行　长、党支部书记：陈磊
地　址：上海市城桥镇南门路 158 号
邮　编：202150

临港支行

行　长、党支部书记：孙伟
地　址：上海市南汇区临港新城新元南路 555 号
邮　编：201306

张江支行

行　长、党总支书记：江齐青
地　址：上海市张江路 639 号
邮　编：201120

地铁支行

行　长、党支部书记：郑唐浩
地　址：上海市浦东新区银城中路 488 号
邮　编：200120

世博支行

副行长、党总支副书记：王育松（主持工作）
地　址：上海市浦东新区耀华路 8 号
邮　编：200126

江苏分行

无锡分行

行　长、党委书记：耿立波
地　址：无锡五爱路 30 号
邮　编：214031

徐州分行

行 长、党委书记：李明星
地 址：徐州市大同街 31 号
邮 编：221003

常州分行

行 长、党委书记：张彬
地 址：常州市延陵中路 680 号
邮 编：213003

南通分行

行 长、党委书记：刘小全
地 址：南通市姚港路 8 号
邮 编：226006

连云港分行

行 长、党委书记：周良坤
地 址：连云港市新浦区海连中路 118 号
邮 编：222004

淮安分行

副行长（主持工作）、党委副书记：周刚
地 址：淮安市淮海西路 81 号
邮 编：223001

盐城分行

行 长、党委书记：薛田江
地 址：盐城市建军中路 124 号
邮 编：224001

扬州分行

党委书记：徐纯斌
地 址：扬州市扬子江中路 756 号
邮 编：225009

镇江分行

行 长、党委书记：张清水
地 址：镇江市解放路 308 号
邮 编：212000

泰州分行

行 长、党委书记：蔡万周
地 址：泰州市青年北路 188 号
邮 编：225300

宿迁分行

行 长、党委书记：姜邗
地 址：宿迁市洪泽湖路 71 号
邮 编：223800

浙江分行

温州分行

行 长、党委书记：侯念东
地 址：温州市人民东路 2 号工行大厦
邮 编：325003

嘉兴分行

行 长、党委书记：沈忻
地 址：嘉兴市禾兴南路 419 号
邮 编：314001

湖州分行

行 长、党委书记：李强
地 址：湖州市红旗路 48 号
邮 编：313000

绍兴分行

行 长、党委书记：邵锦华
地 址：绍兴市胜利东路 180 号
邮 编：312000

金华分行

行 长、党委书记：赵丹蓓
地 址：金华市八一北街 595 号
邮 编：321000

衢州分行

行 长、党委书记：方必平
地 址：衢州市市区上街 66 号
邮 编：324000

台州分行

行 长、党委书记：王国才
地 址：台州市椒江区市府大道 609 号
邮 编：318000

丽水分行

行 长、党委书记：徐晓伟
地 址：丽水市丽阳街 555 号
邮 编：323000

舟山分行

行 长、党委书记：谢素薇
地 址：舟山市定海区人民南路 16 号

邮　编：316000

义乌分行

行　长、党委书记：沈初阳
地　址：义乌市篁园路 128 号
邮　编：322000

安徽分行

淮北分行

行　长、党委书记：张瑞党
地　址：淮北市人民中路 192 号
邮　编：235000

宿州分行

行　长、党委书记：尹兰新
地　址：宿州市淮海中路 58 号
邮　编：234000

蚌埠分行

党委书记：李星逸
地　址：蚌埠市中兴街 95 号
邮　编：233000

阜阳分行

行　长、党委书记：兰少锋
地　址：阜阳市清河东路 568 号
邮　编：236032

淮南分行

行　长、党委书记：沈刚
地　址：淮南市田家庵区国庆中路 287 号
邮　编：232007

滁州分行

党委副书记、副行长：周晨光（主持工作）
地　址：滁州市南谯北路 854 号
邮　编：239000

六安分行

行　长、党委书记：杨林
地　址：六安市解放南路 79 号
邮　编：237000

马鞍山分行

行　长、党委书记：李为民
地　址：马鞍山市湖南东路 1123 号（团结广场）
邮　编：243000

芜湖分行

党委书记：钱晓东
地　址：芜湖市文化路 38 号
邮　编：241000

宣城分行

党委副书记、副行长：曲乐（主持工作）
地　址：宣城市鳌峰西路 76 号
邮　编：242000

铜陵分行

行　长、党委书记：李新彬
地　址：铜陵市长江东路 50 号
邮　编：244000

池州分行

行　长、党委书记：黄乐志
地　址：池州市秋浦西路 117 号
邮　编：247000

安庆分行

行　长、党委书记：王新潮
地　址：安庆市孝肃路 230 号
邮　编：246004

黄山分行

行　长、党委书记：张宇建
地　址：黄山市屯溪区黄山东路 57 号
邮　编：245000

亳州分行

副行长、党委书记：苑卫东
地　址：亳州市人民中路 41 号
邮　编：236800

福建分行

泉州分行

行　长、党委书记：张建明
地　址：泉州市丰泽街 610 号
邮　编：362000

漳州分行

行　长、党委书记：张水平
地　址：漳州市元光南路工行大楼
邮　编：363000

三明分行

行　长、党委书记：林民荣
地　址：三明市和仁新村一幢
邮　编：365000

南平分行

行　长、党委书记：张朝阳
地　址：南平市东山路 2 号
邮　编：353000

莆田分行

行　长、党委书记：王忠
地　址：莆田市荔城大道南段 968 号
邮　编：351100

龙岩分行

行　长、党委书记：黄金坤
地　址：龙岩市九一南路 47 号
邮　编：364000

宁德分行

行　长、党委书记：高向阳
地　址：宁德市蕉城南路 51 号
邮　编：352100

江西分行

赣州分行

行　长、党委书记：汪蔚菁
地　址：赣州市文清路 39 号
邮　编：341000

宜春分行

副行长、党委副书记：陈红根（主持工作）
地　址：宜春市秀江中路 219 号
邮　编：336000

吉安分行

行　长、党委书记：胡小龙
地　址：吉安市吉州区井冈山大道 103 号
邮　编：343000

上饶分行

行　长、党委书记：纪英武
地　址：上饶市信州区滨江西路 25 号
邮　编：334000

抚州分行

行　长、党委书记：黄新根
地　址：抚州市赣东大道 439 号
邮　编：344000

九江分行

行　长、党委书记：曾劭群
地　址：九江市滨江路 99 号
邮　编：332000

景德镇分行

行　长、党委书记：钟爱民
地　址：景德镇市瓷都大道 1106 号
邮　编：333000

萍乡分行

行　长、党委书记：余钟耕
地　址：萍乡市建设西路 76 号
邮　编：337000

新余分行

副行长、党委副书记：胡小金（主持工作）
地　址：新余市仙来东大道 269 号
邮　编：338000

鹰潭分行

行　长、党委书记：余明安
地　址：鹰潭市月湖区环城西路 1 号
邮　编：335000

山东分行

淄博分行

行　长、党委书记：王世明
地　址：淄博市张店金晶大道 158 号
邮　编：255000

枣庄分行

行　长、党委书记：盖伟
地　址：枣庄市光明大道 2399 号
邮　编：277102

东营分行

行　长、党委书记：刘爱峰
地　址：东营市南一路 278 号
邮　编：257091

烟台分行

党委书记：陈国立（主持工作）
地　址：烟台市芝罘区海港路1号
邮　编：264000

潍坊分行

行　长、党委书记：孙长庚
地　址：潍坊市奎文区胜利东街5099号
邮　编：261031

济宁分行

党委书记：刘磊（主持工作）
地　址：济宁市红星东路115号
邮　编：272017

泰安分行

行　长、党委书记：宋鲁田
地　址：泰安市财源大街135号
邮　编：271000

威海分行

行　长、党委书记：姜宁
地　址：威海市文化西路188号
邮　编：264209

日照分行

行　长、党委书记：贾萍
地　址：日照市黄海一路43号
邮　编：276826

莱芜分行

行　长、党委书记：许在敏
地　址：莱芜市鲁中东大街1号
邮　编：271100

临沂分行

行　长、党委书记：孙光辉
地　址：临沂市兰山区平安路135号
邮　编：276000

德州分行

行　长、党委书记：赵忠江
地　址：德州市天衢中路1561号
邮　编：253016

聊城分行

党委书记：杨峰（主持工作）
地　址：聊城市昌润路151号
邮　编：252000

滨州分行

行　长、党委书记：苗帅
地　址：滨州市渤海七路633号
邮　编：256600

菏泽分行

行　长、党委书记：冯建军
地　址：菏泽市中华路2398号
邮　编：274000

河南分行

洛阳分行

行　长、党委书记：郭自来
地　址：洛阳市中州中路230号
邮　编：471000

开封分行

行　长、党委书记：刘明海
地　址：开封市丁角街88号
邮　编：475000

新乡分行

行　长、党委书记：邢卫勇
地　址：新乡市和平大道88号
邮　编：453003

焦作分行

行　长、党委书记：赵凌
地　址：焦作市焦东中路23号
邮　编：454002

平顶山分行

行　长、党委书记：成建新
地　址：平顶山市矿工中路南37号
邮　编：467000

安阳分行

行　长、党委书记：任建平
地　址：安阳市文峰大道中段
邮　编：455000

鹤壁分行

行　长、党委书记：丁杰
地　址：鹤壁市兴鹤大街235号

邮　编：458030

濮阳分行

行　长、党委书记：王海燕
地　址：濮阳市建设路 16 号
邮　编：457000

许昌分行

行　长、党委书记：方一桥
地　址：许昌市七一路 88 号
邮　编：461000

漯河分行

行　长、党委书记：田耕
地　址：漯河市黄河路 692 号
邮　编：462000

三门峡分行

行　长、党委书记：康广明
地　址：三门峡市崤山路中段 42 号
邮　编：472000

南阳分行

行　长、党委书记：王伟
地　址：南阳市工业路 124 号
邮　编：473000

驻马店分行

行　长、党委书记：张天福
地　址：驻马店市解放路东段
邮　编：463000

商丘分行

行　长、党委书记：温铁牛
地　址：商丘市文化东路 569 号
邮　编：476000

周口分行

行　长、党委书记：王勇
地　址：周口市工农路 20 号
邮　编：466000

信阳分行

行　长、党委书记：梁光德
地　址：信阳市四一路 41 号
邮　编：464000

济源分行

行　长、党委书记：贺伍有
地　址：济源市宣化东街 131 号
邮　编：454650

湖北分行

三峡分行

行　长、党委书记：成斌
地　址：宜昌市夷陵大道特 169 号
邮　编：443000

襄阳分行

行　长、党委书记：张辉
地　址：襄阳市前进路 69 号
邮　编：441003

荆州分行

行　长、党委书记：施光军
地　址：荆州市沙市区北京中路 352 号
邮　编：434000

孝感分行

行　长、党委书记：陈昭旭
地　址：孝感市园林二路
邮　编：432100

十堰分行

行　长、党委书记：邱世杰
地　址：十堰市公园路 7 号
邮　编：442000

黄冈分行

行　长、党委书记：杨中林
地　址：黄冈市黄州开发区新港二路一号
邮　编：438000

荆门分行

行　长、党委书记：万大贵
地　址：荆门市象山一路 1 号
邮　编：448000

黄石分行

行　长、党委书记：陈建新
地　址：黄石市南京路 18 号
邮　编：435000

随州分行

行　长、党委书记：周红英
地　址：随州市烈山大道 493 号

邮　编：441300

恩施分行

行　长、党委书记：胡广文
地　址：恩施市施州大道 30 号
邮　编：445000

咸宁分行

行　长、党委书记：徐向东
地　址：咸宁市温泉淦河大道 66 号
邮　编：437100

鄂州分行

行　长、党委书记：华静
地　址：鄂州市武昌大道 312 号
邮　编：436000

湖南分行

株洲分行

行　长、党委书记：郑振华
地　址：株洲市建设南路 320 号
邮　编：412000

湘潭分行

行　长、党委书记：许青
地　址：湘潭市韶山中路 1 号
邮　编：411000

衡阳分行

行　长、党委书记：胡庆林
地　址：衡阳市解放路 1 号
邮　编：421001

邵阳分行

行　长、党委书记：杨林
地　址：邵阳市红旗路 389 号
邮　编：422000

岳阳分行

行　长、党委书记：凌金健
地　址：岳阳市南湖大道 115 号
邮　编：414000

益阳分行

行　长、党委书记：张慎
地　址：益阳市益宾路 9 号
邮　编：413000

常德分行

行　长、党委书记：匡一先
地　址：常德市人民中路 358 号
邮　编：415000

永州分行

行　长、党委书记：徐彦杰
地　址：永州市零陵区南津南路 196 号
邮　编：425100

郴州分行

行　长、党委书记：任建军
地　址：郴州市北湖路 27 号
邮　编：423000

娄底分行

行　长、党委书记：晏正芳
地　址：娄底市乐坪东街 7 号
邮　编：417000

怀化分行

行　长、党委书记：杨理杰
地　址：怀化市迎丰中路 569 号
邮　编：418000

湘西分行

行　长、党委书记：肖新华
地　址：吉首市人民北路 79 号
邮　编：416000

张家界分行

行　长、党委书记：张林
地　址：张家界市回龙路 29 号
邮　编：427000

广东分行

珠海分行

行　长、党委书记：周骏
地　址：珠海市吉大景山路 19 号工商银行大厦
邮　编：519015

汕头分行

行　长、党委书记：许长明
地　址：汕头市迎宾路 1 号工行大楼
邮　编：515041

韶关分行

行　长、党委书记：王海
地　址：韶关市建国路 2 号
邮　编：512000

河源分行

行　长、党委书记：应非
地　址：河源市沿江路 13 号
邮　编：517000

梅州分行

行　长、党委书记：林伟
地　址：梅州市嘉应东路 18 号
邮　编：514021

惠州分行

行　长、党委书记：张梦虹
地　址：惠州市文明 1 路 3 号
邮　编：516003

汕尾分行

行　长、党委书记：林绍生
地　址：汕尾市四马路中段
邮　编：516600

东莞分行

行　长、党委书记：罗健强
地　址：东莞市莞太路胜和路段 18 号
邮　编：523009

中山分行

副行长、党委副书记：刘同朋（主持工作）
地　址：中山市石岐悦来南路 7 号
邮　编：528400

江门分行

行　长、党委书记：梅超
地　址：江门市港口路 93 号
邮　编：529030

佛山分行

行　长、党委书记：林筜
地　址：佛山市汾江中路 130 号
邮　编：528000

阳江分行

行　长、党委书记：洪仕芹
地　址：阳江市新江北路 488 号
邮　编：529500

湛江分行

行　长、党委书记：杜东龙
地　址：湛江市康顺路 29 号
邮　编：524043

茂名分行

行　长、党委书记：余彬
地　址：茂名市人民南路 36 号
邮　编：525000

肇庆分行

行　长、党委书记：吴伟科
地　址：肇庆市端州三路 34 号
邮　编：526040

清远分行

副行长、党委副书记：吴卫权（主持工作）
地　址：清远市桥北一路 1 号
邮　编：511500

潮州分行

行　长、党委书记：林斌
地　址：潮州市潮州大道中段
邮　编：521000

揭阳分行

行　长、党委书记：吴楚智
地　址：揭阳市黄岐山大道
邮　编：522031

云浮分行

行　长、党委书记：刘勇
地　址：云浮市建设北路 3 号
邮　编：527300

广西分行

柳州分行

行　长、党委书记：石经克
地　址：柳州市广雅路 19 号
邮　编：545001

桂林分行

行　长、党委书记：瞿东波
地　址：桂林市中山路 16 号

邮　编：541001

梧州分行

行　长、党委书记：蔡山
地　址：梧州市大学路 25 号
邮　编：543002

北海分行

行　长、党委书记：冯登
地　址：北海市四川南路 63 号
邮　编：536000

防城港分行

行　长、党委书记：庞愈强
地　址：防城港市友谊大道 11 号
邮　编：535700

钦州分行

行　长、党委书记：郑志海
地　址：钦州市向阳路 8 号
邮　编：535000

贵港分行

行　长、党委书记：陈宇红
地　址：贵港市和平路 516 号
邮　编：537100

玉林分行

行　长、党委书记：杨世亮
地　址：玉林市一环东路 158 号
邮　编：537000

百色分行

行　长、党委书记：彭桂中
地　址：百色市中山二路 1 号
邮　编：533000

河池分行

行　长、党委书记：余昌涛
地　址：河池市新建路 74 号
邮　编：547000

来宾分行

行　长、党委书记：韦柳燕
地　址：来宾市新兴路 140 号
邮　编：546100

崇左分行

行　长、党委书记：刘鹏
地　址：崇左市江南路 42 号
邮　编：532200

贺州分行

行　长、党委书记：唐国富
地　址：贺州市建设东路 2 号
邮　编：542800

海南分行

三亚分行

行　长、党委书记：李锋
地　址：三亚市解放路 743 号
邮　编：572000

洋浦分行

行　长、党委书记：符致通
地　址：洋浦经济开发区工商银行大厦
邮　编：578101

重庆分行

两江分行

行　长、党委书记：罗伟
地　址：重庆市江北区洋河东路 9 号附 10 号、附 11 号
邮　编：400023

万州分行

行　长、党委书记：文革兵
地　址：重庆市万州区白岩路 81 号
邮　编：404000

涪陵分行

行　长、党委书记：郭保华
地　址：重庆市涪陵区兴华中路 2 号
邮　编：408000

黔江分行

行　长、党委书记：陈德宏
地　址：重庆市黔江区新华大道西段 1128 号
邮　编：409000

高科技支行

行　长、党委书记：江凯
地　址：重庆市渝州路 54 号
邮　编：400039

朝天门支行

行 长、党委书记：方蕾
地 址：重庆市渝中区民族路24号
邮 编：400011

渝中支行

行 长、党委书记：韩忠东
地 址：重庆市渝中区民族路177号
邮 编：400010

江北支行

行 长、党委书记：金远明
地 址：重庆市渝北区龙溪镇加州花园B4－4
邮 编：401147

沙坪坝支行

行 长、党委书记：赖涛
地 址：重庆市沙坪坝区小龙坎新街78号
邮 编：400030

九龙坡支行

行 长、党委书记：钟兴华
地 址：重庆市九龙坡区杨家坪正街13号
邮 编：400050

南岸支行

行 长、党委书记：雷成亮
地 址：重庆市南岸区江南大道9号
邮 编：400060

大渡口支行

行 长、党委书记：袁兵
地 址：重庆市大渡口区钢花路350号
邮 编：400084

北碚支行

行 长、党委书记：蒋勇
地 址：重庆市北碚区康宁路60号
邮 编：400700

巴南支行

行 长、党委书记：张克强
地 址：重庆市巴南区龙洲湾龙海大道3号
邮 编：400055

渝北支行

行 长、党委书记：杨溢
地 址：重庆市渝北区胜利路53号
邮 编：401120

永川支行

行 长、党委书记：曾涛
地 址：重庆市永川区中山大道中段594号
邮 编：402160

江津支行

行 长、党委书记：苏海涛
地 址：重庆江津市几江大同路大同路322号
邮 编：402260

合川支行

行 长、党委书记：蔡知平
地 址：重庆合川市苏家街3号
邮 编：401520

长寿支行

行 长、党委书记：李红
地 址：重庆市长寿区桃源大道6号
地 址：401220

北部新区支行

行 长、党委书记：张建伦
地 址：北部新区金渝大道99号
邮 编：401121

较场口支行

行 长、党委书记：谢红林
地 址：重庆市渝中区较场口88号附1号
邮 编：400010

南坪支行

行 长、党委书记：胡长云
地 址：重庆市南岸区南坪西路5号
邮 编：400060

建新北路支行

行 长、党委书记：屈蓉
地 址：重庆市江北区建新北路37号
邮 编：400020

小龙坎支行

行 长、党委书记：樊雪明
地 址：重庆市沙坪坝区凤天大道130号
邮 编：400030

两路口支行

行　长、党委书记：罗明
地　址：重庆市渝中区中山二路159号
邮　编：400014

四川分行

德阳分行

党委书记：李怡淳
地　址：德阳市凯江路33号
邮　编：618000

绵阳分行

行　长、党委书记：王涛
地　址：绵阳市警钟街10号
邮　编：621000

广元分行

党委书记：刘远为
地　址：广元市利州东路667号
邮　编：628017

遂宁分行

行　长、党委书记：李绍平
地　址：遂宁市遂州北路159号
邮　编：629000

南充分行

行　长、党委书记：罗光平
地　址：南充市顺庆区丝绸路86号
邮　编：637000

广安分行

党委书记：齐君
地　址：广安市金安大道二段1号
邮　编：638000

达州分行

党委书记：张俊国
地　址：达州市南外镇西环路538号
邮　编：635000

巴中分行

党委书记：张昕煜
地　址：巴中市江北大街中段
邮　编：636600

资阳分行

行　长、党委书记：马传勇
地　址：资阳市雁江区西门桥24号
邮　编：641300

内江分行

行　长、党委书记：马强
地　址：内江市市中区中央路48－52号
邮　编：641000

自贡分行

行　长、党委书记：柳杨
地　址：自贡市自井区尚义灏二支路1号
邮　编：643000

泸州分行

行长、党委书记：徐向上
地　址：泸州市迎晖路77号
邮　编：646000

宜宾分行

行　长、党委书记：王旭
地　址：宜宾市南岸商贸路101号
邮　编：644002

眉山分行

党委书记：姜海清
地　址：眉山市东坡区三苏路81号
邮　编：620010

乐山分行

党委书记：雷涛
地　址：乐山市中区紫云后街10号
邮　编：614000

雅安分行

行　长、党委书记：周晓保
地　址：雅安市雨城区东大街17号
邮　编：625000

凉山分行

党委书记：贾林恒
地　址：西昌市航天大道28号
邮　编：615000

攀枝花分行

党委书记：余平

地　址：攀枝花市攀枝花大道东段492号
邮　编：617000

贵州分行

遵义分行

行　长、党委书记：朱鄂清
地　址：遵义市红花岗区新华路8号
邮　编：563000

安顺分行

行　长、党委书记：严发忠
地　址：安顺市东郊路18号
邮　编：561000

都匀分行

行　长、党委书记：何骏
地　址：都匀市广惠路263号
邮　编：558000

凯里分行

行　长、党委书记：罗平
地　址：凯里市北京西路31号
邮　编：556000

铜仁分行

行　长、党委书记：田进朝
地　址：铜仁市共青路37号
邮　编：554300

毕节分行

行　长、党委书记：陶清
地　址：毕节市麻园大转盘
邮　编：551700

六盘水分行

行　长、党委书记：蒋云志
地　址：六盘水市钟山区凉都宫
邮　编：553001

兴义分行

行　长、党委书记：谢嘉
地　址：兴义市瑞金北路7号
邮　编：562400

云南分行

昭通分行

行　长、党委书记：王焰
地　址：昭通市昭阳区学生路123号
邮　编：657000

曲靖分行

行　长、党委书记：平凡
地　址：曲靖市麒麟东路6号
邮　编：655000

文山分行

行　长、党委书记：黄强
地　址：文山县普阳路中段
邮　编：663000

红河分行

行　长、党委书记：刘健雄
地　址：蒙自市天马路41号
邮　编：661100

普洱分行

行　长、党委书记：施明飞
地　址：普洱市人民西路90号
邮　编：665000

西双版纳分行

行　长、党委书记：庞东
地　址：景洪市宣慰大道112号
邮　编：666100

保山分行

行　长、党委书记：刁文利
地　址：保山市隆阳区正阳北路129号
邮　编：678000

德宏分行

行　长、党委书记：向明
地　址：芒市胞波路30号
邮　编：678400

丽江分行

行　长、党委书记：曹云生
地　址：丽江市古城区香格里大道1071号
邮　编：674100

怒江分行

行　长、党委书记：李蜀昆
地　址：泸水县六库镇人民路97号
邮　编：673100

香格里拉支行

行　长、党委书记：彭卫红
地　址：香格里拉县建塘镇长征大道 28 号
邮　编：674400

大理分行

行　长、党委书记：李胜祥
地　址：大理市下关人民街 30 号
邮　编：671000

楚雄分行

行　长、党委书记：李德胜
地　址：楚雄市龙泉路 78 号
邮　编：675000

玉溪分行

行　长、党委书记：喻明忠
地　址：玉溪市玉兴路 21 号
邮　编：653100

临沧分行

行　长、党委书记：赵国明
地　址：临沧市临翔区凤翔街道南塘街 144 号
邮　编：677000

陕西分行

宝鸡分行

行　长、党委书记：王钧
地　址：宝鸡市经二路 157 号
邮　编：721000

咸阳分行

行　长、党委书记：李骏
地　址：咸阳市人民路中段 37 号
邮　编：712000

渭南分行

行　长、党委书记：仪彦龙
地　址：渭南市前进路中段 87 号
邮　编：714000

商洛分行

行　长、党委书记：尚立本
地　址：商洛市迎宾路 1 号
邮　编：726000

铜川分行

行　长、党委书记：王益武
地　址：铜川市红旗街 66 号
邮　编：727000

汉中分行

副行长、党委副书记：王建安（主持工作）
地　址：汉中市汉台区人民路北段
邮　编：723000

安康分行

行　长、党委书记：张治国
地　址：安康市汉滨区解放路 16 号
邮　编：725000

延安分行

行　长、党委书记：田亚欧
地　址：延安市师范路 441 号
邮　编：716000

榆林分行

行　长、党委书记：李晓宏
地　址：榆林市长城西路 32 号
邮　编：719000

甘肃分行

天水分行

行　长、党委书记：杨凤伟
地　址：天水市秦州区建设路 185 号
邮　编：741000

白银分行

行　长、党委书记：王贵
地　址：白银市白银区人民路 81 号
邮　编：730900

金昌分行

行　长、党委书记：王蓓
地　址：金昌市新华路 18 号
邮　编：737100

嘉裕关分行

行　长、党委书记：李锋
地　址：嘉裕关市新华中路 476 号
邮　编：735100

酒泉分行

行 长：唐红武
地 址：酒泉市肃州区解放路 1 号
邮 编：735000

张掖分行

行 长、党委书记：周玉龙
地 址：张掖市甘州县府街 99 号
邮 编：734000

武威分行

行 长、党委书记：平德鸿
地 址：武威市凉州区西大街 9 号
邮 编：733000

定西分行

行 长、党委书记：秦玮
地 址：安定区大什字
邮 编：743000

平凉分行

行 长、党委书记：马煜
地 址：平凉市崆峒区西大街 75 号
邮 编：744000

庆阳分行

行 长、党委书记：许国军
地 址：庆阳市西大街 232 号
邮 编：745000

陇南分行

行 长、党委书记：蒲五斤
地 址：陇南市武都区盘旋路 006 号
邮 编：746000

临夏分行

行 长、党委书记：王建青
地 址：临夏市团结路 50 号
邮 编：731100

甘南分行

行 长、党委书记：周俊杰
地 址：甘南州合作市碌曲东路 18 号
邮 编：747000

矿区分行

行 长、党委书记：汤涛
地 址：嘉裕关市和诚西路 66 号
邮 编：735112

场区分行

副行长、党委委员：冯刚（主持工作）
地 址：兰州市 27 支局 48 信箱 106 号
邮 编：732750

新疆分行

伊犁哈萨克自治州分行

行 长、党委书记：谢国珍
地 址：伊宁市斯大林街 39 号
邮 编：835000

塔城分行

行 长、党委书记：杨明
地 址：塔城市新华街 153 号
邮 编：834700

阿勒泰分行

行 长、党委书记：肖功亮
地 址：阿勒泰市金山路 6 号
邮 编：836500

博尔塔拉蒙古自治州分行

行 长、党委书记：霍炜
地 址：博乐市青得里大街 148 号
邮 编：833400

昌吉回族自治州分行

行 长、党委书记：孙凤琴
地址：昌吉市延安北路 23 号
邮编：831100

哈密分行

行 长、党委书记：王鲁兵
地 址：哈密市中山北路 22 号
邮 编：839000

吐鲁番分行

行 长、党委书记：兰鸥
地 址：吐鲁番市绿洲中路 390 号
邮 编：838000

巴音郭楞蒙古自治州分行

行 长、党委书记：徐开明
地 址：库尔勒市石化大道工行大厦

邮　编：841000

阿克苏分行

行　长、党委书记：孟占良
地　址：阿克苏市栏杆路24号
邮　编：843000

喀什分行

行　长、党委书记：符光毅
地　址：喀什市人民东路1号
邮　编：844000

和田分行

行　长、党委书记：曹阳
地　址：和田市乌鲁木齐南路2号
邮　编：848000

克拉玛依石油分行

行　长、党委书记：乐成军
地　址：克拉玛依市天山路38号
邮　编：834000

石河子分行

行　长、党委书记：蔡学德
地　址：石河子市北四路23小区240号
邮　编：832000

新疆第七支行

行　长、党委书记：孟中
地　址：乌鲁木齐21信箱456分箱
邮　编：841700

境内控股及独资子公司名录

工银瑞信基金管理有限公司

董事长：李晓鹏
监事长：张衢
总经理：郭特华
督察长：朱碧艳
地 址：北京市西城区金融大街丙17号北京银行大厦8层
邮 编：100140

工银金融租赁有限公司

董事长：李晓鹏
监事长：明柱亮
副董事长：范尔钢
总　裁：丛林
地　址（天津）：天津市经济开发区广场东路20号
邮编：300457
地　址（北京）：北京市西城区金融大街丙17号北京银行大厦10层
邮编：100033

工银安盛人寿保险有限公司

董事长：孙持平
监事长：郑之光
总经理：James Paul McCarry
地 址：上海市浦东新区陆家嘴环路166号未来资产大厦19楼
邮　编：200120

重庆璧山工银村镇银行

董事长：李新容
行　长：杨忠坚
地　址：重庆市璧山县奥康大道1号
邮　编：402760

浙江平湖工银村镇银行

董事长：徐新桥
监事长：俞方敏
行　长：岳建忠
地　址：浙江省平湖市城南西路258号
邮　编：314200

境外机构名录

工银亚洲

中国工商银行（亚洲）有限公司

Industrial and Commercial Bank of China (Asia) Limited
地址：33/F, ICBC Tower, 3Garden Road, Central, Hong Kong
EMAIL：hilda. chow@ icbcasia. com
电话：+852 2588 1188
传真：+852 2878 7784
SWIFT：UBHKHKHH

工银国际

工银国际控股有限公司

ICBC International Holdings Limited

地址：Level 18，Three Pacific Place，1 Queen's Road East，Hong Kong

EMAIL：info@icbci.com.hk

电话：+852 2683 3888

传真：+852 2683 3900

SWIFT：ICILHKHH

工银澳门

中国工商银行（澳门）股份有限公司

Industrial and Commercial Bank of China (Macau) Limited

地址：18th Floor，ICBC Tower，Macau Landmark，555 Avenida da Amizade，Macau

EMAIL：icbc@mc.icbc.com.cn

电话：+853 2855 5222

传真：+853 2833 8064

SWIFT：ICBKMOMX

工银马来西亚

中国工商银行（马来西亚）有限公司

Industrial and Commercial Bank of China (Malaysia) Berhad

地址：Level 35，Menara Maxis，Kuala Lumpur City Centr，50088 Kuala Lumpur，Malaysia

EMAIL：icbcmalaysia@icbcmalaysia.com.my

电话：+603 - 2301 3399

传真：+603 - 2301 3388

SWIFT：ICBKMYKL

工银印尼

中国工商银行（印度尼西亚）有限公司

PT. Bank ICBCIndonesia

地址：TCT ICBC Tower 32nd Floor，Jl. MH. Thamrin No. 81，Jakarta Pusat，10310，Indonesia

EMAIL：icbc@icbc.co.id

电话：+62 213199 6088

传真：+62 213199 6016

SWIFT：ICBKIDJA

工银泰国

中国工商银行（泰国）股份有限公司

Industrial and Commercial Bank of China (Thai) Public Company Limited

地址：622 Emporium Tower 11 - 13 Fl. Sukhumvit Rd. Khlong Ton，Khlong Toei，Bangkok 10110

EMAIL：icbcthai@icbcthai.com

电话：+66 2663 9333、+66 2663 9999

传真：+66 2663 9300

SWIFT：ACLXTHBK

工银阿拉木图

中国工商银行（阿拉木图）股份公司

Industrial and Commercial Bank of China (Almaty) Joint Stock Company

地址：150/230，Abai/Turgut Ozal Street，Almaty，Kazakhstan. 050046

EMAIL：office@icbcalmaty.kz

电话：+7727 2377085

传真：+7727 2377070

SWIFT：ICBKKZKX

工银中东

中国工商银行（中东）有限公司

Industrial and Commercial Bank of China (Middle East) Limited

地址：19th Floor，Al Kifaf Building，Sheikah Zayed Road，Dubai，U. A. E，P. O. Box 506664

EMAIL：dboffice@dxb.icbc.com.cn

电话：+971 4703 1111

传真：+971 4703 1199

SWIFT：ICBKAEAD

工银伦敦

中国工商银行（伦敦）有限公司

Industrial and Commercial Bank of China (London) Limited

地址：36 King Street，London EC2V 8BB，UK

EMAIL：admin@icbclondon.com

电话：+44 20 7397 8888

传真：+44 20 7397 8899

SWIFT：ICBKGB2L

工银欧洲

中国工商银行（欧洲）有限公司

Industrial and Commercial Bank of China (Europe) S. A.

地址：32, Boulevard Royal, L－2449 Luxembourg
EMAIL：Office@ eu. icbc. com. cn
电话：＋352 2686 661
传真：＋352 2686 6657
SWIFT：ICBKLULU

工银莫斯科

中国工商银行（莫斯科）股份公司

ZAO Industrial and Commercial Bank of China (Moscow)

地址：erebriannicheskaya naberiejnaya Street 29, First floor, room 46－1, 109028, Moscow, Russia
EMAIL：info@ ms. icbc. com. cn
电话：＋7495 2873099
传真：＋7495 2873098
SWIFT：ICBKRUMM

工银加拿大

中国工商银行（加拿大）有限公司

Industrial and Commercial Bank of China (Canada) Limited

地址：Unit 3710, Bay Adelaide Centre, 333 Bay Street, Toronto, Ontario, M5H 2R2
EMAIL：info@ icbk. ca
电话：＋1416 366 5588
传真：＋1416 607 2000
SWIFT：ICBKCAT2

工银金融

工银金融服务有限责任公司

Industrial and Commercial Bank of China Financial Services LLC

地址：1633 Broadway, 28th Floor, New York, NY, 10019
EMAIL：icbcfs@ icbkus. com
电话：＋001 212 993 7300
传真：＋001 212 993 7349
SWIFT：ICBKUS33FIN

工银美国

中国工商银行（美国）

Industrial and Commercial Bank of China (USA) NA
地址：202 Canal Street, New York, NY 10013, USA
邮箱：info@ us. icbc. com. cn
电话：＋1－212－238－8208
传真：＋1－212－219－3378
SWIFT：BEAKUS33

工银秘鲁

中国工商银行（秘鲁）有限公司

Industrial and Commercial Bank of China (Peru) Limited

地址：Av. Juan de arona 151, San Isidro, Lima 27－Peru (Office)

Av. Petit Thouars 3470, San Isidro, Lima 27－Peru (Business Hall)

邮箱：ICBCPERUBANK@ PE. ICBC. COM. CN
电话：＋51－1－6316800
传真：＋51－1－6316802

工银巴西

中国工商银行（巴西）股份有限公司

Industrial and Commercial Bank of China (Brasil) Limited

地址：Av. Faria Lima, 3477, Bloco B, 6 andar, 04538－133, Sao Paulo
邮箱：brazilicbc@ 163. com
电话：＋55－11－76918498

阿根廷标准银行

Standard Bank Argentina S. A.
地址：Blvd. Cecilia Grierson 355 － Piso 2° (C1107BHA) Buenos Aires, Argentina
EMAIL：argentina. team@ icbc. com. cn
电话：0054911 48203627
传真：0054911 48201901
SWIFT：SBSAARBA

香港分行

中国工商银行股份有限公司香港分行

Industrial and Commercial Bank of China Limited, Hong Kong Branch

地址：33/F，ICBC Tower，3 Garden Road，Central，Hong Kong

EMAIL：hilda. chow@ icbcasia. com

电话：+852 325881188

传真：+852 25213394

SWIFT：ICBKHKHH

首尔分行

中国工商银行股份有限公司首尔分行

Industrial and Commercial Bank of China Limited，Seoul Branch

地址：16 Floor，Taepeongno Bldg.，#310，Taepeongno2 – ga，Jung – gu，Seoul 100 – 767，korea

EMAIL：icbcseoul@ kr. icbc. com. cn

电话：+822 3788 6670

传真：+822 7553748

SWIFT：ICBKKRSE

釜山分行

中国工商银行股份有限公司釜山分行

The Industrial and Commercial Bank of China Limited，Busan Branch

地址：1st Floor，Samsung Fire & Marine insurance Bldg.，#1205 – 22，Choryang – 1dong，Dong – Gu，Busan，601 – 728，Korea

EMAIL：busanadmin@ kr. icbc. com. cn

电话：+8251 4638868

传真：+8251 4636880

SWIFT：ICBKKRSEBUS

东京分行

中国工商银行股份有限公司东京分行

Industrial and Commercial Bank of China Limited，Tokyo branch

地址：2 – 1 Marunouchi 1 – chome，Chiyoda – ku，Tokyo 100 – 0005，Japan

EMAIL：icbctokyo@ icbc. co. jp

电话：+813 5223 7000

传真：+813 5219 8502

SWIFT：ICBKJPJT

新加坡分行

中国工商银行股份有限公司新加坡分行

Industrial and Commercial Bank of China Limited，Singapore Branch

地址：6 Raffles Quay #12 – 01 6 Raffles Quay S048580

EMAIL：icbcsg@ icbc. com. sg

电话：+65 6538 1066

传真：+65 6538 1370

SWIFT：ICBKSGSG

河内分行

中国工商银行股份有限公司河内分行

Industrial and Commercial Bank of China Limited，Hanoi City Branch

地址：Daeha Business Center，No. 360，Kim Ma Str.，Ba Dinh Dist.，Hanoi，Vietnam

EMAIL：weiyong@ vn. icbc. com. cn

电话：+84 462698888

传真：+84 462699800

SWIFT：ICBKVNVN

卡拉奇分行

中国工商银行股份有限公司卡拉奇分行

Industrial and Commercial Bank of China LimitedKarachi Branch

地址：Show Room No. G – 02 & G – 03 Ground Floor，Office #803 – 807，8th Floor，Parsa Towers，Plot No. 31 – 1 – A，Block 6，PECHS，Karachi

电话：+92 21 3520 8990

传真：+92 21 3520 8930

SWIFT：ICBKPKKAXXX

伊斯兰堡分行

中国工商银行股份有限公司伊斯兰堡分行

Industrial and Commercial Bank of China LimitedIslamabad Branch

地址：Ground Floor，ISE Towers，55 – B，Jinnah Avenue，Blue Area，Islamabad

EMAIL：巴基斯坦市场营销/市场部/巴基斯坦/ICBC

电话：+92 512078218

传真：+92 512078222

SWIFT：ICBKPKKAXXX

孟买分行

中国工商银行股份有限公司孟买分行

Industrial and Commercial Bank of China Limited，

Mumbai Branch

地址：Level 1，East Wing，Wockhardt Tower，C－2，G Block，Bandra Kurla Complex，Bandra（E），Mumbai－400051，INDIA

EMAIL：icbcmumbai@ india. icbc. com. cn

电话：＋91 22 33155999

传真：＋91 22 33155900

SWIFT：ICBKINBBXXX

万象分行

中国工商银行股份有限公司万象分行

Industrial and Commercial Bank of China Limited，Vientiane Branch

地址：Address：Lanexang Avenue，Home No. 12，Unit 15，Ban Hatsadee － Tai，Chanthabouly District，Vientiane Capital，Lao PDR.

EMAIL：icbcvte@ la. icbc. com. cn

电话：＋856 21 258897

传真：＋856 21 258897

SWIFT：ICBKLALA

金边分行

中国工商银行股份有限公司金边分行

Industrial and Commercial Bank of China Limited，Phnom Penh Branch

地址：No. 15，Preah Norodom Boulevard，Phsar Thmey I，Duan Penh，Phnom Penh，Cambodia

EMAIL：luocheng @ kh. icbc. com. cn、zhaoqiuran @ kh. icbc. com. cn

电话：＋023 955 880

传真：＋023 965 268

SWIFT：ICBKKHPP

悉尼分行

中国工商银行股份有限公司悉尼分行

Industrial and Commercial Bank of China Limited，Sydney Branch

地址：Level 1，220 George Street，Sydney NSW 2000，Australia

EMAIL：info@ icbc. com. au

电话：＋612 9475 5588

传真：＋612 9233 3982

SWIFT：ICBKAU2S

纽约分行

中国工商银行股份有限公司纽约分行

Industrial and Commercial Bank of China Limited，New York Branch

地址：725 Fifth Avenue，20th Floor，New York，NY 10022，USA

EMAIL：info@ icbkus. com

电话：＋1 212 838 7799

传真：＋1 212 838 6688

SWIFT：ICBKUS33

法兰克福分行

中国工商银行股份有限公司法兰克福分行

The Industrial and Commercial Bank of China Limited，Frankfurt Branch

地址：Bockenheimer Anlage 15，60322 Frankfurt am Main，Germany

EMAIL：icbc@ icbc－ffm. de

电话：＋4969 50604700

传真：＋4969 50604708

SWIFT：ICBKDEFF

卢森堡分行

中国工商银行股份有限公司卢森堡分行

Industrial and Commercial Bank of China Limited，Luxembourg Branch

地址：32，Boulevard Royal，L－2449 Luxembourg

EMAIL：Office@ eu. icbc. com. cn

电话：＋352 2686 661

传真：＋352 2686 6657

SWIFT：ICBKLULL

巴黎分行

中国工商银行股份有限公司巴黎分行

Industrial and Commercial Bank of China（EUROPE）S. A. Paris Branch

地址：73，Boulevard Haussmann，75008，Paris

EMAIL：icbcparis@ fr. icbc. com. cn

电话：＋0033 1 40 06 58 58

传真：＋0033 1 40 06 58 59

SWIFT：ICBKFRPP

阿姆斯特丹分行

中国工商银行（欧洲）有限公司阿姆斯特丹分行

Industrial and Commercial Bank of China (Europe) S. A. Amsterdam Branch

地址：Johannes VermeerStraat 7 – 9，1071DK Amsterdam

EMAIL：icbcamsterdam@ icbc. com. cn

电话：+0031 20 570 6666

传真：+0031 20 670 2774

SWIFT：ICBKNL2A

布鲁塞尔分行

中国工商银行股份有限公司布鲁塞尔分行

Industrial and Commercial Bank of China Limited, Brussels Branch

地址：Avenue Louise 81，1050 Brussels Belgium

EMAIL：info@ be. icbc. com. cn

电话：+32 2539 8888

传真：+32 2539 8880

SWIFT：ICBKBEBB

米兰分行

中国工商银行（欧洲）股份有限公司米兰分行

Industrial and Commercial Bank of China (Europe) S. A. Milan Branch

地址：via Tommaso Grossi 2，20121 Milano，Italy

EMAIL：icbc@ it. icbc. com. cn

电话：+39 020066 8899

传真：+39 020066 8888

SWIFT：ICBKITMM

马德里分行

中国工商银行股份有限公司马德里分行

Industrial and Commercial Bank of China Limited, Luxembourg，Sucursal en Espa a

地 址：Paseo de Recoletos，3，28004，madrid，spain

EMAIL：icbc@ icbc. es

电话：+34 912168888

传真：+34 912168866

SWIFT：ICBKESMM

华沙分行

中国工商银行股份有限公司华沙分行

Industrial and commercial bank of china (Europe) S. A. Poland Branch

地址：Plac Trzech Krzyzy 18，0 – 499，Warszawa，Poland

邮箱：Hsfh@ pl. icbc. com. cn

电话：+48 22 278 8066

传真：+48 22 278 8090

SWIFT：ICBKPLPW

多哈分行

中国工商银行股份有限公司多哈分行

Industrial and Commercial Bank of China Limited, Doha Branch

地址：Office 702，7/F，Qfc Tower，Diplomatic Area，West Bay，Doha，Qatar，P. O Box. 11217

邮箱：OFFICE@ DOH. ICBC. COM. CN

电话：+974 44968076

传真：+974 44968080

SWIFT：ICBKQAQA

阿布扎比分行

中国工商银行股份有限公司阿布扎比分行

Industrial and Commercial Bank of China Limited，Abu Dhabi Branch

地址：C903，Plot 6，Banuna Street，AL Bateen Area，Abu dhabi，U. A. E.，P. O. Box：62108，Abu dhabi

邮箱：DBOFFICE@ DXB. ICBC. COM. CN

电话：+971 2 4998600

传真：+971 2 4998622 / 33

SWIFT：ICBKAEAA

非洲代表处

中国工商银行股份有限公司非洲代表处

The Industrial and Cmmercial Bank of China Limited, Africa Representative Office

地址：20th Floor Standard Bank Centre Heerengracht Tower Adderley Street Cape Town 8001，South Africa

EMAIL：icbc. africa@ gmail. com

电话：+027 214013967

传真：+027 214012929

仰光代表处

中国工商银行股份有限公司仰光代表处

The Industrial and Cmmercial Bank of China Limited, Yangon Representative Office

地址：No. 601A, 6th Floor, Sakura Tower, No. 339, Bogyoke Aung San Street, Kyauktada Township, Yangon, Myanmar

电话：+95 1 255045

传真：+95 1 255045

里斯本代表处

中国工商银行澳门有限公司里斯本代表处

The Industrial and Cmmercial Bank of China (Macau) Limited, Lisbon Representative Office

地址：Avenid A Duque De LouLé 123, Sala 4.1, 1050－089 Lisbon, Portugal

邮箱：ZHANGYOU7748@GMAIL. COM

电话：+351 211541970

传真：+351 211541972

2012年度二级分行经营30强

地区	分行	按绩效得分排名	按净利润排名	按人均EVA排名	三项因素综合排名
山东	滨州	1	15	4	1
浙江	金华	5	3	14	2
江苏	常州	10	5	8	3
广东	珠海	3	13	13	4
广东	中山	2	11	18	5
山东	东营	4	19	12	6
浙江	台州	15	6	17	7
陕西	榆林	11	22	5	8
浙江	嘉兴	14	9	16	9
江苏	无锡	19	1	21	10
山东	聊城	6	28	10	11
浙江	绍兴	21	7	19	12
浙江	义乌	7	38	6	13
广东	东莞	16	8	27	14
浙江	舟山	20	25	7	15
山东	潍坊	22	10	23	16
山东	日照	8	40	11	17
内蒙	鄂尔多斯	27	18	15	18
广东	佛山	24	4	32	19
浙江	湖州	18	23	20	20
山东	济宁	23	16	22	21
广东	江门	9	24	36	22
广东	湛江	29	30	26	23
广东	清远	12	53	25	24
海南	三亚	17	77	3	25
山东	枣庄	26	44	28	26
广东	揭阳	13	66	24	27
河北	廊坊	46	20	41	28
山东	临沂	34	31	42	29
广东	肇庆	28	52	29	30

2012 年度二级分行综合排名进步前 30

地区	分 行	本年度综合排名	2011 年度综合排名	排名进步
甘肃	矿区	78	285	207
湖南	湘潭	129	249	120
湖南	邵阳	138	234	96
湖南	怀化	150	238	88
河南	漯河	170	255	85
黑龙江	大庆	71	153	82
湖北	荆门	161	241	80
山西	阳泉	70	147	77
湖北	孝感	67	142	75
四川	眉山	142	216	74
湖南	郴州	87	159	72
河南	信阳	157	228	71
辽宁	铁岭	194	264	70
湖南	衡阳	146	215	69
湖北	三峡	125	191	66
云南	曲靖	146	210	64
湖南	岳阳	141	203	62
河南	驻马店	177	237	60
贵州	都匀	97	156	59
湖南	常德	107	165	58
湖南	益阳	177	233	56
湖南	株洲	109	164	55
安徽	滁州	81	131	50
云南	临沧	102	151	49
江西	鹰潭	112	160	48
广西	柳州	77	124	47
湖北	襄樊	101	146	45
甘肃	陇南	234	279	45
四川	凉山	124	168	44
河北	张家口	91	133	42

2012 年度城区支行经营 40 强

地区	支 行	按绩效得分排名	按实际利润排名	按人均 EVA 排名	三项因素综合排名
北京	翠微路	4	1	4	1
上海	分行营业部	10	2	1	2
北京	新街口	3	3	9	3
北京	营业部	1	12	3	4
北京	长安	6	4	7	5
北京	南礼士路	16	5	14	6
上海	第二营业部	5	29	8	7
北京	西客站	12	11	23	8
北京	海淀西区	9	6	34	9
北京	金融街	40	24	6	10
北京	地安门	36	23	17	11
上海	外滩	22	39	15	12
北京	东城	26	13	38	13
上海	虹桥开发区	8	40	32	14
北京	海淀	15	16	50	15
北京	中关村	19	19	61	16
北京	商务中心区	13	38	48	17
深圳	分行营业部	64	30	5	18
浙江	营业部本级	31	48	21	19
北京	王府井	30	21	52	20
北京	广安门	39	26	39	21
浙江	西湖	11	75	19	22
北京	珠市口	29	33	45	23
北京	开发区	2	89	16	24
北京	朝阳	48	7	55	25
北京	和平里	57	34	26	26
江苏	江宁	7	83	27	27
北京	丰台	20	25	77	28
上海	黄浦	38	8	79	29
四川	龙泉	42	66	24	30
北京	宣武	122	9	12	31
北京	方庄	41	28	76	32
山东	营业部营业厅	25	120	2	33
四川	春熙	52	31	68	34
苏州	相城	18	105	31	35
广东	德政	23	80	58	36
吉林	康平街	59	93	11	37
贵州	中华路	78	68	18	38
苏州	园区	53	70	44	39
上海	虹口	77	10	82	40

2012年国际评级、主要排名及获得的主要奖项

国际评级情况

	穆迪（Moody's）	标准普尔（S&P）
长期外币存款评级	A1	A
长期外币存款评级展望	稳定	稳定
短期外币存款评级	P-1	A-1
财务实力评级（BFSR）	D+	—

主要排名

排名机构	排名	排名依据
《福布斯》	全球企业2 000强排名第5位	按公司销售收入、利润、资产、市值四项指标综合排名
《银行家》	全球1 000家大银行排名第3位	按银行一级资本排名
《财富》	世界500强排名第54位	按公司营业收入排名
明略行	全球最具价值品牌百强排名第13位（居金融机构品牌首位）	按公司品牌价值排名
中国企业联合会	中国企业500强排名第4位	按企业营业收入排名

获奖情况

境外奖项

序号	奖项名称	颁奖机构
1	全球商业银行透明度金奖	《香港商报》
2	香港公司管治卓越奖	香港上市公司商会
3	最佳企业管治资料披露大奖-H股板块白金奖	香港会计师公会
4	优秀企业管治资料披露奖	香港管理专业协会
5	中国最佳银行	《欧洲货币》
6	中国最佳私人银行	
7	中国最佳贵金属交易银行	
8	亚太区最佳交易奖	《银行家》

续表

序号	奖项名称	颁奖机构
9	中国最佳托管银行	《环球金融》
10	中国最佳公司银行	
11	中国最佳财资管理银行	
12	中国最佳信用卡银行	
13	中国最佳债券承销银行	
14	中国最佳个人网上银行	
15	中国最佳企业网上银行	
16	亚洲最佳投资管理服务网上银行	
17	亚洲最佳现金管理网上银行	
18	亚洲最佳企业银行网站	
19	亚洲最佳信息安全网上银行	
20	亚洲最佳社会化媒体网上银行	
21	亚洲最佳财务服务网上银行	
22	中国最佳大型零售银行	《亚洲银行家》
23	亚洲最佳国际交易银行	
24	亚太区最佳合作银行	
25	中国最佳合作银行	
26	中国最佳现金管理银行	
27	亚太区最佳网上银行	
28	中国最佳网上银行	
29	中国最佳私人银行	
30	中国最佳本地银行	《亚洲货币》
31	中国最佳本地银行	《财资》
32	中国最佳综合交易奖	
33	中国最佳本地托管银行	
34	中国最佳大型/跨国企业财资管理银行	
35	最具潜力中国企业	
36	中国最佳财富管理银行	
37	全优公司白金奖	
38	中国信誉品牌——银行类：金奖	《读者文摘》
39	中国信誉品牌——信用卡发卡银行类：金奖	
40	中国最佳托管银行	《全球托管人》
41	最令人印象深刻的债券发行人	《欧元周刊》（亚洲）
42	最佳中国商业银行钻石奖	《机构投资者》
43	企业社会责任25强	《财富》（中文版）
44	亚洲杰出董事奖	《亚洲公司治理》
45	亚洲公司治理杰出表现奖	

续表

序号	奖项名称	颁奖机构
46	公司卓越管治企业大奖	《亚洲周刊》
47	最大市值企业大奖	
48	亚洲最佳蓝筹股公司	《金融亚洲》
49	中国最佳现金管理银行	《公司司库》
50	中国最佳债券承销银行	《国际金融评论》（亚洲）
51	最佳项目融资奖	《海事金融》
52	最佳创新融资奖	
53	最佳中资金融机构公司律师	《中国法律商务》
54	最具影响力领袖	《大公报》
55	最具海外影响力上市公司	
56	内地最喜爱的大中华品牌	《明报》
57	最具竞争力银行	凤凰网
58	全球竞争力品牌中国 TOP10	美国国际数据集团
59	最佳运营奖	数据仓库用户组织

境内奖项

序号	奖项名称	颁奖机构
1	记账式国债承销优秀奖	财政部
2	储蓄国债承销优秀奖	财政部、中国人民银行
3	银行科技发展奖	中国人民银行
4	全国银行间债券市场优秀成员	中央国债登记结算有限责任公司
5	银行间本币市场交易 100 强	全国银行间同业拆借中心
6	优秀交易成员	
7	最佳做市商	中国外汇交易中心
8	最规范衍生品做市商	
9	最受欢迎衍生品做市商	
10	最佳技术做市商	
11	最佳新兴市场货币做市商	
12	最佳后台支持做市商	
13	优秀衍生交易会员	
14	最具社会责任金融机构奖	中国银行业协会
15	社会责任最佳公益慈善贡献奖	
16	客户服务中心综合示范单位奖	
17	客户服务中心优秀服务奖	
18	服务小微企业及“三农”十佳特色金融产品	
19	中国银行业“普及金融知识万里行”系列活动最佳组织奖	
20	最佳贸易金融产品创新银行奖	中国银行业协会贸易金融专业委员会

续表

序号	奖项名称	颁奖机构
21	最佳交易奖	中国银行业协会银团贷款与交易专业委员会
22	最佳业绩奖	
23	银行间债券市场最佳做市商	中国银行间市场交易商协会
24	十佳治理公司	中央电视台财经频道
25	上市公司信息披露奖	上海证券交易所
26	优秀会员	上海黄金交易所
27	黄金单项奖优秀会员	
28	白银单项奖优秀会员	
29	铂金单项奖优秀会员	
30	优秀中小企业服务机构	中国中小企业协会
31	突出贡献奖	中国扶贫基金会
32	健康快车十五周年特别奖	中华健康快车基金会
33	健康快车光明功勋奖	
34	合作共赢卓越贡献奖	中国银联
35	境内外跨行交易贡献奖	
36	最佳推广奖	
37	优秀结算成员	银行间市场清算所股份有限公司
38	优秀清算会员	
39	人民社会责任奖	人民网
40	年度品牌银行	和讯网
41	卓越级网上银行	
42	最佳投资理财奖	
43	年度最佳托管银行	
44	最佳贵金属业务服务银行	
45	最佳用户体验奖	
46	最佳人气奖	
47	年度企业	搜狐网
48	最佳用户体验手机银行奖	
49	最佳网上银行	网易
50	港股 100 强（综合实力十强）	腾讯网
51	最佳现金管理银行	金融界
52	最佳综合性银行	东方财富网
53	最佳银行网站奖	
54	最佳电子银行奖	
55	最佳银行贵金属交易平台	
56	最具影响力的银行	MSN 中文网
57	最受欢迎银行	人人网

续表

序号	奖项名称	颁奖机构
58	金融行业最佳雇主	中华英才网
59	全国最佳雇主 TOP50	
60	最佳口碑电子银行奖	口碑理财网
61	口碑最佳网上银行	
62	亚洲最佳商业银行	《21 世纪经济报道》
63	最受信赖中资银行	
64	年度最佳国际业务银行	《金融时报》
65	中国主板上市公司价值百强	《证券时报》
66	最佳创新银行	
67	最佳电子服务银行	
68	最佳银行投行	
69	最佳网上金融超市	
70	最佳网上银行	
71	优秀微博营销银行	
72	最佳跨境融资银行	
73	最佳重组并购项目	
74	最强盈利公司奖	《中国证券报》
75	最佳企业领袖	
76	信息披露公司董秘奖	《上海证券报》
77	最佳现金管理服务银行	《第一财经》
78	中国企业社会责任榜优秀实践奖	
79	中国最受尊敬企业	《经济观察报》
80	最稳健中资银行	《华夏时报》
81	最佳基金托管银行	《每日经济新闻》
82	卓越竞争力投资银行	《中国经营报》
83	最佳持续投资价值奖	《大众证券报》
84	金牌董秘	
85	最具责任感企业	《中国新闻周刊》
86	服务“小微企业”最佳企业形象奖	《中国金融》
87	金蜜蜂企业	《WTO 经济导刊》
88	最佳商业银行	《银行家》
89	最佳金融企业形象奖	
90	十佳金融产品营销奖	
91	最佳资产管理银行	《环球企业家》
92	最佳贵金属业务银行	
93	最佳网上银行产品	
94	最佳数据中心银行	

续表

序号	奖项名称	颁奖机构
95	最佳贸易融资奖	《首席财务官》
96	最佳现金管理品牌奖	
97	最佳投行业务奖	
98	最佳国际业务银行	
99	最具创新力董秘	《董事会》
100	最佳董事会	
101	中国上市公司最具价值总裁	《理财周报》
102	中国上市公司最佳董事会秘书	
103	中国主板上市公司最佳董事会 10 强	
104	中国央企（控股）上市公司最佳董事会 10 强	
105	中国最受尊敬中资银行	
106	内部审计领军企业	中国内部审计协会
107	最佳网上银行安全产品	电子商务协会
108	用户满意十大电子金融品牌	
109	最佳网上银行	
110	中国最佳客户服务中心	中国服务贸易协会
111	中国最佳客户服务管理团队	
112	影响中国 2012 年度杰出品牌	中国广告主协会
113	最佳网上银行奖	中国金融认证中心
114	中国证券市场“金鼎奖”	中国证券市场年会
115	中国海外投资年度最佳案例奖	中国海外投资年会
116	中国最佳呼叫中心运营奖	中国电子商会呼叫中心与客户关系管理专业委员会
117	最佳信息披露风险管理奖	中国上市公司风险管理高峰论坛组委会
118	中国上市公司环境责任百佳企业	中国上市公司环境责任调查行动组委会
119	中国上市公司金融行业领先奖	
120	中国上市公司绿色金融奖	
121	中国上市公司十大创富领袖奖	中国上市公司市值管理研究中心
122	中国上市公司市值管理百佳	
123	中国上市公司资本品牌百强	
124	卓越电子银行	《卓越理财》
125	卓越银行网站	
126	卓越零售业务服务银行	
127	金牌影响力品牌	《金融理财》
128	最佳现金管理银行	《财资中国》
129	中国最佳网络融资服务银行	《互联网周刊》
130	中国最佳金融创新案例	《新金融世界》
131	电子银行业务宣传创新奖	《金融电子化》
132	CFO 首选银行	《新理财》

续表

序号	奖项名称	颁奖机构
133	最佳呼叫中心	《客户世界》
134	最受商旅精英欢迎的电子银行	奥神传媒
135	最佳社会责任奖	天涯社区
136	最佳客户体验奖	网银联盟
137	最佳公司治理奖	中国公司治理研究院
138	品牌攀升奖	零点研究咨询集团
139	中国 VC/PE 基金最佳基金托管银行	清科集团
140	社会责任管理最佳实践奖	联合国全球契约中国网络
141	促进社会发展最佳实践奖	
142	最佳学习管理系统应用奖	在线教育资讯

全国五一劳动奖状

宁波分行慈溪支行
江西抚州分行东乡县支行

全国“工人先锋号”

天津分行迎宾支行
黑龙江分行哈尔滨革新支行雷锋储蓄所
内蒙古兴安盟分行乌兰浩特兴安北路支行
内蒙古鄂尔多斯分行东绒支行
辽宁丹东分行福春支行
吉林白山分行通江支行营业部
上海分行人民广场支行
江苏盐城分行建湖支行小企业金融业务部
山东枣庄分行滕州支行营业部
四川广元分行营业室

全国五一劳动奖章

肖义华（女）　湖南株州市分行新华路支行副行长
王四清　　山西晋城分行矿区支行行长
李　勇　　黑龙江分行行长
刘　涌　　安徽分行营业部工会主席

全国妇女创先争优先进集体

浙江绍兴支行
安徽黄山分行女工委

全国妇女创先争优先进个人

王良琴　安徽滁州分行党委书记、行长

编 务 人 员

谢 雯　谷 砚　白 聪　荆立晶　李 飞　刘国友　娄可伟
范宇航　满佳悦　张向荣　张 渠　张红彬　金恒威　孙少轶
张兰波　张 城　谢 海　方 宇　尚 鹏　曹大伟　邓 雄
洪 露　郝 红　戈 军　李振兴　安 彬　牟正文　汪振宁
刘志方　郑越之　白 靖　邵信芳　彭 勃　徐 伟　刘好洵
戴旭明　王一婵　王朝晖　刘雪飞　张红玲　许银杰　孟庆贺
丁梦佳　鲁晓红　王 颢　信万里　李富宇　傅 蓉　栾 天
戴 伟　邓子来　张笑临　缪 磊　关 钰　吴雪亮　杭子晴
章 倍　张承刚　谭 鑫　高 岩　曹育超　崔雅欣　邹 智
郭俊玲　翟 剑　张蓓宁　宋正凯　张 昱　李宇洲　崔绍谦
王 静　刘 钢　宋宏春　张晓宁　严红华　郑 菊　王友乾
李 然　刘 捷　刘永瑶　秦 鹏　万世华　向建平　李继红
张 鹏　刘丹洋子　叶 辉　张 建　孙继红　李海燕　万 琪
谢海雄　马晓勇　王 竹　何中顺　王晓玮　高学朴　薛 冬
王双庆　王中泉　肖一多　宋贵华　邢可嘉　马绍棠　王妍妍
张国俊　武春涛　李炉生　马政斌　王世杰　刘亚平　史京生
王 宣　吴大伟　程荣生　赵 博　张 军　陈新征　杨 涛
孙泰敏　林 朴　郭永欣　李 强　黄 杰　马晓杰　徐晓兵
任海玲　李海燕　徐蔚东　贾小芸